国家出版基金项目
NATIONAL PUBLICATION FOUNDATION

# 海上絲綢之路文獻集成

總主編　陳支平　陳春聲

## 歷代史籍編

105

主編　范金民

海峽出版發行集團
THE STRAITS PUBLISHING & DISTRIBUTING GROUP
福建人民出版社

「十三五」國家重點圖書出版規劃重大出版工程規劃項目

國家新聞出版改革發展項目庫入庫項目

國家出版基金資助項目

# 本册目次

# 海防新論八卷

〔清〕知新館主編

《海防新論》八卷，清知新館主編。此書彙輯中外人士有關海防之文而成，意在主張學習西洋槍炮技藝，整頓兵備，加强海防。書分八卷，卷一至五爲海防之策、制器之方、海戰之法等，卷六、七爲西洋諸國之比較，先進兵法之探索，卷八爲北京、新疆、蒙古、滿洲、吉林各處邊防之要領。據中國國家圖書館藏清光緒二十四年（一八九八）上海廣學會刻本影印。

# 海防新論

光緒戊戌季上
海廣學會鑄板

## 敘

海防之政不可一二數其近人論者亦不可一二數略爲分之共成八卷通論海防爲之冠海軍兵輪火器次之分中外地段論者又次之邊防不盡防海者坿之於末皆一二年來無海防之責者所論也夫海防防海者責也防者有不及防無防責者將受禍焉是以論海防也防海者樂聞論海防必甦然動容曰是非徒論海防直海防也或以悉然收功曰是他人論海防而即爲吾海防也斯則輯新論者意也

光緒丁酉首夏知新館主漫筆

敘　一

海防新論目錄

# 海防新論卷一

## 海防總論

塗山氏



自泰西輪船成而中國東南之海失其險自泰西開花礮成而中國城郭關隘失其險庚申一役屈中國而與之行成海隅之險區宇內之利藪悉為所據公使之署逼處於輦下商船戰艦往來如織鱗集於沿海十三口溯長江而上者三千里所在受廛開市至成邑聚傳教之徒遊歷之士徧天下展轉誘人心蠱惑翕然從之陽託修好之名陰懷狡啟之志一國倡呼諸國慫慂多方要挾期在必遂此誠數千年來未有之強敵亦數千年來未有之變局也秉鈞者怵於勢力之不敵委曲隱忍堅守盟約以力全和局誠不失謀國之忠而一二深識遠慮之人則以為和議不講非所患和議講矣而因循無備之可患夫所謂備者非徒鋪張揚厲虛應故事以飾外人之觀已也中國近今二十年內外臣工究心洋務創立同文方言西學各館以造就人才開船政機器之局以構船製器各口礮臺更仿西人之制紛紛改築防軍隊伍一從西人陣法亦步亦趨摹之畢肖師法西人無微不至不可謂之無備然一旦有警仍皇皇焉若一無可恃焉者我之所學有未精歟抑亦所學者其末而未揣其本歟國之興立必有其本用人行政所謂本也

宸衷獨斷本之本也

一人意主懷柔不欲以勇猛為進境封疆大吏仰承斯指伈伈俔俔以求悅於各國冀消外侮而紓

簪昭憂邊之意故雖海疆偶爾戒嚴籌防之命屢下而人人各懸一必和之局以相待名雖設備而實無固志又安望其足恃哉竊謂今日言防當求其本大要在廟算堅持戰守之議不爲虛聲恫喝及游說之所搖天子持是責成疆吏疆吏持是慎戒將佐將佐持是鼓厲士卒使上下一心堅忍牢固以求必勝之勢而於一切政令一出之以誠意而務求其實際雖不事事師法西人亦未嘗不可以自立然則今日之不振人無固志之過非師法西法不精之過也世之言防海者其亦返求諸本乎

沿海七省防務論

夫以七省濱海萬餘里之地而籌設防難矣彼族內犯之船不必過多但使颷馳海上倏南倏北即使我有疲於奔命之勢若專恃陸師散布處處而爲之防我則兵分力單彼則擇瑕而蹈一處受創全局不免震撼故議者謂欲固七省之防當於北東南三洋擬立水師各設大鐵甲船六號根鉢輪船十號北洋分駐煙臺旅順口一帶東洋分駐長江外口南洋分駐廈門虎門一處有事六處聯絡專爲洋面游擊之師而以餘船附麗之迎擊截殺首尾互應先發制人誠探源之論也中國自設船局歷年製造凡二十有一船其添購外國者凡十有五船今分駐於各口者津沽七奉天一山東一江蘇七浙江二福建十二廣東二船不謂不多惟其中鐵甲不過一二餘皆快碰船兵船鐵船蚊子船之屬用之巡緝海盜調發轉輸自屬有餘然以言水師不過權立之基而已未可遽恃以爭海上之勝彼族多係島夷性與水習船械精嫻已久非中

卷一　二

國所能驟及中土陸多於水華兵亦疏於海洋而熟於陸戰就目前而論仍當以陸軍爲立國根基若陸軍訓練既成戰守亦非全不足恃七省海口雖多擇要而守亦有緩急若直隸之津沽及山海關一帶逼近 畿輔根本之地是爲最要而奉天之營口旅順口山東之黃河口燕臺皆屬其次江浙爲財富之區長江入腹太深江陰以上始有險可扼而崇明吳淞實當入口之衝浙江鎮乍門以上水淺輪船不能入而寧波實爲精華所萃均屬要地若海洲之雙嶼關臺州之海門溫州之飛雲橫陽各口次之福建之要者福州之馬尾江次則福寧之三沙福清之海壇同安之廈門詔安之南澳而臺灣爲全閩門戶尤爲要地廣東之要者廣州之虎門次則潮州之達濠惠州之碣石高州之蓮頭港雷州之徐聞廉州之三汊江而瓊州孤懸海中尤爲要地綜計七省要口以全力守之所有戰船分駐口內不輕與之交鋒至於無口之處及有口而淺狹之處其可泊船登岸者據其地以待其來國初鄭成功竊據臺灣 聖祖仁皇帝移沿海之民三十里以避之鄭遂爲我困而以重兵駐於內地偵其離船稍遠伏而擊之此亦制勝之道與

守口說

守口之法不外二端一從水中阻攔一由兩岸攻擊阻攔之物有以亂草蔓浮牽掣機輪者有以連枝大樹槎枒橫列者皆力弱不能勝船或以巨木爲椿排列水際或以鐵繩貫串木簰浮阻水上施之小水未嘗不宜要不若以船載石沈水法拙而功易集若口內有支水之處預伏石船以敵船入口潛出塞之最妙若水深之處不能塞者以長木爲大圓

卷一　三

圍外束以鐵中實碎石砥塞中流參伍錯列水面雖寬敵船非盤辟不入轟之較易轟船惟水雷最猛近日製法愈精有用電線引火用强水磨觸發火兩種或用錨定其位或繫於木樁木簰之間總以安於敵船必由之道爲主惟潮信漲落不時安置甚難得法太低恐潮漲時轟擊無力太高則潮落時形跡畢露惟以木爲活機繫雷其上俯伏水底使敵人不能以網撈取及以他物先行觸發俟其船過然後發機使仰上觸船底靡不裂沈亦有用船裝水雷以機器伏行水中者往往作法自斃若順風力水力飄動之雷或用機器自行之雷既難有準卽近敵船以長竿撥之卽開不若以筏載雷匿港汊中繫以鐵索使人持索隔岸伏之窺敵船將近引雷撞船收發尚能自主要之多置轟船之器尤需多養泅水之人使人潛行水底不難制敵船之命（鐵甲船堅厚似非人力能制不知輪船之靈全在數竅上竅如喉咽下竅如轂道啟之則生閉之則死船底有六竅出水二進水門二縮櫃門二徑圓不過四寸中用銅爲管厚不逾寸外以螺旋錫罩罩之若令人潛啟其罩納小炸礮其中卽壞一竅壞則全船不行）夾擊之具有水礮臺或在水面浮洲排列豎木成格外以沙土爲垣者是爲定礮臺或下繫重錨數箇中用鐵鏈堆於木樁者是爲活礮臺或用笨鐵船配以極大之礮者是爲浮礮臺三者孤立水上守之實難要不若岸礮臺較爲易守惟築臺需審地勢灣環者佳否則一擊不中敵船逕過矣築法近人有謂磚石不足恃易以三合土者有謂暗窗發礮餘煙翳目當易爲明臺者各處改築頗稱盡善竊謂礮臺以礮力能及遠者爲上其製不嫌麤拙累土爲山阜形卽能發礮以竹簏貯沙環之卽能避敵船之礮其下以磚石陰爲隧道左右歧出皆

卷一　四

能安礮明轟暗擊其法兼備惟是礮臺坐守一隅能防敵船之門入而不能游擊泊岸登陸之船游擊之法奈何當循海口兩岸築堤空其中爲大隧約隔五十尺爲一窟室臨水開竇以能出礮彈及望見敵船爲率每眞竇一雜疑竇二三竇外循堤根徧種叢荆密箐以遮蔽之堤裏度窟室之處啟門隧中治鐵爲轍以機輪載礮運動之使窺敵船所在停車入室從竇中發礮擊之我軍匿隧中無的張矢集之懼游行自在必能命中敵人不能窺測我軍踪跡幾疑處處皆兵雖有利礮無所施其技臺得堤助其勢不孤游擊坐守交相爲用斯兩得之矣然而臺中可以安礮而安礮不必拘於臺中（臺外掘地爲窟預安大礮如敵人毁臺泊船近岸出其不意擊之）堤內可以發礮而發礮不必盡在堤內（堤內淺水必穿堤爲溝溝中卽可安礮）虛實變化神而明之存乎其人焉而已

## 以我長攻彼短說

大都兵合則盛兵分則單我以分守敵以合攻俟其登岸而擊之未必能操勝算也不知敵人萬里勞師已犯兵家之忌况舍舟艦之利以就危地乎客主異形勞逸異勢未戰而勝負決矣敵之雄視海上雖曰船堅亦以礮利一旦舍舟而陸巨礮不能相隨失其利器其氣自餒我軍扼險安礮坐待其來士氣必倍勝負之可決者一也敵人以礮隊勝利在坦途我軍以步兵勝利在要隘我居腹地習知地利隨在可以出奇敵人深入阻地大隊無由而騁勝負之可決者二也敵人陣法堅整兵力驍悍進若山移撼之非易我以全軍分爲散陣旁攻側擊乘瑕蹈虛勝負之可決者三也敵

卷一　五

人純用火器可以攻遠不利近禦我軍鎗礮之外繼以刀矛宜於逼近先張虛聲以誤之多出奇兵以疲之待其衰竭選鋒突前短兵交綏鷹刃披靡勝負之可決者四也敵兵以船爲家登陸不敢深入我佯北以誘其來潛師以要其去斷其餉道絕其援師歷久相持不戰自困勝負之可決者五也敵人臨陣先以遠鏡測度地勢或以氣毬偵察軍情是以礮彈所施輒中要害然惟晝戰則宜我備精兵專卜於夜暗鳴鼓角聲東擊西敵意狐疑迷茫失據勝負之可決者六也敵軍餉需十倍於我征調迢遠所費不貲（自泰西至中國下等船費百六十金）故屢犯中國兵不滿萬我軍出於召募勇士忠奮一呼響應以無限之兵制有數之敵一挫其銳有損無增勝負之可決者七也綜計數端敵兵雖盛舍舟其短也我兵雖單在陸其長



也以我之長攻彼之短勝算之操畧具於此至於淸除敵黨以杜內奸聯絡鄉團以捍外侮尤當務之急而非一朝一夕之故也若夫臨事之機宜當幾之運用則存乎督師者之一心而未可預爲謀焉

製器以鎗礮爲大宗

說者謂戰陣之際其所以勝所以負繫於人心之齊不齊士氣之勇不勇固不在器之利鈍間也器爲呆物待人用之而靈人爲活物激厲之可以使之敢死其說近之然而器之利鈍不可誣也中國製器遠不及外洋然不必自諱其短知己之短急師彼之長尚恐縣不能及況並此而無之乎此中國機器之局所由日開亦師敵之長技以制敵之策也製器除電線水雷等物外以鎗礮爲大宗外洋鎗礮之式三十年中已經數變彼族每得一新法即將舊制賤價以售中國彼之所棄而我取之何其憒也與其貿然購之而未獲其最精之品何如潛心學之精求鑄造之方鑄礮之法各國爭勝精用銅繼用熟鐵今則改用純鋼或前膛或後膛互有短長而皆以螺絲爲貴攷諸國之礮以英之阿勿斯郞美之德里氏噯爲最大以美之布魯嘎斯布之克虜伯爲最精大者身重至八萬斤彈重至六百磅購運非易仿造更難然精者口逕八寸後膛礮足抵前膛口逕十一寸礮之力二十四磅彈足抵百磅彈之力中國仿鑄雖不能遽及其大要不難專力以求其精鎗則各國改用後門最爲靈敏英之精者曰亨利馬梯呢其次曰士迺德俄曰俾爾打吶布曰呢而根法曰沙士鉢美曰林明登互相比較則英



之亨利馬梯呢精於俄俄之俾爾打吶精於美美之林明登又精於士迺德及德法諸鎗其製愈出愈奇惟機簧太多終難經久中國近亦漸能仿造然惟宜求其命中及遠之道而不必專學其機簧之巧愚意製器之法雖當取法西人而製器之材要當取之中土若事事仰給外國無事則藉以居奇有事亦不足以備緩急終屬可恃而不可恃至於製器之局多在海濱尤同孤注一旦變生不測彼族必全力求攻我雖以重兵護之終非穩著不如遷於腹地通水之處庶幾海口有事而後路製造尚足源源接濟而不爲外夷所制是不可不早爲之所也

行軍宜用間說

或曰師敵之長技以制敵何如陰結敵之讎國以攻敵其法更便

外夷離兵巢火以圖中國其國中必空虛而無備我若陷其巢國以襲其後彼將自救之不暇何暇圖人是說也非不稱快一時猶然日論一隅之見也泰西各國雖互相猜忌而又聯爲一氣猜忌之久至於決戰勝負既分旋復相與聯利其與中國爭勝則各國必相與聯結益其地相比其情相習亦自視爲同類有相援助之義彼其謀國之心非外人所能眩惑而間之也然亦非絕無可間之道也則還當求之華人之在夷者而可外洋通商以來凡與交接之地無業游民貪其利皆樂爲之用甚有給賣出洋爲之種藝爲之操作久而成聚近今各國客民之盛幾於奪主夷人地廣人稀樂得此輩供驅使往往髡其髮而被之夷服是以輪船之水手行陣之先驅在在皆是夫此輩猶是食毛踐土之倫天良豈盡泯



滅而甘汨廉恥改易形貌以就彼族之範圍哉夫亦以利之所在趨之如騖有非禮法勢力所得而禁也然彼族以利而收華人之用我獨不能以重利而令彼用之華人陰爲我用乎今試下一令曰有能於夷船內犯殺其船主者予三千金殺其副者半之其餘以次遞減能鑿沈其船者予萬金奪其船來獻者估值與之金將彼舟中之人盡爲敵國而海洋之劇盜漁戶之驍傑爭起以牟利者無論矣又下一令曰有能於夷兵登陸殲其渠帥者比殺船主之賞其次遞減亦如上法奪其軍械者估值而與之金將彼陣之中有倒戈以攻其後者而我之軍士義民爭先博賞更無論矣若於皮族入寇潛告其中國之客民曰有能乘其虛空而襲之者助以巨餉錄其功而授之秩若能奪其土地即使分王其地而歲

給其家屬在中土者以王者之祿封其祖宗之邱墓而表其閭里若輩以貪利之故冒危險而適異國絕無生[redacted]一聞此令孰不踴躍鼓舞爭先請奮以博不世之賞乎然此特出奇之一端而未可以全恃要在極力籌防實事以求其在我者而已則練兵選將之方未可一日緩也

## 整頓額兵論

今之籌兵者率主召募召募之事所以救額兵之敝而非可視爲定例者也軍興調發天下額兵以從征寇寇來奔潰冦去尾隨賊氛益甚民受其擾於是治兵者翻然以召募易行伍盡廢官兵而以儒生領農民壁壘一新所向有功卒龕大難

朝廷深信召募之可恃一切設防置戍皆以之而額兵竟成贅疣



近年封疆大吏稍議變通額兵挑選訓練然卒不能空除積弊者徒以祖宗之法不敢輕於變更也夫

國家歲以賦稅之半養八旗綠營之兵而不能收一兵之效迄今防邊防海及腹地留防之營無在不出諸召募至於傾府竭藏不足供費計臣束手無術以節之而卒未知變計何其傎也愚意欲節召募之費當從整頓額兵始整頓額兵非參以召募之法而變通之不可召募之餉倍於額兵故能招徠豪傑額兵餉薄不足自贍凡精壯能食力者皆去之其入伍者勢必兼營生計一身兩役所志不專此一宜變通者也召募不拘籍貫投營效力多奮不顧身之士額兵不出土著各有身家之戀一聞遠調意輒逗撓此二宜變通者也召募聚居營壘出入有稽朝暮練操罔敢偷惰額兵

各居各室應操始聚散漫無紀此三宜變通者也召募之籍營官主之汰弱留精去取由己額兵進退皆需文報稍不如律動輒得咎此四宜變通者也召募營官由統領選擇哨弁由營官選擇什長勇丁由哨弁選擇各以類從沆瀣一氣額兵以例推補將士各不相習情誼尙未相愜患難安能相顧此五宜變通者也召募儀文簡略帕首短衣誠樸耐苦行則負械居則築壘無或告勞額兵專講虛文峩冠博帶趨蹌有節而出征赴戍非民夫不行非民屋不居此六宜變通者也召募駐防隨時調撥靡有定處額兵株守汎地多逸少勞雖有勁軍久頓必荒此七宜變通者也爲今之計亟宜節天下召募之費以增天下額兵之餉力除額兵之積弊一從召募之營制但使一兵足資一兵之用兵不加額而戰守未嘗



全不足恃況防海原額之兵較腹地尤爲周密即以沿海七省之兵防七省沿海之地已非單弱縱曰不足抽撥[redacted]地之兵以爲援應更無倉猝召募之勞寇來無定而兵防有定兵法所謂致人而不致於人豈其然乎

水師選將才論

雖然整頓額兵得其道固不難化弱爲強若以例補之武職御之猶然與無兵同則將才之選尤亟亟也中興以來宿將多才至今尙多存者然當日壯者今已老矣當日少者今亦始衰矣後起之儁雖不乏人然昔愼而今侈昔馴而今驕昔戇拙而今諞柔積習使然也昔人論將謂將不同有大將有偏將大將必善將將者也偏將亦需恤下而不苟遇敵而不懼奉令而不違沈幾而不露應

變而不窮古人所謂善將兵者也今之畺師大將也若武職自提鎮以下皆偏將也

朝廷愼簡大臣分膺重寄固多能將將者也今之提鎮以及參游都守之屬或由軍功或由世襲或由行伍薦升未必皆能將兵者也居今日而籌戰守非破格求將才不可而愚謂求將才以將內地之陸師猶易求將才以將海上之水師實難何也陸師之將有先鋒有援應有奇伏有防守忠勇之士皆優爲之嘗見世之號爲名將者大半不識韜鈐爲何物而其法律之精嚴奇正之變化往往暗與古合不必皆關學力也若水師之將舍學力則別無把握矣海上情形與內地江河迥異潮信風色島嶼沙礁非閱歷既久不能辨析而輪船駕駛之法礮位測量之準更非童而習之不能



熟極生巧今沿海七省所見水師各官名爲水師實不相副以之出入波濤冒不測之險目眩神駭方寸先亂而能望其指麾如意哉國家不惜數百萬金以製船礮而練水師而以不習海戰之將將之是直擠之大海之中而已然則水師之將仍當於管駕輪船中求之若輩大半生長海濱習知水信而又隨西人出洋學習歷練既久然後量其才力由副而正使充管駕之官其所由來者漸也如從此中擇其才技出衆膽識超羣者授以水師實職必能勝任愉快由此其選人人以爲功名之路益加奮勉雖駕西人而上之無難矣總之選將之道無論水陸以才識閎敏爲上而不在相貌之魁梧以質性沈毅爲上而不在議論之便捷上以誠求下以實應未有不當其選者也

## 中國亟宜變通武備

嘗觀西報論中國軍律譏爲所習非所用其言可謂洞澈本原中國之弊實在乎此前者本報亦已著爲論說以冀當事之採聽而無如積重之勢不能遽返仍屬空言無補宜爲西人所竊笑也中國兵額合各直省綠營及駐防入旗兵計之其數不可爲不多口實餉糈不可爲不厚而先時洪逆擾亂所至披靡平時豢養之兵竟無一人可用厥後削平大難者得力於招募之勇與夫綠頭洋槍隊居多此其故何哉無事之日雖有額兵不過虛報花名支取口糧其實並不足額而且素日絕不操演即操演亦但以弓馬牌刀奉行故事當時雖有如許兵額實則并無一兵賊至則逃其甚者且投身賊黨以肆其淫悅如是而欲求其禦賊難矣至招募之勇丁皆屬實數又經新加訓練較前之疲兵弱卒大有逕庭綠頭洋槍隊又新得西人爲之指授器具炮火悉皆精良故得以大反從前積弱之勢多年積寇一旦蕩平其弊如彼其效如此夫豈不大彰明較著哉迨其大亂削平營勇次第遣撤綠營兵制仍復其舊而訓練之方法操演之器械依然各還其舊以弓馬爲先近來之所以尚有操演炮位洋槍以及刀叉之類者猶是鑒於前車而稍爲變通恐數年之後并荷包等類之賞亦不可得而兵之疲弱又將悉復其初矣中國之弊大率由於恂守成例不知軍制當隨時勢爲轉移而不可拘於一格也近十餘年來海疆多事中西中東迭起釁端每一交鋒輒行挫折豈果中國將材之不逮兵力之



不勝哉亦平日中人所嫻習之技不及外洋操練之精耳時至今日疆場之事槍炮爲先中國現仿西法製造後門槍炮各省皆有洋槍小隊未嘗不講求近時適用之資而有事之時則猶或加意操演一至無事各營兵弁即置槍炮於不問何則弓馬可以尙力鎗炮不能不用心且弓馬不必多費錢而炮火則火藥鉛子在在需錢每演一炮位操一槍隊所費不貲雖營中本有此項開銷而帶兵者可以省此以潤私囊故必至日久漸廢也間嘗見武生歲試箭則極鈍弓則極敝落落數人在教場考試弓箭張弓寸許投箭於地去而不顧觀其情形直是迫於功令不得已而兒戲爲之閱箭者亦目所不覩耳所不聞故事虛行更無黜陟心竊笑之以爲此等事殊屬可省然武生本不作正途所恃以禦侮者賴有行伍中人也顧有時疆臣閱邊厠身旁睨見其排場之烜赫器仗之鮮明威儀之整肅意以爲必有踴躍用兵試演槍炮可以拭目而視者乃鉅炮數聲營門大啓所演試者於弁則不過馬步箭法分其中否以爲黜陟於兵則不過刀牌超躍雲梯飛步至末後排槍數陣大閱之事已畢矣其排槍之演已屬新增而其放槍之準頭排隊之步伐若熟視而無覩也者一省如是他省可知矣吾不知武生本不足與行陣之任姑置勿論各省標兵近日皆有頒給洋鎗炮位以資演習由督撫嚴札名屬哨弁令其認眞加練專以鎗炮爲主弓馬雖不能盡廢暫時置爲緩圖至大閱之時驗其鎗炮不合方法以及準頭不對者立予重懲而操練頗覺精熟者立予

升擢仍隨時密察詳稽不稍寬縱數年之後有不變弱卒爲勁旅者吾不信也

駐防旗兵亟宜變通說

各省之有駐防旗兵也所以補綠營之不足并以防意外之變端其初派撥分駐之時固意至美而法至良也考本朝八旗之制每三百人編一佐領國語謂之牛彔章京猶綠營之守備也五佐領設一參領領一千五百人國語所謂中喇章京猶綠營之參游也五參領計兵七千五百人則以都統領之而一都統之下又設左右副都統八旗共六萬人及後歸附日衆生齒日繁於是又分蒙古爲八旗繼又分漢軍爲八旗其後佐領愈增無定額向之一佐領所統者至以四五佐領統之兵不增而佐領日增故佐領僉兵



至多不過八九十人而已若夫駐防之兵則無論騎步皆合滿洲蒙古漢軍以爲營分駐各省皆有子城以處之定例旂兵不準擅出營門與漢人居民鋪戶等滋生事端有犯必懲焉迨日久廢弛而旗丁滋事之案層見疊出市肆之間往往一見旗人爭相詭避此雖由於將軍都統等管束不嚴之故而其實則向來結習爲之也各省駐防旗兵朝廷倚以保障故各旗丁皆有口糧有孳生者則報明增糧孳生日多口糧漸至不給而若輩別無生理承平既久弓馬亦漸至生疏徒以坐耗國家餉項殊爲可惜且旗丁中亦豈無有用之才能耐勞苦習經營安耕作以自謀生理者若於定制所在不能更張遂曰安於坐食而不爲變富積而久焉旗丁之生長益多國家之費餉益甚徒有駐防之名反爲閭閻之累於國家有損無益有心人不禁爲之扼腕興歎以爲無可如何也乃昨閱邸抄見都統恭所奏安置吐魯番等處駐防被難所遺各旗兵夾片云據吐魯番同知詳稱土城現在旗丁平日不知服田力穡雖經給予牛種銀兩俾資生計無如坐食成習半供其度日之資故請將現存旗兵丁口男女三十九名爲資送到烏魯木齊暫令烏城協領點驗收留按月支給糧麪鹽菜銀兩在迪化城妻止俟滿城修葺完竣再行移入片中又言當此餉項支絀之時駐防從前積習亟宜令其痛改擬於嚴加管束之餘教之作苦習業勸懲勤惰爲該旗丁久遠之計此眞大臣之深謀遠慮不禁爲旗兵額手慶之夫旗兵之積習不自今日始也然旗兵之積習至今日而實益甚從前不能早爲計及以至於成此積習其咎固不知誰



任之今日之幡然變計改絃更張則恭都統之功偉矣雖然此事亦非易言也吐魯番自遭難以來旗丁之所遺止有此數大抵皆老弱不堪之輩該處雖有荒地可以令其耕種而平日未經之苦豈能一旦勉爲故給以牛種助以資本而徒以供其日用是亦章中之事今各省皆有駐防如欲以屯田之法行之俾旗兵各安耕鑿無論無此一項閒田即曰有之亦殊失駐防二字之本義然則恭大臣之所言不盡可行者乎顧嘗思之所謂駐防者蓋緣國初之時滿漢不能相洽故駐兵各省以防變迄於今日則漢人已無歧視旗人之心有駐防焉可無駐防焉亦無不可駐防之兵專事弓馬焉可即不專事弓馬而閒及於屯田亦無不可兵燹之後各處荒田本屬不少其近於滿城而並無業主者不妨令旗兵就近

開墾及其成熟則仍照民田一律徵糧而以贏餘自餬其口計田之所入足以贍身即於檔冊註明俾其子孫足以世守而農隙之際仍循操習弓馬訓練步武以備不虞如是則旗兵日有所事不至游蕩滋禍而身家既無所顧慮亦可以專心於武事其有不願兼習武事者則除其糧冊竟使與齊民伍若是則口糧可以漸減荒田可以漸開而旗丁向來坐食之積習於是乎一變一舉而數善備焉安得各省有駐防之地皆以此法行之哉

論張香帥創設自強軍

竊謂我　中國之不能自強也蓋已久矣自道光末造釁起烏烟英法師船環攻各海口斯時承平日久文恬武嬉將不知兵所向披靡厥後自知勢力不敵立欵議和各口通商幾致中外不分畛



域誰實為之而竟孱弱至於如此哉及夫咸豐之季西人闌入京師圓明園為上　聖上幾餘游息之區竟被付之一炬此其弱況益不堪言幸也甲申之年法越事起諒山一役我武繼揚似稍足以自強不復如從前之事事落人之後奈之何去歲日本有事而師徒撓敗納欵求成割地輸金成從來未有之奇辱倘今日再不思強我甲兵恐強鄰覬覦其旁將羣起而以我為魚肉堂堂二十一行省其將何以慎固封疆乎香帥者我　中國特出之偉人也灼知欲杜外侮必先植自強之根基欲圖自強當自兵制一變而從西法於是禮延德國武員數十輩就營中教以坐作進退使之有勇知方成效既昭遂奏請創設自強軍一洗從前因陋就簡之積習其奏稿明白通暢洋洋數千言大臣謀　國之苦心躍露紙

上本館求得原本知所陳練兵之所以必用洋操者其故有七直抉數百年來軍營之弊實闡發無遺而又擬分招蘇皖兩省各州縣情壯之民入營訓練其權既歸之德員來春石泰以下諸西弁而仍以沈仲禮錢念劬二太守提調一切事宜二太守皆曾游歷外洋洞悉外洋所以致強之道付以專責詎不能勝任愉快髮憾全無僕乃因之有感焉夫軍營之惡俗前在缺額一營定制招勇五百名每名月給口糧四兩有奇缺一額則營官可得銀若干缺十額可得十倍之缺百額更百倍之以致陋習相沿竟有每營祇招足五成或且有不及五成者試問當臨陣之時能以一人而兼二三人之用乎矧非但侵若缺額之銀更復藉攤派公費為名恣行朘削明明每年十有二月祇得餉銀十關兵士豈不知有性命



身家詎肯每年得此區區三四十圓之洋銀而即置性命身家於不顧亦無怪其貪生畏死遇敵不前也香帥則發餉責之洋員并另委幹員經理更加給衣履飯食事歸實在尅扣俱無兵士具有天良能無踴躍用命此自強之道一也　中國操練向若兒戲然所謂一字長蛇陣蟹螯陣梅花陣八方太平陣雖步伐齊整要皆無裨實用徒飾外觀香帥則一律以洋法教之設為步隊八營營二百五十八人分為三哨馬隊二營營一百八十騎亦分二哨炮隊二營營二百人分為四哨工程隊一營一百人不特與綠營兵制迥殊即視湘軍淮軍亦有別而又責之以勤若嚴肅無稍通融所用之快炮快槍非特裝御指撩諸事宜詳加推究即臨陣時應敵攻守之方句股測繪之學亦悉令詳教熟練不准徒襲口號步

伐之皮毛以之陷陣衝鋒殺敵致果有不再接再厲所向無前者乎此自強之道二也從來風氣必囿於一方湘軍多與淮軍不相能淮軍則視湘軍非我族類勝不相讓敗不相救其情已先自隔閡烏能合萬衆為一心香帥則招募不限方隅就江蘇之淮徐通海四府州安徽之鳳泗滁和太平五府州及江甯府屬之六合江浦兩縣常州府屬之宜興荆溪江陰靖江四縣鎮江府屬之丹徒丹陽兩縣民氣較為強壯者每府州各募一營俾之疆域不分有四海內皆兄弟之樂至於城市油滑向充營勇者一概不收若是則其人皆未隸戎行沾染軍營習氣庶得同仇同澤敵愾勤王千萬貔貅無異家人父子互相策應不致秦越相視漠然不問矣此自強之道三也諸弊既除而又得此三善使各省封疆大吏盡如



香帥之精明則不特日人不敢興窺視之心即泰西諸邦亦何致蔑視　中朝目為積弱之國哉

論德員教習自強軍因及其兵制

有熟習泰西掌故者謂余曰統地球上九萬里國不一國而獨德意志一國兵制最備其兵亦最多蓋德意志無一人不為兵其人年二十能勝兵即編入行伍計充戰兵者三年充守兵者四年充團練兵者五年如有兵事戰兵不敷團練兵仍可酌量調遣至五十歲而始罷不復宣力行間其法雖世家子弟亦必當兵三年乃許仕進不願者以病告廢棄終其身故其兵視泰西各國為最強聞嘗攷其兵制一曰白得能平時每隊五百八十人出戰時增以留守兵可多至一千二百人一曰監本納每隊二百五十人合三白得能曰勒其門合二勒其門曰索苟得合二索苟得曰特拂城一將軍主之人數約二萬二千有奇出師時增馬兵四隊大砲二十四尊用白得能或來福鎗兵為先鋒合步兵二特拂城馬兵一特拂城又有夸大敏十二尊每一夸大敏用二勒其門馬兵殿後為護衛夸大敏者駕馬而行之大砲也此砲兵除守國外有十三枝分屯十三處總計國中官弁有一萬三千八百零四員兵三十一萬九千八百二十四名馬七萬三千三百零七四臨時檄調十日內仍可得兵七十萬人此兵制之大較也夫德本小邦舊名普魯士後與各國聯盟稱為日耳曼聯邦當我中國同治十年間既勝法之拿破侖第三因合大小二十五邦聯為一氣始改今名嗣是軍勢益壯國勢益張兵制亦遂有增而無減溯普法之戰法會



償其兵費英金磅二百兆磅德遂以之噲練水師置大鐵甲船二十六號巡海快船三十四號砲船七號魚雷船四十五號又備雷艇一百零五號統以武職如中國提督者三員每船鎗砲兵都二十七百六十人屈計德意志合衆國而立新名也度不過二十年事耳而能高視闊步稱雄於五大洲之中幾若無敵於天下豈偶然哉南洋大臣張香帥知其人可用其制可學而能上年由鄂渚移節兩江承和議告成之後　朝廷為節省經費起見先令前敵各防營一律遣撤繼令二十一行省防營照數裁併後又令二十一省經制之綠營亦以裁汰老弱為名存三去七夫裁兵節餉原司農持籌仰屋之苦衷然藩籬既撤門戶都虛堂奧一空閭閻洞見此為一時權宜之計則可而非長治久安之上策也因仿德國

籍丁壯爲兵之法自二十一歲至二十八歲其中三年爲行兵三年爲守兵一年爲教練兵二十八歲後又須爲團練兵五年其法甚善乃奏請設立自强軍募力田子弟未經投營吃糧者三千人延德弁爲教師各分爲隊以訓練之去冬委員赴安徽之鳳潁江北之淮徐江南之句容一帶選農民十八歲至二十者驗其身體結實舉止純樸挑入尺五籍中將三千人分作六隊就城北擇地建造營房每日卽在小營操場分班操演以爲嚆矢先聲將來此三千人者果能得德人之傳授小之坐作進退大則虎略韜鈐一一不但貌似而且心傳則推而廣之一如佛家傳燈錄所謂以一燈而傳之十燈百燈千燈萬燈仍無非本此一燈之光燄爲之祖而使燃者互相傳遞如無盡藏安見十年之內不將遍天下之言



兵者皆知捨舊技就新法一舉而兵制爲之胥變國是爲之日强焉豈非民可使由不可使知之妙用哉從來成大事者不惜小費當德員之來也優餼厚食不啻古人之擁篲而且訂立有年限之合同限內不能辭其職而罷其權議者以爲矜寵太過不知欲用其人不如此不能使之就我範圍且不如此又誰肯離鄉井涉重瀛來爲我開此草昧哉現因護軍營管帶於四月間與教習格老司君爲操場事相齟齬劉峴帥以諸西員作客省垣諸多不便議將該軍遷至吳淞口俾地近滬江飲食起居較爲舒適一面飭原紮吳淞之班統領將全軍移駐獅子林刻下洋操提調沈觀察已將添建營房等事稟報告竣昨據本館派駐金陵訪事友函稱自强軍准於十八日拔第一第二第三三營由衛首途矣從此吳淞

口添此勁旅不特足固金湯卽諸教習亦可優游自在不至有意外侵陵矣峴帥誠善於處置哉

# 洋務新論卷二

## 海防邊防宜設大帥以統之說

中國之勢奉直吳越閩粵沿海之險以數十百計而津沽為重東三省滇桂新疆西藏沿邊之險數十百計而遼瀋為重南之為省十有八而荊襄控其中北之為省四而山海關挈其領海上萬國互市稍有齟齬兵輪驀至邊地則越南暹羅緬甸印度高麗諸國壤地為鄰而皆為英法俄日所據俄拊我背其逼尤甚閉關絕市既所不能通好連和又不可恃居今日而言海防邊防不亦難哉今所謂海防則南北洋之兵輪也此界彼疆不相援救今所謂邊防則各營之練軍也東防西駐全不靈通其在無事之日已非設險守國之計況今軍威屢挫人皆輕我而可不未雨綢繆乎愚以謂海防宜分三大鎮閩粵為一鎮吳越為一鎮奉直津沽為一鎮鎮置統將而以津沽為之總邊防宜分七大鎮北以東三省為一鎮新疆為一鎮山海關為一鎮南以西藏為一鎮雲南為一鎮廣西為一鎮鎮置統將而以山海關總其北荊襄總其南而又合海防邊防而領之以大帥大帥宜一正一副正帥以王公為之宜擇王以下公以上敏壯有幹畧者十餘人先赴西洋學習海陸軍法多則十五六年少亦十年俟其熟習然後擇而用之副帥以漢員其出洋學習亦同兵輪駐泊之地宜兩年一更調使與各口風濤沙綫相習惟不得供迎送長官之用每年每鎮派輪一艘遊歷東西各洋如遇[illegible]國兵爭宜更加派數艘同往觀戰總將每年巡操一次大帥兩年巡操一次陸軍自荊襄分造鐵路通於滇桂西藏



而南接於閩粵吳越北達於京師又自山海關分修鐵路通於東三省新疆而南達於京師邊防軍弁亦兩年一更調使與各邊徑途風土相習其操練皆用西洋法制總將每年巡操一次大帥兩年巡操一次凡大帥總將出巡隨從不得過三十人兵輪不得過一艘火車不得過五輛沿途不得逗遛地方官不辦供應如有需索騷擾準地方官通稟督撫據實叅奏凡水陸將弁十人立一哨官百人立一營官五哨五營互相舉察空額一名治哨官以軍法而黜其營官其四哨之官各罰軍餉兩月而重賞舉發之人凡哨官營官統將總將亦必曾經出洋學習之員乃得為之凡戰事大帥擇駐要地總制機宜事緩則總將親臨督戰事急則大帥親臨督戰有功立賞有罪立罰失機立斬此其大較也惟是　國帑空乏需用浩繁欲事更張必通權變海防之軍不必另募但取現所有之兵輪分撥之至每鎮需土等鐵甲船三四艘中等鐵甲船五六艘則責成各省督撫於十年內設法籌備邊防之軍亦不另募即取現所有之練軍分撥之至鐵路工程浩大則招商承辦川黔滇桂西藏新疆東三省各處土產甚多礦苗亦旺如弛禁聽商人採辦大開利源則鐵路獲利必厚不患無人其分撥之法則凡內地各省水師練軍悉抽其半歸併各鎮各省有事仍電請統將調就近之兵赴援火輪舟車之速與駐本省者無異也若夫出洋學習必有經費自當籌畫以備要需查各省綠營之兵十額五虛且皆另有生理與練軍不同儘可并其官弁酌裁十之七八而收入俸餉此籌費之計一督撫同城巡撫可裁除關道外併鹽茶糧道

爲一缺而各巡道可裁其餘佐雜閒官亦可十裁七八而收其廉俸此籌費之計二釐稅所入半歸中飽宜歲調報銷清册嚴爲核查務使涓滴歸公此籌費之計三各省礦務招商承辦十抽其一而免其釐稅此籌費之計四鴉片之毒遍於天下酌加釐稅一二成以懲之不爲厚歛此籌費之計五五者不敢再提海關秒項以足之亦庶乎其可以濟矣雖然先民有言有治人無治法昔者天津廣東之役無兵輪無砲臺無機器局無駐各國使臣船砲之不利虛實之不知當事者曰此未仿西法之過也敵亦曰勝負之數在此也越南之役馬江基隆失利而諒山告捷國人皆曰我雖不能海戰而能陸戰也敵亦曰勝負之事有如是也而獨至中日之役則非無戰艦砲臺也而舉數十年經營之力而祗出一降矣非不連營結陣也而合數百萬馬步之軍而同歸一潰矣於是主戰之臣不能自堅其議言戰之士不能代謀一策而棄地千數百里賠費二百三十兆遂不能不出於一和此其咎豈盡立法之未善哉亦不得其人之過也書曰建官惟賢位事惟能是又不能不仰望於簡在之　帝心矣



論中國練兵宜水陸並重

中國自髮逆之亂始於長江創立水師自與泰西各國通商始於京都創立海軍衙門以練南北洋兵輪戰艦近年以來中國之於水軍似較之從前高出數倍前此雖閩廣等省亦有水師另設提督而當初設之際正在海疆有事之秋向知勤加訓練洎乎日久玩生海波不揚水師坐食而不用不過歲時出洋巡哨一次且初未嘗去海口過遠有曾經見之者爲言水師提督出洋會哨無非約定近海地方駕船前往彼此晤面相與飲酒作樂盡歡而散其認眞遠出大洋者則從來未有即有亦副叅以下事耳故近年以來講求海軍以期振興水師以遠駕乎泰西數年之間殊有成效論者謂中國之水師實爲近日之急務蓋以海禁既開五洲聯爲一氣西人洋船朝發可以夕至其水師之壯盛甲於天下一旦偶有齟齬猝然發難而中國不早爲之備則必爲其所乘刻下創立海軍講求水戰練成勁旅以爲有備無患之計誠良策也吾則以爲中國向有一病有畸重者必有畸輕近來究心於水軍恐不免拋棄夫陸軍此亦不可不慮者也中國之足以與泰西敵者所長究在陸而不在水水師爲中國新練之兵即日日新月盛大異從前然所仿者仍是西法以我新學之西法以衡乎久練之西兵豈足以相敵也乎至若中國之陸軍則其訓練固有素也嘗見大帥閱伍之時各軍莫不奮勇爭先踴躍從事走大陣則井井有條窮變化則神奇莫測馬步弓箭無不畢奏其技雲梯刀牌無不各盡其能大帥顧而樂之賞賚有差旁觀者亦嘖嘖稱道不已以爲如

茶如火不動不撓若以此制敵何敵不摧以此圖功何功不克余則往往掉頭逕去不欲卒觀何則此等軍容皆可觀而不可用者也　國家設立馬步各軍除滿蒙漢各旗兵而外其綠營軍籍亦何嘗不大費經營哉每省有提督一人惟山東山西河南江西則以巡撫兼理提督之下爲總兵總兵之下有副將副將之下有遊擊參將再以下有都司守備千總把總外委大小相制尊卑相統其法制極爲美備每月有大操小操有旬操有月操有歲操至六年而大閱大閱本應　皇上親臨祇以屆蹕遠巡恐有未便乃欽派本省督撫就近查閱所謂代天巡狩權甚尊也責甚重也而所閱者則不過馬步箭而止至於走陣式爬雲梯此等皆同兒戲旁觀之嘖嘖者胥在乎此蓋憑軾而望注目以視耳目爲之一新似較觀劇更爲新色故未有不贊之者而其實則所贊者不過好看二字其閱伍之期必有奏參武員數人則亦是徵之平日非於此一時可以定其優劣故余不欲觀之惟於前此諒山之捷去年朝陽熱河馬賊道匪合力並舉旬日之間蔓延四邑而葉軍門率兵竭力剿洗不及兩月悉數蕩平此等處所實有明效大驗然後知中國之陸軍固尚有可恃者在也夫東三省練軍皆爲陸兵非水師也而裕軍憲一怒之威立即底定則練軍之實有把握亦可概見然熱河朝陽猶曰以久練之官軍擊烏合之醜類譬之秋風之掃敗葉固易易也而諒山之捷則所禦者爲方張之法兵其陸軍之尚有可恃不更顯而可見哉故中國於此時整頓水師固爲先務之急訓練陸軍亦不可稍涉寬緩今日者雖曰海氛寂靜不



難共享太平然安不忘危古今之通訓也吾觀中國近年於水師實力經營其薪俸餉糈皆倍蓰於陸軍而陸軍則絕無振作之意惟恐偏重於水而輕忽夫陸則水師新創究未可以深恃馬尾之戰前車尚未遠也而陸軍則反狃於諒山之勝朝陽之捷而遂因驕生怠因怠生玩勢必至棄中國之所長而轉用中國之所短欲以我之所短禦敵人之所長幾何不至於潰敗決裂也吾故曰中國練兵宜水陸並重不可有畸輕畸重於其間則庶乎其可矣

論中國兵額不亞於外洋

兵貴多乎抑貴精乎曰貴精不貴多古嘗有以百萬數十萬之衆而破於敵坑於敵者矣多而不精與無兵同雖然今之天下一用兵之天下也兵不足於用先啓敵人以玩我之心是故各國莫不斤斤於此注意水陸講求訓練間有聚而問富强者曰某國有兵若干名有船若干艘有礮臺若干座此不待言畢而可知其强者也如曰某國兵僅若干名船僅若干艘砲臺僅若干座此不待言畢而可知其非强者也兵之係於國顧不重哉近來東瀛風氣頗輕中國閱其記載自謂中國兵額不過十萬五千人者或從而辨之謂中國兵力之雄非局外所能見及謹案順治元年　定都燕京八旗兵從龍入關留内大臣和洛輝防守　盛京時英王征陝



西都統準塔征山東豫王征江淮每路兵各五六萬合　京師宿衛之兵已不下二十萬所徵於外藩者惟科爾沁等部其後遂以留京者爲禁旅而分鎮各省者爲駐防定額約二十萬然尚有八旗之外佐領之丁壯隨時編入不在其内也此則禁旅駐防之兵也至於各省水陸之兵統名曰綠營直隸督河提鎮四標共四萬二千五百三十二山東撫鎮河三標共二萬一百七十四山西二萬五千五百三十四河南一萬三千八百三十四江蘇督撫提鎮河漕六標共五萬一百三十四安徽八千七百三十八江西一萬三千八百三十二福建督撫水陸提鎮各標共六萬三千三百四浙江三萬九千九湖北二萬二千七百四十湖南標兵並屯兵練勇共三萬五千五百九十、陝西四萬二千九百六十甘肅督提鎮幷巴里坤烏魯木齊伊犁三鎮兵共五萬五千六百十九四川三萬四千一百八十八内有漢兵九百九十四隸將軍標廣東水陸六萬九千五十二廣西二萬三千四百八雲南四萬二千五百四十九貴州四萬八千四百九十内有屯軍九千二百三十九通共營兵六十六萬一千六百五十六此各省綠營之兵額也若合旗營計之卽謂之百萬亦非夸大且此猶是會典所載兵有口糧有定額者耳更合之近日湘淮各軍奚止十倍於東人所記所憾者綠營兵額不能一一補足又有老弱雜其中炊爨灑掃之夫雜其中汰去宂濫實可備行陣者不過得半之數然卽此數十萬之兵精而練之使成勁旅亦足以無敵於天下近來歐洲强國咸推英爲巨擘嘗考其一千八百九十一年之兵數綜英倫三島凡陸



兵二十一萬一千四百六十二名馬二萬五千五百七十八匹額外陸兵五萬五千二百名民團農團十五萬五千八百四十八名馬一萬四千一百匹義壯兵十五萬七千八百三十四名馬五百匹差捕兵一萬二千七百五十七名馬四百匹又綜英倫三島及印度新金山各屬地水師凡鐵甲船二十八艘巡緝船三十一艘一枝桅船十八艘大小砲船六十三艘大小魚雷船一百四十八艘兵船一百十三艘國中遠商雇用兵船一萬七千七百二十艘篙工四萬九千六百名水師步兵礮兵一萬三千名額外步兵礮兵二萬二千名在船内司理各人約共二十萬二千五百名核其總數似尙遠遜於中國况中國目前長江又有水師外海又有海軍各要口各礮臺又有守兵防兵益以新疆臺灣後先設省雖羸

時之定額不無汰裁而後起之練兵儘多增置至於倉猝有事招募丁壯勸諭民間協力團防即就小省均分亦可得數十萬人但觀道光年間粵東禁烟之役鄉民憤激倡義南海番禺二縣團勇不下十餘萬當由紳耆汰老弱練丁壯竟得三萬六千此皆自願當兵之人與英國之義壯同今舉一處以概其餘欲不謂之多兵不可矣特是兵不貴多而貴精仍望掌兵將帥申嚴紀律精益求精毋專主淮陰侯多多益善之法則他日之無敵於天下者舍中國其誰與歸哉

卷二　九

自古迄今兵制不一漢唐以來或重內輕外或重外輕內利弊相尋規制時更要之皆額設之兵也從未有平時不設定額臨事始招募者有之則自髮捻之亂始當是承平既久旗綠各營荒嬉懈玩久如枯菌之不可以受斧一聞寇警則相與閉關爭竄望影先逃遂使鞏固河山一旦淪為賊窟其時曾胡左彭楊諸公當寇氛日棘之時無可藉手則不得不為權宜之計招募鄉勇以扶時局激揚忠義共賦同仇卒能將十餘省之賸水殘山還我清平世界不可謂非召勇之功也承平以後當事諸公以勇餉難繼次第裁撤[illegible]田於是向日行間稱兄道弟者逗留中道時[illegible]之所由來也文正在時會匪猶有所憚乃[illegible]義籠絡之故終忠義任會匪無蠢動者厥後[illegible]漸熾劉峴帥坐鎮東南必欲以全力制之於是大江南北[illegible]嚴拿匪首之伏法者不少然遺孽尚未盡殲伏莽時思竊發此誠中國之隱患也前車之覆尤可為後車之鑒何以一二十年來遇有外侮動輒以招勇為長技不知所招之勇不諳紀律攻守皆不足恃又統以不嫻韜畧之將此我武之所以不揚也往時初創招勇之法銳氣方張所剿者又係內寇黔驢之技易窮今則營勇之未撤者漸染驕惰之習暮氣已成況所禦者又係外侮情形大異遠非當日內亂可比曾不解支持大計者屢撤屢招[illegible]若折衝禦侮非此不可不知輕招於有事之時必輕撤於無事之日和局方成各處所招之勇紛紛儀撤在部庫固已寬籌餉

十

項俟遣撤時發交統帶或管帶從優分給甚有增給二三月口糧
作爲歸里之資并可爲養贍家口貿易資本所以待之者不可以
謂不厚祗以統帶各將祗知尅扣不顧大局遂致散勇潰不可遏
一呼百應倒戈相向與管帶等官爲難甚至擁至憲轅洶洶譁擾
肆無忌憚如前報所登天津兵變一事亦可見撤遣之難不若招
募之易矣此種散勇無論舊撤新撤大都消息相通臭味相投生
死相誓一有[illegible]隙可乘便思揭竿而起作犯法蔑理之事原始要
終是不受招募之益而反貽撤勇之害矣其失計未有過於此者
要之自古無不變之法而於兵制尤不可不隨時變通改額兵爲
招勇固　計初用之而效屢用之而不效可知利病之
所在　計奈何則亦不外寓兵於民之成法漢趙



充國駐　田策此卽古者寓兵於民之意無事則各
事耕耘餉　之費有事則修戈矛戟無非節制之師一年之
中三時務農一時講武以本處之民衛本處之土則田園廬墓之
所在保衛桑梓自較尋常尤爲出力一則道里遠近山川險要水
土之性寒煥之宜皆所素悉初無遷地弗良之慮以中國幅幀之
廣民性之良苟有恩威素著夙諳韜畧之大員運以精心持以定
力練成勝兵數百萬不出十年必有成效之可覩此所謂腳踏實
地確有把握豈若忽招忽撤之視同兒戲無裨於事轉貽大害哉
更以西法叅之亦可與寓兵於民之意相發明陸兵之制以德國
爲最精民間男子已及歲時其家有丁口二三必抽其一以當兵
教以各種兵法定以年限期滿始准歸家然每閱一二年必調操

一次操畢回家各勤所事如遇國家有大征戰兵數不敷始調及
此種兵其未滿限期之兵不煩徵調而已集所謂常備兵也其駐
防聽調聞警卽出者所謂豫備兵也其退老在家不輕徵調至此
亦一呼百集爲國禦侮所謂後備兵也以此法治兵幾於通國皆
兵平日待以恩義優給餉糈使荷戈執戟之儔人人皆踴躍用命
如有不測則更從優給卹並給厚資撫養其家屬其待兵之厚也
如此練兵之精也如彼無事時常有勝兵百餘萬臨警時尙有豫
備後備兵可拱徵調立法之善如此宜其戰無不克攻無不勝也
此與中國寓兵於農充國屯田之成法相爲表裏故著此說敢以
告諸維持時局者

古今練兵之法不同說

古者蒐苗獮狩歲舉其三有一時不舉者以田獵之意重在講武而井田行於三代寓兵於農天時地利之不齊人力物產之有異設有歉歲則民間力不能堪勢不得按時習武故雖有此禮而不使備舉也豈云乾豆賓客充君之庖之外或農功既畢歲有餘閑不妨多舉一次耶蓋一歲三田恤民者猶以爲數然古惟軍賦出於井田兵卽是民故可以農隙講事而定四時之獵若後世兵與民分則操習技藝乃是兵之分內事無與於民無妨於農無論何時皆可操閱宜乎今之隸軍伍者專習兵事較諸古時兵農兼務者其技藝更有進也然吾嘗謂古之律民兵嚴而今之責軍兵寬也古之望弋　而今之待軍兵薄也田獵之禮下於鄉射射則

十三

以鄉大夫州長爲主人所獻鄉遂賢能者爲賓而國人鄉人之觀禮者亦皆與射且鄉不序爵卽有大夫與士耦其禮儀煩數固非不習禮者所能共事至於田獵則家出人井出乘者皆與其選不獨大夫士也然出而治兵入而振旅歸而飮至所以昭文章明貴賤順少長習威儀者禮雖簡於射而制禮之意實則等於射也若今日之兵則歲時操練既無進退揖讓之節亦無賞罰賢否之分平時本管營官自行教練並不過使其技藝熟習不致生疏庶統帶之將弁閱之知其領兵之整肅教士之認眞而已統帶既閱然後上之臺院其爲時則督撫提愼協營各有本標兵每歲計行冬操一次至三年則統令督撫徧閱之至平日本管營官之教練無足重輕也是今日之兵惟每年冬操三年大閱爲繫乎賞罰棄取之法律以古者三時田獵之禮豈不疏闊太甚乎然而卽此冬操大閱而苟鄭重以行之則官弁約束敎練賢與否可知兵丁疊陣獻技勤與惰可知但據此以行進退取舍之法則營務何至廢弛而邊防又何至空虛者或曰古時用兵惟弓矢戈戚等器及布陣之法以田獵爲操兵其事已盡今之兵器名目極繁炮火本爲自有而舊器不合於用則更習新法火器既爲長技而古制不可遽廢則兼尙技擊時勢既易物各殊宜使以昔之農兵尙今之器械則田卒汙萊矣然而今日之兵尙不及古何也名爲專習而實則具文也鎭協等標其歲時操演猶覺認眞比較或勤敎習之或嚴戒責之以其上有督撫大閱之時而中靶者少焉各將官何以爲情也以致本管營哨官平日教練屆時上之統帶請加校閱恒鄭

十四

重其事以爲有得失榮枯之分而統帶之員亦或厚自捐廉優加獎賞以鼓勵各營哨之弁而撫馭各汛防之兵其意以爲督撫將蒞此以觀之也而豈知事之愈行愈上者則愈不認眞焉蓋督撫統轄全省錢漕銓補鹽務軍機皆在掌握其年爲　特旨交閱營伍之期則所屬諸府州路各標營汛將徧閱而徧考之則至少亦須數月而竣事其不能詳細考校亦固其宜然以奉　命之事而過於草率刻限程途一二日卽竣事於一郡其無乃不成事體乎顧近年督撫閱兵者則往往但求其速而不求其詳是豈必不得已乎夫今日午前蒞郡午後則登演武臺校閱兵丁技藝大陣明日侵晨卽考各員弁弓馬又不過半日蕆事至下午則已起馬明日又蒞他郡矣雖預期牌行不難早爲整備而究之一鎭一

協七入營之兵弁爲數已多兵之技陣與官之弓矢半日之間豈能詳加比較公行賞罰哉而况乎名項之中尤多免閱者耶或閱槍砲而不操大陣或操大陣而不觀雜技至於官則候補效力各員往往免考矣此豈故示體恤乎抑厭其煩而止也夫以特旨飭交之事三年一周之期定例如此鄭重而奉行者無非故事以爲國家整軍經武之道實有賴於此焉誰則信之哉故曰今之軍兵不如古之農兵也

## 兵將一心說

古之用兵者曰士識將意將識士心將之與兵必使一心一德兵之所習將皆諳之將之所能兵亦知之夫然後將之使兵不啻身之使臂臂之使指進退坐作捭闔縱橫莫不如志而兵之於將亦能以目聽以眉語指揮左右不言而喻故足以收兵之利而無兵之害也今中國則不然兵之所習將則不知將之所知兵則不喻如是而欲求其將之與兵不相扞格不亦難乎蓋中國軍法其先祇循其舊不知變通自華爾爲常勝軍殺敵致果所向無前而後中國知西法行兵果有實效於是競相仿傚各以西法訓兵遂成勁旅迄於今日各處之洋鎗小隊居然大有可觀雖不能如岳家之背嵬軍撼之不動亦幾如唐時之彍騎轉戰無前蓋其步武行列變化轉運本極便捷一以西法爲模莫不心領神會故吾觀於此國近時之兵而不禁爲之色喜也顧兵之功功狗也將之功功人也譬之田獵追逐狐兔者狗而發縱指使者人兵之不能無將亦猶水母之不能無蝦乃中國之兵則旣習於西法而中國之將則全不知西法此則非徒無益而又害之矣何則兵旣習於西法則開合變化無之而非西法與中國向來所習之步驟擊刺等法迥乎不相侔也爲之將者必亦以西法爲之指揮斯前後左右可以惟所欲之乃中國之將仍以中國之舊法以調遣新習西法之兵其有不格格不相入者哉其在陸軍則宜進者或不使之進宜退者或不使之退而兵又不敢自事必俟將之令將則茫然莫解而以意爲進退則雖有聯珠環攻之巧而此心一亂氣即不定敵

人得以乘之轉不若仍用舊法兵與將猶呼吸通靈也其在水師行駛駕馭之道迎送順逆之方將之所言兵則愕然兵之所爲將又惘然甚或欲東反西欲南反北略一遲疑差以毫釐謬以千里雖有鐵甲之堅厚炮火之靈便適足以資敵耳又安用乎凡若此者不可枚舉總之兵與將不相習其害必至於是也試觀東洋近來亦效西法以訓兵而訓兵必先訓將故日本之將與兵皆一心一德毫無扞格之形而其兵乃可以深恃中國既欲兵之習於西法則何不并以西法教諸帶兵員弁使之無所歧趨而後可以指揮如意是亦兵家之要著不可視爲細故也夫本朝用兵其統領多以文員非輕武而重文也蓋以武員性多暴躁恐恃勇輕進易隂敵計以文員讀書養氣慮遠謀長謀定後戰乃可以制勝是亦孔子好謀而成之意故大功之成亦多收效於文員爲由是而言一似帝兵之員初不必與兵同其術業也者不知坐作進退之法爲將者雖不必習之要不可不知之中國常操既仍多用舊法則新練之西法主兵者或無從知其詳細是所宜急先講求以備他日之指示者也昔岳武穆用兵稱最宗澤教以古今陣法武穆對曰古法不過已成之規矩至於運用之妙存乎一心然以武穆之用兵善於運用如此而古法究亦不敢謂爲可廢而況西法之訓兵中國人猶有習焉不精語焉不詳之處而顧諉之於兵而[illegible]將者竟置而不問設一旦疆場有事兵與將違將與兵隔意不相合心不相通致於潰敗決裂而乃歸咎於西法之無用噫是不亦大可惜哉



取兵於農說

古之世兵與農合今之世兵與勇分古之世兵與農合故無農不可爲兵今之世兵與勇分故徵兵不如練勇夫兵與勇曷由分哉曰經制所設者謂之兵召募所致者謂之勇由兵出身者謂之行伍由勇出身者謂之軍功不惟其途異其名異而其實亦異嘗徵諸衡陽彭剛直公之奏議矣剛直與湘鄉曾文正公創設長江水師上下征討遂成大功厥後每歲巡閱所至仍復孜孜訓練隨時整頓其詳酌水師事宜摺中除積習一條云國家設立水師各營所爲者殺伐之事所恃者勇敢之氣所服者勞苦之役使其無勇而畏勞則將何以行殺伐乎臣每見前史所載凡在開創之初用兵不多戰功獨偉至於承平既久兵日益增而益不可用故粵逆之變至於捨兵募勇豈兵獨弱而勇獨強哉兵有習氣而勇無習氣故也臣與曾國藩初起義旅湘軍所向有功其時自將弁以至士卒大抵非書生卽農夫也不知有衣服玩好之娛不知有功名勢位之樂不知有趨蹌應對之文當時湘軍所以勝人不過兩端曰樸曰勤乃十數年來時事漸平鎮將則狃於富貴士卒則習爲嬉遊於是樸者以漸而澆勤者以漸而惰是今日之勇又將化爲昔日之兵矣豈不可慮然則居今日而欲整頓水師亦在統帥之先去積習而已臣查閱所至所見鎮將以下樸實者尚不乏人而亦間有修飾廚傳講究酬應者均經臣隨時戒飭甚者至於參劾頗聞每屆巡閱儀節繁縟沿途迎接開放大砲甚至合隊排砲如攻大敵是但知聲威之壯而不顧火藥之虛糜也業已由臣通飭

禁止所到馬頭支搭五色棚帳鼓亭鐃吹儀仗甚都是徒飾觀瞻之美而不知攤派之難支也且此習一開則假巧者必因此而見長椎魯者必因此而見拙喜怒愛憎隨之而轉移即是非賞罰隨之而顛倒其與承平年間綠營氣習又何以異乎臣於擬派一節業已嚴札申禁其各營紅白慶弔及祭祀禱賽時有萬不得已之需商之湖廣兩江督臣略籌閒款俾資辦公所有無名費用徒飾外觀而有損軍實者應請　嚴旨飭下懸爲厲禁務使上行下效無失樸誠之舊以養勇敢之風庶於水師可以久遠無弊剛直此議蓋因長江水師已改經制故爲預防流弊起見而實則兵勇之得失不啻燭照數計賅括無遺水師如是陸軍可知不覩嘉慶年間川楚教匪之役乎其時征調四出用兵無算而最稱得力者



乃在羅桂之鄉兵羅桂之鄉兵猶曾彭之義旅也莫非勇也乃一以之制教匪一以之平粵寇試合前後以互證則勇之有用於兵大可見矣雖然世容有不募一勇之時斷無不養一兵之時世容有改召募爲經制之理斷無改經制爲召募之理如上所云將竟舍兵不用可乎曰不可其道仍在乎善用兵而已矣善用兵之道如何曰莫如取兵於農

# 海防新論卷三

## 重邊防必重設海軍論

近數十年來我中國亦嘗講求洋務整頓邊防築堅固之礮臺扼要隘之險地造鐵甲之兵輪練勇捷之海軍宜乎金城湯池可恃以無恐矣不謂一旦火滅烟消坐令數十年之經營數千萬之經費一敗塗地不可收拾興言及此未嘗不太息痛哭流涕而眦裂髮指也雖然往事已矣而所以綢繆未雨者不可不早爲預籌未可因噎而廢食也軍志有云備於不虞古之善教也有備無患治之要圖也況乎今者外有强鄰內有伏莽泰西諸雄國遍布四周環而伺我虎視鷹瞵時思饜其所欲我而亟亟焉振飭武備增修器械廣置戰艦精練水陸兩師尚虞其不給何況晏然以無備臨



之哉所以欲重邊防海軍不可不重設也惟是事機重大頭緒紛繁恢復舊規更宜挈領提綱條分縷析方足以臻周密而垂久遠知當此經費支絀籌款萬難之際尤應力求撙節事事核實乃可費省而事成在廷諸臣尤宜力反前轍悉心講論第一要義則在乎得人自通商五十年來變法紛乘其勢日逼悉已形見舉夫中國神聖之所締造文物之所彌綸一至今日幾於墮地其所以嘗試我者製器造物理財練兵方且日出其技而炫我而皆出我意想之外此巢燧羲軒之所不及料堯舜周孔之所不及防者也今欲以柔道應之則啟侮而意有難饜以剛道應之則召釁而力有難支以舊法應之則違時而勢有所窮以新法應之則異地而俗有所隔交涉之事日繁一日應付之機日難一日誠不知何所底

止吾以為其法無他宜先盡其在我而已在我之道無他則首在乎得人凡事得人則理失人則敗今先以海軍一端論之海戰全恃乎船船全恃乎礮然船可恃而不可恃也礮可用而不足用也船不能自運所賴乎運船之人礮不能自燃所賴乎燃礮之人一船有一船之經絡一礮有一礮之運用苟無人能知而辨之則有船與無船等有礮與無礮同故吾謂管駕之人所關係者非淺鮮也且不僅管駕者不可無人即下而至於舵工水手亦不可無人必使人與船相習船與人相安人在船上不啻魚在水中凡於船上之所有者不啻為己身之所有於是乎一遇緩急運用皆靈進退自便本下風也一轉瞬而已占上風本上水也一轉瞬而忽為下水一礮不虛發一毫不鈍滯此全在平日之間用心習練若不

卷三　二

裕之於平日安能得用於臨時曩者中日決裂其所以屢戰屢北者良以執事諸人畀以沙線而不知詢以風色而不解天時深奧而莫識地理廣遠而難明管駕者但知虛報名糧開支餉項以自肥其私囊賭博淫酗無所不為初何嘗以國事為念甚至武員之中藉羨水師管駕以為無異登仙凡管駕兵輪數年之後無不腰纏萬貫嗚呼噫嘻是誠何心無惑乎臨陣時退縮畏避之弗遑也今欲重設海軍必須認眞甄別一去曩時積習勿徇情面勿通賄賂勿事請託官不必備惟其人而尤必於沿海各省設立水師學堂延聘西員日加訓練拔取尤者俾至泰西各國軍營肄習海軍事務學成而返置之前茅蓋以培養人才練習軍務精選器械諳熟船艦為第一要義凡事務在實事求是以收實效如是實力行

之十年二十年之外人材既得而中國海軍猶不足與泰西諸國相抗衡者吾弗信也嗚呼言之匪艱行之維艱苟非當軸諸大臣臥薪嘗膽克自振作以求臻夫盡美全善斷不能致此也子曰嘗之矣

卷三　三

## 海軍宜講求輿圖之學

古人讀書左圖而右史圖也者不僅指地輿而言凡一名一物無不圖之以供觀覽如古今圖書集成一書圖與書並列凡有可以言者無不可以圖之大而山川城郭小而蟲魚花鳥正而衣冠禮樂奇而馗首刑天莫不羅列於中取而讀之可以廣見聞可以長見識以是知書之所以有益於人者實因圖之足以考證也今人讀書但知有書而已經解家古茂淵博反覆詳辨有論有斷見者或且目駭神奪以爲何淹博一至於此而不知取各家經解成書以證之則此所言者彼亦言之彼所備者此亦備之不過前後次第稍有不同其論斷處出奴入主間有各別而大旨則咸相埒也卽如地輿一道考據家亦未嘗不詳徵博引言之鑿鑿或且著述成書並亦繪畫成圖加以註解視之殊甚可愛然或綜其大者不免遺其細詳於偏者必難賅乎全前代輿圖之所流傳者後之時異勢殊疆界紛更以古證今茫無頭緒卽近今所出之書如海國圖志瀛寰志略等書言之未嘗不備顧以此等爲考證之資則可若欲由是循途以赴則斷斷乎其不能何則其所圖皆大段一國一省一島一嶼而於細支脉絡則皆未能全備也夫充著書者之心思才力未嘗不可以詳益加詳盡而又盡無如以一人而著之立說摹繪成圖有欲過於詳盡以至卷帙浩繁重而難舉則其書必不能成卽成矣亦必不能行蓋不但著述爲難卽刊刻亦不易幸而刊成身本重大購閱者亦必不多如泰西各國之闢疆拓土也以荷蘭西洋爲最早兵船游歷偶至一處見其土沃產饒卽設



法據而有之遂得以坐收其利人皆謂其收效全在乎兵威而不知非徒恃兵威也外洋兵威雖爲人所共畏然其來也兵船不過一艘卽使人皆如虎器盡精奇而諺語有云惡龍不鬥地頭蛇蓋以彼衆我寡不能持久故也而西國兵船則竟胆大氣壯敢於東馳西突往往必遂其欲而後已此何以故以其熟於地理也其蓄心欲得此地必非專恃此一艘兵船其先必早爲探測其處離不國海道若干沙線何若當由何處登岸岸上何處可以進兵何處可以扼險何處可以屯紮能容兵士幾何無不一一爛熟於胸而後一舉而卽可奏功特其先之偵探窺測行蹤詭秘不予人以識破至布置旣畢而後以一兵船收其全功人之見之者遂以爲西人之兵威其可畏也如此孰知所以助其兵威者全在乎輿地之學也法人流丕一經到越卽將其地輿山川道理悉圖之以歸告於法外務大臣謂越南極爲易舉法人聽之一舉而得河內海東等處苟非其窺視有素又安能握要如是倘無劉淵亭軍門崛起而與之爭則越南早已不國何待持久也哉俄人有與英人爲難之意情形尙未決裂而英國卽先據高麗之巨文島以扼俄人之衝是卽棋家所謂爭先着俄人因是不敢卽逞苟非地輿形勢平時熟諳其能舉事得當先發制人若是乎且不但此也法人之擾我中國也不驚於他事而專從事於閩洋進則可攻退則有芭蕉山可守夫芭蕉山之可以泊船屯兵中國知之者頗罕而法人顧何以熟悉若此由是言之外洋之於地理之學實有盡心講求不遺餘力者固不僅熟海程識沙線宜水而不宜陸也中國此時雖

不欲旁騖於外然本地之輿圖則不可不深知者也試問近來中國文武各官之中其能知地理者能有幾人一或海氛有變彼西人反能按圖索驥左右咸宜華人轉至守非所攻攻無可守無論其制勝之無術也抑豈不爲外人笑耶聞胡文忠公於地理之學最爲講究大有聚米爲山之概曾文正則凡當紮營之日必取地圖陳之座上周圍循視深夜不倦二公之勤於地輿之學如此故其用兵也往往得勢此則我國已然之明驗也故吾謂當此創辦海軍之際宜增設一地輿學堂不但使之讀地輿之書必且令其一一詳繪由一省而分之一府由一府而晰之一縣由一縣而晰之一鄉一村一邱一壑一蹊一徑分之而毫髮無遺合之即程途無誤遵胡文忠公開方之法考之務詳繪之務盡先求中國之道里考海程之險夷然後愈推愈廣至於海外各國考訂成書然後國家擇其極精者刊之凡於行軍之地各須一冊則素所未知之地莫不一覽瞭然其於軍務所裨豈淺鮮也哉



立海軍宜先講求製造

西人講求製造均藉機器火力精益求精而於輪船兵器更不遺餘力務出新奇中國購而用之踵而效之非不欲與西人爭勝也故輪船則購之槍礮則購之購之不足又設局以倣造之似西人之所有者我皆無不有也不知我之所有者西人已先我而有者也使所造一如西人亦不足與西人等而況未必能盡如耶機器之法規矩雖同而靈巧各別非自出心裁斷不能出奇制勝如兵船以鐵甲快船雷艇爲最而鐵甲快船雷艇亦大小不同遲速各別式樣不等至於槍礮彈子火藥則更日新月異而歲不同若僅步其後塵而欲思取勝於臨時不亦戛戛乎難哉在泰西各國亦各自爭奇不肯苟同所以各國皆未敢輕於用兵也官書局彙報紀巧製雷艇云英國水師官場相傳現在有人出一新船樣繪圖貼說呈遞英國海部採擇允行以造小雷艇一帮庶可興用異常速率能使該船每點鐘可行四十海里據云此船素用電氣燈行船中燈光一切亦燃電氣船下所安螺輪亦非常式之置於船尾乃於船之橫腰後面距腰最近之處安雙螺輪此船或能全體浸入水中或浸半體入水除船殼外幾無他物纏累殼外亦無裝飾其所以創此新式者蓋因水師名家久已欲於極小船身之內求得異常之速率能献出奇之戰力以與體質極大之甲艦等抗衡爭勝故特造此以試耳又英國博紫馬伍斯港試放水中礮彈洵爲海軍未有之利器用以防守礮臺船塢其功實在水雷之上試用之法俟潮退時將阿母斯敦龍古礮安置海灘前面遠置二十

一寸厚堅木板木板後再置三寸厚鐵板鐵板後再置廢朽軍艦一艘俟潮漲時海水越過礟上六尺之際用電氣向水中點放轟然一聲除穿過木鐵兩板外將軍艦之下部兩側擊穿兩孔以此制敵實敵艦所不能預防也現在各國無事則已有事則從海道居多故各處水師重於陸師水戰要於陸戰皆從海中用事則鐵甲快船魚雷等船不能不備且不能僅恃舊式時務報譯英國公論報紀海底行船之法云美國鮑爾鐵濱船廠新造一船可在水中行駛正在工作尚未告竣此船在水中深六十尺處每點鐘能駛八海里或九海里在水面時運動之力用燒煤油之鍋鑪發熱氣至三倍漲力機器其器可有馬力一千八百匹船上並配有儲電之具及電池等器船進水中烟筒縮小緊封至不漏氣遂運動使用電力船上人所需養氣另有氣櫃供給櫃中之氣用氣盤更換氣盤與浮在水面之樹膠管相接觀此知泰西製造之法眞可謂層出不窮矣前此藉水火之力以運機器以爲無以加於此者矣乃自電學家得收電之法則較水火爲愈速較水火爲愈便雖有不能盡舍水火而水火得電之助而其用更靈愈製愈精愈推愈廣吾知將來尋常行載之輪船亦必用電氣以行之矣中國海軍廢於一旦然欲爲將來禦侮之計不能不重整規模欲立海軍不能不備鐵甲快船魚雷槍礮等器然欲備船礮仍不能不購之外洋吾恐西人新法迭興吾之所購即彼之所遺吾其不受愚也幾希故中國不設海軍則已欲設海軍須先講求製造現在水陸師學堂迭設鑑於前之有器無人致敗於日人之手故亟亟於培養人才人才固爲急務若有人而無器弊亦與有器而無人等則中國講求製造其可緩乎哉

## 中國重建海軍宜多儲戰艦變通章程議

中國自設立海軍以來一創於法越之役再創於日高之役曩日之堅船巨艦悉成灰燼盡付東流貴　國家數百千萬之內帑經營垂二十年非徒不足以取威乃反以之增辱激者遂以海軍爲無用徒取內府之金錢充專閫之囊橐不如一掃而空之轉足以撙節糜費漸謀自强是說也所謂因噎而廢食也夫使中國果能閉關自守則雖又立海軍猶之可也如其不能試問二十行省中海口林立敵船處處可入我萬不能於各海口隨處嚴設重防密張羅網而敵船則出沒於洪濤巨浪中瞬息千里聲東擊西倏忽可至無論其登岸與否而我之備於奔命已不堪其擾矣是故處今日之勢而論中國之不能不重立海軍誠哉先務之爲急矣是



海軍當立而購造戰艦則不得不多南北洋規制亦須略爲變通不可仍守舊法自貽伊戚查泰西各國海軍所儲大小兵艦少必數十艘多或數百英國李提摩太君於一千八百九十暨九十一兩年間嘗博稽各國戰艦著爲圖說以今考之又幾易寒燠日新月異諒必各有所增日前本報載李傅相游歷英國適值海軍會操英相沙侯及海部各大臣邀請傅相往觀計聚大小戰艦共一百零五艘尚有載帶文書快船裝運軍火火食等船十餘艘駐紮地中海兵船三十餘艘英海二十餘艘均不在內總計其數幾及二百故英國海軍之强爲各國最而其兵艦之多亦爲各國最攷英國本地不及我中國遠甚卽統其所屬各國計之亦未能過我中國而兵艦之多如此中國與泰西通商未久向來拘牽成法不

相聯絡孤立於亞細亞一洲海口之多又較他國爲甚環而相逼者星羅棋布無不欲剪取邊陲以逞其志一旦禍機猝發敵人鼓輪而來而我無戰艦以禦之不至徒手受縛也幾希李傅相有見於此聞在英國某廠定造鐵甲船數艘老謀深識思患預防非眼光如豆徒見目前安而不知後日之禍者可比然一英也而已有戰船二百艘設或與他國連檣東下區區鐵甲數艘以之自守門戶尚形不足何能與敵人鏖戰於大海之中雖以韓信將兵之能不必果取於多多益善而以一服八則亦有彼衆我寡之虞是非設法廣籌經費多造戰艦不足以制敵而固吾圉也顧海軍戰艦卽以當今　國庫之支絀尚不難於多購多造所最難者在統將中國南北兩洋緜亘萬餘里向來以北洋歸直隸督臣以南洋歸



兩江督臣蓋以南北相隔窵遠聽命於一人殊有鞭長不及之勢責之兩督臣統攝其事固是善法然海戰與陸戰異陸戰則運籌帷幄之中決勝千里之外海戰則非親歷其境不能指揮如意華兵習於陸戰而不習於水戰今之老成宿將亦皆未涉風濤之險海洋戰法茫乎未知不得已乃以一切戰守事宜委之於海軍提督責任艱鉅偶失其選喪師辱國一敗如灰竊以爲南北可分兩洋而統帥宜歸一手如彭剛直公巡閱長江水師之例愼選將材畀以重任南北洋海軍統歸節制庶兩處呼吸相通互爲策應南洋有事北洋不至袖手而旁觀北洋有事南洋不至藉口而防堵昔年粤匪之起各省督撫祇分別疆界各自爲計遂至蔓延十餘省釀成大患迨中興諸名臣起不分畛域彼此照應不數年間遂

成偉業前事可師當以爲鑒也及查各國兵船從無盡停泊於口內取壯觀瞻者必飭至各國海口游歷更委替調則海洋之風波沙塹皆能熟悉各國之遠近虛實以及軍政之强弱船礮之堅利皆無不了然於心然後臨敵方收其效中國昔年海軍各戰艦不過停泊於旅順燕臺威海衛一帶從未聞有一船至各國游歷者宜乎不能知彼知已有海軍直如無海軍等至如海軍統帥之選今時尚無其人無已則仍借材異地請邦交之最敦睦誼者代爲訓練優其廩祿一其事權使悉心教授練成勁旅更與外洋各國熟商派聰穎子弟至其兵艦專門學習海戰之法十年之後我中國海軍庶有豸乎



## 論再興海軍得失

英國名士不雷爾作中國再興海軍得失論一篇登諸某日報中略曰中國於中日戰後猶未脫舊時之妄想猶欲恣弄海上之權乃購買鐵甲戰艦又欲託英德造船公司造堅艦今我以公平無偏之心爲中國謀以爲不必作此下策也如此不過浪費國帑授敵人以利器耳何則東方今日之和局必不足以支十年也而此十年內中國所練之海軍猶不足以敵歐洲諸國中之最弱者也然則練此何爲乎且中國他日之危不在海而在陸故爲中國者無庸以擲國帑於防禦海岸之事爲得計也若夫費鉅萬金貲以造戰艦不過再成黃海威海之覆轍耳抑何取焉香港日報論之曰不雷爾之論固當凡天下無論何等之國苟其地勢已沿海則陸軍水師必不可偏廢中國亦安能外此常理哉不雷爾之意蓋謂殃中國者必爲俄人俟其西伯利亞鐵路竣工之日俄人戎馬之足將風馳雨驟而蹂躪中國也然俄國陸軍之勇固足慴也其海上之勢力亦不可不懼也俄國太平洋艦隊既已如火如荼又得法國爲之羽翼法以水師稱雄於支那海上出沒跋扈必如東京往日之事無可疑也抑歐洲之形勢姑置勿論今日中國所疾首切齒者日本也若不再興水師則一旦相遇勝敗之數未戰而決矣若曰恐爲黃海威海之續而廢水師則中國陸軍亦何嘗不爲日兵所敗乎要之中國之不振全在根本之地政治頹廢上下隔絕苟非振肅其官箴振起其人心則戰艦何用兵團何益雖日日言兵適足爲寇其盜糧耳世有通識之士乎其必能窮本知變

以大造於中國矣





海戰要訣

近來兵艦之制迥異從前每換新式兵船或新式鎗礮及水雷等軍器則交戰之法亦必因此車張按各國現有之兵艦礮位及近三十年來所有戰事所增識見可推出要事六種以為勝事凡管帶兵船提督須將此六事熟悉胸中交戰時庶不致大誤

一　凡於敵船相近處須用輕而速放之礮向敵速放勢若連珠使敵船之水手兵丁無論在船面或桅上或礮門處或無鐵甲處皆不能停身勢必走避又必細看敵船大礮顯露之處並其煙通與轉礮臺各瞭望孔及靈置礮架各處所在向之多放輕小快礮

二　凡與敵船近至二千碼時則起首放中號礮即六寸礮宜向敵船無鐵甲處或向其望臺或向其舵房或向其螺輪等處連放不息

三　凡離敵船一千二百碼時則起首放大於六寸之礮惟放時

不可在六百碼以内蓋在此距内易受敵水雷之害

四　凡戰時切毋以本船撞敵船如敵船尚未擊毀撞之則敵船易於向避之而撞力空費及本船行過其左或右敵船反可施放水雷以轟本船是失利也如敵船已經擊損欲試撞之事雖可成難免本船受傷與敵相等亦不利也且敵船近時難免其水雷之害故凡於六百碼内擊傷敵船時宜再用大礮打穿其船殼如敵用速放礮回擊或更放大礮本船必用機器礮與連珠礮向敵大礮門速放不息則敵大礮不及施放

五　凡見敵敗遺有小船等物不可理會不可往取恐内藏有爆藥或木雷等攖之多棘手

六　本船所有宜愼之處或攏船之器不獨須備雙副猶須易折易换無論受如何傷害能赶速修補攷近來各戰事中若秘魯智利等國兵船多戰敗者皆因制舵之器經人擊毀不能急修以致船不受制終被敵累也至於製造兵艦備製礮位亦有數事最要即凡船上要害處必護以鐵甲放礮之人亦必設法遮護多備小礮與中號礮俱用速放法或機器放法最大之礮可不必備因其弊多利少也凡用大礮必有壓水器起落之法裝放者身藏不露壓水起落法外另必備手工起落法壓水器爲敵擊毀時仍可以人力起落惟裝放較慢耳

以上各說乃詳攷近三十年内各國兵艦交戰之事所以致勝致敗之故各船比較各事衡量將其要理要法就簡撮要書爲成說留心戰務者當以此爲提綱云



新法礮臺議　　　　周郇

礮位名號實繁礮臺形式不一設礮築臺之法以形勢向背而異無定制也大約礮彈有二類曰平頭曰尖頭平頭彈横衝力大欲其抵覆船隻也尖頭彈繞行勢銳欲其鑽通船甲也放礮有二法曰平擊曰懸擊平擊法但望定對面一方而發直擊其船旁也懸擊法必測遠近左右四向而發墮擊其船面也今水口所設礮位礮臺皆用尖頭平擊法取其事易而法捷而已礮位不多礮臺無法以此守險似未可恃郇以爲平頭彈未必勝於尖頭彈平擊法則遠遜於懸擊法何則直擊船旁敵人未必盡用夾板船數十磅彈未必擊穿即能擊穿彼又有補塞救急之法欲以禦敵實難爲功墮擊船面雖不能炸裂敵船亦必有損器傷人之事而况彈如雨下無器不損無船不傷近口不能進口安得一軍制勝千軍無能矣今各礮臺不用懸擊法亦非無故施放則難有其人測算則難得其準礮一放則藥煙滿房平擊猶難望準何論懸擊瞽眼一轉則敵船已過平擊尚恐不及何暇懸擊然而事急者不整暇以備其急斯所謀者已失先機矣事難者無深意以制其難斯所爲者皆居人下矣今擬設新法亦用懸擊在能備其急制其難耳各要口已築有礮臺者無事議撤但擇最險要處於已築礮臺之後添設新法礮臺其礮擬用田雞礮取其價廉而質輕法捷而用便無礮門則不爲敵人所窺擊無礮房則不致藥煙之彌漫若不用田雞礮酌用各式前膛炸彈礮亦可但求其多不求其大耳一險要海口礮約用五百尊少則二三百尊腹地要口礮約用百尊以

外其設礮築臺操演施放等法條列如左并爲圖說附焉

一測量水面號綫所以定準點也號綫以礮臺址界爲底綫或以兩岸定物爲底綫或卽用南北經緯度綫爲號綫皆視其地之形勢而定然後依度綫求經緯各綫而識之每一綫相距一丈或二三丈視礮臺去水遠近而別號綫址界以礮彈所能及處爲限其綫之號數以礮臺處近起數或敵船來方起數均可言其理固槩臺之先着論此事則臺成之末功而當審曲面勢時亦不可不預存定見也

一測量山坡定點所以立臺址也臺可稍高不可太遠址宜廣平不宜逼側如有小山作堡依山脊之險鑿平基址安置礮位更善更妙惟號綫最遠界必以四十五度爲率礮彈最遠點所能及焉



田雞礮臺無礮門有礮堡其礮堡當前蔽礮免窺見也無礮房有礮匣其礮匣平時蓋礮避污塵也堡後爲臺臺須空闊極平極準臺上精畫識綫以示礮軸之定點礮軸心點之垂綫直距潮平水面幾何尺寸垂綫正角之平綫橫距最近號綫幾何尺寸須一一測算精確然後平基劃界分臺列礮或十礮爲一列或二十礮爲一列各列高下曲折隨地而布斯礮臺之大局成矣

一推算各礮軸心距水面號綫各交點之相距尺寸所以備施放也各礮軸心距水面經緯綫相交之各準點俱有不同須逐一推算精確既得各準點距數卽依以定各準點所用礮高各度數礮編各度數及彈藥之各磅數然後編其距度磅各數分寫每準點下列表於牌每一礮有一牌便於礮兵平時操演臨時審視斯準點之用數定矣

一位置瞭敵房所以統礮隊也其房鑿山爲窟立石爲壁房上作斜坡遇有礮彈來擊隨坡斜溜房不被傷房頂角有天窗安照物鏡鏡可置亂葬叢棘中惟鏡前不可有物以礙遠照鏡所能照之地須稍逾水面號綫止界照物鏡後有折影鏡房中壁上或地上有收影鏡折影鏡與照物鏡之距數角度視收影鏡之遠近平立而別又依前所測水面之經緯綫以定收影鏡上之經緯綫其綫亦依次編號須令鏡上號綫與水面號綫一一符合毫釐不差如有敵船入號綫內照物鏡照其影折影鏡折其影收影鏡收其影人在房內見收影鏡上第幾號綫有船影卽知敵船已行至水面第幾號綫可以傳意各礮臺整備齊集擊窟室而能瞭遠方獨視



而無殊衆見不必人人測量礮礮推算此一房所以爲衆礮之目也

一安設號表號鐘所以指揮礮兵也號表設瞭敵房外升號之機設瞭敵房內號字明顯須令衆礮兵側目可見若礮臺首尾遙遠或分立兩所或分置兩房亦可表分上下行上行爲經綫號下行爲緯綫號如上行現二字下行現三字則知第二經綫與第三緯綫交點有敵船矣號鐘設礮臺邊角每礮一列設號鐘一具擊鐘之機設瞭敵房內收影鏡左近擊鐘法用電氣或用拉綫隨地設放如敵船循第二經綫而來已入第二緯綫卽行升第三緯綫號令礮兵卽速照牌定度俟敵船行至第三緯綫卽刻報鐘卽刻拉藥齊發斯發無不中矣此號表號鐘所以爲衆礮之號令也

一預備照海明燈所以防夜犯也凡防守要口敵人亦必[illegible]踏四顧不敢直闖至暮夜昏黑敵船息聲滅火乘機暗犯將防不及防守無可守斯千百礮臺俱爲虛設矣有明燈以遠照口岸明顯如晝斯敵人夜犯之計窮矣燈約有二石灰燈費大而事易電光燈價重而器精酌而用之可也置燈遠近隨地而定須令燈所及照之物瞭敵房內收影鏡上亦能見之臺上號表礮𡵚各須置燈照明以備礮兵夜瞭斯照海明燈所以匡礮臺之不逮也

以上六者特設礮築臺之大要也臺既成後則須事事愼密時時操演試礮位以驗其差否練礮兵以察其能否礮之準點雖已推算無差而潮水之漲上天氣之陰晴台址之毫末偏頗礮度之分秒盈縮皆能致準點微差之故但能使礮彈擊點去準點不出二丈以外斯亦可矣送藥拉藥各礮兵無人不能惟定度安彈各礮目須詳知礮牌用法及號鐘用意則非聰明敏捷者不能辦也大抵礮臺不徒恃有善法而恃有善用之人礮兵一見敵船心膽如裂手足如痲有時礮彈尙難出口尙何論於發之能中即有此新法礮兵祇知守礮不見敵船如指如揮以整以暇縱不能百發百中十發當七八中如一大口有礮五百尊每礮發二彈共發一千彈有七八百彈命中雖有敵船數十艘同時進口亦將無船不損無船不傷欲入我之守曰能乎否乎不待言而決矣以此操防守之勝算不信然歟

論講求炮臺炮船

蓋聞思患預防占於易愼始圖終載於書誠以保邦之善策制治之良謨不可不早講也而籌備海防尤爲今日之要務中國沿海萬餘里自廣東處浙閩之外東西兩路雖逼近大洋防守較易瓊州則孤懸海外爲廣東全省之屛藩防之實不勝防浙江門戶三重定海適當其衝而奉昌臺温諸郡所賴以保障也江南之蘇松逼近于海而吳淞江陰等處均爲扼要山東登萊二郡連接大洋三面環海當隨其地勢之險要嚴加鎭守直隸天津控扼襟要形勝稱天塹焉關東爲全省之門戶而承順口尤爲要衝蓋惟形勢既明萬里之遙瞭如指掌其險既多其防尤不可弛矣然其實則能守爲上能戰次之若以守則不固以戰則不利雖費貲鉅萬製器盈途祇足塗飾庸耳俗目早爲有識者所深憂也夫戰守之日陸路則恃炮臺水路則恃炮船固不能或有所偏廢也然查築臺之法有山上山下之不同有近海距海之各異而臺前臺後又各不能一律以相繩而受敵之處則須有厚土以抵鐵彈有密林以蔽全臺而其上又須佈鐵網以免飛炮之如雨點紛集也其中又須隱旌旂以使兵卒之莫測其多寡也有此數者夫然後內可以固守外可以禦敵其築土若何掘取土泥四圍築牆至薄亦需丈餘質取其軟形取其厚敵燃放炮彈雖勢能摧堅而擊我土墩不能成力是以柔而制剛故臺可保也土墩之上或種叢竹或種棕葵周匝緊密彈至亦不能入然須距臺較遠即敵用火藥焚攻亦與臺內無礙此則欲守其內先備其外之法也敵或不能近攻專

用飛天炮彈從空際擊下使軍心慌亂因而內潰則鐵網宜用也鐵線則選擇必精網眼則疏密得法日風雨露依然可到而炮彈飛至斷不能下則我能擊敵敵不能擊我彼勞而我逸彼忙而我靜何至有潰散之虞至於守臺兵勇各分地段各管炮位敵雖來攻不可屯聚一處務須掩旗息鼓安靜無譁敵從遠瞭望莫測端倪究何能乘間抵隙聲東擊西以逞其志也四者既已講求而弁兵憩息之所則於臺內掘土作室以便更番休息而儲積火藥尤須謹慎凡人跡混雜之地切當詳審蓋防或失則先自焚而敵或可潛遣奸細暗中取事也夫炮以禦敵臺以扼險有至大之炮而無至固之臺終無所濟也至於炮船必以外洋所製爲準須出貲購有最新最大之船駛回中土照樣倣造乃能臻其巧妙近十數年來上海福州皆設有船局旅順亦設有船澳陸續所造炮船已有數十號然試問何船可以駛出海面與別國之船一戰者卽如揚武超武等船規模之大氣象之雄幾於莫與比倫似足壯水師之威而擅水戰之勝然以龍驤虎威二船較之則小大雖屬懸殊而利鈍究有分別也然此二船在外國則名爲鐵炮艇非所謂鐵甲也若與外國鐵甲相遇鮮不披靡矣故從前一失利于閩海再失利於東瀛雖近日新購有鐵甲船之堅銳魚雷艇之靈捷而僅論其價值之巨不極其利器之精又何能于洪濤巨浸之中兩軍相持立操勝券也然則如之何而後可計惟有身膺重寄奏知

朝廷飭知各國駐劄欽使悉心查究彼國所造戰船遇有新欵者出或抄其圖式或詢其制度郵寄回華考其同異究其得失如法製造倘中國之人能獨出心裁足以駕乎其上當道者不可懷以妒忌而掩其技能並准稟明爲之籌項俾得專心殫力剋期竣工則戰船不患不能與外洋相頡頏矣

# 洋務新論卷四

## 整頓船政摺

陳璧

奏爲船政整頓伊始敬陳管見以備　采擇恭摺仰祈　聖鑒
事竊臣前奏請另簡專員規復船政仰蒙　聖明洞鑒近日敬
聞　命福州將軍裕祿兼充船政大臣　朝廷知人善任以榷
稅之官兼將作之選工程款項並責諸裕祿觀成可指日待矣然
臣有不能已於言者泰西以水師爲命源水師以船政爲根本外
國幅員不及中國二三行省製造之廠林立養廠養船之費君臣
上下並力任之中國沿海萬餘里所占海面最廣左宗棠沈葆楨
議創福建船政實海防第一要著自由德國購鎮遠定遠數船歸
後侵蝕虛冒無有發其覆者且照例有異常勞績保案將校無搴
旗斬將之功坐致專閫委員無經商服賈之勞立成巨富蠅營狗
苟傾軋成風勢不詆毀船政使師船盡出於購買不止也豈知船
政所裂之寰泰鏡清開濟駛南洋之南琛南瑞爲優已見諸劉坤
一之奏船政之平遠鋼甲較北洋之致靖經來式不甚遠費且大
減大東溝之役並駕齊驅屢受巨彈船身並未損裂謂自製之船
不足以任戰豈平情之論哉今　朝廷以船政委裕祿若以裕祿
爲　國懋舊休戚相關必能任恐任勞力顧大局然使以籌款專
責將軍而戶部總理衙門便可不問則海關一出一入各有指撥
卽使按月五萬舊案撝解於製造鐵甲一年一船之用猶恐不敷
況其力顧京餉及新派洋款考成解數斷不能足則船政屬之將
軍與屬之總督何以異乎沈葆楨在船政前後十年廉以持己嚴



以率屬取廠中一草一木者立案軍法令行禁止其取材多用士
人成效必獲信賞人無異念咸有競心臣居同里閈實親見之亦
中外所備聞而無異詞者也蓋以船政關係重大非他省機器等
局可比不以軍法從事則整齊劃一之規模不立不多用士人則
官場習氣刪除不淨老成規畫用意至爲深遠自英將琅威理回
國北洋海軍之操演虛自出洋局之監督撤船政學生之肄業廢
工用獲落消息阻絕解款日壓成船日稀良可惜也夫上海製造
局以道員管理每年造炮數尊江海關二成洋稅按月劃濟歲約
百萬船政以專派大員責成製造師船解款又不及十之二三無
米爲炊在事雖銳意翻新其可得耶應請　飭戶部及總理衙
門於五年之間每年籌的款二百萬兩交船政大臣爲製船開礦
之用並由總理衙門照會德國外部由該國國家代中國精選洋
總監工一員洋匠數員礦師兩三員立定合同來華交裕祿委用
限定每年成船若干得礦若干卽以此爲船政大臣之考成數年
之後成船可敷海軍之用礦產可濟船工之窮縱使一時無可籌
劃多借洋款一氣呵成未爲失算裕祿任安徽巡撫湖廣總督甚
有政聲將軍衙門旗務極簡且有副都統同城足以助理所管海
關各口多在沿海一帶船政離省水程五十里往返不便前此督
臣兼管每月涖工僅一二次駐工之員奔走稟承尤多曠職則此
次裕祿之兼辦船政非移駐署中親督率不可甲申之役穆圖善
出駐長門敵船恐塞出路不敢登陸以迫船廠是其明證閩省海
口重山疊嶂波流紆折若兩岸砲臺得力水陸控制得地敵船斷

難飛越船廠既屬深藏新成之新星塔船塢尤占形便一切新式鐵甲出入俱屬相宜僅可自製是爲船政計將軍應專駐船政爲控製海防稽稅務計將軍亦應移駐船政也抑臣更有請者船政員紳薪水本不甚優雖屬在官無異寒士而海關處脂膏之地在事員役積習相沿由來已久雖將軍正已率屬一時亦驟難轉移應請　飭下該大臣查照舊案遴選官紳士人分執其事勿得參用海關員役致壞風氣所有督催工程驗收料物支發款項稽查工課皆按開廠初年成法而加密焉在事官紳人等濫竽者革逐舞弊者治罪弁役盜竊官物者立時以軍法從事俾人心知儆耳目一新將軍任滿之日應如何　特加委任使奏全功則朝廷自有權衡非　微臣所敢妄擬總之以船政實成裕祿者爲朝破格用人之異數不得視爲將軍照例應得之兼差籌船政款項爲中外臣工之公職非裕祿一人之私責則船政幸甚大局幸甚臣爲海防根本起見理合具摺瀝陳伏乞　聖鑒訓示施行謹奏




## 增設船政學堂論

中國舟楫之利或言肇自虞姁工倕或言起於貨狄共鼓其說不一要之前聖人刳木爲舟剡木爲楫舟楫之利以濟不通由來久矣然自三代秦漢以來帆檣所及不能踰中國之外固以大塊之積元模之廣絕以窮荒阻以巨浸其不能周歷盡履者勢使然也若夫戈船樓櫓雖經恢擴其制度亦不積乎閎廣而止後世海船所涉獵亦不過遠販至東南洋各島國而已至於張騫乘槎直貫天河乃史官荒唐鑿空之說不足爲據自泰西人精通汽機之學利建輪舟於是乘長風破巨浪適異域極遐方千里之程朝發夕至萬里之途旬日可達凡日月之所照霜露之所墜自古舟車所不至人力所不通無不可以悉其道里之遠近詳其山川之形勝究其物產之豐歉考其風俗之醇漓通往來易有無徧於地球五大部洲軼亥章之步盡儵忽之軀自生民來未有若斯之六通四闢周流無滯者也輪船之功不其偉歟雖然駟馬駕矣而無三寸之轄則其車不能行也宮室具矣而無五寸之鍵則其門不能閉也輪船爲濟川之利器而輪船不能自行自止也必有人焉使之行則行使之止則止是亦猶車之有轄門之有鍵而不可或缺者也然則既有輪船不當首求駕駛之人哉顧人之心思才力各有所近亦各有所限泛騖者每多博而不精之病欲求專門名家必須設一專學以教之昔人謂用志不紛乃凝於神苟其念慮專一則朝斯夕斯自可升堂入室深窺奧窔天下學問之道無論中西無論古今其理要不外此故欲講求駕駛之道非設立船政學堂

不爲功泰西各國於書院之外無不專設船政學堂廣爲造就是
以泰西深諳駕駛者不乏其人嘗畧考其船政學堂章程凡入此
者須先通數國語言文字並嫻天文地理幾何算學其所教者爲
專講行船各法自測量繪圖防颶量星之外更有數端一爲遠涉
洋海當茫無涯岸之際隨處可知船在經緯線若干分數一爲識
各處海道海口之淺深廣狹及有無礁石之處一爲在海陡遇大
風雨應作何駕駛一爲平時機器應若何操置得宜此泰西船政
學堂中所習之課程也考選拔取後初爲副舵工閱歷有年再加
考核升爲正舵工果能心靈手敏藝術精通則拔取後可操全船
之權是爲船主船主者全船之人性命財貨所繫其任豈不重哉
爲船主者遇有誤事則有司得秉公研究如過在船主輕者罰鍰
重者褫職繳憑亦不錄用尤甚者傾家產以償之而科船主以應
得之罪苟天實爲之則船主與舵工免議此泰西船政學堂中所
定之規制也通商以來由李傅相奏明設立招商局置備輪隻往
來通商各海口以及長江各處而今論者謂轉輸之利得挽什伯
於千萬者招商局之力爲多當三十年前唐景星觀察創辦招商
局時卽有人建議凡通商口岸宜分別設立船政學堂招集中國
聰穎子弟肄業其中專教行船之學日積月深次第推廣庶幾駕
駛有人不至借材異域其款歸招商局籌措其事歸招商局兼轄
異日學業有成從而獎勵之拔擢之使之效技呈材久之自能日
有進益獨當一面實爲中國無窮之利當時觀察深韙是言而以
方在經營草創之際不暇兼顧此說遂作罷論迄今數十年來無



復有重申前議以圖振興者是可慨也目前江海商輪所用船主
悉係洋人未聞有以華人司其職者說者謂華人未必不勝船主
之任然一用華人爲船主則西人載貨附客皆顧而之他不肯輕
於相就而保險行家亦有退縮推諉扞格難通余以爲此不得謂
西人之過處實由中國平日不切其講求而無以取信於西人也
蓋人或千里經商或作航海之遊皆爲身家性命之所繫而司命
之權實操於船主苟不得其人而以藝術疏陋者濫竽其間誰其
肯等性命於鴻毛棄財貨於洪流乎此西人於華人之爲船主所
以齟齬而不相入也苟爲中國者講求有素於一切行船之學咸
能曲暢旁通精明熟悉實至名歸爲外人所信服則雖華人爲船
主而西人方且樂從之不暇又安有畛域之見存於其中哉不然
者日本能行之而我中國反不能行乎由是觀之益知今日船政
學堂之不可不設也方今國家鄭重海防創制海軍兵輪鐵艦既
需駕駛之才而各口以及內地商務日見繁盛小輪船之通行內
港者亦日見推廣大輪船之駛行於通商口岸者亦宜因時擴充
當此需才孔亟之時而僅恃福建一處所設船政學堂以爲養育
人材之地實有不敷調遣之虞觀於南北洋兵輪其船主均係華
人大半從福建船政學堂出身於出沒洪濤巨浸之中類皆操縱
如志與洋人之爲船主初無上下牀之別華人才質之可造就於
此可見一斑誠能因時制宜於福建船政學堂之外擇地增設詳
譯泰西各國船政學堂章程擇善而從精課程嚴考核妥定條規
垂之永遠上以此求下以此應中國英敏才達之子必有專心致

志深探力索以仰副弓旌之招者然則兵輪及內地小輪旣可以華人充其職而聲名旣著則江海商輪亦可以徐議更易而不至求材於異國夫中國今日所以力圖自強者實非一端所能盡而增設船政學堂造就駕駛人才以期權不旁落利自我操亦當今之急務也當軸者曷審諸



## 論中國船砲機器宜自行製造

嘗謂治天下以文定天下以武方今中外各國爭雄則武備不可不修也明矣顧武備之修首在於練兵尤在於製鎗砲我　朝神機綠營威揚海外近復採用西法添設海軍船政廠則建於福州軍械局則開於江南東粵輪船槍砲皆能鑄造日新似乎砲利船堅可與泰西各大國並駕齊驅矣然而所製之輪船悉皆根砵小艦其大者猶待購於外洋此定遠鎮遠各戰船所以來從英德等國也所製之鎗砲亦皆依樣葫蘆其新者亦須購從外洋此克虜伯士乃打各鎗砲所以採自英德等國也夫以華人之心思才力豈皆遜於西人況天津則有武備學堂上海亦有格致書院華人學生之肄業其中者歷有年所何竟不能心裁自出生面獨開



也哉即如輪船一項福州船廠均能製造而獨於船中機器則必購自外洋說者謂土鐵不如洋鐵之良華工不若洋工之巧故輪船能造而機器獨不能成是說也吾嘗疑之何則西國之有輪船不過數十載耳在昔咸豐年間英法兩國合攻俄羅斯其時西國兵船皆畏俄之砲臺攻擊急欲設法保護船身因思鐵爲天下至堅之物以堅禦堅或能不破於是以四寸餘厚之鐵板嵌於船身之外謂之鐵甲船後來堅益求堅鐵板之厚有加至二十餘寸者船身有保護船下有暗觸刀船內有大力機器并有雙暗輪於是鐵甲砲船之製遂廣行於天下然當其製船之始亦何嘗有爲之授受者哉精誠所結金石爲開寤寐所縈鬼神來告凡事皆然特未之思耳今輪船能作而獨機器不能二此必無之理也至謂鐵

質之殊不如西國之美事或有之然今人動謂洋鐵勝於土鐵不知土鉄亦未尝不精蓋鉄之鑄物最重火候有餘不足千里毫釐爐火純青惟視鑪錘在手者能否規矩從心耳即以洋生鐵與川生鉄相比較其價值既無差等而粗細則已懸殊洋生鐵擲擊之即碎其粗劣如渣川生鐵錘擊之愈堅其精細若鋼此洋鐵不善於土鉄之明徵也而獨於船砲中所用機器竟不能自爲製造必待取材於異国此真令人不可解者矣況自張香帥移節鄂北所開大冶鐵礦其質尤良天道地寶皆已効用所猶待講求者惟人工耳要知船砲之用全在機器船無機器則不能行與無船等砲無機器則不能發與無砲同　朝廷造士數十年歲費數十百萬既不能自出機杼獨創新奇而於此區區最關緊要者復不能效



而法之製而造之豈非鉄憾哉幸諸當道發憤爲雄鼓励人材知方有勇若能於製造機器之法悉心考究竭力研求凡一切槍砲輪船所用機器均克自行製造則巧而益巧精而愈精富强之基即可於此階之矣否則仰人鼻息一旦有事非我所敢知也

## 大砲與鐵甲論

多年以來武備學內俱以大砲與鉄甲爲水戦第一要務砲愈大愈利甲愈厚愈堅然甲愈加厚而砲仍須造愈大至今英国兵艦所載大砲重一百十頓內徑十六寸又四分寸之一每一開放弾藥之費值銀数千近來試用此砲乃知不能耐用其造法先造大鋼管外套熟鐵箍若干層放多藥時砲体不能禁受近試此砲用藥稍重外箍見裂內管或引長或変歪較小砲之內管有破裂者又試放八寸徑與六寸徑之砲亦有破裂者又砲內管與各箍相套難緊間有放時弾循螺槽轉動掣動內管一並轉旋故最大之砲每動衆人之疑雖試放之從未敢盡量用藥又不知放若干次砲始壊而無用



此一百十頓大砲試放打穿鉄甲之彈重一千八百十三磅放藥九百六十磅擊速每秒二千零七十九尺靶距五百尺擊力重速積五萬四千尺頓試此砲彈各國新報論之甚詳打穿之靶爲各國所造之最厚而堅者靶前面鋼板厚二十寸後面用熟鐵板厚八寸再後有橡木厚二十尺再後有花鋼石厚五尺後用石灰和礫石築成厚十一尺最後砌以磚若干厚彈直打穿前各層而停留瓤內計共打穿鋼鐵料厚二十八寸硬木花鋼石礫石其厚四十五尺其力之大可想見矣惟惜放過此彈之後砲已変壊不能再放自始至終放僅十有六次前每次用藥皆比常数更少今此大砲已成廢鐵國家砲廠所費人工燒料俱屬虛靡烏用亦可慨矣

法國所造最大之礮內徑十六寸半亦試之而知不堅又有十二寸半徑之礮亦劣而不足恃云

攷造礮工內最大之難爲內膛之任力放時內膛必受抵力極大每平方寸約受力四千磅至三萬五千磅必能任此大力方能裝放又因藥性常有改變間或存若干時藥力加大如礮無餘堅則難預知何時礫裂近來有數尊礮推算餘堅甚大放時仍有礫裂故各國近來擬造之新礮以內徑不甚大而礮體加堅重爲要

從來各國所造大礮無逾德國之克虜伯礮計重一百三十五頓長四十八尺內徑十三寸又四分寸之三彈重一千八百磅容藥七百磅能及十一英里之遠是爲天下最大之礮

克虜伯礮廠嘗代意大里國兵船造礮重一百十九頓內徑十五



寸又四分寸之三因用於船多有不便乃移置陸地礮臺鎮守海疆現意國兵船所用之礮爲一百頓或一百零五頓者然此各礮亦不足恃已有一礮試放礫裂德國兵船之礮則爲十二寸徑克虜伯礮

法國代日本嘗造大礮內徑十二寸六長四十尺重六十五頓爲後膛礮盡量試放用彈重一千磅藥五百磅彈出口速每秒二千三百零八尺內膛每平方寸受抵力三萬五千磅共試放二十次每次加重彈藥試畢礮無傷日本受之

近來造礮造彈造鐵甲所需之料務求堅固現製含鎳之鋼極稱堅韌以之造礮則中號者放彈出口每秒速率二千四百尺內膛受抵力每平方寸四萬磅美國現造最大之後膛礮內徑十二寸長三十六尺半重四十六頓彈重八百五十磅容藥四百二十五磅出口速率每秒二千一百尺於相近處擊力重速積二萬六千尺頓此種礮如以鎳鋼爲之再加重五十頓則無論何國之礮無出其右者矣

近來造鋼每百分加鎳二分半乘鎔時加大壓力用造大礮與彈及鐵甲皆能比前者堅固耐久現又有新法使大礮外套之箍較前更長故礮能更固足免前礮放數次而變彎之弊

論用火器貴得人

自火器興而戰陣爲之一變無論拔山舉鼎之雄一手槍殺之而有餘即救百人救千人立一防營結一敵陣一開花炸彈縱横轟擊亦能使之骸骨灰燼血肉紛飛蒼蒼不仁何竟賦彼凶徒具此智慧窮思力索俾各創此害命傷生之器以使無辜之蒼赤都陷於無情之礮火之中豈刦運之使然在好生惡殺之天心有時或亦有不能自主者歟然而當世既有此種火器則火器之利鈍即爲戰之勝負之所關有国有家者苟欲外攘而內綏自非多購火器不可而或沾沾焉僅以置備火器爲急不思訓練士卒使皆以能用火器爲先則有火器而不善於用與無火器正同甚且舉我火器委之以資寇兵徒費無限金錢轉使敵假之以攻我是又不



如無火器者之爲害轉淺矣我　朝近三四十載以來講求火器不遺餘力有在各行省自設機器製造局廠鑄造快鎗快礮者有不惜撥千萬金銀各向泰西有名製造大廠購其新式鎗礮者滿謂有此利器中国雖不矜遠略不欲恃我火器以爭雄於海外五洲諸邦而或外侮憑陵當不恃之以固我國無如問中国火器則有而問有能用此火器之人則無無他中国官員積習過深有才不用卒致所用非才即或知其才而用之矣而多所掣肘又有才者一而以數不才參之必致牽連同敗又何怪乎去夏中日有事以後喪師失地時有所聞又舉向所置備之火器一旦棄之以資敵用即如西報載有倭人自誇之語曰此次自與中国用兵以來在各處奪得大砲共六百零七尊但就旅順一處計有三百三十

尊洋槍共七千四百枝但就九連城一處計之有四千三百九十五枝大砲藥彈共二百六十萬零一千七百四十一捲僅就金州大連灣二處計之有二百四十六萬八千二百捲洋槍藥彈共七千七百四十五萬八千七百八十五捲以金州大連灣二處爲最多有七千六百八十一萬四千六百六十捲食米共一萬六千九百五十七石另有馬三百六十八匹洋圓一百萬又篷帳三千三百二十六頂旗四百四十七桿沙船十五艘輪船三艘帆船二艘挖泥船一艘又刦得操江明暗海鯨三輪船另有鑼鼓刀矛喇叭車輛飯鍋水露散藥扇予雨傘衣服一切零物甚多又礮臺機器製造局各物合計共值洋銀七十兆此係倭人所述詞涉夸張雖不足深信然試折半計之則中國所失各物已屬不少嗚呼此非



我中國二十來所經營締造者一旦邊氛不靖竟拱手而讓諸他人彼怯將惰兵之罪固不可勝誅而主國事者伊誰又何能辭其責者哉今者前車之覆後車之鑒中國有此挫辱自應發憤改圖曉然於利器之不可徒恃人才之不可不儲而孜孜以全力赴之武備當有起色不直此也中国各口礮臺林立南洋兵船合計數亦不少然當無事之時水陸將領大率以飲博嬉游爲事問以槍礮若何而中的攻戰若何而獲勝布置若何而合宜大率茫然也即有一二大憲以簡練軍實爲心特派西員至礮臺或兵船敎練兵士然心手不相習情意不相聯既非倉卒所能奏功不出數月已調至他處欲期訓練精純豈可得哉且西員之出色者辦事秉公不肯瞻徇情面每以此不能久任此借才異地之所以未能得

力也即中國武備水師等學堂教成之學生及曾赴外洋游歷者人其中豈竟無傑出之才然在上者之用人每以資格為限砲臺統領及兵船統帶皆以資格較深者充之且有以陸路將領調至海軍者為人擇地不暇為地擇人坐使歷練有得之學生雖抱長才亦不得不仰人鼻息默默無所展布有人才而不能任用是誰之咎耶而況此所謂人才亦未必遠過乎人耶竊謂今日欲儲將才必先多設學堂擇子弟之聰穎者延西師教授俟其學業有成復派至外洋學習以擴見聞而資歷練後日回國即派至炮臺兵船量能授職榮以頭銜優以廩糈歲久積勞升遷不次如是則後起之秀皆得自奮於功名而水陸兩軍將弁皆足以供委用矣且此後非由學堂出身者不得濫厠戎行如是則任事有人往時積習庶不難一掃而空至於練兵之法以德國為最善常備之外復有豫備平日則按期操練有事則一呼即至深得古人寓兵於農之法以視中國之有事倉卒招募事罷即行遣撤者利弊所在迥乎不同果能如此整頓運以精心持以全力不出十年兵事必可改觀何至有器無人徒供敵用反為區區島國所乘哉欲禦外侮必用利器欲用利器尤貴儲才狂夫之言聖人擇焉敢以質諸識時務之君子



水雷說　斯米德

凡天下瀕海諸國如欲阻截敵船進口之法莫亟於設立水雷又莫善於設立水雷邇來西國頗費多金試驗水雷之效不一而足即如上年英國費銀二十萬去年費用更多且不獨試之於空際竟用極厚鐵甲板另造一船以轟驗其實力故美國前年在英國出銀二十四萬兩購買水雷及各機器備防該國海口至法德俄瑞及南亞美利加各小國數年內亦費銀多矣外國之賴以先聲奪人者大抵因惜經費務求實效是以有備無患耳查外國創用水雷係在乾隆年間彼時英美兩國搆兵美國先用水雷圖滅英國兵船其時造法未精尚難發而皆中二十年後有英人名富爾滕者出求試水雷之造法至嘉慶年間在法國之布倫海口用浮氽之水雷傷損法國兵船一隻於是英國以重貲得買其制作之祕術猶未經用蓋得水雷大用時乃在咸豐年間英法兩國與俄羅斯打仗俄人以水雷伏於礮臺周圍藉作地雷之用兩國之兵被傷甚眾雖自嘉慶時已知水雷為有用之物要其實在合用御始於同治年間北美國與南美國之接戰時也緣南美國海口甚多而無兵船北美國兵船極多而南邊所造砲臺不足於用乃深謀抵禦之策窮極思通因有意想出眾之人造出精巧水雷潛伏海口遂打壞北邊兵船其力有較利於砲臺之大砲數倍者其各口派有六十餘人專司安置水雷兼管機器[illegible]設其法首先置備水雷以及機器再派幹人探測水之淺深能料敵船從何而進復畫圖對核即在所料之處安排水雷嗣後凡北船駛至南口發[illegible]

不中即大鐵甲船亦被轟壞何論木船此南北兩美國之水雷其利害有足據者即如南美國京城名立其們因其地濱海口安置電氣水雷派人看守十三箇月之久無一北船來過一日忽來多船其看守水雷者窺之即議探水小船入口擬伺大船尾進再爲準轟其後大船上之水師提督亦恐小船遇險即升號旗麾令小船回轉意在察探有無水雷彼看守者知大船已識破機關不敢進口即俟小船回至水雷處陡發一水雷轟之小船上之火鑪機器悉被炸開船成虀粉一百二十七人中獲免者僅三人而已口外大船見即避去立其們京城得保無恙實以此耳可見一箇數百銀之水雷轟開數十萬銀之兵船且使無數大兵船畏不敢近是不獨水雷之轟壞具有明驗即敵船之聞風者亦皆不戰而自退豈非大獲裨益哉雖有勇猛船主驚知某處伏有水雷無不風聲鶴唳去之惟恐不速矣今夫膽壯之人凡遇危險而有形可識者尚或冒險而行倘其機難測者每多卻步之意如往年普法兩國交仗最可證已爾時法國兵船多而且堅弁兵又勇膽兼全而無一船敢進普國海口者亦以其安伏水雷也由此觀之法國兵船雖多亦奚以爲故能於海口想定先機用玲瓏機器加以應變急智之人密計設伏水雷則該處海口直可固於金湯又何慮夫大鐵甲船與極大之砲乎外國所用水雷原有幾種一名撞電氣水雷此種水雷撞之即發係鐵板所造內有火藥棉花用電氣引子施放置於船所進口之處以電線與岸上流電箱緊接其流電箱之水有兩人專放水雷必無虛發假如本國等船或被敵所

卷四　七

追無須進口則岸上經管水雷之人又能將電氣摘斷不令通入水雷雖被船碰亦可不發以誘敵船迫其逼近水雷仍將電氣連續一經根觸無不立發若以此水雷安置遠岸非但可拒敵兵登岸即敵船所開之砲亦遠莫能攻蓋水雷之妙於礮臺者職此故耳夫礮臺遇天氣陰霾以及昏夜之時或難瞭敵船駛入若水雷一觸敵船無不立發此誠百不失一之妙訣也一名電氣水雷此種水雷祇可從岸上施發內用火藥自五百磅至二千磅安置水底或半沈水中自十二尺至二十尺不等比敵到時岸上人即用電氣將水雷轟開然須在岸上預備兩處以守看敵船來與某處水雷相近一在門口並水雷對面之處一在水雷旁邊對面之處各置遠鏡即千里鏡於電氣測架上一爲直看一爲斜看直看處有放水雷流電箱用電線與水雷連合且此直看遠鏡到彼斜看遠鏡處有陸路電線連絡爲通報船來之信假如直看者見某船進近某水雷然不能必其果到與否故當用電報通知斜看之人設或果如所云即用電報回傳直看者立將鑰匙放下水雷轟而船即破壞矣或謂此法未必得心應手目力無差詎知兩遠鏡之架仔細造成毫釐不謬大凡安設此種水雷最宜水道狹隘若海口船隻出入水道寬闊又須兩邊寬處用舊船裝石沈下或插木樁寬而爲窄然後安置電氣水雷且舊船沈處更可以安置撞火水雷並在對面兩岸築起礮臺以防大船之上舢板挨進若能用以上兩種水雷其異樣利害有非尋常水雷所可概論者一則此等水雷其好壞須每日試驗但試驗之法須按水雷顆數設立試臺每

卷四　十六

七箇水雷設臺一座臺上另有各件極靈巧機器能驗水雷是否損漏穩便及火藥乾溼電線疵類並各機器有無窒礙統就岸上檢點無須在水雷處試驗也二則此等水雷全憑電氣施用是以收放均無險患設欲放時先將水雷安置妥當然後以電線與流電箱連合欲收則先將流電箱及電線解開然後再起水雷似此或放或收電氣不續自然火不能發故無危險之患倘用在海邊各處必須設立電報俾看管者一氣相通知敵船在某處而後各處可以準備惟電報之線須埋地下不可漏風於敵人水雷內尤須小心用好引子西國國家所用引子大概是白金絲因內引子有白金絲故名清疎而不鬱轇亦無險處若用此引子必用司爾挖庚流電箱一試即轟或未放入水雷時或已放入水雷內猶有法試驗好歹



不致炸開損人流電箱與水雷所用傳電氣之電線須用上等外面包好置於海口慎防砂石損壞至於岸上亦須暗藏絕無形跡可窺而後應敵無疏也三即撞火水雷其製亦非一式從前美國亂時曾廣用之但祇可設在船隻出入水道之兩旁中必伏以電氣水雷若各處如法備用敵船固易於中害然本國船亦不可觸着矣是以設時起時稍不經心反受其害試即晉法證之普國亦嘗用此水雷特現造之電氣水雷其時尚未興行故用者屢有疎虞然其間利害相參如美國打仗時賴此轟壞大船數隻是也內有極好一種名省者水雷浮在水而下十尺或十二尺下繫鐵錨直注水底上有兩蓋一呆一活水雷底有機關引子與上活蓋連以鐵錨船碰活蓋落下則鐵鏈拽住引子火撞水雷之腹而立炸

突此引子如火柴之拉大者惟設伏時須蓋有法扭住不致移撞傷人其火藥以十五磅至一百磅又有不用引子撞火水雷內用黃強水與白藥粉其法以有底鐵筒下半段周圍小圓眼內納鉛管一根上有四五磅重鉛球一箇鉛管內有細玻璃管管中貯黃強水鉛管下有銅帽內藏白藥粉將鐵筩置於水雷內火藥當中船碰水雷鉛管雖不動而鉛管上之球重則自曲裏面玻璃管趁勢破碎強水自然流注下面銅帽內強水一遇藥粉火即發起迸入水雷即時轟裂另有銅帽碰機水雷內用銅帽並法條機子等件船碰機子捺下擦著銅帽發火轟開此種水雷前南北美國戰時所用大抵埋木椿於水底上置水雷沈下水面八尺雖仍有各樣水雷可用因現在競尚電氣餘不足觀矣以上所論水雷都堪衛護海口但



能守而不能攻猶未足兼擅其奇於是造水雷者特闢新機又得能攻之法焉而其式有五一外帖黑特魚水雷鐵板所造狀如魚火藥裝於前半段引子安在頭上後半段有小機器連動尾之小暗輪此機器用氣不用火其用氣也於將放水雷之時壓氣於火藥機器中空處每方寸約受氣二百磅然後放在水面下數尺不疾不徐因裏面之氣易完縱行極遠不過六百碼且其造費太多而又二十顆中僅着一二所以不大用也二意利克生攻打水雷去年美國創造全用鋼板身長八尺六寸高三十三寸寬二十丈腹內不裝火藥用乃特羅格利色連藥在前小機器在後梢外有兩暗輪輪長五尺寬三尺二寸兩暗輪同軸一向左轉一向右轉俾水雷平浮水下不致翻滾且兩旁有翅常在水面下自七尺至

十二尺前身下有舵運動前行其機器處有銅管仗氣以動而其氣之蓄也以銅管與極長之印度膠管相連再用取氣機器送氣入管氣滿於中機器動而水雷自行遇船碰開後可將印度膠管抽回此法不拘就船就岸可用其水當在水面之下望者莫能顯見所以竪十二尺長鐵桿於水雷當中如船桅式上頂小球球與水平球前綠與海水一色敵人混難分別球後色白惟看守人知之至水雷內機器揩油之法即機器旁鑿兩小洞借水當油又恐機器銹壞故輪軸用銅靠軸之架用硬木在水亦可耐久似此水雷凡有取氣機器無論在船在岸皆可施放緣其氣一時不能洩盡故可致遠且有舵縮住頗堪任意所至則其碰船也必矣三曰威海水雷祇可在船上施放見船來時牽繩放水引與船並一碰



即轟四浮水雷用於潮流之處如敵船泊口將水雷放在水面下十尺至十二尺順流浮帖船邊隨碰隨轟或用兩水雷以繩結連隨水勢流至船頭繩一受絓則水雷必兩歧相夾無不碰轟內用火藥自五十磅至一百磅不等此便易省費之法也五即水雷船是也用小火船內有無聲機器一點鐘能駛船五十里船頭有三十尺長木桿斜插入水桿頭繫以水雷在水面下八尺或十尺小火船上有流電箱以電線自箱引至水雷一碰敵船管水雷者即發電氣立時轟開船梢以鋼板造屋保護在船之人此法夜間可用昔美國曾兩次用轟敵船然此小火船究難保無虞也蓋水雷轟處浪激如山船小力單勢必翻沒同治二年以前所用如是現在英法美德俄各國造作大異於前縱水激而船不受沒矣今試

即砲與水雷較一砲發而未中易於再裝且砲可多備似乎疊放不窮若水雷一擊之後不能再舉故安置必求其極藏放施必求其極準不然則敵船前進一步而水雷之無損於彼者轉可有益於彼矣是以水雷須布置兩三排方爲足用如第一排不及中未必第二排仍不中也又水雷之處既可用電線傳報抑且夜間須用養氣石灰針之號燈俾巡哨小船暗藏船內探望敵船來路及敵船駛至某水雷處即將此燈反照以光射報岸上可照三十餘里之遠內有暗記瞭如指掌更有最爲緊要之事凡所設水雷及所繪圖式宜萬分機密勿令人知倘水雷局人洩機於外或將圖式示人須嚴查重究萬一敵船闖進口子則退兵時必先將所設水雷盡數毀壞毋資敵人以自貽害此用水雷之大略也國家之



欲用水雷洵防海口之要圖亦禦寇之良法也誠能居安思危先事預防擇才識兼優者以精理其事先須熟識各口之情形勘驗水道之淺深闊狹與水底之砂石淤泥於是度其船隻必由之處測其潮流分合之原復驗砲之落子遠近風之順逆大小均當相時而應慮密思精始能奏其實效若視爲不急之務因循自誤一旦敵氛四起欲求計出萬全恐倉猝以圖噬臍莫及雖有治法而無治人亦仍歸於無用而已

洋務新論卷五

七省海疆總論

稽七省之海疆自遼東爲東北極際沿海而南則北直之天津與山東之登萊三省相連而不可離山東之膠州歷大勢山田橫島不夜城至登州壽光利津（此山東界）由天津文安直沽卩永平至山海關（此北直界）轉而錦州金州鳳凰山鴨綠江（此遼東界）計一千三百餘里（此總言大概海道難以測度也）而登萊出於海如人吐舌與遼東爲北直之脣齒而天津爲河海運之咽喉也自山東之膠州至江北之安東縣黃河之水由此入海次狼山楊子江口（揚州要害之處通州也狼山也）爲南北條二水之歸宿次崇明（崇明爲江南之控扼）上海爲吳淞三卯震澤諸水所歸由此入浙則爲乍浦海鹽之界其東南則爲定海縣界沿海而數計



一千八百里日本則在定海之東北東洋諸國在焉自浙之定海（即舟山爲浙東之控扼）由寧波台州溫州而至浙之蒲門所北關交界計二千里（若自乍浦出海舉從杭州慈谿出大海到北關則有二千七百里）過南關烽火門則爲閩省門戶迤連而南則興化泉州漳州三府之間有海壇金門廈門銅山南澳在焉計閩之南關至南澳二千餘里而商船之通外洋諸國者悉由廈門出入澎湖在廈門東南臺灣又在澎湖之東呂宋在臺灣東南琉球在臺灣東北又自閩之南澳（南澳界閩粵兩省之區）過潮州惠州香山虎門（廣之勢商悉從虎門入）高雷而至瓊州迤連而南北出入計五千里總而計之七省共一萬二千餘里此其大略也若由大洋直溜未必有此多也而安南交趾西南洋等諸國在焉考之前明自七省安設衛所開列島嶼記載甚詳著論甚悉然其弊在於水師之不設水戰之不修未嘗無哨船

也船小不可以任戰未必無水兵也兵弱不足以出洋將領畏縮而責之小校小校躲避而不敢遠行以致外寇乘虛登岸殘破地方陸兵獲罪水師旁觀計之最左者也又其初守土之兵出於屯衞以耕爲餉用烏合之衆驅楞腹之兵不得已而調客兵接運不至人地不宜任倭奴之肆橫而民間受毒此地利不如人和故也嘉靖辛酉年倭陷興化戚繼光陸師直抵興化俞大猷整戰艦直泊南日大猷告繼光曰公兵主驅我兵主截大猷乃創鴛鴦船於南日海上以左右呼吸探於蒲禧吉了船分飛鳥之勢陳兵以待之繼光兵入攻其無備披靡而奔爲大猷所掩襲不留一奴矣時繼光惟知報已台戰之功而遺大猷之勞當事者遂以戚功奏或告大猷若當有請辨大猷曰不然吾惟知使隻倭不歸爲吾閩萬



世之安不知有己之勞也繼光聞之服其智又得鴛鴦船之法遂下拜結爲刎頸之交彼時故有俞龍戚繼之稱倭自此而滅此人地相宜故爲尤重也第七省之中興師者只知水師之名而不知水師之所以爲水師者固自有其良法而不可忽者也

論北洋各海口形勢

北洋大勢拱衞　神京東北陸路通東三省則以山海關爲鎖鑰東南海口則以天津大沽口爲咽喉大沽口外周圍數千里者渤海也渤海之南爲山東登萊青三府東省謂之東三府其西及西北則直隸省之天津順天永平三府地其北及東北則爲奉天省諸屬地奉直之交以長城爲限城盡即山海關依山臨海實爲天險我　朝定鼎之先因前明總兵吳三桂乞師入關討賊即此關

也縱覽渤海形如巨盂惟東南一隅獨缺如釧之有端如囊之有口奉省旅順一城孤懸海中形如葫蘆南與山東登州相對天然門戶中隔二百餘里而有北城隍島南城隍島小欽島大欽島砣磯島高山島猴雞島長山島廟島小黑山島大黑山島諸島連屬相望如斥堠然淺礁甚多輪船經此必俟潮滿始可暢行故旅順爲北海第一險要若以海程順道而論則傅相由大沽口展輪最近莫如大連灣次或由登州遵海至威海衛或由登州對渡旅順乃今則由大沽口徑至旅順者良以形勢爲緩急非以海程爲次序不僅因定軍憲候於旅順故先至會閱也查旅順一口南向西岸爲旅順城東岸爲故旅順城口外有旅順山又有黄金白玉二山偏東爲老鐵山旅順即古肅慎之轉韻亦與女眞字音相近俄



中舊設城守尉隸盛京將軍節制自海氛告警當事者設防築壘規畫近二十年屹然遂爲重鎭有毅軍銘軍及東西岸新慶軍水雷各營口內爲澳汊澳有大船塢小船塢傅相坐艙即泊大船塢東行臺在督工局其東西岸炮臺則閱看威遠砲臺及蠻子營饅頭山城頭山等處砲臺打靶并演放魚雷此旅順口之形勢也傅相會同定軍憲等由旅順赴大連灣查大連灣一口在山東萊州府海口北向口外有三山島所有南北洋廣東各兵輪至此停泊帥船則泊口內老龍頭俟登岸閱看防營及徐家山炮臺後回舟駛登三山島閱看砲臺打靶并演放魚雷此大連灣之形勢也後由大連灣至威海衛查威海衛地屬山東登州府由大連灣遵海過烟台至此帥節登岸閱看防營操演及海軍陸路槍炮陣法其

水師學堂則在劉公島島在口外東北亦應派員前往考校此威海衛之形勢也若由威海衛至膠州係駛過成山勞山折向西南約近海程千里入膠州口中間大小島嶼星羅棋布膠州地與萊州相背口向正南隨潮出進至由膠州回至烟台則在登州之東威海衛之西高山臨海登萊青道駐此爲東省通商要口有嵩武軍等營歸岱山通神廟諸砲臺一切閱操章程大略同前過此即駛赴山海關是爲由渤海東南直駛西北北關後帥節登岸輪船由此銷差山海關形勢詳前帥節於此閱視鐵路工程後分道揚鑣傅相當回京覆　命軍憲或西回奉天是役也往返兼旬計程將近萬里北洋形勢盡在於斯嗣後遵奉奏定章程三年一大閱行見鯨波永靖狼燧不驚爲　聖子上鏡清砥平之頌也猗



歟

## 南洋兵輪戰守議

夫南洋毗連行省者七口岸叢雜港汊紛多似非北洋僅數要口可聚大隊兵輪以爲扼守者之可比所有兵輪僅有此數既苦不敷調遣且又木質者居多即有鋼皮之巡船亦寥寥可指而鋼甲之堅厚者要無有也雖泰西諸國亦欲圖維商局業早集議如英如美如法如德現已一志固心不許倭奴擱人長江口岸或致壞彼貿易之端蠢茲倭奴當自不敢輕越雷池一步我南洋長江一口似已有恃而無恐矣然而此其道雖可恃而究不可恃也蓋我既不足以自固而特假他邦之兵力以期自固無論其人或爲敵之所誘轉與敵人比而協力以謀我將無術以禦之即爲我用矣

堂堂大國第以容兵容將保障邊陲傳之後世不又爲史策羞乎而况長江僅爲一口其他口岸又不知凡幾乎迄今爲戰爲守均未在勝算之可操說者於此要不得不歸咎於北洋先日諸多言利之小人工於迎合巧於揣摩用其畢生之聰明才力得以熒惑當道之聽聞以冀竊權兵權之獨綰利權亦既在已之掌握矣蓋惟以己之餘利用爲獻媚之資而主兵之徒更搜括諸兵之分所應得之利以爲畢生固寵希榮之地一惟身家之圖而社稷之利與不利皆不暇致問坐致師徒不肯力戰喪我巖疆而又不死於戰而死於降敵不死於降敵而死於畏罪自戕彼雖一死實不足以贖其喪師誤國之罪則所謂死有餘辜者初非刻論正亦不必圓融其辭也獨是强弱無定勢也勝負無定形也曹操之衆八十萬周瑜可以三萬人破之符堅百萬之師謝元亦可以八萬人蹙之而岳武穆并能以五百死士敗烏珠十萬之雄兵則倭奴兵勢雖盛我南洋之兵輪要未嘗不足勝之况乎今之南洋源洵之所在均係完善之地亦皆財賦之區苟能將帥有人士卒用命先爲不可勝以待敵之可勝則詩稱未雨綢繆者正有道在而可不先加之意乎大抵今日卽欲遠向泰西諸國續購兵輪不特彼將藉口於局外之例堅不許我縱令我執彼之賣船與倭亦欲其並賣於我而海程數萬亦非旦夕可至終覺緩不濟事無已姑就南洋計之卽今所有之兵輪而因地制宜知人善任亦何必不可以守爲戰安坐以收倭奴之餘燼何以言之我南洋諸埠兵輪雖不甚多然亦未嘗不各有數艘藉資悍衛也各口礮臺亦未嘗不環列



森而相爲蔽護也閩粤與兩浙姑置不論卽以長江言之倭人無情安保其不思潛師以襲我而我吳淞之礮臺爲第一重門戶我之保民南琛南瑞等諸兵輪與龍驤虎威飛霆策電諸蚊子礮艇雖不能與倭艦馳騁於海天遼廓之中而假炮臺以爲犄角砲臺之炮擊之於礮限之內諸兵輪攻之於礮限之外似亦足以制倭之死命所懼者礮臺之礮不能命中將砲力雖鉅礮限雖遠亦與倭艦爲無損則我惟受人之攻而不能攻人耳然節熟習之礮兵而用之究不難自立於不敗之地此以戰爲守之一策也或者倭奴狡猾潛出崇明之北繞白茅沙駛至狼福兩山數窺江陰則鵝鼻嘴劉聞沙爲第二重門戶南北兩岸有險可守更宜伏兵輪以蹙之再進則圌山關東生洲兩岸最窄爲第三重門戶再進則象山都天廟兩岸對鎖焦山雄峙中流爲第四重門戶我諸礮臺相與扼守待其深入然後層層截擊自能使之隻輪不返此又以守爲戰之一策也然不得其人以爲各礮臺各兵輪之統帥則將不與帥習兵不與將習雖有礮臺之險船械之精終不免蹈北洋之覆轍蓋我北洋非船械之不精特人之無良委之於敵我猶恨其過精他時敵將假以擊我而更莫能當耳至於淸內奸以杜接濟稽漁戶以絶嚮導亦其事之必宜豫防者而將帥得人自可以餘力及之而無勞過慮奈之乎先時南洋兵輪諸將帥優游於滬瀆者多從事於花天酒地之中倘望整頓之有日哉自一香帥調莅洋大爲更調舍舊謀新而南洋兵輪於是乎可用嗚呼豈不尤在當道之得人乎哉

## 江南海防策

廖連城

竊維江南事勢當以海防爲先務長江水師森列未雨綢繆所以防海也第寇以水師衝來我以水師禦之交鋒於煙波浩蕩中勝負未可測兵法云古之善戰者先爲不可勝以待敵之可勝不可勝者守也可勝者攻也按江口婁角營前沙南北相對海面闊百四五十里爲大江第一重門戸江北周家橋與南岸圌山相對江中有順江洲爲兩岸分界周家橋南至順江洲江面止六七里順江洲南至新洲夾江面止七八里新洲夾南至圌山江面不過十四五里爲大江第二重門戸京口瓜洲南北相對江面不過七里有奇爲大江第三重門戸明嘉靖間因倭寇充斥留意江海防沙洲浦堵非不節節設立營堡而東南卒糜爛者營堡未得法無



以制寇而奪其氣也方今欲先爲不可勝之計莫若於濱海門戸要害之地對岸各築小塢廣輪五十丈計可屯兵二千五百將戰船火船火礮藏入塢內守江邊之塢以禦海中之寇計似迂闊利有十焉自古無必勝之兵而爲將有自全之術營壘不固則猝爲賊乘潰敗不可收拾小有挫動逃竄無所依歸築塢則賊少擊之塢外賊多避入塢中勇夫重閉縱有小挫必無大衄立於不敗之地其利一也塢內築造倉庫房室多積糧米火藥守禦有資久持不困軍需無匱之患糧臺無剽掠之憂士卒安逸不至土處而病四圍牆壁堅固方整隱若內城便於巷戰其利二也水軍登岸有棄船之虞陸軍臨河有過涉之患故寇擾於陸則水師束手寇擾於江則陸軍裹足今築此塢水戰則戰船放入江中陸戰則戰船收入塢內水軍陸軍一人兩用既爲岸上之虎即爲水中之龍其利三也兵之爲用飽繫株守多亦見少變動周流少亦見多查江蘇安徽兩省額兵數逾五萬八千八百不爲不多乃往年粵匪入寇當事常以無兵爲憂投閒置散者多馳驅力戰者少也塢小而固但留五百人足以固守其二千兵無內顧之憂得以窺伺利便沿海巡邏忽水忽陸忽去忽來如飄風急雨遊騎馳驟於蘇松淮揚數百里之間不致坐困一隅虛糜糧餉是養一兵而得數兵之用其利四也塢小則關譏無從混迹虛實賊無從知猝有寇警五百兵憑營堡之固恃礮械之利所守者約所備者寡定可相持數日以待回師救援寇雖數萬留攻數日足資守禦以應無窮守兵雖少而有多兵之勢其利五也江口第一重門戸南北相對並



立四塢第二重門戸周家橋南至順江洲對立兩塢順江洲南至新洲夾對立兩塢新洲夾南至圌山對立兩塢第三重門戸京口與瓜洲對立兩塢星羅碁布聲勢聯絡呼吸相通戰船有所依據進退自由我之江路通海寇之江路塞長江形勢在我而不在寇其利六也各塢屯守重兵示之以必守曉之以必援則附近居民各有固志可以堅辦團之心而褫從逆之魄團練得手漸有成局兵力愈張猛虎在山藜藿不採大江既斷接濟鄉間無從擄掠寇雖傾國而來將有不攻自困之勢其利七也寇弱則南北並出戰船以撲之寇強則塢內以大礮擊之寇情歸則戰船追之寇越塢而入江則諸塢之船各出而圍剿之我步步爲營彼面面受敵雖有悍賊必懷戒心視爲畏途而不敢犯其利八也或謂寇舟迅

疾日來則礮可施夜來則礮難中況江口南北海面闊百四五十里寇舟由中流入江兩岸遼遠塢內礮不能及何以禦之此實不足慮昔安南國兩次克夷皆不守海口因其深入內江而後縱兵擊之夷人片帆不及綠夷船高大駛入內江止能魚貫而行不能棋錯四布我船短小轉旋甚便可以乘風趨利橫衝直撞無所不宜彼如深入破之甚易且其船既深入內地一時詎能駛出海口塢內夜出火舟火筏焚之其船鮮有不爲我所燬者順治間鄭芝龍禦荷蘭募死士善泅者夜以大舟釘夷船艕而燃之焚其三艘餘悉逃去道光間福建之役總督鄧廷珍所募水勇佯作商舟乘艕風攻之偪其後艄焚其帆索傷其舵師水手夷船即遁由此觀之禦夷之策固莫利於火攻況諸塢並峙乘夜出火舟火筏尤夷之所不勝防者乎其利九也行軍之道將卒特重則病於遷延而無奇功深入出奇則苦於冒險而致大敗有塢可恃則有將卒特重之慎而不失之緩有深入出奇之功而不失之危兼此二勝除其兩敗何策如之且興築十二塢每塢所費不至萬金況在水陸兵勇足以分布諸塢無煩額外招募船礮亦無須添製而聲威大振氣勢加倍無事則泛舟長江往來游徼有事則南北齊奮戰守隨機可以坐制海寇固我封疆鄰省縱有他警亦可抽兵應援不致動輒舉肘保障一方實操天下之勝算其利十也昔晉城虎牢以偪鄭吳築濡須以拒魏唐城受降以安邊宋徙合州以定蜀今川之硐塞外之堡皆是法也合於古宜於今計無有便於此者作塢事宜開其於後



一築塢須擇江濱要害之地臨水則可以四面挖濠引水使寇不得掘地道以攻我江濱則便於攻擊以斷寇舟之入竄

一築塢廣輪五十丈牆高二丈厚七尺周圍三百丈塢心二十八丈塢邊五丈之趾皆培土一丈則水漲而不浸礮擊而不圮

一塢四角各築一空心礮臺內空四丈

一塢心二十五丈築室安居並於四角築空心小礮臺內空三丈

一塢心二十八丈之外塢邊五丈之內周圍挖一內濠繚曲如環製同壍沼深六尺廣六丈塹成設險壑利藏舟於臨江一面開一水門

一近海江濱宜避潮汐除加土培高地基外再浚深內濠以受水水門置閘以蓄之俾水不涸而舟可通

一塢外濠內另立帳棚辦理外事塢外之人一概不許入塢以絕窺探

浙省海防問答

客有問於余曰先事預防者國之善經也然未事而張皇則未免惑人聽聞前年鎮海居民見英國兵輪駛抵關外風鶴頻驚草木皆兵經各大憲竭力開導諭以關外並非倭船實係保護商民之英輪人心遂定不覺喜懼交併特前席而請命於先生夫浙江海防所最關緊要者不過寗波一口而定海之舟山尤為捷徑幸而前時曾與英國定盟舟山一口不準他國兵船駛入英國兵船既有數艘在彼寄椗意者踐前約而固邊防此處地方想從此可高枕無憂此一喜也而鎮海守禦雖極鞏固浙省門戶防守未必皆嚴他如溫台各海面與夫紹興之小泗渡等處細數口岸恐防不勝防此一懼也今扼要以圖大約鎮海之防既固敵人即無從攔入不必故為矜張也與余曰噫是何言哉浙江口岸處處可以攔入豈僅寗波一口而已寗波為通商口岸人皆知之他處非通商口岸人遂有不知者而倭人詭計百出狡謀甚多處心積慮亦既有年內地情形早為窺探而又間諜四布密若繁星雖拏獲亦曾有人然獲者不過十之一未獲者尚十之九則彼倭奴於海口道路必洞若觀火故倭人而不騷擾浙口則已如其騷擾豈有專攻寗波鎮海一口之理哉前明倭寇內擾直至嘉興之王江涇而紹郡戒嚴者亦既多日幸而俞將軍痛勦截其歸路而後不敢再來殷鑒尚不遠也故論浙防所重固首在寗波而溫台等處口岸亦不可稍有疎虞前聞甌防頗稱鞏固為之一快王江涇等地乃由江蘇攔入並非別有可至之口岸也台州海面與溫毗連其所以



防之者亦如犬牙之相錯互為犄角之勢想甌防既極認眞則台防亦必有加意者紹郡濱海雖曰尚遠口岸亦不甚多正惟其不甚多而即此一二處皆在冷僻之地敵人設或逞其陰謀施其暗箭則竟可以乘隙直入一被竄入驅除則難乎為力矣況此等冷僻之處向來汛守虛設不知近當海氛不靖之際亦曾有人一念及之或添紮營頭或多撥戍兵以資防禦否此等冷僻之地官場或竟不知抑或未及措意而倭人詭計多端未必不早探悉今此數處地雖冷僻向來亦有汛兵不過僅為具文且地方父老猶能歷歷指之則地方官以及防軍諸將苟能訪而諮之即可以瞭如指掌竊以為此等地方苟既知之則所以防之者宜乎用暗而不用明此等地方暗中布置頗為易易即為堅壁清野之法亦非所難但宜預先密密籌畫故作空虛使之乘虛潛入而後行施吾計定可使敵人片甲不回而地方終於寗謐所願為該處司防務者大聲呼之至若寗波防務則由張奎垣軍門開辦以來聞極認眞且又有檄調吳吉人遊戎回寗辦防大有一夫當關之勢張軍門因博採眾論俯察輿情故檄之使回以資駕輕就熟此時張軍門勵精圖治當必不至為倭人所乘若英兵船之寄椗於舟山間其數已不少踐舊約而拒外侮亦屬情理中事中國力足以退倭人舟山之地何至使倭人得越雷池一步謂為可恃則固可恃也而此時則宜自勤其防務而不必兼顧此一路也浙防情形大略如此至於若何分防若何設措何處宜密何處宜先何處宜用重兵何處宜設埋伏糧道勿為所斷軍裝勿為所劫此則在乎司兵柄

者之慮周藻密非外人所能贊一詞客乃興辭而退



## 浙江海防

浙江之源始於黟縣林歷山合溪壑至錢塘江之龕子門而入海故龕子門者乃省城第一門戶石墩鳳凰外峙乃第二門戶此外無山惟羊許山獨立海中東接衢洋西控吳淞江口此為第三門戶羊許二山有防然後石墩鳳凰有蔽石墩鳳凰有蔽然後錢塘龕子門可守龕子門可守然後省城無恐此其大畧也沙起錢塘東至吳淞會無間斷海外諸沙亦向此而轉惟平坦延曠故賊皆可登是蘇松杭嘉四府連壤一脈利害安危輔車相依者也然險要之防有二曰海洋曰江洋往者倭寇結巢金山柘林貽害浙之昌化富陽石墩魚浦此海洋之患也沿江多盜刧掠客船此江洋之患也今欲求省城無慮當守附海之三關欲求三關之寧說先



防大海之羊許羊山孤懸大海去乍浦太遠我舟頓此設遇東北風賊舟便捷彼此齊驅勝負難必許山岐門淺狹止可避東南之風賊乘東北風利吾開舟亦難並駕惟海鹽縣白塔山去秦駐山不遠兩風皆便賊由大洋而來隨去可擊是海鹽一關尤四面之控制也惜乎逼於內地非早見預待之所賊由羊山直進犯海鹽者必藉乍浦三關兵船以禦之乍浦海中有山至下八山為極遠此外則洋茫無山矣倭船之來必到下八山之盡陳錢壁下山取水候風流犯先年兵船畏彼中風濤危險止分守八山之內港每年黃魚生發之時各府魚船俱聚八山相近內洋下網遂致倭賊抄掠魚船引刦各處隆慶三年軍門谷公中虛設立遊哨兵船委把總一員直哨壁下等洋遇賊即勦然後內港無虞若八山無哨

巡之兵萬一倭賊擄漁樵人船揚帆至鼈子門再驅土人駕使爲害不小雖有紹嘉二區防範兵船然遇霧雨黑夜咫尺難辨海洋遼闊深有可虞是鼈子門之險與八山之哨首尾相應尤爲緊要者常聞之海寧父老言邑中南有赭山實爲江門東有黃灣尤通海港兩端相距百四十里而中無城守先年島夷屢犯者趨龕赭據石墩人民死徙不可勝紀若有岩城扼其險要使賊無駐足之地東不得以過袁化而至峽石南不得以犯省會而浮錢塘縣治得此兩翼庶不獨當風濤之衝凡此皆海防之總要也江洋之患須嚴督巡江兵之哨探戒備沿江漁船之剽掠是防江之總要也又聞之錢塘江兵船二十艘原議汛期出鼈子門哨探平時分定專方上抵富陽邊南與嚴州兵船交會捕盜近來玩愒殊甚每日



泊船徐范二村江溪專攻手藝不習兵防耳目脆弱船械朽敝豈惟不能出洋江上亦難展布虛糜糧餉恐誤軍機所宜速行議處者也若訓練江洋之水兵控扼海洋之門戶庶乎江海互講內外交防省會無虞兩浙無恐守兩浙者即所以犄角蘇松守蘇松者即所以鞏固金陵脣齒兩全首尾相應制內禦外之長策無踰於此

## 防粤對

昨叩謁　壽凡祗聆

崇論以謂今日防海既無鐵艦戰禦於重洋之中即不得不專力於礮臺以爲自守之計粵東舊建各臺疏謬無法倉猝不能改築乃第即力所能及時所能爲者多方布置以圖補救

良謀碩畫蔑以加矣然猶周諏曲詢采及芻蕘具見我

公籌海綏疆精益求精之至意景濤不敏不足仰酬明問特愚慮所得謹攤縷嘿謹條說見聞以對一安礮須藏諸地也粵防以省城根本爲要入省六門以虎門爲要既有威遠鞏固諸臺屹立兩岸又有上下橫檔諸臺砥塞於中沙角太角蒲洲鶯背諸臺以翼其外門戶之固以此爲首次則沙路魚珠長洲諸臺鼎峙中權再



次則東有中流砥柱綏靖定功諸臺西有南石頭保安鎮南綏定永固諸臺星羅棊布幾於無隙可乘惟新舊各臺太半負山濱水利於迎擊充其礮力不難拒敵船十餘里之外然或敵船礮力加遠於我毀臺始進將奈之何是不可無伏擊之礮補其不足伏擊之法陸則或於大出之陰如沙角舊臺後山之嘴虎門大虎山之背沙路馬鞍石背二山之間魚珠獅山之麓諸地或於長堤之曲如大角蒲洲之間南面材之前及黃埔長洲一帶皆有低堤增高即可冶鐵爲路左右歧出以機輪載巨礮今各臺二十一生脫之礮架下皆有機輪一人搖之即行橫行直行堤內宜橫行山峽宜直行各隨地勢水則以堅木造舟載土鐵礮匿港汊蘆葦中如蛇頭灣大纜二纜各口橫轟側擊出其不意礮無定位因時變通雖有漢奸無從傾引抑亦出奇制勝之一道歟一掌礮須擇熟手也西人礮學專門名家高下遠近按表測星不爽毫髮華人近從剽竊

究心微妙頗不乏人特無專業仍泛泛耳今以重貲購礮外洋而貿然以尋常弁勇掌之是棄之也宜亟訪專精礮學之人分布各臺以為總管而以年少明敏者二人副之相從學習其餘礮勇悉由總管選擇認真訓練訓練既成不得輕於遷調然必以厚祿繫其心查現在掌礮之弁月不過六金精於礮學之人斷不甘居於此似宜以重金啗之使來礮勇守臺最為緊要口糧亦當倍於常勇更懸重賞凡擊沉敵甲船者賞銀數其餘戰船以次酌定優卹凡守礮弁勇預將其籍貫家屬注冊倘有陣亡按冊優恤其家以鼓其氣庶幾無事之日人人視礮為性命之依臨敵堅守不至委之而去人知效命礮非虛器矣一守礮須防內奸也洋礮機括最靈不求精深則必內鏽而轉笨今各臺油洗不靳費修飾不憚勞而又覆以木亭被以布囊以蔽風雨收藏亦不謂不精然猶慮夷性詭譎利餌奸人闌入潛塗強水致令克敵利礮頓成廢物貽誤匪輕是宜嚴飭礮弁封門下鑰加意隄防一切閒人禁止登臺犯者嚴以軍律軍律既嚴不獨礮無意外之虞即臺中儲藥伏兵之所無從窺見其底蘊矣一護礮須設伏兵也有臺而無護臺之兵自成孤注然近臺之地以重兵駐之敵人來攻徒受礮彈雖多亦奚以為是當駐於距臺稍遠之處穴巖而居宜靜而不宜動宜隱而不宜見俟敵人登岸奪臺然後起而擊之庶可收護兵之益一輔礮須備多物也礮力雖猛無物以攔阻之一擊不中不免徑過今入省河道或沈船石或淨巨簰或樹木樁壽法堵塞物無不備然敵以衝雷先入如百密一疏即不足恃不若多伐大木連枝帶根亂投水中而以鐵索總貫其本雖猛轟不散似可添助攔河之力第施之城頭廒園五斗各口淺狹之處則可若魚珠



沙路兩河各寬二百數十丈流深湍急潮沙不時雖經截流排樁沈船壘石而水深二丈有奇者尚多似非以長木圍釘成圈束鐵填石補其罅隙不可查魚珠沙路所沈船隻中實田泥上壓碎石泥經水刷隨流蕩去石壘空船之上鮮有不傾圮者矣若非以木為圈雖磐西山之石終不足以堙之惟是攔河能阻敵船之來不能使之沈溺更非多設水雷不為功按水雷多種惟魚雷臨時始發其餘沈雷浮雷碰雷繫雷皆預安水中若終年不用必至鏽壞且蓬帆土下多受斜風之字橫行動輒撞損查虎門以內所安水雷為行船碰損者不一而足竊以為不若用俯仰之機圖說易險藏於水底無事便於行船臨警安雷亦甚易易也以上各節係專備海口水道之防敵或偏於臺礮之威塞流之密分枝由間道登岸更先約教匪乘我後路空虛事變倉皇應接不暇甚難措手我

公扼要駐兵練團助戰固早有以沮敵人旁鈔分襲之謀況香山與新安各濱海之屬港汊縱橫陸戰不能大勝無足深慮而惟波羅廟以上陸道直抵省城為夷人攻粵熟路宜以客省節制之師而度林密之處宿地為營以當衝要再於吉山燕塘山一帶谷分立堅壘犄之角之互相游擊客主異勢勞逸異形勝算之操其在我矣若專恃土著之兵勝則婦孺同仇挫撓不餒敗則獸駭鳥散名戀身家是不可無先事之圖也景濂迂拙寡識率臆譚兵未知其有當與否惟

公垂察焉景濂謹上

洋務新論卷六

歐洲各國兵艦比較論　　傅蘭雅

方今强國之託首推兵輪。歐洲諸大國所以示威稱雄者。莫不以兵船爲尚。兵船槪分兩類。一爲成行交戰之巨艦。外加鐵甲。身載巨礮。以備海面大作交戎。二爲速行小船。以備往來窺察敵情。保衛運兵載糧之艘。並捷通音報。及搔擾敵境。惟不能衝鋒鏖戰以操勝權。可見第一類兵船體旣大。而攻守之力亦大。第二類兵船以速行爲要。止能以其行速比賽。茲將歐洲六大國速行之兵船甞有者。並一千八百九十四年以前所應成者互相比較。如英國兵船每年有報冊印列。以其攻守之力分爲三等。一等船邊有立甲速捷快船。或無甲。或在平水線上有護艙鐵甲。茲將六國各艦大小列表如左。

英國第一等船重頓數二十三隻共十六萬二千二百頓。
第二等船重頓數四十八隻共十七萬八千五百四十頓。
第三等船重頓數五十四隻共十一萬四千五百四十五頓。
法國第一等船重頓數十二隻共六萬五千五百八十四頓。
第二等船重頓數十六隻共六萬四千八百三十頓。
第三等船重頓數三十五隻共六萬四千八百三十五頓。
意國第二等船重頓數七隻共二萬三千六百八十頓。
第三等船重頓數十四隻共三萬零零七十四頓。
俄國第一等船重頓數八隻共五萬三千二百三十九頓。
第二等船重頓數九隻共二萬九千四百頓。



第三等船重頓數十四隻共二萬九千六百五十頓。
德國第一等船重頓數一隻五千二百頓。
第二等船重頓數六隻共二千四百六十四頓。
第三等船重頓數十九隻共四萬零一百二十頓。
奧國第一等船重頓數三隻共一萬一千八百頓。
第二等船重頓數二隻共六千七百六十頓。
第三等船重頓數十二隻共二萬一千六百二十頓。

上所言一等之船。俱護鐵甲而壓分水七千頓。二等船壓分水三千至七千頓。三等船壓分水一千五百頓至三千頓。各船之外。各國另有小船多艘。惟因戰力太小。避敵過遲。故此不列。統計六國速行之兵船。英吉利有一百二十五艘。船邊護甲者十二艘。各壓分水中數三千六百四十二頓。法蘭西有六十三艘。船邊護甲者十二艘。各壓分水中數三千零九十九頓。意大里有二十一艘。皆無甲。壓分水中數二千五百六十九頓。俄羅斯三十一艘。船邊護甲者八隻。壓分水中數三千六百二十二頓。德意志二十六艘。邊甲一隻。壓分水中數二千六百九十頓。奧地利十七艘。邊甲三隻。壓分水中數二千六百六十三頓。

從上所論。止可顯各國船之大小。惟兵船行速爲首要。故另將各國能速行之船。亦列表於左。表內所列速數。乃試新船之速數。有運行若久。每點鐘則遲三海里至五海里者。

| 每點鐘二十海里以內者 | 十八至二十海里者 | 十六至十八海里者 | 十四至十六海里者 | 十二至十四海里者 | 十二海里以內者 |
| --- | --- | --- | --- | --- | --- |

| | | | | | | |
|---|---|---|---|---|---|---|
| 英國 | 二隻 | 六十一隻 | 三十隻 | 六隻 | 二十六隻 | |
| 法國 | | 七隻 | 二十隻 | 二十隻 | 十三隻 | |
| 意國 | 二隻 | 五隻 | 五隻 | 六隻 | | 三隻 |
| 俄國 | 二隻 | 二隻 | 一隻 | 六隻 | 十隻 | 十隻 |
| 德國 | 一隻 | 五隻 | | 十隻 | 十隻 | |
| 奧國 | | 六隻 | 一隻 | 一隻 | 四隻 | 十隻 |

由上表所列可見英國速行兵船一百二十五艘之內至一千八百九十四年時必有九十三隻每點鐘能行十六海里之速餘五國速行之船共止五十七艘且較之英國大半爲慢其餘慢船大半舊老幾歸無用惟其快船大半爲新者並有新機能放更遠如將各等快船之隻數以其每點鐘行速之中數乘之再乘以壓分



水之中數所得之數爲最公比較法各國速行兵船照此推論則英船一百二十五艘應得比例數七十七法船六十三艘得比例數三十俄船三十一艘得比例數十五德船二十六艘得比例數十意船二十一艘得比例數八•五奧船十七艘得比例數六從此可見英國速行兵船之能力大於餘五國兵船之和然不能因此謂英國速行兵船過多也際有事之秋英兵船應行之職猶大於餘五國共宜行者即英國商船論之共有一萬二千餘艘皆須兵輪保衛法意俄德與所有商船共不過六千六百艘已省保衛之半矣且英地狹小與海爲國無曠尺土生民之糧非由海外運來則不足給養故英周圍之海道必須英國開通保守否則難免餓殍又英之藩屬散處五洲海程遼遠船隻往來延日數曉非所

能便可見英兵船應行之職與他國兵船應行之職大不同也故英所有之兵艦不但不爲多實有不敷之慮此事之據顯而易明如英之商船共有一千一百萬噸而速行兵船不過四十五萬五千噸相形之餘自見盈絀法國商船僅九十八萬五千噸速行兵船有十九萬五千噸如以法船例英則不惟須用兵船四十五萬五千噸應備用二百餘萬噸即不但須用兵船一百二十五艘應加至六百五十艘也以上各兵船數尚未計及水雷船與浮礮臺船另有零星小兵船亦不列此速行兵船內

## 歐洲裁兵電信書後

自來家國之盛衰恒與兵事相終始當其盛也勝兵勁卒雷擊風馳掃除寇亂所向無前用能混一區宇救民於水火之中及其衰也因循之習誤之怠惰之氣中之有軍械而不能用有紀律而不知講猝遇寇亂無異以菌受斧欲其折衝禦侮殺敵致果也難矣是以古來令辟無論創業守成必以治兵爲當務之急當疆域一統之世所患者在寇亂但使萑苗獮狩時時講武居安思危不自暇逸自足以懾奸宄之心靖紛爭之氣若疆宇未一敵國鼎峙大小相侵强弱相凌各有鯨吞蠶食之志則治兵尤不可一日而緩如周末之七國漢末之三國降自南北紛爭中原鼎沸稱名竊號如麻而起大率兵强者勝兵弱者亡驗諸往事昭若耆龜今以泰



西各國形勢論之較諸周末之七國漢末之三國南北朝之分裂殆有甚焉法在歐洲素號雄國自拿破崙第三爲德所蹶國威因之大損由是國中人臥薪嘗膽日以報仇雪恥爲念自知孤立無援或未能與德相抗遂與俄人修好結爲外援俄久不得逞志於歐洲見法之卑辭厚禮以求援也亦樂與之周旋而德則與法爲世仇雖已崛起稱雄未敢侈然自滿見法之與俄交懽自不得不聯奥意二國爲唇齒之助於是此也增兵彼也繕械亟亟焉如恐弗逮英雖處於局外然恐别國兵釁一開已亦不能晏然高枕而臥遂亦有增兵繕械之舉一時衡時勢者逆料不久必有大戰爭而在仁民愛物之君子則竊竊焉慮增兵之非計蓋國之財力有盡時兵之加增無已時倘平日額設之兵五十萬臨時調集之兵可得一百五十萬此國忽增至十分之二彼國聞之必增至十分之三自此輾轉加增勢無已時必至舉通國之財力盡以養兵若猶不足則借貸以盈之加稅以補之羅雀掘鼠挖肉補瘡兵釁未開而舉國已坐授其困猶之富厚之家坐擁多貲懼爲綠林暴客所刦奪招雇健漢數百輩給以厚餼使其晝夜捍衛數年之後力漸不支所有囊貲不耗於盜而耗於防盜之費雖家之與國大小不同而其理則有可罕譬而喻者然而有國者之不能不防外侮亦猶有家者之不能不防盜刦倘一任他國之日事增兵而漠不關心如秦越人之相視莒子之自安僻陋宋襄之高談仁義適足以自取敗亡斷非豪傑之所肯出也故欲免增兵之害而又不爲别國所凌莫如各國會商爾無我詐我無爾虞立一定章於現



有額兵之外不復加增庶國帑不致虛糜而昇平之局亦可永保近接歐洲來電言各國以兵額太多意欲會商裁減不禁拊髀雀躍而歎是舉之實獲我心也自來窮兵黷武之君未有能善終者中國無論已即以西國論法皇拿破崙第一恃其智勇鷹瞵虎視有囊括六合席捲八荒之志百戰百勝當者披靡其後卒以輕用其鋒兵敗身辱爲天下笑傳曰兵猶火也弗戢將自焚又曰君以此始亦以此終歷觀史冊所載成敗之迹如出一轍夫窮兵不已必致覆亡增兵不已亦必致國庫空虛商民交怨而後已夫至國庫空虛則不特不能養增設之兵并不能養額設之兵商民交怨則怨讟釁端之起不在外患而在內訌然則與其輾轉增兵而合舉國之人慄慄焉惴惴焉有朝不保暮之勢誠不如各守故轍不事

增添大小相維强弱相倚可以共享安全之福嘗謂春秋時之向戌實爲古來第一豪傑欲令各國弭兵其識見遠出戰國術士之上戰國術士不曰連橫卽曰合縱大都爲一身富貴計非能益人家國也若弭兵之說眞有手援天下之意苟從其計春秋之末造不致變爲戰國惜當時事不果行遂使後之以成敗論人者藉爲口實今各國鑒於增兵之非計僉議會商立約不復加增若果見諸施行則兵端可弭而國計民生且並受其益豈非天下之福哉日望之矣

論中俄交誼

中日一役李傅相奉　命往馬關議和局既已將遼東半島及臺灣全地讓與日人俄人仗義執言責令日人將遼東歸還中國說者咸曰俄人實市惠也中國既受其惠必思有以報之未幾而忽傳俄人果欲將西卑利亞鐵路接至黑龍江於是衆議沸騰僉謂俄人既已施恩於我　朝何致卽欲將我　朝鼃食其心叵測萬不可引爲奧援或且謂我　朝已准俄人在旅順口泊兵船并將膠州灣立約借給紛紛其說朝野喧傳耳食之流遂至視俄如蛇蝎今乃觀於薛叔耘京卿所記乎俄皇之語而始可恍然矣其記曰當洪文卿少司馬出使德俄奥荷四國任滿將回而俄皇語之曰外人謂予欲與中國爲難又有齮齕朝鮮之意而不知皆非也中俄和好歷二百餘年交誼在諸國之先予固不忍一旦廢棄且俄國前得波蘭之地及割瑞典芬蘭之地所定圖爾齊斯坦諸部壤博人衆未能心服常思乘俄有事遂風塵而得進俄時西方諸强國且睨隙而躡其後俄地懸隔過遠氣脈不貫呼應不靈能無顧慮予是以日夜兢兢不欲生事於境外至於東境創築鐵路蓋爲輸寫琿春海參崴貨物之故苟無鐵路則琿春海參崴終覺孤懸勢難兼顧況以天下大勢而言俄境雖甚綿長自西超東處處皆側面也中國由南向北處處皆正面也予雖建造鐵路亦必聯絡中國始能縝密耳議者每云英人助土耳其扼守君士但丁海峽使俄之人不得出地中海故俄常欲營一屯泊水師之海口而思有事於朝鮮斯又不然近數年來予既於黑海之濱得一停泊兵船之善澳北邊又尋得煤礦煤質甚爲佳旺更於庫頁島得海口兩處皆風平水深可泊輪船而其地亦有佳礦且俄與丹麥爲婚媾之邦俄若欲濟水師儘可假道於丹麥矣必注意朝鮮哉今茲貴大臣歸朝可勸政府敦崇睦誼切勿爲讒言所惑云云雖彼俄皇之言未克知其由衷與否然其欲常借旅順口及膠州灣屯兵之說則可以知其不然矣而僕則別有所獻可矣從來有國家者以整頓邊防爲第一要義無論其俄皇之言而可信我中國東北邊與俄接壤袤延四千餘里相錯如犬牙設砲臺置戍壘修我矛戟厲乃兵戎先事預防誠不可以一日而稍弛俾邊境官吏得以旦夕相安免致彼此編埧或因細故而生齟齬苟俄人而或有所覬覦也則防之於豫尚慮勢力之不克相當萬一備禦稍疏其能免戎馬若烏長驅直入乎願或者謂俄皇此說發於六七年前今者時事變遷局勢大改日人蹂躪高麗以後其勢駸駸日盛幾欲雄視於亞細亞洲日前製造鐵甲兵船惟日孜孜尅期告竣而

俄人屯兵境上亦日夕厲兵秣馬一得軍令即可鼓行而前西卑利亞鐵路輸車更并日興工惟恐不及竊恐日後必致興兵搆怨互角雌雄或者高麗一隅片人雖得保護虛名他日竟入俄人之手俄仍得在亞西亞洲執牛耳不能使日人雄長東方手謂鐵路既成俄人即可漸肆鯨吞之志奉黑吉諸省在在可危此則彼俄皇與少司馬倔倪而談言猶在耳後事或未可逆料目前終不至若斯也總之孫子曰毋恃人之不來恃我有以待之我惟恃以至誠無許虞亦無疎懈既推心而置腹更未雨而綢繆斯爲先事圖當務之急也乎



論俄勢日大

歐洲之國英爲大數十年來講求武備整與商務遂雄海上爭執牛耳泰西諸國皆拱手聽命自愧弗如惟俄跨有歐亞斐三洲之地土壤寥闊冠於五洲覗視其旁每有樹敵之意英人常忌之畏之而俄亦不敢驟啓釁端於英然觀俄人之論每謂英人包藏禍心痛詞詆之夫英之包藏禍心固矣俄豈獨無鯨吞蠶食之志耶地中海之利既盡爲英人所得俄僅得於黑海之西伯士都彼見爲屯軍艦之所雖向者不能出海之慮今已無之俄之心猶以爲未足也於是經營西卑利亞鐵路接至黑龍江飭令於一千九百年正月一號火車須一律開行又擬於太平洋添駐水師定造鐵甲船五艘快船十艘核定一千八百九十八年均須工竣日前中西報載近日俄廷將海軍大加整頓各兵發給厚俸額外優加賞賚子弟考列水師學堂優等者給予文憑派赴近海肄練五年再在黑海二年然後供外洋差使此已錄入本館八月廿三日報意俄人圖謀國事之心可謂不遺餘力窺其意若將從事疆場即日當以兵戎相見者夫整軍經武本當國之大謀而先事預防尤自强之要策中國惟事事讓人以先故事事較人爲絀昔年曾惠敏公以中國先睡後醒爲戲言近日西人以中國正當酣睡相侮辱俄人殆有見於此不欲蹈中國覆轍故爲是力加振作蹶然其狡焉思逞之謀已可窺見一斑與從前蟄伏北冰海時景象大爲不同獨是俄之强英之不利俄既於黑海得屯軍之所則已取有南下之路他日法欲取蘇丹俄必助之以拒英德與法本有夙怨或可爲英一臂之助然俄德邦交現方輯睦無論中東一役三國曾有聯盟之舉德未必肯中道棄捐觀日前俄皇偕其后至德國德



皇設筵款待相得甚歡又與德大臣荷軒格君晤談有一點鐘之久雖曰睦鄰修好事理之當然此其中保無有深意存乎既又游歷法國節捕地方旋赴巴黎司都邑法人之往迓者至有三百萬人之多法總統於接見之次以互相聯絡爲言俄皇亦卑辭答之并以俄皇之名名其橋曰亞力山德第三橋俄法兩國日加親密而俄人躍躍欲動之志亦於斯而益見惟是他日者俄或助法以取蘇丹則法亦必助俄以取印度而英國之勢危西卑利亞鐵路告成則北洋權利皆歸於俄而英國之勢愈危英人亦自知之故以俄之勇往無前爲受其害者必在英國不知俄勢日大英國固受其害而終亦非亞洲之福昔年胡文忠公謂終爲中國患者必俄羅斯自後於一千八百八十年間爲邊事齟齬中俄幾易玉帛

為干戈會惠敏公馳一介之使改訂和約歸我伊犂俄人甘心退讓修好息兵數年以來相安無事論者以為文忠之言未免過當去年中東之事又惟俄人仗義執言不忍坐視聯合德法兩國逼令日人還我遼東益信俄與我壤地相錯敦輯鄰不愧為二百年和好之國特不知俄人何所愛於我而遽為是義舉以開罪於日本哉竊嘗默揣其用心蓋惟恐英人之坐收其利也英之所以強皆由於商務之盛而獨擅其利權中日新訂之約英人又得於通商各處擴充商務則去年一役日本於中國固沾其益償欵二百兆鬮埠數行省在日本河謂得志矣而不知英之受惠亦正無窮何也蓋英在地球中固為商務第一之國也語云蚌鷸相爭漁翁得利其殆即是之謂耶乃英人之言猶謂俄以中國弱為得計英以中國強為有益此殆非由衷之言而第欲借是以為離間中俄之計乎



## 聯俄拒英說

息游軒主人端居多暇慨時事之日非戢影靜觀慮中華之屢蹶蓋幾有我生不辰不幸而逢衰世之歎也忽有曾經滄海客自北方來握手逢迎懽然道故既就坐客曰別數年矣不料東方大局糜爛若此今者俄人仗義執言有裨時局又復為　中朝貸銀作保中俄之交固則聯俄拒英之說成子亦知之否耶主人曰謹聞命矣願悉其詳果何為而作此耶客曰此事之由來非一日矣今始彰明較著也往者某星使當期滿還　朝之日謁見俄皇餞行俄皇與談三刻之久其言曰近時輿論謂予有欺侮中國之心又有攘奪朝鮮之意此皆捕風捉影之談不可信以為真或有西邊大國猜忌於俄者造為此說以聳中國之聽耳中俄和好二百餘年交誼在諸國之先予固不肯一旦廢棄且俄國前得瑞典芬蘭地又得歐洲波蘭之地並所定亞洲圖爾齊斯坦各省地廣人多未能心服常思乘我有事逐風塵而得逞彼時西方諸強國且睨睨而議其後而我國地方懸隔過遠呼應不靈鞭長莫及能無顧慮予是以日夜兢兢不欲有事於境外擬先將波蘭等處之民拊循而固結之俾其心志與俄為一此非用數十年之力不為功至東境創築鐵路緣欲流通琿春海參崴商貨起見且祇無鐵路則琿春海參崴終覺孤懸勢難兼顧況以天下大勢言之我之國境雖甚綿長自西趨東處處皆側面也貴國由南向北處處皆正面也我雖建造鐵路亦必聯絡中國始能保護周密識者每云英人助土爾其扼守君士但丁海峽俾俄之水師不得出地中海故俄

常欲覓一屯泊水師之海口而思有事於朝鮮斯又不然近數年來我已於黑海之濱得一停泊兵輪之善澳北邊又得煤礦苗旺質良又於庫頁島得海口兩處皆風靜水暖可泊戰艦而又有佳煤之礦且丹馬與我爲婚姻之國我若欲濟水師丹之海峽亦可假道矣必注意於朝鮮貴大臣回中國必至總理衙門可勸政府務崇睦誼切勿爲浮言所惑云云論者謂俄皇之言實出於至誠中國亦當以至誠之意待之此一事也光緒十七年長江一帶民教不和之案迭起環生延及內地焚毀教堂殺傷教士各國公使以中國辦事遲延不能保護教民屢向總理衙門詰責又以哥老會黨煽惑人心蔓延益廣擬合兵輪上水師登岸自衛告於總理衙門推德國公使巴蘭德爲領袖中國政府止之不可事將成矣



幸俄國駐京公使不准其事遂寢說者謂洋兵登岸名曰自衛實則與用兵無異倘使肇禍後患即在眉睫之間俄國不允而中止其與中國交誼之厚顯而可見矣此又一事也條陳時事者皆曰自通商事起爲千古未有之變局中國兵威不振財用日匱商民交困何也則以劫於條約太阿倒持反主爲客而商務虧絀以至此也今時局之可憂而亟宜持意者患不在俄而在英自光緒元年至十五年中外通商貨價出入贏絀之數中國共虧銀一萬五千五百六十一萬餘兩至十六年英國贏絀至六千零八十萬四千三百一兩合之俄美等國補入中國之銀二千三百四十一萬餘兩中國一歲虧銀至三千九百九十四萬八千九百四十二兩此有貿易總冊而稽者國貧民困端由於此年復一年更不知

伊於胡底今議者徒知俄之壤地扼我肩背而不知英之商務已潰我腹心日本一島國洋藥一項猶首在禁例中國竟甘受其毒而不敢拒之果何爲者爲今之計莫若聯俄以圖英俄羨印度之富不肯一日去之懷誠能結以大信共敦睦誼中俄既親更可共尋其機俄若進兵南牧有事於英之屬地則中國邊俄之地可以無虞英之兵力既分中國乘機而動與彼更立條約禁阻洋藥不准進口英屈於正理而又懾於邊境之多事必能就我範圍於以整頓商務力圖富強庶幾國勢可振而外侮可除矣此又一說也今者傳聞有中俄密約俾西比里亞鐵路可以經過滿洲而通至太平洋海口琿春之鐵路得以徑行直遂此事若成可以爲聯俄之確證而毫無疑義矣主人曰是皆然矣子觀事成之後利弊若



何不妨縱談天下事以開拓我胸襟也願直言之毋隱客曰英人朘我膏血猶狐狸也俄人性情猛鷙猶虎狼也狐狸媚人以取精英使人形脫肉削而至於天亡命雖失而軀殼猶存也虎狼伏於山林而不動似馴擾而不爲害一旦長嘯跳躍出而噬人則吾儕無遺類矣弊既若是利何有焉客既去主人乃吮毫濡墨以記之以告當世之留心時事者

英人論俄

英國不拉古兜雜誌論俄策云俄欲混一地球久矣或於樽俎之間或於兵燹之中有機則乘焉有隙則窺焉其包藏禍心匪伊朝夕譬如俄虎於肉渴獅於水不盡吞噬不已也窺俄人用心固以席卷八方囊括六合爲要圖矣

俄處歐亞之險據金湯之固藉負隅之勢廣遠大之圖重以幅員廣大人民繁庶以臨馭天下天下將無敵焉試觀亞比西尼亞一節俄欲奮雄圖據全權於是先與法同盟而窺南亞非利加矣英德之相齟齬也以為機可乘也乃聯德而離意遂敗德奧意三國之盟矣然德皇知俄意懷不良盧與委蛇而嚴守亞非利加政策矣意與英聯於倭薩即與俄相仇敵於是乎三國將絕而未絕之同盟又為沙爾士勃雷侯所締結俄人不以為意更欲於亞比西尼亞挾制意國於埃及凌侮英國冀得遂并吞之欲矣俄之於土耳其凡鎗彈火藥動被鉗制俄能以此策而買喀吉阿蘇慢矣英人抗之而不勝俄人奈里多佛之智慧實逾英人非理勃喀兒也意者俄土數百年之葛藤其結局於此乎然雄長宙合之心仍未



又也

其於波斯及中國則如何曰波斯京府爹喀林恃俄哥索克為保護故約束波人號令波政者俄國也現北波斯之情形已將為俄所有俄之滅波蓋易如反掌耳波自國王逝世太子幼沖髫齡即位不辨菽麥俄人肆意跋扈豈待智者而知哉至中國大勢更為可慮燕巢危幕魚游沸鼎累卵之危莫過於此京華一隅俄人撫其背而扼其腦矣且握朝鮮實權以為保護之國矣嗚呼俄國所為匪夷所思譬猶一大噴火山俄不動則已一有烽警則宙合為之色變地球為之灰燼也抑爾來地球之氣運將漸遷於亞洲昔在地中海者已遷於大西洋今復將遷於太平洋矣握制海權者必在俄國乎英俄宇內之強國也其不能兩立猶蠻觸之不能不

爭也英人自謂能握宇內之霸權俄人亦自謂能執五洲之牛耳則兩雄不並立矣今英人坐視俄國之碩大而漠不關心恐異日切齒噬臍已無及矣然則宜如何乎曰為英國計宜嚴立東亞政策與日人振興船政也苟如斯則英國必奪中國於俄皇之掌上坐言起行無庸卻顧此最上之策也不然異日尼哥拉斯帝之子孫必南面於中國之帝王爾拉斯葡萄那謂西北印度王及呢抗侯伯以上亦有稱大君主之口



## 英軍不弱於法

夫論事者當觀其全局相人者勿泥其皮毛即如近者英國臣民多欲力請國家加製戰輪以防外侮窺其意旨似有追不及待之情形遂令輿論沸興議員聚訟其言若此其事果何因哉此無他實由泰晤士日報駐法訪事人一言所致耳據謂法國水師之盛戰艦之雄實能將我英駐紮地中海之戰輪如狂風掃葉斯言一起留心國是者咸竊竊自危而相國杞公則謂英國師旅之雄甲

於天下從來勁敵未足為憂然以敝論僉同人心抱慮故曾訂期在議院一宣廷意以釋眾疑今其於意云何本館無從測度而鯫生之見則以杞公之論為然雖英與法均素稱强似難軒輊然欲核其師旅之强弱大概尚可臚陳也者英國水陸軍兵共有四十萬七千八百名自咸豐八年防隸印度入版圖又得戍兵十八萬七千名另印屬各營所部兵三十一萬五千名頭等大戰艦二十四艘海砲船三艘巡边炮船六十艘平常炮船七十四艘共計一百六十一艘又候調之戰艦十艘防海炮船十四艘巡边砲船四十六艘平常炮船四十四艘製造未成戰艦九艘巡边砲船十九艘平常炮船二十艘計共大小船艦三百二十五艘水師薪俸費用每年英金一千八百四十八萬九千零十六磅陸兵每年一千



六百七十萬零三百磅而法國水師軍兵共有九十七萬七千人戰艦十九艘防邊炮船五隻巡海炮船二十三隻在本國候調之戰艦五隻防海炮船三隻巡海炮船二十隻餘各炮船四十二隻未成戰艦八隻防海炮船二隻巡边炮船十九隻另炮船五隻合計共得二百二十一隻而已每歲水陸軍兵之費共一千零一十九萬四千八百六十磅以此參觀似戰艦以英為最軍兵以法為强矣殊不知英尚兼有印度厚魯之眾歷年訓練成伍一旦有事自足効命於疆場且以地中海形勢而言有如兩人弈棋英人已下要著蓋地中海為歐洲門戶而英之所以獨占形勝縱橫出入而莫與抗者則以其踞守毛爾塌及支伯勞登兩島也毛爾塌東踞新開河口西距大西洋海口輪船約程三日兒島居地中海之

中而稍近南岸四面環海周迴約百里地勢絕佳嘉慶年間與法王拿破崙戰勝而得者此則地中海全勢在其掌握之中而東道亦不虞阻隔支伯勞登島長十八英里闊五十英里有一海港寬約五六十里狹處僅十餘里從此而入則為地中海出則為大西洋海兩岸皆有高山儼然石柱對面雙峙其地三面居海中惟其迤北相連西班牙國康熙年間得之于西班牙屢敗之餘厥後議和盡歸侵地而此島不與焉山勢彎環迴抱宛如天生城堞水師停泊可以避風英人三面多築砲臺高峻鞏固山麓鑿成街道置兵數千守之西班牙嘗與法人會師來攻大敗而去迨後又得士耳其之徐卜洛斯島遴派大員築臺置戍此島在毛爾塌東南距紅海口不遠三島之中惟斯為大有三千五百八十四英方里居



民十八萬六千有奇由此參觀地中海阨要之區已歸掌握法人雖雄恐斷难如狂風掃葉耳若以槍礮軍械而言則英有著名製造軍械廠二其一在烏治理其一在拋此毛吳司以地名也商家製造軍械廠二其一在紐堪塞爾名曰阿模士莊一在滿痕切司脫名曰特活德二廠以製造槍礮為大宗又在裴明罕姆者名潘立塞則專製礮彈倘謂軍械不足何难陸續加添矣必定費數百萬英金始能從事耶且沿海之礮臺則更指不勝屈每英里即有一臺若論著名堅固者在泰晤士江内以烏理治休而勃為最在瀕海者有若都發若拋此毛吳司若司不舍特若獅司拋特若待阿拋脫潑來毛吳司若奔不羅喀若密爾妨特若立佛普而諸臺均稱鞏固者況英法隔海相望之處均礮臺臚列齒齒稜稜且其

築臺也不用三合土而用泥土築成可任敵礮攻擊是礮臺亦至堅且固矣而謂不足拒法乎雖然憂則盛而危則明已垂古訓合之欲修軍實者其殆有鑑于嘉慶初年乎是時俄法兩國會軍七萬將有事于所屬之印度長驅疾走大敵已臨禍以俄法皆有內憂而中止今者兩國之合得毋包藏禍心思爲戎首耶夫以堂堂之國尚如此其兢兢則凡不如英者宜早自爲計然謂法師果能將駐紮地中海之英輪如狂風掃葉也則吾不信



法武官論礮彈

昨接水師官來函言及兵船礮彈茲登入報章該水師官所論之鐵彈應改爲鋼彈一事因伊爲海部之員所以逸其姓名據該員云前數日法廷各議員所議礮彈各節俱未甚清晰因特獨抒臆見據云目下水師以礮而論礮身并不甚緊要而礮彈則急宜講究水師所用礮彈有兩式一爲鋼彈係全鋼造成者亦有用生鋼作成者此種鋼彈專爲攻鐵甲船之用比之船離一二千邁當之遠即船身鐵板之棱角與鋼彈堅硬相同鋼彈亦能穿透如礮口徑圓二百米力邁當船身在一千邁當之外此彈能深入船甲二百米力邁當一爲鐵彈彈內有裝黑藥者有裝密力泥特藥者夫生鐵質性雖堅而穿力則遜若用鐵彈攻鐵甲堅硬之物非但不能直入而彈且立碎此已屢經試驗如以十六夾力伯之鐵彈攻八米力邁當或十米力邁當厚之鋼牆鐵彈必碎所以水師各員均不願用鐵彈已經訴說累次曾憶與中國之役福州海日塔下有中国堅木帆船數艘我法国以鐵彈擊之尚不能穿透直入水師提督孤拔乃設計用礮向上使礮彈落入中國堅木船中方燒毀之試問以鐵彈攻木船尚不洞穿若以鐵彈攻哈爾威囯鋼如何能行前日法廷議事各員紛紛爭辯者蓋有二事一曰礮彈應否去鐵用鋼一曰彈式應否加長礮彈不能穿堅炸力亦嫌不足此各員所不樂意之事目下各國所造漸式鐵甲船在船中腰以上又加一道鋼甲厚約十生特邁當爲保船內緊要機器之用以防炸彈攻入然十生特邁當之鋼原不爲厚而法之礮彈攻之尚

不能入昔以別國之鋼彈穿之實不費力此固不獨因別國礮彈用鋼力量較大而且彈式加長所以易入從前各國所用礮彈俱係兩夾力伯半長今已齊加至三夾力伯半長惟有法國未改新法仍用舊式況礮彈加長炸藥自必多裝以此觀之長彈非但攻力至大而炸藥一多傷毀之物勢必不少我國不效新法我實不解曾記向者鐵礮換鋼礮時必欲各武員爭論數四方能更換此次可以前軍為鑒或謂礮彈加長分兩必重恐不能如此至遠且速所以國家不用重彈因求快速起見殊不知即如今日英國而論彈既加長而其走力之速亦如我法之短彈礮彈加長一議決意可行況各國均知此中利弊皆已改換長彈至於應如何加長加何合式全在製造之精巧試驗之的當耳再近有人試驗以裝審力泥特之彈攻鐵甲未克以裝黑藥攻之可以洞穿直入我今所云恐為人所詆異日棄審力泥特而用黑藥如以鄙意為是望國家採擇



# 洋務新論卷七

## 德國水陸軍政攷

德國舊名普魯士後與各國會盟名曰日耳曼聯邦自戰勝法國國勢益張乃改名德意志今各書譯為布魯斯為普愛孫為普羅西為日爾瑪尼亞日本人謂之獨乙蓋音同而字異也容有以其國兵制問者乃為之徧攷德君在初所著航海述奇李丹崖星使所著使德日記無名氏所著出洋瑣記錢琴齋觀察所著歐游隨筆及徐仲虎觀察之德國紀事本末歐游雜錄沈仲禮司馬之德志略林君樂知譯成之英儒麥丁富得力所撰列國歲計政要旁搜博采著為是篇以答之攷德國兵政於西歷一千八百十四年頒行章程凡民間子弟能勝兵即編入隊伍先學攻守之法遇有兵事不得託詞規避年二十始籍於軍充戰兵者三年充守兵者四年充團練兵者五年至既充團練兵時如遇戰兵不敷仍可酌量調遣至五十歲始駐守本國不復宣力戎行兵之名有四一曰白得能平時每隊只五百八十名出戰時增入留守兵可多至一千二百名一曰監本納每隊二百五十名合三白得能曰勒其門合二勒其門曰索荷得合二索荷得曰特佛城約其數二萬二千有奇每特佛城一將軍主之出師時增馬兵四隊大砲二十四尊以白得能或來福鎗兵為先鋒合步兵二特佛城馬兵一特佛城鴐馬之大砲十二尊曰夸大敏每夸大敏用二勒其門馬兵殿其後兵有大砲別有白得能為鄉導又以白得能為後衞供運送軍火之役計夸大敏除守國外更有十三被分屯十三處總

而計之國中有官弁一萬三千八百零四員兵三十一萬九千八百二十四名馬七萬三千三百零七匹如臨時徵調則十日内可增至兵七十萬名厥後戰勝攻取大張軍威既勝法之拿破崙第三至同治十年合大小二十五邦聯成一氣軍聲益壯章程亦大改從前悉籍國中丁壯爲兵自二十一歲至二十八歲其中三年爲行兵三年爲守兵一年爲教鍊兵二十八歲後又須爲團練兵五年承平無事時在營者僅百分之一每名計餉二百五十五大拉合英國三十三磅十先令通國有武員一萬八千零　員兵四十一萬二千七百六十六名馬九萬七千三百七　九四砲一千二百二十四尊遇有戰事則武官增至三萬一千一百九十五員兵添調二十七萬三千三百四十六名馬增至二十八萬一



千五百四十二匹礮增至二千五百零二尊平日屯兵之處有七每屯一羣每羣二萬五千名守國兵尚不在其內大礮臺三十七處此陸軍之大較也昔法之戰法國連遭挫衄償德國兵費英金磅二百兆磅德國遂以之增練水師置大鐵甲船二十六號巡海快船三十四號砲船七號魚雷船四十五號又增備雷艇一百零五號各船中由官弁以迄砲手水手都二千五百員名統以武職大員如中國提督者三員正船主共二十八人副者二百二十四人鎗兵砲兵都二千七百六十名先是國中鮮嫻習水師事務兼乃以重金募之未及數年而能學砲兵船者多至八萬人中有四萬四千人得諸本國商船六千人募自他國商船餘皆各海口捕魚之民此水軍之大較也耳食之流第云德國陸軍爲泰西各國所無敵而不知其水師亦實有大過人者苟持且與飛肉薄爭特於洪濤巨浪之中誠未必出人下也至於軍械人但知伏爾鏗爲著名之廠殊未知通國皆取資於克虜伯是廠設在愛生鎮爲地毬九萬里中第一著名之大廠日役工人一萬二千名所製紬綢後膛來福砲後膛毛瑟鎗軍中咸推爲利器魚雷創自英人懷得海德國佛力毛廠仿之而製益精凡此利器不特本國各營所通用即我　中朝亦不惜巨欵以購之分撥南北洋各軍用以習練噫德國聯盟各國僅二十餘年耳而君君臣胥肝勤勞勵精圖治已若是之蒸蒸日上國富兵强我　中國於此其可不惕他人之先我加意講求以冀與之齊驅並駕哉於是乎作德國水陸軍政攷



## 德國兵政紀略

嘗思將有謀而益勇兵以練而愈精德國雖在歐洲各大國之列其幅員不及俄羅國之廣大其民人不如英法美之富且强而其選將用兵教戰布陣諸政有非他國所能及者考德國定例抽兵之制亦如英國雖王親貴胄派衍天潢亦當編入軍籍每日演習技藝或馬隊或步軍或炮勇或探軍務使熟極而流得心應手且兵額有承平戰事之分承平之時兵額稍少若一旦疆埸告警則幾民盡爲兵即曾經執戈數年者亦必復出其制男子至二十歲國家即傳檄徵召令入營中三年之後有事仍須出塲至三十八九歲始得免役且因國家寓兵於民故兵有三等之分初出者爲征調兵當征調兵後即爲練軍爲二等兵以後則爲三等兵鬪戰

時第一等兵出缺二等補之二等出缺三等補之此徵調補缺之大略也前在天津見同文館某西人譯出德軍考略一條載德國陸兵分爲十九鎭光緒十五年即西歷一千八百八十九年又添二鎭平常守兵一百六十六營每營以協將統之領兵官共一萬四百餘員兵三十四萬一百四十四名洋鎗隊二十一營兵官四百四十六員兵一萬一千一百七十三名此正兵也若有戰事更可從民間抽取爲二爲兵得二百七千七營兵官三百八十五員兵四萬四千八百六十三名此即中國寓兵於農之意有事則爲兵無事則歸農法至良意至美也其外又有馬兵九十三營兵官三千三百五十九員兵六萬四千三百六十三名炮兵三十八營兵官一千四百九十四員兵四萬一千餘名炮六百四十八尊車



一萬輜司事一千人由是言之德國之兵政可守可戰爭長諸國以此相戰無戰不利以此攻城何城不克試就其歷來戰勝之事論之一千六百九十九年土回與德之波蘭君因立和約意見不合尊相齟齬土回以兵八十萬長驅直入堂堂之鼓整整之旗軍容之赫奕莫不心驚膽裂德皇詔協將率領陸兵十餘萬戰于加洛威拉朽摧枯狼吞虎視十餘戰而土國以托蘭息省及多腦江南岸相獻割地求盟踴躍破敵人之膽班師振旅聲容揚海國之威德國不折一矢不傷一兵而土國獻地求和則德國之陸兵勝者此其一又千八百七十年因法君那波侖橫行海外恃强并弱歐洲諸國合力抵拒死傷之多不可勝紀終不能稍挫其鋒德國君臣不忍坐視奮其勇往之氣乃率馬兵二十營炮兵三十營大

戰於比回之瓦得魯鎗炮所指擊斃無算拿破侖自知勢窮力竭乃渡尼門河入俄境俄皇與德皇密商同謀命洋鎗隊於夜間四處縱火衝突法營法兵自相踐踏拿破侖從亂軍中鼠竄而逃始悔昔日之狼貪致有今日之歎困進無可戰退無可守乃收拾餘燼遁歸法地則德國之以馬兵勝者此其一夫以兵額則有陸兵馬兵火兵洋槍隊之分統率則有協將兵官司事之號蓋其民人之强悍樂于戰鬥而文有君臣及時操練兵氣固結而不散兵力奮勇而不懈兵餉充裕而不竭兵器堅利而不挫而後臨戰則爭關奪隘敵人披靡水戰則乘風破浪所向皆摧雖僻處海西豈不高出於奧葡日耳曼各邦而媲美於英法俄美諸國哉噫德國精心果力講求兵政尚有蒸蒸日上之勢內可以保守於已外可以



取勝於人而其利己利人之心不特爲歐洲諸國之輔助即中國亦藉以結和好焉旅館蕭條遣懷無計客有操豚蹄攜醇醪而至者相與放懷暢飲縱談德國兵政因畢其用兵大略有實事可徵者侃侃言之至其兵器之製與兵丁之操演中國水陸各師多有採用其法者彰彰在人耳目闕故略而不道

論德相謀國

西報言德國前相卑斯麥克與德皇詳論軍國事宜謂我德倘或他日釁端一啓宜即將馬兒國及荷蘭二國先行攻擊奪而據之方爲全勝之圖斷不可侵越俄奧之界又言啓釁之初我德宜先謀自守然後徐觀大勢可進則進可止則止方不至有躁進之虞又聞某日德相與德皇共商國家大事之際言設或俄法以兵寇

德若無英國連合則出兵搗法之北境以絕其前進之路如此則意國之助實無可用此皆知己知彼之見敵狀軍情洞若觀火洵不愧為柱石之臣說者謂德皇之所以卑躬屈節敦請卑公者實緣俄法近來日益交歡而俄之與德交情乃日疎一日故也觀前此卑公秉政之日北和俄國東拒法人故能使德國高枕無憂不意今皇年少氣盛不能優禮耆臣故卑公辭職而歸自是以後法國即日逞深謀以親俄國今事將決裂故德皇復請卑公計議猶幸亡羊補牢尚為未晚云云此皆西報中謂港報譯而登之者也竊以為卑公佐前德皇滅法蘭西直入其都城法之兵一蹶不振至甘為城下之盟賠償兵費割取名城任德之所為而不敢少出其氣此千古之大爭未有不鏤心鉥骨者也而卑相之勳業亦由



此而成德皇倚之如屋之棟梁與奇老將軍皆為股肱心腹今德皇薨逝而奇老將軍亦歸道山碩果之僅存者則卑相一人耳其所以辭職而歸者或亦並非因今皇年少氣盛與卑相意見不合故此告歸或者以年老力衰乞病歸里以資頤養且見德國近來無事但能守其故步必不至有意外之虞故坦然告退而無所顧戀以視與長頸鳥喙之君王共事栗栗乎歌狡兔死走狗烹高鳥盡良弓藏者則大不相同又何必早為急流勇退之計吾知卑相之進退固綽綽然有餘裕也今皇聽其告退亦非別有意見為輕棄其故舊茂視乎老成或者念其功高望重不欲勞以瑣事故准其告歸而凡遇一切疑難重大之事則仍虛懷請教中國本有此禮如宋時平章軍國重事皆宰相乞休而後加以此任古時亦於

老臣耆宿且有就問之禮特以今時則久已不行耳觀德皇與卑相共商軍國重情而知卑相固身在江湖心懸魏闕其非因與今皇意見不合而去已可概見然而竟以為宰相所言者皆為國之良謀則又有不敢深信者何則北和俄國東拒法人此亦老生之常談耳俄為強國與德親則德重與法親則法重此又夫人而知也俄奧聯界與德又為錯壤若與他國有釁而復開罪於俄奧而多樹之敵則雖至愚者亦必不至此其言俄法若以兵寇德若無英國連合則可出兵以搗法之北境如法英連謀則將奈何至於先謀自守徐觀大勢可進則進可止則止此則兵法所載苟略知兵者皆能言之又豈煩卑相之再三籌畫而始出此謀又豈必待德皇殷勤請教而始為此計也乎夫軍國大事必其深謀遠慮祕



而不宜者也若在大廷之上侃侃而談使報館執筆人從旁聽覩而筆紀之此尚得謂謀之深者耶即曰謀之密室而或仍為多魚之漏故外間得以知之然亦非卑相之所肯出此者也某國可和某國可據此等語豈可先出諸口一出諸口則人皆知為之備恐我所欲與之和者反因此而多其挾制之計我所欲據者反因此而失所攻取之方其不貽誤國家大事者幾希矣故吾以為卑相此言不過昌言於眾故意與德皇商酌而出之以故作疑陣而已其所與德皇深謀遠慮者當別有在也試觀前此與法鏖戰之時前則故意示弱迫後何連列國倒戈向法直至臨期而始見之何等謹密何等機警若先已歷歷言之娓娓陳之則是與中國近來場中之策論無異又何足為重輕又何必特特謀諸老成碩望之

卑相以為此固平章軍國重事也哉未免淺之乎測卑相矣

德敵俄法論

歐洲全局岌岌乎其危哉英國果有其難他國豈獨無之若以難之大小而論英猶其小焉者也其難處最大者莫如德國德介乎兩大之間其防備兵力依然如舊而該兩大國則有加無已此則不可不為之躊躇者也法為天下至富之邦俄又為歐洲人數最多之國兩國並而行之其無敵於天下固不待智者知之也而俄法之仇德日見其甚決裂之日指顧間也將來交綏孰勝孰負固難預言然以法之富俄之眾合而戰德聞者莫不為之心寒即佛蘭屈立克第一遇此亦當悚然懼駭然驚焉



日本宜與中國和好議

竊嘗窺亞細亞洲全局俄國自興安嶺以外東傅於海西軼新疆地勢實形廣遠日本則環海為國不能展拓如虎在平原無負嵎之勢中國合二十一行省計占地球十中之一民籍可與歐羅巴全洲相頡頏興工作則價值較廉設學校則文字一致保世滋大物阜財豐以天時地利人和三大端而論中國固大可有為祇因伍於積習不肯變法以圖自強以致五十年以來屢受抑侮去歲見欺於日本喪師失地幾於一蹶不振中國自受此次懲創之後必將幡然變計振作有為國日以富兵日以強英明之主將振威而雪恥必先秣師東指征服倭奴以報今日之仇試思以國小民貧之島國能與富強大國相抗乎兵船四集如困長圍試問求救於鄰邦則歐洲諸國誰願以一旅之師助之乎當此之時日人必將悔前此之橫行無忌實為太過并欲歸罪於發難之人亦已無及我　朝字小為懷斷不欲併吞其土地膚功既奏國法用申而軍威自無可極所謂艱而獲易失而反得者此也朝鮮一國東西南三面瀕海東北一隅與俄羅斯隔江為界俄欲逞志於亞洲不能忘情於朝鮮五洲之中俄為彊大之國英法德美俱忌嫉之彼所缺者無形便之海口駛其兵艦耳昔年欲得土爾其於西不得則欲得波斯於南又不得將欲得朝鮮於東經營東西伯利亞其開疆拓土之心正未可量而朝鮮於我　朝不獨土宇毗連相為唇齒即自　國初臣服以來　太巳　列祖　列宗覆之如一

象饑饉則運粟以賑之內亂則出兵以討之我　朝之待屬國未有逾於朝鮮者也俄人雖與通商猶有所顧忌不甘爲戎首而日人竟敢肆其狡謀乘其內亂倉卒進兵虜其王而破其都爲先發制人之計不顧公議之是非竊謂日人此舉恃勢而不恃理但務目前之虛名不慮將來之實禍殊爲失算何謂虛名朝鮮君弱臣强民鮮遠慮國分兩黨歷年常有內訌目前之歸附日本者畏其强也如有强於日本者出而與日人爭朝鮮則朝人必將棄日本而就更强之國矣況日本得朝鮮爲之經理國政所費不貲是猶舍其田而芸人之田也非虛者乎何謂實禍中國因朝鮮之事勞師糜餉塗炭生靈推原禍始厥惟日本目下受其欺壓無禮已甚將來必當報復經略東方收其地以爲行省廢其自主之權一切聽　中國之措置此中循環之理有天道焉非人之意計所能測也英俄二國久已睥睨朝鮮俄人狡焉思啓其西北利亞之東界與朝鮮接壤復以科立耳十八小島易日本蝦夷島之全境居高臨下何難席捲三韓所以遲遲不發者恐中國之議其後耳今日本不顧中國顯違公法藉端發難逼脅其王改易中國一切政事唯日本之命是聽此等舉動外人聞之無不齒冷而俄人尤爲不平今日本與中國戰事尚未結局俄人不妨姑作壁上觀他日事定之後倘朝鮮仍屬　中朝俄人必無異議若名爲自主而實歸屬於日本則俄人必不甘心將來界務商務之內亦不難藉端起釁威以兵力懾以先聲昔年大扳唐太之禍不難再見於今日中國乘此機會亦可出一旅之師扼其咽喉斷其糧道絕其策應俾



之坐困於囚島之中而與英俄二國其分其地派總督以治理之日本由是滅亡非實禍乎故爲日人計亞洲之內北有强俄南有極大之中国形勢土地民人皆非其所敵斷不必因區區朝鮮之事明得罪於　中朝暗開罪於俄人貪遠略之虛名受覆亡之實禍不如乘此議和之機會早息兵戎與中國和好共保亞洲太平之局以　国家閒暇之時立興亞之會與中華才人學士互相商榷研求富國强兵之術通商禦侮之方如兄弟如手足聯爲一氣無詐無虞則依倚有主亦且自立於不敗之地矣吾願日人顧全大局及早圖維勿狃於目前之功利而忘于百治平之局略獻芻蕘以俟采擇焉

## 論日本宜廣增海軍

日本建邦雄據海島當今之勢列服逞强各不相下然欲保持國威無或失墜固以擴張海軍爲當務之急矣西人某持議云日本戰後經營厲兵秣馬可謂善矣唯先整陸軍而後海軍頗難索解焉何則雖陸軍有如虎如貔之士苟水師不精器械未備安得調遣多才樹雄海表哉日本添設陸兵無庸顧慮所慮者增多輪舶

撥練水兵足與西歐抗衡耳頃如走令士罷免兵和國邀擊英人圍其采入德皇慨之因致電於共和國目貴國裹萬里之糧率疲乏之兵當新羈之馬然猶斬將搴旂追奔逐北滅迹掃塵擒其梟帥固足多矣英國聞之傷隣邦之侮辱痛與國之欺凌乃飭派艦隊游弋非洲當此之時張拳弄爪怒目裂眦不可遏抑大兵一放勢等燎原蓋欲以一矢加遺而懲德之無禮也觀其杜漸防微不遺纖悉昔日人託造二鐵艦英迺欲盡購之以遏其志嗟夫英國海軍虎視環球非一日矣然猶增廣戰艦鍛迺戈矛有虎尾春冰之懼誠以五洲大地無戰艦不足以稱雄驪執牛耳也日本籌軍不逮英之精戰艦未若英之夥且國力能支尚不簡閱勁旅添造綱甲何其糟歟或曰增擴海軍奈各國猜忌何不如其已也嗚呼是直杞人之憂耳夫列国晝夜所營謀昕夕所籌畫咸欲蹈大國之富彊偵異邦之機密夠海軍國脈攸關豈容蔑視乎爲日本計誠能先本後末革故鼎新他日北懾俄人西制英屬在此舉矣尚其勗諸



## 論今南洋各島國

吳會英

中西關鍵全在南洋今欲嚴中國門戶之防絕外夷覬覦之漸必自經理南洋始南洋之東西諸島環繞儼然海國長城殆天造地設之險以保我中夏者也漢以後職貢稱臣共球相屬南洋從無西夷患梁書天竺傳稱與安息大秦在海中交易不聞戰爭也唐書訶陵傳稱大食畏悉莫之威不敢加兵不聞據土也是時嶺南海間珍寶山積中國榷其賦稅以充斥天府號爲南庫島國之利抑亦中國之利也迨有明中葉葡萄牙西班牙荷蘭接踵西來葡萄牙據滿剌加池間漸及於內地之澳門西班牙襲取呂宋荷蘭則攘奪瓜哇三佛齊蘇門答臘浡泥文萊馬神吉理問諸國地又從而鼓棹月港盤踞臺灣肆擾舟山普渡雖逾時揚帆西遁然彼西夷巢穴已布滿南洋矣迴乘英吉利法蘭西內侮之始又以南

洋爲逆旅其故何哉地不與中國毘連密邇而口岸斜對西國船用夾板火輪遞相接應近者一二日遠者五六日徧歷諸島諸島之達中國亦復如之方今南洋濱海之國印度全境爲所有即越南暹羅緬甸素隸典屬者亦皆割地輸金大受挾制加以南洋中荒島如澳大利亞巳布亞西里百摩鹿加大小無慮數十彼皆經闢招徠日漸富庶處心積慮可爲寒心履霜堅水其來有自嘗嘅有明之假以澳門及置呂宋爪哇諸國於度外者實與棄大甯東勝河套哈密同一失策元代好尚武功史弼之征爪哇亦不爲無見惜功未立耳至今日而盤踞有年欲如鄭氏之驅逐紅毛固萬不可得惟西夷迭相強弱頗有六國縱橫氣象近則稱雄西土盛推德奧幾與俄美並駕齊驅英法則已稍遜至荷蘭葡萄牙於西



夷中最爲弱小西班牙亦非甚大其橫噬南洋將來大有變遷實可預料即如亞墨利加本英吉利屬部自華盛頓起而立國至今與諸大國抗衡我未見南洋諸島中國民人立業者億萬必無華盛頓其人也且美之開國以英人殘虐故今中國商於南洋亦多畏苦今若設官其地與之立約不準掊克聚斂虐我商民彼不忝約借各國公使執萬國公法與彼理論如商民中有雄傑出眾者授以領事等職俾審其山川之向背圖其幅員之廣狹測量其海道之淺深幷偵探西夷動靜以聞西夷如有句引東洋潛謀爲害於中國中國得而預備此即漢家隔絕羌胡之微意也況今器械精良仿模西法海疆有事命將出師參用夷夏漢鼂錯有言以蠻夷攻蠻夷中國之長技也於南洋乎何有

## 論保護暹羅

暹羅一國僻在炎荒雖土壤無多僅等彈丸黑子然物產甚饒運赴別處者源源不絕所出米穀尤爲大宗運至南洋各埠及中國口岸者輻輳而來帆檣相望其地又與緬甸金邊及中國雲南边界接壤犬牙相錯形勢相倚亦非僻壤遐陬無足重輕者可比其啓法人之覬覦有自來矣以法國壤地之廣人物之多兵力之強槍砲之命中及遠兵輪之無堅弗摧用以取暹羅此猶以湯沃雪以石壓卵不必出全力以相搏而已可玩之掌握之中置之臣僕之列乃計不出此始則以索取美江左邊口岸爲言出其不意乘其無備突用兵輪駛入美南河俟其放砲相拒則又飾詞推諉謂兵釁之開實自暹羅繼復據其要隘數處逼令暹廷割地爲献查



待暹人計窮力盡一一如命甘爲城下之盟而後法人之心乃大快矣揆法之不以力取而以詐取不以明取而以暗取者彼豈有所愛於暹羅哉蓋有見於公論之不可違眾怒之不可犯耳夫無故滅人之國爲天下古今之所不容英爲歐洲望國牛耳主盟素爲別國所推重其屬地之在南洋者綿延不斷各處皆有埠頭商船往來存貨添爆不患無東道主緬甸與印度相近經營開闢數年來煞費心力法若得志於暹則南洋大局必爲之一變緬豈能晏然無事英豈肯袖手坐視而不早爲之計乎若以中國言美南河一水直達雲南舟楫往來暢行無阻暹若有事則滇邊亦必戒嚴是暹羅實爲滇邊之保障保暹羅正所以保滇邊也而謂可坐視其顛連而不一援手耶吾有以知其必不然矣英之於暹既有

不得不保之勢中之於滇決不可視若等閒然則兩國合力以保暹羅此固當今至急之務不待智者而後知也法雖欲得暹羅此時迫於公論尚有所忌憚而不敢遂此不能不聽中英兩國共保者勢也所可慮者名雖三國共保而實則法人於暗中攘奪欲加之罪何患無詞倘此後藉端挑釁逼令獻地以贖前愆今日割一沃壤明日獻一名城暹羅之力有盡時法人之求無已時此所謂以肉啖虎肉不盡虎不去也不觀越南之前事乎當其初雖有覬覦之念猶未遽肆吞併之謀及其衡量已久形勢已諳則且奮迅以圖蹈隙以趨得尺得寸靡有止境卒舉越之膏腴盡歸掌握之中而其君若臣僅存守府之名俯首帖耳曾不敢稍有所爲是皆履霜堅冰至豈一朝一夕之故哉其所由來者漸矣法之於越南



旣如彼而於暹羅又如此夫安知暹羅之不爲越南之續也使暹羅而果爲越南之續則其不利於英者猶小而不利於中國者實大苟任其鯨吞蠶食而不早爲之計恐雲南邊界此後必多膠轕與其待事機已失而始籌補救之方固不如逆料於先機防維於未事尚可收事半功倍之效即使無英人之請中國亦必籌所以保護之方況英在南洋不肯坐失利權以保護暹羅之事欲與中國分任其勞誠絕好機會豈可失之交臂中國必當同心籌畫輔禦侮之名與英國同謀保護則中英兩國交誼自必異常款洽則更有睦鄰之美名夫亦何憚而不爲然而保之以空言雖有其名終無其實亦何貴有此一舉所望中英兩國勿偷旦夕之安通力合作使法人不敢鴟張暹羅得保宗祀庶幾南洋一帶永安磐石免動干戈然則此一舉也其關繫全局豈淺尠哉

# 洋務新論卷八

## 邊事論一　東文報

俄國陸軍少將鋪加脫氏駐燕京多年南船北馬足跡遍四百餘州朗於中國軍事留心攷察著書極富觀論中國一編已可見其用心矣不識華人讀之如何感慨乎或等雲煙過眼乎抑大爲寒心乎噫今日中俄保護提攜惡知異日不作吳越之觀哉其論畧云我俄國在亞細亞洲與中國接境一千五百餘里蓋関於邦家休戚者爲不尠也然接壤之地非其本州乃長城以外之屬土西起新疆東盡滿洲一帶爲邊備之要地固無論已我俄之於中國如軍畧也邦交也関繫此地極爲握要本論以敘中國外部軍備及攻守之難易爲主且并論及其內部爲北京平原（指直隸省一帶之地）帝京所在防備嚴肅常集大軍以備外患一朝有事則分發兵勇凡向敵之軍皆自此調遣也若首都不支則中國大勢可知耳（以上總論）



北京爲中國帝京其地非在國之中央實偏在北方距長城南僅一緯度西北山嶺連亘封鎖東面渤海有白河運河新黃河等貫通平原東流朝宗焉又有運河其口通白河舟楫利便天津各河水三义之處迤西諸川或集注或分派到處多沼澤昔黃河之水縱橫匯注於九河方今秋季淫雨不已河水氾濫溢入沼澤不堪其量自天津至保定府一帶低地如在大湖之中此處平原土質肥沃天津以南至運河東洪水捲土沙不生植物西方山麓之地疲瘠不毛亦多沙礫觀平原一帶不得謂之富饒也然其土產養省內民人綽有餘裕環帝京有八旗軍將士及家眷住焉其俸祿一半給以禾穀故自古來南部諸省每歲貢米納諸北京及通州官廩而後頒發永沿爲例夫使兵糧給足而能行嚴法則大軍屯北京平原者若逢戰爭日久亦決不見其告乏也然有司之專橫故肆私竊官穀亦不顧焉累弊積年往往暴露惡跡以致軍事頹敗滔滔皆是除禾穀外有燃料及肉類乃此地所產西南之山地與北京平原有煤坑散在砂土或花岡石層巖下甚易採掘煤炭繁夥如天津東北永平地方並北京西方諸山處處皆然北部蒙古及滿洲多產肉類中人本嗜豚肉膳羞必供其餘所用肉品極鮮牧畜之業除養豚外不見其興旺也北京平原大概如斯今欲蹂躪此平原宜審進軍道途北京平原之地羣山周繞西北諸山能阻礙敵軍前進其天險足妨大軍行步山嶽蜿蜒谿谷洞開有



一二天門并自此路不能行軍也攷長城沿壁之通路如北京西北有一捷路曰南口往時路幅狹隘一鳥徑羊腸耳今則加工興築以爲廣途自南口而北有谿谷曰懷來分歧東西一至張家口一至宣化府及貢関（疑即張家口之関）南口東北有一狹路可出長城外道險難容車馬止可徒步耳又有一狹路通承德險惡不讓前者又有一路自承德南下橫斷長城抵北京爲白馬関白馬関東有鐵門関道路稍廣闊軍馬進退游行自在昔朔北之國侵劫中土每由此路自鐵馬関至山海関一帶之地峻嶺高峯峨峨聳峙不通樵徑山海関路著於史册者北人攻漢此爲要衝也其餘自北京經由保定柏井至山西通路以上通路伊古以來黃沙青草不識留幾許鐵馬蹏痕矣夫此五通路中廣闊平坦可行大軍者惟

有山海關一路耳近時自天津經由永平創設鐵路搬運利便亦由是路也此外雖有白河舟楫之利冬季三箇月河水冰凍不可行舟雖通路有五而風雪天時諸多阻塞是亦兵家所不宜忽畧者矣北京平原東方一帶渤海波平不聞有外寇之警何怪其無防備哉自中國政府通款歐洲交涉事繇波濤屢驚今非復疇昔之情狀蓋始之者鴉片之役也次之千八百六十年英法同盟軍上陸不出數旬直逼北京焼燼帝城而中國警醒舊夢始行畫策防禦直隸倣歐洲法式修築要塞於是經營慘澹以遼東及山東之兩半島地勢當防海要害聚全力於此以禦外敵矣蓋中國軍制以防帝京爲重故常屯大軍於此然形勢一變今又配置軍隊在海岸各寨爲兵備之要區中國軍隊兵勇以八旗營爲最衆國



家所賴以安奉也環列帝都駐紮城郭內外其所守備不士京城凡國家軍政要鎮之處皆有營舍如山海關承德多倫諾爾貢關密雲通州及保定府是也其築設要塞之地如大連灣金州旅順口威海衞芝罘營口山海關北塘及大沽是也除屯京城兵勇外尚有蘆臺北塘大沽新莊楊柳青天津等諸營所以防由白河之敵兵也外敵欲攻北京經由是路則行程較捷况有白河自然水道以便行舟乎則諸營之鎮豈偶然哉平時駐屯直隸兵勇二十四萬餘人北京八旗營兵十二萬七千餘人然能堪野戰者唯鐵字軍一隊耳防海兵勇及駐紮白河下流諸營兵勇皆李中堂管轄也若攷其實際足以野戰者不過李中堂管轄兵及八旗營兵之一部試選拔其兵勇足用者十人中僅五十人耳要之一朝戰

役起於直隸以外或北部海岸欲派遣軍隊以應危急恐不能也若派遣之則帝京防守盡爲空虛適使燕京瀕危耳推論其極與中國交戰欲攻畧北京平原則中國捍衞此地勢力過虛自非假援他省惡能防禦敵軍之進擊哉唯恃畿內營兵控馭敵勢可謂單弱之極矣。以上論北京平原

新疆隔外部支那西北隅距中國政府頗遠故朝廷之威信政令往往不通繙閱近世史書可知涯畧然此邊陲廣漠之野關繫俄國軍事原非淺鮮是最不可忘者矣試舉近世要事以資畫策焉抑此地方一帶蒙古大汗嘗統治之至千六百年代之季汗部分裂爲二國一曰準噶爾一曰東土耳機斯坦、中國官書作塔什干準噶爾取天山以北之地東土耳機斯坦領山脈以南至帕米爾西部一帶



中國當代開基於此勢力漸增至康熙之世遂興師遠征出長城之外鏖殺噶爾丹兵於烏爾稽塔什干地尋併吞東土耳機斯坦使亡國遺民奉中朝正朔於是欲强固權勢使滿洲蒙古兵士挈眷移駐於新版圖又遷甘肅陝西之民居於此地且整頓新圖百般事業移民繁殖振興農業或令東土耳機斯坦人民移於準噶爾以營此土然亦不見有效驗之美也千八百五十六年甘肅陝西擧亂北聯準噶爾勢極猖獗中國威令不行叛徒等據伊犁山中設獨立汗、汗猶君主號支丹威風殘暴披靡四鄰漸及俄境俄國不忍傍觀遂出軍隊擊退匪徒取克里雅一帶地方時實千八百七十一年也爾來十易星霜秩序復舊乃還此地於中國矣東土耳機斯坦亦一治一亂我俄假力於中國給糧餉以平定之後中國出償

金九百萬兩於我俄國伊犁一帶之地分附中華而確定俄中境界千八百八十年所訂條約是也中國既恢復斯土欲專立威信而堅固根基努力於商工等業日圖興旺如農業養蠶業製絲業皆其所推獎也又欲備內訌不虞之變設屯田之制至千八百八十五年頃新就將合喀什噶爾伊犁爲甘肅新疆省凡農民欲移住此土給與田產貲財非經三歲不收租稅以謀開拓興盛矣查華民移寓此地合前後約二千四百五十旗能納稅者百二十三萬五千五百餘人然以稅賞償其政費頗覺不易中國每年補給款項四百五十萬兩至千八百九十三年減爲二百五十萬兩蓋產業漸興而稅政漸舉也備軍隊逐年加多養給之費亦漸增益然後經理之所用乃足亦可謂竭力矣要之中國北疆政務甚於養民則至矣然究之則未也華人不能使土民心服如東干薩爾特奇爾稽思喀爾喀等目中人爲蛇蝎反目猜疑不肯親交視如仇敵動輒凌軋時啟爭鬭意中國威名未足以服此也是吾人所當三思也熟察新疆之地理此地乃往古鹹海後變爲大漠原野天山之脈起乎其中縱綿東西分別南北烏魯木齊府以西山嶽高峻直連俄國會尾里天士克非路港天山脈北曰天山北路南曰天山南路自古以來民族遷徙出入每由此二路昔蒙古大軍西征實取道於此勇猛銳進蹂躪歐洲嘗風靡一時矣南路道里險峻至帕米兒山地難行大軍僅可行騎兵縱隊蒙古大軍到此不能前進忽然駐兵蓋爲此也此外尚有亞爾泰塔爾巴哈臺等山脈一帶之地亦兵家所宜注意耳其餘一望地區皆砂磧之



原野地質磽确不可墾拓唯伊犁河之上流及支流爲較佳自綏城西端嘉峪關入蒙古以通天山南北路有二道於北路之衝有巴里坤烏魯木齊二府爲沿道要鎮又西經俄屬賽密坡拉廷斯克南路至喀什噶爾則狹小此二路可以行車烏魯木齊府位置在蒙古中央當今中國以此爲施政邊境之中樞駐屯此地常備軍兵總員五萬據甘肅新疆總督所報告千八百九十四年有步隊二十四營十八協一哨每營五百人每協三百六十人每哨百人馬隊四十八協各協將校百二十五人又有礮兵以三個騎兵成隊各隊三百七十六人統御者有上長官及兵官總共三百八十八又警察將校百二十九人武裝軍夫千八百十七人并馬丁車夫廚夫等屬六百五十五人又塔爾巴哈臺縣兵員數據北京中報千八百九十四年步隊三個大隊並將校士卒二千五百五十五人馬隊兩個大隊五百八十四人伊犁縣兵員據千八百九十三年不查書每歲稽致兵數情形之書合步隊礮隊十三營將校七千八人下士以下四千三百五人馬隊九營將校二十七人下士以下千九十八人也

邊事論二

此處地方尚有滿洲兵及蒙古民兵駐紮焉即屯伊犂千八百二十人屯塔爾巴哈臺五百十五人屯甘肅新疆二千五百四十人總計約五萬人然能堪戰鬪者不過三萬人甘肅新疆全省兵軍沿北路南路所在都府各有屯勇以備不虞之變西自我俄境內東至嘉峪關千里雲山指呼相應然兵員駐紮相距遼遠朝廷監理不能周到其戰力薄弱可察而知也然其備我境上兵力最厚據稱一半兵力在我邊境亦非過言也冥冥之間中國蓋防我萬一侵攻矣但戰力薄弱勢難敵强耳按中國各省屯軍之數唯此處地方駐兵勇最多試以人口比例兵數於餘省人口三百人中兵勇一人而此省人口四十五人中兵勇一人近時中國政府邊



備益修增多鎗礮且使徵集兵勇學習戰術往年帕密爾之事與中國告警以克式野礮三十門山礮二十八門那兒的兒費兒的式機礮十六門小鎗一萬五千桿送至此地且選拔監督將校數人由李中堂麾下以簡派調遣矣又在烏魯木齊設製造鎗礮火藥所在克爾雅塔爾巴哈臺等建立軍事會議所專考兵制又架設電綫於新疆瞬刻之間能傳帝京消息要之中國備我俄人不吝費財孜孜不已也我俄豈輕舉掠其邊境哉俄與中國各分境界北自額爾齊斯河沿岸南至烏什地勢東高而西低或依山河爲自然之境界或建豎標柱而表識焉延長六百俄里在北部通貝木魯須塔爾巴哈臺等之谿間峽路在中部通道伊犂之谿澤間此道稍廣闊未必阻礙行軍中國嚴兵備於此亦有故也喀什

噶爾與我賽密坡拉廷斯克兩地接壤岐路羊腸縈迂曲折步履頗難亦能行小軍隊若謂之大軍通路則不可也又自喀什噶爾通我費爾干一路雖非險途而地勢頗高聳拔海面者一萬四千英尺周歲積雪至年半始消融開拓亦未至不足令人傾意也伊犂縣沿伊犂河上流之地有一通路即準噶爾關門除此以外中國之兵即有神術亦不能窺我俄境也蓋新疆地方距中國本部離隔頗遠懸軍萬里其不利可知欲決雌雄於此一帶地方則此地雖有若無也況一旦有事則此地爲奇貨可無論矣何者新疆俗尚名爲郡縣奉中國正朔然一旦外釁忽生則疆內匪徒乘機蜂起昭然若揭矣當此之時我俄國假名爲彼定亂興兵入境如往年伊犂之舉（指西千八百七十一年之事）耳若夫在新疆境上徒戒嚴兵備



我豈爲之哉

蒙古一帶之地荒野蒼茫介於我西伯利亞與中國本部之間土地不毛人烟稀薄苟從軍政上起見此處頗爲要地矣然則欲知彼情形宜先審其沿革之故也當第十三世紀之初中國爲成吉思汗所攻畧至忽必烈之時自和林格倫（即今庫倫也）遷都於北京改號曰元國運之興文物隆盛百度均舉如開鑿運河實當代之遺跡矣久之宮中風紀大紊國勢淩夷不振至順帝之時黃河氾濫歲不豐稔暴官酷吏恣意收斂匪徒蜂起海內鼎沸卒爲明祖所滅而餘孽遺屬奔竄遁逃至太耳喀湖畔復遷至和林格倫然蒙古之族本甚慓悍騷亂相續幾無甯歲明朝帝王起親征之師率五十萬人深入朔北到傲嫩河上當是之時準噶爾獨立爲汗其

後有益分裂無能統一焉而明朝諸帝蕩逸荒淫耽溺游樂威武漸衰內則官吏放肆外爲他國輕侮察哈爾汗林丹者振發暴威憑陵所部於中國本部之北方獨立稱汗且至强使明朝納貢未幾滿人遂代明朝於是大清創興焉滿人本精練兵事攻畧四鄰以大擴版圖進兵於蒙古準噶爾汗噶爾丹者能與之反抗屢苦清軍然力不能久支蒙古一帶之地始入中土版圖中國欲馴化蒙古悖悍之俗以爲游牧之民頗費功夫於此其施設得宜功績大著與我西伯利亞一帶接壤不復有干戈之警而我拓地移民之計亦大有進益矣抑蒙古一帶之地與我接壤者殆二千八百俄里（一俄里當日本九町四十五間）西自額爾齊斯河起東至黑龍江省終以軍事而論分蒙古地理爲二西北爲山地東北爲平原而首要之處



尤映我眼中者則爲東部平原地何則我入中國本部此爲最近捷之地也中國備兵於蒙古一帶地方是果足顧慮乎意我俄國不必爲此備也何則屯在此地兵勇本非我俄人之好敵手彼蒙古部落募兵決非有戰力者也故當有事之秋中國遣兵師於我以入我國境必自東南平原而進焉（不言俄國進兵於中國而言中國進兵於俄國俄人之狡智概如此類）蒙古之平野蓋爲戈壁高原之一部拔海而看約三千七百五十英尺地質多磽确間見有混粘土及泥土人口約三百萬多以游牧爲業常逐水草轉移其能土著者獨爲喇嘛教寺院所居之民也此高原一帶道路實留太古之原形不見有人工開鑿之迹意此道路當游牧民轉徙時率無數之獸畜又或運搬百種器具故自成蹊徑否則商隊來往通行以印其足跡耳然地本砂

礫磽确而蹈成蹊路其堅牢往往與鐵路等故大軍經行亦甚便也然行大軍於此高原蹊路試問能得須要諸品不虞困乏乎如泉水也燃料也（即薪煤炭等之類）秣草也果能收得乎是兵家所不宜忽畧也稱之曰軍需品當行軍時運搬最難又蒙古高原頗乏泉水雖有小川湖沼等然亦不甚多在戈壁沙漠中全無此種水源掘井取水沿道所在多有然井能出若干水而足養若干兵勇是關於行程之遲速進軍之能否兵勇之多寡當豫籌其最大者矣故豫算水量之多寡須要精詳也在此高原之井口徑約一亞兒神（日本二尺三寸五分）餘水質不必淡或有鹹水或有雜硫黃者據行旅言水面在地下約七英尺至二十英尺之間蓋是不必過深也夫自地上至水際不爲過深則汲之不銷多時不銷多時則有快給水



之便況於井數少處行軍之次亦能掘鑿新井也進軍之遲速兵勢之强弱與水量之多寡其關繫如此而次之者糧餉也凡漠地有水源處常爲游牧民所棲息而四周之地亦爲牧畜之場故所在秣草爲此等獸畜所蹂躪往往不遺寸蘖矣故當軍隊張野營時宜遠驅馬匹於有秣草之地何則有水源之處多不遺秣草也前隊於有水處能得秣草而後隊或不能如此者往往然矣故當行軍於沙漠中又必攜送秣草以供馬匹之用至於燃料亦然雖漠中非無灌木叢生之地亦決不多有煎倘前隊易得燃料而後列或不能得一草木苟如此則宜深人漠中以搜羅之然則當行軍之時又須攜帶燃料也要之常食品物固應攜帶而行至若畜肉則蒙古之地所在多有得之不難卽牛豚山羊之類沙漠中所

到成羣可多因敵人之糧也然則行軍於此漠地果能行若干八
平意者亦可以行十萬人也考諸昔日華軍征蒙古之例亦必不
差又須整備器械以運搬軍需諸品如彼苦路巴多錦將軍（卽俄將）
嘗爲此種出征之例最足爲龜鑑也今夫運搬諸品於蒙古之地
宜用馬也無論已餘外宜用駱駝此獸能擔荷至遠一日夜間可
行四五十俄里又蒙古之牛體力頗健若用兩匹駕車可以當一
駱駝蓋是彼商隊旅行沙漠者所實驗也則行軍之法應由此地
故一旦有事進軍於彼地收集馬匹駱駝等固自易易耳嘗見蒙
古人運茶於恰克圖市場之現情實多至七萬五千匹我若行十
萬之兵必需二十萬駱駝然聚集此等之數亦決不難也旣於糧
餉燃料及一切行軍之事無遺算矣則將出於何途以進軍乎又



欲作何等列隊乎請試言之一曰自北京出長城經貢關賽爾烏
蘇等而通恰克圖咸稱爲驛路大道也二曰自北京之北經由貢
關烏達吳厄沁而通烏爾稽及恰克圖也四曰自北京經塘子口
又由多倫諾爾烏里雅蘇臺等至烏爾稽及恰克圖也五曰自北
京經多倫諾爾及克魯倫至克魯蘇臺站也六曰自北京沿興安
嶺脈西部經多倫諾爾至土爾扈特站也今欲記諸道之遠近及
其嶮易如何而余未遍踏其地然卽一二大路亦可以知其梗概
矣如上所記第一路蓋中俄貿易商隊每由此路且兩國驛傳亦
取道於此自北京抵恰克圖千七百七十俄里比較各路此爲頗
長意行軍於此須分兵爲小隊一隊約六百人以次第進行何則
漠中乏水會有掘井苟水源不豐則兵氣爲之老矣且一日夜行

程以三十俄里爲率使兵不疲勞也我之行兵本入敵地然中國
本熟知已國之地勢風土故六道中隨路皆可經行若中國以十
萬兵勇發遣於六道則一路約一萬六七千人亦甚易進行也然
在我俄軍不能有如此之利案六路之情形當悉集於烏爾稽之
地而後行至恰克圖也故俄之行兵大軍可以至烏爾稽而此地
以南不能如此至入戈壁漠中千艱百困恐於全軍之勢力亦少
衰矣是宜分全隊爲小隊而前隊之與後隊間隔三十俄里且一
小隊編列六百人而作二十隊則全隊之行旅亘六百俄里如行
千七百俄里應銷三個半月始得進入燕京行軍於沙漠其困難
如是則我俄進兵於彼地自非排千艱萬難而鼓大勇氣焉能酬
素志哉往時滿洲好調兵於四方其所用兵多是騎隊所用兵器



亦弓箭劍戟之類耳然今也其兵有步隊其兵器有炮有彈不復
如昔日且近代訓練軍隊之法亦有改革如兵器糧餉之制亦從
變更然則如康熙年間親征噶爾丹之戰爭情形亦足以爲鑑矣
今考其戰爭情形蓋取親征之師先分大軍爲四第一軍三萬五
千六百人取道於土拉河之上流第二軍爲三萬五千四百人接
第一軍之跡第三軍爲三萬七千七百人皇帝親帥之自北京經
由塘子口而向烏爾稽第四軍號約百萬人蓋役夫輜重幷在其
中也以一千六百九十六年（卽康熙三十五年）四月一日大軍發自北京
經塘子口烏里雅蘇臺察漢拽爾等各地以六月八日抵克魯倫
河之上流以月之十一日達綏爾非特烏此路程千二百十俄里
約銷七十有二日自其帝都至我俄境一日約行三十俄里此役

第一軍始與敵接戰約出帝都第六十八日耳由是觀之懸軍萬里疲困路程雖有已過之敵在數里之間無復有追擊掩殺之餘勇兵勢於是易老矣此役嘗有此厄於是中國知回師之爲是催留第一軍以當敵衝而悉收餘軍以返帝都然第一軍到土拉河時其兵不出一萬人而在途上散亡者爲二萬五千餘人於是抽二千人於第二軍中以補充其缺中軍雖知湖北地理屢苦糧食不給或至殺馬而食當是之時爲敵兵所襲擊戰於烏爾稽鄰接之地幸得一掃敵兵大有所獲分頒士卒以慰藉其功勞若微此一捷則中軍士氣沮喪已久恐不免覆軍於湖北之野也康熙親征之時兵器輜重等不如今日之制頗爲簡易然猶有難焉今也兵制一變行軍於沙漠中尤爲至難也由是觀之蒙古一帶之地揆諸情理按其實蹟蓋爲界在中俄之間兩軍爭戰之一大障壁也若夫西自額爾齊斯東至滿洲一帶百千里之國境不能爲彼我爭戰之疆場也以上論蒙古



邊事論三

滿洲近古以來沿革之迹足爲後代鑑者蓋甚多矣余既敘蒙古之風土又將敘滿洲也滿洲名部嘗爲諸種民族割據當十七世紀之初聰睿貝勒時征服四鄰而立國與明交兵攻畧遼東縣然直隸一帶至陰山之間以防備極嚴不能得志者久矣聰睿貝勒實爲中朝太祖也太祖第八子太宗即位屢敗明軍威武大振遂征服蒙古之乃蠻敖漢及喀喇沁等以察哈爾爲已之屬部東出兵於朝鮮征伐之更有自鐵門關超長城直進襲擊北京明軍大敗而北京陷重關之中太祖以孤軍深入敵地後患難保無虞乃回兵滿洲自是屢遣强悍騎隊瀕逼明朝出沒白馬關墟子口及南口等或進至山東濟南然直隸一帶防備猶頗堅固不易入山海關雖屢自鐵門關以北之山道進兵於北京直下地方明軍動輒自海岸一帶而出襲彼背後於是兩軍對峙久之乃陷錦州壞當是之時明國漸衰到處匪徒蜂起勢極猖獗賊魁李自成奮黃河接近之地匪黨雲從遂陷北京僭號稱王明帝殉難煤山然明大軍猶在直隸西北隅吳三桂統率之三桂者明之將軍本以老練剛毅見稱至是通款於太宗欲討滅李自成以鎮禍亂太宗容納其請遂共逼北京殲滅反賊國號大清爾來二百年專謀擴版圖西北自蒙古起東北至黑龍江烏蘇里接近之地遂接壤於我俄境矣抑我俄國之接壤於中國以黑龍江烏蘇里河興凱湖均訂約時所確定爲界也其長實二千七百俄里亦不爲短矣滿洲在長城以外管盛京吉林黑龍江等三省面積約二十八萬英方

里人口一千六百萬地質稍豐饒人煙稠密之區以松花江四鄰[illegible]以南爲最北接壤於俄境居民稀少然地質亦不惡如山間之地往往肥沃可開拓以殖民焉滿洲一帶地勢固多高原山巒如盛京吉林兩府間有長白山蜿蜒連亘東西山脈又遠亘南北其最高處聳拔海面實八千英尺黑龍江省山地亦夥大小興安嶺山脈四分五歧漸西而下乃見原野青草繁茂西則一帶荒磧是爲戈壁之沙漠也松花江雖頗不便於行舟而艇舟底淺者可以上下至遠往年華人謀用小輪船吃水三英尺者搬送貨物卒不見效而遂終止矣我俄嘗欲溯黑龍江自松花江更溯其上流而華人峻拒我往來立國際條約以防遏我行船矣本江水底亦無常態當冰雪融解之時其支流注蕩土砂每歲河底擁有變異嫩江自伯都訥至齊齊哈爾稱利舟楫之便遼河亦可往來淺底小舟至其河口則水深最便於出入巨艘營口繁華蓋因有此河水之利也鴨綠江在中韓境界溯江口六十俄里有昌城府可通小船以至此間瑚爾哈河縈迴迂折人烟稀少之野水量不多故船舶上下亦少時見小帆船遡溯上洋耳烏蘇里河在中俄之界爲一大河隨處可行小輪船滿洲川河畧如上所誌錄雖有舟楫之便時方冬季則天氣冱寒堅冰鎮水不可行舟約兩箇月或至四箇月是爲可惜耳滿洲之風土在長白山以東有定期風自太平洋面而至頗多秋雨而在其西北方則以西北風劇烈之故秋無淫雨要之東南降雨甚多春秋二季淫霖亘數月時值秋霖則諸川氾濫浸沒道路雖大道正路溢水沒巷泥濘如澤斷絕來



往若欲行軍於此地則當擇霪雨始去漸入冬季之候而從事於此方爲恰可況至積雪皚皚之時則開通橇道而更得其利便也又山河所在位置頗得其宜土地膏腴亦見有栽殖農耕焉牧場到處散布而山腹之間亦有森林其材可築家屋農產之物有大麥小麥高粱稷米菽罌粟麻烟王蜀黍等屬又到其南部則產出棉類如蔬菜杏梨林檎等所在之地皆能產焉青藍人參亦能繁殖滿洲之地如此故行軍於此不至如在蒙古之艱苦也其糧食泉水燃料芻秣或有困乏至家畜之衆則每歲輸進豚於中國內部者甚多最可見牧養之豐也要之欲擁十四五萬兵而入滿洲之野以向燕京余未見其乏肉與秣也若或有不足僅轉一步於東則有韓土在焉取此品物何慮之有哉余故言此地天惠豐饒決無使大軍饑餓之患矣

邊事論四

吉林府在滿洲中部大道可通四方東至於海南直達中國本部其要路有三條一自吉林南出經奉天府新民廳錦州府及山海關至北京又有奉天府分岐經遼陽至營口南下達旅順又有山路自遼陽通鳳凰城吉林奉天兩府之閒有二閒道一可以至法庫門一可以至呼蘭（在三姓伯都訥兩城之閒）此等諸道㮣為連結中國與朝鮮一帶之路也二自吉林府向我俄亦有數條路經額莫赫索羅站（在甯古塔西南珠魯多渾河濱）及甯古塔達我尼闊里斯喀雅者（在烏蘇里河濱屬東海濱省）其一也經三姓城達與凱湖畔圖利羅格者（在與凱湖西畔白稜河口）其二也依松花江達米海羅斜臧羅甫斯喀雅（在松花江與黑龍江會流處濱黑龍江北岸今屬阿穆爾省）之水路者其三也自吉林東走直至我俄國道路最近若



取道於此則自中國本部至我俄國約千五百俄里自吉林則四百五十俄里耳比年以來中國政府有見及此極力開拓又能闢地通道於是軍事樞紐如三姓城甯古塔琿春等聯絡相貫指呼可通三自吉林經齊齊哈爾而通我國自齊齊哈爾分岐為二一經墨爾根城及愛琿城至我布拉郭威什臣斯克（即海蘭泡在結雅河與黑龍江會流處之西今屬阿穆爾省與我愛琿城隔江相望）一經呼倫貝爾城至奮託羅濟自齊齊哈爾至愛琿一帶道路風土形勢極佳可運行輜車自北京至布拉郭威什臣斯克為二千五十俄里由吉林而至為一千俄里上所記諸道並為國道平坦廣闊可通貨車若至歧路則有難焉東方各道動輒有泥澤之患如霪雨之候絕無人焉通行然在冬期則道路凍結諸路皆車馬絡繹有繁富之狀當冬令之期則每歲

里設立客舍以便行旅按滿洲道路形勢自然易使人生侵掠之念則此地之所關於軍事最不可輕視也況與我接壤固當留意焉此地古來部屬相爭又屢使中廷感懷邊治之難故常為中廷之患者滿人也又使中廷迭奏偉功亦為滿人也何為滿人曰八旗營兵是也是故八旗營兵之士氣每與中廷盛衰相為表裏然現時聯絡不得其宜訓練亦不合至戰爭之術則其所最拙也於是中廷猛省近二十年來務加振作欲革新其兵制今核算兵員古式八旗營兵為三萬六千八百七十五人新式營兵為一萬八千八百五十一人駐屯境上兵為八千三百二十五人合計六萬三千九百五十一人所謂古式八旗營兵者古來為滿洲鎮撫之兵也故洲中要鎮重城必駐屯此兵餘外又有邊疆防備之兵駐



屯俄韓邊境上於三姓城接近二千五百人於甯古塔接近二千七十五人於琿春二千五百人於鳳凰城二千五百人合計九千五百七十五人近時滿洲各省首府必配置練習野戰兵各府一標步隊八營（一營五百人）馬隊二協（一協二百五十人）備礮二十門步隊用之毛瑟鎗馬隊用檳查斯的兒式鎗此兵數實一萬三千五百人中國政府近年改革兵制每歲以現役兵之半為豫備兵謀於有事之日得大兵之策矣且每月給銀一兩於豫備兵一年兩次點檢演習觀兵其意欲於滿洲三省人黑龍江省所管三萬人故滿洲全軍實多至二十三萬三千九百五十一人也中廷何故在滿洲接我俄境之地琿春及其他要地築堅寨固壁壘裝備克式巨礮頻嚴防備余未解其何意也雖然彼華人於戰畧戰術未能擅長又

不熟攻守城寨之技，雖未足以爲深憂，而其意亦可畧推耳。如敘吉林，不獨爲堅堡固城，又謀於此地建設兵器彈藥製造所，近聘將校於德國，以實行此要圖也。旣於吉林設立兵器廠，以推擴其規模，蓋欲供有事之用也。如彼築構三姓甯古塔琿春等三城，以爲之前哨，是豈非向我烏蘇里境邊排列防禦而何也。又中國惡我嘗欲溯松花江開貿易之端，其意在以松花江爲已有，而一旦有事之日，欲據以大收戰利，故中國嘗投礙物於三姓城下江中，以梗塞舟楫之便。至若中國所最注意者，全在那邊，是不須細述而知之焉。雖然，中國固爲龐大至古之邦矣，意者自警崛起，以危害人國，決其不能有爲也。惟歐洲使節，冥冥之中，常資顧問，頻說軍備之要，以攪亂其腦氣筋，中國於此，遂欲行自家政策也。秉鈞之人，豈其目無鄰國哉？爲我俄人者，處於此間，當警醒一番矣，豈可不覺悟哉？

# 海防經略纂要二卷

〔清〕章鑰輯

《海防經略纂要》二卷，清章綸輯。綸字鳴山，浙江會稽（今紹興）人。據自序，時嘉定知縣奉旨查議海防事宜并訪取明代備倭經略諸書，章氏適在幕中，得與其事。後取戚繼光《紀效新書》，另考之載籍，繪圖析注，咸爲節輯而成。書凡二卷，卷上收録沿海防禦事，尤詳於倭患之事，如明代因貢爲寇大略，洪武、永樂、正統、嘉靖各朝禦倭方略，倭寇事體先後不同，制勝之術貴於選將等。卷下爲舟船航海等内容，如海外圖、倭情風汛、潮候、往日本鍼路，高麗、交趾、安南界略，廣東、福建、浙江險要等。據中國國家圖書館藏清乾隆十八年（一七五三）刻本影印。

我
朝累洽重熙德威遐播薄海內外罔弗歸誠大洋中商舶往來帆檣寧謐前江蘇巡撫顧公具奏沿海防禦事宜奉
旨飭行查議營兵可百年不用不可一日不備當此海不揚波之日綢繆未雨誠久安長治之道也歲在丁巳咸寧黃公署嘉定縣篆奉檄查議併訪取前明備倭經畧諸書余在幕中旁搜博采得經世一編惜多殘缺又得前邑宰上虞楊公名旦者禦〻議稿本亦蠹蝕不全雖曾編次繕送尚憾畧而未備〻
秦州趙公先於癸亥歲宰寶山寶即嘉定分縣沿〻

會輯分縣新志屬余總理其事余為悉心纂輯閱歲告〻
之地皆經親歷特所志僅一邑故語焉未詳憶己未渡
西過通州極目縱觀而知海之廣且大也得明總戎繼光戚
在温台備倭時所著紀効新書其中戰守之術訓練之法與風
日之占驗燦然具備併另攷載籍繪圖析註咸為節輯藏諸篋
中歲己巳遊太倉沿海要區城中潮汐往来至庚午遊毘陵雲
間兩郡併悉其地沿江達海之險要均有防禦偶縱談形勢
探輯之事良友之見知者促出鐫以公覽攷余以海濱自廣東
樂會縣接安南界起廻環曲折以抵朝鮮延袤萬里止據目〻

彙集未免掛一漏萬什襲者又數年矣壬申冬允海寧陳公之招獲遊如學案牘公餘閱輿圖邑志知宋時范文正公所築防海之隄抵護颶濤保全生靈實多竊思完固瀕岸者所以禦水勢而經理海防者所以壯軍威其功相等其事倍難則余所採輯雖未盡詳但就向所經歷按控扼之勢如碁布而星羅定制勝之策若燭照而數計自險要軍制以及舡械占候之事已若列眉則余所未歷可以類推蓋天時地利人和三者咸寓於中即胸羅萬卷學深韜略者其能外此而求防禦之道乎夫前事之不忘後事之師也顏之曰海防經略纂要分卷付梓以供究

心經濟者携帶之便併慰良友之屬望焉

乾隆十八年歲次癸酉十月　日章鈴識

海防經略纂要目録

卷上



海防經略纂要目録　一

論三星摇動

占海

行舡占日月星雲風濤

水戰 器具訓練

江南沿海墩臺營汛

江南下聯浙江福建廣東上接山東天津遼陽沿海通界

# 海防經略纂要卷上

會稽章鑰鳴山輯　壻金義方燕山　男巖源自巖　校對

## 日本稱名

日本古稱倭奴其始有天村雲尊者都筑紫自號尊者尊者之子曰奇瀲自筑紫入都大和州海中諸夷倭最大西南至海東北大山其地形類琵琶地勢東高西下東西數千里南北數百里九州居西為首陸奧居東為尾山城居中為彼之都也國王世以王姓至漢桓靈間倭始寇亂史紀倭奴自漢始矣又曰徐倭者徐市以童男女入海

託云求藥止王夷亶二州於是有徐倭之稱其曰日本則自唐咸亨初入賀平高麗稍習華音醜倭奴名更以日本葢其國依東隅近出日取以為義也又考世紀自漢以來皆習佛如佛稱世尊其主亦稱尊所謂奇激尊者是也至奇激之子更僭稱神天王

歷代通中國大略

漢武帝滅朝鮮倭奴驛使始通光武中元二年奉貢朝賀自稱大夫賜以印綬魏景初二年平公孫淵倭奴遣難升米等詣闕朝献乃賜金印紫綬封為親魏倭王此中國封王之始正始八年倭女主卑彌呼與狗奴國相仇殺來告急遣椽史張政賚詔往諭之此中國通使

之始唐天寶中倭王孝明遣使入貢是時新羅為高麗所暴故貢使不敢由新羅入山東界乃南由明越州即今之寧波此入明越州之始宋雍熙元年倭王守平遣僧大周然獻銅器及日本圖年代紀一卷明年附臺州商舶而歸此浙人通舶之始

明朝因貢為寇大略

洪武四年倭國王良懷遣僧祖朝貢七年復貢以無表文却之十五年遣僧歸廷用來貢因其與胡惟庸為奸却其貢發僧陝西四川各番寺安置詔絕之不與通至三十五年復貢勅令十年一貢給與勘合百道為驗使人無過二百永樂初招徠四夷名其國之山曰壽安

鎮國山爲製文勒石自是或二三年五六年貢無定期所至守臣奏請俯順夷情輒報可正德四年倭之南海道細川高國遣宋素卿貢素卿本寧波人背棄中國勾引外夷正德年間冒貢爲奸將置重典會緣逆瑾幸逃天刑嘉靖二年國王源義植幼不能制國於是西海道遣宗設謙導等南海道遣人佐宋素卿等各稱貢自舶寧波互相詆毀遂至弄兵相殺爲地方大禍此入貢之大略也洪武二年寇山東並沿海郡縣又寇淮安五年舡二百艘寇掠樂清縣十六年舡十八艘寇金鄉平陽殺官軍二十餘二十七年舡九艘寇小尖亭三十四年舡六艘寇蒲圻所永樂二年舡十八艘寇穿山所百戶馬飛與

被殺十年舡十一艘寇盤石衛十五年舡二艘寇沙園所千戶沈鍾被殺十七年寇馬雄島都督劉榮大敗之正統四年寇大嵩所入桃渚焚刦殺戮為甚此入寇之大略也嘉靖二年因宗設等兩道稱貢宋素卿交搆仇殺因殺總督都司劉景千戶胡源百戶劉恩指揮袁琪被擄去此雖始於貢而終於殺掠尤甚於入寇者也

洪武禦倭方略

洪武五年初令浙福造海舟防倭六年以於顯為總兵官出海巡徼十七年召信國公湯和諭曰日本小夷屢擾東海卿雖老强為朕行視地要害築城增戍以固守備和沿海巡行築登萊觀海等城五十

有九民四丁取其一為戍兵以守之二十七年遣都督劉德商暠巡視兩浙防倭又勅魏國公輝祖安陸侯吳傑練兵浙海上由是觀之重武臣之選肇山海之哨築戍守之城廣斥堠之備以防於未然者洪武中之方略也

永樂禦倭方略

永樂初以倭屢肆剽掠遣禮部員外郎呂淵諭日本還所掠海上人十七年都督劉榮守遼東即相地形請於金緣島西北之望海堝築立城堡烟墩一日瞭言東南海島舉火翌日倭舡三十餘艘直抵馬雄島相屬蟻登徑奔堝上榮率精兵疾馳赴之設伏山下預遣裨將

領馬隊要其歸路步隊與之逆戰舉炮發伏寇敗奔入櫻桃園空堡各軍圍之俟其饑疲開圍一角寇走追斬之無得脫者先是倭出入海上自遼及閩浙無不被毒往往一失機僨事及事擬寇患孱息夫始戒諭之不悛而後乃得一大懲創之用善謀之臣控要害之區運出奇之畫此永樂中之方略也

正統禦倭方略

嘗閱楊文懿公與張主客書欲革其貢市以杜患端其云正統中倭奴入桃渚犯大嵩刦倉庫焚室廬驅掠蒸庶積骸如陵流血成谷嬰兒縛之竿柱沃以沸湯視其啼號為笑樂捕得孕婦與其儕忖度男

女剖視之以中否為勝負負者飲酒荒滛穢惡至不可言民之少壯與粟帛席卷歸巢城野蕭條過者隕涕於是朝議下倫倭之令命重帥守要地增城堡謹斥堠大修戰艦合浙東諸衛之軍屯駐海上分番防範兵威振於海表倭夷潛伏邊得安堵則夫任帥增戍講武修艦大震聲靈乃正統之方略也

嘉靖禦倭方略

巡按御史歐珠王化等屢有海寇殺官巡掠之奏查照先年事例添設巡視浙江都御史假以督軍重權兼制隣境將磐石衛叛軍事情體訪明白其猖亂之人亟正典刑仍設法勦除海寇一應地方與革

重務悉付整理夫浙之先不設巡撫益以備禦周密海防寧靜倭夷商貢稍遵約束謂可坐消氛祲耳嘉靖八年已得俞旨推選才望乃復中輟迨值紛拏之際能不議興乎所藉以節制藩服控揣蠻夷戢伏奸萌振蕩虎旅使東南一面海不揚波是誠要務則敗除叛亂振刷紀綱立重鎮於海堧揚軍聲於絕徼此嘉靖中之方略也

倭寇事體先後不同

倭患始雖遍於沿海一帶然止倭耳後華人習知海外金寶之饒夷亦知吾海畔之人奸闌出入易與為市況復襍以商舶倭之來也矯云求貢苟海防弛備即行刦掠且如閩廣群不逞之徒明越州得利

之家外交內詗為彼耳目奸雄最多就中觀望為去就是故處倭奴之策易處奸党之策難今各處搜緝固將防不測之變弭探望之群然其間或有思故鄉願歸順者一概禁絕非計之全莫若給以示諭開自新之途有歸順者或許發原籍或軍前效用如能潛報寇賊隱情者賞非為縱也與其甘為賊用不如使歸籍而收為民似得招徠之方且以散其党而漸耗之也此與初招通海之徒為水軍正相類在揆策者審處而慎裁之耳

制勝之術貴於選將

夫兵非乏也將非缺也然謂之選則未也彼衛所之衆無非籍兵紈

誇之胄無非世將然有能伎藝畢給以服衆乎韜鈐素韞以制敵乎士卒撫練以同患乎人徒知其戟弁撫劍曰將是未為真將耳故能言如趙括弗可聽也輕舉如馬謖弗可用也必也精揀而耑任其豪已貴深貴沉而藏机不露其撫士有威有恵而訓飭咸宜其見敵知彼知已而進退合度又且有慎重之心無幸功之念有一體之義無專利之私得若人而將之所謂可勝不可敗者即驅市人猶可用也况加以素練之卒乎由是而後行伍必整餉饋必豐器械必利進止必嚴斯可次第觀成矣

事後之圖所宜蚤計

按倭奴之國孤懸海壖其地有五畿七道三島其山東等道田稍可耕或無籍於商賈南海等道網魚畋海興販為業不得不鶩於市舶其乘風駕艑天性然也楊文懿云倭奴奸詭載其方物出沒海道而窺伺我得閒則奮戎器肆剽掠不得閒則陳方物稱朝貢是貢非其實心也假以為市也邊臣不察其計乃聽其貢雖不能如十年之期乃先朝入貢所定人数而茍幸無事輒與奏報許可地方供億實為勞擾誠如文懿所謂朝廷未納其貢而吾已先受其害故絶之又給事中夏言奏倭夷變詐兇虐不當與之通使是固然矣但夷物亦中國所需而茍隔閡華夷之情恐寇鈔之禍未已也莫若於選將勵兵

不肯出洋而責之小校水卒則亦躲避近港不肯遠哨是以賊
惟不来来則登岸殘破地方則陸將重罪而水將旁觀矣臣竊
觀崇明諸沙。舟山諸山。各相聯絡。是造物特設此險以迂海賊
入寇之路。以蔽吴淞江定海内地港口也。國初設縣置衛最有
深意而沈家門分哨之制至今可考合無春汛緊急時月蘇松
兵備暫駐崇明寧紹兵備或海道内推擇一人暫駐舟山而總
兵副總兵常居海中嚴督各總分定海面南北會哨晝夜揚帆
環轉不絶其遠山必至洋山馬蹟賊若從其處海面深入登岸
者該總首先坐之論其登岸多少以次罪及總兵又罪及兵備

道而止至於海中擊賊初至将領以奇功論已有事例惟軍士首級之賞尚未別白臣先具題擊來舡與擊歸舡不同擊歸舡真倭首級一顆給銀十五兩自合如故擊来舡真倭首級一顆合無量增銀十兩比陸戰首級尚少銀五两已足便水卒感恩懷利盡死擊賊再照臣蒙聖恩遣視軍情臣雖不肖而此官之設切中机宜臣往来海中奉揚國威諸將不敢退縮近港旋有三爿之捷今臣雖轉任伏乞勅下吏兵二部詳議此官續設與否在京師諸官中差此一員官不足多少在海上加此一員官則甚有關係

一固海岸。照得賊至不能禦之於海則海岸之守為緊關第二義賊新至饑疲巢穴未成擊之猶易延入內地縱盡殲之所損多矣然自来沿海戍守莫不擁城觀望幸賊空過謂可免罪而不顧內地之殘破內地戍守亦幸賊所不到而不肯策應沿海今却不然宜分定沿海保護內地內地策應沿海沿海力戰損兵折將宜坐內地不能策應之罪內地殘破沿海幸免宜坐沿海縱賊之罪又如同是一樣沿海地方賊由寧紹登岸寧紹却不殘破而殘破溫台賊由溫台登岸溫台却不殘破而殘破寧紹自来只坐地方殘破者之罪今却不然宜併坐賊所從入其沿

海文武将吏有能連次鏖戰抵過賊鋒阻賊下舡不得登岸深
入者雖無首級以奇功論一准平倭事例如此則人知謹於海
岸之守不敢幸賊空過以覬免門户常扃堂奥自安矣
一圖海外臣所謂圖海外者如招撫逋逃宣諭日本二事既屢奉
明旨平倭事例亦已開載矣而臣復申之逋逃不特如王鏉李
華山洪廸珍等有名賊首力能搆倭為亂者而已以臣所親見
三沙千餘倭子起自瓜州一被虜人馮三號其揚州取寶遂至
閧然遠來馮三之在中國不啻一蟣虱及在島中却作此一酋
風浪雖旋就誅殛而流毒已多矣然則逋逃不歸東南誠未可

以息肩也至於宣諭日本則浙江軍門亦嘗請命遣使矣竟不能盡得其要領使者坐罪而其事遂罷嘗考平倭略所載洪武永樂間遣使日本者不一而足高皇帝又嘗與劉基議以倭國重佛特遣僧往諭古之王者於四夷之不貢不臣則有威讓之令文告之辭兵交使在其間以深得敵情而爱之切中其機也然自蔣宗滿之坐重罪而逋逃欲自歸者不免自疑自蔣洲之得罪而人以使絕域為諱或宜减宗滿之罪以示信於逋逃之徒寬蔣洲之獄以開留使絕域詗敵情之一路臣又據總兵官盧鏜手本內一款撫處夷情以尊國體開稱祖宗以来給與日

夷暮

本金印勘合十年一貢䑽不得過三隻人不得過百名既申遠夷慕義之情遠夷亦得交易中國之貨以為利而中國亦以羈縻遠夷使常馴服不為寇賊百餘年来自嘉靖二年宗設宋素卿等爭貢仇殺貽害地方因而絶貢至嘉靖十八年正使碩鼎等齎獻貢物并進表文伏罪苟蒙皇上擴天地之仁雖非貢期復准入貢嘉靖二十六年正使周良等坐䑽四隻復貢議者計方九年之期有違事例径自阻回從此貢路不通倭夷素性貪詐利我中國之貨既不與貢期無復望矣因此遂被姦徒勾引同列為寇不止則以偶違一年貢期阻回之故也為今之計乞

題請聖裁令行各衙門遵照今後夷人復来求貢果有真正表印勘合別無詐偽姑不計其限例就與奏請起送赴京譯審来寇之端勑彼國王令其查治惡逆欽戢屬夷使不敢再犯則倭夷知有貢路之可通而詭計自銷党類自除勾引之徒亦可漸縛矣鏜老将也三十餘年在海上熟曉夷情其言不甚妄乞勑部查議可行與否臣又聞先時陝西總制王瓊論西邊事以謂能絕其入貢之路不能絕其入寇之路今亦可借以為喻也

一定軍制自倭患以来東南軍制最為不定葢以濟變未慮經久梟猾之徒方應募於江北忽應募於浙東方以得募價而留忽

以滿募限而去。譬如借債之人，主人不得而羈之，安得而練之。至於遠方無賴，託名土兵，報効希圖鹵掠，群然齎至，在此不由軍門之徵調，在彼不由督撫之遣發，坐費糧餉，騷擾地方。是以人人爭言調募不便，而以練土兵為說。夫土兵之練誠是也，然土兵之數不足，安得不募；募兵不足以當賊鋒之銳，安得不調。如前時王江涇數千倭子乘勝西上，非永保之兵力挫其鋒，則何所不至矣。為今之計，合以練兵為實事，以募兵為權宜，以調兵為奇道。募兵則遠募不如近募，調兵則多調不如少調。募兵先儘本地方驍銳，若浙江處兵、江西沙兵之類；其遠方驍銳應募者亦須土人保任優其募價什伍聯束而歲畨上之不得自去自来如往時則募兵亦土兵也總督軍門歲調麻兵立為定額直隸幾千浙江幾千專為衝鋒之用聽川湖軍門精選發遣以憲司一員監督前来有不能衝鋒及騷擾地方者罪及監督則調兵可以制其毒而得其用也俟土兵訓練有成然後募調俱罷

一足軍食。東南水陸兵糧往往有缺至一月不給者軍士萬里捐生日望數升之米而已而又不時給之生心讟語亦何足怪此有故矣浙江軍餉銀四十七萬兩江南五十餘萬兩江北一十六萬兩其初皆第兵而賦民原無贏餘若民間拖欠十數兩則缺却一軍之食萬軍不能一軍空腹而萬兩不能銖兩無欠加之民賦有災傷減免而軍餉無贏餘彌補宜其不能時給而生怨讟也古者軍興之費不盡仰於民多取之山澤鼓鑄筦榷商賈之利故前史稱不加賦而用足今民間搜括已盡無可彌補而軍門亦無所謂山澤筦榷之利稍可彌者惟有鹽法而已試舉一端如前時浙江巡鹽御史鄢懋卿小票事例歲亦可得銀數萬兩此皆不取之國與商而坐收贏利者也合無勅下戶部轉行督撫等官會同淮浙巡鹽御史委曲計議多方區處但使

江北江南浙江每處得七八萬兩民賦若足則別儲之一有蠲欠即以處補此亦國民兩便之策也又各衙門原為大工緊急解進贓罰多寡不等伏惟聖明軫念東南兵荒相繼萬狀艱苦敕下工部查得大工銀兩漸敷乞暫將嘉靖三十九年浙直兩處贓罰照數解與各軍門聽其處補軍餉以後年分自行解京如故此外山澤筦榷之利有可興者合聽軍門從宜區處再照供給軍餉係有司職掌有司自以不與軍事之罰往往視為不干已事始則催徵不力繼則給發不時失悞軍機多由於此此後若有仍前怠玩者自布政總司管糧道及知府以下聽督撫

諸臣從重叅劾庶幾有司各知干已不敢悮事矣
一復舊制。國初防海規畫至為精密百年以来海烽久熄人情怠玩因而隳廢國初海島便近去處皆設水寨以據險伺敵後来将士憚於過海水寨之名雖在而皆自海島移置海岸聞老将言雙嶼烈港峿嶼諸島近時海賊據以為巢者皆國初水寨故處向使我常據之賊安得而巢之今宜查出國初水寨所在一一修復及沿海衛所原設出哨海舡額數係軍三民七成造者相照舊徵價貼助打造福舡之用此一事與臣所謂禦海洋者相關舊制之當復者一也。國初沿海建設衛所聯絡險要今軍伍空缺有一衛不滿千餘一所不滿百餘者宜備查缺額之故而補足之其運糧班操等項原因海上無事撥借別用者可悉還之原衛所使自為守衛所之兵常足則他兵亦可不用此一事與臣所謂定軍制者相關舊制之當復者二也。國初沿海衛所皆有屯田今埋沒故址而圖冊猶在宜按圖照冊儘數查出辦納屯糧及金塘玉環諸山膏腴幾萬頃皆古來居民置鄉之處今可墾為屯田設所戍守一以據險一以因糧此一事與臣所謂足軍食者相關舊制之當復者三也。國初浙福廣三省設三市舶司在浙江者專為日本入貢帶有貨物許其交易在廣東者則西洋番舡之輳許其交易而抽分之若福建既不通貢又不通舶而國初設立市舶之意漫不可考矣舶之為言利也譬之礦然封閉礦洞驅斥礦徒是為上策度不能閉則國收其利權而自操之是為中策不閉不收利孔洩漏以資奸萌嘯聚其人斯無策矣今海賊據浯嶼南嶼諸島公然擅番舶之利而中土之民交通接濟殺之而不能止則利權所在也宜備查國初設立市舶之意毋洩利孔使奸人得乘其便此一事與臣所謂圖海外者相關舊制之當復者四也因舊時之寨因舊時之兵因舊時之糧因舊時之市舶一切紛紛之議可以省矣然其事

重大壞之已甚復之則難若能復之則經久之策也乞勅部詳議轉行督撫諸臣選差有才力憲司一員專營四事數年之後必有成功

## 禦倭疏

章煥

倭患之熾其原不在於外中原之雄咸為之謀主也土著之奸又為之嚮導也窮民為之役使也有是三者然後能深入長驅唯所適而莫之遏今軍興且四年矣庶務草創法守未明議論叢生事端瞀亂臣謹條其未定者八事古者兵將相習教戒素明乃可赴敵今軍門督撫分閫列旄下文武庶僚紛然衆建然皆空名有將無兵也將佐

襍居諸軍烏合加以南方素不知兵軍政久弛其視諸將弁髦也諸將之視郡縣傳舍也兵將之相視途人也如是則其赴戰兒戲也此統兵之制未定者一也夫將無號令與無將同兵無約束與無兵同故平時之節制即臨陣之紀律也今諸軍目不睹軍容耳不聞將令有急驅之不能猝集朝而遣日中不至晝而遣日晡不至臨陣而逃轉相剽掠或殺軍民報功甚者為賊內應陵夷既久漸成亂階因循則威嚴愈褻矯正則他釁易生此馭兵之制未定者二也調至土兵賊頗畏忌然亦獷悍難馴夫以苗攻倭猶以毒攻毒是在上醫國手劑量斟酌對症而攻病去即已今既無鼓舞之方復無調停之法事

急則倍賞以招，侮勢緩則厭棄而生怨。此調兵之制未定者三也。分道募兵，不按名籍，游手無賴，草竊亾命，悉入彀中。及至而茫無統紀，聚散無稽，多寡不問，故募而来，来而去，去而無兵，則又復募。府庫罄竭，道路繹騷，終無實用。此募兵之制未定者四也。當始發難時，臣嘗有言：急集海上之沙民，可無煩客兵。衆論相持，事機頓挫，今壯士死於行陣，頑民逸而從賊，民氣破傷摧慘已極，乃始欲用鄉兵，散客兵，此所謂倒行者也。假令客兵已遣，賊衆乗城，鄉兵果可恃乎？鄉兵難恃，未免復徵客兵，不惟緩不及事，且恐重為客兵所侮。此練兵之制未定者五也。夫兵有營伍，則耳目心志定，而約束已行，令襍處市廛

嬉遊里巷百貨之所欣艷侈俗之所侵淫遂令山東椎鈍變為紈袴
狼苗鄙野咸習歌舞精鋭消耎軍氣不揚淫蠱流行死亾枕箒以屯
兵之制未定者六也古者行軍動衆必從枕席上過師故進能克敵
而退可保軍今南方皆沮洳之澤萑葦之場狹斜之徑至於斷港危
橋单舸片槳或褰裳而渡或泅水而遊動犯兵家之忌而領將乃不
謹哨探不量虛實行無斥堠止無堅壁往往履危機墮狡計落坑阱
而不悟此行兵之制未定者七也師行糧從强者主戰弱者主爨此
軍制也今或臨陣而未食或食至而不均師行境外而食具城中設
欲晨炊蓐食擐甲疾趨何以應之軍機盡洩士怨不平此養兵之制

未定者八也。夫軍中之事，有不可定者，機宜變化，因乎敵者也；有不可易者，規畫措置，存乎我者也。故將有專閫，兵有常伍，無事相習，有事相隨，則兵可統也。秩其教令，齊其法制，範我馳驅，是謂三軍之銜轡，則兵可馭也。践更以示其信，豪置以服其心，以諸邊節制之兵為之準，調到狼土之兵為之輔，則兵可調而用也。所募之兵，程其勇力而籍其家室，守法者厚恤其私，犯令而逃者有孥戮之禁，至於鰥曠游民，給其田廬，與之配偶，則繫其歸念，而兵可募也。以客兵為權宜，以鄉兵為實用，日省月試，常如賊至，劳来不怠，甘苦必均，則市人可為精兵，耰鋤可揵利刃，故兵可練也。有營居，故兵可聚而不可散；有行列故兵可散而不可亂賊所往来兵所出入有斥堠故兵可進也有堅壁故兵可退也有戰地有候人有諜者故兵可正可奇可疑可伏也給軍有制犒士有資弔死扶傷恤孤問寡有典故兵可飽可饑可生可死也信能行此八者而廟筭之勝我先得之矣夫禦倭之道来則拒之去則備之言戰不言守非完策也何者東南無重門阻隔無高山瞭望波濤滉瀁隱見難窺風帆迅疾頃刻可至不能預守是海壖之險賊與我共之者也臣聞賊遠来人持數日之糧抵岸多苦饑者賊之死命制與數步之内矣徒以海濱廩藏之富賊至而掩擄之因以為食既飽則所向無前乘人不備如使蓄積收斂野無所掠

此賊坐困之道也故議守者莫要於城堡城堡相望遠近相依賊少則不能攻賊多則所掠不足供所食賊不能持久破之必矣夫賊不能宿飽則不能深入不能深入則不能多獲不能多獲則來者無利而聞風者不來内地可不煩兵而守矣且瀕海皆膏腴美田宅廣樹蓄南方所謂樂土也為賊蹂踐民皆遠徙然其東向思歸之心豈有日夜忘哉有城堡則良民歸田野闢益非獨禦夷亦安邊足賦之具也且地方七八百里一縣賊至放兵肆刦一令終不足以制之疆里浩大禁防踈闊外為冦賊巢穴内為逋盜淵藪凡以壤地相隔聲勢不貫之故也試增置縣邑多設長吏使分地而守分民而治除器練

戍積餉繕堡無事則休養生息按堵而居有事則高城深池與民共守足以扼賊衝輯衆志此寓將於令寓兵於民之術也

應詔陳言以備安壤大計疏　　康太和

近因倭患匪茹侵犯內地皇上軫念東南屢勤宵旰之憂臣觸目時艱幸逢明詔謹用條陳一二惟聖明裁擇

一屯要害倭夷由海舟而来舟小人多破之不難今登岸之後則倚穴為固遂不可制我師之所以禦之者以不曾裁之於海上而但攻之於巢穴此所以屢戰而不勝也即今在新塲鎮地方雖云尚多而各處客兵四集殄滅之期庶幾可望惟是舊賊未

滅新賊又来則其禍蔓延未已也聞倭奴居海島與浙之會稽臨海相望大洋之中有三山嵑崎一名馬蹟一名天衢一名洋山倭奴之来必由馬蹟欲至寧波台温必由天衢欲至乍浦吴淞江口劉家河必由洋山而馬蹟尤為要衝岸可列寨水可泊舡合無擇武將諳曉水戰者二三人統之一屯馬蹟一屯天衢一屯洋山以福舡為主蒼山舡佐之鷹舡為之哨望策應分番迭出遠哨近攻来則迎擊之去則要絶之如不能迎戰而縱賊内入則照原分汛地坐以重罪然肎師水兵必生長海島識於風濤者乃為可用欲守天衢馬蹟必定海下八山之人可募也

欲守洋山必海鹽海寧鹽徒或沙上之人可募也僱募之中又必隆賞格以固其心則人人自奮海上之倭可平而境上之倭將以次就戮矣前次督察軍務工部侍郎趙文華曾建議海攻亦已取勝但奉行者未及要害處耳又目前將官習於水戰莫過於俞大猷者更望稍加寬假責以成功則庶乎可濟矣

一練民兵夫吴浙之兵皆曰客兵往来之擾害供億之煩難此民間受病第一也然非藉客兵則不能取勝葢由鄉兵不曾訓練故耳聞各縣所募鄉兵縣官徒應故事有以瘦弱之人充數者有一人而頂二名者召募方集即驅應敵坐作進退之節茫然

不知是無異驅群羊以格猛虎欲不敗難矣近時如平湖知縣劉存義武進知縣萬民英海鹽知縣鄭茂皆能訓練民兵以身督戰賊不敢犯合無責成守令於挑選之時務得精壯勇悍之人多方召募縣官親自校閱擇其尤者加以月糧使之以一數十以十數百或習長鎗或習弓弩或用火攻什伍成列左右分哨各有成法有違之者重治以罪以後吏部於近海州縣遇有陞賞必擇矯勇之才撫按以鄉兵之練定其課最行之既久則人皆用命家自為兵分番召用而客兵之調可以漸省矣或曰今賊在境上攻擊不暇何暇練兵不知三年之艾自今畜之

猶或可及不然各處客兵住久師老財費力具不支恐中國先自困矣

一固防守設險守國古之明訓故凡邊方之地縣必有城鄉必有堡斥堠聯絡烽燧相望至防秋之時則又收斂人畜堅壁清野使虜人無所得誠有見於城郭溝池民之所恃以為固也今江南財賦淵藪民多散居田里如直之羅店閔行浙之塘西硤石等處廬宅連雲可當近邊二三縣緣無藩垣屏翰之備以故賊一突至長驅深入如履無人之境今近海無城縣治已行繕築惟立堡一節尚未能行而鄉居富室亦不以為意蓋惡勞惜費

僥倖於賊之不來倉卒變生悔之無及今當督行有司申諭鄉民以禍福利害之大醵財鳩工依險立堡自為防守之計如力有餘能為北方看家樓者許依式起造以便瞭望其應用弓弩火器鎗銃之類並令預備所佔堡基糧稅官為豁免俟堡既完團聚既集則保甲之法亦便舉行比隣族黨互相守護關隘譏察難於隱藏而有備在我賊自不得以乘吾之虛矣

一寬委任夫古之任將也推轂分閫凡以重其事權專其信任寬其文法乃能成功故李牧在雁門趙充國之困先零皆以持經久乃克有濟今之總督巡撫權非不重也然勝敗兵家之

雖古名將不能免要在究竟成功如有少挫尤當養威持重以圖後舉不宜遽以文法繩之若一年數易則倉卒周章人懷疑惧欲展布難矣今宜假以歲月寬其文法責以成效小小利鈍姑置勿論積久無功乃治以罪則庶乎人得展布而功可成至於職掌所在則戰陣之責又在總兵叅將諸臣此輩世受國恩義須效死但當精選曾經戰陣之人分屬以兵假以事權使之休暇之時朝夕訓練務期兵識將意將識士心威信素孚則臨陣之間乃可得其死力若今日受兵明日授戰所謂驅市人以戰有不走耶若軍中機宜出奇設伏用間用諜則兵常形機無

定在要在當事者酌而行之未可以預擬也

獻末議靖醜夷疏　　張水南

臣江陰人籍江海之濵沐浴聖化煦嫗嬉遊素不經兵革危事比者守衛不謹致被倭奴突入中壤前年犯東浙比年犯蘇松犯常之無錫江陰靖江三縣殺人如麻流血積骸動若川阜焚刦室廬半為煨爅焦土仰惟皇上軫念黎元不遑旰昃每勤詔書大勵將士豈不欲得授鉞之貞臣死綏之猛士戮力討賊以靖東南之患哉連三四年而大猾未解竆數十州縣而内地將墟豈臨事者未明後先之着而戰守之異議也臣聞禦寇之道貴識動静之機動為用兵。静為持重應動而靜則養冦以滋禍。應靜而動則失時而罔功。動靜中節。緩急應機。斯可以執俘馘而奏成功。輯疆宇而寧億兆也。典籍所載自漢以来。衛侯馮奉世大将軍趙充國酒泉太守段彭等擊沙車擊先零擊車師。莫不傳首長安降衆至萬。是後将軍衛温浮海伐夷洲獲其衆三千。虎賁郎将陳稜又嘗浮海伐琉球。抜其城數十。當是時皆身蹈大洋。厳風鼓濤。洶湧掐顧。士挹强努而前。莫不誓死。卒能誅其國而虜其人。我國初江陰侯吳良鎮江陰。狰鬪倭冦至江上。即躍馬出城。大斬首而還。其後聞風不敢近。永樂間都督劉江鎮遼東。有倭賊數十艘直逼望海渦。江令伏兵山下。陰率壯士潛燒賊舡。截其歸路。

侯舉炮發伏大擊賊死者不可勝數其幸脫者奔竄桃園空堡一時沿海千有餘里民獲乂安此皆往事之可考也臣不敢謂以遠討為功也賊在內地縻戰而言則又非也臣姑以江陰危難身所經者言之自甲寅乙卯纔兩歲耳賊凡三至村鎮有名之家無不發其蓋藏男女死者無算小民瓶罍之儲茅茨之蓋鮮一存者危堞孤懸兀然江滸處處烟生夜光晝赤皆為賊火守城之吏哀痛而計無所施竟以身死請兵救援文移往來又多緩不及事臣愚謂自大勢而言其為賊巢在蘇松之界曰柘林曰七團八團曰三大浦盤據既久廼以成蛇非合兵大擊之多方設伏圖之不可也是故戰者必然之勢也

當戎事者苟懼大軍之罰而過為身謀自為持重不肯輕戰是因噎而廢食也民生安危係於呼吸戰可已乎自流刦而言其為賊顆在沿海小邑多者千餘人少者四五百人屯聚一處曉起四散抄掠又於數十人之中分為四五路賊少而易圖的然可見者也拒之以鄉邑之兵足矣但人心畏賊聞其銛鋒淬鍔雙舞而至則縮頸而股栗是不能拒賊者失之於畏而非鄉兵之力有不足也是故預養而素習者守之道也兇殘未殄不可以忘戰禍患既平計安環堵斯可以言守刑政之不修戎兵之不詰臣工之不夙夜而欲求隅之無警得乎仰惟皇上神聖功化遠符堯舜而勇智天錫邁蹟商王惟明惟畏

十三

日月在天雷霆在震何有於樸樕之小醜哉臣激切危悰謹列五事
上塵聖覽
一曰選將帥兵法有曰興師十萬出征千里百姓之費公家之奉日費千金而敵情之不審不仁之至也故三軍之事莫要於用間間者三軍之司命也臣因考宋太宗時其選將備契丹備河東備西羌不過李漢超郭進等十四人而備邊之兵亦不過萬人而止其為將者率皆竭盡謀慮購死力之士深入賊中刺其陰計動靜舒息莫不畢曉賊一至即先周知之故其所備者寡而設伏掩擊兵力常勝賊至皆無得而有喪今東南沿海之邑

将官擁衆而至，旌旄揭揭，豈不謂多，但不知所以為計。賊聚則畏其勢大而難圖，及兵大集而賊又四出，是賊能持我之短長而我不能致也。况各該将官兵既分隸而事權不専，勇怯襍用而貪功忌能、空言寡實之人互懷其私，不肯合胆併力，苟一失利則謂賊多兵少。凡前世用兵以少為多，今時用兵至於以多為少，得失相懸，奚啻萬里。宋人王禹偁亦曰：兵威不振，其由安在？所蓄之兵冗而不盡銳，所用之将衆而不自専，恩威法令未有以駕馭之也。臣故謂兵不在多，惟在得一良将。擇将者司馬之事，而賞罰者人君之太柄。用間設伏，修古人之成法，中時事之機宜。則又将官之事也。嚴核功罪。大勵人心。則自賞罰始。

二曰修團結。按宋兵制。選於戶籍出於應募。團結訓練。謂之鄉兵。臣姑自江陰一縣言之。三百七十里之中。量地廣狹。分為二十七團。每團選其丁夫壯健者四百五十人。或八九十人。通計之可得三四千人。糾之以長。統之以官。時其訓練。暇則歸之於農。有事則召集營堡。籍其名。不終身用以為兵。給其口食。使各同團空閒稍有力人戶量為津貼。拒賊之日。餱糧兵械。有功賞賜。官府厚為之處。人既知戰。見賊不畏。親上死長之心。孰不愛其父母妻子。愛其田疇廬舍。出死力與鄉土捍哉。近日犁鋤小民遇零賊在野奮力與敵每殺賊數人槩可見也使各郡邑盡爲團結不務虛名務求實用何至賊勢滋大倉皇告急徵七省之兵重壓三吴坐食縣官大費公帑若是不貲之可慮哉先民有言曰鄉各有兵人自爲戰可以省召募之錢可以省客兵之費可以垂永久之利臣愚故謂團結鄉兵便也自一方而他方可知也急則大爲聲討厚集諸路勁兵權宜之術也

三曰審形勢按海防舊制嘉興鎮海等處官兵貼守金山地方遁觀今日賊來之路犯嘉湖杭蘇四府其登岸皆自青村南滙一帶其出海皆由嘉興松江則知東自乍浦西至吴淞江三百里

内為浙江南直隷諸府之門戶較然甚明今南直隷有備倭都司浙江有叅將聽父老之言官府之議宜令備倭駐劄南滙兼督乍浦叅將駐劄乍浦兼督金山聲勢之相聯絡策應之能犄角視形相制而其勢便也又各要害府分固嚴封守勿以賊一過境視為他人之事使分彼此致有踈虞統兵官員遇賊一至夾攻交擊並唇齒之相救援而賊在套中並腹背之皆受敵豈復昔日徜徉如入無人之境哉此防禦大較也賊舍舊路或来自外洋其在常熟則福山港為要賊至必由而以三丈浦為窩其在江陰則斜橋為要賊至必由而以蔡港為窩地皆空壷無

兵當守況去縣窎遠約束不前事有當因當革官有宜設宜添又在當事之臣酌量周至次第奏聞可不出形勢而略覩其一二矣

四曰明官守漢史稱守令者為民之本興利除害唯所行之宋臣范仲淹奉天章之對六曰利而不興則國虗害而不除則民怨生民愁苦群盜漸起皆由官失其方而致之然也今之為郡守為縣令其居上等者見事聰明檢身潔白豈不皭然可觀獨其心不肯近事益近事則自城郭以下有廢墜之當修有豫備之當討謂其擾民而生事畜疑而召謗一切置之不問徒以齪齪

細文。坐獄高譽。不知利在於民。經營制置。始若為煩。實所以安而利之者。因循不舉。自愛之私。不肯自撤。賊至而無寸鉄之利。民饑而無粒粟之儲。一旦告急。何以待之。平居無事則得賢名而去。不幸多事則敗壞四出。極力支撑而難收。此勢之所必至者也。即今百姓流離半死於盜賊。撫其瘡痍。修其刑政。則凡積穀以待荒。兇餉偹以謹不虞。皆守令事也。勢異往日。政宜更新。豈得復循故轍乎

五曰防隱憂。宋臣蘇轍有曰。有外憂。有内憂。蓋言外憂既形而易弭。内憂隱伏。宜有以預料之也。近日小民在野避賊無路臨

之以一刃脇其擔負刼貨謂之挑包數十成群絡繹在道夜留賊營或經旬有餘日而始放還酬勞有衣物一二件不當意者即時殺之竊恐無知小民見慣情熟久之不知其為賊饑寒困苦苟利其飲食須臾之養半折而從盗其勢亦易也有司供軍不給百計誅求又於輪點均徭十年之定額中抽一二年徵銀二三萬兩民出無辜而官府以為便法則是民當十年一輪之數而今已期迫至七年矣小大之民當此兵荒之際生理日蹙閭里蕭條周禮所謂野荒人散良可慮也有司職在牧民奉宣德意寧可不厚為之輯乎臣愚故曰隱憂之當防也

## 海防善後事宜疏

宋儀望

臣聞兵法曰制敵之道勿恃其不來恃吾有以待之頃者倭奴連艅入寇臣與巡按御史邵陛兵備副使王叔杲副総兵官黃應甲親在行間然後知制倭之道在乎據形勢嚴分布審强弱定賞罰則倭奴雖兇狡驁傑未有不可預待而制之者昔臣所轄兵力单薄舡隻數少不能一鼓盡殲大收功成此則臣之罪也臣又詢訪倭情明歲大舉雖未可知而防禦之法不得不預臣反覆籌度大抵今之備倭其患有三十數年間閩廣浙直竭兵力以拒遏之俘馘之歲費糧餉以百數十萬計然其為患卒不能止而又不能遽處此其故何也夫倭

奴遠隔海洋浙直閩廣數千里間皆據海為守自倭奴入犯熟諳内地毎歲窺犯駕風凌濤倏忽千里隨其所嚮莫非入犯之路非若平陸尚可詗探遠近以便防禦其為患一。夫制敵之法在審所因倭奴為患患在中國奸細與倭交通其後奸民多方騙害失倭奴心甚或激為仇殺以洩宿憾然未嘗敢蓄異圖以貽大患當時計議之臣慮生他變乃一意禁絶之凡發覺者罪在不赦倭奴時負辱販抵寧波等處悉為奸人所負怨入骨髓王直徐海等遂乘機教引聚衆入犯故至於今中國之禍不能止也其患為二。往歲奸民勾引其為害止於利取財物而已自倭寇内犯前後截殺死傷物故亦畧相當詗知彼中部落既亂地多荒蕪頃年倭奴竊犯浙直利在搶捕漁人歸至彼中貨取厚利以供耕種今歲則又連䑸入犯意在大掠雖被我兵截擊然被擄脫逃者亦不為少夫捕漁之人皆浙人也身既在彼心則無日不在父母妻子故一人往則添勾引一人况被勾往者十百數千乎臣恐浙直之間倭奴為患不能止也其為患三夫是三者為患謀議之臣孰不知之亦孰不能言之然不能遷處何也臣聞情欲之際父子不相禁今中國奸民利倭奴所有倭奴亦利中國所有此其情至易見矣而所以不能遷處者則惟勾引之患不能止也臣無暇論閩廣其在浙直郡縣羅列分城而守雖有奸民無敢犯禁然溫

台寧波沿海居民以捕漁為生禁之則慮他變縱之則歲為倭奴擄掠被虜既衆則勾引日多其朝夕積謀惟恐倭奴之絶意内犯也以此知勾引之患決不能止而閩廣浙直之間海上防守臣竊以為不能一日懈也卷查上年十月間臣將經畧江南海防事宜逐一查議條為五事荷蒙皇上俯從部議悉為施行續准兵部通查閩廣浙直海防踈密强弱之狀備言倭奴蓄志已久防守之計不宜漫然決事且江南兵力单弱尤當亟為整理移咨到臣臣通行查議去後今該兵備副使王叔杲會同總兵官黄應甲復將善後事宜逐一欵開具揭到臣委為詳切除議處兵餉一節係干地方難處事理容臣會同

巡按御史查確另行外臣乃參據條畫傳採見聞開列前件塵瀆天聽倘蒙勑下該部再加查議亟賜施行臣愚不勝幸甚地方幸甚

一增設遊兵以定邀擊。江南沿海自狼福北至金山四百餘里一望洪濤絶無島嶼可泊舟師近年倭寇突入勢必登岸故江南防倭必以阻截外洋為上策今歲抽選各路雙槳唬舡選置遊哨慣經海道如名色把総江應晴及中軍指揮張肇慶等令其遠泊蒲嶴陳錢馬蹟之外其地為浙直交會之區倭奴必入之徑分據形勢以俟邀擊遂爾成功今議遊哨兵舡必須增設請於水陸常官之外添設遊兵把総一員查江應晴蒙補栢林把

十

捴緣本官熟諳水戰乞改充遊兵臨期選委名色哨官六員部領水兵俱聽把捴調度每年三月初旬令往蒲嶴駐劄南哨陳錢馬蹟東哨黑水落華西哨洋山聖姑但遇倭舡出沒相機勦截如或倭勢衆多飛報捴兵官遣遊擊督發巨艦水師隨向策應務期殲之初至乃為計之上也

一定舡䑸以便調遣。遊兵把捴既設當加募沙舡增造唬舡各四十隻輪撥福蒼大舡二十隻每五隻為一䑸每䑸福蒼母舡一隻沙舡二隻當冦未至俱傍福舡以便各兵休息有警則遣唬舡出洋遠哨沙舡繼之葢倭奴慣用小舡兩傍分駕十櫓摇走如飛此中與鬬利在犂沉非沙舡不能但沙舡頗大即雙帆乘風追莫能及今制唬舡亦用十槳其行又疾貯裝百子飛砂等銃火箭火炮等項夾追放打倭舡每見火器攻急不能摇櫓沙舡即可追上因而夾擊成功如遇倭奴撑駕大舡則以福蒼舡衝之可以百戰百勝但歲用沙舡數多此中錢糧缺少勢難打造民間自造前舡最稱堅利往年官為僱募既豐其財又募其家丁者民親身應役槓具器械無不精利官無造月之費港有應敵之師最為計之得也近因兵餉裁縮募價減省官司别募多方規避惟以朽舡鈍夫應數雖云分布信地並無益於邀擊

十一

也令歲臣倫知其故乃令道鎮挑選舡隻家丁加以厚犒懸以銜鋒重賞故遂藉以成功今議僱募沙舡當照依民間採捕黃魚僱直每舡梁頭一丈四尺者給與銀三十两每舡用兵夫三十五人聽以家丁應招舡價口糧皆許預支不煩追呼民爭嚮應汛畢仍令歇班以省冗費其舡兵有功者照例給賞舡户有材者查核優奬仍與冠帶哨官名色有功願紀錄者一體類奏陞授且身舡既役於官則徭役稅糧俱應照例豁免如此則人皆樂赴而事功易舉矣

一聯陸兵以防流突。外洋既有遊兵內地分汛已無可虞但沿海

一帶自吳淞至金山三百里間寶鎮川沙南滙青村柘林各相
去五十里皆臨據大海隨處可登而青南二所更當其衝往年
倭寇入犯此為巢穴即今歲寔至仍在其地先年各設把總一
員統領重兵分守葢重之也海上承平兵餉減少將青南二總
裁革止留募兵百名相兼軍士令本所掌印千戶領之而分屬
川柘二總提調但千戶多係庸材不能轄束軍士而把總力尚
駐城回顧提調兼職以致險要空虛策應踈虞今欲議添官兵
則糧餉難處近該總兵官奉臣牌清查各衛所隱射買閑勇健
軍舍已不下二千餘名其在青南者該新推叅將陳習舊署一

印多方教練遂成驍兵昔年首破倭鋒近日又殲突寇既屢效試驗令議各挑選五百名着伍聽臣於閒住將官或指揮內有才局者選委各一員專司訓練與川柘二總分作四枝叅將於汛時移駐南滙教場內計處營房把總等官各帶所部挑選精兵赴營團操教以分合聚散之形熟其首尾聯絡之勢大小汛期總兵官仍將吳淞陸兵分番哨守則南可以策應青村柘林北可以聲援川沙寶鎮其金山雖係重地沿灘沙淺寇舡難泊止令原留官兵沿塘廵哨本衙官督兵城守萬一有急則叅將調兵合剿朝發夕至庶海塘氣脉聯絡而各堡形勢不孤權歸

一而衆不渙矣

一嚴軍儲以時支給。沿海衛所軍糧舊時虛額頗多每遇撥派勢豪奸民多方夤緣冀得肆其拖侵積棍刁軍設法私兌悉以歸其包騙倉廒空虛軍士枵腹其積獘葢已久矣臣牌行該道查實在軍數照數派徵餘皆扣充兵餉嚴限運納顧有司積習已成奸民夙弊仍舊雖屢經懲究而逋侵如前今議各州縣每歲秋收之後將本色漕糧軍儲一槪徵完在倉防海官預將各衛所官軍姓名點定俟漕糧交兌之後兵備道預行州縣印官聽海防同知兼同各衛掌印官將設立號单許令各所官軍相繼往兌每米一石量加脚價一斗三升以充僱舡搬運之費官軍報運到倉海防同知公同衛官掣单驗收如此則糧長既免盤運之労奸民自塞逋負之計刁軍永杜私兌之奸每月給放仍照臣案行事例先期呈請號紙唱名散給則海濱孤城俱獲充實而汛米亦可免於收買矣

一廣資格以需將材竊照人才自古為難將才尤不易得舊例推陞將官止於指揮曾經保薦者後漸推廣至千百戶自海上多事以來始有名色把總之例葢拘攣常調則韓白何由致身破格廣求即屠釣亦足樹建自此例行而南北疆圉乘風雲以樹

奇勳者歷可數也但先年請有部劄有功者呈請塡給後因部劄不便軍中自得便宜委用以致鑽謀多端名器太濫物議沸騰引嫌概棄不得已選用世官使世官材則亦何事他求但紈袴多柔脆之夫闒茸鮮上進之志不得不旁搜博採以圖濟事功也今後領兵領哨除世官有才可用照舊委用循資舉薦外至於草野行伍之中有素負勇略熟諳韜鈐技藝者各將官收錄軍中試驗果當聽兵備官會同總兵官指實呈請聽臣參酌成規方許給劄授以領哨等官俟著有勞績又授以名色千總把總如果才堪統領屢立戰功方行舉實舉薦與世官一體陞

用夫收録在將。則因舉用而見將領之賢。甄别在臣。則收事權而革濫用之弊。如此則真才既收於傳採而倖進者不得以覬覦矣。

一聯浙直以定合勦。照得倭寇之來必由陳錢等處視風色以為入犯之路我舟師欲邀擊外洋勢必趨聖姑蒲嶴等島而浙中兵舡俱亦駐泊於此若彼此不聯氣一心未免對自為敵國矣預乞本部移咨浙江軍門每當春汛先期會約嚴戒將士不許無端啟釁遇有倭舡合䑸同擊如敢自分吳越爭奪首級者俱不准功則彼此同心聲勢益壯倭寇自平矣臣又看得倭寇之来必於小滿前潛伏海島伺掠漁舡近日奸人教之每歲將搶去烏嘴漁舡照例張網内藏夷人外裝漁人以致漁舡不復隄防兵舡難遽邀擊今歲入寇未便全獲其故由此且瀕海之人以漁為業誠難禁絶併乞移咨浙江嚴禁捕魚舡隻定限小滿與大䑸漁舡一齊出洋不許零星越捕以中倭計仍行溫台寧三處遇當出海捕魚止許改用黄花挑糟等舡如敢違禁仍將烏嘴舡先期私捕者許官兵即拿究解䑸内仍有烏嘴舡隻許官兵徑行攻打如此則倭夷既不得伺掠以逞奸而我兵亦易於辨識而奮擊將来嚮導自絶更無侵擾之患矣

一嚴鄉甲以固人心。沿海要隘雖各設有陸兵然海岸延長俱係民竈樵居茅茨相接若不團練鄉兵申明號令卒遇寇突入無固志奔走張皇而內地便為震動今各地方已編立保甲合無照臣經略防禦議於保甲內擇有身家者立為團長挑選壯勇置造器械時常練習每當汛期海防官親往犒賞遇有聲息協助官兵分布海塘如有斬獲一例照格給賞團保長有功績紀錄者一體彙奏陞授至崇明一縣孤懸海中居民散處各汛兵船防守有限臣已嚴行該縣操練鄉兵人自為戰萬一寇勢猖獗力不能支飛報撫兵官調兵協勦庶兵勢聯絡而隨處可制

勝矣伏乞聖裁

興革事宜詳　　　　楊　旦

一召土兵以資戰守。卑職於上年八月十二日到嘉定任正值兵務冗劉晝夜奔馳惟以滅賊為念嘗見調到客兵雖經戰敵而遇賊輒潰徒費供億及聞沿江沿海巨室大家儘有好漢未得為用自九月終賊退兵撤職始稍暇躬詣沿海直抵賊巢地利險要亦頗有知羅集父老子弟諭以與賊不兩立江東無久棄之理民皆疾首感泣咸有寢皮食肉之願葢昔年承平既久。一聞賊至望光奔潰今經亂已久正人思自奮之時。鼓舞有機因勢利導之曰。議得土著之兵其利有五。不妄擄掠。不妄剎戮。其利一也。熟知地利遠近。路徑盤曲。其利二也。風氣相宜。無水土不服之患。其利三也。各兵不困於奔疲。官府不苦於接應。其利四也。中有驕悍不律者。縣官亦得以法繩束之。其利五也。有此五利而亦有一患此等土兵恐有無籍棍徒無事則請糧着伍一遇事變率多逃亡官府苦於勾捕生民煩於聯擾而於戰守實用亦未有資卑職深知其弊乃號召江東江西大家巨室先籍其姓名量其平日財勢大小或可出十人者或可出二十人者不拘奴僕隣佑凡年二十以上四十以下有父母妻子者各令報名在官記其年貌不許更換若有逃亡責歸其主則我之所執者簡而有要彼之所統者繁而不亂五利兼得而亦可以免於逃亡之患矣隨經行令者民沈燭等共報一千餘名已有五百餘名現在但久練之餘精兵自出重賞之下乃有勇夫緣各兵安家銀兩日逐口糧未有措置緣係召兵戰守事理合具

詳請示

一高城堞以杜防守。本縣城垣雖係新造堅固但嫌低矮未稱金湯周圍計該城垜三千六百三個今議補加一垜之高險乃足恃每垜約計磚灰匠工銀一兩六錢先該本府通判查將有罪犯人某等共罰垜一千一百六十一個及本縣自問犯人某等十五起共罰修垜四百零九個俱各責限辦料興工築砌外仍有未完城垜二千餘個及議增造敵樓十六座每座估計工料銀六十餘兩緣無錢糧見今設法措置候事工就緒另報

一造公舍以藏軍器。切照禦倭之具必以器械為先卑職設法收買火藥弓箭及鑄造銃炮刀劍大斧等類器械在官但無收貯之所恐致散漫難稽議將縣堂西邊隙處建造樓房三間名為軍器庫仍於徭役審編庫子一人庫夫一人責尚守管庶器械無遺而緩急有備合行開報一清應付以免科索。查地方偏僻近以軍興多事公使員役絡繹往来應支庫給口糧下程之類原有規則但各差来官舍人等守法者固有而貪婪無耻實多每口糧一分不照止該給米三升折價不過三分而已却乃多方刁詐凌逼管辦人等每一分勒要一錢一錢則勒要一兩稍不遂意捉縛揪打無所不至以致承役之人不勝倍苦含泣奔告無可奈何今欲議将應付口糧等項俱照規折銀一分一封預先用印收庫但遇往来公使人員當堂照批給與如此既不煩於守候支取又無累於折算虧賠縱有貪惡之徒當官給散雖欲勒詐似不可得如有一日

内往返重冐支食者聽從查究緣係清理秖應事宜伏候詳示
施行

一除大盜以寧地方訪得本縣二十四都有地名牛角尖者與太倉州二十等都接壤又僻近海沙人皆負險素號兇黠不事生業惟以暴掠為計往時潛形異面昏夜行刦尚有畏法之心數年以来弱之肉而强之食善良不能安其生遂致互相勾引或以數十為群或以千百為党十家九盜糾聚成風殺人放火白晝公行為害非止一鄉流毒徧及四境人莫知其人莫敢攖其鋒縱恣既久禍害已深況其党與日衆聲勢日張民無寧居官

無善治卑職議欲設法招安恐無良之輩未必革心欲為勦擒之計恐不軌之徒勢難輕動伏候憲裁必加撲滅庶地方獲寧民生攸賴

增置兵舡議　楊旦

竊照嘉定地方惟吴淞大江為倭寇往来出入必由之路由吴淞口延袤而南則自老鸛嘴以至寳山南滙金山等處由淞江口迤邐而北則自深淘港以至黄窑劉家河等處由江口而深入則南進五十里即為黄浦直至上海城下由黄窑而登岸則嘉定太倉崑山蘇常皆聨壤數百里隨地可到吴淞江者南為上海拒賊門户西為蘇常

護外藩籬乃東南第一險要之地備吳淞者。即所以備華上也。備華上者。即所以備蘇常也。然備倭之策惟福舡最為得用但海天遼闊瞭哨難周地里綿曠防禦不容況戰艘寡少兵力单弱擁衆之寇數倍於我昏雨零至之賊投其可乘是以竭力捍衛終難成功為今之計惟多造福舡多募福兵為第一義耳福舡須得四百餘隻福兵須得四萬餘人以吳淞江為老将福舡分為四班以一百隻屯泊吳淞江以守老営以一百隻哨至寶山以南直至高家嘴等處以一百隻哨至高家嘴以南直至陳錢馬蹟等處以一百隻哨至劉家河以北直至福山狼山等處此往則彼来彼往則此来絡繹於數千百里之間皆為有偹聯屬於烟波遼曠之中亦寡空隙擁衆之寇合力抵禦零至之賊隨遇成擒此計之得者也総使瞬息倏忽之間風雨昏黑之夜難保盡無然江口之守既周賊或登岸泊於寶山七八團等處則内有黄浦一水之隔彼不能長驅我可以設偹猶不能遽為内地之害也若株守吴淞。不為分番出哨之計。未免顧此而失彼。若直守馬蹟。不為反觀内顧之計。未免慕遠而潰近。此皆前事之可鑒者也

由今言之吴淞一江止有福舡三十餘隻併蒼沙等舡不滿百隻近蒙調到廣東烏尾舡二十餘隻方與福舡合䑸氣勢頗振詎意七月十二日怪風驟起波濤翻滾烏福等舡盡行打毀非常異變自古所

無即今更無一舡可用水兵六多散逸江防之患實有可憂伏乞即刻遣官速往福建等處多造福舡多募福兵刻期發遣定限明年正月內到港庶保地方無虞緣蒙牌仰從宜處置事理理合詳覆伏乞照詳施行

酌時復古議　楊旦

為酌時宜復古制以圖久安長治事竊照倭患之興已四五年變起倉卒支吾目前徒為應時之急務未有久遠之良圖是以將雖選而無定員兵雖募而無定數糧雖辦而無定額今年已不可支矣倘明年尚未息又將若之何夫不酌時宜則迂不復古制則踈（疎）恭酌時宜

之中漸圖復古之制而後東南之事庶幾其可永安也查國初備倭之制浙直等處立有水寨照依下西洋事例水軍銀糧之外每月又有行糧五斗每年三月三日出洋哨守九月回港如臨山觀海之水寨則設於月山等處定海昌國之水寨則設於普陀等處今雖久廢遺法尚存父老傳聞尚得而知也其吳淞止有旱寨二處一設於寶山一設於南沙今皆久廢其吳淞江劉家河福山港亦各有兵舡十隻出洋哨守後以倭息奉革月糧造舡價銀亦作別用是以舊制湮沒遂不可復也夫百年湮廢之制欲一朝復之誠亦甚難但不復古制終非善道徒事目前何為永圖夫更張有漸則民不驚準今酌古

則事易成。為今之計一面将現在福舡蒼舡沙舡分地哨守以了明年之事一面考求古典查復舊規乞将浙直沿海衛所正軍盡數查出照舊奏加月糧以一半守城守港一半駕舡出守水寨今年守城者明年出哨更換以均勞逸其浙江水寨訪得殿前山三爿沙皆可泊舡堪為水寨若以海寧乍浦金山等舡專守殿前山随潮往来出哨至南山則可以遏南来之寇以吴淞江劉家河福山港等舡專守三爿沙随潮往来哨至馬蹟則可以遏北来之寇今各舡僱募水兵糜費糧餉甚多若以現在福蒼等舡除舵工識水者仍留在舡餘皆革去即以各兵分補之則費少而可久若寇自南来則歸罪於定海普陀等官哨蘇州洋而北則歸罪於乍浦金山等官寇自北来則歸罪於福山吳淞等官其各軍出海糧餉必須預給方可安心哨守一年口糧止得一二月各軍不能存生去而為商賈為匠藝營伍空虛遇變無恃今後州縣徵糧必須先解軍儲後發兑軍應時給予方可責其成功其選將必使有定員糧餉必使有定額參酌計度立為畫一之法使永久可以遵行庶幾事克有濟章句書生不識時務謬陳一得之愚伏祈採擇施行

呈諸臺揭　　任環

即今浦東之寇尚有三千焚舟結巢勢蓋必死此當慎重圖之而不

可易易視之者也今冬之患本自可虞而来歲之防尤宜深慮調来客卒僅足五千而弱脆不堪又居少半審形量力察彼知已所謂戰不足守有餘者也督之過浦則主反為賓屯之重地則以靜制動得失較然不待明者而始知為今之計宜於華亭上海嘉定等處各屯一枝休養訓練使虎豹之勢隱然在山仍選地方輕兵及山東箭手零擊勾剿多方誘撓迭出更番使彼不得安息賊計窮困必將四散突衝然後乘機督發客兵擊之不出則守之但令內地無虞不妨遲以時日此則寓戰於守制人而不制於人萬全之道也若狃於近利急於成功率方至之兵攻必死之寇犯深入之戒寡持重之謀萬一

疎虞則来年之事去矣夫川兵之後猶有湖兵湖兵之後更將何繼此本道之所以日夜憂惕而一息不能自安者也伏乞毅然主張秉機後動去東南之積滯復天下之太和則國家幸甚生民幸甚師出在邇兵行尚謀言出血誠不敢隱諱請乞鈞裁

與右轄胡柏泉　徐長谷

承問及國初取太湖之策自大錢港由毗山而入此用奇之算也今大錢已設立巡檢司以守其潛透之路惟大錢之北地名小梅港雖小縮於大錢而為要路則一也有事時必先築塞小梅專守大錢斯為長計大率邊河僂港共計三十八惟大錢小梅為大故餘皆置閘

而二港獨不置以其深且濶也然以備倭之路言之則別有説湖之南境德清為要故唐末之亂辛敬順築城於金鵝山以守侯景之亂右軍沈恪據東主山以守二山形勢可據至其入湖之間道則石門皂林可通烏鎮雙林近來丙辰之亂二鎮罹其毒以石門皂林透入故也石門之透入者又由於嘉興之守不堅也雖然此特形勢耳倭人陸戰往往不敵者以其善擊刺也今衛所之兵所習者不過疊陣法疊陣法者堂堂之陣整整之旗止於坐作進止所謂不過五步六步七步而止齊焉不過五伐六伐七伐而止齊焉兵之正者也倭人跳梁輕捷設伏用奇而欲以正兵應之未有不潰敗也故當以正兵

而結營以奇兵而取勝蓋澤國以舟航為馬以火藥為弓弩至於登陸則以長鎗為短兵以小伍代陣法長鎗可制其衝小伍可截其路散隊港口遇敵成擒往往收功蓋以是也倭夷所以棄柘林而趨乍浦者實畏南滙之制兵也更得良將撫機合變設三覆之法以臨之何敵之不可破耶區區條答惟公採之

復蔡可泉中丞書　徐長谷

蒙訪邊事謹修短疏上答至情切以帶方之南諸寇狡黠恣横者惟倭為甚而倭之尤變詐者惟對海州為甚今之擾我邊疆即其人也日久途窮大兵四集其生變詐益甚於前而我師烏合將領無權不

能驅之力戰且其地多壑谷海塘偪窄加之茅葦充塞進路甚且軍中不識向利不知風候天意轉動甚微不知趨避如近来東風逾月即此後之嘘氣我無轉召之機人情氣怯之應也今之為計兵不用多而用精將不貴猛而貴算撫機不熟應用實難設變入神風雲俱應所謂運用之妙存乎一心者也安慶兵與處州坑兵以地勢熟示之從北路而入少林僧兵從西路而入董知縣一軍從東路而入其餘諸軍韓闆統之結營於十里之外為之聲應以設奇置伏為取勝之用凡見小利只思敵餌不可輕趨縱有小失反設疑閒不可自却其所用嚮導恐為賊党須加審察近塘茅草此時已可放燒有蘆葦

處令防海軍人及土著百姓隨軍樵伐。彼必無計應我。惟以泥水作滑簽刺作梗二計可行耳。倭刀犀利。質本剛脆。所畏者大片毛竹擊之即折。以狼筅竹篙應之。亦所宜也。其所長善用奇伏。每一軍必分數隊。多者不過十人。彼此策應為上也。更須曉示脅從。離其黨與。先歸者宥罪。臨陣者混殺。近有得其來歸者輒戮以為功。絕其歸正之路。甚可惡也。兵既有緒。慎無燒其舟舡。絕其窮路。此與鬪虎室中相似。所殘必甚矣。故在兵家尤忌之。兵事不易。勞神已多。更惟自愛以善朝夕。

上巡按二司防倭揭帖　林次崖

邇者倭寇自浙江流入福建駐劄三沙将窺諸郡蒙當道鈞牌令有司速備器械火藥多募勇敢之士又令近城郭鄉村搬錢糧牲畜入城以絕賊糧餉也少灣分搬附大灣仰見憂國為民之盛心也葢聞禦敵必有良謀徒講而寡謀者無濟夫用兵之要有三練士卒也利器械也擇将帥也今欲募勇敢之士未知如何選募欲備器械火藥未知所備何器趙李牧守雁門募百金之士五百人遂破匈奴滅襜襤單于避之數歲不敢近趙邊晉馬隆募能挽弓四百鈞挽強弩九石者三千五百人遂斬樹機能平涼州此練士之法也通者浙江募兵五澳每兵與安家銀三兩募兵官及捕盜扣尅每兵只得銀二兩

或一兩八錢此皆窮乏不能自存之人顧目前之急不計日後之生死者應之欲賴以殺賊不亦難乎金兀朮起兵海上用拐子馬以取勝偃城之戰以拐子馬萬五千來岳飛戒步卒以麻扎刀入陣勿仰視但砍馬足拐子馬相連一馬仆二馬不能行兀朮大敗此利器之法也今倭長技利刀與利箭鳥銃也未知用何技以制之前年浙江募兵漳泉每兵與銀三兩器械在內聽其自備斬木為竿未置尺鐵青紅白布裹首行裝不辦盔甲俱無此如執朝菌以禦蕭艾有不碎乎今見漳州府日解佛機銃過同不知用於浙江或吾閩但此乃海上擊刺之器陸非所宜夫兵有短長銃砲視弓弩為長弓弩視戈戟

為長戈戟視刀劍為長長以制短短以衛長機銃力至五百步弓努力至一百二十步賊不久停一百二十步之外須臾即至銃弩無所用而用刀矛矣夫以倭寇之猛悍挾三技之長無以制之於百步之外欲與角藝於劍戟之間亰見其難矣以此觀之則器械之不利可見也故曰器械不利以其卒與敵也卒不可用以其將與敵也然有必勝之將無必勝之兵使將帥得人如李牧如馬隆如岳飛何患器械之不利士卒之不精倭寇作禍於今五年總制撫鎮之官不為無人然或去或殺尚未收盪定之功豈非將帥未得其人歟欲令軍民搬移積聚牲畜無貽盜賊之資即古人清埜之法是也然倭寇在海

則自小不敵於我登岸則敵强我受其制若徒搬移積聚無術以制之使得登岸其害可勝言哉以元鄢見當發大舡數十隻分布萬安鎮以塞入興之路發舡數十隻分布晉江圍頭以塞入泉之路發舡數十隻分布浯州官澳山後以塞入同漳之路沿海灣分御集如晉江之深扈東石安海南之營前石井菊𣴓蓮荷同安之大嶝灣頭劉五店髙崎馬鑾坂尾白礁令自設備其空缺去處令所在居民扞揷木柵以截其登岸之路須差能幹佐貳官為之處又督鄉民以守之否則難集且為所焚無益也元度當今事勢倭寇五年直浙殘破上越淮揚則江北凋敝其勢必窺閩在閩則泉漳先受其害不可不預

為之防也預防之策宜莫過於元所畫矣元聞前事。後事之師也。乙卯夏倭寇一百六十自興化黃石登岸入駐鎮東海口廵海分廵參將等官駐劄福清募漳泉打手勦捕殺死都指揮指揮千百戶武舉三十員軍民以萬計不能得其要領反增二百二十人以去今三沙之倭數倍於海口莆田仙遊各縣民兵各非選募欲求勝於彼又知其難也嘉靖二年流寇九十三人流刼興泉漳三府莆田鄉士夫子女多被擄掠擄質府判經歷以金贖回刑侍簡一溪先生時以御史按閩至泉延鄉士夫閩計時同安大戶葉元忠以任俠坐死繫府獄士夫以元忠薦使殺賊自贖一溪用之質其家屬於獄元忠募敢死士百人調晉江南安永春安溪德化長泰龍溪合同安七縣精兵各令掌印官領之八面合攻推元忠為前鋒令分巡聶公珙督兵參議蕭公瑞督糧餉又容遣健步吏承兵隸各軍日報進止動息由是各軍畏恐無敢不用命者追賊至德化小尤中圍盡殲之九十三人無一遺者餘寇惴恐不敢復犯漳泉者三十六年且今倭劄三沙前雖解去旋復回還尚當為之備今民間任俠豪傑如葉元忠尚有之執事如欲為預防之策收盪定之功請憲節下臨令鄉之士夫未必無可延問者夫仁賢之智聖明之慮負薪廟廊之語興衰之事將所願聞也

復華亭尹書　　　　馮侍御

禦寇守城之法士大夫各出群策矣明府亦虛心延訪宜無遺策矣大要不出區區面陳數條一運倉糧以實內餉使公儲無占焚之患城中無食盡之憂一廣募水兵精選義勇以併群力一速查舊用西北二鄉鬻灘快舡以便水戰此非區區老狂之迂策今之僉議守城者實末策耳孫子曰善戰然後可守今城外之民十之八九城內之民十之一二若棄城外之民之居以資寇則寇坐得民居民食剽掠遠近任其殺害旦攻暮突彼逸我勞坐困城中縱保全之所傷必多城外獨非赤子乎故愚欲合內外以攻賊則勢張其策在專督戰艦

布列黄浦進路鹽鐵塘花泾塘龍華港二三處水口及賊未登岸率水兵善戰者為先鋒義勇民快次其後民兵小舫又次其後一遇賊至併攻衝殺此保萬全取勝若與平敵亦可先挫其鋒若待登岸臨城禦之守之彼已視城外為囊中物視城中人為退縮懦弱若虎視牢中之犬羊猫視匣中之鼪鼠勢在彼而不在我矣如不肖迂狂漫説公輩獨不觀之太倉乎太倉形勢之地內設兩衛講武耀兵更年不替擒賊剿寇殆無虛日今又臨以操江都御史手握重兵佐以欽勅兵憲整飭戎務地利之險兵革之利權柄之專困守孤城一籌難效豈非以弱自畫大勢在賊而不在我哉況水寇登陸已失其險近

聞鄉村之人。手執農器。亦能殺截賊舡。男婦上屋徒手擲瓦。亦能驅走強寇。此無他齊心併力勢在我而不在賊。若以一郡之人上得其勢下併其心賊何有於難討城何有於困守乎

海防經略纂要卷上終

海防經略纂要　卷下

會稽章諭鳴山輯

壻金義方燕山
男嶽源自嶽
校對

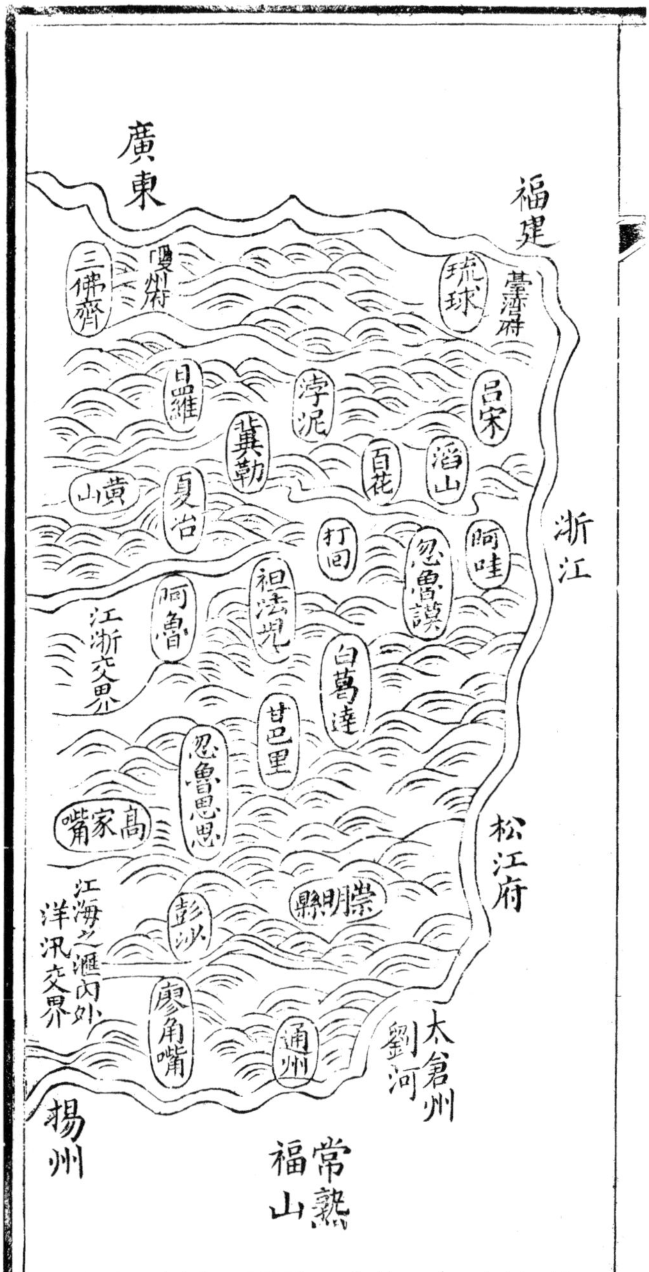
廣東
福建
三佛齊
琉球
臺灣府
呂宋
浡泥
百花
黃山
浙江
打回
忽魯謨
江浙交界
阿魯
祖法兒
白葛達
甘巴里
高家嘴
松江府
崇明縣
江海之滙內外
洋汎交界
廖角嘴
通州
太倉州
劉河
揚州
常熟
福山

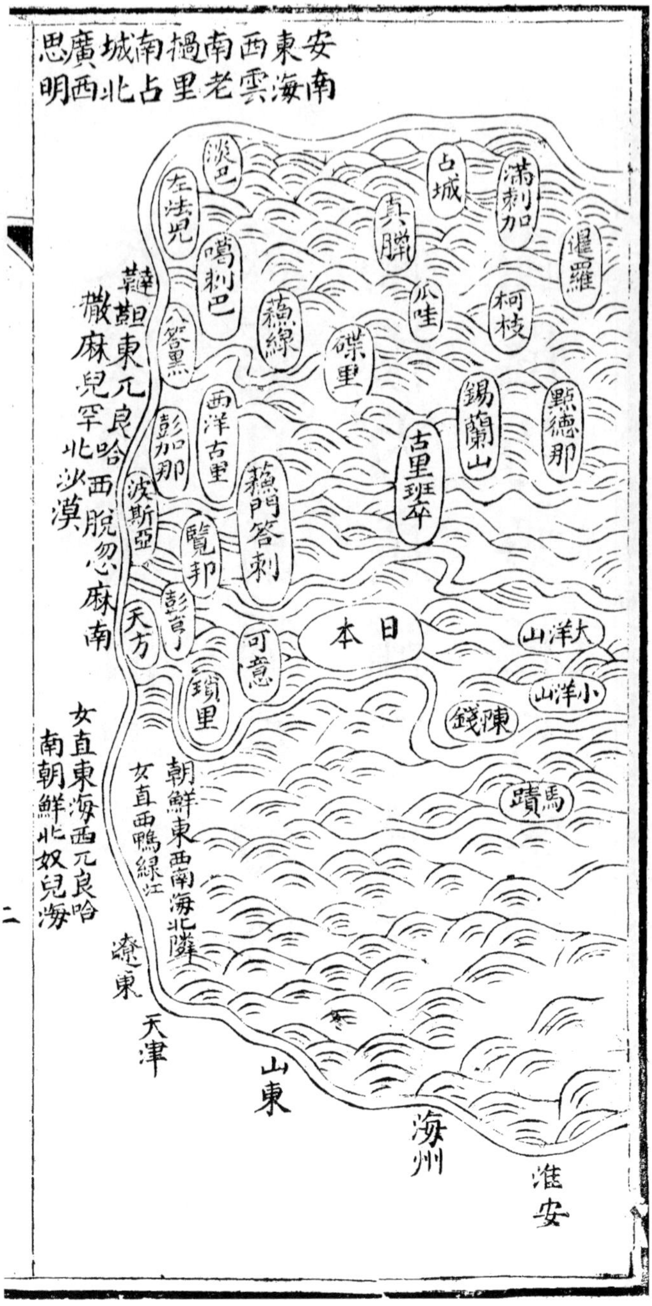
安南
東海
西雲
南老
撾里
南占
城北
廣西
思明
淡巴
左法兒
占城
滿剌加
真臘
暹羅
嗐剌巴
爪哇
柯枝
韃靼東兀良哈
撒麻兒罕北沙漠
西脫忽麻南
八答黑
蘇祿
碟里
錫蘭山
黙德那
彭加那
西洋古里
古里班卒
波斯亞
蘇門答剌
覽邦
彭亨
天方
日本
大洋山
可意
瑣里
小洋山
陳錢
馬蹟
女直東海西兀良哈
南朝鮮北奴兒海
朝鮮東西南海北隣
女直西鴨綠江
遼東
天津
山東
海州
淮安

吞江納漢島嶼浮天
欲窮日出驅石幻傳
幅幀内廣繡壤萬年
圖惟約略極目雲煙

洋山

洋山乃蘇松禦倭海道上游也舊聞此山塗淺不可以泊月惟娘娘廟西南略有泥塗可以暫泊今乃知其不然葢海州必得山嶴而後可泊無嶴之山不可以避颶風如之何敢泊也洋山乃兩頭洞西北高百餘丈週圍約七八十里形如圈樹其中有十八嶴如一大湖可藏數百艘湖口面北娘娘廟在焉海水鹹不可食唯山嶺有一池泉淡可汲倭舡與我兵舡必艤而汲廟東有巡檢嶴故址山口有一山名陸家市山麓俱白沙如粉非泥塗也邇年當道建議浙直哨舡期會於此交牌信驗深為有見何也洋山南去定海北去吳淞皆一潮

江浙適中之地出定海關勘海防形勝而深有感於天心設險以限華夷舟山諸山者兩浙之屏翰也崇明諸沙者三吳之屏捍也定海海外非止一山舟山其魁爲耳舟山之東北有灌門長塗代山衢山衢山之東北西北有馬墓兩頭洞東南有沈家門烏沙門石牛等山衢山之東北有馬蹟山馬蹟山之東北有陳錢壁下二山陳錢者中國海山之盡處也冦楫擊空明而來萬里風濤茫無際涯望見陳錢則喜中國將近有山可泊既至陳錢然後分艘南北若經馬蹟大衢而西過舟山則兩浙受其害不經大衢舟山而向洋山之西迤北行則歷淡水門大七小七西衢寶山北衢高家竹篙二嘴或東北衢三爿扁担二沙

蘇松江北惟其所騁矣

倭情風汛

胡松著海圖説曰始倭之通中國也實自遼東今乃從南道浮海率自温州寧波以入風東北汛自彼來此約可四五日程葢其去遼甚遠而去閩浙甚邇若盡其國界則東西也長行可四五月南北也短行三月而皆極於海其西北至高麗也必由對馬島開洋順風僅一日二日南至琉球也必由薩摩州開洋順風七日其貢使之來必由愽多開洋歷五島而入中國以造舟水手俱在愽多故也貢舶回則徑收長門抽分司官在焉故也若其入寇則隨風所之東北風猛則

由薩摩或五島至大小琉球而乃視風之變遷北多則犯廣東東則犯福建若正東風猛則必由五島歷天堂官渡水而視之變遷東北多則至烏沙門分䑸或過韭山海閘門而犯温州或由月山之南而犯定海犯象山奉化犯昌國台州正東風多則至李西嶴壁下陳錢分䑸或由洋山之南而犯臨觀犯錢塘或由洋山之北而犯青村南滙犯太倉或過南沙而入大江若在大洋而風歘東南也則犯淮揚登萊若在五島開洋而南風方猛則趨遼陽趨天津大抵倭舶之來恒在清明之後前乎此風候不常難準定清明後方多東北風且積久不變過五月風自南來不利於行矣重陽後風亦有東北者過十

月風自西北来亦非所利故防海者以三四五月為大汛九十月為小汛其停橈之處焚刧之權雖曰在倭而其帆檣所向一視乎風實有天意有備者率勝其入寇者多薩摩肥後長門三州之人其次則大隅筑前筑後博多日向攝摩津州紀伊種島而豐前豐後和泉之人亦間有之葢因商於薩摩而附行者葢日本之民有貧有富有淑有慝富而淑者或附貢舶或因商舶而来其在寇舶率皆貧而惡且山城君號令久不行於諸島而山口豐後出雲又各專一軍相吞噬今惟豐後强頗併肥前等六島而有之山口出雲俱以貧滅亾倭葢無常尊定主矣

再按攷琉球在泉州之東海島中國王有三中

山王山南王山北王漢唐宋不通中國明朝洪武初三王皆遣使朝貢自後中山王表朝許王子及陪臣游太學其風俗去髭鬚黥手羽冠毛衣好剽掠殺人祭神無賦歛不知節朔視草榮枯計歲其山曰高華嶼近福興漳泉四郡界其川曰落漈水至國西澎湖漸低漁舡多漂不回焉

朝鮮高麗交趾安南界略

朝鮮周所封箕子國也秦屬遼東外徼漢皆郡縣晉始自為聲教東西相距二千里南北四千里分八道統郡府州縣其俗柔謹知文字喜讀書崇釋尚鬼男女相悅為婚死三年始葬飲食用俎豆官吏閑

威儀居茅茨衣蘇苧有朴儉遺風以田制俸以杭釀酒法無苛條刑不惨毒鎮國者九都神嵩北岳其名山也鴨綠江其大川也貢道由遼東山海關入朝鮮東萊府至釜山浦二十里渡洛東山越海抵對馬島即日本國地方焉

高麗本扶餘别種其王高璉居平壤城唐征高麗拔平壤五代時王建代高氏闢地都松岳以平壤為西京[illegible]八道中曰京畿東曰江原本濊貊之地西曰黃海古朝鮮焉韓舊地南曰全羅本卞韓之地東南曰慶尚乃辰韓之地西南曰忠清皆古馬韓之域東北曰咸境本高句麗之地西北曰平安本朝鮮故地分織郡府州縣高麗之學始

於箕子日本之學始於徐福安南之學始於漢立郡縣而置刺史其中國之文學被焉後至五代末節度使吴昌文方盛自中國流衍數千年間然其文皆不免於窘竭鄙陋不足以續聖教者葢其聲音不同其奇妙幽玄之理非筆舌之可傳故不相合實上天有以限之也

交趾安南明永樂四年張輔副朱能討交趾由廣西思明府憑祥州入龍州朱能以疾留龍州張輔率衆度坡壘關入安南境進至北江府新福縣駐營時彼恃東西都及宣江姚江沱江富良江以為固緣江樹栅築城亘九百餘里列象陣於城柵內路適西平侯沐晟以雲南兵至張輔遂自三帶城招市江造舟而進晟軍至洮江北岸與多

邦城對壘張輔大軍合勢先攻取東都西都聞之亦焚宮室倉庫逃入海生擒黎季犂及其子澄滄等交南悉平設都布按三司撫輯兵民六年交賊簡定又反輔討平之八年交賊陳季擴又反輔又討擒餘党悉降交趾復平留輔鎮守十四年召還京宣德二年交賊黎利猖獗輔請益兵誅之上不從遂失交趾使輔久鎮於此則餘威足以彈壓殊俗而交南長為中國藩服與雲南等矣失此一機遂致一十二州郡士民復淪異類焉

廣東險要

廣東分為三路東路惠潮二郡與福建連壤漳舶通番之所必經柘

林南澳潮之要地平海碣石惠之要地南澳當閩廣交界在大海中有山田數千畝設兵彈壓　中路嶺南濵海諸郡左為惠潮右為高雷廉而廣州處其中故於此置省城如東路柘林防嚴自不得泊勢必越於中路之屯門雞棲佛堂門冷水角老萬山虎頭門等澳而南頭為甚如東莞大鵬守兵嚴密自不得泊必由峽門望門大小橫琴山零丁洋仙女澳九竈山九星洋等處而西而浪白澳為甚如香山守兵嚴自不得泊必歷崖門寨門海萬斛山硇州等處而西而望峒澳為甚如廣海衛所兵守嚴自如何能泊夫海寇之自來不得停泊去不得接濟濵海居民咸安枕而卧況會城乎　西路高雷廉

三郡逼近占城暹羅滿剌諸番島嶼森列防守少懈則變生肘腋故高州之蓮頭港汾州山兩家灘廣州灣為南翰保障雷州突出海中其遂溪湛川濶洲樂民等四十餘隘為三道門戶而海安海康黑石清道并徐聞錦囊諸隘所以合防海澳若廉州則尤為全廣重輕海北扼塞故兵符特劄於靈山遶堡增屯於衛北海寇峒獠外夷之憂視三嶺獨劳焉西南雄郡如瓊州為廉之外戶五指山腹心盡為黎擾郡邑封疆無不濱海若白沙石瓊館頭文昌海安海康對峙番島防禦當嚴舡隻編號寸板不許下海之禁豈可少弛也哉

福建險要

福建八閩之地西北阻山東南濱海設五寨三遊鱗次海外論要害則烽火之臺山小埕之東湧海坛東庠南日烏坵浯銅澎湖之鍾彭山其最險要而迂廻莫如彭湖葢其山周遭數百里隘口不得方舟內澳可容千艘不比南澳之在海中與內地僅隔一水商舶海賈往来必經漳泉糧食仰給海運若南澳失守是隔閩粤之肩臂而塞漳泉之咽喉也澎湖至內地也遠風順尚有日半之程惟漁舟出没販海之舟不必經也故澎湖譬之石田棄之可也使為冦巢穴修內地之防嚴接濟之禁相機可撲滅耳葢八閩多山少田民艱食米福興泉漳四郡濵海海舡運米可以仰給在南則資於廣而惠潮之米為

多在北則資於浙而温州之米為多故海內单桅採捕民舡與販糴於隣境者俱不可禁惟編保甲嚴其查察焉福洋五寨烽火門水寨設於福寧州地方小埕水寨設於連江地方南日水寨設於蒲田縣地方浯嶼水寨設於同安縣地方銅山水寨設於漳浦地方二面當海者興泉是也四面當海者福漳是也而福寧又在東南突出海中如吐舌然其左為甌括海居東面其右為興福海居南面福寧獨為東南北三面之海

浙江險要

兩浙形勝負海論列郡之海口則温州之飛雲横陽館頭台州之松

門海門寧波之定海太浹湖頭渡紹興之三江沙門杭州之赭山龕山嘉興之乍浦澉浦此列郡之門戶論海洋之要害則金盤之鳳凰山南麂山松海之大陳大佛頭昌國之韭山定海之月山遠而陳錢馬蹟下八山臨觀之列港海寧之洋山許山皆沿海之簾籠也門戶守而堂奧安簾籠守而門戶自固矣

兩浙礦山

兩浙礦山共七十三處於潛之金鰲塢猪猔嶺昌化之康山孝豐之俞嶺銅坑山陰之大焦山會稽之神山慈谿之銀山奉化之菩提嶺東陽之西甑山義烏之八寶山西安之銅山江山之仙霞井石獅坑

開化之大尖塢烏喃塢淳安之老山坑遂安之十五里坑泰順之長降尾坑北山坑石門下坑南山坑松陽之箬繚坑小蘇坑際坑烏坛坑白碧坑黃坑縫尾葉鉛坑淨瓶坑際背坑姜坑遂昌之黃岩坑金雞石下坑焦坑古塘坑古樓坑澤樹攔坑麻竹降坑挍溪坑雲和之黃家畬坑縫尾陰岩坑宣平之礱坑俞髙坑景寧之嶺坳坑渤海坑陶州坑下場坑道化坑大洋坑盧茜坑張坑大際坑十八壎坑吳四坑慶元之橫岩平岡坑毛洋杉菜坑縫尾牛㧕坑白雲洞沿坑黃圩坑添堂坑縫尾石演坑柱場坑龍泉之温空坑毛坑際坑黃礦井坑崑崙坑烏鉛際坑白坛腰坑前突下坑蓊坑屏風後坑先因盜挖起

釁奉例封禁鄉兵守護此礦冦與倭相結當嚴加巡守者也

## 往日本針路

太倉港口開舡用单乙針一更舡平更者每一晝夜分為十更以焚香枝數為度吳淞江用单乙針及乙卯針一更平　寶山到南滙嘴用乙辰針出港口打水六七丈沙泥地是正路見茶山自此用坤申及丁未針行三更舡直至大小七山東北邊即灘山用单丁針及丁午針三更舡至霍山用单[illegible]針至西后門用巽巳針三更舡至茅山用辰巳針取廟州門水深流急舡從門下行過取升羅嶼用丁未針

經崎頭山升羅崎頭俱可泊舡出雙嶼港用丙午針雙嶼港水流急三更舡至孝順洋及亂礁洋水深八九托舡宜仔細行取九山用单卯針二十七更過洋至日本港口打水七八托泥地南邊泊舡又有從烏紗門開洋七日即到日本若陳錢山至日本用艮針行

福建梅花東外山開舡用单辰針乙辰針或用辰巽針十更舡取小琉球　套北過舡見雞籠嶼及梅花瓶　彭嘉山　北邊過舡遇正南風用乙卯針或单卯針单乙針西南風用单卯針東南風用乙卯針十更舡取　釣魚嶼　北邊過十更舡南風用单卯針

東南風用単夘針或用乙夘針四更舡至　黄麻嶼　北邊過舡便是赤嶼五更舡南風用甲夘針東南風用単夘針西南風用単甲針或用単乙針十更舡至　赤坎嶼　北邊過舡南風用単夘及甲寅針西南風用艮寅針東南風用甲夘針十五更舡至　古来山　北邊過舡有礁宜知畏避南風用単夘針及甲寅針五更舡至　馬齒山　南風用甲夘或甲寅針五更舡至　大琉球那霸港泊舡土官把守港口舡至此用単夘及甲寅針行三更進港內入琉球國中港外開舡用単子針四更舡取離倚嶼外過舡南風用単癸針三更舡取　熱壁山　南風用単癸針四更舡取

硫黄山　南風用丑癸針五更舡取　田嘉山　南風用丑癸針三更半舡取　夢伽刺山　南風用单癸針及癸丑針三更舡取　大羅山　用单癸針二更半取　万者通七島山　用单寅針五更舡取　野顧七山　用巽寅針二更半舡　但爾山　用艮寅針四更舡取　亞甫山　山平港口其水望東流甚急離此山用艮寅針十更舡取　亞慈理　若不見此山用单艮針二更舡又艮寅針五更舡取　烏佳眉山　用单癸針三更舡至　而是麻山　南邊有沉礁名套礁東北邊過舡用单丑針一更舡是正路却用单子針四更舡取　大門山　山旁西邊門過舡用单

丑針三更舡取　兵褌港　循本港直入日本國中

以上係歷代使臣入番之故道

按查今寶山縣吴淞江胡巷口開舡到東洋日本二千四百里約行六十日到山東登州府一千八百里約行三十日到福建廈門三千七百里約行三十五日　又稽沿海從南而北自廣東至遼陽紆縈八千五百餘里徑直七千二百餘里自安南到朝鮮一萬二千餘里

## 潮候

初一十六午子初
初四十九未丑中
初七廿二卯酉初
初十廿五辰戌初
十三廿八巳亥初

初二十七午子中
初五二十申寅初
初八廿三卯酉中
十一廿六辰戌中
十四廿九巳亥中

初三十八未丑初
初六廿一申寅中
初九廿四卯酉末
十二廿七辰戌末
十五三十巳亥末

潮汛

每月初十廿五日名起水汛又名汛頭自十一日至十八日自廿六日至初三日潮水漸長名大汛

每月初五二十日名下岸汛又名汛稍自初六至初九二十一至二十四日潮水漸縮名小汛

人知潮隨月不知風亦隨潮風遇潮汛大則猛潮時晴和亦有微風風高浪動其聲激蕩而噌吰此風之為厲海之恒也

## 舟師占驗

明總兵戚繼光紀効新書云按兵法孫武子曰月在箕壁翼軫此宿者風起之日也向以為紙上陳言竟未之試兹出汛海外占之多驗值四宿而風不起間或有之起則未有不狂大者至於忌俗假托於神雖不可攷然亦多合四宿因擇應驗者俗忌古占刊布俾舟師知所趨避云

正月初二日月在箕初九日在壁俗云玉皇颶二十二在翼二十三在軫三十日又在箕俗云龍神會

二月初七在壁俗云春期颶二十在翼二十一在軫俗云觀音颶二

十八在箕俗云龍神朝上帝
三月初三俗云真武颶又云抜草颶初五在壁初七俗云閻王颶十五俗云真君颶十八在翼十九在軫二十三俗云天妃颶二十六在箕俗云諸神朝上界
四月初二在壁初八日俗云太子颶十五在翼十六在軫二十三在箕俗云太保颶又云龍神干太白
五月初五俗云屈原颶十三在翼十四在軫俗云關王颶二十一在箕俗云龍母颶二十八在壁
六月十一在翼十二在軫俗云彭祖颶十九在箕俗云十二做不透

十八做去奏二十六在壁
七月初八在翼初九在軫俗云神煞交會颶十六在箕二十三日在
壁
八月初六在翼初七在軫十四在箕俗云伽藍颶二十一在壁俗云
龍神大會
九月初四在翼初五在軫初九俗云重陽颶又云九朝風十二在箕
十九在壁二十七俗云冷風信
十月初一在翼初二在軫初五俗云五風信初九在箕十六在壁二
十九在翼三十在軫俗云東嶽朝天

十一月初七在箕十四在壁俗云水仙颷又云冬至風二十七在翼
二十八在軫俗云西嶽朝天
十二月初五在箕十四在壁二十五在翼二十六在軫俗云掃塵風
以上十二個月坐定法也若遇閏正月則看前月大小月大
則同前月月小則移前一日初一初八廿一廿二廿九乃四
宿之日也餘可類推

定各色惡風

雲横日赤　烟霧四塞　日月昏暈　海面浮赤
雲行如箭　禽鳥高飛　天色昏暗　人身首熱

天色衝高　大魚高跳　海水汾濁　海糠多浮
西南星動　海蛇戲水　無風作湧　無雷海響
青蜓多飛　礁頭亂響　凡此各色　風颶異常

逐月風忌

正月忌七八日風乃北風也　二月忌初二北風　三月忌清明北風　五月忌雪至風以正月下雪日為始算至五月乃一百二十日之內主此風　六月十二日忌　風在前後三四日　七八月　日南風必有北風報之　九月九日　內忌九朝風　十月忌初五風在前後三四日內　十一月冬至風

十二月廿三四掃塵風

占風

秋冬東南風。雨下必相逢。春夏西北風。下来雨不從。汛頭風不長。汛後風雨狂。春夏東南風。不必問天公。秋冬西北風。天光日色紅。長夏風勢輕。月舡最可行。深秋風勢動。風息浪未靜。夏風連夜傾。不晝便晴明。雨過東風至。晚来越添巨。風雨潮相攻。颶風難廻避。初三須有颶。初四還可懼。望日二十三。颶風均可畏。七八必有風。汛頭有風至。春雪百二旬。有風君須記。二月風雨多。出門還可記。初八及十三。十九二十一。三月十八雨。四月十八至。風雨帯来潮。舡傍人難避。端午汛頭風。二九君還記。西北風太狂。回南必亂地。東風連夜吼。西風只到酉。春颶頭起狂。冬颶尾更大。六月十一二。彭祖連天忌。七月上旬來。爭秋舡莫開。八月半旬時。隨潮不可移。

占天

朝看東南黑勢急午前雨暮看西北黑半夜聽風雨朝看天頂穿日出漸炎炎暮看四脚懸明日必晴天遊絲天外飛久晴便可期清朝起海雲風雨霎時辰風靜鬱蒸熱雲雷必振烈

占雲

天頂早無雲日出漸晴明西邊暮無雲明日必晴明東風雲過西下

雨不移時東南夘没雲雨下巳時辰雲起南山暗風雨辰時見日出
夘遇雲無雨必天陰雲隨風雨疾風雨霎時息日没黑雲接風雨不
可説雲佈滿山低連霄亂雨霏雲從龍門起颶風連急雨西北黑雲
生雷雨必生飼雲勢若魚鱗来早風不輕雲鈎午後排風色屬人猜
夏雲勾內出秋風勾背来曉雲東不慮夜雨愁過西惡風半開閉大
颶隨風至亂雲天頂絞風雨来不少風送雨傾盆雲過都暗了紅雲
日出生勸君莫出行紅雲日没生明朝許晴明雲行砲車後必主起
大風雲變魚鱗天不雨也風顛

占日

烏雲接日雨即傾滴雲下日光晴朗無妨早間日珥狂風即起申後日珥明日有雨一珥单日雨珥雙起午前日暈風起北方午後日暈風勢須防暈開開處風色不狂早白暮赤飛沙走石日没暗紅無雨必風朝日烘天晴風不揚朝日燭地細雨必至日光晴彩久晴可待返照黄光明日風狂午後雲遮夜雨滂霈上下黒龍風雨相從日暈青色必主大風日暈赤色霹靂兼風雨畔相向天下大風

以上俱恭將沈有容月師占騐

論太白晝見

經云太白晨見東方為啟明朱子斷曰啟明金星金在西日將出則東見註云太白見於日將出時則曰晨見主無風見於日已出後則曰晝見主有大風今俗呼為曉星

論三星搖動

每遇入夜觀於西南方上有星搖動主大風

占海

螻蛄放洋大颶難當兩日不至三日無防滿海浪荒雨驟風狂大海無慮至近無防金銀遍海風雨立待海泛沙塵大颶難禁若近山岸

仔細思尋烏鰌弄波風雨必起二日不来三日難抵水上搊毛風大難拋東風可守南風漸傲白鰕弄波風起便和熟讀此歌不遭風波

行舡占日月星雲風濤

返照在日没之前臙脂紅在日没之後　星光閃爍必定有風
单日起風单日止雙日起風雙日止　風起早晚和須防明日多
暴風盡日没夜風起必毒　東風急起雲愈急雨起最難晴
春風易於傳報一日南風必還一日北風　春南夏北有風必雨
水際生靛青主有風雨　秋天雲陰若無風則無雨　海
燕忽成群而来烏肚主風白肚主雨
海猪亂起主大風　鰕籠張得鱓魚主風水

## 水戰俻具訓練

按海上之戰不過以大舡勝小舡大銃勝小銃多舡勝寡舡多銃勝寡銃故論戰則陸戰難水戰易然論兵則陸兵易水兵難而海將尤難者風濤狎此善水戰者之難其人也

吳楚楊越之間俗習水戰故吳人以舟楫為輿馬以巨海為平道是其所長春秋時吳以舟師伐楚又越軍吳軍舟戰於江伍子胥對闔閭以舡軍之教比陸軍之法大翼者當陸軍之車小翼者當輕車突冒者當衝車樓舡者當行樓車橋舡者當輕足驃騎（大翼以下皆舡名）公輸舡自魯之楚為舟戰之具為之鉤拒退則鉤之進則拒之

漢武伐南越於昆明開池習水戰製樓舡上建樓櫓戈矛舡下置戈戟以禦蛟鼉水怪之害然樓舡戰艦形制之盛不若輕疾之為利張兵威蓄器械以樓舡大艦為先趨便利立功効則走舸海鶻為其用或伏襲而入敵境則凡舟皆可用也三國時吳呂蒙白衣摇櫓作商賈服其伏襲漢得以立功焉

福舡高大如城非人力可驅全仗風勢倭舟矮小如我之小蒼舡故福舡乘風下壓如車碾螳螂每每取勝但吃水一丈二尺惟利大洋

海蒼舡比福舡小吃水七八尺然二項舡皆只可犁沉賊舟而不能

撈取首級故又有蒼舡

蒼舡最小捕魚者多用之賊舟入裡福舡海蒼不能入必用蒼舡此

舡吃水六七尺水潮中可以摇馳而便快

布城本木城邊城屯兵多用木作城以衛官軍今以布作城亦本木

城之意也

拒馬鼓架相似三根一束長五尺徑各一寸五分上用屈鐵頭下用鐵鑽每一架立地二尺五寸一小隊相接該六架隨在取大木壓其中

軟壁硬木作架高七尺濶六尺以舊棉絮被掛上張陣前堵鉛彈可扳可攔路

剛柔牌式第一生牛皮一層內用好大蚕綿布納一層第三薄桑皮

紙毬一層密擺相挨第四層好蚕綿納布一層盔裡通用灰布
漆油最忌水入坐卧結實

御枚竹籤四寸長五分濶上書隊甲兵勇畫押油漆掛頸靜砲響各
御枚肅靜代懸枚而用更可查考

鬼箭鐵蒺藜糞汁炒染毒藥戮脚曰鬼箭撒地以為阻路守險之用
用貓竹筒去皮麻不裂長一尺上用木蓋下用原節為底貯蒺
藜懸之於腰用時手提撒之於地均匀且速而不結除此皆乖

揷蒺蔾不利用矣

飃石用一握竹長五尺繩繫頸竹兕貯石揺勢一擲而去守城宜用

此圈活掛上打去石發圈落

射法烈女傳云怒氣開弓息氣放箭　又量力調弓量弓制矢此爲

至要故荀子曰弓矢不調羿不能以必中　法曰鏃不上指必

無中理指不知鏃同於無目　大指壓中指把弓此至妙之古

法也决不可不從　馬弓必要開至九分滿若七八分亦難中

也　馬上射把箭須以箭二枝連弓弝把定又以一枝中弦掛為便其有以箭插衣領内或插腰間俱不便記之記之　箭寧去高而過的慎勿低而不及也　騎射法曰勢如追風目如流電滿開弓急放箭目勿瞬視身勿倨坐出弓如懷中吐月平箭如弦上懸衡　凡射前腿似橛後腿似瘸隨箭改移只在後脚左肩尖直對右脚尖丁字不成八字不就射右改左射左改右

凡射前手如推泰山後手如握虎尾一拳主定前後直正慢開弓緊放箭射大存於小射小加於大務取水平前手撇後手絶　凡射頤惡傍引頭惡却垂胸惡前凸背惡後偃

拳法似無預於大戰之技然活動手足慣勤肢體為初學入藝之門也　宋太祖有三十二勢長拳又有六步拳猴拳囮拳名勢雖別而實大同小異

凡練兵之法非特執旂走動而已要時加訓練先給之恩以收其心繼示之威以振其氣卒有疾必親問視軍有苦必與衆分甘苦共之

凡人之血氣用則堅怠則脆勞其筋骨餓其體膚君相亦然况於兵乎但不宜過於太苦是謂練兵之力

凡兵平時所用器械當重重者既熟則臨陣交鋒用輕者自然手提不為器所欺矣是為練手之力

凡兵平時須學趋跑一氣跑一里不喘絶好古人足囊以沙漸漸加之臨敵去沙是謂練足之力

下卷十

凡平時習戰人必重甲荷以重物勉强加之庶臨戰身輕進退自速
是謂練身之力
凡喇叭吹天鵝聲要各兵吶喊吹擺隊伍要各兵哨聚各畱空地擺定吹单擺開要各兵即挨隊踈踈擺開吹一長聲要各兵轉身照旂所向轉過　凡打銅鑼要各兵坐地休息　凡吹哱囉要各兵執器械站立　凡點步鼓要各兵照先樹起旂次發兵行營每點鼓一聲走十步　凡擂鼓要各兵趨跑向前對敵交鋒　凡交鋒鳴金一聲即便立止又鳴一聲各兵退還　凡下營定擂鼓立中軍旂是放火兵出營樵汲掌號是收回　凡打金邊發人探賊塘報摇黄旂賊至

國朝設備江南沿海墩臺營汛

海州贛榆縣上接山東青州府界　海州之地連山阻海為南北之襟要明仇俊卿所謂朐山據淮海之首者也北始贛榆與山東青州府安東衛接壤其海口大者凡九最北為荻水口五代漢乾祐間密州刺史王萬敢擊南唐荻水口鎮即其地也最南小河口與海州相接海州之界三面環海北則興莊獨樹南則板蒲莞瀆東則孔望黑闋均為戍防要地六朝時嘗設重鎮以掣北魏南来之路其東隔海洋相望有雲臺山一名鬱林即水経注所謂郁州者也晉隆安五年劉裕躡孫恩敗兵於此其地周百餘里六朝宋時

僑置青冀二州焉

國初營遷撤雲臺釘塞海道至康熙二十年後始議開復設東海營鎮之雲臺之東北有鶯遊山與西岸孫家山相對夾峙如門土人謂之鶯遊門鶯遊之南有高公島皆防海要衝之地雲臺之北有壼溝營每年東海營分兵防守東海營於康熙三十七年奉裁歸併海州營至雍正二年復設守備今自贛榆至海州均係海州營汛地其雲臺南北及海中諸山島均係東海營汛地凡列汛五十有五自海州沿海而南為淮安府安東縣界

贛榆縣界汛

| | | |
|---|---|---|
| 荻水口炮臺 | 响池莊 | 林子莊 |
| 柘汪口 | 莊家莊 | 九里七 |
| 趙家沙 | 馬家村 | 朱蓬口 |
| 海臍 | 興庄口 | 小盤子 |
| 宋家口 | 孫家莊 | 青口 |
| 沙溝村 | 唐莊口 | 范家口 |
| 新竈 | 劉家口 | 龍王廟 |
| 小河口 | 瀆樹浦以上海州營汛 | |

海州界汛

孔望山　黑土關　臨洪
富安　東官口　沙頭
新壩　六罾　板浦
沙港　小浦　中正
東新疃　西陬山　東陬山
東寧海　了路山　蘆依山
扶山　新港　出河港以上俱海州營汛
孫家山　高公島　宿城
東峽口　馬頭　新灘

大浦口　新縣　隅村

朱藤　西市以上俱東海營汛

淮安府濱海三縣北則安東中阜寧南則鹽城安東宋漣水地隔河與廟灣相對河淮之流從此入海其地有白陽鹽場團墟七里平望過蠻等河縱橫連絡俱西接官河東入一帆河以達於海俗謂之七條港其東有雲梯關自一套以至十三套前明時大河衛指揮駐防於此蓋河海交會之衝云過大河口而南為廟灣舊本屬山陽縣今為阜寧地宋末李全遣海月出海口以習海道明築城堡設遊擊及海防同知以協守之廟灣之西為劉莊明官兵敗倭

於此追至蝦子港而遁又有蛤蜊麻線二港為從前窺伺之逕又有窮子港雍正七年新設汛地廟灣之南為射陽湖從新豐市出海之口乃阜寧鹽城二邑交界處明萬曆中漕臣凌雲翼所開濬也鹽城海口三處斗龍港新洋港野潮洋斗龍新洋為五條沙阻塞艘舸巨艑猝難出入惟野潮係新添小關子汛地常與掘港廟灣二營會哨巡防其南北鹽場九所自伍佑至四安俱瀕海岸有沙岡南接大岡鎮北接山陽廟灣延百四十里有石䃮口為串場河出海之道有捍海堰即范公堤自鹽城至通泰明嘉靖間倭賊闌入官軍據岸遏之賊不能前籌海圖編所謂彼此夾攻逼之使

至湯潮岸可一戰成擒者即謂此堤也今安東為廟灣營汛地鹽城為鹽城營汛地而阜寧則二營分界戍之凡列汛四十有二自鹽城以南入揚州興化縣界

安東縣界汛

王乘垛　七套　楊家港

七條港以上廟灣營汛

阜寧縣界汛

北垛　本套　大套

三巨　塌口　尖頭港

排網港　雙洋子　陷陽子
當尖港　雙港　通洋港（以上俱廟灣營汛）
小關子　朦朧鎮　溝灣（以上俱鹽城營汛）
　鹽城縣界汛
新洋港炮臺　草堰口　廖家港
沙溝鎮　大岡鎮　大團灣
安豐鎮　馬家蕩　清溝鎮
建陽鎮　樓夏莊　沙家莊
黃土溝　南辛野　崔家莊

石䃴口　伍祐場　便倉
新洋港　岡門鎮　天妃口
新興場　上岡鎮以上俱鹽城營汛

揚州沿海之邑二北則興化南則泰州至海安鎮而止興化自石䃴牐以北與鹽城分界有劉莊場明兵備陳景韶殲倭衆劉莊之下為白駒場嘉靖三十八年副総兵劉顯曹克新嘗敗倭於此其地有牛灣河東入於海有大東河自草堰北分流丁溪河東北入海自丁溪以下為泰州境泰州營舊有六寨自興化之劉莊白駒而下曰丁美舍在東臺場海口曰角斜曰拼茶在州東濱海之地與

如皋之掘港而下前明嘗設忠孝忠義兩營嘉靖間以倭驚復設
海防兵備道駐防於此
國朝改設守備仍屬海防後以文武不相轄改歸狼山康熙十一年
添設遊擊鎮其地自泰州以北歷興化至鹽城皆為范公堤捍護
之地州東南海中有壺豆洲梁侯景敗走自滬瀆下海欲向蒙山
羊鯤以舟師直向京口至壺豆洲誅景即此地也有王家港雍正
八年添置汛地增設千總一員把總二員駐防中舀竈五木楼地
連北龍港葢泰鹽二營交界處其沿海東南為海安鎮鎮有城明
初常遇春所築嘉靖倭警唐順之修之地居泰州如皋之間東可

控禦海口西可捍衛揚州藎要地也今興化為鹽城營汛地泰州為泰州營掘港營汛地凡列汛十過海安入通州如皋縣界

興化縣界汛

白駒場　大團　劉莊場

斗龍港以上鹽城營

泰州界汛

丁美舍港　唐家洋港　伍竈港

黃沙洋以上俱掘港營汛　王家港右哨海口千總頭司把總駐此

五木樓右哨海口二司把總駐此

以上俱泰州營汛

泰州入如皋歷李家堡豐利馬家二場南至掘港營掘港為洪武初信國公湯和經理海上時築舊止設土堡嘉靖三十三年倭入寇巡撫鄭曉奏設把総三十八年巡撫李燧奏改守偹統東西二营焉自掘港西南六十里至石港場宋紹興間劉豫將入寇沈與求言海道當防如角斜石港水勢湍急即此石港也如皋縣舊志曰掘港舊制南援石港狼山北救拼茶斜角李家堡但石港岸高潮小舡不可泊閒於七八月風急潮高或乘勢可入若拼茶等三寨雖地居肘腋實出掘港之背均非安营善地惟有方前舊址水草兩便宜置砦於此循港而前陳家了川腰等處亦應設兵防汛若

舉其最險者又有東凌港埃沙横南坎北坎此尤獨吞大洋之兩頰至於拼茶三寨止堪後應難委前鋒是在當局勝筭云今陳家了川腰等已添設汛守則石港非宋比矣由如皋沿海而南為通州州東為海門明嘗築正場蘆便二堡設大河營於此康熙十二年海門城垣衝破廢縣為鄉其大河營兵調防贛榆即於狼山右營派撥防護海門東汛又東為餘東餘西餘中三鳳

國初餘中嘗没於江今漸復矣又東則吕四場為范公堤所由起串場河之入海從此達焉嘉靖間叅將喬基嘗敗賊於此又東為廖角東北距海南面江滄波萬里諸島歷歷東南與崇明縣相對為

海防極衝之地宋紹興六年王彥以所部民屯通州之廖角即此通州之南為狼山五峰相連屹立江岸明崇正十七年劉澤清開藩改狼山大鎮以鄭昌帥之

國朝酌用舊制設副総守備等官後復改大鎮立三營爲今通州為狼山營汛地如皋為掘港營汛地而泰州則兩營分轄之凡列汛七十由狼山南對常熟福山是為江海交會門戶之地

如皋縣界汛

甜水港　沙魚窪港　唐家堞港

埃沙横港　川水窪港　東陵港

川腰港　陳家了　海子窪

大洋稍以上掘港營汛

通州界汛

沈竈墩　歇脚港　大東竈墩

東坦墩　大漾墩　營北墩

泗港墩　潑水墩　舊營墩

宣家垻　中管垻　張家沙

蘆芽嘴　唐洪竈墩　嚴竈墩

東社墩　八里坎墩　周竈墩

新竈墩　王竈墩　廖角嘴
青台墩　東洲河　坍塽墩
三生港　朱牙墩　七星墩
五甲港　老壩墩　五里墩
三里墩　餘東東墩　新造墩
餘東墩　戴青山墩　王家岱墩
東團墩　中團墩　西團墩
八甲墩　舊河墩　餘西墩
天生墩　十里河以上狼山右營汛

三里鋪　周家油坊　觀音山
小淺沙　大橫港　清水港
福星沙　二圩木樓　小圩墩
生水港　劍山砲臺　黃泥山砲臺
花毛港　姚港墩　任家港
蘆涇港以上狼山左營汛

崇明即宋三沙之地周五百餘里孤懸大海四面受敵西北望通州西南望太倉州雖呼吸可通而皆為滄波所隔唐順之所謂天生此一塊土以障蔽南直門戶者也明多倭寇之警嘉靖三十二年

倭擾南沙又明年入野茅港又明年寇平洋沙閒一年掠營前沙其明年入水漬港又三年擾縣後沙其他侵犯不可勝計

國朝順治十年海寇張名振駐泊東阜平安二沙十六年鄭成功擾排沙康熙二十二年周雲龍藏匿月山皆為崇邑切膚之患邑南外洋有洋山凡東倭入寇自下八陳錢山来必於此山抛泊邑北外洋有鶯遊山凡北寇竊發必抛泊於此明崇正中海寇顧榮藏匿其地蘇松道程峋會咨淮撫史可法窮勦始平葢皆緊要之地哨探所宜先者也康熙二十八年因江浙洋面盜艘竄入商舶綜

鎖梁禹奉

諭旨與浙省分汛洋面以洋山馬蹟山為界馬蹟山脚以南洋島屬浙省管轄大洋山脚以北洋島屬南省管轄自西至東洋面山島俱以兩山為準勒碑小洋山為定制焉今崇邑所轄洋中諸山每出滙頭先至大七小七二山次東行至馬蹟山又東至花鳥山又東至陳錢山而止餘皆浙界順治十五年設蘇松水師總鎮標下八營曰中曰左右曰前後曰奇曰左右協康熙六年嚴出海之禁其沙舡俱收泊崇明內港將八營官兵分派沿海各汛十四年改設提督統轄八營二十三年平海寇周雲龍仍改題為鎮復裁減八營止存四營曰中曰左曰右曰奇分界廵防凡列汛六十有八

崇明縣界汛

北路永寧沙東原舊臺　永寧沙西原舊臺　三造臺

四造臺　張綱港原舊臺　頭條港一造臺

二造臺　三造臺　盤滧原舊臺

蟶殼滧原舊臺　蟶殼滧二臺　東滧原舊臺

北竪河砲臺　西洪滧原舊臺　保平沙造臺

北合洪原舊臺　外海山前野鵝兩沙　以上蘇松水師中營汛

東南施翹河南岸砲臺　南洪原舊臺　三條竪河舊臺

顧四房溝砲臺　郁黃狀造臺　新開河西砲臺

東岸砲臺
蒲沙套原舊臺
二激原舊臺
六激造臺
東北傑鎮造臺
小七激造臺
大港造臺
北當沙頭造臺
梅家叉頭路造臺

盤舡河造臺
當沙頭原舊臺
岸潚造臺
七激造臺
高頭沙原舊臺
大花洪原舊臺
拳頭港造臺
仙景沙造臺
桃皮港原舊臺

三條港造臺
大套原舊臺
四激造臺
新復裨沙　以上水師左營汛
蝦撇激
陳六港造臺
張家港造臺
小豎河原舊臺
天分激原舊臺

外海大安戲臺兩沙　以上蘇松水師右營汛

西北施翹河北岸砲臺　朱華港造臺　瀾沙套原舊臺

高橋洪砲臺　渡舡港造臺　吳王狀造臺

樓子港原舊臺　邋遢港原舊臺　掘頭港原舊臺

渡頭港砲臺　西阜沙原舊臺　王家港砲臺

大套原舊臺　徐鬍子溝造臺　湃頭港原舊臺

大洪造臺　外海永興沙　以上蘇松水師奇營汛

自狼山而南與常熟福山相對為江海合流鹹淡分界處烽戍相望一葦可達晉咸和五年石勒將劉澂浮海抄東南諸縣以入海虞

此自北而南也唐中和間招討使周寶討周郁於海上郁退保常熟走海陵此自南而北也

國朝於康熙十九年始開海禁設立狼福對渡官舡二十艄二十四年復設海關許民出海貿捕自是狼福之間往來者項背相望其福山戍守始自明嘉靖間總督張經之議既而操江御史高桂春請募水兵萬人屬叅將操練胡宗憲又請添置遊擊為蘇松應援並從之倭寇既平築堡於此

國朝因其舊制自福山東西二墩以西皆常熟界自二墩以東入昭文縣界昭文瀕海之地其浦口之大者有三曰許浦曰徐陸涇曰

白茅港許浦之地自宋乾道以前嘗從明州之定海軍分兵駐守乾道六年御前水軍統制馮湛極陳許浦要害乞移定海全軍屯此從之自是定水軍七千人置寨於此後寶慶間吳英上建屯之議復分二千五百人屯浦東百餘里之顧涇焉今寶山地徐陸舊本淺狹自田家壩鑿通以後海潮衝齧遂成大口漁舟蟻集鹽舡盜艘亦時闌入康熙四十年間置堡守戍白茅港自明天順間總兵翁紹宗奏置戍兵成化間復立備倭寨嘉靖三十三年海賊劉鑑突入白茅邑令王鈇悉力禦之乃去自徐陸涇白茅出海有海外薛家沙康熙六十一年允沙民所請亦設四墩分兵駐宿以上常昭

之境皆係福山營汛地惟白茅東南養鵝墩至鐺脚墩係昭文太倉交界之地故獨屬之劉河營云凡列汛二十有四過此始入太倉州界

常熟縣界汛

福山東墩　　雀浦墩

繆涇墩以上福山營汛

昭文縣界汛

耿涇墩　　朱埧墩　　海洋塘墩

吳埧墩　　千步涇　　嚴埧墩

滸浦墩　周港墩　尾浦墩

張涇墩　徐陸涇　顧港墩

金涇墩　舊塘墩　白茅墩

外海薛家沙以上俱福山營汛　鐺脚墩　養鵝墩

橫浜墩以上俱劉河營汛

太倉為濱海之門戶自太倉而南過七鴉浦為鎮洋縣界自鎮洋而南過鐂家河為寶山縣界自寶山而南接松江府境其地與海中竺箔沙小團沙相對太倉為元時海運放洋之口帆檣燈火輻輳於此自明嘉靖三十年以後倭寇之警太倉之地兩被攻圍城外

居民焚掠幾盡蓋邑當海衝為賊踪駐泊之的故也劉河營舊為張家行鎮元置嘉定州水軍分鎮萬户府遂稱水寨明置三巡檢司立烽堠六正統初金山寇警侍郎周忱指揮翁紹宗復議設軍寨焉嘉靖四十五年命設叅將於此

國朝額設遊擊駐防康熙六年錙河舊城為水所齧城東之地半入於海始議移屯茜涇鎮即今所駐地也劉河之南有顧涇汛係寶山地宋時分許浦兵守此寶山之鎮為吳淞營吳淞向有舊城明洪武十九年築嘉靖間海寇秦璠王艮自南沙乘潮入寇廨舍被焚遂移屯土城以舊城為教場後巡按尚維持以土地難守改甃

磚石謂之新地順治二年
王師渡江總鎮李成棟奉
命南征嘗建牙於此雍正四年分立寶山縣即以吴淞所城為縣治與叅将守備同城而治其地有楊家嘴為海口首衝順治十八年立土寨於此寶山者明永樂十年所築以為海舟標識者也其地在吴淞口之南舊有土城二皆洪武間築正統九年指揮翁紹宗復建磚城是為吴淞旱寨歲久漸廢後以倭寇之警萬曆四年兵備王叔杲建議改築於旱寨之北與寶山山麓相距甚邇萬曆十年怒濤決李家泖山漸坍没城廹於海

國朝順治十八年命大臣蘇宜巡視議汰城撤守康熙八年復命大臣會閱始題復焉三十三年奉旨遷入内地離舊城二里是為寶山所城今為川沙營把總駐劄之地今太倉鎮洋為鐂河營汛地寶山縣為吳淞營汛地過吳淞口而南自寶山旱寨而北為川沙營汛地凡列汛五十有七又南入松江府界

太倉州界汛

錢泾墩　陳泾墩　蕩茜墩

高泾墩　鹿鳴墩　周場墩

浪港墩　蔡港墩　雙鳴墩
塹港墩　七了砲臺　七了墩以上劉河營汛
鎮洋縣界汛
楊林墩　陶家墩　大赦墩
新塘墩　潮田墩　丁涇墩
劉河砲臺　鐂河墩　破倭墩
薛境墩　平寇墩　新開河墩
牛角尖墩以上鐂河營汛
寶山縣界汛

大川沙墩
黄窑墩
司港墩
練祁墩
月浦鎮汛右哨把總駐此
胡巷橋汛
深淘墩
東潛墩
楊家鎮汛左哨把總駐此以上俱吳淞營汛

小川沙墩以上鎦河營汛
五岳墩
顧涇墩
司港汛
吳木烽
江灣鎮汛左哨把總駐此
深港墩
深淘港汛

徐澤塘墩
薛家灘墩
練祁港墩
對江墩
顧龍浜墩
小沙背木烽
沙浦港汛

鎮海墩　　　　周家浜墩　　　　張家浜
周江浜　　　　寶山城汛　　　　黃家灣
楊家嘴砲臺　　對江墩以上俱川沙营汛

松江一郡三面距海當震澤之下流晉袁山松築滬瀆壘於此以扼禦海之門戶重其防也其沿海之縣自北而南曰上海曰南滙曰奉賢曰華亭曰金山而黃浦川沙南滙青村柘林金山等营或分或併互相應援明嘉靖間倭寇汪直徐海等嘗據柘林為巢穴綿亘二百里若老鸛嘴七八團之間皆其部落所屯聚華上之間騷然矣

國朝特設提督彈壓其地居重馭輕實為籌海之勝筭上海接壤嘉寶獨當黃浦之衝最為險要論者謂當守吳淞之李家口以拒賊上游守黃浦以拒賊橫渡為防禦之上策也舊有墩臺十七座俱在內塘每墩間懸六里以達於南滙康熙二年以內墩離海過遠聲息難通乃建外塘斥堠巡防瞭望內外相資為他堡所不及今自分縣以來十五墩以下屬上海十四墩以上屬南滙謂之滙者本堡地形突出海中如嘴面面受敵海寇分艘於洋山馬蹟之間遇東南風則此嘴大勒口當洋山之衝遇東北風則此嘴四五六團洪當馬蹟之衝各堡止防一面此獨三面拒防故謂之滙云南

滙之東北有川沙窪明嘉靖間賊首陳東嘗屯於此由南滙而南為奉賢縣地青村營所駐也營本洪武二十年湯和所建明鄭若曾曰松江臨海者三面金山當其南南滙當其東青村當其東南二面轉屈之會故為衝要其地如橫林朝陽廟李家路口坛廟路口牛皮小勒魚秧棚翁家港墩俱稱險要自西袁浦而南入華亭界柘林營所註也有漴缺口為捍海堰險工之地葢以金山許山賁峙洋面潮為兩山所束直衝漴缺故易侵齧今俱修築堅完柘林所屬如東西袁浦龍王廟草庵漕涇皆要地也自華亭而南入金山界其地東為青南之上游西為乍獨之界限明胡宗憲遣將

王沛沈賊舟於金山洋蓋由其地嘉靖中設叅將於此
國朝仍其制雍正四年分設金山縣即其城為縣治凡列汛七十有八過此以南為嘉興府平湖縣白沙灣汛地係浙江海防之始

上海縣界汛

生字圩墩　呂字圩墩　湯字圩墩

外十六墩　曺家路墩　北新墩以上係外塘

曹家路汛　十五墩　十六墩

十七墩以上係内塘俱川沙營汛

南滙縣界汛

卯家路　南新墩　楊家路
大洪墩　江家路　外十墩
殷家路以上係外塘　十四墩　添設墩
十三墩　十二墩　十一墩
十墩　九墩以上係内塘俱川沙營汛
外八墩　宋家棚墩　外六墩
趙家棚墩　新建墩　方家棚墩
黃家宅墩　靖氛墩　董家宅墩
靖海墩以上係外塘　頭墩　二墩

三墩　四墩　五墩

六墩　七墩　八墩以上係內塘俱南滙營汛

奉賢縣界汛

翁家港　五墩　新四墩

舊四墩　荒三墩　二墩

頭墩　椒墩　大門墩

朱家墩　戚漴墩　橫林墩以上青村營汛

東袁浦墩　西袁浦墩以上柘林營汛

華亭縣界汛

陸鶴墩　周公墩　龍王墩
漴鈌墩　三岔墩　胡家港墩
漕涇汛以上柘林營汛　胡家厰　東薪墩
西薪墩　金山頭　金山墩
戚家墩　篠館墩以上金山營汛
金山縣界汛
横瀝墩　葛蓬墩以上屬金山縣界　白沙灣　新廟墩
江門墩　江門營　新廟墩
獨樹墩　砲臺以上屬浙江界俱係金山營汛

江南下聯浙江福建廣東上接山東天津遼陽沿海通界

江南松江府金山縣沿海下聯浙江之嘉興府海鹽平湖等縣乍浦澉浦其要口也杭州府之海寧縣石墩赭山其要地也紹興府之山陰會稽上虞餘姚等縣白洋三江黄家堰瀝海所臨山廟山眉山其要地也寧波府之鄞慈谿奉化鎮海定海象山等縣大嵩松浦岱山螺峯甬東月山穿山爵谿其要隘也台州府之臨海黄岩寧海太平等縣塔山趙嶼陳山長亭石浦鐵場越溪竇嶼蔓嶼蛟湖長浦松門楚門海門桃渚其要地也温州府之永嘉瑞安樂清平陽等縣玉環山蒲門三山小鹿沙角其要地也福建福州府之閩侯官連江羅源

福清等縣泉州一府之晉江南安惠安安溪同安等縣興化府之莆田仙遊二縣漳州府之龍溪漳浦南靖長泰平和詔安海澄等縣福寧府之霞浦福安寧德等縣福寧沿海與温州接壤矣臺灣一府則孤懸海外爲其五寨之險要泉州府浯嶼水寨原設海邊舊浯嶼山外控大小岨嶼之險内絕海門月港之奸後遷入夏門地方興化府南日水寨原設於海中南日山下北遏南茭湖井之衝南阻湄州岱墜之阨明景泰間移莆田吉了地方福寧府烽火門水寨原設福寧三沙海中明正統間徙於山寨地方其后官井洋雖添水寨而沙埕羅江古鎮羅浮九嶼等險孤懸無援漳州府銅山水寨漳浦一縣最

近海嶼水寨有二一曰銅山西門嶴一曰玄鍾因玄鍾受銅山水寨把総之節制祇以五寨為名初水寨在井尾灣明景泰間移西門地北自金石以接浯嶼南自梅嶺以達廣東險阨所係非淺淺也小埕水寨北連烽火南接南日連江為福郡門戶而小埕為連江之藩蔽也廣東廣州府之順德東莞新寧香山新會新安等縣惠州府之歸善海豐等縣潮州府之海陽潮陽揭陽饒平惠來澄海等縣肇慶府之陽江縣德慶州高州府之電白吳川石城等縣廉州府之合浦縣欽州雷州府之海康遂溪徐聞等縣皆在海濱瓊州府又孤懸海外而樂會縣則接界安南廣東分三路東路惠潮二郡與福建連壤中

路嶺南濱海諸郡左為惠潮右為高廉雷而廣州中處高雷廉三郡逼近占城暹羅滿剌諸番島嶼森列爲以上松郡下聯浙福廣三省沿海之地界形勢也江南海州贛榆縣上接山東青州府青州博興縣近海樂安諸城二縣沿海武定府海豐縣沿海濱州與利津縣有出海之口登州府蓬萊福山招遠文登榮城海陽等縣與寧海一州俱沿海萊州府掖昌邑卽墨等縣併膠州俱沿海過青州而登萊矣登萊二郡突出於海海外島嶼環抱自東北崆峒半洋西抵長山蓬萊田橫沙門鼉磯三山芙蓉桑島錯落盤踞以為登州北門之護過此而北則遼陽矣此天造地設之險也又登萊乃泰山餘絡突入海

中文登縣尤東之盡處有文登營以控東海之險遶而北則登州迤而南則即墨即墨縣南望淮安片帆可至明太倉生員毛希秉云洪武永樂間海運江南粟以給遼東北京從太倉劉河過崇明三沙放洋至天津直沽交卸南北貨物往來近海居民甚得其利崇明至海州風順無需一日海州至登州六百里轉過登萊廻抱千餘里從利津至直沽亦六百里考之元史至元三十年千戶殷明畧開海運新道自浙西至直沽不過旬餘日又濬山東膠萊新河僅五百里直達天津以避遼東海道之險遼陽為

盛京重地奉天府之承德縣即古瀋陽併海城蓋平寧海等縣俱沿海

開原鐵嶺等縣之北隣沙漠錦州府之錦縣寧遠州廣寧縣義州復州俱屬沿海接近朝鮮其險要營汛星羅碁佈屏翰
京師萬年鞏固矣

海防經略纂要卷下終

# 籌海二編不分卷

〔清〕佚名輯

《籌海二編》不分卷，輯者不詳。共輯有「膠案初起上總署某堂憲并山東撫憲（十一月二十五日）」、「答北洋憲問德占膠何意應如何處之（十一月初七日）」、「答總署問公斷之法」、「陳明亞東局勢將變宜預籌消弭之策請北洋轉總署（十一月二十三日）」、「上總署某堂憲論膠旅形勢之異」、「代某大臣上某邸」、「上北洋憲論聯盟各國（十二月二十五日）」等文七篇，其中四篇署日期。此書或係光緒二十三年（一八九七）底德國遣軍艦强行進占膠州灣後，山東某地官府幕賓上書山東巡撫、直隸總督、總理各國事務衙門、和碩恭亲王奕訢之彙集。據中國國家圖書館藏清光緒間排印本影印。

膠案初起上總署某堂憲幷山東撫憲 十月二十日

謹案近日天津各報載有德兵占膠一節此不專爲教士而起彼特借題行文耳假無教案亦必另借他題以職道窺之德之本意乃爲抵俄起見與昔年英占巨文同一用意此即公法家均勢之說均勢云者言須使敵國與我勢力平均方可保我無危若敵勢日張慮其太盛須早爲設法抵拒必使勢均而後已近年俄在東方洋面逐漸展拓又傳聞有借膠州灣泊船屯兵之說英德諸國恐俄勢力日增有礙歐亞大局故欲爭先抵俄耳但德與俄內雖猜忌外方輯睦不便明宣其意故借題以占此先着使俄不能藉口與爭此事看似與中國爲難其實則阻



俄進取也似此橫逆之事其來飄忽在外洋各國亦所常有其辦法亦幾若有成例可循只是請他國公斷是非不煩戰爭大約公斷者須議定德兵退後不准再將此地借與別國則德自甘心肯撤矣否則英德兩國皆恐此地終爲俄占無論德不肯讓即德去而英又必來終非了局蓋英德之意不在必占此地而在必不容以此地與俄也䘏償兵費猶其餘事矣職道因抱恙未愈不克作稟先具節畧馳呈台幷聲明

德初至膠無必占之心但禁勿借與俄耳當時若迎機轉圜不但德可卻幷俄亦可卻

答北洋憲問德占膠何意應如何處之 十一月初七日

敬稟者竊按膠澳一隅俄欲治水師於此以爲南出之計德亦欲治水師於此即以塞俄南下之路針鋒兩兩相對又俄德如欲爭日本必先爭膠船壞於此修兵傷於此養也德之海軍遠不逮俄然俄不敢與較者不畏於東而畏於西不畏其海軍而畏其陸軍假令俄奪膠州灣則德已入俄之郡矣俄所以敢與英較而不與德較英亦欲抵俄而只能助日不能占膠皆爲此也德以孤軍遠來攘此片土原非有利於其本國第欲制俄使不能動安亞即以安歐耳於中國亦曷嘗無利焉但其來橫逆不爲中國稍留餘地中國亦何堪忍受當初來之際中國即當電請他國之君評理公斷此交涉通例也大約公斷者必建兩議聽自擇其一令德退兵而不准中國再將此地借與別國其一中國允德借用此地不作已讓論如此則兩造皆可由從矣應請何國公斷當時亦可與德商之德既未發兵難必亦有此



意也今爲日已久德不免有輕量之心恐其蔓延近地惟當嚴爲之備不使踰越尺寸除膠灣屯船爲彼注重必爭外其餘概不必通融假借即兵費各節亦可層層拒絕德慮俄法交乘其弊必不敢與我開兵兵釁一開俄法將分割其國矣要之此舉在中國正可得許多妙用陰借德以止俄之蠶食此爲全局起見也更陰借俄法以止德之需索此爲目前交涉起見也但暗用則妙明求其助即無效矣

其二

再密稟者英德遠隔重洋本無利吾中華土地之心自我以東三省助俄於陸膠州灣助俄於海俄將由亞以及歐英德慮之於先以爲不分中華不足以抵俄此瓜分之說所由來也若使

中國不附於俄即無此患繫鈴解鈴一轉移間耳蓋俄地占歐洲三之一亞洲二之一各國之所側目也以目下大局而論中國與俄聯盟不如與德聯盟與德聯盟俄不敢動歐亞可無事而中國受其福矣與俄聯盟各國皆恐歐亞必多事而中國當其衝矣德之占膠卽因俄而起然俄來如狼德來如獵犬我既不能御狼不如幷獵犬畜之亦中策也但借膠則可讓膠則不可膠可借而膠旁餘地則不可借堅持此兩層以與之議彼或當就我範圍更能使此意出於公評者之口則俄亦無後言矣此時德已有不能退之勢求轉圜而不可得故議及借膠借之實用之也且留後日歸還地步

坿借膠之法

一中國如果借膠與德須與議明中國有事時應准中國借用



彼海軍方爲利益相抵又膠灣內中國戰船與德國戰船共同停泊仍須認明中國爲主德國爲賓　有事云者暗指某國而言德必樂從有此約不必有此事然可戢他國陰謀矣

一中國先須將旅順防守堅固方可允德借膠免爲他國所算如欲得省力之法令意海軍守之亦可用英則利害參半矣

凡言旅順皆兼指大連灣而言餘仿此其地爲南北咽喉京師天津之門戶東三省海陸之樞紐視膠尤重也

坿述德俄兩國當時情形　膠事初起時德能制俄中能制德德俄之交地勢緊接並無險阨陸軍出波蘭海軍出波羅的海不出三日會於俄京城下德之運兵如力士之運氣能於六日內將全國民兵齊集境外如祇調北德不調南德六日內并可齊集俄京城下矣又俄京商務利權平時全在德人之手德兵驟至俄主必措手不及因俄京民多兵少各路重兵亦不能應調卽至故曰德能制俄此指膠案初起時言之也德如欲黷武於東方六七萬里外之中國此非多調陸軍不可但德處歐洲之中四面皆強敵陸軍不易抽調況其陸軍年減一年非比從前因其民憚於當兵每年赴美謀生者常有十萬餘人如是者十餘年已暗銷精兵百萬餘矣且以二十餘小邦合衆爲國何能聽共主一人窮兵於遠乎彼來膠之孤軍後援無多我欲去之斯去之耳若我留之使守門戶彼亦必樂從故曰中能制德此亦指膠案初起時言之也操縱之權利在速耳

答總署問公斷之法

近來西洋各國交涉樞紐大致不出兩端一曰聯盟一曰公斷此兩說皆起於德法戰事之後未嘗列入公法書也公法有弭兵之說而無弭兵之術此兩端卽近年弭兵之術也德奧意訂密約是爲聯盟之始其約以臨戰相助爲主義臨戰二字專指一國言之蓋因奧與俄鄰故德意聯盟助奧與英法助土拒俄事殊意同八年前俄以五十萬兵臨奧聞德意宣播密約而止



故曰聯盟爲弭兵之一術也至於公評一節近年已成通例因歐洲戰禍之烈生民塗炭可憐故各國聚謀得此良策有大事化小小事化無之妙德法戰後數十年歐洲不再見兵禍者胥是道也其法係專請一國非牽率多邦所請者係其君主非其臣僚應請何國之君兩造亦可會商各將案卷事由詳細開送幷將心事曲折詳細述明名爲評斷實卽調停也不必強國大國始勝此任卽弱小之君亦優爲之歐洲如此者甚多波瀾隨起卽滅不勝枚舉本年近事如日本與檀香山齟齬初欲請瑞士已而改請比利時是亦一證此舉係在未戰之先預消戰釁故曰公評亦弭兵之一術也自有此弭兵兩術而公法中戰爭各條及中立不助戰一條幾若可廢矣

自有此公斷一法通行數十國沿用數十年行之無不有效和戰二字本用不着紛紛議和議戰何爲乎中東之役勞民傷財幷至辱國其故何哉由不解鈔襲此例案檢尋此驗方耳京內外達官貴人固不暇留意於洋務使軺數輩年年遠出專司何事乃亦全無聞見耶

陳明亞東局勢將變宜預籌消弭之策講北洋轉總署 十一月二十三日

謹密稟者洋情萬變無異軍情總署消息最靈自非外間所能窺測天津見聞稍隔然洋面端倪所露局外亦可共知膠案初起時不過德國一國之交涉故只請他國一國以評斷之其勢不致牽蔓至本月二十以後亞東局勢變動甚大非初時可比矣各國皆已牽動有分占海岸之心如箭在弦惟視膠案以定進止中國安危所繫亦在此一髮間也在彼本非同謀但各欲



於東方海面爭勢均兩字耳勢重則皆重勢輕則皆輕均勢一條本載在公法中不以越理爲嫌也彼欲以均勢自保我欲以公理自保然勢不均則公理不可得言故此時之中國必先爲各國謀而後可自謀必先能保各國日後之平安而後能自保目前之平安即可以保歐亞兩洲久遠之平安此中操縱之機成敗之數在中國自爲之耳當此未發之時不難預籌消弭之法待其發後即不易補救以職道愚見中國此時不能專注目於一膠一德只可將膠案暫行停議照會各國政府共商亞洲永久和平之局此本亦是太西舊例在各國可省兵費無不樂從際此時艱不得不出此一策中國若不早爲提唱日後亦必有他國爲之者而中國地主之權全失矣會商之法或遣親王重臣往各國或請各國遣使來京均無不可職道明知洋務交涉總署自有權衡非位卑者所得妄瀆自問食毛踐土何敢存避咎之心乎況謀及芻蕘亦中外之通義也伏乞憲臺據情轉達總署堂憲以備萬一之采大局甚幸

坿上北洋憲箋

再如用會商之法須照會各國不論遠近大小曾與訂約往還者皆須偏行照會俟亞東大局議定中國即可久安矣倘仍用公斷之法祇須照會一國須將膠旅兩地併議各國之評然不靖爲旅不爲膠在俄不在德也亞歐之國皆在局中惟美最宜當此任目下風雲已變幸尚未至決裂宜速將照會發出各國必斂手傾耳以竢自能彈壓未形之變議之遲速可勿論也洋



情屢變辦法不得不因時推移合幷附陳

上總署某堂憲論膠旅形勢之異

謹稟者近日亞東洋面所露端倪甚異暗中局勢驟變大非膠案初起時可比緣五洲萬國皆欲抵俄其釁皆因俄而趨中國與俄交際之厚薄即爲五洲向背所關此不得不愼者一也膠與旅順兩地在東方本有關係目下尤極緊要處之得當則中國之全境皆安稍有失宜則中國之全境皆危安危存亡繫此一髮此不得不愼者二也德占膠不過一海灣原不致爲全局之害我能善處之且可得其助不善處之乃爲患耳若以旅大許俄則東三省根本之地皆隨之而去矣京師及近畿數省之門戶亦爲其所扃閉矣所失甚大豈一膠之比哉英德意奧諸

國自懋其勢力不能與俄平均必將分割中華以自穪是我厚一俄即召天下之兵輕視一旅順將成南北碎裂之象也是烏可不慎職道政求外事近三十年知之甚深若默而不言此心何以對　國家抑何以對執事乎爲今之計惟有暫停膠議并緩許旅順再行從長計議當此亞東局勢大有變動之際即我中國存亡出入極有關繫之秋爭此一二着要棋即可免鑄定六州大錯也再各報屢稱中國曾浼他國保屬護地此固傳聞之誤但保護二字萬不可出諸口西例惟屬國稱爲保護國與已入版圖者無異恐其執此二字爲據不復以友邦相待矣（俄不借膠德不變俄不守旅順英不變德兵駐膠月餘英法未嘗生心俄船至旅順而各國譁然變幾不測可長矣哉）

代某大臣上某邸

十

敬密陳者膠事起後外間議論頗有可采在諳習洋情者多能道其實際即外人來見亦無不懇切言之大抵此案樞紐不由於我之待德太薄而由於我之待俄太厚亦非怨我用情之偏謂我有造於俄將搖動歐亞兩洲大局也德含此意已久雖發而難於明言即英法意奧諸國亦各含此意特未發耳彼屢以瓜分二字冀吾省悟苟善處之此二字爲虛聲不善處之則亦未嘗不可成實事某周咨博訪留心考察已一月有餘槪已識其大凡何敢不密陳於王爺之前乎按西洋各史所載及其政府措施莫不以拒俄爲第一要義英法嘗助土耳其拒俄矣德奧意三國亦聯盟以拒俄矣諸大國皆以虎狼待俄不謀而同後先一轍是何故歟俄在明時不過游牧一部落蠶食兼并其國始大凡其圖謀人國純用權術使人入其彀中而不自知若加匽若阿斯達拉罕若高加索若芬蘭若波蘭此數國之滅皆以柔不以剛西人載之簡編頒諸小學使其民童而習之知所鑒戒其防俄之意可謂深微蓋太西諸國皆謹守公法意在扶持大局保合太和雖有戰爭不滅人國公法有弭兵均勢各條無非爲大局起見唯俄軼出於範圍之外與諸國不同以利己爲心以拓地爲事自得細比利亞及西域諸回其疆域占有歐亞兩洲之半但其所得皆荒寒之境本爲人之所棄故亦無關重輕今我華爲天地間第一形勝之區百產菁華所萃俄又思用其柔術各國焉能恝然置之初欲助我拒俄因我不能體會其意始有瓜分之說瓜分亦仍爲拒俄耳而多一用兵之費多

八

一治民之煩在各國原不樂爲此所慮者我自迫之耳夫俄地之廣雖數倍於他國而其民窮財匱亦爲他國所未有北方七十萬里皆冰天雪窖南方四十萬里皆沙漠其境內上等之田視德國下等之田猶劣雖有三運河結凍數月不解夏令水又涸惟待冰融之際一年停積之貨同時而下凡其農務商務皆不能獲厚利此就歐屬言之亞屬不必言矣歷來使軺所經但見其都城之繁華而不知其全國凋敝實甚即都城中之商權利柄亦全操於英德人之手非俄人所得預計其境內富人不過王公貴戚數十家耳雄心四逞養兵雖多而餉源實不足恃故常垂涎於鄰境之富輒思以詭謀得之大抵仍爲惜費計耳甘詞厚幣以誘人國又其長技也聞識者或欲結援於俄實屬

非計況結一援而動天下之兵犯五洲之怒在我亦何樂爲此某所爲惕然於懷而不忍緘默坐視者也外洋交際與交涉分作兩層交際爲私交涉爲公凡交際愈極其親卽交涉愈極其嚴此邦交之常例也又聞西例惟屬國稱爲保護國受人保護卽非自立故保護二字不宜輕施於境外此二節因談者屢以爲言故并及之

其二

再近日談論亞東時事者皆言中國與英德奧意合縱則有泰山之安與俄法連衡則有累卵之危一合縱則諸國兵輪皆樂爲我用一連衡則諸國兵輪皆與我爲仇其說誠然然某以爲盟俄亦何妨要當善處之耳卽如德法本皆拒俄而亦與俄盟



盟之正所以防之所謂且聯且拒者也我何不可仿行乎況聯盟本非限定一國俄盟法又盟德我亦當師其意既盟俄以防英日更聯英德奧意以防俄偏用之爲害兩用之必獲益矣攷聯盟之說起於德法戰事之後約中以臨戰相助爲義但須指明何國假如德與防俄則英來卽不相助亦有專指一時一事者過其時則不助易他事亦不助也此與商約不同謂之兵約苟約中所未載者不能責其助未至戰時亦無代守代防之例

附述俄國地勢民情 俄羅斯之疆域於歐羅巴得三之一於亞細亞得二之一合地球面陸地而言之俄羅斯得七之一故稱爲天下第一大國然其荒寒之景象亦爲天下第一亞細亞一區全屬曠地本無紀載可稽歐羅巴一區所稱繁庶者亦不過中央數部其北方七十萬里以一方里均計之僅得十二人其南方四十萬里以一方里均計之僅得十八人蓋北方天寒多氷雪南方皆沙漠無樹林水澤間有草地而已合中央與南北均計之每一方里亦僅得三十二人其低窪之地往往埋於氷雪之中不能辨水陸其高原之地樹林甚蹊之落葉堆積盈數尺土人散處其間村落稀疎生計蕭索國中有三大河注於裏海者曰烏拉河自源至委二千二百里其間可通舟路者一千一百里注於黑海者一曰端河自源至委一千里一曰尼泊河自源至委一千二百里皆可通舟但河冰凝結亘八九月夏令水又涸方春解凍一年停積之貨同時而下商旅苦其不便大城凡十有五尤著者曰聖彼得堡其首都也曰莫斯科其舊都也曰沾沙瓦乃波蘭之舊都也是爲三大都會最稱繁庶之地至黑海通商之要津曰俄秩薩曰卡孫號稱南方府庫波羅的海之要津曰芬蘭曰利牙號稱北方府庫以海濱地稍肥沃宜於農牧又自漁利故也其全國菁華不過如此西人嘗論俄羅斯圖地雖廣大抵皆人之所棄而彼取之其艷羨於中國之富饒而眈眈欲得固其宜云

## 上北洋憲論聯盟各國 十二月十五日

敬稟者俄來中國如黃河之有重源近源在海參威遠源在其都城聖彼得堡英人圖占巨文一帶此牽制海參威之俄不啻塞其近源也德在歐洲能牽制聖彼得堡之俄更可塞其遠源



矣目下俄鐵路未成其兵祇從海參威來聯英已足抵之日後鐵路工竣聖彼得堡之兵遠來極便非英一國所能抵此時更須聯德乃可禦俄也苟使英抵其東德牽其西以英德持俄之兩端俄亦將跋前疐後矣此用英德以制俄之策也日附於英聯英卽可聯日意奧附於德聯德亦卽聯意奧在我多聯一國在彼多增一敵意奧雖不能東來未嘗不可效力於西如此我與俄交好益親而俄自隱懾我之聲威所謂不拒之拒也英人果能占定巨文一帶則俄在朝鮮不甚得勁日後巨文英力愈厚卽朝鮮俄勢愈衰旅大等處更不必論此在日本最得便宜既可免俄患并將乘機窺伺朝鮮及東三省等地皆其聯英之功效也我卽盟日仍不得不防日蓋日亦一小俄耳朝鮮既經

自立我何妨以平行之國待之遣使前往駐紮可分俄日之權其地在我肘腋間斷不宜付之度外一經遣使彼暗中仍聯屬於我不必有屬國之名而未嘗無屬國之實可爲東方一藩衛近日張劉諸帥有聯盟英日之請原是救時良策我宜早許之以安英日之心但德與英有隙甚深此時顯與英盟或亦陰加德怒不如俟德事平後次第行之英日可盟德奧意亦可盟也聯盟之策既定我惟於陸地防俄大要分作三路新疆爲一路蒙古爲一路東三省爲一路此雖非他國所能助然職道前在外洋英人屢言新疆防俄之軍若用英弁教習於中國有大益而無小損又喀什噶爾若准英設領事即可爲中國坐探俄情窺英之意并欲於陸地助我防俄即東三省鐵路工程若用英人則英亦可抵俄於陸矣至雲南與英接界處應准俄設領事廣西與法接界處應准德設領事此與喀什噶爾情事相類我不費俸薪而有此得力之三坐探未爲非計也

傳聞膠案將結電呈總署某堂憲 十二月十六日

中堂鈞鑒聞德求租膠須告明海使他國不效尤則可否仍難允留此活著可防後患某稟

坿租膠事宜

一中國既准德租用膠灣如中國有事時亦准租用德海軍以相抵爲名可免他國藉口

一中國兵船與德國兵船准在灣內共同停泊

一灣內有中國砲臺三座應抵作兵費

一年期宜酌減

一德須告明各國使承認租膠一節爲代索遼東之酬報他國不得效尤如不能禁止他國租約仍須作廢另議（遼東一役俄法皆已得酬報自可不致效尤）

# 防守江海要略二卷

〔清〕佚名輯

《防守江海要略》二卷，輯者不詳。卷上有皇朝疆域中外水道紀略、天下沿海形勢録、浙江形勢等文，多有關浙直近海以及江防。卷下有福建形勢、台灣府屬渡口攷、閩海等篇，多有關福建至廣東沿海海防。所輯多出自陳倫炯、顧祖禹、郭起元、俞正燮、藍鼎元、李光坡、沈德潛等人之書。據上海圖書館藏清光緒十一年（一八八五）蛟川張氏花雨樓刻本影印。

# 防廬策選 上

光緒乙酉新鐫

# 防守江海要略

蛟川花雨樓張氏藏板

# 防守江海要畧目次

卷上

防守江海要畧目次終

# 防守江海要略卷上

江海之大數厥寇盜夷艘飆馳卒然警報禦輪數陸爲繁驚一或疎防失其險要用數疆域覼縷邊徼形勢攸關洞悉以告廣及水口而湖而澳扼隘制勝習練騰趠村團鄉守時出會哨巨艦在波利器在鞘有備無虞囂氛一掃輯防守江海策

## 皇朝疆域中外水道紀略

國家德威暢浹文軌大同幅員之盛亘古未有京師居天下之中其南曰直隸是爲畿輔其東曰盛京盛京之北曰吉林又北曰黑龍江是爲東三省畿輔之南其省三曰山東曰山西曰河南山東

省之南爲兩江其省三曰江南之江蘇曰江南之安徽曰江西兩江之東南曰閩浙其省二曰福建曰浙江河南省之西南爲湖廣其省二曰湖北曰湖南山西省之西爲陝甘其省二曰陝西曰甘肅陝西之南其省一曰四川江西與湖南省之南爲兩廣其省二曰廣東曰廣西四川省之南爲雲貴其省二曰雲南曰貴州甘肅省之西爲青海四川省之西爲西藏長城之外盛京與直隸山西陝西省之北爲內蒙古六盟四十九旗及察哈爾八旗游牧踰瀚海而北爲外蒙古喀爾喀四部八十六旗游牧其西爲科布多其北爲唐努烏梁海甘肅省之北爲阿拉善額濟納二旗游牧踰瀚

海而西爲伊犂。大海自鴨綠江口西襟盛京。南京師直隸。東南又南襟山東之北而東。又南襟江南浙江之東。又南襟福建東折而西襟其南。又西襟廣東之南。接越南國境。大江出四川之岷山東行。經湖北湖南江西安徽江蘇入於海。其西源曰金沙江。出青海東南行。經雲南。折北至四川會於江。漢水出陝西之嶓冢山東南行。至湖北。會於江。黃河出青海之噶達素齊老山東北行。經甘肅出長城。折東而南。環內蒙古鄂爾多斯旗。是爲河套。入長城。經陝西東。山西西。復折而東。經河南東。出江蘇入於海。淮出河南之桐柏山東行。經安徽江蘇。會於河。濟出河南之王屋山南行。亦會於河鴨綠江出吉林西南行經盛京入於海西遼河出直隸邊外東行經吉林會東遼河折西南入邊經盛京入於海灤河出直隸邊外南行入長城入於海混同江二源曰松花江曰嫩江松花江出吉林北行出邊折東北經伯都訥會嫩江又經拉林阿勒楚喀呼蘭三姓入於海嫩江出黑龍江所屬墨爾根南行經布特哈齊齊哈爾會於松花江黑龍江出喀爾喀車臣汗部東行經尼布楚呼倫貝爾雅克薩折東南經烏魯蘇木丹黑龍江愛琿三姓會於混同江運河在浙江江蘇引太湖踰江引洪澤湖踰黃河經山東直隸引沂河汶河衛河漳河會於淀桑乾河出山西東行經直隸折

東南經京師西爲永定河亦會於淀浙江出安徽東行經浙江入於海閩江出福建東行入於海粵江三源西江出雲南東行經貴州廣西廣東會北江東江入於海色楞格河扎布噶河在喀爾喀游牧大克穆河在唐努烏梁海額爾齊斯河在科布多伊犁河倫里木河在伊犁金沙江之西曰瀾滄江曰喀喇烏蘇河曰雅魯藏布河俱在西藏極東三姓所屬海中大洲偏東三十一度二十分極西喀什噶爾葱嶺之西偏西四十七度極北唐努烏梁海托羅斯嶺北極高五十六度四十分極南廣東瓊州府之崖州北極高十八度十三分凡東西相距七十八度有奇南北相距三十八度

有奇。

天下沿海形勢錄　　陳倫炯

天下沿海形勢。從京師、天津。東向遼海、鐵山、黃城、皮島。外對朝鮮。左延東北山海關、盛遼蓋平、復州、金州、旅順口、鴨綠江而抵高麗。右袤東南山東之利津、清河、蒲臺、壽光、海倉口、登州而至廟島、成山衛。登州與旅順口。南北隔海對峙。東懸皮島。西匝兩京。登萊是爲遼海。登州一郡。陡出東海。盡於成山衛。海船往盛京天津者。以成山爲標準。也成山衛轉西南則靖海、大嵩、萊陽、鼇山、靈山而至江南海州。此皆登州西南之海也。海州而下。廟灣而上。則黃河出海之口。河濁海清。沙泥入海則沉。實支條縷結。東向紆長。潮滿則沒。潮汐或淺或沉。名曰五條沙。中間深處。呼曰沙行。江南之沙船往山東者。恃沙行以寄泊。船因底平。少擱無礙。閩船則底圓。加以龍骨三段架接。高昂。擱沙播浪。立見碎折。更兼江浙海潮。外無藩扞屏山以緩水勢。東向澎湃。故潮汐之流。比他省爲最急。若乏西風開避。則舟隨溜擱。靡不爲壞。是以海船往山東兩京。必從盡山對東開一日夜。避過其沙。方敢北向。是以登萊淮海稍寬海防者。職由五條沙爲之保障也。廟灣南自如皐通州而至洋子江口。內狼山。外崇明。鎖鑰長江。沙坂急潮。其槩相似。而崇明上鎖長江。下扼吳淞。東有洋山馬蹟花腦陳錢諸山。接連浙之盌波定海外島。

而嘉興之乍浦錢塘之鼈子餘姚之後海盌波之鎮海雖沿海相聯要疆但外有定海爲之扞衛實内海之堂奥也惟乍浦一處濱於大海東達漁山北達江南之洋山定海之衢山劍山外則汪洋言海防者當留意焉江浙外海以馬蹟山爲界山北屬江山南屬浙而陳錢外在東北俗呼盡山山大澳廣可泊舟百餘艘山産水仙海産淡菜海鹽賊舟每多寄泊江浙水師更當加意於此南之海島由衢山岱山而至定海東南由劍山長途而至普陀普陀直東之外出洛迦門有東霍山夏月賊舟亦可寄泊伺劫洋船同棹且與盡山南北爲犄角山脚水深非加長椗纜不足以寄普陀之

南自崎頭至昌國衛接聯內地外有韭山弔邦亦賊舟寄泊之所此皆寧波郡屬自寧波台州黃巖沿海而下內有佛頭桃渚崧門楚門外有茶盤牛頭積穀鷰亮石塘枝山大鹿小鹿在在皆賊艘出沒經由之區南接樂清溫州瑞安金鄉蒲門此溫屬之內海樂清東崎玉環外有三盤鳳凰北屺南屺而至北關以及閩海接界之南關實溫台內外海巡寄泊樵汲之區不可忽也閩之海內自沙埕南鎮烽火三沙斗米北茭定海五虎而至閩安外自南關大嵛小嵛閭山芙蓉北竿塘南竿塘東永而至白犬為福寧福州外護左翼之藩籬南自長樂之梅花鎮東萬安為右臂外自磁澳而

至草嶼中隔石牌洋外環海壇大島閩安雖爲閩省水口咽喉海壇實爲閩省右翼之扼要也由福清之萬安南視平海內盧海套是爲興化外有南日湄洲再外烏坵海壇所當留意者東北有東永東南有烏坵猶浙之南屺北屺積穀弔邦非山東霍衢山江之馬蹟盡山是也泉州北則崇武獺窟南則祥芝永寧左右拱抱內藏郡治下接金廈二島以達漳州金爲泉郡之下臂廈爲漳郡之咽喉漳自太武而南鎮海六鼇古雷銅山懸鍾在在可以寄泊而至南澳以分閩粵泉漳之東外有澎湖島三十有六而要在媽宮西嶼頭北港八罩四澳北風可以泊舟若南風不但有山有嶼可

以寄泊而平風靜浪黑溝白洋皆可暫寄以俟潮流洋大而山低水急而流迴北之吉貝沉礁一線直生東北一目未了內皆暗礁布滿僅存一港蜿蜒非熟習深諳者不敢棹至南有大嶼花嶼貓嶼北風不可寄泊南風時宜巡緝澎湖之東則爲臺灣北自雞籠山對峙福州之白犬洋南自沙馬崎對峙漳之銅山延袤二千八百里西面一片沃野自海至山淺闊相均約百里西東穿山至海約四五百里崇山疊箐野番類聚建一郡分四縣山川形勢生熟番性蜂窠蟻穴誌考備載郡治南抱七崑身而至安平鎮大港隔港沙洲直北至鹿耳門鹿耳門隔港之大線頭沙洲而至隙仔海

舩隙皆西護府治而港之可以出入巨艘惟鹿耳門與雞籠淡水港其餘港汊雖多大船不能出入僅平底之艍船四五百石之三板頭船堪以出進此亦海外形勢以扞內地沿海要疆南澳東懸海島扞衛漳之詔安潮之黃岡澄海乃閩粵海洋適中之要隘外有小島三爲北澎中澎南澎俗呼爲三澎南風賊艘經由暫寄之所內自黃岡大澳而至澄海放雞廣澳錢澳靖海赤澳此雖潮郡支山入海實爲潮郡賊艘出沒之區晨遠颺於外洋以伺掠夜西向於島澳以偷泊而海賊之尤甚者多潮產也赤澳一洋自甲子門南至淺澳田尾遮浪汕尾鮜門港大星平海雖屬惠州而山川

人性。與潮無異。故於居中碣石立大鎮。下至大鵬、佛堂門、將軍澳、紅香爐、急水門。由虎門而入粵省。外自小星、筆管、沱濘、福建頭、大嵛山、小嵛山、伶仃山、旗纛嶼、九州洋，而至老萬，島嶼不可勝數。處處可以樵汲，在在可以灣泊。粵之賊艘，不但繒艍海船，此處可以伺刼；而內河漿船、櫓船、蔗舟，皆可出海，羣聚剽掠。粵海之藏垢納污者，莫此爲甚。廣省左扞虎門，右扼香山，而香山雖外護順德、新會，實爲省會之要地。不但外海捕盜，內河緝賊，港汊四通，奸匪殊甚。且其域澳門，外防番舶，與虎門爲犄角，有心者豈可泛視哉。外出十字門而至魯萬。此洋艘番船來往經由之標準。下接岸門、二籠大金小金烏豬上川下川戙船澳馬鞍山此肇慶廣海陽江雙魚之外護也高郡之電白外有大小放雞吳川外有硇州下鄰雷州白鴿錦囊南至海安自放雞而南至於海安中懸硇州暗礁暗沙難以悉載非深諳者莫敢內行而高郡地方實藉沙礁之庇也雷州一郡自遂溪海康徐聞向南斜出四百餘里而至海安三面濱海幅濶百里對峙瓊州渡海百二十里自海安繞西北至合浦欽州防城而及交阯之江平萬寧州延長一千七百里故海安下廉州船宜南風上宜北風自廉之冠頭嶺而東白龍調埠州江永安山口烏兔處處沉沙難以名載自冠頭嶺而西至於防城有龍

門七十二逕逕逕相通逕者島門也通者水道也以其島嶼懸雜而水道皆通廉多沙欽多島地以華夷爲限而又產明珠不入於交阯是以亭建海角於廉天涯於欽瓊州屹立海中地從海安渡脈南崖州東萬州西儋州北瓊州與海安對峙瓊山文昌樂會陵水感恩臨高定安澄邁沿海諸州縣環繞熟黎而熟黎環繞生黎而生黎環繞五指嶺七指山五指西向七指南向周圍陸路一千五百三十里府城中路直穿黎心至崖州五百五十五里萬州東路直穿黎心至儋州五百九十里自海口港之東路沿海惟文昌之潭門港樂會之新潭那樂港萬州之東澳陵水之黎庵港崖州

之大蛋港。西路沿海。惟澄邁之馬裊港。儋州之新英港。昌化之新潮港。感恩之北黎港。可以灣泊船隻。其餘港汊雖多。不能寄泊。而沿海沈沙。行舟實爲艱險。内山生黎嵐瘴殊甚。吾人可住熟黎。而不可住生黎。生黎可住熟黎。而不可到吾地。熟黎夾介其間。以水土習宜故也。此亦海外稍次之臺灣。惜平田疇不廣。歲仰需於高雷。雖產楠沈諸香等於廣南。甲於諸番。究非臺灣沃野千里所可比擬也。

## 浙江形勢

顧祖禹

浙江之形勢蓋在江淮江淮不立浙江未可一日保也夫越之與吳抗也越實不足以敵吳而吳恒有吞越之志夫差敗越于夫椒棲越于會稽當是時固已無越矣而吳不取乃從而受越之愚越既滅吳而江淮之地坐收之矣而越不能有也楚人從而奄有之蓋越之亡即肇于亡吳之日矣後代李子通竊餘杭而亡于江淮之杜伏威明太祖定金陵收江北然後從而覆僞吳亦其大較矣吳越之立國也實藉江淮之衞吳越助中朝以攻南唐唇齒之慮宜無待李氏之昌言也處觸藩之會既不敢以背中朝力又不足

以存李氏。及李氏亡而惕然有孤立之懼矣。宋之都臨安也。諸將力戰于江上。于兩淮。又遠而爭襄漢。爭川陜。然後藩離益固而臨安可都矣。迨其後也。蒙古擾兩淮。傾襄樊。伯顏長驅入建康而江淮之險盡入于敵。伯顏自建康分兵三道直指臨安。壓卯之勢已成。雖有智者。不能爲宋謀也。猶謂浙江之命非江淮制之也乎。蓋嘗取浙江而籌之。夫浙江在漢不及一郡之地。東漢永建四年。議者以會稽一郡。周圍萬一千里。山川險阻。控馭爲難。因分浙江以東爲會稽郡。而西則爲吳郡。孫氏分割以後。建置始多。大約兩浙之壤。北盡江濱。南極甌閩。唐乾元初。置浙江西節度使。領昇潤宣歙饒江蘇常杭湖十州浙江東節度使領越睦衢婺台明處溫八州其浙西之地益推而廣之矣後又以浙西爲鎮海軍領潤州及蘇常杭湖睦其六州浙東爲鎮東軍領越州及台明溫處婺衢其七州後之言兩浙者皆以是爲據錢鏐兼領鎮海鎮東兩軍而移鎮海于杭州不能有常潤也蓋已非兩浙之舊壤矣然而有吳郡則猶以江爲境也六朝都建康以義興爲重地東方有變必爭義興以其扼震澤之口也淮南南唐與吳越相持湖濱烽火星羅棋布明初亦自宜興出太湖襲敵之湖州蓋太湖在諸郡肘腋間與敵共險先乘者勝矣且自宜興以西道溧陽越東壩可直抵金

陵也夫以東南而問中原則不能無事于江淮以浙江而問江淮則不能無事于湖海此必然之勢也至仙霞入閩艮爲要途然漢伐閩粵由會稽海道而進吳越取福州自溫州越海而南元人入閩多自明州濟師明初平閩寇一自江西出杉關一自明州泛海竟掩福州實未嘗由仙霞也夫用間道者多奇功自昔然矣

## 浙江源流

浙江之源有三。一曰新安江。或謂之徽港。源出徽州府西北百二十里之黟山。今名黄山。經嚴州府淳安縣界東流而遂安縣境之水流合。又東陽江流合。此浙江西出之源也。一曰東陽江。或謂之婺港源出金華府東南百三十里之大盆山。經縣南境爲畫溪。入義烏蘭溪。信安江流合焉。此浙江東南別出之源也。一曰信安江。或謂之衢港。源出開化縣百濟嶺。入常山江山而仙霞嶺北諸溪谷之水皆流合焉。又經龍游湯溪金華蘭谿。而與東陽江合流。此浙江西南別出之源也。二江既合。東北流百餘里至嚴州府城東南二里而與新安江會三源同流東過桐廬縣或謂之桐江又東北入杭州府富陽縣界而爲富春江經縣城南又東經府城南而謂之錢塘江東北流入海甯縣界南岸則爲紹興府蕭山縣界舊志浙江在臨安府錢塘縣治南十二里越州蕭山縣治西二十五里夾岸有山南曰龕北曰赭二山相對謂之海門又東則錢清曹娥之水並滙于紹興府北而爲三江海口此浙江源流之大略也亦曰浙河亦曰漸江亦曰羅刹江取風濤險惡之意然而浙江之名尚矣後漢建安初孫策引兵渡浙江取會稽晉咸和三年會稽內史王舒等起兵討蘇峻之亂使庾冰將兵西渡浙江隆安三年孫恩據會稽劉牢之等討之進臨浙江

恩聞之曰我割浙江以東不失作句踐卒之既濟恩遂走入海島
隋開皇十年越州高智慧等作亂楊素擊之智慧據浙江東岸爲
營周亘百餘里船艦蔽江別將來護兒以奇兵潛渡遂破之東南
有事未有不以浙江爲襟要者自東漢以浙江之東皆爲會稽浙
江之西皆爲吳郡兩浙之名實起于此

## 浙江海道

浙江以海爲境東南必備之險也三國吳永安末魏將王雅浮海畧勾章而去五代時吳越與淮南相攻屢以海道爲角逐之所又吳越入貢每自海出登萊抵大梁至于不逞之徒如晉之孫恩唐之裘甫皆恃海濱僻遠一旦竊發東南柔脆爲之震盪南宋以臨安爲行在而海道之防尤切元末方國珍發難依海爲險明初經畧東南國珍既平命湯和由海道取福州洪武二年招遠夷設市舶提舉司于甯波爲日本之貢道而奸萌漸作十六年絕其貢獻使湯和經畧海上預爲之防永樂二年復許入貢至嘉靖中防維

益僻奸商伺隙流毒東南而海道之防于是日密懲前毖後勢固然也防險說云浙江之源始于黟之林歷山見江南徽州府黟縣浙江實非出于此縣一線之微合流蘭谿終于錢塘江之鱉子門而入海故鱉子門者乃省城第一門戶石墩鳳凰外峙乃第二門戶此外無山鳳凰山見海鹽縣惟羊許獨立海中東接衢洋西控吳淞江口爲第三門戶羊許二山有防然後石墩鳳凰有蔽石墩鳳凰有蔽然後錢塘鱉子門可守此其大略也沙起錢塘東至吳淞曾無間斷海外諸沙亦向北而轉惟平坦延曠故賊皆可登是蘇松杭嘉四府連壤一脈利害安危輔車相倚者也但羊山孤懸大海去乍浦太遠我舟頓此

設遇東北颶風。賊舟便捷。彼此齊驅。勝負難必。許山鼎門淺狹止可避東南之風。賊乘東北風利。我開舟擊之。嘗虞並駕次者金山衛城西灣沙塗頗軟。可暫停舟。但遇東南風。亦未易出。惟海鹽白塔山去秦駐山不遠。四風皆便。賊若由大洋而來。隨處可擊。是海鹽一關尤四面之控制也。

## 浙江諸水

張行孚

浙江爲禹貢楊州之域。其名始見於山海經。所謂浙江在閩西北入海是也。復見於史記。所謂始皇臨浙江水波惡是也。國語稱與我爭三江五湖之利。三江之釋。言人人殊。有謂彭蠡江分爲三入震澤。遂爲北江入海者。尚書僞孔傳也。有謂南江在吳縣南東入海。北江在毗陵縣北東入海。中江出蕪湖縣西南東至陽羨入海者。漢書地理志也。有謂岷江松江浙江者。郭璞水經注也。有謂松江錢塘江浦陽江者。韋昭國語注也。有謂左合漢爲北江。右會彭蠡爲南江。岷江居其中。爲中江者。鄭康成尚書注也。此數說者雖

皆漢儒古義然嘗考通儒之論則謂禹貢之三江當從康成國語
之三江當從韋昭蓋國語據吳越而言不應遠及彭蠡也至吳越
春秋所謂三江之口又當以庾仲初松江婁江東江為長則言各
有當固非一端而已若孔氏書疏王漢志之三江陸氏釋文禹貢
三江下引吳地記昔人早有非之者矣漢志云丹陽郡石城有分
江水首受江東至餘姚入海按水經沔水與江合流東至石城縣
分為二其一為南江與貴長池水合凡涇水桐水旋溪水及長瀆
湖口皆分江水入海之故瀆然攷石城縣故城在今池州府貴池
縣西七十里其水無由至故鄣安吉且所謂湖口者即為太湖南

江旣入太湖。無更從餘姚入海之理。卽謂從今之歸安德淸石門由海甯以至餘姚。然太湖豈能倒灌歸安德淸之界蓋分江水入海之故瀆必有中絕者而今不可考矣。水經因漢志有南江在吳縣南東入海之文。遂以南江入海之故瀆爲分江水入海之故瀆不知漢志分江水自繫石城。南江自繫吳縣。未嘗蒙混水經注誤合爲一。曲爲此說。以應漢志。宜乎棄矣。或者分江水源出大江雖異於浙江源出南蠻。而徽州與池州接壤當時兩水或通。下流皆從漸江東至餘姚入海。庶近之乎。志又云會稽郡錢塘武林山武林水所出。東入海。行八百三十里。舊志據水經注浙江東逕靈隱山。山下有錢唐故縣。謂武林水入海之處。卽今之錢唐江。夫江水既至靈隱山下。則今之西湖。必爲江水所浸。然水經注又云江側有明聖湖。見江在湖東。不與江通。明甚。況志既云行八百三十里。則靈隱山與江。顯不隔此里數。卽謂自浙江之源。計之則此里數。何不注於浙江之下。否豈水能逆行八百三十里乎。且漢旣以錢唐名縣。則江湖之以唐限者舊矣。況論西湖形勢。東南高而西北下。水必北逕。今之松木場北新關塘棲石門嘉興。而由吳淞江以東入海無疑。卽八百三十里之數。亦惟如此計之。乃合。而今所析仁和縣地界。亦當其衡。然則入海之處。豈得以靈隱山下當之乎。

蓋古所謂靈隱山或統吳山一帶而言否則據今所謂靈隱山防海大塘當在故縣北何以水經注引錢塘記云防海大塘在縣東一里許乎志又云丹陽郡黝漸江水東入海此今安徽之水入浙江者其入江之迹在今桐廬富陽縣地界即嚴陵志所謂桐江之源有三一出徽州東流歷富陽是謂浙江是也志又云會稽郡太末穀水東北至錢唐入江錚漢志於錢唐江例稱海而此復有江名者即漢志所謂浙江嚴陵志所謂桐江今所謂富陽江也嘗攷嚴陵志桐江之源有三一出徽州即漸江亦即新安江一出衢州即穀水水經注名穀水一出金華即蒲陽江亦即東陽江三水合

而東北遠注九十里至桐廬縣之南曰桐江。東流歷富陽。是謂浙
江。蓋後人始有桐江富陽江之名。而在當時不謂之浙江。即謂之
錢唐。故同此錢唐一江。自桐江至富陽則稱江。自富陽至錢唐
則稱海。而昔所稱錢唐江者。今又改隸於桐廬富陽兩縣矣。志又
云。餘暨蕭山潛水所出。東入海。潛水者。即今錢清江。志又云。上虞
柯水。句章渠水。並東入海。柯水者。即今曹娥江。渠水者。即今餘姚
江。又名舜江。志又云。鄞東南有天門水。天門水者。發源於今象山
之天門山。即今奉化江。此皆古今異名者也。志又云。回浦南部都
尉治。回浦者。秦屬閩中郡。漢屬會稽郡。前漢都尉故城在今奉化

縣回浦鄉。即晉甯海縣地。蓋甯海縣晉析回浦鄞二縣而置者也。至後漢光武。改回浦爲章安縣。又改南部都尉爲東部都尉。而徙都尉治於章安。是即今台州黃巖縣之章安鎮。蓋回浦章安縣境雖同。而都尉治所則前後異處。劉昭後漢書注引晉元康記謂章安故治本鄞縣南之迴浦鄉。尚是殆知其一。或者不察。竟謂回浦即今蕭山海門東查浦地。抑何謬與。

聖朝疆域遼濶。圖籍詳明。桑梓是邦者。敢不悉心以對哉。

## 浙江諸塘

梅榕

四瀆之水朝宗於海捍海之法莫切於塘浙東西十一郡濱海者居其六南北岸皆有塘以捍海南岸自紹郡之纂風亭北岸自海昌大小尖山海面最狹激起潮頭雪浪銀濤橫搜直捲加以迴溜汕刷汐勢至險所藉以抵禦者惟此一綫塘隄耳而北岸較南岸所關尤重蓋杭嘉湖與江蘇之蘇松常各府境既毘連地尤窪下全賴仁和至平湖二百餘里之塘爲之障蔽測水平者謂長安壩底與吳江塔頂相平使隄防不固則泛濫之患且波及於江南也隄海之工其名不一有爲草塘者先縛埽牛鋪底而以柴土間層

加鑲頂上加培厚土如仁和之翁家埠是也有爲土塘者壘土爲岸間鑲塊石如翁家埠至尖山乍浦至江南金山界者是也有爲石塘者壘石砌如斜坡縱橫排如魚鱗裹用小石塡心外用厚土堅築如宋之定海塘明之海鹽塘是也有爲貼石土塘者土附石隄相爲脣齒如上虞之延袤五千餘丈是也有爲亂石土塘者以亂石砌壘培土築成如餘姚之與貼石土塘相爲錯間者是也是皆於石囤木櫃竹絡諸法之外因地制宜以固隄防者也請舉六郡之海塘分析言之夫杭郡之海非大洋乃支流耳然而江水順流海潮逆上潮水之時過江流使不得下以致上激塘身下撥塘

底而泛溢衝激其危險較濱臨大洋者有加焉隄海之役始見於唐書地理志貞觀四年復置鹽官捍海塘鹽官海鹽舊志皆載開元元年重築鹽官捍海塘隄然曰復置曰重築則非始於唐代矣宋史河渠志鹽官縣東近南爲鹹塘縣西近北爲淡塘驗兩處之土色虛實淡塘差勝鹹塘蓋鹹塘近海受鹹潮浸灌而淡塘則潮所未及也嘉郡與杭州壤地相接而自海昌之塘漸繞而北而海鹽而平湖一百餘里瀕浦諸山之外又貼際浙江歸洋之口全海之潮既自東來會江之水又從南滙其衝突洶湧較甚他邑實地勢使然耳且南則鹽之秦駐山北則平之乍浦諸山並突出海中

兩峰遙對山趾角張潮既入套不得舒展二邑地又低平獨以東面受潮汐之衝工稱最險職是之故紹興之塘起蕭山之長山抵餘姚之上林壤接慈谿逶迤四百餘里中更五縣山陰後海塘在郡城北四十里亘清風安昌兩鄉會稽海塘在郡城東北四十里東自曹娥爲上虞界西抵宋家漊爲山陰界此其界畫也上虞自夏蓋山以西有石塘二千二百五十丈則最稱完固云慈谿之塘有二一在縣西北六十里一在縣東四十五里皆接鎮海縣界載於郡縣志中而創自何人築自何年則志乘失其傳矣象山亦有二塘縣東北爲陳兆塘明知縣凌傳所築縣南爲岳頭塘相傳創

自晉人陶凱凌傳亦嘗修之。黃隆爲之記。比諸范文正之築通泰海三州海塘。劉良貴之築會稽萬柳塘。則其利賴豈淺鮮哉。台州濱海之縣凡四。在臨海東北者名鹹塘。則孔良弼所修築也。在健跳所者。名健陽塘。則唐僧懷玉所築。而明楊瑄之所修也。在黃巖縣五十一都寬嶴者。名丁進塘。則明宏治間所築也。在六十一都南至新河北通海門者。名洪輔塘。則明正德間所築也。他若洪輔塘下之四府塘。六十三四兩都之捍海塘。太平縣山門鄉之淨社塘。太平鄉之長沙塘。其北又有蕭萬戶塘。未易更僕數焉。溫州永嘉俯瞰大海。江出郡城後。東與海合。平陽瑞安樂清皆環海隄防之見於邑乘者則有平陽之外塘自元大德間滕天驥修築延祐五年張仁方重築郡守趙鳳岐經視其地申命增築扁曰護安隄西至橫浦江南岸直抵樓石五十餘里此溫郡塘工之最鉅者也他若趙大訥之修築永嘉大石隄朱宗邑之奏請築樂清蒲岐塘周正之修靑嶼江山蒲嶴永寧四塘平瑞兩縣民之修沙園塘皆班班可考者若夫樂清縣萬安寺前沿海之塘則明洪武三年安樂侯奏稱苔山之民島處鉅海中屢遭倭患請築此塘徙民內地給以塘內之田俾得安業未幾風潮奔齧田復爲海宏治十三年郡守鄧安濟等修之重徙苔山之民於內地塘成名曰撫安尤爲

最著者矣。然而溫台山多土性堅結，所有海塘之處，間多陡門、斗門，可知潛洩之利多而衝決之患少。所由累朝以來，修築工程較他郡減省，形勢不同，固有明徵。豈如浙西北岸之塘，關係七郡生靈，而又時虞颶風駭浪之警者，所可同年語歟。

聖朝軫念海疆，勤求民瘼，凡修防之法，多亘古所未有。從茲海若效靈，有不頌億萬載安瀾之慶也哉。

## 江南形勢

顧祖禹

以東南之形勢而能與天下相權衡者江南而已春秋時勾吳實雄長於東南以兵威破楚臣越敗齊項羽率會稽子弟渡江而西一戰而斬李由再戰而降章邯鉅鹿之戰大破秦兵當是時微楚兵虎狼之秦且復振項羽劉季並起於東南季成而羽敗要皆力足以亡秦者也或謂吳越之人剽輕而脆弱然楚漢用之而強晉南渡以後北府之兵常為天下雄則兵非不可用也且夫曹操之用兵彷彿孫吳赤壁之役狼狽北還而後知江東未可與爭苻堅以百萬之衆長驅而南肥水一戰風聲鶴唳皆為晉兵堅雖不亡

於晉而已亡於伐晉之日矣朱全忠之强横不能得志於楊行密周世宗攻壽州三年而後克之宋於奔亡之餘立國江沱江中之戰大儀之戰順昌之戰拓臯之戰金人且惴惴焉晉之取吳也用兵三十萬而所出之道六隋之取陳也用兵五十萬而所出之道八宋之取江南也用兵十萬而所出之道一蒙古之取宋也用兵十五萬而所出之道二蓋吳與陳皆濱江設險利在多其途以分其勢南唐有吳越以撓其東南而上流之勢復入於宋一軍自荆南東下而破竹之形成矣元人用全力以取襄樊宋之藩籬既已摧壞但遣偏師掣淮南之援而以重兵沿江直入宋人已在掌握

中矣此時勢各殊之故也六朝都建康強藩巨鎮往往自荆襄江郢擁衆稱兵爲建康禍則上游畸重之勢也蓋以敵在淮南而長江之險吾與敵共敵在上游而長江之險乃制之於敵矣雖然淮南亦未可輕也人亦有言欲固東南者必爭江漢欲通中原者必得淮泗有江漢而無淮泗國必弱有淮泗而無江漢之上游國必危孫氏東不得廣陵西不得合肥故終吳之世不能與魏人相遇於中原東晉以彭城壽陽爲重鎮故桓温劉裕得以再問中原繼東晉而起者其時之盛衰大約以淮南北之存亡爲斷楊行密起於淮南兼有江南北數十州於羣雄中最爲强盛李氏失淮南而

國以弱。未幾而國以亡矣。明初規畫畿輔。跨江踰淮。幅員最廣。夫亦保江者不在江南。保淮者不在淮南之意乎。蓋彭城、邳、泗、北連青、齊、西道梁、宋、南與北形援相及。呼吸相聞。自古及今要會之處也。

## 吳中江海形勢說

郭起元

閩浙濱海多山，有險可扼，易防也。江南地多平衍，海艘闌入，到處可逞其侵軼。自古孫恩、盧循之難，豕蛇奔突，皆由於偵探疏略，海有警而江隨之動搖也。防汛之法，在先知由海入江之門戶。廖角嘴前兩沙相對，海闊一百五十里，爲第一重；狼福兩山相對，海闊一百二十里，爲第二重；江靖兩邑相對，江闊四十里，爲第三重；圌山豕生洲相對，江闊十餘里，爲第四重。至京口瓜步，則在閫閾以內矣。海艘浮空擊汰而來，風濤無際，望見陳錢山則喜。陳錢者，海中之標也。航海者東南望陳錢，東北望成山，至陳錢則可進泊洋山矣。洋山者形如箕週圍百里有嶼十八可藏艘數百海水鹵不可飲惟山巔一泉清甘寇艘必泊此汲水覘風風從東北起則由花腦馬蹟犯浙流入蘇松從正東起則由茶山犯淮揚流入江浦而發碇必于洋山是山固江海之闘限也然則防之之道奈何平時偵探必至洋山上下聯絡一氣呼應有警則先據此山以待之廖角營四處重重關鎖雖洪波巨浸中而有金湯磐石之固無他其勢得也方今澄波萬里海外莫不享王然未雨綢繆有備無患非守土者所當知哉

采石磯

采石山亦曰采石圻。在太平府西北二十五里。渡横江西至和州二十五里。東北至江寧府八十五里。亦謂之牛渚圻。與和州横江渡對。其地突出江中。自昔津渡處也。後漢孫策渡横江攻劉繇牛渚營。盡得邸閣糧穀戰具。晉王濬繇武昌東下。留宿牛渚部分明日前至三山。梁侯景攻歷陽。歷陽太守莊鐵以城降。說景曰。今宜急趣建康。若朝廷遣羸兵千人直據采石。雖有精甲百萬不能濟矣。景遂引兵臨江。時羊侃請以二千人急據采石。梁主不從。先是景叛。梁主遣將軍王質巡江防遏。陳昕言采石急須重鎮。王質水軍輕弱恐不能濟詔卽以所代質戍采石質去采石而所猶未下浩景自橫江濟采石襲陷姑熟至慈湖建康震駭陳末隋軍臨江樊毅曰京口采石俱是要地各須銳兵五千金翅二百緣江上下防扞如其不然大事去矣既而韓擒虎以兵五百人自橫江宵濟采石而陳以亡宋曹彬敗江南兵於采石磯先是樊若水嘗漁於采石以小舟載絲繩維南岸疾櫂至北岸以度江之廣狹遂詣闕請造舟爲梁以濟師繇是大軍長驅如履平地金亮南侵兩淮皆陷遂築臺和州江岸揮兵渡采石爲虞允文所敗古來江南有事從采石渡者十之九從京口渡者十之一葢以江面狹於瓜洲也

京口采石安慶險要

采石之與京口股肱建業實有據險臨前之勢而非止於蘄蘄自守者說者曰京口憑江爲險然而陵谷之變今昔不同曹丕見江流洶湧以爲天限南北陳孔範亦曰長江天塹寇豈能飛渡蓋以江流爲可恃也然考晉建興末祖逖自京口渡江中流擊楫矣義熙六年劉裕滅南燕會盧循襲建康裕卷甲南還自廣陵濟江出京口梁承聖二年陳霸先自丹徒濟江圍齊廣陵隋開皇九年賀若弼自廣陵濟江拔京口唐武德三年李子通亦自廣陵濟江取京口以覆沈法興自是以後南北渡者皆以京口爲通津昔人謂

采石渡江江面比瓜洲為狹故繇采石濟者常居十之七夫自唐以來沙洲日積江面南北相距僅七八里唐初江面闊四十里其後沙壅為瓜洲開元中江面闊二十五里宋時洲渚益廣紹興中江面猶闊十八里明嘉靖以來江面僅闊七八里又有談家洲橫列其中南北渡只晴明時一葦可杭也故昔日之采石比京口為重而今日之京口比采石為切消息之理也江防改京口西接石頭東至大海北距廣陵而金焦障其中流實天設之險繇京口抵石頭凡二百里高岡逼岸宛如長城未易登犯繇京口而東至孟瀆七十餘里或高峯橫亘或江泥沙淖或洲渚錯列所謂二十八港者皆淺澁短狹難以通行故江岸之防惟在京口而江中置防則圌山為最要云」

安慶府。淮服之屏蔽。江介之要衝。漢建安十九年。曹操遣朱光爲廬江太守。屯皖。大開稻田。呂蒙曰。皖地肥美。若一收熟。彼衆必增。於是攻皖破之。遂爲重鎭。曹叡太和二年。遣曹休侵吳。向皖。滿寵上言。休所從道。背江傍湖。易進難退。此兵之絓地。若入無彊口。言無限隔也。一云無彊口在桐城縣夾石瀨南。宜深爲之備。晉咸寧四年。吳人大佃皖城。王渾遣應綽擊破之。蓋其地上控淮淝。山深水衍。戰守之資也。徐氏鍇曰。皖之爲地。中國得之。可以制江表。江表得之。亦以患中國。吳孫權克皖。而曹操不寧。周世宗平淮南。而李氏窮蹙。形險說大江合九江鄱陽之水。東北經流府城東西南三面。而小孤山舊爲大江挖扼處屹峙江北岸孤峯峭拔與南岸山對峙如門大江之水至此扼束而出其下深險可畏元人立鐵柱於此曰海門第一關余闕守安慶倚小孤爲扞蔽遣將率水軍戍此陳友諒自上流引軍直擣山下戍軍敗走安慶旋陷明時宸濠之變賴安慶守臣能挫其鋒是以南畿無患蓋小孤者安慶之門戶而安慶者金陵之門戶也

## 長江險要

大江自江西九江府彭澤縣流入界。江北岸爲宿松縣。及望江縣。又東北至安慶府城西南。江南岸爲東流縣。以至池州府城西北。經桐城縣境南。（桐城縣屬安慶府）銅陵縣城北。（銅陵縣屬池州府）而入廬州府無爲州界。及太平府繁昌縣界。自此折而東北。江西岸爲和州。東岸爲蕪湖縣太平府。天門采石之險在焉。又東北經江甯府界。江北岸則六合縣江浦縣以至揚州府之儀徵縣瓜洲鎮。江南岸則江甯府以及句容縣。北境至鎮江府京口閘。與瓜洲南北相對。爲渡江之津要。自此引而東。南岸經丹陽縣常州府境。江陰縣城北。

又東爲蘇州府常熟縣之北境北岸則歷泰興靖江如臯縣境又東歷通州之狼山與常熟縣福山對境又東至海門縣入於海海門縣今堙於海而靖江則孤懸於江中靖江縣在江中本屬江南今城北新沙平潤直接江北泰興縣而江在城南矣崇明則翼峙於江口此境內江流之大畧也長江自西陵以至江都五千七百里疆界雖遠而險要必爭之地不過數處猶人有八尺之軀靡不受患其護風寒亦數處耳北魏陸叡曰長江浩蕩敵之巨防也宋吳表臣曰古來都建康者以大江爲要會大江之南上自荆鄂下至常潤不過十郡十郡之間其要不過七渡上流最緊者三荆南之公安石首二縣俱屬荆州府岳之北津即府西北三十里之三江

口中流最緊者二鄂之武昌太平之采石下流最緊者二建康之宣化鎮江之瓜洲宋葉夢得言建康太平池州緊要隘口江北可濟渡處凡一十九處咸淳十年汪立信言沿江之守不過七千里若距百里而屯屯有守將十屯為府府有總督其尤要害處輒三倍其兵無事則泛舟長江往來游徼有事則東西齊奮戰守並用互相形援以為聯絡率然之勢此上策也（時宋已失荊襄故瀕江之備切）王應麟曰寨建平之口（建平今荊州府歸州）使自三峽者不得下據武昌之津使自漢水者不得進守采石之險使自合肥者不得渡據瓜步之衝使自盱眙者不得至此守江之策也然而機變無方風帆迅疾未可

禦以守株之見也。

## 揚子江

揚州府南四十里縣六合縣經儀真縣至瓜洲鎮又東過泰興如皐歷通州故海門縣而入海曹魏黃初五年至廣陵時江水盛漲丕臨望歎曰魏雖有武騎千羣無所用之未可圖也明年復如廣陵故城臨江觀兵見江濤洶湧歎曰此天所以限南北也晉建興末祖逖誓清中原自京口濟廣陵其後南北津濟廣陵京口實爲襟要劉裕平南燕以盧循犯建康疾馳至廣陵濟江趨京口陳霸先平侯景軍京口濟江圍齊廣陵隋平陳賀若弼自廣陵濟江拔京口唐末以來濱江洲渚日增江流日狹初自廣陵揚子鎮濟江

江面濶相距四十餘里唐立伊婁埭江濶猶二十餘里宋時瓜洲渡口猶十八里今瓜洲渡至京口不過七八里渡口與江心金山寺相對東十八里為沙河港與江心焦山寺相對亦謂之沙壩河東五十餘里曰寶塔灣為鹽盜淵藪其南岸汊港可進圌山又東南四十五里曰三江口亦曰新港東至周家橋四十里正與江南圌山相對中有順江洲江面稍狹水流至急此處扼守則瓜儀可保此為金陵門戶江心要會有一字港上接圌山十里下接三江口十里官兵可以駐劄賊繇通州狼山而西宜於此泊守若一入新港登岸為卞家墳周家墳稍西則揚州矣此新港為可以登岸

可以入海之要口江防最切處也大江南岸圌山北岸三江口爲第一重門戶而鎮江瓜洲則第二重門戶儀真天甯州爲第三重門戶

## 太湖 附三江

太湖在蘇州府西南三十里。常州府東南八十里。浙江湖州府北二十八里。其濱湖之縣。曰吳縣、吳江、武進、無錫、宜興、烏程、長興。縱廣三百八十三里。周回三萬六千頃。或謂之震澤。或謂之具區。或謂之笠澤。或謂之五湖。古者水流順道。五湖谿徑可分。後世蓄泄不時。浸淫泛濫。五湖并而為一。與具區無以辨矣。說者曰。固五堰以瀦上源。濬三江以清下流。則太湖可保百年無事。蓋五堰者。所以堰金陵、宣歙諸水。使自蕪湖入江者也。五堰始於楊行密。本作此為拖船饋糧之計。朱人遂因之以節水入江。今東壩其故址也。夫太湖居江浙數郡之中。無事時為財賦所資。有事時即要害所寄也。唐李子通爲杜伏威所敗。自京口東走太湖。收合亡散。襲敗沈法興於吳郡。遂取其地。明初平張士誠。亦自宜興出太湖。先取其湖州。蓋自昔用兵者出奇之地。談地利者可不加之意哉。

三江皆太湖之委流也。曰松江。曰婁江。曰東江。三江之通塞係太湖之利病。太湖之利病係浙西之豐歉。浙西之豐歉係國計之盈縮。未可置之度外也。然而三江之淺淤非一日矣。言治水者皆知水性就下。當導之使通。不知治水之法。須識潮水之背順。地形之高低。沙泥之聚散。隘口之緩急。尋源泝流。各得其當。

大海口

海自蘇松而淮揚。上達山東。春秋吳徐承帥舟師將自海入齊。夫差會晉公午於黃池。越王勾踐命范蠡舌庸率師沿海泝淮以絕吳路。即今海道也。孫吳遣將軍周賀等乘海至遼東從公孫淵求馬。賀還至成山。魏將田豫邀擊殺之。晉石趙將劉徵率衆數千浮海而南。東南諸縣多見殺掠。元人資此爲饋運通途。明濱海置戍以防倭寇。及嘉靖中倭寇突犯蘇松淮揚之間。幾無寧宇。於是防維益密。今自金山衛而東北爲柘林堡青村所。又北爲南滙嘴川沙堡。又北爲吳淞江。此皆蘇松之喉吭。吳淞而南雖有港汊每多砂磧賊可登岸兵難泊舟實兼水陸之險於此防禦至爲切要吳淞而北爲劉家河爲七鴉港又東爲崇明縣七鴉而西爲白茅港爲福山又折而西北爲楊舍爲江陰爲靖江又西爲孟河爲圌山此皆江南岸之險舟師備禦之地也江北岸則東起料角嘴大河口以及呂四廬家等場沿楊樹港海門裏河達通州如皐泰州則逼近揚州矣踰海門而北則爲徐步營又北則爲掘港又東北則爲新插港轉而西北則金沙鹽城廟灣劉莊姚家蕩又西北則蛤蜊麻線等港而至大海口矣賊繇狼山江而西則三江口爲登犯之徑若越海門而北則必犯大海口大海口有水陸路南通廟灣

與劉莊姚家蕩俱爲大鎮，賊每覬覦。若安東海州之東北，有大北海，不惟淺塞迂遠，且沙磧甚多。掘港新插港之東，亦有北海，沙磧亦多，不堪重載，爲備稍緩矣。海防攻江南之要害四：曰金山衛，以廹近海塘，北控吳淞口也；曰吳淞口，以蘇松二郡之要害也；曰劉家河，蘇太倉入犯之徑道也；曰白茆港，自常熟入犯之要口也。江北之要害三：曰新港，以逼近揚州也；曰北海，所從以通新插港，又有鹽徒聚艘於此也；曰廟灣，以其爲巨鎮而可通大海口也。明翁大立曰：海防惟有三策：出海會哨，毋使入港，此爲上策；循塘距守，毋使登岸，此爲中策；出水列陣，毋使近城，此爲下策，不得已而至

守城則無策矣

## 江西形勢

顧祖禹

江西之有九江也，險在門戶間者也，此夫人而知之也。江西之有贛州也，險在堂奧間者也，此夫人而知之也。棄門戶而不守者敗，爭門戶之間而不知堂奧之乘吾後者敗；棄堂奧而不事者敗，爭堂奧之內而不知門戶之擣吾虛者敗。然則重門戶而固堂奧，遂可以必不至於敗乎？曰：不能。何以知其然也？重門戶，人知我之專事門戶也，強鄰壓吾西，勁敵扼吾東，欲於門戶之外闢方寸之地而不可得，則門戶為無用矣。固堂奧，人知我之專事堂奧也，牆垣溝池可以阻寇之來，而寇亦即限我於牆垣溝池之內，甚且或伺其旁哉乘其隙黨與可終恃乎且以十萬之衆萃於江沱以十萬之衆屯於嶺下自大庾至潯陽南北懸絶千八百有餘里而能信諸州以東袁吉諸州以西敵來之路凡十餘處四面拮据必有一懈懈則敵乘之而入矣且夫轉輸則農業廢救援則兵力疲陸行病於沮澤之多水行苦於灘險之遠敵縱未入吾境而我先坐困猶謂江西之地可以坐保一隅而無患哉然則戰乎曰以九江戰則跼蹐於水濱以贛州戰則崎嶇於山谷戰未可以必勝也然則何取於江西曰以江西守不如以江西戰戰於江西之境內不如戰於江西之境外且以戰失之以守失之均失也自昔用九江者

亦可觀矣。華歆以豫章敗於孫策，何無忌以豫章敗於徐道覆，操師乞以豫章敗於劉子翊，林士宏以豫章敗於蕭銑，鍾匡時以洪州敗於秦裴，南昌不必爲險固之地也。林士宏失豫章而保餘干，恃彭蠡之阻也；又棄餘干而保虔州，恃贛州之險也。然贛州自守或易，攻人亦難。五代盧光稠據虔州而事中朝，支吾不過數年，及譚全播之時，卒并於淮南矣。徐道覆出南康而北，陳霸先出南康而北，蕭勃之衆亦出南康而北，時勢各殊，成敗迥異，未可同日語也。王守仁之出贛州，亦時勢宜然，論者不察，謂贛州與南昌有不兩存之勢。嗚呼！何其暗於大計哉！惟九江在江西誠爲噤吭之地自三國迄今從北而南未有不得潯陽而可以圖洪州者明太祖一克江州而隆興以南望風款附陳友諒越江州而攻洪都一敗而不復振矣嗚呼知贛州之可不慮而後可以用南昌也知南昌之可不守而後可以用江西也知用江西者不徒戰守於贛州九江之間而後可以論戰守嗚呼可不鑒哉

九江流派

ヽヽヽ。九江即大江也。在九江府城北。其上流自興國州東流入瑞昌縣界。又東南流北岸爲湖廣黃梅縣之新開口鎮。東南流六十里經府城東北之潯陽驛。又六十里。爲湖口縣之彭蠡驛。又東北六十里爲彭澤縣之龍城驛。又百十里。即江南望江縣之雷港驛也。亦ヽヽヽ。曰潯陽江。蓋大江之隨地易名耳。

## 南江贛水流派

贛水亦曰南江。其上流分二源。西出者爲章水。東出者爲貢水。志云章水出湖廣郴州南三十五里之黃岑山。自宜章縣流入南安府崇義縣界。經聶都山。漢志謂之彭水。又東經府城南。亦謂之横江。亦謂之横浦。東北流經南康縣城南。亦謂之芙蓉江。又東北經贛州府城西。環城而北。會於貢水。貢水出福建汀州府西六十里新路嶺。流入贛州府瑞金縣界。經縣南。漢志謂之湖漢水。又西經會昌縣北。謂之湘淇水。又北達雩都縣西。而府東北甯都石城二縣之水。府南安遠龍南信豐三縣之水。又北興國縣之水。皆滙焉。

西北流至府城東環城而北會於章水始名爲贛水漢時亦謂之領水淮南王安上書言越人入中國必下領水之山峻峭漂石破舟不可以大船載糧下也亦謂之大庾嶠水以其自南而北通謂之南江梁末陳霸先起義師討侯景軍於南康尋自江南出湓口會王僧辯之師又自南康至豫章其地皆謂之南川陳初臨川周迪欲自據南川是也從贛城北至吉安府萬安縣江中有一十八灘謂之贛石自南昌以南諸郡之水悉流合於贛水而委輸於鄱湖地勢南高而北下上流之重恒在南方故嶺嶠發難贛江上下千里之間皆爲戰地振古如茲矣

## 鄱陽湖　即彭蠡

鄱陽湖即彭蠡湖。在南昌府東北一百五十里。饒州府西四十里。南康府城東五里。九江府東南九十里。周迴四百五十里。浸四郡之境。禹貢彭蠡既瀦。史既吳起曰。三苗之國。左洞庭。右彭蠡。又漢武帝浮江。出樅陽。過彭蠡。樅陽見江南樅陽縣。後亦謂之揚瀾左里。晉末劉裕破盧循於左里。即彭蠡湖口也。今南康府都昌縣有左里城。自隋以前。概謂之彭蠡。煬帝時。以鄱陽山所接。兼有鄱陽之稱。一名宮亭湖。東至饒州餘干縣之康郎山。西至新建縣之荷陂里。南至進賢縣之北山。北至南康府都昌縣。其南入南昌界者。則爲宮亭湖。收江饒衢嶽之流會大江入海長三百里濶四十里中有鴈泊小湖每春漲則與鄱江連接水縮則黃茅白葦曠如平野湖中之山其最大者曰康郎山在湖西南涯其近湖西北岸者曰鞋山曰大孤山又湖之西北近南昌南康之界有狹處謂之罌子口明初陳友諒攻洪都太祖赴救至湖口友諒聞之解圍東出與明師遇於鄱陽湖之康郎山友諒屢敗欲退保鞋山明師先至罌子口横截湖面友諒不得出既又移泊於左蠡截友諒於湖口友諒旋敗死混一海內之業肇於鄱陽一戰

## 兩湖形勢

顧祖禹

湖廣之形勝在武昌乎在襄陽乎抑在荆州乎曰以天下言之則重在襄陽以東南言之則重在武昌以湖廣言之則重在荆州何言乎重在荆州也夫荆州者全楚之中也北有襄陽之蔽西有夷陵之防東有武昌之援楚人都郢而强及鄢郢亡而國無以立矣故曰重在荆州也何言乎重在武昌也夫武昌者東南得之而存失之而亡者也漢置江夏郡治沙羡劉表鎮荆州以江漢之衝恐爲吳人侵軼於是增兵置戍使黄祖守之孫策破黄祖於沙羡而霸業始基孫權知東南形勝必在上流也於是城夏口都武昌武

昌則今縣也而夏口則今日之武昌也繼孫氏而起者大都不能敗孫氏之轍矣故曰重在武昌也何言乎重在襄陽也夫襄陽者天下之腰膂也中原有之可以併東南東南得之亦可以圖西北者也故曰重在襄陽也請得而備言之從來善用荆州者莫如楚楚都於郢而其爭中原也則在方城漢水之外是今日襄陽以北地矣西則以黔中巫郡隔碍秦雍控扼巴蜀非今日歸州夷陵諸境乎東則越冥阸以迫陳蔡由夏州州來符離以通江淮非今日武昌黄蘄之郊乎是則全楚之形勝莫過於荆州也若夫用武昌者則莫備於江東孫氏都武昌非不知其危險墝确僅恃一水之

限也。以江夏迫臨江漢。形勢險露。特設重鎮。以為外扼。而武昌退處於後。可從容而圖應援耳。名為都武昌。實以保江夏也。未有江夏破而武昌可無事者。昔人伐吳。分遣一軍出夏口。一軍出武昌。此亦第徇吳人陪都之名。而未權其實也。東晉因之。而武昌與夏口並重。陶侃領荊州則鎮武昌。庾翼領荊州則鎮夏口。劉裕締造之初。亦嘗以江州未靖。移荊州治夏口。逮孝武時。則增置郢州治焉。郢州治而武昌乃歸重於夏口矣。蓋郢州者。所以分荊襄之勝而壓荊襄之口者也。自此荊襄多事。郢州實首當其鋒。沈攸之以江陵發難。不能下郢州。不旋踵而敗亡。蕭衍自襄陽而下。則必爭郢州。王僧辯自荆州而下。則先入郢州。隋人以夏首爲陳氏之要衝。唐人以鄂州爲江漢之重鎭。皆昔郢州也。及南宋之襄樊既陷。兩郢傾。而鄂州之防急。以伯顔之强猶不敢輕犯鄂州者。誠畏其險也。及取鄂州。而東南遂不支矣。是上流之形勝。誠莫切於武昌也。若夫襄陽者。西晉用之則以亡吳。蒙古用之則以亡宋矣。則西魏用之。亦以亡梁。苻堅之陷襄陽也。不知襄陽之可以覆晉也。西魏之擅襄陽也。不知亡梁之資。即覆陳之本也。間嘗謂南國之周瑜有用襄陽之志。而無其年。關壯繆有用襄陽之勢。而無其智。庾翼有用襄陽之識。而無其力。桓溫有用襄陽之力。而無其誠。南未諳試于有用襄陽之言而無其事于岳武穆可謂闇其語矣見其人矣而又履於讒賊然則千百年來北人以襄陽弁東南者有之矣南人未有以襄陽而淸關洛者也要以襄陽爲天下之要膂則自若矣

## 夏口重險

夏口在今武昌府城西。今府城即古夏口城也。亦曰沔口，亦曰漢口，亦曰魯口。或以夏水名，或以漢水名，或以對魯山岸爲名，實一處也。應劭曰：江別入沔爲夏水。夏水始于分江，冬竭夏流，故名曰夏。水經注：夏水本江之別，出自江陵縣東南，又東過華容縣南。華容見荆州府監利縣。又東至江夏雲杜縣，入于沔。今見安陸府沔陽州。謂之睹口。自睹口下沔水，通兼夏名，而南至魯山下，會于江，謂之夏汭。春秋傳：昭四年，吳伐楚，沈尹射奔命于夏汭。五年，薳射以繁揚之師會于夏汭。杜預曰：漢水曲入江處，即夏口矣。亦謂之夏州。左傳宣十一年。

楚復封陳，鄉取一人焉以歸，謂之夏州。李吉甫曰：鄂州春秋時謂之夏汭。杜預謂夏汭在江陵，誤。漢爲沙羨東境，後漢末謂之夏口，亦名魯口。劉表以黃祖爲江夏太守，始于沙羨置屯，扼夏口之險。建安十三年，孫權西擊黃祖，祖橫兩蒙衝挾守沔口，矢石雨下，權督軍力戰，奪沔口，諸軍水陸競進，傳其城，克之，盡俘其男女而還。未幾，曹操敗先主于當陽，先主渡沔，與劉琦等俱到夏口。操自江陵將順江東下，周瑜言于孫權，請得精兵數萬屯夏口是也。吳城江夏，因磯爲樓，名黃鶴樓。建衡中，以魯肅子淑爲夏口督。章懷太子賢曰：漢水始欲出大江爲夏口，又爲沔口，然口實在江北。孫權于江南築城依山傍江對岸則入沔津故名以夏口亦爲沙羨縣治至唐置鄂州而夏口之名移于江南沔水入江之口止謂之沔口或謂之漢口夏口之名遂與漢口對立分據江之南北矣

洞庭湖九江五渚三湖

洞庭湖在岳州府城西南一里。或謂之九江。禹貢九江孔殷。又云。過九江。至於東陵。山海經洞庭乃沅澧之交瀟湘之淵夏秋水漲方九百里許慎云。九江。即洞庭也。沅漸潕辰漵酉澧資湘九水。皆合於洞庭中。東入江。故名九江。或謂之五渚。戰國策。秦破荆襲郢。取洞庭五渚。又蘇代曰。秦夏水下漢。四日而至五渚。裴駰云五渚在洞庭沅澧資湘四水自南而入荊江自北而過洞庭瀦其間謂之五渚劉伯莊曰五渚在宛鄧間臨漢水韓非子又作五湖也。或謂之三湖。三湖者。洞庭之南。有青草湖。湖在巴陵縣南七十九里。在長沙湘陰縣北百里。周迴二百六十五里。自冬至春。青草瀰望。水溢則與洞庭混而爲一矣。洞庭之西則有赤沙湖，湖在巴陵縣西百里，在常德府龍陽縣東南三十里，周迴百七十里，當夏秋水泛則與洞庭爲一，涸時惟見赤沙彌望。而洞庭周迴三百六十里，南連青草，西吞赤沙，橫亘七八百里，謂之三湖，又或謂之重湖。重湖者，一湖之內南名青草，北名洞庭，有沙洲間之也。洞庭湖中有君山，亦名洞庭山，在岳州府西南十五里，在湖中心，方六十里。今道出湖湘間者，必問津于洞庭。洞庭吐納羣川，而大江西來橫亘其口，每歲六七月間，岷峨雪消，水暴漲，自荆江逆入洞庭，清流爲之改色。渡湖而南，則由長沙而之嶺海，湖濶二百里；渡湖而西，則由常德而道滇黔，湖濶二百五十里。灃湖而西北則入灃州而取逕于荆州常德之間湖澗亦二百里誠荆州之巨浸矣。

防海要略　江海上

防守江海要略卷上終

# 防盧策選 下

溥右

# 防守江海要略卷下

顧祖



## 福建形勢

福建僻處海隅褊淺迫隘用以爭雄則甲兵糗糧不足供也用以固守則山川間阻不足恃也西漢時東越嘗國於此矣橫海樓船以四道之兵至而國亡陳天嘉中陳寶應亦思據此矣章昭達余孝頊之師來襲而國亡五代時王氏亦嘗帝制自爲矣及釁起於內敵乘於外而地分於鄰國元末陳友定起於閭閻保其境內一旦杉關失南臺驚及其身而敗亡至矣猶得謂閩爲險固之地乎哉昔人亦言閩中形勝大類巴蜀此非通論也至於外患之來不

特惠潮迫近汀漳藩籬易越而南贛山谿相錯窺伺之道甚多由建昌而趨邵武由廣信而下崇安敵已在肘腋間矣仙霞南下建甌之勢也而處州之龍泉慶元與建寧之浦城松溪犬牙出入往者葉宗留輩肆惡其間而建寧以及衢信道皆爲之梗山藪隱匿保無有怱然闌入者乎溫州以南由泰順而踰分水向平陽而越流江福寧候官之郊皆戰場也而海道之捷抵白沙浦徑進五虎門又無論也噫以福之幅員而可攻之隙隨在而是備前則後至備左則右至山海之環繞不足以爲固而止爲敵人出沒之資耳猶可與巴蜀同日道哉

## 臺灣府屬渡口考

俞正燮

福建之海門戶爲閩安爲海壇泉州府北崇山環抱南接金門廈門西南至廣東之香山其南則大洋金門廈門之東南洋爲澎湖三十六島澎湖西爲娘媽宮東過洋爲臺灣臺灣在福建辰巽方東北自雞籠山西南至沙馬崎凡千九十四里與福州興化泉州漳州四府相直自澎湖往水程四更自廈門往十一更其山脈發福州之鼓山自閩安越白畎洋關潼山至雞籠山自雞籠山蔥翠層疊而南山南北峙泛海者以雞籠爲準則也山中番族百四十有奇人無姓依婦以居山田植薯芋甘蔗山有識颱草一節則一

年一颶汛，無節則其年無颱。颱大，具風也。其人文身黑齒，言語不通中國。其居曰岡，如覆船。番有生熟，熟番屬中國，號中國曰唐，閩粵與東南洋語皆自稱曰唐，習也。熟番畏生番，每出捕鹿收芋蔗，啁哳而歌，大意言願出行不遇生番，然遇生番則盡力殺之。無蠱法，解詛咒，婦人皆知之，咒樹木立死。山之西平壤或十里或五十里，今府地也。淡水廳東北有噶瑪蘭，彰化縣東有埔里社，西面地肥沃。南濱七鯤身最險，迤北過安平鎮，南汕為鹿耳門，又北為北汕、青鯤身、南鯤身、鹿仔港，迤而東北至淡水港。北淡水港對閩安，中鹿仔港對蚶江，南鹿耳門對澎湖，臺灣門戶也。後鹿耳門淤，改由海豐港即五條港小水口則雞籠山西至淡水城五中隔諸番社又西南至嘉義水口三十又南至臺灣縣八又東南至鳳山二又東南至沙馬碕五中八里至對五虎門亦門戶也又山後烏石港加禮遠港皆東面海與山前三大港皆設稅其他小者或不通舟澎湖西有紅溝黑溝臺灣北為萬水朝東船入之直趨東洋南為南風氣直趨南皆大溜海水各有界各有所注色不淆其落漈最險水勢旋轉潮水不能入潮高水下潮下水乃高船入之旋轉不已幸不沒伺潮消長與漈平時破急溜而出也沙馬碕西對海為小琉球山當澎湖之南隋大業中虎賁將陳稜一至澎湖東向

望洋而返。宋謂之毘舍那國。見馬端臨通考。毘舍那、則生熟番也。元置巡司於澎湖。明初內徙其民。棄澎湖地。宣德時閹使入洋東至臺。始知之。謂之臺員。見周嬰東番記。亦謂之北港。天啟二年。高文律擾澎湖。總兵俞咨皐用間、移之于北港。見顧祖禹讀史方輿紀要。泉州澎湖島。嘉靖四十二年。俞大猷逐海寇林道乾。道乾逃入雞籠山。旋又遁去。琉球人居之。萬曆時。海寇顏思齊逃入臺。文報始稱臺灣。思齊引倭屯之。而琉球東去。萬曆末。荷蘭紅毛人自西洋來。欲據香山。不可。則據澎湖。又不可。乃南據美洛居。及葛留巴。以鴉片煙誘葛留巴。葛留巴人俱靡腫不敢動。役於荷蘭。既而荷蘭聚集精銳。攻香山。戰敗。揚帆東走。至澎湖。使人行重賄於福建巡撫。援意大里亞人居香山故事。以求澎湖。必得。巡撫使人善諭之。則授日本歲納鹿皮三萬。求臺灣互市地。適日本人居臺灣者。新奉天主教。遂許之。築赤嵌城以居。今安平鎮是也。荷蘭既得地。即數數與日本搆爭。日本既染其教。爭不勝。盡屬東去。憤甚。盡誅其人之習天主教者。並約東琉球。而荷蘭據有臺灣。置歸一王。亦不復東。天啟初。乃西擾澎湖及廈門。四年。福建巡撫遂取澎湖。其東臺灣。既自古聲教不及。不悉其址。故籌海圖編無其名。明尚以爲外荒也。鄭芝龍者。閩人也。爲日本壻。家於臺灣。日本之東歸也。芝龍以舟楫入衆橫於海。崇禎元年。降明。明南渡。封南安伯。領水師。鄭氏之令北自京口南至漳。唐王隆武。南徙。鄭氏遇之於浙輔而立之。其所據泉州、興化、漳州、汀州、邵武、惠州、潮州。大清順治三年。芝龍自安平奉表降。以之北行。其子成功。本名森唐王時賜改。逃入海。據泉州之金門廈門。八年。舟山平。魯王朱以海航海走。至金門。成功奉之。十一年。沈魯王。十八年。入京口。窺江甯。敗而無所歸也。徜徉海中者數月。乃決計盡力攻臺灣。荷蘭人方守鹿耳門。鹿耳門水大漲。成功舟浮而上。荷蘭大驚。徵辭於成功。成功曰。吾無他求。此我家舊地。還我子女玉帛。汝悉載以去。荷蘭人恩之終日不敢戰退保平安鎮成功環山列營塞山水源困之既又焚其舟師遂去而伺於噶留巴臺灣人猶有習其教者曰教冊成功則盡除之鄭氏既有臺灣名之曰東都他耿氏開藩福建海禁弛乃招徠客民漳泉惠潮習水者墾地利泛海寄居地遂富庶聲勢遂連金門廈門康熙元年成功死其妻董氏與衆立其子錦二年荷蘭自噶留巴遣出海王以師助中國取金門廈門既而耿逆反錦尾耿逆後取漳泉諸郡改東都曰東寧承天府進米內渡相持三四年臺地空乏及耿精忠降諸郡以次收復錦走據金門廈門以爲聲援十八年二月荷蘭以夾板船來助攻錦偵知之分兵

破其衆荷蘭遁去錦旋死二十二年施琅克金門廈門取澎湖進兵
至鹿耳門不得入泊海中十二日潮不至舟師得安忽大霧潮長
鹿耳門水大漲舟師浮而入錦子克塽曰昔先人得臺灣鹿耳門
漲以爲天助今復然舟師浮而入
皇帝天威不可抗也遂降收其地以承天府置臺灣府北爲淡水
廳南天興州置諸羅縣承天置臺灣縣萬年州置鳳山縣西爲澎
湖廳立文廟鼓鑄用臺字鄉試用至字編卷三十年以臺灣人文
盛罷試卷別編例後仍用至字號道光八年臺地粤籍士子以非福建戶籍於應鄉試闈中另編田字號卷
康熙五十五年南北兩路生番納貢雍正二年分諸羅北爲

彰化爲縣四乾隆五十二年改諸羅爲嘉義五十三年生番入朝移鳳山縣治於陴頭以舊城爲興隆里嘉慶十二年復鳳山舊城十六年於淡水廳東北三貂嶺外蛤蚜闌五圍設噶瑪闌通判編客民四萬二千九百餘丁及番族立樹城東北至隆際嶺爲界臺灣俗以寄籍分黨沿積習械鬥故易嘯聚中更朱佑龍劉卻朱一貴吳福生林耀楊光勳林爽文莊大田蔡牽之亂皆削平朱一貴以康熙六十年四月僭號永和六月鹿耳門水漲施世驃藍廷珍自南澳濟師討平之林爽文莊大田以乾隆五十一年十一月僭號順天以卯月爲正圍諸羅柴大紀拒之黃仕簡由廈門進鹿耳

門。任承恩由蚶江進鹿仔港。徐鼎士由閩安進淡水港。五十二年。常青恆瑞由五虎門進鹿耳門。藍元枚進鹿仔港。諸羅圍不解而南路鳳山。旋復旋失。冬。海蘭察自廈門。福康安自崇武港俱至鹿仔港。賊女軍師金娘方臨陣誦咒持妖術助戰而降番莊錫舍執以來歸。遂擒爽文。又南獲大田。賊平。

須右旋白螺於閩督署督撫將軍提督過海則佩之。五十二年十一月二十一日

旨也。後仍繳進。嘉慶十年冬十一月二十三日。海盜蔡牽自稱鎮海王。擾鳳山。浙江提督李長庚自寧波抵鹿耳門。十一年正月賊

逸去二月以大利益吉祥右旋螺交賚沖阿帶往渡洋六月賚沖阿督各路師追之賊復返匿大舟於鹿耳門而去蔡牽在海中欲從海東入烏石港取噶瑪蘭地地在淡水廳山後去淡水城五百里乾隆時已漸墾四月設兵備之十二年朱濆又謀由海東蘇澳入竊五圍南地禦卻之漸籌設屯十六年九月乃定設噶瑪蘭廳於是臺灣兼山東山西地初鄭克塽降眾議守澎湖內徙臺地人民而棄其地施琅曰是資荷蘭也力持不可及平朱一貴眾議以副將守臺灣而置總兵於澎湖則臺灣有所制藍廷珍爭之乃定今制臺灣兵一萬四千餘皆內地標兵抽撥泛海更戍初以臺地

沙土浮鬆。不時地動。且海外初置郡縣。故以樹爲城。承平久。人心、、、、、、、、固定。始築土石城。而淡水廳爲竹城。噶瑪闌廳在五圍地。九芎樹、、城也。

閩海

海在福建爲至切之患。漢元封初，伐東越，遣横海將軍韓説出句章（句章見浙江慈谿縣），浮海從東方往，遂滅閩越。三國吳建衡初，遣軍自建安海道與荆州之師會於合浦（合浦見廣東廉州府），以擊交趾。陳天嘉四年，章昭達自東興度嶺趨建安，討陳寶應。詔余孝頃督會稽、東陽、臨海、永嘉諸軍，自海道會之。昭達敗寶應水柵，諸軍方攻其步軍，孝頃自海道適至，因併力乘之，寶應敗滅。隋開皇十年，泉州王國慶作亂，自以海路艱阻，不設備。楊素泛海奄至，擊平之。五代漢初，吳越遣將余安自海道救李達（達即閩叛將李仁達，時據福州，爲南唐所攻），遂有福州。宋德祐二年。張世傑等共立益王是於福州。蒙古將阿剌罕自明州海道來襲。福州旋陷明初討陳友定。亦命湯和由明州海道取福州。八閩悉定。洪武十九年。倭氛告警。乃命江夏侯周德興經理閩海。置烽火南日浯嶼三寨於海中。正統九年。以侍郎焦宏蒞其事。則還烽火南日於內地。景泰二年。尚書薛希璉出而經畧。又還浯嶼水寨於夏門。議者以爲棄其藩籬矣。是時雖增置小埕銅山二寨。沿邊衛所鎮戍之設。漸加密焉。而奸商釀亂。勾引外夷。自潮州界之南澳。及走馬溪舊浯嶼南日三沙一帶。皆爲番船所據。浸淫至於嘉靖二十七年以後。禍乃大發。論者謂東南之倭亂。閩實兆之也自是縮斥堠嚴會哨邀去之後猶亟亟不敢懈爲蓋列戍於海上而哨守於海中不易之法矣說者曰海中島嶼東南錯列以百十計但其地有可哨而不可守者有可寄泊而不可久泊者若其最險要而紆迴則莫如彭湖蓋其山周遭數百里隘口不得方舟內澳可容千艘往時以居民恃險爲不軌乃徙而虛其地馴至島夷乘隙巢穴其中力圖之而後復爲內地備不可不早也又海中舊有三山之目彭湖其一耳東則海壇西則南澳皆並爲險要守海壇則桐山流江之備益固可以增浙江之形勢守南澳則銅山元鍾之衛益堅而可以厚廣東之藩籬此三山者誠天設之險

可或棄而資敵歟。

## 潮州海防圖説

藍鼎元

潮郡東南皆海也。左控閩漳，右臨惠廣。春夏之交，南風盛發，揚帆北上，經閩省，出烽火流江，翱翔乎寍波上海，然後窮盡山花鳥過黑水大洋，遊弈登萊關東天津間，不過旬有五日耳。秋冬以後，北風勁烈，順流南下，碣石大鵬香山厓山高雷瓊崖，三月可歷遍也。外則占城暹羅，一葦可杭。噶囉吧呂宋琉球，如在几席。東洋日本，不難扼其吭而擣其穴也。茫茫大海，無樊籬之限，守之有道，則萬里之金湯；防之偶疏，亦眾敵之門戶。洵洋洋乎雄藩也哉。全潮海疆不過五百里，上自南澳，下迄甲子門，中間島嶼澳港，歷歷可數。

柘林大城所居南澳上游有雞母澳後澳虎嶼獅嶼紅螺雞冠西澳詔山及横山青山鹽漏上里諸砲臺與閩之銅山縣鐘接界明人防海知設水寨于柘林而不知南澳之不可棄遷其民而墟其地遂使倭奴紅彝盤踞猖獗吳平林鳳林道乾許朝光曾一本先後盜兵邊氓塗炭萬歷年間始設副總兵守之

國家鎮以元戎遊魂永靖蓋南澳爲閩廣上下要衝阨塞險阻外洋番船必經之途內洋盜賊必爭之地去諸明效固彰彰若此也南澳四面大洋周迴三百里分隆深雲青四澳雲青屬閩詔安治之隆深屬粵饒平治之左右兩營分守各獳亦以福廣名青澳在

東湧流險惡無泊舟善地雲澳在南近岸皆沙水淺風飛巨艦亦難停頓是以左營舟師必分深澳駐泊以深澳鎮城所在元戎旌節之區也深澳面北半倚山阿外險內寬千舟可聚若北風狂發則不如隆澳之安隆澳在西南南颱驟起則又宜于深澳深澳之口爲青嶼爲蠟嶼青嶼石峰奇矹有海濶天空四字古蹟蠟嶼砲臺有兵防守與長山尾汛皆捍門要地也黃岡之南爲大澳爲獅頭爲鴻門爲信洲爲柏洲爲井洲南澳西北四十里爲海山海山雙峙汪洋中與南澳黃岡相犄角溪南防汛爲東石溪北防汛爲浮禱各港洋面鎖鑰固焉下此爲侍郎嶼爲三嶼爲五嶼水際卷

石嘈然小星賊艘偶衝亦有不攻自破之妙澄海洋中爲大萊蕪小萊蕪爲放雞山放雞屬潮陽境澄海協弁兵守之過此爲達濠亦在海中潮陽東方之保障也自明以來屢爲寇壘康熙二十年設副將兩營屯劄今改專汛守備城池戰艦屹然稱雄藩內則磊口河渡分南北兩門外則放雞蓮澳廣澳砲臺羅列其誰敢攖之下此爲東嶼爲西嶼西過龍潭鼻爲錢澳砲臺則海門營出口之要害也海門城據山臨海有水師參將駐劄猷灣河背兩岸砲臺皆在城下爲潮陽東南保障出口迤西爲靖海所靖海有城有砲臺屬惠來境海門守備分守之靖海而南以石碑澳爲要害賊舟

屢泊登岸剽掠赤山鉛錫石井諸澳皆苦海氛而神泉爲尤甚神泉登岸十五里則爲惠來縣南門上下舟航皆入此港爲惠邑第一要害築城港口駐劄防兵左右砲臺威武震疊華清甲子作我屏翰而海濱有長城之勢矣甲子爲惠潮樞軸有碣石水師專守不容越俎代謀潮屬海面如此而已港澳雖多沙礁暗阻風濤不測舸艦輒碎非熟諳港道者弗敢輕入商艘往來不過旗嶺汕頭神泉甲子他皆非所戀也奸宄潛浮雖不擇地亦在附近島嶼可以泊舟之所不能日夜飄飄外洋且其意在劫船遠出安用必有島澳可以棲身乃能窺伺商艘之去來必待風和浪靜乃敢駕駛

出洋以行劫好生惡死盜賊所同豈曰不如官兵之甚乎官兵哨巡但出稍遠畧觀港口島澳雖有賊船何處停泊豈果必發矢開鎗而有拒敵之患乎大帥小弁分哨會哨非不耀武揚威昂然身登戰艦張大其事名曰出師乃南澳出師不過長山尾澄海出師不過沙汕頭達濠出師不過河渡海門出師不過獅灣碣鎮出師不過甲子天妃廟坐守數月及瓜而還罕有離岸十餘里試出海面優游者商船被劫雖城下亦諉之外洋雖營邊亦移之隣境彼此互推經年不倦若其海菜魚蝦微利所在戰勝攻取如臨大敵太平無事習與性成亦不足為怪也

聖主德威無遠弗屆海波不揚敢溢肅清居今日而談防海等之一幅西湖圖耳然閑暇綢繆聖人以爲知道文武寅僚同舟共濟善相勸過相規協恭和衷之誼也百爾君子其勉旃哉

## 粵洋事宜安南參看

倭什布

臣等伏查粵東十府三州。幅員遼闊。其中廣惠潮肇高雷廉七府。俱係濱海之區。瓊州孤懸海中。絕無依傍。海道自東至西綿亘三千餘里。東與閩省連疆。西與越南接壤。形勢險要。甲于他省。自古迄今。無不以防海捕盜爲要務。溯查乾隆五十四年以前。沿海窮漁貧蛋。什伍糾結。伺劫商艘船隻。並無大夥聯綜。敢與官兵抗拒之事。迨安南阮光平父子。有國慣以豢賊爲能。招集內地亡命。給與礮火米糧器械船隻。俾其至閩粵洋面。肆行劫掠。盜匪出有經年累月之糧。歸有消贓窩頓之所。糾聚日多。聲勢遂甚。其自安南駕船而來也。一由白龍尾而入廉雷各洋面。緣白龍尾附近江坪。江坪其消贓之所也。一由順化港而入瓊州洋面。緣順化港爲安南富春門戶。富春其國都也。此兩路盜船駛入粤洋。非百號。即數十號。其志總在直趨福建浙江。及其飽掠而歸。仍由原船駛入江坪富春。沿途雖有剽掠。並不近岸登岸。各營水師。全用米艇配兵東西邀擊。歲有擒殲。蓋船多則力敵。而沿海口岸村莊。亦賴以安堵。此數十年來安南夷賊及官兵在大洋擊賊之情形也。今自阮光纘失國之後。新藩阮福映曉知大義。驅逐奸匪。向目之爲舊阮。勾結寓留者。已被芟夷。其餘黨則仍竄回內洋。復圖糾結出沒爲奸該匪等遊行已鈌資糧退歸又無巢穴因常在粵東洋面遊弈伺劫而大幫水師兵船常行在海緝捕匪船站𨚫不住又無從得食于是分駕船隻各于所在港汊潛駛登岸劫掠村莊官兵分則勢單合則顧此失彼往往聞信追拏匪船已揚帆而遁此近日賊船猝聚猝散不時登陸官兵大艘在洋難期得力之情形也查籌海捕盜原無一定之規就目前盜情而論以千百無藉之徒久佔滄波米糧乏絕又不能退入越南除登岸劫掠之外別無生計查東省自東至西沿海礮臺一百座額設兵丁止三千七百四十餘名而水師出海官兵終年有數千名在船既不便更番替換

又不能增戍添防所有在洋在岸緝捕防堵事宜必須互行變通妥密規畫務爲彼勞而我逸勿任彼逸而我勞方可綏靖驅隅翦除凶醜也

## 南海

顧祖禹

海環廣東南界。倚為險固。然攻守之計。亦莫切於海。晉義熙七年。劉裕與盧循相持於豫章。而遣別將孫處等。由海道徑擣廣州。傾其巢穴。循以敗亡。唐乾元初。廣州奏大食波斯圍州城。掠倉庫。焚盧舍。浮海而去。咸通二年。安南陷於南詔。諸道兵赴援。皆屯聚嶺南。用潤州人陳磻石議。自福建運米泛海至廣州。軍食始足。宋末。車駕自閩入越。既而蒙古將張宏範。將兵由潮陽入海。追宋少帝於崖山。宋亡。明初。命廖永忠由福州海道取廣東。永忠奄至東莞。何真迎降。而廣州亦下。洪武永樂間。倭彝入犯。廣東屢為所擾。嘉靖中倭寇閩浙滋蔓亦及於廣東議者謂廣東海防當分三路三路者左爲惠潮右爲高雷廉而廣州爲中惠潮二郡皆與福建接壤而潮尤當其衝柘林南澳皆要區也由柘林而西爲大城海門靖海蓬州諸所又西接甲子門碣石平海諸衛所皆爲南面之蔽儻柘林南澳失守是無潮也平海碣石失守是無惠也海防考惠潮之備以柘林爲最要柘林乃南澳海道之門戶據三路上游番船自福建廣悉由此入其去惠潮水寨遠幾百里水寨爲惠潮之衝而柘林又爲水寨之衝慎固之防不可不豫而大城所聲援差近備尤不可或疏也若夫中路之備則在屯門雞栖佛堂門冷水

角老萬山虎頭門等澳而南頭澳在虎頭門之東爲省會門戶海寇往往窺伺於此爲闖入之迹則東莞大鵬之戍守宜切也又西則峽門望門大小橫琴山零丁洋仙女澳九竈山九星洋諸處而浪白澳在香山澳之南爲番船等候接濟之所則香山所之戍守宜切也又西爲崖門寨門海萬斛山硇洲等處而望峒澳在崖門之西爲番船停留避風之門戶則廣海衛及新寧海朗二所之戍守宜切也若西路三郡去倭島似遠而安南占城暹羅滿剌諸番風帆易達高州之南神電衛所轄一帶海澳若蓮頭港汾洲山兩家灘廣州灣皆府之南翰也雷州凸出海中三面受敵其遂溪湛

川潿洲樂民等四十餘隘固爲門戶之險而海安海康黑石清道并徐聞錦囊諸隘亦所以合防海澳者也至於廉州之境尤爲全廣重輕海寇之驚峒獠之擾外彝之侵有兼憂焉

水戰事宜

聯舟以戰於水者。弓弩火器矣。而撻竿鐵鉤以碎其舟。順風鼓灰以瞇其目。事雖渺小。皆昔人曾用之以取一勝之利者。據上流以藉水力。乘高艦以處勝勢。張牛革以蔽矢石。泥五緉以防火攻。因風道以爲進止。仍以小舟擺縱橫出沒以備奇擊。皆舟之用也。舟欲其接續而不離。散則救應不難。卒欲其善水而習風波。方可齊斬馘之功。故教悍卒以爲水兵。則教易成。用火桶噴筒以佐水戰。則戰必勝。立營置寨。巨艦環外。小舟居中。懸皮樹柵。開立門戶。艨艟密布。最忌聯鎖。以致火攻。嚴而備之。存乎其人。

防賞卷選江海下　七　屯同叟

王僧辯等至蕪湖侯景使侯子鑒據姑熟以拒西師景遣人戒之曰西師善水戰勿與爭鋒若得步騎一交必當可破汝但結營岸上引船入浦以待之僧辯停軍十餘日景以爲逼復命子鑒爲水戰之備方挑戰時僧辯麾細船皆退留大船夾兩岸子鑒之衆謂水軍退欲徑趨之僧辯大艦斷其歸路鼓譟大呼合戰中江子鑒大敗

岳飛討楊么降其衆數萬負固不服者方浮舟湖中以輪擊水其行如飛旁置撞竿敵舟遇之輒碎飛乃伐君山木爲巨筏塞諸港口以腐木亂草浮上流而下擇水淺處遣善罵者挑之且

行且罵賊怒來追則草木擁積舟輪礙不行飛急擊之賊奔港中爲筏所拒官軍乘筏張牛革以蔽矢石舉巨木撞其舟其舟盡壞斬楊么縱老弱歸田籍少壯爲軍獲舟千餘由是鄂渚水軍爲沿江之冠

韓世忠戰兀朮于江也預以鐵綆貫大鉤授健者明旦敵舟譟而進世忠分海舟爲兩道每縋一綆則曳一舟沉之兀朮窮蹙募人獻破海舟策閩人王姓者教其舟中載土平板鋪之穴船板以棹槳風息則出以海舟無風不可動也又有獻策者曰鑿大渠接江口則在世忠上流兀朮一夕潛鑿渠三十里且用方

士計刑白馬刎婦人心自割其額祭天次日風止宋軍帆弱不能運金以小舟縱火矢下如雨世忠軍敗元人侵蜀宋將呂文德艨艟千餘泝嘉陵江而上北軍迎戰不利元主命史天澤禦之乃分軍爲兩翼跨江注射親帥舟師順流從擊三戰三勝張宏範攻宋於崖山也以火攻宋舟宋人以泥塗蓬艦縛兩木以拒其火舟遂不能焚宏範乃豫構戰樓於舟尾以布幙障之命將士負盾而伏令之曰金聲起戰先金而妄動者死飛矢集如蝟伏盾者不動舟將接鳴金徹幛弓弩矢石皆作頃刻破七舟宋師潰呂文煥之與敵舟戰於江也文煥居下流乃泊舟兩

岸而以中流之舟佯敗而退敵追之兩岸舟反在上流出敵之背而夾擊之敵遂敗

王濬平吳作大船連舫百二十步受二千餘人以木爲城起樓櫓開四門其上皆得馳馬往來又畫鷁首怪物於船首以懼江神舟楫之盛自古未有

楊素平陳造大艦曰五牙上起樓五層高百丈餘而又前置六拍竿容八百人有餘黃龍乘舴艋各有差陳將戚欣率舟屯狼尾灘以遏軍路其地險峭灘流洑激素率舟銜枚夜下掩之別遣將從引步卒襲其別柵此皆用大舟者也

大抵大舟處勢雖高不利進退須襍以小舟兼而用之大集漁舟師授以堅甲利兵教之鎗刀弓弩不踰歲而皆精兵矣

## 水師制勝諸法

問曰：今夫荆揚之國，半皆瀕水，踐山為城，塹江為池，則守岸重於守城，水戰急於陸戰矣。敢問守之如何？曰：舟師可以進，可以守。東南之師趨三齊者，自淮入泗而上；趨河北者，自汴入河而上，舍舟登陸，尚得半利；趨關中者，自河入渭，徑至長安，水陸並進，可以全利。此皆以舟師進者也。築建平之口，使自三峽者不得下；據武昌之要，使自漢水者不得進；守采石之險，使自合肥者不得渡；防瓜步之津，使自盱眙者不得至。此皆以舟師守者也。扼江之城不過十郡，十郡之要不過七渡，其中形格勢禁，扼吭枕背，譚兵攬圖之之士類能道之矣請言舟要大勝小堅勝脆順風勝逆風順流勝逆流防淺防火防風防鬆防鐵鎖鐵栈以鬪船遇倭船如以車碾螳者鬪船如城倭船如艙大海相逢鬪船力而不鬪人力此以知大之勝小矣以粵船遇鬪船如以石破缶者粵材皆鐵力而鬪材僅松杉風濤相衝材枯者一撞即碎此以知堅之勝脆矣韓世忠以海船敗金兵虞允文以海鰍船沈敵舟孫曹劉盧之爭劉裕盧循順風者得天助逆風者失事機可以知乘風之利矣春秋吳楚之爭從水戰者楚常勝從陸戰者吳常勝可以知上游之利矣雖然鄱陽之戰敵艦高大我難仰攻明軍縱炬而燼之此以小勝大脆勝堅者也吳越之戰敵得

風勢傳曜引舟佯避俟敵過而回舟揚灰以敗之此易下風爲上風者也梁陳之戰敵順流而東直取建康侯瑱徐出蕪湖躡其後敵舟反風而自焚之此易溯流爲上流者也若夫淺之爲患則御舟膠沙鄱湖幾危然岳平楊么預置草筏以塞港迫敵走險而遂禽之吳攻交州乘潮挑戰以僞遁俟敵舟潮落礙杙而後乘之則可以淺致敵也風之爲患世傑颶覆於厓門金師濤捲於唐島然海舶之制兩頭設柁東風西駛南風北駛占驗有定無適不宜是可以人備風也火之爲患以孟德之強而敗世忠之智而敗徐道覆之譎而敗或乘風烈而火之或乘無風而火之海艦無風不能動或分

步兵夾岸而火之然匡山之戰海船皆塗泥而火箭不爇河陽之戰鐵竿拒油艇而須臾自燼是可以計禦火也中流失船一壺千金與其死戰於舟上不如陰制於舟下與其破敵之卒不如破敵之艘則鑿患甚焉然或艙用夾板或底鑄鐵釘或募善泅以護舟則亦備敵之沈我也若乃敵進欲距敵走欲禽或橫鐵鎖或紐舟輪繫樹沈石伏椎扼津非皆斷水之計歟欲破鐵鎖暗椎者宜作大筏乘以先之椎著筏去大炬後隨長木灌油鎔鐵斷維若破笮聯艨艟者宜募壯士披鎧進攻緶則斧之薪油以從艦斷隨流焚溺敵笮若破筏石礙淺者宜令善水潛以銳刀龍觧水漲順流莫

膠此又防敵之斷水者也請言舟制曰八輪船厚板五槽中有大輪其上三桅杝樓後橫順風使帆逆風轉輪帆索藥浸雨火不侵周以生革捍矢衛兵狼牙釘底用防奸人攻守皆用風濤不驚曰樓船重列女牆戰士憑之窗矛穴弩砲車外施濕氈生革禦火是宜周環如壘可戰而馳牙旗金鼓大將之威無風難使多則非宜此皆用以統卒者也曰火輪神舟形如海艘生革障矢上下三重旁輪激水中層刀釘機關以伏下艙伏卒鬭疑神鬼鼓泅善櫓破浪如駛佯敗爭泅空舟以委踐機觸刃精卒驟起火器四發橋隊披靡曰鷹船兩頭俱銳不辨首尾竹板密釘旁窗出矢進退如飛

順遊可使鼓其櫓槳水戰可恃曰漁船材簡用巨出海最詭每載三人一槳一帆一以銃護任意往還隨波上下敵莫我覘此皆用以哨探者也曰蒙衝多張生革用障矢石篙師在內弩槍是衛但取神速乘其不備空見船行僧驚入渭曰無底船士立兩舷旗幟壯觀誘敵競入溺死無算又或三舫聯爲一貫中實旁虛浮板易覆夜戰誤敵功倍事半曰走舸舷立女牆多槳如飛壯士徑進絕流出奇或火或挑急遁勿疑此皆用以掩襲者也曰子母舟長餘三丈前爲巨艫廣實藥薪後艙內虛小舟藏之使風齊驅抵彼火發後舟則遁曰聯環舟舟分二截聯以環鉤外視若一徑趨敵舟

前嘗鐵釘載砲實油釘撞於敵環解鉤抽砲火擊之後去前留此皆用以焚敵者也曰沙船調戧使風三桅五桅一日千里大帆長馳墻以艙柵江海是宜曰鬬艦形如樓船其制稍遒外牆內栅伙弩直矛上無敵覆死士環周衝陣陷敵克壯援枹曰遊挺有艙無牆多槳迅櫓虞候用之回轉陣伍計會進止不失敵處此皆用以覘敵者也焚敵莫如火碎敵莫如砲砲或自震以後易船水不可沉風不能動堅架量高審敵測竿暗表識之遠近直弦舟處後後布障筏前敵莫我測望之如垣賊近發之齊聲震天外摧內圍施必萬全此用以自守者也若乃飲馬天塹欲渡狐疑宜用浮橋枕

席過師。大艘數十巨筏絙之。試諸上游。移置敵礮。夜釣量江謀士堪師此用以濟水者也。舟艦繕矣。必練水師。水師二要。一專號令。二重蒐練。號繁則淆。令紛則雜。編什五舟為一䑸。哨官領之。兩哨為一司。分總領之。三司為一部。部將領之。旗皆同色。異鑊異號以別之。舟各一總管。專其責成。而悉鈐束之。凡舵工。必擇膽而練者。如臨戰股栗。必亟易之。此之謂號令蒐練之法。因其漁丁而用之。因其老商而用之。因其鹽徒而用之。因其蛋戶而用之。其效用也。或泅鑽敵舟而溺之。或夜抽艘隊而亂之。或齎燧潛發而燎之。或鐵綆繫舟而拽之。或出奇載砲而擾之。或冒險伺間而偵之。或達信圍城而懸之或齎蠟請援而致之其入水也敵密列星椿則遇而鋸之敵張網綴鈴則先觸以竿俟其舉網而過之其招致也或懸重賞而購之或投金大江而試之此之謂募練水師習矣宜備水器自守之器四或帆或衣或橐或騎水軍之命制於帆帆制於火必藜膏石蜂脂礬水以淹之竹箬縑索皆以此浸之再乾而後用之則火箭火毬不能燎也人不習於水衣不宜於水或瓠片為甲而礬淬之編以鵞翎而浮之則皮囊木罌不能及也水底潛伏閉氣為難宜屈銀囊而三管敫之上二塞鼻而一口含之使氣自相呼吸而水不能入也脊與足心（謂湧泉穴）入水如火水族望之厥

來爲禍上漆椰瓢以護之下裹漆絹以襆之則無光而可免也藤爲水馬腹大如甕四足横出尻尾俱昂前後遮浪中藏乾糧漆布爲襆手援以行短撓銳鐵可戳可抗此所以備不虞也攻敵之器六或火或銃或筆或鏢或豆或油火箭力猛過步數百箭勁帆檣虛射無益宜近鐵施竹叉以留之欲辟濕則筋纏而漆固之是曰火箭敵近十步箭遠非宜焚帆焚棚火抓是資圓木陷刃空中藥施火孔六七倒錐實之臨敵亂擲釘入帆桅或高或下釘著火隨是曰火抓桶可受斗半實硝磺溝沙攪之火碗中央溫灰焙炭貯碗內平置沙面此臨時方置者加蓋微扃輕擲敵艙火激藥發迫不及防以暇出奇急

則自傷。（一擲則碗傾而火出，藥發，敵不及返擲我舟，故臨用時必輕裝速擲，恐火動藥然也。）是曰火桶。更有噴筒，二尺竪竿，纏以繩麻，柄五尺長，層藥一餅，數層迭裝。（餅用硝磺、樟腦、松脂、雄黃、砒霜製成，餅中兩渠以拴藥線。）實藥虛發，十丈莫當，遠粘檣帆，煙發倉皇，是曰噴筒。此皆火攻之器也。更有火而水發之者，蜀之石油，入水不熄。造藥作團，借火器力，一發四迸，逢隙艙側，敵備不及，水沸愈熾。更有火而逆風發之者，江豚之性，逆浪逆風，煅灰煉油，硝硫助功，狼糞艾納，并焰則同，逆風愈勁，神焰鬼工。此則火攻之奇器也。（明流賊劉七等舟泊狼山，蘇人獻計火攻，燒藥及火於水中發之，名水老鴉，其制未詳。）火藥不備，火攻不及，則如之何？曰：有鉤鐮焉，或割其繚，或鉤其舷，物微用便，利輕以彎，有

擦鉤焉三鋒一柄左鉤右鏟或撈首綴或鉤帆幅桁間鐵堅萬拽
不曲有潛置水中者焉或鉅或鉤嚴禁勿泄賊艘徑撞碎於銳鐵
此鉤之利也賊劉七等泊狼山有獻器如鳥喙者持入水以喙鑽船機自旋轉船透可沉有鐵鏢焉升
桅斗而擲之船頭船尾乘高則駛體重利下巨鐵細尾中舟必洞
中人必死勢雖多人技習可便首重二斤徑寸尾徑二分長七尺全鐵為之敵舟若近
我高彼小鋼頭竹尾得力為巧擲之如雨敵衆皆擬首重四兩尾長七尺此
大小鏢之利也拍竿之制施於樓船上置巨石轆轤貫焉層樓百
尺六竿相聯壯士數百府環其巔發之碎敵熊羆莫前撞竿之制
施於戰艇堅木冒鐵敵艦莫近迎之立碎摧陷無並此竿之利也

以人制人，用巧出奇。雖自兼油擲以瓦礫，風濤簸撼，足滑不持，油板易火，縱風乘之。又聞錢瓘擊吳狼山，已船篩沙豆灑，敵般戰血所漬，僵仆相延。又聞倭寇掠舟過吳，鄉民憤追，泥潑其艫，我躡草履，仍顛不扶，奮前蹌之，柁尸滿塗。此油豆沙泥之利也。雖然，有要焉，勝於敵之不及，彌敗於吾之不能料。我以制敵，反爲敵制。浮橋攢鈎拒，非不善也，岑彭預知，縱焚橋鈎，而述兵敗。竹籠沙石，過非不密也，昭達預知，潛水斫籠，而簡賊潰。吳人禦晉之計，非不力也，鐵鎖截船，泄而不免大筏火炬之燒。杜預禦晉之謀，非不智也，桔槔擊擋彭，不免長岐根之拒。功以密成，謀以泄危。微乎危乎，智者慎之。

## 海師

顧炎武

海道用師古人蓋屢行之矣吳徐承率舟師自海入齊此蘇州下海至山東之路越王句踐命范蠡古庸率師沿海泝淮以絕吳路此浙東下海至淮上之路唐太宗遣張儉於劍南伐木造舟艦自巫峽抵江揚趨萊州此廣陵下海至山東之路漢武帝遣樓船將軍楊僕從齊浮渤海擊朝鮮魏明帝遣汝南太守田豫督青州諸軍自海道討公孫淵秦苻堅遣石越率騎一萬自東萊出石逕襲和龍唐太宗伐高麗命張亮率舟師自東萊渡海趨平壤薛萬徹率甲士三萬自東萊渡海入鴨綠水此山東下海至遼東之路漢

武帝遣中大夫嚴助發會稽兵浮海救東甌横海將軍韓說自句章浮海擊東越此浙江下海至福建之路劉裕遣孫處沈田子自海道襲番禺此京口下海至廣東之路隋伐陳吳州刺史蕭瓛遣燕榮以舟師自東海至吳此又淮北下海而至蘇州也公孫度越海攻東萊諸縣侯希逸自平盧浮海據青州此又遼東下海而至山東也宋李寶自江陰率舟師敗金兵于膠西之石臼島此又江南下海而至山東也此皆古人海道用師之效

## 防海一

李光坡

言險者莫如水。海尤水之不測者也。蓋亘浸稽天。既不可以里道計。而奸宄駕舟重洋。渺如浮漚之著水。又不可以追程及所以古來環海攻守。其法甚備。只可以紀一時之宜。終難據爲長策。竊嘗考籌海之篇。有慎設其守焉。有探止泊而遏之焉。有度要需而絕之焉。三者行則小醜不難靖也。夫奸船雖往來海中。然非處處皆可登岸。必有泊步下碇之所。然後奸船可止。奸民可出。宜嚴檄沿海帥將。追尋前朝湯和所築。自登萊至浙五十九城。周德興所築福建海上十六城故址。擇其要害。量置兵守。詰其出入。捕其奸細

使之孤危無援所謂慎設其守者此也俞大猷曰沿海安嶴可避
四面颶風者二十三處可避兩面颶風者一十八處然則奸船雖
愍不畏死而疾風怒濤亦必擇善地而停泊焉豈能揚帆鼓枻常
出洋外宜飭邊海巡徼舟將不必以擒賊爲功惟密偵其巢穴即
以大師搗之自然可絕此探止泊而過之之謂也奸船必資料糧
伺掠米商能得幾何所恃漁舟陰載內米與之交通且日需淡水
必須登陸汲取按程計處皆有常所當責成督撫嚴檄濱海州縣
凡採捕漁舟只許單桅平底朝出暮歸不許造雙桅尖底經月不
返凡海船取水井泉之處可湮者則湮之不可湮者令土著之民

十家輪守。設兵專汛。嚴立條格。犯者抵死。此前朝名將俞大猷、鄧鍾所反覆丁寧。以爲此二事實心行之。可以千古永絕海患。然則慶要需而絕之。又是三事之最要也。

## 防海二

沈德潛

論備海於今日與昔日異。何則。昔日之奸民。其橫行於海而沿及內地者。未嘗撤警也。如前明嘉靖之季。海禁廢弛。於是汪直、徐海、陳東、曾一本輩爭挾倭爲難。沿海全境萬里不甯。以故議海禁者論說紛紜。有片板不許下洋之令。今非昔時比矣。

國家統一海宇。海外萬國無不稱臣入貢。內地之民日以貨物互相交易。而

國家亦得收賦稅以充正供。是昔之爲害於國者。今轉爲利於國也。然邇年以來。小寇亦嘗竊發。往來商船時聞劫奪。恐備患不周

或仍有汪直徐海之禍語云伏卵覷飛葉芽穿屋事有未作患有未形防之所宜急講也嘗按沿海要地廣東樂會縣接安南界起計五千里抵福建侍郎洲起計二千里抵浙江長沙門起計二千七百里抵江南三姑山起計一千八百里抵山東青沉峰起計一千二百里抵遼東北半洋山起計一千三百餘里為鴨綠江朝鮮界中間要害之所如廣東之柘林南澳福建之浯嶼南日山浙江之舟山江南之洋山狼山胸山登萊之蓬萊田橫沙門諸島寇處處可犯可據則處處可擊可防所當設大鎮選賢能以重兵鎮守之則得其要領矣而防之之法莫善于戚繼光之會哨今宜倣而

行之。於大洋要害處。及附近緊要港澳。分哨以爲防限。而於道里適均處。定爲兩塞會哨之聯絡。呼應戈船相望。更於每塞之中。添遊艇以巡之。錯綜迭出。雖支洋窮澳。無不按焉。此防寇之良法也。又莫如王家彥之選民兵。編鄉兵。而外更聯漁兵。夫漁兵即沿海之漁戶也。今試舉行此法。既分哨會哨以巡察之。練民兵。編鄉兵。而官軍勿驚擾之。復使沿海之爲漁者。合其勢。厚其餉。偵賊所在。以爲海上耳目。而牽制之。此亦防寇之良法也。而又添設戰船。教習水戰。以時簡閱激賞。或遏寇於遠洋。使之不能嘯聚。或擊寇於近洋。使之不能達岸。而且招之以散其黨。撫之以誘其來。擣其巢宄以撲滅其踪跡則寇將無可託足而剽竊攻奪之患不有日衰而日熄者哉抑吏有請者寇之所急者食民之所貪者利比者海中奸人往往僞作商賈厚挾金錢以入省會而奸牙愚民之徒謂與其平價與民毋寧重價與寇誠養癰之大患也今嚴盤詰之禁首重海關次及海口汛防等處於商之買米出入者務詰其里居姓氏必與符引相合來歷清明方許出境以慎重乎譏察非常之意而官吏之勾引潛通者其弊又叢生是則在文武大吏公忠體國者嚴爲之防以清其源而已矣

防海三　　惠士奇

防海之法莫詳于宋。有海軍。有海船。有海道。其海軍則鎮江、松海水軍。江陰水軍。明州水軍。平江許浦水軍。建康靖安水軍。鼎澧水軍。池州、濤溪、鴈汊、控海水軍。其海船則有刀魚、多槳、波海、鰍水哨馬、鐵、車、得勝、十棹、大飛、旗捷、防沙、平底、水飛馬之名。其海道則泰州石港、壽春、花黶、通州料角、崇明、平江南北洋、秀州金山、明州向頭等鎮。撮其大略如此。而防海之法則又有可得而詳者。大約荆、湖之寇。負峒為固。江、浙之盜。憑海為居。峒有溪谷之深。林箐崖壁之阻。往往仆巨樹布渠荅以守。官軍攻之。隙則隈而入。高則緣而登非踰時不得達其人習險善走捷如猿猱擒一寇百非踰歲不得平及官軍退則又出而劫略郡縣殺戮居民故荆湖常被其患而海有風濤之險颶風簸雲不測之虞其人生長於水而識習水性踏浪如踏土使船如使馬乍東乍西時聚時散及其鈎致番船探取婆蘭則什伍為羣一呼而集其行如鬼非可跡而捕也然巧于水而拙于陸一登陸則成擒矣故常覘覦觀望陰結土人之桀黠者而啗以利使之刺探虛實或陰遣其黨役于官買于市以為內應率常數歲一發其患雖小於峒寇而治之為尤難是以宋之治峒寇也以賊攻賊而治海寇也以盜防盜王居安知隆興府

時盜羅世傳、李元勵、嘯聚黑風峒、居安駐師廬陵、會元勵俘賊以獻、居安厚賞之、衆皆悅、而世傳疑元勵貳已、遂交惡、未幾、執元勵來降、而世傳亦死、峒寇平、此以賊攻賊之法也、沈作賓知平江府兼制許浦水軍、郡有使臣、故海盜也、作賓使招其黨、既至、憐勉之賜衣糧器甲、得強勇千人、統以將、號曰義士、復募惡少千人、號曰壯士、輕捷善鬬、倍官軍、由是海道不警、此以盜防盜之法也、人情怠惰則不及、圖利則過之、見利之在前、而不見患之在後、故有背鄉里、棄父母、捐妻子而從之者、然均是利也、此則有利而無患、彼則利一而患十、則其去彼而就此必也、且彼能以啗之、而我獨不可以利用之乎有司徒知貪之足以敗類也于是鋤姦剷暴操三尺以從事而莫知暴可翼弱姦能衞良故盜常蔓延不絕當略倣作舊之法而貫其宿員署以上官之吏其不願者則籍記而縱舍爲因類推迹益招其餘而擇魁健者爲爪牙狙詐者爲耳目餉之以隙則得其情激之以賞則得其力開之以誠則得其心洗磨拔拭而用之則彼且喜且懼不敢爲非而盡得賊中之要領如此有不發發則未嘗不備而又何海盜之足憂且海盜非天降而地出也又非若猛獸居深山而龍蛇生大澤也田橫聚衆高帝招之而來赤子弄兵潢池龔遂安之而散況海島無田橫而潢池皆赤子

焉用淫刑以逞哉。

按此策主撫文亦切實諦當然必合前二作觀之其議始周而其法乃不遺有備無患講求防禦者所不可忽也

## 洋防輯要

嚴如熤

自昔談海防以禦外洋堵海口爲要策我
國家於崇明舟山玉環海壇金門澎湖南澳碙洲島嶼深阻之處皆特設鎮將而臺灣在澎湖外距海岸水程千里雞籠鳳山隸我
版圖設官涖長人物繁昌屹然爲海外鉅鎮聲威雄壯杜島夷之窺伺矣口岸則直隸之天津山東之登萊江南之狼山浙江之鎮嚴溫州福建之福寧廈門漳州廣東之潮州碣石虎門高廉瓊州各設專閫分布重兵而天津以畿輔要地舊制已設陸營近又增以水師松江當劉河吳淞川沙要口寗波當杭紹定海象山要口

泉州當金門廈門要口惠州密邇碣石虎門特駐重門就近統領防禦營城汛堡礮臺煙墩星羅棊布口岸之綢繆密矣至於擇將并練兵卒整備船隻器械斷接濟嚴透漏禁奸徒出入哨巡岸稽著爲令甲罔不嚴密整齊沿海人民農桑絃誦二百年來晏然無匕鬯警夫不知前代之失無由知

國家之所以爲得也明自嘉靖以降陵夷不可言矣當信國公沿海設立衛所之初棄昌國浯嶼澎湖南澳各要不守論者已有撤我藩籬貽寇巢窟之憾迨後紀綱日弛衛所虛存內地奸民勾結倭夷乘間發難東南濱海數千里生靈塗炭一時名臣宿將羣策

殫力經營十數年會倭飽思歸直海受餌吳越烽煙浸熄而閩廣洋患旋撲旋生蔓延而不已失要則亂詎不信與嘉靖用兵時唐順之茅坤譚綸胡世寧諸名人身在行間目擊失事之端委屢條防堵之機宜其他吳越先哲就所見聞存之記載皆得失之林也顧寧人景范兩先生當勝國末造視洋患爲切膚災蒿目時艱憂深慮遠而生長吳越文獻之邦野史家集郡邑志乘足以供其採擇考訂景范之學長於輿地寧人之識兼通方略其憤嘆而發之議論往往一篇中三致意焉較之諸家尤精而切

## 海寇策

周之夔

善醫者必察其受病之源。而後病可除也。善兵者必察其致亂之因。而後亂可靖也。自古治外盜與治內盜不同。治饑寒之盜與治桀驁之盜不同。治方張之盜與治盤結之盜又不同。外盜驅除之而已。內盜則處肘腋腹心。常有潰決重傷之禍。饑寒之盜撫循安集之而已。桀驁之盜天性喜亂。犯上恣睢。於法無赦。方張之盜一舉撲滅之而已。盤結之盜叛服不常。黨與日盛。使吾民離逖轉徙。而彼安受其燼。終可以逞。閩今日寇患深矣。其始非有饑寒失業廹使流亡也。生長海濱。衽席波濤。一二桀驁。智力自雄。既不能耕耘作苦麤衣惡食長貧賤而老子孫而洋船違禁以暹羅占城琉璃大西洋咬𠺕吧爲名以日本爲竇者絡繹而出金錢捆載而歸饜目薰心啟戎誨盜覘洋船如原獸分肉垂涎即殺掠爲生涯講求日篤於是乎寇遂不可問矣始而通倭者有主萃既而掠通倭者又有主萃則奸富遍國中也始而掠番船以圖厚貲者無已時既而掠商船掠漁船掠兵船以壯聲勢者亦無已時則鯨鯢遍海上也闖入焉武夫力而拘諸水貴人牘而釋諸庭矣要挾焉衣冠未豬史突弁以疏矣桑椹厭殄復製鏇而颺去矣一寇未平一寇復起殺人之父而使其子弗敢讎殺人之兄而使其弟不敢

報。嗚呼。是尚有法乎。無已。則明問標本之說。對症之藥。其憂深。其慮遠。敢以臆而暢其旨。所謂治標者有四。一曰禁接濟以絕賊資。夫堅壁清野。兵家所先。賊踪跡在水。其精神未嘗頃刻不在陸。而其巢穴又未嘗頃刻敢離水也。彼多掠金錢。所不足者粟米耳。奸民貪數倍之利。陰售之。其一二爲乞糴救荒者。途經賊疆。力無捍禦。適足齎盜糧耳。誠禁接濟。則賊無所得食。必登陸。苟登陸則失其所恃。失其所恃。則人能制其死命。此司馬仲達之所以困公孫淵也。二曰練鄉兵以衛村堡。賊既登陸掠食矣。非敢盡登也。必以其半守船。以其半登陸焉。夫海船莫能近岸。拋泊潮至。以小船往來潮退即行於泥中耳沿岸之民方其未登脅而擊之便及其既登隘而伺之便但苦無兵器火藥也誠立殷戶爲雄長授之火械俾募豪勇而官又爲之明斥堠伏奇兵以相策應一村鬪練村村皆然此李崇之所以平兗盜也三曰謹間諜以攜賊黨夫賊非異人即吾民耳掠商漁而乘其船脅其人故黨日蕃焉計一船之眞盜巨盜無幾餘皆被擄耳吾無以制賊毋論既擄者畏賊即求擄者慕賊誠開脅從之生路重懸購弋之賞格鄉兵既控之於陸水兵又要之於水被擄者知賊之虛實必內應而相圖求脫此高仁厚之所以破阡能也四曰擇水將以致攻戰夫水戰之法只在衝

挐放火奪上風燒篷棚射舵工既破敵矣然數者賊與我共之恒以被擄前驅使吾之火藥器械幾盡乃出精銳乘吾倦吾舵工繚手畏賊而不敢直過賊船債帥紈袴乳臭暈嘔忙亂又何暇指揮哉誠擇將於老漁簡兵於海戸以漁船駕銃突入賊圍募水工入水鑿沉賊艘或誘之入港而絶其歸路或與之夜戰而乖其所之此岳武穆之所以破楊么也接濟禁則以飽待飢鄉兵練則人自爲衛間諜謹則以賊攻賊水將擇則輔周國强兼此四者而有合於太公日中必彗操刀必割執斧必伐之旨而後賊可殲也所謂治本者亦有四一曰申法令以一人心夫人之所以飢寒困苦而

不敢爲非者是法耳使爲盜者必生不爲盜者必死則民化爲盜
使爲盜者必死不爲盜者必生則盜化爲民洋船之爲日本非日
本也無辨而貨物則有辨盜賊之會剽掠末剽掠也雖跡而奇富
則易跡嚴保甲焉嚴津梁焉窮賊而必窮其奧援之淵藪獲賊而
即賞以所獲之贓物投鉅不厭刻鳴桴不惜勤此子太叔所以戮
萑苻也二曰扼要害以壯形勢舊制烽火寨北界浙江南界西洋
小埕寨北界西洋南界南茭南日寨北界南茭南界平海湄嶼寨
北界平海南界擔嶼銅山寨北界擔嶼南界柘林五寨在海中如
處弓弦之上每寨兵船分二艅屯劄外洋會哨交界聲勢聯絡互

相應復自移寨內港而形勢縮判寨爲遊而兵力分寇所以侮而動也誠復外洋之汛地考會哨之故規不惟使內寇灰心且使外夷破膽此太公望之所以廓四履也三曰汰破船以省兵餉夫每寨兵船四十隻約用水兵二千二百名五寨通計用船二百隻用兵一萬一千比國初已減無容再減矣今船則敝漏稀少問之輒曰缺餉而無從改造兵則包攬虛無問之輒曰缺餉而莫能勾補以敝船栽弱兵遇賊不敵也甚者舟在水而兵居岸有急反自焚其舟以先遁夫額設兵船原有額設之餉隔汛小修五汛中修九汛大修十汛改造原有修造之費今皆安在而待別區畫乎誠後

舊額而養新標乘改造而易南鳥新標習風濤勇足鼓也南鳥便
追遂製易就也則有增兵增船之實而省其費此路博德所以靖
東風也四曰清海道以通商販全閩三面距海山多田少雖豐歲
尚資鄰粟故漳泉販之惠潮興寍販之溫台省會販之上四郡上
四皆不足則又販之江廣此定界也海寇多外販塞遂交責其仰
給於人者而給人閉之則有遏糴之議開之則有從井之誚彼寨
遊會哨正為驅逐護商設耳誠召商給牒以兵衛之販粟故道則
興漳泉不仰省會而接濟無從闌入不亦彼此俱利乎至於海壇
地廣可耕內徙之後隔為孤島東蕃淡水乃夷漢出入樵汲之地

多衆少貨。今紅夷據之。民私互市。勢不可移。誠使廣闢海壇耕墾之路。明立東藩市販之格。收其稅。資其用。內利我民。外縻屬夷。此劉晏所以通四方。羊祜所以槷鄰敵也。法令明則民與上同意。要害扼則致人而不致於人。破冒汰則後不再籍。糧不三載。海道清則無遠輸。貴買兼此四者。而有合於尉繚農戰不外索。權救守不外索。助事養不外索。資之旨。而後賊可銷也。

## 論海洋弭捕盜賊書

藍鼎元

國家東南環海萬里汪洋。舟楫利涉。爲民生之大利。其間宵匪潛伏出沒。行劫亦爲方隅之隱憂。盛京一帶澳岸。向來爲洋盜避風之所。今旅順口水師足資彈壓。山東洋面冷落。非賊所戀。一年之間不過偶一二至。江浙閩廣則自二三月至九月。皆盜艘劫掠之時。今天下太平。非有所謂巨賊。不過一二無賴饑寒逼身。犯法潛逃。寄口腹于煙波浩蕩之際。而往往不能廓清。歲歲爲商民之患。則以商船不能禦敵。而哨船不能遇賊之故也。原賊之起。其初甚微。止一二人密約三五人。潛至港口。窺伺小艇。附岸徑躍登舟。露刃腕人駕出外港遇有略大之漁船則詐稱買魚又躍而上再集匪類至十餘人便敢公然行劫此粤東所謂踏斗者也出遇商船則亂流以截之稍近則大呼落帆商自度無礮火軍械不能禦敵又船身重滯難以走脫聞聲落帆惟恐稍緩相顧屏息俟賊登舟擄掠將船放回或并船劫駕他往勉强暫從久則與化日久日多遂分爲一二船勢漸以大此等小輩無他伎倆但使商船勿即惶恐下帆又有礮械可以禦敵賊亦何能爲乎愚以爲商船皆有身家斷不敢思爲匪以自喪性命而且一船下水必有族鄰鄉保具結地方官查驗烙號給與護船牌照方敢出外貿易此等有根有

據之人。豈不可信。而必禁攜鎗礮。使拱手聽命于賊乎。倘得請旨勿爲拘牽。弛商船軍器之禁。則不出數月。洋盜盡爲齏粉。未有不散夥回家者也。哨船之不能遇賊。皆謂萬頃渺茫。從何捕起。風濤險惡。性命可虞。不知賊船在近不在遠。沿邊島澳。偏僻可以停泊之區。試往搜捕。百不失一。蓋彼雖名爲賊。未嘗不自愛其生。陡遇颶風。未嘗不自憂覆溺。故必有按澳可避颶風。乃能徐俟商船之往來。必待天朗風和。乃敢駕駛出洋。以行劫其貪生惜死之心同。則哨緝之方。堵截之候。無不同也。向來各省巡哨。實心者少。閩海經臺灣變亂。有懲羹吹齏之思。稍異從前。積習其他。不過奉行故事而已。每欲出巡。必預張聲勢。揚旆徐行。一二月未離江干。又于舟中旦暮鼓樂。舉礟作威。是何異呼賊船而使之避也。若使巡哨官兵。密坐商船以出。勿張旗幟。勿鼓樂。舉礟作威。遇賊船。縛邇。可追即追。不可則佯爲遜避之狀。以堅其來。挽舵乘據上風。上風一得。賊已在我膀下。我則橫逼賊船。如魚比目。並肩不離。順風施礟。百發百中。兩船既合。火罐藥桶。一齊拋擊。雖百賊亦可擒也。所有錢貨。盡賞士卒。勿許將弁自私自利。首功兵丁。拔補把總。將弁以次陞遷。無或冒抑。則將士之功名財利。俱在賊船。將不退。寢食以思出哨也。抑愚聞在洋之盜。十犯九廣。則弭盜之法。尤宜加意於[illegible]不必財物豐多。但殺一人，可得銀五錢，則欣然以爲勝劫一家。自湖州沿海而下，千有餘里，半以擄掠爲生涯。水務習熟，往來如飛。而廣、惠、肇、高深山聚處之民，往往集衆操戈，截大艘以出，剽掠地方。官不敢過問，或家人偷投爲其所擒縶，面腆耳，亦佯爲不知而姑息焉。彼此相蒙，幸免盜案參罰，將來流毒，不知其何所屆也。則杞人之隱憂，詎可置爲荒遠而不足介意哉？海洋相通，無此疆彼界之殊，朝粵暮閩，半月之間，可以周歷七省。防範驅除，萬難稍緩。愚所以敢抒狂臆，願與七省商民慶萬里澄波之福也。

## 沿海團練說

嚴如熤

沿海數千里均有港汊地廣防多分汎兵則不足調本省營戍守則路或數百里勞同遠征而定例本省不領口糧鹽菜則勢難枵腹從事而洋賊犯邊往往乘風順利我迎頭以堵則為逆風若乘後追擊則俟我兵集賊帆已遠出洋數十里不過掩飾觀聽此堵禦之茫無勝算也竊嘗思以兵衛民不若以民自衛沿海各村無賴之徒受賊豢為耳目者固不乏人而良民有室家自營生計不肯為賊用者勢必百倍無賴近聞奸民勾結洋賊猝至莊村將良家人口擄去索重貲以贖不遂意則備極酷虐故沿邊居民莫不

假賊。而村民非奉官令。難以團練。既畏奸民報復。又恐蠹役誣以仇殺。則受累更大。故雖懷殺賊之心。莫敢先發。夫自古所藉以集事者。民心耳。乘民心憤怒。行團練之法。於沿海各莊村編戶口。十家設一旗頭。二三村設一團長。十數村設一正副團總。遴老成紳耆充之。官給軍火。以時操練。令其各衛地方。防守口岸。有能殺賊立功者。立加獎賞。有奇衺之民。踪跡可疑者。縛送到官。派員專司其事。以時鼓勵。顯以作其禦侮之氣。陰以折其作奸之萌。團練既成。寓兵於民。賊勢大則官兵應援。小則鄉勇捕斬。此禦賊衛民之上術也。

凡籌海防者。莫不曰洋面濶而分佈難周。海濤險而巨艦易壞。汛地虛而奸宄易乘。私濟通而盜源難塞。此數難者。惟團練則足以易之。唐順之有言。洋禁之嚴。有宜查其外出者。有宜查其內伏者。而外出總由內伏。內伏不除。則根株未淸。查賊人在海邊劫掠。不過布帛米蔬。擄人勒贖而已。至於船上器具。桅舵硝磺之類。皆所藉以行其劫掠。烏得而有之。夫海上無兩載不修之船。亦無一年不壞之檣料。桅舵折則船爲虛器。風蓬爛則寸步難行。船旣漸棄。賊亦漸散。則檣料之接濟。固宜與米穀並嚴也。奸民雜之商販漁戶。出沒無時。賊與小旗爲號。瞭見卽爲接應。其導賊此處登岸而別至一村劫掠踪跡詭秘所以得行其奸然以奸民之害良逈賊鄉族豈無知覺特以害未切己與之爲難恐其夥賊報仇若於委試用知縣稽查海口行團練之法酌定章程有實力奉行拏獲奸細者立予優敘或儘先補用紳士有功亦據實上聞知縣自顧功名紳士自保身家必不肯貪圖小利買放縱奸至堵賊之方以固海岸禦港口爲上賊至內地雖能擒斬傷損已多今既委員團練卽當不獨坐地方官失事之罪而並坐賊所從入查明失事之處果曾與賊堵截力有不支量爲處分其沿海文武官吏有能抵禦賊鋒阻賊不得上岸口者雖無首級以奇功論如此則巡堵嚴密

米糧樻料之類既無所濟於奸民而擄掠又不能有所得絶與孤島勢成坐困矣且利於水嘗不利於陸鯉鱠之屬出水便死嘗見受撫洋匪行走蹣跚日不過二三十里良以在船住居波濤掀簸兩脚必作撑立方穩久之脚踝筋力皆强直能立不能行然賊雖不利於陸而陸地奸民之從賊者未嘗於陸不利故明之倭禍陸地橫而官兵敗績者此也夫沿海居民習於風波如崇明上海太倉之沙民寶山南滙象山鄞縣之亭民漁戶淮海各場之私販廣東東莞等處之各島檣船子弟兵潮州之鄉夫其氣勁悍與溫處延邵之礦徒義

烏之民兵戚俞諸名將用之往往取勝倘值有事之時講團練之方收海濱壯健無爲賊誘迫行招募之計練溫處義勇使爲我爪牙何須遠調客兵糜餉勞衆也哉

## 沿海碉堡說

嚴如熤

明嘉靖間閩之漳泉浙之溫處傍海依山者多以築寨堡得完嘗取而論之海賊所恃銃礮能至百十步外而不能擊洞重垣築堡之法外用毛石砌成其中築土四五尺可遮蔽銃礮一利也賊匪乘夜縱火就僻村棚寮潛縱一炬居民紛紛警竄既房屋皆在堡内火無所施二利也鄉居四散形勢單弱難以守望相助有堡以聚之則多者數百戶少亦數十家比廬聚族聲勢雄壯保甲團練之法均可就堡施行三利也散地難守禦有堡可憑則聞警荷戈登陴數十百人分布數足四利也民間糧食牲畜俱納於內堡長

堡副以時稽察買賣交易耳目衆多不能潛行接濟之奸五利也鄉閭村落相度地勢相爲犄角一堡有警各堡互應或用邀截或行夾攻六利也取土之處挖成深濠則堡成而濠具濠旁密栽棘刺叢竹之類一二年後棘刺叢生是生成鹿角蒺藜七利也惟愚民可樂成難圖始鄉人吝工費無遠慮若明示利害俾令曉然於心地方官勸諭獎勵富者出貲貧者出力則一二年間環海一帶星羅綦布聲勢聯絡足資捍衛矣

沿海數千里雖汊港紛岐而洋岸多坦沙磧坎故盜船出入有一定海口康熙間飭內洋沿海相度地勢修建礮臺誠扼要制勝之

方惟無數港汊礮臺工費繁多難以處處修砌必得功多費省始可多備無虞查碉樓一法高三四丈每面寬一丈許洞門一層銃礮眼三層碉身所用或石或磚制小而固難以攻破港口陡岸曲灣均可作碉賊船近口我兵於碉眼看準遠者放礮近用過山鳥擊之而身藏碉中不爲賊傷一利也碉樓高可眺遠望見賊船施放號礮各碉次第相應頃刻間百里內外村莊得以戒備二利也每碉碉長一名碉卒十名要緊海口迴環照應止須數座用兵不過數十名兵少則費省三利也碉制三層守兵銃礮器械薪水糧食先爲預備有警閉門以守不須臨時般運四利也碉兵責成碉

長約束食宿均在其中離碉者罪非如散地可以自便人少而氣自完賊輕不敢近碉勢重亦不能踰之內犯五利也奸民接濟透漏處所多作數碉碉卒常用偵視非如巡邏兵丁風雨得以阻隔稽防尤爲嚴密六利也有礮臺之處不須建碉碉以彌縫礮臺之空虛其松江以北沿海沙多土少難築屯堡惟建碉一法可以堵截并挖濠栽棘可以防護論邊防者以保聚爲上沿海宜設碉樓民修村堡團練壯勇均固本自强之計次第施行其利可數十年非如一時戰伐之功兵撤而事變旋生也

堵勦機宜第一要在偵探不誤惟探卒之用因地而異山谷之間

佮俐兵卒竟可假賊狀混入巢穴僞乞丐候諸道路平原曠野則分塘探馬亦可遞偵賊壘至海洋難言矣不能用馬而用船船行巨海中小則爲波壓沉大則用櫓用帆必須多人而煙波浩茫島嶼遮蔽賊船灣泊行蹤無從往探偶然相值賊順風而來船大帆濶行使如飛探舟帆力不足反至落後海岸失事往往因此碉樓之設高至三四丈而據地勢高敞處及近洋島嶼各作數座以當瞭望之墩臺偵有賊船傳礮爲號以之濟探船之窮更爲得力

国家出版基金项目
NATIONAL PUBLICATION FOUNDATION

# 海上絲綢之路文獻集成

總主編　陳支平　陳春聲

## 歷代史籍編 110

主編　范金民

海峽出版發行集團
THE STRAITS PUBLISHING & DISTRIBUTING GROUP
福建人民出版社

# 本册目次

# 新繪沿海長江險要圖一卷新編沿海險要圖説十六卷新編長江險要圖説五卷

〔清〕余宏淦撰

《新繪沿海長江險要圖》一卷《新編沿海險要圖説》十六卷《新編長江險要圖説》五卷，清余宏淦撰。宏淦字夔欽，江蘇崑山人。光緒二十三年（一八九七）舉人。是書乃其憤於庚子國變後，「北洋之鎖鑰不固，南洋之門户洞開」，兼取乾嘉輿地學説及西人地理測繪之優長而撰。《新繪沿海長江險要圖》採用西式經緯度，繪圖二十七幅，並附簡要圖説。《新編沿海險要圖説》有吴江吴燕紹序及余氏自序，實《新繪沿海長江險要圖》沿海部分之詳解。《新編長江險要圖説》則係《新繪沿海長江險要圖》長江江防之詳解。據上海圖書館藏清光緒二十九年石印本影印。

# 新繪沿海長江險要圖

# 新繪沿海長江險要圖二十七幀

楊天驥署

江震高等學堂編譯所
板權上海鴻文書局石印

# 新繪沿海長江險要圖目錄

## 沿海



## 長江

揚鎮下游圖　吳淞口礮臺圖

江陰口礮臺圖　圌山關礮臺圖

象山焦山都天廟礮臺圖　池州下游圖

蘄州下游圖　嘉魚下游圖

宜昌下游圖

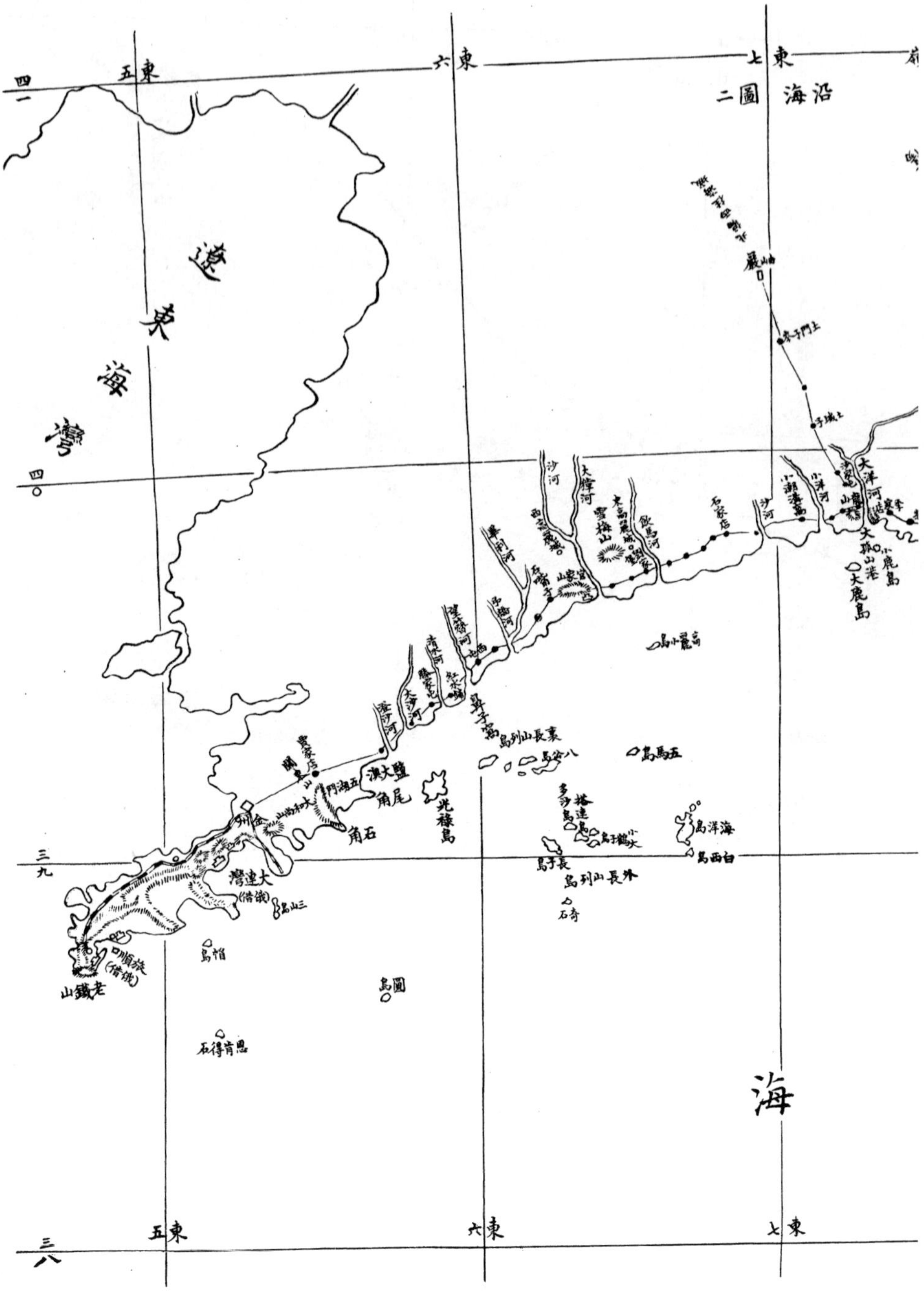
沿海圖二
遼東海灣
海
大連灣
(借俄)
旅順
(借俄)
老鐵山
金州
貔子窩
光祿島
外長山列島
東長山列島
五馬島
海洋島
大鹿島
小鹿島
大孤山港
大洋河
石角
尾角
鹽大澳
雪梅山
沙河
大沙河
圓島
帽島
三山島

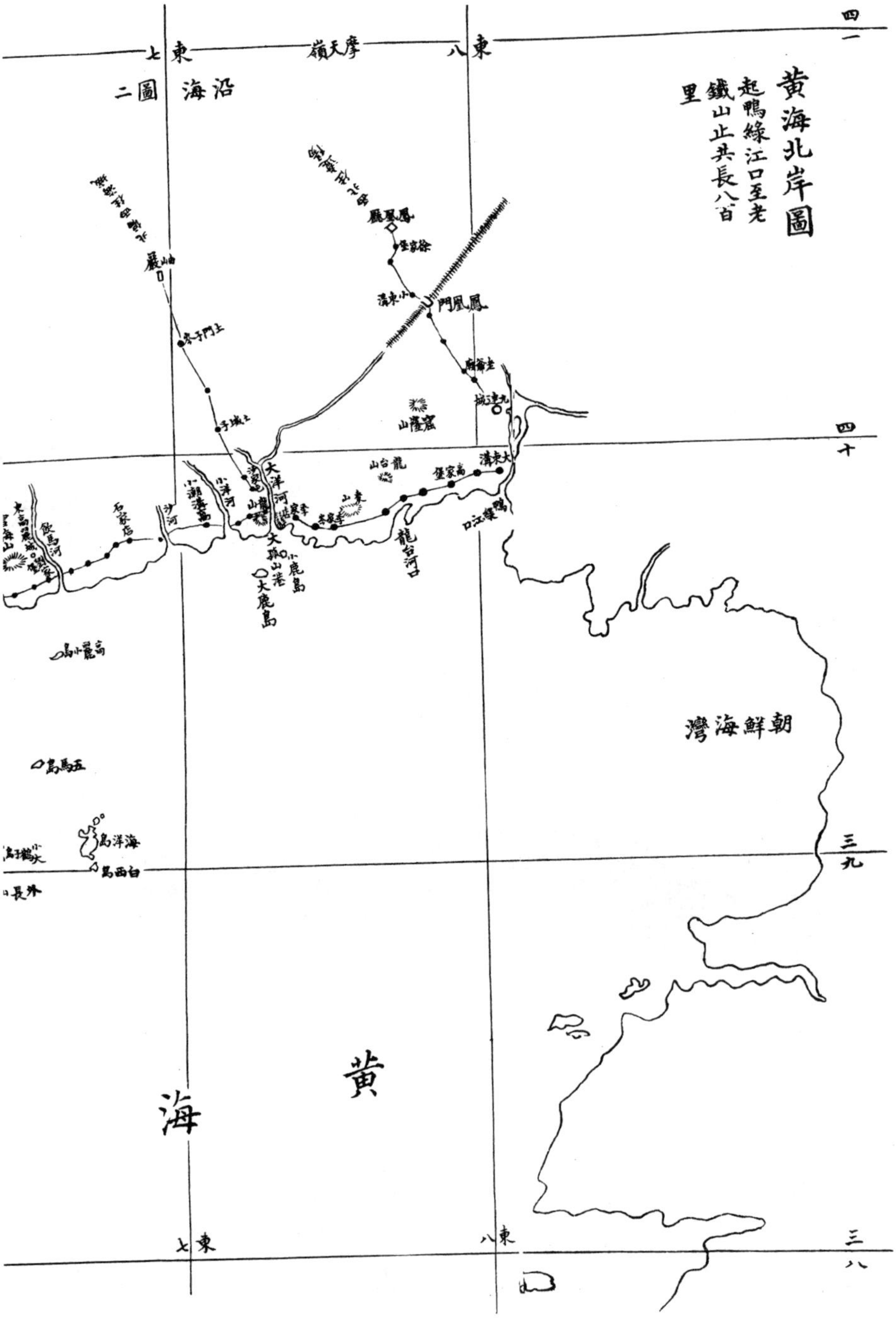
黃海北岸圖
起鴨綠江口至老鐵山止共長八百里
沿海圖二
東七
摩天嶺
東八
四一
四十
三九
三八
鳳凰廳
鳳凰門
岫巖
大洋河
大孤山港
小鹿島
大鹿島
龍台河口
鴨綠江口
朝鮮海灣
海洋島
黃
海

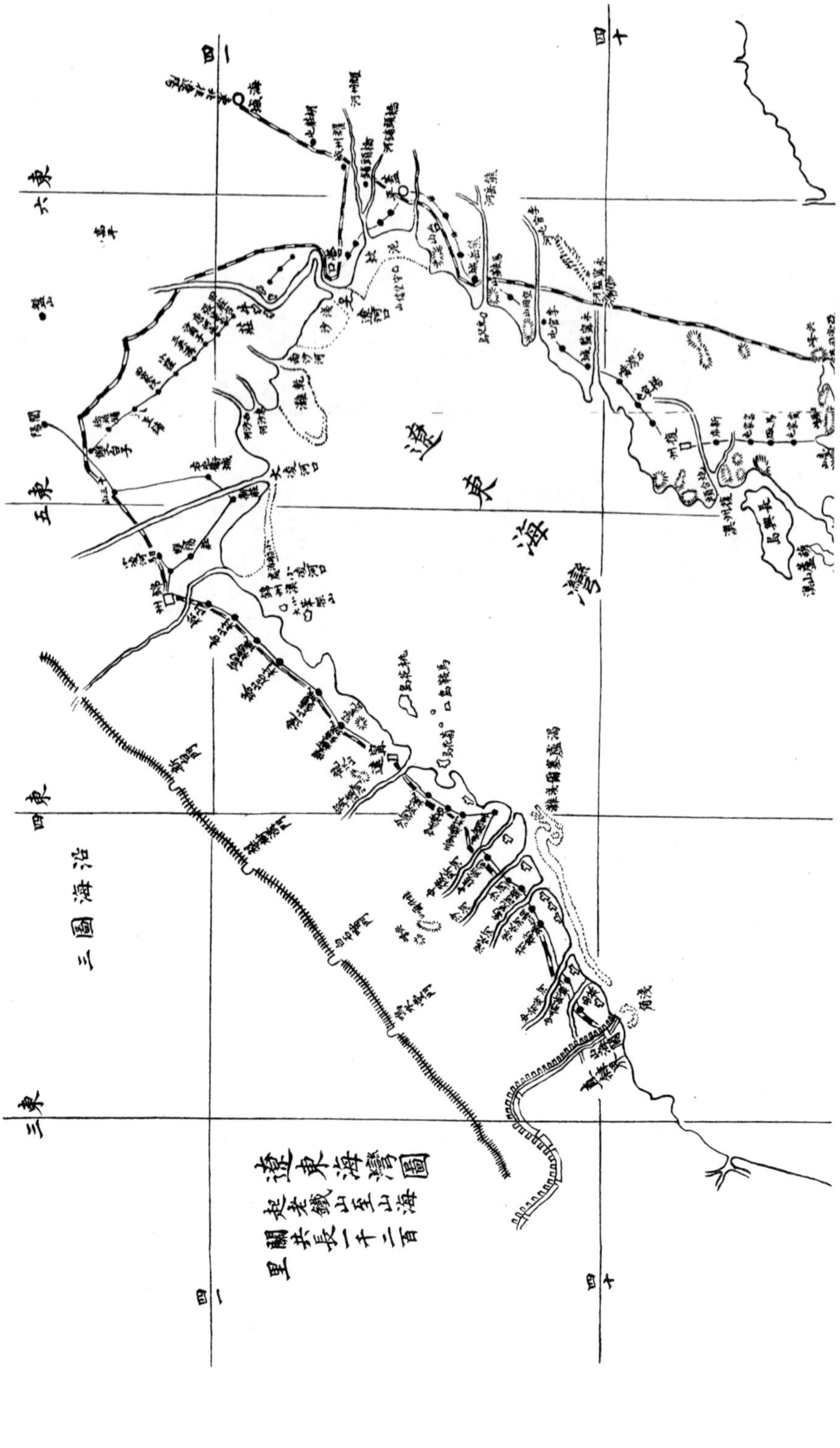
遼東海灣圖
起老鐵山至山海關共長一千二百里

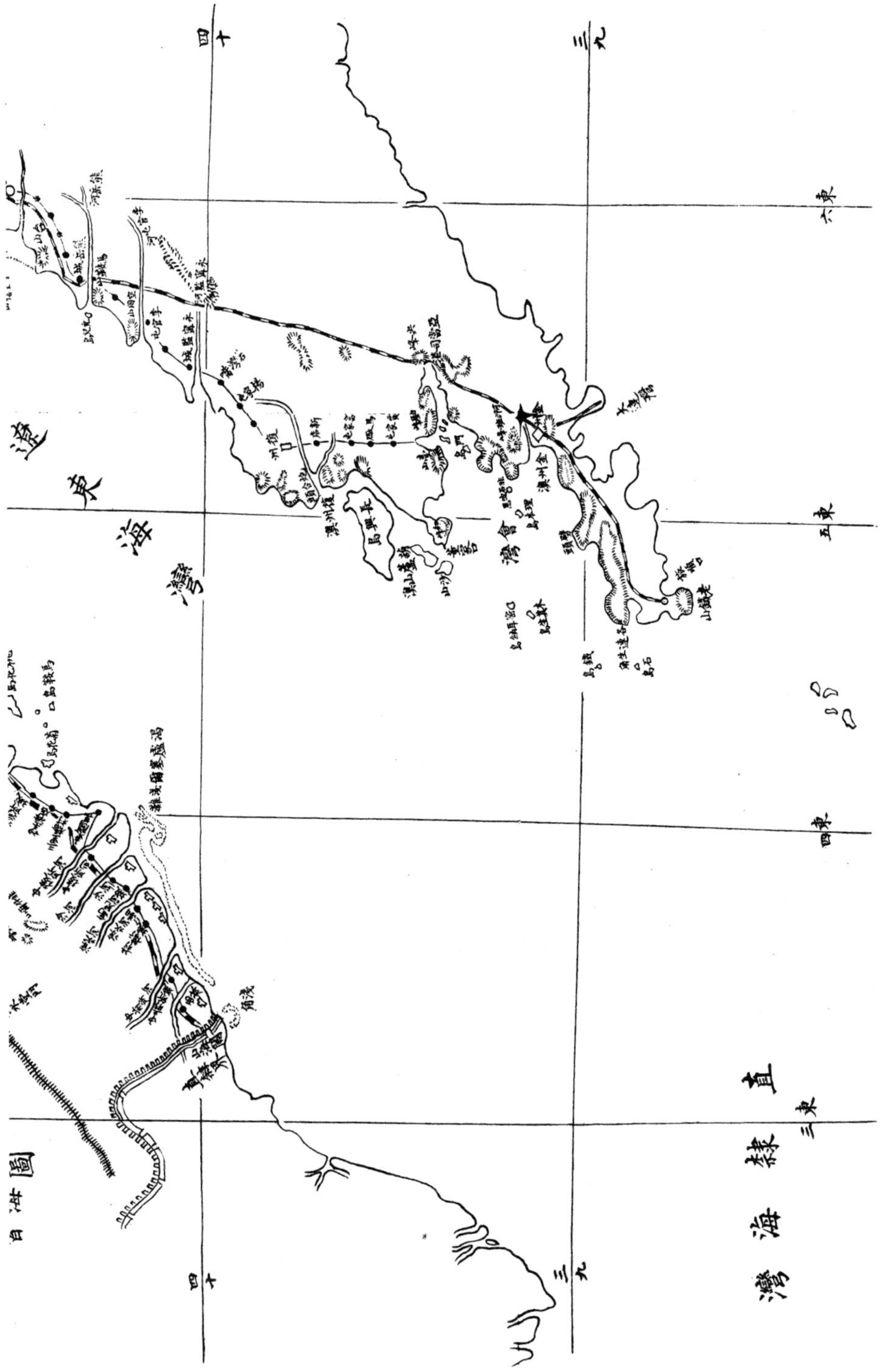

遼東海灣
直隸海灣

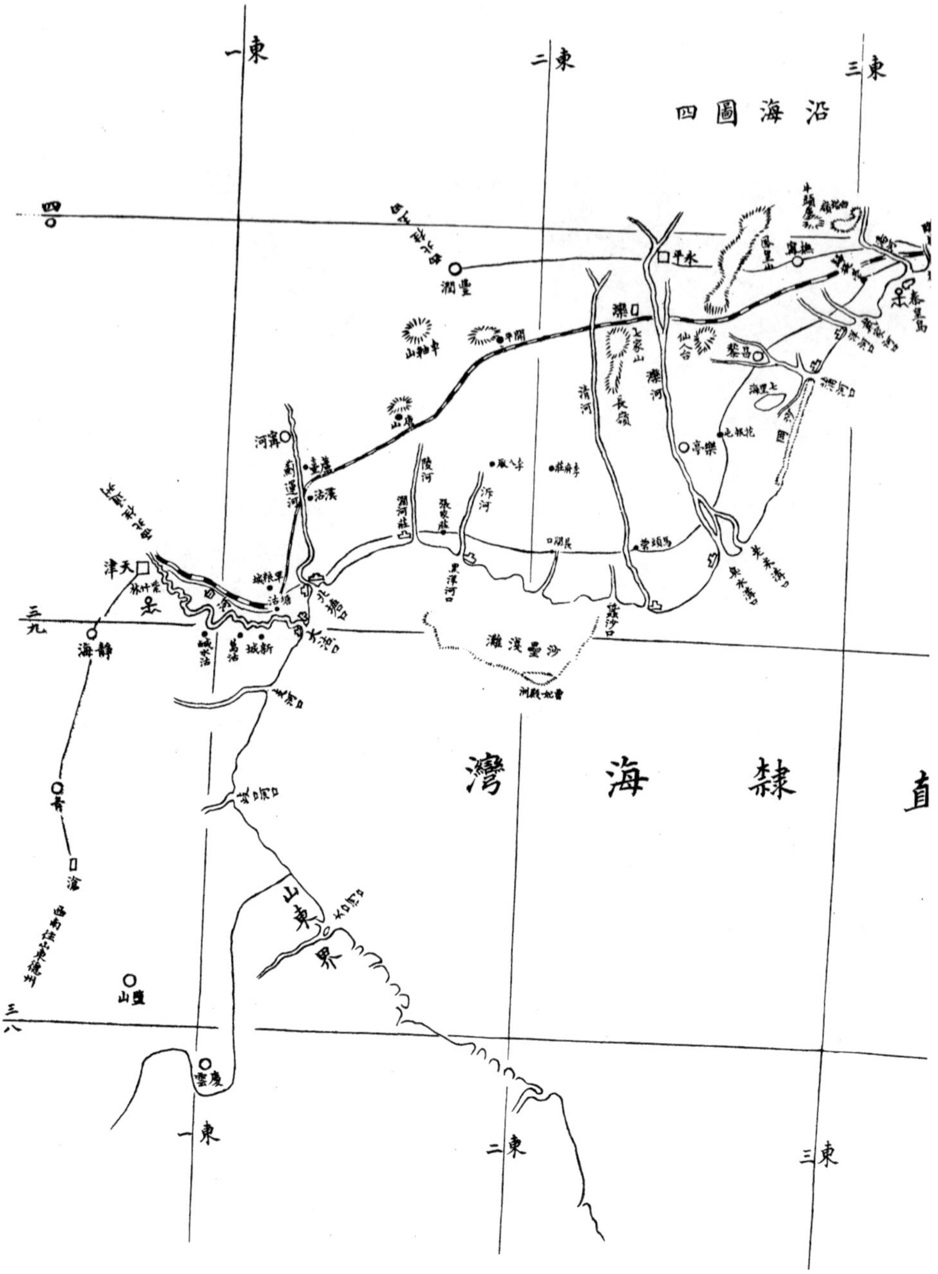
沿海圖四
直隸海灣
沙壘淺灘
東一
東二
東三
天津
靜海
豐潤
開平
灤州
灤河
樂亭
撫寧
長蘆
北塘口
大沽口
新城
葛沽
青
滄
鹽山
慶雲
山東界

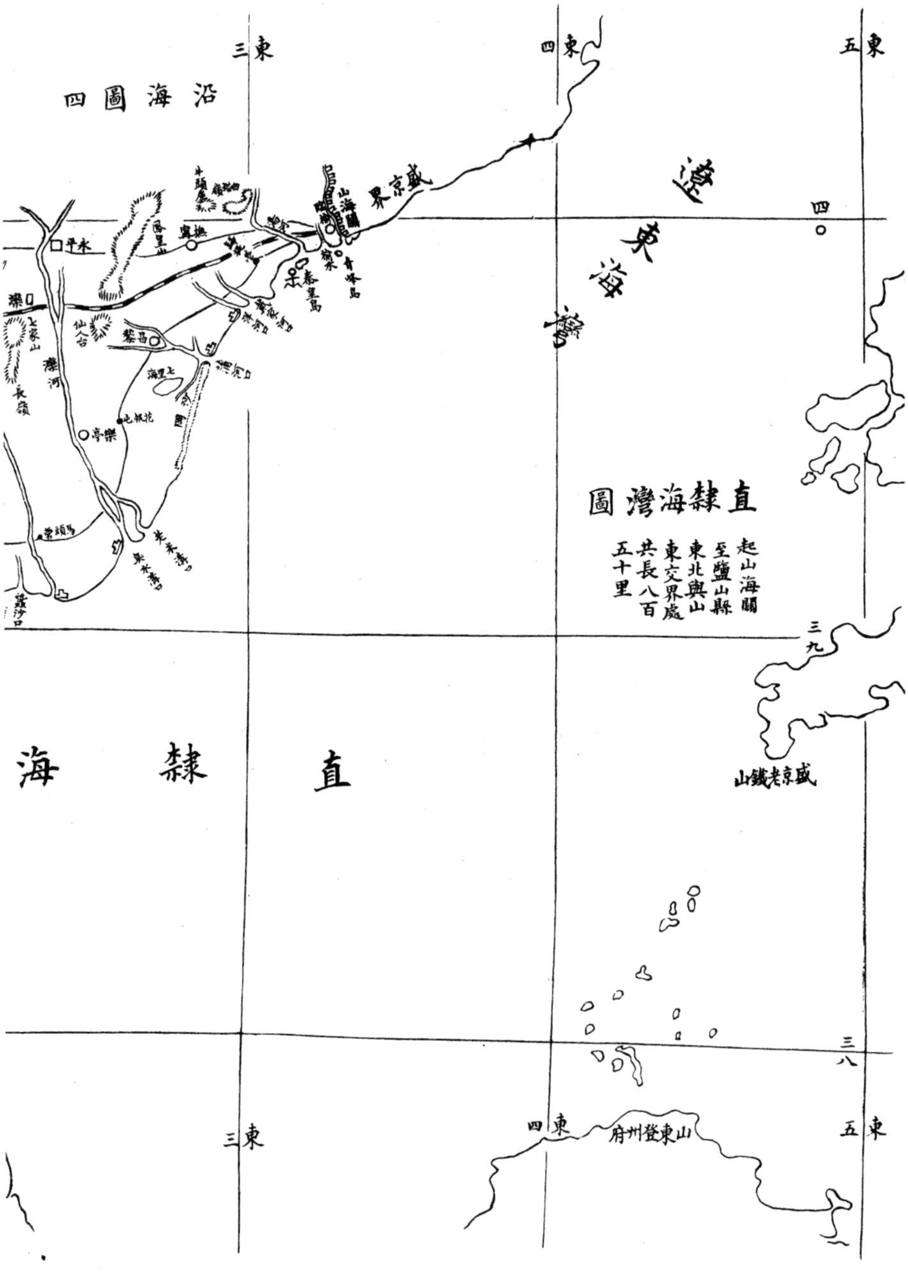
沿海圖四
直隸海灣圖
起山海關至鹽山縣東北與山東交界處共長八百五十里
遼東海灣
盛京界
山海關
直隸海
盛京老鐵山
山東登州府
東三
東四
東五

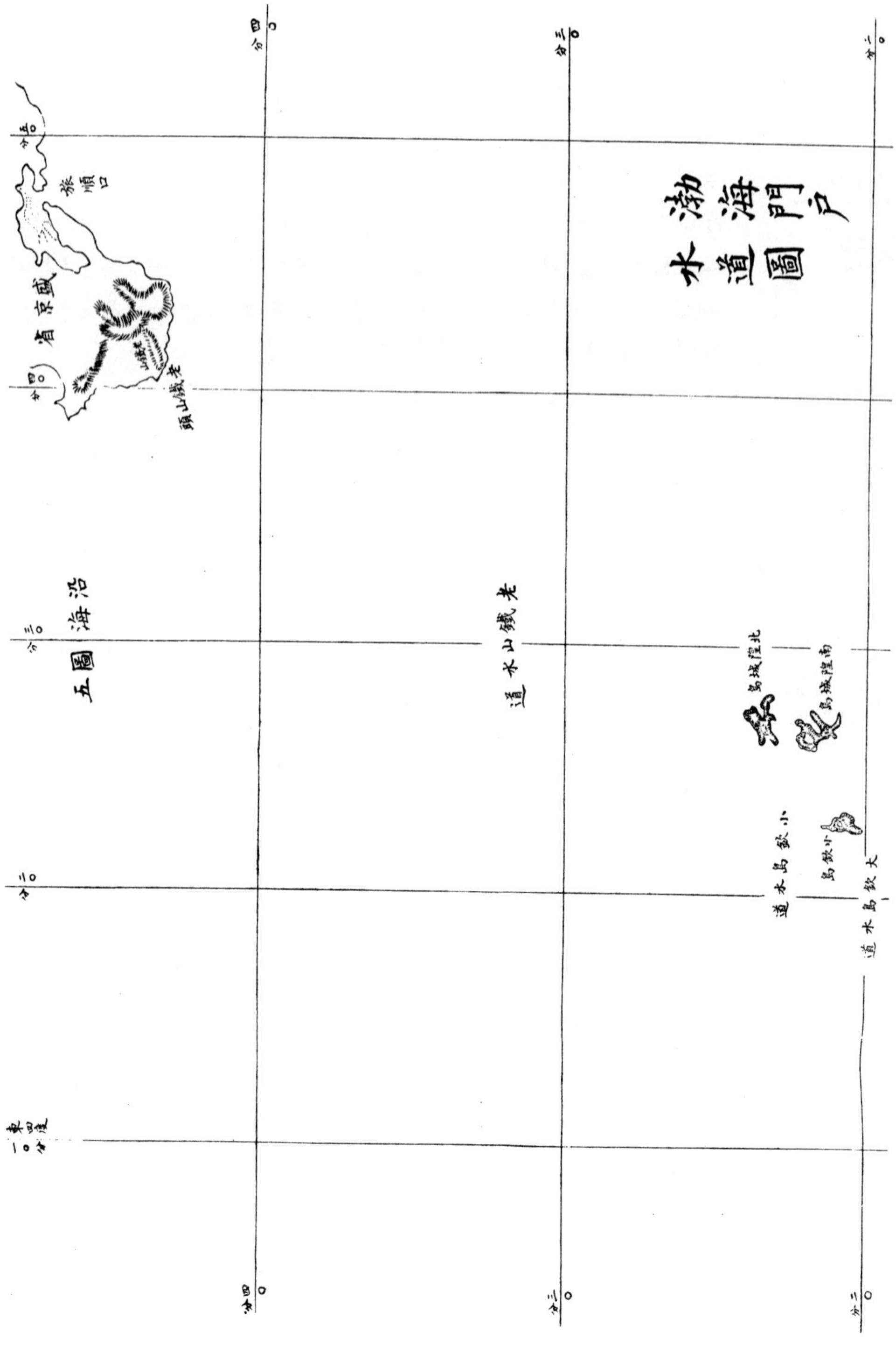
渤海門戶水道圖
沿海圖五
旅順口
盛京省
老鐵山頭
老鐵山水道
北隍城島
南隍城島
小欽島水道
小欽島
大欽島水道

# 海門戶道圖

北至老鐵山南至登州府其間水道有八曰老鐵山水道即遼
海里曰小欽島水道即小金門計三海里半曰大欽島水道即
里曰砣磯北水道即北砣磯門計六海里曰砣磯南水道即南
里曰高山水道即高山門計六海里半曰長山水道即長山門
島水道即廟島門計三海里凡海里三里合中里十里

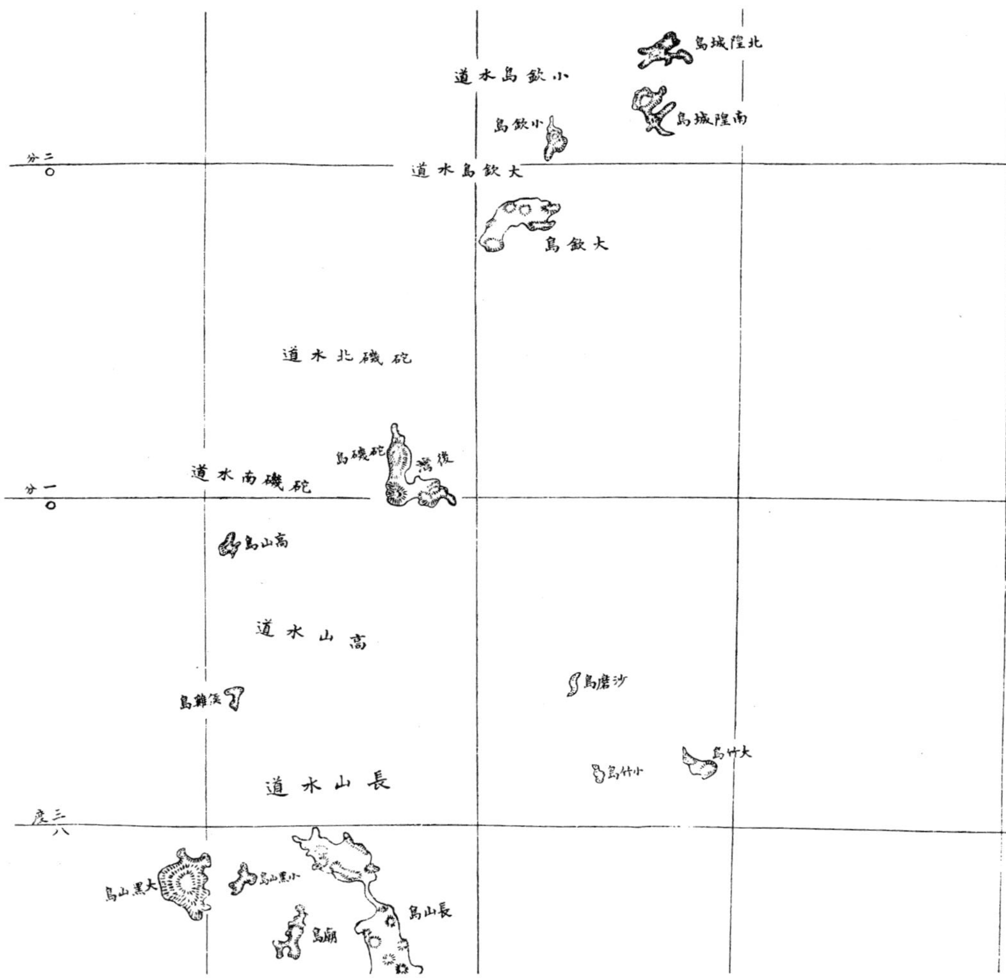

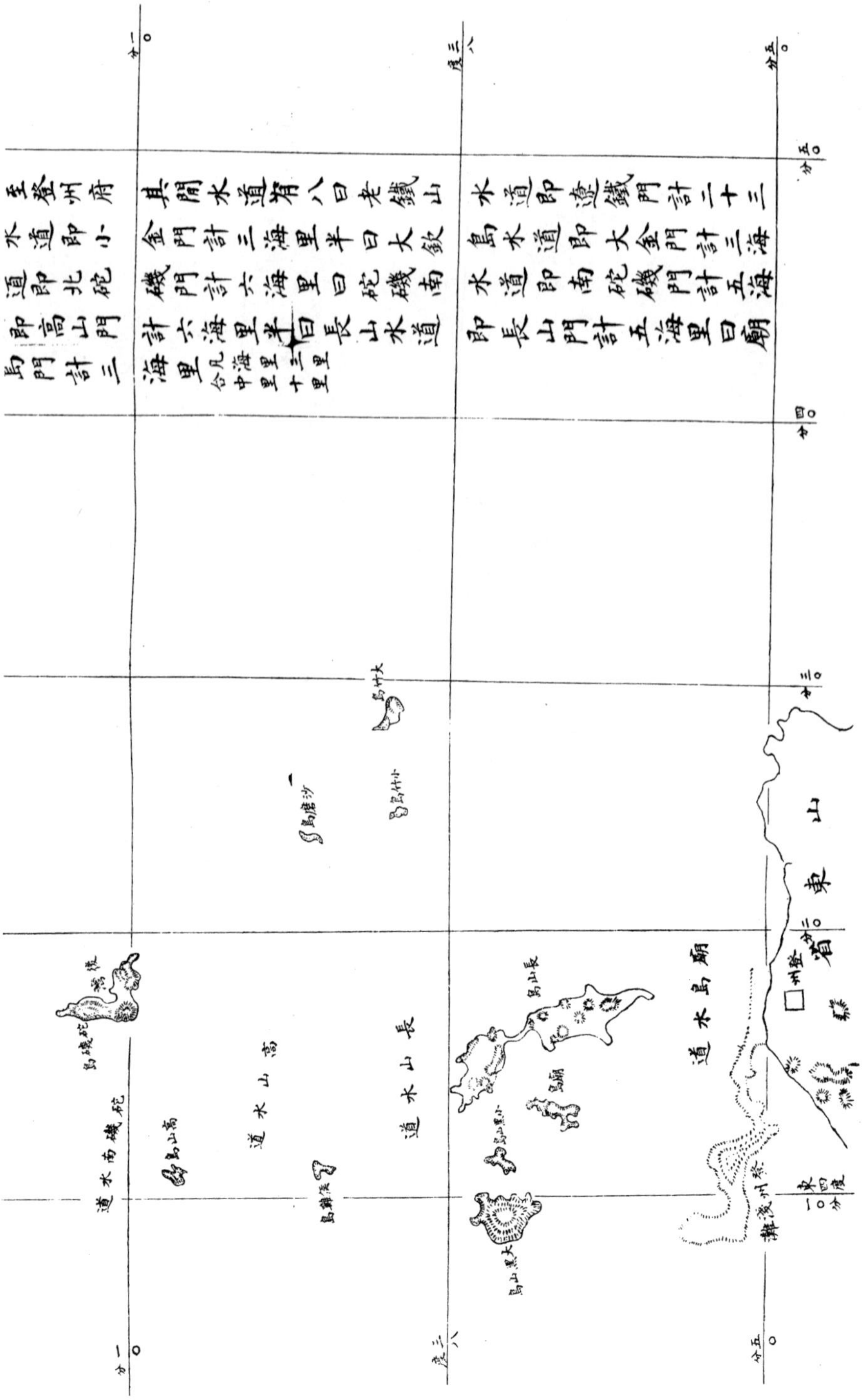
至登州府其閒水道有八曰老鐵山水道即遼鐵門計二十三
水道即小金門計三海里半曰大欽島水道即大金門計三海
道即北砣磯門計六海里曰砣磯南水道即南砣磯門計五海
即高山門計六海里半曰長山水道即長山門計五海里曰廟
島門計三海里凡海里三里合中里十里
砣磯南水道
砣磯島
後灣
高山島
高山水道
侯雞島
長山水道
沙唐島
小竹島
大竹島
大黑山島
小黑山島
長山島
廟島
廟島水道
登州淺灘
登州
山東省
東四度一〇分
二〇分
三〇分
四〇分
五〇分
一〇分
三八度
五〇分

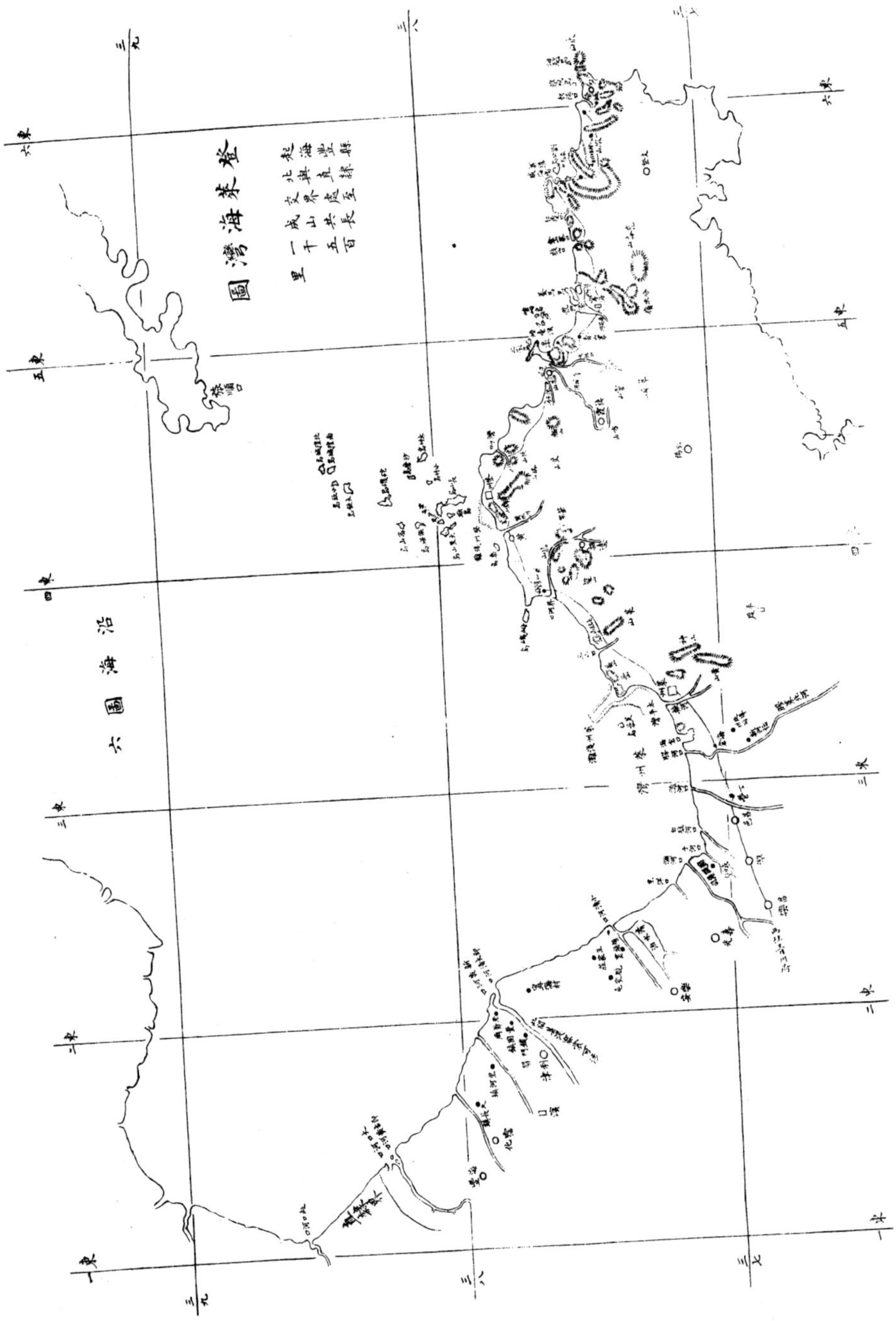
登萊海灣圖
沿海圖六

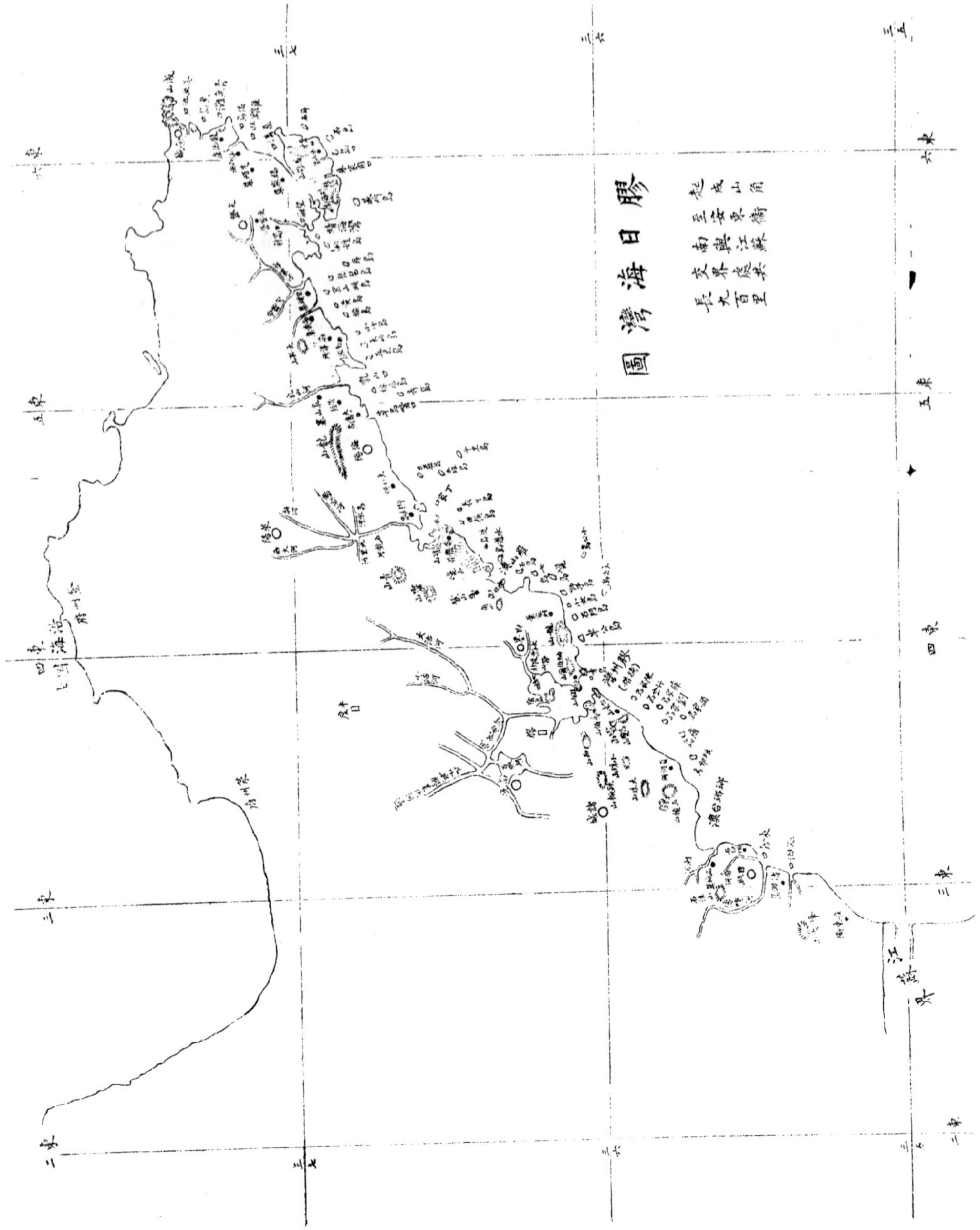
膠日海灣圖

沿海圖八
東四
東五
東六
三五
三四
三三
三二
江蘇沿海圖
北起贛榆縣東北荻水口南至金山縣江門營共長一千二百五十里
大沙
常見華船擱淺于此
長沙
滿子沙
黃子沙
金家沙
莊家沙
郎家沙
勿南沙

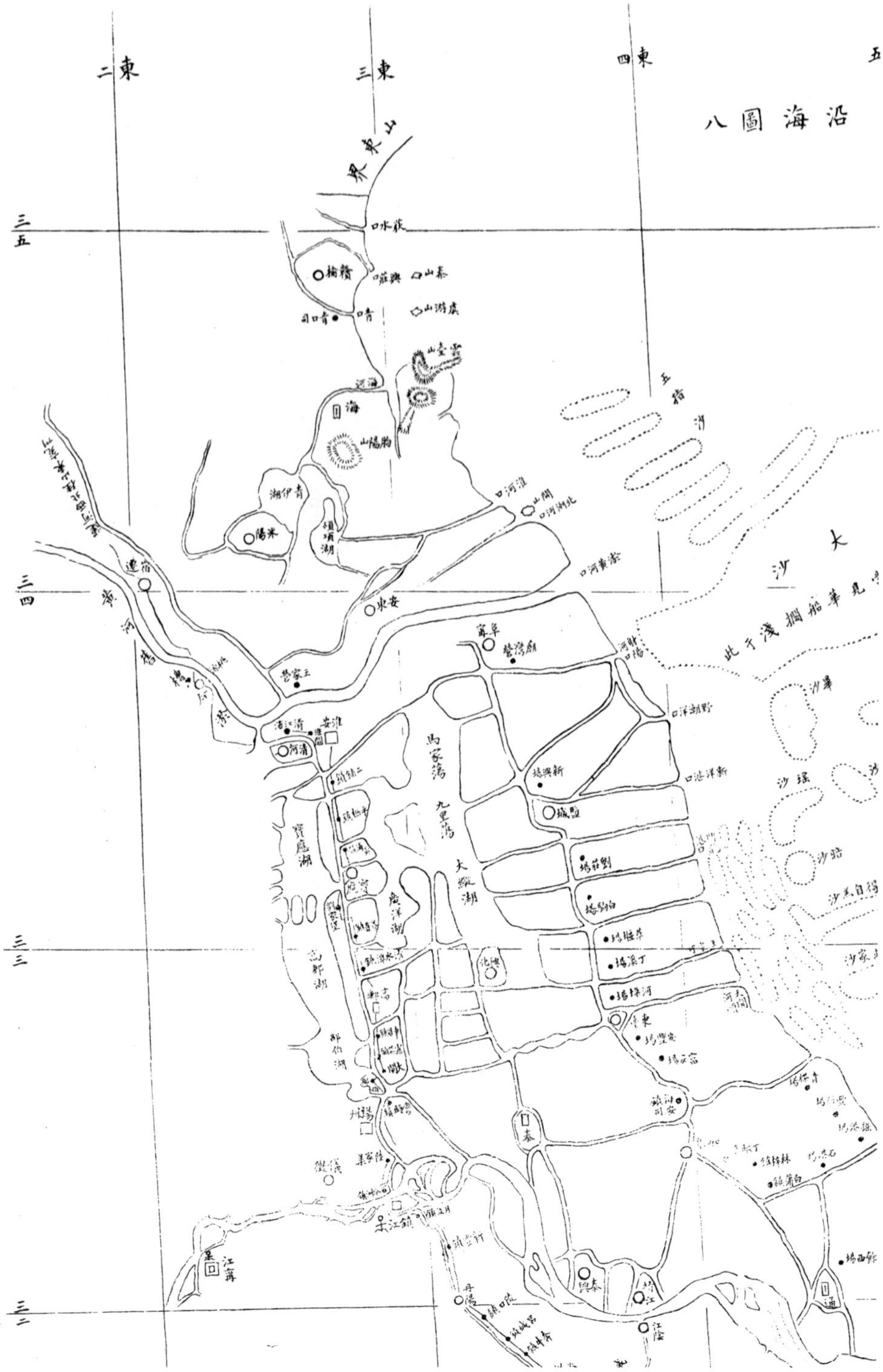
沿海圖八
東二
東三
東四
大沙

寶應湖
高郵湖
太湖
蘇州
常州
浙江界
東二
東三
東四

新繪沿海長江險要圖

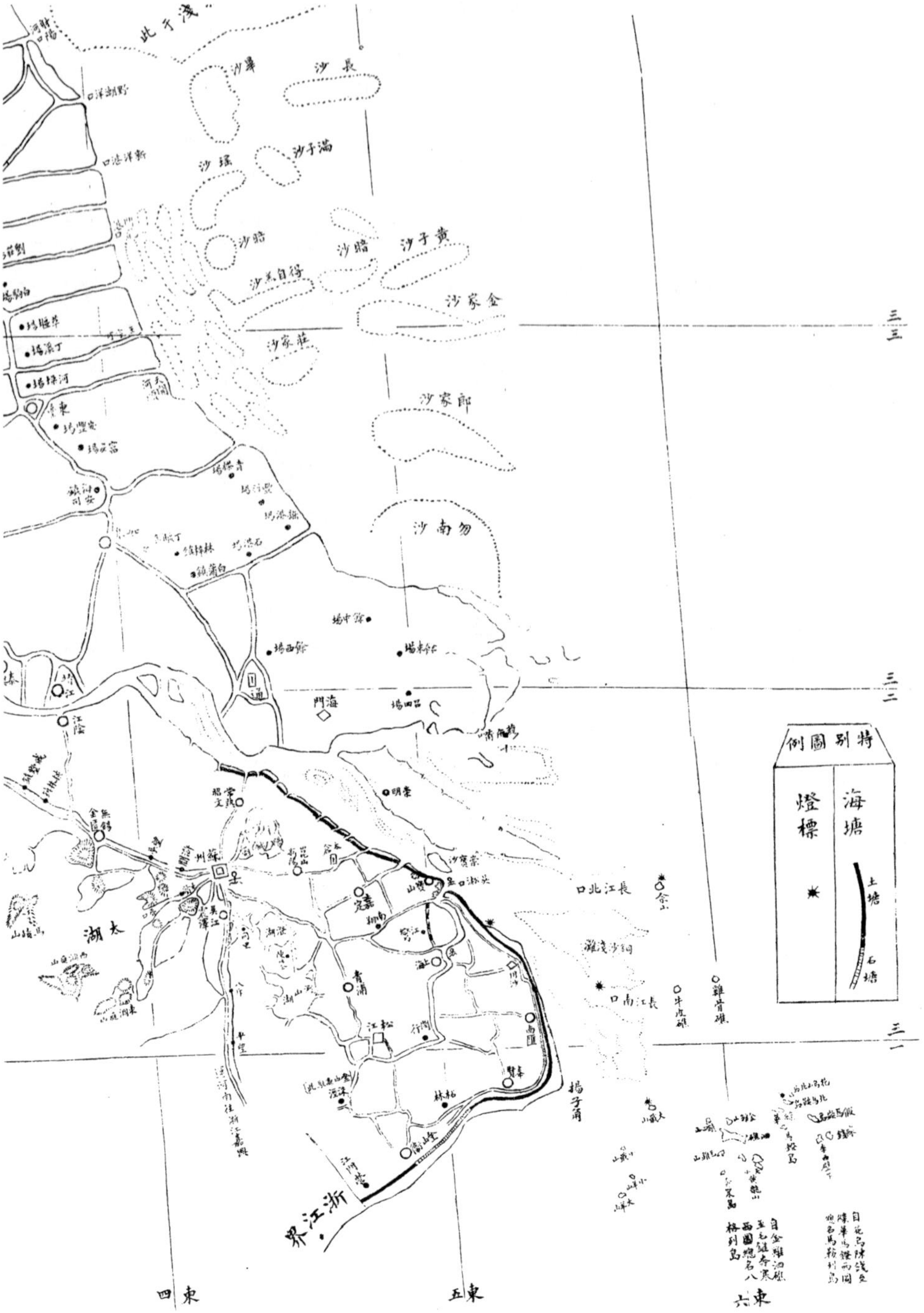

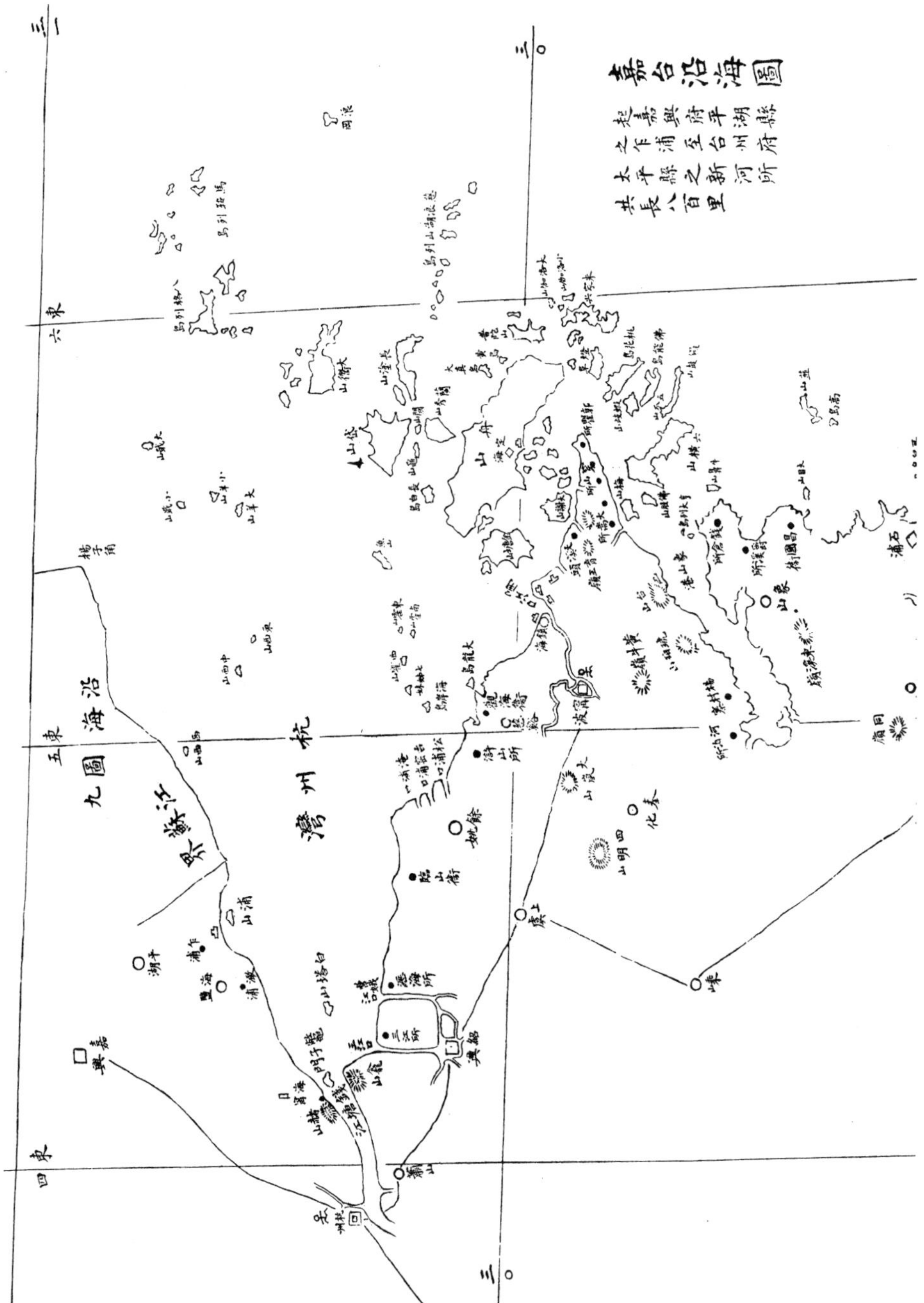
嘉台沿海圖
起嘉興府平湖縣之乍浦至台州府太平縣之新河所共長八百里

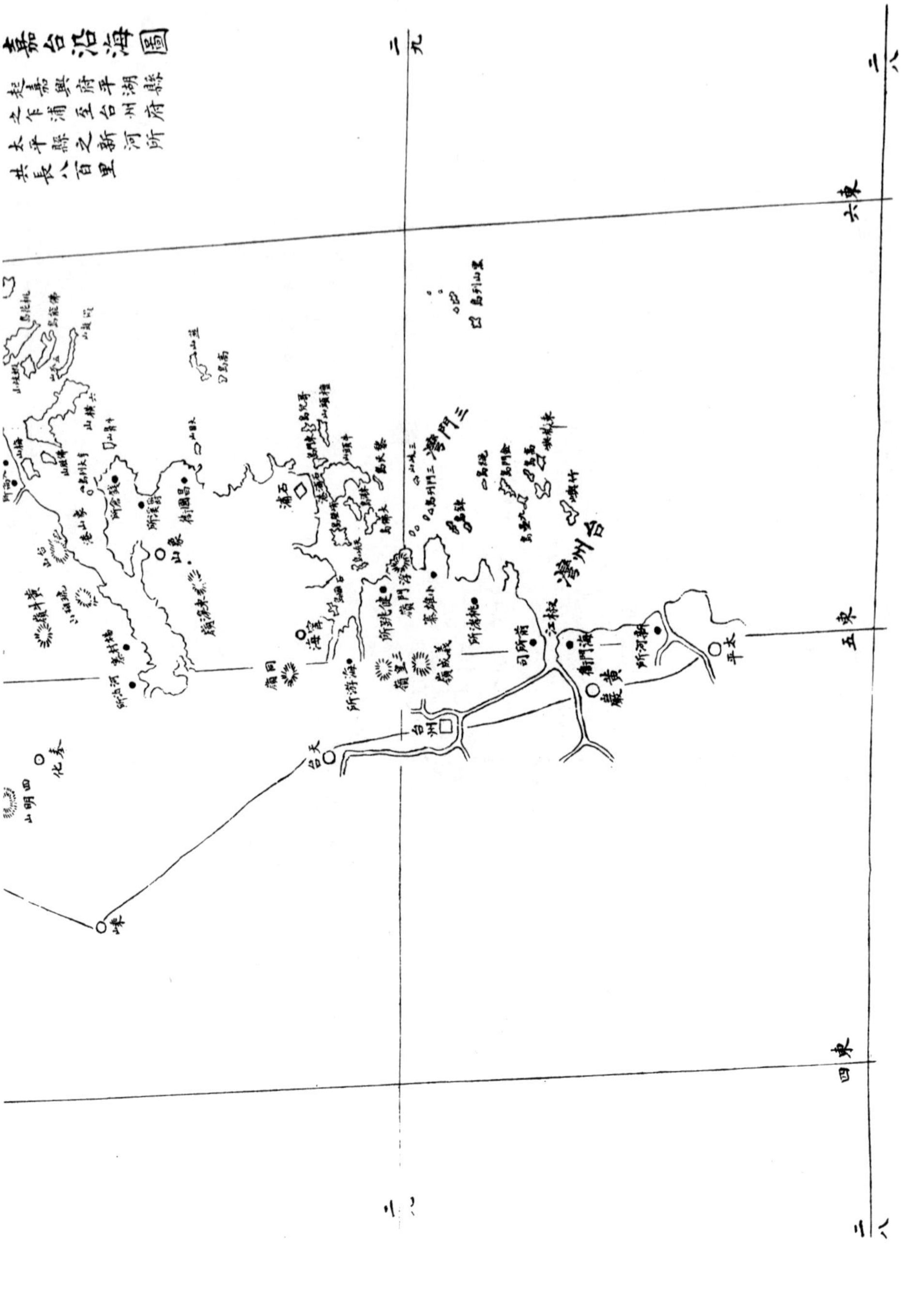
嘉台沿海圖
起嘉興府平湖縣
之乍浦至台州府
太平縣之新河所
共長八百里

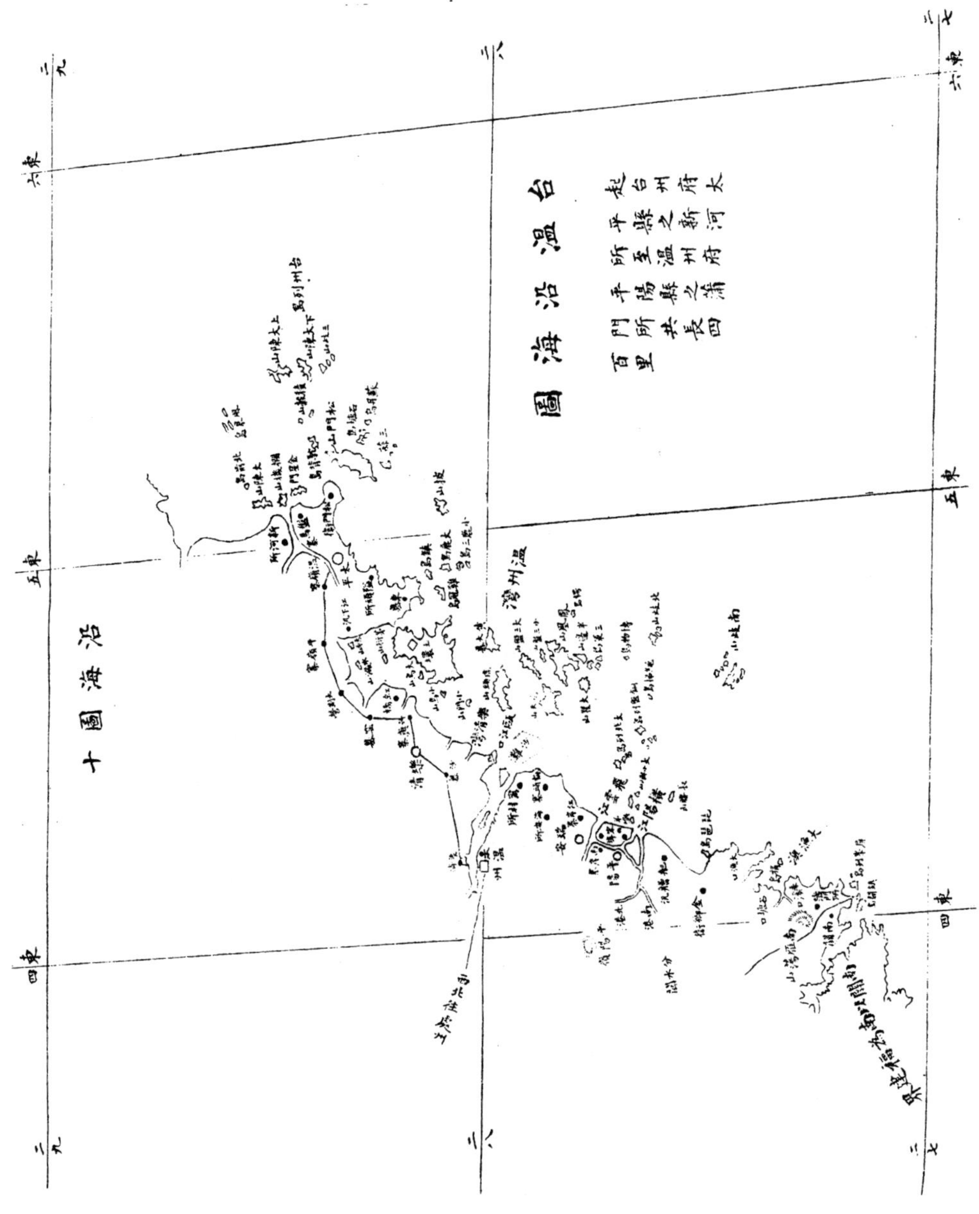
台温沿海圖
起台州府太平縣之新河所至温州府平陽縣之蒲門所共長四百里
沿海圖十

沿海圖十一

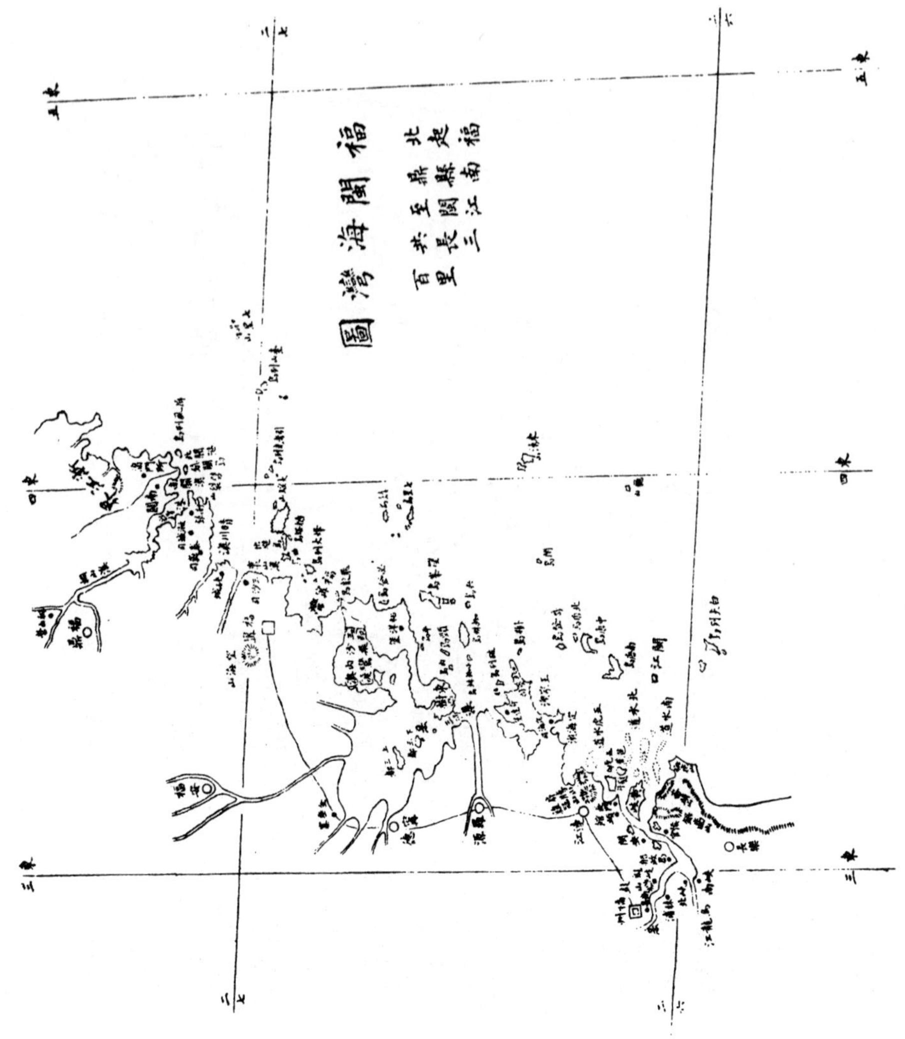

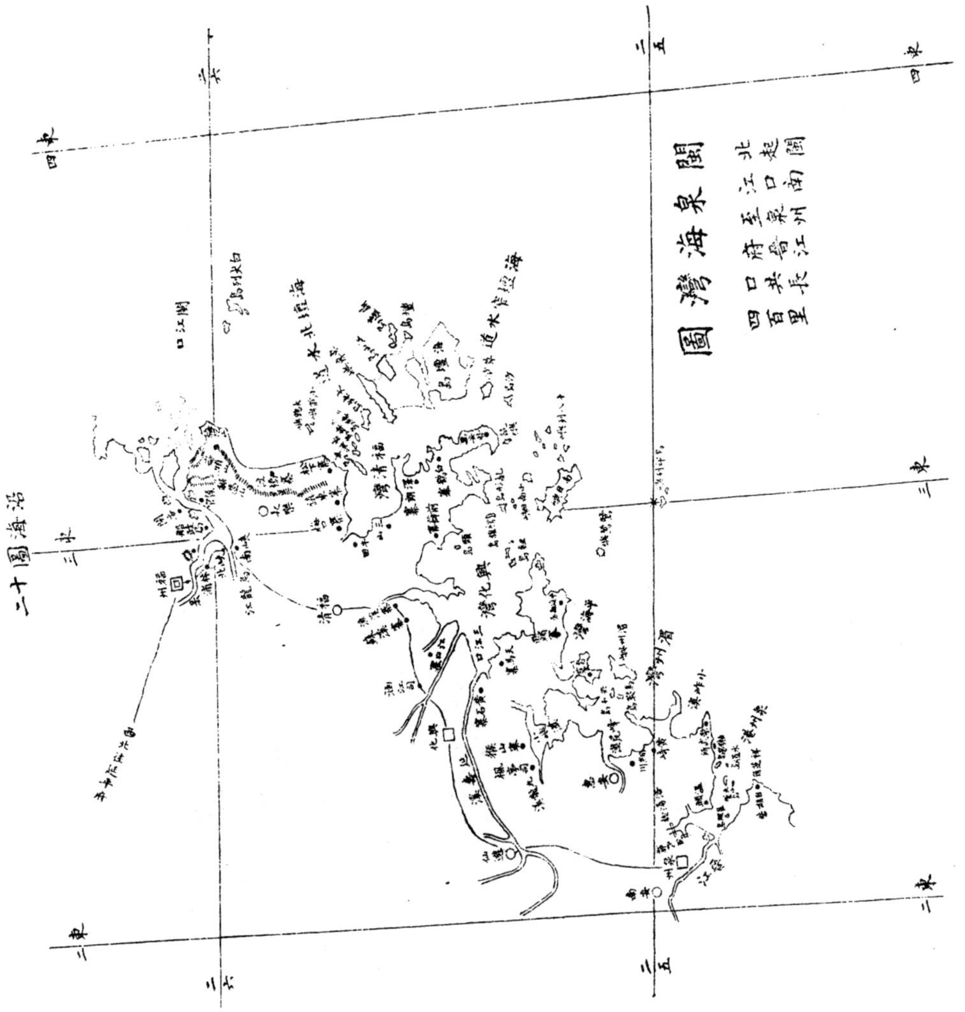
閩泉海灣圖
沿海圖二十

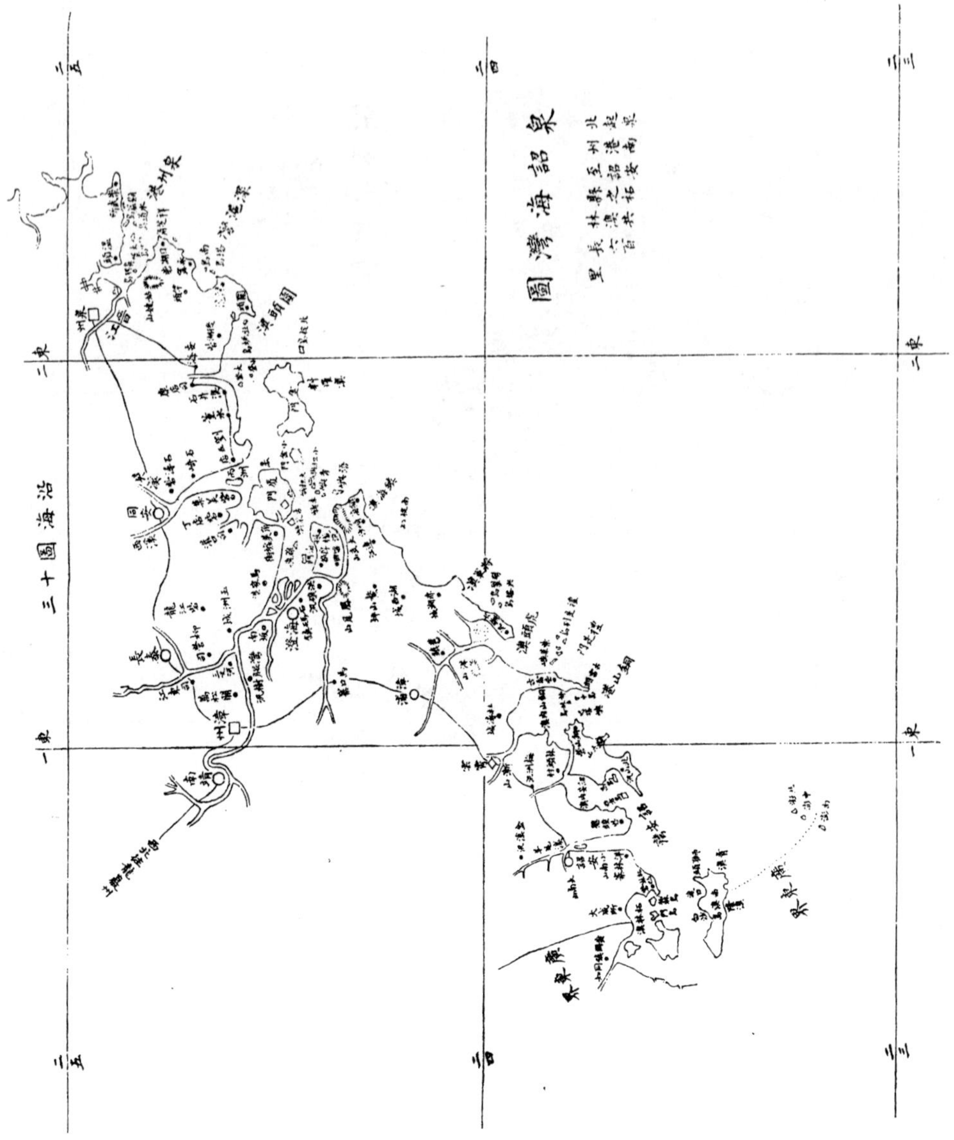

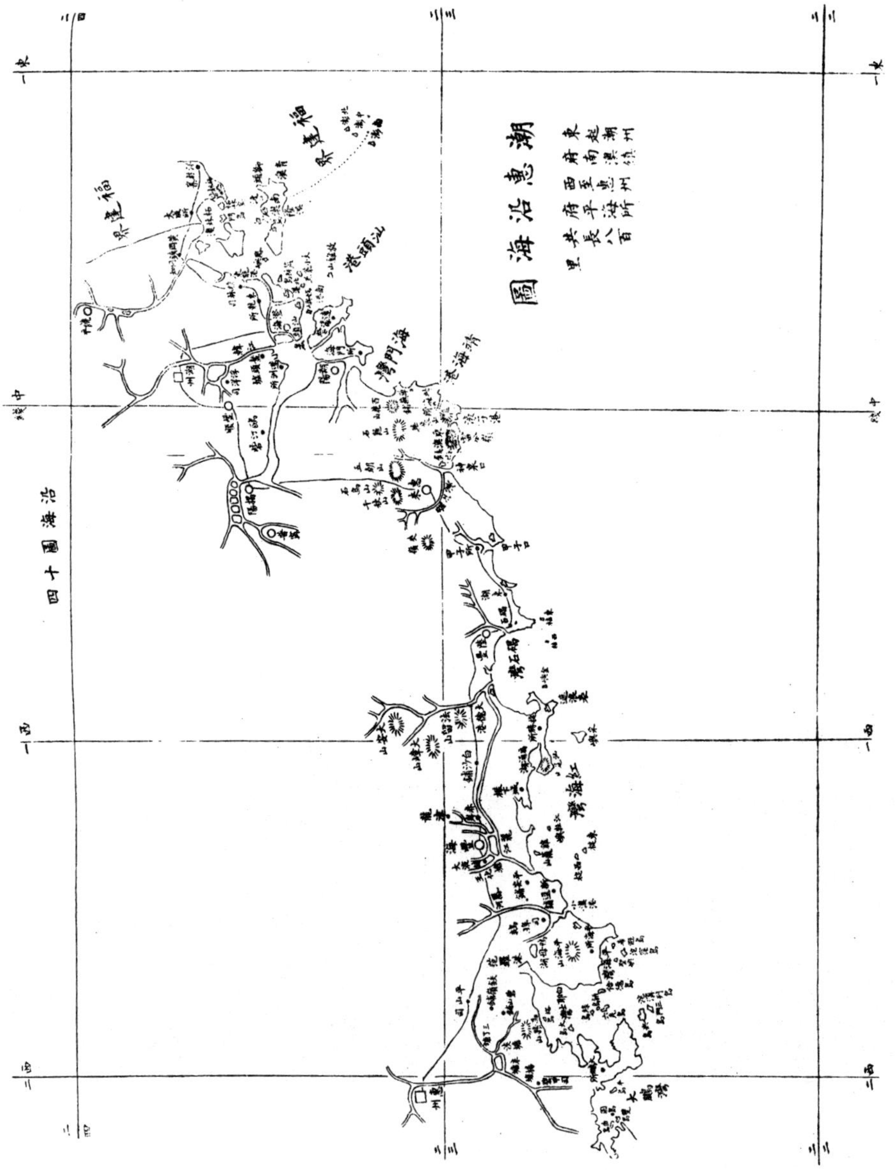
潮惠沿海圖

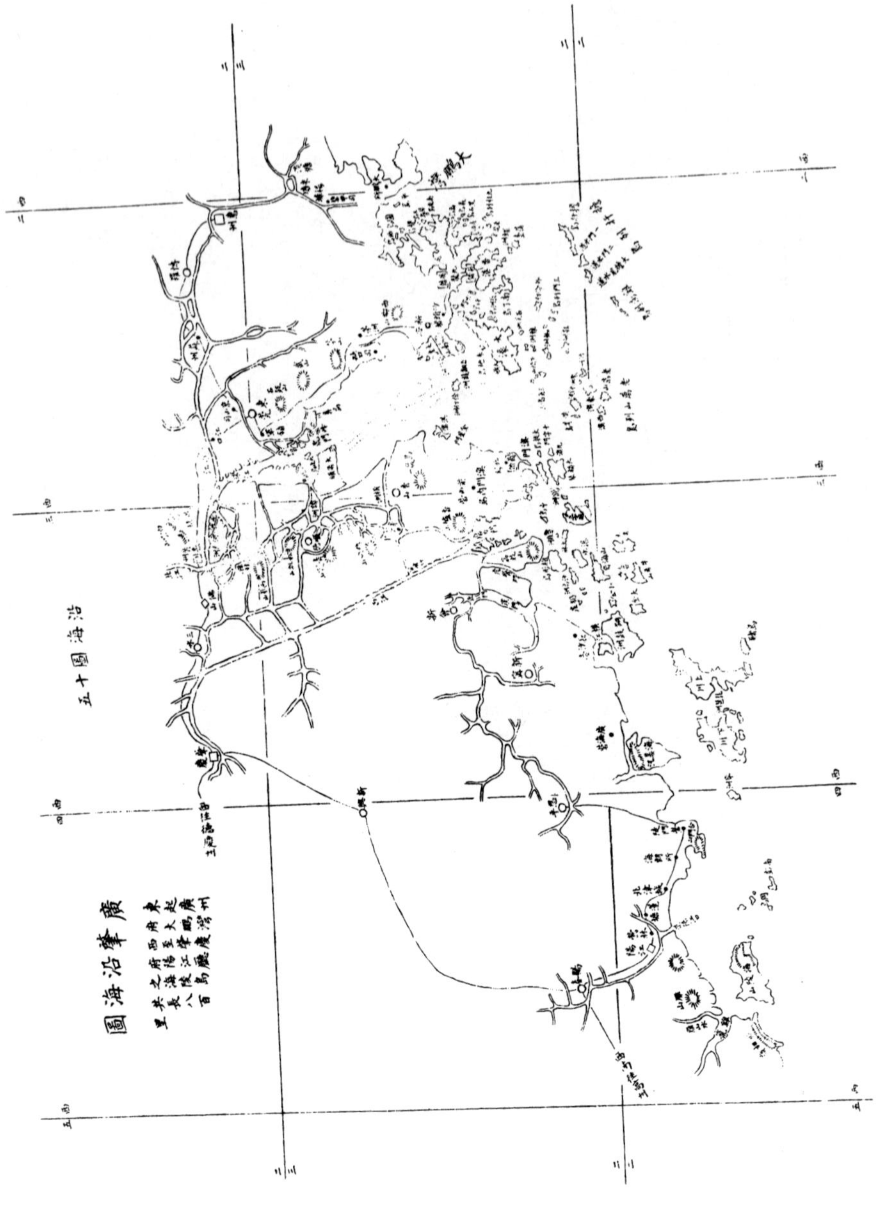
沿海圖十五
廣肇沿海圖
東起廣州府大鵬灣西至肇慶府陽江廳之海陵島共長八百里

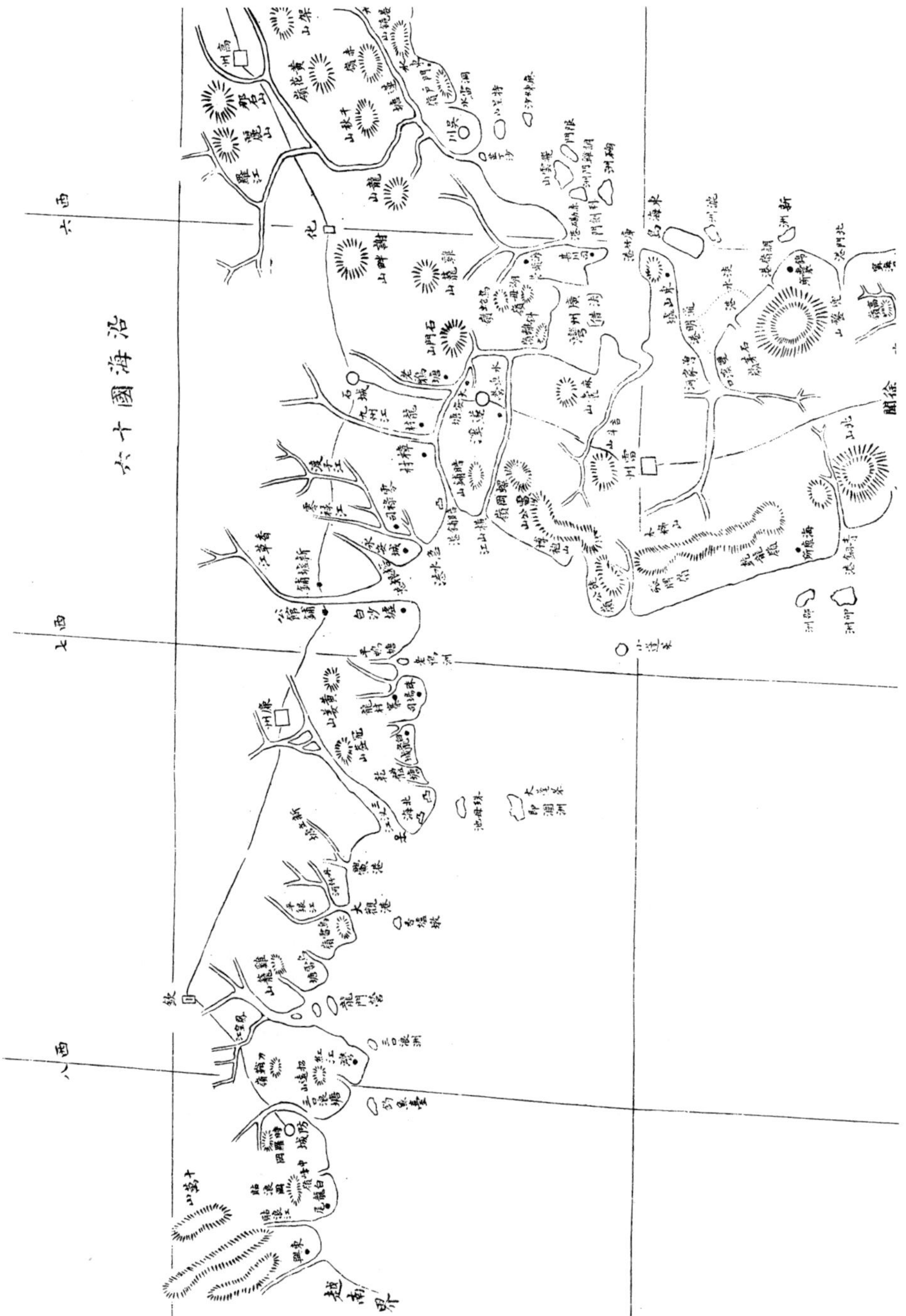

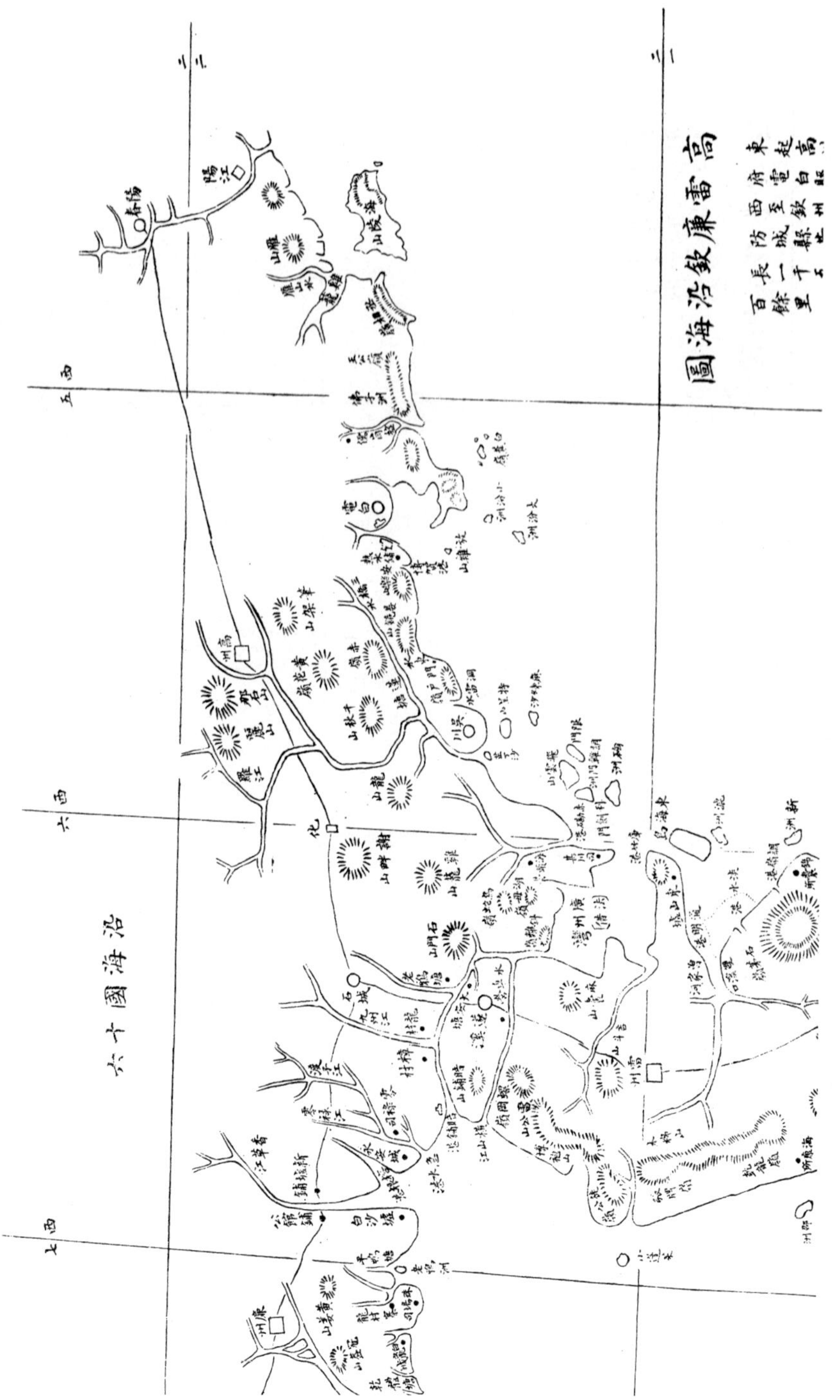
沿海圖十六
高雷廉欽沿海圖

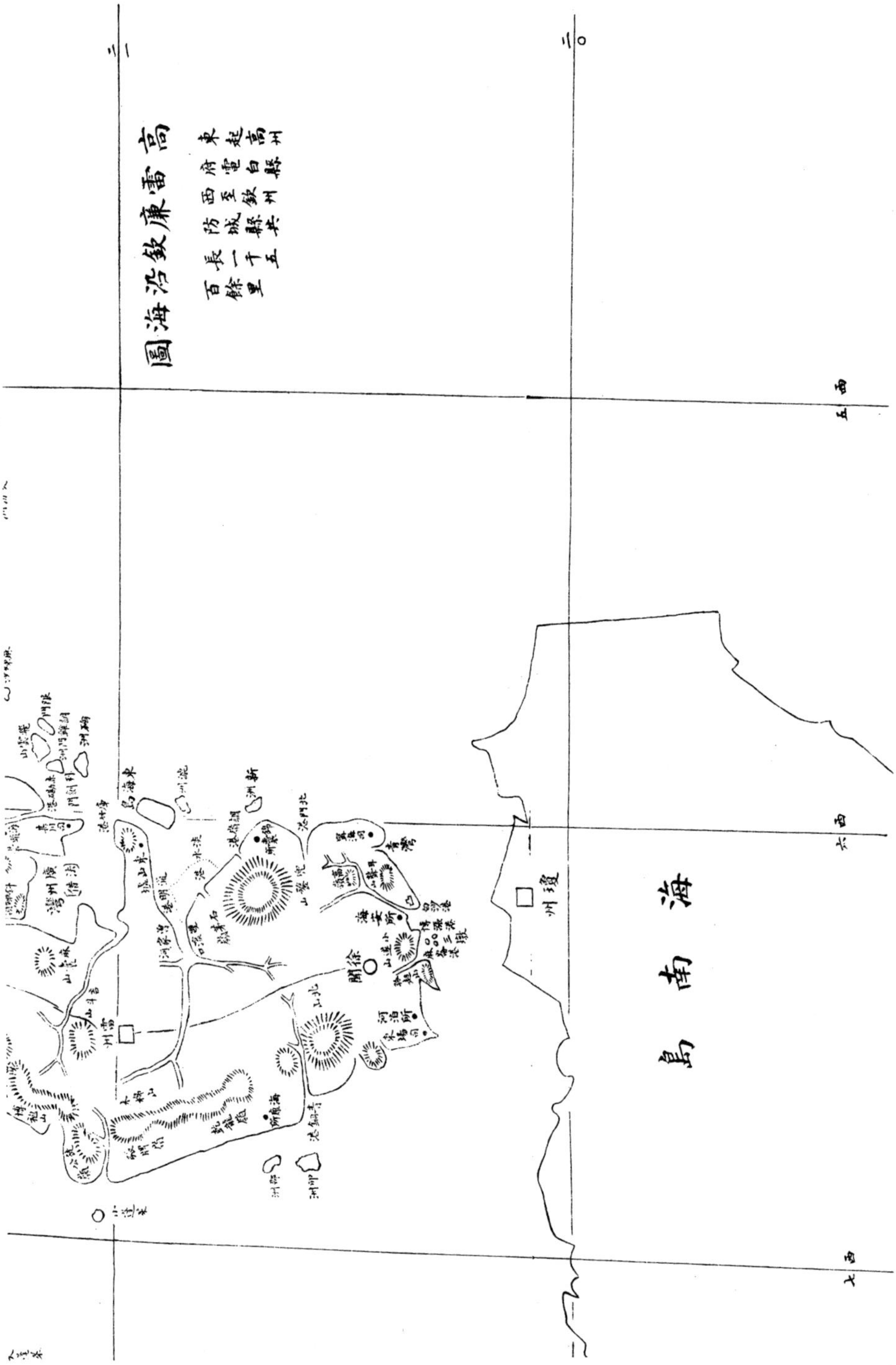

高雷廉欽沿海圖
東起高州府電白縣西至欽州防城共長一千五百餘里
海南島
瓊州

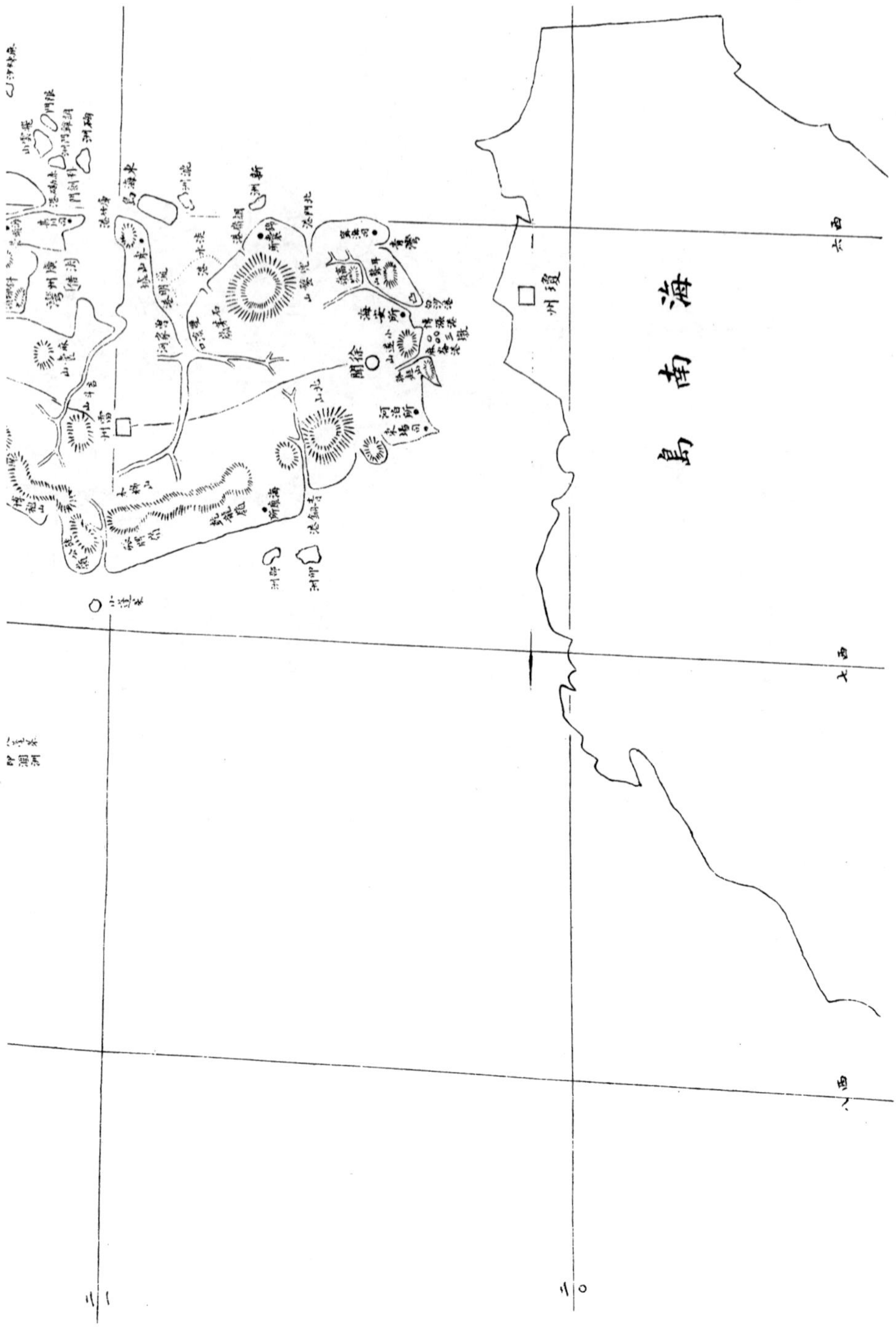
海南島
瓊州
徐聞
雷州

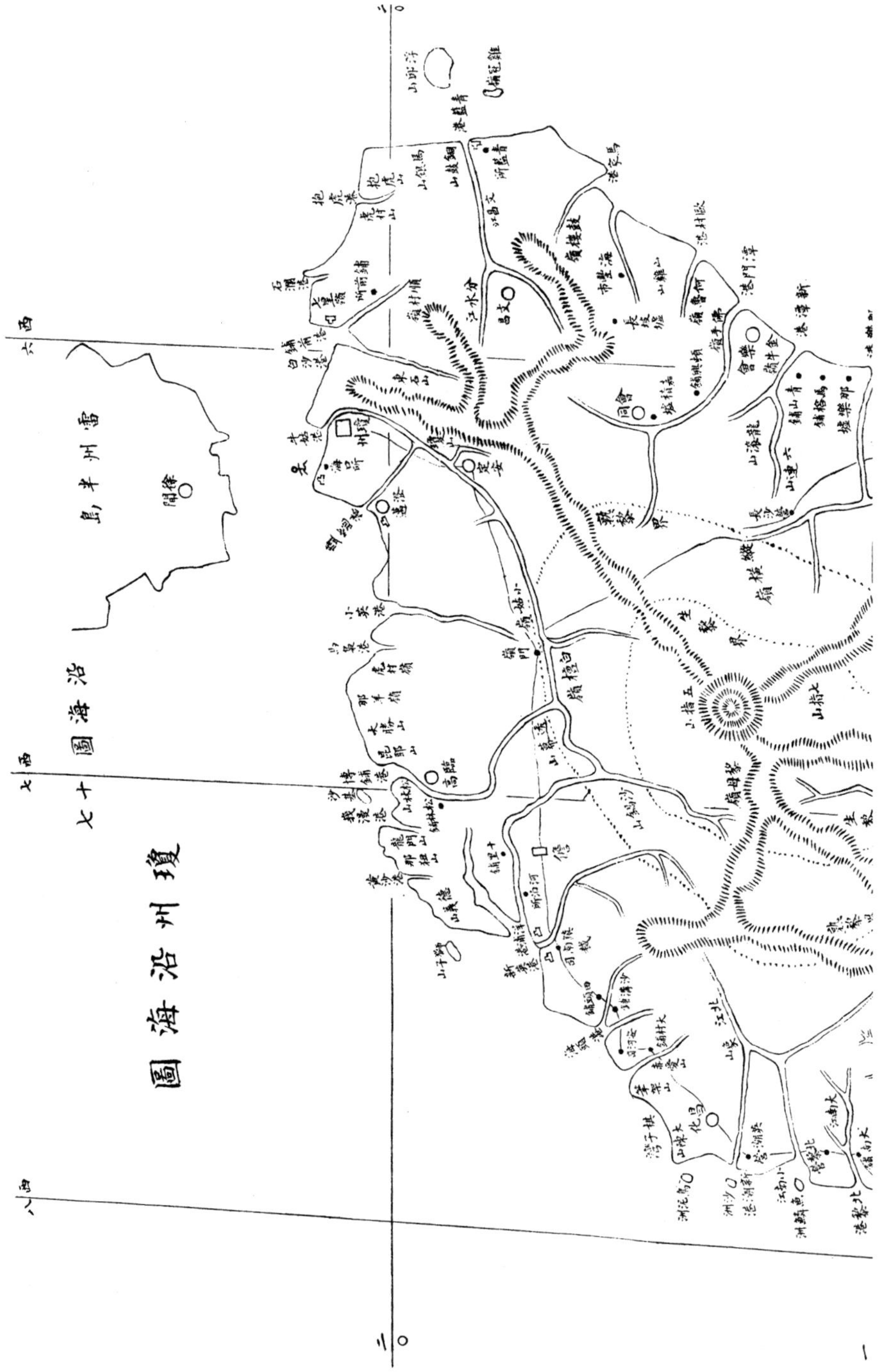
瓊州沿海圖

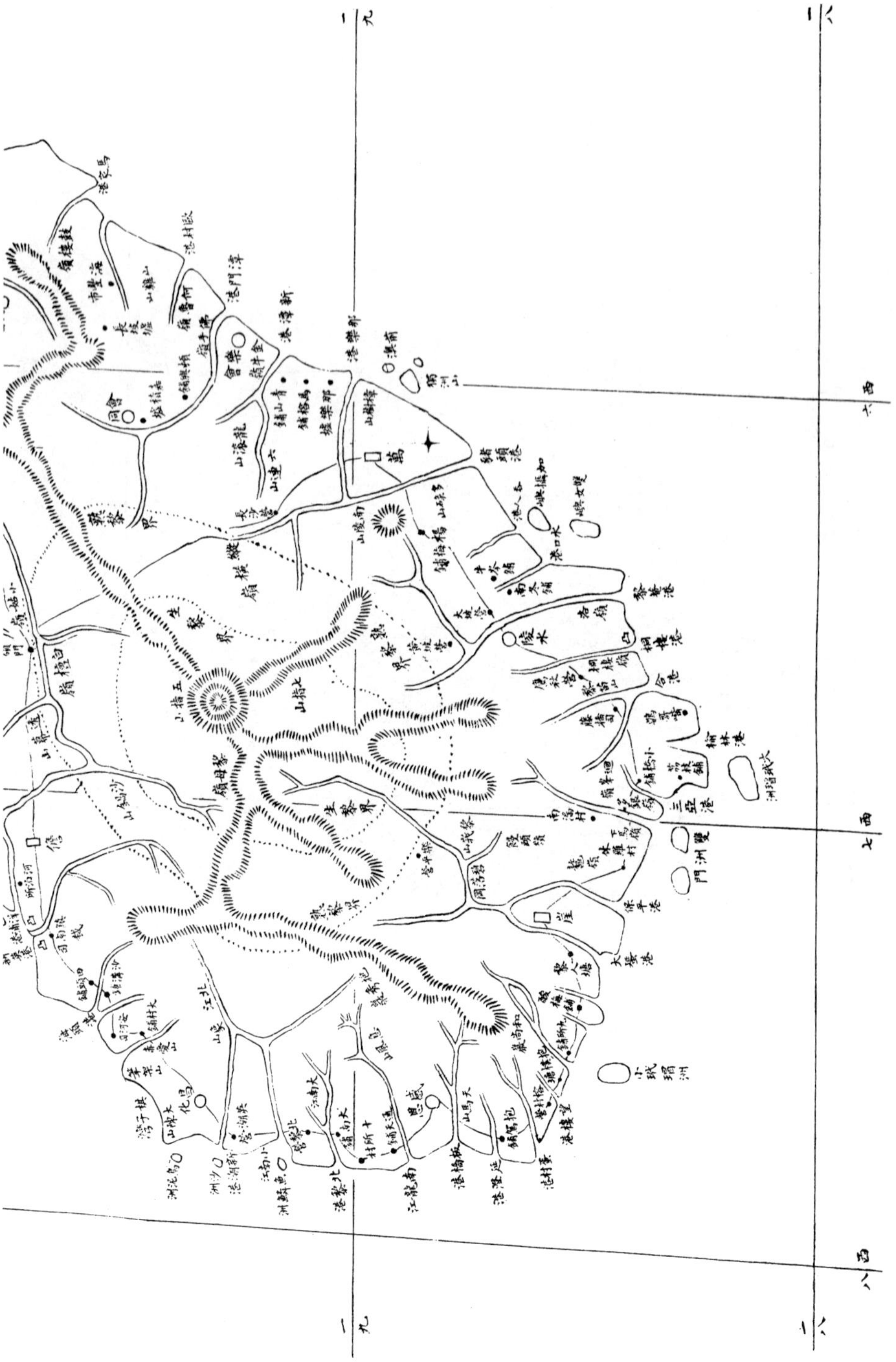

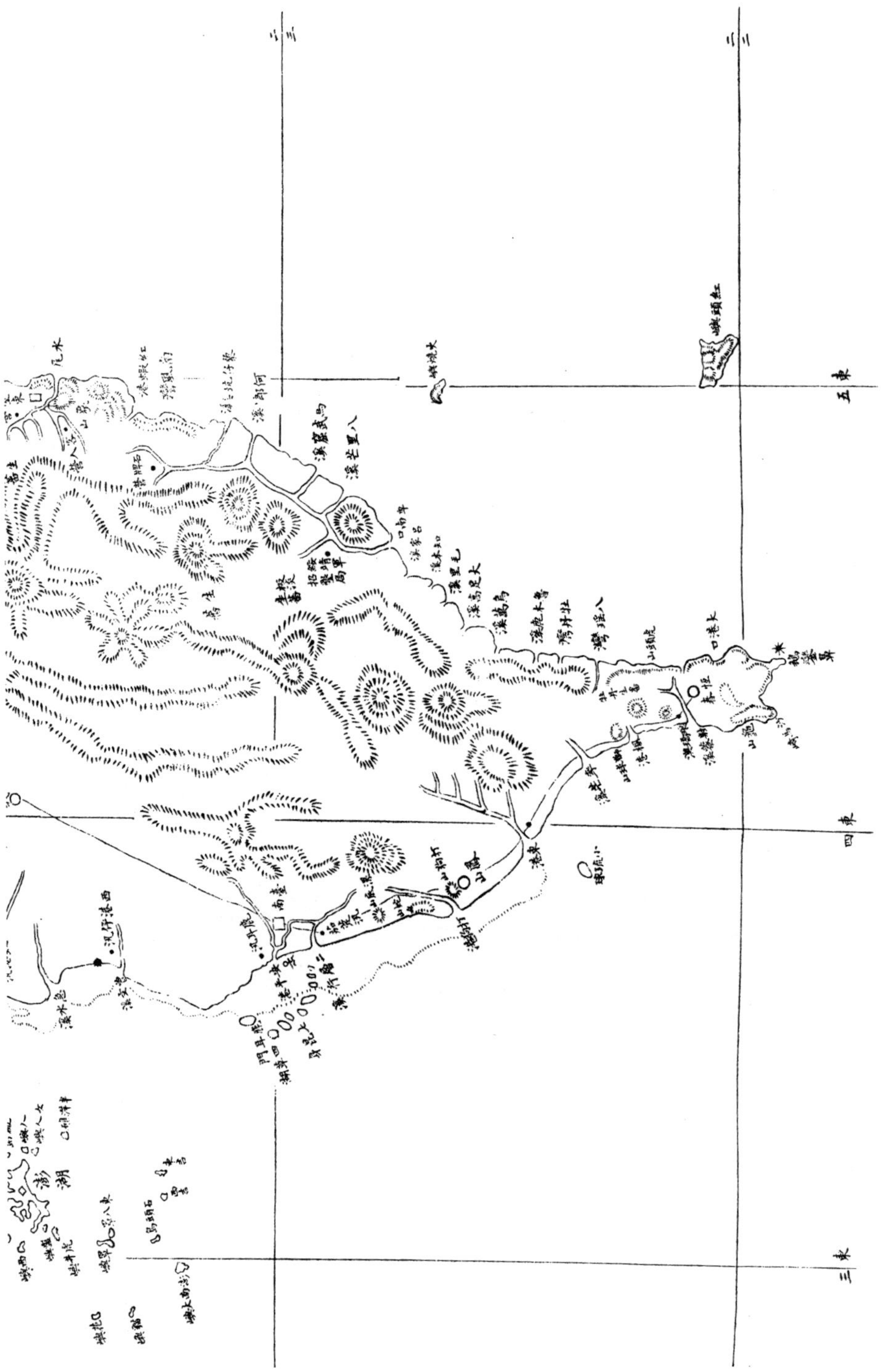

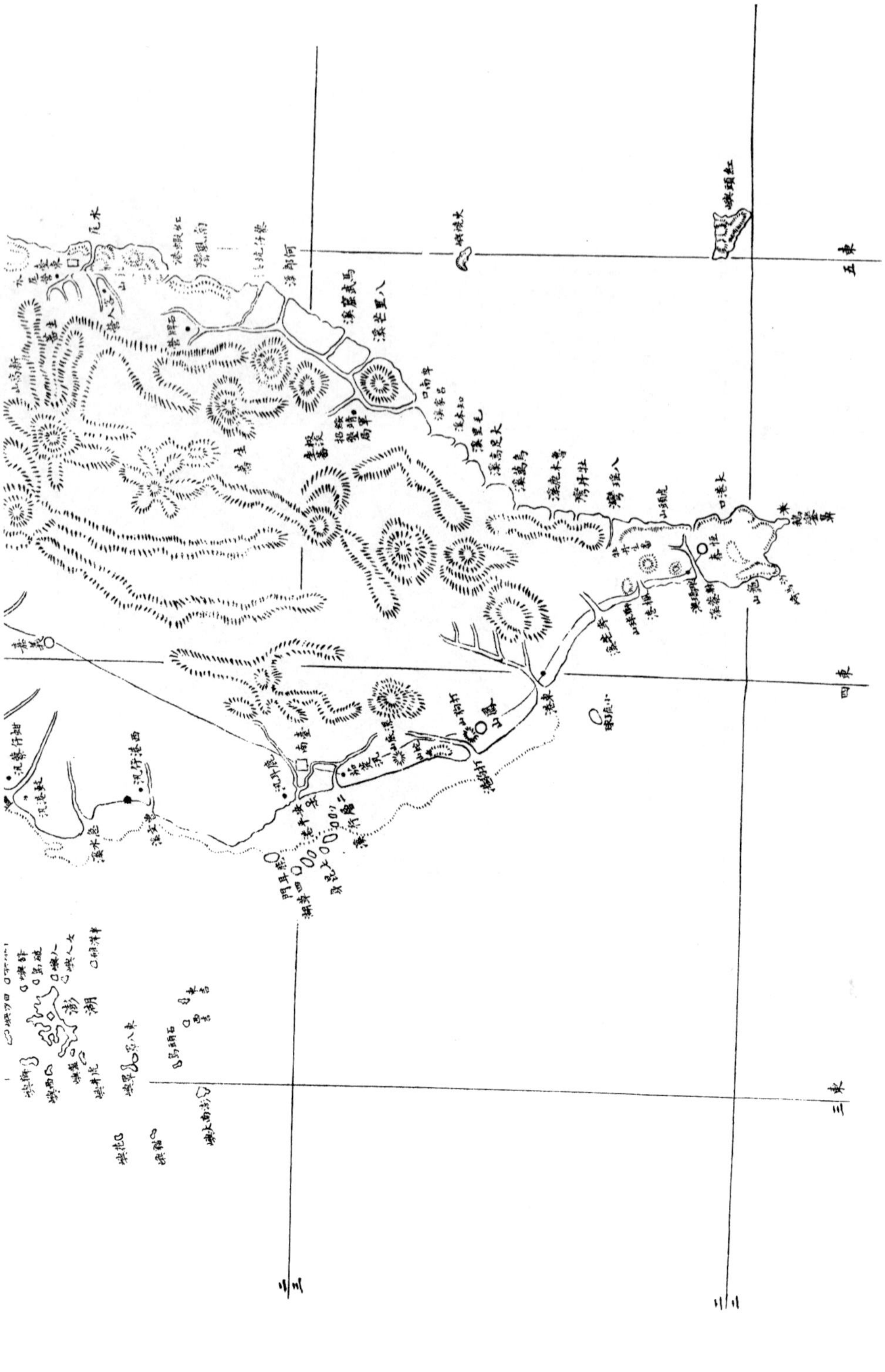

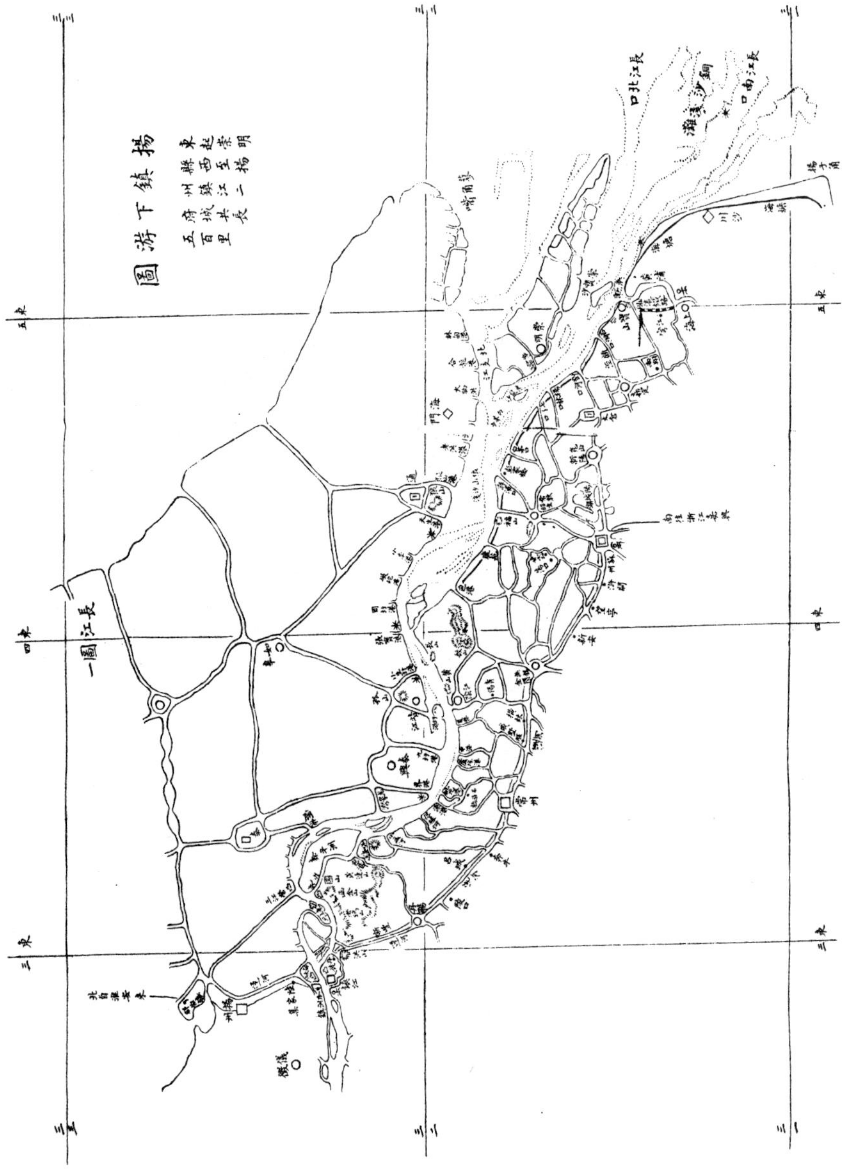
揚鎮下游圖
長江圖一

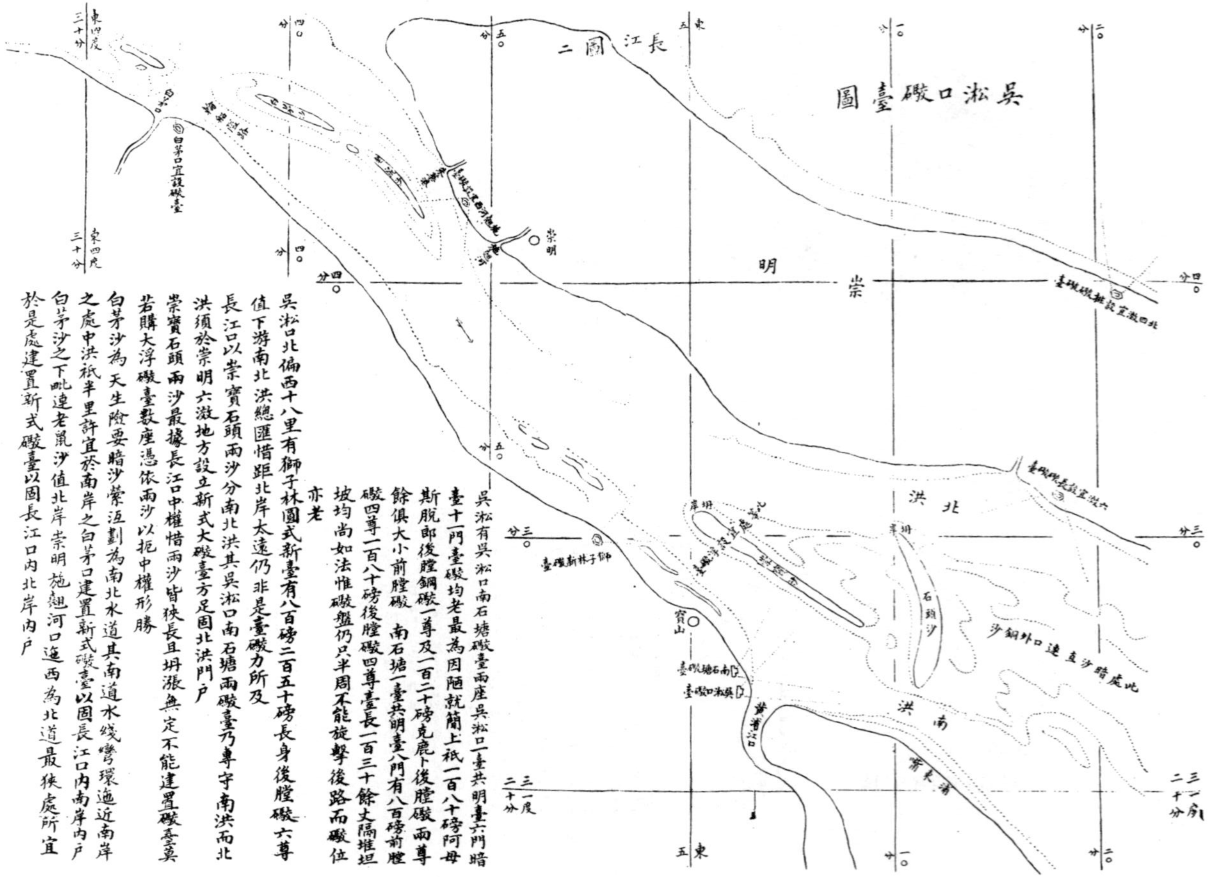


吳淞有吳淞口南石塘礮臺兩座吳淞口一臺共明臺六門暗臺十一門臺礮均老最為因陋就簡上祗一百八十磅阿母斯脫郎後膛鋼礮一尊及一百二十磅克鹿卜後膛礮兩尊餘俱大小前膛礮　南石塘一臺共明臺八門有八百磅前膛礮四尊一百八十磅後膛礮四尊臺長一百三十餘丈隔堆坦坡均尚如法惟礮盤仍只半周不能旋擊後路而礮位亦老

吳淞口北偏西十八里有獅子林圜式新臺有八百磅二百五十磅長身後膛礮六尊值下游南北洪總匯惜距北岸太遠仍非是臺礮力所及

長江口以崇寶石頭兩沙分南北洪其吳淞口南石塘兩礮臺乃專守南洪而北洪須於崇明六滧地方設立新式大礮臺方足固北洪門户

崇寶石頭兩沙最據長江口中權惜兩沙皆狹長且坍漲無定不能建置礮臺莫若購大浮礮臺數座憑依兩沙以扼中權形勝

白茅沙為天生險要暗沙縈迴劃為南北水道其南道水綫彎環逼近南岸之處中洪祇半里許宜於南岸之白茅口建置新式礮臺以固長江口內南岸内户

白茅沙之下毗連老鼠沙值北岸崇明施翹河口迤西為北道最狹處所宜於是處建置新式礮臺以固長江口内北岸内户

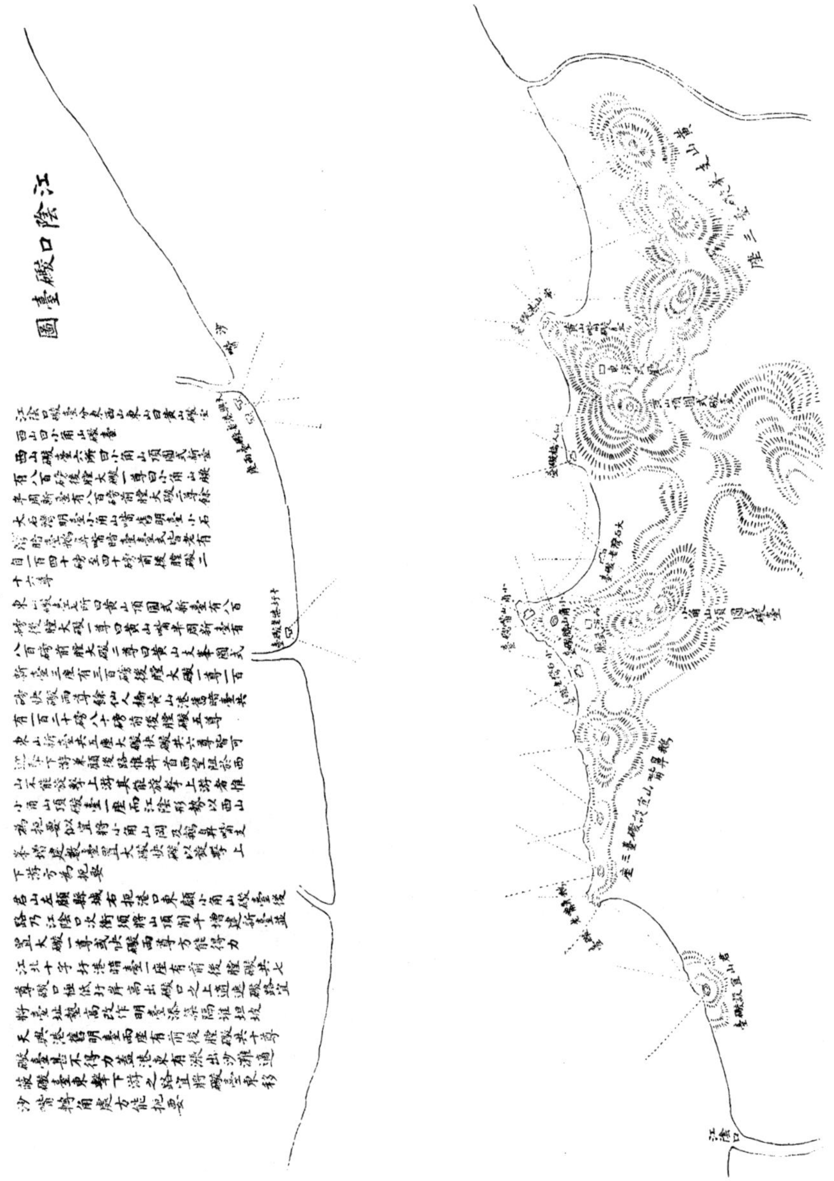
江陰口礮臺圖

新繪沿海長江險要圖

長江圖四

# 圌山關礮臺圖

圌山關礮臺在五峯山下大磯頭新臺有二百五十磅後膛大礮四尊餘大磯頭二磯頭兩老臺共有一百四十磅以下前後膛礮九尊惟新舊礮臺俱逼處五峯山第二第三兩峯之麓背負大山面臨長江（江形如釜底）既犯兵家之忌且山頂未置一礮無從旋擊後路且不能擊泰平洲夾江偷渡之船似宜將龜山頭兩頂（即第四第五兩峯）及第一第二兩峯山脊次第劃平分置大礮快礮各數尊方資控扼

圌山關北岸曰三江營（即夫洑洲）舊礮臺惟一百二十磅前膛礮三尊臺址濱江現已坍塌三江營夾江為揚州東門且上通沙頭夾江岸闊水深淺水輪船可以駛入若從此路駛至沙頭已繞出我圌山關之險而掎我都天廟之背為江北閒道宜將礮臺填高丈餘移近夾江安設大礮快礮數尊以固門戶

西岸東生洲老明臺有一百四十磅以下前後膛礮六尊礮力亦嫌單薄

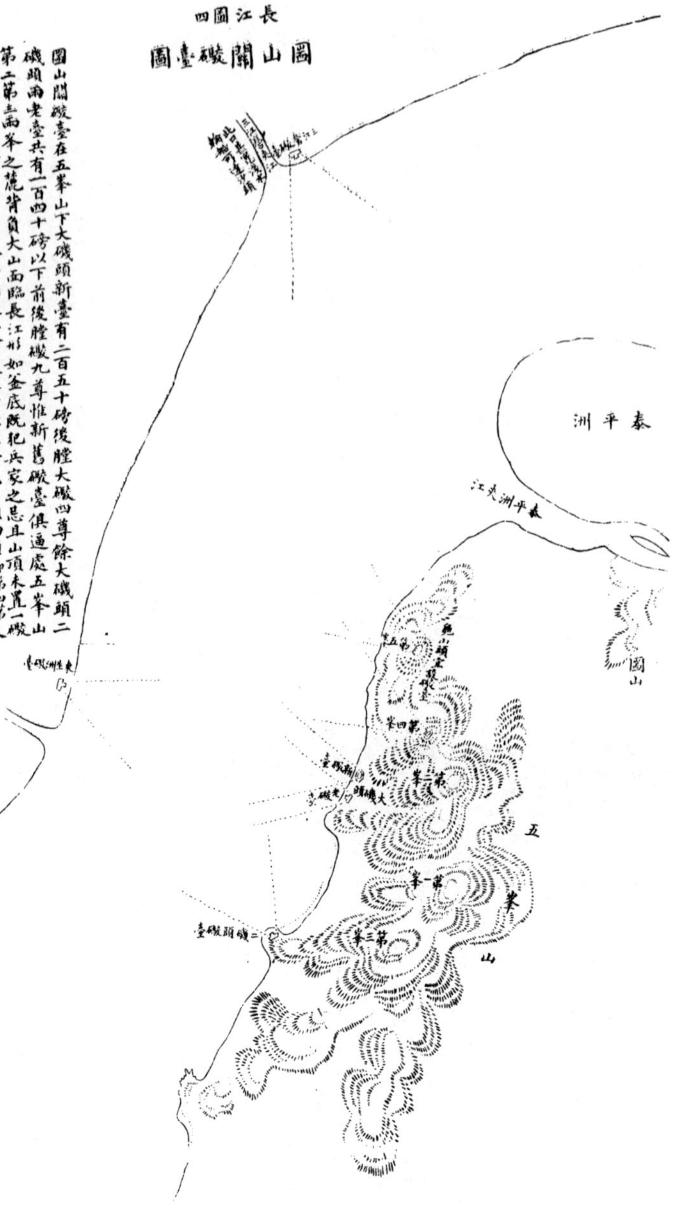

長江圖五

# 象山焦山都天廟礮臺圖

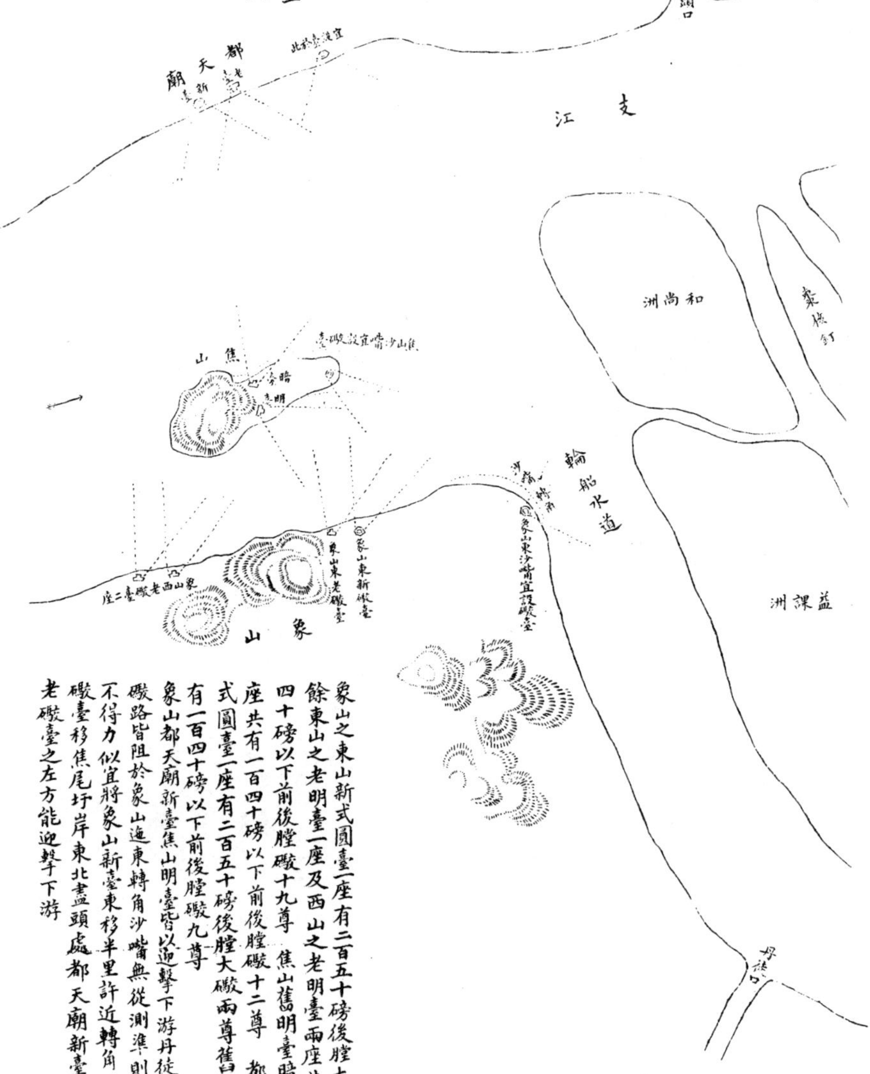


象山之東山新式圓臺一座有二百五十磅後膛大礮四尊餘東山之老明臺一座及西山之老明臺兩座共有一百四十磅以下前後膛礮十九尊　焦山舊明臺暗臺各一座共有一百四十磅以下前後膛礮十二尊　都天廟新式圓臺一座有二百五十磅後膛大礮兩尊舊明臺一座有一百四十磅以下前後膛礮九尊

象山都天廟新臺焦山明臺皆以迎擊下游丹徒口為主惟礮路皆阻於象山迤東轉角沙嘴無從測準則礮擊必不得力似宜將象山新臺東移半里許近轉角處焦山礮臺移焦尾圩岸東北盡頭處都天廟新臺亦東移老礮臺之左方能迎擊下游

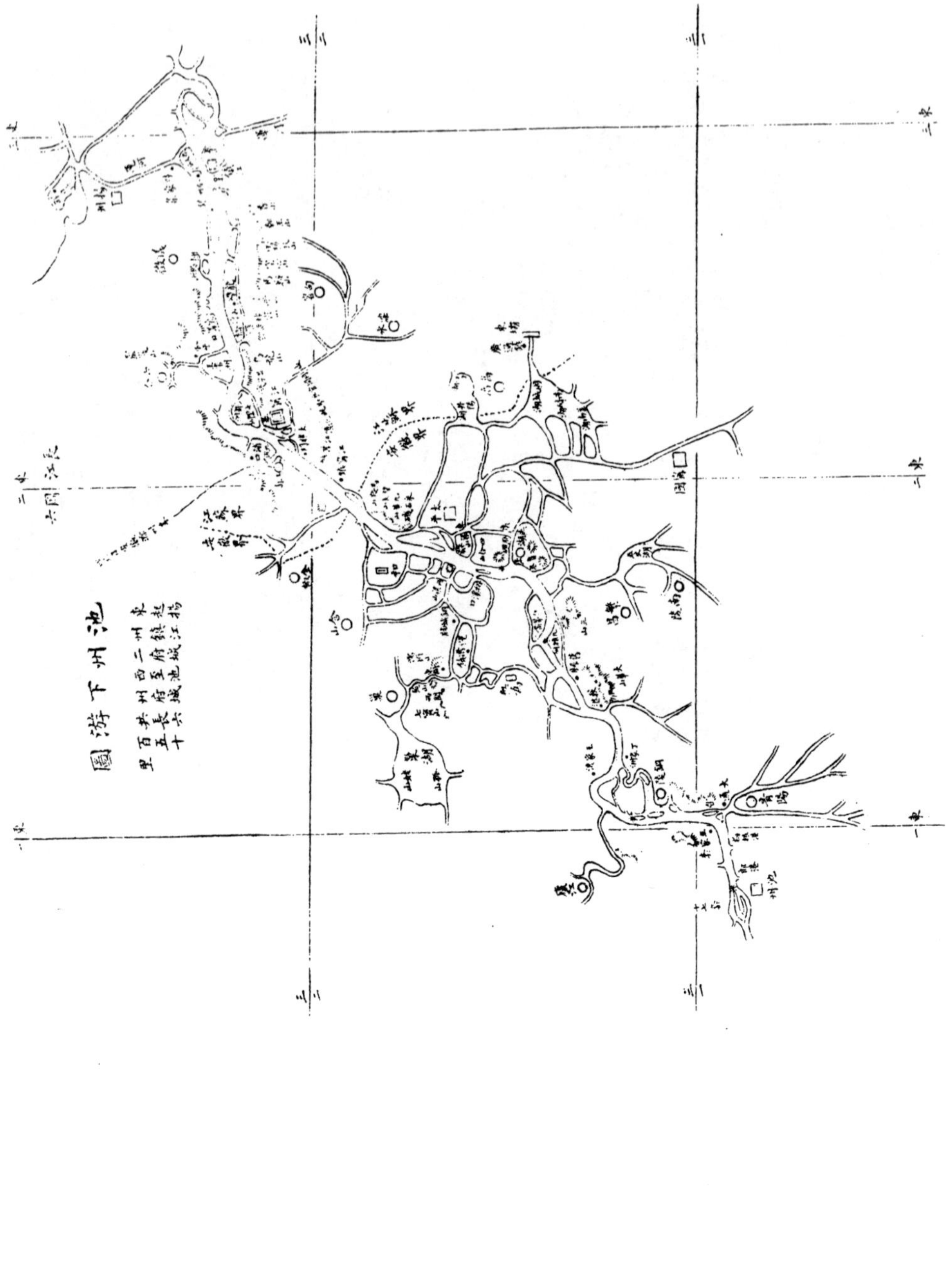
池州下游圖

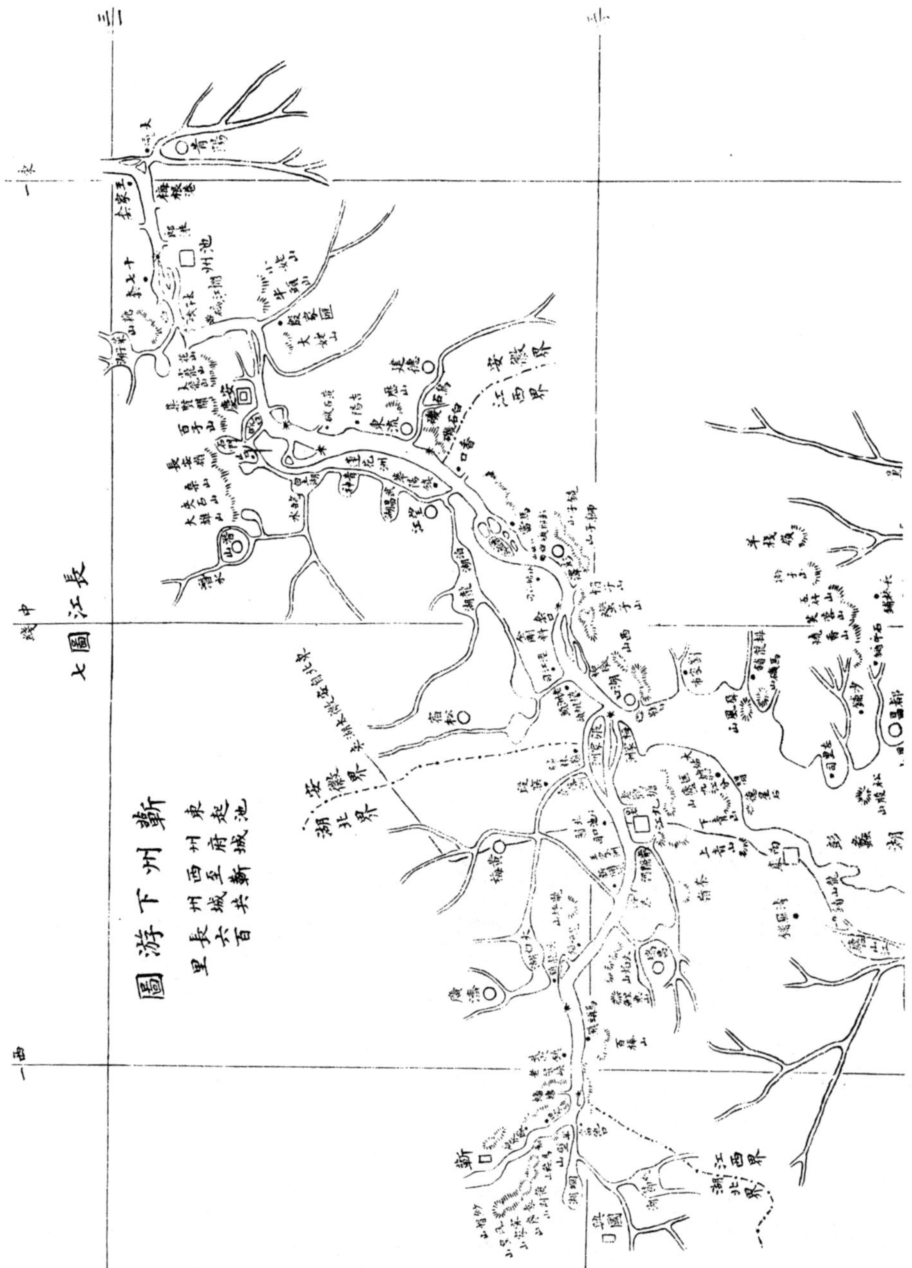
長江圖七
蘄州下游圖
東起池州府城西至蘄州城共長六百里

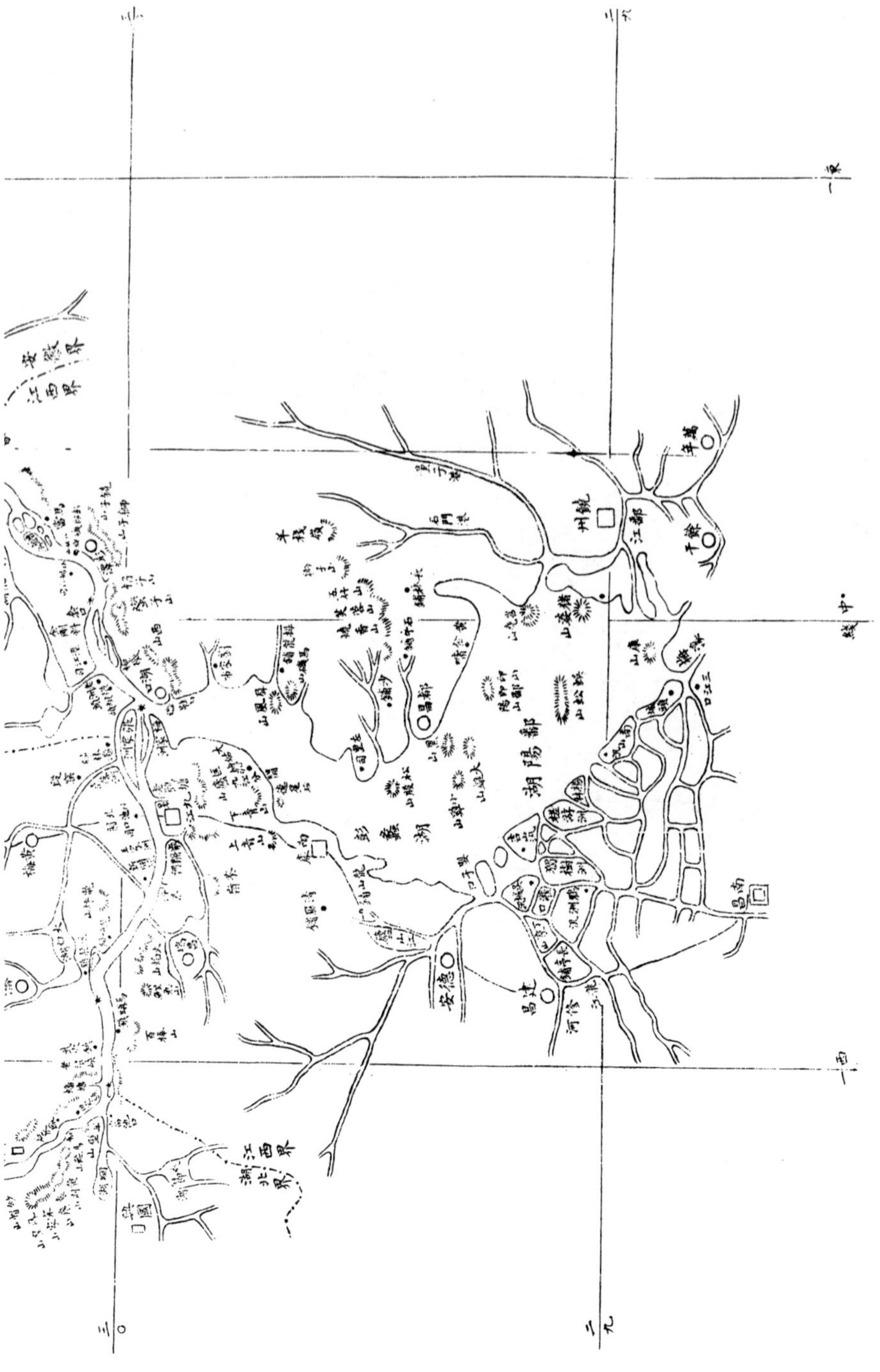
安徽界
江西界
饒州
鄱陽湖
南昌
江西界
湖北界

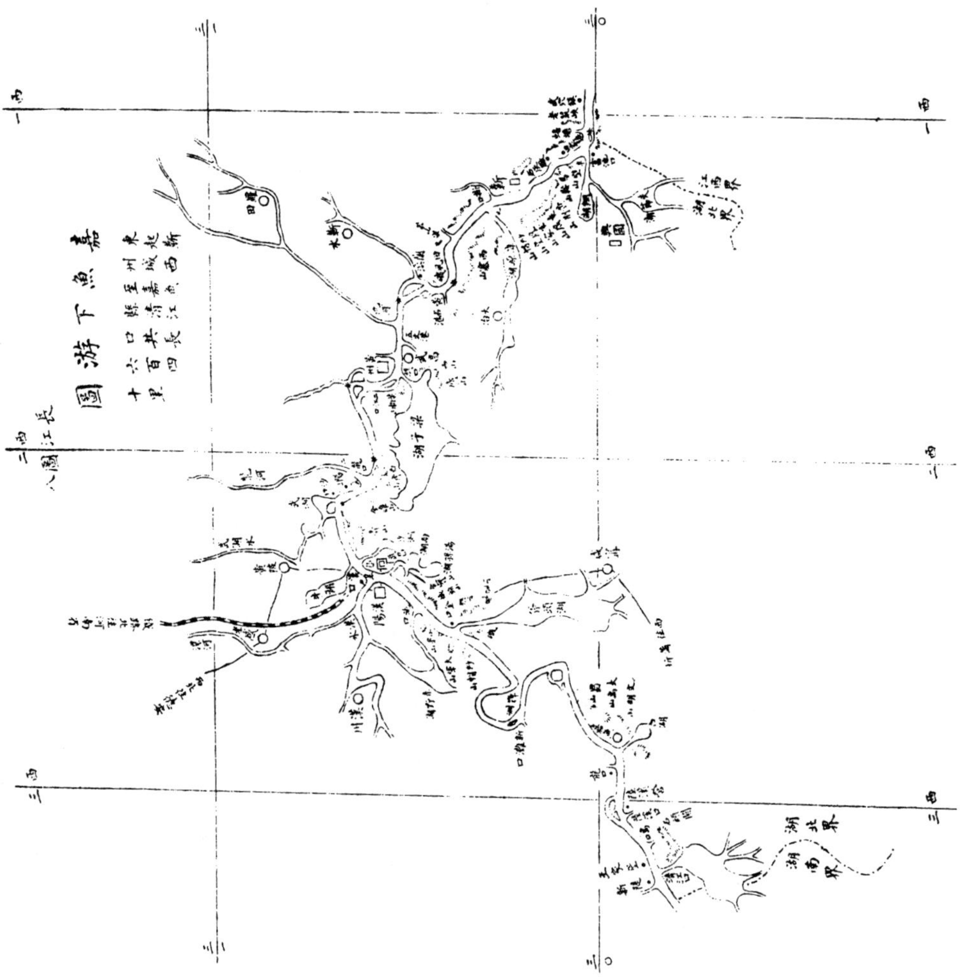
嘉魚下游圖

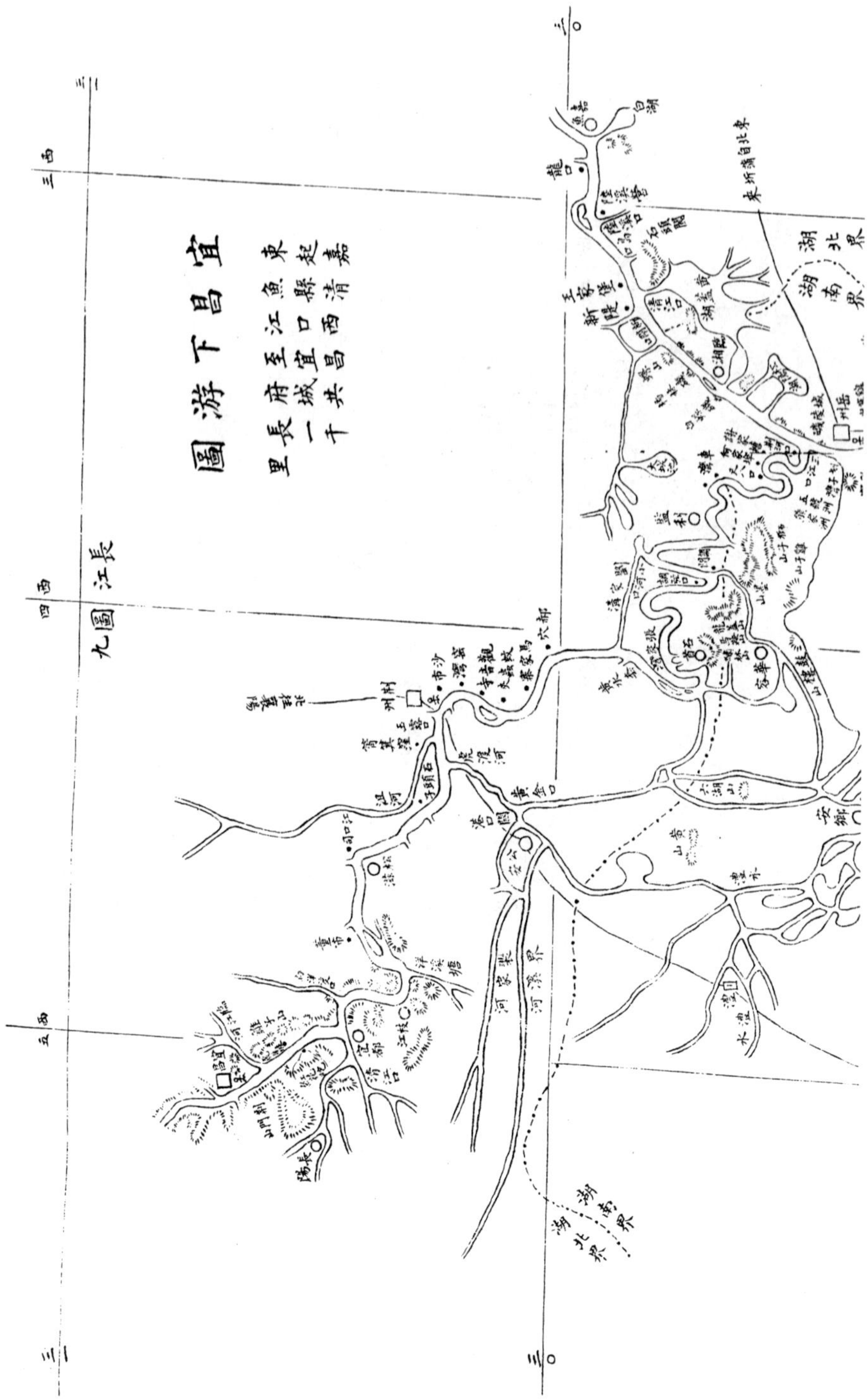

宜昌下游圖
東起嘉魚縣清江口西至宜昌府城共長一千里
長江圖九

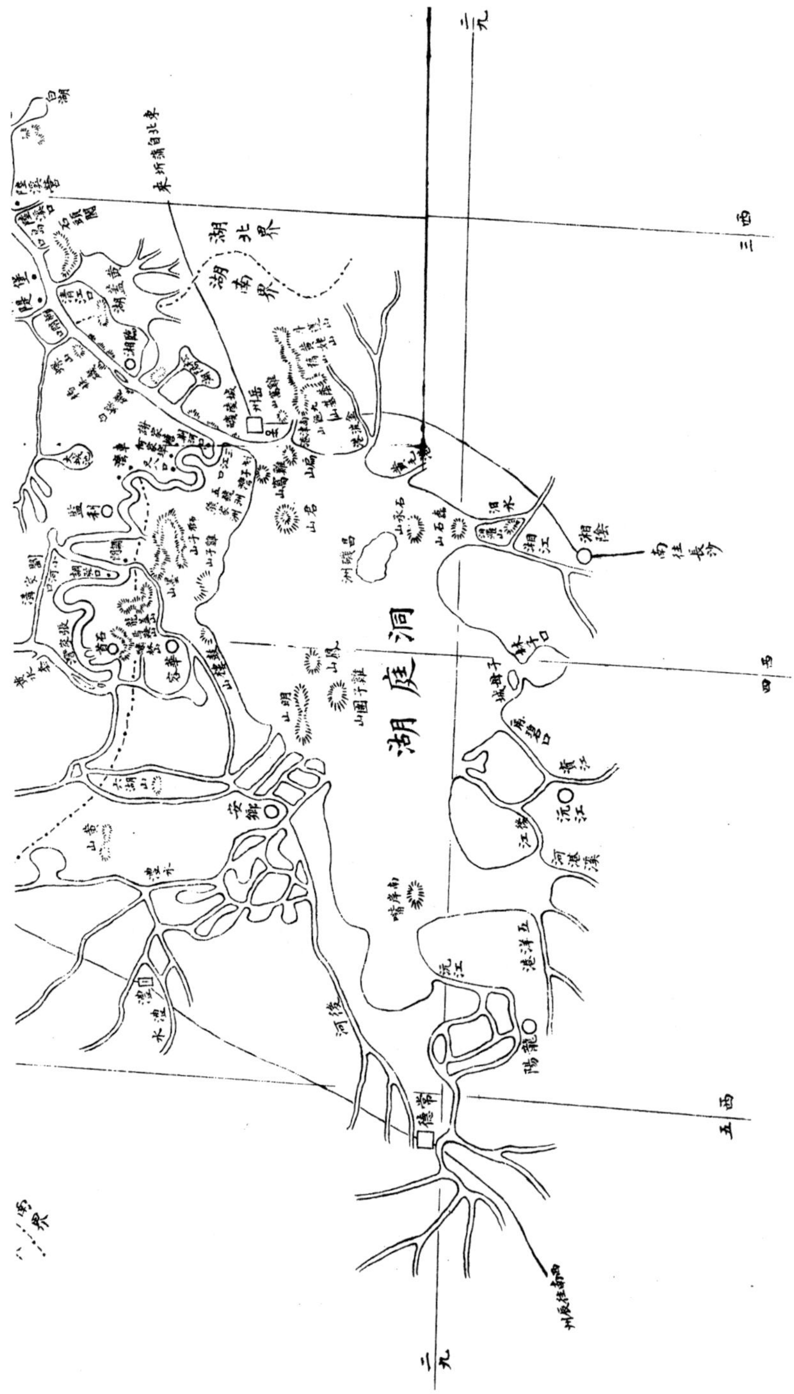
洞庭湖
湖北界
湖南界

# 新編沿海險要圖説

駿公

# 新編沿海險要圖說十六卷

震澤楊天驥題

江震學堂版權
鴻文書局石印

間嘗讀侯官陳氏新譯江海險要圖誌，而歎曰：我中國之人沈湎於詞章揣摩之習，實學不講，以致自有之江海流域豪無把握，反賴西人測驗我地之書，仍以稍闚一二險要，設江海形勢誠爲中國莫大之恥也。總之推究其所以疏漏莽肯潛心之故，亦以地理之學皆須實驗，不尚空譚，內地山川城郭之亘古不變者尚難一一指明，何況江海沙綫遷步換形，潮汐波濤變驟萬狀，豈能詳哉。今之吾第陳氏譯本所言皆詳于航海濱江之港口嶼之深淺灘汊之條派沙綫之紆回行舟之趨避如是而已於該處之山嶺何如水口何如城郭何如礮臺何如也成何如鐵路電綫何如行軍布置何如均未之及蓋所譯者乃英吉利東來航海之用非以備中國戰守之資也且其書有漏脱者一端圖中無經緯綫則南北東西渺茫然讀此書者能無憾乎今得吾友余君宏淦之圖而此憾可釋矣余君以為地

理之學莫先繢圖繢圖之要莫先經緯第緯綫萬國從同而經綫則列邦各異皆以本國之京城為中綫故也今繢中國江海之圖自當以中國之京城為中綫是經綫之斟酌得宜者一也余君又謂江海大勢雖詳於西圖而沿江沿海之山嶺城垣水口道路等西圖所未備者不可不以中圖補之蓋中圖詳內而西圖詳外吸取中西之所長自無一偏之見是形勢之斟酌得宜者二也余君又論江海險要戰守所資

其說不可不備若邑國緊要之處亦不詳鋪張未免詞費然或因此而失紀載則疏漏殊甚且未由攷要衝次衝之分故須別列爲表以揭之俾地勢險夷秩然不紊此繁簡之斟酌得宜者三也所以本社同人見之咸以爲可補陳譯之闕而於中國江海戰爭防禦之法亦可以資參攷誠近日不可不讀之書也因慫恿余君付諸手民俾得家置一編庶以見攷求實學之人吾中國未嘗無之是可於陳譯本外獨標

一幟者也他日者余君儻能通攷內地山川及西北陸地邊界之區以成中國全國險要圖說也不更韙乎予將拭目俟之

光緒癸卯孟夏月愚弟震澤吳燕紹拜手敘

# 新編沿海險要圖說序

輿地之學由來尚矣易稱王公設險以守國書禹貢詳紀山川形勢周禮大司徒以天下地圖知九州地域廣輪之數職方掌天下地圖辨邦國都鄙四夷七閩九貉五戎六狄之人民周知其利害此三代以上之紀輿地也厥後馬書河渠班志地理唐則有括地志元和郡縣志宋則有太平寰宇記元豐九域志等書而要以近時二顧先生之天下郡國利病書讀史方輿紀要為最善第二書一成於明季一成於　國初不獨郡縣沿革今昔各殊即時勢遷移亦風氣屢變蓋古時扼要在陸地故山川形勝恒在西北今時守險在海疆故輪船往來多在東南且自海隅多故以來俄據旅大德佔膠州英處威海法索廣州灣而且牛莊秦皇島天津煙臺上海寧波溫州福州廈門三都澳汕頭廣州瓊州北海則闢為通商口岸矣香港則割畀英矣

臺灣則割畀日矣北洋之鎖鑰不固南洋之門戶洞開卧榻之旁他人鼾睡時事艱難一至於此可為痛哭流涕長歎息者也雖然敵越數萬里之重洋而能攻人之險掠人之地而我近在咫尺反不能扼自有之險以固我疆圉形勢不識防禦不周不特四郊多壘為卿大夫辱亦我沿海七省人民所引為大辱者也士生今日欲發憤為雄必以救弊起衰為急欲救弊起衰必以識沿海形勢為第一義蓋能熟悉夫沿海形勢則某處可以禦敵某處可以設伏庶幾以戰則克以守則固張我軍威即可以折敵人凶鋒第沿海七省上自盛京下至廣東綿延一萬三千餘里大小海口有數百處非深識島嶼之險易口門之廣狹沙綫之淺深水性之順逆與夫礮臺可恃不可恃接應或近或不近不足以出奇而制勝淦也不才思效其一得之愚竊於游蹤所及或遇通人達士之老於航海者不憚博訪周諮究其要

害而又取西人近繪之沿海地圖與中國原有之圖遠證旁搜不揣檮昧編成沿海險要圖說十六卷起自盛京鴨綠江口西至旅順之老鐵山頭折而至北越遼東海灣過直隸之山海關斜趨西南達山東界折而東過登州之成山角又西而南歷江蘇達浙江走福建折而西至廣東之欽州與越南接壤而止凡一切沿海山嶺口岸與夫海中沙洲島嶼有關於行軍戰守者扼要紀載纖屑之處別列為表具後繫以論說聊參管見雖與古時輿地之學詳紀內地者有異然亦時勢變遷險在外海則不得不先致力於斯故視禹貢職方所載容有不同而於大易設險守國之義則尚無剌謬云

光緒二十八年歲次壬寅春王月崑山余宏淦

# 新編沿海險要圖說目錄

新編沿海險要圖説凡例

一輿地之學非圖不明而圖又非説不備此古人致學所以必左圖右史也兹編以圖為綱以説為目圖説未備則補以表間參己意别坿議論凡求發明沿海之形勢以備談兵者之守險扼要而已故名曰沿海險要圖説

一從來志輿地者每及郡縣沿革暨山川名勝古蹟之類以備稽考博則博矣其如未能致用何兹編以致用為急故第詳近今形勢於沿革古蹟等不及備載惟於近日各國之交涉及沿海各處之開埠租借約章則采坿於後以資觀感

一輿圖貴詳不貴略貴精不貴粗中國原有之圖非不盡善然大抵皆總圖多而分圖少即有分省分府之圖亦多詳於内地而略於海口即西人測量海道繪有分圖然又詳於海而略於内兹編首

列總圖以明大勢次就海灣情形以繪分圖（或一省一圖或一省數圖均就海口形勢斟酌繪之）庶幾詳備

一輿圖之學首重經緯經緯之準惟憑實測西人好游所測經緯似較中圖有據但西人海道圖第詳海路於口岸之多寡城郭之跡密均未詳及茲編沿海以西圖為則口內以中圖為主蓋中圖詳於內而西圖詳於海也各取其精庶無遺憾

一西人海道圖於沿岸之山及海中之島往往改其名稱（或以其形似稱之或以始測量之人名稱之）然按之中圖其確有正名可攷者若臆改之轉滋疑慮茲編除僻地荒島無可攷者姑仍西圖之名餘悉以中圖原名為準庶不失名從主人之意

一圖中險要之處詳載於說其餘山嶺水口島嶼城垣之類地名繁賾不及備載者別列表中以資參攷

一史公作史記夾叙夾議班氏著漢書別參論説即近世如魏默深氏之海國圖志聖武記徐松龕氏之瀛寰志略等皆於紀錄之後系以議論蓋以發明所纂之大意史志之體例宜然也淦於此編亦竊仿此意每卷後坿論一則將其地之關於利害者反覆言之而於今日中外之情形尤三致意焉雖其閒屬詞或有過激之處然亦不過自勵勵人而已　大雅君子匡其不逮尤深慶幸

余宏淦夔欽氏識

# 新編沿海險要圖說卷一

崑山余宏淦著

元和陳　簋校

## 黃海北岸紀盛京上

在盛京省奉天府之南境東起鴨綠江口西至旅順口之老鐵山止共長八百餘里經度起偏東八度十二分（鴨綠江口）止偏東四度四十分（老鐵山）緯度起赤道北三十八度四十二分（老鐵山）止三十九度五十分（鴨綠江口）海岸大勢由東北斜趨西南其間港澳灣環島嶼密佈洵邑維天險之雄焉舉其大者悉著於篇

鴨綠江口　在奉天東南與朝鮮交界之處江口成大灣西面多高山西南六十餘里海中有二島西曰大鹿島東曰小鹿島海岸曲折向西二百里間河口有五一龍台河二洋河三沙河四欽馬河

五大獐河一帶海岸多山距龍台河洋河二口之南十里即鹿島飲馬河與大獐河二口間有高麗小島光緒甲午八月中日兩軍戰於鴨綠江經遠艦誤中水雷廣甲艦誤撞島石鎮遠艦誤觸暗礁並受夷傷雖曰將士不用命所致亦由平日未嘗留心於海道礁石之故耳謹志於此可為殷鑒

黄海羣島　昌圖府岫巖州之南海中有羣島數十可分為四支最東者曰海洋島最西者曰光祿島最南者曰外長山列島最北者曰裏長山列島類次如下

海洋島　經度偏東六度四十二分緯度赤道北三十九度四分島南北長十六里最高處一千尺北角有家地納島高三百五十尺潮漲時海洋島與家地納島分為二距家地納島東北三里有橋洞石高五十尺東南三里有白西島海洋島之西北面有豕登港

口濶一里半港口北角有高山此港夏日可泊以避東南風海洋島西北四十六里曰五馬島亦名洋島高六百尺可以登高眺遠

外長山列島　海洋島西四十里有列島最東者曰小鶴子島西南三里即大鶴子島均高六百尺二島間水道深十七拓六尺曰拓至二十拓大鶴子島西北三四里間有搭連多沙二島此二島為外長山之最向北者東西並列相距甚近多沙島西南十里為列島中最大者曰長子島亦名伊家島中有二峰高八百尺長子島之南十五里有奇石形如風帆高四十尺名曰石礁舟觸之即碎相距四十里遠即可望見不可不慎距搭連島以南二百拓至三百拓水深八拓至十二拓處可避北風泊船於此為最穩

裏長山列島　搭連島北二十八里有高峰自東至西長十六里頂高六百尺名八岔島二島之間水深十七拓至二十四拓八岔島

之西有小島數座小島之西復有一大島以障西南遂成大澳澳口有方黑石高七十尺黑石西北為蕩石西為平石高二十五尺大島西南二十里有林島高三百尺林島西北十五里有列島西南之角曰五石角北為女牆石又東北十五里為雙山

光祿島　自裏長山列島西南十六里外長山長子島西北六十里為光祿島由東北至西南長十八里高九百尺光祿島之南角有九壘石偏東有蕩石距南角偏東北十五里有圓島高二百尺圓島之側有長窄石島光祿島之東北十六里即裏長山列島矣此島以北又多無名小島登光祿島巔歷歷在目者共二十五島最高者曰倫拍島距陸岸十八里

奉天海岸　自鴨綠江口以西稍南沿海三百餘里至鹽大澳其閒山嶺川瀆城堡礮臺之有可紀者如龍台河之西有大孤山洋河

之西有龍山均高千尺與海中大小鹿島相望又西百里名官家山左右為東西高麗二城官家山之南沙河口臨海有礮臺一座可為鳳凰廳岫巖州之外衛并可為金州廳之應援水口則有龍台洋河大小沙河紅水鋪等而要以裏長山列島以北之鼻子窩為最險外有羣島内多大澳海岸扼要之區也且與迤西之鹽大澳五湖門等亦聲息相通一旦有警當以此岸間為門户之守矣

鹽大澳　光祿島西北五十里陸岸成灣環之處即鹽大澳澳内多小島澳口高山之間有河口名五湖門一名五虎門内通陸地外接大海澳内可泊戰艦在鼻子窩大連灣適中之地設伏應援之所也

尾角　距五湖門十里之間有山如舌伸入海中高六百尺為陸岸三帶山中一帶之尾西人名曰尾角山舌與陸岸相連處名窄沙

頸尾角西南近岸多小島西北十里即五湖門東面有沙角沙角之西有低圓錐山五湖門西岸也西北四十餘里曰關東山高一千五百尺尾角東北有三小島高約二百尺其間水深四拓可以泊船

石角　尾角西南五十五里有石如舌前伸者高一百五十尺西人名曰石角其東四百拓有小石島此角甚險無避風處西南八里有尖石高十五尺最易觸船又西二十里陸岸有高山一帶尾伸入海而成陡角陡角與石角之間成一大澳西人名為司突理其澳澳外東南十三里有一大石潮漲滿時略與水平潮落則高十尺易觸船身駕駛者不可不知西人取名險石可以警矣

大連灣　經度偏東五度二十三分緯度赤道北三十八度五十三分口外有三山島中間匯為深澳即大連灣也陸岸之山東曰大

固山西曰黃山北曰小固山徐家山西南有山角伸入海中者大鵬嘴也北岸即金州廳界東通鹽大澳西接旅順口陸岸之山最巨者名三生山高二千二百十尺山坡之內有礮臺六座甲午之役日人於十月初四踞鼻子窩（在大連灣東北百二十里）初九夜日艦游弋大連灣外十五日日艦麕集臺前臺上寂無礮聲蓋日人已由陸路襲取矣未幾而旅順遂陷金復蓋海（金州復州蓋平縣海城縣）相繼淪喪皆由大連灣不守之故甚矣大連灣據旅順之上游奉天之屏障談海防者不可疏忽於此也

旅順口　經度偏東四度四十七分緯度赤道北三十八度四十八分自金州西南至此橫僅數十里連山相接直至旅順口西首老鐵山頭入海南望山東蓬萊縣二百五十里西望天津千里南至登州海之北隍城島僅百餘里此口實為北洋鎖鑰天然形勝之

區於光緒九年挖深口門至潮落時深有二十五尺可以便船出入口東新造船隖亦照式挖深可以修理輪艦又有礮臺六座皆請西員認眞監築堅固異常故西人嘗謂苟有得力之軍五百名守此縱使敵有千萬鐵艦亦不能有登岸之一日可知其險之足恃矣乃甲午之役俯首授敵至今遂爲俄占吾國武備廢弛形勢全失一至於此可勝浩歎　旅順現設電綫由金州復州熊岳蓋平營口而至牛莊且擬照此而設鐵路火車獨是亡羊補牢而牢已爲虎踞奈何因照錄光緒二十四年俄租旅順大連灣約章於後有心者可以觀世變焉

光緒二十四年三月初三日即一千八百九十八年三月二十七號中國與俄國在北京訂定條約其文列下大清國全權大臣大學士李鴻章戶部侍郎張蔭桓大俄國全權大臣駐劄北京代理

使務寶羅夫為訂定條約事

第一款　因俄國願在中國北海濱境有方便地方以資俄國水師得天然形勢之勝而保俄國水師無意外之虞故大清國大皇帝陛下特允將旅順口大連灣二處及鄰近相連之海租與俄國惟中國帝權不得稍有損礙

第二款　租地界綫應由兩國政府派員勘定惟租界境內俄國應全享租主權利

第三款　租期自畫押之日始通算二十五年滿期之後應由兩國會商斟酌續租

第四款　按照第一款所開俄國即可派遣官員在兩處經營水陸武備一切俄人應歸俄國大員一人管轄不得用總督巡撫等名目中國兵隊不得在租界内屯紮中國人民准其居住惟不得

犯祖界內一切規條如遇中國犯法應交中國國家最近之地方
官審判兩國辦理罪犯情形仍遵照咸豐十年即一千八百六十
年之中俄條約所開

第五款　租界北界之外應留一甌脫（兩國不准居民之隙地）其甌脫界限
應由駐劄俄國之中國使臣與俄國政府商妥甌脫境內應歸中
國管理惟除先行與俄國商妥外中國兵隊不得私入甌脫

第六款　旅順口既允准作為水師屯集之處祇准中俄兩國之
船停泊他國不論兵船商船一律不准駛入至大連灣亦須擇一
方便地方專為中俄兩國屯泊兵輪其餘各處准作為通商口岸
各國船隻出入無禁

第七款　旅順口大連灣二處因地勢險要故俄國情願自籌款
建造礮臺營寨及一切保衛地方應行舉辦之事隨時由俄國酌

行

第八款　中國前於一千八百九十六年准造鐵路一條經亞西亞鐵路軌道接至大連灣現准即行開辦所有築造詳細情形悉照中國滿洲鐵路章程並准添造支路從營子即牛莊鴨綠江中間接至海濱方便之處其如何築造及勘定地址悉由中國使臣在俄京聖彼得堡與東方鐵路公司督辦會商妥協惟俄國築造鐵路不准格外侵佔中國地方

第九款　此項條約自簽押之日為始兩國即行遵照辦理其換約之處須在俄京聖彼德堡

又錄日本通商會纂論旅順形勢

旅順古為冀州地春秋戰國則屬燕秦號遼東郡至金為金州轄元廢之明洪武四年置金州衛其地唐以前為朝鮮占據唐太宗征服

朝鮮旅順復為中有明初屢被日寇將軍劉江擊却之其地東有大孤山富有材木斧斤坌集運送各處必由旅順又自中國南方往營口及錦州自山東登萊諸郡往朝鮮罔不假道於此是以人咸稱曰此順路也便於行旅因名旅順中日戰前直督李文忠議籌海防築礮臺於山上復以水師二萬人屯之形勢頗固甲午之役守將未及交綏棄防而走地為日據以俄法德干涉復歸中國旋租與俄限以二十五年俄既得此經營慘淡不遺餘力夫旅順天險也位關東半島南端距芝罘七十四海里距威海八十九海里老鐵山脈蜿蜒而為饅頭山至老虎尾扼港之西口黃金山立其東口二山間僅一水道可通港內正面名白玉山他如椅子山鞍子山松樹山二龍山雞冠山勞律碮摸珠礁黃金山老龍尾饅頭山等皆有堅固礮臺黃金山上更有眺遠樓及信號礮臺以備戰用市內官衙可通電話本港

南面口門窄狹海水灣入陸地山岳突起圍抱雖烈飈怒濤港內仍平靜故為避風之奧區港中又分東西兩部東部位黃金山背為軍港埠頭容巨艦十餘艘繫船地長千四百七十六尺廣九百八十四尺潮漲深三十六尺六寸潮退深二十五尺其一角設有船渠西部老虎尾之內較東港稍淺容船數艘自歸俄人後注意浚渫日益加深此形勢之大略也

老鐵山　自旅順口西南連山盡處名老鐵山矗立海中高一千五百尺經度偏東四度四十分緯度赤北三十八度四十二分自鴨綠江口西南至此遙遙八百里而黃海北岸始盡過此則折而向北為遼東海灣矣

黃海北岸表一

| 山嶺 | 水口 | 城垣 | 島嶼 |
|---|---|---|---|

長白山（鴨綠江源出此）　摩天嶺（鳳凰城北直徑一百里二山爲黃海北岸山脈之祖沿海諸山皆由此而起）　窟窿山　大孤山　龍山　雪梅山　官家山（以上皆在鼻子窩東）　大固山　小固山　徐家山　三生山　大和尚山　黃山（以上均在大連）

鴨綠江（源出長白山行一千一百里於朝鮮義州西入海）　龍台河　大洋河　小洋河　沙河　飲馬河　大獐河（以上河口均在鴨綠江口之西）　畢利河　吊橋河　鼻子窩　望簪河　清水河　大沙河　澄沙河　鹽大澳（以上

鳳凰廳（鴨綠江口北一百四十里）　岫巖州（海岸北一百四十里）　東高麗城　西高麗城（二城皆離海岸不遠在官家山東）　金州廳　武城（在金州廳東）　故旅順城　旅順城

小鹿島　大鹿島（以上二島在鴨綠江口之西）　海洋島　外長山列島　裏長山列島　光祿島（以上列島均在岫巖州南海中）　三山島（大連灣口）　圓島　恩肯得石　帽島（以上三島均在大連）

| | | | |
|---|---|---|---|
| 灣　老鐵山在旅順口 | 均在大連灣東　大連灣 | | 灣南 |
| 西南沿海盡處 | 金州南　旅順口 | | |

黃海北岸表二

| 關隘 | 屯戍 | 鐵路 | 借地 | 礮臺 | 電綫 |
|---|---|---|---|---|---|
| 鳳凰門在鳳凰城東　丁關塞　南關嶺均在金州廳南 | 副都統駐劄金州　水師營協領駐劄旅順 | 擬開自旅順口至金州廳大連灣 | 大連灣旅順口二地於光緒二十四年借與俄 | 官家山　大連灣六座　旅順口六座 | 旅順口起至金州廳大連灣 |

論曰處今日而據海疆之險南通朝鮮北接陪都西為京師之援繫者其惟黃海北岸為最要乎東則鴨綠江環其邊界浩淼一水隔絕南北長白山為發祥重地由摩天嶺而西南重山疊巘直趨旅順山海之阻實較他處為雄且又海中島

嶼林立沿岸深澳密布大連灣旅順口既據天然形勝復加築
礮臺駐以重兵聯以電綫洵所謂金湯鞏固之基也奈何甲午
一役水則有鴨綠江之敗陸則有九連鳳凰城之失旅順大連
灣相繼淪陷馴至遼東之地俱喪於倭　陵寢震驚　陪
都告警自夷患以來未始有挫辱如是之甚者也後雖退還遼
東而俄人乘間即借據旅大天險之地棄於異域回首當年痛
定思痛不得為當日之僨軍諸將寬矣

# 新編沿海險要圖說卷二

崑山余宏淦著
元和陳　纂校

## 遼東海灣紀

東起旅順老鐵山東北行六百餘里至遼河口西過錦州澳復西南行六百里至山海關其間經度起偏東五度五十分遼河口止偏東三度十二分山海關緯度起赤北三十八度四十二分老鐵山止四十一度小凌河口遼海大勢由西南斜趨東北實為　神京之左衛艮維險要之區焉撮其大者悉著於篇

會灣　老鐵山北百里有大澳名會灣灣口闊八十六里自東至西長六十六里灣首有石角伸入灣內分為二澳南為金州澳與大連灣所隔之陸岸僅五里北曰亞當司港自會灣南界鐵島之東

一帶陸岸山角西名各連生角向東五十里有山峰突入海中者名劈頭由各連生角至劈頭山岸多石崖劈頭東西有二小澳澳內多石舟泊不便自劈頭向東至金州澳不過二十里海岸之間無甚隱險

金州澳　澳水僅深十餘尺大舟不能進澳南岸為南關嶺高八百尺北岸有峰二東高七百二十尺者曰阿司班峰西高五百九十尺者曰鑰匙峰鑰匙峰外海中有島為凸圓形者曰非石波恩島高二百九十尺澳東平原近三生山麓有金州廳城潮退盡時城外有泥灘入海三里必乘潮漲始可登岸金州城有副都統一員兼管奉天水師營事務電綫由旅順至牛莊金州乃必由之道有分局

亞當司港　在金州澳之北即會灣之北澳也港長六十里闊二百

拓至八百拓港口南角有門島高七百尺測得經度偏東五度七分緯度赤北三十九度十六分距門島東北八里淺灘中有立石高十五尺立石之東為長島長島東北大者曰大雪島小者曰鴿島又北為假水道島赫六德島美利島等已入港口内矣港之北岸為臺山約高七百尺又曰白屋峰高五百十尺港之東為尖峰山高二百六十尺港口北角與南角劈頭相對成直線者曰和峰高八百尺和峰西角名脊角東南名圖角和峰之東有山高六百尺者西人名為圖錐頭其南名三角島高百八十尺三角島南即入此港之水道矣

董家口　會灣西北和峰之脊角與沙山之倍德門角間為董家口左為和峰右為沙山口中潮半漲時船可出入亦為會灣應援之所也

葫蘆山澳　董家口北為葫蘆山澳經度偏東四度四十九分緯度赤北三十九度三十一分口闊十八里兩岸之山南為葫蘆山北為景杭山澳深不及九拓雖可泊船然西面無護風處

長興島　即景杭山在葫蘆山澳之北復州澳之南其島較大高亦在千尺之上洵為復州南面沿海之外衛乃舊圖繪此島於復州口外準以西圖殊未然附辨於此

復州河　自復州東北而來折而西過復州城又西會東南一水至礮臺頭入海此水雖不能入大舟然河流湍急口外有山可以屏蔽内通復州不過四五十里上顧熊岳海蓋下通旅順金州電綫遥接呼吸相應亦為遼東海岸間一要隘也

復州海岸　海岸自礮臺頭曲折向東北十六里有沙山沙山之後有雙峰山高一千餘尺雙峰之向南者為鼻頭峰又曲折向東北

海岸陡削而成角又東北二十餘里為永寧監河永寧監城在其北可為復州策應之所

李官屯　永寧監河之北為李官屯河口內有空同山峙其北可以扼守

馬鞍山　李官屯河東北有山南北挺峙高一百六十尺者名馬鞍山此山之北有河口可通內地名熊岳河熊岳故城在其北現設電綫

台山　馬鞍山東北三十一里有台山高四百二十尺山顛有臺可以瞭遠

蓋州河口　蓋平縣治南為蓋州河河口有蓋州角角上有礮臺角後一帶山高七百尺海岸多淺灘進口三十三里即蓋平縣城經度偏東五度五十七分緯度赤北四十度三十分商賈輻湊亦一

要害之區也近亦設電綫

遼河口　遼東灣入海之水以遼河為最巨河口在蓋州角西南數里之處有守望樓山一座高四百二十尺經度偏東五度五十分緯度赤北四十度三十分從此迤邐而進多輭泥淺灘且有暗沙暗沙之處（距蓋州角西北十餘里）有燈船標高四十尺相距數十里即見（燈船標冬月冰結即不用）入口四十餘里為營口

營口　營口有塔廟測得經度偏東五度四十六分緯度赤北四十度四十三分現闢商埠輪船輻湊貿易頗盛電綫設局南通蓋平北達牛莊洵大遼河中要害之首也由此盤曲而進距海口淺灘百里之遙即牛莊城矣

牛莊　在經度偏東五度三十八分緯度赤北四十度五十四分牛莊闢為通商口岸已四十餘年洋場市廛日盛河邊兩岸礮臺置

兩尊礮者二座四尊礮者一座十尊礮者一座且設電綫南通營口蓋平熊岳復州金州而至旅順東南通海城遼陽浪子山甜水連山通遠堡而至鳳凰城東通奉天懿路高麗鋪開原棉花衛站赫爾蘇伊巴丹蘇斡延伊勒們而至吉林西通高平廣寗閭陽十三山小淩河塔山寗遠東關集察水河西林而至山海關近又自山海關以東建築鐵路首過牛莊而至奉天吉林等處則牛莊一隅誠為水陸往來孔道山海關外第一險要門户可為奉天遼陽屏蔽者也惜乎庚子夏間拳匪擾亂俄人乘釁佔據牛莊營口等處藉口平亂不肯退兵大有窺伺東三省之意議和大臣雖竭力磋磨未知何日能返趙璧時事艱難一至於此可勝浩歎

大淩河口　自遼河口西北經小水口三而至右屯衛南為大淩河口此一帶海岸多淺灘西圖名曰蓋州淺灘實即遼東海之北岸

也北距義州城百里案此口岸與小凌河口俱可為遼河口之接應

小凌河口　自大凌河口以西七十里為小凌河口北距錦州府城六十里口外有平淺泥水道亦不甚深惟小艇可行口內西岸有松山杏山二村為前明扼守小凌河之要隘錦州府城之外衛也

錦州澳　小凌河口西南距錦州府城六十六里海岸成灣之處名錦州澳澳中有低山舌分澳為二舌上有塔可以為識澳水甚淺北澳二小角之間為老河口河口以東有大家村村後有平頂低山澳口南首有葫蘆島為澳之屏蔽

大小筆架山　案舊圖暨水道提綱俱云小凌河口之西南松山杏山之南塔山之東有小筆架大筆架二島西人新圖則止有層島及葫蘆島而以南首寧遠州海灣之桃花島為畢家山不知舊圖

於寧遠州外自別有一桃花島則桃花島之非筆架山明矣準以地勢西圖之葫蘆島大約即中圖之小筆架山也西圖之層島即中圖之大筆架山也此二島為錦州澳門戶天然形勝之區層島高二百五十三尺

寧遠州河口　自連山雙樹二鋪之南為寧遠州城城距灣海不過二三十里有河以通小艇州西有龍爪山高一千三百九十尺東北有冠冕山高一千四百十尺現設電綫於寧遠州城東通奉天西接山海關

桃花島　寧遠州海灣東南有桃花島自東北至西南長十里自外角距陸岸二十里南面之峰高六百尺北面之峰高七百二十尺距此島東北有平島一高八十尺北角有露石一高六十尺自遠視之形如風帆行舟者不可觸之

馬鞍島　桃花島之南有小島三其最外而南者曰馬鞍島高一百二十尺西首別有小島亦高一百二十尺

菊花島　馬鞍島西南沙河所城東海中有菊花島西名司突老某島高二百尺經度偏東四度十分緯度赤北四十度二十四分此島頗窄長約八百拓島西之澳西名司突老某澳中多泥灘大舟不能停泊且自此以西之澳除大沽水道以外潮退盡俱涸海岸之內為望海店三里橋村俱有汛兵而此島及桃花等島實為之外衛焉

寗遠西南口岸　自寗遠州西南至山海關海岸共長一百六十餘里其間小水口有五曰中後所河沙河涼水河中前所河西林河僅通小舟潮退即涸沿海屯戍之所曰沙河所城望海店三里橋村東關集中後所司沙河高兒河城涼水河駙前衛城中前所城

西林凡十一處礮臺七座有土礮臺亦有高臺大抵愈近山海關則礮臺尤形堅固中後城左側海岸有一帶低山低山之後則見高山最南者西名非石爾山北者名尖峰山均高一千八百尺此處海中多淺灘西人名曰渴盧塞爾淺灘淺灘以西為廟角以其巔頂有廟宇也高一百二十尺距廟角西南三里有鐵石矗立海中高四十尺其間有石灘數處不可行舟自廟角西南長城盡處則為盛京直隸交界之山海關矣

遼東海灣表一

| 山嶺 | 水口 | 城垣 | 島嶼 |
| --- | --- | --- | --- |
| 各連生角　劈 | 會灣　金州澳 | 金州廳 | 石島　鐵島 |
| 頭山澳（在金州西南）　阿 | 亞當司港（均在金州西北） | 復州　熊 | （在老鐵山北）　木其 |
| 司班峰　鑰匙 | 董家口　葫蘆山 | 岳城　蓋 | 生島　瓷爾 |

峰金州澳北臺山白屋峰尖峰山和峰均在亞當司港口沙山雙峰山均在復州北空同山馬鞍山台山均在熊岳城西大小紅羅山冠冕山龍爪山均在錦州西南辣子山尖峰山非什爾山均在寧遠

澳復州河均在復州南永寧監河李官屯河熊岳河蓋州河橋頭舖河耀州河均在蓋州河北遼河南沙河東沙河西沙河均在遼河東大凌河小凌河寧遠河在寧遠城南中後所河沙河涼水河中前所河均在

平縣耀州城在蓋平北海城縣牛莊城閭陽城在牛莊西北右屯衛城在錦州東錦州府錦縣坿郭高橋城在錦州南寧遠州

納島理本島均在曾灣之南門島亞當司港南口長興島復州口南兔兒島在熊岳河口連雲島在蓋州河口守望樓山在遼河口大小筆架山在錦州南桃花島馬鞍島菊花島即覺華島以上三島均在

西南　山海關外　甯遠州南

## 遼東海灣表二

**關隘**　南關在金州西南南關嶺上清河門九關臺門松子嶺門新臺門梨樹溝門白石嘴門鳴水堂門以上均遼西邊牆門離海岸均

**電綫**　由旅順有官局至金州有官局復州熊岳蓋平營口有官局牛莊有官局廣寧閭陽錦州有官商二局塔山寧遠東關集西林而至山

**礮臺**　牛莊礮臺四座三里橋村礮臺一座中後所司礮臺一座前衛城礮臺三座中前所城礮臺一座西林高礮

**屯戍**　副都統駐劄金州副都統駐劄錦州兼管大凌河牧羣小凌河協領甯遠城守尉中後所佐領中前所佐

**鐵路**　擬設由山海關至牛莊至金州旅順現由俄人代築

**商埠**　營口在遼河口內四十里牛莊在遼河口內百里均咸豐八年開

不過一二百里 海關有官局 臺一座 領

論曰遼河東西乃我　太祖　太宗龍爭虎鬬經營戰伐之區也初明以關外之地置寧遠廣寧海州復州金州諸衛又設遼東都指揮使於遼陽以控馭諸衛然而大兵甫起一戰而拔瀋陽再戰而舉遼陽錦州大小淩河之險先後削平惟山海一關始終未破甚矣北倚崇山南臨大海渝關實為古今重險有一夫當關萬夫莫開之勢焉所惜承平日久武備廢弛邊塞苦寒荒涼滿目甲午之役黃海北岸既陷而遼河以東均被蹂躪雖以湘軍百戰百勝之威名而營口一戰甫過日兵湘中子弟即交綏而退遂至忍辱求和捐金割地幾至不可收拾者豈真險阻之不可恃耶抑由當日任用非人而至是耶聞日人是

役兵卒衣服中人人有該處地圖一幅山水城郭道路形勢悉具而我將帥中或有未能深悉者而果成敗立見則甚矣地勢之不可不豫講也明矣

# 新編沿海險要圖説卷三

崑山余宏淦著
元和陳　篔校

## 直隸海灣紀　直隸全

北起山海關南至天津府鹽山縣東北與山東交界處共長八百五十里其間經度東至偏東三度十二分山海關西至偏東四十七分天津府城緯度南至赤北三十八度十七分山東省大口河口北至三十九度五十九分山海關海灣大勢由東北斜趨西南所以拱衛神京環護　北關者實為天下最要之區焉

山海關　古名榆關在永平府臨榆縣東關門即為臨榆縣城東門為萬里長城極東起點處北倚崇山南臨大海且關外道路頗窄僅通一軌傍皆亂山高峻不可越實為古來天險所在故關門城

樓題曰天下第一關洵不虛也特以今日攻擊之法衡之關門地勢高聳易受敵人礮彈且敵架山梁窺以遠鏡城中虛實立見毫無屏蔽之所此其形勢之不足恃者加以城牆久不修理震以炸彈立見傾頹而鐵路孔道又在城垣闕處經過無藉關門之阻隔則防守之法實非易易是古稱天下第一關者至今日已有名無實矣故今之策守禦者為宜於敵軍未逼關門之先關外禦之最為上策又關南六里名老龍頭為長城入海盡處老龍頭之西五里為石河口又西二十五里為湯河口口外一島即秦皇島又西十里為白塔嶺皆為濱海要地關門即緊守堅固而沿海一帶敵艦皆可乘隙而入故老龍頭礮臺三座為明將戚繼光所築現在更加修理名曰定遠鎮遠靖遠礮臺以外添築長隄以避敵船之礮擊便守兵之往來復於石河口布設水雷以防敵艦停泊綠營

有協標都司駐守城中防營近調宋慶之武衛左軍鄭才盛之淮軍左翼共一萬五千餘人分劄老龍頭中御所等處關門內外俱駐重兵庶幾有備無患云

秦皇島　在山海關西南三十里湯河口屬臨榆縣界此島向係荒僻為農家漁戶所居於戊戌年間　特允中允黃思永之奏闢為各國通商口岸因其冬季不冰在渤海中所僅見者耳沿岸一帶淺沙彌亘潮水漲落極大或深五十丈或僅深丈餘泊舟殊形不便故英人近於此島口岸外特築一隄以捍風潮且擬建築鐵路通至山海關幹綫則開平唐山之煤封河後均可於此運售則將來商務之盛可操左券而其地非居關內第一要害哉

洋河口　撫寧縣東南有洋河口河自長城口外而來經撫寧縣西至東南入海惟河水甚淺大船不能深入耳洋河口西有礮臺一

座

蒲河口　洋河口南為蒲河口屬昌黎縣蒲河口都司管轄蒲河短而淺口內一里近北岸老礮臺處有鎮埠自洋河口以南至蒲河口復由蒲河口以南十餘里間海岸一帶皆為沙岡是處海潮約高尺

灤河口　亦名老米溝口在樂亭縣界河出塞外來源極遠過永平府盧龍西灤州東樂亭縣西入海河口礮臺經東二度三十五分赤北三十九度十五分

清河口　灤河口西南五十三里為清河口屬樂亭縣清河口把總管轄清河長約一百六十五里河有二口東口半潮即涸西口尚深可泊小船河口礮臺東經二度二十二分赤北三十九度八分

直隸海灣北岸淺灘　自清河口西起至沂河口止海灣六十六里

間有淺灘伸入海長四十里西名沙壘淺灘淺灘東南界有小島最高處有小廟為沙壘田島島為積沙所成低小無奇淺灘間有水道名蠶沙口長開口然皆淺狹大船不能深入泝河口外有張家莊循河而上百餘里即開平鎮為直省產煤最旺之所

陵河口　泝河之西為陵河口屬豐潤縣界近海有鎮名澗河莊亦設礮臺為北塘口應援之所由陵河而上六十里間即唐山為塘沽至山海關必由之路煤礦出產之區也現設鐵路滊車一日往返數次頗形熱鬧

北塘口　陵河口之西為北塘口屬寗河縣北塘營千總管轄此水上流即薊運河為直隸有名之水自薊州而來受三河玉田寶坻諸水屈曲而趨北塘入海與南首大沽口相距不過二十里河口以南有泥灘潮退則先現河口以北有長沙如舌向東南伸入海

中口邊南北兩岸俱有礮臺北礮臺有高墩一南礮臺有高墩二北礮臺經度偏東一度十六分緯度赤北三十九度六分南口有市埠名北塘鎮其地處扼要不亞大沽明代防倭已築礮臺康熙道光年間皆修葺之咸豐十年英法之役洋兵馳入北塘而我為其所挫者實緣其時衹備大沽而北塘弛備故也不知北塘與大沽相去密邇二口實互為應援未有不備北塘而大沽獨能完全者也後之策戰守者可勿審諸

大沽口　天津府東南八十里為大沽口一名白河屬天津縣大沽協鎮副將管轄此水最大計長八百九十里來源出昌平州諸山會懷柔順義通州諸水屈曲東南則名北運河過天津而達海又名海河口闊百二十丈深三丈六尺進口十餘里為塘沽鎮輪船電綫鐵路火車咸萃於此大沽口有礮臺南北四座南礮臺經度

偏東一度十五分緯度赤北三十八度五十八分英法之役洋兵入北塘登陸襲取大沽北礮臺進逼通州燔圓明園幾至不可收拾皆由北塘撤防敵即乘機駛入攻我之背我礮穴外向不能反擊故也庚子之禍英法德奧俄意美日本八國聯軍輪艦進攻大沽我提督羅榮光迎擊身死大沽失守則由誤信拳匪以一敵八力不能勝故耳迨和議成許將大沽礮臺削平而進京孔道如黃村郎坊楊村天津軍糧城塘沽蘆臺唐山灤州昌黎秦皇島山海關各要隘俱准洋兵戍守自己則藩籬盡撤他人則入室操戈時事至此可勝浩歎

新城　在大沽口西三十里屬天津縣新城營防軍管轄濱臨海河為大沽至天津必由之路同治中直督李鴻章所建四圍一千一百餘丈每隔十丈築小礮臺一座四周共建小礮臺七十一座城

内平地矗立大礮臺三座環以城濠戍以防軍庶幾大沽後路呼吸相通不憂單弱

天津府城　由大沽進口屈曲行海河一百五六十里（案海河甚灣曲故陸路八十里者水路倍之）而至天津屬天津縣天津鎮總兵管轄在京師東南二百四十里經度偏東四十七分緯度赤北三十九度十分天津自闢商部以來洋場市廛日益繁盛電綫鐵路來往如織而且學校則有北洋大學堂武備則有水陸兩師學堂製造則有天津機器局海光寺機器局直隸總督向駐保定者今則於開河以後至封河日移駐天津辦理北洋交涉事務蓋津郡為北洋鎖鑰屏蔽京師實係衝要之區非但尋常通商口岸而已也所惜庚子之役為八國聯軍所攻取至今和議雖成尚未交還為深足慮耳

岐河口　一名祁口河在大沽口南百餘里屬天津府滄州祁口營

都司管轄此水來源甚遠西南自山東之館陶武城而來始名運河至直隸滄州合天津上流北運河諸水東流又名減河至岐口入海進此水口至内地四通八達惟河口入海之處有淺灘數里環抱口内外故口岸寬百餘丈者深僅六七尺輪舟不能駛入但本地大船亦不能出利於閉關自守之時不利於萬國交通之日耳從此東南三十餘里有趙家溝五十餘里有徐家溝水淺與岐口河相類再南即山東界矣

直隸海灣表一

| 山嶺 | 水口 | 城垣 | 島嶼 |
| --- | --- | --- | --- |
| 白塔嶺在臨榆縣西 | 渝水　石河　湯河 | 臨榆縣　撫寧 | 青峰 |
| 牛頭崖　鳳凰 | 帶河俱在山海關西　戴家 | 縣　昌黎縣 | 島在臨 |
| 山皆在撫寧縣西　碣石 | 河　洋河俱在撫寧縣東南 | 樂亭縣　永平 | 榆縣南 |

| | | | |
|---|---|---|---|
| 山　仙人台 | 蒲河在昌黎縣東　灤河 | 府盧龍縣附郭　灤州 | 秦皇 |
| 西五峰俱在昌黎縣西 | 清河俱在灤州南　蠶沙口 | 豐潤縣　寧 | 島 |
| 七家山　長嶺 | 長閘口　沂河 | 河縣　軍糧城 | 洋河 |
| 俱在灤州南　開平山 | 陵河皆在北塘口西　北塘 | 在塘沽北　新城　天 | 島在洋 |
| 車軸山　唐 | 大沽俱在天津縣東　支河 | 津府天津縣附郭　靜 | 河口 |
| 山俱在豐潤縣南 | 岐口河　趙家溝 | 海縣　青縣 | |
| | 徐家溝俱在大沽口南 | 滄州　鹽山縣 | |
| | | 慶雲縣 | |

## 直隸海灣表二

| | | |
|---|---|---|
| 電綫 | 由山海關有官局 | 至灤州有官局　蘆 |
| 礮臺 | 洋河口一座 | 蒲河口一座 |
| 屯戍 | 歸蹄寨在臨 | 榆縣西　花報 |
| 鐵路 | 由山海關 | 至灤州唐 |
| 關隘 | 山海 | 關 |
| 商埠 | 秦皇 | 島光緒 |

| | | | | | |
|---|---|---|---|---|---|
| 臺有官局北塘有官 | 灤河口一座 | 屯在樂亭縣東 | 山塘沽三百 | 老龍 | 二十四年 |
| 局大沽有官局塘 | 清河口一座 | 馬頭營在樂 | 五十八里後由 | 頭 | 自關口岸 |
| 沽有官局報房小站 | 沂河口一座 | 亭縣西軍糧 | 塘沽至天 | 金山 | 天津 |
| 有官局報房新城有官 | 澗河口二座 | 城在北塘口西 | 津六十六里復 | 嘴二處 | 咸豐十年 |
| 局報房天津有官總局 | 北塘口二座 | 大沽營在大 | 由天津至 | 均在山海 | 允英法二 |
| 督院運署關署報房紫竹林商 | 大沽口四座 | 沽口新城在大 | 京城二百里 | 關西 | 國之請關 |
| 局通州有商局子店 | 新城三座 | 沽口西三十里 | | 天津 | 為口岸 |
| | | | | 洋關 | |

論曰直隸海灣在京師之東所以扞衛畿輔藩屏中樞者孰有如此地之要哉顧其地勢平衍濱海之區無高山大島可以扼守所恃者惟海口之礮臺與大沽口外之欄門沙耳西名硬泥亘顧於平地築臺一則不能及遠二則易為敵

船所攻欄門沙之隔不過能拒喫水過深之船若淺載之舟即無難破浪乘潮而過岐口河外之欄門沙亦同所以咸豐十年英法之役北塘弛備敵即乘機駛入奪我礮臺踞我大沽逼我天津通州燔我圓明園雖有僧格林沁之勁騎適為洋人衆槍之的且敵既從北塘登岸由内地直趨大沽則大沽雖有嚴備然礮穴外向不能反擊而後知禦敵不在海口而在腹地猶藩垣不固而令賊深入堂奥也且以沿海平衍之地敵船處處可以停泊可以登岸無論北塘不防為洋人所乘即使守禦堅固其餘支河小港之可以登陸者夫豈少哉一處有失即全局皆震而後知地勢平衍之區其防備愈不易也庚子之役與各國輕開兵釁遂至奪我大沽取我天津京城失守　乘輿蒙塵此雖衆寡强

弱之不敵亦由內政失修地勢不險之所致也今則徇各國之要挾已將大沽礮臺削平由山海關至天津京城俱准洋人駐兵戍守卧榻之旁他人鼾睡此時言守其守愈難竊謂處今日而欲籌自强謀振作非內修政治外扼險要不可險要之地不在沿邊而在海峽蓋嘗曠觀渤海形勢以山東登州及盛京旅順二處爲門戶由旅順老鐵山島南望登州蓬萊縣海面僅隔二百五十里而登州海中復有島嶼無數其大者若廟島長山島砣磯島大小欽島南北隍城島其間水道以老鐵山島至北隍城島爲最闊然亦不過七十里耳其餘狹處不及十里誠能於老鐵山及登州沿海并諸島中各置大礮礮臺之旁復密佈水雷護以鐵艦聯以海底電綫窺以遠鏡一旦有警則互相通報務使敵船不得於此等

水道中往來則門戶固守堂奧晏然是則謹守海峽實爲直隸海防之第一策也若使敵船闌過此峽直入海灣雖有智者亦不能善其後矣今雖俄佔旅大英處威海德據膠州門戶險要已與敵共猶幸蓬萊老鐵山及海中諸島尚可自主急宜從速布置并精鍊海軍魚雷及陸營將士以壯聲勢且防攻臺鈔掠之虞庶幾有備無患矣謹繪直隸海峽水道圖一幅以備采擇

圖另編

# 新編沿海險要圖說卷四

崑山余宏淦著

元和陳　簋校

## 登萊海灣紀 山東上

西北起海豐縣與直隸交界處東南至榮城縣之成山角共一千五百里其間經度起偏東一度十九分（海豐縣北與直隸交界處）止六度十四分（成山角）緯度起赤北三十七度二十二分（成山角）止三十八度十七分（海豐縣北）海灣大勢自西徂東萊州以西沙岸居多萊州以東則皆高山矗立海中島嶼紛歧北與旅順口遥對實為渤海之門戶焉其所險峻悉著於篇

新黄河口（即大清河口俗名牡蠣嘴口）屬利津縣黄河營海口把總管轄黄河自咸豐閒改向北流由河南蘭儀縣北過直隸境至山東曹州府

東北奪大清河過東阿長清濟陽青城蒲臺利津諸縣入海其初水勢本足刷沙日久淤泥漸積故自鐵門關以下河水甚淺褰裳可涉至光緒十七年河決於鐵門關之南改由韓家垣入海二十一年又北決於呂家窪未幾又南決於南嶺子即今由絲網口入海之水道但自南嶺至絲網口一百餘里一望瀰漫無隄約東河底膠泥堅結數年以來並未刷出河槽所以上流僅深四五尺下流僅深一二尺愈下愈淺每歲冬月嚴寒冰積如山壅水不下一旦凍解水勢旁流以致利津縣以下六七十里之間專以搶險為事其漫水倒漾西南東北各數十里皆由下口不暢故也現聞當局籌議規復鐵門關故道以杜橫決惜其費煩鉅不易施工云

小清河口　新黃河口東南百餘里有小清河口屬樂安縣青州營參將管轄河水來源雖不甚遠然入口十餘里有清水泊即古鉅

定河東西寬五十里南北寬三十里地當壽光縣之北此泊中可以停泊戰艦為登萊一帶接應之所

膠河口（一名海倉口）小清河口東南二百里為膠河口屬掖縣萊州營參將管轄此水南通膠州為元時海道運糧之捷徑可以避成山角之險者故入口十餘里有海倉口鎮即古屯糧之所也攷登萊二府其地橫伸入海東南北三面濱海東西七八百里南北二三百里重山疊巘川澤交貫然求其一水可達自南至北者惟膠河而已其形勢南連膠州北達萊州故一名膠萊北河與膠萊南河相接有警則可扼守此河以通南北洋之消息惜河流不甚深廣大舟不便出入耳

芙蓉島（一名蜉蝣島）膠河口東北有島矗立海中為芙蓉島高二百尺形如礮劈距島以西四百拓有小露石一可以觸舟

掖河口　芙蓉島東十里為掖河進口十餘里即萊州府城古萊子國地漢曰東萊郡其城濱居海口内有崇山之阻外有島嶼之雄海口淺灘可以阻遏敵船不得登岸亦海灣中一要地也

三山　萊州府城北五十里濱海南岸有三山屬掖縣萊州營二司把總管轄一名馬鞍山高二百尺陡絶海濱無路可上山之左右一帶陸岸皆為叢山樹林别無蹊徑西北沿海沙灘如舌伸入海中山下深澳容舟五百為東旅順西天津之要道

界河口一名東良河　三山口東北為界河口即古原疃河入海之處屬招遠縣登州營把總管轄

峋巘島　界河口直北四十里海中有島曰峋巘島屬黄縣界高三百五十尺與東首之桑島遥遥相對自東至西長十餘里島之西角亂石成行潮落石出三面阻礁山麓有鎮市居民數百户實為

界河口之外衛

登州府城　郡城之逼近海口者惟登萊二府然萊州城尚在掖河進口十餘里之處登州則逼近海岸步出北門即見大海蓋此處海中島嶼林立長山廟島大小黑山等島居民櫛比盜艘出沒之區控制非易故不得不設郡以鎮懾之城中設總兵一員管轄本標中右前三營兵備道一員及府縣等官沿海一帶常川駐守庶幾有備無患矣

長山島　距登州城隔海最近而最大者曰長山島此島堉近居民有千二百餘戶實為登州海外第一重最要門戶

廟島　長山島以西為廟島經度偏東四度十四分緯度赤北三十七度五十九分高三百十尺西北面有澳可避東南風

砣磯島　長山島北三十三里有正三角形之島名砣磯島高六百

十三尺南岸有鎮市四東北岸有鎮市二居民數百戶貿易頗盛

南北隍城島　登州羣島最北者為南北隍城二島北島經度偏東四度二十四分緯度赤北三十八度二十三分自此以北七十里即旅順口之老鐵山自長山島至此其閒水道惟此為最闊餘均不過十餘里北洋中天然門戶焉苟於各島皆設礮位通以電綫輔以魚雷固守口門又以鐵艦巡弋洋面則敵船無能飛入北洋而遼東渤海皆高枕無憂矣

福山縣城　登州府城東南百四十里為福山縣城亦偪近海口可資防守而縣北海中又有海洋官家潘家胡家韓家諸島以為外護但形勢差小耳

之罘島　昔秦始皇嘗登此島刻石其上其地在福山縣城東北三十五里屬福山縣登州鎮總兵管轄有細岸如頸伸入海中十六

七里臨海山勢陡高高九百八十尺横闊五里内有礮臺東面有港為之罘港亦名煙臺港由此進口三十里即煙臺商埠

煙臺　屬福山縣登州鎮管轄於咸豐八年闢為通商口岸外國租界地在煙臺山南英俄德法美日各國領事署税關郵政局電報局皆在焉蒙於光緒戊戌春曾親至其地見其海水澄碧峰巒環抱歎其天然險要遠過吳淞蓋自之罘進港島嶼甚多有大小崆峒島姥姥島苫島櫳子島等名龍門港之外又有養馬島即羊毛島環峙其左故煙臺泊船可以次第排列無海浪衝激之虞

郝慶口　煙臺之東過戲山金山寨二口為郝慶口其地扼威海衛之背進口泊船之處亦有島嶼環抱與龍門港形勢相似天然扼要之區焉

威海衛　煙臺之東二百里為威海衛衛城設自前明屬文登縣文

登協副將管轄道咸時海疆多故為水師屯紥之所海灣成半圓形外有劉公島雙島天然挺峙高五百十尺為威海屏蔽島之南北有二口進出便易劉公島內可以泊船避風與盛京之旅順口同為北洋門戶甲午年中日之戰威海竟與旅順相繼失守雖有堅築之礮臺銜鋒之鐵艦均為敵有則以知地勢雖險而守險尤賴有人後和議成威海猶為日本屯兵之所戊戌年兵費償清又將威海租與英吉利則與旅順大連灣之租與俄羅斯者同一門戶洞開矣爰照錄英國租賃威海合同於下以資觀感

大英國欲在大中國北省得一合宜水師屯紥口岸以保英國在鄰近各海商務大清國　大皇帝願將山東省內之威海衛及毘連威海衛之洋面租與英國大君主租賃年期以俄國租賃旅順口為率所訂各條開列於下

英國所租地段自劉公島迄威海衛海灣各島盡歸管轄再於威海衛沿海一帶岸地計十英里闊亦須租與英國所租界内各地統歸英國全權管理

英國在所租界内除應有各項權利之外如築造礮臺屯紮軍士兼一切應爲之事暨營造水池醫院等均由英國自主中國不得干預惟中英兩國軍士准其在界内屯紮他國不得攔入

威海衛城牆以内仍由中國自行管理惟須遵照英國水師營務章程不得有礙界内防務

英國所租威海洋面中國無論有事無事均得隨時出入取用

英國所租界内所有居民不得驅逐倘英國欲於該處建築礮臺及公家產業等用當照公價給值向民間購取

此項合同從畫押日起即行照辦再由兩國　大皇帝大君主

批准即在倫敦互換愈速愈妙

此項合同共繕就華文四份英文四份各執為憑

耶穌降生一千八百九十八年七月一號
大清光緒二十四年五月十三日在北京訂定

英國出使中國頭等全權大臣麥克竇訥押

中國總理各國事務衙門大臣慶親王廖壽恒押

榮城縣城　威海衛東百里為榮城縣北接大海西通朝陽口外有雞鳴海驢等島以為屏蔽甲午之戰日人欲取威海先據榮城蓋從榮城登岸繞至威海衛後面則威海腹背受敵矣海疆守險之道烏可不通盤籌算而可留一隙之釁以授敵人哉

成山　屬榮城縣文登協千總管轄在榮城縣東八十里斗入海中為濱海盡境船行入北洋者俱望成山角以為標準但近山水平遠山礁伏可航而不可泊至為險要

# 登萊海灣表一

山嶺　堯山在海倉口之東　黃山　神山俱在萊州府城南　三山　長山　七瑤山俱在萊州城東北　雞冠山在界河南　萊山　筆架山在黃縣城南　廟山　塔山俱在登州城南　分

水口　新黃河利津縣東　小清河樂安縣東　黑洋口　瀰河壽光縣東　于河　白狼河　濰河一名下營口昌邑縣北　膠河　掖河　界河一名東良口招遠縣西北　黃水河在黃縣東　灣子口在登州東　流于河　福山縣北　清洋河福山縣南　龍門港寧海州北

島嶼　芙蓉島掖縣西　峔磯島　桑島俱黃縣西北　大黑山島　小黑山島　廟島　長山島　侯雞島　高山島　砣磯島　大欽島　小欽島　南隍城島　北隍城島　沙磨島　小竹島　大竹島俱在蓬萊縣北　之罘島福山縣北　姥姥島　崆峒島　養馬

關隘　鐵門關在利津縣北　煙臺　洋關

| | | | |
|---|---|---|---|
| 水嶺在寧海州南 | 崑崙山在分水嶺 | 東墩山在威海衛 | 東南成山在榮城東 |
| 戲山口　金山寨 | 口俱在龍門港東　郝慶口 | 長峰口文登縣北　朝 | 陽口 |
| 島即羊毛島　莒島　櫳子島 | 俱寧海州北　雙島　劉公島 | 俱文登縣北　雞鳴島　海驢 | 島俱榮城縣北 |

## 登萊海灣表二

| | | | | | | |
|---|---|---|---|---|---|---|
| 城垣 | 海豐縣　霑化縣 | 利津縣　樂安縣 | 壽光縣　濰縣 | 昌邑縣　萊州府 | 掖縣坿郭　招遠縣　黃 | 縣　登州府蓬萊縣坿 |
| 屯戍 | 扈家屯　塘 | 頭寨俱在小清河北 | 固隄集司在于 | 河北下營在濰河東 | 黃山館司在界 | 河口奇山所在之 |
| 礮臺 | 八角口 | 福山縣北一座 | 之罘島 | 一座祭祀 | 臺寧海州東 | 北一座　威 |
| 電綫 | 濰縣有商 | 局店　子萊 | 州府有商 | 局　登州 | 府有商局 | 煙臺有商 |
| 商埠 | 煙臺 | 咸豐八年 | 允英法俄 | 美之請開 | 為通商口 | 岸 |
| 借地 | 威海 | 衛光緒 | 二十四年 | 借與英 | | |

| | | | |
|---|---|---|---|
| 郭福山縣　寗海 | 州　威海衛　文 | 登縣　不夜故城 | （在榮城西）榮城縣 |
| （罘南）威海衛城 | 長峰寨（在威 | 海衛南）百尺崖 | 所（在威海衛東南） |
| 海衛（二座） | （現歸英國經理） | | |
| （局）威海 | 衛（有商局） | 劉公島 | （有商局） |

論曰自來談山東形勢者每以泰岱長河為守國之要豈知海疆多故以來其險阻不在西而在東登萊二府斗入東海北與奉天之旅順口遥遥相對茍能固守此鎖鑰則直隸遼東等地皆可高枕無憂奈何甲午之役東事甫起榮城威海相繼淪陷與旅順口之金湯鞏固可建不拔之基者豈料敵軍所至如入無人之境哉今雖倭兵退舍而旅順借與俄威海借與英咽喉要害他族憑依不知何年能返趙璧豈非皆甲午一役職其咎哉雖然威海之外猶

其次險莫若煙臺有之罘島以為外衛有龍門港以停泊戰艦有養馬島以捍蔽風濤實與威海劉公島等險並駕齊驅其他如登州之羣島小清河于河之水泊海倉口郝慶口之灣環俱可為海濱戰守之資苟得明習地勢者布置周密未始不可為補牢之助要在當局者之加之意耳

# 新編沿海險要圖說

駿公

新編沿海險要圖說卷五

崑山余宏淦著

元和陳　篹校

膠日海灣紀山東下

東北起成山西南至日照縣安東衛與江蘇交界處共九百里其間經度東起偏東六度十四分成山角西至二度五十二分安東衛緯度南起赤道北三十五度五分安東衛南北至三十七度二十二分成山角海灣大勢由東北斜趨西南沿海島嶼錯列港汊紛歧內地亦崇山峻嶺峰巒層疊洵齊東之重險南北洋之襟喉焉其所大要悉著於篇

養魚池口　自成山角南榮城縣東有澳口闊十三里深四拓至八拓為養魚池口屬榮城縣登州鎮水師千總管轄口內可泊船以

避東北風

桑溝口　自養魚池口以南越褁島青魚灘倭島佳雞旺四口而至桑溝口屬榮城縣文登協守備管轄此口形勢特佳西南兩岸均有山環繞西岸之山名破灣山高五百尺南岸之山名老馬山高三百九十五尺口面長八里適居二山之間破灣山北有一小河可通内地南為寗津所北為尋山所俱為向來戍守之處西距文登縣城不及百里可為應援實成山以南第一重門户

文登縣南海諸島　文登縣之南為靖海衛海中島嶼林立東為模柳島即耳石耳石島王家島南為蘇門島望海島西南為姑嫂島五里島耳島琵琶島窑山頭島黄島腰島等星羅碁布然皆不甚高大其閒惟蘇門島最據形勝焉高約六百尺北與海岸之鐵槎山相望鐵槎山為海岸最高之山山南為靖海衛司東與赤山寨寗津

所相接亦文登南首一險要也

乳山口　自靖海衛司西百里為海洋所又西即乳山口屬寧海州境此口形勢極佳口門外有三山分列中即乳山天然屏蔽其外復有大竹小竹棉花青島草島等以為外衛故此間駐兵可為靖海桑溝口策應之所

海陽縣城　乳山口之西為海陽縣城西北距登州府城二百二十里南俯大海北枕龍山海中島嶼如青島千里島古蘆島土埠島等錯列其南龍山蜿蜒形如華蓋挺峙其北地勢最為雄壯

丁家口　中圖名丁字嘴口在海陽縣城之西進港口岸甚多島嶼亦衆且四面山岸環繞港雖不深頗具繚曲之勢進口為魯家口暹家口何家口屈曲而北則為行村口有香島峙其南又進則為馬公島羊圈口李家口齊家口統計進港有百里之遠澳泊灣環

港汊紛歧而且巉山天柱山峙其南大山五龍山挺其北青山靈山界其西地勢之險不減膠州灣有事則水陸並練可守可戰外恃海陽縣以為門户内恃此港以停泊戰艦當亦談形勢者所必取也

羅山澳　中圖名臧村口西南屬即墨縣即墨營石哨千總管轄口外諸島林立如長牙島田橫島陡島水道島峙其東石島女島巉島大小管島即大小公島獅子島小女島石門島車公島挺其南内地叢山環抱巉山夾其左鰲山峙其右天柱山拊其背勞山浮山拱其南内可護即墨城外可為丁家口通消息

膠州灣　德人未占之先我國士大夫之識形勢者每言膠州灣之勝甲於他處如許竹篔星使於丙戌二月條陳海軍事宜云山東之膠州灣宜及時相度為海軍屯埠也外國屯紮水師必不與通

商之埠同在一口則有事封港無所牽掣其規擇形勝必取外口嚴密內澳深廣蓋先令我之師船屯藏安固乃可蓄鋭以擊敵船兵法所謂自立於不敗者也西國兵船測量中國海岸無處不達每豔稱膠州一灣為屯船第一善埠該處為大小沽河膠萊南河會流入海之處前明於此設立衛所東曰浮山所西曰靈山衛以資控扼其外羣山環抱口門僅狹三四里口內有島中峙實為天然門户周灣之地約數十里水深八九拓至四拓不等且膠萊南河與北河海口通連元時海運曾由此取道避成山大洋之險將來浚治淤淺使雷艇小輪船在內通行則與直隸海面號令策應更為靈捷云云案此説亦見薛叔耘出使英法義比日記則薛之意見亦同於許所惜當時作事因循未能早行籌畫致為德人所乘耳攷該灣形勢實為山東沿海第一險要中藏而外衛似比煙

臺威海九為易守蓋其口門不廣左為青島右為台東山可為陸路守險之處而其中港澳深固灣環數十里復有陰島峙其中央可居中策應東澳通即墨西澳通膠州屯紮海軍合宜之處除此澳外似少其比矣所惜曹州教案一起德人即强以兵威占據我政府與之反覆申辨始允改為租賃九十九年外侮之興如是之亟則自强之計曷可須臾緩哉因節錄總署議結曹州教案並商辦膠澳租界事宜揭於後以資觀感

本年即光緒二十三年十月間山東曹州地方殺斃德國教士二名德國兵船遽襲膠澳該使臣海靖致臣衙門照會要求六款案六款一賠被害教士恤款二於被害之處重脩教堂三償德人占據膠州所用兵費四將山東巡撫李秉衡革職永不叙用五將行兇各犯科以最重之罪六讓德人在山東得意外權利請以李秉衡革職永不叙用臣等堅持不允議令刪去永不叙用四字但將不可再任大官之意奏請准行濟甯

曹州及鉅野縣之張家莊各建教堂一所由官撥地不過十畝用勅建天主堂五字每處各給工料銀六萬六千兩被盜失去之款另給三千兩又於鉅野菏澤鄆城單縣武城曹縣魚台七處為教士各建住房一所共給銀二萬四千兩均作為償卹之用現獲盜犯照例懲辦失察之地方官從重參處該使又索商務請嗣後山東如開辦鐵路及附近礦務先令德人估辦臣等力與磋磨允由膠澳至濟南造鐵路一段俟造成後再商後段與中國自辦幹路相接均由德商華商領辦聲明不占山東地土該使又以德國辦理此案所費之銀請中國賠償索款數百萬臣等告以此案無賠償之理惟顧念邦交及前此相助之誼另籌辦法斷不能認賠一錢該使漸次就緒已允飲兵下船退出所占之地適曹州又有驅逐教民殺害洋人之說該使頓翻前議仍請將李秉衡革職永不

敘用臣等力與駁詰並欽奉　諭旨將萬本華撤任詢問該使始無可狡賴臣等竊惟中德兩國向無嫌隙只以助還遼地索報未酬該國注意所在則英俄法均占有東方海口該國獨無不足與各國均勢疊准許景澄電函相聞膠澳為該國垂涎此次借教案遽派兵船襲踞膠澳分兵略地直窺即墨又派其王弟來華用心實為叵測該使所開六條堅請照辦並無一語退膠臣等僅恃筆舌與爭苦無卻敵之方再三辯論該使始允就該提督所占之地分別退還膠城亦在所退之內餘作租用略如各口租界辦法周徧以百里為限按年納租該地自主之權仍歸中國送來租界照會五條大致以保全睦誼為辭臣等逐款覆核租以九十九年為限將來兩國派員立界時認定周徧百里之限膠澳海面中國兵商各船任便出入膠澳外各島險灘准德國設立浮樁惟中國

各船往來出入概免納費至德國嗣後自願將膠澳退還中國所有費項應許賠還另擇相宜之處讓與德國一款此指租期未滿而言亦可照允須訂明租期未滿德國不得將此地轉租他國至界內華民遷徙與否悉聽民便德國不得驅迫中國原有稅卡照舊設立租地之内德兵應即全撤租項若干再與該使商議

附中德新訂條約膠澳租界第三款所租各段界限

一膠澳之口北面所有連旱地之島其東北一綫自陰島東北角起至勞山灣為限

二膠澳之口南面所有連旱地之島其西南一綫自離齊伯山島西南偏南之灣西南首起往笛維山島為限

三齊伯山陰島兩處

四膠澳之内全地面至現在潮平之地

五膠澳之前防護海面所用羣島如苗羅山炸連等嶼至德國租地及膠澳周徧一百中國里界址將來兩國派員查照地情詳細定明在膠澳中國兵商各船與德國相交之國各船德國擬一律優待因膠澳內海面均歸管轄德國可以定妥章程約束他國各船即中國之船亦應一體照辦另外決無攔阻之事

齊伯山　中圖名黃島在膠州澳南口屬膠州及膠協副將管轄為膠澳鎖鑰東與浮山所相對西面陸岸有西山高一千餘尺可以登眺

靈山　齊伯山西南為靈山屬諸城縣膠州協把總管轄此山最高大且與西面之鐵橛山南面之小珠大珠五稜等山相接實為古來險要之區故前明於此麓設靈山衛司以資控禦東南海中島嶼森佈最著名者曰陳家島竹岔島薛家島劉家島顧家島唐島

琅邪島等處處可以停泊戰艦

日照縣城　縣城為沂州府臨海要地面臨傅疃河左為固河後靠石汪山西與莒州相近光緒二十五年沂州府土匪竊發傷及德國游歷之人德人即派兵艦由日照登岸大有咄咄逼人之勢幸當事善於調停始克無事總之外侮日逼則自强之計決不可須臾緩矣由此而南百里即安東衛司與江蘇贛榆縣接界

膠日海灣表一

| 山嶺 | 水口 | 島嶼 |
| --- | --- | --- |
| 鐵槎山（西國名北槎山 | 養魚池口　裏島口　青 | 模椰島（即耳石）　石島　王 |
| 以對江蘇吳淞口南槎山故名） | 魚灘口　倭島口　佳雞 | 家島　蘇門島　望海 |
| 大孤山（在乳山口東北） | 旺口（俱在養魚池口南）　桑溝口 | 島　姑嫂島　五里島 |
| 龍山（在海陽縣東北）　青 | 馬頭嘴口　朱家園口 | 耳島　琵琶島　窑山 |

山　靈山　馬山　天柱山　嶗山俱在即墨縣東北　鰲山　勞山　浮山俱在即墨縣東南　靈山　鐵橛山　小珠山　大珠山　五稜山俱在琅邪台西北　石柱山在日照縣北　烽火山在安東衛西

望海口　長會口　五里島口　煖浪口俱在文登縣南　南泓口　西泓口俱在乳山縣南　乳山口　琵琶口　草島嘴口　徐家口　羊角盤口　朝裏口　丁字嘴口即丁家口以上俱在海陽縣南　坡子口在丁字嘴口南　登窰口即青島口　古鎮口　龍旺口俱在琅邪台東　窑頭口　董家口　宋家口　安家口俱在琅邪台西　夾倉口　濤濰口　漲濰口俱在日照縣東

頭島　黃島　腰島俱在文登縣南　小竹島　大竹島　棉花島　青島俱在乳山口南　千里島　古蘆島　土埠島俱在海陽縣南　水島　長牙島　田橫島　蘆島　牛島　馬龍島　石島　女島　嶗島　大管島　小管島　獅子島　小女島　石門島　車公島　勞公島　福島俱在臧村口南　陰島　黃島俱在膠州

灣梅島　竹岔島　陳家島　薛家島　劉家島　顧家島　唐島俱在膠州灣南

## 膠日海灣表二

| 礮臺 | 屯戍 | 鐵路 | 城垣電綫借地 |
| --- | --- | --- | --- |
| 龍崖口礮臺 | 尋山所　寗津所 | 擬築由青島逕 | 榮城膠州膠州 |
| 養魚池口礮臺 | 赤山寨　靖海衛 | 四坊倉口城陽縣 | 由萊州府灣於光 |
| 裏島口礮臺 | 俱在文登東南 | 塔準頭而至膠 | 文登　來有商局緒二十三 |
| 五壘島口礮臺 | 海洋所　乳山寨 | 州復由芝蘭莊縣 | 青島年借與德 |
| 浪煖口礮臺 | 大嵩衛俱在海陽縣東行 | 大呂村而至高 | 海洋由膠州東國 |
| 丁家口礮臺 | 村寨　大山所俱在 | 窑計長一百四十里光緒 | 縣有商局報 |

黃龍莊礮臺　海陽縣西鰲山衛　浮　二十五年六月青島德國鐵路即墨房

嶗山口礮臺　山所俱在即墨縣南靈山　公司擬築限期五月竣工縣

董家灣礮臺　衛　夏河所俱在琅邪　光緒二十九年膠州

唐島口礮臺　台北石臼所在日照縣東　三月青島鐵路諸城

古鎮口礮臺　安東衛在日照縣西　已築至昌樂縣縣

亭子欄礮臺　每日汽車可以日照

往返一次棠由高密縣

至昌樂計長二百里

論曰輿地一門我中國幾成絕學矣中興以後迄今幾四十年輿圖之可取者惟湖北官書局一本然亦有圖無說未便稽攷其餘各省雖時有測量繪圖之事然往往有名無實近年廣方言館學生朱君正元請咨顧自行測量海口各地此等留心時事之人誠

不多覯然在西人之測量我江海要隘水道沙綫者見諸報章所在多有無恠海口要挾索取之案層見疊出而我國士大夫每不知其要害漠然置之即有一二深識者亦能燭照於幾先如膠州灣之要口許星使知之薛星使知之請早闢為海軍屯紮之所無如言者諄諄聽者藐藐馴至丁酉之冬為德占據向使早用其言重兵鎮守則不獨德人無意外之侵即甲午之役倭人亦不致蹂躪如斯矣今膠澳租期已定勢難反汗而附近之丁家口乳山口等處俱有可乘之險萬不可熟視無覩任他族之憑陵而一籌莫展也是則厚望於有權位者矣

# 新編沿海險要圖說卷六

崑山余宏淦著
元和陳　篔校

## 江蘇沿海紀（江蘇全）

北起贛榆縣東北荻水口與山東交界處南至金山縣江門營西與浙江交界處長一千二百五十里其間經度偏東二度五十八分起（荻水口）至六度二十分止（馬鞍列島）緯度赤道北三十度四十二分起（江門營）至三十五度五分止（荻水口）沿海大勢由西北斜趨東南海州贛榆口外有山足資扼守南則揚子江口最為險要而佘山花鳥諸島與浙之舟山相望談形勢者均不可忽焉

### 贛榆縣城

縣城在東海之濵離海祇十五里南有青口一水屈曲可通內地顧氏祖禹謂北接山東東通大洋汪洋迴繞島嶼參差

稱為易守而難犯然近日時勢與昔大異輪船往來瞬息千里大海汪洋如履平地必得與海外島嶼如秦山虞游山（亦作鶯游山）等聯為犄角且上與膠日海灣下與海州雲台山等互為應援消息靈通兵輪接濟始克無事否則彈丸孤城遠駐海隅有不為甲午年榮城之續也哉

海州城　贛榆縣南百二十里為海州城離海祇二十八里水口之在東北者曰唐牛口范家口小河口臨洪口在東南者曰恬風口西南九十里有青伊湖（方輿紀要作桑墟湖）又南有碩項湖匯安東沭陽境內之水皆蓄洩於此東通大海今能將州西南之引河開濬俾小輪及蚊子船等可以出入則無事可收入內湖有警則出擊外海且有孔望大伊小伊等山為之屏蔽瞭望豈非一出奇制勝之道乎

雲臺山　在海州城東北十九里古名鬱洲亦曰郁洲洲東高峰即雲臺山突立矗天斗入東海尤踞一洲之勝中日之役嘗置重兵於此蓋此山不獨為海州屏蔽且能南通江浙北接山東實為南北洋咽喉之地談形勢者可勿審諸

開山　自安東縣東向北潮河口有島矗立口門之外為開山按海道圖說云據中圖淤黃河口北面一百六七十里間有四島咸豐十一年測得東北一島緯度赤北三十五度經度偏東三度十二分約為鶯游門（淦案恐即鶯游山）長約一里距鶯游門西南十里疑為奶奶山南面為門利山（原注疑即牽牛山）又有一島距鶯游門東南面較遠於門利山者曰開山由斯而觀開山實為此四島中最南一山也（其餘三島案今中圖為雲臺山虞游山秦山而西人謂鷹游山奶奶山門利山鷹游山疑即虞游山而奶奶山門利山大約即雲臺秦二山也）南與淤黃河口相近此處上下數百里間沿岸俱有沙灘鋪

入海中西圖所謂常見華船擱淺於此者實在淤黃河口之東開山之南也其南又有長沙瑶沙滿子沙黃子沙金家沙莊家沙郎家沙勿南沙等名號直至通州之東長江口而止故自開山以南至長江北口暗沙林立舟不能近亦天然一險要也

淤黃河口　即古淮河口自明洪武初河決原武自潁壽入淮而容大主小決溢多虞自咸豐閒黃河北流奪大清河入海而此處故瀆遂形淤塞今測得淤黃河口緯度赤北三十四度二分經度偏東三度四十分不獨河槽中多淤沙即口外一帶二百里閒亦有廣大淺灘遠鋪入海舟行過此每多擱淺之虞不可不預防也

長江口　長江向分南北兩口中圖以蓼角嘴（海門廳界）為北口崇寶沙（崇明寶山縣界）為南口西圖則以崇寶沙為北口揚子角為南口蓋以吳淞口外有東沙淺灘佘山牛皮礁雞骨礁等處橫亘洪流為吳淞

外衛輪船至吳淞進長江自南洋來者必收揚子角自北洋來者必收佘山口若蓼角嘴左近沙灘甚多輪舟所不能行故不以蓼角嘴為北口而以佘山以内之崇寶沙為北口也扼守長江南北二口當以崇明為第一重門户蓋崇明一縣屏蔽江海之間不啻中流砥柱惜其地無崇山峻嶺惟多沙磧恐未足恃為險固耳海門僻處北岸與崇明隔江相望内達通州可為應援

佘山　自崇明東沙淺灘之東有佘山（西圖名沙尾山輿紀要作蛇山）方為吳淞之外口往來北洋者所必經其形矗立峰尖如削高一百九十六尺形勢弱小雖不足扼守然南有牛皮雞骨等礁西與東沙相接亦與洋山相近向為南北官軍會哨之所未可以其藐小而忽之也

吳淞口　此口不但為上海一隅之屏蔽并為蘇松嘉杭數郡之咽喉蓋此港長二百里為長江以南最近之分支水道自澱山湖與

運河相交一向北而達蘇州一向南而達杭州故扼守此口則内地蘇松等郡皆安如磐石所惜地勢平衍無高山大壑之天險可憑耳惟海口舊有礮臺建築堅固庶幾可恃其後忽將礮臺毁去未幾仍有興築之議然一毁一築所費不資築室道謀殊無成見二十年前西人於吳淞口築鐵路至上海官吏謂其不便向西舊人買此路而毁之乃去年則自築淞滬鐵路與此礮臺略同礮臺基緯度三十一度二十三分經度偏東五度零二分淞滬鐵路計長三十六里

寶山縣城　在吳淞口之北東臨大海西通嘉定其地本屬嘉定縣明永樂中命海運將士築山以建烽堠周六百丈高三十丈名曰寶山萬歷中增築新城名寶山千户所　本朝始建為縣隸太倉州東與崇明隔海相望其北為劉河新塘楊林七了等口南與川沙上海相犄角亦可見其形勢之要矣

川沙廳城　在吳淞江東岸其地本隸上海縣境明萬歷中置川沙堡築城設戍以防倭寇　本朝嘉慶十年始建為廳隸松江府其地西去上海五十里北離寶山亦五十里外濵大海亦五十里屹然海疆之重鎮也

上海縣城　由吳淞進口三十六里為上海縣城城建於明嘉靖中以備海寇　本朝因之隸松江府海禁未開以前本屬海濵散地不過鹽賈漁户雜處而已自道光二十二年中英之役闢為商埠於是輪船輻輳商賈雲集洋場市廛之盛幾甲宇内而咸豐庚申髮逆之擾蘇松各郡縣相繼失守惟上海一隅巍然獨存厥後李文忠以湘淮各軍克復蘇省亦先至上海以為起點之所雖有李秀成之强悍幾次撲攻亦不能破可見富饒之地易於强兵況乎列國通商各有顧室家保財産之心雖欲不力為捍禦而不能也

蓋北門外即為租界曰法曰英曰美他國商旅亦多雲集吳淞江口左有川沙右有寶山不啻兩重門户其外又有崇明及東沙石頭沙崇寶沙佘山等處天然形勢層層包裹昔人所謂風帆出入瞬息千里引閩越之梯航抗江淮之關鍵洵足為江海之衝者也觀此亦足知其險要矣

南滙沿海羣島　中圖有畫山花鳥山馬蹟山大小洋山嵊山盤山金山勝山龜山諸島西圖則有花鳥山東西綠華山馬鞍羣島泗礁大小戢山等皆在南滙奉賢二縣海外南與浙江衢山岱山舟山等遥遥相對惜皆令其孤懸海中不為設戍置防耳苟能於此等山島中擇其大而形勢佳者重兵汎守南與浙江諸島聲息相通不獨上為揚子固藩籬并下為錢塘扼門户矣

金山縣城　自上海縣西南百餘里為金山縣城前明為金山衛雍

正閘升縣南濵海有金山對峙故名西連乍浦東接青村南滙嘴東北抵吳淞江控引幾三百里為江蘇一省最東南境南與浙江接壤且與寧波定海同為錢塘江鎖鑰顧氏祖禹所謂北之沙堡至此而盡南之山嶼至此而終置兵於此不惟固蘇松之藩籬亦堅嘉湖杭三郡之門戶非虛語也城外海口有白沙灣西南有江門營皆為設戍之所自此西南數十里即為浙之乍浦鎮矣

江蘇沿海表一

山嶺　水口　城垣　島嶼

孔望山　柘汪口　潮河口　興贛榆縣　秦山　虞游山一名鶯游山　雲

小伊莊口　青口俱在贛榆東　唐海州　沭臺山俱在海州東　奶奶山　門

山　大莊口　范家口　小河陽縣　安利山見海道圖說　開山在北潮湖口

伊山口　臨洪口　大浦口　東縣　阜晝山　花鳥山　馬蹟山

扶山　恬風口　新壩口　板甯縣　鹽大洋山　小洋山　嶼山
盧伊山浦口（俱在海州東）淮河口（即鹽）城縣　興盤山　金山　勝山
（俱在海州南）河北潮河口　淤黃河化縣　東龜山（俱在南滙縣東）佘山口（在吳淞口東）
狼山口（即古淮河在安東縣）雙洋港口臺縣　如東西緑華山　馬鞍羣島
劍山　當尖港口　射陽湖皋縣　通泗礁　大戢山　小戢
黃泥山口　野潮洋口（俱在阜甯縣東）州　海門山（俱在佘山南見西圖）
馬鞍新洋港口　大閘港口廳　崇明
山（俱在通州）鬭龍港口　苦水洋縣　寶山
南福山口　天開河頭（俱在鹽城東臺）縣　川沙
（在常熟北）縣東　呂四港（在如皋縣東）長江廳　上海
口　七丫口　楊林口縣　南滙
新塘口　劉河口（俱在）縣　金山

| | | | | | |
|---|---|---|---|---|---|
| | 吳淞口北吳淞口在上海東北 | 縣 | | | |

江蘇沿海表二

| 關隘 | 礮臺 | 屯戍 | 電綫 | 鐵路商埠 | |
|---|---|---|---|---|---|
| 北關在海州北 | 吳淞口 | 徐六涇土堡 | 海州有商局通 | 由吳 | 上海於道光二十二年開 |
| 雲梯關在山 | 二座惟不甚得 | 六尺土砦在七丫口 | 州有商局崇明 | 淞口 | 為口岸 |
| 陽縣東北二百里淤 | 力故雷諾畧議 | 劉河堡川沙 | 有官報房吳淞營有 | 至上 | |
| 黃河北岸上海 | 擬築吳淞南石 | 堡柘林堡在奉 | 報房礮臺報房獅子林官 | 海長 | |
| 稅關在上海縣 | 塘三座寶山五 | 賢縣南江門營在金 | 報房商局子店 | 三十 | |
| 東北 | 座獅子林三座 | 山縣西南 | | 六里 | |

論曰江蘇沿海以長江為最要門戶夫固夫人知之矣抑知長江以北接山東界者以海州之雲臺山為衝要長江以南接浙江界者又以馬蹟花鳥諸山為關鍵所以甲午中日之戰嘗以

重兵駐守雲臺山攷雲臺山為古鬱洲之地挺峙海中非獨屏蔽海州且可與山東之日照聲息相通是一島而為兩省之扼要何重如之至花鳥馬蹟實在揚子角東南馬蹟西圖作馬鞍南與浙江之舟山遥遥相望道光中英人數踞舟山為我國患惜其時不能扼守花鳥馬蹟以扼其衝致英夷得長驅進我吳淞踞我上海也長江口之險則以崇明為第一重門戶通州狼山與南岸之福山為第二重江陰君山之鵝鼻嘴與北岸之靖江為第三重然以崇明之第一重為最關緊要若敵船既衝過崇明則劉河七丫白茅許浦等港處處可以停泊登岸入犯內地使我有防不勝防之患惟扼守崇明則門戶既固堂奧晏然雖然崇明孤懸大海又無崇山峻嶺以資防護守之非易相其地勢可為崇明之犄角者莫如吳淞口蓋吳淞滙三江黃浦諸水以入海東與崇明隔海相望

向有東西二礟臺以資守禦道光中英夷之擾提督陳化成嘗守之以禦敵所惜孤立無援致遭淪喪夷患鴟張遂致今為梗耳與言及此則自強之計曷可須臾緩哉

# 新編沿海險要圖說卷七

崑山余宏淦著

元和陳　篡校

## 嘉台沿海紀浙江上

北起嘉興府平湖縣乍浦鎮與江蘇交界處南至台州府太平縣新河所共長八百里其間經度偏東三度四十九分起杭州府城至六度十七分止慈浪湖列島緯度赤北二十八度三十二分起新河所至三十度四十二分止乍浦沿海大勢自乍浦至杭州復自杭州至定海則東西遙而南北近折成一杭州灣自定海至黃巖則自北至南惟象山港石浦港三門灣稍有曲折而已綜其形勢内則山嶺層叠外則島嶼錯盤天然險阻則與江蘇沿海迥不侔已

乍浦　在平湖縣東南三十六里明洪武中築城周九里置乍浦千户所戍兵防海嘉靖時倭寇之亂曾據此城以犯杭州官軍擊卻之　本朝道光中英夷之擾亦嘗由此登岸以窺內地故近日於城東臨海築礮臺設副都統以備海警測得礮臺經度偏東四度三十八分緯度赤北三十度三十五分蓋乍浦為江浙兩省交界之區有警則兩省均受其衝自古以來恒為重地宜矣

澉浦　在海鹽縣東南十八里宋置巡司於此明洪武中移司於秦駐山置堡於澉浦以為戍守之所居民廛集海商往來市廛之盛亞於乍浦　本朝亦設營置戍於此以為乍浦之應援

錢塘江　即浙江滙徽州金華衢州諸水東北流入海入海之處北為海甯州界有赭山以當其衝南為蕭山縣界有龕山以扼其險二山相對中曰海門亦曰鼈子門（以旁有鼈子山故也）一綫中洪波濤衝擊

故浙水之潮有吞天浴日之勢方輿紀要引防險説云浙江之源始於黟之林歷山一綫之微谷流萬壑終於錢塘江之鼈子門而入海故鼈子門者乃省城第一門户石墩鳳凰（原注見海鹽縣）外峙乃第二門户羊許（淦案羊即大小羊山許疑即滸山）獨立海中東接衢洋西控吴淞江為第三門户羊許二山有防然後石墩鳳凰有蔽石墩鳳凰有蔽然後錢塘鼈子門可守此其大略也云云淦案海疆形勢今昔各殊昔之防海專為倭寇今之防海專為夆夷倭寇出没惟憑風勢夆夷駕駛俱擅輪舟且也善於聲東擊西亟肆以要我多方以疲我一處有失處處皆震故今日防浙要務惟在多練南洋兵輪停駐海中如舟山大衢山之類預為布置使彼不得直犯内洋則錢塘一帶均可無事矣

三江口　在紹興府城北三十里為曹娥錢清浙江三水所會海防

玫三江港口深闊直通大洋甚為險要港口稍東有宋家漊賊若從此突犯趨陡門一帶海塘則竟抵郡城若越港而北趨浙西則關鍵於赭山蓋此口東通曹娥江西接錢塘江為杭州灣内洋之要地也

曹娥江　在上虞縣西北三十里亦名上虞江一名東小江此水西通浙江東達寧波北枕大海實為浙東扼要所在宋時兀朮陷臨安遣將渡浙江陷越州遂渡曹娥江至明州明初吳禎討方國珍於慶元夜入曹娥江夷壩通道出不意拔車廐遂入慶元亦可見此江之關數郡險要矣

杭州海外列島　杭州海外羣島無數然大抵皆在舟山以北揚子角以南可分為東西二派西派之最西者曰白塔山挺峙海中又為鼈子門之外衛稍東北在乍浦海中者曰浦山又東為西山羣

島分布三簇距南霍山正北五十四里曰東西山列島其中最大者高四百尺旁有六小島環繞之此島西北十八里為中西山列島一島最大外有八小島又距此島西北三十里有三小島曰西西山附近可泊船以避風東西山之南為霍山列島亦分東南西三簇東霍最小南霍略大高二百十六尺西霍較小相距亦不遠恰與東西山列島南北相望此外又有七姊妹島雖小而可避北風又有海岸大龍二島皆為海灣扼要之處凡此皆西泒羣島之形勢也東泒羣島以大衢山為最大衢山西名金山自東至西長二十四里大衢山之東北為馬鞍列島東馬鞍島原名陳錢南馬鞍島原名李西壁下假馬鞍島原名東西綠華又有北馬鞍島倒騎馬鞍島其北即花鳥山矣（中圖花鳥山在奉賢金山二縣海外西圖在揚子角東首與奉賢金山絕遠今以西圖為準）馬鞍列島之西為八格列島原名泗礁其東南為黃龍

泗礁之西為小戢山西名窠雞列島西北為大戢山西名葛詞拉夫島高二百十尺小戢山之南為大小洋山大用島等此皆東派羣島之形勢也（案東派中除大衢山外餘均屬江蘇崇明特與杭州灣相近故並列於此）苟能以兵輪鎮守大衢山而密布蚊子等舟於其餘各島並聯絡漁團為一氣則海外有截沿海疆域皆可高枕無憂矣

餘姚縣城　北濵海海邊有臨山衛為汛守要地嘉靖三十四年倭寇內犯官軍敗倭於勝山又敗之於龜鼈洋皆餘姚境也

慈谿縣城　縣西北六十里濵海海中有黄牛桑嶼諸山與嘉興海鹽分界縣東北濵海有龍山所明設守禦千户於此東北有金家嶴與邱家洋相連東對烈港北望洋山嘉靖三十五年倭船盤踞於此官軍擊卻之亦間道出奇之一法也

鎮海縣城　本明定海縣地　本朝康熙時移定海於舟山於其故

地置鎮海縣東北二面皆臨大海南俯甬江為寗波府沿海出入必由之路縣城東北有招寶山設礮臺一座經度偏東五度十六分緯度赤北二十九度五十七分與隔岸望海山金雞山諸礮臺互為犄角嚴扼此口則敵舟雖多亦不能過洵為寗波之外衛甬江之門戶焉北面海中又有大小游山虎蹲山諸峻險可以夾擊

寗波府城　自鎮海進口由甬江屈曲向西南三十里為寗波府城自道光十九年查禁鴉片英夷犯順陷我廣州厦門定海鎮海寗波乍浦上海鎮江等城至二十二年議和許以五口通商寗波其一也經度偏東五度五分緯度赤北二十九度五十五分其商埠雖不及上海之盛然亦百貨闐駢輪舶麕集屹然甲於他郡惟華洋雜處交涉多艱有地方之責者不可不加意於斯也

舟山　鎮海縣東北海中百餘里有大島一狀如覆舟故名舟山周

一百七十里自西北至東南長六十六里南面島中置定海廳城進口之港因名定海港其餘通舟之處復有三港一曰東南之沈家門一曰西北之岑港一曰北面之沙澳礮臺在定海港口經度偏東五度三十七分緯度赤北三十度道光二十年英夷之擾先據定海我軍扼鎮海之金雞招寶兩山以拒敵執夷酋安突得既而英夷請歸定海而釋安酋從之二十一年夷兵再至我總兵王錫朋葛雲飛鄭國鴻三人同日殉難定海再陷至二十二年和議成始歸蓋舟山形勢挺踞海中北有岱山蘭秀長白爛山龜山諸島東有普陀大小洛伽山朱家尖燈阜諸島南有大小謝山西有金塘山等四面環繞西距甬江百餘里實為甯波鎮海之屏蔽浙東險要此島居首乃英人窺擾一再失陷皆由我不能先事預防之故也後之談形勢者可勿審諸

象山港　自舟山西南十餘里為象山港口此港自西南至東北計長九十里南岸有象山縣城故名港口南面有小島六曰亨大列島北面小島名北得門島港外諸島附近北岸者曰梅山梅山之北有華船水道其南小山名佛肚山東則六横山巍然挺峙自東南至西北長三十里最高處九百十尺北與舟山相望又東為佛能島桃花島鑼鼓山五爪山等星羅碁布上可羽翼舟山下可屏蔽象山亦浙東扼要所在也

石浦港　自象山之南百里瀕海為石浦廳迤南島嶼東為檀頭山西為牛頭山方輿紀要稱大佛頭山俗名南田二山間有口門曰石浦門壇頭山北與哥兒島相接二山為石浦東面之屏障由浦門而西為石浦港港南岸與牛頭山相對者為東門島島築礮臺二座為石浦守禦之所其下向西港面頗闊潮漲則成大澳落則沙灘露出中成

窄港故行舟頗險仄

三門灣　即沙門灣在石浦港南東為牛頭山即大佛頭山亦名南田懸居海中外列羣峰內包陸地人稠土沃物產饒富實為浙洋之奧壤南為黎民島又南為三岐山是為三門灣之門戶進口則有圓錐島生佐治島皆孤懸灣內迤東依牛頭山者有大佛島尖洋島峭壁島迤西近岸者則有天頑島西南五里山岸間有健跳所為向來設戍之處其地名桃頭角一帶之山高一千尺港之盡處為海游所西北為甯海河皆昔日防戍之地蓋此灣形勢其利有五山嵐環抱港水淵深可以停泊戰艦利一輪舟走南洋礁多浪惡最懼東北恒風此灣黎民島之西牛頭山之南天然屏蔽無虞東北恒風利二此處洲嶼數百居民數萬沙戶漁賈充斥其間貿易可盛利三地當衝要商貨轉運招集甚易利四牛頭山於光緒紀元開

墾後連附近海島共得田一萬八千餘畝地七千餘畝塘地四千餘畝山地一萬二千餘畝種植繁庶民居薈萃可臻富强利五所以意大利國於近年一再要索該灣以為駐兵屯煤之所外人之垂涎者甚而我中國之官於斯者非惟無策保護且有未知其形勢何若者茫然昧然豈不深可歎哉

台州灣　三門灣之南為台州灣港面較三門灣為開拓灣首為台州河口一名椒江南岸有海門衛城垣距河口十三里分為二支一向西北自海門衛直行八十里至台州府一向西南至黄巖縣東北海中有練島繩島金門島高島東機嶼等皆與海門衛相對此灣南為台洋扼要北與石浦沙門灣等相犄角亦浙洋一衝要也又南則為太平縣之新河所矣

嘉台沿海表一

| 山嶺 | 水口 | 城垣 | 島嶼 |
|---|---|---|---|
| 赭山　龕 | 錢塘江 | 平湖縣　乍 | 浦山　白塔山　鼇子門　西山　列 |
| 山在錢塘江口 | 三江 | 浦城　海鹽 | 島　霍山列島　七姊妹島　海岸 |
| 九井山曹娥 | 口　曹 | 縣　海寧州 | 島　大龍島在杭州灣西　大小戢山　大 |
| 江西四明山 | 娥江 | 杭州府錢塘 | 小羊山　花鳥山　東西綠華　馬 |
| 大嵐山 | 淹浦口 | 仁和兩縣附郭蕭山 | 鞍列島　泗礁　黃龍　大衢山在杭 |
| 在寧波西育王 | 古窰 | 縣　紹興府 | 州灣東岱山　蘭秀山　長白島俱在舟山 |
| 嶺　大白 | 浦口 | 山陰會稽兩縣附郭上 | 北舟山　普陀山　大小洛伽山在舟 |
| 山　琥珀 | 松浦口 | 虞縣　餘姚 | 山東金塘山　大小謝山俱在舟山南　六橫 |
| 山　黃牛 | 在鎮海西北 | 縣　慈谿縣 | 山　蝦岐山　桃花山　佛能島俱在 |
| 嶺在象山北同 | 甬江 | 寧波府鄞縣 | 象山港東韭山　檀頭山俱在石浦港東　牛頭山 |
| 嶺寧海西東 | 青龍港 | 附郭鎮海縣 | 黎民島在三門灣東　纙島　金門島 |

| | | |
|---|---|---|
| 溪嶺象山西 | 在甬江東象 | 定海廳　象高島　九壘島　黑山列島俱在台州灣東 |
| 三皇嶺 | 山港 | 山縣　石浦 |
| 義成嶺 | 石浦港 | 廳　甯海縣 |
| 浮門嶺俱在 | 三門 | 天台縣 |
| 石浦港西 | 灣　台 | 台州府臨海縣附 |
| | 州灣 | 郭　黃巖縣 |
| | | 太平縣 |

# 嘉台沿海表二

| 關隘 | 礮臺 | 屯戍 | 電綫 | 商埠 |
|---|---|---|---|---|
| 三江關在山陰縣北浮山三江所定 | 乍浦一座　鎮海招寶一座　望海一座　金雞一座　横平一座在甬 | 臨山衛　澉山所　觀海衛在餘姚鎮海間　穿山所　大嵩所　河泊 | 乍浦有商局子店　杭州商局　紹興商局餘 | 杭州光緒二十一年闢　甯波道光二十二年闢 |

海關在鎮海縣南門外

江東　道頭一座在定海南　台山一座在象山北　石浦二座在東門島

所在象山港北　錢倉所　爵溪所　昌國衛在石浦北　海游所在寧海南　健跳所在石浦港南

姚商局子店　鎮海有營報房　寧波商局

論曰浙東海面內則港汊紛歧外則島嶼林立其形勢遠過江蘇足與山東並列者豈非天險之雄哉然其港口深闊直達內地口外諸山天然屏蔽者北則莫如錢塘江而甬江次之南則象山石浦等港而莫要於三門灣蓋三門灣內有深澳外多屏障可以泊舟避風屯紮水師而且牛頭山開墾之田不下數百頃漁户農民鱗次櫛比稍一經營富強立致所以意大利雖在泰西為弱國而猶一再要索其地汲汲不已者誠以地勢形便足與山東膠州灣相抗衡也其餘島嶼之多除山東外尤尠其

匠近則蔽翼港門遠則挺峙重洋大小相錯一望無際北至花鳥諸山南至台州列島數百里間星羅碁布而要以舟山爲領袖蓋舟山一名觀山明嘉靖中嘗降海賊汪直於此而我道光間舟山數爲英據議和始歸然英人猶要立舟山不許讓與他人之約亦可見其地之重矣嗟乎以中國自有之險要不能據守致遭他族齗齗英約舟山意索三門灣且與山東之英據威海德踞膠州灣者無異蓋不能自有其寶適足召外人之窺伺而我士大夫之謀國是者非惟不爭先著因循坐誤甚至茫然不能舉其名然則輿地之學曷可不急講哉

# 新編沿海險要圖說卷八

崑山余宏淦著
元和陳　篔校

## 台温沿海紀 浙江下

北起台州府太平縣之新河所南至温州府平陽縣之蒲門所與福建交界處共長四百里其間經度偏東五度二十八分起台州列島至四度四分止蒲門所緯度赤北二十七度十五分起蒲門所至二十八度三十二分止新河所沿海大勢自東北斜趨西南內地山嶺層疊海外島嶼棊佈形勢之要與嘉台無異焉

松門衛　在台州府東七十里明洪武二十年築城周七里有奇三面沿海船易進泊南與隘頑所北與盤馬寨相為犄角實為浙東門戶所在方輿紀要稱救援此衛之法自臨海黃巖而東有泉井

路橋三山三道禦之於港口又當禦之於內地蓋水陸俱切也云
云　淦案紀要所言爲禦倭之法若今之海警東西並爭有什伯千
萬於昔日之倭者則禦敵之計有不可執前方而治今病者矣

松門山　在松門衛東海中自東北至西南計長二十三里闊四里
斜亘洪濤中又爲松門衛之外衛其南有石塘蘇丹三蒜等山嶼
累參差居民稠密自明時以倭寇犯境徙民內地而諸島遂虛然
如大陳等山膏腴之地且有淡水棄之適爲賊踞爲患尤鉅故蒙
以爲守海之道當擇大島居之兵民共守聯絡漁團且通電綫於
各處駕鐵甲以巡洋其孤立小島則遷其居民伐其樹木使敵進
不得前退無所掠則其技窮矣若茲之松門大陳山等則當在扼
守之列者也

積穀山　蘇丹島北二十里海中有積穀山高七百六十尺其東南

岸有闊黃痕一帶最易識别其北三里有低積穀山其西六里有駝背島此等島嶼皆不甚大似不宜防守或潛伏漁舟蚊子等以為出奇應援之處則可耳

台州列島　積穀山東三十里有台州列島計大島二小島十自南至北共長三十里其南高七百五十尺者曰下大陳山其北者曰上大陳山居民頗多港門有東西二口泊舟皆無隱險此島又為松門山之外衛遠峙重洋地廣民衆亦海中扼要之區也

玉環山　自舟山以南四百餘里越象山港三門灣之險而有最要之區足為浙洋門户者莫如玉環山蓋此山懸居海中南北百里東西七十里雖不及舟山之大而左有楚門雞冠等山以為屏蔽右有樂清海灣以供駐泊南有黃大嶴北有茅衍水漲等山以為夾輔且此山土田肥美居民稠密西與樂清隔海相望山舊有城

設廳鎮守苟有深知韜略之人預為布置築臺設戍於樂清灣中屯泊兵輪則近可消三門灣之窺伺遠可杜舟山之要約防險之道此為最要云

大小鹿島　黄大嶴東三四十里間有大小鹿島挺峙海中大鹿高七百十四尺小鹿高雖不及而有三島鼎立北為鎮島西有雞冠島東有披山雖皆蕞爾之區然盤錯於驚濤駭浪之中不啻為玉環山作羽翼之勢云

甌江　一名永寧江在温州府城之北江源自括蒼諸溪匯流入境又東合大小溪流以輸於海此水西通處州遙遙數百里江之南北節節皆險而温州近開通商口岸華夷雜居輪帆林立雖江之北岸有大礮臺以資鎮守然南洋海軍不甚究無以為應變之需此則撫輿圖而不能不望於當局之籌畫者矣

温州海灣羣島　温州海灣羣島數十最大者名鳳凰山自東北至西南長二十里其北名三盤山又西北為虎頭山虎頭山之南為尾夭山鳳凰山西南為大瞿山東南為楞島正南為半邊山又為東策南策北策三島三島及大瞿山間為牛港口其間水深四拓最便泊船以能避四方之風故也港内亦有淡水可汲温州外衛此羣島其居首也

飛雲江　一名安陽江在瑞安縣城南一名瑞安河其上源有二一出福建政和縣謂之大溪一出青田縣謂之小溪合流至瑞安縣南水闊百餘丈東接海口實為縣境衝要之區

飛雲江口列島　最北者曰太北列島較南者曰銅盤列島銅盤島凡有五一大四小大島西南角水深八拓之處可泊以避東北風銅盤列島之東有繩梯島又東為北岐山東南角亦有四小島其

南面雖可泊船未為盡善又北為博物島則與溫州灣口之三策島相望矣

横陽江　在平陽縣東南外通海口內達平陽過縣南則分為南北二港南港與福建接界實為兩省關鍵之區故此江口防守宜嚴北有壘城南有舥艚汛皆向來設戍之所在也

横陽江口列島　最近者曰羊嶼山為前明防倭水師駐泊之處此外又有大小琵琶山一南一北鎖鑰天然稍東則有大小嶼山前明倭寇自南麂鳳凰霓與蒲岐楚門玉環諸島來者必經此山以為運糧汲水之處故巡哨此山實為最切近則輪艦鐵甲浮空而來瞬息千里必非戍守一二孤島所能禦敵然茍勤練海軍以當其衝嚴扼險要以固其勢凡海口之可以進內島嶼之可以停泊者皆節節守之不使敵有一人一舟之可以入犯則鞏固之勢即基

於此矣

大漁澳　橫陽江南三十里有海灣曰大漁澳其北即大漁口入口十餘里有金鄉衛為向來設戍之所澳中水不甚深凡船體入水不過十尺者可於此間避風澳中有島天然屏蔽中圖名曰觀山西圖名曰捐島觀與捐方音相近故也

南關港　大漁澳南三十里為南關港港口南角名鎮關島島有小礮臺一座島北小澳名北關港二港内俱可泊船惟不能避東南風且港岸石脚俱為陡界恐不免有損船之虞港外有屏風列島與鎮關島相距不過四五里可為犄角之勢港北岸有南關城一座為浙省極南之界中圖名鎮下關自此以南即為福建界矣

台温沿海表一

山嶺　水口　城垣島嶼

盤馬山在太平縣東北　石盤山在太平縣南　桂巖山在太平縣東南　崎頭山臨頑所置烽堠於此　窑嶴山　芙蓉山俱在樂清縣東　雁蕩山在樂清縣東九十里　東山在永嘉縣東北臨永嘉江東接大海　帆遊山在瑞安縣北四十五里瀕海　廟山在瑞安縣東南五里　林亭山　麥城

樂清水在樂清縣東　甌江在溫州府城東北　飛雲江在瑞安縣東一名瑞安河　橫陽江在平陽縣東南　大漁澳　石塘口　赤溪

太平縣　玉環廳　樂清縣　溫州府永嘉縣附郭　瑞安縣　平陽

北前島　大陳山　欄機山　金星門　積穀列山　駝背山　松門山　石塘山　蘇丹山　三蒜山以上俱在松門衛東海中　上大陳山　下大陳山　三岐山總名台州列島在積穀山東　玉環山在樂清縣東　楚門山　鎮島　大小鹿島　披山　雞冠島俱在玉環山東　黃大嶴在玉環山南　鳳凰山　三盤山　三策島　虎頭山　尾天山　大瞿山　俱在甌江口東　太北列島　銅盤列島　北岐山俱在飛雲江口　大小琵琶山　大小嶼山　長腰山俱在橫陽江口　觀山　屏峰山　南北關山俱在鎮下關東

山（俱在平陽縣南）　南雁口（俱在金鄉）縣
蕩山（在平陽縣西南百里）（衛東南）

台温沿海表二

關隘　礮臺屯戍　商埠

温州海關（在温）甌江　盤馬寨　松門衛　隘頑所　温州府（光緒二年闢）
（州東門外）飛雲關　礮臺　江下汎　温嶺寨　千嶺
（在飛雲江津濟處）江　（在甌江北）寨（俱在太平縣境）　竹嶼寨（在樂清縣東）　清梅
口關（在平陽縣南下）　岸南頭寨　江岸寨（俱在瑞安縣東）　宋埠
（臨横陽江）鎮下關　關礮寨　南岸寨　墨城（俱在平陽縣東）
（即南關在平陽縣東南一）臺（在鎮）　舥艚汎　金鄉衛（俱在平陽縣南）　蒲
（百四十里與福建接界處）關島門所（在鎮下關西北）

論曰今之談形勢者輒曰永嘉山水較之杭嘉甯紹之港澳淵

深島嶼雄壯者似屬稍遜然其大勢南連閩疆東達琉球一旦有警亦海隅用武之區也況攷其地口門深廣直達内地進口之郡已闢為通商市埠華洋雜處交涉紛繁者則有如温州之甌江與寗波之甬江無異焉大島挺峙雄據一方外列岡巒内包沃壤足為口門外之雄鎮者則有玉環山亦與舟山無異焉況寗郡如舟山之外更有岱山大衢山檀頭牛頭等山以資聯絡温郡則玉環山之外亦有松門楚門鳳凰銅盤等山以為應援而且松門衛隘頑所（屬太平縣）等處為歷來防海設戍之區亦與海游所健跳所（屬寗海縣）之向屯軍旅者無異安在温台之地不若寗紹之險要哉總之海疆多故以來輪舶往來瞬息千里沿海之地凡可以停泊登岸者實無處不險無時不險防之之道惟在嚴扼要地勤加巡哨如玉環等處外峙大山内包深澳正可

建為海軍駐劄之所則浙洋一帶皆可資以鎮守慎勿翫愒因循如膠州灣之奪於德威海衛之屬於英三門灣之見索於意是則不能不望於當事者之善為布置矣

新編沿海險要圖說卷九

崑山余宏淦著

元和陳　篔校

福閩海灣紀　福建上

北起福鼎縣之沙埕港與浙江交界處南至福州閩江共長三百里其間經度偏東二度五十三分福州府城至四度二十七分止七星山緯度赤北二十五度五十五分起白犬列島至二十七度十九分止沙埕港海灣大勢自東北斜趨西南内而港汊紛歧外而島嶼容布洵東南之重險也舉其大者悉著於篇

北關港　福建沿海最北界為北關港與浙江之南關港相去最近港口北面有北關峰經度偏東四度一分緯度赤北二十七度十九分港口左右有屏風鎮關二島東西相距五里不啻為此港之

門户屏風島上有煙墩三處以為登高瞭遠有警則備烽火之所港内水深三拓凡船體入水不過十五尺者可泊此港以避東北恒風

沙埕港　福鼎縣東南百餘里有沙埕港因港北岸有沙埕砦得名砦築於明以備倭寇故方輿紀要云福寧州三面環海沙埕砦實稱首衝（明沙埕砦屬福寧州）砦南有港曲折百餘里西通福鼎縣北接桐山營桐山峙於港北故中圖名桐山溪港内南北兩岸俱有高山北岸港口有石角矗立西圖名卑得角測得經度偏東三度五十六分緯度赤北二十七度九分此港與北關港口門相通論其要害則北關港扼口門之衝論其淵深則此港通内地之路蓋互有險夷亦相為犄角云

晴川澳　自沙埕港口南二十里有大澳名晴川澳澳北有山突峙

海岸間名曰劈裂山山下有堡名南鎮又南為瀫城蓁嶼二司蓁嶼之旁有烽火營南首有小水二一名楊家溪溪北有硤城溪南有三沙司故晴川澳一名三沙澳又南即裏山澳矣

大瑶山　一名福瑶山在裏山澳陸岸之東挺峙海中高一千七百尺山之西又有二島皆不相連一名出壁島一名曲島福瑶山與出壁島之間為福瑶門水閣一百拓曲島與出壁島之間為出壁門水閣八百拓曲島與陸岸之間亦有水道曰小門小門水道惟華船之小者可行此三島中惟大瑶山為最大砥柱中流可為裏山澳之外衛焉

臺山列島　大瑶山東五十三里有臺山列島其最東而大者高六百十八尺上為平頂有似臺形故名其西南有二石高百尺者曰草堆石西北有一石高二百六十尺者曰香菌石東北二十里有

三小島並數蕩石曰七星山臺山列島形勢雖不甚大然星羅棋布於洪濤駭浪中者又為大瑤山之外衛未可忽視也

福寧府城　東逼大海西接崇山為明福寧州治方輿紀要謂左為甌括海居東右為福興海居南福寧獨當東南北三面之衝島夷入寇必先犯此故防為最急今案西圖福寧府城之東南有大灣一曰福寧灣北口有島名烽火列島（即中圖之烽火門）南口之島名飛龍島南北對峙門戶天然中圖海灣亦大略相同府城西北有望海山去海百餘里勢極高峻登此山巔不獨福寧一城瞭如指掌即海灣大勢亦得其要領焉

雙峰島　福寧海灣之南四十里有雙峰島（原名俞山頭）自東北至西南長十里兩峰最高者一千一百九十尺南首小島名尖島雙峰島與尖島之間有二小島形如圓錐雙峰島北面十里有必登島昔

有英兵船名必登者停泊於此故西圖即繫以此名必登島周圍十里形勢雖無足奇然距岸甚近上之可應接飛龍島下之可羽翼雙峰島亦島嶼中之未可忽視者也

三沙灣　寧德縣東八十里有大澳一西圖名三沙灣此灣形勢極佳灣口窄狹不過三里灣內水面廣闊深可十二尋淺處亦可七尋灣內有一小島曰三都島島有一港足以進出船舶德國未佔膠州灣之前德公使曾請於總署借租三沙灣并云無已則借三都島亦可蓋西人要索海濱口岸必有深意當平居無事之日預為蓄煤繕艦之所一旦有變又可為長駕遠馭之基故西人嘗謂三沙灣形勢最為穩適倘據此地非惟足握中國南方一帶海權并可南控臺灣東制南洋諸島南扼香港以北之海岸所以德國昔日垂涎於此屢來測量即今英艦之在南洋者亦往往下椗於

此則其意可知但未識我袞袞諸公亦曾慮及而為未雨綢繆之計乎　案三沙灣近亦開為商埠矣

蜘蛛島　三沙澳口南首有蜘蛛島高六百二十尺為澳口之門户島南岸有大鎮埠民居叢集蜘蛛島北有小島三居中者名頸島最南為内島内島之南三里許即三沙澳口岸矣頸島南首有小蜘蛛列石當東北風時蜘蛛島西岸便於泊船

定海澳　連江縣東有定海澳澳首岸間有定海所為向來戍守之處其地南連閩江北達三沙澳澳北海岸有北茭司與定海所相為唇齒澳東海中有南唐中唐北唐三山首尾相連高峰岐出故又名長岐山山峰最高頂一千三十尺長岐島北岸有數小島其中最大者名高登島（一名哥登島）長岐島西南四里有馬祖山山間澳内並可泊船以避風定海澳東北數里有拱嶼澳（即王家澳）嘉靖三十

五年倭寇犯連江縣官軍擊卻之賊夜遁由拱嶼澳出洋是二澳為連江縣入海之要道不可忽也

閩江　閩江之源出建寗府歷延平府至福州府入海共長一千餘里上流六七百里皆疏鑿於山峽之間地高水迅險灘最多姑不具論即以福州至海一百數十里之間論之亦沙洲林立山險層疊口外島嶼屏蔽天然洵一夫當關萬夫莫開之勢也福州城東沙灘則有緑洲青洲等山嶺則有鼓山紅山雞冠崙頭梅花山等礁石則有羅星礁馬尾礁等島嶼則有黄岐芭蕉熨斗五虎島等其遠則有白犬列島且江勢屈曲灣環金牌門長門閩安鎮羅星塔各設礮臺數座形勝之可恃如此奈何甲申年中法一役法人闌入閩江奪羅星塔礮臺毀我馬尾之船政局尚得謂國有人哉此則撫時局而不能不歎息深之也

## 福閩海灣表一

**山嶺**

桐山　石馬嶺俱在福鼎縣東　松山在福寧府東南　望海山在福寧府西北　牛嶺在福安縣南　金甌山　梅溪山　飛鸞嶺　疊山俱在寧德縣東南　簾山在羅源縣東　鼇峰在羅源縣南　覆釜山在連江縣東　雞

**水口**

沙埕港一名桐山溪在福鼎縣東　北關港　晴川澳　裏山澳俱在福鼎縣東南　三沙澳　三沙內澳中圖名飛鸞渡　福安港在福安縣東南　寧德港在寧德縣東南　羅源港在羅

**城垣**

福鼎縣　福安縣　福寧府霞浦縣附郭　寧德縣　羅源縣　連江縣　福州府閩縣

**島嶼**

屏風島　鎮關島　七星山　臺山列島　大瑤山　出壁島　曲島俱在晴川澳東　烽火列島　飛龍島　必登島　七星島　雙峰島　蜘蛛島　頸島　內島　小蜘蛛島　破列島以上俱在三沙澳東　哥登島　北唐　中唐　南唐　三島又總名長岐島　熨斗島　五虎山　芭蕉島　黃岐島　白犬列島以上俱在閩江口

冠山　紅山　源縣東　寶溪在連　侯官縣附郭

鼓山　登高山　江縣南　閩江在福　長樂縣

俱在閩江北岸崙頭山　州府南

龍爪山　梅

花山俱在閩江南岸

福閩海灣表二

關隘　礮臺　屯戍　電綫　商埠

營嶺關　南　東樹礮臺在三　瀲城司　搴嶼司　福州商局　福州道光二十二年與上

嶺關俱在福寧府東　沙澳進口處　金牌　三沙司俱在福寧府北　馬尾商局　海寧波廈門廣州同開為口岸

南烽火門關　門礮臺　長　柘洋堡在福寧府南　金　子店　水部　三沙澳

在福鼎縣南　白石　門礮臺　閩　垂寨在福安縣南　奇達　商局子店　川

關在福安縣南九十里　安南北岸礮　堡在羅源縣東　定海所　石山商局

飛鸞嶺關（在寧德縣南二十里）　福州礮臺（俱在閩江）　海關（在福州城南）

臺　羅星塔

東岱堡司（在連江縣東千店）　梅花所（在福州府東閩江南岸）

論曰福閩海灣之中其天然險要有二處一則三沙灣一則閩江是也三沙灣在福州之北一百五十里寧德縣東八十里灣口小島林立灣內亦有三都等島而且柘洋堡之北更有內澳一所與外澳相通淺水之舟可進內澳尤為安固所以德人未占膠州灣之前曾向總署力索是灣可見其形勢之勝矣茲雖暫息然意人注意於三門灣呶呶不休安見無他人效尤而起者乎即無外人要索然以形勢之地置之無用亦殊可惜彼守土之為何而竟熟視無覩也閩江一水灣環口外島嶼星羅碁布天然屏障即自芭蕉五虎入口以來兩面層山環抱包裹重

重轉折而至馬尾八十餘里外有金牌門長門閩安一帶南北礮臺層層箝制有險可扼如此奈何甲申一役竟被法人闖入此口致燬我礮臺火我船政局哉竊嘗推究其故始由政府之不准自我開仗遂被敵占先手繼由我軍無快礮相擊遂致利鈍顯分蓋當日不早封口任其駛入我之地利已失又復不先開戰束手受敵則我之軍旅盡亡矣及法人登岸襲攻臺後而我礮穴外向不能反擊則我之器械皆置之無用豈非自貽伊戚哉雖然人謀不臧險要仍在試觀當日法將孤拔上書於其海部稱閩廠之不能燬者緣大兵船喫水過深祇能停泊羅星塔外不能直逼船廠廠之左有馬尾山為之屏蔽彈鉅者不能達及廠屋彈輕者又不足以燬之云云又當日法兵既得勝後即立時退師不敢占留以索償者實懼海口之險南北洋援師

之合圍耳則閩江實為用武之地而未可輕忽者也案余貽範防海論下篇載馬江之戰揚武兵艦出洋學生某充當伙長燃礮擊斃法提督孫拔其船旋被敵擊沉某浮水回見大帥僅給銀餅三枚非但不以為功且醫藥之資亦無着吁可慨哉

# 新編沿海險要圖說卷十

崑山余宏淦著

元和陳　篁校

## 閩泉海灣紀 福建中

北起閩江口南至泉州府晉江口共長四百里其間經度偏東二度二十分起泉州港口至三度十五分止閩江口緯度赤北二十四度四十九分起泉州港口至二十六度五分止閩江口海灣大勢自東北斜趨西南沿岸山嶺層疊島嶼紛羅誠東南之要隘也爰舉大者以著於篇

梅花山　長樂縣東北閩江南口有梅花山西與崙頭山南與沙峰相接向設戍守於山麓名梅花所海防攷長樂縣東北梅花所突入海中與連江縣定海所相對亦省城右臂也自梅花所至松下

巡司中歷十一澳皆東沿大海波濤衝擊沙多水淺寇船難近獨松下漸南與福清接壤廣浙商船往往泊此海壇包其東南亦有觀音澳蘇澳可以暫憩故松下之備宜豫云云今按梅花山關係閩江南口之險東首沿海有沙峰角北首海中有沙洲潮漲平滿潮落則顯為港口護灘山下洲南有水道一可通行舟梅花澳在焉可泊船以避東南風自此以南皆一帶高山直至福清灣而止

福清灣　福清縣之東為福清灣灣口東南沙洲層疊大舟難進口北一帶高山不啻為海邊保障山麓戍守林立有松下寨鎮東寨梅口寨諸名南岸則澤朗寨三山牛田俱為鎮守之所東南海中有海壇大島包其左實為福清灣之外衛焉

海壇島　福清縣海外有海壇大島周圍七百里山形如壇南北長而東西狹自南至北距赤道北二十五度二十四分起至四十分

止北面與江山島相連峰高一千四百二十尺東西兩岸最低平各有大沙澳此島唐時為牧馬地宋初置牧監後許民耕墾民居有三千餘户山南曰黄崎曰紫闌曰牧上曰砦頭曰沆頭曰大小鰲網中有三十六湖環繞峰巒如畫宣和以後大雨雹湖皆決入於海其北有沙澳亦曰蘇澳又有沙溪行一日程兩岸皆沙今則積為沙山又名白沙堆在島之西北以今海道圖攷之最南者名海壇角稍西北為外吉跳嶼西人於此測得緯度赤北二十五度二十五分經度偏東三度十四分又西北為内吉跳嶼又北為五雲堆山上有望樓再北即沙山至東庠嶼為極北東則江山島連接其間又東隔海名葫蘆島則葫蘆澳在焉又東為壇島與南之海頭角遥遥相對中間大澳名海壇澳進澳則海壇鎮設總兵鎮守其地蓋海壇島居民繁盛漁户聚集市舶往來成大都會不獨

羽翼福清港口且可上應閩江下蔽興化誠東南扼要之區也防禦之道可勿講哉

萬安寨　福清縣東南境臨海皆山至山盡處有萬安寨為向來設戍之所其地東望海壇西通興化南有草嶼沙島鼠嶼等挺峙海中北則後營山澤朗山前薛山等皆為設戍之所誠興化港灣之外衛也

興化灣　興化府城東南兩境皆濱海紀要云島夷有警府當其衝其防維之處吉蓼平海三江其最衝也甲嶔頭青山其次衝也今案平海在灣之最東南境突入海中東南北三面皆海向設縣丞於此實為海船往來第一門户平海之東為礮臺山設立礮臺以資鞏固三江口在興化河入海之處北為江口寨南為黄石寨又北為峰頭寨又南為天馬寨層層包裹步步設汛亦可知其地之

險要矣嵌頭寨又在灣口之南故為次衝總計此灣內則層山環抱巖壑參差外則犀鳥布列儼如屏障茍海濱有警則此灣又為必爭之區當事者能不預為綢繆哉

興化海灣犀島　興化海外共有十八列嶼其最大者名南日嶼自東南至西北共長二十三里橫列海口峰高五百六十五尺為列嶼中最高者緯度距赤北二十五度十二分經度偏東二度五十七分其在東北者名小南日嶼白嶼又東為長嶼雙嶼及帽嶼散嶼石嶼三角嶼等星羅碁布雖不及南日嶼之大然參伍錯綜礁沙林立非老於江海者不能知其水道所在亦足資為海口之險阻者也

鷺鶿嶼　南日嶼西南十里有鷺鶿嶼雖不高大然四面淺灘環繞停泊不易北去平海城東去南日嶼皆不過十里平海南日嶼為

興化灣外衛而此嶼又為平海南日嶼之外衛也

平海灣　平海城之西塔林澳之東為平海灣灣口闊十里深三拓至五拓近平海城水深三拓之處便於泊船西面五里皆一帶高山向北繞成海灣形勢天然亦海疆扼要處也

湄州灣　泉州府惠安縣東及興化府莆田縣猴山寨南有大灣一灣口有湄州嶼突峙海中不啻為此灣門户故名湄州灣按湄州嶼一名鯑山與琉球國相望隔岸視此嶼約六七里有田數十頃可以耕種灣口闊二十里水道中間有九壘石稍進為馬鞍島其北為尖石島又進即湄州内港矣進口海峽北為塔林南為崇武所兩山遥對相距二十餘里苟於此二處各設礮臺南北對峙則門户固者堂奥晏然進口則有二澳北為小嶼澳西為峰尾澳於此停泊戰艦則進可以戰退可以守其地勢不在興化灣下也小

嶼澳西為九龍溪峰尾澳西即惠安河惠安縣城在河之北均可
直達内地策應亦極靈便

泉州港　泉州府東有大灣一名泉州港港之南口為祥芝角北口
為崇武所港口闊約三十三里口中島嶼近祥芝角者名小墜大
墜二島近崇武所者為獺窟島又進近晉江口者為鼻䏰島測得
緯度赤北二十四度四十九分經度偏東二度十三分為進晉江
之準望祥芝之角西為日湖砦北岸為温頭寨二處又為内港之門
戶港内有沙洲停踞中流名靴沙靴沙之西有内江二向北者名
洛陽江有洛陽橋跨江上橋建於宋長三百六十丈為内江險要
所在向西者名晉江進口十餘里即泉州府城近建礮臺於晉江
口以資扼守云

閩泉海灣表一

山嶺　梅花山　沙峰在閩江南　焦嶺　石尤嶺在福清縣東　牛角山　三山　澤朗山　後營山俱在福清縣南　蒜嶺　塔山俱在興化城東　壺公山　塔斗山俱在興化城南　九龍山

水口　古嶼港在福清縣東南　薛港　漁溪　蘇溪　梅花溪俱在興化府東　木蘭溪在興化府南　小嶼澳　九龍溪　峰尾澳俱在惠安縣東　下安澳　洛陽江　晉江俱在泉州府城東南

城垣　長樂縣　福清縣　海壇鎮　興化府　莆田縣坿郭　平海城　仙遊縣　惠安縣　泉州府　晉江縣坿郭

島嶼　大小鶴嶼　大小練島　中島　苦嶼　海壇島　葫蘆島　草嶼　沙島俱在福清縣東南　頸島　楞錐島　鈕島　亂形島　塔島　南日嶼　小南日嶼　長嶼　帽嶼　散嶼　石嶼　白嶼　雙嶼　三角嶼俱在興化灣外　鷺鷥嶼　龜嶼　烏邱列嶼俱在平海城東南　湄州嶼　尖石嶼　馬鞍島俱在湄州灣東　獺窟嶼　獺窟島　大

在惠安城西北

小嶝島　臭肥島俱在泉州港口東

## 閩泉海灣表二

**關隘**　陳曈關在仙遊縣南接惠安縣界

**礮臺**　平海城東礮臺在興化港南口　晉江礮臺在泉州府港口東

**屯戍**　梅花所　仙岐寨　渡橋寨　松下寨　鎮東寨　梅口寨俱在福清縣東　澤朗寨　白鶴寨　萬安寨　前薛寨　峰頭寨　江口寨俱在興化縣東　黃石寨　天馬寨　嵌頭寨　猴山寨俱在興化城東南　崇武所　溫頭寨　日湖砦俱在泉州府城東

**電綫**　興化府有涵江商局子店　泉州府有商局

論曰閩泉海灣為福建全省沿海適中之地北有閩江之阻南有晉江之限雖區區四百里間而海灣形勢有四曰福清灣興化灣湄州灣泉州灣其間最稱險阻者莫如興化湄州二灣蓋

此二灣口門不闊中間港澳宏深口外島嶼林立茍於此二灣停泊水師戰艦南北口岸堅築礮臺內地聯以陸師無事則巡哨會防以資彈壓有警則堅守要害以擊敵舟則敵人雖有堅船快礮其能越雷池一步乎島嶼之中則以海壇為最大外繞岡巒內停深澳而且膏腴滿其中小島環其外近之翼蔽福清遠之屏障興化洵與浙之舟山南田稱伯仲焉所以於此島特設總兵一鎮以資防守惜乎不駐海壇而駐福清則於波濤沙綫未能練習管帶駕駛不克純熟有其名而無其實莫此為甚今議於三都島特建船塢莫若於海壇等處共駐海軍則門戶之守既備而鞏固之勢成矣

# 新編沿海險要圖説

駿公

# 新編沿海險要圖說卷十一

崑山余宏淦著

元和陳　篔校

## 泉詔海灣紀 福建下

北起泉州港南至詔安縣之柘林澳與廣東交界處共長八百里其間經度偏東三十分起（柘林澳）至二度二十分止（泉州港口）緯度赤北二十三度二十六分起（南澳鎮）至二十四度四十九分止（泉州港口）海灣大勢自東北斜趨西南險要所在北有深滬圍頭等澳南有虎頭銅山詔安等澳而尤以金門廈門二島為尤要實為漳州府之外衛焉

永寧衛　泉州港南岸祥芝角之南有永寧衛城西北距泉州府六十里宋乾道八年置水澳寨元為永寧寨明洪武二十年改衛後

因備倭築城周不及五里在深滬澳之北岸又北五里有姑嫂山山上有塔共高七百六十尺為此間最高之處稍西有山名肩膊峰澳内有小島二曰南島塔島此衞面臨深澳背倚大山且北距祥芝角南離圍頭澳均不過十里内外地勢既便澳内居民頗多西人謂其率多頑梗大約民氣敦樸不為洋人所用故也撫其地者倘能因其地險而又厚結人心善為教導彼洋人雖狡安能奈我乎哉

圍頭澳　永寧衞深滬澳之南為圍頭澳可障東北恒風澳東角高八十尺者曰圍頭角北面山間有小礮臺又北有奇形紐山高二百十五尺澳西北面有東西二高峰為此澳最顯標識西峰高一千七百十四尺東峰高一千三百九十尺圍頭角西北有牡蠣島一又西北為後湖塞水口可通内地此澳較深滬澳廣闊四倍中

有大小登二嶼嶼外有灘西名薩利亞淺灘灘外水性甚急船至此處往往為水推行失其故道故西人於澳口北定島山測得緯度距赤道北二十四度二十六分經度偏東二度一分以為此澳之標準海防攷云深滬圍頭諸澳並為海船停留避風之門户哨守最切此處有備寇不能犯云云亦可知其險要矣

金門鎮　圍頭澳西有大島名金門島本名浯州嶼在同安縣東南大海中廣袤五十餘里明初設浯嶼水砦於此洪武二十年築城周三里有奇置守禦金門千户所　本朝因之設金門鎮總兵海防攷云所東有官澳巡司又有料羅島沙諸處皆番舶入犯之境其控扼要害則在官澳金門今案金門島之東南面有海澳一名料羅澳（中圖名料羅口）澳北岸之山即名料羅山為此島最高之處西南附近小島名烈嶼一名小金門此島南負重山北蔽同安縣東北

與圍頭寨西北與灣頭澳相望不獨屏蔽同安實又為厦門島之外衛焉

同安縣　泉州府晉江縣之西沿海惟同安縣首當其衝志云縣三面距海而金門厦門尤為險要今既設兵戍守又於圍頭諸處分布營哨相為應援所以嚴門户之防也其烈嶼五通嶺（名在縣東七十里厦門島中）劉五店神泉諸處亦為防禦之要云云今案縣城之東有大輪北辰諸山城西有蓮花夕陽諸山左右環拱儼若護衛此陸路之險也縣南四十里入海處有丙洲嶼周二里稍東有白嶼周四里縣東西二溪之水合流經此兩嶼入海此水路之要也其海濱防守之處東有劉五店澳頭寨牛嶺寨等西有西崎岩下崎寨等屬於官者十四而民間自為戍守者不可勝紀皆倭患時置今日海疆多故苟得幹吏倡導民間互為犄角上下一心兵民共守則門

戶鞏固安有外人窺伺之患哉

廈門島　同安縣西南七十里海中有大島一曰廈門島周七十餘里舊産嘉禾故一名嘉禾嶼一名鷺嶼五峰並列而無盡巖居其中最高者曰洪濟山東北曰五通嶺山嶺層疊中間有內港一名灣通港而高崎砦居西北廈門廳城居西南城內駐分巡兵備道一員管轄海政又駐水師提督一員管轄本標中左右前後五營西南面進口之處共建礮臺四座以資控禦此本島扼要之所在也其外在西則有鼓浪嶼（緯度赤北二十四度二十七分經度偏東一度三十六分）南則有大小担嶼赤嶼青嶼浯嶼吾按嶼等東則有金門大島及小金門帽島老虎嶼等星羅碁布於驚濤駭浪之中可以互相犄角此乃本島以外之羽翼也其通內地之處則有同安水道漳州水道以為應援道光間英夷犯順我閩浙總督鄧廷楨嘗敗英艦於廈門其

後顏伯燾於口門外浯嶼青嶼大小担嶼增築礮臺備多力分遂為英夷所乘故魏默深籌海篇訾其失地利謂以精兵重礮內伏虎頭關盡藏火舟於內港佯以廢礮疲兵守口棄走誘入內港而後水勇火具四面殲之者上策固守口門舊礮臺不使入者次之蓋魏氏專以備內河為主故有是論其實行軍制敵要在活變不可拘執咸豐間北塘之役僧王亦以縱敵入內而致敗則知禦敵不於門闥而於堂奧之終非計也後之行軍者究以守險為上不必固執一偏之見也

漳州府　廈門西北進港百餘里為漳州府入海之水一名九龍江一名柳營江二水夾峙東南為漳府咽喉所在又有福河堡鎮門堡為古來備倭要隘蓋此二水外通大海內達城垣實為郡城門户故於此置堡最得機宜漳州府志云興泉之境皆兩面瀕海惟

此府與會城皆三面濱海故防禦最切然策入口之處則以海澄縣為最要北鄰馬家港南接厚敬砦東扼海門山司蓋漳郡為閩粵之門户而海澄尤為漳郡之咽喉也防海之要可勿審諸

鎮海衛　在漳浦縣東北九十五里本名岐島明洪武時置衛築城以備倭城周四里餘志云衛城東南十餘里有東鎮嶼南鎮嶼西南數里有鴻儒嶼連進嶼又有將軍礁一名雞心淵又有龜嶺在衛城東南如神龜出海綿亘海濱為衛城拱衛北有大武山高一千七百二十尺與厦門島隔海相望為漳州府東南沿海極邊之境也

虎頭澳　漳浦縣東南有虎頭山分列五峰其最南者曰烏頭一名浮頭最北山下有陸鰲汛城為古來設戍之所汛城一帶三面皆海惟正北陸路一綫可達内地虎頭山西環海如壁可以泊船故

名虎頭澳澳北河口向西可達漳浦縣城然河水雖深曲而且窄無可識別且深淺亦無定西人謂此港恒不易行誠哉是言澳口左為陸鼇汛右為洋山均為扼要所在

銅山澳　虎頭澳之西為銅山澳係雲霄廳之外衛東岸有福爾峰高九百三十尺形如馬鞍西人測得此峰緯度赤北二十三度四十七分經度偏東一度九分古雷砦即在此峰之陽係明洪武時置由福爾峰向南地形如帶伸入海中直至古雷頭而止為銅山澳之左臂右則銅山島峙其西為之右臂按銅山舊名東山為民間牧藪明洪武時置所守禦築城周三里有奇嘉靖中增修以禦倭寇至今為汛守之地其東隔海曰塔嶼又東曰中島又東即古雷頭矣銅山營與古雷頭二處東西隔海相望塔嶼中島挺峙海中不啻為銅山澳之門户馬進澳數十里即雲霄廳矣

詔安澳　銅山島之西詔安縣之南海水滙成大澳名詔安澳海防攷詔安縣咫尺即海控引潮粵最為險要而懸鐘所之勝澳則縣之門户也案懸鐘所在詔安縣南東北接銅山所西南抵潮州界自澳口至南澳約三十餘里明洪武時置所築城周三里有奇用以防海此所既固則詔安城安如磐石澳口西面有四方島一東面有高島一為此澳之門户

柘林澳　詔安澳之西有柘林澳海道圖說云於此澳避東北恆風較勝於南澳灣内（案即南澳鎮之灣）澳口有石濯濯者曰中島稍北為門島凡欲入柘林澳者應行距中島西面一里中島與門島間水深三拓至六拓之處便於泊船自門島以北則較淺矣凡自中島進澳者應行近中島半里以内因礮臺頭（指柘林砦礮臺）有淺灘遠鋪入海長約九百拓僅深十一尺故進澳時應向門島東角而行今案柘

林澳南海中有南澳島島之東曰獅頭南曰青澳隔海而南又有北澎中澎二小島皆屬福建自此而西隔海之南澎及南澳之渡口白沙隆澳等處皆屬廣東界南澳一島分屬兩省為劃界中所僅見者於此特設總兵管轄兩省沿邊軍務亦創格也

泉詔海灣表一

| 山嶺 | 水口 | 城垣 | 島嶼 |
| --- | --- | --- | --- |
| 姑嫂山　肩膊 | 深滬澳　圍 | 永寧衛　安 | 牡蠣島　大登嶼　小登 |
| 峰俱在永寧衛西　東峰 | 頭澳　後湖 | 海城在圍頭澳北 | 嶼　北定島俱在圍頭澳　金門 |
| 西峰　斜峰 | 寨口在圍頭澳內 | 金門鎮　同 | 島　烈嶼　廈門島　古 |
| 俱在圍頭澳內　五龍山 | 同安水口 | 安縣　廈門 | 浪嶼　圭嶼　浯嶼　大 |
| 大輪山　北 | 苎溪口　高 | 廳　馬港廳 | 小担嶼　星嶼　赤嶼 |
| 辰山俱在同安縣東　蓮 | 浦口俱在同安口西 | 長泰縣　海 | 吾按嶼　帽島　老虎嶼 |

泉詔海灣表二

| | | | |
|---|---|---|---|
| 花山 夕陽山 | 龍溪江口 | 澄縣 漳州 | 在金廈二島間連晉嶼 南定島 |
| 俱在同安縣西吳養山 | 九龍江 柳 | 府龍溪縣坩郭鎮 | 岱嵩嶼俱在海城鎮南丙洲嶼 |
| 席帽山 大 | 營江 南溪 | 海衛 陸鼇 | 白嶼俱在同安縣南紫菜嶼在漳浦縣 |
| 巖山 鹿石山 | 口即漳浦江口又名虎 | 汎在虎頭澳 漳浦 | 南 銅山島 南澳島 中 |
| 俱在海澄縣境太武山 | 頭澳雲霄水口 | 縣 雲霄廳 | 島 門島 北澎島 中 |
| 鳳尾山 鼇 | 即銅山澳詔安水 | 銅山營 詔 | 澎島 |
| 山 古雷山一名 | 口即詔安澳柘林 | 安縣 | |
| 福甯峰 虎頭山 | 水口即柘林澳 | | |
| 洋山俱在漳浦縣東漸 | | | |
| 山 大南山俱在 | | | |
| 詔安縣境 | | | |

關隘
鎮南關在同安縣南　虎頭關　稅關俱在廈門　中權關在海澄縣港口城北　分水關在詔安縣東南二十五里為漳潮分界處

墩臺
圍頭墩臺　廈門墩臺四座　白墩臺一座在廈門西隔海白石列島上　柘林墩臺在柘林澳

屯戍
永寧衛　安海城　圍頭砦　後湖砦　東獅砦　大盈砦　康店司　劉五店司　石潯砦俱在同安縣東　集美砦　丁店砦　灌口砦司　龍江砦　柳營司俱在長泰縣東　江東司　石碼鎮　福河堡　鎮門堡俱在龍溪縣境　鎮海城　崎沙汛　連江砦　湖西城　赤湖城　陸鼇汛俱在漳浦縣東　古雷砦　銅山營　懸鐘砦　柘林砦俱在詔安縣境

電綫
廈門商局通至福州省城又設水底電綫通臺灣中日之戰綫燬　漳州府商局子店

商埠
廈門道光二十二年闢為商埠光緒二十五年又准日本通商租與虎頭山一帶地

論曰濱海之區求其地利險阻民氣剛强者首推閩粵閩粵之

交尤以漳泉為稱首蓋漳泉為閩省極南之地西與廣東潮惠相接地勢既壯民俗尤雄但得明幹大員撫而用之何嘗不可奏膚功哉今攷其地島則金門廈門銅山為內地屏蔽澳則圍頭虎頭詔安柘林可屯劄水師而廈門自闢為商埠以來華洋雜處交涉紛繁尤為緊要況其民之强悍性成忠義奮發不為威惕利疚者特於廈門時露一班攷道光二十一年英據廈門肆掠時我師新敗莫敢誰何而廈門鄉民陳姓者獨糾衆五百人抗英兵五千英兵死者百傷者千而陳姓死者僅三人傷者止十三人耳英人遂不敢久駐於此遁而之他此廈民可用之在昔日者也戊戌秋日本要索商埠官吏不察遽以廈門虎頭山一帶與之廈民不從羣起而與日人為難罷市鬨擊徧貼檄文幾釀大變後諭以平價租地不遷墳墓始克息爭此廈民可

用之在今日者也若此者皆彼族所目為頑梗難馴不知正我之義民也非有剛强之性忠誠之氣曷克臻此所望官斯土者善為用之庶幾既據地利復得人和則海疆之內永臻鞏固矣

# 新編沿海險要圖說卷十二

崑山余宏淦著

元和陳　篹校

## 潮惠沿海紀 廣東上

東起潮州府南澳鎮與福建交界處西至惠州府平海所共長八百里其間經度偏東四十分起(柘林澳)至偏西二度止(大鵬所)緯度赤北二十二度三十四分起(大鵬所)至二十三度三十六分止(柘林澳)沿海大勢自東徂西險要所在東則南澳汕頭西則甲子碣石等口紅海平海等灣皆是也舉其大者悉著於篇

南澳　潮州府饒平縣東南二百里大海中有南澳島為閩粵兩省交界處自東至西長四十里南北闊處約十八里南澳與陸岸間水道約十里其間水深三拓至六拓島凡三峰高一千七百尺至

一千九百尺中有四澳曰青澳曰雲澳隸福建海面極淺潮退時一望皆沙曰隆澳曰深澳隸廣東水深一丈左右此島形如筆架四面蔽風大潭居中可以藏舟明嘉靖中屢為海寇盤踞萬歷時逐海寇而設重兵於此築城於白沙灣左右至今仍之設南澳同知及南澳鎮總兵游擊守備千把總等武弁二十員兵七百三十六名以資防禦礮臺三座灰窑頭礮臺在近城東北臘嶼礮臺在城東海岸同治十三年建西礮臺在城西海岸光緒九年重建此島形勢孤懸海中山島窮瘠為閩粵兩省分界之處東去福建元鍾澳口三十餘里西去廣東汕頭海道九十餘里洵兩省之門戶東南之屏障焉其地潮汐朔望日潮長於午正一刻大潮高六尺餘沙嶼青澳雲澳口門沙礁極多隆澳深澳西南礁石橫亘數里

汕頭　潮州府韓江口外有商埠曰汕頭其地北距潮州府城九十

里又距澄海縣城鳥道三十餘里西北距蓬洲所城水道四十五里東北距南澳四十里東南距放雞山十三里其地北屬澄海縣南屬潮陽縣澄海左營游擊管轄水道由山角入口處曰臨皋溒水深二丈餘放雞竹筋二山間港口曰小金門水深一丈六尺紅羅沙處深一丈二尺至汕頭埠深二丈至四丈不等咸豐八年天津立約於潮州增設通商口岸同治元年遂於汕頭設市埠及海關税務司測得汕頭租界緯度赤北二十三度二十一分經度偏東十二分其形勢外接重洋内蔽潮郡為閩粤二省界中一大市埠商賈輻輳口門兩山對峙險隘天成其外尤多礁沙船路極窄自闢商埠以來防禦尤密北岸崎碌礮臺則同治十三年新建也南岸蘇安山礮臺則光緒十年新建也東北韓江口北港南港兩礮臺則光緒九年新建也光緒十五年張香帥督粤時又擬於放

雞山之馬嶼廣澳山之澳頭海心之馬仔等處增築礮臺緣兩山夾東正對臨皋溸輪船來路於此設守尤為扼要故也汕頭電綫北達潮州西通海豐其防守綠營兵額向設千總一員兵二十七名近則駐潮防游擊一營礮勇八十名分守各處礮臺其潮汐朔望日潮長於巳初初刻大潮高六尺餘東有放雞山又名馬嶼其東二里餘有紅羅沙

神泉口　汕頭西南二百里有神泉口屬潮州府惠來縣惠來營管轄其地北距海門港一百里進口東岸有神泉所城建於明嘉靖三年周不及二里以防海寇有兵戍守　本朝因之額設駐防海川營把總一員兵三十名舊礮臺在神泉海口東岸卑小無用又有東澳脚溪東赤澳石牌烏塗舊礮臺五處今亦多圮均非要口僅防海盜而已幸其地口外有沙口内礁石極多口門淺狹潮落

時水深僅尺大舟不能暢行防務似可少緩然內通東福祿昌龍江林招諸溪水可為汕頭甲子口接應之處要亦未可忽視也

甲子口　神泉口西南六十里為甲子口屬惠州府陸豐縣碣石鎮左營管轄其地西距陸豐縣城鳥道七十里又距大德港九十餘里西岸有甲子所城海口有大石壁立上下礁石浮沉海中者凡六十處故名宋景炎元年宋主由福州入海曾駐於此明嘉靖中倭寇廣州敗還甲子門為暴風溺斃餘者復為帥臣俞大猷盡殲之其地額設綠營游擊守備千把總等十四員兵五百四十七名按年出洋巡哨其礮臺則有甘澳蘇公澳兩臺在海口東岸西礮臺在海口西岸東宮渡礮臺在城之南然皆形制卑小舊式無用其餘山尾麻欄湖東港三舊礮臺均與甲子口聯絡惜已久圮苟用新法改作之亦足以資防守也其潮汐朔望日潮長於辰正初

刻大潮高六尺餘平時港口水深亦六尺左右口門深而狹中多暗礁舟行者宜詳察焉

碣石港　甲子口西五十餘里有碣石港屬惠州府陸豐縣碣石鎮總兵中營管轄其地西距廣州省城七百餘里北距陸豐縣城十餘里西距捷勝所城二十里附近東面有碣石衛城明洪武二十三年建萬歷中倭寇碣石柘林諸衛僉事翁夢鯉破之於大星港擔竿洲等處嘉慶十年盜船百餘隻竄至平海黃茅洋面不敢登陸港中屯戍有總兵游擊守備等額兵二百三十三名其礮臺有淺澳鳥墩大德港三舊礮臺均在碣石海灣石獅頭遮浪淲兩舊礮臺則在白沙灣朔望日潮長於辰初初刻大潮高六尺餘平時港外三十餘里水深處十八尺港内潮退時僅深二尺左右故大輪船均不進口惟泊港外三十餘里之處其西面遮浪淲汕尾口

等處羣山環拱海灣均可避風形勢較為緊要不可不預備焉

海豐縣城　碣石港西偏北百二十里為海豐縣城西距惠州府城三百里東距潮州府惠來縣城二百八十里左有白沙灣右有麗江麗江出口為紅海灣白沙灣水深五拓之處最便泊船麗江在縣南百里合龍津蛟溪諸水東流入海宋景炎三年文天祥出惠州收兵由海豐次於麗江浦即其地也又南為汕尾山山高九百七十尺為紅海灣東南最高之山入紅海灣者必首望此山以為標準山下有水口寬約二里潮退時深二拓半紅海灣東界曰捷勝角為向來設戍之處有捷勝所城以扼要衝紅海灣朔望潮長於已正高六尺半灣內島嶼林立且多暗礁

平海灣　惠州府城東南二百里有平海灣明洪武二十七年置平海守禦千戶所　本朝置平海營參將屬惠州府歸善縣碣石鎮

總兵管轄舊置大星山礮臺在平海城南今圮所存者惟盤沿港舊礮臺在平海城東北車增頭礮臺在大星山西北均可防敵船寄椗所嫌者惟舊式卑隘或不便於用耳海灣潮汐內外不同外海沱濘列島朔望潮長於辰正內海白耶士灣潮長於辰正二刻灣內希避島之間望前二日潮長於巳正自白耶士灣西有大鵬港北岸城垣即廣州府之大鵬所矣

潮惠沿海表一

| | |
|---|---|
| 山嶺 | 煙樓山　馬頭山　蓮花山均在饒平縣南　華蓋山　三髻山　鳳山　石城山俱在澄海縣北　東 |
| 水口 | 黃岡河饒平縣東　南　韓江澄海縣西　練江潮陽縣南　濠　子港　神泉 |
| 城垣 | 饒平縣　黃岡鎮在饒平縣南　南澳鎮　樟林寨在澄海縣東　潮州府海陽 |
| 島嶼 | 南澳　南澎　赤嶼　黑嶼　白嶼　平嶼　大小萊蕪均在澄海東南海中　達濠 |

山　西山　曾山　練山　錢澳山　百花山　石龜山　華蓋山　招收山（均屬潮陽縣）　雷公嶺　石鳥山　五朝山　千秋山　夾嶺（均屬惠來縣）　九島湖山　田尾山　洋山　元武山（均屬陸豐縣）　大安山　大嶂山　法留山　汕尾山（均屬海豐縣）　平山　姨嶺　碧

口（惠來縣南）　龍江溪　甲子口　碣石港　西港　大德港（均在陸豐縣南）　白沙灣　扁涌　湖　麗江　小漠港（均在海豐縣南）　乾溪　墩頭港（均在大鵬所東）　南

（縣坿郭）澄海縣　蓬州所　鶴汀寨（均在澄海縣西）　豐順縣　潮陽縣　海門所　靖海所　揭陽縣　普寧縣　惠來縣　陸豐縣　碣石衛　捷勝所　海豐縣　平海所　惠州府（歸善縣坿郭）

山（在潮陽縣東）　放雞山　東桔　西桔（在碣石口）　遮浪嶼　金嶼　采嶼（在大德港南）　江牡嶼　雞籠山　雞心石（均在麗江口）　東椗　西椗（在紅海灣）　倍德島　餅島　大克島（在平海灣）　塔島（在白耶士灣）　沱濘列島　三門島　兴島（在大鵬所南）

山 哈倫峰 平海

山（均屬歸善縣）

# 潮惠沿海表二

| | |
|---|---|
| 關隘 | 分水關（饒平縣東南） 汕頭海關（在澄海縣西南） 武寗關（在惠來縣東） 龍岡關（在惠來縣西有東西二關東通林招渡西逼龍岡溪最為要隘有城周一百丈） |
| 礮臺 | 南澳（灰窑頭臘嶼西礮臺三座新建） 汕頭（崎碌蘇安山北港南港四座新建） 神泉口（舊礮臺在海口惟卑小耳） 甲子口（西甘澳蘇公澳兩舊礮臺在東岸西礮臺在西岸東宮渡舊礮臺在甲子所南） 碣石港（淺澳烏墩大德港三舊礮臺在碣石一帶海岸石獅頭遮浪溙兩舊礮臺在白沙港） 汕尾（舊礮臺在墩下城東南） 盤沿港 |
| 屯戍 | 黃岡司 南澳鎮（均饒平縣東南） 樟林司 東隴所（均澄海縣東） 蓬州所 達濠營 海門所 靖海所 甲子所 碣石衞 捷勝所 |
| 電綫 | 潮州府（官局） 汕頭（商局） 海豐縣（商局） 惠州府（商局） |
| 商埠 | 汕頭（咸豐八年天津立約潮州增開口岸同治元年於汕頭設立市埠） |

| | |
|---|---|
| 舊礮臺在平海東北 車增頭 舊礮臺在大星山西北 | 平海所 大鵬所 |

論曰處今之世而必欲汎樓船挾奇器逐利於不可測之地以決一旦之命此吾之所不得為者也若據險阻固民心自立於不敗之地以折狂謀而消窺伺此吾之所得為者也潮惠據粵省東南東接閩疆西捍廣州省城沿海要隘甚多且汕頭自設商埠以來華洋迭處控禦尤非易易然而外扼海口以固我疆圉內拊人民以聯其聲氣則千古不易之辦法也所以光緒六年海豐縣令徐君賡陛嘗以籌辦海防之事稟於上峰謂於甲子碣石縣城三處各捐銀三千圓穀一千石以為防守經費而又親赴各海口招集漁丁蛋戶激以忠義優加拊循編以五船為牌十船為甲擇其眾望所歸人材樸勇且家有銅底拖船礮

械俱全在洋貿易遇警立可召回者口各一人充當澳長令其統轄本港大小商漁船隻平時聯絡氣誼聞警各衛身家并令嚴杜奸宄以斷敵人接濟倘有臨時貪利潛萌異心者密飭查明拏送軍前而差役陋規為之裁革豪强把持為之鏟除其言洵足為守口者法然愚竊以為辦此數者而外又莫要於時時親歷海口查察團防賞其勤能警其怠惰且諮訊疾苦民有不便立即改更如此則上下之情通官民之交固自能衆志成城有備無患蓋險要者地勢所在而守此險要者則在人和未有百姓離心而能獨恃其險要者也有守土之責者能不加之意乎

# 新編沿海險要圖說卷十三

崑山余宏淦著

元和陳篕校

## 廣肇沿海紀 廣東二

東起廣州府之大鵬灣西至肇慶府陽江廳之海陵島共長八百里其間經度偏西二度起大鵬所至四度四十分止海陵島緯度赤北二十一度三十五分起海陵島至二十三度十二分止廣州府城沿海大勢自東徂西而老萬山列島以北為廣州內海北達省垣二百餘里東西闊處一百餘里口門內外洲島錯列港汊紛歧實為廣東全省門户所在而其西之海陵島等亦著名險要焉舉其大者悉著於篇

香港　廣東省城東南二百五十餘里沿海有島名香港向屬廣州

府新安縣大鵬協管轄道光二十一年中英議和革粵督琦善許以香港給英人居住自是遂為洋界其地自西北至東南長約三十里中間闊處寛十八里狹處寛六里西北距新安縣城七十餘里北距九龍寨城十餘里北對仰船洲海面寛約五里水深四丈餘其潮汛朔望日潮長於巳正一刻大潮高四尺餘其形勢綿亘海中重關疊嶂且北有仰船洲東有鯉魚門東南有佛堂門各島以為屏蔽自英人開拓以來築塢建臺不遺餘力其地又為粵閩往來要道中外輪帆實萃於斯而且密邇省城咽喉之地一旦淪為異域真有卧榻之旁他人鼾睡之勢志險要者不能不有慨於斯也香港礮臺經度偏西二度十八分緯度赤北二十二度十六分電綫陸路自虎門來水綫則上海福州廈門均通

九龍寨　香港隔海北岸有九龍寨城屬廣州府新安縣大鵬協左營管轄其地西北距省城二百四十里距新安縣城六十里陸通

省城水控香港負山面海形勢遼闊其潮汎朔望日潮長於巳正初刻大潮高六尺半海灣寬五里深一丈餘舊礮臺在城東南與香港隔海相對西有赤灣舊臺前俯零丁洋海面額設駐防大鵬協副將千把總等各一員兵一百八十九名防守大鵬九龍等處但九龍與香港密邇英人經營香港現又商諸我政府租借九龍我政府允之自是英之羽翼成而我之形勢失矣

急水門　香港西北二十五里海中有大島一名曰大濠與北岸大帽山相距海峽不過三里輪舟過此水道甚急故名急水門屬新安縣大鵬協右營管轄其地西北距省城二百二十里距新安縣城四十餘里東南距九龍寨城二十里大濠島自東北至西南長四十七里寬十七里西面峰最高者三千五十尺北與對岸大帽山遙遙相對兩山之間天然關鎖為香港入省要隘若以大隊兵

輪駐劄此處可以扼香港入犯之路為虎門之屏蔽也

大嶼山　大濠島西面之峰其最高者名大嶼山山上有東涌口城為向來設戍之所屬新安縣大鵬協右營管轄北距縣城四十里此島挺峙海中東與香港相隔祇二十餘里其餘沙嶼甚多東北有青衣島東有南丫洲玟杯洲尼姑洲東南有長洲外零丁諸島南有石鼓洲丫洲蜘洲西南有榕樹頭牛頭山臘雞尾諸島夾輔左右不可不察山上向有石筍舊礮臺惜已久圯東涌口城及大嶼山沙螺灣等處向設守備千把總外委等武弁七員兵二百六十五名以資鎮守蓋因省城門户要道不可不加意籌防也

虎門　廣東內海有最要之口東為亞娘峰西為大角頭中間水門形如虎口故名虎門有大虎小虎二島其地屬東莞縣及水師提標中右前後四營管轄西北距省城一百十里東北距東莞縣城

五十餘里其形勢沙角大角為前路蛇頭灣蘆灣山為中路大虎山為後路由外海入內河者必取道於此是為粤省第一重門户江心有上下横檔二沙與東西兩山聯絡正當輪船來路足資扼守最關緊要附近東北有虎門寨城及太平墟水師提督所駐正東有廣濟墟虎門同知所駐電綫有官局商局礮臺房三處南達香港北通石龍礮臺在沙角者六處正臺十三座副臺二座置洋礮十六尊在大角者三座置洋礮三尊在蒲洲者三座置洋礮三尊其餘如威遠上下横檔鵞嘴等處均有礮臺武弁自水師提督以下共二十五員兵一千餘名近復添駐湘粤軍七營以資鎮守水道闊處一千八百餘丈深處十丈餘朔望潮長於未初初刻大潮高七尺沙角之南中有暗礁輪舟過此須駛近岸不可不知

黄埔長洲　由虎門進内八十餘里江中有大洲名黄埔黄埔之尾

曰長洲其地屬廣州府番禺縣水師提標中營管轄西北距省城二十七里東南距東江口二十里內海至此劈分為二長洲介乎兩支之中與沙路魚珠隔岸相望由獅子洋入省河者必經此處是為粵省第二重門户坿近西北有新洲墟可夾擊敵船電綫有官局一處東通石龍西達省城礮臺在珠江南北合流之處綠營額設黃埔水師千總二員現駐廣勝軍一營以資守禦

燕塘　在省城東北陸路白雲山麓西南距省城九里半屬番禺縣廣州協右營管轄其地上至省城小北門下至魚珠地勢寬敞可行礮隊前洋人由烏涌登陸道經於此是為陸路扼要之地最宜防守礮臺在省城北象岡山鳳凰山飛鵞岡暨省城東烏龍岡上防禦可資得力綠營額設把總外委等官兵五十二名

陳頭　即陳村在省城南略偏西二十餘里屬番禺縣順德協左營

管轄其地河面寬二十餘丈深六尺大潮高四尺餘北江之水亦可由此入海外接五門内連省城地當衝要支港紛歧現設礮臺於陳頭口蕉圍口兩處以扼西路由海入省之要道焉

潭州　陳頭東南五十里有潭州屬廣州府香山縣順德協左營管轄其地西北距省城烏道七十里南距香山縣城水道七十餘里上連桂洲下通横門爲香順二縣往來要道水面寬約一里極闊處三里水深十尺至二十餘尺不等大潮高六尺餘内通西北兩江分支下接香山縣海道誠水路往來之通衢守險者宜若何有備無患焉

横門　即横洲在潭洲南七十里屬香山縣香山協左營管轄西北距省城水道一百五十里西南距縣城水道三十餘里南距澳門烏道七十五里口門寬約六里窄處二百八十丈水深十二尺至

十五尺大潮高六尺餘口外淺沙甚多島嶼有横洲蟻洲馬尾洲又南有燈籠洲大小黄茅了洲等横門地勢平衍無險可扼惟其内港汊紛歧其外淺灘林立非遇潮長大船難入尚足資以自固焉

澳門　廣州海西口沿岸大島與東口香港大濠遥遥相對者曰澳門北距省城水道二百四十里距香山縣城水道八十餘里東距香港洋面一百二十餘里進口洋面寛二百尺深十八尺朔望潮長於午初初刻大潮高六尺餘其沙嶼在口内者有青洲口外有梹榔石馬留洲及大小横琴雞頸頭等其形勢外接重洋内連省會由越南及廉瓊海道來者必經此處實為粤省西路咽喉其陸路北關可通前山寨與香山縣城相接自前明嘉靖三十年葡萄牙人始來澳門請於粤中官吏歲以五百金賃居其地其後荷蘭

屢以兵船來窺葡人藉戍守為名增兵增餉盤踞全島遂為葡人沿住至今焉

十字門　澳門南十里為十字門介居大小橫琴二島之間屬香山縣香山協左營管轄北有馬留洲東有西長洲東南有大洲頭獅澳黃芽蒲台東澳西澳萬山諸島西南有三竈山等毗連澳門形勢最為扼要

磨刀門　在香山縣西南為西江正流入海之處屬香山縣香山協左營管轄北距省城鳥道一百六十餘里東北距香山縣城水道五十餘里東南距澳門水道亦五十餘里其地洋面寬一千零五十丈朔望潮長於午初初刻大潮高六尺餘口內有白石洲燈籠洲桅夾石諸島口外東有大小橫琴西有三竈高欄諸島由此水路上駛直達西江可拊省城之背其為險要可知幸口門有兩山

夾東其內竹洲頭豬頭山等處均有山嶺可以築臺屯軍也

崖門　屬廣州府新會縣新會營右營管轄北距省城鳥道一百九十里又距縣城水道六十里口門洋面寬三里有奇深九尺大潮高六尺餘其形勢兩山對峙門户天然由熊海西入潭江河道寬深通行甚遠為省河出海之間道盜艇出没多萃於此不可不加意防範也

海陵島　屬陽江直隸廳陽江營管轄東北距省城水道六百里北距陽江廳城六十里島東西長三十里南北十餘里灣内水極深大潮高六尺其形勢挺峙海中羣山環繞内為大灣輪舟至此可以避風向有舊礮臺設於山頂後移近水然均不得地勢必須改築綠營額設海陵把總一員兵三十名亦僅防海盜而已一旦有警務宜添置練軍再以兵輪游弋庶幾有備無患矣

# 廣肇沿海表一

| 山嶺 | 水口 | 城垣 | 島嶼 |
| --- | --- | --- | --- |
| 馬鞍山　官富山　帽山　磨刀山　桂角山　杯渡山　南山（俱在新安縣東南）　西鄉山　鳳凰山　芥山　海月山　武山　虎頭山　石鼓山（俱在東莞縣南）　雷峰山　曹幕山　冠岡山　白雲山（俱在廣州府東）　西林山　松排山（均在順德縣北）　青霞山　猪 | 新安港　鼇灣　芥洲港（在新安縣北）　東莞港　東江（在東莞縣西北）　珠江　北江　西江　順德縣港　香山縣港　白銀水（在香山縣南）　新會縣港 | 九龍寨　新安縣　東莞縣　廣州府（南海番禺二縣坿郭）　佛山廳　三水縣　順德縣　香山縣　新會縣　新 | 香港　南丫　大濠　伶丁洲　外伶丁　三門列島　擔杆列島　雞澎列島　老萬山列島　大小虎島　十字門　馬留洲　大小橫琴　大小林島　三竈山　錐形山　瀑水島　山海角　大老山 |

| | | | | | |
|---|---|---|---|---|---|
| 頭山（均在順德縣南）烏巖山 | 香爐山　南北台山 | 荔枝山（俱在香山縣南）大湖山 | 合門山（俱在陽江廳東） | | |
| 大湖山港 | （在恩平縣東南）漠陽 | 江（在陽江廳南）雞 | 籠港 | | |
| 寧縣　恩 | 平縣　陽 | 春縣　陽 | 江廳 | | |
| 牛角山　銅鼓洲 | 橫江島　上下川 | 島　烏渚島　海晏 | 汛　芥洲　南澎 | 圓島　海陵島 | |

廣肇沿海表二

| | | | | | |
|---|---|---|---|---|---|
| 關隘 | 廣州海 | 關（在廣州府 | 城外）濠鏡 | 澳關（在香 | 山縣東南澳門） |
| 礮臺 | 虎門（新建五十三座）黃埔 | 長洲（新建十五座）牛山 | （新建六座）沙路（新建九座）魚 | 珠（新建七座）南石頭（新建 | 五座）中流沙（新建三座）燕 |
| 屯汛 | 九龍寨營　急水門 | 營　大嶼山汛　虎 | 門營　黃埔長洲營 | 牛山營　烏涌營 | 魚珠汛　南石頭 |
| 電線 | 香港（商局） | 虎門（官商 | 二局礮臺報房） | 黃埔（官局） | 廣州府 |
| 商埠借地 | 廣州 | 府（道光 | 二十二年 | 與上海甯 | 波廈門福 |
| | 香港（道光 | 二十二年與英 | 議和借與英國） | 澳門（明正 | 德間葡萄牙人 |

北明置以防葡　塘新一座舊六座　西海新一　營　中流沙汛　燕　官商總局督署關州同　始居是土本朝

夷本朝因之　座　陳頭土臺二座　磨刀　塘營　潭洲營　甘　報房佛山　因之遂為葡之

龍溪關　門舊六座　虎跳門舊二　竹灘汛　五斗口營　商局沙面　借地九龍

在新會縣東　座　崖門舊二座　海陵　蕉門營　磨刀門　官局　借與英國

島舊一座　營　虎跳門營　崖

門營　海陵島營

論曰廣州海灣為中國夷患發軔之始也其原起於葡人之踞澳門浸淫至道光中葉鴉片案起英人犯順許以五口通商畀以香港全島而夷患駸駸至今未已然觀當日時勢論理則我之理直論勢則我之勢便加以文有林文忠之籌畫武有關忠節之勇壯韓范雍雍方虎糾糾何患不克祇以敵人亟肆以疲我多方以誤我攻粵不勝則退而攻閩攻浙而且要以撫議行

以賄賂鬼蜮伎倆縱横百出遂致墮其術中爾然觀當日守禦之策攻剿之計以及粤民之切齒怒目於夷如用鐵練木排以阻夷船建寬大月臺以聯礮火參將賴恩爵敗英人於九龍山提督關忠節擊敗英船游擊馬辰焚敵船於長沙灣林文忠遣兵逐英人於磨刀洋皆在道光之十九二十兩年至二十一年林文忠去粤夷患始亟然廣州義民亦嘗敗英人於三元里二十五年廣州義民猶能阻英人入城之議苟文忠不去任則關忠節不戰死撫綏義勇痛剿英人何至喪師折將割地捐金致如是之辱哉今事隔六十年而夷燄愈熾變故愈多香港澳門二處為粤江東西門戶所在者皆為歐人侵佔省垣咽喉不啻為人扼其吭吾將何恃以不恐雖然前事不忘後事之師亡羊補牢猶為未晚苟能憑粤江之險虎門之固慎其管鑰修其武

備而又撫輯人民激以忠義安見不可固粵海之藩籬爲嶺嶠之重鎮哉所望當事者思其患而預防之可也

新編沿海險要圖說卷十四

崑山余宏淦著

元和陳　　篁校

高雷廉欽沿海紀廣東三

東起高州府電白縣與陽江廳交界處由西而南復折而西過雷州府徐聞縣境又折而北至高州府石城縣境復迤邐向西至欽州防城縣與越南分界處而止計自電白至吴川百餘里吴川至徐聞四百里徐聞至石城四百餘里石城至防城五百餘里共計一千五百餘里其間經度偏西五度起王公嶺至八度三十分止東興緯度赤北二十度二十分起海安所至二十一度四十五分止白龍尾沿海大勢高廉欽三屬皆南面濵海惟雷州一府伸入海中長三百里闊百餘里東西南三面距海與瓊州僅

隔一海峽且府東濵海之地名廣州灣者近為法人借踞窺伺之機顯而易見實有防不勝防之慮舉其大者悉著於篇

水東　電白縣西扼要處名水東屬電白縣北海鎮右營管轄東北距省城水道七百餘里東距博賀港三十里西南距門限港一百十里距利劍門一百三十里距硇洲一百五十里港口寬三四大水深八九尺大潮高六尺餘口内暗礁甚多東南有大小放雞兩島礮臺舊在玉帶沙海灣其在興平山者同治七年重修臺後並建碉樓一座與博賀舊臺相為犄角又有興寗港礮臺一座光緒十年重修惟形制卑小僅防海盜其緑營新設北海鎮右營都司一員守備一員兵四百名駐電白縣城蓋水東為高郡總口商民輻輳水陸交衝沙淺礁多船路極狹非得土人帶水斷難深入其險尚足扼守耳

東山墟　屬雷州府遂溪縣陽江硇州營管轄東北距省城水道九百里西北距縣城八十餘里東北距利劍門五十里距赤磡港五十餘里北距庫竹港二十餘里利劍門赤磡庫竹港之間曰廣州灣現為法人租借（說見下）墟在東山洲上洲東西長六十里南北二十里其礮臺有海頭通明汛庫竹汛三處惜形制卑小僅防海盜其綠營有守備一員外委把總一員兵九十四名

硇洲　廣州灣海中有硇州島高二百八十尺長二十餘里寬十里屬高州府吳川縣陽江硇洲營管轄東北距省城水道九百里北距縣城水道七十里礮臺北有津前北港二臺南有南港礮臺西有淡水那瀼二臺綠營有都司一員兵九十四名其形勢孤懸海中為省城往雷瓊要道礁島環列可稱奇險乃忽於已亥六月間被法人將廣州灣及硇洲佔據並毀去礮臺數座居民甚駭幾釀

大禍後援德人租借膠州灣之例遣使立約亦以九十九年為期而事始寖然其地已淪入異域矣可勝歎哉今將中法所訂廣州灣租界約章坿後以資觀感

第一款　因和睦之由中國國家將廣州灣租與法國國家作為停船躉煤之所定期九十九年惟在其租界之内訂明所租情形於中國自主之權無礙

第二款　所有租界内水面均歸入租界内管轄其未入租界者仍歸中國管轄開列於左　東海全島硇洲全島該島與東海島中間水面係中國船船往來要道嗣後仍由中國船船任便往來停泊租界之内勿得阻滯並勿庸納鈔征税等事　其租界定在遂溪縣屬南由通明港登岸向北至新吟坑官路作界綫直至志滿墟轉向東北至赤坎以北福建村以南分中為界

赤坎志滿新墟歸入租界黄略麻章新埠福建各村均歸中國管轄　復由赤坎以北福建村以南分中出海水面横過調神島北近水面至兜離窩登岸向東至吳川縣屬西礮臺後面分中出海三海里為界即中國十里黄坡仍歸中國管轄　又由吳川縣海口外三海里水面起沿岸邊至遂溪縣屬之南通明港向北三海里轉入通明港内分中登岸沿官路為界　此約訂明並繪圖畫明界址互相劃界分執後兩國特派委員會勘明確妥定界址以免兩國爭執

第三款　於九十九年期内所租之地全歸法國一國管轄以免兩國爭執又議定租界内華民能安分並不犯法仍可居住照常自便不可迫令遷移其華民物業仍歸華民管理法國自應一律保護若法國需用物業照給業主公平價值

第四款　在租界之內法國可築礮臺駐紮兵丁並設保護武備各法又在各島及沿岸法國應起造燈塔設立標記浮樁等以便行船並添設整齊善堂以利來往行船以資保護

第五款　中國商輪船隻在新租界灣內如在中國通商各口一律優待辦理其新租界各地灣內水面均歸法國管轄法國可立定章程并征收煙船各鈔以為修燈樁各項工程之費此係專指廣州灣內水面而言至硇東水面已在第二款內聲明

第六款　遇有交犯之事應照中法條款互訂中越邊界章程辦理

第七款　中國國家允准法國自雷州府屬廣州灣地方赤坎至安鋪之處建造鐵路旱電綫等事應備所用地段由法國官員給價請中國地方官代給中國民人照章給與公平價值而修

造行車需用各項材料及養修電路各費均歸法國辦理且按照所定總分數目華民可得鐵路電綫之益至鐵路旱電綫若在中國者中國官員應有防護鐵路車棧電綫等務之責在租界者由法國自理又議定在安鋪鐵路電綫所抵之處水面岸上均准築造房屋停放物料並准法國各商輪停泊上落以便往來而重邦交　此約應自畫押之日起開辦施行其現由
大清國　大皇帝批准及大法民主國大伯理璽天德批准後即在中國京都互換以法文為憑此約在廣州灣繕立漢文四分法文四分共八分
大清國欽差廣州灣勘界大臣太子少保廣西提督蘇押　大法國欽差廣州灣勘界全權大臣水師提督高押　光緒二十五年十月十四日即西歷一千八百九十九年十一月十六號

海安所　雷州府極南與瓊州隔海相望者名海安所屬雷州府徐聞縣及瓊州鎮海安營管轄其地東北距省城海道一千里西北距縣城二十餘里東南距瓊州之海口港五十餘里東北距硇洲一百八十里其港甚淺潮退時見底惟大潮高六尺餘可通行舟進口東北三里有海安所城為海安同知駐劄之所海口東南地名博漲及迤東白沙港向有礮臺形勢甚好惟制太卑小尚須添建新式礮臺庶臻鞏固綠營有游擊守備千總外委各一員兵三百三十七名按海安為雷郡門户南與瓊州相近海寇出没所在尤關緊要所幸口門兩山對峙管鑰謹嚴頗得地勢可資防守

北海市　屬廉州府合浦縣新設北海鎮總兵左營管轄其地東北距省城海道一千四百餘里北略偏東距府城水道四十五里東距榕根港口九十里西北距大觀港四十里南距潿洲九十里港

内水深十餘尺其外三里地名外沙水深九尺又外七里地名地角水深二丈四尺大潮高六尺餘地角礮臺三所一在白帝嶺山頂一在蛇頭嶺山腰一在龜仔嶺山腰皆光緒十一年新建工尚堅實綠營新設總兵游擊守備把總外委各一員兵四百九十八名北海地素僻陋然有水陸間道可通廣西鬱林州由黔江上達雲貴同治十年因商販漸多始設粤海關監督所屬之常關光緒二年煙臺立約廉州始增通商口岸於北海設立市埠及海關稅務司商賈輻輳日益繁盛其地為廉郡門户與越南海防相距僅一日水程彼近我遠有警難援其外冠頭嶺一帶礮臺正當輪舟來路尚扼要衝惟山下沿海三十餘里平坦無阻必有堅臺巨礮再於山麓沙灘輔以車礮大隊馳驟截擊始能得力

龍門島　屬欽州龍門協左營管轄東北距欽州城七十里西距防

城港五十里是島在口內三十五里內通欽江邮蒙等水外有打
浪羊欄汕頂諸沙皆淺而長口門東有渡梅洲口內有牙山皆為
龍門島之外衛綠營設副將一員都司守備千把總外委等三十
員兵一千零九十六名

白龍尾　屬欽州防城縣白龍營管轄東北距欽州二百三十里距
防城縣三十餘里西距東興五十餘里港口水深一丈八尺其內
三里珍珠墩深一丈四尺大潮高六尺海口石龜舊礮臺久圮張
香帥督粵時擬於白龍尾山上創建新式礮臺五座置洋礮五尊
綠營新設都司千總各一員外委二員兵一百名按白龍山麓斗
入海中形勢遼闊當中越分界之處極關緊要

東興　屬防城縣及欽州營管轄東北距欽州水道二百八十里距
防城縣七十里內連十萬大山接廣西上思州界其南與越南芒

街隔一小河綠營駐守備千總各一員兵一百零九名東興形勢與越南分界之河甚為淺狹芒街山勢高峻下瞰東興殊為受敵且其地民教雜處華夷接迹詰姦戢匪交涉頗難實為臨邊極要之區撫斯土者不可不未雨綢繆恩威並用焉

高雷廉欽沿海表一

| 山嶺 | 水口 | 城垣 | 島嶼 |
| --- | --- | --- | --- |
| 丞相嶺　郎官山　王 | 佛子洲　博賀港 | 電白縣 | 白蕉嶺　大小 |
| 公嶺俱在電白縣東安樂山 | 水派塘均在電白縣境洞雷 | 高州 | 汾洲　大小放 |
| 晏鏡山　門戶嶺俱在吳川 | 水　三橋水　博泉 | 府茂名縣附 | 雞山俱在電白縣南麻 |
| 縣東烏蛇嶺　七星嶺 | 水　分流港俱在吳川縣境 | 郭吳川 | 練沙　茳丁沙 |
| 湖母嶺　斜離嶺　麻 | 鐵耙水　庫竹港 | 縣化 | 特呈山　門限 |
| 囊山俱在遂溪縣東吉斗山 | 通明港　雙溪口俱在 | 州遂 | 島　飛雲山 |

時禮嶺　虎頭山　佛廣州灣　淡水港　調嶺溪縣　調雞門洲　硇
厝山　石界嶺俱在雷州府東港　吳家港　北門雷州府洲　東海島
龍牀嶺　兜鍪山　屯港　青灣　白沙港海康縣坩郭　漉洲俱在廣州灣新
雲山　三源山　耳聾　博漲港均在徐聞縣東麻徐聞縣洲在徐聞縣東北卯洲
山均在徐聞縣東小遂山　孤崙港　討綱港　青　海安　邵洲　小蓬
超山俱在徐聞縣南乾龍嶺　銅港均在徐聞縣西蠶村港所　廉　萊俱在徐聞縣西北潿
張牌嶺　徒公嶺　博　下落港　洋脚港州府合浦洲即大蓬萊珠母池
袍山　雷公山　螺岡　暗鋪港　榕根港縣坩郭欽俱在北海市南香爐墩
嶺俱在遂溪縣西南黃姜山　平鴨塘　武刀港州　防　白麟尾　龍
冠蓋山　冠頭山俱在廉州俱在遂溪縣西三汊江　黌城縣　門島俱在欽州南三
府南烏雷嶺　雞籠山　港俱在廉州府南大觀港　口浪洲　釣魚
刀鞘嶺　招遠山俱在龍門鳳凰江　貼浪港俱在臺俱在防城縣南

左右中峰嶺在白龍尾北

白龍尾東

# 高雷廉欽沿海表二

| 關隘礮臺 | | 屯戍 | 電綫 | 商埠 | 借地 |
|---|---|---|---|---|---|
| 北海 | 博賀港舊一座蓮頭舊一座 | 海頭營在遂溪縣境 | 高州府官局 | 北海市 | 廣州 |
| 稅關 | 興平山新修一座興寧新修一座 | 寧海司在徐聞縣東 | 岸步官局雷 | 於光緒二年開 | 灣在吳 |
| 在北海市 | 暗鋪港新修一座龍頭沙新修 | 海安所河泊 | 州府官局徐 | 為口岸 | 川縣南遂 |
| 長墩 | 一座海頭舊一座庫竹汎舊一 | 所石門所 | 聞縣官局廉 | | 溪縣東於 |
| 關在欽 | 座通明汎舊一座硇洲南 | 東場司俱在海安所西 | 州府官局北 | | 光緒二十 |
| 州西鳳凰 | 北港舊二座那孃港新修一座 | 海康所在徐聞西北 | 海市官局防 | | 五年借與 |
| 江口 | 淡水港新修一座津前港新修 | 永安城在石城縣西南 | 城縣官局東 | | 法國 |
| | 一座博漲港舊一座白沙港 | 珠場司白龍 | 興官局 | | |
| | 舊一座北海地角新三座白 | 城俱在廉州府南 | | | |

龍尾擬建五座

論曰中國南海藩屬有四曰越南曰南掌曰暹羅曰緬甸而與粵東西兩省交界者惟越南為最近越南之東京灣尤與廉欽海道一水可達慨自甲申以後越南之境半為法據是昔之為我屏藩者今已為他族蹂躪況乎法人之心有加無已突於己亥夏間侵佔我雷州東首廣州灣地方及硇洲東海全島旋即議和號為租借實與德人佔據膠州灣之意大略相彷彼其視眈眈欲逐逐之心何嘗一日忘粵中哉況乎粵東一省沿海四千餘里險要數十處實有防不勝防之慮即以高雷廉欽四屬計之沿海亦有千五百里且雷州一府伸入海中三面皆海一處有警全局震驚所謂牽一髮而全身皆動者此類是也即無法人廣州灣之役已有岌岌不可終日之勢況加以卧榻之旁

他人鼾睡當若何慎守邦交嚴扼要隘為坐鎮雍容之計以潛消其觖糠及米之思庶幾海疆鞏固邊氛永息無論越南之法人不足掣我肘即廣州灣之租借亦僅與葡踞澳門英處香港同相安於無事而已是所望於當事者加之意焉爾

# 新編沿海險要圖說十五

崑山余宏淦著

元和陳　簠校

## 瓊州沿海紀 廣東四

瓊州府一名海南懸居大海之中為中國極南之地經度偏西五度三十分起（青藍港口）至七度五十分止（棋子灣西）緯度赤北十八度十分起（大玳瑁洲）至二十度十分止（白沙港口）周圍沿海一千五百餘里由瓊至崖南北直徑五百五十里由萬至儋東西直徑三百九十里中間山磧為黎人所居沿海十三州縣環列其外港汊紛歧山島林立其間險要不一而足舉其大者悉著於篇

海口所　瓊州府城處全島之北境其北海口所為沿海之咽喉北與雷州之海安所隔海相望向設海口同知駐劄於此東北距省

城海道一千餘里南距府城十二里東距鋪前港六十里東北距牛姑港二里半西南距鹽竈港四里海口有暗沙礁石十里外水深四十餘尺六里外水深十餘尺近港口處尤淺大輪船僅可泊在十里外之泥步其内水淺不能入故向設之海口舊礮臺暨新建之鹽竈港鎮瓊礮臺非惟卑薄且距輪船停泊之泥步均在十里之外礮綫安能測準故張南皮督粤時擬於海口城西五里之秀英山築臺七座十里之西場築三座城後之大英山築五座各置洋礮並於海岸西起西場東至牛姑港二十餘里修築長堤屯駐車礮為有事時防敵人舢板登岸之用庶可有備無患咸豐八年天津立約瓊州始增通商口岸光緒元年於海口設立市埠及海關税務司等華洋雜處交涉始繁勇營現駐鎮標左右兩營海口參將一營崖州協一營緑營設參守千把外委等二十二員兵

三百三十一名

鋪前所　在瓊州城東港東屬文昌縣西屬瓊山縣海口營管轄東北距省城海道九百餘里東南距文昌縣城六十五里西距瓊州府城及海口四十里距港十里外水深二十餘尺進港愈進愈淺且有沙灘大輪不能深入向有之舊礮臺同治七年改建防務可資得力

青藍港　在鋪前所東南屬文昌縣海口營管轄東北距省城海道一千餘里北距縣城四十里北循海岸至鋪前港二百三十里西南距馬家港二十里距潭門港七十里此港内通文昌江及平昌白芒諸溪水港外海口寬闊水道紆迴港内沙綫縱横潛隱難辨非得土人帶水輪船不能深入向設之舊礮臺於同治九年改建可資得力綠營額設把總外委各一員兵二十名

桐棲港　屬瓊州府陵水縣萬州營管轄東北距省城海道一千二百餘里北距縣城二十餘里循海岸東北距萬州豬頭港七十五里口外水深二十餘尺至三十尺不等大潮高約五尺惟港口內外均有暗礁且潮退時水流甚急輪船不便出入向有之舊礮臺卑小無用急宜改築綠營額設把總一員兵三十二名

榆林港　屬崖州及崖州協水師營管轄東北距省城海道一千三百餘里西偏北距崖州城八十餘里西距大蛋港九十餘里東距桐棲港一百十里口門外海面寬二百餘丈中泓水深處寬五十餘丈深三丈兩旁有沙之處水深僅數尺大潮高約五尺港口東南海中有暗礁內通多銀三亞諸溪之水瓊南水土毒惡瘴癘殊甚以地近赤道為中國極南之處故也惟此港寬深而清潔海股涼氣時時浸潤故水土特佳往來輪船咸於此取水海岸曰榆林

角麈山簇抱口門甚窄口内極為寬深可泊大兵輪十餘號中小輪二三十號法人窺伺日久近復遣船來此繪圖量水插標為識其心叵測向有舊臺久經圮毁今擬於口門兩旁東山之樂道嶺西山之獨田嶺等處用新式創建堅臺並酌配大礮以資守禦且於中泓停蓄之處建立船澳以備有事時兵船收口停泊之用此港洋務未興之前視為尋常港口故未設營汛駐守後張南皮督粵時適越南法釁起因飭瓊州鎮道酌派練軍勇營前往擇要駐劄以資巡察焉

大蛋港　榆林港之西為大蛋港屬崖州及崖州協水師營管轄東北距省城海道一千四百餘里北距崖州城數里東距榆林港九十餘里西偏北距望樓港八十餘里港口水僅尺許潮退時見底港外淺水平洋數里大潮高約五尺内通寗遠水分為兩支經大

蛋保平兩港入海此港口門水淺潮汛無恒其外平洋略無遮護遇有西南風大船不能收泊故洋人不甚留意然於我亦可為出奇制勝之一間道其舊礮臺向建於大蛋保平望樓三港者均圮綠營額設副將守備千把總外委額外外委等武弁十三員兵一百五十二名駐崖州城内以資鎮守

洋浦港　在瓊州府城西南屬儋州及崖州協水師洋浦營管轄東北距省城一千二百五十里東距儋州城三十里西南至海頭港八十里港口水深二十餘尺港内甚淺大潮高約六尺潮退時見底港口之外西面多礁西南二十里有露石曰大堆又西為新英港港外沙磧横亘數里惟洋浦港外海口寬深大船可以寄椗其内水淺不能深入新英港南北兩舊礮臺光緒六年改建其北牛角灣礮臺光緒六年新建有事時可資得力綠營額設駐防新英

港海頭汛千把總外委額外外委等武弁六員兵七十一名

## 瓊州沿海表一

**山嶺**

瓊山 東石山在瓊州城東南 七星嶺 抱虎山 馬銀山 銅鼓山俱在文昌縣東北 山雞山 何魯嶺 佛手嶺俱在會同縣東 龍滾山 六連山均在樂會縣南 樟樹山 南陵山 多碌山均在萬州境 洛嶺 桐棲嶺 黎苗山 廻峰嶺均在陵水縣西 多銀嶺 饅頭嶺

**水口**

海口港 牛姑港 白沙港在瓊州城東北 石瀾港 抱虎港 海門港俱在文昌縣東 青藍港 馬家港俱在會同縣東 潭門港 新潭港 那樂港均在樂會縣東 呑人港萬州南 黎菴港 桐棲港俱在陵水縣南 榆林港 三亞港 保平港俱在崖州東

**城垣**

海口所 瓊州府瓊山縣坿郭 定安縣 文昌縣 會同縣 樂會縣 萬

**島嶼**

浮邱山 分洋洲 雞冠嶺俱在文昌縣東 南見洲 雙篷石 前罌 獨洲山 俱在萬州東 加攝嶼 雙

沿海險要圖說　卷十五　四

下馬嶺　黎峩山　碧番坊港　大蛋港　龍州　陵女嶼　螞
落岡　鼇嶺俱在崖州東　和尚　樓港　望樓港俱在崖州西　水縣　蝗沙俱在陵水
巖　天馬山俱在感恩縣南　通天　蛋村港　延澄港　板崖州　縣東大玳瑁
嶺　馬嶺　象山　大陳　橋港均在感恩縣南　南龍江　感恩縣洲　雙洲
山　赤叐山均在昌化縣南　筆架　北黎港　小南江　新　昌化　小玳瑁
山　淩雲山　天堂山　潮港俱在昌化縣南　海頭港　縣　儋洲俱在崖州境
德義山　龍門山　那狃　新英港　洋浦港俱在儋州　州　臨魚鱗洲
山俱在儋州西北　松林山　郎倫　西黃沙港　峩漫港　高縣　沙洲　鳥
山　昆節山俱在臨高縣北　大勝　博鋪港俱在臨高縣西北　馬裊　澄邁縣　泥洲俱在昌化
嶺　那羊嶺　虎村嶺俱在　港　小英港俱在澄邁縣西北　縣西獅子山
澄邁縣西　在儋州北沙基
在臨高縣北

# 瓊州沿海表二

| | |
|---|---|
| 關隘 | 瓊州稅關在海口所 |
| 礮臺 | 海口所舊一座光緒十一年改建　鹽竈港新一座　鋪前港舊一座同治七年改建　青藍港舊一座同治九年改建　桐棲港舊一座　新英港南北兩舊臺光緒六年改建　牛角灣光緒六年新建 |
| 屯戍 | 海口所　鋪前司　青藍所　長沙營在萬州西　大坡營　黄坡營俱在陵水縣北　桐棲營　鷹秋營　藤橋司俱在陵水縣西　保平營　榕村營俱在崖州西　北黎營　英潮營俱在昌化縣南　鎮南司裁　河泊所俱在儋州西 |
| 電綫 | 瓊州海口所官局由雷州府徐聞縣來　瓊州道署官報房　文昌縣　陵水縣　崖州　嶺門　儋州 |
| 商埠 | 瓊州海口所光緒元年開為口岸 |

論曰瓊州為漢珠崖地自武帝元封中置為郡元帝時聽賈捐之奏棄之至三國孫吳復立為郡歷代因之其地孤懸南海之

中故又名海南北與雷州府徐聞縣隔一海峽相去祇五十里然沙綫縱横水道迂曲船艄往來殊為不便非得熟悉該處土人引水要未易至也其地周圍一千五百餘里置府一州三縣十南崖州東萬州西儋州北瓊州府由瓊至崖直徑五百五十里由萬至儋直徑三百九十里其地中心以五指七指黎母三山為最大未開化以前大約全地皆屬黎境故至今中心皆生黎居之生黎之外環以熟黎熟黎之外方環以州縣則皆在沿海之區矣内山生黎之域嵐瘴殊甚吾人可往熟黎境而不可往生黎境生黎可至熟黎界而不可至吾地蓋水土清濁與風氣通塞限之也沿海疆域港汊紛歧然口門深闊者亦無幾東路惟文昌之青藍港會同之潭門港樂會之新潭那樂二港萬州之東澳陵水之黎菴港西路惟澄邁之馬梟港儋州之洋浦

港昌化之新潮港感恩之北黎港與北路之海口港南路之榆林港可以停泊民船内惟榆林洋浦二港水深可進輪船海口港雖為通商市埠而口門水淺輪船不能駛進猶在口門十里外泥步地方卸貨故此口雖當衝要尚易扼守惟南路之榆林港久為法人垂涎西路之洋浦港大輪可以駛進為宜加意防範雖然此第就一隅之地防守則然耳若夫修内政以固外交綏腹心以聯屬地中樞布治悉協機宜省會嚴兵隱消窺伺則門户既固藩籬永安固不第瓊州一處之治平即沿海各省之治平胥賴之矣

# 新編沿海險要圖說卷十六

崑山余宏淦著

元和陳　籛校

## 臺灣沿海紀

臺灣一省孤懸大海之中在福建省福興泉漳四府東南經度偏東三度三十五分起（急水溪口）至五度三十分止（隆隆汛）緯度赤北二十二度五分起（恒春縣）至二十五度二十分止（銅盤嶼）周二千里南北千里東西闊處四五百里狹處四五十里內山為生番所居不沾王化四圍則熟番環之稍知禮義州縣皆在沿海之地謹將其港門口岸之要者著於篇而西之澎湖島坿焉

滬尾港　屬臺北府淡水縣滬尾守備管轄其地西南距臺灣省城三百二十里南距臺北府城三十里東距雞籠港口海道六十里

此口潮漲水深一丈五六尺潮退水深七尺口門兩邊均有暗沙大輪船乘潮漲時可以進口內河艋舺枋藔八連港磺溪諸水均從此口入海港門之內南有觀音山北有大屯山遙遙對峙門戶天然此口向屬淡水廳管轄而聽命於臺灣府即今之臺南府南北相距六七百里往來不便加以咸豐八年天津議和添設淡水口岸而迤東雞籠尤為產煤之區通商互市交涉紛繁斷非一廳治所能勝任故光緒元年沈文肅公督閩時建議設臺北一府改淡水廳為縣於是臺北一帶責任始不曠廢而滬尾港遂隸於淡水縣屬為埘郭首縣遇事就商尤為近便港口近設海關稅司礮臺營壘屹然稱重鎮焉進口十五里為關渡門在艋滬適中之地兩山夾峙中有大洲海門不過一箭之闊尤為全港扼要所在此港之北三十里有假港一口遠望與滬尾港相似多礁而內不通入口者

慎之

雞籠港　屬臺北府分防通判艋舺營獅山汛管轄其地西南距省城三百六十里距府城七十里潮漲水深三四丈不等口門之外礁嶼林立有八尺門后穴社寮雞籠杙等名口內三沙灣獅球嶺實為扼要所在雞籠之西十二里地名八斗者實為產煤奧區今招洋匠濬煤井倣西法以行之又有硫礦產於金包里冷水窟大磺山北投等處距艋舺即臺北府治近或二三十里遠或四五十里皆屬利源故臺北富庶實甲全臺且臺洋風迅靡常惟雞籠港四時可泊輪船放洋歷六時許可抵花蓮港達後山者以此為便途故年來夾板輪船帆檣林立洋樓客棧闤闠喧闐風氣日開儼然都會但華洋雜處交涉為難故於口門之內築臺戍守營伍操練實有不得不加意嚴防者在也其營汛有艋舺滬尾噶瑪蘭三營為

一支專顧淡蘭一帶庶可有備無患矣

香山港　屬臺北府新竹縣艋舺營香山汎管轄其地南距省城一百七十里西距府城一百二十里距縣城四十里此港口門最闊離深水大洋五里許潮漲可容四五百石之商船出入港口沙綫紆迴港内山嶺層疊其最著者名香山實為此港屏障此港之外南為中港後壠吞霄諸溪北為舊港俱從内山發源其來甚遠惟水淺難泊巨舟而舊港口尤為淤淺口門深約三四尺僅容小船停泊進口四十里為新竹縣城地名竹塹為昔時淡水廳駐劄之區背負虎頭山面臨大海近設鐵路尤為雞籠至省適中之地火車所至益形蕃盛邑治東南五十里曰牛鬬山出産磺油現議開採此邑全境土地肥饒廣輪沃衍藍鼎元平臺紀略稱竹塹埔有良田數千頃非虛語也

鹿港　屬臺灣府彰化縣臺協右營遊擊管轄其地西距省城六十里距縣城二十里距埔裏社廳一百四十里此港為縣城之蔽口外沙灘無數口門深闊故商賈輻輳最為富庶彰化縣境溪流之著者南有虎尾王宮北有大肚梧棲大甲港等然虎尾近已淺淤梧棲僅深六尺大甲底多怪石大船均難深入惟鹿港地處省會入口要道且與泉州府之蚶江一水相距海程之近無踰此者故我中國無意於臺灣則已如有恢復之志則鹿港形勝不可不察也

笨港口　屬臺南府嘉義縣臺協右營管轄其地東北距省城一百里南距府城一百十里西距縣城六十里此口又名下湖口潮漲水深二丈八尺潮退水深八尺口外有象岺湖湖中有深溝而外多沙綫凡舟行至下湖猝遇西北風不得入港者急入象岺湖可

以暫避此港之外惟布袋嘴港較深巨舟可入其餘如曾文急水八漿牛椆虎尾諸溪源出內山夏秋時雨滂沱往來病涉至冬春則涸矣笨港口北有蚶仔藔汛兵駐劄蓋向來設戍處也

安平港　屬臺南府安平縣安平協副將管轄其地東北距省城二百里東距府城十里港口有市埠名安平鎮臺南府治本為鄭成功巢穴設偽都於此康熙二十二年收入版圖改為臺灣府附郭首縣為臺灣縣自後臺北風氣日闢光緒元年於艋舺設臺北府十三年於橋仔圖設臺灣府縣為省會遂改舊臺灣府為臺南府縣為安平縣即取此港之名以名之也港南有七昆身小島凡七為此港天然屏蔽同治十三年海氛不靖始議於安平之三昆身做造洋式礮臺又建築車路以資捍衛而通消息安平鎮於數十年前本與內地不接阻隔汪洋非船不渡今已積沙成地建造輿

梁即港口潮漲亦僅深五六尺耳此外如洲仔尾昔可泊巨舟百餘艘者今已淤為陸地鹿耳門為昔日得臺灣進口之大港可容巨舟出入者今亦淤淺難通所謂滄海桑田者非歟惟港外四草湖逼近外洋可以寄泊巨舟但巨浪滔天夏秋尤劇俗名曰湧不風而波排擊掀翻響聞數十里作時厲艘急駛澎湖或旂後港（即打狗港）以避之雖泰西人之善駕駛者語及安平海口無不目震心駭實郡城天險所在也

打狗港　一名旂後口屬臺南府鳳山縣臺南協舊城汛管轄其地東北至省城二百八十里北至府城八十里西至縣城十五里自安平港險阻鹿耳門淤淺以來臺南商埠皆移於此因此港浪平可泊輪船商賈雲集築臺戍守洵臺南門戶所在也港口大潮深丈五六尺小潮深八九尺大船可以出入惟口外暗礁錯雜宜防

觸舟耳其餘沿海諸港半多壅塞惟南首之東港口水深丈許商船便於出入又有小琉球島在東港口外孤懸海中周圍約二十里居民三百四十餘戶不産五穀以捕魚兼蒔雜糧為生光緒三年恐宵小藏匿亦屯兵戍守之

車城營　屬臺南府恒春縣車城營管轄其地北距省城四百五十里距府城二百里西距縣城十五里城在射寮溪口乾隆中大學士福文襄征林爽文時曾於此駐節光緒元年沈文肅奉命巡臺撫番臺南亦曾於此駐節其地居射寮溪清港二溪之北西有琅嶠山北有尖山南有龜山萬山層叠於其背大海汪洋於其前溪流曲折於其左洵臺南扼要所在也車城之西南十五里名猴洞山勢迴環中抱平原從海上望之一山横隔雖有巨礮力無所施故文肅建議設恒春縣治於此誠至要也又西南二十里至

鵝鑾鼻為臺灣極南之地海舟轉捩下有暗礁最稱天險今倣西洋塔燈照海之法設瞭望石塔以便行舟由鵝鑾鼻至楓港一帶時有山風壓船名曰落山風舟行遇之輒遭傾覆不可不預防也

水尾　屬臺東州水尾營管轄其地西距省城三百里但中隔秀孫巒等大山往來不便北距宜蘭縣城三百六十里南距卑南口一百五十里距恆春縣城三百七十里此港為秀孫巒大水入海要道水深十丈西南風可於此避之港口有獅球山以為屏蔽進口十餘里北為分水嶺獅山南為象山兩地遙遙相對而水尾莊適當其後洵為後山要地故光緒十三年臺撫劉公銘傳奏設臺東州於此謂後山形勢北以蘇澳為總隘南以卑南為要區控扼中權厥惟水尾其地與擬設之雲林縣東西相值現開路一百九十餘里由丹裕嶺集集街逕達彰化前後呼吸相通實為臺東鎖鑰

擬設臺東直隸州左界宜蘭右界恒春計長五百餘里寬三四十里或十餘里不等統歸該州管轄觀此則水尾之形勝可知但臺東地勢遙遠僅以一州牧轄之似有鞭長莫及之勢故周氏懋琦謂區其地可置一府三縣信然

蘇澳　澳口有礁石浮於水面名曰三仙台澳左為北風澳澳右為南風澳巨舟可泊此以避西南風惟東北風則不可泊

泖鼻　在蘆𡽱嶺下約長十餘丈直伸入海舟至此間南北易風朝夕反汛潮漲時深約七八尺五六百石貨船可以停泊由宜蘭往雞籠者多於此寄椗候風再行

澎湖　屬臺南府澎湖廳澎湖協副將管轄其地四面皆海在臺灣之西距臺灣省城三百五十里距府城一百七十五里西距福建省城六百七十三里其形勢内港可容千艘外港不容方舟四圍

島嶼無數有名可紀者共五十五嶼民人以捕魚為生不產五穀糧食專恃臺灣接濟土瘠民貧似屬無關輕重然臺洋夏秋風濤洶湧不能泊船往往駛至澎湖寄椗今更於新城龜山建築礮臺更得扼吭當關之勢無事息避風濤有事往來策應王公設險誠無踰此矣

## 臺灣沿海表一

**山嶺**

雞籠山　獅球嶺　大磺山　圭柔山　大屯山　獅頭山　觀音（俱在淡水縣北）　香山　赤土山

**水口**

雞籠口　馬鍊溪　野柳溪　磺港　假港　滬尾口　南嵌　中壢　土牛溝（俱在淡水縣境）　蚵殼港　紅毛港　鳳山崎溪　舊港　隙仔溪　香山港　中港　後壠港　吞霄溪　宛裏溪　房裏溪　土地公港　大安港　大甲溪（俱在新竹縣境）　梧棲港

俱在新竹縣南 馬鳴山 彰化縣境 龜拔山 嘉義縣境 漯底山 龜山 蛇山 打狗山 旂山 鳳山 俱在鳳山縣境 瑯嶠山 尖山 龜山 馬鞍山 魯木鹿山 俱在恒春縣境 象山 獅山 水蓮山 米崙山 俱在後山臺東州境 草嶺 嶐嶐嶺 俱在宜蘭縣境

水裏港 大肚溪 草港 鹿港 牽船港 二林港 王宮港 番挖港 海豐港 麥寮港 虎尾 俱在彰化縣境 笨港 猴樹港 牛稠溪 布袋嘴港 鹽水港 急水溪 曾文溪 俱在嘉義縣境 國使港 二層行溪 俱在安平縣境 茄定港 阿公店溪 蟯港 打狗港 東港 茄藤港 率芒溪 俱在鳳山縣境 刺桐溪 楓港 清港 射寮溪 俱在恒春縣西 大港 八瑶灣 牡丹灣 魯木鹿溪 阿郎壹溪 巴郎衛溪 大鳥萬溪 干仔壁溪 大足高溪 蚶仔崙溪 俱在恒春縣東後山 大貓貍溪 知本溪 呂家囷溪 卑南溪 八里芒溪 馬武窟溪 郎阿郎溪 黎仔坑溪 南風灣 紅蝦港 秀孤巒

港　花蓮港　米崙港　尤丹溪　三棧溪　得其黎溪　清水溪　濁水溪　南澳溪　東澳溪　蘇澳俱在後山臺東州境　馬賽港　加禮遠港　烏石港　草嶺溪　泖鼻　三貂溪俱在宜蘭縣境

## 臺灣沿海表二

| 關隘 | 城垣 | 島嶼 | 礮臺 |
| --- | --- | --- | --- |
| 滬尾海關咸豐十年立約通商建關於此　安平海關亦咸豐十年設　北關　南關二關俱在 | 雞籠廳　臺北府　淡水縣坩郭　新竹縣　苗栗縣　彰化縣　臺灣府臺灣縣坩郭　嘉義縣　臺南府　安平縣坩郭　鳳山縣 | 雞籠杙　桶盤嶼　扛喬嶼　灼臺嶼　花矸嶼俱在淡水縣北　南昆身　青昆身　青峰闕俱在嘉義縣西　七昆身安平縣西　小琉球鳳山縣南　紅頭嶼在恆春縣東八十餘里周圍八九十里　火燒嶼 | 雞籠口　滬尾口　安平口　打狗港口　射寮溪口以上均在臺灣　新城　龜山二處 |

宜蘭縣境　車城營　恆春縣後山卑南口東六十里南向有灣可避北風　龜俱在澎湖

臺東州　宜蘭山在宜蘭縣東北三十里

縣

臺灣沿海表三

屯戍　電綫　鐵路　商埠

雞籠汛　暖暖汛　馬鍊汛　小雞籠　滬尾　雞籠　雞籠　雞籠

汛　石門汛　滬尾營俱在淡水縣境舊港汛　臺北府　新竹　滬尾　滬

香山塘　後壠汛　大安汛俱在新竹縣界　彰化　臺灣　臺北府尾

水裏汛　鹿港營　二林汛俱在彰化縣境蚊府　嘉義　安　新竹　臺南

港汛　西港仔汛俱在嘉義縣境鹿耳汛　安平　臺南府　彰化府

平營俱在安平縣境茄萣汛　蟯港汛　舊城　打狗港　澎湖　臺灣

汛　東港汛　大軍麓汛俱在鳳山縣境草山　又有海底電府

哨　枋山哨　刺桐脚哨　楓港哨　綫由臺灣府通
車城營均在恒春縣境　寶桑哨　璞石閣營　至福州甲午中
水尾哨　獅山哨　象鼻嘴哨　新城日之戰綫毀
哨　蘇澳哨俱在後山臺東州境　加禮遠汛　𡏟
𡏟汛俱在宜蘭縣境

論曰處今日而猶齗齗於臺灣之險要鮮不謂不達時務之言矣雖然時事變遷亦何常之有溯臺灣一島明以前為東番地萬歷中海寇顔思齊鄭芝龍據之尋即棄去天啓時為荷蘭國人所據　本朝順治初鄭成功逐荷蘭而有其地康熙二十二年大兵出討成功孫克塽來降而臺灣遂入版圖自是以來雖有朱一貴林爽文之變然不久即平休養生息於二百餘年之久潛移默化於二三良有司之薰陶故能番社敉安疆土日闢

令雖割棄異域然臺地民心不忘我　國不獨當日豎義旗謀反正者所在咸有即今事隔數年而義民之百折不回者尚有簡大獅其人徒手奮呼號召忠義事雖不成而死然其志深足嘉也故武進臧氏刻經世文續編亦列臺防一門以為他日珠還之劵竊謂國之所恃民心而已民心苟渙雖全必缺民心苟聚雖亡猶存則臺地民心不忘　君國如此即臺地不亡之據則全臺形勢曷可不講究乎攷臺灣山脈發於福州之鼓山自閩安越大洋為澎湖之五十六島又東渡洋百里至臺灣為中國之右臂北起雞籠山磅礴千餘里至沙馬崎（臺灣南端）為盡境其內崇山疊箐蜂窠蟻穴生番居之兇悍嗜殺不可理喻生番之外環以熟番則稍通人情識順逆矣亦猶瓊州之有生黎熟黎也熟番之外瀕海之地則環以州縣開化自山之西（即前山）而漸

瀆及於山之東即後山矣康熙中所得者僅臺灣一府即今臺南府而已同治十三年沈文肅公撫番開路闢臺南之琅嶠新地別建恒春一縣又建臺北一府以控馭北路又奏設臺灣巡撫一員以一事權光緒十三年臺撫劉公銘傳又奏移臺灣省治於彰化縣東全臺適中之地仍名臺灣府而改舊臺灣府為臺南府又於後山水尾地方別建臺東一州以制東路於是臺之前後左右濵海之區盡闢為州郡矣沿海港口無數然可容巨艘出入者向推鹿耳門與雞籠港上淡水即滬尾等然今則鹿耳門已形淤淺雞籠滬尾之外前山則有香山笨港打狗港三口後山則有蘇澳花蓮南風灣三處可泊大船但打狗口外尚有暗礁錯雜非深識其間水性者要未易行也則雖區區一島不誠為東南屏蔽哉

# 新編長江險要圖説

駿公

# 新編長江險要圖說五卷

楊天驥題

江寧學堂版權

鴻文書局石印

# 新編長江險要圖說目錄

# 新編長江險要圖説卷一

崑山余宏淦著

元和陳　篁校

## 揚鎮下游紀

東起太倉州之崇明縣爲長江入海之口西至揚州鎮江二府城共長五百里其間經度偏東五度三十分起崇明沙最東處至二度五十分止揚州府城緯度北至赤北三十二度三十二分揚州府城南至三十一度十七分上海縣城江流大勢由揚鎮下趨東海西高東下頗有一瀉千里之勢江陰以西洪流壯闊至江陰而一束過此以往則又成浩淼之觀下迄崇明實合江海爲一矣故崇明者海防之要亦江防之要也今從下游上溯舉其大者悉著於篇

崇明沙　長江向分南北二口以崇明之北蓼角嘴海門廳界爲北口崇

明之南崇寶沙（崇明寶山縣界）為南口但篸角嘴左右近來沙灘甚多海口漸淤大舟難以出入故昔日江防以篸角嘴為第一重門户者今當以崇明沙為第一重矣該沙屬太倉州崇明縣崇明鎮總兵管轄其地西距江寧省城水路七百里旱路五百八十里（謂從寶山登陸）距蘇州省城一百六十里距太倉州城六十里地處江海之衝四面皆海自西北至東南長約百里闊處寬三十三里狹處十七里又東有銅沙灘若斷若續頗為行舟之險

崇寶沙　崇明沙南十餘里海中有小沙一名崇寶沙以其南距寶山縣城亦十餘里為兩縣交界處故耳此沙雖小於崇明不及三十分之一然正當輪舟往来長江之孔道故光緒二十二年南洋大臣劉忠誠曾命游擊雷諾（德國人）攷察江防作揚子江籌防芻議一卷內江口篇極言崇寶沙之要害今撮其略曰由海入江之口

為大艦可行者有二口一曰北洪一曰南洪為崇寶沙所隔而均在崇明之南其北洪在崇寶西北沙尖旁大艦可行之水綫計闊約不及二里制敵尚易至南洪則防堵甚難因其江面極窄處在寶山岸與崇寶沙西北沙尖之間計闊七里半而輪船水綫偏近於崇寶沙故鄙見崇寶西北沙尖定須設防且此處有防則其礮火能兼制北洪進路令擬設崇寶西北沙尖礮臺四座其主臺在第二座用德國硬鐵甲旋轉礮臺配大礮二尊其餘三臺共用快礮四尊短礮六尊庶足與吳淞寶山之防互相犄角蓋崇寶沙為四面受敵之地故其主臺需用硬鐵甲臺始能禦敵船至猛之彈而無傷損又有機關旋轉便捷能移礮永隨敵船隨時準擊如此庶我能毀船而船不能燬臺豈非防禦至善之法乎又云崇寶沙如議築臺尚有一極要之事按該處水大時其地面離水不過三

尺至四尺且西北江水衝刷甚遒今欲於此建設大防自須設法拒水以衛土況沙土鬆溼將来臺身甚重而放礮之震力又甚猛故奠基必須異常堅固如此則所費不貲矣且土性倘堅尚可不惜重費以臻周密萬一土性甚軟縱以鉅費衛土奠基仍屬未妥故今另擬一法應就此處安設浮水鋼甲礮臺數座以代旱臺其臺亦可四面旋轉配以快礮乃臻妥善倘將來江水衝刷漸及臺側儘可將臺移置不需多時亦無須鉅款於是可省衛土奠基之費矣雖水臺之功效不逮旱臺然不得已而求其次莫如水臺竊因崇寶沙為咽喉扼要萬不可無防故擬此二法視土宜而用其一可也

吳淞口　屬太倉州寶山縣福山鎮吳淞營參將管轄其地當揚子吳淞二口之間凡入長江黃浦者均為必由之路且與崇寶沙寶

山二處爲犄角之勢故是處設防爲最要攷長江進吴淞口處舊設二臺即吴淞口與南石塘礮臺是也二臺共有礮三十一尊其中二十二尊爲舊式前膛不甚中用六尊爲舊式後膛亦難得力惟三尊新式後膛可備戰守惜太卑薄無濟於事故雷諾阏議擬於吴淞口南石塘建礮臺三座爲南翼於寶山岸建礮臺五座爲中權於獅子林在寶山城北建礮臺三座爲北翼南翼中權之兩主臺均用德國硬鐵甲旋轉礮臺庶可與崇寶沙礮臺相犄角夾擊長江入口之艦而爲江口第一重門户之堅防矣

狼山港　屬通州狼山鎮總兵管轄其地西距江甯省城五百里南距蘇州省城二百里北距通州十五里東有軍山刀劍山西有塔山馬鞍山而狼山居其中五阜相連昔隔江水不相連屬今則五山斷續皆在陸地亦可見滄桑之變也攷狼山港與南岸常熟之

福山港遥遥相對截流而渡不過八十里可抵福山向為長江第二重門户令立内洋水師五營以防之狼山鎮標内洋通州營游擊其一營也東與海門營西與江陰營互相犄角誠得扼險之道矣

江陰口　屬常州府江陰縣瓜洲鎮標前營江陰營副將管轄其地西距江寧省城四百里東南距蘇州省城一百八十里西南距府城九十里江陰倚江為險自昔為控守重地城北五里君山黄山下臨長江最為扼要而鵝鼻嘴濵臨江邊尤為第一關隘故雷諾芻議謂自吴淞至金陵江面之窄且長者以江陰為最即在江陰城下游五里許為天生險要所以保障南中也該處南岸石山濵江縣亘自西而東與江綫並行約長六里而山高之中數約離水面十七丈更有兩處山嘴凸出江邊與山之本綫略成三角形且

山隨江岸迤斜西首之山向前東首者縮後故沿江一帶設臺可使各礮同時會擊一點而各礮又不自相礙自有非常力量其山背亦有一山嘴向陸地凸出於此建臺自能徧擊山後全地而控制陸路拊背之攻有餘力矣第現在礮臺布置尚未盡善擬在南岸設防分為四路一右翼（在仙人橋現有礮臺之所）築礮臺五座二中權（在大石小灣現有礮臺之所）建礮臺四座一左翼（在鵰鼻嘴間）設礮臺三座一後路陸防（在山背凸出之間）建礮臺一座且於北岸靖江劉聞沙現有礮隄之處改建新式臺三座俱配用新式後膛快礮其主臺（如右翼第一座中權第二座）俱用德國硬鐵甲旋轉礮臺以便護彈而活動則利器在我而不為人乘且兩岸夾擊庶使敵船不得飛渡而江防固如磐石矣

圌山關　屬鎮江府丹徒縣瓜洲鎮標右營孟河營遊擊管轄其地西距江寧省城二百四十里距府城四十里大江自江陰而上江

面陡闊繞過泰平洲一帶至圌山關而始狹故雷諾曷議謂圌山形勢甚似江陰南岸岡巒（指圌山蔣山之類）濵江迤邐與江綫並行者約長五里半山形陡峻而山背尤甚山高之中數約三十四丈江面闊處衹三里餘故是處甚利設防其北岸係平陽（指東生洲）亦與江陰相似第現有礮臺位置未甚妥貼且舊礮亦屬無用故擬於是處另建新臺分為三路一東北翼（在圌山之麓）築臺二座可以兼顧泰平洲夾江來敵之船能將夾江來處全攝於礮火之中一中權（在蔣山東北麓）築臺四座一西南翼（在蔣山西南麓）築臺三座復於對岸東生洲地方築臺二座兩岸夾擊而敵船自不敢犯矣又云泰平洲夾江似可資敵登岸繞攻圌防之背而實無慮敵出此著斷乎無功因山背甚陡山徑甚窄斷不能以大隊同時速登但能陸續攀躋又因路險惟白晝能行我可瞭見故祇須於後山預置槍隊俟其散登不

難一一斃之也倘敵由南路繞至低坡攻我臺背則我西南翼第三座臺之礮火已足制其死命而何憂敵人之前後夾攻也哉

鎮江口　屬鎮江府丹徒縣瓜洲鎮標中營游擊管轄其地西距江甯省城二百里東南距蘇州省城四百里北距揚州府城四十里由南運河至北運河者必道鎮江截江而渡故鎮江非但為江面咽喉實又為南北往來鎖鑰也惟江流壯闊波濤洶湧昔人所驚為天塹者扼之殊非易事幸有焦山一點挺峙江心不啻為中流底柱南岸有象山遙相呼應故雷諾㣲議謂鎮江主防應設於焦山建臺二座復於象山東沙嘴建設輔防又北岸都天廟地方亦應酌建礮臺布置大礮而以快礮為輔今案象山礮臺已有大礮四尊又有暗臺一座焦山有礮臺二座都天廟新河口二處皆建礮臺共有礮四十尊如此布置妥洽更得良將守之不掣其肘庶

幾有備無患而大江南北俱可鞏若金湯矣

揚鎮下游表一

| 山嶺 | 水口 | 城垣 | 島嶼 |
|---|---|---|---|
| 軍山　劍山 | 北岸自海門以上南岸自吳淞以上紀其大者牛洪 | 崇明縣在江口海 | 沙洲坿崇明 |
| 狼山　塔山一名 | 港　老洪港　狼山港均在通州 | 中　通州　靖 | 沙　銅沙 |
| 黃泥山　馬鞍山均在 | 東　姚家港　任家港　天生 | 江縣　泰興 | 崇寶沙 |
| 通州南孤山在靖江北 | 港　九圩港　絲魚港　周 | 縣　泰州 | 白茆沙 |
| 以上均在北岸福山在常 | 圩港　張王港　龍潭港均在 | 揚州府江都甘泉 | 壽星沙 |
| 熟北巫山　大香 | 靖江東八圩港　界港泰興東廟 | 二縣坿郭以上北岸上 | 常陰沙 |
| 山　長山　蕭 | 港泰州南三江口　都天廟口 | 海縣　寶山 | 太平洲 |
| 山　黃山　君 | 新河口　瓜洲口均在揚州城東以上 | 縣　太倉州 | 天福洲 |
| 山均在江陰東北黃山 | 均在北岸吳淞口　劉河口均在太倉 | 常熟縣 | 東生洲 |

| | | |
|---|---|---|
| 在常州北孟河口圌山州東楊林口七了口白茆 | 楊舍營江 | 補生洲 |
| 蔣山雩山口許浦口福山口均在常熟 | 陰縣常州 | 益富洲 |
| 在丹陽縣東北洪山在丹縣東鹿苑口包港石牌港 | 府武進陽湖二縣坿郭 | 十五洲 |
| 徒口京峴山象均在江陰東黃田港夏港申 | 丹陽縣鎮 | 裕民洲 |
| 山北固山均在港桃花港孟河口均在江陰 | 江府丹徒縣坿郭以 | 焦山 |
| 鎮江東金山在鎮江西西越河口丹徒口京口 | 上均在南岸 | |
| 以上均在南岸均在鎮江東以上均在南岸 | | |

## 楊鎮下游表二

| | | | |
|---|---|---|---|
| 關隘 | 上海稅 | 關鎮 | 江稅關 |
| 礮臺 | 靖江三江營二座 | 都天廟二座新河口 | 三座以上北岸焦山二座江中 |
| 屯戍 | 崇明鎮水師總兵狼山鎮 | 總兵靖江營水師左營游擊守備 | 泰興營都司泰州營游擊 |
| 電綫 | 崇明官報房海中通 | 州商局泰州商局子店 | 揚州商局以上北岸上 |
| 鐵路 | 上 | 海 | 至 |
| 商埠 | 上 | 海 | 道光 |

揚州　稅關

吳淞口南石塘二座寶山獅子林一座江陰小角山一座小石灣二座又暗臺一座黃山三座君山一座東山三座圌山關龜山頭礮隄將山礮隄象山二座又暗臺一座以上南岸

瓜洲營水師右營游擊揚州營參將以上北岸上海提標左營守備吳淞營參將劉河營都司福山鎮水師總兵中軍游擊左營游擊右營都司江陰協鎮水師副將游擊孟河營都司鎮江駐防副都統城守營參將以上南岸

海商局道署報房吳淞營官報房礮臺報房獅子林報房商局子店福山官報房江陰官報房鎮江商局象山官報房以上南岸

吳淞長三十六里

二十二年開鎮江咸豐八年開

論曰自古論中國之地理者固以長江為南條第一險要矣以其發源青海會岷江而始大由西而東貫蜀楚湘贛皖吳諸省袤延數千里滙涪澧沅湘漢章貢諸大流洞庭鄱陽諸巨浸之水畢而達諸東海南則浙閩兩粵界其右北則雍豫青徐環其

左一旦有警則南北隔絶昔人所驚為天塹限南北者誠哉是言也雖然長江形勢千古不變而今日之守江迴非昔比蓋昔之守江不過南北之限而今之守江則在夷夏之防故昔之守江扼要在上游而今之守江爭鋒於海口蓋自長江疊開商埠以来輪艦上下瞬息千里天塹之險我與敵共萬不能以古人之治長江者為今日之江防也故欲制敵艦内犯之路必先於江口設最大之防故舊圖以蓼角嘴為江口者今則改為崇寶沙矣崇寶沙東為崇明西為寶山則此三處實為長江第一重險要門户也舊圖又以通州之狼山與常熟之福山遥遥相對門户天然然案是處江面廣闊有七十里之遥舟艦闖入斷非兩岸礮火所能及惟江陰靖江江面祇闊三里又南岸有小角山大小石灣鵝鼻嘴等險於此扼守敵艦斷難飛渡則昔之以

狼福為重險者今當以江陰為第二重門户矣又上則圌山關有圌山蔣山之阻且江面之狹與江陰同第三重門户非此而誰至於鎮江則不獨為東西之鎖鑰并為南北之咽喉蓋南進京口為南運河蘇常諸郡下暨浙江漕運之所通焉北進瓜洲口為北運河即古邗溝由此以抵清江浦為糧艘北上必由之路也故粤匪之亂馮提督子材以一軍駐鎮江而揚州之守以固南北消息不至阻滯且扼賊使不得逞志長江下游用成合肥李文忠以偏師取道上海平賊之功則鎮江一隅不誠為長江中一重鎮哉至防守之法固以堅築礮臺為第一義他如廖連城築塢防海之法亦可參用也（見盛纂經世文續編卷九十海防門）立營之制固以近日專設長江水師提督為最要他如王恭壽編輯漁團之法亦可酌取也（見格致書院丙戌夏季課藝）要之近日大勢重在下游下

游之防既固則以上之因地制宜者皆可游及有餘矣因節取雷諾㫖議之意分繪吴淞江陰圖山關象山等礮臺圖四幅並附於後以備行軍扼要之用庶幾戰則克而守則固也

# 新編長江險要圖說卷二

崑山余宏淦著
元和陳　簋校

## 池州下游紀

東起江蘇揚州鎮江二府城西至安徽池州府城共長六百五十里其間經度偏東二度五十七分起（鎮江府城）至五十分止（池州府城）緯度北至赤北三十二度三十二分（揚州府城）南至三十度五十分（池州府城）江流大勢自池州至江寧之八卦洲五百里由西南斜趨東北自八卦洲至鎮江一百五十里則由西至東江心沙洲層疊沿岸山嶺複沓支流小港之可通者又不計其數洵宇內之大觀也今仍由下游上溯舉其險要悉著於篇

瓜步鎮　屬江寧府六合縣金陵營管轄其地西南距江寧省城一

百十里西北至六合縣城二十五里東南至划子口二十里亦曰瓜埠向為濵江要地劉宋元嘉時魏主燾伐宋至六合登瓜埠隔江望秣陵才數十里梁紹泰初陳霸先襲齊行臺趙彦深於瓜步獲艦百餘艘粟萬斛後周顯德中遣宋太祖敗南唐主之弟齊王景達兵於瓜步蓋為列代戰爭之所江防考自瓜步渡江為唐家渡至南岸二十里又二十五里即南京之觀音門也向設瓜步巡司其水道内通六合縣城外達大江沿江玉帶洲現設礮臺與南岸烏龍山礮臺相為策應實為金陵門户古稱宣化鎮（在瓜步南）南岸對建康之崇安鎮最為衝要良不誣也

下關　屬江甯府上元縣金陵參將營管轄其地即在江甯城外北首為大江進金陵之要道東為燕子磯在草鞋夾内峭石臨江登岸兩山之間壘石為門名觀音門為金陵城北之外郭門也西有

白鷺洲又西為鳳鳴洲北為七里洲皆為金陵外衛咸豐間粵匪之亂金陵失陷長江一帶遍布賊踪同治二年五月曾忠襄規復金陵派遣兩軍一進下關一進草鞋夾立平兩處賊壘八座乘勝遂奪金陵對岸之九洑洲偽城於是江面一律肅清可以進圖金陵老巢則下關之關係長江豈淺鮮哉現駐參將大營前後左右四哨以鎮守其地自光緒二十一年中東定約於下關添設通商市埠則華洋雜處交涉紛繁下關一隅不尤為北門鎖鑰哉

九洑洲　屬江寧府江浦縣金陵營管轄其地與省城下關對江僅隔十餘里粵匪之亂於下關及九洑洲兩處堅築賊壘相為犄角以扼上下游沿江進擊之路咸豐間官軍屢經攻奪九洑洲賊壘以孤軍難守復為賊有至同治二年五月曾忠襄與彭剛直楊勇慤經略金陵以為欲克省城必先清江面欲清江面必先奪九洑

洲與下關等隘於是會勘該洲在驚流急湍之中高峙偽城難以猝拔爰定計先取南岸下關草鞋夾燕子磯諸賊壘而楊勇慤又探知北岸叢莽中有隄埂一道可達九洑洲賊濠之外於是分兵從隄埂而進水陸夾攻直抵城濠奮勇而上肉薄先登遂克偽壘殲賊無算於是江面肅清水師得長驅而進而圍攻金陵之基實始於此則該洲形勢關於長江者匪淺矣

大勝關　屬江寧府江寧縣金陵營管轄在省城西南三十里金陵沿江關隘北面以下關為最南則以大勝關為要有大城港合板橋新林浦等之水入江為江流扼險處旁有壠阜亦曰大城岡宋置烽火臺於此可以登高眺遠粵逆之擾曾忠襄既克蕪湖等處各要隘乘勝直趨江寧鎮之板橋熟察形勢必從大勝關三汊河下手陸師乃有運糧之路水師乃有立營之所於是奪取大勝關

三汊河二賊壘平之會彭剛直亦率水師從江心洲奪壘而至直泊金陵護城河口曾忠襄遂率陸師駐劄雨花臺由先克大勝關故能長驅直進也則大勝關之險要不從可知哉

采石磯　屬安徽太平府當塗縣長江水師提督提標中營管轄東南至太平府二十五里西北渡江至和州亦二十五里東北至江寧府八十五里此山挺峙江東與西岸之牛渚遥遥相對顧野王輿地志牛者山北謂之采石元和志采石戍城在牛渚山上是以采石牛渚為俱在江北西岸以今長江圖攷之非也牛渚在西岸采石在東岸中有恭興洲大小黄洲等沙渚林立采石磯則峭石臨江笱與西岸牛渚及中權恭興洲等堅築營壘分兵駐守頗有一夫當關萬夫莫開之勢宋元嘉時魏主燾入寇軍瓜步宋分軍戍采石至暨陽今江陰六七百里以防之齊永元初陳顯達自尋陽東下敗臺軍於采石建康震恐隋將韓擒虎以兵五百人濟采石而陳亡宋

開寶七年曹彬敗江南兵於采石磯而李氏亡由是觀之江南軍據采石則足以扼守江北軍破采石則足以長驅采石之關係豈淺鮮哉今鎮以提督駐以重兵誠知要矣

梁山　梁山有二東梁山一名博望山在太平府西南三十里屬太平府當塗縣長江提標中營管轄西梁山在和州南六十里屬和州長江提標中營管轄兩山夾江對峙如門之闢故總名天門山晉人伐吳王濬自武昌東下吳遣張象禦之於梁山象望旆而降濬遂直指建業東晉時王敦桓温作亂皆自上流移鎮姑孰（今太平府）說者謂奪梁山之險也宋置博望戍齊置三軍陳立戍柵唐輔公祏叛遣將屯博望連鐵鎖斷江路宋南渡置寨於此　本朝粵逆之亂盤踞金陵亦以全力扼守東西梁山同治元年三月曾忠襄統師東下先克巢縣含山和州三城銅城牐裕溪口各要隘進薄

西梁山克之四月分兵往襲東梁山亦一鼓而下於是長江兩岸重險皆為我有賊勢漸不能支則梁山之險可知矣

東關　屬安徽廬州府巢縣提標左營裕溪參將營管轄西北距縣城四十里東北距含山縣城七十里西南距無為州城八十五里其地有濡須水從巢湖東流出濡須山七寶山之間兩山對峙中有石梁鑿石通流至為險阻名東關口亦謂柵江口有東西兩關西關在東關西十里七寶山上三國時吳魏分界於此東關之南岸吳築城名濡須塢西關之北岸魏置柵建安中曹操至濡須與權相距月餘權入塢扼守操不敢擊吳黃武中吳將朱桓以偏師敗曹仁軍於濡須後諸葛恪又敗魏兵於東關東晉齊梁之間東關久為戰地南宋時劉琦亦曾駐兵於此以扼寇衝張氏栻曰濡須及東西兩關山川重複昔人尺寸必爭之地大約巢湖之水上通合肥濡須正扼其

衝東西兩關又從而輔翼之故雖有十萬之師來寇大江據此關以臨之敵雖衆無用也東關東南又有運漕鎮銅城牐兩處為東關至長江之要道外瀕大江內連巢湖赭寇之亂賊屯糧於運漕鎮上濟安慶廬州下輸金陵為南北鎖鑰咸豐十一年九月曾忠襄率師進戰克之又奪東關未幾復陷於賊至同治二年四月東關銅城牐等始一律克復亦可見地勢在敵雖良將亦未易施功則其地之險阻可知矣

蕪湖城　屬安徽太平府蕪湖縣提標右營蕪湖游擊營管轄東北距太平府城六十五里西距無為州城百三十里南至南陵縣城百十里春秋時為吳之鳩茲邑漢置蕪湖縣屬丹陽郡以地卑蓄水而生蕪藻故名其地當大江之濵北枕赭山南俯天城湖西與無為州之鴒磯隔江相望形勢之雄洵為長江關隘咸豐八年與

泰西諸國增訂約章蕪湖遂開商埠市廛櫛比華洋雜處辦理交涉尤為不易咸豐間赭寇之亂蕪湖失陷賊於碻磯魯港及繁昌之舊縣荻港太平府之金柱關等處建築巢壘以為負隅抗守之計咸豐十年閏三月江南水師先克碻磯逆巢同治元年三月曾營水陸各軍疊克舊縣荻港魯港四月進克金柱關而蕪湖亦隨克復九月賊復糾衆來犯冀據蕪湖則可橫隔寗國金陵官軍消息賴彭剛直督率諸將力禦賊兵并平爕花津清山象山采石磯各處賊巢而蕪湖至金柱關六十里之間賊蹤以絶則蕪湖之關係長江不綦重歟

池州府　屬安徽池州府貴池縣及提標後營大通參將營管轄西至安慶省城百二十里東北至太平府城四百五十里南有齊山北有黄龍山府北五里直接大江沿江水口有池口清溪梅根諸

河以達內地江心有裕生鳳凰崇文諸洲為天然屏障故其形勢襟帶江山控扼肥皖居金陵之上游當江濵之孔道宋取江南先以戰艦取池州而後步騎從釆石南渡則池州不獨為安慶屏藩亦為金陵保障粤逆之亂盤踞長江池州亦陷賊中咸豐十一年八月曾營既克安慶先是曾文正與楊勇慤等約如安慶克復即進圖沿江各府縣至是勇慤以安慶下游惟池州為要衝故即派水陸各營進攻池州三日立破固由乘勝而前勢如破竹亦可見當日諸將深明地勢之效也

池州下游表一

| 山嶺 | 水口 | 城垣 | 島嶼 |
|---|---|---|---|
| 大小銅山　青山 | 沙河口　泗源溝 | 儀徵縣 | 沙洲坍　徵人洲　世業 |
| 雙乳山　瓜步 | 東溝口　瓜步 | 六合縣 | 洲　沙漫洲　龍袍 |

山　定山俱在江浦縣東口　划子口　黃浦口城　洲　玉帶洲　八卦
西梁山　黃山　礟河　老河口　江浦縣　洲　七里洲以上皆在江寧
濡須山　龜山　二陽溝　新河口　全椒縣　東　白鷺洲　鳳鳴洲
七寶山　九卿山　老西江口　瓦　和州　含　九洑洲　莊家洲
三公山　柳峯　篷溝皆在和州東　太陽　山縣　巢　大勝洲　响水洲
拔茅山　藕山河　姥下河　牛　縣　無為　烈山　復興洲
皆池州東以上俱在北岸　五州　屯河　裕溪口　州　廬江　大黃洲　小黃洲
山　香山　朝王　橫江口　神塘河　縣以上均在北岸　采石山　大太興洲
山　霧氣山　空口　泥汊口皆在無為　江寧府江寧　小太興洲以上皆在太平
心山　馬鞍山　州東胡家溝　新套　上元縣附郭　太　府東陳家洲　曹姑洲
華山　樓霞山　口　王家套口　平府當塗縣附　錦衛洲　白馬洲
鍾山　烏龍山　馬船溝皆池州東以上俱在　郭　蕪湖縣　鷺洲　大小新洲

# 池州下游表二

| | | | |
|---|---|---|---|
| 巴羅山　燕子磯 | 北岸　鮎魚套　黃斾 | 繁昌縣 | 黑沙洲　環北洲 |
| 巖山皆江寗東　三山 | 口　紅旗口　大 | 銅陵縣 | 文興洲　章家洲 |
| 馬山　慈姥山 | 套口　螺螄溝 | 青陽縣 | 仁德洲　楊林洲 |
| 望夫山　九華 | 楊家口　三江口 | 池州府貴池 | 荷葉洲　鐵板洲 |
| 山　黃山皆太平東　龍 | 草鞋夾皆江寗東　慈 | 縣坿郭以上均在南 | 崇文洲　鳳凰洲 |
| 山　東梁山　四 | 湖港太平東　雙港 | 岸 | 裕生洲以上皆在池州東 |
| 合山　神山　赭 | 魯港　荻港　梅 | | |
| 山皆蕪湖東　白馬山 | 根港　郎港　下 | | |
| 鳳凰山　銅官山 | 池口　清溪口 | | |
| 九華山皆池州東以上 | 池口皆池州東以上均在 | | |
| 均在南岸　齊山亦池州東 | 南岸 | | |

| | |
|---|---|
| 關隘 | 東關　西關皆在巢縣東南俱北岸　下關　金陵洋關在江寧北　大勝關在江寧東南　金柱關在太平西　蕪湖洋關以上皆在南岸 |
| 礮臺 | 玉帶洲在瓜步鎮南北岸　○　烏龍山在江寧東北　大通以上均在南岸 |
| 屯戍 | 儀徵督標游擊青山守備　裕溪口長江提標參將以上北岸　下關長江提標參將　江寧督標副將駐防將軍　太平長江水師提督　蕪湖　長江提標游擊　荻港把總　大通　長江提標參將　貴池協標守備以上南岸 |
| 電綫 | 十二圩在儀徵口商局子店　下關商局子店　江寧南洋官總局督署報房商局　蕪湖商局　大通商局 |
| 商埠 | 江寧光緒二十一年開　蕪湖咸豐八年開 |

論曰今日江防大勢固以下游海口為最要之地矣雖然其上亦未可忽視也江寧省城為歷代建都之地鍾山峙其左大江環其右其餘層巒疊巘沙洲荻港之棋布星羅者復不可勝數守得其要則處處可以設伏敵乘其險則節節未易為防蓋金

陵遠勢則上自采石下至京口瓜步儀徵皆在扼守之列其近勢則南有大勝關北有烏龍山皆為沿江屏蔽餘如燕子磯草鞋夾下關等處尤近在肘腋而無容忽視者也即以近事徵之道光二十二年英人以兵輪八十餘艘泝江而上自觀音門至下關烽火照澈其鋭莫當然觀其自言則云本不敢輕入內江緣七次沿江探水至蕪湖遇險狹處周視蘆葦間不見一兵然後敢入然則我軍當日苟能沿江擇要設伏敵固未敢長驅也自金陵而上最要者莫如安徽之太平府西與和州隔江相望牛渚采石為古來爭戰之區東西梁山為守江扼要之處南至蕪湖六十里間險要層疊裕溪口即古濡須口與東西兩關俱為吳魏交兵之處銅城牐運漕鎮為巢湖大江之咽喉苟不扼太平以振其綱領則非但其餘之險阻皆成虛設即金陵巨鎮

亦未可恃以無恐也又上而繁昌銅陵大通青陽以至池州則與西岸之無爲廬江等相望洲渚之饒江山之險均未可視爲尋常者矣

# 新編長江險要圖說卷三

崑山余宏淦著
元和陳　篕校

## 蘄州下游紀

東起安徽池州府城西至湖北蘄州城共長六百里其間經度偏東五十分起（池州府城）至偏西一度十二分止（蘄州城）緯度北至赤北三十度五十分（池州府城）南至二十八度四十一分（江西南昌省城）江流大勢自池州至江西之湖口縣三百六十里由東北斜趨西南自湖口至蘄州二百四十里則向西少偏北而已自湖口而南長三百里至饒州府西南為鄱陽湖即古彭蠡江湖相通極形險阻今仍由下游上溯舉其要者并鄱陽湖備載於篇

安慶府城　屬安慶府懷寧縣湖口鎮標安慶營副將管轄東北距

江寧省城六百五十里至無為州三百二十里東至池州府百二十里西南至江西九江府四百十里其地北通淮泗南濵大江為淮服之屏蔽江介之要衝三國時吳鎮皖城以拒曹魏五代周世宗平淮南而李氏窮蹙故徐氏鍇曰皖之為地中國得之可以制江表江表得之亦足患中國大江在城南自小孤山滙潯陽彭蠡而來入宿松界經望江至府城而東北其上二百十里東以海門其下二百十里界以郎磯扼東吳楚為東南形勝西有皖水源出皖山在潛山縣境合潛水至皖口鎮入江長三百餘里吳使諸葛恪屯兵皖口即皖江鎮為向來置戍要地距府城僅十五里城三面臨江惟北倚山有大小龍山百子山硤石嶺等集賢關在大龍山上為南北往來孔道粵逆之亂安慶城於咸豐三年失陷而金陵省城即隨之而失咸豐十一年安慶克復而金陵賊巢始失負

隅之勢且自安慶陷而省城改建廬州於是江面悉為賊有皖南四府中隔大江賊氛徧布文報梗阻故曾文正謂欲辦蘇浙之賊必自办圖皖南始欲辦皖南之賊必自守定安慶始而陳世鎔亦謂長江天險自武昌下達金陵置省皆依此險而皖當其中尤喉吭也不駐皖而駐廬則長江之險失而皖棄與賊矣皖棄則瀕江之郡縣皆不可保矣由此而觀則安慶之關係豈淺也哉

馬當山　屬江西九江府彭澤縣湖口鎮標右營華陽營游擊管轄西南距彭澤縣城四十里東北距安徽東流縣城九十里距香口鎮四十里華陽營游擊駐劄香口鎮西距小孤山三十里南有黃山烽火磯北有响水紫石等磯皆濱臨大江江心又有擱牌磨盤等洲為之屏蔽案馬當山形如馬橫枕大江迴風撼浪舟航艱阻陸龜蒙銘云天下之險者在山曰太行在水曰呂梁合二險而為一吾又聞夫

馬當云云則其地之險阻可知咸豐間髮逆之亂馬當尤為濱江要衝至九江安慶克復始無烽火之驚光緒庚子北方拳亂長江設防江西大吏以馬當及附近之金雞坡兩處均為長江要隘故新築礮臺數座以新式巨礮守之庶幾有備無患云

小孤山　屬九江府彭澤縣湖口鎮標右營華陽營游擊管轄南距彭澤縣城十里西南距府城一百二十五里東距安慶省城二百四十里此山高三十丈周一里孤峰聳峭本在江北岸與南岸羣山對立明成化二十年江水忽分流於山北而小孤遂挺峙於中流南岸有彭浪磯又南即彭澤縣城均與小孤互相策應元末余闕守安慶倚小孤山為重命將胡伯顏統水軍戍守陳友諒攻之自上流直擣山下伯顏敗走友諒長驅安慶遂陷明太祖由安慶趨南昌過小孤至湖口敗友諒偵邏者徑抵江州（即九江時陳友諒據此）由

此觀之欲守安慶必扼小孤欲攻九江亦必得小孤小孤者贛皖二省之最要關鍵也粵匪之亂彭剛直楊勇慤提水師溯江而下於咸豐七年九月先奪小孤而後八年四月克九江十一年八月收安慶均發軔於小孤則小孤之關係洵不淺矣

湖口縣城　屬九江府湖口縣湖口鎮標中營游擊管轄西距府城六十里東至彭澤縣六十里南至南康府百四十里其地外臨大江內濵鄱陽湖入江之口故曰湖口西有石鐘山東有柘磯與隔岸之梅家洲等俱為縣城外衛劉宋時始置湖口戍齊梁陳皆為重地唐初置湖口鎮南唐始立縣　本朝粵逆之亂縣城失陷咸豐四年十二月湘軍陸師攻九江進規湖口與賊大戰於梅家洲簡舢板小艇駛入鄱陽湖五年七月同知李元慶等率陸師攻克縣城外之文橋蘇官渡等賊壘乃會同內湖水師併力夾攻力斬

悍賊遂克縣城蓋非水師不足扼外江内湖之險非陸軍不足平附近諸處之賊壘也則其地之形勢可想見矣

鄱陽湖　即古彭蠡匯章貢諸水為巨浸在南昌府東北一百五十里饒州府西四十里南康府東五里九江府東南九十里東西廣四五十里至百里南北長三百里形如葫蘆中為細腰即南康星子縣東南都昌縣西北也周四百五十里在南者又名宫亭湖族亭湖在北者曰落星湖曰左蠡湖實一水也湖中之山最大者在西南曰康郎山在西北者曰鞋山曰大孤山其餘洲嶼指不勝屈晉宋劉裕破盧循於左里即今都昌縣之左里城是也自隋以前概謂之彭蠡煬帝時以湖左有鄱陽山故兼有鄱陽湖之稱明初陳友諒攻洪都太祖救之至湖口友諒聞之解圍東出與明師遇於康郎山友諒屢敗欲退保鞋山明師先至嬰子口横截湖面友

諒不得出旋敗死明祖混一之基肇於鄱陽一戰　本朝粤逆之亂曾文正率軍東下咸豐四年十一月水師衝九江賊壘而過至湖口簡舢板小艇駛入鄱陽湖值水勢涸賊以戰船塞湖口鐵鎖環之進湖之師船不得出遂與外江水師分而為二文正先後派營官何啓長孫昌國賀虎臣蕭捷三等攻賊於都昌馬家堰主塘青山姑塘等處凡六戰斃賊數百燒賊船數百艘五年七月克復湖口縣城七年九月攻拔石鐘山賊壘而外江內湖消息始通則鄱陽湖之關係長江豈非腹心重地哉

九江府城　屬九江府德化縣湖口鎮標中營游擊管轄東北至安慶府四百十里西北至湖北蘄州百八十里南至南昌府省城三百里其形勢南面匡廬北負大江西連荊郢東接皖吳晋桓沖謂潯陽（即九江）北撫羣蠻西通荊郢屯潯陽而江之東西俱可襟帶上

游勢成而後可根本建康左右淮浙明初陳友諒據此為上流患洪武伐之直抵江州（即九江）覆其巢穴而友諒遂敗　本朝王御史茂蔭亦謂南方之勢全在長江長江之要全在九江曾文正亦引古語謂長江有三大鎮荊州為上鎮武昌為中鎮九江次之建業為下鎮京口次之羅忠節亦謂大江要害有四一曰荊州一曰岳州一曰武昌一曰九江而咸豐閒湘軍之攻克九江踰五年之久（四年十一月始攻至八年四月方克）亦可見我師堅忍之志與粵賊負隅之固死守之心蓋彼此均以九江為必不可少之地也九江北岸有小池口其東六十里有湖口之石鐘山百二十里有彭澤之小孤山均為九江羽翼賊皆用全力抵死守之我軍於七年八月拔小池口九月克石鐘山及小孤山而九江之勢始孤否則恐終難取也由此觀之則九江為長江重鎮豈虛語哉

武穴鎮　屬黄州府廣濟縣漢陽鎮標前營田鎮營副將管轄北距縣城九十里西北距府城二百八十里距田鎮副將營四十里其地後俯武山湖前臨大江内阜外亢為商民聚集之所江口内河名老鼠峽可以停蓄多船西為武山東有龍坪鎮向為楚尾吴頭關鍵之區咸豐三年粤匪擾至楚境江督陸建瀛督兵進防先撥官兵三千駐劄武穴之老鼠峽復帶標兵二千餘上駛正月抵龍坪鎮派隊至老鼠峽會合前兵共籌堵禦舟師未登賊已驟至兵未交綏舟師潰敗陸督退保金陵於是九江安慶隨即淪陷而金陵亦破大局靡爛俱係於武穴之一敗然則武穴不誠為吴楚喉吭哉

田家鎮　屬黄州府蘄州漢陽鎮標前營田鎮營副將管轄北距州城三十五里西北距府城二百四十里鎮南隔江有半壁山孤峰崚

峙俯瞰大江一夫守之百人腭咋粵匪之亂賊於是處駐重兵并橫江鐵鎖攔以木簰為負隅計咸豐四年十月楚軍由蘄黃東下羅忠節奮率陸師猱升而上拔其木椿竹籤踰溝而入塔忠武李忠武繼進毀其壘而楊勇慤彭剛直亦率水師分四隊衝進首以洪爐大斧鎔鑿鐵鎖駛舟驟下縱火焚燒煙燄蔽天礮無虛發軍無停刃燔賊舟一萬有奇沉尸塞流遂拔田家鎮湘軍之得手於長江下游自克田鎮始則田鎮之重可知後設長江水師於田鎮特駐副將有以夫

蘄州下游表一

山嶺　水口　城垣　島嶼

青山　花山　小龍山　新開溝　下新河　安慶府懷甯　沙洲坿　鐵板洲

大龍山皆在安慶府東　百子　鴨兒溝　大池　縣坿郭　潛山　太子磯　攔江

山長安嶺　桑山　溝　上新河皆在安慶縣　望江磯　新洲　羅
夾石嶺　大雄山　貝城東鹽河口　皖江縣　宿松漢洲皆在東流縣東磨
山　小茗山　香茗山口　大雷江口皆在縣皆安徽省黃盤洲　魚苗洲
皆在望江縣東龍坪山在廣濟縣東望江縣東沙灣口　挖梅縣　廣　擱簰洲　小
武山　銀山　麒麟山溝口皆在宿松縣境小池濟縣　蘄孫山皆在彭澤縣東斜
皆蘄州東以上均在北岸馬石磯口　二套口　橫州皆湖北省以上長洲　永和洲
牛頭山　大小姥山　江　江家套皆在廣濟皆北岸東流皆在湖口縣東張家洲
黃石磯　歷山皆在東流縣東縣東蟠塘　三里港縣　建德　扁担洲　梅
稠林磯　烏石磯　白　馬口港　烏林縣皆安徽省彭家洲皆在九江府東鞋
石磯　張公磯　牛磯　港皆蘄州東以上皆在北岸寶澤縣　湖山　淘鶩洲
紫石磯　响水磯　賽港　楊家套皆在口縣　九松股山　大小
馬當山　黃山　烽火東流縣東香河口　穰江府德化縣附雞山　黑山

磯　澎郎磯（皆在彭澤縣東）鏡子山　獅子山　帽子山　蠻子山　樓山　西山　石鐘山（皆在湖口縣東）灰山　牛頭山　匡廬山（皆在九江府東）茶嶺（瑞昌縣東）鯉魚山　百棒山　半壁山　馬安山　黃荊山　袁廣山　梅子山　猫山　宋家山　鳳凰山　火山　紗帽山（皆蘄州東以上均在南岸）

子港（皆在彭澤縣東）楊港（在湖口縣北）新港　泉港　老鸛塘（皆在九江府東）龍開河　湓口　浴港　官湖港（皆在瑞昌縣東）下巢湖　上巢湖　富池口　菖蒲港　海口（皆蘄州東以上均在南岸）

郭　南康府　蜈蚣山　猪婆（星子縣坿郭）都山　印山（即鄱陽山）昌縣　饒崗堯山　康山　州府（鄱陽縣附）（皆在鄱陽湖中）團洲　郭　瑞昌縣　江家洲　鯉魚（皆江西省以上皆在）洲（皆在蘄州東）南岸

## 蘄州下游表二

| 關隘 | 礮臺 | 屯戍 | 電綫 | 商埠 |
|---|---|---|---|---|
| 集賢關在懷寧縣北十八里 | 馬當山 | 安慶府撫標參將長江水師湖口鎮標副將 | 安慶府商局 | 九江 |
| 集賢嶺上一統志作脊現關太 | 金雞 | 潛山縣協標游擊田家鎮長江漢陽 | 殷家匯在安 | 府咸豐 |
| 平關在彭澤縣西南三十里 | 坡俱在彭澤 | 鎮標副將蘄州都司以上俱在北岸香口 | 慶城東南商局子店 | 八年開 |
| 北關口在小池口西九江 | 縣境光緒二十 | 長江湖口鎮標華陽營游擊湖口長江湖口 | 九江府商局 | |
| 洋關向有鈔關咸豐八年開埠 | 六年八月新建 | 鎮標游擊鄱陽湖水師營都司南康 | 武穴鎮商局 | |
| 通商改設洋關在德化縣西二里 | | 府城守營都司饒州府參將九江 | 子店 | |
| | | 府總兵鎮標游擊水師守備以上均在南岸 | | |

論曰以一地而當三省之衝據南北水陸之勝其惟蘄州下游六百里之間為然乎攷蘄州以東廣濟黃梅屬湖北隔岸九江屬江西宿松望江以至安慶省城則屬安徽而且由安慶以北

廬州鳳陽則為淮南之地古稱保江必藉淮南者是也由九江湖口而南則為鄱陽湖即古彭蠡南江之地匯閩粤諸水而助長江之浩瀚者也夫淮南之民性質剛强風俗渾樸合肥李文忠嘗以淮軍削平髮捻與湘軍並駕齊驅則其地之雄壯可知鄱陽湖雖偏在江南然髮逆一役水師陷入其地者三年次第削平內湖諸賊厥後仍從湖口衝出而九江之賊遂失其勢則鄱陽之關係長江非淺鮮也即就長江形勢論之蘄州之東田家鎮為一關鍵又東則九江府城北俯長江南枕匡廬鄱湖繞其左茶嶺扼其右東南重鎮非此而誰然其犄角又在對岸之小池口及湖口之石鐘山彭澤之小孤山三處髮逆之變先平此三處而九江唾手克復則扼九江者可不知所要乎九江以下尤以安慶為重鎮背枕淮南面臨皖南開府於此實有深意

蓋守安慶則上之可以接九江下之可以應太平金陵要不但為皖南北謀屏蔽已也總之三省之地各有險要在楚當扼田鎮在贛當扼九江在皖當扼安慶如常山蛇田鎮其首九江其腹安慶其尾也更分一軍以扼湖口兼防鄱湖而首尾均能兼顧所謂擊中則首尾俱應又何患地埶之遼闊哉

# 新編長江險要圖說卷四

崑山余宏淦著
元和陳　篡校

## 嘉魚下游紀

東起湖北蘄州城西至嘉魚縣之清江口與湖南交界處共長六百四十里經度起偏西一度十二分蘄州城至偏西三度十四分止嘉魚之清江口緯度北至赤北三十度四十五分黃陂縣之沙口南至二十九度五十一分清江口江流大勢自蘄州至沙口三百二十里由東南斜趨西北自沙口至清江口三百二十里則由東北斜向西南其間險阻纍不勝指今仍由下游上溯舉其要者特著於篇

西塞山　屬武昌府大冶縣漢陽鎮標前營田鎮營副將管轄西北

距省城即武昌府城二百四十里西南距縣城九十里東南距田鎮一百里山高百六十丈周三十七里既險且峻狀如關塞故名山下長江東注高浪飛翻濵江地名道士洑西有獅子流涎山東有魏家山三十里間列如屏障江自田鎮以上百里而遥至此陡狹北與對岸散花料相去甚近道士洑水性旋流舟艦未能暢行後漢孫策嘗擊敗黄祖之子射於此處今苟於此山及對岸散花料等各築礮臺駐以重兵不足以固全楚東方之門戶哉

樊山　即西山在武昌縣城西三里屬武昌府武昌縣漢陽鎮標右營巴河營游擊管轄西北距省城一百五十里東距巴河五十里山勢高峻東接縣城北俯大江西與廬山相頡頏吳晉及唐嘗置戍守於此西有樊口為通江要渠實合梁子保安等湖之水而入江後漢時劉備敗於當陽自夏口進屯樊口以待吳師即此口也

北與黃州府城隔江相望西山之麓即武昌縣城距黃州僅十有五里郡邑二城相去密邇實為罕見亦可以見形勢之要矣

黃州府城　屬黃州府黃岡縣巴河營游擊管轄西至省城一百八十里東至巴河五十里其地東通淮甸西接漢沔襟帶長江北枕大山實為古來戰爭要地春秋時為邾國後為黃國楚滅之而陳蔡之勢蹙及吳魏相攻互為重地六朝時羣蠻萃聚山川糾結難馴易擾江左視之隱若敵國唐宋以來尤為戰守要地五關峙其北（虎頭關大城關木陵關長嶺關白沙關皆在麻城縣境）北接光汝山谷盤阻為四固之區唐李道古乘五關而元濟誅宋李皐修五關而女貞遁元忽必烈張柔入五關而鄂州震（鄂州今武昌府）昔人謂固江以淮而守淮之要在五關皆在今黃州府境則黃州之關係江淮豈淺鮮哉　本朝咸豐間粵匪之亂黃州屢失屢復最後之克由先復宿（宿松）黃（黃梅）廣（廣濟）

蘄州（蘄州四城皆黃州府下游也）乃令投誠賊目仍穿賊裝僞爲應援又造匪首僞文誘城賊出戰我軍設伏待之城賊中計始得殲賊多名而復城不用力而用智則其地之險阻可知矣

沙口　屬黃州府黃陂縣漢陽鎮標中營游擊管轄西南距省城五十里東南距府城一百五十里北距縣城五十里南距漢陽府城五十里其北二十五里有武湖相傳黃祖習戰閱武處宋開慶初蒙古忽必烈侵宋取道黃陂登香爐山俯瞰大江江之北曰武湖湖之東曰陽邏堡遂自陽邏濟師沙口之西有烽火山梁末北齊進軍來逼江夏梁將侯瑱拒之於此烽火相應故名粵匪之亂沙口濱江置守咸豐五年十一月楚軍破賊於金口（在上游江夏縣界）副都統興阿亦敗賊於沙口焚其板屋上下游火光相望浮尸蔽江蓋自金口沙口攻賊得手之後武漢（武昌漢陽）始有克復之望則沙口一

隅不誠為武漢下游之要地哉

漢口鎮　屬漢陽府夏口同知漢陽鎮標中營游擊管轄東南距省城僅一江之隔南距府城僅一漢之隔相去均不及十里為漢水入江之處故名亦曰夏口亦曰沔口亦曰魯口春秋時名夏汭後漢劉表以黃祖為江夏太守屯夏口為據險計梁武自襄陽趨建業鄧元起會大軍於夏口築城以守其地東江收漢與武昌漢陽相犄角商賈雲集屹為重鎮祝穆曰夏口城依山負險周圍不過二三里而歷代攻圍多不能破乃知築城欲堅不欲廣也　本朝粵匪之亂漢口尤遭蹂躪咸豐二年十一月賊自岳州上犯先撲漢陽府陷之繼陷漢口鎮是時承平日久百貨山積遷避不及均被焚掠五晝夜始盡四年除夕賊乘不意攻破總督楊霈軍於廣濟遂於五年正月復踞漢口進擾襄河上犯漢川沔陽天門各州

邑至七月胡文忠彭剛直始以大軍進剿先克蔡店鎮（在漢陽府城西六十里）水陸并進將襄河口鐵索浮橋上下游賊船焚燬殆盡襄河兩岸賊巢全行蹋毀並將省城下游塘角賊船漢陽大別山賊巢一律焚破始將漢口鎮克復可見形勢在敵雖有良將亦不能唾手取也

漢陽府城　屬漢陽府漢陽縣漢陽鎮標中營遊擊管轄在漢之南江之北北枕大別山臨高阻深其勢隘而險距省城僅一江之隔不過七里而必別立一郡左右翼蔽以鞏磐石亦宇內所僅見也宋黃榦謂漢陽之地南人得之則恃為捍蔽孫氏都武昌使魯肅守漢陽是也北人得之則武昌不能自立漢陽守臣李怨屢以舟師敗鄂人是也愚案此說甚確咸豐二年粵匪自岳州上犯先陷漢陽府而後武昌省城失守四年八月曾文正督水陸大戰漢陽

與武昌同日克復五年正月賊復陷漢陽並踞漢口互相犄角旋於三月復陷武昌六年十一月官文恭與胡文忠規復武漢以為漢陽地接荆襄外江内漢為武昌屏藩逆陷武昌自漢陽始則欲復武昌亦必先克漢陽於是官文恭親督重兵圍漢陽逆不能抗既拔五里墩後沌口水師泛舟而下沙口𩣺艇亦溯流而上水陸合攻臬司李孟羣總兵王國才楊昌泗分西南北三路轟破城外賊壘架雲梯攻城翼長巴陽阿等繼之副將顏朝斌等又繼之水營都司鄧清亦自襄河駛出環城攻擊彈落如雨賊勢不支我軍直抵城下盡拔其濠内竹簽楊昌泗自報國菴破城入王國才李孟羣亦斬關而進衆軍鼓勇畢登甕賊無算遂克郡城而南岸省城亦經胡文忠督戰克之益可見漢陽尤為武昌羽翼非得漢陽則武昌不可復則漢陽之關係不綦重歟

武昌省城　屬武昌府江夏縣督標副將撫標參將長江水師漢陽鎮標中營游擊管轄東至江西九江府五百四十里西南至湖南岳州府五百六十里扼東江漢襟帶吳楚春秋時吳楚相攻即有事於此孫權建都武昌屹為重鎮南宋初吕氏亦謂武昌江湖之衝也西扞郢（宋之郢州今安陸府）南距岳西南臨江陵東南蔽九江表裏扞蔽最為強固咸豐二年粵逆竄陷漢陽府後其時冬令水涸江中漲沙賊以船作浮橋鐵索環之直達省城四圍立壘分門攻撲城遂陷三年正月賊全股下竄四年六月復上犯武昌再陷賊守城之法不守陴而守險其精鋭者悉聚城外南岸金口入漢之路以花園為險外瀕大江内枕青林湖賊於此立大營三座安礮百餘尊纍纍如置碁向江者阻我水師向南者阻我陸軍北岸沌口下游蝦蟆磯賊營亦如之八月曾文正督大軍自螺山下勦分水師

為兩班前班衝過監關至鸚鵡洲抄繞而上後班復排轟而下縱火燒船焚燬二百餘隻其攻花園之陸軍亦分三路進同時縱火與江中焚船之火煙燄相合連攻兩日賊不能支夜遁武漢兩城同時克復未幾復陷於賊至六年十一月疊經戰克始能肅清則甚矣形勝之區失之易而得之難也

金口　屬武昌府江夏縣漢陽鎮標後營簰洲營參將管轄東北距省城七十里西南距嘉魚縣城一百二十里距簰洲五十里始參將駐簰洲後以金口險要改駐金口其地外濱大江内通金水赤磯環其前淮山鳳凰山横其後咸豐五年八月楚軍營金口以討武漢之賊賊勾結崇通大股分道撲犯我軍衆寡不敵退保大軍山旋移營新隄賊勢復熾十一月賊由水路上竄金口楊勇慤督水師自陸溪口拔營派都司鮑超由南岸而下游擊李成謀由北

岸繞發齊抵金口官文恭亦遣副將王國才由沌口出新灘協助
賊磯子雨落鮑超等欲乘其憊令快蟹船迴環周繞百計疑之賊
礟赤藥罄乃奮迅奔撲彈毬飛滾賊不能支潰遁遂紮水師於大
軍山未幾又移駐金口蓋自金口大營紮定遂於六年十一月同
克武漢則甚矣規復武漢之本必自立營金口始也

嘉魚下游表一

山嶺　水口　城垣　島嶼
圓通山　澤山　蔣家山　掛口　茅山港　蘭　蘄水縣　沙洲附　鼠山
均在蘄水縣南　調軍山　孫家嘴　溪港　新港　巴河　黃州府　黃岡　猫山　均在黃石
山　馬蹄山　龜山　均在黃州　洪家溝　均在黃州府東　新河　縣郭　坿　黃陂　港口　新淤洲
府東　赤壁磯　五頭山　陽口　韮菜港　燕家　縣　漢口　筆架洲
邏　長山　均在黃州府北　烽火山　在漢　水口　羅家溝　鵝　鎮　漢陽　戴家洲

口東鎮龜山漢陽府北臨嶂山公頸口龍口大府漢陽縣坿郭均在蘭溪港口德

小軍山大軍山紗帽港水口沙口漢川縣勝洲淤

山均在漢陽府南以上均在北岸樟木山漢口均在漢陽府東沌口沔陽州以上洲均在樊口北

下漳山漳山魏家蒯子港鄧家口俱在北岸大冶牛王洲

山西塞山獅子流涎窟頭溝龍口腰縣武昌新洲搭

山蜀山紅石磯平口均在沔陽州東以上俱在北岸漳縣武昌帽洲均在羅家

山磯寡婦磯燕磯源口風波港聖府江夏縣坿郭溝口水鵝洲

龍王磯均在武昌縣東南西山洋港黃石港觀嘉魚縣以上在木門港口小

廬山黃柏山趙家磯音港慈姑港五均在南岸洲復原

白虎山金雞山青丈港均在武昌縣東樊口洲均在嘉魚縣北

山小青山洪山均在武昌頭港七磯港木

府東鳳凰山蛇山均在武昌府城門港東港西港

中合寶山　淮山　鳳皇均在武昌府東　鮎魚套　金
山　禹王山均在武昌府西南　蜀口　九灣洄　史家
山　大禹山　文明山均在　套均在嘉魚縣東　陸溪新舊
嘉魚縣北魚躍山　白面山　二口　島口　清江
石磯頭均在嘉魚縣南以上俱在南岸　口均在嘉魚縣西以上南岸

## 嘉魚下游表二

| 關隘 | 礮臺　屯戍 | 電綫 | 鐵路商埠 |
| --- | --- | --- | --- |
| 雞鳴關在武昌縣東 | 巴河舊巴河漢陽鎮標右營游擊黃州府 | 蘭溪鎮蘄州 | 漢口漢口 |
| 黃州稅關在黃州府 | 臺巴圯武副將都司漢陽府城守營游擊守備長 | 西北商局大冶 | 光緒二十咸豐八年 |
| 城外鐵門關在漢陽縣 | 昌府新江水師漢陽鎮標中營游擊以上俱在北岸 | 縣商局武昌 | 二年建現開 |
| 東北漢口洋關在漢 | 臺有大礮六道士洑都司武昌縣城守營參 | 省城商局督署 | 通至河南 |
| 口鎮長江關在江夏縣 | 尊將守備武昌省城將軍督標副將 | 撫署報房漢口 | 省信陽州 |

| | | | |
|---|---|---|---|
| 西後荊關口在金口西 | | 都司撫標參將守備 提督提標參將守備 金 | 商局 漢陽府 |
| 南石頭關在陸溪口 | | 漢陽鎮標後營 口 簰洲營參將 陸溪 | 城 鐵廠 報房 |
| 南 | | 長江水師岳州鎮標前營 遊擊以上均在南岸 | |

論曰以一地而當東西之衝要南北之咽喉者其惟鄂省之武昌府城為然乎夫長江為南條最大之水由四川兩湖以達兩江而東注於海是四川為長江之首兩湖為其腹兩江特其尾閭耳武昌一隅苟有阻隔譬如人有腹心之疾首尾皆不得展舒豈非東西之衝要乎且由漢水而北即可上犯襄鄖波及南陽漢中由崇通而南即可下窺洞庭擾及長沙袁州是則秦豫湘贛皆視武昌為安危得不曰南北之咽喉乎所以昔人謂江自出蜀以後有三大鎮荊州為上鎮武昌為中鎮建業為下鎮又謂大江之要害有四一曰荊州一曰岳州一曰武昌一曰九

江其言信然試觀六朝偏安江左其安危恒係於武昌有宋南渡諸臣日以爭江夏（即武昌）為事故得偷安於臨安元伯顏一入襄陽下武昌而南宋不能復支以元得建瓴之勢故也即以粵匪近事徵之賊由粵湘犯鄂距其始事已二年餘矣既陷武昌長驅東下不過兩月即能盤踞金陵豈非武昌既陷長江勝勢已在敵手乎迨後楚軍力克武昌而後黃州興國大冶蘄州廣濟黃梅諸郡邑皆相繼克復勢如破竹以武昌能扼其上游故耳不特此也自武昌復而襄鄖之路通湘岳之勢固而潯皖之逆亦於此而孤矣則武昌一城非獨為鄂省之底柱亦為長江東南半壁之輿援也豈不要哉

# 新編長江險要圖説卷五

崑山余宏淦著

元和陳　篁校

## 宜昌下游紀

東起嘉魚縣之清江口西至宜昌府城共長一千里經度起偏西三度十四分（清江口）至五度七分止（宜昌府城）緯度北至赤北三十度四十分（宜昌府城）南至二十八度四十六分（沅江縣城）江流大勢自清江口至岳州三江口九十里由東北斜趨西南自三江口至石首縣三百七十里由東南向西北特此段江流最為曲折由石首至荆州一百八十里則由南至北自荆州至宜昌三百八十里又由東南斜至西北且自枝江縣而東江流雖峻然兩岸多屬平坦舟行猶未甚險枝江西北至宜昌則江行於兩山之中

夾岸高峰或數百尺或千餘尺舟一觸石立靡且其流湍急迴非下游可比洵愈上而愈險也今仍由下游上溯併湖南之洞庭湖備載於篇

岳州府城　屬湖南省岳州府巴陵縣岳州鎮標中營遊擊管轄東北距湖北武昌府城五百六十里南至湖南長沙府城三百八十五里西北至湖北荊州府城四百七十里東北至清江口與湖北交界處一百里岳州襟江帶湖巴蜀荊襄之會全楚之腰膂也湖南得之足以規取荊鄂淮南得之足以包舉湖南蓋自江之東西湖之南北皆以岳州為樞紐故也城西南有巴邱山前俯洞庭後臨大江西北十五里有城陵山蜀江西來洞庭南注合流於此為一郡水口之所滙山下臨江吞吐川谷者為城陵磯咸豐初粵匪陷岳州四年七月克之逆自城陵磯悉銳來犯我軍分五隊迎敵

敗之又疊敗賊於道林磯羅山螺磯等處而岳州之守以固所以同治元年增設長江水師於岳州特設一鎮又建提督行署於此每年臨涖以稽查防守之得力與否則岳州形勢之險要亦可想而知矣

洞庭湖　在岳州府城西南一里或謂之九江以合沅漸漵辰漵酉澧資湘九水而成者也或謂之三湖以南包青草湖西連赤沙湖與洞庭合而為一者也湖横亘七八百里經長沙岳州常德澧三府一州之地汪洋浩瀚吐納羣川大江西來横亘其口每歲七八月間岷峨雪消水暴漲自荆江逆入洞庭清流為之改色渡湖而南則由長沙而至嶺海渡湖而西則由常德而道滇黔渡湖而西北則入澧州而徑川陝誠四達之通衢荆州之巨浸也湖之中間有山名君山亦名洞庭山在岳州西南十五里方六十里咸豐四年攻克岳

州之役水師分泊南津港君山一帶賊悉鋭來犯我軍分五隊迎敵彭剛直由湖西進楊勇慤由湖東進擊斃偽丞相二名餘賊千餘人生擒一百有餘名獲船七十餘艘而賊為之喪膽皆由兩路包抄故賊不得遁非湘中軍士熟悉内湖形勢曷克臻此

監利縣城　屬荊州府監利縣岳州鎮標後營荊州營副將管轄西北距府城三百十里東南距岳州府城九十里縣城外臨大江内多藪澤沮洳卑下時以修築隄岸為急務縣南十里有大馬長川自大江分流東下一名魯洑江縣西四十里有劉家溝又名隄頭港西通大江夏月水漲小舟可以通行較外江約近百里隔江以南接華容縣界則石首獅子諸山林立地形高峻矣咸豐四年粤匪擾湖北竄踞監利官文恭派隊往攻斃賊三千餘人立將縣城克復蓋緣是處濱江汙下無高山大嶺以為阻撓故易失亦易復

也

石首縣城　屬荊州府石首縣岳州鎮標後營荊州營副將管轄北距府城百八十里西北至公安縣百二十里南至岳州府華容縣八十里大江自監利縣而來至此最為曲折縣城之北三里有石首山縣南有龍蓋繡林馬鞍三山錯列江濱為縣城扼要所在咸豐四年監利縣城既克賊聚華容攻撲石首官文恭以石首界連荊州恐致蔓延即飭健將帶監利得勝之兵授以機宜馳往石首斃賊多名石首遂完並乘勝攻克華容縣城餘匪乘船遁入洞庭湖

沙市　屬荊州府江陵縣岳州鎮標後營荊州營副將管轄北距荊州府城十里南距石首縣城一百七十里西北距筲箕窪十里西距虎渡河二十五里向為楚之故城又名沙頭市朱梁開平二年

楚馬殷將許德勳將水軍擊荊南至沙頭高季昌懼而請和後唐天成三年詔楚王馬殷討荊南殷遣軍次沙頭益沙市為荊州外衛守荊州者必先扼沙市沙市有失則荊州亦難據守第其地本多沙渚每蜀江漲溢輒至摧圮後築長隄扞禦始無水患其地外濱大江內負名城西連巴蜀北接漢沔四通八達故向為商賈輻輳之區光緒二十一年中日議和又於此特開商埠淺水輪舟往來於宜昌漢口閒市廛益形繁茂則守禦之道宜益加嚴密矣

荊州府城　屬荊州府江陵縣岳州鎮標後營荊州營副將管轄東南至岳州府四百七十里西北至宜昌府三百八十里控巴夔之要路接襄漢之上游襟帶江湖指臂吳越為全楚咽喉之所東漢初荊邯說公孫述曰今田戎據江陵（即荊州）臨江南之會倚巫山之固築壘堅守傳檄吳楚長沙以南必望風而靡三國時諸葛武侯

曰荊州北據漢沔利盡南海東連吳會西通巴蜀此用武之國也東晉何充曰荊楚國之西門戶口百萬北帶强敵西鄰勁蜀經略險阻周旋萬里得賢則中原可定勢弱則社稷同憂　本朝咸豐間曾文正亦云江自出蜀以後有三大鎮荊州為上鎮羅忠節公亦曰大江之要害有四一曰荊州蜀江初出峽之水也荊州不守則西可窺蜀南可襲常澧章氏山堂攷索曰江出岷山經夔峽而抵荊楚則江陵為一都會五代時高氏竊之唐天成三年楚敗荊南兵議遂取其地楚將王環曰江陵在中朝及吳蜀之間四戰之地也宜存之以為扞蔽宋初遣軍入荊南湖南遂不能支則荊州之關係全楚不亦重哉

筲箕窪　虎渡河　二處均屬荊州府江陵縣岳州鎮標後營荊州營副將管轄東距荊州城二十里西距松滋縣江口司一百二十

里馬徵麟長江圖說曰胥箕窪為沮漳之口春秋時與江漢二瀆同為楚望虎渡河別而為沱當在周秦以後求之禹迹實為長江之幹水荆河虎渡二江雙流互為本支據鄢郢之勝握全楚之樞上游有故則操之有要矣今按沮漳二水自遠安當陽而來屈曲南流至胥箕窪而入江虎渡河北受江水南合澧水注於洞庭是二地者一南一北同為大江分流之處咽喉所在也則其地之險要從可知矣

荆門山　屬荆州府宜都縣宜都營都司管轄東南距府城三百四十里南距縣城五十里北距宜昌府城四十里在大江南岸北岸有虎牙山與此相對荆門上合下開有若門然虎牙石壁色紅而有白文類牙形二山楚之西塞也江流出其間水勢峻急舊有戍城在山下今廢東漢初公孫述遣田戎任滿據荆門虎牙横江建

浮橋立柱以絶水道結營跨山以守陸路岑彭等率舟師直衝浮橋縱火焚燒遂克之晉王濬伐吴自西陵進克荆門隋楊素伐陳亦自荆門進兵其南有安蜀城北周築之以禦陳兵者唐許紹傳所謂江之南有安蜀城地接夷陵荆門城峙其東皆峭險蓋大江自枝江以上兩岸皆山江流於兩山之間宜都以西山勢愈峻至荆門山宛如天生石橋誠所謂一夫當關萬夫莫開者也置戍於此得其要矣

宜昌府城　屬宜昌府東湖縣宜昌鎮總兵鎮標中營游擊管轄東南距荆州府三百八十里西至巴東縣與四川巫山縣交界處二百五十里本名彝陵州西距三峽東界重湖戰國時為楚重地秦將白起攻楚拔郢燒彝陵楚於是乎東徙郢即荆州彝陵即宜昌東漢初田戎據彝陵岑彭攻拔之遂謀伐蜀三國時吕蒙襲公安即今公安縣陸

遜別取宜都守峽口（即西陵峽口在宜昌城西二十五里）以備蜀而荊州之援絕蜀先主討吳陸遜固守彝陵而先主不得逞吳步闡以西陵（即西陵峽口）降晉陸抗急引兵圍之嘗曰西陵國之西門宋呂氏祉亦曰荊州要害實在彝陵蓋宜昌府城背山臨江竹木叢蔚卒有要害弩馬不陳其西二十里即西陵峽為巴蜀三峽之一泝江而西直至四川夔州府長七百里兩岸連山略無斷處非亭午夜分不見日月無論水陸均有一夫當關萬夫莫開之勢而宜昌實扼西陵峽之下游楚蜀有警宜昌首受其衝則是處之防務豈可忽哉

宜昌下游表一

| 山嶺 | 水口 | 城垣 | 島嶼 |
| --- | --- | --- | --- |
| 螺山　楊林磯 | 新閘口（在清江口北岸）荊河 | 監利縣　荊州 | 沙洲（坍）觀音洲 |
| 白螺磯（皆荊腦河口東）雞 | 腦口（在三江口北岸）尺八口 | 府（江陵縣坍郭）宜昌 | 三江口　君山 |

子山虎牙坡皆宜昌府東以上俱在北岸筆架山鴨闌磯漁磯臨湘磯皆在臨湘縣東象骨山城陵磯七里山皆在巴陵縣東雞窩山九龜山槁山蔭基山黄姥山斗篷山皆在巴陵縣東南石首山墨山獅子山雞子山

下新河上新河劉家溝皆在監利縣西小河口在石首縣東笴箕窪口董市口皆在江陵縣西白洋渡口臨江河口皆東湖縣東以上俱在北岸清江口臨湘口象骨港北門港皆在江陵縣東三江口即洞庭湖口湘江資江沅江澧水俱入洞庭湖大川章華港調弦口皆在石首縣東

府東湖縣坿郭以上皆湖北省皆北岸臨湘縣岳州府巴陵縣坿郭湘陰縣沅江縣龍陽縣常德府武陵縣坿郭澧州安鄉縣華容縣以上皆湖南省石首縣公安縣松滋縣枝江縣宜都縣長陽縣

昌磯洲鳳山明山雞子團山石承山磊石山子母城南岸嘴均在洞庭湖中唐家洲大馬洲均在監利縣南天鵞龍洲枚回洲俱在笴箕窪西羊角洲在枝江縣東

鼓樓山（皆在華容縣東北）　鸛池口　黃水套
（以上皆湖北省俱南岸）

龍蓋山　馬鞍山　虎渡河（皆在公安縣東）　洋溪

繡林山（皆在石首縣南）　塘（枝江縣東）　清江口（宜都縣北）

紅花陀　荊門山（以上均在南岸）

（皆宜都縣北以上俱在南岸）

## 宜昌下游表二

| 關隘 | 礮臺屯戍 | 電綫 | 商埠 |
| --- | --- | --- | --- |
| 巴陵關（在巴陵縣北荊江口）　岳州洋關（光緒二十一年設）　七里關（在武陵縣北）　調關（在石首縣東）　沙市洋關（光緒二十一年設）　古江關（在宜都縣西北荊門虎牙二山間）　宜昌洋關（光緒二年 | 筲箕窪舊臺（已圮） | 岳州（城守參將水師守備長江水師）　鎮標中營游擊　洞庭湖水師營游擊　沅江（長江水師岳州鎮標左營參將）　常德（副將都司）　澧州（參將）　荊州（城守參將水師守備長江水師） | 岳州商局　沙市商局　荊州商局子店　宜昌商局 |
| | | | 岳州（光緒廿一年開）　沙市（光緒廿一年開）　宜昌（光緒二年開） |

| | |
|---|---|
| 設西津關在東湖縣西大江右 | 岳州鎮標後營副將 |
| 南津關在東湖縣西北十五里 | 宜都都司 |
| | 宜昌總兵副將 |

論曰大江自武漢以上由湘入蜀經歷險要之郡有三一曰岳州嚴扼洞庭湖口鈐束荆江腰膂咸豐間粵匪犯順由湖南上竄湖北必先據岳州而後進窺武漢是岳州者不獨湘省藩籬且為武昌喉舌襟江帶湖形勢最利便也由岳州而上則為荆州即春秋之郢地楚都於此足以上控秦晉下制吳越及戰國時秦人拔郢楚徙都於陳而楚遂不振故昔人謂湖北形勢荆州重於襄陽以襄陽為守不若以荆州為戰是荆州者北扼襄鄖東達武昌實為鄂省四戰之區要非他郡之所能比也更由荆州而上則為宜昌故宜昌為湖北最西之郡西與川蜀夔州相接大江出峽宜昌首受其衝吳陸抗謂西陵在宜昌城西二十五里國

之西門正指宜昌而言則宜昌之扼重可知矣竊嘗綜覈長江大勢上游之地固在川峽然宜昌以上兩岸皆崇山峻嶺江流於山谷之中水底暗礁舟觸立碎其險要皆在於山而不在水且秋冬水涸江流愈狹雖有淺水輪舟亦難行駛故自宜昌以西宜築鐵道以達四川直抵西藏宜昌以東則駕輪舟以達漢口直抵揚子江口如此則水有輪舟陸有汽車無事運貨則東海魚鹽與西川礦產俱有流通之妙有警籌防吳楚勁旅與川蜀精兵胥呈兼顧之形庶幾富强之勢成而長江之防固矣

国家出版基金项目
NATIONAL PUBLICATION FOUNDATION

# 海上絲綢之路文獻集成

總主編　陳支平　陳春聲

## 歷代史籍編 109

主編　范金民

海峽出版發行集團
THE STRAITS PUBLISHING & DISTRIBUTING GROUP
福建人民出版社

# 本册目次

# 防海備覽十卷

〔清〕薛傳源撰

《防海備覽》十卷，清薛傳源撰。傳源字資塘，江蘇江陰人。嘉慶間歲貢生。此書撰於乾隆末，所倡導之海防理論，尤其强調「防海上策，須防之於海，防之於岸則下策也」。首陳要害，以辨其地；次及會哨，以重其責；嚴私通，以絶其源；查偵問，以解其黨；造艦械，以備其具；明軍令，以嚴其任；强訓練，以習其人。至於城堡次之，禦守又次之。書中又記自盛京至山東、江南、浙江、福建、廣東沿海海防要塞，並附圖以明其位置，注明要塞形勢、地域名稱、山川走勢、河湖流向及防禦布置等。據中國國家圖書館藏清嘉慶十六年（一八一一）刻本影印。

嘉慶辛未春鐫

# 防海備覽

望山堂藏板

## 序

海盜之患明之倭最劇蹂躪三省搶攘二十餘年斷而後克之而東南之民因以彫敝其時良將謀士悉力并智以倭爲務故其著書論說最備

國家盛德宣究薄海安枕閒有草竊小發輒得然瀕海州縣頗有被抄掠者守令有被賊害者內地之民有爲之勾引供其資糧者其種類中亦頗有佼佼著名號能行其令者熟視而不爲之所沿海走集日以消耗卒有水旱之不時饑寒所驅逋逃迸逸乃始瞪目相視則無及矣此深識遠見之士竊竊然有厝火積薪之慮者也夫今日之勢與明代異明之盜守以强將勁兵而不足今之盜責辦於守土之吏而有餘何也明之盜外與日本狼狽內則盤踞島嶼窟穴深固倭兵剽狡便戰汪直徐海輩又皆貪奸大豪能附集其下故流刼四出官兵屢僨而莫能誰何今所謂洋匪者特貧薄無藉窶身偷活或市井傭僧妄冀剽掠爲肥厚耳其長技則關商賈求稅貨人而取其贖耳伺便則鴟攫捕急則倘佯海中假息旦夕耳夫蝗之害稼也比其羣飛勢成隨地遺種

頃刻滋蔓若其蝻之未出於土則可掘而勦也已出未羽可撲而絕也今誠申明保甲之法使姦宄無所容隱盜於水而室於陸者隱民之取食者胥吏兵伍之潛通爲窩線者稽核必得鋤其强懲其弱而痛絕之海口所出入米穀硝磺之透漏銷贓之寄頓出洋收洋掛號之影射察其蹤跡毋使漏網如此則洋匪之歸影滅跡可計日而待也或曰洋匪之所以不甚肆者有家室爲質有米穀爲餌也悉絕之則彼既無所歸又無所得食挺險而起登陸突犯明之禍且復見曰子以爲今洋匪之



所以敢上岸焚刦者果其兵精而力衆歟抑奸民爲之指蹤助其聲勢歟今既剿其耳目剪其羽翼矣即冒死求逞勢將何之且吾所爲無事用師者不必調兵集衆大舉會勦耳若夫防海各水陸營明訓練利器械嚴哨守此兵弁常職即無儆顧可一日廢弛而不講歟曰彼既相爲聲勢矣操之急一旦水陸合發則如之何曰奸民之爲盜者徒以米粟相市也豈眞有攻取大畧要約結束爲偵伺內間哉其緩則相倚急則相棄勢也吾所捕者在陸彼所倚者在海風濤之間阻舟船之停泊遲

則不能匿形速則不能爲期其不相及也亦勢也或又曰爲盜者在海奸民卽負其賂遺固非公然有不軌之跡也舍彼而就此毋乃不搏猛獸而搏畜兎乎且小盜之出沒勢不能悉絕吾修甲繕兵示之以不可犯足矣搜剔根芟捕捉風影吏胥之顚倒怨讐之告訐紛紛皆是脫有寃濫勢且先亂是又不然語曰削株掘根禍乃不存奸胥黠伍之伏城市者盜之根株而心腹之疾也伏奸不除則盜決不可得即得之亦必復熾昔王式討浙東賊將吏與賊通者陰察而悉誅之嚴門禁無驗者



不得出入故不三月而殄裘甫明朱紈撫浙閩下令禁海嚴糾察獲通番者九十餘人一旦驅出戮於演武場及趙錦代之寬以市德而奸豪相賀倭寇遂亟矣此非其明效耶若夫守令爲親民之官大吏有察屬之責天子所倚畀百姓所仰望而明不能以照奸斷不能以去梗忠誠不能以孚物徒與下吏比因緣爲擾累則固非吾之所敢知矣江陰薛君貢塘有志經世之士也病明世海防諸書繁而不切於用刺取其要爲備覽十卷詳於治本畧於言兵分爲十目各冠以會典所載

諭旨益成憲昭垂至精至詳守土吏恪謹奉行則弭盜
安民固不出乎此書成兆洛受而讀之喜其本末具備
後來者可以考鏡而老成持重之見尤非輕率好事喜
爲大言者比也故推其意而爲之序焉

武進李兆洛拜撰



## 自序

嘗聞養生家之論醫也云治已病不如治未病病
已劇而治之審其經絡察其臟腑辨其寒熱以藥
投之視彼庸醫束手者勝矣然不如未病之先慎
寒暑節飲食導引元氣抖擻精神可以勿藥有喜
矣今天下之平久矣濱海居民至老不見兵革者
累世豈非
聖天子久道化成俾浮浪奸人咸戢翼於光天之下遂
克海氛永息乎然而
聖天子猶安不忘危於海疆尤爲廑念每文武大吏陛
辭之日
廷訓諄諄有加無已誠
帝德廣運超出尋常所以弭患於未形者至豫也生長
海邦者不深攷夫前代被困之易何以知今日制
防之密
德威之遠哉間嘗歷覽前史之所載與夫沿海郡邑之
誌以及百家之軼說父老之傳聞覺前明近海生
靈荼毒最酷可爲吐舌可爲寒心竊謂前車之鑒

不可棄矣倦遊杜門因採諸家之說編次成集分爲十卷半冠以會典題曰防海備覽首陳要害辨其地也次及會哨重其責也次嚴私通絕其原也次及偵間解其黨也次及艦械備其具也次及軍令嚴其任也次及訓練習其人也至於城堡次之禦守又次之以防海上策須防之於海防之於岸則下策也書成凡五閱寒暑自知未曾覩見垣一方人所言何當於良醫之用然以質之深心爲國之上醫庶不至鄙而棄之以爲愚者之必無一得也昔

乾隆五十八年歲在昭陽赤奮若病月　薛傳源序



凡例

一向來論海防者俱自廣東而起次福建次浙江次江南次山東次遼東我
朝奉遼東爲
盛京以其爲發祥重地故此書論要害先
盛京而下及諸省重陪京也

一各員分巡總巡備詳　會典規避必嚴敬錄于會哨卷首至前明水寨之制哨海之論及防海沿革始末俱附于後

一通洋之禁創在前明諸臣已多異議總之治得其人則通以便民治不得其人則通以生變我
朝定鼎以來洋禁時嚴時寬度勢準情各有所宜敬據　會典錄于第三卷首後舉前代積弊及諸家聚訟備列之以昭法戒

一招撫亦是解散良法然必偵探得實而後招撫之令爲不徒然否則徒以滋其驕耳如元至正戊子間方國珍爲亂于台州盤踞海上官兵皆不戰而敗時廷議恐爲海運之梗招安之授海運千戶既而再叛

旋撫卒不得其要領可見招撫必先用偵得計也故
不另輯招撫統論于偵間門
一軍令之嚴訓練之精至我
朝而備敬錄　會典于軍令訓練兩卷之首外如明
代軍政之弛可為殷鑒良將盡瘁之輩可為取法者
附焉
一明鄭若曾籌海圖編凡戰艦及軍械大小各有細
圖想其時制尚未備耳我
朝鑒明之弊制度詳列　會典敬遵錄出閲卷已了



然無事細綴各圖也
一召募土著最為有濟調遣客兵每易騷擾備詳其
說于訓練門故不另綴
一糧餉為用兵首務茲不另列糧餉一門者以是書
乃思患豫防之計若常平倉穀積貯有素即非防海
亦所必籌故特附其說于禦守一門並講禦守不能
廢糧儲也
一城堡修築原不專為海防然觀前明海寇之毒無
城堡處受毒最深則論海防者不可畧城堡也且安
知我
朝海氛斂戢不敢入內地者非以城堡之堅固有以
戢其心乎
一范表前後海寇議鄭茂靖海紀畧殷都海防論宋
兌太暑張鼐吳淞甲乙倭變志周大章禦倭録茅坤
勦徐海記李日華倭變志但指一時一事至沿海省
志府志縣志各就一處言之鄭若曾籌海圖編亦多
疎漏茲彙考其全或一事互異者並載其詳或持論
相符者參訂其要



一此書分為十卷非敢謂定數不可增減然內地之
與海疆其緊要處有同有不同此專為防海而設詳
所當詳而備所當備頗斟酌詳慎

防海備覽目録

# 防海備覽卷一

江陰薛傳源河明

## 別要害

大海重洋茫然萬頃不辨其要害則島嶼之星羅棊布沙礁之淺深遠近與夫狂飈駭浪之順逆向背揚颿遙瞰觸處驚疑卽欲分巡會哨未免勞師遠涉曷以奏功故自　盛京而下為山東為江南為浙江為福建為廣東沿海各省各有要害不可不審也輯別要害門



盛京有白山拱峙滄海朝宗東西距五千有餘里屹然雄鎮考其東界則大海南界亦大海西南與東北亦大海惟西則界山海關北則界鄂羅斯東南則界希喀塔山西北則界蒙古土默特而已是海防亦不可弛也明初設金復寧蓋旅順諸軍聯屬海濱足嚴守望然其後因劉江金線島之捷而海氛久熄自山東海運之廢而墩寨益廢於是旅順諸堡亦無復用當時議者謂沿海衛所亦當如舊制如旅順而西以金州轄之三岔河而南以蓋州轄之三岔河而東以三屯轄之統其責者秋汛以防邊為重防海為次春汛以防海為重防邊為次逮

國朝以發祥大地奉為　盛京領府二曰奉天曰錦州領州四領縣八兼轄寧古塔黑龍江二城并如　京師官制設戶禮兵刑工五部侍郎又設鎮守將軍三副都統十巡察御史二防護海疆鎖鑰衝要往來海上者羣知為陪　京重地不敢窺伺焉

登萊二郡凸出於海如人吐舌東南北三面受敵故設三營聯絡每營當一面之奇登州營所以控北海



之險也登萊二衛併青州左衛隸焉其策應地方語所則有奇山福山中前王徐前諸所語寨則有黃河口劉家汪解宋蘆徐馬停皂河馬埠諸寨語巡司則又有楊家店高山孫界鎮馬停鎮東良海口柴胡海滄魚兒鋪高家港諸司三營各立把總一員以踞轄之其在海外則島嶼環抱自東北崆峒半洋西抵長山蓬萊田橫沙門鼉磯三山芙蓉桑島錯落盤踞以為登州北門之護過此而北則遼陽矣此天造地設之險也然諸島雖近登州而居島以取魚鹽之利者乃

遼陽之編伍非山東之戍卒也故北海之濵既有府沿而設險者復建備倭城于新河海口以爲屏衛且有木營之建焉沿海兵防特重其責非若他省但建水寨于島嶼良有以也夫島嶼既不設險則海口所係匪輕自營城以東若抹直石落灣子劉家汪平暢蘆洋諸處自營城以西若西王莊西山欒家孫家海洋山後八角城後芝罘島諸處皆可通番船登突嚴外戶以綏堂闥其各營與守之責乎　宋以前日本入貢自新羅以趨山東今若入寇必由此路但登萊之海危礁暗沙不可勝測非諳練之至則舟且不保何以迎敵而追擊乎故安東以北若勞山赤山竹篙旱門劉公芝界八角沙門三山諸島乃賊之所必泊而我之所當俟焉者也若白蓬頭槐子石橋雞鳴嶼金嘴石食廟涉灘亂礁乃賊之所必避而我之所當遠焉者也



吳淞口與黃浦交會最爲衝要自吳淞口以南黃浦以東海壖數百里一望平坦皆賊逕道前明因不能禦之于海致倭深入蘇松二府一州九縣之地無不剎殘其禍慘矣松江之有海塘而無港口者則自上海之川沙南滙華亭之青村柘林悉沿海邊守禦不可少弛現今柘林青村南滙各設都司以守之川沙特設參將以守之而金山界於柘林乍浦之間尤爲江浙要衝現設參將以爲陸兵之統領又於其中添建守備一員千把總六員專駐金山往來巡哨所以北衛松江而西援乍浦也至於蘇州之沿海而多港口者則自嘉定之吳淞所太倉之劉家河常熟之福山港俱賊舟可入者峴吳淞設參將劉河福山設遊擊以堵禦之而崇明孤懸海中尤爲賊所必經之處明已設狼山總兵爲之統轄我

朝添設總兵駐劄崇明而狼山總兵仍駐通州又添置游兵把總往來會哨所以巡視海洋而警報港口也內外夾持水陸兼備庶上可以禦賊於海洋下可以巡塘而拒守



淮揚二郡介于江淮之間東瀕大海賊舟出沒三面隄防爲難明初備禦之制淮安設衛二內屬所五外屬所五揚州設衛三內屬所十四外屬所三復建兵

府雖職司轉漕實宗控扼之勢蓋南北之咽喉非他郡比也考其地形起自東南蓼角嘴以抵姚家蕩綿延三四百里除安豐等三十六塲俱在腹內不為要害要害之處乃通州也狼山也楊樹港裏河鎮也餘東餘西等塲也蓼角嘴呂四塲也掘港新閘港也廟灣劉庄金沙塲也其尤要者有三曰新塲出入至近逼近揚州也曰北海所從以通新閘港且有鹽艘聚泊也曰廟灣其為巨鎮而通大海口也須設把總三人一駐新港一駐北海一駐廟灣更用陸路遊擊一員駐劄海安則東可以控狼山通州海門之入而西可以衛揚州矣

唐順之云廟灣勦賊之路原有兩條一條從寶應拖船過壩水路自清溝踰口進攻則兵勢既迅而饋餉亦易一路從淮安至馬邏陸路進攻此兵勢既迂而饋餉亦難

仇俊卿云海道要害切于江北者狼山當江南之吭而廖角掘港皆揚之東南界也朐山據淮海之首鬱州嘤遊山皆淮之東北境也中包泰興之周家橋鹽



城之射陽湖山陽之雲梯關廟灣等處此皆沿海衝要之區寇盜停泊出沒之處

洋山乃蘇松禦倭海道之上游也蓋海舟必得山嶼而后可泊無嶼之山不可避颶風如之何敢泊也洋山乃兩頭洞西北高百餘丈週圍約七八十里形如圈椅其中有十八嶼如一太湖可藏數百艘湖口面北娘娘廟在焉海水鹹不可食惟山嶺有一池泉淡可汲明當道建議浙直哨船期會于此何也洋山南去定海北去吳淞皆一潮蓋在浙直之交適中之地也舟山諸山者兩浙之屏翰也崇明諸沙者三吳之屏翰也陳錢者中國海山之盡處也明倭至陳錢南北分䑸經馬蹟大衢而西過舟山則兩浙受其患不經大衢舟山而向洋山之西迤北而行則歷淡水門大七小七西衢實山北衢高家竹箔二嘴或東北衢三片扁担二沙而蘇松江北惟所驟矣

唐順之曰海賊入江由江南岸登陸之廖角嘴營前沙南北相對海岸約闊一百四五十里為第一重門戶狼山福山相對江面濶一百二十里為第二重門

戸周家橋與山相對周家橋北岸至順江洲與江南分界江面約濶六七里順江洲至新洲夾江面約濶七八里新洲夾至山南岸江面約濶十四五里爲第三重門戸三處領水兵官須整備船艦晝夜緊守三門勤勒會哨以防春汛門戸既固堂奥自安若三門稍有疏虞至不得已而守金焦南岸斯爲下策餘無策矣

胡宗憲云國初沿海每衛各造大青及風尖八槳等船壹百餘隻出海指揮統率官軍更番出洋哨守海



上諸島皆有烽墩可爲停泊其後弛出洋之令列船港自浙東定海浙西乍浦蘇州于吳淞江口及劉家河夫乍浦海灘淺閣無山嶼避風之處前日把總周易等所領戰船被賊燒毀僅遺十餘隻近又報爲颶風擊碎不若海中洋山殿前窩集反可泊船也吳淞江口及劉家河出海紆遲又非泊船處所議者欲分番乍浦之船以守海上洋山蘇淞之船以守馬蹟定海之船以守大衢則三山品峙哨守相連可拒來寇而又其外陳錢諸島尤爲賊衝三路之要兵部原題副總兵俞大猷統領戰船駐劄海上防賊截後則如陳錢乃其所當屯泊而提督軍門及海道等官每于風汛時日相參巡察有警則我大船火器衝截賊入寇不得登岸入犯不得泊各島則彼無所施釁孽不作而外地安堵矣

浙海諸山其界有三黄牛山馬墓長塗冊子金塘大榭蘭秀劍山雙嶼雙塘六橫韭山塘頭等山界之上也灘山滸山洋山馬蹟兩頭洞漁山三姑霍山徐公黄澤大小衢大佛頭等山界之中也花腦求芝絡華



彈丸東庫陳錢壁下等山界之下也此海寇必由之道也

定海乃寧紹之門戸舟山又定海之外藩前明信國湯和經畧海上區畫周密獨於舟山似有未妥者盖洪武間倭犯中界犯玉環犯小濩寨皆浙東海濱信國所親見也其來也自五島開洋衝冒風濤困胘精神者數日至下八陳錢而始少憇然孤懸海外空曠蕭條必更歴數潮泊普陀烏沙門之類而後得覘我軍虚實以爲進止若定海之舟山又非普陀諸山之

比其地則故縣治也其中爲里者四爲嶼者八十三五穀之饒魚鹽之利可食數萬衆不待取給於外乃前明倭寇貢道之所必由寇至浙洋未有不念此爲可巢者明初被其登據卒難驅除明太祖建昌國衛於其上屯兵戍守誠至計也信國以其民孤懸徙之內地改隸象山止設二所兵力單弱雖有沈家門水寨然舟山地大四面環海賊舟無處不可登泊設乘昏霧之間假風潮之順襲至舟山海大而哨船不多豈能必禦之乎我　朝特設總兵鎮守定海舟山又



於象山設副將協鎮寧波昌石等處制更密矣閩東定海奉象一帶貧民以海爲生盪小舟至陳錢下八山取殼肉紫菜不啻萬計明代倭船入寇五島開洋東北風五六晝夜至陳錢下八分䑸以犯閩浙直隸此輩恒先遇之有被殺者有被擄爲鄉導者因此諸山壤遠瀰條無居民守禦賊得以深入明胡宗憲之議所繇建也然有議其不便者謂離內地太遠聲援不及接濟不便風潮有順逆海船有便否蛟龍之虞觸礁之險設伏擊刺之難將官之命危于累卵

無慮其爭執爲難行也然自與海洋之渠立有[illegible]至必預知爲備亦甚易蓋哨賊於遠洋而不常厥居擊賊於近洋而勿使近岸是謂善體前人立法之意台州瀕處海濱誠四塞之國南有桃渚金竹北有桑洲桐岩西有關山衛野疊嶺層巒重關鳥道誠可禦之險然南去盤石楚門僅五十里東南去松門僅百里東去海門僅八十里設或海寇棄舟登陸皆可卒至城下自海門而上者則隨潮直達實一時難禦之變也三面阻山一面瀕海孤懸數百里之外救援接



濟所難卒至者惟此耳聞前明戚參將駐兵桃渚而倭奴屯聚桑洲遣輸糧銀經月不至孤危之勢誠可畏也今已設副將重鎮而寧海太平各設參將黃巖等處特設總兵西控溫處金衢北衛寧紹糧餉無臨時輪運之難而士卒有先時設備之佚以至出海兵船備所官軍悉知警備而防益固矣

建延邵汀爲上四府據上流福興泉漳爲下四府瀕海明初設都十一衛于下所以防海設行都司五衛一所以關海防重于備倭琉球次之而我民通海者

漳則爲其關大則崇安之分水關建寧之仙霞關次則光澤之山杉關分水由江西上饒以越建寧仙霞由浙江江山以越建寧杉關由建昌以越邵武防守要害有三航海爲間地奇兵之所乘也甌寧爲險地兩浙之所窺也杉關爲隘地江右之所趨也海寇入閩其道有三崇安爲隘道正兵之所趨也光澤爲險道偏師之所入也航海爲間道奇兵之所入也

入閩之地兩面當海者二一興泉是也一面當海者二福漳是也寇閩要衝晉江之深滬惠安之獺窟興化



之沖心平海龍谿之海門漳浦之島尾南靖之九龍寨溪皆是也然莫有如崇寧之尤險者蓋大地形勢自西北而東南至於福建盡之矣而福寧尤在福建之東南突出海中如人吐舌然其左爲甌括海居東面其右爲福興海居南面福寧獨當東南北三面之海倭船入寇必先犯此試按其形勢實爲可慮必賴有外衛可以支持明初水寨之設職此故也舊寨在州東北五六十里三沙海面永樂初所置抽用福州中左二衛福寧衛大金千全千戶所軍守之秦嶼羅浮官井洋皆屬焉今特設總兵駐劄鎮守尤爲扼要

大抵興泉漳以海爲襟民習獷悍而月港海滄詔安漳浦同安福清等縣則爲濱渤要害前明入犯之衝首南澳次銅山次吾嶼次南日今寨遊舟師鱗次相比非復曩時之比扼其上遊則閩海內地可無慮矣

至於外島在詔安縣南海中曰南澳在泉州東海中曰彭湖在興化府東南海中曰湄洲嶼在福清縣東南海中曰海壇山至險者惟彭湖其地舊屬同安縣明季因地居海中人民散處催科所不能及乃議棄



之後內地苦徭役往往逃於其地而同安漳泉之民爲多及紅毛入臺灣并其地有之而鄭成功父子相繼據險此爲臺灣門戶四面有三十六嶼羅列如排衙大者曰媽祖嶼等處澳門口有兩砲臺次者曰西嶼頭等處各嶼惟西嶼稍高內澳可容千艘又周遭平山爲障止隘口進不得方舟自廈門至彭湖有水如黛色深不可測爲舟行之中道順風僅七更半水程一遇颶風小則漂流別港阻滯月餘大則犯礁覆舟故舟子有望風占氣之法羅經針定子午放洋各

有方向春夏由鎮海圻放洋正南風坐乾亥向巽巳西南風坐乾向巽冬由寮經放洋正北風坐戌向辰至夜半坐乾戌向巽辰東北風坐辛戌向乙辰或由圍頭放洋正北風坐乾向巽至夜半坐乾亥向巽巳東北風坐乾戌向巽辰至天明俱可望見澎湖西嶼頭由澎湖至臺灣俱向巽方而行薄暮可望見今臺灣內屬設總兵鎮守而澎湖有副將南澳海壇等處俱設總兵幾於海不揚波而要害不可不知也

臺灣為海中孤島明宣德間太監王三保舟遇颶風



入臺始知有臺灣之名地形似彎弓中為臺灣市市以外皆海由上而北至淡水雞籠城界與福建相近其東則大琉球也離灣稍遠由下而南至加洛堂郎嶠其西則小琉球也與東港相對由中而入一望平原三十餘里層巒聳翠樹木蓊茂即臺灣澳之所也而灣外復有沙堤名為崑身自大崑身至七崑身止起伏相生狀如龍蛇復有長沙線自南港口起至淡水海外止不知其幾千里北線尾與安平鎮城相連與赤嵌相對復有大線頭海翁崛為臺灣之外障鹿耳門與北線尾相連船隻出入之處是臺灣之大門戶也明中葉北線尾日本番來此搭寮經商盜賊出沒於其門為沿海之患後紅毛乃荷蘭種假其地于日本遂奄為巳有築平安赤嵌二城倚夾板船為援戰而各社土酋聽其約束至壬辰年土民郭懷一反西王氏召土番擒之戮於赤嵌城益歸紅毛巳三十年矣　國初偽鄭成功父子據有其地　大師底定設府一曰臺灣縣三曰臺灣居中曰鳳山居南曰諸羅在北後又改諸羅增設彰化嘉義二縣特設分巡



道一員總兵一員統兵一萬屹然一巨鎮也

廣東處五嶺之外山猺海舶時為疆場之害議者謂海舶之來市也即有攻埋椎剽之徒無與為導亦易殲除故害淺山猺之患則在陽為順而陰為寇動之急則匿形防之弛則乘間故害深然觀明之中葉山猺自平其地以為城邑而盤窟據險之衆皆為衣租食稅之民今稱樂土所不可測者惟海舶耳則防不可不嚴也

廣東列郡者十分為三路西路高雷廉近占城滿剌

諸番中路東莞等縣水賊海寇不時出沒東路爲惠
潮與福建連壤滸船通番之所必經其受海患均也
明初舊制每歲春汛各澳港皆設戰艦秋盡而掣回
泊水寨至嘉靖時則倭奴衝突莫盛於中路亦莫便
於東路其次則南頭等處又其次乃及高雷廉三府
勢有緩急事有難易分兵設備亦當因之故明初舊
例戰船中東二路不過二十艘夫汪洋大海百千蜂
擁而來二十艘于何處生活故嘉靖時已議增益
本朝自底定廣東設立外海巡船凡大小各船如趕繒
船艍船及艇子船拖風船等製至一百六七十隻而
內河槳船不與焉所以制防者備矣
廣東三路議者莫甚於東路而中路次之西路高雷
廉又次之西路防守可緩此特對日本倭島則然耳
三郡逼近占城暹剌諸番島嶼森列游心注盼防守
稍懈則變生肘腋滋蔓難圖矣故高州東連肇慶南
馮瀼渤神電所轄一帶海澳若連頭港分州山兩家
灘廣州灣爲本府之南隃雷州突出海中三面受敵
其遂溪湛州潿州樂民等四十餘隘固爲合衛三道



門戶而海安海康錦石清道并徐聞錦囊諸隘所以
合防海澳可玩愒已哉若廉州則尤爲全廣重輕海
北扼塞兩有攸寄故兵符特劄於靈山達堡增屯於
衛北海寇峒獠外夷之憂視三嶺獨勞焉
天下郡邑濱海未有若瓊之四面環海者其東西廣
九百里南北長一千一百四十里長山峻嶺生岐熟
黎錯居其間而五指腹心盡爲黎據五指即黎母山
別名因其上有五峯插天也逼近定安縣諸蠻環據
其地故羣崗之中定安尤險郡邑封疆反四面環列
占城暹羅諸番西南外峙東北又與閩浙諸洋相通
稍或撤備則門庭皆勍敵矣廣東處東海之邊而瓊
又當其南實南徼之要害也明改州爲府統州縣十
三復設南海衛統內千戶所五外守禦千戶所六各
海口咸置烽堠瞭戍指揮部軍統轄之名曰備倭巡
捕巡司散布分列海寇望幟而知有備後因辛丑之
亂討平珠崖於崖州駐設叅將我　朝因之

附載沿海各界

沿海界衝要害之地自廣東欽會縣接安南界起歷海條寨文昌界鋪前港會通界神應港豐盈浦瓊州界麻頭浦呂灣浦鋪高界田不灣儋州界崖詐山昌化所界白沙營感恩縣界大洞天小洞天崖州界牙郎澳雙洲門陵水縣界七十二徑牙山淡水灣欽州界草水營烏雷山靈山縣界青嬰池楊梅池平江池廉州界羣州永安所界浉洲康海所界潿洲錦囊所界詞洲獨猪山石城千戶所界硇洲小黃程汾洲寧川所界青聚山羅浮峰神電衛界海凌山雙海所界小獲山海郎所界中獲山陽江所界大獲山新寧縣界西雄山鷄洲山新會縣界萬斛山上川山順德縣界石岐峯香山縣界蛇西山大南常山南海番禺界烏沙洋白沙巡司界九星洋福永巡司界珊瑚洲渡杯山東莞縣界合蘭洲大鵬所界馬鞍洲佚岡驛界寧洲山拮洲山惠洲界䛼心洋平海所界徐娘山海豐縣界大星尖山捷勝所界吉頭峯碣石備界前擇峯甲子門所界陶娘灣靖海縣靖海所界大浮山玉



嶼山潮陽縣海門所界小柑山蓬州所界大柑山大城所界大京山九猴山饒平縣界共計五千里抵福建

福建南澳山玄鍾界侍郎洲石城嶼銅山所界鴻儒嶼沙洲擧陸鰲所界大澈嶼壁洲山鎮海衛界小澈嶼月港界舊浯嶼高浦所界嘉禾山大担山同安中左所界小担山虎頭金門所界大登山小登山福全所界大捕山小捕山永寧衛界埕埭峯獺窟峯崇武所界沙塘灣惠安縣界欒嶼白嶼蜂尾巡司界眉洲山南泉柴蒲禧所界石師峯小灣平海衛界埕中三江中中心巡司界綱山王家嶼萬安所界六湖山碧水島鎮東衛界壁門山蕉山巡司界日嶼月嶼梅花所界節會城三波礁五虎澳連江界下千塘四嶼定海所界花瓶北茭巡司界飛鸞波寧德縣界青山峯大金所界天千山丁家程大俞山三星山流江福寧州界共計二千里抵浙江

浙江懸中峯蒲門北士二所界長沙門大昆山金鄉衛界鳳凰山平陽所界銅盤山沙園所界仙口峯飛

雲渡瑞安所界大衢山海安港海安所界霓嶴披山
寧村所界黄華港磐石衛界大巖頭磐石後右界前
山霎斗門蒲岐所界九眼塘斗門關三山巡司界了
髻峯楚門所界臨門隘隘頑所界脊梅坑沙角巡司
界大陳山石塘港松門衛界金清閘西嶼閘水清閘
新河所界金沙灘鐺礁海門衛界海門港海門前所
界五嶼桃渚所界三門山健跳所界石蒲港前後二
所界青菩灣昌國衛界小目山爵溪所界西厨山前
倉所界孝順洋白塗大嵩所界大射山穿山後所界



洛茄山長白山中左所界大魚灣長山巡司界招寳
山巾子山定海衛界金家嶼寧波界邱家洋慈溪界
金塘浦龍山所界松浦港松浦巡司界黄山觀海衛
界破山浦三山所界化龍浦餘姚界臨山港臨山衛
界西海塘上虞界漁山蒙池臺紹興三江所界鰲子
山瀝山界和尚山栲門會城界桑浦門海寧所界大
衢山小衢山澉浦所界扶桑山海寧衛界西海口馬
蹟山羊丁興嶼山淡水門乍浦所界共計二千七百
里抵江南

江南三姑山金山衛胡家港金山巡司界上釣山中
釣山下釣山大盤山青村所界蒲嶼南滙所界陳錢
山茶山南蹌巡司界寳山上海界丞字山分水礁海
礁綠洵港吳松所界浪閘山礦涇港嘉定界竺箔沙
送信嘴小圍沙新安沙太倉界太陰沙管家沙崇明
界福山狼山三樫口通州千戸所界唐家港海門島
泰州界亂沙新洋港鹽城界開山淮河口鶯山安東
界蚄山高公島海州所界清河口巳頭河贛榆界旬
烏勞山島安東界孤脊山石臼所界共計一千八百



里抵山東
山東青沉峯胡家峯高港巡司界沙嘴峯靈山衛界
黄埠峯夏河寨界洋河膠州界大勞山田横島鰲山
衛界走馬峯即墨界馬山浮山所界旬島赤島雄崖
所界吾徐福山大山所界巨高島大嵩衛界竹島海
陽所界崧島莫邪島漫雞島靖海衛界佛島寧津所
界五疊島下勞山尋山所界敞馬墩洛口堡成山衛
界海牛島不夜城界實家峯百尺崖所界古陌頭威
海衛界劉島金山所界新安堡蹺山峯寧海衛界海

雞山炣寨界武家庄馬埠寨界洋山萊州界八角島蛇蟆島登州界劉馬莊盧洋寨界沙門島解宋寨界羅山黄縣界桑島馬停寨界竈島昌邑縣界散木島壽光界都里鎮蒲臺界青島利津界黄島濱州界直沽口寶坻縣界塔山盧龍衞界蓮萊島中前所界牛車島中後所界孤山中右所界何陽島雞兒島金州衞界石灘島左所界東雲島黄駝島蓋州衞界屏風山復州衞界鳳凰山中左所界女兒河中屯衞右屯衞界遼河渡古寺島廣寧衞界麻田島平島海州衞界湯站堡鎮遼所界臨江義州共計一千三百餘里爲鴨綠江朝鮮界

防海備覽　卷一　主

防海備覽　卷一　二十二

防海備覽
卷一
二十三
大毛洲
記心洋
除浪洲
桔洲山
望門山
南洲山
沙灣巡檢司
香山縣
所
廣海衛
望江澳
順德縣
陽江縣
所
新寧縣
所
恩平縣
海朗所
大獲山
中獲山
小獲山
甲子所
碣石衛
惠來縣
捷勝所
青海山
海豐縣
所
平海所
惠州府衛
大鵬所
東莞所
南海衛
東莞縣
廣東廣州府省城
南海縣
番禺縣
新會縣

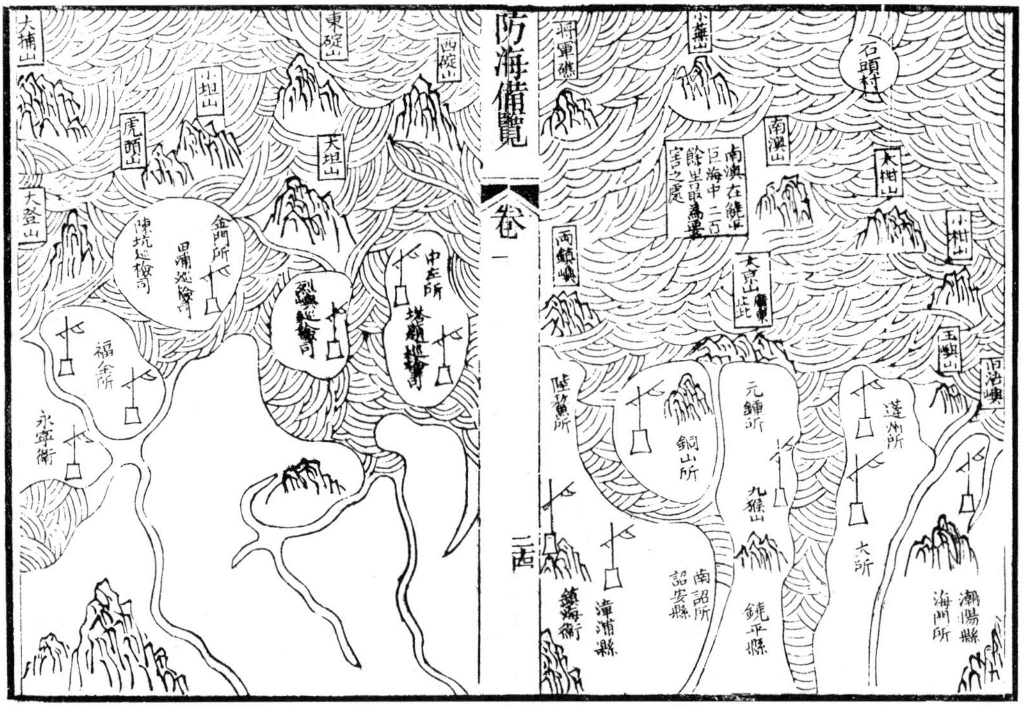
防海備覽
卷一
大捕山
東碇山
西碇山
小坦山
虎頭山
大坦山
大登山
陳坑巡檢司
金門所
田浦巡檢司
福全所
永寧衛
中左所
塔頭巡檢司
將軍澳
石頭村
南澳山
大柑山
小柑山
玉嶼山
元鍾所
銅山所
南詔所
詔安縣
饒平縣
潮陽縣
海門所
漳浦縣

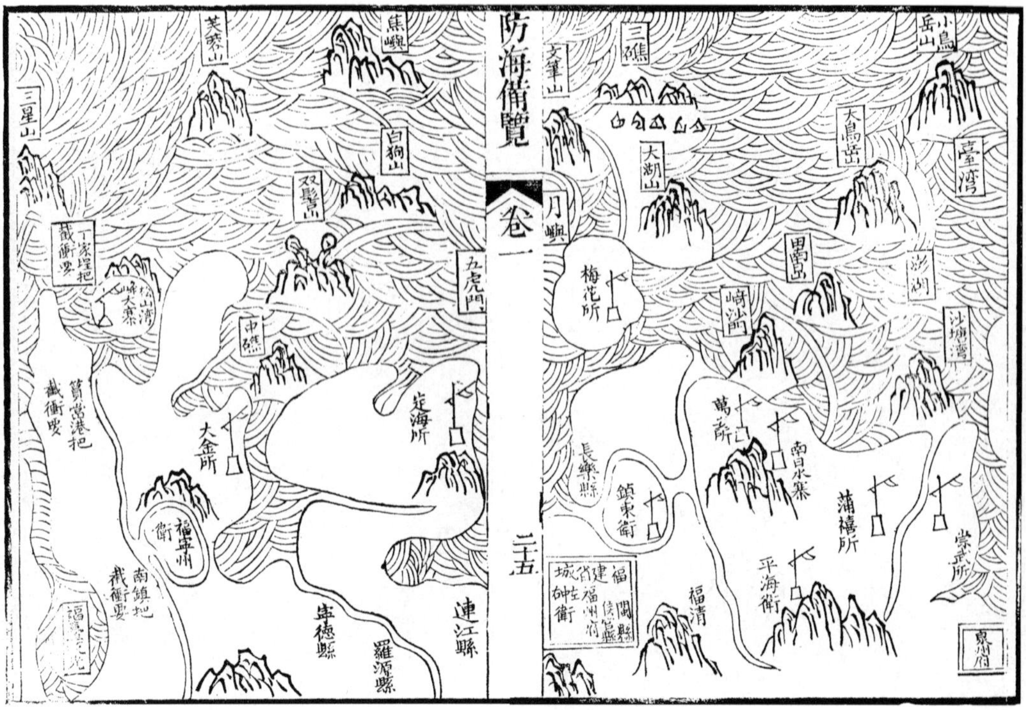
防海備覽
卷一
二十五
三星山
芙蓉山
焦嶼
白狗山
双髻山
五虎門
中礁
定海所
大金所
福寧州衛
南鎮把截衙要
寧德縣
羅源縣
連江縣
文筆山
三礁
小島岳山
大島岳
臺灣
大湖山
月嶼
梅花所
澎湖
南日島
沙塘灣
南日水寨
長樂縣
鎮東衛
蒲禧所
平海衛
崇武所
福清
泉州府

防海備覽
卷一
二十六
玉環山
石塘山
楚門澳
分水山
靈門
白馬礁
蒲岐所
斗門關
楚門所
三山
太平縣地方
蒼山隘
盤石後所
松門衛
太平縣
小星山
大星山
霓嶼
長沙門
福建浙江相接
海安港
沙園所
寧村所
金鄉衛
蒲門所
海安所
盤石衛
平陽縣所
瑞安縣
樂清縣

防海備覽
卷一
二十七
五嶼
西路山
三門山
健跳所
宋文公造
金清閘
桃渚所
海門港
海門前所
台州府
新河所
海門衛
水寨
寧海縣
昌國衛
石蒲閘
石蒲巷
前所
若竿山
爵谿所
象山縣
大嵩所
穿山後所
黃崎港
定海衛
舟山中中所
舟山中左所
黃牛礁
東霍山

防海備覽
卷一
二十八
馬蹟山
大衢山
小衢山
分水礁
淡水門
天妃宮
青村所
南匯所
金山衛
乍浦所
後所
海寧縣
海鹽縣
澉浦所
新建帥府
上海縣
西湖
錢塘江
浙江省城
杭州府
仁和縣
錢塘縣
右前二衛
蕭山縣
三江所
瀝海所
臨山衛
會稽縣
紹興府
山陰縣
三山所
龍山所
觀海衛
慈谿縣
上虞縣
餘姚縣
大蕺山
雨頭湖
漁山

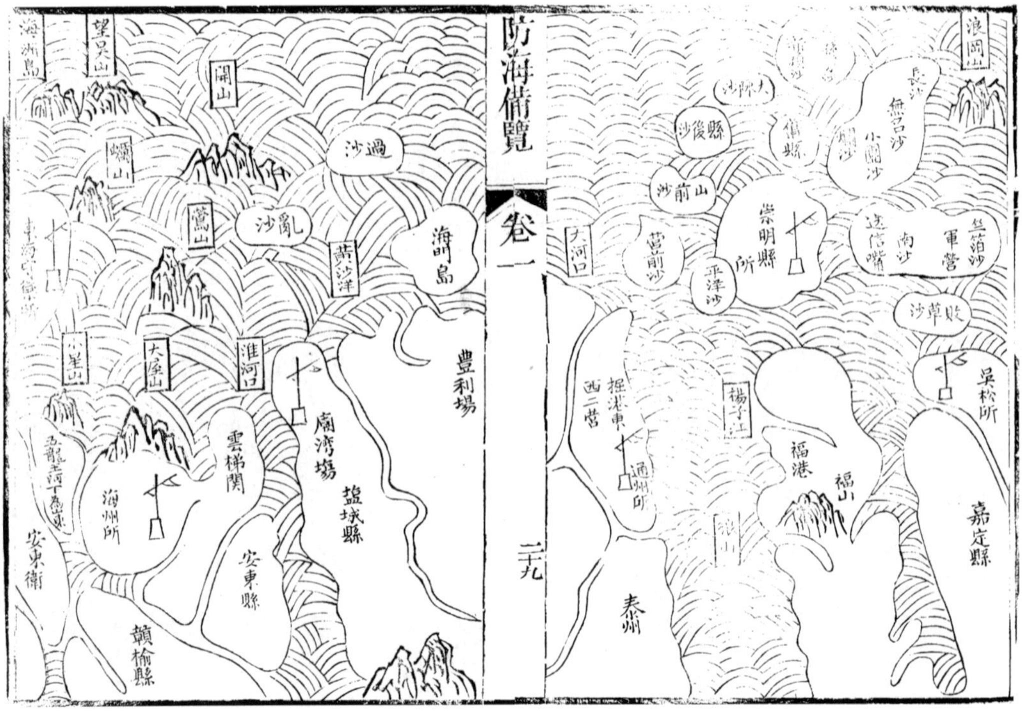
防海備覽
卷一
二十九
海州島
望只山
閘山
過沙
亂沙
黃沙洋
海門島
豐利場
小星山
大犀山
淮河口
雲梯關
廟灣場
鹽城縣
海州所
安東衛
安東縣
贛榆縣
狼岡山
長沙
無名沙
小團沙
崇明縣所
南沙
軍營
敗草沙
吳松所
嘉定縣
福山
福港
揚子江
通州所
西二營
大河口
沙前山
平洋沙
營前沙
泰州

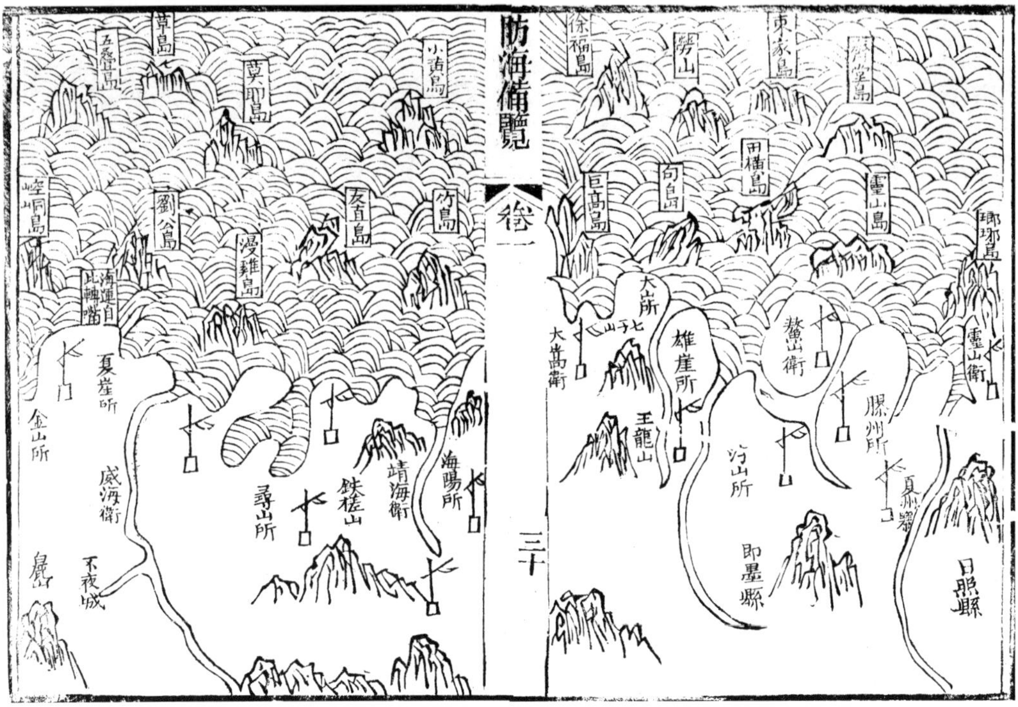
防海備覽
卷一
三十
徐福島
勞山
東家島
田橫島
靈山島
大嵩衛
雄崖所
鰲山衛
即墨縣
膠州所
日照縣
靈山衛
五壘島
小青島
劉公島
竹島
金山所
威海衛
尋山所
靖海衛
海陽所
不夜城

長山島
沙門島
八角島
之罘島
双島
黃河寨
劉家洼寨
備倭所
奇山所
登州府衛
黃縣
神山
寧海衛
福山

黃島
青島
高苑縣
壽光縣
利津縣
萊州府衛
昌邑縣

古寺島
青泥島
麻姑島
孤山
松樹島
連雲島
得勝島
大陵河
廣寧衛
中屯衛
中後所
前屯衛
中前所
山海衛
南關
北關
復州衛
盖州衛
海州衛
平頂山



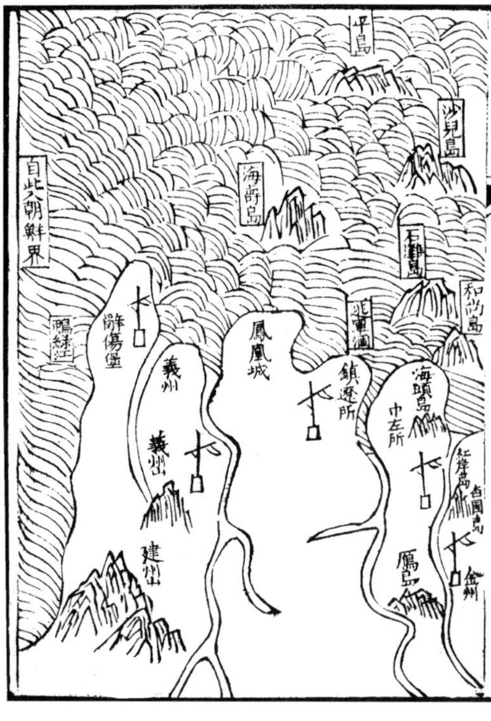
平島
自此入朝鮮界
石城島
和尚島
鴨綠江
鳳凰城
義州
建州
海頭島
中左所
金州

# 防海備覽卷二

## 勤會哨

江陰薛傳源河明

夫防海者須防之於海非徒其近岸而防也蓋陸路之窺伺易覺而海面之跋扈無常哨船之設誠為至計然使撐駕不過稍𦨴坐艙不過千把則名微而勢不振惟大員身先士卒則哨船之體尊而在船兵目皆有彈壓而知效命矣輯勤會哨門

國朝海外巡防伏查康熙二十八年議準水師總兵官



不親身出洋督率官兵巡哨者照規避例革職四十三年覆準廣東沿海地方以千把總會哨副叅游每月分巡總兵官於每年春秋二季總巡四十七年覆準江南蘇松狼山兩鎮各於本管洋面親身總巡每歲一輪將出洋回汛日期呈報該提督察覈又覆準浙江定海溫州黃巖三鎮出洋總巡每年定於二月初一日起至九月底止法詳且密無以過此

康熙五十年

朕於水陸兵丁年久深悉其情事船至海洋必俟風候若不俟時不察風汛而欲強行必至兵船同損官兵皆朕歷年養育之人如遇有賊自應効死若無賊而徒以巡哨受傷實為可惜總兵須留意欽此

五十一年議準海洋巡哨官弁盤獲形迹可疑之船如人數與執照不符並貨物與稅單不符者限三日內稽察明白如繫賊船交與地方官審究果繫商船即速放行申報該上司存案如以賊船作為商船釋放或以商船作為賊船故意稽遲擾害者皆革職索取財物者革職提問該上司察出揭叅者免議如釋放賊船該上司



失察者照失察誣良為盜例議處

五十三年覆準各營巡哨船刊刻某營某字某號舵工水手人等各給與腰牌備書姓名年貌籍貫

又覆準山東與

盛京對峙水師官兵各巡本管洋面金州之鐵山旅順新旅順海帽坨蛇山島並頭雙島虎坪島箭子溝天橋廠菊花島等處皆繫

盛京所屬令該將軍委撥官兵巡哨北隍城島南隍城島欽島砣磯島黑山島廟島長山島小竹島大竹島至

直隸交界武定營等處止並埕山頭八家口之罘島崆峒島養馬島至江南交界等處止皆繫山東所屬令登州總兵官委撥官兵巡哨至鐵山與隍城島中間相隔一百八十餘里其中並無泊船之所自鐵山起九十里之內

盛京官兵巡哨自隍城島起九十里之內山東官兵巡哨如遇失事各照地界題參

又覆準官弁駕船巡哨如船被賊焚刦者革職提問船仍著落賠補若實繫遭風擊碎該管上司察明出結詳



報該督撫提鎮保題免其賠補動支錢糧修造倘有揑報情弊將該官弁革職提問濫出結之該上司革職保題之督撫提鎮降一級留任

五十五年覆準福建水師提標五營澎湖水師二營臺灣水師三營分撥兵船各書本營旗號每月會哨一次彼此交旗爲驗如由西路去者提標哨至澎湖交旗澎湖哨至臺灣交旗皆送臺灣鎮察驗由東路來者臺灣哨至澎湖交旗澎湖哨至廈門交旗皆送提督察驗如某月無旗交驗遇有失事照例題參

五十六年覆準福建臺澎兩協副將歲率三船親身出洋總巡各本管洋面兩協游守分巡各本汎洋面海壇金門二鎮各分疆界爲南北總巡每歲提標撥出十船以六船歸巡哨南洋總兵官調度四船歸巡哨北洋總兵官調度其臺澎二協兩副將金門海壇總兵官均於二月初一日起至九月底止期滿撤回至各營分巡官兵挨次更換如遇失事各照例題參

五十七年覆準廣東南澳屬閩粵交界瓊州孤懸海外南澳總兵官及瓊州水師副將各率營員專巡各本營



洋面自南澳以西平海營以東分爲東路以碣石鎮總兵官澄海協副將輪爲總巡率領鎮協標員及海門達濠平海各營員爲分巡自大鵬營以西廣海寨以東分爲中路以虎門香山二協副將輪爲總巡率領二協營員及大鵬廣海各營員爲分巡自春江協以西龍門協以東分爲西路以春江龍門二協副將輪爲總巡率領二協營員及電白吳川海安硇洲各營員爲分巡共分爲三路每年分爲兩班巡察如遇失事照例題參

雍正三年議準官弁出海巡哨如有洋面失事隱諱不

報者該將軍督提訪實題參革職
四年題准直隸天津水師官兵於四月起至九月止駕船出洋巡哨
八年議准福建浙江巡哨官兵船挨次兩月更換如風潮不順到汛愆期統領陸續到汛交代具報該上司察覈遇有參處之案巡報文內職名揭參
又議准各省沿海營汛原分水陸水師惟在大洋遊巡其陸路濱海塗岸潮退膠淺爲水師巡船之所不到其中各色小艇隨潮飄泊或有暗載違禁貨物甚至乘機



偷刦此等所在設立小號巡船
九年議准凡巡海船於未出口之前取同船兵丁不敢搶物爲匪連名甘結在船該管官加結申送該上司存案回哨日仍取同船兵丁在洋並無搶物爲匪扶同隱匿事發願甘並坐甘結送該上司察覈如弁兵在洋搶奪商人財物該管官不覺同船失於覺察照失察營兵爲盜例議處若通同庇匿革職提問督撫提鎮不題參者照徇庇例議處
十二年奏准沿海外洋凡官兵巡哨及因公差委如有遭風受困没水登岸幸獲生全者官準軍功加一級外委於補官日加一級兵丁並食糧之舵工水手皆照軍功頭等傷例給賞其或飄没身故者官以見在職任照陣亡例分別廕贈給與祭葬銀外委及兵丁並食糧之舵工水手亦照陣亡例分別給與祭葬銀其奉調考驗之官弁兵丁照軍功例各減一等凡船內舵工水手有被淹身故者如繫召募之人照軍功一等傷例予卹其擊碎之船槩免賠補其遭風受困幸獲生全者官準軍功紀錄二次外委於得官日紀錄兵丁人等照軍功二



等傷例減半給賞其飄没身故者官照陣亡例減一等分別廕贈減半給祭葬銀外委及兵丁人等亦照陣亡例減半給與祭葬銀至應給祭葬銀如無妻子親屬領受者給銀二兩該督撫提鎮遣官致祭
十三年覆准福建南澳鎮左營及金門鎮之銅山洋汎歸南澳鎮巡察每年上班巡期委右營守備與廣東鎮協會哨左營游擊與海壇金門兩鎮會哨該總兵官駐鎮彈壓下班巡期委右營游擊出巡總兵官親率兵船與兩鎮會哨以左營游擊留營彈壓

乾隆元年覆準廣東西路洋面分爲上下二路自春江至電白吳川硇洲爲上路上班以春江協副將爲總巡下班以吳川營游擊爲總巡率領春江電白吳州硇洲各營員爲分巡均於放雞洋面會巡至硇洲一帶自海安至龍門爲下路上班以海安營游擊爲總巡下班以龍門協副將爲總巡率領海安龍門各營員爲分巡均於瓊州洋面會巡所屬一帶至上路之電白營游擊上班隨巡聽春江協副將統領電白營守備下班隨巡聽吳川營游擊統領如遇本營洋面失事分別題參



十二年奏準江南海洋每年二月至九月蘇松鎮標中左右奇四營之游守八人分爲四班每營游擊分巡兩月川沙吳淞二營之叅將守備共四人每人分巡兩月未輪班之各營委撥弁兵駕舟隨巡至於十月至正月令鎮標四營川吳二營每營各管二十日如有失事將分管之營題叅該鎮總兵官仍親身巡察所有出洋回汛日期報督提稽考狼山鎮標於二月初一日起右營游擊率領中左右三營官兵在於內外洋面巡哨至九月底期滿回營該鎮總兵官亦親身巡察將出洋回汛日期報提督稽考

十七年議準山東省登州水師每年五六七八月間官兵出洋南北東三汛各在該管地界彼此往來巡防其沿海陸路營汛亦令不時瞭望不許怠惰推諉

又議準江南省蘇松狼山二鎮各有所管洋面皆繫一望汪洋並無島澳可收僅能暫時寄碇每年分委將備輪班出巡飭發令箭逐汛交傳設立印簿塡明接到日月仍令該鎮總兵官不時出洋上下梭織巡察

又覆準福建省海壇鎮於三月初一九月初一日與金



門鎮會哨於涵頭港五月十五日與浙江溫州鎮會哨於鎮下關金門鎮於三月初一九月初一日與海壇鎮會哨於涵頭港六月十五日與南澳鎮會哨於銅山大澳南澳鎮於六月十五日與金門鎮會哨於銅山大澳會哨之期總督豫遣標員前往指定處所等候如兩鎮同時並集即取聯銜印文繳送或一鎮先到點驗兵船取具印文先行繳報即準開行一鎮後到別取印文繳送總以兩鎮赴指定處所爲準如遲至半月以後不到督察繫無故偷安即行叅處至分巡洋汛相離本不甚

遠一月會哨一次該鎮總兵官差員取結通報如有違誤即行揭參若徇隱及失察者一并參處

又覆準浙江省定海鎮於三月十五九月十五日與黃巖鎮會哨於健跳汛屬之九龍港五月十五日與江南崇明鎮會哨於大羊山黃巖鎮於三月初一九月初一日與溫州鎮會哨於沙角山三月十五九月十五日與定海鎮會哨於九龍港溫州鎮於三月初一九月初一日與黃巖鎮會哨於沙角山五月十五日與福建海壇鎮會哨於鎮下關其會哨之期總督豫遣標員前往指



定處所等候及兩鎮出具印文繳送之處均照福建之例行

又覆準廣東省水師各營總巡指地定期會哨如同時並集聯銜具文通報倘因風信不便先後參差先到者即具文通報巡回本路洋面後到者亦於到日具文通報巡回本路洋面至分巡各官每月與上下鄰境會哨一次或先西後東或先東後西豫為酌定一經會合即聯銜通報如有懈怠捏飾即令總巡官揭參

緝捕海盜順治初年定沿海督撫提鎮嚴飭官弁及內地所屬地方官將海盜立法擒拏務期淨盡如果無海盜令該管各官按季具結申督撫提鎮報部倘出結之後此等海盜經別汛拏獲供出從前潛匿所在將供出之該管汛口地方官降二級調用

康熙十一年題準海盜侵犯城池殺傷兵民專汛兼轄各官皆革職鎮守總兵官降二級調用提督降二級戴罪圖功焚毀鄉村刧虜男婦殺傷兵民者專汛官革職兼轄官降二級調用鎮守總兵官降二級提督降一級皆戴罪圖功若兼轄各官聞報退縮不前往緝拏者革



職提鎮聞報不即領兵會勦者降二級調用盜船飄突奪虜同往追緝官不相救援率師徑返以致官兵損傷者革職提問專汛官降二級兼轄官降一級皆戴罪圖功提鎮罰俸一年海盜乘夜入城殺傷兵民專汛官擊盜受傷盜即退遁者專汛官仍降二級兼轄統轄官仍各降一級皆戴罪圖功

四十六年題準江浙閩廣海洋行船被盜無論內外洋面將分巡委巡兼轄官各降一級留任總巡統轄官各罰俸一年盜限一年緝拏不獲將分巡委巡兼轄官各

降一級調用總巡統轄官各降一級罰俸一年如被盜
地方有專汛之官照分巡官例議處其巡哨期內本汛
並無失事例能拏獲海盜一船者將專汛分巡委巡兼
轄官各紀錄一次拏獲二船者將專汛分巡委巡兼轄
官各紀錄二次總巡統轄各官紀錄一次拏獲再多者
照數遞加
五十三年議準
盛京海洋以佐領防禦驍騎校爲分巡協領爲總巡如
有行船被盜由該將軍題叅將分巡總巡各官照江浙



閩廣之例議處
五十五年議準海洋緝盜較陸地倍難無論內外洋面
但能獲一半者各官皆免議處
五十六年議準山東海洋行船被盜照江浙閩廣之例
議處
又議準山東登州南汛失事以分巡千把爲專汛膠州
游擊爲兼轄北汛失事以分巡千把爲專汛登州守備
爲兼轄東汛失事以分巡千把爲專汛成山守備爲兼
轄

雍正三年議準洋面失事巡哨各官恐嚇賄囑不行通
報者照諱盜例議處
七年議準盜從外洋省在出洋巡哨之官將守口官免
議至外洋行刦之後散夥登岸潛冒入口守口官弁失
於覺察者罰俸一年其有盜由海口內奪船出洋行刦
將失察守口官弁降一級留任盜犯限一年緝拏全獲
開復限滿不獲照所降之級調用若本案盜犯經別汛
拏獲定以三年之內有能拏獲別汛盜船或本汛並無
失事者該督撫具題準其開復



八年議準廣東將軍總督提鎮各標輪撥官兵駕船游
巡附近河道遇有失事在巡能獲盜過半者免其議處
若踈防四月限期未滿先已回營盜尙無獲將游巡官
照離任官例議處接巡之官能將盜犯拏獲照接緝官
例議敘不獲亦照接緝例議處皆免限年緝拏其盜犯
令該地方專汛官承緝接緝至陸路於每年八月起至
次年二月止亦輪撥官兵裹糧遊巡不許擾累遇有失
事亦照河道游巡例議處
十三年議準海洋接緝盜案之官如繫兩月三月一輪

巡哨者初次巡期不獲記過圖功下次輪巡仍不獲罰俸三月繫四月一輪巡哨者初次巡期不獲亦記過圖功下次輪巡仍不獲罰俸六月在洋巡緝半年者同哨無獲罰俸六月一年在洋偵捕者限滿不獲罰俸一年盜犯皆照案緝拏

乾隆六年奏準海洋接緝官如限內但能獲盜蹤不及半皆免處分若能拏獲盜首夥盜者照陸路接緝獲盜例分別議叙

外海巡防　盛京以協領爲總巡佐領防禦驍騎校爲



分巡直省以總兵官爲總巡副將以下爲分巡各于所泊界内率舟師沿海上下更番往來以詰姦禁暴兩界相交之所屆期會哨同時並集聯名申報將軍督提察覈若因風汛阻滯或先或後各以到界之日申報其期約以二四五月爲始至九月事竣由營將軍督提仍隨時委官稽察有引避不巡及巡有不周者海外發覺各按洋汛將總巡分巡各官參劾一年不獲奪俸鐫級有差限內獲半免議至承緝官初巡不獲者記過再巡不獲奪俸其餘議處議叙均與陸路緝盜同

明殷都海防論云三四月東南風汛番船多自粤趨閩而入於海南澳雲蓋寺走馬溪乃番船始發之處慣徒交接之所也附海有銅山元鍾等哨守之兵若先分兵守此則有以遏其衝而不得泊矣其勢必拋於外浯嶼外浯嶼乃五澳地方番人之巢窟也附海有浯嶼安邊等哨守之兵若先會兵守此仍撥小哨守把要緊港門則必不敢以泊此矣其勢必趨於料羅烏沙料羅烏沙乃番船等候接濟之所也附近有官澳金門等哨守之兵若先會兵守此則又不敢以



泊此矣其勢必趨於圍頭峻上圍頭峻上乃番船停留避風之門戶也附海有深扈福全哨守之兵若先會兵守此則又不敢以泊此矣其勢必趨於福興若趨於福興計其所經之地在南日則有岱墜湄州等處在小埕則有海壇連盤等處在烽火門則有官井流江九灣等處此賊船之所必泊者也若先會兵守此則又不敢泊矣來不得停泊去不得接濟船中水米有限人力易疲將有不攻而自遯者况乘其疲而夾力攻之豈有不勝者哉

傳源者前明入冦之路其西北至高麗也必由對馬島開洋南至琉球也必由薩摩州開洋順風七日其貢使之來必由博多開洋歷五島而入中國因造舟水手俱在博多故也若其入冦則隨風所之東北風猛則由薩摩或由五島至大小琉球而視風之變遷北多則犯廣東東多則犯福建若正東風猛則必由五島歷天堂官渡水而視風之變遷東北多則至烏沙門分鯮或過韭山海閘門而犯溫州或由舟山之南而犯定海犯象山奉化犯昌國犯台州正東風多



則至李西嶴壁下陳錢分鯮或由洋山之南而犯臨觀犯錢塘或由洋山之北而犯青南犯太倉或過南沙而入大江若在大洋而風欻東南也則犯淮陽犯登萊若在五島開洋而南風方猛則趨遼陽趨天津大抵倭船之來恒在清明之後前乎此風候不常屆期方有東北風多過五月風自南來倭不利於行矣重陽後風亦有東北者過十月風自西北來亦非倭所利矣故防春者以三四五月為大汛九十月為小汛其停橈之處焚刼之權若倭得而主之而其帆檣所向一視乎風實有天意存乎其間倭安得而主之哉

海防每值春汛戰船出海初哨以三月二哨以四月三哨以五月小楊風亦愼防之其南哨也至鎮下門南麂玉環烏沙門等山交於閩海而止其北哨也至洋山馬蹟灘滸衢山等處交於直海而止陳錢為浙直分鯮之處則交相會哨遠探窮搜復於沈家門列兵船一枝以一把總領之馬墓港列兵船一枝以一把總領之舟山駐劄把總兼督水陸賊若流突中界



則沈家門馬墓兵船北截過長塗三姑而與浙西兵船相為犄角南截過普陀青龍洋韭山而與溫台兵船相為犄角賊若流突上界也總兵官自烈港督發舟師北截之於七里嶼觀海洋而參將自臨山洋督兵應援南截之於金塘崎頭洋而石浦梅山港兵船為之應援是故當日之設險自內達外有三會哨於陳錢分哨於馬蹟洋山普陀大衢為第一重由沈家門馬墓之師為第二重總兵督發兵船為第三重備至密也

前明五寨之設於福洋宛如珠聯璧合烽火門水寨設於福寧州地方以所轄官井沙埕羅浮南北中三哨其後官井洋添設水寨則又以羅江古鎮分為二哨是在烽火官井當會哨者有五

小埕水寨設於福州府連江縣地方以所轄閩安鎮北茭焦山等七巡司為南北中三哨是在小埕寨當會哨者有三

南日水寨設於興化府莆田縣地方以所轄冲心莆禧崇武等所司為三哨而文澳港哨則近添設於平



海之後是在南日當會哨者有四

浯嶼水寨設於泉州府同安縣地方上自圍頭以至南日下自井尾以抵銅山大約當會哨者有二

銅山水寨設於漳州府漳浦縣地方北自金山以接浯嶼南自梅嶺以達廣東大約當會哨者有一

由南而哨北則銅山會之浯嶼浯嶼會之南日南日會之小埕小埕會之烽火而北來者無不備矣

由北而哨南則烽火會之小埕小埕會之南日南日會之浯嶼浯嶼會之銅山而南來者無不備矣哨道聯絡勢如常山會捕合併陣如魚麗防禦之法無踰於此

廣福浙兵船亦當會哨蓋大海相連地盡有限若分界以守則孤圍受敵勢弱而危陳緝捕之謀能不有賴於相須乎考明入番罪犯多係廣福浙三省之人通䑸流劫南風汛則勾引夷船由廣東而上達於漳泉蔓延於興福北風汛則勾引夷船由浙而下達於福寧蔓延於興泉四方無賴又從而接濟之向導之若欲調兵勦捕攻東則竄西攻南則遯北急則潛移



外境不能以窮追緩則旋復合䑸有難於卒殄北來船與草撇船之大勢也又有一種奸徒見本處禁嚴勾引外省在福建者則於廣東之高潮等處造船浙江之寧紹等處置貨糾黨入番在浙江廣東者則於福建之漳泉等處造船置貨糾黨入番此三省之通弊也故福建捕之而廣浙不捕不可也廣浙捕之而福建不捕亦不可也必嚴令各官於連界處會哨如在福建者下則哨至大城千戶所與廣東之兵會上則哨至松門千戶所與浙江之兵會在浙江者下則

哨至流江等處與烽火之兵會在廣東者上則哨至南澳等處與銅山之兵會遇有海患互爲聲援協謀會捕賊勢豈有不孤窮而海患豈有不戢寧者哉

浙江江南福建兵船宜會哨蓋浙東地形與福建連壤浙西地形與蘇松連壤利害安危各有輔車相依之勢故明初之制責浙兵巡撫總督浙江江南福建分哨各官互爲聲援而不許自分彼已晝地有限責任相聯此海防之所以爲固也愚考海中山沙南起舟山北至崇明或斷或續暗沙連伏易於擱淺賊舟



大者不能東西亂渡如遇東北風也必由下八陳錢馬蹟等山以犯浙江而流突乎蘇松如遇正東風也必有茶山西行以犯淮揚而流突乎常鎮如遇正北風也必有琉球以犯福建而流突乎溫台三途竄竄瞭望難及須總兵官撥遊兵把總領哨千百戶等船往來會哨其在浙江也南則沈家門兵船哨至福建之烽火門而與小埕兵船相會北則馬墓兵船哨至蘇州洋之洋山而與竹箔沙兵船相會其在蘇松也南則竹箔沙兵船哨至洋山而與浙江之馬墓兵船相會北則營前沙兵船哨至茶山而與江北之兵船相會諸哨絡繹連如長蛇羣力合併齊如扛鼎南北夾擊彼此不容豈惟逐寇船於一時殆將靖寇患於無窮矣

天下之水北莫大於河南莫大於江常鎮淮揚當江河入海之際雖極大艟艨皆可乘潮而入前明倭寇欲自長江以趨南都自淮河以窺中原而終不敢深入者由四方之防禦堅也必水陸常會哨互援蒼福諸船順流以遏賊烽或出賊后賊若登岸則以團練



之兵禦之此常勝之勢也

所患者海氣溟濛咫尺難辨兼之潮汐有順逆哨報有難易將官往往藉以規避難以稽查耳故明般都云自海上用師以來擊來賊者僅一二見而要去賊者不過文其故縱之愆宜以擊來賊之賞優於追去賊之賞果於風汛時月正副總兵不拘警報有無而親出海洋嚴督各總僇力用命自可遏海賊於方來觀此而知我　朝百餘年來海氛安靜勝於前明者此之故也

聯屬會哨必須重其事權仍加總督之任各省始盡歸統屬不然東西互爲參差南北兩相牽制會哨之說不免虛應故事矣

又按海寇之患宋以前無之惟明被寇最多故防禦之方亦漸密自洪武四年十二月命靖海侯吳禎籍方國珍所部溫台慶元三府軍士及蘭秀山無田糧之民凡十一萬餘人隸各衛爲軍且禁沿海民私出海時國珍及張士誠餘衆多竄島嶼間勾倭爲患五年命浙江福建造海舟防倭詔禎充總兵官領廣洋



江陰橫海水軍諸衛兵每春以舟師出海分路防倭迄秋乃還十七年命湯和巡視海上後三年命周德興抽福建福興漳泉四府三丁之一爲沿海戍兵得萬五千人移置衛所於要害處復置定海盤石金鄉海門四衛於浙金山衛於松江之小官場及青村南滙嘴城二千戶所又置臨山衛於紹興及三山瀝海等千戶所而寧波溫台並海地先已置八千戶所曰平陽三江龍山霩衢大松錢倉新河松門皆屯兵設守二十一年又命和行視閩越置福建沿海指揮使

司五曰福寧鎮東平海永寧鎮海領千戶所十二曰大金定海梅花萬安莆禧崇武福全金門高浦六鼇銅山元鍾二十三年建五總寨於寧海衛與萊州衛八總寨共轄小寨四十八永樂六年命李彬等緣海捕倭復招島人蜑戶賈豎漁丁爲兵防益嚴嘉靖中倭患漸起始設巡撫浙江兼管福建海道提督軍務都御史已改巡撫爲巡視未幾寇益肆乃增設金山參將分守蘇松海防尋改爲副總兵調募江南北徐邳官民兵充戰守而杭嘉湖亦增參將及兵備道二



十三年調撥山東民兵及青州水陸槍手千人赴淮揚聽總督南直軍務都御史張經調用復令直隸吳淞江劉家河福山港鎮江圌山五總添設游兵聽金山副總兵調度三十七年都御史王詢請分福建之福興爲一路領以參將駐福寧水防自流江烽火門俞山小埕至南日山漳泉爲一路領以參將駐詔安水防自南日山至浯嶼銅山元鍾走馬溪安邊館水陸兵皆聽節制福建省城去海僅五十里更宜設參將選募精銳部領哨船與主客兵相應援從之廣東

惠潮亦增設參將駐揭陽福建巡撫游震得言浙江溫處與福寧接壤倭所出沒宜進戚繼光爲副總兵守之而增設福寧守備隸繼光漳州之月港亦增設守備隸總兵官俞大猷延建邵爲八閩上游宜募兵以備緩急皆允行既而宗憲被逮罷總督官以浙江巡撫趙炳然兼任軍事炳然因請令定海總兵屬浙江金山總兵屬南直俱兼理水陸軍務互相策應其後莆田倭寇平乃議復五水寨舊制五寨者景泰三年鎮守尚書薛希璉奏建者也後廢至是巡撫譚綸



疏言五寨守扼外洋法甚周悉宜復舊以烽火門南日浯嶼三䑸爲正兵銅山小埕二䑸爲游兵寨設把總分汛地明斥堠嚴會哨改三路參將爲守備分新募浙兵爲二班各九千人春秋番上各縣民壯皆補用精悍每府領以武職一人兵備使者以時閱視皆是之狼山故設副總兵至是改爲鎮守總兵官兼轄大江南北萬歷三年設廣東南澳總兵官以其據漳泉要害也久之倭寇朝鮮乃設巡撫官於天津防畿甸後十餘年從南直巡按御史顏思忠言分淮安大

營兵六百守廖角嘴從福建巡撫丁繼嗣言設兵自浙入閩之三江及劉澳而易海澄團練營土著軍以浙兵天啟中築城於澎湖設游擊一把總二統兵三千築礮臺以守先是萬歷中許孚遠撫閩奏築福州海壇山因及澎湖諸嶼且言浙東沿海陳錢金塘玉環南麂諸山俱宜經理遂設南麂副總兵而澎湖不暇及其地遙峙海中逶迤如修蛇多岐港零嶼其中空闊可藏巨艘初爲紅毛所據至是因巡撫南居益言乃奪而守之自世宗以來沿海大都會各設總督



巡撫兵備副使及總兵參將遊擊等員而諸所防禦於廣東則分中東西三路設三參將於福建則有五水寨於浙則有六總一金鄉盤石二衞一松門海門二衞一昌國衞及錢倉爵溪等所一定海衞及霩衢大嵩等所一觀海臨山二衞一海寧衞分統以四參將於南直隸則乍浦以東金山衞設參將黃浦以北吳淞江口設總兵於淮揚則總兵駐通州游擊駐廟灣又於揚州設陸兵游擊待調遣於山東則登萊青三府設巡察海道之副使管理民兵之參將總督沿

海兵馬備倭之都指揮於薊遼則大沽海口宿重兵
領以副總兵而以岔雲永平兩游擊爲應援山海關
外則廣寧 中前等五所兵守各汛以寧前參將爲應
援而金復海蓋諸軍皆任防海三岔以東九聯城外
創鎮江城設游擊統兵千七百哨海上北與寛奠參
將陸營相接共計凡七鎮而守備把總分守巡徼會
哨者不下數百員云
又按浙之招寶關爲日本貢道故浙閩爲最衝南寇
則廣東北寇則由江犯留都淮揚故防海外防江爲



重洪武初於都城南新江口置水兵八千已稍置萬
二千造舟四百艘又設陸兵於北岸浦子口相犄角
所轄沿江諸郡上自九江廣濟黃梅下抵蘇松通泰
中包安慶池和太平凡盜賊及販私鹽者悉令巡捕
兼以防倭永樂時特命勳臣爲帥視江操其後兼用
都御史成化四年從錦衣衛僉事馮瑤言令江兵依
地設防於瓜儀太平置將領鎮守後六年守備定西
侯蔣琬奏調建陽鎮江諸衛軍補江兵缺伍十三年
命擇武大臣一人職江操毋攙營務又五年從南京

都御史白昂言敕沿江守備官互相應援并給關防
著爲令宏治中命新江口兩班軍如京營例首班歇
即以次班操嘉靖八年江陰賊侯仲金等作亂給事
中夏言請設鎮守江淮總兵官已而寇平總兵罷不
設十九年沙賊黃艮等復起帝詰兵部以罷總兵之
故乃復設給旗牌符敕提督沿江上下後復裁罷三
十二年倭患熾復設副總兵於金山衛轄沿海至鎮
江與狼山副總兵水陸相應時江北俱被倭於是量
調九江安慶官軍守京口圌山等地久之給事中范



宗吳言故事操江都御史防江應鳳二巡撫防海後
因倭警遂以鎮江而下通常狼福諸處隸之操江以
故二撫臣得諉其責操江又以向非本屬兵難遥制
亦漠然視之非委任責成意宜以圌山三江會口爲
操撫分界報可其後增上下兩江巡視御史得舉劾
有司將領而以南京僉都御史兼理操江不另設先
是增水兵六千隆慶初以都御史吳時來請留四之
一餘悉罷遣并裁中軍把總等官已復令分汛設守
而責以上下南北互相策應又從都御史宋儀望言

諸軍皆分駐江上不得居城市萬歷二十年以倭警言者請復設京口總兵南京兵部尚書衷貞吉等請旣有吳淞總兵不宜兩設乃設兵備使者每春汛調備倭都督統衛所水陸軍赴鎮江後七年操江耿定力奏長江千餘里上江列營五兵備臣三下江列營五兵備臣二宜委以簡閱訓練即以精否爲兵備殿最部議以爲然故事南北總哨官五日一會哨於適中地將領官亦月兩至江上會哨其後多不行崇禎中復以勳臣任操江偷惰成習會哨巡徼皆虛名非有實矣



# 防海備覽卷三

江陰薛傳源河明

## 禁私通

沿海姦民趨利若騖其始也冒險犯法不顧身家其繼也引類呼朋倚爲巢窟禁之不嚴稽之不密

島以弭釁乎輯禁私通門

海外耕種之禁康熙十一年題準居住海島民人概令遷移內地以防藏聚接濟姦匪之弊有仍在此等海島居住耕種者照違禁貨物出洋治罪汛守官弁照例分別議處



雍正七年議準臺灣係海外地方防範更宜嚴密南路北路一帶山口生番熟番分界勒石界以外聽生番採捕如民人越界墾地搭寮抽藤弔鹿及私挾貨物擅出界外者失察之該管官降一級調用該上司罰俸一年若有賄縱情弊該管官革職計贓治罪如三年內民番相安無事該管官紀錄一次

乾隆九年

諭外省武職各官不許在任所置立產業例有明禁在內

地且然況海外民番交錯之地武職置立莊田墾種收利縱無占奪民產之事而家丁佃戶倚勢凌人生事滋擾勢所不免朕聞臺灣地方從前地廣人稀土豐泉足武職大員無不創立莊産召佃開墾以為已業且有客民侵占番地彼此爭競遂投獻武職因而躍為已有者亦有接受前官之産相習以為固然者其中來歷總不分明是以民番互控之案絡繹不休若非徹底清釐終非寧輯番民之道著該督撫將歷任武職大員創立莊產逐一察覈果無侵占番地及與民番並無爭控之案者無論本人子孫及轉



售他人均令照舊管業若有侵占民番地界之處秉公清出民業歸民番業歸番不許仍前朦混以啟爭端此後臺灣武職大小各官創立莊產開墾草地永行禁止倘有托名開墾者將本官交部嚴加議處地畝入官該管官通同容隱並行議處欽此

海船製造之禁順治十二年題準海船除給有執照許令出洋外若官民人等擅造兩桅以上大船將違禁貨物出洋販往番國並潛通海賊同謀結聚及為嚮導劫掠良民或造成大船圖利賣與番國或將大船賃與出洋之人分取番人貨物者皆交刑部分別治罪至單桅小船準民人領給執照於沿海近處捕魚取薪營汛官兵不許擾累

康熙四十二年議準出洋貿易商船許用雙桅船頭不得過一丈八尺如過一丈八尺梁頭連兩披水溝統算有二丈者許用舵水八十人一丈六七尺梁頭連兩披水溝統算有二丈七八尺者許用舵水七十人一丈四五尺梁頭連兩披水溝統算有二丈五六尺者許用舵水六十人若舵水越數多帶或詭名頂替守口官弁盤



察不出者降三級調用借端勒索者降二級調用受賄者革職計贓治罪若兵有需索情弊該管官照衙役犯贓例議處

議準漁船梁頭不得過一丈舵水不得過二十人取魚不許越出本省境界欲造船者先報明地方官取澳甲里族各長並鄰右保結方準成造完日地方官親驗將船身烙號刊名舵水人等取具船戶保給然後給照照內將在船之人年貌籍貫分晰填明

四十六年議準福建漁船桅聽其用雙用單各省漁船

止許用雙桅欲出洋者將十船編為一甲取具一船為
匪餘船並坐連環保結若船主在籍而船出洋生事者
罪坐船主
五十年議準商漁船給發執照係州縣專責如營官擅
給執照者降二級調用倘借執照為匪將擅給執照之
營官革職
五十九年議準出洋商船初造時先報明海關監督並
地方官該地方官確訪果係殷實良民取具澳甲里族
各長並鄰右保結方準成造完日地方官親驗梁頭並



無過限舵水並無多帶取具船戶不得租與匪人甘結
將船身烙號刊名然後給照照內將在船之人年貌籍
貫分晰填明及船戶攬載開放時海關監督將原報船
身丈尺驗明取具舵水連環互結客商必帶有資本貨
物舵水必詢有家口由來方許在船監督驗明之後即
將船身丈尺客商姓名人數載貨前往某處情由及開
行日期填入船照
雍正元年題準出海商漁船自船頭起至鹿耳梁頭止
大桅上截一半各照省分油飾江南用青油漆飾白色

鈎字浙江用白油漆飾綠色鈎字福建用綠油漆飾紅
色鈎字廣東用紅油漆飾青色鈎字船頭兩披刊刻某
省某州縣某字號字樣沿海汛口及巡海官弁凡遇商
漁船驗係照依各本省油飾刊刻字號者即繫民船當
即放行如無油飾刊刻字號即係匪船拘留究訊
三年議準西洋人附居廣東澳門共有大小二十五船
地方官編列號數刊刻印烙各給執照一紙將船戶舵
水及商販夷人該管頭目姓名填注照內即以此二十
五船為定額不許增置若實係朽壞不堪修補呈明地



方官察驗取具印甘各結申報督撫準其補造仍用原
編字號
又覆準廣東漁船梁頭不得過五尺舵水不得過五人
九年議準商漁船篷上大書州縣船戶姓名每字大各
徑尺藍布篷用石灰細麪以桐油調書篷白布篷用
濃墨書寫油分抹字上不許模糊縮小
又奏準商漁船桅披照省分漆飾及篷上書姓名原為
稽察奸匪若官弁怠惰偷安不稽察者革職兼轄統轄
官不揭報者降二級調用不行題參之總兵官罰俸一

年提督罰俸六月

十一年議準往販外洋商船準用頭巾插花並所樹桅尖其内洋商船及漁船不許用頭巾插花桅尖如違例私用守口官弁不行察報者罰俸一年

出入海洋之禁康熙二十三年題準海氛既靖山東江南浙江廣東各海口除夾帶違禁貨物仍照例治罪外商民人等有欲出洋貿易者呈明地方官登記姓名取具保結給發執照將船身烙號刊名令守口官弁察驗準其出入貿易



五十六年覆準商船準在沿海省分及東洋貿易外其南洋之呂宋噶喇巴等處不許前往皆在南澳等地方稽察截出令廣東水師各營盤詰違者治罪其外國夾板船照舊準其貿易地方官嚴加防範不許生事

又覆準渡海人民必由地方官給照守口官弁察驗放行若無照偷渡者嚴行禁止如有巡哨船私帶偷渡者將該管專轄官議處

六十一年議準商漁船被風飄至朝鮮如領有執照者該國王照例送回若匪類並無執照私自前往生事者許該國王緝拏照國法審擬咨部具題請　旨行文該國王於彼處完結仍報部存案並究明由何處出口將失察守口官弁降四級調用該管上司降一級留任提督罰俸一年如守口官弁知情故縱者革職提問不揭報之該管上司降三級調用不題參之提督降二級調用

雍正三年奏

無照民人夾帶船内偷渡者發覺之日將該管督提并議處



五年覆準福建戶口殷繁閭閻生計不得不借貿易之盈餘佐耕耘之不足開洋既有益於百姓且防範嚴密復令不致稍有疎虞南洋諸國準令福建商船前往貿易

又覆準廣東地狹民稠照福建之例準往南洋貿易又議準山東邊海除外來商船各照彼省執照察驗外其登萊二府民人前往奉天貿易及奉天等處民人有赴山東貿易者入口出口該州縣均給執照將客商船戶姓名貨物往販地方一一填註守口官弁挂號驗照放

行若並不稽查或有勒索擾累者照例議處
六年議準出洋商船於出口之處將執照呈守口官弁驗明挂號塡註出口月日放行造册詳報督撫該督撫於每年四月內造册報部回時於入口處守口官弁將照與船比對相符詳報督撫銷號該督撫於每年九月內造册報部如出洋人回而船不回大船出而小船回及出口人多而進口人少者該督撫嚴加訊究果繫番欠未清俟來年六七月間乘風駕回其被風飄往別省者船戶取具彼處地方官印給齎回呈驗遭風覆溺者



若有餘存之人及同行鄰船客商舵水等卽訊取確供保給再加地方官印結詳報均於入口册內聲明報部如其訊究倘留番情久之船來年仍不駕回揑報遭風飄溺等弊並無彼處地方官印結及餘存之人鄰船客商舵水甘結者該督撫嚴察治罪原出結地方官交部議處
又議準商船在各省沿海貿易者於出口之處將船照呈守口官弁驗明挂號經過之處於要汛驗明挂號入口之處由守口官弁驗明回櫂之日仍從各原處覈驗挂號而回
七年覆準江南浙江商民往南洋貿易其前往南洋必經由福建所有商船姓名數目該督撫先期知會福建總督轉飭海口官弁察驗放行回櫂之日仍由福建總督知會江浙互相稽察
又議準福建商船俟漁期欲出海取魚者赴地方官呈明換領漁照取具澳甲里族各長並鄰右保結同船連環互結準其入海取魚俟魚期過後將漁照繳銷仍換給商照該地方官將換給船照緣由彙報上司存案如



過期不歸卽行察究永不許出海取魚
十二年議準商人置貨出洋必在本籍地方取結給照以防偷越及夾帶違禁貨物之弊其中有小本商人領照前往迨從外番回至內地到各處發賣貨物並別置貨物趕回因風信屆期又應放櫂不能奔回本籍地方請照在福建者準呈明廈防廳在廣東者呈明南海縣在浙江者呈明乍浦海防廳各取具行戶船戶保結給與執照前往該廳縣將給照緣由行知該商本籍地方官備案該商回櫂之日各赴請照衙門繳銷如該船舵

水客商有在番地交易未清及別項事故原給照衙門取具回行鄉船客商舵水甘結移行該商本籍地方官存案下期回日驗銷

又議準商船於出口之際舵水遇有事故該船戶就近招募取具保結由守口官弁批發執照準其頂補

又議準民人偷渡外洋該汛官弁拏獲十名以上者專管官紀錄一次兼轄官毋庸議敘兵各賞銀二兩二十名以上者專管官紀錄二次兼轄官紀錄一次兵各賞銀四兩三十名以上者專管官加一級兼轄官紀錄二



次兵各賞銀六兩四十名以上者專管官加二級兼轄官紀錄二次兵各賞銀八兩五十名以上者專管官以應升之官即用兼轄官加二級兵各賞銀十兩賞銀即於船戶名下追給倘不實力稽察致疎在十名以上者專管官罰俸一年兼轄官免議兵各責二十板二十名以上者專管官降一級留任兼轄官罰俸六月兵各責三十板三十名以上者專管官降二級留任兼轄官罰俸一年兵各責四十板四十名以上者專管官降三級留任兼轄官降一級留任兵各責四十板革糧五十名以上者專管官降一級調用兼轄官降二級留任兵革糧枷一月責四十板其降級留任之人如能拏獲別案偷渡按其所獲名數抵銷若三年稽察嚴明汛內肅清該督撫提鎮題請開復

又議準洋船偷渡民人每在初出洋面之際福建海船掛驗出口之時該汛官弁押交大担汛轉交浯嶼汛撥船押送東洋以外洋面俟其乘風放洋後方許回汛廣東海船掛驗出口之時該汛官弁押交虎門協撥船押送外洋洋面俟其乘風放洋後方許回汛浙江乍浦口



船出口即係大洋普陀海船由定海盤察至旗頭即係大洋再容撥船押送

乾隆元年奏準漁船出口入口守口官弁驗明船照準其出入如盤察不實及借端勒索者降二級調用受賄者革職

又議準沿海一應樵採及內河通海之各色小船均報明地方官取具甲鄰右保結編烙船號姓名給照遇晚必停泊人家塘汛處所倘船被賊押坐出洋立即報官將船號姓名移知管汛緝究若租船與人必報明本處

澳甲出結報官存案其呈報行船遭風者驗明人夥有無落水受傷必有實據方准銷號其出口入口止赴就近守口官弁挂號稽察不必預定處所日期或風信不齊進口愆期者取具結狀存案如盤察不實及借端勒索者照漁船例議處

三年覆准沿海樵採小船每船許帶食鍋一口所需斧斤每人許帶一把在船人數不得過十名均於照內注明出入察驗不得越數多帶及進口時故意缺少

四年議准內地民人出洋貿易違禁買回番仔入口守



口官弁稽察不力者照外國之人私自進口不報例降一級調用該管上司罰俸一年如知情故縱者革職照縱者革職治罪

六年奏准拏獲偷渡民人隱匿不報者官革職兵責四十板革糧賄縱者官革職兵革糧皆治罪

又奏准拏獲偷渡之人訊明從何處開船將該守口官弁照賄縱偷渡外洋例按人數分別議處拏獲者照拏獲偷渡外洋例按人數分別議敘若弁兵因公差委所乘船將無照之人偷載專管官知情者革職提問不知情者革職兼轄統轄官不揭報提參皆照不揭報劣員例議處

又議准噶喇巴番目因出洋不歸留住彼地之漢人在番滋事遂至戕害雖恐擾及商船宜禁止貿易但賀蘭國王責其太過已將鎮守夷目更換再三安慰商船照舊生理則該番原未擾及商客應令南洋照舊貿易其中有至暹羅柔佛等國者亦准往來至南洋諸國米多價賤回櫂或買米壓載入口餘剩或並未買米載回均聽從商便其商船往販諸番自宜定限應以三年為限



逾期不歸將舵工水手人等不許再行出洋其外洋泥地如有停泊洋船察驗船照有經閱多年者勒令入口交地方官察訊詳究

七年覆准商船在於內地沿海省分貿易者以二年為限二年之後始歸者嗣後不許再出口往販外洋者以三年為限逾限不歸者該商及舵水人等勒還原籍永遠不許出口其外洋停泊船察驗船照已閱多年者勒令入口交地方官訊究詳察

十一年奏准奉天南面均係海疆金復熊蓋等處地方

與山東登萊兩府對峙商船不時來往私載民人勢不能免必須立法稽察凡帶有無照之人來奉天者商貨仍聽起運外其照上無名之人突出遞解回籍船戶治以夾帶私人之罪不必遞解船亦免其入官

十三年議準民人偷渡兵在外洋拏獲者仍照例分別給賞如偷渡船尚在沿海口岸兵於本管界內拏獲原係分內之事無庸賞給若將別汛沿海口岸偷渡民人盤察擒獲者照外洋拏獲例減半賞給但不得因有賞銀將沿海口岸不應盤察之船借端需索滋擾



十九年議準康熙五十六年禁止商船不許出洋貿易其私行前往者皆違禁偷越之人是以定例不準回籍自雍正五年洋禁既開凡商船之在洋逾限未歸者或因貨物未清守候愆期原與違禁偷越者不同若竟不準回籍情屬可憫嗣後有實因貿易稽留在外今願回籍或本身已故遺留妻妾子女願回籍者均準其附船回籍令船戶出具保結於進口時報明該管官令歸本籍安插攜回貲財地方官不得稽端需索至無賴之徒原係偷渡番國潛住多年充當甲必丹供番人役使及本無貲本流落番地哄誘外洋婦女娶妻生子迨至無以爲生復圖就食內地以肆招搖誘騙之計者仍照例嚴行稽察該督撫隨時酌量辦理

又議準出洋貿易商船皆挾貲求利素非爲匪且內地各有妻孥產業原未肯輕去家鄉止因海洋風信變常商欠取討匪易又或疾病難歸棲身番地或在船充當舵水遭風流落凡此俱係欲歸不得並非有意淹留見在開洋貿易之民源源不絕而因事耽延者亦頻年有之從前出洋回籍原無定限迨後定以三年倘稍逾限



卽不得返歸故土似非一體同仁之意嗣後出洋貿易者無論年分久近槩準回籍若本身已故遺留妻妾子女亦準回籍責成帶回之船戶出具保結存案仍令該督撫於沿海口岸地方出示明白曉諭令其不必遲廻觀望其攜回貲財有不肖官役藉端擾累需索者卽嚴行參處

一貨物出洋之禁康熙二十三年覆準焰硝硫黃軍器樟板等物違禁私載出洋接濟姦匪者照例治罪該管汛口文武官弁盤察不實者革職知情賄縱者革職提

問兼轄官降四級調用統轄官降二級留任提督降一級留任

四十七年覆準出洋船所帶食米不得過五十石如多帶出洋販賣者照例治罪將米入官

五十六年覆準出洋船按道里遠近人數多寡停泊脫貨日期每人一日準帶食米一升並帶餘米一升以防風信阻滯出口時守口官弁逐一驗明放行不許借端需索

又覆準臺灣產米不許私運出洋販賣至漳泉廈門等



處米少價貴有船從臺灣帶米至該處者準其照時價糶賣

六十一年覆準外洋番國進貢順帶貨物願自出夫力帶來　京城貿易者聽如欲在彼處貿易該督撫委廉能官監看貿易完日造冊報部如貢船到岸未曾報官盤驗先行售賣及內地民人爲外國收賣違禁貨物者皆照例治罪至不係進貢之船有裝載貨物前來貿易者照例投行納稅聽其貿易回權之日不許收買違禁貨物

雍正三年議準附居廣東澳門之西洋人所有出洋商船每年出口時將照赴沿海該管營汛挂號守口官弁將船號人數姓名逐一驗明申報督撫存案如出口夾帶違禁貨物並將中國之人偷載出洋守口官弁徇情疎縱者革職至入口之時亦將船號人數姓名逐一驗明申報督撫存案除頭目遇有事故由該國發來更換者準其更換外其無故前來者不許夾帶入口及容留居住若稽察不到將守口及地方該管各官照失察例議處



又覆準福建產米無多往販外番船酌定帶回米以資民食往暹羅者大船帶米三百石中船帶米二百石噶喇巴大船帶米二百五十石中船帶米二百石呂宋柬埔寨馬辰柔桑四處大船各帶米二百石中船各帶米百石埭仔六坤安南宋居勝丁家盧宿霧蘇祿七處中船各帶米百石於入口時將數目驗明若有多餘一并造報均聽照時價發賣如不足數及有偷漏情弊照接濟姦匪例治罪

又覆準外洋行走之船動經數月鐵釘油灰棕絲黃麻

等物準酌量攜帶於照內填注數目以備察驗如有動用同船之人出具甘結存案倘有借端多帶者照例治罪

七年覆準出洋船食米若於酌定數目之外多帶售賣或實係接濟姦匪或止係圖利察出將米入官賣米之人分別治罪守口官弁隱諱不報者革職如受賄放縱治罪

九年奉

旨鐵器不許出洋貨賣律有明禁乃近聞粵東出產鐵鍋



凡洋船貨賣向未禁止夷船出口每船所賣鐵鍋少者百連至二三百連不等多者買至五百連並有至千連者每連約重二十斤不等五百連約重萬斤千連約重二萬斤計算每年萬斤之鐵為數甚多誠有關係嗣後鐵鍋應照廢鐵之例一槩嚴禁無論漢夷商船均不許貨賣出洋違者照捆載廢鐵出洋之例治罪官役通同徇縱亦照徇縱廢鐵例議處凡遇洋船出口仍交與海關監督一例稽察至於商船每日煮食之鍋仍照舊置用官役不得借端勒索滋擾倘地方官弁視為具文奉行不力經朕訪聞或別經發覺定行從重議處各省洋船出口之處均令一體遵行永著為例

又覆準一切廢鐵除在本地貨賣聽從民便無庸禁止如有將廢鐵潛出邊境及海洋貨賣者立即拏究照例治罪該管官知情故縱者革職受賄者革職提問

乾隆元年覆準米穀偷運出洋及在洋接濟姦匪該管文武官弁除通同受賄知情故縱仍照律治罪外如係失察偷運米百石以上穀二百石以上者降一級留任米百石以下穀二百石以下者罰俸一年米不及十石



穀不及二十石者罰俸六月

二年覆準洋船換買錢若數目過多恐有販銷之弊令守口官弁實力稽察如有姦商圖利多載錢出洋者即拏治罪

十三年覆準雜糧麥豆偷運出洋除接濟姦匪者與米一例科斷外若止係圖利計所運數目照二穀一米之例減等問擬至官弁受賄故縱及失察處分仍照米穀例行

十四年覆準紅黃銅器及銅私販出洋貨賣者分別首

從治罪銅及銅器並船均入官守口官弁知情故縱者革職受賄者革職提問失察者降一級調用

一軍器出洋之禁雍正六年覆準商船漁船不許攜帶槍礮器械至往販東洋南洋之大船原與近洋不同準其攜帶鳥槍不得過八腰刀不得過十弓箭不得過十副火藥不得過二十斤洋商投行買貨卽同牙人將應帶軍器數目呈明海關給票照該製造鋪書姓名號數完日報官點驗塡入照內守口官弁驗明放行回日如有短少卽行訊究果係遺失取通船甘結存案



八年覆準往販東洋南洋之大船準攜帶之礮每船不得過二位火藥不得過三十斤造礮時呈明地方官給與印票赴官局製造完日地方官親驗鏨鑿某縣某人姓名某年月日製造字樣仍於照內注明所帶之礮輕重大小以與海關及守口官弁察驗回日繳官貯庫開船再行請領倘本船遭風礮致沉失卽於所在地方官報明免其治罪如其船無恙妄稱沉失卽行訊究若商船內買有外番紅銅礮許其帶回交地方官給與時價以充鼓鑄之用

一沿海弁兵之禁雍正九年議準商船在洋遭風落淺廵哨汛守兵丁不爲救護轉搶奪財物拆毀其船以致商人斃命或未致斃命皆照例分別首從治罪在船該管官弁如同謀搶奪雖兵丁爲首該員亦照爲首例治罪雖不同謀但分贓者照爲從例治罪實繫不能約束並無通同分肥情弊者革職若遭風被淹商人救援得生兵丁因而撈取財物者坐贓治罪該管官鈐束不嚴降二級留任其商人淹斃在先見係飄沒無主船貨因而撈搶入已不報者亦坐贓治罪如見船覆溺因不許



搶奪撈取財物阻撓不救以致商人斃命者阻救之人係官革職兵革糧皆分別首從治罪至沿海汛口弁兵極力救護遭風人船不私取絲毫財物者該管官據實申報督撫提鎭記功遇有水師千把缺出卽題補其守備以上各官救護船二次者紀錄一次倘弁兵因救護人船或受傷被溺該督撫提鎭保題照因公差委弁兵受傷被溺例給與卹典

十年議準臺灣海外重地文武官弁必互相稽察若有貪酷乖張以致起釁生事者如係武職游守以下等官

將不揭報之副將參將降三級調用不題參之總兵官降二級調用不告知督撫之文職降一級留任如係文職同知以下等官將不揭報之道府降三級調用不告知督撫之武職降一級留任

乾隆五年議準沿海守口官弁察驗掛號之處不許借端需索故意留難如有此等情弊即行題參將守口官弁降二級調用督撫提鎮失於覺察者罰俸一年若兵有需索留難將兵計贓治罪守口官弁照失察衙役犯贓例議處



海外耕種之禁海濱居民不得潛住島嶼招聚耕墾致藏姦匪臺灣職官不得託名墾地自置莊田侵占民番產業違者論此法

海船製造之禁商漁各船出地方官取船戶族里保結果屬殷實良民許其製造給以執照桅檣雙單船梁丈尺及在船人數各限以制於執照內登注漆桅編號書船戶姓名各異其色江南青質白書浙江白質綠書福建綠質朱書廣東赤質青書以昭識別以備口岸稽察

出入海洋之禁江南浙江福建廣東商船許往東洋南洋貿易他省船不得私往漁船謀生者許往瀕海港嶼經由汛口均由官弁驗照以稽出入偷渡及驗照不符者論

貨物出洋之禁硝磺銅鐵出洋船不得私載食米計人定數油麻足備船用而止不得多攜以杜出售外夷接濟姦匪之弊

軍器出洋之禁商船往東洋南洋貿易者酌帶弓矢刀槍火礮以備不虞於執照內登注回日依數察驗有沉失者於所在地方官報明取同船人結狀呈繳備案近



洋商船及漁樵船不得越禁私攜

沿海弁兵之禁海船有被風飄至近岸或觸礁閣淺者守口弁兵急出汛船拯救有爭奪貨財任人船覆溺及救獲人命因而奪財或飄來空船乾沒貨物或因禁罟奪坐視不救者各按所犯輕重治罪其實力拯救不貪財者守備千總加級紀錄把總及兵記功升拔

傳源謹攷明代之倭特東海諸夷之總名傳紀所載吳越之間爲患絕少今之日本即古倭奴國在東海中綰波而宅自元菟樂浪底於徐聞東莞所通中國

處無慮萬餘里其君居山城所統五畿七道三島爲
郡五百七十有三皆依水附嶼大者不過中國一村
落而已自漢迄宋俱入貢洪武初由方國珍張士誠
餘黨竄入海中煽誘倭奴侵掠海上焚民居奪貨財
故濱海之區咸受其害則知非有內地人爲之不爲
寇也

又考嘉靖二年寧波之寇由鄞人有宋素卿者本朱
氏子名縞幼習歌唱初奔日本正德間曾與其國人
源永壽來貢其從父澄識之告素卿附倭狀守臣以



聞置不問至是其主源義植幼闇不能制命羣臣爭
貢名強給符驗左京兆大夫內藝興遣僧宗設右京
兆大夫高貢遣僧瑞佐及宋素卿先後至寧波爭長
不相下故事番貨至市舶閱貨及宴坐並以先後爲
序時瑞佐後而素卿狡賄市舶太監先閱佐貨宴又
坐設上設不平遂與佐相讐殺太監又以素卿故助
佐兵器而設衆又強遂燬嘉賓堂劫東庫沿途殺掠
浙中大震給事中夏言上言倭患起於市舶遂罷之
又考太祖時雖絕日本而三市舶司不廢市舶故設

太倉黃渡尋以近京師改設福建浙江廣東七年罷
未幾復設蓋以遷有無之貨省戍守之費禁海賈抑
姦商使利權在上也自市舶內臣出遂稍稍苦之然
當罷者內臣司市舶非市舶也自市舶罷而利權在
下遂有奸豪外交內訌之病

又考明罷市舶後凡番貨至輒主商家商率爲奸利
負其責多者萬金少不下數千索急則避去已而主
貴官家有閩人李光頭歙人許棟踞寧波之雙嶼爲
之主司其質劵貴家護持之漳泉爲多或與通婚姻



假濟渡爲名造雙桅大船運載禁物已而貴官家之
負甚於商番人近島坐索其負久之不得乏食乃出
沒海上爲盜輒搆難有所殺傷貴官家患之欲其急
去乃出危言撼當事者謂番人泊近島殺掠人而不
出一兵拒之備倭者當如是耶當事者果出師而先
陰洩之以爲得和他日貨至且復然如是者久之倭
大恨言挾國王貲逐利不得直曷歸報必取償爾金
寶以歸因盤踞島中不歸並海民生計困迫者糾引
之失職衣冠士及不得志生儒亦皆與通爲之鄉道

時寇沿海諸郡縣如汪五峯徐碧溪毛海峯之徒皆
內地人僭稱王號而其宗族妻子田廬皆在籍無恙
莫敢誰何乃以朱紈爲右副都御史巡撫浙江兼提
福興泉漳嚴禁泛海通商勾連主藏之徒紈乃下令
禁海凡雙檣餘艎一切毀之違者斬上言謂不革渡
船則海道不淸不嚴保甲則海防不可復遂鐫暴貴
官家渠魁數人姓名請戒諭之不報於是副使柯喬
都司盧鏜捕獲通番九十餘人以上立決之於演武
塲一時諸不便者大譁宣言被禽者皆良民非賊黨



用搖惑人心又挾制有司以脅從被擄而輕比重者
引强盜拒捕律紈上疏曰今海禁分明不知何由被
擄何由脅從若以入番導寇爲强盜海洋對敵爲拒
捕臣之愚暗實所未解紈復上言長嶼諸處大俠林
叅等號稱刺達總官勾連倭舟入港作亂更有巨奸
擅造艅艎走賊島爲鄉導躪海濱稍論明確宜正典
刑於是御史周亮劾紈措置乖方專殺啓釁宜置於
理帝遂罷紈官論死士論惜之自是船主土豪益自
喜爲奸日甚官莫敢禁

考明徐海本新安無賴寓於越通洋貿易貲本蕩盡
又號明山和尙遂與汪直葉麻輩誘倭倡亂掠沿海
貧民爲寇汪直亦徽人以事亡命走海上爲舶主巨
魁倭人具服之倭勇而戇每戰輙赤體提刀舞而前
無能捍者其魁則浙閩人善設伏能以寡擊衆而推
直爲最直初誘倭入犯倭大獲利各島由此日至既
而多殺傷有全島無一歸者死者家怨直直乃與其
養子滶及鄉人葉碧川王淸溪謝和等據五島自保
呼爲老船主又有其黨毛海峯彭老生葉宗滿最猛



悍各挾倭寇爲雄不下十餘帥列近洋爲民害猖獗
浙東毛海峯即名王滶
按明王忬爲巡視浙江及興泉等地方以死綏著節
復廣爲偵刺凡沿海之大猾爲倭內主者悉拘繫之
按覆其家自是倭不復知中國虛實與所從向往而
艅艎在海中者亦無以裁粟火藥相貿易往往食盡
自遁
又有廣東巨寇曾一本黃朝太等無不引倭爲助隆
慶初破碣石甲子諸衛所已又化州石城縣陷錦囊

所神電衛其犯浙江者爲蛋賊梁本豪勾引勢尤猖
獗
考前明之倭兜狡無信可爲車鑒不特勾引宜禁卽
貢使亦宜加意防察焉洪武二年三月帝遣行人楊
載詔諭其國且詰以入寇之故謂宜朝則來廷不則
修兵自固倘必爲寇盜卽命將徂征耳王其圖之日
本王良懷不奉命復寇山東轉掠温台明州旁海民
遂寇福建沿海郡
三年三月又遣萊州府同知趙秩責讓之泛海至折
木崖入其境守關者拒弗納秩以書抵良懷良懷延
秩入諭以中國威德而詔書有責其不臣語良懷曰
吾國雖處扶桑東未嘗不慕中國惟蒙古與我等夷
乃欲臣妾我我先王不服乃使其臣趙姓者訹我以
好語語未旣水軍十萬列海岸矣以天之靈雷霆波
濤一時軍盡覆今新天子帝中夏天使亦趙姓豈蒙
古裔耶亦將訹我以好語而襲我也目左右將兵之
秩不爲動徐曰我大明天子神聖文武非蒙古比我
亦非蒙古使者後能兵兵我良懷氣沮下堂延秩禮



遇甚優遣其僧祖來奉表稱臣貢馬及方物且送還
明台二郡被掠人口七十餘以四年十月至京太祖
嘉之宴賚其使者賜良懷大統曆及文綺紗羅是年
掠温州
五年寇海鹽澉浦又寇福建海上諸郡六年以於顯
爲總兵官出海巡倭倭寇萊登寇膠州時良懷年少
有持明者與之爭立國內亂是年七月其大臣遣僧
宣聞溪等齎書上中書省貢馬及方物而無表帝命
却之仍賜其使者遣還未幾其別島守臣氏久遣僧
奉表來貢帝以無國王之命且不奉正朔亦却之而
賜其使者命禮臣移牒責以越分私貢之非又以頻
入寇掠命中書移牒責之乃以九年四月遣僧圭廷
用等來貢且謝罪帝惡其表詞不誠降詔戒諭宴賚
使者如制十二年來貢十三年復貢無表但持其征
夷將軍源義滿奉丞相書書辭又倨乃却其貢遣使齎
詔譙讓十四年復來貢帝再却之命禮臣移書責其
王幷責其征夷將軍示以欲征之意良懷上言臣聞
三皇立極五帝禪宗惟中華之有主豈夷狄而無君

乾坤浩蕩非一主之獨權宇宙寬洪作諸邦以分守
蓋天下者乃天下之天下非一人之天下也臣居遠
弱之倭褊小之國城池不滿六十封疆不足三千尚
存知足之心陛下作中華之主爲萬乘之君城池數
千餘封疆百萬里乃有不足之心常起絶滅之意夫
天發殺機移星換宿地發殺機龍蛇走陸人發殺機
天地反覆昔堯舜有德四海來賓湯武施仁八方奉
貢臣聞天朝有興戰之策小邦亦有禦敵之圖論文
有孔孟道德之文章論武有孫吳韜略之兵法又聞



陛下選股肱之將起精銳之師來侵臣境水澤之地
山海之洲自有其備豈肯跪途而奉之乎順之未必
其生逆之未必其死相逢賀蘭山前聊以博戲臣何
懼哉倘君勝臣負且滿上國之意設臣勝君負反作
小邦之羞自古講和爲上罷戰爲強免生靈之塗炭
拯黎庶之艱辛特遣使臣敬叩丹陛惟上國圖之帝
得表愠甚終鑒蒙古之轍不加兵也十六年倭寇金
鄉平陽十九年遣使來貢却之
先是胡惟庸謀逆欲藉日本爲助乃厚結寧波衛指

揮林賢佯奏賢罪謫居日本令交通其君臣尋奏復
賢職遣使召之密致書其王借兵助己賢還其王遣
僧如瑶率兵卒四百餘人詐稱入貢且獻巨燭藏火
藥刀劍其中既至而惟庸已敗計不行帝亦未知其
狡謀也越數年其事始露乃族賢而怒日本特甚決
意絶之專以防海爲務自是朝貢不至而海之警亦
漸息
成祖卽位遣使以登極詔諭其國永樂元年又遣左
通政趙居任行人張洪偕僧道成往將行而其貢使



已達寧波禮官李至剛奏故事番使入中國不得私
攜兵器鬻民宜敕所司覈其船諸犯禁者悉籍送京
師帝曰外夷修貢履險蹈危來遠所費實多有所齎
以助資斧亦人情豈可槩拘以禁令至其兵器亦准
時直市之毋阻向化十月使者至上王源道義表及
貢物帝厚禮之明年十一月來賀册立皇太子時對
馬壹岐諸島賊掠沿海民因諭其王捕之王發兵盡
殲其衆縶其魁二十人以三年十一月獻於朝且
修貢帝益嘉之遣鴻臚寺少卿潘賜偕中官王進賜

其王九章冕服及錢鈔錦綺加等而還其所獻之人令其國自治之使者至寧波盡置其人於甑蒸殺之明年正月又遣侍郎俞士吉齎璽書褒嘉賜賚優渥封其國之山爲壽安鎭國之山御製碑文立其上六月使來謝賜冕服五年六年頻入貢且獻所獲海寇使還請賜仁孝皇后所製勸善內訓二書卽命各給百本十一月再貢十二月其國世子源義持遣使來告父喪命中官周全往祭賜諡恭獻且致賻又遣官齎敕封義持爲日本國王時海上復以倭警告再遣



官諭義持勅捕八年四月義持遣使謝恩尋獻所獲海寇帝嘉之明年二月復遣王進齎敕褒賚收市物貨其君臣謀阻進不使歸進潛登舶從他道遁還自是久不貢是年倭寇盤石

十五年倭寇松門金鄉平陽有捕倭寇數千人至京者廷臣請正法帝曰威之以刑不若懷之以德宜還之乃命刑部員外郎呂淵等齎敕責讓令悔罪自新中華人被掠者亦令送還明年四月其王遣使隨淵等來貢謂海寇旁午故貢使不能上達其無賴鼠竊者實非臣所知願貸罪容其朝貢帝以其詞順許之禮使者如故海寇猶不絕

十七年倭船入王家山島都督劉榮率精兵疾馳入望海堝賊數千人分乘二十舟直抵馬雄島進圍望海堝榮發伏出戰奇兵斷其歸路賊奔櫻桃園榮合兵攻之斬首七百四十二生擒八百五十七召榮至京封廣寧伯自是倭不敢窺遼東二十年倭寇象山

正統元年四月工部言宣德間日本諸國皆給信符勘合今改元伊始例當更給從之四年五月倭船四



十艘連破台州桃渚寧波大嵩二千戶所又陷昌國衛驅掠少壯束嬰孩竿上沃以沸湯視其啼號拍手笑樂得孕婦卜度男女刳視中否爲勝負飲酒大肆殺掠八年五月寇海寧先是洪熙時黃巖民周來保龍巖民鍾普福困於徭役入倭倭每來寇爲之鄉導至是導倭犯樂清先登岸偵伺俄倭去二人留村中丐食被獲置極刑梟其首於海上倭性黠旣得勘合時載方物戎器出沒海濱得間則張其戎器而肆侵掠不得則陳其方物而稱朝貢東南海濱患之景泰

四年入貢至臨清掠居民貨有指揮往詰毆幾死所司請執治帝恐失遠人心不許守臣幸無事輒請俯順倭情故疎縱至此先是永樂初詔日本十年一貢人止二百船止二艘不得攜軍器違者以寇論乃賜以二舟爲入貢用後悉不如制宣德初申定要約人毋過三百舟毋過三艘而倭人貪利貢物外攜私物增十倍例當給直禮官言宣德間貢硫黃蘇木刀扇漆器之屬估時直給錢鈔或折支布帛爲數無多然已大獲利今若仍舊制當給錢二十一萬七千銀價



如之宜大減其直給銀三萬四千七百有奇從之使臣不悅請如舊制詔增錢萬猶以爲少求增賜物詔增布帛千五百終怏怏去

天順初其王源義政以前使臣獲罪天朝蒙恩宥欲遣使謝罪而不敢自達移書朝鮮王令轉請朝鮮以聞廷議救朝鮮覈實令擇老成識大體者充使不得仍前肆擾旣而貢使亦不至成化四年夏乃遣使貢馬謝恩禮之如制其通事三人自言本寧波村民幼爲賊掠市與日本今請便道省祭許之戒其勿同使

臣至家引中國人下海十一月使臣淸啓復來貢傷人於市有司請治其罪詔付淸啓奏言犯法者當用本國之刑容還國如法論治且自服不能鈐束之罪帝俱赦之自是使者益無忌

十三年九月來貢求佛祖統紀諸書詔以法苑珠林賜之使者述其王意請於常例外增賜命賜錢五萬貫二十年十一月復貢弘治九年三月王源義高遣使來還至濟寧其下復持刀殺人所司請罪之詔自今止許五十人入都餘留舟次嚴防禁焉十八年冬



來貢時武宗已卽位命如故事鑄金牌勘合給之

正德四年冬來貢禮官又言日本貢物向用舟三今止一所賜銀幣宜如其舟之數且無表文賜敕與否請上裁命所司移文答之五年春其王源義澄遣使臣宋素卿來貢時劉瑾竊柄納其黃金千兩賜飛魚服前所未有也素卿鄞縣朱氏子名縞幼習歌唱倭使見悅之而縞叔澄負其直因以縞償至是充正使至蘇州澄與相見後事覺法當死劉瑾庇之謂澄已自首並獲免七年義澄使復來貢浙江守臣言今畿

輔山東盜充斥恐使臣遇之爲所掠請以貢物貯浙
江官庫收其表文送京師禮官會兵部議請令南京
守備官即所在宴賚遣歸附進方物皆予全直毋阻
遠人向化心從之
嘉靖二年五月其貢使宗設抵寧波未幾素卿偕瑞
佐復至互爭眞僞宗設怒與之鬬殺瑞佐焚其舟追
素卿至紹興城下素卿竄匿他所免凶黨還寧波所
過焚掠執指揮袁璡奪船出海都指揮劉錦追至海
上戰没廵按御史歐珠以聞且言據素卿狀西海路



多羅氏義興者向屬日本統轄無入貢例因貢道必
經西海正德朝勘合爲所奪我不得已以宏治朝勘
合由南海路起程比至寧波因詰其僞致啓釁章下
禮部部議素卿言未可信不宜聽入朝但釁起宗設
素卿之黨被殺者多其前雖有投番罪已經先朝宥
赦毋容問惟宜諭素卿還國移咨其王令察勘合有
無行究治帝已報可御史熊蘭給事張翀交章言素
卿罪重不可貸請并治賴恩閉關絶貢振中國之威
[illegible]之計事方議行會宗設黨中林望古多羅逃

出之舟爲暴風飄至朝鮮朝鮮人擊斬三十級生禽
二賊以獻給事中夏言因請逮赴浙江會所司與素
卿雜治因遣給事中劉穆御史王道往至四年獄成
素卿及中林望古多羅並論死繫獄久之皆瘐死時
有琉球使臣鄭繩歸國命傳諭日本以禽獻宗設還
袁璡及海濱被掠之人否則閉關絶貢徐議征討九
年琉球使臣蔡瀚者道經日本其王源義晴附表言
向因本國多事干戈梗道正德勘合不達東都以故
素卿捧宏治勘合行乞貸遣還并賜新勘合金印修



貢如常禮官驗其文無印篆言倭譎詐難信宜敕琉
球王傳諭仍遵前命十八年七月義晴貢使至寧波
守臣以聞時不通貢者已十七年敕廵按御史督同
三司官覈果誠心效順如制遣送否則郤回且嚴居
民交通之禁明年二月貢使碩鼎等至京申前請乞
賜嘉靖新勘合還素卿及原留貢物部議勘合不可
遽給務繳舊易新貢期限十年人不過百舟不過三
餘不可許詔如議二十三年七月復來貢未及期且
無表文部臣謂不當納郤之其人利互市留海濱不

夫總督御史高節請治沿海文武將吏罪嚴禁奸豪
交通得旨允行而内地諸奸利其交易多爲之囊橐
終不能禁絶
二十六年其王義晴遣使周良等先期來貢用舟四
人六百泊於海外以待明年貢期守臣沮之則以風
爲解十一月事聞帝以先期非制且人船越額敕守
臣勒回十二月倭賊犯寧台二郡大肆殺掠日本故
有孝武二廟勘合幾一百道使臣前此入貢請易新
者而令繳其舊至是周良持宏治勘合十五道言其



餘爲素卿子所竊捕之不獲正德勘合留十五道爲
信而以四十道來還部議令異時悉繳舊乃許易新
亦報可當是時日本王雖入貢其各島諸倭歲常侵
掠濱海奸民又往往勾之
自朱紈爲巡撫以嚴禁交通得罪不置巡撫者四年
海禁復弛亂益滋大奸若汪直徐海陳東葉麻輩以
内地不得逞悉逸海島爲主謀誘倭入寇三十一年
至三十四年入寇瀕海數千里如入無人之境大抵
眞倭十之三從倭者十之七倭戰則驅其所掠之人
爲先鋒法嚴人皆致死明年揚宜所遣鄭舜功出海
哨探者行至豐後島島主亦遣僧淸授附舟來謝罪
言前後侵犯皆中國奸商潛引諸島夷衆義鎭等實
不知
日本故有王其下稱關白者最尊時以山城州渠信
長爲之偶出獵遇一人卧樹下驚起衝突執而詰之
自言爲平秀吉薩摩洲人之奴雄健有口才信長悅
之命牧馬名日本下人後漸用事爲信長畫策奪倂
二十餘州遂爲攝津大將有參謀阿奇支者得罪信



長命秀吉討之俄信長爲其下明智所殺秀吉方攻
滅阿奇支聞變還兵誅之威名益振尋廢信長之子
僭稱關白有其衆時爲萬歷十四年益治兵征服六
十六洲又以威脅琉球呂宋暹羅佛郎機諸國皆使
貢其用法嚴軍行有進無退違者雖子壻必誅以故
所向無敵乃改元文祿并欲侵中國滅朝鮮而有之
召問故時汪直遺黨知唐人畏倭如虎氣益驕大治
兵甲繕舟艦與其下謀入中國北京者用朝鮮人爲
導入浙閩沿海郡縣者用唐人爲導慮琉球洩其情

使毋入貢欲自將以犯中國會其子死旁無兄弟而諸鎮怨秀吉暴虐各懷異志由是不敢親行

茅坤云海上之寇不盡是某某島倭首亂以某事始釁也吾里中有一男子自崑山爲海寇所獲凡從於賊五十日而出歸語海寇大約艘凡三百人其諸酋長及從並福建及溫台寧波人間亦有徽人所謂倭而椎髻者特十餘人而已此可見寇特挾倭以爲號其實皆內地人也

胡宗憲云昔之防海重防其入今之防海重防其出



重防其入則礪我戈矛飭我樓櫓可以禦日本之倭重防其出則支流必辨合港必稽所以禦通日本之倭者正未可以悉數也

殷都云倭奴擁衆而來動以千萬計非能自至也由內地奸人接濟之也濟以米水然後敢久延濟以貨物然後敢貿易濟以向導然後敢深入必接濟嚴而後倭可靖所以稽察之者其在沿海塞司之官乎

平湖關學曾義山集云甚矣通洋之利小而害大利在下而害在上不可不預爲之處也康熙初年以海島遊魂未滅沿海防兵糜餉日久立界遷民禁及採捕議者或謂損魚鹽之利絕貧民衣食之原然不出數年投誠者接踵海氛遂息以所損之利較所省之餉果孰虧而孰詘耶寇在海中不能自耕而食必資內地之粟以爲生濱海奸民受其白鏹聚米於家匙日相濟反以被掠報官日夕惟盜是諱而何暇詰其奸食不乏寇不消自遷界禁後粒米不得盜入於海而海寇悉爲按揷之編戶此討之最得效之已見者也海寇既殄　朝廷迺下寬大之詔復其遷界許令



結筏捕魚可以厚民之生矣而言利者遂進通商貿易充裕　國課之謀於是洋禁大開富家巨室爭造貨船遊手惰民競充販客徵貴所挾倍息相期往而獲利則貪進而不肯休苟失其貲則流蕩而不能返或貸豪門重息之債或負親戚義助之財負者莫償索者愈迫相迫不已至於相仇凡爲此者皆素行無賴嗜利忘禍忍蹈不測之險而路視其父母妻子者也其情其勢不易驅而爲明之徐海輩哉又聞洋之利稍貲於富家者羨餘於持權者侵蝕於胥吏者各

取什之三其歸於　國課僅什之一而已下取其九上取其一利無幾也數傳之後承平相習脫有不虞則徵兵調餉費數十倍悉所入之課而不償而黔黎有殘害之厄地方多蹂躪之禍害可言哉愚謂封疆大吏能直陳利害破羣情而罷其役但許濱海細民結伴捕魚凡通洋船隻一切禁之則內地之奸謀無自生海外之邪釁無由召此上策也否則顯立條約檄諭所屬有司察覈地方通洋貿易之人照山海關例報明姓氏居止編爲一冊冊內註明某人於某年某月某日糴買某貨向某海口發某戶船遠其歸也又一一報明而註之冊取其里長兩鄰結狀其或隻身無賴貲本不足者不得偕往則來去可稽虧盈可驗放蕩之心有所顧畏而奸慝之志未敢萌芽雖非永安長治之良規或亦防患詰奸之中策也



趙氏翼記曰按明鄭曉謂國初設官市舶正以通華夷之情行者獲倍蓰之利居者得牙儈之息故常相安後因禁絕海市遂使勢豪得專其利始則欺官府而通海賊繼又藉官府以欺海賊并其貨價乾沒之以至於亂郞瑛七修類稿亦謂汪直私通番船往來寧波有日矣自朱紈嚴海禁直不得逞招日本倭叩關索負突入定海劫掠云鄭曉郞瑛皆嘉靖時人其所記勢家私與市易負值不償致啓寇亂實屬釀禍之由然明祖初制片板不許入海而曉謂國初設官市舶相安已久迨禁絕海市而勢豪得射利致變瑛并謂紈嚴海禁汪直遂勾入寇是竟謂倭亂由海禁所致矣此猶是閩浙人騰謗之語曉等亦隨而附和衆口一詞不復加察也海番互市固不必禁絕然當定一貿易之所若閩浙各海口俱聽其交易則沿海州縣處處爲所熟悉一旦有事豈能盡防耶



又云海外諸番與中國市易必欲得一屯駐之所以便收泊明初暹羅占城爪哇琉球浡泥諸國皆在廣州互市正德中移於高州電白縣嘉靖中始移香山之壕鏡歲輸課二萬金即今澳門也佛郞機人因得混入其中後佛郞機併呂宋滿剌加二國勢力獨强諸國人之在壕鏡者皆畏之遂爲其所專據築城建寺焉大西洋人來亦樂居此故市易益廣今番人皆

立家室長子孫不下數千家從無不軌之謀蓋其志
在市易取利無別意也然海外諸番不一壕鏡所居
大約只數國之人而他國不與焉故往往各欲乞地
以爲永業如嘉靖中林道乾遁于臺灣後去而荷蘭
人據之萬歷中荷蘭人又賄稅監宷求築城於澎湖
都司沈有容往諭之始去其在臺灣者亦爲鄭芝龍
所逐芝龍降後荷蘭又據之鄭成功又奪其地
本朝取臺灣後始不爲外番所佔可見諸番互市必欲
得一屯泊之所也近日英吉利國遣使入貢乞于寧



波之珠山及天津等處僦地築室永爲互市之地
上以今廣東省既有澳門聽諸番屯泊不得更設市於
他處所以防微銷萌者至深遠矣
傳源按歷觀明代海寇之始末與夫諸家聚訟之紛
竊以爲有治法而無治人者終無善治也夫果能禁
絕通洋如明初厲禁寸板不許下海則接濟無從勾
引無自而內地之米價必不至騰貴豈非萬全之策
第以此禁若行於浙粵則海濱之民有魚鹽之利可
以聊生若福建漳泉等處多山少田全賴廣東惠潮

之米海禁嚴急惠潮商船不通米價即貴何以存活
愚聞漳泉人運貨肩挑覓利甚難其地所產魚鹽比
浙又賤蓋肩挑度嶺無從發賣故也故明自禁市舶
後漳泉强梁狡滑之徒貨貲通番官府繫其家屬不
敢生還歲歲入寇是外寇之來皆內寇也禍亂不已
浙患何靖唐荆川云倭患始於福建誠哉言乎當時
目擊不安者遂爲急則治標之計謂禁太急則變更
生宜稍弛其禁以蘇其困夫洋禁一開遊手之民趨
利若鶩其弊尚可言哉計不得已惟有因其勢而利



導之督府海道衙門令漳泉巨室船隻官爲編號與
之保結許其出洋南則哨至廣東北則哨至浙江裝
貨納稅自賣其回也南則許販惠潮之米北則許販
福寧溫台之米但不許至外國及載番貨如違照例
問擬至海濱之民以海爲生採捕魚蝦有不得禁者
亦易以混不可不詳審焉要之雙桅尖底始可通番
各官司於採捕之船定以平底單桅別以記號違者
燬之照例問擬則船有定式而接濟無所施矣其一
曰稽其裝載蓋有船雖小亦分載出海合之以通番

者名官司嚴加盤詰如果採捕之船則計其日帶米水之外有無違禁器物其回也魚蝦之外有無販載番貨有之即照例問擬則載有定限而接濟無所容矣然而港口既紛稽查宜細必嚴行設法如某寨責成某官某地責成某哨某處定以某號某澳束以某甲果皮守之官以廉以明矢公矢慎盡心爲國而謂通番之不可禁吾未之信也



# 防海備覽卷四

江陰薛傳源河明

## 用偵間

偵探者一軍之耳目也人喪耳目則爲發人軍失偵探則爲廢軍乃用兵第一要務故孫子曰明君賢將所以動而勝人成功出衆者先知也先知者不可取於鬼神必取於人知敵之情者也孫子論用間有五有因間有內間有反間有死間有生間因間者因其鄉人而用之內間者因其官人而



用之反間者因其敵間而用之死間者爲誑事於外令吾間知之而傳於敵間也生間者反報也三軍之士莫重於間賞莫厚於間事莫密於間非聖智不能用間非仁義不能使間非微妙不得間之實微哉微哉無所不用間也輯用偵間門

康熙二十二年平臺灣僞鄭成功用偵濟事者辛丑年僞鄭成功敗自長紅歸漂泊無所土人勾之往乃發大小船千餘號遣何斌引港由鹿耳門入潮水忽添數尺紅毛戰敗逃入鎮城堅閉不出鄭兵沿山圍

之粟月柴蔬不得入又乏外援紅毛突圍遁歸成功因改臺灣爲僞東都設一府二縣僞立府尹及天興萬年二縣壬寅年五月成功卒提督馬信立其胞弟鄭世襲改號護理癸卯年成功之子鄭經自厦門來與世襲爭國世襲兵屈退歸經遂嗣位後經至厦委翁天祐爲轉運使任國政於是□□肆築廟宇新街橫街皆其首建也癸卯年厦門敗經由銅山入灣改東都爲東寧省前後招納內地兵民春日以實之甲寅經兵入漳泉交陳永華□諮議參軍留守國政丁巳年兵潰經守厦門復令劉國軒攻開澄縣旋爲大兵恢復鄭兵潰去十有八九遣劉國軒調發兵守澎湖派般戶出粮抽壯民爲兵致民心離散士卒喪氣辛酉年經殞立其庶子鄭欽爲監國退閒入洲仔尾築游□□地峻宇□□及林嘉卉極島中之華麗不理政務嬉遊爲樂未幾鄭經卒衆懼經之嚴迫之縊死欽妻陳氏即永華之女亦登臺自縊遂立鄭克塽爲主年幼政出多門□□總督姚啓聖偵知之密請南征先行秘劄與傅爲霖爲內應事泄爲霖被戮僞



續順公沈瑞亦以讒誅瑞妻鄭氏僞禮官鄭斌之女亦自盡朝廷允姚總督之奏命靖海將軍侯施琅爲提督與姚總督啓聖巡撫吳興祚討之康熙二十二年癸亥六月十四日大師由銅山開駕十五日兵入八罩灣十六日進澎湖大戰竟日勝負未決十七日舟停八罩灣十八日進取虎井桶盤嶼克之十九日將軍乘小舟暗渡海中親觀營壘遙見澎湖媽祖台與上下砲城三座風櫃尾一座四角山城砲一座雞籠小砲臺一座東西嶺砲臺一列四座西南內外塹西嶼頭一列砲臺四座牛心灣砲臺一座沿海之處小船可以登岸者盡設短墻置砲石連遶三十餘里海兵星羅碁布將軍決策遂於二十一日誓師二十二日分兵進剿左師直入雞籠山右師直入牛心灣中權分爲八陣每陣三疊將軍居中調度將左者興化鎮吳英金門鎮陳龍銅山鎮陳昌將右者平陽鎮朱天貴海壇鎮林賢厦門鎮楊嘉瑞提標中營羅士珍旌旗蔽空舳艫千里自辰至申戮力夾攻擊沉熕船八隻燒鳥船二十六隻其餘奔散無跡平陽鎮朱天貴陣

亡海兵死傷無算遂下澎湖劉國軒知事不可爲勸克塽繕表歸誠乃賫印八顆又延平王金印一顆輔政公武平侯忠誠伯武衛將軍等銀印四顆稽首請順時明宗室寧靖王朱術桂向依鄭氏臺灣破闔室自縊妻妾俱殉先是澎湖最險難以泊舟至是水神効靈九日海不揚波艦湧甘泉大師直抵臺灣七月初三日將軍飛章奏捷八月初二日揚旗入灣文武官僚薙髮迎師兵不血刃臺灣已歸我版圖矣

明史嘉靖中鄭曉上言武健才諝之徒困無所逞甘心作賊非國家廣行網羅使有出身之階恐有如孫恩盧循輩出於其間禍滋大矣洪武時倭寇近海州縣以高皇帝威靈兼謀臣宿將築城練兵經畧數年猶未乂安乃招漁丁島人鹽徒蛋戸籍爲水軍三四萬人又遣使出海宣布德威久之始不爲患今江北雖平而風帆出沒倏忽千里倭恃華人爲耳目華人借倭爲爪牙非詳爲區畫後患未易弭也

茅坤云海上之寇大半皆中州之人其始也本冒重利而入海其既也則相與行刼冒重罪而不能出當



事者或設計招撫或用間離阻靡不有功其省勞師糜餉之費多矣宜詳諜海上之寇某爲首亂某爲脅從又於漳福泉州及寧波等處行有司嚴爲保甲之法各籍其一里之名氏而鉤考之此非欲籍而罪之也特令現在土著者不得望風而煽誘入海既羣聚入海者廣爲招諭曲縱其罪而出之且爲下令大畧賊從以下有自縛來歸者並得免死有能手刃其黨來歸者仍按級賞銀三十兩三級以上仍命爵一級有能誘衆面縛來歸亦如之有能手刃及所獮佐亂劇賊如某某者賞銀五百兩仍世襲千戸其嘗佐亂劇賊而能率所部來歸者少或數十人多或百人以上者賞亦如之所部人獲免死仍優恤以差其手刃首亂某某來歸者賞銀一千兩仍世襲指揮使其爲首亂能歸者亦除罪免死而能率所部三百人以上自縛來歸者賞亦如之其所部人亦得免罪仍優恤以差凡賊中有能自縛告賊所在導官兵擊殺得勝者每一級准手刃一級爵賞亦如之有能焚溺其舟并輜重兵仗而來歸者告官驗實亦賞如手刃佐亂之

賊又下令於閩之漳福泉州及浙之寧波等處如賊犯之父母妻子兄弟朋友隣右有能自行首明者勿連坐不能首明而他人告發驗實即以其罪罪之仍量以所犯之貲充賞其爲若父母妻子兄弟朋友隣右有能私縛所犯來歸者並亦得免死賞如之有能以姓名開官因而詐入賊黨本圖誘所犯來歸所犯卒不聽因而諜知賊情告官而令官兵擊殺得勝或左計陷賊或自賊中焚溺其舟而出者賞亦如之其故行匿黨而不以告者並得論罪如律又下令傳示



海島諸夷有能手刃首亂之賊或擊滅其黨數千百人以上効首虜以聞者賞以萬金加之封爵願歲通貢入市者聽如此則爲賊者外利官府之除罪懸賞內疑黨與之陰賊行叛爲賊之父母妻子兄弟朋友者既奪於連坐例賞之法而又不忍其黨之終沒於賊而海島諸夷且謂從賊之利小而害相半擊賊之利大而又世之如此則賊日相駭亂應令而出而其勢不能久矣

嘉靖三十五年胡宗憲爲總督謀徐海麾下獨書記葉麻爲長酋其爲人頗黠而悍近與海爭一女子有微郤於是遣諜說海帳中諷海縛葉麻以出葉麻出而諸酋中故隸葉麻部曲者稍稍懼且怨矣憲又策陳東於諸部曲中與葉麻聲相倚頃以桐鄉之役有睚眦乃以簪珥遺徐海侍女翠翹綠珠令日夜說海縛陳東以報朝廷海且感而陳東乃薩摩王弟故帳下書記酋海固未之能也於是出葉麻囚中令其詐爲書於東反兵賊殺海其書故不以遺東而泄之於海激怒之使縛東而趙文華方治兵擊海宗憲佯曰



彼且縛陳東何戰爲海果賂薩摩王弟縛東以獻於是海勢日孤海自念數有功又信羅龍文誘約八月入謁督府於平湖海先以數百人冑而入叩謝宗憲宗憲下堂摩其頂曰朝廷且赦若厚犒遣之海既出知官兵大集自疑宗憲使使諭之曰官兵防東黨耳毋恐海請居東沈庄陳東居西沈庄又令東詐爲書遺其黨曰海約官兵剿汝矣東黨果疑相攻海知事變掘深塹自守柵數重會大風縱火乘之賊潰海溺水死引出斬其首東械繫于京

憲諜汪直乃縱人乃釋直母妻於金華獄以金帛厚
賂誘之云若降吾以君爲都督置海上互通市乃迎
其母與其子入杭厚撫之而奏遣生員蔣洲陳可願
往諭與之盟直知母妻無恙信之遂自奮言能肅清
海波贖死命與其黨毛海峯葉碧川等從蔣洲來杭
州洲至而直不至人疑其詐巡按周斯盛請罷貢罪
洲於是逮洲獄洲乃陳諭倭始末及言直以誠來其
未至必風阻耳已而直果乘巨舟來遣頭目數十人
隨來泊舟定海蓁初舟實爲颶風所損也宗憲使人



招直直願見洲洲方對理疑其觖望不遣還千戶夏
正質其舟直素與正善不疑遂詣軍門請罪具言自
効狀宗憲待以賓禮且交質爲信因具狀聞請赦之
上諭元兇不可殺命斬之
勦徐海記曰海以一緇衣起島上五年之間百戰百
勝方其擁兵數萬人分五道入滬舟以戰示無復還
意當其時氣飄忽奮迅固已欲吞江南而下咽矣假
令胡公宗憲持觖觖不畏彼已而鼓兵以戰一蹶而
債東南事去矣今且堅忍舒徐以收之兵法曰利而

誘之亂而取之若胡公者可謂知兵者也
茅鹿門云海侍女翠翹姓王本臨淄妓也初曰馬翹
兒能新聲善胡琵琶以計脫假母而自徙居海上更
今名倭寇江南掠翠翹去寨主徐海愛幸之尊爲夫
人凡一切計畫惟翹指使乃翹亦陽昵之實陰幸其
敗事冀一歸國以老也會督府遣華老人招海降海
怒縛老人將殺之翹諫曰降不降在君何與來使事
覩解其縛而贈之金具勞苦之老人者海上人翹故
識之而老人亦私覘所謂王夫人似翹不敢泄歸告



督府曰賊未可圖也第所愛幸王夫人者某覘之有
外心可藉以磔賊耳督府曰善乃更遣羅中軍詣海
說而益市珠寶以賄翹翹日在帳中從容言大事必
不可成不如降也江南苦兵久降且得官終身共富
貴海計遂決督府大整兵佯稱逆降廹海寨海信翹
言不爲備官兵突入斬海首而生致翹倭盡殲督府
大饗於轅門令翹歌而行酒諸參佐皆起爲壽督府
酒酣心動降階與戲夜深席大亂明日悔之而以翹
功高不忍殺乃以賜所調永順酋長翹去渡錢塘歎

曰明山遇我厚我以國事誘殺之殺一酋更從一酋何面目生乎夜半投江死

余澹心云歙人羅龍文饒於財俠遊結賓客與王翠翹交驩最久兼暱小妓綠珠而越人徐海者狡悍貧無賴爲博徒所窘獨身跳翠翹家伏匿不敢晝見人龍文習其壯士傾身結交接觴痛飲推所暱綠珠與之薦寢海亦不辭酒酣耳熱附龍文語曰此片土非吾輩得意場丈夫安能鬱鬱久居人下乎公宜努力吾從此逝矣他日苟富貴毋相忘因別去居無何海



入倭爲船主擁兵海上圍巡撫阮鶚于桐鄉翠翹綠珠皆被擄胡宗憲用兵多計策遣華老人招降歸告宗憲曰賊所幸王夫人者有外心可藉以蹙賊而羅龍文者微聞是言自喜與翠舊好乃因幕府上客山陰徐渭以見宗憲宗憲以同鄉故降階迎揖曰生亦有意功名乎與語大悅遂受指詣海營攝舊日任俠衣冠投刺謁海海延入坐上座置酒握龍文手曰足下遠涉海中爲胡公作說客耶龍文笑曰非爲胡公作說客乃爲故人作忠臣耳王直已遣子澂納款故人不乘此時解甲釋兵他日必且爲虜海愕然曰姑置之且飲酒錦繡音樂備極豪侈酒半出王夫人及綠珠者見龍文龍文改容禮之語不及私翠翹素習龍文豪俠勸海遣人同詣督府輸款解桐鄉圍

魏公濬云有邊城者餘姚人自負其力裹糧至海上見有向海中慟哭者問之曰予官某縣攜家歸里遇巨盜妻婢妾及所有俱空矣城故習知海上事因謂曰得一小舟當爲汝取之其人亦駕一小舟隨之去至某港城詗知盜舟所在而盜故乘巨艇方烹羊



豕治具欲妻其女城從艇外呼不止盜問呼者誰從盜應曰丐者乞食耳盜曰何不與之城曰某非乞食者來欲求効用也盜召城登舟見其人纖佷已可笑乃問曰汝能武藝耶遂於舟前令城徧試之盜有銅鈀重百餘斤笑曰汝能用此物否城取鈀揮舞盜聚觀城一鈀打其魁下水遂揮鈀亂擊殺數盜餘盜俱逸去遂盡壞其船之窗牖見妻女相抱而哭遂促令登簿船去簿抵江滸哭拜謝城不顧而去王文成公聞之以物色城與之俱西後討思田八寨使入諸峒

中窺動靜形勢悉知夷出没及阨塞敘功官之不願
聽之王文成公留心人才如此宜其濟事也
袁袠曰夫海盜之爲患久矣蘇之州縣崇明居海中
而太倉嘉定常熟皆濱海海之利莫大乎魚鹽故濱
海而居者多業魚鹽而習剽刼且其地多沙渚洲港
浮海而後能達故土著者憑險以弄兵而羣不逞之
人亡命避辠咸竄匿其中緩則鬻販魚鹽以自業急
則剽敓商賈刼掠村聚以爲利賦役之弗共禁令之
弗及非一日也元季張士誠李伯昇之徒起自泰州



之白駒場販鹽爲盜遂竊據吳粤以與中國抗南面
稱孤幾於覇矣高皇帝覽殷鑒之不遠慮島夷之難
制設立大倉崇明金山三衛以防海盜承平既久武
備漸弛巡舟戰艦朽蠹而弗修弓械干櫓缺敗而亡
用武官邏卒陽托捕盜之名而陰資貢海之利奸弊
相通禁防盡廢崇明一縣萑蒲爲藪而太倉之民亦
多效之乃至衣冠之族世與賊爲婚姻而甚者則豪
奴田僕往往乾没寇攘而主弗禁也又以爲守令者
緝捕無術撫綏失宜平居則受其賄遺凡鮮船鹽艖

入境者多取其歲例年饑盜起肆出行刼而弗敢詰
州縣之權益輕所衛之司徒設一旦興兵臨之則嘯
聚以抗勝則憑陵近地敗即竄逸大洋散而復合莫
之誰何雖非腹心之憂而甚爲手足之病宏治間施
天泰鈕東山鈕西山兄弟奮臂一呼三吳大困幸就
誅夷終難撲滅因循至今爲患日甚王董兩姓互相
讐殺秦璠黃良從而繼之竊伏海沙公行刼掠當衛
者憂之添復兵備冀寧海徼謀之不審輕信人言始
也招之不來繼也勦之不勝先鋒未交而外間内作



倒戈奔北殺戮覆溺慘不忍言何者驅烏合之市人
以當鴟張之死寇統馭之無人簡教之無素海陸殊
勢舟楫異宜輕舉而寡謀既無後援又無旁覆進無
懸爵之賞退無收孥之罪固宜聞鼓而戰慄望風而
奔散矣敗衂之由此其已往者也今天子赫怒本兵
張皇命大將以征之總數郡之師旅因三吳之糧餽
下召募之令而田徒雲集行勸借之典而富室叢怨
加之揚州之民輕揚易惑訛言沸騰互相扇動饑饉
荐臻物　兵革一起日費千金亡賴之徒並緣

爲奸貪婪之吏乘機歛括江之東浙之西嗸嗸喪其樂生之心有識者痛之而淺謀者猶以爲不足過慮何者幸而勝則二吳之民困而國家之元氣傷不幸而不勝則兵連禍結而賦役亡已賦役無已而事不可中止夫以天下之大其半仰給於江之東浙之西無事尚不支而况禍生於肘腋之下雖作於枕席之旁者乎故三吳之困天下之憂也此非吳人之私憂過計也然則爲今之計者莫利於速勦而又必出於萬全萬全之計莫如因其鄉閭而用海人以攻海賊



夫海寇不過千人止矣其舟艦之小不足畏也刀矢之弱不足畏也技藝之弗習不足畏也糧餉之弗繼不足畏也然反爲所敗者彼海我陸彼長於舟楫而我利於原野風濤之漂震潮汐之淤淺地利弗知也主帥之權輕應募之士脆賞罰之弗嚴鄉閭之弗用人和弗得也徒曰我衆彼寡我有餘彼不足可以必勝而無虞此僥倖之謀而非萬全之算也兵法曰知彼知己者勝又曰莫妙于用間用間則賊之虛實強弱我悉知之用我之所長以攻彼之所短彼長於舟楫而我亦以長於舟楫者制之簡其精銳嚴其教令信其約束明其部伍懸重購以殲其渠宽恤已降以散其黨脅猝然而發翕然而集倍而攻之什而圍之樓船巨艘以乘其舴艋之小標鎗火藥以制其刀矢之弱凡江中之羣盜海濱之鹽徒習知水戰而樂爲我用者雜用以夾攻之而市井之亡賴望風而靡者悉汰而弗用分佈偏哨四面合圍諸道並進人不及旋矢不及發而小醜夷矣又且豫爲規畫檄告鄰疆西則江陰通州東則瞰浦寧波嚴隄備以防豕突退



無所歸散無所止一勞永逸且絶後患斯萬全之萬全者也或曰用鄉人因鄉閭斯誠善矣近有漳人失風而漂至崇明者賊嘗以數十舟而環攻其一舟賊以覆敗漳人願應募以滅賊當事者疑而弗用是乎袁子曰奚獨漳人哉凡知江海之利者悉可用也疑而弗用敗之道也故天下之患莫大于狐疑而恥功之不出於已也

明史南居益字思受渭南人天啟三年巡撫福建紅毛夷者海外雜種紺眼赤鬚髮所謂荷蘭國也自昔

不通中土由大泥咬𠺕吧二國通閩商萬歷中奸民潘秀引其人據澎湖求市巡撫徐學聚令轉販之二國二國險遠商舍而之呂宋夷人疑呂宋邀商船攻之又寇廣東香山澳皆敗不敢歸國復入澎湖求市且築城焉巡撫商周祚拒之不能靖會居益代周祚賊方犯漳泉招日本大泥咬𠺕吧及海寇李旦等爲助居益使人招旦說攜大泥咬𠺕吧賊帥高文律懼遣使求欵斬之築城鎮海港逼賊風櫃賊窮蹙泛舟去遂擒文律海患乃息

谷應泰云天啓七年六月海寇鄭芝龍等犯閩山銅山中左等處芝龍泉州南安縣石井巡司人也芝龍父紹祖爲泉州庫吏蔡善繼爲泉州太守府治後衙與庫隔一街相望芝龍時十歲戲投石子誤中善繼額善繼擒治之見其姿容秀麗笑曰法當貴而封遂釋之不數年芝龍與其弟芝虎流入海島顏振泉黨中爲盜後振泉死衆盜無所統欲推擇一人爲長不能定因共禱於天貯米一斛以劍插米中使各當劍拜拜而劍躍動者天所授也次至芝龍再拜劍躍出



於地衆咸異之推爲魁縱横海上官兵莫能抗始議招撫以蔡善繼嘗有恩於芝龍已量移泉州道以書招之芝龍感恩爲約降及善繼受降之日坐戟門令芝龍兄弟囚首自縛請命芝龍素德善繼屈意下之而芝虎一軍皆譁竟叛去六年春遂據海島截商粟閩中存饑望海米不至於是求食者多往投之七月刼商民船勢寖大其黨謀攻廣東海豐嵌頭村以爲穴芝龍乃入閩泊於漳浦之白鎮時六年十二月也巡撫朱一馮遣都司洪先春率舟師擊之而以把總許心素陳文廉爲策應鏖戰一日勝負未決會海潮夜生心素文廉船漂泊失道賊暗度上山詐爲鄉兵出先春後先春腹背受敵遂大敗身被數刄然芝龍故有求撫之意欲徼達於我兵乃舍先春不追獲盧遊擊不殺又自售鎮進至中左所督帥俞咨皐戰敗縱之走中左人開城門求不殺芝龍約束麾下竟不侵擾警報至泉州知府王猷知其詳乃曰芝龍之勢如此而不追不殺不焚掠似有歸罪之明令勦難猝滅撫或可行不若遣人往諭退舟海外仍許立功贖

罪有功之日優以爵秩與泉道鄧良知從之遣人諭
意崇禎元年巡撫朱欽相招撫海寇楊六楊七等鄭
芝龍求返內地楊六給其金不爲通遂刼海上給事
中顏繼祖上言海盜鄭芝龍生長於泉聚徒數萬刼
富施貧民不畏官而畏盜總兵俞咨皋招撫之議實
飽賊囊舊撫朱欽相聽其收海盜楊六楊七以爲用
夫撫寇之後必散於原籍而咨皋招之海即置之海
今日受撫明日爲盜昨歲中左所之變楊六楊七杳
然無踪咨皋始縮舌無辭故閩帥必不可不去也疏
入逮咨皋下於理三月禁漳泉人販海芝龍縱掠福
建浙江海上六月兵部議招海盜鄭芝龍九月鄭芝
龍乃降於巡撫熊文燦
談往云萬歷丁未進士福建人翁爲樞號瑤槎辛酉
壬戌間出守鎮江伊子吉鼎通材也與周介生箇臣
兄弟爲年通家友後吉鼎恩貢授瓊州教授日在瓊
臺通惠泉聚談彼與鄭芝龍兒女至戚言其胆智材
畧非償將債帥所窺一班者倘遇張江陵必爲再起
之戚繼光惜無人知之鄭芝龍㧞飛黃福建漳州府



之漳鎮人離城六十里濱於海父兄皆府椽飛黃年
十八因中蕭事爲父目擊持棍怒逐奔海上舡知父
恨篤急未可歸船又刻期掛帆乃懇巨商攜往海外
飛黃姣娟嫵順音律樗蒲靡不精好同抵日本日就
島主宴飲歌舞時主室有文君悅之即函姓成功生
母也再一年前艦復至乃附歸所娶所生姑留日本
至中途爲海盜刼奪飛黃隻身隨艦貨作千金分與
主寨之守領顏振泉海有十寨寨各爲主飛黃之主
又主中主也停半年主有疾且死九主爲之療祭飛
黃乃泣求其主曰明日祭後必會飲意欲求衆力爲
我放一洋獲之有無多寡係我之命煩緩頰懇之主
如言衆情允樂刼得四船貨物皆自暹邏來每艘分
其半九主重信義盡畀之富逾十主矣海中以富爲
尊主下就俎飛黃升爲十寨中之一時則通家耗聲
金盡遂家置蘇杭兩京細軟寶玩與販琉球外國等物
沿海州縣搶掠一空以裕島中酒米時崇禎六七年
間事兩廣總制熊文燦會同閩粵兩撫咨畫勅除以
靖海隅遣巡守兩道洪雲蒸康承祖參將夏之木張

一傑先駐潮州海防之道山調集猺獞蠻黎與土漢軍勇入海會擒不三日兩道兩將爲飛黃取下海寨一督兩撫乃蒙其詞爲疏乞撫飛黃亦日醉道將於洪波巨浸中恐之侮之康以老疾卒於海三月有餘端揆大司馬司禮兵垣方郎俱主招撫添設漳州參將以安鄭芝龍聖諭下須將以十萬佐之飛黃挾三道將登甓就職制臺兩撫敘功加銜飛黃以倭産見贊各懷惠德飛黃乃腰金黃蟒守部劄品將司道出自欽授父兄增貴戚里爲榮漳潮泉汀有司村鎮向



驚不測之搶犯今乃荷賴無恐其在海九寨首傑爲劉香蹈飛黃故轍仍爲海邊患飛黃知其技力窘之覘風色之東西潮頭之上下窮逼追擊幾無泊處香甚惧焉訪飛黃在漳鎮遂遣心膂賚揭飛黃之室或殺或擒期了局以杜後患飛黃特見就計假歡曰我自就撫上岸爲貪官汚吏束縛無窮正欲仍來入夥今衆議來邀喜不可說即造吞口珍重登所來之船并鍋鐵器械海中所需必欲取之市者無不席捲飛黃曰宅中酒肉甚多何不暢飲啖空而去速令治具取精腆豐美者恣爲飽渥後則數拳高歌更爲碗酒塊肉極量忘懷海中來黨至醉極酩酊矣醉而酩酊者腰刀快斧掛壁倒地或眠或坐笑謔罔顧忽聞鳴鑼門皆反鍵銅頭鐵額生力勇猛從屋跳下斫殺支解無倖脫飛黃仍命舟中取上家口解脫來人衣甲家人披掛駕彼來船飛黃挺立桅下開船迸往劉香遙望本船與駕船服飾再覘船前獨峙果係飛黃大喜呼曰來矣飛黃拱手而應曰來矣立躍上岸乘其不備舉刀奮斫劉香既殺精勇之士隻影無歸餘皆



跪降因席捲香蓄復來漳鎮其八主皆飛黃勁旅從此海島寧靖通販洋貨內客雜商皆用飛黃旗無敵無虞如行通河半年往還商賈有廿倍之利撫案又爲報功再陞漳湖副總後至崇禎末欲得全閩正鎮齎銀十萬貯京師大小司馬手長膽怯無敢啟齒宏光朝馬士英以五等之爵封靖海侯至福建隆武朝倚之爲倚父疏陳有一子鄭森在日本隆武立爲巳子賜姓朱名成功不久飛黃亦歸投

本朝赴　盛京

袁簡齋云雍正四年
世宗憲皇帝詔天下督撫各舉孝廉方正之士江蘇布
政使張公坦麟以寶應廩生印公名光任字黼昌應
詔奉　旨發往廣東以知縣用署東莞臨大海兩戒
之守以虎門爲限癸亥六月海大風有二巨舶進虎
門泊獅子洋鬈髮猙獰兵械森列莞城大震制府策
公楞欲興兵彈壓布政使富察託公庸笑曰無須也
但委印令料理抵精兵十萬矣公白制府曰彼夷舍
也見中國兵與恐激生他變某願往說降之即乘小



舟從譯者一人登舟詰問方知暎夷與呂宋讎殺俘
其人五百以歸遇風飄入內地蓬碎糧竭下碇修船
五百人者向公號呼乞命公知暎酋將有乞糧之請
而修船必須內地工匠畀提掇之可制其死命乃歸
告制府及託公先遏糴以饑之再匿船匠以難之暎
酋果不得已命其頭目叩關求見公直曉之曰
天朝柔遠一視同仁惡人爭鬭汝能獻所俘五百人
聽中國處分則米禁立開當與造船者皆修蓬桅送
汝歸國暎酋初意遲疑既而商之羣酋無可奈何伏

地唯唯所俘五百人焚香懽呼其聲殷天制府命交
還呂宋而一面奏聞　天子大悅以爲馭遠人深
得大體即命海門添設同知一員而遷公駐劄焉居
無何番部咭唧哂大灣貿易暎咭唎貪其利先後發
六艘詭言來市陰謀篡取公察其奸探暎酋將至命
熟海道者導其船果起碇揚帆將尾其後公駕戰艦
督水師營兵入海召暎酋厲聲叱之曰若來何爲利
人貨物將作賊耶我奉制府令若傷咭唧人即將爾
國之在黃浦者抵償若奪其貨即將汝貨之在牙行



者抵償言訖揮健兒千餘披甲張砲環其舶而守之
暎酋噤聲登時六船搖去而咭唧船早已安渡虎門
矣當是時微公逆折之俾其奪氣則二國兵交而中
華亦受其踏藉賴君仕海疆久於諸夷種類支派某
强某弱某狡某愚其地之山川形勢靡不部居别白
於胸中以故先事預謀當機立斷終公之任海面肅
然

防海備覽卷五

江陰薛傳源河明

修戰艦

舟楫之利以濟不通況哨海巡洋勦寇是賴非緝造精審何以出入風濤沙島之中直擣其巢穴而撲滅之也昔人謂張兵威齊器械以樓船大艦爲先趨便利立功効則走舸海鶻爲其用制不可不備也輯修戰艦門

國朝巡哨各船順治初年定戰舡哨舡以新造之年爲

防海備覽　卷五

始三年小修五年大修十年拆造若未經屆期詳請修造者出詳官降二級調用轉報官降一級調用具題官罰俸一年又議準武官看守戰船損壞二船者降二級留任三四舡者降二級調用五六舡者降四級調用七船以上者革職該督撫提鎮仍不時委副參等官巡察其官兵所乘之舡若未戰以先旣戰以後閑住之時卸交督戰官看守統兵大員不時委官巡察如有損壞缺凱旋日將看守官亦照前例議處

康熙二十九年題準外海戰舡哨舡自新造之年爲始

爲三年小修小修後三年大修大修後三年尚堪修理應用者仍令大修如不堪修理題明拆造

四十二年覆準沿海各營汛有島有嶼應分定船數以備官弁駐守巡游

直隸外海趕繒船八天津駐防左營

盛京趕繒船六旅順水師營　○山東外海趕繒船十登州鎮標前營八成山汛一小脚船十有二登州鎮標前營八成山汛四雙篷艍船成山汛　○江南外海趕繒船二十有六蘇松鎮標中左右及奇兵營各五狼山鎮標右營六沙船三十有五蘇松鎮標中左右及奇兵營各七狼山鎮標右營一川沙吳淞營各

防海備覽　卷五　二

三快哨船四蘇松鎮標中左右及奇兵營各一唬船七狼山鎮標右營四掘港營三巡船三川沙營水艍船二川沙營犁繒船二川沙營艍犁船四吳淞營　內河趕繒船四狼山鎮標中左營各一東海營二沙船三十有五提標右營三狼山鎮標中營一左營二瀏河福山東海泰州營各四廟灣佃湖營各三鹽城小關營各二太湖左營二右營一唬船三十有四狼山鎮標中左營各三廟灣營三佃湖鹽城瓜州東海營各二小關營一太湖協左右營各八哨船八提標右營四瀏河鹽城營各二巡船七十有二提標右營十有六太湖協左營二十四右營十有二福山營十有六佃湖鹽城營各四快船九太湖左營四右營三小關營二四櫓哨船一提標汛右營唬船十有六京口左營十右營六艍犁沙船七十有六京口水師營　○江西內河沙船八南湖

水師營唬船三十有八南昌水師營十南湖水師營二十三鄱湖水師營五〇福建外海趕繒船一百五十有一督標水師營二水師提標中右營各六左前後營各八金門鎮標左營八右營七海壇鎮標左右營各十南澳鎮標左營八閩安協左右營各五烽火門四銅山營六臺灣水師協中右營各十左營八澎湖協左右營各十淡水營二艍船一百三十有一水師提標中右營各七左前後營各六金門鎮標左右營各九海壇鎮標左營六右營七南澳鎮標左營五閩安協左右營各六烽火門九銅山營十臺灣水師協中右營各六左營四澎湖協左右營各八平底船二十海壇鎮標左右營各三南澳鎮標左營二臺灣水師協中右營各三左營六槳船二十有六督標水師營四水師提標中營五右營二左前後營各四銅山營三快哨船四閩安協左右營各二雙篷艍船四督標水師營艍哨船二烽火門〇浙江外海



趕繒船十有六提標右營二定海鎮標中左右營各一黃巖鎮標右營二溫州鎮標中營一左營二瑞安協左右營各一玉環右營一鎮海營一昌石營二水艍船三十有一定海鎮標中左營各五右營四黃巖鎮標中左右營各二溫州鎮標中左營各二瑞安協左右營各一玉環左右營各一乍浦營二鎮海營一雙篷艍船五十有八提標右營二定海鎮標中右營各四左營五黃巖鎮標中左營各五右營三溫州鎮標中左營各六瑞安協左營三右營二玉環左營一右營二乍浦營四寧海左營四昌石汛二快哨船四十有五提標右營二定海鎮標中營四左營二右營三黃巖鎮標中左右營各三溫州鎮標中左營各二瑞安協左右營各二玉環左營二右營一乍浦營四鎮海營六寧海左營二昌石汛二八槳船四玉環左右營各二巡船六定海鎮標中左右營各一黃巖鎮標中左右營各一釣船三十有六提標右營二定海鎮標中左右營各四黃巖鎮標中左右

營各一溫州鎮標中左右營各二瑞安協左右營各一玉環左右營各一乍浦營二鎮海營二寧海左營二昌石汛二內河大唬船四渡馬船六錢塘水師營快唬船十有一錢塘水師營十有一嘉興協左右營各五沙船七太湖營六台州協右營一哨船九提標前營五象山協左右營各二快船十有八太湖營八湖州協左右營各五大舸船一小舸船四台州協右營巡船十八有四嘉興協左右營各十湖州協左營九右營十安吉營一象山協左右各三磐石營二紹興協右營二太平營四平陽協左右營各一衢州鎮標中營九左營三右營二城守營三嚴州協左右營各三太荊營三金華協右營二小巡船六十有七太湖營二十嘉興協左營十有五右營十湖州協左營十有四右營七安吉營一湖廣內河戰一百四十有四宜昌鎮標四十荊州水師營二十漢陽城守營十有一均房營二洞庭水師協四十二兵



州水師營二十四常德城守營五巡船三十有四黃州協五武昌城守營十有一荊州城守營四水師營四興國營一蘄州營三道士洑澧州營各三哨船九黃州協一常德城守營八沙船十荊州水師營虎戰十有四漢陽城守營小鰍民船十有一宜昌鎮標巡江船五襄陽鎮標三城守營二〇廣東外海趕繒船八十有四碣石鎮標中左右營二十六南澳鎮標右營九大鵬營九虎門協六龍門協二十瓊州協十有四艍船六十香山協五春江協四雷州協一澄江協十有二平海營九新安營二廣海寨二電白營七海安營五碙州營八潿州營六艕仔船十有七南澳鎮標右營六海門營八達濠營三拖風船五吳州營內河槳船三百九十有三將軍標左右前後營十督標中左右前後營十有八撫標中左右營十提標中左右前後營二十有五左翼鎮標中左右營四十八右翼鎮標中左右營

六碣石鎮標中左右營二潮州鎮標中左右營七肇慶協五惠州協三虎門協三十六香山協二十七春江協九雷州協五龍門協七羅定協四瓊州協二黃江協四澄海協五肇慶營二十六平海營四大鵬營九增城營二新安營二十六海門營四新安營二廣海寨十吳川營二海安營十有三潮州營八饒平營十潮陽營四東莞營十有大四會營三英德營十有三化石營二達濠營二海防營四

雍正十年議準各省修造戰船由督副提鎮委副參會同文職道府領價督修委都司協同文職府佐等辦料修造如繫將軍標下之船委參領以下官同領同辦凡屆修造之年各該營於五月前將應小修大修拆造之船分析呈報該上司照例題咨承修官照額定小修大



修拆造價值備具冊結支領江南江西福建浙江湖廣廣東等省於將屆修兩月之前領銀備料天津山東於八月前領銀備料各該營均於屆修前一月底將船駕赴廠所承修官即於次月興工依限報竣如該營員於屆修造之年不依限申報及屆修前一月底不將船駕赴廠所者皆照遲延事件例議處若承修官玩視船工將價值延挨請領者降一級調用該上司故意留難以致延遲者將該上司降二級調用承修官免議○又議準修造戰船不如式堅固及未至應修年分損壞者著

落承修官賠六分督修官賠四分仍將承修官革職督修官降二級調用至小修限四月完工大修折造限六月完工倘有貽悞船工違限未及一月者承修官罰俸一年督修官罰俸六月將軍督撫提鎮罰俸三月一月以上者承修官降一級調用督修官罰俸一年將軍提督撫提鎮罰俸六月兩月以上者承修官降二級調用督修官降一級留任將軍督撫提鎮罰俸一年三月以上者承修官降三級調用督修官降一級調用將軍督撫提鎮降一級留任四月以上者承修官降四級調用



督修官降二級調用將軍督撫提鎮降二級留任五月以上者承修官革職督修官降三級調用將軍督撫提鎮降三級留任○又議準承修官將未經修完之船捏報完工者革職督修官降二級調用將軍督撫提鎮降一級調用如承修官詳報未完督修官以完工轉報者督修官革職承修官照限議處承修督修官詳報未完將軍督撫提鎮以完工具報者將軍督撫提鎮革職承修督修官照限議處○又議準船屆修造之期該管官不將船上什物交明致頭舵兵丁人等偷竊因而短少

淺闕者除頭舵兵丁人等治罪追賠外將該管官降一級調用該上司不揭叅者降一級留任至交船之時頭舵兵丁人等有藉端勒索者革職提問該上司明知不揭叅者降二級調用

乾隆五年

諭東南沿海一帶如山東江南福建浙江廣東廣西等省皆設有戰船以爲海防之備今承平日久官弁漸覺疎忽幾閒戰船數目竟有報部之虛名而十分之中不免闕少二三者至於大修小修之時每因船數太多難以察覈該



營官弁及州縣官通同作弊將所領帑銀侵蝕入己報修十船其實不過七八船而又塗飾顏色以爲美觀仍不堅固且更有不肖官弁令子弟親屬載販外省或賃與商人前往安南日本貿易取利者以朕所聞如此雖未必各省皆然然亦難保必其無事可傳諭該省督撫提鎮等嗣後嚴行稽察加意整頓務令諸弊盡除以重海防倘將來再有風聞經朕特遣大臣前往察出虛冒廢弛則該管之大員咎亦難辭欽此

海外戰船直隸八　盛京六山東二十有四江南八十有三福建三百四十有二浙江百九十有七廣東百六十有六修造屆期由督撫提鎮具疏以聞委副將參將爲督修都司守備爲承修均會文職庀材與工如期竣事仍册注丈尺及在船器具歲終委官察驗保題

修理戰船康熙二十九年題準各省海汛戰哨各船屬營弁及各府州縣承修者至應修之年以文到日爲始限一月領船再限估價報部部覆準修之船以部文到日爲始大修限三月小修限兩月限內不領不估及承



[illegible]限者分別議處三十四年

諭戰船關繫緊要修理銀數屢減太過恐臨用之時因船料單薄復行大修以致貽誤著工部會同戶兵二部再行確議具奏欽此遵

旨議準令各督撫將軍提鎮將修理戰船銀數照各地方工料價值據實確估具題工竣報銷三十九年覆準嗣後戰船停交州縣官修理該督府簡選賢能道府等官於各將軍提鎮附近地方監修五十二年覆準戰船風篷桅索除應修之年册牘別給外每歲於册扣餘剩銀

內給養廉銀一次又議準嗣後折造戰船委道員府佐
貳並本營副將參遊公同監造又議準各營艍犁趕繒
等船於船頭船尾刊刻某營某鎮某號捕盜船名五十
三年議準奉天旅順營戰船在浙省修造工竣由山東
駕送
雍正三年議準江南外海戰船於蘇揚鎮三府水次設
總廠三每年委道員一人監修遴選副將或參將一人
公同監督屆修造之期會同布政使司確估興工三廠
事繁道員許遴委同知通判每廠各一人副將許遴委



都司守備每廠各一人分司其事廣東福建浙江山東
外海戰船均照江南之例至江南江西浙江湖廣廣東
內河戰船皆有內河巡哨無庸別委官設廠仍照舊修
理又覆準山東南汛戰船仍在膠州船廠北汛戰船仍
在登州船廠修理又題準浙江寧波溫州二府各設一
廠定海鎮標等營戰船及提標前營象協杭協各哨船
皆歸寧廠委寧台道溫州鎮標戰船皆歸溫廠委溫處
道各監督修造其兩廠監督之副參將每年遴委之營
弁均令報部又覆準福建福州漳州二府各設一廠海

壇鎮標等營戰船歸福廠委糧驛興泉二道輪年監督
修造其兩廠監督之副參將每年遴委之營弁均報部
臺灣水師等營戰船於臺灣設廠文官委臺廈道武官
委臺協副將會同監督修造又覆準廣東海外戰船廣
惠肇三府於省城河南地方潮州府於菴埠地方高雷
廉三府於高州芷艼地方瓊州府於瓊州海口地方共
設四廠委道員一人監修武職令有戰船之該管副將
或游擊守備等官協理五年奏準山東江南江西福建
浙江湖廣廣東等省於每年終將修造過戰船名號數



目動用過何項錢糧並舊料變價若干分悉造冊送部
又議準揚鎮二廠修造戰船仍委江鎮道管理蘇松廠
廠歸蘇松道就近管理其同知通判仍聽該道自行遴
委並增委武職協辦蘇松二廠於提標或金山吳淞川
沙等營參將內遴委一人揚鎮二廠於將軍標及京口
副將內遴委一人不必委都守分司又議準奉天旅順
營戰船十號分發浙江成造五號福建成造五號六年
諭各省修造戰船於成造之時解送總督親驗總督委
重每向監造文員需索規例爲之徇隱是以工料皆屬虛

糜其實不能堅固朕思戰船關繫緊要[illegible]
城者著在城之督撫提鎮及布按兩司於承造完
公同驗看令修船堅固丈尺合式倘有不能堅固
浮冒侵蝕等弊即揭報題參按律治罪欽此
承造戰船船底艕木用大號堅固松木
每艕長一丈面梁濶三尺三寸船身及正桅均長一丈
二尺頭號艍船濶二丈二尺五寸船身增長八丈九尺
倉深七尺九寸板淨厚三寸一分二號趕繒船濶一丈
九尺五寸船身減長七丈九尺倉深七尺一寸板淨厚
二寸九分三號雙篷船濶一丈七尺五寸船身減長
六丈六尺倉深六尺一寸板淨厚二寸五分四號快哨
船濶一丈四尺船身減長四丈八尺倉深五尺板淨厚
二寸每板長一尺均用釘三叉議準奉天戰船身長七
丈四尺濶一丈八尺七寸二十一倉七年覆準江南各
營修造戰船揚厰解送總督親驗廟灣東海二營總漕
親驗蘇厰巡撫親驗鎮厰將軍親驗松厰提督親驗如
堅固合式即令交營遵式及浮冒者即行指叅又議準
福建金門海壇二鎮戰船於泉州別設一厰專委興泉



道福州厰專委糧驛道堅造其泉厰協辦武官於金門
海壇鎮標各游擊內遴委一人八年
諭向來外省各標營沙唬趕繒等船原令道員會同副將
監督修造道員遴委同知通判承修副將遴委都司守備
監修聞承修之人備辦物料必族監修驗看自千總以及
游副逐層需索不一而足及如式修造赴各標營驗收又
有驗看需索之弊迨交收之後一任船置河干雨淋日曬
船中器械繩索爲頭舵人等竊盜變賣而該管將弁槩不
追究夫始則藉端勒索後則聽其毀棄豈非以承修之責
專在文員而監修武弁置身局外遂至視同陌路乎此等
錮弊聞各處仍然而京口將軍標下爲尤甚嗣後修造標
營戰船著道員副將會同領價道員遴委丞倅副將遴委
都守協同辦料修造如係將軍標下之船即遴委叅領以
下等官同領同辦其船交并出具印結送督撫察覈如有
升遷事故具結交代至船有小修大修拆造之不同是以
工料多寡懸殊今聞船未發厰頭舵人等已將在船什物
私行盜賣即屆小修亦必令其拆換加倍甚屬不法嗣後
著將什物一并具册移交如有虧缺將該管將弁及頭舵

人等分別叅追欽此
雍正九年又議準揚州府江船廠移設江寧上海船廠移設松江府城凡遇修造該督等就近親往驗看又議準奉天戰船照內河戰船之例修造十年議準廣東外海繒艍船及拖風船向來設椗二門者屆修造之年再準增設一門向用籐纜者準其改換椶纜以資巡哨又議準江寧船廠監督文職改委江寧巡道武職改委督標副將並江寧城守副將輪流監督該督仍就近督催親臨驗看蘇松兩廠改移太倉州瀏河地方文職令太通



道武職令蘇鎮標中營游擊監督修造工完總兵官親驗收又議準天津水師營大小戰船除小修大修年分外每年準其於存公銀內給銀三百兩以為擡洗油艌之用又議準天津大趕繒船每船用梗木棍十五根舵牙二根水籐一百五十斤竹篾一百五十斤小趕繒船每船用梗木棍十五根舵牙二根水籐一百三十斤竹篾一百三十斤各船收操之後加詳察驗果有損傷照數更換驗無損傷仍令收貯備用又議準東省登膠南北二汛海口趕繒船照雍正六年浙江題定之例身長七丈三尺板厚二寸七分雙篷舶船身長六丈四尺板厚二寸五分福建大號趕繒船身長九丈六尺板厚三寸二分身長八丈板厚二寸九分二號趕繒船身長七丈四尺及七丈二尺板均厚二寸七分雙篷艍舶船身長六丈板厚二寸二分江西南湖營沙唬船身長四丈四尺至六丈八尺板厚一寸三分至一寸六分直隸天津水師營大小趕繒船身長七丈四尺板厚二寸九分身長八丈六尺板厚三寸身長六丈五尺板厚二寸六分以上每板一尺槩用三釘江南修造戰船應用板



片厚薄鐵釘數目照浙省所定分寸沙船一尺三釘趕繒船尺板四釘京口營船九丈以外梁頭棧板均淨厚三寸九丈以內梁頭棧板淨厚二寸八分量定三寸三分用一釘以收一尺三釘之實蘇狼川吳等營船身長四丈七尺至十一丈板厚二寸二分至三寸六分每板一尺用三四釘有差湖北湖南戰船身長三丈二尺至七丈八尺八寸板厚一寸二分至二寸二分每板一尺用三四五釘有差廣東戰船身長一丈九尺至九丈板厚一寸至三寸一分每板一尺用三四五六釘有差各

省戰船濶九尺六寸至二丈三尺五寸有差令道員會
同副叅等官監督廣東外海戰船委道員內河委知府
各會同副叅等官監督又覆準廣東戰船採買桅木於
道庫鹽課項下支銀四千兩遴委文武官弁勘驗估買
如遇修造聽承修各官選擇配用將每株實價若干較
原定部價節省若干每株圍圓長短若干造冊報部十
一年議準直省修造戰船報銷限期直隸限以四月福
建臺灣限以十月其餘各廠限四月山東限六月江西
大修拆造限三月小修限兩月江南限四月湖廣大修



拆造限六月小修限四月浙江限四月廣東瓊州限六
月其餘各廠限四月均以工竣日起限又議準浙省乍
浦地方設立船廠凡駐防及綠旗戰哨各船就近駕赴
修造委杭嘉湖道會同乍浦營叅將領帑辦理元工副
都統驗看十二年又題準嗣後各省內河外海戰船應
給篷索銀除修造年分仍照例不別給外其常年外海
戰船經三年修造者於三年之中準其領銀更換一次
內河戰船經五年修造者準其於五年內均勻領換二
次又議準天津戰船需用繩索按年增換風篷定為隔

年更換所遺舊篷等項照江省例變價凑用又議準嗣
後各省修造戰哨巡船承修官於估計領銀後因事離
任或經病故不得仍令該員子弟家人辦料承修其已
經備料興工將次告成者接任官詣廠親驗委繫實工
實料取具驗明印結申報上司稽考依限竣工倘有浮
冒立即揭叅如估計（未領銀或領銀未興工接任官將未領銀作速承領原任已領銀作）
速催繳辦料承修或離任官將所領銀已經別處辦料
亦著接任官驗明接收造入交盤清冊申報察覈違者
該督撫題叅又議準閩浙二省戰船篷索循照舊例按



年更換奏
廣東省戰船篷索更換著照閩浙之例遵行
乾隆元年議準江南各廠拆造沙唬船每部價百兩加
津貼銀一百二十五兩拆造後小修每百兩給銀一百
二十五兩大修給銀一百三十五兩再次小修給銀一
百五十兩艍繒船大小修每部價百兩加津貼銀一百
八十兩折造一百五十兩淮廠唬船折造及折造後小
修每部價百兩給銀一百三十兩小修後大修給銀一
百二十八兩修造趕繒船加增銀照各廠例畫一遵行

又議準漳泉兩廠承修戰船多寡不均將漳廠承修之水師提標中左二營二十六船就近撥歸泉廠承修二年覆準山東登膠南北兩汎額設趕繒雙篷艍船凡屆大小修拆造之年照部定價值每百兩量貼銀百兩工完報銷仍節省銀三四十兩又覆準廣東龍門協外海戰船於龍門地方設廠修造令欽州知州承辦請餉報銷仍由該道工竣由高州鎮察驗又議準福建內地及臺澎戰哨船屆修之年分察估報經管官弁將應修之船于屆期後一月內駕赴本廠承修之官驗明收管其



估報聚內地限一月臺灣再展限兩月倘不依期解廠該督即將經管官弁參處如船已到廠而承修之官不即驗勘勒索收管並逾限不行覈題致遲誤船工將承修之官照例參處三年覆準粵東外海繒艍拖風等船遇拆造之年原用籐纜一條者換棕纜二條原用籐纜二條者換棕纜三條又議準廣東各標鎮協營寮外海戰船拆造加八津貼大修加六津貼小修加四津貼五年議準折省繒艍船大小修折造照江省繒艍船之例津貼拆造每部價百兩加津貼銀一百五十兩大小修

每百兩均加津貼銀一百五十兩外又酌加三十兩艍哨船照江省沙唬船之例小修拆造每部價百兩加津貼銀一百二十五兩大修每百兩加津貼銀一百三十五兩又覆準天津水師營戰船油艌撣洗酌減撥銀一百八十兩六年議準閩省戰船桅木仍令各道採辦除臺灣遠隔海洋仍循舊例外其興泉永道承修之泉廠令興泉永三府州協辦汀漳龍道承修之漳廠令汀漳龍三府州協辦鹽法道承修之福廠令延建邵三府協辦八年覆準江省戰船修換篷索銀以乾隆八年為始



于動給時逐案咨報年終彙冊題銷以省案牘又議準福建修造戰船津貼銀福泉漳三廠小修每正價百兩加津貼銀一百三十兩大修加一百二十兩拆造加百有十兩臺廠小修每正價百兩加津貼銀百有十兩大修加百兩拆造加九十兩又議準廣東高雷二府屬外海戰船向在高州之芷艻地方設廠修造嗣後遇應修造之年命駕赴省城河南地方廠所修造仍令高雷等文武大員監督由該管道察覈估銷龍門子廠毋庸更改嗣後修造戰船按各廠成例購買松杉等木以濟船

工不必搜採櫟木擾民誤工又議準廣東修造外海戰船省城河南一廠原定廣西韶道監修改歸鹽運使司芷芋廠新歸省廠修造原饗高廉道監修改歸糧驛道其各府承修之內河櫓槳船並令該二道各半監修如仍前濫委佐雜千把微員料理以及任聽匠役包攬偷減物料等弊即據實題參十二年覆準閩省臺廠修造戰船照內地例給與津貼並別加三分外再加運費銀二分十六年覆準閩省三江口旗營額設大小哨船嗣後準其按季擅洗每歲于司庫存公銀內動用年終報



銷如遇修造照例扣除十七年覆準廣東高雷二府屬外海戰船自改歸省城河南地方修造以來緣每修之船已不堅固遠涉重洋多遭風擊碎應將海安營雷州協右營戰船大小修歸瓊州之海口廠吳川電白硇洲三營戰船大小修歸高州之芷芋廠至如何更造再令妥議十八年議準海營雷州協右營戰船更造統歸海口口廠辦理其吳川電白硇洲三營戰船更造因高廉產木有限應仍歸省城河南地方辦理屆期更造將原船變價解省濟用仍照更造定例報銷庶免涉險之虞

十九年議準旅順營原設戰船十號裁去四號

按明史云明洪武初廖永忠上言東南海寇負獸之性時出剽掠擾瀕海之民陛下命造海船剪捕此寇以奠生靈德至盛也然臣竊視倭夷竄伏海島因風之便以肆侵略來若奔馬去若驚鳥請令廣洋江陰橫海水軍四衛添造多櫓快船令將領之無事則沿海巡徼以備不虞有警則大船薄之快船逐之彼欲爲內寇不可得也從之

又二十三年從衛卒陳仁言造蘇州太倉衛海舟旋



令濱海衛所每百戶及巡檢司皆置船二巡海上盜賊

嘉靖二十三年南京御史屠仲律言五事其守海口云守平陽港黃花澳據海門之險使不得犯溫台守寧海關湖頭灣遏三江之口使不得窺寧紹守鱉子門乍浦峽使不得近杭嘉守吳淞劉家河七了港使不得掩蘇松且宜修飾海舟大小相比或百或五十聯爲一䑸募慣習水工領之而充以原額水軍於諸海口量緩急置防部是其議未幾兵部亦言浙直通

泰間最利水戰往時多用沙船破賊請厚賞招徠之
防禦之法守海島爲上宜以大倉崇明嘉定上海沙
船及福倉東莞等船守普陀大衢陳錢山乃浙直分
路之始狼福二山約束首尾交接江洋亦要害地宜
督水師固守
海舟以舟山之烏槽爲首福船耐風濤且禦火浙之
十裝標號軟風蒼山亦利追逐廣東船鐵栗木爲之
視福船尤巨而堅其利用者二可發佛郎機可擲火
毬大福船亦然能容百人底尖上濶首昂尾高柁樓



三重帆桅二傍護以板上設木女墻及礮牀中爲四
層最下實土石次寢息所次左右六門中置水櫃揚
帆炊爨皆在是最上如露臺穴梯而登傍設翼板可
憑以戰矢石火器皆俯發可順風行海蒼船視福船
稍小開浪船能容三五十人頭銳四槳一櫓其行如
飛不拘風潮順逆艟艡船視海蒼又小蒼山船首尾
皆濶帆櫓並用櫓設船傍近後每傍五枝每枝五跳
跳二人以板閘跳上露首於外其制上下三層下實
土石上爲戰場中寢處其張帆下椗皆在上層戚繼

光云倭舟甚小一入裏海大福海蒼不能入必用蒼
船逐之衝敵便捷溫人謂之蒼山鐵也沙鷹二船相
須戚用沙船可接戰然無翼蔽鷹船兩端銳進退如
飛傍釘大茅竹竹間牕可發銃箭牕內艙外隱人以
蠱槳先駕此入賊隊沙船隨進短兵接戰無不勝漁
船至小每舟三人一執布帆一執槳一執鳥嘴銃隨
波上下可掩賊不備網梭船定海臨海象山俱有之
形如梭竹桅布帆僅容二三人遇風濤輒舁入山麓
可哨探蜈蚣船象形也能駕佛郎機銃底尖面濶兩



傍楫數十行如飛兩頭船旋轉在舵因風四馳諸船
經逾其速
日本傳云明初沿海要地建衛所設戰船董以都司
巡視副使等官福建備海舟百艘廣東倍之迨承平
久船敝伍虛及遇警乃募漁船以資哨守兵非素練
船非專業見寇船至則望風逃匿以敵賊帆所指無
不殘破
朱紈傳云明初浙省設衛所四十一戰船四百三十
九嘉靖初海防久隳戰船哨船十存一二後朱紈巡

撫浙江招福清捕盜船四十餘分布海道在台州海門衛者十有四爲黄巖外障又爲副使丁湛盡散遣之撤備弛禁未幾海寇大作

茅坤云嘉靖間有烏程各縣所集糧長兵船大戶兵船里長兵船之目所費不貲並皆脆弱游惰之丁人與船器不相習十無一堪者至於有司乘此科罰且賚如織上官不能制其盜縮百姓不能窺其出入其以虛聲而濫實費故坤與大巡趙玉泉書乞罷去糧里一切兵夫而按田以養兵一則家各按産之多寡出其百一以雜兵而所費頗均一則官能籍其健鬭之卒故乘之舟教習之兵仗而緩急得用一則既設專官統專兵之後唯以海寇息滅爲期歲終不止則按畝括財如故可以久遠施行



俞大猷曰夫倭之所以悍而難禦者非真有過人之能也兵法謂深入則專不得已則鬭乃見倭之悍而我兵所長足以剌彼者惟樓船高大足以壓之火藥足以焚之然大挫之功尚未能收者何哉盖我之樓船每港不過數隻通浙直而計之不滿百隻其兵不過數千人而已耳今歲賊船絡連而至者凡幾艘每艘凡有一二百隻其黨共五六萬人多寡之勢相懸若是又安望其能收大挫之功乎請于堪兵船趟方如江北設樓船三十隻於儀鎭瓜洲江南設樓船三十隻於鎭江孟河江北之狼山江南之江陰福山及江中之聽沙馬沙褚家沙共設樓船九十隻南風俱泊於各沙之北北風俱泊於各沙之南又江北之海門通州吕四江家場七場港一帶共用樓船八十隻江南之劉家河吳淞江江之中崇明新舊二縣沙兵



用樓船一百五十隻寧波府之定海舟山大嵩爵谿昌國等港共用樓船八十隻台州府之健跳海門淞門等港共用樓船五十隻温州府之黄華盤石蒲岙三揚等港共用樓船六　隻又內江每樓船十隻間以邊江船五隻外江每樓船十隻間以蒼山沙船共五隻寧台温每樓船十隻間以蒼山八槳船共五隻各爲小哨共泊原派港分無事則在港方守有警則合勢攻捕并不許遠離遠巡哨故名曰正兵請於今年十月間照依原估樓船尺數除一號者大而難駕

不用外只造二號三號各一半請限年終各到地方以應來年正月之用乃可及事如正二月不到則有噬臍無及之悔矣然船在江海波濤之上數年之間或遇颶風之變不免又費修造之功則當付諸適然之值不可因噎而廢食多設游兵夫倭賊自彼島入寇遇正東風必由茶山入江以犯直隸則江內正兵之船可以禦之遇東北風必由下八山陳前里西倒球于邪清水蹟蒲漁丁典長塗山羊山普陀馬墓等澳經過然後北犯南直隸西南犯浙江請於浙直共



設二百隻蒼船一百隻分伏于前海澳往來巡探攻捕之曰游兵為正兵之輔而遠遏之于大洋之外量處漁船夫採漁乃浙江沿海之民所賴以為生禁之誠拂其情縱之不能無弊今欲聽其採捕因而為兵則彼船甚小難以勝賊合無行各府縣之官預先曉諭每漁船大者二十五隻為一綜責其合造樓船一隻以為兵船小者五十隻為一綜責其合造樓船一隻以為兵船就將所造樓船丈量明白造冊通報照依雇船之例逐月給與稅銀其駕船兵稍則與糧兵

之例給與口糧斯大小相資各有實用而浙江沿海漁船數千隻可得樓船一二百隻為我用矣

因應山曰淮山一帶下通大海最深上連長江又淺純用福船固可制勝但其長舵尖底受水最淺宜于大海而不宜于長江純用沙船固雖平底可以淺行但其單小難以禦敵大小偏用未得萬全故職斟酌二船之用議造定波船之製底似沙船可以涉淺而似福船可以製敵

又賊人深入必搶內地船隻水陸兼進故夫內河水



兵戰船又其急務也內河戰船與海船不同其利有二為一則三櫓一跳以至于六跳乃是吳中之兵所習駕者行走便捷而無自蔽之具一遇賊人矢石只得[illegible]離有棄船下水而已一為鷹船乃福廣[illegible]所習駕者此船搖櫓鬭槳之兵皆伏藏不露數人矢石不能傷而我船之銃砲噴筒矢石飛鏢之類可以傷敵如六金墻之堤壁嚴之四面來敵皆覆此船底功然三櫓等船取其捷走而不取其鬭戰鷹船取其鬭戰而不取其疾走二者宜相資以為用原

鷹船用雙塔船改造
四櫓八跳船容三十人頭打發熕四櫓六跳亦打熕
三櫓五跳三櫓兩跳容八九人三櫓用二槳二櫓二
槳容三五人一櫓二槳一櫓一槳容三四人用偷營
上陣衝鋒愈少則愈勇大船使鑽爲八極勇鑽高掀
船止用可容十八之舟　倭止能跳岸不能跳小船
八卦六花船此船江海之中攻守皆用不懼風濤欲
功則敵不能當欲守則敵不能近故水戰首製此船
以保全勝也用厚楠木板作槽底槽前平頭五槽後



爲尾其製造有八卦六花之義故名焉上有三桅中
有八輪後有舵樓順風則用篷逆風則轉輪快利如
風底中一槽高七尺闊六尺旁二槽高六尺闊五尺
備邊二槽高五尺闊四尺每槽相離置輪一尺五寸
共闊三丈六尺兩頭接鋪平中間上作倉長三丈六
尺槽前平頭三丈六尺槽亦三丈六尺尾起舵樓底
空內定八輪居中作官倉長三丈六尺闊一丈八尺
兩舷各闊九尺前後中共三樁篷索用藥水刷過遇
雨中不濕盡彼若有火來到篷即滅過圍安立挨牌

各上并牌皆用生牛皮包裹以防矢石底下用狼牙
釘品字密釘以防姦細水惟此統軍大將取勝也次
附以車輪舸鴛鴦槳遊艇走舸鬬艦鉤距等船倉內
載以神槍神砲神箭神火神水等器欲要劫營斬關
奪寨暗渡則有浮帶浮毬木罌繩筏蒲筏械筏等具
更參古製無不勝者
談往云永平府北鄙一帶右古曹墻等處皆衝邊督
撫道鎮鱗集櫛比至周密也崇禎十五年十月初十
墻子嶺汛將値日餘壽誕會飲致北兵入保大廣河



間報陷兵垣曾應遴時最錚錚首建策航海攻心等
事請造船三千選兵六萬登萊岸渡入三韓在內知
之必速歸救實勝算也端揆票擬奉旨下部嘉計畫
之妙制敵之奇該部看議速奏此疏到科例應分抄
工兵二部時少司空陳必謙署篆司官呈覆曰科臣
建策安邦臣敢後時供令但會典舊例因兵事興工
者同兵部分理其役今計造船三千裝載貔貅六萬
踰海收功其船隻臣部應認造船一千五百餘乞嚴
飭兵部協力襄舉以便揚帆云云端揆票擬奉旨下

部准照會典看同兵部分頭起工而擔責料費半歸
於兵部矣然估計營造仍是工部職掌造船三千每
隻該銀二千共應支六百萬因上價值疏曰船用航
海內又屯兵須萬分堅固臣部與兵部朋有分造亦
需三百萬金錢奈今外輸途梗內藏洗竭日夕躊躇
事又在必行計有河南開封歸德等府積欠本部料
價銀五百萬合將此項聽臣那借以爲造船工本可
也時河南等處城郭人民蕩析無存端揆票擬奉旨下部特嚴馬上
差人限日起解共勷軍國大事依允其那借以供造



船之費工部移咨兵部謂奉造船航海攻心應挪貼
本部料食工價估計銀三百餘兩今限日起工置辦
需俟乞早爲撥付萬毋稽遲致誤軍機等語時大司
馬張國維號玉笥方日夕召對慮禍不測方司案牘
亦照工部覆奏曰用兵造船臣部自應趨先但三百
萬金錢并撚指可就臣部庫藏原無積儲況今外解
阻絕巧婦不能爲無米之炊臣查鳳陽徐州等處積
欠臣部馬價四百餘萬兩催其陸續先解以應工部
燃眉此係現在正額無煩設處更欲需遲數月者時鳳

陽等處殘破鳥鵲無存端揆票擬奉旨下部允其督催鳳陽馬
價立限起解即日撥付工部協助船工之費矣工部
初意欲向兵部撮移幾萬爲賞軍募士等事別項支
用不謂兵部亦奉俞旨照題覆旨意付一空文竟
同本部之游戲閒談乃乞憐大司農商咨謂山東路
梗刻刻有庚癸之虞自救不暇轉叩問卿又以勤王
四集間藏與廐肆皆空乃告窘於江米巷紬店各商
令執票與本州縣官庫兌銀應者及百上下皆辭而
已亦以零星而止時爲閏十一月中旬山東連破東



兗二府州縣在所不計造船工價兩奉俞旨毫無着
落事則究歸工部又恐廷議省臣責其泄泄從事乃
爲撫卹之謀以應變化另上疏曰造船之費兩部雖
有成議奈九門告閉工商裹足油釘板木無從置買
□造船工亦無覓在而行兵之事又刻不容緩如之
奈何即造於津造於通奈路絕往來無從下手處爲
今之計臣部適題都外司主事前往淮安船廠督造
漕船合無勅令帶往廠中則物料現備匠工叢湧計
日蒞任可以指日造成省臣不徒托空言也端揆票

擬奉旨下部又允其就便鳩工課督營造着另加勅
以重事權矣時爲十二月初旬聖旨與部覆將三千
號海船並未給付厘毫資本事已責在船廠主事一
身若非金蟬神脫豈不畏科臣糾揭計固有最玄虛
而切理者談之侃侃聽之鑿鑿更非若司馬司空之
畫餅充飢其疏言曰造船攻心省臣妙算同仇之恨
素所劇心但臣所督造者由閩運糧腹裡之船非衝
風破浪航海之船也海船與腹裡板木不同釘鎝不
同樣式不同艈舵不同索纜器用不同操駕運動不



同今欲造此必須資材於閩廣營造於海涯尚可彼
處兩撫勒限督催即從海上駕往而北震起國威管
覩中興盛舉因材因地因人理勢之所必然非敢膜
外觀卸擔避也端揆票擬奉旨下部准移勅兩廣總
制與福建巡撫着即選材集匠計日報工以抒西北
之憂京師倒懸之急舊例臺省奏疏不踰五日得旨
部覆言事定須候旨匝月此旨得之於十六年二月
初旬都察院請勅移咨又爲二月終矣是年九月初
閩廣兩院況猶龍張肯堂會疏中極讚省臣之策極

妙後言臣等拮据料理庀材舉谷選工雀戶一勞永
逸洒雪從前爲皇上煥中興之業省臣建不世之勛
正在造船奮往似無容中止但今北地寧謐海宇澄
清閩粵荒疲難堪重役造船浩費極爲勞民傷財不
必行可也端揆票擬奉旨下部聖旨是臺省之條議
部曹之覆核與內閣之票擬相爲游戲以度歲月當
宁一席直傀儡耳

袁簡齋云潘荊山諱兆吾浙孝廉也靜深有謀浙閩
總督滿保辟入幕府康熙五十四年臺灣反以立朱



一貴爲名朱農家子幼養鴨爲業每叱鴨鴨皆成伍
路不亂行鄉人異之游民之無賴者倡爲亂擁一貴
據南路殺守備及官兵二百總兵歐陽凱副將許雲
討賊戰死臺灣陷事聞省城大震時漏下二鼓滿公
不知所爲登荊山床爲訣哭聲烏烏荊山披衣起笑
曰公止哭賊即平矣臺灣賊皆烏合何能爲第兵機
貴速須盡此夜了之公曰如何曰公持印荊山持筆
兩侍兒供紙墨羣奴張燈聽遣足矣如其言書一牒
下中軍曰發兩標兵各千五鼓集轅旗器械戰船

鈇者斬一牒下司道曰運糧若干集廈門聽取誤者
軍法從事一牒下府縣曰明早部院出兵送者斬吝
吏民安堵毋動荊山銜書牒筆颯颯如風而畢一紙
請公加印印畢即發未三鼓而部署定荊山復解衣
臥啗臺大剔黎明拔營行兩日至廈門時承平日久
兵不善擄櫱公憂之荊山下令傳呼曰凡海賈船能
損貨載兵者與五品官有一賈裕前即礮守備蟒服
與之繼來者分給牒劄豹豸繡補衆賈大喜爭自棹
船船銜尾布列兵依隊而上不敢譁甲光耀日五日



抵鹿耳門賊大惰以爲神兵從天而下駭散無鬬者
互相攻殺守紅毛城僞十六人誅之進勦竹塹城僞
朱一貴檻車送京師兵不血刃糧不支給凡七日而
臺灣平滿公欲奏荊山功荊山辭曰某姓竊非能吏
事者也賊平仗　國家威靈不可貪天功襲人爵請
事公終其身

# 防海備覽卷六

江陰薛傳源河明

## 利器械

易之戒不虞也必曰除戎器誠以衛身克敵惟器
是賴若器械不利則是兵法所云以其卒與敵也
近多用火器亦制勝之妙術焉輯利器械門

順治五年定八旗甲兵需用甲胄軍器移文工部製給
或給銀令其自製直省兵丁需用鎧仗動支本地錢糧
造給報部覆銷又議準官弁製造緊急軍器不依限完



竣以致遲誤者革職若遲誤預備軍器者降一級調用
雍正元年奏準官兵將軍器質當者官革職兵鞭一百
革退軍器追繳還官失察之該管官罰俸一年五年覆
準官兵遇升遷事故其本人舊有軍器繫動官銀置備
者給與頂補之人若本人自備者除官員軍器聽其自
便外兵丁軍器該管官視其器械之利鈍酌量定價給
新補之兵即將新補兵丁名下應領錢糧陸續扣給原
主六年奏準官兵私賣軍器者革退交刑部治罪失察
之該管官罰俸一年

乾隆十五年

諭八旗官兵器械闕少者均令各部官爲造給器械内弓箭尤爲緊要惟賴不時整理善爲收貯從前兵部八旗都統會議訓飭八旗官兵將器械善爲收貯曾經奏準施行今都統等或因日久廢弛不以爲事亦未可定著再行傳諭務遵原奏留心訓飭稽察欽此

盔制定以鐵二片製如帽形上銳下平合而成之曰盔（即兜鍪）高五寸圍圓一尺九寸其合縫處壓以鐵梁曰盔梁盔前案鐵一片曰遮眉濶寸餘圍長九寸上覆鐵檐



一如簷形曰舞擎濶六分長四寸三分爲覆椀于其盔上其上仰者爲盔椀徑一寸六分高一寸二分圍圓五寸安管一丈二寸圍圓一寸以插盔槍（俗名狀帽頂）槍長三寸六分槍上爲盤以垂髦上安項項各有品制（詳見於後）垂於項後者曰護項垂于兩耳者曰護耳護耳之下曰護頸均以布爲表（官用錦段或施綵繡無定式）傅以鐵葉護項用鐵葉九護耳二用鐵葉各六護頸同馬兵鐵甲甲衣長二尺二寸下廣尺有一寸護肩二各長尺有一寸廣尺有三寸袖二各長尺有二寸上圍圓尺有二寸下圍圓九寸

護腋二各長一尺上廣九寸凹其中以承腋其末銳遮襠一方八寸左襠一方六寸甲裳長二尺六寸幅二每幅上廣尺有二寸下廣尺有五寸均以布爲表（官用錦段施綵繡無定式）甲衣用鐵葉一百三十有六每葉長二寸五分廣二寸甲裳用鐵葉一百十有六護肩甲袖護腋遮襠左襠五分均用小鐵葉長一寸六分廣一寸四分步兵甲衣長二尺甲裳長二尺六寸間有無裳者餘同

乾隆二十一年

欽定棉冑以革髤漆頂植銅鍱護項護耳護頸均敷棉



護軍校護軍前鋒垂紅纓護項以下石青色驍騎校驍騎鹿角兵礮手垂黑纓護項以下各從旗色甲亦敷棉護軍校驍騎校前鋒護軍均全身驍騎無左右袖鹿角兵礮手無裳及左右袖左襠色如冑制官綺表綢裏外布黃銅釘鍍金兵綢表布裏外布白銅釘鍍銀

雍正十一年奏準官員盔甲區爲三等一二品官爲一等盔之護項護耳護頸甲衣前後甲裳左右護肩護腋遮襠左襠共繡團蟒十有五三品至五品官爲二等繡團蟒十有一護腋及遮襠左襠不繡六品至八品官爲

三等甲衣甲裳護肩繡圓蟒六餘皆不繡按等定價令

工部製造

弓箭之制原定弓胎用榆木或樺木南方或削巨竹爲之取材之法視竹木之理平正端直張而不跛胎長三尺七寸其面傅以牛角背加以筋膠外飾樺皮胎一而角兩接接處用鹿角一塊固以筋膠加煖木皮於外曰弓靶兩弰以桑木爲之各長六寸三分環以牛角刻鍥其末以受弦彄弰與胎鬬筍相接處光削一面以鹿角爲方釘于角端曰墊弦弓弦有二一曰纏弦用蠶絲二



十餘莖爲骨外用絲線橫纏以束之纏線分三節隔七寸許空一二分不纏則不張弓時可摺疊收之一曰皮弦剪鹿皮爲之用於戰陣弓力強弱視胎面厚薄筋膠之輕重爲斷一力至三力用筋八兩膠五兩四力至六力用筋十四兩膠七兩七力至九力用筋十八兩膠九兩十力至十二力用筋斤十兩膠十兩十三力至十五力用筋二斤膠十二兩十六力至十八力用筋二斤六兩膠十四兩箭笴以楊木柳木樺木爲質取圓直之杆削成之別用數寸之木刻槽一道曰箭端笴笱必取鮑于端以均傅其首尾刻銜口以駕弦曰括其端受鏃凡鏃冶鐵爲之曰鈚箭曰梅針皆戰箭施于教閱者曰骲箭以寸木空中錐眼爲竅矢發則受風而鳴又謂之響箭鐵鏃上加骨角小哨者曰鳴鏑黏羽翎于箭括曰箭羽

順治二年題準每年秋季于昌平密雲二處採弓胎弓梢萬副需用樺皮于寧古塔採取令司弓一人率每旗弓匠長各一名弓匠各二名匠各二名前往驗採又定兵部設箭匠十名以造官箭八旗每佐領下設弓匠一名製造官弓



康熙六年題準官弓交八旗司弓製造採伐弓胎于八旗內選司弓一人每旗弓匠長一人弓匠十名各乘官馬領四十日行糧每年伐弓胎弓梢五千二百副武備院選二千副每旗給四百副以備製造官弓之用令鄰近驛站支車運送至京其採取弓胎如不敷用具奏增採寧古塔將軍隔一年遣委官兵採取樺皮七萬二千二百張以備用又題準製造官弓係軍前應用者由部選取委官解送各省支取者由各該處委官同該旗司

弓等選給至直省督撫提鎮駐防將軍都統副都統及武狀元等應賞給官弓均由部行文八旗領取給發十九年題準造箭務要箭心堅長手鑚安釘如草率造作將匠役治罪又議準匠役製造弓箭擅改式樣售賣者鞭五十所造之物入官

雍正五年議準青鵰翎一等每箭五枝價銀一兩八錢二等一兩六錢三等一兩四錢蟬鵞翎一等每箭五枝價銀兩七錢二等一兩五錢三等一兩三錢鷹鶚翎一等每箭五枝價一兩四錢二等一兩三錢三等一兩鸛



翎一等每箭五枝價一兩二等八錢鴇翎一等價七錢二等六錢芝麻鵰戰箭每百枝價三兩鴉翎每百枝價五兩定價之後鋪戶有任意高擡時價者照把持行市律治罪

旗纛之制原定八旗旗纛各以本色之旗為辨滿洲都統纛方幅惟鑲黃鑲白鑲紅鑲藍左幅稍銳各長五尺七寸廣五尺繪龍竿長丈有二尺鐵頂朱髦惟正紅旗用黑髦蒙古漢軍都統纛同佐領纛方幅長四尺二寸廣五尺不繪綵竿長丈有二尺髦頭色黑領催小旗長一尺五寸廣一尺八寸竿長五尺八旗同式而于鐵頂各異其製以示別護軍營纛各如本旗之色裁方幅為三角邊作火焰形直長五尺五寸斜長七尺三寸繪龍竿長丈有二尺鐵頂朱髦正紅旗用黑髦護軍校小旗三角直長尺二寸斜長二尺三寸竿長五尺五寸八旗同式而鐵頂各異其製以示別前鋒營旗方幅長二尺三寸廣尺有八寸繪飛虎竿長六尺頂插豹尾髦頭色赤火器營旗纛護軍驍騎各如其本營之式均加白號帶以別之直省標營大纛裁方幅為三角直長五尺八



寸斜長一丈邊作火焰形或繪雲蟒或繪飛熊隨地異製無定式鐵釘朱髦什長旗三角直長三尺三寸有奇斜長三尺八寸邊作火焰形鐵頂朱髦此外有先鋒旗督陣旗門旗令旗稟事旗均隨營異製大帥旗以黃布為之方幅廣丈有八寸長丈有四尺兩面大書帥字號帶一長丈有五尺廣一尺竿長丈有六尺刻木葫蘆為頂

乾隆十七年奏準旗纛係兵丁所瞻視舊制各省將軍都統副都統補授時即照其人本旗旗色由工部造給旗纛如有改授即為更換不惟繁冗且于瞻視亦無準

則嗣後將各省將軍都統副都統分定鑲黃正白二旗旗色盛京西安江寧綏遠城將軍天津都統熱河副都統皆用鑲黃旗色吉林寧夏青州杭州福州將軍歸化城右翼都統山海關副都統皆用正黃旗色黑龍江涼州廣州荊州將軍歸化城左翼都統成都副都統皆用正白旗色各將軍都統兼轄之副都統各視將軍都統旗色又定伊犁將軍察哈爾都統均用鑲黃旗察哈爾副都統右翼用正黃旗左翼用正白旗



給發軍器順治五年題準馬兵每名各給甲一冑一櫜鞬一弓一箭四十腰刀一步兵每名各給甲一冑一腰刀一其步兵弓箭兵給弓一箭三十長槍兵給長槍一鳥槍兵給鳥槍一直省兵丁器械照此例給發

康熙六年題準八旗世爵暨文武官各備甲一冑一弓一櫜鞬一腰刀一其箭數視品秩之大小以定等差公五百五十侯五百伯四百五十子四百男三百五十輕車都尉二百五十騎都尉二百雲騎尉百五十武官一品至五品視子男以下六品以下官均一百文職一二品與子男同三品京堂視武職二品官例四品京堂科道郎中視三品官例員外郎視四品官例營兵護軍前鋒領催各七十驍騎各五十世爵官大於爵者照官職箭數爵大於官者照世爵箭數直省督撫提鎮及武職副參以下各官應備弓矢甲冑各按品級定數與八旗武職同　三十年設八旗火器營每佐領下設鳥槍護軍三人鳥槍驍騎四人鳥槍前鋒一人各給鳥槍一杆滿州八旗每旗各設子母礮五位其餘大小銅鐵礮位均分貯於漢軍八旗礮局內又定八旗護軍營驍騎營



每佐領下護軍二人合給長槍一杆驍騎二人合給長槍一杆八旗護軍營每旗各設海螺三十有六前鋒營左右翼各設海螺八火器營八旗每旗設隨礮海螺各軍八旗鳥槍護軍鳥槍驍騎海螺每旗各十有四驍騎營每佐領下各設海螺一每參領下各設海螺二漢軍鳥槍營每旗設鼓一金五礮營每旗設鼓一金五藤牌營每旗設海螺各五每旗設藤牌兵百名每名各給藤牌一副刀一每旗設挑刀兵五十名各給挑刀一漢軍八旗每佐領下各設鹿角一架連柳棍四副每鹿角一

架設鍋甲兵四名每名給蓮糊棍各一副又定八旗官廳各門直省標營存貯火藥防範宜嚴令該管大員簡選所屬賢員率兵守護　五十五年題準城上直班官員夜私移城上備用火藥者革職其同班官不行攔阻者罰俸一年　五十六年覆準福建省舊有城寨之處準設立礮臺又覆準廣東沿海設立礮臺於每年正月九月委就近文職會同該營官弁每礮演放十餘次具報總督察覈

雍正二年題準城上貯火藥屋步軍統領隨時巡視有



閑人在近行走者看守官罰俸九月兵鞭四十致有疎虞者看守官革職兵鞭一百革退又定兵丁將所領火藥私賣者革退交刑部治罪失察之該管官罰俸一年該管大員罰俸六月又定各營收貯大礮鳥槍隨時演放毋致鏽蝕三年奏準官貯火藥擅行棄毀者官革職兵鞭一百至三百斤以上者無論官兵皆革退交刑部治罪若遺失及誤毀無多者官罰俸一年兵鞭五十至三百斤以上者官降一級兵鞭八十其闕少火藥悉著追賠　五年

將各處營伍所習武藝所用器械操演隊伍向來原無一定之例是以武弁到任往往以己所好尚及素所熟習者操演所屬兵丁間或學習未久而接任官又別有意見將從前所習者更改調換是兵丁之技藝每視該上司之去留以爲轉移非訓練專精之道也凡事久則熟熟則生巧宜令各省將軍督撫提鎮因地制宜酌定規制永遠遵奉除騎射最爲緊要天下通行學習外其餘各種演習悉著該上司會同通省官弁細心斟酌應如何操練用何軍器詳悉定議奏聞令各營永遠遵行接任官不得擅自更改



倘將來有應行變通之處著具題請旨如此兵丁各精其業且使一省之中彼此畫一將來或有調遣會集之處正可相資爲用于訓練營伍大有裨益欽此

又奏準舊例各兵千名設立威遠礮四位子母礮六位今除

盛京吉林黑龍江三處子母礮百位照舊設立外其餘直省子母礮盡行解部別製衝擊便利之礮總以兵千名設立礮十位之數爲準再沿海沿邊及水師戰船並直省守護城地緊要隘口之礮仍舊存留至小口戍兵

輛多礮應撤回存貯督撫提鎮駐劄地方庫內遇有需用隨時酌發又議準官兵所用軍器內鳥槍一項能衝銳折堅最爲便利如腹內省分地勢平坦利用弓矢至沿邊沿海省分山深林密利用鳥槍應將腹內省分每兵千名設鳥槍三百杆沿邊沿海省分每兵千名設鳥槍四百杆該管官弁務須操演純熟該提鎮不時考驗將該營官弁題叅又議準山東省各鎮協營應用軍器如大礮鳥槍弓箭長槍藤牌大刀均係各營通設之械每兵十名分作十分鳥槍五分弓箭三分藤牌一分長



槍一分此外別設礮手專演發礮均令依法操演不得擅爲更換又議準河南省滿漢各營軍器駐防八旗兵設有馬步弓箭兵鳥槍兵子母礮兵長槍兵督標左右兩營設有馬步弓箭手鳥槍手藤牌手礮手大刀手河北鎮標七營各設有馬步弓箭手鳥槍手礮手護礮片刀手藤牌手各營軍器雖有無不同而緊要通行者已無不備仍令永遠演習不得更換六年議準直隸省各營器械弓箭礮位鳥槍及三眼槍大刀長槍藤牌之屬均隨時演習但地勢之險夷不同軍器之利用各別除

騎射鳥槍礮位永遠畫一演習至藤牌於宣化鎮平陽之適最利應以該鎮向設之三眼槍大刀長槍改換藤牌紫荊關鳥槍甚少應以該鎮向設之大刀改換鳥槍其餘仍按舊設軍器勤加訓練又議準晉省多崇岡峻嶺地屬沿邊每兵百名分作十分以四分演習鳥槍六分演習弓箭別設礮手專演大礮惟殺虎協舊有藤牌手三百名仍令演習其餘刷刀長槍之屬悉令改爲鳥槍弓箭永遠畫一演習以期熟練又議準江南江西水師各營所用軍器槍礮弓箭之外如大刀藤牌鉤鐮槍



過船槍鉞斧標鐵彈之屬均爲水師營利用之器毋庸議改其陸路各營有設三眼銃長槍而無藤牌者按三眼銃不能致遠長槍遇險狹之地不能旋轉任意應將三眼銃改爲鳥槍長槍改爲藤牌俾器械畫一永遠遵奉操演又議準福建省陸路各營每兵千名分爲二十隊馬上弓箭手四隊步下弓箭手二隊鳥槍一隊礮手一隊藤牌一隊大刀一隊長槍一隊各營兵數多寡不齊照此遞爲增減水師戰船大趕繒戰船設兵八十名設排槍四十二杆中趕繒船設兵六十名設排槍三十

杆小趕繒船設兵五十名設排槍二十五杆大船船設兵三十五名設排槍十六杆中船船設兵三十名設排槍十四杆小船船設兵二十名排槍十杆仍各備火藥彈子火礶火箭之屬以資利用又議準浙江省各營每兵千名分爲二十隊礮位一隊長槍五十爲一隊鳥槍四百爲八隊弓箭三百副爲六隊藤牌一百爲二隊片刀一百爲二隊永遠遵奉操演七年議準陝西四川二省各營兵丁除礮位鳥槍弓箭通行演習外其馬兵弓箭手兼習槍棒守兵兼習砍刀藤牌令提標守兵二百



名專習又議準廣東省各協營每兵百名設弓箭手二十名各佩腰刀兼習雙刀長槍鳥槍手五十名各佩腰刀藤牌手五十名執牌刀挑刀手十名礮手十名永遠畫一演習又議準滇黔粵三省各營每兵千名內以百名操演大礮兼習牌刀以六百名習鳥槍以二百名習弓箭以百名習藤牌其不足千名營分亦照此數遞減分派十年議準閩省水路則海面遼闊陸路則山深箐密鳥槍一項最爲利用於定例每兵千名設鳥槍四百之外再增鳥槍百杆十二年議準火藥關繫緊要必須豫備方爲有益督撫提鎮將所轄各營酌量每年應用之數動公費製造潮濕地方豫備三年高燥地方豫備五年加謹收貯每年所用火藥即於收貯數內動支仍照動支之數目制造貯庫出陳易新按年造冊報部該管官如遇升遷事故離任照倉庫錢糧例交代若虧缺及不堪應用者責令專管官賠補仍罰俸一年該管上司罰俸六月

乾隆元年議準民間不許製鳥槍其荒村險僻之處防虎防盜鳥槍在所必需各該省督撫確察各州縣內有



實在應用地方照兵丁鳥槍式樣製造書鏨姓名具呈地方官編號注冊備案如非應用地方有私藏私造之人責四十板鳥槍入官失察之該管官罰俸一年若兵丁有藉稽察鳥槍擾害民間者革糧該管官罰俸一年五年議準滇黔二省地多山箐陰雨不常弓箭一遇潮濕之時險仄之地不能應手施展唯弩弓以木爲質其力最勁爲行軍之利器令弓箭手各兼習弩弓以資利用十一年議準兵丁操演所需鉛彈火藥火繩應動用工費但各營動用議有定數若操演之時或因兵施放

生疎欲令多放數次則此項鉛藥火繩須另行備因前
該管官恐兵無力草率了事終於不能純熟嗣後築動
公費製給以便多為演習十五年議準湖廣武昌鎮前
後水師二營地界川江水操弓箭技有難施惟鳥槍極
為便利照沿邊沿海省分每兵千名設鳥槍四百
一簡閱軍器順治五年題準每年秋季奏請驗八旗
護軍營驍騎營器械春季奏請點驗前鋒營步軍營器
械令該管官互相稽察又定點驗軍器若盔甲弓箭等
項全無者繫官革職兵鞭一百革退軍器虧闕及箭上



無字並書他人姓名者官罰俸一年兵鞭五十軍器朽
壞者官罰俸兩月兵鞭二十如所屬官兵有盔甲弓箭
等項全無及軍器闕少或朽壞者一名至五名該管都
統等罰俸三月叅領等罰俸六月六名至十名都統等
罰俸六月叅領等罰俸九月十名以上者都統等罰俸
九月叅領等罰俸一年二十名以上者都統等罰俸一
年叅領等降一級留任二十名以上者都統等罰俸二
年叅領等降一級罰俸一年至佐領驍騎校等所管兵
數無多有軍器闕額朽壞一名至三名者罰俸六月四

名至六名罰俸一年七名至十名降一級留任內有及
王公府屬佐領管領下有十名以上者降一級罰俸一
年二十名以上降一級留任
雍正元年奏準游牧八旗察哈爾官兵軍器由部越一
歲開例滿洲蒙古都統統領副都統職名奏請候
欽點一人前往稽閱十年議準直省各營軍裝器械屬
督撫所轄者督撫委官盤察提督所轄者提督委官盤
察皆取本營並無闕少及委官並無揑飾印甘各結存
案各于年終保題一次至于各鎮有屬督提統轄者由



該鎮委官盤察取印甘各結並加具保結送督提察覈
于年終保題若無督提統轄各該鎮委官盤察取結亦
于年終保題其保題之時各將所屬軍裝器械數目分
晰標營造冊並保結送部察覈如保題之後仍有闕少
將從前盤察之官罰俸六月督撫提鎮罰俸三月倘委
官明知闕少扶同揑結報稱並無闕少者降一級調用
又議準各營軍裝器械以都守為專管官副叅游為兼
轄官若無故闕少經督撫提鎮題叅將專管官罰俸一
年兼管官罰俸六月照數分賠繫兼管官察出揭報者

免議止令專管官獨賠皆限六月如逾限不完將專管官住俸兼管官停升俟賠完之日開完若係兵丁闕少經該管官察出據報追補足額者免議至于新舊各官將軍裝器械限一月交代如無闕少新官造冊出結詳報督撫提鎮年終報部若交代之時舊官推卸不交新官勒索不受皆照交代遲延例分別議處至病故官弁闕少軍裝器械者係兼管官病故著落專管官獨賠專管官病故著落兼管官獨賠倘專管兼管官一時病故著落從前未經察出之專兼各官分賠其闕少各數果



係年久朽壞出師闕損及因公動用者準動公費製備免其議處分賠倘有藉端科累兵弁製備者照因公科斂例議處又議準督撫提鎮將營中盔甲弓箭鳥槍藤牌刀槍旗幟鍋帳鉛藥鍬棍等項按照題定額數製備一有損闕該管官即詳報隨時脩整準其動用公費務期齊全足用如有盈餘擇其堪用者存營以備增補其朽敝者酌量銷毀以免竊賣之弊十一年議準營中一應軍器遇有闕損不按時脩整及脩整而收貯不謹以致朽爛或將豫備鐵木等項堆貯潮濕地方以致鏽蝕

者將該管官罰俸六月仍令照數賠補又議準失火燒燬官兵房屋盔甲器械等物者該管官罰俸六月若因公借出者免議又議準大礮攻守兼資必平時豫備齊全臨時方能得用督撫提鎮嚴飭該管官將見有大礮建蓋礮亭加謹蓋藏以避風雨潮濕每年十月間演放一次以防鏽蝕一有損壞詳明動項製造如本營未備而別營有餘者通融撥取若有蓋藏不謹及遇有損壞並不脩整者將該管官照燒燬軍器例議處又議準營汛兵丁所帶腰刀該管官不時察驗遇有損壞即時脩



整如損壞不堪使用及有白鐵無鋼者將兵責革該管官罰俸一年

乾隆元年議準脩補一應軍裝器械該管官估定價值呈報該提鎮察無浮冒準其動用公費銀脩補完日委官察驗出結申送提鎮該提鎮陸續移會布政使司并詳督撫存案該營于年終將一營共計工費若干各項開銷若干見存若干逐一分晰造冊送布政使司覈對倘有浮冒及與提鎮原文舛錯者駁令覈減更正仍詳督撫覈叅將造冊官罰俸一年至于差遣官兵盤費于

公費內動支者取其各官領狀亦照此辦理四年題準
各省將軍都統副都統于到任時將所屬同城親標旗
營一應軍裝器械限兩月委官盤驗其外屬各營軍裝
器械限三月委官盤驗各保題一次十四年議準營兵
號衣之外别有應差衣帽向係坐扣餉銀官辦尺寸有
定各兵身材不齊長短不能合式且雇覓縫人費用較
多其中不肖官弁隊長不免扣剋染指嗣後不必官辦
令兵自行製備免其坐扣餉銀該上司不時察驗務使
潔淨整齊不至闕乏以肅軍容十六年覆準鳥槍爲緊



要軍器倘有年久不堪適用者令該營官驗看確實準
其改造其舊槍鏽化之鐵加謹收貯以備各項軍裝之
用又工部則例載直省兵丁軍器順治四年議準鐵盔
每頂工料銀二兩五錢鐵甲每副工料銀三兩三錢七
年議準棉甲每副工料銀二兩弓每張銀一兩箭每枝
銀四分腰刀每把銀九錢二分鳥槍每杆鐵銀一兩三錢
長槍每杆銀一錢十年議準各省軍器或遇闕額或新
增該督撫照兵部經制額數具題由部覆準成造將
動支錢糧奏請開銷

康熙十七年題準直省兵丁鐵盔甲每副減定銀三兩
七錢
乾隆十六年奏準各省軍器武備攸關向來增造拆修
並未定有章程一應報銷往往同一器械彼此價值多
寡懸殊部內惟據舊案覈銷而各省又因未定成規並
不遵照覈減舊案造報以致往返駁詰案牘紛繁遵循
無據應令各督撫照城垣衙署之例將一應軍器軍裝
什物等項按照各營情形分别輕重大小物料匠工確
訪該處價值據實覈定造冊送部會同九卿定議頒發



各省遵行
國初遣官監造大礮定名號爲神威大將軍康熙十
四年鑄造大礮八十位各長七尺三寸口徑四寸九分
膛口徑二寸七分底徑六寸七分鐵彈重三斤用火藥
一斤八兩十五年鑄造五十二位號爲
神威無敵大將軍內重二千二百七十四斤銅礮八各
長七尺七寸口徑一尺膛口三寸七分底徑一尺二寸
鐵彈重八斤用火藥四斤重一千六百十有三斤銅礮
二十四位各長七尺六寸口徑八寸五分膛口三寸三

分底徑尺一寸鐵彈重六斤用火藥三斤木瓖大礮二
十位名重八百十有七斤制同上十九年造鋄金龍駮
八位各長五尺七寸重二百五十斤至三百斤鉛子重
十有三兩至十有四兩二十年造銅礮二百四十位號
爲　神威將軍各重三百九十斤長六尺六寸火門後
徑五寸七分口徑三寸二分合膛鉛子重十有八兩用
火藥八兩中的至一百弓用火藥九兩中的至百五十
弓口綖之上立星表與甲乙線相等二十四年造鐵心
銅礮八十五位各長五尺二寸重百斤至百二十斤鉛



子重四兩五錢至五兩鐵奇礮一位長五尺六寸重三
十三斤鉛子重二兩五錢二十五年造鋄金龍礮一位
長四尺五寸重八斤鉛子重五兩二錢二十六年鑄礮
五位號　威遠將軍（卽衝天礮）各長二尺一寸重二百八十
五斤至三百三十斤生鐵彈重二三十斤大如瓜中虛
仰穴兩耳鐵環其法先置火藥於鐵彈內次用螺螄轉
木纏火藥撚裹以朝鮮貢紙插入竹筒入於彈內下置
藥撚一二寸以達火藥上置藥撚六七寸於彈外餘空
處亦裝滿火藥以鐵斤蓋穴口外用蠟封固於小膛底

下火藥間以木馬加土寸許乃安鐵彈於大膛又加溼
土數寸以隔火（如放二百步至二百五十步用藥一斤三百步增二兩如放二三里用藥三斤）
火門施烘藥次以礮尺高低度數定放之遠近其最遠
在礮尺四十五度本度上下若干卽減遠若干臨時施
放先點彈口火藥撚再速點火門烘藥二十八年造大
礮六十一位號爲　武城永固大將軍重自三千六七
百斤至六七千斤長自九尺七寸五分至一丈二尺膛
口自三寸八分至四寸九分用鐵彈自十斤至二十斤
火藥自五斤至十斤又改造木瓖礮八十位號爲　神



功將軍各重千斤長七尺一寸膛口二寸七分用鐵彈
三斤八兩火藥一斤十二兩二十九年造鐵子母礮二
百有二位各長五尺五寸重八十斤至百斤鉛子重四
兩至六兩銅衝天礮八位各長二尺三寸重五百六十
斤生鐵彈重三十斤三十四年造銅礮四十八位號爲
　制勝將軍內四十六位各重五百斤長五尺一寸膛
口二寸四分用鐵彈三斤火藥一斤八兩重三百六十
斤者二各長五尺用鐵彈二斤火藥一斤五十七年造
　威遠將軍銅礮十位各長三尺一寸重一百七十餘

斤鉛子重十有九兩五十八年造　威遠將軍銅礮十有六位各長三尺重一百四十斤鉛子重十有五兩六十年造鐵子母礮六位各長五尺重百斤鉛子重五兩鐵虎尾礮二位各長三尺重二十七斤鉛子重二兩雍正五年造　威遠將軍鐵礮十位各長一尺七寸七分重四十五斤鉛子重二十八兩用火藥十有四兩鋄金子母鐵礮十有七位重四十八斤者六各長五尺二寸鋄子重四兩用火藥二兩重四十斤者一長五尺五寸鉛子重二兩六錢用火藥一兩三錢重三十六斤者



十各長五尺五分鉛子重二兩五六錢用火藥一兩三錢鋄銀子母鐵礮重四十八斤者十重三十六斤者四子母鐵礮三位重四十八斤者一重三十六斤者二尺寸鉛藥均與鋄金鐵礮同

直省火器順治初年定各省需用鋶礮火熕火箭噴筩火毬鐵彈鉛子等項由各督撫奏請準其造備

康熙二年議準各省軍需藥彈遇有征勦準其動用開銷駐防別省官兵軍前操演亦準支給十九年議準各省大小銅礮多餘鐵礮均令解送來京又議準鐵礮解送勞民多餘者準留原處收貯二十年奉

直隸沿邊及路險地方各礮不必解送又奏準松江銅礮留存備用二十一年題準福建四川雲貴兩廣路途險遠銅鐵礮均留本地收貯二十六年

諭福建銅礮由陸路解送恐至累民著裝載海船從沿海送至鎮江該撫撥船解京工部仍行曉諭嚴加申飭沿途勿致藉端擾害地方欽此

雍正十一年議準各省兵丁每歲操演所用鉛子準其檢七耗三除檢回數目抵算外將實用鉛價在於八項



銀內開除報部覈銷十二年覆準令各省將所有大礮擇其堅好者留用銷壞者報明鑄造如本營未設別營有餘者通融撥取造冊咨部備案

明史云古所謂礮皆以機發石如范蠡之飛石發行二百步都郢以繩連石磨歷諸葛亮衝車李密以機發石號將軍曹操發石車擊袁紹軍中呼霹靂車是也元初得西域礮攻金蔡州城始用火然造法不傳後亦罕用至明成祖平交阯得神機鎗礮法特置神機營肄習製用生熟赤銅相間其用鐵者建鐵柔為

最西鐵炙之大小不等大者發用車炙及小者用架用樁用托大利於守小利於戰隨宜而用爲行軍要器永樂十年詔自開平至懷來宣府萬全興和諸山頂皆置五礮架二十年從張輔請增置於山西大同天城陽和朔州等衛以禦敵然利器不可示人朝廷亦愼惜之正統末邊備日亟御史楊善請鑄兩頭銅銃景泰元年巡關侍郎江潮言眞定藏都督平安火傘上用鐵槍頭環以響鈴置火藥筩三發之可潰敵馬應州民師翱製銃有機頂刻三發及三百步外俱



試驗之天順八年延綏參將房能言麓川破賊用九龍筒一線然則九箭齊發請頒式各邊嘉靖八年從右都御史汪鋐言造佛郎機礮謂之大將軍佛郎機者國名也正德末其國船至廣東白沙巡檢何儒得其制以銅爲之長五六尺大者重千餘斤小者百五十斤巨腹長頸腹有修孔以子銃五枚貯藥置腹中發及百餘丈最利水戰駕以蜈蚣船所擊輒糜碎二十五年總督軍務翁萬達奏所造火器兵部試之言三出連珠百出先鋒鐵捧雷飛俱便用毋子火獸布

地雷礮止可夜劫營御史張鐸亦進十眼銅礮大彈發七百步小彈百步四眼鐵鎗彈四百步詔工部造萬歷中通判華光大奏其父所製神異火器命下兵部其後大西洋船至復得巨礮曰紅夷長二丈餘重者至三千斤能洞裂石城震數十里天啟中錫以大將軍號遣官祀之崇禎時大學士徐光啟請令西洋人製造發各鎮然將帥多不得人城守不固有委而去之者及流寇犯闕三大營兵不戰而潰鎗礮皆爲賊有反用以攻城城上亦發礮擊賊時中官已多異



志皆空器貯藥取聲震而已明置兵仗軍器二局分造火器號將軍者自大至五又有奪門將軍大小二樣神機礮襄陽礮盞口礮椀口礮旋風礮流星礮虎尾礮石榴礮龍虎礮毒火飛礮連珠佛郎機礮信礮神礮礮裏礮十眼銅礮三出連珠礮百出先鋒礮鐵捧雷飛礮火獸布地雷礮椀口銅鐵銃手把銅鐵銃神銃斬馬銃一窩鋒神機箭銃大中小佛郎機銅銃佛郎機鐵銃木廂銅銃筋繳樺皮鐵銃無敵手銃鳥嘴銃七眼銅銃千里銃四眼鐵鎗各號雙頭鐵鎗夾

把鏡手銃快銃以及火車火傘九龍筒之屬凡數十
種正德嘉靖間造最多
茅坤云兵家以介胄爲先明嘉靖時東南之兵大半
無盔甲而海寇亦裸而鬬其無盔甲與官兵同而其
死戰而前則官兵所不能支故其衆易走粵中獨田
州甲爲善自盔以下並以堅生牛皮而漸漬之甲特
周前後腦背而已兩有兩臂手及兩股並別爲小牛
角片罩雲有敵手等名色疊取其伸縮如意而便於
戰鬬者試令召田州之工氏或廣中能倣製者而官



自爲採料製之大畧一盔甲則二三金可辦也
又明時海寇之兵特彊在舞刀每輕官兵不能射茅
坤謂反其所輕莫急於習弓弩而破其所彊莫急於
倣狼兵燕尾牌之制近日東南之牌皆沉重而不利
進退獨粵中燕尾牌以桐木或柁木爲之其長如人
之身其廣不滿尺其背如鯽魚然故從身前逼雖嘗
利刃而不能斷其體輕故進如鳥翼而一切矢石皆
可蔽嘗見廣中狼猁之兵善舞牌者其臨陣如鷙鳥
而進不必盔甲而賊雖墻立不能傷此廣中所最尙
者近欲訪置在浙中惟溫州桐木柁木爲多可易辦
之其弓弩亦必採兩廣毒藥以灌其鏃鏃着血縷則
立死但浙人不習射當如兩河以北懸射銀錢之利
以誘之使習令弓師而能教百人善弓則善弓者得
以一人兼二人之食而弓師且賞之以百金而署之
爲百人之將弩師而能教百人善弩則善弩者亦得
以一人兼二人之食而弩師且賞之以百金而署之
爲百人之將如此則不數月而全軍皆善射矣其他
短兵鎗棒亦率類此大畧百人爲率以三十人手牌



列如樓櫓而各持短兵相接其陣欲疏而不窄而三
十人弓弩持滿而夾陣於手牌之間三十人則長刀
大斧或北方悶棍之類從其後其餘十人則給使薪
水而已此器械之大較也
附明史器械各名
襄陽砲　元將康茂才捍寇海上戰不勝堅寨於天
寧州太祖命諸將以襄陽砲破其寨
千斤秤　長斧　常遇春攻衢州樹柵圍其六門造
呂公車仙人橋長木梯懶龍爪擁至城下高與城齊

役俏以登城又於大西門城下穴地道攻之宋伯顏不花悉力捍禦乃束葦灌油燒呂公車鵞千斤枰鈎爛龍爪用長斧斫木椑梁夾城防穴道遇春攻之不克

長槊　鐵戟　鐵鈎　陳友諒增修攻具欲破柵自水關入朱文正使壯士以長槊從柵內刺之敵奪槊更進文正乃命煆鐵戟鐵鈎穿柵復刺敵復來奪手皆灼爛不得進

火器　友諒列巨舟太祖見之乃命舟師為二十隊



火器弓弩以次而列戒諸將近寇舟先發火器次弓弩及其舟則短兵擊之殺千五百人護一巨舟而遁俞通海復乘風發火砲焚寇舟二十餘艘

神機弩　永樂二十年親征阿魯台乘高瞭望見其衆聚遂張左右翼夾攻命吏士持神機弩伏深林戒寇至乃發頃寇騎突而左左師馳之走林中中伏潰死

團牌　扒山虎　壓二笆　成化間廣東蠻寇亂韓雍督諸將四面進攻之別遣兵斷諸山口賊間兵突

散婦女積聚於桂州橫石寺塘諸崖乃悉力出捍峽南排柵堅寨滾木礧石鏢鎗毒矢下如注官登山仰攻雍督戰益急敵少息雍覘其怠督之將士用團牌扒山虎壓二笆等器魚貫以進皆殊死戰呼聲撼山峽石崩賊氣奪雍命縱火焚烈烟熖蔽天晝晦賊大潰散盡破山南石門等十餘寨賊屋廬皆燼

火箭　賊上九層山絕崖懸壁林箐叢惡樹柵據之雍飭兵窮追至其地賊用千觔礧石大木轉而下聲若雷弩矢雨注雍誘使大發而令人間道潛陟其巔



覘賊發竭舉砲為應雍督將士緣木板蘿而升援引蟻附漫山奪擊發火箭焚其柵主擒侯大狗等七百八十餘人

火車　雲梯　神砲　布袋　萬歷間寧夏哱拜亂官兵抵城下賊東北各出精騎二千搏戰步卒列火車為營官兵衝鋒奪大車百餘輛追奔入河趑十六日進攻復抵城下塹濠豎雲梯夾攻賊迎敵多殺傷擲火燃燒官兵六月葉夢熊至靈州携神砲火器四百車至更約法軍聲大振官兵用布袋三萬盛土塡

集登城爲砲石擊却李如椊夜半以雲梯上南城[illegible]砲箭擊却賊卽追下奪梯牌益縱火焚攻具是夜指揮趙承光戚欽等約爲內間夜半四面舉烽火城下兵趨上而樵樓火早發南火弗起賊已覺縛承光等殲之自是城中糧且盡賊氣益衰

火銃　神機箭　洪武初滇南思倫發入寇戰象百餘沐英下令軍中置火銃神機箭爲三行列陣中俟象進則前行銃箭俱發不退則次行繼之不退則三行繼之象皆股直搗其柵焚之



竹笆　正統間浙閩盜熾處州城中乏食張楷令軍中製竹笆數百面笆如牌製糊以紙畫獸形可禦賊鎗乃兼程進至處州界于銅山寺駐師賊陽遣人求撫實覘之耳遂給榜示之去將官兵屯於平地賊衆出山索戰賊攻中軍楷趣馬軍射之死者百餘人持鎗者多爲竹笆所制益鎗入竹隙急不得出悉被禽獲賊潰斬首六百餘生擒百餘人

草裹竹牌　七星砲　火磚　鉤梯　行屋　天啟初四川土司奢崇明叛逼成都朱燮元登陴而守賊數千人障草裹竹牌進矢石不得進燮元命架七星砲火箭火磚衝擊之殺數百人賊暮擁鉤梯數千攀城欲上燮元戒士卒第放砲礧石無譁遲明賊積屍城下時冬濠水涸賊帥降民持茷求薪載濠土壘如山上架蓬蓽形類行屋以避銃石伏弩仰射城中垂籠藏矢石燮元夜縋壯士持芻塗膏復守者縱火火舉山隤賊大阻賊又於　四面立望樓高與城等燮元曰賊設瞭望必四出剽掠其中虛遂命死士五百人突出擊之賊果無備斬其三將燒樓而還



旱船　礟石　水牌　奢賊數千自林中擁旱船大操而出視之如舟高丈許長五百尺數重樓櫓帟左右板如平地一人披髮仗劍上載羽旂中數百人各挾機弩牛數百頭運石轂行旁翼兩雲樓如左右廣俯視城中燮元曰此呂公車也破之非礟石不可礟石者巨木爲杆柱置軸柱間轉索運杆下鈞之石飛擊如彈丸賊舟不得近復以大砲擊牛中其當轅者牛返走乘勢擊敗之賊謀遠遁燮元偵知造水牌數百面投錦江順流而下命有司沉舟斬筏斷橋梁嚴

兵以待夜半果遁

滚厢　木發貢　貴州土司安邦彦叛圍貴州造雲梯制滚厢百計攻城沿山紮營四面伏路把截王三善督兵疾走賊相率退屯龍洞賊步騎如雲孫元謨製木發貢七門齊發賊大敗死無算安邦俊被銃死

水老鴉　烏喙　正德間河北盜劉六劉七叛攻通州蘇人有應募獻計用火攻名水老鴉藏藥及火於駁矢中發之又為形如烏喙持之入水以喙鑽船機發自為運轉透船沉試賊一舟沉之賊大駭



# 防海備覽卷七

江陰薛傳源河明

## 嚴軍令

兵隨將令如身之使臂臂之使指古稱細柳營岳家軍惟令之嚴也前明海寇之來少者數百多者數千官十出而六七敗甚且一夫躍呼而衆皆辟易自相蹂躪而死豈兵之弱至此哉由承平日久吏民不習見兵革而諸將之出未嘗申之以軍令故其兵未戰而氣不肅將戰而氣易怯也然則號令不嚴賞罰不信何以兵弁效臂指之使地方資保障之功哉輯嚴軍令門



康熙二十一年福建克復海壇厦門金門等處議叙有功官弁例應功加一等者加二等應功加二等者加四等餘照等倍加是年平定臺灣議叙官加一級兵各賞一欠奉

官兵遠抵海疆冒險勦寇非陸路用兵可比在事官員再加一級兵丁著再賞一次

雍正元年議叙克復臺灣官弁各功加三等防守淡水

咨官各功加二等防守澎湖廈門各官各加一級奉
旨臺灣地方自古未屬中國
皇考以聖謨神威取入版圖逆賊倡亂占據臺地
皇考籌畫機宜指授地方官員遣調官兵七日之內克復全
臺官兵感戴
皇考教育之恩奮勇攻取甚屬可嘉官員議叙之外槩加一
等
乾隆元年平定福建臺灣北路議叙總督加三級提督
功加三等其餘有功官弁一等者功加一等紀錄二次

防海備覽　卷七　二

二等者功加一等紀錄一次三等者紀錄二次國初定
題准水戰時有能超登敵舟殺賊獲衆者統兵大臣驗
明舟之大小分為三等注冊一等舟賞五人先登者賞
銀二百五十兩第二人二百兩均咨吏部分別授爵第
三人賞銀一百五十兩給一等舟三等功牌第四人賞
銀百兩給一等舟四等功牌第五人賞銀五十兩給一
等舟五等功牌均注冊俟後復有超登一等舟戰功將
兩次五等功牌準作一次四等兩次四等功牌準作一
次三等積至兩次三等者咨吏部授爵二等舟賞四人

先登者賞銀二百兩移咨吏部授爵第二人賞銀百五
十兩給二等舟二等功牌第三人賞銀百兩給二等舟
三等功牌第四人賞銀五十兩給二等舟四等功牌均
注冊俟後復有超登二等舟戰功將兩次四等功牌準
作一次三等兩次三等功牌準作一次二等積至兩次
二等者咨吏部授爵三等舟賞三人先登者賞銀百五
十兩給三等舟一等功牌第二人賞銀百兩給三等舟
二等功牌第三人賞銀五十兩給三等舟三等功牌均
注冊俟後復有超登三等舟戰功將兩次三等功牌準

防海備覽　卷七　三

作一次二等兩次二等功牌準作一次一等積至兩次
一等者咨吏部授爵其三等以下常舟不列等次先登
者賞銀八十兩給常舟一等功牌第二人賞銀六十兩
給常舟二等功牌第三人賞銀四十兩給常舟三等功
牌均注冊俟後復有超登常舟戰功將兩次三等功牌
準作一次二等兩次二等準作一次一等積至三次一
等者咨吏部授爵以上超登敵舟殺賊獲衆戰功視舟
之等次遞減一等準其積算如超登一等舟之第三人
後得二一等舟二等功牌或得三等舟一等功牌均咨吏

部授爵餘準此若追獲空舟小舟及敗走之舟者不在給賞授官之例統兵將帥不將先登情由及所獲舟數分別等次者止照賞舟例給賞在舟督戰官照第二人例餘官照第三人例護軍校驍騎校等照第四人例均按舟論功

康熙十二年覆準招撫兵千名以上舟三十隻以上者爲五等軍功兵千五百舟四十以上者爲四等軍功兵二千舟五十以上者爲三等軍功兵二千五百舟六十以上者爲二等軍功兵三千舟七十以上者爲一等軍



功兵三千五百舟八十以上及招撫僞王竊據之府城者均臨時酌量從優議叙招撫府城爲一等軍功州城爲二等軍功縣城爲三等衛所城爲四等有名寨崖爲五等參領之都統護軍統領副都統分發將領與將領下遣去頭領及與事各官均準議叙不與事者不準

乾隆七年題準兵丁甞遇水戰有能超登敵舟殺賊得獲者驗明舟之大小分爲三等一等舟先登者賞銀百兩授都司第二人賞銀八十兩授守備第三人賞銀六十兩授千總第四人賞銀四十兩授把總領戰加三級同戰官加二級二等舟先登者賞銀八十兩授守備第二人賞銀六十兩授千總第三人賞銀四十兩授把總領戰官加二級同戰官加一級三等舟先登者賞銀六十兩授千總第二人賞銀四十兩授把總領戰官加一級同戰官紀錄一次其授官者均照銜準其先用如擊空舟小舟及敗走之船不用此例　十七年題準礮手捕盜人等超登敵舟殺賊得獲照兵丁議叙若放礮打沉賊舟者一舟賞銀二十兩二舟賞銀四十兩給與把總劄付三舟賞銀六十兩給與千總劄付加有多者照



此給賞給劄

按明史永樂間劉江巡視各島至金州衛金線島西北望海堝上有瞭者言東南夜舉火有光江計寇將至亟遣馬步軍赴堝上堡備之翼日倭寇二千餘乘海艣直逼堝下登岸魚貫行一賊貌醜惡揮兵率衆勢鋭甚江令犒師秣馬畧不爲意以都指揮徐剛伏兵於山下百戶江隆帥壯士潛燒賊船截其歸路乃與之約曰旗舉伏起鳴砲奮擊不用命者以軍法從事旣而賊至堝下江被髮舉旗鳴砲伏盡起繼以兩

翼並進賊衆大敗死者橫積草莽餘衆奔櫻桃園堡堡官軍追圍之將士奮勇請入堡勦殺江不許特開四壁以待其奔分兩翼夾擊之生擒數百斬首千餘間有脫走艙者又爲隆等所縛無一逸者凱還將士請曰將軍見敵意思安閑惟飽士馬及臨陣作氣武被髮狀追賊入堡不殺而縱之何也江曰窮寇遠來必勞且饑我以逸飽待饑勞困敵敵之道賊始魚貫而來爲蛇陣欲衆繞作此狀以鎮之所以愚彼之耳目作士之銳氣[illegible]已入堡有死而已我師攻之彼必



致死未必無傷寇出縱其生路卽圍師必缺之意此固兵法顧諸君未察耳事聞上封江廣寧伯

嘉靖二十六年御史楊九澤言浙江福建沿海諸郡有倭患雖設備所城地及巡海副使備倭都指揮但海寇出没無常兩地官弁不能通攝制禦爲難請如往例特遣巡視重臣盡統海濱諸郡庶事權歸一威令易行廷議稱善乃命副都御史朱紈巡撫浙江兼制福建福興漳泉等郡

任公環爲蘇郡丞海寇至衛尉張治以甲士五千前鋒殺一賊衆潰走公曰士未訓固不可用明日又出任公獨前搏賊賊愕不敢動相守數日潛遁去又犯太倉蔡中丞檄公討之付兵三百皆新募公以必死無旋踵不入與家人訣爲書付之而行親介冑臨陣士以公激之無不從賊屯三丈浦勢甚猖獗易官軍不爲備環隂部署諸兵以保靖應襲彭守忠爲中哨太倉耆民爲右哨知縣王鈇爲左哨躬擐甲冑激厲三軍官兵踴躍進攻賊大敗賊呼爲拚命官人數避之



嘉靖中海寇曾一本本蛋戶糾衆橫行閩廣間俞大猷將赴廣西總督劉燾令大猷會閩師夾擊一本至閩總兵李錫出海禦之與大猷遇賊柘林澳三戰皆捷賊遁馬耳澳復戰廣東總兵劉顯及郭成率參將王詔以師會次萊蕪澳分三哨進一本駕大舟力戰諸將連破之燬其舟詔生擒一本及其妻子斬首七百餘死水火者萬計一本之黨梁本豪亦蛋戶一本旣誅本豪竄海中習水戰遠通西洋且結倭兵爲助殺千戶通判以去總督陳瑞與參將黃應甲謀分水

軍二南駐老萬山備倭東駐虎門備蛋別以兩軍備
外海兩軍梔要害乃率水軍進沉蛋舟二十生擒本
豪餘賊奔潭洲聚舟二百及倭舟十諸將合追先後
俘斬千六百沉其舟二百餘撫降者二千五百海賊
平
張經為總督倭寇嘉興經遣參將盧鏜督保靖兵援
以總兵官俞大猷督永順兵從泖湖趨至平望以參
將湯克寬引舟師由中路擊之戰於王江涇斬賊首
一千九百餘級焚溺死者甚衆自軍興來稱戰功第一



柘林倭雖敗而新倭三十餘艘實青村所與南沙小
烏口浪港諸賊合犯蘇州陸涇壩俞大猷偕副使任
環大敗賊於陸涇壩焚舟三十餘又遮擊其自三丈
浦出海者沉七艘賊乃退泊三板沙頃之他倭犯吳
江大猷及環又邀破之鶯脰湖賊走嘉興
賊自象山登岸巡撫曹邦輔馳兵追之及於蘇州之
滸墅邦輔慮與柘林賊合且為大患乃督兵備王崇
古僉事董邦正把總婁宇躡賊所向遇敵先登為正
兵知府林懋舉知縣康世耀各領兵屯吳林廟之左

北護郡城南扼賊衝為援兵嚴家兵左哨沙兵右哨
分突衝截為奇兵度賊走太湖令東山巡檢領水師
船數十往來探哨為遊兵賊至吳林廟官兵擒斬二
十七八餘走楊山逾至靈岩奪民船由新港出大湖
欲走洞庭見官兵旗幟不敢度復登岸至橫經旋馬
橋匿民舍官兵圍而火攻之賊潰出遁伏田禾中武
生車梁覺之大呼賊在此遂俘斬之無一人脫者
李遂巡撫淮揚四府倭寇海門遂語諸將曰賊趨如
皐其衆必合合則侵犯之路有三由泰州逼天長鳳



泗陵寢驚矣由黃橋逼瓜儀以搖南都運道梗矣若
從富安沿海東至廟灣則絶地也乃命副使劉景韶
遊擊邱陞扼如皐而身馳泰州當其衝時賊勢甚盛
副將鄧城禦之敗績指揮張谷死焉賊知如皐有備
將犯泰州遂急檄景韶陞遏賊連戰丁堰海安通州
皆捷賊沿海東掠遂喜曰賊無能為矣令景韶尾之
而致賊於廟灣復慮賊突淮安乃夜半馳入城賊尋
至遂督參將曹克新等禦之姚家蕩通政唐順之副
總兵劉顯來援賊大敗走

茅坤云今海內衆建之兵患在軍令不嚴而東南爲甚請以效首虜爲上功其所部署之法將千人者得以軍令臨百人之將凡一人赴敵則左右大呼而夾擊而一伍皆爭救之否則一人戰没而左右不夾擊者臨陣即斬其一伍之衆必論罪以差甚者截耳矣凡一伍赴敵則左右伍呼而夾擊而一隊皆爭救之否則一伍戰没而左右伍不夾者臨陣即斬其一隊之衆必論罪以差甚者截耳矣不如令者斬退縮者斬走者斬訛言動衆者斬敵人衝而亂者斬敵既敗



走佯以金帛遺地或爭取而不追躡者斬一切科條與世之軍政所載無以異而其既也所謂論功行賞之法戰没受其賞當其臨陣躍馬前鬬因而摧敵破陣雖不獲級而能奪敵之氣者受上賞斬級者論首虜以差斬級而能冠所同伍者輒以其人領之故其兵可死而不可敗坤嘗擁千人夜半渡河令曰衆各啣枚攝衣而渡有聲者左右縛而前向已而衆皆畢渡而無聲矣又嘗夜半發百餘人伏草叢中期日中誘賊過草所不動已而賊衆蒐路而前衆皆伏不敢見及逼陣則躍呼而起矣僕之約束豈能遽至此哉蓋其習之者素故也近日東南之兵軍門雖設有旗牌矣而所部署諸將失機者未嘗戮一將於轅門而諸將督戰所部軍或臨陣退縮者未嘗戮一卒於陣方敵之未至其伍先亂及敵之既至衆皆不戰而走然則兵安能得死鬬而將安得有功哉今日之急莫先於申軍令以治兵非獨軍門得然下自兵備參將及各守備指揮千百戶隊長及他署兵有司並得遵奉軍門之令按軍法從事凡團操不如令者則綁打



一百棍如例凡臨陣督戰不如令者各許就陣斬級或截耳懸之於旗以號令軍衆而論功行賞必首死戰之士次及摧鋒破圍之士又次然後及斬級之士賞必自卒始罰必自將始今日東南之兵即古吳越之兵矣

考洪武二十九年命沿海衛所指揮千百戶獲倭一船及賊者陞一級賞銀五十兩鈔五十錠軍士水陸擒殺賊賞銀有差永樂初以將士久勞命禮部依太祖陞賞例參酌行之乃分奇功首功次功三等其賞

之輕重次第率臨時取旨亦不豫爲令十二年定凡交鋒之際突出敵背殺敗賊衆者勇敢入陣斬將搴旗者本隊已勝別隊勝負未決而能救援克敵者受命能任事出奇破賊成功者皆爲奇功齊力前進首先敗賊者前隊交鋒未決後隊向前敗賊者皆爲首功軍行及營中擒獲奸細者亦准首功餘皆次功又立功賞勘合定四十字曰神威精勇猛强壯毅英雄克勝兼超捷奇功奮銳鋒智謀宣妙略剛烈効忠誠果敢能安定揚名顯大勳編號用寶貯內府印綬監



當是時稽功之法甚嚴

世宗時苦倭甚故海上功比北邊尤爲最北邊自甘肅迤東抵山海關成化十四年例一人斬一級者進一秩至三秩止二人共斬者爲首進秩同壯男與實授幼弱婦女與署職爲從及四級以上俱給賞領軍官部下五百人者獲五級進一秩領千人者倍之正德十年重定例獨斬一級者陞一秩三人共者首陞署一秩從給賞四五六人共者首給賞從量賞不願陞者每實授一秩賞銀五十兩署職二十兩

嘉靖三十五年定斬倭首賊一級陞實授三秩不願者賞銀百五十兩從賊一級授一秩漢人脅從一級署一秩陣亡者本軍及子實授一秩海洋遇賊有功均以奇功論萬歷十二年更定視舊例少變以賊衆及船之多寡爲功賞之差復定海洋征戰無論倭寇海賊勘是奇功與世襲雲南夷賊擒斬功次視倭功萬歷十三年定都指揮使陞秩者不授都督賞銀五十兩陞俸者半之其有司民兵隆慶六年定視軍人例自洪宣以後賞格皆以斬級多少豫定條例漸多



倖弊日啟正德間副使胡世寧言兩軍格鬭手眼瞬息不得差池何暇割級其獲級者或殺已降或殺良民或偶得單行之賊被掠逃出之人非真功也宜選强明剛正之員爲紀功官痛懲此弊時弗能行故事鎮守官奏帶例止五名後領兵官所奏有至三四百名者不在斬馘之例別立名目曰運送神鎗曰齋執旗牌曰衝鋒破敵曰三次當先曰軍前効勞冒濫之弊至斯極已

唐順之奉命視師江浙與諸將約曰一月賊不平請

叅將官三月賊不平請叅郎中初至浙計平賊上策當禦之於海外而海道不可不熟乃自蛟門與嘉興兩次下海泛大洋至江陰而還沉賊船十三隻斬賊首百三十餘級賊走三河

按嘉靖三十四年給事中孫濬上言防倭諸臣既有巡撫總兵又有總督及都察院重臣事權不一牽製靡定迄無成功兵部覆奏諸臣職守督察主竭忠討寇實覈布聞總督主徵集官兵指授方畧巡撫主督理軍務措置糧餉總兵主設法教練身親戰陣至於



有司責在保安地方固守城隍帝然之命行諸臣各遵飭諭施行

戚繼光爲將號令嚴賞罰信士無敢不用命與大猷均爲名將操行不如而果毅過之大猷老將務持重繼光則飈發電舉屢摧大寇名更出大猷上

嘉靖十四年倭大掠桃渚圻頭繼光急趨寧海梔桃渚敗之龍山追至鴈門嶺賊遁去乘虛襲台州繼光手殲其魁蹙餘賊瓜陵江盡死而圻頭倭復趨台州繼光邀擊之仙居道無脫者先後九戰皆捷俘馘一千有奇焚弱死無算總兵官盧鏜叅將牛天錫又破賊寧波温州浙東平

四十一年倭大舉犯福建自温州來者合福寧連江諸倭攻陷壽寧政和寧德自廣東南澳來者合福清長樂諸倭攻陷元鍾所延及龍巖松溪大田古田莆田是時寧德巳屢陷距城十里有橫嶼四面皆水路險隘賊結大營其中官軍不敢擊相守踰年其新至者營牛田而酋長營興化東南互爲聲援閩中告急宗憲檄繼光勦之先擊橫嶼賊人持草一束塡壕進



大破其巢斬首二千六百乘勝至福清搗敗牛田賊覆其巢餘賊走興化急追之夜四鼓抵賊柵連克六十營斬首千數百級平明入城興化人始知牛酒勞不絶繼光乃旋師抵福清遇倭自東營澳登陸擊斬二百八而劉顯亦屢破賊閩宿寇幾盡於是繼光至福州飲至勒石平遠臺及繼光還浙後新倭至者日益衆圍興化城匝月會顯遣卒八人齎書城中衣刺天兵二字賊殺而衣其衣紿守將得入夜斬關延賊副使翁時器叅將畢高走免通判奚世亮攝府事遇

害焚掠一空踞兩月破平海衛據之初興化告急時
帝已命俞大猷爲福建總兵官繼光副之及城陷劉
顯軍少壁城下不敢擊大猷亦不欲攻需大軍合以
困之四十二年四月繼光將浙兵至於是巡撫譚綸
令將中軍顯左大猷右合攻賊於平海繼光先登左
右軍繼之斬級二千二百還被掠者三千人綸上功
繼光首顯大猷次之帝爲告謝郊廟大行叙賚繼光
先以横嶼功進署都督僉事及是進都督同知世廕
千戶遂代大猷爲總兵官明年二月倭餘黨復糾新



倭萬餘圍仙遊三日繼光擊敗之城下又追敗之王
倉坪斬首數百級餘多墜崖谷死存者數千奔據漳
浦蔡丕嶺繼光分五哨身持短兵緣崖上俘斬數百
人餘賊遂掠漁舟出海去久之倭自浙犯福寧繼光
督參將李超等擊敗之乘勝追永寧賊斬馘三百有
奇尋與大猷擊走吳平於南澳遂擊平餘孽之未下
者

隆慶初給事中吳時來以薊門多警請召繼光專訓
邊卒繼光至鎮請募浙人爲一軍用倡勇敢督撫上
其議許之浙兵三千至陳郊外天大雨自朝至日昃
植立不動邊軍大駭自是始知軍令

宗子相云侍御曾承芳奉其父諱歸泉道出延平余
與顏君謁慰問之他事不談獨談兵至揮涕曰余之
至玉山也蓋遇粵兵云粵兵屯玉山者六日家掠戶
殘會有嫁其女於人者其夕將遣而粵兵聞其有女
而遣也則持刀鬭門舁其女曰出及他閫有少婦輒
舁之塗問爲誰則曰兵所擕來粵婦也有敢言狀者
殺而輿中人嚶嚶泣塗之人聞而悲之不敢問也而



玉山簿流上言曰兵再一日屯此吾將逸矣而閱之
塗中血盈盈滿路其戎戎若絲而墨者蓋人髮也而
鷄豕牛馬皮毛被道矣余與顏君因太息曰天乎天
乎何蒼生多難至此乎是日建寧舒君遺余書慮所
旨防客兵者余爲書旨報其詞曰會侍御至且言粵
兵狀可爲隕涕來札更詳仁人君子之用情深矣嘗
謂客兵之禍甚於寇盜何者寇之害猶有方也客兵
者無不及之矣寇之至人猶得持挺逐之客兵者殺
人而人不敢怒而訴也即有訴者反益之禍矣今之

論者輒云客兵而不知數十百里間父哭其子夫哭其妻母哭其女主哭其僕者耳不忍聞也血塗原野四體毀殘雞犬牛馬戶牖門屏俄然一空者目不忍見也

考嘉靖三十二年起三十九年止倭之躪蘇松也其間爲巡撫者十八安福彭黯遷南京工部尚書畏賊不俟代去下獄除名黃岡方任上虞陳洙皆未抵任丁憂洙以才不足任別用而代以鄞人屠大山使提督軍務蘇松巡撫之兼督軍務自大山始閱半歲以



疾免尋坐失事下詔獄爲民繼之者周珫繼珫者曹邦輔以文華譖下詔獄謫戍次眉州張景賢以考察奪職次盩厔趙忻坐金山軍變下獄貶官次江陵陳錠數月罷去次翁大立大立時倭患已息而坐惡少年爲亂竟罷職無一不得罪去者欲軍令之嚴得乎

華亭董含云吾松郡制吳淞設總兵一員駐防其餘沿海如金山衛川沙等處各設叅戎形勢聯絡海濱有警一呼即應最爲得策若專設提督坐鎮府城離海百餘里分防諸弁往來請命援急不能即赴賊往往乘隙揚帆突入屢遭刼掠逮遣兵而已無及矣況提鎮顏尊勢重坐享榮華兼之兵民雜處凡屬不安百姓房屋半成營伍洪內院議撤提督以總戎駐吳淞科臣亦有籌及此者

吳江鈕琇云周玉李榮皆番禺蛋戶以捕魚爲業所轄繒船數百其上可以設樓櫓列兵械三帆八棹衝濤若飛平藩尚可喜以其能習水戰委以遊擊之任遇警輒調遣防護水鄉賴以安輯自康熙壬寅奉有海禁甚嚴周李等盡掣其船分泊汊港遷其孥屬於



城內玉等鷗獺之性不堪籠縶詐稱歸葬請於平藩可喜許之即日携家出海糾合亡命聲勢大振癸卯十一月連檣渠艦直抵州前盡焚汛哨廬舍火光燭天獨於民居一無所擾復破順德縣執縣令王允而去可喜聞變亟發舟師剿捕獲賊首周玉餘黨解散出王允於賊舟得不死

袁枚云彭翥字竹林雲南大理府進士選廣東香山縣乾隆五十三年海賊倂張有號平波大王者率衆爲寇福敬齋公相總督廣東調水師營兵出海擒捕

飭香山令辦運需半年不獲一盜將弁無以自辯反
造蜚語誣君供張不周器械朽鈍福公怒召君入厲
聲曰汝齷齪不任事雖文官我獨不可以軍法從事
乎出諸武弁密揭示之君神色不變但申明香山小
邑所辦糧餉業費三萬餘金所以久而無功者緣武
弁退縮不能軍之故公相嘿然顏稍和公知兵事不
可以口舌爭也即奮曰翥願解任親往擒賊公相莞
然曰汝孱弱書生果臨陣得不被賊靴尖蹴倒乎曰
翥非手打賊也乞公相賞精兵二百聽翥指揮必有



以報公相許之君歸署捐俸支給造戰船三隻料簡
鎗砲火藥賞賚糗糧犁然備具著短後衣率健兒戎
服出哨諸武弁以為迂且妄無不匿笑者君禱天妃
廟乞風舟中忘帶鼓即借廟中鼓聲之以壯軍威次
日黎明風果大順君徑出海口公相命諸武弁會剿
相遇海島中武弁搖手云風雖順少頃即轉宜緩行
或云今日反支日也不利行師或云海賊出入無定
須探明所在巢穴再往君毅然不聽飽餐士卒揚帆
竟行行百餘里遇盜船二隻發砲擊之殺十餘人賊

久不見官兵妄出不意驚乃遁去君知數日內賊必
聚眾來乃入島約武弁一齊出洋衆武弁亦媢君之
先得功也唯唯聽命翼日君見風順霧消開船出果
賊船八九隻從上遊來初猶逡巡欲避繼見官兵少
乃持鎗直犯發砲擊之閉君知賊以穢物相厭勝也
殺黑犬取血釁砲砲果發適大軍亦至擊破賊船賊
盡落水千百賊頭出沒海面如浮瓜然反向官船號
呼乞命君命以鐵鈎拉起之而以長繩彙縛之纍纍
然魚貫者七百餘人解督轅請示公相大悅飛章入



奏

特授岳州府同知

傅源曰從來一方有急必借援兵人止知援兵之益
更不知援兵之害如唐郭晞援邠州軍士白晝群行
丐貸於市有不慊輒擊傷人推釜鬲瓮盎於道甚至
撞壞孕婦邠州守白孝德莫敢誰何此援兵也淖齒
將楚兵數萬擢齊湣王之筋懸之梁上畢受其楚毒
亦援兵也然此猶遠者也近考嘉靖時胡識以浙人
柔脆不任戰徵狼土兵剿倭以張經督總督兩廣有

威惠爲狼土所戴服故敎令節制三十四年乍浦海寧之陷張經駐嘉興援兵亦不時至所徵山東鎗手田州狼兵俱不受律望大損後廣西田州土官婦瓦氏引狼土兵至蘇州趙文華謂狼兵可用厚犒之使擊賊至曹涇戰不勝頭目鍾富等十四人俱死失亡甚衆於是賊知狼兵不足畏復縱掠如故周珫代張經巡撫節制不行土兵瓦氏至浙驕悍不受約束所過殘掠百姓苦之楊宜上言請止徵從之命兩廣督臣隨路邀止楊宜代珫以狼兵徒剽掠不可用請募



江浙義勇山東箭手益調江浙福建湖廣漕卒河南毛兵比客兵大集而宜又不能馭川兵與山東兵鬭幾殺參將酉陽兵潰於高橋奪舟徑歸蘇州副使任環率永順保靖土兵勦新塲倭寇時賊衆二千人皆伏不出而詐令人舉火於數里外若將引去者上舍彭翅先入營之不見一人於是頭目田豐等爭入伏發皆死故致仕御史張濂目擊時事上言曰江南衛所已成虛設他方有急輒假外兵糊口而來原非義勇揎臂而去莫可勾查臣愚以爲莫若盡散調募之

兵專責州縣並保伍更番較閱期於不擾一遇有警按籍而呼共保身家寇小至則率衆以攻之大至則堅壁以守之蓋有鑑乎其弊矣則欲嚴軍令不可輕調客兵也

防海備覽卷八

時訓練

江陰薛傳源河明

古者田賦出兵故講武必於農隙今者以民養兵什伍之衆何可一日不練昔北魏李崇在壽春十年賞養壯士數千寇侵邊所向摧破號曰臥虎唐高崇文屯長武練卒五千常如寇至唐徐商以封疆險濶多盜選精兵數百人別爲一營訓練號捕盜將惟訓練精也明季患在知益兵而不知練兵知易將而不知選將故東南久困焉輯時訓練門

國朝簡閱軍士各省八旗水師營每年春秋二季將軍副都統等督率官兵分駕戰艦操演金州福建乍浦廣東出海口操演黑龍江齊齊哈爾墨爾根江寧出江操演天津水師營每年四月起八月止出海操演均擇天氣晴和潮平風順時官兵乘戰艦出洋列陣張帆起碇掌號發礮以次操練停操之後各督率官兵講習水務蓋平日之訓練既精斯臨陣之勇敢可決也



乾隆九年

諭國家設立行伍修明武備以爲折衝禦侮之用必訓練於平日斯可奮勇決勝於臨時是以陸路設營汎沿海設水師皆須勤演習收實效者自去年朕命大臣察閱營伍後陸路該管大員頗有竭力整頓氣象而水師操演則不過將演就陣法塞責了事其操舟破浪之法官弁兵丁茫然不知以爲此水手之事漫不留意卽舵工水手其能熟練者亦頗寥寥平日操演之時各船進退向且參差往來閒斷苟其臨敵何以致用夫水師以舟爲主出沒風濤去來倏忽必掌舵者能操縱自如而搶風折戧破浪衝波水手等盡能嫺習卽官弁兵丁等亦皆心領神會不待呼應而自靈然後猝然遇敵駕駛輕捷一舟之中臂指相使如一人之身則應變制勝無難向來水師官弁仍以水師用原欲其熟悉情形收得人之效今則視爲故套該管者不加察徼倖者苟延玩是育材之善政爲容身之習徑矣著通行申飭沿海將軍督撫都統提鎮等務遵朕旨實心訓練實心甄別毋得仍前玩忽虛應故事欽此

攷明史洪武六年命中書省大都督府御史臺六部

議教練軍士律騎卒必善馳射槍刀步兵必善弓弩
槍步射以十二矢之半遠可到近可中爲程遠可到
將弁百六十步軍士百二十步近可中五十步彀弩
以十二矢之五遠可到蹶張八十步划車六十步槍
必進退熟習
景泰初立十團營給事中鄧林進軒轅圖即古八陣
法也因用以教軍成化間增團營爲十二命月二次
會操起仲春十五日止仲夏十五日秋冬亦如之
嘉靖六年定下營布陣止用三疊陣及四門方營又



令每營選槍刀箭牌銃手各一二人爲教師轉相教
習及更營制分兵三十枝設將三十員各統三千人
訓練擇精銳者名選鋒厚其校藝之賞總督大臣一
月會操者四餘日營將分練
三十六年參將戚繼光至浙見衛所軍不習戰而金
華義烏俗稱慓悍請召募三千人教以擊刺法長短
兵迭用由是繼光一軍特精又以南方多藪澤不利
馳逐乃因地形制陣法審步伐便利一切戰艦火器
兵械精求而更置之戚家軍名聞天下嘗調士兵製

鴛鴦陣破倭
繼光嘗著練兵實紀以訓士一曰練伍首騎次步次
車次輜重先選伍次較藝總之以合營二曰練膽氣
使明作止進退及上下統屬相友相助之義三曰練
耳使明號令四曰練手足使熟技藝五曰練營陣詳
布陣起行結營及交鋒之正變終之以練將
隆慶初給事中吳時來以薊門多警請召大猷繼光
專訓邊卒部議獨用光乃召爲神機營副將集部兵
三萬徵浙兵三千請專屬繼光訓練繼光至鎮上疏



言薊門之兵雖多亦少其原有七營軍不習戎事而
好末技壯者役將門老弱僅充伍一也邊塞逶迤絕
鮮郵置使客絡繹日事將迎參遊爲驛使營壘皆傳
舍二也寇至則調遣無法遠道赴期卒斃馬僵三也
守塞之卒約束不明行伍不整四也臨陣馬軍不用
馬而反用步五也家丁盛而軍心離六也乘障卒不
擇衛緩備多力分七也七害不除邊備曷修而又有
士卒不練之失六雖練無益之弊四何謂不練夫邊
所藉惟兵兵所藉惟將今恩威號令不足服其心分

數形名不足齊其力緩急難使一也有火器不能用二也棄土著不練三也諸鎮入衛之兵嫌非統屬漫無紀律四也班軍民兵數盈四萬人各有心五也練兵之要在先練將今注意武科多方保舉似矣但此選將之事非練將之道六也何謂雖練無益今一營之卒爲礮手者常十也不知兵法五兵迭用當長以衛短短以救長一也三軍之士各專其藝金鼓旗幟何所不諳今皆置不用二也弓矢之力不強於寇而欲藉以制勝三也教練之法自有正門美觀則不實



用實用則不美觀而今悉無其實四也願予臣浙東殺手礮手各三千再募西北壯士足馬軍五枝步軍十枝專聽臣訓練軍中所需隨宜取給按薊鎮與海防形勢既殊辦理亦異而訓練之議有可通于防海者故錄之

考前明衛所之外郡縣有民壯邊郡有土兵太祖定江東循元制立管領民兵萬戶府後從山西行都司言聽邊民自備軍械團結防邊閩浙苦倭指揮方謙請籍民丁多者爲軍尋以爲患鄉里詔閩浙互徙時已用民兵然非召募也正統二年始募所在軍餘民壯願自效者陝西得四千二百人人給布二匹月糧四斗景泰初遣使分募直隸山東山西河南民壯撥山西義勇守大同而紫荆倒馬二關亦用民兵防守事平免歸成化二年以邊警復二關民兵敕御史往延安慶陽選精壯編伍得五千餘人號曰土兵以延綏巡撫盧祥言邊民驍果可練爲兵使護田里妻子故有是命宏治二年立僉民壯法州縣七八百里以上里僉五人五百里四三百里三百里以上二有司訓練遇警調發給以行糧而禁役占放買之弊富民



不願則上直於官官自爲募或稱機兵在巡檢司者稱弓兵後以越境防冬共計大同巡撫劉宇請免其班操徵銀糧輸大同而以威遠屯丁舍餘補役給事中能偉亦請編應募民於附近衛所並從之十四年以西北諸邊所募土兵多不足五千遣使齎銀二十萬及太僕寺馬價銀四萬往募指揮千百戶以募兵多寡爲差得遷級失官者得復職郎令統所募兵旣而兵部議覆侍郎李孟暘請實軍伍疏謂天下衛所官軍原額二百七十餘萬歲久逃故嘗選民壯三十

餘萬叉覈衛所舍人餘丁八十八萬西北諸邊召募
土兵無慮數萬請如孟暘奏察有司不操練民壯私
役雜差者如役占軍人罪報可正德中流賊擾山東
巡撫張鳳邐民兵令自買馬團操民不勝其擾兵部
侍郎楊潭以爲言都御史甯杲所募多無賴子爲御
史張璿所劾嘉靖二十三年增州縣民壯額大者千
人次六七百小者五百二十九年京師新被寇議募
民兵以二萬爲率四月終赴近京防禦後五年兵部
尚書楊博請汰老弱存精銳在外者發各道爲民兵



在京者隸之巡捕參將逃者不補以影占數多耗糧
無用遣官覈宜罷宜還者以聞隆慶中張居正陳以
勤復請籍畿甸民兵謂直隸八府人多健悍總按戶
籍除單丁老弱者父子三人籍一子兄弟三人籍一
弟州與大縣可得千六百人小縣可得千人中分之
爲正兵奇兵登名尺籍隸撫臣操練歲無過三月月
無過三次練畢即令歸農復其身歲操外不得別遣
命所司議行然自嘉靖後山東河南民兵戍薊門者
率徵銀以充召募至萬歷初山東徵銀至五萬六千

兩貧民大困治河之役給事中張貞觀請益募土兵
捍淮揚徐邳畿南盜起給事中耿隨龍請復民壯舊
制專捕賊盜播州之亂工部侍郎趙可懷請練土著
兵部因言天下之無兵者不獨蜀也各省官軍民壯
皆宜罷老羸易以健卒軍操屬印官操官民操屬正
官捕官郡守監司不得牽制立營分伍以憑調發先
後皆議行末年募兵措餉益急南京職方郎中鄒維
璉陳調募之害山西參政徐九翰尤極言民兵不可
調崇禎時中原盜急兵部尚書楊嗣昌議令責州縣



訓練土著爲兵工部侍郎張慎言言其不便者數事
而御史米壽圖又言其害有十謂不若簡練民兵遒
民壯快手備禦地方爲便後嗣昌死練兵亦不行鄉
兵者隨其風土所長應募調佐軍旅緩急其隸軍籍
者曰浙兵義烏爲最處次之台寧又次之善狼筅間
以叉鈀戚繼光製鴛鴦陣以破倭及守薊門最有名
曰川兵曰遼兵崇禎時多調之勦流賊其不隸軍籍
者所在多有河南嵩縣曰毛胡蘆習短兵長於走山
而嵩及盧氏靈寶永寧並多礦兵曰角腦又曰打手

山東有長竿手徐州有箭手井陘有螞螂手善運石
遠可及百步閩漳泉習鏢牌水戰爲最泉州永春人
善技擊正統間郭榮六者破沙尤賊有功商竈鹽丁
以私販爲業多勁果成化初河東鹽徒千百輩自備
火礮強弩車仗雜官兵逐寇而松江曹涇鹽徒嘉靖
中逐倭至島上焚其舟後倭見民家有鹽囊輒搖手
相戒粵東雜蠻蜑習長牌斫刀而新會東莞之產強
半延綏固原多邊外土著善騎射英宗命簡練以備
秋防大籐峽之役韓雍用之以摧猺獞之用牌刀者



莊浪魯家軍舊隸隨駕中洪熙初令土指揮領之萬
歷間部臣稱其驍健爲敵所畏宜鼓舞以備邊用西
寧馬戶八百嘗自備騎械赴敵後以款貢裁之萬歷
十九年經畧鄭雒請復其故又僧兵有少林伏牛五
臺倭亂少林僧應募者四十餘人戰亦多勝西南邊
服有各土司兵湖南永順保靖二宣慰所部廣西東
蘭那地南丹歸順諸狼兵四川酉陽石砫秦氏冉氏
諸司宣力最多末年邊事急有司專以調三省土司
爲長策其利害亦恒相半云

田應山曰製篷索藥每白礬十斤皮硝五斤梔子四
斤爲末入水五斗熬三五沸制在篷索上以防雨火
也

鴛鴦槳即鴛船此槳用二舟并合一處形如艦船不
用篷檣各長三丈五尺濶九尺倉上用牛羊皮張裹
掉槳人并槳把俱在倉內槳尾自內入水每一邊八
把倉上前後兩旁俱留箭眼銃眼以便放火藥神器
如赴敵則兩邊飛掉與敵相近則放神器分爲兩邊
夾攻使彼右左難救賊亂既中我藥箭神器等具其
人必傷其船必焚此輕舟近敵之法如捕巨魚之法



也待彼勢弱敗我則近而擒之矣

車輪舸此舸長四丈二尺濶一丈三尺外虛邊匡各
一尺空內安四輪輪則入水約一尺許軸在倉內令
人轉動其行如風船前平頭長八尺中倉長二丈七
尺後尾長七尺爲舵樓倉上居中通前徹後用一大
梁蓋板自兩邊伏下每一塊長五尺濶二尺下安轉
軸如吊窗樣臨敵先後內裏放神砂神箭火等器彼
不能見人亦不用篷檣棹櫓賊勢少弱我軍一齊擁

開船板立於兩邊即同旁牌牌與倉俱用生牛皮張
裹人立於內拋大毬于標槍使鈎距撓套索等器其
船必焚賊必就擒矣
破船舺此舺用大木五根各長三丈餘將木居中鑿
空仍補平厚以蔴粘之前後橫拴串錠一處加後勢
兩邊六輪上作船倉輪軸在內前平頭長一丈倉長
一丈五尺尾長七尺安舵樓前平頭工安破舟銃其
銃如神鎗樣鎗頭如蕎麥樣用純鋼極快利頭長三
寸後桿長四寸如鎗安置銃內凡一舟前用三具約



水頭與水頗相平約與船相近倉內點放火線其槍
徑打入船內連一二三銃其船必爛而沉矣
子母舟此舟長三丈五尺前二丈如艦船樣後一丈
五尺只有兩邊板封腹內空虛上倉前後通連內藏
一小舟亦有蓋板掩人兩邊四棹母船使風逆風掉
槳前倉內裝以柴薪皆用油蔴縛沃交貫火藥粗線
船前兩腋俱錠狼牙釘釘皆用鋼尖快利或迎抵彼
船或順風趕上臨掉飛奔彼船尾後倉內發鈎距撓
搭以留索與彼相連一處先住船上將箭砂火等具

即發將我舟與彼并焚我軍從子舟而出矣
各年月節候風颶輕重
正月初二三頭颶　初七八颶　十二三颶　十七
八燒燈風　二十二三風　二十七八風　無雨風
輕　立春過後未驚蟄先動雷一月天門不開日夜
海上有風浪驚蟄過後雷嚮不妨春雷起風雷春颶
雷先行
二月初二三風　初七八風　十二三風　十七八
風　二十二三風　二十七八風　春有雷電海上



有風浪初二霧露生日若重一年俱重如輕則輕
三月初三日除颶風　清明日主有大風本月二
十一日立夏如發北風准有二十日北風如南風天
定也
四月夏雷壓三風前立春日過後下雪一百二十日
雪子風正月初八日下雨風輕晴明風重
五月初八日夏至發北風重梅雨本日晴明俱是南
風黃魚從南來北風吹散魚頭羊山無魚
六月十二彭祖忌有大風前三後四初十起十五止

此幾日內發風俱作旦風　六月有日　七月有半
六月十二無風七月十二亦無風
七月立秋日起五十二日龍風過後發是秋黃風七
日際七日慢秋雷起壓天定立秋掛釁三日過有大
風七日過有風則輕釁掛亂雷嚮無風
八月起後早西風晚東風天定子本月二十七日蕭
山張老相公生日主有大風
九月初九日定颶風當日發風准定本日不發不一
二日　二年不定俱是亂風　十二三風　十七八



十月初二三風　初七八風　十二三風　十七八
風　二十二三風　二十七八風
風　十月五有大風
十一月初二三風　初七八風　十二三風　十七
八風　二十二三風　二十七八風
十二月初二三　初七八風　十二三風　十七八
風　二十二三風　二十七八風　本月發西南風
下雪
本月二十四日送神風　冬怕赤黨有一箇月風浪

羊山以西爲裏海馬跡以東爲外海外海交春後止
有南潮一片只向北流不轉南交秋後又只向南流
不轉北雖送風亦行漁船以其潮急也此洋打水有
五十托倭船春來若過北海潮水落又帶北風則北
寇犞松無倭船過洋無風用櫓搖動三日三夜可到
羊山潮西面繞轉柁工隨潮使綱分水礁在茶山分
水潮日夜只向東北流從分水礁一日一夜纔到大
小七山落西行送風須過東南東北順風水風力不
能行以　送潮也分水礁以東纔有四面潮　羊山



大七洋小七洋皆可打魚處上面長潮下面遇水長
潮與遇水各四五丈未有風先知浪定有大風水泡
壘黑有大風水若黃白無風山上有蜃氣樓臺必知
風山頭白漫有風
由舟山至普長塗羊山灘山許山北向北行東風使
落潮西風使長潮岑港第一列港第二沈家門三長
塗四
濱海居人値三秋大汛潮天連雨東北風張甚或山
墶海唑每八驗候云山擡風潮來海唑風雨多皆不

誣臺謂海中素迷望之山忽皆在目壁讀如鹺齾嶚聲也　海鷗啾啾鳴或是年後至七日逢壬輒憂海溢朱子築黃巖塘法用鐵爲盈丈巨盤置之潮衝湖至盤所輒不復作豈金固止水物耶

旱船過水用布周方各四尺雙層十字縫柱四方每方用豬胞四個各收口抽緊放于水上

立站過水用皮做裩連襪當中容放食物用搭包一條以布做四小袋乘豬胞四筒繫放腰間過水

茅坤云諸將所部署似不得專統以爲訓練之兵則



恩不能拊循威不能專一必不能得其死力難以有功且今日衛所之軍與有司所籍民壯特空名焉而已善兵者汰而用之或什之一二可以約束而作也處州守坑之軍聞其性頗健鬬然亦恐未嘗勒習水戰福州及漳州兵嘗因勒習水戰矣聞其內多從海寇行奸利者故習海寇所鬬於諸兵中爲最特不知今所調入浙者若干廣西狼兵於今海內爲尤悍然不易得眞狼也眞狼兵必土官親行部署纔出其餘當不過郴州永東巖之游民與廣州新會打手之屬而已如果則亦無㠯加於吾湖販鹽者流也由愚計之一切調到客兵時當量其緩急以爲聲援策應之兵則可爾恐不得爲常而沿海郡縣所自部署勒習㠯爲歲戍之兵必於土著之中擇其膂力猛悍之士大略若杭嘉湖寧紹沿海販鹽無賴處州礦徒并一切亡命者爲之大約杭州三千嘉興三千而溫台寧紹亦各二三千多寡以差其費當括十一郡縣民壯弓之屬而通計之當其腹裏郡縣則爲之減去其半或三分之二特量留什之二三㠯給城庫刑獄之役



而已其餘並籍其費㠯歸於官令各兵備道爲按歷州縣或擇諸州縣長吏破常格而募之且各州縣民壯弓兵之所食故額人七兩二錢然其民間所私相轉募一倍再倍者有之追呼道途之費尤不可算約者請量爲每名額徵一十五兩籍二人之所食而募一人其數可三千金僕竊謂信如是則今之吳越之兵必可變弱而使之彊不知者難之㠯爲吳越之人多脆弱僕竊謂項籍常㠯八千子弟而戰百萬秦師於鉅鹿之下卽今之會稽也高皇帝與張士誠相抗

於蕪湖之間一時猛將如徐達常遇春之流大小數十戰亦不得蹀躞長驅已而混一天下之後稱亂者殆盡然後滅亡亦即今之蕪湖也海寇爲患閩近之里中年少者往往幸釁竊發推剽爲奸有司果能不惜厚貲以彼之食而招誘之三江五湖之間未必無霸然可用者特恐費不支耳不患無土著之兵也吾浙之中得土著之兵萬餘人分列沿海郡縣所爲上下其食勾者其伍他兵仗輜重廪餼犒賞之費則統於兵備躬親枹鼓時相訓練共服食均勞苦則權於



將領方其畫地而守則責之土著之兵以分壘於外而遇有警急然後調所募客兵以爲聲援如此則將有專屬之兵兵有專闖之將主客既分緩急可使吳越江海之間幾二三千里必非朝廷之兵所能遍爲戍守者漢患匈奴晁錯請徙富民實塞下盖使之家自爲守人自爲戰之意若今之湖越之間則不必他徙富民而中自有饒田宅千金萬金以上者廬相接也以愚計之當倣兩廣之制其材力可以盖一里而部署百人上下者則命之爲百長長有牌分爲若干隊各籍其所部署百人者之名氏年貌與分執兵仗於其上以待約束其材力可以盖一鄉而部署千人上下者則命之爲千長長有牌分爲若干哨各籍其百長及所分哨之名氏年貌與互相聲援之署于其上以待約束其在官府特罰其不如令者與不均者而已不得數令追呼而擾之方其平居無事則千長得以擊牛酒歃血爲盟約劑於一鄉之中以稍申其聲援之約及其賊既逼境則千長得以舉火炮爲號令各百長之兵以赴援于賊以迎其至而擊其歸



有不如約者即聽千長并百長各得以按軍法綁縛而告之有司有司輒按軍法而治之如令各鄉之鉅姓大族除按丁外有能自募膂力伎擊之士以爲諸鄉之先者則各書其名於官無事則令訓練里之子弟而官量爲犒之以鼓其氣有警則責其摧鋒奮擊以爲里兵之倡而賞必倍之

大抵主將宜簡練驍勇絕倫之士數千一一皆力振虎射命中者以爲腹心親自統率不此之講一遇有警祇求救援兵客過强主過弱生死利害反爲客所

操縱安強主之道莫先於選鋒凡智可定國力足超羣者宜優厚刑之禮而重之聯爲腹心張爲羽翼主將親自統領內已鎮撫地方外以剿滅賊寇明以震主師之威潛以戢援兵之害何至客兵勝於主兵哉明胡宗憲下獄詔罷總督毋設以劍州趙炳然巡撫浙江時福建巡撫游震得請浙兵勦賊詔發義烏精兵一萬命副將戚繼光將以往仍諭炳然協勦炳然言福建所以致亂者由將吏撫馭無術民變爲兵兵變爲盜耳今又驅浙兵以赴閩急竊懼浙之復爲閩



也請令一意團練土著使人各爲用家自爲守急則兵綏則農然後聚散兩有所歸即不得而召募亦必先本土後鄰壤庶無釀禍本

# 防海備覽卷九

江陰薛傳源河明

## 築堡

昔人論防海惟有三策出海會哨毋使入港者得上策循塘拒守毋使登岸者得中策出水列陣毋使近城者得下策不得已而守城則無策矣由是觀之防海者果防之於海以時分巡督同會哨城不似在所緩哉然備豫不虞善之大者也古無海警東南豈無城堡哉輒修城堡門



藝文類稿與周總制書云乞於福山三丈浦酌中地方相地築城奏請添設參將一員統水陸之兵鎮壓其地庶幾蘇常二府倘得息肩與王兵憲書云近聞慈谿以無城破陷乃知前日尊教丹陽金壇築城皆先事之慮也完一處則完一處之憂請於陸村公處力贊成之伏望決計行下早爲建立城堡修築衙門爲來春防禦計

茅坤云吳越僻處海上自古易姓革命之世並獻圖受命未嘗有戮力抗師者故築城甚少近聞嘉靖辛

湖蕭山餘姚慈谿諸縣已皆築城然而桐鄉崇德徒
本問議及者此特邑而已至於市鎮如我湖歸安之
雙林菱湖璉市烏程之烏鎮南潯所環人煙小者數
千家大者萬家即其所聚當亦不下中州郡縣之饒
者並當按其市居之田宅積貯而量其力之大小爲
之均其費之多寡各刻丈尺而築之有司特爲之約
束期會鈎考布算以責其成功而已而其財不必籍
於官籍之於官則多出沒之弊其他敵樓城門并水
竇之屬非民間可以倒辦者官量籍庫貯以助之至



於鉅姓勢族而野處田間者或二三家或五七家或
一二十家所願隨便築堡者亦聽近聞甘肅諸邊繼
晉錫公嘗遍行之雖北兵數萬控弦其下亦不敢窺
數家之堡而仰攻何者彼不過利之而已一攻堡則
其內伏火器下礧石非擊殺數十百人必不能下彼
所得不足以償其所失故也故僕竊謂吳越之間北
近海一二百里並賞令者姓居民遍爲刻堡而守可
也近訪其製大畧崇一丈二尺基廣八尺或九尺而
上殺其半環所居以爲方圓廣狹而隣之人有願并
入儆虞或急則欲歛子女而入因爲剖所有并築者
聽如此則民間隨便與築城堡相望而賊縱深入不
能肆行殺掠之患矣或謂如此其勢必擾僕竊謂以
佚道使雖勞不怨以其力之所得爲而捍其患之所
不可支且不願者亦聽何怨之有
按堡即城也在縣邑謂之城在村鎮謂之堡其名不
同其用一也其制之大小不同其費一也然北土鄉
村可以遍地立堡欲使江南倣而爲之地勢不同工
費亦異何者北方地平無高下塡塞之勞又土性堅



實無石脚之費比之南方費省百倍不可一例論也
儻不爲之變通上司以虛文督責而吾欲以實事應
命雖使有成亦爲敵未至而先罷其力先盡其財於
空虛無用之地有促之亂而已況未必可成哉故緊
要之處如吾邑之楊舍堡武進之孟河堡不可不立
外莫若倣北地立堡之意而不必盡循其法如鄉村
鎮應立堡者正於各街口建立堡門上設城垛可以
瞭望其堡內居民令各於所居之後高築墻垣自相
連接自外望之隱然如城郭亦可分兵相守爲自衛

計藴恐民力既竭徒滋騷擾而難成亦是一權宜應
變之方也
周大章禦倭錄德安穆芷令吳江見城阻水卑薄揚
侯曰莫此急也修文告損俸貲鳩工增葺士民感泗
爭出錢築之作堤於夾浦立堡於唐湖凡險礦要害
並以木柵鎖截尤以疆場各保分界賊出無常未知
所據繕甲訓兵廣爲戒備戰艦相接侯戎服建牙旗
日頓兵江上江邊屯侯邏卒探哨不絕令民且田且
守得安意稼事無廢壞流亡漸歸故用兵四年獨江



邑資食有備民有戰志所全活奚啻百萬
傳源按
國朝徵鑒前明海寇之弊凡東南沿海大小城繕完堅
固制更密於前明開國時然承平日久修葺不可緩
也考洪武十七年命湯和巡視海上築山東江南北
浙江東西海上五十九城二十年又命周德興往福
建福興漳泉四郡視要築海上十六城其後永樂十
七年遼東總兵劉江巡視各島至金州衛金線島西
北望海堝上其地特高廣可駐兵千餘詢諸士人云

洪武初都督耿忠亦嘗於此築堡備倭離金州城七
十餘里凡寇至必先經此此實濱海咽喉之地上疏
請用石壘堡置烟燉瞭望從之籌海之不廢城堡也
如此惟嘉靖間王忬在浙計城各邑未城者俞燕谿
士人獨持不可無何倭大至知縣栁東伯不知所禦
攜印組亡去斯可謂殷鑒矣
又按吾邑江陰在前明時城以歲久而夷如履平地
正德六年知縣王鏳復築之明年流賊渡江寇城下
居民賴以保障又吾邑江陰東偏楊舍舊無堡東枕



大海北枕長江界於常熟江陰無錫之間最爲險要
嘉靖三十三年倭警巡按尚維持築城設參將以守
之今易都司當時爲禦海要地其在鄉邑如無錫本
無城嘉靖間倭夷內訌士民洶洶將潰三十二年知
縣王其勤率士民築之甫竣而倭適至民得憑城爲
守武進又設堡於孟瀆河口以防衝突兩邑所全活
生靈數十萬此其明效也
鄭曉海鹽人萬歷中總督漕運時大江南北皆巾倭
漕艘幾阻曉請發帑金數十萬造戰舸築城堡詔從

之中國奸民利倭賄多與通通州人顧表者尤桀黠爲倭導以故營砦皆據要害盡知官兵虛實堯懸重賞捕獲之募鹽徒驍悍者爲兵增荻泰州防副使築瓜州城廟灣麻洋雲梯諸海口皆增兵設堠遂破倭于通州連敗之如皋海門襲其軍呂泗圍之狼山前後斬首九百餘賊敗去吉水李楷補青田令時倭躪東南楷積穀貧守禦青田故無城倭至楷禦于沙埠倭不得渡乃以間築城倭又至登陴守日殺賊數人倭遁去

按城有三宜有六忌何謂三宜一宜高後五代唐明宗詔王晏球發兵討定州唐主遣使者促晏球攻城晏球與使者聯騎巡城謂之曰城高如此豈梯衝所及徒多殺精兵無損於賊不若食三州之租養兵以俟之彼必內潰高故也二宜堅夏王勃勃蒸土築統萬城以利錐試之入一寸即斬蒸土者於是堅如鐵石周世宗築京城取虎牢土爲之堅密如鐵及蒙古攻汴砲擊之惟凹而已堅故也三宜厚朱序鎭襄陽符丕圍之序母韓氏謂西北角先受敵領百餘婢并



城中女築之不可破襄人謂之夫人城厚故也何謂六忌源高於城可灌而沈一也智伯之灌晉陽曹操之灌鄴梁韋叡之灌合肥陳吳明徹之灌壽陽宋太祖之灌太原是也山高於城可俯而瞰二也如海州城西南枕孤山獻至登山瞰城魏勝築重城圍山在內寇不能窺始平山堂瞰揚城敵至則擲樓其上李庭芝築大城包之是也流泉不供可坐而困三也如漢耿恭以疏勒城旁有澗水乃引兵據之匈奴來攻恭遂於城下擁絕澗水魏陳泰圍李歆安於麴城斷其城外流水李乃降北魏攻宋虎牢作地道以洩虎牢城中井遂破之高歡攻玉壁使移汾水一夕而盡是也城大人少可乘其疎四也如睢陽人六百而陷也人衆糧少可待其潰五也如司馬懿困公孫文懿於襄平也蓄貨外積可因其貧六也如郭藥師導斡离不軍抵都城西北據牟駝岡天駟監獲馬二萬足芻豆如山是也

衛城必以濠故孟氏策滕必曰鑿池也而濠必深則難塡以三丈爲度又必廣則難越以城上鳥銃之彈

得到其外岸為率太遠則銃力不及又必有壕塹則難偷渡濠底每十步鑿一圓井口濶一丈深一丈謂之重淵又當於中設數道淺處壕為表識以便遣兵渡水擊賊賊若效我徑渡必墮深淵矣又須明用品樁於水之可通舟楫者釘品字樁木百餘根於水中高出水面尺許防樓船衝突也又須暗用鐵栰以長木冐鐵錐於柯暗寘沿岸水中賊舟過之不得動也又須掘坑坎山城無池以池不可池也須離城二丈許掘為高下坑坎或空間安寘石條以拒臨衝呂公



車翻梯躡雲車即有池之城岸上亦宜如此布置

城必備敵臺蓋城墻正面不便俯視不敢眺望者恐其矢彈正面對攻易於被傷也是以賊得竟逼城下任意施為如今之城何必矢彈對攻雖鳥銃亦上刻有餘矣今仗高臺兩邊顧視夾擊使賊不敢直前衝挖是人恃城以為衛而城又借臺以為衛矣故有城無臺同於無城有臺無制同於無臺全在制度盡善方能制賊其法貴長出不貴橫濶左右墻之下照品字形開成銃眼以便放打佛狼機百子銃等項火器品上留馬眼口品○○以便照看取准銃眼之制內狹外濶○以便左右取准上蓋瓦屋使兵夫得以安身火器得蔽風雨也各臺地步相去不宜太近太近則恐對放神器自擊其城更不宜太遠太遠則恐矢石無力鉛彈火藥須備百倍兩敵臺交相射打則兩敵臺之間雖守堞無人而賊亦不敢登矣

築實敵臺不如築虛敵臺其法用大石厚砌臨濠一面而空左右之中中有二層以木板為樓用梯上下每層多寘空眼（眼制如前）以便窺覘以便放鳥銃火箭之



類賊不知銃箭出自敵臺內也凡賊攻城但顧上擊不虞旁攻故凡轒轀尖頭木驢旱船之類皆防上而不防下守城者每每無如之何任其挖掘以致失事若有虛臺之制從左右夾攻城可保無虞矣臨濠一面不宜空者恐賊對面得用神器攻擊防有疎虞也故不取郭青螺先生舊制稍改正之

兩敵臺之側平城之下當留二小門如斗口大周圍用極巨堅石砌之謂之突門僅容一人扁身出入其厚約五尺門口設一陷坑內鋪釘板賊入即陷方為

萬全門守預備大砲一二十位若賊駕衍天橋圻叠車之類必抵城下始得施展吾以大砲直從兩肋更裝膏放賊必敗走

城必備城垜垜者躲也以躲身爲義不宜太高高則擲石無力垜口不宜太窄窄則擊賊碍身今垜身率高六尺幾與肩齊垜口率寬一尺難容半臂此無垜制也必於垜身之內各以堅石砌成臺基一層高闊各三尺一則免垜身太薄易於擊碎鈎拥一則使守城軍民便於施放器械一則垜軍無事可以坐憩息力又垜磚宜如劍脊使賊不能駐足



城高若干應留懸眼若干長自眼底至眼面上賊每叢銃與矢伺守城者伸頭外視即共打射無不中使我身不敢當垜目不見外賊即以鈎杆攻城等器直奔城下我兵任其掘坎布梯直登莫禦必有此懸眼賊遠則瞭之垜口銃矢射之賊近我兵不出頭以身藏垜下於懸眼內下視攻城者雖有銃矢無所施若到城下一見無遺即將矢石銃子火桶擲之無不可者賊安能樹梯駐足哉若對垜而登則垜上可禦矣每懸眼上加木盔一箇以防銃矢尤妙

墩臺高三四丈必占山坡高處直起不用階級上下皆用軟梯每一墩小房一門床板二扇鍋灶各一水缸一碗碟各五油燭鹽米足一月種火一盆五軍守之銃十門青紅白黑四色大旗各一面紅燈五盞徑粗二尺長三尺煆羊角染紅色爲之上用油盔防雨下加隊石防風長竿一根轆轤車繩全備

墩軍職掌瞭視

# 防海備覽卷十

江陰薛傳源河帆

## 講禦守

歷觀嘉靖間崇明常熟與夫嘉善福安寧德十餘城之破而知明之海防非特不能時廵會哨以禦之於海且於守城之法俱未之講也夫一城之完有關係一邑之保障者有關係數郡之屏翰者古有三里之城七里之郭環而攻之不勝者矣是捍禦之方不可不講也輯講守禦門



守禦先講積貯神農之教曰有金城十仞湯池百步帶甲百萬而無粟弗能守也故聖人制禮司徒先於司馬聖人論政足食先於足兵考明季海洋之困防禦諸臣或阻於事權之不久或潰於號令之不嚴或誤於訓練之不精遂釀成東南一大害然猶幸其時兵餉克供民食未匱故得以勞來安集不至千里爲墟唐書曰善治病者不使至危篤善救灾者勿使至賑給夫平居寘社立倉納粟勸農委任得人出納有法不至虛費不至刁難良法美意無以加矣至倉卒權宜之際亦必計出萬全可預備一二策焉

如有旱有水穀種既没則饑饉立至當預爲廣糴他方又篇灾傷無可生理者貸之隨地利可栽植者教之令貧富皆約食曰此惜福救灾宜爾也昔程珦知徐州久雨壞穀珦度水涸時畊粮已過乃募富家得豆數千石貸民使布之水中水未盡涸而甲已露矣是年遂不艱食又各州縣有上借粮米者先事奏請截留而以其糴錢計奉朝廷則米價自落國賦不虧蘇軾救荒議言此甚悉此二策者可法也救之於未



饑則用物約而所及廣民得營生官無失賦若其饑饉已成流殍兼作雖攔路散粥終不能救死亡而耗散倉廒虧損課利所傷大矣糴常平米用米價又借庫銀於多米地方循環糴糶則用貴米時減價四之一而民已有所濟至米價切不可抑抑之則閉糴而民愈急勢愈囂其亂可立待也况官抑價則客米不來境內之食而上戶之粗有蓄積者愈不敢出矣昔文彥博在成都適值米貴不抑民價只就寺院立十八處減價糶米仍多張榜文招糴翼日米價遂減范

仲淹知杭州斗粟百廿文仲淹增至百八十衆不知所爲仍多出榜文具述杭饑增價招引商賈爭先取利價亦隨減此二策者可法也或恐貴糴減糶財用無出不知米貴不能多時將減糶之銀待米熟時糶穀上倉已不乏矣以上議平糶　至於棄子有收强糴有禁嘯聚巨魁必翦其萌澤市關梁暫停其稅此皆因心妙用慈祥之所必至者也

畢仲游先生民未饑揭榜示曰郡將賑濟且平糴若干萬石大張其數勸諭以無出境民皆安堵已而果



滿數良饑民十七萬顧所發粟不及萬石以民粟繼之而家給人足民無逃亡又如吳遵路令民采薪芻出官錢收買邦令於常平倉市米物歸贍老稚凡買柴二十二萬束俟冬鬻之官不傷財民再獲利此二策者可法也又以飛蝗遺種勸種豌豆民卒免艱食如昏葬營繕等事皆勸民成之宴樂賽願都不復禁所以使貧者得射利爲生至於重罪有可出之機令入粟救贖益借一人以生千萬人爾

兵荒有警每每開倉賑發此自是良有司事而賑之無法則奸胥作弊百姓不沾實恩若聽人糴買則豪右仍充作窮戶糴歸私倉貧民不蒙實惠此積弊也宜擇各坊寬敞寺觀堰僧家施粥例本坊窮戶預報花名造成一册約計人數若干每日應用米若干煮爲脫粟聽其就食男女有班都鄙有界越坊覓食者誅男女混亂者誅庶幾粒粒皆果貧民之腹官府又無浪費之擾其稍能自存者又恥來追衆就食較之聽民糴買滋弊萬端大相懸絕夫貧民得食則反側潛消而富家豪族皆可藉茲安枕矣



周文襄公忱撫江南蘇松大饑米價翔貴公察知湖浙江右大熟命人四出齎千金至其地市米故抑直而不糴且紿言吳中價甚高由是諸大賈操羸金爭販米投吳中一時驟集者數百艘公聞乃下令發官廩粟以貸民而收其半米價驟減諸賈大悔所載米又道遠不能還糴無所售於是官爲收糴以實廩而椎牛釃酒犒賞謝之大賈各醉懽去

積貯有使民自積一法先將合城居民矢公矢慎按巷分方細行查核其擁貲厚而占田多者爲上戶僅

能自食者爲中戶待作而食朝不及夕者爲下戶中戶俾令計口若干約積百日之粮平時不許浪費一粒以待有警自食下戶俾令計口若干分方造册送官以憑臨時賑給除鰥寡孤獨聾瞽殘疾得坐食公廪外其有旅力方剛足任驅使者每人米二升錢十文薪資受公值任公役不願者聽上無虛糜之費下無匱乏之憂矣至於上戶原自不同有上上者有上中者有上下者妄意室中難以爲據田產多寡可以辨之不拘在城在鄉無分紳弁士庶逐一查明視力派



積如家在萬金以上者即派積米千石以次下之百石而止令各照數積完各在本戶收貯報官親詣查驗務一一足數又一一實在城內查驗明白其米仍係各家私物官不得取用半粒謂之公督私藏一遇有警城門關閉許照未關城時米價稍增十分之一以償耗腳各聽本方下戶糴買其有越方强糴及有力之家冒充下戶糴買希爲奸利者即許糴戶扭禀輕則決杖重則梟懸官或因兵粮不足有時取用必照十一加增之價如數先給銀兩不許賒欠分文則於民無損而於地方有益雖似無米而炊權宜之術實則藏富於民制用之經也但須賢明有司能以此意家諭戶曉又酌其土俗人情商同巨室鄉耆議妥舉事行之有法如一家之人自爲生計始善若張皇僉報致生疑畏更或借此行其不肖人必不肯樂從使良法美意反成擾害旋歸寢閣地方何賴哉

城守莫要於積粮莫便於自積蓋輸之於官雖顆粒亦有難色貯之於家雖崇墉誰不樂從勿論有事之時可飽父母妻子幸而無事出其所藏亦可本利兼



收此眞先事預圖有益無損者也宜定爲條例坐以數目限以時日嚴以稽查

通邑所派米若干石限十日百石限一日藏於各家囤所即中戶自食者亦須各家用箱盛貯各令寫立票據按戶註册屆期係本縣照票驗粮如有積不照數遲不如限用不禀官者查出照所欠之數罰入義倉備賑仍勒限催補完數

守城必用之人宜備鉄匠弓匠箭匠弩匠火藥匠甲匠木匠石匠銀匠鑄砲匠泥水匠裁縫銅匠皮匠竹

匠油漆匠紙劄匠窑匠畫工醫士皆係必用之人宜設局處之
守城必用之物宜備弩箭弓矢篩斧攩木鈎鐮齊
眉棍長槍神砲鳥銃毒煙火箭三眼槍擡衮石磨盤
石杵頭鉄鉛子紙高牌紙筆硯墨斑猫焰硝梛灰石
灰水缸水麻袋醋水盆蠟燭燈籠香油葦蓆穰柴雜
粮麻大小碎石塊草苫尿屎桶用物未易枚舉此特其大槩耳
銃臺宜備夫守城之最得力者莫利於神砲今神砲
已貯而銃臺未築是以有用之器置之無用之地也
明戚參將嘗言濠澳有所築銃臺制度極精大約造



之城上於城頭雉堞之下做一石竇以便發銃城內
仍加厚一層以防銃之伸縮眞堅固之極活動之甚
比之寧遠銃臺大不相同今險隘之處宜仿式造之
薪芻宜備積薪不如積炭積炭不如積煤以炭可免
延燒煤尤可露積也
技藝宜備須延問軍中或民間奇謀勇力機捷跐跳
精伎口辨之士如雞鳴狗盜之類無不加禮以備用
人力宜恤戰卒不睡恐賊向夜乘疲竊入須晝夜輪
班休息

派定守具適計本城共有若干垜口見今通有若干
守具將信地分派稀密得宜各城樓及對外冲要之
處各實大銃佛郎機等器隨用慣習官兵准備裝放
垜夫每人備利斧一把木棍一条
早分垜城內外居民各以方面分派姓氏於城垜粉
壁之上以備臨時各認信地此事須安排
遊兵必將素練之兵饒有胆畧善火器弓箭者分遊
兵四枝派守四方壯其聲勢以爲急援但一門有警
各門堅壁固守不得輕動以防聲東擊西之患



犒賞宜擇廉能官一員遇官兵垜夫能擊傷賊者卽
時量功大小對衆獎賞
難民來自他方恐有奸細混入且慮耗本城之粟議
者恒欲絶之但百姓避死而來一槩拒絶是自斷其
生路也心既不忍百姓裸身而至一槩收留是聽其
耗我貧粮也勢亦不便且聞風避地必其擁貲多而
便於遷徙者也嘗明著爲令每口賫粟一石方許放
入則彼無生而得生我無粟而有粟矣且令十家共
遞一揭到官自相識認保結否者竟行斥逐

又有不可過執者明嘉靖間賊圍蘓州門不敢啓擁塞蹂踐號呼震野攀援上者又絕絕而墮任公環適還自眞義口奈何坐視之縱有諜我在何患身自出辟門令男女以刻進且察之賊間竄入卽縛詭駭以爲神累日所活數萬人此又存乎將之膽識也

詰奸者多在門內且以庇羸之卒執朽鈍之兵不堪太甚萬一有健賊數十假充難民一擁而入先據城門如之奈何須立木栅在濠外百步委廉能官弁帶領精兵百名全裝利器四十名爲前後拒六十名爲



左右拒設立照入牌百面查驗無弊付牌放行大約以五十人爲一班其牌周而復始陸續傳送門內仍設嚴兵防守

城門出入紛紛最難清察委之門役徒資搪詐爾今於每城門內各設一公所鄉紳孝廉一人佐貳官衛官一人輪管各帶有眼力辨言貌者數人惟本府本縣人聽其出入各鄉鎭及別府別縣人雖上司差委亦必細詢然後放入果係城中姻戚往來等人必得城中親識保領然後放入遊食僧道一槩攔阻

奸之所以難詰者以人衆往來擠塞得以乘機混入無由物色爾以四門言之當分兩門聽進兩門聽出違者卽以軍法處治進門百姓一一魚貫而行不許諠譁攙越則法度淸肅而譏察官吏神閑氣靜得以安詳物色奸細無所容矣

守城有禁

一禁奸盜凡壯丁上城家中無人看守小人乘機爲奸爲盜但有拿獲者當時打死示衆其飲食不足之人開具手本設法賑借存惜



一禁歌家不許居住城內恐有奸人窩宅

一禁倡家凡不良之人挾重貲而至多以倡家爲窩宅倡家惟利是視自不詰所從來剃有倡卽是盜者

一禁茶坊奸人設謀定計多在茶坊者慮酒後之言有漏泄也須嚴禁之違者卽將房入官變價充餉兩宜驅逐

一禁酒肆酒肆亦藪奸之扂也賊信緊急不許開張隣連坐

或從民便止許零沽不得留人聚飲違者罰亦同前

一禁混堂不良之人每每寢處混堂宜併禁

一禁浪遊奸人白晝無計藏身每托閑遊掩人耳目宜示寺院不許招接閒人凡有浪遊名勝菴院者許人擒住究實重賞告者

按歇家倡家茶坊酒肆混堂及名勝寺院果皆藪奸之所也若有明智之人正宜留之以爲捕役耳目之徑一槩拒絕倘屬下策但囿于耳目格外之事恐非所及故寧取其次者

一禁風火兵臨城下城內居民失火者斬

一禁積薪警報緊急城中居民近城者不宜堆積稻艸柴草恐城外火箭飛入起火故宜禁諭少則收藏多則移置隙地爲便

一禁訛謠警報狎至訛言易興有造言生事之人或妄泄軍情或虛張賊勢而輕聽好事者又從而播之最易搖亂人心卽時梟斬不宥凡有曉星氣術數之人悉收隸官府不得與他人私語及禁論說怪異以惑衆心

一禁諠譁凡見賊大言諠譁者或被傷高叫驚走者



炤臨陣退縮軍法示衆臨敵回頭擅動者割耳夜驚者治其所由本官連坐

一禁夜行城內柵關之設所以備盜也今夜行者徹夜不止則柵關徹夜不關矣虛設何益必委風烈僚佐率精兵持鎖鍊專緝犯夜之人重懲勢家子弟及悍僕豪奴則小民自不敢犯而盜賊無由乘機竊發矣

一禁開禁門城門謂之禁門見不宜擅啓閉也太平日久法紀縱弛守門官偷安自便高臥在家守門軍得錢賣行啓閉任意從此誤事爲禍不輕如有犯者定以軍法從事

一禁虛發矢石凡遇攻圍俟賊近城令慣熟弩手善射者乘便射打務要命中毋得亂發矢石火器既不中賊又損實用大率守具皆用于十步之內着着見功方爲的當大約守里不如守丈守丈不如守尺愈遠徒勞愈近得力遠攻不中既費力又損器何爲哉

一禁妄動賊內應多在夜閒或于倉庫放火或於空廟及高阜處放火或放炮爲號卽有十餘人襍入我

軍偷至城上欲傷守垜軍士吶喊稱言城破矣賊至矣我軍聞之驚潰賊因乘之大開城門延衆賊而入此千古覆轍也但戒嚴軍士守城者守城妄動者即斬守門者守門妄動者即斬又急傳守門之人但防內賊勿防外賊凡城內居民各執器械各立門前至天明賊計不行自授首矣

一禁吹响器舉竿表兵臨城下之時城中居民不許妄豎高竿亂吹响器并樂器小砲槩不許作恐爲賊之應也



一禁擅離信地分派既定各有職掌矣守門者守門守臺者守臺守垜者守垜守方者守方守庫者守庫守獄者守獄中軍居中軍營遊兵居遊兵營奇兵居奇兵營戰兵居戰兵營務令如山如林整齊嚴肅以備調遣敢有擅離信地一步者斬首示衆

一禁擅入信地凡面生可疑之人假托閑遊貫串信地者必奸人欲潛行窺伺者也即時拿送究治至營兵欲買食物每隊自有火兵一名給牌入市餘皆并禁萬不宜令手藝之人借名交易私入營盤如修脚篦頭補皮匠賣點心之類昔邛州牙將阡能叛高仁厚帥兵討之未發前一日有鬻麪者到營中邏者疑執而訊之果阡能之諜

一禁近城房屋城外三丈內若有房屋賊或潛伏屋下擊射守城軍民或即用其梁柱作梯上城或順風放火或就本屋運土臨城起闉而登皆無可奈何有近城一丈以內者城身又低于屋者不守之城也合行嚴禁一毫不留違者以通賊論

一禁近城土阜池外高阜之土不宜存留一則恐賊借以填濠一則恐其得我砲路



一禁私回賊話凡城有講話者不許私回巡邏報與中軍酌量回答一面傳令別面隄防暗算

拒禦之方

拒土山之法有二有明制其上者有陰制其下者明制如侯景圍梁起土山城中亦築土山以應之募敢死士二千人厚衣袍鎧晝夜交戰不息賊不能進高歡攻玉壁於城南起土山欲乘之以入城上先有兩樓直對土山韋孝寬更縛木接之令常高於土山以

禦之是也陰制如侯景又起土山臨城城中大駭羊侃命爲地道潛引其土山不能立史思明寇太原爲土山攻城李光弼爲地道以迎之輒陷是也

拒磴道之法惟乾蒿尹子奇圍睢陽以土囊積柴爲磴道欲登城張巡每夜以松明乾蒿投之於中積十餘日賊不之覺因出軍大戰使人順風持火焚之賊不敢攻

拒塡壕莫如鐵珠子前五代宋臺軍圍壽陽劉勔用艸包土擲以塞塹擲者如雲城內乃以火箭射之草



未及然後土續至一二日塹便欲滿趙法進獻計以鐵珠子灌之珠子流滑悉緣隙得入艸於是火然二日間草盡塹中土不過二三寸

拒洞子塡壕惟用水燈金粘設喝攻太原先用洞子下置車轉輪上安居木狀如屋形以生牛皮縵上又以鐵葉裹之人在其內推而行之節次相續五十餘輛入運土木柴薪於中先用大板薪次以薦覆然後實土王稟先穿壁爲竅實火鞴在內俟其薪多即便放燈於水中其燈用石油壽木能然濕薪火漸盛令人鼓鞴其焰亘天終不能塡

拒雲梯用火箭蜀諸葛亮圍陳倉起雲梯以臨城郝昭以火箭逆射其梯梯上人皆燒死又張巡守睢陽賊爲雲梯實精卒二百於上推之臨城欲介騰入巡預於城鑿三穴俟梯將至一穴中出大木末實大鈎鈎之使不得退一穴中出大木拄之使不得進一穴中出一木木末實鐵籠盛火焚之其梯中折梯上卒燒死又有撞竿吳玠殺金牛人以雲梯攻壘壁揚政以撞竿碎之其法以鐵葉裹撞竿首逐便移徙伺飛



梯臨城撞之較降魔杵爲活動

拒衝車用燕尾炬侯景作木驢數百攻城城上投石碎之景更作尖頭木驢石不能破羊侃使作燕尾炬灌以膏蠟叢擲焚之俄盡

拒地道宜穿地橫截漢諸葛亮攻陳倉爲地穴欲踊出於城裏郝昭於城內穿地橫截之又用大瓮繞城多置坑令人持入坑內擇耳聰人坐瓮中聽之極遠以防鑿地道有之急用火器或毒烟熏之

拒矢石用木幔以木板爲框如屏裏以生牛皮施桔

樽截以四輪以繩挽之凡有攻城蟻附者則以幔禦
矢石
拒砲如王稟先設虛柵下又寘糠布袋在樓櫓上雖
金人攻城砲石入城者大於斗城爲所壞卽時復成
拒火宜預備人夫并救火器械隨時撲滅免致驚擾
居民
拒烟宜刻瓮缶之類以醋漿水各實五分人覆其面
於上則賊放毒烟不能犯鼻目
拒水須決隄敵人擁水灌城速築牆壁塞諸門及低



陷之處速造船一二十隻募僻舟楫者載以弓弩鍬
钁每舟三十人自開暗穴銜枚而出決其隄堰
拒攀城用錛斧頭重三斤柄長二尺每垛一件賊登
垛口或墻約奸細上城用斧盡力斫之後錘亦同
拒撞木用鈎鐮賊用車攻城車與城齊用繩拴繫堅
木五六人懸撞女牆頂刻牆倒此時須用三四鈎鐮
鈎挽割斷其繩木自墜下又名提鈎昔年倭黨陳東
攻桐鄉用此破之但要純鋼鋒利一鈎卽斷又募冶
者煑鉄汁灌城下會城下會不敢逼

拒鈎竿用推刀形如新月長一尺餘曲刃向外須極
犀利安長木柄如賊用鈎竿上城待扒至半城時順
竿從上向下着實一推賊手卽斷
拒馬用逆鬚釘布版上厚三寸長濶二尺名地澁
又擇堅木如鹿角形者斷之長數尺埋入地深尺餘
以闘馬足須編布城外又用鉄蒺藜寘賊來路者所
謂渠答也
墩臺派墩軍瞭覷看賊從何方入犯晝則放砲車旗
夜則放炮車燈鄰燈如式接應照下口訣行之如有



違犯失誤者定以軍法從事
放砲車旗口訣一砲青旗賊在東南方連砲豎旗紅
白旗三砲賊西至四炮元旗北路逢
放炮車燈口訣一燈一砲賊從東雙燈雙砲看南風
三燈三砲防西面四燈四砲北方攻大約斥堠以遠
爲宜以高爲貴以簡爲便墩法舊與狼烟但南方濕
蒸絕少拱把之艸火然不久且遇陰霾何以瞭望懸
旗懸燈其法誠便
一木墩失悞放砲扯旗扯燈賊至隣墩之下隣墩放

砲扯旗扯燈而本燈後接者軍法示衆

一本墩見賊放砲扯旗扯燈而隣墩接應失悞者隣墩軍法示衆

一墩軍不准調用每日一名運薪水二名爲一班半月一換赴墩若聞警報務要盡數在墩有下墩回家者無警綑打割耳有警軍法示衆該管官連坐

一應備前項什物軍器欠缺一件雖不欠缺而不如法者墩軍綑打割耳勒限責辦管官連坐

一遇警後但經放過火器油燭不許過三日即要補完違者以缺少軍需法治



一每月不拘次數不定日期四面分撥人員點查不到者綁解治罪

一差點人員敢受分銀粒米與墩軍所得之罪一體均治雖素親信並不輕減

一差閱人員不遂墩親到却在總路拘查或托人代查及到墩又點不明者一體綑打沿墩示衆

一差查人員到墩先數軍足五名即看火種有無次看火藥油燭完欠次看號銃裝收何如次看旗燈有無損壞次看旗桿豎實何如拖繩扯試是否堅壯次看水缸有水次看米菜等物見存用過數目次看碗碟睡卧處所是否在墩宿歇

一試統試旗扯旗而不放銃收銃而不扯旗皆不接應知是演習也

一初立墩必須照依報警習學預於十日前通行隣近居民及上司知會否則恐驚地方耳目後不信矣

一官府經過止擊梆鑼不許擅扯旗舉燈放砲以疑隣墩違者以妄報聲息軍法治罪



附宗子相西門記

戊午四月既望予至自汀是時島寇直犯閩安省中人恇急走而諸大夫日議守城事遂以予守西門城凡七門而西門者芋原橫塘南臺之所取道也先是有司悉部勒諸父老子弟守陴予登陴則悉罷諸所貧者疾者孤而儒者留其壯與之約曰晝則家夜則陴擊柝鳴鐃而懸火陴外不如約者以軍法從事會明日報寇將至六門咸閉矣而城外人數十萬大呼祈入予遂日闢西門入之晨起輒坐城上列健兒數

十於門入詰而入而牛馬鷄豚羣羣薦吾坐不問也
客有言闘門誠善獨奈何不虞姦人哉予曰客休矣
余辦此矣即有姦人者吾任之於是爲檄召城外百
里所蓄薪穀悉徙之城中不徙者吾縱亂兵焚之而
壯夫有不肩薪穀而入門者不得入於是城外薪穀
日以萬石塞門矣城外入食城中者不下十萬城守
凡五十日而斗米不增一錢蓋以多故而議者謂城
門外廬逼城者恐賊至焚之以攻吾門於是凡有廬
而近者輙命焚之煙炱昜四起廬者還泣不止也予



則止西門之外之廬不焚下檄曰寇至五十里爾其
自焚吾不忍爲爾焚也其有樹於城側者議者恐寇
至登樹闞我於是下伐木之令護戎者持斧環城伐
之至西門余偕護戎出視棗百株梨百株垂垂實矣
護戎請斧余止之曰毋伐即寇至何能登此柔榦哉
凡城不屋其上而闞城則屋蓋其城故淤沙不屋則
雨浸善壞而議者謂城而屋不便擊寇也於是每楹
輙毀其一路寇至則立之屋上擊寇予笑曰兵不能
雄之行間而能雄之屋上哉且一雨而千楹何恃也

遂止不毀而外郡以援兵至凡二千八咸余所部兵
也余令日督之野習射夜則分屯之堞間五人一燹
十人一人下堞取薪不取薪而下堞者以軍法論以
是兵亦不擾而邵武部兵之出守夾江也至則咸病
卧村墟中予命楊生急馳而入劑之遂起是時寇已
陷福清福清人擕孥息至者日以千計而鎭東之於
福清近也寇既去復攻鎭東鎭東人善守亦以故不
可拔別分一寇興化拔會當事者提兵至遂解興之
圍而寇之寇泉也巡撫被戎督守遂解去往往出游



兵伏擊有所俘獲以歸當是時興泉之寇已南而鎭
東者尚屯海上會督府馳至則檄兵數千連數十大
艘要擊之寇輕我輙駕大艘逆我而我兵奮怒弩礮
亂發乘風大呼寇艘反出其下遂大肆擒獲餘者沉
之海中撓至悉罷諸所守陴之卒與外兵入援者予
亦解偈還署時五月二十三日也

# 江防海防策一卷

〔清〕姚文枏撰

# 江防海防策　解題

《江防海防策》一卷，清姚文枬撰。文枬（一八五七—一九三四）字子讓，上海人。光緒十一年（一八八五）舉人。民國時期曾任江蘇咨議局議員、財政審查長、國會總議員等職。此文中論江防今昔不同以東西爲重、海防當設提督以一事權，通商以後江海防以外洋爲重等。據《小方壺齋輿地叢鈔》本影印。

江防海防策　　上海姚文枏著

處今日而談江海與往代不同唐以前江面寬四十餘里隔限南北非投鞭所能渡今大江闊處如橫江采石儀徵京口江面僅寬六七里最狹之靖江江陰寬三里許一衣帶水非復天塹之險而西洋輪船自狼福山入口上溯重慶中間鎮江蕪湖九江漢口宜昌等處皆設通商埠頭沿江五千餘里東西往來險與敵共論扼守之要不重南北而重東西此今昔不同者也海洋自明中葉泰西各國東來皆由大西洋繞阿非利加洲入葛留巴蘇門答剌之巽地海峽嗣後蘇爾士河開通別有小西洋一道從地中海紅海而來入麻剌甲海峽兩海峽乃其來中國第一重門戶過瓊州七洲洋有千里石塘萬里長沙爲南北洋界限其間惟天堂門五島門沙馬崎頭門三處可通出入此爲第二重門戶關鎖層疊外夷闌入北洋自非易易今洋人別開新道從地球西半面之美國繞由日本國橫濱長崎而來正當中國江浙洋面南洋數重門戶皆爲虛設所恃庫頁島爲混同江外蔽旅順口爲牛莊洋河天津外蔽洋山馬蹟諸山爲長江吳淞外蔽斤斤然固守近藩而已此又今昔不同者也同治初年曾文正經畫長江水師鱗次櫛比節節操防專建提督以一事權復分隸沿江督撫以資聯絡江防要領已極周密假如四川有警則扼守夔巫湖北有警則扼守武昌湖南有警則扼守洞庭江西有警則扼守湖口海洋有警則扼守崇明福山及江陰圌山等處無論小醜不足慮即強敵亦不足憂所憂者承平日久而軍政怠弛是賴有實心任事之大臣力加振刷以持其後耳海防之策亦須倣長江水師體制聯絡沿海各省水師爲一支特設總督一員以專其責略分三道每道各設一提督燕齊爲一道江浙爲一道閩粵爲一道建造總督行轅於天津上海廣州三處常年周歷操防京東萬里足資鎮壓又須添置鐵甲兵艦以備出洋之用或謂兵艦添置後恐無駕駛柁工與習於水戰之兵此則不然中國出洋民人在新加坡舊金山等處者不下十餘萬人其

中豈無材略可任與熟諳海洋事宜之人破格招徠所謂重賞之下必有勇夫者故嵩意出洋兵弁求之內地常少求之外洋必多習慣使然也東三省向有混同江綏芬河圖們江三海口爲東北瀕海要地今自咸豐十年割與凱湖以東地與夷三水入海之口皆爲夷有庫頁一島亦久淪異域事皆可惜混同江西接黑龍江松花江嫩江一水可抵伯都訥城又通內蒙古等處輪舟駛來一無阻閡亦當添設水師維繫南北鎖鑰東西又通吉林黑龍江境內可耕之地尙多如酌移○京師八旗兵屯墾正得古人實塞下之意則水陸相輔亦未雨綢繆之要策也要之諸國通商以後江海防以外洋爲大宗而控馭外洋尤以自强爲本計但使政敎修明人才蔚起則外人懾服其效自遠而向所談皆末務已古人云天子有道守在四夷防云乎哉

# 新海防事例一卷海防事例一卷大八成銓補章程一卷籌餉事例三卷現行常例一卷新海防武職條款銓補章程一卷

〔清〕佚名撰

《新海防事例》一卷《海防事例》一卷《大八成銓補章程》一卷《籌餉事例》三卷《現行常例》一卷《新海防武職條款銓補章程》一卷，撰者不詳。光緒十年（一八八四）十二月因海防需餉浩繁，清廷户部議奏開海防捐輸。十三年九月黄河在鄭州決口，將海防捐輸暫停一年，另開鄭工捐輸，十四年十月一年限滿，又展限一年。十五年黄河決口合龍，清廷停止鄭工捐輸，另開海防捐輸。鄭工例辦理，所得歸海軍衙門支用。所謂捐輸即捐納，亦作貲選、開納、捐輸、捐例，實即賣官鬻爵，清代捐納成爲與科舉並行之制。爲籌措海軍經費，清廷又突破舊有捐例，訂立「新海防條例」，簡稱「海防新例」，以區别於光緒十三年前舊有海防捐納之制。此書即海防新例及實施細則之彙編，可窺清季海軍經費左支右絀之窘境。據天津圖書館藏清光緒間刻本影印。

# 新海防事例

後附鄭工銓補新章

天

戶部謹
奏爲遵照海軍衙門奏准停止鄭工捐
事例恭摺具陳仰祈
聖鑒事竊查前准海軍衙門來咨鈔錄原奏因籌辦海防事宜內有改收海防捐輸一節據原奏內稱鄭工捐限滿應即截止請仍改爲海防捐俟鄭工限滿再展一年由各省藩司收解並隨時知照吏戶等部其收捐條款銓補章程悉照鄭工事例辦理等因臣等查光緒十年十二月因海防需餉浩繁



經臣部會議奏開海防捐輸請暫准部庫及各直省開捐專供海軍之用其一切事例查照籌餉事例量爲變通辦理嗣於光緒十三年九月因鄭工決口需款甚鉅復經臣部奏請將海防捐暫行停止開辦鄭工新例其收捐條款仿照海防事例量爲酌減奏明予限一年即行停止迨至光緒十四年十月一年限滿因鄭工未竣復經臣部奏請展限一年應扣至本年十一月限滿截止此臣部奏開海防捐輸併續改鄭工捐輸之前後情形也查

鄭工開捐本係不得已之舉臣部因事關緊要先由部庫提撥截存以應急需再由陸續收捐歸還部墊以爲移緩就急之計現合計提撥部庫者已動用一千二百餘萬兩之多其二年內所收之捐歸還部庫只得四百餘萬兩之數出入懸殊爲數甚鉅現在鄭工捐限期已滿部墊的款無著臣部正擬再議展限接續收捐照於庫虧稍資彌補正在籌議間適海軍衙門因籌辦海防需款緊要奏准將鄭工捐輸改爲海防捐輸臣等查歸還部墊固



屬切要之款而海防籌備尤爲緊急之需自應遵照海軍衙門奏准之案俟鄭工限滿即改爲海防捐輸所收捐項均歸海軍衙門動用惟收捐一項查據原奏內稱由各省藩司收解並隨時咨報吏戶各部其京捐應由何處兌收一節並未敘及當經臣部咨查海軍衙門旋據覆稱前辦海防捐及鄭工捐均係由部庫兌收此次自應照舊辦理等語是收捐一項均與鄭工事同一律惟查前因改辦鄭工捐輸係照海防捐成數量加核減此次仍改歸海防而成數則仿照鄭工是則名目雖同捐數互異易啟新舊牽混之弊擬請此次之捐即改爲新海防事例名目以清界限至收捐之成數加捐之花樣過班之章程選補之班次均一律仿照鄭工之例辦理所收捐數京捐之款由戶部另爲存儲按月將銀數咨報海軍衙門聽候撥用外捐仍由各省按次報部請獎所收銀兩另款存儲不准動用按次知照海軍衙門聽候提解至部庫常捐所收之免保舉免考試加級紀錄捐復補監各



等項原係不在鄭工之例應仍照舊辦理其餘一切銓補章程應由臣部會同宗人府吏部兵部另行會議具奏所有臣等陳明停止鄭工捐輸接辦新海防事例緣由理合恭摺具

奏伏乞

皇上聖鑒謹

奏光緒十五年十月十八日奉

旨依議欽此

戶部謹
奏為遵
旨議奏事據直隸總督李鴻章奏請推展海防新捐照
鄭工條例量為變通一摺光緒十五年十月十八
日奉
硃批該部議奏單併發欽此欽遵由軍機處交出到部
查原奏清單內稱海軍衙門通籌鐵路摺內請將
鄭工捐限滿仍改為海防捐再展一年一切收捐
條款銓補章程悉照鄭工事例辦理等因業經奏蒙



懿旨允准欽遵知照到臣 自應聽候部議開辦惟查近來
捐事已成弩末實緣鄭工與海防捐兩途人員選
補無期以致觀望不前若悉照鄭工事例不稍示
區別仍難踴躍再四籌思惟有將收捐條款銓補
章程量為變通收數較有把握不敢以會奏在先
安於緘默謹擬應改捐章並選法十條第一條海
防新例遇缺先花樣按照十成實銀分先分間本
班儘先各花樣均按八成實銀上兌以新壓舊將
銓補章程量為更改第二條海防新例擬酌改鄭

工例銓補章程第三條新海防分先分間本班儘
先花樣到班時與鄭工海防相間輪用第四條鄭
工海防應酌加一成二成過入海防新例第五條
鄭工例捐分先分間等花樣准照四成過班如前
海防遞減例所捐先將遞減之數照六成實銀補
足再加四成過入新例第六條附貢報捐訓導雙
單月均照例定廩貢報捐雙月銀數酌加五成第
七條舊例人員捐離改指毋庸報捐過班第八條籌
餉例所捐各項實官改捐降捐一條核計加成過



班第九條
封典升銜貢監生三項再減一成統以四成報捐第十
條翎枝一項照前捐之數再減二成四品以下捐
花翎實銀七百兩藍翎減半各等語臣等伏查臣
部於光緒十三年九月議開鄭工新例實官雙月
三班分發指省並分缺先分缺間本班儘先各花
樣以及應行收捐各條款均照籌餉例及常例銀
數核減四成統以六成實銀上兌如捐遇缺先花
樣按照籌餉例分缺先銀數減二成以八成實銀

上兌又職銜
封典升銜頂戴貢監照常例核減五成均經奏准遵行
在案又本年十月臣部具奏遵照海軍衙門奏案
停止鄭工捐輸接辦海防事例捐內陳明此次之
捐改爲新海防名目過班章程選補班次一律仿
照鄭工例辦理等因欽奉
諭旨允准通行遵照亦在案今據直隸總督李鴻章酌
擬海防新例捐章並選法十條繕單具奏前來臣
等查捐輸集款原以變通班次爲先無如一再開



捐現已勢成弩末海防不如籌餉鄭工又遜海防
由此遞推鄭工之後即使再改選章亦不過踴躍
一時仍恐終無實濟且舊例人員既經捐資報効
旋又選補無期若無力捐過新班不免向隅之歎
是以臣部遵照海軍衙門奏案聲明銓補章程悉
照鄭工舊例奏蒙
俞允京外一律通行今若另議新班壓舊是班次甫經
議定又復更張
朝廷無以示信於人竊恐有關政體該督陳奏十條

附貢准捐訓導虛銜
封典貢監翎枝酌減銀數三條均可議准外其餘變通
銓補章程等七條或與捐章有礙或與定例不符
均請毋庸置議惟查改辦新捐原爲籌積要需起
見班次既難議改誠恐報捐日少集款無多轉失
改辦新捐本意臣等公同商酌擬仍舊鄭工本例
稍事變通其班次均不更張成數分別酌減所有
各項實官雙月三班等項及分缺先分缺間本班
儘先各花樣四品以上照鄭工減四成例再減一



成以籌餉例五成實銀上兌五品以下照鄭工減
四成例再減二成以籌餉例四成實銀上兌其新
海防遇缺先一項班次較優銀數未免酌減自應
仍照鄭工例辦理如照新例減成報捐者加捐遇
缺先花樣仍須補足八成之數如此量爲變通既
不致紛更班次而官職較小者銀數既減庶可藉廣
招徠至該督所奏附貢准捐訓導一條係申明豫
工舊例虛銜
封典貢監及翎枝二條亦係減成辦理查與新章尚無

窒停均請照准再上年臣部議覆左副都御史徐
樹銘條奏制錢收捐摺內令直隸等沿海九省劃
出虛銜
封典翎枝三項專歸錢捐至今年餘收數寥寥未免有
名無實擬請將此項錢捐即行停止均歸海防新
例報捐除附貢報捐訓導如何銓補之處應由臣
部會同吏部另行核議外所有臣等遵議緣由謹
恭摺具陳伏乞
皇上聖鑒謹



奏於光緒十五年十月三十日具奏奉
旨依議欽此

戶部片

奏再查前經臣部議覆御史文郁奏請以當十大
錢抵銀報捐一摺光緒十四年三月初一日具奏
本日奉
旨該部所請常捐及鄭工大捐均准搭交大錢一成每
銀一兩折抵大錢十二千交納之處著依議行其
捐生中如不全數交銀者均其自便等因欽此所
有常捐及鄭工大捐臣部按照搭交章程收捐在
案臣等查現既另議開辦新海防事例所收捐款
撥歸海軍衙門動用若仍搭收大錢將來積成鉅
數貫索纍纍運解盤收諸多不便所有海防事例
擬請仍全數收銀毋庸搭收當十大錢以歸簡易
理合附片陳明伏乞
聖鑒謹
奏於光緒十五年十月十八日奉
旨依議欽此

戸部等部謹
奏爲會議新海防事例銓補章程恭摺仰祈
聖鑒事竊查戸部遵照海軍衙門奏案請俟鄭工捐輸
限滿截止接辦新海防事例其加捐花樣過班章
程選補班次均一律仿照鄭工例辦理等因於光
緒十五年十月十八日具奏奉
旨依議欽此又議覆直隸總督李鴻章奏請海防新
捐照鄭工例量爲變通摺内陳明班次均不更張
成數分別酌減所有各項實官雙月三班等項及



分缺先分缺間本班儘先各花樣四品以上照鄭
工減四成例再減一成以籌餉例五成實銀上兊
五品以下照鄭工減四成例再減二成以籌餉例
四成實銀上兊其新海防遇缺先一項仍照鄭工
例辦理如照新例減成報捐者加捐遇缺先花樣
須補足八成之數至該督所奏附貢報捐訓導照
例定廩貢報捐訓導雙月銀數酌加五成擬請照
准各等因於光緒十五年十月三十日具奏奉
旨依議欽此所有一切辦法自應仿照鄭工事例申明

酌定除新海防例各項實官雙月三班分發指省
等項及分缺先分缺間本班儘先各花樣並應行
收捐各條款按照減成新章分別辦理外擬請將
鄭工遇缺先花樣改爲新海防遇缺先其雙月三
班分發指省以及分缺先分缺間本班儘先各花
樣均改爲新海防名目凡報捐前項人員自應跟
接鄭工捐按次銓補至鄭工例未經核准之案於
改辦新捐後續行核准應與新海防例人員一律
掣籤按卯次前後分別辦理如舊例人員仍以原



官加捐各項由鄭工例報捐者毋庸捐交過班銀
兩准其歸入新海防班内由籌餉及舊海防例報
捐者仍須捐過新海防班其過班成數均照鄭工
章程核計各直省藩庫收捐仍應循照向章發給
捐生實收按月分次造册將副實收隨同奬册咨
送戸部核辦此次新海防捐例既經海軍衙門奏
明以一年爲限部庫及各直省應於鄭工限滿之
日起開辦新海防捐扣除封印日期屆限一年即
行停止並令各省將開辦新捐月期咨報戸部以

俟查核所有遵照新海防事例報捐京外文職三班新海防遇缺先分缺先分缺間本班儘先選用人員及外官分發各省試用報捐新海防遇缺先分缺先分缺間本班儘先補用人員並籌餉舊海防各例捐過新海防例人員及此次新例奏准附貢報捐訓導應如何銓補之處吏部查此次奏開新海防事例既據戶部奏明將鄭工遇缺先花樣改為新海防遇缺先其雙月三班分發指省以及分缺先分缺間各項本班儘先各花樣均改為新海



防名目凡報捐前項人員應跟接鄭工捐挨次銓補等因所有此次遵照新海防例報捐京外文職三班新海防遇缺先分缺先分缺間各項本班儘先選用人員及外官分發各省試用報捐新海防遇缺先分缺先分缺間名項本班儘先補用人員並籌餉舊海防各例捐過新海防例人員自應仍照鄭工事例跟接次數卯數掣籤分別按班銓補其外補過班人員仍俟分別掣籤後歸於下月行文核扣到省日期至附貢報捐訓導銓選班次查

定例增附出身報捐教職人員係分別出身銓選其報捐遇缺先人員到班時先儘本次內廩貢以上出身者用竣再用增附出身之人如本次內無廩貢以上出身之人即用增附出身之人其報捐分缺先用分缺間用雙单儘先及雙单月選用人員到班時俟廩貢以上出身人員用過二人之後將增貢附貢出身人員選用一人如並無廩貢以上出身之人或不足二人之數即按卯輪選增附出身之人歷經辦理在案此次奏開新海防例既



經議准由附貢報捐訓導自應仍照定例分別出身按班銓選至現遵鄭工例報捐遇缺先人員在十一月二十日以前核准者本月仍照例掣簽其在二十日以後核准者統歸十二月新海防例一併掣簽其鄭工例應歸卯數掣簽者於十二月二十日以前核准到部歸於本年十二月掣籤十二月二十日以後核准到部統歸新海防例於十六年二月分一併掣簽又查報捐武職早經停止其從前未停之先已捐有綠營衛所寔官及勞績保

舉人員准其遵照新海防事例報捐過班分發指
省並報捐遇缺儘先捐班前暨衛守備捐不論雙
单月人員應如何銓補之處兵部查前經會同戶
部奏定鄭工例銓補章程內開原係保舉儘先人
員補交四成作爲遇缺者銓補到班時用鄭工遇
缺一人海防遇缺一人勞績儘先一人挨次輪用
其應補應選勞績保舉凡無花樣人員各就本班
報捐儘先花樣者遇本班到班時用鄭工儘先一
人海防儘先一人本班一人亦挨次輪用至報捐



捐班前及原係捐納人員今捐過班者於輪用捐
納班時先用鄭工捐班前一人次用海防捐班前
一人再次用鄭工過班海防過班各一人衛守備
捐不論雙单月選用者歸捐輸班內於輪用鄭工
海防過班各一人後揀用鄭工海防捐不論雙单
月選用者各一人再次用舊捐一人至輪用鄭工
無人即以海防人員抵補如用海防無人即以鄭
工人員抵補若俱無人仍照舊例辦理等語今開
新海防捐例業經戶部奏明班次均不更張奉

旨允准又據知照此項報捐人員跟接鄭工捐挨次銓
補則臣部前定班次自可毋庸更改應將鄭工與
新海防例人員及舊海防例人員分別銓補次序
嗣後原係保舉儘先人員補交四成作爲遇缺者
銓補到班時用鄭工遇缺一人如無人用新海防
遇缺一人再到班時用舊海防遇缺一人再到班
時用勞績儘先一人挨次輪用其應補應選勞績
保舉凡無花樣人員各就本班報捐盡先者遇本
班到班時用鄭工儘先一人如無人用新海防儘



先一人再到班時用舊海防儘先一人再到班時
用本班一人亦挨次輪用至報捐捐班前及原係
捐納人員今捐過班者於輪用捐納班時先用鄭
工捐班前一人如無人用新海防捐班前一人再
到班時用舊海防捐班前一人再到班時用鄭工
過班一人如無人用新海防過班一人再到班時
用舊海防過班一人衛守備捐不論雙单月選用
者歸捐輸班內於用過鄭工及新海防過班一人
舊海防過班一人後揀用鄭工捐不論雙单月選

用者一人如無人用新海防捐不論雙單月選用者一人再到班時用舊海防捐不論雙單月選用者一人再到班時用舊捐一人以上捐納各員如輪用鄭工及新海防均無人即以舊海防人員抵補如用舊海防無人即以鄭工及新海防人員抵補若俱無人仍照舊例辦理所有銓補次序均按簽掣卯次先後核計再查漢侍衛現有勞績保舉本班儘先之員並無舊海防例報捐註册之員本年八月奏定班次嗣後各項漢侍衛以叅將遊擊



都司用者及藍翎侍衛以守備用者遇應用時先用鄭工捐納本班儘先一人次用勞績保舉本班儘先一人次用本班一人各計各班挨次輪用令鄭工捐班後接用新海防例一項遇應用時應先用鄭工例捐納本班儘先一人如無人用新海防例捐納本班儘先一人再到班時用勞績保舉本班儘先一人再到班時用本班一人各計各班挨次輪用至武職報捐指省並指指河工及候選衛所各官捐分漕標試用及准捐各條仍照鄭工例

辦理戶部再查各捐生遵照此次新海防事例報捐者無論京外收捐應由戶部隨時核准知照吏部兵部仍仿照鄭工事例卯次掣簽輪用以期迅速所有臣等會議緣由理合恭摺具陳伏乞

皇上聖鑒再此摺係戶部主稿會同吏部兵部辦理合併聲明謹

奏光緒十五年十一月二十八日奉

旨依議欽此

戶部謹

奏爲遵

旨速議具奏事據兩江總督曾國荃等奏江蘇浙江等省被水成災擬請開辦賑捐藉拯災黎一摺光緒十五年十一月初六日奉

硃批戶部速議具奏片併發欽此欽遵由內閣鈔出到部查原奏內稱江蘇浙江兩省秋後連遭霪雨被災近日天氣雖已晴霽而江湖充滿消退無期小民無米可收無麥可種人心惶懼有岌岌不可終



日之勢江蘇如宜興荊溪吳江震澤常熟昭文等縣如浙江杭州嘉興湖州三府災象尤重現經兩省官紳籌辦義賑而災區太廣籌款極難臣接京外各紳告災求賑之書堆案盈几雖經臣在於賑餘款內各撥銀三萬兩今冬能否勉强敷衍尚無把握迨來年青黃不接之時即江甯各屬及安徽之泗州鳳陽等處皆宜普籌撫恤不敢不未雨綢繆豫籌有著之款藉救無告之民查各省連年荒歉紳富一再捐輸均已筋疲非伏

朝廷恩意給予奬敘不足以資鼓勵前經臣奏辦江蘇安徽賑捐經部臣議准凡捐

封典虛銜貢監均照常例減五成給奬翎枝三品以上捐銀二千兩四品以下捐銀一千兩准給花翎捐銀五百兩准給藍翎限半年截止由臣填發實收隨冊送部由部核准頒發執照於正捐毫無窒礙於民裨益良多興行之無弊著有成效現與司道再四籌思擬即循照此章續行開辦半年由臣派員及各鄰省各督撫廣爲勸募以期集腋成裘專



備江蘇浙江及安徽賑撫之用等語臣等伏查江浙等省同時被水災區既廣籌款維艱自應募集賑需藉資接濟臣等公同商酌擬請准如該督所請援案即辦三省賑捐所有收捐翎枝銀數三品以上捐銀二千兩四品以下捐銀一千兩准給花翎捐銀五百兩准給藍翎其

封典虛銜貢監等項均按常例銀數並減二成以廣招徠而資賑撫以上各項並應遵照定章由該省填給實收將副實收隨冊銷部由臣部核准頒發執

照予限半年限滿即行停止所有臣等遵議緣由
謹恭摺具陳伏乞
皇上聖鑒謹
奏奉
旨依議欽此



戶部謹
奏爲遵
旨議奏事軍機處交出御史周天霖奏豫省河工急宜堵築
東省河工急宜疏濬請開鄭工捐例一摺於光緒十三
年九月十三日軍機大臣面奉
諭旨御史周天霖奏請開河工捐輸以應急需一摺著戶部
議
奏欽此又御史李士琨奏河工需款請由各省開捐實職
官階以廣招徠而濟要工一摺於九月十五日軍機大



臣面奉
諭旨御史李士琨奏河工需款甚鉅請飭各省設局開捐一
摺
著戶部歸入周天霖摺一併議奏欽此欽遵到部查御史
周天霖原奏內稱本年八月初七日河南武陟縣屬之
小楊村沁河漫決一百四十餘丈是月十三日鄭州下
汎之石家橋黃河漫決三百丈現已奪溜南趨實爲近
年罕見之災必須於春汛以前趕緊設法堵築以期早
日合龍此豫省河工之刻不容緩者也臣以爲豫省堵

合口門賑恤災民固爲當急之先務而東省疏通河道
培築堤岸亦不可緩之時宜再四籌思非仍准開捐不
可前於光緒十年曾以海防需餉浩繁奏准暫開海防
事例比照籌餉例核減二成此次係屬河工擬請比照
海防例再減二成仍以實銀報捐官職名爲鄭工新例
並准於各直省設立分局以廣招徠被水災區賑款亦
不敷分布擬請仿照山東賑捐辦理祇准捐虛銜
封典專備賑撫之需又御史李士琨原奏內稱河南鄭州河
決黃水爲災目前拯救賑恤爲先日後河工籌款宜裕
查道光年間曾因河工廣開捐例此次工款浩大似無
妨援案辦理現在海防捐例現銀上庫欲捐輸之踴躍
莫若各省設局以廣招徠欲捐輸之濟用莫若統解部
庫以待動撥各等語臣等伏查本年八月三十日恭奉
諭旨此次河南鄭州黃河漫口所有搶辦河工及辦理災賑
各事宜需款甚鉅亟應豫籌的款以濟要需著戶部悉
心酌核妥議具奏欽此當經臣部奏明籌款情形並請
變通捐例在案臣等正在籌議間據該御史等先後奏
陳開辦河工捐輸並請比照海防例收捐成數再行核



減與臣部前奏意見相同擬請准如所奏開辦即名爲
鄭工新例應將現行之海防事例暫請停止一切捐項
應由臣部銀庫上兌並照初開海防事例辦法各直省
藩庫准其一律收捐隨時發給實收分次造冊按月將
副實收隨冊咨送臣部以憑核辦至設立分局之處流
弊甚多前開海防例原不准行該御史等所請應毋庸
議所有鄭工新例收捐條款擬仿照海防事例辦理惟
報捐銀數一層查海防開例將及三年京外捐銀千餘
萬兩近日收數漸減弩末勢成若新例仍以八成收捐
恐捐生觀望不前於籌款仍無實濟現在河工需餉甚
鉅不得不照海防例量爲酌減以廣招徠除專歸部收
之免保舉免考試加級紀錄捐復補監銀兩捐輸贖罪
並京外收捐翎枝等項仍照舊辦理毋庸減成又職銜
封典升銜頂戴貢監等項另議核減五成外其餘實官雙月
三班分發指省並分缺先分缺間本班儘先各花樣以
及應行收捐各項條款均照籌餉例及常例銀數核減
四成統令以六成實銀上兌並擬另立鄭工新例遇缺
先花樣一項惟班次較優銀數未便統隨各項議減擬

照籌餉例分缺先銀數只減二成以八成實銀上兌請
予限一年部庫以奉
旨之日起外省以接到部文之日起扣去封印日期限滿即
行停止俾示限制如蒙
俞允再由臣部會同吏兵二部妥議條款具奏俟奉
旨後即行開辦伏思豫省黄流汎濫罹此災奇
朝廷特沛浩蕩之恩不惜帑金拯斯民之饑溺臣部先後
遵
旨提撥庫存銀兩及截留京餉等項五百餘萬兩以濟要工
而庫款空虛亦亟應早爲籌計此次議開鄭工新例准
令各直省收捐固以濟河工之用亦以廣集鉅資藉以
彌補京餉之不足在各省督撫臣當思京師根本重地
八旗待餉殷繁督飭藩司將收捐事宜認眞經理所收
捐輸正項銀兩專款存儲聽候臣部隨時提用並令每
月將捐銀數目報部一次以憑稽考既不准擅行動用
亦不得奏請截留倘不遵照此次奏章仍敢挪動捐款
即由臣部將該藩司指名參革並將該省督撫奏請議
處至御史周天霖奏請仿照山東辦理賑捐一節自係



爲拯救災黎起見擬請一併照准應令豫省查照另議
減成新章收捐職銜
封典升銜頂戴貢監等項由該省按月分次將所收報捐員
名銀數詳細造册同副實收咨送臣部隨時核辦給照
頒發所收正項銀兩准其動用藉供賑濟之資務期實
收實用一洗向來積弊且豫省此次被災較重必須廣
籌撫卹之需方敷周轉除現有賑務之省分仍令照舊
開辦賑捐外其向來勸捐協助直東等省賑款者仍應
廣爲勸募集成鉅款均令改協河南急賑一切請獎事
宜並照此次減成新章辦理由各該省造册送由河南
巡撫彙總按次報部以歸一律再查福建洋藥茶捐廣
東海防經費陝西廉俸抵捐所捐各項雖無實職官階
究與新章不無窒礙應仍令暫停請獎一俟鄭工新例
停止再由各該督撫報部核辦恭候
命下應由臣部行知各省曉諭捐生一體遵照所有臣等遵
議緣由謹恭摺具陳伏乞
皇太后
皇上聖鑒謹

奏光緒十三年九月二十八日奉
旨依議欽此



戸部謹
奏爲遵
旨速議具奏事軍機處交出工科給事中方汝紹奏河工緊
要戸部議開河防捐例敬陳管見以備採擇一摺於光
緒十三年九月二十日軍機大臣面奉
諭旨給事中方汝紹奏戸部議開河防捐例敬陳管見一摺
著戸部速議具奏欽此欽遵到部查原奏內稱海防捐
仍照舊辦理現祗開河防新捐一班照海防先銀數酌
增二成定爲河防先前一項名目以十缺爲一週見缺



用河防先前五人再用海防先二人海防郎一人舊例
大八成一人各項一人如舊例大八成大四成無人准
以河工先前抵補其宜減者則如虛銜
封典等項查籌餉事例係減二成遞減四成報捐現在籌餉
孔亟儘可仿照辦理至翎枝一項亦擬請減成並請速
辦花翎藍翎執照發交河南巡撫如有捐麻料及土方
等項者核計銀數塡給執照隨時報部再從前籌餉例
尚有推廣各條上年議開海防删去者不少應請
飭下戸部查取舊案細加酌核如推廣條款內有可行者仍

增入例內一律准捐等語臣等伏查前據御史周天霖李士琨等先後陳奏請開河工捐輸所有擬開鄭工新例應行酌定各事宜由臣等另摺具奏請

旨遵行今該給事中方汝紹所陳各條臣等公同叅酌如虛銜

封典減成收捐一節查海防例所收封銜等項按照八成實銀上兌直隸等省賑捐應收封銜貢監等項均按海防例八成遞減二成上兌歷經辦理在案今該給事中奏稱仍宜遞減查虛銜



封典以及貢監均無關於實職官階自應准如所奏量爲核減擬請將鄭工新例及豫省賑捐應收之職銜

封典升銜頂戴貢監等項均照例定銀數核減五成其各省向收賑捐者似未便銀數兩歧應請一律辦理均令以五成收捐報部請獎其遵照減成新章報捐之貢監生如鄉試及捐納實官者仍令分別補交監生五成實銀以符向章又原奏內稱海防照舊辦理祇開河防先前一班照海防例酌增二成以十缺爲一週等語查河工需款浩繁祇開河防先前一項花樣仍恐收捐有限無濟要需現在臣部奏停海防事例改辦鄭工事例減成收捐以期奏集鉅資俾急先務其所陳先用河防次用海防等情事關銓補班次當經行查吏部去後旋據覆稱查現在捐例議改海防擬停若以十缺計算將新捐十成人員先選用五人不但各項班次恐多窒滯即海防例已捐各項選補班次亦難期均平既據吏部咨覆前因所請應毋庸議又稱翎枝一項擬請減成並須發空白執照等語查初開海防事例翎枝一項援照軍火捐輸章程三品以上捐銀三千兩四品以下捐銀二千



兩准給花翎捐銀一千兩准給藍翎嗣於本年四月臣部議覆直隸總督李鴻章奏請變通章程指內陳明擬照晉豫賑捐章程酌定三品以上捐銀二千兩四品以下捐銀一千兩准給花翎捐銀五百兩准給藍翎經臣部議准在案是翎枝一項業已核減似未便再議更張至預發空白執照一節查從前籌餉事例須發空白執照往往捏報遺失至今尚未繳清遂致漫無稽考且報捐麻料土方流弊滋多均難照准至該給事中所稱推廣捐例一節自係爲籌集捐款起見應如所請由臣等

歸入捐例各條會同吏部奏明辦理所有臣等遵議緣
由謹恭摺具陳伏乞
皇太后
皇上聖鑒謹
奏光緒十三年九月二十八日具奏奉
旨依議欽此



戶部等部謹
奏為會議鄭工新例銓補章程及收捐推廣各條欵恭摺
會奏仰祈
聖鑒事竊查戶部前因河南鄭州黃河漫口需款浩繁遵
旨籌款並議覆御史周天霖等奏請開辦鄭工新例給事中
方汝紹奏請推廣捐輸各一摺于光緒十三年九月二
十八日具奏奉
旨依議欽此欽遵應將鄭工新例過班章程暨防照海防事
例並檢查舊案及例有未備酌增各條欵詳加釐定謹
分別繕具清單恭呈



御覽伏思鄭工新例既經戶部奏明遇缺先一項花樣照籌
餉例捐足分缺先銀數八成上兌其餘三班等項照籌
餉例定銀數六成上兌與海防例統以八成收捐稍有
區別自應優定班次鼓勵新捐亦須量為變通兼顧舊
例俾昭平允所有京外文職三班鄭工新例遇缺先分
缺先分缺間本班儘先選用人員及外官分發各省試
用報捐鄭工新例遇缺先分缺先分缺間本班儘先補
用人員並舊例捐遇此次新例人員應如何選補之處

吏部查此次奏開鄭工事例既定爲新例遇缺先花樣照籌餉例分缺先銀數減二成以八成實銀上兌是銀數較海防例之新班先用並未議減所有選補班次自應先用新例遇缺先人員方足以示鼓勵其餘實官雙月三班分發指省分缺先分缺間各項本班儘先並免試用等項均照籌餉例及常例銀數核減四成統以六成實銀上兌亦應酌爲區別於鼓勵新捐之中仍兼顧海防舊例方爲平允擬請滿漢京官郎中至未入流外官道府至未入流無論月選揀補各缺除坐補各項即



用

特用五缺及不積各班之數缺人員不計外遇有缺出無論何項到班仍以五缺一週計算先用鄭工新班遇缺先二人海防先一人如無人鄭工新班遇缺先抵選第四缺海防即與海防先分班輪用一人第一輪用海防即第二輪用海防先海防先無人仍用海防即海防即無人用舊例遇缺先再無人用舊例遇缺均無人過班即接用各項班次一人以上各班週而復始所有鄭工新例報捐分缺先用分缺間用人員亦應分別酌定除勞

績捐班先捐班後到班時仍照舊毋庸插選外其捐納本班先捐納正班到班所有分缺先分缺間人員均准插選至輪用分缺先分缺間到班時先用鄭工新例一人再到班用海防例一人鄭工無人用海防海防無人用鄭工均無人用籌餉銀捐之人再無人專俟捐納正班到班方准插用籌餉常捐之人其新例捐納雙單本班儘先及各項人員加捐本班儘先並捐納雙單人員均照例定額數選用捐納雙單本班先並捐納各項本班先人員到班時第一次用鄭工一人第二次用海防



一人第三次用鄭工一人第四次用海防一人鄭工無人用海防海防無人用鄭工至第五次用籌餉銀捐之人銀捐無人用常捐再無人仍用鄭工新例之人捐納雙单正班人員到班時第一次用鄭工雙单一人第二次用海防雙單一人第三次用鄭工雙單一人第四次用海防雙單一人鄭工雙單無人用海防雙單海防雙單無人用鄭工雙單均無人即以雙月先雙月單月之人分別選用仍以鄭工海防各班輪用第五次用籌餉雙單如無人仍用鄭工新例雙單之人如雙單均無人

再將各例雙月先雙月單月之人分別選用其由舊例
捐過班歸入新例者均照新例人員一體掣籤銓選如
鄭工新例並海防例本班儘先及雙單人員不足應選
額數均准以舊例儘先並雙單之員選用舊例雙單先
前及雙單儘先人員仍俟輪用舊例時先用銀捐雙單
儘先前之人如無人方准用常捐雙單儘先之人其由
捐納人員續因保舉歸入勞積班次者均毋庸分別新
例舊例報捐以免轇轕其由舉人報捐教職四項間選
用人員到班時第一次用鄭工一人第二次用海防一



人第三次用鄭工一人第四次用海防一人鄭工無人
用海防海防無人用鄭工第五次用籌餉之人如無人
仍用鄭工新例之人至增貢新例報捐教職並增附貢
報捐教職過入新例人員應仍按定章各項到班俟用
過廩貢以上出身人員二人之後將增貢附貢出身人
員選用一人如並無廩貢以上出身之人或不足二人
由增貢附貢報捐歸入新例者併准選用仍照例分別
按卯挨次輪選其餘各項選班照舊辦理毋庸另議所
有此次鄭工新例報捐者仍防照海防事例卯次掣籤

輪選鄭工新班遇缺先一項戶部核准知照到部截至
每月二十日止二十五日掣籤一次按掣定名次先後
選用俟第一次選竣後再用第二次掣簽之員至鄭工
新例分缺先分缺間捐納雙單本班儘先各項人員加
捐本班儘先以及捐納雙單之員兩個月為一卯以掣
簽之月二十日為止於二十五日均會同河南道籤掣
名次先後輪選俟新例截卯掣簽後遵照奏定新章核
辦仍俟捐案核准到部照例赴部註册投供再行扣限
按班銓選未經掣籤之先各項選班自應仍舊按班銓



選其有海防事例報捐之案未經知照續經核准到部
者仍歸海防例內辦理至報捐指省分發各員仍按月
驗看分發各省分別新例舊例補用至酌增條內各項
考職人員報捐本班儘先選用輪用到班時應照例定
正班額數先儘選用不積本班之缺捐免驗看人員此
次既准收捐自應按照舊章辦理凡係例不引
見之佐雜等官均准捐免驗看其報捐後如咨報到省在先
捐案奉
旨及戶部核覆咨照在後者應以奉

旨及戶部核覆咨照之日起比照在部驗看分發人員領照
赴省限期以該省照限期滿之日作為該員驗看到省
日期如有到省在捐案奉
旨及戶部咨照照限以後者應以到省之日作為到省日期
仍俟各該員取具赴選文結或註冊呈結到部由吏部
核辦接到吏部核准咨文後分別到省日期序補至就
職教諭訓導准其報捐分發其捐案核准後照例應俟
該員取具赴選文結或註冊呈結到部由吏部行文知
照該省方准差委所有調取考驗應照定例辦理差委



三年期滿果有才具出衆者准該督撫會同學政保送
咨部註冊歸於各本班本年舉人貢生之先到班時較
考驗日期先後儘選用仍積本班之缺循分供職者
仍歸原班銓選其委署次序應用過二等舉人之後將
舉人就教委署一人孝廉方正及教習教職之後將歷
挨副就教委署一人歲優就教委署一人分班輪委又
查在京筆帖式選用班次捐納班用三人降調班無人
將捐班抵選一人
盛京滿洲漢軍筆帖式選用班次捐納班用二人蒙古筆

帖式選用班次捐納班用一人今鄭工新例准捐鄭工
新班遇缺先分缺先分缺間本班儘先等項班次擬請
將筆帖式選用班次除坐補先用即用不計外無論何
項到班第一缺第二缺用鄭工新班遇缺先二人第三
缺用海防先一人無人即以鄭工新班遇缺先抵選第
四缺海防即海防先分班輪用第一輪海防即一人第
二輪用海防先一人海防先無人仍用海防即一人海
防即仍無人用舊例遇缺先一人再無人用舊例遇缺
一人均無人即過班接用各項輪用班次一人以五缺



為一週至鄭工新例報捐分缺先分缺間選用者應俟
捐納儘先及捐納正班到班時俱准前後插用應插用
分缺先時先將鄭工分缺先用一次再到班再將海防
分缺先用一次鄭工無人用海防海防無人用鄭工均
無人用籌餉銀捐分缺先之人插用分缺間時與分缺
先同應插用分缺先分缺間班次各積各班其籌餉常
捐分缺先分缺間人員專俟捐納正班到班銀捐無人
方准前後插用至鄭工新例捐納各本班儘先人員悉
照例定正班額數選用輪用各本班先時第一次用鄭

工本班先一人第二次用海防本班先一人第三次用鄭工本班先一人第四次用海防本班先一人鄭工無人用海防海防無人用鄭工至第五次用籌餉銀捐本班先之人銀捐無人用常捐再無人用各舊例均無人仍用鄭工新例之人其鄭工新例捐納正班人員按照例定額數選用輪用到班時第一次用鄭工捐納一人第二次用海防捐納一人第三次用鄭工捐納一人第四次用海防捐納一人鄭工無人用海防海防無人用鄭工至第五次用籌餉捐納一人如無人用各舊例一



人再無人仍用鄭工新例捐納之人降調班無人即以此次鄭工新例捐班抵選鄭工新例捐班無人以海防例捐班抵選再無人方准以籌餉舊例捐班抵選又各衙門筆帖式留補班次廕生繙本貼寫庫使學習各班均俟期滿奏留後各按本班補用一人令鄭工新例准捐鄭工新班遇缺先分缺先分缺間本班儘先等項班次並准捐免期滿擬請將各衙門筆帖式留補班次亦按此次鄭工新例五缺一週班次輪補至鄭工新例報捐分缺先分缺間補用人員應俟捐納本班儘先及捐

納學習正班到班時俱准前後揷用應揷用分缺先時先將鄭工分缺先用一次再到班再將海防分缺先用一次鄭工無人用海防海防無人用鄭工均無人用籌餉銀捐分缺先之人揷用分缺間時與分缺先同應揷用分缺先分缺間班次各積各班其籌餉常捐分缺先分缺間人員專俟捐納學習正班到班時方准前後揷用至鄭工新例捐納各本班儘先補用者應分別各本班到班時按照正班額數補用輪用各本班先時第一次用鄭工本班先一人第二次用海防本班先一人第



三次用鄭工本班先一人第四次用海防本班先一人鄭工無人用海防海防無人用鄭工至第五次用籌餉銀捐本班先之人銀捐無人用常捐再無人仍用鄭工新例之人其鄭工新例捐納學習正班人員按照例定額數補用輪用到班時第一次用鄭工捐納一人第二次用海防捐納一人第三次用鄭工捐納一人第四次用海防捐納一人至第五次用籌餉捐納一人如無人仍用鄭工新例捐納之人其未經奏留廕生筆帖式學習筆帖式並繙本貼寫庫使已經奏留未經期滿之員報

捐鄭工新班者均應先行捐免期滿後方准遞捐各項
班次其已經奏留並已經期滿各員報捐鄭工新班者
毋庸再行捐免期滿以示區別至海防籌餉舊例捐納
候選人員如遵鄭工新例報捐分部並各項班次者亦
應先令報捐過入新班後方准遞捐歸入新班補用其
海防籌餉舊例捐納分部人員如於期滿奏留後復遵
鄭工新例報捐過入新班補用者准其歸入鄭工新班
補用至
盛京各衙門學習筆帖式亦准其一體報捐鄭工新班遇



缺先分缺先分缺間本班儘先等項班次其補用班次
悉照在京各衙門之例辦理又外補各官輪補班次道
府同知直隸州知州通判丁憂終養迴避撤回叅革降
補改教各項留補選缺專以正途出身之
註名分發人員請補如無人准以各項候補班前候補正班
人員酌補知州丁憂終養迴避撤回叅革降補改教留
補選缺將各項候補班前候補正班人員酌補知縣叅
革留補選缺專用軍功候補人員酌補改教邀回降補
迴避留補選缺將各項進士即用班前進士即用與各

項候補班前候補正班人員分班酌補河工直隸州州
同州判府屬州同州判縣丞如遇丁憂叅劾二項所出
之缺專用先儘正途次儘正途試用大挑輪流酌補以
上各項均係專補之缺毋庸另議外此次奏開鄭工新
例所有海防新班先新班即人員內選班次既經改定
其外補班次自應一律辦理擬將道府同知直隸州知
州通判知州知縣升調所遺及告病病故休致以及佐
貳雜職並攝務等官無論何項所出留補選缺及河工
等官除坐補原缺截缺即用迴避即用新選新補留省



另補人員不計外無論何項到班仍以五缺計算先用
鄭工新班遇缺先二人海防新班先一人無人用鄭工
新班遇缺先人員抵補至第四缺海防即海防先分班
輪用一人第一輪用海防即人員第二輪用海防先人
員海防先無人仍用海防即人員海防即無人用舊例
銀捐遇缺先人員如無人用舊例銀捐遇缺人員再無
人過班即接用各項輪用班次一人以五缺為一週新
例報捐分缺先用分缺間用人員亦應分別酌定輪用
各項時知縣以及佐雜並攝務河工等官於各項試用

並捐納正班到班均准先用閏用到班應用時先將鄭
工分缺先分缺間人員用一次再到班再將海防分缺
先分缺間人員用一次鄭工無人用海防人員海防無
人仍用鄭工人員均無人用舊例銀捐分缺先前分缺
間前之人其舊例減成分缺先分缺間人員仍專侯捐
納正班到班鄭工海防分缺先分缺間舊例銀捐分缺
先前分缺間前無人方准揀用至候補即用委用以及
各本班先到班均不准揀用新例分缺先分缺間及舊
例分缺先前分缺間前分缺先分缺間之人道府同知



直隸州知州通判知州應專侯升調遺選缺候補委用
試用各正班到班准其揀用鄭工並海防分缺先分缺
間人員如無人揀用舊例銀捐分缺先前分缺間前如
又無人方准揀用舊例分缺先分缺間之人其病故休
遺缺並候補委用試用各本班先到班時均不准揀用
如遇無題調道府缺省分其道府兩項遇病故休遺缺
各正班到班始准揀用新例分缺先分缺間人員如無
人揀用舊例分缺先前分缺間前如再無人方准揀用
舊例分缺先分缺間之人新例報捐各項本班儘先補

用人員於各本班輪補到班時第一次用鄭工本班儘
先一人第二次用海防本班先一人第三次用鄭工本
班先一人第四次用海防本班先一人鄭工無人用海
防人員海防無人用鄭工人員至第五次用舊例銀捐
本班先之人如無人用常捐本班先再無人用各舊例
本班先如又無人始用勞績本班先之人新例捐納試
用人員侯輪用捐納正班到班時第一次先用鄭工捐
納一人第二次用海防捐納一人第三次用鄭工捐納
一人第四次用海防捐納一人至第五次用籌餉舊例



捐納一人如無人用各舊例捐納試用一人如再無人
仍用新例之人此次新例報捐人員惟知縣一項鄭工
新班遇缺先鄭工新例分缺先分缺間捐納試用本班
儘先捐納試用並候補委用議敘捐輸孝廉方正報捐
各本班儘先人員遇輪補升調所遺及告病病故休致
之缺到班時於各本班中先用正途出身及曾任知縣
曾任實缺應升知縣者二人再用各本班中各項出身
者一人如正途出身及曾任知縣曾任實缺應升知縣
無人即用各項出身之人其舊例人員再捐過入新例

者應歸新例人員內一律補用外補人員應俟截卯掣
籤後由部開單行文各省按照限減半計算以接到過
班知照部文後下月所出之缺一體遵照辦理此次酌
增條內所有道府以至佐雜等官凡係應歸候補班補
用者准其捐指奉天吉林補用其試用人員仍不准報
捐再現在奏開鄭工新例所有報捐官職並各省賑捐
報捐虛銜
封典等項經戶部議定仍仿照初開海防事例辦法准各省
藩庫一律收捐隨時發給實收由該省按月分次造册



同副實收一併咨送等因吏部查光緒十年奏開海防
事例當經查照咸豐三年奏開籌餉事例辦法各省捐
輸奏咨請獎到部歸奏案者由吏部發給執照歸咨案
者由戶部發給執照所有各省收捐請獎之案均照舊
章令該督撫分別奏咨按兩個月一卯彙奏一次其捐
案到部隨時核准知照吏部註册給照均經辦理在案
此次奏開新例自應查照海防捐輸辦法仍令各督撫
分別奏咨按次造册報部按月彙奏以免稽延而期踴
躍又查報捐武職早經停止其從前未停之先已捐有

綠營衛所實官及勞績保舉人員准其遵照鄭工新例
報捐過班分發指省並報捐過缺儘先捐班前暨衛守
備捐不論雙單月人員應如何銓補之處兵部查此次
鄭工新例自應援照海防事例量為變通所有武職報
捐指省並捐指河工及候選衛所各官捐分漕標試用
均俟赴部分發後前往投標按照例章序補至報捐過
班及儘先捐班前衛守備捐不論雙單月人員臣等公
同酌核擬請原係保舉儘先人員補交四成作為遇缺
者無論銓補到班時用鄭工遇缺一人海防遇缺一人



勞績儘先一人俟次輪用其應補應選勞績保舉凡無
花樣人員各就本班報捐儘先花樣者遇本班到班時
用鄭工儘先一人海防儘先一人本班一人亦俟次輪
用至報捐捐班前及原係捐納人員今捐過班者於輪
用捐納班時先用鄭工捐班前一人次用海防捐班前
一人再次用鄭工　過班海防過班各一人衛守備捐
不論雙單月選用者歸捐輸班內於輪用鄭工海防過
班各一人後掄用鄭工海防捐不論雙單月選用者各
一人再次用舊捐一人至輪用鄭工無人即以海防人

員抵補如用海防無人即以鄭工人員抵補若俱無人
仍照舊例辦理以上捐納各員銓補班次無論出缺是
否在前均按此次奏定章程辦理武職勞績儘先人員
准捐遇缺武職豫行保舉註册回任候升人員各就應
升本班准捐儘先武職揀發班內各項人員就本班准
捐儘先武職一等俸滿邊俸卓異薦舉回任候升人員
各就應升本班准捐儘先五等世爵並輕車都尉騎都
尉雲騎尉學習期滿錄用後就本班准捐儘先門衛千
總俸滿分別營衛回任候升人員各就應升本班准捐



儘先漢侍衛期滿分別錄用後就本班准捐儘先武進
士分發到省期滿候補守備就本班准捐儘先衛所勞
績儘先人員准捐遇缺衛所舊捐人員捐過班並准加
捐捐班前衛所催漕科班揀發留標各班人員各就本
班准捐儘先衛守備准捐不論雙單月衛用武進士准
捐分發漕標試用戶部再查各捐生遵照此次鄭工新
例報捐者無論京外收捐應由戶部隨時核准知照吏
部兵部仍仿照海防事例卯次掣籤輪選以期
迅速所有臣等會議緣由理合恭摺具陳伏乞
皇太后
皇上聖鑒再此摺係戶部主稿會同吏部兵部辦理合併聲明謹
奏光緒十三年十月二十三日具奏奉　旨依議欽此

謹將鄭工新例減成收捐並過班章程繕具清單恭呈
御覽
計開
一遵新例報捐除專歸部庫收捐之免保舉免考試加級
紀錄捐復補監銀兩捐輸贖罪並京外收捐翎枝仍照
舊辦理毋庸減成又職銜
封典升銜頂戴貢監等項核減五成外其餘京外准捐實官
雙月三班分發指省並分缺先分缺間本班儘先各花
樣免試用等項以及應行收捐各項條欵均照籌餉事
例及常例銀數核減四成統以六成實銀上兌



一鄭工新例遇缺先花樣擬照籌餉例分缺先銀數核減
二成以八成實銀上兌如捐此項花樣應以出身報捐
各本職雙月起至花樣免試用止統以八成實銀交納
其已遵新例減四成報捐各本職應補應選人員加捐
此項花樣者應先補足各本職雙月三班分發指省花
樣免試用等項二成銀兩以符八成實銀之數
一從前遵籌餉事例報捐人員今願捐過鄭工新例擬仿
照海防事例過班章程辦理至遵海防事例報捐人員

今願捐過鄭工新例擬仿照從前遵舊例報捐人員捐過籌餉事例定章均按各本職雙單月三成花樣四成報捐各班其曾經報捐過例人員如願捐過鄭工新例亦應循照舊章均令按雙單月三成花樣四成之數減半上兌至候補試用人員捐過新例應令補交分發留省銀兩如捐過補用花樣其舊例所捐免試用亦令按四成銀數過班均准照鄭工新章分別減成收捐

一查海防新班先花樣係照籌餉例定分鈌先銀數核減二成海防分鈌先花樣係照籌餉例定分鈌先銀數減



二成遞減四成今海防分鈌先捐過鄭工遇鈌先應比照海防新班先捐過遇鈌先銀數核辦應將原捐遞減四成之數補足至海防分鈌間儘先兩項今願捐過鄭工遇鈌先並前項花樣已捐過鄭工分鈌先分鈌間儘先花樣人員續捐鄭工遇鈌先亦應將原捐海防分鈌先分鈌間儘先等項花樣遞減四成銀數補足再海防新班即今願捐過鄭工遇鈌先亦應比照海防新班先捐過遇鈌先銀數核辦應將海防新班即較與新班先所短一成銀數補足以歸一律

謹將鄭工新例仿照海防事例收捐各條欵繕具清單

恭呈

御覽

計開

文職報捐分鈌先前分鈌間用班次內報捐遇鈌儘數分先前分間前儘先前等項仍應停止不准收捐

文職報捐各項本班儘先

文職分發分鈌先用等項人員捐免試用

筆帖式捐分鈌先用等班捐免期滿

新例報捐人員按卯輪選並驗看分發



大挑一等知縣回籍聽候咨取人員准報捐分發

候補候選人員准先行捐免遠省並捐入近省選補

從前捐納捐輸並勞績各班人員加成過班查過班應按此次奏明鄭工新例辦理

道府以至佐雜等官捐免補本班字樣歸入候補班

勞績補用人員報捐離任

外官着有勞績各員捐免補本班

各衙門記名人員准捐分發歸候補班補用

各衙門截取外用人員捐升准作爲雙月遞捐

外任各官升補尚未實任人員捐升

外任官員准捐免實授試俸及歷俸年限
滿蒙應歸月選推升各官准其捐免試俸
各省道府以至未入流准捐免俸滿年限
滿蒙郎中以下等官報捐本班儘先選用等班
滿洲司員筆帖式應扣調京年分各員酌擬捐免
現任理事同知通判准照撫民同知通判加成報捐外任
舉人及各項貢生推廣報捐
捐輸人員呈驗貢監執照方准報捐內捐生補交監生照銀係專歸部庫收捐之欵外省不得兌收
各館謄錄供事分別推廣捐銜准照銜議敘



現任候補候選人員准捐升銜頂戴
常例所捐京銜添分部職銜
從九品等官准指項報捐
武職捐復降捐人員報捐分發
武職准捐指省分發
武職過班應照文職過班一律辦理
武職分發河工
武職報捐儘先捐班前並保舉儘先人員報捐遇缺
衛守備捐不論雙單月

捐升
改捐降捐
現任捐升捐免離任
扣算原資
筆帖式加捐扣算銀數
報捐人員分別現任候補候選
翰詹科道准捐外任
進士舉人報捐知縣
職員報捐



就職人員分別報捐
勞績保舉教職人員報捐
九品以下分發銀數分別報捐
應補道府等員加捐分發歸候補班
五貢捐內閣中書
報捐監掣同知
八旗漢軍報捐各項小京官
內務府人報捐
廕生報捐

武職改捐文職
舊例增附訓導加捐過班
恩拔副貢出身各大使豫捐保題
報捐翎枝
捐免赴部投供此條係指知縣以上軍營帶隊及隨營差委人員准其捐免其餘應行投供各項人員一概不准捐免
捐歸候補班
教習捐免期滿
八旗滿蒙文舉人繙譯舉人並漢軍各省舉人准捐小京官選用
捐免五缺

報捐部缺筆帖式委筆帖式
役滿吏報捐
賠項人報捐
賞給千把總銜鄉勇義民及軍功頂戴人報捐
有服人報捐
分發赴選取結起文
捐入補班
捐免坐補
捐免試俸

捐免實授
捐離任
捐職銜貢監
捐封典
捐分發指省
捐離原省
報捐謄錄
以上七十五條部庫及各直省均准收捐
軍臺人員贖罪

新疆人員贖罪
新疆人員捐免成限
新疆遣戶捐請釋回
以上四條專歸部庫收捐
查同治十年四月戶部核定就職人員報捐本班儘先銀
數章程今按鄭工新例減成實銀數目
教諭
由開例以前就教之恩拔副貢生報捐教諭歸就教本班
儘先選用按照籌餉例定核減四成應實銀四百一十

七兩六錢
由開例以後就教之恩拔副貢生報捐教諭歸就教本班儘先選用按照籌餉例定核減四成應實銀五百七十九兩六錢
由開例以前就教之恩拔副貢生報捐教諭歸捐納雙單月本班儘先選用按照籌餉例定核減四成應實銀五百四十七兩二錢
由開例以後就教之恩拔副貢生報捐教諭歸捐納雙單月本班儘先選用按照籌餉例定核減四成應實銀六百四十四兩四錢



## 訓導

由開例以前就教之歲優貢生報捐訓導歸就教本班儘先選用按照籌餉例定核減四成應實銀二百九十八兩八錢
由開例以後就教之歲優貢生報捐訓導歸就教本班儘先選用按照籌餉例定核減四成應實銀三百五十八兩二錢
由開例以前就教之歲優貢生報捐訓導歸捐納雙單月本班儘先選用按照籌餉例定核減四成應實銀三百八十五兩二錢
由開例以後就教之歲優貢生報捐訓導歸捐納雙單月本班儘先選用按照籌餉例定核減四成應實銀四百零一兩四錢

## 直隸州州判

由開例以前就職直隸州州判之恩拔副貢生報捐直隸州州判歸就職本班儘先選用按照籌餉例定核減四成應實銀五百七十九兩六錢



由開例以後就職直隸州州判之恩拔副貢生報捐直隸州州判歸就職本班儘先選用按照籌餉例定核減四成應實銀八百二十五兩六錢
由開例以前就職直隸州州判之恩拔副貢生報捐直隸州州判歸捐納雙單月本班儘先選用按照籌餉例定核減四成應實銀六百五十五兩二錢
由開例以後就職直隸州州判之恩拔副貢生報捐直隸州州判歸捐納雙單月本班儘先選用按照籌餉例定核減四成應實銀一千零七十一兩

以上三項就教就職人員應於光緒十三年九月二十
八日奏開鄭工新例之日起分别開例前後辦理
查光緒十三年六月十五日戶部會議直隸總督李鴻章
奏請變通捐章摺內陳明佐雜人員報捐免補免選本
班毋庸援引光緒四年章程核辦仍仿照籌餉舊例辦
理並請將道員有三品銜者仍照鹽運使銜道員加二
品頂戴章程銀五千四百兩其無二品銜者應准加倍
報捐等因奏准在案此次開辦鄭工新例京外均准按
照新章減成收捐

鄭工新例　酌增條欵　美　榮錄堂

謹將鄭工新例檢查舊案及例有未備酌增條欵繕具清單恭呈
御覽

計開

文職捐免驗看仿照籌餉事例照離任銀數按現開鄭工新例減四成核收

筆帖式捐贊禮郎銜酌定例銀三百四十兩按照現開鄭工新例減五成核收

盛京及各省駐防佐領加捐協領銜酌定例銀二千兩按照現開鄭工新例減五成核收

現任道員捐鹽運使銜應比照道員捐三品銜加五成報捐查現任道員捐三品銜應例銀四千一百十三兩加五成例銀二千五十六兩共應例銀六千一百六十八兩按照現開鄭工新例減五成核收

候補候選道員捐鹽運使銜應比照道員捐三品銜加五成報捐查候補候選道員捐三品銜應例銀四千八百三兩又加五成例銀二千四百二兩共應例銀七千二百五兩按照現開鄭工新例減五成核收

現任知府捐鹽運使銜應比照知府捐三品銜加五成報捐查現任知府捐三品銜應例銀四千六百八兩又加五成例銀二千三百四兩共應例銀六千九百十二兩按照現開鄭工新例減五成核收

候補候選知府捐鹽運使銜應比照知府捐三品銜加五成報捐查候補候選知府捐三品銜應例銀五千七百四十六兩又加五成例銀二千八百七十三兩共應例銀八千六百十九兩按照現開鄭工新例減五成核收

鄭工新例　酌增條欵　[illegible]　榮錄堂

文舉人會試逺省已經一科近省已經三科未及揀選者准其捐作揀選酌定例銀四百兩按照現開鄭工新例減四成核收

文舉人會試未滿科分未及揀選者准其捐作揀選酌定例銀八百兩按照現開鄭工新例減四成核收

考職人員擬准捐本班儘先按照籌餉例各本職儘先銀數照現開鄭工新例減四成核收

就職之教諭訓導准其報捐分發毋庸補班次銀兩應按減四成核收

道府以至佐雜凡應歸候補班者准其捐指奉天吉林補用

以上酌增各條擬請附入鄭工新例京外均准收捐
查鄭工新例過班章程除籌餉例捐過鄭工例仍仿照
海防事例辦理毋庸開單外所有海防事例捐過鄭工
新例銀數各殊辦法互異恐各捐生未能周知自應舉
一以例其餘俾知應捐應補銀數如何核算今以監生
出身捐納知縣一項選用花樣過班相爲比例其餘各
官報捐過班均可類推又以捐升銜續捐實官亦應分
別作抵銀數應將前項過班銀數及升銜如何抵捐實
官各條開列於後



計開

海防新班先現過鄭工遇缺先
由監生捐知縣雙單月籌餉例銀四千七百六十一兩
應按雙月三班三成過班例銀一千四百二十八兩三
錢又捐過鄭工遇缺先按照籌餉例分缺先例銀四千
七百六十一兩四成過班例銀一千九百零四兩四錢
統共減二成核實銀二千六百六十六兩一錢六分

海防新班即現過鄭工遇缺先
由監生捐知縣雙單月籌餉例銀四千七百六十一兩
應按雙月三班三成過班例銀一千四百二十八兩三
錢又捐過鄭工遇缺先按照籌餉例分缺間例銀四千
二百八十五兩四成過班例銀一千七百十四兩再照
籌餉例分缺先補足一成例銀四百七十六兩一錢統
共減二成核實銀二千八百九十四兩七錢二分

海防分缺先現過鄭工遇缺先
由監生捐知縣雙單月籌餉例銀四千七百六十一兩
應按雙月三班三成過班例銀一千四百二十八兩三
錢又捐過鄭工遇缺先按照籌餉例分缺先例銀四千



七百六十一兩四成過班例銀一千九百零四兩四錢
統共減二成核實銀二千六百六十六兩一錢六分再
補足海防分缺先原遞減四成實銀一千五百二十三
兩五錢二分以上共實銀四千一百八十九兩六錢八分

海防分缺間現過鄭工遇缺先
由監生捐知縣雙單月籌餉例銀四千七百六十一兩
應按雙月三班三成過班例銀一千四百二十八兩三
錢又捐過鄭工遇缺先按照籌餉例分缺間例銀四千
二百八十五兩四成過班例銀一千七百十四兩再照

籌餉例分缺先補足一成例銀四百七十六兩統共減
二成核實銀二千八百九十四兩七錢二分並應補足
海防分缺間原遞減四成實銀一千三百七十一兩二
錢以上共實銀四千二百六十五兩九錢二分

海防本班儘先現過鄭工遇缺先

由監生捐知縣雙單月籌餉例銀四千七百六十一兩
應按雙月三班三成過班例銀一千四百二十八兩三
錢又捐過鄭工遇缺先按照籌餉例本班儘先例銀三
千一百七十四兩四成過班例銀一千二百六十九兩



六錢再照籌餉分缺先例銀數目除去本班儘先例銀
數目作抵外應補捐例銀一千五百八十七兩統共減
二成核實銀三千四百二十七兩九錢二分再補足海
防本班儘先原遞減四成實銀一千零十五兩六錢八
分以上共實銀四千四百四十三兩六錢

海防新班即已過鄭工分缺間續捐鄭工遇缺先

由監生遵海防例報捐知縣新班即選用現過鄭工新
例分缺間按雙單三成花樣四成例銀再減四成辦理
如續捐鄭工遇缺先應補足雙單三成過班之二成銀

二百八十五兩六錢六分並補足分缺間花樣四成過
班之二成銀三百四十二兩八錢加捐鄭工遇缺先照
籌餉例分缺先補足一成例銀四百七十六兩一錢減
二成核實銀三百八十兩零八錢八分統共實銀一千
零零九兩三錢四分

海防分缺先已過鄭工分缺先續捐鄭工遇缺先

由監生遵海防例報捐知縣分缺先選用現過鄭工新
例分缺先按雙單三成花樣四成例銀再減四成辦理
如續捐鄭工遇缺先應補足雙單三成過班之二成銀



二百八十五兩六錢六分並補足分缺先花樣四成過
班之二成銀三百八十兩零八錢八分再補足海防分
缺先原遞減四成實銀一千五百二十三兩五錢二分
統共實銀二千一百九十兩零零六分

海防分缺間已過鄭工分缺間續捐鄭工遇缺先

由監生遵海防例報捐知縣分缺間選用現過鄭工新
例分缺間按雙單三成花樣四成例銀再減四成辦理
如續捐鄭工遇缺先應補足雙單三成過班之二成銀
二百八十五兩六錢六分並補足分缺間花樣四成過

班之二成銀三百四十二兩八錢加捐鄭工遇缺先照籌餉例分缺先補足一成例銀四百七十六兩一錢減二成核實銀三百八十兩零八錢八分再補足海防分缺間原遞減四成實銀一千三百七十一兩二錢統共實銀二千三百八十兩零五錢四分

海防本班儘先已過鄭工本班儘先續捐鄭工遇缺先

由監生遵海防例報捐知縣本班儘先選用現過鄭工新例本班儘先按雙單三成花樣四成例銀再減四成辦理如續捐鄭工遇缺先應補足雙單三成過班之二



成銀二百八十五兩六錢六分並補足本班儘先花樣四成過班之二成銀二百五十三兩九錢二分再照籌餉例分缺先例銀數目除去本班儘先例銀數目作抵外應補捐例銀一千五百八十七兩以減二成核算計實銀一千二百六十九兩六錢再補足海防本班儘先原遞減四成實銀一千零十五兩六錢八分統共實銀二千八百二十四兩八錢六分

海防本班儘先已過鄭工本班儘先又加鄭工分缺間續捐鄭工遇缺先

由監生遵海防例報捐知縣本班儘先選用先過鄭工新例本班儘先加捐分缺間按雙單三成本班儘先四成過班又加捐分缺間銀兩均照減四成辦理如續捐鄭工遇缺先應補足雙單三成過班之二成銀二百八十五兩六錢六分並補足本班儘先花樣四成過班之二成銀二百五十三兩九錢二分再照籌餉例分缺先例銀數目除去本班儘先例銀數目作抵外應補捐例銀一千五百八十七兩以減二成核算計實銀一千二百六十九兩六錢再補足海防本班儘先原遞減四成



實銀一千零十五兩六錢八分統共實銀二千八百二十四兩八錢六分內扣除加捐分缺間實銀六百六十六兩六錢作抵外實應捐銀二千一百五十八兩二錢六分其餘加此報捐花樣均可類推

籌餉例捐至分缺間本班儘先人員已遵海防例報捐過班並加捐花樣如籌餉例儘先捐過海防例本項花樣加捐海防先海防即分缺先分缺間並籌餉例分缺間捐過海防例本項花樣加捐海防先分缺先之類今捐過鄭工新例花樣其雙單月准按三成過班之數減半

報捐所有加捐花樣過班仍按四成報捐不准減半以
示區別
升銜報捐實官應補足升銜本職雙月銀數方准捐升改
捐降捐查升銜報捐實官除從前遵照籌餉例減成暨
非由海防例在外省不減成報捐升銜今遵鄭工新例
報捐本職實官仍仿照海防事例辦理外其遵海防例
已捐升銜今遵鄭工新例報捐本職實官應補足原捐
升銜本職雙月減二成遞減二成之數以符籌餉雙月
例定數目再按所補銀數照鄭工新例減成收捐至遵



鄭工新例報捐升銜續捐本職實官　將原捐升銜實
銀作抵不敷實銀如數補足又已捐三品銜同知如捐
升道員其原捐三品銜即按道員升銜作抵如捐升知
府其原捐三品銜即按知府升銜作抵如已捐四品銜
同知續行捐升改捐降捐實官核其原捐四品銜係按
捐升何官雙月報捐升銜即按何官雙月補足再行捐
升改捐降捐餘以類推再原捐升銜如已作抵報捐實
官銀數自應不准戴用原捐升銜以照核實

戶部等衙門謹
奏為會議鄭工新例開散宗室報捐官職銓補章程恭摺
仰祈
聖鑒事竊查戶部前因河南鄭州黃河漫口需欵浩繁遵
旨籌欵並議覆御史周天霖等奏請將海防事例暫停開辦
鄭工新例所有一切應行收捐條欵仍仿照海防事例
辦理一摺於光緒十三年九月二十八日具奏奉
旨依議欽此欽遵查光緒十年十二月初八日戶部會議奏
開海防事例摺內陳明開散宗室人員報捐郎中員外



郎主事理事官副理事官經歷筆帖式等官准其比照
滿蒙貢生出身報捐各官銀數辦理專在部庫上兌等
因奏准在案今奏請開辦鄭工新例暨仿照海防事例
條欵收捐其開散宗室人員自應一律照辦仍專歸部
庫兌收查照新例滿蒙貢生出身報捐郎中等官銀數
辦理查此次新例滿蒙貢生報捐郎中等官並捐分缺
先分缺間本班儘先等三項花樣以及報捐分發均照
籌餉例定銀數核減四成以六成實銀上兌如捐新例
遇缺先自出身起捐至此項花樣止統按籌餉例核減

二成以八成實銀上兌所有關散宗室人員遵鄭工
新例報捐郎中員外郎主事理事官副理事官經歷筆
帖式等官應如何銓補之處宗人府查宗室人員如有
指捐宗人府理事官副理事官經歷主事並部院宗室
郎中員外郎主事補用者若仍按籌餉例定銀數核減
四成以六成上兌其銓補班次是應仍照海防事例辦
理如捐新例遇缺先係八成實銀上兌其銓補班次似
應稍加優獎臣等公同商酌如有報捐鄭工新例遇缺
先花樣指捐宗人府理事官副理事官經歷主事補用
者自奏
旨之日起計過一選缺後照例截補如報捐郎中主事者計
至三缺後補用員外郎計至五缺後補用如有指明某
部院郎中員外郎主事者即以某部院之缺過一缺後
截補以上銓補各缺較比海防事例酌減一缺亦足以
示優異查臣衙門七品筆帖式共二十缺若再插班截
補而正班更覺阻滯惟正班內現在繙譯舉班無人前
經奏明以捐輸人員抵補查捐輸借補繙譯舉班統歷
陳班補用人員業經用竣僅止舊例捐輸並無花樣以



筆帖式補用人員抵補今奏請開辦鄭工新例如有指
捐宗人府七品筆帖式歸入新例遇缺先花樣者係上
兌知照到府後即入借補繙譯舉班內遵用鄭工新例
遇缺先二人再用舊例捐輸一人若僅捐鄭工本班儘
先者應俟新例遇缺先人員用竣後再用本班儘先之
人倘將來繙譯舉正班有人時似應先用繙譯舉正班
一人再用鄭工遇缺先二人以示區別若捐筆帖式並
未指明宗人府者即專補
兩陵並各部筆帖式之缺其輪用班次現在海防無人如有報
捐鄭工新例補用者即按前擬海防新班插補再查臣
衙門効力筆帖式二十四缺係應升七品筆帖式輪用
班次照例先補新議敘班二人者中班一人舊議敘班
一人捐輸班一人以五缺為一週現查考班無人久以
過班新例舊捐四班輪用查舊例捐輸儘先人員僅止
二人若傳補到班時設遇事故再傳並無報捐儘先之
人今擬請開辦鄭工新例如有報捐効力筆帖式儘先
者考班現已無人即將此班內插用一人其捐輸班內
如有新例報捐儘先者先用一人俟再到班時再用舊

例捐輸儘先一人仍以五缺爲一週如遇缺出照例咨
查吏部俟覆准後再行傳補應俟新班用竣後即將此
案查銷仍照向例辦理以符舊制吏部查前於光緒十
一年五月初二日會同宗人府議覆御史慶祥條奏章
程內開擬請宗室勞績保舉以及捐納候選各官如有
情願分部學習當差者准其比照滿洲人員報捐分發
之例由戸部上兌核准知照吏部即照廕生之例簽分
部院學習行走等因奉
旨依議欽此欽遵在案今戸部奏開鄭工事例如有宗室人



員報捐分發學習行走仍俟戸部上兌核准後知照到
部再行照章分部至捐納各有應如何銓補之處仍由
宗人府自行辦理所有臣等會議緣由理合恭摺具陳
伏乞
皇太后
皇上聖鑒再此摺係戸部主稿會同宗人府吏部辦理合併
聲明謹
奏

海防事例
附銓補新章
地

戶部等部謹
奏為會議海防事例捐納各員銓補章程恭摺
聖鑒事竊查戶部等衙門會議海防籌餉浩繁請准部庫及
各直省開捐實官常例以裕餉項一摺於光緒十年十
二月初八日具奏欽奉
懿旨依議欽此當由戶部遵將京外准收條款及就職勞績保
舉人員分別報捐銀数從九品銜加捐不准作抵銀数
各章程開單隨同則例詳細籤註頒發各直省遵照辦
理除專歸部庫兌收各條業經奏明毋庸繕單外其餘
各條謹繕清單恭呈
御覽臣等伏思此次新例報捐各員雖照籌餉例定銀数核
減二成然較從前減成報捐各員不同其銓補班次前
已奏明如能援照五新一舊輪用成案方足以示鼓勵
所有京外文職三班分缺先分缺間本班儘先選用人
員及外官分發各省試用報捐分缺先分缺間本班儘
先補用人員並舊例各員過入此次新例人員應如何
從優選補以示鼓勵之處
吏部以現在海防事例比照籌餉例核減二成均以八



成實銀上兌其分缺先分缺間未便比照籌餉例初開
選法自應援照五缺一週舊輪無論何項到班先用新
例八成實銀之分缺先分缺間三人然分缺先分缺間
中間必用各項一人不准連用可否另議名目以分等
差各項班次內其本班儘先及雙單月到班均先用新
例四人舊例一人俾新例均壓舊例以期踴躍再原奏
內稱籌餉例初開係五新一舊輪用班次較優如能援
照銓補方足以示鼓勵等語查籌餉開捐將及三十年
各班未經銓補之人盈千累百當此物力凋敝民鮮蓋
藏其舊例捐納未必盡能過班不能不留舊例一線之
路則五新一舊不得不稍為變通至銀捐四成之分缺
先前分缺間前現任選法捐納捐班先捐納正班到班
時均准先用間用此項到班無人方准用常捐分缺先
分缺間之人現在新例八成之分缺先分缺間如另改
名目而原奏內分缺先分缺間字樣宜作何分別應由
戶部酌定聲覆以憑核辦片商去後茲據覆稱新例八
成實銀之分缺先分缺間既據片稱必須另改名目方
能連用三人自係仿照同治八年八成章程統壓各班

辦理寔爲優定班次鼓勵新捐起見其如何另議花樣
名目之處即由吏部酌定惟既另議名目原奏內之分
缺先分缺間名目應酌改銀數以分等差所有此項分
缺先分缺間應按八成實銀之分缺先分缺間銀數各
遞減四成其本班儘先亦按八成實銀之本班儘先銀
數遞減四成是以上三項花樣銀數均浮於舊例分缺
先前分缺間前本班儘先前之上以示區別至此次未
經另議花樣名目之先已遵海防例報捐分缺先分缺間花
樣者其上兌銀數皆係八成實銀銓補班次自應歸於新班



連用三人之列以昭核寔再查同治年間舊章分缺先
分缺間捐納到班無論捐納本班先勞績捐班先捐班
後捐納正班均准先用間用光緒元年御史袁承業疏
通正途摺內因估缺過多勞績捐班先捐班後方不挿
用此次海防開捐原爲鼓勵捐輸可否仍行挿選一併
由吏部酌核等因片覆前來吏部查此次奏開海防事
例既係以八成實銀上兌自應分別另改名目方可仿
照八成五缺一週章程辦理以分等差擬請將新例八
成實銀之分缺先改爲海防新班先用八成實銀之分

缺間改爲海防新班即用其照八成實銀之分缺先分
缺間銀數各遞減四成報捐者應改爲海防新例分缺
先海防新例分缺間其照八成實銀之儘先銀數遞減
四成者應改爲海防新例本班儘先仍俟各本班到班
之前儘先選用至八成實銀報捐三班分發指省等項
核計逐層銀數均比從前籌餉例減成報捐較多且此
次捐輸係海防經費急需應將各項班次量予加優擬
請滿漢京官郎中至未入流外官道府至未入流無論
月選揀補各缺除坐補各項即用及



特用五缺道府截取二缺直隸州知州保送二缺不計外查
從前新班遇缺先人員原係五缺得三新班遇缺人員
原係五缺得一兩班各項人數現已無多自應將此項、
選班核減應改爲無論何項到班俱先用海防新班先
用二人海防新班即用一人再用舊例銀捐遇缺先一
人如無人用舊例銀捐遇缺之人再無人過班即接用
各項班次一人以五缺爲一週其有未經改定海防新
班先用海防新班即用以前已照八成分缺先分缺間
銀數上兌者分別歸於海防新班先用海防新班即用

班內選用補用至舊例銀捐分缺先前分缺間前人員
同治年間選法捐納捐班先勞績捐班先捐納正班勞
績捐班後到班均准其先用間用光緒元年二月御史
袁承業條奏疏通正途因此項佔缺過多當經奏明裁
減此次新例報捐分缺先用分缺間用人員應比照籌
餉例銀捐分缺先前分缺間前現在選法辦理俟捐納
捐班先捐納正班到班均准其先用間用其勞績捐班
先捐班後人員本係插班如於插班之中又復插選分
缺先分缺間之人捐班佔缺太多正途益形遲滯且鼓



勵捐輸亦不在此數缺前於光緒初年甫經刪改其新
例分缺先分缺間應於此項到班時仍照舊毋庸插選
至舊例銀捐分缺先前銀捐分缺間前人員須新例分
缺先分缺間無人方准先用間用其舊例減成之分缺
先分缺間人員須舊例銀捐分缺先前銀捐分缺間前
無人專俟捐納正班到班方准先用間用又戶部原奏
內稱咸豐元年奏定籌餉新例係五新一舊輪用班次
較優此次新捐各員如能援照銓補方足以示鼓勵等
語查籌餉事例開捐年久卯次最多未經銓補之人難

以數計使舊例報捐之人亦無到班之期亦不足以示
公允擬請將新例捐納雙單本班儘先及各項人員加
捐儘先並捐納雙單人員均照例定額數選用先用新
例四人次用舊例一人分別新舊輪選毋庸另加新增
額數輪用捐納雙單正班時先用新例四人如不足額
即以新例雙月先及雙月之人抵選其由舊例捐過班
歸入新例者均照新例人員一體掣籤銓選如新例本
班儘先及新例雙單不足應選額數均准以舊例儘先
並雙單之員選用舊例雙單先前及雙單儘先人員仍



俟輪用舊例時照章先儘銀捐雙單儘先前之人如無
人方准用常捐雙單儘先之人其由捐納雙單及雙月
人員保舉不論雙單月儘先選用及不論雙單月選用
者仍應照舊歸於勞績捐班先勞績捐班後照正班額
數選用統按奉
旨日期先後毋庸分別新例舊例報捐以免轇轕應照章分
別雙月單月不論雙單月先用捐納雙單之人再用雙
月單月之人其由舉人報捐教職四項間選亦按四新
一舊輪選至各項教職應按廩貢以上並增貢附貢分

別出身選用者仍照定章分別挨次選用按卯輪選其
餘各項選班照舊辦理毋庸另議所有從前大捐截卯
銀捐係一個月掣籤一次按名次先後選用大捐係四
個月一卯按卯掣籤輪選此次各省海防事例開捐既
經戶部定期兩個月截卯一次除封印日期不計外其
有捐案核准經戶部知照到部者應截至光緒十一年
三月二十日止歸於二十五日掣籤將海防新班先用
海防新班即用兩項戶部核准知照到部截至十一年
二月二十日止二十五日掣籤作為第一次按掣定名



次先後選用俟第一次選竣後再用第二次掣籤之員
至海防新例分缺先海防新例分缺間新例捐納雙單
本班儘先各項人員加捐本班儘先以及捐納雙單之
員均歸光緒十一年三月二十五日掣籤作為第一卯
按卯輪選以後仍扣足一個月掣籤一次兩個月掣籤
一卯仍會同河南道籤掣名次先後輪選俟新例截卯
掣籤後遵照奏定新章核辦未經掣籤之先各項選班
自應仍舊按班銓選其有籌餉事例報捐之案未經知
照續經核准到部者仍歸籌餉例內辦理至報捐指省

分發各員仍按月驗看分發各省分別新例舊例補用
又查定例在京筆帖式選用班次捐納班用三人降調
班無人將捐班抵選一人
盛京滿洲漢軍筆帖式選用班次捐納班用二人蒙古筆
帖式選用班次捐納班用一人今海防事例准捐新班
先用新班即用新例分缺先新例分缺間本班儘先等
項班次擬請將筆帖式選用班次除坐補先用即用不
計外無論何項到班先用海防新班先用二人海防新
班即用一人再用舊例銀捐遇缺先一人如無人用舊



例銀捐遇缺一人再無人即過班接用各項輪用班次
一人以五缺為一週其新例報捐分缺先分缺間選用
者應俟捐納儘先及捐納正班到班時俱准前後挿用
舊例銀捐分缺先前分缺間前人員俟新例分缺先分
缺間無人方准前後挿用至舊例分缺先分缺間人員
須俟舊例銀捐分缺先前分缺間前無人專俟捐納正
班到班時方准前後挿用其新例捐納人員按照例定
額數先用新例四人次用舊例一人至新例捐納本班
儘先人員悉照捐納正班額數亦按四新一舊選用舊

例捐納儘先前及捐納儘先人員仍俟輪用舊例時先用捐納儘先前之人如無人再用捐納儘先之人遇降調無人時即以此次新例捐班抵選新例捐班無人方准以舊例捐班抵選又定例各衙門留補筆帖式班次廕生繕本帖寫庫使學習均俟期滿奏留後各按本班補用一人今海防事例准捐新班先用新班即用新例分缺先分缺間本班儘先等項班次並准捐免期滿擬請將各衙門筆帖式留補班次亦按此次五缺一週班次輪補其新例報捐分缺先分缺間補用人員應俟捐



納本班儘先及捐納學習班到班時俱准前後挿用舊例銀捐分缺先前分缺間前人員俟新例分缺先分缺間無人方准前後挿用至舊例分缺先分缺間人員須俟舊例銀捐分缺先前分缺間前無人專俟捐納學習正班到班時方准前後挿用其新例捐納學習班人員按照例定額數亦先用新例四人次用舊例一人至新例報捐各本班儘先補用者應分別各本班到班時按照正班額數亦以四新一舊補用舊例捐納各本班儘先前及捐納各本班儘先人員仍俟輪用舊例時先用

捐納儘先前之人如無人再用捐納儘先之人其未經奏留廕生筆帖式學習筆帖式並繕本貼寫庫使及已經奏留未經期滿之員報捐過入新班者均應先行捐免期滿後方准遞捐其已經奏留並已經期滿各員報捐過入新班者毋庸再行捐免期滿以示區別至舊例捐納候選人員有遵新例報捐分部等項班次者亦應先令報捐過入新班後方准遞捐歸入新班補用舊例捐納復遵新例分部人員已經期滿奏留如未報捐過入新班者仍按舊例原資補用其舊例捐納分部人用



如於期滿奏留後復行補交從前原捐班次及分部未捐足銀數復行報捐過入新班者均准其歸入新班補用以昭平允至

盛京各衙門學習筆帖式亦准其一體報捐新班先用新班即用新例分缺先分缺間本班儘先等項班次其補用班次悉照在京各衙門之例辦理

又外補各官輪補班次道府同知直隸州知州通判丁憂終養迴避撤回叅革降補改教各項留補選缺專以正途出身之

記名分發人員請補如無人准以各項候補班前候補正班人員酌補知州丁憂終養迴避撤回叅革降補改教留補選缺將各項候補班前候補正班人員酌補知縣叅革留補選缺專用軍功候補人員酌補改教撤回降補迴避留補選缺將各項進士即用班前進士即用與各項候補班前候補正班人員分班酌補河工直隸州州同州判府屬州同州判縣丞如遇丁憂叅劾二項所出之缺專用先儘正途次儘正途試用大挑輪流酌補以上各項均係專補之缺毋庸另議外查從前新班遇缺



先新班遇缺人員內選班次現在既經核減其外補班次自應一律辦理擬請將道府同知直隸州知州通判知州知縣升調所遺及告病病故休致以及佐貳雜職並鹽務等官無論何項所出留補選缺及河工等官除坐補原缺裁缺即用迴避即用新選新補留省另補人員不計外無論何項到班俱先用海防新班先用二人海防新班即用一人再用舊例銀捐遇缺先一人如無人用舊例銀捐遇缺人員再無人過班即接用各項輪用班次一人以五缺為一週新例報捐分缺先用分缺

間用人員應照籌餉例銀捐分缺先前分缺間前人員輪補章程辦理俟輪用各項時知縣以及佐雜並鹽務河工等官試用及捐納正班到班均准其先用間用如新例分缺先分缺間無人方准挿用舊例銀捐分缺先前分缺間前人員其舊例減成之分缺先分缺間人員應專俟捐納正班到班新例分缺先分缺間舊例銀捐分缺先前分缺間前無人方准挿用至候補即用委用以及各本班先到班仍不准挿用新例舊例分缺先分缺間之人以符定制道府同知直隸州知州通判知州



應專俟升調遺選缺候補委用試用各正班到班准其挿用新例分缺先分缺間人員如無人挿用舊例銀捐分缺先前分缺間前之人如再無人方准挿用舊例分缺先分缺間之人其各本班先到班及病故休遺缺無論何項到班均不准挿用如遇無題調道府缺省分其道府兩項亦准遇病故休遺除各正班到班時挿用新例分缺先分缺間人員如無人挿用舊例分缺先前分缺間前之人如再無人方准挿用舊例分缺先分缺間之人新例報捐各項本班儘先補用人員於各本班輪

補到班時先用新例本班儘先一人再用本班一人輪用本班儘先時應照內選人員先用新例本班儘先四人再用舊例本班儘先一人先儘舊例本班儘先前之人如無人即用本班儘先之人如舊例本班儘先無人即用新例本班儘先人員抵補如新例本班儘先無人仍用舊例之人輪用舊例時先儘本班儘先前人員如無人再用本班儘先之人如再無人始用勞績本班儘先之人新例捐納試用人員俟輪用捐納到班時亦先用新例捐納試用四人再用舊例捐納試用一人如舊



例無人即用新例捐納試用人員抵補如新例無人仍用舊例捐納試用之人此次新例報捐人員惟知縣一項海防新班先用海防新班即用新例分缺先分缺間捐納試用本班儘先捐納試用並候補議叙捐輸孝廉方正報捐各本班儘先人員遇輪補升調所遺及告病病故休致之缺到班時於各本班中先用正途出身及曾任知縣曾任實缺應升知縣者二人再用各班中各項出身者一人如正途出身及曾任知縣曾任實缺應升知縣無人即用各項出身之人其舊例人員再捐過

班入新例者應歸新例人員內一律補用外補人員應俟截卯掣籤後臣部開單行文各省按照限減半計算以接到過班知照部文後下月所出之缺一體遵照辦理至原奏內稱此次開捐即由各省督撫責成藩司遴委妥員只准在該省核實辦理統令交各該省藩庫上兌由各該藩司遵照此次新章隨時發給實收按月造册將副實收隨册咨送再由戶部隨時核准換給執照等語吏部查從前各省捐輸專咨請獎之案經戶部奏明三個月彙奏一次仍將專咨各捐生履歷另造清册



隨摺送部等因抄錄原奏知照吏部在案今據戶部奏開實官常例捐輸係海防經費緊要待餉孔殷起見惟因予限一年爲期既促改爲兩個月截卯一次則三個月彙奏一次未免稽遲亦應因時制宜改爲兩個月一奏以期迅速其捐案到部核准後自應仍照舊章隨時知照吏部註册給照應請飭令該督撫查照從前成案分別奏咨按次造册報部兩個月彙奏一次以重捐務而杜稽延

戶部查此次遵海防新例報捐各項花樣既據吏部擬

改爲海防新班先用新班郎用海防分缺先分缺間本
班儘先各名目由臣部按照籌餉例銀分別遞減成數
辦理則前項人員過班亦宜核定成數以示區別謹分
條開列
一舊例遇缺先遇缺等項人員願過入海防新例新班
先用新班郎用者仍查照上年奏定過班成數核辦外
其舊例之分缺先前分缺間前本班儘先前以及分缺
先分缺間本班儘先等項人員願過入海防分缺先分
缺間本班儘先者其雙單月分發直省等項過班均仍



照籌餉例銀減二成後各按原定成數交納其花樣之
過班則應照籌餉例銀減二成遞減四成後亦各按原
定成數交納如此釐定新章方免偏枯
一有情願以原捐較大之花樣過入新例較小之花樣
者仍應照此次所定各項花樣過班成數辦理不准以
舊捐較大之花樣呈請多抵銀兩
一遵新例報捐銀數較少之花樣續行加捐銀數較多
之花樣皆應按照舊章准將前捐花樣銀數一律扣抵
惟已捐他職者不准扣算

一已遵新例報捐八成實銀之分缺先分缺間現既改
名爲海防新班先用新班郎用則前項人員原領執照
自應另行換給以歸核實
一已遵新例報捐八成實銀之捐納本班儘先人員核
其原捐銀兩如與海防分缺先分缺間銀數無絀亦准
其呈請改歸海防分缺先用分缺間用換給執照或該
員仍願歸入本班儘先者聽庶足以昭平允而資鼓勵
至報捐武職業經停止其從前已捐有實官及勞績保
舉人員遵照此次海防新例報捐分發指省過班並儘



先捐班前暨衛守備捐不論雙單月人員應如何銓補
之處
兵部查定例陸路武職各官奉
旨以應陞之缺郎行陞用並遇缺郎補儘先陞用者遇有該
省題推缺出郎行題補又臣部奏定章程副叅兩項未
經保留省分之員由督撫大臣送部隨時帶領引
見開有題缺省分請
旨發往候補又應歸部選之遊擊都司守備人員赴部投供
時准其呈請分發保有儘先者掣發各省候補未保儘

先及一切應歸部選人員掣發有題缺省分歸揀發班
候補有願指捐各省及本省者仍照舊例辦理又漢侍
衛有情願分發者准其自行呈明籤掣有題缺省分歸
揀發班候補有捐指省者不准指捐本省各等語是副
恭准其請
旨發省遊都守准其呈請分發均毋庸報捐此次海防新例
應准其報捐指省有捐指河工者亦准其報捐其候選
之衛所各官亦准其捐分漕標試用均俟赴部分發從
發往投標按照例章序補至報捐過班及儘先捐班前



衛守備捐不論雙單月人員查軍興以來凡保舉儘先
者皆係鋒刃餘生戰功卓著故奏定班次極優現在籌
餉維艱又不得不優待捐生以期踴躍臣等公同酌核
擬請原係保舉儘先人員補交四成作爲遇缺者無論
銓補到班時先用捐納遇缺一人次用勞績儘先一人
相間輪用其餘應陞應選及勞績保舉凡無花樣各員
報捐儘先花樣遇本班到班時先用儘先一人次用本
班一人亦相間輪用至報捐捐班前及原係捐納人員
今捐過班者於輪用捐納班時先用捐班前一人次用

新捐過班二人再次用舊捐一人每輪只用一人衛守
備捐不論雙單月選用者歸捐輸班內新捐過班一人
後揷用一人以上捐納各員銓補班次無論出缺是否
在前均按此次章程辦理如捐納無人仍照舊銓補
戶部再查籌餉事例向以四個月爲一卯由吏部兵部
按卯籤掣名次此次奏開海防新例若仍按從前卯次
爲時過久竊恐捐生巧爲趨避或於將次截卯時探明
某項花樣較少卽指捐某項花樣掣籤之後赳期可望
銓選而報捐較早者轉爲失計此中取巧流弊最多勢



必各省捐生觀望不前難期踴躍應於上年十二月初
八日奏開海防事例奉
旨之日起除封印日期不計外所有遵照海防新例報捐無
論京外收捐者由戶部隨時核准知照吏部兵部作爲
兩個月一卯按卯截數掣籤輪選以期迅速而免流弊
所有臣等會議緣由理合恭摺具陳伏乞
皇太后
皇上聖鑒再此摺係戶部主稿會同吏部兵部辦理合併聲
明謹

奏於光緒十一年二月十九日具奏奉
旨依議欽此

戶部等衙門謹
奏為會議開散宗室報捐官職銓補章程恭摺仰祈
聖鑒事竊查現在暫開海防事例宗室人員不准報捐未免向隅擬請將火器營章程內所載宗室人員准捐郎中員外郎主事理事官副理事官經歷筆帖式等官一律准其按籌餉例核減二成之數報捐以昭畫一再閒散宗室向准一體鄉試此項人員擬即請比照滿蒙貢生



出身報捐各官銀數辦理並請專在部庫上兌外省概不准收捐等因於光緒十年十二月初八日由戶部會同軍機處等衙門附片具奏欽奉
懿旨依議欽此欽遵在案臣等查宗室人員遵照此次海防新例報捐理事官副理事官主事經歷筆帖式應如何銓補之處宗人府查例載宗室指捐宗人府理事官副理事官經歷主事補用者自議覆奏
旨之日計缺起過三選缺後准其截缺補用其報捐郎中主事者均自議覆奏
旨之日計至第六缺後補用報捐員外郎者計至第八缺後補用如有報捐主事並未聲明宗人府及各部院字樣者即專補各
陵並各部主事或有指明某部院郎中員外郎主事即以某部院之缺過三缺後補用又例載府屬筆帖式均正七品遇有缺出以六缺為一班第一缺補用効力筆帖式一人第二缺補用廕生一人第三缺仍用効力第四缺補用文舉人一人第五缺又用効力第六缺補用繙譯舉班一人嗣因繙譯舉班無人以報捐七品筆帖式人員



抵補各等語惟查從前報捐人員均係折扣兌收此次戶部奏准仿照籌餉例定銀數酌減二成報捐核其銀數甚盈而於銓補班次似應酌加優獎方足以示鼓勵臣等公同商酌如有指捐宗人府理事官副理事官經歷主事補用者自議覆奏
旨之日計缺起過二選缺後照例截補如報捐郎中主事者計至第四缺後補用員外郎計至第六缺後補用如有指明某部院郎中員外郎主事即以某部院之缺過二缺後補用其補用章程均擬請照例辦理至本府七品

筆帖式如有報捐歸入新班補用者擬請先用効力一人新班一人廕生一人又用効力一人新班一人文舉一人再用効力一人新班一人繙譯舉班一人至新設

六部宗室七品筆帖式各一缺

東陵承辦事務衙門七品筆帖式二缺

西陵承辦事務衙門七品筆帖式二缺其輪用班次係用廕生一人文舉一人捐輸借補繙譯舉班一人以三缺為一週如有報捐歸入新班補用者擬請先用廕生一人新班一人文舉一人新班一人捐輸借補繙譯舉班一人



週而復始按班挿補如此變通辦理不獨新班捐輸人員有班可歸而於正班應補各員亦無甚窒碍至報捐新班筆帖式人員並未聲明宗人府者擬請援照報捐主事之例即專補

兩陵並各部宗室筆帖式之缺以免牽混而杜弊竇以上酌擬銓補班次係因海防經費暫請捐輸故作權宜之計是以酌中銓補應俟捐輸停止報捐新班各員陸續用竣後即將此案查銷仍照向例辦理以符舊制所有臣等會議緣由理合恭摺具陳伏乞

皇太后

皇上聖鑒再此摺係戶部主稿會同宗人府吏部辦理合併

聲明謹

奏於光緒十一年二月十九日具奏奉

旨依議欽此

一京外文職各員報捐海防新班先用銀數照籌餉例

分缺先銀數減二成

一京外文職各員報捐海防新班即用銀數照籌餉例

分缺間銀數減二成



一京外文職各員報捐海防分缺先用銀數照籌餉例

分缺先銀數減二成遞減四成

一京外文職各員報捐海防分缺間用銀數照籌餉例

分缺間銀數減二成遞減四成

一京外文職各員報捐海防本班儘先銀數照籌餉例

本班儘先銀數減二成遞減四成

謹
奏爲遵
旨會議海防需餉浩繁擬請暫准部庫及各直省開捐實官常
例以裕餉項恭摺仰祈
慈鑒事九月初五日軍機大臣欽奉
慈禧端佑康頤昭豫莊誠皇太后懿旨現在軍餉緊要應如何
豫爲籌畫之處着軍機大臣戶部總理各國事務衙門大臣
會同妥議具奏
醇親王奕譞着一併與議欽此仰見



皇太后垂念海防籌備餉需至意查近年各省地丁錢粮未能
復額例入較減出欵倍增伏思理財之要不外開源節
流已另摺上陳但此時流未易節源未易開求其不病
商累民而於財用卽可稍裨者惟有開捐一事溯查從
前歷辦成案或因軍務或因河工或因賑濟皆藉紳富
衆力用充
國帑不忍重擾民生恭讀嘉慶十九年
上諭前據吳璥奏開捐例朕以捐例本非善政恐無實濟而徒
滋流弊特交戶部覈議嗣經部臣兩議奏上因再降旨派曹

振鏞托津鐵保英和四人另行妥議旋據英和單銜具奏極
言捐例之弊本日據曹振鏞等三人議上仍以暫開捐例爲
請現在軍需河工各項動用均出常年經費之外姑照所請
暫開豫東事例著各該部會同妥議條款具奏諸臣食君之
祿皆當忠君之事除此次會經交議者毋庸再行瀆奏外其
餘各大臣果有眞知灼見能爲裕國之策者必須字字確切
毫無流弊不准泛論紙上空談仍犯議論多而成功少之病
如確有把握立能濟軍需河工之用奏上時朕採取施行卽
將捐例停止若止言捐例之弊而別無良謀其言皆朕所稔



知毋庸虛陳奏牘也欽此
聖謨遠大通變濟時天下共見本年七月間直隸督臣李鴻章
擬請在北洋開捐翎枝分發等項十月間福建撫臣劉
銘傳擬請在臺灣地方開捐實官均經戶部先後奏准
仰見
聖明因時制宜之意與嘉慶十九年
上諭正相脗合臣等籌度自應作未兩綢繆之計擬請暫准開
捐實官但專在部庫兌收竊恐捐生或處僻遠交納未
便擬請

海防下各直省督撫徧行宣示一律收捐統名爲海防事例以
廣招徠凡京職自郎中以下外職自道府以下以及三
班分缺先分缺間本班儘先各花樣暨分發指省等項
俱准報捐其報捐各項銀數查從前各省折扣章程極
爲紛亂多有扣實不及二三成者實屬不成事體今旣
奏請開捐若概令按照十成銀數又恐各捐生觀望不
前酌中釐定除道府直隸州州縣五項免保舉免考試
並加級紀錄捐復補監四成實銀向專歸部庫兌收仍
照舊辦理其餘各項免保舉免考試現擬亦提歸部收



均毋庸減成外所有此次京外准捐各項擬即仿照籌
餉例定銀數核減二成常例捐數一併減二成核收均
以八成實銀上兌概不准以錢文米糧軍械折抵現在
戶部暫收軍火捐輸擬請即行停止其翎枝一項擬仍
按照軍火捐章程銀數三品以上捐銀三千兩四品以
下捐銀二千兩准給花翎捐銀一千兩准給藍翎此較
咸豐十年奏定銀數業已減少自應以實銀上兌毋庸
再行減成至四川按糧津帖捐輸仍令照舊辦理其順
天直隸河南浙江安徽湖北各賑捐廣東軍火捐以及

福建洋藥茶捐雲南米捐統請一併停止其未奉到此
次
諭旨之先所收銀兩限兩個月趕造捐册送部逾限不准請獎
其臺防經費事例亦請改爲海防事例所收銀兩亦照
籌餉例減二成以歸畫一其銓補班次查咸豐元年戶
部會同吏部奏定籌餉新例係按五新一舊輪用班次
較優此次新捐各員如能援照銓補方足以示鼓勵應
俟
命下再由戶部會同吏部兵部詳酌籌議其從前減成報捐各



員有願捐過本班歸入新班者擬援照同治八年奏案
將原捐銀兩統作二成扣抵辦理謹擬酌加成數另繕
清單恭呈
御覽所有現在臺灣捐過班人員自應統照此次新章辦理若
有已在臺灣捐各項免保舉免考試者查係在此次奉
旨之前照舊核准嗣後概令由部庫報捐臺灣不准再收其武
職各官仍遵同治五年
上諭一概停止其初捐貢監各生甫入仕版者理合造具身家
清白印甘各結不得稍涉冒濫惟查從前各省收捐獎

實最多如減折之過甚糧械之抵算空照之遺失分局
之爭攬轉售之無考侵蝕之勒追懸欠之久懸收支之
空冒流濫無極究詰爲艱此次開捐卽由各省督撫責
成藩司遴委妥員只准在該省核實辦理不准委員向
他省添設分局統令交各該省藩庫上兌由各該藩司
遵照此次部定新章隨時發給實收按月造册將副實
收隨册咨送再由戶部隨時核准換給執照隨收飯照
銀兩同請獎清册解部以資辦公惟查此項飯銀舊例
每正項銀百兩隨交飯銀三兩作爲吏戶禮兵四部辦

公之用此次開捐擬無論大捐常捐按實捐銀數每百
兩減爲飯銀一兩五錢每張照費三錢減爲二錢庶稍
減捐費以期踴躍各該藩司務當遴派賢員以便捐生
而收實數倘查有私行折減及浮收抑勒刁難等弊卽
行從嚴叅辦如此於鼓舞之中仍寓愼重名器釐剔積
弊之意似於
國用軍需兩有裨益如蒙
俞允卽由戶部出示曉諭暨知照吏部通行各直省一體遵照
仍督飭司員將籌餉則例詳細簽註須發各省並將應

行釐定事宜分晰妥籌以防書吏需索等弊現將海防
各省需用固亟而捐事必歸藩司一手核辦糧臺軍營
均不准開捐藩庫收有實在成數按月咨報戶部由戶
部撥歸該省糧臺軍營實收實銷以杜空收冒銷之宿
弊其無海防各省均令各藩司收捐專欵存儲隨時報
部聽候部撥不得擅自動支致欵無着總之此項捐輸
因海防而開必實濟海防之用是爲要義並請自奉
旨之日始扣去封印日期予限一年限滿卽行停止俾示限制
所有臣等會議請在部庫暨各省開捐實官及常捐事例以裕經費緣由伏乞

皇太后慈鑒訓示遵行再此摺係戶部主稿合併聲明謹
奏
光緒十年十二月初八日具奏欽奉
懿旨依議欽此

謹查同治八年六月戶部具奏酌定新班遇缺先章程
丙陳明原捐銀數按二成扣除等因在案今旣奏開海
防新例其舊例人員願捐過入新班無論從前京外照
減成章程報捐者其原捐銀數統按二成作抵謹分別
過班成數繕具清單恭呈
御覽　計開
一從前報捐選補新班遇缺先
今捐過入新例雙月本班先單月不論雙單月並分缺
先分缺間本班儘先分發指省免試用統照例定銀數



二成交納
一從前報捐選補新班遇缺
今捐過入新例雙月本班先單月不論雙單月並分缺
先分缺間本班儘先分發指省免試用統照例定銀數
四成交納
一從前報捐選補分缺先前　分缺間前　本班儘先前
今捐過入新例雙月本班先單月不論雙單月並分缺
先分缺間本班儘先分發指省免試用應按照例定銀
數八成交納準將原捐四成花樣銀捐數目作抵若僅

捐過入新例雙月本班先單月不論雙單月分發指省
應不準其將銀捐數目作抵
一從前減成報捐選補雙月本班先單月不論雙單月分
缺先分缺間本班儘先分發指省免試用
今捐過入新例雙月本班先單月不論雙單月分缺先
分缺間本班儘先分發指省免試用應按照例定銀數
八成交納
一捐免保舉免考試除已在部庫照例定十成實銀上兌
願由本職過入新班者毋庸另交免保舉免考試外其



從前減成捐免保舉免考試者應按照例定銀數八成
過班再曾經部庫呈交免保舉免考試續捐陞階免保
舉免考試照例准將前捐實銀全數作抵查同品之知
府捐道員免保舉成案向係將原捐銀壹千貳百兩減
半作抵令補交銀陸百兩較知州捐道員將前捐免保
舉銀壹千兩全數作抵僅令補交捐銀貳百兩者捐項
轉多兩倍未免偏枯太甚嗣後同品改捐及降捐免保
舉免考試酌中定議統按例定銀數三成交納以昭平
允均歸部庫收捐外省不准免收至從前減成報捐之

免保舉免考試銀兩此次捐歷暨同品改捐降捐免保
舉免考試仍不准其作抵以免牽混
一報捐過班無論從前原捐幾次仍按出身報捐本職銀
數過班如非捐納出身及曾任實缺續捐官階者此次
應按照各官報捐本職銀數過班



再查閒散宗室報捐官職籌餉例內並無專條咸豐五
年戶部會議軍器王大臣等奏推廣捐輸章程摺內陳
明宗室人員准其報捐等因嗣於光緒五年奏准停止
在案現擬暫開海防事例此項人員不准報捐未免向
隅臣等公同商酌擬請將火器營章程內所載宗室人
員准捐郎中員外郎主事理事官副理事官經歷筆帖
式等官一律准其按籌餉例核減二成之數報捐以昭
畫一再閒散宗室向准一體鄉試此項人員擬即請比
照滿蒙貢生出身報捐各官銀數辦理並請專在部庫
上兌外省概不准收捐如蒙
恩准應俟
命下再由戶部會同宗人府吏部將銓補班次妥議具奏所有
臣等奏請閒散宗室一體准其報捐緣由是否有當臣
等未敢擅便理合附片陳明伏乞
慈鑒訓示遵行謹
奏

計開

文職報捐分缺先用分缺間用班次內　報捐遇缺儘
　數分先前分間前儘先前等項仍應停止

文職報捐各項本班儘先

文職分發分缺先用等項人員捐免試用

筆帖式捐分缺先用等班捐免期滿

新例報捐人員按卯輪選並驗看分發

大挑一等知縣回籍聽候咨取人員准報捐分發



候補候選人員准先行捐免違省並捐入近省選補

從前捐納捐輸並勞績各班人員加成過班者遇班應按此次奏明海防新例辦理

道府以至佐雜等官捐免補本班字樣歸入候補班

勞績補用人員報捐離任

外官著有勞績各員捐免補本班

各衙門記名人員准捐分發歸候補班補用

各衙門截取外用人員捐升准作爲雙月遞捐

外任各官升補尚未實任人員捐升

外任官員准捐免實授試俸及歷俸年限

滿蒙應歸月選推升各官准其捐免試俸

各省道府以至未入准捐免俸滿年限

滿蒙郎中以下等官報捐本班儘先選用等班

滿洲司員筆帖式應扣調京年分各員酌擬捐免

現任理事同知通判准照撫民同知通判加成報捐外任

舉人及各項貢生推廣報捐

捐輸人員呈驗貢監執照方准報捐　內有捐生補交
　監生四成實銀係專歸部庫收捐之款外省不准兌收

各館謄錄供事分別推廣捐銜准照銜議敘



現任候補候選人員准捐升銜頂戴

常例所捐京銜添分部職銜

從九品等官准指項報捐

武職捐復降捐人員報捐分發

武職准捐指省分發

武職分發河工

捐升

改捐降捐

現任捐升捐免離任

捐免坐補

捐免試俸

捐免實授

武職過班應照文職一律辦理

武職報捐儘先捐班前

衛守備捐不論雙單月

教習捐免期滿

捐離任

捐職銜貢監



捐封典

捐分發指省

捐離原省

以上七十八條部庫及各直省均准收捐

查同治十年四月本部核定就職人員報捐本班儘先銀數章程

教諭

由開例以前就教之恩拔副貢生捐銀陸佰玖拾陸兩准以教諭歸就教本班儘先選用

由開例以後就教之恩拔副貢生捐銀玖佰陸拾陸兩准以教諭歸就教本班儘先選用

由開例以前就教之恩拔副貢生捐銀玖佰拾貳兩准以教諭歸捐納雙單月本班儘先選用

由開例以後就教之恩拔副貢生捐銀壹千柒拾肆兩准以教諭歸捐納雙單月本班儘先選用

訓導

由開例以前就教之歲優貢生捐銀肆百玖拾捌兩准以訓導歸就教本班儘先選用

由開例以後就教之歲優貢生捐銀伍百玖拾柒兩准以訓導歸就教本班儘先選用

由開例以前就教之歲優貢生捐銀陸百肆拾貳兩准以訓導歸捐納雙單月本班儘先選用



由開例以後就教之歲優貢生捐銀陸百陸拾玖兩准以訓導歸捐納雙單月本班儘先選用

直隸州州判

由開例以前就職直隸州州判之恩拔副貢生捐銀玖百陸拾陸兩准以直隸州州判歸就職本班儘先選用

由開例以後就職直隸州州判之恩拔副貢生捐銀壹千叁百柒拾陸兩准以直隸州州判歸就職本班儘先選用

由開例以前就職直隸州州判之恩拔副貢生捐銀壹千

玖拾貳兩准以直隸州州判歸捐納雙單月本班儘先
選用
由開例以後就職直隸州州判之恩拔副貢生捐銀壹千
柒百捌拾伍兩准以直隸州州判歸捐納雙單月本班
儘先選用
以上叁項應於光緒拾年拾貳月初捌日奏開海防事
例之日起分別開例前後辦理
查光緒肆年拾壹月貳拾伍日吏部會同本部議覆御史
孔憲穀條陳章程內開嗣後佐雜人員毋論何項勞績

保舉俟補缺後以升階用未滿三年概不准報捐免補
本班其自保案奉
旨之日起扣足三年如願報捐免補免選本班者仍應照現行
章程銀數加倍報捐以示限制又於光緒伍年閏叁月
查據吏部覆稱茲據戶部片商前因本部查前定章程
係指佐雜人員保舉補缺後以升階用者扣滿三年方
准加倍報捐如典史主簿保奏以縣丞府經用縣丞府
經保奏以知縣用者應如來咨按照奏定章程辦理其
知縣以上報捐免補免選本班者並未另議自應按照

推廣章程辦理以符前奏原案此外尋常勞績保舉免
選免補本班經吏部駁俟補缺後以何項官員用者報
捐免選免補本班亦應一律准其報捐
查光緒陸年拾貳月拾貳日本部具奏外省報捐職銜捐
內聲明有先捐從九品職銜遞捐各項虛銜願應試者
仍令補捐貢監不准將已捐從九品職銜銀數作抵其
有先捐此項虛銜續得勞績應保官階者亦應令補捐
貢監等因在案嗣後續捐官階者應查照勞績保舉官
階人員一體補捐貢監

呈由捐職光祿寺署正中書科中書大理寺評事太常
寺博士鑾儀衛經歷通政司經歷通政司知事太常寺
典簿部寺司務詹事府主簿光祿寺典簿國子監典簿
國子監典籍翰林院待詔報捐各本職條下銀數與由
貢監生報捐各本職銀數較少嗣後如有此等人員報
捐應令按照由貢監生銀數報捐扣除捐職銀數又京
外各官報捐分缺先花樣銀數本係按照貢監生捐足
三班銀數報捐惟查員外郎一項報捐分缺先銀數與
由貢監生報捐員外郎三班銀數較少銀玖兩嗣後如



有此項人員報捐分缺先花樣應令按照貢監生捐足
本職三班銀數報捐以防避重就輕之弊又員外郎報
捐分缺間花樣銀數本係按照分缺先銀數核減一成
今員外郎報捐分缺先銀數既令補足嗣後員外郎報
捐分缺間花樣銀數亦應一律補足應一併行知各直
省遵照如有未盡事宜隨時由部知照

戶部謹
奏爲遵
旨速議台灣請開實官捐輸恭摺覆陳仰祈
聖鑒事本月十八日軍機處交出本日軍機大臣面奉
諭旨據劉銘傳電奏台灣勸捐軍餉官紳皆請奏開實官捐
輸等語著戶部速議具奏欽此臣等伏思從前開捐實
官爲
朝廷萬不得已之舉光緒五年間奉
特旨停止苟非時事迫切遽敢復請暫開惟查此時台灣情



形基隆未復文報罕通運餉艱難已在
聖明洞鑒之中幸台地素多富紳就地勸捐可以助餉然無
術招徠難期踴躍劉銘傳電稱官紳請開實官捐輸自
係爲軍餉不繼招徠踴躍起見臣等公同商酌擬請
俯如所請准於台灣地方暫開實官捐輸凡京職自郎中以
下外官自道府以下及三班分先分間儘先各花樣均
按照例定十成銀數報捐不准以錢文軍械米穀折算
作爲台灣防勦經費一切銀數仿照從前籌餉事例辦
理其籌餉事例及常捐中有向歸部庫收捐如捐免保

舉免考試等款及現在新立新章並火器營章程應行
刪除不得援引由臣等督飭司員詳晰籤出須發該撫
轉飭遵辦其武職各官仍遵同治五年
上諭一概停止不准報捐至此項實官捐輸既令按照十成銀
數較之從前籌餉事例減成報捐不同若銓補班次統
令歸於籌餉事例之後難期鼓舞擬將此次台灣捐輸
各員作為新班俾壓捐輸舊班恭候
命下再由臣部會同吏部將新舊捐輸各班銓部章程妥議
具奏並擬請將此項捐輸予限半年限滿即行停止如



蒙
俞允臣部即行文該撫遵照辦理設局收捐先發實收按月
造冊將副實收報部請獎臣部隨時核准發照應收飯
照銀兩隨冊解部以資辦公所有臣等遵
旨速議緣由是否允協伏乞
皇太后
皇上聖鑒訓示再查台灣開捐助餉待
命孔急擬由總理衙門先行電知以期迅速合併聲明謹
奏於光緒十年十月二十五日具奏奉 旨依議欽此

著直隸總督李鴻章跪
奏為海防亟需精利軍器北洋無款可籌擬請暫行酌量
收捐以資購辦恭摺仰祈
聖鑒事竊自法人肇衅以來迭經欽遵
諭旨嚴備戰守北洋為
畿輔門戶防務尤關重要惟行軍以籌餉為先而與洋人
爭衡尤以購備西洋精利軍器為第一要着臣奉
旨籌濟各路軍火又奉本月初十日電
諭聞孤拔率船出閩口志在北洋當益申儆備密



籌訂購槍炮多多益善以速為要等因欽此現既宣戰當
斷法之接濟局外仍暗行資助而我若明購軍火又恐
彼阻截聞敵已添調水陸各軍來華我欲與之久持設
軍火先行告匱雖有險要勁旅可恃而軍無利器實不
足以禦強敵亟宜通盤籌畫設法密速添購多多益善
北洋防務專藉各省關釐稅往年實解尚不及額撥之
半近因海防喫緊釐稅減色各省皆有防務撥款更難
指望現在局庫極形支絀每月應發各兵輪薪糧及製
造軍需子葯等項經費不敷斷難抽撥鉅款兼辦大批

軍火不得不另籌挹注以濟急需伏查咸豐初年軍興
以後餉源不足疊開捐例以資協濟成效可觀嗣於光
緒五年奉
旨停捐上年順直東鄂被水復蒙
朝廷垂念民依准予捐納銜封貢監是一二省之偏災尚荷
特頒曠典現在法人肆擾海疆志圖北犯尤繫天下全局當
此餉源枯窘設措無方莫名焦悚臣督同支應局司道
悉心籌酌擬懇
天恩准於北洋暫開軍火捐輸請酌收翎枝並二三品陞銜



四五品虛銜一二品
封典及指省分發其捐銀千兩以上願建坊者並援賑案照
例建坊旌表然此中惟指分一項或有情殷報効者餘
恐未能踴躍擬並收貢監生及勞績保舉過班兩項一
係賑捐奏准有案一與初捐實職官階不同以上各項
均於部章政體無甚窒礙但值茲物力艱難翎枝一項
若必照例定實銀上兌仍難招徠茲酌中定擬應請按
照晉豫賑案捐數其餘各項均照例定銀數辦理部飯
照費悉照部章隨案收解凡有捐生赴局上兌由局先

給印收按月詳請咨部給照若可廣爲勸辦或冀集成
鉅款爲寬備軍火利器之資實於海疆戰守有裨除詳
細條款飭局另行妥議外臣爲軍需緊急速籌接濟起
見理合恭摺由驛具陳是否有當伏乞
皇太后
皇上聖鑒敕部迅速議覆遵行謹
奏光緒十年七月十六日軍機大臣面奉
諭旨李鴻章奏海防急需寬籌北洋無款可籌請暫行酌量
收捐一摺着該部速議具奏欽此

光緒十年戶部議定海防報捐五項新章

戶部謹
奏為遵
旨速議事七月十六日軍機處交出本日軍機大臣面奉
諭旨李鴻章奏海防急需軍器北洋無款可籌請暫行酌量收捐一摺著該部速議具奏欽此欽遵交出到部查原奏內稱法人肇釁以來北洋為
畿輔門戶防務尤重惟行軍以籌餉為先而與洋人爭衡尤以購備西洋精利軍器為要設軍火告匱實不足以



禦強敵亟宜通盤籌畫審速添購北洋防務專籍各省關厘稅近因海防吃緊厘稅減色各省皆有防務撥款艱肇現在局庫極形支絀不得不另籌挹注以濟急需擬懇
天恩准予北洋暫開軍器捐輸酌收翎枝並二三品升銜四五品虛銜一二品
封典及指省分發其捐銀千兩以上願建坊者並援賑案照例建坊旌表此中惟指分一項或有情殷報効者餘恐未能踴躍擬並收貢監生及勞績保舉過班兩項一條

賑捐奏准有案一與初捐實職官階不同以上各項均於部章政體無甚窒礙但值茲物力艱難翎枝一項若必照例定實銀上兌仍難招徠茲酌中定擬應請按照晉豫賑案捐數其餘各項均照例定銀數辦理部飯照費恐照部章隨案收解凡有捐生赴局上兌由局先給印收按月先請咨部給照除詳細條款飭局另行妥議外伏乞
敕部迅速議覆等語臣伏查自光緒五年遵
旨停捐以來流品稍清曷敢驟思變計上年直東等省因被



水災開捐銜封貢監臣部以銜封諸款皆係常例應收是以暫准捐輸以資賑濟今署直督臣李鴻章奏稱北洋海防購器無款可籌自係實在情形所請暫開捐輸虛銜
封典貢監翎枝及勞績保舉過班等項並請翎枝一項按照晉豫賑案捐數餘均照例定銀數辦理臣等查捐輸虛銜
封典貢監本皆臣部現行常例捐輸應收之款虛銜一項雖止准捐至三品而火器營捐輸章程亦准捐二品升銜

且據該署督奏稱均照例定銀數辦理並不減成允爲
知要應請
旨一
併照准至報捐過班指省分發査據吏部咨稱勞績保
舉報捐過班一條與本部選補章程並無窒礙至指省
分發兩條甫經停止未便驟開惟全局所關自應統籌
等語臣部查勞績過班部庫向准收捐此次請由該省
收捐之處並請照准分發指省兩項皆係有官人員方
能報捐與報捐寔職者不同且查乾隆四十一年臣部
纂修則例載有分發一項係屬常例歷久皆爲收捐若

卷七　元

指省一項則道光咸豐年間始經議開于官方不無流
弊擬請
旨准其開捐分發一項至指省仍舊停止惟翎枝一項查咸
豐十年奏定章程外官花翎七千兩京官花翎四千兩
藍翎均減半晉豫賑案則四品以下捐銀一千兩三品
以上捐銀一千五百兩准給花翎捐銀五百兩准給藍
翎較之咸豐十年奏定章程收數過減擬令照晉豫賑
案各加一倍報捐以昭平允該省設局收捐之後能否
集成鉅款原不可知但不示以限制恐日久別滋流弊

大八成銓補章程　人

同治八年戶部奏定大八成選補班次章程

戶部等部謹

奏為捐輸及銓補章程會議變通辦理恭摺仰祈

聖鑒事戶部查前准吏部以銀捐遇缺儘數選補班次占缺太多擬改為分班輪用等情咨商到部當經戶部咨覆以吏部所擬辦法係為疏通各項班次起見自應照辦惟外官八品以下各員及教職內之復論復設兩項擬令呈交十成實銀准其儘數選補既不致有乖詮政仍可以鼓勵捐輸等情咨覆去後茲准吏部文稱外官八



品以下各官既准報捐十成實銀其京官郎中以下外官道府以下等官亦應一律報捐即由戶部議定報捐銀數再議選補班次等語查京外捐輸能否即時停止須俟各該省軍務平定酌核奏明辦理此次更訂捐章關繫選補班次自應先行定擬會奏以免耽延溯查開設籌餉事例之初原係以十成實銀上兌咸豐三年需餉孔亟疊經奏明減折收捐咸豐九年奏請添設新班遇缺新班儘先兩班令各捐生加成報捐同治三年奏請將道府直隸州州縣五項加成收捐統計京銅局現行章程除咸豐七九十等年奏定六條八條九條或收六成實銀或收一半實銀一半票折應令行核計外其餘各項銀數多寡約有四端實職等項係於減四成後每兩折收三錢五分實銀合例銀二成有奇道府直隸州州縣五項係於減四成後每兩折收七錢實銀合例銀四成有奇銀捐新班儘先班次所交實銀數目其班次合例銀六成有奇其三班止合例銀二成有奇銀捐新班遇缺班次所交實銀數目其三班及班次均合例銀六成有奇此現行章程之大較也以目前情形而論



雖不能將各項捐輸全行改收十成實銀亦應另立十成實銀班次酌改選補章程庶捐員不必加增捐項可期充裕而各項選補班次亦可藉以疏通臣等公同商酌現行捐輸班次惟不積班一項銀數最為減少擬請即行裁除以杜取巧其餘新班遇缺新班儘先分缺先分缺間儘先各項以及捐銅局一切收捐章程均仍照舊章辦理惟於新班遇缺之上另設十成實銀一班名為新班遇缺先其上兌章程除道府直隸州州縣外其餘京外一切准捐官職統令先捐至本例分缺先然後

再按各該員報捐三班及分缺先或過班及分先分數統補八成實銀如已經捐至新班儘先查係分先前花樣即令按分缺先統補八成實銀數目扣除分先前銀數上兌查係分間前或儘先前花樣即令先行補足分缺先然後再按分缺先統補八成實銀數目扣除分間前或儘先前銀數上兌如已經捐至新班遇缺即令再行統補四成實銀均准作爲新班遇缺先至道府直隸州州縣五項如係貢監生選捐或由別項官階加捐改捐悉令先捐至本例分缺先然後再按各該員報捐三班及分缺先或過班及分先銀數統補六成實銀如係已經報捐道府等項三班或班次人員加捐新班遇缺先應令按貢監生選捐十成實銀數目分別扣除原捐銀數覈計上兌其原捐之案如係減成章程以後在臣部捐納房捐銅局報捐悉按折收實銀成數扣除如係在外省報捐無論同治三年加成新章以前以後悉將原捐銀數按二成扣除又各該員原捐之案有於奏開籌餉事例之後減成章程之前在臣部捐納房報捐業經按十成實銀數目捐至分缺先者應令照過班之例



統按貢監生報捐銀數補交三成實銀准歸入此次新班遇缺先選補其不由臣部捐納房報捐雖係按十成銀數上兌仍止准將原捐之銀按二成扣除一律補交八成實銀湊足十成數目方准歸入此次新班遇缺先選補以昭核實再咸豐九年議定補交四成捐項之時有大四成小四成之別查捐例銀數其三班與分先之數相符若僅按分先銀數補足十成則遇新班遇缺人員應交銀數並無軒輊其選補班次礙難分別此次議定十成捐章應不准僅交分先分間儘先班次十成銀數致有窒礙似此增訂捐章核其報捐銀數以新班遇缺先爲最多新班遇缺次之新班儘先又次之再其次則分缺先分缺間儘先其應如何選補之處吏部查照捐各項官職現經戶部議令照捐足分缺先例定銀數以十成實銀報捐作爲新班遇缺先自宜鼓勵報捐新班遇缺先人員以期踴躍惟查從前補足四成實銀新班遇缺人員向係遇缺儘數選用各項輪用班次已無輪選之期現正擬另定章程疏通各項班次今既議定報捐新班遇缺先此項人員自應鼓勵而各項輪用班

次亦宜予以輪用之期似宜分班酌定選補額數以昭平允而免向隅擬請嗣後內選滿漢京官自郎中以至末入流並筆帖式外官自道府以至末入流並復設教諭訓導等官除坐補原缺近省郎用迴避郎用裁缺郎用簡缺郎用不計外無論何項到班均先用新　班遇缺先三人再用新班遇缺一人再用各項輪用班次一人以五缺為一週其僅捐分缺先前分缺間前人員應俟輪用捐班先捐班後及捐納正班到班時方准先用簡用如分先前分間前無人應專俟捐納正班到班時



方准用分先分間人員至不積班選用人員向係輪用各項正班五人後選用一人現既經戶部議請裁除以後不准再行報捐惟從前已經報捐不積人員亦應酌改專俟捐納正班用過四人後選用不積一人其餘報捐各項本班儘先人員應仍照舊俟輪用各本班時照本班額數選用其筆帖式留補班次亦照選班辦理又外官序補班次自道府以至末入流從前新班遇缺人員亦係遇缺儘數補用分先前分間前各員均係毋論何項到班俱准先用間用僅捐分先分間人員除知縣

一項俟試用到班始准插用其餘各官如分先前分間前無人仍准插用分先分間之人覈計占缺尚多今選班內既經酌改其外補班次自應一律酌改擬請嗣後道府以至末入流輪補班次亦照內選先用新班遇缺先三人次用新班遇缺一人再用各項輪用班次一人以五缺為一週至輪用各項時知縣以及佐雜並鹽務等官於試用正班到班准將分先前分間前分班揷補其僅捐分先分間人員應俟捐納正班到班分先前分間前無人方准插用至俟補即用委用以及各本班先到



班應不准其揷用分先前分間前及分先分間之員惟道府同知直隸州知州通判等項補用班次係先儘候補候補無人用委用委用無人試用始能到班前於同治元年奏定疏通正途章程將知縣分先分間專歸試用班內輪補因道府同通直隸州知州六項若照知縣亦歸試用班內輪補是只有分先分間之名目終無補缺之期是以仍照舊各班均准插用今分先分間人員內選外補均經改定此六項補班亦應量為分別酌改查捐納道府同知通判直隸州知州府屬知州各官定例

專俟陞調遺缺方准補用今分先分間同係捐納班次
應照捐納序補之例專俟陞調遺選缺候補委用試用
各正班到班均准先用間用仍俟分先前分先前無人
方准用分先分間之人其各本班先到班及病故休遺
缺無論何項到班均不准揷用分先前分間前分先分
間之人如遇無題調道府缺省分其道府兩項亦准遇
病故休遺缺各正班到班時揷用分先前分間前人員
如分先前分間前無人方准用分先分間之人至內選
外補於新班遇缺先新班遇缺輪用之後輪用各項班



次時無論何項班次只准輪用一人俟再到班時再照
各項輪次接用一人如新班遇缺先新班遇缺無人卽
過班仍將各項班次照輪次接用如此分班銓補庶捐
納足資鼓勵而各班亦不致無選補之期矣再查籌餉
捐例內載知縣佐雜等官分別抵補一條凡照例外補
班次毋論何項到班適遇無人均准以分缺先及捐班
儘先並捐納試用之員分別抵補嗣臣部議覆前順天
府府尹蔣　條奏章程知縣外補班次輪用各項正班
時適遇無人其新班銀捐分缺先並本班儘先暨新例

正班仍准照例抵補如新班銀捐無人卽行過班不准
以舊班分缺先等項抵補原以鼓勵新班銀捐卽欲疏
通正班之意惟新班銀捐人員亦復不少而分班抵補
頭緒紛繁稽查稍有未周辦理易致歧誤擬請嗣後將
籌餉例知縣佐雜抵補班次停止遇各項班次到班無
人卽行過班以次輪補班次接續序補其籌餉例人員
無論新班舊班概不准抵補至前經奏定遇拔貢教習
教職到班無人時卽專以進士卽用人員抵補原爲疏
通正途起見應仍照舊辦理此次議定內選外補班次



內選人員應以奏准之日按班詮選外補人員應以奏
准後五日行文按各省照限減半計算接到部文之日
按班序補其在接到新章部文限期以前所出之缺仍
准照舊班序補如蒙
俞允請自此次奉
旨之日爲始查照辦理卽由戶部等部出示曉諭並行知各
直省遵照此項新章遇缺先班次無論何項官階悉由
京銅局兌收外省一概不准收捐以裕京餉而杜流弊
是否有當伏乞

皇太后
皇上聖鑒再此摺係戶部主稿會同吏部酌擬具奏合併聲
明謹
奏等因同治八年六月初三日具奏本日奉
旨依議欽此



吏部謹
奏為奏明請 同治八年十一月廿五日外補大八成章程
旨事竊臣部前因辦理存銷奏明將各司業經彙齊章程稿
件再加詳核應奏銷者隨時奏銷未畫一者悉歸畫一
等因於同治五年八月十九日奉
旨依議欽此欽遵在案臣等督飭司員將歷年議覆章程遂
加詳覈其與例案相符及辦理允協之件彙集存案以
備援引有與例案未符辦理紛歧諸多窒礙者自應隨
時奏請撤銷以免牽涉茲查歷年辦理章程成案內有



原議未甚允協者分別釐定酌議十條另繕清單恭呈
御覽再此後有如續經查出未協之件臣等隨時酌核奏明
辦理是否有當伏乞
皇上聖鑒
訓示遵行謹
奏

一議覆博桂候補班擬補扣留選缺一條擬分別辦理也
查定例候補一班自道府以至未入流凡係奉
旨命往及督撫題明留於該省候補者均無論應題應調應
選之缺恐准該督撫酌量才具請補嗣因知縣一項保
舉及捐納歸候補班者過多人多缺少易啟營謀奔競
之風經臣部議覆博桂條奏章程擬令題調要缺照定
例由該督撫酌量其扣留外補之選缺按保奏奉
旨及到省先後請補彼時因原奏內只議及州縣並未議及
道府同通是以臣部於各省道府同知通判由候補班



請補避缺者仍聽該督撫酌量補用直隸州知州府屬府
知州照知縣一律按保奏及到省先後請補惟查府屬
知州雖與知縣同轄於知府而缺分無多並無例載輪
補班次直隸州品秩雖稍遜於知府而管轄屬縣稽查
表率實與知府無殊若照知縣一律查扣日期序補深
恐拘泥資格不能爲地擇人轉致貽誤地方擬請嗣後
惟知縣一項候補班請補扣留選缺除終養改教撤回
降補迴避五項及參革所遺之缺另有定章外凡陞調
遺病故休之選缺應按保奏奉

旨及到省先後查扣日期序補其道府同知通判直隸州知
州府屬知州仍循照定例統由該督撫酌量才具擇其
人地實在相需者請補其補用次序查前次議覆湖北
巡撫請示內開知補選缺道府同知直隸州知州通判
先儘候補班前儘先人員用竣後再用候補其輪用選
缺知縣佐雜等班候補到班時先用候補前儘先一人
次用候補一人歷經辦理在案查知縣以至佐雜輪用
候補時既係先儘候補班前一人次用候補一人今道
府同知通判直隸州府屬知州候補人員同係保舉班



次若必須候補班前人員用竣後方用候補辦理亦未
平允自應一律酌定嗣後道府同知直隸州通判知州
遇輪補陞調遺病故休選缺先儘候補班前酌補一人
次將候補正班酌補一人於酌補候補班前時先用銀
捐候補班前銀捐候補班前無人始用常捐候補班前
常捐候補班前無人再以勞績候補班前之員酌補其
餘終養迴避撤回改教降補及丁憂參革遺缺將候補
班前與候補正班均由該督撫酌量請補如此分別酌
定庶道府同知直隸州通判知州辦理補缺均歸畫一

而序補亦不致向隅矣各直省於接到此次奏定章程
部文後應即遵照辦理至從前直隸州府屬知州揀先
後序補之案應請查銷
一
議覆博桂候補班知縣補選缺揀保奏奉
旨又到省先後一條擬扣實在在省日期也查定例進士即
用知縣未經得缺緣事降調引
見奉
旨仍以原官補用並援例捐復及病痊回省人員均毋庸再
按甲第名次即歸於已經到省人員之後未經到省人



員之先序補至各項候補知縣遇有前項事故俟回省
後無論歷調所遺及病故休致之缺俟候補班用過一
人之後方准酌量補用等語至候補人員或保舉在先
到省在後或到省後因事離省應否扣算到省離省日
期均未議及誠以候補班次原係統歸酌量是以未經
分晰現在知縣一項遇升調遺病故休之缺既經查照
議覆博桂章程揀保奏奉
旨及到省先後請補其在省候補日期自應查扣以昭核實
擬請嗣後候補班人員如先經到省後因勞績保加候

補班應以奉
旨後接到部文遇有缺出比較日期序補如係先因勞績保
加候補班後經分發到省者即以分發到省之日作爲
候補日期其在省人員遇有丁憂事故應免其查扣離
省日其患病病痊告養事畢回省及捐陞保陞續經註
銷捐案保案之員應將離省及捐升保升以後日期扣
除准其接算從前候補日期另案開復捐復不准接算
從前候補日期回省後如遇應行酌補並不計扣日期
序補之缺開復捐復病痊註銷升案之員均俟候補班



用過一人後方准酌量補用如此分別辦理庶足以杜
趨避而昭平允其從前未經查扣離省及辦理參差之
案應分別更正查銷
一
議覆博桂外補知縣班次相符先行核准奏明飭赴新
任一條擬改復舊制也查原議外省請補之員如班次
與例相符而該員另有不合例事故議駁飭該省另行
揀員請補其請補出缺在後之員查係班次相符者由
臣部核准具奏行文該省飭赴新任仍俟在前之缺更
正到部一併具題請

旨寔授等語良以員缺久懸有關職守稍示變通惟請補出缺在後之員既應奏明飭赴新任則以次遞推無論後出之缺多寡但係請補之員合例均應奏明飭赴新任而請補出缺在前之員一時不能更正到部即先行赴任之員一時不能題請實授其間先行赴任各員或有因捐陞改捐及督撫甄別丁憂患病各項事故離任者將員缺歸還其人均未題請實授不得作爲本員開缺仍應接原出缺日期以本班其次之員更換設其次更換之員又有事故又須遞爲更換且例載外省知縣



序補各缺升調所遺之缺及病故休之缺各有輪次例得補陞調遺缺之員有不得兼補病故休者亦有得兼補者每有名次在先之員已請補陞調所遺之缺奏明先行赴任尚未題請實授而其次之員病故休到班已具題請補奉

旨准補而名次在先之補陞調遺缺者適有事故應行更換不得經行越過以又其次之員更換勢須將具題奉

旨之員奏請撤回另補前此先行赴任之缺另以又其次之員更補具題奉

旨之缺設最先所飭該省另行揀員請補之缺尚未到部仍不得遽請實授經年累月員缺愈積愈多應更換者亦愈積愈多每易一缺動致牽連數缺易一員動輒更換數員即如江西現未請寔授者已及十餘缺之多其餘各省亦所在多有輾轉紛歧幾於不可究詰所關於吏治者非淺鮮查　臣部向來辦理各省扣留還缺悉接定例按次序補除凌躐請補及補缺參差班次錯誤並隨時未經參處輪補應補如以八缺不宜將在後八員請補暨大挑舉人試用期滿故將期滿在先者不行甄別轉



將在後者先行甄別題署均照定例定章議駁歸還外其有請補班次合例而所補之員另有不合例事故議駁飭令更換者其續出之缺該省題補到部查係班次相符均移會河南道展限仍俟先出之缺更正到部一併題覆請

旨補授試署並不將後出之缺先行駁准其請補出缺在後之員遇有事故扣補即可按班更補並不以題准補授之員撤回輾轉更補是舊例之辦理展限雖不免有稽延之時而較之新章先行核准既多窒碍而稽延更甚

者尙爲妥協擬請嗣後仍照從前舊章辦理其先行題
准飭赴新任新章卽行停止惟各該省應行更換請補
之缺任意延擱亦屬不成事體臣部於駁令更換文尾
將一切限期扣明行知令各該督撫於接到應行更換
部文後卽行另揀合例人員依限請補係例應具題者
卽專摺具奏係例應咨補者卽由馬遞咨部以免稽延
如逾限尙未奏咨更補到部卽將員缺歸部銓選令該
省虛積過班至從前奏明先行赴任之員有未具題實
授者究係核准奏明奉



旨之員應請卽以從前接到奏准部文之日作爲准補日期
毋庸再行題覆以省案牘倘該員等遇有各項事故卽
作本員開缺照例另行按班序補其從前駁令更補之
缺應令該督撫迅速更補如該省已無合例更補之人
卽將員缺咨部歸選虛積過班不得以從前奏明先行
赴任之員挪移請補以免蒙混
一議覆御史周星譽軍功候補初任人員補選缺仍令試
署一條擬請遇有丁憂各項事故分別年限將來仍以
候補班發往原省及歸部銓選也查定例外補人員歸

入候補班者得缺卽准實授其委用試用各班只准試
署俟一年期滿查其果能稱職再請寔授如試署未經
期滿遇有丁憂事故服滿仍赴原省歸於該省委用班
其已經寔授者無論原班係何班次俱以應補班歸部
銓選至各省補缺班次軍功候補人員遇升調病故休
叅革降補改教撤回迴避終養選缺均准補用其委用
人員只准補陞調所遺之選缺歷經遵辦在案查議覆
周星譽原奏內稱輪補選缺之軍功候補初任人員雖
經甄別究與曾任實缺者有間應照試用之例仍試署



一年題請實授等語惟未請寔授以前遇有丁憂各項
事故將來應如何核辦未經議及此項人員如以未請
實授發往原省歸委用班是未得缺時尙得列於候補
班得缺較速既得缺後僅得附於委用班得缺轉遲未
免偏枯若因其已得缺卽以應補班歸部銓選其人究
未請寔授又覺無所區別擬請嗣後軍功候補初任人
員得缺試署飭令該督撫詳加察看如才不勝任卽據
叅奏毋稍徇隱其能循分供職者係已經引
見人員以到任之日起試署一年題請實授未經引

見人員以引
見後到任之日起試署一年題請實授如試署已滿一年之
限該省尚未題請實授臣部查其年限已滿適遇丁憂
各項事故俟服滿時即將該員歸於應補班歸部銓選
其未經試署期滿之員丁憂服滿時仍以原班發往原
省歸候補原班序補俟得缺後仍查明前次試署日期
准其接算計扣一年期滿即題請寔授至初次試署未
滿一年之限有因告病及終養迴避撤回降革開缺者
告病終養人員嗣經病痊服滿引

新章程　九　榮錄堂

見坐補原缺及不必坐補原缺人員均准其赴省候補與迴
避撤回留省另補各員俱俟得缺後前後接算扣滿一
年題請實授其降革開復人員除因私罪降革不准仍
回原省外查係本案開復應令仍回省另補俟補缺後
前後接算扣滿一年題請實授如係另案開復捐復應
令回省以後次到省日期歸原班補用俟補缺後另扣
試署一年期滿題請寔授其曾任寔缺保舉以陞階候
補人員題補後未經引
見緣事離任應照題陞人員未經引

見離任以升階仍發原省之例俟赴部時引
見仍發原省另補如係告病及告養開缺者仍發原省以原
缺坐補至題署題補後應行赴部引
見各員應予限一年依限赴部如限滿不能赴部准咨明加
展一年儻正展限俱滿仍不能赴部即將該員照卓異
赴部遲延例議處如此分別釐定庶補缺不致偏枯而
辦理益昭平允矣
一議覆御史周星譽初任人員不准補要缺一條擬請分
別初任曾任釐定辦理也查定例各省知縣如係奉

新章程　十　榮錄堂

旨命往及督撫題明留於該省候補並軍營出力及拏獲盜
犯著有勞績人員引
見發往原省以知縣補用者無論應題應調應選之缺准該
督撫先儘酌量補用又各省題調州縣缺出在應調人
員以及應陞之河員應各照例辦理外其地方佐貳首
領等官題升者該督撫先儘著有勞績保奏
旨以應陞之缺陞用並曾經卓異保薦及俸滿即陞人員揀
選題補各等語嗣議覆周星譽調奏章程內開知縣題
調缺出仍令該督撫照例於現任人員內揀選調補如

果實無合例堪調之員准以奉
旨命往及曾任實缺候補並進士即用人員酌量補用其軍營保舉初任人員概不准請補等因又議覆調任湖南巡撫李瀚章請示內開勞績保舉知縣歸入候補班人員無論佐貳雜職保歸候補班但係業經得缺之員即作爲曾任實缺如遇題調缺出均准酌量補用等因各在案查前議覆周星譽條奏章程知縣題調遺缺不准將勞績保舉初任人員請補良以缺既煩要非初任人員所能勝任且定例題調缺出佐貳題陞者應儘應升人員揀選題補若照前議覆湖南請示曾任佐貳雜職實缺保歸正印候補班即作爲曾任寔缺准其酌補題調要缺究與例章未協自應分別釐定應請嗣後除曾任知縣人員例准煩簡統補外其由例應陞補知縣之寔缺佐貳及實缺京員因勞績保舉知縣歸候補班人員准作爲曾任實缺繁簡統補若非由應陞知縣之佐貳保舉者雖係由實缺遞保仍不准補繁要之缺只准以簡缺補用各直省應以接到此次奏定章程後均即遵照辦理



一曾任實缺及已經甄別人員續因勞績保舉候補者毋庸甄別擬令分別辦理也查臣部議覆前任湖南巡撫惲世臨條奏章程內開嗣後道府州縣毋論何項勞績保奏歸入候補人員今各該督撫即以此項人員到省之日起予限一年詳加察看認眞考核出具切實考語奏明分別繁簡補用又咨覆江西請示道府州縣甄別案內除
特旨發往並曾任實缺及向不試用之即用委用以及已經甄別人員續經勞績保舉官階班次者毋庸試看外其餘無論何項出身凡係應行試用者未屆期滿得有勞績保舉官階班次均須一律分別試用又咨覆調任安徽巡撫喬松年甄別留省補用府經歷章步雲通行案內嗣後丞倅佐貳雜職應照江西請示道府州縣甄別之案辦理又咨覆江西巡撫劉坤一請示案內嗣後自道府以至未入流無論何項勞績保歸候補班前儘先補用人員凡係初任均應按照候補人員試看甄別章程辦理如有原保候補班次業經期滿甄別續因勞績又復保歸候補班前儘先補用者既係已經甄別之員

毋庸再行甄別至勞績保歸候補班補用人員尚未試
看期滿甄別有遵例報捐本班儘先者仍應扣足一年
詳加甄別等因各在案查前定章程原以保歸候補人
員多係初任自應詳加察看以嚴考核嗣各省江西安
徽通行各案僅稱曾任實缺及已經甄別人員毋庸試
看而於曾任何項實缺已經甄別人員保舉官階班次
有無改官及是否應陞並未詳細分晰自應一律厘定
以昭平允擬請嗣後道府以至未入流除
特旨發往補用及曾任實缺仍以原官候補人員向不試用
之即用委用人員並曾任京官保舉以應陞之外官候
補曾任外官保舉以應升之階候補暨業經甄別人員
僅祗保加候補班次並未改官均毋庸甄別外其凡由
曾任各官保舉並非應陞之階及已經甄別人員保舉
以升階候補並本係毋庸甄別人員保舉以陞階候補
未經甄別人員復保加候補班次或原係候補班未經
甄別復保加儘先班次均令該督撫詳加試看在省人
員以保案奉文之日起赴省人員以繳照後作爲到省
之日起扣滿一年分別奏咨甄別後方准按班補用



一請陞請調請補定例定章應行聲明各條應變通辦理
也查議覆御史存褀條奏內開嗣後州縣以上應升缺
出應令該督撫先儘各項著有勞績應升人員揀選陞
用如寔因人地未宜亦必須於摺內聲明方准於合例
各員內照例請升等因又奏定章程內開嗣後各省州
縣以上應題應調缺出如係題缺請升調缺請補或題
缺請調調缺請升俱令該督撫照例於摺內詳細聲明
方准升調等因又議覆升任順天府府尹卞寶第條奏
內開嗣後凡保題陞調人員應令該督撫府尹於保題
疏內將該員任內有無積案及欠解錢粮承緝未獲盜
案詳細聲敘如承審案件並承緝盜案征解錢粮已起
降調革職參限者概不准其陞調各缺其有缺係煩要
人地寔在相需爲地擇人者亦應據實陳明仍照例辦
理等因又議覆御史賈鐸條奏內開嗣後首府首縣缺
出應令該督撫於通省正途人員內揀選調補如實無
合例堪以調補或人地不宜始准於摺內詳細聲明以
各項出身內遴員請調補等因各在案臣等查各省請
陞請調請補凡在定例定章應行聲明者該督撫自應

查照例章於題奏摺本內詳細聲明乃近來各督撫往往於請陞請調請補摺本內並不詳細聲明經臣部查與例章未符議駁復據題奏補行聲明仍照原請臣部查其後次題奏業已聲明與例章相符又不能不議准惟既經議駁於前復又議准於後往返稽延其中恐滋流弊臣等公同詳細酌覈自應隨時釐定以省煩瑣擬請嗣後各省請陞請調請補各員除例不准聲明者雖經於摺內本內聲明仍應議駁外其凡定例定章准其聲明之項應令各督撫查照例章於請陞請調請補摺內本內詳細聲明臣部查與例章相符者即行議准如該督撫摺內本內並未聲明或未全行聲明臣部查此外並無別項不合例事故亦即議准該督撫於應行聲明之件漏不聲明應交臣部議處如此酌核辦理庶於遵循例章之中不致有稽延繁瑣之弊



一外省現任人員如因事故開缺續經查明係屬開缺錯誤應請留任也查定例誤被揭參後經開復留任人員毋論應題應調應選及揀補之缺如員缺雖已擬補有人尚未引

見奏

旨並請

旨之缺尚未補放有人者仍准留任若業經奏

旨及補放有人留省另補又於同治八年四月二十四日奉

上諭張之萬奏知縣未完漕糧分數部議錯誤請飭更正一摺山東樂安縣知縣彭家寅任內接征漕糧未完七厘有餘經張之萬題參部議以該員未完漕糧七分以上革職係屬錯誤自應即行更正彭家寅著免開樂安縣知縣原缺其新選知縣鄧升俊業已到省應否留省另補著丁寶楨察核辦理等因欽此欽遵亦在案臣等查各省現任人員有因事故誤行開缺從前辦理成案係援照悞被揭參之例如員缺業經奏



旨及補放有人將該員留省另補惟查此項人員原係不應開缺之員祇因辦理錯誤以致開缺與由該管上司誤行揭參者又屬不同若將該員留省另補不足以昭平允且開缺錯誤雖係由於疏忽而其流弊亦不可不防擬請嗣後現任人員因事開缺續經查明係屬錯誤者除員缺欽奉

特旨簡放有人應將誤被開缺之員留省另補外其餘均應
遵照山東樂安縣知縣彭家寅之案辦理毋論員缺已
否經該督撫另行題補或由部另行銓選並業經引
見奉
旨均應奏明將誤被開缺之員仍留本任新選新補人員留
於該省另補惟新選新補人員本係選補到班之員若
歸酌補班次或不免多年淹滯亦覺向隅再查裁缺即
用迴避即用兩項人員從前辦理成案亦均由該督撫
酌量請補尤未允協自應一律改定以昭核實所有各



省裁缺即用迴避即用並凡因本任之員續經查明留
任將新選新補人員留省另補者遇有該省選缺出時
除知縣丁憂遺缺應歸部選參革遺缺專以軍功人員
請補外其餘各項選缺如坐補原缺無人應將以上三
項人員不入班次先儘補用應先用裁缺即用之人次
用迴避即用之人又次用留省另補之人均不積各項
班次之缺如均無人方准以各項班次請補如此分別
釐定數以昭公允而免偏枯至各省有因人地不宜撤
回察看留省另補之員與此次定章所指留省另補人

員不同應仍由該督撫察看酌量請補並應俟裁缺即
用等三項無人方准該督撫酌量補用合併聲明
一各項迴避改省人員應請分別酌定章程也查各省官
員如有因祖孫父子胞伯叔兄弟同官一省或該員曾
經遊幕該省或該員本身並父子兄弟胞伯叔姪曾在
該省開設典鋪置買田產各項經商貿易又該員與統
轄全省之上司係屬同族及例應迴避之姻親以上各
項均應迴避改省從前定章成案如有總督兼轄省分
寔缺人員以總督兼轄省分改調候補人員以總督兼



轄省分改發如無總督兼轄省分均以鄰近省分改掣
其候補人員有原係報捐指省者並准其自行另指一
省給咨前往歷經辦理在案查迴避人員如係因祖孫
父子胞伯叔兄弟同官一省應行迴避其履歷三代均
有案卷可稽至與統轄全省之上司係屬同族及例應
迴避之姻親該上司自不至有揑飾情弊至遊幕經商
等項迴避其虛揑規避諸弊誠恐在所不免且應行迴
避之員以總督兼轄及鄰近省分改發是省分既有一
定舍此趨彼轉得便其私圖此內原係報捐指省之員

准其自行另指尤覺漫無限制自應酌定章程以昭核
實臣等公同商酌所有各省現任候補人員如因祖孫
父子胞伯叔兄弟迴避及與統轄全省之上司係屬同
族及例應迴避之姻親均擬請仍照定章以總督兼轄
及鄰近省分分別改調改發候補人員原係報捐指省
者並准其自行另指一省至遊幕經商除現任人員現
在已無此項迴避外其保舉留省捐納指省人員未經
分發或從前已經到省遵照定章在三月以內呈明有
因游幕經商應行迴避改省者應請均以各省統掣如



原係軍務省分人員仍以軍務省分改掣無論是否原
係指省均不准其自行另指一省亦不得以總督兼轄
及鄰近省分改發如該員願捐指省者應令其補繳分
發指省兩層銀兩俟接到捐案覈准部文後由該督撫
給咨前往准其接算原到省日期序補再軍務省分人
員有因祖孫父子胞伯叔兄弟及同族與姻親等項迴
避應行改省如總督兼轄及鄰近省分並非軍務省分
應一律者以軍務省分改掣不得以總督兼轄及鄰近
省分改調改發

一孝廉方正以知縣直隸州州同直隸州州判佐雜等官
用者既准其呈請分發其以教職用者亦擬請准其委
署也查定例各省保舉孝廉方正以知縣直州同州判
教官佐雜等官用者向係歸部分別銓選並無分發補
用之條嗣因咸豐九年同治七年歷據孝廉方正候選
知縣孫長順候選府知事江南杞等呈請分發均經臣
部奏請准將孝廉方正候選知縣直隸州州同州判佐
雜等官准其一律呈請分發各在案惟教職一項於前
摺內聲明仍歸雙月選用不准一體呈請分發等語原



因知縣等官外省俱有補用班次教職並無外補之缺
是以前議未經請與分發惟查例載各省二等舉人有
請愿自効者赴本省督撫府尹報明聽該督撫等會同
學政遇有教職缺出挨次派委暫署等語是大挑二等
舉人原有赴省委署之條今孝廉方正一科恭逢
恩詔始一舉行人數無多較二等舉人之挨年挑選者尤爲
曠典其以知縣直州同等官用者既准呈請分發惟教職一
項仍歸雙月選用選缺無期未免向隅且查該員等均
係鄉舉里選榮邀

徵聘之員若令權膺司鐸尤足矜式鄉閭擬請比照大挑一
等舉人委署之例准其赴各省督撫府尹報明與大挑
二等人員一體候委列於捐納分發人員之先先儘委署
俾得及時自効其銓選班次仍照定例辦理
吏部謹
奏爲奏明請
旨事查勞績保舉以本職雙單月儘先選用人員按照定章
原係雙單月均有班可歸者歸於雙單月本班前先用
原係雙月有班可歸單月無班可歸者雙月歸於本班

新章程　三　榮錄堂

前先用單月歸留五缺後先用如由捐納雙單人員保
舉雙單月儘先選用是雙單月均有班可歸卽歸於雙
單月捐班前先用如由捐納雙月人員保舉雙單月儘
先選用是雙月有班可歸歸於捐班前先用單月無班
可歸歸於五缺後先用如雙月分捐班先到班先用雙
單捐班前先用人員無人方用雙月捐班前先用單月
五缺後先用人員蓋以雙單月捐班前先人員已捐足
三班銀兩雙月捐班前先用單月五缺後先用人員未
捐足三班銀兩定章既按其原捐分別雙單月選用班

次值捐班先到班自應按原捐雙月或雙單月分別到
班之先後未便以由原捐雙月保舉人員與由原捐不
論雙單月保舉人員統較保奏奉
旨日期挨選致捐項多者有時轉致向隅也至先捐有升階
雙月候選復保加不論雙單月儘先選用之員雙單有
捐納本班可歸應歸捐班前先用單月有升班可歸歸
陞班前先用如雙月到班有捐項可計應先用由捐納
雙單保舉雙單儘先人員單月本無捐項可計以其係
應升之階照章歸於陞班前先用惟原保有雙單月字

新章程　丰　榮錄堂

樣自應與保舉陞階雙單月儘先選用無捐項可計照
章歸雙單月陞班前先用之員俟單月陞班到班時一
體比較保奏奉
旨日期挨選以上均辦有成案尙屬平允惟未立爲定章誠
恐日久漸致歧異理合奏明並擬請照此推廣所有勞
績保舉人員除仍照定章分別應選班次外其擬選次
序凡由捐納官職保舉雙單月先用或雙單月選用者
係屬有捐項可計應按其原捐雙月或雙單月分別到
班之先後如雙月捐納到班先用原捐雙單月歸捐班

選用之人無人方用原捐僅止雙月歸入捐班選用之
人凡保舉并非該員所捐班次本無捐項可計照章分
別歸入雙單月班次選用者如原保均係有雙單月字
樣統較保舉奉
旨先後選用以歸畫一而昭公允如蒙
俞允本月分擬選到班人員應即欽遵辦理所有臣等查明
酌議緣由理合繕摺具
奏伏乞
皇上聖鑒
訓示遵行謹
奏



籌餉事例　上

元

戶部謹
奏爲增修籌餉事例並現行常例擬請行文各省遵照恭
摺仰祈
聖鑒事竊查咸豐元年十一月十八日臣部奏開籌餉事例
摺內聲明刪除遇缺及遇缺前等項名目照道光七年
酌增常例稍爲變通其由貢監捐至雙月本班單月不
論雙單及補用銀數照酌增例減一成分缺先照豫工
例插班間選銀數減一成本班儘先照豫工例插班間
選銀數減四成其餘銀數毋庸增減至收捐期限奏明
予限一年酌擬章程五十八條通飭遵行又咸豐二年
四月因籌餉事例未備有應酌留豫工各例條款者續
纂二十九條通行遵照又咸豐三年三月截報捐數擬
展例限摺內復擬章程十四條酌添分缺間不積班各
名目通行各省一體收捐均經欽奉
諭旨准行各在案嗣因餉項未充按年奏請展限各省辦理軍
需及各糧臺奏請收捐或將章程稍事變通或將捐數
量爲核減十餘年來奏改章程不一而足其有關乎選
法者祗咸豐九年奏定分缺先前分缺間前本班儘先



前及不論班次遇缺選補各花樣此外章程雖經屢改
而於選法仍無出入唯是籌餉事例開自咸豐元年其
中由生監徑捐官職銀數綦詳而改捐加捐銀數從略
每遇捐生報捐例有未備或行查吏部或公商酌定一
切章程雖屢經中外臣工條奏由臣部會同各該衙門
奏准遵行而詳細辦法未經編纂入例不特各捐生不
克周知卽初辦核捐司員亦未能一律深悉若不檢齊
成案修輯頒行竊恐頭緒紛繁易滋舛誤臣等因於本
年三月間揀派司員將咸豐元年以來辦過成案逐一
檢齊或原例已載後經奏改或原例未載續經奏定或
一章程行於此省而不行於彼省或一條款行於京局
而不行於外省條分縷晰款目紛繁該司員等竭數月
之力釐爲籌餉事例九十一條常例十六條又原定火
器營章程三十五條內廩增附捐歲貢三條查與政體
非宜另片奏請停止又蒙古監生捐筆帖式分發理藩
院行走業經吏部奏停應請一併刪去其餘三十一條
毋庸增改附入籌餉事例呈請臣等核定前來臣等詳
加查閱尙屬詳明所纂各條均有歷年奏咨案據可遵

唯過班一層原例係分雙月三班照豫工例三成花樣
照籌餉例四成現在豫工例久經停止捐生無從周知
應請一律照籌餉例銀數核計此外間有叅用豫工例
數條現亦核明銀數纂入大致均與選法並無出入應
由臣部自行奏辦毋庸會商各該衙門致有躭延謹分
繕清單恭呈
御覽俟
命下之日卽行刊刻通行遵照嗣後如有應行變通之處再
由臣等隨時奏明酌改再現在軍務情形雖較之前數



年已有起色但西北各省尚在用兵東南各省亦須籌
辦善後卽在京兵丁俸餉亦尚藉京銅局捐項源源接
濟應請統俟軍務大定庫款充足再行停止毋庸按年
奏請展限所有臣等增修捐例緣由理合恭摺具
奏伏乞
皇上聖鑒訓示遵行謹
奏同治五年九月二十日具奏本日奉
旨依議欽此

戶部片
奏再火器營章程內由廪增附報捐歲貢一項經吏部於
咸豐六年奏准由廪增附生考取教習復經捐輸歲貢
生卽照正途出身之例准其報捐內閣中書國子監學
正學錄並准其捐正印等官毋庸捐免保舉其僅由捐
輸准作歲貢生並未考取教習者概不得比照辦理等
語是此項捐納歲貢准作正途與否總以考取教習爲
斷辦理已有區別惟查五貢之中歲貢一途非由生員
考取前列積數年之資不能挨出今因捐輸准作歲貢



則是挾貲二百餘兩卽可與皓首窮經之士同列成均
於勸學作人之道似非所宜且於考取教習後准其補
捐歲貢作爲正途尤恐易於取巧查同治元年吏部議
覆御史鍾佩賢奏案歲優貢生不准報捐直隸州州同
夫以正途出身考取之歲優尚不得報捐直隸州州同
乃以考取教習後補捐之歲貢轉得報捐中書學正等
官辦理亦未允協現當增修捐例之時擬請將火器營
章程內由廪增附報捐歲貢生銀數三條卽行删去如
蒙

俞允應於奉
旨之日爲始停止收捐其報捐在此次奉
旨之先業經奏准給照者仍照咸豐六年吏部奏案辦理以
勵積學而杜倖心理合附片陳明謹
奏同治五年九月二十日具奏本日奉
旨依議欽此

戶部爲通行事內閣抄出調任閩浙總督左宗棠奏閩
省武營捐班太多請分別辦理並請停止各省報捐武
職一摺同治五年十一月初一日內閣奉
上諭左宗棠奏閩省武營捐班太多請分別辦理並請停止
報捐武職等語所奏甚是武營流品混雜勢豪棍名右職
藉爲護符劣弁巧獵升階專爲牟利自應嚴加區別以肅
軍政所有福建省捐納武職各員弁卽着該督撫一律送
部引見其未經引見人員並不准收標委署惟此等情弊
不獨福建一省爲然嗣後各直省報捐武職均着永遠停
止該部知道欽此欽遵抄出到部除抄錄原奏移會

五　元

上諭處稽察房戶科江南道外查報捐武職官陛旣經欽奉
諭旨停止報捐應卽自十一月初一日奉
旨之日起凡有在京呈捐武職及由各直省捐輸案內報部
捐請武職寔官班次者概行批駁其外省捐案到部及
京捐上兌在十一月初一日奉
旨日期之前者仍准核辦以嚴限制而示區別此外報捐各
項武職虛銜僅係頂戴榮身與軍政尙無關繫又武職
降革捐復人員應否准其捐復之處向係行查兵部由
兵部查核案情以定准駁又原係候選武職加捐分發
人員均與初捐人員不同自均不在停止之例應仍照
舊辦理相應飛咨各直省督撫將軍府尹並由各該督
撫轉行各該處統兵大臣及各糧臺一體遵照可也

增修籌餉事例條款目錄上冊
文職報捐分缺先用分缺間用班次
文職報捐各項本班儘先
文職報捐不積班選用班次

六　元

捐銅局搭收銀票改收寔銀章程

戶部片

奏再現時臣部捐納房收捐章程係於減成後按半銀半票兌收捐銅局收捐章程凡咸豐年間奏定六條八條及火器營歸併各條欵以及新章捐免保舉均搭收銀票又監生從九兩項本係於減成後每兩折交三錢六分寔銀不搭銀票嗣於同治六年三月因設法收回銀票經臣部奏請按銀三票七搭收等因各在案伏查銀票一項上年三月經臣部奏請截至同治六年年底止作為限滿限滿後仍有收存銀票者一概作為廢紙不准復交官項等因欽奉

諭旨允准本年臣部收捐自應遵照奏案停止銀票改收寔銀查上年銀票市價每票一兩不過值銀數分現時改票為銀若收數過增捐生難免裹足臣等公同商酌除監生從九兩項仍照六年三月以前章程兌收毋庸另議外其餘各項條欵尚收銀票一兩者擬改收寔銀一錢庶收數所增無多捐生仍不致觀望

如蒙

俞允即由臣部分晰開具收捐清數出示曉諭各該捐生一律遵照辦理所有停票收銀緣由理合附片陳明伏乞

皇太后

皇上聖鑒謹

奏同治七年正月初十日具奏奉

旨依議欽此

文職報捐分缺先用分缺間用班次

一滿蒙外官漢京外官一按名本職捐足後方准捐入分缺先用滿蒙京官按本職補足不論雙單月一層亦准捐入分缺先用原例

一外省道府以至未入流等官候補即用委用及各項試用人員如有願捐分缺先用者除試用人員應照例定銀數報捐外其候補即用委用人員班次本優如有加捐分缺先用者應各照例定銀數候補即用者酌減二成委用者酌減一成其河工儘先人員照地方候補之例次儘人員照委用之例分別酌減原例

分缺間以下各項班次銀數較少與分缺先班次不同凡由外省候補即用委用人員報捐毋庸議減

一京官自郎中以至未入流外官自道府以至未入流均准報捐分缺間用其報捐銀數照分缺先用酌減一成咸豐三年戶部等部會議十四條奏案

一凡遵籌餉新例捐有儘先等項班次候選人員以及由舊例捐納捐輸遇缺等項班次過入新例本班儘先等項班次候選人員如報捐分發願將儘先等項班次帶往所發之省者除照例先捐免試用外令按儘先等項班次銀數分別減半報捐作為儘先補用咸豐五年戶部等部會議安徽巡撫福濟奏案

一查咸豐五年會議安徽巡撫福濟奏案係指分缺先分缺間儘先等項候選人員加捐分發呈內聲明願將班次帶往外省者除照例先捐免試用外准照分缺先分缺間儘先等項班次減半報捐如僅捐分發業經奏准續捐分缺先分缺間儘先等項補用班次仍照例定銀數交納不准半報捐同治五年新纂

一凡已捐本班儘先加捐分缺先用人員其應交分缺先用銀兩准將前捐本班儘先之數歸併扣算其已捐分缺間用加捐分缺先用及已捐本班儘先加捐分缺間用人員均准一體扣抵惟已捐他職及並非由本例報捐者仍不准其扣算咸豐四年戶部等部會議陝西巡撫王慶雲奏案　由不積班加捐分缺先等項班次照此辦理

一分缺先用部選人員如有統補四成實銀者定為新班遇缺准其不論卯次班次遇缺儘數選用捐納州縣以上正印等官由貢監生初捐及並非曾任正佐各官人員照捐免保舉銀數再交四成實銀准其不

論繁簡遇缺統選凡係由貢監生出身減成報捐者無論層遞捐陞幾次均照貢監捐至雙單月並分缺先用銀數統補實銀四成如非捐納出身及曾任實缺續行捐陞分缺先用人員應按續行捐陞銀數按層補交四成實銀其舊例內原交例定十成實銀續照減成報捐過班分缺先用應按續捐過班分缺先銀數按層補交四成實銀本例內原交十成實銀續照減成加捐至分缺先用者應按加捐銀數按層補交四成實銀若本例內業已捐足分缺先用原交例定十成實銀人員准其於分缺先用銀數上酌加四成原捐雙單月俱係十成實銀毋庸重補外省藩庫及各路糧臺軍營報捐銀錢米石並餉票等項人員無論原捐數減幾成統令照前數定各項補交四成實銀咸豐八年戶部等部會議遴補章程

一各項勞績候補候選人員無論原係雙單月或單月雙月人員均先令其補交本職雙單三班銀兩再按儘先等班銀數四成過班之例辦理統令逐層補交四成實銀准其捐入新班遇缺選用咸豐八年戶部等部會議遴補



章程

一分缺先用分缺間用本班儘先人員捐入新班儘先選用其應捐銀數按原捐分缺先用分缺間用本班儘先銀數補交四成實銀咸豐八年戶部等部會議遴補章程

一各省分缺先補用人員有願歸入新班遇缺者其應捐銀數應照貢監報捐雙單月分發指省分缺先免試用銀數統補實銀四成咸豐八年戶部等部會議遴補章程

一各省並非捐納之候補即用委用大挑議敘人員准其報捐新班遇缺即補其應捐銀數應照部選人員補足三班及儘先等班銀數加四成過班之例一律辦理統令逐層補交四成實銀准其歸入新班遇缺即補咸豐八年戶部等部會議遴補章程　查並非即補捐納之候補即用委用大挑議敘人員報捐分缺先等項班次向令捐免試用無庸補足三班此項人員報捐遇缺補用會議章程議令照部選人員補足三班及儘先等班銀數加四成過班之例令逐層補交四成實銀係仿照過班之例按三班指省分發花樣免試用逐層補交四成實銀並非令其先行補足三班等項再令過班緣此項人員報捐新班儘先係令按花樣補交四成實銀如有報捐遇缺者若祇令按花樣免試用兩層補足實銀四成便准捐歸遇缺銀數未免過少是以令照三班分發指省花樣免試用逐層補交四成實銀以歸平允而示區別

一各省分缺先用分缺間用本班儘先人員准其捐入

新班儘先其應捐銀數應照原捐分缺先用分缺間用本班儘先各班次銀數補交實銀四成（咸豐八年戶部等部會議選補章程）

一各省保舉本班儘先並遇缺人員除加四成過班仍照舊章辦理外如有加捐分缺先前分缺間前本班儘先前者統令按照例定本職報捐銀數補足四成實銀不得僅照過班銀數補足（同治二年戶部奏案）

一查選補章程內開若本例內業已照例定十成實銀捐足分缺先用人員今捐遇缺令其於分缺先銀數上再交四成原捐雙單月無庸再補惟查外省辦理捐案往往不能盡歸數實應請嗣後除原交係在部庫照例定十成實銀捐足分缺先人員今捐遇缺准其於分缺先銀數上再交四成作為新班遇缺外此外在各省報捐分缺先人員無論照填是否十成實銀凡願捐新班遇缺者令從雙月三班起補交實銀四成願捐新班儘先者令照分缺先等項班次補交實銀四成（同治五年酌定）



一查實缺教諭訓導丁憂服滿人員報捐分發分缺先等項班次銀兩歷辦成案係比照各項實缺丁憂服滿人員補足一班之例令補足一班後再行加捐其有願捐遇缺儘數者亦按補足一班分缺先銀數核計四成應令嗣後京外各捐一律查照辦理至此外道府以至未入流凡曾任實缺丁憂服滿人員係屬以禮去官如願於補足一班分發加三成歸入候補班之後加捐分缺先分缺間班次照例定銀數減二成仍令捐免試用至前項實缺丁憂服滿應歸部選人員如欲捐歸分缺先分缺間捐納儘先不積班選用仍祇准作為應補應選人員令其逐層捐足方准加捐（同治五年新纂）



文職報捐各項本班儘先

一應升應補應選人員凡係有本班可歸者俱准報捐本班儘先選用各項勞績保奏歸部選用及應升應補應選人員如於新例報捐班儘先或分缺先用無論原係雙單月及單月雙月之員均祇作為雙月

令其逐層捐足後方准加捐儘先等項班次惟應選
人員內有由貢生就教及進士舉人出身得有本職
選班其應選班次捐例項下定有報捐本職專條者
仍令先捐雙月銀兩後再行逐層捐足揀補各官令
照貢監生捐補用銀數按三成報捐大挑二等之員
有捐復論儘先銀數報捐者即專歸復論先選有捐
復訓儘先銀數報捐者即專歸復訓先選有捐復諭
復訓兩項儘先銀數報捐者方歸兩項統選惟經制
正諭訓導並無捐納班次其本班應選人員概不准



捐儘先選用以符舊制原例
一大挑二等人員例得以正諭復諭訓導復訓統選與
捐納人員祗准歸復諭復訓者不同此次推廣有捐
復諭儘先銀數者准歸教諭復設教諭二項統選有
捐復訓儘先銀數者准歸訓導復設訓導二項統選
有捐復諭復訓兩項儘先銀數者即歸四項統選前
項人員捐本班儘先徑照儘先銀數報捐毋庸再交
捐足雙單銀兩又八旗漢軍並各省舉人應照滿洲
文舉人奏准成案一體量為推廣凡未經挑選人員

均准其照舉人捐足復諭復訓兩項銀數報捐以教
諭等官四項註冊咸豐三年戶部等部會議十四條奏案
一軍功候補班補用人員准捐歸本班儘先補用其銀
數照籌餉例定各本職報捐本班儘先銀數赴陝西
捐局報捐毋庸減成同治三年戶部等部會議陝西巡撫劉蓉奏案
一候補即用委用大挑議敘拔貢教習教職人員准捐
各本班儘先補用照例定各本職本班儘先不減成
銀數赴陝西捐局報局同治四年戶部等部會議陝西巡撫劉蓉奏案
一查軍功候補班及候補即用委用大挑議敘拔貢教



習教職人員報捐本班儘先同治三四年議覆陝西
章程均令照例定儘先銀數不減成各省保舉及捐
輸歸候補班人員捐歸候補班先咸豐九年議覆勝
保奏案亦令照儘先銀數不減成以上各項人員在
京銅局報捐本班儘先向章俱照大捐減折章程辦
理京外本涉兩歧現在道府州縣報捐儘先已專歸
京銅局報捐其准在外省收捐者不過丞倅佐貳各
雜職此項人員在外省報捐各項本班儘先若仍照
例定銀數不減成報捐未免偏枯應令嗣後悉照各

該省現行減折章程辦理同治五年酌定

文職報捐不積班選用班次

一豫工事例各項捐納雙單人員於選用正班之外分
别官階選用不積一人此次新例展限仍擬酌加不
積班次以疏通正班其報捐銀數擬令京外各官捐
足後有願歸不積班選用者各照貢監生捐足雙單
月銀數再加一成報捐其籌餉題三卯報捐人員



應照例定三成過班之數酌減一成半過入此次展
限各卯再照新捐人員加一成報捐不積舊例捐納
及各項捐輸人員無論從前有無過班均照例定三
成過班之數過入展限各卯再照新例人員加一成
報捐不積准歸入此次不積班內補用咸豐三年戶部等部會議十四條奏案

一查京官如內閣中書國子監監丞博士部寺司庫鴻
臚寺主簿工部製造庫司匠外官如直隸州州同直
隸州州判教諭訓導均無由貢監生捐銀數今報捐

不積班選用班次若各按出身捐足雙單一成銀數
覈計銀數互有參差惟查籌餉例載分缺先用班次
內閣中書係按未揀選舉人捐足銀數國子監監丞
博士係按未揀選舉人捐足銀數減半部寺司庫係
按現任八品筆帖式捐補用銀數減半鴻臚寺主簿
工部製造庫司匠係按現任九品筆帖式捐足銀數
減半直隸州州同係按未揀選舉人捐足銀數直隸
州州判係按恩拔副貢捐足銀數教諭係按候補候
選訓導捐足銀數訓導係按附貢捐足銀數咸豐三



年會議十四條章程既經議有不積班選用班次其
報捐銀數自應比照分缺先定為內閣中書國子監
監丞博士按未揀選舉人部寺司庫按現任八品筆
帖式鴻臚寺主簿工部製造庫司匠按現任九品筆
帖式直隸州州同按未揀選舉人直隸州州判按恩
拔副貢教諭按候補候選訓導訓導按附貢各捐足
銀數一成國子監助教按未揀選舉人捐國子監博
士國子監學正學錄按貢監捐國子監典簿各捐足
銀數一成其運副運判兩項本無分缺先等項班次

應毋庸另議不積班選用銀數以歸一律同治五年酌定

文職分發分缺先用等項人員捐免試用

一分發地方河工各員加捐分缺先用等班令捐免試用捐免補額再行加捐其捐免試用及補額銀兩按本職分發銀數酌減三成至拔貢教習教職知縣及大挑教習教職分發河工並議敘人員概係應加二年均準其捐免試用一年其捐免銀數按本職分發



銀數酌減三成報捐原例

一查文職分缺先補用分缺間補用捐納儘先補用人員捐免試用道員壹千捌兩知府運同捌百玖拾陸兩直隸州知州提舉柒百捌拾肆兩知州知縣陸百柒拾貳兩同知通判肆百肆拾捌兩四項大使叁百叁拾陸兩六品佐貳壹百陸拾捌兩七八品佐貳壹百拾貳兩九品以下考選議敘各班捌拾肆兩九品以下各舊例捐納過班及新捐人員壹百伍拾肆兩河工捐免補額悉照捐免試用銀數同治五年新纂

一曾任實缺及曾經到省試用期滿人員如有遵例捐升改指者准其捐免試用其報捐銀數照分發銀數酌加五成咸豐四年戶部等部會議陝西巡撫王慶雲奏案

筆帖式捐分缺先用等班捐免期滿

一各衙門筆帖式報捐分缺先用及本班儘先補用如未經奏留廕生筆帖式學習筆帖式並繙本庫使及已經奏留未經期滿報捐者應令加成捐免期滿均



各按本職補用銀數酌加二成報捐至

盛京學習筆帖式亦准其報捐原例

一查筆帖式報捐分缺先等項班次未經期滿者均令先行捐免期滿原例內載各按本職補用銀數加二成是否按豫工例加二成抑按籌餉例加二成原例未經明晰聲敘唯查歷辦成案係按豫工例辦理凡由舉貢生監官學生義學生報捐者捐銀柒拾陸兩由各項註冊候考並未滿年限之庫使繙本人員報捐者捐銀伍拾捌兩由考取議敘繙本各班候補筆

帖式報捐者捐銀叁拾捌兩均准作爲期滿加捐分
缺先分缺間本班儘先不積班各班次應令嗣後一
律查照辦理同治五年新纂
一內務府捐納候補筆帖式報捐分缺先等項班次銅
局成案毋庸捐免期滿同治五年新纂

新例報捐人員按卯輪選並驗看分發
一四月截卯一次各歸各卯籤掣名次以卯之次數爲



序挨次輪選至分發人員豫工二卯事例有指省分
發之條籌餉事例仍准照豫工二卯指省銀數分別
指捐各省及河工補用其從前業經分發指省人員
有情願另指別省者應先令其報捐過班離省再加
分發指省其各省候補委用人員有願指他省者卽
照試用人員令其捐離省分發指省銀兩原例
一河工直隸州州同州判府屬州同州判府經縣丞等
項豫工二卯例內奏定教習教職之候選知縣准其
投効河工借補各缺此次新例亦應查照辦理如有

教習教職之候選知縣願赴東南北河者准其作爲
雙月候選人員逐層捐足並加倍分發俟到工後經
歷六汛卽准按班序補咸豐二年續纂條款
一各館議敘知縣及佐雜人員如有願歸議敘班補用
者准其照捐足及分發正項統加三成報捐俟到省
後歸入議敘班內照例補用咸豐二年續纂條款
一進士卽用知縣並俸滿教職教習期滿於未經掣省
之先大挑一等例應赴省人員於未經掣籤之前有
按指省銀數報捐者卽准歸指捐之省補用毋庸另



捐分發銀兩已經掣有省分者如願另指省分仍令
先捐離省亦毋庸另捐分發咸豐三年戶部等部會議十四條奏案　銅局
現辦章程凡捐納分發指省尚未驗看人員改指省
分祗令捐離省指省毋庸另捐分發係比照此條章
程辦理應准各
省一體援照
一外任曾任實缺丁憂服滿人員如有願捐分發者祗
令其報捐不論雙單月並分發銀兩卽准歸籌餉新
例補用其有捐歸候補班內補用並指捐分發河工
歸於次儘班內補用者俱令其於分發銀數上再加
三成報捐此外病痊終養捐免坐補歸入應補及捐

復原官又經捐入應補各員仍令加足三班再捐分
發咸豐三年戶部等部會議十四條奏案
一病痊坐補人員准其照本職分發銀數報捐即赴各
該省以原缺坐補毋庸再加三班如願歸新例分發
試用者仍照籌餉例定銀數捐免坐補加足三班再
行報捐分發咸豐三年戶部等部會議十四條奏案
一滿洲蒙古外任道府丞倅州縣等官丁憂回旗百日
孝滿由該旗帶領引
見在原衙門行走無原衙門者擧分各部院行走歸於十月
查辦由吏部帶領引
見分別內外錄用查辦外用人員原應俟服滿後歸於單月
應補班內選用其願捐分發者亦應俟服滿後方准
分發現在量爲推廣除前項人員查辦內用無庸置
議外其有業經查辦外用及百日孝滿在原衙門行
走尚未屆查辦之期各員如有思及時自効者准其
按應補人員捐足分發指投軍營省分先行差委仍
俟二十七箇月服滿由該旗結報起復後方准按原
捐班次分別補用咸豐三年戶部等部會議安徽巡撫李嘉端奏案



一查旗員查辦外用及未屆查辦之明願捐分發人員
係指曾任實缺而言應令比照漢員補足雙單一班
再捐分發如願指分原省或指他省應量爲變通無
庸專指軍營省分仍交分發指省兩層銀兩願歸候
補班者亦照漢員分發銀數上加三成報捐同治五年酌定
一從前迴避改省尚未補缺人員如原省無可迴避准
其捐回原省歸原班補用應將離省日期扣除仍准
接算原到省日期挨次補用其所捐銀數按照指省
離省分發銀數各減五成咸豐四年戶部等部會議陝西巡撫王慶雲奏案
一揀發人員向不准改捐他省今量爲廣推令其先捐
離省再捐分發指省銀數報指咸豐五年戶部等部會議安徽巡撫福濟奏案
一軍務省分補缺選缺分發人員准其於隣近用兵省
分通融捐升改捐其銀數除捐離原省之外再照分
發指省兩層銀數加倍報捐毋庸減成咸豐九年戶部等部會議勝保奏案
一例應迴避人員從前准其捐免嗣經停止復又變通
准其捐免如不捐免分別改捐改指若未經領咨離

省自行捐免人員並不扣其離省銀兩其改有省分
及學定省分業經領咨起程離省又經捐免回省人
員自應按照捐例另扣離省指省分發銀兩以示區
別同治三年吏部議覆給事中傅桂奏案
一籌餉例載各省候補委用試用人員勞績出力保舉
俟補缺後以何項官員用者令其先行捐免本班並
捐離任准以補用之官留省歸入候補班內補用其
部選人員保舉選缺後以何項官員用者先就本職
分發指省復經捐免本班亦准留省補用歷經辦理



在案此次既酌增道府州縣報捐銀數自應稍事區
別嗣後部選人員除保舉選缺後以丞倅佐貳等官
用者仍照舊章辦理外其各項人員保舉俟選缺後
以道府州縣用者如就本職報捐分發指省後續捐
離任免補本班應令補交道府州縣分發留省一層
銀兩方准留省補用同治四年戶部奏案
一皖省捐局推廣八條內開凡軍務省分補缺選缺揀
發分發人員准於鄰近用兵省分通融捐改其銀數
除捐離原省之外再照分發指省兩層銀數加倍報

捐毋庸減成又浙江捐修海塘章程軍務省分人員
亦准捐升改指鄰近用兵省分在案此次酌增道府
州縣報捐銀數既專歸京銅局報捐自應查照辦理
嗣後軍務省分人員未到省者准其捐離原省改指
他處用兵省分試用並准捐升改捐降捐未到任者
亦准捐升改捐降捐均分指他處用兵省分其分指
銀數均按原定加倍不減成章程每兩以柒錢實銀
上兌仍不得捐歸部選或改京職以杜趨避至丞倅
以下等官捐離改指或捐升改捐降捐非道府州縣



者各按本職分指銀數加倍不減成照銅局大捐章
程辦理至皖局浙江海塘捐局祇准丞倅以下等官
照章捐改其道府州縣四項專歸京銅局收捐同治四年戶部奏案
一軍務省分補缺選缺揀發分發人員向准呈明本省
督撫捐升改捐降捐並捐離原省改指他省歷辦成
案此項人員如在服官省分捐離改指係照各該省
減折章程辦理其有逕赴銅局報捐者如該員業經到
省起有服官省分咨文赴部報捐亦准照銅局現行

章程辦理均不限令改指他處用兵省分亦毋庸援
引皖省章程飭令加倍報捐應仍循照成案辦理（同治五年新纂）

一捐復人員歷辦成案如係因公處分革職降調者捐
復後准其指分原省若因私罪降革人員捐復後不
准仍分原省嗣後應合查照辦理（同治五年新纂）

大挑一等知縣回籍聽候咨取人員准報捐分發



一大挑一等知縣掣定省分後按科分名次將在前者
先行分發一半給照赴省其名次在後者暫令回籍
候該省補用一員即咨取一員此項暫令回籍人員
有願捐分發者准照本職分發銀數酌加一成報捐
分發先行赴省試用（原例）

一大挑一等人員名次在後應行回籍者如願改指省
分先照分發銀數減五成報捐後方准再捐指省其
前項已經到省人員如願改指他省仍按分發指省
及捐離省銀數報捐（咸豐三年戶部等部會議十四條奏案）

一大挑一等回籍候咨人員如有捐免候咨即赴原省
者量爲酌減照分發銀數減二成（咸豐四年戶部等部會議陝西巡撫王慶雲奏案）

候補候選人員准先行捐免遠省並捐入近省選
補

一各項分發銓選人員向例親年六十五歲以上准其
預行告近存案銓選分發時如掣得近省毋庸辦理



若簽掣遠省方以近省改掣俟親老事畢應坐選原
缺仍赴原省此次新例推廣各項候選分發人員如
親年未及六十五歲有因俸力就衰遠省難以迎養
願以近省分發銓選者應令照指免坐補銀數先行
捐免遠省再照指省銀數酌減五成報捐作爲捐入
近省銀兩方准以隣近省分選補（原例）

一近省即用人員均係已經到班之員例應俟有近省
缺出以次銓選現在人浮於缺有到班已過二三年
尚不能輪選者擬請准其照本職儘先銀數交納四

成實銀歸於近省即用班內先行坐選咸豐九年吏部奏案

一查有存親人員捐免遠省入近省本屬銅局現辦搭收五成實銀五成票鈔等項之款今推廣無存親人員亦准報捐應照有存親人員捐免遠省入近省銀數酌加一倍仍統歸銅局不減成以五成實銀五成票鈔等項搭收外省不得收捐咸豐十年戶部等部會議署四川總督崇實奏案　現在票鈔等項停止收捐荀例銀壹兩折收實銀陸錢



從前捐納捐輸並勞績各班人員加成過班

一凡從前捐納捐輸雙單以上人員無論何項班次並各項歸捐納捐輸儘先人員願過新例選用者令其於雙單銀數上加四成過班歸入新例雙單月選用其有過新例捐班儘先分缺先用及原係捐輸班儘先之員過新例仍歸捐輸班儘先選用者均再按新例酌定儘先等項銀數加四成過班原係單月雙月之員先令捐足雙單後再行加成曾經捐納捐輸過班者即於四成數內減半報捐至並非捐納捐輸出身之勞績遇缺及應補應選各班由勞績保奏或捐納捐輸得有本班儘先人員願過新例捐儘先分缺先用或仍歸各本班雙單月儘先選用者無論原係雙單月或單月雙月人員均先令其補足本職雙單三班銀兩再按儘先等班銀數四成過班如前項人員內有原係貢生就教及進士舉人出身之應選本職人員其原選班次捐例項下定有報捐本職專條者應令先交例定雙月銀兩後再行逐層補交揀補各官令其補交例定本職補用三成銀兩勞績五缺



後用之員過新例分缺等項亦令補足三班銀兩其加成銀數即照儘先人員覈計原例

一外省道府以至未入流等官捐輸遇缺前用遇缺即用插班間用本班儘先本班前用捐納插班間用本班儘先本班前用及本班各員願過入新例雙單並過入各項班次補用者照候選人員過班銀數分別辦理其前項遇缺先以下本班先以上人員若僅照新例雙單銀數過班並未捐足分發留省者仍歸部銓選其有捐過班及捐分發留省未經過入各項班

次者卽歸入新例正班補用其有各項勞績出力本班儘先補用及本班先用人員向歸於各本班之前先用如願過入此次籌餉新例捐納儘先補用及新例各本班儘先補用者亦照候選人弓過班銀數辦理並令其補足分發留省銀兩（原例）

一舊例捐至不論雙單月選用並分發人員於新例捐陞者毋庸先捐過班其改捐降捐人員亦無庸先捐過班（原定條款）

一各舊例內捐納人員除報捐雙單過班後願過入分



缺先用分缺間用本班儘先等項班次者仍照籌餉定例按四成過班其僅捐雙單過班人員均按本職例定雙單月銀數三成過班准歸新例雙單月選用其未經捐足者仍逐層捐足再按所捐本職雙單月銀數三成過班曾經過班人員卽在三成數內減半報捐其分發人員過班銀數亦卽照此辦理（咸豐三年戶部等部會議十四條奏案）

一籌餉例載並非捐納出身之勞績遇缺及本班儘先人員願過籌餉例儘先分缺先用者無論原係雙單月或單月或雙月人員均先令補交本職三班銀兩再按儘先等班銀數四成過班等語此次旣酌增道府州縣報捐銀數自應量爲變通嗣後道府州縣各項並非捐納出身之勞績遇缺儘先人員願過分缺先用分缺間用捐納儘先應令補捐本職雙單兩班銀兩再按分先或分間或儘先銀數四成過班如原係捐納雙單月選用者令照本職雙單三班銀兩減半報捐原係單月選用者令照本職本班先單月兩班銀兩減半報捐再補捐雙單一班原係雙月本班



先用者令按本職本班先一班銀兩減半報捐再補捐單月雙單月兩班仍再按四成過入儘先分間分先等班其分發人員過班銀數亦照此辦理至過入儘先之員有願加捐分間分先等班應仍照捐納儘先人員加捐分間分先等項銀數分別遞捐其捐銀實數均按酌增新章上兌（同治四年戶部奏案）

一査籌餉例載各省道府以下等官加捐班次分別酌減並過班一條內載候補人員班次本優如有加捐分缺先用者應各照現定銀數酌減二成又各項勞

績出力本班儘先補用人員如願過入此次籌餉新例捐納儘先補用亦照候選人員過班銀數辦理並令補交分發留省銀兩又勞績人員加成過班一條內載勞績遇缺及本班儘先人員願過新例分缺先用者無論原係雙單月或單月雙月人員均先令其補足本職雙單三班銀兩再按儘先等班銀數四成過班等語軍興以來保案繁多各省道府以下等官每有勞績出力保歸候補班及候補班前先候補班遇缺等項名目其由候補班等項改捐分先分間等

條款　二十五　元

班應如何報捐之處例無專條查候補班與遇缺同一勞績酌量補用之員遇缺人員改捐分先分間既令補交三班分發留省四成過班而候補班人員若概減二成加捐分先並不補足三班分發似不足以昭平允自應分別覈辦嗣後各省道府以下等官會任實缺捐歸候補班及各項人員非由勞績指定保奏之應歸候補班補用者如加捐分缺先仍照例減二成報捐無庸過班補交三班分發銀兩其由勞績保舉指定歸候補班及候補班前先等項人員如改

捐分先分間應比照勞績遇缺人員四成過班並補交三班分發銀兩道府州縣四項過班人員分別補交班次及免保舉之處仍按同治三四等年奏定新章辦理同治四年戶部章程稿

一查舊例過班雙單三成花樣四成原例及十四條章程內本未聲明三成按豫工例四成照籌餉例唯自開籌餉例以來歷辦舊章雙單三成係按豫工例覈計花樣四成係按籌餉例覈計查籌餉例較之豫工例減一成豫工例久經停止捐生無從周知應令嗣

條款　二十六　元

後悉按籌餉例雙單三成過班花樣四成過班以歸簡易同治五年酌定

一勞績遇缺儘先選用人員報捐分發指省捐銅局章程向令補交單月不論雙單月兩班銀兩毋庸補交本班先一班此項人員如願將遇缺儘先過入捐班者道府州縣按同治四年奏案分別覈辦丞倅佐貳按籌餉例補交三班應令嗣後查照辦理同治五年新纂

道府以至佐雜等官捐免補本班字樣歸入候補
班
一道府縣三項人員奉
旨儘先補用及同知以至佐雜等官奉
旨歸本班儘先補用本班前先用者各照捐免坐補銀數加
倍報捐其道府知縣有本班字樣者各照捐免坐補
銀數加兩倍報捐均准其捐免本班字樣歸於候補
班內並准留省候補如有願改指他省者亦各照指
省分發銀兩報捐原例



一初捐人員其勞績保舉本班儘先補用及本班前先
用者概不准援引籌餉例捐免補本班之條捐入候
補班補用庶捐納正途兩項判然各別同治元年吏部奏案

勞績補用人員報捐離任

一現任人員獲盜出力併各省著有勞績出力人員奉
旨以何項官員用者准其報捐離任查其任內並無展參處
分照報捐離任銀數酌加五成准其離任歸入候補
班內其現任人員因各項保奏出力奉
旨以何項官員用者未經歷用告病病痊例應坐補原缺後
方准補用如情願報捐離任者令其先捐免坐補原
缺再行加捐離任其候補委用試用人員因各項勞
績出力奉
旨候補缺後以何項官員補用者令先捐免本班並捐離任
其捐免本班銀數應按歷階補足三班銀兩方准以
補用之官留省歸入候補班內補用以上各項報捐
離任人員如有願指他省者亦准其照指省分發銀



兩報捐原例
一現任人員並現任勞績保歷未經補用告病病痊人
員報捐離任均加五成此外候補委用試用人員得
有勞績捐免本班者其報捐離任銀兩仍照例定銀
數辦理同治五年新纂

外官著有勞績各員捐免補本班

一現任外官各項著有勞績人員奉

旨以何項陞用及以應陞之缺陞用者指項陞用准其按照
本項報捐其應陞之缺有數項者亦准指定一項作
入候補班內補用均令其先照所指之項補足三班
銀兩並報捐離任令其留省候補至候補委用試用
各員得有應陞之案准照現任人員報捐仍先令其
捐免本班並捐離任再按其陞階補足三班銀兩方
准留省候補有願指他省者准照指省分發銀兩報
捐其候補委用試用人員得有補缺後以應陞之缺
陞用者即照此辦理至各省現任得有即陞卓異俸



滿保薦專歸雙月陞選人員如願指定一項歸新例
雙單月選用者應令其捐足三班即歸新例雙單月
選用如願捐分發者准籤掣省分試用其有按分發
銀數再加三成准歸入候補班內補用至願留本省
及改指別省悉照指省分發之例辦理其未經陞用
以前因丁憂開缺者亦准其照現任人員一體報捐
如係終養告病出缺乃令其先捐免坐補原缺後方
准報捐原例
一查現任訓導俸滿保題照例以州判府經歷縣丞州
學正縣教諭五項註冊歸於雙單月選用此項人員
如有親老及有志觀光不願遠膺民社者准其呈明
督撫咨部專以州學正縣教諭二項升用是不願升
雜職祇須呈明毋庸捐免如有志切民社願升雜職
者查籌餉條款內載各省現任得有俸滿保薦升選
人員如願指定一項歸新例雙單月選用者應令其
捐足三班即歸新例選用是願陞雜職者原准其指
項報捐亦毋庸捐免教職咸豐三年戸部等部會議安徽巡撫李嘉端奏案



一尋常勞績保奏免補免選本班及越級請升人員經
吏部議駁復遵籌餉事例報捐免補免選本班及指
項捐升者均令以實銀五成鈔票等項五成在京銅
局交納咸豐九年吏部奏案現在鈔票等項停止收捐每例銀一兩折收實銀陸錢
一前經吏部議覆蔣琦齡條奏章程內載凡勞績出力
保舉俟補缺後以何項官員升用補用遵例捐免補
免選本班各員自奉
旨之日起扣足三年方准報捐查此項人員經吏部上年議
覆湖南巡撫惲世臨條奏章程勞績人員到省後仍
須試用一年奏明辦理現經戸部覆議飭令補交捐

免保舉銀兩其捐免補本班人員俟勞績覈准後未滿三年即准一體報捐按照捐銅局現行報捐免補免選銀數加倍報捐其已滿三年報捐免補免選者悉照舊章銀數覈辦同治四年吏部奏案

一吏部奏定尋常勞績保舉免選免補本班駁俟補缺後以何項官員用者准照例定捐免選免補銀數按酌加九條章程報捐又勞績出力保奏補缺後以何項官員用者覈准未滿三年准照例定捐免補免選銀數加倍報捐均歸京局上兌歷經辦理在案此次

條款　圭　廿九

既酌增道府州縣報捐銀數自應分別覈辦嗣後勞績人員報捐免選免補以道府州縣用者無論原保部駁之案查係未滿三年均按此次酌增新章加倍報捐其部駁之案已滿三年者仍按酌加九條章程報捐至勞績人員報捐免選免補以丞倅佐貳等官用者如係原保之案覈准未滿三年應照例定銀數按銅局大捐章程加倍報捐如係部駁之案無論已滿三年未滿三年均照例定銀數按酌加九條章程報捐以上各項各省捐局不得收捐同治四年戶部奏案

各衙門記名人員准捐分發歸候補班補用

一在京各衙門滿洲蒙古漢軍漢主事等官

京察一等

記名以直隸州知州撫民同知通判升用並保送

記名直隸州知州撫民同知通判之員雙單月均有銓選班次免其逐層加捐照截取記名人員之例各按分發銀數加三成准報捐分發歸候補班至滿洲蒙古筆帖式保送

記名以知縣用者係專歸雙月選用應令捐足三班再加分

條款　圭　廿七

發歸候補班內補用如又經

京察一等

記名例應歸於雙月記名本班先用之員祇令捐足單月不論論雙單月兩班即准報捐分發毋庸捐本班先用一層以示區別其五城司坊俸滿照例升用人員如願指定一項分發者應各照豫工例儘先銀數酌減五成報捐再捐分發俟到省後即照截取記名分發人員之例辦理原例同治四年十二月俸滿西城兵馬司指揮章鳳岡在京銅局報捐主事分部查據吏部覆稱俸滿止指揮係應升六部主事都察院都事府同知選用係按豫工例主事儘先銀

數減五成報捐作爲雙單月再捐分發嗣後俸滿司坊各官指捐應升京職悉照此辦理

京察一等奉

旨記名以道府用之翰林院侍讀侍講詹事府洗馬中允贊善給事中郎中暨各衙門正五品官准其照例定道員分發銀數加三成報捐以道員分發願捐知府加三成分發者聽內閣侍讀監察御史編修檢討員外郎暨各衙門從五品官准其照例定知府分發銀數加三成報捐以知府分發咸豐二年戶部等部會議籌餉二十三條奏案

條款

各衙門截取外用人員捐升准作爲雙月遞捐

一各項俸滿截取

記名以知府用以同知通判用者如捐升別項官職即准各按記名官職作爲雙月再行遞捐升職至滿蒙漢主事並各項小京官保送

記名以撫民同知直隸州知州通判用等官亦照截取人員辦理原例

一各項京官業已引

見分別內外升用如未經輪升到班有本係內用而欲捐升外任外用而欲捐升京職者如內閣中書等項奉旨內用而欲捐同知外用而欲捐主事之類仍照各本職現任准其改捐原案條款並會經奏

旨甄銷簡道府者應准其改捐同知運副鹽提舉通判運判並准加捐分發咸豐二年續纂條款

一查十五項小京官俸滿截取內用者例應論俸以主事都察院都事京府通判三項分別內升向不准其分發行走此次推廣准其分發比照籌餉例載外官勞績出力應升之缺升用人員指項報捐之例准其指項報捐按照所捐之項補足三班銀兩再捐分發俟奏准知照到部後即將小京官開缺並將內升之班停選令其赴部驗看掣分各衙門行走到任後扣滿半年遇有應留選缺出時與各項候補人員比較日期先後序補咸豐五年戶部等部會議軍機王大臣奏案

一各項回原衙門行走之員如所奉

諭旨並無不勝道府外任字樣者均准其報捐道府及道府

條款

以下各外任官職其報捐銀數各按現行本職例定
銀數具呈即由戶部覈辦毋庸行查吏部以期迅速
若翰詹科道本無例定銀數即比照各部院郎中員
外郎報捐外任官職銀數辦理（咸豐二年戶部等部會議籌餉二十三條）
奏案

外任各官升補尚未實任人員捐升

一外任各官推升題升未經引
見尚未實任人員如有再行捐升者如本任捐升銀數比之
升任報捐銀數較多將所多之數減半報捐（原例）
一武職外省各官升補尚未引
見業已題准奉
旨如有再行捐升者向例照原官覈辦今籌餉事例應照文
職按原官減成報捐辦理（原例）
一各省同知直隸州知州應升京職員外郎知縣應升
京職主事等官如由現任同知捐升知府雙月選用
銀叁千貳百肆拾兩由現任員外郎捐升知府雙月



選用銀貳千叁百柒拾陸兩是同知捐升知府較之
員外郎捐升知府計多銀捌百陸拾肆兩嗣後如有
同知推升員外郎尚未引
見人員捐升知府者應即照同知報捐知府多銀捌百陸拾
肆兩內減五成報捐准其歸部以知府雙月選用如
有願留原省者應令補足三班並分發指省銀兩方
准仍留原省歸於試用班內補用其有推升別項京
職未經引
見復經捐陞者即照同知推陞員外郎加捐知府銀數類推
（咸豐三年戶部等部會議署四川總督裕瑞奏案）
查原例內載知縣同知捐陞知府各銀數係按豫工
例捐足銀數覈計咸豐三年議覆署四川總督裕瑞
條款內銀數係按籌餉例雙月銀數覈計兩相比較
辦理殊未劃一嗣後外任各官推升京官外官尚未
引
見人員遵列捐陞均按籌餉例比較本任陞任報捐雙月銀
數覈計將所多之數減半報捐如知縣推陞同知尚
未引

見捐陞知府作爲例定銀肆千伍百玖拾玖兩同知推陞員
外郎尚未引
見捐陞知府作爲例定銀貳千捌百捌兩再行捐足三班等
項餘以類推（同治五年酌定）
一外省現任同知直隸州知州如得有卽陞卓異之案
並俸滿人員遇雙月京陞到班時例得推陞員外郎
此項人員如有自揣不諳部務者准其照捐免離任
銀數豫行捐免京陞仍不准於見缺後始行捐免至
將來外陞到班仍准陞用再各省知縣得有陞案及



俸滿人員例應推陞主事小京官等項數與同知直
隸州知州之推陞員外郎事同一律如有未諳部務
者亦應准其捐免京陞（咸豐三年戶部等部會議安徽巡撫李嘉端奏案）
一推陞外官未經引
見人員有照現陞之官願捐仍留原省補用者應令其按照
所陞之官報捐離任並捐分發離省指省銀兩准其
仍留原省歸於試用班內補用（咸豐四年戶部等部會議陝西巡撫王慶雲奏案）

外任官員准捐免實授試俸及歷俸年限
一各省地方知府直隸州並州縣等官定例原應於現
任內歷俸五年三年以上方准揀選升調現任捐納
出身人員俟實授後試俸三年方准升用此次新例
外省現任人員如有未請實授未銷試俸及歷俸未
滿者均准其捐免捐免歷俸照捐免試俸銀數報捐
佐雜等官並無捐免實授銀數亦照捐免試俸銀數
報捐例（原）
一各省現任人員如有未請實授未銷試俸及歷俸未



滿各員就近在本省藩庫捐免者升調到部時吏部
仍行查戶部有無捐案咨部分別准駁（咸豐三年戶部等部會議署四川總督裕瑞奏案）
一京官例無捐免歷俸之條今擬推廣照常例內捐免
試俸銀數辦理如未捐免試俸者令先行捐免試俸
內閣中書捐免試俸照常例內七品捐免試俸銀數
辦理（咸豐二年戶部等部會議籌餉二十八條奏案）

滿蒙應歸月選推升各官准其捐免試俸

一查滿洲蒙古應歸月選推升各員文進士繙譯進士廕生均試俸五年各衙門題缺人員有試俸五年三年者均俟期滿後方准升轉此次量為變通試俸三年者准其捐免一年五年者准其捐免二年捐免後扣滿年限照常升轉其捐免銀數照常例內載捐免試俸銀數報捐其例應試俸三年題銷後方准升轉之議敘人員一體准其捐免一年仍扣試俸二年題銷後方准升轉至捐納捐復人員毋論是否正途出身由部選授得缺及非正途出身之捐納捐復留補本衙門選缺人員仍照定例均不准其捐免原例

條款　兲　元

各省道府以至未入准捐免俸滿年限

一外省邊疆海疆夷疆苗疆等缺人員有必須扣足八年六年五年俸滿始准保題升用內地人員旣准捐免試俸歷俸其邊疆等缺人員自應准其一體報捐今酌擬應扣八年者准捐免三年六年五年者准捐免二年其銀數道府以至鹽庫各大使均按捐免保舉銀數酌加五成其八品以下佐雜等官按例定捐免保舉銀數報捐從九未入二項按例定銀數酌減四成原例

一應扣三年俸滿人員准捐免一年咸豐三年戶部等部會議四川總督裕瑞奏案

一查口外並無八年俸滿之缺嗣後五年俸滿之缺准捐免二年仍扣實歷俸三年三年俸滿之缺准捐免一年仍扣實歷俸二年所有捐免銀數應令各按大小品級照籌餉例定各省人員捐免俸滿年限銀數分別辦理至得有卓異人員准減半捐免咸豐十一年吏部等部會議烏魯木齊都統法福哩奏案

條款　四　元

滿洲司員筆帖式應扣調京年分各員酌擬捐免

一查定例

陵寢司員筆帖式六年期滿

盛京司員三年期滿咨部註冊後遇有京缺按期滿日期

先後調補此次量加變通
陵寢司員筆帖式六年期滿者准捐免二年
盛京司員三年期滿者准捐免一年其捐免銀兩即照常
例內捐免試俸銀數報捐原例
一察哈爾游牧員外郎五年期滿論俸調補比照
陵寢
盛京司員捐免年限之例准捐免二年咸豐三年戶部等部會議十四條奏案



一查新疆章京各缺由京員現任筆帖式派往者作爲
委署主事三年期滿准該大臣咨部以主事即選由
本處駐防筆帖式揀補者給主事職銜七年俸滿送
部引
見一經期滿即以主事選補比照滿洲司員筆帖式調京年
分酌擬捐免之例京員派在三年期滿者准捐免一
年仍扣實歷俸次二年駐防筆帖式揀補七年期滿
者准捐免二年仍扣實歷俸次五年再行分別送部
引
見照例選補所有捐免銀數照常例捐免試俸銀數報捐咸豐

十一年吏部等部會議烏魯木齊都統法福哩奏案

滿蒙郎中以下等官報捐本班儘先選用等班
一滿蒙人員報捐郎中員外郎主事小京官等官各按
本職補足不論雙單月一層准加捐分缺先等項班
次選用其筆帖式一項有儘止捐補用一層者係照
舊例補用銀數減一成報捐其有願指分發先等項
班次者按舊例補用銀數報捐後方准報捐其滿蒙



捐納郎中員外郎主事及滿司務滿蒙漢筆帖式有
指捐六部選用並捐分六部行走者按原捐補用銀
數郎中員外郎加二成主事加一成半司務加三成
筆帖式加五成報捐准以六部選用按分發銀數加
倍報捐准專分六部行走原例
一查七八九品筆帖式豫工例載由舉貢生監官學生
義學生捐銀叁百捌拾兩籌餉例減去一成銀叁拾
捌兩又各項註冊候考並未滿年限之庫使繙本人
員捐銀貳百玖拾兩減去一成銀貳拾玖兩又現在

考取議敘繕本各班候補筆帖式捐銀壹百玖拾兩
減去一成銀拾玖兩所有新例筆帖式加捐分缺先
分缺間本班儘先不積班應交舊例補用銀數各照
所減一成銀數補足同治五年新纂
一查捐選六部舉貢出身郎中加二成應銀壹千捌百
兩監生出身郎中加二成應銀壹千玖百拾陸兩官
學生義學生出身郎中加二成應銀壹千玖百柒拾
叁兩舉貢出身員外郎加二成應銀壹千叁百肆拾
兩監生出身員外郎加二成應銀壹千肆百伍拾伍
兩官學生義學生出身員外郎加二成應銀壹千伍
百拾貳兩舉貢出身主事加二成半應銀捌百貳拾
肆兩監生出身主事加二成半應銀玖百陸拾捌兩
官學生義學生出身主事加二成半應銀壹千肆拾
兩舉貢出身司務加三成應銀叁百貳拾柒兩監生
出身司務加三成應銀伍百兩官學生義學生出身
司務加三成應銀伍百捌拾陸兩筆帖式加五成應
銀壹百柒拾壹兩俱准以六部選用其有未捐貢監
亦非舉人官學生義學生出身係卒

條款　[illegible]　元

官以郎中員外郎主事司務用者並無出身可計應令酌中
悉照監生出身人員報捐銀數辦理同治五年酌定
現任理事同知通判准照撫民同知通判加成報
捐外任
一各省現任理事同知通判例應推升員外郎不准照
撫民同知通判與轉籌餉事例凡各省現任理事同
知通判如欲捐升外任令照定例現任同知通判捐
升外任銀數加五成報捐原例
舉人及各項貢生推廣報捐
一向例直隸州州同以舉人報捐直隸州州判以恩拔
副貢生報捐此次推廣恩拔副歲優貢生准捐直隸
州州同照未揀選舉人報捐例定銀數酌加三成至
歲優廩增附貢生准捐直隸州州判照恩拔副貢生
報捐例定銀數由歲優貢生報捐酌加銀一成由廩

條款　[illegible]　元

貢生報捐酌加銀二成由增貢生報捐酌加銀三成由附貢生報捐酌加銀四成俱准以雙月選用原例

一恩拔副貢生准報捐直隸州州同歲優貢生准報捐直隸州州判廩增附貢生仍不准報捐直隸州州判同治元年吏部議覆御史鍾佩賢奏案

一舉人報捐助教應令分別已未截取揀選按照報捐國子監博士銀數辦理報捐學正學錄按照報捐國子監典簿銀數辦理恩拔副歲優貢生報捐助教應



令按照未揀選舉人報捐國子監博士銀數加五成辦理報捐學正學錄按照未揀選舉人報捐國子監典簿銀數加五成辦理咸豐二年戶部等部會議籌餉二十三條奏案

一例載科甲出身及恩拔副歲優貢生均作為正途如報捐正印各官不必捐免保舉並准其捐內閣中書國子監助教學正等官此外廩增附生不得作為正途如捐正印官令其先捐免保舉等語若因捐輸准作歲貢竟與考取正途一體照辦未免過優擬請嗣後由廩增附生考取教習後經捐輸歲貢生即照正

途出身之例准其報捐內閣中書國子監學正學錄並准其捐正印等官毋庸捐免保舉其僅由捐輸准作歲貢生並未考取教習者概不得比照辦理咸豐六年吏部奏案

捐輸人員呈驗貢監執照方准報捐

一文職捐輸案內由俊秀捐輸各項官職人員有遵新例過班並加捐各項班次歸部銓選分發省分者令



其呈驗貢監生執照如無貢監執照俱令補捐貢監生後方准報捐原例

一武職捐輸案內由俊秀捐輸各官遵新例報捐過班銓選分發者如無監生執照令補捐監生後方准報捐原例

一各省捐輸議敘案內有捐納職員作為貢監者該捐生僅領官照並無貢監執照嗣因國子監奏請補給捐輸貢監執照以便錄科時查驗經戶部會同禮部議請予限一年一律補領續有因鄉試補領執照戶

部覈其原捐銀兩足數貢監之數准其補給另於照上加蓋祇准鄉試不准加捐如遇加捐補交監餉字樣戳記以杜朦混此次展限期內如各項捐輸人員有願歸新例加捐者令其呈驗原捐執照覈其銀數足數貢監之項者准補貢監執照銀數不敷仍令補足（咸豐三年戶部等部會議十四條奏案）

一查原例內載如無貢監執照呈驗俱令補捐貢監生方准報捐十四條內載捐輸議敘各員如遇加捐補交監餉誠以貢監為筮仕之階必令先捐貢監方准於新例加捐官職近來有先捐從未銜遞捐各職或保列官階又有先保從未銜遞捐官職及保加官階每遇加捐往往並無貢監執照呈驗嗣後除由從未職銜報捐從未實職或保從未官階者無庸補捐貢監外其餘京外各官加捐分發班次或捐升別項官職悉令遵照原例呈驗貢監執照如無貢監執照呈驗飭令補捐貢監生方准加捐此外新舊各案捐輸官職原案內如無作為貢監生字樣者應不准再行補領貢監生執照仍令補交貢監銀兩另行給照（同治五年酌定）



一捐監一項凡捐正印官者其同日所捐監生及先期所捐監生均令照例補足四成實銀（咸豐八年戶部等部會議奏案）

一武監生一項報捐守備以上官階者照文職捐正印官例不論同日報捐及先期所捐武監生均令其加足四成實銀（咸豐九年戶部等部會議奏案）

一武生報捐各項武職並不再捐監生應毋庸補交監生四成實銀（咸豐九年兵部咨案）

一凡從前歸籌餉例減成報捐文職正印京官與非正印之六品等員正印外官與四五六品佐貳等員武職自守備以上各員無論原捐監生覈減幾成統令補足四成實銀赴銅局兌交另發部照（咸豐九年戶部會同王大臣奏案）

一京外已捐正印等員內有由廩增附生報捐監貢及候補續經中式舉人並由捐納正印等官續得勞績保歷者無論原捐覈減幾成均照例定各項捐監銀數分別補交四成實銀其由從九銜加捐監生報捐正印等官應照俊秀補足監生四成實銀武職自守

備以上由俊秀捐監者卽照此辦理咸豐九年戶部咨案
一俊秀捐監補交銀四十三兩廩生捐監補交銀二十
四兩增生捐監補交銀三十二兩附生捐監補交銀
三十六兩其廩增附未經捐監徑行捐貢報捐正印
官階及六品以上之京外各官應由貢生銀數內劃
出廩增附捐監銀數一體補交咸豐九年戶部通行咨案
一文職京官郎中員外郎主事都察院都事經歷大理
寺寺丞光祿寺署正兵馬司指揮中書科中書大理
寺評事太常寺博士順天府治中京府通判部寺司
務外官道員知府直隸州知州知州知縣同知通判
鹽運司運同提舉監掣同知運副運判布政司理問
經歷州同四項大使武職叅將遊擊都司營衛守備
均一律補交監生四成實銀同治五年新纂
一原捐貢監無論舊例籌餉例亦無論京捐外捐凡係
照十成銀數上兌未經減成者加捐郎中道員等官
免其補交四成實銀同治五年酌定



各館謄錄供事分別推廣捐銜准照銜議敘
一査舉人及生監謄錄咨送到館後除捐納道府直隸
州知州例不准議敘班次選用外凡同知以下各官
報捐雙月以上班次並捐從六品以下佐雜職銜及
供事捐正八品以下佐雜職銜均准照所捐之職議
敘此次擬爲推廣各館謄錄舉人准捐同知職銜生
監准捐通判職銜其舉人捐同知職銜照常例貢監
生報捐銀數酌加五成生監捐通判職銜照常例貢
監生報捐銀數酌加三成各館供事報捐七品按經
布都鹽經職銜各照常例貢監生報捐銀數加倍報
捐原例
一査舉人及恩拔副歲優貢生向准扣算原資又常例
內載文進士舉人報捐京外四五品文職官銜應扣
除原資銀數今舉人謄錄准捐同知職銜應定爲已
截取舉人捐銀壹千玖百捌拾伍兩未截取舉人捐
銀貳千壹百貳拾伍兩未揀選舉人捐銀貳千貳百
陸拾伍兩均作爲同知職銜至五貢出身謄錄報捐
通判職銜查係六品官階利不准扣除原資銀數應

與貢監生一律捐銀貳千捌拾兩作爲通判職銜以上各項人員如遇捐升改捐准將原捐銀數全數作抵其遞降一二等報捐者准將原捐銀數減半扣除遞降至三等報捐者不准扣除原捐銀數（同治五年新纂）

現任候補候選人員准捐升銜

一現任及候補候選各官有指銜呈請報捐者應按各本職例定捐升雙月銀數減二成報捐九品准捐至七品銜八品准捐至六品銜六七品准捐至五品銜五品准捐至四品銜均不准捐本管上司之銜（原例）

一武職向無准捐升銜之例應比照文職捐銜之例九品准捐至七品八品准捐至六品六七品准捐至五品五品准捐至四品四品准捐至三品凡京外武職現任候補各官加捐升銜均令其各按本職捐升銀數減半報捐惟千總捐衛守備升銜仍將雙單併計減半辦理其由武進士武舉報捐職銜不准扣算原資（咸豐四年戶部等部會議河道總督楊以增奏纂）

一現任候補候選人員加捐升銜量爲推廣九品准捐至六品銜七八品准捐至五品銜五六品准捐至四品銜四品准捐至三品銜係現任者仍留本任係候補候選者仍照常選補仍不准捐本管上司之銜惟三品升銜文職惟鹽運使一項各舊例俱無報捐銀數應毋庸議其四品以下各項升銜應照例定各職報捐雙月銀數酌減二成武職官員報捐應升職銜俱係本管上司之銜此次推廣應止准其捐應升之頂戴而不准指名捐應升職銜以符定制（咸豐六年戶部等部會議河道總督庚長奏纂）

一推廣新章九品准捐至六品頂戴八品准捐至五品頂戴六七品准捐至四品頂戴四五品准捐至三品頂戴其銀數仍按各本職例定捐升雙月銀數減二成再照新章減四成報捐惟四五品人員捐三品銜籌餉例內並未載有捐升本職雙月銀數明條今擬五品人員比照各本職捐升道員雙月銀數均加五成報捐道員比照直隸州捐升道員雙月銀數知府比照同知捐升道員雙月銀數運同比照知州捐升

道員雙月銀數仍減二成再減四成照銅局收捐章程半銀半票交納咸豐十年戶部奏定推廣八條章程

一籌餉例載五品人員准捐至四品銜而京職郎中員外郎並無定有報捐四品升銜銀數明條此次推廣新章擬請郎中員外郎均比照捐升道員雙月銀數仍減二成再減四成准其報捐四品銜其有願捐三品銜者均各按本職捐升道員雙月銀數加倍報捐仍准減二成再減四成照捐銅局收捐章程以半銀半票交納咸豐十年戶部奏定推廣八條章程　京官五品人員捐四品銜現任郎中比照捐升道員雙月例定銀數減二成遞減四成應銀壹千伍百貳拾壹兩候補候選者應銀貳千叁百伍拾壹兩現任員外郎比照捐升道員雙月例定銀數減二成遞減四成應銀貳千柒百陸拾伍兩候補候選者應銀貳千玖百肆兩　京官五品人員捐三品銜現任郎中按本職捐升道員雙月例定銀數加倍報捐減二成遞減四成應銀叁千肆拾貳兩候補候選者應銀肆千柒百貳兩現任員外郎按本職捐升道員雙月例定銀數加倍報捐減二成遞減四成應銀伍千伍百叁拾兩候補候選者應銀伍千捌百捌兩　外官四品人員捐三品銜現任道員比照直隸州捐升道員雙月例定銀數減二成遞減四成應銀貳千肆百陸拾捌兩候補候選者應銀貳千捌百捌拾貳兩現任知府比照同知捐升道員雙月例定銀數減二成遞減四成應銀貳千柒百陸拾伍兩候補候選者應銀叁千肆百肆拾捌兩現任運同比照知州捐升道員雙月例定銀數減二成遞減四成應銀叁千陸百肆拾貳兩候補候選者應銀叁千柒百貳拾伍兩　外官五品人員捐三品銜現任直隸州按本職捐升道員雙月例定銀數加五成報捐仍減二成遞減四成應銀叁千柒百零二兩候補候選者應銀肆千叁百貳拾肆兩現任同知按本職捐升道員雙月例定銀數加五成報捐仍減二成遞減四成應銀肆千壹百肆拾捌兩候補候選者應銀伍千壹百柒拾貳兩現任知州按本職捐升道員雙月例定銀數加五成報捐仍減二成遞減四成應銀伍千肆百陸拾叁兩候補候選者應銀伍千伍百捌拾陸兩

一查教諭訓導兩項向准報捐六七品京外升銜並准報捐八九品及未入京銜惟內閣中書一項咸豐二年續纂條款准令恩拔副歲優貢生報捐比照未揀選舉人報捐銀數酌加三成銀叁百玖拾伍兩歷辦舊章凡由五貢出身之教諭訓導報捐內閣中書升銜均令於中書雙月銀數上加銀叁百玖拾伍兩統減二成作為升銜例定銀數現任教諭捐銀壹千壹百叁拾柒兩候補候選者捐銀壹千貳百伍拾貳兩現任訓導捐銀壹千伍百伍拾伍兩候補候選者捐銀壹千陸百貳拾兩均准給予內閣中書升銜其廩增出身之教諭訓導仍不准報捐同治五年新纂

常例所捐京銜添分部職銜

一查分部職銜除吏禮二部郎中員外郎主事向不准捐外如有願捐戶兵刑工四部郎中員外郎主事職銜及願捐六部司務職銜聽該捐生於呈內聲明某部某項職銜並於執照內填寫某部某項職銜字樣所有舊捐各項議敘職銜均准各就原銜補捐其銀數統照常例職銜銀數加三成如不捐分部止捐職銜者仍照舊辦理其有由此項分部職銜加捐雙月等項者仍照例投供候選其加捐至分部行走者仍照例由吏部掣籤其有由此項分部職銜捐封者照尋常請封銀數酌加二成原例



從九品等官准指項報捐

一捐輸案內從九品未入流等官有指定一項報捐歸部選用並分發補用者新例推廣均准按照報捐從未雙單月銀數酌加二成例銀柒拾陸兩指項報捐原例

文職降革人員准予捐復

一查文職捐復人員除京察大計六法並實犯貪酷奸污各款概不准捐復外其餘常例不准捐復降調案情較重而情節尚有可原者分別降調人員准其加十分之五革職人員准其加倍具呈吏部覈定准駁開單具奏恭候欽定其革職人員未經捐復原官降調人員未經補缺遽請捐升者應飭令先行具呈捐復原官其降調業經補官復遵新例捐升改捐之員查從前原議並未奏有特旨停升仍應准其報捐毋庸再行具奏原例



一投効軍營降革人員經該大臣督撫保奏奉旨允准之案吏部覈其案情如應加五加倍仍令該員就近完繳銀兩報明吏戶兩部其案情過重或加倍並倍半亦難准其捐復者吏部摘敘案由聲明請旨至大計六法人員內僅止例干降調尚無別項劣蹟者事涉營私人員內僅止聽受囑託尚無受賄行賄情事

者永不敘用人員內僅止沿於積習收受陋規等項
尚與實犯贓私稍有區別者均准其加倍半捐復惟
案關倫紀名節並實犯貪酷及吸食鴉片烟身家不
清私罪中情節最重者仍不准其捐復咸豐二年吏部奏案
旨依奏
一京外文武官員革職離任有事屬因公而情節較重
限於例制不准捐復者此次推廣新章如此項人員
年力富強不甘廢棄情殷報効應由戶部行咨吏兵
部摘敘緣事案由聲明請



旨准捐復再由戶部兌收銀兩其銀數均由吏兵部隨時酌
其案情之輕重以定銀數之多寡咸豐十一年戶部推廣八條章程
一教職本無守土及捕盜之責其因學宮被燬議以革
職者應請准其照常例加倍半捐復同治元年戶部等部會議御史丁紹周奏案

武職捐復

一武職革職降調事屬因公例准捐復者仍照定例辦

理至常例不准捐復除實犯六法贓貪酷奸污各款仍
不准捐復外其有案情較重情節尚有可原者降調
加五革職加倍具呈兵部覈定准駁奏請
欽定其革職降調未經捐復補官即請捐升必先令捐復原
官始准呈請捐升若革職已捐復原官及降調業已
補官復遵新例捐升者應准報捐毋庸再行具奏原例
一侍衛及鑾儀衛武職官員呈請捐復者應照豫工二
卯條款准其按各項武職捐復銀數比照品級報捐
如有應行加成加倍之處均照新例捐復之員辦理



其應否准捐仍由兵部請
旨戶部於上庫後知照兵部轉行該衙門酌量補用其旗員
身任綠營及在京八旗各省駐防武職呈請捐復者
亦由兵部奏明分別比照常例新例辦理咸豐貳年續纂條款
一隨營効力之候補千把總武舉緣事斥革者應准其
各按千把總捐復銀數具呈捐復由兵部覈明奏准
辦理其外委千總外委把總緣事斥革者亦准其按
把總捐復銀數酌減四成捐復准駁仍由兵部覈題
咸豐二年續纂條款

武職捐復降捐人員報捐分發

一捐復降捐營衞各項人員向例祇准歸部選用此次籌餉事例如有願捐分發者令按照例定報捐本職銀數加四成之半先行報捐過班後准其報捐分發

原例

一查武職捐復降捐營衞人員原例令照本職銀數加四成之半報捐過班後方准報捐分發准原例意四成之半與原例內載武職曾經過班人員於四成數內減二成過班辦法相同現在武職過班一項議令比照文職初捐三成過班花樣四成過班此項捐復降捐人員報捐過班與舊例過入新例者不同應令仍照籌餉例定報捐本職銀數二成過班唯查武職營衞各員內有數項例無由生監報捐銀數今酌定二成應將銀數開列庶捐生得以周知查叅將由生監捐都司遊擊遞捐例銀伍千陸百捌拾捌兩遊擊由生監捐都司遞捐例銀肆千叁百玖拾貳兩都司由生監捐例銀叁千貳百肆拾兩營守備由生監捐例銀壹千玖百肆拾肆兩雙月衞守備由生監捐



例銀貳千叁百叁拾壹兩守禦所千總由生監捐營千總遞捐例銀壹千捌兩衞千總由生監捐例銀陸百叁兩營千總由生監捐例銀伍百肆兩把總由生監捐例銀叁百陸兩捐復降捐人員報捐過班應即按照此條二成銀數辦理同治五年酌定

旗營各員報捐

一查前經戶部會同吏兵二部議奏順天捐輸章程內開除副將以上例不准報捐王府各官毋庸議外嗣後在京八旗並駐防滿洲蒙古漢軍三品以下人員准按照現任品級加成報捐止三品准捐叅將從三品准捐遊擊至綠營並無從四品之官如從四品捐都司比照正四品銀數酌增駐防人員業經保舉堪勝綠營奉

旨以何項官職用者按照應得之官酌加銀數報捐歸部銓選以上各官有願捐升者再行以次遞捐仍准其在任候選如有情願赴部者准半年內呈明離任半年

以外概不准行願捐分發者准捐分發各省至在京旗員捐輸千把總分發巡捕營駐防旗員分發各本省等因此次籌餉事例仍應照辦其武職正三品旗員報捐叅將銀數按照豫工二卯例載遊擊報捐銀數辦理（例銀壹千壹百貳拾兩）其從三品旗員報捐遊擊銀數按例載都司報捐銀數辦理（例銀玖百陸拾兩）正四品人員報捐都司按例定營衛守備捐銀捌百兩之數報捐至從四品旗員報捐都司者應比照正四品旗員捐都司按營衛守備報捐銀數上酌加二成（例銀玖百陸拾兩）



駐防人員經保舉堪勝綠營奉旨以何項官職用者應令查照豫工二卯例定由武生監生報捐銀數按三成報捐如有願捐升者再行以次遞捐（原例其銀數係捐於同治五年纂入）

一駐防人員經保舉堪勝綠營奉旨以何項官職用者原例內載照豫工二卯例定由武生監生報捐銀數按三成報捐等因查豫工例叅將由生監捐都司遊擊遞捐例銀陸千叁百貳拾兩遊擊由生監捐都司遞捐例銀肆千捌百捌拾兩都司由生監捐例銀叁千陸百兩營守備由生監捐例銀貳千壹百陸拾兩所有各省駐防人員經保舉堪勝綠營奉旨以何項官職用者悉照此條三成銀數報捐如有願捐升遞捐者再歸籌餉例定銀數覈辦（同治五年新纂）

一滿營佐領以下各官悉按照武職品級銀數如佐領照都司防禦照守備驍騎校照千總各銀數一體報捐毋庸減成（咸豐五年戶部等部會議烏魯木齊都統慶福奏案）

一防禦驍騎校護軍校前鋒校藍翎長等項官階例無



報捐明文各省駐防人員准捐防禦以下等官防禦比照守備驍騎校等官比照千總藍翎長比照把總均准其報捐（咸豐五年戶部等部會議安徽巡撫福濟奏案　此條原奏內聲明他處不得援以為例今擬推廣各省一律收捐）

一八旗官兵在部具呈指項報捐者原定副護軍校藍翎長由閒散各捐錢伍百吊護軍校由閒散捐錢壹千吊由副護軍校捐錢伍百吊委護軍叅領由閒散捐錢貳千吊由護軍校捐錢壹千吊驍騎校由馬甲領催各捐錢壹千伍百吊印務章京由驍騎校捐錢

柒百吊由馬甲捐錢貳千吊由領催捐錢壹千柒百吊由委印務章京捐錢陸百吊前鋒校由前鋒捐錢壹千吊委前鋒侍衞由前鋒校捐錢壹千吊以上各項均係每銀一兩折交京錢四吊以官號錢票官銀票各半上兌歷經遵照辦理此次酌擬變通凡報捐前項統照從前奏案應捐之數援照火器營奏定章程凡銀票錢票各半上兌者錢票改收鈔票五成其餘官票五成以京錢四吊文合銀一兩改收現銀二成官銀票八成上兌其報捐後選補一切章程仍由鑾儀該旗查照從前奏案辦理咸豐十年戶部奏定推廣八條章程



一查旗營報捐例錢壹千吊原收實鈔伍百吊現銀貳拾伍兩銀票壹百兩嗣因實鈔十吊改收現銀一兩同治二年正月奏案是以例錢壹千吊共改收實銀柒拾伍兩銀票壹百兩副護軍校藍領長由閑散捐現銀叁拾柒兩伍錢銀票伍拾兩護軍校由閑散捐現銀柒拾伍兩銀票壹百兩由副護軍校捐現銀叁拾柒兩伍錢銀票伍拾兩委護軍參領由閑散捐現銀壹百伍拾兩銀票貳百兩由護軍校捐現銀柒拾伍兩銀票壹百兩驍騎校由馬甲領催捐現銀壹百拾伍兩伍錢銀票壹百伍拾兩印務章京由驍騎校捐現銀伍拾貳兩伍錢銀票柒拾兩由馬甲捐現銀壹百伍拾兩銀票貳百兩由領催捐現銀壹百貳拾柒兩伍錢銀票壹百柒拾兩約委印務章京捐現銀肆拾伍兩銀票陸拾兩前鋒校由前鋒捐現銀柒拾伍兩銀票壹百兩委前鋒侍衞由前鋒校捐現銀柒拾伍兩銀票壹百兩此條專歸京銅局上兌外省不得兌收同治五年新纂



武職准捐指省分發

一查分發各官參將遊擊都司守備有願指各省者遊擊都司守備各員有願指本省者其分發指省銀兩應各按例定分發銀數加五成報捐原例

一武職曾任外任奉

旨以京旗營員用者比照文職回原衙門行走各員報捐外任之例准其降捐外任如副將降捐參將參將降捐

遊擊其餘以次遞推其應捐銀數如原係副將降捐叅將應按叅將以次之遊擊報捐餘以類推均不准減成應照新章以五成實銀五成錢票等項交納咸豐八年戶部等部會議選補章程　現在錢票等項停止收捐每例銀壹兩折收實銀陸錢

一查原係副將降捐叅將按叅將以次之遊擊報捐應照候補候選遊擊捐銀壹千貳百玖拾陸兩准歸雙月以叅將即用原係叅將降捐遊擊按遊擊以次之都司報捐應照候補候選都司捐銀壹千壹百伍拾貳兩准歸雙月以遊擊即用原係遊擊降捐都司按都司以次之營守備報捐應照候補候選營守備捐銀壹千肆百肆拾兩准歸雙月以都司即用原係都司降捐營守備按守備以次之千總報捐應照候補候選營千總捐銀壹千肆百肆拾兩准歸雙月以營守備即用餘以類推同治五年新纂



武職過班

一查營衛武職各項舊例捐納及新舊捐輸人員願歸入新例選用者應各按本職照武生監生初捐銀數四成過班此內有曾經過班人員於四成數內減二成過班其三省順天新捐輸並歷次捐輸各案內儘先捐班前並捐分發人員過入新例儘先捐班前者應按捐足並新定儘先等項銀數加成過班至分發人員加成報捐過班後再交分發留標留省銀兩以歸畫一原例

一查武職過班舊例人員入新例選用按本職照武生監生初捐銀數四成過班其舊例捐輸案內儘先捐班前人員過入新例儘先捐班前應按幾成過班原例內並未載有成數推原例意自係照文職一律辦理唯查文職過班咸豐叁年會議十四條章程已改為雙單三成過班花樣四成過班武職自應一律照辦此內曾經過班人員亦應於三成數內減半報捐再查文職過班此次纂修捐例改為悉照籌餉例雙單三成過班花樣四成過班武職人員應令一併查照辦理同治五年新定

武職分發河工

一豫工事例內載叅將以下准其分發東河南河各按例定分發銀數加五成報捐此次亦應照辦其千把總二項向例呈請分發本省此次籌議推廣亦准其指捐東河南河各照由監生武生報捐本職銀數按三成報捐原例



武職報捐儘先捐班前

一願捐儘先人員叅將捐銀陸千叁百兩遊擊捐銀肆千玖百兩都司捐銀叁千陸百兩衛守備捐銀叁千玖百兩營守備捐銀貳千貳百兩守禦所千總捐銀壹千柒百兩衛千總捐銀壹千兩門千總捐銀柒百兩營千總捐銀陸百兩把總捐銀肆百兩均准其儘先選用其有願捐捐班前者應由照儘先銀數酌減二成報捐歸於捐班前選用分發人員如有願捐儘先捐班前者亦准其報捐原例

一捐納營員分發到省到工後衛所分發人員到標後均令試用一年期滿方准補用此次籌餉新例捐納分發人員加捐儘先捐班前者議令指免試用後再行報捐其捐免銀數應各按本職分發銀兩酌減五成報捐作爲捐免試用銀數至捐納營員雙月人員例應試用一年如期限內有情願捐免試用者仍按本職分發銀兩報捐原例

一查武職分發叅將柒百貳拾兩遊擊陸百肆拾兩都司伍百陸拾兩衛守備陸百肆拾兩營守備肆百捌拾兩守禦所千總貳百肆拾兩衛千總壹百陸拾兩



門千總壹百陸拾捌兩營千總壹百伍拾叁兩把總玖拾貳兩千總把總無分發銀數惟願指分河工者向照監生武生報捐本職銀數按三成報捐今營門千總把總報捐儘先捐班前班次人員既按本職分發銀數酌減五成作爲捐免試用銀數自應先將分發銀數開列再行覈計捐免試用銀數　捐免試用照分發銀數減五成叅將應捐銀叁百陸拾兩遊擊應捐銀叁百貳拾兩都司應捐銀貳百捌拾兩衛守備應捐銀叁百貳拾兩營守備應捐銀貳百肆拾兩守禦所千總應捐銀壹百貳拾兩衛千總應捐銀捌拾兩門千總應捐銀捌拾肆兩營千總應捐銀柒拾柒兩把總應捐

銀肆拾陸兩照此數捐免試用後方准報捐儘先捐
班前補用班次（同治五年新纂）
一備所人員准捐儘先前用應照儘先銀數酌減二成
准歸儘先前選用（咸豐三年戶部等部會議十四條奏案）
一武職人員在部候選者有報捐儘先捐班前等項班
次均按班銓選其已經分發外省者卽歸各省補用
部選班次已斷不得仍帶儘先捐班前等項班次前
安徽巡撫福濟奏請推廣案內經吏部議以儘先等
項在部候選人員續經捐請分發照原捐儘先等項



一半銀兩等語今兩江總督怡良奏請毋庸再加儘
先等項班次減半銀數之處文武事同一律應照文
職辦理（咸豐七年戶部等部會議兩江總督怡良奏案）
一武職捐納儘先各項人員有願補交四成實銀者作
為新班遇缺其應捐銀數應照儘先銀數補交四成
實銀至捐班前雙單月雙月單月人員有願捐歸新
班遇缺者均令捐足儘先後再照儘先銀數補交實
銀四成舊例人員照例過班分發人員一體照辦（咸豐八年戶部等部會議選補章程）

一武職捐納雙單月單月雙月各員有願補交四成實
銀者作為新班遇本班到班時先行選用其應捐銀
數凡係由監生武生出身無論層遞捐升幾次均照
原捐各項酌減一半銀數按成補交實銀四成如非
捐納出身及曾任實缺續行捐升人員應按續捐各
項酌減一半銀數補交實銀四成舊例人員先令過
班再照過班酌減一半銀數補交實銀四成本例內
原交例定十成實銀應照原捐各本班酌減一半銀
數補交實銀四成准其歸入各本班到班時先行選



用（咸豐八年戶部等部會議選補章程）
一軍營保奏儘先人員有因名次在後願交四成實銀
者應照各本職儘先銀數補交實銀四成准歸新例
遇缺選用（咸豐八年戶部等部會議選補章程）

衛守備捐不論雙單月

一豫工二卯事例衛守備一項僅分單月雙月兩條向
無雙單月名目此次新例量為推廣擬令單月衛守

備各照本職例定銀數加五成雙月衛守備亦各照
本職例定銀數加五成即俱准以不論雙單月選用　原例



籌餉事例　中

亨

新增籌餉事例條款目錄中冊

捐升

一現任實缺人員不論正途捐納俱照本例現任人員應捐銀數辦理毋庸與貢監生比較銀數如有兩途並係升階層遞捐升較之貢監生銀數均有短少而以兩途所少之處互相比較又有多寡者應照數多之項報捐以昭平允（原定條款）

一升署未經實授人員如有援例捐升者應令其先捐免實授在行捐升（原定條款）

一由廪貢生報捐雙月訓導遞捐雙月教諭續行捐升者無論何項官階均照貢監生報捐銀數扣足其已經捐至不論雙單月並分發各員即照指捐之官各本條所載現任加捐銀數辦理（原定條款）



改捐降捐

一捐納京外各官有因本項人數衆多情願改捐者除品級相同又係應升之階仍照捐升辦理外其非應升之階（如通判改主事太常寺典簿改捐知縣之類）准其指改互捐如原捐雙月銀數本多即作爲所捐之官雙月令其加足改捐之官本班一層作爲所改之官本班先用如原捐雙月銀數較少令其照數補足作爲所捐之官雙月選用如有情願降捐者其原捐雙月銀數或浮於所指降捐之官雙月銀數亦祇准作爲雙月令其加足降補之官本班一層作爲所降之官本班先用其已捐至不論雙單及已經分發者均祇准作爲雙月（原定條款）

一各項改捐降捐人員俱令其加足本班一層作爲改捐降捐之官本班先用惟各項官階內有原無本班一層者有並無本班單月雙單月三層者此項改捐降捐人員如指改指降之官無本班一層者（如從九未入互相改捐及州吏目以上降捐從九未入之類）令其照所改所降之官按雙月三成銀數報捐再加單月一層即准其作爲改捐降捐之官單月如指改指降之官無本班單月雙單月者（如鹽庫各大使互相改捐及知縣降捐鹽庫各大使之類）令其照所改所降捐降捐之官補用（原定條款）

一各例報捐刑部司獄兵馬司吏目缺少人多未免壅滯如有情願對品改捐外用者准其照對品之從九

品未入流候補候選人員之例一體報捐原定條款

一由考選議敘人員除報捐本職仍照例定銀數報捐及捐升別項仍照候補候選人員捐升外其有情願對品改捐者應准其照指改之官按雙月銀數減半報捐即作爲所改之官雙月選用其有情願降捐者准其照指捐之官按雙月三成銀數報捐即准其作爲所降之官雙月選用原定條款

一向辦改捐各項職官有因指改之官係下未載本員改捐銀數者必令其繞捐他官再行遞捐於義實未允協如主事大理寺寺丞品級銀數均屬相同特因知州係下無主事報捐之數必令先捐寺丞雙月再捐知州之類嗣後凡此項改捐准其比照品級銀數相同之官辦理毋庸先令繞捐若無品級相同者即比照其次官職銀數報捐咸豐二年續纂條款



一武職報捐各員內如有本營以營守備用情願改捐衛守備者應准一體報捐咸豐三年續纂條款此條應按候補候選衛守備報捐例銀柒百貳拾兩

一現任巡檢典史並捐足雙單月指項報捐之巡檢典史等官捐升別項准其逕由縣主簿遞捐其從九未

入人員仍令其先捐州吏目再行遞捐升階同治五年酌定

現任捐升捐免離任

一凡有現任捐升歸部銓選者如非應升之階俱令離任候選倘有情願留任者應令於捐升時先捐免離任照離任銀數如所指捐升之項本係應升之階並非越級捐升其呈內聲明在任候選者仍照歷居事例毋庸捐免離任咸豐二年續纂條款



扣算原資

一進士舉人恩拔副優歲貢生報捐者自應將其出身扣抵凡已截取進士作銀壹千貳百玖拾伍兩未截取進士作銀壹千壹百伍拾伍兩已截取舉人作銀壹千拾伍兩未截取舉人作銀捌百柒拾伍兩未揀選舉人作銀柒百叁拾伍兩欽賜舉人照未揀選舉人之例恩拔副優歲貢生作銀肆百叁拾肆兩凡報選京官郎中以下外官道府以下概准扣算不得由知縣繞逕加捐避多就少又如鹽庫大使國子監典簿翰林院待

部均有由進士舉人報捐者均令照例載銀數辦理其所捐之官銀數與原資銀數所多無幾及原資銀數轉浮於捐項者俱仍照貢監生報捐不准扣算原資原定條款

一查前條扣算原資係指初捐人員而言若就職人員及已經議敘保舉捐納得有職官者均各按本職改捐捐升降捐不得扣除原資至前條內載所捐之官銀數與原資銀數所多無幾不准扣算原資一節應定爲所捐之官如扣除原資多與所捐之官雙月一半銀數即不准其扣算如縣丞雙月例銀柒百貳兩由五貢報捐扣除銀肆百叁拾肆兩已多於所捐之官雙月一半銀數即不准其扣算餘以類推同治五年酌定



筆帖式加捐扣算銀數

一凡官學生義學生已捐筆帖式後補捐貢監者仍照九品筆帖式加捐不准照七八品筆帖式加捐至監生已捐筆帖式後補捐貢生者仍照八品筆帖式加捐不准照七品筆帖式加捐再考選之筆帖式補捐貢監者仍照原考原選品級加捐其各員補捐貢監生銀數加捐別項官職俱准扣算原定條款

一舉貢出身作爲七品筆帖式監生出身作爲八品筆帖式官學生義學生出身作爲九品筆帖式同治五年新纂

報捐人員分別現任候補候選

一各舊例內僅捐雙月本班單月者祗作爲候補候選人員照例定銀數報捐其捐至不論雙單月並已捐分發者均作爲現任人員照例定銀數報捐原定條款

一本例內捐納各項人員續行捐升者無論何項捐升不論雙單月均祗爲候補候選人員其已經捐足分發者准作爲現任人員照例定銀數報捐原定條款

一正途人員業經分發有部省者准其作爲現任人員報捐其到部到省後又經各項事故離部離省者作爲候補候選報捐此外無論何項人員京官以行走爲斷外官以在省爲斷始准作爲現任正途捐納一律辦理咸豐二年續纂條款

一查籌餉例載捐納各項人員續行捐升已經捐足分發作爲現任人員准按現任銀數報捐係指初捐人員而言續纂例載京官以行走爲斷外官以在省爲斷始准作爲現任報捐係指病痊服闋各項事故人員而言各有所指並非兩歧嗣後凡捐分發人員續

行捐升銜論曾否到省以曾經在部領憑作爲現任其由外省報捐免其赴部驗看者以奉准部覆之後作爲現任至病痊服闋各項事故人員報捐別項官階仍以在京在省爲斷方准作爲現任咸豐五年戶部等部會議安徽巡撫福濟奏案

一查現任捐升其各舊例捐足雙單並已捐分發未經在部領照者仍不准作爲現任以免兩歧咸豐七年戶部等部會議兩江總督怡良奏案



翰詹科道准捐外任

一查翰詹科道歷居事例本無報捐專條今擬推廣翰林院侍讀侍講詹事府洗馬中允贊善給事中報捐道府廳比照現任郎中報捐道府銀數辦理其情願降捐者亦准照郎中降捐銀數辦理監察御史編修檢討報捐道府廳比照現任員外郎報捐道府銀數辦理其情願降捐者亦照員外郎降捐銀數辦理咸豐二年戶部等部會議籌餉二十三條奏案

進士舉人報捐知縣

一進士歸班銓選人員如有願歸捐納班選用者分別已未截取准其遞層報捐已截取進士雙單月均有銓選班次惟報捐知縣候選或分發均祇准作爲雙月仍須捐足單月雙單兩層銀兩其報捐單月雙單月准按貢監生報捐銀數酌減五成至未截取人員除雙月應按本條例定銀數報捐外其單月雙單月亦按貢監生報捐銀數酌減三成咸豐三年戶部等部會議安徽巡撫李嘉端奏案



一舉人除未截取未揀選人員報捐雙月仍按本條例定銀數報捐外如報捐單月雙單月兩層應分別已未截取按已未截取進士銀數一體酌減未經揀選之舉人報捐單月雙單月兩層照貢監生報捐銀數酌減一成報捐咸豐三年戶部等部會議安徽巡撫李嘉端奏案

職員報捐

一查現行常例由貢監生報捐京外各項職銜其小銜加捐大銜者准將原捐小銜銀數抵算歷經循照辦

理嗣於道光二十六年據捐生劉貴森請以議敘國子監典籍職銜加捐州同職銜核其原捐銀數較加捐銀數多至一倍有餘當經酌令按照對品從九銜銀數加倍抵算作收其餘銀兩飭令補足嗣後奏請楊德熙一案亦照此辦理惟溯查從前辦理此等京職加捐小銜原捐銀數浮於加捐銀數之案均係比照原捐京銜品級相同之外銜例定銀數扣抵遍查舊例亦未載有按照對品外銜加倍准抵之條自應仍照舊章畫一辦理除加捐銀數多於原捐銀數之京外各項職銜仍照例准將原捐小銜銀數抵算外嗣後如有此等原捐浮於加捐銀數由京銜改捐外銜之員只准照對品外銜例定銀數扣抵（道光二十九年戶部章程稿）

一捐職人員情願遞降一二等報捐者准其將捐職銀數減半扣除其遞降至三等報捐者亦准其降捐不准扣除原捐銀數至京職對品改捐外官外職對品改捐京官以及京外職銜捐升俱准扣除捐職銀數報捐再文職改捐武員武職改捐文員者將原捐執



照註銷方准改捐飭由戶部准其註銷知照吏兵二部銷冊無庸先事咨查致稽時日其有註銷一二層者仍不准行（原定條款）

一除報捐文武實職仍照定例不准互改外如僅請給虛銜准聽改捐（咸豐三年戶部奏定六條章程此指文武職銜互改准抵銀數而言）

一查實職人員准按品報捐升銜不准報捐職銜至既捐實職嗣又願捐虛銜將實職作為職銜扣抵正項銀兩例無明文且職銜一項前於咸豐七年經本部奏定改歸六條以實銀官票各半兌收與從前收捐章程有異未便抵算嗣後凡係捐納實職人員如有願捐職銜者應先將原捐官階呈明註銷再照新章以銀票各半上兌（咸豐十年戶部章程稿）

就職人員分別報捐

一舉人恩拔副歲優貢生就職就教者應照道光二十一年吏部酌定章程凡在奏開事例以先呈請之員（咸豐元年十一月十八日）准其照就職人員捐足本職銀數報捐並准由所就之職加捐別項如在奏開事例以後呈

請者仍按其本身照未經就職就教銀數報捐俟大
捐截卯後再行照舊辦理咸豐二年續纂條款
一查舉人貢生就職就教人員如由本職捐足不論雙
單月定例祇令捐雙月先用並不令其加捐雙月惟
籌餉例載舉人貢生就職就教凡在奏開事例以先
者准其照就職人員捐足本班銀數報捐並准由所
就之職加捐別項如在奏開事例以後呈請者仍照
未經就職就教銀數報捐等語是因就職有後先通
捐數遂分多寡第就職人員究與未經就職者有間



應量爲區別就職在奏開新例以後者各按各職例
定雙月銀數減五成報捐即作爲雙月選用咸豐四年戶部等部會議陝西巡撫王慶雲奏案
一查恩拔副就教人員並無定例雙月銀數其就教在
奏開事例以後者教諭一項例應捐雙月先銀叁百
柒拾捌兩遵照奏定會議章程各按本職例定雙月
銀數貳百拾陸兩內酌減五成銀壹百捌兩仍應捐
銀貳百柒拾兩即作爲雙月選用咸豐六年吏部咨案
一凡奏開事例以後就職人員捐升別項官職仍按出

身報捐不准由所就之職加捐其業已按照咸豐四
年章程各按各職例定雙月銀數減五成報捐作爲
雙月選用者仍准由所就之職加捐毋庸再按出身
報捐以示區別同治五年酌定

勞績保舉教職人員報捐

一查廩增附出身人員向准保舉教諭訓導此項人員
如原保案內僅以教諭訓導歸部選用或歸部即選
並無雙月雙單月儘先遇缺等字樣者在外省報捐



兩班分發或加捐花樣歷辦成案係令補足候補候
選一層再行加捐凡係勞績保舉教職均不令其補
捐貢生京銅局成案凡係勞績保舉教職均令先行
捐貢再行加捐其原保案內僅以教諭訓導歸部選
用歸部即選並無雙月雙單月儘先遇缺等字樣者
亦不令其補足候補候選一層辦理本涉兩歧此次
纂修捐例擬請嗣後無論在何處報捐查係勞績保
舉教職均無庸飭令補捐貢生其原保案內如無雙
月以上字樣者仍令補足候補候選一層再行加捐

同治五年酌定

九品以下分發銀數分別報捐

一九品以下除考選議敘之應補應選人員遵本例捐至不論雙單月及過班者仍照舊例壹百貳拾兩之數報捐分發其本例由貢監生初捐及舊捐人員過班捐至不論雙單月者應捐銀貳百貳拾兩准其一體分發原定條款



一從未分發原定條款僅止區分考選議敘及捐納人員應行分別辦理至勞績保舉人員補足兩班加捐分發其分發銀兩應如何核算例無明文歷辦成案勞績保舉人員報捐分發係照捐納人員一律辦理又前項人員如原報案內僅止以從九未入歸部選用或歸部銓選並無雙月雙單月儘先遇缺等字樣者向令補交應補應選一層銀兩再令補足兩班照捐納人員加捐分發應悉查照成案辦理同治五年新纂

應補道府等員加捐分發歸候補班

一曾任實缺之服滿開復降補之捐免坐補歸入應補各項道府同知直隸州知州通判及府屬知州知縣並佐雜等官有願加捐分發者按例定銀數逐層捐足其分發銀數加三成報捐俟該員到省照揀發人員之例歸於候補班補用其有願指河工者歸入次儘班補用咸豐二年續纂條款

五貢捐內閣中書

一內閣中書一項恩拔副歲優貢生均准報捐照例載



未揀選舉人捐雙月銀數酌加三成定爲由恩拔副歲優貢生捐銀壹千柒百玖兩准以中書雙月選用咸豐二年續纂條款

一查籌餉例載報捐內閣中書一項由未揀選舉人捐銀壹千叁百拾肆兩由舉人選補之現任知縣捐銀捌百捌拾貳兩候補候選者捐銀壹千貳拾陸兩由現任舉人出身之國子監學正學錄捐銀柒百叁拾捌兩候補候選者捐銀捌百捌拾貳兩俱准以中書雙月選用又續纂例載照未揀選舉人捐中書雙月

銀數酌加三成定爲恩拔副歲優貢生捐銀壹千柒百玖兩准以內閣中書雙月選用至五貢出身之知縣學正學錄等官捐陞內閣中書未有例定銀數若令照舉人出身之知縣學正學錄捐陞銀數報捐未免無所區別嗣後凡由恩拔副歲優貢生出身之知縣學正學錄等官捐陞內閣中書應令比照舉人出身之知縣學正學錄捐陞中書銀數分別現任候補候選報捐仍照未揀選舉人捐中書銀數補交加三成例銀叁百玖拾伍兩（同治四年戶部章程稿）



一查教諭准捐陞內閣中書除由舉人出身之教諭捐陞者仍按例定銀數辦理外如係五貢出身之教諭捐陞內閣中書歷辦成案係於例定雙月銀數上再照未揀選舉人捐中書銀數加三成銀叁百玖拾伍兩作爲捐陞內閣中書例定銀數現任教諭捐銀壹千肆百貳拾壹兩候補候選者捐銀壹千伍百陸拾伍兩均准以內閣中書雙月選用其舉貢出身之教諭仍不准報捐（同治五年新纂）

報捐監掣同知

一監掣同知一項照例載同知捐足銀數定爲由貢監生捐銀陸千叁百肆拾伍兩准以監掣同知補用其由各項人員改捐者總以陸千叁百肆拾伍兩作爲定數如係現任人員准照各本職由貢監生捐雙月銀數扣抵一半候補候選者扣抵四成其本職祗有補用一層者如係現任人員亦准照由貢監生報捐補用銀數扣抵四成候補候選者扣抵三成其本職雙月銀數較多者仍以直隸州知州雙月減半銀數爲率（叁千肆拾陸兩）不得再有多抵以示限制其分發一項亦照運副運判分發銀數辦理（咸豐二年續纂條款）



八旗漢軍報捐各項小京官

一部寺司務光祿寺典簿翰林院待詔孔目各項內務府漢軍向例准捐至八旗漢軍之貢監生報捐亦照例載貢監生報捐銀數辦理其由筆帖式報捐分別現任候補候選扣抵銀數如考取議敘以及捐納七八九品筆帖式未經得缺人員加捐前項小京官應

准扣除前捐本項筆帖式銀兩其已經補缺者並准扣除筆帖式分發銀兩報捐雙月遞行加捐歸入漢員班內選用原定條款

內務府人報捐

一內務府滿洲蒙古漢軍人等捐納外省道府以下官員均准報捐至京官止准捐內務府之郎中員外郎主事筆帖式等官由內務府自行補用不准簽選外部再內務府人員原有滿洲蒙古漢軍之分除滿洲



蒙古仍照從前定例即七八品京官亦不准報捐外其漢軍閑散人等如有報捐小京官者准其報捐其陞轉亦按品級外陞同知等官不准陞用外部主事等缺原定條款

內務府人員除筆帖式一項不准報捐各部院行走外所有郎中員外郎主事及各項京官准其捐免內務府補用指捐分部行走應令各按滿蒙不例捐足後並照漢員三班之數加足一班准其捐離內務府歸各部院單月選用再照三班之數加足一班准其雙單月選用如願指選六部及捐分六部行走者再照籌餉例定滿蒙人員銀數報捐各項京官悉照司務辦理其內務府漢軍願捐郎中以下各官者應按本例雙月單月雙單月銀數報捐後並照三班之數加足一班准其捐離內務府歸各部院分別雙月單月雙單月選用如願指選六部及指分六部行走者悉照滿蒙之例辦理咸豐三年戶部等部會議奏案

一內務府革退拖欠糧銀之莊園頭及親丁壯丁等子孫例不准其報考現因推廣捐例此項人等子孫有



讀書上進者應准其先行捐贖免罪一體報考其本身不准捐贖免罪考試其如何報捐之處經戶部核議令按照例定銀數酌加一成毋庸另交捐贖銀兩並令於報捐時先赴內務府呈明發給印文再行赴部粘呈報捐以免朦混至報考一節應如何先行捐贖之處禮部查令已革莊園頭子孫將當年所欠錢糧數目罰交三成後即准報考其本身被革及此次奏後欠糧被革人等子孫仍不准援請報考以示限制並於報考時由內務府查明罰交銀數實已呈繳

先行知照禮部存案以杜朦混冒考情弊咸豐三年內務府奏案

一查豫東例載內務府人員向例祇准捐郎中員外郎主事筆帖式等官其內務府別項官階並未議及此次暫開豫東事例自宜量爲推廣應請將六品司庫六品庫掌六品苑丞六品職銜委署主事六品職銜八品苑丞六品職銜委署庫掌等官一律准其報捐查照主事銀數凡六品實缺者酌減三成六品職銜者酌減五成此項人員原無本資可計如由現任人



員捐陞別項官階概不准其扣除本身原資銀數仍令報捐貢監後始准捐陞其新例報捐後續行捐陞者准其扣抵原捐銀數應照筆帖式初捐之數補足等語又道光六年九月戶部奏稱此次酌增常例所有報捐銀兩俱按續增武陟例原數分晰核定一切詳細章程亦照原定條款酌核辦理等因道光七年據內務府咨監生松蔚情願報捐六品苑丞七品筆帖式錫齡情願報捐六品職銜八品苑丞等因到部當經查照豫東事例准其報捐至各項捐銀數目凡

六品實缺者照武涉例主事銀數酌減二成六品職銜者照武陟例主事銀數酌減四成曾將六品司庫六品庫掌六品苑丞六品職銜委署主事六品職銜八品苑丞六品職銜委署庫掌等官報捐銀數開單移咨內務府查照如六品實缺各官照續增武陟例主事銀數酌減二成六品司庫六品庫掌六品苑丞由現任漢軍七品筆帖式捐銀壹千陸百貳拾肆兩候補候選者捐銀壹千柒百柒拾陸兩由現任漢軍八九品筆帖式捐銀壹千壹百叁拾陸兩候補候選



者捐銀貳千貳百捌拾捌兩准以雙月用加銀肆百貳拾肆兩准歸本班用加銀肆百貳拾肆兩准改單月用加銀肆百貳拾肆兩准不論雙單月用由現任滿洲七品筆帖式捐銀貳千肆百柒拾貳兩候補候選者捐銀貳千陸百貳拾肆兩由現任滿洲八品筆帖式捐銀貳千玖百捌拾肆兩候補候選者捐銀叁千壹百叁拾陸兩由現任滿洲九品筆帖式捐銀叁千貳百肆拾兩候補候選者捐銀叁千叁百玖拾貳兩俱准以滿洲六品司庫庫掌苑丞用如六品職銜

各官照續增武陟例主事銀數酌減四成六品職銜
委署主事六品職銜八品苑丞六品職銜委署庫掌
由現任漢軍七品筆帖式捐銀壹千貳百壹拾捌兩
候補候選者捐銀壹千叁百叁拾貳兩由現任漢軍
八九品筆帖式捐銀壹千陸百零貳兩候補候選者
捐銀壹千柒百壹拾陸兩准以雙月用加銀叁百壹
拾捌兩准歸本班用加銀叁百壹拾捌兩准改單月
用加銀叁百壹拾捌兩准不論雙單月用由現任滿
洲七品筆帖式捐銀壹千捌百伍拾肆兩候補候選



者捐銀壹千玖百陸拾捌兩由現任滿洲八品筆帖
式捐銀貳千貳百叁拾捌兩候補候選者捐銀貳千
叁百伍拾貳兩由現任滿洲九品筆帖式捐銀貳千
肆百叁拾兩候補候選者捐銀貳千伍百肆拾肆兩
俱准以滿洲委署主事八品苑丞委署庫掌用等因
現在內務府人員報捐各前項官職均係按照前章
核辦嗣後應令照減三成章程以六成實銀赴京銅
局報捐 同治五年新纂

## 廕生報捐

一向例
恩詔廕生未經引
見人員如願報捐者各按會典以本員應廕官職指項報捐
無論滿漢廕生統照現定貢監生捐納銀數減半扣
算加捐非本項應得之官仍先由本職應廕官職報
捐後再行遞捐改捐其有呈改武職者應照文職之
例准其報捐仍不准再捐文職其已經引
見奉



旨指項補用人員亦按各本職候補候選人員銀數准其遞
捐改捐 條款原定
一滿漢廕生有情願從應廕官職降一二等報捐者准
其照降捐官職銀數減半扣算 條款原定
一吏部咨滿洲蒙古大員子孫欽
特旨賞給郎中等官歷經呈請代奏分部今潘敦仁係因伊
父前署雲貴總督潘鐸陣亡欽奉
諭旨以員外郎用例應歸於
特用班內雙單五缺之後選用聽候部選于報捐分發應加

何分別酌加幾班銀兩之處由戶部自行奏明辦理一
等語查
特旨用郎中等官滿蒙既准呈請分部漢員報捐分發若必合
補足三班未免偏枯嗣後
特旨用郎中員外郎主事除滿蒙例准赴吏部呈請分部外漢
員如有捐請分部者應准報捐用肩補交三班至分
部後應歸何班敘補之處仍由吏部辦理同治五年戶部奏案
一查吏部驗封司則例內開文武官廕生引
見後應得官職俱按品級分別錄用滿洲一品員外郎　二

條款　亨

品主事都察院經歷大理寺寺丞光祿寺署正　三品
子爵通政司經歷太常寺典簿部寺司庫光祿寺典簿
四品男爵鴻臚寺主簿八品筆帖式　蒙古一品員外郎
二品主事　三品子爵七品筆帖式　四品男爵八品筆帖
式　漢軍一品員外郎　二品主事大理寺寺丞　三
品七品筆帖式　四品八品筆帖式　漢官正一品員
外郎治中　從一品主事　正二品主事都察院經
歷京府通判　從二品光祿寺署正　正三品中書
科中書大理寺評事太常寺博士通政司經歷太常

寺典簿　從三品光祿寺典簿鑾儀衛經歷詹事府
主簿京府經歷　四品官廕監生與捐納貢監生一
體考定職銜銓用　外用正一品同知　從一品知州
正從二品通判　正從三品知縣　各部院尚書廕員
外郎　左都御史總督與尚書同　各部院侍郎廕
主事　巡撫與侍郎同　世襲公侯伯爵照一品例
與廕子爵照三品例男爵照四品例同治五年新纂

## 各侍衛報捐

條款　亨

一漢頭等二等侍衛行走三年期滿以參將遊擊請
旨分別錄用三等侍衛行走四年期滿以遊擊都司請
旨分別錄用藍翎侍衛行走四年期滿以都司守備請
旨分別錄用二年期滿者咨部以守備選補歷屆事例凡已
經行走期滿引
見奏
旨以應補之官補用者俱准照本職候補候選人員加捐即
用銀數報捐即用再行以次捐陞漢頭二等侍衛准
捐遊擊即用例銀壹千壹百伍拾貳兩三等侍衛准捐都司即用

例銀壹千肆百肆拾兩藍翎侍衛准捐營守備卽用例銀伍百柒拾陸兩
再行捐陞其未經期滿各侍衛照期滿侍衛加五成
報捐未期滿漢頭二等侍衛捐遊擊例銀壹千柒百貳拾捌兩三等侍衛捐都司例銀貳千壹百陸拾兩藍翎侍衛捐營守備例銀捌百陸拾肆兩再行遞捐武進士出身之滿
洲蒙古漢軍侍衛一律照辦其並非出武進士出身
之滿洲蒙古漢軍二等三等並藍翎侍衛向無期滿
之例卽照武進士出身未經期滿之侍衛各按所得
官職一體加五成報捐再行捐陞其並非由武進士
出身之滿洲蒙古漢軍頭等侍衛例用副將仍照舊例毋
庸議捐咸豐二年續纂條款其如何錄用並報捐銀數係於同治五年纂入



漢藍翎侍衛整儀尉並雲騎尉恩騎尉報捐門衛
所各官

一凡漢軍漢人期滿雲騎尉及漢人期滿藍翎侍衛有
願捐衛守備者應按未經分別營衛之現任守禦所
千總捐衛守備銀數報捐例銀壹千壹百柒兩其未經期滿之
前項人員及漢軍整儀尉均照前項期滿人員酌加
五成例銀壹千陸百陸拾壹兩期滿恩騎尉有願捐守禦所千總
門千總衛千總者亦按候補候選千總捐各項千總
銀數加三成報捐捐守禦所千總例銀肆百陸拾捌兩捐門千總例銀貳百捌拾壹兩捐衛千總例銀叁百肆拾兩其未經期滿者照期滿人員酌加五
成捐守禦所千總例銀柒百貳兩捐門千總例銀肆百貳拾貳兩捐衛千總例銀伍百拾兩以上
各員衛守備門千總二項歸入雙月卽用守禦所千
總衛千總二項歸入不論雙單月卽用咸豐二年續纂條款其銀數係於同治五年纂入

世職報捐



一漢世職內輕車都尉學習期滿以參將遊擊請
旨分別錄用騎都尉又一雲騎尉並騎都尉學習期滿以都
司用雲騎尉學習期滿以守備用恩騎尉學習期滿
以千總用以上世職凡已經期滿引
見奏
旨以應得之官題補者俱准照本例候補候選人員加捐卽
用銀數報捐卽用再行以次捐陞輕車都尉准捐遊
擊卽用例銀壹千壹百伍拾貳兩騎都尉又一雲騎尉並騎都尉
准捐都司卽用例銀壹千肆百肆拾兩雲騎尉准捐營守備卽

用（例銀伍百柒拾陸兩）恩騎尉准捐營千總即用（例銀壹百玖拾捌兩）再行以次捐陞其未經期滿各世職照期滿世職人員加五成報捐（未期滿漢輕車都尉捐遊擊例銀壹千柒百貳拾捌兩騎都尉又以雲騎尉並騎都尉捐都司例銀貳千壹百陸拾兩雲騎尉捐營守備例銀捌百陸拾肆兩恩騎尉捐營千總例銀貳百玖拾柒兩）再行遞捐滿洲蒙古漢軍世職向無期滿之例即照漢世職未經期滿人員各按所得官職一體加五成報捐再行捐陞其佐領一項仍照舊例毋庸議捐（咸豐二年續纂條款其向章如何錄用並報捐銀數係于同治五年纂入）

條款

武職改捐文職

一滿洲蒙古漢軍世職業經引見奉旨以武職補用者不准改捐文職嗣因奏准滿漢世職均許報捐京外文官應與未經期滿引見之員俱准照廕生報捐之例一律改捐輕車都尉比照一品廕生騎都尉比照二品廕生雲騎尉比照三品廕生各按未經引見廕生報捐各項應廕官職銀數加三成報捐恩騎尉一項

准照四品恩廕監生報捐捌項其欲捐正印者令先捐免保舉（原定條款漢軍廕監生令先捐免考試）

一滿洲蒙古漢軍各項侍衛及鑾儀衛雲麾使治儀正整儀尉等官內有由筆帖式及文舉人文生員貢監挑補亦有由大員子弟挑取充當者其中素習儒業諳曉吏事者亦不乏人如有情願改捐文職者悉照貢監生報捐銀數酌減一成報捐（原定條款）

條款

鑾儀衛人員報捐

一鑾儀衛滿洲蒙古漢軍人員報捐各項武職雲麾使照未經期滿輕車都尉報捐遊擊即用（例銀壹千柒百貳拾捌兩）治儀正照未經期滿騎都尉報捐都司即用（例銀貳千壹百陸拾兩）整儀尉照未經期滿雲騎尉報捐營守備即用（例銀捌百陸拾肆兩）有情願捐陞者再行以次遞捐其冠軍使一項例用副將仍照舊例毋庸議捐（咸豐二年續纂條款其銀數係於同治五年纂入）

舊例增附訓導加捐遇缺

一豫工二卯條款內凡增貢副貢均准報捐復設訓導
道光三十年吏部議覆給事中汪元方條陳摺內奏
明停止在案此次新例應查照奏案辦理除舊例報
捐各員吏部本有選班仍准其報捐過班及各項班
次外其餘增貢副貢一概不准報捐訓導咸豐二年續纂條款
一查增生原係一二等生員因無廩缺始行捐增與廩
生實無區別應准其捐貢加捐復設訓導援照籌餉
例載廩貢生捐納雙月銀數加三成報捐例銀貳百伍拾捌兩
如有報捐班次者照廩歲貢出身之捐納復設訓導

條款　天　亨

一律報捐毋庸加成只准在京銅局及陝局報捐他
省不得援引同治四年戶部等部會議陝西巡撫劉蓉奏案其銀兩係於同治五年纂入

恩拔副貢出身各大使豫捐保題

一舉人出身報捐之鹽庫大使布庫大使批驗所大使
等項向於補缺之後五年俸滿保題引
見以知縣用者歸於單月俸滿教職之後選用一人如恩拔
副貢生報選各項大使准其照例截補用銀數酌加
五成俟補缺俸滿時照舉人俸滿保題之例一體辦

理咸豐二年續纂條款
一查恩拔副貢報捐四項大使歷辦成案係扣除原貢
銀肆百叄拾肆兩抵捐例銀壹千柒百貳拾陸兩至
豫捐保題應按例定補用銀數減半核算捐銀壹千
捌拾兩不得先行扣除原貢再行減半核算同治五年新纂

報捐翎支

一原有花翎藍翎人員捐封請翎係因本身翎支推及
於所封之親屬與本身捐戴者不同其捐翎銀數准

條款　羌　亨

其酌減五成咸豐四年戶部等部會議陝西巡撫王慶雲奏案
一查花翎藍翎或由軍功保舉或由報效捐輸均係欽
奉
恩旨賞給如該員緣事降調並未奉
旨拔去原翎者一品至五品仍准戴用花翎六品至從九品
未入流仍准戴用藍翎其大員降至六品以下並凡
革職人員一概不准戴用原翎如該員嗣因本案開
復或奉
特旨賞還並續有軍功經該大臣督撫奏請開復原翎者均

仍戴用至另案開復或捐復原官不准仍戴亦不准隨案聲請如該員於復官後情願捐復原翎令按照現辦捐翎章程核減三成准其開復咸豐四年戶部等部會議陝西巡撫王慶雲奏案

一定例京外五品以上官員准其捐復花翎閑散宗室本有四品頂戴擬准其毋庸另捐別項官職即准其捐戴花翎其銀數應照京官報捐銀數辦理咸豐五年戶部等部會議軍器王大臣奏案

條款

一捐戴翎支章程外官花翎柒千兩藍翎叁千伍百兩京官花翎肆千兩藍翎貳千兩虛銜暨封典頂戴捐翎銀數照外任官核算均以實銀上兌惟原定銀數過多此次推廣新章京外各官報捐翎支准其以實銀減半赴銅局報捐其仍在外省報捐者照原定實銀數目報捐咸豐十年戶部奏定推廣八條章程

一藍翎捐換花翎如藍翎係由捐貲准其扣抵係由勞績不准扣抵同治五年新纂

一世職報捐翎支從虛銜頂戴之例照外任銀數報捐同治五年新纂

捐免赴部引見

一因公降革本案開復如留緝重犯全數弋獲被控款跡審屬全虛例應出具考語送部引見之員如無別項降調處分准其照常例捐復降革銀數減半呈繳銀兩另案開復人員如無別項降革處分准其照常例捐復降革銀數減三成呈繳銀兩免其送部引見應歸部選者即赴部投供應行回省者即留省補用咸豐四年戶部等部會議陝西巡撫王慶雲奏案

條款

一凡因公降革本案開復及另案開復並無別項降調處分經吏部覈准捐免赴部引見人員均令赴京銅局不減成以五成實銀五成錢票寶鈔交納不准在外省報捐咸豐十年戶部等部會議推廣八條章程現在鈔票等項停止收捐每例銀壹兩折收實銀陸錢

一除未經引見由佐貳捐陞正印人員仍照舊章辦理外其曾經引見正印人員續又捐陞應令捐免引見方准先行補缺仍俟補行引

見後方准再行歷轉其報捐銀數應各按品級比照捐離任
銀數覈算惟正印人員職分較崇捐免引
見又與捐免驗看稍有區别自應按正從品級分别酌增成
數以照覈實查例載四品捐離任銀壹千肆百肆拾
兩擬道員酌加倍半知府酌加一倍運同酌加五成
五品捐離任銀壹千捌兩直隸州知州及知州酌加
一倍同知鹽提舉運副酌加五成六品捐離任銀柒
百陸兩通判運判酌加五成七品捐離任銀肆百玖
拾伍兩知縣酌加倍半以上均不減成以五成實銀



五成票鈔等項搭交歸銅局報捐外省不得兌收咸豐十年戶部等部會議署四川總督崇實奏案現在票鈔等項停止收捐每例銀壹兩折收實銀陸錢
一州縣以上等官甫經告病尚未回籍如在半年限內
在省調治痊愈准其捐免引
見照例坐補原缺其銀數應令照例定捐免坐補銀數知府
加五成直隸州知州同知知州知縣加倍報捐均赴
陝局捐納實銀毋庸減成同治三年戶部等部會議陝西巡撫劉蓉奏案

捐免赴部投供

一軍營帶隊及隨營差委人員凡知縣以上例應投供
各員准其捐免赴部投供其銀數應照本職報捐離
任之數不准減成咸豐九年戶部等部會議勝保等奏案

拔貢優貢捐免　朝考同治七年六月比捐

一拔貢優貢或因事故或因病未經
朝考者准其比照廩生捐貢之例報捐由廩生捐貢銀壹百零捌兩即
作爲拔貢優貢生出身咸豐四年戶部等部會議河南巡撫英桂奏案



教習捐免期滿

一正黃旗漢教習錢國珍報効銀票壹百兩制錢貳百
串請援照捐免歷俸之例作爲期滿教習奉
上諭錢國珍准其作爲期滿照例帶領引見欽此咸豐三年國子監奏案
一漢教習張崔千劉英選二名各捐京錢捌百吊核與
錢國珍之案相符准其作爲期滿咸豐四年戶部議覆火器營第三十二次奏案
一查定例各項官員捐俸歷俸均扣足六箇月方准捐

免教習捐免期滿應自到學之日起扣足六箇月方准捐滿其願先行報捐者准一體上兌仍俟扣足限期出具考語帶領引
見咸豐四年十月國子監奏案

一查捐銅局於咸豐四年七月開局是年閏七月初十日正白旗官學漢教習鄭驤呈交捐免期滿銀貳百兩折交京滿銀肆百吊寶鈔貳百吊經銅局核准具
奏凡有教習捐免期滿者均以正項銀貳百兩按照銅局現收章程分別上兌嗣於咸豐十一年十一月
奏明每例銀壹兩減四成後折收實銀叁錢伍分所有捐免期滿人員均以正項銀貳百兩按每兩叁錢伍分折交實銀柒拾兩俟行查教有成效再行入奏同治五年新纂

捐免查詢居官

一佐雜人員遇有因公降調照革職捐復銀兩減半呈繳捐免查詢居官若捐免後復有失防承緝例議降調之案該員平日緝捕廢弛已可概見仍應照例查



詢居官不得援照初次再請捐免咸豐三年戶部等部會議署四川總督裕瑞奏案

捐免迴避

一定章祖孫父子胞伯叔兄弟自道府以至佐雜等官無論官階大小概不准同官一省今量為推廣丞倅以下應行迴避人員如願分發同省者應令先捐指省銀兩再按捐離原省銀數報捐方准免其迴避仍不准在同府當差及補同府之缺其道府以上等官應仍照舊辦理咸豐三年戶部等部會議河南巡撫陸應穀奏案

一除統轄全省之道員仍應迴避外其餘道府以下各員子弟准其一體捐免迴避仍不准補同屬之缺及在同屬當差其報捐銀數悉照各本職捐離原省銀數咸豐四年戶部等部會議陝西巡撫王慶雲奏案

一丞倅佐貳與地方有詞訟公事者不同准捐免迴避原籍五百里除同知通判不准捐免外其餘佐貳雜職等官如屆輪補到班其原缺任所距原籍住址無論官塘僻徑在五百里以內均准呈明捐免迴避應

比照各本職捐免離任銀數酌加五成報捐咸豐五年戶部等部會議河道總督李鈞奏案　此條原案係准外省收捐現在捐免迴避既奏明專歸京銅局收捐此條事同一律應祇准在京銅局上兌悉照例定銀數不減成每兩折收實銀陸錢六品收實銀陸百叁拾伍兩肆錢七品收實銀肆百肆拾伍兩捌錢八品收實銀叁百壹拾貳兩陸錢九品收實銀貳百壹拾玖兩准其一體捐免迴避原籍五百里

一捐免迴避一項文職係照捐離原省銀數武職除叅將遊擊都司營守備例有捐離原省銀數應比照辦理外其衛守備以下各官例無捐離原省明條其捐免迴避銀數衛守備應同營守備捐離原省銀數比





照辦理守禦所千總衛千總各照指省銀數酌減二成營千總比照衛千總一律報捐其把總應於衛千總指省銀數酌減三成均作為捐免迴避銀數統令以五成實銀五成錢票交納咸豐八年戶部等部會議遵補章程　現在錢票等項停止收捐每例銀壹兩折收實銀陸錢叅將收實銀壹百柒拾貳兩捌錢遊擊收實銀壹百伍拾叁兩陸錢都司收實銀壹百叁拾肆兩肆錢營衛守備守禦所千總均收實銀壹百拾伍兩貳錢營衛千總收實銀柒拾陸兩捌錢把總收實銀陸拾柒兩貳錢准其一體捐免迴避親族

一吏部奏請停止捐免迴避復查知府直隸州所轄員多地廣易於瞻徇至丞倅及州縣以下所屬較少應

准其捐免迴避如捐免之後續行陞至知府直隸州者其應行迴避之員或捐改他省或籤掣別省聽本員呈明核辦如逾三月不行呈明照徇隱例議處其捐項仍照捐離原省銀數核算應照前定章程歸於銅局不減成以五成實銀五成錢票等項搭收辦理外省不得收捐咸豐十年戶部等部會議署四川總督崇實奏案　現在錢票等項停止收捐每例銀壹兩折收實銀陸錢知州知縣收實銀叁百肆拾伍兩陸錢同知通判收實銀貳百叁拾兩肆錢四項大使收實銀壹百柒拾貳兩捌錢六品佐貳收實銀捌拾陸兩肆錢七八品佐貳收實銀伍拾柒兩陸錢九品以下考選議敘各員收實銀肆拾叁兩貳錢九品以下捐納各員收實銀伍拾貳兩捌錢





准其一體捐免迴避親族

一捐免迴避遊幕省分並未在正印官署遊幕者准其捐免迴避應照例定捐離原省銀數酌加五成報捐此項應專歸銅局不減成以五成實銀五成票鈔等項搭收外省不得收捐咸豐十年戶部等部會議署四川總督崇實奏案　現在票鈔等項停止收捐每例銀壹兩折收實銀陸錢知州知縣收實銀伍百拾捌兩肆錢同知通判收實銀叁百肆拾伍兩陸錢四項大使收實銀貳百伍拾玖兩貳錢六品佐貳收實銀壹百貳拾玖兩陸錢七八品佐貳收實銀捌拾陸兩肆錢九品以下考選議敘各員收實銀陸拾肆兩捌錢九品以下捐納各員收實銀柒拾玖兩貳錢准其一體捐免迴避遊幕省分

吏部查向來迴避人員俱令後至者捐免歷經辦理有案今樊琦係咸豐六年六月咨補陽曲縣縣丞候補知縣樊湆樸係咸豐十一年四月二十五日到省自應令到省在後之候補知縣樊湆樸捐免迴避查樊琦前在戶部捐銅局捐免迴避呈內並未聲明到省先後係屬朦混取巧除將該員前捐免迴避執照飭令送部查銷外仍飭山西候補知縣樊湆樸按照知縣捐免迴避銀數赴局報捐如不行捐免迴避即由吏部按照有迴避不行聲明之例辦理咸豐十一年戶部咨



案

一查捐免迴避一條歷辦成案俱令後到省者捐免所以杜避多就少之弊惟查例應迴避之祖孫父子等官若概令後到省者捐免則有時祖迴避孫父迴避子似未允協又部選實缺之後到省者亦未便捐免迴避候補試用之員自應分別辦理嗣後凡例應迴避之祖孫父子等官無令官職大小到省先後均令應迴避祖父之子孫捐免其兄弟叔姪親屬之例應迴避者如一係實缺一係候補無論到省先後均令候補者捐免如同係候補無論官職大小均令後到省者捐免以昭畫一而昭平允同治五年新纂

捐免赴部驗看

一佐雜捐陞改捐仍留原省毋庸引見人員查係應陞之階從前初捐時曾經赴部改捐者准其各按照品級照報捐離任銀數分別捐免赴部驗看其非應陞之階及例應引見人員仍照向例辦理咸豐三年戶部等部會議署四川總督裕瑞奏案



一遵例報捐佐雜分發例不引見人員無論仍留原省改指他省及是否應陞之階並初捐人員均准其比照應陞捐免驗看條款各按品級照報捐離任銀數一體捐免赴部驗看仍俟赴選文結或註冊呈結到部經部核准應掣籤者由部掣籤行知各該省督撫俟接到核准部覆之日傳該員詳加驗看給咨赴省試用咸豐三年戶部等部會議安徽巡撫李嘉端奏案

一首領佐雜等官均免赴部驗看嚴其事同一律自應一體辦理所有報捐首領佐雜等官於捐免赴部驗

看後一面令其起具赴選文結或註册呈結報部覈辦一面卽由報捐省分之督撫詳加驗看其指捐該省者以驗看之日爲到省日期指捐他省者於驗看給咨發往到省後限五日內專咨報部將來統俟接到部覆後仍准各按原到省日期挨次敘補其有未經起文註册及未經接到覈准部覆以前概不得遽行請補咸豐四年戶部等部會議山東巡撫張亮基奏案

一議覆閩浙總督請將指省人員留用摺內奏明嗣後捐輸案內報捐佐貳指分該省人員如有捐免驗看



者仍照奏定章程辦理所有現辦軍務省分准其一律照辦其無軍務省分及在京就近捐輸人員不得援照辦理咸豐四年吏部咨案

一查捐免驗看章程係爲籌餉初捐人員而設今從九品段紀傳旣據戶部咨係由出力保奏留黔補用其捐免驗看之處與例不符應不准行咸豐九年吏部咨案

一雲南貴州陝西甘肅廣西五省仍作爲軍務省分如有捐陞改捐者仍照同治四年正月戶部奏定章程辦理此外各省應請毋庸作爲軍務省分准其照常捐改捐免驗看一項向例在軍務省分捐局上兌者准其捐免現在如江蘇等省旣奏明作爲無軍務省分所有該數省捐免驗看一項本應飭令停止收捐惟佐雜微員捐免驗看業經辦理有年若一旦遽飭停止雖於捐輸無甚窒礙而在微員赴部驗看實覺資斧維艱嗣後各省無論有無軍務均准其暫行捐免驗看俟軍務大定再行奏明改歸舊章辦理同治四年戶部奏案

一報捐千把總人員推其捐免驗看責令該督撫嚴實



考驗弓馬准免赴部堂考其銀數應比照文職章程令其各按品級照報捐離任銀數一體捐免咸豐四年戶部等部會議河道督楊以增奏案

捐歸候補班

一曾任實缺同通佐貳雜職丁憂起復病痊起病後准其由本職捐陞分發指省捐歸候補班補用此項人員捐歸候補班銀數應照捐陞之職分缺先銀數不減成報捐如有於捐歸候補班後再捐儘先者仍照

例定儘先銀數一不減成報捐無論從前任內試俸已未報滿此次捐陞已未到省及到省後試用曾否報滿如願捐歸候補班均令先行捐免試用方准方報其捐免試用銀數亦毋庸減成至已捐分先等項人員如願歸候補班者仍不准將前項銀兩作抵祗准在京銅局陝局報捐他省不得援引（同治四年戶部等部會議陝西巡撫劉蓉奏案）

一查前條曾任實缺同通佐貳雜職丁憂起復病痊起病人員准其由本職捐陞分發指省捐歸候補班其現任實缺同通佐貳雜職由本職捐陞應否准其捐歸候補班之處未經議及應令嗣後一律查照前條辦理（同治五年酌定）



報捐考班筆帖式

一八旗考取筆帖式一項向係由吏部於上屆各旗考取人員將次用完奏請考試今擬暫行收捐以照激勸應於現行籌餉例捐納筆帖式銀數除現今奏定核減二成外再酌減一成捐銀貳百肆拾柒兩准其以考取筆帖式選補其選補及陞階班次均照考取班辦理庶免與捐納班次牽混（咸豐三年戶部奏案　此條向歸部捐以半銀半票交納今准歸捐銅局收捐仍以半銀半票交納）

八旗滿蒙文舉人繙譯舉人並漢軍各省舉人准捐小京官選用

一滿洲科甲小京官應歸銓選者計有翰林院典簿詹事府主簿光祿寺署丞國子監監丞博士典簿等六項係屬大挑二等之滿洲蒙古閑散舉人及滿蒙進士等項人員選缺此次展限推廣按照捐輸成案准令未經大挑之滿蒙文舉人繙譯舉人報捐其報捐銀數應比照漢員分別已未揀選截取舉人報捐國子監監丞典簿兩項雙月銀數併計准以翰林院典簿等六項小京官歸於單月通選再按監丞典簿兩項雙單銀數併加一班准以六項小京官不論雙單月通選（咸豐三年戶部等部會議十四條奏案）



捐免五缺

一查從前捐輸遇缺前用遇缺即用班次本優因籌餉例並無遇缺名目是以將遇缺前用及遇缺即用人員改爲五缺後用今量爲變通所有各省改歸五缺人員無論原捐是否指項均准其按儘先銀數捐免五缺俟分缺先用無人即以捐免五缺之員挨次抵補咸豐四年戶部等部會議陝西巡撫王慶雲奏案

一南河籌防捐局官紳請獎案內兩淮遇缺即補運判陳照捐免五缺補用銀貳千肆百玖拾陸兩查咸豐四年部咨陝西巡撫王慶雲條奏推廣捐輸章程內開遇缺即補改歸五缺人員准其按儘先銀數捐免五缺俟分缺先用無人即以捐免五缺人員挨次抵補又籌餉例載儘先銀數係按豫工二卯插班間選銀數減四成其插班間選係照貢監生捐足銀數報捐運判一項例應肆千壹百陸拾兩減四成捐銀貳千肆百玖拾陸兩今該員捐免五缺係照貢監生捐足運判銀數減四成報捐與例相符咸豐十年漕運總督王夢齡奏案



報捐協防

一查中樞政考內載江南河營外委協防七十二員塁蕩船務二營外委協防十員俱給予外委頂戴遇有把總缺出揀選拔補等語此項人員向無報捐之條今酌擬推廣准其報捐比照綠營把總之例俟到工後令其試用一年期滿由該督察看該員如果諳習工埽報部註册留標候補由俊秀報捐協防應令先捐監生再照例定生監報捐把總銀數減三成報捐如經制効用加捐協防應照生監報捐把總銀數減五成報捐均即作爲例定銀數毋庸再照新章減成咸豐六年戶部等部會議河道總督庚長奏案



報捐部缺筆帖式委筆帖式

一烏嚕木齊所屬各滿營並伊犂八城額設委筆帖式向於馬甲貼寫內挑補其部缺筆帖式即於委筆帖式內揀拔此項人員應准一體報捐其中願捐部缺筆帖式者如係壯丁閑散仍令先捐監生其有願捐委筆帖式者無論壯丁閑散免捐監生至報捐銀數查籌餉例載監生捐筆帖式叁百肆拾貳兩此次推

廣捐例所有報捐部缺筆帖式應照籌餉例捐筆帖式銀數報捐其由壯丁閑散捐委筆帖式准其照籌餉例捐筆帖式銀數減一成報捐如由委筆帖式捐部缺筆帖式亦准其酌減一成至報捐儘先銀數應仍照籌餉例辦理咸豐五年戶部等部會議烏魯木齊都統廣福奏案

軍臺人員贖罪

一廢員發往臺站効力尚未到臺者照一臺至十臺每月應交臺費肆拾叁兩最多之數按三年臺費加倍



交足免其發往若業已到臺者各按所撥臺站應交銀數扣除已經効力月分仍令照例按月繳還臺費外其餘未經効力年月應交臺費均令加五成交足卽次釋回其到臺在一年以外者令各按所撥臺站應交三年臺費照數交足准予釋回儻該廢員以曾登仕版知軍用浩繁於台費之外報効鉅萬或數萬者由戶部專摺具奏另請

恩施咸豐二年戶部等部會議籌餉二十三條奏案

一查軍臺効力人員呈繳臺費前經王大臣會覈條款

內開如該員發往臺站効力者照一臺至十臺每月應交臺費銀肆拾叁兩最多之數按三年臺費加倍交足免其發往若業已到臺未及一年者令各按所撥臺站應交三年臺費加五成交足卽准釋回其到臺在一年以外者令各按所撥臺站應交三年臺費照數交足卽准釋回各等語此次推廣如有在火器營捐輸者按照應加銀數每兩交京錢肆吊咸豐五年戶部等部會議軍需王大臣奏案錢票現已停止改收銀數見後條

一咸豐七年十月因銀價昂貴奏准軍臺廢員在火器



營捐輸者查照二年奏准加倍銀數三年連閏覈算一半呈繳實銀一半仍按肆吊京錢合銀壹兩其由軍營大臣奏准留營免遣者七年閏五月奏准照一臺至十臺例每月臺費銀肆拾叁兩三年臺費如數繳足准其免遣由刑部議准廢疾收贖者十年五月奏准照一臺至十臺例每月臺費銀肆拾叁兩三年連閏覈算加倍呈交銀錢各半交足後免其發遣現在停止官號錢票該廢員應交一半錢票之數由戶部覈算改收銀兩應仍照定章辦理同治元年戶部等部會議御史

丁紹周奏案

一查中樞政考內載凡發往軍台効力廢員自一臺起至十臺止每月繳臺費銀肆拾叁兩自十一臺起至二十九臺止每月繳臺費銀叁拾叁兩又載軍臺廢員三年期滿應繳臺費全數繳完者由軍臺都統抄錄該廢員獲罪原案開單具奏請

旨各等語又查未到臺捐贖者按三年兩閏共三十八箇月覈算其已到臺者三年期滿如遇一閏仍按三十七箇月覈算至獲罪原案是否准其捐贖之處仍由兵



部查覈並到臺年月日期及派在何臺當差統俟核准一併咨行戶部將應繳銀兩照數收足知照兵部辦理同治四年兵部咨案

一查軍臺人員贖罪原定章程每例銀百兩折收實銀伍拾兩錢票貳百吊嗣於同治二年正月奏明照現在市價以拾吊作銀壹兩合計例銀百兩折收實銀柒拾兩到臺在一年以外者第一臺至第十臺交實銀壹千壹百肆拾肆兩第十一臺至第二十九臺交實銀捌百柒拾捌兩到臺未及一年者第一臺至第十臺交實銀壹千柒百拾陸兩第十一臺至二十九臺交實銀壹千叁百拾柒兩倘未到臺先行捐贖者交實銀貳千貳百捌拾捌兩以上均按三十八箇月覈算其已到臺人員三年期滿如遇一閏仍准扣除一月銀數再業已到臺人員原定章程聲明已經効力月分照例繳還臺費其未經効力月分應交臺費令加五成現查歷辦成案此項業經到臺人員係按三年統加五成覈算應令嗣後悉照成案辦理同治五年新纂



新疆人員贖罪

同治三年十一月二十八日奉

上諭雷正綰張集馨奏軍餉萬分支絀請將部准新疆贖罪章程量為變通酌減銀數以濟要需一摺雷正綰等營餉項異常支絀自屬實在情形前經奏准已未到戍各官犯文武贖罪銀兩數目奉文已屆半年尚無一人捐贖該提督等以銀數仍鉅各官犯力量未必盡寬是以雖有贖罪之條並無濟餉之實請照籌餉事例分別已未到戍銀數覈減五成定以呈限半年銀限一年以奉到部文之日起

限不准展緩他省亦不得援以爲例其中如情節較輕者
捐贖後准回旗籍如情節稍重者捐輸後由流減徒改發
軍臺呈繳三年臺費方准釋回旗籍等語著即照所請行
其有情節甚重者仍著隨時奏請辦理以示區別等因欽
此該提督雷正綰等原奏內係援引咸豐二年戶部
會議籌餉章程二十三條內載分別十年三年已未
到戍並分別文武官階捐贖各銀數唯查咸豐二年
戶部會奏二十三條欽奉
硃批贖罪一條著暫不必行等因欽此是以咸豐五年火器營



奏開贖罪章程以後火器營及戶部捐銅局收捐贖
罪銀兩向係援引道光二十三年御史江鴻升奏定
銀數不援引咸豐二年未經奏定銀數查道光二十
三年御史江鴻升奏定贖罪章程捐輸遣罪一條三
品以上捐銀陸千兩四品捐銀肆千捌百兩五六品
捐銀叁千陸百兩七品以下舉人進士捐銀貳千肆
百兩貢監捐銀壹千貳百兩平人捐銀陸百兩刑部
覆奏內稱斬絞緩決各犯業經遇有
恩旨減爲軍流徒罪並原犯遣軍流徒有曾具呈請贖經部

部及各省駁飭不准之案如有自願加一倍或二三
倍捐贖並嗣後一切罪犯有在外省具呈自願加一
倍或二三倍捐贖及遵常例捐贖者均令各該督撫
將軍都統府尹將各犯犯事原案並贖罪原呈抄錄
咨部由刑部覈其情罪分別開列犯案事由及捐贖
銀數按月彙奏恭候
欽定並稱贖罪一條係屬常例並非創始毋庸定以期限惟
捐贖之後復行犯罪應不准再行捐贖等語雷正綰
等上年摺內所引銀數係屬錯悞應請



旨飭下甘肅陝西四川山西各督撫轉飭甘省收捐委員凡
有官常各犯捐輸贖罪接濟甘餉者准其援照刑部
覈准御史江鴻升奏定銀數收捐仍遵上年欽奉
諭旨覈減五成其情節較重以及曾經具呈請贖經刑部及
各省較飭不准之案准加一倍或二三倍減半捐輸
並遵照道光二十三年奏定章程毋庸定以期限仍
遂案摘敘緣事案由由收捐省分督撫具奏請
旨　同治四年戶部奏案

新疆人員捐免戍限

一刑部例載發遣新疆及黑龍江等處効力官犯如前所犯僅止革職及由杖徒等罪加重發遣者到戍後已滿三年聽該將軍都統及各該處辦事大臣具奏
奏
准其釋回者即令回旗回籍若原犯軍流從前加重改發者定限十年期滿該將軍遵例奏
聞如蒙
允准亦即令各回旗籍等語今擬金作贖刑之義分別該官犯戍期久暫及已未到戍按照緣事時原官品級酌量銀數量予收贖其定限十年奏請之官犯發遣尚未到戍者文職一品完繳銀肆萬兩二品叁萬兩三品貳萬兩四品壹萬捌千兩五品壹萬兩六品捌千兩七品陸千兩八九品至未入流貳千兩准其停遣贖罪武職照文職應完銀數一品至三品減三成四五品減四成六品以下減五成准其停遣贖罪業已到戍者文職一品至未入流照未到戍銀數減半完繳贖罪武職照文職減半銀數仍按一品至三品減三成四五品減四成六品以下減五成完繳贖罪其定限三年奏請之官犯發遣尚未到戍者文職一品完繳銀貳萬兩二品壹萬伍千兩三品壹萬兩四品玖千兩五品伍千兩六品肆千兩七品叁千兩八九品至未入流壹千兩准其停遣贖罪武職照文職應完銀數一品至三品減三成四五品減四成六品以下減五成准其停遣贖罪業已到戍者文職一品至未入流照未到戍銀數減半完繳贖罪武職照文職減半銀數仍按一品至三品減三成四五品減四成六品以下減五成完繳贖罪即以奉
旨之日爲准准各官犯家屬聲明緣事案由年月在戶部具呈戶部亦毋庸行查理刑各衙門以歸簡易應完銀兩兌收後行知宗人府兵部刑部各直省督撫將軍都統府尹及新疆等處將軍都統辦事大臣遵照將各該官犯分別停遣釋回其此次軍營及典守被議之員慨不准其查辦咸豐三年會奏籌餉二十三條章程奏
硃批新疆等處官犯贖罪一條著暫不必行欽此

一按照籌餉捐例二十三條內銀數加捐三年

條款

請釋者分作三成應十年請釋者分作十成該文武
革員捐貲一成減免一年捐貲二成減免二年以次
遞推但革員到戍有先後之分効力有久暫之別若
與甫經到戍者捐贖銀數相同似無區別擬請嗣後其
到戍年月半年以上者減免一成一年以上者減免
二成二年以上者減免三成以次遞廣除軍營獲罪
及豐工被議並實犯貪酷私罪發遣者概不准捐免
戍限外其餘尋常緣事革員等准其按照所議成數
分別減免年分但戍限應三年者不得捐至二年以
外應十年者不得捐至五年以外以示限制仍令該
都統彙案具奏 咸豐五年戶部等部會議烏嚕木齊都統麟福奏案

一軍務獲罪河工被議人員情節雖較尋常緣事各員
爲重惟既經分別實犯枉法贓私及有畏葸逃避各
員議以不准捐減則此次准減之員如僅止守禦不
力接剿失利並無畏葸逃避及實犯枉法贓私者尚
在情輕之列限以應三年者不得捐至二年以外應
十年者不得捐至五年以外此次軍務河工從前不
准捐減之員既經推廣准捐則尋常緣事各員情節



尤輕此等人員如抵戍後其戍限應三年者全捐三
成應十年者全捐十成准其即行釋回如應三年者
捐至二成應十年者捐至六成七成外者仍俟扣滿
年限再行請釋如抵戍已有數年能將未滿年數全
行捐免者亦准即行釋回 咸豐十一年刑部議覆烏嚕木齊都統法福哩奏案

新疆遣戶捐請釋回

一不准回籍之犯名爲遣戶覈與甫經到配之犯不同
該遣戶在戍年分已久且有本犯早故其子弟承種
交糧者此項人犯既已爲民似可量爲推廣查定例
發遣平民人犯贖銀壹百兩今擬如有遣戶情願報
効者令其按例定銀數加五成呈交援照遣勇之案
即予釋回如原犯係常
赦所不原者仍不准贖罪若本犯已故其子弟承種交糧者
倘有情願報効令其按例定銀數呈交即予釋回 咸豐五年戶部等部會議烏嚕木齊都統麟福奏案

一遣戶本犯捐贖照平民贖罪例酌加一成至其子弟
應與本犯少異即照平民贖罪例報捐毋庸加成遣

戶既據酌減則發遣平民人犯亦以酌減三成再爲
奴遣犯已逾十年不准爲民之犯不准除准作工者
捐各犯不准援辦外其餘准其照遣戶捐贖銀數減
半報捐歸入民戶與當差遣犯定限五年爲民之戶
一體按照遣戶銀數報捐准其回籍其滿洲蒙古漢
軍發往新疆種地當差之犯既准年限屆滿挑補食
糧亦應照平民人犯捐贖例報捐聽其回旗回籍咸豐十一年吏部等部會議烏嚕木齊都統法福哩奏案



役滿吏報捐

一歷役已滿吏向係以正八品正九品從九品未入流
四項考定並無去取嗣既定有去取其已考未取之
員應照歷役已滿未考職者報捐從九品未入流兩
項原定條款

門衛千總報捐

一門千總衛千總向無滿洲蒙古報捐之例應准其比
照漢軍漢人例定銀數一體報捐咸豐二年續纂條款

賞給千把總銜鄉勇義民及軍功頂戴人報捐

一凡鄉勇義民等有奉
旨賞給千把總職銜咨部存案者應准其照本職例定銀數
加捐並遞行捐陞仍不准改捐文職其在外處給頂
戴奏明報部給與執照者如願捐武職毋論何項頂
戴人員均按監生武生例定銀數報捐有願改捐文
職者照例作爲監生一體報捐咸豐二年續纂條款

一凡捐輸銀數足數請獎而情願得邀虛銜功牌頂戴
者捐銀在伍拾兩以上擬給八品功牌不及伍拾兩



者酌給匾額發給功牌各生一體咨部以便加捐實
職虛銜所捐銀兩按照續纂籌餉條款虛給軍功頂
戴無論何項照例作爲監生一體報捐凡由功牌加
捐各生其原捐銀數與定例監生銀數不符者應令
補足監生銀數方准加捐僅止給發功牌各捐生概
不准請
封掛珠其實職人員捐發功牌者一經分省一報捐陞銜
銀數敷計足則准其呈請抵作陞銜不足仍令補交同治二年戶部議覆河南巡撫張之萬奏案

賠項人報捐

一捐生之祖父有應賠應罰及分賠代賠等款銀兩無力完繳者其子孫由親友幫助准其加捐原定條款

一報捐人員有現辦清查案內本身應賠之款居限未交者應令該員先將本限應交銀兩交清再行報捐其別項應賠及現辦清查案內代賠祖父之款槪歸本案覈辦不與捐項相涉咸豐二年續纂條款

有服人報捐

一未經服闋之人准其報捐聲明扣選移咨吏兵二部註册其捐至分發者亦令聲明扣除分發原定條款

一查向例呈請報捐貢監者丁憂人等俟服闋後方准報捐原以奏開大捐事例定有期限故准丁憂人員及時報捐官職聲明扣選若報捐貢監本屬常例丁憂人等可俟服滿後隨時報捐至丁憂人等報捐官職同時隨捐貢監者歷開捐事例本准其隨同報捐以遂其報効之忱咸豐七年戶部議覆御史周立瀛奏案



分發赴選取結起文

舊捐人員續捐即用先用並加捐別項從前已取有赴選文結到部者降革捐復人員已有前任交代清楚文結到部者免其重取本籍文結俟原捐衙門知照到日該員取具同鄉京官印結粘連執照查對相符即准註册銓選原定條款

一由文進士舉人恩拔副歲優廩增附貢生報捐者戶部將捐冊咨送吏部後准取具同鄉京官印結具呈粘連執照吏部咨查禮部科分名次即准貢入學名分相符均准註册銓選原定條款

一捐納人員給有執照除准其取具同鄉京官印結赴選外如有由原籍地方官起文赴選該督撫轉飭地方官查明出身履歷按限轉詳咨部不得稽延勒措原定條款

一各項人員凡有親老年在六十五歲以上准其告近七十以上家有次丁毋庸終養此等應行告近人員其父毋存歿年歲並有無次丁總以原取赴選文結內聲敘者爲憑原定條款

一捐納候選及分發各項人員有未及赴本籍起文者
准其取具同鄉京官切實甘結赴部註冊除降革捐
復人員仍照條款必須取有前任交代清楚文結到
部方准註冊銓選外其餘報捐各項人員一律准其
取結註冊驗照給予銓選分發其願由本籍起文者
仍聽其便咸豐二年續纂條款
一貢監生初捐及未經出仕之貢監出身人員報捐各
項官職應照吏部奏定章程令其餘赴選文或註冊
結內聲明並無隱匿犯案改名蒙捐字樣其業經出



仕之貢監出身人員及進士舉人恩拔副歲優廪增
附貢出身者仍照舊例聲明並無朦混報捐吏部一
體准其銓選分發咸豐二年續纂條款
一新例指捐各省人員於驗看分發時應照吏部奏定
章程令其餘結內聲明所指之省並未置買田產開
設當鋪等情仍行文該省查明有無隱匿情事報部
如分發時未經聲明即行扣除其歸部銓選人員亦
令一體聲明分別覈辦咸豐二年續纂條款
一報捐各生如祖父及親伯叔兄弟現任京外職官者

准其曉任赴選京官令其具呈本衙門查明並無違
礙准其移咨吏部註冊赴選外官令其由報任所省
分上司請咨赴選其願由原籍省分請咨或取具同
鄉京官印結赴選者聽其自便咸豐二年續纂條款
一由武進士武舉人武生報捐各官者准照文職之例
取具同鄉京官印結具呈驗照註冊銓選咸豐二年續纂條款
一武職坐補原缺人員業經該督撫咨送到部引
見奏
旨後即行捐免坐補原缺者毋庸重復赴選即准取結投供



其有逾限半年始行報捐及捐復半年始行投供者
仍令回籍起文到部方准投供其降革捐復人員亦
准於捐復引
見後取結投供仍不得逾半年之限咸豐二年續纂條款
外省捐項不敷不准在京局零星補交
一自同治四年正月爲始除專歸京銅局收捐各條准
在銅局補交並道路較遠之雲貴兩省報捐各員如
有不敷准其在戶部捐納房補交仍取具圖片印結

換照外此外實職虛銜等項凡在外省報捐如有捐
項不敷經部駁斥者均飭令在原捐省分補交如原
捐省分應將捐局裁撤准在鄰省捐局仍照原捐省
分章程補交統俟補交清楚由部繕照封發如有遲
實收換照者仍按向章旗人取具本旗圖片漢人取
具同鄉京官印結叅用查局官戳記准其就近在部
承領概不准在銅局補交（同治三年戶部奏案）
一捐項不敷各員查係在雲貴陝甘四省報捐同一道
路遥遠難在本省補交應准在戶部捐納房呈請補
交（同治四年戶部等部會議陝西巡撫劉蓉奏案）



移奬改奬
一京外大小文武各官無論現任休致降革丁憂告病
人員捐輸銀兩有願改歸子弟請敘者俱准按其所
捐銀數給予應得議敘致本身議敘既經奏咨奉
旨註冊不得再請改奬致無限制（咸豐三年戶部等部會議署四川提督桂瑞奏案）
一各省捐輸照籌餉例常例報捐實職虛銜等項人員
奏咨到部有銀数舛錯或銀數不敷飭令補足或飭
令另議請奬均係未經覈定之案如願加捐改捐照
籌餉例及常例請奬應將前項銀兩歸併積算其奏
咨案內業經奉
旨註冊人員仍不得再請改捐將前捐銀兩歸併此次積算（咸豐四年戶部等部會議陝西巡撫王慶雲奏案）
一各處捐輸未經覈准各員除本人改奬仍准其在部
呈請外其移奬他人者無論何案悉由報捐原省咨
行戶部由戶部分別覈覆不得率行在部呈請（同治元年戶部奏案）



一各案捐輸未經覈准各員除移奬他人仍照奏案由
報捐原省咨部辦理不得在部呈請並不得在吏部
片文即准移將外其捐生自行改奬及移給弟兄子
姪者准其一體在戶部呈請捐案銀數相符即行覈
准（同治三年戶部奏案）

加額章程
咸豐三年正月二十八日奉
上諭前經降旨令戶部將此次各省捐輸總數及各府州縣捐

輸分數分晰開單具奏茲據該部將山西陝西四川三省捐
生名數及銀數先行開單呈覽各該省紳士商民因軍務未
竣志切同仇輸將踴躍深堪嘉尚除業經隨時降旨獎勵外
著加恩將捐銀較多之省酌加鄉試中額捐銀較多之各府
州縣酌加學額應如何分別擬定名數以昭激勸之處著戶
部會同禮部先將山西陝西四川三省查覈詳議具奏候朕
施恩欽此禮部查恩詔
恩詔廣額鄉試大省加三十名次省加二十名小省加十名學
額大學加七名中學加五名小學加三名嘉慶十六



年
巡幸五臺廣山西學額一次大學五名中學四名小學三名此
外並無通加中額學額成案惟現因各省士民情殷
報効踴躍輸將自應優加額數以昭激勸如各省捐
銀至拾萬兩加鄉試中額一名所捐遞增額數以次
遞加即捐至數百萬兩以上亦不得過
恩詔廣額大省三十名中省二十名小省十名之數其各學
學額擬請一州一廳一縣並凡有親轄地方專設學
額之府分與所管各屬未設學額之府分捐銀至貳

千兩者加學額一名即所捐遞增多至數萬兩以上
者亦不得過各該學原額取進之數兵部將恩屆鄉
試童試凡遇
恩詔並無廣額之條嘉慶十六年
巡幸五臺山西省亦無廣額成案惟現因各省士民情殷報効
踴躍輸將文武生童事同一律亦應酌加額數以示
鼓勵如各省捐銀至拾萬兩者加鄉試中額一名所
捐銀數遞增額數亦以次遞加即捐至數百萬兩以
上者不得過原額取中三分之一之數至各府廳州



縣捐銀至貳千兩者酌加學額一名覈計各該學所
捐銀數於童試時加額一次倘所捐銀數遞增亦不
得過原額取進之數一俟軍務告竣即行停止各直
省有似此捐輸者均照此一律辦理至四川省捐項
係按條糧津貼現在祇有總數其某州某縣捐數若
干未據分晰咨報應令該督查覆到日按數加額並
請
旨飭下各該督撫刊刻謄黃轉飭各屬徧行曉諭如各該省
州縣現捐銀兩或不及加額之數均准其趕緊續捐

連前已捐之數合併覈計除續捐之各本人應得官
職仍前奏請奬勵外並按數酌加中額學額並令各
該督撫轉飭各州縣未經詳報者趕即飭催造冊送
部以憑奏請按數加額咸豐三年戶部等部奏案
一紳商士民捐輸一俟集有成數即由各該督撫彙總
具奏除給予本身奬勵外仍遵前奉
恩旨各按銀數酌加中額學額一省按拾萬之數一廳一州
一縣按貳千兩之數分別酌加一次如所捐銀數覈
計浮於前議應加之額即歸下次按數加廣或因捐



銀較多逐次加廣尚需時日准其奏請酌加作爲永
遠定額所加之額按一省捐銀叁拾萬兩加文武鄉
試定額一名一廳一州一縣捐銀壹萬兩加文武學
定額一名均以十名爲限其前次捐銀較多部議給
予一次廣額尚有餘銀及前此捐銀較少不敷廣額
之數者均准將原捐銀兩併入續捐計算咸豐三年戶部等部
奏案
一各省紳民有就近在部呈捐及在他省附捐者俟其
捐項交收一面請給本身應得議敘一面咨行該省

彙入本籍州縣捐數內造冊造部按數請加中額學
額咸豐三年大學士會同戶部等部奏案
一前於議覆刑部侍郎羅　摺內聲明嗣後各省勸
捐請給各項職銜有照常例銀數酌加四分之一及
請歸籌餉事例之員照新例銀數酌加四分之一者
除給予本身應得奬敘外仍准統計該省暨各廳州
縣捐數按中額學額或給以一次或永遠定額由該
督撫奏明辦理如僅敷例定銀數祇准給以應得職
銜官階不得托名勸捐歸併捐輸覈算援請加額等



因惟捐資原以量力不能盡屬有盈或一省暨各廳
州縣捐數足敷加額而格於例外酌加章程不得同
邀
曠典未免向隅擬請嗣後各省辦理加額之案除地方官及
外省商民捐數不計外所有本地紳民從前勸捐之
款無論捐輸援例俱准歸併覈算並不必限定酌加
四分之一銀數一體准其補請加廣中額學額或給
以一次或永爲定額仍照奏定章程分別辦理再八
旗加額前次未經議及亦應請一律照辦咸豐五年戶部奏案

一赴京捐輸人員如在捐銅局及米石軍器等處報捐實職虛銜貢監各項祇爲一己之身榮非爲本省之軍餉各該省接准京捐知照自不得牽混並算歸入加額之案辦理除湖南加額案內奏令將京捐劃出外應行各直省加廣舉額學額不准將　京捐銀數併計 咸豐七年戶部奏案

一捐輸團練與捐輸軍餉一律准其加廣中額學額總期有實在銀數報部有案可覈並送部報銷者方准奏請加額或軍餉團練兩項彙請者亦即分晰聲明團練軍餉各數目以便稽查其有團練出資捐生本身應請議敘仍即照章請奬此外捐修城工捐備賑米各捐項仍不准歸入加額 咸豐九年戶部等部會議御史孟傳金奏案

一凡奏請加額捐內於積捐總數外務須查明請奬原案某某捐銀若干兩捐生若干名於何次具奏何時奉部議准逐細聲敘以昭覈實而便稽察 同治二年戶部奏案

一各該省奏請加額之案凡捐內聲明造冊咨部者俟清冊到日再行覈覆其捐內並未聲明造冊咨部者均駁令各該省另造清冊送部俟造冊到日再由戶部查明捐數會同禮部兵部辦理以昭慎重 同治四年戶部議駁江蘇巡撫李鴻章奏丹徒縣加額奏案

換照章程

一查各年各省捐局林立捐生上兌後向係俟奏咨到部覈准後分別奏案由吏部發照咨案由戶部發照統將執照封發原捐省分給領如有遺失呈請換照者向照從前戶部大捐章程取具圖片印結方能換領嗣後無論何省捐案凡奏咨到部經部覈准後如有攜帶本身實收赴部呈請換照者應照京銅局章程免其取結即憑實收換照惟照已外發或該捐生將原照遺失呈請補給者仍照項章取具同鄉京官印結方准補領 同治四年戶部等部會議陝西巡撫劉蓉奏案

封典

團練捐資請奬

一各省捐輸團費各官紳歸捐案辦理祇准議敘虛銜加級紀錄等項不得請實在官階其捐項照現行常例加四分之一覈算先將捐資若干勇數若干及起止日期支銷數目報部覈銷再行奏請給奬 同治元年戶部奏案

一各省紳商士民報効團練經費原與報効軍餉無異
軍需既免報銷團費事同一律所有同治三年六月
以前團練經費應一併免其造冊報銷以歸畫一至
團練捐輸奬敘應仍遵照前奉
上諭祇准議給虛銜
封典加級紀錄等項不得請實在官階捐項亦仍照常例加
四成之一覈算（同治三年戶部奏案）



同治二年奏定火器營捐輸各款
計開
一由閑散宗室報捐以郎中理事官挨次補用收實銀
壹千捌百玖拾兩銀票貳千伍百貳拾兩如有願捐
統歷陳班者再收實銀伍千貳百柒拾兩
一由閑散宗室報捐以員外郎副理事官挨次補用收
實銀壹千肆百陸兩銀票貳千叁百肆拾肆兩如有
願捐統歷陳班者再收實銀肆千叁百捌拾陸兩
一由閑散宗室報捐以主事經歷挨次補用收實銀捌
百兩銀票玖百叁拾貳兩如有願捐統歷陳班者再
收實銀壹千玖百玖拾捌兩
一由閑散宗室報捐以筆帖式補用收實銀柒拾貳兩
銀票玖拾陸兩如有願捐統歷陳班者再收實銀貳
百拾兩
一由閑散宗室報捐以効力筆帖式補用收實銀肆拾
伍兩銀票肆拾兩
一由宗室効力筆帖式報捐盡先補用收實銀肆拾貳
兩銀票肆拾兩
一由現任俸滿截取內用七品小京官報捐以主事分



發各部行走收實銀陸百貳拾兩銀票柒百陸拾伍
兩
一由筆帖式捐貲禮部銜收實銀捌拾貳兩銀票捌拾
肆兩
一由蒙古候補效力筆帖式報捐以實缺筆帖式缺出
無論班次即行補用收實銀肆百柒兩銀票叁百拾
玖兩
一由文舉人業經會試三科者捐入揀選知縣收實銀
壹百兩肆錢銀票壹百叁拾貳兩

一由文舉人會試未滿三科者捐入揀選知縣收實銀
貳百貳拾捌兩銀票貳百壹兩
一由盛京及各省駐防佐領加捐協領銜收實銀伍百肆兩銀
票肆百肆拾捌兩
一由盛京及各省駐防雲騎尉報捐以本處防守尉儘先補用
並先行送部引
見收實銀陸千兩銀票肆千兩



一由盛京及各省駐防領催報捐以本處防禦儘先補用並先
行送部引
見收實銀貳千叁百叁拾肆兩銀票壹千伍百伍拾兩
一由盛京及各省駐防領催報捐以本處防禦儘先補用收實
銀壹千捌百玖拾兩銀票壹千貳百陸拾兩
一由盛京及各省駐防領催報捐以本處驍騎校儘先補用並
先行送部引
見收實銀陸百叁拾陸兩銀票肆百叁兩
一由盛京及各省駐防領催報捐以本處驍騎校儘先補用收
實銀陸百兩銀票肆百兩
一由盛京及各省駐防領催報捐以本處驍騎校補用收實銀
肆百叁拾陸兩銀票叁百貳拾肆兩
一由察哈爾牧羣人報捐護軍校職銜收實銀壹百伍
拾兩銀票貳百兩



一由鹽運使銜道員加二品頂戴收實銀伍千肆百兩
一由官學生報捐庫使收實銀肆拾捌兩
一由廢員請先行贖告收實銀伍百兩
一由察哈爾商都大馬羣護軍校報捐以本處五品翼
長儘先補用先換頂戴收實銀玖百兩
一由察哈爾商都大馬羣牧兵報捐以本處護軍校缺
出儘先補用收實銀肆百伍拾兩
一由察哈爾商都大馬羣學習牧丁報捐以本處筆帖

式補用收實銀壹百伍拾兩
一由候補郎中報捐布政使銜收實銀壹萬兩
一由庫使捐分缺先用收實銀捌拾兩
一由庫使捐分缺先儘先收實銀壹百伍拾壹兩
一由貢監生報捐鹽運使銜原照捐職道員銀數加五成覈計正項銀柒千捌百柒拾貳兩由現任知府報捐鹽運使銜原照貢監生捐道員職銜銀數減二成另加五成覈計正項銀陸千貳百玖拾玖兩候補候選者另加七成覈計正項銀柒千壹百叁拾玖兩由現任道員報捐鹽運使銜原照道員職銜銀數減二成覈計正項銀肆千壹百玖拾玖兩候補候選者照道員職銜銀數不減成覈計正項銀伍千貳百肆拾捌兩今擬統以一半實銀一半銀票交納
一由貢監生報捐叅將職銜正項銀貳千柒百叁拾陸兩報捐副將銜正項銀叁千陸百肆拾捌兩統以一半實銀一半銀票交納
再內務府人員報捐本衙門郎中員外郎主事委署主事五六品達他七品苑丞苑副八九品苑副筆帖

條款　廿五

式庫使及加捐虛銜並報捐分缺先用本班儘先補用不論雙單月補用不積班補用並報捐不論班次遇缺儘先前即補及捐免試俸捐免離任指捐各處各款向係按照統減三成章程按京錢肆吊交作銀壹兩以銀票錢票各半兌交後改將一半銀票內折交實銀二成今擬仍照統減三成章程以六成實銀交納內務府人員報捐本衙門各項有頂[illegible]達他並加捐以本班即補及不論班次遇缺儘先前即補各款原照酌減三成章程專收實銀今擬仍照舊收

條款　廿六

# 籌餉事例　下

利



滿漢在京文職各官篇內銀數俱按酌增常例核減一成開列

一郎中

由貢監生捐銀陸千玖百壹拾貳兩　由捐職郎中捐銀肆千柒百柒拾玖兩　由現任員外郎　內閣侍讀捐銀捌百陸拾肆兩候補候選者捐銀壹千壹百伍拾貳兩俱准以雙月選用其已捐雙月選用並本職應補應選人員捐銀伍百柒拾陸兩准歸本班先用加銀伍百柒拾陸兩准改單月即用再加銀伍百柒拾陸兩准不論雙單月即用　由滿洲現任員外郎　內閣侍讀捐銀貳千壹拾陸兩候補候選者捐銀貳千叁百肆兩准以滿洲郎中用

一員外郎

由貢監生捐銀伍千柒百陸拾兩　由捐職員外郎捐銀肆千伍拾玖兩　由現任主事　都察院都事　經歷　大理寺左右寺丞　欽天監監副　京府通判捐銀壹千伍百陸拾陸兩候補候選者捐銀貳千肆百叁拾兩由現任知州捐銀壹千壹百叁拾肆

兩候補候選者捐銀壹千肆百貳拾貳兩　由現任治中　同知直隸州知州捐銀玖百玖兩候補候選者捐銀壹千壹百柒拾兩准以雙月選用其已捐雙月選用並本職應補應選入員捐銀肆百捌拾陸兩准歸本班先用加銀肆百柒拾柒兩准改單月銓用再加銀肆百柒拾柒兩准不論雙單月銓用　由滿洲現任主事　都察院都事　經歷　大理寺左右寺丞　太常寺寺丞　欽天監監副捐銀貳千伍百叁拾捌兩候補候選者捐銀叁千肆百貳兩　由現



任光祿寺署正捐銀貳千捌百叁拾伍兩候補候選者捐銀叁千伍百貳拾捌兩　由現任理事同知捐銀壹千捌百伍拾肆兩候補候選者捐銀貳千壹百拾伍兩　由現任理事通判捐銀叁千貳百貳拾貳兩候補候選者捐銀肆千貳百陸拾陸兩准以滿洲員外郎用

一主事　都察院都事

由貢監生捐銀叁千叁百叁拾兩　由捐職主事捐職都察院都事捐銀貳千壹百叁拾叁兩　由現任內閣典籍　中書　中書科中書　大理寺評事　太常寺博士　鑾儀衛經歷　外縣知縣捐銀壹千叁拾伍兩候補候選者捐銀壹千貳百伍拾壹兩　由現任兵馬司指揮捐銀壹千壹百伍拾貳兩候補候選者捐銀壹千肆百壹拾叁兩　由現任通政司經歷　知事　太常寺典簿　國子監監丞　博士　助教　欽天監五官正捐銀壹千伍百叁拾玖兩候補候選者捐銀壹千柒百柒拾叁兩　由現任部寺司務　直隸州州同捐銀壹千肆百壹拾叁兩



候補候選者捐銀壹千陸百捌拾叁兩　由現任光祿寺署正　京縣知縣捐銀捌百壹拾兩候補候選者捐銀玖百柒拾貳兩　由漢軍現任七品筆帖式捐銀壹千捌百貳拾柒兩候補候選者捐銀壹千玖百玖拾捌兩　由現任八品筆帖式捐銀貳千肆百叁兩候補候選者捐銀貳千伍百柒拾肆兩准以雙月選用其已捐雙月選用並本職應補應選入員捐銀肆百柒拾柒兩准歸本班先用加銀肆百柒拾柒兩准改單月銓用再加銀肆百柒拾柒兩准不論雙

單月即用　由滿洲現任內閣典籍　中書　中書科中書　大理寺評事　太常寺博士　贊禮郎讀祝官　鴻臚寺鳴贊捐銀壹千玖百捌拾玖兩候補候選者捐銀貳千貳百伍兩　由現任通政司經歷　知事　太常寺典簿　國子監監丞　博士助教　各部寺司庫捐銀貳千肆百玖拾叁兩候補候選者捐銀貳千柒百壹拾捌兩　由現任詹事府主簿　光祿寺典簿　署丞　太僕寺主簿捐銀貳千伍百玖拾貳兩候補候選者捐銀叁千玖拾陸兩



由現任部院寺司務捐銀貳千叁百伍拾捌兩候補候選者捐銀貳千陸百叁拾柒兩　由現任翰林院典簿　國子監典簿捐銀貳千叁百叁拾壹兩候補候選者捐銀貳千玖百壹拾陸兩　由現任翰林院待詔　孔目　鴻臚寺主簿　工部製造庫司匠捐銀叁千陸拾玖兩候補候選者捐銀叁千肆百貳拾玖兩　由現任刑部司獄捐銀叁千貳百貳拾貳兩候補候選者捐銀叁千陸百肆拾伍兩　由現任七品筆帖式捐銀貳千柒百捌拾壹兩候補候選者捐銀貳千玖百伍拾貳兩　由現任八品筆帖式捐銀叁千叁百伍拾柒兩候補候選者捐銀叁千伍百貳拾捌兩　由現任九品筆帖式捐銀叁千陸百肆拾伍兩候補候選者捐銀叁千捌百拾陸兩　由現任順天府教授捐銀貳千壹百壹拾伍兩候補候選者捐銀貳千伍百肆拾柒兩　由現任順天府訓導捐銀叁千貳百貳拾貳兩候補候選者捐銀叁千肆百叁拾捌兩准以滿洲主事都事用　由滿洲現任知縣捐銀壹千陸百貳兩准以滿洲主事用



都察院經歷

由貢監生捐銀叁千叁百叁拾兩　由捐職都察院經歷捐銀貳千壹百叁拾叁兩　由現任知縣捐銀陸百肆拾捌兩候補候選者捐銀柒百柒拾肆兩　由現任直隸州州同捐銀壹千肆百拾叁兩候補候選者捐銀壹千陸百捌拾叁兩准以選月雙用其已捐雙月選用并本職應補應選人員捐銀肆百柒拾柒兩准歸本班先用加銀肆百柒拾柒兩准改單月即用再加銀肆百柒拾柒兩准不論雙單月即用

由現任滿洲內閣典籍　中書　中書科中書　大
理寺評事　太常寺博士　讀祝官　贊禮郎　鴻
臚寺鳴贊捐銀壹千玖百捌拾玖兩候補候選者捐
銀貳千貳百伍兩　由現任通政司經歷　知事
太常寺典簿　國子監監丞　博士　助教　各部
寺司庫捐銀貳千肆百玖拾叁兩候補候選者捐銀
貳千柒百拾捌兩　由現任詹事府主簿　光祿寺
典簿　署丞　太僕寺主簿捐銀貳千伍百玖拾貳
兩候補候選者捐銀叁千玖拾陸兩　由現任部院



寺司務捐銀貳千叁百伍拾捌兩候補候選者捐銀
貳千陸百叁拾柒兩　由現任翰林院典簿　國子
監典簿捐銀貳千叁百叁拾壹兩候補候選者捐銀
貳千玖百拾陸兩　由現任翰林院待詔　孔目
鴻臚寺主簿　工部製造庫司匠捐銀叁千陸拾玖
兩候補候選者捐銀叁千肆百貳拾玖兩　由現任
刑部司獄捐銀叁千貳百貳拾貳兩候補候選者捐
銀叁千陸百肆拾伍兩　由現任七品筆帖式捐銀
貳千柒百捌拾壹兩候補候選者捐銀貳千玖百伍

拾貳兩　由現任八品筆帖式捐銀叁千叁百伍拾
柒兩候補候選者捐銀叁千伍百貳拾捌兩　由現
任九品筆帖式捐銀叁千陸百肆拾伍兩候補候選
者捐銀叁千捌百拾陸兩准以都察院滿洲經歷用
一大理寺寺丞
由貢監生捐銀叁千叁百叁拾兩　由捐職大理寺
寺丞捐銀貳千壹百叁拾叁兩　由現任光祿寺署
正捐銀陸百肆拾捌兩候補候選者捐銀柒百柒拾
肆兩准以雙月選用其已捐雙月選用并本職應補



應選人員捐銀肆百柒拾柒兩准歸本班先用加銀
肆百柒拾柒兩准改單月的用再加銀肆百柒拾柒
兩准不論雙單月的用　由滿洲現任內閣典籍
中書　中書科中書　大理寺評事　太常寺博士
讀祝官　贊禮郎　鴻臚寺鳴贊捐銀壹千玖百
捌拾玖兩候補候選者捐銀貳千貳百伍兩　由現
任通政司經歷　知事太常寺典簿　國子監監
丞　助教　博士　各部寺司庫　欽天監秋官正
捐銀貳千肆百玖拾叁兩候補候選者捐銀貳千柒

百拾捌兩　由現任詹事府主簿　光祿寺典簿
署丞　太僕寺主簿捐銀貳千伍百玖拾貳兩候補
候選者叁千玖拾陸兩　由現任部院寺司務
捐銀貳千叁百伍拾捌兩候補候選者捐銀貳千陸
百叁拾柒兩　由現任翰林院典簿　國子監典籍
捐銀貳千叁百叁拾壹兩候補候選者捐銀貳千玖
百拾陸兩　由現任翰林院待詔　孔目　鴻臚
寺主簿　工部製造庫司匠捐銀叁千陸拾玖兩候
補候選者捐銀叁千肆百貳拾玖兩　由現任刑部



司獄捐銀叁千貳百貳拾貳兩候補候選者捐銀叁
千陸百肆拾伍兩　由現任七品筆帖式捐銀貳千
柒百捌拾壹兩候補候選者捐銀貳千玖百伍拾貳
兩　由現任八品筆帖式捐銀叁千叁百伍拾柒兩
候補候選者捐銀叁千伍百貳拾捌兩　由現任九
品筆帖式捐銀叁千陸百肆拾伍兩候補候選者捐
銀叁千捌百壹拾陸兩准以大理寺右右滿洲寺丞
用　由漢軍內閣典籍　中書　太常寺博士　欽
天監五官正　筆帖式及各小京官俱各照前項

滿洲所捐銀數報捐准以大理寺漢軍寺丞用
一治中
由貢監生捐銀伍千柒百陸拾兩　由現任京府通
判捐銀貳千壹百陸拾兩候補候選者捐銀貳千肆
百叁拾兩　由現任鹽課司提舉捐銀壹千伍百捌
拾肆兩候補候選者捐銀壹千捌百兩　由現任鹽
運司運判捐銀壹千貳百玖拾陸兩候補候選者捐
銀壹千肆百肆拾兩　由現任知州捐銀壹千貳百
貳拾肆兩候補候選者捐銀壹千肆百貳拾貳兩俱



准以雙月選用其已捐雙月選用并本職應補應選
人員捐銀肆百柒拾柒兩准歸本班先用加銀肆百
柒拾柒兩准改單月即用再加銀肆百柒拾柒兩准
不論雙單月即用
一京府通判
由貢監生捐銀叁千叁百叁拾兩　由現任外府通
判捐銀柒百貳拾兩候補候選者捐銀捌百陸拾肆
兩　由現任京外知縣捐銀陸百肆拾捌兩候補候
選者捐銀柒百柒拾肆兩　由現任直隸州州同捐

銀壹千肆百壹拾叁兩候補候選者捐銀壹千陸百捌拾叁兩　由現任通政司經歷　知事　太常寺典簿捐銀壹千伍百叁拾玖兩候補候選者捐銀壹千柒百柒拾叁兩准以雙月選用其已捐雙月選用并本職應補應選人員捐銀肆百柒拾柒兩准歸本班先用加銀肆百柒拾柒兩准改單月即用再加銀肆百柒拾柒兩准不論雙單月即用

一光祿寺署正

由貢監生捐銀貳千捌百伍拾叁兩　由捐職光祿



寺署正捐銀壹千陸百伍拾陸兩　由現任光祿寺典簿　詹事府主簿捐銀壹千叁百捌拾陸兩候補候選者捐銀壹千陸百柒拾肆兩　由現任太常寺典簿捐銀壹千捌拾兩候補候選者捐銀壹千貳百玖拾陸兩　由現任鑾儀衛經歷捐銀陸百肆拾捌兩候補候選者捐銀柒百柒拾肆兩　由現任布政司經歷　理問　州同捐銀壹千叁百伍拾兩候補候選者捐銀壹千陸百貳拾兩准以雙月選用其已捐雙月選用并本職應補應選人員捐銀叁百肆拾

貳兩准歸本班先用加銀叁百肆拾貳兩准改單月即用再加銀叁百肆拾貳兩准不論雙單月即用

由現任七品筆帖式捐銀貳千肆拾叁兩候補候選者捐銀貳千貳百拾肆兩　由現任八品筆帖式捐銀貳千陸百壹拾玖兩候補候選者捐銀貳千柒百玖拾兩　由現任九品筆帖式捐銀貳千玖百柒兩候補候選者捐銀叁千柒拾捌兩准以光祿寺滿洲署正用

一兵馬司指揮



由貢監生捐銀貳千柒百叁拾陸兩　由候補候選兵馬司指揮捐銀捌百壹拾玖兩　由現任兵馬司副指揮捐銀壹千貳拾陸兩候補候選者捐銀壹千肆百貳拾貳兩　由現任布政司理問　州同捐銀壹千壹百柒拾玖兩候補候選者捐銀壹千伍百叁兩准以兵馬司指揮用

一兵馬司副指揮

由貢監生捐銀壹千捌百柒拾貳兩　由候補候選兵馬司副指揮捐銀伍百伍拾捌兩　由現任布政

司都事捐銀柒百貳拾兩候補候選者捐銀捌百陸拾肆兩　由現任州判捐銀柒百玖拾貳兩候補候選者捐銀玖百玖拾玖兩　由現任外府經歷　外縣縣丞捐銀捌百玖拾壹兩候補候選者捐銀壹千壹百柒拾兩　由現任京府經歷　直隸州州判捐銀伍百柒拾陸兩候補候選者捐銀柒百貳拾兩　由現任布政司庫大使　鹽課大使　批驗所大使　運庫大使捐銀陸百肆拾捌兩候補候選者捐銀柒百柒拾肆兩　由就職直隸州州判捐銀玖百玖



兩准以兵馬司副指揮用

一中書科中書　大理寺評事　太常寺博士

由捐貢生捐銀貳千柒拾兩　由捐職中書　評事　博士捐銀壹千壹百柒拾兩　由恩援副歲貢生捐銀壹千陸百玖拾玖兩　由未截取進士捐銀捌百捌拾貳兩　已截取舉人捐銀壹千貳陸拾兩　未截取舉人捐銀壹千壹百柒拾兩　由未揀選舉人捐銀壹千叁百壹拾肆兩　由現任直隸州州同捐銀陸百叁拾兩候補候選者捐銀柒百柒拾肆兩

由現任教授捐銀柒百叁拾捌兩候補候選者捐銀捌百捌拾貳兩　由現任州學正　縣教諭捐銀壹千貳拾陸兩候補候選者捐銀壹千壹百柒拾兩准以雙月選用其已捐雙月選用并本職應補應選人員捐銀貳百捌拾捌兩准歸本班先用加銀貳百捌拾捌兩准改單月即用再加銀貳百捌拾捌兩准不論雙單月即用　由現任七品筆帖式捐銀壹千壹百伍拾貳兩候補候選者捐銀壹千叁百貳拾叁兩　由現任八品筆帖式捐銀壹千柒百貳拾捌兩



候補候選者捐銀壹千捌百玖拾玖兩　由現任九品筆帖式捐銀貳千壹拾陸兩候補候選者捐銀貳千壹百捌拾柒兩准以大理寺滿洲評事太常寺滿洲漢軍博士用

一內閣中書（係俱照之缺先儘應補之人如無應補人員雙月用者取二人捐納一人單月用者取一人捐納一人）

由已截取進士捐銀柒百叁拾捌兩　未截取進士捐銀捌百捌拾貳兩　已截取舉人捐銀壹千貳拾陸兩　未截取舉人捐銀壹千壹百柒拾兩　未揀

選舉人捐銀壹千叁百壹拾肆兩　由進士出身之現任知縣捐銀伍百玖拾肆兩候補候選者捐銀柒百叁拾捌兩　由舉人選補之現任知縣捐銀捌百捌拾貳兩候補候選者捐銀壹千貳拾陸兩　由現任進士出身國子監學正　學錄　捐銀伍百貳拾貳兩候補候選者捐銀陸百貳拾壹兩　由現任舉人出身之國子監學正　學錄　進士舉人出身之府教授捐銀柒百叁拾捌兩候補候選者捐銀捌百捌拾貳兩　由現任州學正　縣教諭捐銀壹千貳



拾陸兩候補候選者捐銀壹千壹百柒拾兩准以雙月選用其已捐雙月選用并本職應補應選人員捐銀貳百捌拾捌兩准歸本班先用加銀貳百捌拾捌兩准改單月即用再加銀貳百捌拾捌兩准不論雙單月即用

一鑾儀衛經歷

由貢監生捐銀貳千柒拾兩　由捐職鑾儀衛經歷捐銀壹千壹百柒拾兩　由現任國子監典簿　典籍　學正　學錄　翰林院典簿捐銀伍百陸拾柒兩候補候選者捐銀柒百壹拾壹兩　由現任直隸州州同捐銀陸百叁拾兩候補候選者捐銀柒百柒拾肆兩准以雙月選用其已捐雙月選用並本職應補應選人員捐銀貳百捌拾捌兩准歸本班先用加銀貳百捌拾捌兩准改單月即用再加銀貳百捌拾捌兩准不論雙單月即用

一通政司經歷　知事

由貢監生捐銀壹千伍百伍拾柒兩　由捐職通政司經歷　知事捐銀陸百肆拾捌兩　由現任詹事



府主簿捐銀肆百陸拾捌兩候補候選者捐銀陸百貳拾壹兩准以雙月選用其已捐雙月選用並本職應補應選人員捐銀貳百叁拾肆兩准歸本班先用加銀貳百壹拾陸兩准改單月即用再加銀貳百壹拾陸兩准不論雙單月即用　由現任七品筆帖式捐銀伍百肆兩候補候選者捐銀陸百柒拾伍兩　由現任八品筆帖式捐銀壹千捌拾兩候補候選者捐銀壹千壹百伍拾壹兩　由現任九品筆帖式捐銀壹千叁百陸拾捌兩候補候選者捐銀壹千伍百

叁拾玖兩准以政政司滿洲經歷知事用

一太常寺典簿

由貢監生捐銀壹千伍百伍拾柒兩　由捐職太常寺典簿捐銀陸百肆拾捌兩　由現任詹事府主簿光祿寺典簿　國子監學正　學錄　翰林院典簿捐銀肆百陸拾捌兩候補候選者捐銀陸百貳拾壹兩准以雙月選用其已捐雙用選用並本職應補應選人員捐銀貳百叁拾肆兩准歸本班先用加銀貳百拾陸兩准改單月即用再加銀貳百拾兩兩准不論雙單月即用　由現任七品筆帖式捐銀伍百肆兩候補候選者捐銀陸百柒拾伍兩　由現任八品筆帖式捐銀壹千捌拾兩候補候選者捐銀壹千貳百伍拾壹兩　由現任九品筆帖式捐銀壹千叁百陸拾捌兩候補候選者捐銀壹千伍百叁拾玖兩准以太常寺滿洲典簿用

一國子監博士

由已截取進士捐銀叁百柒拾捌兩　未截取進士捐銀伍百貳拾貳兩　已截取舉人捐銀陸百陸拾



陸兩　未截取舉人捐銀捌百拾兩　未揀選舉人捐銀玖百伍拾肆兩　由現任京外府教授捐銀叁百柒拾捌兩候補候選者捐銀伍百貳拾貳兩准以雙月選用其已捐雙月選用並本職應補應選人員捐銀貳百叁拾肆兩准歸本班先用加銀貳百拾陸兩准改單月即用再加銀貳百拾陸兩准不論雙單月即用

一國子監監丞

由截取進士　捐銀肆百叁拾貳兩　未截取進士捐銀伍百柒拾陸兩　已截取舉人捐銀柒百貳拾兩　未截取舉人捐銀捌百陸拾肆兩　未揀選舉人捐銀壹千捌兩　由翰林院典簿　京外府教授捐銀肆百叁拾貳兩候補候選者捐銀伍百柒拾陸兩准以雙月選用其已捐雙月選用並本職應補應選人員捐銀貳百叁拾肆兩准歸本班先用加銀貳百拾陸兩准改單月即用再加銀貳百拾陸兩准不論雙單月即用

一部司寺務

由貢監生捐銀壹千陸百叁拾捌兩　由捐職部寺司務捐銀玖百貳拾柒兩　由現任國子監典簿典籍　學正　學錄捐銀柒百柒拾肆兩候補候選者捐銀玖百叁拾陸兩　由現任翰林院待詔捐銀捌百陸拾肆兩候補候選者捐銀壹千零捌兩准以雙月選用其已捐雙月選用並本職應補應選人員捐銀貳百拾陸兩准歸本班先用加銀貳百拾陸兩准改單月即用再加銀貳百拾陸兩准不論雙單月即用　由現任七品筆帖式捐銀伍百柒拾陸兩候



補候選者捐銀柒百肆拾柒兩　由現任八品筆帖式捐銀壹千壹百伍拾貳兩候補候選者捐銀壹千叁百貳拾叁兩　由現任九品筆帖式捐銀壹千肆百肆拾兩候補候選者捐銀壹千陸百拾壹兩准以部院寺滿洲司務用

一詹事府主簿

由貢監生捐銀壹千壹百柒拾玖兩　由捐職詹事府主簿捐銀貳百柒拾兩准以雙月選用其已捐雙月選用並本職應補應選人員捐銀壹百柒拾壹兩准歸本班先用加銀壹百陸拾貳兩准改單月即用再加銀壹百陸拾貳兩准不論雙單月即用

一光祿寺典簿

由貢監生捐銀壹千壹百柒拾玖兩　由捐職光祿寺典簿捐銀貳百柒拾兩　由現任州判捐銀貳百叁拾肆兩候補候選者捐銀叁百陸兩准以雙月選用其已捐雙月選用並本職應補應選人員捐銀壹百柒拾壹兩准歸本班先用加銀壹百陸拾壹兩准改單月即用再加銀壹百陸拾貳兩准不論雙單月



即用　由現任七品筆帖式捐銀肆百伍拾兩候補候選者捐銀陸百貳拾壹兩　由現任八品筆帖式捐銀柒百陸拾伍兩候補候選者捐銀玖百叁拾陸兩　由現任九品筆帖式捐銀捌百捌拾貳兩候補候選者捐銀壹千陸拾貳兩准以光祿寺滿洲典簿用

國子監典簿

由貢監生捐銀壹千叁百伍拾玖兩　由捐職國子監典簿捐銀伍百陸拾柒兩　由已截取之進士

已截取之舉人及現任州學正　縣教諭捐銀叁百陸兩　由未截取之進士　未截取之舉人及候補候選州學正　縣教諭捐銀叁百捌拾柒兩　未揀選之舉人捐銀伍百叁拾壹兩准以雙月選用其已捐雙月選用並本職應補應選人員捐銀壹百玖拾捌兩准歸本班先用加銀壹百玖拾捌兩准改單月即用再加銀壹百玖拾捌兩准不論雙單月即用

一國子監典籍

由貢監生捐銀壹千叁百伍拾玖兩　由捐職國子



監典籍捐銀陸百肆拾捌兩　由現任翰林院孔目捐銀叁百柒拾捌兩候補候選者捐銀伍百拾叁兩　由現任州學正　縣教諭捐銀叁百陸兩候補候選者捐銀叁百捌拾柒兩　由現任直隸州州判捐銀壹百玖拾捌兩候補候選者捐銀貳百叁拾肆兩准以雙月選用其已捐雙月選用並本職應補應選人員捐銀壹百玖拾捌兩准歸本班先用加銀壹百玖拾捌兩准改單月即用再加銀壹百玖拾捌兩准不論雙單月即用

一翰林院待詔

由貢監生捐銀捌百肆拾陸兩　由捐職待詔捐銀壹百叁拾伍兩　由舉人捐銀叁百捌拾柒兩　由現任州學正　縣教諭捐銀貳百叁拾肆兩候補候選者捐銀叁百陸兩准以雙月選用其已捐雙月選用並本職應補應選人員捐銀壹百貳拾陸兩准歸本班先用加銀壹百拾柒兩准改單月即用再加銀壹百拾柒兩准不論雙單月即用　由現任七品筆帖式捐銀貳百肆拾叁兩候補候選者捐銀叁百柒



拾捌兩　由八品筆帖式捐銀叁百叁拾叁兩候補候選者捐銀肆百伍拾玖兩　由現任九品筆帖式捐銀伍百柒拾陸兩候補候選者捐銀柒百肆拾柒兩准以翰林院滿洲待詔用

一翰林院孔目漢孔目係具題之缺先儘應補人員如應補無人雙月用考取二缺之後用捐納一人單月用考取缺之後用捐納一人

由貢監生捐銀捌百肆拾陸兩　由捐職孔目捐銀伍百肆拾兩　由恩拔副貢捐銀叁百肆拾貳兩

由現任訓導捐銀叁百貳拾肆兩候補候選者捐銀

肆百捌拾陸兩准以雙月選用其已捐雙月選用並本職應補應選人員捐銀壹百貳拾陸兩准歸本班先用加銀壹百壹拾柒兩准改單月即用再加銀壹百壹拾柒兩准不論雙單月即用　由現任七品筆帖式捐銀貳百肆拾叁兩候補候選者捐銀叁百柒拾捌兩　由現任八品筆帖式捐銀叁百叁拾叁兩候補候選者捐銀肆百伍拾玖兩　由現任九品筆帖式捐銀伍百柒拾陸兩候補候選者捐銀柒百肆拾柒兩准以翰林院滿洲孔目用



一部寺司庫

由現任七品筆帖式捐銀陸百肆拾捌兩候補候選者捐銀捌百拾玖兩　由現任八品筆帖式捐銀壹千貳百貳拾肆兩候補候選者捐銀壹千叁百玖拾伍兩　由現任九品筆帖式捐銀壹千伍百壹拾貳兩候補候選者捐銀壹千陸百捌拾叁兩准以司庫補用

鴻臚寺主簿　工部製造庫司匠

由現任七品筆帖式捐銀貳百肆拾叁兩候補候選者捐銀叁百柒拾捌兩　由現任八品筆帖式捐銀叁百叁拾捌兩候補候選者捐銀肆百伍拾玖兩　由現任九品筆帖式捐銀伍百柒拾陸兩候補候選者捐銀柒百肆拾柒兩准以鴻臚寺主簿工部司匠用

一七八九品筆帖式

由舉貢生監官學生義學生捐銀叁百肆拾貳兩各項註册候考並未滿年限之庫使繕本人員捐銀貳百陸拾壹兩　現在考取議叙繕本各班候補筆帖式捐銀壹百柒拾壹兩准以筆帖式補用以上各項捐納人員於考取班後另立一班補用俟補用後無論已未滿三年遇考現任筆帖式時一考試試舊班捐納筆帖式未得補用人員亦照註册候考人員例一體捐用



一刑部司獄　兵馬司吏目

由貢監生捐銀貳百陸拾壹兩　其本職應補應選人員並候補候選之從九品指捐刑部司獄候補候選之未入流指捐兵馬司吏目各捐銀貳百拾拾陸

兩已滿未考吏捐銀貳百柒拾玖兩　未滿吏捐銀
叁百陸兩准其補用

籌餉事例

滿漢在外文職各官（爲內銀數俱按前增常例核減一成開列）

一道員

由貢監生捐銀壹萬壹千捌百捌兩　由捐職道員
捐銀玖千玖拾玖兩　由現任知府捐銀壹千捌百
兩候補候選者捐銀貳千伍百貳拾兩　由現任郎
中捐銀叁千壹百陸拾捌兩候補候選者捐銀肆千



捌百玖拾陸兩俱准以雙月選用其已捐雙月選用
並本職應補應選人員捐銀捌百陸拾肆兩准歸本
班先用加銀捌百陸拾肆兩准改單月即用再加銀
捌百陸拾肆拾准不論雙單月即用

知府

由貢監生捐銀玖千伍百柒拾陸兩　由捐職知府
捐銀柒千肆百壹拾陸兩　由現任郎中捐銀壹千
陸百伍拾陸兩候補候選者捐銀貳千陸百陸拾肆
兩　由現任員外郎　內閣侍讀捐銀貳千叁百柒
拾陸兩候補候選者捐銀叁千捌百壹拾陸兩　由
現任直隸州知州捐銀貳千陸百拾玖兩候補候
選者捐銀叁千肆百捌拾叁兩　由現任治中　同
知捐銀叁千貳百肆拾兩候補候選者捐銀肆千陸
百陸拾貳兩准以雙月選用其已捐雙月選用並本
職應補應選人員捐銀柒百玖拾貳兩准歸本班先
用加銀柒百玖拾貳兩准改單月即用再加銀柒百
玖拾貳兩准不論雙單月即用

一鹽運司運同



由貢監生捐銀捌千陸百肆拾兩　由捐職鹽運司
運同捐銀陸千捌百肆拾兩　由現任治中　同知
捐銀叁千貳拾肆兩候補候選者捐銀叁千柒百貳
拾陸兩　由現任知州捐銀叁千柒百肆拾肆兩候
補候選者捐銀肆千叁百貳兩　由現任鹽運司運
副　鹽課司提舉捐銀肆千叁百貳拾兩候補候選
者捐銀伍千肆百兩准以雙月選用其已捐雙月選
用並本職應補應選人員捐銀柒百貳拾兩准歸本
班先用加銀柒百貳拾兩准改單月即用再加銀柒

百貳拾兩准不論雙單月即用
一直隸州知州
由貢監生捐銀陸千玖拾叁兩　由現任滿漢主事
都察院滿漢都事　滿漢經歷　大理寺滿漢寺
丞　太常寺滿寺丞　外縣知縣捐銀貳千肆百叁
兩候補候選者捐銀貳千柒百陸拾叁兩　由現任
光祿寺滿署正捐銀貳千貳百伍兩候補候選者捐
銀叁千貳百肆拾兩　由現任知州捐銀壹千伍百
捌拾肆兩候補候選者捐銀壹千柒百伍拾伍兩准
以雙月選用其已捐雙月選用並本職應補應選人
員捐銀伍百肆兩准歸本班先用加銀伍百肆兩准
改單月即用再加銀伍百肆兩准不論雙單月即用
一同知
由貢監生捐銀肆千玖百壹拾肆兩　由捐職同知
捐銀叁千肆百柒拾肆兩　由現任大理寺寺丞
京府通判　京外知縣捐銀壹千貳百玖拾陸兩候
補候選者捐銀壹千伍百捌拾肆兩　由現任鹽課
司提舉　鹽運司運副捐銀壹千肆百捌拾伍兩候



補候選者捐銀壹千陸百柒拾肆兩　由現任兵馬
司正指揮捐銀貳千叁百肆兩候補候選者捐銀貳
千玖百玖拾柒兩　由現任中書科中書　大理寺
評事　太常寺博士　鑾儀衛經歷　內閣典籍
內閣中書捐銀貳千壹百壹拾伍兩候補候選者捐
銀貳千捌百叁拾伍兩　由現任部寺司務　直隸
州州同捐銀貳千陸百壹拾玖兩候補候選者捐銀
叁千貳百陸拾柒兩　由現任通判捐銀壹千玖百
拾柒兩候補候選者捐銀貳千肆百肆拾捌兩　由
現任光祿寺署正捐銀壹千柒百肆拾陸兩候補候
選者捐銀貳千陸拾壹兩　由現任通政司經歷
知事　太常寺典簿　國子監監丞　博士　助
教捐銀貳千陸百玖拾壹兩候補候選者捐銀叁千
叁百伍拾柒兩准以雙月選用其已捐雙月選用並
本職應補應選人員捐銀肆百柒拾柒兩准歸本班
先用加銀肆百柒拾柒兩准改單月即用再加銀肆
百柒拾柒兩准不論雙單月即用
一知州

由貢監生捐銀肆千叁百叁拾捌兩　由現任通判
捐銀壹千叁百肆拾壹兩候補候選者捐銀壹千捌
百柒拾貳兩　由現任鹽運司運判捐銀壹千貳百
柒拾捌兩候補候選者捐銀壹千柒百壹拾兩　田
現任知縣捐銀壹千壹百伍拾貳兩候補候選者捐
銀壹千伍百捌拾肆兩　由現任布政司經歷　理
問　州同捐銀貳千伍百陸拾伍兩候補候選者捐
銀叁千壹百伍兩　由現任直隸州州同捐銀貳千
零肆拾叁兩候補候選者捐銀貳千陸百玖拾壹兩



准以雙月選用其已捐雙月選用並本職應補應選
人員捐銀肆百柒拾柒兩准歸本班先用加銀肆百
柒拾柒兩准改單月即用再加銀肆百柒拾柒兩准
不論雙單月即用鹽運司運副運判俱係在外題補之缺奏准先儘捐納人員補用俟
用完之日再行揀選題補

一鹽運司運副

由貢監生捐銀肆千叁百貳拾兩　由候補候選運
副捐銀壹千貳百玖拾陸兩　由現任通判捐銀壹
千陸百壹拾壹兩候補候選者捐銀壹千捌百伍拾

肆兩　由現任知縣　鹽運司運判捐銀貳千肆百
肆拾捌兩候補候選者捐銀貳千伍百玖拾貳兩
由現任州同捐銀貳千捌百叁拾伍兩候補候選者
捐銀叁千捌拾柒兩俱以准鹽運司運副補

一鹽運司運判

由貢監生捐銀叁千肆百肆拾肆兩　由候補候選
運判捐銀壹千壹百貳拾伍兩　由現任兵馬司副
指揮捐銀貳千柒拾兩候補候選者捐銀貳千肆百
叁拾兩　由現任知縣捐銀壹千伍百拾貳兩候



補候選者捐銀壹千柒百貳拾捌兩　田現任鹽課
大使布政司庫大使捐銀貳千壹百陸拾兩候補候
選者捐銀貳千肆百肆拾捌兩　由現任按察司經
歷　京府經歷　直隸州州判捐銀貳千叁百肆兩
候補候選者捐銀貳千伍百玖拾貳兩　由現任州
判捐銀貳千肆百捌拾肆兩候補候選者捐銀貳千
捌百柒拾壹兩　由現任外府經歷　縣丞捐銀貳
千陸百玖拾壹兩候補候選者捐銀叁千肆拾貳兩
由現任漢軍八品筆帖式捐銀貳千捌百貳拾陸

兩候補候選者捐銀貳千玖百玖拾柒兩　由就職
直隸州州判捐銀貳千柒百叁拾陸兩俱准以鹽運
司運判補用
一鹽課司提舉
由貢監生捐銀叁千貳百肆拾兩　由現任通判捐
銀柒百貳拾兩候補候選者捐銀捌百玖拾壹兩
由現任鹽運司運判捐銀壹千貳百玖拾陸兩候補
候選者捐銀壹千肆百陸拾柒兩　由現任州同捐
銀壹千柒百伍拾伍兩候補候選者捐銀貳千柒兩
准以雙月選用其已捐雙月選用並本職應補應選
人員捐銀叁百陸拾兩准歸本班先用加銀叁百陸
拾兩准改單月即用再加銀叁百陸拾兩准不論雙
單月即用
一通判
由貢監生捐銀貳千肆百陸拾陸兩　由捐職通判
捐銀壹千叁百壹拾肆兩　由現任布政司經歷
理問　州同捐銀壹千伍拾叁兩候補候選者捐銀
壹千貳百叁拾叁兩　由現任按察司經歷捐銀壹
千壹百柒拾兩候補候選者捐銀壹千叁百壹拾肆
兩　由現任直隸州州同捐銀壹千貳拾陸兩候補
候選者捐銀壹千壹百柒拾玖兩　由現任詹事府
主簿　光祿寺典簿　國子監學正　學錄捐銀壹
千壹百叁拾肆兩候補候選者捐銀壹千貳百柒拾
捌兩　由現任翰林院典簿　國子監典簿　漢軍
八品筆帖式捐銀壹千伍百叁拾玖兩候補候選者
捐銀壹千柒百壹拾兩　由現任兵馬司副指揮
京縣縣丞捐銀壹千叁百捌拾陸兩候補候選者捐
銀壹千伍百伍拾柒兩俱准以雙月選用其已捐雙
月選用並本職應補應選人員捐銀叁百肆拾貳兩
准歸本班先用加銀叁百肆拾貳兩准改單月即用
再加銀叁百肆拾貳兩准不論雙單用即用
一知縣
由貢監生捐銀叁千叁百叁拾兩　由現任兵馬司
副指揮　京縣縣丞捐銀壹千伍百捌拾肆兩候補
候選者捐銀貳千壹拾陸兩　由現任布政司庫大
使鹽課大使　教授捐銀壹千肆百伍拾捌兩候補

候選者捐銀壹千捌百壹拾陸兩　由現任京府經
歷按察司經歷　學正　教諭　直隸州州判捐銀
壹千柒百肆拾陸兩候補候選者捐銀貳千壹百柒
拾捌兩　由現任布政司都事　鹽運司經歷捐銀
壹千捌百玖拾兩候補候選者捐銀貳千叁百貳拾
貳兩　由現任按察司知事　外府經歷　縣丞捐
銀貳千貳百柒拾柒兩候補候選者捐銀貳千陸百
壹拾玖兩　由現任漢軍七品筆帖式捐銀壹千捌
百貳拾柒兩候補候選者捐銀壹千玖百玖拾捌兩
　由現任州判捐銀貳千柒拾兩候補候選者捐銀
貳千肆百伍拾柒兩　由就職直隸州州判捐銀貳
千柒百伍拾肆兩准以雙月選用其已捐雙月選用
並本職應補應選人員捐銀肆百柒拾柒兩准歸本
班先用加銀肆百柒拾柒兩准改單月卽用再加銀
肆百柒拾柒兩准不論雙單月卽用

一滿洲筆帖式記名以知縣用者捐銀壹千肆百肆拾
兩未記名者捐銀貳千壹百陸拾兩候補候選者捐
銀貳千叁百叁拾壹兩准以知縣雙月選用

一未經截取之進士　捐銀壹千肆百肆拾兩未經截取
之舉人捐銀貳千壹拾陸兩　未經揀選之舉人捐
銀貳千壹百陸拾兩准歸雙月以知縣先用加銀肆
百柒拾柒兩准改單月卽用再加銀肆百柒拾柒兩
准不論雙單月卽用至滿洲蒙古漢軍進士照漢進
士之例一體報捐其滿洲蒙古漢軍舉人亦照　漢
舉人之例分別已未揀選報捐

一直隸州州同
由已截取舉人捐銀伍百伍拾捌兩未截取舉人捐
銀柒百叁拾捌兩　未揀選舉人捐銀玖百玖兩准
以雙月選用其已捐雙月選用並本職應補應選人
員捐銀貳百壹拾陸兩准歸本班先用加銀貳百壹
拾陸兩准改單月卽用再加銀貳百壹拾陸兩准不
論雙單月卽用

一布政司理問
由貢監生捐銀壹千貳百叁拾叁兩　由捐職布政
司理問捐銀壹千壹拾陸兩　由現任布政司都事
鹽運司經歷捐銀叁百叁拾叁兩候補候選者捐

銀肆百伍拾兩　由現任直隸州州判　州判捐銀叁百柒拾捌兩候補候選者捐銀肆百捌拾陸兩　由現任外縣縣丞捐銀肆百伍兩候補候選者捐銀伍百貳拾貳兩　由就職直隸州州判捐銀陸百壹拾貳兩准以雙月選用其已捐雙月選用並本職應補應選人員捐銀貳百伍拾貳兩准歸本班先用加銀貳百伍拾貳兩准改單月即用再加銀貳百伍拾貳兩准不論雙單月即用

一布政司經歷

由貢監生捐銀壹千貳百叁拾叁兩　由捐職布政司經歷捐銀壹千拾柒兩　由現任布政司都事鹽運司經歷捐銀叁百叁拾叁兩候補候選者捐銀肆百伍拾兩　由現任直隸州州判　州判捐銀叁百柒拾捌兩候補候選者捐銀肆百捌拾陸兩　由就職直隸州州判捐銀陸百壹拾貳兩准以雙月選用其已捐雙月選用並本職應補應選人員捐銀貳百伍拾貳兩准歸本班先用加銀貳百伍拾貳兩准改單月即用再加銀貳百伍拾貳兩准不論雙單月即用

一按察司經歷

由貢監生捐銀壹千壹百伍拾貳兩　由捐職按察司經歷捐銀玖百柒拾貳兩　由現任外縣縣丞外府經歷　鴻臚寺主簿捐銀叁百陸兩候補候選者捐銀肆百伍拾兩　由現任直隸州州判　州判捐銀貳百肆拾叁兩候補候選者捐銀叁百肆拾貳兩　由現任布政司都事捐銀壹百玖拾捌兩候補候選者捐銀貳百陸拾壹兩　由就職直隸州州判捐銀伍百叁拾壹兩准以雙月選用其已捐雙月選用並本職應補應選人員捐銀貳百拾拾陸兩准歸本班先用加銀貳百壹拾陸兩准改單月即用再加銀貳百壹拾陸兩准不論雙單月即用

一京府經歷

由貢監生捐銀壹千壹百伍拾貳兩　由現任外縣縣丞捐銀叁百陸兩候補候選者捐銀肆百伍拾兩　由就職直隸州州判捐銀伍百叁拾壹兩准以雙月選用其已捐雙月選用並本職應補應選人員捐

銀貳百壹拾陸兩准歸本班先用加銀貳百壹拾陸兩准改單月即用再加銀貳百壹拾陸兩准不論雙單月即用

一布政司都事

由貢監生捐銀壹千捌兩　由捐職布政司都事捐銀捌百貳拾捌兩　由現任布政司照磨捐銀叁百陸兩候補候選者捐銀肆百伍拾兩　由現任外縣縣丞捐銀貳百肆拾叁兩候補候選者捐銀叁百陸兩　由就職直隸州州判捐銀伍百叁拾壹兩准以雙月選用其已捐雙月選用並本職應補應選人員捐銀貳百壹拾陸兩准歸本班先用加銀貳百壹拾陸兩准改單月即用再加銀貳百壹拾陸兩准不論雙單月即用

一鹽運司經歷

由貢監生捐銀壹千捌兩　由捐職鹽運司經歷捐銀捌百貳拾捌兩　由現任外府經歷　外縣縣丞捐銀貳百肆拾叁兩候補候選者捐銀叁百陸兩　由就職直隸州州判捐銀伍百叁拾壹兩准以雙月選用其已捐雙月選用並本職應補應選人員捐銀貳百壹拾陸兩准歸本班先用加銀貳百壹拾陸兩准改單月即用再加銀貳百壹拾陸兩准不論雙單月即用

一直隸州州判

由恩拔副貢捐銀陸百玖拾叁兩准以雙月選用其已捐雙月選用並本職應補應選人員捐銀壹百貳拾陸兩准歸本班先用加銀壹百貳拾陸兩准改單月即用再加銀壹百貳拾陸兩准不論雙單月即用

鹽課大使　布政司庫大使　批驗所大使　運庫大使

由貢監生捐銀貳千壹百陸兩　由候補候選鹽庫各大使捐銀陸百肆拾捌兩　由捐職鹽庫各大使捐銀貳千壹拾陸兩　由已經揀選舉人捐銀玖百叁拾陸兩　由未經揀選舉人捐銀壹千捌拾兩

恩拔副貢考　授職銜並候補候選之州同　布政司經歷　理問　直隸州州判　州判捐銀壹千叁百陸拾捌兩　由就職各直隸州州判捐銀壹千

伍百捨貳兩　由候補候選之布政司都事　按察
司經歷　鹽運司經歷　按察司知事　外府經歷
　縣丞捐銀壹千陸百伍拾陸兩准其補用
一外府經歷
由貢監生捐銀柒百貳兩　由捐職府經歷捐銀伍
百伍拾捌兩　由現任會同館大使　鴻臚寺鳴贊
　按察司照磨　府知事　縣主簿　訓導捐銀貳
百柒兩候補候選者捐銀貳百柒拾兩准以雙月選
用其已捐雙月選用並本職應補應補人員捐銀壹
百壹拾柒兩准歸本班先用加銀壹百壹拾柒兩准
改單月即用再加銀壹百壹拾柒兩准不論雙單月
即用
一按察司知事
由貢監生捐銀柒百貳兩　由捐職按察司知事捐
銀伍百伍拾捌兩　由現任按察司照磨　府知事
　縣主簿捐銀貳百柒兩候補候選者捐銀貳百柒
拾兩　由現任府照磨捐銀肆百伍拾兩候補候選
者捐銀伍百柒拾陸兩准以雙月選用其已捐雙月

選用並本職應補應選人員捐銀壹百壹拾柒兩准
歸本班先用加銀壹百壹拾柒兩准改單月即用再
加銀壹百壹拾柒兩准不論雙單月即用
一鹽運司知事
由貢監生捐銀陸百肆拾捌兩　由捐職鹽運司知
事捐銀伍百肆兩　由現任縣主簿捐銀壹百肆拾
肆兩候補候選者捐銀貳百壹拾陸兩准以雙月選
用其已捐雙月選用並本職應補應選人員捐銀壹
百壹拾柒兩准歸本班先用加銀壹百壹拾柒兩准
改單月即用再加銀壹百壹拾柒兩准不論雙單月
即用
一布政司照磨
由貢監生捐銀伍百伍拾捌兩　由捐職布政司照
磨捐銀肆百拾肆兩　由現任按察司照磨捐銀玖
拾兩候補候選者捐銀壹百貳拾陸兩　由現任府
照磨捐銀叁百陸兩候補候選者捐銀肆百叁拾貳
兩准以雙月選用其已捐雙月選用並本職應補應
選人員捐銀壹百壹拾柒兩准歸本班先用加銀壹

百壹拾柒兩准改單月即用再加銀壹百壹拾柒兩准不論雙單月即用

一按察司照磨

由貢監生捐銀肆百叁拾貳兩　由捐職按察司照磨捐銀叁百肆拾貳兩　由現任府照磨捐銀壹百柒拾壹兩候補候選者捐銀叁百陸兩准以雙月選用其已捐雙月選用並本職應補應選人員捐銀玖拾兩准歸本班先用加銀玖拾兩准改單月即用再加銀玖拾兩准不論雙單月即用

一府知事

由貢監生捐銀肆百叁拾貳兩　由捐職府知事捐銀叁百肆拾貳兩　由現任州吏目捐銀壹百壹拾柒兩候補候選者捐銀壹百柒拾壹兩　由現任刑部司獄　京府庫大使　兵馬司吏目　宣課司大使　司府司獄　府稅課大使　府照磨　府檢校　道庫大使捐銀壹百柒拾壹兩候補候選者捐銀叁百陸兩准以雙月選用其已捐雙月選用並本職應補應選人員捐銀玖拾兩准歸本班先用加銀玖拾兩准改單月即用再加銀玖拾兩准不論雙單月即用

一州吏目

由貢監生捐銀貳百陸拾壹兩　由捐職吏目捐銀壹百柒拾壹兩　由現任兵馬司吏目　宣課司大使　禮部鑄印局大使　京外縣典史　崇文門副使　巡檢　關大使　府檢校　長官司吏目　茶引批驗所大使　府倉大使　鹽茶大使　同知庫大使　州庫大使　稅課司分司大使　州縣稅課司大使　驛丞　河泊所所官　各閘閘官捐銀玖拾兩候補候選者捐銀壹百貳拾陸兩准以雙月選用其已捐雙月選用並本職應補應選人員捐銀玖拾兩准歸本班先用加銀玖拾兩准改單月即用再加銀玖拾兩准不論雙單月即用

一從九品　未入流

從九品　京外府照磨　宣課司大使　道庫大使　府稅課司大使　按察司司獄　府司獄　巡檢　庫倉大使

未入流　禮部鑄印局大使　京外縣典史　崇文門副使　關大使　府檢校　長官司吏目　茶引批驗所大使　府庫大使　鹽茶大使　州庫大使　州稅課大使　縣稅課大使　稅課司分司大使　驛丞　河泊所所官　各閘閘官　道倉大使　州倉大使　縣倉大使

由貢監生捐銀壹百貳拾陸兩其考選議叙之應補應選人員捐銀玖拾兩　由已滿未考職吏捐銀壹百伍拾叁兩　歷役未滿吏捐銀壹百柒拾壹兩



由捐職從九品　未入流捐銀壹百伍拾叁兩俱准以雙月先用加銀陸拾叁兩准改單月酌用再加銀陸拾叁兩准不論雙單月酌用　再查候補從九品未入流有情願於本項內應陞之缺指項報捐者照貢監生初捐之例報捐仍與統捐從九品未入流人員統較日期先後選用

一復設教諭

由候補候選教諭捐銀貳百壹拾陸兩　由舉人捐銀貳百陸拾壹兩　由未經就教之恩拔副貢捐銀叁百柒拾捌兩　由現任訓導捐銀叁百柒拾捌兩候補候選者捐銀肆百伍拾玖兩准以雙月先用加銀壹百壹拾柒兩准以單月選用再加銀壹百壹拾柒兩准不論雙單月酌用

一復設訓導

由候補候選訓導捐銀壹百肆拾肆兩　由未經就教之歲貢生捐銀壹百柒拾壹兩　由廪生捐貢捐銀壹百玖拾捌兩准以雙月選用加銀玖拾兩准改單月酌用再加銀玖拾兩准不論雙單月酌用



一州同

由貢監生捐銀壹千貳百叁拾叁兩　由捐職州同捐銀壹千壹拾柒兩　由現任布政司都事　鹽運司經歷　直隸州州判　州判　京府經歷　漢軍九品筆帖式捐銀肆百叁拾貳兩候補候選者捐銀伍百貳拾貳兩　由就職直隸州州判捐銀陸百陸拾陸兩　由現任兵馬司副指揮　京縣縣丞捐銀叁百肆拾貳兩候補候選者捐銀肆百叁拾貳兩准以雙月選用其已捐雙月選用並本職應補應選人

員捐銀貳百伍拾貳兩准歸本班先用加銀貳百伍拾貳兩准改單月即用再加銀貳百伍拾貳兩准不論雙單月即用

一州判

由貢監生捐銀壹千捌兩　由捐職州判捐銀捌兩貳拾捌兩　由現任外府經歷　外縣縣丞　訓導　鴻臚寺主簿　鳴贊　漢軍九品筆帖式　按察司知事　布政司照磨　府知事　縣主簿捐銀叁百肆拾貳兩候補候選者捐銀肆百叁拾貳兩准以雙月選用其已捐雙月選用並本職應補應選入員捐銀貳百壹拾陸兩准歸本班先用加銀貳百壹陸陸兩准改單月即用再加銀貳百壹拾陸兩准不論雙單月即用

一縣丞

由貢監生捐銀柒百貳兩　由捐職縣丞捐銀伍百伍拾捌兩　由現任會同館大使　鴻臚寺鳴贊序班　刑部司獄　漢軍九品筆帖式　布政司照磨　鹽運司知事　按察司照磨　府知事　縣主簿　府照磨　訓導捐銀貳百壹拾陸兩候補候選者捐銀貳百陸拾壹兩准以雙月選用其已捐雙月選用並本職應補應選入員捐銀壹百壹拾柒兩准歸本班先用加銀壹百壹拾柒兩准改單月即用再加銀壹百壹拾柒兩准不論雙單月即用

一縣主簿

由貢監生捐銀肆百叁拾貳兩　由捐職主簿捐銀叁百肆拾貳兩　由現任鴻臚寺序班　刑部司獄　府稅課司大使　宣課司大使　兵馬司吏目　司府司獄　州吏目　府倉大使　巡檢　京外典史捐銀壹百貳拾陸兩候補候選者捐銀壹百柒拾壹兩准以雙月選用其已捐雙月選用並本職應補應選入員捐銀玖拾兩准歸本班先用加銀玖拾兩准改單月即用再加銀玖拾兩准不論雙單月即用

以上官階各條俱註有由貢監生徑捐銀數至遞捐入員凡係原由貢監生報捐者不拘現在遞捐何官核其初捐遞捐所交雙月銀兩與現捐官銜本條徑由貢監生應捐銀數如有短少令其查照

補足以防避多就少之弊

籌餉事例

京外各官加捐專條篇內銀數俱按酌增常例核減一成開列

一由現任國子監博士　加捐太常寺典簿銀陸百叁拾兩候補候選者捐銀捌百壹拾兩准以雙月選用加銀貳百叁拾肆兩准以雙月選用加銀貳百壹拾陸兩准改單月即用再加銀貳百壹拾陸兩准不論雙單月即用

一由現任副指揮　加捐布政司經歷　理問銀伍百捌拾伍兩候補候選者捐銀陸百陸拾陸兩准以雙月選用加銀貳百伍拾貳兩准歸本班先用加銀貳百伍拾貳兩准改單月即用再加銀貳百伍拾貳兩准不論雙單月即用

一由現任京府經歷　加捐布政司經歷　理問銀陸百陸拾陸兩候補候選者捐銀柒百伍拾陸兩准以雙月選用加銀貳百伍拾貳兩准歸本班先用加銀貳百伍拾貳兩准改單月即用再加銀貳百伍拾貳兩准不論雙單月即用



一由現任京縣縣丞　加捐布政司理問銀伍百捌拾伍兩候補候選者捐銀陸百陸拾陸兩准以雙月選用加銀貳百伍拾貳兩准歸本班先用加銀貳百伍拾貳兩准改單月即用再加銀貳百伍拾貳兩准不論雙單月即用

一由現任國子監典簿　加捐詹事府主簿銀肆百捌拾陸兩候補候選者捐銀伍百柒拾陸兩准以雙月選用加銀壹百柒拾壹兩准歸本班先用加銀壹百陸拾貳兩准改單月即用再加銀壹百陸拾貳兩准不論雙單月即用

一由現任翰林院孔目　加捐翰林院待詔銀肆百壹拾肆兩候補候選者捐銀伍百肆兩准以雙月選用加銀壹百貳拾陸兩准歸本班先用加銀壹百壹拾柒兩准改單月即用再加銀壹百壹拾柒兩准不論雙單月即用

一由現任鹽運司運同　加捐知府銀貳千肆百肆拾捌兩候補候選者捐銀叁千壹百陸拾捌兩准以雙月選用加銀柒百玖拾貳兩准歸本班先用加銀柒

百玖拾貳兩准改單月即用再加銀柒百玖拾貳兩准不論雙單月即用
一由現任知州　加捐同知銀玖百玖拾兩候補候選者捐銀壹千壹百柒拾兩准以雙月選用加銀肆百柒拾柒兩准歸本班先用加銀肆百柒拾柒兩准改單月即用再加銀肆百柒拾柒兩准不論雙單月即用
一由現任知縣　加捐中書科中書　大理寺評事　太常寺博士　鑾儀衛經歷銀柒百柒拾肆兩候補



候選者捐銀玖百壹拾捌兩准以雙月選用加銀貳百捌拾捌兩准歸本班先用加銀貳百捌拾捌兩准改單月即用再加銀貳百捌拾捌兩准不論雙單月即用　加捐兵馬司指揮銀肆百叁拾貳兩候補候選者捐銀伍百柒拾陸兩准以指揮用　加捐通政司經歷　知事銀陸百叁拾兩候補候選者捐銀捌百壹拾兩准以雙月選用加銀貳百叁拾肆兩准歸本班先用加銀貳百壹拾陸兩准改單月即用再加銀貳百壹拾陸兩准不論雙單月即用　加捐通判

銀壹千貳百玖拾陸兩候補候選者捐銀壹千肆百陸拾柒兩准以雙月選用加銀叁百肆拾貳兩准歸本班先用加銀叁百肆拾貳兩准改單月即用再加銀叁百肆拾貳兩准不論雙單月即用
一由現任運判　加捐兵馬司指揮銀肆百叁拾貳兩候補候選者捐銀伍百柒拾陸兩准以指揮用　加捐光祿寺署正　通判銀壹千貳百玖拾陸兩候補候選者捐銀壹千肆百陸拾柒兩准以雙月選用加銀叁百肆拾貳兩准歸本班先用加銀叁百肆拾貳



兩准改單月即用再加銀叁百肆拾貳兩准不論雙單月即用
一由現任直隸州州同　加捐通政司經歷　知事銀陸百叁拾兩候補候選者捐銀捌百壹拾兩准以雙月選用加銀貳百叁拾肆兩准歸本班先用加銀貳百壹拾陸兩准改單月即用再加銀貳百壹拾陸兩准不論雙單月即用
一由現任直隸州州判　加捐翰林院待詔銀肆百壹拾肆兩候補候選者捐銀伍百肆兩准以雙月選用

加銀壹百貳拾陸兩准歸本班先用加銀壹百壹拾
柒兩准改單月即用再加銀壹百壹拾柒兩准不論
雙單月即用
一由現任按察司經歷　加捐布政司經歷銀伍百捌
拾伍兩候補候選者捐銀陸百陸拾陸兩准以雙月
選用加銀貳百伍拾貳兩准歸本班先用加銀貳百
伍拾貳兩准改單月即用再加銀貳百伍拾貳兩准
不論雙單月即用
一由現任鹽運司知事　加捐外府經歷　按察司知

辛　利

事銀貳百陸拾壹兩候補候選者捐銀叁百陸兩准
以雙月選用加銀壹百壹拾柒兩准歸本班先用加
銀壹百壹拾柒兩准改單月即用再加銀壹百壹拾
柒兩准不論雙單月即用
一由現任布政司照磨　加捐按察司知事銀貳百陸
拾壹兩候補候選者捐銀叁百陸兩准以雙月選用
加銀壹百壹拾柒兩准歸本班先用加銀壹百壹拾
柒兩准改單月即用再加銀壹百壹拾柒兩准不論
雙單月即用

一由現任府知事　加捐按察司照磨銀壹百貳拾陸
兩候補候選者捐銀壹百柒拾壹兩准以雙月選用
加銀玖拾兩准以本班先用加銀玖拾兩准改單月
即用再加銀玖拾兩准不論雙單月即用
京官改捐外官專條（篇內銀數俱照酌增常例覈核一成開列）
一滿洲小京官例得以外省同知通判升用今應用同
知通判人員如有情願報捐者准其照漢小京官之
例加捐同知改捐通判現任各員照現任漢中書評
事博士之例捐銀貳千壹百壹拾伍兩准以同知雙

壬　利

月選用捐銀陸百肆拾捌兩准以通判改用候補候
選各員照候補候選漢中書評事博士之例捐銀貳
千捌百叁拾伍兩准以同知雙月選用捐銀柒百叁
拾捌兩准以通判改用
一在京主事及大理寺寺丞以下等官舊例有改捐外
省同知等官之條今新增小京官改捐知縣數項如
有情願改捐者准其一體報捐
一同知　由現任滿漢主事都事捐銀壹千柒百柒拾
叁百候補候選者捐銀貳千陸拾壹兩准改同知雙

月本班先用加銀肆百柒拾柒兩准改單月卽用再加銀肆百柒拾柒兩准不論雙單月卽用

一知州　由現任大理寺寺丞　京府通判捐銀壹千壹百玖拾柒兩候補候選者捐銀壹千肆百捌拾伍兩　由現任兵馬司指揮　京縣知縣捐銀貳千肆百陸拾陸兩候補候選者捐銀貳千捌百玖拾捌兩　由現任光祿寺署正捐銀壹千柒百肆拾陸兩候補候選者捐銀壹千玖百陸拾貳兩　由現任中書科中書　大理寺評事　太常寺博士　鑾儀衛經歷　內閣典籍　中書捐銀貳千叁百柒拾陸兩候補候選者捐銀貳千柒百叁拾陸兩　由現任通政司經歷　知事　太常寺典簿　國子監監丞　博士　助教捐銀貳千捌百貳拾陸兩候補候選者捐銀叁千貳百伍拾捌兩　由現任部寺司務捐銀貳千柒百叁拾陸兩候補候選者捐銀叁千壹百陸拾捌兩俱准改知州雙月本班先用加銀肆百柒拾柒兩准改單月卽用再加銀肆百柒拾柒兩准不論雙單月卽用



一提舉　由現任兵馬司指揮　京縣知縣捐銀壹千肆百陸拾柒兩候補候選者捐銀壹千陸百捌拾叁兩　由現任光祿寺署正捐銀陸百柒拾伍兩候補候選者捐銀柒百肆拾柒兩　由現任中書科中書　大理寺評事　太常寺博士　鑾儀衛經歷　內閣典籍　中書捐銀壹千叁百捌拾陸兩候補候選者捐銀壹千伍百叁拾兩　由現任部寺司務捐銀壹千柒百肆拾陸兩候補候選者捐銀壹千玖百陸拾貳兩　由現任通政司經歷　知事　太常寺典簿　國子監監丞　博士　助教捐銀壹千捌百貳拾柒兩候補候選者捐銀貳千肆拾叁兩俱准改提舉雙月本班先用加銀叁百陸拾兩准改單月卽用再加銀叁百陸拾兩准不論雙單月卽用

運副　由現任大理寺寺丞　京府通判捐銀捌百肆拾陸兩候補候選者捐銀玖百玖拾兩　由現任兵馬司指揮　京縣知縣捐銀貳千壹百壹拾伍兩候補候選者捐銀貳千肆百叁兩　由現任光祿寺署正捐銀壹千叁百貳拾叁兩候補候選者捐銀壹

千肆百陸拾柒兩　由現任中書科中書　大理寺
評事　太常寺博士　鑾儀衛經歷　內閣典籍
中書捐銀貳千叁拾肆兩候補候選者捐銀貳千貳
百伍拾兩　由現任通政司經歷　知事　太常寺
典簿　國子監監丞　博士　助教捐銀貳千陸百
拾玖兩候補候選者捐銀貳千柒百陸拾叁兩　由
現任部寺司務捐銀貳千伍百叁拾捌兩候補候選
者捐銀貳千陸百捌拾貳兩俱准改鹽運司運副補
用



一通判　由現任兵馬司指揮　京縣知縣捐銀柒百
肆拾柒兩候補候選者捐銀捌百玖拾壹兩　由現
任中書科中書　大理寺評事　太常寺博士　鑾
儀衛經歷　內閣典籍　中書捐銀陸百肆拾捌兩
候補候選者捐銀柒百叁拾捌兩　由現任通政司
經歷　知事　太常寺典簿　國子監監丞　博士
助教捐銀壹千壹百柒兩候補候選者捐銀壹千貳
百伍拾壹兩　由現任部寺司務捐銀壹千捌拾兩
候補候選者捐銀壹千壹百柒拾兩俱准改通判雙

月本班先用加銀叁百肆拾貳兩准改單月即用再
加銀叁百肆拾貳兩准不論雙單月即用
一知縣　由現任國子監學正　學錄捐銀貳千柒拾
玖兩候補候選者捐銀貳千肆百叁拾玖兩　由現
任詹事府主簿　光祿寺典簿捐銀貳千壹百捌拾
柒兩候補候選者捐銀貳千陸百拾玖兩　由現任
翰林院待詔捐銀貳千伍百貳拾兩候補候選者捐
銀貳千玖百伍拾貳兩　由現任太常寺典簿捐銀
壹千玖百貳拾陸兩候補候選者捐銀貳千貳百伍



拾兩　由現任部寺司務捐銀壹千捌百伍拾肆兩
候補候選者捐銀貳千壹百陸拾兩　由現任國子
監典簿　國子監典籍捐銀貳千玖拾柒兩候補候
選者捐銀貳千肆百叁拾玖兩　由現任翰林院孔
目捐銀貳千伍百貳拾兩候補候選者捐銀貳千玖
百伍拾貳兩　由現任漢鴻臚寺主簿捐銀叁千柒
拾捌兩　由現任司庫捐銀壹千捌百貳拾柒兩候
補候選者捐銀貳千壹百叁拾叁兩　由現任滿鴻
臚寺主簿捐銀貳千柒拾玖兩候補候選者捐銀貳

千肆百叁拾兩俱准改知縣雙月本班先用加銀肆
百柒拾柒兩准改單月即用再加銀肆百柒拾柒兩
准不論雙單月即用
一運判　由現任詹事府主簿　光祿寺典簿捐銀貳
千壹百叁拾叁兩候補候選者捐銀貳千伍百陸兩
伍兩准改旗運司運判補用



籌餉事例

內外武職各官篇內銀數俱按酌增常例核減一成開列

一叅將
由現任遊擊捐銀壹千捌兩候補候選者捐銀壹千
貳百玖拾陸兩俱歸雙月以叅將即用
一遊擊
由現任都司捐銀捌百陸拾肆兩候補候選者捐銀
壹千壹百伍拾貳兩俱歸雙月以遊擊即用
一都司
由監生武生捐銀叁千貳百肆拾兩　由捐職都司
捐銀貳千伍百玖拾貳兩　由現任營守備捐銀柒
百貳拾兩候補候選者捐銀壹千肆百肆拾兩　已
捐營守備即用者捐銀壹千捌兩　現任衛守備捐
銀柒百貳拾兩候補候選者捐銀壹千肆百肆拾兩
已捐衛守備即用者捐銀壹千捌兩俱歸雙月以
都司即用
一營守備
由監生武生捐銀壹千玖百肆拾肆兩　由捐職營
守備捐銀壹千伍百壹拾貳兩　由候補候選營守
備及奏



咨以營守備用之現任所門衛千總捐銀伍百柒拾陸兩候
補候選者守備以衛用之所門衛千總捐銀柒百貳
拾兩　未經揀進武進士并現任未經分別營衛之
守禦所千總捐銀捌百陸拾肆兩候補候選守禦所
千總捐銀壹千壹百伍拾貳兩　現任營千總未經
分別營衛之門衛千總　効勞未滿差官　効勞未
滿提塘捐銀壹千捌兩候補候選營衛門千總捐銀
壹千肆百肆拾兩俱歸雙月以營守備即用　再
發回本省候題候推營守備捐銀貳百捌拾捌兩仍
歸單月二升班內以營守備用現任營千總捐銀伍

百柒拾陸兩候補營千總并捐分發營千總捐銀捌
百陸拾肆兩仍歸單月　一升班內以營守備用再
查從前武進士有一二三等之分是以豫工例內定
以捐銀伍百肆拾兩作爲一等捐銀叁百陸拾兩作
爲二等俱准歸現在以營用之分發投供武進士班
內以營守備相間輪用今武進士分別等第之處業
經奏
旨刪除其從前揀選三等武進士及奏
旨以衛用之武進士應捐銀肆百叁拾貳兩俱准以營缺選

兲　利

用仍歸現在以營用之分發投供武進士班內以營
守備相間輪用
一單月衛守備
由奏
旨以衛缺用之現任守禦所千總捐銀柒百貳拾兩門衛千
總捐銀捌百陸拾肆兩　未經分別營衛之現任守
禦所千總捐銀壹千壹百柒兩門衛千總捐銀壹千
貳百伍拾壹兩准歸單月以衛守備即用
一雙月衛守備

由監生武生捐銀貳千叁百叁拾壹兩　由捐職衛
守備捐銀壹千捌百玖拾玖兩　由候補候選衛守
備及以衛用之武進士捐銀柒百貳拾兩　未經揀
選武進士捐銀壹千捌兩候補候選守禦所千總捐
銀壹千叁百陸拾捌兩候補候選營衛門千總捐銀
壹千柒百貳拾捌兩俱准歸雙月以衛守備即用
一守禦所千總
由各項候補候選守禦所千總捐銀叁百陸拾兩
已經揀選營衛武舉人及候補候選營衛門千總効

尭　利

力未滿差官捐銀伍百肆兩　未經揀選武舉捐銀
伍百柒拾陸兩　再已捐守禦所千總職銜人員
由已經揀選武舉捐銀叁百陸拾兩　未經揀選武
舉捐銀肆百叁拾貳兩亦准其不論雙單月以守禦
所千總即用
一衛千總
由監生武生捐銀陸百叁兩　由捐職衛千總捐銀
肆百貳拾叁兩　由各項候補候選營衛門千總捐
銀貳百陸拾壹兩　未經揀選漢軍漢人武舉捐銀

叁百肆拾貳兩俱准其不論雙單月以衛千總即用

一門千總

由漢軍監生武生捐銀伍百伍拾捌兩　各項候補候選門千總捐銀貳百壹拾陸兩　未經揀選漢軍武舉捐銀叁百陸兩　已經揀選以衛用之漢軍武舉捐銀貳百柒拾兩俱准其歸入雙月以門千總即用

一營千總

由監生武生捐銀伍百肆兩　由捐職營千總捐銀叁百伍拾壹兩　由揀選一二等以營千總用未經分發効力過之武舉及現任把總捐銀壹百玖拾捌兩　揀選三等以衛用及未經揀選武舉并候補把總捐銀貳百柒拾兩俱准其分發本省以千總拔補由現任把總并隨營候補把總捐升者仍留該省遇缺拔補

一把總

由監生武生捐銀叁百陸兩　由捐職把總捐銀貳百拾陸兩　揀選三等衛用及未經揀選武舉捐銀壹百捌拾玖兩俱准其分發本省以把總拔補以上捐納各項武職人員已經選授得缺於未到任之先有願捐升者照現任之例再加銀貳百兩免其到任准其一體報捐升用

京外文職各員報捐分缺先用[illegible]數照豫工二卯插班間選銀數減一成

五品

郎中捌千陸百肆拾兩按貢監捐足銀數

員外郎柒千壹百玖拾壹兩按貢監捐足銀數少玖兩

治中叁千伍百玖拾陸兩按貢監捐足銀數減半

六品

主事肆千柒百陸拾壹兩按貢監捐足銀數

都察院都事　都察院經歷　大理寺寺丞　京府通判貳千叁百捌拾壹兩按貢監捐足銀數減半

光祿寺署正壹千玖百肆拾兩按貢監捐足銀數減半

兵馬司指揮壹千叁百陸拾捌兩按貢監捐足銀數減半

七品

內閣中書貳千壹百柒拾捌兩按未揀選舉人捐足銀數

大理寺評事　太常寺博士　鑾儀衛經歷　中書科

中書壹千肆百陸拾柒兩按貢監捐足銀數減半

通政司經歷　通政司知事　太常寺典簿壹千壹百拾貳兩

按貢監捐足銀數減半

兵馬司副指揮玖百叁拾陸兩貢監捐足銀數減半　按

京府經歷玖百兩捐足銀數減半　按貢監

國子監監丞捌百叁拾柒兩選舉人捐足銀數減半　按未揀

詹事府主簿　光祿寺典簿捌百叁拾柒兩貢監生足銀數減半　按

國子監博士　國子監助教捌百拾兩人捐足博士銀數減半　按未揀選舉

部寺司庫陸百拾貳兩筆帖式捐補用銀數減半　按現任八品



八品

部寺司務壹千壹百肆拾叁兩按貢監捐足銀數減半

國子監典簿　國子監學政學錄玖百柒拾柒兩貢監捐足銀數銀數　按

減半

鴻臚寺主簿貳百捌拾捌兩品筆帖式捐補用銀數減半　按現任九

九品

國子監典籍玖百柒拾柒兩貢監捐足銀數減半　按

翰林院待詔陸百叁兩監捐足銀數減半　按貢

工部製造庫司匠貳百捌拾捌兩品筆帖式捐補用銀數減半　按現任九

刑部司獄貳百陸拾壹兩按貢監捐足銀數

未入流

翰林院孔目陸百叁兩監捐足銀數減半　按貢

兵馬司吏目貳百陸拾壹兩按貢監捐足銀數

七八九品筆帖式叁百肆拾貳兩按貢監捐銀數

以上京員

四品

道壹萬肆千肆百兩按貢監捐足銀數

知府壹萬壹千玖百伍拾貳兩按貢監捐足銀數



運同壹萬捌百兩貢監捐足銀數　按

五品

直隸州知州柒千陸百伍兩按貢監捐足銀數

同知陸千叁百肆拾伍兩按貢監捐足銀數

知州伍千柒百陸拾玖兩按貢監捐足銀數

提舉肆千叁百貳拾兩

六品

通判叁千肆百玖拾貳兩按貢監捐足銀數

布政司理問　布政司經歷　州同壹千玖百捌拾玖兩按貢監捐足

銀數
直隸州州同壹千伍百伍拾柒兩未捸選舉人捐銀足銀　按
七品
知縣肆千柒百陸拾壹兩按貢監捐足銀數
按察司經歷壹千捌百兩貢監捐足銀數　按
布政司都事　鹽運司經歷　州判壹千陸百伍拾陸兩按貢監捐足
銀數
直隸州州判壹千柒拾壹兩按恩按副貢生捐足銀數
八品



布政司庫大使　運庫大使　鹽課大使　批驗所大
使貳千壹百陸拾兩按貢監捐足銀數
按察司知事　府經歷　縣丞壹千伍拾叁兩按貢監捐足銀數
鹽運司知事玖百玖拾玖兩按貢監捐足銀數
布政司照磨玖百玖兩按貢監捐足銀數
教諭陸百玖拾叁兩按候補候選訓導捐足銀數
訓導肆百柒拾柒兩按附貢生捐足銀數
九品
按察司照磨　府知事　縣主簿柒百貳兩按貢監捐足銀數

州吏目伍百叁拾壹兩捐貢監捐足銀數
從九品　未入流肆百貳拾兩按舊例捐足銀數加五成
以上外員
京外文職各員報捐分缺間用銀數照分缺先用銀數減一成
五品
郎中柒千柒百柒拾陸兩
員外郎陸千肆百柒拾貳兩
治中叁千貳百柒拾柒兩
六品



主事肆千貳百捌拾伍兩
都察院都事　都察院經歷　大理寺寺丞　京府通
判貳千壹百肆拾叁兩
光祿寺署正壹千柒百肆拾陸兩
兵馬司指揮壹千貳百叁拾貳兩
七品
內閣中書壹千玖百陸拾壹兩
大理寺評事　太常寺博士　鑾儀衛經歷　中書科
中書壹千叁百貳拾壹兩

通政司經歷　通政司知事　太常寺典簿壹千壹兩
兵馬司副指揮捌百肆拾叁兩
京府經歷捌百拾兩
國子監監丞　詹事府主簿　光祿寺主簿柒百伍拾肆兩
國子監博士　國子監助教柒百貳拾玖兩
部寺司庫伍百伍拾壹兩
八品
部寺司務壹千貳拾玖兩
國子監典簿　國子監學政學錄捌百捌拾兩



鴻臚寺主簿貳百陸拾兩
九品
國子監典籍捌百捌拾兩
翰林院待詔伍百肆拾叁兩
工部製造庫司匠貳百陸拾兩
刑部司獄貳百叁拾伍兩
未入流
翰林院孔目伍百肆拾叁兩
兵馬司吏目貳百叁拾伍兩

七八九品筆帖式叁百捌兩
以上京員
四品
道壹萬貳千玖百陸拾兩
知府壹萬柒百伍拾柒兩
五品
運同玖千柒百貳拾兩
直隸州知州陸千捌百肆拾伍兩
同知伍千柒百拾壹兩



知州伍千壹百玖拾叁兩
提舉叁千捌百捌拾捌兩
六品
通判叁千壹百肆拾叁兩
布政司理問　布政司經歷　州同知壹千柒百玖拾壹兩
直隸州州同壹千肆百貳兩
七品
知縣肆千貳百捌拾伍兩
按察司經歷壹千陸百貳拾兩

布政司都事　鹽運司經歷　州判壹千肆百玖拾壹
直隸州州判玖百陸拾肆兩
八品
布政司庫大使　運庫大使　鹽課大使　批驗所大
使壹千玖百肆拾肆兩
按察司知事　府經歷　縣丞玖百肆拾捌兩
鹽運司知事玖百兩
布政司照磨捌百拾玖兩
教諭陸百貳拾肆兩



訓導肆百叁拾兩
九品
按察司照磨　府知事　縣主簿陸百叁拾貳兩
州吏目肆百柒拾捌兩
從九品　未入流叁百柒拾捌兩
以上外員
京外文職各員報捐本班儘先銀數照豫工二卯插班間選銀數減四成
五品

郎中伍千柒百陸拾兩
員外郎肆千柒百玖拾肆兩
治中貳千叁百玖拾柒兩
六品
主事叁千壹百柒拾肆兩
都察院都事　都察院經歷　大理寺寺丞　京府通
判壹千伍百捌拾柒兩
光祿寺署正壹千貳百玖拾叁兩
兵馬司指揮玖百拾貳兩



七品
內閣中書壹千肆百伍拾貳兩
大理寺評事　太常寺博士　鑾儀衛經歷　中書科
中書玖百柒拾捌兩
通政司經歷　通政司知事　太常寺典簿柒百肆拾壹兩
兵馬司副指揮陸百貳拾肆兩
京府經歷陸百兩
國子監監丞　詹事府主簿　光祿寺典簿伍百伍拾捌兩
國子監博士　國子監助教伍百肆拾兩

部寺司庫肆百捌兩
八品
部寺司務柒百陸拾貳兩
國子監典簿　國子監學政學錄陸百伍拾壹兩
鴻臚寺主簿壹百玖拾貳兩
九品
國子監典籍陸百伍拾壹兩
翰林院待詔肆百貳兩
工部製造庫司匠壹百玖拾貳兩



刑部司獄壹百柒拾肆兩
未入流
翰林院孔目肆百貳兩
兵馬司吏目壹百柒拾肆兩
七八九品筆帖式貳百貳拾捌兩
以上京員
四品
道玖千陸百兩
知府柒千玖百陸拾捌兩

運司柒千貳百兩
五品
直隸州知州伍千柒百兩
同知肆千貳百叁拾兩
知州叁千捌百肆拾陸兩
提舉貳千捌百捌拾兩
六品
通判貳千叁百貳拾捌兩
布政司理問　布政司經歷　州同壹千叁百貳拾陸



直隸州州同壹千叁拾捌兩
七品
知縣叁千壹百柒拾肆兩
按察司經歷壹千貳百兩
布政司都事　鹽運司經歷　州判壹千壹百肆兩
直隸州州判柒百拾肆兩
八品
布政司庫大使　運庫大使　鹽課大使　批驗所大
使壹千肆百肆拾兩

按察司知事　府經歷　縣丞柒百貳兩
鹽運司知事陸百陸拾陸兩
布政司照磨陸百陸兩
教諭肆百陸拾貳兩
訓導叁百拾捌兩

九品

按察司照磨　府知事　縣主簿肆百陸拾捌兩
州吏目叁百伍拾肆兩
從九品　未入流貳百伍拾貳兩



以上外員

京外文職各員報捐不積班選用銀數照貢監捐足雙單月銀數一成

五品

郎中捌百陸拾肆兩
員外郎　治中柒百貳拾兩

六品

主事　都察院都事　都察院經歷　大理寺寺丞
京府通判肆百柒拾柒兩

光祿寺署正叁百捌拾捌兩
兵馬司指揮壹百柒拾肆兩

七品

內閣中書貳百拾捌兩
大理寺評事　太常寺博士　鑾儀衛經歷　中書科
中書貳百玖拾肆兩
通政司經歷　通政司知事　太常寺典簿貳百貳拾叁兩
兵馬司副指揮壹百捌拾捌兩
京府經歷壹百捌拾兩



國子監監丞　詹事府主簿　光祿寺典簿壹百陸拾捌兩
國子監博士　國子監助教壹百陸拾貳兩
部寺司庫壹百貳拾叁兩

八品

部寺司務貳百貳拾玖兩
國子監典簿　國子監學政學錄壹百玖拾陸兩
鴻臚寺主簿伍拾捌兩

九品

國子監典籍壹百玖拾陸兩

翰林院待詔壹百貳拾壹兩
工部製造庫司匠伍拾捌兩
刑部司獄貳拾柒兩

未入流

翰林院孔目壹百貳拾壹兩
兵馬司吏目貳拾柒兩
七八九品筆帖式叁拾伍兩

以上京員

四品



道壹千肆百肆拾兩
知府壹千壹百玖拾陸兩
運同壹千捌拾兩

五品

直隸州知州柒百陸拾壹兩
同知陸百叁拾伍兩
知州伍百柒拾柒兩
提舉肆百叁拾貳兩

六品

通判叁百伍拾兩
布政司理問　布政司經歷　州同壹百玖拾玖兩
直隸州州同壹百伍拾陸兩

七品

知縣肆百柒拾柒兩
按察司經歷壹百捌拾兩
布政司都事　鹽運司經歷　州判壹百陸拾陸兩
直隸州州判壹百捌兩

八品



布政司庫大使　運庫大使　鹽課大使　批驗所大使貳百拾貳兩
按察司知事　府經歷　縣丞壹百陸兩
鹽運司知事壹百兩
布政司照磨玖拾壹兩
教諭柒拾兩
訓導肆拾捌兩

九品

按察司照磨　府知事　縣主簿柒拾壹兩

州吏目伍拾肆兩
從九品　未入流貳拾陸兩
以上外員

捐離原省銀數

文職外官

道捌百陸拾肆兩
知府　運同柒百陸拾捌兩
直隸州知州　鹽運司提舉　運副　運判陸百柒拾貳兩



知州　知縣伍百柒拾陸兩
同知　通判叁百捌拾肆兩
布政司庫大使　運庫大使　鹽課大使　批驗所大使貳百捌拾捌兩
布政司理問　布政司經歷　直隸州州同　州同壹百肆拾肆兩
按察司經歷　布政司都事　鹽運司經歷　直隸州州判　州判　府經歷　按察司知事　縣丞　布政司照磨　鹽運司知事玖拾陸兩

九品以下考選議敘各員柒拾貳兩
九品以下捐納各員捌拾捌兩

綠營武職

參將貳百捌拾捌兩
遊擊貳百伍拾陸兩
都司貳百貳拾肆兩
守備壹百玖拾貳兩

# 現行常例

貞

增修現行常例目錄

捐加級紀錄

一在京文職加級

一品捐銀貳百貳拾伍兩　二品捐銀貳百伍兩　三品捐銀壹百捌拾伍兩　四品捐銀壹百陸拾伍兩　五品捐銀壹百肆拾伍兩　六品捐銀壹百貳拾伍兩　七品捐銀壹百伍兩　八品捐銀捌拾伍兩　九品以下捐銀陸拾伍兩俱准加尋常一級加倍報捐者俱准加隨帶一級候補候選人員與現任官同



一在外文職加級

一品捐銀肆百伍拾兩　二品捐銀肆百拾兩　三品捐銀叁百柒拾兩　四品捐銀叁百叁拾兩　五品捐銀貳百玖拾兩　六品捐銀貳百伍拾兩　七品捐銀貳百拾兩　八品捐銀壹百柒拾兩　九品以下捐銀壹百叁拾兩俱准加尋常一級加倍報捐者俱准加隨帶一級候補候選人員與現任官同

一在京武職加級

一品捐銀壹百伍拾兩　二品捐銀壹百肆拾兩　三品捐銀壹百叁拾兩　四品捐銀壹百貳拾兩　五品捐銀壹百拾兩　六品捐銀壹百兩　七品捐銀玖拾兩　八品捐銀捌拾兩　九品捐銀柒拾兩俱准加尋常一級加倍報捐者俱准加隨帶一級候補候選人員與現任官同

一在外武職加級

一品捐銀叁百兩　二品捐銀貳百捌拾兩　三品捐銀貳百陸拾兩　四品捐銀貳百肆拾兩　五品捐銀貳百貳拾兩　六品捐銀貳百兩　七品捐銀



壹百捌拾兩　八品捐銀壹百陸拾兩　九品捐銀壹百肆拾兩俱准加尋常一級加倍報捐者俱准加隨帶一級候補候選人員與現任官同

一在京文職加級

一品捐銀伍拾柒兩　二品捐銀伍拾貳兩　三品捐銀肆拾柒兩　四品捐銀肆拾貳兩　五品捐銀叁拾柒兩　六品捐銀叁拾貳兩　七品捐銀貳拾柒兩　八品捐銀貳拾貳兩　九品以下捐銀拾柒兩各准紀錄一次

一在外文職紀錄
一品捐銀壹百拾叁兩　二品捐銀壹百叁兩　三品捐銀玖拾叁兩　四品捐銀捌拾叁兩　五品捐銀柒拾叁兩　六品捐銀陸拾叁兩　七品捐銀伍拾叁兩　八品捐銀肆拾叁兩　九品以下捐銀叁拾叁兩各准紀錄一次以上照例
一捐職人員除加級請封仍照例定加倍銀數報捐外至尋常捐輸概照常例銀數覈准如另案捐封帶入此次議敘加級應令補足加倍銀兩咸豐三年戶部奏定六條章程



捐復降革留任

一在京文職捐復降革留任
一品捐銀肆百伍拾兩　二品捐銀肆百拾兩　三品捐銀叁百柒拾兩　四品捐銀叁百叁拾兩　五品捐銀貳百玖拾兩　六品捐銀貳百伍拾兩　七品捐銀貳百拾兩　八品捐銀壹百柒拾兩　九品以下捐銀壹百叁拾兩俱准其復還一級再者多降之級俱照此數減半捐復

一在外文職捐復降級留任
一品捐銀玖百兩　二品捐銀捌百貳拾兩　三品捐銀柒百肆拾兩　四品捐銀陸百陸拾兩　五品捐銀伍百捌拾兩　六品捐銀伍百兩　七品捐銀肆百貳拾兩　司府首領以下教職佐雜等官六品捐銀貳百伍拾兩　七品捐銀貳百拾兩　八品捐銀壹百柒拾兩　九品以下捐銀壹百叁拾兩俱准其復還一級再有多降之級俱照此數減半捐復

一在京武職捐復降級留任



一品捐銀叁百兩　二品捐銀貳百捌拾兩　三品捐銀貳百陸拾兩　四品捐銀貳百肆拾兩　五品捐銀貳百貳拾兩　六品捐銀壹百兩　七品捐銀玖拾兩　八品捐銀捌拾兩　九品捐銀柒拾兩俱准其復還一級再有多降之級俱照此數減半捐復

一在外武職捐復降級留任
一品捐銀陸百兩　二品捐銀伍百陸拾兩　三品捐銀伍百貳拾兩　四品捐銀肆百捌拾兩　五品捐銀肆百肆拾兩　六品捐銀貳百兩　七品捐銀

壹百捌拾兩　八品捐銀壹百陸拾兩　九品捐銀
壹百肆拾兩俱准其復還一級再有多降之級俱照
此數減半捐復
一在京文職革職留任除翰詹科道以上另行請
旨辦理外其餘郎中以下各官革職留任概准捐復
郎中捐銀貳千肆百兩　員外郎　內閣侍讀俱捐
銀貳千兩　主事　都察院都事　都察院經歷
大理寺寺丞俱捐銀壹千叁百貳拾叁兩　京府治
中捐銀壹千玖百玖拾捌兩　京府通判捐銀壹千



叁百貳拾叁兩　光祿寺署正捐銀壹千柒拾捌兩
兵馬司指揮捐銀柒百陸拾兩　兵馬司副指揮
捐銀伍百貳拾兩　大理寺評事　太常寺博士
中書科中書　鑾儀衛經歷俱捐銀捌百拾伍兩
內閣中書捐銀陸百伍兩　通政司經歷　通政司
知事　太常寺典簿俱捐銀陸百拾捌兩　國子監
監丞捐銀肆百陸拾伍兩　國子監博士捐銀肆百
伍拾兩　部寺司務捐銀陸百叁拾伍兩　部寺司
庫捐銀肆百陸拾捌兩　詹事府主簿　光祿寺典

簿俱捐銀肆百陸拾伍兩　國子監典簿　國子監
典籍俱捐銀伍百肆拾叁　翰林院待詔　翰林
院孔目俱捐銀叁百叁拾伍兩　鴻臚寺主簿　工
部製造庫司匠俱捐銀貳百捌兩　刑部司獄　兵
馬司吏目俱捐銀柒拾叁兩　七品筆帖式捐銀壹
百伍拾兩　八品筆帖式捐銀壹百貳拾伍兩　九
品筆帖式捐銀壹百兩俱准其復還原職
一在外文職革職留任除藩臬以上另請
旨辦理外其餘道員以下各官革職留任概准捐復



道員捐銀肆千兩　知府捐銀叁千叁百貳拾兩
運同捐銀叁千兩　直隸州知州捐銀貳千壹百拾
叁兩　同知捐銀壹千柒百陸拾叁兩　知州捐銀
壹千陸百叁兩　運副　提舉俱捐銀壹千貳百兩
運判捐銀壹千肆拾兩　通判捐銀玖百柒拾兩
知縣捐銀壹千叁百貳拾叁兩　直隸州州同捐
銀肆百叁拾叁兩　布政司理問　布政司經歷
州同俱捐銀伍百伍拾叁兩　按察司經歷　京府
經歷俱捐銀伍百兩　布政司都事　鹽運司經歷

俱捐銀肆百陸拾兩　直隸州州判捐銀貳百玖拾
捌兩　州判捐銀肆百陸拾兩　鹽課大使　布政
司庫大使　批驗所大使　鹽運司庫大使俱捐銀
陸百兩　按察司知事　外府經歷　縣丞俱捐銀
貳百玖拾叁兩　鹽運司知事捐銀貳百柒拾捌兩
布政司照磨捐銀貳百伍拾叁兩　按察司照磨
府知事　縣主簿俱捐銀壹百玖拾伍兩　州吏
目捐銀壹百肆拾捌兩　京外府照磨　宣課司大
使　道庫大使　府稅課司大使　按察司司獄



府司獄　巡檢　府倉大使　禮部鑄印局大使
京外縣典史　崇文門副使　關大使　府檢校
長官司吏目　茶引批驗所大使　府庫大使　鹽
茶大使　州庫大使　州稅課大使　縣稅課大使
稅課司分司大使　驛丞　河泊所所官　各閘
閘官　道倉大使　州倉大使　縣倉大使俱捐銀
柒拾兩　府教授捐銀貳百捌拾兩　州學正　縣
教諭俱捐銀貳百陸拾兩　府州縣訓導捐銀壹百
捌拾兩俱准其復還原職

一京外綠營武職革職留任除總兵以上另行請
旨辦理外其餘副將以下各官革職留任概准捐復
副將捐銀貳千捌百捌拾兩　叅將捐銀壹千陸百
貳拾兩　遊擊捐銀壹千貳百陸拾兩　都司捐銀
玖百兩　營守備捐銀伍百肆拾兩　衛守備捐銀
陸百肆拾捌兩　守禦所千總捐銀叁百捌兩　營
千總捐銀壹百肆拾兩　門千總捐銀壹百伍拾伍
兩　衛千總捐銀壹百陸拾捌兩　把總捐銀捌拾
伍兩俱准其還復原職再頭二等侍衛捐銀柒百伍
拾兩　三等侍衛捐銀陸百兩　四等侍衛及藍翎
侍衛捐銀伍百兩亦准其復還原職以上常例



捐復降革離任

一京外滿漢文武降革離任捐復如報捐銀數多於捐
復革職離任銀數者即照現定捐復革職離任銀數
報捐

一京外文武官員降調離任除會奏
特旨加級紀錄不准抵銷之員及在京文職翰詹科道以上

在外文職藩臬以上武職總兵以上並文職
京察大計武職軍政被劾及降調後業經補官均不准捐
復外其餘降調各員情節較輕事屬因公者俱准一
體捐復原官補用
一京外文武官員革職離任除在京文職翰詹科道以
上在外文職藩臬以上武職總兵以上緣事革職與
欽奉
特旨革職並文職
京察大計武職軍政被劾及罪犯奸贓等欵有乖行止革



職並曾擬死罪後經贖免暨貪官永不敘用者俱不
准其捐復滿洲人員補放綠營武職緣事革職亦不
准其捐復外其餘情節較輕事屬因公革職並無餘
罪以及隨時休致例不引
見並比照六法議處人員俱准一體捐復原官補用
一陞署尚未實授人員降調離任捐復時先令各按陞
署之職查照捐免實授銀數捐免實授再照陞缺捐
復原官歸部銓選如未經捐免實授於捐復後仍照
例赴原省歸入委用班內補用

一特參革職後經審明罪止降調者准其照所降之級
捐復原官補用
一降革人員內從九未入兩項捐復革職離任銀壹百
肆拾兩其餘另有降級註册之案每捐復一級銀貳
百陸拾兩是捐復降級之銀轉多於革職離任恐該
捐生避多就少轉滋朦混嗣後從九未入兩項捐復
革職仍照例報捐外其餘降級之例先咨吏部無
論註册幾案每級均照常例降級銀數減半逐案報
捐以杜規避



一革職官員如有願照原官降一二等報捐者准其報
捐補用正印官准其報捐正印佐貳若佐貳首領等
官不准報捐正印其曾任正印者仍准其報捐正印
一革職人員內有進士舉人恩拔副歲優原貢出身者
准其各按應得就教之職降捐補用
一革職官員有另案革職註册並降級註册者無論幾
案概令逐案照數報捐開復
一文武降革人員捐復時應將續參降革註册各案分
別報捐如具呈時漏報續參降革處分覈明該督撫

查承日期在該員未經離任之先者應將原報之案令其加倍報捐如已在該員離任以後該部查明檔册指出准其逐案報捐

一在京文職捐復降級離任

五品捐銀伍百捌拾兩　六品捐銀伍百兩　七品捐銀肆百貳拾兩　八品捐銀叁百肆拾兩　九品以下捐銀貳百陸拾兩俱准復還一級再有多降之級俱照此數減半報捐准其復還所降之級以原官補用



一在外文職捐復降級離任

道員以下正印丞倅等官四品捐銀壹千叁百貳拾兩　五品捐銀壹千壹百陸拾兩　六品捐銀壹千兩　七品捐銀捌百肆拾兩　司府首領以下教職佐雜等官六品捐銀伍百兩七品捐銀肆百貳拾兩兩　八品捐銀叁百肆拾兩　九品以下捐銀貳百陸拾兩俱准復還一級再有多降之級俱照此數減半報捐准其復還所降之級以原官補用

一在京綠營武職捐復降級離任

二品捐銀伍百陸拾兩　三品捐銀伍百貳拾兩　四品捐銀肆百捌拾兩　五品捐銀肆百肆拾兩　六品捐銀貳百兩　七品捐銀壹百捌拾兩　八品捐銀壹百陸拾兩　九品捐銀壹百肆拾兩俱准復還一級再有多降之級俱照此數減半報捐准其復還所降之級以原官補用

一在外綠營武職捐復降級離任

二品捐銀壹千壹百貳拾兩　三品捐銀壹千肆拾兩　四品捐銀玖百陸拾兩　五品捐銀捌百捌拾



兩　六品捐銀肆百兩　七品捐銀叁百陸拾兩　八品捐銀叁百貳拾兩　九品捐銀貳百捌拾兩俱准復還一級再有多降之級俱照此數減半報捐准其復還所降之級以原官補用

一在京及東三省並各省駐防武職旗員捐復降級離任

正三品一等侍衛　冠軍使　火器營翼長　委署翼長　健鋭營翼長　委署翼長　步軍翼尉　包衣護軍統領

圓明園營總　鳥鎗營總　前鋒參領　護軍參領　鳥
鎗護軍參領　驍騎參領
陵寢總管　圜場總管　黑龍江管船礮水手總管　察哈爾
總管　城守尉　王府長史　從三品
圓明園包衣營總　包衣護軍參領　包衣驍騎參領
幫辦步軍翼尉　吉林參領　黑龍江參領　察哈
爾參領　駐防協領　一等護衛俱照在京綠營三
品武職捐復降級離任銀數捐銀伍百貳拾兩　正
四品二等侍衛　雲麾使　前鋒侍衛　副護軍參
領　副鳥鎗護軍參領副前鋒參領　副驍騎參
領　佐領　步軍協尉　信礮總管
南苑總管
陵寢翼長
陵寢司工匠　圜場翼長　商都達布遜諾爾達里崗愛總管
太僕寺馬廠駝廠總管　察哈爾牛羊羣牧廠總
防守尉　黑龍江吉林等處管水手四品官
司儀長　從四品城門領　包衣副護軍參領　包
衣副驍騎參領　包衣佐領　察哈爾副參領　察



哈爾佐領　四品典儀　二等護衛俱照在京綠營
四品武職捐復降級離任銀數捐銀肆百捌拾兩
正五品三等侍衛　治儀正　步軍副尉　步軍校
監守信礮官
南苑門章京
陵寢防禦
陵寢管理燒造磚瓦官　分管佐領　牛羊羣牧廠副總管
蓋州牛莊二處滿洲等印防禦　關口守禦　防禦
黑龍江吉林等處管水手五品官　從五品四等
侍衛　委署前鋒參領　委署護軍參領　委署鳥
鎗護軍參領　委署前鋒侍衛　下五旗包衣參領
五品典儀　印務章京　三等護衛俱照在京綠
營五品武職捐復降級離任銀數捐銀肆百肆拾兩
正六品藍翎侍衛　整儀尉　親軍校　前鋒校
護軍校　鳥鎗護軍校　委署步軍校　驍騎校
陵寢祭祀供應官　太僕寺馬廠駝廠翼長　黑龍江吉林等
處管水手六品官　從六品內務府六品翎長　六
品典儀俱照在京綠營六品武職捐復降級離任銀

數捐銀貳百兩　正七品城門吏
盛京遊牧正尉　太僕寺馬廠駝廠圍山達　七品蔭監
生　從七品
盛京遊牧副尉　七品典儀俱照在京綠營七品武職捐
復降級離任銀數捐銀壹百捌拾兩　正八品
盛京養息牧左右翼長　八品蔭監生　從八品八品典
儀　委署親軍校　委署前鋒校　委署護軍校
委署驍騎校　副護軍校俱照在京綠營八品武職
捐復降級離任銀數捐銀壹百陸拾兩　正九品各



營藍翎長　從九品太僕寺委署圍山達俱照在京
綠營九品武職捐復降級離任銀數捐銀壹百肆拾
兩均准復還一級再有多降之級均照此數減半報
捐准其復還所降之級以原官補用
一在京文職捐復革職離任
郎中捐銀肆千捌百兩　員外郎　內閣侍讀俱捐
銀肆千兩　主事　都察院都事　都察院經歷
太理寺寺丞俱捐銀貳千陸百肆拾伍兩　京府治
中捐銀叁千玖百　拾伍兩　京府通判捐銀貳千

陸百肆拾伍兩　光祿寺署正捐銀貳千壹百伍拾
伍兩　兵馬司指揮捐銀壹千伍百貳拾兩　兵馬
司副指揮捐銀壹千肆拾兩　大理寺評事　太常
寺博士　中書科中書　鑾儀衛經歷俱捐銀壹千
陸百叁拾兩　內閣中書捐銀壹千貳百拾兩　通
政司經歷　通政司知事　太常寺典簿俱捐銀壹
千貳百叁拾伍兩　國子監監丞捐銀玖百叁拾兩
國子監博士捐銀玖百兩　部寺司務捐銀壹千
貳百柒拾兩　部寺司庫捐銀玖百叁拾伍兩　詹



事府主簿　光祿寺典簿俱捐銀玖百叁拾兩　國
子監典簿　國子監典籍俱捐銀壹千捌拾伍兩
翰林院待詔　翰林院孔目俱捐銀陸百柒拾兩
鴻臚寺主簿　工部製造庫司匠俱捐銀肆百拾伍
兩　刑部司獄　兵馬司吏目俱捐銀壹百肆拾伍
兩　七品筆帖式捐銀叁百兩　八品筆帖式捐銀
貳百伍拾兩　九品筆帖式捐銀貳百兩俱准其復
還所革之職以原官補用
一在外文職捐復革職離任

道員捐銀捌千兩　知府捐銀陸千陸百肆拾兩
運同捐銀陸千兩　直隸州知州捐銀肆千貳百貳
拾伍兩　同知捐銀叁千伍百貳拾伍兩　知州捐
銀叁千貳百伍兩　運副　提舉俱捐銀貳千肆百
兩　運判捐銀貳千捌拾兩　通判捐銀壹千玖百
肆拾兩　知縣捐銀貳千陸百肆拾伍兩　直隸州
州同捐銀捌百陸拾伍兩　布政司理問　布政司
經歷　州同俱捐銀壹千壹百伍兩　按察司經歷
京府經歷俱捐銀壹千兩　布政司都事　鹽運



司經歷俱捐銀玖百貳拾兩　直隸州州判捐銀伍
百玖拾伍兩　州判捐銀玖百貳拾兩　鹽課大使
布政司庫大使　批驗所大使　鹽運司庫大使
俱捐銀壹千貳百兩　按察司知事　外府經歷
縣丞俱捐銀伍百捌拾伍兩　鹽運司知事捐銀伍
百伍拾伍兩　布政司照磨捐銀伍百伍兩　按察
司照磨　府知事　縣主簿俱捐銀叁百玖拾兩
州吏目捐銀貳百玖拾伍兩　京外府照磨　宣課
司大使　道庫大使　府稅課司大使　按察司司

獄　府司獄　巡檢　府倉大使　禮部鑄印局大
使　京外縣典史　崇文門副使　關大使　府檢
校　長官司吏目　茶引批驗所大使　庫府大使
鹽茶大使　州庫大使　州稅課大使　縣稅課
大使　稅課司分司大使　驛丞　河泊所所官
各閘閘官　道倉大使　州倉大使　縣倉大使俱
捐銀壹百肆拾兩　府教授捐銀伍百陸拾兩　州
學正縣教諭俱捐銀伍百貳拾兩　府州縣訓導捐
銀叁百陸拾兩俱准其復還所革之職以原官補用



一京外綠營武職捐復革職離任
副將捐銀伍千柒百陸拾兩　參將捐銀叁千貳百
肆拾兩　遊擊捐銀貳千伍百貳拾兩　都司捐銀
壹千捌百兩　營守備捐銀壹千捌拾兩　衛守備
捐銀壹千貳百玖拾伍兩　守禦所千總捐銀陸百
拾伍兩　營千總捐銀貳百捌拾兩　門千總捐銀
叁百拾兩　衛千總捐銀叁百叁拾伍兩　把總捐
銀壹百柒拾兩俱准其復還所革之職以原官補用
一在京及東三省並各省駐防武職旗員捐復革職離

任　正三品一等侍衛　冠軍使　火器營翼長
委署翼長　健銳營翼長　委署前鋒翼長　步軍翼尉
包衣護軍統領
圓明園營總　烏鎗營總　前鋒叅領　護軍叅領　烏
鎗護軍叅領　驍騎叅領
陵寢總管　圍場總管　黑龍江管船礮水手總管　察哈爾
總管　城守尉　王府長史俱照叅將捐復革職離
任銀數酌減四成捐銀壹千玖百肆拾肆兩　從三
品

〈降革離任　九　貞

圓明園包衣營總　包衣護軍叅領　包衣驍騎叅領
幫辦護軍翼尉　吉林叅領　黑龍江叅領　察哈
爾叅領　駐防協領　一等護衛俱照遊擊捐復革
職離任銀數酌減四成捐銀壹千伍百拾貳兩　正
四品二等侍衛　雲麾使　前鋒叅領　副護軍叅
領　副烏鎗護軍叅領　副前鋒侍衛　副驍騎叅
領　佐領　步軍協尉　信礮總管
南苑總管
陵寢翼長

陵寢司工匠　圍場長　商都達布遜諾爾達里岡愛總管
太僕寺馬廠駝廠總管　察哈爾牛羊羣牧廠總
管　防守尉　黑龍江吉林等處管水手四品官
司儀長俱照都司捐復革職離任銀數酌減四成捐
銀壹千捌拾兩　從四品城門領　包衣副護軍叅
領　包衣副驍騎叅領　包衣佐領　察哈爾副叅
領　察哈爾佐領　正五品典儀　二等護衛俱照正
四品銀數捐銀壹千捌拾兩　正五品三等侍衛
治儀正　步軍副尉　步軍校　監守信礮官

〈降革離任　十　貞

南苑門章京
陵寢防禦
陵寢管理燒造磚瓦官　分管佐領　牛羊羣牧廠副總管
蓋州牛莊二處滿洲掌印防禦　關口防禦　防禦
黑龍江吉林等處管水手五品官俱照守備捐復
革職離任銀數酌減四成捐銀陸百肆拾捌兩　從
五品四等侍衛　委署前鋒叅領　委署護軍叅領
委署烏鎗護軍叅領　委署前鋒侍衛　下五旗
包衣叅領　五品典儀　印務章京　三等護衛俱

照守禦所千總捐復革職離任銀數酌減四成捐銀叁百陸拾玖兩　正六品藍翎侍衛　整儀尉　親軍校　前鋒校　護軍校　鳥鎗護軍校　委署步軍校　驍騎校

陵寢祭祀供應官　太僕寺馬廠駝廠翼長　黑龍江吉林等處水手六品官俱照門千總捐復革職離任銀數酌減二成捐銀貳百肆拾捌兩　從六品內務府六品翎長　六品典儀俱照正六品銀數捐銀貳百肆拾捌兩　正七品城門吏

降革離任　主　貞

盛京遊牧正尉　太僕寺馬廠駝廠司山達　七品膳監生俱照把總捐復革職離任銀數酌減二成捐銀壹百叁拾陸兩　從七品

盛京遊牧副尉　七品典儀俱照正七品銀數捐銀壹百叁拾陸兩　正八品

盛京養息牧左右翼長　八品廄監生　從八品八品典儀　委署親軍校　委署前鋒校　委署護軍校　委署驍騎校　副護軍校　正九品各營藍翎長　從九品太僕寺委署司山達俱照七品銀數酌減二成捐銀壹百玖兩俱准復還所革之職以原官補用

一京外文武官員革職後賞給原銜者如再捐復原官應照例定捐復革職離任銀數酌減十分之三其降一等給銜者照數酌減十分之二降二等給銜者照數酌減十分之一（如京官郎中革職離任捐復原官本數該銀肆千捌百兩給原銜者減三該銀叁千叁百陸拾兩降一等給銜者減二該銀叁千捌百肆拾兩降二等給銜者減一該銀肆千叁百貳拾兩　外官道員革職離任捐復原官本數該銀捌千兩給原銜者減三該銀伍千陸百兩降一等給銜者減二該銀陸千肆百兩降二等給銜者減一該銀柒千貳百兩　京外武官副將革職離任捐復原官本數該銀伍千柒百陸拾兩給原銜者減三該銀肆千叁拾貳兩降一等給銜者減二該銀肆千陸百捌兩降二等給銜者減一該銀伍千壹百捌拾肆兩其餘京外文武革職給銜捐復銀數俱照此例辦理）均准復還原官補用其有情願遞降報捐者悉照此例辦理

降革離任　主　貞

一革職有餘罪人員仍查原案情節分別准駁具奏如

奉

旨准其捐復人員查犯案原罪係問擬笞杖已經贖免者照革職捐復銀數酌加十分之二未經贖免者酌加十分之三輕徒已竣者酌加十分之五滿徒已竣及軍台已滿換回贖回者酌加十分之六原擬軍流贖免

者酌加十分之六原擬新疆發遣已經放回贖回者
加倍其僅止捐復原銜每虜令其加等以上常例

降革加五捐復

一京外文武降級革職留任人員除向例不准捐復之翰詹科道藩臬總兵以上革職留任另行請
旨辦理外其餘人員降級革職留任例無展恭者情願捐復俱准隨時逐案報捐仍照向例辦理其降調革職後續經奏留或奏



旨從寬留任給與年限開復之員及部議降調革職奏
旨仍以原官補用將降革之案帶於新任並部議實降實革奏
旨改爲降革留任或改爲革職留任者俱照捐復降級留任革職留任銀數酌加十分之五准其一體捐復

一京外文武各員降級留任加五捐復

在京一品文職捐銀陸百柒拾伍兩　二品捐銀陸百拾伍兩　三品捐銀伍百伍拾伍兩　四品捐銀肆百玖拾伍兩　五品捐銀肆百叁拾伍兩　六品捐銀叁百柒拾伍兩　七品捐銀叁百拾伍兩　八品捐銀貳百伍拾伍兩　九品捐銀壹百玖拾伍兩

在外文職一品捐銀壹千叁百伍拾兩　二品捐銀壹千貳百叁拾兩　三品捐銀壹千壹百拾兩　四品捐銀玖百玖拾兩　五品捐銀捌百柒拾兩　六品捐銀柒百伍拾兩　七品捐銀陸百叁拾兩　司府首領以下教職佐雜等官　六品捐銀叁百柒拾伍兩　七品捐銀叁百壹拾伍兩　八品捐銀貳百伍拾伍兩　九品以下捐銀壹百玖拾伍兩



在京武職一品捐銀肆百伍拾兩　二品捐銀肆百貳拾兩　三品捐銀叁百玖拾兩　四品捐銀叁百陸拾兩　伍品捐銀叁百叁拾兩　六品捐銀壹百伍拾兩　七品捐銀壹百叁拾伍兩　八品捐銀壹百貳拾兩　九品捐銀壹百伍兩

在外武職一品捐銀玖百兩　二品捐銀捌百肆拾兩　三品捐銀柒百捌拾兩　四品捐銀柒百貳拾兩　五品捐銀陸百陸拾兩　六品捐銀叁百兩　七品捐銀貳百柒拾兩　八品捐銀貳百肆拾兩

九品捐銀貳百拾兩俱准復還一級若有多降之級
俱照此數減半捐復
一京外文武各員革職留任加五捐銀
在京文職郎中捐銀叁千陸百兩　員外郎　內閣
侍讀俱捐銀叁千兩　主事　都察院都事　都察
院經歷　大理寺寺丞俱捐銀壹千玖百捌拾伍兩
京府治中捐銀貳千玖百玖拾柒兩　京府通判
捐銀壹千玖百捌拾伍兩　光祿寺署正捐銀壹千
陸百拾柒兩　兵馬司指揮捐銀壹千壹百肆拾兩



兵馬司副指揮捐銀柒百捌拾兩　大理寺評事
太常寺博士　中書科中書　鑾儀衛經歷俱捐
銀壹千貳百貳拾叁兩　內閣中書捐銀玖百捌兩
通政司經歷　通政司知事　太常寺典簿俱捐
銀玖百貳拾柒兩　國子監監丞捐銀陸百玖拾捌
兩　國子監博士捐銀陸百柒拾伍兩　部寺司務
捐銀玖百伍拾叁兩　部寺司庫捐銀柒百貳兩
詹事府主簿　光祿寺典簿俱捐銀陸百玖拾捌兩
國子監典簿　國子監　籍俱捐銀捌百拾伍兩

翰林院待詔　翰林院孔目俱捐銀伍百叁兩
鴻臚寺主簿　工部製造庫司匠俱捐銀叁百拾貳
兩　刑部司獄　兵馬司吏目俱捐銀壹百拾兩
七品筆帖式捐銀貳百貳拾伍兩　八品筆帖式捐
銀壹百捌拾捌兩　九品筆帖式捐銀壹百伍拾兩
在外文職　道員捐銀陸千兩　知府捐銀肆千
玖百捌拾兩　運同捐銀肆千伍百兩　直隸州知
州捐銀叁千壹百柒拾兩　同知捐銀貳千陸百肆
拾伍兩　知州捐銀貳千肆百伍兩　運副　提舉



俱捐銀壹百捌百兩　運判捐銀壹千伍百陸拾兩
通判捐銀壹千肆百伍拾伍兩　知縣捐銀壹千
玖百捌拾伍兩　直隸州州同捐銀陸百伍拾兩
布政司理問　布政司經歷　州同俱捐銀捌百叁
拾兩　按察司經歷　京府經歷俱捐銀柒百伍拾
兩　布政司都事　鹽運司經歷俱捐銀陸百玖拾
兩　直隸州州判捐銀肆百肆拾柒兩　州判捐銀
陸百玖拾兩　鹽課大使　布政司庫大使　批驗
所大使　鹽運司庫大使俱捐銀玖百兩　按察司

知事　外府經歷　縣丞俱捐銀肆百肆拾兩　鹽運司知事捐銀肆百拾柒兩　布政司照磨捐銀叁百捌拾兩　按察司照磨　府知事　縣主簿俱捐銀貳百玖拾叁兩　州吏目捐銀貳百貳拾貳兩　京外府照磨　宣課司大使　道庫大使　府稅課司大使　按察司司獄　府司獄　巡檢　府倉大使　禮部鑄印局大使　京外縣典史　崇文門副使　關大使　府檢校　長官司吏目　茶引批驗所大使　府庫大使　鹽茶大使　州庫大使　州



稅課大使　縣稅課大使　稅課司分司大使　驛丞　河泊所所官　各閘閘官　道倉大使　州倉大使　縣倉大使俱捐銀壹百伍兩　府教授捐銀肆百貳拾兩　州學正　縣教諭俱捐銀叁百玖拾兩　府州縣訓導捐銀貳百柒拾兩

京外武職　副將捐銀肆千叁百貳拾兩　參將捐銀貳千肆百叁拾兩　遊擊捐銀壹千捌百玖拾兩　都司捐銀壹千叁百伍拾兩　營守備捐銀捌百拾兩　衛守備捐銀玖百柒拾貳兩　守禦所千總捐銀肆百陸拾貳兩　營千總捐銀貳百拾兩　門千總捐銀貳百叁拾叁兩　衛千總捐銀貳百伍拾貳兩　把總捐銀壹百貳拾捌兩俱准其復還原職以上常例

捐復原銜

一京外文武官員革職離任有情願捐復原銜者准其報捐至文職

京察大計六法武職軍政被劾各官例不准其捐復如此



項人員並無奸贓情罪亦准捐復原銜均不准捐至原銜以上並不准其補用

一在京文職捐復原銜

郎中捐銀貳千肆百兩　員外郎　內閣侍讀俱捐銀貳千兩　主事　都察院都事　經歷　大理寺寺丞俱捐銀壹千叁百貳拾叁兩　京府治中捐銀壹千玖百玖拾捌兩　京府通判捐銀壹千叁百貳拾叁兩　光祿寺署正捐銀壹千柒拾捌兩　兵馬司指揮捐銀柒百陸拾兩　兵馬司副指揮捐銀伍

百貳拾兩　大理寺評事　太常寺博士　中書科
中書　鑾儀衛經歷俱捐銀捌百拾伍兩　內閣中
書捐銀陸百伍兩　通政司經歷　通政司知事
太常寺典簿俱捐銀陸百拾捌兩　國子監監丞捐
銀陸百陸拾伍兩　國子監博士捐銀肆百伍拾兩
部寺司務捐銀陸百叁拾伍兩　部寺司庫捐銀
肆百陸拾捌兩　詹事府主簿　光祿寺典簿俱捐
銀肆百陸拾伍兩　國子監典簿　國子監典籍俱
捐銀伍百肆拾叁兩　翰林院待詔　翰林院孔目



俱捐銀叁百叁拾伍兩　鴻臚寺主簿　工部製造
庫司匠俱捐銀貳百捌兩　刑部司獄　兵馬司吏
目俱捐銀柒拾叁兩　七品筆帖式捐銀壹百伍拾
兩　八品筆帖式捐銀壹百貳拾伍兩　九品筆帖
式捐銀壹百兩俱准其復還原銜
一在外文職捐復原銜
道員捐銀肆千兩　知府捐銀叁千叁百貳拾兩
運同捐銀叁千兩　直隸州知州捐銀貳千壹百拾
叁兩　同知捐銀壹千柒百陸拾叁兩　知州捐銀

壹千陸百叁兩　運副　提舉俱捐銀壹千貳百兩
運判捐銀壹千肆拾兩　通判捐銀玖百柒拾兩
知縣捐銀壹千叁百貳拾叁兩　直隸州州同捐
銀肆百叁拾叁兩　布政司理問　布政司經歷
州同俱捐銀伍百伍拾叁兩　按察司經歷　京府
經歷俱捐銀伍百兩　布政司都事　鹽運司經歷
俱捐銀肆百陸拾兩　直隸州州判捐銀貳百玖拾
捌兩　州判捐銀肆百陸拾兩　鹽課大使　布政
司庫大使　批驗所大使　鹽運司庫大使俱捐銀



陸百兩　按察院知事　外府經歷　縣丞俱捐銀
貳百玖拾叁兩　鹽運司知事捐銀貳百柒拾捌兩
布布政司照磨捐銀貳百伍拾叁兩　按察司照磨
府知事　縣主簿俱捐銀壹百玖拾伍兩　州吏
目捐銀壹百肆拾捌兩　京外府照磨　宣課司大
使　道庫大使　府稅課司大使　按察司司獄
府司獄　巡檢　府倉大使　禮部鑄印局大使
京外縣典史　崇文門副使　關大使　府檢校
長官司吏目　茶引批驗所大使　府庫大使　鹽

茶大使　州庫大使　州稅課大使　縣稅課大使
稅課司分司大使　驛丞　河泊所所官　各閘
閘官　道倉大使　州倉大使　縣倉大使俱捐銀柒
拾兩　府教授捐銀貳百捌拾兩　州學正　縣教
諭俱捐銀貳百陸拾兩　府州縣訓導捐銀壹百捌
拾兩俱准其復還原銜
一京外綠營武職捐復原銜
副將捐銀貳千捌百捌拾兩　參將捐銀壹千陸百
貳拾兩　遊擊捐銀壹千貳百陸拾兩　都司捐銀



玖百兩　營守備捐銀伍百肆拾兩　衛守備捐銀
陸百肆拾捌兩　守禦所千總捐銀叁百捌兩　營
千總捐銀壹百肆拾兩　門千總捐銀壹百伍拾伍
兩　衛千總捐銀壹百陸拾捌兩　把總捐銀捌拾
伍兩俱准其復還原銜以上常例
一在京四品文職應由郎中捐銀貳千四百兩之數以
次遞加四品捐銀肆千捌百兩三品捐銀柒　貳百
兩二品捐銀玖千陸百兩一品捐銀壹萬貳千兩在
外三品以上文職應由道員捐銀肆千兩之數以次

遞加三品捐銀捌千兩二品捐銀壹萬貳千兩一品
捐銀壹萬陸千兩京外綠營副將以上應由副將捐
銀貳千捌百捌拾兩之數以次減半遞加總兵捐銀
肆千叁百貳拾兩提督捐銀伍千柒百陸拾兩旗營
一品照提督之數二品照總兵之數三品四品各按
例定旗員捐復革職離任銀數酌減四成五品按數
酌減三成六品以下各按數酌減二成均准其捐復
原官頂戴其降調人員在京文職四品以上在外文
職三品以上京外綠營武職總兵以上均照捐復降



級留任銀數加半報捐在京文職五品以下在外文
職四品以下綠營武職副將以下均照捐復降級留
任銀數加五成報捐旗營降調人員比照在京綠營
武職品級報捐亦准其捐復原官頂戴仍照所降之
官並照常例遇有多降之級除第一級外其餘各級
照數減半如銀數多於革職人員捐復原官頂戴之
數者卽照現定革職人員捐復原官頂戴銀數辦理
五品京堂及正五品之詹事府六科各員均照郎中
銀數報捐從五品之翰詹御史均照員外郎銀數報

捐六品京堂及翰詹各官均照主事銀數報捐七品之編檢均照大理寺評事銀數報捐 咸豐二年戶部等部會議籌餉二十三條奏案

一發遣各處文職廢員有情願報捐虛銜者除實犯姦贓不准報捐外其餘准照捐復原銜常例報捐虛銜不准銓選補用發遣各處武職廢員有情願報捐虛銜者除實犯姦贓情罪不准報捐外其餘准照捐復原銜常例報捐虛銜不准銓選補用仍不准捐至原銜以上 咸豐五年戶部等部會議烏魯木齊都統慶福奏案



一發遣各處文職廢員曾經報捐原銜者准其按照常例酌加五成捐至原銜以上尚未報捐原銜者核其案情並非實犯姦贓不法之案如照常例將原銜捐復後仍准再照常例加五成捐至原銜以上六品以下不得逾七品七品不得逾五品六品五品不得逾四品四品三品不得逾二品如八品以下已經捐復原銜人員有情願報捐五品六品虛銜者須照常例加倍交銀亦准報捐未經捐復原銜廢員照常例捐復原銜後仍准加倍捐至五六品虛銜總不得逾五六品以上所有捐至原銜以上各員俱不准其銓選 咸豐十一年吏部等部會議烏魯木齊都統法福哩奏案 查此條原案係專指發遣文職廢員而言其僅止革職並無餘人員 應否准其捐至原銜以上未經議及應令嗣後京外文武革職人員如有情願捐至原銜以上者悉照此條章程核辦其在京文職四品銜以上在外文職三品銜以上各銀數應悉照籌餉三十三章程分別加成加倍辦理

## 捐入補班

一查降革捐復人員應令各按本職均照現定捐復革職留任銀數減半報捐至未入流銀數較少毋庸減半即令照數報捐俱准歸入開復應補班補用



一降革捐復人員惟知縣一項入於開復班內其餘人員入於單月月選如在京郎中員外郎主事降革人員已經捐復者情願再行加捐 郎中捐銀壹千貳百兩 員外郎捐銀壹千兩 主事捐銀陸百陸拾貳兩准其入於開復班內其餘京官六品以下在外道府以下應歸月選各員如有已經捐復者情願再行加捐 外官道員捐銀貳千兩 知府捐銀壹千陸百陸拾兩 鹽運司運同捐銀壹千伍百兩 同知捐銀捌百捌拾貳兩 直隸州知州捐銀壹千伍

拾柒兩　知州捐銀捌百貳兩　知縣捐銀陸百陸
拾貳兩　鹽課司提舉　鹽運司運副捐銀陸百陸
兩　京六品內閣侍讀捐銀壹千兩　都察院都事
都察院經歷　大理寺寺丞　京府通判俱捐銀
陸百陸拾貳兩　光祿寺署正捐銀伍百叁拾玖兩
外六品府通判捐銀肆百捌拾伍兩　運判捐銀
伍百貳拾兩　布政司經歷　布政司理問　州同
俱捐銀貳百柒拾柒兩　京七品大理寺評事　太
常寺博士　中書科中書　鑾儀衛經歷俱捐銀肆



百捌兩　通政司經歷　通政司知事　太常寺典
簿俱捐銀叁百玖兩　國子監監丞　詹事府主簿
光祿寺典簿捐銀貳百叁拾叁兩　國子監博士
士捐銀貳百貳拾伍兩　外七品按察司經歷捐銀
貳百伍拾兩　府教授捐銀壹百肆拾兩　州判捐
銀貳百叁拾兩　京八品部寺司務捐銀叁百拾捌
兩　國子監典簿捐銀貳百柒拾貳兩　鴻臚寺主
簿捐銀壹百肆兩　外八品鹽庫大使捐銀叁百兩
府經歷　縣丞俱捐銀壹百肆拾柒兩　州學正

縣教諭俱捐銀壹百叁拾兩　京九品國子監典
籍捐銀貳百柒拾貳兩　翰林院待詔捐銀壹百陸
拾捌兩　外九品縣主簿捐銀玖拾捌兩　州吏目
捐銀柒拾肆兩　從九品未入流各雜職均捐銀柒
拾兩俱准其入於應補班內其祇行捐復未經加捐
仍歸五缺後選用至在京之內閣中書翰林院孔目
國子監助教係應歸考選保舉之缺無單月應補班
次應照舊例辦理毋庸加捐至京縣縣丞亦係在外
揀選之缺其捐復人員應照開復人員之例仍發該



省委用以上常例

捐復原資

一文進士舉人貢監生員緣事斥革除犯姦贓等款不
准捐復外其餘因人連累並非行止不端及贓非入
己者准其捐復　文進士捐銀壹千叁百兩　文舉
人捐銀玖百兩　貢生捐銀叁百貳拾兩　生監捐
銀貳百貳拾兩准其捐復出身原資其斥革有餘罪
者亦照革職捐復人員加等之例辦理其試用學習

未經實授因公革職者俱令其照革職捐復正條報捐不准照出身原資報捐

一揀選武進士舉人以及武生緣事斥革除犯姦贓等款不准捐復外其餘因人連累並非行止不端及贓非入己者俱准捐復　武進士捐銀柒百貳拾兩武舉人捐銀陸百兩　武生捐銀壹百貳拾兩俱准其開復其斥革有餘罪者亦照革職捐復人員加等之例辦理其未經揀選之武舉捐復後如遇揀選年分准其一體揀選其揀選五等革退武舉捐銀陸百



兩亦准其捐復武舉一體會試如遇揀選年分另行揀選至未經揀選之武進士捐銀柒百貳拾兩准其捐復如情願報捐補用者仍照未揀選武進士之例報捐

一南漕効力武舉及隨幫武舉革職捐復除犯姦贓等款不准捐復外其餘緣事被参並比照六法議處以及因人連累並非行止不端及贓非入己者俱准捐復其被參後審明有餘罪者亦照革職捐復人員加等之例辦理以上常例

一常例捐復條內文進士捐銀壹千叁百兩文舉人捐銀玖百兩准其捐復出身原資如舉人進士內有教習議叙等班捐復原資者仍入於科甲本班銓選惟試用未經實授因公革職者一經捐復原資即應仍赴原省試用是以令照革職捐復正條報捐不准僅照原資捐復原定條款

一文武進士舉人生員貢生監生緣事斥革除情節較輕仍照常例捐復外其案由較重而情節尚有可原者應准其按常例銀數加一倍捐復原資由禮部兵



部覈定後再行報捐其已革之文武進士舉人生員情願祗捐貢監另捐官職者亦由禮部兵部覈明辦理咸豐二年續纂條款

捐免坐補

常例坐補原缺人員准其報捐分發原省仍令坐補原缺不准題咨別缺如有續行捐免坐補者歸部銓選等語查此項續行捐免坐補人員即已分發到省自應准其捐足留省遇有別缺題咨補用嗣後凡在

原省續行捐免坐補原缺者應照捐免坐補在部候選人員請捐分發之例令其逐層捐足並補捐分發准免坐補原缺留省補用如僅止捐免坐補並未逐層捐足分發者仍照例歸部銓選其舊例各項已經實授分發在省坐補人員續行捐免坐補者歸部入於應補班內銓選其有逐層捐足並捐分發者籤分各省試用嗣經酌增事例奏准凡在原省續行捐免坐補人員有逐層捐足並捐分發者准其留省補用茲酌增事例既經截止凡捐免坐補人員仍應照舊



例歸部銓選其有逐層捐足並捐分發者仍籤分各省試用不准留省補用再查坐補人員有原任內未經實授者一經捐免坐補即歸委用班內仍赴原官儘先補用其業經實授各員必須逐層報捐方准歸於試用班內俟捐班三缺後補用一人查業經實授與未經實授人員同一告病離任同一病痊捐免坐補而所捐銀兩多寡懸殊即如從九品未入流二項業經實授人員病痊捐免坐補銀柒拾兩再捐雙月單月雙單月分發銀兩方准分發各省歸於應補三

缺班內序補未經實授人員病痊捐免坐補止交銀柒拾兩即歸委用班內儘先補用辦理似未平允今擬定此項未經實授捐免坐補仍赴原省委用人員除知縣以上例應引

見各員應專候陛調所遺之缺方准補用者照舊辦理外其餘各項佐雜查係捐免坐補後即歸委用班補用者應照原定捐免銀數加二倍報捐如從九品未入流原定捐銀柒拾兩加二倍應捐銀貳百壹拾兩餘俱照此辦理方准歸入委用班內補用



一文職坐補原缺各員其原任內業經實授者如捐免坐補原缺　道員捐銀貳千兩　知府捐銀壹千陸百陸拾兩　運同捐銀壹千伍百兩　直隸州知州捐銀壹千伍拾柒兩　同知捐銀捌百捌拾貳兩　知州捐銀捌百貳兩　運副　提舉俱捐銀陸百兩　運判捐銀伍百貳拾兩　通判捐銀肆百捌拾伍兩　知縣捐銀陸百陸拾貳兩　直隸州州同捐銀貳百拾柒兩　布政司理問　布政司經歷　州同俱捐銀貳百柒拾柒兩　按察司經歷　京府經歷

俱捐銀貳百伍拾兩　布政司都事　鹽運司經歷俱捐銀貳百叁拾兩　直隸州州判捐銀壹百肆拾玖兩　州判捐銀貳百叁拾兩　鹽課大使　布政司庫大使　批驗所大使　鹽運司庫大使俱捐銀叁百兩　按察司知事　府經歷　縣丞俱捐銀壹百肆拾柒兩　鹽運司知事捐銀壹百叁拾玖兩　布政司照磨捐銀壹百貳拾柒兩　按察司照磨　府知事　縣主簿俱捐銀玖拾捌兩　州吏目捐銀柒拾肆兩　京外府照磨　宣課司大使　道庫大



使　府稅課司大使　按察司司獄　府司獄　巡檢　府倉大使　未入流　禮部鑄印局大使　京外縣典史　崇文門副使　關大使　府檢校　長官司吏目　茶引批驗所大使　府庫大使　鹽茶大使　州庫大使　州稅課大使　縣稅課大使　稅課司分司大使　驛丞　河泊所所官　各閘閘官　道倉大使　州倉大使　縣倉大使俱捐銀叁拾伍兩　府教授捐銀壹百肆拾兩　州學正　縣教諭俱捐銀壹百叁拾兩　府州縣訓導捐銀玖拾

兩俱免其坐補原缺另行捐陞其有不能捐陞止捐免坐補原缺者照此數加倍報捐亦免其坐補原缺歸入應補班一體補用其告病在籍人員應坐補原缺有情願報捐者亦准其一體報捐

一文職坐補原缺各員其原任內未經實授者如捐免坐補原缺應仍赴原省歸入委用班內補用此項人員除知縣以上例應引

見各員應專候陞調所遺之缺方准補用仍照舊辦理外其餘各項佐雜查係捐免坐補後即歸委用班補用者



應照原定捐免銀數加二倍報捐　直隸州州同捐銀壹千叁百貳兩　布政司理問　政司經歷州同俱捐銀壹千陸百陸拾貳兩　按察司經歷捐銀壹千伍百兩　布政司都事　鹽運司經歷俱捐銀壹千叁百捌拾兩　直隸州州判捐銀捌百玖拾肆兩　州判捐銀壹千叁百捌拾兩　鹽課大使布政司庫大使　批驗所大使　鹽運司庫大使俱捐銀壹千捌百兩　按察司知事　府經歷　縣丞俱捐銀捌百捌拾貳兩　鹽運司知事捐銀捌百叁

拾肆兩　布政司照磨捐銀柒百陸拾貳兩　按察
司照磨　府知事　縣主簿俱捐銀伍百捌拾捌兩
州吏目捐銀肆百肆拾肆兩　府照磨　宣課司
大使　道庫大使　府稅課司大使　按察司司獄
府司獄　巡檢　府倉大使　未入流　禮部鑄
印局大使　京外縣典史　關大使　府檢校　長
官司吏目　茶引批驗所大使　府庫大使　鹽茶
大使　州庫大使　州稅課大使　縣稅課大使
稅課司分司大使　驛丞　河泊所所官　各閘閘



官　道倉大使　州倉大使　縣倉大使俱捐銀貳
百拾兩方准歸入委用班內補用
一武職現任應坐補原缺各員捐免坐補原缺　叅將
捐銀捌百拾兩　遊擊捐銀陸百叁拾兩　都司捐
銀肆百伍拾兩　營守備捐銀貳百柒拾兩　衛守
備捐銀叁百貳拾肆兩　守禦所千總捐銀壹百伍
拾肆兩　營千總捐銀柒拾兩　門千總捐銀柒拾
捌兩　衛千總捐銀捌拾肆兩俱免其坐補原缺另
行捐陞其有不能捐陞止捐免坐補原缺者照此數

加倍報捐亦免其坐補原缺以上常例

捐免試俸

一正途出身捐免試俸　四品捐銀玖百陸拾兩　五
品捐銀捌百兩　六品捐銀陸百肆拾兩　七品捐
銀肆百捌拾兩　八品捐銀叁百貳拾兩　九品以
下捐銀貳百肆拾兩俱准免試俸三年至捐納人員
捐免試俸應各照品級加倍報捐准免試俸三年
一捐免試俸凡正途出身並捐納各員俱准捐免其由



捐納議敘者照捐納人員銀數捐免由正途議敘者
照正途人員銀數捐免以上常例

捐免實授

一州縣等官歷俸三年准其陞補歷俸未滿三年准其
陞署連前任本任接算三年准其實授如歷俸未滿
三年陞署人員陞署任內並無違礙處分者於陞署
後即准其各按本職隨帶加一級銀數酌加兩倍捐
免實授　知府捐銀壹千玖百捌拾兩　同知　直

隸州知州　知州捐銀壹千柒百肆拾兩　通判捐銀壹千伍百兩　知縣捐銀壹千貳百陸拾兩俱准免其實授常例

捐免保舉

一由生監吏員出身人員應令先捐免保舉再行捐升京外正印各官　四品捐銀壹千貳百兩　五品捐銀壹千兩　六品捐銀捌百兩　七品捐銀陸百兩　八品以下捐銀肆百兩常例



一京外各官除向例捐免保舉人員照常辦理外京官之治中都察院都事經歷光祿寺署正部寺司務外官之運同提舉鹽庫各大使均令一律捐免保舉再行報捐前項各官其從前業經到署到省者毋庸追補咸豐十年戶部等部會議推廣八條章程此條原奏專歸京銅局收捐惟常例應行捐免保舉各員除道府州縣四項外其餘均准外省收捐所有補恭應行捐免保舉各項應改爲准由各省收捐

一凡生監吏員出身報捐州縣直隸州道府五項官階其捐免保舉銀兩應不准在各該省減成報捐令照例足銀數赴京銅局全數呈交實銀毋庸減成其有已經捐免續又捐升者如原捐在新章以後准照升職補足如原捐在新章以前飭令另照升職在京銅局全數呈交實銀不准以前捐銀數扣抵至由勞績保舉州縣以上正印官階查係並非正途出身並令按照所保班次應交免保舉銀數赴京銅局呈交一半實銀一半銀票各省及各路軍營保獎勞績人員亦不准將此項銀兩奏請免交同治二年戶部議覆湖南巡撫惲世臨奏案



一各項捐納人員有從前但捐雙月現在加捐雙單月及各項班次者有從前在部候選現在加捐分發指省者有從前在省候補現在加捐各項班次者若不詳定章程誠恐辦理歧舛嗣後凡生監吏員出身之捐納道府州縣除曾任實缺之應補應選各員加捐分發班次投供及分發各員由儘先遞捐分間分先者毋庸另行捐免保舉外其在部在省候選候補人員加捐雙單分發指省並儘先等項班次以及本有班次加捐遇缺分缺先前分缺間前儘先前者俱令遵照新章與初捐人員一律補交免保舉實銀方准

加捐其從前已捐本職免保舉銀兩隨捐聲叙覆其
銀數改爲加級紀録知照吏部註册各舊例捐納捐
輸人員加成過班亦卽照此辦理其從前報捐人員
績經勞績保奏得有班次者統照新章補交免保舉
半銀半票原捐免保舉銀兩不得概請加級紀録致
滋淆混至保舉試用之候補候選道府州縣願過捐班選
補或由本職捐升應仍照捐納人員之例另交各本
職升職免保舉實銀如已遵新章補過本職免保舉
半銀半票者准其將原捐銀數減半作抵同治三年戶部奏案



一勞績人員凡係生監吏員俊秀從未捐貲統因勞績
遞保正印官階者無論何項勞績均無庸捐免保舉
其生監吏員出身道府州縣等官旣經捐貲無論先
捐後保先保後捐亦無論所保所捐何項名目統令
補交免保舉半銀半票至勞績遞保府道州縣等官
除捐加級紀録外有就本職報捐各項名目者卽以
先保後捐論統令照章補捐免保舉銀兩至前項應
捐各員除已選補實缺者無庸補交捐免保舉銀兩
其呈請分發者未經捐免不准分發其投供候選者

未經捐免不准開選其在省候補人員從前未經引
見者於赴部驗看時令赴銅局捐免其業經引
見到省者亦令補行捐免倘未經補交之先該督撫題補升
補到部應令於題本奏摺內詳細聲明補交日期再
行照例覈准如未補交卽行議駁此外無論所捐所
保在此次章程以先章程以後概令補交同治三年戶部等部會議籌餉章程奏案
一查保舉儘先遇缺過入捐班儘先分間分先等班係
按例定四成銀數折收捐項較輕且勞績班次已斷



是以將免保舉一項令按捐納人員之例呈交實銀
以示區别簡明章程內開無論先捐後保先保後捐
統令補交免保舉半銀半票係指勞績人員未經過
班加捐班次者而言並未指定勞績過班人員亦照
此數報捐是勞績儘先遇缺過班減成加捐儘先分
間分先等項花樣自應按照捐納人員辦理同治四年戶部章程稿
一軍功保舉候補人員應繳捐免保舉銀兩者未經補
繳上兌請補到部查無别項不合例事故一面覈准

一面飭令補交如未補交雖經覈准不准赴任且於
奏准後各該省題補升補到部卽照此辦理其在未
經具奏以前到部者仍照舊章辦理同治四年吏部議覆湖南巡撫李瀚章奏案

保舉孝廉方正已經
朝考者作爲正途毋庸捐免保舉未經
朝考者不得作爲正途仍令捐免保舉同治四年吏部咨案

一查舊例及推廣章程內載生監吏員報捐郎中員外郎主事大理寺寺丞兵馬司指揮中書科中書大



理寺評事太常寺博士治中都察院都事經歷光祿寺署正部寺司務運同提舉鹽庫各大使均應捐免保舉其勞績議敘各員應否報捐例無明文應比照勞績道府州縣簡明章程變通辦理以昭平允除生監出身統由勞績得官並未捐資者毋庸議外其生監吏員出身曾經捐納官階續因勞績議敘郎中員外郎主事大理寺寺丞兵馬司指揮中書科中書大理寺評事太常寺博士治中都察院都事經歷光祿寺署正部寺司務運同提舉鹽庫各大使等官無論何項勞績議敘查係未經捐免保舉者均令各按京外捐局現行章程捐免保舉方准銓選分發至先保別項官階續捐郎中等官亦一律辦理其銓補得缺並業經在部行走在省候補各員及曾經捐免保舉續由勞績議敘班次並未議敘升階各項人員均毋庸補交惟曾經捐免保舉續經議敘升階尚未銓選分發者仍令補交升階捐免保舉銀兩以示區別至漢軍監生捐免考試除道府州縣仍照簡明章程辦理外其勞績議敘別項官階卽按此次捐免保舉章



程覈辦同治五年戶部等部奏案

一查會奏章程銓補得缺並業經在部行走在省候補者毋庸補交此指現在京外實缺及部院京官並各項小京官業經分發行走暨在省候補人員而言無論從前曾否捐免保舉及有無勞績議敘班次均無庸捐免保舉也又曾經捐免保舉續有勞績議敘班次並未議敘升階者毋庸補交此指各項候選人員而言查係從前業經捐免雖議敘班次亦毋庸補交捐免保舉也又曾經捐免保舉續經勞績議敘升階

尚未銓選分發者仍令補交此專指各項候補候選及實缺人員得保前項各官升階仍歸部選或仍須掣籤分發者而言也今本部主事金星榆保升郎中仍補本衙門題選咨留各缺本部查與在部行走人員毋庸補交事同一律應毋庸補交升階免保舉銀兩當經酌議咨行在案嗣後京外勞績議敘升階各員凡投供候選及以升階之官分發驗看者均援議敘升階尚未銓選分發者仍令補交一層辦理其各部人員保舉升階仍在本部行走留補題選各缺及



外省保舉運同提舉各大使等官仍歸原省補用無須分發驗看者均援業經在部行走在省候補者毋庸補交一層辦理至京外各官如保道府州縣升階仍按同治四年簡明章程核扣以歸畫一（同治五年戶部咨案）

一凡捐納知縣遵照新章呈交免保舉實銀後嗣因勞績保奏以知州直隸州知州用應交升階免保舉銀兩除去知縣免保舉銀陸百兩外飭令補交升階免保舉實銀銀票各貳百兩其捐納知州直隸州知州曾經呈交免保舉實銀嗣因勞績保奏以道府用者

應交升階免保舉銀兩一律扣除原捐銀數辦理至勞績州縣曾經遵照新章呈交免保舉實銀銀票各半者如再因勞績保升道府各除原捐免保舉銀數按照升階補足實銀銀票各半其捐納道府州縣曾經遵照新章呈交免保舉實銀者如續因勞績保加班次並未保加升階應毋庸再補勞績免保舉銀兩（同治五年新纂）

## 捐免考試



一八旗漢軍候選官員捐免考試　四品捐銀壹千兩　五品捐銀捌百兩　六七品捐銀伍百兩　八品以下捐銀貳百兩俱免考試准其補用（常例）

一漢軍捐納貢監生報捐職官俱令捐免考試（原定保款）

一查漢軍人員常例內載有免考試銀數與漢員免保舉事同一律此次新定章程凡漢員由監生吏員出身捐納道府直隸州知州知縣正印人員捐免保舉均令照例定銀數以實銀赴京銅局上兌勞績保奏州縣以上正印人員均令照例定銀數赴京銅局呈

交一半實銀一半銀票所有漢軍人員由捐納貢監生出身捐道府直隸州知州知縣五項正印及勞績保奏州縣以上正印各官應比照漢員捐免保舉新章將應捐免考試銀兩分別捐納勞績令赴京銅局上兌同治三年戶部奏案

捐離任

一查各項現任應升並已經捐升人員捐離任係離此任而就彼任與加捐分發者事同一律嗣後現在應升捐升人員文職四品即照道員分發銀數報捐其餘按品遞減每品減三成報捐准其離任至武職人員並無報捐分發之例應仍照原定銀數辦理

一各項文職現任應升並已經捐升人員加捐離任四品捐銀壹千肆百肆拾兩　五品捐銀壹千捌兩　六品捐銀柒百陸兩　七品捐銀肆百玖拾伍兩　八品捐銀叁百肆拾柒兩　九品以下捐銀貳百肆拾叁兩准其離任候升至捐升離任人員任內有展參之案止於罰俸降級留任准其報捐離任後除



應議罰俸之案仍照離任官例以罰俸議結外其展參到部止於降級留任者俟接任官參處到部即將該員概以降一級留任議結帶於新任照例開復

一各項武職現任應升並已經捐升人員加捐離任遊擊捐銀叁百兩　都司捐銀貳百伍拾兩　營衛守備捐銀貳百兩　守禦所千總捐銀壹百捌拾兩　營衛門千總捐銀壹百伍拾兩　把總捐銀壹百貳拾兩俱准其離任候升取具現任省分文結赴部投供銓選其有展參之案止於罰俸者仍照離任官以罰俸議結展參到部仍應降級留任者即將該員以降級留任議結帶於新任照例開復

一各項現任應升並已經捐升人員如任內有展參之案例應降調者概不准其捐升離任以上常例

捐職銜

京官職銜

一郎中

由貢監生捐銀叁千捌百肆拾兩　由同知捐銀壹

于陸百伍拾陸兩
一員外郎
由貢監生捐銀叁千貳百兩
一主事　都察院都事　都察院經歷　大理寺寺丞
由貢監生捐銀壹千陸百陸拾兩
一光祿寺署正
由貢監生捐銀玖百兩
一大理寺評事　太常寺博士　太常寺典簿　通政
司經歷　通政司知事
由貢監生捐銀柒百伍拾兩
一鑾儀衛經歷　中書科中書　詹事府主簿　光祿
寺典簿
由貢監生捐銀陸百伍拾兩
一部寺司務
由貢監生捐銀陸百兩
一國子監典簿
由貢監生捐銀伍百兩
一國子監典籍　翰林院待詔

由貢監生捐銀叁百陸拾兩
一翰林院孔目
由貢監生捐銀叁百貳拾兩
一道員
由貢監生捐銀伍千貳百肆拾捌兩
一知府
由貢監生捐銀肆千貳百伍拾陸兩
一鹽運司運同
由貢監生捐銀叁千捌百肆拾兩
一同知
由貢監生捐銀貳千兩
一通判
由貢監生捐銀壹千陸百兩
一布政司經歷　布政司理問　州同
由貢監生捐銀叁百兩　由恩拔副貢生捐銀壹百
貳拾兩
一按察司經歷　布政司都事　鹽運司經歷　州判
由貢監生捐銀貳百伍拾兩　由恩拔副貢生捐銀

柒拾兩
一鹽庫各大使　按察司知事　府經歷　縣丞　鹽
運司知事　布政司照磨
由貢監生捐銀貳百兩
一按察司照磨　府知事　縣主簿　州吏目　茶馬
大使
由貢監生捐銀壹百貳拾兩　由從九品未入流捐
銀壹百捌拾兩
一從九品　未入流



由俊秀捐銀捌拾兩　由未滿吏捐銀陸拾伍兩
由已滿吏捐銀伍拾兩
以上各項職銜除從九品未入流兩項外其餘俱
係由貢監生報捐其小銜加捐大銜准將原捐小
銜銀數抵算
一監生
由俊秀捐銀壹百捌兩　由附生捐銀玖拾兩　由
增生捐銀捌拾兩　由廩生捐銀陸拾兩　由俊秀
捐納從九未入職銜人員有願改作監生應試者仍

補交銀貳拾捌兩換給監照
一貢生
由監生附生捐銀壹百肆拾肆兩　由增生捐銀壹
百貳拾兩　由廩生捐銀壹百捌兩
一文進士舉人報捐京外四五品文職銜應扣除原資
銀數
已截取進士作銀壹千貳百玖拾伍兩　未截取進
士作銀壹千壹百伍拾伍兩　已截取舉人作銀壹
千拾伍兩　未截取舉人作銀捌百柒拾伍兩　未
揀選舉人作銀柒百叁拾伍兩



武官職銜
一遊擊
由監生武生捐銀壹千捌百貳拾肆兩
一都司
由監生武生捐銀玖百兩
一營衛守備
由監生武生捐銀陸百兩
一守禦所千總

由監生武生捐銀肆百兩
一衛千總
由監生武生捐銀貳百伍拾兩
一營千總
由監生武生捐銀貳百拾兩
一把總
由監生武生捐銀壹百貳拾兩　由俊秀捐銀貳百
叁拾兩
以上常例



一查道光二十五年戶部等部會奏酌留豫工事例條
欵纂入常例遵行摺內聲明各館供事准捐正八品
之縣丞從八品之布政司照磨鹽運司知事正九品
之按察司照磨府知事縣主簿從九品之州吏目等
項職銜將來該館題請議敘時與向例准捐之府經
歷及從九未入職銜一體照銜議敘等語歷辦舊章
供事報捐職銜係按未滿吏遞捐凡捐府經歷縣丞
布照磨鹽知事各職銜例銀叁百貳拾伍兩捐按照
磨府知事縣主簿州吏目各職銜例銀貳百肆拾伍

兩應一併纂入常例遵行同治五年新纂

捐封典

一京外文武現任及候補候選人員　一品捐銀壹千
兩　二品捐銀玖百兩　三品捐銀捌百兩　四品
捐銀柒百兩　五品捐銀肆百兩　六七品捐銀叁
百兩　八品以下捐銀貳百兩均給與應得
封典未入流捐銀壹百兩亦給予從九品
封典



一捐納京外文武職銜人員　三品捐銀玖百陸拾兩
四品捐銀捌百肆拾兩　五品以下照現任候補
候選人員一律報捐
一京外文武現任及候補候選人員加級請封應分別
京職外職各照尋常加級銀數報捐
在京文職　一品捐銀貳百貳拾伍兩　二品捐銀
貳百伍兩　三品捐銀壹百捌拾伍兩　四品捐銀
壹百陸拾伍兩　五品捐銀壹百肆拾伍兩　六品
捐銀壹百貳拾伍兩　七品捐銀壹百伍兩　八品

捐銀捌拾伍兩　九品以下捐銀陸拾伍兩
在外文職　一品捐銀肆百伍拾兩　二品捐銀肆百拾兩　三品捐銀叁百柒拾兩　四品捐銀叁百叁拾兩　五品捐銀貳百玖拾兩　六品捐銀貳百伍拾兩　七品捐銀貳百拾兩　八品捐銀壹百柒拾兩　九品以下捐銀壹百叁拾兩
在京武職　一品捐銀壹百伍拾兩　二品捐銀壹百肆拾兩　三品捐銀壹百叁拾兩　四品捐銀壹百貳拾兩　五品捐銀壹百拾兩　六品捐銀壹百



兩　七品捐銀玖拾兩　八品捐銀捌拾兩　九品捐銀柒拾兩
在外武職　一品捐銀叁百兩　二品捐銀貳百捌拾兩　三品捐銀貳百陸拾兩　四品捐銀貳百肆拾兩　五品捐銀貳百貳拾兩　六品捐銀貳百兩　七品捐銀壹百捌拾兩　八品捐銀壹百陸拾兩　九品捐銀壹百肆拾兩
一捐納文職銜人員加級請封亦分別京職外職各照隨帶加級銀數報捐武職銜不分京外悉照在外武



職捐尋常級銀數加倍報捐
在京文職　五品捐銀貳百玖拾兩　六品捐銀貳百伍拾兩　七品捐銀貳百拾兩　八品捐銀壹百柒拾兩　九品以下捐銀壹百叁拾兩
在外文職　四品捐銀陸百陸拾兩　五品捐銀伍百捌拾兩　六品捐銀伍百兩　七品捐銀肆百貳拾兩　八品捐銀叁百肆拾兩　九品以下捐銀貳百陸拾兩
武職　三品捐銀伍百貳拾兩　四品捐銀肆百捌



拾兩　五品捐銀肆百肆拾兩　六品捐銀肆百兩　七品捐銀叁百陸拾兩俱准其加一級再有情願多捐加級者悉照此數報捐准照所加之級捐封
一京外大小各官貤封曾祖父母伯叔祖父母伯叔父母庶母兄嫂及外祖父母均准其貤封
一八品以下職官向例止封本身不封妻室如八品以下至未入流等官欲封本身及妻室者准照常例捐封銀數加倍報捐給予本身及妻室
封典　如止封本身不封妻室仍照常例銀數報捐

一京外文武各官以及捐職人員有爲第二三繼妻捐封俱照本身品級一體交銀給與應得
封典如爲第三繼妻捐封應令先封本身及原配繼配妻室再照本身品級捐封銀數另爲第三繼室請封如本身及原配繼配本有
封典亦毋庸重複捐請
一子孫爲伊祖父父原職品級追請
封典者亦准一體捐請



一京外各官及捐職人員日加級及捐加之級捐封者准照加級給封限制報捐八品以下不得逾七品七品不得逾五品五六品不得逾四品三四品不得逾二品惟捐職四品人員止准捐至三品現任及候補候選三四品人員准其捐至二品其五六品以下京外各官及捐職人員有加等捐封者照常例加倍交銀各准其加一等報捐仍定限制五六品准捐至三品七品准捐至四品八品以下准捐至六品
一加等請封人員無論現任候補候選職銜概令按品照現定捐請封典銀數加倍報捐其捐銜人員請封仍不得至二品
一三品以上各官欲捐請本生曾祖父母封贈者准照贈封曾祖父母之例報捐
一官生有自幼受外家撫養之母舅舅母姑夫姑母姨夫姨母妻夫妻母均照恩撫伯叔父母例准其具呈捐請貤封生母應歸應封辦理毋庸另請貤封
一議敘四品職銜人員加級捐請二品封典准其加倍交銀照現任及候補候選人員例一體給封
一捐納分發各部院學習行走人員恭遇



覃恩例不給封應令具呈戶部照常例報捐
封典

以上常例

一例載捐職四品人員止准捐至三品封典議敘四品職銜人員加級捐請二品封典准其加倍交銀照現任及候補候選人員例一體給封各等語此次量爲變通捐職四品人員應請援照道光二十五年吏部會議推廣封典案內各項捐納四品職銜人員令照常例銀數加一倍半報捐准其照議敘四品人員一

儹加級捐請一品封典

一例載四品至七品官不得貤封曾祖父母八品官以下不得貤封祖父母等語查捐封人員伯叔祖父母伯叔父母均准捐封至曾祖父母祖父母一脈相承限於品級不得貤封顯揚尚有未備此次量爲變通四品至七品官准其貤封曾祖父母八品官以下准其貤封祖父母照常例之數加倍交銀報捐

一例載報捐加級捐封者其舊捐之級不准計算應令另捐新級作爲捐封之級并於呈內聲明專爲請封字樣每一次捐級准其捐封一次捐封後即行豁除等語此次量爲變通捐級請封人員准其將所捐之級續行捐請封典毋庸豁除惟不准將捐封之級抵銷處分以示區別



一例載捐封人員有貤封曾祖父母伯叔祖父母伯叔父母庶母兄嫂及外祖父母者均准其捐請貤封等語查外姻有服尊屬均准捐封而同堂親屬服制較近不得貤封未免向隅此次量爲變通應請准其捐請貤封嫡堂伯叔祖父母嫡堂伯叔父母嫡堂兄嫂

以上四條原案聲明纂入常例永遠遵行係道光二十八年戶部等部會議奏案

一京外捐納候補及各項捐輸議敘職銜人員於

恩詔給封期內捐封者准加與

覃恩字樣

一凡升官在

恩詔之後者各按所升之級照常例補交加級銀兩即入

覃恩例內以升銜給封

一捐職人員捐級捐封如祇捐加一級應交隨帶加級銀數此外多捐之級即照尋常加級辦理



一實任各官京官之外向來祇照本任品級封贈此次量爲推廣嗣後凡遇

恩詔給封期內准令京外實任各官均照隨帶加級銀數捐級請封其所捐之級准其續行捐封不准抵銷處分

咸豐元年戶部奏案以上四條原奏內聲明扣至請封期滿之日停止等語此次纂入常例應請嗣後遇有覃恩即照前四條辦理

一告假告病服滿各員如有捐封及捐級捐封者應各按原官品級照例定銀數准其於

覃恩期內一體捐請仍給予

覃恩字樣
一查常例內載嫡堂伯叔祖等尊長均准貤封此次推
廣所有從堂再從堂尊長准其一體貤封又例載五
六品以下各官及捐職人員有加等捐封者照常例
加倍交銀各准其加一等報捐仍定限制五六品止
准捐三至品此次推廣准捐至二品其銀數應照道
光二十八年推廣
封典案內捐納四品職銜准捐二品封之例加一倍半辦理
七品向止准捐至四品此次推廣准捐至三品八品

以下向止准捐至六品此次推廣准捐至五品其推
廣封典銀數各照常例加一倍之條辦理毋庸加至
倍半以示區別
一外曾祖父母妻祖父母亦准其按例定品級銀數捐
請貤封至捐封各員仍不准越次捐請以示限制
一休致人員應各按原官品級照例定銀數報捐以上四條
咸豐二年戶部等部會議籌餉二十二條奏案
一爲人婦者知追榮其故夫以伸恩義爲人後者欲曲
顯其先代以盡孝思如有急公報効願爲其已故夭

之祖若父捐職請封並爲祖若父貤封其先人者應
准呈請以遂其報本之忱咸豐三年戶部奏定六條章程
一第三繼妻以後誼同敵體應准其按次遞捐以昭
曠典咸豐四年戶部等部會議陝西巡撫王慶雲奏案
一查三品人員加級請封准捐至二品爲止不得捐請
一品此次推廣擬令三品人員按例定一品人員捐
銀壹千兩之數加倍報捐即准給予從一品
封典其三品虛銜人員有報捐從一品封者應按照實職人
員報捐銀數再加五成又二品虛銜人員例無捐請

從一品
封典明係令三品既准捐請從一品
封典二品虛銜人員亦應准其捐請其銀數仍照二品人員
捐請之數加倍報捐如有爲外姻捐請從一品
封典者應照二三品實職虛銜此次酌定銀數再加二成另
行捐請此條專歸京銅局收捐外省不得兌收咸豐十年戶部奏定推廣八條章程
一一品至三品不得貤封高祖父母推廣章程准爲已
故祖若父捐職請封並貤封其先人自應以現在捐

請之人核計世代至曾祖爲斷不得貤封高祖（咸豐五年戶部等部會議烏嚕木齊都統[illegible]福奏案）

一三品虛銜人員貤二品封應令按二品例定銀數加倍交銀壹千捌百兩（同治五年新纂）

捐分發

一文職京官郎中以及筆帖式人員已捐至不論雙單月即用者　郎中捐銀捌百兩　員外郎捐銀陸百肆拾兩　主事捐銀肆百捌拾兩准其知照吏部驗看分發各部學習行走仍令投供按次銓選其由進士出身者方准分發吏禮二部學習至捐納小京官已經捐至不論雙單月即用者捐銀叁百貳拾兩筆帖式捐銀壹百捌拾兩准其先在部院各衙門學習行走

一盛京考班捐班候補筆帖式准捐分五部學習行走

一文職外官道府以及佐貳雜職人員已捐至不論雙單月即用者　道員捐銀壹千肆百肆拾兩　知府



運同俱捐銀壹千貳百捌拾兩　直隸州知州　監掣同知　鹽課司提舉　鹽運司運副　運判俱捐銀壹千壹百貳拾兩　知州　知縣俱捐銀玖百陸拾兩　同知　通判俱捐銀陸百肆拾兩　鹽課大使　批驗所大使　布政司庫大使　運庫大使俱捐銀肆百捌拾兩　六品佐貳官捐銀貳百肆拾兩　七八品佐貳官捐銀壹百陸拾兩　教諭捐銀壹百陸拾兩　訓導捐銀壹百叁拾兩　九品以下考選議敘各班捐銀壹百貳拾兩各舊例捐納過班及新捐人員捐銀貳百貳拾兩俱准其知照吏部驗看分發試用

一武職衛守備已捐至雙月即用者捐銀陸百肆拾兩　守禦所千總衛千總已捐至不論雙單月即用者守禦所千總加捐銀貳百肆拾兩衛千總加捐銀壹百陸拾兩准其知照兵部考驗弓馬帶領引見分發漕標試用

一綠營武職守備以上各官已捐至雙月即用者參將捐銀柒百貳拾兩遊擊捐銀陸百肆拾兩都司捐銀

伍百陸拾兩守備捐銀肆百捌拾兩准其知照兵部
考驗弓馬帶領引

見分發試用以上常例

一六品京官報捐分發悉照主事分發銀數辦理同治五年新纂

一文職外官自道員以至七八品佐貳官報捐指省俱
照分發銀數加倍報捐九品以下考選議敘各員報
捐指省亦照分發銀數加倍報捐其九品以下捐納
各員報捐指省例定銀壹百叁拾貳兩至武職叅將
遊擊都司守備有願指各省者遊擊都司守備有願
指本省者各按例定分發銀數加五成千總把總例
無分發銀數如指分東河南河應照監生武生報捐
本職銀數按三成報捐同治五年新纂



文職品級

正一品　太師　太傅　太保　大學士
從一品　少師　少傅　少保　太子太師　太子太
傅　太子太保　各部院尚書　都察院左都御史
右都御史總督加銜
正二品　太子少師　太子少傅　太子少保　各省
總督　部院左右侍郎
從二品　內閣學士　翰林院掌院學士　各省巡撫
布政使司布政使
正三品　都察院左副都御史　右副都御史巡撫加銜
宗人府府丞　通政使司通政使　大理寺卿　詹
事府詹事　太常寺卿　順天府府尹　奉天府府
尹　按察使司按察使



從三品　光祿寺卿　太僕寺卿　鹽運使司鹽運使
正四品　通政司副使　大理寺少卿　詹事府少詹
事　太常寺少卿　會同四驛館少卿　太僕寺少
卿　鴻臚寺卿　順天府府丞　奉天府府丞　各
省守巡導
從四品　國子監祭酒　內閣侍讀學士　翰林院侍
讀學士　侍講學士　鹽運使司運同　各府知府
正五品　左右春坊庶子　宗人府理事官　通政使
司叅議　光祿寺少卿　六科掌印給事中　給事

中　各部院郎中　順天府治中　奉天府治中
欽天監監正　太醫院院使　各府同知　各直隸
州知州
從五品　翰林院侍讀　侍講　司經局洗馬　宗人
府副理事官　鴻臚寺少卿　各道監察御史　各
部院員外郎　各州知州　鹽運使司運副　鹽課
司提舉
正六品　內閣侍讀　左右春坊中允　國子監司業
各部院主事　宗人府主事　經歷　都察院經



歷　都事　理藩院主事　大理寺左右寺丞　太
常寺寺丞　太醫院院判　欽天監監副　五官正
京府通判　兵馬司指揮　京縣知縣　神樂觀
提點　各府通判　聖廟管勾廳齋奏廳
從六品　左右春坊贊善　翰林院修撰　光祿寺署
正　滿五官正　布政司經歷　理問　鹽運使司
運判　直隸州州同　州同　僧錄司闡教　道錄
司演法
正七品　翰林院編修　大理寺評事　太常寺博士

典簿　國子監監丞　內閣典籍　通政司經歷
各部院寺司庫　各部院七品筆帖式　太僕寺
主簿　京府教授　四氏學教授　兵馬司副指揮
京縣縣丞　七品朝鮮通事　太醫院御醫　通
政司知事　按察司經歷　各縣知縣　各府衛學
教授　聖廟啟事　伴官　司樂　典籍　知印
書寫
從七品　翰林院檢討　中書科中書　內閣中書
詹事府主簿　光祿寺典簿　署丞　國子監博士



助教　鑾儀衛經歷　太常寺祀祭署奉祀　欽
天監靈臺郎　布政司都事　直隸州州判　州判
鹽運司經歷　順天奉天二府經歷　各衛經歷
正八品　翰林院五經博士　國子監學政　學錄
理藩院知事　欽天監保章正　主簿　太常寺協
律郎　各部院八品筆帖式　八品朝鮮通事　布
政司庫大使　按察司知事　各府經歷　各縣縣
丞　鹽課司大使　批驗大使　運庫大使　各州
學正　各縣教諭　僧錄司講經　道錄司至靈

各部院司務
從八品　翰林院典簿　國子監典簿　鴻臚寺主簿
欽天監挈壺正　太常寺祀丞　神樂觀知觀
布政司照磨　鹽運司知事　各府州縣衛學訓導
僧錄司覺義　道錄司至義
正九品　禮部太常寺讀祝官　贊禮郎　會同館大
使　欽天監五官監候　五官司書　大醫院吏目
按察司照磨　各府知事　茶馬大使　各縣主
簿



從九品　翰林院待詔　國子監典籍　四驛館正教
序班　鴻臚寺序班　鳴贊　工部製造庫司匠
刑部司獄　太常寺司樂　欽天監博士　五官司
晨　按察司檢校　司獄　府照磨　府司獄　倉
大使　稅大使　道庫大使　宣課司大使　都稅
司大使　各州吏目　巡檢　土司副巡檢　僧綱
司都綱　道紀司都紀　府陰陽正術　府醫學正
科
未入流　翰林院孔目　各部院無頂帶筆帖式　各
部烏林大　鑄印局大使　崇文門大使　兵馬司
吏目　各府檢校　長官司吏目　府庫大使　州
縣稅課大使　茶引批驗大使　州庫大使　河泊
所所官　各縣典史　各閘閘官　驛丞　道州縣
倉官　州陰陽典術　縣醫學訓科　僧綱司副都
綱　僧正　僧會　道紀司副都紀　道正　道會

## 武職品級

正一品　領侍衛大臣



從一品　內大臣　八旗滿洲蒙古漢軍都統　外省
駐防將軍　烏嚕木齊都統　察哈爾都統　熱河
都統　提督九門巡捕五營步軍統領　各省提督
正二品　左右翼前鋒統領　八旗護軍統領　左右
翼總兵　八旗滿洲蒙古漢軍副都統　外省駐防
副都統　鑾儀使　總兵
從二品　散秩大臣　副將
正三品　一等侍衛　冠軍使　火器營翼長　健銳
營翼長　步軍翼尉　包衣護軍統領　圓明園營

總　鳥鎗營總　前鋒參領　護軍參領　鳥鎗護
軍參領　驍騎參領　陵寢總管　圍場總管　黑
龍江管船礮水手總管　察哈爾總管　城守尉
王府長史　參將
從三品　圓明園包衣營總　包衣護軍參領　包衣
驍騎參領　吉林參領　黑龍江參領　察哈爾參
領　駐防協領　一等護衛　遊擊
正四品　二等侍衛　雲麾使　前鋒侍衛　副護軍
參領　副鳥鎗護軍參領　副前鋒參領　副驍騎



參領　佐領　步軍協尉　信礮總管　南苑總管
陵寢副總管　陵寢司工匠　圍場翼長　尙都
達布遜諾爾達里岡愛總管　太僕寺馬廠駝廠總
管　黑龍江吉林等處管水手四品官　防守禦
司儀長　聖廟百戶　都司　林廟守衛司
從四品　城門領　包衣副護軍參領　包衣副驍騎
參領　包衣佐領　四品典儀　一等護衛　察哈
爾副參領　察哈爾副佐領
正五品　三等侍衛　治儀正　步軍副尉　步軍校

監守信礮官　南苑門章京　陵寢防禦　陵寢
管理燒造甎瓦官　分管佐領　蓋州牛莊二處滿
洲掌印防禦　關口守禦防禦　黑龍江吉林等處
管水手官　守備
從五品　四等侍衛　委署前鋒參領　委署護軍參
領　委署鳥鎗護軍參領　委署前鋒侍衛　五品
典儀　三等護衛　下五旗五品包衣參領　守禦
所千總　印務章京
正六品　藍翎侍衛　整儀尉　親軍校　前鋒校



鳥鎗護軍校　驍騎校　護軍校　陵寢祭祀供應
官　大僕寺馬廠駝廠翼長　黑龍江吉林等處管
水手六品官　營千總　門千總　委署步軍校
從六品　六品典儀　內務府六品催長　衛千總
正七品　城門吏　弓匠固山達　盛京遊牧正尉
太僕寺馬廠駝廠固山達　七品廕監生　把總
從七品　盛京遊牧副尉　七品典儀
正八品　盛京養息牧左右翼長　八品廕監生　外
委千總

從八品　八品典儀　委署親軍校　委署前鋒校
委署護軍校　委署驍騎校　副護軍校
正九品　各營藍翎長　外委把總
從九品　大僕寺委署固山達　額外外委



# 新海防武職條款銓補章程

戶部等部謹

奏為會議新海防事例開辦報捐武職各條恭摺仰祈

聖鑒事竊本年[illegible]因武職停捐[illegible]奏請按案暫

行開辦[illegible]籌餉[illegible]聲明如蒙

俞允應由[illegible]部會同兵部將收捐條款銓補章程悉心妥籌

奏明辦理等因奉

旨允准[illegible]部去後旋

據覆稱此次開辦捐輸武職實官所有報捐營員免其報捐選用字樣只准報捐分發補用其衛所各官開捐實職內銓外補均准其報捐等因戶部查此次新海防例開辦武職捐輸擬照籌餉事例及現行常例所定銀數酌減二成按八成實銀收捐惟綠營各官既不准報捐選用必須隨捐分發擬將武職分發指省二項較武職實官多減二成按六成實銀上兌其衛所各官雖准報捐選用如加捐分發指省亦擬按六成實銀收捐以昭平允至新海防例內原准收捐武職各條應照此次減定成數一律分別辦理其報捐旗營各官擬比照品級酌定銀數亦按八成實銀收捐一切銓補章程謹會



同兵部悉心覈議分繕清單恭呈

御覽俟

命下之日即由戶部通行遵照嗣後如有應行變通之處再由臣等隨時奏明酌改其未盡事宜亦由臣等詳細妥籌行知各直省查照辦理再武職報捐各項官階戶部隨時核准知照兵部仍由兵部按兩箇月一卯掣籤選補兵部查舊籌餉例開簽掣名次各歸各卯之次數為序挨次輪選到班時各用名次在前者一人週而復始原為鼓勵捐生俾後來上兌者不致觀望惟武職報捐人數本少若一卯內僅用名次在前一人則名次稍後者即難到班轉使捐輸不能踴躍此次新例擬按卯次名次銓補此卯無人再用下卯人員以免向隅所有臣等會議緣由理合恭摺具陳伏乞

皇上聖鑒再此摺係戶部主稿會同兵部辦理合併聲明謹

奏

謹將新海防事例奏請開辦武職應防照籌餉事例及
現行常例各項條款會同兵部覆議銓補章程繕具清
單恭呈
御覽

計開

一籌餉例載報捐綠營武職實官叅將准捐雙月選用
並准報捐分發及指各省遊擊都司營守備准捐雙
月選用並准報捐分發及指本省各省營千總把總
准捐分發本省拔補此次擬請歸入新海防例收捐
應如何分別辦理之處兵部查軍興以來武職保舉
儘先人員太多推缺均未佔補是以大選停止多年
舊例捐納人員臣部奏明定章分發各省歸於題缺
輪補揀發班內候補惟揀發一班各項人員較多此
次新例報捐武職實官若仍歸揀發班候補輪補不
易恐難踴躍自應推廣變通辦理查各省題缺輪補
章程有預保省分九缺一輪一缺二缺儘先三缺預
保四缺五缺儘先六缺揀發七缺八缺儘先九缺應
升應補無預保省分六缺一輪一缺二缺儘先三缺



揀發四缺五缺儘先六缺應升應補今擬新設一班
名曰捐輸班列在應升應補之次專用新海防捐納
人員核計有預保省分十缺一輪無預保省分七缺
一輪週而復始輪到捐輸班時先用捐納儘先四人
次用捐班前一人再用捐納試用本班一人如輪用
捐納儘先無人以捐班前及試用人員挨次抵補每
輪只用一人倘新捐各項無人即行過班此項人員
既另設一班不得在歸揀發班內請補以免班次紊
亂至舊例捐輸人員未過新例仍照舊章歸於揀發
班內候補以示區別此次新海防例報捐叅將以下
守備以上實官擬請隨捐分發應令赴部引
見俟到省試用一年期滿歸於捐輸班內挨次序補其營千
總把總准捐分發本省拔補令其赴部驗看俟到省
試用一年期滿由各該省督撫查照例章揀拔報部
核辦再武進士奉
旨以衛守備用願捐營守備並令隨捐分發引
見到省試驗一年期滿歸捐輸班挨次序補此項人員既准
歸捐班不得在歸武進士原班以示限制戶部查此

項人員報捐營守備擬照候補候選衛守備報捐營守備例銀七百二十兩並令隨捐分發銀兩

一籌餉例載綠營叅將遊擊都司營守備營千總把總准捐儘先及捐班前兩項補用花樣並令隨捐免試用銀兩此次擬請歸入新海防例收捐應如何補用之處兵部查此次開辦新捐綠營叅將以下守備以上報捐儘先及捐班前兩項花樣並隨捐免試用擬請歸入捐輸班以到省先後挨次序補營千總把總報捐儘先及捐班前兩項花樣並隨捐免試用應由



各該省督撫查例章遇缺揀拔報部核辦

一籌餉例載衛守備准捐雙月選用實缺人員准捐單月選用並雙月單月衛守備准捐不論雙單月選用守禦所千總衛千總准捐不論雙單月選用並均准報捐分發漕標補用此次擬請歸入新海防例收捐應如何分別辦理之處兵部查衛守備內選八缺一輪第二缺用捐輸外補九缺一輪第三缺用捐輸此次開辦新捐第一輪捐輸到班時用新捐捐納人員第二輪用舊捐捐納人員第三輪仍用新捐以次類

推以上內選新捐到班先用捐納儘先四人次用捐班前一人再用不論雙單月一人再次單月見缺用單月一人雙月見缺用雙月一人外補新捐到班亦先用捐納儘先四人次用捐班前一人再用試用一人守禦所千總內選六缺一輪第三缺用捐輸外補三缺一輪第三缺用捐輸衛千總內選外補俱六缺一輪第三缺均用捐輸此次開辦新捐第一輪捐輸到班時用新捐捐納人員第二輪用舊捐捐納人員第三輪仍用新捐以次類推以上內選新捐到班時



先用捐納儘先四人次用捐班前一人再用不論雙單月一人外補新捐到班亦先用捐納儘先四人次用捐班前一人再用試用一人以上三項舊捐人員仍照舊章辦理凡輪缺到班無論新舊每輪只用一人如輪用新捐各項無人以舊捐各項到班人員抵補下輪舊捐到班接用其次各項人員如舊捐各項無人以新捐各項到班人員抵補下輪新捐到班接用其次各項人員內選時新捐舊捐俱無以各班抵補外補時新捐舊捐俱無即行過班

一籌餉例載捐納營員雙月人員例應試用一年如期
限內有情願捐免試用者仍按本職分發銀兩報捐
此次擬請歸入新海防例收捐應如何辦理之處兵
部查捐納營員雙月人員例應試用一年如期限內
有情願捐免試用者擬請扣足該員到省五十五日
方准補用如已到省人員加捐花樣以兵部行文之
日起按照憑限減半計算作爲該員到省日期如未
到省人員以人文兩項比較何項到省日期在後以
何項作爲該員到省日期均扣足五十五日方准補



用以杜取巧
一籌餉例載報捐千把總人員准其捐免驗看責令該
督撫核實考驗弓馬准免赴部堂考其銀數應比照
文職章程令其各按品級照報捐離任銀數一體捐
免此次擬請歸入新海防例收捐應如何辦理之處
兵部查報捐千把總人員捐免驗看此次開辦新捐
擬請按照籌餉事例辦理業經到省人員捐免驗看
以兵部行文之日起按照憑限減半計算作爲該員
到省日期如未到省人員以人文兩項比較何項到

省日期在後以何項作爲該員到省日期俟試用一
年期滿由各該省督撫遇缺查照例章揀拔報部核
辦
一籌餉例載漢頭等二等侍衛行走三年期滿以叅將
遊擊請
旨分別錄用三等侍衛行走四年期滿以遊擊都司請
旨分別錄用藍翎侍衛行走四年期滿以都司守備請
旨分別錄用二年期滿者咨部以守備選補歷屆事例凡已
經行走期滿引



見奉
旨以應補之官補用者俱准照本職候補候選人員加捐選
用銀數報捐選用再行以次捐升漢頭二等侍衛准
捐遊擊選用三等侍衛准捐都司選用藍翎侍衛准
捐營守備選用再行捐升其未經期滿各侍衛照期
滿侍衛加五成報捐再行遞捐武進士出身之滿洲
蒙古漢軍侍衛一律照辦其並非由武進士出身之
滿洲蒙古漢軍二等三等並藍翎侍衛向無期滿之
例即照武進士出身未經期滿之侍衛各按所得官

職一體加五成報捐再行捐升其並非由武進士出身之滿洲蒙古漢軍頭等侍衛仍照舊例毋庸議捐此次擬請歸入新海防例收捐凡報捐綠營選用各官令其隨捐分發銀兩應如何分別辦理之處兵部查漢侍衛升途較易未經期滿擬請毋庸議捐其漢侍衛期滿錄用後新海防例原准就原班報捐本班儘先選用本班到班時先用仍照舊例辦理此次開辦新捐所有漢侍衛業經期滿錄用者擬請准捐歸捐班及捐升俱令隨捐分發其武進士出身之滿洲



蒙古漢軍侍衛照漢侍衛一律辦理至非由武進士出身之滿洲蒙古漢軍二等三等並藍翎侍衛向無期滿之例自應按照籌餉例准其報捐實官及捐升俱令隨捐分發以上捐納各項人員應令赴部引

見俟到省試用一年期滿俱歸捐輸班按到省先後挨次序

補

一常例內載武職現任應坐補員缺之叅將遊擊都司營守備衛守備守禦所千總營千總門千總衛千總俱准照例捐免坐補原缺另行捐升其有不能捐升止捐免坐補原缺者照例定銀數加倍報捐此次擬請歸入新海防例收捐應如何分別辦理之處兵部查武職現任應坐補原缺之叅將以下守備以上捐免坐補原缺例應赴部候選惟大選久停經臣部奏定章程掣發有題缺省分歸揀發班候補此次開辦新捐如祇捐免坐補原缺應照舊章辦理若捐歸捐班及捐升俱令隨捐分發赴部引

見俟到省試用一年期滿歸入捐輸班按到省先後挨次序

補營千總捐免坐補原缺者應由各該省督撫遇缺



照章揀拔報部核辦至衛守備守禦所千總門千總衛千總捐免坐補原缺者舊章均係赴部銓選此次開辦新捐如有捐歸捐班及捐升者擬請歸入捐輸班按卯次名次先後挨次選補

一籌餉例載凡漢軍漢人期滿雲騎尉及漢人期滿藍翎侍衛有願捐衛守備者應按未經分別營衛之現任守禦所千總捐衛守備銀數報捐其未經期滿之前項人員及漢軍整儀尉均照前項期滿人員酌加五城期滿恩騎尉有願捐守禦所千總門千總衛千

總者亦按候補候選千總捐各項千總銀數加三成
報捐其未經期滿者照期滿人員酌加五成以上各
員衛守備門千總二項歸入雙月選用守禦所千總
衛千總二項歸入不論雙单月選用此次擬請歸入
新海防例收捐應如何分别辦理之處兵部查漢藍
翎侍衛升途較易未經期滿擬請毋庸議捐其漢軍
漢人已未期滿雲騎尉漢人期滿藍翎侍衛並漢軍
整儀尉報捐衛守備者及已未期滿恩騎尉報捐守
禦所千總門千總衛千總者此次開辦新捐擬請仍



照籌餉事例辦理衛守備門千總二項歸入雙月捐
輸班挨次選用守禦所千總衛千總二項歸入不論
雙单月捐輸班俟次選用
一籌餉例載門千總衛千總向無滿洲蒙古報捐之例
應准其比照漢軍漢人例定銀數一體報捐此次擬
請歸入新海防例收捐應如何辦理之處兵部查此
次開辦新捐滿洲蒙古既准報捐門千總衛千總所
有內選外補章程應照漢軍漢人之例一律辦理
一籌餉例載漢世職內輕車都尉學習期滿以叅將遊

擊請
旨分别錄用騎都尉又一雲騎尉並騎都尉學習期滿以都
司用雲騎尉學習期滿以守備用恩騎尉學習期滿
以千總用以上世職凡已經期滿引
見奉
旨以應得之官題補者俱准照本例候補候選人員加捐選
用銀數報捐選用再行以次捐升輕車都尉准捐遊
擊選用騎都尉又一雲騎尉並騎都尉准捐都司選
用雲騎尉准捐營守備選用恩騎尉准捐營千總再



行以次捐升其未經期滿各世職照期滿世職人員
加五成報捐再行遞捐滿洲蒙古漢軍世職向無期
滿之例即照漢世職未經期滿人員各按所得官職
一體加五成報捐再行捐升其佐領一項仍照舊例
毋庸議捐此次擬請歸入新海防例收捐凡報捐緑
營選用各官令其隨捐分發銀兩應如何分别辦理
之處兵部查漢世職內輕車都尉騎都尉又一雲騎
尉並騎都尉雲騎尉恩騎尉期滿奉
旨錄用者新海防例原准就原班報捐本班儘先補用本班

到班時先用仍照舊例辦理此次開辦新捐所有前
項人員有願捐歸捐班及捐升擬請均照籌餉事例
辦理俱令隨捐分發赴部引
見俟到省試用一年期滿歸入捐輸班按到省先後挨次序
補
一籌餉例載鑾儀衛滿洲蒙古漢軍人員報捐各項武
職雲麾使照未經期滿輕車都尉報捐遊擊選用治
儀正照未經期滿騎都尉報捐都司選用整儀尉照
未經期滿雲騎尉報捐營守備選用有情願捐升者



再行一次遞捐其冠軍使一項例用副將仍照舊例
毋用議捐此次擬請歸入新海防例收捐凡報捐綠
營選用各官令其隨捐分發銀兩應如何分別辦理
之處兵部查鑾儀衛滿洲蒙古漢軍人員報捐各項
武職實官及捐升此次開辦新捐擬請按照籌餉事
例辦理俱令隨捐分發赴部引
見俟到省試用一年期滿歸入捐輸班按到省先後挨次序
補
一籌餉例載武職曾任外任奉

旨以京旗營員用者比照文職回原衙門行走各員報捐外
任之例准其降捐外任如副將降捐叅將叅將降捐
遊擊其餘以次遞推其應捐銀數如原係副將降捐
叅將應按叅將以次之遊擊報捐餘以類推此次擬
請歸入新海防例收捐凡報捐綠營選用各官令其
隨捐分發銀兩應如何分別辦理之處兵部查武職
曾任外任奉
旨以京旗營員用者降捐外任此次開辦新捐擬請仍照籌
餉事例辦理並令隨捐分發赴部引



見俟到省試用一年期滿歸入捐輸班按到省先後挨次序
補
一籌餉例載在京八旗並駐防滿洲蒙古漢軍三品以
下人員准按照現任品級加成報捐正三品准捐叅
將從三品准捐遊擊至綠營並無從四品之官如從
四品捐都司比照正四品銀數酌增駐防人員業經
保舉堪勝綠營奉
旨以何項官職用者按照應得之官酌加銀數報捐准捐分
發各省至在京旗員捐輸千把總分發巡捕營駐防

旗員分發各本省此次擬請歸入新海防例收捐凡報捐綠營選用各官令其隨捐分發銀兩應如何分別辦理之處兵部查在京八旗駐防滿洲蒙古漢軍三品以下人員報捐綠營武職實官擬請均照籌餉事例辦理俱令隨捐分發赴部引

見俟到省試用一年期滿歸入捐輸班按到省先後挨次字補至在京旗員報捐千把總赴部驗看分發巡捕營應俟試驗一年期滿後由步軍統領衙門遇缺查照例章揀拔報部核辦駐防旗員報捐千把總赴部驗



看分發各本省應俟試驗一年期滿後由各該省督撫遇缺查照例章揀拔報部核辦

一酌擬推廣駐防保舉綠營錄用後報捐本班儘先補用一條兵部查駐防保舉堪勝綠營奉

旨以何項官階用者擬請准就本班報捐本班儘先遇輪用到班時先用捐納本班儘先一人次用本班一人相間輪用毋輪祗用一人戶部查此項人員就原班報捐儘先應照儘先銀數辦理

一籌餉例載漢軍人員准捐門千總雙月選用並准報捐儘先及捐班前兩項選用花樣此次擬請歸入新海防例收捐應如何銓選之處兵部查門千總選班三缺一輪如有捐納門千總於選用一輪後按報捐年分卯次插選一人此次開辦新捐擬將第四缺歸捐輸班作為四缺一輪週而復始輪到捐輸班時先用捐納儘先四人次用捐班前一人再用雙月選用一人如輪用捐納儘先無人以捐班前雙月選用人員挨次抵補每輪只用一人倘新捐各項無人即行行過班



一籌餉例載衛守備守禦所千總衛千總准捐儘先及捐班前兩項選補花樣如捐補用花樣應令隨捐免試用銀兩此次擬請歸入新海防例收捐應如何選補之處兵部查此次開辦新捐衛守備守禦所千總衛千總准捐儘先及捐班前兩項選補花樣及捐補用花樣隨捐免試用擬請無論內選外補均歸入捐輸班補用其內選以卯次名次先後銓選外補以到省先後挨次序補

一籌餉例載參將遊擊都司守備俱准捐離原省改指

他省此次挨請歸入新海防例收捐其銀數應以引
見到省為斷如未引
見到省應捐離省指省兩層銀兩若已經引
見或先行到省應按離省分發指省三層銀兩報捐應如何
補用之處兵部查叅將遊擊都司守備捐離原省改
指他省此次開辦新捐擬請均照籌餉事例辦理捐
納分發人員未經引
見之前報捐改指他省者仍照初捐分發以該員引
見後到省之日計算試用一年期滿已經引



見到省人員報捐改指他省應由服官省分督撫給咨該員
赴改指省分以該員到改指省分之日扣足試用一
年期滿俱歸捐輸班按到省先後挨次序補至各省
業經到省收標註册之勞績保舉儘先及各項候補
武職人員並非指納實官仍照舊章毋庸先行引
見試用前項人員有願改指他省者應由服官省分給咨該
員赴改指省分以該員到改指省分之日各歸原班
挨次序補
一酌擬推廣世職等項捐免學習期滿一條兵部查舊

籌餉例武職無捐免學習期滿之條此次新例擬准
分別年分報捐所有投標之武進士兵生武舉恩騎
尉五年期滿准捐免三年輕車都尉騎都尉雲騎尉
武生中式武舉三年期滿准捐免二年在部投効差
官三年期滿者准捐免二年四年期滿者准捐免三
年差官既准捐免効力年分不准留差以示限制戶
部查前項人員捐免期滿輕車都尉酌定例銀五百
六十兩騎都尉酌定例銀四百八十兩雲騎尉武進
士差官三項人員酌定例銀四百兩恩騎尉兵生武



舉武生中式武舉三項人員酌定例銀三百二十兩
俱准其免學習期滿
以上各條部庫及各省均准收捐

謹將新海防事例奏請開辦在京八旗並各省駐防報捐旗營各官應仿照籌餉事例酌定銀數繕具清单恭

呈

御覽

計開

正五品防禦

由閑散報捐今擬比照報捐營守備銀數應例銀壹千玖百肆拾肆兩

從五品印務章京

由馬甲報捐今擬比照報捐營千總遞捐守禦所千總銀數應例銀壹千零零捌兩

由領催報捐今擬比照由馬甲報捐銀數減一成應例銀玖百零捌兩

由委印務章京報捐今擬比照由馬甲報捐銀數減六成應例銀肆百零肆兩

由驍騎校報捐應將原捐驍騎校銀數扣抵應例銀肆百伍拾兩

從五品委護軍叅領



由閑散報捐今擬比照報捐營千總遞捐守禦所千總銀數應例銀壹千零零捌兩

由護軍校報捐應將原捐護軍校銀數扣抵應例銀肆百伍拾兩

從五品委前鋒侍衛

由前鋒校報捐今擬比照報捐營千總遞捐守禦所千總銀數扣除原捐前鋒校銀數應例銀肆百伍拾兩

正六品驍騎校

由馬甲領催報捐今擬比照報捐門千總銀數應例銀伍百伍拾捌兩

正六品前鋒校

由前鋒報捐今擬比照報捐門千總銀數應例銀伍百伍拾捌兩

正六品護軍校

由閑散報捐今擬比照報捐門千總銀數應例銀伍百伍拾捌兩

由副護軍校報捐應將原捐副護軍校銀數扣抵應

例銀貳百伍拾貳兩

從八品副護軍校

正九品藍翎長

由閑散報捐今擬比照報捐把總銀數應例銀叁百

零陸兩

以上報捐旗營各官專歸部庫收捐外省不准兑

收再查籌餉例載旗營各員報捐後選補一切章

程仍由該旗查明辦理係咸豐十年戶部奏定推

廣章程此次新海防例奏請開辦武職所有報捐



旗營各官一切選補章程仍由各該旗查照咸豐

十年以後報捐成案辦理

# 中國海岸險要圖説不分卷

佚名撰

《中國海岸險要圖説》不分卷，撰者不詳。是書從北向南，依次以渤海、黄海、東海、南海所屬諸海岸爲條目，載其地理位置、經緯度及其間島嶼、港口、城鎮、山脈之分佈、主支流之流向、兵力之部署等，間言某處之地理沿革。原文對舊籍多所徵引，雖以「圖説」爲題，然全書未見載有地圖。行文簡明扼要，條分縷析。據中國國家圖書館藏民國間抄本影印。

# 抄本中國海岸圖攷

中国海岸險要图说

我国东南臨海。沿海之形成半圓形。东北自盛京之鴨綠江口（与朝鮮交界处）西南至廣东欽州之西端（与越南交界处）合大小各岸出入之岸線計之。凡一萬又二百六十二里。大別之為四部。即渤海、黄海、东海、南海是也。

（甲）渤海：渤海自山东登州府北臨海之登州头。北对盛京金州極南臨海之老鐵山嘴。為渤海口門。口門以西皆渤海也。

登州头与老鉄山。南北距約一百九十里。中間群島。南北相望。有名之島凡十有四。在登州头之正北者。曰長山島。在長山西北者。曰廟島。在廟島西北者。曰小黑山。小黑山之西。曰大黑山。此數島居羣島之最南。以長山為大。至若侯雞島。則在小黑山之北。高山島又在侯雞島之北。砣磯島又在高山之东偏北。此三島居羣島之中。故砣磯又名中島。砣磯之北偏东。曰大欽島。大欽之北。曰小欽。小欽之东偏北。曰南隍城島。南隍之北。曰小隍城島。凡此皆居群島之最北者也。砣磯之东南。長山之东北。侯磯之正东。曰沙礜島。沙礜之南偏东。曰小竹山島。小竹山之东。曰大竹山島。凡此皆居羣島之最东者也。

渤海群島各有水道通行。登州与長山間。曰廟島水道。長山与侯雞間。曰長山水道。砣磯南、曰砣磯南水道。北、曰砣磯北水道。隍城北、曰老鉄山水路。而以老鉄山水道為最廣。自北隍城距老鉄山。凡七十二里。居口門三分之一而过之。長山廟島小黑山之間，甚便停泊，若築堤，為屯兵輪之埠，亦成海之次也。

渤海有二大灣，灣入于东北者，曰遼东灣，遼东半島為其东壁。灣入于东南者，曰直隸灣，山东半島突出于其东。

(一)遼东灣　由遼海河入海口，直向西南為灣之口門。其东南老鉄山嘴，乃灣之东岸也。沿海山勢崇峭，傍岸時見島嶼，尤多灣澳。近遼河口之东南，有蓋州灣。其西南為復州灣，長興島、花椒島之間，胡蘆山澳在焉。又东南為董家口，会灣北之佳港也，名亞当司会灣，在金州西，乃海濱一大缺凹處也。其东南曰金州澳，之东為大连灣，中间陸地謹五六里，其南即老鉄山也。由遼河口迤西南，与老鉄山遥相对者，為濼河口，乃灣之西岸也。沿岸多低平淺沙，遼河口之西為廣大平原，有沙灘鋪入海中幾二十里。其西為大陵河口、大凌河，為醫巫閭山南大水口門，其停泊處。其西南為錦州澳，傍澳山勢環繞，甚可避風，惟澳內水淺，不能容巨艦。其西南為淘河島（一名桃花島），在甯遠海岸之东南約二十里。又西南為覺華島（一名菊花島），其南有瓦偏角島，西淺澳可以避風。又西南為沙角，沙角之西南為大淺灘，泥沙鋪入海中幾三十里。又西南為山海関長城臨海處。入関則為直隸境也。関西有秦皇島，在榆臨县西南二十五里，入海一里，三面環水，相傳秦始皇尝駐蹕于此，今也闢為商埠。此島四時不凍，冬春之間，汽船争泊。自此迤西南，有洋河口、浦河口。又西南則灤河口也。

(二)直隸灣　由白河（或稱北河）入海口（即大沽口），直向东南，為灣之口門。其西北大沽口外，淺沙橫亘，名攔江沙，長約八九里。大沽口內為天津府城，南商埠，其地為眾水會流處。南北運河亦經此，故為衝要繁盛之區。其北為北塘河口，河以通遵化、薊州。口外多淺沙，大沽北塘之間，為廣大泥灘，船不可泊。其北岸即沙留汀（一作沙渦甸、一作沙壘田、一作沙壘淺灘）之口北海若子（一作海崖溪、一作里沿子）之東海若子西至蠶口村（一作澗河莊）即在小溪進口之左岸也此溪名曰蠶河（一作澗河、一作淩河）之通豐潤其東為素河之通開平素河之東有長閘河海曲也又東為青河口（即大船河）又東為灤河口為直隸奉東二海分界處自蠶河以東沙留汀島以北地皆荒瘠無植物一片泥灘沙鹽倉貿傍岸時起旋風塵埃蔽天其間小道惟小船可行大輪船不能入至其西盡處乃有停泊善地（在北緯三十九二分）凡向北河口行者遇東北風常移泊于此之直隸灣之北岸也

由此由大沽口南至岐河進口處沿岸沙灘鋪入海約三四里許貿堅硬可勝人迹岐口村落多漁民我國船能載五噸至二十噸者常由天津運粟來此易魚圍地不可耕口內多鹹水深十五六尺潮至約深七尺至八尺此口之承運河通滄州南皮其南偏東為老黄河（即九河故道之鬲津河水徑注名為無棣溝、西人名為大山河、一作大三河、或作大口河）口之通鹽山慶雲海豐各縣南界山東有淺沙傍岸亘九十餘里至大清河（或曰利津河、即今黄河）口名攔門沙（或稱障攔沙）此沙在大清河亘西北偏西二十七米突當北緯三十八度八分大清河進口處在北緯三十七度五十三分口外沙亘交橫水僅深二三尺亘內有數百米突地可駛小船其最高角曰鐵門關（或曰鐵攔門）為商船卸貨處距進口約十五米突此直隸灣西岸也

由此新黄河口東南二百里至萊州灣其間淄水分小清河入海處曰小清河口之通臨淄樂安一帶弥河入海處曰弥河口之通臨朐滙于萊州灣之西者一曰昃河（或稱新河）即膠河也之通高密一曰覃河（或稱濰河）即濰河也之通昌邑膠河南自膠州北達萊州故又名膠萊新河蓋即元代所溝通以便海運者膠河之東有芙蓉島（或曰鴟吻島）傍岸水僅深七尺迤而東南有珊磯島（一作赤馬島、山嘴、或曰寶貓島）與萊州東嘴對

峙。有偏溝澳（一作蘭口澳）在馬姗礒島之東為桑島。
桑島之東偏北地。曰沙山島。其西即黃河營。此直
隸灣之南岸也。

（乙）黃海　自揚子江口以北。直隸海峽以東。鴨綠江口以西。
凡直隸盛京山東及江蘇北部一帶之海岸。皆屬于
黃海。而大別之為二區。曰黃海北岸。東起鴨綠江口。西訖
旅順口。曰黃海西岸。北起登州頭。東繞成山角。南訖
揚子江口是也。

（一）黃海北岸　鴨綠江上通長白山。兩岸多森林。江口
狹而水淺。口門西岸有市鎮。曰大東溝。一商埠也。又西
一百三十餘里為大洋河口。口之內四十里西岸有大孤山。
山之麓有市鎮。居民二三萬。商業通朝鮮及揚子江。
貨物頗殷盛。亦牛莊之次也。口外十餘里有二島。東西
列。西曰大鹿。東曰小鹿。大鹿島之東偏南、水深、可容寄碇
凡載貨巨艦均泊大鹿島下。以小艇轉運達大孤。大洋河
迤西南傍海皆山岸。凡二百四五十里至營頭澳。其間

水口稍著地。大洋河口之西為小洋河口。又西南為沙河
口。又西南為狗兒河口。又西南為大莊河口。又西南為畢利河
口。又西南大沙河口。畢利口西南有海岸港。曰貔子窩。其
上游為小溪。曰贊子河。甲午之役。日人犯我旅順。其陸軍
擬由此窩登陸。因水淺。乃東移畢利口東石嘴南登
岸。大沙河口以西南至尾島角。即營頭澳也。
由大洋河口二百餘里至營頭澳。沿海群島大小羅列。
在狗兒河口外地。曰皮希宋耶宋列島。又南偏東約十五
海里。有海洋島。最著名。海洋島西北為五馬島。又西南
為外長山群島。大小凡五島。又西北為裏長山群島。其間最
大地為大長山島。明毛文龍言從長山島而入復州。即此山。
又西有長石灘。自東北而西南。錯落相接。延至于光祿島。
光祿島、饒、水草、可為牧塲。毛文龍謂之廣鹿島。自此迤
西即為營頭澳口南之尾角。
尾角之西南為標角。又西南為溪澳。溪澳南嘴為鮎魚
尾。即大連灣口之北岸也。大連灣為遼東半島第一大

澳東西長八海里南北略等中有四澳均便停泊灣之南岸曰大鵬嘴之北俄人所設商埠青泥窪在焉其外口有數小島曰北三山曰中三山曰南三山毛文龍使曾有功駐三山即此地也又西即為旅順口（西名阿瑟陀瑟港俄人租借後改名已復達多）乃黃海北岸之最要軍港也港口二山交抱澳內東西長几三海里水深浪靜四山環繞可以多泊兵輪便于守禦其西南即老鐵山嘴與遼東灣東岸接此黃海之北岸也

（二）黃海西岸　自登州迤東南多低沙岸至福山縣境為之罘山（在福山縣東北三十五里，秦皇汗武嘗登此）東北伸入海中勢蜿嵯峨高于海面直千尺遠望如孤島其東端名之罘東角之南對煙台為口門口內即之罘港之南面為鎮澳煙台三面環海直既闢為商埠之罘罘港外東有崆峒群島其西南低沙角伸出長約四分海里之三名東沙嘴西有小山島小山島對之罘東角為一口門東北向東沙嘴西南對納角為一口門東南向自納角迤西岸東南為低沙岸約二十餘里為龍門港則養馬島在焉自龍門港以東約一百二三海里至威海衛有港為劉公島與大地陸岸相距而成（威海明之舊衛，有城為後之東牟縣，故城在文登縣北九十里）島東西長二十里其中有田可耕其西角之西南名曰西澳我國舊做閘平煤于此島下建鐵埠甚長今既為他國有矣島北曰雙島口迤東為雞鳴島又東為山東角即成山角之也

登萊半島極東北處有成山踞地嘴上故名成山角或曰成山頭（始皇嘗登此山，史記封禪書言成山斗入海，居齊東北隅，秦皇刻石，有曰天盡頭，曰秦門者是也）西北有小島名小成山南距陸地約一海里西人名為亞老司士特島航海者恒以此山為標識焉（由小成山至煙台海程約六十海里，由小成山至威海衛海程約二十三海里）自成山角迤西南至榮城縣東為榮城澳即養魚池口也澳內水深可泊船能避東南風甲午之役日人以船載陸軍自榮城登岸

取成海其登岸处为龍鬚島。成山西南向南伸入海中之地嘴，即荣城澳之东北角也。澳南为倭島口。口为平岩口角。倭島口与平岩角相距七海里。中成大澳，由平岩角迤西南为石島澳。又西南为王家澳，々之西为望海島。島之北陸岸为靖海衛所故衛也。自石島澳至此海岸皆叢山連絡不绝。其西北有靖海灣，廣七海里。灣北有港，北達文登县之东南。靖海灣之西为芭山口。口之外皆沙灘，有琵琶島在焉。迤西为暖浪河口，小水也。水口西南有澳，名暖浪口。暖浪口之西南为島嘴尖，有低頸北連陸地，航海者恒以此嘴为登莱半島南岸各澳东西之界焉。

由甯海乳山河入海口迤西南为低角。低角西対草島嘴。成低石岸大澳，名海陽澳。海陽角下多石礁，綿亘二三海里。出没水中。其西南为丁字港澳。口东向，北岸受五龍河水。五龍水自北而南，形略似丁字，故名丁字港。之外有门々島、古蘆島。迤南有長島。長島西南即嶗山南尽之山嘴。迤西南有小大勞山。勞山之北为石城山。山々以东所臨之海，即勞山灣。灣之西岸，有山嘴东伸入海，名中头着市埠，即鰲山衛所故衛也。灣东北有女島，島之西可停泊以避風。嶗山南嘴南対亜島角，为口門。亜島角实为勞山东南分支东向尽处。

由勞亜島角轉而西迤为勞山港。勞山南出之支蜿蜒于勞山港与膠州灣之间，其南尽处即琴头澳。澳之岸有市埠，名琴头鎮。貨物通之海甚多，近德人築膠州鉄路達青島。青島即琴头澳岸也。然其地实非島，或曰青島即琴头之轉音云。

浮山所南対灵山衛东北之地嘴，成一口門。口内为大灣，即膠州灣也。舊名麻灣海口。大沽河南会膠河注入此灣。水口（即麻灣口）在灣西北隅。麻灣口之东南有小島曰滾島。自麻灣口西至膠州城约二三海里。商賈咸聚集焉。（接麻灣海口自元明至清初皆经營及之，並非荒僻之區。因膠水出膠州西南，北流注百脈湖，又西北经平度昌邑，至掖县之海滄口入於海、海倉口一名膠河口、元至正十七年、萊人姚演獻議、自膠州東北溝通大沽河、西至百脈湖、北入膠水、欲使海運南自麻灣北達海倉、而免成山角之險遠、于是自百脈以南名膠萊南河、百脈以北名膠萊北河、通稱膠萊新河、旋以水淺阻行、明正統、嘉靖、萬歷均議濬此河、清雍正三年、吏部尚書朱軾復奏請行、先之以為疆臣所阻、卒不果、今既屬德）膠州灣口外有大公公二島。常為出入各澳之標識。登萊半島之西界。以膠河口膠州灣為要隘焉。

由膠州灣轉而南迤。岸上有靈山衛。明故衛也。其東南海中有唐島。（相傳唐太宗征高麗駐蹕于此、內有飲馬池、宋將李寶亦嘗擊敗金兵于此島、）又南為靈山島。又西南為瑯琊台。（即瑯琊山、在諸城县東南一百四十里、其山三面皆浸于海、惟西南通陸、越王勾踐滅吳、欲霸中原、徙都瑯琊、作台于山上、以望東海、後有瑯琊台之名、秦皇漢武皆嘗登焉、）由瑯琊台東望海中。有瑯琊島。台之西南有澳。名瑯琊台澳。澳之內停泊華甚船多。又西有木官島。島之北岸上為信陽巡司。信陽司之西為安家口。其南為夾倉口。夾倉口之南為張雒口。夾倉西張雒間。沿海一帶多產鹽。有濤雒鹽場。即濤雒鎮也。

由張雒而南。為荻水鎮。係膠州與贛榆交界處。在贛榆县東北七十里。其東南海中有小島。曰虞游山口。迤南經鹽倉城東。又南經贛榆县東。海岸有數小口。皆小水也。又南為小沙河口。源出山東莒州。東南流。經贛榆县南。至青口鎮東入海。（青口鎮、在贛榆县東南十里、為小陸衝要、清乾隆中移荻水巡檢駐此、）小沙河口之南。為大沙河口。源出山東郯城县。東南流入贛榆县境。經大沙河鎮南。又東至海州北。合碩項湖、青伊湖、諸水。又東北至海州東北入海。清乾隆中屢濬此口。舊稱為臨洪口。

由大沙河口轉而東迤。為雲台山。（即鬱林山、一名郁山、）在海州東北約六七十里。海中。周、百餘里。地、甚膏沃。（南北朝時、視此山為重地、嘗僑置州郡于此、隋以島地置東海县、唐宋沿之、元併县入朐山、仍置東海巡司戍守、明嘉靖中移巡司于新壩鎮、清雍正二年、設東海營守、乾隆中改設把司、）島在沙淺之大輪船不能進。故西人畧視之。逕而東南。有數小水口。皆西流沭水之支港也。又東為開山小島。在北湖河口。又南為舊黄河口。（本淮水入海之口。自明以來。黄河屢南徙。漸奪淮水正流。淌河清淮遂為一口。至清咸豐五年。河決銅瓦箱。黄河改由大清河入海。淮水亦自洪澤湖出注運河。自運河以東。分為若數支港入海。不復循故道。皆遂淤。）舊黄河以南。為北洋口。北洋口之南。為射陽河口。水亦通阜寧縣。又西達山陽。承運河。實為近來淮水正流。射陽口之南。為新陽口。水亦通鹽城縣。又南為鬥龍港口。水西達鹽城南之伍佑場。又南為東川港口。水西通東台縣城。又南為呂四場口。水西通海門通州。又南則為長江口。自荻水鎮以南。傍海皆平沙。大船尚可近岸。自開山島以南。為大沙灘。航海者必繞由大沙之東。至沙尾山。始轉而西行。入長江口。至此而黄河之西岸盡之矣。

（丙）東海：自揚子江口以南。至台灣海峽。跨有江蘇浙江福建三省。沿岸小灣良港。頗不乏焉。

揚子江口分南北二水道。有崇明島扼其口門。（唐武德中、吳郡城中東三百餘里。江面忽湧二洲。謂之東西二沙。漸積高廣。漁樵居之。遂成田廬。五代時。謂之顧俊沙。後改為崇明鎮。宋天聖中、續漲一沙。與東沙接。民多徙居之。而姚劉二姓為盛。因名姚劉沙。建中靖國初。又漲一沙于西北。以三沙疊漲。故又曰三沙。嘉定十五年。改崇明鎮為天賜場。屬海門縣。元至正十四年。置崇明州。屬揚州府。明洪武中。降為縣。屬蘇州府。宏治中。改屬大倉州。清朝因之。）島北遥對海門之東南。為北水道。水口沙亘相屬。口內水深處僅十餘尺。惟船帆可行。島南遥對川沙之北岸。為南水道。南水口外之新沙與崇明。畧為平行勢地。名曰東沙。清同治初。東沙之又成數小島。而東沙之東邊。皆淺沙。直接佘山。（即沙尾山）（又一統志名為茶山。）西人名為大揚子灘。于是南水道中又分為南北二水道。凡入口者。一經大揚子灘東沙。北至崇宝沙西北尾與南道會。（崇宝沙、西人名錢樹島。）一傍東沙南而之西北。過崇宝沙。始與北道會。南淮東岸有大淺灘。名南淺灘。此淺灘與東沙相維對。即南道口門也。

由揚子角迤西南。為奉賢縣城。（即明之青春千戶所）又西南為柘林營。又西為金山衛。江蘇浙江海岸分界處也。（明洪武中建金山衛城、南瞰海、又置青村南匯嘴兩千戶所、屬金山衛、于是金山衛轄地、西連乍浦、東接青村南匯、東北抵吳淞、控引海岸幾三百里、清朝廢衛置巡司）此一帶海岸。舊有捍海塘。相傳唐開元初敕築。其後相繼修治。東北自寶山西南。至浙江海鹽之澉浦。亘三百三十餘里。以禦鹽潮。實稱高家城垣。內外有塘溝相夾。在內者曰運鹽河。又曰橫港。在外者曰塹壕。又曰護塘溝。明時借以備倭焉。金山衛南海中有西七山列島。凡三小島。舊志謂之金山。（金山衛、相傳周康王築城處、後淪入海、上有平坡）西七山之東偏南十海里。為中西山列島。凡八大島。舊志所謂許山、竹嶼山、達岸山、皆在此列島內。金山許山為明代防海者會哨之地。中西山之東有亂形列島。其最大者名大羊山。即舊志之羊山也。（讀史方輿紀要、羊山在金山衛東海中、山高大、周七八十里、四圍環抱、有十八澳、中為大湖、可泊數百艘、湖口向北、山有淡泉、又言南自定海、北至吳淞、皆以羊山為會哨之所、蓋道里適均、且禦賊于海洋、可收上策也）內多居民。其北有小羊山。大羊之東南澳。小羊之西南海中。均為停泊佳地。英兵船常寄碇于此。此皆江浙海面交界處之羣島也。

由金山衛迤西入浙江嘉興府境。平湖之西有白沙灣。（明設巡司于此、嘉靖中、築城為戍守處、今仍設巡司）又西為乍浦鎮。（明設巡司、後築城、建千戶所、增置水寨、為海道三關之一、隆慶中、廢海口澉浦二關、留乍浦一關、轄水寨十有四、清朝順治中、廢所置巡司及守備、雍正中、增設水師營游擊、又移杭州副都統及滿兵駐此、旋改游擊、設參將、為海口重鎮）又西南經海鹽。為澉浦鎮。（唐五代宋元明皆為重鎮、兼置榷務、明洪武中置千戶所、轄水寨十三、適當杭州灣外之錢塘江口、江口內傍岸有山曰秦山、與南岸龕山對峙、口門中有鼈子山橫塞、故稱曰鼈子門、鼈子門迤東南海岸、由新漲沙地）又西南置三江城口。（明洪武中置三江所、築城戍守、又名三江閘、蓋海防重地也）又東為瀝城所。瀝海城所迤東一帶。為上虞、餘姚、慈谿海岸。則新圩塘在焉。又迤而東南，為龍山城。（明置衛，今駐千總。）其東北海中有三島，曰南霍山，曰西霍山，曰東霍山。

東霍之東偏北，為嵊山群島，西名福而該狄列島。大小共十二島，而以大魚山為大。大魚山中有居民，土人名曰大芒山。其東為岱山群島（此島圖中標名岑島港，蓋因近日移駐岑港巡司而命名也，當補注岱山字。）島中有田數千畝，鹵田倍之。（明代置岱山隘巡司以備倭，清朝設外委駐東沙角（在島北）。近年以其地魚鹵利溥，遂移舟山西岸之岑港巡司駐此島，其地屬定海廳。）岱山之東北五海里半，有大衢山，亦大島也。山之西段多平壤，居民種植繁盛，而尤多村落，其著名者曰倒斗嶴。（舊設外委一員，兵四名，駐此嶴。清光緒四年，初升斜設巡檢一員，與外委同駐此嶴，一年一更。）大衢山四周多嶴，其西北約二海里，為小衢山。小衢東北，為黃澤山。大衢、黃澤之間，西人名為督粮路。黃澤東南，與大衢東之北嘴相近處，有上海山、下海山。又東南為大鼠狼湖山，共六小島。（西名婆吊私吊列島）大狼鼠湖之東北，為三星山，名上三星、中三星、下三星。（西名蕭必逕列島）又東二十海里，有浪岡列島，群小島也。（西名柳根群）凡岱山以東北海中之群島，以此島為極東界焉。

由岱山島東約二海里，為長塗島。長塗分二島，西曰長塗，東曰大長塗。（二島圖中多未標名，當補。）兩長塗中間海港，可容數千輪泊。島中舊未設官，僅有汛兵二名，屬定海鎮標（小師）左營管轄。然島民頗能自為社會，井然有條。聞清光緒甲午海防戒嚴，其居民抽丁練團，竟得七百餘名，以自衛云。

自長塗以東，群小島羅列，為西寨山，為東寨山，為小板山。小板以東至西福山，名曰漁人群島。又東南約二海里，為東福山，即彼地由島也，相傳為徐福駐舟處。又東偏北五海里，有四石，謂之四姊妹。于是岱山以東海中之群島盡于此矣。

由龍山城迤東為澥浦（舊為風浦，沈窖內時以灵緒四湖，今湖西入海口皆淤塞）又東南為鎮海城，即明代之定海縣城也。踞甬江入海口北岸，东北倚招宝山（招宝山在甬江北岸，地形突出，中处与南岸金鸡山对峙。金鸡之东北为望海山。三山相对，略形三角形，以跨甬口。清光绪初年，于招宝山筑炮台三所，金鸡二所，望海山一所，浙防重地也）。甬江即鄞江，源出四明山，东北流，会奉化、慈溪等江，至宁波府城北，水势始盛。凡四十里至镇海城下，又东至招宝山下入海。中等火轮船入口，乘潮至宁波东门外北岸停泊，故宁波为通商埠。自镇海口复东南迴，为穿山所。又东为旗山，即岐头角也。凡此皆系镇海重要之地（岐头角所临，为岐头洋。穿山所所临，为黄岐港。代明倭寇犯北浙，常由此二处登岸）。镇海口外多岛屿，而以舟山岛为最大，群岛四面环之。岛上置定海直隶厅，厅在岛南岸（舟山即春秋时之甬东。唐开元中，始于岛上置翁山县。宋熙元中，改置昌国县。高宗为金人所逼，曾航海至此。元升为州，明复为县，旋改昌县为昌国卫，后又改名定海卫。清为定海县，嘉庆时改为直隶厅）。南距海仅二里，临海之埠名曰道头（清初，明遗臣张名振、张煌言，奉鲁王据舟山，卒不能守。故当时有舟山乃本朝弃地，守亦无用之说。而英吉利于清康熙三十七年，即筑室于道头，名曰红毛馆，盖其窥伺之心甚早。至乾隆二十七年，驱英人，弃红毛馆。道光二十年，英人在广东战不利，即以兵船犯舟山，陷之，旋去。明年又来犯，又陷之。又明年江宁和议成，各处解严，惟舟山仍陷于英兵船，延至二十五年始去。咸丰十年，英法兵船犯天津，归过舟山，复入据之，寻自去。光绪二十四年，有英兵舟登岸，借地操演，其心实未尝须臾忘我舟山也）。道头有澳，其西南为大榭山。大榭山之南与内地间为黄岐港，港之南即穿山所也。大榭山之西北有金塘山。金塘山与镇海间大岛，其北段之西为大平山，东为盘山（一名册子）。大平、金塘之间名沥港小道，册子、金塘之间名册子小道，轮船往来沪甬之要道也。盘山之东即舟山西岸之岑港（旧设巡司，后移驻岱山）。凡此皆舟山西面之群岛也。

案：招宝山西北环海，东南临甬口，西南俯瞰镇海城，与南岸金鸡山相对，极为海口冲要。招宝山本名候潮山，明代以舟山番入贡，停泊于此，遂名招宝。

招宝东北半海里。为虎蹲山。虎蹲山之东北。约三分海里之二。为小游山。又东北约三四十丈。为大游山（總名游列島）。自招宝至大游。约一海里有餘。三島之间。水道浅礁。相属。实为甬江口。北之蔽護。故輪船。進口。必由大小游之南。而大游南对望海山。约十分海里之三。宛成口门。中又有游山浅礁。故小道甚狭。游列島之南约三海里。为黄蟒山群島。（一作黄猫猫山、西图名殭人島）大小四五島。以黄蟒为大。黄蟒西有中门柱島。即蛟门山也。昔人谓蛟门虎蹲天設之險。即此地。大游之北偏东一海里又四十分海里之三。为七里屿。亦小島。虎蹲山七里屿二處。均有灯塔霧鐘。七里屿之东四海里。黄蟒山之东北一海里又十分里之七。为金塘山西南隅之塘河角。舟山自北角（即馬目山）至东南角。長二十二海里強。南北廣處。约十海里有半。島周约五十二海里。山之最高處在东北濒海。島中山多田少。居民约六七萬。所產之稻也。僅足供三月糧。全賴山產薯芋及海中漁利以補之。

而舟山附近各島。每岁漁利。合计不下数百萬。道头所臨之澳。小深浪闊。澳外群島羅列。可以避風。为东海最佳。船埠。澳之西为洋螺角。东为竟留角。两角东西对为口门。洋螺角之西南。即大榭山。大榭山约方三海里半。中有高原。四圍间有海塘。居民七八百户。耕種为業。島中產米頗多。黄岐港内可避風。中小輪船停泊甚妥。凡船進甬口往甯波者恒泊此而候潮焉。

金塘山南北長七海里。东西廣五海里。四面皆山（其最高者为双峯。为馬鞍峯。均高一千四百餘尺。均近在島之东岸。双峯在北。馬鞍在南。）中间沃壤。为可耕之地。居民多至六七千户。耕地所產。每岁僅足供三月之食。賴漁業以補之。居民富者。擁資三四萬。餘多赤貧。風氣尚安靜。地處海中。有諳水性熟海道者。在甯甬滬一帶为舵工。而讀書識字者甚少。

大平山即一统志之列表山。大平金塘间之小道。即列港也。瀝港當即到港之轉角。此港水淺。僅能行帆船。民船聚焉。

大平山南約一海里。為搗杵山（俗名棗子山）西圖名大澳子島。東與金塘間成水道。廣約半海里。名大澳子港。水深。可通。凡為大輪船停泊要處。清光緒十年。法蘭西人以兵輪犯鎮海。即聚泊大澳口。以圖進取。

金塘之北與西北。（即大平山北）有數小島。曰甘峙（西名塔際島在西）曰大髻果（西名沌汀島）（在甘峙東北）曰魚龍山（西名洞之島在大髻果之東）曰菜花山（西名方希島在魚龍北）曰橫擋山（西名量島在魚龍山東南）此數小島間。甚便停泊。

自金塘南鱷魚角南至三山島。僅二海里。為水道最狹處。三山島南。即三山浦也。黃蟒山與河角間。為金塘水道。西口。金塘東南角之黃狗山（西名柳支達角）東南距大榭山之北角。約三海里。又十分海里之三。則為金塘水道之東口。

大榭之東南。及黃歧港內。有數小島。其甚北。為大榭東之小榭。小榭東之穿鼻。及港內之長腰山。（西名尖島）

舟山自西北角馬目山轉而東。有大沙澳。澳之外有長白山。山上有居民數百戶。島與大沙澳間。為長白水道。停泊。佳。處也。長白四周。均有下碇處。其東為龜山島。又東南為蘭秀山。蘭秀與舟山間。為長（龜）白水道。所以通舟山北面之東西也。

蘭秀山東南為蘭秀灣。其南有菜島。島之西對舟山之西（東）北角。其東南有順母塗島。即世所稱普陀山也。又東南為洛伽山。洛伽與普陀間。為最深通之水道。普陀之南。為朱家島。南北長約七海里。廣三海里。在北曰北朱家島。在南曰南朱家島。其中間最高之峯。曰朱家尖。北朱家島之西。為金河島。金河之西偏北。為陸家島。（一作蘆家峙、一作洛思）陸家北距舟山岸僅九百尺。即沈家門也。南朱家島之西。為登步島。其南有桃花島。又東南為佛能島。（佛能一作咸郎、一作蝦歧、蝦歧又或作蝦芝、蝦岐門、或謂咸郎水道也）又南為比克島。（一名罗鼓島）其西為六横山。乃舟山南列島中之最大島也。六横之西為佛肚山。又西北為梅山。梅山之西北。即接岐头角之南岸。此皆為角舟山北面自東而南之群島也。

桀蘭秀山本係二島。二島間港甚淺。土人築堤捍水。遂連二島為一。故名蘭秀。南北長约四海里。闊二海里半。有居民一千七百餘户。

龟水道中。有青山小島横塞。名曰灌门。頗為航路之險。土人有老大好作灌门難过之諺。盖指人称舟子為老大耳。

普陀山南北長约四海里。广半之。僧寺八十餘所。僧数千人。其他居民曲径通幽。擅山林之勝。西人尝藉以避暑。島南有淡水井。可停泊。島东沙澳内有淡水溪。

朱家島东西岸均多澳。而以东岸南段之狼湾为其便于停泊。且多淡水。（清道光二十二年英兵船咸集此取淡水）北岸之月澳。亦可下椗。島中居民数千户。稻田居全地三分之一。皆普陀山僧產也。

普陀之东北有葫蘆山。西圖名也。司佛莫四島。又名地脉島。

洛伽之南為内沙。又南稍东為拮加。又南稍东為雞籠山。皆小島也。均有居民。洛伽有燈塔。普陀之西北嘴西对舟山之东嘴。（名黄島）约一海里又十分里之八。中间名蓮花洋。有淺灘鋪入海中。輪船不能通行。

陸家之西為帽子島。（一作馬峙）帽子之西為大敢島。（一作大坟）大坟之西為殷家島。（一作英嘎）殷家之西北為鰲山。（即奥山）西南為内龍山。

六横山自西北至东南。長约十海里。阔处约六海里。地广博。稻田連畛。村落弥望。居民近萬户。

舟山南面羣島中。大小道凡四。朱家島與桃花山间為撤拮格里水道。所谓鸟沙门也。缘水道中有鸟沙小島。故名。桃花與登步间。潮流甚疾。不便行駛。行此水道者。必出登步之东。又轉登步之北。始達舟山。桃花与佛能島間。為佛能水道。佛能与比克水道島間。為比克水道。二水道甚。危。險。往來舟山者。多。由之。六横山西南對象山縣前倉所嘴。為牛鼻水道。此水道西達象山港。東北通舟山。四水道中。以牛鼻為最大。能、鼓、行、巨、輪。

由、、岐头角西南迤至梅山島之北。此間海岸。為華船所行之小道。又西入鄞縣境。至大嵩所之東南。有小水口。西北達大嵩所。又北与東錢湖通。自大嵩水口迤西南入奉化縣境。為堵城。又西為應村。又西至河堤港。轉而南迤入甯海縣境。有浮溪水。有入海口。浮溪小水也。源出甯海縣西北之横溪嶺。

由、、浮溪口轉而東迤。為象山港之南岸。入象山縣境。為西周村。又東有海汊。即麥垂汊溪也。東南滙。近象山縣城。又東為岑莊。又東為珠溪。又東為前倉所。前倉所東北有地嘴。名猎户角。為象山港南岸盡處。前倉所東對海中一小島。名牛鼻山。牛鼻水道。以此得名。

由、、前倉所迤南。皆僑山為岸。港汊頗多。至爵溪所。有城。西北負山。東臨海澳。澳之外有喬木山。迤而東南有青門山。又南為大目山。即韭山島也。大目之東北約九海里。為韭山列島。小島礁石不能數計。稍大之島凡九。有官船澳。双山、牛軛山、乙竹山、中竹山、下竹山、大青山、蝦蚌山、積穀山等名。皆青葱崒嵂。其最大島。則名韭山云。

案大嵩所在鄞縣東南九十里。元置巡司。明洪武中改置千户所。清朝廢。所設游擊守備駐防。雍正中以海防同知駐此。

堵地山城在奉化縣百里。元置田下寨。設巡司。明初改為堵山。洪嶴中廢巡司。清朝仍置。

前倉所在象山縣東北二十里。明洪武二十年。建千户所。清朝廢。所設兵防守。

象山港西周名甯母拈特港。東西長約三十海里。南北廣約三四海里。〇〇不等。港口水深二十餘尺。港內深至五六十尺。港源甚大。水道係海水所成之汊。港內小島頗多，能容泊艨艟巨艦。港北岸之大嵩港，小輪可乘潮而入，且隨處可以登岸。自大嵩一帶直趋甯波，僅數十百里，故象山港又為甬後路重地。平時港内無商船，惟漁船聚集至千數百艘耳。牛鼻山土人名东桂山，其西北有小島曰耕夫，土人名西桂山。西圏名布老门島。东桂、西桂又作东崎、西崎，即方輿紀要之双屿也。

爵溪所在象山县东南二十五里，明洪武三十一年置千户所，清朝廢所，設兵防守。

韭山在象山县东南百里海中，以多韭，形势巍峩，島嶼深遠，有居民，漁户頗多。其南与东南可泊巨艦，漁船則聚泊于西北島中，淡水極佳。

喬木、青门二島，虽可障东北及东北北，而中间水道均極浅，輪船不便驶行。喬木或作羊背山，西圏名摩毋路兜，青门或作春门。

由爵溪所迤南，傍岸皆浅沙，经昌石營至石浦城。又西迤入台州府甯海县境，其间海口北匯之，以为大湖口茶院港。又西为白溪、大溪合流入海之口，曰白嶠港。由内嶠港西南迤至东奥，為情溪入海之口。又南為亭傍溪、䃞溪合流入海口，其南即竇奥（澳）也。由竇奥轉而东迤至桃头角，又南迤至健跳所，东南臨大横渡水入海口，东北距石浦城约七十里，為甯海湾口门。湾内群島布列，西為田湾島，东为生特刹所洪島，又东为大佛島，又东北为尖洋島，其东即小奥山也。此數島介海湾口门為二，北曰石浦港，南曰三门湾。石浦港有东门島、徭島横塞口门，东门島之西北即石浦城。城之东有山南伸入海，西南与东门島对峙为门，其间水道即铜瓦门也。

案：昌石有水師營，隸甯波府象山县象山协。石浦在象山县南九十里，明置巡司，又置千户所，清初廢所，道光中移甯波府同知駐此，后又移昌石之巡司駐焉。

向溪出天台县之天台山，东流入宁海境。大溪出宁海西北横溪岭南麓，西南流至宁海县城南，会向溪东注入海。清溪即海游河，出天台县东山，东流至东奥入海云。

健跳所在宁海县东南百十里。明洪武二十年置千户所，清朝裁。所驻兵有游击守备等官。

田湾岛西图名天顶岛，西距桃头角约一海里。生特麦呐斯岛一作生佐治岛，又名满山，即方舆纪要之台明屿。尖洋岛或作澳塘山。

小鱼山即大南田山，西图名牛头山。地面颇广。清光绪初年，派开恳垦委员驻岛上。石浦同知亦有行署，以时往来。

东门岛一作南辉山。徐岛一作与岛，或作对面山。徐岛与小鱼山间为下湾港，东门与徐岛间为东门港。铜瓦门即清道光二十二年英人犯石浦所入之道也。东门、下湾二港均多狭而多礁，轮船无敢试行。铜瓦门虽可行大船，然水道曲折，流漩而劲，必待潮平，方可出入。惟石浦城西南面港中甚便停泊，故石浦市肆最称繁盛。

三门湾因湾口有三门列岛而名。其岛北与大佛岛相值。湾内水深浪阔，停泊处颇多，为满山之南。大佛岛与尖洋岛间之珠门港均为停船佳地。而小奥山之西南尤可避东北风。已亥、庚子之间，意大利尝欲索三门湾为租界，即此地也。

岛。金门与高岛间为无虞港，可停泊避风。自桃渚港迤南为平沙岸，至向沙山为台州湾口北岸。台州湾者，灵江口门外之海湾也。自向沙山迤西仍为浅沙岸，约四十里至前所城。南渡江为海门城。两城南北相对，为灵江口门。自海门东南迤仍为浅沙岸，约五十里至狼机山，为台州湾口南岸，北对向沙山约十二海里。

台州湾口外北岸群岛罗列，以寰门山为最著。其东北约二三海里即高岛也。岛东南澳可停泊。高岛之东偏南約二海里為東屿磯島。南可暫避風。其南岸外自台州灣口南至松門一帶。在狼機山之東南者。為台州群島。北曰上台山。一名上大陳山。南曰下台山。一名下大陳山。兩大陳間相距約二海里。為最好停泊處。上大陳居民約三百餘户。山上淡水甚佳。下大陳居民至千餘户。市肆頗盛。兩大陳外群小島環峙。大小凡十二島云。

案：坡壩江。西出臨海縣東北觀斗山南麓。

桃渚港為靈江之分支。一名橫河。靈江流至家子之

石浦口外偏東南約五六海里。有壇頭山。或謂之荐它克島。此島與陸地分成小道。闊一米突強。中有沈石壅塞。不可駛行。島高七百三十三尺。附近處分為二段。其北曰山頭山。一作三角島。或作凝血島。即吾家島也。其東南島相離處有一小島。壇頭山之西有大島。與其東濱相距在米突四米突之間。即牛頭灣也。一作牛頭山。又有五小島最南者曰雙生島。

壇頭之南。曰依閭。或稱嚇殺島。又南依力士島。又南曰塘島。依力士與塘島。西北與小魚山相望。塘島之西即鼻島。又西南為康成島角。又西南有黎民島。之西南有三岐山。遙峙海中。或曰三倍島。黎民之西為尖圓小島。一作圓錐島。適当大佛生佑浯之間。凡此皆石浦門以北。三門灣以南之島也。

由三門灣迤南為昌埠港。即坡壩江入海口。又南為洄林驛。驛之東南有小水入海口。又南為有殿角。南對桃渚港入海口門。口門之東偏北曰金門島。其東南曰高島。其西為九疊島。金門與高島間為蘆產港。可停泊避風。自桃渚港口迤南為平頭岸。至白頭山為台州灣口北岸。台州灣者靈江口門外之海灣也。自白頭山迤西仍為淺頭岸。約四里至前所城。南渡江為海門城。兩城南北相對。為靈江口門。自海門東南迤仍為淺頭岸。約五十里至狼机山。為台州灣口南岸。北對白頭山約十一二海里。

台州灣口外北岸。群島羅列。以寰門山為界。最其東北約二三海里。即高島也。島東南澳可停泊。高島之东

偏南約二海里為東磯嶼。島南可暫避風。其南岸外自
台州灣口南至松門一帶。在浪機山之東南者。為台州群
島。北曰上台山。一名上大陳山。南曰下台山。一名下大陳山。兩
大陳間相距約二海里。為。。。最好停泊處。上大陳居民約三
百餘戶。山上淡水甚佳。下大陳居民至千餘戶。市肆
頗盛。兩大陳外。群小島環峙。大小凡十二島云。
案坡壩江。西出臨海縣東北覘斗山南麓。
桃渚港為靈江之分支。一名橫河。靈江流至家子之
北。前所城之西。分支東北流經前所城北。桃渚港城南。故名
桃渚港。又東入海。
桃渚舊城。在臨海縣東百里。明洪武中置千戶所。清
朝廢所設守備駐防。
坎塵灣東北進口處。闊僅二米突。金門西南有一泥嘴。
即九疊島。金門之北有落島。一作絕島。其西盡處有
二石露於水上。一石隱於水中。落島之西北偏西處有鍊
島。共三島。距中央島之南。有半潮石一。距南島之

西盡處。有二小島。一鹽石島。一高島。一名高頭。
靈江一名椒島江。又名澄江。通稱台州河。源出縉雲縣之
東妻山。凡天台山以南。括倉山以北之水。皆匯入此江。
海門城。在臨海東。縣南九十里。明洪武中建衛。清初廢
衛。設遊擊駐防。光緒二年。又移黃岩鎮總兵駐此。
浪機山。一名大陳山。或作椆機山。其東北為北前島。其
南曰金星門。一名黃焦山。又南曰盤馬紫。已在駝背
島之西。盤馬紫與金星門相距之間。曰淺水灣。盤馬
之西。亦有小艇水道。駝背之西約二海里半。為積谷山。又
東北約十里。為台州群島。
台州灣。在台州列島西北。偏北闊而淺。灣之巔。乃台州
河進口處。距竹嶼夾峯之西十七米突。當灣之兩岸。即海
門也。此江進入四米突。分兩支。一走西北。一走西南。灣內水
深僅七八尺。而靈江口內水深或至一二十尺。惟兩岸夾束。益
成奔流。中等輪船乘潮渡淺。直入口。溯流而上。過家子
西北。可至台州城下。西南則至黃岩。

廈門山之有圓岸。圓岸下淡水甚佳。四周均可暫泊。東机列島之最南者曰几暴島。几暴之東有小石岩。曰花籃島。即百巢山。一作克尔雷特。與几暴相距中成水道。在几暴北偏西處。曰竹峙列島。狀尖而高出海面六百七十尺。距竹峙最高處。東南偏東有一獨石。曰形尖。東机山東北約二十海里為黑山群島。凡五六小島。其最南者曰南魚山。北魚山。內雞。皆有居民。多者二十餘戶。少者四五戶。均閩人以捕魚為業。性頗純良。西人謂黑山群島為盜藪殆非也。

由台州灣南迤至头坪島。為溫嶺灣之東。溫嶺灣甚淺。不足避風。头坪島與陸地相隔處。水道極窄。華船往來以貿易者必由之水道。北有鎮埠曰松門。即松門衛也。头坪南為松門角。角之西南相距二米突半與三米突。有二平石出于水上。二石分隔一米突。角東南有三小島。最近者曰三蒜。三小島外向者。其北盡處中隔一線。三蒜島角數石間為航行之水道。闊一米突。又東北有小島曰游离。一作散亂露石。曰石塘。一名牛山。石塘最北而最高。其西南角有礁一。其南有許多小島。可避東南風。石塘之東有一小島。曰蘇丹。

溫嶺灣因舊溫嶺司而名。其南為糖塔島。俗名銅針山。又南為福來尔島。俗名小坡山。又東南為披山。披山稍大。有居民。島南北均可停泊焉。

由溫嶺司西南迤入溫州府境。半為山岸。經大澳山、木杓山。又轉而西北迤至楚門所。為台溫交界地。又西北迤至大荊營。有小水入海口。又轉而西南迤至鋒鍬埠。有白龍河入海口。又西南經蒲岐寨至樂清縣城。南為甌江口門北岸。

由木杓山至甌江口城一大海灣。名樂清灣。灣內島嶼羅列。其大者為玉環山。其西南即西清渡。西對鋒鍬埠約四海里。東南隅為坎門。坎門東嘴為基忙角。東北對木杓山之南嘴。亦四海里。東北隅為楚門渡。東對楚門城。僅數十步。為玉環與大地相距最狹處。中小輪船停泊甚宜。惟南凡列浪大耳。大輪船可由島之西南直入島之西。水深處停

泊。而鏵鍬埠北面泊大輪候處。楚門港雖可避風，然水淺，惟
民船可以繫纜焉。
業头坪島一作松门山，在披山东北。此島由东北北至西
南亡長七米突，闊一米突半，居民千户。島南有蓬卡
并汛兵。
松门衛城在大平县东南五十里。明洪武中置衛，清朝
廢衛，置巡司，設守備。此城臨松门松港亡口，漸淤，僅容
小艇出入。港口外三里許为松门山，即头坪島也。
石塘与头坪之间有二小島，分三水道。第二小島距石塘
水道稍深，餘二水道甚窄。華船则恒泊于内島焉。
溫嶺所在大平县南三十里。明洪武中建千户所，屬松门衛。
清朝改为寨，置把總防守。
楚门城在大平县西南六十里。明洪武中置千户所，清朝
裁所。城之南为楚门港，即头澳与陸地相隔之间，或謂
希避閘云。
大荆城在樂清县东北一百里。雍正中設遊擊駐此。

鏵鍬埠。在樂清县东三十八里，駐外委。
玉環山。在樂清县东。舊有城，明洪武中徙棄。清朝雍
正中築城，設參將守備駐防，並設同知及巡檢。山踞樂
清灣之口，南北約十海里，东西約六海里。
玉環四口周小島頗多，其著者有金雞、大鹿島、小鹿島。
（金雞、大鹿、小鹿，均有居民，人烟尤密，有官卜局，并市肆。大鹿距
小鹿北面一里半，其间水深七拓、至八拓。大鹿、金雞兩島间，水深三拓
至四拓，布可泊輪。）金雞一作雞冠山，地勢低平，在大鹿之
西。大鹿在群島中最高，出海面七百七十尺。金雞西北有一
澳頗淺，澳嶺即希避閘也。金雞之东北为鎮島，鎮島
與金雞相距成水道，中有沉石。大鹿之南有三小島，即
小鹿。小鹿北口島之西北水甚淺，凡船过此與大鹿相距
之间，宜循北岸而行。
福東尔島一作[illegible]島，在披山西北一米突半，形低而小。島
北一米突半，即糖塔島也。（糖塔島與福東尔之间，水深五拓，糖
塔北面，又有一小島。）披山在群島之东，东西長一米突半，其

南有兩小島。玉環全島形勢，南北兩面均係峽嶺，東西兩面多低平土田肥美，居民稠密，然傍岸有淺灘，大船不能泊岸。惟東南之坎門山勢環抱，水道深穩，除南風浪大，能停泊外，其餘各方風均有礁險。由此登岸至廳治僅餘一低平之島洲嶺，餘皆坦途。故玉環孤懸海中，為溫郡之外屏，而坎門尤為全島之要害。坎門舊有炮臺卑薄，用防盜匪而已。

由〻樂清灣迤南為甌江口，稱曰溫州灣。甌江（甌江之水，西通處州，遙遙數百里，江之南，節節皆險，北岸有礮台以資扼守），或名永甯江，其水源由青田而南出于處州龍泉縣之小梅溪（即名湖山）者為一支，由青田而北出于遂昌縣之貴义嶺迤北之宣平縉雲者為一支，而松陽雲和景甯各溪之水皆滙入此江，直流至溫州府（溫州近間商華輪船林立）城北，水勢始盛，中心小輪船潮高時可泊城下。又東經盤石衛南凡百里至黃華關入海。

黃華關在永嘉江（即甌江）入海口北岸嘴之西，圖名溫州角口門，南岸皆平泥灘，漫為約束，故守甌江者以盤石南對狀元橋為門戶。口外有靈昆島橫塞口門，西圖作溫州洲島，北水道較深，島南僅可行華船。東北為黃大嶴山，西圖作虎头山。又東為鹿樓山，即東山也。其南為霓嶼，西圖作峽岷山，或作岩石。

霓嶼之東北有狀元嶴島，自靈昆西南至霓嶼中間平泥淺灘幾相屬，于是黃大嶴之南霓嶼與狀元嶴之〻北為最深之大水道，大輪船出入甌江必由此，而黃大嶴之南澳尤便停泊，凡進口之輪船必泊此候潮焉。水道中因有洞建島（即童山）分為二道，西北水道尤要。狀元嶴之南為三盤山，又南為洞头山，西圖名凤凰山，又南為半屏山，即半边山也。三盤之北洞头之西均為下椗佳處。各島均有居民，而以黃大嶴、洞头為最大，其次則東山、霓嶼是也。

由〻狀元橋東南迤入瑞安縣境為梅头城，又南為海安所。

又南為飛雲江口。飛雲江（一名安陽江，在瑞安城南，一名瑞安河。其口源有二：一出福建政和縣（在泰順縣之西南），謂之大雞（即泰順西北山中之一支），一出青田縣，謂之小雞，合流至瑞安縣南，水闊百餘丈，東接海口。）或名瑞安江。源出泰順縣西北山中，東流至瑞安縣城南，又東南流入海。口門廣三四里，水深六七尺，中小輪船可乘潮至瑞安城下。

由飛雲江口南迤入平陽縣境，為鰲江口。其東南有琵琶山（琵琶山有二，一南一北，鎖鑰天然，又有大小崂山）為直洩河入海口。又南迤至金鄉衛，為大漁口。係海水灣入內地成澳，澳口有官山島，分南北水道，深十餘尺。澳內水深七八尺，輪船可停泊避西北風。又南為鎮下關，關南有地嘴，南伸入海，三面環水，其西名南關澳，澳內皆淺沙，北承沿浦港小水口。又南則入福建境矣。（鰲江，舊記作橫陽江，在平陽縣東南，外通海口，內達平陽，過縣南則分為南北二港，南岸三十里有海港，其漁澳，其北即大漁口，入口十餘里為金鄉衛，係向來設戍之所，官山或稱捐島。）

（飛雲江口列島，最北者曰大北列島，較南者曰銅盤列島。銅盤島凡五，一大四小。大島西南角水深八拓之處，可泊船以避東北風。銅盤列島之東有漁梯島，皆在北岐山之西北也。）大漁澳南三十里為南關港，港口南角名鎮關島，島有小炮台一座。島北小澳名北關港，二港俱可泊船。港岸石腳，俱為陡界港，外有屏風列島，與鎮關相距不過四五里，可為犄角之勢。）

自甌江南口至鎮下關，沿岸一帶島嶼礁石，不能數計。其沿岸之地，分為半邊山之南，有北箕、東箕、南箕、茅島，洞頭之西南，有大瞿、小瞿、茅島，洞頭之南、半邊及南北箕之西，大小瞿之東，成一最好船澳，三面環山，水深浪闊，僅南通一港。曰牛港，停泊處最有遮水。其離岸較遠處，飛雲江口之東，約二十五海里，有北岐山，即北計山，群小島也。其間雖有灣港停泊，惟礁險甚多，莫敢寄碇也。北岐之西南約九海里，為南岐山。群島環立，其東南有良港，名南岐港，停泊甚安。赤饒澳水面鎮下關之東南海中有島，曰南關山，即鎮關島。其北約二海里為北關山，北關與南關間名北關港，可寄泊大輪以避東北風。北關山有澳水，有一峰甚高，而高足為航路之標的。

桌盤石衛。在樂清縣西南五十里。明洪武中設衛。清
廢。置遊擊守備駐防。後又設把司。
黃華關。在盤石衛東三十里。甌江入海口北岸嘴上。東
接大海。南臨港口。明代設水寨于此。今廢。
海安所。在瑞安縣東三十里。明置千戶所。屬溫州府。
清代裁。
梅頭城。在瑞安縣東北五十里。明置巡司。為戍守要地。
今廢。
金鄉衛。在平陽縣東南六十里。明初廢衛。清初裁置
巡司。
鎮下關。在平陽縣東南一百四十里。明置水寨。駐舟師。今
設兵防禦。
洞頭山。山之北有小市三盤。汛兵駐此。相傳此山凡七十二
澳。
鹿棲山。西圖作黃大嶴。而以黃大嶴為虎頭山。黃大嶴
與巖石間成一水道。在東南。又與頭嶴（即玉環山）間成
一水道。在北。惟離黃大嶴之東北有小島。礁石甚多。
虎頭之北有華船島。一作船島。地低而不見。與虎頭
相距之間成一水道。其與陸地相距處。僅宜用小華船。
島巔有一方式故址。似炮台云。
虎頭山長約六米突。闊三米突。上多大山。極西者曰
麥兜士山。高一千二百三十八尺。在中央者曰華母林山。
譯言獸園。高一千二百五十五尺。華林母山之南約半
米突有一石峯。甚奇而險。高一千一百四十尺。其巔有一大
石馬。
由南關澳迤西為南關港。即福建福鼎之東南沙埕港也。港
口窄而深。內廣三四里。深六七十尺不等。長約六七十里。可
泊大輪數十號。出入不須候潮。為閩浙洋錨地之最。港灣
入至福鼎城南。受小水數道。以馬溪水為稍大。迤南經南
鎮驛。又西南至黃岐山。南有小港口。西北灣入陸地。約二
十里。港首受大姥山各溪水。其西岸為秦嶼鎮。西圖有晴
川澳。即此港也。迤南經峽門驛。又南為楊家溪入海口。口

内成一澳。名乌崎港。即西图裏山澳也。港内多淡水，可停泊大轮。迤南为三沙镇。又西则有福寧湾焉。

由之福寧湾北岸西迤为赤岸入海口。西北直福寧府城。其南为澳洋驿。又东南至乌岐山嘴。为福寧湾口南岸。湾内有烽火列岛。多浅沙及礁。不便收泊。又南迤为大金山。为罗浮山。是为三沙湾外口门之北岸。

由之罗浮西迤至叶山之西南。地小为颈。又南为北壁。又南至东冲口。是为三沙湾内口门之北岸。

东冲口之西。成大海港。即西图之三沙内澳也。港又廻环跨数州县。北至霞浦西孙田摩司为北港。东偏北抵福寧府城南。西福寧湾南岸仅隔三十里许。为东北港。其东岸即武岐叶山罗浮也。西偏北一至福安县南之白石関巡司。一至寧德县北之河西驿。均为西北之港。西南至寧德县城东。为西南港。东南则由东冲口东转而西迤。入福州罗源县北境。为东南港。而鑑江堡适对东冲为口门。是为三沙湾内口门之南岸。

三沙湾内口门广仅五六里。傍近沿皆入此湾。惟其水均非长流巨川。实由海水灌入而成此浸。北为寿寧北之青草隘青田隘一带山脉以南之水。南为寧德南之宝腾山罗源东之碧岩山一带山脉以北之水。东为福鼎霞浦西之南洋山望海山一带山脉以西之水。西为屏南西之石门隘洞宫山一带山脉以东之水。湾内潮流迅急。又多岛屿。惟水深处停泊较妥。

东南之港曰松崎港。海水循鑑江堡东岸迤南。经碧岩山东麓至濂溪复西北而入。此港长约五六十里。至罗源县东北受数小水。濂溪南对帽山为港口门。广约三四里。由帽山东迤为东伸入海中之狭地。其东头有北茭镇。西圍作北圍茭角。东北对罗浮山嘴为口门。是为三沙湾外口门之南岸。

三沙湾外口门颇多岛屿。罗浮之东为必登岛。其周三四米突。其间内地相距处。阔四米突之三。长一米突。小船可以停泊。岛西北有沙贸小湾。可得清水。必登之南为双峯島。东北至西南長三米突。島西南有停泊佳地。双峯之西南為蜘蛛島。一作大西洋島。其最高处出面海六百二十米突。島西可避东北風。

由北菱角西迤。為狭地之南岸。至安南海有小澳。名王家澳。一作硤坑澳。常泊民船。亦避風之美地。又西过小埕寨之南。蹦島之北。至澳头南。对东岱鎮為岱江入海口。岱江之水。自连江県东北之山。东南流百餘里。过连江県城南。又东至东岱北入于海。

由东岱迤南至五虎礁。南為閩江口。口门外北之东岱。適对南之里角。一带浅沙横亘。而熨斗尖峯二島。横列其间。熨斗尖峯之西南為五虎島。島巅有方峯。高出海面九百零四尺。小道傍島而行。称五虎小道。亦曰五虎门。中间浅亘淤塞紛乱。大輪船不能行駛。須候潮而入。

由五虎门西南迤為兄弟列石。曰浮江。曰东兄弟。曰西兄弟。西兄弟与浮江之间。小道甚窄。尚足航行。又西為黄岐島。島北有地嘴。曰金牌角。亦称金牌门。北对陸岸之長门。為閩江内口门。其间小道。名金牌小道。船新到此。至此绝险。皆因金牌角阻成横水。及过其北至中浅滩处。将离此险。

由閩江口乙溯七十餘里。将抵罗星塔泊船处。罗星塔之北偏西陸岸為馬尾嘴。江水绕之。斜轉而達于福州城。馬尾嘴左岸有船政局。其南有船塢。自馬尾西北溯抵福州商埠。凡三十六七里。清光緒十年。張佩綸率艦隊為法蘭西所毀。燔于馬江。馬江即馬瀆江也。距浮江东西兄弟蓋甚近。

閩口之南。有白犬列島。極东最大者曰东犬。或谓之东島。極西最高者曰东沙。东沙一作西犬。东距东犬一米突半。东犬之南曰南犬。一作林头。其島差小。东犬之东北為大奥。大奥之北為小奥。

閩口之东。有馬祖列石。曰希伯石。一尖利礁也。此石亞遇到风。鮮有激浪。其北為海狗。一作大犬嶼。蓋黑色危石也。在东沙东偏北处。又北為海貓。一作泉付石。高二十尺。

又東為引水石。一作引導石。乃最險之尖礁。海浪过之。亦甚激湍。

閩口之北。有馬祖列島。曰平石。一作草鞋礁。在海貓與馬祖東尽处。曰南唐島。即馬祖也。在白犬之北十米突。有停泊善地二。一名巴母利澳。一名馬祖路。曰英恩。距馬祖東北角為数小島。最大者謂之礁島。曰唐岐。一作中唐島。距馬祖東北一米突半。曰蛤蜊小島也。高二百九十尺。曰麻克壁石。一小碎礁也。高三十五尺。在蛤蜊東南。曰甚石。一尖礁也。邉列几並不激浪。曰長蟯。或謂高高膠黏石。一作怕司特石。小島也。在唐岐南角。唐岐之北。有大小数島。周圍皆深水。最大者曰程呖。一作北唐島。高二百九十五尺。曰北沙。或名高鹿。一作高登小島也。东北伸入海中約一米突。皆獨地。曰三石。一作三露石。乃一群三小島也。其最高者出海面一百零一尺云。

至于閩江口閩門傍边处。曰意馬石。尖礁也。或作半洋礁。曰閩外礁。石隙一孔。或作七星礁。曰必土卑石。亦尖礁也。水过其上十二尺。曰閩江外亘。係江口伸出之硬沙合成。一作七里礁。曰芭蕉島。高六百尺。即尖峯島也。

閩江自南白犬列島與北馬祖列島之間。相距約十海里。為外口门户。壶边相连属。而高登島、対北菱角。尤為天险。閩鍵焉。南唐北島有澳。可停泊多船。即馬祖澳也。甲申之役。法人犯我馬尾。其兵輪常泊此澳云。

案蓁嶼鎮。明置大貫堡鎮。今為秦嶼巡检司。

三沙鎮。在霞浦东。县六十里。明置烽火门水寨。今有市鎮。

大金山。明置大金千户所。属福甯衞。金今廢。

三沙湾。一名官井洋。即三都澳也。今其地我国自闻為通商埠。建設海関。

北菱鎮。在连江县东北二百里。三面環海。有巡司。宋元明時均駐水軍于此。

小埕。明置水寨于此。東岱鎮。在連江県东。旧置北菱巡司。今裁。

尖峯島上有歐人房屋。設立東方辨事所。澳冊與中電报公司。则在島之东濱高地也。
中浅滩一作中地。最浅处。水过其上十一尺。在金牌角之西北。其在金牌角之西南有沙滩。深至十二尺。
罗星島。或谓之落星也。居民偏地種植其間。有小溪间。足資灌溉。島西南小山。高九十三尺。餘皆平地。山巖有塔。上頂出水上一百八十五尺。凡船至其下。必停泊焉。
由之長樂东北之星角南過。一帶高山傍岸。多沙滩。愈過御国山西為海口城。又西至福清城东南。有小水入海口。又南過三山。復东经高山市之北。轉而南過。过大馬山。又西为蓮盤鎮。由蓮盤鎮西北過至东園之南。为與化湾东北岸焉。
御国山之南。蓮盤鎮之东。为海檀島。上南为海壇角。南北長约百里而强。四周多浅沙。其深港大澳。惟海壇角有小澳尚可避風。島与陸地相距之間。为海壇夾。上南北小島布列。自成関鍵。夾内頗廣闊。惟浅深相間。水道不甚流通。其滙入海口城及福清城下之湾。皆浅沙滩。即舊记之琵琶洋也。
由之东園西過至蒜嶺东。有北自九崔亭来小水口。蒜嶺之西南。为荻蘆溪杉溪合流入海口。其南即南仙寨也。又西南至興化府城东北二十里。为涵江鎮。有自莆田城北东南流入海小水口。過南至三江口。为木蘭溪入海口。木蘭溪之源自德化永春及仙游三邑。而下合間谷之水三百六十有六。至江口入于海。其上流即古瀨溪也。
由之三江口轉东過为美南鎮。美南鎮之东为海道鎮湾。由海道湾东南過。距莆田县八十里为青山鎮。青山鎮三面環海。明時番船多由此出入焉。又东为五虎嶼。西之地嘴。西圍名炮台山。东北与蓮盤鎮遥對。为與化湾口門。與化湾外有南日群島。南日一作南匿嶼。或谓之參譚山。为十八列嶼。南向之最大者。自东北至西北。長七米突。適嶂障内地。與化湾之口。其东峯尖圓而高。拔出山上五百六十五尺。为此島最高处。南日之南角。为高平原。有南日小島。一作南嶼。南日之西北。近島处。水深可停泊。以避風。小島之東為三角嶼。其西北距半米突有一平石。曰張隱石。興化灣除南日島外。其間群島列石甚多。界入海濱。直于進口處所行者。惟南日水道與興化水道及海壇水道而已。南日與五虎嶼之間。為南日水道。凡船欲由南日之南穿興化灣者必過此道。南日與蓮盤鎮之間。為興化水道。興化水道之南。直南日嶼處。十有八列島。西圖作十八日。此水道之北房層角。與砂島相距之間。係海壇水道之分支。是為海壇南水道。至程母島與海壇角相距之間。則為海壇窄水道。牛角與北練角之間。則為海壇北水道。凡踰南日水道進入興化江者。至紐島北一米突。即可前進于鼻頭角。既至鼻頭角。則在紐島西北七米突。南日之東偏北。曰散日。一作散嶼。乃三低石也。散日之西偏北曰帽日。一作帽嶼。四圍之水頗深。帽日之北偏西曰長日。一作長嶼。高一百七十三尺。長日之東曰双日。一作双嶼。在帽日東北一米突。為興化水道之南界。

案海口城在福清東縣二十里。元置海口務于城內。明初改為海口稅課局。前置河泊所于此。

海壇島。讀史方輿紀要作海壇山。在福清縣東南七十里海中。周七百里。其山如壇。南北長而東西狹。上多雲飛。亦名東嵐山。唐牧馬地。宋初置牧監。尋罷。皇祐中許民耕墾。淳熙中有三千餘戶。元時民戶尝滿四萬。明初徙墟其地。惟以小埕水砦官兵汛守。隆慶初始添設海壇遊兵。萬曆中增設水寨。後廢。清初置平潭海防同知駐島上。

蒜嶺。在福清縣城西南五十里。以山形如蒜瓣而名。舊有照海亭。

迎仙寨。在莆田縣東北四十里。其地有迎仙橋。下即才奧潭。有沿海巡司。

涵江鎮。舊鎮記作涵頭鎮。在莆田縣東二十里。亦曰涵頭市。元設管勾司。董鹺事。明洪武初改為福建都轉運鹽使司分司。分統衙鹽場課司。所轄凡二十四團。皆產鹽處。今置巡司。

南日群島。舊记南日山在莆田縣東一百里大海中。與
琉球相望。本名南匿山。明初設寨于此。後徙于内地。山
爲倉晴之所。
南日水道之西有淺水石。距克達毋小島南偏西二米突。
克達毋譯言螺履。一作哈島。克達毋與南日〔與陸地〕相距之間。
爲小島中之最大者。
十六日。在南日之東北。地廣十米突。島北偏西有江日島。一
作小南日嶼。其東北爲江日列石。一作菜瓜棚礁。西北爲北日
列石。北日列石之北曰水道島。共三島。中有高府島最
高。又北爲粗島。一作乱形島。水道之東曰内島。一作内珍
石。高一百二十尺。内島之東北曰南耆石。一作老鼠尾礁。
高五十四尺。南曰香港石。一作港心礁。在長日南北半米突
云。
程毋島。一作草嶼島。有兩峯對峙。高者出于海面七百
六十九尺。房屑角。一作五房澳。一作萬安汛。或作萬安
寨。係海壇灣進口之西角。河島。在十六日之東。最高

者二百八十九尺。
海壇角。一作壇角。在觀音澳之南盡處。觀音島。或
蒲盧島。在壇角之北一米突。有方峯高四百四十六
觀音與海壇二島之間。有巴毋利小島。
由五虎嶼西之地嘴迤西南爲平海。平海明之故衛也。西
赤岐鎮十里。平海赤岐舊皆有城。嘉靖時倭人走平海。
莆嶠失城。戚繼光等合兵擊之。即此也。平海城南海
水深二三十尺。可停泊。西迤經赤岐南。又北滙爲港。曰平
澳。乙爲湄洲東北第一大口。北距海道灣之南岸僅里
其西南三面環水。北端芹山。北與美南相接。東南端爲磨
積千戶所。北距莆田縣九十里。東北與平海相對。爲平海
口門。即平海角與勿叟溫列島之間也。口門闊六里半。深
拓至五拓。口内自南至北。積漸而淺。灣西北面僅深二拓
多石。自平石北面陸岸排列入海一里。
由平海灣口轉而西南迤爲湄洲灣。口闊六里。水道中界
九壘石。其南有石紛列入水道灣内。距九壘石西北偏北

三里有竹竿島。當南恒風時。此島西北、、面可泊船。北岸抵浮山鎮。北距莆田縣四十里。其西北隅。又滙為小港。至楓亭司西南。距仙遊縣五十里。楓亭司西南為赤湖。轉而南迤經蕭厝。至牛峰尾市西南。距惠安縣四十里。又南為峯崎港。港西為惠安南之洛陽港。首西南通洛陽江口。以達泉州港之水道。

由峯崎港迤東南為黃崎鎮。又南為小岞市。小岞東北對廓莆市〔禧〕所。為湄洲口灣門。有湄洲嶼橫塞〔其〕間。上有田園民居。灣口東北屬興化。西南屬泉州。泉州東北之港澳。以麥詩邊海灣為第二海門。麥詩邊海灣即小岞市西南之小岞澳也。其北古來角。與〔坟〕南圭形角相對為口門。乃係崇武城地脈凸出。橫截一米突。而成灣口。闊四米突。可停泊、以避東北風。其南嘴曰大岞角。灣之西岸由門頭市西迤。曰方錐形角。

由大岞角西迤為崇武所。又西北為泉州港。港南岸為祥芝角。祥芝角與崇武所間。為泉州港口。口門廣約十里。

兩岸甚窄。北岸地頗出入多港汊。其西北岸有鷓鴣鎮。西距晉江縣十餘里。

祥芝角距港北岸四里半之間有二島。一曰大墜。一曰小墜。距小墜西南半里有旋紋石。(一作喜毋限列石)二島與旋紋石互視方向。惟東北〔东〕與西之南。其間有通洛陽河口之水道。小墜低而瘠。上無植物。大墜高三百五十八尺。為此間各島之最高者。小墜與喜毋限列石之間。有水道中石行。(一作中港淺)迤東有林克司石。又東為小墜沙灘。自小墜島迤邐東鋪入海約二里。水深二拓。即由大墜西至洛陽河口。有沙洲曰靴沙。而水道中石行之西有沙嘴。曰日湖石行。(一作日湖淺)迤西有日湖塔。高二百三十尺許。

鷓鴣鎮之東。為洛陽江與洛陽港入海口。其西為晉江入海口。由晉江口迤南。有晉江支港入海口。又南為浦边鎮。又南為蚶江鎮。轉東為東鋪。東鋪之東北。即泉州港口門。

小嶝沙灘之北。為小嶝島。距祥芝之角東北四米突之遠。高五十尺許。小嶝島之北。為獺窟島。一作獺窟澳。舊置巡司。在于高水乙。南高二百尺。乙有大鎮埠澳内淺。縱橫沙。輪船不能深入。其東即崇武所也。

寨平海衛。在莆田縣東南九十里。明置衛城以備倭。清代裁。今駐縣衛。舊有墩台十二座。其東有舊寨。設于海中南日山下。

南岐鎮。舊記作崎頭鎮。在莆田縣東八十里。明初置巡司。後改為城堡。嘉靖中倭人陷與化府。官軍擊之。倭走平海衛。欲掠舟泛海。乃結巢崎頭城。官軍擊之敗績。倭乘勝陷平海衛。戚繼光等擊破。志云鎮東至平海衛十里。

莆禧千户所。明洪武二十年所建。城周三里。有山三面濒海。西面。為濠。西南有文甲澳。又有嵌頭。青山。諸港。皆為濱海。要地。又莆禧舊置墩台凡五座。

平石一作屏石。在平海角南四百拓。形似圓錐。高九十尺。平石西南有一隱礁。其東北濱岸延約一米突。又有數礁。

平海灣停泊処。在距平海衛深三五拓之地。距停泊所西北五米突。高山重疊。有一鑽峯。足為海濱之鄉導。馬鑽峯一作錐峯。似即嵌頭山也。

九壘石之南有方石。長一米突。露于高水乙。其東南有竊角。竊角之北九壘石之東。因東北凡停泊甚善。中間有伏石。與竊角以脉相接。

竹竿島或作馬鞍島。當南凡嶼島西北。為一佳港。竹竿之北偏東一米突為岩島。一作尖石島。其西角有沙灘伸出西北一米突半。竹竿之北相距三米突陸地乙有一垣峯。一作西亭鄉山。垣峯與岩島之間。為民船通行之小道。

枫亭自明以来置巡司。赤湖在仙遊縣四十里。昔時周環五里。土色皆赤。下為進坑。流入枫亭溪。

小岞澳近岸有崇武城。凡過東北凡。船停入水十二尺於可入此澳避之。若遇南風。不便泊船。惟距澳南面大島北四百拓之地有險石。餘無他險。

崇武所。宋置小兜巡司。明初移巡司于小岞。置千户所于此。屬永寧衛。清代裁。

祥芝角。高約四百尺。一作獅頭。一作師山。一作鷓鴣山。當即行華山也。在泉州港入口之西。由此角距東北崇武鎮華角。高十米突。皆為前港進口處。

泉州港進口處甚淺。港外有風。則浪涌而旋流。凡船入水深四十尺者。低水時可免此險。小墜沙雖甚微淺。而艱沙與小墜島之間。自一千八百八十二年已不可行。

麥詩遜海灣。或作黃崎澳。小岞即古來角。大岞即圭形角。乃惠安縣之圭峯也。圭形石高六十尺。周圍皆尖圓者高二十尺。

喜毋限列石或作当露石。見于水面之。與小墜相距之水道。即航行進口處。

林克司石。水過其上僅六尺。距小墜最高處南偏東不及一米突。其險南有大險山。水低則露。

喜毋限列石與大險石相距處。水底多礁。有數處低水僅深六尺。

水道中石行距小墜島西南角一百餘拓。又距旋紋石五十餘拓。兩界間為水道。中有石行之處。潮退之時。石行中有三石出水面者。石行周約二百拓。自此石行中界視大墜高頂與小墜西高頂。恰成直線。小墜西南東三面有石數行。排列入海。約五十拓。故不熟悉此道者最難駛行。

日湖石行有淺嘴。自湖塔向東伸入海一里餘。北界亦有石一行。

洛陽江源出惠安縣西北大尖山南。偏東流。會洛陽港入海。晋江一名金溪。又名安溪。出安溪縣西北古格嶺。南流會群水。東過晋江縣南入海。

獺窟島北去岸約四五里。宋開禧中有僧道詢者。運石填海成橋七百七十間。使岸與島接。至今賴之。

由泉州港口南岸之东浦西南行。经永甯城衛。至洛陽鎮东。为深滬澳。近澳処有狀搜山。在永甯角之北。西南之深滬角。近対。地势东向。最易認識。山上有塔高七百六十尺。为此间最高処。稍西有山名肩膊峰。澳内有小島二。曰南島。曰塔島。两島相距而成水道。由深滬角西南行为烏桑布。有士狀拈角。一作史庫朱克角。之西南为圍头鎮。有澳可障东北恒風。澳东角高八十尺。地曰圍头角。北面山间有小炮台。澳西北有东西两高峰。西峰高一千七百十四尺。东峰高高一千三百九十九尺。圍头西北角有牡蠣島一。此澳較深滬澳廣而低。中有薩利亜淺灘。距圍头西南约六里。距北定島东北约五里。灘外水性甚急。船至処往往为推移。失其故道。故西人于北定島山顶測經緯度。以为此澳之標準焉。

由圍头西北行。为石蘭。为白沙。又西行为晋江分支南流港口。之西为石井鎮。又西至列五店司。又西北至石尋鎮。之西为石尋港。又北至同安县城南。城东西各有一水入港。自同安城南行为下店为尋尾有小水西北自安民鎮东入又西有小水西北自蘆口司来入由蘆口司南行入漳州府海澄县境为海门鎮有九龍江入海口九龍江源出连城县南之將軍山自將軍山东行为甯陽县北之芙蓉山馬山至大田县西南之大素山一帶山脉以南之水自將軍山南行入龍岩州西为紫金山至平和县东之大協関山一帶山脉以东之水自大協関东行为漳浦县北之溪嶺至大武山一帶山脉以北之水均滙入九龍江大武山之东南为鎮海城城之东嘴为鎮海角北东対圍头角为金厦海港口门金门島与圍头澳西之大島也本名浯州屿在同安县东南大海中廣袤五十里明初設浯屿水寨于此洪武二十年築城周三里有奇置守禦金门千户所清朝因之設金门總鎮兵金门島之东南有海澳一名料羅澳之北岸之山即名料羅山为此島最高之処西南附近小島名列屿一名小金门此島南負重山北蔽同安县东北与圍头寨西北与澚澳相望不独同屏蔽同安实又为厦

門之外衛焉

廈門島在同安縣西南七十里海中之大島也島周七十餘里舊產嘉禾故一名嘉禾嶼一名鷺嶼東北曰五通嶺山嶺層疊中間有內港一名潯通港而高崎居西北廈門廳城居西南城內駐分巡兵備道一員管轄海政又駐水師提督一員管轄本標中左右前後五營西南進口之處共建炮台四座以資控禦其西則有鼓浪嶼南則大小擔嶼赤嶼青嶼吾按嶼等東則自金門大島小金門以西又有帽島老虎嶼等星羅棋布遠近所以互相犄角鼓浪與廈門間名廈門內港即商埠停泊處廈門之南與陸岸間名廈門外港西人謂中國海濱最易入之港是也

金廈二門為圍頭角與鎮海角間二大島相距約二千餘里一在東南一在西北明天啟間荷蘭犯廈門總兵徐一鳴卻之崇禎八年英吉利酋一通商廈門就旋去清初鄭成功據金廈為巢穴縱橫閩浙海中清康熙十九年康親王督師入閩鄭經猶棄金廈歸台灣清廷于是駐同知于廈門駐縣丞于金門又清道光間來犯閩浙總督鄧廷楨嘗敗英艦于廈門其後顏伯燾守口門外浯嶼青嶼大小擔嶼增築炮台備多力分遂為英人所乘于是金陵條約訂開廈門為通商埠乃駐以分巡道與水道司提督焉廈門居民約九萬大千為繁盛富庶之地金門南面與烈嶼東面均便停泊

廈門外港泊船處深七拓至十六拓古浪嶼西面水道深七拓至十七拓亦便泊船廈門內港朔望後三日潮性較尋常高十六尺浯嶼高三百尺山巔有三烟墩浯嶼自南至北長一里又四分里之一兩角間僅寬二百拓東北面與東面南有陸石崖西面有三碇澳東面亦有碇澳西面最北之碇澳內有大鎮舊炮台

距浯嶼東半里有大礁亦曰首碇石中間水道僅闊半里距浯嶼北角西北偏北半里有青嶼礁距青礁西北四北分里之三即青嶼距青嶼東北八百拓即赤嶼一作日嶼此

二島間爲厦门外港口青嶼距大磐角西北約四里爲
大磐淺灘東嶼高六十尺其東南二面各有石行遠列
入海计長五十拓其附近処有二小島一曰王瓜一曰道掃一
島多石不便駛行道掃西北面有石沙遠伸入海長
四百拓
王瓜島之東北卽小担嶼其間爲常行水道約潤三百
拓小担嶼自東至西長[六]百五十拓高三百尺上有三烟墩
北面有沙澳王瓜島與小担嶼南面有遠伸出之淺灘西
角東有淺灘向西北遠伸入海二百拓因之水道甚窄
不便駛行惟東嶼與青嶼間之水道向可通行距小担
嶼東[九]之高島卽大担嶼也大担嶼自東北至西南約長
八百拓自低沙頸以東高二百尺顶有小圈台與三烟墩低
沙頸以西有圓錐峯顶有圓炮台小担嶼與大担嶼間之
水道寬二百拓而常有横凡大担嶼厦门間之水道深
不及二拓
嘉永甯衛在晉江縣南六十里宋以来置水寨明初
置衛清代裁
浯陽鎮在晉江縣南八十里駐巡司
圍头鎮在晉江縣南一百里宋置安盖寨明置巡
司今裁
石井鎮在南安縣南七十五里舊置巡司今裁石尋
鎮在同安縣東南十里舊駐巡司今移駐厦门
海门鎮在隆海縣東二十里九龍江口门中駐巡司鎮
海城在浦漳縣北一百里明置衛清代裁
牡礪島東南距圍头角二里島東南相距六[九]百拓爲
牡礪石北定島緯度距赤道北二十四度二十六分十六秒
经度偏東一度一分四秒
金门鎮西南有低沙灘自金门鎮西角海岸曲折向
東南約三里爲金门鎮西南角由此処海岸又曲折向
東北偏東五里爲料羅澳有数[乱]石自金门鎮西南角
尚向東列入海计長八百拓
料羅澳原名料羅口澳内可避西北與東北半面风

澳之东角曰澳料罗头丘角北面有峯高八百五十六尺

古浪屿在厦门岛之西南西其间水道宽三百三十七拓半屿周约三里高出海面二百八十尺其西北为虬松屿高一百九十九尺其南即大武山也

又由镇海角西迤为镇海澳一作定台澳或作煙火澳又西南迤至井尾镇之东名井尾港土音谓之青州又南经佛昙镇东迤南为考克角考克角东北西镇海角十八里半二角间为陆岸其在青州之东北突出半里许为屋山角屋山角之东偏南为南碇一作罗贷人嘹潦其西南约二里为劈岛一作斮岛其东为墨毋乐皮浅滩浅滩南段为南墨毋乐皮滩一作南墨落皮一作南碇索一作南尼澳东北偏东相距七里为㴩伯尔岛译言小教堂岛或呼为广岛即东碇也高一百十八尺上有灯塔岛西北约八里为北墨毋乐皮滩一作连番屿一作北墨落皮即犹门钩也北墨落皮之西北距镇海角十里至十四里有两小岛曰空口曰舟岛舟岛或谓之引澳云

由考克角西迤为将军澳一名将军礁西音句𠼪勒卑或作红澳当东北恒风时此澳便于停泊丘澳东角有高里石西南三里有辟石又西南为蟹角又西南为虎头虎头山或谓里头一作乌头即陆鳌讯也或作六鳌山高二百六十尺里头在其南而虎头山河之水汇流于西岸里头东北约一里为大高角一作大偶角之前为草庐石一作小屋岛自将军澳西南至虎头山相距十里一带陆岸皆低沙平原草庐石东北二里为尖塔岛之间有奇形方柱距尖塔岛北偏东一里为劈裂岛之西即蟹角也

虎头山之西为浮头港之北为金泥镇又西为香山镇金泥香山之间为李澳川入海口即浮头港首也李澳川源出平和县之大协关东南山中东南流入海自香山镇西南迤为古雷城东北对虎头山为浮头港口门浮头港一作虎头澳其外有丹嘶抱克岛高一百五十六

尺自東北至西南長約六百拓島西南相距二里為新布
少西亞列石東北相距一里為司基特小島司基特北偏
西約一里為青石青石西南約二里為古石古石之北司
基島之西偏北為飛魚石飛魚石之西為亞孟矢石近
陸地約二里似印石鴨母石也亞孟矢石東南偏東為煙
墩島一作紫菜嶼似印馬祖宮也
煙墩島之西南為礼是石礼是石西北距福字峰約一
里福字峰一作列落峰在古雷岩之北高出海面九
百三十尺礼是石之北為門島一作周門列島門島之
東為礼是島此島童然不生草木惟漁人聚居之礼
是島與門列島間之水道曰礼是門門列島與陸岸間有
水道闊二百拓惟華船行常之
古雷城之西為漳江入海口名銅山港漳江源出平和县
之大協関山東南流名阿矢溪又東南經雲霄县廳東
又東南入海港口有塔嶼港内有二小島曰姊妹島西音昔
司特尔司塔嶼東北有中島塔嶼銅與山港東面為陸岸

过此水道即见雷矢與福字峰之間之低頭雷矢一作古
雷矢或謂之古利矢山言其山為高美之矢也
銅山港進口处為銅營鎮即銅山營也由中島走入
銅山内澳西北約十一里即雲霄口澳西有小船水道只八
尺門道于詔安灣澳之西北岸有山曰绿山或作断山高
三千零六十七尺八尺門之西為漳潮鎮漳潮鎮之西南
為南浦又西南為宮前臨海之嘴也
銅山港東南海中約十二里有二島曰兄弟島即東橋西橋
也西橋高八十尺東橋高一百五十尺銅山港西南之尖峰
曰康峰一作圓錐峰高于海面八百尺其東向之角西
南距朱周克柄角約五里
周克柄角在阿母布克角之東北約三里有山曰周克柄
峰高于鉄山八百八十尺為陸地最高处阿母布克澳即
在其背阿母布克澳一作冀澳一作廟前澳一作阿威克
澳即宮前小澳也在詔安矢東約二里其東面之西地
角為阿威克島

周充柯角西南相距一里有鐘島一作虎島一作虎仔嶼高約三尺鐘島之东為岩島一作高石島即犀島也岩島东北為方島即象島也

由銅山西南迤為梅嶺又南伸入海為懸鐘廢所官前西北對懸鐘城為詔安灣口门詔安灣口當南澳之东北及宫前之南有小澳均可暂时寄碇惟詔安灣口不能避东北风宫前小澳不能避西南风

詔安灣進口处南有蹉坳拄島即四方島也北有高島同為此灣之门户懸鐘西面為徐坑溪入海口成一小澳名东澳民船避风处也徐坑溪出平和县天馬山东南流至詔安县城东南入海东澳之西為三礁则与廣东之潮州相接而入于南海之界矣

柴井尾鎮在漳浦县东百里舊置巡司今裁

六鰲在浦漳县东南七十里明置千户所属鎮海衛

清初裁

古雷城在漳浦县南五十里古雷山下舊駐巡司至清代裁之

漳潮鎮駐有巡司即舊志之金石鎮

銅山營在詔安县东八十里其地舊名东山為民牧蕃明初置千户所属鎮海衛清朝廢所改為銅山營駐游擊

懸鐘廢所在詔安县东南四十里明初置千户所屬鎮衛清代裁

(丁)南海　自台灣海峽最西界迤而西南至雷州半島与瓊州大島间一帶之海岸西人谓之支那海我国以此為南海焉南海之岸约分四界东起潮州府之南澳鎮与福建交界处西至惠州府之平海所共長八百里曰潮惠沿海界东起廣州府之大鵬灣至西肇慶府之陽江廳之海陵島共長八百里曰廣肇沿海界东起高州府電白县与陽江廳之交界处由西而南復折而北过雷州府徐聞县境又北折而北至高州府

石城县境復迤邐向西至欽州防城县与越南分界
処而止计自雷白至吳川百餘里吳川至徐聞四百里徐
聞至石城四百里餘石城至防城五百餘里共计一
千五百餘里曰高雷廉欽沿海界此外海南一島孤
懸大海之中為中国極南之地所称之曰瓊州沿海界

(一)潮惠沿海界　经度偏东四十分柘林澳起至偏西
二度大鹏所止緯度赤北二十二度二十四分大鹏所起至
二十三度三十六分柘林澳起止

柘林澳口南向澳北有黄岡溪入海口其西岸有韓江支
口港澳口有数小島入此澳必约过中島之中东由砲台
口而進至進口島有停泊処進口島一作門島中島一
作中小島二島相距処水深三拓至六拓不等進口島
之东為柘林島砲台決之东北相距约三里為雉島
高出海面一百一十尺雉島之西雉角最高処有炮台
距雉角东北六里半有浅澳口澳内有塔島即闽粤
兩省交界処

柘林澳之南為南澳自东至西長十二里东段庚西段狭
澳与陸岸間之水道庚三里半深三拓至六拓三峯
高一千七百尺至一千九百尺南澳灣首有南澳城而塔
島在其东北当东北恒風时灣内波浪最大不便泊船惟
澳之北面柘林澳内尚為穩便灣之东面有双峯此為北
角其角前伸成南澳灣之南（东）界
距南澳北角正东七里有四石曰七星山高二十尺七星山
之西北三里半曰地何由石一作知何由浅一作料牛礁南澳
島东南角约半里与东角相对此曰吉林技係石匕西南
為煙墩山煙墩山西南為盤島匕（蟹）之东南有屋島一作華
蓋島又东南為拉莫克列島一作南澎列島凡四小島二
尖石绵延起伏自东北至西南長七里西南尽処為艇石
西南澳島之西角相距二十二里艇石东北為高莫拉克即
中澎也一作东澎又东北為东莫拉克
拉莫克列島与南澳島之間有勒門列石其北即華蓋
島也勒門列石之东北為星他石其西北為坪島坪島之

西北为麻麼奴石適当南澳之口门
南澳称为隆澳由南澳西迤为塔澳即雲藍寺澳也
塔澳对面北岸即浅澳塔澳之西相距五里为快傳角一
作快船角之北第一小湾为比利斯澳一作深水澳一作北裏
司澳之西南为双桅島东北为人形石一作褔克斯登石又
东迤为猛浪島或作猛浪角島南为南澳北岸之浅
澳浅澳或以为龍即门澳也
标林澳西岸有北港口迤西南为南港口皆韓韓江支港
自澄海县东南流入海其南港口之西为韓江正流入海口
韓江即汀江也出褔建長汀县北之溪子口溢山南流入
麻东之大浦县境会梅江小靖河溪靖遠河等水又南流
过潮州府城东又南过海陽县西入海
由韓江口西迤为汕头商埠也汕头南臨媽屿港媽屿
一作双倍島一作义山媽屿东北为籃鉢島一作砲台島东
南为糖塔島一作塔屿一作鹿屿或作浅洲高二百尺与馬
屿共为糖塔水道之北濱迤南偏东为企望角一作好望角

又南为馬耳角又西为潮角由企望角西南距海门角约
九里二角之间为企望澳企望角之南潮角之西北可
停泊以避风
海门角有海门舊城迤南为把金石西对东来角相距七里
中间成澳即海门湾东来角之西有小港進口约一里有鎮
埠即靖海所也企望澳与海门湾各北承港口其港均
北与潮州内港通潮州内港其舊记谓之牛田洋自汕头
西海水西北滙成此港之西面烦澗大东達媽屿港东南通企
望澳南通海门湾惟媽屿为輪船出入之水道而企望
海门二港均係浅沙
潮州内港东岸有数水口皆韓江支港自澄海县西南
流入海其貢西北承水口为玉窖溪入海口玉窖溪有南
北二源北源出丰顺县西南东南流经揭陽县北南源出
普甯县西北东流经揭陽县南至揭陽县城东南合流
入海潮州内港不能通輪船航路至汕头止故汕头为通
商埠潮州内港西岸迤南至潮陽县东南有自普甯

县来之练江入海口之外即海门湾外北之港也
案黄冈溪源出饶平县北玉屏山南过饶平县东又
南过柘林司西入海
螌岛即龟岛乃低平之礁也与南澳岛相距之间
水道甚阔不宜行南澳岛之西角称曰长山尾
南澳岛旧多居民田土沃饶约四五万亩耕种足
供岛民之食明初徙民入内地嘉靖中为倭人所据其
地后海寇吴平许朝光等又窟穴其中万历中始屯重
兵清驻总兵同知巡司等官城在北岸北临南澳湾
山头北距潮州府城九十里距澄海县城鸟道三十余里西
北距蓬州城水道四十五里东北距南澳四十里其地
北属澄海南属潮阳清咸丰八年天津立约予潮州
增设通商口岸同治元年遂于山头设市镇埠及
海关税务司北岸有崎碌炮台南岸有苏安山炮台东
北韩江口北港南港有两炮台山头电线北达潮州西
直海丰其防守绿营兵额向设千总一员兵二十七名

近则防潮防游击一营炮勇八十名分守各处炮台
双倍岛在獭塔岛之西岛西为海关岛南有山高一
百二十六尺其顶方有炮老台在焉双倍岛北有水道与
阜程毋沙滩为界沙滩东有塔山为韩江进口之北岸
其塔顶高出水面二百六十尺
海门湾自东来角沙嘴东北至海门角七里其水皆深
六七拓海门江即练江其进口处有浅亘低水仅深十尺
进入港内约一里有镇城在其右岸此江绕镇城之北
而西折其北地势转低江之上流与韩江通
由海门湾西北岸之河背汛而南过靖海港又西过为赤
山澳即激浪角也一作莲花峰角一作石牌山上有红色
沙堑过西有东澳镇镇西为神泉港係就江入海口港东
岸为神泉巡司港内可舶船以避东北风由神泉口过西
为甲子所进口处约一里有一塔高三层口外浅沙低水仅深
六尺甚危险即甲子门也门口有大石壁立上下各有六
十甲子字甲子门亦谓之石帆港港东南过为甲子角山

形破碎其巅高二百十尺近海处有老炮台甲子角东北四里半有里山形为圆锥高二百三十尺角南面一里半有龟石出水面十四尺龟石与甲子间有二小岛已与甲子角间之水道宽二百拓深浅不一

由甲子角西南十五里半为田尾角田尾角与甲子角间有湖东河口自湖东角西南入海之处口外浅亘仅深六尺湖东角南处尺为湖东峰高七百十五尺田尾角之西为浅澳已东尽处有浅澳峰群岩锐峭峰高四百三十二尺西对白沙角约三十馀里为碣石湾口门白沙角颇低而有散石西角高砲台与北面高岸间有大港已口多石港内浅仅深六尺碣石镇湾东岸有碣石卫城北岸有内河入海西水口稍西有盐水入海口湾口水深五拓半至七拓距湾首约一里深三拓至三拓半海底为软泥当东北恒风时此湾内便于停泊

由田尾角西南逾十四里为遮浪角已高而奇为砂红貌所成工多乱石角西有砲台北面有小湾当东北风时可避大浪又转而西为捷胜所捷胜所之西曰捷胜角为红海湾东界距角东南约三里有数小岛数岛内以最南之南羊岛为最大岛距北岸湾陆岸之捷胜所约一里捷胜角西对富克角为红海湾口门湾内风浪较大距西桂东北约八里为红海山即红牡屿也屿北有东北湾入之港即旧记所言之鼍鼍江浦港东北承黄姜水口即长沙港鼍江浦之东南为汕尾港已口西向即扁涌湖也港南界为沙岸相距一里为大汕尾山港北有尖圆山麓下城在其上驻有守备山南麓有汕尾山埠为市舶聚集之所汕尾港之西有小澳港口适当岸岛之西北港口宽约百拓深五拓至六拓由此水道即至三洲三洲之西南为平海山已西南即平海所也

由富克角逾西北为平海湾而平海所适在湾之东北岸欲入此湾者必距富克角约半角里由水深十三拓之处绕行该岛于中石与陆岸间或行于中石与圣笔屿间圣笔屿高一百六十七尺其西南为猛多萨岛二岛相

距之間水深十一拓猛多薩或作面陀薩高四百八十尺
西北相距七里半為倍佬島倍佬譯言滅火也
倍佬島之東為伯亞士灣進口處之東角曰伯亞士角一
作白耶士角由此角北至尊卌島計八里半有東北阨
停泊處在倍佬與三倍島之間三倍島距倍佬島約二
里馬
由亞士灣東岸尊卌之北繞向東而成范罗港口口寬一里
半水道中約寬〔深〕四拓距尊卌東北約四里淺至三拓港北
岸有范罗村距尊卌西北約四里有堵島附近處水深
四拓塔島距伯亞士北岸約三百拓其間僅深九尺
伯亞士灣中央自北而南群島錯落層層起伏稱為西而
湫島之脈絡六克島在此脈絡之南群石磊落長約
二里最高處出水三百三十尺其旁皆可泊船六克周圍
有大小島在北曰柱島柱島之北相距一里曰中列島
共六小島最南處曰綠島高二百五十四尺綠島之北
為平屋島中列島之北曰港列島共九小島最南之

兩小島曰孿島一作双生島孿島東北曰淺島西曰樹
島一作突里伐卜島又西半里為糖塔島淺島之北曰
窄島中成一港闊三纜半窄島北為圓島二島相隔
處水深五六拓圓島北為康島譯言尖圓也一作北圓鋒
峰糖塔島之西為大島大島西與陸地相距處水道中有
淺礁
伯亞士灣西向缺處成二大灣一為壇牌冈澳一為大鵬澳
壇牌冈澳一作屯白冈灣東距大島六里水深約三拓由
澳口南迤轉而西為大鵬澳大鵬澳北岸有城曰大鵬
所東距六克島約六里六克島之南有大〔八〕小島曰沱濘列
島內有孤島與所罔石列島最向北處曰大島周約五
里形為圓錐頂高九百六十尺其西最直而形為糖塔處
曰綱島即綱卌也沱濘大島以南有大三小島曰三門
島其中最南處周約三里距沱濘大島約一里其與指畜
圓錐島間之水道寬約二百拓深九拓至十拓圓錐島
與沱濘大島間之水道亦寬二百拓三門與孤島之水道

宽一里半孤島顶平高约二百尺东北距所闽石约六百
托中间小道深深十托
潮惠二州沿海大势自东迤西险要之地曰南澳曰汕头
曰甲子门曰碣石港曰红海湾曰平海湾曰伯亚士湾次
是而已自伯亚士湾以西之大鹏所则既广州之境矣
案靖海港其地本靡靖海千户所赤山在惠来南
四十里平浦突起其土赤色中国沿海险要图志作
浪澳港（角）云有黑色沿屋在于山巅高一百十一尺每一红
色沙垄在此角上以为识其山自北至西尽处则卑㬎
其西相距二里有小島高五十二尺
龙江源出普源县西南阳山东南流至惠来县城南
会数小水入海
甲子所在海丰县东南百里明置千户所属碣石卫
志云县有大改龙溪诸水俱由甲子门入海明嘉靖中
倭冠回广州败还甲子门为县兵所覆溺其仍脱者帅
臣俞大猷尽殲之清初靡所设巡司

白沙角在白沙汛之东亦名石狮头嘴沿海险要图
志作波坞地臂在遮浪角北四里地（此）臂之西为波坞
湾一作白沙澳
碣石卫在陆丰县东南三十里明初设卫清初靡卫
置总兵碣石镇湾中有金箱角其西南尽处有山高一
百五十六尺
捷胜所在海丰县东南八十里明设千户所属碣石卫
清初靡所置游击捷胜角一名志陵角
山洋島一作龟龄島高一百七十五尺在捷胜角东南三
里当东北风时此島西北犀（小）島中足以遮避大浪
富克角一作大星表一作富记角一作赤洲在多猛拉
島蓬东北三西里乃内地南向尽处突出也此島（角）地
势尖而高望之如島状其巅乃人工堆叠高出于海
六百七（七）十尺山之西南角上有大砲台一其南东沙滩相接处
有石島三
平海明置千户所清初裁所改设参将游击又驻

巡司平海灣一作夏逹母灣屬惠州歸善縣
糖塔島言其狀為糖塔之模也西人食品中常用
此模形製成糕餅或用牛乳冰糖以冰凝之所謂冰
積稜是也
大鵬所在新安縣一百二十里大鵬山巖南明初置千戶
所屬南海衛清初改設守備後移駐副將并駐縣
丞焉

(二)廣肇沿海界　經度偏西二度大鵬所起至四度四
十分海陵島止緯度北極二十一度三十五分海陵島起
至二十三度十二分廣州府城止
由大鵬澳東南轉而西迤為狼力形石又西為大鵬角乃
東涌鎮西南臨海之角也角之西北為大鵬海灣而大鵬
所在其東北岸大鵬協所駐之九龍司在其西南岸灣
之口門相距約闊五里半北岸深十一里自西轉入向東寬
十八里內有南交島高九十六尺交島九十尺西角草島
有北峯高四百二十尺其東三纜半為北交島距草島北
約六纜為左島高二百四十尺左島之東北距交島北
約四里半為平洲島高一百四十八尺島東陸地有東圓
錐峯高七百五十尺左島西北偏北約二里為圓島乃
大鵬灣西北部佐群島之東向盡處此群島中最大者為
雙僑島為新月形島為曲島雙僑島與陸岸間之小
道僅寬二百托深四托至七托（惟小艇可行雙僑島與新月形島間之水道）新月形島與曲島間之水
道最窄處寬約二百托深十托至十二托左島西南約一里
為長港口長三里半寬約六百托港口兩岸陡削惟草
島西南角有小澳長港西南第一澳曰角泥斯澳第二大
港為沱罗港左島與崖山头之間為沱罗水道口寬約一里
沱罗水道分三支一向西南者曰湖澳一向西北者曰沱罗港
一向東北者曰布六河澳
由沱罗水道口東南迤又西折為風澳之南有圓錐島之
西南相距二里為洞島洞島西距高島一纜有半高出
海之九百十尺南與巴鎖特島相距成港流濁而乱潮退

则成旋涡高島与巴鈒特島之西为石头港港西界曰經島曰龟島港东南为九柱列島曰北九柱曰东九柱曰南九柱九柱之北其地低陷为深湾總括二港西曰避风港东即此港避风港自南至北長約五里半港首与大鵬海西南面隔陸地一段旁有駝山高二千三百十五尺大鵬港之西岸西有尖峯高一千五百四十尺見此二峯最易識別

此间海岸

經島相南距樟島約一里樟島之南為鼎足島又南約一里半為直立島直立島与鼎足島間海岸成湾水深八拓湾内惟遇东风浪可擁至入直立島西南約一里為佛堂门实东龍島与陸岸間相距之水道也佛堂东距九柱群島約三里其西南為香港島东龍与香港之间曰大欽门大欽门之西曰横欄羅羅然小石島也又西为宋姜小島島峯突起四百七十六尺宋姜之南曰浦台為蒲台群島之南島西南距利馬島約六里有半島高七百九十二尺蒲台之北為螺洲島高八百七十八尺又西北為大潭湾湾之西岸有大潭村可取淡水

九龍司南臨之海港港為九龍港港即西尖沙嘴南对香港埠昔英人于清道光十九年（西曆一千八百四十年）始據香港至二十年遂令璞鼎查宣布自主開埠之說至二十二年為西曆一千八百四十三年中英和议成以香港為互市于是我国遂与订割讓之約英人乃号其市鎮曰維多利而九龍亦以于咸丰十年為西曆一千八百六十年北京订約租借于英九龍山高一千九百四十六尺其地三面臨水惟北西与廣东内地相接香港島長九里自西北至东南闊二里至五里有半不等共積二十九方里島在内地与拉馬之间隔一窄港曰鯉魚门闊不及一里島中山峯林立中峯最高其曰維多利高于水面一千八百零九尺其西北隅為維多利布鎮廣三里其環島之大路長二十二里云

香港沿岸海湾甚多惟鯉魚门水深五拓至九拓不等為停泊最佳处当大风时宜泊于九龍之东北地角何渭避

尼東深澳是也此澳水深六七拓寬約半里兩旁足砲台香港自設立商埠以來至一千八百九十一年英與各國商船到此益夥統計出入船載共一千四百萬五千六百九十八墩商貨船至亦不一種以茶絲鴉片麵粉什瓦器油琥珀棉花檀香象牙檳榔菜蔬牲畜石器為多當一千八百九十一年香港戶口共二十二萬一千四百四十一人內有八千五百四十五為白色人種

香港西北距省城二百五十餘里距新安縣城七十餘里距九龍寨城十餘里島北海面寬約五里水深四丈餘九龍西北距省城二百四十里距新安縣城六十里海灣寬五里深一丈餘香港砲台經度偏西二度十八分緯度赤北二十二度十六分電線陸路自虎門來水線則乙海福州厦門均通焉

九龍舊砲台在省城東南與香港隔海相對西有赤灣舊台前俯零丁洋海面額設駐防大鵬協副將千把總等各一員兵一百八十九名防守大鵬九龍等處今自租借于英則與香港皆為大不列丁之領土矣

九龍西南為石工島或謂之溫州槎島與九龍相距之間為英國海軍泊船處島之電線可通至星加坡拉邦馬尼尼拉等處九龍船島在香夏毋海灣中長五百七十三尺周圍五百三十尺進口深八十五尺塢門深二十八尺九龍地角之西為夏伯登或謂之夏灣鼻亦船塢也一作泰西船塢九龍船塢前水深三四拓泰西船塢前水深四拓以上九龍巡捕房前後有尼號貨倉公司旗竿之後有夜號

香港島之有醫院一有水手公所一有航海遊人會館一惟島邊各碼頭皆安裝煤之所近于香港泊船處東向為天鵝洲此洲由西北至東南長二纜有半島港之西近于船舶停泊處其北約近綠島一里尋常水深三拓有半

香港西南相距十三里為拉馬島適當担杆列島之東北島皆亂石南北長四里闊二里東有港灣曰碧尼

克即同登澳也澳以深一里濶逾半里水深三拓至三拓半不等澳北有島曰志墨洲一作佐治島高二百三十四尺

香港與拉馬相接之间曰东拉馬水道宽约一里深十七至二十三拓拉馬北與志墨洲島之间为停泊佳地水深七八拓拉馬之西與大濠相距处曰西拉馬水道水深四五拓海底为泥質西拉馬东北之道與东拉馬通繞島與香港相距之间曰硫磺水道下與西拉馬水道相接故由东南拉馬之道而来者必至西拉馬水道之北而後北入于硫磺水道

大濠北尖伸出洋面者曰急星门或謂之咽喉柵中间因馬鞍島分为二港馬鞍之东港门甚窄潮来时最險北向稍濶帆船可泊之以待潮当东北風时行駛尤为利便馬鞍島东尖相距半里为中嶼島其东南约一里即與香港北界相接

大濠东南有長洲島南距外伶丁约五里島南北兩股皆高中腰窄而低成灣澳当东風时停泊甚善灣深三拓島上可取淡水其西相距二里有島曰巴潭即石笋島也一作石笋洲島之西南为雞洲西北拒大濠之南尖约四里其东北为大濠横岸之小道其南則为大濠正道雞洲北高五百二十五尺其北即樟樹头也

西拉馬水道之西南大濠水道之东南为外伶丁島高一千一百八十一尺青峯削立东西長约一里其西北角有二石尖銳挺起高出水面六尺者曰針石外伶丁之西南有三门列島在西北者为黑洲一作北洲当中东两島之间为高子壶一群高聳之石也高子东为韓江洲高四百九十二尺即高圓堆也西南有小港可停泊以避东北風泊船处水深六拓至十拓不等三门列島之西为山島一小島也四圍水深十一拓中多礁石外伶丁三门列島山島一帶稱为珠江之南第二重门户

拉馬之东南为利馬列島利馬担杆也共五島东西廣長十二里半群島东南皆亂石隱伏并皆適宜港灣可

以避凡其偏東最大之島為担杆長六里濶一里其西尽
处高八百五十二尺担杆之西有窄港為一门水道水深十
二至十九拓不等其北等可取淡水其东北尖之西有小湾
為我国祀神之所
利馬群島之最高者為二洲東北有島曰圓島一小石
礁也其西與蒲汀相接隔一窄港為二门水道港深十
九至三千拓此島高一千二百十尺顶尖较大其西尖角
突出謂之一洲头一洲之头南曰大担尾島小而高东與蒲
汀相距有一窄处港水深十三至二十九拓其西南為大担
尾水道若甘布里治石若北尖若圭头繖石島又在
于大担尾水道之西南其附近大担尾西南约三纜半為
莫士克杜譯言蚊山石也此石东西長五十尺濶三十尺高
十三尺與一洲头大擔尾西向尽处成一線此為險地擔杆群
島自担杆至蚊石總称為香港南向第一重门户
利馬列島之西南為雞澎列島东西南北共廣十里其东
北最大之島為北尖西角有二尖峯甚高而奇称曰驢耳

即鉗蟲尾也高九百四十尺斜突而向于东北高出平地
四百八十尺西南尖之西有尖尾湾為雞澎西南二島高
七百五十尺中間相隔成一港濶约半里尖尾湾之南西有
乱形石一作劈裂島共廣四里半其南有尖石高一百
六十尺东距尖尾湾之水道濶一里最平之水深十八拓乱
形石高五十尺與尖尾湾相距之水道约半里直南一石
曰核島高二百八十尺水深十拓至二十六拓西有島曰旗必利
高二百尺曰毋利符即石島也其間水道深十四至十八拓
雞澎之西南島高九十七尺者曰凹石一作尾洲或称劈裂
石島之後有灯塔電線北尖之东约半里為圭头或称
曰龟头一石小島也北尖之北约一里半為蓋雲高一百二十尺西
與圭头相距之間多乱圭头之西北偏西二里為甘布理治石
突出水面高十七尺四圍水深约四五拓雞澎列島西南自凹石至
东北甘布理治石称為珠江第一门重户
由石羔島西南迤经雅卅至大濠水道之南為蜘洲島高八百
二十尺狀頗圓有小島峙于西者謂之西蜘洲島东北水深四拓其西北

相距四里為刺撒尾匕之西南隅有淡水島狀極突兀其南角即小石島也又北邊為牛頭島高而小有一窄港曰牛頭門牛頭與刺撒尾之間水深不過三五托又西北邊為參洲即榕樹頭也參洲西音近似青洲本島為青洲西參洲或謂之蓮島又稱曰水島高四百九十尺距大濠西南尖約二里有半島北有小灣足容小船　　參洲之西為青洲西一作青洲又謂之西水島高四百十五尺其東南三里有四尺石高僅四尺周圍水深十托青洲西之南為三角島或名方錐島高四百六十尺狀如方塔南有小島曰小磔小磔之南為大磔高三百九十五尺小磔之旁有二石一名依力士一名島石其間水道甚窄輪船不易駛行大磔之南相距半里為大流島一作大流洲或名浪列島甚小高六百九十尺自大濠水道之東北石基島至西南大流島稱為珠江第三重門户　　蜘洲之南為鞋洲鞋洲二島而東島較大又西為竹灣島一名竹灣山一名竹洲竹灣山東南有尖島石岩磊落而高聳其北有小灣竹洲之西為澳河又西為白瀝島內瀝亦謂葡萄或作東澳高八百八十五尺其東北有尖山岡而南向淋背黑石　　內瀝之北為東澳東北橫長一里高八百八十五尺其東南

有小灣可避風曰博打甘水深二十一尺半島岸斜峭入水灣旁沙岩背沙岸嶼東為廿拉利石一作日阿利石匕周圍水深九托十托東北相距約二里有黑石黑石之北為白石即三椰子也一作南北二白石兩石高聳相距約半里　　東澳之北為兩葉即大洲頭也兩葉之西相距一里為黃茅此島南北橫長一里黃茅西南相距一里半為浮台浮台一作蒲台其東南約五里半即西澳也西澳譯言小拉椰郎又謂之北頸汲高一千零八十三尺其狀斜浮而起東與老萬山對峙成一窄港匕水深九托至十八托不等老萬山於珠江口外最高之山也旁近數島謂之老萬山列島老萬山譯言大拉椰郎又謂之門山為珠江第一重外障當西南風時凡進珠江口者必以此島為標的並以此山與西澳及蒲台為大西水道之東界山西北面有圓峯高一千四百六十五尺寬約二里其西南盡處有小灣曰浮石灣譯言邦士嘶塘當東北風時漁船常泊于此焉大濠於珠江之東一高島也譯之謂蓮頭自東北邊西南長十五里大五里有半闊亦如之島中央高峯出于

水西三千零五十尺西岸高峯一千三百八十尺其东有
大濠村其北双尖突出其曰巴罗湾又有巴罗村湾东有
东村一作东涌村东北尽处为红尖其曰赤沥角红尖东
北约一里有两岛一曰下磨刀一曰上磨刀其东即马鞍岛
也

大濠之东约三里为䈎州高一百九十四尺岛长约一里
其北尽处有尖峯䈎州北约一里铜鼓高二百七十六尺
铜鼓䈎州之东有港曰铜鼓港译言儿毋士康(唐)水路
港东为长䈎湾或谓之硇台丰岛即砲台山女墙峯也
港西北为内零丁岛周围六里其岭有峯状尖而圆高
一千一百九十尺岛南有浅沙处长约五里

由伶丁北转入西北长十三里半皆沙滩谓之北浅沙而
伶丁尖峯之北约四里则磐山西白石也伶丁北沙尽
处之北为龙穴平滩其西北有龙穴岛距伶丁尖峯约十
九里龙穴之东北一里半为三板洲岛容甚小状如覆舟
又东北一里为川鼻岛岛南曰川鼻角川鼻西亚娘鞋二
岛之间为安臣湾一浅滩也水深五六拓

亚娘鞋为珠江口东界大角头为西界中间水门形如虎
口故曰虎门有大虎小虎两岛其地属东莞县及水师提标
中右前后四营管辖西北距省城一百十里东北距东莞
城五十余里由外海入内河者必取道于此称为粤省第
一重门户

虎门外有南北横档二岛分为二水道横档北岛之东
为蒲加太狀力士即虎门水道也横档西为布里罗水道一
作布里麻水深五拓半至十拓不等当一千八百四十一年为
清道光十九年英海军全队即由此而进北横档东尽处
西北相距一里为仍富石周围水深七拓九拓不等又西北
约一里为大虎岛大虎岛译言大拎也岛岭皆顽石
磊磊岭高四百尺角北角约二百拓为倍仍石大虎之
东有平沙曰道令浅沙此沙自道光二十年渐长向西
迄今已成海岛又有杂树帆船过此须从虎门水道
乘风而进大虎西大(道)令浅沙之潮盖甚(猛)云

由虎门進内八十餘里江中有大洲名黃浦黃浦之尾曰長洲其地屬廣州府番禺縣水師提督標中營管轄西北距省城二十七里東南距東江口二十里内海至擘分兩支兩洲適界乎兩支之中此處水道凡船停入水深十尺以上者不能駛向南水口是稱為粵省第二重門戶黃浦之東有第一淺島即第一平洲也在退避水道之約二里地低而平西有平島三座曰第二平洲曰第三平洲曰第四平洲統稱為鄧尼士島譯言丹馬國人島此三島中間三港及島濱低地大輪船皆不能入黃浦之北第一淺島之西岸水深僅二三十尺近于第一淺島約半里為第一淺灣溪即東江也

第一淺島西盡處為蒲蘭士亦克第三淺島西盡處為甘布里洽閘而黃浦直在蒲閘士亦克與布甘里洽閘之上珠江之東濱有狹窄小水道與江相通者曰第二淺溪譯言西康乃巴凡船入水深至二十三尺者可渡此溪有淺沙灘謂之第二淺互即蠔墩淺也距蠔墩以上約七里為大蠔淺即第一淺互也第二淺互長三里在淺溪口之西北是處分為二港曰東港曰西港此互即擬于中央水深十三至十七不等東港有橫欄石大桶石大龜崖石小石鈍石大石鈍石等西港闊約二纜低水時深十七尺至二十六尺

東江水道與珠江匯者數處其南之下流進口處為鎖匙水道稍西而由程者溪亞狼溪及安呂灣以上之華船水道而入北其口則由第二淺溪而入而瓷器溪與退避水道在第二淺互二里與二里半者亦通華船而由此江繞出于第二淺島之北

退避水道以上約三里距第二淺互約五里半此江之流分為二枝而再匯于向南角者為伯林鼇毋與黃浦之水道伯林鼇毋一作布倫罕一作新造水即四沙海也由向南角繞出十六里半為伯林鼇毋水道而黃浦水道則在其北長約十三里

珠江西派港以叢雜且多淤塞西江之上地勢較高故匯其流于珠江其小支水道多在伯林鼇毋以上之鄰緒水道

中有大支其曰潭洲水道即西江与北江相接而滙于东南
其也潭洲以北为大角头水道又北为西湾水道潭洲以南
为横门水道横门所通之水道有三其在西南其曰尼母司
士由香山之北而直至螺洲门其也其在西北其曰西莲母
即西林水道也曰克即嘉水道而克与西莲母则与瓒鄉水
道相连以达于西江然道之水低流之源皆在六尺以上
由虎门北经东莞县龟鳖而西渡西江口复经沙湾司东
转而南经顺德县东此处多支港港沙嘴又西经三角
汛东又南经香山县东又南为淇澳司淇澳一小岛也南为
金星门港々内停泊小船最为稳便西距淇拉富角约半里
处水深七拓至八拓淇澳岛南半与淇拉富角之间阔约半
里为星门港口
金星门之南有数小岛曰九星洋各小岛相距甚近其
西四南即澳门也澳门东南面有陆地为夭长二里最々
宽处半里可通香山东南角陆地低而多沙西与对面山
间为澳门内港其东南有十字门岛々东有二高岛南曰

九澳北曰大拔大拔与澳门港间水深十二尺自大拔至澳门
水道甚直亦甚隐僻九澳西南与横琴之东北角相接中
间水道甚窄仅深二十四尺至近大拔处仅深九尺至十尺
云
澳门系自明嘉靖三十年葡萄人航海而来至万历间政
府筑砦自画界许其居留澳门系岁于是定岁借之约
岁输税课迨及清初改税课为地租总令年输银五百
由香山县征收道光二十九年以后海疆多故葡人出租
不贡渐与我争领地主权光绪十三年为西历一千八百八
十七年当乃以葡人代收洋药税竟割澳门与之
横琴或谓之芥潭下高一千九百五十尺近东北九澳之
间为十字门泊船处南界岛北为他安帕岛他安帕或谓
之加羌岛其西处尺与艮士岐头或称为马加母利扗岛
其东尽处足供避风之地稍北为马留洲横琴南角有二小岛
曰水岛水岛西北相距一里有内岛其间小港曰白灵湾横
琴西角曰磨扞角高六百有八尺凡此皆宽阔以东岸之

島也

案狀如形一作因列分乃馬身四足鳥頭兩翼一怪物或謂爲半鷹半石馬以其形似也大鵬角之名似因此

交島一作独牛洲在進口內約二里左島一作海门島东北尖甚窄伸突入海長三纜北有淺水平洲一作平島其南約离东岸延布可停泊水深八九拓

角尼㘭澳一作旱尼士澳由东北已至西南已寬一里闊三、纜布六阿澳一作阿澳一作博樂非澳此澳避大風甚穩水深四拓至六拓

圓錐島一作圓島西有小澳闊三纜半东岸有山高六百九十尺洞島一作邑島巴鈸特島一作里石島经島一作金島龟島一作贵島已有山高七百二十五尺

九柱群島一作荔枝島屿一作果洲南有九柱一作南荔枝屿北九柱一作北荔枝屿东九柱一作东荔枝屿在南北高三百三十尺在东北高一百二十尺

駝山一作鯨背山在避風港以西北分隔避風港陀罗港成兩地尖峯在凤澳之北草島之南乃避風港东北尽头延石头港口门曰小欽门避風港口门曰大欽门二港内均便輪船停泊大小欽门之南爲佛堂即香港与大地間之水道

尖沙嘴在九龍港西清道光十九年鴉片之役林文忠公督海防乃英兵船屡犯虎门爲我師所擊却乃退泊尖沙嘴爲負隅計公復遣兵進勦始倉皇遁去公以尖沙嘴及嘴北北之官涌均要地乃奏置砲台屯兵守御云

虎头山在东莞县西南五十五里大海中有大虎小虎二山俗號虎头门志云即秀山也宋景炎二年元將刘深攻帝于浅湾張世傑戰不利奉帝退保秀山明初廖永忠下东莞攻虎头関即此地

伶丁舊亦作零丁洋在香山县东一百七十里宋文天祥爲元兵所败被执尝经此有零丁洋裏嘆零丁之句金星门在香山县南百里海中两峯相对蛮蛋多

澳子此相聚為寇又南百里有大小橫琴山其下即井澳也九星洋在香山县西南宋建炎二年元將劉深追帝井澳帝入海至九星洋即此一統志海中有九曜山羅列如九星洋因以名

由橫琴島之磨刀角西北迤為寬水道亦名黑水洋西江之入海之支港也磨刀尖西北相距二里半為莽洲或謂之壓島此處水道分為兩支莽洲西南為鶴洲其間處漸淺有澳架一行又南為棺島東北距水島約四里棺島之西為三竈東南距西澳約十五里近三竈處水漸近淺西面各島處有陡界距東南三里之遠水僅深十五尺

由寬水道測量至三水是處低水深六尺而高水則深十二尺寬水道自莽洲以上為莽土門兩岸皆山西北江流與北江逕相接莽土門入五里其左岸有一官溪來會水深四尺莽土門之東南為白石洲燈籠洲其西北即螺洲門也三水西南至新會東之支江上約五里為江門進口處由此處再上三里適當港中有波樂法島即普拉法洲也高四十尺又再上七里為司貪吹島即司貪甘洲也島小而低再上為躦鴦水道與珠江相通其司貪吹島北約二里有鎮埠曰甘竹一作乾捕再上二里為河波生母島即河波生洲也狀如馬鞍東北近九江鎮

由河波生母島處分為東西兩港東港之上有三洲鎮一作三畫西港之上有古路花鎮一作古路花由古路花再上三里江西岸有七層塔距七層塔以上十二里半曰南母伯尔島一作堪界尔島高四十尺又再上三里西岸上有金利塔約六里即至北江相接處

由寬水道口西北迤過洲子門又西北為崖山島已距西江支港水中崖山東港曰虎跳門西港曰崖門港口南迤經卸解汛又南有牛角水海口牛角水出新寧西南七安山東流過赤溪廳北入海

由牛角水口南經赤溪廳城之東轉迤西為銅鼓汛又西為廣海寨又西經尖峯頂南轉南經海晏汛東又南經上川司東上川司之東嘴東對銅鼓山中成淺沙灘海灣上

川司之东海湾内有雞笼山明代于山上置望高巡司今其地为望头村湾口外有上下川两島上州川居东下川居西二島均産香木下川島之南岸有澳名南船湾澳内可避風为停泊善处上川司之西海水北滙为長港西经陡门汛东北至旁鹤汛港首北承小水口港内水深于口外自港口西迤经大澳镇南即大澳嘴也

由大澳嘴西迤至坡尾河口成一海湾澳内深港之北岸有水口曰西港口为那笼河与漠陽江入海口那笼河出陽江廳北那笼汛南流经陽江廳城东入港漠陽江出陽春県北石脚岩南流会泉小水经陽春県城西又南会西来之之双笼水南经陽江廳城西入港

西港口之东有小水口西有坡尾河口亦小水也深港澳口东有大小鑊群小島澳口西有海陵山之属陽江直隷廳陽江营管辖东北距省城水道六百里北距陽江廳城六十里島东西長三十里南北十餘里湾内水極深大潮高六尺其形势挺峙海中群山環繞内为大湾輪舟至此可以避風向有舊砲台設于山顶後移近水处均不得地势焉

自坡尾河口迤南至双魚河之东为閘坡港即海陵山西对大地间之夹也夹内可泊船自閘坡港口西南迤至双角魚角西有小水北自双魚河来入海口名泥门港又西过書村鎮汛又西为儒峒河口則入高州府電白県境矣

廣肇沿海大势自东徂西而老萬山列島以北为廣州内海北達省垣二百餘里口門内外淅洲島錯列港汊紛岐实为廣东全省门户所在而其西之海陵島等亦甚名險要焉

案寛河内段一作里河洋河口頗深船僅不甚大者可深入此河寛河东岸土艮岐头之北有芒洲即大洲也自芒、洲北面高山角处水道甚窄过高山角一里水深三托至三托有半三竈为寛河西岸其西南有大老島三竈乃大老东北面之第一大島三竈与大間水道最浅大老东北面有数小島并大石

西江水至番禺西分流至香山県[李]为江门江门又分为二水均南入海江门鎮駐有県丞近今開为商埠

厓山舊記言在香山县南百里大海中延袤八十里餘
高四十二丈與奇石山相对立如兩扉潮汐所出入也亦
曰厓门山故有鎮戍宋末張世傑以厓山为天險可扼以
自固乃奉帝昺移駐于此遣人入山伐木造行宫及
軍屋三千餘间未幾元將張宏範来攻或謂世傑
曰北兵以舟師塞海口則我不能進退盍往拠之幸而勝国
之福也不勝尤可西走世傑不聽结大船千餘作一字
陣碇水中以拒元軍厓山北浅舟膠不可進宏範由
由山东轉而南入大洋與世傑師相遇薄之且出騎兵
断宮軍渡路又以舟拠師拠海口世傑遂困既而元將
李恒自廣州来会守厓山北與宏範合擊宋軍遂
潰陸秀夫負帝沉海宋遂亡
赤溪直隸廳本新甯县地清同治六年析置今廳
在厓山口三角江西岸上廣海寨本明廣海衛地在
新会县南一百五十里洪武二十七年建衛有城
上川山在新甯县南二百三十里海中山多香蜡材木
居民些朴朴多取木于此
下川山在新甯县南三百里海中亦有香蜡竹籐之
利一統志上川石山下川土山居民舊以賈海为業下川
相近地曰海晏村洪武四年海寇鍾福泉等挾倭船寇
海晏下川官兵追討平之
望高巡司在新甯县南舊为褥州巡司洪武二十七年
以其地立廣海衛移司于望高村故改名望高
海陵山舊记在陽江县西南七十里大海中周三百里列
为數峯高三百餘丈舊名罗洲又名罗島其中峯名
草黄山其东为平章山下有平章港受海陵漲潦以
達于海宋末張世傑败于崖山將西奔復謀入廣因舟
艤此颶风大作世傑取瓣香登舵樓祝天赴海死处也明
置巡司今仍之
(三)高雷廣欽沿海界　　经度偏西五度王公嶺起至
八度三十分东與止緯度赤北二十度二十分海安所所起
至二十一度四十五分向北尾止

由儒峒河口迤西南为電白县南之西寮寮西对南海为浅澳澳内有長沙横亘沙上有桃花汛長沙西寮間为電白港港内为小船聚集之所電白產小常集數百艘载往廣州大輪船過此亦于港内暂泊口外有大小放雞山等小島

由南海西迤有小水口又西为赤水镇自赤水镇迤西南至吴川县城城西南为利劍门係合江鑑江会流入海口也合江上源为陵水出信宜县西北廣西陸川县界山中西南流会罗水浮山水经化州城东又南会鑑江江之上源为望夫水出陽春县界那黄山西南流会合江至吴川西南来入海焉

利劍门之南为硇洲島硇洲一作碙洲高二百八十尺長二十餘里宽十里属高州府吴川县陽江硇洲营管辖东北距省城水道九百里北距县城水道七十里其形势孤懸海中为省城往雷瓊要道硇洲多居農民北面多沙亘其西北为赤御港西南为庫竹港利劍门赤御庫竹港之间为廣州湾

庫竹港之南为东山墟墟在东山洲上洲东西長六十里南北二十里属雷州府遂溪县陽江硇洲营管辖东北距省城水道九百里西北距县城八十餘里东北距利劍门五十里距赤御港五十餘里北距庫竹港二十餘里东山墟之东北角北对利劍门东之麻練沙为廣州湾北口门其东南角南对斯礼嶺为廣州湾南口门硇洲以南有三淺一为長窄沙亘二为淺平沙灘三为甚窄水道惟西北岸有小澳甚便下碇廣州湾南口门中有淺水港水道多淺沙輪船不能通行惟北口门内海头港口为停泊要處清光绪戊戌法蘭人索我廣州湾当时政府允以吴川县属之麻科汛予之法兵輪至察其地係沙土無物產且不便停泊遂任意駛入内港至遂溪属之海头汛登岸樹旗且擄人民及牛馬民怒甚將築壩以阻其出入路法人始釋所擄之人然猶要索不已于是政府竟允以海头海港口为其商埠立约以九十九年为期

时光绪二十五年十月十四日即西曆一千八百九十九年十一月十六号也

由海康县东南之斯礼岭南迤为锦囊港口又转西南为琼州海夹北岸过甯海司之南又西至海安所南为海安澳已承小水即博涨港也海安所属雷州府徐闻县及琼州镇安海营营辖汛地东北距省城海道一千里西北距县城二十馀里东南距琼州之海口港五十馀里东北距硇州一百八十里海安澳甚浅潮退时见底惟大潮高六尺馀可通行舟进口东北三里即海安所城驻有同知博涨之东为内沙港向有砲台形势甚好惟制大界小耳

由徐闻县南迤为雷州角至此离琼州夹北转为东塘港口有小水自东塘司北西流入海又北为青铜澳有小水入海又北为清道司又北经白雾山西又北至乌民墟北临小水入海口又北迤为杨柑墟西北临小水口又北为暗铺港亦小水口也

由暗铺港北迤入高州府境有石角水入海口水出廉西陆川县南已流过石城县西会青湾水西南流入来自石角水口西迤有洗米河自永安所东来入海口洗米河口之西为廉州府境有海水北汇为港澳已东岸为永安所驻有千总及巡司澳北岸为白沙汛西岸为调埠汛自调埠西迤经珠塘司南又西为白龙寨又西为北海市

北海市通商埠也属廉州府合浦县新设北海镇总兵左营管辖汛地东北距省城水海道一千四百馀里北畧偏东距府城水道四十五里东距榄根港口九十里西北距大观港四十里南距涠州九十里港内水深十馀尺贯外三里地名外沙水深九尺又外七里地名地角水深二丈四尺大潮高六尺馀

北海系为商埠惟中等轮船可入埠大轮船均泊十馀里外海中此埠地本僻陋而有水陆间道可通广西郁林州由钦江口达云贵清同治十年因商贩渐多始设粤海关监督所属之常关光绪二年烟台之约广州始增通商口岸于北海设立商埠及海关税务司

商賈輻輳日益繁盛
北海之南大海中有島曰潿洲自東至西長七里高約
四百尺西面為高石崖南面港內有小島港外有遮護
惟南東南與東東南二方為出洋海[港]口
北海之北為三汊港廉江入海口也廉江上游為南流江出
廣西容縣西南山中西南流入合浦縣境名合浦江又名
羅城江合數小水至合浦城北分為二支入海
三汊港之西為大觀港平銀江丹竹江合流入海之口也
二水均出欽州東北山中港口為廉欽分界處大觀港
之西為龜[急]水門欽州[江]入海之口也欽江出靈山縣東北山中
西南流經靈山城南欽州城東南會魚洪江大道江茅水
來入海海口小島嶼多大輪船可泊口內
欽州西南七十里海口有龍門島屬欽州龍門協左營
管轄西距防城港五十里島在口內三十五里內通欽
江水外有打浪羊欄山頂沙均皆淺而長
由急水門西迤為石龜頭西為防城河入海口即白龍尾
港也白龍尾屬欽州防城縣白龍營管轄東北距欽
州二百三十五里距防城縣三十餘里西距東興五十餘里
港口水深一丈八尺其內三里珍珠墩深一丈四尺大潮高六
尺海口石龜舊砲台久圮張香帥督粵時擬于白龍
尾山上創建新式砲台五座洋炮五尊
白龍尾港之西為洪河口口外有澳澳口有島口西有江平
司屬防城縣巡檢司所駐又西為那良河北侖河合流入
海口口東即東興鎮也
東興鎮屬欽州[防城縣]營管轄東北距欽州水道二百八十里
距防城縣七十里內連十萬大山接廣[西]思州界其南與
越南芒街隔一小河芒街山勢高峻下瞰東興殊易受敵
又其地民教雜處華夷接壤詰姦戢匪交涉煩難尤為
臨邊極要之區云
沿海大勢高廉欽三屬皆濱海惟雷州一府伸入海
中長三百里闊百餘里東西南三面距海與瓊州僅隔
一海峽加以東岸濱海之地為廣州灣地又為法人佔

據窺伺之機隙而易見實有防不勝防之虞焉
案西粤舊图作小河角利劍门似即舊記所言之
限门港也志云吴川县南三十里有限门港合群川
之流注于港海水道曲狭值潮退沙磧淺露或潮、
滿風急舟楫悉不敢往来因名
硇州似即舊記所言之碙州也碙州舊記言在吴
川县南大海中宋置碙州寨以為翔龍县明洪武六
年楊璟破海贼谈南等于此
斯孔嶺一作時孔嶺山舊記時孔山在雷州府东南八十里
高五十丈山顶有泉遇旱居民禱雨于此
硇州廣州灣據余氏沿海險要图説謂此两地于己亥
六月间皆被法人佔據并擯去砲台數座居民甚駭殺
釀大禍以援俄人租借膠州灣之例遣使去約亦以九
十九年為期而乃猶寢
舊記海康守禦千户所在徐闻县西一百七十里有
城戍守樂民守禦千户所在遂溪县西南一百九十里

海安守禦千户所在徐闻县西南二十里錦囊守
禦千户所在徐闻县东百里俱洪武二十七年建皆隸
雷州衛清于海安樂民改設千總海安所又置同知
焉
涠州舊記遂溪县西南二百里海中有涠州山中有
三池舊產珠志云四圍皆海周七十里内有八村人多
田少皆以採海為生一名大蓬萊舊為防海要隘萬
曆十七年以珠贼為患增兵守戍山之陽有蛇洋洲亦名
小蓬萊特起海中如蛇形周四十里与涠州山相对
硇州与以海角中间之港或称為调雞门舊記遂溪
县东南海中有调鷄门周百有五里隔吴川县硇州
僅一港地势奔趋如鷄轉翅故名
白龍尾海道图説云距涠州角北又西五十一度五十六
里有白龍角為澳之东角澳东岸有独山城垣距白
龍角南又西五度八里有隱石同白龍尾潮漲恰平石
顶此石离海岸稍遠暮夜入港实难防險

(四)瓊州沿海界　經度偏西五度三十分青藍港口起至七度五十分榆子灣西止緯度赤北十八度十分大玳瑁州起至二十度十分白沙港口止

按瓊州海峽之南而孤立于海中者名海南島蓋瓊州全府地也瓊州府城全島之北境其北有海口所為沿海之咽喉北與雷州之海安所相距約十海里隔海相望向設海口同知駐劄于此東北距省城海道一千餘里南距府城十二里東距鋪前港六十里東北距牛始港二里半西南距外罾港四里海口有暗礁石十里外水深四十餘尺六里外水深十餘尺近港口處猶淺大輪船僅可泊在十里外之泥沙其內水深不能入自咸豐八年天津立約瓊州始增通商口岸光緒元年于海口設立市埠及海關稅務司等華洋雜處交涉殆繁勇營現駐鎮標左右兩營海口參將一營崖州協一營綠營設參將千把外委等二十二員兵三百三十一名海口州之東為南渡江入海口南渡江又名建江一名新安江出五指山北麓北流折而東過臨高澄邁定安境又北過流瓊山東入海由南渡江水口東南迤為三江水口小水也海水東南匯成港也東岸為鋪前鎮故名曰鋪前港

鋪前東屬文昌縣西屬瓊山縣海口營管轄東北距省城海道九百餘里東南距文昌縣城六十五里西距瓊州府城及海口四十里距港十里外水深二十餘尺進港愈進愈淺且有沙灘大輪船不能深入向有之舊砲台同治七年改建防務可資得力

由鋪前港東迤轉東南為加定角又南為淡水港轉西為南山港至青藍港口平昌溪石溪白芒溪合流入海是港屬文昌縣海口營管轄東北距省城海道一千里餘北距縣城四十里北循海岸至鋪前港二百三十里西南距馬家港二十里距潭門港七十里港外海口寬闊水道紆迴港內有沙淺非得引水者輪船不能深入向設之舊砲台于同治九年改建可資得力綠營額設把總外委各一員兵二十名

由青藍港口迤南經會同縣境小水口頗多又南至縣
會縣東博鰲港為萬全河入海口萬全河出五指山
東麓東流會衆小水經縣會縣北東入海自博鰲港
南迤過龍滚鎮鎮東有西出鷓鴣山山水分為數支港
入港海口又南經萬州東城轉西南有踢容河石龟河入海
口又西南經數小水口入陵水縣境至陵水角西有海港曰銅
棲県港
桐棲港屬陵水縣萬州營管轄東北距省城水道一千二
百餘里北距縣城二十餘里循海岸東北距萬州狱州港七
十五里口外水深二十餘尺至三十尺不等大潮高約五尺
惟港口內外均有暗礁且潮退時水流甚急輪船不便出
入向有舊砲台卑小無用綠營額設把總一員兵二十
二名
由桐棲港西迤經數小水口至永甯鎮南有藤橋水口
又南迤轉而西為榆林港口港屬崖州及崖州協水師
營管轄東北距省城海水道一千三百餘里西偏北距崖
州城八十餘里西距大疍港九十餘里距桐棲港一百
十里口門外海面寬二百餘丈中泓水深處寬五十餘丈深
三丈兩傍有沙沙處水深僅數尺大潮高約五尺港口東
南海中有暗礁內面多銀三亞洲溪溪水
瓊南水土毒惡瘴癘殊甚以地近赤道為中國極南南
處故也惟榆林港寬深而清潔海股涼氣射已浸潤於
土特佳往來輪船咸于此取水港口東嘴曰榆林角辟山、
簇抱口門甚窄口內極為寬深可泊大兵輪十餘號中小
輪二三十號法人窺伺已久近尝遣船來此繪圖量水插
標為識焉
由榆林港口迤西北至崖州城南有甯遠水分流入海二
口東口名大疍港西口名保平港亡在屬崖州及崖州協
水師營管轄東北距省城海道一千四百餘里北距崖
州城數里東距榆林港九十餘里西偏北距望樓港八十
餘里港口水僅尺許潮退時見底港外淺水平洋數里
大潮高約五尺口門外遇有西南風大船不能收泊故西

人不甚留意舊砲台向建于大蛋保平望樓三港均圮綠營額設副將守備千把總外委額外外委武弁十三員名一百五十二名駐崖州城內以資鎮守

由保平港迤西北為酸梅角又西北經小水口至營哥嘴轉北迤經二小水口至感恩縣城西北為感恩水入海口又北為南羅江入海口又北至昌化縣西南為昌江入海口昌江一名樂安江出五指山西麓西南流經樂安縣南西北至昌化縣西南入海由昌江口東北迤經安海江口又東北至觀音角已東為沙溝江嘴

沙溝江口之東北為洋浦港已屬儋州及崖州協水師洋浦營管轄東北距省城一千二百五十里東距儋州城三十里西南至海頭港八十里港口水深二十餘尺港內甚淺大潮高約六尺潮退時見底港口之外西面多礁西南二十里有露石曰大墟又西為新英港已外沙磧橫亘數里惟洋浦港外海口寬深大船可以寄碇其內水淺不能深入新英港西北兩舊砲台光緒六年改建其北牛角灣砲台光緒六年新建有事時可資協力綠營額設駐防新英港海頭汛千把總外委等武弁六員兵七十一名

由洋浦港而東至儋州城下有新昌江出五指山西北麓北流至儋州城西入港有北門江與建江同源東北流均為建江西北流均即北門江經儋州城東至城北入港焉

由大墟東北迤經兵馬山北又東經小水口至臨高縣東北石牌汛為文瀾水入海口建江分支也又東北為石矍港口港南受稍陽水沙地小港內多泊華船又東為海口所而瓊州全境之海岸至此盡矣

瓊州海岸周圍一千五百餘里由瓊至崖南北直徑五百五十里西由萬至儋東西直逕三百九十里中間山磧為黎人所居沿海十三州縣環列其外港汊紛歧山島林立是亦稱為南海之險要焉

案海口所舊記云海口港北接雷州府徐聞縣境舟

行一渡而抵岸一名海口渡誌云海口港南岸有神應港舊名白沙津番舶所集之地初港不通大舟而海岸多风涛之虞宋淳熙中瓊帥王光祖欲開而未遂忽飓风作自衝一港人皆以為神應故名亦謂之白沙口

海口舊設之砲台与外竈港之鎮瓊砲台形式卑薄且距輪船停泊之泥步均在十里之外砲线必難測準故張南皮督粤时擬于海口城西五里之秀英山築台七座十里之西墉築三座城成之大英山築五座各置洋砲並于海岸西起西墉东至牛牯港二十餘里修築長堤屯駐车砲為有事时防敵人舢板登岸之用

榆林港向有舊砲台久经圮廢蓋在洋務未興以前此港视為尋常港口故未設營汛駐守当張皮南督粤时適越南法衅起因飭瓊州镇直酌派练軍勇營前往擇要駐劄以资巡察榆林港之南大

海中有大玳瑁洲舊紀瑇瑁棡在崖州东南五十里海也有巨石数十丈为屋宋時陈瑕甫共鑿石为棡以养瑇瑁云

国家出版基金项目
NATIONAL PUBLICATION FOUNDATION

# 海上絲綢之路文獻集成

總主编　陳支平　陳春聲

## 歷代史籍編 108

主编　范金民

海峽出版發行集團
THE STRAITS PUBLISHING & DISTRIBUTING GROUP
福建人民出版社

# 本册目次

# 洋防輯要二十四卷

〔清〕嚴如熤撰

《洋防輯要》二十四卷，清嚴如熤撰。如熤（一七五九—一八二六）字炳文，一字蘇亭，號樂園，湖南漵浦人。曾於道光間佐兩廣總督辦理交涉事宜，備悉海防形勢，爰參稽《讀史方輿紀要》、《天下郡國利病書》、《金湯借箸》、《紀效新書》等，撰爲是書。凡二十四卷，分海疆圖説（含直省海洋總圖，直隸盛京、山東、江南、浙江、福建、廣東六洋圖，高麗、安南輿地圖，東南洋、西南洋外夷圖，元明海運衛所圖），洋防經制，直隸、山東、江南、浙江、福建、廣東海疆輿地考，江南、浙江、福建、廣東防海略，沿海形勢總略，策略，風潮占驗，操練水師略，水戰籌，兵器籌，海運舊制，鹽務，洋夷市貢等門。其洋防經制一門，可資瞭解清代海防大政。據上海圖書館藏清道光十八年（一八三八）刻本影印。

# 洋防輯要

洋防輯要引

自昔談海防以禦外洋堵海口為要策我
國家於崇明舟山玉環海壇金門澎湖南澳硇洲島嶼深阻之處皆特設鎮將而臺灣在澎湖外距海岸水程千里鷄籠鳳山隸我版圖設官蒞長人物繁昌屹然為海外鉅鎮聲威雄壯杜島夷之窺伺矣口岸則直隸之天津山東之登萊江南之狼山浙江之黃巖温州福建之福寧廈門漳州廣東之潮州碣石虎門高廉瓊州各安專閫分布重兵而天津以畿輔要地舊制已設陸營近又增以水師松江當劉河吳淞川沙要口寧波當杭紹定海象山要口泉州當金門廈門要口惠州密邇碣石虎門特駐軍門就近統領防禦營城汛堡砲臺煙墩星羅碁布口岸之綢繆密矣至於揀將弁練兵卒整備船隻器械斷接濟嚴透漏禁奸徒出入哨巡岸稽著為令甲罔不嚴密整齊沿海人民農桑絃誦二百年來晏然無匕鬯警夫不知前代之失無由知
國家之所以為得也明自嘉靖以降陵夷不可言矣當

信國公沿海設立衛所之初棄昌國浯嶼彭湖南澳各要不守論者已有撤我籓籬貽寇巢窟之憾迨後紀綱日弛衛所虛存內地奸民勾結倭夷乘間發難東南濱海數千里生靈塗炭一時名臣宿將羣策羣力經營十數年會倭飽思歸直海受餌吳越烽烟浸熄而閩廣洋患旋撲旋生蔓延而不已失要則亂詎不信歟嘉靖用兵時唐順之茅坤譚綸胡世寧諸名人身在行閒目擊失利之端委屢條防堵之機宜其他吳越先哲就所見聞存之記載皆得失之林也寧



人景范兩顧先生當勝國末造視洋患為切膚災萬目時艱憂深慮遠而生長吳越文獻之邦野史家集郡邑志乘足以供其採擇考訂景范之學長於輿地寧人之識兼通方畧其慨嘆而發之議論往往一篇之中三致意焉較之諸家尤精而切語曰雖有絲麻無棄菅蒯蘇子瞻曰藥用良手方傳古人夫言苟當於蒼赤利害邊腹防維雖巷謡里議皆當存而不削矧其為精切之書耶惜無善本抄稿錯落雜複觀者病焉茲幸山南謚寧郡閣少事廼取景范讀史輿地

紀要摘其緣海山川險要輯直隸山東浙江福建廣東海壖輿地取寧人郡國利病書次其兵防軍政兵事輯江南浙江福建廣東海防畧胡譚唐茅諸君子暨時賢策畧亦蒐而輯之至戚南村之練兵得節制遺意輯紀効書之操練水師者他如水戰之臨機決勝出洋之風信潮候船筏帆櫓臨敵之火器弓弩皆洋防之要以次輯焉元明之衛所運道鹽政外夷市貢雖得失參半亦莫非當年要務輯之以備參稽共成書二十四卷名之曰洋防輯要覽乎此者知勝國



疎於防制因以啟釁召侮諸君子所太息為未能舉行者至

聖朝而措置罔遺慄然於綏靖海疆鯨潛鱷伏海不揚波者罔非

廟謨之周詳也書曰鑒於成憲其罔有愆沿海文武士民恪循經制無敢廢墜則億萬斯年享乂安之福也已

溆江嚴如熤炳文氏

洋防輯要引

自昔設海防以禦外洋堵海口為要策我

國家於崇明舟山玉環海壇金門彭湖南澳硇洲島嶼深阻之處皆特設鎮將而臺灣在彭湖外距海岸水程千里雞籠鳳山隸我版圖設官涖長人物繁昌屹然為海外鉅鎮聲威雄壯杜島夷之窺伺矣口岸則直隸之天津山東之登萊江南之狼山浙江之黃岩温州福建之福寧廈門漳州廣東之潮州碣石虎門高廉瓊州各安專閫分布重兵而天津以畿輔要地



舊制已設陸營近又增以水師松江當劉河吳淞川沙要口寧波當杭紹定海象山要口泉州當金門廈門要口惠州密邇碣石虎門特駐軍門就近統領防禦營城汛堡炮臺烟墩星羅棊布口岸之綢繆密矣至於揀將弁練兵卒整備船隻器械斷接濟嚴透漏禁奸徒出入哨巡岸稽著為令甲罔不嚴密整齊沿海人民農桑弦誦二百年來晏然無匕鬯警夫不知

前代之失無由知

國家之所以為得也明自嘉靖以降陵夷不可言矣當

洋防輯要目錄

洋防輯要一卷　圖說





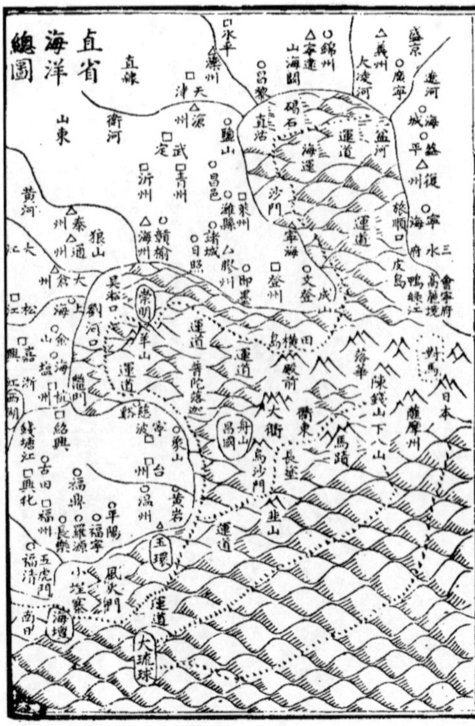


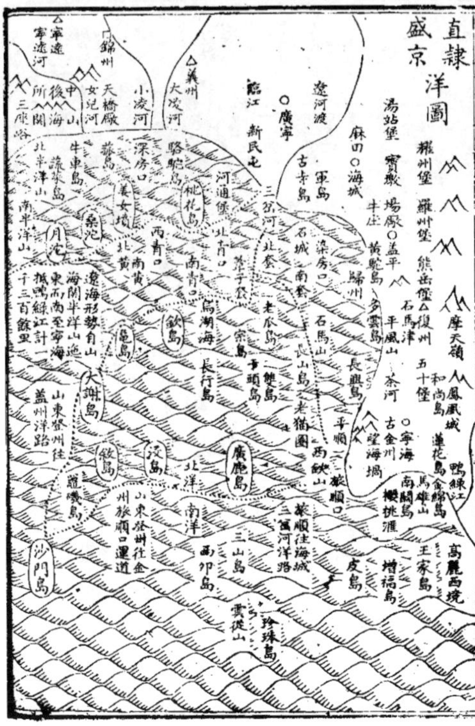




沿海程路由盛京東南寧海縣鴨綠江起遶北而西經義州錦州至直隸昌黎縣半洋山計一千三百餘里山直隸昌黎經天津府直沽口出山東武定府境自西而東經青州萊州至寧海州又北而南至登州府成山轉嘴自東而西至沂州府日照縣計一千一百里入江南界由江南贛榆縣自北而南經海州通州大倉州至松江府之金山計一千八百里交浙江界由浙江海鹽至杭州府鱉子門自西而東至寧波折北而南經台州至溫州之和平縣蒲門所計二千七百里交福建界由福建福鼎縣之風火門自東北轉東南經福寧福州興化泉州至漳州之詔安計二千里交廣東界由廣東饒平自東而南轉西南經潮州惠州廣州高州雷州廉州至瓊州之樂會交安南界計五千里共沿海程路一萬三千九百里

府用□州用△縣用○提鎮駐處用◇

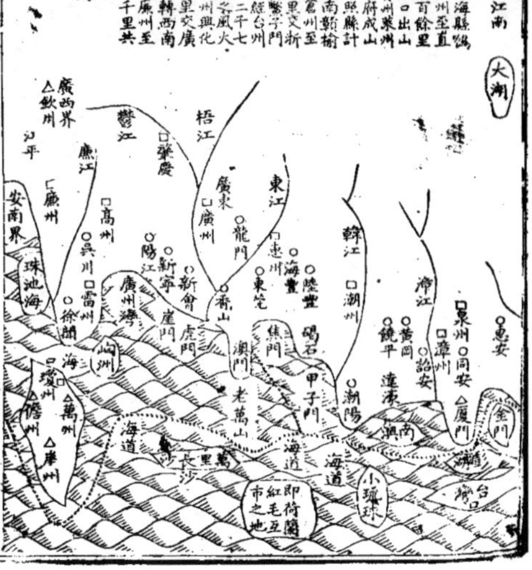

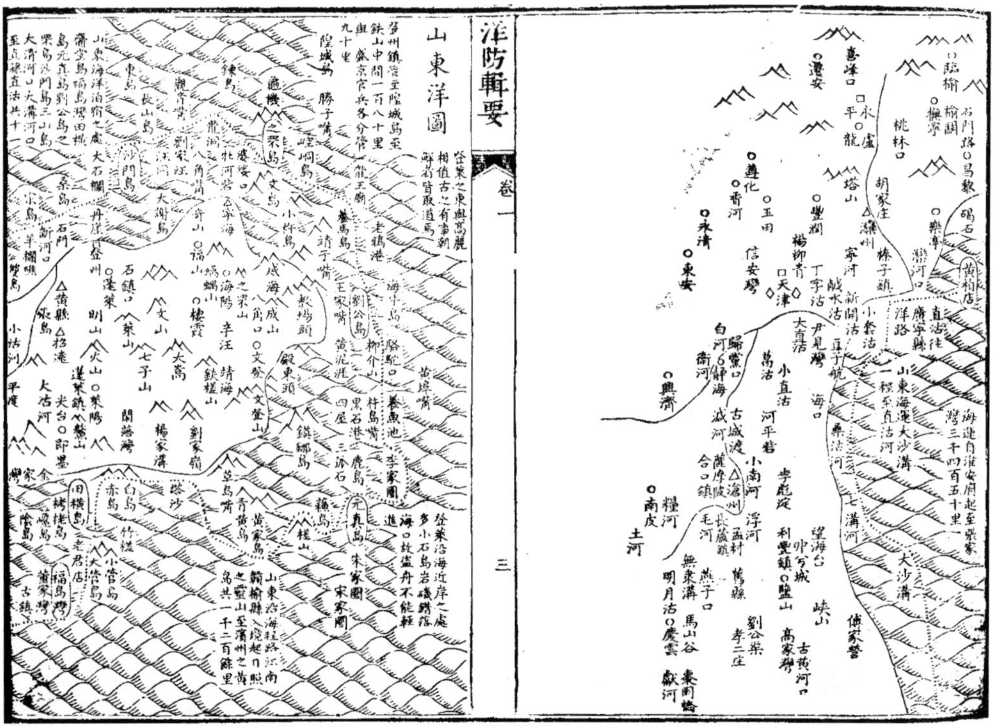
洋防輯要
卷一
三
山東洋圖
登萊之東與高麗相值古之有事新羅者皆取道焉
登州鎮營至隍城島至鐵山中間一百八十里與盛京官兵各分管
隍城島
山東海洋泊船之處大石欄
登萊沿海近岸之處多小石島岩礁鉄踏海口數盃舟不能輕進
山東沿海程路江南翰榆縣入境起日照之鶯山至濱州之黃島共一千二百餘里
天津
海口
大沙溝


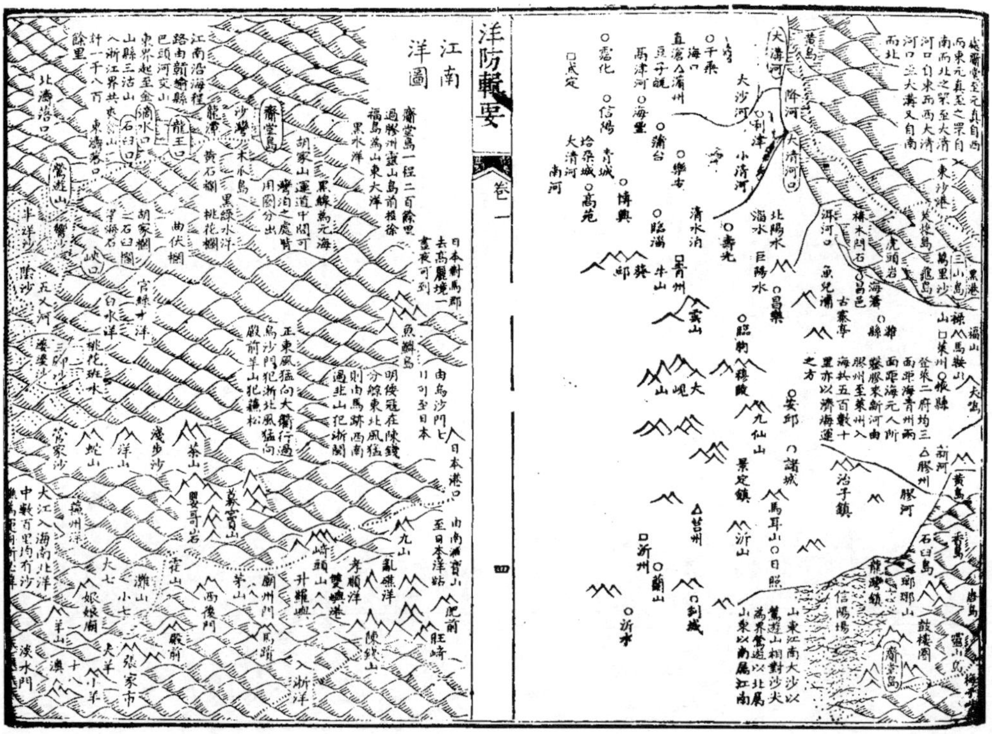
洋防輯要
卷一
四
江南洋圖
江南沿海程路由翰榆縣鶯遊山起至金山縣三沽山東界入浙江界共計一千八百餘里
黑水洋
日本對馬郡去高麗境一晝夜可到
由鳥沙門七日可至日本
日本港口
由南滙寶山至日本洋路
大江入海南北洋中數百里内有沙
鶯遊山
山東江南大沙以鶯遊山相對沙尖為界鶯遊以北屬山東以南屬江南

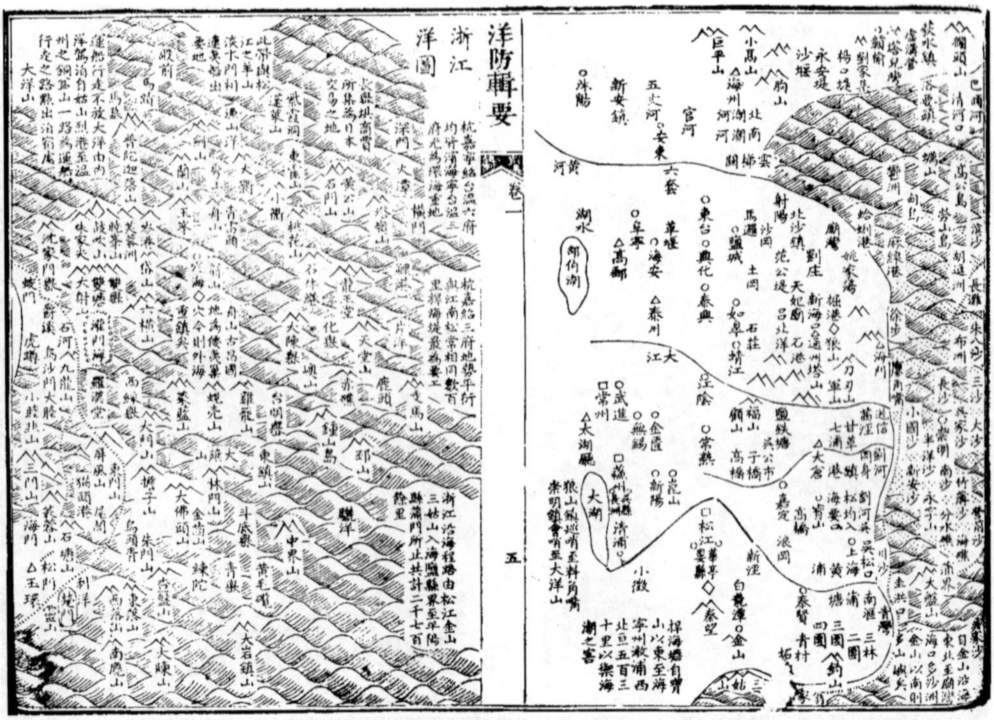
洋防輯要
卷一
五
浙江
洋圖
杭嘉寧紹台溫六府均皆濱海寧台溫三府尤為環海重地
杭嘉紹三府地勢平衍與江南松常相同數百里桿海堤最為要工
浙江沿海程路由松江金山三姑山入海鹽縣界至平陽縣蒲門所止共計二千七百餘里

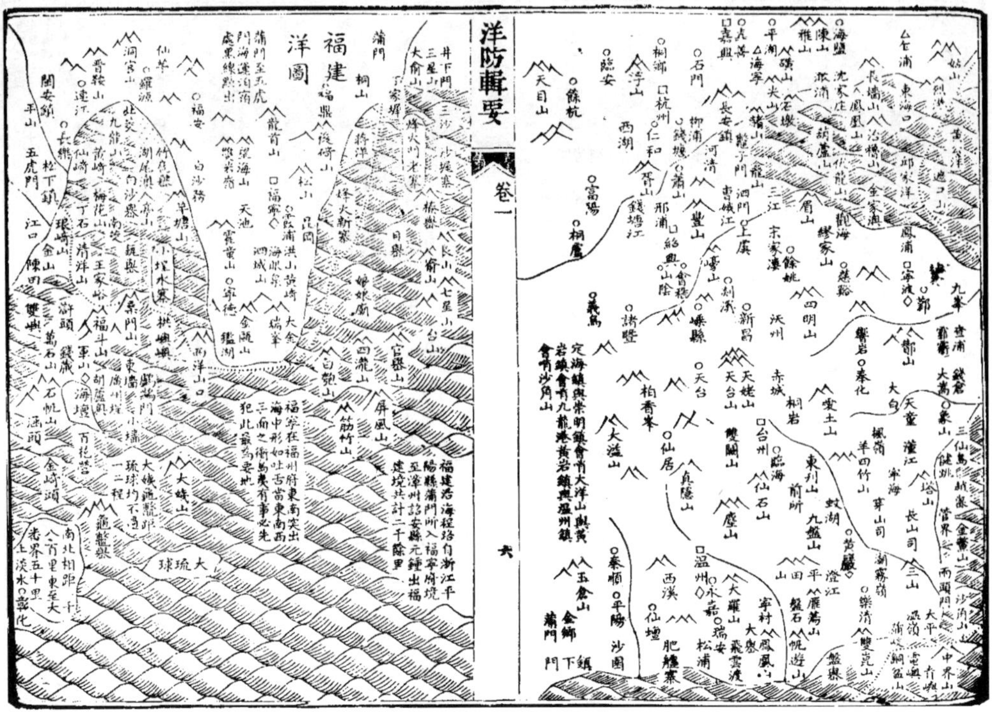
洋防輯要
卷一
六
福建
洋圖
蒲門至五虎門海運洵爲處衆線點出
福寧在福州府東南突出海中形如吐舌當東南西三面之衝為浚有事必先犯此最為要地
福建沿海程路自浙江平陽縣蒲門所入福寧府境至漳州詔安縣元鍾出福建境共計二千餘里

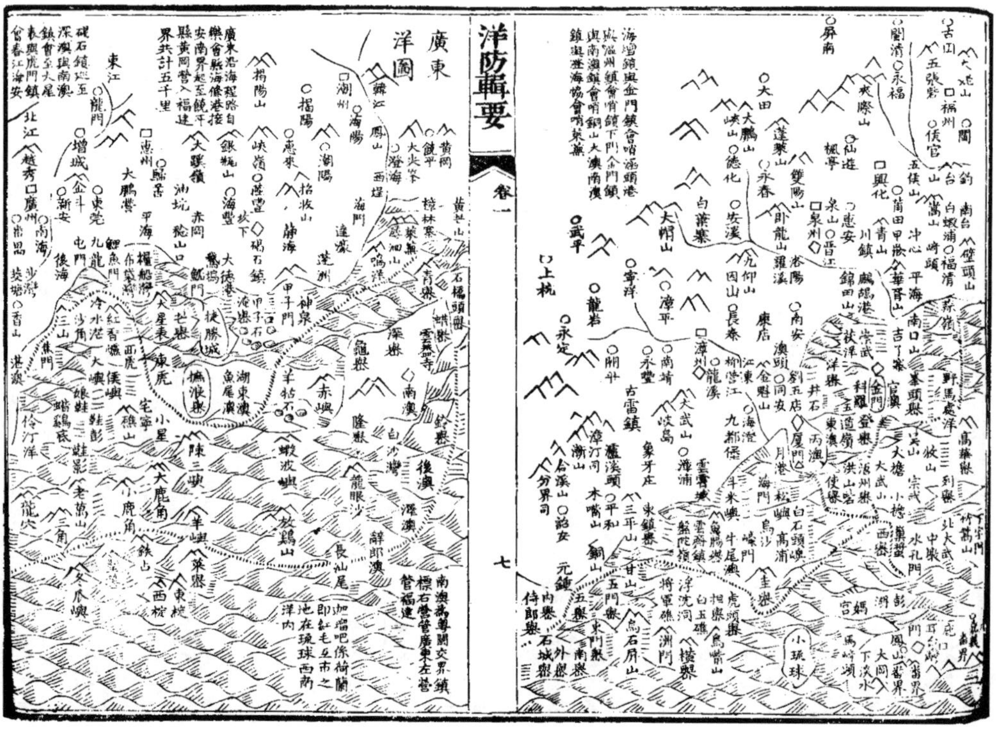
洋防輯要
卷一
七
廣東洋圖

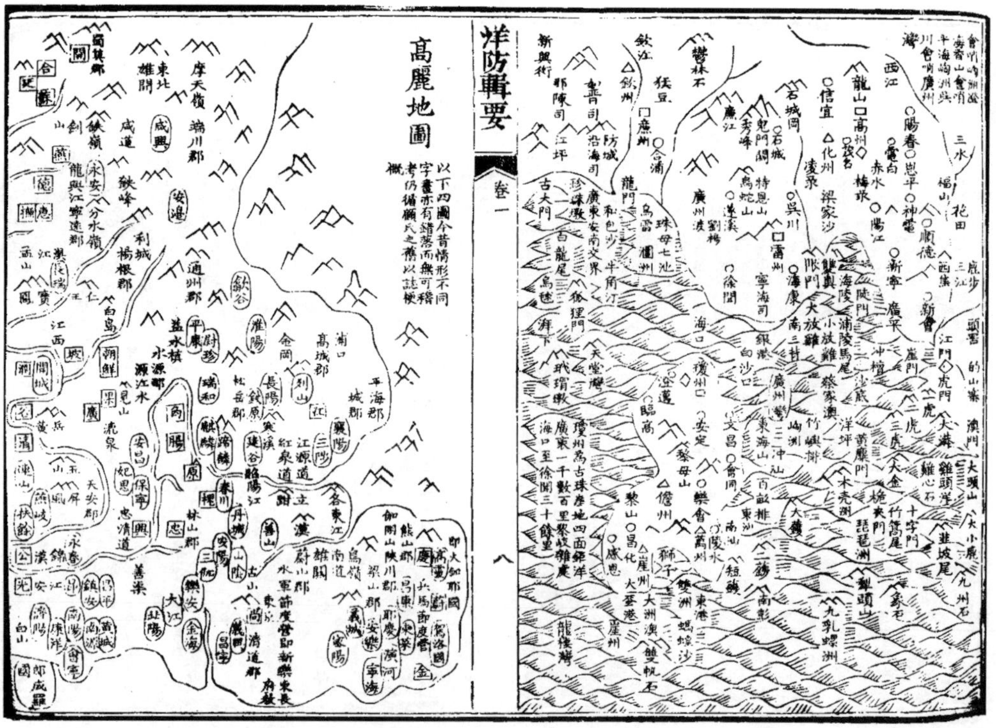
洋防輯要
卷一
八
高麗地圖

洋防輯要　卷一　九

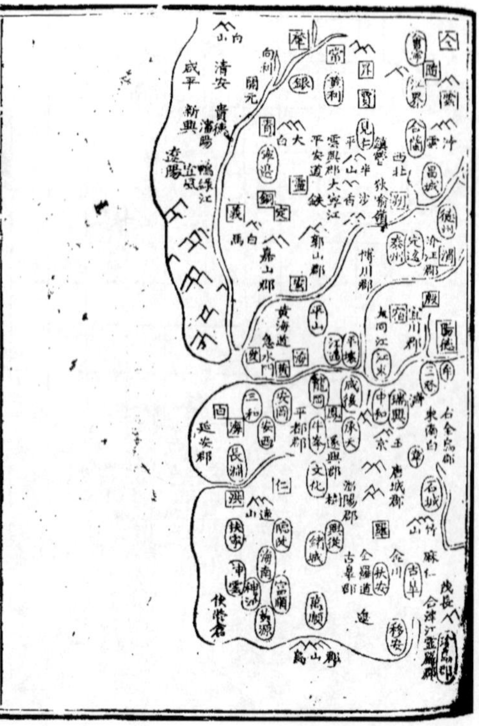

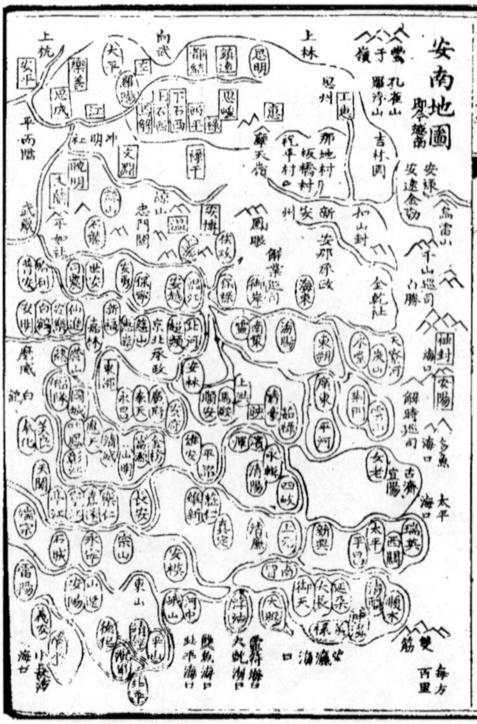


洋防輯要　卷一　十

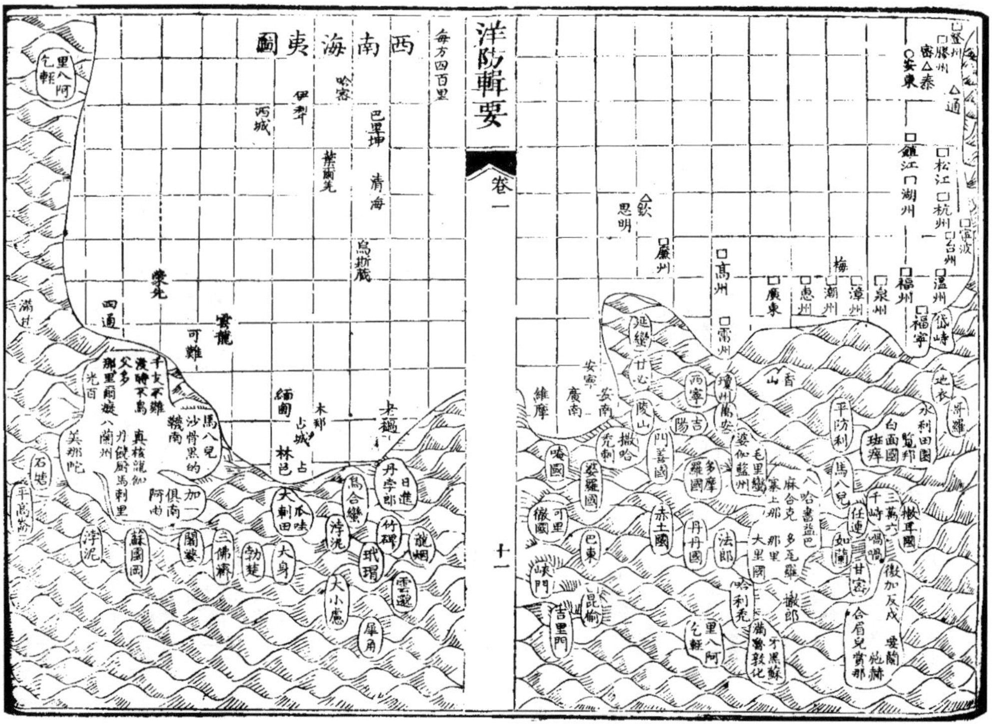
洋防輯要
卷一
十一
西南海夷圖
每方四百里
清海
巴里坤
烏斯藏
哈密
伊犁
西域
葉爾羌
蒙化
雲龍
四通
可離
老撾
緬甸
木邦
占城
林邑
日進
丹孛郡
島合嶼
竹碑
琉璃
東京
大小慮
崑崙
福州
泉州
漳州
潮州
惠州
廣東
高州
雷州
廉州
欽
思明
安南
溫州
台州
杭州
湖州
松江
鎮江
寧波
通
泰
安東
登州
膠州
福寧
暹羅
滿剌加
蘇門答剌
赤土國
佛郎機
呂宋

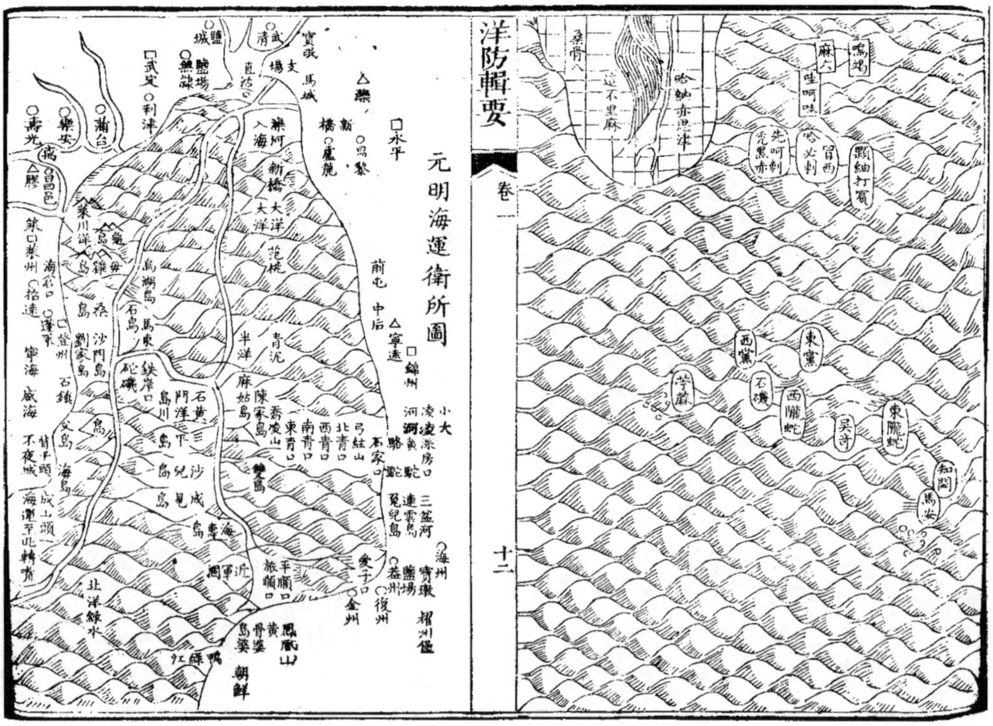
洋防輯要
卷一
十二
元明海運衛所圖
永平
灤河
錦州
寧遠
中后
前屯
蓬萊
登州
萊州
膠
威海
沙門島
劉家島
金州
復州
海州
蓋州
旅順口
鳳凰山
朝鮮
鴨綠江
北洋綠水
大洋
半洋
青泥
麻姑島
東高麗
西高麗
東黨
西黨
石礁
孛蘭
吳奇

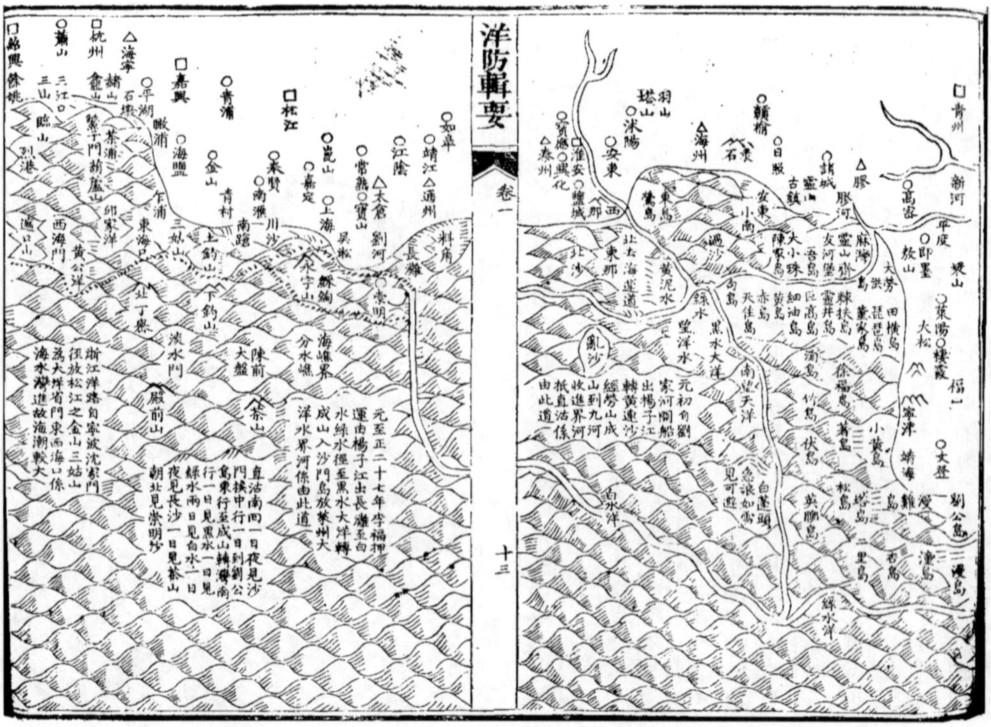
洋防輯要
卷一
十三
元初自劉家河開船出揚子江轉黃連沙經勞山成山到九河收進界河抵直沽係由此道
元至正二十七年李福押運由揚子江出長灘至白水綠水徑至黑水大洋轉成山入沙門島放萊州大洋水界河係由此道
青州
新河
平度
萊陽
棲霞
文登
劉公島
靖海
成山
海州
安東
淮安
鹽城
黃泥水
綠水
黑水大洋
白水洋
綠水洋
崇明
劉河
太倉
常熟
江陰
通州
靖江
如皋
上海
嘉定
松江
嘉興
海鹽
平湖
海寧
杭州
蕭山
紹興
餘姚
茶山


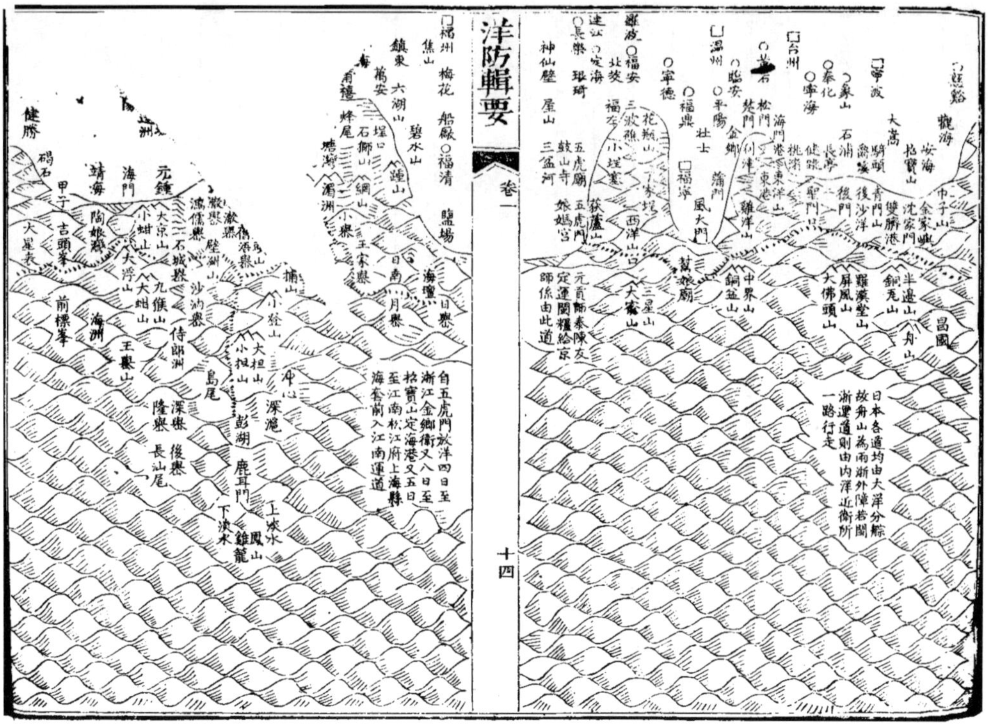
洋防輯要
卷一
十四
元首歸泰陳友定運閩糧給京師係由此道
日本各道均由大洋分腙故舟山為兩浙外障若閩浙運道則由內洋近衛所一路行走
自五虎門放洋四日至浙江金鄉衛又八日至招寶山定海港又五日至江南松江府上海縣海套前入江南運道
慈谿
寧波
奉化
寧海
台州
溫州
福寧
福安
寧德
福鼎
長樂
福州
福清
舟山
招寶山
五虎門

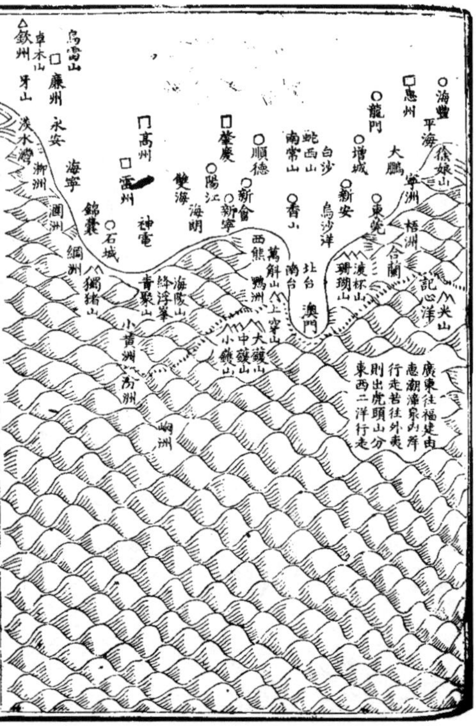




馬文淵聚米作隴山形勢古人以為奇特剙茫茫渤澥而欲圖以尺幅耶慓維
聖朝聲靈赫濯薄海內外悉主悉臣二百年來外夷東南洋並大小西洋往史所未載者重譯而來獻球通市爭効悃忱而內地人民出洋回換亦視暹羅噶喇吧石赤仔六坤呂宋安南之屬不啻戶庭估師長年衽席滄溟康莊暴嶼凡內海外洋沙線礁磧趨避駕泊之宜罔不瞭如指掌在昔元人運道明代備倭衛所元老宿將經營數十年始得要領今則海濱士民均能鑿鑿言之以言市舶則無路不通以言防維則無要不備猗歟庥哉洵亘古未有之盛矣輯直省山東江南浙江福建廣東總分圖說七顧氏景范舊有高麗安南東南洋外夷西南洋外夷四圖元人海運圖附以明人沿海衛所共得圖一十有三以備觀覽焉

歙江嚴如熤識

洋防輯要卷二

國朝洋防經制上

江海會哨

一江南江西沿江各營汛巡船上下往來巡緝每月彼此會哨二次對換概將令箭爲憑將會哨日期報明總督巡撫提督總兵官查考分巡之上再設總巡狼山鎭每月派將備二員駕沙船二隻東巡至廖角嘴西巡至京口京口官兵東巡至狼山西巡至江寧江寧將軍派官兵東巡至京口江南總督派將備或候補官一員駕將軍標船一隻西巡至安慶安徽巡撫每月派將備駕船二隻東巡至江寧西巡至江西交界江西九江鎭總兵官南昌副將每月各派官一員巡至江南交界九江營派官一員巡至湖廣交界所到日期俱報明總



督巡撫提督總兵官互相查考倘不按期接界會巡該管官詳揭該總督巡撫提督總兵官題參將派出巡哨官降一級調用兵丁責革總督巡撫提督總兵官不行題參者罰俸六個月

一福建浙江各鎭總巡洋面福建海壇鎭於四月初一日八月初一日與金門鎭會哨於涵頭港五月十五日與浙江溫州鎭會哨於鎭下關福建金門鎭於六月十五日與南澳鎭會哨於銅山大澳浙江定海鎭於五月十五日與江南崇明鎭會哨於大洋山三月十五日九月十五日與黃巖鎭會哨於九龍港黃巖鎭於三月初一日九月初一日與溫州鎭會哨於沙角山各鎭會哨之期責成該管各巡道預赴會哨處所俟兩鎭到齊後當面取結具報如各鎭玩視偷安並不親赴會哨該道立卽據實揭參倘該道有託故不親身前往或通同捏飾者一併參辦其沿江各營每月於界址分巡仍於上下接界會哨卽令鎭臣差弁取結通報如有違誤捏飾卽行揭參倘鎭臣徇隱失察一併參處

一廣東省沿海各鎭協營總巡三月初十日碣石鎭巡至深澳與南澳鎭會印通報左翼鎭與春江協副將會哨於廣海大澳海安營遊擊與海口營參將會哨於白沙仍巡回本路龍門與龍門協副將會印通報係本路地方毋庸定以日期五月初十日碣石鎭與左翼鎭會哨於平海大星澳春江協副將與海安營遊擊會哨於硇洲八月初十日澄海協副將與香山協副將會哨於平海大星澳硇洲營都司與吳川營都司會哨於廣州灣十月初十日南澳鎭與澄海協副將會哨於萊蕪香山協副將與吳川營都司會哨於廣海大澳龍門



協副將與海口營參將會哨於白沙其總巡以及各營分巡定期會哨立法稽察之處悉照福建浙江之例行

會哨展限

乾隆五十四年十月內奉

上諭海洋會哨立法綦嚴該鎭將等訂期會巡洋面本有一定章程原不得因偶遇風信觀望不進前因護溫州鎭李定國巡洋會哨因風大難行停泊小門洋自應據實報明乃既未經前往沙角山會哨復捏敘會哨印文繞道齎投朦混捏飾是以發往伊犂以示懲儆但念巡洋會哨非出兵打仗機不容緩者可比若屆期遇有颶風陡發該鎭將等因恐違逾程限身獲重譴輒冒險放洋前進使專閫之員及將弁兵丁嘗試於暴風巨浪之中國家政體亦不忍出此嗣後各該

鎮定期會哨如實有風大難行許其據實報明督撫并令該鎮等彼
此先行知會即或洋面風大雖小船亦不能行走不妨遣弁由陸路
繞道札知以便訂期展限再行前往但該督撫等務須詳加查察設
有藉詞捏飾即應嚴叅治罪若果係爲風所阻方准改展日期以示
體恤而崇實政前閩省海洋每遇九月颶風較多而江南浙江廣
東海洋風信大畧相同曾經降旨令該督撫按照各處洋面風信平
順之時另行會商酌定月分不必拘定三月九月會哨旋據伍拉納
等覆奏海壇金門二鎮每年三九兩月於涵頭港會哨之期因其時
風信靡常並多海霧改爲四八兩月已如議准行嗣後自必遵照定
例不致冒險今復格外加恩若該鎮將等恃有此恩旨遂爾意存託
故遲延或藉詞航逸致誤巡洋要務一經查出必照李定國之例治
罪若該督撫並不留心察訪輒據該鎮等揑詞稟報扶同徇隱亦必



一併治罪斷不能稍爲寬貸也將此通諭知之欽此

海洋巡哨

一江南省巡洋官兵以三個月爲一班廣東省巡洋官兵以六個月爲一班每年分爲上下兩班福建省巡洋官兵每年自二月起至五月止爲上班六月起至九月止爲下班十月起至次年正月按雙單月輪班巡哨浙江省巡洋官兵每年二月至九月以兩個月爲一班十月至次年正月以一個月爲一班山東登州水師每年於三月內出洋巡哨於九月內回哨各省水師俱令總兵統率將備弁兵親身出洋巡哨遇有失事分晰開叅照例議處

山東洋面巡哨

一山東登州水師營員較少不能如浙閩等省按照總巡分巡各名目輪派所有南北東三汛出洋巡哨南汛以千總把總爲專汛以膠州遊擊爲兼轄北汛以千總把總爲專汛以登州守備爲兼轄東汛以把總爲專汛以成山守備爲兼轄俱以該管總兵爲統巡統轄遇有疎防案件照閩浙海洋失事例議處

登州水師巡查海島

一山東隍城島至直隸交界武定營等處併成山八家口至江南交界安東營等處令登州總兵官撥水師營官兵巡查其隍城島與
盛京之鐵山中間相隔一百八十餘里其中並無泊船之所自鐵山起九十里之內令
盛京官兵巡哨自隍城島起九十里之內令山東官兵巡哨如遇



失事量其境界相近詳查議處

江南山東洋面分界

一江南山東交界洋面有大沙從江南鹽城縣起橫亘千里直抵北洋其沙尖與鶯遊山相對沙尖以南屬江南沙尖以北屬山東即以鶯遊山爲界如遇失事一據事主具報即日飛關鄰汛確實查勘被盜界址係何省營汛所轄即責成該管員弁上緊緝拏按限叅處如有推諉及指使揑報他界者該督撫等據實查叅即行革職

嚴禁巡洋官兵不得退縮

乾隆五十六年正月內奉
上諭福崧等奏審擬千總袁鳳鳴等在洋遇盜搶去軍械並護副將王
愈安等揑詞具報一摺袁鳳鳴帶兵出洋巡緝遇見盜船正應奮力

擒拏督率兵丁等向前追捕乃轉被盜匪過船將該弁撈住擄去軍械衣物且該弁亦並未身受一傷實屬懦怯不堪該撫等比照領兵官失誤軍機之例擬以斬候尚不足以示懲袁鳳鳴應照臨陣脫逃律著即處斬餘俱照該撫等所奏完結又據奏查明遊擊錢夢虎在淡水洋面瞥見盜船即首先出抵腳踢兩賊落水又拔刀連砍數匪嗣因盜匪拚命抵拒致被重傷倒地等語錢夢虎一見盜艘即能迅速追拏追至賊船駛攏抵死拒捕該遊擊親身直前抵禦奮勇格殺盜匪多名身受重傷核其情節勝袁鳳鳴畏縮無能者多矣錢夢虎著免其治罪仍回遊擊之任所有在船兵丁亦著照舊歸伍食糧朕向來辦理軍務信賞必罰功罪輕重惟其自取該弁兵丁巡緝海洋遇盜匪持械拒捕即與臨陣無異豈可心存畏葸懼怯不前今袁鳳鳴出洋捕盜反被盜匪撈倒船艙如此無用竟不成為武弁是以將



袁鳳鳴立置重典錢夢虎雖被盜格傷而其奮身追捕殺斃匪犯多人在營員中尚屬認真緝捕是以仍令其照舊供職嗣後各水師營員弁目俱當知所勸懲遇有出洋巡緝之事毋得稍有退縮致干重罪也著該督詳諭各提鎮兵丁知之該部知道福崧等摺併發欽此

大員不親身巡洋

一總兵官不親身出洋監督官兵巡哨該總督題參革職副將以下等官不親身出洋巡哨者經總兵揭報革職總督提鎮不據實揭參均照徇庇例降三級調用

水師人員不准代巡

嘉慶五年二月內奉

上諭各省沿海水師向例設有統巡總巡分巡及專汛各員出洋巡哨近因各省奉行日久漸有代巡之弊即如統巡一官係總兵專責今則或以參將遊擊代之甚至以千總把總外委及頭目兵丁等遞相代巡遇有參案到部則又聲明代巡之員希圖照離任官例罰俸完結殊非慎重海疆之道著通諭沿海各省分各督撫嗣後均令總兵為統巡以副參遊擊為總巡以都司守備為分巡倘總兵遇有事故祇准副將代巡或副將亦有事故准令參將代巡不得以千把外委等濫行代替以杜借端規避之弊至山東水師向不參送統巡疎防職名殊未允協嗣後該省亦應一律遵辦以昭畫一此次通諭之後各督撫等務令水師各員親身出洋梭織巡查以期綏靖海洋倘敢仍前代替藉端推諉一經部臣查出或被科道糾參則惟各該督撫是問將此通諭知之欽此

巡洋水師人員代巡處分

一各省水師人員按季巡洋應照新定章程輪派不得濫行代



替無論何省總以總兵為統巡親身出洋督率將備巡哨以副將參將遊擊為總巡都司守備為分巡倘總兵遇有緊要事故不能親身出洋祇准以副將代統巡副將遇有事故偶以參將代之不得援以為常其餘遊擊都司均不准代總兵為統巡都司守備不准代副參遊擊為總巡千總把總不准代都守為分巡目兵不准代千把外委為專汛派員出洋責令統巡總兵專司其事按季輪派一面造冊送部一面移送督撫提督查核如於造冊報部後原派之員遇有事故不能出洋應行派員更換者亦即隨時報明出具印甘各結備遂例濫派代替或無故濫行更換者該督撫提督據實嚴參將統巡總兵官降二級調用督撫提督如不據實查參率行轉報題咨者將督撫提督降一級調用倘本官畏怯風波不肯

出洋臨期託病私行轉委所屬員弁代替經總督提督總兵查出揭參者將本官革職提問

一巡洋官員由統巡總兵按季照例輪派務於應屆出洋之前先期派定並將職名一面具文造册送部一面移送督撫提督查核並將具呈報部日期填明春季不得逾正月夏季不得逾四月秋季不得逾七月冬季不得逾十月如呈送遲延逾限十日以上者將總兵官罰俸一年一月以上者降一級留任

代巡千把總照本例議處

一海洋巡哨如遇失事有以千總把總作統巡總巡開參者除將千總把總照專汛本例議處外其未經親身出洋之統巡總巡官仍照本例議處勒限緝賊并查明濫行派委之該管上司職名送部將總兵降二級調用不據實查參之督撫提督降一級調用



海洋失事

一福建浙江江南廣東山東海洋按期輪派官兵巡哨若行船被刦毋論內外洋面初參限滿不獲專汛兼轄分巡各官住俸俱限一年緝賊二參降一級留任再限一年緝賊三參降一級仍留任再限一年緝賊四參降一級調用如有委巡隨巡之員均照分巡官例議處統轄總巡統巡各官初參罰俸一年再限一年緝拏二參降一級留任賊犯俱照案緝拏

海洋連刦

一內外洋面事主貨船如有同日在一處連次被刦二三隻者無論是否一案盜夥三個月限滿不獲將督巡[illegible]委巡專汛兼轄各官降二級調用統巡統轄總巡各官降二級留任若巡哨各官能於限內將一案盜夥全獲者免其議處不准議叙能獲盜過半兼獲盜首者分巡兼轄等官降二級留任總巡統轄統巡各官降一級留任逸犯照案緝拏

海洋接緝

一海洋接緝盜案之員如係兩個月三個月一輪巡哨者初次巡期不獲賊記過圖功下次輪巡仍不獲賊罰俸三個月如係四個月換巡者初次巡期不獲賊亦記過圖功下次輪巡不獲賊罰俸六個月在洋巡緝半年者回哨無獲罰俸六個月一年在洋偵捕者限滿不獲罰俸一年賊犯俱照案緝拏如接緝限內但能獲賊雖不及半均免其記過處分若能拏獲盜首夥盜者紀錄二次僅止獲盜過半紀錄一次



洋面失事隱諱

一洋面失事巡哨各官有恐嚇所屬不行通報者將武職專汛官革職兼轄統轄各官均降三級調用或商漁船隻實被強刦捏報搶奪者該管官降二級調用上司降一級調用屬員諱匿已經告發武職上司不查明揭報題參者照徇庇例降三級調用

洋面失事會勘遲延

一洋面失事事主於何營呈報該管官即速知會連界之汛帶領事主赴洋會勘定為何州縣營汛所轄立即稟報統巡官轉詳總督巡撫提督一面行查海關各口將稅簿贓單較核呈驗一面即嚴飭水師各營勒限緝拏一俟疏防限滿即將會否獲賊開具職名題參如互相推卸或指使捏報他界或

籍詞躲延並不赴洋速行查勘依限呈報致題參疏防逾限
半年以上者係守口官弁查驗遲延卽將守口之弁降一級
調用若係巡洋員弁會勘遲延將巡洋員弁降一級調用或
統巡官轉報職名及督撫題參遲延者均降一級留任
一關口員弁於文檄未至之先拏獲匪船者照拏獲鄰境首盜
之例加一級如已奉到文檄能據實查出將盜犯拏獲者免
其盤查不實處分
水師官員按時操演
嘉慶二年正月丙奉
上諭據吉慶奏校閱各標營官兵一摺內稱現値冬深閱兵之期查
閱內河水師弁兵駕駛便利在船施放鎗礮尚屬熟練鳧水爬桅
亦屬嫻習等語此語不過粵東氣候雖屬和暖但水性寒冷且正



屆隆冬之時令人赤身下水究未免不近人情官兵等若遇追捕
洋盜卽赴水擒拏亦分所當然至於尋常操演自應按時練習卽
各該督所奏駕駛兵船施放鎗礮及爬桅等技藉以操習武備則
可至於鳧水一節行之冬令殊無此理該督等若故令兵丁等冒
寒入水固覺太不體卹倘並無其事僅以一奏塞責尤屬具文非
是嗣後沿海地方如尋常操演爬桅等技藝仍照常演習外至冬
令鳧水斷不可行以示朕體卹水師準情酌理之意將此通諭有
水師省各督撫知之欽此
配駕戰船兵額
一船隻配載官兵出洋巡哨俱令照向定兵丁額數配駕倘出
洋時不如額配足以致船隻不能管駕遭風擊碎者將派撥
之員革職船隻著落巡哨各員賠造不行稽查之總巡官降

二級調用總兵降一級調用
選派巡洋不慎官員議處
一水師各營配兵出洋務須慎選明幹弁兵實力巡哨并將原
派將備銜名先報督撫存案倘該弁兵等在洋遇有匪船退
縮不前轉被盜刦該督撫等查明卽將本船弁兵嚴行治罪
原派之將備叅奏革職仍令自備資斧在於洋面効力三年
方准回籍該總巡總兵降三級調用
巡洋員弁協捕不力
一鄰境盜匪被官兵追緝到汛在洋巡緝之員未能協同拏獲
致被別汛獲犯供出追捕地方並經由月日將該汛未能協
捕之巡洋各員弁降二級留任總巡上司降一級留任
署事官員輪巡失事



一各省水師署任人員輪派出洋巡哨遇有失事如在疎防限
內撤巡并卸委署之任者照離任官例議結如已經撤巡而
署任尚未交卸者仍照承緝官例議處
盤查海船
一海洋中形迹可疑之船已被盤獲如貨物人數不符稅單牌
票者限三日內查明如係賊船交與地方官治罪果係商船
卽速放行將放行之處仍申報該上司存案如以賊船作爲
商船釋放或以商船作爲賊船故意稽遲擾害者均革職索
取財物者革職提問該上司查出題叅者免議如擅放賊船
上司失察者照失察諱盜例同城上司降二級調用不同城
百里以內者降一級調用百里以外者降一級留任擾害商
船上司失察者照失察誣良之上司降一級調用

查驗山東海船

一山東外洋商船照該省驗單查對外其登州萊州二府民人前往奉天貿易及奉天等處民人有過海者商人船隻出口進口該州縣俱給與印單將客人姓名貨物名單賣貨地方同船戶水手姓名一一開載守口官掛號驗單放行若不實力奉行致有勒索情弊者降二級調用如有流民私往奉天疎縱出口守口武弁降二級調用其在洋巡哨武職失察流民私行渡海別經發覺一名至十名者罰俸一年十名以上者降一級留任二十名以上者降一級調用

稽查海洋貿易

一直隸山東江南浙江福建廣東等省民人許令海上貿易捕魚其東洋南洋准令福建廣東江南浙江商民前往貿易各



於沿海州縣給領照票填明籍貫年貌係往何處貿易於出口入口之時呈明守口官查驗

稽查商船出入

一出海洋貿易商船許用雙桅梁頭不得過一丈八尺如所報梁頭一丈八尺而連兩艕水溝統算果有三丈寬者許用舵水八十人梁頭一丈六七尺而連兩艕水溝統算果有二丈七八尺者許用舵水七十人梁頭一丈四五尺而連兩艕水溝統算果有二丈五六尺者許用舵水六十人初造船時報明海關監督并地方官該地方官取供嚴查確係殷實良民取具澳甲里族各長并鄰佑當堂畫押保結然後准其成造造完時地方官親驗梁頭並無過限舵水並無多帶取具船主不得租與匪人甘結將船身烙號刊名然後給照照內將

在船之人年貌籍貫分晰填明及船戶攬載開放時海關監督將原報船隻丈尺親驗明白取具舵水連環互結客商必帶有資本貨物水手必查有家口來歷方許在船監督驗明之後即將船隻丈尺客商姓名人數併載貨前往某處情由及開行日期填入所給船單內於出口之處將船照呈守口官驗明掛號填註出口月日驗船放行造册具報總督巡撫於每年四月內造册報部回時於入口處比號守口官報明總督巡撫銷號於每年九月內造册報部其在沿海各省貿易之船於出口時將船照呈守口官驗明掛號於經過要汛掛號入口之處將船照呈送彼處守口官驗明回棹日從原處覆驗掛號而回如舵水人等越數多帶或詭名頂替汛口官盤查不實降三級調用若借端勒措者降二級調用受財



者革職計贓論罪若胥役有勒索情弊將失察之守口官降一級調用自行查出者免議

一商民往販外洋或人回而船不回大船出而小船回及出口人多而進口人少者該總督巡撫嚴加查訊果係番賬未清俟來年六七月間乘風駕回及遇風飄往別省者船戶取具飄泊處所地方官印結齎回查驗遭風飄溺者若有餘存飄回之人及同行鄰船客商水手等即訊取確供甘結再加地方官印結報明均於同港册內聲明報部免其察究倘留番清賬之船來年仍不回港并揑報遭風飄溺等弊並無飄泊地方官印結及餘存飄回之人鄰船客商水手等確供該總督巡撫嚴加查訊治罪原出結地方官交吏部議處

一出洋小本商民因風信局期不能奔回本籍地方官給照在

福建者呈明厦防廳在廣東者呈明南海縣在浙江者呈明乍浦海防同知及海關監督俱取具行戶船主保結給與印照前往該海關廳縣將給照緣由行知該商地方官備案商民回棹之日仍各赴領照衙門繳銷如該船舵水貨客有在番地賸目不清及別項事故原給照衙門取具同行鄰船客商水手甘結移行地方官存案俟回日報銷其出洋商船於出口之際舵水遇有事故該船戶就近招募本分水手取具保結赴該海關廳縣批發執照准其頂補

稽查漁船出入

一福建漁船之桅聽其用雙用單各省漁船止許單桅其梁頭均不得過一丈舵水不得過二十人廣東漁船梁頭不得過五尺水手不得過五人取漁俱不許越出本省境界欲造船



者先具呈該州縣查取澳里甲族各長鄰佑保結方許成造造完之日該州縣親驗明白印烙字號然後給照照內將船主年貌姓名籍貫及作何生業開塡入照欲出洋者將十船編爲一甲取具一船爲匪餘船並坐連環保結并將船結字號於大小桅篷及船旁大書深刻仍於照後多留餘紙俟出口時卽責成守口員弁將該漁船前往何處并在船舵水年貌的實姓名籍貫逐一查塡入照鈐蓋印戳并將所塡人數照登號簿准其出口入口如查塡并盤查不實降三級調用若借端勒措均降二級調用并責成沿海關口委員兼司查辦如失於查察致匪船濫出濫入亦降二級調用受賄者革職計贓論罪其呈報船隻遭風者查明人夥有無落水受傷訊明實據方准銷號若船主在籍而船隻出洋有事惟本主是問

一沿海一應採捕及內河通海之各色小艇并新造小艇與採捕售賣者俱報明地方官取澳甲鄰佑保結印烙編號給照遇晚停泊人家塘汛之處倘船隻被賊押坐出洋卽報明地方官將船號姓名移咨營汛緝究租船之人必報明本處澳甲出結報官存案出口入口汛口官員掛號稽察或風信不齊進口愆期者取具結狀備案如疎縱勒索亦照出洋漁船例處分

一福建商船每於漁期欲出海捕魚者赴地方官呈明換領漁照取具澳甲戶族鄰佑保結連艅編甲連環互結准其入海採捕俟漁期過後將漁照繳銷換給商船印照該地方官將換領商船印照緣由彙報該上司存查如過期不歸卽嚴查



究訊治罪永不許出海捕魚

稽查商漁船隻桅篷

一出海商漁船隻自船頭起至鹿耳梁頭止并大桅上截一半各照省分油飾船頭兩舷刊刻某省某州縣某字某號字樣福建船用綠油漆飾紅色鈎字浙江船用白油漆飾綠色鈎字廣東船用紅油漆飾青色鈎字江南船用青油漆飾白色鈎字其篷上大書州縣船戶姓名每字俱徑尺藍布篷用石灰細麪以桐油調寫篾篷白布篷用濃墨書寫黑油分抹字上不許模糊縮小如遇剝落卽行塡寫油飾沿海汛口官員及出洋舟師實力稽察凡商漁船隻驗有照依各本省油飾刊刻編號者卽係民船准其放行如無油飾刊刻編號及將字樣塗改刻削情弊卽係匪船拘留究訊若沿海汛口官員

怠惰偷安不行稽察以致在洋肆刦者革職兼轄統轄官不行揭報降二級調用不行查參之總兵官罰俸一年提督罰俸六個月總督交吏部查議

一往販外洋商船頭巾插花并所竪桅尖准其帶用其內洋商漁船隻將頭巾插花并所竪桅尖概行禁止如有私帶出口守口官不行查出者罰俸一年

稽查商漁船夾帶禁物

一出口商船并採捕漁船俱不許攜帶鎗礮等器械如有夾帶硝磺釘鐵軍火器械樟板等物接濟奸匪者守口官弁盤查不實降三級調用如有賄縱情弊革職提問

一出販東洋南洋之大船准其攜帶軍器每船礮不得過二位鳥鎗不得過八桿腰刀不得過十把弓箭不得過十副火藥



不得過三十觔造礮鳥鎗時該船戶呈明地方官給與照票赴官局製造完日地方官親驗鏨鑿姓名號數其腰刀弓箭火藥等項同牙行置造完日報官查點俱於船照內將礮位輕重大小鳥鎗火藥腰刀弓箭數目分晰塡明以備海關監督并口岸文武員弁盤驗稽察回棹日照原帶軍器數目逐一查點將礮貯官庫俟開船之日再行給還如有買外夷銅礮帶回者地方官給與時價以充鼓鑄之用倘有船隻遭風打破軍器沉失者該船戶客商出具甘結於所在地方官報明免其治罪如船隻無恙妄稱沉失該總督巡撫嚴加究訊照接濟外洋例治罪守口官稽查不實俱照前例議處

一外洋行走之船動經數月所有鐵釘油灰棕絲黃麻等物酌量攜帶亦於船照內塡明數目以備查驗如有動用同船之人出具甘結回棹日送地方官稽察若有借端多帶者仍照夾帶違禁貨物例治罪守口官稽查不實俱照前例議處

一往販外番船隻各按船之大小地方產米之多寡帶米回內地暹羅大船帶米三百石中船帶米二百石噶喇吧大船帶米二百五十石中船帶米二百石呂宋柬埔寨馬辰柔佛四處大船各帶米二百石中船各帶米一百石埭仔六坤安南宋居勝丁家盧宿霧蘇祿七處中船各帶米一百石於入口時將米石數目確查除米石多餘一併造報查核外如米石不足原數嚴訊若有偷漏情由照接濟外洋例治罪

一商販出洋貿易如有私將銅觔鐵觔並銅鐵器攜帶貨賣圖利者按照觔數分別首從治罪貨物銅觔船隻入官外其關汛文武員弁知情賄縱者革職治罪失察者降一級調用



一漁船裝載貨物接渡人口汛口官不行查禁者罰俸一年

一出洋樵採船隻每船帶食鍋一口所攜斧斤每名止許一把在船人數不得過十人俱於照內註明出入查驗若越數夾帶出口及進口缺少者照漁船例查辦

禁止商漁船隻多帶米糧

一商漁船隻各按海道遠近人數多寡每人每日帶食米一升之外并帶餘米一升以防風信阻滯若有多帶米穀以及麥豆雜糧即係偷運汛口員弁隱匿不報者革職賄縱者革職提問如並無隱匿賄縱情弊止於失察者按米穀多寡分別議處偷運米一百石以上穀麥豆雜糧二百石以上者降一級留任米一百石以下穀麥豆雜糧二百石以下者罰俸一年米不及十石穀麥豆雜糧不及二十石者罰俸六個月如

以米穀麥豆及一切應用物件接濟奸匪者後經發覺毋論
石數多寡將失察之守口官弁降三級調用如不經由海口
從沿海偷運接濟者將守口官弁並巡海武職均降二級留
任

沿海有底無蓋剝船一體編號給照

一沿海有底無蓋剝船一體報官驗烙編號給照責成守口員
弁將該船舵水年貌姓名籍貫查塡入照鈐蓋印戳登號准
其出口入口如盤查不實及兵役借端勒揹者均降二級調
用

營員擅給船照

一商漁船隻給照係州縣專責如營員擅給牌照者降二級調
用倘借牌照為匪將擅給牌照營員革職



營員押送商船出洋

一福建洋船掛驗出口之時該汛營員知會廈門巡檢詳細驗
明押交汛弁轉送至浯嶼汛仍一體撥船押赴東碇以外洋
面俟其乘風放洋後方許回汛廣東洋船掛驗出口之時左
翼鎮標左營撥槳船送至順德交替順德協即撥船押出外
洋洋面俟其乘風放洋後方許回汛

稽察小羊山無照民人

一江南小羊山地方如有赴山傭工貿易者地方官給與印票
守口員弁稽察驗放仍令巡洋及守口員弁嚴行稽察如有
無照民人偷漏赴山者將疎漏之守口員弁照無照民人出
口例一二名者罰俸一年三名以上者降一級留任五名以
上者降一級調用十名以上者降三級調用巡山員弁亦照

此例議處

稽查海島居民搭寮

乾隆五十五年九月內奉

上諭據伍拉納奏福建所屬海島四百五十七處浙江所屬海島五百
六十一處多有民人居住有搭蓋寮房零星散處者有建蓋瓦房已
編保甲者有魚汛時暫行搭廠者自應遵照定議悉行燒燬惟是烟
戶稠密之處若概行驅逐使謀生之民一朝失業轉致漂流為匪請
將編甲輸糧者免其驅逐倘有匪徒竄入立即擒縛解官辦理其餘
或零星散處或本係封禁之地將所搭寮房燒燬人口遞籍安插至
各處漁戶駕船出洋暫搭寮廠未便概行禁阻應令地方官取結給
照認眞稽查等語前因顧學潮奏稱沿海各省所屬島嶼多有內地
民人建蓋草寮房屋居住日聚日多誠恐相聚為匪查察難周令各



該督撫查明海島情形如有匪徒潛搭草寮房屋居住者立即燒燬
今據伍拉納查奏浙閩兩省海島居民甚多已成市肆不便概行焚
燬驅逐所奏是自當如此辦理沿海民人居住海島久已安居樂業
若遽飭令遷徙使瀕海數十萬生民失其故業情殊可憫且恐地方
官辦理不善張皇滋擾轉致漂流為匪亦非善策所有各省海島除
例應封禁者久已遵行外其餘均著仍舊居住免其驅逐至零星散
處人戶僻處海隅地方官未必能逐加查察所云燒燬寮房移徙人
口亦屬有名無實今各島聚落較多者已免驅逐此等零星小戶皆
係貧民亦不忍獨令向隅而漁戶出洋採捕暫在海島搭寮棲止更
不能概行禁絕且人戶既少稽查無難亦非烟戶稠密之區易於藏
奸者可比自應聽其居住毋庸焚燬所有沿海各省地方均著照舊
辦理惟在各該督撫嚴飭沿海文武員弁實力稽察編列保甲如有

盜匪混入及窩藏為匪者一經查出卽將該犯所住寮房概行燒燬
俾知儆懼其漁船出入口岸務期取結給照登記姓名倘漁船進口
時藏有貨物形跡可疑旣當嚴行盤詰無難立時拏獲地方官果能
實力奉行認眞稽察盜風自可永戢原不在多設條欵競為無益之
空言也欽此

稽查海島居民漁戶

一各省海島除例應封禁者不許民人漁戶紮搭寮棚居住採
捕外其居住多年不便驅逐之海島村壚及漁戶出洋採捕
暫在海島搭寮棲止者責令沿海巡洋各員弁實力稽查毋
致窩藏為匪倘不嚴加稽查致海島居民及搭寮採捕之漁
戶有引洋盜濟匪者將沿海巡洋各員均降三級調用水師
總兵及提督降一級留任如沿海巡洋各員知情賄縱者革



職提問水師總兵及提督降一級調用

山東海島居民

一山東省海島居民除不准增添居屋外其現任居民令沿海
各州縣幷守口員弁實力巡察以靖海疆

浙江海島居民

一浙江省海島居民除不准增添居屋外其現任居民一律編
甲稽查並責成該管鎮道於出洋之時嚴密查察毋使稍有
容留仍於年底查明有無增添專摺具奏

外海捕盜著績給與軍功加級紀錄

嘉慶十年八月內奉
上諭本日兵部議叙總兵羅江太等拏獲盜船一案已降旨照軍功
給與加級紀錄矣外省海疆地方官員出洋巡哨擒捕盜匪與帶
兵丁役無異其被戕者旣照陣亡例賜卹遇有奮勉出力之員自
應一體優加甄叙嗣後閩粵等省官員有在外海捕盜著有勞績
特旨交部議叙者該部核議時均著給與軍功加級紀錄以示獎
勵欽此

拏獲海洋盜犯

一官員拏獲鄰境海洋盜刦盜犯罪應斬梟斬決數在三名以
上該總督巡撫將該員本任內有無未獲盜犯案件查覈報
部察核如本任並無未獲逃盜並雖有未獲逃盜係接緝再
接緝者該總督巡撫奏請送部引
見如所獲實係重犯罪應凌遲者卽拏獲一二名亦准該總督巡撫
奏請送部引
見倘所獲係絞罪以下並斬梟斬決等犯未及三名仍照拏獲盜犯



例按其首從分別議叙不准送部引
見

一拏獲鄰境盜犯例應引
見該督撫聲請議叙者由部查核合例卽題請送部引
見

一地方武職拏獲各項緊要人犯欽奉
特旨送部引
見到部時另有革職留任
特旨限年開復並
特旨不准陞用等項事故者於帶領引
見摺內聲明恭候
欽定

水師官員拏獲盜犯抵銷本任承緝處分

一閩浙江南廣東山東水師武職各員任內有承緝洋盜未獲案件應得處分如能於鄰境失事未經拏獲之案及本轄洋汛從前失事未獲之案將盜犯全獲或拏獲及半一案無論人數多寡均准其抵銷本任承緝一案處分若所獲之犯不能灼知其爲鄰境本汛以及全獲獲半者卽以獲犯多寡定其功績等差拏獲盜犯十名者准其抵銷本任承緝一案處分二十名者准其抵銷本任承緝二案處分再有多者以次遞加若本身並無承緝盜案能獲鄰境盜犯一案者准其送部引

見如獲鄰境盜犯未能及半止准按名議叙不准送部引見倘有捏報拏獲及以少爲多報部請抵別經發覺將本員革職提



問咨報之督撫提鎮照徇庇例降三級調用

水師官員緝獲盜犯議叙

一各省外海水師將弁按照巡期親歷各處實力巡哨遇有失事若於巡期內將本境應行緝捕之犯能於疎防限內拏獲及半者免其議處全行拏獲者准其加一級疎防限外全行拏獲者准其紀錄二次

巡哨官員獲犯議叙

一巡哨期內本汛並無失事而別能拏獲奸船一隻者將專汛分巡委巡兼轄各官紀錄一次拏獲二隻者將總巡統巡各官紀錄一次如有多者照數遞加

水師官員停止開復

嘉慶五年六月內奉

旨兵部具奏議覆王德聲請開復水師人員一摺所有已革遊擊蔡得耀守備陳寶貴降調千總胡朝進已革把總黃炳志黃飛熊等五員均著加恩降一等補用不必送部引見至海洋處分從前本係二參爲期較迫嗣經兵部援照陸路設有墩舖之例改爲四參期限已寬若仍照二參不獲之例辦請開復則水師員弁勢必無所顧忌轉致緝捕懈弛殊非整飭海疆之道所請四參開復之處著照部議停止摺併發欽此

澳門夷船給照

一西洋人附居廣東澳門大小船共二十五隻地方官編列號數刊刻印烙各給驗票一張將船戶舵工水手及商販夷人該管頭目姓名逐一塡註票內卽以此二十五隻爲定額不許再行添置如實係朽壞不堪修補報明地方官查驗明白



出具印甘各結申報總督巡撫准其補造仍用原編字號每年出口入口時將驗票赴沿海該管營汛掛號守口官將各船人數姓名逐一查明申報總督巡撫存案除頭目遇有事故由該國發來更換者聽其更換外如出口時夾帶違禁貨物併將中國之人偷載出洋入口時將無故前來之西洋人夾帶入口及容留居住守口官及該地方武職不行稽察徇情疎縱俱革職

廣東廣州廉州肇慶三府徇渡船隻准給編號烏鎗

嘉慶十年九月內據兩廣總督那彥成奏廣東廣州廉州肇慶三府徇渡船隻准其攜帶烏鎗以資禦盜而護商旅一摺奉

上諭據那彥成等奏徇渡船隻額准攜帶烏鎗以資禦盜而護商旅

一摺此項餉渡船隻載送客商餉貨取道內洋海面自應准其攜
帶鳥鎗俾資捍衛著照該督等所請即照出洋商船之例每船酌
給編號鳥鎗四桿每次酌給火藥三斤欽此

外洋商船攜帶礮械

嘉慶九年十一月內奉

上諭前據裘行簡奏請仍禁商船配帶礮械出洋降旨諭令玉德等
體察情形詳議具奏茲據奏稱往販外夷之大洋船該商等貲本
重大應仍准其照例每船攜帶礮位火藥鳥鎗腰刀弓箭等項不
得逾額多帶其在內地南北兩洋貿易商船一概不准配帶礮械
等語外洋商販船隻貲重道遠若不准令配帶礮械設中途遇盜
不足以資防禦然准令配帶漫無稽核恐出洋以後盜匪乘機刦
奪轉致藉寇兵而齎盜糧並恐奸商牟利以之濟匪亦所不免嗣



後除內洋船隻不准配帶外其外洋商船著照所議准其按照舊
例攜帶礮位器械等件不得有逾定額仍著於船隻出洋時飭令
海口員弁將攜帶礮械數目驗明並無多帶填給執照放行俟該
商進口時仍將原領執照送官查驗並令該商將在洋曾否禦盜
據實呈明倘礮械或有短缺即令其將因何失落緣由詳悉聲明
一一登計以備稽考如有捏報情事別經發覺即將該商按例懲
治如此立定章程自可不致滋弊該督撫當嚴飭海口員弁實力
奉行毋得縱容吏胥敲勒索詐之端為要欽此

稽查鐵鍋出洋

雍正九年十二月內奉

上諭據廣東布政使楊永斌奏稱鐵器一項所關綦重不許出境貨賣
律有明禁乃粵東地方出境鐵鍋凡洋船貨賣歷年並未禁止臣到
任後檢查案冊見雍正七八九年造報夷船出口冊內每船所買鐵
鍋少者自一百連至二三百連不等多者買至五百連并有至一千
連者查鐵鍋一連大者兩個小者四五六個不等每連約重二十觔
不等百連約重二千餘觔如一船帶至五百連約重一萬觔帶至一
千連約重二萬觔計算每年出洋之鐵為數[redacted]多誠有關係臣請嗣
後此項鐵鍋應照廢鐵之例一體嚴禁無論漢夷船隻概不許貨賣
出洋違者該商船戶人等即照捆載廢鐵出洋之例治罪官吏通同
徇縱亦照徇縱廢鐵例議處凡遇洋船出口仍交於海關監督一體
稽查至於商船每日煮食之鍋仍照舊置用官役不得借端勒索滋
擾如此則外洋之鐵不致日積日多於防奸杜弊之道似有裨益至
於食器具銅鍋砂鍋俱屬可用非必盡需鐵鍋亦無不便外夷之處
於朝廷柔懷遠人之德意原無違礙等語鐵觔不許出洋例有明禁



而廣東夷船每年收買鐵鍋甚多則與出洋之功令不符矣楊永斌
所奏甚是嗣後稽查禁止及官員處分商人船戶治罪之處悉照楊
永斌所請行倘地方官弁視為具文奉行不力經朕訪聞或別經發
覺定行從重議處粵東既行查禁則他省洋船出口之處亦當一體
遵行著該部通行曉諭永著為例特諭欽此

鐵鍋不准貨賣出洋

一洋船出口除每日煮食之鍋外不許貨賣鐵鍋出洋違者照
捆載廢鐵出洋例治罪官弁明知故縱者革職賄縱者革職

提問失察者降一級調用

停禁洋船運帶硫磺入口

乾隆三十四年二月內奉

上諭向來硫磺出入海口俱有例禁原因磺觔係火藥所需自不便令

其私販若奸商以內地硫磺偷載出洋或外來洋船私買內地硫磺裝歸者必當實力盤詰治罪乃定例於洋船進口時亦不許其私帶殊屬無謂海外硫磺運至內地並無干礙遇有壓艙所帶自可隨時收買備用於軍資亦屬有益何必於洋船初來多此一番詰禁乎嗣後惟於海船出口時切實稽查不許仍帶磺觔以防偷漏之弊違者照例究治其各省洋船入口禁止壓帶硫磺之例概行停止著為例
欽此

嚴禁私造渡船

乾隆五年十二月內奉
上諭副都御史繼善奏請嚴禁沿江濱海地方私造渡船一摺所奏尚是向來沿海地方打造渡船例應呈明州縣查取澳甲人等保結並非為匪之人方許成造至造完時仍須報明地方官驗明印烙字號給發執照出口時責成守口員弁稽查定例本屬周詳如果地方州縣及守口員弁恪遵成例實力奉行則船隻無由製造私渡盜風何難漸息乃日久廢弛地方官不肯認真查辦而不肖員弁吏胥等甚或利其厚賄明知故縱以致刦案頻聞督撫等又以失察私造偷渡處分較重不無迴護止將盜犯按律究治而置私造偷渡處所之員弁於不問似此疎縱懈怠洋面何能肅清嗣後沿海各督撫務須督飭地方州縣及守口將弁遵照定例實力嚴查毋得仍前疎懈聽其私造私渡如遇緝獲洋盜務將船隻係由何處成造何員驗照放行有無代運物件之人及知情故縱收受陋規情弊隨摺聲明附參以憑查辦倘經此番申明例禁訓飭之後仍復因循積習含糊結案必將該督撫等一併議處以示懲儆欽此



查驗民人眷屬過臺灣

一內地民人眷屬給照過臺灣令廈門臺灣守汛員弁詳細查驗如不驗明人照相符遽准放行者照汎口盤查不實例降二級調用其有徇隱不報者照徇隱例革職

無照民人偷渡過臺灣

一內地民人往臺灣者該地方官給與照票由廈門盤驗出口其無照偷渡者嚴行禁止若拏獲偷渡之人詳報該總督提督訊係逸犯逃遣問明沿海陸路在何處進口何處藏匿如知情賣放窩隱者俱革職治罪外其失察進口員弁降二級調用失察藏匿地方員弁降一級調用如失察無照民人眷屬偷渡過臺灣者降二級調用失察隻身民人偷渡者降一級調用徇隱不報者革職該地方官能盤獲逸犯逃遣每一名准予紀錄二次拏獲攜帶妻子脫逃之犯者每一起准予加一級其兵目澳保能將偷渡各項人犯在洋拏獲訊明屬實即將船隻貨物賞給兵丁以示獎勵其有照商船因風漂泊到岸者驗明牌照立即放行如兵役藉端需索將該管官降二級調用兼轄官降一級調用倘有積慣船戶客頭在於內地沿海小港攬載圖利致奸民私越出洋地方官能拏獲者即照拏獲逸犯逃遣之例議叙如不實力查拏照偷渡之例查議至官兵因公差委將所乘船隻偷渡無照人等專管官知情者革職揭問不知情者革職兼轄統轄官不行揭報均降一級調用總兵降一級留任提督不行題參罰俸一年總督不行題參交吏部查議

臺灣民人越界

一臺灣南勢北勢一帶山口生番熟番分界勒石界以外聽生番採捕如奸民越界墾地搭寮抽藤弔鹿及私挾貨物擅出界外者失察之專管官降一級調用該上司罰俸一年若有賄縱情弊該管官革職計贓論罪如三年之內民番相安無事將該管官紀錄一次鄉保土官兵丁人等該總督巡撫酌加獎賞

臺灣流寓民人回籍

一臺灣流寓民人情願回籍者槪免給照准其自赴鹿耳門總口將姓名年貌在臺灣在籍住址告知船戶開列總單即由船戶持交口岸員弁驗戳掛號隨時放行其南北一帶口岸不許內地船隻往來之處仍照舊例嚴禁不許私越如有私越之人將不行查禁之口岸員弁罰俸一年



私越朝鮮邊界

一沿海商漁船隻被風飄至朝鮮境界並無船照可據及內地民人越度緣邊關塞至朝鮮境內者拏獲之日審明由何處出口如彼處防守官員係明知故縱者革職提問不行揭報之該管上司降三級調用不行題參之該提督總兵官降二級調用若實係失於覺察將彼處防守官員降四級調用該管上司降一級調用該提督總兵官罰俸一年總督巡撫交吏部查議

畧買番仔入口

一內地民人出洋貿易違禁買回番仔入口守口官稽查不力降一級調用該管上司罰俸一年如知情故縱者革職賄縱者革職計贓以枉法論

販運糧米議叙

一內地商民領照赴暹羅等國運米回閩接濟民食數在一千五百石以上至二千石者准給予九品頂帶二千石以上至四千石者准給予八品頂帶四千石以上至六千石者准給予七品頂帶六千石以上至一萬石者准給予把總職銜其未邀議叙者分別議叙已邀議叙未加至把總職銜者仍照米數分別遞加若已加至把總職銜又經購運米石數多者應酌量獎賞毋庸再加職銜至帶回米石除就廈門糶賣外如情願運赴福建省城糶賣者准其由閩安鎮進口即責成該地副將督率守口員弁稽查驗照放入運省糶濟仍按照米數分別議叙

拏獲偷渡外洋



一沿海營汛員弁拏獲偷渡外洋十名以上者專管官紀錄一次兼轄官毋庸議叙兵役賞銀二兩二十名以上者專管官紀錄二次兼轄官紀錄一次兵役賞銀四兩三十名以上者專管官加一級兼轄官紀錄二次兵役賞銀六兩四十名以上者專管官加二級兼轄官紀錄三次兵役賞銀八兩五十名以上者專管官以應陞之缺即用兼轄官加一級兵役賞銀十兩其所賞兵役銀兩即於偷渡船戶名下追出充用倘不實力稽查以致疎縱十名以上者專管官罰俸一年兼轄官免議兵役責二十板二十名以上者專管官降一級留任兼轄官罰俸六個月兵役責三十板三十名以上者專管官降二級留任兼轄官罰俸一年兵役責四十板四十名以上者專管官降三級留任兼轄官降一級留任兵役責四十板

革役五十名以上者專管官降一級調用兼轄官降二級留
任兵役枷號一個月責四十板仍革役以上降級留任之員
三年無過開復如能另案拏獲偷渡人犯按其所獲名數抵
銷准其開復倘有拏獲偷渡人犯隱匿不報者官革職兵役
責四十板革役賄縱者官革職兵役革退俱計贓治罪

盤獲入口匪犯酌免出口處分

一匪船混冒出口後進口時洋面尚無失事報案守口官能細
心盤察獲犯解究者免其從前失察出口處分外若案已別
經發覺知會關拏於匪徒進口時盤獲破案其失察出口處
分應議降級調用者改照所降之級留任扣滿年限開復

盜船出入海口

一盜犯從外洋竊發咎在出洋分巡委巡之員將守口官免議



若盜由海口以內奪坐船隻出洋爲盜失察之守口各官降
二級調用至外洋行劫之盜散黨登岸混冒入口守口官失
於覺察降一級留任限一年緝拏全獲開復限滿不獲降一
級調用如於限內盜犯被鄰境拏獲者減爲降一級留任

失察匪船沿邊私駕出洋

一沿海巡查武職并守口員弁失察匪船不由汛口沿邊私駕
出洋者均降二級留任若匪船私駕出洋駛回時洋面尚無
失事報案該管武職能細心盤查獲犯解究者免其從前失
察處分如案已別經發覺知會關拏始行盤獲破案者其從
前失察沿邊私駕之處量行酌減改爲罰俸二年完結倘官
員於獲犯時意存迴護不將盜匪偷越地方究明指出者降
一級調用

哨船搶取商船財物

一商船在洋遭風著淺該汛弁兵不爲救護而反搶取財物拆
毀船隻以致商人斃命或搶取貨物商人未致斃命者俱照
例分別治罪在船將備如同謀搶奪雖兵丁爲首該員亦照
爲首兵丁例治罪雖不同謀而分贓者以爲從論若實係不
能約束並無通同分肥情弊者革職若失風被淹商人救援
得生兵丁因而撈搶財物者照律治罪該管官鈐束不嚴降
二級留任如淹斃人命在先弁兵見有飄沒無主船貨撈搶
入己不報者照律坐贓論罪如見船覆溺因不許搶取貨物
距撓不救以致商人斃命者阻救之人係官革職兵丁革退
分別首從照律治罪凡哨船於未出口之前取同船兵丁不
致搶物爲匪連名甘結在船將弁加結申送該上司存案巡



哨回日仍取同船兵丁在洋並無搶物爲匪扶同隱匿事發
願甘並坐甘結送該上司查核如弁兵在洋搶取商民財物
上司不係同船失於覺察者兼轄官降二級調用統轄官降
一級留任若通同庇匿革職提問總督巡撫提督總兵官不
行查參照徇庇例降三級調用如沿海營汛弁兵極力救護
失風人船不私取絲毫貨物者該管官據實申報總督巡撫
提督總兵官記功遇有水師千總把總缺出擇其熟諳水師
而功多者拔補其守備以上官員救護商船二次者紀錄一
次倘弁兵因救護商人或受傷被溺該總督巡撫確查保
題照因公差委弁兵受傷被溺例給予卹典

海洋夷船被劫

一外國夷船被劫巡洋各弁失於防範初參限滿不獲將分巡

委巡專汛兼轄各官降二級調用總巡統轄官降一級調用
盜犯交接巡各官勒限緝拏統巡總兵降一級留任
巡船遭風
一各省巡洋官弁管駕哨船在洋陡遇暴風擊碎船隻漂沉軍械水師巡洋官員即速呈報督撫提鎮委員確驗實係人力難施並非管駕不慎出結保題免其賠補動支錢糧修造如有提報情弊將捏報之員革職提問濫行出結官革職不行查明具題之總督巡撫提督總兵降一級留任
一巡洋遭風擊碎水師巡洋官員呈報遲延一月以上者降一級留任三月以上者降一級調用六月以上者降二級調用九月以上者降三級調用一年以上者革職至總督巡撫一聞稟報即速差員覆勘明確出具保結題請修補以半年為限如於半年之外遲延三月以上者督撫罰俸一年六月以上者降一級留任一年以上者降一級調用二年以上者降二級調用均於題報本內聲明有無逾限如有遲延兵部按其年月會同吏部議處



巡船被刦捏報遭風
一海洋巡船被盜焚刦巡哨各員革職船隻著落各該員分賠補造地方有專汛兼統之員能於限內拏獲盜犯首夥過半者免其處分若疎防限滿不獲該督撫據實題叅將專兼之員降二級留任統轄及總兵降一級留任俱戴罪限一年緝拏限滿獲盜尚未及半將專兼統轄各員均照原降之級調用提督降一級留任盜犯照案緝拏
一巡船在洋被盜焚刦希圖動項造補捏報遭風規避處分者巡哨各員均革職提問扶同徇隱之專汛兼統各官一併革職不據實揭報之總兵照徇庇例降三級調用不行查叅之提督降二級調用未經查出遽行題報之督撫降二級留任專兼各員並無隨同徇隱情事督撫提鎮查明據實叅奏者均免其處分仍令題叅疎防照巡船被盜之例辦理
巡船遭風受困官兵議敘
一巡洋官兵如有遭風受困浮水登岸扶板遇救幸獲生全者官准軍功加一級兵丁及舵工水手俱照軍功頭等傷例給銀三十兩至內洋內河因公差委及停泊海口島嶼等處修造船隻遭風受困幸獲生全者官准軍功紀錄二次兵丁人等照軍功二等傷例減半給銀十二兩五錢
巡船遭風漂沒官兵議䘏
一官兵出洋巡哨遭風漂沒身故者提督給銀八百兩總兵七百兩副將六百兩叅將五百兩遊擊四百兩都司三百五十兩守備三百兩守禦所千總二百兩營衛千總一百五十兩把總一百兩經制外委照把總給予提督總兵各加贈三級副將叅將各加贈二級遊擊都司守備千總把總各加贈一級應得祭葬行文禮工二部議奏提督總兵廕子弟一人以都司補用副將叅將遊擊廕子弟一人以守備補用都司守備廕子弟一人以衛千總補用千總把總廕子弟一人以把總補用額外外委馬兵給銀七十兩步兵給銀五十兩舵工水手食名糧者照步兵例給賞如係雇募之丁給銀二十五兩兵丁人等應給之銀如無妻子親屬承受者給銀二十兩該督撫等委官致祭

一大洋大江黃河洞庭洪澤等湖危險地方凡官兵因公差委
并領運弁兵黃河工埽之人遭風漂沒身故者照議卹巡洋
官兵淹斃之例辦理其奉調考驗之官弁兵丁遭風漂沒身
故者照前例減半給與卹賞銀兩官各減一等給與廕贈
一官兵人等在內洋內河因公差委及停泊海口島嶼等處漂
沒身故者照巡洋官兵淹斃之例官員減一等分別廕贈其
卹賞銀兩減半給予外委官兵人等均減半給予卹賞銀兩
一水師官兵在洋被風漂失該督撫一面具報即委員確切詳
查一面分咨沿海各督撫令地方官一體挨查如果查無下
落取具地方官印結送部兵部將漂失官兵照出洋巡哨遭
風漂沒身故例減半議卹官仍照漂沒身故例降等給予廕
贈



一出洋巡哨差委各兵遭風船壞被溺身故該督撫逐案題明
請卹如外洋內洋內河內江等處因公差遣或一二兵丁遭
風溺故並未壞船該督撫照例動項分別卹賞報部歲底造
冊彙題請銷
換班兵丁在洋遭風
一福建省赴臺灣換班并班滿撤回以及因公差遣往來臺灣
廈門各兵渡越海洋有遭風船壞飄至廣東省遇救得生者
受困處地方官即確實查明如離福建省路遠受困較重按
該兵應得月糧各賞給三個月路近因輕者各賞給兩個月
其管押之千總把總外委亦照兵丁給卹令其回福建將銀
數花名造冊咨明福建省查核照數撥還其船隻亦令廣東
省地方官查明修造福建省動項撥解歸欵

海口停泊遭風
一巡船回哨停泊海口揀派官兵加意防範若遇暴風非駕船
出洋人力難施者可比倘有因碰壞船隻斷纜漂失該督撫
提鎮委官確驗各海口被風情形相同實係風力猛勇難以
收泊並非看守不慎者船隻仍免其賠補若所報之日各海
口船隻均未被風或船內並無官兵受困或止兵丁受困官
員並未在船顯有捏報情形看守之官員革職兵丁革退嚴
審治罪捏報之員一併革職
巡洋官兵擒盜被害議卹
一官員出洋巡哨因擒拏盜匪被賊戕害奉
旨照陣亡例賜卹或奉
旨交部議卹者提督給銀八百兩總兵七百兩副將六百兩叅將五



百兩遊擊四百兩都司三百五十兩守備三百兩守禦所千
總二百兩營衛千總一百五十兩把總一百兩經制外委照
把總給與提督給騎都尉又一雲騎尉世職總兵給騎都尉
世職副將以下把總經制外委以上俱給與雲騎尉世職襲
次完時給與恩騎尉世襲罔替應得祭葬行文禮工二部議
奏應得
勅書移咨吏部辦理額外外委馬兵給銀七十兩步兵給銀五十兩
舵工水手食名糧者照步兵例給賞如係雇募之丁給銀二
十五兩兵丁人等應給之銀如無妻子親屬收受者給銀二
兩該督撫等委官致祭
一凡大洋大江及內洋內河官兵因公差委及奉調考驗在途
猝遇盜匪如能奮不顧身殺賊捐軀者俱照巡洋官兵擒盜

被害之例減半給與邺賞銀兩官減一等給與廕襲提督總
與騎都尉總兵給與雲騎尉襲次完時俱給與恩騎尉世襲
罔替副將以下經制外委以上俱給與恩騎尉世襲罔替若
猝然遇賊被害者非擒盜被害可比照因公殞命減半之半
給與邺賞銀兩毋庸議給廕襲
一官兵在洋因擒拏盜匪被害該管巡哨各官揑報遭風淹斃
或本係遭風淹斃揑報被賊戕害者俱革職總督巡撫提督
總兵不行查明率行題報俱降二級調用



洋防輯要卷三
國朝洋防經制下
直隸省
一天津鎮總兵駐劄天津府管轄本標左右二營天津城守營
河間協通州協葛沽營霸州營武清營靜海營蒲河營舊州
營樂亭營寶坻營釆育營四黨口營三河營景州營張灣營
務關路大城營聽直隸總督提督節制
江南省
一兩江總督駐劄江寧府管轄本標中左二營江寧城守營京
口協高資營奇兵營青山營常州營江陰營楊舍營孟河營
鎮江城守營蘇州城守營浦口營溧陽營瓜州營節制江南
提督狼山蘇松徐州三鎮安徽壽春一鎮江西南贑九江二
鎮
一江南提督駐劄松江府管轄本標中左右前後五營提標城
守營金山營柘林營青村營南匯營劉河營福山營平望營
靖江營太湖左右二營節制狼山蘇松二鎮仍聽兩江總督
節制
一狼山鎮總兵駐劄通州管轄本標中左右三營楊州營泰州
營泰興營掘港營三江營聽兩江總督江南提督節制
一蘇松鎮總兵駐劄崇明縣管轄本標中左右三營奇營川沙
營吳淞營聽兩江總督江南提督節制
福建省
一福州將軍駐劄福州府節制陸路鎮協各營
一閩浙總督駐劄福州府管轄本標中左右三營督標水師營

浙江海防營節制福建水師陸路二提督浙江提督福建金門海壇臺灣南澳福寧建寧汀州漳州八鎮浙江定海黃巖溫州處州衢州五鎮

一水師提督駐劄同安縣廈門管轄本標中左右前後五營節制金門海壇臺灣南澳福寧五鎮仍聽閩浙總督節制

一陸路提督駐劄泉州府管轄本標中左右前後五營福州城守營興化城守營泉州城守營長福營節制福寧建寧汀州漳州四鎮仍聽閩浙總督節制

一金門鎮總兵駐劄同安縣管轄本標左右二營閩安協銅山營聽閩浙總督福建水師提督節制

一海壇鎮總兵駐劄福清縣管轄本標左右二營聽閩浙總督福建水師提督節制



一臺灣鎮總兵駐劄臺灣府管轄本標中左右三營臺灣城守營臺灣水師協北路協澎湖協南路營南路下淡水營北路淡水營聽福州將軍閩浙總督福建水師提督節制

一閩粵南澳鎮總兵駐劄福建詔安縣廣東饒平縣適中鎮市管轄本標左右二營廣東澄海協海門營達濠營聽閩浙總督兩廣總督福建水師提督廣東提督節制

一福寧鎮總兵駐劄福寧府管轄本標中左右三營烽火門桐山營連江營羅源營聽福州將軍閩浙總督福建水師提督陸路提督節制

一漳州鎮總兵駐劄漳州府管轄本標中左右三營漳州城守營平和營雲霄營詔安營紅花嶺汛龍巖營同安營聽福州將軍閩浙總督福建陸路提督節制

一浙江提督駐劄寧波府管轄本標中左右前後五營寧波城守營杭州城守營嘉興協湖州協紹興協乍浦營太湖營錢塘營安吉營節制定海黃巖溫州處州衢州五鎮仍聽閩浙總督節制

一定海鎮總兵駐劄定海縣管轄本標中左右三營象山協鎮海營昌石汛聽閩浙總督浙江提督節制

一黃巖鎮總兵駐劄黃巖縣管轄本標中左右三營台州協寧海營太平營聽閩浙總督浙江提督節制

一溫州鎮總兵駐劄溫州府管轄本標中左右三營溫州城守營樂清協瑞安協平陽協大荊營玉環營磐石營聽閩浙總督浙江提督節制

廣東省



一廣州將軍駐劄廣州府節制陸路鎮協各營

一兩廣總督駐劄肇慶府管轄本標中左右前後五營肇慶營節制廣東廣西二提督廣東左翼右翼雷瓊潮州碣石高廉羅南澳七鎮廣西左江右江二鎮

一廣東提督駐劄惠州府管轄本標中左右前後五營新塘營惠州協永安營和平營肇慶協四會營平海營大鵬營增城營廣州協三水營永靖營節制左翼右翼雷瓊潮州碣石高廉羅南澳七鎮仍聽兩廣總督節制

一左翼鎮總兵駐劄東莞縣管轄本標中左右三營順德協香山協春江協新會營廣海寨那扶營東莞營聽兩廣總督廣東提督節制

一雷瓊鎮總兵駐劄瓊州府管轄本標左右二營雷州營海口

營崖州營儋州營萬州營海安營徐聞營聽廣州將軍兩廣
總督廣東提督節制
一潮州鎮總兵駐劄潮州府管轄本標中左右三營潮州城守
營平鎮營饒平營黃岡協潮陽營興寧營聽廣州將軍兩廣
總督廣東提督節制
一碣石鎮總兵駐劄碣石衛管轄本標中左右三營惠來營聽
廣州將軍兩廣總督廣東提督節制
一高廉羅總兵駐劄高州府管轄本標左右二營羅定協龍門
協電白營吳川營化石營廉州營欽州營硇州營聽廣州將
軍兩廣總督廣東提督節制
一閩粵南澳鎮總兵見福建省
山東省



一登州鎮總兵駐劄登州府管轄本標中右前三營文登協膠
州協即墨營安東營萊州營壽樂營武定營青州營濟南城
守營寧福營成山汛聽山東巡撫兼提督銜節制
各省水師題調缺
一江南吳淞營川沙營各叅將守備蘇松鎮標中左奇三營狼
山鎮標右營各遊擊守備蘇松鎮標右營都司守備掘港營
都司南匯營都司守備俱係外海水師題補之缺
一江南京口協太湖協各副將遊擊都司守備提標右營狼山
鎮標中營劉河營福山營廟灣營鹽城營各遊擊守備狼山
鎮標左營都司守備京口水師營東海營佃湖營各都司俱
係內河水師題補之缺
一山東登州鎮標前營遊擊守備成山汛守備俱係外海水師

題補之缺
一浙江提標右營溫州鎮標中左二營定海黃巖二鎮標中左
右三營各遊擊守備瑞安營副將都司守備乍浦營鎮海營
各叅將守備玉環營叅將右營守備昌石汛都司寧海左營
守備俱係外海水師題補之缺
一浙江太湖營遊擊守備錢塘營都司俱係內河水師題補之
缺
一閩浙督標水師營叅將守備福建水師提標中軍叅將守備
左右前後四營各遊擊守備海壇金門二鎮標左右二營各
遊擊守備南澳福寧二鎮標左營各遊擊守備閩安協副將
左右二營各都司守備銅山營烽火門各叅將守備臺灣澎
湖二協各副將遊擊都司守備北路淡水營都司俱係外海



水師題補之缺
一廣東香山協龍門協各副將左右二營各都司守備澄海協
副將都司左右二營各守備春江協副將都司右營守備海
口營叅將左右二營各守備平海營大鵬營海門營各叅將
守備左翼碣石二鎮標中左二營各遊擊守備右營各都司
守備南澳鎮標右營海安營廣海寨各遊擊守備電白營吳
川營各都司守備硇洲營都司雷州右營達濠營各守備俱
係外海水師題補之缺
一廣東順德協副將左營都司守備新會營叅將守備俱係內
河水師題補之缺
一廣東崖州營叅將守備缺出該督等揀選熟悉風土諳練水
師之員題請調補

一廣東龍門協左營守備缺出該督等揀選熟悉風土諳練水
師之員題請調補
一湖北荊州營水師守備一缺該總督揀選精明熟諳之員題
請調補
一江南京口協江浙太湖協各內河水師副將缺出該總督提
督於川沙吳淞二營各外海水師叅將內揀選題補川沙吳
淞二營叅將缺出該總督提督於通省內河外海遊擊內一
體揀選題補其內河水師遊擊該總督試看宜於外海者題
明准其掣補外海水師叅將倘不能熟悉外海情形長於陸
路者題明以陸路補用
一浙江錢塘內河水師都司缺出於內河水師人員內掣補題
補如內河水師未得其人即以外海水師人員借補此項借



補人員遇應陞時仍以外海陞用
一臺灣水師武職缺出即於臺地所屬水師人員內揀選題補
仍按各省水師人員歷俸一年之例辦理如無合例可題之
人再於內地各營內揀選熟悉風土之員題請調補均無論
在臺曾否陞轉各按本任歷俸五年之後准其陞補內地所
遺之缺仍以臺地人員揀補其水師遊擊如係籍隸本省者
准其扣足五年後預行保舉掣陞廣東外海水師叅將如廣東省
並無水師叅將缺出亦准以本省水師叅將掣補其餘水師人員均毋庸預行保舉
一各省外海內河水師題補缺出該督等將材技優長諳練水
師之員保題請補
預行保舉水師人員
一各省外海內河水師題缺該督撫提鎮將才守兼優熟悉水
師者預先公同選擇合詞保題其有事故者除失察大盜革
職留任戴罪圖功之員不准保題外如係降職降級任俸降
俸及承追督催未完等案俱於保題本內將事故聲明兵部
查明引
見未滿三年與例相符者俱題明註册其未經引
見及引
見已滿三年者俱題明調取引
見陸續送部恭候
欽定照例註册俟有本省題補缺出按應陞之缺掣籤補用其有降
留事故並註册後續有事故人員俱俟開復之日方准掣補
至註册後已滿三年未經掣補者該總督提督再行考驗如
仍堪陞用咨部掣補如弓馬技藝不及即行咨部將預保之



案註銷
一各省水師員弁先儘歷俸已滿一年以上者揀選保送如合
例之員不敷保題准於未滿年限員弁內揀選保題註册其
掣補時先將歷俸一年以上者掣補如無一年以上之員再
將未滿年限員弁內掣籤陞署仍俟扣滿一年再行題請實
授
一本省水師遊擊有人材出衆堪膺預選以備掣補叅將者該
督撫等保題註册後有籍隸本省者福建與廣東互相調掣
江蘇與浙江互相調掣安徽人以江蘇叅將掣補如應用缺
出並無籍隸他省之預保應掣人員准將籍隸本省之隔府
別營預保註册之員掣補其都司守備千總預保註册後遇
有隔府別營缺出掣補

一山東登州鎮標前營外海水師遊擊一缺守備二缺將籍隸
他省及隔府別營人員揀選題補如果乏員該巡撫題請到
部兵部將遊擊員缺以鄰省江蘇預保註册之水師都司擊
補守備員缺以鄰省江蘇預保註册之水師千總擊補其水
師遊擊守備內有人材出衆堪膺預保者該巡撫保題註册
後以鄰省江蘇叅將都司調擊如係江蘇人卽照江蘇本省
遊擊之例以浙江叅將調擊如江南叅將缺出無籍隸他省之預保應擊人員亦准以籍隸本省之員擊補

改用水師人員到省認眞試驗

乾隆五十六年十一月內奉

上諭兵部題覆廣東候補都司利振紀守備黃斌全在部呈改水師到
省試驗未嫻准咨照例議以降一級調用一本業照部議降調矣該
都司等在部呈請生長海濱熟悉水師到粵後經福康安卽行試驗
均未諳習據實咨部辦理自係福康安覈實試驗不肯任其冒濫貽
誤辦理尙屬公正因思此等人員或因在部候補時希圖得缺較早
兼回原籍及水師陞途便捷隨冒昧呈改迨發往各省後各督撫以
候補人員一時未能得缺不卽行試驗致令該員等冒濫充數殊非
覈實辦公之道嗣後各督撫遇有此等呈改水師人員分發到省務
須認眞試驗除實能諳習水師情形者方准留標補用外如有本不
諳習朦混呈改之員卽據實咨部辦理毋得稍存姑息致滋貽誤欽
此

水師不准改調陸路

嘉慶五年二月內奉

上諭朕恭閱



高宗純皇帝實錄內恭載
世宗憲皇帝諭旨武弁中熟習水性之人甚爲難得著通行傳諭若係
水師中爲平常之員而長於陸路者准其調補陸路若係長於水師
之員則應留於水師題補不可因陸路一時需人輕爲改易以致用
違其長
皇祖聖諭煌煌復蒙我
皇考重申垂訓誠以水師之用原與陸路迥殊必得熟習水性者方能
履險如夷知所趨避若將水師得力之員調赴陸路不特舍其所
長用其所短而洋面舟師驟易生手於巡防無益關係甚重現在
各省海洋每有緝捕之事更須練習水軍以裨實用著各該督撫
提鎮等於所屬武弁詳加體察若果通曉水師者不得輕調陸路
使之專心練習卽朕擢用提鎮大員亦必核其本係水師陸路分
別簡任庶收因材器使之效欽此

水師副將迴避本省

一水師副將缺出本省之人不准題補本省之缺叅將缺出先
儘籍隸他省之員揀選題補如無他省之人可題准其於本
省隔府別營人員內題請陞補

一水師遊擊都司守備缺出於隔府別營人員內揀選題補

一福建浙江廣東外海水師遊擊准其於水師都司守備內通
融題補其預保守備內該總督提督酌量該員人材技藝或
應以都司擊補或應以都司遊擊兼行擊補於題本內據實
詳細聲明恭候
欽定

水師輪缺

一各省水師副將叅將遊擊都司守備缺出預保人員與應題
人員相間補用其請改水師人員補缺時仍與現任應題人
員相間補用
一水師缺出遇輪用應題人員先儘歷俸一年以上者揀選保
題實授如合例人員不敷保題准於未滿年限員弁內揀選
保題陞署仍俟扣滿一年再行題請實授
閩浙兩省水師人員通融題補
一福建浙江兩省水師副將叅將遊擊都司守備應題缺出如
果本省無合例之員准其於兩省通融題補給咨赴部引
見恭候
欽定
水師分缺



一內河水師叅將遊擊都司部選缺出於現任內河水師人員
內較俸陞轉如無合例應陞之員卽行文各該督撫題補此
內遊擊一項無合例可題之員於現任內河守備內遴選熟
悉水師之員通融題補出具切實考語給咨送部引
見恭候
欽定
一內河水師守備應選缺出以第一缺補用水師年滿保送千
總第二缺補用水師卓異千總再有缺出照此相間輪用如
兩項俱無行文該督於現任水師千總內揀選合例人員題
補
江西九江鎮水師營守備統轄
一江西九江鎮水師營守備歸九江鎮後營遊擊統轄

水師河營官員陞轉
一各省外海水師及河營官員俱聽該總督提督酌量題補其
水師俸滿人員遇有應陞缺出該總督提督卽行題陞
水師人員分發題補
一外海水師人員奉
旨交部推用者副將一項兵部將該員鄰近有外海水師題缺省分
開單進
呈恭候
欽定其叅將遊擊都司守備兵部發往該員本籍令該總督提督於
隔府別營照伊應用之缺酌量題補如本籍無外海水師可
題之缺亦將該員鄰近有外海水師題缺省分開單進
呈恭候



欽定
呈改水師
一在部候補候選之江南浙江福建廣東陸路人員內有素習
水性願改水師者赴部呈明將該員帶領引
見請
旨發交該督撫以水師試驗如果諳習以到標之日起扣滿三年酌
量補用如該督撫有以不諳水師咨覆者卽將該員照朦混
具呈例降一級調用其非水師省分及呈請改用內河水師
者均不准其呈改
一各省陸路改用水師人員呈明該督撫發交出洋試驗如果
諳習加具印結題請改補以題准之日起將該省改補水師
人員並在部呈改發往試驗期滿人員統計先後日期與現

任水師應陞人員相間補用其業經題補之後倘有不諳悉水務者將冒昧出結之原驗官降一級調用率行題改之督撫降一級留任

水師人員降調補用

一外海水師人員及江南浙江廣東內河水師人員降調者俱留於該省補用毋庸調取引

見

一湖南湖北江西內河水師降調應補都司守備人員領文赴部兵部帶領引

見請

旨發往江南浙江廣東交與該總督與應補內河水師都司守備人員一體酌量題補



廣東陸路官弁出洋演習

一廣東陸路將備內有情願効力水師者於每年出洋巡哨時跟隨一同演習果能熟習水性可以發縱指使者以水師員缺陞調

昆明湖委署千總把總

一健銳營昆明湖委署千總五年期滿並無過犯善於操舟者由該管大臣出具考語咨部發回閩省以千總補用如情願再留一年移咨兵部轉行該省遇有該省水師千總缺出坐補至委署千總缺出由委署把總內行走勤奮者拔補其委署把總缺出由該管大臣於水手內考驗拔補賞給空銜金頂仍食本身錢糧協同千總操演均出具考語咨部分別註冊給與委署劄付

保送水師千總

一水師千總俸滿該督撫提督詳加考驗保送赴部兵部帶領引

見於隨摺內聲明請

旨發回原任以水師守備題補此項內河保送千總如未經題補之先遇有應選之缺仍照例選用見水師分缺例內其外海水師千總俸滿時該督撫提督嚴加考覈發交隔營統巡大員帶領出海試驗如果嫻習水務准其保送或本營濫行補送及隔營扶同徇庇者即行查參均降二級調用

拔補水師千總把總

一由巡外洋各弁兵令該管官於統領出巡時留心試看各驗水務緩急技藝高下分別等第詳記檔案不得專較騎射如



一人能兼數技或能緝匪擒賊或會遭風涉險均隨時記功遇有外委缺出秉公考驗將技藝多而記功又多者先儘拔補其將備千把外委等官遇有陞遷亦一體考驗各項技藝如並無一長足錄即停其陞轉勒限一年演習一年限滿仍不能熟習者即分別予以降革如弓馬尚屬可觀准其改撥陸路

拔補舟師外委

一江南蘇松狼山二鎮外海繒船舵工由該管將領遴選詳送如果熟悉海洋駕駛事宜准其給與舟師外委之牌照額外外委之例造冊咨部遇有經制外委缺出一體遴選拔補

水師効力

一福建廣東二省武進士舉人監生民人內有熟諳水性練習

水師事宜願隨官兵出洋巡哨効力者該督撫預先列名咨部果能擒賊立功該督撫查明保題引見叙用



沿海府州縣附

盛京

奉天府 南界海至京一千四百七十里

海城縣 沿海府南二百四十里古臨潢地

蓋平縣 沿海府南三百六十里為蓋州地

復　州 沿海府南五百四十里為懷慶地

寧海縣 沿海海防府南七百二十里為金州地

錦州府 南界海西界山海關至京一千里至奉天四百九十里為遼西地

錦　縣 沿海附郭古徒河地

寧遠州 沿海府西南一百一十里為集寧地

廣寧縣 沿海府東北一百六十里為險瀆地

義　州 沿海府北九十里為舊同昌地



直隸

永平府 東界奉天寧遠南界海至京五百五十里山海關副都統一通判一

昌黎縣 近海府東南八十里

灤　州 濱海府西四十里胡家庄州判 榛子嶺巡檢各一

樂亭縣 近海府東一百三十里

臨榆縣 府東二十里石門寨巡檢一

河間府 至京四百里舊瀛府地

天津府 東界海至京二百四十里古津門地兵備道一 海防同知一 三角淀通判一 鎮守天津陸路總兵一 中右營遊擊二 守備二 左右營千總五 把總七 務關路參將一 守備一 千總三 把總七 城守都司一 千總一 把總二 葛沽營遊擊一 守備一 千總一 把總二 大佑營都司 把總各一 四党口營守備 千總各一 新設天津鎮水師總兵一 各營遊擊都守千把外委等官均皆如制

天津縣 東沿海附郭

靜海縣沿海府西南七十里古會川地都司一　千總一　把總二

滄州堤工府南一百八十里古長蘆地風化店　孟村司　減河司巡檢各一

鹽山縣府南二百六十里舊縣羊羊庄巡檢一

長蘆鹽務鹽政一　鹽運使司一　天津運同　薊永運判　滄州運判各一　越支場　興國場　濟民場　富國場　豐財場　石碑場　歸化場　嚴鎮場　海豐場　蘆台場大使各一

山東

沂州府東界海至京一千六百里省六百六十里沂郯通判一　協鎮沂州等處副將一　都司一　千總三　把總六

日照縣沿海府東北二百四十里安東衛巡檢一

武定府東北界大海至京七百里省二百里武定營遊擊一　守備一　千總二　把總五

海豐縣沿海府東六十里大沽河巡檢一　余家港守備一

濱州山海要口府東九十里

利津縣由海要口府東一百五十里豐國鎮巡檢一



青州府東界海至京一千里省三百三十里海防同知一　青州營參將一　守備一　千總一　把總四

樂安縣沿海府東九十里

霑化縣府東北七十里

諸城縣沿海府東一百八十里治子鎮巡檢一

登州府東界海西界嶧縣北界海南界即墨至京一千八百六十里省九百二十里登青萊海防兵備道一　海防同知一　鎮守登州等處總兵一　中軍遊擊一　右營都司一　守備各一　千總四　把總七　水師前營遊擊一　守備一　千總二　把總四

萊陽縣沿海府南二百五十里姜山集縣丞一

寧海州沿海府東二百一十里福寧營都司一　千總一　把總二

文登縣沿海府東南一百三十里靖海司　威海司巡檢各一　協鎮文登等處沿海副將一　都司一　千總二　把總五

海陽縣府東一百二十里行村寨巡檢一

榮城縣府東四百六十里石島司巡檢一　成山汛守備一

萊州府東界招遠西界壽光南界北界俱大海至京一千四百里省六百八十里海防同知一　萊州營參將一　守備一　千總二　把總四

昌邑縣沿海府西一百一十里

膠州海口要地府南二百二十里靈山司巡檢一　協鎮膠州等處副將一　都司一　千總二　把總五

即墨縣沿海府東南二百五十里

鹽務鹽運使司一　濟東運同一　膠萊運判一　王家岡場　永阜場　永利場　富國場　官臺場　信陽場　登寧場　石河場　濤雒場　西繇場共十場大使各一

江南

蘇州府東界太倉北界通州至京二千七百里省五百四十里海防同知一　駐常熟督捕兼管船政同知一

常熟縣濱海府北九十里黃四浦巡檢一　福山營遊擊一　守備一　千總二　把總四　提標管轄

昭文縣常熟同城白茆司巡檢一



太倉州東界崇明大海南界上海至京二千八百里省五百四十里古婁江地曲澄州判一　七浦司　甘草司巡檢各一　劉河營遊擊一　守備一　千總二　把總四　提標管轄

鎮洋縣附州郭沿海古弇山地

崇明縣四面皆海州北六十里古海門地五滧嶺縣丞　獅猁鎮巡檢各一　鎮守蘇松崇明等處水師總兵一　中軍叅營右營奇營遊擊各一　四營守備各一　千總八　把總十二

嘉定縣沿海州南三十六里古脩城地南翔鎮縣丞　諸翟鎮巡檢各一

寶山縣沿海州東南九十里高橋縣丞一

松江府東界大海西界吳江南界大海北界昆山至京二千九百里省八百里柘林通判一　提督江南軍門一　中軍參將　左營右營前營後營遊擊各一　五營守備各一　千總八　把總十九　松江城守營遊擊一　守備一　千總二　把總八　青村營都司一　千總　把總各一

婁縣附郭沿府西南白龍潭縣丞　小蒸巡檢各一

華亭縣附郭沿海金山司巡檢一　柘林營參將一　都司一　千總一　把總二　提標管轄

奉賢縣 沿海府東九十里四團鎮縣丞一南橋鎮巡檢各一青村營都司一千總把總各一提標管轄

金山縣 沿海府南七十里金華巡檢一金山營參將一守備千總各一把總二提標管轄

上海縣 沿海府東北九十里黃浦司吳淞司巡檢各一駐松江太倉兵備道一吳淞營參將一守備一千總二砲台汛千總一把總五川沙營參將一守備一砲台千總一把總各一左右哨千總二把總四二營均崇明鎮管轄

南匯縣 沿海析上海地府東一百二十里三林司巡檢一南匯營都司一守備一千總一把總二提督管轄

揚州府 東濱海海門廳同知一駐沙州揚州營遊擊守備各一千總二把總八

泰州 濱海鹽馬頭府東一百二十里寧鄉海安司巡檢各一泰州營遊擊一守備千總各一把總四泰興營都司一把總一掘港營都司把總二三營均狼山鎮管轄

東臺縣 新設濱海鹽場府東二百四十里

通州 東界大海北界泰州至京二千六百九十里省五百九十里呂東巡檢一鎮守狼山等處總兵一中軍右營遊擊左營都司各一三營守備各一千總六把總十二

洋防輯要　卷三　洋防經制下　十八

如皋縣 沿海州西四十五里西場石莊巡檢各一

淮安府 東界大海至京一千九百七十里省五百里

阜寧縣 沿海分山陽鹽城地府東北一百六十里草堰司巡檢一

鹽城縣 逼近海濱府東南二百四十里土岡司沙溝巡檢各一

安東縣 沿海無城府東北六十里

海州 東界大海西界山東日照至京一千七百里省八百一十一里高司惠澤司巡檢各一劉家集都司一把總一東海營都司一千總一把總二海州營參將一守備千總各一把總二

贛榆縣 沿海州東北八十里浦口鎮巡檢一

兩淮鹽務 鹽政一鹽運使司一淮南鹽掣淮西鹽掣海州運判泰州運判通州運判各一臨興場中正場板浦場呂四場廖角場餘東場拼茶場掘港場餘西場石港場豐利場金沙場丁富安場梁垛場伍佑場草堰場河垛場溪場東台場新興場廟灣場劉莊場安豐場共二十三場大使各一

浙江

杭州府 省會在京師南三千三百里東界赭山海口南西塘海防同知各一錢塘水師營都司一千總二把總三

錢塘縣 仁和縣 均附郭有海塘堤工要務

海寧州 海塘堤工府東北一百七里長安鎮縣丞赭山司巡檢各一

嘉興府 南界海寧至京三千二十里省一百八十里杭嘉湖兵備道駐此海防道中軍守備一千總二把總五同知一駐乍浦協鎮嘉興副將一中軍都司左營右營守備各一千總三把總八

海鹽縣 沿海府東南八十里

平湖縣 沿海府東南五十里乍浦巡檢白沙灣巡檢各一乍浦水師參將一中軍守備一千總一把總二

寧波府 東界海洋西界餘姚南界寧海北界海鹽古明州地至京四千六百四十里省四百八十里寧紹台海防兵備道一海防同知一提督浙江水陸軍務一中軍參將左營遊擊右營水師遊擊前營後營遊擊各一五營守備各一千總十把總二十城守都司一守備一千總二把總四

鄞縣 沿海附郭杖錫司巡檢一

洋防輯要　卷三　洋防經制下　十九

慈谿縣 沿海府西北五十里松浦司巡檢一昌石汛都司一千總一把總三

鎮海縣 沿海府東北六十里管界司長山司穿山司巡檢各一鎮海營參將一守備一千總二把總二

定海縣 古昌國地四面皆海府東二百六十里沈家嶼岑港司巡檢各一鎮守定海舟山等處總兵一中軍左營右營遊擊各一三營守備三千總六把總十二

象山縣 沿海府東二百七十里石浦趙嶼巡檢各一協鎮昌石等處副將一中軍右營都司各一守備二千總四把總七

紹興府 東界慈谿北界大海至京四千四百五十里省一百四十里海防同知南塘通判各一紹興協副將一中軍都司守備右營都司守備各一千總四把總八

山陰縣 會稽縣 均附郭海塘堤工山河橋司會曹娥江司巡檢各一

蕭山縣 江海塘堤工府西北一百一十里漁浦司巡檢一

餘姚縣 府東北一百八十里三山廟山中村巡檢各一

台州府 東界海南界樂清至京四千八百里省五百七十里海防同知一台州協副將一中軍都司左營守備各一

千總四　把總八
臨海縣沿海附郭　前所巡檢一　協標右營都司一　守備一
千總二　把總三
黃巖縣沿海府東南六十里　長浦巡檢一　鎮守黃巖等處總兵
一　中軍左營右營遊擊各一　三營守備三　千總六
把總十二
右營駐寧門汎
寧海縣沿海府東北一百八十里　寧海營參將一　左右營守備
各一　千總五　把總七
太平縣沿海府東南一百四十里　新城縣丞一　松門司巡檢各一
太平營參將一　守備一　千總各一　把總四
溫州府東界海西界青田南界福建霞浦北界仙居古東甌地至
京四千八百里省一百九十里分巡溫州兵備道一　玉
環同知一　司獄各一　鎮守溫州總兵一　中軍左營駐
府城寨右營駐寧村遊擊各一　三營守備各一　千總
六　把總十二　城守都司一
守備一　千總二　把總四
永嘉縣沿海附郭南溪縣丞　西溪巡檢各一
瑞安縣沿海府南八十里大嶨司巡撿一　瑞安協水師副將一
中軍都司右營守備各一　千總四　把總四
樂清縣堤工府東北八十里大荆縣丞　磐石巡檢各一　樂清
協副將一　中軍守備一　千總二　把總四　磐石營



都司一　千總一　把總二　大荆門
都司一　守備各一　千總二　把總四
平陽縣沿海府西南一百三十里　浦門司巡檢一　平陽協水
師副將一　中軍都司　守備各一　千總二　把總四
右營都司一　駐金鄉衛
守備一　千總二　把總四
玉環廳海中同知一　玉環營參將一　左營陸路守備　右營
水師守備各一　千總二　把總四
鹽務鹽政一　鹽運使司一　寧紹鹽運副使一　三江場
仁和場　曹娥場　東江場　錢清場　金山場　石堰
場　穿長場　雙穗場　鳴鶴場　龍頭場　清泉場
大嵩場　杜瀆場　許村場　長林場　永嘉場　玉泉
場　黃巖場　長亭場　共二十場　大使各一
嘉興　松江運判一　橫浦場　浦東場　下沙頭場　黃
灣場　西路場　蘆瀝場　鮑郎場　海沙場　下
沙場　青村場　袁浦場　共十一場　大使各一

福建

福州府省會京師南六千一百三十里東界海南界莆田平潭海
防同知一　南台海口同知一　督標水師營參將　駐
南臺　守備一　千總二　把總四　城守協副
將一　左右營都司各一　千總四　把總九
閩縣沿海附郭營前縣丞　五虎門　閩安鎮　永慶司巡檢
各一　協鎮閩安水師副將一　左右營都司守備各一

千總四　把總八　烽火門參將一
守備一　千總二　把總四
侯官縣附郭大湖縣丞　竹崎司　五縣寨巡檢各一
長樂縣沿海府東北一百里　都司一　千總一　把總二　長
福營都司一　千總一　把總二
連江縣沿海府北九十里東岱北茭司巡檢一　連江營遊擊
一　守備一　千總二　把總四
羅源縣沿海府東北一百五十里
福清縣沿海府南一百三十三里南日嶼縣丞　江口巡檢各一
鎮守海壇等處總兵一　左營右營遊擊各一　水師兩
營守備二　千總四　把總八　水師提督節制長福營
參將一　守備一　駐嶺東衛　千總一　把總二　陸路
泉州府東界海西界長泰南界海北界仙遊至京七千三百五十
里省四百一十里分巡興泉永等處兵備道一　廈門同
知　虹江通判　馬家港通判一　馬家港照磨　劉五店
縣丞各一　提督福建陸路軍門一　中軍參將　左營
遊擊駐永春州右營前營後營遊擊各一　五營守備五
千總十　把總二十　城守參將一　守備一　千總二
把總四
晉江縣附郭沿海石獅衛縣丞　雒陽司　鷓鴣港巡檢各一



南安縣沿海府西南四十五里羅溪縣丞　康店嶺巡檢各一
安海汎都司一
惠安縣沿海府東北五十里良與司巡檢一
安溪縣祭出海海船府西一百里
同安縣沿海府西南一百三十里灌口司　石馬司巡檢各一
鎮守金門等處總兵一　左營右營遊擊各一　守備二
千總四　把總八　水師提督節制同安營參將一　守
備一　千總一　把總二　灌口汎都司一　千總一
把總二　漳州鎮管轄
廈門廳海疆要地提督福建水師軍務一　中軍參將一　左
營遊擊駐石碼右營前營後營遊擊各一　五營守備各
一　千總十　把總二十　水師銅山營參將一
守備一　千總二　把總四　金門鎮管轄
興化府東界海西界永春南界海北界福清至京六千四百里省
三百四十里涵海通判一　興化協副將一　中軍都司
一　千總二　把總
四　陸路提督管轄
莆田縣附郭平海鎮縣丞　凌厝司　涵江司　迎仙寨巡檢各
一
仙遊縣沿海府西北七十里楓亭　興泰里巡檢各一　協標右
營都司　守備各一　千總二　把總四

漳州府東界同安南界海北界安溪至京七千五百一十里省六百八十里分巡漳汀兵備道一　雲霄同知一　石碼海防同知各一　鎮守漳州詔安等處總兵一　中軍左營右營遊擊各一　守備三　千總六　把總十二　城守營都司一　守備各一　千總二　把總四　雲霄營遊擊一守備一　千總二　把總四陸路提督節制

龍溪縣附郭沿海華峯縣丞一　江東巡檢各一

漳浦縣沿海府南一百二十里象牙庄縣丞一

南清縣沿海府西四十里永豐司　開平司巡檢各一

長泰縣沿海府東北四十里

平和縣沿海府西南二百里南勝縣丞　漳汀司巡檢各一　平和營遊擊一　守備二　千總二　把總四

詔安縣沿海查船府西南二百五十里漳潮分界巡檢一　詔安營遊擊一　守備一　千總二　把總四　紅蒼嶺守備一　白華村把總一

海澄縣沿海府東南五十里海門巡檢一

南澳閩粵接壤在大洋中鎮守漳潮南澳地方總兵一　中軍左營遊擊一　守備二　千總二　把總四　領給閩省糧餉右營領給廣東糧餉



福寧府東界海南界海北界浙江泰順至京七千二百里省五百四十里鎮守福寧總兵一　中軍遊擊　左營水師遊擊　右營遊擊駐寧德各一　三營守備各一　千總六　把總十三　水師提督陸路提督節制

霞浦縣沿海附郭杯洋司　杯溪司巡檢各一

福鼎縣沿海府東北一百五十里㵐城　嵛嶼巡檢各一　烽火門銅山營遊擊一　守備一　千總二　把總四

寧德縣沿海府西南一百一十里周墩縣丞　霍童巡檢各一　駐防右營遊擊一

台灣府四面皆海東西距一百里南北距二千八百里東界大山番西界澎湖南界海馬磯北界鷄籠城至京七千二百五十里省水程十二更外陸路五百四十里分巡台灣兵備竝學政道一　理番同知二　淡水同知一　噶嗎蘭通判一　頭圍縣丞　羅東巡檢各一　鎮守台灣等處總兵一　中路中軍　北路口左營　南路口右營遊擊各一　三營守備三　千總五　把總十二　城守參將一　左軍守備一　千總一　把總一　中軍守備一　千總一　把總二　南路下淡水都司一　千總一　把總二　艋舺營遊擊　守備各一　滬尾守備　千總　把總各一　平安鎮水師副將一　左右營遊擊一　右營都司各一　守備三　千總六　把總十二

鳳山縣府東八十里淡水縣丞　鳳山舊城巡檢各一　參將一守備一　千總二　把總四

嘉義縣府北一百一十七里笨港縣丞　斗六門縣丞　大武壠佳里興巡檢各一　北路營副將一　中軍都司一　左右哨千總二　把總四　水沙連千總一　嘉義城都司一　嘮嗎蘭守備一　左右營守備各一　千總四　把總八

彰化縣府北四百里猫霧司　竹塹司　新庄　鹿仔巡檢各一

澎湖同知一　水師副將一駐媽宮　中軍右營遊擊各一　守備二　千總四　把總八

鹽務鹽法道一　兼監造戰船　祥豐場　詔安場　下里場　洪白圍場　江陰圍場　洒洲場　前江圍場　連河場　福清場　莆田場　浯洲場　赤杷圍場　潯美場　惠安場　福興寺場　漳南場　共十六場大使各一

廣東

廣州府廣東中路南界香山海洋省會重地京師西南七千五百七十里佛山海防同知　前山寨海防同知各一　永寧通判一　督標水師營參將一　守備一　千總二　把總四　城守營海防把總二　提督全省水師一駐虎門　水師左營中軍參將一　守備一　千總二　把總二　右營後營遊擊各一　前營都司一　四營守備各一



千總八　把總十　海口協副將一　中軍都司守備　左營守備各一　千總六　把總十

南海縣附郭黃鼎司　金利司　江浦　五斗司　三江司巡檢各一

番禺縣附郭南村縣丞一　沙灣司　鹿步司　慕德里　茭塘司巡檢各一

順德縣沿海府西南百里縣丞一　紫泥司　江村司　都寧司馬寧司巡檢各一　順德協副將一　都司　守備各一　千總二　把總四

東莞縣沿海府東南一百八十里鉄口鎮　京山司　中堂司巡檢各一　順德協標右營都司一駐　司橋汎　都司一駐虎門寨　守備一　千總二　把總四　提標後營遊擊駐石龍汎

新寧縣沿海府西南二百六十里五堡縣丞一　廣海寨巡檢一　遊擊　守備一　千總二　把總四

香山縣沿海府西南二百二十里鎮海門縣丞　香山司　黃圃司　黃梁司　淇澳司巡檢各一　協鎮香山水陸副將一　前山寨駐都司一　中軍守備一　千總二　把總三　頭岩草汎都司一　右營守備一　駐香山千總二　把總四

新會縣沿海府西南二百三十里江門縣丞一　沙村司　牛肚灣　潮蓮司巡檢各一　參將一　中軍右營守備各一

千總四 把總八 平海營參將一 中軍守備一 駐稔山 千總二 把總四

新安縣 沿海府東南二百六十里大鵬縣丞一 官福司 福永司巡檢各一 大鵬營參將一 守備一 千總二 把總四

肇慶府 舊為總督駐紮地方今移廣州南界一角至海岸至省二百九十里

陽江縣 沿海府南四百四十里太司司 海陵島巡檢各一 陽江鎮水師總兵一 中軍遊擊 左營都司各一 千總四 把總十

陽春縣 府南三百里 古良司 黃泥灣巡檢各一 守備一 把總一

高州府 廣東西路東界陽江西界合浦南界吳川北界廣西容縣至京八千六百五十里省一千里高廉兵備道一 梅菉通判一 鎮守高廉羅地方總兵一 中軍遊擊 守備 右營都司各一 千總四 把總八

茂名縣 附郭平山司 赤水司巡檢各一

電白縣 沿海府東南一百六十里沙瑯巡檢一

吳川縣 沿海府南一百三十里吳川營都司一 守備一 千總二 把總五 硇州在海中巡檢一 都司 千總各一



把總二

化州 府西南九十里梁家沙巡檢一

石城縣 沿海府西南一百九十里凌祿司巡檢一 化石營都司 千總各一 把總二

廉州府 東界石城西界廣西上思州南界大海北界廣西橫州至京九千六十里省一千五百里龍門同知一 廉州營遊擊一 守備一 千總二 把總三 龍門協副將一 中軍都司 左營守備各一 千總二 把總四

合浦縣 沿海附郭 高仰司 珠場司 永平司巡檢各一 永安寨都司 守備各一 千總二 把總四

欽州 沿海府西一百八十里 新興街州判一 防城司 如昔司 沿海司 那陳司 長墩司巡檢各一 參將一 守備一 千總二 把總四

雷州府 東界吳川西界合浦南界瓊山北界石城至京九千五百里省一千四百一十里海防同知一 駐海安雷州營參將一 守備一 千總二 把總五 海安營遊擊一 守備一 千總二 把總四 東山營守備一 水師千總一 把總一

海康縣 沿海附郭清道司巡檢一

遂溪縣 沿海府北一百八十里劉楊村縣丞 湛川巡檢各一

徐聞縣 沿海府南一百六十里寧海司 東場司巡檢各一 守備一 千總 把總各一

瓊州府 古珠崖東界海西界儋海南界崖海北界海洋四面巨洋廣袤千里民黎雜處至京九千七百里省一千七百里分巡瓊雷兵備道一 崖州海防同知一 鎮守雷瓊等處總兵一 中軍遊擊 右營都司各一 守備二 千總四 把總八

瓊山縣 沿海附郭海口縣丞一 永展巡檢一

澄邁縣 沿海府西六十里澄邁司巡檢一

文昌縣 沿海府東南一百六十里鋪前司 青藍司巡檢各一

會同縣 沿海府東南一百九十里

樂會縣 沿海府東南三百三十里

臨高縣 沿海府西南一百八十里

儋州 烟瘴西南三百七十里薄沙汛司巡檢一 儋州營遊擊一 守備一 千總二 把總四



昌化縣 府西南三百里

萬州 府東南四百五十里龍滾司巡檢一 萬州營遊擊一 守備一 千總二 把總四

陵水縣 府東南五百七十里寶亭司巡檢一

崖州 水土最惡府南八百七十里樂安汛 永寧司巡檢各一 崖州營參將一 守備一 千總三 把總四

感恩縣 府西南三百五十里

惠州府 廣東東路東界揭陽西界東莞南界海岸北界江西龍南惠潮兵備道一 碣石鎮海防同知一 提督全省陸路軍務一 駐惠州 中軍參將 右營前營遊擊各一 後營遊擊一 駐東莞 石龍汛守備四 四營千總八 把總十七 惠州協副將 中軍右營守備各一 千總二 把總四

歸善縣 沿海附郭碧甲司 平政司 平山 平海 內外管埋巡檢各一

海豐縣 沿海府東三百里仙尾縣丞 鵝埠嶺巡檢各一

陸豐縣 沿海府東三百五十里黃沙坑 河田 甲子門巡檢各一 鎮守碣石等衛總兵一 中軍 左營遊擊各 右營都司一 守備三 千總六 把總十二

潮州府東界福建紹安西界東海嵩南界澄海岸北界福建上杭至京九千六十里省八百七十里黃岡同知　南澳同知菴鹽鎮通判　南澳巡檢各一　鎮守潮州等處總兵一　中軍左營右營遊擊各一　三水營都司一　千總二　把總四　達濠營守備　千總各一　把總二

海陽縣沿海附郭菴埠縣丞　浮洋巡檢各一

潮陽縣沿海府南一百四十里招寧司　門避司　吉安司巡檢各一　潮陽營遊擊一　守備一　千總二　把總四

揭陽縣沿海府西八十里河婆司　北寨司巡檢各一　鎮標右營分防於此

惠來縣沿海府西南二百七十里葵潭　神泉巡檢各一　惠來營遊擊一　守備一　千總二　把總四　碣石鎮轄

饒平縣沿海與福建接壤府東一百五十里黃岡司巡檢一　協鎮黃岡城等處副將一　中軍都司　左營右營守備各一　千總四　把總八　饒平營遊擊一　守備一駐大埔　千總二　把總四

澄海縣沿海府東五十里樟林司　鮀浦司巡檢各一　澄海協副將一　中軍都司　左營守備各一　千總二　把總四　協標右營樟林守備一　千總二　把總四

南澳在海洋中當粵閩交界處海防同知一　南澳司巡檢一　鎮守總兵一　左營遊擊　守備各一　千總二　把



總四　左營遊守千把係給福建糧　南澳海門參將一　守備一　千總二　把總四

鹽務總督部院鹽運使一駐廣州運同一駐潮州白石場　博茂場　大洲場　電茂場　淡水場　小靖場　茂驛場　招收場　海晏二場　墩白場　石橋場　隆井場　東界場大使各一

欽差督理沿海貿易稅務一

洋防輯要卷四

直隸方輿紀要

河間府東至山東海豐縣三百五十里南至山東德州二百五十里西南至真定府冀州三百三十里西至真定府定州三百有八里西北至保定府安州百里自府至京師四百一十里

任邱縣府北七十里東至霸州大城縣九十里北至雄縣七十里西北至安州亦七十里漢鄚縣地屬涿郡平帝元始二年使中郎將任邱築城於此以防海寇因名

白洋淀縣西三十里周六十里跨安州新安高陽之境志云淀在縣之開成村衆水匯流處也又三汊淀在縣東北十三里西接五龍灣縣西北唐堤之南又有居龍淀前後有塘爲衆流支盞

五官淀在廢阿陵縣之東上流諸水悉匯於此東北接通州武清縣爲三角淀達直沽以入於海志云五官淀

掘鯉淀在縣東南鐵登竿口之水自河間縣引流東北出入縣境匯



而爲淀遇霜潦則洪波東注溢於五官淀而入海唐志莫州有九十九淀今縣境以淀名者不一處掘鯉淀其一也

靜海縣府東北百八十里西南至青縣七十里西北至霸州文安縣八十里宋爲清州窩口砦

海在縣東北百五十里與山東遼東接境古名勃海應劭曰海之横出者曰勃元行海運以天津海道爲咽喉要道明亦嘗通運於此嘉靖三十八年遼撫侯汝璽以遼東大饑議移粟天津其入遼之路自海口發舟至廣寧右屯河通堡不及二百里中間若曹泊店月沱桑沱姜女墳桃花島咸可灣泊各相去四五十里無風濤盜賊之虞從之尋復罷志云天津一隅東南漕艘鱗集其下去海不過百里風帆馳驟遠自閩浙近自登遼皆旬日可達控扼襟要誠京師第一形勝處也

衛河在縣城西北自青縣合滹沱河流入境至小直沽與白河會由

南潛舟悉由此北達而南北羣州盡從小直沽以達於海、

小直沽縣北九十里志云出縣北五十里爲楊柳青又十里爲當城又十里爲里堡城又十里爲小南湖又十里爲小直沽其北則白河受北路之水其南則衛河合南路之水皆會於此周流入海天津衛設焉爲京師東面襟喉之地由直沽而西北三十里卽武清縣之楊村驛矣

大直沽在縣東志云縣南十五里有雙塘渡又東五里爲古城渡又七十里至大直沽今天津衛東南十里卽大直沽渡也小直沽受霸州之委流大直沽又在其東南地勢平衍羣流漲溢茫無涯涘故有大直沽之名又東與小直沽並注於海

丁字沽在天津衛東北五里自武清縣匯白河之水注於直沽今有丁字沽渡又新開沽在天津衛東九十里相去十里曰水套沽其長四十餘里亦名新河卽天順初議開海濱二沽以通蘇州運道



處也

鹹水沽在天津衛東六十里卽古豆子航也括地志自勃海至原平其間濱海煮鹽之處土人多謂之豆子航隋大業十二年河間賊帥格謙據豆子航稱燕王王世充擊斬之隋書平原東有豆子航負海帶河地形深阻自高齊以來羣盜多匿其中大業七年劉霸道聚衆於此旣而格謙亦據其地王氏曰豆子航在平原勃海河間三郡之交環帶河海形勢阻深兼有鹽鹺之利今大河南徙其地不可考矣羅氏曰河間之豆子航今鹹水沽是也沽東去海四十里地斥鹵廣數十里宋時亦置戍於此又衛東北四十里有塌河淀周百里

信安灣在天津衛西北卽潞河曲折處也明正德中畿輔賊劉六等狙天津守將賀勇過之於此賊敗走

尹兒灣在天津衛城東永樂初建百萬倉於此因築城置衛以貯海運今去城八里有運糧河舊自海口達尹兒灣之運路也

塝地口在縣東北宋元豐四年河決澶州入御河李立之言臣自決口相視河流至乾寧軍分入東西兩塘次入界河於塝地口入海其地蓋在小直沽東

馬家口在天津衛東南二里又東南十三里有寇家口渡志云今縣南十五里有雙塘渡當南北通衢

河平砦在縣東北卽小直沽口也宋初置泥姑砦於此屬滄州政和二年改爲河平砦又有三河砦在縣東初曰三女砦屬滄州政和二年改曰三河又曰小南河砦在縣東北八十里亦宋置屬滄州今訛曰小南湖



防海營在縣東北志云其地名葛沽去天津衛城六十里又天津之外護也

寧津衛府東南二百九十里東南至山東武定州百三十里南至山東德平縣八十里宋爲保安鎮地金始置寧津縣屬景州元初屬濟南路至元初改屬河間路今編戶二十一里

古黃河縣西三十里廣約一里自吳橋縣東南流入界又東北流入南皮縣境兩岸廢堤巋然峭立居人謂之臥龍岡又隋堤在縣北三十五里相傳隋煬帝曾駐於此令軍士築堤以防河今屹如垣牆謂之耿家岡其中居民甚衆

土河縣南二十五里其上流自山東德州經德平縣西北流入境內相傳卽古篤馬河又東流入山東樂陵縣界縣東四十里有遲河又有流河俱入於土河謂之三渡口

龍灣在縣北二十里自滄州吳橋縣流入界亦名谷家河東南流入
於上河
天津衛府東北三百里水行三百五十里南至靜海縣七十五里水
行百里東至通州寶坻縣梁城所百四十里水行百七十里北至
通州武清縣楊村驛六十里水行七十里西北至順天府二百五
十里水行四百里城周九里北瀕衛河東繞潞河漕舟悉出於此
永樂二年築城置戍三年調天津衛及天津左衛治焉四年復調
天津右衛駐焉初設備兵使者於此其後遼左多事增置重臣分
列將領為京師東南之巨鎮
滄州府東百五十里東北至永平府五百里南至山東德州界百四十里東南至山東武定州三百五十里
海在州東百八十里東接登萊北連遼碣浩然巨浸
衛河在州西南西橋跨其上其上游自南皮縣流入境又東北入興



濟縣界州南二十里有磚河水驛為衛河津要處元志永濟河在
清池縣界三十里時州治未移也又州西北五里有永濟堤唐永
徽二年刺史張師度築州東南三十里又有永濟北堤開元十六
年所築
漳河在州西唐會要清池縣西四十里有橫漳是顯慶元年築西北
六十里又有橫漳東堤開元十年築舊漳河蓋自阜城交河縣東
直至城西即長蘆河也今故流多堙廢
浮河州東南五十四里舊志云在清池縣南二十里漢時自大河分
流東北出經浮陽縣南又東北流入於海今自東光縣南界之水
濟渠分流而東北下流亦注於海唐志清池縣東南二十里有渠
注毛河東南七十里有渠注漳並引浮水皆神龍中刺史姜師度
所開又縣南十五里有浮河堤開元十六年所築史作云被之有

界有浮水焉即此河矣又十三州志浮水東入海其西南二十三
里有迎河從南皮縣來分漳水以入於浮水
毛河州西南五十七里來自南皮亦名屯氏河經鹽山縣城南又東
北入於海又陽通河志云在舊州城東南十五里唐開元十六年
開以導永濟渠之漲溢下流合於毛河有陽通河堤亦開元十六
年築
無棣河唐志在清池縣西南五十七里亦曰無棣渠亦名無棣溝唐
史永徽元年薛大鼎為滄州刺史界內無棣河久填廢大鼎浚治
屬之海商賈流行里民歌之又疏長蘆漳橫三渠泄汙潦之水州
境遂無水害
減水河州南十五里西接衛河東達於海宏治中開以備衛河之泛
溢既以去海尚遠漲水往往由此決入田間大為民害乃復塞之



李彪淀州西南十里舊為鍾水處唐志清池縣西五十里有李彪淀
東堤永徽三年築又三堂濼亦在舊清池縣北宋志云滄州北舊
有三堂等塘濼為黃河所注後河改而濼塞程昉嘗請開琵琶灣
引河水而功不成熙寧六年屯田使閻士良請堰水絕御河引西
塘水灌之乃命士良專典修築樁口增灌東塘淀濼今皆堙廢
薩摩陂州東北五十里陂周五十餘里有蒲魚之利又作清池在舊
清池縣東南十八里輿地志浮陽縣有大連淀北魏延興初淀水
溢注破仵清村因瀦為池今名大渠五能堂其流西踰東光東至
海齊乘以為古之胡蘇河也
長蘆鎮即古長蘆縣明初置長蘆都轉鹽運使司在今州治西南領
鹽課司二十四在州境者十二在山東青州府境者亦十二每歲
額辦大引折小引鹽十八萬八百引有奇又長蘆巡司及遞運所

稅課局俱置於此

合口鎮在州西水經注衛漳水過勃海建成縣又東左會滹沱別河故瀆又東北入淸河謂之合口魏收志浮陽縣西接漳水橫水入焉謂之合口晉太元十三年後燕慕容楷等將兵會慕容隆於合口擊叛將張申於高成平之隆安二年魏拓跋珪得河北置行營於中山命拓跋遵鎮勃海之合口卽此

盟亭在州南志云古燕齊分界處二國嘗結盟於此因名又州治東有狠煙臺相傳周世宗備契丹築此以爲邊候

鹽山縣州東九十里東至山東海豐縣百二十里南至山東樂陵縣六十里春秋時齊之無棣邑漢置高成縣屬勃海郡都尉

古蹟

千童城在縣東北漢千童縣蓋置於此後漢改置饒安縣在今州東境輿地志高城東北有丱兮城秦始皇遣徐福發童男女千人至



海求蓬萊因築此城僑居童男女號曰丱兮漢因置千童縣

饒山縣東南四十里一名峽山魏氏土地記饒山長七里又縣東南九十里有閻山山皆低小無峯巒林壑之勝又小山在縣東北七十里陂陀綿亙跨山東海豐縣界一名騶山

海縣東七十里潮汐所至土皆鹹鹵煮而爲鹽其利甚廣今沿海有場設官司之長蘆鹽利出於縣者十之五六

劉公渠縣西南五十里縣境舊承無棣溝下流大小薛川悉附以入海無棣溝既塞每以淫潦爲患萬歷四十二年邑令劉子誠開渠自無了口至高家灣四十三里道入古黃河直達於海

漂榆津縣東北百里晉成康四年石虎擊段遼於令支使王華率舟師十萬出漂榆津水經淸河東北過漂榆邑入於海酈道元曰漂榆故城俗謂之角飛城趙記石勒使王述煮鹽於角飛是矣魏氏土地記高城縣東北百里盡漂榆東臨巨海民咸煮販藉鹽爲業卽此城也淸河自是入於海蓋與靜海縣接界

望海臺縣東北一名漢武臺魏氏土地記章武縣東百里有漢武帝臺南北有二臺相去六十里基高六十丈俗云漢武東巡海上所築唐史貞觀十九年自高麗班師入臨榆關次漢武臺顧問侍臣對曰此是燕齊之士爲漢武求仙處實錄云漢武臺基二傍有祠宇壘城其地俯臨大海長瀾接天岸多峻石奇險錯列太宗刻石紀功而還

[illegible]營縣南五十里又南接山東海豐縣境舊置戍守於此

海豐鎮在縣東北金志縣有海豐海潤利豐幞頭四鎮

慶雲縣州南一百六十里東至山東海豐縣四十里南至山東陽信縣七十里漢陽信縣地

馬谷山縣東北七十里明月沽東俗謂之大山多石無樹木中有洞



深廣二丈餘今亦見海豐縣

獻河在縣南三十里或謂之陷河縣西北境之水多匯於此經海豐縣引流東注於海齊乘云無棣縣北有陷河瀰數里西通德棣東至海蓋卽獻河上源也今縣東南三十里有棗園橋長里許跨獻河上

無棣溝在縣南相傳春秋時卽有此溝分大河支流東注於海隋開皇中因以名縣大業末溝漸塡廢唐永徽初薛大鼎爲滄州刺史奏開之外引魚鹽海商騈至百姓歌曰新河得通舟楫利直達滄海魚鹽至向日徒行今騁駟美哉薛公滂澤被今堙

明月沽縣東北七十里東接馬谷山瀕海煮鹽處也

洋防輯要卷四

山東方輿紀要

海

海在山東東北境者皆謂之勃海（亦曰渤澥）蘇秦曰齊北有勃海田肯曰西有濁河之限北有勃海之利又謂之少海韓非子齊景公遊於少海少海猶云小海也書疏青州之境越海而有遼東又云青州東北據海蓋跨有此小海也北至平州碣石南至登州沙門島皆爲勃海之口闊五百里西入直沽幾千里廣志山東自兗州東以外其當大海一面之險者濟南東北境也（海豐濱州利津霑化蒲臺皆濱勃海）當西面之險者青州府北及府東南境也（博興壽光濱勃海日照則濱大海）當三面之險者登萊二府之東南北皆以海爲境也（東面則寧海文登南則膠州即墨皆濱大海北則登州萊州以及昌邑濰縣皆濱勃海）至越海而有遼東則又與山東共險者也（遼東金州衛南面西面皆濱勃海復州蓋州海州三衛則西面濱勃海而廣寧義州中屯右屯前屯諸衛皆南面濱於勃海云）



春秋時吳人嘗遣舟師自海入齊秦幷天下欲攻何奴使天下飛芻輓粟起於黃腄琅琊負海之郡（黃腄見登州府）轉輸北河漢滅朝鮮楊僕等自齊浮勃海而進三國時孫權遣將周賀使遼東通公孫淵還至成山魏人邀擊殺之及淵滅吳復遣羊衜擊魏遼東俘人民而去隋開皇十七年伐高麗使周羅睺分道自東萊泛海趣平壤大業七年伐高麗亦使來護兒自東萊入海趣平壤唐貞觀十八年征高麗使張亮自萊州泛海趣遼東二十一年復遣牛進達等自萊州渡海擊高麗又顯慶五年蘇定方伐百濟自成山濟海開元二十年勃海大武藝遣將帥海賊寇登州殺刺史韋俊蓋山東海道與高麗勃海相接也宋建隆二年女真泛海自登州來貢馬重和元年遣馬政從此道使女直與約攻遼遂成宋室之亂金明昌三年尚書省奏遼東北京路（北京即今大寧都司城）米粟素饒宜航海以達山東因按視近海諸處置倉貯粟以通漕運元至元中伯顏建議海運皆取道登萊大約自南直海州以至登州六百里若從利津至直沽亦六百里而近惟登萊三面島嶼環抱幾及千里若耳明朝洪武及永樂初轉輸遼薊亦取道於此既而海運廢登萊至旅順之道亦禁絕然南北兩岸漁販往來動以千艘官吏不能盡詰也嘉靖間督臣王忬嘗請因其勢而導之明開海禁使山東之粟泛舟而下則遼東可無荒歉之患詔從其請時以爲便未幾復罷夫海道之險不可不備而海道之利不可不講與時推移是在膽略之君子哉又海防考山東海防惟在登萊二郡而成山以東白蓮頭諸處危礁亂磯伏沙險淵不可勝紀故守禦較易然自宋以前日本入貢皆自新羅趣山東而元人海運故轍亦出成山



以東風帆絡繹勃海之險未嘗不視爲坦途豈可視爲泄泄無思患預防之策乎

武定州（省東北二百四十里東至海二百二十里東南至青州府三百十里西至德州二百二十里北至北直滄州二百五十里）府南連青濟北接滄瀛左環勃海右控平原所以屏蔽畿甸權衡南北消幽燕之氛翳靜海代之風煙不然不幾與靖難之師接踵哉

蛤埰城在州南有鹽池歲出鹽數十萬斛唐建中初棣州隸淄青既而歸於朱滔又歸於王武俊惟蛤埰猶爲淄青帥李納所據因城而戍之以專鹽利貞元八年納死子師古襲位武俊引兵屯德棣將取蛤埰及德州之三汊城師古遣兵拒之有詔詔武俊罷兵乃引去

大清河州南八十里自齊東縣東北流經州界又東入青城縣境

大河故瀆在州南五十里志云在州城南三里唐武后長壽二年棣

州河溢即此今淤
商河在州南四十里亦從商河縣流入境東北入陽信縣界俗謂之
大河方十餘頃其北有堤横亙州人賴之又南十里有聶索河今
淤爲平壤民居其東南頗擅桑蘇之利居其西北輒被餘流所漲
溢成化十二年州判王璥築堤障之長五十餘里民被其利
大灣在州南四十里方十餘頃北有堤横亙多魚鼈之利
海豐縣州東北六十里西至北直慶雲縣四十里
鬲津河在縣北九十里自樂安縣流入境合於無棣溝又覆鬴河在
縣西北三十里自北直慶雲縣流入境注於海又縣北一里有古
黄河堤西抵樂陵南抵德州舊爲大河所經築堤以防泛溢云
豆子航在縣東北故鹹澤也隋書平原東有豆子航考其地蓋在平
原勃海河間三郡之交負海一帶也自黄河南徙而故址多不可



問志云豆子航在陵縣東恐誤今詳見北直靜海縣之鹹水沽
濱州府東北二百五十里東至海九十里西南至武定州百里西北至北直滄州百二十里
州濱海爲險魚鹽繞結阻景滄之屏藩連遼碣之形援蓋海道之際
喉三齊之戶牖也
勃海廢縣今州治漢溼沃縣地隋爲蒲臺縣地唐析置勃海縣屬棣
州五代周始置濱州治焉土城周七里有奇
大營城縣西二十五里故丁河口也昔人嘗屯兵於此元史濱棣安
撫使韓安世敗宋兵於丁河口即此地矣
海州東北八十里古千乘海口也後漢永平中遣王景修治河渠堤
自滎陽東至千乘海口千餘里是也今大清河會汶泗諸流俱由
此入海
大清河州南二十八里自武定州南經青城縣之北又東流入境又

東北入蒲臺縣界
秦臺在州東北二十里高八丈周二百餘步相傳秦始皇東遊築此
以望海亦曰蒲臺以是時嘗索蒲繫馬於臺上隋置蒲臺縣因名
利津縣州東六十里本勃海縣之永利鎮金明昌三年置利津縣屬
濱州今編戶四十里
海在縣東北三十里產鹽居民資其利有豐國寧海永阜三場設官
掌之屬山東都轉運使司志云豐國鎮在縣東北七十里兼置豐
國鎮巡司於此寧海場在縣北三十里永阜場在縣東北五十里
大清河在縣東志云自蒲臺縣北流經青州府高苑縣北又北經縣
東至縣東北以達於海
鐵門關縣北七十里舊置關於此以控濱海之險稍東豐國鎮也
霑化縣州西北六十里西南至陽信縣五十里本勃海縣之招安鎮



海縣東北六十里濱海有富國豐國利國三鎮亦煮鹽之所也志云
富國場在縣東七十里豐國場在縣北七十里利國場在縣東九
十里
蒲臺縣州南三十里東南至青州府高苑縣四十里漢溼沃縣地
溼沃城在縣東南漢縣屬千乘郡後漢省曹魏復置屬樂陵國晉宋
及後魏因之後齊省地理風俗記千乘西北五十里有大河河北
有溼沃城即此
大河故瀆在縣西南七十里舊時大河經此入海
大清河在縣北自州境東北流經縣北又東北入利津縣界
海縣東百四十里海畔有沙阜高一丈周迴二里俗呼闞口淀舊爲
濟水入海之處海潮與濟相觸故名淀上有井可食海潮雖大淀
終不沒民居於其下煮鹽

三姑臺在縣東一里相傳古貞女蒲氏所築有三臺並峙遺址僅存或以為即秦蒲縈臺云又東十四里曰龍居店亦曰龍混鎮相傳宋太祖微時嘗潛寓於此

青州府東至萊州府三百十六里東南至海五百里南至兗州府沂州四百四十六里西南至兗州府四百二十里西至濟南府三百二十里東北至海一百八十里自府治至京師千里府憑負山海利擅魚鹽班固以臨淄海岱為都會蓋自太公建國以來齊往往稱雄於天下歷漢及晉未始不以臨淄為三齊根本後燕之亡也潘聰說慕容德曰青齊沃壤號曰東秦土地二千里四塞之固負海之饒可為用武之國廣固城曹嶷所築山川險峻足為帝王都若得其地閉關養銳伺隙而動此今日之關中河內也德用其說遂復據有三齊劉宋垣護之曰青州北有河濟又多陂澤非敵所向蓋謂地險足恃也宋樂史曰營邱東道之雄號稱富



衍物產尤盛蓋太公由之以興管仲用之而霸山東之國齊為最強地利然矣

樂安縣府北九十里西至博興縣三十里漢置廣饒縣屬齊郡

小清河縣北十八里自博興縣流入境又東合時水入壽光縣界匯衆流以達海通志小清河經高苑博興樂安縣界合於烏河又北至馬車瀆入海烏河即時水矣

淄水縣東南五十里自臨淄縣流入境東北流經朱家道口入壽光縣界又時水亦在縣東南北合於淄水於是淄水亦兼時水之名

北陽水在縣東南二十五里自益都縣流入界又女水自臨淄縣北流合焉俱至壽光縣入海

巨洋水縣東南二十五里即瀰水縣西南二十里南豢水河縣北六十里有支派溝其下流皆合瀰水入海志云支派溝起高苑城

二里經博興入縣境洩馬家泊諸水入海今故迹微存居民皆佃作輸租非甚潦無水也又有利豐堤在縣城北成化十七年知縣沈清築

勃海縣東北百十里與壽光博興縣接界府境之水皆歸於此志云縣境濱海有三鹽場曰王家岡新鎮高家港也

塘頭寨縣東北百里濱海要地也備禦百戶所駐守於此有土城周三里又樂安鎮在縣北六十里舊置巡司於此與高家港巡司並為守禦之所

柏寢臺縣東北二十八里淄水經其下齊景公與晏子遊於少海登柏寢之臺而望其國是也少海或曰即勃海俗謂臺曰桓公臺相傳桓公會盟於此

壽光縣府東北七十里東南至萊州府濰縣八十里古斟灌氏地漢置壽光縣屬北海郡



巨洋水縣東十里自樂安縣流入界過廢劇縣西又東北會於黑家泊亦曰鉅昧水後漢建武五年耿弇敗張步於臨淄步引歸伏兵起追至鉅昧水上八九十里僵尸相屬水經注巨洋水東北經益縣故城東又東北積而為潭枝津出焉謂之百尺溝西北流經益都故城注於巨淀

清水泊縣西北五十里淄水北陽水及東西嶽龍泉水俱匯流於此即漢志所云鉅定也漢志征和四年行幸東萊臨大海耕於鉅定漢時嘗引水溉田今亦謂之巨澱湖又北接樂安縣之馬車瀆其中葵蘆千頃利倍腴田今屬於德州

諸城縣府東南二百八十里東北至萊州府三百里東至萊州府膠州百八十里春秋時魯諸邑漢置東武縣屬琅琊郡

九仙山縣西南七十里高聳摩空峯巒十有一盤石十有八蘇軾以為奇秀不減於鴈蕩金時土賊嘗據九仙山為巢穴今山西北元

子山南有大路東出信陽場西走沂莒爲奸徒亡命出入之處有黄草關亦邑之要害也

馬耳山在縣西南六十里雙峯聳峙形如馬耳水經注馬耳山高百丈上有二石並舉涓水出其陰北流入濰水或謂之分流山

海口縣東南百三十里在信陽場南一里南北往來客商泊舟於此又琅琊山東南五里海中有齋堂島其上平地可千餘畝多土少石甚肥饒産紫竹黄精海棗元時海運漕舟經泊處也又信陽場東南一里海中有木官島多石不可耕

[illegible]古鎭縣北七十里爲縣及安邱高密三縣之界居民四五千家流管轄處築土城爲衛萬歷七年設萊州府通判駐於此今革

龍灣鎭在縣東南百三十五里明初置南龍灣海口巡司又縣南百二十里爲信陽鎭有寨城明初亦置巡司於此又縣東南百二十里有龍潭寨又東南十里有蕭家寨明初俱築土城置百戶所戍守屬膠州靈山衛其相近者又有崔家民寨



萊州府東北至登州府二百四十里東南至海二百五十里西南至青州府莒州四百五十里西至青州府三百六十里北至海九十里自府治至布政司六百四十里至京師千四百里

府內屏青齊外控遼碣藉梯航之便爲震疊之資足以威行海外豈島嶼之險足以自固乎哉唐史貞觀十五年太宗言高麗本四郡之地吾發卒數萬攻遼東彼必傾國救之別遣舟師出東萊自海道趨平壤水陸合擊取之不難也

掖縣附郭戰國時齊夜邑襄王封田單於夜邑萬戶又魯仲連謂田單將軍有夜邑之奉是也

曲臺城在府東南唐武德四年置曲臺縣屬萊州六年廢又府東北二十里濱海有沙邱廢城相傳商紂所築似誤

高望山府南十五里峯巒秀特可以望遠又南五里爲天柱山一名南山又寒同山在府東南三十五里一名神山掖水出於此

三山島在府北五十里海之南岸史記封禪書八祀四曰陰主祠三山唐史貞觀二十二年將伐高麗詔劍南大治船艦儲糧械於三山浦及烏島烏島或曰卽登州之烏湖島又蜉蝣島在府西北百里海中遙望若蜉蝣然

萬里沙府東北三十里夾萬歲水兩岸皆沙長三百里史記封禪書天子旣出無名乃禱萬里沙漢書郊祀志武帝元封元年旱禱萬里沙是也

海在府西北二十里道出遼東朝鮮通典郡北至海五十里西至海二十九里西北至海二十一里東南至海二百五十里今自府西北環昌邑濰縣界東南環膠州卽墨縣界皆大海也



膠水在府東南十五里源出寒同山西北流經城南又西北注於海

萬歲河在府東北三十里其兩岸卽萬里沙也秦始皇漢武帝皆嘗禱此三齊記水北有萬歲亭漢武所築

小沽河出府東南三十里馬鞍山東南流經平度州與大沽河合經膠州卽墨縣界入於海左傳昭二十年齊晏子曰聊攝以東姑尤以西其爲人也多矣杜預曰姑卽大沽河尤卽小沽河也

五龍泉府西三里瀦而爲池几半畝許民獲灌溉之利又城東有青龍泉與濠水相接

海倉口鎭府西北九十里卽膠河入海之口爲濱海要地有巡司戍守又柴葫寨在府北五十里亦有巡司

朱橋驛在府東北七十里又南關有城南驛又沙河店在府南二十里舊置城南沙河店朱橋店三遞運所萬歷中與驛俱革

萊州衛在府治東南洪治三年置領左右中前後五千戶等所
王徐寨備禦前千戶所府東北八十里明初置百戶所有城周三里
嘉靖中改爲千戶所
馬埠寨備禦百戶所在府西二十五里城周二里又竈河寨備禦百
戶所在府北五十里所城周二里有奇又東北百六十里有馬停
寨備禦百戶所所城不及一里俱屬萊州衛
平度州府南百里南至膠州百二十里西南至青州府莒州三百四十里
州西亘濰河北枕勃海山川襟帶屏蔽東陲
大沽河州東八十里源出登州府黃縣南蹲犬山經招遠萊陽二縣
界至州東南故郎墨城與小沽河合經膠州郎墨縣界入海通謂
之沽水南北經流三百餘里
新河在州東南源出高密縣流經此分南北二流南自膠州麻灣口



入海西北自掖縣海倉口入海郎元人所濬膠萊河舊道也元史
至元十七年萊人姚演獻議開新河由膠西縣東陳村海口西北
達於膠河出海倉口由海道達直沽以通漕謂之膠萊新河從之
勞費不貲卒無成效二十二年罷其役明正統六年昌邑人王坦
言漕河每患淺澀海運又虞艱險請浚新河故道不允嘉靖十一
年按臣方遠宜等復議開新河不果隆慶初萊人崔旦復極言新
河之便萬歷三年又以南京工部尚書劉應節言命侍郎徐栻開
浚議者極言非便遂中止其後屢議屢阻迄無成績圖說云自淮
河入河北岸隔一里爲朱家河可開通經新溝至安東縣有澳河
嚮水三汊俱臨淮可通東則有東漣河朱家河白家溝七里河流
入淮又東有鹽場河平望河界首河白限河牛洞河車軸河流入
海俱宜築塞中有過鑾河在淮海之交可置閘以殺水勢西則有
沭陽水涸而爲大湖傳湖又有楊家溝西漣河崔家溝古閘河皆
爲入漣河水道自支家河至漣河海口計三百八十里出海由海
州贛榆至山東界歷安東衛石臼所夏河所靈山衛膠州瞭頭營
至麻灣海口計二百八十里隔馬家濠五里可以開通經把浪廟
新河口店口社陳村小閘戴高劉家大閘王朱杜家村至平度州
又經窩鋪停口大成昌渠小閘新河集秦家庄海倉口至大海口
計三百七十五里大海口至直沽四百里通計一千四百三十五
里應節奏言膠州南自淮子口大港頭出海自州治西抵匡家莊
四十里俱岡溝黃土宜開自劉家庄北歷臺頭所張奴河至亭口
牐三十里俱黑泥下地水深數尺宜浚自亭口牐歷陶家崖陳家
口孫店口至玉皇廟六十里河寬水淺宜於舊河之旁別開一渠
玉皇廟至楊家圈二十里水深數尺宜浚楊家圈以北則悉通海



潮無煩工作矣以工力計之創者什五因者什三畧施工者什二
以地勢計之宜挑深丈餘者什一挑深數尺者什九栻言匡家莊
地高難開改於都泊船路溝地形平衍有河可引宜建牐設櫃如
會通河故事科臣王道成言膠州在兩海口之中土最高厚萬一
巨石隱伏功將安施難一水性湍急走石流沙郎有泉源易盈易
涸難二海船不可入河河船不可入海難三又實錄隆慶五年山
東臣僚會勘膠河上言從龍家屯北至分水嶺俱係岡阜沙石難
以施工由分水嶺又北至謝家口稍有斷續河流旱潦難恃沙石
亦多由謝家口北至楊家圈河流似有端緒又北至新河閘面河
勢比南面較寬自新河閘至海倉又皆流沙壅淤難以行舟新河
閘係往來通渠過者見有河流妄意可以開浚不知迤南十里便
復不同分水嶺本名王乾壩兩頭俱有河形中間積沙高亢本非

嶺也新河既無泉源引導必須旁水接濟而分水嶺下僅有白河一道平時涓涓細流涇潦時挾沙衝淤大爲河患其張奴河膠河九穴泊之水雖接新河而源流淺澀潦涸無時皆不足恃若欲東引沽河則地勢東下沽河自東而南直趣麻灣口難以挽之而北若西引濰河濰河在高密西離新河百二十里中隔高嶺五層又難引之使東也若欲深鑿河身使海水南北貫通則分水嶺諸處高過海面數丈命工開鑿未及數尺卽糜沙隨時奔潰縱多損財力萬難開濬既而徐栻亦稱南北海口俱有積沙橫絕及分水嶺河高海下勢不可通須另開一路及海口築堤以約水障沙又云南自麻灣抵朱鋪五十里北自海口抵亭口百八十里皆通潮可乘潮以導河撫臣李世達勘稱南潮止及陳村閘距海口二十里北潮止及楊家圈距海口六十里其朱鋪亭口者非烈風迅雨海



水漲溢歲不一二至潮不足恃也役遂止崇禎十二年戶部郎中沈廷揚試行海運復請開膠萊河十六年命戶工二部發銀十萬兩開浚事未行而京師不守餘詳見膠州

昌邑縣州西北百三十里西南至青州府壽光縣九十里漢都昌縣地屬北海郡

海在縣北五十里有魚兒浦巡司爲濱海戍守處

膠州府南二百二十里東至海三十里南至海九十里西至青州府莒州二百八十里

州聯絡淮泗屏蔽齊兗控海道之咽喉爲登萊之襟要防險說膠州卽墨皆迫近海澨而卽墨南望淮安安東東海衛所諸城左右相錯如襟喉關鍵倭若犯淮則漸必犯萊矣故登萊三營之設卽墨營視登州文登二營尤爲切要海防考自登州之大嵩衛至府境鰲山靈山衛及青州府境之安東衛盡南面濱海之險皆卽墨營控禦處也其濱海要衝則有雄崖膠州大山浮山夏河石臼等所孔山行村栲栳島古鎭逢猛南龍灣信陽夾倉諸巡司及海中之唐家灣大任陳家島鵲兒栲栳天井灣顏武周疃松林全家灣青島徐家庄一帶而海道之險則自安東以北若勞山赤松竹竿旱門劉公之罘八角沙門三山諸島皆賊停泊之處不可不講至於白蓬頭槐子口橋雞鳴嶼金嘴石倉廟諸處淺灘亂礁則賊所必避而亦吾所當審者

石臼島州南百里海中宋紹興三十年金亮入寇分遣一軍由海道襲浙江以兵圍海州宋將李寶督海舟捍禦至石臼島敵舟已泊唐島相距僅一山寶因風便過山薄寇大敗金人海道之師遂絕

黃島在州東南六十里海中舊有居民後因倭寇其地遂墟又州東南九十里有薛家島橫伏入海每爲行旅患又古鎭島在州東南百十里海中有巡司戍守志膠州濱海石臼青泥桃林陳家李家



薛家古鎭黃島唐島之屬皆其著者

海州東三十里志云州南門外有唐家灣宋元時海船往來皆由此

膠水在州西出鐵橛山東北流接高密縣境又北入平度州界水經注膠水出膠山北經黔陬故城西是也又有洋河亦出鐵橛山東流經城南三十里入海水經注拒艾水一名洋洋水宋泰始三年輔國將軍劉懷珍擊青州刺史沈文秀於東陽進至黔陬軍於洋水遣別將王廣之襲不其城拔之此洋洋水也

沽河在州東北三十里自平度州流入境又南流入海

新河州東北三十里西北入高密縣界志云州東南百里有馬家濠濠長三里餘夾兩山中南北俱接海口元至元十九年開膠萊新河阻馬家濠不就明嘉靖十一年按臣方遠宜議開新河以馬家濠數里皆石岡爲患臬使王獻焚以烈火鑿而通之十九年獻言

元人海運自淮安循海而行至靈山之東浮山勞山之西有薛島陳島石峴林立橫伏海中若橋號槐子口橋最險難越元人避之故放洋於三沙黑水歷成山正東踰登州東北又西北抵萊州海倉然後出直沽以達天津獻閣膠萊河圖自薛島之西有山曰小竺兩峯夾峙中有石岡曰馬壕馬壕之麓南北皆接海涯而北即麻灣又稍北即新河又西北即海倉直沽由麻灣抵海倉三百三十里由淮安踰馬壕抵直沽千五百里若徑出於此可免遠海之患元人嘗治此道遇石而止今因其故迹鑿馬壕以趣麻灣長十四里廣六丈有奇深半之而江淮之舟可達新河新河兩旁皆有水泉溢出疏浚決滯為九閘以節宣之可以佐會通河之窮從之於是於舊濠迤西七丈有餘鑿渠通舟以達新河故道為漕運之計功未半而罷萬歷初復議開膠萊河山東參政馮敏功謂膠河



一衣帶水餘悉高嶺大阜且地皆岡石山水奔瀑功難竟即竟矣海水挾潮沙而入必復淤及開濬果以岡石黑沙難施畚牐而止河渠考元人于欽言至元中姚演請開新河鑿陸地數百里以通漕數年而罷余過其地詢之土人云此河為海沙所壅又水潦積淤終不能通蓋元志所稱勞費無成非誣也自王獻建議之後慶行勘閣隆慶四年嘗議濬治至萬歷三年而罷二十九年御史高舉復議濬之卒不果迄崇禎之季言者猶以為請竟不果行

即墨縣州東百二十里本齊邑漢置即墨縣

勞山縣東南六十里二山相連東濱大海其高大者曰大勞差小者曰小勞周圍八十里高二十五里齊記泰山雖言高不如東海勞勞亦作嶗或誤為牢又誤為勞盛山勞盛蓋二山盛即成山也秦始皇登勞盛山望蓬萊蓋登此二山又史記始皇自琅邪北至榮成山榮成又勞成之所誤也蓋海岸之山莫大於成山勞山故往往並言之今山有青風嶺碧落巖王喬觀玉女盆明霞洞諸勝白沙河源於此

田橫島縣東北百里海中去岸二十五里中可居千餘家相傳即田橫與其徒五百人亡入海島處孔氏曰田橫所保在海州東海縣之鬲山去岸八十里非此山也今江南海州東小鬲山是矣北史魏永熙中楊愔為高歡所信用譁以疑懼避於田橫島即此志云縣東南濱海列島環伺其可居者曰青曰福曰管曰白馬曰香花曰田橫曰顏武而田橫島方三十餘里尤平廣可耕且由岸抵島多礁石不可直達嘉靖中有奸氓盤據於此漸為寇盜官軍撲滅之患始息

栲栳島縣東北九十里有寨城置巡司戍守又東北雄崖所東有旬



島其相近者又有赤島志云田橫諸島而外為塔沙竹槎及饞島陰島香島皆諸島之有名者

海縣西南四十里有金家灣海口及大任海口又西南六十里有天井灣海口南九十里有董家灣海口東南七十里有松林浦海口東六十里有陳家大川海口九十里有鵝兒海口東北七十里有周疃海口蓋自西南而東北四環皆海云

淮涉水在縣西一里源出石城山西北流經此復北流三里又西南流入於海唐志縣東南有堰貞觀十年令仇源築以防淮涉水又白沙河在縣東四十里源出大勞山西流亦合淮涉水入海

即墨營縣北十里志云舊置營於縣南七十里金家嶺寨宣德八年移置於此營城周四里為登萊三營之一又張家寨在縣西南五十里樓山寨在縣南四十里子家庄寨在縣東南九十里蕭旺庄

寨在縣東南五十里與金家嶺寨俱築城戍守

走馬嶺寨在縣東北九十里又東北十里有羊山寨志云縣東北六十里有大港寨九十里有田村寨與栲栳島等寨俱築城戍守

靈山衛膠州東南九十里洪武二十一年置三十五年築城周三里依山環海最爲險固志云衛領左前後三千戸所由安東衛魚溜一道至衛轉向東北行海中有島橫伏若橋卽薛島陳島伏入海洋者最險惡元人欲於島西鑿馬家濠以避之居人識此溜爲海運舊道沿溜而行可保無患由安東衛至靈山衛馬家濠灣泊大約三百餘里風便一日可至

鰲山衛在卽墨縣東四十里洪武二十一年置築城周五里志云衛領右前後三千戸所

夏河寨備禦前千戸所在膠州西南九十里所城周三里有奇屬靈



山衛

雄崖守禦千戸所卽墨縣東北九十里洪武中設又浮山寨備禦前千戸所在縣南八十里俱屬鰲山衛

登州府東至海七十里西南至萊州府二百四十里北至海三里由海道東北至遼東旅順口五百里自府治至布政司九百里至京師千七百里

府僻在東陲三面距海利擅魚鹽且北指旅順則扼遼左之噤喉南出成山則控江淮之門戸形險未可輕也范氏曰自古海道有事登萊爲必出之途而密邇遼左尤爲往來津要三國吳嘉禾初遣使通公孫淵至成山爲魏人所邀殺宋元嘉九年朱修之自雲中奔和龍泛海至東萊初修之守滑臺城陷爲魏所執梁普通初高句麗遣使入貢詔使者江法盛授高麗衣冠劍珮魏光州兵就海中執之送洛陽隋開皇十七年伐高麗別將周羅睺自東萊泛海趨平壤時郡境皆隸東萊也遭風船多飄沒師還大業七年下詔討高麗勅元宏嗣往東萊海口造船八年遣來護兒等分兵自海道趨平壤九年復遣護兒出海道伐高麗唐貞觀十八年伐高麗遣張亮自萊州泛海趨平壤二十一年復伐高麗命牛進達等乘樓船自萊州泛海而入明年復遣薛萬徹自萊州泛海擊高麗顯慶五年蘇定方自成山濟海伐百濟開元二十年勃海自海道寇登州宋建隆初女眞自海道趨登州貢馬後馬政亦由此通女眞元行海運道出登萊明初遣馬雲葉旺等撫定遼東亦由登萊渡海駐金州繼亦由此轉輸遼薊而遼東隸於山東亦以登萊海道也正德中禁遏海道而倭艘如入無人後嘗議由此通運不果凡昔人所恃爲控扼之所置之不講豈非謀國者之過歟又海防考府四面皆海惟西南一隅接萊州境國家緣海置防登萊二府指臂相倚設登州營於北面



則登萊二衛及渻海之地俱屬焉語所則有奇山福山王徐諸處語砦則有黃河口劉家窪解宋盧洋馬停竈河馬埠諸處語巡司則有楊家店高山孫夼鎭馬停鎭東良海口柴葫海倉魚兒鎭高家港諸處而海外則島嶼環抱自府東北百餘里之崆峒半洋西抵長山蓬萊沙門鼉磯三山芙蓉桑島錯落盤踞爲登州北門之護過此而北卽遼陽矣此天設之險也又營城以東若抹直石落灣子劉家窪平暢盧洋諸處營城以西若西王庄西山欒家孫家海洋山後八角城後之罘莒島皆可通番舶登涉嚴戸外以綏堂閫責有攸屬矣

蓬萊縣附郭漢黃縣地武帝於此望海中蓬萊山因築城以爲名

羽山在府東南三十里書舜殛鯀於羽山孔安國以爲山在齊東海中也上有鯀城三國魏將田豫築城以禦吳將周賀因山以名又

九目山在府東南七十里寰謨齊記曰山有九竅與黃縣連界

朱高山在府東八十里山臨海產滑石洪武二十七年移沙門島巡司於此

沙門島府西北六十里海中海舟行者必泊此避風五代時置沙門寨宋建隆三年索內外軍不律者配沙門島乾德元年女真國遣使獻名馬命蠲登州沙門島民稅令專治船渡馬元人海運亦置戍軍於此明朝永樂七年山東都指揮使司奏沙門島守備僅七百餘人難以防禦詔以七百人益之後移戍內地島無居人今遂為墟志云沙門島相連屬者有鼉磯牽牛大竹小竹珊島皆紫翠巉巖出沒波濤中永樂初陳瑄督運自遼東還遇倭於沙門島擊卻之又西北七十里為鼉磯島與鼉磯相對者為欽島相距三十里又高山島在沙門島北百餘里



黃城島志云在鼉磯東北或曰黃城鼉磯本一島也為入勃海要口又有廟島在鼉磯西南毛氏又曰廟島砣磯黃城三島實為登萊門戶黃城之東北曰御林山砣磯之南有井島皆與沙門相連絡砣卽鼉之譌也

烏湖島府東北二百五十里海中與大謝戍俱為泛東海之要路唐貞觀十八年征高麗置烏湖鎮亦曰烏湖戍二十二年鎮將古神感浮海擊高麗破之於曷山曷山在高麗界或作易山新唐志自登州東北海行至大謝島龜歆島淤島而後至烏湖島三百里北渡烏湖海至馬石山東之都里鎮二百里東傍海壖過青泥浦桃花浦杏花浦石人江橐駝灣烏骨江八百里乃南傍海壖過烏牧島貝江椒島得新羅西北之長口鎮又過秦王石橋麻田島古寺島得物島千里至鴨綠江唐恩浦口乃東南陸行七百里至新羅王城自鴨綠江口舟行百餘里乃小舫泝流東北三十里至泊灼口得勃海之境又泝流五百里至九都縣城故高麗王都又東流泝流二百里至神州又陸行四百里至顯州天寶中高麗王所都又正北向東六百里至勃海王城五代唐天成初契丹東丹王突欲居扶餘城蓋在唐高麗扶餘川中長興初突欲以不得嗣立越海自登州來奔蓋道出烏湖大謝間

大謝島在府東北三十里海中唐貞觀中擊高麗置大謝戍於此又長山島在府北三十里海中東西長四十餘里又有宜島虎島半洋島皆長山島相近

莫邪島府東北三百里海中昔人捕魚於此得寶劍因名又東北二百里有漠島亦海運所經故道也

海府北五里又東西兩面皆濱海各去城三里許志云府東北五里



有抹直海口舊為登涉之所今不通舟楫惟丹崖山之東為新開海口戍守最切山下又有石落海口府西七里為西王莊海口又西二十餘里為欒家海口又十里曰孫家海口又田橫寨西曰西山海口又灣子海口在府東二十五里又東二十里曰劉家汪海口又二十里曰平陽海口又十餘里曰盧洋海口舊皆為戍守處

之罘水府南十五里源出羽山有石門水流合焉石門水出石門山流合之罘水北注於海志云府城東北有鹹泉池居民取以為鹽

登州營在丹崖山北卽新開海口也宋慶歷三年郡守郭志高奏置刀魚巡簡水兵三百戍沙門島備契丹仲夏居鼉磯島以備不虞秋冬還南岸相傳此卽刀魚船所泊洪武九年知州周斌奏置海船運遼東軍需指揮使謝規以河口淺窄奏請挑深繚以磚城北砌水門以抵海濤南設關禁以譏往來謂之登州營又立帥府於

此設備倭都司駐守其城周三里海道考由新關海口西北至沙門島六十里又正北行一百二十里至鼉磯島又北至欽木二島六十里又北至南半洋六十里又北至北半洋二十里又北經雙島洋頭窪黄洋川平島和尚島共二百餘里至遼東鐵山旅順口通計五百五十里諸島相望俱可灣船避風明初送遼東官軍布花俱由此道正德中劉瑾亂政遂廢水道用陸運云

黄縣府西南六十里至萊州府百八十里漢縣屬東萊郡

萊山縣東南二十里史記封禪書齊八祀六曰月主祀之萊山申公云天下名山八三在島夷五在中國華山首山太室泰山東萊皆黄帝所常遊也又元封初東巡海上公孫卿持節先行候名山至東萊漢書郊祀志神爵元年從方士言祀萊山於黄是也一名萊陰山亦曰龍門山



蹲犬山縣西南三十里形如蹲狗隋大業十一年齊郡賊左孝友衆十萬屯蹲狗山郡丞張須陀列營逼之孝友窘迫出降即此山也大沽河源於此又縣東南四十里有土山環繞如城

海在縣北中有嶇屺島桑島皆峙海中

大沽河縣西南四十里出蹲犬山東南入福山縣界復折而西南入招遠萊陽二縣界下流至膠州即墨縣入海

黄水在縣東北五里源出縣東南二十里之黄山流經故黄城折而西北流又洚水在縣東北三里源出縣東南二十里之洚山流合黄水至馬停鎮入於海

馬停鎮縣西四十里有巡司戍守又縣西六十里有黄山館驛舊兼置遞運所於此今驛存而所革又舊有龍山馬驛及城西遞運所今俱廢

福山縣府東南百四十里東北至寧海州百里漢腄縣地唐宋以來皆爲蓬萊縣地金天會中僞齊劉豫析登州之兩水鎮置福山縣仍屬登州

之罘山在縣東北三十五里連文登縣界周圍五十里三面距海史記秦始皇二十八年登之罘立石二十九年登之罘刻石三十七年至之罘射巨魚封禪書八神五曰陽主祀之罘漢書武帝太始三年登之罘浮大海而還其東南海中有壘石俗傳武帝嘗立橋於此

海縣東北三十里有海洋山後海口又縣北十五里有城後海口登寧場置於此居民皆以煮鹽爲業縣北四十里又有之罘海口西北四十里又有八角海口宋史淳化四年遣陳靖等使高麗自東牟趣八角海是也又有海洋宮家潘家胡家韓家諸島俱在縣北海中



清洋河在縣東十里源出棲霞縣翠屏山流入界北注於海又義井河在縣西南三十里源亦出翠屏山流經縣城東合於清洋河

大沽河在縣東一里自黄縣流入界

孫夼鎮在縣北四十里有巡司戍守

棲霞縣府東南百五十里西北至黄縣百二十里漢腄縣地

岠嵎山縣東北二十里宋慶歷六年山東地震岠嵎山摧嘉定六年金益都賊楊安兒作亂據登州金將僕散安貞敗之安兒乘舟入海欲走岠嵎山舟人曲成擊殺之即此山產金亦名金山地記昌陽縣東百四十里有黄銀坑即此山也隋書辛公義爲牟州刺史山出黄銀獲之以獻宋史志天聖中登萊採金歲益數千兩景祐中登萊饑詔弛金禁聽民採取俟歲豐復故元史至元五年令登州棲霞縣每戶輸金歲四錢食貨志棲霞萊陽招遠三縣俱產金

是也又有岠嵎水北流入海

百澗山縣東北七十里山形逶迤澗水交錯殆以百數舊產鐵又北曲山在縣西北三十里舊亦產鐵其相近者曰艾山巑岏秀出形如艾葉因名山前有溫泉流入大河

碁山在縣東三十里迤東又有寨山上有兵寨遺址又方山在縣南二十里山頂方平亦曰大方山迤西又有小方山

招遠縣府西南百五十里西至萊州府百七十里本掖縣地

五澗河在縣西北三十里又縣西北五十里有萬盛河俱由石灰灣流入海

東良海口鎮在縣西北五十里即東良河入海處也有巡司戍守

萊陽縣府南二百五十里西北至平度州百二十里漢昌陽縣地屬東萊郡

大沽河縣西九十里自招遠縣流入境又西南入平度州界



登州衛治府城內洪武九年置領左右中前後中左中右七千戶所

奇山守禦千戶所在福山縣東北三十里洪武三十一年置所城周二里又福山備禦中前千戶所在縣治西洪武十年置屬登州衛

大嵩衛在萊陽縣東南百三十里洪武三十一年置領中前後三千戶所城周八里志云衛南海中有巨高島西南邊海有草島嘴俱戍守處

大山備禦前千戶所在大嵩衛西成化中增置所城周四里有奇屬大嵩衛

寧海州府東二百二十里北至海五十里

州北控遼海南拱江淮憑島嶼之險擅鹽鐵之利漢書東牟有鐵官鹽官有風帆絡繹以成山為表識州亦東道之雄矣志云寧海居府境之東文登一縣又在州之東設文登營於縣東北所以當東面之險也海防考曰文登營所屬之衛曰寧海威海成山靖海凡四所則寧峯海陽金山百尺崖尋山凡五又有清泉赤山等寨辛江溫泉鎮諸巡司而成山以東若旱門灘九峯赤山白蓬頭諸島沙磧連絡登犯不易然明初倭寇成山掠白峯砦羅二砦延及大嵩草島嘴諸處海側居民重罹其害夫建營之意所以北捍登州南衛即墨為犄角之勢也有備無患可泄泄歟

牟山州北七里山之陽地勢平廣故縣有牟平之名又州東四十里有繫馬山俗傳始皇東遊繫馬於此

大崑崙山在州東南四十里其相連者為小崑崙山秀拔為羣山之冠上有太白頂中有煙霞洞一名姑餘山又譌為崑崙山

海在州東北五十里有莒島海口北通遼海南達江淮海艘往來必經之道也又海中有崆峒島其相近者又有栲栳島浮山島相連



島東清島西清島及竹島莒島鹿島黃島之屬皆環列州北特為捍蔽

金水河州東五里一名沁水源出州南八十五里之黃堆會諸山溪澗水北流經此又東北注於海又五丈河在州西北十里源出州西南六十里之峭山合淵谷諸水亦東北流入海

乳山寨州西南百四十里宋志牟平有乳山閻家口二砦其地蓋相近今有乳山寨巡司又東北有清泉砦寨城周二里置百戶所於此自寧海後千戶所分設

文登縣州東南百二十里漢不夜縣地

腄城縣西七十里或曰秦所置縣也史記秦始皇二十八年行郡縣乃並勃海以東過黃腄窮成山腄即腄縣矣漢亦曰腄縣屬東萊郡呂后封呂通為侯邑宣帝神爵初從方士言祠之罘於腄祠成

山於不夜是也後漢縣省腄讀若睡
成山縣東北百五十里海濱斗入海中史記秦始皇二十八年並勃
海窮成山三十七年又自琅琊北至榮成山榮山勞山之譌也又
封禪書八神七曰日主祠成山成山斗入海最居齊東北以迎日
出云漢書武帝太始三年禮日成山或又誤爲盛山也魏志太和
六年孫權使周賀等使遼東時魏遣田豫督青州軍自海道伐公
孫淵不能克豫知賀等垂還歲晚風急必畏漂浿東道無岸當赴
成山成山無藏船之處遂以兵屯據成山賀等還至成山遇風豫
擊斬之唐史顯慶五年蘇定方討百濟自成山濟海齊乘曰成山
斗入海旁多椒島海艘經此失風多覆海道極險處也山之東有
召山三齊記昝秦始皇造石橋欲渡海觀日出處有神人召石於
山下因名



文登山在縣東二里相傳秦始皇東巡召集文士登此山論功頌德
因名
鐵槎山縣南百二十里山有九頂南瞰大海下有水簾洞爲海潮出
入處山之東又有雲光洞
海縣南六十里又縣東百八十里縣北八十里皆濱海志云縣北九
十里海中有劉公島多林木四五月閒舟人入島採取舊有辛王
二里居民明初徙入內地又有海牛島亦在縣北海中產海牛皮
堪弓韃脂可燃燈其相近者爲海驢島產海驢其皮可以禦雨又
產海狸海豨之類體皆魚也又有鷄鳴島西南去不夜城五十里
相近者又有鏌鋣五里元直蘇心雙島栢島之屬皆環列縣境又
白蓬頭港在縣南二百二十里相近者又有旱門灘雙峯諸島
送鶴河縣西北五里出縣東北四十里綦山之麓西南流經此又南

入海縣東諸河多流合焉又古橋河在縣西南六十里南入海又
栢埠河在縣東北六十里志云源出導谷中東北入於海
辛汪寨縣北七十里有巡司又溫泉鎮在縣東北九十里亦設巡司
於此又城西有赤山寨亦置巡司舊皆築城戍守萬歷中革赤山
巡司志云縣東南八十里舊有竹島寨又縣南八十里有五疊島
城又南二十里爲元眞島城縣西南八十里又有遠島寨城舊皆
爲戍守處
寧海衛在州治西本萊州衛左千戶所洪武二年調爲備禦所十年
升爲衛領左中前後四千戶所
金山備禦左千戶所在州東北四十里所城周二里成化中置屬寧
海衛
威海衛文登縣北九十里洪武三十一年置領左右二千戶所衛城



周六里有奇
百尺崖備禦後千戶所文登縣東南百四十里成化中置所城周二
里屬威海衛
成山衛文登縣東百二十里洪武三十一年置領左前二千戶所衛
城周六里有奇
尋山備禦後千戶所文登縣東南百二十里成化中置所城周三里
有奇屬成山衛
靖海衛文登縣南百二十里洪武三十一年置領左中後三千戶所
城周六里有奇
寧津守禦千戶所文登縣東南百二十五里成化中置所城周三里
又海陽守禦千戶所在文登縣南百四十里亦成化中置所城周
三里俱屬成山衛

**遼東**（東至鴨綠江五百六十里南至旅順海口七百三十里西至山海關一千一十五里西北至大寧廢衛八百六十里東北至建州衛七百九十里自都司至布政司二千三百三十里至京師一千七百里）

控馭戎貉限隔海島漢劉歆議孝武東伐朝鮮起元菟樂浪以斷匈奴之左臂者也後漢之季東陲日漸多事及晉失其綱慕容氏并有遼東遂蠶食幽薊為中原禍蓋其地悉恃險遠鹽鐵之饒原隰之廣足以自封而招徠旁郡驅率奚羯乘間抵隙不能無倒植之勢矣自晉大興以後遼東不入職方者幾數百年（慕容燕拓拔魏高麗相繼有之）隋嘗圖之而不能有唐雖得之而不能守也五代梁貞明五年契丹據有其地漸營京邑以侵擾中華金人亦啟疆於此用以滅遼弱宋蒙古先取遼東西而金人根本撥矣後亦置省會於此以彈壓東陲明朝都燕遼東實為肘腋重地建置雄鎮藩屏攸賴司之西北則朵顏福餘泰寧三衛東北則高麗耽羅迤北等地而廣寧開元居其噤吭金復海蓋並稱沃饒為之根本邊牆西自山海東抵開元延袤二千餘里東西濶絕議者以應援為虞成化二十年邊將鄧鈺言永樂時築邊牆於遼河內自廣寧東抵開元七百餘里若就遼河迤西徑抵廣寧不過四百里以七百里邊塹堡寨移守四百里若遇入寇應援甚易宏治六年按臣李善亦言邊牆阻遼河為固濱河之地延亘八百餘里土脈鹹鹵秋修春頹動費巨萬夏旱水淺不及馬腹冬寒冰凍如履平地所在城堡畏賊深入遂將良田數萬頃棄而不佃況道路低窪每遇雨水泥濘不通倘開元有警則錦義廣寧之兵不過遙望浩歎而已臣詢之故老云有陸行舊路自廣寧抵開元約三百餘里兼程不二日可到地形高阜土脈滋潤有古顯州城池遺址（即遼瀋城）計莫若開舊路展築邊牆起廣寧基盤山直抵開元平頂山二山在塞外移分守八百



里之兵聚守三百里之地錦義為西路廣寧為中路遼陽為東路開元為北路四路聲援相接如率然之勢庶廟堂可寬東顧之憂矣議格不行邊防考河西一帶隨山起築多用石砌廣寧以東地勢平衍惟藉版築宏治中科臣鄒文盛嘗言沿邊野草繁茂水土便益甚利陶冶若以歲役丁夫燒磚修砌邊牆除山谷深峻不必修砌者約千餘里及時督成可為金湯之固議格不用說者曰司負山面海水深土衍草木豐茂魚鹽饒給正德三年撫臣劉瓛言遼東邊儲止是屯糧歲用不及二十五衛俱有鹽場每年例該煎鹽三百八十五萬六千四百三十斤給軍食用但鹽場去衛頗遠運道甚艱莫若召商開市糴買糧料為便從之三岔河南北數百里木葉白雲之間大定故城在焉（見直隸大寧廢衛）乃委以畀敵俾得進據腹心限隔東西寧前高平諸處一線之險形援易阻保邊長策得毋坐失之哉

西彌島在司東南海中天啟中毛文龍言西彌島相連有三山周廣二百餘里中雲從山前西彌島後珍珠島與朝鮮國境鐵山城相近陸程則八十里水程僅三十里西彌大路至朝鮮之義州百六十里鐵山水路如之義州與鎮江相對止三四十里鎮江去遼陽三百六十里

**遼水**司西百六十里又西距廣寧衛二百里自塞外流入三萬衛西北境南流經鐵嶺瀋陽而至此又南至海州衛西南入海行千二百五十里魏司馬懿伐公孫淵圍襄平會大霖雨遼水暴漲運船自遼口竟至城下平地水數尺隋大業七年伐高麗至遼水衆軍俱會臨水為大陣高麗阻水拒守隋兵不得濟命宇文愷造浮橋三道於遼水西岸既成引橋趨東岸橋短丈餘士卒赴水接戰高

麗乘高擊之爲所敗乃引橋復就西岸命何稠接橋二日而成諸軍進戰於東岸高麗大敗明年復渡遼攻遼東城未克會楊元感作亂引還唐貞觀十八年遣營州都督張儉等討高麗值遼水漲儉等久不得濟既而車駕至遼澤泥淖三百餘里人馬不可通詔閻立德布土作橋軍不留行既濟卽撤之以堅士卒之心及師還以遼澤泥潦遣長孫無忌將萬人剪草塡道水深處以車爲梁而渡今遼地遇雨則多淖蓋天設之險矣永樂築邊牆於遼河內東西隔絕自廣寧至遼陽以遼河爲津要秋冬冰結人馬可以通行易於應援冰開時爲敵所據則兩城勢孤雖有渡船不能猝濟天順十一年邊臣馬文升請復浮橋以聯聲援從之自是常加修治

遼志遼河出東北山口爲大河西南流爲大口入海

鴨綠江司東五百六十里漢志注元菟郡西蓋馬縣有馬訾水西南



至遼東郡西安平縣入海過郡二行一千一百里郡二元菟遼東也新唐書馬訾水出靺鞨長白山色若鴨頭號鴨綠水杜佑曰鴨綠水濶三百步在平壤西北四百五十里遼水東南四百八十里隋大業八年伐高麗分道並進皆會於鴨綠水西唐貞觀十九年程名振等拔卑沙城遣將耀兵於鴨綠水又龍朔元年契苾何力討高麗高麗守鴨綠水不得濟何力乘冰堅渡水大破之乾封二年李勣伐高麗管書記元萬頃檄文曰不知守鴨綠之險高麗報曰謹聞命矣卽移兵拒守唐兵不得渡乾封三年李勣大破高麗兵於鴨綠柵進圍平壤高麗降宋大中祥符二年契丹主隆緒伐高麗渡鴨綠江高麗敗保銅州元至正二十年元主廢高麗王伯顏帖木兒立其昆弟在京師者曰塔思帖木兒以兵送之國高麗闌入不服至鴨綠江高麗伏兵四起兵敗僅餘十七騎還京師今

鴨綠水源出長白山下流入海與高麗分界萬歷二十年大帥李如松等援朝鮮出石門至鳳凰山渡鴨綠江而東是也

海司南七百三十里齊都賦海之旁出者爲勃遼東延袤二千里其南面皆臨勃海遼志遼陽府東至北烏魯虎克四百里南至海邊鐵山八百六十里西至望平海口三百六十里東西南三面皆抱大海

蓋州衛司南二百四十里南至復州衛一百八十里西北至廣寧衛三百六十里東至鴨綠江五百五十里秦漢時遼東郡地高麗爲蓋牟城唐置蓋州勃海因之又改爲辰州志云以路通辰韓遼初爲長平郡尋爲辰州奉國軍金初改軍曰遼海軍尋又改州曰蓋州軍仍曰奉國元初爲蓋州路尋復爲州以州治建安縣省入屬遼陽路明洪武九年廢州置衛

衛控扼海島翼帶鎮城井邑騈列稱爲殷阜論者以爲遼東之根柢



允矣

海衛西十里又西十里爲歸洲又西南百十里曰葦子套波濤險惡不利行舟志云衛南海口有馬石津晉咸和九年遣使者由海道致命於慕容皝船下馬石津皆爲慕容仁所留時皝在棘城路由平郭始達也新唐書自登州大洋東北行過大謝龜歆等島北渡烏湖海至馬石山東之都里鎮所謂馬石津當卽此處也

連雲島關衛西十五里置關以控海濱之險又梁房口關在衛西北九十里又有梁房口堡設兵戍守與海州接界

復州衛司南四百二十里南至金州衛百八十里西北至廣寧衛五百四十里東南至海二百四十里

長興島衛西南四十里亦曰長生島內容五軍復州糧一萬二千而長生輸其七又茶河島在衛西南五十里又西南三十里曰長山島上有塔

海在衛西四十五里有白沙洲最爲險要南爲南信口北爲北信口
金州衛司南六百里南至大海百二十里西北至廣寧衛七百二十里
南關島衛南一十里天啟中守將張盤議開河斷南關島以守衛城卽此又杏園島在衛西十里河口島在衛北三十五里海青島在衛東南四十五里
蓮花島在衛東三十里濱海險要處也衛東南百二十里又有金綿島俱有兵戍守明朝永樂十七年大帥劉江於金綿島西北望海堝上築壘備倭會瞭者言東南海洋內王家山島夜舉火江急遣馬步軍趣堝上小堡備之翊日倭泊馬雄島登岸徑奔望海堝江大敗之志云王家山島在衛東南三百里海中馬雄島在金綿島東南
雙島志云有二南雙島在衛西南百里又北十里卽北雙島餉遼圖



自旅順口西鐵山至老猫圈三十里又西北至雙島四十里自雙島至羊頭凹四十里羊頭凹至八隻船四十里八隻船至宗島三十餘里宗島至長山島亦三十餘里長山島至老瓜島六十里又至歸洲百餘里又至南套三十里南套至蓋州二十里又由北套百餘里而至三岔河自旅順口至三岔河凡五百五十里此由海道泝遼河之舊迹也
三山島在城南海中天啟中毛文龍言三山島在旅順東三百里從島可以入旅順旅順者登萊朝鮮水路津要也三山島轉北二百里爲廣鹿島從島可入金州廣鹿島而東五十里爲長山島從島可入復州長山東北二百餘里爲石城島從島可入海州石城相近有小松島從島可入蓋州石城又東二百餘里爲麗島從島可入蚺巖麗島而東二百里爲鮮鎮寬甕以兵守之乘間抵隙可以惟意所向矣
皮島衛東七百餘里地形廣衍有險可恃天啟中毛文龍屯駐於此其東北爲增福島又東北卽朝鮮東境之鐵山矣
長行島在衛東南百餘里天啟中毛文龍使朱昌國駐長行島曾有功駐三山島張盤守金州爲百里碁布之勢是也
海衛西三十里又衛境東南二面皆濱大海
旅順口關在衛南百二十里海運舟達金州衛者至此登岸有旅順口南北二城金州衛中左千戶所在此備禦又哈思關在衛南十八里
望海堝堡衛東南七十餘里地特高可駐兵千餘洪武初都督耿忠於此築堡備倭寇至必先經此海濱咽喉地也永樂十七年總兵劉江用石壘之倭委衆海艄入犯直逼城下登岸戰江出奇敗之



賊奔櫻桃匯空堡江圍之特開西壁以待其奔分兩翼夾擊盡殲之遼之倭患遂絕櫻桃匯或云在堡東北又堡西有左眼右眼三手西山沙洲山頭瓜牙山敵臺凡七所接旅順口是皆明初所置
寧遠衛司西七百七十里西至廣寧前屯衛百三十里東南至廣寧中屯衛百八十里東至廣寧衛二百里西北至故大寧衛廢利州百五十里
海衛南二十五里又衛東南至海僅十五里
耽羅今朝鮮之慶尚南境亦曰儋羅國唐史云居新羅武州南島上初附百濟後附新羅麟德二年遣使入朝後爲新羅所幷圖經今濟州卽古耽羅國也
夫海者百谷之王而萬水之宗也山東三面瀕海登萊二府島嶼環抱其在青濟則樂安日照濱州利津霑化海豐諸境皆濱海爲界稱勃海云說文曰東海之別有勃解故東海稱勃海列子曰勃海之東

有大壑名曰歸墟歸墟者卽莊生所謂尾閭也初學記曰北海之别有瀚海瀚海之南有渤澥海則北海亦通稱渤海矣又東方之極自碣石通朝鮮諸國直抵扶桑一望汪洋浩瀚涯津無際外控夷落內衛中夏則山東形勢實稱險絶昔人謂齊得十二又豈直爲兵車卒乘之富耶博物志曰海中有蓬萊方丈金銀宮闕仙人所集十洲記謂東海中五百里有不死草返魂樹此固秦皇漢武所以縱其侈心求之而不得也顧其說雖荒唐不經然觀登萊海市樓臺城郭人物旂旐之狀成於瞬息千態萬像而不可摹寫則海中靈鬱之氣洩而爲奇怪瑰偉之物固亦理之所宜有也至於禽魚木石之産金錫鹽鐵之利珠璣鱗甲之珍民實賚之則海於東土其利固甚溥哉禹貢冀州夾石碣石入於河兗州浮於濟漯達於河青州浮於汶達於濟徐州浮於淮泗達於河山東漕運其昉行於茲乎秦欲攻匈奴使天



下飛芻挽粟起於黃腄琅琊負海之郡轉輸北郡漢高祖運山東之粟以給中原歲不過數萬石至武帝通西南夷滅朝鮮擊匈奴城朔方轉漕甚遠而山東咸被其勞矣宋初都汴京東之粟歷漕濟及鄆入五丈渠至京師眞宗時京東分廣濟河由定陶至靑入河徐州歷呂梁灘磧之險至理宗時於堽城作斗門以遏汶流益泗漕以餉邊梁而漕渠開矣元初開濟州泗河至新開河由大淸利津諸河入海旣而海口沙壅復從東阿陸挽至臨淸入御河又開膠萊新河以通海道勞費不貲少有成效伯顏始剏海運與濟州河並行未幾又用韓仲暉等言自安民山開河北抵臨淸引汶絶濟直屬漳衛名會通河夫汶水自古東北入海以智力導引使南接淮泗北通白衛實自元人始然河渠淺澀舟不負重歲運不過數十萬石終元之世海運不能廢也明朝初給餉遼東海運如故永樂徙都於北亦嘗行之幾尙書宋禮等復浚會通河於是漕利通而海運罷膠萊故道亦遂堙廢夫河漕誠利矣然泉源壅塞有疏浚之勞堰閘蓄洩有供役之煩徐呂洪流之泛溢淮揚咽喉之扼塞意外之患有不可不防者海運其可不講耶是故漕河者萬世之通利也海運者備不虞之變也膠萊故道者翼海運以成功皆不可廢也天下之事居常者必慮變捍利者必思害輕重緩急達乎其勢而已矣獨漕政爲然哉

捕魚

海上捕魚所用之網名曰作網以繩結成其目四寸以上上綱有浮木下綱有墜石每網一貼約長二丈濶一丈五尺百十家合夥出網相連而用網百則長二百丈乘海潮正滿衆乘筏載網週圍布之於水待潮退動魚皆滯網中衆齊力拽網而上若魚多過重拽不能勝則稍裂網縱魚少逸去然後拽之登岸可得雜魚巨細數萬堆列若



巨邱販夫荷擔雲集發至竟日魚方盡作網之外又有蒲名其法用楷條葛繩編若疎簾形每方濶四五丈高五六尺亦相接用乘潮未至先於灘內下樁木隔數步一下下至二百餘步以蒲立縛於樁魚隨潮浮出水面而至皆入蒲中及潮退魚從水底尋溜而出爲蒲所隔不得出衆悉下水以手摹之或以網打之得魚亦多然視作網所得之多相去遠矣

煎鹽

竈丁擇晴日於早潮後午前各持鍫於海灘內稍高處以鍫起其土勻撒地上令日曬之稍選鹽色浮出收其土作堆乃復起土撒曬之如此數次土積已多先於四旁高地上空一池大小任意內堅築之又於池之下面相距步許作一深窩謂之投井內亦堅築之以堆土置之池內汲海水滿注於池淋其土成黑汁自池中爲渠流入投井

謂之鹵汁以鑊煎之每一鑊容汁二石燒草五束煎鹽得八十觔竈丁工力厚薄以爲煎鹽多少任其發賣於領有鹽票者此煎鹽之大畧也

解鹽但遇南風池水自結成鹽墒夫撈之而已花馬池鹽余曩兼理鹽法親見汲池水澆池旁畦內日晒之卽成鹽工力皆省獨海鹽勞費人力故曰煮海言其難也信哉

種稻

海上斥鹵原隰之地皆宜播稻種苗出耘過四五遍卽坐而待獲佰雨暘以時每畝可收五六石次四五石種多惟穀穀黃小紅芸者尤佳禾實色氣香味甘滑可比鼇屋線稜無錫香秔秋收貯積春來貿遷得高價可比魚鹽若江南水田雖純藝稻然功多作苦農夫經歲胼胝泥淖之中收入欠薄畝多二三石一二石不如此中海稻功半



而利倍者也蓋琅琊之稻自古稱名屬縣高密西南有稻國齊孝王子定爲稻侯其異如此

登州府

元人通海運於沙門島設監置城其時與城北爲二社皆蓬萊之民也我國朝漕會通河海運廢二社之民無約束之官乏通濟之移遂移附近郭失有恒業而島嶼丰空矣然膏腴沃壤不交耒耜亦一遺利也近分營軍屯糧於中歲有收獲後又招民開墾籌滿車滿悉土之毛可以果生人腹於以興利非生之也衆乎故議復二社之業講詢消弭之策經國者酌之

周禮遺人掌鄉里之委積以恤民之艱阨後世惟朱子之社倉得其意焉自社倉轉爲縣倉縣倉轉爲郡倉去民益遠則澤不下究而古意失矣國初預備倉在黃縣者凡八所在寧海州者凡五所餘者可以類推焉夫社倉在國初已行之矣

船隻

有淮船有遼船有魚船有塘頭船有太倉船有瓜州船船定數以糧爲數大者載糧千餘石次七八百石又次四五百石或二三百石雇募者十之七官造者十之三

福山縣

營後墩在縣東北一十五里　竈後墩在縣北二十里

郭家庄墩在縣西北二十五里　八角墩在縣西北四十五里

鷄鳴墩在縣西北三十五里　白石墩在縣西北五十里

磁山墩在縣西北四十里　城陰墩在縣西三十里

右八墩福山備禦官軍守瞭

碁掌墩在縣西北一十五里　浮欄墩在縣西二十里



右二墩參領巡檢司

木作墩在縣東北二十里　埠東墩在縣東北二十五里

熨斗墩在縣東北三十里　現頂墩在縣東北三十五里

清泉墩在縣東北四十里

右五墩奇山守禦官軍

登州衛墩六座曰蓬萊閣曰田橫寨曰西庄曰林家庄曰抹直口曰教場

劉家汪寨墩五座曰繳家庄曰灣子口曰淋嘴曰西峯山曰城兒嶺

解宋寨墩三座曰木基曰解宋曰盧里

楊家店巡檢司墩三座曰黃石廟曰城後曰石圈

高山巡檢司墩二座曰大山曰高山

孫夼鎮巡檢司墩三座曰旗掌曰塔山曰崗嶮

福山備禦中千戶所墩二座曰竈後曰後營
奇山守禦千戶所墩四座曰木柞曰埠東曰熨斗曰現頂
清泉寨墩二所曰清泉曰石溝
寧海衛墩六座曰後至山曰草埠曰小峯曰戲山曰貉子河曰馬山
金山備禦千戶所墩五座曰廟山曰鳳凰曰小峯山曰駱駝曰金山
威海衛墩八座曰遶遶曰麻子曰斜山曰磨兒山曰焦子埠曰陳家
庄曰古陌頂曰廟後
辛汪寨巡檢司墩一座曰辛汪
百尺崖備禦後千戶所墩六座曰望天嶺曰蒲臺嶺曰百尺崖曰嵩
里曰老姑頂曰曹家島
温泉鎮巡檢司墩二座曰可山曰半月山
成山衛墩十座曰白峯頭曰狠家頂曰高蚰山曰仲山曰太平頂曰



奪姑山曰馬山曰嶇嘴曰俞鎮曰裏島
尋山備禦後千戶所墩八座曰青魚曰葛樓山曰楊家嶺曰小勞山
曰黃連嘴曰古老石曰長家嘴
寧津守禦千戶所墩八座曰慢埠曰龍山曰羊家島曰芝麻灘曰萬
古曰柴家山曰青埠曰孟家山
赤山寨巡檢司墩一座曰田家嶺
靖海衛墩二十座曰柘島曰鐸木曰郭家口曰石崗山曰唐浪頂曰
摽杵頂曰瓜簍寨曰狗腳山曰石腳山曰路家馬頭曰赤山曰長會
口曰紅土岸曰明光山曰青島嘴曰姚山頭曰峯窩曰浪浪曰天灣
口曰黑夫廠
海陽守禦千戶所墩七座曰乳山曰帽子山曰驢山曰白沙曰峯子
山曰賊子港曰小龍山

乳山寨巡檢司墩一座曰裏口
大嵩衛墩七座曰望石山曰擒虎山曰草島嘴曰新家寨曰劉家嵩
曰麥島曰楊家嘴
大山寨備禦千戶所墩二座曰大山曰虎巢山
行村寨巡檢司墩三座曰高山曰田村曰靈山
福中備禦中前所堡二座曰福山曰芝陽
奇山守禦千戶所堡二座曰黃務曰西牟
寧海衛堡十二座曰宋家曰曲水曰管山曰板橋曰石子現曰栲栳
觀曰湯西曰修福曰杏林曰峯山曰辛安曰蕪簍
金山備禦左千戶所堡四座曰鄒山曰清泉曰石溝曰朱家
成海衛堡四座曰曹家庄曰虎豹曰峯山曰天都
百尺崖備禦千戶堡三座曰芝蔴嶺曰報家崖曰轉山



成山衛堡九座曰神前曰祭天嶺曰報信口曰堆前曰歇馬亭曰洛
口曰石岴曰北留村曰張家
尋山備禦後千戶所堡七座曰曲家埠曰勝佛口曰大水泊曰老翅
曰紀了埠曰蒸餅曰青山
寧津守禦千戶所堡九座曰帽子山曰嶇山寨曰高樓山曰掩地岡
曰王家舖曰大頂山曰土現口曰龍虎山曰嶇山
靖海衛堡八座曰蒸餅曰孤西曰憨山曰望將曰墳臺曰店山曰葫
蘆山曰起雨山
海陽守禦千戶所堡十座曰奓山曰猪港曰扒山曰桃村曰孤山曰
黃利河曰孔家庄曰撒雨山曰老埠港曰湯山
乳山寨巡檢司堡二座曰長角嶺曰高庄
大嵩衛堡四座曰黃山曰青山曰管村曰界河

大山寨備禦千戸所堡二座曰雙山曰黃陽



洋防輯要卷五

江南方輿紀要

海

海自蘇松而淮揚上達山東春秋哀公八年吳徐承帥舟將自海入齊國語夫差會晉公午於黃池越王句踐命范蠡古庸率師沿海泝淮以絕吳路即今海道也孫吳嘉禾元年遣將軍周賀等乘海至遼東從公孫淵求馬賀還至成山（今在山東文登縣）魏將田豫邀擊殺之明年公孫淵遣使稱臣於吳吳主權大悅遣張彌等報使淵淵斬彌等首送魏吳主欲浮海伐之羣下力諫而止赤烏元年魏遣司馬懿等擊公孫淵淵復遣使稱臣求救於吳既而淵滅吳督軍使者羊衜擊魏遼東守將俘人民而還晉咸和五年石趙將劉徵率衆數千浮海而南東南諸縣多見殺掠隋開皇八年伐陳分遣青州刺史燕榮等繇東海道入吳擊敗吳州刺史蕭巘於包山悉平吳越之境宋末李全據楚州欲遣海舟自蘇州洋入平江嘉興覘幾伺其後元人資此爲饋運通途明洪武中濱海置戍以防倭寇及嘉靖中倭寇突犯蘇松淮揚之間幾無寧宇於是防維益密今自金山衛而東北爲柘林堡青村所又北爲南匯嘴川沙堡又北爲吳淞江此皆蘇松之喉吭吳淞而南雖有港汊每多砂磧賊可登岸兵難泊舟實兼水陸之險於此防禦至爲切要吳淞而北爲劉家河爲七鴉港又東爲崇明縣七鴉而西爲白茅港爲福山又折而西北爲揚舍爲江陰爲靖江又西爲孟河爲圌山此皆江南岸之險舟師備禦之地也江北岸則東起廖角嘴大河口以及呂四盧家等場沿楊樹港海門裏河（以上今多壂於海）達通州如皋泰州則逼近揚州矣踰海門而北則爲徐步營（在舊海門縣北）又北則爲掘港

見如皐縣又東北則爲新插港（舊在海門縣西北）轉而西北則金沙鹽城廟灣（廟灣見山陽縣）劉莊（亦見山陽縣）姚家蕩（在鹽城縣）又西北則蛤蜊麻線等港（俱在山陽縣）而至大海口矣（大海口即淮河入海處在淮安府東）賊繇狼山江而西則三江口（在揚州府東南）爲登犯之徑若越海門而北則必犯大海口大海口有水陸路南通廟灣與劉庄姚家蕩俱爲大鎭賊每覬覦若安東海州之東北有大北海不惟道里迂遠且沙磧甚多掘港新插港之東亦有北海沙磧亦多不堪重載爲備稍緩矣海防考江南之要害三曰金山衛以迫近海塘北接吳淞口也曰吳淞口以蘇松二郡之要害也曰劉家河繇太倉入犯之徑道也曰白茆港自常熟入犯之要口也江北之要害三曰新港（即三江口）以逼近揚州也曰北海所通新插港又有鹽徒聚艘於此也曰廟灣以其爲巨鎭而可通大海口也明翁大立曰海防惟有三策出海會哨毋使入港此爲上策循塘距守毋使登岸此爲中策出水列陣毋使近城此爲下策不得已而至守城則無策矣



蘇州府（東至海岸百五十里東南至松江府百八十里南至浙江嘉興府百三十里西南至浙江湖州府二百十里西北至常州府百九十里北過江至揚州府通州二百七十里自府治至江寧府五百六十里至京師二千九百五十里）

府枕江而倚湖食海王之饒擁土膏之利民殷物繁田賦所出吳郡常書上上說者曰吳郡之於天下如家之有府庫人之有胸腹也門戶多虞而府庫無恙不可謂之窮四肢多病而胸腹猶充未可謂之困蓋三代以後東南之財力西北之甲兵並能爭雄於天下謂江淮以南必無與於天下之形勝者非通論也明唐順之王士祺等輯防海防倭防江等說凡數十家合爲防險說以吳郡越江而北可以并有淮南常熟與江北接壤涉海而南可以兼取明越崇明去明越密邇泝江而上可以包舉昇潤渡湖而前可以捷出苕浙繇太湖過湖州徑向杭州也夫浙西爲賦財淵藪而吳郡又爲浙西都會天下大計安可不以吳郡爲先務哉蘇松喉吭皆在吳淞江吳淞江沿袤而南則自老鸛渚海濱以至寶山南匯金山出江口迤邐而北則自採淘以至黃姚劉家河繇江口而深入則南迤五十里即爲黃浦直至黃姚而登岸則嘉定太倉崑山蘇常連數百里是吳淞江者南爲上海門戶西爲蘇常藩籬備吳淞即所以備上海備上海即所以備蘇常也而崇明一縣孤懸海中諸沙環之幾三百里爲諸郡外護此亦天設之險矣

常熟縣（府北九十里東南至太倉州九十里西北至常州府江陰縣百二十里西南至常州府無錫縣百十里本吳縣地晉太康四年分置海虞縣屬吳郡）

常熟故城在今縣之南劉昫曰崑山縣西百三十里有常熟故城九域志蘇州北七十里有常熟故城梁置縣於此今縣即故海虞城



城邑考海虞城初時編木爲柵甚堅緻周二千二百四十丈元時改築土城周四千八百四十丈至正十六年張士誠始甃以磚周九里有奇明永樂以後日就傾圮嘉靖三十四年以倭亂始營坂築西北據山東南憑濠屹然完固

福山縣北四十里下臨大江形如覆釜亦名覆釜山唐天寶六載改曰金鳳山天祐初吳越於此築城戍守控扼江道亦謂之金鳳城朱梁乾化三年吳越復改爲福山與大江北岸通州之狼山相值周顯德五年克通州吳越遣將邵可遷等帥水軍屯江南岸與周師相應即此處也時謂之福山鎭宋南渡後置水軍砦建炎三年韓世忠控守福山以備金人海道之師明初敗張士誠兵於福山港進逼通州城亦置福山寨并巡司於此嘉靖中以倭亂築堡屯兵爲控禦要地蓋縣境之北門亦吳郡之重險也志云山周五里東

通大海北枕大江土人亦謂之福山岡

福山港縣北四十里自城北水門二十里經斜橋又二十里經福山入大江亦曰福山塘亦曰福山浦宋紹興中屢經濬治與白茆許浦並爲要害明宣德及宏治中屢經修濬嘉靖三十四年倭賊自福山港突犯郡城婁門尋自太湖突犯楓橋又經婁門還福山是時江湖深闊今日就淺澀矣又港東北曰崔浦曰丁涇亦舊時通江之口宋紹興二十九年議濬崔浦丁涇轉運使趙子瀟言福山塘與丁涇地勢等若不濬福山塘則水必倒注於丁涇乃幷濬之今丁涇亦堙廢舊志縣北五十里有崔浦橋卽崔浦入江處也

梅李鎭縣東北三十六里臨梅李塘其地爲許浦之上游五代錢氏有衢州遣其將梅世忠李開山屯兵於此以防江鎭因以名宋紹聖中轉運毛漸奏濬梅李塘通江其地有道通橋許浦未塞通泰



蘇湖商舶皆集於此明宏治正德中皆疏此塘嘉靖中倭賊自許浦登陸徑犯梅李後又竊據於此與福山白茆賊相聲援志云鎭東北達許浦東南達白茆西北達福山爲適中之地有事時戍守處也

嘉定縣府東北四十里東逾海口至崇明縣百七十里南至松江府青浦縣七十里北至太倉州三十六里唐爲華亭縣之疁城鄉宋嘉定十年析置縣以紀年爲名

寶山在縣東南八十里明永樂十年命海運將士築此以建烽堠周六百丈高三十丈爲海運表識晝則舉烟夜則明火海洋空闊一望千里先是居民嘗見其地有山影至是山成因名曰寶山御製詩文刻石其上海運廢山仍爲濱海戍守之所嘉靖中倭寇入犯每以寶山爲望故邑之被害最劇而寶山常爲賊藪三十四年大敗倭賊於寶山洋患稍息志云寶山之外沿海一帶有楊家路倭自崇明而來必取道於此山之南有寶鎭堡亦設險處也

東岡在城南亦曰東岡身又縣西五里有青岡亦曰中岡身又西七里曰外岡有溪環其下縣西南十五里又有沙岡西南十八里曰西岡或謂之淺岡蓋海濱岡脊天然障衛志云縣境北至太倉南至南翔俱曰岡身路

海在縣東四十五里北至黃姚港南抵上海界環縣境凡八十餘里海水鹽鹵而此地不異江湖兼有灌溉之利蓋南卽黃浦吳淞江北則劉家河又北則大江注焉皆迴洑蕩激於數百里間故與南北海獨異也然濱江一帶夏秋間颶風霪雨挾潮而上往往漂沒田廬晉湖州刺史虞潭嘗築壘海濱以禦衝潮明洪武末以海患遣官修築北抵太倉衛南跨劉家河長千八百餘丈永樂二年復增築高廣成化八年於寶山北舊壘外又築新壘嘉靖二十三年



復於寶山南增築外岸直抵上海草蕩惟吳淞所迤北舊壘坍沒未修邇來營葺益疎故址多廢志云縣境之海俗謂之海泙稍北與崇明相望

吳淞江縣南三十六里志云吳淞江過澱山湖經崑山夏駕浦東抵縣界至顧浦又東過黃渡又東過江灣又東北抵吳淞所入海白昔三江之中淞江最大上承太湖直流注海湍悍清駛海潮不得停滯故三吳少水患自吳江築長堤上流既緩下流漸塞宋元以來屢議修濬明永樂二年夏原吉奉命治水謂吳淞江自夏駕浦以下皆爲潮沙所障塞因鑿夏駕浦掣吳淞江水北達婁江復挑顧浦南引江水北貫吳塘亦繇婁江入海復濬上海縣范家浜掣江水南達黃浦入海而故道直流百里之江遂棄而不治正統五年撫臣周忱復濬故道通流天順二年撫臣崔恭復濬吳淞江於

縣境濬下家渡至莊家涇凡五千五百五十餘丈成化十年撫臣畢亨復自夏家浦開至莊家涇嘉靖二年撫臣李充嗣復開濬既而倭亂吳淞江爲最衝三十二年倭入吳淞江明年復屢自吳淞江登岸焚掠久之始息隆慶三年撫臣海瑞又疏黃浦至上海南蹌萬歷六年御史林應訓復疏黃渡以西至崑山千浦大抵隨濬隨淤而吳中水災疊告矣禹貢云三江既入震澤底定三江僅存吳淞一江而復不能順流達海震澤何繇而底定哉

顧涇港在縣東四十里上流接黃白涇通練祁塘東入於海宋寶歷初置顧涇水軍砦於縣東北四十里其北爲川沙港南接顧涇港東北入海亦曰川沙浦宋時與茜涇下張七鴉楊林掘浦共爲崑山六大浦隆興二年開濬宋志顧涇西去許浦百里與海上黃魚垛相望淳熙十二年殿前司奏請分許浦水軍駐此從之寶慶初



始置寨明設顧涇巡司又施家港在縣東西通川沙港又西北接新港嘉靖三十三年賊從南沙襲渡至施家港進犯縣城轉掠南翔諸鎮尋敗却萬歷中浚吳淞江自黃渡浦口東繇新涇口至施家港是也

黃姚港縣東北四十里西接新涇東北合五岳塘入海嘉靖三十二年倭賊自黃姚入劉家河進掠婁塘遂北犯太倉轉犯吳淞所尋進薄縣城不能陷會救至賊引却明年賊復自黃姚登岸轉掠而南越南翔繇封家浜犯松江境內三十四年倭舟復泊黃姚舍舟登陸西至婁塘轉掠鄰境蓋其地迫近濱海與太倉州接界北去劉河咫尺南接吳淞江向有陸兵戍守姚一作窯

綵綯港在縣東南吳淞所北其西四里爲周浦又四十八里曰羅店鎮嘉靖中賊避吳淞守兵往往出沒於此三十五年賊突犯綵綯港掠東境尋引却縣南境又有師家浜老鸛嘴四馬洪諸處皆在吳淞江南岸接上海縣境官軍敗倭處也

南翔鎮縣南二十四里爲商賈湊集之所橫歷所經也南去吳淞江十里至上海縣五十里嘉靖三十三年倭賊犯南翔廣福鎮未幾復犯南翔繇封家浜直抵松江邑西境皆爲騷動志云廣福鎮在縣東南四十里

江灣鎮縣東南六十里其水自吳淞江屈曲入虬江因曰江灣宋有巡簡寨建炎中增置江灣鄉兵砦亦曰義兵砦韓世忠謀邀兀术之兵以中軍置江灣是也淳祐九年又置江灣忠節水軍寨明設巡司於此賊入黃浦犯上海江灣其必經之地也

黃渡鎮縣西南三十六里與青浦縣接界元置鎮因水而名尋又置吳塘巡司於此明因之洪武中市舶提舉司亦置於此太祖以去



京畿密邇曰險要不可以示遠人乃移寧波又縣西南四十里爲紀王廟鎮亦市易之所也

安亭鎮在縣西南二十四里與崑山縣接界以安亭涇而名又縣西十五里曰外岡鎮水陸衝要處也縣西北二十四里又有葛龍廟鎮與太倉州接界一名吳公市北至太倉州二十里

婁塘鎮縣北十二里因水而名西北去太倉州十二里舊有婁塘南舘爲往來中頓處嘉靖中倭賊每從劉河突犯婁塘縣境及太倉皆被其患

滬瀆壘在縣西四十里傍吳淞江晉隆安四年袁崧築壘於此以備禦孫恩今廢志云今青浦縣青龍鎮西有滬瀆村

吳淞江守禦千戶所在嘉定縣東有四十里吳淞江北岸洪武十九年建屬太倉衛統百戶所十有土城周一千一百六十餘丈自是

相繼增築開四門環濠爲固城當吳淞入海之口初去海三里許最爲衝要尋以海潮侵嚙東北隅漸傾入海嘉靖十六年備兵使黃儀議更築土城於舊城西南一里不果三十二年倭寇突犯舊城潰明年改築新城周七百二十丈內外皆爲濠闢水關一旱門四增兵戍守三十八年又命總兵官專駐吳淞居中調度翁大立曰吳淞所爲水陸要衝蘇松喉吭北可以扼長江之險南可以援金山之急故汛守特重自是而北曰劉家河曰七鴉港又東爲崇明縣七鴉港而西曰白茆港曰福山又西則江陰之揚舍皆控扼之所而要以吳淞爲根本

寶山守禦千戶所在嘉定縣東南八十里本名青浦鎮一名高橋鎮其地東北距海西濱吳淞江多魚鹽蘆葦之利洪武十九年建青浦旱砦於此與吳淞所相犄角三十年增立城堡其後累加修葺



設官軍鎮守嘉靖三十二年官軍與倭戰於高橋不利三十四年倭賊入吳淞江官軍焚其舟賊登岸據青浦法昌寺官軍與戰不利賊遂南據浙江海鹽縣之乍浦三十六年更名協守吳淞中千戶所萬歷五年增築新城周二里有奇更名寶山千戶所

太倉州府東一百五里東至海七十里南至松江府百三十五里北至大江口一十六里

州枕大海之濱控三江之口東翼吳郡南蔽雲間元人繇海道轉輸則劉河爲津要明嘉靖中倭寇出沒州每當其衝就東南言之州亦襟要之所矣

岡身在城東南元潘應武云自常熟福山而下有沙岡身二百八十餘里以限滄濱岡身間有港浦百五十餘處以洩大湖之水今州據岡爲城有上岡身下岡身歸吳等岡身其岡門亦多堙塞州境得名者猶二十有六皆環於城西及南北間吳郡續圖經濱海之地岡阜相屬謂之岡身天所以限滄濱而全吳人也說者謂山脊曰岡州無山而有岡身蓋海沙壅積日久凝結或開濬河道堆土爲阜兀然隆起土人名爲岡身近橫瀝則其壤堅而黃濱海則其壤潤而黑地氣不同也雖皆沙磧而頗宜菽麥有種植之利

劉河在城南自崑山縣流入境又東南七十里爲劉河口卽古婁江入海之口自此抵崇明百二十四里爲海濱要害元人海運繇此入海泰定初周文英言水利首請濬劉家河以達吳淞江下流至正十四年方國珍以海舟來犯入劉家港董摶霄敗却之明初亦嘗繇此漕粟泛海抵北平遼東永樂初夏原吉議濬劉河以分引太湖壅水既又遣中使鄭和出劉河使海外諸國宏治四年侍郎徐貫開濬婁江自州城南至嘉定外岡長十八里其後屢經濬治嘉靖中倭寇屢繇劉家河突犯南掠嘉定北擾太倉所至塗炭劉



河益爲汛守重地河口有天妃宮初爲鎮海衛兵戍守今設把守官軍營海防考宋南渡後置水砦於劉河港口元人置分鎮萬戶府於江北岸又於南北岸各立萬戶府凡三區洪武七年罷萬戶府置巡司三正統初金山倭警撫臣周忱等以港口爲吳地噤喉乃設劉家港營增置砦柵撥兵戍守舊時水勢深通海舟高艘揚帆直上萬歷以後港爲潮沙壅積僅存一線矣

七鴉港州北三十六里又東三十餘里曰七鴉口注於海志云婁江別一支自崑山西至和塘而北合常熟崑承及陽城巴城諸川澤匯流爲七浦塘經州西三十里直塘市又東北十里爲沙頭市又東北十里經塗松鎮一帶而入海宋紹聖中濬七鴉浦隆興二年復濬之淳熙初又嘗濬治明宏治九年工部主事姚文灝建議開濬嘉靖二十五年復濬尋以倭亂築七鴉壩於浦口毛節卿謂七

鴉壩截潮水而直塘數里中微是也港口有把守官軍營寨撥軍戍守水利考白茅劉河塞而七鴉之流盛三吳積水大都從此宣洩其備禦視昔爲綦重矣

茜涇浦在州東北五十里宋時與七鴉浦俱爲諸大浦之一嘉祐中范仲淹議濬茜涇熙寧末郟僑謂開茜涇浦使水東入海政和六年廢運使應安道亦請開茜涇等六塘以通積水宣和三年自太倉歛口開茜涇浦淳熙初復濬茜涇及七鴉浦是也志云茜涇東去海僅二十里有茜涇鎮宋曰楊林寨元改爲鎮明初置巡司及稅務局於此今局廢而巡司如故海防考劉河以北有新塘茜涇又北抵涙港東出七鴉口並爲設險處

鹽鐵塘在州城北舊經城中南越婁江流十二里入嘉定縣界又南注吳淞江北流四十里入常熟縣界又北注白茅塘昔時每浚此



以通婁江澱淤南北羣川亦多匯流於此今南北二水門塞水不復貫城而出舊道堙沒者逾半矣又橫塘在州城東北逕楊林七浦入常熟縣界其南亦通于吳塘今堙

海州東七十餘里志云州北去海百里東北至崇明縣二百餘里其間沙洲錯雜居民皆畋治之而劉河七鴉二口則州境之要防也

塗松鎮州東北三十五里鎮有塗松岡因名志云鎮西達沙頭東連龍市東北爲橫涇又甘草涇東南爲七鴉浦及茜涇蓋水陸交會處也自唐以來皆置鎮於此宋元豐中改鎮爲市僞吳張士誠嘗築城置營於此以備海寇今日就荒落商旅不至矣又唐茜涇港口巡司在州東北五十四里元爲崑山鎮置巡司洪武七年改置唐茜涇巡司其地有唐茜涇東注於海因設兵戍守成化中有遷置巡司於東花浦口萬歷中革

雙鳳鎮州北二十四里一名雙林又北六里曰直塘市民居繁密之所也自是而西北十里曰任陽莊入常熟縣界又沙頭鎮在州東北三十六里明初爲商旅萃聚之所又州東北六十里曰璜涇鎮皆七鴉浦所經也

吳公市在州南十五里一名小婁塘又南五里曰葛隆鎮與嘉定縣分界

甪子橋在州西十八里崑山接境處也元至正十六年方國珍犯太倉張士誠將呂珍守甪子橋築營浚濠有叛者自古塘幸寇西下出珍不意珍力戰得免今亦曰甪子鋪

崇明縣州東百五十里西至府城二百五十里北至通州二百里本海中沙洲楊吳時謂之顧俊沙五代史楊溥改顧俊沙爲崇明鎮是也宋嘉定十五年改爲天賜場屬海門縣元至元十四年置崇明州屬揚州府至正十三年爲張士誠所據十九年歸於明洪武二年降州爲縣八年改屬蘇州府洪治十年復改屬太倉州



蛇山在縣東海中相距約二百餘里一名長山上有泉石之勝又洋山亦在縣東與蛇山相近南北官軍往往會哨於此海口要道也

蘇州洋在縣東南志云東沙之外曰蘇州洋即大海也北接大江口南入嘉興府境內江浙間有事此爲戍守要衝又淡水洋在東沙東北海水皆鹹此水獨淡可以烹茶又有鹹水洋在東洲東南至夜水沸若星光映如火其水至鹹即滷水矣

北新河在舊縣北六十二里海水西流而入又南新河在舊縣北五十二里海水北流而入與北新河通今三沙日圮河道亦堙

清潭港在舊縣東南其相近有張家等港又界溝港在舊縣東北其相近有道堂等港又曾姚港在舊縣西南其相近有富民永安等港又有蝦港俗傳宋高宗南渡至此有大蝦二湧水挾船出海因名又有水竇等港在舊縣西北嘉靖三十二年倭寇從水竇港登

刦攻東南水門及東北柵城陷三十八年復繇水竇港登岸盤據三沙官軍就圍之賊尋遁去志云縣環海爲境沙港衝塞不時其可紀者凡數十處今縣移而西舊港不可問者益多矣

施翹港在今縣北經亭沙吳家沙而西至港口渡海面至劉河口不過三十餘里繇渡口東抵平洋沙海面約六十里舊無此港隆慶中設法開浚變斥鹵爲良田而行旅復以爲便又符浜在縣西八里有渡口七十里至太倉劉河爲往來通道曰符浜渡又有黃家港渡自縣西至渡口海面約六十里又西至太倉璜涇海面約四十里

渡船港在縣東南有渡口去縣三十里至舊城平陽沙界䈥渡海面不過十里縣東又有舊城河渡及爛沙渡皆爲往來津口

楊家港在縣東南沙田多高舊有港久淤萬歷二十八年縣令李官



疏浚民得灌漑之利又有姚皮等港亦在縣之東南皆壅沙通海處也

長沙今縣治建於此旁連十餘沙最爲雄壯又東北曰亭沙其相連者曰吳家沙皆水鹹不可耕居民煎鹽以給而吳家沙復多柴蘆之利

營前沙在縣北爲大江入海之砥柱嘉靖三十六年倭寇登營前沙官軍敗却之其相接者曰山前沙海防考倭寇至營前而西則江北淮陽江南常鎮皆有衝突之慮蓋營前沙與海門縣蓼角嘴相對海面約濶百五十里倭寇入江此爲第一重門戸與狼福互爲聲援

平洋沙在縣東南舊名半洋沙其相近者曰馬腰沙宏治十五年土豪施天泰鈕東山作亂據二沙爲梗事平改半洋爲平洋馬腰爲

馬安嘉靖三十二年移建縣城於此明年倭登平洋沙焚刦攻新城東門不能陷乃却萬歷中復移縣於今治又西曰登舟沙與常熟縣對境嘉靖三十四年倭自常熟三丈浦遁出海太倉知州熊桴邀擊之於登舟沙賊走吳淞江海防考登州沙爲福山白茅之門戸又西北曰伏龍沙萬歷中新漲此沙與江北狼山相近

南沙在縣南七十里與竹箔沙相接舊志沙長八十里廣十餘里多稻菽萑葦之利明初置南沙巡司於此嘉靖十九年南沙土豪王艮等搆黨作亂據南沙上海境內爲之惶懼尋討平之因建南沙守禦官軍營三十二年倭登南沙盤據經年官軍擊之不能克久之遁去旁有蔣六洪口爲舟行要道其西北盡處曰宋信嘴

竹箔沙在縣東南七十餘里即南沙盡處外爲大洋內爲內海其西南與淞江高家嘴相對爲內海之南門賊自洋山而入欲入吳淞



江此河正當轉屈閒至此然後從楊家路沿海而北吳淞江首受其衝以次及劉河等處蓋海道東南之險也海防考竹箔沙爲吳淞之屏蔽外爲羊山爲陳錢皆倭寇所從入竹箔沙之內高家嘴之外沿海而西北者謂之楊家路海舶得此方能轉舒蓋縣多陰沙暗途纏綿錯雜故也說者以竹箔沙高家嘴爲蘇松四郡之咽喉海防第一關鍵有以夫又爛沙在竹箔沙之北其南接南沙之宋信嘴即長沙下脚也有爛沙浜與七鴉白茅相對志云爛沙小團孫家白蜆縣前等沙與南沙竹箔舊皆錯列海中波濤洶湧今漲合爲一南北長百四十餘里其東西濶四十餘里居民蓺植悉成沃壤

三沙在縣東北即舊縣治所云控諸沙上游爲一邑中土者波濤衝激日漸迫狹縣治既遷乃頒於三沙巡司志云三沙北通狼福南

通宋信嘴西接營前沙爲江南北數郡關鍵又二沙在三沙之東
北舊爲縣城外護又東北曰三爿沙向爲三沙門戶志云三爿沙
孤立海中倭賊從東北大洋而來必經此沙南行則蘇松及寧紹
臺溫之界也從三爿沙而西南則爲縣後沙及三沙平洋吴家等
沙近常熟福山許浦界西北則繇匾擔沙營前沙近大江海門界
議者謂三爿沙爲浙直咽喉而二沙爲舊縣第二重關鍵云
長沙營卽今縣志云在舊縣東北四十五里堠也有土堡明初置設
兵戍守又明威營在舊縣治西明威坊正統八年又置三沙巡司
亦置於舊縣北五十里嘉靖中移置於舊縣治
鎭海衛在太倉州城內吳元年立太倉衛卽元水軍都萬戶府爲衛
治洪武十二年又分太倉衛立鎭海衛統千戶所五卽元市舶提
舉司爲衛治與太倉衛俱隸前軍都督府



崇明沙守禦千戶所在舊縣治東洪武二十年置隸鎭海衛永樂十
四年倭入寇發鎭江鎭海二衛百戶各十員率軍協守遂隸焉統
百戶所二十嘉靖中亦移治新城內
松江府東至海岸百里西南至浙江嘉興府百二十里西北至蘇州府百八十里北至蘇州府太倉州百三十五里自府治至江寧府七百七十里至京師三千四百里
府雄襟大海險扼三江引閩越之梯航控江淮之關鍵蓋風帆出入
瞬息千里而錢塘灌輸於南長淮楊子灌輸於北與淞江之口皆
輻列海濱互爲形援津途不越數百里間而利害所關且半天下
然則郡豈可忽之地哉且居嘉湖之肘腋爲吳郡之指臂往者倭
寇出沒境內而浙西數郡皆燎原是虞謂郡僻處東南惟以賦財
淵藪稱雄郡者非篤論也
秦望山在府東南六十里當張堰鎭之西相傳始皇登此望海亦曰
秦駐山山南有洞甚深邃又有坑産白堊其東南十餘里曰查山
在張堰南下臨大海
金山府東南九十里海中志云周康王築城處後淪入海上有平坡
官軍常會哨於此又有小金山亦在府東南海中
羊山在府境金山衛東海中山高大周七八十里四圍環抱有十八
奧中如大湖可容數百艘湖口面北上有娘娘廟山有淡泉海船
往往取汲於此山口又有一山名張家市多黃楊樹其東有巡館
奧海防考自吳淞而出一潮可至羊山倭寇來犯自羊山過淡水
門南西則蘇松之患切矣今南自定海北自吳淞皆以羊山爲會
哨之所蓋道里適均且禦賊於海洋爲得上策也
海府東百里府南去海七十里今自金山衛以東亦曰蘇州洋以府
境本屬蘇州也宋紹定三年李全以淮安軍叛習舟師於射陽湖



及海洋遣海舟自蘇州洋入平江嘉興欲習海道以窺臨安卽今
衛境矣志云府南境與紹興寧波相望天日晴明南岸諸山皆歷
歷可指舊有捍海塘相傳唐開元初剏築其後相繼修治東北自
嘉定縣寶山而南西南至浙江海鹽縣澉浦西北亘三百三十里
以禦鹽潮害稼高如城垣內外皆有塘溝相夾在內者曰運鹽河
又曰橫港在外者曰塹濠又曰護塘溝明初藉以備倭設衛所數
傑於濠塹外倭至則捍之於海岸灘塗皆不容登泊萬一不支則
逾塹而守進不得攻退無所畧故府境備倭較易其後大半湮廢
宏治七年撫臣畢亨等復興築尋復圮壞護塘海岸合而爲一寇
至則聚於護塘而運鹽河之內水田塍狹難於屯禦若一復舊迹
復治塹塘亦備禦之良策也海防論今淞江之海起於獨山而迄
於小湯窪亘二百四十八里皆恃護塘爲限隔云又有捍海堰宋

乾道中知秀州邱崇言華亭東爲大海古有堰十八所以禦鹹潮請修之乃築堰并東西兩岸塘通計八十四里其後修築海塘諸堰俱廢

吳淞江府北七十四里亦曰淞江自崑山青浦二縣經澱山北合趙屯等浦又東北入上海界合黃浦而注於海舊志松江自湖至海凡五匯四十二灣五匯者安亭白鶴盤龍河沙顧浦也乃江潮與湖水相會合之地古云九里爲一灣一灣低一尺蓋三百六十餘里而入於海

澱山湖府西北七十二縣與青浦崑山縣接界昔時山在湖中亦曰薛澱湖吳淞江水滙流處也唐宋以來澱湖深濶境內無水災宋南渡後漸至堙廢淳熙十三年提舉浙西羅點言澱山湖東西三十六里南北十八里旁通太湖匯蘇湖秀三州之水上承下洩不



容壅遏湖水自西南趨東北其瀉水之道東有大盈趙屯大石三浦西有千墩陸虞道褐三浦又並湖以北中爲一澳係吞吐湖水之地名山門溜東西約五六里南北約七八里正當湖流之衝北出曰斜路港又北折而西曰小石浦上達三門溜下入大石浦其斜路港與大小石浦分爲三道殺洩湖水並從上而下通徹吳淞江自湖北至江雖相去尚三十六里而江湖二水曉夕往來疏瀹不息是以浦港通利今頑民輒於山門溜南東取大石浦西取道褐浦並於澱山湖北築成大岸延跨數里遏絕湖水不使北流盡將山門溜中圍占成田所謂斜路及大小石浦洩放湖水去處並皆築塞自是湖沙日以壅積湖水不復下流下流既壅一遇淫潦勢不得不潰裂四出散入民田大爲民害矣詔及時修築於是決開山門溜以通澱湖嗌喉濱湖巨浸復爲良田紹熙中復被奸豪竊據爲田雖議者數以爲言而弊未盡革迄元至元二十八年湖水漲漫損壞田禾三十年淫潦益甚都水潘應武言大湖之水一路下吳淞江二百六十餘里抵海一路繇吳江縣東南白蜆江東北抵急水港又東五十里下澱山湖周二百五十里繇港浦入泖湖中有山有寺宋時山在水中心東有出水港曰斜瀝口曰汊港口曰小漕港口曰大瀝口曰小瀝口各濶十餘丈深六七尺通潮往來潮退則引湖水下大漕港大盈等浦入青龍盤龍等江出海古謂之尾閭門宋禁人占湖爲田爲泄水路故也今山寺在田中心雖有港漊濶不及二丈潮泥淤塞深不及二三丈潮水湖水不相往來闌住去水東南風起水回太湖則長興宜興歸安烏程德淸等處水漲泛溢西北風起水下澱山河泖則崑山常熟吳江淞江等處泛溢皆因下流不決積水往來爲害今縱卒難復舊湖北



有道褐浦千墩港大小瀝港四處去江頗近水勢甚便可以開復此亦先通下流之一助也尋又言澱山湖北一帶白廟兒頭港至趙屯浦百餘里共有港浦一十三條今既淤淺惟道褐浦最低下去江頗近水勢甚便堙塞未久急宜修濬從之大德中都水使麻合馬嘉言太湖迤東而北諸湖陂澤皆能接洩太湖之水注江入海而澱山湖關係吳淞江注泄尤爲切要若不以時開濬使湖之瀦水益狹與大盈趙屯二浦相去漸遠則淞江故道益難復矣議卒不行至治三年濬吳淞江及澱山湖泰定初復濬澱山湖明初澱湖堙塞益甚景泰中知府葉冕嘗修澱山湖堤以防橫溢初澱山在平陸去湖猶五六里今且十餘里而澱湖之浸初猶數十里今亦不過一二十里舊志澱湖受太湖下流北繇趙屯浦東繇大盈浦瀉於松江東南繇攔路港以入三泖今趙屯大盈去湖益遠

繇何家港及南北漕港受湖水以泄於淞江非復澱湖之舊也輿
程記自蘇州陳湖三十里至雙塔渡澱山湖湖面廣十八里又東
十八里至謝寨關又十二里接於泖湖
黃浦府東南十八里一名春申浦蓋以春申君得名其上流自嘉興
府流入境者曰秀州塘灌注於三泖自蘇州府流入者曰澱山湖
亦匯流於三泖導流而東南北兩涯之水悉入焉又折而北入上
海縣界又東北會吳淞江以入海志云黃浦自松江分派而來至
入海處約二百五十餘里其濶大與吳淞江婁江相埒或以爲卽
古東江云又范家浜在今府東二十五里東北通上海之南蹌浦
口達於吳淞江明洪武中吳淞江淤塞郡人葉宗行上言疏濬范
家浜可接黃浦入海從之永樂二年夏元吉言大黃浦爲通吳淞
要道今下流壅塞傍有范家浜至南蹌浦口可徑達海宜濬令深



濶上接大黃浦以達泖湖之水卽此今亦名范家浦
顧會浦府西北二十二里其上源爲通波塘出府城北流爲五里塘
又北爲祥澤塘別流爲崧子浦北出鳳凰橋又北經辟山入青浦
縣界又北通新江塘西接青龍江東爲艾祈等浦入吳淞江宋慶
歷初縣令錢貽範以顧會南通漕渠下達淞江爲往來衝要自辟
山之南地形中阜積淤不決漸與岸等因建議疏濬自今縣城西
北至青浦縣青龍鎮凡六十里紹興十五年復因故跡修濬乾道
二年轉運姜詵復開浚自辟山達青龍江口凡二十七里元時亦
嘗濬治明宏治中伍性復濬顧會趙屯諸塘浦嘉靖以後顧會盤
龍二浦俱從府城西絕黃浦入三泖非復昔流矣
盤龍浦在崧子浦東其上流曰盤龍塘自府東三里北流絕俞塘及
上海青浦境內之六磊泗涇橫塘浦匯諸塘而北入於吳淞江長

八十里其入江處曰盤龍匯介華亭崑山間徑十餘里而洄洑紆
緩逾四十里如龍之蟠阻塞江流雨潦則爲田廬患相傳盤龍爲
淞江一曲濬之則出水尤利宋景祐初范仲淹守平江嘗經度之
寶元初葉清臣疏爲新渠道直流速水用無滯元大德十年開濬
盤龍舊江又於廟涇以西盤龍以東開挑出水口子五處水患益
弭今亦廢趙屯大盈顧會崧子盤龍所謂松江五大浦也
新涇塘府東八十里華亭瀕海塘浦之一也亦曰新涇浦北通吳淞
江南絕黃浦至捍海塘宋乾道六年命浙西轉運劉敏士等於新
涇塘置牐堰以捍海潮是時新涇塘直達海也七年秀州守邱崇
移堰於運港會要云華亭東南並海自柘湖堙塞置堰一十八所
以禦鹹潮政和中言水利者欲涸林亭湖爲田盡決堤堰以洩湖
水而華亭地勢東南高於西北湖水不可洩而鹹水溢入爲民田



患於是東南四鄉盡爲斥鹵有司乃復故堤堰獨留新涇埇以通
鹽運海潮晨夕衝突塘口濶三十餘丈鹹水延入蘇湖境上是歲
命秀州守邱崇等規畫崇言新涇舊堰迫近大海海潮勢湍急今
港面益濶難以施工其運港在新涇向裏二十里水勢稍緩就此
築堰則管內民田可免鹹潮之患運港堰外別有港汊大小十六
亦合興修從之於是斥鹵復爲良田元大德十年開濬上海境內
之樊浦下接新涇尋又於新涇安置木閘爲宣洩之利顧清曰前
志所載境內塘堰凡二十餘所自捍海塘築諸堰悉廢今所存者
惟張涇一堰一閘故時港名亦多改易不可考矣
沈涇塘府西五里南接秀州塘北合諸涇港之水北流爲神山塘經
余山西又分流會諸涇港之水西北入大盈浦東入顧會浦
胥浦塘府南四十里相傳子胥所鑿其源自長泖而東會諸涇港之

水北流會於潢瀆涇又蕭塘在府東北四十里東匯諸涇港之水入金匯塘又東爲百曲港合諸水入運鹽河嘉靖三十三年倭賊自漕涇趨蕭塘官軍拒之敗績遂渡黃浦犯府城既而敗走大門磐是也又有瓜涇塘在府東南爲往來要衝東西諸涇港多滙流於此

鹽鐵塘在府東南又南入於黃浦過蕭塘港又南絶諸涇港至捍海塘爲漕涇相傳五代時吳越運鹽鐵於此志云郡有運鹽河三一在府東南九十八里青村西曰運鹽河一在府南五十四里曰新運鹽河自金山衛北流至張堰鎮西爲張涇初在查山東後以風濤之險改濬於此人呼其東爲舊河志亦作西運鹽河又東運鹽河在府南三十六里亭林鎮南通鹽鐵塘皆商販所經也

朱涇府西南二十里自秀州塘分流而東合於三泖爲淞江西出之



要路嘉靖三十五年徐海納欵有吳淞倭流至嘉善界督臣胡宗憲使徐海擊敗之於朱涇三吳水利朱涇西通三泖南達嘉興爲往來衝要嘉靖中倭巢府西南之呂港此爲切膚之患

曹涇在府東南七十里介柘林金山間賊犯柘林必由此趨金山嘉靖中常破倭寇於此又金山衛舊有翁家港亦戍守要地也志又云曹涇港與翁家港胡家港並爲通海支渠戍守最切

張涇在府南舊志云自城南至張涇堰長六十三里今自張堰鎮而西接於新運鹽河北行合諸涇港之水出瓜涇塘又北行直達城河元至正初濬張涇及通波南俞北俞鹽鐵官紹盤龍浦匯六磊石浦等塘今南俞北俞官紹諸塘皆在府東南境

高家嘴在府東百餘里翁家港口此港險要嘉靖三十四年青南二所各募兵守此三十九年始罷今屬青村所海防考高家嘴突出海中與江北廖角嘴相對崇明諸沙南起竹箔北盡三丫或斷或續皆在其胸腹間誠天設之險也嘉靖中官軍敗倭於此

獨樹堡在府南明初置營於此兼設堡戍守正統八年撫臣周忱修濬金山衛獨樹營至劉家港口近海諸河是也海防考金山衛西南有獨樹營又有江門營皆置兵戍守屬金山衛其相近者爲呂港亦往來要口西南出海鹽縣之道也

柘林鎮府東南七十二里地連柘山與青村所金山衛相應援嘉靖三十四年倭賊盤據於此四出焚掠久之患息因建堡置戍城周四里爲防禦要衝南起漴缺墩北至翁家港皆其信地稍西有戚睦涇巡司洪武初設於府東南九十里南橋鎮十九年徙戚睦涇在府東南七十里萬曆三年仍改南橋鎮巡司

胡家港堡在府東南六十里明初置有兵戍守屬金山衛志云洪武



初設金山巡司於張涇堰十九年徙建於胡家港口相近又有蔡廟港堡亦明初設俱屬金山衛

亭林鎮府東南三十六里亦曰顧亭林宋乾道九年修瀕海諸堰因置監堰官於亭林以防鹽運私發諸堰之弊今爲商旅輳集之所又葉謝鎮在縣東南五十里又南爲蕭塘鎮志云鎮在曹涇之東又東即柘林也嘉靖中倭巢柘林營繇此渡黃浦至瓜涇而西突犯府城因置戍守於此與曹涇相應援以斷賊窺黃浦之道

陶宅鎮在青村所城東舊設稅課局又置巡司於此嘉靖中官軍敗倭處也其相近又有得勝港亦官軍禦倭處

朱涇鎮府西南三十六里宋元時置大盈務於此洪武三年改置泖橋巡司志云泖橋在府西南四十二里泖水經其下亦名通濟橋橋南即秀州塘橋西十八里即風涇鎮亦名白牛市又西十八里

卽浙江嘉善縣也又謝寨關輿程記云在府西四十三里西至澱湖十八里

沙岡鎭在府東北四十里與竹岡紫岡爲三岡之一相去不過四五里自府至上海必繇之道也

鳳凰橋府西北二十七里跨顧會浦西接鳳凰山因名又磚橋在府北三十里嘉靖中倭進據縣東北之陶家港官軍禦之於磚橋敗績輿程記繇磚橋而北四十里爲陸家閣又四十里卽嘉定縣之南翔鎭

上海縣府東北九十里西至青浦縣九十里西北至蘇州府嘉定縣七十二里本華亭縣地居海之上洋曰華亭海

滬瀆城在縣東北志云滬瀆壘在縣北十里吳郡記淞江東瀉海曰滬海亦曰滬瀆廣韻滬水名白虎通水發源而注海曰瀆陸龜蒙曰列竹於海澨曰滬蓋取魚具也晉永和中虞潭爲吳國內史修



滬瀆壘以防海寇又隆安四年吳國內史袁崧築滬瀆壘以備孫恩五年恩自海鹽進陷滬瀆殺崧旣而劉裕敗孫恩於郁州追至滬海鹽又破之寰宇記袁崧城在滬瀆江上舊有東西二城其旁爲蘆子渡俗呼蘆子城其東城廣萬餘步有四門後圮於江中僅餘西南一角西城極小在東城西北兩旁有東西蘆浦瀉於滬瀆江范成大吳郡志吳有滬瀆自瀆至淞江浜吳郡將門將門謂曰匠門蓋吳東門也皮日休詩全吳臨巨瀆百里到滬瀆謂此矣宋寶元初兩浙運使葉清臣開盤龍匯繇滬瀆江入海明永樂大典亦云淞江側有滬瀆壘今淞江水直趨而東又七十里入海無復有瀆兩岸皆平疇茂林故壘寂然其東西蘆浦亦止通潮汐而已元貢師泰有詩云避難吳淞江出遊滬瀆壘世道苦變更形勢總驟圮蓋壘在元時已不可考

茶山在縣東南大海中海防考陳錢山茶山上海縣南蹌巡司之界也嘉靖中官軍擊補陀山倭賊賊走茶山絕頂官軍一道繇東北淺步沙進一道繇嬰哥巖進一道繇中路進而大兵皆繼其後遂殲之今山與浙江海鹽之定海海中諸山相聯絡

海縣東七十里北起嘉定南抵華亭爲縣所轄淞江與黃浦合流入焉混茫無際東接諸番惟日本最近宋元間入貢皆繇青龍市舶司後漸徙於四明貢者不復取道沿海皆灘淺物產鮮少俗號窮海獨鹽利爲饒自淸水灣以南較川沙以北水鹹宜鹽故舊置鹽場近有沙堤壅隔水味寖淡滷薄難就而煮海之利亦微元時潮汐繇吳淞口入朔望以子午爲信萬歷八年潮決李家洪去故道南二十里潮汐遂早數刻飄船出沒甚便不可無備云

黃浦在縣東大海喉吭也自華亭縣界迤而東受南北兩崖之水乃



折而北受東西兩崖之水經城東二里許又折而東北合於吳淞江以入海明初吳淞江淤塞自上海閘橋以西之水悉壅入三泖而黃浦當其下流盤旋汎溢不達江海永樂初夏原吉乃導黃浦繇范家浜以達吳淞江其入江處曰南蹌浦口自是匯流以入海毛節卿曰三江旣塞三泖南源繇黃浦北折而入淞江之下流是也海防考黃浦入江東北去吳淞口不五十里吳淞爲海寇突犯之衝而黃浦逼近縣城僅一二里循浦而南繇江而西皆直達泖城此誠肘腋之處防禦所當加意者也志云浦口舊濶三十餘丈今橫濶幾二里蓋三江之絡轂僅黃浦云有黃浦巡司在縣南三十里

下沙浦縣東南六十里舊名鹽鐵塘相傳五代時吳越運鹽鐵於此宋紹興十五年秀州判曹泳開顧會浦又濬鹽鐵塘舟楫通利因

改名下沙浦自浦北流爲鹽塘絶洸莊周浦三林諸塘而北出滙諸河港下流亦入於黄浦志云縣境又有運鹽河二一自東南青村鹽倉而北會東西諸涇港一自下沙場而東循海塘北行析爲支渠通諸團鹽運幷達靑浦縣境今通塞不一矣

蒲滙塘在縣西南四十里自靑浦縣受盤龍泗涇諸水絶沙岡竹岡横瀝諸水而東爲龍華港又東經縣南入於黄浦志云吴淞南境之水自盤龍以東俱繇蒲滙龍華二港達黄浦入海最爲通利

六磊塘在縣西南自盤龍滙分支東合諸流接烏泥涇下流入於黄浦舊志縣南五十五里有鶯竇河亦曰邢竇相傳以二姓居此而名天順四年撫臣崔恭濬六磊塘鶯竇湖烏泥涇沙竹港通流入黄浦是也今湖已堙塞

南蹌浦在縣東北三十六里卽永樂中導黄浦繇此入江處也今故



址已堙而縣東北有蹌港大蹌浜南近都臺浦相傳卽南蹌舊流有南蹌巡司向置於川沙堡城内

都臺浦在縣東南舊名曹家溝天順四年撫臣崔恭濬浦滙塘及新涇諸處又濬曹家溝深廣以備旱潦因名曰都臺浦洪治初水利僉事伍性復濬顧會趙屯及都臺諸浦是也又北滙諸塘港下流注於黄浦

烏泥涇縣南三十里其西南與華亭縣分界元泰定初都水監任仁發濬烏泥大盈二河二年復濬縣之潘浜烏泥涇各置石閘以遏渾潮閘廢今東流注於黄浦

新涇在縣西南南達華亭北接吴淞江有新浮巡司自新涇而西有横瀝塘北絶吴淞入嘉定縣界志云新涇浦東之支渠有石橋周家等浜西有陶涇師家等浜又東有東西上澳浦皆南通烏泥涇

北接淞江又閘港在縣東南新場鎭西又西流入於黄浦

川沙堡縣東南五十四里産鹽商賈輻輳地名八團鎭有三場鹽課司嘉靖三十六年撫臣趙忻等奏置川沙堡築城周四里屯設官兵以備倭寇自是商民輻集屹爲巨鎭海防考堡南五十里爲川沙滙北五十里爲寶鎭堡又東北去吴淞所亦五十里嘉靖三十四年倭賊據爲巢穴與老鸛嘴柘林新場相犄角於是築堡戍守自川沙至寶鎭中有錢家爛泥淸水等窐其南又有七團五團等洪亦曰新洪舊洪倭舟皆可登舶寶鎭堡卽嘉定之寶山所

下沙鎭縣東南六十里一名鶴沙鎭崎邑南而近海因名宋置下沙鹽場舊有鹽課司後遷新場鎭而鹽倉則自周浦徙於此今亦廢

新場鎭在下沙南九里一名南下沙元初置鹽場於此場賦爲兩浙最賈販甚盛嘉靖三十二年倭賊據新場大爲東南患又東南二



十里曰一團鎭商販多聚於此志云下沙捍海塘外有石筍灘距海三十餘里沙中有石如筍因名一名分水港以潮汐遇石筍而分流也

周浦鎭縣東南三十六里一名杜浦元置下沙鹽場及杜浦巡司於此後鹽場旣遷巡司亦廢民物則繁阜有加明嘉靖三十四年倭賊自柘林移據周浦官軍敗却之又三林塘鎭在縣東南十八里有三林巡司今置於川沙堡城内又縣東南十八里有吴會鎭本名吴滙後易今名舊設置鄒城巡司於此今廢

烏泥涇鎭縣西南二十六里舊置太平倉稅課局及蘆子務巡司於此海防考烏泥涇與黄浦東之三林塘周浦鎭相望倭賊繇三林周浦渡黄浦而西卽犯縣治若犯府境必繇烏泥涇而西爲控扼之要地

對行市在縣西南五十里横瀝東志云南匯陶宅入府之通衢也又
南與葉謝相爲應援有事時兵屯於此足爲府城之捍衛海防考
南蹌渡沈莊塘周浦閘港閔行鎮與華亭之葉謝曹涇張涇皆賊
渡黃浦入犯府城道
沙岡塘在縣東四十里南絶黃浦至捍海塘北入淞江西達盤龍匯
沙岡之東曰竹岡塘又東卽横瀝塘竹岡横瀝之間七寶鎮在焉
接上海縣界
金山衛府東南七十二里明洪武二十年建以山而名衛南瀕海與
金山對峙西連乍浦東接青村南匯嘴東北抵吳淞江控引幾三
百里衛城周十二里爲府境東南之險當浙直要衝且與寧波定
海關同爲錢塘江鎖鑰北之沙堡至此而盡南之山嶼自此而始
置兵於此不惟固蘇松之藩籬亦堅嘉湖杭三郡之門戶衛城內



設左右前後四千戶所又守禦淞江中千戶所則置於府城內仍
屬金山衛
青村守禦中前千戶所府東八十里本青村鎮洪武二十年建所築
城周六里屬金山衛志云金山而東爲柘林柘林而東爲青村青
村而東爲南滙相去各五六十里海防考府境三面環海金山當
其南南匯當其北而青村爲東南二面轉屈之會與海中羊山東
西相值倭船易於登犯嘉靖三十三年倭寇據爲巢穴大爲府境
之患官軍進討久之乃平輿程記縣府東門水路至青村百十三
里又北至上海新場八十九里
南滙嘴守禦中後千戶所在上海縣東南八十里明洪武二十年建
所築城九里有奇屬金山衛志云南匯而東爲川沙川沙而東爲
吳淞相去亦各五六十里海防考北去吳淞所百五十里南去青
村五十里下沙新場周浦八團皆其汛道嘉靖三十二年倭入南
滙寇嘉定據吳淞所今縣南有五里橋習家墳皆官軍攻賊時賊
拒戰處也
常州府東南至蘇州府百九十里西南至廣德州二百八十里西北至鎮江府百八十里西北渡江至揚州府二百三十七里東北至通州三百九十里自府治至江寧府二百六十里至京師二千七百二十里
府北控長江東連海道川澤沃衍物産阜蕃周處所云三江之雄潤
五湖之腴表也且地居數郡之中翼帶金陵爲轉輸重地脫有不
虞則京口之肘腋疎而吳郡之咽喉絶若其北守靖江則内可以
固沿海之鎖鑰明初吳良守江陰而寇不敢犯是其證也外足以
推淮南之藩蔽五代周顯德五年南唐將陸孟俊自常州將兵渡
江趨泰州周師退遂復取之亦一驗也南扼宜興則近足以消濱
湖之窺伺明初亦遣重兵駐宜興遠可以清浙右之烽烟宜興與



浙江湖州俱控太湖之險又有陸道可以徑達長興明初自宜興
遣舟師越太湖攻張士誠湖州克之亦其證也昔者南唐守此以
禦吳越明初得此以制姑蘇郡豈非東南之襟要歟
靖江縣府東北百十里東至海口六十里北至揚州府泰興縣界二十五里東北至泰州如皋縣界三十里本江陰縣之馬馱沙
展蘇港縣西二里又縣西十五里有南新港有新港巡司志云元初
設馬馱沙巡司明初改建於馬馱西沙後爲潮汐衝坍永樂四年
移於新港云又有大新港在縣西南十五里
瀾港在縣西通城河又縣西北十里有楊鐵港又西北三四里有范
家徐家等港縣西北五里曰蔡家港明初張士誠遣兵援泰州舟
師次范蔡港疑卽此二港云今堙
孤山港縣東北十二里以近孤山而名又縣西南十二里有焦山港
北西里許曰楊機港又西南二里曰西楊機港舊志縣濱江諸港

凡六十有四今西北一帶多爲潮沙所壅而東南一帶亦决塞不時云

蟛蜞港在縣東十五里正德二年議建東沙巡司於此

開沙村在縣東南十五里有開沙港又縣東有麵條沙縣西有西官沙西南有新沙梢西曰小沙其在境內者又有青草朱家段頭等沙皆以漸壅積民田其間聚爲村落

于塘村在縣西北三十里舊爲晉陵縣地元置于塘巡司明初以司在江北新河口因改屬泰興縣今爲兩縣接境處

鎮江府東南至常州府百八十里西南至寧國府四百五十里西至江寧府二百里北渡江至揚州府五十里自府治至江寧府見上至京師二千三百里

丹徒縣附郭本吳之朱方邑漢置丹徒縣屬會稽郡

金山府西北七里大江中風濤環遶勢欲飛動一名浮玉山一名氐



父山又名獲苻山相傳晉破苻堅獻俘山下因名亦名伏牛山唐志貢伏牛山銅器謂此亦名頭陀巖志云唐裴頭陀掛錫於此於水際獲金數鎰故又名金山或曰梁天監四年於金山修水陸會則金山蓋古名也唐上元中田神功自瓜洲渡江擊劉展舟至金山大風不得渡還軍瓜洲建中四年時朱泚作亂南方藩鎮皆據境自強揚州帥陳少游以甲士臨江大閱鎮海帥韓滉亦發舟師耀武於京江以應之又臨金山與少游會宋建炎中韓世忠邀兀朮於鎮江相持於黃天蕩世忠以海艦進泊金山下命工鍛鐵相連爲長綆貫以大鈎以授士之驍捷者敵舟至則分爲兩道出其背每縋一綆則曳一敵舟沉之寇大窘紹興中金亮入寇至瓜洲虞允文馳詣京口會諸將楊存中等臨江按試水軍命戰士踏車船中流上下三周金山回轉如飛敵相顧駭愕郡志金山宋大中祥符五年改曰龍游山天禧中復故其頂曰金鼇峯妙高峯有浮圖冠其上汪藻所云攬數州之秀於俛仰之間者也其巖洞泉石類多名勝里道記金山北岸爲瓜洲渡南岸直西津渡口俗所謂西馬頭也其西去儀真縣高資港不過四十餘里實爲中流之險

焦山府東北九里江中與金山並峙相去十五里以後漢處士焦光隱此而名或名譙山亦曰浮玉山劉宋元嘉中以魏人臨江嘗分兵戍此唐時有譙山戍蓋焦與譙通稱也宋建炎中韓世忠以八千人屯焦山以邀兀朮渡江北歸之道德祐初張世傑與劉師勇等帥舟師次焦山碇江中流元阿朮登石公山望之曰可燒而走也遂前戰世傑敗走圌山今山巔盤礴處曰焦僊嶺其旁巖洞參差奇勝不一山之餘峯東出有二島對峙江流中曰海門山亦名海門關又謂之雙峯山也里道記焦山南岸曰東馬頭以山爲捍



蔽金焦北固世稱爲京口三山云

圌山府東北六十里濱大江宋置圌山寨於此建炎三年金人治舟師欲繇海道窺浙遣韓世忠控守圌山福山一帶德祐初張世傑敗績於焦山退泊圌山明嘉靖三年圌山賊袁效等作亂官軍討平之江防考圌山屹立江濱江中有順江屬擔諸沙動亘數里爲之外護舟行其間僅通一路矢石可及況當江流自東而西而北轉屈之間層峯峭壁俯瞰湍波若屯設重兵水陸協守賊必不敢越此而西也江北岸適與周家橋相對實京口之咽喉留都之門戶嘉靖三十二年以倭寇充斥議設圌山營把總一員上自府西高資鎮下至安港百五十里皆其汛地山西里許曰大港口萬歷四年建把總公署於此爲控扼要地

揚州府東至海三百六十里南渡江至鎮江府五十里西至滁州二百六十里西北至泗州二百十里北至淮安府三百二十里

自府治至江寧府二百二十里至京師二千三百二十里

揚子江府南四十里繇六合縣經儀真縣至瓜洲鎮又東過泰興如皐歷通州故海門縣而入海江心有南冷水與鎮江府分界曹魏黃初五年至廣陵時江水盛漲丕臨望歎曰魏雖有武騎千羣無所用之未可圖也明年復如廣陵故城臨江觀兵見江濤洶湧歎曰此天所以限南北也晉建興末祖逖誓清中原自京口濟廣陵其後南北津濟廣陵京口實爲襟要劉裕平南燕以盧循犯建康疾驅至廣陵濟江趨京口陳霸先平侯景軍京口濟江圍齊廣陵隋平陳賀若弼自廣陵濟江拔京口唐宋以來濱江洲渚日增江流日狹初自廣陵揚子鎮濟江江面濶相距四十餘里唐立伊婁埭江濶猶二十餘里宋時瓜洲渡口猶十八里今瓜洲渡至京口不過七八里渡口與江心金山寺相對自瓜洲而東十八里爲沙河港其東南與江心焦山寺相對亦謂之沙壩河舊與白塔芒稻二河俱爲洩水通江處又東五里曰深港俱東面設防處也又東五十餘里曰寶塔灣爲鹽盜淵藪其南岸汊港可進圌山又東南四十五里曰三江口亦曰新港又東至周家橋四十里正與江南圌山相對中有順江洲江面稍狹水流至急此處扼守則瓜儀可保此爲金陵門戶江心要會有一字港上接圌山十里下接三江口十里官兵可以駐劄賊繇通州狼山而西宜於此泊守若一入新港登岸爲下家墳周家墳稍西則揚州矣此新港爲可以登岸可以入海之要口江防最切處也舊圖經揚子江自黃天蕩西牛步沙與建康爲界繇瓜步下小帆山經儀徵境內東下至鐵丁港鵝鼻觜與鎮江分界東北趨江都逕通州入海所謂揚子江也江防說大江南岸圌山北岸三江口爲第一重門戶而鎮江瓜洲對



第二重門戶儀徵天寧洲爲第三重門戶

伊婁河在府南二十里揚子鎮南通大江自隋以前揚子鎮臨江南渡京口唐時積沙二十五里渡江者繞瓜步沙尾紆回六十里開元二十六年齊澣爲潤州刺史請於京口埭下直趨渡江二十里開伊婁河於揚州南瓜洲浦長二十五里即達揚子鎮從之因立伊婁埭官收其入至德中永王璘作亂據丹陽淮南採訪使李成式遣兵拒之於伊婁埭亦曰伊婁堰宋紹聖中易堰以閘今運河自瓜洲鎮達於揚子橋即此河也漕河考瓜洲漕河本名伊婁河自唐以來皆爲漕渠津要河口接大江亦曰瓜洲渡宋紹興三十一年金亮軍瓜洲謀犯京口楊存中等命戰士踏車船自京口徑向瓜洲迫岸復回金兵皆持滿以待其船中流上下回轉如飛敵相顧駭愕淳熙十四年揚州守臣熊飛言揚州運河惟藉瓜洲眞州兩牐瀦積今河水走洩緣瓜洲上中二牐久不修治惟賴潮牐一座然迫近江潮水勢衝激易致損壞望勅有司照舊修葺從之今漕河至此分爲三支如瓜字形東西二支通江一支阻堤下江運艘皆經此過壩景泰六年河臣陳泰以瓜洲壩下東西二港江潮往來泥沙填淤乃修濬之隆慶四年河臣萬恭更請建瓜洲閘自時家洲達花園港開渠長六里有奇閘成一名廣惠一名通惠漕舟便之志云瓜洲運河分三支三支之中又分爲十各築一壩以河高江低壩之使不洩也瓜洲西七里爲花園港又西十五里爲儀眞縣之河家港皆爲江岸設防處有瓜洲巡司戍守

泰州府東百二十里東至海二百四十里東南至通州二百七十五里西至高郵州西五十里南渡江至常州府二百五十里

州面江枕淮川原沃衍魚鹽繁殖稱爲奧區若夫風帆便利跨越吳會聯絡青齊則海舟之利也絕南北之津梁扼江之襟要孰謂一

州斗大不足以有爲也歟

新城州百五里宋端平中州守許堪别築堡城於湖蕩沮洳中周二百丈德祐二年元阿朮遣兵拔新城留屯以逼泰州元末張士誠入泰州壞其城乃修築新城設義兵元帥府及州治於此既而士誠將夏思恭等據守弁葺舊州城而守之明初徐達兵至泰興水道不通乃自大江口挑河十五里直抵州之南門灣思恭等退保新城達因東築海安城以絶通州之援遂克之城今圮

海安城在州東百二十里南北朝時戍守處也宋泰始七年僑置新平郡治江陽又領海安縣齊永明五年罷新平郡併入海安屬海陵郡陳大建五年將軍徐敬辨克齊海安城是也後省唐景龍二年又置海安縣開元十年省入海陵明初徐達攻江北駐軍海安尋進圖泰州使孫興祖留鎮於此以斷賊援軍於是賊不敢犯蓋



控扼要道也今爲海安鎮有土城周六里海防考鎮居如皋泰州之中東可以控禦狼山通州海門之入西可以捍衛揚州因置巡司於此

捍海堰在州東宋史海陵有古堰亘百五十里久廢不治秋濤漲溢每冒民田天聖中監西溪鹽稅范仲淹謀於發運副使張綸請修復之自北海寨東南至景莊修築凡一百八十里於運河置閘納潮以通漕又淳熙三年州守張子正復築月堰以遏潮水五年又築桑子河堰自是潮不爲災

胡逗洲寰宇記在州東南二百八十三里海中東西八十里南北三十五里上多流人煮鹽爲業梁承聖初侯景敗走自滬瀆下海欲向蒙山其下羊鯤謀誅之因景晝寢語舟師直向京口至湖逗洲景覺大驚爲鯤所殺蒙山在山東費縣逗一作豆

海陵監州東北百二十里宋爲西溪鹽倉州産鹽因置監於此以司其利明鹺使分司於泰州者駐西溪東北之東臺場所轄富安安豐梁垛東臺何垛丁溪草堰少海角斜拼茶等場謂之中十場皆分列於州東及興化如皋之境而西溪鎮爲商賈輳集之道今有西溪鎮巡司在州東北百二十里又寧鄉巡司在州北六十里

如皋縣州東南百四十里東南至通州百四十里西至泰興縣百里漢海陵縣地

高陽蕩縣東南八十里西接運河東通海舊名祥符湖又縣東北百二十里豐利場有鄭公灘宋富鄭公判揚州備海寇以戰艦每爲海濤所壞因鑿此灘以避之且習水戰於其中又有汊河亦在豐利場南通運河北抵海

掘港在縣東百三十里西通運鹽河東抵海有掘港營堡弁置巡司於此志云掘港營距洋五十里三面環海其北接於美舍寨寨在



東臺場海口又南至石港寨寨在掘港西南六十里接通州界

丁堰鎮縣東四十里嘉靖中倭賊嘗犯此又縣東百里有馬塘場又東三十里爲角斜寨北通泰州角斜河因名

安民營在縣南江中沙洲上嘉靖中置爲防禦之所

白蒲鎮縣東南七十里又六十里至通州本宋之白蒲堰紹興四年毁堰以拒金人明嘉靖三十八年倭寇江北分數道入犯撫臣李遂馳至如皋與賊遇於白蒲勒兵不戰賊益進遂策之曰賊分道入過如皋必合合則道有三一自泰州通天長鳳陽犯皇陵一自黄橋過瓜儀搖南都梗漕若自富安場而東海濱荒凉無所得至廟灣絶矣乃吾得地時也於是部諸將防遏毋令得過天長瓜儀而分兵綴賊後賊果走廟灣擊平之志云通州有獨山巡司今移置於白蒲鎮又西場巡司在縣北三十里

曹家堡在縣北又東北有潘莊皆嘉靖中官軍敗倭賊處

通州府東四百里東至海一百三十里西南至常州府靖江縣九十里南渡江至蘇州府常熟縣一百二十里西北至泰州二百七十五里

州據江海之會緣此歷三吳閒兩越或出東海動燕齊亦南北之喉吭矣周顯德五年取其地始通吳越之路命名通州良有以哉

狼山州南十五里與塔山軍山馬鞍山刀刃山相連屬亦謂之狼五山相傳昔有白狼居此或云山形如狼也高五十三丈周三百四十六丈勝槩甲於江北胡氏曰狼山上接大江下達巨海絕江南渡八十里抵蘇州常熟縣福山鎮順江而東至崇明沙揚帆乘順風南抵明州定海頃刻可至陶隱居所謂狼五山對勾章岸者也唐乾符二年浙西狼山鎮遏使王郢等有戰功怒節帥趙隱賞薄據狼山作亂攻之陷蘇常沿江入海轉掠二浙南及福建大爲民患又狼山之外卽大江亦名狼山江梁貞明五年吳越將錢傳瓘帥戰艦自東洲擊淮南戰狼山江敗淮南兵明正德八年賊劉七等大掠江淮官軍敗之賊走狼山官軍扼而殲之江今有官兵戍守舊設狼山巡司在州南十八里狼山鄉

刀刃山在狼山東高二十九丈周四百七十二丈相傳秦皇磨劍處下有淡竹灘又軍山在刀刃山東南隔江數里高三十五丈周九里十三步相傳秦皇駐軍處也泉石頗勝又塔山在狼山西一名黃泥山高十七丈周二百九十丈下有沈鴈灣通濟閘志云山有兩石門相對卽元張瑄朱清海運故道也又馬鞍山在塔山西高如之而周倍之以形似名

海門島在州東南海中宋長編云國初以來犯死獲貸者配隸登州沙門島及通州海門島有屯兵使者領護而海門島有兩處一在



崇明鎮居豪强難制者一在東布州居懦弱者皆令煮海納官興國五年始令配役者隸鹽亭役使而沙門島如故

布洲夾州南四十里有南布洲東布洲大海中沙漲爲洲也五代周顯德五年取唐淮南駐軍迎鑾鎮閒唐戰艦數百艘泊東布洲將趨海口扼蘇杭路周主遣慕容延釗等將水陸兩軍循江而下擊破之紀勝云大安鎮卽東布洲也本海中沙島後漲成陸地民戶頗繁又南布洲舊亦淼然大海沙漲成場卽今金沙場在州東三十里宋時煮鹽其中本場鹽額歲十八萬石

海在州東北自淮安鹽城縣界南經興化泰州如皋折而東過通州海門至呂四場東南廖角嘴始與江合海防考通州東北阻海南通大江狼山實當江海之吭而餘東餘西則控扼之所也

江在州南二十里渡江而南濶七十餘里稍西卽常州之靖江江陰



界稍東卽蘇州之常熟界一葦可航爲出奇之道

劉家港在州西南通大江明初命通海繇此進逼通州敗張士誠兵

運鹽河在州西北自江都灣頭經泰州如皋縣流入界至州東北三十里接西亭河有西亭鹽場巡司戍守近場有賣魚灣嘉靖三十八年倭自海門縣七星港登岸流劫西亭金沙等場將犯揚州參將邱陞敗之於鄧家莊賊沿海覓舟官軍尾之於劉家橋白駒沙諸處皆敗之又追敗之於七竈莊茅花墩賊盡殲焉其地皆近州

北境

褚家沙州南三十里江中其西北爲江陰之靑草沙其西爲蒲沙而褚家沙當其外口倭賊北犯易於登涉亦汛守要處也

范公堤在州東北志云堤起自海門呂四場迄於鹽城之徐瀆遶三十鹽場之西去海遠者百里近者數十里堤之外俱竈戶煎鹽之

地淡水出則鹽課消故築堤以護之堤以內俱係民戶耕種之田潮水入則田租損故築堤以防之中間有洩水入海之路白駒閘口及牛灣河死龍岡是也又任公堤在縣西五里宋開寶中築長二十里

利豐監州南三里宋置鹽監於此管金沙西亭馬塘石港豐利利和餘慶呂四等八場今通州分司轄豐利馬塘掘岡石岡西亭金沙餘西餘東餘中呂四爲上十場

豐樂鎮在州東五代史楊吳使東洲靜海渡鎮遏使姚彥洪修城池官廨改東爲豐樂鎮或曰卽金利豐監又裏河鎮在州東六十里舊接海門縣境今皆堙於海

石港場在州北七十里有石港巡司又馬塘場在州東北九十里掘港場在州北九十里豐利場在州西北四十里皆與如皋縣接界



海門縣（州東四十里本海陵縣之東洲鎮）

海門城舊城在州東二百十五里元末以水患徙治禮安鄉去州城百里正德中徙餘中場嘉靖二十四年又徙金沙場寄治州境邇來復圮於海蓋非復舊壤矣又海門大江入海之統名也朱梁貞明五年吳越錢傳瓘攻吳常州吳將陳璋以水軍下海門出其後蓋渡江而南耳時未有海門縣

海舊在縣東十里沿海有六港潮漲則盈水退則涸而七星港東夾港在六港中尤爲要害今皆沒於海舊志宋時大海去縣八十里

新插港在縣西北東臨北海有鹽徒聚集賊每從此登岸西擾揚州北擾淮安爲防禦要地

李稍港舊在縣東南天啟四年知縣嚴爾珪建石閘於港尾吐納江海旱潦有備并洩上河壅水人以爲便今淪於海中矣

廖角嘴在縣東南舊爲大江入海之衝祝穆曰廖角嘴中有鹹淡二水不相混雜舟人不待汲能辨之其形勢號爲控扼紹興中以水師把隘於此其沙脈坍漲不常潮水委蛇曲折水路可認水盛則一望瀰漫非熟於往來者不能知也李寶膠西之捷道出於此江防考江北岸東起廖角嘴大河口以及呂四盧家等場沿於楊樹港海門縣裏河鎮以達於通州此海門縣之南路也嘉靖中官軍敗倭於此

餘東場舊在州東九十三里又餘西場在州東五十里又東二十里爲餘中場後皆爲縣境海防考餘東餘西揚州之保障也賊從狼山窺通州及海門之料角嘴呂四場新插港蝸港來犯者扼之於此要害既得則揚州可以無患

呂四場舊在州東百二十里後爲縣境俗傳以呂仙四至此而名有



白水蕩其地寬濶魚鳧鶴鹿之所泳遊也其通海處曰新河亦名新港海防考縣東呂四場又東南料角嘴皆形勢控扼之處

徐步營舊在縣北又北爲掘港又北爲新插港皆賊登岸之處海門北境之防也舊志縣有吳陵白塔河壩上三巡司又有張港巡司萬歷十年革

淮安府（東至海岸二百三十里南至揚州府三百二十里西至鳳陽府泗州百九十里北至山東莒州五百九十里西北至山東沂州五百四十里自府治至江寧府五百里至京師二千五十里）

府阻淮憑海控制山東春秋時夫差欲通中國道出江淮卽從事於此及曹丕謀吳舟師亦繇此而南也其後南北有事輒倚爲重鎮東晉初以祖約劉隗相繼守此荀羨曰（羨永和中鎮淮陰）淮陰舊鎮地形都要水陸交通易以觀釁沃野有開殖之資方舟有運漕之利是也太元三年苻秦入寇襄陽其兗州刺史彭超曰願更遣重將攻

淮南諸城爲棊劫之勢東西並運丹陽不足平也堅從之益發兵寇淮陰盱眙蓋淮陰去丹陽四百里而近北對清泗則轉輸易通南出江津則風帆易達繇淮入江此其必爭之道矣梁沈約曰山陽北接清泗臨淮守險有平陽石鼈田稻豐饒北魏高閭謂壽陽盱眙淮陰爲淮南之本原豈不信哉唐李邕曰淮陰者江海通津淮楚之巨防也其後楊吳據有淮南以山陽清口爲門戶遂能挫朱溫之鋒及山陽入於後周而南唐之烽火近在江濱矣宋人南遷以江淮立國於是山陽之勢益重吳表臣曰山陽控扼之地失之則無以屏蔽淮東徐宗偃曰山陽南北必爭之地也我得之可以進取山東敵若得之淮南不能以朝夕固矣陳敏曰楚州南北襟喉也長淮二千餘里河道通北方者凡五曰潁曰蔡曰渦曰汴曰泗而通南方以入江者惟楚州運河一處周世宗自北神堰鑿



老鸛河通戰艦入大江唐之淮南不可復保此前車也是故韓世忠嘗保山陽以拒方張之寇陳亮曰韓世忠頓兵八萬於山陽如老熊之當道而淮東得以安寢此守淮之要法也劉錡議塞清口以阻逆亮之師紹興三十一年金亮南侵劉錡鎮楚州鑿敵舟沉清口敵之舟師不能越也會淮西喪敗錡孤軍不能獨立又病甚不能治軍乃引而南敵勢遂益張及蒙古侵陵叛臣劉整亦勸其從事於清口桃源爲進取之計豈非地利不可或忽乎元董摶霄曰淮安南北襟喉江浙衝要其地一失兩淮皆未易保今歲漕數百萬咸取道於淮安哽咽或生則京師有立槁之慮故特設重臣置屯車以經畧之然則南北安危所係豈不以淮安哉

山陽縣附郭漢臨淮郡射陽縣地後漢屬廣陵郡

清江浦在府城西自城外達於淮凡六十里舊爲沙河一名烏沙河宋志楚州北有山陽灣淮流迅急每致沉溺雍熙中漕臣劉蟠議開沙河避淮水之險喬維岳繼之自楚州至淮陰開導凡六十里舟行便利其後淤塞明永樂中平江伯陳瑄修治運河故老言城西管家湖西北至鴨陳口僅二十里與清河口相值宜鑿爲渠引湖水入淮以便漕運瑄從之乃鑿清江浦引水繇管家湖入鴨陳口達淮繇管家湖築堤亘十里以便引舟其入淮之處設河口壩新莊閘以時啓閉自新莊閘而東因其高卑遞爲福興清江移風等閘至府南淮陰驛而合於瀆河復慮北河漲溢南侵漕河於是隄北河南岸長四十里以防之又慮南河漲溢北侵漕河於是築漕河南高家堰一帶長二十六里以防之漕河只許糧船及進奉船入口五日一放旋過旋塞設官監督其大小官民船艦悉繇五壩車盤以達外河無敢闌入者於是運道通行無阻後稍廢弛至隆慶四年淮決高家堰清口淤塞糧道艱阻五年漕臣王宗沐於



府西南築高家堰堤北自武家墩經大小澗至阜寧湖計三十餘里以捍淮之東侵又於府之北境堤新城起清江浦經鉢池山至柳浦灣凡六十餘里以捍河之南溢萬歷五年漕臣吳桂芳等修新莊等閘增築清江浦南堤以禦湖水加北岸以禦黃淮又剏板閘漕堤南連舊堤北接新堤六年河臣潘季訓復經理之而運河復爲安流浦旁有倉以備積儲爲轉輸之利即今常盈倉也

海府東二百里有大海口爲淮河入海處其南爲廟灣廟灣之西爲劉莊又西南爲鹽城縣之姚家場皆沿海大鎮也大海口東南有蛤蜊麻線二港爲窺伺之徑道宋末李全作亂據楚州遣海舟出海口繇蘇州洋入平江嘉興以習海道明嘉靖中倭亂廟灣劉莊受害尤劇云

廟灣鎮府東北百八十里爲濱海衝要處亦曰廟灣場嘉靖中倭寇

往往闌入於此志云府東北九十里爲馬邏鎮有馬邏巡司戍守
百六十里爲北沙鎮又二十里卽廟灣有廟灣巡司
劉莊在府東南百五十里嘉靖二十八年倭據廟灣東侵淮安官兵
敗之於姚家蕩又敗之於劉莊賊復遁入廟灣尋敗走官軍追至
蝦子港賊乘舟開洋遁去
鹽城縣府東南二百三十里西南至高郵州二百四十里北至安東縣二百里漢鹽瀆縣屬臨淮郡後漢屬廣陵郡
沙岡在縣西北南抵縣西十八里之岡門鎮東北距海延袤六十里
海在縣東自海浦東北出洋凡五十里相傳元時漕運繇此港出海
以達直沽有堤在東門外二里謂之捍海堰唐大歷中李承爲淮
南節度判官請海潮漫爲鹽鹵良田必廢因自縣東北接山陽縣
南抵通泰海門築堤障岸綿亘數百里宋天聖初張綸刺泰州留
意修復時范仲淹監西溪鹽倉力贊之議移堤勢稍西壘石以固



其外迤邐如坡不與水爭雖洪濤不能衝擊五年堤成長一百四
十三里有奇俗謂之塘潮岸淳熙八年淮東提舉趙伯昌言捍海
堰遮護民田屏蔽鹽竈其功甚大今日就頹圮每風潮泛溢輒渰
沒田廬毀壞亭竈自宣和紹興以來屢被其害望勅有司隨時修
葺務令堅久從之亦謂之范公堤於濱海沮洳瀉鹵之地復爲良
田民得奠居元詹士龍爲興化宰復加修葺民被其利明景泰三
年重修嘉靖中倭賊從山陽大海口闌入縣境官軍據岸遏之賊
不能前蓋不特田疇攸賴而亦守禦所資也
廣惠礶縣東三里舊名白波湫運河水漲則自此決泄入海以殺水
勢夏秋海潮浩大亦繇此衝入侵田宋淳熙六年攝縣事教授劉
焯始用磚石甃砌名曰廣惠明萬歷四年河臣王宗沐修鹽城石
礶海口以疏運河漲水入海之路卽此邑志廣惠礶宋紹興五年

重修洪武二十九年復建
喻口鎮縣西北百二十里有喻口渡淮河津要也宋紹定三年叛賊
李全據楚州襲陷鹽城誘射陽湖人造浮橋於喻口以便鹽城往
來明設喻口鎮巡司嘉靖中倭屯廟灣唐順之謂若從寶應掩船
過壩自清溝喻口水路進攻路徑而徧易是也清溝鎮今在縣西
百四十里有清溝渡縣西北四十里又有清溝巡司舊名岸溝
朦朧鎮縣北百八十里志云廣洋射陽諸湖下流昔時俱經朦朧喻
口出廟灣入海又伍祐鎮在縣東南三十里新興鎮在縣北十八
里卽伍祐新興二鹽場也又沙溝鎮在縣西百四十里又縣西七
十里有大岡鎮又西四十里爲唐橋鎮皆商民輳集之所
姚家蕩在縣北商賈輳集爲濱海大鎮
海州府北三百七十里東至海岸二十八里西南至鳳陽府泗州五百四十里西至徐州四百八十里西北至山東沂州二百二十里北至山東莒州四百七十二里



州阻海連山爲南北襟要六朝時置重鎮於此以掣肘索頭南寇之
鋒隋平江南分道朐山捷出三吳而東南遂無堅壘宋魏勝取海
州而山東響應及羣盜李全據之南窺浙右北擾青齊江淮之間
幾於困弊蓋水陸交通可左可右用兵之際未始非形勝所關也
王應麟曰海泗者東南之藩蔽得泗可以取淮北得海可收山東
朐山廢縣今州治秦曰朐縣屬薛郡漢屬東海郡後漢建武五年董
憲等自郯走保朐吳漢進圍朐壽破斬之晉仍屬東海郡宋初因
之尋廢蕭齊建元二年角城降魏魏遣將郎大檀出朐城應之卽
故朐縣也亦曰朐山是年魏將拓拔嘉帥衆十萬圍朐山朐山戍
主王元度嬰城固守魏人敗却四年以青州移鎮朐山又東莞琅
琊二郡俱僑治焉後沒於魏梁天監五年青冀二州刺史桓和克

魏朐山城十年瑯琊民萬壽殺東莞瑯琊二郡太守劉晰據朐山召魏軍魏徐州刺史盧昶遣兵據之詔馬僊琕圍朐山青冀二州刺史張稷權頓六里以督饋運魏將胡文驥以朐山降梁書時改郡曰瑯琊縣曰招遠侯景之亂沒於東魏復曰朐縣仍屬瑯琊郡陳大建五年伐齊別將劉桃枝克朐山城尋屬後周亦曰朐山縣兼置朐山郡治焉隋爲海州治唐宋因之明初省城邑考州城梁天監中馬僊琕築宋紹興中魏勝復築之寶祐中李璮亦嘗修治今有東西二城洪武中置守禦海州中千戶所在西城內守禦東海中千戶所在東城內城周九里有奇續通典漢朐縣故城在今州西南九十里

東海廢縣州東十九里漢贛榆縣地卽鬱州山也劉宋泰始二年僑置青冀二州於此累石爲城高八九尺四面環海虛置郡縣荒民



無幾七年立東海縣屬東海郡宋志明帝於鬱洲僑立青州及齊郡北海郡泰始七年又割贛榆立鬱縣蕭齊時鬱洲爲齊郡治建元初徙北海郡治齊郡故城改鬱洲爲都昌而分置廣饒縣梁仍爲北海郡東魏武定七年改東海郡治贛榆仍領廣饒縣陳大建五年吳明徹等伐齊東海來降隋初郡廢及東海縣仁壽初復改廣饒曰東海屬海州唐武德四年置環州八年州廢仍屬海州又廢青山石城贛榆等縣入焉元和十四年楚州刺史李聽攻平盧叛帥李師道克東海朐山懷仁等縣宋仍屬海州端平二年徙海州治此尋復故城邑記東海故城有大小二城賈似道獻捷時通爲一城西南控海東北抵山周圍一十三里皆砌以石元至元二十年省縣入朐山向有東海巡司戍守嘉靖十六年改置巡司於新壩

海西廢縣州南百二十里漢東海郡屬縣武帝封李廣利爲侯邑後漢屬廣陵郡建安初先主保廣陵與袁術戰敗屯於海西卽此晉縣廢宋泰始七年置鬱縣立西海郡齊建元二年魏分軍南侵遣將白吐頭等出西海元泰等出漣口永明中改鬱縣爲都昌後魏改爲安流魏收志武定七年分襄賁縣地置海西縣屬海安郡梁承聖末吳明徹圍海西不克引還卽此後齊廢安流入海西縣後周復以海西并入朐山漣口卽漣口見安東縣

懷仁廢縣州北八十里漢贛榆縣地宋爲艾塘戍泰始三年垣崇祖戍朐山魏人來襲戍者皆下船欲走崇祖紿之曰艾塘義人已得破賊謂此也魏於其地置黃郭戍齊建武四年黃曇紛以萬餘人攻魏南青州黃郭戍爲戍主崔僧淵所敗舉軍皆沒梁得其地置南北二青州於此太清三年北青州刺史王奉伯舉州附魏胡氏



曰梁大通二年魏北青州刺史元世儁以州來降魏北青州治東陽去梁境甚遠蓋世儁以懷仁之地來降耳東魏武定七年又改置義塘郡及義塘懷仁等縣尋并義塘縣入懷仁隋初廢郡屬海州唐因之元和十五年楚州刺史李聽討李師道克懷仁等縣是也南唐又移縣治贛榆城而故城遂廢

朐山州南四里上有雙峯如削俗呼馬耳峯旁有龍潭水甚清洌秦始皇三十五年東巡立石東海上朐界中以爲東門闕蓋在此後漢和平二年朐山崩宋泰始三年薛安都以彭城降魏垣崇祖將部曲奔朐山據之朐山瀕海孤危崇祖浮舟山側爲備自是每置戍於此其東北嶺曰石棚山有巨石覆壓巖上如棚因名嶺甚高峻又州西二里有謝祿山祿東海人赤眉將也嘗屯兵於此因名

鬱洲山州東北十九里海中有大洲周圍數百里謂之鬱洲亦曰郁

洲山海經所謂郁山在海中者也晉隆安五年孫恩襲建康不克浮海北走郁洲將軍高雅之禦之爲恩所執旣而劉裕破走之宋元嘉二十七年魏人南寇進逼彭城時江夏王義恭督兵彭城甚懼長史何最議席捲奔鬱洲不果泰始三年魏人圍青州刺史明僧暠於東陽劉懷珍自山陽浮海赴救至東海聞僧暠已敗保東萊懷珍進據朐城衆懼欲保郁洲懷珍不可而止自是青冀二州皆僑治焉七年垣崇祖保郁洲自洲將數百人入魏境七百里據蒙山齊初亦爲青州治齊志鬱洲有田疇魚鹽之利宋劉明善爲青州刺史以海中易固不峻城雉乃聚石爲之高可八九尺後爲齊郡治永明初徙齊郡治瓜步以北海郡治焉梁復爲青冀二州治天監十二年鬱洲近魏境民多私與魏人交市先一年朐山外叛鬱洲亦陰與魏通朐山平心不自安其民徐道用等遂作亂夜



襲州城殺青冀二州刺史張稷降魏魏遣兵赴之游肇諫曰朐山濱海卑濕難居鬱洲又在海中得之無用於敵要近不當勞軍旅費饋運以爭之不聽旣而梁北兗州刺史康絢遣兵進討復取鬱洲自隋以後皆爲東海縣治通典郁洲卽田橫所保東魏武定中置臨海鎮於此其山亦名郁鬱山又名蒼梧山山有九峯俗傳自蒼梧飛來也東陽今見山東益都縣蒙山今見山東費縣

巨平山州北三十里一名繇吾峯南接東海北抵盧溝中有龍潭其南嶺上有呂母固高二里卽王莽時琅琊海曲呂母招亡命數千殺縣令還保海島處也山之東嶺曰棲雲山海曲見山東莒州日照縣

小髙山州東北六十里孤峯特秀三面壁立俯臨深谿惟東隅可通人行其上累石爲城亦謂之田橫固又有平山在州東北百里其

相去十五里曰嚶游山周回浮海中羣鳥多翔集於此元時海運所經

蠣山在州東南百里海中四面平坦潮生則沒其半山多蠣因名又州南百里有大小伊山南北相距約二十里又東西二陬山亦在州東南百里一在海隅一在海中東西相對皆濱海守望處也

海州東二十八里南接朐山北接贛榆西趨州城往來渡處廣二十餘里寰宇記州渡海處名黑風渡七月渡者多覆溺之患餘月則否州東有捍海堰南兗州記堰有二一在東海城東北三里西南接鬱洲山東北至巨平山長三十九里隋開皇十五年縣令元愛造外以捍潮內以儲水大獲灌溉之利一在城北三里南接謝祿山北至石城山長六十三里高五尺開皇九年縣令張孝徵造亦名東西堰



官河在州西十里卽唐垂拱中所開漕河自沂密達州至漣水縣入淮者也後廢志云今州南四十里有新壩西障沂沭東捍海潮導漣河之水達於官河東南流接安東縣之支家河又有房山河在州西南六十里房山鎮源自馬嶺山流入官河又有一帆河在州東南八十里自官河分流至伊盧山南達安東縣

沙堰在州城東北宋紹興三十一年金人圍海州魏勝拒之於北關金人從閘道渡河趨關後勝斂兵入城金人欲越沙堰圍城爲營勝據堰拒之金人敗退今與石闉堰俱堙廢又十三坡皆在州境唐志海州有陂十三蓄水溉田皆貞觀以來所築今俱廢志云州西十里又有韓信堰相傳信爲楚王時以地洿下乃立此堰今爲大路

永安堤州東二十里北接山南環郭長亘七里唐開元十四年海潮

暴漲百姓漂溺刺史杜令昭築堤障之民獲其利
楊口堤在州南東自板浦西抵漣河爲南北要地萬歷中海潮浸漫
行旅艱阻知州楊鳳築堤十五里商旅稱便又西接劉公堤長亦
十五里知州劉夢松所築也
北關州北五里或云南宋時築此據險戍守以保障州城紹興末魏
勝敗金人於北關是也自此而北六十里爲安東衛屬山東境内
雲梯關在州東南海岸有軍戍守輿程記繇虛溝營飄海百八十里
至高公埃又一百二十里達雲梯關又百八十里達安東縣之六
套又六十里至安東縣此繇山東膠州達淮安之海道也
虛溝營在州東北輿程記州東北六十里至塔兒灣又北三十里爲
南城又北三十里爲大村又東北三十里卽虛溝營也又三十里
濮海島爲海州北出山東之水道



石湫鎮州南二十里舊有石湫堰宋紹興三十一年金人圍海州張
子蓋自鎮江赴援至楚州尢邏漣水擇便道以進至石湫堰擊敗
敵兵是也今鎮東北有九浜橋卽舊時堰水處
新壩鎮在州南四十里新壩置於此今爲往來要衝
板浦鎮州東南四十里有板浦堰壩以運鹽河隨海潮注洩易於澱
淤乃設堰壩以北障海潮南蓄河流鹽場在焉爲商賈輳集之所
輿程記自板浦渡海口至州城道五十里
臨浜渡在州北十里有臨浜鹽場又莞瀆浦鎮在州東南百四十里
有莞瀆鹽場
新橋在州北宋紹興末魏勝復海州金人來爭軍於州北二十里之
新橋勝擊敗之繼復益兵來圍李寶以舟師繇海道赴援與勝敗
金人於北關是也今廢

高橋在州西九十里有高橋巡司又興國莊在州西七十里今置驛
於此州南百二十里又有惠澤巡司司南七里卽龍溝湖也
贛榆縣州北百二十里西至山東沂州百八十里北至山東日照縣百六十里漢縣屬琅琊郡後漢屬東海郡
攔頭山縣東北七十里有石攔際海可遮洪濤因名其並峙者曰阿
山山臨海霧氣嘗昏如夜因名亦接日照縣界
懷仁山在縣北四十里昔以此名縣又有末山在縣西南七十里志
云西北之山至此而盡因名
㡌帶河在城南志云源亦出沂州環繞縣城東流入海又有臨浜河
在縣南六十里流入海州境
海縣東十五里北接山東東通大洋汪洋迴繞島嶼參差稱爲易守
而難犯云
荻水鎮縣東北七十里有荻水源出莒州東流入海五代漢乾祐二



年密州刺史王萬敢擊南唐荻水鎮大掠而還今有荻水鎮巡司
又有臨浜鎮巡司在縣南六十里
洛要鎮縣東南六十里後魏洛要縣蓋置於此

# 洋防輯要卷六

## 浙江方輿紀要

### 海

浙江以海爲境東南必備之險也三國吳永安末魏將王雅浮海略句章而去五代時吳越與淮南相攻屢以海道爲角逐之所又吳越入貢每自海出登萊抵大梁至於不逞之徒如晉之孫恩宋之裘甫皆恃海濱僻遠一旦竊發東南柔脆爲之震盪南宋以臨安爲行在而海道之防尤切紹興二年敵人分屯淮揚寓海州樞臣慮賊以輕舟南來蘇洋之南海道通快可以徑趨浙江詔遣官相度中丞沈與求言海舟自京東入浙必由泰州石港通州廖角陳貼通明鎮等處次至平江北洋次至秀州金山次至明州向頭又聞廖角水勢湍險倘於石港廖角等處拘束水手優給廩食而



存養之以待緩急之用彼亦安能衝突呂頤浩言敵舟從大海北來抛洋直至定海此浙東路也自通州入廖角放洋至青龍港又沿流至金山村海鹽縣直泊臨安此浙西路也望分設沿海制置司專管淮東浙西及浙東福建路從之而海道之窺伺益少元末方國珍發難依海爲險明初經略東南國珍既平命湯和由海道取福州洪武二年招徠遠夷設市舶提舉司於寧波爲日本貢道奸萌漸作十六年絕其貢獻使湯和經略海上永樂二年復許入貢至嘉靖中防維益懈奸商伺隙流毒東南而海道之防於是日密懲前毖後勢固然也防險說云浙江之源始於黟縣林歷山一線之微合流萬壑終於錢塘之鼈子門而入海故鼈子門者乃省城第一門戶石墩鳳凰外峙乃第二門戶此外無山惟羊許獨立海中東接衢洋西控吳淞江口爲第三門戶羊許二山有防然後

石墩鳳凰有蔽石墩鳳凰有蔽然後錢塘鼈子門可守此其大略也沙起錢塘東至吳淞曾無間斷海外諸沙亦向北而轉平坦延曠故賊皆可登是蘇松杭嘉四府連壤一脈利害安危輔車相倚者也今欲求錢塘無虞當守附海之三關欲求三關寧謐先防大海之羊許但羊山孤懸大海去乍浦太遠我舟頓此設遇東北颶風賊舟便捷彼此齊驅勝負難必許山奧門淺狹止可避東南之風賊乘東北風利我開舟擊之營虞並駕次者金山衛城西灣沙塗頗軟可暫停舟但遇東南風亦未易出惟海鹽白塔山去秦駐山不遠四風皆便賊若由大洋而來隨處可擊是海鹽一關尤四面之控制也總而論之賊由北洋經蛇山茶山其患必犯吳淞然吳淞之口北向舟難逆出必藉崇明等沙兵船以禦之賊由東洋經陳錢馬蹟犯寧定者必藉衢山馬墓兵船以禦之賊由南洋經



韭山烏沙門犯昌國臨觀者必藉舟山烈港兵船以禦之若由羊山直進犯海鹽者必藉乍浦三關兵船以禦之是防海之總要也又曰列郡之海口有溫州之飛雲橫陽館頭台州之松門海門寧波之定海大浹湖頭渡紹興之三江泗門杭州之龕山赭山嘉興之乍浦澉浦皆倭寇窺犯之地列郡之門戶也海洋之要害有金鄉盤石衛之鳳凰山南麂山松門海門衛之大陳山大佛頭山昌國衛之韭山定海衛之舟山遠而陳錢馬蹟山臨海觀海衛之烈港海寧衛之羊山許山皆倭寇必經之地沿海之藩籬也又曰陳錢羊山浙直共守之門戶也桐山流江閩浙相依之唇齒也蓋倭從彼國開洋必經抵陳錢山歇潮候風集艘分犯若遇東南風高則望羊山以犯蘇松浙西東南風和則望韭山朱家尖以犯寧紹東北風和則望大佛頭三山鳳凰山以犯台溫東北風急則越桐

山流江以入閩此巡哨者所當究心也屠仲律云守平陽港拒黃華澳據海門之險則不得犯温台塞寧海關絕湖口灣遏三江之口則不得窺寧紹扼鱉子門則不得近杭州防吳淞江備劉家河則不得掩蘇松嘉興矣俞大猷曰水戰最難舟在海中收舶安澳一違其宜則不戰而自敗矣今考沿海之中上等安澳可避四面颶風者凡二十三處曰馬蹟曰兩頭洞曰長塗曰高丁港曰沈家門曰舟山前港曰岑港曰烈港曰定海港曰黃岐港曰梅港曰湖頭渡曰石浦港曰猪頭澳曰海門港曰松門港曰蒼山澳曰玉環山梁澳等澳曰楚門港曰黃華水寨曰江口水寨曰大澳曰女兒澳中等安澳可避兩面颶風者凡一十八處曰馬木港曰長白港曰蒲門曰觀門曰竹齊港曰石牛港曰烏沙門曰桃花門曰海閘門曰九山曰爵谿澳曰牛欄基曰旦門曰大陳山曰大床頭曰鳳凰山曰南麂山曰霓澳其餘下等安澳只可避一面颶風如三孤山衢山之類不可勝數必不得已寄泊一宵若停久恐風反別汛必不能支矣至潭岸山灘山許山之類皆團土無澳一面之風亦所難避可不慎乎

杭州府東南至紹興府一百三十八里西南至嚴州府二百七十里北至湖州府一百八十里東北至嘉興府一百九十五里自府治至京師三千二百里

錢塘江城東三里即浙江也自嚴州府桐廬縣流入富陽縣界經郡西南而東北抵海寧縣界出海門入於海海潮晝夜再上奔騰衝擊聲撼地軸沿江之塘歷代修築三國時功曹華信以江濤爲患議立塘以捍之募有能致土石一斛與千錢旬月之間應者雲集因曰錢塘歲久塘壞江挾海潮大爲杭患唐大歷八年大風潮溢墊溺無算咸通二年潮水復衝奔逸入城刺史崔彥曾乃開外沙



中沙裏沙三沙河以決之曰沙河塘近南曰壩頭其在城東二里者曰捍海塘光化三年浙江又溢壞民居五代梁開平四年錢氏建候潮通江二門潮水衝激版築不就因命強弩數百以射潮頭既而潮水漸向西陵乃積石植木爲塘而城基始定今之平陸昔皆江也相傳吳越王箭所射止處嘗立鐵幢因名鐵幢浦宋大中祥符五年潮抵郡城發運使李溥請立木積石以捍之不就乃用戚綸議實薪土以捍潮波七年功成環亘可七里天聖四年方謹請修江岸二斗門景祐四年轉運使張夏置捍江兵採石修塘立爲石堤十二里塘始無患慶歷六年漕臣杜杞復築錢塘堤起官浦至沙涇以捍風濤又俞獻卿知杭州鑿西巖作堤長六十里皇祐中漕臣田瑜疊石數萬爲龍山堤政和六年兵部尚書張閣言臣昨守杭州聞錢塘江自元豐六年泛溢後潮汐浸淫比年水勢稍改自海門過赭山即回薄巖門白石一帶北岸壞民田及鹽田鹽地東西三十餘里南北二十餘里江東距仁和監止及三里北趨赤岸瓶口二十里運河正出臨平下塘西入蘇秀若失障禦恐他日數十里膏腴平陸皆潰於江下塘田廬莫能自保運河中絕有害漕運詔亟修築七年知杭州李偃言湯村巖門白石等處並錢塘江通大海日夜兩潮漸至侵嚙乞依六和等岸用石砌疊從之紹興末以石岸傾毀詔有司修治乾道九年復修築廟子灣一帶石岸自是屢命有司修戢淳熙元年江堤再決嘉熙二年復決守臣趙與權乃於近江處所先築土塘於內更築石塘水復其故嘉定十年江潮大溢復修治之明洪武十年江水大溢特命興築永樂元年及五年九年皆經修治十八年更修完固成化八年沿江堤岸傾圮特甚乃命工部侍郎李禹相度經理堤岸一新百年

以來始無大患萬歷三年六和堤岸決復修治之嗣後淺沙漸積江潮稍緩舊時上自六和塔下抵艮山門皆有石塘胡氏以爲卽錢氏所築捍海塘故址今多堙廢其渡江之處自草橋門外江西岸渡者曰浙江渡對蕭山縣西興自六和塔渡者曰龍渡對蕭山漁浦

柳浦府城東南五里候潮門外江干有浙江亭亭北有跨浦橋六朝時謂之柳浦堤劉宋泰始二年遣吳喜擊孔顗等於會稽喜自柳浦渡取西陵擊斬庾業齊永明二年富陽民唐寓之作亂進至錢塘錢塘令劉彪遣將張玗禦之敗於小山寓之進至柳浦彪棄城走唐書隋自餘杭移州治錢塘又移治柳浦倚山築州城是也唐乾寧三年錢鏐討董昌於越州昌求救於楊行密行密將安仁義自潤州以舟師至湖州欲自湖州舟行入柳浦渡西陵以應董昌



鏐使顧全武守西陵仁義不能渡西陵或曰今赤山也又城東北舊有范浦今堙

寧海縣府東百二十里東北至嘉興府海鹽縣一百十里漢海鹽縣地屬會稽郡吳王濞於此立鹽官三國吳因置鹽官縣屬於吳郡

海昌城縣南二十里志云三國吳海昌都尉治此晉宋以後亦嘗爲都尉治隋大業初廢又縣西北四十一里有海安舊城志云隋大業中築縣蓋治於此唐永徽中始遷今治

石墩山縣東五十里稍東一里曰小尖山上有烽堠嘉靖三十五年倭據石墩爲巢犯嘉興府境內參將盧鏜擊之久而後克下有小港外通大洋賊舟每泊此今有石墩山寨西去縣四十里皆築土城戍守

赭山縣西南五十里土石皆赤因名其對岸相峙者曰龕山屬紹興府蕭山縣界橫江截海謂之海門西南去郡城六十里爲控扼要害宋乾道四年射獵於此明嘉靖三十三年倭賊突犯赭山郡境被其害今爲汛守重地海塘考縣境治南卽海海之上卽塘距城百武而近東抵海鹽西距浙江延袤百里塘西南數十里有赭山與龕山對峙爲海門潮水趨江始猶廣衍進入隘口橫流東而不得肆輒怒而東返東五十里又有石墩山與赭山相望若兩拳然潮返而東爲石墩所障仍鼓怒而西東西蕩激數十里間日再往來狂瀾驚風若萬馬驟銀山雪屋排空而下此海塘所以恒多隱憂也又海防說海門與乍浦相形援乍浦海中有山至下八山爲極遠此外卽茫洋無山倭船之來必至八山及陳錢壁下山取水候風流犯先年兵船畏風濤危險止分守八山內港倭賊不時入刼隆慶三年始議直哨壁下等洋蓋賊於下八山可徑至鱉子



門鱉子門之險與下八山之哨首尾相應者也

硤石山縣東北六十里一名紫微山其並峙者曰贊山兩山相夾中通河流曰硤石湖唐白居易嘗登此因以其官名之山之西爲硤石鎮元置稅務於此明初改稅課局兼置河泊所嘉靖三十四年倭犯硤石明年復犯登泊爲易

妙果山縣東六十里一名龍山相連者曰袁花山袁花塘經其下嘉靖三十年倭據尖山焚掠袁花市官兵敗績

尖山縣東六十四里高峯巘起南臨大海建烽堠於其顛一名大尖山嘉靖中倭嘗據此

黃灣山縣東六十五里一名翁山周九里旁近大海黃灣浦與海鹽縣澉浦所接界北通硤石袁花諸處嘉靖中倭賊出沒於此設黃灣山寨築土城戍守

金牛山縣東八十三里高三百丈周十九里山勢隆起冠於境內山側有洞深不可測避亂者多居此稍北爲廟山鳳凰山下有烽堠山寨廟山東三里曰望夫山亦烽堠處通志廟山在縣東南六十八里高百丈周九里與望夫山皆接海鹽縣界

海塘縣南十里東連海鹽西接浙江潮汐往來衝激不常舊有捍海塘長百二十四里唐開元九年修築宋志嘉定十二年臣僚言鹽官去海三十餘里舊無海患縣鹽竈頗盛課利易登去歲海水泛漲湍激橫衝沙岸潰裂不時以致侵入鹵地蘆洲港瀆蕩爲一壑今潮勢深入逼近民居乞下浙西諸司亟爲修築捍禦之策十五年浙西提舉劉垕言縣南瀕大海元有捍海古塘亘二十餘里今東西俱淪於海海水侵入縣兩旁各三四里止存中間古塘十餘里萬一水勢衝激不已不惟鹽官一縣有墊溺之憂而已今古塘既



衝損鹹潮必盤越北注宜築土塘以捍之築塘基址南北各有兩處在縣東近南則爲六十里鹹塘近北則爲袁花塘在縣西近南亦曰鹹塘近北則爲淡塘嘗驗兩處土色虛實則袁花塘淡塘差勝於鹹塘且各近裏未至與海潮爲敵勢當修築兩塘以禦鹹潮其縣西一帶淡塘連縣治左右共五十餘里合先修築而縣南去海一里幸古塘尚存縣治民居賴以無恙尤宜亟爲防護其縣東且築六十里鹹塘萬一復爲海潮衝損則修築袁花塘以禦之庶爲得宜從之元史鹽官州舊去海岸三十里有捍海塘二後又添築鹹塘宋時以嘗坍陷大德二年塘岸坍延祐六年陷地三十餘里泰定四年衝捍海小塘壞州郭四里因建議修築石塘四十餘里天歷初塘岸始就海沙亦復漲起傾圮可免因改州名曰海寧海塘說縣境海塘之外舊有沙場二十餘里所以海潮不至衝嚙

石堤可以經久今蕩入於海渺茫無迹欲恃數尺之塘抗瀰天之浸豈不危哉明自永樂九年歷成化宏治嘉靖以迄萬歷三年海凡五變塘凡五修築而其害莫甚於永樂九年朝命保定侯孟瑛等役蘇松九郡民費累鉅萬積十有三年而患始息蓋海昌地最高境內諸水皆北流散入於嘉湖蘇松之境障海昌亦所以障列郡塘之修廢關於東南利害安可不先事預防而貽後時之悔哉

赭山港縣西四十五里志云縣西二十八里有天門港又西二里曰褚家壩港又西二里曰馬牧港又西十三里曰赭山港又有渾水港在縣東四十五里五港皆分運塘河之支水南抵海塘岸

長安鎮縣西北二十五里舊爲運道所經宋熙寧元年提舉河渠胡淮請修長安堰紹聖中轉運使毛漸請起長安堰至鹽官徹清水浦入海淳熙二年漕臣趙磻老言臨安府長安牐至許村巡司一



帶漕河淺澀請開濬嘉定十二年臣僚言長安牐上徹臨平下接崇德漕運往來商旅絡繹今海潮衝激兩岸田畝恐有鹹水滲沒之患而裏河堤岸亦將有潰裂之憂乞勅有司及時修治德祐二年元伯顏軍至長安鎮進屯皋亭山而宋亡今爲商旅聚集之地元設稅課務并置驛於此明朝改爲稅課局嘉靖中驛廢

石墩鎮縣東南六十里有巡司洪武二年置於硤石鎮二十年徙近石墩山嘉靖中築土城禦倭爲戍守重地又赭山鎮在縣西南四十五里文堂山上元置巡司明洪武初徙司於縣西陳橋北二十年徙於赭山永樂六年海潮爲患徙於今所嘉靖中亦設小城戍守以禦倭寇又有赭山場稅課局明初亦設於此

嘉興府東至松江府百二十里南至海八十三里西至湖州府百八十里北至江南蘇州府百五十里自府治至布政司百九十五里至京師三千一百里

府負海控山川原沃衍自春秋時已爲吳越爭衡之地豈非以三江五湖相爲襟帶圖志吳越多山而湖澤漸其下崇德居山澤之下孔道四出且濱於海溢可以出奇制敵捍錢塘之肩背制吳越之肘腋海防說府逼近海口與杭州同患海寧一衛尤爲要害魚鹽饒給商旅四通亦江東之雄郡也

平湖縣府東南五十四里

雅山縣東南十七里或譌爲庬山嘉靖三十五年官軍敗倭於潘港又追敗之庬山卽雅山也山多怪石俗呼惹山有惹山舖南涇塘繞其下又故邑山以故邑城而名或曰顧邑謂足以顧盼城邑西南去海鹽縣三十六里

陳山縣東三十里西南至海鹽縣五十里高八十餘丈周十五里山有龍湫一名龍湫山舊置烽堠於山上又覸山在縣東南二十八里一名官山其南一里曰高公山山周八里稍北又有蒲山萊薺



等山皆瀕於海

乍浦縣東南二十里與海鹽縣接界縣南境諸水悉匯於此志云乍浦之水舊自官河入海元至正間番船皆萃於此明洪武中築城浦上以爲備禦今海鹽之乍浦所是也嘉靖三十二年倭據乍浦犯杭州官軍敗却之又瀊港在縣東南與乍浦相接嘉靖中指揮劉岱敗倭於此

乍浦鎮縣東南三十六里元置市舶司於此又有顧邑巡司宋元時置邑城內洪武十四年置乍浦鎮改今名十九年移而東南卽今司也又白沙灣巡司在縣東二十七里元置蘆瀝巡司於廣陳鎮洪武十九年移置白沙灣改今名二司舊皆有屯堡嘉靖中改築小城爲戍守處

廣陳堡縣東南二十七里元曰廣陳鎮蘆瀝巡司置於此自南而東南十二里爲新倉又陸行五十里卽松江府之金山衛也

沈家港縣東十里亦曰沈塘與乍浦相近東西二莊中縮河爲壍嘉靖三十五年官軍殲賊徐海於此

海鹽縣府東南八十里西南至杭州府海寧縣百十里東北至平湖縣三十六里古名武原鄉秦爲海鹽屬會稽郡漢因之

敷城縣西北十八里晉將軍袁崧築此以禦孫恩今爲敷城寨又有望海城在縣南三十五里唐開元五年築此以爲瞭望之所

秦駐山縣南十八里濱海高百六十丈周二十里下有秦駐塢相傳始皇東遊登此一名秦逕山嘉靖三十四年官軍敗倭賊於秦駐山是也有秦駐山寨又豐山在縣西南十八里高三十餘丈周十八里相傳秦始皇嘗屯兵其上白塔山在縣東南二十里海中山有白塔山下舊有港通魯浦曰白塔潭海舟多泊於此今古道已堙又望虞山在縣東南二十二里高九十丈周十二里以隔海望



會稽上虞縣而名

長牆山縣南三十五里西去澉浦鎮三里山高八十丈周十九里橫截海濤若堵牆然下有石巖臨海名穿山洞嘉靖中設東西諸寨於山上以防倭寇南有黃道山宋有水軍寨造船場立烽堠於山頂志云縣西南三十五里有青山亦在澉浦鎮東三里舊有烽堠與青山寨相近有金粟山周回六里亦名六里山下臨澉浦

葫蘆山縣西南三十五里海中東北去澉浦鎮四里潮汐消漲如葫蘆出沒故名語曰潮生潮落葫蘆自若下有葫蘆寨西有西山寨又澉浦城南三里有石帆山屹立海中如張帆然志云縣南三十五里有泊樽山在澉浦鎮西北三里高百五十丈周四里輿地志始皇東遊候潮渡海泊樽於此

茶磨山縣西南二十七里舊志云山側有黃巢衙又有港周回山下

港外爲城塹昔人結寨避兵處相接者曰石屋山上有石壘成屋亦居民避兵處旁又有紫雲山及邵灣山皆高七八十丈周八九里又金牛山在縣西南五十里周四十里高百三十六丈與金粟山相對中有夾山周七里志云夾山在縣西南三十五里金粟山後俗謂之龔墳山

鳳凰山縣西南三十九里澉浦鎭西南二里高四十丈周五里海防志山南臨大海倭每犯此最爲衝要有鳳凰山寨其與鳳凰山環列於海濱爲郡堤障者凡數十計俱錯峙於澉浦所之四旁而鳳凰山爲之冠又馬鞍山在澉浦所西北五里嘉靖三十四年參將盧鏜敗倭賊於馬鞍山及新林一帶是也縣西南四十五里又有廟山上有烽堠

衢山縣東南海中亦曰大衢山其相望者爲小衢山又有茶山亦在



縣東南海中嘉靖三十七年總兵俞大猷敗倭賊於茶山洋是也爲南浙汛兵會哨處

羊山縣東北乍浦所之東山峙海中衞所官兵與金山衞官兵並汛守於此胡宗憲曰乍浦海灘淺闊無山奧避風之處不若海中羊山有奧可以泊舟若分番乍浦之船以守羊山未爲非策也又許山亦在縣東大海中爲南浙官兵會哨之所

海城東舊去城二里今不及一里西南去海四十里有東海口南海口西海口諸處皆爲郡境衝要因設海寧衞於城中以司守禦海防考東海口在縣東北三十里海灘沙汙船艦難泊迤北與乍浦相連內有白馬廟團圩諸處居民業集嘉靖中倭賊突犯必先入此覘望虛實然後四出剽掠此爲嘉興嘉善平湖諸邑要口有巡檢司明初所置其南海口在縣南去海止半里操備廠在焉稍東南爲黃道廟港濱海與南岸臨觀二衞相峙倭寇最易登犯其西海口在縣東北五十里南通大洋北近平湖不特平湖之門戶亦浙西之咽喉也海塗高硬潮水長涸不一倭每乘潮突至宜開濬海口建立水閘以備之南匯許山金山青村一帶與吳淞水哨互相聯絡庶爲有濟圖經縣南海岸與寧紹二府相對深夜籟寂往往鷄犬之聲相聞有防海塘宋所置也宋志縣東南五十里舊有貯水陂南三里有藍田浦東三里有橫浦又有三十六沙九塗十八岡及黃盤七峯布列海壖漂蕩日久舊時陂蕩杳不復存紹興中設塘以備泛溢亦曰太平塘長一百七十餘里元至正間復修築易之以石南北計四千八百餘丈明洪武初復修治自是屢修屢圮萬歷五年海波橫潰邑患最劇於是大興工役開內河以受潮流疏支委以殺水勢築土塘以堅內護植列木以散衝波營斜



堤以排激浪海塘既復邑民始保聚利賴至今云今亦謂之石塘

澉浦縣南三十六里縣西南境之水由此入海水經澉浦之水通於巨海宋開禧初置澉浦水軍元時居民漸集海商往來遂成聚落洪武中築城浦上置澉浦所及巡司於此志云澉浦鎭山灣潮峻爲南面之衝是也

藍田浦縣南三里浦口有藍田寨因名宋咸平六年縣令魯宗道重開以通海潮由白塔港入運河以灌民田因名魯公浦亦曰魯浦紹熙三年縣令李直養重濬自藍田閘十八里南抵鮑郎鹽場以通鹽運灌民田今多堙淤又橫浦舊在縣東二里東北通故邑西通貢湖南入海今亦廢

呂港縣東北有海場嘉靖三十五年倭賊徐海自呂港新場移屯乍浦城南官軍擊敗之

唐灣縣東北宋嘉熙中增置水軍寨澉浦唐灣並爲要地或云海塘
自東北折而西南卽唐灣也譌塘爲唐耳嘉靖三十五年指揮使
徐行健禦倭賊於唐灣敗沒今有唐家灣寨又長沙灣在乍浦所
南嘉靖三十一年倭賊破乍浦官軍與戰於長沙灣敗績又有金
家灣在西海口南潮深沙僻倭賊往往泊此內犯則直抵平湖沿
海則侵乍浦抵海鹽舊撥西海口水軍哨守又置金家灣寨於此
澉浦鎮縣東南十八里有巡司本宋置明初因之置於縣南澉浦上
十九年改爲所移司於秦駐山仍曰澉浦鎮巡司置堡於此爲戍
守處又海口巡司在縣東北十八里唐時於縣東一里置海寧鎮
元置海沙巡司明初因之在縣東門外十九年徙於沙腰村仍曰
海口巡司卽今所也亦置堡設兵於此志云縣城西舊有海沙場
鹽課司本宋元時置明正統元年移置沙腰村仍舊名



鮑郎市縣西南二十里晉隆安中孫恩作亂縣令鮑陋遣其子嗣之
禦之追賊被殺處其地舊有鮑郎浦今澉浦西門外曰鮑郎鹽場
置鹽課司於此蓋宋元時舊制也
梁庄寨縣東北嘉靖中倭賊每從此登犯又縣東南有獨樹林及毛
竹等寨縣西北有東轉塘朱公亭等砦縣南有南石山等寨皆嘉
靖中置今廢又演武場在城東南北枕海嘉靖初有陸路廠三十
五年倭賊泊犯據爲巢賊平廠毀設軍戍守
龍王堂東關外卽大洋直對浙東臨觀等衛迤南半洋卽白塔山賊
每泊此若登岸而南則侵澉浦西則有天寧寺爲水陸通衢直抵
嘉興此縣城之咽喉沿海之首衝也
海寧衛海鹽縣治西洪武十七年建轄左右中前四所及澉乍二所
又東轉廣朱公亭頭寨第二南寨北寨龍王塘闖口落塘大寨小
寨寨頭等凡二十寨皆在境內屬衛軍戍守
守禦澉浦千戶所海鹽縣南三十六里志云唐開元五年吳郡刺史
張廷珪奏置海鹽縣澉浦鎮天寶十載太守趙居貞奏置海鹽縣
寧海鎮吳越時澉浦乍浦皆設鎮遏使宋開禧元年置澉浦水軍
淳祐中復調許浦卒歲百人更番守澉浦咸淳末以蒙古南下益
增沿海戍守於乍浦亦置水軍設統制領之及蒙古帥董文炳帥
兵自海道至二鎮軍相繼降下元亦設兵於澉浦鎮尋以澉浦盜
起遣將鎮守至元十八年遣兵侵倭留後兵分戍澉浦海口明始
置所邑志云宋置澉浦鎮并置榷務於此元亦爲澉浦務明初置
巡司并置稅課局於此洪武十九年建所有城永樂十六年甃以
磚石正統四年增修嘉靖中復營繕周八里有奇有南石山秦駐
山東鹽團西鹽團青山東海靑山鹽場東中牆山平漾牆山東牆



山西南門水關葫蘆灣南湖灣凡十四寨皆撥所軍戍守許市在
江南常熟縣
守禦乍浦千戶所海鹽縣東北三十六里北至平湖縣十八里洪武
十七年建嘉靖初改屬平湖縣所城周九里亦洪武中築正統中
增修嘉靖中營繕有獨樹東獨樹西蒲山外蒲山西蒲山大東山
東山嘴唐家灣鹽山聖妃宮金家灣周西海口等十三寨皆所軍
戍守其處
守禦嘉興千戶所府治北洪武九年建隸蘇州衛
紹興府東至寧波府二百二十里東南至台州府三百里西南至金華府四百五十里西北至杭州府一百二十八里北至海口三十里至京師三千四百五十里
府襟海帶江爲東南都會勾踐生聚教訓於此遂以滅吳漢武嘗屬
以制閩粵後漢末孫策攻王郎於會稽而江東以定晉隆安中海

臨海與會稽三吳八郡一時奔潰時以會稽臨海永嘉東陽新安及吳興義興爲三吳八郡自是以後皆以會稽爲浙東重地沈約曰會稽帶海傍湖良疇數千萬頃膏腴上地畝直一金蓋財賦所資也唐咸通初裘甫作亂陷象山及剡縣分兵掠衢婺明台諸州朝廷遣王式討之賊黨劉暀說甫曰今急引兵取越州憑城郭據府庫遣兵守西陵循浙江築壘以拒之大集舟艦得間則長驅進取浙西過大江掠揚州財貨以自實還循石頭城而守之即府北之石城非建康之石頭也宣歙以西必有響應者又遣將循海而南襲取福建如此則國家貢賦盡入於我矣甫不從退據寧海今台州府屬縣王式聞之疾驅入越州遣將攻甫而分兵屯唐興今台州府天台縣斷賊南出之道出上虞趨奉化斷賊入明州之道置軍海口遏賊入海之道賊窮蹙遁走遂擊滅之既而劉漢宏據越州倡逆於前董昌據越



州踵亂於後錢鏐并其地而霸業始大夫越州明台之上游也越州不守而自越以東益不支矣宋高宗自紹興南徙所以幾不免於海上也明初以重兵戍諸暨固婺衢之藩籬即制杭越之肘腋而且控明台之喉吭矣除孽萌有以也夫

豐山府東北六十餘里地臨曹娥江東南接嶀山唐光啓二年錢鏐破劉漢宏將朱褒於曹娥埭進屯豐山是也志云嶀山在府東七十里下臨舜江接上虞縣界一名嵩尖山又稱山在府東北六十里豐山西北枕環大海

海府北三十里曹娥錢清浙江三水所會謂之三江海口吳越春秋范蠡乘舟止於三江之口三江浙江也浦陽也剡也海防考三江港口深闊直通大洋甚爲險要港口稍東有宋家漊賊若從此突犯趨陡門一帶海塘則竟抵郡城若纖港而北趨浙西則龕山其關鍵也

邢浦府東北晉紀云邢浦去山陰北三十五里隆安四年海賊孫恩破上虞進及邢浦會稽太守謝公遣參將劉宣之擊破之恩退走未幾復寇邢浦官軍失利恩乘勝徑進至會稽太守戰敗爲下所殺今府東北四十五里有蟶浦隔岸對海寧縣石墩山爲戍守要地嘉靖三十五年倭賊經府東北六十里之西匯渚入犯官軍卻之於此或以爲蟶浦即邢渚之譌也

防海塘府東北四十里自府東北八十里上虞江口抵蕭山縣界幾二百里以蓄水溉田唐開元十年山陰令李俊之增修大曆十年觀察使皇甫溫太和六年令李方次第修築宋隆興嘉定中相繼修治明弘治正德嘉靖間及萬曆二年屢經修治爲民利又運道塘在府西北十里唐元和十年觀察使孟簡所開又府東五十



里有練塘越絕書勾踐烹炭於此一云鑄劍處

篛鳳鎭府東北八十里當會稽上虞之界黃家堰巡司置於此築城戍守志云黃家堰本在府東北六十里有西匯渚爲防禦要地因置巡司戍之洪武中徙瀝海所西爲海潮所嚙宏治中徙今治

三江鎭府東北四十里浮山北麓卜江經其前大海浸其東與三江所城南北相峙爲東海之門舊有小城嘉靖二年增築方一里置兵以禦倭又三江場鹽課司亦置此志云司在府東北三十里又白洋巡司在府西北白洋山上

三界鎭府南百二十里路出嵊明初設稅課局嘉靖十二年廢又府南四十里有離渚市舊設關於此以臨離渚溪而名溪亦入於鑑湖明初置稅課局後廢嘉靖中復置又滄塘稅課局在府東南四十里明初置嘉靖十二年革志云府城東五雲門外有五雲河泊

所又昌安門外五里亦有河泊所今革又紹興場鹽倉批驗所在府西北六十里白鷺塘正統中遷錢清鎮宏治中復遷於此

蕭山縣（府西北九十三里西至杭州府四十里西南至杭州府富陽縣百五十里東南至諸暨縣百三十里）

龕山縣東北五十里吳越錢氏嘗屯兵於此有營寨舊趾下瞰浙江與海寧縣之赭山對峙旁有小山曰鱉子山江出其中故有鱉子門之名亦曰海門爲錢塘之鎖鑰嘉靖三十二年參將湯克寬大破倭夷於龕山三十四年督臣胡中憲又敗倭於此舊有龕山寨設兵戍守今革寨北獅子口爲登涉要地

海縣東北五十里胡氏曰自龕山而東至蘭風石堰鳴鶴松浦蟹浦瀕海皆謂之海浦晉隆安四年謝公爲會稽太守戍海口以備孫恩寇也今有海塘自縣東北二十里長山閘抵龕山凡二十里蕭至瓜瀝凡五百餘里宋咸淳中塘爲風濤所圮越帥劉良貴移入



田內築塘植柳名萬柳塘明初以來屢圮屢築萬歷四十年潮齧西興守臣蕭良榦興役重築爲石塘三百餘丈患稍弭又邑志浙江經縣北十里亦謂之北海有長山渡沿海而東五十里爲丁村渡云

定山江卽浙江也在縣西十里舊濶可三十里近潮沙漸積濶不及二十里其海口濶處則幾七十里西興渡而外沿江西南五里有黃家渡又南十五里有上沙渡稍折而東有漁浦渡皆東西渡口而西興漁浦最爲通道又西江塘在縣西南三十里塘亘五十里江水自富陽一帶建瓴而下藉此塘及西興塘以捍之

查瀆縣西南九里水經注浙江東經查塘謂之查瀆孫東攻岡陵不克叔父靜說策曰查瀆南去此數十里宜從彼據其內所謂攻其無備出其不意者也策遂分軍投查瀆道襲高遷屯王朗敗走見侯爭先曰查瀆亦曰查浦春秋吳伐越次查浦卽此

漁浦鎮縣治西南漁浦上宋置漁浦寨明朝改巡司弁設稅課局於此後局廢而司如故又錢清鎮在縣東四十里與山陰縣接界有錢清場鹽課司元至正中所置搬運米倉所也明初改置今司成化三年改屬山陰縣志云縣東南十五里單家堰有工部分司嘉靖十二年置

新林寨縣東二十里宋置與西興龕山漁浦共爲四寨設兵戍守今俱廢

餘姚縣（府東北百四十七里東至寧波府慈谿縣九十里東南至寧波府百里西南至上虞縣八十里）

勝歸山縣北三里相傳晉劉牢之敗孫恩還屯於此又縣西北五里有豐山上有東西二峯旁多古穴或以爲兵火時居民逃避處又有點兵山在縣西北十一里相傳高雅之討孫恩駐兵處也縣東北十五里曰屯山卽孫恩屯兵處



淼山縣東北十里高千餘仞少石饒草木遠望卓削至其巔則正平相傳子陵嘗居此一名客星山又石匱山在縣東北二十二里峙燭溪湖中三面皆水其脈西自梅嶺來自高山望之正方如匱上有烽堠舊趾山之東麓相接者曰航渡山又東曰許郎山一名洶郎山北向開廣登陟僅可及半其上陡峻必由東西逶迤乃得上山巔亦有烽堠舊趾又東曰眞武山盤礴高峻北面燭溪湖志云縣東北二十八里有孤山南麓臨燭溪湖四峯高秀前有墩曰漲沙墩浮出湖中水溢不沒與眞武山相對

繆家山縣東北三十里山甚高聳其巔北望大海其西南陡峻不可登北上則平坦自山而東羣山綿延數里不絕又東北十里曰游源山游涇水出焉山多大谷稱險僻又縣泥山在縣東北七十里

其北踆於大海俗呼勝山嘉靖中屯營於此以備倭
眉山縣北三十五里海中望之如修眉然其北五里有巡司又滸山
在縣東北三十八里其下為三山所
姥嶺縣東北十五里東去燭溪湖五里湖西南岸有梅嶺道出梅溪
又有茭湖嶺在縣南五十里山徑峭險亦四明之別嶺也縣西南
六十里又有筆竹嶺與上虞會稽二縣交界
海縣北三十五里有海塘宋慶歷七年縣令謝景初增築歷慶元以
及寶慶屢經修治間以石堤元大德中潰溢至正初州判葉恒力
為營築自慈谿西抵上虞百四十里甃石堅完謂之蓮花塘明初
以來居民狃安習利排海壖居之堤日削成化七年正德七年海
溢民被其患相繼興修自是皆因舊址修築郡志永樂初海潮瀕
御沙壖墳起因於舊海塘北增築新塘以衛斥地既而沙壖廣十



餘里成化中稍為風濤齧決復於海口築塘曰新禦湖塘以斥地
給竈民為鹽課海防考縣境臨山衛北有臨山港衛東有四門港
皆汛守要地而三山所東有勝山港尤為深濶倭船可乘潮以入
嘉靖三十四年官軍敗倭於勝山又敗之於龜鼈洋今海中之山
六曰西霍山曰黃山曰勝山曰長橫山曰扁樵山曰毬山礁二曰
茭杯曰柴排皆臨觀二衛必備之險也
牟山湖一名新湖在縣西三十五里三面距山北面為塘周五百頃
又汝仇湖在縣西北四十里南距山西距孟家塘北距海堤周九
百七十一頃今皆半為豪右所侵縣西五十里又有餘支湖周五
百頃北距孟家塘與汝仇湖接界又有上林湖在縣西北六十里
周五十八頃有奇舊皆瀦水溉田為民利
眉山鎮縣西北四十里地名湖海頭志云元置眉山巡司在縣北四

十里司南五里即眉山也明朝洪武二十年改置今所仍以眉山
為名又梁壽鎮在縣西南四十里志云鎮居四明上游最為要口
又廟山鎮今臨山衛也舊置廟山巡司於此洪武二十年改置衛
城因徙巡司於上虞縣之中堰東南去縣六十里仍曰廟山巡司
築城戍守又三山鎮在縣東北五十里金山上以蔡山金山破山
並峙而名舊置巡司洪武二十年移於破山西南去縣六十里有
小城戍守仍曰三山巡司
上虞縣府東一百二十里東北至餘姚縣八十里南至嵊縣百五十里
東山在縣西南四十五里巍然特出衆峯拱抱登陟幽阻至其巔則
軒豁呈露萬峯林立煙海渺然為絕勝處即晉謝安所居又縣西
南五十里曰壇讌山有成功嶠以謝元破苻堅歸會稽而名
夏蓋山縣西北六十里南臨夏蓋湖北枕大海西去三江口密邇嘉



靖三十五年官軍敗倭於夏蓋山及三江海洋是也又佛跡山在
縣西北四十五里夏蓋湖南宋時置寨於此縣北五十里又有橫
山九峯環列亦名九峯山橫枕夏蓋湖之東
蘭風山在縣西北二十五里舊與餘姚之石堰俱為海浦要地一名
蘭芎山又西北五里曰龍頭山即龍山也與蘭芎岡巒相屬西瞰
曹娥江
海縣西北四十五里舊有海塘元大德以後不時決潰害民田至正
十年營石塘修塞二十二年增修洪武四年至三十二年皆以潰
決補築至今以時修治
上虞江縣西三十里即曹娥江也自會稽縣東經縣西南東山下曰
琵琶圻亦曰琵琶洲曹娥廟當其處西去府城七十里乃運河渡
口也又經西四十里蔡山東麓曰蔡山渡相傳以蔡邕名亦曰百

官渡又北至龍山亦謂之舜江又西北折入於海
梁湖堰縣西三十里王氏云浦陽江有南津埭梁湖堰是也六朝時置稅官於此亦曰梁湖壩壩之西即曹娥江東岸為往來必由之道風潮衝齧移置不常元至元中以潰圮重建明朝嘉靖間江潮西徙漲沙約七里令鄭芸濬為河移壩江邊仍舊名有曹娥場鹽課司
通明堰在縣東三里宋嘉泰元年置亦曰通明壩其東有七里灘以去城七里而名輿程考自浙抵鄞凡七壩通明其第五壩也又中壩在縣東十里宋置一名通明北堰明初改建曰鄭監山堰以其地有鄭監山也又東十八里即餘姚之下壩
三江守禦千戶所在府東北三十七里浮山之陽洪武二十年建城周三里有奇有大閘關下為三江城河各縣糧運往來之道也所東為三江場東南即宋家漊防維最切嘉靖三十五年倭賊攻突官兵敗却之

洋防輯要　卷六　浙江沿海輿地考　三二

臨山衛在縣西北五十里洪武二十年湯和奏置衛於廟山上徙上虞縣胡蒿城戍守並海築城永樂十六年增修周五里有奇領所二東接三山西抵瀝港嘉靖間倭寇屢屢突犯海防考衛北有臨山港切近衛城直衝大海海口曰烏盆隘化龍隘為汛守要地衛東又有泗門港越海而北即浙西之澉溪也嘉靖三十二年倭賊突陷衛城尋引却三十五年倭舶出東北列表突犯官軍禦却之此二港又衛境之關要也又觀海衛在縣東北八十里今見慈谿縣境
瀝海守禦千戶所府東北七十里洪武二十年建屬臨山衛城周一里近海岸有施湖臨四匯隘為戍守要地

三山守禦千戶所在縣東北三十五里滸山下一名滸山所洪武二十年建屬臨山衛嘉靖三十四年倭寇犯此守將劉朝恩敗却之又縣城內舊有餘姚千戶所洪武二十年置正統六年廢
寧波府東至海岸百有四里南至台州府四百二十里西至紹興府二百二十里北至海岸六十二里自府治至布政司三百六十里至京師二千七百里
府控海據山為浙東門戶浙東有難必先中於明州說者曰明州三面皆海而北面尤為孤懸吳淞海門呼吸可接明州有難必先中於江淮往者晉有孫恩之禍明有倭夷之禍其大較也夫明州北望成山南指嶺表樓船十萬破浪乘風用以震疊海外此亦一發之樂也乃虞自保無策哉舊圖經四明據會稽之東抱負滄海枕山薇江重阜崇嶺連亘數千里又為海道輻輳之地南則閩廣東則倭夷商舶往來物貨豐衍東出定海有蛟門虎蹲天設之險亦

洋防輯要　卷六　浙江沿海輿地考　三三

東南要會也海防說云海道之備在昌國衛坐衝大海倭夷出沒必由之處設備之所不一而韭山正對日本山以外俱遼濶大洋番船往來必經此為準此又昌國之咽喉也進而定海衛衛南臨港口極為要害防禦為難昔人云定海為寧紹之門戶昌國為定海之外藩又進而臨山觀海翼援東西防維南北皆為要區而樞臣楊溥嘗言鏖戰於海上不如邀擊於海中議者韙其說總戎俞大猷則云海木遼濶舟行全藉天風海潮人力不能與抗若風順勢重潮之順逆自不能與風爭若風輕潮逆則艮難矣且我就所短而彼用所長邀擊海中未為艮策故不如設備於海上海上之備多途而必當厚集其力於明州以明州地形陡險控壓懸遠且迫近港口因利乘便於事為易也
海府東北二境皆濱於海志云府東極海岸百有四里東南極海岸

百十二里北極海岸六十有二里東北極海岸七十二里自海岸
迤於大海東極石馬山之洋可六百里東南極踏門山陽可八百
里北極蘇州洋可千五百里東北泛於大海可千里
螺峯鎮府東二百六十五里海中舊置三姑巡司洪武二十八年改
為螺峯巡司又有岑江寶陀三巡司今皆見定海縣
慈谿縣府西五十里西至紹興府餘姚縣九十里西南至紹興府百五十七里本句章縣地
五峯山縣西北三十里山有五峯亭亭相峙其下兩巖屹立如門又
五磊山在縣西北四十五里五峯磊磊若聚米所成南有巖如門
以通出入
鳴鶴山縣西北六十里下有鶴鳴場鹽課司又西十里則觀海衛城
也城內有磨石浪港二山稍北為廟山其相近者為瓜誓桑嶼箬
嶴諸山皆際海中又十里有大忌小忌二山對峙則海中危石行



舟之所忌也今已近岸岸東有向頭山如龍頭尾相向狀龍頭以
東屬定海龍尾以西屬餘姚二山捍潮其中漲塗漸與山相接為
海濱要地志云向頭山在縣西北八十里舊有海塘閘今為漁鹽
之地禾黍菽麥彌望西北百里又有泥横山俗名掘泥在海中今
亦連大岸又有東向山算嶴山黃牛山俱在縣北六十里大海中
海縣西北六十里舊有塘三十里以捍風濤緣岸海中有黃牛桑嶼
諸山與嘉興海鹽為界引而東接定海境海防考龍山所去縣六
十餘里所東北有金家嶴與邱家洋相連東對烈港海洋北望羊
山三姑大洋嘉靖三十五年倭船盤據於此及邱家洋官兵攻克
之由此突入腹裏歷鴈門鳳浦嶺一帶犯慈谿直抵寧波最為險
要其旁曰清溪港由此可入金家嶴此間道所當備也又有金墩
浦亦在所東西接伏龍山北連邱家洋倭自東北來往往由此繫

泊嘉靖三十五年倭自金墩浦入犯官兵拒卻之又古窰港在縣
西北六十里北對乍浦東控伏龍山西連磨石山縣境之咽喉也
嘉靖三十五年倭舟據此突犯慈谿既而松浦口之賊由此遯入
漁山海洋總兵俞大猷等追敗之又敗之於馬迹洋蓋縣境海防
與定海餘姚一帶相唇齒云
長溪關縣西北長溪嶺溪流其下又杜湖關在縣西北四十里杜湖
嶺上俱路達觀海衛
松浦鎮在縣西北五十里有巡司洪武初置於松浦東二十六年湯
和移於浦西嘉靖三十四年倭賊由此登犯為戍守要地又向頭
鎮在縣西北向頭山宋置向頭寨元改為鎮明初改巡司洪武二
十年遷於司東之洋浦二十三年革正統十四年復置於舊所又
車廐驛在縣西南四十里地名石台鄉元置驛明朝因之與鄞縣



相接
定海縣府東北六十二里西南至奉化縣一百二十里西至慈谿縣界七十里本句章縣地
望海城即今縣唐書元和十四年浙東觀察使薛戎奏望海鎮去明
州七十餘里俯臨大海與新羅日本諸番接界是也乾符四年浙
西叛將王郢轉掠閩浙間陷望海鎮進掠明州既而官軍討平之
五代初錢氏曰靜海鎮尋升為望海縣今縣城即錢鏐時築元廢
明朝洪武元年因舊址列木柵戍守七年易以石垣二十年湯和
建衛始拓而大之二十九年增修嘉靖十二年復營繕今城周九
里有奇
威遠城在城東招寶山上山聳峙海口最為衛要嘉靖三十九年帥
臣盧鏜議曰招寶俯瞰縣城相隔不過數十武賊一登據置大砲
其上縣城可不攻而破即夷船絡繹銜尾入關我軍亦無以制之

故守郡非據險不可據險非成城不可因請於督臣胡宗憲築城山巔周二百丈置兵以扼截海口與縣城相唇齒名威遠城復於山麓西南展築靖海營堡周二百四十丈以時教閱於大小浹口分布戰艦以嚴扃鑰於是形勢完固說者以城爲江海之咽喉郡治之門戶云

翁山城縣東北海中舟山上春秋時越之甬東也左傳哀公二十二年越滅吳請使吳王居甬東杜預曰勾章縣東海洲是也國語寡人其達王于甬句東即此唐開元二十六年始置翁山縣因山爲名大歷六年廢宋熙寧六年改置昌國縣高宗建炎三年航海幸此金人來追縣爲所陷元至元十五年升爲州明初復爲縣洪武二十年以其縣居海島易生寇盜徙其民於內地僅存在城五百戶隸定海縣元吳萊云昌國古會稽海東洲也東控三韓日本北



抵登萊海泗南抵慶元四面環海中多大山人居篁竹蘆葦之間或散在沙墺習於舟航風帆便利雖田種差少而附近大山如秀岱蘭劍金塘五山每歲墾之可得數十萬石蓋亦形勝之地矣明初以外連倭夷每爲邊患信國公乃爲清野之策而墟其地生聚既久繁殖如故嘉靖中屢爲倭酋所據事平以官兵戍之唐順之曰江南控扼在崇明浙東控扼在舟山天設此險以障蔽瀕直門戶諸哨船皆自此分而南北總會於洋山明初信國廢昌國縣而內徙之未必非千慮之一失也海防說舟山爲里四爲嶴八十有三五穀魚鹽之饒可供數萬人不待取給於外也

招寶山在縣城東北本名候濤山以諸番入貢停舶於此因改今名南臨港口屹然聳峙極爲要害舊設台堠於此今改設城堡其東南峙一小山高僅尋丈名昌國山潮汐至此分流舟行可達昌國因名與招寶並峙者爲巾子山山形卓立如巾幘潮水出入二山爲之障宋德祐二年元兵至臨安宋籍地降元張世傑去之定海元遣卞彪說世傑降世傑磔之於巾子山是也

金鷄山在縣東八里亦與招寶山對峙海口志云縣東南十二里有龍頭山甬東巡司擺其下旁有葫蘆嶠嘉靖中邑令金九成築塞嶠口以防海夷其相近者曰竹嶼山又東南三里有青嶼山舊置青嶼隘爲戍守要地又石門嶴山在縣西南二十里以陳山在東龍山在西儼若二門也圖經陳山在縣南七里嶺有白龍潭將雨則雲濛山頂將晴則嵐繞山腰人以爲候龍山在縣西南三十五里形勢如龍

伏龍山縣西北八十里首尾跨東西兩海門狀如臥龍南去龍山所十里屹臨水深爲番舶必繇之道蓋龍觀兩衛之咽喉也嘉靖三



十五年官軍敗倭於此一名簪山又施公山在縣西北九十里商舶往來地極險要元置巡司於此明初亦置烽堠於山上其相近者曰澤山本名櫟山宋改今名又大蓬山在縣西北百里今見慈谿縣

蛟門山在縣東海中去岸約十五里環鎖海口吐納潮汐一名嘉門山出此即大海洋昔人稱蛟門虎蹲天設之險是也虎蹲山今在縣東五里海中狀如虎蹲

盤嶴山在縣東南七十五里水繞太白山陰而出凡三十六盤又瑞巖山在縣東南八十里有十二峯相峙其相近即慈嶴山也志云謝嶴山在縣東南九十里西去大嵩所二十五里又有橫山嶮在大嵩所西十里

金塘山在縣東南海中約百里半潮可到山周環二百里舊爲昌國

縣之金塘鄉明初徙民入內地嘉靖中倭夷竊據參將盧鏜擊敗之其山北海洋曰清港洋又烏崎頭山在縣東南百十里濱大海其下爲崎頭海洋

大謝山在縣東南百二十里海中其旁爲小謝山山西南二里卽穿山所也南臨黃崎港北綠大猫海洋至金塘鹿山最爲險要有兵戍守

舟山縣東北二百里海中一名觀山在昌國故城南狀如覆舟嘉靖四十二年降海賊汪直於此其相接爲關山圓峯聳矗爲昌國城內案上有烽堠稍北爲鎭鼇山山自北來蜿蜒南走舊翁山縣治據其麓今舟山所城內山也又東三十里曰翁洲山亦曰翁山相傳以葛仙翁隱此而名又有雙髻山峯巒雙聳俗謂昌國之鎭山志云昌國城東七里有青雷頭山高二里與城西五里曉峯山對



峙青雷頭東南海中又有石衕門山數峯崛起潮汐環流亦名十六門山今皆謂之舟山防險說舟山羣山環峙海港四通爲設險之處旁有馬秦山又有芙蓉洲四環皆海懸若洲島官民多植芙蓉因名又有鼓吹山在山之陰有戰洋相傳徐偃王逃至此其拒戰處也山巔平坦容數百人吳萊云昌國東南海中有桃花山爲絕勝處又有東霍山徐市駐舟處也轉而北爲蓬萊山屹立千丈旁有紫霞洞又石門山亦在昌國東海中並峙有黃公山山南爲塔嶺山邑志昌國東北海中曰蘭山秀山劍山岱山玉峯等山東南海中曰雙嶼雙塘六橫等山皆倭寇出沒所經也

補陀落迦山在故昌國縣東百五十里海中一潮可到爲海岸孤絕處梵名補陀落迦華言小白華也一名梅岑山相傳以梅福名往時日本高麗新羅諸國皆由此取道以候風信嘉靖中倭寇據此官軍擊破之其西有石牛港西北有巡簡嶴皆當時進兵處

鷹門嶺縣西北六十里又西北十里曰鳳浦嶺又二十里曰桃花嶺皆接慈谿縣界志云縣東南五十里有排陣嶺南二十里有布陣嶺皆宋建炎中禦金人處

天同嶴在舟山之岑江司東南其相近者有紫皮嶴嘉靖三十七年胡宗憲遣奇兵出此擣岑港賊巢又弔嶼在舟山之岱山司西北切近海口嘉靖中倭屢犯此爲汛守要地

海縣東北兩面皆據海由此而西接慈谿縣界由東而南接象山縣界志云縣東北爲灌門海在故昌國縣海中有砥柱屹峙中流望之如人拱立水匯於此旋涌若沸舟行必投以物殺其勢而後過風雨將作有聲如雷又自蛟門而外有霍山馬蹟馬墓錢山龜鼈小春等洋又東南則有分水礁石牛港崎頭孝順烏沙門橫山雙



塘六橫雙嶼亂礁等洋抵象山縣之錢倉所而止皆嘉靖中控禦倭夷處也

大浹江在縣城南有大浹渡亦曰大浹口舟師屯船於此謂之定海關汛守要衝也邑志鄞江會上流諸水入縣境其支流爲小浹江皆東注於海舊圖自蛟門海洋分派爲支江向西溯流七十里抵郡城三港口又分流西南六十里至陀山堰又西北二百里抵上虞之通明壩俱謂之大浹港東晉時置浹口戍於此隆安四年孫恩寇浹口入餘姚破上虞五年孫恩復出浹口攻句章不能拔尋爲劉裕所敗自浹口遠竄入海劉宋泰始二年臨海賊帥田流作亂掠海鹽殺鄞令命周山圖屯浹口討平之宋建炎中女眞陷臨安而東車駕出浹口遁入海胡氏曰浹口在虎蹲山外是也其小浹江在縣南十二里自縣東南十二里竹嶼山海口分流爲支江

蜿蜒西南六十里至鄞縣東三十五里之五鄉碶合於鄞江并瀉東錢湖之漲海防說小浹港內通東江出穿山所達寧波城極險要嘉靖中倭賊由此內犯奸民亦由此出入漫無關禁三十四年邑令宋繼祖於縣南十里東山下江流淺處設東岡碶及堰以蓄洩之堰下爲江上爲河自此小浹江之流中斷而縣境西南一帶頗被沾溉之利志云東岡碶去五鄉碶五十五里五鄉碶亦曰回江碶東錢湖吐納要口也

[illegible]西北五十里東出海近金塘山嘉靖三十一年賊汪直引倭入定海關官軍擊却之遂移泊於此地形曲折進勦爲難督臣王忬分遣二哨一由列表門進當其前一由西後門進防其逸別遣[illegible]俞大猷遂營木嶴與賊僅隔一山出奇攻之賊敗走復泊馬蹟[illegible]入之始逸去木嶴蓋在烈港之東



岑港在舟山所西北有巡司戍守海口衝要處也嘉靖中屢爲倭賊所登剏後遂倚險列柵據守其地三十七年胡宗憲督兵討之分兵泊其南北又遣兵分路進勦中路由小河嶺右路由碇礁左路由小嶺並趨賊巢敗之賊恃援力守復出奇破之賊遂遯去

中大河縣西三十里源出慈谿之丈亭渡由夾田橋過茅洲化紙二閘直達城西亘五十里昔時貫串城中由城東入海永樂以後由城西南新開入浹口江又有浹江河在城西二里自鄞縣桃花渡直抵城西亦謂之顏公渠宋淳熙間制帥顏頤訪故道所鑿也歲久淤塞嘉靖十五年邑令王文貢疏濬今復廢

鳳浦湖縣西北六十里湖周十八里又湖北有沈窖湖周亦十八里又西爲白沙湖周二里靈緒湖周二十里四湖俱西接慈谿縣界引流溉田由澥浦通大海又曰泉湖在故昌國城東北周三十里瀦水溉田源泉沕涌舊名富都湖亦名萬金湖

長山寨縣南四十里舊爲海內東寨明洪武初徙長山鹽場之右曰長山巡司二十七年徙今所嘉靖中廢今縣東南四十里有長山鹽課司舊志縣南十五里有長山東南七十里有長山岡寨因以名又穿山巡司在縣南九十里宋建炎中置白峯巡司紹興中漸徙而南明洪武初徙穿山旁改穿山巡司二十八年徙縣東南百二十里亦嘉靖中廢今有穿山所及穿山鹽課司又霞嶼巡司在縣南百里舊爲海內西寨宋嘉定間徙於縣南明洪武初改碕頭巡司正統十三年又改今名嘉靖中廢

管界寨縣西北六十里宋曰水陸管界巡簡寨在縣城內嘉祐中遷澥浦上改今名洪武二十年徙於縣西四十里又上岸太平奧山巡司在縣南六十里正統十三年置亦曰太平巡司又甬東巡司



在縣東南十五里甬東橋旁志云舊置於府東五里甬東隅洪武二十年徙竹山海口與招寶山相對又大嵩巡司舊置於縣東南大嵩港洪武十七年移置縣南梅山嘉靖中皆廢通志甬東大嵩二司本屬鄞縣而地連定海又清泉場鹽課司在縣南十里龍頭場鹽課司在伏龍山西十里大嵩場鹽課司在大嵩所與長山穿山二鹽課司所謂縣境五鹽場也

螺峯寨在舟山所城西南十五里有巡司又所西北四十里有岑江巡司所東北二十里有岱山隘巡司所東南三十里有寶陀巡司皆隸寧波府海防考所境四司與縣之長山穿霞嶼太平管界共爲九巡司舊俱爲海防要地設兵戍守又有湖頭關在大嵩所西西南接象山縣界亦要隘處也嘉靖四十年倭自大嵩所入犯官軍敗之於湖頭葉村或曰村在湖頭之西又有王家團在縣北嘉

靖中倭嘗出沒於此

沈家門寨在舟山所東八十里原係水操之地番船去來皆泊於此內有趙嶴南嶴蘆花嶴大嶴去寨不過三五里以大嶺口爲阻截要路嘉靖中倭賊多由水路或間道而入官軍擊却之輿程記由沈家門經蓮花洋石牛港𦨴孟山共七十里至補陀山

碇齒隘在舟山所西五十里去岑港密邇與外港相對倭賊易於登犯嘉靖中爲戍守要地三十七年胡宗憲擊岑江賊分軍出此時賊黨有據烏沙懸山者宗憲策其必與岑港寇合陸路則設伏於碇齒水路則設伏於鶴礁門賊果由二路奔沈家門寨合於岑港官軍守之鶴礁門亦在所東海中

象山縣府南二百七十里西北至奉化縣二百一十里西南至台州府寧海縣二百三十里

韭山縣東南百里海中山多韭形勢巍峩島嶼深遠自縣東四十里雙泉山來歷小睦大睦西殊東殊以至韭山皆刻峙海中又東南百里有大雉山卓然孤立憑據大洋直望日本夷船往來往往視此爲準

三萼山縣南六十里海中有三峯一名三仙山亦曰三岳山賊自韭山來道必經此嘉靖三十四年爲倭船所盤踞官軍力戰始克之蓋昌國衛及石浦所之襟要也又面現山在縣南八十里海中與縣海治相值一望無間因名

東門山縣南百二十里其狀若門下有橫石如闞一名天門山高二百丈周二十五里明初昌國衛置此倭寇往往由此南犯溫台爲必備之險又南十里有大門擔子石壇等山或曰石壇山即壇頭山有南北蜆殼菜籃等嶴可以避風泊船賊由日本而來每望此山收泊嘉靖中設軍哨守山外又有鷄籠嶼其外一望大洋別無



島嶼倭從韭山南來道必經此亦戍守要地也

大佛頭山在縣南百五十里海中其地名南田海中十洲此爲第一日本入貢每望此山爲嚮道圖說云大佛頭山有斗底蝦嶴烏頭青後城壺底等嶴係倭船往來棲泊處山周百里中甚平曠地皆膏腴宜耕稼稍西爲台明嶼兩山對峙中流爲台明二州分界處故名

金齒山縣南百六十里海防說山島嶴頗多有金齒門港倭船往來每棲泊於此亦南路要衝也又有朱門山在大佛頭山倭賊從南來每從此棲泊嘉靖中設兵戍守又有林門山在朱門之東山爲金齒朱門之喉舌島嶴亦多嘉靖中倭從檀頭海洋突入結巢於此官軍擊却之縣南二百里又有秋蘆門楊士嶼等山俱在海中接東甌界又花腦山亦與大佛頭相近俱倭夷出沒處也

鋸門洞縣東南三十里置戍於此曰鋸門隘其外曰鋸門洋亦爲海中要地

海縣東二十里又縣南去海三十五里東北去海四十里嘉靖中倭寇屢窺犯縣南百九十里爲秋蘆門海洋西南百五十里爲漁溪海洋則寧海縣分境處也

鄞港縣東北四十里港口直接大洋中流與鄞縣分界因名西入奉化縣界中流有白石山東南去縣六十里其分界處也上流諸水悉匯入焉

八排門港縣南百四十里與佛頭山相連港內多腴田地便於棲泊倭船據此勦滅爲難嘉靖中有兵戍守又旦門港在昌國衛東北係懸海大洋外有東旦山與韭山相對賊由韭山來必望旦門突入以往南路內近何家礁仁義南盤一帶老岸嘉靖中設何家礁

仁義二寨戍守其相近者有馬岡官軍嘗敗倭於此
三門港縣西南百里港口爲石浦巡司及土灣番頭一帶居民暌舌倭從溫台突犯必取道於此海防說三門去石浦稍遠而與朱門海洋隣近戍守最切又牛欄基港在石浦所北爲石浦關後戶外洋必由之隘也有山環抱可避東北颶風如分哨南北此爲適中之地又下灣門港在石浦所東南志云下灣門外卽壇頭大洋內則舊城東門港潤潮急且與大爐頭山對峙又四門入路總會於此此守下灣門要地也又洞下門港在石浦所西南志云洞下門逼近石浦所城港窄潮急賊舟進此必紆回磬折於兩岸夾山之下而石浦左遶一山名打銅坑與洞下門正相對此洞守下門要地也
竿門港在縣西北錢倉所南倭夷來犯每棲泊於此南距石浦關百



餘里
陳山寨縣東十三里有巡司通志司舊置於縣北陳山正統十三年徙今所又趙嶴巡司在縣東南七里舊在寧海縣境正統八年改置於此又爵溪巡司在縣西五十五里舊置爵溪洪武二十年改建千戶所移司於此又石浦巡司在縣西南百二十里本置於石浦亦洪武二十年改徙
遊仙寨爵溪所南嘉靖三十一年倭賊寇遊仙寨爵溪百戶秦彪曰遊仙與爵溪唇齒無遊仙是無爵溪也直前赴救戰死
寧波衛府治西卽宋慶元府治故址洪武初建明州衛十六年改曰寧波衛
觀海衛慈谿縣西北七十里東南去寧波府百五十里西南去餘姚縣八十里洪武二十年湯和置衛於此築城周三里有奇永樂十六年增修令領所一
龍山守禦千戶所府北七十里西南至餘姚縣百二十里東至定海縣七十餘里洪武二十年建隸觀海衛築城周三里永樂十六年增築嘉靖三十四五年倭賊往往登犯海防考所北對金山蘇州大洋東對烈港伏龍山控臨海際相去僅十里許爲賊艘往來必由之道又臨觀二衛之門戶也
定海衛定海縣治東北洪武二十五年建領所五
舟山中中千戶所治昌國故縣城中城周七里洪武十二年重築明年城成設守禦昌國千戶所十七年改置昌國衛二十年縣廢移衛於象山縣境改建今所永樂十六年增葺城南二里曰舟山關詳見上翁山城
穿山後千戶所定海縣東南九十里西北去府城百五十里洪武二



十七年建城周四里明年修完永樂十二年十六年皆營葺東南接郭巨所南接大嵩所所北一里有碶頭烽堠東臨黃崎港永樂初有流倭由此入犯嘉靖中倭由碕頭海洋突入黃崎港犯穿山所因設軍戍守最爲要地
郭巨守禦千戶所定海縣東南百二十里西去府城百八十里洪武二十一年建城周三里所濱海孤懸其東南爲梅山港東至碕頭大洋南至雙嶼港俱約五十里西至大嵩港約百里北五里爲三塔峯最險要嘉靖十九年倭黨李光頭巢於雙嶼港二十七年擒平之因築寨港口以窒淵藪
大嵩守禦千戶所定海縣東南百三十里西北去府城九十里西南去奉化縣一百里南至象山縣七十里洪武二十一年建城周四里所東接郭巨衛南連錢倉其東南爲大嵩港對峙韭山直衝大海

嘉靖中倭船往往由此犯所城所東卽慈谿山亦是時倭賊衝突
處也
昌國衛象山縣西南八十里北去府城三百五十里洪武十七年置
衛於昌國新城內二十年徙衛於縣南之東門山二十七年以東
門縣海薪水艱阻因徙後門山跨山爲城周七里卽今衛也永樂
十五年修葺成化間重修嘉靖三十二年復營繕以禦倭城控臨
海洋屹爲保障領所四
石浦守禦前千戸所象山縣西南百里北去府城三百七十里舊置
於縣南十里石浦山洪武二十年改建於此阻青山爲城周不及
五里永樂十五年重修嘉靖三十四年復完葺前臨石浦關口切
近壘頭逬山乃倭出沒咽喉要路翼蔽昌國此爲門戸
石浦守禦後千戸所同上志云石浦去昌國十餘里城下一帶水涯



可以棲泊戰船對面有山卽石浦舊城今謂之石浦關關外大洋
有山曰壇頭倭盜出沒處也寧郡之衝以石浦昌國爲最寇自南
來必由三門林門下灣門東門四路而入寇自東來必由牛欄基
洞下門而入備禦切矣
錢倉守禦千戸所象山縣西北三十里北去府城二百六十里洪武
二十年建四面阻山城周三里永樂十四年重修嘉靖三十二年
增葺城東臨大海至大嵩港約一百里南爲塗次烽堠外接竿門
蒲門等處西北至湖頭渡海爲大嵩所界乃昌之藩籬與大嵩相
爲犄角者也
台州府東至海岸百八十里南至溫州府三百五十里西南至處州府三百六十里西北至金華府五百七十二里北至紹興府三百一十里自府治至布政司四百四十里至京師三千七百七十八里
府山海環峙川澤沃饒陸走紹興則明州中斷而臨安震水向定海

則錢塘可襲而京口可塞也劉宋泰始中賊帥田流起臨海掠海
鹽殺鄞令東土大震唐季裘甫之亂明越皆被其毒元末方國珍
發難於此東南遂有沸騰之勢豈非以台之爲境倚山傍海可爲
旅拒之資而出奇制勝正不當蹻蹐於數百里間哉或者曰台之
最切者海道也其地僻處海濱四塞爲固南有桃嶴金竹北有桑
洲桐巖西有關山衛墅疊嶂層岡重關鳥道庶幾可恃惟是南去
松門不過百里東至海門僅八十里海門者固台之門戸也三面
阻水無險可恃敵自海門而上則一潮直達若棄舟登陸亦徑至
城下倉卒將何以禦之圖經云台三面阻山一面瀕海形險如此
而患戰守無策得乎
臨海縣附郭漢回浦縣地
白鶴山府東南二十里上有展旗峯劍巖諸勝寰宇記白鶴山上有



深湖中有盤石又蓋竹山在府南三十里上有石室香爐天門三
峯一名竹葉山道書以爲第十九洞天第二福地圖經山周百八
十里起於臨海之長石綿亘黃巖之西以至婺之東陽溫之樂清
蓋郡境大山矣
九盤山府東南七十五里山路縈廻九轉絕頂可眺大海又東刋山
在府東九十里海中相傳禹隨刋至此山極高遠亦名天柱山縣
東百里又有兵山舊志云唐末屯兵處也又有石鼓山在縣東百
有五里舊有柵城唐貞觀初刺史李元奏置城設兵戍此
金鼇山府東南百二十里宋建炎四年金人入寇高宗航海嘗泊此
山留四十日始還紹興其相峙者曰海門山對立如關在海北岸
東枕海又四里曰赤山又東曰翠環山與海中諸山相望
芙蓉山府東二百里海中出海口望之竦若紅蓮始開唐天寶六載

改名秀麗嘉靖三十三年官軍擊倭賊於芙蓉海口是也又臨谿
山在府東北二百四十里一名牛頭山下有谿二水合流一名臨
溪志云山逼臨海岸亦曰臨海山
三山府東八十五里海門衛西南衛瀕海散漫無險可依山峙立椒
江南岸爲衛境之望又城門嶺在府東南百五十里當衛城北亦
峙椒江南岸稍東北即前戶所城也由此達仙居走溫州爲所境
之險
雙巖府南十五里與府治對峻峭爲諸山之勝又馬蹄巖在府南二
十里甚險峻一名聖巖又仙巖在府東南一百二十里高廣可數
百仞
海府東百八十里有兩頭門諸險嘉靖中爲倭夷出沒處又有螺門
亦在府東海中嘉靖中官軍敗倭於此海防考府境最切者曰海



門衛城北即海門港一名椒江渡港水流入二十里分兩支一
抵台州府城下一抵黃巖城下此府境咽喉也論者謂海門之防
視定海尤棘定海水港既狹港外連山遠近皆可泊船分哨今海
門港一潮之遠止有二山一座形小勢削並無隱蔽港內不可禦
敵外洋風浪洶湧更無山嶼回抱故明初至嘉靖中屢被其患所
當增設水軍爲港口之備
澄江府城南一名靈江其上流爲三江三江者一自天台始豐溪一
自仙居永安溪至府西十里而合爲澄江故曰三江環繞郭郭潮
至此而止故曰澄江接於黃巖縣之永寧江而入海元至正十二
年泰不華招降方國珍乘潮下澄江觸沙不行賊至戰轉爲所殺
柵浦海門衛東南嘉靖中倭賊由此入海門港又由此犯松門衛志
云柵浦去松門不過數里

湖苦泉在縣南二十五里出古塘門山有三十六穴引流而南溉田
甚衆
蛟湖鎮府東百有二里有巡司明初置又連盤巡司在府東北百二
十里地名長沙逼近海口亦曰連盤港口明初置巡司與前千戶
所相爲形援宋志府東南七十里有管界寨東南百二十里有亭
場寨嘉定十五年守臣言管界亭場兩寨皆防扼海道亭場在海
門之北管界乃入裏港之中甚無謂也宜以管界徙海門南與亭
場對峙因議移於土馬巖元廢又吳都寨在縣東百五十里亦宋
置元廢
赤城驛府治東南宋置丹邱驛明朝改今名又泰安驛在府西北四
十七里橫溪驛在府東北五十里皆宋置尋廢
杜瀆場鹽課司縣東百里宋熙寧五年置場元曰杜瀆監明初改鹽



課司志云府東南二里有台州鹽倉批驗所又新亭鹽場在府東
南六十里宋置尋廢宋志臨海縣東三十里有大田稅場東南百
二十里有雄溪鐵場百五十里有香公廣濟二鐵場西六十里有
歸溪鐵場西北五十里有大石鐵場又十里有高梁銀場後廢元
初并廢大田場
三石鎮府東嘉靖中倭掠臨海之三石鎮即此
黃巖縣府東南六十里南至溫州府樂清縣百八十里西北至仙居縣百五十里本漢回浦縣地
古城縣南三十五里外城周十里內城周五里有洗馬池九曲池故
宮基址楚滅越越王支庶築城保此俗謂爲徐偃王城志云城在
大唐嶺東與太平縣接界又有漢城在縣北十里建置未詳
蓋竹山縣西北三十里與臨海縣接境縣西六十里又有三巒山周
二十餘里分上中下三巒巖洞窒每入益勝居人皆以造楮爲

業相近者又有平田山甚高峻至巔平衍可田因名志云縣西五十里有靈石山一名甘露山孫恩寇境毀木為船石從空墜而傷賊因名縣西百二十里又有黃巖山一名仙石山縣以此名

東鎮山縣東二百四十里臨海記洋山東有東鎮大山去岸二百七十里有四礜極險峻山上望海中突起一石即高麗頭山也又盤龍山在縣東南二十五里橫岡曲阜狀如盤龍又盤山在縣南五十里盤廻十里石磴崎嶇

海縣東百里其入海之口曰椒江由椒江而西直接永寧江抵城下不過七十里故縣之海防視他所為切元季方國珍之亂嘉靖間倭夷之亂縣輒被其禍

永寧江縣北二十里有二源大源出縣西南三百餘里之塵山東南流二百十里至左溪村小源出黃巖山東北流合於大源皆平淺



不通舟合流三十里至官嶴村無灘磧直接永寧江廣逾百步可通舟又東流百里過縣北又三十五里而為臨海縣海口入於海從源至海計四百八十里亦曰澄江

長浦寨縣東南四十里有巡司本曰界首巡司洪武二十年立海門衛移置於此改曰長浦築城戍守又路橋鎮在縣東三十里宋初為新安鎮後改今名今亦為戍守處縣東南四十里又有旋井市亦曰泉井鎮

寧海縣府東北百八十里東北至寧波府象山縣二百三十里北至寧波府奉化縣百二十里漢回浦鄞二縣地。

王愛山縣西六十里路接天台縣界志云唐咸通中裘甫據寧海王式敗之於海口上嘐海遊三處甫盡從王愛山遁走剡城又鳳山在縣南百二十里健跳所城跨其上

三門山縣東二百五十里海中海舟出入必經之所今設兵船泊守

南與大佛頭北與林門各兵船會哨又星嶼山在縣東百里大海環其下縣東北九十里又有蓋蒼山瀕大海一名茶山亦曰茶巖下有柴溪引流注海

桑洲嶺縣西六十里有桑洲驛又縣西南百二十里有桐巖嶺其上為朱家嶴驛又西南六十里即府城也舊路由狠坑縣渚海遊而西紆回阻滯宋靖康以後取道於此至今便之嘉靖中戚繼光討倭寇駐軍桃渚寇屯聚桑洲糧援久之不至蓋控扼要地也

海遊嶺縣南六十里下有鎮唐咸通中王式大破裘甫於海遊鎮甫遁入南溪洞官軍與戰於洞口又破之舊志洞在縣西南百餘里入天台縣界又戰坑嶺在縣南百里危峻難登俯瞰大海其相近又有仙橋嶺兩石崎立如門架木為梁以度下有泉甚湍急

楓樹嶺縣南二十里亦曰楓嶺嘉靖中倭寇入犯官軍禦之於此敗



績又南五里有摘星嶺本名新嶺嶺甚高峻因名

天龍嶺縣西南百里回旋曲折凡三十五盤接天台縣界

紫溪洞縣東北四十里幽阻險隘唐寶應初袁晁作亂李光弼討之晁死其弟瑛從五百騎遁入此光弼駐兵洞口絕其糧道俱餓死宋時洞口猶有遺鏃云今亦曰紫溪嶺路出象山縣

海縣東四十里夷堅志縣東海中有尾閭與海門馬筋相值自高山望之其水湍急陷為大渦者十餘舟楫不可近舊傳東海泄水處

又健跳港在縣東百二十里健跳所東有長洛渡潤四百餘丈出海往茅頭大洋上接海中查盤山與練陀等處下接海中青嶼黃毛礁與牛頭桃渚諸處海防考健跳所孤懸於重山之外恃舟船為命守港之師不可暫撤是也又茅頭洋一作貓頭洋亦在健跳所東北嘉靖三十九年官軍敗賊於此又追破之於青門洋青門

洋卽青門港見象山縣

鄞江縣東北四十里與象山縣接界自奉化縣東境合諸溪之水及縣北白渚溪馬紫溪俱匯流以入海唐咸通中裘甫據寧海王式遣軍屯海口以遏賊入海之道胡氏曰卽自鄞江走象山之道也今縣北五十里地名海口舊置海口驛今廢

梅嶴嶺縣南百里舊有鐵場亦戍守處也嘉靖中倭賊寇縣由梅嶴突入樂清縣界今縣南七十里有曼嶴巡司東南八十里有窨嶴巡司縣東二十五里有越溪巡司東百里又有長亭巡司縣北六十里有鐵場巡司俱洪武二十年築城置戍為濱海之備志云宋元時縣境有鐵場數處今皆廢又長亭鹽課司在長亭巡司東三十里宋置鹽場在縣東十五里港頭鎮大觀三年移置此今因之又縣南海遊山下有海遊鎮洪武初置稅課局正統三年廢



臨門寨縣東二百里海頭宋置元廢又麻嶴寨在縣西南七十里元置巡司今廢

南陳館縣西南六十餘里裘甫為王式所破失寧海乃帥其徒屯此式復破走之又上畯村在西北四十三里今有上寮山王式破裘甫之黨於此

登臺橋縣東七十二里跨海港凡二十四洞宋發運使鄭霖建路通象山

太平縣府東南百四十里北至黃巖縣八十里西南至温州府樂清縣九十里本黃巖縣及樂清縣地

松門山縣東南五十里海中亦曰松門島松門衛以此名又桂巖山在縣東南二十里其南有碕頭山險頑所置烽堠於其上又盤馬山在縣東北四十里回旋險仄有巡司戍守

石塘山縣東南六十里海中嶼嶴參錯大山環峙舊屬黃巖縣居民甚衆明初以倭寇犯境徙居民於內地此山遂墟其相近有三女山二石如柱潮平則沒舟行畏之又大陳山在縣東南海中志云台州之山惟大陳膏腴且有淡水每為倭賊所據防守最切嘉靖三十四年官軍敗倭於此相近者又有南赤嶕山旻公嶴亦海中小山也嘉靖三十八年倭賊由此犯松門衛

玉環山縣西南七十里楚門港中今詳見樂清縣又有靈山與玉環山相接其峽如門名楚門港海舶由此出入海防考楚門所東北海岸有雞獅山倭犯楚門此為必由之道

温嶺縣西十里一名中嶠山亦名温嶠嶺亦曰嶠嶺永嘉記妖賊孫恩築城據嶺嶺高四丈周六百步卽此處也相傳温州之名以此嶺自東西兩峯東大西小亦曰大嶺小嶺宋置温嶺驛於此路出樂清今驛廢嶺北又有路橋為黃巖縣之通道志云縣北五里有虎嶴嶺路通温嶺或為漁嶺嘉靖三十四年官軍敗倭賊於新河所賊遁走漁嶺官軍復追敗之卽此



湖霧嶺縣西北三十三里屹立湖側西連鴈蕩北接唐嶺常有海氣升騰如霧因名路出樂清縣

藤嶺縣南二十餘里又東南卽險頑所也南出温州又所東北有幔游嶺為松門之阻隘

南灣嶺縣境楚門所西北有高山萬仞環列海濱松林如織鳥道紆回嘉靖三十九年戚繼光追破倭賊於此又長嶼在縣東北二十五里又東曰擐嶼上有烽堠

海縣東南二十里曰大閭港亦曰大閭洋元至正十一年方國珍作亂焚掠沿海州縣命江浙行省李羅帖木兒擊之至大閭洋為賊所敗志曰大閭港在長沙海口南有驪洋下有驪龍窟出此則茫

無畔岸矣
迂江縣東源出王城山之桃溪一名月河東流合諸山水爲新建河
經縣北三十里爲官塘河河西南達溫嶺東南抵縣城北通黃巖
爲舟檝交會之衝又東至新河所城乃爲迂江濶二里東入海迂
江蓋卽黃巖縣官河之下流矣
山門港縣西南十五里源出溫嶺諸山亦曰溫嶺江江下南出門港
及楚門港入海凡海艦西去溫州樂清北趨台州黃巖率繇此艤
泊又松門港在縣東南五十里甘嶴海口出海卽石塘山也又靈
門港東接海中雞膌山與松門港接境南接楚門洋坑下接硐礁
山隘頑所之藩衛也有兵戍守又有中洲港南出海中茅假山與
蒲岐港接境北出海中郅山與靈門港接境嘉靖中亦設軍戍守
沙角寨縣南二十五里有巡司洪武二年設於岐頭山下二十年移



置於此三山巡司在縣西南三十里蒲岐巡司在縣西四十里小
鹿巡司在縣西南四十里縣東南四十里有盤馬巡司洪武二十
年設舊皆屬黃巖縣成化後改今屬縣西舊有溫嶺巡司洪武元
年設二十七年移於苕山後廢苕山在樂清縣東南七十里海中
斗橋新河所西北嘉靖中戚繼光屯此與倭戰敗之又清港渡在縣
西南三十五里爲三山楚門往來衝要
海門衛府東九十里洪武二十年建築城七里有奇嘉靖三十二年
重修領所四衛爲浙東門戸三面阻水倭易登泊其救援之道自
臨海黃巖而東有泉井路橋三山三道禦之於港口又當備之於
內地蓋水陸俱切也
前千戸所衛城北七里洪武二十八年建城周三里有奇嘉靖中重
修所南臨椒江與衛城僅隔一水利害相共所東北有連盤港港

深而長背山面水健跳桃渚二港會於此處倭寇每待爲巢穴
桃渚千戸所衛東北五十里洪武三十年建築城周四里有奇衛城
及府治之藩翰也嘉靖中重修所城賊屢來犯官軍擊却之海防
考所東有桃渚港外接大海北達健跳有鹽塘除下仙巖諸海灣
寇每從此突至由裏路至海門不過四十里當設舟師以備禦海
口而昌埠港在所城東北十里有埠嶺與桃渚港皆委蛇細曲處
賊以小舟襲入所南又有肯埠嶺北有白蓮嶺東有安聖寺諸處
皆可設伏以遏賊衝嘉靖三十九年倭賊圍所城官軍敗之賊遁
昌埠倚山爲固官軍復攻克之是也
健跳千戸所衛東北百十里寧海縣南百二十里洪武二十年建築
城周三里海防考所東去昌國衛隔大洋西去桃渚百里去府城
百四十里三面阻山皆羊腸鳥道緩急不能遽達惟東面山前距



海倭泊城下江中陸路之援不可恃惟應以海門舟師擣之而邀
之於山道以防其內潰庶爲宗策
新河千戸所衛南五十里太平縣東北三十里洪武二十年建城周
四里有奇所去松門隘頑黃巖各五十里所謂適中之地也三面
俱有大路可以進兵應援惟北至海門皆田塍雨入潦溢則泥濘
可虞海防考所東南卽新河港港口淺狹賊往往由此登陸來犯
所東有藤嶺及橫山諸處俱爲戍守要地又有週洋港亦在所東
嘉靖四十年倭由此登陸入犯又金清閘在所北嘉靖中官軍敗
倭於此
松門衛太平縣東五十里西北去府城百八十里本宋黃巖之松門
寨去縣百二十里洪武二十年改置衛築城周九里有奇嘉靖中
增修領所二海防考衛東卽松門港港東岸爲朱門山又東爲積

穀山及下洋大陳𡻕諸處外即大海直抵日本北往化嶼龍王堂
鯉港橫門大漕深門諸處與新河三汊港接南往雞腨釣柵硐礁
鹿頭片嶼驪洋郅山諸處與靈門接海內小山最多若倭賊由溫
州來此往抵城下若自外國來止過大陳郅山大鹿登岸皆爲賊
巢港內迂回屈曲捍賊尤難也

隘頑千戶所衛西南五十里太平縣南三十里洪武二十年建城周
五里有奇志云所北衛太平南阻楚門城北四面皆山高插天表
城垣欹仄不足恃唇齒之援惟恃松門水軍嘉靖三十七年官軍
敗倭於此

楚門千戶所衛西南百二十里太平縣西南六十里洪武二十年建
城周七里有奇對岸爲溫州蒲岐所賊由三山大荊趨溫州必徑
此蒲岐所防守爲切海防考所西北有東門港由所城至太平溫



嶺江之道也沿山濱海而行山林密茂水港出入又十五里爲南
灣高山環海即所謂南灣嶺也又有泥湖碓在所南嘉靖三十八
年賊由此入犯所城

溫州府東至海岸九十里南至福建福寧州五百九十里西至處州府三百六十里北至台州府三百五十里自府治至布政司八百九十里至京師四千三百一十里

府東屆巨海西際重山利兼水陸推爲沃壤且與閩爲鄰郊揚帆振
轡分道南下是扼八閩之吭而拊其背也若其憑依島嶼間阻谿
山東甌雖小亦足以王况指顧明台馳驟婺越因利乘便必能有
爲就浙言之亦東南之形勝矣海防考曰溫州與閩接壤寇船犯
境必首攖其鋒惟先嚴蒲門鎮下官舉南臺之險庶足以扼其來
於此不戒而入內地溫殆岌岌矣哉夫舍其險而求一日安必不
可得爲溫計者豈惟海道爲然乎

永嘉縣附郭漢回浦縣地

大雞山府東南四十里廣袤三十餘里一名泉山祝穆曰此即朱買
臣所云越王居保之泉山也永嘉記泉山東北枕海頂有大湖北
有泉雖旱不竭山因以名其東谷之水引爲姚溪經府東五里入
永寧江其西谷之水引爲杜𡻕溪經府南二十里入於慈湖又吹
臺山在府南二十里頂平正山麓廣袤二十里接瑞安縣界志云
府西南四十餘里有岫環山宋方臘之亂其黨余通安聚衆榔溪
陷樂清逼府城分兵攻瑞安鄉民守桐嶺及帆遊山拒之賊自間
道踰岫環山而南即此俗訛爲誘娘山

青奧山府東二百里海中兩山對峙如門亦名青澳門劉宋永明中
郡守顏延之於此築亭望海唐天祐末錢鏐使其子傳瓘攻溫州
州將盧佶將水軍拒之於青奧傳瓘曰佶之精兵盡在於此不可



與戰乃自安固捨舟間道襲溫州克之宋德祐二年元兵至臨安
宰相陳宜中遁歸青澳即此又東有東洛鹿西諸山皆爲海道之
衝要

中界山青澳東百里東晉時居人數百家爲孫恩所破今湖田猶存
洪武二年倭賊嘗犯此舊有中界巡司戍守今遷於永昌堡又寧
昆山與中界山並峙海中舊爲樵採之地今墾田數千畝相近者
又有黃大澳亦多田可耕

寬澳府東百餘里海防考倭船南北往來泊於此徑達盤石衛城最
爲險要嘉靖三十三年倭由此登劫突犯湖頭官軍擊却之又南
龍山在澳東北倭賊由北洋來往往經此亦要地也

海府東九十里有雙崑海口內控郡城外聯島嶼爲郡境之門戶自
海道而南至福建福州府八百二十里北至台州府三百三十里

舊時嘗有漂溺之患唐顯慶初括州奏稱海溢壞安固永嘉二縣
溺人畜甚多又新建蒲洲等處徑抵府城防禦爲切又沙溝寨在
府東五十餘里稍西卽寧村所逼近海口賊易登犯其相近又有
沙村寨
長沙寨府東寧村所東南東臨海塗地勢頗險亦曰長沙灣嘉靖三
十二年參將湯克寬敗倭於此又太平寨志云在府南六里
瑞安縣府南六十里南至平陽縣五十里西至泰順縣二百七十里西北至處州府青田縣三百五十里本章安縣地
廟山縣東南五里亦曰安祿山山高秀障蔽海門上有浮圖又有玉
泉洞可容百人其泉通海又東曰浮龜山控臨海門橫捍江流稍
南又有黃公巖
陶山縣西三十里陶宏景嘗居此因名山周僅二里前江後湖道書
以爲第七福地宋末元兵至此邑人王小觀募兵迎鬭力竭而死



元末盜起邑人張文貞於此築城拒守久之始爲賊所陷又四十
里有許峯山高數千仞海舶視爲方嚮俗呼景福山又西五里曰
福全山道書以爲第三十三福地山之北有白雲嶺
帆遊山縣北四十五里東接大羅山與永嘉縣分界爲舟楫要衝永
嘉記地昔爲海多過舟故山以帆名又西有桐嶺山與帆遊並峙
縣北面之保障也亦曰銅溪山
遮蒲山縣西南三十里其南爲坑嶺接平陽縣界嘉靖三十五年倭
寇自閩犯平陽將自坑嶺入縣界邑人設險於柘浦山天門埭以
拒之柘浦卽遮蒲也
梓奧山縣東北四十餘里有二十四盤嶺
海縣東十里由海口直上飛雲渡至爲險要海洋有鳳凰山飛雲關
舟師駐泊處也海防考倭犯瑞安平陽必由銅盤南龍及鳳凰山

而入守禦爲切
天門埭縣西陶山南宋元間築此以蓄安陽江之水元至正十四年
邑人張文貞築城陶山天門埭以拒賊是也嘉靖三十五年倭犯
平陽由天門埭趨青田縣志云天門埭在縣西三十五里
飛雲渡縣南七里安陽江津濟處也波流洶湧橫截南北有飛雲關
往來者必出此渡西有中洲東出爲飛水寨海防考飛雲水寨西
面云金鄉衛百三十里此爲溫州適中之地舊名中軍水寨南臨
海港外接鳳凰山內逼府城郡境之衝要也
梅頭寨縣東五里有海口爲戍守要地明初置巡司於此又三港稅
課局在縣西南百十里明初與池村巡司同置景泰三年司改屬
泰順縣而稅課局如故又下林河泊所在縣西南三十里亦明初
置今廢



丁田寨縣北海安所東相近又有前後岡二寨丁田地勢平緩前後
岡俱臨深水至險要嘉靖中賊屢登犯西北犯府城西犯瑞安爲
戍守要地
東山寨海安所東北又有上馬寨東西分峙爲犄角之勢坐臨海濱
倭賊自東山而來由九里而至府前自上馬而來由丁田徑至海
安險要處也寨東爲東山港嘉靖三十一年倭寇由江口登犯盤
門岐頭入坡南匯至瞭高山下敗官軍遂攻縣城官軍擊却之退
泊東山港卽此
眉石北隘縣東南沙園所東東至大海南會陌城寨西至平陽所北
會陡門極爲衝要嘉靖中倭賊從此登犯又眉石南寨亦在沙園
所東南東濱大洋鳳凰山澳一潮可至西抵仙口寨從仙口寨至
平陽縣三十里

仙口寨沙園所南近平陽縣之仙口山其相接者又有宋埠寨亦爲

防處處

樂清縣府東北百二十里東至台州府太平縣百三十里東北至台州府黃巖縣百八十里北至台州府仙居縣三百八十里

玉環山縣東南二百里海中其上舊有古城山西北十餘里有楚門山有峽如門廣二十步海艦由此出入海防說玉環山北隔一小港卽台州府楚門所山聯絡深長周回百里舊有居民洪武二年倭賊來犯因徙民於內地山當台溫二府之交海寇去來駐泊之藪也

盤嶼山縣西南五十里濱海明初朱亮祖襲方明善於此其下卽盤石衛

接萳嶺縣北六十里道出太平縣志云縣東九十里有佛嶺宋末鄉人結寨於此以拒元兵



鶚嶺縣東嘉靖八年倭寇樂清登鶚嶺因徙白沙巡司戍守於此

海縣南五里又縣東十里有海渡道出太平縣志云縣境之海橫亘幾三百里東起玉環山西至象浦皆以海爲險亦曰白沙海以白沙嶺名也

館頭江縣西南六十里與甌江接經盤石衛至縣東五里白沙嶺又南入於海又萬橋江在縣東六十里窑澳諸山之水至此入海亦名萬橋港縣東南七十里又有樫江東北諸山溪水南匯於此亦曰清江港又北港在縣東北三十里鴈蕩山頂九折諸溪之水流合諸山溪東出數十里亦曰北港川皆入於海

館頭鎮縣西五十里館頭江口元置巡司明朝洪武二十年徙於岐頭嘉靖中復設於此又有館頭驛元所置橫春驛也明初改今名南去府城四十里

窑奧鎮縣東五十里窑奧山下南臨海有巡司志云元置北監巡司在玉環山下明初徙於縣東北蔡奧尋徙白沙嶺嘉靖八年又徙於鶚嶺四十一年復還窑奧并建壽寧堡於此築城二里有奇爲戍守處又窑奧驛設焉本元置明初因之海防考窑奧北境接台州界嘉靖三十七年寧海縣境賊緣梅奧入犯次日卽至窑奧官軍逐之賊設伏麥田中爲所敗又東北有和尚奧接台州太平縣界嘉靖中官軍逐賊至此

石馬鎮縣南五里石馬山下嘉靖三十七年倭賊由此登犯官軍禦却之又縣後堡在縣城北嘉靖三十四年補築縣城於山腰旣而寇乘高下瞰城幾陷三十八年徙城於平地而縣後故城居民因之釁其兩旁以附於城謂之縣後堡周不及二里又永康堡在縣東南竹嶼山城周二里有奇相近有寧安堡亦有城皆嘉靖中築



以避倭又石梁堡在縣東八十里卽鴈蕩山之石梁洞也嘉靖中築堡縣南又有福安堡城周四里嘉靖三十八年築

嶺店驛在縣東北九十里元置大荆驛其地有荆山也明初改今名東至太平縣四十里北至黃巖縣六十里又西皐驛在縣城西元曰蕭臺驛明初改今名

白沙寨在縣東五里有白沙嶺爲水陸要害或云漢遣下瀨將軍出白沙盤東越卽此恐誤明初自玉環山遷天富北監場鹽課司於此嘉靖三十七年賊從此犯縣城三十九年復從台州境入犯參將張鉄大破之於此又東二里爲白沙橋志云白沙嶺險陸走台境水通海島縣境之咽喉也

章奧寨在縣西章奧山旁近海口賊船易登頗稱險要障禦愼固與東衛塔頭西衛鹽盤東衛黃華北衛長林倭船不能犯

沙角寨在縣西二十五里沙角山下濱大海界於黃華章奧間嘉靖三十八年倭由此登犯由縣西十里支奧至三條嶺有道徑抵縣城防禦爲切

黃華水寨在縣西南盤石衛東三十里東接大海大小門寬奧南枕港口乃溫州之咽喉也水哨南會飛雲北會白巖塘備禦最切嘉靖三十七年倭由此港入溫州面抵處州府青田縣官軍擊却之又有黃華山寨在水寨東二里其地有黃華山因名嘉靖中倭嘗登犯黃華之外爲下馬洋嘉靖三十二年參將湯克寬追黃華賊戰於下馬海洋是也海防考倭犯黃華必由邳山大鹿山及黃大奧而入有黃華關逼臨海口汛守最切

岐頭寨在縣西南海防考縣西四十里有白塔山其地謂之塔頭有長林鹽場宋政和中置元爲司令司明初曰鹽課司又西南卽岐



頭也海舟經此必艤舟而後行謂之轉岐由摺疊奧而東北達於驪洋卽台州之松門寨

白巖塘水寨在縣東北蒲岐所東濱海爲蒲岐之外戶水哨北會台州府之松門楚門南會黃華港嘉靖中爲戍守處又後塘寨亦在蒲岐所東南臨大海形勢險要嘉靖三十一年賊屢登犯其南爲李奧西爲淸江渡北爲雙陡門皆寇所必窺之道有鷄渚堡嘉靖中置築小城戍守周不及二里

高嵩砦在縣東四十里高嵩山上臨大海亦近蒲岐所爲所境之鎮鑰嘉靖中賊每犯此從梅婆橋而入遥至長山窺樂淸近郊亦險要也

下堡寨在蒲岐所南五里南臨大海所之南藩也其相近者又有雙奧亦備禦要地

峽門橋在縣西南十三里又西三里有峽門山橋因以名縣東十五里又有陡門橋南臨海

平陽縣府西南百二十里西南至福建福寧州二百九十里西至瑞安縣五十里

仙壇山在縣治東上有平石號仙壇本名橫奧亦曰橫嶼三國吳置橫嶼船屯蓋以山名上有九盤嶺又昆山在縣治西南絕頂有巨巖俗稱古巖山縣治前又有嶺門山山分左右翼中關如門

仙口山縣東二十五里本名陽嶼晉初因以名東枕大海亦名神山上有風門嶺又將軍山在縣東南七十里舊嘗駐軍於此因名

玉蒼山在縣西南八十里亦名八面山山周百餘里跨峙八鄉稍北巖岫四圍只通一門相近又有松山峯巒攢簇高秀相亞

大巖頭山在縣東南海中海防考倭賊自南麂鳳凰電奧蒲岐楚門玉環而來俱經此山巡哨最切



南麂山在縣東海中有平壤數千畝稱饒沃環海負島逋逃之徒易以蓄聚倭寇每出沒於此其北接鳳凰山山奧濶大坐臨深海山外皆大洋別無山島自明初以來倭寇皆經此棲泊恃爲巢穴乘潮御風直抵飛雲港此哨守要地也

東洛山在縣東南海中倭寇南北往來往往泊舟取水於此隆慶初設舟師戍守

南龍山在縣東海中倭自北洋而來此爲必經之地其相近者又有銅盤山亦倭船內犯之道也又洋嶼在縣東南江口關水師每駐泊於此

海縣東二十五里郡志縣境之海北接瑞安界楡木浦經陡門仙口江口抵大奧蒲門僉山諸處至福建烽火寨止橫亘三百餘里

江口關縣南二十五里下臨橫陽江爲往來衝要又有江口水寨在

縣南金鄉衛東南臨大海控五嶼等奧外接琵琶長腰陌城洋嶼等大洋爲平陽門戶嘉靖三十一年倭犯平陽前倉徑口諸處從此港入南至舥艚炎亭北至瑞安飛雲鳳凰皆其哨探處也志云江口巡司明初置於下埠正統五年徙於渡頭皆在縣南又仙口巡司明初置於縣東仙口山洪武二十年徙置於縣南十里麥城山又有龜峯巡司在縣東南九十里亦明初置嘉靖初廢改置龜峯堡

舥艚寨在縣東南八十里寨東北兩面皆濱海嘉靖中倭屢由此入犯又有舥艚堡及巡司戍守志云舥艚巡司亦明初置嘉靖中增設堡以禦倭又縣東有余洋堡相近爲宋埠仙口二堡縣南有前倉堡又有蔡家山東魁等堡皆嘉靖中置

陌城寨在縣東南寨東南濱海其相連者曰陸路寨俱戍守要地也



又洨路口寨在縣東三十里東臨海洋洋嶼門南拨江口水寨北拨眉石南北二寨地勢險要嘉靖中倭賊由此登犯

炎亭寨在縣南金鄉衛東七里有海口倭賊從此徑犯衛城西卽逼近縣境蒜湖諸處嘉靖中置寨並設珠炎營戍守又西南十里爲大奧海口亦戍守處也

大小漁野二寨在衛東南聯坐海濱倭由此犯衛城又北則逼近縣境南鹽場諸處嘉靖中設軍戍守

大濩寨在金鄉衛東有大濩海口又南爲小濩寨近蒲門所西臨海北鎮山其相接者爲龜峯巡司洪武十六年倭賊入寇官軍擊却之爲備禦要地

程溪寨在縣南蒲門所東南南至海西抵鎮下門水寨蒲門之要區也嘉靖三十四年倭賊由此登犯又蒿蒲洋寨在蒲門所東海濱嘉靖中倭賊嘗犯此與小濩寨俱撥水軍戍守

嶼山寨在縣東北壯士所東南臨海口賊從此突入則西犯天仙南犯雙峯諸鄉北犯所城爲備禦要地又平山寨在壯士所東北西接盤石後所南接嶼山北挠白沙爲樂清之唇齒嘉靖三十七年賊從此登犯南入石馬港逕抵樂清白石山亦備禦要地也

鎮下門水寨在縣東南百四十里亦曰鎮下門關坐臨大海其東有官奧舟師駐泊處也出奧直衝臺山外洋倭賊犯鎮下門必取道官奧守禦最切水哨南會烽火流江北會江口水寨又有上下魁海口亦在蒲門所東南爲戍守要地

天富場在縣東南三十餘里明初置天富南監場鹽課司於此又縣東有沙場子場縣南有蒲門子場皆產鹽隸於天富場

溫州衛在府治東洪武元年建領所三



寧邨守禦千戶所在府東五十里洪武二十年建隸盤石衛北渡江至衛十里所城周三里有奇志云所東去沙溝海口一里南至永嘉場十里西北至樂清縣五十里西南至瑞安縣七十里爲守禦要地

瑞安守禦千戶所瑞安縣治東洪武二十五年隸溫州衛

海安守禦千戶所瑞安縣東北三十里洪武二十年建隸溫州衛西北去衛七十里城周三里有奇宏治十五年重築萬歷二年爲颶風所圮九年增修爲濱海要地

盤石衛樂清縣西南五十里又西南至府城五十里南至盤石嚴頭海口一里西至館頭驛十里洪武二十年建築城周九里嘉靖中增修領所三

盤石守禦後千戶所樂清縣東三里成化五年自盤石衛城移置此

仍隸盤石衛築城周二里有奇所南五里爲石礄海口東至蒲歧
所三十里北至黨奧驛五十五里

蒲歧守禦千戶所樂清縣東北三十里洪武二十年建隸盤石衛築
城周三里有奇東渡江至楚門所二十里南至下堡海口五里海
防考洪武三十四年倭寇突犯官軍擊却之嘉靖中爲禦倭要地

平陽守禦千戶所在平陽縣治西洪武二年建隸溫州衛
金鄉衛平陽縣南七十里北至府城百八十里西至蒲門所八十里
南抵福寧州二百十里洪武二十年建築城周七里有奇舊領所
三今二

沙園守禦千戶所在瑞安縣東南二十里洪武二十年建隸金鄉衛
南至平陽縣三十里所城周三里宏治十四年重築萬歷十六年
增修



蒲門守禦千戶所平陽縣南百二十里洪武二十年建隸金鄉衛城
周三里有奇南至福建流江寨二十里西南至福寧州百里西至
泰順縣二百十里

壯士守禦千戶所在平陽縣東北五十里洪武二十年建隸金鄉衛
城周二里有奇隆慶初併入蒲門



福建方輿紀要

海

海在福建爲至切之患漢元封初伐東越遣橫海將軍韓說出句
章（句章即浙江鄞縣）浮海從東方往遂滅閩越三國吳建衡初遣軍自建
安海道與荊州之師會於合浦（合浦即廣東廉州府）以擊交趾陳天嘉四年
章昭達自東興度嶺趨建安討陳寶應詔余孝頃督會稽東陽臨
海永嘉諸軍自海道會之昭達敗寶應水柵諸軍方攻其步軍孝
頃自海道邀至因併力乘之寶應敗滅隋開皇十年泉州王國慶
作亂自以海路艱阻不設備楊素泛海奄至擊平之五代漢初吳
越遣將余安自海道救李達遂有福州宋德祐二年張世傑等共
立益王昰於福州蒙古將阿剌罕自明州海道來襲福州旋陷明



初討陳友定亦命湯和由明州海道取福州八閩悉定洪武十九
年倭氛告警乃命江夏侯周德興經理閩海置烽火南日浯嶼三
寨於海中正統九年以侍郎焦宏莅其事則遷烽火南日於內地
景泰二年尚書薛希璉出而經畧又遷浯嶼水寨於廈門論者以
爲棄其藩籬矣是時雖增置小埕銅山二寨浯嶼衛所鎮戍之設
漸加密焉而奸商釀亂勾引外夷自潮州界之南澳及走馬溪舊
浯嶼南日三沙一帶皆爲番舶所據浸淫至於嘉靖二十七年以
後禍乃大發論者謂東南之倭亂閩實兆之也自是簡斥堠嚴會
哨寇去之後猶兢兢不敢懈焉蓋列戍於海上而哨守於海中不
易之法矣說者曰海中島嶼東南錯列以百千計但其地有可哨
而不可守者有可寄泊而不可久泊者若其最險要而紆迴則莫
如澎湖蓋其山周遭數百里隘口不得方舟內澳可容千艘往時

以居民恃險爲不軌乃徙而虛其地馴至島夷乘隙巢穴其中力
圖之而後復爲內地備不可不早也又海中舊有三山之目澎湖
其一耳東則海壇西則南澳皆並爲險要守海壇則桐山流江之
備益固可以增浙江之形勢守南澳則銅山元鍾之衛益堅而可
以厚廣東之藩籬此三山者誠天設之險可或棄而資敵歟

福州府東至海岸百九十里南至興化府二百八十里西南至泉州府五百里西至延平府四百有五里北至福寧州五百四十五里自府治至京師六千一百三十三里

府西閩重山東帶滄濱南望交廣北睍淮浙亦東南一都會也然而
延建諸郡控我咽喉福寧一州扼我項背興泉諸郡伺我肘腋揚
帆突至則有海道之處蹤險飈馳實切上游之懼封疆不可憑山
谿不足恃國門以外皆戰場也三山之險誠不在近郊而在四境
矣宋蔣之奇曰八閩之地長樂郡名爲冠以其地肥衍民殷富而濱



海足以自固也噫是豈折衝之長策哉

閩縣附郭在府治東南漢置治縣屬會稽郡

侯官縣附郭在府治西南漢爲治縣

釣臺山城南九里崇阜屹立俯瞰大江舊記漢東越王餘善於此釣
得白龍以爲已瑞因築壇曰釣龍臺後人呼爲越王臺今亦名南
臺山建江經此曰南臺江五代周顯德三年南唐建州帥陳誨敗
吳越兵於福州南臺江明初湯和自明州渡海攻福州奄至五虎
門駐師南臺福州遂下今爲廛市山去江百餘步

平山在府東南三十二里志云城東南三十里有鳳山鼓山支隴山
其東爲平山宋少帝航海駐兵於此剷平其頂時因之名又羅星
山在府東南五十里馬江中登之百里內諸山皆在左右爲遵近
奔流之砥柱又南五里曰大象山其山巍峨廣大爲城南之[illegible]

有峯曰銀峯下瞰馬頭江江之南曰白田山即晉嚴高欲遷城處
也又九龍山在府東南六十五里九峯插天狀若龍騰下有潭潛
通馬頭江

五虎山府東百里大海有五虎門與江口相接明初湯和由海道取
福州處也山下爲官母嶼巡司置於此相近者有浮江山亦曰文
筆山對峙者曰王捕山居民皆以捕魚爲業又琅琦山亦在府東
海中一名羅崎山其旁又有清洋福斗諸山

海府東南二境皆濱海唐志閩縣東五里有海堤太和三年縣令李
茸築先是每六月潮水鹹鹵禾苗多死堤成瀦溪水殖稻遂成良
田又海防考福州境內有閩安鎮東定海關下娘媽宮濂澳鑑江
館頭小埕牛田東營後瀛松下大小祉諸處皆海口登犯之衝而
備禦之所也



閩江府城西南七里自建寧延平二府境流經古田閩清二縣界復
東南流至府西北八十里之白沙驛亦曰馬瀆江亦曰螺女江雪
峯山以東諸溪之水皆流合焉南流分二派一派自北而東歷侯
官市至芋原驛濱江有石岊山亦曰石岊江又南至府西七里曰
洪山江亦曰洪塘江經城南七里曰金鎖江又南經釣臺山下曰
南臺江亦曰白龍江又東南經鼓山下而東出匯爲馬頭江一派
自西而南經府西南三十里高蓋山又南至方山北曰淘江亦曰
瀨江又名黃江亦名黃岸江循山西麓又南至仙琦山曰仙琦江
亦曰湯岐江復折而東流二十餘里曰峽江經府東南五十餘里
接馬頭江又東爲琅琦江至五虎門以入於海志云馬頭江爲閩
縣極南界西北衆流悉入焉風濤洶湧中有巨石形如馬首隨瀰
隱見爲行舟患大抵閩江上流至馬瀆漸廣而綫馬頭當衆流入

海處勢尤浩瀚也
白蝦浦在府南五代漢初南唐圍李仁達於福州吳越將余安自海
道赴救至白蝦浦海岸泥淖布竹簀而前旣登崖奮擊南唐兵大
破之或曰白蝦浦卽白龍江別名也又有直瀆浦舊從江岸開河
口通潮北流至故海晏門爲澳橋浦又北通於東湖今亦廢郡志
南臺江舊自河口而北繚繞三十有六曲爲城南濠分引自水步
門水關宏治中鎮守內臣鑿新港遂失故轍云
閩安鎮府東四十里有巡司洪武二年置爲會城東面之險要海防
考海水潮汐與馬江匯於閩安鎮有兩口一東出雙龜門外繞壺
江五虎一南出琅琦門外遶广石梅花閩安爲江海之鎖鑰而會
城之門戶也嘉靖中倭寇突犯閩安參將尹鳳擊敗之賊由此突
犯福清縣今仍爲戍守處又有閩安稅課局與巡司同置



五縣砦在府西北五十里有巡司元置明朝因之志云司舊屬懷安
縣接閩縣侯官古田閩清凡五縣界因名又竹崎巡司在府西北
六十里濱江正統六年置
長樂縣府東南百里南至福清縣百里北至連江縣百二十里
海縣北五里又縣東南東北境皆濱海山港澳嶼回環爲險海防考
縣西北閩安鎮五虎門諸處實爲省城門戶東北广石梅花所突
入海中與連江縣定海所相對亦省城右臂也自梅花至松下巡
司中歷十一澳皆東沿大海波濤衝激並岸水淺寇船難近獨松
下漸南與福清接壤廣浙商船往往泊此海境也其東南亦有觀
音澳蘇澳可以暫憇故松下之備宜豫新唐書縣東十里有海堤
唐太和七年閩邑令李茸築立十斗門以禦潮且爲旱澇之備於
是境[illegible]成良田宋時嘗因舊址修築

元祐港縣東南三十里宋元祐中令袁正規以縣境田多窪下因鑿
港以道溢水流通漳港以入於海因名其相近有卓嶺港舊亦入
漳港元大德初濬入縣東四十里陳塘港入海志云陳塘港宋末
陳文龍築田砌塘因名水源自海花山而下會東西濱澗湖並七
十二洋之水下流達海又縣南有沙京港亦名普塘港又有嶺柄
等港皆引水溉田下流入海
[illegible]洋湖在縣南三里宋元時故址明朝正統中修濬深廣潮汐往來
[illegible]通舟楫又南數里有桃枝湖舊周五百餘丈五代時王閩所鑿
今名桃坑湖又南有橫嶼湖亦唐宋時故址周三百餘丈今故址
猶存
松下鎮縣東南三十五里有巡司洪武初置於福清縣海口二十年
移置於此爲長樂之咽喉福清之門戶嘉靖三十七年倭賊自松



下突入海口澳登陸攻福清之鎮東衛官軍力戰乃遁去三十九
年議築城未就崇禎中始成之周二里有奇有門四水關一稍東
北有旗山濱海置烽火於此又小祉巡司在縣東二十五里崇禎
六年移置於大祉澳南去舊治數里
黃崎寨縣東北四十餘里志云縣有仙崎寨广石寨東山寨與黃崎
爲把截四寨又有大祉捍寨近大祉澳俱爲濱海之備
福清縣府東南百二十里東北至長樂縣百里西南至興化府百二十里本長樂縣地
白嶼山縣南百里海濱一名陳田山絕頂有鴻休巖巖竇大成下瞰
滄濱浩無涯際昔有僧鴻休者居此而名其相連者曰雙嶼以二
山突起海中也中有井甚甘冽旁有山曰壁頭山又金山在縣東
南百里居民繞山麓而前後左右皆海也又東南十里曰萬石山
巖洞玲瓏洞之廣者可容萬人而千百人者不可數計又南數里

衛萬安所城矣
海壇山縣東南七十里海中周七百里其山如壇南北長而東西狹
上多雲氣亦名東嵐山唐牧馬地後漸有寺宇宋初置牧監尋以
駑驥罷皇祐中許民耕墾淳熙中有三千餘戶其山南曰黃崎曰
紫關曰牧上曰砦頭曰流頭曰大小鼇縟有三十六派湖環繞峯
巒如畫宣和以後大雨雹湖皆決入於海近塢有大小場滸頭及
錢藏皆爲泊船澳迤東高者爲軍山王氏時謫戍多居此其間曰
溇門曰獺步曰廣州埕曰流水隔東江曰小牆小牆北曰十二藍
蕉東牆北曰白兵蕉大桑小桑兩桑間曰桑門而兩牆間爲鸕鷀
門是外極東之島而舟不可行矣迤南有南匿里亦曰南匿嶼舊
產鹽宋於此設巡司其北有沙澳亦曰蘇澳又有沙溪行一日皆
沙而澳當海口爲寨又五里西抵鍾門亦曰鍾山嶼玲瓏如鍾蓀



蒲四圍海水鹽鹵而此泉獨淡近嶼石高二丈狀如媼東南瞰石
方二十丈其中井泉與潮候應取水者集焉亦船舶之都會也半
湖抵磁澳則爲長樂縣界又有草嶼唐嶼皆近於南隘南匿阮陘
日風多不宜樹一曰大姨山當日未出時極望有如笠青微露水
面爲小琉球國海水深碧東流不返莎蔓如組舵不容轉必刳木
爲盂乃能旋開浮沙以濟暴風不風避者往往漂至於此中國人
爲其所得以藤貫其足令之耕作故此山昔忌夜火恐其國望之
而來也是爲東角洋盡極海之窮徼矣又有支山曰水馬山有石
如舟桅亦名石帆山相近者曰霸前曰金崎頭此海壇之西麓也
海防署海壇山盤踞聳峙迴出海上故元時民戶嘗滿四萬多以
魚爲業中有西湖相傳嘗產龍駒湖之東羣山環互不可勝紀外
隔小琉球三晝夜內通海口至縣僅一潮中間以村名者百有餘
處陂湖潭澳不一而足其著者曰葫蘆澳多魚碧沙洋產人參其
百花砦鍾門三鎮街衢闤闠景物繁多眞海表名區也明初遣江
夏侯視海防倭尋以衛弁李彝欺妄詔虛其地惟以小埕水砦官
兵汛守隆慶初始添設海壇遊兵萬歷中復命增設水砦與化
府南日砦相形援後復廢弛
蒜嶺縣西南五十里以山形如蒜瓣而名一云以山石間多產蒜也
登其巔東望漲海瀰漫無際舊有照海亭
海壇縣東五十里志云縣東南至海百五十里南至海百二十里而海
壇雙嶼諸處爲汛守要地又縣東近境之海謂之九海以港嶼曲
折也其外爲大海
海口鎭縣東十里宋里人林遷剏建有城亦曰海口鎭民城周四里
有奇明朝嘉靖三十四年倭寇來攻以城壞爲倭所陷尋改築之



自是倭夷屢犯鎭以城堅得免志云鎭東北倚龍山鎭南二里即
瑞巖山也元置海口務於城內明初改爲海口稅課局並置河泊
所於此又有海口場鹽課司元延祐六年建本名司令司明初改
爲運鹽分司洪武二十年改鹽課司又牛田場鹽課司在縣東南
三十里建置同海口鹽課司
壁頭山鎭在縣南百餘里壁頭山下志云元置於南日山名南日巡
司明朝洪武十二年移置於此今改名又牛頭門巡司在縣東南
百里元末置於遷江口名遷江巡司亦洪武十二年移置此改今
名又澤朗山巡司在縣東南七十里元置於練門名練門巡司亦
洪武十二年移改
松下寨縣東北五十里接長樂縣之松下巡司濱海捍寨也志云縣
境自東而南有平北里有平南里沙塢連盤長沙峯頭與松下爲

七寨外有松關永平白鶴峯頭大坵牛頭等六砦舊皆設兵戍守

連江縣府東北九十五里南至長樂縣百二十里東北至羅源縣百二十里漢治縣地

荻蘆山縣東南四十里一名九龍山下有荻蘆峽亦名九龍江俗傳秦始皇以東南氣王自江而南山秀拔者皆鑿之鑿此得蘆根長數丈斷之流血因名宋淳祐二年置荻蘆寨於此有水軍千人亦曰武濟水軍

馬鞍山在縣東北五十里山勢透迤達於海上有雙巒連聳狀若馬鞍又東有三德山三峯並列下瞰海門舊名三台山亦曰筆架山志云縣北四十里有香爐山其形聳秀上有童井雖旱不涸道書以爲七十一福地

上竿塘山縣東北八十餘里大海中峯巒屈曲有竹扈湖尾等六澳又有下竿塘山突出海岸山形峭拔與上竿塘山並峙中有白沙



鏡港等七澳洪武初徙其民於內地三山志上下竿塘大小亭山桑嶼關嶺蛤沙北茭鎮俱在縣東北海中相近又有拱嶼澳嘉靖三十五年倭賊犯縣官軍擊却之賊夜遁由拱嶼澳出洋是也

海縣東二十里志云縣東南至海三十五里與長樂縣接界其與潮汐吐納者則官塘洋荻蘆峽黃岐堡鶴嶼諸處也而定海小埕皆爲戍守要地

北茭鎮縣東北百十里西北至羅源縣八十里本名荻蘆鎮宋時水砦蓋設於此元爲荻蘆巡司洪武二十年改今名並置城於此與定海相爲脣齒嘉靖二十七年倭賊流刦北茭官軍禦却之是也又蛤沙鎮在縣東北五十里崖石峭立如壁洪武十六年置河泊所於此二十年置城於此亦爲戍守處

小埕寨縣東百二十里海中明初置籌海說小埕北連界於烽火南接壤於南日連江爲福郡之門戶而小埕又連江之門戶嘉靖三十五年倭賊自流江突至小埕水寨遂犯會城蓋汎防要地矣又光臨里砦在縣西南亦明初置有兵戍守

羅源縣府東北百五十里西南至連江縣百二十里西北至古田縣百三十里東北至福寧州寧德縣八十里本唐連江縣地

仙茅山縣東北十里兩山相連曰大茅小茅巖石甚勝又北五里爲洞宮山峯巒錯立其著者爲五馬峯又東北有寶勝山黃沙溪山

海縣東北十五里又東南接連江至海二十五里灘澳淺僻不利登涉故縣境之防禦爲略通志縣東北至大海蓋二百里也

福州左衛府治東南洪武八年置右衛二十一年改爲左衛又福州右衛在左衛西洪武二十一年增置福州中衛在左衛東

梅花守禦千戶所在長樂縣東五十里本北鄉巡司治梅江頭山上洪武十年始築城爲備二十年移置巡司於蕉山改建梅花所增



拓舊城三面距海南連沙江延袤三里有奇有三門設兵戍守城外東南一隅歲患飛沙漸積幾與城平每春以所軍挑之嘉靖三十八年倭賊犯境復營葺焉又萬安守禦千戶所在福清縣東南百二十里洪武二十年置並築所城周三里有門三俱屬鎮東衛

興化府東至海九十里南至海三十里西至泉州府百六十里北至福州府二百八十里自府治至布政司見上至京師六千四百里

府憑崎高深山川奇秀北屏會城西翼泉郡介於兩大之間海道舟車絡繹而至誠襟要之地矣

嵩山府東南三十里峭拔海濱其南有小嶼在海中潮退有石橋可渡居民千餘家唐觀察使柳冕監羣牧於此有德於民民建柳侯廟俗因呼爲侯嶼久之訛爲猴嶼

雙髻山在府東五十里自西視之雙峯尖聳自南視之則五峯並立

故亦名五侯山又名筆架山從郡城視之則三峯如筆架也積石嶕峭上摩霄漢頂有湧泉巖夾旱不竭又蚶山在府東八十里大海上山勢崒嵂環翠如嶂舊志鹽田有蚶田百頃號大蚶山是也其相近者爲演嶼相傳宋少帝舟泊大峽江濟爲元兵所逼忽有白馬神爲演一嶼蔽帝舟得免因名志云縣東有瓊峯形如屏延袤二十里許發脉福州五虎山

夾漈山在府西北八十里一名東山旁有西巖鄭樵讀書處也其相近者有薌林山樵從兄厚讀書處亦有泉石之勝又南爲環山層巒累臺十餘層礎石儼然名越王臺其旁有三燧峯又百丈山在夾漈之東山延袤百餘里上有六巖曰客廳曰古仙曰石塔曰石織曰石樓曰重元幽奇萬狀志云百丈山一名華蓋峯或曰華蓋即古石塔巖又有瑞雲出泉流入永福縣又有百丈嶺東接福清



縣界

石梯山在府西南四十里盤礴峭聳高千餘仞土宜茶絕頂有爐峯巖南望大海志云郡境之茶龜山爲上石梯次之龜山在府西北二十里又有浮山在石梯之南近海濱

南日山府東百里大海中與琉球相望舊名南匿山近福清縣海壇山明初設寨於此後徙於內地山爲會哨之所又華胥山在府東南百里吉了巡司置此一名極了以莆地至北而極復崛起爲此山也宋時謂之擊蓼與湄州嶼隔海相望下有東西二灣爲闤市

海府東南兩境皆濱海島夷有警府當其衝其防維之處吉蓼平海輻輳之所

三江其最衝也又甲嶔頭青山其次衝也志云府東北五十里有支海自喦頭入與北山諸溪合江而最濶中有盤石突起如平地居民集焉有江口橋一名龍津橋又名南陽橋通道所經也橋北即福清縣境相近有下黃竿支海流入此兩涯宏濶北涯舊有寧海鎮鎮前有渡元元統中創爲橋明初復修之勝覽云郡東薄寧海謂寧海橋也又有峯頭澳在府東平海衛南嘉靖三十八年官軍擊倭於峯頭澳破之倭遁去又追敗之於野馬外洋

迎仙寨府東北四十里其地有迎仙橋下即子魚潭洪武二十年置巡司志云宋初司置於縣東施水亭熙寧四年徙迎仙市之北崇寧元年圮於水徙迎仙市之西明初改建於此有城前臨海後負江爲商民輻輳處又冲沁寨巡司在府東六十里有城三面阻海與岐頭三江澳港相接志云司舊置於興化縣尋陽山下洪武二十年徙又嶔頭寨巡司在府東南九十里舊置於莆禧鎮洪武二十年徙置有城界山海間爲登涉要地又青山砦巡司在府東九



十里舊置於府東三十里之南哨亦洪武二十年徙置於此有城東西南三面皆阻海夷舟多由此入南日山峙其南渡海不過五十里爲郡之門戶

吉了寨巡司在府東南華胥山下有城洪武二十年置於仙游縣之潭邊寨後徙今處郡志司距城八十里前控南日右引小嶼左帶湄洲廹臨大海東有吉了水寨又大洋巡司在府西北八十里山谷中蹊徑叢雜奸民嘯聚萬歷中增置今司

南日砦在府東南志云府東平海衛東有舊寨設於海中南日山下北可以遏南茭湖井之衝南可以阻湄洲代嶼之阨亦要區也景泰以後移於吉蓼之東仍以南日爲名舊南日棄而不守番船北向泊以寄潮論者以爲門棄其險然而孤懸海中大約與泉州之浯嶼情事相類云

碕頭鎮在府東八十里初置巡司後改為城堡嘉靖中倭賊陷興化府官軍擊之倭賊走平海衛欲掠舟泛海乃結巢碕頭城官軍擊之敗績賊乘勝陷平海衛戚繼光等合兵擊破之志云鎮東至平海衛十里

林墩在府東南嘉靖中戚繼光大破倭賊於此海防考平海衛墩臺有小澳石獅礪前新浦三江堤口碕頭澄港湖邊石城蔡山石井等一十二座

仙遊縣府西八十里南至泉州府百五十里西至泉州府永春縣百十里東南至泉州府惠安縣百二十里西南至泉州府南安縣百七十里西北至泉州府德化縣百三十里本莆田縣地

雞鳴城縣東七里相傳越王無諸所築俗呼城山又名鐵山舊經云其城靈異不假版築或呼為雞子城其相近者又有彭城遺址並存寰宇記縣東又有蜿蟺城俗呼為越王城



二飛山縣北五里宋志作大飛山縣之主山也蜿蜒數百里屹立為二高可千仞其形翼然作飛揚之狀下有鍾鳴馬鞍二山東為將軍山頂若兜鍪稍北為瀑布山懸崖數千尺飛瀑瀉下如練下有龍潭又九域志大飛山有平湖洞其地有平湖數頃一夕風雨暴起旦見此山聳峙因名大飛唐景福初王潮自泉州遣兵攻福州平湖洞民請以兵船助之即此

白嶺寨縣西四十里有巡司志云洪武二十年置楓亭巡司於楓亭驛尋改置於莆田縣小嶼山上曰小嶼寨巡司築城置戍嘉靖三年以山寇竊發移置於白隔嶺而小嶼巡司廢又陳道關在縣南又南即惠安縣界閩見錄仙遊西南數十里有大普陀又數十里至長嶺即晉惠兩縣界縣西又有石獅隘接永春縣界嘉靖中倭賊常出沒於此

興化衛在府治東北洪武元年建

守禦莆禧千戶所府東九十里亦洪武二十年建築城周三里有奇有門四三面瀕海西面為濠西南有文甲澳又有嵌頭青山諸港口皆為濱海要地海防考莆禧墩臺有山柄文甲嵌頭東湖山西凡五座

福寧州東至海六十里南至福州府五百四十五里西至建寧府八百五十六里北至浙江溫州府五百九十里自州治至布政使見上至京師六千六百七十七里

州北瞰永嘉南屏侯官山川險峻實為要地防險說閩與泉福漳之地皆濱海要衝然莫有如福寧之尤險者蓋地勢自西北而東南至會城盡之矣而福寧又在東南突出海中如吐舌然其左為甌括海居東面其右為福興海南面而福寧獨當東南北三面之衝島夷入寇必先犯此故防為最急也



龍首山州城北分為五枝又名五葉蓮花山山巔平夷唐末黃巢犯閩嘗屯兵於此號黃巢坪坪西有井廣丈許其水清泚名曰聖水又有東西石澗下北城外濠而入水關志云州東門外有華峯下有雷壇元末州尹王伯顏與山賊王善戰不利見執於此死之又城南三里有南峯峯頂岐首有三亦曰三台山郡志龍首山峯巒峭拔為州主山前抱長溪東抱華峯西接蓮坡水光山色映帶城郭又有金字山在州治東北高聳如龍首嘉靖三十八年義兵殲寇於此又東為獅山城東北曰大溈山唐景福中僧建大溈院於此而名縣東有小山最高峻又明宋山在龍首山西亦曰蓮花山

松山州東十里下有松山港昔時風濤險惡歲患溺舟後流沙漸合有徑可行正統九年徙置烽火寨於山下其對峙者曰後崎山山全體皆石巨細結稱爭奇競秀又鐵嶂山在州東十二里壁立可

仍其色如鐵一名昆崙相接者曰馬冠山亦名昆田山山勢連亘數十里高聳淩空形如半月志云松山東南海中有斷嶼名火焰山又名屛風嶼嘉靖三十八年倭賊突犯州境參將黎鵬舉等擊之於屛風嶼及鎭下門三沙海洋皆敗之鎭下門見浙江溫州府

洪山州南三十五里勢極高峻望溫台如在掌間志以爲州南第一山也葛洪舊嘗隱此因名有泉一泓通海名曰海眼其西有數峯連接又小洪山在州西南五十里以高峻亞於洪山而名亦曰紅山有天池濶二三畝四時不涸名曰龍潭又霞浦山在州南四十里中有青黑元黃四嶼日出照映江水如霞故名又南十里曰羅浮山相傳此山浮海而來泊船山下可避北風若南風則石崖齒齒難近嘉靖三十七年倭賊流刦羅浮官軍禦却之今防倭水汛船多集其下相接者曰水澳山旁又有石筍山峯巒聳秀上有清



泉又南曰文崎山與武崎山並峙海中廣袤五里

望海山城西北七十里去海百餘里勢極高峻上有石池四時不涸又柘洋東山在州西北百二十里東望海外數百里諸山皆在履舄之下懸崖聳削積雪不消有泉一勺大旱不竭元末有袁天祿者率其昆弟保柘洋爲泰安社州賦稅訟獄皆歸焉元授以江西行省參政明初納欵世居此地嘉靖末倭賊寇其顚堡不能下

嵛山在州東南海中山高而中坳如鉢盂舊名盂山有三十六澳旁有艮山有日嶼東有七星山以七石浮立海面如七星而名嘉靖中官軍嘗敗倭於此志云出州東門三里迤南而西水天茫茫浮於水面有台山官澳山屛風山筋竹山四瀧山皆在烟波浩淼中難以里記及其方隅也又榛嶼在州南海中爲防戍要地舊嘗置巡司於此

泗城山州西南五十餘里危壁峭立有巨石黑色名鐵印山下多屯田軍營東隔溪有小馬山又白瓠山在州南大海中白如瓠山脊與寧德縣接界志云州西南六十里又有竹嶼其相近者爲孤山嘉靖三十五年倭賊自寧德縣遁入福寧州界官軍追敗之於此

桐山州西北百六十里接浙江平陽縣界其地阻阨可以戍守嘉靖三十九年倭賊自州城流刦至桐山指揮盧錡等擊敗之賊遁復擊敗之於同坑旣又追破之於蒲岐今設營置戍爲浙閩要隘同坑見浙江泰順縣蒲岐見浙江樂清縣

海州東南一百里志云州境海環三面其在東北者三沙海形勢陡絕最爲險要沙埕砦稱首衝蓁嶼次之而泥坪防衛港口松山逼近州城水則烽火砦陸則左右營又有桐山閭峽下滸諸處分防水陸與連江縣之定海所州南之大金所聯絡控制並爲州境之



險云

大篔簹鎭州東北百里舊爲蔣洋巡司在州東北八十里洪武二十年移置於蔡嶼堡改今名有城又水澳巡司在州東百里舊爲桐山巡司洪武二十年移置於此改今名有城嘉靖中還置於桐山堡爲蘆門巡司又清灣巡司在州東北五十里本置於州南百里曰西臼巡司洪武二十年移置於牙裏堡改今名亦有城又高羅巡司在州南五十里志峽堡延亭巡司在州南百里下滸堡俱洪武二十年置有城志云州東南又有松山巡司亦洪武二十年置二十六年又置河北所於此嘉靖中司革

烽火門水砦州東松山下永樂十八年創設於三沙海面旣以倭寇入犯撥衞軍及大金所軍協守正統九年議者以爲風濤洶湧不便棲泊移於今所仍撥官軍以備倭寇

三沙寨在州東北相近又有清灣寨與清灣巡司同置又東北有可家黃岐小篔簹大篔簹等砦州東百餘里又有南鎮水澳等砦俱屬福寧衛

沙城堡在州東北海防署沙埕征榷要衝商民輻輳三面俱海賊所垂涎而秦嶼堡地亦濱海民殷庶秦嶼而下爲三沙信地襟山帶海舊設土堡於相近之高巖以防海口

寧德縣州西南二百二十里西南至羅源縣八十里西至古田縣二百六十里北至建寧府壽寧縣二百二十里本長溪古田二縣地

金甌山縣東南十六里若金甌浮於水面與酒嶼猿毛大小金崎橄欖諸嶼聯絡海中而此特近四際平曠亦名覆釜山又梅溪山在縣南二十里東接飛鸞嶺南俯大海梅溪遶其下其相屬者爲勒馬山又有楊溪山俱環拱縣南又城澳山在縣南四十八里四面



環繞如城郭然內有南北中三澳可容萬人然四際皆海中無所產人跡罕到

霍童山縣北七十里名山記山高三千四百丈周圍三百里道書以爲霍林第一洞天白玉蟾云此山迴還九十九峯諸峯俱備名著者三十六最勝者四十八唐天寶中名山曰仙遊王闕時封此山爲東嶽列傳霍童作霍桐去平地七星嶺甚平曠有甘露池海鰌井及石廊石室昔有神仙霍童居此因以名山亦謂鶴林山山後有大童小童諸峯其勝錯出亦謂之四十八景東有高蓋山山之別峯也西有支提山去鶴童二十里歷數十峯乃至峯巒圍繞巖谷幽深逈爲奇勝葉氏曰閩境之山西則武夷東則霍童而霍童深廣澳僻巖巒洞壑之奇不能以耳目盡也

石壁嶺縣北十里石壁峭拔高入雲霄上有泉出巨石上甚清洌下有溪與瑞迹溪環遶里中謂之雙溪溪旁小山曰龜嶼石壁相連嘉靖三十五年官軍擊倭賊於此敗績

瑞峯在縣東三十里海上秀拔萬仞與白鶴峯對峙其相並者有嵩嶼黃灣峯又五馬峯亦在縣東南志云縣捍門山也五峯列峙如馬縣南諸山皆趨海海濱垂盡處忽五峯突起高聳海上

海在縣東南志云縣境之水入海者有三派一自酒嶼由金崎過三江洋而入一自三嶼前過三渡洋會藍田之水而入一自鯆村港經鯆門徑至白瓠山而入其海潮之入於縣境者有五一自南門溪一自金鼇橋一自藍田一自東牆渡一自金垂云

穹窿溪縣西五十里上有穹窿巖因名源出古田縣境合周仙湖東流至石堂山下合於唐溪又東爲穹窿溪又環溪在縣西百二十里亦出古田縣界雙溪夾拱周圍環繞至穹窿巖合流爲天柱窟



又東爲泛尾經赤鑑湖至鯆門下達於海

赤鑑湖在縣西南一名西陂宋里人林桂築堤鑿堰以灌田後陷於海尋潴爲湖上通穹窿溪下達鯆門又周仙湖在縣西百餘里接古田縣界相傳昔有周仙者得道於此上流之水潴而爲湖鄉田賴以灌溉城東又有東湖宋令李澤民以山高水低堤而湖之起附馬塘歷酒嶼歷金甌延岫至藍岫由是旱潦有備民號李公堤又水南湖在縣東北之銅鏡村潴水不竭可資灌溉

麻嶺鎮縣北西二十里涵村有東洋麻嶺巡司元時本置於縣北二百餘里之東洋明朝因之宣德中移於今所志云今司治雲炎門在縣東北二十餘里又有東洋鎮卽元時巡司故址嘉靖四十年倭變東洋民乘亂肆掠議者以東洋地僻民頑請設行縣於周墩分主簿一員駐其地今因之

長崎鎮縣東五十里亦曰黃崎又東北六十里至福寧州輿程記寧德縣東四十里地名大梨嶺頭又十里至黃岐過江而北有路達安福縣又自鎮東北行十五里過江又十五里曰鹽田又三十里郎州東門或曰此自縣至州之巡道也

福安縣州西北二百里南至寧德縣二百里西北至建寧府壽寧縣二百里北至浙江泰順縣二百五十里唐長溪縣地

雙巖嶺縣東南百二十里宋建炎閒韓世忠討建寇范汝爲嘗屯兵於此又樓雲嶺在縣西十五里當往來之道志云縣東南五十里有百辟巖相傳宋少帝航海入閩集勤王之師於此因名

海在縣南志云縣境之海與福寧州寧德縣相接

白沙務縣南二十五里宋紹興二年置尋罷志云縣南三港口舊有稅糧場閩王審知置東轄溫麻港西轄童鏡港中轄甘棠港宋熙寧五年行市易法以風濤險惡商舟艱於駐泊乃移置於黃崎鎮



又稅課務在縣西南三里洪武三年建宣德中省

福寧衛在州治東洪武二十年建領所一

泉州府東至海百二十里南至海百有三里西南至漳州府二百七十里西至汀州府五百五十里西北至延平府五百五十里東北至興化府百六十里自府治至布政司四百十里至京師七千五百五十五里

府倚山爲險濱海稱雄北覔吳會之藩籬西連嶺粵之脣齒一有不虞不惟八閩數州同憂共患而已蓋水陸異用戰守殊趣一隅之地而千里之形在焉論泉南者謂其土膏民沃華實所資抑末矣

晉江縣附郭晉爲晉安縣地隋爲南安縣地

剌桐城卽府城以昔時城下都植剌桐樹而名志云郡舊有衙城子城羅城翼城內外有濠舟楫可通城市歲久類多堙廢衙城在子城內相傳劉從效所築子城則唐天祐中王審知所築也羅城亦劉從效所築子城周三里有奇羅城周二十三里有奇宋太平興國二年陳洪進挈地歸朝詔三城皆隳壞宣和以後復葺舊址嘉定四年大加修治紹定三年郡守游九功於羅城之南築翼城甃石二里有奇元至正十二年以四方盜起監郡偰玉立議尋故址增築乃拓羅城翼城而一之周三十里有奇城在五代時名葫蘆城以城不正方也改築後象其形曰鯉魚城明朝洪武初增修天順至成化中復相繼修葺宏治嘉靖閒亦時有營繕萬歷三十二年地震城圮益加葺治城內有濠頗深廣瀠洄三面獨東北阻山麓無濠濠本在城外元末拓城城南濠因入城中城有門六水門一隆慶二年增爲三周廣皆因元舊

泉山府城東北八里一名清源山一名北山一名齊雲山周圍四十里橫跨十餘里高數千仞郡之主山也寰宇記泉山以山有孔泉而名朱買臣謂東越王居保泉山卽此山多石泉出石竅中故曰



孔泉上多巖洞諸勝其得名者凡三十六處而尤著者曰清源洞郡志泉山上起三峯俗名三台中峯有清源洞一名純陽洞登其巔可盡一郡之勝俗謂東歐王避漢兵處誤也其左右二峯俱高秀層巖稠疊達於郡治有事時清源爲攻守要地矣又鳳山在泉山南山回拱如飛舞一名皇績山嘉靖三十七年倭賊掠鳳山清源山犯南安明年復由此入犯

雙陽山在府北四十里泉山來脈也兩峯並峙曰大陽小陽在南安縣則謂之朋山在永春縣則謂之雙髻山盖山接三縣界各以形似名又五洋山在府北五十里高頂中有田千畝宋時有五姓居此今謂五爲吳有小髻洞可以避兵山麓又有清水巖

紫帽山府西南五里山高峻常有紫雲覆其上因名中有甘泉味最勝志云環山凡十二峯而二峯尤高左峯之陰有金粟洞右峯之

頂有凌霄塔與泉山南北對峙爲郡之案山又獅山在府南十里一名峯山相傳昔人置烽寨處又南爲行筆山俗曰下輦

羅裳山在府南三十里其東有玉髻峯又南十里曰靈源山蜿蜒數十里高出東南諸峯上有靈泉大旱不竭一名太平山以山頂平正也亦曰吳山志云山西北麓有吳明宮亦曰吳明山昔有吳氏隱於此後人爲宮以祀之又有石曰望江石南瞰大海外如眉睫絕頂又有紫霞峯

寶蓋山府東南四十五里一名大孤山絕頂有石塔宏壯突兀出於雲表商船以爲抵岸之標半山有虎岫巖東南跨海又有玉泉井在石塔下隨海潮汐以爲盈縮相近者曰金鞍山亦名小孤山

金釵山在府南三十里兩峯延袤數百丈如釵服然今浯嶼水寨移置於此有六勝塔頗壯麗相接者曰石湖山



洋嶼府西南十里四圍田疇數百頃嶼特起其中又岱嶼在府東南六十里突起海中介於石湖北鎮兩山之間志云岱嶼相連者爲白嶼聳出江中爲洛陽望姑北鎮石湖諸港湍流分匯之處而左右多沉沙遷徙不常屢爲商船患又烏嶼在府東北二十里四面潮水環繞民居輻輳舊有石路潮至則沒行者病之宋寶祐中始作橋以通往來人以爲便

澎湖嶼在府東南海中山形平衍東西約十五里南北約二十里周圍小嶼頗多自府城東出海舟行三日可至又有東西二碇山亦在海中自東碇開洋一日夜可至其海水號澎湖溝水分東西流西達漳泉東達呂宋海防考隋開皇中嘗遣虎賁陳稜略澎湖地其嶼屹立巨浸中環島三十有六如排衙居民以苫茅爲廬舍推年大者爲長以畋漁爲業地宜牧牛羊散食山谷間各剺耳爲記

元志云三十六島巨細相間坡隴相望有七澳居其間大約有土無木土瘠不宜禾稼産胡麻綠豆山羊尤多居人煮海爲鹽釀秫爲酒採魚蝦螺蛤以佐食土商興販以廣其利貿易至者歲常數十艘爲泉外府至元末置巡司於此明初洪武五年湯信國經略海上以島民叛服難信議徙之於近郭二十年盡徙嶼民廢巡司而墟其地繼而不逞者潛聚其中倭奴往來停船取水亦必經此嘉隆以後海寇曾一本等屢嘯聚爲寇官兵大舉始討平之萬歷二十年倭犯朝鮮哨者云將侵雞籠淡水雞籠密邇澎湖於是議設兵戍險二十五年增設遊兵春冬汛守四十五年倭入犯龍門港遂有長戍之令兼增衝鋒遊兵以厚其勢其地環衍可二百餘里三十六嶼之勝蓋清漳溫陵二郡之門戶但地斥鹵水鹹澀常燠多風稼穡差艱耳嶼之正中曰娘宮嶼從西嶼入二十里曰茶



盤又十里爲進嶼卽娘宮嶼矣波平浪息無淜奔激射之勢其狀如湖因曰澎湖湖面寬轉可里許深穩可泊遇南北風我舟汛守皆頓其中夷人往往窺伺以爲窟穴面爲案山右爲西安今各置小城列銃其中以爲戍守名曰銃城又左爲風櫃夷人嘗築銃城於此山略高至七八尺夷拗其中上壘土若雉堞今毀其城仍分軍戍守與案山西安相犄角東爲蒔上澳豬母落水最當東南之衝夷寇從東南來者遇風輒寄泊焉由陸趨娘宮三十餘里舊有舟師戍守今更築銃城以防橫突又東向爲鎖管港林投仔龍門靑螺諸澳龍門有原泉舊爲居民聚落萬歷三十五年倭流刦大金所餘船突犯泊此嶼西爲西嶼頭正夷寇出入之道有巢葉澳泉甚冽可飲稍北爲竹篙灣又西爲蝟仔員又西北爲丁字門水帆門非乘潮舟不得出入今皆有水陸兵戍守嶼北爲北山墩値

北太武稍卑爲赤嵌循港而進越一澳區爲鎭海港壘城於此又西北爲吉貝嶼沿海諸山亂石森列港道迂曲非練熟舵梢不能駕舟也又北太武與中墩稱兩太武俱湖中最高處便於瞭望娘宮稍後二里有隱澳山頗紆坦自萬歷三十七年紅夷一舟闌入澎湖久之乃去天啓二年六月有高文律者乘戍兵單弱以十餘船突據澎島遂因山爲城環海爲池破浪長驅肆毒於漳泉沿海一帶要求互市欲如粤東香山澳夷例總兵俞咨皐者用間移紅夷於北港乃得復澎湖議於穩澳山開築城基通用大石壘砌高丈有七厚丈有八東西南共留三門直北設銃臺一座内蓋衙宇營房鑿井一口戍守於此以控制娘宮然議者謂澎湖爲漳泉之門戶而北港卽澎湖之唇齒失北港則唇亡而齒寒不特澎湖可慮漳泉亦可憂也北港蓋在澎湖之東南亦謂之臺灣天啓以後



皆爲紅夷所據

海府東南八十三里府境羣川畢達於此舊志自城東海道正東行二日至高華嶼又二日至鼅鼊嶼又二日卽琉球國也海防考郡境濱海之地東則惠安與興郡莆田接界西則同安與漳郡海澄接界延袤三百餘里今分設衛所以防門戶而邊海之佛堂蚶江兩澳亦肘腋之處也又有沙塘灣在永寧衛城南或謂之沙頭奥

玉瀾浦府南四十里匯靈源山東南諸瀾之水趨於海又南四十里有植壁港匯橫山以南諸溪澗水而入海沿植壁而南有陳坑港匯井尾埭烽火埭西湖諸水趨於海志云濱海之港以十餘計西南隅又有安海港南安縣境諸溪亦由此入於海

圍頭鎭府南八十里宋置寶蓋寨志云宋淳熙十三年於泉州城南十里置寶林寨城東十五里置法石寨嘉定十一年以海寇衝突

圍頭守臣眞德秀移寶林兵戍圍頭立寨曰寶蓋而以法石爲眞地是也元皆廢明初徙永春縣陳巖巡司置於此改今名有城周不及一里洪武二十年築又烏潯巡司在府東南九十里舊置於安溪縣大西坑尋徙置此有小城亦洪武二十年築相近又有深滬巡司元置於府南二十五里曰港邊巡司洪武二十年徙置於此改今名幷築城戍守又祥芝巡司在府東五十里舊置於東南五十里之石湖鎭洪武二十年改徙今處幷築小城

安海鎭府南二十里古名灣海宋初始改爲安曰安海市西曰新市東曰舊市海舶至州遣吏榷稅於此號石井津建炎四年置石井鎭紹興二十六年海寇奄至鎭官自鎭西偏循東北築土城疊石爲門備之後把元置石井鎭巡司於此明洪武二十年徙巡司於同安縣之東坑鎭仍爲商民輳集處嘉靖三十七年以倭亂甃石



拓城周五里有奇爲門四水關大小凡八設官軍戍守亦曰安平鎭三十八年倭寇兩攻安平四十三年復自仙遊來攻皆不能陷萬歷三十四年移府通判駐此爲濱海要地又府東南有石湖鎭亦曰石湖澳濱海扼要地也宋熙寧初以石湖村爲晉江南安同安惠安四縣陸路總要地置砦戍守後廢萬歷中增築石城幷設戍兵

萬安砦在府東北洛陽橋旁與惠安縣分界處嘉靖中置府南六十里有潘徑寨洪武二十一年所置也府東南又有吳山等十五寨俱洪武中置隸永寧衛

潯美場在縣東南六十里産鹽元置管勾司後改司令司洪武初改爲場二十五年又改設鹽課司相近又有洒洲場亦元置明朝改

石筍在府西臨漳門外跨筍江橋上宋皇祐初創浮橋[illegible]

閩重修改曰濟民元豐初修飾曰通濟紹興間改作石橋慶元中又造二小石橋相續以達臨漳門明朝宣德成化以後屢經修治嘉靖三十七八年倭賊犯郡往往嘯聚於此四十年官兵斷橋拒倭久之復修築又順濟橋在德濟門外宋嘉定四年建一名新橋元至元中及明朝成化七年以後相繼修築長百五十一丈嘉靖三十八年官兵禦倭於此又北為車橋亦是時屢被焚刦處

南安縣府西十五里北至永春縣百里西北至興化府仙遊縣二百十里漢治縣地三國吳置東安縣屬建安郡

英茇山在縣西五十里山勢盤踞數十里中峯尖而勢差伏旁二峯兩翼戢張如鷹振翼一名鷹山下有英洋溪俗名英溪與安溪縣接界相近者為九仰山衆山九面環仰此山因名又菌山在縣西六十里秀銳峭拔其形如菌航海者常望此山為標準又西二十里曰大帽山廣袤千餘里頂有巨石九層如帽與同安縣接界



海在縣東南志云縣三面距山惟東南一隅切附海口有石井巡司及淘濤運河二澳頭為守禦之處

澳頭鎮在縣西有巡司正統間置又石井廢巡司在縣西南下坊村宋紹興十四年置北距州城六十里南去石井鎮十五里元移置於晉江安海市又連河巡司在縣南洪武初置二十年徙同安之峯上故址猶存

都巡寨在縣城東潘山下宋紹興中置東距郡城十里元至順間徙於縣西北盧溪橋改盧溪巡司明朝洪武二十年徙於惠安縣之獺窟嶼又塔口隘在縣西北接永春縣界

同安縣府西南百三十里西至漳州府百五十里西北至漳州府長泰縣八十里漢治縣地

蓮花山在縣西三十里峯巒聳拔狀若蓮花一名金冠山一名夫人山又西三十里有三重山複嶺重岡高聳千仞其相近者曰文圃山南瀕大海下多文士因名其山層巒疊嶂深洞長谷有龍池巖及雲巘雲峯諸勝與漳州府海澄縣接界又四里許曰夕陽山以在西方最高遙接落日而名志云縣西五里有西山形如五虎俗亦名五虎山

五通嶺縣東七十里志云宋幼主避蒙古兵至泉聞蒲壽庚之亂止郡城北法石寺越城南下輦今為下輦鋪自下輦鋪過縣東五都龍窟村有三巨石連接水中由此登舟謂之御踏石又至莊坂尾是為五通嶺路旁二巨石夾峙高四五丈文信國題曰龍門

浯洲嶼在縣南四十里海中以在丙方而名周圍二里餘稍東有白嶼周圍四里許縣東西二溪之水合流經此兩嶼又南經虎嶼入於海又嘉禾嶼在縣西南七十里海中舊嘗產嘉禾因名一名鷺嶼一名廈門廣袤五十餘里五峯並立而無盡巖居其中最高者



曰洪濟山有巖嶺洞石之勝其最著者有雲頂巖亦曰留雲洞又有嶺曰薛嶺前後居民舊凡千餘家

浯州嶼縣東南大海中陸行至縣九十里水行五十里嶼廣袤五十餘里有山十數最高者曰太武狀若兜鍪隔海望之若仙人倒地又有海印巖石門關諸勝其地亦名五澳番人巢窟也明初設浯澳水砦於此嘉靖中倭自浙江舟山南行泊浯嶼福建大震旁又有大擔嶼小擔嶼周圍皆數里嘉靖二十七年賊攻沙頭澳衝大擔外嶼官軍擊却之賊因流刦北菱羅浮諸處又有列嶼廣二十里上有大小山數十其高者曰吳山牧山樓山湖山而吳山為最牧山前有軍營山後有馬砦有草湖昔嘗置場牧馬於此

大登嶼縣東南海中又南有小登嶼皆廣六七里其西有鼓浪嶼及夾嶼舊皆有民居洪武二十年悉遷入內地成化以後漸復舊土

海縣南八十里與海澄縣接界志云縣三面距海而金門厦門尤爲險要今既設兵戍守又於圍頭諸處分布營哨相爲應援所以嚴門戶之防也其澳頭者烈嶼五通劉五店神泉諸處亦爲防禦之要而厦門港塔頭澳其最著者

洪荊鹽泉在縣東東山浮洋中海潮所不到每風日晴明輒有小泉自沙土中出鄉人取而淋之可煎成鹽

高浦鎮在縣南高浦村有巡司志云本置於縣西積倉坂尾後移此相近爲塔頭巡司舊置於晉江縣之石湖鎮後移此又田浦巡司在縣東南浯洲嶼舊置於安溪縣源口渡後移此又有官澳巡司舊置於德化縣東北之東西團後徙於浯洲嶼改今名又有峯上巡司本置於南安縣界之蓮河後亦移於浯洲嶼相近者爲陳坑巡司亦自晉江縣石井鎮移於浯洲嶼又南爲列嶼巡司舊置於



澳頭後亦移此以上七巡司郡志云俱洪武二十年改徙各築城爲守禦又有苧溪巡司在縣西四十里正統元年置

石鼓寨在縣西南志云宋靖康間築以禦山寇故址尚存又有煖湯東山後溪大尾洲等寨俱宋靖康紹興中置後皆廢

浯嶼寨在縣東南水砦也志云洪武初江夏侯周德興置砦與福州之烽火興化之南日爲三寨景泰間復增漳州之銅山福州之小埕共爲五寨寨置於浯洲嶼太武山下實控泉州南境外扼大小擔二嶼之險內絕海門月港與賊接濟之奸成化中或倡孤島無援之說移入厦門內港仍曰浯嶼寨由澳崎嶇賊輕舟入淺戕舟大難以轉舒每失事機舊浯嶼棄而不守番舶得據爲窟穴嘉靖四十二年議復置於浯嶼增兵戍守郡志云浯嶼寨今移於晉江縣之金釵山

劉五店澳頭寨在縣東又東有牛嶺等寨志云縣西又有青崎山絳砦西南有下崎等寨其屬於官者十四而民間自爲戍守者不可勝計舊倭患時置又鎮南關在縣南舊爲鴻店亭後置關於此爲海濱扼要之地

大輪驛在縣治西宋時爲大同驛在城東朝天門外元移今所更名同安明朝洪武九年改今名又深青驛在縣西五十里宋名魚孚驛在安民舖側元移今所更今名明朝因之又浯洲場在縣東南洪武二十五年設鹽課司又河泊所在縣西南亦洪武初置

石菌舖在縣南海濱爲烽堠之所嘉靖四十年倭賊自漳州府長泰縣突犯同安鄉兵襲擊之賊竄石菌海濱是也其地與潘徑陳坑皆相近有戍兵哨守又王倉坪在縣東南嘉靖中倭賊自興化府仙遊縣突趨同安參將戚繼光追至王倉坪倭奔漳州即此



惠安縣府東北五十里西北至興化府仙遊縣百餘里唐晉江縣地

九峯山縣南二十五里羣峯爭雄其數有九又城山在縣西南三十餘里東連大海西境長江延袤如城志云縣西數里有盤龍山七峯聳起盤曲重疊因名

錦田山在縣南四十里下有腴田萬頃五代時豪民黃氏居山下亦曰黃田山志云縣南有青山山臨大海王閩將張棡嘗立寨於此以禦海寇又縣南濱海有鴨山嘉靖中倭攻惠安不克引去知縣林咸擊之於鴨山伏發敗死今有鴨山埭

松洋山在縣東南三十餘里高大甲於縣境諸山爲一方巨鎮山北有洞亦曰松洋洞洞口僅容一人中寬廣容二三百人宋元之季民嘗避難於此又靈瑞山在縣南三十里橫列縣治之陽若屏峙然山有孤峯特起曰靈瑞巖麓有龍泉一名龍泉山志云山北十

里有峯崎山又北三里爲輞川山有居民數千家

獺窟山縣南五十里大海中宋開禧間僧道詢運石成橋七百七十間直渡海門約五里潮平則沒半落則通人行至今藉其利亦曰獺窟嶼有巡司又大岞山在縣東南海中山頂有洞由小石門人丈餘折而右轉巨石如屏可蔽内外容數百人一人持戟守門千百人攻之不可入明初居人避倭亂於此寇不能攻嘉靖三十八年倭寇犯郡繼而自祥芝石湖烏潯分道出海參將王麟追敗之於此

淨山亦在縣東南海中一名尖山圓淨尖秀下瞰東溟上多怪石如水嚙射狀最高而峭拔者三峯登之可以觀日出又小岞山在淨山東十里北對黃崎山南控大岞山邑境諸山之東趨於海者至此三山而止志云黃崎山在縣東南三十里三面環海鹵氣吹盪不生草木宋時産鐵鑛置爐煮煉於此今廢亦名揚旗山以遠望勢如立旗也又有圭峯在縣東北四十里與黃崎山對峙於海門又東北海中有欒嶼舊有民居明初遷於内地

岱嶼在縣南大海中舟楫必經之地常有戈船守此

海縣東南兩岸至海皆四十五里北自欒嶼南屬岱嶼並海嶼凡百餘里支海穿達上接溪港不可悉計又東與興化府莆田縣接界邑志縣西北跨山東南皆際海永樂間島夷爲患始築沿海五城曰崇武曰獺窟曰小岞曰黃崎曰峯尾以爲屏障今皆有兵戍守

峯崎港在縣東五十里縣境驛坂諸溪發源大帽以東等山匯流入峯崎港以達海又前林港在縣東南四十里縣南有金山等溪發源九峯諸山下流會尋溪東至東井埭出前林港以入海縣東北四十里又有漆崎港其上流爲證果真如等溪悉由此入海



輞川鎮縣東北十里阻山負海民居繁密嘉靖三十七年縣屢被倭患因議城之四十一年城始就周四里與縣城相犄角又峯尾鎮在縣東北四十餘里舊名沙格巡司在縣東四十里洪武二十年江夏侯周德興改置於烽尾村築城爲守又小岞巡司在縣東南小岞山下本名小兜巡司卽今崇武所也後徙置於此改今名又黃崎巡司在黃崎山下本置於德化縣東北清泰里曰清泰巡司後改徙於此縣南又有獺窟巡司在獺窟山下本南安縣之盧溪巡司後改徙焉諸司皆有城俱洪武二十年築又塗嶺廢巡司在縣北二十里塗嶺山北元元統二年置明朝洪武二十年廢故址猶存

白水寨縣北五十里白水鋪南一名陳同寨其地甚峻元末寇亂鄉人築壘爲寨正統十三年鄉境盜起復藉此控禦邑人呼爲寨嶺又東坑寨在縣西北志云日曝嶺距縣三十五里又西五里卽東坑也路入仙遊地亦險仄元季兵亂邑人於此築寨自衛今與白水寨俱爲北境保障

虎窟砦在縣西南山谷中崇山夾峙狹徑僅通正統末置砦以禦沙汀之寇遇亂輒爲戍守處又青山寨在縣東南四十餘里洪武二十一年置隸崇武千戶所

錦田驛縣治西南一里舊名皇華驛在城東宋太平興國中遷今所更名龍山驛兼置龍山站洪武八年改今名又西爲遞運所以驛兼領又河泊所在縣東三十里輞川澳洪武十六年設後爲海潮漂圮正德中重設又惠安場鹽課司在縣東南三十八里元設管勾司尋爲司令司明朝洪武十五年爲轉運分司署二十五年改置令司轄廣運等倉鹽凡八所屬鹽運分司

安溪縣府西百五里西南至漳州府二百三十里西北至漳州府漳平縣二百四十里東北至永春縣百里唐南安縣地

白葉坂寨在縣西北八十里嘉靖二十六年以山寇出没置圍以石城撥軍戍守寨在崇山密林嵐氣最甚尋廢又縣境有東嶺等隘十有一俱正德以後置志云縣西八十里有大深隘宏治四年賊温文盛立寨山上正德十年建爲隘路出漳平又打鼓隘在縣西北五十里打鼓嶺下正德十六年建嘉靖三年賊新大總嘯聚於此又桃舟隘在縣西北百里西通長泰北接永春盜賊往來之衝也又縣東南數里有故大寨縣北鳳山之半有故縣後寨皆唐季遺址後廢

永春縣府西北百二十里東至興化府仙遊縣百十里南至安溪縣九十里西北至德化縣五十里本南安縣地

大鵬山縣城北形如飛鵬垂翅絶頂三峯秀出雲表稍西南爲大羽山重岡疊嶂若鳥張翼下趨平處結爲縣治縣之主山也縣東南三里曰化石山嘉靖二年官軍拒賊於此



蓬萊山縣東北二十里迴環秀麗勝若蓬萊相對者曰錦繡山亦高勝本名鬼岫宋光宗改今名又天竺山在縣東北二十里極高峻接南安仙遊二縣界又東北有四臺山四面各有一山樂山居中亦曰五臺志曰樂山周圍四十里昔時嘗聞音樂聲因名

苦竹嶺在縣東接仙遊縣界嘉靖四十一年倭自仙遊來犯義兵拒却之於此

南峯寨縣西北百五十里相近有占仔碧溪等寨志云碧溪寨宋紹興二十年州將陳敏討捕山寇以其地控漳泉汀建之衝因置寨復置邱店寨後皆廢又有蝴蝶金鷄等砦俱據山爲險又石鼓寨在縣西北五十里相近有陳坑寨及山中上下二寨龜洋馬頭寨縣西二十餘里曰陳巖寨因山以名又西北爲通場寨

泉州衛府治西洪武元年置

永寧衛府東南六十里宋乾道八年置水澳寨元爲永寧寨洪武二十年改建今衛二十七年以衛瀕海乃築城以備倭周不及五里領守禦千戸所五

守禦福全千戸所府東南八十里北距衛城二十里洪武二十年置有城周四里後以時修築領潘徑寨海防考所西南接深滬巡司與圍頭峯上諸處並爲番舶停留避風之門戸哨守最切福全深滬有備寇不能犯矣

守禦中左千戸所在同安縣西南五十里本名嘉禾嶼爲厦門海濱洪武二十七年移永寧衛中左所官兵於此築城戍守周二里有奇永樂正統以後不時修築轄縣西南東澳伍通二砦天啓二年紅夷突犯總兵徐一鳴據城守拒賊敗却海防考所西有白石頭



澳嘉靖三十八年官軍敗賊於此今爲島夷出没之所有兵戍守

守禦金門千戸所在同安縣東南五十里本浯洲嶼洪武二十年置築城周三里有奇轄縣東劉五店等五砦縣西洪山等三砦海防考所東有官澳巡司相近又有料羅烏沙諸處皆番舶入犯之徑其控扼要害則在官澳金門

守禦高浦千戸所在同安縣西南六十里洪武二十三年徙永寧衛中右所官兵戍此更今名築城周不及三里轄縣西高浦大圓堂馬鑾等三砦海防考所西有松嶼與海澄縣之月港相接爲濱海要衝

守禦崇武千戸所在惠安縣南七十里西去府城八十里宋元豐二年以海寇猖獗置小兜巡司徽晋江同安南安惠安四縣沿海地元仍置巡司明初因之洪武二十年江夏侯周德興經沿海地方

設立城池移司於小岞而置千戶所於此城周四里有奇後不時修築嘉靖三十七年倭賊來犯官軍禦之賊不能陷已上俱屬永寧衛

漳州府東北至泉州府二百七十里東南至海六十里西南至廣東潮州府五百有五里西北至汀州府六百三十里北至延平府七百三十五里自府治至布政司七百里至京師七千五百二十五里

府雄據海濱襟喉嶺表山川淸秀原野坦平爲閩越之南屏控島夷之北戶志云福興泉爲八閩之藩籬而漳南又爲兩廣之唇齒備禦不可不早矣

海府東南六十里舊志府去海二百里今海澄縣東北即濱大海與龍溪接境也志云興泉之境皆兩面瀕海惟府境與會城皆三面瀕海故防禦最切而澎湖嶼實漳泉二郡之外衛也

柳營江府東四十里上有虎渡橋志云九龍江水自華峯而來注九



江山下爲漫潭兩山如壁流十餘里漫而不湍淵而不測即梁時龍躍處南流經香州渡又南經蓬萊峽出兩峽間亘虎渡橋爲東偏要害丁氏古譜云六朝以來戍閩者屯兵於龍溪阻江爲界插柳爲營江當梅溪之交兩山插峙波濤激湧西岸盡屬蠻獠唐總章間諸衛將軍陳政戍閩征沒子元光代領其衆陰遣人沿溪而北就上溪緩處結筏連夜從間道襲擊之遂建寨柳江之西以爲進取恩威並濟士黎歸附因轄其地爲唐化里柳營之名自六朝時始也宋紹熙間郡守趙伯逷始作浮梁於下流以渡嘉定七年太守莊夏易以板橋甃石爲址釃爲十五道而屋之名通濟橋嘉熙元年圮於火太守李韶易梁以石而不屋越四年乃成長二百丈址高十丈釃水亦十五道淳祐初又燬於兵明朝洪武三十年復構正統天順成化以後屢經修建舊志唐末王潮下泉福嘗節重兵以守之故有柳營之號元末陳友定攻漳州度柳營江敗漳人於馬岐遂下漳州使人鑿山道城守自固又陳議記云江南橋梁虎渡第一昔欲爲橋有虎負子渡江息於中流探之有石如阜循其脈沉石絕江隱然若梁乃因壘址爲橋故名虎渡即柳營江橋也又南與南溪合流謂之福河俗曰福滸又東爲錦江中有許茂烏礁紫泥等洲江流經此分爲南北南流至海澄縣界北流瀝白石青礁石美鎮東與南流合納浮官水入海

海口鎮在府東南宋置以收海道商稅又府西黃林堡有巡簡寨宋置亦曰龍溪龍巖漳浦長泰四縣同巡簡寨元廢又縣南有中柵寨亦宋置元廢

福河堡府東南四十五里福河濱嘉靖中鄉人以福河係各港之要害築土城以防倭寇尋置官兵戍守亦爲福河把截所又福河上



十里有鎮門土堡在鎮門河濱河即南溪下流也又東會九龍江志云鎮門港外通大海內透城河實爲郡城門戶萬歷末築二小城夾港南北對峙設兵戍守與福河堡及海澄縣相爲形援

柳營江巡司在府東二十里柳營江之西洪武三年設柳營江掣制所隸福建都轉運鹽使司十四年改批驗鹽引所正統九年改爲巡司縣東四十里又有柳營江把截所志云縣北百餘里有新嶺把截所以新嶺爲名

漳浦縣府南百里東至南靖縣百三十里南至廣東潮州府三百十里西南至廣東程鄉縣二百十里本龍溪縣地

太武山在縣東北百里一名大母山山高千仞周迴亘百餘里屹立海上端重聳峭其南十里爲鎮海衛東望大海汪洋無際陟其巔漳泉二郡盡在目中有小石城相傳南粵王建德避漢兵營保此亦名建德城似誤又有延壽塔高數仞海中歸舶望以爲標

盤陀嶺縣南三十里志云在梁山西路出潮州漢蒲葵關路也爲郡境之要隘唐儀鳳中戍將陳元光開拓柳營江以西地追剿寇於盤陀之下盡殲之永隆二年元光移鎮漳浦以拒潮賊阻盤陀諸山爲塞漸開西北諸山洞拓地千里因請置州是也宋曰葵岡嶺又登雲嶺在縣東北鎮海衛城西南俗曰大嶺

魚腸嶼縣東南三十里海中相近爲竹嶼居民數百家歲獲魚鹽之利又石城嶼在縣東南四十餘里海中亂石叢雜望若城壁傍曰菜嶼生紫菜又爲將軍嶼亦以陳元光駐兵處而名盤石疊聳舟舶不通濱海者多乘筏以取海蛇又縣東五十餘里有大桑小桑嶼地宜桑居民皆業漁在井尾港內港口又有大澉小澉嶼皆聚沙所成

海縣東南八十里又縣東北距海百二十里志云縣境去海爲近通



潮大小港不一處而斗米井尾虎頭等澳則防禦要衝也

漳江縣南八十里其上流曰西林溪出平和縣界南流過雲霄鎮城北亦名雲霄溪又南流而東納梁山以南諸溪水至鼓雷山南銅山所北入於海志云溪水自西林而出海水自銅山海門而入清濁合而成章故曰漳水又縣東五十里有黃如江源出縣北五十里龜山下合諸小溪過縣東五十里會竈山水又東出大坑佛潭橋爲白石夾港由井尾澳入海俗曰鴻儒江近設鴻江營以此名也通典黃如江在縣東南百里

古雷鎮縣東南鼓雷山下古亦作鼓有巡司洪武二十年置初屬南靖縣正統六年改今屬有城戍守又後葛巡司在縣東南五十五里亦洪武二十年建有小城縣南盤陀嶺下又有盤陀巡司正統六年置山林深邃爲草寇出沒之衝亦有城

青山巡司在縣東四十里又井尾巡司在縣東百里皆有城與古雷司同時置

雲霄鎮在縣南即漳浦故縣之地元置雲霄驛明朝因之成化十年爲漳水所圮尋復建正德初鄉民以寇亂築上城旋燬嘉靖五年修砌以石三十九年爲賊所陷隆慶六年增築完固又設防海館於城內以督捕通判駐此爲戍守要地

南靖縣府西四十里西至龍巖縣三百二十里南至廣東程鄉縣百五十里北至漳平縣二百二十里本漳浦龍溪龍巖三縣地

深渡溪在縣西北五十里自龍巖縣界歷龜洋入小溪又三團溪在縣西南百三十里源出汀州府上杭縣境歷山城水寨至西場寨而入大溪

古雷鎮在縣西元爲古雷巡司今廢志云縣南有小溪巡司元設洪武二十年江夏侯周德興移建於漳浦縣古雷山以備倭寇正統



五年小溪草寇竊發復設於此今爲平和縣界又九龍嶺巡司在縣南百餘里正統五年建亦曰九龍寨志云龍溪之海門漳浦之島尾南靖之九龍皆爲海防之險要

平和縣府西南二百五里西北至廣東饒平縣一百里北至汀州府永定縣二百五十里東北至南靖縣七十里本漳浦南靖二縣地

三平山在縣東南巖谷深邃詰曲崎危登者必歷三險三平乃至其巔有峯巖泉石諸勝又大峯山亦在縣東南縣之鎮山也一名大峯崎山高峻巉巖石峯凡十有七自山麓至巔可五十餘里登陟一望遠近城邑悉在目前商舶渡海以此山爲表山多峯巖洞壑最勝者爲山北之靈通巖志云漳浦詔安海澄鎮海衛諸山脈皆發於此

蘆溪鎮在縣北漳汀巡司置於此志云縣境大峯山南有龍峯頓堡

又東有溪口堡路當平和南靖漳浦之交居民輻輳嘉靖間寇亂居民壘土爲城因溪爲池寇不敢犯又東北二里許有西山堡亦嘉靖間土人築以禦寇處

詔安縣府南二百里東北至漳浦縣一百三十里西至廣東饒平縣百七十里本漳浦縣南詔地

金溪山在縣西北四十里俗曰金鷄山與六峒諸山相接舊有銀坑正德初議開採不果萬歷中復議開商賈雜遝奸宄欲乘機爲變尋奉旨封閉又以南詔所官兵更番戍守然盜鑛者隱匿猶故也又龜山在縣西南二十五里上有巨壑蛟龍潛焉又有石洞山之右有漳潮分界巡司又大南山在縣南十五里兩峯銳秀俗名大尖小尖自山而西綿亘數十里若巨屏森立接於龜山

漸山縣東五十里高峭千仞頂分二峯中有潭深不可測其相望者爲雙岐山以兩峯相岐而名志云山在縣東三十五里與厚廣山



相連又元鍾山在縣東南三十里距元鍾所十里濱海漳船出洋舊皆發於此原設公館主簿鎮焉後設縣鎮廢以其地屢爲倭寇所憑發船移於海澄志云元鍾之北又有梅嶺爲戍守處嘉靖四十四年戚繼光敗賊吳平於此

大帽山在縣東負海最奇聳宋末丞相陸秀夫陳宜中扶帝昺泊舟於此又川陵山亦在海濱半入海俗傳帝昺南渡將都南澳築此爲東京地遂陷爲海今城堞尚存自山巔向海莫窮其際其峯青聳秀麗號爲蘇尖一名倉陵亦號東山北去銅山所十里相接者爲虎岡山又有揭榜山亦曰東湖山山下有小湖也又甘山在海中遠望山巔若小髻然天將颶風驟雨則形狀變幻不一中有井水獨甘淡因名又虎仔嶼南村嶼崎嶼犬眼嶼皆在川陵山南大海中

海在縣東南海防考縣咫尺即海控引潮粵最爲險要而元鍾所之勝澳則縣之門戶也由海口西出半日程爲饒平之南澳山砥柱海中周圍二百餘里與元鍾所對峙其山之遠者曰黃芒山長三十里逋逃之民居焉伏險竊發爲信地要害又有蠟嶼山長二十里相近爲洋嶼中多平田漳潮民雜處耕佃樵牧於此遞南入潮之澄海潮陽縣界郡志詔安之海有三派一由銅山所之大京門入縣東百浦走馬溪止一由元鍾所北港門入經漸山匯梅洲上潮止一由元鍾所南港入經赤石灣繞縣治至甲洲止其從南澳入者則潮之黃岡廣之南海矣

港頭溪在縣西匯諸溪水出龜山西象頭渡入海又大陂溪在縣東十四里由西北馬洋山東南流至大陂南繞梅州村復抵漸山而入海又走馬溪在縣東南內有東澳爲海口藏風之處寇船往來



嘗泊此俗呼爲賊澳距元鍾所二十里嘉靖三十九年倭賊自廣東突入走馬溪勢甚張官軍與戰沉其數艘賊敗遁官兵追至廣東南澳大洋而還

金石鎮在縣東南海中元設在金寧洋縣境明朝洪武二十年徙置於此有城又洪淡巡司亦在縣南海中地名北埔元置於縣東五十里之汚洲明朝洪武二十年移今所又東沉赤山巡司在縣西二十五里元置在今南靖縣境洪武二十年移於縣南海中正德十五年徙此改曰漳潮分界巡司俱有小城戍守

白葉堡縣西百餘里有白葉洞賊巢也嘉靖中羣賊嘯於此出沒潮廣間二十七年官軍四面會討平之因置今堡有白葉洞水下流入東溪志云縣西二十里有分水關又二十里即廣東饒平縣之黃岡驛又有老虎關及半沙嶺關仙掌等隘俱接饒平縣境縣北

又有龍過關接平和縣境

海澄縣府東南五十里東至泉州府同安縣府百四十里本龍溪縣濱海地

大鎰山縣西南十里蜿蜒巍峩特聳二峯形若筆架又南岐鋪頭山在縣西南十五里南溪之水自檬濤而下大海之水自浮宮而入至此會合倒流紆迴而分繞於邑內亦名倒港山

圭嶼在縣東海口中央狀如龜浮水面俗呼龜嶼亦曰鷄嶼隆慶六年議移海門濠門二巡司築城其上以壯形勝城成復廢今爲戍守要地又高嶼在縣東又有長嶼皆三面臨海居民各數百家志云宋末少帝浮舟海上遇誕辰羣臣搆行殿嵩呼行禮故嶼以嵩名今遺址猶存縣東北又有浯嶼在同安界海中林木蒼翠官軍備倭者置水砦於此後遷砦於嘉禾嶼此地遂爲盜藪詳見同安縣又胡使二嶼在海門上下延袤數里先是居民憑海爲非正統



初移其民而虛其地郡志胡嶼故名荊嶼上多荊木使嶼故名梁嶼今改爲海門南北山海中又有丹霞嶼亦曰赤嶼

海在縣東北自縣以西北諸水悉由此入海曰港口江亦曰港口大溪潮汐吞吐黏天浴日浩然大觀也一名圭海蓋以圭嶼而名閩見錄港口有大泥諸險又自圭嶼以西有紫泥洲西接烏礁許茂諸洲又西北數里即柳營江合諸溪處也謂之三汊河河口之地謂之澳頭即福河北岸自郡東抵省會之通道海舟登泊最易防禦爲切由海門東出水程二日即澎湖島漳之汛守歲凡再至云

月港在縣城西南接南溪東北通海潮其形如月志云正德中土民私出月港航海貿易諸番遂爲亂嘉靖九年於縣東北十餘里海滄澳置安邊館委通判一員駐守二十七年議設縣治於月港尋增建靖海館以通判駐水巡司既而委城入地仍因港爲縣於是築土堡跨溪爲橋築城其上未幾復爲寇據隆慶五年濱月港爲縣城而安邊館仍爲司[illegible]處又普賢港在縣西志云上通九十九坑之水達於海

南溪在縣西南六里源出平和縣三平山經馬口受漸水檬潯諸水下流至浮宮入於海此縣境之南溪也

海門鎮縣東十餘里有巡司暨海門社於縣東北海門山正統六年以地險民悍時爲寇患設巡司控禦之七年徙其民於內地并移巡司於青浦社即此又檬門巡司在縣東嵩嶼上洪武初設於海滄洋二十一年移於此又島尾巡司在縣東南明初置本屬漳浦縣後改今屬

九都堡在縣城西學宮餉館設於此志云隆慶初設縣分八九都爲二堡八都堡即縣治也時又於八都堡南築草板堡四年改營縣



城草板堡并入城內而九都仍舊

港口堡在縣北又有珠浦廣林虎渡等堡在縣西南相近又有嶼上田尾二堡縣東北又有長嶼何山石園等堡

石馬鎮在縣北十五里北達郡城之津要有兵戍守又西五里即龍溪縣之福河堡又安邊館在縣東北海濱嘉靖九年置四十三年寇吳平巢於此都督戚繼光討逐之殲其餘黨今有兵戍守

寧洋縣府北四百里東至延平府大田縣百八十里北至延平府永安縣百四十里西北至汀州府連城縣二百五十里南至漳平縣百二十里西南至龍巖縣二百里志云龍巖縣東北境西洋界於漳平永安大田連城四縣之間溪洞深邃鳥道險峻經二百餘年斷爲寇穴至正統間亂無寧歲乃置巡司控制之其地四山環列中寬平嘉靖四十一年饒寇掠境山賊廖選等聚衆爲亂官兵不能制四十四年賊平隆慶元年置縣以巡司爲縣治割龍巖及大田永安地益之名曰寧洋并築城甃以磚石萬曆以後屢經修葺城周不及二里

漳州衛府治西洪武三年建屬所二曰守禦龍巖中中千戶所在龍

嚴縣治西北成化七年調漳州衛中所鎮海衛後所官軍守禦隸
漳州衛又南詔守禦千戶所在詔安縣治東宏治十七年寇入南
詔城劫掠明年調漳州衛後所官軍守禦故屬漳州衛
鎮海衛在漳浦縣東北九十五里本名岐島有城壘洪武二十年置
衛并築城以備倭城周四里有奇領所三志云衛城東南十餘里
有東鎮嶼南鎮嶼西南數里有鴻儒嶼南鎮嶼西曰連進嶼一名
大嶼衛東南又有將軍礁一名鷄心淵水底石骨內接鳥鼻頭山
外連東鎮嶼里許長則沒退則見亦名浮沉洲又有半洋洲東接
龜嶼西接南鎮晴明時見白浪長百丈名白玉礁龜嶺在衛城東
南如神龜出海因名也鳥嶼綿亘海濱爲衛城拱衛
守禦六鼇千戶所在漳浦縣東南志云縣東丹竈山南有鐵竈坑南
行三十餘里平沙漠漠三面皆海惟正北可以陸行所城憑焉如



巨鼇戴山舊名青山亦曰鼇山山腰民鱗次相疊初置青山巡司
洪武二十年建所築城周二里有奇城北曰大澳山一名羅崎山
土色純赤東爲對面山又東北爲虎頭山與古雷山對峙商船魚
舟皆經此城東南又有鳥嘴鷄心等山又有橫嶼在海中長亘里
許又有雙洲俗名洲門自廣入海船艦必經之道也
守禦銅山千戶所在詔安縣東其地舊名東山爲民間牧藪洪武二
十年置所築城周三里有奇嘉靖三十六年增修以禦倭三面環
海爲濠惟西面行二十里始踰陳平渡本屬漳浦縣嘉靖十三年
始改今屬志云所舊置於井尾澳景泰間始移於西門澳北自金
石以接浯嶼南自梅嶺以達廣東皆屬哨守有西門澳水寨五水
寨之一也城中有山曰古樓南對川陵山山右爲白沙山又城西
爲懸鐘山又西爲東嶺山西二里曰水寨大山在其海中曰鳥石

平山列屏如嶽周圍數里又有大小甘山以嶼名者曰東門嶼流
浪衝激俗呼大驚門下有沙島積石疊起者爲鐵汀嶼五墩聚立
者曰五嶼川陵山東曰鷄心嶼沙灣環帶曰南嶼水寨旁爲後澳
港海舟避風處也其相近者又有井仔灣鱉殼澳及沙洲諸處
守禦元鍾千戶所在詔安縣東南北接銅山所西南抵潮州界自澳
口至南澳約三十餘里洪武二十年置所築城周三里有奇嘉靖
四十二年爲倭所陷隆慶六年重修城內有果老山四面八山連
環相向一名古老山城東有東山海中有內嶼外嶼又有蛤洲獵
洲敏洲紅洲臥岡洲陳洲澳上爲南山墩城外市曰卸石灣市漁
舟艤附居民貿易處也海防考鎮海衛及所屬三所皆列海濱賊
自粵趨閩則南澳雲蓋寺走馬溪乃其始發之地哨守最切者銅
山元鍾二水寨而已銅山有把總駐守而元鍾隸焉故止稱二水



砦嘉靖中最爲賊衝

臺灣紀畧 附澎湖

形勢

臺灣爲海中孤島地在東隅形似彎弓中爲臺灣市市以外皆海由
上而北至淡水鷄籠城界與福建相近其東則大琉球也離灣稍遠
由下而南至加洛堂郎嶠止其西則小琉球也與東港相對由中而
入一望平原三十餘里層巒聳翠樹木蓊茂即臺灣澳之所也而澳
外復有沙堤名爲崑身自大崑身至七崑身止起伏相生狀如龍蛇
復有北線尾鹿耳門爲臺灣之門戶大線頭海翁窟爲臺城之外障
船之往來由鹿耳今設官盤驗

沿革

先是北線尾日本番來此搭寮經商盜賊出沒於其間爲沿海之患

後紅毛乃荷蘭種由咖嚁吧來侵其地於日本遂奄爲已有築平安赤嵌二城倚夾板船爲援戰而各社土酋聽其約束設市於安平鎮城外與商賈貿易至壬辰年土民郭懷一反西王氏召土番擒之戮於赤嵌城民被土番混殺漸以消索蓋至此歸紅毛已三十餘年矣辛丑年僞鄭成功敗自長江歸漂泊無所土人勾之往乃發大小船千餘號遣何斌引港由鹿耳門入潮水忽添數尺紅毛戰敗逃入鎮城堅閉不出鄭兵沿山圍之累月柴蔬不得入又乏外援紅毛突圍遁歸成功因改臺灣爲僞東都設一府二縣僞立府尹及天興萬年二縣壬寅年五月成功卒提督馬信立其胞弟鄭世襲改號護理癸卯年成功之子鄭經自廈門來與世襲爭國世襲兵屆退歸經遂嗣位後經至廈委翁天祐爲轉運使任國政於是與市肆築廟宇新街橫街皆其首建也癸卯年廈門敗經由銅山入灣改東都爲東寧省



前後招納內地兵民脊口以實之甲寅經兵入漳泉委陳永華爲諮議參軍留守國政丁巳年兵潰經守廈門復命劉國軒攻開海澄縣旋爲大兵恢復鄭兵潰去十有八九遣劉國軒調戔兵守澎湖派殷戶出粮抽壯民爲兵致民心離散士卒喪氣辛酉年經預立其庶子鄭欽爲監國退閒于洲仔尾築游觀之地峻宇雕牆茂林嘉卉極島中之華麗不理政務嬉遊爲樂未幾經卒衆憚欽之嚴迫之縊死欽妻陳氏即永華之女亦登臺自縊遂立鄭克塽爲主年幼政出多門福建總督姚啟聖偵知之密請南征先行秘劄與傅爲霖約爲內應事泄爲霖被戮僞續順公沈瑞亦以讒誅瑞妻鄭氏僞禮官鄭斌之女亦自盡朝廷允姚總督之奏命靖海將軍侯施琅爲提督與總督姚啟聖巡撫吳興祚討之康熙二十二年癸亥六月十四日大師由銅山開駕十五日兵入八罩灣十六日進澎湖大戰竟日勝負未決十七日舟停八罩灣十八日進取虎井桶盤嶼克之十九日將軍乘小舟暗渡海中親觀營壘遙見澎湖媽祖台嶼上下砲城三座風櫃尾一座四角山砲城一座鷄籠山砲臺一座東西嶺砲臺一列四座西南內外塹西嶼頭一列砲臺四座牛心灣砲臺一座沿海之處小船可以登岸者盡設短牆置砲石連遶三十餘里海兵星羅碁布將軍決策遂於二十一日誓師二十二日分兵進剿左師直入鷄籠山右師直入牛心灣中權分爲八陣每陣三疊將軍居中調度將左者興化鎮吳英金門鎮陳龍銅山鎮陳昌將右者平陽鎮朱天貴海壇鎮林賢廈門鎮楊嘉瑞提標中營羅士珍旌旗蔽空舳艫千里自辰至申戮力夾攻擊沉䑸船八隻燒鳥船二十六隻其餘奔散無跡平陽鎮朱天貴陣亡海兵死傷無算遂下澎湖劉國軒知事不可爲勸克塽繕表歸誠乃賫印八顆又延平王金印一顆輔政公武平侯忠誠伯武衛



將軍等銀印四顆稽首歸順時明宗室寧靖王朱術桂向依鄭氏臺灣破闔室自縊妻妾俱殉先是澎湖最險難以泊舟至是水神效靈九日海不揚波麓湧甘泉大師直抵臺灣七月初二日將軍飛章奏捷八月初二日揚旗入灣文武官僚薙髮迎師兵不血刃臺灣已歸我版圖矣

建置

大師抵定臺灣設分巡道一員領一府三縣臺灣縣居中轄四坊十五里九街六鄉南爲鳳山縣自臺灣府起至沙碼磯頭止共五百三十里轄六里十四鄉二十餘社過沙碼磯頭山之背爲呂宋開洋處其餘則土番負固稀到城市今土官加老師統之北爲諸羅縣自臺灣府起至鷄籠城共五千三百三十里轄四里十四鄉四大社入衆力役尤多其餘二十四社至鷄籠城而界盡過此則無路可行亦無

灣可泊用小艇涉海猶有十日之程至直脚宣前面則人跡不到矣商人所常泊之社曰大武壠倒咯嘓諸羅山打猫社他里務東螺猴悶西螺南社麻支干二林三林猫羅社大武郡半線馬芝林阿東竹塹等社

山川

南路之山曰大岡山在臺灣之東南三十里狀如覆舟天陰埋影晴霽則見上有仙人跡鐵猫兒椗龍耳甕在焉相傳國有大事此山必先鳴又有小岡山觀音山鳳山赤山打狗山半屏山龜山凹底山皆在濱海突起平地若阿猴林則大樹蔽天材木於是乎出北路之山曰木岡曰里沙放穉買猪來種半線阿里鷄籠而金山則在鷄籠山山朝溪後中產精金番人拾在手霹靂隨起下溪中沙金如屑水極冷取之者從高而望捧沙疾行少遲立凍死奇冷山即奇嶺社之山



高百丈臺灣最暖此山獨積雪至春杪不化玉田在野番中月夜仰視其色晶瑩如玉

南路北路溪港甚多四通五達中路離臺灣縣八里曰鯽魚潭採捕之利足供軍需計由臺灣府起至淡水止溪凡十八重皆發源於山以海爲歸云

沙線　礁嶼

南港口有長沙線自南港口起至淡水海外止不知其幾千里北線尾與安平鎮城相連與赤嵌城相對復有大線頭海翁崛爲臺灣之外障鹿耳門與北線尾相連船隻出入之處是臺灣之大門戶也

上淡水城對面有兩石雙峙海中謂之石門淡水城海中有兩石雙起插天謂之旗竿石又有圭礁嶼船過之則碎

城郭

安平鎮城在一崑身之上東抵灣街渡頭西畔沙坡抵大海南至二崑身北有海門原紅毛夾板船出入之處按一崑身周圍四五里紅毛築城用大磚桐油灰共搗而成城基入地丈餘深廣亦一二丈城牆各垛俱用鐵釘釘之方圓一里堅固不壞東畔設屋宇市肆聽民貿易城內屈曲如樓臺上下井泉鹹淡不一另有一井僅小孔桶不能入水從壁上流下其西南畔一帶原係沙墩紅毛載石堅築水衝不坍

赤嵌城亦係紅毛所築在臺灣海邊與安平鎮相向其城方圓不過半里

鷄籠淡水小城也紅毛築之以防海剽然利於南風不利於北風

戶役　賦稅

戶口自鄭成功開闢二十餘年漳泉之民逋逃其中稍稱沃野自大



兵弔伐人多歸籍今供徭役者半屬轄內之三十四社若新附諸番尚費可牧之撫循未可征其力役也

臺灣皆觸沙堤地力最薄通府額派地丁銀共一萬四千八百八十二兩八錢二分零稅餉在外臺灣縣粮額銀五千二百三十四兩二錢七分零鳳山縣粮額銀一千二百五十九兩二錢六分零諸羅縣粮額銀一千三百九十八兩二錢八分零

學校　選舉

臺灣歸順後

天子思磨鈍振瞶乃設歲科二試以鼓厲之每試府學入泮二十名補饟五名至二十名饟額滿止增如之縣學入泮十二名補饟三名至十名饟額滿止增亦如之自康熙丁卯年始其廪增全額俟人文盛日具　題照內地例補足

提督軍務侯張公雲翼念海島文教不可不鼓舞以開功名之路特疏題　准自丁卯年起於福建鄉試正額外另廣一名以待臺灣之士俟九年學成日始與內地棘闈同較故蘇峩得登丁卯榜邑星燦得登庚午榜林逢秋得登庚午武榜文明先聲庶其在兹今道府設立社學教誨番童漸有彬彬文學之風矣

兵防

臺灣總兵統兵一萬共分十營安平鎮三營澎湖協鎮二營南北二營左右中三營

津梁

臺灣無石所有橋梁皆磚草砌成溪流水急衝而易壞如大橋頭烏鬼橋鐵線橋今皆無存獨有嶺後一橋在東安之界

自臺灣至安平鎮相去僅五里許順風則時刻可到風逆則半日難



登灣之津頭水淺用牛車載人下船鎮之澳頭淺處則易小舟登岸其餘各港船可沿溪而入

天時

天氣與中土殊雪霜絕少人不挾纊三春常晴至於霪雨每在秋令颶颶時起土人謂正二三四月起者爲颶五六七八月起者爲颱颱甚於颶而颶急於颱將至時先視所至之氣如虹如霧則預爲之防凡遇風雨將作海必先吼如雷晝夜不息旬日乃平

地理

南北二路滿塗蓬蒿溪急水漲但幸沙坡坦平車可連軌而行地多震動水浮石稀土不堅實故種植五穀雖與中土同而一年唯秋季一收阻饑之患所不能免幸有薯芋之類足以果腹

風俗

彌九外屆爲逋逃淵藪近地多漳泉人外多係土番其人頑蠢無姓氏無祖先祭祀自父母而外無伯叔甥舅之稱不知歷日亦不自知其庚甲性好殺人截其頭洗剔之粘以銅錫箔供於家男女皆跣足不穿下衣上着短衫以幅布圍其下番婦用青布裹脛多帶花草男子約十四五歲時編藤圍腰束之使小故射飛逐走速於奔馬髮少即斷去其半以草縛之齒用生芻染黑人各穿耳孔其大可容象子以木環貫其中身有記刺好事者徧刺其文則紅毛字也手帶鐲頭或金銀或銅錫多者至數十雙且有以鳥翅垂肩以貝懸項而相誇爲美觀者俗重生女不重生男男則出贅於人女則納婿於家婚嫁時女入廨中男在外吹口琴女出與合當意者告於父母置酒席邀飲同社之人即爲配偶凡耕作皆婦人夫反在家待哺夫婦不合不論有無生育往往互相交易暑月男女皆裸體對坐淫慾之事長則



避幼若弟妹子女略不羞避婦甫生產同嬰兒以冷水浴之疾病不知醫輒浴於河言大士賜藥水中濟度諸番云冬月亦入水澡浴以爲快人死結采於門所有器皿衣服與生人均分死者所應得之分同其屍埋於牀下三日後會集同社將死者取出灌以酒然後深葬葬不用棺槨移居仍取出再埋番屋高地四五尺深狹如舟形前後無所間梁柱皆畫五采時刻灑掃地無點塵屋後多植椰樹修竹暑氣不能入家無被褥以衣覆體無廚竈以三足架架鍋於地粥則環向鍋前用椰瓢汲食飯則各以手團之而食米隨用隨搗凡穀粟衣服皆貯於葫蘆瓠中人好飲取米置口中嚼爛藏於竹筒不數日而酒熟客至出以相敬必先嘗而後進出入皆乘牛車遇山路陡絕則循藤而過遇溪路深濶則跳石而過凡傳遞文書兩手繫鈴搖之甚走如飛所用標槍長五尺許取物於百步之內發無不中身則用竹

爲之以蔴爲弦矢則長鋭無鏃毛其耕田以草生爲準秋成日謂之一年更深入山中其人狀如猿猱長不滿三尺見人則升樹杪人欲擒之則張弩相向亦有鑿穴而居類太古之民者土官有正有副大社至六七人小社三四人隨其支派各分公廨有事咸集於廨以聽議小番皆宿外供役有能書紅毛字者謂之教册凡出入皆經其手削鵝管濡墨橫書自左至右非直行也

物産

鳥之屬有鵶鷺鸂鶒鴛鴦杜鵑班鳩雀鶺鴒等類鴻雁燕鶯有而稀見鵲與鷓鴣則其所絶無者

山無虎但有豹亦不噬人故鹿麕獐麂之屬成羣徧野莫爲之害野牛最蕃滋設柵欄圈之有典牧之官董其數農夫乏牛者稟命於官而取之至老而無力則縱之去



澤中有大龜時游水濱人取而食之

菓之美者檨爲最狀如豬腎味甘瀏可敵荔枝越宿卽爛故難到遠地次莫若波羅密梨仔茇王梨芭蕉子石榴橘柚椰檳榔甘馬弼等類各方共産荔枝龍眼則間有之

花莫如四季錦邊蓮而蘭桂梅桃拒霜刺桐之類次之所少特牡丹耳內山樹木之大者多洪荒時物人至不能識其名

竹有大如斗高數十尋者

地多藤盤旋里餘可爲碇索及縛茅屋

磺産於上淡水土人取之以易鹽米芬布

鹽出於洲仔尾淡水兩處

泥鰍烏魚出於坑仔口打狗港

鱘鰕出於蚊港蚶蟧蠔螺海濱俱産

附澎湖

澎湖舊屬同安縣明季因地居海中人民散處催科所不能及乃議棄之後內地苦徭役往往逃於其中而同安漳州之民爲最多及紅毛人臺灣并其地有之而鄭成功父子復相繼據險恃此爲臺灣門戶環繞有三十六嶼大者爲媽祖嶼等處澳門口有兩砲臺次者曰西嶼頭等處各嶼唯西嶼稍高餘皆平坦自廈門至澎湖有水如黛色深不可測爲舟行之中道順風僅七更半水程一遇颶颱小則漂流別港阻滯月餘大則犯礁覆舟故舟子有望風占氣之法羅經針定子午放洋各有方向春夏由鎭海圻放洋正南風坐乾亥向巽巳西南風坐乾向巽冬由寮經放洋正北風坐戌向辰至夜半坐乾戌向巽辰東北風坐辛戌向乙辰或由圍頭放洋正北風坐乾向巽至夜半坐乾亥向巽巳東北風坐乾戌向巽辰至天明俱可望見澎湖



西嶼頭由澎湖至臺灣俱向巽方而行薄暮可望見但澎湖初無水田可種人或採捕爲生或治圃以自給今幸大師底定貿易輻輳漸成樂土營將外復設一巡檢治之

洋防輯要卷八

廣東方輿紀要

海

海環廣東南界倚為險固然攻守之計亦莫切於海晉義熙七年劉裕與盧循相持於豫章而遣別將孫處等由海道徑擣廣州傾其巢穴循以敗亡唐乾元初廣州奏大食波斯圍州城掠倉庫焚廬舍浮海而去咸通二年安南陷於南詔諸道兵赴援皆屯聚嶺南用潤州人陳磻石議自福建運米泛海至廣州軍食始足宋末車駕自閩入越旣而蒙古將張宏範將兵由潮陽入海追宋少帝於崖山宋亡明初命廖永忠由福州海道取廣東永忠奄至東莞何眞迎降而廣州亦下洪武永樂間倭彝入犯廣東屢為所擾嘉靖中倭寇閩浙滋蔓亦及於廣東議者謂廣東海防當分三路三



路者左為惠潮右為高雷廉而廣州為中惠潮二郡皆與福建接壤而潮尤當其衝柘林南澳皆要區也由柘林而西為大城海門靖海蓬州諸所又西接甲子門碣石平海諸衛所皆為南面之蔽儻柘林南澳失守是無潮也平海碣石失守是無惠也海防考惠潮之備以柘林為最要柘林乃南澳海道之門戶據三路上游番舶自福趨廣悉由此入其去惠潮水寨遠幾百里水寨為惠潮之衝而柘林又為水寨之衝愼固之防不可不預而大城所聲援差近備尤不可或疎也若夫中路之備則在屯門鷄栖佛堂門冷水角老萬山虎頭門等澳而南頭澳在虎頭門之東為省會門戶海寇往往窺伺於此為闌入之途則東莞大鵬之戍守宜切也又西則峽門望門大小橫琴山零丁洋仙女澳九竈山九星洋諸處而浪白澳在香山澳之南為番舶等候接濟之所則香山所之戍守

宜切也又西為崖門寨門海萬斛山硇洲等處而望峒澳在崖門之西為番舶停留避風之門戶則廣海衛及新寧海朗二所之戍守宜切也若西路三郡去倭島似遠而安南占城暹羅滿剌諸番風帆易達高州之南神電衛所轄一帶海澳若蓮頭港汾洲山兩家灘廣州灣皆府之南翰也雷州凸出海中三面受敵其遂溪湛川瀾洲樂民等四十餘隘固為門戶之險而海安海康黑石清道并徐聞錦囊諸隘亦所以合防海澳者也至於廉州之境尤為全廣重輕故兵符特劄於靈山達堡增屯於衛北海寇之驚峒獠之擾外夷之侵有兼憂焉永樂七年倭嘗陷廉州矣而瓊州又廉之外戶也五指腹心盡為黎據所設城邑類皆濱海備倭之制若白沙石礶埠頭文昌與海安海康對峙番島飄風突來防禦甚艱此西路所當加意者也又濱海諸邑為盜賊淵藪者如增城東莞之



茶窖十字窖番禺之三曹波羅海南海之佛船岡茅窖順德之黃頭涌香山新會之白水分水等處往往歲集凶徒以小艇出沒珠禁弛則糾黨盜珠珠禁嚴則誘倭行劫此又當詰奸禁宄以消其萌矣海道考廣州海船往諸番出虎頭門始入大洋分東西二路東洋差近西洋差遠宋於中路置巡海水師營壘今為東莞縣南頭城東南海路二百里至屯門山水皆淺日可行五十里乃順帆風西行一日至九州石又南二日至象石若用東風西南行七日至九乳螺洲又西南行三日至占不勞山西去占城二百里又南二日至陵山其山峻而方有泉下繞如帶即占城地也陸行至賓童國一月程東去麻逸國二日程水行一日至東西竺崑崙洋又一日行至古笪國其王號笪屈即眞臘也又半日行至奔沱浪洲即丹眉流國又二日至羅斛弄山又五日至海硤南北百里北岸

則羅越國即暹羅也南岸則佛逝國占城屬國也又東水行四五日至訶陵國今爪哇也爲南海中最大洲又西出硤三日至葛葛僧祇國即佛逝西北隅之别島國人多蹼暴乘舶者多畏之疑即昔之婆利國今佛㝠機也其北岸則阿羅國一名阿羅陀今滿剌加也阿羅西則阿谷羅國一名阿羅單又從葛葛僧祇四五日行至婆露國一名阿魯國也又六日行至婆那國一名須文達那即今蘇門答刺國也又西至伽藍洲一名翠藍嶼又北四日行至獅子國其地在西洋之西北岸距南天竺大岸百里自伽藍洲行二十日至榜葛剌國即西天竺也一曰西印渡海口有察地岡番商於此抽分云天竺之西千五百里曰注輦國宋大中祥符八年其貢使言從本國舟行七十七日歷郍勿丹山婆里西蘭山至古羅國舟行七十一日歷加八山占不勞山舟寶龍山至三佛齊國又



行十八日渡蠻山水口歷天竺山至賓頭狼山之西王母塚距舟所將百里又行二十日度羊山九畏山至廣州之琵琶洲離本國凡千一百五十日云又雷州控入海水路從州東至海三十里渡海抵化州吳川縣之硇洲入廣州通閩浙從州南陸行一百七十四里至遞角場抵海南泛海一程可至瓊州從州西陸行一百五十里泛海水路至安南諸番國又瓊州東至海一百二十里直通大洋故諸番舶雖東洋琉球等國被風漂多瓊州也

廣州府東至惠州府三百六十里南至海百里西至肇慶府二百三十里北至韶州府七百二十里自府治至京師七千八百三十五里

府連山北峙鉅海東環所謂包山帶海險阻之地也封域綿邈田壤沃饒五嶺以南此爲都會秦末任囂謂趙陀曰番禺負山險阻南海東西數千里可以立國陀因此霸有南越也晉義熙中盧循保據於此分兵北出江左震動既而與劉裕相持於潯陽裕密遣孫處等自海道至番禺傾其巢穴循敗無所歸因以覆滅使裕計不早循猶得阻險爲奸其爲東南患豈有已哉陳蕭勃歐陽紇等後先據廣州而皆不克振者羽翼未成本根先撥也唐置嶺南經畧使爲五管之樞要乾符末黄巢假息於廣州而毒螫遍於天下天復初劉隱代有廣州恣睢南服且數十年宋之末造蕺保此一隅爲一成一旅之資而卒摧於強敵者事勢已去非智計所能逮也明初分道取廣東廖永忠以海道之師自福州先至廣州廣州既下而嶺南郡縣亦望風款服矣蓋州不特爲廣東之根本亦制廣西之肘腋也

南海縣附郭在府治西偏

番禺縣附郭在府治東偏



越秀山府治北一名越王山聳拔二十餘丈上有越王臺故址尉佗因山築臺因名俗呼觀音山折而西北爲歌舞岡一名越井岡相傳井亦尉佗所鑿南漢時號曰玉龍泉有九竅亦名九眼井

番山番禺縣治東南一里山北一里曰禺山縣因以名舊時二山連屬如長城南漢劉龑鑿平之就番山積石曰朝元洞後改曰清虛洞禺山之陽又有西竺山今皆爲官民居址志云南海縣治西南一里有破山在闤闠中高僅三四丈其陽有穗石洞舊傳即五羊啣穗處

蕭帽山府城北有南漢郊壇遺址山高二十餘丈周六里下爲蘭湖南越志番禺北有芝蘭湖並注南海今湮又馬鞍山在府北六里南越志秦始皇時望氣者言南海有五色氣遂發人鑿此山其鑿處形類馬鞍一云馬援嘗駐兵於此因名或謂之馬逕宋乾德四

年潘美伐南漢南漢主劉鋹以宋師旣逼遣郭崇岳等屯馬逕旣而爲美所據郡志馬鞍山自北而西有鳳凰鴻鵠二嶺自北而東有松柏麒麟望州諸嶺蓋道出羣山間爲陘隘陘爲逕也

雙女山府西十里俗名鳳山宋潘美伐南漢次瀧頭劉鋹遣使請和美挾鋹使速渡諸險至馬逕砦於雙女山下去廣城十里南遊記今府西十七里有花田平疇彌望皆種素馨相傳南漢宮人死多葬此一名白田其地有雙女山卽潘美駐師處

抱旗山府西南四十里以形似名爲郡之前案江水環遶上有古烽堠其南爲南山峽屹立江濱志云抱旗山北八里有青螺嶂嶂高五百丈一名白鹿岡沙灣水出其下又石壁山在番禺縣南二十里脈自抱旗山來又縣南二里有萬松山與盧循城相近

三山府南二十七里三峯並起競秀凌空舊有三山寨明初廖永忠



擒邵宗愚於此今爲桂華堡又秀羅山亦在府南二十七里山阜奇秀草木森鬱

金鵝嶺府東北四十里一名飛鳳嶺其山峻險中藏羣峯下枕茭塘接洋海正統末鄉民立鎮於此以避寇

戙旗岡府東南十里又十里曰盧堠石相傳吳隱之與盧循戰處一名南箕臺又四十里曰冠岡多林木其東有相對岡以兩岡相峙大江中流而名

海府南百里志云府東八十里出古斗村又東南二百里至南海衛又南六十里出虎頭門又南一百五里抵南頭城皆切近海洋由此東歷閩粵南達島彝海防考府南有濠鏡澳寇自虎頭門入犯往往駐泊於此爲腹心之疾云名勝志府西南百四十里海中有兩峯並列其形如目名海目山

西江府西北五十里其上流爲湊鬱二江合賀江而東過肇慶府入府界與湞水會湞水卽北江也又東南流至城南而會於東江亦謂之三江江中有海珠石是曰珠江一名沉珠浦相傳昔賈胡挾珠經此珠忽躍入江中今有石屹峙江心南漢剏慈度寺於其上亦名海珠寺宋末經畧張鎭孫與蒙古將塔出戰於海珠寺敗績蒙古復陷廣州又東過瀝滘堡北去城十餘里亦謂之東衝孫處襲盧循之番禺至東衝焚舟艦而前卽日攻拔之是也又分流經西朗凡十餘里謂之蜆江俗呼白蜆殼江匯於府東南八十里南海廟前志所稱扶胥之口黃木之灣也一名扶胥鎭海隅出日水中見之是爲波羅江合諸水入於南海

北江府西北三十里卽湞水湟水合流而南出者也自三水縣流入境會西江出石門而東南流會於東江又東江在府東南二十五



里自惠州府博羅縣西流歷東莞增城縣而西至府東南會西江入海或謂之南江

西澳城南宋景德間經畧使高紳所開志云城中舊有六渠迴環貫串皆匯流於西澳亦謂之南濠其後屢經修濬嘉定三年陳峴復疏鑿之以通舟楫又於西南雁翅城濠口築兩閘以防溢涸後皆因故址疏築明初改築城垣於東門北城下置小水關疏城渠之水復於濠南改甃水關廣狹僅六尺許皆用鐵石爲柱以關阻內外蓋去海日遠舟楫不通久矣又有清水濠在舊子城東古東澳也穴城而達於海後亦注於南濠又有東濠在府城東明洪武三年開濬其西濠則在城西四里亦因舊址修濬時東南二濠與西濠分流入江嘉靖五年引東南二濠之水皆流匯於西濠合西沉以入海

琵琶洲府東南三十里江中上有三阜形如琵琶閩浙舟楫入廣者多泊於此又荔枝洲在府西七里舊圖經云洲廣四十里袤五十里亦曰荔枝灣南漢主劉龑建昌華苑於洲上今湮爲民居又拾翠洲在府西南三十里古有津亭今建華節亭於其上

金利砦府西十五里宋元時置砦於此明洪武三年改置巡司又縣西鹽步堡有神安巡司舊爲泌冲寨亦洪武三年改又西有三江巡司在側水村本名三江砦又西有黃鼎巡司在西隆堡舊爲黃鼎寨俱洪武三年改

五斗口巡司縣南平洲堡景泰三年置嘉靖五年移置於磨刀石縣西南龍江堡又有江浦巡司舊爲鼎安寨亦洪武三年改

鹿步堡番禺縣東舊置砦於此洪武三年改設巡司其相近有車陂烏涌二堡又沙灣寨巡司在縣南三十里舊置砦今亦爲白沙堡



又茭塘巡司在縣南逕口堡舊置砦俱洪武三年改設

五羊驛府城南又西北八十里有官窯驛四十里爲三水縣之西南驛又胥江驛在府西北又番禺縣北茅田村有湴湖驛

順德縣府西南八十里東南至香山縣百里

碧鑑海在縣西南一里自粵江分流至此曲折環合其色澄碧因名又三漕海在縣北三十二里又北八里曰庚流海縣西二十里曰錦里海八十七里曰洪濛海皆小川也志云縣北四十二里有疊石海東接新會西南七十里曰石頭海西通香山皆自北而南注於南海

都寧砦縣南百里其北有獅嶺志云宋祥興帝赴海時有蘇由義者奪港得出得趙氏後更名旦集衆千餘人圖恢復都於由義所居之西山逾月旦卒由義葬之於山北土人呼其地曰都寧言趙王所都蓋安寧也明洪武三年置都寧巡司於此

馬岡巡司縣南三十里本馬岡村有小灣堡洪武三年置巡司又南有馬寧巡司本馬寧砦亦洪武三年改置志云縣西有江村巡司縣南百餘里又有紫泥堡巡司俱洪武三年所置

鶴冲堡縣南明正統十四年賊黃蕭養據此作亂官軍討平之又古樓堡在縣西南八里

黃涌頭營縣南四面環海設兵戍守所轄有仰船岡三瀝沙等哨接新會縣界

東莞縣府東南二百五十里東北至惠州府博羅縣一百七十里

道家山縣治西城址環其西南麓又金牛山在縣西五里山勢岩嶤下瞰海水一名海月巖

虎頭山縣西南五十五里大海中有大虎小虎二山俗號虎頭門志云卽秀山也宋景炎二年元將劉深攻帝於淺灣張世傑戰不利奉帝退保秀山明初廖永忠下東莞次虎頭關今外國來入貢及出使外國者皆取道於此



武山縣南五十餘里大海中山勢突起有武勇狀每潮汐消長高低可辨宋余靖嘗候潮於此

銅嶺縣東二十里榴花村宋末邑人熊飛結集義勇與元將姚文虎力戰斬之遂與新會令曾逢龍復廣州是也又太平嶺在縣東南形若豎旗從山麓而上連頓九阜至山頂則平曠一名九頭嶺道出大鵬所

三門海縣西南六十里海中有三洲潮自東南來至此分爲三道既而復合因曰三門舊志縣境海道之備有南頭屯門鷄棲佛堂門十字門冷水角老萬山零丁洋等澳皆有哨兵戍守又縣西南有

烏猪海洋吳惠日記正統六年奉詔使占城發東莞次日過烏猪
洋又次日過七洲洋瞭見銅鼓山次至獨猪洋見大洲山次至交
阯洋有巨洲橫截海中怪石廉利爲舟楫患次日至占城外羅陽
校杯墅口明日入其國門舊志占城西去廣州二千五百里海行
殆難以里道記也
東江縣北自博羅縣流入境又西入增城縣界至南海縣入於西江
舊有東江堤宋元祐初築以防衝齧紹興中復修治淳祐三年復
增修之元至正二年霪潦坍潰尋復營葺一名福隆堤在縣東七
十里
[illegible]山砦縣南又縣東有虎頭寨志云縣境有把截所三曰南岡頭曰
沙潭曰蘆荻角又有企石營亦在縣南
[illegible]西驛在縣城西水驛也縣東北又有黃家山水驛又鐵岡水驛在



縣東
新安縣（府東南一百六十里東北至東莞縣七十里）
梧桐山縣東四十里山勢峭拔多產梧桐因名又杯渡山在縣東南
百二十里下濱海舊名屯門山上有滴水巖及虎跑井紀事云東
莞南頭城古之屯門鎮乃中路也一云南頭城東南海路二百里
至屯門山唐置屯門鎮兵以防海寇天寶二載海賊吳令光作亂
南海郡守劉巨麟以屯門鎮兵討平之宋亦置營壘於此又梅蔚
山在縣南百里大海中行朝錄宋景炎二年正月南狩幸此今有
石殿遺址又西南八十里大海中有官富山山之東有官富場行
朝錄景炎二年四月帝舟次於官富場是也舊志官富山在東莞
縣西南二百八十里
大奚山縣南三百餘里大海中環三十六嶼周回三百餘里民居以

漁鹽爲生宋史慶元三年提舉鹽茶徐安國以捕私鹽致亂知廣
州錢之望遣兵殲之遂墟其地後生息漸繁明初有萬姓者統其
衆今亦呼爲老萬山
佛堂門海縣南二百里潮汐相通志云牂牁水經官富山西南入海
分爲二門佛堂門海在其左急水門海在其右凡潮自東南大洋
西流經官富山而入急水門番舶至此無漂泊之恐故曰佛堂门
急水角經官富場又西南二百里曰合連海水通東南大洋連深
澳桑洲零丁諸山而匯合於此故曰合連
合蘭洲縣南百九十里志云縣南百餘里有大步海中有媚珠池南
漢時採珠於此又南八十里爲合蘭洲在靖康場海中與龍穴洲
相比相傳有龍出沒其間又有泉出龍穴洲石罅間番舶回者皆
汲以過海近志縣西北八十里爲大步海又西北八十里爲合蘭



洲似誤
官富鎮卽官富場也宋景炎二年蒙古將塔出等以步兵追二王於
嶺南其別將唆都由泉州取道泛海期會於廣之官富場謂此今
有官富巡司志云本官富砦洪武三年改
香山縣（府南百五十里東至東莞縣三百里）
北臺山縣南四十里又南二十里曰南臺山兩山相對如臺志云北
臺相近者有壽星塘山塘廣數畝在山之北野史宋端宗崩於舟
中葬壽星塘今塘側有陵迹五處蓋遺臣馬南寶所築疑塚也其
地亦名墳頭岡在山之西又梅花水出焉下流入海宋端宗太后
全氏崩葬於梅花坡上亦卽此水傍矣又香爐山在縣南六十里
有瀑布懸流志云縣以此山名又云自雍陵至濠鏡澳計一日程
有山對峙如臺曰南北臺卽澳門也外環大海接於牂牁曰石峽

海爲番夷市舶交易之所
石門山縣西十里中有峒宋末嘗拒元兵於此又黃楊山在縣西南七十里其陽有赤坎閣宋亡張世傑葬於此
浮虛山縣北七十里海中相傳山嘗與波上下山海經南海有浮石之山疑卽此又石皹山在縣南百六十里土人呼爲南山志云縣南百里海中有金星門兩峯相對蠻蛋多漁於此相聚爲寇又南百里有大小橫琴山其下卽井澳又三竈山在縣南三百里海中周回三百里林木葱翠有三石如竈成化以後有官軍駐守廣記三竈山有田三百餘頃極膏腴元時海寇劉進據此明洪武初奸民吳進添通番爲亂二十六年討平之禁民不得居止耕種設官兵防守正德中豪民漸侵齧其地
海城外宋阮泳縣治記香山環海孤嶼是也今縣西北接浮虛山者



曰石岐海中多洲潭蘆葦泥濘久之成田他邑民多耕種其中擾奪爲害縣西二十里曰象角頭海又西三十里曰疊石海中多魚蟹之利西南七十里曰分流海東注東洲門合大洋又三竈山東曰烏沙海向爲番彝窺伺處成化中有番船復自此侵擾因歲令官軍駐守三竈山
井澳縣南海中橫琴山下宋景炎二年張世傑奉帝至井澳颶風大作舟敗幾溺軍士死者過半卽此地番禺客記井澳海濱有湖居里里中馬南寶者嘗以其家爲端宗行宮及帝崩碙州殯於南寶家然後葬於厓山繼又起兵於井澳與蒙古戰不勝死之志云縣有淚白澳爲海道戍守處
零丁洋縣東百七十里宋末文天祥爲元兵所敗被執嘗經此有零丁洋裏歎零丁之句又九星洋在縣西南宋建炎二年元將劉深襲井澳帝至謝女峽復入海至九星洋欲往占城不果一統志海中有九曜山羅列如九星洋因以名又謝女峽一名仙女澳亦在縣境
香山鎮縣北大欖村舊有香山砦洪武二年改置巡司又小黃圃巡司在縣北百二十里宏治九年置
金斗場縣南百五十里地名濠潭卽宋金斗鹽場也今廢
象角頭營縣西志云縣有鎮頭角南禪佛縣港口及浮虛大埔洋等營俱有官軍戍守又把截所四曰石岐在縣西東洲門在縣東乾務在縣南大人嶺在縣北
新會縣府西南二百三十里西北至肇慶府高明縣九十里西至肇慶府恩平縣百一十里
金岡山縣西八十里唐志岡州以金岡而名其地產金下有淘金坑傍皆沃壤延袤八十里今皆爲民田不復有金坑矣西北有石洞



曰金山巖深廣皆二丈巖頂飛瀑如練有盤石可坐數十人舊爲鄉人遊賞處今爲盜藪俗呼鬼子窟
曹幕山縣西北二十里上有猺人墾山爲畬
厓山縣南百里大海中延袤八十餘里高四十二丈與奇石山相對立如兩扉潮汐所出入也亦曰厓門山故有鎮戍守宋末帝昺立於碙州張世傑以厓山爲天險可扼以自固乃奉帝移駐於此遣人入山伐木造行宮及軍屋三千餘間未幾元將張宏範來攻或謂世傑曰北兵以舟師塞海口則我不能進退盍往據之幸而勝國之福也不勝猶可西走世傑爲必死計不聽結大舶千餘作一字陣碇水中以拒元軍厓山北淺舟膠不可進宏範由山東轉而南入大洋與世傑師相遇薄之且出騎兵斷官軍汲路又以舟師據海口世傑遂困旣而元將李恒自廣州來會守厓山北與宏範

合擊宋軍遂潰陸秀夫負帝沉海楊太后及諸嬪御從死者以萬
數宋遂亡志云厓山對峙有湯瓶嘴山以形似名最高峻文禽異
木多出其中又南有雙壁山高百餘丈又南十里曰九曲山
海縣南二十一里一名熊海以傍有鼠熊馬鞍熊東熊長熊四山也
統名曰熊子山熊音那三足鼈曰熊山形似之其下皆曰熊海東
經香山縣爲小梁海西經蜆岡自北而東至厓山爲厓門海通謂
之南海海防考濱海有望峒澳係廣海衛軍巡哨
鑼鼓潭縣西四十里山溪之水匯流經此水石衝激聲如鑼鼓南流
入海
沙村鎮縣南長沙村有沙村巡司志云舊置司於長珠大神岡洪武
三年改置於此又縣東潮蓮村有潮蓮巡司舊置砦洪武二年改
又藥逕巡司在曹幕山藥逕口舊置砦



沙岡巡司縣西舊爲樂里砦置於余村洪武二十年徙於沙岡村改
置巡司又松柏巡司嘉靖中增設在縣西松柏山舊爲賊巢又縣
西河村有牛肚灣巡司舊置砦又西有大瓦巡司俱洪武初置
臨江臺堡縣東南濱海又東爲艮村營俱接德順縣界志云縣有白
虎頭官來逕等關五又有把截所八曰長沙在縣南濱海曰企官
曰雙煙堡曰潭滘曰企頭曰橫山皆在縣西南濱海曰仰船岡在
縣東南曰寨門在縣西亦濱海
新寧縣府西南三百二十里西北至肇慶府陽江縣百二十里大隆山縣西南百二十里有猺寨舊爲盜藪又縣南百六十里曰龍溪山山險峻上有石室
海縣南志云縣西七里有紫霞山其下爲紫霞海又有烓洞水源出
大隆山山南爲大牌海又南二百里經銅鼓山衆水合焉風濤鬬
石如銅鼓聲是爲銅鼓海至上川山左右爲大小金門又西南二

百里爲番舶往來之衝是曰寨門海
城岡峒縣西南七十里城岡堡有巡司又望高巡司在縣南舊爲禱
州巡司洪武二十七年以其地立廣海衛移司於望高村改今名
廣州左衛府治北又有廣州右衛在左衛之西俱洪武八年建又廣
州前衛在府治西其北爲廣州後衛俱洪武二十三年建
南海衛東莞縣治南洪武十四年建
廣海衛新會縣南一百五十里舊爲禱州巡司洪武二十七年改衛
有城三十年甃以磚石周五里有奇環城有池
增城守禦千戶所縣治南洪武二十七年建直隸都司又從化守禦
千戶所在縣城內嘉靖十四年建隸南海衛
肇慶府東至廣州府二百三十里西南至高州府七百七十里西至廣西梧州府四百里北至連州五百二十里自府治至布政司見上至京師七千四百二里



府帶山控江延袤數千里據廣州之上游當賀梧之津要漢武帝自
巴蜀發夜郎兵下牂牁江會番禺卽今西江路也梁大同中交阯
李賁作亂以楊驃爲交州刺史討之命定州今梧州府刺史蕭勃
會驃於西江蕭子顯曰兩江川原深遠宋齊以來皆別置督護專
征討之任陳霸先爲西江督護高要太守是也李吉甫曰端州當
西江口入廣西之要道明初廖永忠奉命平廣西亦由肇慶泝西
江而上抵梧州蓋郡爲兩粵之要膂東西有事此其必爭之所也
陽江縣府西南四百四十里西北至陽春縣一百四十里東北至恩平縣一百三十里西至高州府電白縣二百二十里
望夫山縣西百六十里周四百餘里接電白縣界稍南爲鐵帽頂山
最高峻巖洞紆回狠猺恃爲天險相近者曰鷄籠山舊嘗調神電
衛軍駐守又梅峒山在望夫山北高二百餘丈周二百里上多梅
接陽春縣界

北津山縣南三十里其對峙者爲南津山夾峙海口自東堤海而西延袤數里二山之間有獨石高十餘丈周四十餘里山出海口二里其下淵深不測志云北津山外捍奔潮內衛村陌邑之外藩也又有銀坑山在南津山側高三十餘丈周二十里有十八井相傳宋南恩州知州余久大鼓冶於此稍西有馬母山在大海中去縣五十里

海陵山縣西南七十里大海中周三百里列爲數峯高三百餘丈舊名羅洲又名羅島其中峯名[illegible]山其東爲平章山下有平章港受海陵漲潦以達於海宋末張世傑敗於崖山將西趨占城復謀入廣回舟艤此颶風大作世傑取瓣香登舵樓祝天赴海死處也明洪武四年官兵追敗海寇鍾福全於海陵山卽此郡志海陵西南爲馬鞍山下爲戙船澳西北爲鶴洲山海陵巡司置於此又西



北爲麻龍渡山四面皆大海也

三汲山縣東南大海中又東有小鑊中鑊大鑊三山皆在大洋中相去有數十里大鑊高二百餘丈望之如覆釜因名

望海岡縣南六里高百仞周四五里爲縣治之案山又有峽岡在縣東南二百里高二百五十丈周三十里兩岡對峙

海縣西南宋白曰恩州濱海地蒸濕當海南五郡泛海之路自廣泛海行數日方登陸入櫂海波多由新州陸路云海防考由縣南雙魚城歷海陵山過北津港至海郎城爲縣之門戶由大澳而東北卽新寧縣界中有柳渡三洲大金門上下川俱倭寇停泊處春汛秋防皆有水師哨守志云縣南北津外名曰鎭海自此東屆而北可達新會東莞廣州西轉而南達高雷廉瓊商運咸取道焉

漠陽江縣城西自陽春縣東南流歷受衆水其勢始大入縣界至縣西北三十餘里麻橋岐分二派東流至縣北十餘里瀦爲龍淵亦名龍濤水至城西亦名鼉江亦曰恩江南流二十五里匯爲白潭其西流隨地得名亦曰黃江亦曰牛馬海亦曰蛟龍環又東南流合於石潭至縣南北津港入於海志云港在北津山之陽陽春陽江衆水皆由此達海每潮起洶湧而入遇風則其聲砰擊如雷舟楫往來重防陰礁蓋東南大海港口皆亂石舟可行者僅僅丈餘必候大潮始進故海寇不敢睥睨也

麻濛水縣西三十里出羅琴山流經縣西南四十里豐頭港入海又有丹陽水在縣西八十里源出梅峒山東流十里經大墟渡復東南流匯於豐頭港又有丹城水在縣西百二十里亦出梅峒山東流六十里匯於豐頭港並入於海

儒峒水縣西百六十里源出望夫山南流九十里由北額港入海志



云北額港與電白縣接界

海陵鎭縣西南七十里海陵山西北有巡司明初置

永安營縣東南八十里地名黃竹逕又馬牯逕營在縣東九十里俱嘉靖七年設又麻思營縣西百十里宏治十二年設正德中改名印岡營志云縣西五十里有高嶺營進退前嶺嘉靖三十九年設又有長亭舊營有六三鄧等逕俱有兵哨守

北津砦縣南北津山上舊有望海亭萬歷四年奏置北津水砦十四年城之以防海寇海防考海陵山西南戙船澳舊爲禦倭要地水師巡哨皆期會於此嘉靖二十七年以後防禦漸弛海寇往往突犯後遂以北津水砦爲重地所分汛地東至芒洲上下川與廣海寨會哨西至吳川限門與白鴿寨會哨旣又以戙船澳豐頭澳爲中哨新寧縣寨門海爲左哨電白縣蓮頭澳爲右哨萬歷二十八

年以後復畫界爲守以海浪寨官兵分守汛海東自廣海砦界娘
澳起西至雙魚界馬𤙴石止雙魚寨官兵分守汛海東自海郎界
馬𤙴石起西至蓮頭寨界北額港止而北津寨官兵每至汛期則
協同出哨戕船澳蓋府境海防惟陽江爲最切也
博贈砦縣境宋志縣有海口海陵博贈遂訓四砦蓋皆濱海戍守處
也又有梅口場宋時採鉛於此
雙恩場在海朗所西南産鹽宋元時設管勾官於此明洪武二十年
改設鹽課司
西平驛在縣治東洪武初置萬歷中改曰平豆驛又蓮塘驛在縣東
北六十里近合門山亦洪武初置嘉靖三十三年築城於此周一
里有奇又太平驛在縣西百十里宋置大墟站在今驛西十里洪
武初改置太平驛十二年移建於此嘉靖四十五年築城環之周



一里有奇
恩平縣府南三百二十里東至廣州府新會縣百十里西南至陽江縣百三十里西北至新興縣百八十里
瀠雷海縣南八十里海勢灣曲潮聲如雷多蠻鱟魚鹽之利蜑戶居
之其南通大洋
南門河縣南一里志云縣境諸水其大者曰滐頭水在縣西二十里
源出龍𪓟山流經縣西十五里之相公潭爲羣流匯河之處又東
爲南門河又有横桡水在縣東南十里源出藍坑山西北流會南
門河遶縣南迤東達於新會縣之蜆岡而入於海亦謂之恩平江
塘宅堡縣東北百里嘉靖十三年設三十六年議以堡當新會新寧
新興恩平各縣適中之地四面崇山峭壁舊爲盜賊淵藪乃增建
城垣於縣治西南移廣肇高韶參將駐於此萬歷二年改築開平
屯廢堡入焉又馬岡營在縣東北八十里嘉靖十三年設

大夾腦營在縣西南三十里嘉靖十一年設志云縣北二十里有遞
塘頭營縣東三十里有烏芰塘營截籬子逕要路俱嘉靖三十三
年設又白蒙逕營在縣東南四十里嘉靖中設今爲白蒙屯邑志
逕東通白麻逕懷寧營南通瀠雷逕至海西南通陽江那龍村北
通那虔上洞諸猺路又有鎮安屯嘉靖二十九年設在縣東南六
十里
籬子逕縣東南二十里東通十三村達蜆岡又塞喉逕在縣東北七
十里又十里爲羊逕又十里爲火燈逕俱接新會縣界
十二逕在縣西南又西南爲白石逕皆通陽江陽春盜賊出沒之處
又尾巷逕在縣西五十五里又有雙穴逕在縣西北四十里又五
里爲清油逕又西北十五里爲老鴉灘皆當陽春新興盜賊出沒
之道志云縣北六十里有黃竹逕又北十里爲鎮戎屯舊名擒頭



爲控守要地又倉步在縣東北百十里通新會新寧諸賊砦今爲
開平屯又縣境有石并等營一十有九皆有兵戍守
武定屯在縣東南六十里本新寧縣界苔村賊巢隆慶五年立屯萬
歷二年建城又永安屯在縣東南四十里十三村石逕賊巢也又
永安鎮屯在縣東南五十里十三村橫山賊巢也俱隆慶五年改
立屯其地入新會縣界與縣北鞏靖諸屯縣南北蒙諸屯共爲二
十屯
海朗守鎮千戶所在陽江縣東南五十里洪武二十七年置隸廣海
衛有城周四里有奇城據海朗山上因名下臨海亦曰鎮海山與
雙魚所並爲海防襟要志云所西近北津山崇禎二年於北津大
王廟小尖津口山前置銃臺幷築小城設兵屯戍
雙魚守鎮千戶所在陽江縣西南百五十里洪武二十七年置隸神

電衛有城周二里有奇所東有雙魚角臨大海險隘所因以名又東五里爲管柸石兩石屹立大海中中通一門雙魚所舟航出入要道也昔人議壘石塡塞從右側淺沙入港以免寇舶衝突又東爲馬鞍龔箕等山皆屹立海中志云所旁有石門南尾山崇禎二年置銃臺并築小城設兵戍守

惠州府東至潮州府七百九十五里南至海岸百十里西南至海岸二百五十里西至廣州府三百六十里北至江西龍南縣界六百三十里自府至布政司見上至京師八千三百九十五里

府東接長汀北連贛嶺控潮海之襟要壯廣南之輔扆大海横前羣山擁後誠嶺南名郡也

歸善縣附郭漢南海郡博羅縣地

梁化城府東南八十里梁置梁化郡蓋治此隋郡廢改置循州志云初立時有木鵝洲浮至江上故今尚有鵝州鵝嶺之名



皁民廢監府城內宋治平四年置皁民錢監是也宋志歸善縣有西平流坑二銀場永吉信上永安三錫場又有三豐鐵場淡水鹽場元廢

平政山府東百五十里有平政驛相近者爲碧甲山有巡司戍守又濁水坑山在府東南海濱亦名乾溪山下爲涌船澳宋末文天祥移軍駐此上表求入朝處

海府城南百十里自府東南以迄西境皆以海爲險志云海濱有船澳宋祥興初文天祥移師處卽涌船澳矣

東江府城東北源出江西安遠縣界南流過龍川河源縣界流入境繞白鶴峯之陰至府城東西江水流入焉西流歷城北經博羅縣而入廣州府境亦謂之龍川江　出一門覽

西江府東南源出九龍山西流與羣川水合至府城東受西湖水西北折而合於東江志云城東有斤斗水亦曰百田水有魚利官收其稅

豐湖府城西廣袤十餘里

蜆殼營府西北與博羅縣接界有官軍戍守馬公寨在府東北志云嶺南賊巢曰洋烏潭馬公等寨皆叢山深箐延袤八百餘里一夫當關萬夫莫過賊首伍端黃世喬等嘯聚其中蠶食東路者數十年萬歷初督臣殷正茂勦平之

懷安戍府南懷安山下唐置戍於此開元十四年敗劉宗器爲循州安懷戍主卽此

欣樂驛府北一里又水東驛在府東九十里苦竹驛在府東百六十里平山驛在府東南八十里平政驛在府東南百五十里輿程記自欣樂驛西四十里至博羅縣之蘇州驛爲入廣州之道自平政驛東八十里至海豐縣之平安驛東達潮州府之道也



海豐縣府東三百里東至潮州府惠來縣二百七十八里

銀瓶山在縣北三十里山高而銳瀑布懸流縣之鎮山也其南十里曰蓮花峯峯巒攢簇如蓮花又南十八里曰五坡嶺南去縣城僅二里皆岡脈相接宋祥興初文天祥屯潮陽蒙古將張宏範以舟師濟潮陽天祥走海豐別將張宏正追之天祥方飯五坡嶺被執卽此

金籠山縣東南十里山腰有泉甘潔土人呼爲聖泉志云此爲小金籠山大金籠山在縣西南八十里蜿蜒高廣鎮長沙海口籠本作龍宋端宗易今名又法留山在縣東三十里有巖如屋

宋師嶺縣東二十里志云縣東南二十五里有新容水舊時沃野彌望水道不通蠻民分東西兩溪宋師至舟不得渡遂鑿而通之其

上流五里名宋師嶺時代土爲堦級故跡尚存今閩廣商船多聚
於新寮水口
大蹊嶺縣西六十里景泰以前驛路經此甃石爲道盜賊阻塞行人
從間道由新嶺鹿坑南山絶江而西日暮苦無舟楫又西北五里
爲楊桃嶺正德中鑿石通衢於此徑路便易今爲往來通道又五
里沙在縣西南九十里大海濱亦達府之路也
旗峯縣東百九十里山狀如旗半枕海上東南彝入貢望此爲表識
海縣南百里舊志謂之灘海即南海也亦曰長沙海口圖經縣南一
百里有麗江合龍津蛟溪諸水東流入海名麗江浦即長沙海口
矣宋景炎三年文天祥敗於空坑走循州又走惠州行收兵出海
豐次於麗江浦是也空坑見江西興國縣
衢口水縣東北九十里源出黃埕坑東合蛟溪諸水至南沙渡入於



海又東海寮水在縣東北八十里志云源出吉康羅溪南流一百
里分爲二派東流出縣東南迎仙橋西流至沙塘渡與衆水合入
於海
甲子門水縣東二百十里志云縣有大陂龍溪諸水俱由此入海海
口有六石壁立上下各有六十甲子字故名宋景炎元年帝自閩
航海駐於此遣使降元又祥興二年蒙古張宏範由潮陽港乘舟
入海至甲子門知帝所在遂趣厓山明嘉靖中倭寇廣州敗還甲
子門爲暴風所覆溺其得脫者帥臣俞大猷盡殲之今有千戶所
戍守
鳳湖縣西百里志云湖受鵝埔嶺赤口港諸水西流入海
甲子關縣東甲子門水口爲濱海噤要石門深廣各二十丈有巡司
洪武五年設又長沙港巡司在縣南長沙海口港口深廣各三十

丈洪武十三年置巡司
謝道山營縣南二十里又縣東南有湖東澳魚尾澳二軍營皆近碣
石衛
南沙軍營縣南相近有大德港海寇出沒處也有大德軍營又南竈
軍營在縣南五十里又長沙軍營在縣南八十里距麗江浦相近
又有石山營大磨軍營向俱設官兵戍守
南豐驛縣治西又西七十里有平安驛縣東八十里又有東海寮驛
又東七十里曰大陂驛東入潮州之道也
碣石衛縣東南百二十里在大海濱洪武二十三年建
海豐守禦千戶所縣治東又捷勝千戶所在縣南八十里又甲子門
千戶所在縣東二百十里皆濱海又平海千戶所在府東二百里
俱洪武二十七年置隸碣石衛



潮州府東南至海岸俱百五十里西南至惠州府七百九十五里西北至江西贛州府千一百六十七里北至福建汀州府六百六十里東北至福建漳州府五百五里自府治至布政司千一百九十里至京師九千七百四十七里
府介閩粵之間爲門戶之地負山帶海川原饒沃亦東南之雄郡也
往者倭寇闌入則警戒東南奸宄伏藏則張皇西北郡蓋非閒暇
之地矣
海陽縣附郭漢南海郡揭陽縣地
桃竹嶺府西北五十五里一名雲落山爲往來通道即揭陽山之南
麓也又有鳳棲峽在府北二十里兩山對峙鳳水經其中
海府南百五十里有南洋三灣嘉靖三十八年官軍敗倭賊於此
韓江府城東韓山下源出江閩汀贛二州境流入界會三河而南出
又合產溪九河鳳水過鳳棲峽經惡溪而至山下爲韓江又經老
鴉洲分流爲三一自縣東溪口達澄海水寨入海一自縣南分東

西二溪俱入於海一自溪口東南流達急水門經北關亦入於海

惡溪在城東北一名鱷溪亦名意溪唐元和中溪有鱷魚刺史韓愈作文驅之宋咸平中通判陳堯佐斬鱷魚於此中有壘石名曰鱷洲塔韓江經此合流而南蓋即韓江之別名矣

北關鎮府東南六十里海口向設兵戍守又楓洋巡司在府南志云司舊置於楓洋村洪武四年改置於園頭村

潘田堡在縣西北百三十里僻在山谷通潮揭漳韶為戍守要地嘉靖中亦改設巡司會典潘田巡司舊屬澄海縣後改屬海陽又縣有田心豐順二營

柘林寨府東南百三十里濱海戍守要地也今詳見饒平縣又金山北有擢峯寨宋置今為民居宋志海陽縣有海門等三砦三河口鹽場豐濟銀場橫衡等二錫場



新關隘在府南又府境有萬里橋湯田楓洋等隘舊志縣又有海門東龍關望等隘

鳳城驛在府城北又北七十里有產溪驛輿程記自鳳城驛西至揭陽縣之桃山驛七十里又西七十里為潮陽縣之靈山驛又自產溪驛而北凡百里至大埔縣之三河驛

潮陽縣府南百三十里西南至惠來縣百六十里

東山在城東其相接者亦曰韓山疊嶂層巒參差奇勝又城西十里有西山形勢截嶭上有磚塔下有石室名海潮巖又西十里曰曾山雙峯並峙亦名雙髻山出海望之愈高

臨昆山在縣西三十五里相傳舊縣置於其下相接者有龍首山一名猴子山又錢澳山在縣東十里前有蓮花峯下臨滄海又東五里曰大湖山亦南臨海下有龍潭又十里曰廣澳山北有招收山三面距海盤據數十里地多斥鹵不可耕河渡通焉其北十里曰磊口山馬耳在其外是為洋海之門

海在縣東南志云縣境濱海潮汐入港支析成川招收山臨河渡長數十里南為錢澳為廣澳北為馬耳為磊石皆通海磊口海洋之門也其外為牛田洋澄揭之水皆匯於此有海門所為扼要處嘉靖三十八年倭賊自福建漳州來犯自磊門登陸攻海門所官軍擊敗之是也

東溪在縣西七十里源出大南山而東注又蕭溪亦在縣西俱流注於練江志云縣北諸山之水皆迤西達於練江又臨昆山下有西豐水靈山西北有山陂水又西十餘里有麒麟水及西條東條之水南流而東折為涒水合雲落水即練江也又西南之水曰司馬浦東流會於銅鉢湖迤南有桃溪水東流會於東溪其下流皆合



流過和平橋注於練江練江蓋匯縣境諸水為大江流至海門入海也

吉安鎮縣西北七十里地名貴嶼村有巡司又門闢巡司在縣北六十里俱洪武二年設招寧巡司在縣東三十里洪武二十八年建桑田巡司在縣北三十里正統十三年建又雲落巡司在縣西南百二十里嘉靖中置屬普寧縣後改今屬志云縣東三十里有招收鹽課司縣南二十里練江村有龍井鹽課司今龍井司改屬惠來縣又縣西和平村有河泊所

蚝安鎮縣東南三十里有兵戍守又北關隘在縣城北河溪隘在縣北二十五里門闢隘與巡司相近又河渡門隘在招收山下志云縣有下遊營守河渡門磊口等處又有紹興營置於海門所嘉靖三十八年倭賊從招寧巡司河渡磊口入犯

靈山驛在縣南門外又武寧驛舊在縣南七十里郡志縣西南有和
　平橋宋宣和中建長三十丈元末毀明初重修
揭陽縣府西南七十五里西北至惠州府長樂縣二百八十里
揭陽山縣西北百五十里形勢岧嶢南北二支直抵興寧海豐二縣
界亦曰揭嶺秦始皇伐百越命史祿轉餉祿留家揭嶺或以爲即
此山也嶺之陽爲海豐縣西北之瘦牛嶺去縣治百里嶺之西爲
飛泉嶺壁立數百仞周圍數十里有泉飛空而下逕通惠州府長
樂縣爲惠潮之關隘或以此爲揭嶺嶺西北又有貴人山通志山
跨揭陽長樂二縣界周圍百里曰灘下曰大竹園曰鑛山頭曰粗
石坑曰麻竹坑曰筲箕坪皆其處也
桑浦山縣東百里濱海接海陽縣界崔嵬綿亘多巖洞之勝又東二
十里曰菱池山三峯插天中有深池數十畝巖谷林泉爲諸山最



下有石巖形如獅子中可容千人相近者又有桃山旁有小山類
桃因名透迤百餘里
玉窖溪縣治南有南北二源南溪出海豐長樂二縣分水並流經三
山百折而東過玉窖會北溪北溪出程鄉長樂二縣分水並流經
貴人飛泉諸山又東有石控循梁大羅諸水流入焉過玉窖會南
溪繞縣治而東南至浦灣渡入於海海口有石馬激潮聲聞數里
志云南溪源出魚梁灘北溪出瘦牛嶺又縣東南三十餘里有雙
溪口南北溪水並會於此入海
北砦鎮在縣東有巡司洪武四年置於縣東北之岡頭山後移於桃
山又湖口巡司在縣東北之棉湖砦洪武三年置嘉靖三十八年
倭賊自平和營進赤寮村刦棉湖砦尋移營於此相近者水沙村
是時倭賊焚刦處也

獅子營在縣西亦曰獅頭營防七成徑關隘又西北有馬頭營防石
碇飛泉徑等關隘又東北有長布營防磜內官碩逕等關隘舊俱
有官兵巡戍今廢又有西營在縣西
官溪隘在縣南志云縣東有桃山隘北有藍田隘西有霖田隘皆爲
戍守處又桃山驛亦在縣東二十里又東有大窖橋嘉靖三十九
年倭走大窖橋官兵邀擊倭潰走
饒平縣府東二百里東至福建詔安縣百七十里東北至福建平和縣百里
南澳山縣西南二百里大海中去福建元鍾澳口約三十餘里形如
筆架周二百餘里內三澳曰青曰深曰隆即長沙海尾延袤三百
里田地沃饒幾數千畝洪武二十六年居民爲海倭侵擾詔令內
徙遂墟其地其山四面蔽風大潭居中可以藏舟嘉靖初倭泊於
此互市既而倭自福建之浯嶼移泊南澳建屋而居大爲粵東患



其後海寇吳平許朝光等亦竄穴於此萬歷三年增設重兵屯據
其地四年築城周三里城左右有灣曰白沙灣爲郡境之鎖鑰海
防考南澳周圍六七百里有青澳後澤澳番船多湊泊於此而深
澳尤爲形險小舟須魚貫而入官兵攻剿勢甚掣肘嘉靖間嘗用
木石填塞澳口未幾倭人使善水者撈起木石澳口復通既而劇
賊吳平等結巢於此官兵剿逐之然常爲賊藪萬歷初設營置兵
創築三城一在深水澳一在雲蓋寺一在龍眼沙互相聯絡墩臺
瞭望錯綜布置三處田約共四五萬畝軍民耕種可以坐食云
大尖峯縣東南百里峯巒筆立爲高埕柵之鎮東有大埕柵近鳳髻
山又東則虎嶼獅嶼西有大港柵則近煙樓山南有柘林柵則近
柘林澳中有紅旗山四柵之中設大城千戶所其東南有鯉魚山
又二里有紅羅山灣港皆通潮汐蟠蜒四十里爲一方關隘柘林

澳在其南暹羅日本及海寇皆泊巨舟於此因設官兵戍守
海縣東南百三十里縣境諸水皆匯入焉南澳山在其中分三澳與
南澳為四海岸皆沙也由南澳東折曰青澳一名青徑口風濤險
惡鮮有泊舟者深澳內寬外險蠟嶼赤嶼環處其外一門通舟中
容千艘番舶寇舟多泊焉隆澳則舳艫往來門戶也中又有辭郎
洲宰豬澳後澤澳皆寬衍海寇嘗竊據於此又有錢澳或以為即
淺澳宋少帝駐蹕處云
黃岡鎮縣東九十里有巡司洪武三年置有右營及小江場鹽課司
俱置於此志云鎮洞谷邃險北與福建平和縣接界嘉靖十四年
增築堡城周六里有奇三十七年倭賊自漳州寇饒平攻黃岡鎮
據其城官軍敗却之三十八年復從平和突犯入分水關至黃岡
既又自福建雲霄所突入黃岡皆敗去輿程記縣東百里為黃岡
驛自驛達漳州陸行不過七十里



柘林寨在縣南大尖峯西南有柘林澳西北去府城百三十里置寨
於此為戍守要地海防考柘林波連南澳跨閩粵之交海寇恒窺
伺於此往來突犯蓋他寨或山或礁或港皆有險可恃柘林寨南
面平洋海寇揚帆直指瞬息可至且四面孤懸無附近衛所可以
緩急應援海寇李之奇劉香皆突陷柘林遂入潮陽揭陽劉香且
直趨會城後又突入虎頭門等澳既而閩帥鄭芝龍破香於柘林
寨患始息故柘林之備為最切
魚村隘縣東南相近又有小榕隘縣東北又有九村隘嶺脚隘縣東
又有黃山坑黃岡等隘
水寨縣南去柘林一日程近澄海縣界洪武二年指揮俞良輔築城
周不及二里鑿池於內置水關於西北隅內通海港自南而西轉

入水關瀦於池以泊戰船
竹林堡黃岡鎮東北福建招安山賊由此出沒嘉靖十四年築堡於
此志云饒平東境險阨有茅山分水二處皆險要接平和縣界嘉
靖三十八年俱立營於此以禦倭
惠來縣府西南三百里西至惠州府海豐縣二百七十八里本潮陽縣惠來等都及海豐縣龍溪等都地東南臨海西北盤礴萬山僻遠荒略為盜賊出沒處嘉靖四年始析置縣治洋尾築磚城二十二年增築南城周四里有奇
岐嶺縣西北六十里盤經紆曲盜賊出沒處也又銘湖巖在縣東南
三十里山麓有石寬平數丈盤蓋為室南北相通中容百餘人又
東南十里為雙髻山二峯秀拔上有巖曰寶峯巖又縣西八十里
有黃山徑路通海豐險不容車群盜所竄
大陂溪縣西九十里由澳頭達海豐縣之甲子港入海又洪橋溪在
縣東六十里源出金剛髻山東至靖海港入海



赤沙澳在縣南四十里沙堤蔽濤海艘時集於此為防禦要地其相
近又有石井澳鉛錫澳
神泉鎮縣南十里有巡司洪武初置於縣之北山村二十七年改置
於此當神泉澳口海寇猖獗兵民難以寄頓嘉靖三年築城周不
及二里有兵戍守又縣東九十里有龍井鹽課司接潮陽縣界
文昌營在縣南文昌山下又有武寧隘在縣東接潮陽縣大陂隘在
縣西接海豐縣皆有兵戍守
北山驛在縣西舊置於縣北北山村後改置於此又大陂驛在縣西
九十里接海豐縣界縣東五十里舊有武寧驛今移置於程鄉縣
境輿程記自大陂驛而西八十里至海豐縣之東海滘驛惠潮通
道也
澄海縣府東南六十里東北至饒平縣百三十里

北殿山縣西北七里相傳宋太子避元兵至此設行在因名俗呼皇子佃山又鳳山在縣北十里又北五里曰仙門山又二十里曰三髻山皆高聳

潯洄山縣西五十里突起海中接潮陽縣界又小菜蕪山在縣東廿里海中一名留子山又東二十里曰大菜蕪山一名雙髻山志云縣東南三十里有南澳山接饒平縣界山之左有侍郎嶼

海在縣東南志云外沙海中有鳴羊聲起若雷東風西雨海人每以爲候又牛田洋在縣西南四十五里揭陽境內南北二溪及楓溪諸水俱匯於此入大海

三川溪縣北一里又北一里有玉帶溪流合焉又有南港北港及黃洲溪新溪諸水俱流注於三川溪下流入海居民資以灌溉

𨵗望鎮在縣南南洋村濱海有巡司洪武五年置嘉靖三十八年官



軍敗倭賊於南陽灣賊奔聚𨵗望港口明年官軍搗平之四十二年自海陽縣改今屬

大場鎮在縣西南近海其相近有夏嶺新港等鎮接連馬耳菜蕪等海澳以防賊衝又有大澄營在縣南門外

潮州衛在府城內總管府故址洪武元年置興化衛二年改潮州衛

蓬洲守禦千戶所舊在揭陽縣東南九十里濱海洪武二十年置所於下嶺村以扼商彝出入之衝二十七年移建於西埕村三十一年始砌石城周三里有奇嘉靖中改屬澄海縣

高州府東北至肇慶府七百七十里南至海岸百五十里西至廉州府二百六十里北至廣西梧州府五百二十里

府據二廣之間爲交衢之地西北一帶山箐盤互猺獞伺隙其間一旦竊發則東西俱病矣東南皆距大海雖有沙帶限門之阻而水深潮平倏忽易達禦倭營堡不容少疏志云郡控山濱海谿峒中聯爲水陸襟要允矣

茂名縣附郭漢合浦郡地

海府南百五十里海防考府境所轄海澳若蓮頭港汾州山兩家灘廣州灣皆南面之險也

平山鎮府東南四十里本屬電白縣有巡司洪武中置又赤水巡司在府東北志云府東百十里有故那黎寨宋置於電白縣下洪武二十七年以那黎地僻遷今治

東門營府城東志云府西北有雙威寨繡江源出於此即今廣西北流縣之雙威鎮又有茅峒在府東南十里四山環合中有隙地可以藏兵當山缺處一逕迤邐通神電以西諸路成化二年賊鄧公長據此知府孔鏞招降之

電白縣府東四十五里東至肇慶府陽江縣二百二十里漢合浦郡高涼縣地



海縣南五十里又東南與陽江縣接境志云縣南三十里有鹹水湖四面水皆淡而此湖獨鹹說者以爲地竅通海也

立石關縣西北立石驛西志云神電衛西有立西驛萬歷中改掘岡驛有立石巡司尋革又龍門營在縣西四十里嘉靖十八年置又獅子堡在縣西七十里嘉靖五年設與舊縣城並爲控禦猺賊之要路相近有三橋堡志云即茂名縣之那夏驛宏治十年設皆有兵戍守

北額砦縣西宋置又望夫山砦在縣境猺砦也志云縣境有二十一猺山

化州府西南九十里西南至雷州府三百六十里西至廉州府百八十里西北至廣州陸川縣二百三十里

州接壤粵西控扼猺峒而大海南環窺伺易及亦襟要之隅

吳川縣州南七十里東北至高州府一百三十里

羅州廢縣縣西北百十里劉宋元嘉初鎮南將軍檀道濟於陵羅江口築石城後因置羅州縣屬高凉郡齊梁因之隋廢

翔龍廢縣縣南百四十里硇洲上洲屹立海中當南北道為雷北犬牙處宋景炎二年帝自七里洋還駐硇洲旋崩弟衛王昺立升硇洲為翔龍縣即此

特思山縣西南七十里山勢特兀為衆山最又高山在縣西八十里峯巒崒嵂因名

海縣城東南與雷州府接境志云縣南三十里有限門港合羣川之流注於海水道曲狹值潮退沙磧淺露或潮滿風急舟檝不敢往來因名又硇洲在縣南大海中宋置硇洲寨後為翔龍縣明洪武六年楊璟破海賊談南等於此海防考縣南四十里有廣州灣海寇出没處也向設兵戍守



寧村鎮縣南五十里有巡司洪武初置於縣東南近寧川所二十八年改置於此又硇洲巡司舊在州南濱海正德中遷於洲上

新和驛縣治西又三合驛在縣北七十里息安驛在縣西八十里輿程記由廣西陸川縣永寧驛七十里而達三合驛由東頭郎龍化江平山墟等河共七十里至新河驛又由三合堡河江頭渡共七十里至雷州府遂溪縣桐油驛

神電衛舊在電白縣東南百八十里地名白石坡洪武二十七年建衛築城成化四年電白縣移治於衛城内

高州千戶所府城内洪武十四年置調雷州前千戶所官軍守禦信宜千戶所在縣治東北正統五年置又寧川千戶所在吳川縣治東南洪武二十七年置俱隸神電衛

雷州府東至海岸十里南至海岸二百二十里又南渡海至瓊州府七十里西至海岸二百里北至化州石城縣二百五十里又北至廣西鬱林州亦二百五十里自府治至布政司一千四百五十里至京師九千四十里府三面距海北負高凉有平田沃壤之利且風帆順易南出瓊崖東通閩浙亦折衝之所也

海康縣附郭漢徐聞縣地屬合浦郡

虎頭山府東七十里山枕海中府東北八十里又有麻囊山亦枕海濱又有時禮山在府東南八十里高五十丈山頂有泉遇旱居民禱雨於此

海府東十里亦曰東洋海極目無際南通瓊崖西通對落楊梅二珠池東北通閩廣中有思靈島産米豆又有渡洲在府東南百八十里崛起海中周五十餘里上有田頗腴沃又府西南境之海亦曰西洋海中有卵洲地常煖鳥多伏卵於其上又有邵洲在府西南百十里海中周圍六十里居民皆煑鹽為生其地本荒棄有邵姓



者闢而居之因名

擎雷水府南擎雷山下一名南渡水志云水源有三一出海康縣北銅鼓村一出縣西鷓鴣坡一出徐聞縣界三水合流環繞郡治南流七十里東入於海

羅湖水府城西一名西湖下流入擎雷水又潭望水在府西南六里源出遂溪縣界流入境又平望水在府西北十五里俱合擎雷水入海又博袍水出府西博袍山之陽西流入海

清道鎮府西南百二十里地名烏石港有巡司又有黑石巡司在府東九十里俱洪武二十七年置志云府南二里有水軍砦宋置屯兵以備海道又府城北有澄海寨城二營俱宋置

雷陽驛府城北輿程記自驛而南六十里為將軍驛又南七十里為徐聞縣之英利驛又百里為杏磊驛渡海廣六十里至白沙驛由

白沙驛十里而至瓊州府城
遂溪縣（府北百八十里北至化州石城縣七十里）
螺岡山縣西南七十里高二十仞盤曲如螺又縣西南二百里海中有潿洲山中有三池舊產珠志云山團圍皆海周七十餘里內有八村人多田少皆以採海為生一名大蓬萊舊為防海要隘萬歷十七年以珠賊為患增兵戍守山之陽有蛇洋洲一名小蓬萊特起海中如蛇形周四十里與潿洲山相對
海在縣東南百餘里志云海中有調鷄門周百有五里隔吳川縣硇洲僅一港地勢奔趨如鷄轉翅故名縣西南亦濱海海中有潿洲山也
椹川鎮縣東南有巡司志云元至元二十一年置於椹川村洪武二十三年遷於舊縣治又潿洲巡司在海中潿洲山明洪武三年置



桐油驛縣城內又縣有城月驛
徐聞縣（府南一百五里南渡海至瓊州府一百九十里）
小蓬山縣南三十里海中前有海嶼名曰三墩舊志由此渡海四百里乃至瓊州
海縣東南二十里志云海中有老鴉洲抵瓊州界僅四里渡海至瓊州折旋四百一十里輿程記云舊志謂由徐聞縣而南舟行四百三十里渡海達瓊州今自雷州東海洋徑達瓊州白沙口一日夜可至也
大水溪縣東十里源出縣東北龍牀山至縣東有石灘水聲響急其下旋洄為潭深不可測俗名龍潭南流經海安所城東入於海俗號石灘為靈山鎮海灘又古源水在縣東南十里志云源出潭田村南流入海

東場鎮縣西南濱海有巡司志云洪武初置於邁谷村二十七年遷於東場又寧海巡司在縣東南志云洪武初司置於縣東二十七年遷於毅浦口
杳磊驛海安所城中其南有杳磊浦宋雷州將王用降元言硇洲無糧聞瓊州欲供糧而海道灘水峻急止有杳磊浦可通舟楫宜急守之即此又縣北五十里有英利驛
雷州衛府治東洪武五年建
海康守禦千戶所縣西百七十里有城戍守樂民守禦千戶所在遂溪縣西南百九十里又海安守禦千戶所在徐聞縣西南二十里錦囊守禦千戶所在徐聞縣東百里俱洪武二十七年建皆隸雷州衛
廉州府（東至高州府二百六十里南至海岸八十里西至廣西上思州界五百三十里北至廣西橫州三百西北至廣南寧府三百五十里東北至廣西博白縣二百里自府治至布政司一千二百六十里至京師九千六百十五里）



府南濱大海西距交阯固兩粵之藩籬控蠻獠之襟要珠官之富鹽池之饒雄於南服
合浦縣附郭
廉州故城府東北七十五里蓬萊鄉唐時州治此志云今治東十里有青牛城古越州城也宋志越州泰始七年立領臨漳郡舊屬廣州南齊志越州治臨漳郡本合浦北界蠻獠叢居略無編戶宋泰始中西江督護陳伯紹獵其地有青牛之祥七年啓立為越州增置百梁龍蘇永寧安昌南流六郡又割交廣之臨漳合浦宋壽二郡屬焉元徽二年始立州鎮穿山為城門以威服俚獠梁置臨漳郡以越州治合浦郡隋廢郡仍為越州治大業三年改州為郡仍治合浦縣唐武德四年又為越州治五年南越州刺史甯道明據

州叛卽此其治俱在蓬萊鄉宋開寶五年移廉州治於長沙場太平興國八年廢州改置太平軍於海門鎭其地在今治西南三十五里咸平初復置廉州於廉江東岸卽今治也城邑考州城宋元祐中剏築土城紹聖四年重修明洪武三年增築謂之舊城二十八年於城東增拓土城宣德中甃之以磚謂之新城成化元年爲賊所陷明年修復益拓舊址正德中增修嘉靖二年復營治十七年大雨西城壞旋修復之十九年二十年三十四年皆嘗繕治隆慶以後屢經修築環城爲濠有門三城周五里有奇

龍門嶺府東八里下有龍門村有龍門水分二支曰源頭曰龍門環城北入於廉江又冠頭嶺在府南八十里形勢穹窿山石皆黑如冠亦曰冠山自此涉海北風順利一二日可抵交之海東府

珠母海府東南八十里巨海中中有七珠池曰青鶯曰楊梅曰烏泥曰白沙曰平江曰斷望曰海渚後爲五池其東爲斷望對達二池無珠西爲平江楊梅青鶯三池有大蚌剖而有珠今止以三池所謂合浦珠也南漢劉鋹於合浦置媚川都令人入海採珠溺死者甚衆宋開寶五年詔廢之明嘉靖二十二年詔採珠二十四年復採尋以碎小不堪用而止海中有潿洲周回百里昔有野馬渡此亦名馬渡



廉江府北三十里一名合浦江亦名南流江又名宴江源出廣西容縣大容山南流入府界地名州江口分爲五江曰州江曰王屋屯江曰白沙塘江曰大橋江曰新村江環流至府城西南入海又府北二十里有石灣江府北十里有猛水江皆廉江分流也

鍾灣水府南七里其灣接江通海相傳宋正和間靈覺寺鍾與龍鬭於此因名通志云鍾灣在府北七里似誤又府東二里有南津水源出薛屋嶺西流繞城入州江府東五里又有劉公涌水亦流會於州江

山口營府東南百四十里又新寮堡在府東五十里防新寮隘皆有官兵戍守

欽州府西北四十里南至海岸二百五十里北至廣西南寧府三百五十里西至安南界三百六十里秦象郡地漢屬合浦郡州控臨大海制馭安南爲藩籬要防折衝重地永樂中兩征交阯皆自廣西之憑祥雲南之蒙自而未嘗以奇兵出欽州傾其內險故賊得以偷息海上則欽州者滅交阯之要途也嘉靖中州臣林希元會建議而不果用有事交阯者安可後欽州而不講歟

安京山州西北八十里峯巒峭拔岡脈綿遠形似惠州羅浮山或謂之西羅浮隋志安京縣有羅浮山卽此又十萬山在州西北百二十里重巒疊嶂延袤起伏高大甲於衆山又銅魚山在州西北六十里相傳山下有深陂鑄銅魚以爲水寶因名州北三十里又有石浪山羣峯疊石如擁浪然



分茅嶺州西南三百六十里與交阯分界山嶺生茅南北異向相傳漢馬援平交阯立銅柱其下以表漢界唐安南都護馬總亦建二銅柱鑱著唐德自明爲伏波之裔明宣德二年沒於交阯嘉靖二十一年莫登庸降仍歸版籍舊志馬援立銅柱在交州古森洞卽此嶺云

望海嶺在州北十五里登此可以望海州北十里又有雙角嶺以兩峯並峙而名

海在州南二百餘里自此涉海揚帆一日至西南岸卽交州潮陽鎭永樂五年尚書黃福議交阯萬寧縣接雲屯海口並連廣東欽州地方最爲險要宜以欽州所添軍立衛是也圖經雲屯海鎭在交

阯新安府雲屯縣之雲屯山在大海中番賈舟船多萃於此永樂中置市舶提舉司其山摩空直聳兩相對峙一水中通自海門黎母山發船西行水程九百里至海寶山自海寶北行水程三百里取鷄唱門入雲屯鎭就此鎭轉入新安府或往安邦州皆便近又州西南有六水口曰談家水口黃標水口藏涌水口西陽水口大灣水口大亭水口並爲入海之路向皆置卒戍守

欽江在州治東源出靈山縣洪牙山流經城東南下流入海又漁洪江在州西二十里出西北安京山之陽州西三十里又有鳳凰江流會漁洪江又平銀江在州東二十里源出靈山縣界東流經平銀渡又州東南百餘里有防城江俱注欽江以入海

龍門江州南六十里志云安京山之陰有涌淪江南經州南四十里亦曰羅浮水又南曰龍門江兩山對峙形勢若門又西經涌淪周



墩而達交阯永安州界爲欽州之要害嘉靖二十八年安南賊范子儀等駕船突至龍門港口因議設兵戍守尋廢

淡水灣在州南百三十里志云灣在龍門之前旁有巨石淡水出焉舟楫往來恒取汲於此正德八年安南入寇官軍敗之於此又五湖在州城外一統志舊在東西南北中五湖

如昔砦州西百六十里連左右兩江谿洞接交阯界砦據大山之巔勢甚險阻宋置峒長管轄時羅貼浪等七峒天禧間歲調兵守之元因其制至正十二年兩江峒賊黃聖許寇欽州及靈山安遠二縣於是時置貼浪七峒人民亡散殆盡興兵討之賊竄入深峒明洪武中置巡司於如昔砦宣德二年土酋黃金廣等以澌凜羅浮古森葛源等四峒十九村叛附安南安南遂侵如昔貼浪二都因置金勒千戶所移治那蘇隘嘉靖十五年安南復侵如昔貼浪二都十九年莫登庸降歸澌凜金勒古森了葛四峒地於是始復故境志云貼浪峒在貼浪都思牙村相近爲澌凜峒在澌凜村又西爲古森峒其時羅峒在時羅都如昔峒在如昔都思勒村相近者爲博土峒在了葛村鑑山峒在羅浮村所爲七峒也

千金鎭胡氏曰在州西南唐長慶三年黃峒蠻破欽州千金鎭刺史楊嶼奔石南砦黃峒見廣西新寧州之西原廢州又如洪鎭亦在州西南宋至道元年交阯黎桓寇欽州如洪鎭如洪或曰餡漁洪之譌也明永樂七年交阯賊船刦掠欽州漁洪村官軍追至交阯萬寧縣海上遇賊舟盡擒之

防城營州南二百里又南五十里有思勒營相近者曰羅浮營俱嘉靖三十年設

天涯驛州東永樂十四年張輔奏自天涯驛經貓尾港至涌淪佛淘



從萬寧縣抵交阯多由水道陸行止二百九十一里比邱溫故路近七驛宜設水馬驛傳以便往來從之乃設防城佛淘二水驛寧越涌淪二遞軍所及佛淘巡司而改天涯水驛爲水馬驛宣德三年復舊

瓊州府（東至海岸四百九十里南至海岸千一百三十里西至海岸四百十里北至海岸十里又北渡海至雷州府二百九十里自府治至布政司一千七百五十里至京師九千四百九十里）

古百越地通志云古爲雕題離耳二國漢武平南越始置珠崖儋耳二郡漢志曰漢武元封元年遣使自徐聞南入海得大洲方一千里畧以爲珠崖儋耳二郡賈捐之曰二郡合十六縣昭帝始元五年罷儋耳入珠崖郡元帝初元中弃罷珠崖郡後漢因之置珠崖縣屬合浦郡三國吳復置珠崖郡治徐聞縣今屬雷州府晉省入合浦郡宋齊仍舊梁置崖州及珠崖郡治義倫縣隋初郡廢州存

大業初復曰珠崖郡唐武德四年復置崖州及儋振等州貞觀五年增置瓊州治瓊山縣十三年又廢入崖州尋復置天寶初曰瓊山郡乾元初復曰瓊州舊唐書貞元五年嶺南節度使李復奏稱瓊州本隸廣州營內乾封中山峒草賊反叛遂至淪陷至今一百餘年臣已遣兵收復且以瓊州控壓賊峒請升為下都督府督瓊崖振儋萬五州其崖州都督請停從之五代時屬於南漢宋仍曰瓊州亦曰瓊山郡宋志大觀元年以黎母山彝峒置鎮州賜軍額曰靖海政和初鎮州廢以軍額來歸宣和中又升為瓊管安撫都監元仍舊一統志元改瓊州路今本志不載天歷二年升為乾寧軍民安撫司以潛邸所幸也明洪武二年降為瓊州三年升為府領州三縣十今因之

府外環大海中盤黎峒封域廣袤二千餘里葢海外之要區西南之



屏障也

瓊山縣附郭漢瑇瑁縣地屬珠崖郡

蒼屹山城南二里石峯屹立水流其下山後有仙人洞又有鴈塔峯平岡特立如卓筆然又靈山在府南十五里自北渡海者至中流郎見此山喬林蔭翳俗呼聖山又府南六十里有瓊山土石多白似玉而潤縣以此名

扶山府東南五十里山之東有五嶺一曰從衡二曰思峒三曰光螺四曰居祿五曰居林遞相擁護故名扶山道書以為第二十四福地昔有陶公者隱此亦名陶公山其西有蒼巡峒峒深廣中有二井山下又有巨潭流三十六曲以達於江

西石山府西四十里一名馬鞍山山多石下有洞容數百人出泉甚清冽頂上有井源與海通其西南一里有遞蓮洞自石門入遲竇委曲大小凡五洞甚深邃容數千人上　門透露天日旁一洞深黑可三十許里曾有人避難於此古　州東南七十五里又有東石山

雲露山府西南六十里中有二潭俗名陷犀潭其上潭林木陰森人不敢近又那射山在府東南八十里居人以射獵為業山之陽為銅銚溪中有巨石形如銅銚水注其中有聲如雷

潭龍嶺府東北二十里登絶頂可望黎母諸山下有泉分兩派俱西南流中又有一泉湧出名曰卓錫泉又南岐嶺在府西南百六十里頂有大石盤回十餘丈一名石鼓嶺以山巔小石其聲如鼓也嶺之南接生黎地一統志云府南十里有瓊崖嶺其下有古珠崖郡城址

海府北十里亦曰海口港北接雷州府徐聞縣境舟行一渡可抵岸



一名海口渡宋白曰州北十五里郎大海泛大船使西南風帆三日夜至崖山門入江一日至新會縣或便風十日可逕達廣州志云海口港南岸有神應港舊名白沙津番舶所集之地初港不通大舟而海岸多風濤之虞宋淳熙中瓊帥王光祖欲開而未遂忽颶風作自衝一港人皆以為神應因名亦謂之白沙口宋祥興元年元阿里海涯畧地海外瓊州安撫趙與珞等率兵拒之於白沙口援兵不至州民遂以州叛附於元郎此輿程記自白沙口渡海七十里而至雷州府徐聞縣之杏嘉驛舊置白沙驛於此

南渡江府東南十里源發五指山歷臨高澄邁定安三縣界會諸水至此北流至白沙入於海又滴渭溪在府南十六里水源有二一出謝潭一出膾潭合流十餘里入南渡江鄉人沿流築柵置車數十輛升水灌田其水如渭之清土人呼水為滴故名

黎母水城東三里源出黎母山北流入海志云儋州亦有此水蓋黎
母山之水分五派流入四郡界矣又府城東有峻靈山高二百餘
丈宋開寶八年知州李易上言州南五里有峻靈塘開修渠堰可
溉水田二百餘頃即此或曰塘蓋黎母山水所匯也
第一水在府西三里繞流經縣西北一里之下田村又北入海於城
西澗流爲首派因名又西去十里有一澗亦流入海謂之第二水
又學前水在府城西南志云府西南十五里有泉出石竇間舊名
龍泉東流西折而爲篁溪又西匯爲石湖溉田千頃名曰西湖西
湖奇勝甲於一郡以泉得名也歲久泉廢好事者濬之名曰玉龍
泉其下流爲學前水東南流入於南渡江又白石河志云在府城
東南三十里溪旁多白石因名西南流亦入於南渡江
大坡立營在府西南防守居林居碌沙灣三峒黎賊志云瓊山縣村



峒凡百二十有六處又白沙營在府北白沙港口防白沙東營芒
芒三港賊船
居缺峒在府西境元大歷初瓊山黎多叛主帥譚汝楫請兵討之次
居缺峒敗賊兵賊有九峒而居野居中爲最大周百二十里草木
蒙密不可入汝楫先令萬人除道周其山暮復以萬二千人銜枚
圍之樹柵三重密防奔突明日出萬人緒其山布陣以待漸移柵
逼之復益柵數十重賊窮蹙不知爲計遂進兵平之
瓊臺驛府西北隅土城外自此而東七十里爲兵宰驛又四十里爲
文昌驛東達萬州之路也由瓊臺驛而西四十里爲澄邁縣之西
峯驛又西七十里爲臨高縣之珠崖驛爲西南達儋崖二州之道
澄邁縣府西六十里西至臨高縣百十里
澄邁鎮縣西北十里有巡司洪武中置又居便營在縣西南防芋中

已等村峒生黎其地與瓊山縣居林居碌沙灣三洞黎相近志云
縣境村峒凡一百三十有七
西峯砦在縣東宋史政和閒管師郭曄乞於澄邁置西峯砦臨高置
定南砦以險阻黎人由是道路無梗即西峯驛也
毘耶山縣西北十里有獸如虎俚人呼爲毘耶故名一名高山縣名
臨高以此
美龍灘在縣東十里水自石巔瀉下高數尋形如曳練下有潭深不
可測灘上黑石平鋪可容百餘人又龍潭在縣西三十里亦深廣
甲牌鎮在縣南二十里有巡司又縣北三十里有博鋪巡司俱洪武
中置
那零營在縣南又南有屯建營俱防生熟黎人刦路志云縣境村峒
凡二百三十九處又縣北有新安三家末落烏石博白黃龍呂灣



博頓等八海港俱有民兵瞭望防賊船灣泊
定安縣府南八十里東南至會同縣二百二十里本瓊山縣地元至元三十一年析置定安縣屬瓊州天歷元年升爲南建州明初復爲定安縣今城周三里有奇
五指山縣南四百里山有五峯極高大屹立如人指據瓊崖儋萬之
間爲四州之望一名黎母山或云婺女星嘗降此本名黎婺山後
譌爲黎母云黎人環居山下內爲生黎外爲熟黎山巔嘗在霧中
久晴則見翠尖浮於半空其下猶洪濛不辨也熟黎所居已阻且
深生黎之巢人迹罕至唐乾封中黎母山賊陷瓊州據之貞元五
年州始復爲唐境元至元二十八年黎叛潤里吉思等討之空其
巢穴勒石五指山明嘉靖二十年亦嘗大舉師徒攻毀巢峒登黎
婺山巔二十八年崖州黎復叛大軍進討直抵巢穴而環廣記議
者嘗以五指山居州邑之中爲吾內患宜於兵威削平之際開十

字大路大約以道里計之自府治至崖州千里而近自儋州至萬州六百里而遙此四至徑一之大凡也細數之自府治至沙灣三百里而遙自崖州至羅合三百里而近俱爲坦途矣度其中未開通處不過二百里若大集軍民土兵通力合作相其谿壑易其險阻假以數月而瓊崖之路可由黎峒中行矣儋萬視此其工則又殺焉四路交達度中建城量地置堡就堡立屯貯食以攻則取以守則固矣又云五指山下東南有陽春峒爲郡境之中其南有滽他香根竹茂竹擁諸峒西南有萬家羅活磨岸磨魁等村東有思河等峒東南有縱橫斬兌等峒北去定安東南出萬州陵水西北至儋州俱六日程惟西至昌化中阻大溪須浮筏乃濟初入自思河僅六日前半路頗崎嶇愈入愈衍其地皆可耕作也

邁本嶺縣南十里一名丫髻嶺自西南蜿蜒而東北復峙一小峯爲



縣之主山

建江在縣北一里源出五指山自澄邁縣流入境又北流爲瓊山縣之南渡江元升縣爲南建州以江名也又思河水在縣南亦出五指山流經縣南境透迤數百里復東南流入樂會縣界爲萬泉江上流

嶺背營縣南志云縣境思河光螺峒水口嶺背等村黎嘗攜瓊山縣境內諸黎爲患因設南倫營防守嘉靖十三年剿平改設今營又縣境諸黎村峒凡一百十有二

文昌縣府東百六十里南至樂會縣一百七十里

下陽山縣北十里一名青山嶺林木青翠邑之主山也其西曰錦錫山又紫貝山在縣北一里一名靈山嶺

銅鼓山縣東北一百里又抱虎山在縣東北百二十里皆以形似名

焚艛嶺縣北一百三十里枕海濱相傳漢樓船將軍楊僕初渡海至此卽焚其艛船以示士卒必死處恐誤志云縣東北五十里東昆港水之北有眉邱邱狹而長若埭然延亘六七里中藏一邱隆然深秀

文昌江縣南一里一名南橋水志云江源有二一出縣境之邁南山一出龍塘至縣南一里合流又東南達淸瀾港海

白延架營在縣西南防斬脚峒黎等賊志云縣境村峒凡三十有五處又縣有鋪前木欄抱虎七星港澳皆與瓊山連洋大海賊船易入撥軍瞭守

賓宰驛縣西北六十里又縣南四十里有長岐驛會典有文昌驛三驛皆革

會同縣府東南二百九十里東南至樂會縣六十里



小祿山縣西二十里下有澗水分二派灌田又西十里曰西崖嶺峯高千仞頂有巨石下有石穴

多異嶺在縣東南二十里以巖石多異而名又縣東北三十里有文飍嶺亦高峻

天塘溪縣北二十五里源出文昌縣界天塘嶺流入境下流達樂會縣合萬全江又縣南有大塘水源出黎母山分流經縣南瀦爲巨塘資爲漑田

調嚻鎭縣東南十五里有巡司洪武中置

樂會縣府東南三百五里西南至萬州八十里

陰陽山縣東北一里山形奇偶相生因名又縣東二里有雷撲山小山特起在萬全河南曾有雷擊其山石因名又香爐山在縣南二里突起一小峯諸峯羅列交拱

金牛山在縣東南十五里峻聳插空俯視諸山皆如培塿海航望此以爲表識又白石山在縣西四十里山脈綿亘聳立高峯頂上有巨石

風門嶺縣西南七十里嶺路高峻瀑布懸流爲諸黎出入咽喉之所又三山神嶺在縣東南十里嶺上有泉曰金牛井四時不涸

龍見石在縣西北十五里狀如龍首山脊半里許皆黑石崚嶒層疊出若龍鱗然黎孟水遶其前

萬泉河縣西北二十五里亦曰萬泉江源出五指山入定安縣界爲思河水又東南流至縣西分二支繞縣治後經雷撲山下而復合中有印山屹立若浮印然周遭有沙護之亦名應山與雷撲山對峙出博敖港入大海志云萬泉河納會同諸縣衆水之流因名又昔人嘗飲馬於此亦名飲馬河



温泉河縣南十里志云河自西黎山縱橫峒發源流經縣西界達縣西南温湯舖轉流至東北博敖港入海

豬母營在縣西南防守加畧中心等村生熟黎又有沙牛壩營防獒根水口等村黎皆撥民兵戍守志云縣境村峒凡五十有三處

儋州府西南三百七十里東南傍海至崖州五百八十里北至海岸五十里州外濱瀛海內扼黎俚翼帶瓊崖互爲唇齒

松林山州北二十里隋志謂之藤山一名松林嶺圓頂下垂中有石巖縣之主山也又州東北六十里有輔龍山俗名抱杜嶺

黎毗山在州西北四十里近黎母山俗呼爲那細嶺又州西四十里有德義山俗呼黎曉山頂有巨石若巖

馬蝗山州東三十里以形似名俗傳漢將曾屯兵於此蓋其地嘗爲戰場也

龍門嶺在州西北三十里海岸夾起石峯兩趾奔海其狀若門可以泊舟嶺上又有石穴中虛通海峯出其中名曰風門內容數十人海州西四十餘里一名瓊海中有獅子石舟楫所經也志云石在海中東去州五十里

白馬井州西南三十里相傳唐咸通中辛傅李趙四將奉命滅黎兵至此渴甚有白馬嘶鳴以足跑沙清泉湧出因名一名滔沿井郡國志井源與淪水通有人以竹置井口於淪水中得之俚人呼竹爲滔沿故名

鎮南鎮州西南三十里有巡司又州西南八十里有安海巡司山口寨在州境成化五年七方峒黎符那南叛官軍討之憑險阻不下既而破其上下多邦山口寨追擒之於落賀洲并平其黨姜花等峒志云州境村峒凡二百有九處



歸善驛州東四十里又鎮南巡司西有田頭驛安海巡司西有大村驛輿程記州城外有古儋驛又由歸善驛而東六十里爲臨高縣之珠崖驛大村驛而南三十里爲天員驛又四十里爲昌化縣之昌江驛此州境達瓊崖之道也

昌化縣州南二百九十里南至崖州感恩縣七十里

峻靈山縣北十里本名朝明山一名神山嶺山有落膊岡其旁石如冠幘俚人呼爲山胎膊南漢封其神爲鎮海廣德王宋元豐五年改封爲峻靈王山因以名海航往來恒泊舟汲泉於此

九峯山在縣東百六十里山有九峯盤旋百餘里又馬嶺在縣南三十里山勢起伏至海濱與城相對聳起三峯形如天馬

昌江縣南十里源出五指山西北流匯羣川水至縣東南侯村分南北二流南汀西流經赤坎村而南出會海潮成港一名南崖江又

名三家港北江北流繞縣南又西流至泥浦與潮水會而成港
名北港並入於海
峩娘溪在縣東出九峯山下西南流注於吕江
德霞寨在縣東南地勢平衍黎賊巢於此嘉靖十九年斥奪其地擬
建城邑既而中止二十八年黎復叛議者復請建城砦於此據其
膏腴仍由德霞沿溪水以達縣治志云縣境村峒凡三十三處
大南驛輿程記云在縣南自縣之昌江驛四十里而至大南驛又七
十里至感恩縣之縣門驛
萬州府東南四百七十里西南至崖州三百六十里東至海岸三十里
州控臨大海雄峙東隅瓊崖之指臂也
赤龍山州東南三十里土色赤有岡隴相連一名東龍山又獨洲山
在州東南五十里海中風帆半日可達峯勢插天周圍五十里有



田数畝鳥多鷓鴣獸多猩猩
六連山在州北六十里山脈接黎母山六峯突起峻拔連續起伏三
十里志以為州之主山也中多鹿麖一名鹿市山宏治十七年官
軍討鷓鴣啼龍吟洞諸叛黎賊多匿於壇口村六連山麓官軍遇
伏敗績
㵋陵山州西南二十里南有大溪流繞岡阜又劍門嶺在州西南十
里勢如劍鋒卓然對峙又東山嶺在州東七里嶺之陽有巨石聳
立又有華封維石二巖流泉清冽為州之勝志云州東北百里濱
海又有金牛嶺
金仙水州北二里源出離母山至城北瀦為潭繞流經東山嶺轉北
入小海港達於海俗呼仙河溪又大溪水在州南十里源亦發黎
母山繞流經此下流入海又南陵水在州
西南二十里其下流俱匯大溪入海嘉靖二十年官兵禦叛黎敗
績於多敗江或曰即都封之訛也
小海港州東北二十里港口有二小石山南北對峙如門海船往來
取道於此
蓮頭鎮州東三十里有巡司
莆苧營在州西北最為襟要又南頭營在州西其相近有黃坎等村
黎為患特設官兵戍守志云州北有沙牛壩營見樂會縣又馭北
營在州西南馭南營在州東南其相近有南港蓮塘蓮岐大塘新
潭諸港澳俱海寇出沒處設兵瞭守宋志州境有買扶諸峒黎舊
嘗梗化端平初效順今州境村峒凡九十有二
岐峒在州西北岐人所居岐人又在生黎之外亦有生熟二種居五
指山中歷代不賓黎人懼之隋志所謂䢵也永樂三年嘗設土官



統之尋革宏治中始為寇正德七年官軍討之不克嘉靖以來常
為寇暴黃佐曰黎外有岐黎所懼者岐也生岐疆界由瓊抵崖不
過三百餘里自儋達萬不過二百餘程候彼三八月饑荒分兵四
面開示信義彼必聽從乘此開路可立衙門岐既從而黎伏矣
多陳驛州東五十里輿程記州城北有萬全驛又東北四十里為多
陳驛又北四十五里接會同縣界之溫泉驛
陵水縣州南六十里西至崖州二百九十里
獨秀山縣西南一里一峯突起亦名文筆山又小五指山在縣西南
百里生黎峒中與崖州接界脈接黎母山挺立數峯黎人環居其
下有溫郎嶺腳二峒外險而內坦嘉靖二十八年科臣鄭廷鵠言
溫郎嶺腳實萬州陵水之衝大軍攻黎賊必合二峒以擾我陵水
當分奇兵出此使二峒賊自救不暇然後大兵直擣厓賊巢穴黨

溪勢分可以得志是也

博吉山縣東二十里下有博吉水又聲山在縣東八十里山中虛谷與人聲相應因名又加枕山在縣西境宏治十三年黎亭峒黎陳那洋等作亂官軍討之自加枕山進至大播山賊平

多雲嶺縣南十里一名靈山山峻拔雲嘗覆其上

雙女嶼縣東百里大海中去岸半日周圍數十里兩石對峙如人上有淡水海船多就汲焉

大河水縣東二里源出五指山繞流經此有古博渡南流至縣南十五里與海潮會曰水口港遠近羣川悉由此入海

陵栅水縣東北十五里一名陵栅水又博吉水在縣東二十里亦出五指山繞石山間東南流合衆水俱至水口港入海又有都籠水在縣西南二十里東入大河水



牛嶺鎮縣北二十里有巡司通志司在萬州臨水間爲海灣平陽之地多盜賊爲腹心患司南有地名南峒議建鎮南營於此增設官兵并遷牛嶺司佐之司北有地名楊梅議建馭北營於此亦增設官兵并遷蓮塘巡司佐之庶官民商旅往來可期無患云海防志縣舊有苗山巡司

絡續營縣西北向設官兵防桃油信脈山澗打絡朝纒凡遐等村黎又有鴨塘營防壽山蘆嶺諸黎最險要又合水營在縣西其相近有白水回峯番杁若那龍等村黎爲患特設官兵戍守志云縣境村峒凡三十處又縣東南有水口黎菴等港門海寇易入皆撥兵戍守

烏石驛縣西四十里又西卽崖州之都許驛會典縣又有順潮驛與烏石俱革

崖州府南一千四百一十里南至海岸四十里西北至儋州五百八十里東北至萬州三百六十里

州山林環遶黎獠錯雜屹峙海濱最爲艱遠嶺表之絕徼滇南之粵隘也嶺表異錄云自瓊至崖多溪澗澗中有石鱗坎水流其間或相去二三尺近似天設可躡之而過或有乘牛過者牛皆促歛四蹄跳躍而過或失則乘流而下云

南山州南十里壁立枕海爲州屏障石邊一穴出泉清冷名萬仞泉元王士熙嘗更名爲鼇山又南十里曰釣臺山中有試劍峯又有巖曰大洞天巖前瞰大海後環曲港峭壁在南小洞附北巖之西北復有一巖曰小洞天巖外臨海有平石可坐而釣謂之釣臺志云小洞天在州西南十里海濱

澄島山縣西南十五里孤峭枕海又州東南十五里有石版山旁有横石平如砥周圍數里



迴風嶺州東北百二十里以颶風不過此嶺而名又大横嶺在州西十里嶺高峻下有路北入黎界志云州北十里有報福嶺以土人遇旱禱雨於此而名又州北三里爲馬鞍山五里爲豺狼嶺皆以形似名

落筆峒州東百里石壁峭立上有石門中有二石形如懸筆其東復有石峒外窄內寬中有井源與海通

海州西五十里有龍樓灣海水灣旋二里昔有龍棲於此又州南亦濱海海槎餘錄海面七百里外有石塘北之海水特高八九丈其南波流甚急海槎必遠避而行舟入迴溜中罕得脫者又有鬼哭灘舟行至此必以米飯擲之而後過宋天禧二年占城使言國人詣廣州或風漂船至石塘卽累歲不達石塘在崖州海面七百里

大河水州城北源出五指山東流轉西遶州南宋知軍事毛奎鑿爲

平地尋流經城北三里分南北流以入於海今名為三汊河又臨
川水在州東百三十里源亦出黎母山分兩派前後夾流南入海
廢臨川縣以此水名
木飲川州境西陽雜俎失崖有一島民居甚衆而地無井海邊有巨
石數十丈如屋宋時陳明甫鑿石為欄以養瑇瑁云
藤橋鎮州東二百二十里有巡司又州西八十里樂羅村有抱歲巡
司又通遠巡司志云在州北黃流村郎鳳嶺下
羅活寨州東北其地膏腴黎賊嘗據此曰羅活峒嘉靖二十八年黎
叛議者謂當於羅活等處建立州縣設耕屯且由羅活歷斬開路
以達安定使道路四達以攝奸萌志云州境村峒凡九十有二其
最強者曰羅活曰抱宥曰多澗曰千家而千家尤路邇官道為諸
黎門戶成化末嘗征服之正德初復橫尋討平之於是州境少事



義寧驛州城西北七十里志云在州城外自會城至此凡二千五百
五十里東去陵水縣陸路三百里輿程記云由感恩縣縣門驛八
十里至甘泉驛又南八十里至義寧驛東行六十里為德化驛又
東百里為潮源驛似有誤
感恩縣州西北三百二十里北至儋州昌化縣七十里漢置九龍縣屬儋耳郡
廢鎮在縣東北七十里宋大觀初蔡京議開邊知桂州王祖道言黎
人願為王民請於黎母山心立鎮州又置倚郭縣曰鎮寧賜軍額
曰靜海未幾廢
感勞山縣北十里山南有平坡相傳大軍平黎曾至此鄉人感其德
而勞之因名山之陰感恩水出焉隋以水名縣
息風山在縣東南五十里中有巨穴深不可測海颶風作黎人禱之
則止

小黎母山縣東百五十里脈接黎母山至此危峯特聳崖石崎嶇人
迹罕至羣黎環居其下元時討叛黎嘗駐軍於此今石刻猶存又
黎虞山在縣東五十里山高廣黎人虞獵處也
抱透巖縣東北五十里巖在山巔口僅二尺許內濶如巨室黎人常
藏穀帛於此志云縣東北七十里有虞山石鼓在廢鎮州城之東
河中鼓圓六尺聲如空甕元軍討叛黎嘗至此又魚鱗洲洞在州
北七十里海濱特起一峯上有石洞重疊狀如魚鱗
海縣西南四十里有石排港巨石排列海濱灣環里許可艤舟祝穆
曰江浙之潮皆有定候欽廉之潮則朔望大潮謂之汛水餘日之
潮謂之小水瓊海之潮半月東流半月西流潮之大小係長短星
不係月之盈虧也
南龍江縣東北五里源出黎母山流經此感恩水流入焉又遶流經



縣治而西會潮成港入海兩岸皆巨石深不可測又延澄江在縣
東北四十里源亦出黎母山流經此有透道嶺江遶其下又西南
流會潮成港一名白沙港
延德鎮縣東南八十里有巡司因廢延德縣而名或云縣蓋置於此
又縣門堡在縣南舊有縣門驛今革志云縣有南港嶺頭白沙南
北溝諸處向皆設官兵防諸黎賊縣境村洞蓋四十有一也又黎
港在縣西北縣南又有抱駕港白沙灣皆濱海水深寇船易入置
兵哨守云
海南衛府治西洪武五年置
清瀾守禦千戶所文昌縣東南三十里西北去衛治一百九十里洪
武二十四年建創築磚城周五里又昌化守禦千戶所在昌化縣
北十里東北去衛治六百六十里洪武二十四年建治築土城三

十年甃以磚石永樂中以倭寇屢侵復增修正統十年又縈城鑿池今城周三里有奇

南山守禦千戶所陵水縣西南去衛五百六十里洪武二十七年置於南山港西植木爲柵永樂十六年以倭寇屢侵沙土卑薄木柵難固乃改築城於馬鞍山之北甃以磚石成化四年復加修葺環城有池周不及二里已上諸所俱隸南海衛



# 洋防輯要卷九

## 江南

職方考鏡曰蘇松爲畿輔望郡瀕於大海自吳淞江口以南黃浦以東海壖數百里一望平坦皆賊徑過往故不禦之於大海致倭深入二府一州九縣之地無不勝殘其禍慘矣今建議松江之有海塘而無海口者則自上海之川沙南匯華亭之青村柘林乃賊所據爲巢宜各設陸兵把總屯守之而金山界於柘林乍浦之間尤爲浙直要衝特設總兵以統領又添游兵把總專駐金山往來巡哨所以北衛松江而西援乍浦也至於蘇州之沿海多港口者則自嘉定之吳淞所太倉之劉家河常熟之福山港凡賊舟可入者各設本兵把總堵截之而崇明孤懸海中尤爲賊所必經之處特設參將以爲領袖又添游兵把總二員分駐竹箔營前二沙往來會哨所以巡視海洋而



警報港口也內外夾持水陸兼備上可以禦賊於外洋不但巡哨而相守亦既精且密矣但調募客兵不如練土著之兵可馴習而有當官造戰船不如雇民造之私船反堅久而省費是在當事者酌行之而已

海防志曰青柘南川達於寶山延袤二百五十餘里一望平陸隨處可登其川漥沙水深丈餘翁家港雖淺然潮漲即可登岸二港最深危各該汛地來往設兵巡哨第恐風雨晦明之時營兵各歸汛地而二處港口萬一有警誤事非輕舊規南匯撥兵五十名委官一員帶領專守川沙漥青村撥五十名委官一員帶領專守翁家港俱聽委官約束各官聽該總約束遇警馳報各路官兵合勦每年春汛依期選撥汛畢歇班

李家港孤懸海口東至寶山六里東北至吳淞所一十二里此口間

隔在寶山吳淞之中兩難交顧賊若乘潮突入不移時卽抵上海城
下豈可不預爲之地近議大汛時吳淞所撥兵一支哨守如遇有警
聽總鎮提兵勒截而寶山兵亦星馳夾擊庶幾得策矣
翁家港離羊山僅隔一水之遙島夾望港門爲便昔年倭從此登岸
故議兵防守今海沙泛磧人呼爲涯嘴益稱險地募浙兵五十名委
官一員統練守之
川沙當羊山一帶水勢瀠洄昔年倭從此登據川沙爲巢萬歷十九
年又倭艘特犯議復漥兵一百委官一員統練守之
清漥深闊內可泊船連年海盜於此登刦應如昔年特造南北廠川
沙寶山撥兵上海嘉定出偏以守之
李洪萬歷中海潮衝成大口吳淞之險移於是也題設沙船五十隻
未幾改調別用



海防之策有二曰禦海洋曰固海岸何謂禦海洋會哨陳錢分哨馬
磧大衢羊山遏賊要衝是也何謂固海岸修復備倭舊制循塘拒守
不容登泊是也總督胡宗憲云海防之制謂之海防必宜防之於海
斷乎以禦寇羊山爲上策其言是也蓋蘇松事體與福浙不同夫倭
船之來必由下八山分艘若東南風猛則向馬磧西南行過韭山以
犯閩粵若正東風猛則向大衢西行過烏沙門以犯浙江若東北風
猛犯向殿前羊山過淡水門以犯蘇松羊山在金山之東大七小七
之外吳淞江順帆不過一潮而已其爲賊之要衢雖與馬磧大衢相
若而淡水門捕黃魚一節乃天設此以爲蘇松屏翰豈可謂遠山爲
備禦之難而以羊山與馬磧大衢例論哉蓋淡水門者產黃魚之淵
藪每歲孟夏潮大勢急則推魚至塗漁船於此時出洋撈取計寧台
溫大小船以萬計蘇松沙船以數百計小滿前後凡三度汛旬之間

獲利不知幾萬金故海中常防刦奪漁船必自募久慣出海之人以
格鬭則勇敢以器械則鋒利以風濤則便捷其時適當春天之時其
地則又倭犯蘇松必經之處賊至羊山見遍海皆船而其來舟星散
而行以漸而至勢孤氣奪必遠而他之敢復近岸乎不募兵而兵強
不費糧而糧足不俟查督而自毋躲閃之弊大利存焉此在他處皆
無而惟蘇松洋有之豈非天生自然之利也哉或問約束之法奈何
曰遇來漁船出洋輔以兵船相須而行協力而戰取甘結給旗票譏
盤詰驗出入船回之日當道委官抽稅以助軍餉此法必不可行也
何也漁船專欲覓利兵船專司擊賊其志不侔其力不協况所稅能
幾何而欲分其所有也哉莫若兵船專於把港勿用出洋但令願捕
魚者籍名於官立首領編旗甲保以耆民示以盟約如殺賊而有功
也照例陞賞永許採捕若縱賊近岸則一體坐罪永不許其出洋凡



漁利與所獲賊貲悉以畀之如此則漁人皆以禦倭爲已責感恩畏
罪捨死直前豈不愈於專督兵船耶然吾郡所設松江海防又與蘇
州不同松江有海塘而無海港其設備也以水兵爲主蘇州有海港
而無海塘其設備也以陸兵爲主何謂有海塘而無海港蓋松江之
海起於獨山而迄於小湯漥迢迢二百四十八里皆有護塘爲之限
隔高厚如城別無港汊可以通海護塘之內相夾皆有水也在內者
謂之運鹽河又謂之橫港在外者謂之塹濠又謂之護塘溝昔人所
以築此塘者爲捍鹽潮恐其害苗也明初用爲金湯以備倭患設衛
所墩堡於塹濠之外倭至則捍禦於海岸灘塗不容登泊萬一不支
則逾塹而守倭進不得攻退無所掠護塘之功用豈小小哉邇年塹
濠多湮護塘海岸合爲一片寇至卽護於護塘而運鹽河之內水川
狹仄難於屯禦爲今之計必須浚治塹塘丕復衛所墩堡之法選陸

兵丞領兵參將精練於平時遇汛則分布信地協守互援無容登岸
則松江海防庶幾其無懊乎

剿海洋之說有言當泊舟於外洋山島分乍浦之船以守海上洋山
蘇州之船以守馬迹定海之船以守大衢則三山品峙哨守連聯可
拒寇者總督胡宗憲也有言文臣不下海則將領畏避湖險不肯
出洋合無春汛時令蘇松兵備暫住崇明寧紹兵備暫住舟中而總
兵官常居海中嚴督會哨者中丞唐順之也有言聚船於馬迹山以
爲諸路水軍老營仍於羊山設水營以扼賊入乍浦川沙崖由吳淞
江口入蘇松之路於大衢山設水營以遏賊入寧波溫台之路專設
海上總兵特造出海大艦如古犁飛艦飛虎艦戈船樓船將軍之制
仍大申出洋之令修複大風風尖八槳等船以便行使者尚書馬坤
是也有言守海者必先設險於險之外守之所謂海戰之重兵必治



戰艘備火攻而謹斥堠迎賊於沿海之上賊未泊岸則爲夾水而陣
以遮擊之賊既登岸則當隨其賊艘所泊之處而直擣之是謂海上
格鬬之兵副使茅坤也但海中無風之時絕少一有風色即白日陰
霾颶風時作全軍往往覆沒雖以元世祖之威伯顏之勇艨衝千里
皆爲魚鼈則海戰亦未易言也故鄭若曾云哨賊於遠洋而不常厥
居擊賊於近洋而勿使近岸兩言頗爲知要

海中以風潮爲主水操之法欲進則進欲退則退欲轉折則轉折回
翔如飛橫風鬬風皆能調戧者惟沙船也其次則蒼艚之類毗艕乘
用亦可操演若廣船福船皆不設櫓所恃者帆耳其船重大順風而
往逆船即不可回乘潮而往逆潮即不可回進退轉折皆非所便也
將欲操之於內港歟則又港形甚狹潮勢甚迅舟船操者甚多大戰
順風其迅如矢向前衝擊船遇即碎故斷斷不可行惟募舵工得人
奪上風施火器或迎而犂或尾而追或合而圍或橫而衝總副參游
注意遴選賞罰則可耳

松郡稱水鄉邊則大海腹則泖浦尤不可不習水操然古今論操法
戰法皆詳於陸地而畧於海海以風潮爲主分合進退難也勝之之
法惟有鬬船力不鬬人力如遇賊舟之小者則以吾大舟犂而沉之
遇賊舟之大者則使調戧奪上風用火器以攻之當前衝敵者一舟
之人皆賞觀望不應援者一舟之人皆戮其賞其戮尤以督哨之人
與舵工爲重每船必設舵二副以備不虞每舵工必設二三人以防
損失此戰之之法也其在平日置船於陸地上集水兵演而教之兵
械火器如何而設施金鼓旗幟如何而照會前後左右如何而列哨
饑飽勞役如何而更代晝夜風雨如何而防守山島沙磧如何而收
泊號令約束如何而轉報習之於平陸操之於江海此操之之術也



奚秋蟾云海中有風時多無風時少舟易散而難聚且逐潮勢而行
若風猛潮平則以風爲主潮湧風微則以潮爲主風潮皆逆則回船
向後而後行風潮順則一瀉千里每日所行程途之數與東西南朔
方向皆不可料敵船亦然故吾行若干里敵亦行若干里愈追愈遠
愈求戰而愈不得況兵船分行大海渺茫有與我相望而見者有不
可望見者昏黑之夜起火爲號則隱隱見之然亦不能辨其爲賊船
與我兵船也有時遇賊欲戰而吾同哨離遠則勢孤有時鄰哨相近
賊舟又遠難於攻擊有時我兵遇合敵舟亦近可以戰矣而風或大
作舟在浪槽中低昂起伏方欲仰而攻敵瞬䀢之間吾舟或擡高一
二丈敵舟反在下矣船出浪槽之時船首向天落槽時船尾向天兵
士屹立且難況戰乎亦有風不甚猛而怒濤爲虐兩舟相擊即碎亦
不敢戰惟是舵工巧妙能占上風撞碎賊舟或乘風火攻或揚灰沙

[illegible]勝勢所懸者一舟衝前而餘舟不至一哨接戰而餘哨不援力其戰時或兵四散遠望旌旗而招之弗顧也張號火以呼之弗聽也戰敗則去不援戰勝則聚而分功及責之則托諸風帆不便云又皆傳海戰利用火箭與石砲弓弩殆非也火箭惟微風可用若無風則帆不可焚風急則火亦反熄皆無益也石砲弓弩因舟蕩漾故發去無準皆虛擲於浪中槍鈀亦無用惟鏢槍鉤槍撓鉤三件舟在上風者以撓鉤鉤住下風之舟以鉤槍鉤住賊人之足以鏢槍鏢射賊人之身胥爲有用之器

武經總要曰凡水戰以船艦大小爲等勝人多少皆以米爲准一人不過重米二石帆櫓輕便爲上以金鼓旗幡爲進退之節其戰則有樓船鬬艦走舸海鶻其潛襲則有艨艟游舸其器則有拍竿乘上風順流以擊之諸軍視大將之旗旗前亞聞鼓進則旗之聞金則止旗偃則還若先鋒遊奕等船爲賊所圍以須外援則視大將赤旗向賊點則進每點一船進旗亞不舉則戰船徐退旗向內點每點一船退則張疑兵列於浦海虛旌旗檣帆以惑之此其大畧也

遊艇無女牆船上槳船左右隨艇子大小長短四尺一橹計會進止回軍轉陣其疾如風虞候用之夫拍竿者施於大船之上每艦作五層樓高百尺置六拍竿並高五十尺戰士八百人旗幟加於上每迎戰敵船若逼則發拍竿當者船舫俱碎

艨艟以生牛革蒙戰船左右開掣櫂穴矢石不能敗前後左右有弩牕矛穴敵近則施放不用大船務在疾速乘人之不備

樓船船上建樓三重列女牆戰鬬樹幡幟開弩牕矛穴外以氈革禦火製砲檑石鐵汁狀如山壘其長者可以奔車馳馬若遇暴風則人力不能制不甚便於用然施之水軍不可不以張形勢



走舸船舷上列女牆櫂夫多戰卒皆用勇力精銳者充之往返如飛鷗乘人所不及金鼓旗旌在上

鬬艦以舷上列女牆可蔽半身牆下開櫂孔船內五尺又建柵爲女牆齊柵上又建女牆重列戰士上無覆蔽前後左右樹牙旗金鼓

海鶻船形頭低尾高前大後小如鶻之形舷上左右置浮板形如鶻翼翅肋其船雖風濤怒漲可無傾側覆背左右以生牛皮爲城牙旗金鼓如常法

已上俱古制

福船高大如樓可容百人其底小其上濶皆護板護以茅竹壘立女垣其帆桅二其中爲四層最下層不可居惟實土石以防輕颺之患第二層爲兵士寢息之所地櫃隱之須從上攝梯而下第三層左右各設水門置水櫃乃揚帆炊爨之處也其後前各設木杙繫以欖纜下碇起碇皆於此層用力最上一層如露臺須從第三層俯瞰而發賊又難於仰攻誠海戰之利也

廣船穴梯而上兩旁板翼如欄人倚之以攻敵矢石火砲皆備廣船視福船尤大其堅緻亦遠過之蓋廣船以鐵力木造福船不過松杉之類而已二船在水若相衝擊福船即碎不能當鐵力之堅也故倭船亦畏之但廣船難調不如調福船爲便易廣船若壞須用鐵力木修理難乎其繼且其制下窄上寬狀如兩翼在裏海則穩在外洋則動搖此廣船之利弊也

黃魚船非以禦寇也每年四月出洋時各郡魚船大小以萬記人力則整肅器械則犀利唐公順之捧勅視師約軍門每府魚船若干配以兵船若干相須而行協力而戰取甘結給旗票謹盤詰驗出入船回之日該府差官收稅於軍餉大有助焉黃魚出處惟淡水門在洋

山之西兩山相峙如門故曰門羊山在金山東南大七小七之外今漁船出海皆在松江濼缺口孟夏取魚時繁盛如巨鎮然亦須候潮潮大勢急則推魚至塗否則無有蓋月出潮長月沒潮落月直潮平月斜潮退此利素爲沙船所占夫羊山淡水洋爲倭奴入寇必經之道黃魚出時乃春汛倭至不先不後之期此殆天意有在假手於山沙精捍之人出捍吾邊鄙柔脆之民焉天時地利人力三者兼得亦真與禦寇之一策也

沙船沙民生長海濱習知水性出入風浪履險若平但此船惟便於北洋而不便於南洋亦僅可以協守各港出哨小洋而不可以出大洋與賊接戰而上無壅蔽火器矢石何以禦之不如鷹船兩頭俱尖不辨首尾進退如飛其旁皆茅竹板密釘如福船旁板之狀竹關設牕可以出銃箭牕之內倉之外可以隱人盪槳先必用衝敵入賊隊中賊技不能施而後沙船隨後而進短兵相接戰無不勝鷹船沙船乃相須之器也



王在晉疏述云福船之小者爲草撇船今名哨船又爲海滄船今名冬船其再小者爲蒼山船卑隘於廣福船而濶於沙船用之衝敵頗便溫人呼爲蒼山鐵船賊船入裏海我大福海滄不能入必用蒼船追之又可撈取首級近又改蒼山船制爲艟艚船比蒼船稍大比海蒼較小而無立壁得其中制艟艚之稍次者爲鐵頭船首尾皆濶帆櫓並用深淺俱便人呼爲鐵頭以其堅而有用也閩人將草撇蒼船改造鳥船式如草撇兩旁有櫓六枝尾推梢櫓二枝不畏風濤行使便捷往來南北海洋福草蒼艟等船無出其右溫州有檜艚船艦不如鳥船之疾速可與沙號船並駕焉唬船頭尖稍銳倉濶槳多風順揚帆風息盪槳吃水惟止三尺慣走遠洋體式低小雖無衝犂之勢進退殊捷可備追逐之需閩浙以喇唬船兵夫坐向後而掉槳其疾如飛有風豎桅用布帆槳斜向後準作偏桅亦能破浪順便追逐哨探倭號曰飛帆蓋懼之也輪船式如唬船而與唬船並速開浪船式如鳥船而與鳥船差小

兵船之能任重者爲蜈蚣船東南夷用以駕佛狼銃銃重千斤小者亦百五十斤葛雅川曰蜈蚣之氣能逼蛇夷之制義爲是故歟

殼哨船爲溫州捕魚船銷梭船乃魚船之最小者魚船於諸船中制至小材至簡費至約而其用爲至重以之出海洋載三人一人執布帆一人執槍一人執鳥嘴銃布帆輕捷無墊沒之虞易進易退隨波上下敵船瞭望所不及是以近年賴之取勝擒賊者多其力焉

上海縣志

海在縣東七十里北起嘉定南抵華亭爲縣所轄淞江與黃浦合流



入焉東接諸番惟日本最近宋元間入貢皆由青龍市舶司後漸取於四明貢者不復取道沿海皆淺灘物產不逮閩浙俗號窮海獨鹽利爲饒自清水灣以南較川沙以北水鹹宜鹽考舊制鹽場近有沙堤壅隔其外水味淺淡滷薄難就而煮海之利亦微矣淞江在縣北橫浦在縣東一名春申浦其源受杭州嘉興之水起自秀州塘經華亭縣界又迤而東以入南北兩涯之水迫至西廣福寺折而北趨於縣以入東西兩涯之水稍北舊名范家港洪武中吳淞江塞潮汐不通永樂元年邑人葉宗行上書言浚江通海引流直接黃浦濶三十丈遂以浦名今橫濶二里許又折而東北合於江以達海其兩涯孔道則置舟以渡

通江諸浦舊圖經以趙屯大盈顧會崧子蟠龍爲五大浦五浦之中趙屯大盈二浦尤爲至要趙屯大盈皆直受澱山湖水趙屯迤西爲

白鶴江大盈迤東爲青龍江先正論湖水下流必由白鶴匯以達於江又謂由青龍江入海今白鶴青龍雖以江名僅同溝澮而已顧會蟠龍從府郭來絶橫塘橫泖而顧會又名道波塘崧子又名崧塘二水同流異派顧會崧子西東爲淮浦爲艾祈浦朱墅浦華湖浦赤眼浦爲華漕爲西舊江爲周涇崧子南爲北平浦北爲烏塘烏塘東爲石溜婁蟠龍迤東爲沙岡塘爲小菜浦爲許浦爲魚浦爲郭港浦爲橫瀝新涇爲東西上澳爲大小蘆浦爲上海浦張家浜馬家浜爲東溝西溝爲南塘浦由許浦而出爲五漕由郭港而出爲莊家涇由新涇而出爲浦匯塘其東卽龍華港凡江之南通江塘浦具於是然五浦之外諸浦之中在勝國時則新涇爲要觀吳執中論順水勢注江以達海僅有上海之新涇水倉之劉家港也今盤龍以東江以南水惟在蒲匯龍華二港達於黃浦入海爲利耳江以北水亦有蘆浦有



橫瀝有徐公港有黃家港封家港有楊林浦南北分流並入於江會於黃浦東入於海海口爲嘉定界

砦

白節砦在常熟縣東北九十里海口天順五年鎮守都指揮蕭紹宗奏置每春夏蘇州衛分委指揮一員千戶二員百戶四員領軍士四百餘人至此操練備倭設船四隻巡哨官軍俱至秋末還衛

劉家港砦今稱水砦在劉家港海口卽婁江也去崑山縣東七十里與嘉定接境河北岸元立分鎮萬戶府於江北岸至正初又於江北南岸各立萬戶府共三區明初罷萬戶府立巡檢司三每司設弓兵八名又立烽堠六正統初金山有警侍郎周忱都指揮翁紹宗議此爲吳地衿喉乃設砦蘇州衛分委指揮一員千戶二員百戶四員領軍士五百人海船八隻春秋更番巡哨備倭又開教場操練悉如白節制

青浦砦二在嘉定縣東南四十五里八都青浦洪武十九年鎮海衛指揮朱永建堡城高一丈六尺廣二丈五尺周圍一百八十步鎮海衛分委指揮一員千戶二員百戶四員領軍士四百人守備一與前堡對峙洪武三十年太倉衛指揮劉源太建今太倉衛發官軍守備如前正統初翁紹宗遣太倉官軍守崇明遂委鎮海衛官軍兼管

營

水營在崇明沿海本處千戶所委千百戶領軍士一千人管駕船出海巡哨

長沙營在崇明縣東北四十五里海中爲土堡一內設煙墩一座上爲二鋪戍卒二十名瞭望分委千戶一員百戶二員軍士二百人駐紮守備



明威坊營在崇明縣治西明威坊內太倉衛分委指揮一員千戶二員百戶四員領軍士四百人駕備倭船十隻守備又小船十馬八十四正統八年翁紹宗奏置

墩臺有二百三十四（隸巡司者各係其下）

崇明縣沿海共七十一處環東南北海岸每處相距二里築土壘高五丈周圍二十丈上建屋一門軍士五人草五束晝夜守望正統初翁紹宗設

煙墩在崇明縣其制大畧同前周圍四十丈沿海八座　上港　南海　會姚港　張家港　下界　泙港　大套　青潭港

西沙十座

下椿港　東滑　鍾家崴　出水套　蝦港　水竇港　南太港　陳八港　沈螯港　潭子港

巡司
吳塔巡司在齊門外蠡口舊在吳塔移此管閶門下塘山塘並婁齊二門外
陳墓巡司在陳湖東管葑門外獨墅大姚王用直浦以上屬長洲縣
木瀆巡司在縣西二十七里木瀆鎮管閶胥盤三門外木瀆橫塘新郭三鎮
橫金巡司在縣西南四十二里橫金村管二都三都竝沿太湖地
角頭巡司在縣西南八十五里洞庭西山上管洞庭西山
東山巡檢司在洞庭東山成化中巡撫王恕奏置管洞庭東山
石浦巡司在縣東南四十里泖川鄉七保石浦鎮宋祥符中置洪武
十二年巡司舒秀始建景泰二年移立千墩浦口煙墩十一座
石浦口　夏駕口　陸港口　棠梨涇　新塘口　張浦口　勾婆
舍　大直港口　潭港口　諸天浦口　千墩浦
巴城巡司在縣西十五里朱塘鄉三保高墟村洪武三年置今徙置



真儀村煙墩十二座
狀元涇　綽墩　員村　真儀　夏云　琪村　黃港　李長墳
新村　嚴家橋　余港村　徐公橋以上崑山
白茆巡司在縣東北十九里抵海洪武初立煙墩十一座
白茆港口　新河　北港　金涇　唐浦　舊衙前　雙洪　義塘
長亳　芝塘　河全
黃泗浦巡司在縣西北八十里抵楊子江煙墩九座
顧沙港　黃泗浦港　西洋拗　新庄港　奚浦港　西洋浦　黃
港　小陳河　黃泗浦港東
福山港巡司在縣北四十里南抵楊子江北抵海煙墩十座
墅橋　新塡　陳陳浦　福山港口　頂山　龍王廟　曹轎廟
曲塘　興福　興塘涇

許浦港巡司在縣東北七十里北抵楊子江東抵海煙墩十五座
青墩　大宏　姚后　耿涇　九里　上墅　陶舍　丁涇塘　雙
廟　四叉　低壩　徐港　十里程　勝法　海洋塘以上常熟縣
長橋巡司在縣東二里松陵驛東管三都東西二十三都二十五都
簡松巡司在縣東南十五里充浦管一都二都四都十九都
震澤巡司在縣東南八十五里震澤鎮管九都十都十二都十三都
平望巡司在縣東南四十五里平望鎮管十八都二十都二十一都二十二都二十四都
汾湖巡司在縣東北四十五里蘆墟村管二十八都二十九都
同里巡司在縣東北十五里同里鎮管二十六都二十七都
爛溪巡司在縣東南九十里嚴墓鎮管十四都十五都十六都十七都以上吳江縣
顧村巡司在縣東三十里煙墩四座
月浦　爛倉　顧浮溝　五岳塘



吳塘巡司在縣西南三十里煙墩九座
青岡　黃泥涇　外岡　城西　石門岡　馬陸　馮家橋　黃渡
沙岡
江灣巡司在縣東六十里煙墩一十七座
沙浦　湯字圩　吕字圩　生字圩　南翔　周家浜裏　周家浜
外　衣有字圩　致字圩　東潛字圩　中潛西圩　西潛字圩
大場　湖陸灣　江灣　五聖廟　秦家店以上嘉定縣
茜涇巡司在縣東北四十五里湖川鄉卽宋楊林砦吳元年改煙墩
五座
七浦塘　花浦口　謝家口　楊林塘　大赦口
唐萬涇港口巡司在州東北五十四里新安鄉洪武七年設成化中
遷置東花浦口煙墩十二座

日字圩　向字圩　露字圩　新塘　職字圩　空字圩　風塘
上社　寒字圩　同字圩　吳字圩　李字圩
劉家港巡司在州東七十里煙墩六座
楊家橋　薛市門　小錢門　二十三都　二十五都　二十六都
甘草巡司在州東七十里東抵海煙墩四座
黃浜　唐茜涇　錢涇　陸鳴涇以上太倉州
西沙巡司在縣西八十里煙墩十三座
南沙　薛家港　第五港　第八港　第九港　界溝港　水洪港
道堂港　秦子中港　秦墳港　川洪港　石家港　第三小洞枝
三沙巡司在縣北五十里煙墩七座
長敵　徐公港　淸水港　北新河　新港　北白滑　沛湊以上崇明
信地



水營中哨專守劉河海口稽察海船出入左哨派守川港防海南至施翘港一里北至牛角尖十五里東至大海右哨派守七了港防海南至劉河三十里
陸營前後二哨常日本營操練有警聽調前哨分守六公墈東至海口五里西至本墈地十里北至甘草司界十二里南至茜涇界十八里後哨分守牛角尖東至海口五十里西至海口六家行五里南至川沙港三里北至劉河十里
海在長洲縣城東七十里自劉家港南環七鴉浦北百餘里東至崇明縣二百八十里水面兩岸距四十里
石湖
石湖亦吳城西南諸水之委瀦以太湖猶一勺耳何以圖爲豈翠巘長虹陸行水汎足誇勝概乎當此四郊多壘所在綢繆石湖寔邇城闕其南北東西港水縱橫四出又與吳江長洲錯壤交轄險猶足恃嘉靖甲寅乙卯之歲倭船率由此進退幸吳江令楊公芷帥鄉貢士周大章諸生吳詰督水師拒戰鮎魚口生俘馘獻大挫賊鋒吳江尚傳述梗概而吳境泯其迹矣可歎也時吳令唐公世曜捧檄守禦城西往來於楓橋木瀆之間不遑兼顧楊公一心報國不辭越境奮力迎鬬至今談之凜凜有生氣予故圖石湖撰說畧記其事使知石湖亦吳邑之要害邇藉督撫設營分哨練精勇飛艇如珠即有寇盜不敢陸來然明司土不可不留意於此湖也
嘉靖三十九年九月倭夷入寇遠近震恐莫敢對敵明年三月由崑山直抵青洋港知縣楊芷以飛艦斷其上流勿令西過復命兵快誘戰斬首十八級既又戰於陳湖生擒二酋自是吳人始有鬬志五月賊衆九十二人出烏鎭突入爛溪趨平望欲迫縣城芷令沿塘舉火



賊疑有備奔錢田我邑水兵及嘉湖兵圍之賊困三月自分必死是夜大雨因各收兵賊乘間奔湖州兵船屠戮甚慘芷知賊未可以力戰乃令射書賊營諭以禍福賊亦欵洽譯其文云不敢相犯夜列幟賊兒燒營由黎里走泖湖六月十一日賊犯石湖當事者以勢不格利其西走芷獨駕小舟率兵出瓜涇港邀戰時湖水枯涸賊列伍逆上芷以鈎縛之斬首十六級馳入城明日賊至夾浦橋轉至三里橋登岸焚掠停舟顧公祠下舟皆重載逼縣城會增築城工匠兵夫蟻聚賊度不能攻乃自燒舟服摽掠民財而去居民婦女恐怖有自溺死者十三日至八斥十四日至平望所過焚掠甚衆芷率哨兵躡其後斬首六級十二月賊自栢林至王江涇爭入爛溪至平望焚掠而返三十四年正月賊陷崇德掠五百餘舟從南潯經梅堰至平望六里橋兵備參政任環伏沙兵將擊之增兵洩其機沙兵被害及溺死

者甚衆並督兵船分列於橋之東西蕩中夾攻斬首十五級飛砲擊死者二十餘人賊所掠財寶亡失殆盡會新城雨裂城隍廟頹恐賊棄舟襲城乃毀朱家橋據盛墩以扼之賊夜遁復屯柘林四月二十六日賊從嘉興至唐家湖潮水洶湧賊不能渡並又引兵阻戰賊駭奔平望奪舟橫渡並令泅水者擊奪其後而自屯兵截盛墩斷其堤并布釘板於水底賊不敢渡會幕府調遣宣慰彭藎臣率兵二千來援我兵勢合與賊戰於平望藎臣爲先鋒斬賊首百餘級轉戰至楊家橋斬首三千餘級藎臣被擄死我兵乘之生擒一賊斬首十八級遠近稱快皆謂盛墩捍禦之力居多故更其名曰盛墩先是新城西北隅裂可四五丈賊勢方張士民駭愕爭欲棄城去守城推官何全勸縉紳出石協修而以寺丞吳滂督之一夕告竣人心始安六月七日賊在杭州掠官船載輜重而北由烏鎮經爛溪過平望十四日並



督水兵與賊戰斬首三十六級生擒四人十五日夜由黎里出汾湖遁去二十三日賊由福山港突至郡城婁門擁入接待寺奪火器而去官兵追至閶門賊入太湖泊洞庭山下並復於湖中率兵防禦是後賊復由楓橋經婁門還福山八月十五日賊衆五千餘人自南京而下掠十七州縣至滸墅鈔關十七日由楓橋直抵滅渡橋屯陽家莊官軍畢集賊計窮追十九日夜過五龍橋不知所出適有一人爲之鄉導遂入行春橋屯誇塘過徐文奎家時與我僅隔一水日夜憂其突至幸官軍追之急轉至木瀆僉事董邦政追及於荷花池賊擾亂自殺官軍乘機殄滅之三十五年七月零賊五千人突至木瀆潭掠吳知府莊又至汾湖掠葉主事家一鹿及傷人一臂而去遂掠周莊抵平湖九月賊屯沈亨家二十五日督察趙侍郎文華總督胡侍郎宗憲會兵進勦夙寇悉平

嘉定縣

海在縣東四十五里北至黃姚港南抵上海界環縣境凡八十餘里海水鹹鹵而此地不異江湖有灌溉之利蓋南則黃浦吳淞江北則劉家河又北則大江注焉半天下之水皆洄沿洑瀲滌蕩於數百里之內故與南北獨異夫治水者注之海則事畢矣然沿海之人歲至夏秋之間不幸遇颶風霪雨挾潮而上漂沒人民廬舍倏忽皆盡故至其時莫不惴惴然如虜寇至晉湖川刺史虞潭築壘於沿海一帶以遏潮衝明洪武三十年老人朱六安具奏海患工部遣官修築北接崑山南跨劉河長一千八百一十丈高一丈基廣五丈面廣三丈永樂二年太監何傳督工加築高倍於前成化八年僉事吳瑞知縣白思明於寶山北舊壘之外又築新壘嘉靖二十三年知縣張重文又加築其南直抵上海草蕩惟吳淞所迤北舊壘坍沒未修今數十



年來物力漸詘有司以工役爲諱顧不念昔人經營豈其謂此爲可已之役哉創與修勞逸難易不啻半猶然莫之省則日終乞靈於海若耶

劉家河古婁江在縣北二十四里發源於震澤從吳縣鮎魚口經郡城之婁門東貫崑山又東至太倉環州城而南與縣合界又東三十里入於海元至元中朱清浚之以通海運永樂初再浚則以救水災歷二百餘年下流橫溢每潮汐之至境內西北諸塘浦借爲咽喉以嘉定之田土亢瘠而其民猶得耕而食則此河之利居多

兵防考

嘉定在江海之間天下有事非必爭之地往者江淮以南閩粵以北暴骨蔽野而兵燹之禍不及焉然東晉時劉徵以浮海入婁縣界出沒海上袁崧築滬瀆壘宋南渡都臨安完顏亮欲從海道窺兩浙遣

定遂爲重地及李全作亂亦虞其豕突吳淞蓋中原板蕩則不爲用武之地海寇憑陵輒爲禍先故宋元之末終不被兵惟張氏之敗上海人錢鶴皐欲以螳螂之斧一當太阿誘邑狂子弟蓋有死於外者及明師入城市不易肆老少倚門而觀之是後濱海奸民弄兵萑葦然均蝦鰻之醜倏而糜爛矣迨倭夷內鬨禍首發於嘉定數年之內肝腦塗鋒刃脂髓充供億閭閻蕭然累世休養生息之澤盡矣夫金城湯池熊虎守之無食不可以久處縣不產米仰食四方夏麥方熟秋禾既登商人載米而來舳艫相銜也中人之家朝炊夕爨負米而入者項背相望倘令金鼓聲震矢石交加城門十日不啟饑人號呼得不自亂乎彼倭之處城陷者數矣大抵攻破者少襲破者多賊常執鄉人而使之偵伺倘執其父母妻子陰令入城何事不可爲夫驅市人於矢石之間欲勒以兵法未易也雖人情莫不顧其室家而



受兵登陴之人多販夫傭客未必有擔石之儲妻子之戀非結之以恩齊之以法未可卒用而士大夫之家亦必時時相與勞苦不惜愛子介弟參於行伍之間夫如是可以使百姓喜勇而效力此城守者不可不知也賊一船之中驍捷者不過二三人然吾主彼客而不可得用者多嚮導也我衆彼寡而不可得圍者善分襲也因糧於我而不可得饑者吳地不得清野也臨陣之際狙狡百端雖十人亦戰必分三四人爲奇兵離合前後使人不知所備我衆整而不可亂或以所虜金銀諸物投之戰士不悟自相躪踐因乘其亂而敗之此野戰者不可不知也方事之殷徵兵四方東蘭南丹永順保靖諸蠻夷兵至者無慮數萬人而嘉定民兵常在其間邑人嚴氏兄弟五人各有膽力每戰爲先登其後數犯法皆誅死故功名不立後言兵者必言太倉嘉定崇明之沙兵是知嘉定不患無兵而在蓄養兵之財不患無財而在行富民之政然豈有司之事也哉

戍鎮

倭奴蕞爾之醜數躑躅於波濤間東南並海州縣時被其毒信國公視沿海形勢凡築五十九城復遣魏國公與祖安陸侯吳燦江陰侯吳高江夏侯周德興治兵海上遣都督商暠楊文劉德出戰此皆元勳宿將國之虎臣謀之數年不克底定又遣南雄侯趙庸招撫魚丁蜑戶及販鹽之徒爲水軍至數萬人蓋倭奴天性狡猾以剽刦爲俗而溟海萬里因風力乘潮候倏忽不可蹤跡所謂來如風雨去如絕絃猶不足以喻之故武備既設時復跳梁譬之勇者驅虎豹戮鯨鯢而不禁蚤虱之噆嚙無足怪之者吳淞外控竹箔內捍蘇松非獨爲嘉定藩也廼者江南置鎮始於嘉靖八年若十九年江海有警常設總兵官駐常熟之福山尋移鎮江已又往來儀徵瓜步事平而罷壬



子之變禍始吳淞明年遂入其城蓋兵木甲朽非一朝一夕之故也是時南京給事中項涇請設副總兵於金山制可而邳州湯克寬實領協守之任及處州盧鏜來代猶居縣城後乃移駐吳淞至叙南劉顯再來臨鎮始改協守曰鎮守蓋尊重矣兵興之初湯盧最稱善將是後俞大猷劉顯戚繼光郭成並著威名惟戚公未嘗作鎮則所云水陸之衝南可以援金山之急北可以扼長江之險故常以熊羆之士守之耳三十二年添設金山參將分守蘇松增置把總四員以守南匯吳淞劉河京口三十八年始命總兵官專駐吳淞居中調度明年勅凡內地守備衛所俱隸之又改置南洋遊兵都司北洋遊兵都司又設柘林川沙把總蓋以國家重根本之地故師中之命不啻三錫矣夫浙中之定海浙西之乍浦直隸之吳淞若人家有東西戶耳一方失守其禍共之議者莫不言禦倭於海謂之上策竹箔沙背以

淞之屏蔽也其外爲羊山爲陳錢皆倭奴之所從入而南自浙江之界北之大江沿海砂磧皆可登岸邀之初至謂之中策往者國家懲忘戰之害不愛養士之費故吳淞水陸兵精爲天下最垣墉既固堂室自安固其宜也自是以來當事者不欲以繁徭重役之民厚奉韜戈槖矢之士故艅艎之舟甲冑之夫時有增汰矣夫義烏陸兵之精者也江淮之間鹽徒魚戶水兵之精者也南北皆在千里之內一旦有事置十萬金於軍門則壯士萬人可以立致顧此費安從出哉

鎭臣

用兵之道不知遠近之勢者不可以制敵不知衆寡之用者不可以決勝昉初礦方於越熾張於吳其餘孽多亡匿海外說倭奴以爲寇之利當其時竊發東南者多不過數百人烏合獸散視所不備者則得志焉故置守吳淞又守戍清浦即今寶山所營之備穿窬者閒曠之處



多爲藩籬而已嘉靖中賊之來者舳艫連雲鋒刃耀日萬室之邑三軍之衆在在嬰城自守乃欲以數百戶逆其至邀其歸不亦難乎蓋吳淞之潰前者之明鑑也自鎭以來屹然遂爲三吳之鎖鑰乃寶山孤懸江海之間守則難固援則難達萬一蹉跌所謂藉寇兵齎盜糧者也語有之五指之更彈不如奮掌之一扶故兵志曰無所不分則無所不寡今智計之士謂宜并於吳淞蓋分則俱弱合則並強自然之勢也且文皇帝遣使異國乃築寶山以識出入之道非所以防盜也設賊欲寇蘇州乃望此山而入當時卒淪於海居人以爲天幸夫祖宗之法不得不變者多矣乃者利害之形昭昭不睹胡不熟計哉

汛期

海洋要害莫過陳錢倭船來幸以此爲停泊之所覘伺風候以決所向過此則羊山矣羊山去嶴城猶數千里爲竹箔外蕩春時魚船麕集無慮萬艘賊舟入其中輒以摽掠乘東南風利經日可達竹箔在崇明之南與大洋高家嘴相對賊所必由從此西向則吳淞首禍北向則劉河受敵於此置重兵焉扼之使不得渡而江南可以高枕矣至於寶山尤收泊標識永樂時以海運茫無涯涘築此示準而賊乃望爲指歸守此可以絕其登陸凡備禦哨偵分布宜嚴歲以二月下旬調遣遊兵水營諸軍出守羊山陳錢浦嶴蘇寶馬迹竹箔俾草李家洪馬沙嫩等處而把總親於軍中專往來督察遠至落華花腦外洋而陸兵專守寶山沙川餘聽隨宜策應至五月終旬而罷秋防止於內地巡緝鹽盜此汛期之大畧也

知縣楊旦條陳五事

其三重水戰

今日之鎭守藩籬者惟有水戰一節耳今吳淞江劉家河福山港青



村南匯等處皆有福船蒼船沙船以爲哨守分布非不密也但海洋空濶不守要害則賊來不能知賊去不能追縱使能追亦已晚矣且賊船之來乘風渡海勢難聯絡飄蕩既久筋力困怠故必於陳錢山丁興馬迹等山會集調理數日方始入寇爲今之計如大樣福船各港共得幾十隻此船惟利於深水大洋爲修其器具堅其蓬纜預給兩月口糧得熟慣忠勇將官一二員率領各船直至陳錢馬迹羊山等處持其避風之港停泊以伺以小巡船十隻四面哨探遇賊船來則擊之此第一層藩籬也但此計雖善而勢險難行人多阻之或云海島中不可泊船是以計雖善而終不行也其次樣蒼船各港共得幾百隻此船極利於乘風巡哨則爲之分爲三班每日一班出哨有至高家嘴外如一班三十隻賊如來時則以二十九隻與賊對敵其一隻飛回本港通報進發各船出應此第二層藩籬也其小樣沙船

惟利於沿涯淺水則亦分與信地延袤往來巡哨遇賊來時有福船所不盡勦蒼船不盡禦者則沙船共擊之不使上岸此第三層藩籬也沙船又不能禦賊有上岸者始以旱兵勦之此第四層藩籬也如此賊來雖多恐登岸者少矣

其四據險要

夫浙江與江南地不同而備禦之法亦宜有異卑職生於浙東之濵海官於江南之隸海其間形勢險阻皆目覩其詳而非按圖遥度者也浙東自温台延袤至寧紹一帶均有海塘田高海低內河與外海不相同塘外有沙塗少者十餘里多者二三十里畧無港汊可以灣泊賊船若至百姓望見皆收其貲貨挈其妻奴豫先走避賊至爛塗二三十里力已倦怠及至民家而無所得船泊海灘潮退則擱淺遇風則打碎是以浙東之倭患畧少者非兵之強備之善職此故耳若



浙西與江南自乍浦青浦南匯以至上海嘉定太倉常熟江陰靖江延袤一帶內河與外海相通一里之內有港三四皆可以停舟避風塘外無沙塗賊舟倏忽直抵海岸民不及知知不及避擄有所得則因糧於我結為巢穴官兵攻之則彼據其險我失其利及其深入則結夥數千勢不克禦是以蔓延而不可遏者也故浙東防禦之法止於定海普陀瀝海三江等處各得數十兵船守之即可以無事矣若江南沿海一帶乘賊退之時急宜立備如吳淞江劉家河等港極大者已有兵船抵禦其餘港汊如栢林七八源青水窪等處皆須設法堵之或打樁於港口接以連根大木或泊舟於窪內使我先據其險其海岸上每三十里內擇要害之地屯兵一枝各縣各率其人民各守其封域其勢大不能支者軍民發兵勦之必須初登海岸乘其饑倦勢易為圖若登岸後即難為力矣此據險要者誠今日之急務也

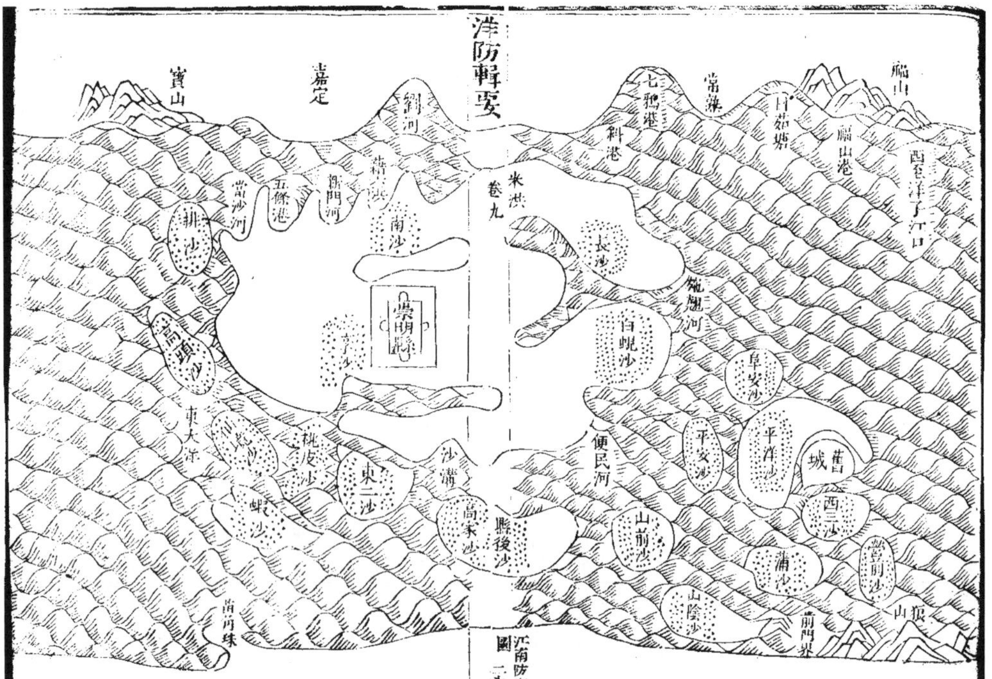

嘉靖十九年南沙人王銀松江人秦蟠合黨搆亂兵備王儀總兵湯慶發兵勦滅

三十二年四月倭寇登南沙盤踞經年長亭諸沙密邇罹害者民施挺率兵力戰死之陣亡者千人

三十三年四月初十日倭寇登水竇港刦燒殺死無算五月初五日攻東南水門擄殺陸羽戰死百戶田九疇斬首若干初七日夜東北柵城陷知縣唐、領死之

三十四年四月十七日倭寇登平洋沙燒燬刦殺攻新城東門甚急署縣事本州同知張魁署千戶所事陳袍協力死守

三十六年倭寇登營前沙本府同知熊桴坐鎮本縣發兵圍勦斬首數十級餘俱夜遁

三十八年四月倭寇千餘由水竇港登岸盤踞三沙兵備熊桴駐營



孫昂港總兵劉顯駐三沙督視軍門通政唐順之調度其間設法戰備官兵死者不可勝數困守三月賊勢窮蹙七月十七日乘風遁去

四十四年倭寇據縣後沙總兵郭成督戰擒獲獻俘百餘戮於本州大教場

## 揚州兵防

明初都金陵以維揚坼郊近郡丁酉置淮海翼元帥府命大元帥繆大亨張德林鎮之庚子改淮海翼元帥府為江南諸處樞密院仍命繆大亨同僉樞密院事乙巳以大都督府經歷陳璣總制其州軍事自後行樞密院總制官皆罷而揚州高郵儀徵三衛徑屬中軍都督府焉其衛所之制曰揚州衛指揮使司一其屬經歷鎮撫司為千戶所者五所各統百戶所十鎮撫所一高郵儀徵衛制如揚州於通泰興化鹽城置守禦千戶所者四統吏自鎮撫及千百戶所占諸郡縣尺牙錯處以軍為民衛而軍有從征有歸附有謫發著籍各衛之中俱以十分為率八屯種二守城更番迭休均勞逸且耕且守蓋仿古屯營法為國圉策甚具然於時方國珍張士誠甫擒滅其逸賊皆濱海郡人習兵悉航海附倭數引倭寇並海郡縣始由山東淮北轉掠浙閩粵諸郡至遣使招諭彼國不能止於是上命信國公湯和行視師海上備倭籍民四丁調一為戍兵而如皋掘港始設備倭軍營堡斥堠與通泰所並列矣永樂中左都督劉江大破賊於望海堝倭稍戢然夷終猾獰時時駕舟載方物戎器以來遇防守嚴輒陳方物入貢得賞賜市去復再至亦如之伺無備持戎器出剽掠殺戮亦滿載而去無論得間不得間無不得意去者欲沿海所在防倭嚴而揚子江上有九江下至通州海門數千里江南北岸遠者數十里近亦十餘里中隔諸洲港汊叢雜諸奸俠亡徒竄其中伺間刦掠商旅船舶



往來輒被擄去甚則賊殺公吏不顧在揚州境者黃天蕩孟瀆河其要害也海濱故饒魚鹽其豪不逞者規私販為厚利張高桅巨船出沒怒濤駭浪中什伯相聚為越境興販船回則因而刦客或黨與自相淩暴剽刦於海嶼中有司者莫可如何蓋利之所集而害生若山礦涉海鹽徒所從來矣自永樂遷都北平念南京根本重地於新江設水標軍以萬記而都御史督之自九江以抵蘇松通泰凡地方緩急寇盜鹽徒出沒聽調兵擒捕蓋督臣兼綜江海諸務於事權至重是時衛所軍屯者城守操江備倭諸役令民運糧儲於瓜洲給軍船脚價為兌運於是有運糧軍歲一轉輸京師以為常正統十四年虜犯順又調揚州各衛所軍分春秋兩班更番入戍名京操軍而卒伍疲甚其後軍政日益廢弛丁壯困課求屯田苦兼并諸隸衛尺籍者逃亡居半其僅存著籍亡慮皆枵腹寠人倚月糧以糊其口又不能

以時給卹力稍自贍又不能當轉餉更戍（轉餉指令之運糧者更戍指軍之分番京操者）諸
無亡之役而武弁婪索之日朘月削也雖歲有淸勾補及屯政倉政
諸令甲甚嚴而弊蠹叢生無由詰衛所軍之不可復驅以卹戎無論
淮以南卽天下猶是矣正統中令府州縣招募丁壯爲民兵（或名快手或名劊手）而巡司故有弓兵俱有可率領操練然民壯祗供公門役使分兵
所轄里閈雞吠及負擔興販而已正德中薊盜劉六劉七齊彥明寇
齊魯聞轉掠河南襄陽所過屠城破邑殺撫臣遂率衆浮江東下泊
狼山欲自通泰登岸還山東時總漕尚書張縉督兵扼淮口賊不敢
渡乃自通州泝流至九江又下南京往返者三操江兵懼怯無敢近
而兵部侍郎陸完調沿邊諸健卒討之尾賊行駐福山陽江而陳僅
移檄往來通州城甚危夜半忽海颶大作賊舟覆溺死無算完遣裨
將襲其餘黨盡殲之以捷聞遂奏凱獻俘勒碑銘狼山上州人惡焉



嘉靖初倭貢使相蜂起爲變蹂寧紹諸郡縣已倭市舶據海洋不去
而中國大猾王直毛海峰等以財物役屬倭惡少行海上爲亂壬子
破黃巖象山諸邑浙東騷動遂蔓延蘇松間其黨徐海者屯松江柘
林始分掠江北甲寅犯如皋通州海門時承平久揚俗日漸於紛華
上下巽懦偷安沿海備不復設猝聞變皆望風奔潰賊卒不過數百
人所至焚燒斬戮荼毒不可道每戰輒赤體提三尺刀舞而前善設
伏能以寡擊衆及勞逸客主而用之遠近相傳恐言賊有神不可與
戰率伺伏而受戮縣無城守者毒尤慘先是操江臣以倭患急勢不
能兼理海防軍務朝議於江南北設二巡撫與提督操江畫地而守
揚州三江會口以上操江統之周家橋以下江北撫臣統之而都御
史鄭公曉始以巡撫兼海防知府吳桂芳爲言自倭犯並海郡縣有
城則守無城則殘破城之爲利明矣如使寇逾廖州而躁北海犯鹽
場而南則如皋弗城爲可虞道南江而西舍舟而北犯口岸則泰興
弗城爲可虞風帆西下直抵西市則瓜州弗城爲可虞況海門僻處
東偏爲海寇必由之所弗城爲可恃乎撫臣然其議始奏築如皋海
門泰興瓜州四城逾年城成稍恃無恐乙卯倭猝薄揚州城民斂避
不及被刦殺及溺死者數千人屍斷流焚掠大東門外盡燬鹽堆而
去府同知朱裒及高郵衛經歷以率兵禦賊死焉淮南北大震於時
衛所軍無所用而各州縣鄉團民兵或時時扼殺倭及嬰城時擊殺
之始築東關新城其明年參將王元伯率所部徐充精銳兵守揚州
設伏於鐵枠廠引弱兵轉戰至伏所麾奇兵衝擊倭大破之賊稍戢
又劉顯擊破之泗州而遁明年都御史李公巡撫江北以土兵客兵
俱脆弱疏請山西邊兵三千戍如皋明年賊大舉衆分道入遂與海
防副使暨諸將伍約曰賊業入海門必入如皋夫江淮根本在鳳泗



賊若趨泰興陵窺江都則天長以北震畏亦惟予自督禦咎弗在將
瓜儀漕挽津會西北衿吭抑又陪都之屏輔焉賊若壓黃橋奔泰興
西擾卽諸虛地危海道遊擊任之二路既抗賊宜却出富安並海岸
東馳我振旅淮安出其不意賊成擒矣畫既定部署諸將令聲援相
犄角於是倭入丁堰鎭趨如皋遊擊兵邀擊敗之已又犯海門鎭副
使劉景韶率陸兵追勦盡殲之賊果不敢西掠兩淮循富安並海隄
東出撫臣夜提師至淮城適所調靑沂曹邳兵並集賊猝見兵衆盛
大愕麾突騎橫搏斬賊首千餘級賊退據廟灣夜乘風竊舟去亡何
而江南倭據三沙者一千五百餘輩忽北犯通州參將岳陞戰沒民
悼痛甚會副總兵劉顯以禦江南倭寇失利乃渡江赴援請自贖諸
將欲拒弗納總臣令予卒助攻顯感奮首磔入賊壘壯士乘之賊潰
圍旋追攻之白駒場又追及之七竈毛家墩先後俘斬六百餘俘器

物無數賊逸竄海堧為土兵格殺殆盡於是三沙賊並散殄無遺類而江淮靖焉自甲寅以至己未五六年間江北橫罹倭禍未有甚於此時以督撫重臣將佐戮力匡襄而定然負海千里焚蕩蕭然民被殺戮僵尸如積諸將吏士卒捍禦死者不可勝數以僅無陷城屠邑至今言倭事者猶慄慄云自是沿海並增置營戍設將領通州有副總兵及水營把總掘港有守備大河周橋有把總揚州有參將而儀徵守備及三江口把總瓜州營衛總領操江如故所統兵或招募土著或以義烏東陽習水戰者充之自江達海分信地列戰船嚴會哨所在疆屬棋布而倭以入犯鮮生還懼不窺海者凡三十年其後營兵制復浸壞而土著兵率豪有力者所詭寄以勢要挾將領無敢詰臨關期則僱丁壯習技者虛應或多蓄傭奴居恒為作百役使並囑免其操戍當散餉則盡括以肥己而什三給之其力能修艙官船及以私船應募者為耆民捕盜諸水兵皆聽役屬率沒其月餉之半為治船之費稍違咈則擅榜掠駈逐之或更為募補弗以白於主將弗敢問也浙兵性驕悍與土著不相能時時擾閭左細民患之則亡去難控禦蓋自戎政圮而將官非納賄夤緣無由進多者費千餘金勢不得不取之營伍以償供貸語云債帥又歲有賂遺交際諸當道主文賦役有常禆將月廩幾何勢不得不尅取之兵人尅取則懽叢怨則又於隊伍中逃亡者空其十之一藉虛兵糧用度而自哨隊伍長以下轉相仿傚彼此挾怨相制毋敢發其有律己嚴正繩下以法則衆喙蜂涌為蜚語以聞廉訪者無何而挂彈劾甚則連名牘具訴衆為証而互訐之將官或坐褫職或以飛贓抵罪後來者益蓄縮畏懦以營伍為傳舍苟得利以圖復為夤緣安望桓桓不二心之臣緩急為國家出死力者乎江海故多劇盜其黠猾者以所掠餘貲厚賂諸哨船



輒故縱諸鹽徒亡慮皆其親戚子弟或耆捕竄入其中倚兵船為盜販遇詰責則時緝其盜之被勾誘為役使者私鹽之勢單弱及弗輸月錢者以邀功為得厚賞沿江海所在皆然而淮南北其著者矣萬曆二十年倭酋關白專其國山城君不能制遣二將清正行長以兵襲朝鮮之釜山據之屬國告急朝廷遣帥督兵征之師少挫遼左戒嚴而倭偽乞封貢為緩師計比遣使而悖驁益甚於是江南北及浙東西福建俱募兵船赴援議者謂倭不得志於朝鮮必分兵內寇矣天津登萊淮揚將無所不犯於是所在增兵置堡嚴戍守如異時然營伍兵皆恇怯甚與衛所卒無異幸倭不來來即先亡魄委甲而遁耳知府郭光復乃申防倭十二議曰修城池繕軍器僉門夫嚴保甲復副役凡皁甲壯快等正役外許幇副役一名分工食之半演習操備補額兵練鄉兵募壯勇復沙船留糧餉議名實並阻險要諸建議皆奉文舉行而撫按臣復疏請於江中永生洲添水兵遊擊一員統南北水兵數千人以上下應援庶南北彼此之防固疏報可二十五年上復用言官言以總河臣兼漕務而江北專設督撫臣治軍務蓋武備稍振焉會關白倭其時很狽內顧戰不利遂燔釜山砦柵移輜重而去而東征兵漸撤諸所題留馬價鹽課備餉銀戶部以帑藏詘乏催征解嚴於是久而新增餉科派民間者業有旨停免顧諸營兵枵腹以待東征兵撤回者猝未易散團聚海上慮為變當事者益難之矣嗚呼時平而養兵兵易集而餉不得繼及時急而募兵餉易給而兵不得精不經挫刃陷城之後未有能先事預防者也善夫邗郡鄒元錫之論兵制也蓋傷之矣鄒論不為揚州而發然近事有類故引以示警焉以為國家分軍民籍而衆民力農養兵兵守城衛民天下久平衛所軍日耗而變劇於衛兵外復取民財購民而為兵且後天下益多故財耗兵脆衛軍僅名額而機快徒虛尺伍

不能有所捍禦每腹裏盜發輒請調漢土狼達兵以巳難調且至盜輒去而所調兵狠戾多暴又覊旅怨曠所過騷動寇刦有司不敢詰將領莫能制故諺有盜來討火軍來飯我之謠而糜費不貲故召外兵以除內寇寇未平而民巳大受其禍矣其後又申嚴保甲自相統轄而要害地請選兵結砦立墩召備器械其追胥一專之於民國有事總兵者懼喪師難諱而見短其將領又憚失伍當坐而受誅且營伍久不任調於是諸大盜起領軍不復遣獨遣州郡所簽民兵以行卽卒潰死得不報也其最後國儲殫乏遇有故則各增兵餉兵銀取之民急召募以應難事稍靖則又各革兵減兵餉兵銀藉之以上供而費出於民者一增而不復減也嗚呼國家養兵二百年此其費安出出於民者養兵以衛民曾不得一旅一卒之用又益之以機快民壯機快民壯者朋戶醵金而充之者也不足又益之以保甲於是



盡民而爲兵既盡民而爲兵矣乃其初畝增稅斂以養官兵戶醵金以充民兵者如故曾不一少貸也是爲官兵者既巳養之又從而驕之爲民者既稅斂之又驅使爲兵又驅而貸之死也其不失也得哉則知寓兵於農畫地爲守固自然之法地水之象終百世不與易也其議愷切深至然或緩難行爲方今計者夫有能之將有制之兵得數千人焉督撫重臣日置標下而調習之卒有警可調發諸要害地姑仍其舊汰羸弱嚴哨探使不逞知有所攝亦或國家所養兵衛民之意轉弱爲強存乎其人若其守成說以言方畧按地名以求要害者不可以言知兵故無取焉

營砦

標營卽軍門中軍營也舊以鳳揚巡撫兼總督漕運駐紮淮安府而中軍大營則以都司領之萬歷二十六年漕運十總開分設巡撫於泰州而中軍營仍留於淮因置標營於泰州又謂之內中軍擇[illegible]將領統其衆原設官兵七百員名近增一千餘員名

泰州營卽海防道中軍營嘉靖三十三年以倭入寇題各衛指揮賢能者爲中軍後減至四百九十員名萬歷設海防兵備道駐泰州原設官兵一千二百員名擇其精壯二十五年裁新[illegible]三百名二十八年復裁去一百八十名止存七百餘員名

通州副總兵府在州城嘉靖三十三年以倭寇故巡撫都御史鄭曉奏設按察副使爲海防道及參將爲分守道海防至三十七年倭益甚乃改參將爲提督狼山等處總兵與海防道相策應統狼山掘港周橋大河守備把總等官舊領設水道營兵八千餘人今裁減

揚州參將府初制揚州有守城坐營指揮一員操習馬步隊正軍其教場在小東門外嘉靖中以倭變增築新城遂改隸城內於教場右



置參將府設置參將一人近多以遊擊代署又名遊擊府因操演水陸軍馬以防外寇凡衛所等官皆以軍法節制之原設官兵二千八照舊

儀徵守備府洪武初議者以地當要害大軍甫經宜建統帥一秩以臨帷軍衛始增置守備一員於儀徵初以都督自後或以都指揮或署都指揮咸受勅諭宣德中嘗裁之成化初復置寄寓於天寧禪寺宏治初始以馬廠改設守備署焉守備一人於浙江都司列銜舊額官捕者兵共六百六十八員名

三江會口把總司嘉靖四十二年南京兵科給事中范宗具題議上自九江下至江南圌山江北三江會口每年防春調取各府州縣健勇二千餘名征銀僱募水兵防守至四十三年兵部覆水兵內揀選精壯者四百名分爲二班一班專守江南一班坐委指揮協守江口

隆慶三年都御史吳時來題請三江會口兵部議設欽依把總一員統領之額兵七百五員名

瓜州營衛總舊設陸兵與常操民壯各一百七十五名水兵四百八十六名巡江軍舍八十名大小戰船五十餘隻萬歷二十六年議增水軍三百名沙船十隻選指揮一員統領兵為三大哨一駐沙河港一駐花園港一駐馬頭為犄角應援之勢其昔年所謂脚斛二行驍勇則前已一切罷去令其納銀以充兵餉近改儀徵守備為瓜儀守備督率操防

周家橋把總在泰興周家橋原因兌糧於此每年撥泰州兵快一百名與彼處兵民一百名防守後因倭變籌海圖篇云泰興周家橋乃沿海衝要之區據守所當先須添設把總堵截海寇遂設把總一員領兵三百復增百餘又添福兵船四十餘隻



掘港守備在掘港場東近海洋五十里為倭寇首登要地舊惟揚州衛遣指揮千戶防禦嘉靖三十四年倭夷大舉巡撫都御史鄭曉奏易把總三十八年巡撫都御史李遂復奏易守備統東西二營

大河營把總司在海門縣境內初無城堡倭難後巡鹽御史崔棟題准遂築北場及蘆便倉二堡東西相望俗名東西場東場堡內嘉靖中設大河把總官一員領兵千人鎮守萬歷中裁減狼山把總司一駐紮通州舊設於嘉靖中副總兵中軍所統陸兵為陸營而守備則專管水砦操演水兵之事永生洲遊兵把總萬歷二十五年因倭警及江海寇盜出沒知府李光復議以永生洲中踞大河置遊兵把總統船兵一萬人南北應援都御史褚公鐵題准以江南北各兵五百名餉亦均出近復題革鎮江參將并為永生洲參將

城池論

郡東南新城基礎易摧西北阜高於城可俯而瞰識者慮焉通州江海要害雖增築石城然止東西一隅用民勞瘁已甚且慮左腋臃腫忘右腋偏枯非完策也若沿海鹽場及海安諸城舊所刱建今悉隳壞時平則以為不急之役有事而圖則已晚使前人所殫心畢力以幾得成為幸者而委諸榛莽砂礫不亦惜乎

掘港營在如皐城界一百三十里距海大洋三十里東南西三面環海西一路接如皐尤倭寇首犯要地舊設土堡每歲汛期委揚州衛提督指揮一員領軍一千三百名守堡防禦天順間挑選精壯入衛京師止存軍五百五十名嘉靖三十三年倭夷大舉入寇大被蹂躪巡撫鄭曉奏設把總三十八年巡撫李遂奏改守備東西二營召募民兵三千餘名設戰船一百餘隻後經承平漸加減汰尚存水陸官兵六百餘名萬歷十九年倭犯朝鮮沿海增備復召精勇千餘名設



戰船六十隻增置馬步軍五百六十有奇事平漸罷水陸營兵四百名沙船八隻戰馬二十二疋所轄信地南至石港北接丁美舍西達如皐東抵大海洋土堡一座週圍二百七十五丈五尺

通州

通為澤國江海潮之利害恆相半江潮淡利灌漑而海潮鹹利鹽鹵大要水利以鹽為命范文正公與任建中沈興宗皆築捍海堤至今民享其利廟食不衰腹裏漕築為運鹽河運取轉餉鹽取轉鹽其源所從來遠矣蓋自桐柏而淮泗西從郡城之茱萸灣東南走四百里至州治繞城四匝為隍東西貫城中支南北為市河西北者入江東北皆入海過海門及諸鹽場城東北走西亭場者為西亭河東走金沙場者為金沙河宋淮南置剌史李庭芝鑿成化間知州鄭重濬西北二十里由許家環走石港場七十里者為石港河又為新河新河東七里為仇家河皆與

海道向各場有諸港亦東北通海南通江乃今利害相懸絕何以故[illegible]東北通海地瀉鹵出鹽而諸鹽場在極東北隆慶二年颶作海溢餘西餘江中蝕河徙而馬塘鄉射利者與船戶謀北鑿河通丁堰則燒草私鹽得闌出入便利十倍乃說鹽賈人鑿串場河而不由故道以故道回遠且必經通州州與所察捕不便鹽賈人詭用偏辭鼓鹽部使者給取都轉運司羨金萬兩鑿串場河夾凡爲丈者亦萬始開時諸父老茫昧不睹利害已而五六年西城永興鄉田數千百頃盡爲鹹潮殺歲不能收衆始驚詫國賦連年大耗不登民戶亭戶俱病言不便者紛紛矣議改濬故河塞新河故屈知州乘諸生父老言上之監司與鹽使者皆可之會奸賈人羅永等以偏辭奪議鹽使者復聽之屈知州不能爭隨罷官去事中已而州之人日夜望舉濬故河事甚急始范公堤捍海古岸歲久不壞雖颶濤不能破岸內爲草



蕩潮入則草蕩隔雖潮不能侵故河故田無恙串場鑿而地削薄堤敗鹹潮大入故害田新河不能塞無已牐宜家壩乎

通地近江海自昔無入衛之軍京操之制起自正統己巳之變二百年來頹敝已極日有清勾撥補之制矧地方頻年水患災傷民窮財盡近日有司追徵錢糧京邊之外視爲緩賦以此軍士月糧鮮爲及期者勉給春班而秋班又至矣夫補軍則本所難堪支糧則全運難給故京操起行不但額數不敷而已班軍枵腹趨役去至中途尋復逃回武臣坐視黜罰近年辦京操者至京師借貸招募壯勇士入補班軍虧欠之數盡額補給赴工比其反也查扣所在月糧賠補官無欠軍之罪而軍無勾攝之擾此或一策也又有司追徵月糧卒難湊辦班軍戒行促迫無給間有借支別項者頗稱權宜此又一策也今若於五年考選之日擇武臣之賢能方正者爲領操官不使關節阿鞏參於其內每京班赴操仍三令而督責之缺伍之軍隨宜招募同班日聽其查扣月糧補選亦無不可或曰班軍缺伍招募非制也今邊開新軍不奉詔行乎月糧借支非法也今邊糧起解不挪移倉口乎此又調停緩急不可以膠柱爲也審能行之數年則軍士知月糧無虧樂行向往不必清勾撥補行伍得休養充食操官免降調之苦而國家獲拱衛之益矣且往年京操兩番更代蓋緣江海寧謐故爾自嘉靖甲寅以後倭夷數犯戎伍銷耗至於招募客兵餉費不貲而番戍者止應在京工役本所備伍四寨僅存老稚軍百餘人力何以支乎今日切務莫大於此復舊制以拯時艱當路者宜深長思之

嘉靖三十三年以倭故設巡撫都御史鄭公曉奏設按察副使爲海防道及參將爲分守通泰海防至三十七年倭益甚乃改參將爲提督狼山等處副總兵與海防道相策應治通州下統狼山周橋大河



口守備把總等官皆欽依

壬子倭寇浙口其支黨至周家江場甲寅四月二日衆三千寇州大肆攻刦縱火焚關外民居殺男婦數千人揚州千戶洪岱文昌齡泰州千戶王烈赴援死之參將解明道揚州府通判唐維乘城拒戰賊被槍死者百餘人始退走狼山二十八日徐宿邳援兵至合城中兵追之賊徙數十艘遁去徐州兵備副使李公天寵赴援至如皋遇賊接戰斬首九級生擒一人是年八月十六日倭又至九月內兵備張公景賢督兵殲之乙卯夏四月倭衆五百寇州由單家店趨狼山殺巡檢尹鼐官軍截其後殲於軍山殲二十餘人生擒二人丙辰夏四月倭衆三千餘棲狼山官兵剿之斬首四十餘級衆遁去己未夏四月倭數百艘乘帆大至志圖西上狼山總兵以舟師往遏之賊乃舍舟登岸知州李汝社督民兵嬰城固守賊退遁廟灣兵備劉公景韶

勦滅之
自大河營而東至廖角嘴中間如秦家營舊地直對日本揚帆數日可至實江北一大門戸萬歷四十年兵備道熊尚文特立新營設官兵以扼其要與狼山互為聲援

嘉靖三十三年三月倭入掘港犯如皐主簿閻士奇率鄉兵迎擊於習家庄敗之　四月倭圍通州參將解明道守却之　倭屯掘港肆掠守備張壽松等禦之敗績　徐州兵備李天寵率兵敗倭於如皐之蔣婆鋪　五月寇如皐主簿閻士奇率鄉兵迎至東陳鎮敗之已又犯縣治值潁州甲兵至擊敗之

三十四年四月倭犯海門知縣趙鄉率兵敗之　五月參將喬基等擊倭於呂四場敗之

三十五年四月千戸戚維爵等提兵戍通州狼山遇倭死之　揚之



衛千戸洪岱文呂齡領兵至通州遇倭死之　倭薄揚州城都指揮張恆千戸羅天爵曾沂遇之於教場兵潰死之　五月倭犯瓜州民夫擊走之　倭復犯揚州府同知朱裒高郵衛經歷晏銳死之　無為州同知齊恩與倭戰於圖山之北江中死之　副使馬愼追倭於狼山敗之都指揮鄧艾又敗之

三十六年四月倭寇海門縣應襲百戸兪憲章死之　兵備副使馬愼率兵敗倭於如皐之陳家莊倭入寶應縣（倭見揚州東關及瓜州俱添設城堡不得肆掠乃從高郵至寶應縣舊無城焚掠殆盡）　五月倭攻如皐　六月副使于德昌參將劉介王顯擊泗州倭破之倭遁出海追至安東廟灣又敗之

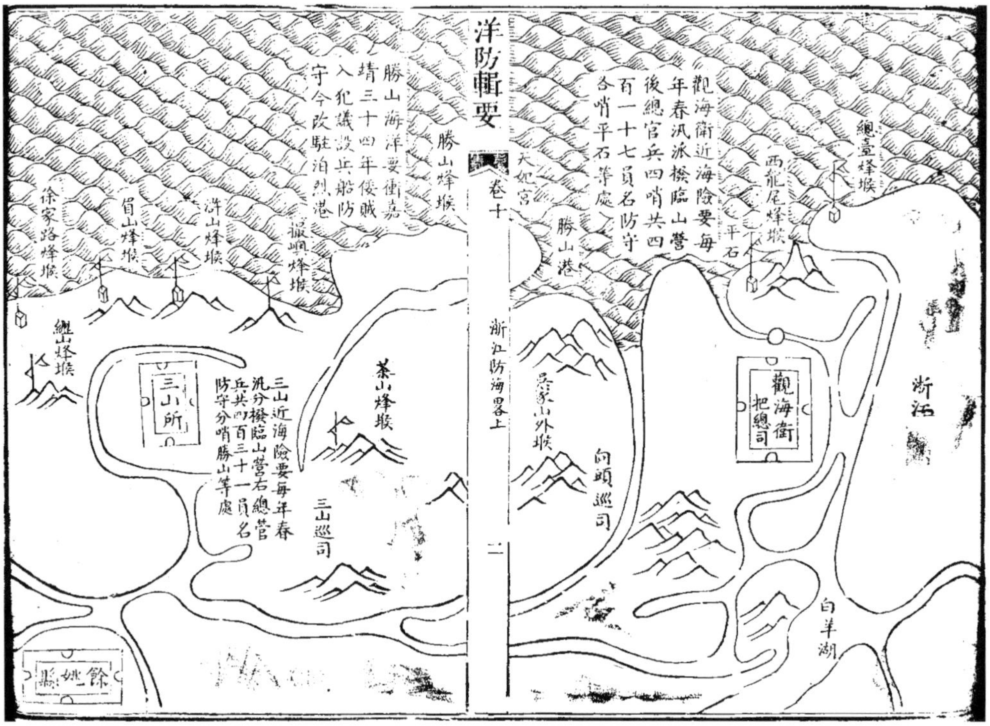
洋防輯要
卷十
二
浙江防海畧上
勝山烽堠
勝山海洋要衝嘉靖三十四年倭賊入犯議設兵船防守今改駐泊烈港
天妃宮
勝山港
觀海衛近海險要每年春汛派撥臨山營後總官兵四哨共四百一十七員名防守各哨平石等處
西龍尾烽堠
總臺烽堠
平石
觀海衛
把總司
浙江
向頭巡司
白羊湖
茶山烽堠
三山巡司
三山近海險要每年春汛分撥臨山營右總官兵共四百三十一員名防守分哨勝山等處
三山所
餘姚縣
徐家路烽堠
眉山烽堠
洋山烽堠
擺嶼烽堠
纒山烽堠

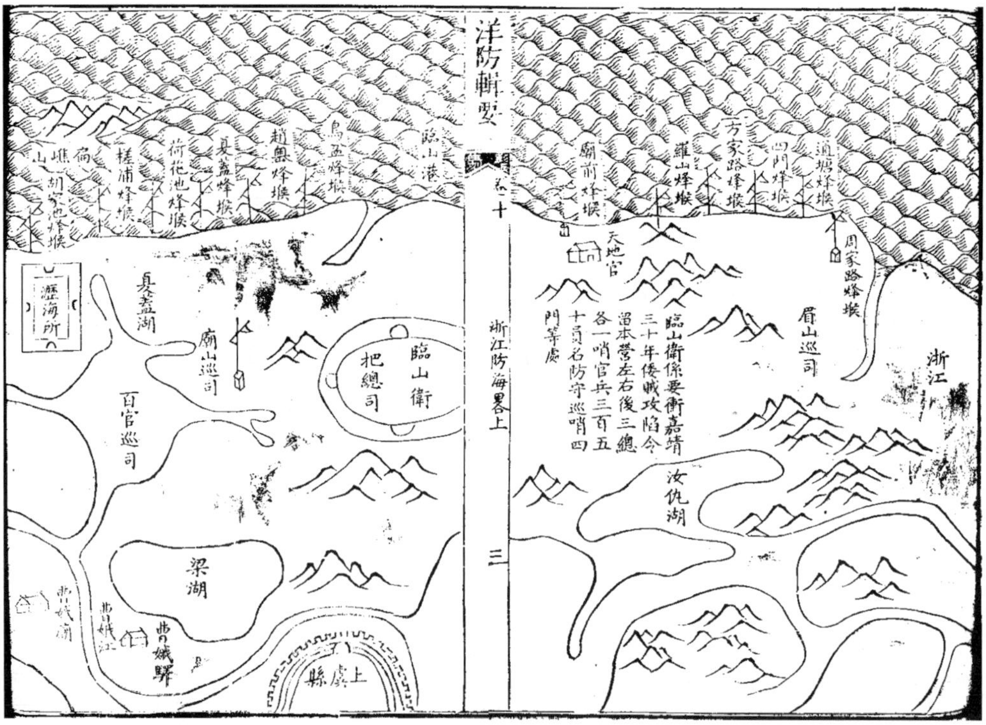
洋防輯要
卷十
三
浙江防海畧上
臨山港
烏盆烽堠
趙嶴烽堠
夏蓋烽堠
荷花池烽堠
槎浦烽堠
胡家池烽堠
瀝海所
夏蓋湖
廟山巡司
百官巡司
臨山衛
把總司
梁湖
曹娥驛
曹娥江
上虞縣
廟前烽堠
羅山烽堠
方家路烽堠
四門烽堠
道塘烽堠
周家路烽堠
天妃宮
眉山巡司
浙江
汝仇湖
臨山衛係要衝嘉靖三十年倭賊攻陷今留本營左右後三總各一哨官兵三百五十員名防守巡哨四門等處

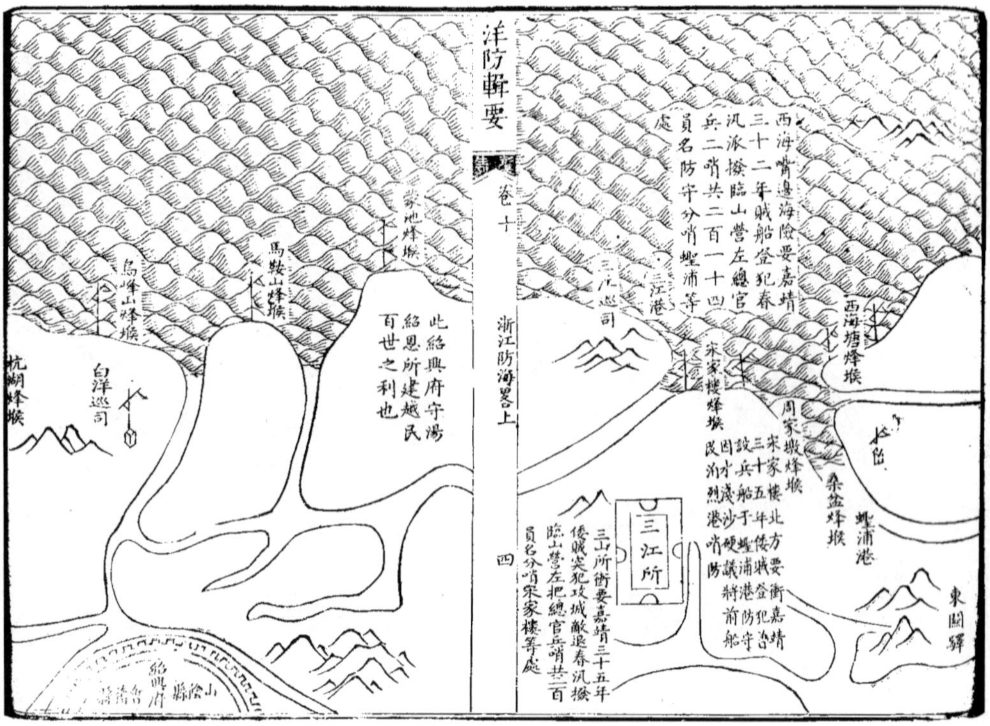
洋防輯要
卷十
浙江防海畧上
四
西海嘴邊海險要嘉靖
三十二年賊船登犯春
汛派撥臨山營左總官
兵二哨共二百一十四
員名防守分哨蟶浦等
處
三江巡司
三江港
西海塘烽堠
宋家樓烽堠
周家墩烽堠
宋家樓北方要衝嘉靖
三十五年倭賊登犯
設兵船于蟶浦港防守
因水淺沙硬議將前船
改泊烈港哨防
桑盆烽堠
蟶浦港
東關驛
三江所
三山所衝要嘉靖三十五年
倭賊突犯攻城敵退春汛撥
臨山營左把總官兵哨共二百
員名分哨宋家樓等處
蒙池烽堠
馬鞍山烽堠
烏峰山烽堠
此紹興府守湯
紹恩所建越民
百世之利也
白洋巡司
杭鳩烽堠
山陰縣
紹興府
會稽縣

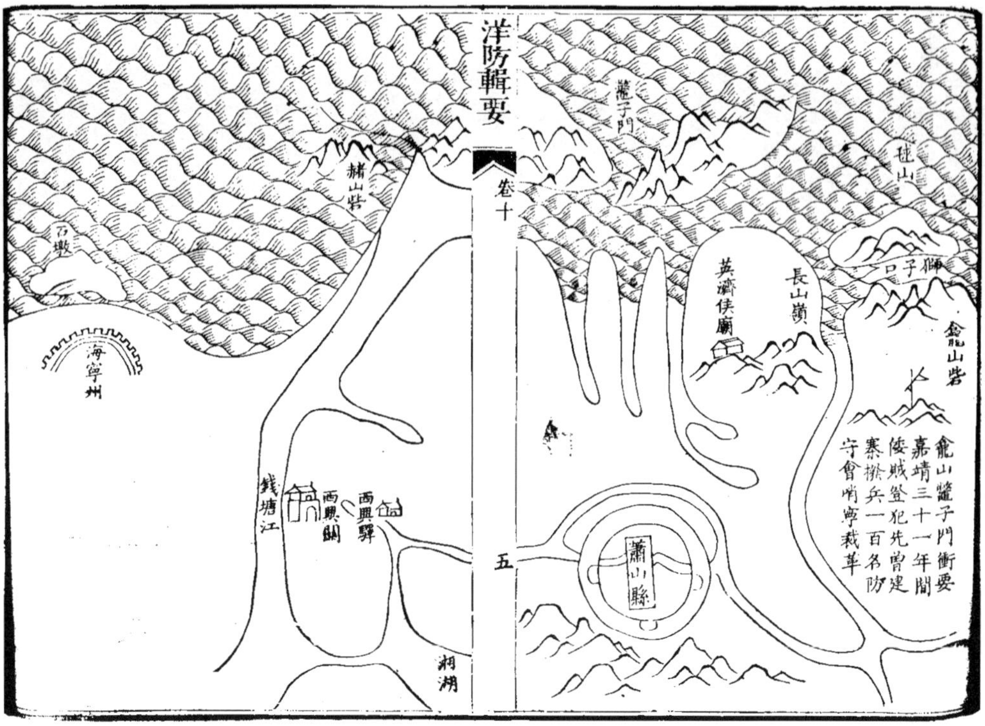
洋防輯要
卷十
五
瀝子門
赭山營
石墩
海寧州
錢塘江
西興關
西興驛
湘湖
英濟侯廟
長山嶺
獅子口
龕山營
龕山瀝子門衝要
嘉靖三十一年間
倭賊登犯先曾建
寨撥兵一百名防
守會哨寧裁革
蕭山縣

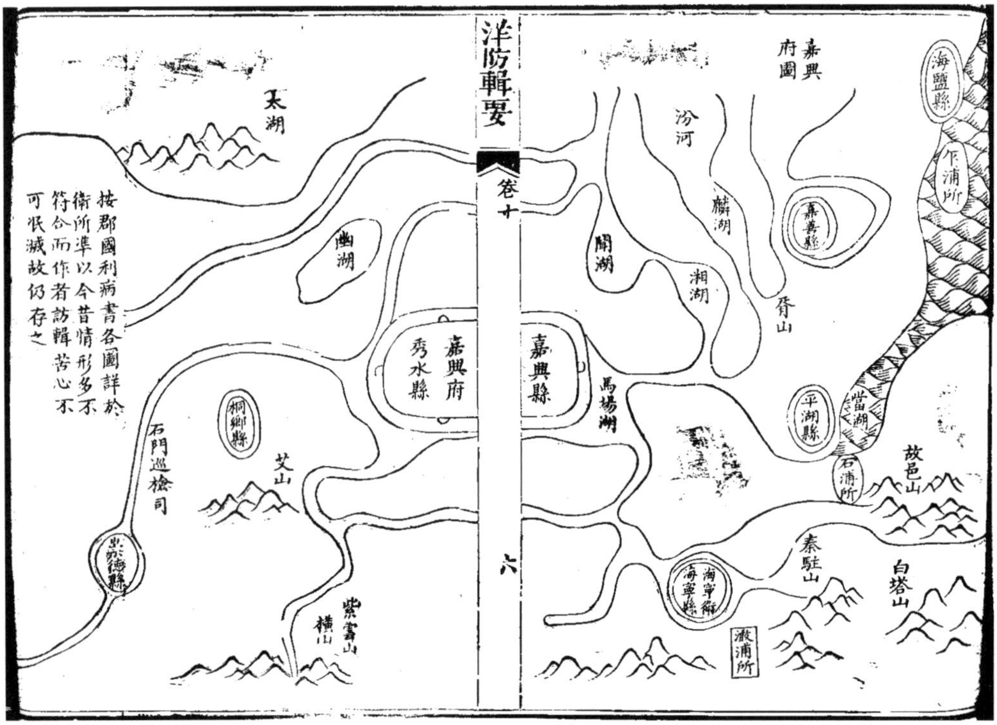
洋防輯要
卷十
六
嘉興府圖
海鹽縣
乍浦所
汾河
麟湖
嘉善縣
聞湖
湘湖
脊山
嘉興縣
馬場湖
平湖縣
當湖
石浦所
故邑山
秦駐山
海寧縣
白塔山
澉浦所
太湖
幽湖
嘉興府
秀水縣
桐鄉縣
艾山
石門巡檢司
崇德縣
紫雲山
橫山
按郡國利病書各圖詳於衛所準以今昔情形多不符合而作者訪輯苦心不可泯滅故仍存之

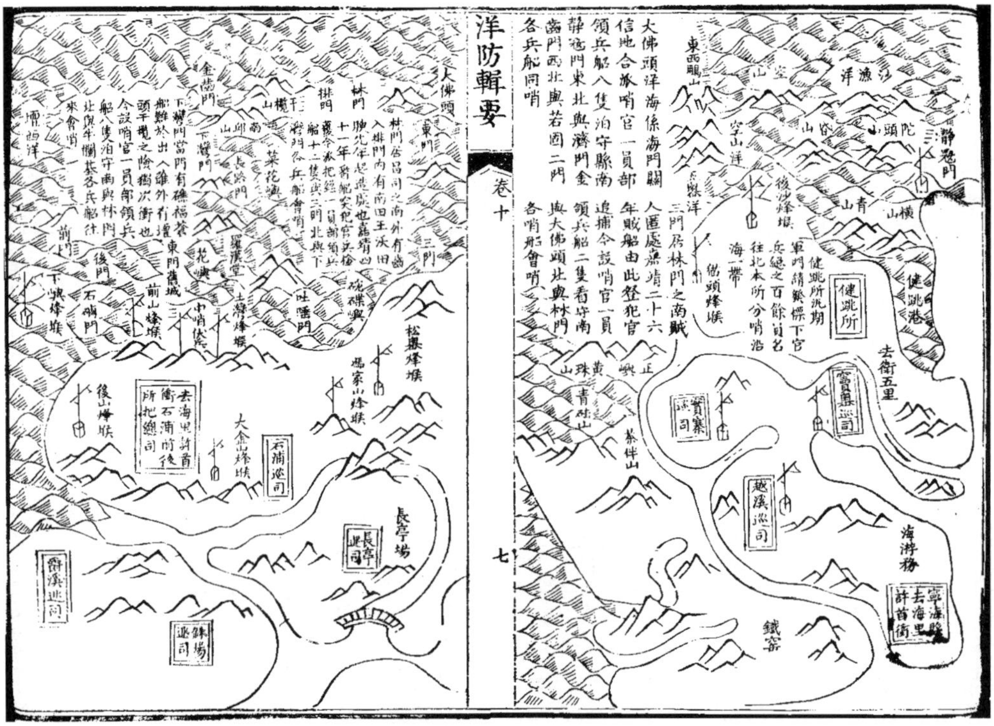
洋防輯要
卷十
七
大佛頭洋海係海門關信地合派哨官一員部領兵船八隻泊守縣南靜海門東北與濟門金齒門西北與若固二門各兵船同哨
三門居林門之南賊人匿處嘉靖二十六年賊船由此登犯官追捕今設哨官一員領兵船二隻看守南與大佛頭北與林門各哨船會哨
東西鵰山
空山
沙漁洋
谷山
陀頭山
靜海門
空山洋
後沙烽堠
青山
橫山
海一帶
健跳所汛期軍門請撥標下官兵總之百餘員名往北本所分哨浩
健跳所
健跳港
去衛五里
正嶼
黃珠山
青礎山
寶寨巡司
寧海縣
越溪巡司
海游務
寧海縣去海里許首衛
鐵窑
大佛頭
東門
林門
排門
金齒門
下灣門
南
郎山
長跨門
菜花嶼
花嶼
羅漢堂
三門
磁碟嶼
吐嗑門
松巖烽堠
馮家山烽堠
前山烽堠
東門舊城
中哨伏兵
土灣烽堠
後門
石浦門
前門
下嶼烽堠
來會哨
衛所把總司
石浦巡司
長亭巡司
長亭場
後山烽堠
大金山烽堠
爵溪巡司
錢場巡司

浙江

浙江之源始於黟縣林歷山合溪墅至錢塘江之鼈子門而入海故鼈子門者乃省城第一門戶石墩鳳凰外峙乃第二門戶此外無山惟羊許山獨立海中東接衢洋西控吳淞江口此爲第三門戶羊許二山有防然後石墩鳳凰有蔽石墩鳳凰有蔽然後錢塘鼈子門可守鼈子門可守然後省城無恐此其大畧也沙起錢塘東至吳淞曾無間斷海外諸沙亦向此而轉惟平坦延曠故賊皆可登是蘇松杭嘉四府連壤一脈利害安危輔車相依者也然險要之防有二曰海洋曰江洋往者倭寇結巢金山柘林貽害浙之昌化富陽石墩漁浦此海洋之患也沿江多盜刦掠客船此江洋之患也今欲求省城無虞當守附海之三關欲求三關之寧謐先防大海之羊許羊山孤懸大海去乍浦太遠我舟頓此設遇東北風賊舟便捷彼此齊駈勝負



難必許山嶼門淺狹止可避東南之風賊乘東北風利吾開舟亦難並駕惟海鹽縣白塔山去秦駐山不遠兩風皆便賊由大洋而來隨處可繫是海鹽一關尤四面之控制也惜乎逼於內地非早見預待之所賊由羊山直進犯海鹽者必藉乍浦三關兵船以禦之乍浦海中有山至下八山爲極遠此外則洋茫無山矣倭船之來必到下八山之蒿陳錢壁下山取水候風流犯先年兵船畏彼中風濤危險止分守八山之內港每年黃魚生發之時各府漁船俱聚八山相近內洋下網遂致倭賊抄掠魚船引刦各處隆慶三年軍門谷公中虛設立遊哨兵船委把總一員直哨壁下等洋遇賊卽勦然後內港無虞若八山無哨巡之兵萬一倭賊擄漁樵人船揚帆至鼈子門再駈土人爲使爲害不小雖有紹嘉二區防範兵船然遇霧雨黑夜咫尺難辨海洋遼濶滐有可虞是鼈子門之險與八山之哨首尾相應尤爲緊要者常聞之海寧父老言邑中南有赭山實爲江門東有黃灣尤適海港兩端相距百四十里而中無城守先年島夷屢犯若邏龕赭據石墩人民死徙不可勝紀茍有岩城扼其險要使賊無駐足之地東不得以遏袁化而至峽石南不得以犯省會而浮錢塘縣治得此兩翼庶不獨當風濤之衝凡此皆防海之總要也江洋之患須嚴督巡江兵之哨探戒備沿江漁船之剽掠是防江之總要也又聞之錢塘江兵船二十艘原議汛期出鼈子門哨探平時分定地方上抵富陽遙南與嚴州兵船交會捕盜近來玩愒殊甚每日泊船徐范二村江溪專攻手藝不習兵防耳目脆弱船械朽徹豈惟不能出洋江上亦難展布虛糜糧餉恐悞軍機所宜速行議處者也若訓練江洋之水兵控扼海洋之門戶庶乎江海互攝內外交防省會無虞兩浙無恐守兩浙者卽所以犄角蘇松守蘇松者卽所以鞏固金陵唇齒兩全首尾相應制內禦外之長策無踰於此



海寧縣　寧城之南亘於東西者曰捍海塘唐書地理志曰鹽官海塘長一百二十里開元時重築日重築則前此有塘可知但無可考

昭宣帝天祐四年秋八月吳越國築捍海石塘時錢鏐爲吳越國王日石塘則前所築未必皆石石塘當自此始

宋孝宗淳熙四年臨安府築海塘是年九月海塘爲潮所衝壞二百餘丈事聞詔築之按史止言臨安府不言其縣然府屬之受海患者惟仁和鹽官而鹽官尤劇不得遺鹽也

寧宗嘉定十二年鹽官海失故道潮衝平野二十餘里至侵縣治蘆州港瀆及上下管黃灣黃岡等鹽場皆圮蜀山淪入海中聚落田疇幾失其半鹽水滸及四郡時守臣上言鹽官舊去海二十餘里無海患故鹽竈繁盛課利易登去年海水忽漲橫衝沙岸每一潰裂輒數十丈日復一日蘆州港瀆蕩爲一壑今潮勢深入萬一春水驟發

怒濤奔衝海飈佐之呼吸滄桑百萬之民寧不俱葬魚腹乎況京坊赤縣密邇都城內有十五里塘道通長安牌上徹臨平下接崇德漕運往來客船絡繹今海水之塘西岸田畝皆被淹沒及今不治恐裏河堤岸久之亦必潰裂乞下浙西諸司條具築捍之策務令堤岸堅壯土脈充實庶不復罹前患詔從之

嘉定十五年都省臣上言鹽官海塘衝決上命浙西提舉劉垕專任其事垕上言鹽官東接海鹽西距仁和北祇崇德德清境連平江嘉興湖州南瀕大海原與縣治相去四十餘里數年以來水決故道早晚兩潮奔衝南北遂至縣南四十餘里盡淪入海近縣之南原有捍海古塘亘二十里今東西兩段並以衝毀侵入縣治兩旁止存中間古塘十餘里萬一水勢激蕩不息不惟鹽官一縣不可復存而向下地勢漸卑恐鹽流沉浸將蘇秀湖三州等處田畝皆不可種植其爲



害非獨一邑也詳今日之患大概有二一曰平地一曰鹽潮泛溢陸沉固無力可施其泛溢者祇因捍海塘衝損每遇大潮必盤越北注今亟宜築土塘以捍鹹潮其所築塘基南北各有兩處在縣東近南則爲六十里鹽塘近北則爲袁花塘在縣西近南一曰鹽塘近北則爲淡塘常驗兩處土色虛實袁花塘淡塘差勝鹽塘且各近裏未至與潮海爲敵勢當東就袁花塘西就淡塘修築庶可禦鹹潮之盤溢其縣西一帶淡塘連縣治左右共五十餘里合先修築若縣南去海一里餘縣治民居盡在其中幸古塘尚存此何可棄之度外也今將見營椿石就古塘加築壘一里許爲防護縣治之計其縣東民戶築六十里鹹塘萬一又爲海潮衝損則全功盡棄當計不時修築袁花塘以捍之上詔可

元世修塘總記

鹽官州治舊去海岸三十里有捍海塘二後又添築鹹塘在宋時亦常崩陷至成宗大德三年塘岸坍都省委禮部郎中游中順（一曰詔禮部尚書游）暨本省官相視會虛沙漲難於施力議中寢至仁宗延祐之巳未庚申間海汎失度累壞民居陷地三十餘里時省憲官共議宜於州治之北添築一塘然後築石塘東西長四十三里未幾沙復添漲議復寢至泰定即位之四年二月風潮大作衝捍海小塘環州郭四里杭州路上言與都水庸田司議欲於北地築塘四十餘里而工費浩大莫若先修鹽塘增其高濶填塞溝港且復浚近北備塘濠塹用椿密釘庶可護禦江浙省准下本路修治都水營田司又言宜速撥丁夫堵閉水衝入處其不敷工役於錢塘仁和及嘉興等附近州縣諸邑人戶間斟酌差倩否則淪沒不已旦夕誠爲可慮工部議海岸坍摧重事也宜移文江浙行省督促庸田使司鹽運司及有司發丁夫



修治毋致侵犯城郭移害民居五月五日平章禿滿迭兒茶乃使參政等奏言江浙省四月內潮水衝破鹽官州海岸令庸田司官徵夫修堵又令僧人誦經復差人令天師致祭臣等集議世祖時海岸常坍遣使命天師祈祀潮即退今可令直省舍人伯顏奉御香令天師依前例祈祀制曰可既而杭州路又言八月以來秋濤洶湧水勢又大現築沙堤塘岸東西八十餘步造水柜石囤以塞要衝本省左丞相脫歡等議要置石囤四千九百六十抵禦衝斷以救其急擬比浙江之石塘庶可爲久遠計其工料用鈔七十九萬四千餘錠糧四萬六千三百餘石接續興修致和元年二月省臣奏江浙省并庸田司修築海塘作竹籧篨內實以石鱗次疊疊以禦潮勢會又陷淪入海見圖修治倘得堅久之策移文具報臣等集議此重事也旦夕駕幸上都分官扈從不得圖議今差戶部尚書李家奴工部尚書李家奴

樞密院屬衛指揮青山副使洪灝宣政僉院南哥班與行省左丞相脫歡及行台宣政院廉田使司諸臣會議修治之方合用軍夫除戍守州縣闗津外酌量差撥從使添支口糧合役丁力附近有田之家及僧道也里可温答失蠻等戶內點倩丁工役之時諸人毋或阻壞違者罪之合行事務提調官移文稟奏施行有旨從之四月二十八日朝廷所委官暨行省臺院及廉田司官等官議昔大德延祐中欲建石塘未就泰定四年春潮水異常增築土塘不能抵禦議置板塘以水涌難於施土作蘧篨木柜間有漂沉欲踵前議壘石塘以圖久遠爲地脈虛浮比定海浙江海鹽地形水勢不同由是造石囤於其壞處壘之以救目前之患已置二十九里餘不曾坍陷畧見成效庸田司與各官同議東西接壘石囤十里其六十里塘下舊河就取土築塘鑿東山之石以備坍損文宗天歷元年十一月都水庸田司言



八月十日至十九日正值大汛潮勢不高風平水穩至十四日祈請天妃入廟自本州岳廟東海北護岸鱗次相接十五日至十九日海岸沙漲東西長七里南北廣二三十步或數十百步漸見南北相接西至石囤已及五都修築捍海塘與鹹塘相遠直抵岩門障禦石囤東至十二都六十里又塘東至大光山嘉興等三路所修處海口至八月一日至三日探海二丈五尺至於九月二十日探之先二丈者今一丈五尺先一丈五尺者今一丈面自六都仁和縣界赭山雷山爲首添漲沙塗已過四都五都鹽官州郭東西二都沙土流行水勢俱淺漲沙東過錢家橋海岸原下石囤石柜等頹圮水息民安於是天歷二年遂改鹽官州曰寧州

明朝永樂六年海寧縣海决陷沒赭山巡檢司九年秋詔修海寧縣塘先是工部上言海寧仁和二縣風潮溺死居民漂蕩廬舍坍塌城垣請發軍民修築詔許之自是工役起是年冬十一月塘成令仁寧二縣計修築者一萬一千一百八十五丈

十一年夏五月大風潮仁和縣十九都二十都皆淪入海詔兵部侍郎張某往築海塘役軍民十萬計浙東西諸郡俱爲騷動三年間費不啻十萬而患寧如舊按實錄四年止言仁和共海寧二縣接壞是時修築寧必與焉觀史六年之遣發於寧不於仁又云爲屢被潮患連年修治迄無成功則大較可知矣故并錄之

十六年冬十一月詔保定侯孟瑛禮部侍郎易英祭海神於海寧時濱海諸縣屢被潮衝連年修治迄難底績故有是命既祭其患頗息

十八年通政司岳福上言今歲仁和海寧二縣夏秋霖雨海潮泛溢塘之淪入海者千五百餘丈諸山嵓門山舊有海道今皆淤塞故潮勢愈溢怒滋大請亟修築詔從之

成化七年閏九月工部李侍郎奉命來寧祭海神



十二月夏浙江守臣上言杭嘉紹三府海寧海鹽等縣海塘衝壞數多亟宜修治部議令各府先以在官物料支用不足則于附近無災處所移借協濟詔從之

十二年二月海寧縣海決時潮水橫衝一潰數仞漂盪城邑瀕海之祠廬器物淪漂畧盡縣官上其事於府府上之鎮巡因命採石臨平安吉赭山初用漢捷緪法不就乃刻木爲大柜編竹爲長絡引石下之兆濫乃定仍作副堤十里以防泄瀉一時富民爭相振施凡七越月而後竣按郡志云成化中海寧海水直逼城下知府東建議開大河築內堤於以洩水捍衝疑即此時也

萬歷三年夏三月颶風大作海嘯海鹽及海寧人民溺死者百餘漂房屋二百餘間塘圮鹹水涌入內河壞田地八萬餘畝時縣官估計應修塘凡二千三百七十八丈計修築工料銀應五千二百二十八兩四年九月知縣蘇潮新蒞任巡撫徐拭察其才可任事遂以塘付

之潮定議以五年二月十三日興工至四月而役竣計費銀一千九百七十六兩

崇禎元年七月二十二日海嘯海寧殺人無算是日午前風日清朗纔過午狂飆猝發雷雨如注申酉間忽報海嘯登城望之見潮頭架樹杪廬舍蕩析瀕海居民有舉家死者有一家十九口止存二者延至夜半風濤稍殺厥明縣官出勘城東西被災者凡有四千餘戶橫尸路隅殆不忍見云事聞於朝議修築海塘時縣令謝紹芳屬衛官張紹傑董其役張第以修河塘法從事未幾潮之嚙旋築旋圮踰年績弗成於是三臺畢臨相視議工費按撫會題寧邑履畝加賦一分合計之得九千餘金而道府捐助又各有差於是郡城劉元瀚奉臺令來董其役

陳誼海塘議曰海寧縣治南瀕海海之上卽塘塘距城僅數武東抵



海鹽西抵浙江延袤百里塘西南有赭山南與龕山對峙夾爲海門是爲海潮入江之口說者謂海濤浩渺至此束不得肆輒怒而東迴及其迴也又有石墩山以障之則益怒於是東西盪激害乃中於寧查寧邑舊志塘之外有沙場二十餘里沙場之內有程地草場桑柘棗園一百六七十頃有奇乃今悉盪入海孤城若塊萬姓如魚脫更內蝕滄桑之變在轉盼間凜然乎哉宋元以前勿論矣明自洪武至萬歷海凡五變五修築矣永樂九年海大決保定候孟瑛奉命徵九郡之物力歷十三年而始奏功嗣後成化甲午宏治壬子嘉靖戊子迄萬歷乙亥海或溢或決塘隨築隨圮雖勞費不如永樂之甚公私亦旣騷然矣夫海決寧邑而役及九郡者同也寧地於吳爲陬於越爲首地形最高故有俗諺相傳謂吳江塔巔與長安壩址並高如寧海一決注之列郡如建瓴然則障寧者卽所以障列郡也萬歷五年春巡撫徐公栻以寧海多潰關因與水利陳公詔命察縣尹滇南蘇公可屬大事卽以其役委之蘇亦毅然身任閱三月而役竣修坍塘一千六百六十二丈築新塘三百二十丈其費公帑止一千九百餘金亦可謂事半而功倍矣然余更有說焉海寧之塘與海鹽異鹽塘有大患亦有大利寧塘似無顯患而實有隱憂蓋鹽塘有內河可開故潮勢至此既分殺而引其流更能使草場悉爲膏腴是大患彌而大利興也若寧塘逼迫城郭無內河可開幸潮勢後於鹽耳設一旦海嘯直薄邑治其爲隱憂可勝道哉聞寧邑額設捍海塘夫一百五十名每歲編派役銀三百兩爲之今者誠加意海防每遇潮汎卽遣巡撿稍有傾圮卽委廉能吏領銀修治毋令涓涓不止此亦徹桑之計也萬一天祐寧民塘十年無恙則銀之積益富縱興大役亦不必派及貧民矣至如築塘之法余竊有取於海鹽乙亥之決海鹽爲



甚其修築也造完前坍石塘七百五十丈及原丈石塘八十三丈二尺修砌半坍石塘一千七百九十二丈築舊土塘二千二百一十六丈築新塘七百七十丈五尺新開內河白洋三千三百九十五丈而其爲費也始計之謂非三十萬不可及撫臺徐公親行海上命有司詳估價值曰十六萬足矣衆乃譁然駭其太簡及工告成費止十萬餘金減原估五萬四千有奇是徐公之施德於浙民大也至其慮潮激之爲害也有盪浪木樁以砥之慮其直薄堤岸也爲料階以順之其累石也上則五縱六橫下則一縱二橫石齒鉤連若絙貫然卽百計撼之其能搖乎修寧塘者誠一準海鹽新塘之式是則一勞永逸之計也安得若任事徐蘇二公者與之籌海事哉

按陳元生議其言寧塘之利害與鹽異似也而其所以異則非也寧城之偏海在南而鹽城之偏海在東餘三方皆實地皆有內河可開

安在海鹽之勢可殺而寧獨不可殺哉余竊謂鹽之患大寧之患小
鹽東南距海塘自北而南潮則自東而西濤頭直衝南方故塘易圮
而爲害劇若寧則南面距海塘自東而西潮亦自東而西濤頭直衝
龕赭海門寧特其徑行處耳徑過時遇傍有隙竇自然不免滲入蓋
隙竇之引潮以入非潮之決塘以入也此寧患之所爲小於鹽而其
爲力亦異於鹽者也乃當事者動憂金錢不繼夫寧自嚴尹寬建議
後額設海塘夫一百五十名年儲役銀三百兩爲修築費亦既著爲
令矣倘能以此三百金隨時補葺小有潰決卽圖歛塞亦何至一潰
不可支者無如有力者負而趨會無分毫及塘何乃今一議工役非
請給上司則加派編戸蓋塘不修而民以海病塘修而民又以海病
此其故難言之矣而說者曰戊辰之變安見寧患之小於鹽夫戊辰
之變雖十仞之塘弗能禦也是豈由人力哉



嘉興府海塘

海塘去郡城百里而遠去海鹽平湖二縣之境延袤百七十里南與
會稽四明相望舊志載秦始皇於此嘗欲駕橋跨海今有石突屼海
中者今猶指爲橋柱云宋志海鹽東南五十里有貯水陂南三里有
鹽田浦東三里有横浦東逼顧邑南入海又有三十六沙九塗十八
岡及黃盤七峯布列海壖今縣治去海半里舊有陂塘之迹悉淪於
海而金山相去益遠潮汐自龕赭上潬洄流激射海寧瀕瀨境至秦
駐白塔間勢復涌撼游濤乘風壞民廬傷禾稼爲全吳憂堤議爲亟
唐開元築太平堤歷宋紹興中海鹽令邱來築堤二十里咸淳中轉
運使常楙築新塘三萬六千二百五十丈元至正甲辰縣令顧泳築
海塘四萬八千尺日捍海塘而塘故土堤易壞由是桑田漸爲海明興龕
海之政益詳而堤頽數圮洪武三年詔宋署令沿堤易土以石凡二十

萬二千七百尺後十七年是堤竟以潮潰本司參議嚴察發民兵築
之未幾復潰詔右通政趙居政發蘇松七郡民增築之隨復潰洪熙
宣德中役無寧歲巡撫侍郎周忱謂石堤内虛卽築土五丈實其裏
募郡人七百人鄰分築之按堤尺度分護樁石嚴其防歲以爲常未
十年海大溢塘悉潰知府黃懋以聞詔懋爲複堤堤凡糜銀三十九
萬八千兩有奇景泰甲戌已越十九歲又潰僉事陳永因舊址更爲
新堤堤成廣百二十尺高什之二糜銀視黃堤損什之三後十有八
歲海決溢堤盡圮民溺死者無數時參政邢簡僉事趙銘因遺石修
築之不甚堅自是數敗數修民多困殆久之憲副楊瑄仿宋王荆公
治鄞時定海塘之法砌石坡陀以殺潮勢内實磊石以防内潰堤竟
完好先是歲築堤費銀七千有奇有司遂操其奇羸士民以興築爲
利輒盜取樁石以去蘋速圮當事者巡省不時不覩其風濤蕩敗之



故楊堤固堅久不加葺治十餘年亦竟潰宏治戊申侍郎彭韶按治
海邦檄郡募工合通判蹇暹知縣譚秀起藍由北抵了义爲堤九千
餘尺植樁疊石外縱内横以漸坡陀畧如楊法下廣十五丈上廣三
之一高十有八尺實土如其高役夫二萬五千人糜費四萬五千兩
後十餘年海溢堤決龍王廟知縣王璽修築計二百餘尺餘癸未秋
潮大作泛溢百里皆堤悉圮都水郎中林文沛究所圮堤無慮數十
處而王所修堤獨存按王所築法擇方石縱横交錯補葺諸圮自了
义口南抵宋丘所築凡一萬三千七百尺後十歲僉事蔡時立分地
程工法度地丈尺酌勢煩易配以里甲使人自爲力期以三歲會城
嚮補教場堤亦一千七百尺大抵海塘受患東北風爲烈而天闕適
南當其衝教場迤北勢差遠矣正德以來天闕外堤毀而内堤當其
衝勢甚單于虔浚知海鹽議作複堤蓋卽以今之内堤作外堤也因

循竟弗克施後僉事黃光昇逼約前法築堤志勤力殫績用可述按
海堤自金山內堤漸及百里濱海居人直三秋大汛潮大連雨東北
風漲甚或山台海溢海人驗候云山台風潮來海溢風雨多皆不誣台謂海中素迷望之山忽皆在目溢如讀鹹鹹
喙聲也海鷗啾啾鳴或是年後小至七月逢壬輒憂海溢余聞海人言
爲之惻然余嘗遊會稽觀台守湯紹思所築三江堤植址滄濱橫亘
千尺未嘗不歎其奇詢諸父老輒言湯守之誠懇竟以集事然其事
大類朱子築黃巖塘法用鐵爲盈丈巨梓置之潮衝潮至盤所輒不
復作豈金固止水物耶今龕赭以東海壖頓起五十里餘姚蘭諸海
水北郡亦十里許其可種藝明越海堤宋元以前修治最數明治工
役頓省實大勢致爾鏡觀乘除陵谷轉徙則郡境捍海之役亦安知
後此無息肩時耶



戍海篇

洪武二年倭犯山東淮安明年犯浙東福建其五年寇我澉浦殺掠
民人而長老亦言洪武四年有海民沈保童用竹筏載倭登犯海寧
等縣首被倭患如此洪武五年上卽家起信國公和相視並海要害
築城置衛所統官軍各占信地戍守其法甚備於是鹽之衛所始建
一曰海寧衛指揮使司在縣城內一曰澉浦守禦千戶所在澉浦鎮
一曰乍浦守禦千戶所在乍浦鎮今析平湖二所隸衛衛隸浙江都
指揮使司以內隸於左軍都督府有烽堠有砦凡五十有七聯布海
崖南屬之海寧所北屬之金山衛屆汛月各以軍五百人守之瞭海
洋船火報聲息有戰船爲大清爲風尖爲八槳凡七十有二其五百
料者以軍百人駕之汛月出海洋巡倭大汛二三四五月小汛九十
此五月風多從東北來倭入犯易也三城鼎足稱重其後澉有八
旋就晏寧先臣鄭曉曰洪武末年海中方張諸逋賊壯者老老者死

以故沿海郡縣得休息謂此也永樂中益嚴守汛其七年有沈家門
遠哨之議沈家門在定海洋外舟山普陀之間往倭人入貢海泊船
於此信國經理時因立水寨防禦至是調衛所戰船協哨蓋欲聚衆
兵一處壯兩浙聲援然此山去浙東爲近去浙西實千里而遙非本
衛衛要必守之地洪熙元年巡撫周翰請撤歸近海地各守信地宣
德初行在兵部又以爲言皆未果撤至正統中倭警作頻年寇大嵩
寇桃渚且寇我乍浦者再朝廷命侍郎焦公竑巡視海防因漸有釐
改焉先是衛五所並在衛署至是以乍浦新中中所軍單弱奏調後
所移署乍浦城貼守其北十里梁庄堡地尤衝增拓爲城以指揮一
人統官軍戍焉徐泰曰浙西並海之地海鹽爲要而乍浦當西海口可泊往往致寇國朝既設防禦所正統中倭夷登岸
吏兵不能支故復以後所協守至今海口梁莊等砦歲必專官設備監往事也而澉浦所以調湖嚴海寧三
所軍遇汛協防添築二所城及縣城南北二瞭望臺并省烽堠與砦



爲三十七所其沈家門戍亦以其時撤回增設騎操馬一百五十四
匹傳號塘報在海岸設防而戰船則減爲小矣哨船二十備乍之西
海口不復遠汛申飭洋事稍異開國時矣成宏而後海上久而無事
罷三所之戍澉者諸弁寖而文雅詘言兵軍亦服四民籍者多虛尺
籍至嘉靖中海船廢盡馬額亦減武備衰耗已極而倭變適大作初
明仿宋元遺制市舶寧波嘉靖三年因是有宋素卿之鬭既而革舶
司禁番船往來顧不能盡如禁革船近輒私與內豪市內豪吏發獵
漸縣負弗償諸奸商益讎憤起爲賊勾倭人沿海寇犯不休朝廷爲
設巡撫及總制大臣兼轄浙直福督勦若朱公紈王公忬張公經李
公天寵及胡公宗憲先後來涖師而衛所軍不堪用則募民爲兵用
之兵制因大變都督萬表云向來浙上漁船出近洋打漁樵柴無敢過海通番近因海禁漸弛勾引番船紛紛往來海上
各認所主承攬貨船裝載或五十艘或百餘艘成羣合黨分泊各港又各用三板草撇船不可勝計在於沿海兼行劫掠亂斯生矣

後日本暹羅諸國無處不到又誘帶日本島倭奴借其強悍以爲護翼徽州許二住雙嶼港最稱強被朱都御史遣將官領福兵破其巢穴焚其舟艦擒殺殆半就雙嶼港築截許二逃去王直亦徽州人原在許二部下管拒素有勇畧人多服之乃領其餘黨改住烈港瀝表并殺同賊陳思盻柴德美等遂至富強以所部船多乃令毛海峯徐碧溪徐先亮分領之番舶出入關無盤阻而興販之徒紛錯於蘇杭近地之民有餽時鮮餽酒米獻子女者自破黃巖屠郭衢而其志益驕其後四散劫掠各通番之家則不相犯人競趨之杭城歇客之家貪其厚利任其堆貨且爲之打點護送如銅錢用以鑄銃鉛以爲彈硝以爲火藥鐵以製刀槍皮以製甲及布帛絲棉油麻酒米等物無不資送接濟而內地之人無非倭黨矣按鄭曉吾學編日本考言海寇之起由於內豪賒欠其貨因而怨懟劫掠據萬都督所云又起於自相防衛自相吞并遂盡變爲盜賊合艘兩殺當時寇起之原始矣先時浙江把總四臨指揮即選衛指揮充之至是分六總改欽依以都指揮體統行事重其權浙西者曰海寧把駐乍浦海防類考云兩浙原有考選把總四員分爲定臨觀一總松海昌一總金盤石一總海寧一總嘉靖二十八年分定海臨觀爲二總松海昌國爲二總共六總三十六年以六把總事權不重奏以都指揮體統行事先時設總督倭都指揮臨各總列銜都司至是以都司權輕設總兵定海節制兩浙別設參將四統領六總浙西者曰分守嘉湖參將駐縣城海防



類考云洪武三十年設總督備倭一員都指揮一員於都司統沿海各把總嘉駐定海三員十五年復設總兵官於定海改參將於臨山其因參將分守統轄而定海總兵居中調度節制各參總焉會典云嘉靖三十二年添設杭嘉參將三十四年改爲嘉湖參將三十五年改設專駐海鹽建置年歲較類考尤詳分設參將理浙西至是復增設副使兵備杭嘉湖台其兵之區曰嘉興區用上承督府下鑒本區之總參駐郡城海防類考云巡視海道舊制以侍郎都御史領之洪武三十年後始領於按察副使嘉靖初年駐省城遇汛巡歷全浙沿海地方三十三年駐台州三十七年改駐寧波的巡歷沿海至三十二年間以倭變始添設杭嘉紹各兵備而海道所轄止寧紹區矣添設參政事類考不載惟景泰黃志云正統七年倭奴登乍浦初設布政司參政一員專一提督海道因設分司公署又錢薇集云正統中奏設藩參一員駐紮鹽城理海防而陸兵則郡城設五營縣城設二營乍浦二營澉浦一營合十營營各五百餘人遇汛分派沿海循塘拒守汛畢仍守城也水兵郡城亦五營營之人數同陸營平時截守衛城水港遇警分調邀擊而海上募福蒼船七十七艘兵二千餘人立海鹽乍浦澉浦三關三總戍守分兼出哨羊許二山羊山至許山一潮許山至乍浦一潮倭來至陳錢山合艘自陳錢至羊山復占

風分艘犯浙直故羊許尤浙西門戶永樂時哨沈家門則已遠正統時撤而泊乍之海岸則已近惟哨羊許於浙西海徑有合耳海防類考各區戰船先年但於衛所食糧旗軍內選駕海寧總計二十隻後損者不修缺者不補嘉靖三十一年倭變船無可用海寧總政募福蒼等船七十七隻官爲給稅至其他征調客兵如坑兵邳漳廣東山東兵狼山兵及橫江馬尾船兵往來以遊擊者不在前所設營哨數坑兵處州鑛坑之兵劉大仲嘗統五百名守鹽屢有戰功後敗沒邳兵參將湯克寬家丁也守城禦敵甚得其力時凡三百餘人漳兵漳州兵參將盧鏜張鐵部下皆有之倭中多漳人戰時兵有與賊通敗事者廣兵三十五年調至王守鹽一千二百人山東兵故老言三十四年嘗調至宿城外掠人索食不減於號廣西田州土兵亦三十四年調至土婦瓦氏率之過鹽進擒金山賊失利而歸廣東烏尾橫江船艫福船尤大三十五年調一百八十艘分撥浙直海洋所在給稅海艦之外有湖州水兵指揮徐行健統有甲士百人又嘗考胡公用兵時故籍歲費營六十八萬有奇而嘉興七邑所增田畝額餉凡五萬搜括奇羨餉銀又不下二三萬悉以充給本區增設兵則兵數之多可知已宋九德倭變事畧云時海田一畝出兵餉銀一分三釐沿海之民膏血幾盡惟時縣境大小戰不知凡幾破



腰新塘兩戰殺指揮三人蕭朝馬呈圖來綵千百戶七人王繼隆姜楫楊臣康綏王相呂鳳姚孝孟家堰殺指揮一人全軍並覆指揮李元律與處州千戶薛洞李波百戶宋應蘭並死於陣所兵士死者一千四百七十五人北王橋之戰亦殺指揮一人徐行健又指揮姚宏戰於松江陶宅死衛城澉浦再被攻賴參將湯克寬令鄭茂指揮徐行健尉李茂力守得完而攻乍浦所中人大半殲於後諸賊以掠飽不得去誘之僞降離解其黨使自相縛以效功於是陳東葉麻縶徐海亦燔王直受餌就阱諸主名賊帥及羣倭相繼盡海上始就寧胡公功實多然東南郡縣大抵皆殘我三城四郊外民廬稀燬火欲斷矣嘉靖末以營息有銷兵之議始汰兵備令巡道兼攝初稱杭嘉興湖兵備令以嘉湖分巡道兼攝因稱嘉湖兵巡道仍駐郡城隆慶三年汰諸營郡城及衛所三城合爲兵五營又汰海鹽澉浦二關水兵留乍浦一關居平泊守臨汛出哨且有抽選軍丁補兵之議四年巡撫谷公中虛始定嘉興區兵制曰陸兵凡一營五總中總守

嘉興左後總守海鹽右總守澉浦前總守乍浦曰水兵一關比四哨一哨羊山一哨許山一哨乍浦西海口一哨白塔港其哨守之規則每遇汛日各總號移屯就遠以資防禦中總屯海鹽左總屯鹽之龍王塘前總屯梁左後總屯乍浦城右總屯澉之南海口水哨兵遠出海洋各哨所占山嶼南與臨觀海哨會北與直隸余山吳淞海哨會哨陸有籌哨水有符稽驗各有法而陸兵募兵二總軍兵與民壯兵各二總水兵耆舵募兵貼駕用軍兵當時以軍與民壯並在食糧之額用以充抵民兵則兵數不虧餉數自減蓋於總參新法中仍參用軍伍存衛所初建意兵制有變而得其善者此也海防類考云倭亂時南浙召募陸兵不下十萬餘續因減免餉銀議將水陸募兵漸次大減選取軍民壯丁兵軍兵抵用至隆慶四年督撫軍門合題准各區水陸官兵內加選一營五總募兵一總民壯軍壯各二總海寧總水兵留用民捕耆兵九百十五名加添軍兵五百二十二名謂之貼駕軍是以餉數減節而兵數反加較防守又王兵憲樵構李記曰自倭亂平三關改爲四哨白塔港爲一哨兵船九艘哨官一人領之乍浦爲一哨兵船



八艘參將中軍把總領之以許山爲第二層門戶立爲一哨用蒼船一艘沙船小哨船喇叭唬船共十六隻水兵把總一員領之以羊山爲第三層門戶立爲一哨用船如許山之數以備倭把總親督領之據此則當時船方減爲五十三艘數有可稽民船始於正統時後正德中立每縣額十人尋又定爲每里一人初爲力差嘉靖五年工食派於秋糧中帶征始有額餉又隆慶四年題准浙江通省額設民壯留有守各府州城池庫獄其餘征收工食挑選精壯之人設立隊伍聽各該總操練把總官與軍兵合營操練縣舊志隆慶三年以兵餉缺乏奉文議設民兵在於海寧南衛并澉乍七所軍兵挑選足名數總以海寧衛指揮統領哨官以各所百戶統領軍兵操在於軍儲倉本折關支萬歷初水兵貼駕者復改用民兵堡存軍兵之半軍院方設革水哨軍兵一百八十名募民兵補之在萬歷二年時以倭警久息始裁五總中哨又裁白塔港哨船之半不數年金山見告海上復修舊所裁者多補又以乍浦地尤衝兵止一營爲弱增設軍兵一總名左哨而稱舊左總爲中左營舊中總爲標營汛時左營屯乍後營改屯龍王塘南標營口守郡城聽調發移屯之規稍變其黃道關舊置澉浦關處亦增設哨船以白塔港爲中游左哨此爲中游右哨而每遇汛期督撫軍門檄嘉湖兵巡道

同分守參將督發兵船出戍海洋督撫則間歲一親行焉陸兵練習每總以中哨三隊習鳥銃每什以二人習刀牌二人習狼筅四人習長槍二人習鈎鐮短槍暇時俱習弓弩臨時鳥銃衝軍則刀牌手護之刀牌手衝陣則長槍手護之弓弩鈎鐮手衝陣則狼筅手護之長短必相開而進而火器尤利於用其各營百子銃鳥銃火藥火繩鉛彈噴筒及水哨將軍銃佛狼機之類皆官銀造發各有成額各汛所募福蒼等船皆官爲給稅隆慶以後改爲官造官修以致侵尅弊多不堪經久萬歷二十五年令設各捕預稅銀自造充爲私船應免他弊定議三年一燀洗四年輕修五六年重修七年拆修遇修造年分船兵照例放班舵兵改食兵糧扣省餘餉抵湊船稅今計各船每年每隻稅銀福船七十四兩三錢四分蒼船二十四兩沙船內一等二十五兩二等二十二兩小哨船二十二兩號船四兩本區船稅共該銀一千一百二十二兩六錢八分其銀於嘉興府須派科銀并扣省月糧銀內支給修造係各隊兵自造自修例不給稅

## 紹興府

明紹興府設三衛伍所隸浙江都指揮使司總轄於左軍都督府宋禁例軍也各衛所復有帶管及召募名色宋廂郡例也弓手領於巡檢司規模與宋不相遠其軍始調自南北從征者繼乃抽台温等處



民四丁之一以充伍爲指揮郡將也千戶則營將百戶鎮撫隊將大務取防海居常則用以弭寇賊民既出食食軍則守本業率妻孥戮力他無預矣承平久無所事軍江南諸省率用以轉漕捨刃持櫓浙雖有海備亦半漕焉憂國者或謂東南士卒罷於轉漕殆非也余曩爲職方主事常攝入衛班軍班軍數萬人自正德來俱作役司空度匠作日白金五分歲省冬官六七十萬金若以還營則爲隊而已矣入衛者習爲工或不具兵器鬪輸作則便鬪營操乃顧不甚稱便也昔人有言曰巧於用短兵亦確然故九邊軍亦大率用輸作而揣其鋒於家丁築城垣治器械司空城旦猶司農簿師也何爲罷乎衛軍既驕陣沒者又以死事錄功有司憚用之正德中王晉溪本兵乃起民兵之議令民壯快手捕盜等名色是也是亦廂軍類也而沿海則多用義烏兵先是嘉靖中金衢北郡有礦賊險山抵義爲義[illegible]

擊勝之斬數魁其技以長槍鄉人私相傳稍得兵法自茲遠近競募義烏兵故惡少子弟不習爲耕則習爲戰美食好衣以待募義烏人大患之而往昔兵法乃或廢衛家說曰故者不挑補逃者不清勾軍政何煩然額糧固省矣今俗呼衛者曰軍而募者曰兵兵禦敵而軍坐守兵重軍輕軍借衛於兵壯軍乃復充兵其變勢也不以漕將何之乎石曼卿以建鄉兵顯名至或用之捍敵則笑曰此得吾粗也餘姚江南鄉兵怯甚謝生軍勇敢五百人聲赫赫四馳竟敗死衛人與自衛異雖精猶麤矣況區市人而戰者乎兵日增軍日損兵日驕軍日懦此無足患者患異日之兵復如軍耳義烏之待募者可觀矣邇稍裁餉遂有壬午二月之變而汎時恐鈌需則每每以海艘傳羽書令人耳目驚也兵不戰不利戰又下策不忘戰之術蓋難言哉

先年浙江沿海原設總督備倭都司一員考選把總指揮四員統轄



衛所而分定臨觀爲一總嘉靖三十八年分守處海總臨觀總全浙共六總三十一年添設參將一員駐定海分守寧紹等處三十四年賊破臨山衛則添設總兵官一員駐臨山三十五年移總兵駐定海而參將駐臨山專統陸兵三十六年六把總俱授以都指揮體統行事隆慶二年參將改駐舟山專統水兵以定海總兵把總調臨山領陸兵所萬歷十二年裁革陸兵把總但屬臨觀把總統轄駐臨山

兵部尚書譚公綸昔爲海道副使嘗建議云衛所官軍既不能殺賊又不足自守往往歸罪於行伍空虛徒存尺籍似矣然浙中如寧紹台溫諸沿海衛所環城之內並無一民相雜廬舍鱗集豈非衛所之人乎顧家道殷實者往往納充吏承其次賂官出外爲商其次業藝其次投兵其次役占其次搬演雜劇其次識字通同該伍放回附近原籍歲收常例其次舍人皆不操守卽此八項居十之半且皆精銳至於補伍食糧則爲疲癃殘病老弱不堪之輩軍伍不振戰守無資弊皆生此可委賢能有司同該把總官往各衛所督同掌印等官不必論其伍分先核城中街巷計有若干每街每巷共有門面若干戶分格眼紙一張諭令自開房屋幾間男婦幾口某係精壯某係老弱至於釜竈床鋪若干亦俱實開貼於大門上乃各委官持籍領各伍官旗沿街履戶逐一面詰該管官旗有無隱漏並執詰明白然後比對戶口文冊庶幾可得十之七八於是取其見在人數通行挑選精壯者存留食糧老弱不堪者通行革退卽以精壯餘丁選補如果在營故絕無丁者將本地方仍舊行勾卽查照近例嚴選別戶精壯餘丁補伍至於充納吏承違例役占者通行禁止其賣放逋逃出外行商業藝投兵搬劇及隱容在籍收取常例等項俱責令該管官旗及家屬人等免其前罪通行勒限招回一體選補務使食糧者皆精銳



之士無復以老弱充數不食糧者照依保甲之法編定守城如百姓守城之例不得以無糧藉口該管守旗招徠補充至五分以上卽量行獎賞其有仍前縱容賣放者掌印及諸伍官旗聽各巡道從實查參輕則問罪降級重則綁解軍門治以軍法如此庶軍政可肅戰守有人不至臨時紛紛請兵矣自嘉靖三十一年以來兩浙召募陸兵不下十萬近年漸次汰減選取民壯弓兵正軍抵用在紹興募兵民壯軍兵各一總臨觀總留用民補昔舵兵五百二十四名加添軍兵一百二十九名并原用軍兵一百二十一名萬歷二年加復臨觀總民兵二百四十二名（令查總數不甚符合）倭亂之後民財竭矣減兵而選軍蓋取足於正例原在食糧之額雖加至一石比之全給兵餉者已省矣乃日久弊生正數逃亡餘兵貪緣補役月給之儲與民兵無異且強悍難制是以有復民之議云

訓練之法臨觀一總水兵每春防汛畢六月中兵船收港七八兩月留舵稍守船俱聽把總督同哨官在定海衛教場至九月初上船防過小汛十一月中起至來年正月止俱在定海關水寨同定海總三日一次訓練臨山營陸兵每年汛期發沿海防守聽把總督同衛所官與寧波兵合營訓練汛畢回營遇三六九日臨山把總自行訓練水兵長技軍火互用如賊船離遠則以鳥銃百子銃發首爲先賊船逼近則以長槍鏢箭藤牌爲便各派器械沿守本境遇掣與陸兵齊操陸兵長技長短相濟中哨三隊俱習鳥銃每什以二人習刀牌二人習狼筅四人習長槍二人習鈎鐮短槍暇時俱習弓弩如鳥銃衝陣則刀牌手護之刀牌手衝陣則長槍手護之弓弩槍鐮手衝陣則狼筅手護之兵制之常經也哨探之規各區官兵分撥小哨叭喇唬綱船輪流遠出外洋往來哨邏仍與鄰近兵船交相會哨烽堠撥軍



瞭望遇有警急通行飛報其初哨者撫臺有單汛兵皆會哨取單憲司仍刊刷哨符發各總照依派定處所給符往來會哨交符俱塡發日到日時刻汛畢簡核不許延洋交爭其沿海烽堆臺寨置兵循環哨籌每日南北各遞發一籌彼此循環毋分雨夜逐墩遞送傳報有無聲息責令陸路官置簿登記遞到籌號姓名日時每五日彙驛送報各將領皆親督兵船出洋哨探遇賊船經由信地即從實飛報某處賊船幾隻大約賊有幾何傳報鄰境分頭防禦應援即急督官兵相機夾剿其遠哨兵船見賊即報不拘定信地其虛張聲勢及望風輕報者覈實治罪若賊在洋搶擄而隱匿不報者處以軍法

沿海漁稅永樂間以漁人引倭爲患禁片帆寸板不許下海後以小民衣食所賴遂稍寬禁嘉靖三十年後倭患起復禁革二十五年總督胡宗憲以海禁大舉生理日促轉而從盜奏令漁船自備器械排甲互保無事爲漁有警則調取用兵船兼布防守先是巡鹽御史董威題定漁船各立一甲頭管東仍量船大小納稅給與由帖方許買鹽於海捕漁所得鹽稅以十分爲率五分起解運司五分存留該府聽候支用每年三月裏以黃魚生發之時各納稅銀許其結䑸出洋捕魚至五月各令回港萬歷二年巡撫方宏靜復題令編立䑸綱紀甲並立哨長管束不許攙前落後仍發兵船數隻選慣海官員統領於漁船下網處巡邏遇賊即剿說者曰海民生理半年生計在田半年生計在海故稻不收者謂之田荒魚不收者謂之海荒其淡水門海洋乃產黃魚之淵藪也每年小滿前後正風汛之時兩浙漁船出海捕魚者動以千計其於風勢則便捷也器械則鋒利也格鬬則敢勇也驅而用之亦足以捍敵緝而稅之尤足以餽軍餉乃疑其勾引而厲禁之遂使民不聊生潛逸而從盜矣故編名以稽其出入領旗



以辨其眞僞納稅以徵其課程結䑸以連其犄角而又抽取官兵以爲之聲援不惟聽其自便爲生且資其捍禦矣豈其取給於海民之稅以助軍興之萬一耶（此條與江南畧相類）

說者曰勦倭之策海易陸難然水戰又以犂沉賊船爲上計縛賊次之陸戰以摧鋒陷陣爲上計斬獲次之惟重水戰之賞則賊不得登岸邊民不知有兵四境晏然矣此海防要策也

鎭關烽堠

蕭山　西興鎭西去縣城十里逼錢塘江陰宋時有寨　新林鋪東去縣二十里宋時有寨　黃嶺巖下貞女三鎭西南去縣一百里唐劉漢宏常分兵據守錢鏐擊破之

諸曁　長淸西南去縣五十里元時有關　陽塘西去縣城五十里元時有關　湖頭鋪南去縣城五十里元時有巡檢司　管界東去

縣城八十里唐宋有寨　五指巖西南去縣城六十五里李將軍攻
忠築新城拒謝再興
餘姚　李家牐東南去縣城三十里是四明東門元時有巡檢司
梁弄西南去縣城四十里人煙湊集亦一巨鎮是四明西口　筆竹
嶺西稍南去縣城三十里與上虞接境
上虞　梁湖西去縣城三十里曹娥江東岸　百官渡西南去縣城
四十里隣於江唐時舊縣址　糜家山東南去縣城四十五里元時
有巡檢司當山縣界地甚僻　佛踪山西北去縣城四十里宋元有
寨　智果店東北去縣城十五里
嵊　清風嶺北去縣城四十里　白峯嶺西南去縣城八十里唐宋
有長樂寨元有巡檢司　三界北去縣城六十里
新昌　黃罕嶺北去縣城五十里其地形可入而難出唐王式敗裘



甫於此　三溪渡西去縣城十二里唐裘甫敗三將處　關嶺東去
縣城七十里接天台界以上皆內地宜設備者也　三江所不濱於
海地勢稍緩然去省城八十里海上有警烽火於此通焉嘉靖三十
五年倭寇突犯攻城我兵敵退
臨山衛坐當要衝東接三山西坻瀝海嘉靖三十一年倭賊攻陷瀝
海所東衛臨山西捍黃家堰三山所界於臨觀之門東西策應觀海
衛三山爲右翼龍山爲左翼居中節制應援也屬慈谿而轄於紹興
犬牙勢也不欲以全險與寧波也龍山所北對金山蘇州大洋東對
列港伏龍山獨踞海際去所僅十里乃賊船往來必由之路臨觀一
總之咽喉也封守鎮固省城安枕而臥矣地屬定海嘉靖三十四五
年間倭賊屢登犯
關四三江所一曰大關關　觀海衛三曰大亭曰長溪曰桂湖

隘六臨山衛三曰泗門曰烏盆曰化龍　三山所一曰眉山瀝海所
二曰施湖曰四匯舊以二處海水衝激夷船易泊時立寨委官一員
領軍五十名守之今廢
敵臺四三江所一曰蒙池山　臨山衛一曰羅家山　瀝海所一曰
西海塘　龍山所一曰龍山
烽堠二十七三江所六曰航烏山曰山鞍山曰烏烽山曰宋家漊曰
周家墩曰桑盆　臨山衛九曰趙嶼曰烏盆曰廟前曰荷花池曰方
家路曰道塘曰周家路曰四　曰夏蓋山　瀝海所三曰槎浦曰湖
家池曰棲樹　三山所八曰瀝山曰眉山曰徐家路曰撮明山曰勝
山曰蔡山曰吳山曰滸山　觀海衛六曰向頭曰瓜誓曰四龍山曰
新浦曰古窰曰西龍尾　龍山所五曰龍頭曰龍尾曰石塘曰青溪
曰施公山



寨一蕭山縣曰龕山寨扼錢塘江下別實郡西臂賊嘗登犯
厰一曰嶼山厰以上皆海岸宜設備者也
港七曰三江港　臨山港　泗門港　勝山港　古窰港　列港見通志武備　清溪港由此可入金家嶼
浦四曰金墊浦爲定海慈谿相界之地北連大海西連伏龍山賊船
由東北來必於此繫泊嘉靖三十八年賊登犯　蟶浦　松浦在古
窰東　堰浦在古窰西門三曰蛟門直觀海衛鼈子門直蕭山縣
口一曰獅子口直龕山寨
嘴一曰西匯嘴在黃家堰賊嘗登犯
漊一曰宋家漊在三港東賊嘗登犯
海中山六曰西霍山黃山勝山長橫山扁樵山毬山
礁二曰篓材礁　柴掛礁

百一[illegible]石以上皆海港及海洋宜設備者也

兵船

浙江沿海先年原有戰船五百四十八隻內有四百料(用軍一百名)二百料(用軍七十五名)八櫓風快銅斗高把稍十槳(用軍五十名)風快(用軍二十名)等項名色俱於衛所食糧旗軍內選駕復因駕稍不便損缺不修補嘉靖三十一年來臨觀改募蒼山平底船一百二隻嘉靖三十五年又調廣東烏尾橫江大船一百八十隻分撥浙直海洋哨禦後臨觀總又議定福蒼沙魚叭喇唬船二十八隻(私造給稅福船以鈔尺自面梁爲界每尺稅銀一兩蒼船二十四兩沙船並鐵頭船十九兩小魚船十六兩小哨船梁頭一丈以上者十二兩八九尺者九兩五錢叭喇唬船四兩每年共該給銀六百五十五兩四錢又閏月銀三十三兩五錢將紹興府額徵民六戰船科銀五百二十六兩五錢並臨觀二衛軍兵扣抵戰船料銀及各路造船停又稅銀湊給)舊例三年小修六年重修九年折造今改爲一年二年燂洗三年輕修四年重修五年折造(私造兵船每年出海防遇大汛不准借稅俱令該管捕盜自修出防小汛



四闊福船折造限六十日行府量借稅銀三十兩重修限四十日量借稅銀一十五兩輕修限二十日不准借稅蒼沙漁船折造限五十日蒼船借稅二十兩沙漁船借稅一十五兩重修限三十日蒼船借稅十兩沙漁船借稅八兩輕修限二十日蒼沙漁船俱不准借稅小哨叭喇唬船折修限二十日小哨船借銀五兩叭喇唬船年給銀三兩重修限十五日輕修限十日不准借稅其口糧捕盜者民隊長照舊全支造修銀內將船工暫改支給兵糧幫工折造福船與幫工民兵五名軍兵五名蒼漁船各民兵四名軍兵四名沙船民兵三名軍兵三名小哨船民兵二名軍兵二名叭喇唬船原無軍兵駐駕止准民兵二名其餘民兵薪水俱行停止不給其重修輕修准捕盜者民除長口糧一名餘兵俱行住止不准幫工之例各船稅銀自戰船上塢之日住扣所借稅銀限一年之內扣還船若過限不完捕兵口糧截日住支船完出水再支通限正月十五日齊完)

說者曰探哨莫便於力艄衝犂必資於樓艫船形勢巍峩望若邱山建大將旗鼓風行翰海撲賊艇如鷹鸇此海防第一法也然惟利深洋耳若小哨叭喇唬之類則追勦便捷易於趨利故好事材官遂爲小船當增大船當減且云於料作爲省豈知小船止利於零賊之追捕而不利於大舉之仰攻豈可因噎廢食耶

海塘

海塘最長而工力大起蕭山之長山抵餘姚之上林接慈谿至定海透迤五百餘里中更七縣而五爲紹興境蕭山北海塘在縣東北新林白鶴西鋪之間長二十里西自長山之尾東接龕山之首爲海水出沒之衝　山陰浚海塘在府城北西五十里亘清風安昌兩鄉會稽海塘在府城東北四十里東自曹娥上虞界西抵宋家漊山陰界延亘百餘里以畜水溉田　浚海塘在府城東北八十里自延德鄉纂風鎮北二千七百二十一丈　上虞海塘在縣西北寧遠新興二鄉東自餘姚蘭風鄉西抵會稽延德鄉　餘姚海塘在縣北四十里縣之北環東起上林西盡蘭風七鄉十八都　蕭山西江塘在縣西南三十里邑之盡處也塘外爲富陽江受江衢嚴徽四府之水其上源高勢若建瓴蕭山在其下流獨賴北一帶之塘捍之　自桃源



十四都臨浦而至四都褚家墳南北四十里所以防上江之水在縣之西謂之西江塘江至四都則折而東矣故自四都而至龕山東西六十餘里所以禦大江之潮在縣之北謂之北海塘皆沿海浙江爲之邑人黃九皋書

海防書(寧波)

祖宗之制於邊海郡縣經營控制爲備蓋至嚴也語形勢之遠起遼海而終瓊崖考浙之東西首澉乍而達浦壯吾郡南達台溫北連濱渤並海幾六百里置衛者四曰觀海曰定海曰昌國而寧波衛則附於郡城衛之隙置所者十曰龍山曰穿山曰郭衢曰大嵩曰錢倉曰爵谿曰石浦前後所舟山則懸峙海中而中中中左二所在焉所之隙置巡檢司一十有九曰螺峯曰岑江曰岱山曰寶陀(四司環置舟山之四面隸寧波府)曰甬東曰大嵩(隸鄞縣)曰松浦曰向頭(隸慈谿)曰鮎崎曰塔山(隸奉化)

曰長山曰穿山曰霞嶼曰管界曰太平海隸定曰會豁曰陳山曰石浦
曰趙嶼隸象山莫不因山塹谷崇其垣墉陳列兵卒以禦非常復於津
陸要衝置爲關隘曰東津曰西渡曰桃花隸鄞縣明皆置船防守以備倭寇衝突曰定
海在南薰門外最爲衝要舊設指揮一員旗軍五十名盤詰舟航以防奸細官哨戰船亦泊於此後增協守兵民福蒼大小戰船悉爲
停泊曰舟山關舊設官軍盤詰常泊戰船後增置福蒼等船防守曰文亭關曰長溪關曰杜胡
關曰石浦關凡九曰湖頭渡寨選塔山巡檢司於此曰竹頭寨曰長山砦曰小
決港隘曰青嶼隘曰楔頭隘曰錢家隘曰梅山隘曰慈嶴隘曰橫山
隘曰螺頭隘曰定齒隘曰小沙隘曰沈家門水砦曰路口嶺隘曰岱
山隘曰大展隘曰何家覘砦曰仁義砦曰赤坎山寨曰黃沙寨曰松
嶴砦曰土竈寨曰南保砦曰游仙砦凡二十有五皆屯兵置艦以爲
防守其中若定海關舟山關湖頭渡寨沈家門水寨游仙砦南保寨
小狹港隘最爲險害自昔尤致嚴焉定海置烽堠一十三穿三烽堠



十霩衢烽堠六大嵩烽堠六舟山烽堠二十五觀海烽堠六龍山烽
堠六昌國烽堠三石浦烽堠二錢蒼烽堠五爵溪烽堠四咸設旗軍
以瞭望聲息晝夜烽火互相接應若霩衢之三塔山舟山之朱家尖
矗峙最高所望獨遠故設總臺多撥旗軍戒嚴尤至設總督備倭以
公侯伯領之巡視海道以侍郎都御史領之洪武三十年以後總督領於都指揮海道領於
憲定臨觀三衛設一把總指揮松海昌三衛設一把總指揮金盤二
衛設一把總指揮海寧衛設一把總指揮分方備禦各有攸司海上
諸山分別三界黃牛山在慈谿縣北大海中與海鹽縣海洋爲界馬墓長塗冊子金塘大
榭蘭秀劍山雙嶼雙塘六橫韭山擅頭等山爲上界灘山滸山羊山
馬跡兩頭洞漁山三姑霍山徐公黃澤大小衢大佛頭等山爲中界
花惱求芝落華東庫陳錢壁下等山爲下界率皆潮汐所通倭夷貢
寇必由之道也前哲謂防陸莫先於防海沿邊衛所置造戰船以定

臨觀三衛九屬所計之五百料止定海港一只四百料二百料尖狹等船一
百四十三昌國衛四屬所四百料等船六十七量船大小分給兵火
火器調撥旗軍駕使而督領以指揮千百戶每値風汛把總統領定
臨觀戰船分哨於沈家門初哨以三月三日二哨以四月中旬三哨
以五月五日由東南而哨歷分水礁石牛港崎頭洋孝順洋烏沙門
橫山洋雙塘六橫雙嶼青龍洋亂礁洋抵錢倉而止每所抵錢倉所取列單并各處
海物爲之驗凡韭山積固大佛頭花惱等處爲賊舟之所經行者可一望
而盡由西北而哨歷長白馬墓龜鼈洋小寨洋兩頭洞東西霍抵洋
山而止哨至赤坂海物爲驗凡大小衢灘滸山丁兵馬跡東庫陳錢壁下等處
爲賊舟之所經者可一望而盡即由此南通於甌越北涉於江淮皆
以南北兩洋爲要害而南北之哨則以舟山爲根抵昌國戰船南哨
則抵於松門北哨則抵於大嵩分哨之期有同於三衛而與沿海哨



船別綜於把總六月哨畢臨觀戰船則泊於岑港觀海戰船則泊於
黃崎港昌國戰船則泊於石浦關海中至六月十二日爲彭祖忌颶風大作舟必辟之仍用小
船巡邏防守備至密也至倭奴肆惡更不可以春汛期自三月至五月爲汛期六
七八月風潮險惡舟不可行九十月小陽汛復可渡海亦可停泊海島乘間而賊至故四時皆防倭也而備禦益嚴設
總督直隸福浙軍務大臣及巡撫都御史命卿佐以督察軍務督視
軍情三十四年命工部尚書趙文華督察軍務三十八年命右通政唐順之督視軍情以藩臬分任兵儲調
發廣東橫江烏尾船二百餘艘改造福淸船四百餘隻五百料等船於軍四民六
料銀增給價値改造福船雇稅蒼沙民船復數百隻召募福建兩廣邳徐山東松
潘保靖永順桑植麻陽鎮溪大康及著處等兵不下十萬勅鎮守總
兵駐紮臨山後改定海劄協守副總兵駐劄金山後改吳淞劄參將分守各府
杭嘉湖一參將寧紹一參將台州一參將溫處一參將而把總統轄諸衛舊制四後分定海昌國臨觀沿海金盤爲
寧六總裁去備倭總督而各把總俱以都指揮體統行事復時有遊擊浙兵總兵等職以督水陸

之兵（皆以部指揮領之）一時任事之官非不殫慮謀畫務底安攘而豺豕日
煩烽煙未靖者蓋以蹊徑日開告急者多則疲於奔命庫帑日匱而
費用者之則窘於設防糧餉不時而凍餒者衆則怯於應敵主兵不
實而召募者多則難於行法此皆用兵之大患也試舉目前之事籌
之倭奴入寇彼自黑水大洋舟行一二日抵天堂山復一二日渡官
綠水抵陳錢壁下漸經濁水西北過步川洋亂沙入鹽城縣口可犯
淮安入廟灣港可犯揚州再越而北則犯登萊矣西南過韭山大佛
頭積固山入黃華港可犯温州入桃諸海門栢門諸港可犯台州再
越而南則涉閩廣矣又西過茶山入廖角嘴大江口涉谷樍狼福山
諸港可犯通泰抵儀眞鎮過馬迹灘滸羊山歷崇明七了白茅劉家
河吳淞黃浦白沙灣諸港可犯蘇松過大小衢徐公石塔山馬鞍山
登梁庄西海口西嘴頭可犯嘉湖入鼈子門諸山錢塘江則薄於省



城登龕山烏嘴頭可犯蕭山縣過魚山兩頭洞三姑山入蟶浦三江
可犯紹興臨山瀝海三山過霍山洋五嶼烈港表登握泥烏山平石
則薄於吾郡之觀海龍山慈谿登邱家洋官庄龍頭則犯定海又西
北界過岱長山塗頭秀山劍山登干山大小展則東北一面可入舟
山過烏沙門順母塗登沈家門謝浦則東南一面可入於舟山過大
小干山卜六門嶼山盤嶼登門山螺頭則西南一面可入於舟山過
東西青長石樵馬墓港栅千山登岑江碇蕅則西北一面可入於舟
山由舟山之南經大猫洋入金塘蛟門則竟趨於定海城下過穿鼻
港入黃崗港則犯穿山過崎頭洋雙嶼入梅山港則犯霸衢過青龍
洋入大嵩港則犯大嵩自東西廚入湖頭渡則犯奉化縣及象山縣
之東界過韭山海閘門亂礁洋登浦門則犯錢倉所過青門關登沙
灣游仙砦則犯爵溪象山之南界入石浦關則逼石浦城與昌國衛

衆時嘗於招寶山寺抵陳錢壁下置十二水鋪以瞭望聲息在當時
已稱海氣寘濛風雨寘晦難於接應今浙直兵船督領於游兵把總
官管謂宜自春歷夏及小陽汛期直隸船北哨至茶山廖角嘴海洋
（江北淮陽沿海後設總參游兵等官督領兵船哨守各洋港）南哨至羊山馬迹山滸衢山等處（蘇松
常鎮兵船於游兵外又分別支哨守各洋港）浙船南哨至鎮下門南麂玉環烏沙門普陀
等山（温台等船又分別支哨守各洋港）北哨則交於直海（寧紹兵船於海外又分一支哨守馬迹一支哨守兩
頭一支哨守衢山一支哨守長塗一支哨守普陀）陳錢爲浙直交界分路之始復交相會哨
遠探窮搜遇有賊舟卽爲堵截馳報內境俾爲預防復於沈家門別
置兵船一隻以一指揮領之馬墓港別置兵船一隻以一指揮領之
把總則駐紥舟山兼轄水陸而總參標下各選練精兵三千以聽征
剿定海則屯聚重兵扼爲巨鎮賊或流突中界則沈家門馬墓兵船
邀北截過長塗霍山洋三姑與浙西兵船爲犄角而吾郡之北境可



以無虞邀南截過普陀青龍洋韭山青門關與昌國石浦兵船爲犄
角而吾郡之南境可以無虞賊或流突上界則總兵官自列港督發
舟師北截於七里嶼觀海洋面參將自臨山洋督兵船爲之應援南
截於金塘大猫洋崎頭洋而石浦梅山港兵船爲之應援則沿海可
以無虞是故今日之海防會哨於陳錢分哨於馬迹羊山普陀衢山
諸處爲第一重出沈家門馬墓之師爲第二重總兵督發兵船爲第
三重巨艦雲馳倭夷之舟航弗與也火器飈發倭夷之短兵弗與也
以我之衆制彼之寡以我長技制彼短技折蛇豕之勢可免內地震
驚之虞斯策之上者也萬一疎虞而賊得登陸由捜瀝歷烏山鳴鶴
場踰杜湖嶺入慈谿由平石歷沈思橋逾孔家嶺入慈谿渡大亭走
車廄樹嶺寨石塘灣衍郡之西鄙可達於郡城則觀海洄頭拓浦之
守不可以不嚴而慈谿新城之建實所以扼其衝由邱家洋越雁門

嶺山官庄越桃花嶺由龍頭越鳳浦橫渡青林李溪可達於郡城則龍山官界之備與領口把截之兵不可以不嚴而兵洋金嶼石之築實所以扼其衝由定海港可直走寧波則西渡東津梅墟桃花渡之備不可以不嚴而紹寶山築城設險實所以扼其衝由夏蓋山之梁湖通明壩入申明梁衕出樟村小溪櫟社可達於郡城則臨山瀝海廟山之防不可以不嚴由四門石堰渡桃江入樟村以達於郡城則三山之防不可以不嚴由山沙港循長山橋鄭山橋七里店走甬東可達於郡城則港口置守船防守（港口置鐵發熕重者五十斤一座發福船二隻蒼船四隻防守港口滲設本港民八槳船六汎期則巡邏哨探瞭則容其樵採）與甬東巡司之備不可以不嚴由穿山碶頭蹤青王嶺歷寶幢盛店可以走甬東則穿山橫港水陸之備不可以不嚴由火崎韓嶺蹤港東湖可以走甬東則霸衢大嵩霞嶼太平之備不可以不嚴由趙嶼白沙灣走象山渡黃溪歷仇村遊陳嶺



入乾坑橫溪桃江可以走甬東則錢倉爵谿諸濱海之備不可以不嚴由昌國石浦桃渚健跳黃巖寧海經鐵場缸窰黃溪青嶺入奉化渡蔣家浦越鄞江橋達鄞城之西南則缸窰黃溪口與諸險隘之防不可以不嚴凡此皆倭寇所經之故道爲郡城根本之慮凡在任事者所當宣猷而致力也然郡之舟山故縣治也四面環海其中爲里者四爲嶼者八十三其五穀之饒魚鹽之利可以食數萬衆不待取給於外初以承平無事止設二所守之軍卒不過二千四百有奇而歲月既久逃亡大半重以城垣低薄不足爲固萬一夷且生心據以爲穴則險阻在彼非有勁兵良將卒未易以驅除而彼方採其利使四出攻掠則濱海郡縣容得安枕而臥乎此今日之所當以爲憂蓋不止如雙嶼列港之爲賊窟而已也夫海防莫急於舟師合定臨觀昌各港楊著官民船可二百艘八槳小綱船倍之今復增造福蒼沙

船五十隻將側船價六分征於里甲四分扣於軍儲以充造作三年輕修六年重修九年折造其價扣除於月糧變賣於釘板而仍給公帑以佐之今之造船給稅又數倍於昔矣昔之出海旗軍食糧八斗五斗安家三斗隨行今之給餉水兵者又數倍於昔矣公私安得不困哉且昔日之水軍固皆尺籍之編伍未始征兵於外者也間有老弱雜糅備夫冒充可簡而汰也自巡撫朱紈以土軍積脆不振悉從罷免專募福淸兵船用之戍守用之攻擊幸以亡命剽掠之徒充敵愾干城之役於時議者已謂前門拒狼後門進虎而將來之患至不可袪除矣卽今分舟而伍則詭名冒糧一或不遂卽有脫甲之變奉調而行則刦掠飽欲一或抗拒卽有殺戮之慘及其臨陣抵賊非其生同里門則素所交通之人啗以甘言嘗以隱語卽倒戈反走矣自興兵以來以福兵而收勝者能幾何哉夫習知其不可而必欲用之



有禦寇之名無禦寇之實此誠所爲大舛也爲今之計漸罷各兵而兼用土著使久而習其揚帆搖舵之法戰攻衝擊之技宜無不便者況寧紹之民流亡直隸投充水兵者亦不下萬計彼閩人固能施長技於浙海也浙人又能施長技於直海也歸吾浙人而行於浙海又奚不可哉（此言用土人可以省募兵）或謂今之水戰止能要擊去賊而於來者未能遏其鋒夫來賊銳而去賊惰擊惰易而攻銳難人情所習知也然擊來賊者譬之撲火於方燃之始火滅則棟宇可以無虞擊去賊者攻燎於既燼之後此其利害則有間矣自海上用師其擊來賊者僅一二見（戊午參將張四維擒朱家尖之寇己未總兵盧鏜斬三姑沙之寇）而要去賊者不過文其縱賊不追之罪今若以擊來賊之賞優於追去賊縱來賊之誅嚴於縱去賊而當事者同心戮力急如救焚盡遏海外方來之寇則邊鄙又何不寧耶（此言水戰以擊來賊爲奇功）或謂我兵陸戰每退怯而鮮成功夫倭奴

嘗敗於水而得志於陸者非其勇怯有殊也交兵海上吾特以戰船之高大帆檣之便利火器之多取勝耳至登陸而沉船破釜所以一其志也環龜自守專其力也顧能飽以饑我逸以勞我伏以伺我佯北走以誘我蓋其以狡獪習兵器入重地之窮寇與我柔脆之兵相角逐勝負之數可坐而策也誠能察彼已之情即以其勝我者而勝彼握符馭衆者復以威克厥愛行之寧不足以殄滅兇頑耶此言陸戰當以謀勇兼全勝　古之善用兵者必先明其賞罰故金帛之錫茅土之封非濫捐之也莊賈之誅宮嬪之戮非忍以立威也以為不如是無以驅之死地耳國家著令於敗軍之屬嚴矣見兵律飛報軍情條下　今後奏擬五等賞功之例曰論首級凡水陸主客民快臨陣斬擒有名真倭賊首一名顆者陞授三級不願陞授者賞銀一百五十兩獲真倭從賊一名顆并陣亡者陞授一級不願者賞銀五十兩獲漢人脅從賊一名顆者陞署一級不願者賞銀二十兩曰論奇功如在海洋遇賊有能要擊中沉船隻或追逐海岸使賊不得登岸如賊復登岸有能衝鋒破陣奮其聲勢或追出境或逼下船使地



方不致受禍或所部兵少而擒斬多者均皆以奇功論聽總督即日具題巡撫作速覆勘越格陞賞曰分信地凡守備把總及海防民兵府州縣佐各有信地如賊至不能拒守致賊突入者倘當准以守備不嚴之罪若能奮勇鏖戰獲有首級功罪相當者亦許湔贖若罪小功多者仍以功論如賊從別港口出境有能邀截擒斬打獲船隻所有貨物盡行給付仍照例陞賞至於故縱出入本港專閫要取賊贓者聽督撫官參究治罪曰計職任如武自守備把總以下文自海防民兵同知以下聽領軍兵民勇五百名部民兵臨敵擒斬真倭每五名顆陞一級十名顆加一級部下每五名顆陞署一級十名顆陞實授一級各以則例遞陞至三級而上如獲功之前或以失事革職者准收贖若總兵副總兵之與巡撫參將之與兵備水陸士卒但聽統令職守機宜與聽調度除不在有違節制者免究其餘功罪參將照所屬同知論兵備隨之總副照所屬道論巡撫隨之但令經理之初暫將臨山總兵分理海防金山副總兵分理陸地其功罪亦當查照分別重輕俱聽總督巡撫酌量時勢先核情實明白同奏曰處報效凡官員舉監生員人等督領家丁赴軍門隨戰截殺得獲功次及伙義輸粟者俱聽軍門及撫按官臨時奏請從厚陞賞以為懷忠慕義者之勸至於耆民統領沙兵或屬把總或屬府縣官管轄者所獲功次先照部下論功推賞　必如是而行之則有功不至於濫賞有罪不容於倖免而將士僇力用命矣此言賞罰之令當嚴　或謂定海沿邊舊通番船宜准閩廣事例關市抽稅則邊儲可足而外患可弭殊不知彼

彼者倭非南海諸番全身保貨之比防嚴禁密猶懼不測而況可啟之乎况其挾貲求利者即非鋪肝歃血之徒而捐性命犯鋒鏑者必其素無賴藉者也豈以我之市不市為彼之寇不寇哉殷鑒不遠往事足徵當商舶未至而絕之為易貿易既通而一或不得其所將窮兇以逞則將何以禦之耶今之寇邊者動以千萬計果能一一而與之市乎內地之商風聞膽落果能驅之而使市乎既以市招之而卒不與市將以何詞罷遣之乎夷以百市兵以千備夷以千市兵以萬備猶恐不足以折其奸謀我之財力果足以辦此乎且市非計日限月之可期也彼之來市無已則我之備禦亦無已果能屯兵而不散乎此皆利害之較然者也乃謂可以足邊儲而弭外患不已大謬乎此言不可通番船　是故修治垣障慎固城守一策也編立保甲內寓卒伍一策也譏察非常嚴禁闌出一策也綏撫瘡痍固我根本一策也此皆



所以治內也修復墩堡嚴明烽堠一策也繕治器械查復戰船一策也出哨會哨悉遵舊規一策也據險守要聯絡響應一策也此皆所以治外也至於練土兵而免調募之擾足財用而資軍興之需聚芻糧而給餉以時嚴賞罰而功罪不掩設畫樹防出奇應變為吾之不可勝以待敵之可勝則在中外任事之臣加之意可也

兵政書

國初以全額之糧養全伍之卒以全伍之卒充四境之備故海波澄晏狼鋒息煙几二百年號為太平間有疥癬之虞遣一偏師應之即望風而解遁矣乃今尺籍空虛僅存罷羸原額二萬有奇今已耗損一遇小警輒狼顧魚駭畏懷觀望以戰則敗績以守則不足乃至徵發四方召募非類如狼苗等兵布滿海宇而供億浩煩餉歲不繼遂至存留京運挪貸鹽本抽取商賈錢以取辦支吾猶為不足而科民

丁田曰兵費曰兵餉曰兵米諸色目殆十倍往昔兵無休期征無停日而閭閻郊遂之間十室九空矣當事之臣可不爲寒心哉今欲爲安攘久遠之計非他也不過舉祖宗之成憲軍復軍之舊額糧復糧之舊額振刷耗蠹而責其實效調定法意而與時宜之耳何以明之淸勾之法旣壞里書脫漏戶籍勾補者百無一至卽有至者本官過爲誅求收伍未幾而旋卽竄匿至於犯法充新軍所在種種曾未有隸尺籍而荷戈殳者兼之汰黜之令過嚴異姓充投及無妻者輒俱罷革贅壻義子一切不錄軍安得復舊額乎歲撥糧儲止准見在軍伍他皆謂之羨餘歸之計部其存留者又拖欠於奸民侵欺於豪長官司罷不爲問廩庾之儲曾不及逋欠之半糧安得復舊額乎故軍日銷糧日耗以至不可簡閱雖謂之無兵亦宜可恃之以折衝禦侮爲萬里長城乎軍旣銷勢不得不募客兵糧旣耗勢不得不額外科



征矧今募民他省動越數千里徵發僅千百人未及至而已損官累民需不貲矣況至者未必皆精以之赴鬬則往往貪懾致敗恐官府之詰之也卽又棄戈而竄走所過道路牽又逞其狠豕貪殘之性白日剽掠昏夜則汚瀆婦女一或捍拒則露刃而譁殺人無忌由此而觀客兵有害無益明矣況使之久居內地閑熟道路習知土風民俗必有不戢自焚之禍如元末苗帥楊完者流毒吳楚蓋可鑒已爲今之計莫若奏復全額原糧盡充該衛所養兵募兵之用不復得以羨餘解京而悉禁拖欠侵欺之奸不得以國賦潤豪猾如又不足不得已而加賦於吾民當不如今日之甚矣其足兵也仍行嚴淸勾之法移查原籍有無丁壯可補者補之卽贅壻義子年力強壯俱准收充原額如原額原係亡絕卽於所在衛所簡見在丁壯補足行伍不必執空籍以歷歲月其犯罪充軍者嚴爲解發明隸尺籍脫又不足則召募土著之人膂力精壯者程能試補復其身而給之食立以程限如二十歲爲始五十而罷復爲民有疾病願復民者聽不苦之以終身不陷之以永遠則人皆鼓舞爭爲兵矣仍籍應募他郡者責令來歸其冊籍則歲治之給以懸牌嚴處冒私替之弊當其精壯善鬬之時得以盡力武事而不出二十年後復爲平民則皆知自好而重犯法不至呼叫無賴爲兇人如此則軍無缺額糧不虛糜而必無不任戰之人死於無罪者矣夫吳越之人以舟楫代輿馬以江海爲坦途伍員對闔閭以舟軍之數比陸軍之法大翌當陸軍之車小翌當輕車突冒者當衝車樓船者當行樓車樓船者當輕足驃騎舊制官哨戰船勢銳難進銅銃椛石力疎不足及遠近來更用福蒼等船卽大小翌樓船之遺制用八槳六漁船以突冒周旋其輕捷視驃騎以發熕佛狼機代砲石以鳥觜銃代大黃連弩奮迅著物無堅不碎又制



之最良者也羣而肄之刑賞以勸懲之有不足以賈勇而威敵哉況保鄉井之人與去鄉井之人其蹤跡不同也自衛其骨肉廬舍與衛人之骨肉廬舍其情不同也官司自馭其民與馭千萬里外不根之人其約束不同也主兵漸強則客兵自可次第罷遣此非計之得者乎若夫三軍之司命則任將帥令之世祿固有宜力翼戴長於馭衆者矣寧無朘削以自肥用賄以干進者乎畀之兵柄求無敗事不可得已昔晉悼公使弁糾爲戎御以訓諸御知義使荀賓爲戎右以訓勇力之士可以時使山林草澤行伍之間未嘗無干城腹心之任也歐陽修所謂求賢勞之士不必限以下位知畧之人不必限以弓馬山林之士不可薄以貧賤以非常之禮待人人亦以非常之效報國又謂取禁軍府軍年少有力者不拘等級因其伎倆每百人團爲一隊而教之拔其技精而最勇者百人之中必有一人得之以爲裨將

合十稗將而教之又於其中擇有見識知通變者十人之中必有一人得之以爲大將此一人之智勇乃萬人之傑卽是說而推行之附髀之思庶幾可慰乎若夫各縣民壯巡司弓兵皆膺編戶之徭而司防禦之費者也今官府既占之以爲勾捕跟隨之役而積年市儈又據以爲窟穴或以錢乙而代趙甲或以一人而包數人支糧有名而戰鬬無實官司査點則倩募以應不知弓矢何物擊刺何技又何使之以赴敵乎今宜如海道副使譚綸編立隊伍團聚訓練責統領之官嚴勾稽之法明賞罰之令不許私隸尺籍不許私擅占役是亦足兵之一道也議者謂盡罷兵費兵餉諸徵而總刮一縣丁田增編民壯擇其壯勇有抵業者鄉舉里保以之訓練以之調遣一可以漸代客兵而桀驁兇竄皆不足患矣議者又以鄉兵代官兵奏疏文檄積滿案牘而迄未有能行者何也懼調遣之失業也糾聚之妨農也差官審編又不以賢能正官而率以佐貳首領所至之地富者行賄求脫強者挾詐求脫故冊籍未定而委官之囊橐已滿其充數者非貧難下戶卽愚蠢無知而鄉長田長則無賴猾㤠也謂宜明示號令不調遣遠出不糾聚妨農委賢能印官親詣關厢村落備査編戶隨其什居相近團聚大庄以二十二家爲一甲就中選有力者二名立爲甲正甲副置牌一面上書甲正某人甲副某人居民某人某人仍於五甲之內選其才能服衆者立爲鄉長使之統領總置一牌上書鄉長某人管甲正幾名甲副幾名各該居民若干居民某某列於各甲正甲副之後仍令每家書寫排門粉壁互相譏察各備鋒利器械一件鄉長管下置大旗一面及合用銃砲等項聽從鄉長統領前宅空閑處所演習武藝一遇有警卽使升旗舉砲各率牌內之人同赴要害地方設卡把守併力截殺仍於通行街巷路口樹立壯固木柵



積石塊以便拒守其居民或多或少隨宜團練不拘定數保甲領補先行給與冠帶以爲激勸有功之日一體陞賞庶幾家自爲守人自爲戰不行調發之勞而坐收保障之績矣

浙江畧下

西溪叢語嘗於會稽得一石碑論海潮依附陰陽時刻極有理不知爲誰氏復恐遺失故載之觀古今諸家海潮之說者多矣或謂天河激湧（洪邁潮說）亦云地機翕張（見洞正二眞經）盧肇以日激水而潮生封演云日周天而潮應挺空入漢山湧而濤隨析木大梁月行而水大（見竇叔蒙濤志）源殊派異無所適從索隱探微宜伸確論大中祥符九年冬奉詔按察嶺外嘗經合浦郡（廣州）沿南濵而東過海康（雷州）歷陵水（化州）涉恩平（恩州）住南海（廣州）迨由龍川（惠州）抵潮陽（潮州）洎出守會稽（越州）移蒞句章（明州）已上諸郡俱沿海濵朝夕觀望潮汐之候者有日矣（潮汐退也）得以求之刻漏究之消息（消進息退）十年用心頗有準的大率元氣嘘翕天隨烝而漲斂濵渤往來潮隨天而進退者也以日者衆陽之母陰生於陽故潮附



於日也月者太陰之精水爲陰類故潮依於月也是故隨日而應月依陰而附陽盈於朔望消於朏魄虛於上下弦息於輝朒（女六切朔而見月於東方）故潮有小大焉今起月朔夜半子時潮平於地之子位四刻一十六分半月離於日在地之辰次日移三刻七十三分對月到之位以日臨之次潮必應之過月望復東行潮附日而又西應之至後朔子時四十六刻一十六分半日月潮水俱復會於子位其小盡則月離於日在地之辰次日移三刻七十三分半對月到子位以日臨之次潮必應之至後朔子時四刻一十六分半日月潮水亦俱復會於子位是知潮當附日而右旋以月臨子午潮必平矣月在卯酉汐必盡矣或遲速消息之小異而進退盈虛終不失其期也或問曰四海潮平皆有漸惟浙江濤至則亘如山岳奮如雷霆水岸擁飛雪崖傍射澎騰奔激吁可畏也其漲怒之理可得聞乎曰或云夾岸有山南曰龕北曰赭二山相對謂之海門岸狹勢逼涌而爲濤耳若言狹逼則東溪自定海（縣名屬四明）吞餘姚奉化二江（江以二爲名一屬會稽一隸四明）侔之浙江尤甚狹逼潮來不聞濤有聲也今觀浙江之口起自纂風亭（地名屬會稽）北望嘉興大山（屬秀州）水濶二百餘里故海商舶船畏避沙潬不由大江（水中沙也潬徒旱切）惟泛餘姚小江易舟而浮運河達於杭越矣蓋以下有沙潬南北亘連隔礙洪波蹙遏潮勢夫日離震兌他潮已生浙江潮水不同月經潮信始來已半濁浪堆滯後水益來於是溢於沙潬猛怒頓湧聲勢激射故起而爲濤耳非江山淺逼使之然也

宋吳潛以觀文殿大學士沿海制置使判慶元府寶祐六年准樞密院札子勘會邊聲日急賊謀叵測合嚴行措置仍自金山以至徘徊頭剏立烽燧接連澉浦行下定海水軍一體措置聯絡聲援專委官司統制按踪險要均布經界置立烽燧分爲三路皆發軔於招寶山



自招寶山至海洋璧下山者共十二鋪招寶山帶東北取至烈港一鋪約一潮可到傍近雖有七里嶼鐵捍山俱是小山每有風潮海浪皆衝激而上不可置立烽燧烈港山而北取至浯嶼山一鋪約一潮可到傍近別無以次山嶼浯嶼山東北取至宜山一鋪約一潮可到傍近別無以次山嶼已上三鋪若天氣晴明煙火旗號僅可相應遇海氣冥濛霧露遮蔽風雨晦暝皆難應號宜山西北取至三姑山一鋪約兩潮可到傍近別無以次山嶼相隔稍遠不問晴明陰晦煙火旗號皆難相應三姑東北取至下千山一鋪約一潮可到傍近別無以次山嶼其二鋪汎息與烈山至宜山三鋪同徐公山帶西北取至鷄鱎山一鋪約四潮可到傍近別無以次山嶼其汎息與宜山至三姑山相類水路約一十五里下千山東北取至徐公山一鋪一潮可到鷄鳴山直東取至北沙山一鋪止隔一港烟火旗號皆可相應北

沙山直北取絡筆山一鋪約一潮可到傍近別無以次山嶼終筆山東北取壁下山直西至石衕山一鋪風水便當半潮可到稍逆一潮傍近別無以次山嶼一鋪汎息與徐公山至鷄鳴山鋪同自石衕山東北以至西北別無山嶼皆深洋大海洪洪無垠是為壁下山一鋪其自招寶山沿海抵向頭砦者共九鋪招寶山一二十里至陶家酒店一鋪陶家店約十八里至貝千念邱家前一鋪貝千念邱家前約二十餘里至瀨浦山正覺寺前一鋪瀨浦山頭約一十五里至沙角山頭陳亞三家前一鋪沙角山頭約一十餘里至伏龍山尾徐亞三家前一鋪伏龍山尾約一十五里至施家山王友三家前一鋪施家山一十八里至周家塘鹽場周大家前一鋪周家塘鹽場約二十里至下澤山頭林大家前一鋪下澤山頭約一十餘里至南頭山分成營外翁大家前一鋪其自招寶山沿江達本府看教亭者共五鋪招



寶山約一十五里至石橋渡沈李二大家前一鋪石橋渡約一十五里至馬阳匯徐鹽戶家前一鋪馬阳匯約一十里至路楊林冉公大家前一鋪路楊林約十二里至白沙王大家前一鋪白沙約八里至本府看教亭一鋪用兵五名合千八一名往來照管巡轄及招寶山一鋪增差合千八一名沿海以至河頭沿海以至府城亦如之鋪兵口食每年日一番支給每夜發更時自看教亭纔號火平安牌至帳傳入押教報覆蓋法當於奉國樓置立一鋪相映以內郡耳目易駭遂從看教亭傳一牌竟達轅帳而沿江沿海號火疾馳觀者悚懾

舟山

舟山故邑治四面環海東接普陀桃花南連崎頭橫水西接長白馬墓北連長塗劍山自所城至東塘頭烽堠程一百里至南舟山烽堠程二十里至西碇礵烽堠程六十里至北烽堠程三十里其地之險若

東則塘頭螺門一帶地勢遼闊而塘頭極險逐利者嘗於此處勾引盜艘南則曹山謝浦梅家墩螺頭天童密邇所城關係非輕而梅家墩直對曹山大洋倭奴曾經入據西則岑江碇礵大沙小沙馬嶼一帶地形廣遠雖有馬墓兵船然相去較遠嘉靖時王直輩曾自岑江登岸竊據蘆花嶼結巢北則柯梅白泉大嶼釣嶼等地而柯梅亦昔時倭夷蟠踞為巢穴所當在在嚴防者也蓋舟山周圍皆海賊舟無處不可以登岸而東之沈家門切近烏沙門去普陀不遠一望海洋浩淼無際島夷相連嘉靖乙卯夏倭船百餘隻突犯普陀而入據之遂至東浙鼎沸及征兵七省費金錢四十餘萬幸而撲滅皆由平日無備致此禍患實南北兩洋扼要之區為舟山最衝險之地宜設重兵以守之今參將標下官兵分派三信一時有警策應不前深為可慮按地之極衝者沈家門而衝出塘頭亦正不輕皆昔係倭奴流災



之處今屬盜賊窺伺之區次衝者岑江碇礵二處塗淺易登入犯為易且自蛟門至橫水崎頭等洋倭面四達均宜設兵船防守夫定邑為寧郡咽喉而舟山為定邑門戶攘外正所以安內舟山固則定邑固定邑固則寧郡以達紹郡俱固有地方之責者不可不深長慮也

東五潮至西莊石馬山與高麗國分界　西二潮至蛟門與定海縣分界　南五潮至隆嶼與象山縣分界　北五潮至大嶼山與蘇州府分界　東南五潮至韭山與象山分界　東北五潮至陳錢壁下與海州分界　西北五潮至灘山與嘉興府分界

水程　定海關東約六十里至金塘金塘約九十里至舟山舟山約一百四十里至普陀　定海關南約三百里至昌國青門青門東約一百五十里至韭山青門南約二百里至牛欄基牛欄基約一百里至金齒門　定海關北約七十里至烈港烈港約百里至兩頭洞兩

頭洞約二百五十里至洋山

山

翁洲山自四明之東湖小白寶幢育王透迤而走大謝伏黃牛越金塘策子而崛起於岑港之西山山稍北發二大脈而南北歧之西北一帶約六十餘里曰烏郎山紫窟山大沙山青嶼山五百嶼山大周嶺山寺嶺山嶺洞嶺山大頓河山長青嶺山平石嶺山山椒多方廣石碧流彎潤五雷山小扈山虞左右引映下頗夷曠馬嶼山平衍環帶原隰膏腴唐開元時議城其間緣北面土磽不果巒山小蘆山干覽傍之支脈曰三江山橫縮而東曰長嶼山大虞山東湖山自泉山田嶼山硯家山丘家山北壇山弔岭山柯梅山地坦田腴嘉靖中倭結巢沂而為炭余山小梓山而盡其去海中附麗者曰岑港山總哨之兵船泊此西堠山挑搖山西莊山魚龍山長白山北哨兵船泊處官山岱山蘭秀山灌門山長塗山定北會哨駐此南嬋山沛東山紫微嶼山天童山南山



溪口山王家嶺山折而為虹橋山青岑山突兀而起曰雙髻山二峯如髻蠡立天表相傳葛稚川煉丹處鎮鰲山舊縣據其麓山判而為二支脈左曰州衙山巉岩多怪石嶺平可構屋翁山一名觀山去城東南半里乃受降縣賊王直處曰舟山在城南三里其形如舟關山員峯竦矗為城內案石曰曉峯山長岡山王家山金家山引而為茅嶺山為橫山裏嶼山野嶼山螺頭山城西南有島突起海心其狀如螺故名海縮一脈發自北之五雷山迤東而行曰河嶺山金字山壘石嶺山東皋嶺山東灣山王家山龜山山之外曰淡水坑山東江山青雷頭山石衕門山東南海中數峯突起綢汲經流其中傍為十六門揚嶼山陳嶼山小麗山甬東山謝浦山鼓吹山山巔平坦可容數百人石弄山山石玲瓏雲影穿漏桃花山世傳安明生煉丹之所嘗以醉墨洒石成桃花故名劉嶺山石牆墩山沈公嶺山石門山吳山翁浦山又名翁州山去城東四十里葛仙翁煉藥處宋乾通中有人得一銅鼎無足有耳耳不穿竅中容一斗煉墨未決識者為煉丹器也陣嶼山陣厩王劉陣處牙頭山山足裹典曰第洋山洩嶼山龍塘山王大扈山大蒲嶼山蘆花山邵家攬

山塔嶺山名亦小扈山大扆山下塘山沈家門山正兵哨駐處普陀落伽山東北東海中[illegible]到佛書稱海岸孤絕處也一名梅岑山或云海中[illegible]丹處因名有潮音洞乃觀音大士化現之地東霍山東北海中舊有石棋盤竹環之風波時常無塵垢玉峯山在岱山鶴子尖頂下岡巒秀拔時有白露蒙扶其頂寺鍾山在秀山前脩一井隱有鐘聲佛嶼山在秀山頂一峯特立儼如佛像礁砧山在岱山北海中屹起形如礁砧順母山東海中有石如牛竹嶼山西南海中隔岸有叢竹生盤嶼山與竹嶼山並海對峙山勢盤旋故名黃楊山城東北巉岩險峻一峯傑出曰黃楊岩西蘭山大茗山樫岸山溪塗山舊名浮塗巉岩山滕嶼山穿峇山俱南海中小竿山大竿山筧斗山麻嶼山蛟山登部山馬秦山黃公山徐公山樊嶼山石珠山俱東海中南東勾曲山石馬山嶼山俱東海中浪港山深水山蛇山竹山東蘭山無霍山西拓山東曉山東拓山桑子山舊名桑山石蜀山東胸山穿石山比壁山大衢山小衢山三皇山冷嶼山西嶼山須皓山洛華山青閣山馬迹山丁興山洋山陳錢山名神前俱北海中大磧山東北山東绮山西胸山大洋山弔嶼山俱北海中回峯山



西扆山三姑山西俗山正策山吳農山加岸山橫子山西桑山五嶼山宜山龜鰲山俱西北海中嘉門山小茹山三山大茹山沙羅山俱西海中

嶼

金家嶼地窄頗腴茅嶺嶼土瘠多湖田虹橋嶼逼窄而瘠顏河嶼地廣而瘠青嶺嶼水田少產竹王家嶺嶼地窄溪口嶼土頗脆員鑪嶼地窄迫瘠小泉嶼窄瘠侯家嶼地頗脆紫微嶼土肥力倍雖值儉歲不至荒之內有鹿夫善射曾勝倭寇寺嶼卑狹芋嶼地平妥天塘嶼地曠高下相值多魚鹽之利裏嶼土產多饒田野嶼田頗鹽倉嶼地田頗腴鹿頭嶼腴瘠相半黃泥嶼土肥石頭嶼土頗腴西嶼土肥大沙嶼地曠居民多貧藜藋竹木為生岑江嶼衝要海口賊艘屢發犯後居民築堡自衛青嶼土瘠產竹小沙嶼土瘠居民捕魚為生碇礴嶼土瘠居民多貧魚樵五百嶼土廣居民多貧魚樵馬嶼地坦而腴高下百餘頃杜家嶼窄瘠壬戌春把總章延康斬倭處干覽嶼山水頗奇小路嶼逼瘠黃沙嶼土瘠後嶼瘠窄西嶼窄白泉嶼土膏腴茅洋嶼地[illegible]而瘠

蟻嶼　孟家嶼窄　柯梅嶼向倭夷所巢之地　北墠嶼地頗腴　釣嶼嶼土廣而肥多魚鹽之利因近海口每被登劫　長嶼窄瘠　炭山嶼地高低　外嶼多鹽　大展嶼地廣而瘠民以樵魚為生　小展嶼地窄瘠　塔嶺嶼土頗腴　小蒲嶼土窄而腴　蘆花嶼地廣頗腴　大嶼地瘠相半　郘嶼地腴嘉靖丙辰春倭夷百餘自謝浦梅家塈走巢於此冬十一月參將張四維統領湖南桑植兵勦之　蒲嶼地肥瘠相半多資魚鹽　司基嶼廣坦　祝家嶼窄肥　施家嶼土頗腴　南嶼地窄而腴　吳山嶼地廣肥瘠相半　嶼土瘠　洩嶼土窄瘠　龍塘嶼窄瘠　苦蒲嶼窄頗肥　東湖嶼土卑而瘠　蘇嶼窄而瘠　陳家嶼平坦　角家嶼坦廣頗腴多藉魚鹽　大揚嶼廣而腴　小揚嶼窄而瘠　東嶼中坦而腴　西嶼窄瘠　郎家嶼頗腴　大蘋嶼地廣而腴　下須河嶼民藉樵獵為生　附洞嶼以上東北鄉地

嶺

西硤嶺　沈公嶺　東皋嶺　石家嶺　油嶺　張家嶺　洞嶺



沙岡嶺　洩嶺　漫石嶺　茶茶嶺　新嶺　大千嶺　桂嶺　蘆花嶺　西嶼嶺　大嶺　塔嶺　龍塘嶺　小展嶺　摩鼻嶺以上東川鄉　曉風嶺　茆嶺　野嶼嶺　鄭思嶺　長青嶺　鯱家嶺　岑江嶺　寺嶺　小嶺　夾門嶺　淸嶺　朱和嶺　藤坑嶺　大周嶺　石嶺　柯梅嶺　白泉嶺　桥西鼻嶺　疊石嶺　黃泥嶺以上西北鄉

嶕

丁家嶕在內境海西一潮可抵左茅洋右螺洋亂石中起潮大則沒舟人不戒觸之輒壞昌國令王與善立石表以示往來者便之

釘𡬶嶕金沙灘際南海中　分水嶕蓮花洋中

礷

邱家礷城東六十里大嶼之南　干礷城北三十五里　刑馬礷在岱山東北名秦頭相傳隋將軍陳稜伐琉球至此刑馬祭神

港

舟山關港城南三十里官哨船只停泊於此　岑港城北四十五里六國港口南北舟舵鱗集於此潮自挑搖而後二門會竹嶼溪頭之派而漫張於西南之大洋謂之橫水岑港有龍洞其神甚靈異竹葉向內則龍在洞竹葉向外則龍在海　雙嶼港城東南百里南洋之表為倭夷必由之路總制朱公紈命都指揮盧鏜率兵堵塞之　烈港城北八十五里逼近金塘山都督盧鏜擒斬倭酋辛五郎等於此勒石更名平倭港　馬墓港去城北海中百餘里　長峙港南關外二里魚鹽樵獵之利頗饒　長塗港在岱山西南　穿鼻港潮入松子渡舟過橫水風色不堪率泊此　沈家門港總哨兵船駐此　白沙港大小漁船泊此　石牛港總哨兵船泊此　嶼山港通城樵漁絡繹之處　青龍港兵船泊此　洹泥港兵船會哨　忝吞港在盤峙之東南北潮流匯處

灣

施家灣在城南東江浦之內戰船收泊之處宋治以前田皆斥鹵今悉成熟腴

白棋子灣與黑棋子灣相對蜂螺之甲隨潮上下淘洗成質瑩光潔潤欲得之者撒白米易之



黑棋子灣在烏石塘之右螺甲似石其形員巧紺滑欲得之者禱於神撒黑豆易之

塘

烏石塘在東海中馬墓山之陽綿亘百餘丈高可二丈餘枕海之濱表裏一色塘下民田皆成沃壤天色晦冥則光怪閒錯故老相傳此塘一夕暴風雨捲挾而至者塘有二一則舟山下塘頭一在桃花澳百年之間或捲沙以為堤或堆石以為塘生就膏腴不藉人力然則海變桑田非誕謾也

徐偃王祠在城東翁浦俗呼為城隍頭按十道四番志云徐偃王城翁湖以居其址尚存史載偃王敗走彭城武原東山下以死疑非此海中而韓文公為衢州碑曰偃王逃戰不之彭城而之越之東隅棄王几案於會稽之水則十道四番志或可信矣

烽堠二十

舟山　外湖　螺頭　鹿頭（近海民少勢孤常被賊登犯）　蒲沙　西山　碇礵　崎嶼（大沙地方賊嘗於此登船）　郎家硤　袁家硤　三江（與沙嶼相近則嘗登犯）　干𬒈　朱家尖（以上屬中中所）　青雷　謝浦　石牆　包家　石衕　沈家門　接待　赤石　小展　鈎嶼　程家　石埠　塘頭　石楔　順母　塗（以上屬中左所）

關一

舟山關（在城南二里）

臺一

青雷頭

砦三

沈家門砦（原係外操之地有軍防守內有稍嶼南嶼蘆花嶼大嶼去砦五里向居民築牆大嶺阻截總路近經由水路或間道



而入屢被劫掠）　干𬒈寨　西硤寨

隘六

碇礵隘（與外港相對居民勢孤累被登劫）　大展　螺頭　少沙　路口鎮　岱山

寧波自夏少康封庶子無餘爲諸侯以主祀事是爲越國而鄞鄮句章三縣爲越東采邑勾踐無餘後也周敬王四十六年爲吳所滅尋復封之旣而返國嘗膽勵志遂滅吳欲置夫差甬東君百家是其地也周屬越秦屬會稽句章郡至漢成帝陽朔元年以寇警徙句章後漢晉齊梁皆因之唐武德四年於句章置鄞州八年廢鄞州爲鄮縣則其地屬鄮明皇開元二十六年置明州析鄮置翁山縣因採訪使齊澣之言也代宗大歷六年廢於袁晁之亂五代改鄮爲鄞則其地又屬鄞宋端拱三年置鹽場熙寧六年析鄮東之海中洲因部使薛戎之言也以蓬萊期安富都三鄉置尉以主鬬訟盜賊之事已而創縣賜名昌國蓋王安石宰縣憫其繁劇故豐之元豐元年復益以定海之金塘鄉共四鄉爲下縣而明之屬縣凡六矣紹興十三年戶部員外沈鱗編類籍戶計萬餘而丁口再倍建炎中高宗航海舟次昌國縣金人自明州引兵攻定海縣破之遂以舟師絕洋犯昌國縣欲襲御舟至碕頭風雨大作和州防禦使張公裕引大船擊敗之虜乃去元至元十五年陞爲州至正十八年爲方國珍所據明洪武二年改州爲縣十二年立昌國守禦千戶所時明州衛守禦千戶立城葺地五百丈未竟次年指揮許及展跨鼇山城之洪武十七年太祖以東南控海之地乏兵以守恐致寇虜命設衛所及岑寶螺岱四巡司隸於縣兵民又安教化流洽海東一隅規模宏遠誠駕宋軼元爲邊陲捍禦二十年湯信國奉置地方據畫到各所在地圖華衛縣學校而遷其民於內地夷縣爲二所帶屬定海縣噫信國是舉與往時改



州爲縣增立衛所之意不亦天淵也耶

舊邑曰翁山宋志云縣城周廣五里熙寧六年析三鄉益之改名曰昌國始築城鑿池至元中陞昌國爲州自宋元以來倭夷微弱不足爲患耕漁之民惟知貢賦各安其生明初夷氛漸熾太祖絕其朝貢嚴以馭之洪武二年增葺昌國城池改州爲縣設立衛所練兵恤民以固封守城高二丈四尺池廣一丈周回一千二百十六步延袤五里辟東西南北四門門各有樓穴水門於東南各置吊橋羅以月城城之上有雉堞二千六百七十三警舖六十外爲濠自東南及西一千二百六十丈北際山十七年改昌國衛二十年湯信國公徙衛於象山縣之東存中左二千戶所屬定海衛華縣存民五百餘戶屬定海縣勅命總師居守永樂十六年都指揮谷祥以地衝要重加修繕正統八年戶部侍郎焦公宏以城大兵少裁東北隅半里今廣四里

半濠隨城廣城門凡四各置名南曰文明濠橋外木栅曰迎恩東曰豐阜外木栅曰賓陽西曰太和外曰西安北曰永安外曰北固西北跨鎮鼇山東抱霞止餘皆平陸嘉靖四十年都督盧公鏜海道譚公綸增築敵臺二十處以備用武歲久傾圮萬歷甲寅副鎮張公可大修築增陴浚隍以次受工修完城身一千九十八丈九尺女牆一千四百十丈三尺四門大城樓四座兵馬司房四座箭樓五座敵臺八座鐵木門十八扇弔橋二座石堤四十一丈此因其舊而葺之又南門月城一座二十丈水門一座九丈兵馬司房二座總臺一座箭樓四座敵臺五座窩鋪三十八座

洪武二十年廢昌國隸定海縣議得沿海地方原設總督備倭都司後倭寇爲患督權輕策應不前添設參將一員駐紮定海分守寧紹地方嘉靖三十四年倭破臨山衛城撫按題請添設總兵官一員駐



紮臨山三十五年又議得定海爲倭夷貢道關隘尤衝乃改駐定海其參將改駐臨山隆慶二年軍門各題改駐舟山

胡宗憲舟山論

信國公湯和經畧海上區畫周密獨於舟山似有未妥者蓋洪武中倭犯中界犯玉環犯小護若皆浙東海濱信國所親見也其來也自五島開洋衝冒風濤困眩精神者數日至下八陳錢而始少憩繫孤懸海外曠野蕭條必更歷數潮泊普陀烏沙門之類而後得闚我虛實以爲進止若定海之舟山又非普陀諸山之比其地則故縣治也其中爲里者四爲嶴者八十三五穀之饒魚鹽之利可以食數萬衆不待取給於外乃倭寇貢道之所必由寇至浙洋未有不念此可巢者往曾被其登據卒難驅除可以鑑矣我太祖神明先見罷昌國於其上屯兵戍守誠至計也信國以其民孤懸徙之內地改隸象山止設二所兵力單弱雖有沈家門水砦然舟山地大四面環海賊舟無處不可登泊設乘昏霧之間假風潮之順山深大而哨船不多豈能必禦之乎愚以爲定海乃寧紹之門戶舟山又定海之外藩也必修復其舊制而後可

兵防　温州府

先是浙東設總督一員金盤名色把總一員嘉靖三十五年始改設參將駐紮磐石衛復設欽依把總專管水關統領兵船駐紮瑞安隆慶年間移駐寧村所其南北要隘如黃華蒲坡石馬梅頭飛雲鎮下門等處俱設名色把總帶領水陸官兵晝地防汛海總不分水陸俱設兵五百名以募兵衛所選軍充之黃華關飛雲關江口關鎮下關各設總哨官一員哨官一員

黃華關屬樂清縣地方原係水砦派磐石衛官軍防守嘉靖三十一



年改設總哨官帶領民捕軍隊舵兵泊梁灣海洋

飛雲關屬瑞安縣地方原係水砦派温州衛官軍防守嘉靖三十年改設總哨官帶領民捕軍隊舵兵泊鳳凰海洋

江口關屬平陽縣地方原係水砦嘉靖二十八年改設總哨官帶領民捕軍隊舵兵泊洋嶼海洋

鎮下關屬平陽縣地方原係水砦該金鄉衛官軍防守宏治中廢隆慶四年題設總哨官帶領民捕軍隊舵兵泊官嶼海洋

參將標管左右中前後五營每營設名色把總一員哨官五員各領官兵一枝標營平時屯插磐石衛汛期出守黃華浦岐梅頭海口專禦洋田日團一帶地方左營平時屯插　莊二所汛期出守上魁海口專禦鹽捕鎮下一帶地方並哨福建　江界右營平時屯插磐石後所汛期出守石馮海口專禦三盤嶼　磐沙　角南濟平山白沙一

帶地方中營平時屯插金鄉衛汛期出守大䕶海口專禦石塘漥頭七溪大小澳對一帶地方前營平時屯插平陽縣汛期出守仙口海口專禦柏城汶頭口眉古宋埠徙陡門江呆一帶地方後營平時屯插海安梅頭汛期出守前後岡海口專禦長橋長沙永嘉場沙村黃石浦一帶地方

珠炎營名色把總一員哨官五員領民兵一枝平時屯紮炎亭專禦珠明石坪大嶼舵漕洪嶺一帶地方往年每大汛軍門調發標下二營來守此處萬曆十九年因警急議免調發以本處民兵分布防守者賣水砦

大汛以春分二月中天方陽和洋面東北風盛作日本島夷諸國與國互市或乘風剽掠可以猝至温臺故防之夏至後南風盛海水熱蛟龍起則風作彼既難來我亦難哨故于此時撤防小汛以十月小陽東北風與南風時或連作故防之冬至後海寨北風欲洹故十一



月撤防惟四月漁船出洋乘掠鹽米壯勇不敢深入內地九十月海外諸國互市者皆乘東南風之廣中香山過船刦掠故小汛亦不可不防也

兵事

洪武六年倭夷剽掠海濱德慶侯廖永忠上言曰臣聞禦寇莫先於振威武威武莫先於利器用陛下神聖文武定四海之亂若主萬國民庶安樂臻於太平獨東南倭夷貪其禽獸之性時出剽竊以擾瀕海陛下命造海舟剪捕此寇以奠生民德至盛也然臣竊觀倭夷竄伏海島因風之便以肆侵掠其來如奔狼其去若驚鳥來或莫知去亦不易捕臣請令廣洋江陰橫海水軍四衛添造多櫓快船命將領之無事則沿海巡徼以備不虞若倭夷之來則大船薄之快船逐之彼欲爲寇不可得也上善其言從之

十四年七月日本國王良懷遣僧如瑤等貢方物及馬十匹卻其貢仍命禮部移書責其國王及徵夷將軍是年十月衢處台三府山寇吳達山葉丁香等連結作亂命延安侯唐宗勝右軍都督僉事張德總兵討之明年正月賊平

永樂二年四月對馬望岐等島海寇刦掠穿山百戶馬興拒戰死之尋寇蘇松諸處日本國王源道義出師獲渠魁以獻而盡殲其黨類四年上嘉其勤誠遣使齎璽書褒諭之給勘合百道定以十年一貢船止二隻人止二百違例則以寇論明年倭復入寇平江伯陳瑄督領海運與倭寇值於沙門島追至朝鮮洋盡焚其舟斬獲無算九年以後貢者僅一再至而其寇松門寇沙園諸處則時或有之十九年犯遼東總兵劉江盡殲之於望海堝又明年復寇浙東朱亮祖破之於温州徐忠破之於桃諸



正統四年五月倭船四十餘艘夜入大嵩港襲破所城轉寇昌國城亦陷時備倭官以失機被刑者三十六人惟爵谿所官兵擒獲一賊首名畢善慶誅之

十二年倭船九艘使人千餘入貢朝廷責其越例然亦冀其慕化姑容之

十四年處州葉宗劉作亂宗劉宣平人常爲礦盜習武藝後充處州府隷役府官遠行者輒用以自衛積久玩肆多不法恐見收逮遂率衆爲亂推陳鑑葫爲主陶德二爲輔自領法兵殘狠立威倚有二飛劍能殺人官兵追之屢敗賊乘勝進攻府城兵備僉事王英躬往招撫肩輿出城入賊陣賊殺之癸旗晟子甫六歲亦自投城下死之御史李俊知府張佑憑城固守官軍與鄉兵戮力出戰初以防禦衛賊瀕牙鈎牌又用巨竹叢稍剪出鋒芒煮以沸油甚爲堅利名曰龍銃

用之閩陣濟以銃砲會都指揮脫某者部下皆北軍精弓矢累戰累勝賊不能當遂易視之賊乘間猝至不甲而戰矢盡技窮賊奔槍夾擊軍只餘二騎羣賊攢矟鬭之脫猶死戰不挫葉宗劉曰是何此人難殺之甚陳鑑葫在山上應曰殺人先殺馬馬旣仆人將安往宗劉用其說脫爲所殺時福建鄧茂七反各處響應寧陽侯以征南將軍挂印征閩道經處州葉宗劉僞設田夫百餘耘野中伏槍泥淖下唱山歌以眩之道旁列陣挑戰寧陽侯左右曰奉命征閩賊不征處賊寧陽侯不聽出與戰賊佯北引入山隘田夫奮槍躡後殺敗官軍獲征南將軍印賊行文移輒用之自炫且分兵逼鄧茂七茂七亦畏其狠且狡又惡征南印章拒之曰汝今未能破一城尚須力據城邑以待我賊歸百計攻城造呂公車高臨城上城上人大怖亟禱於山神麗陽公呼聲動地須臾輪推車隕城中士氣倍奮賊窮蹙巡撫孫原



貞許賊自新免死立功者賞官於是賊自殺賊定期出降臺臣見之猶疑畏稱鑑葫曰陳先生誘入囚車至京議將免死遇脫都司子疏雪父冤鑑葫伏誅葉宗劉歷功北邊賞以武職逃歸伏誅

十九年福建繫囚李七許一等百餘人越獄下海同徽歙奸民王直（即王武峯）徐惟學（徐海之叔）葉宗滿謝和方廷助等勾引番倭結巢霩衢之雙澳出沒爲患巡撫朱紈調都指揮盧鏜統舟師擣其巢穴俘斬溺死者數百餘黨遁至浯岐追勦平之紈仍躬督指揮李興帥兵發木石塞雙嶼港賊舟不得復入諸奸豪通番貿易者各以失利口語藉藉紈解官去東南自此多事

二十七年王直仍招集倭夷連舟栖泊島嶼與內地奸民交通貿易時廣東海賊陳四盼等自爲一黨王直用計掩殺叩關獻捷乞互市官司弗許三十一年二月王直令倭夷突入定海關移泊金塘之烈港去定海水程數十里而近亡命之徒從附日衆自是倭船遍海爲患是年四月賊攻遊仙砦百戶秦彪戰死已而寇溫州尋破台州黃巖縣三十二年四月薄省城指揮吳懋宣率僧兵禦之於赭山力戰死之又陷昌國城百戶陳袁將兵相拒死之或聚或散遍於川陸凡吳越之地所經村落市鎮皆爲邱墟而柘林八團諸處皆作賊巢三十三年二月賊由赭山錢塘至曹娥涉三江瀝海餘姚直走定海之王家團復有盤踞普陀山焚刦海鹽龍王塘乍浦長沙灣嘉興嘉善諸處者有攻崑山蘇州松江諸處者旣又奔蕭山分寇臨山瀝海上虞轉攻嘉興官兵與賊戰於孟家堰指揮李元律千戶薛綱宋應麟死之又賊徒四千餘突至百家山百戶趙軒梁瑜戰死又寇沈家河智抑山黃灣諸處都司周應禎戰死又寇蒲門壯士所乘舟遁入金山洋突入松門關薄雲門台州又賊二百餘人登自海門港直趨仙



居新昌嵊縣屯於紹興柯橋村又賊二千餘人焚刦嘉善廣西領兵百戶賴榮華戰死三十四年正月僉事任環與賊戰於吳淞江采淘港斬首二百餘級旣而我軍失利二月賊衆四千攻圍金山城寇常熟先徐惟學以其姪海（即明山和尚）質於大隅州夷貸銀使用惟學至廣東嶼爲守備指揮墨孟陽所殺後夷索故所貸於海令取償於寇掠至是海乃偕夷酋辛丑郎結黨衆數萬人南掠浙直諸路據柘林乍浦餘衆數千寇王江涇巡按浙江御史胡宗憲令人載藥酒誘賊賊中毒死者過半仍督參將盧鏜與總兵俞大猷督浙直狼土等兵大戰賊大敗斬首三千級賊復一支走崇德以向省城一支寇蘇州常熟通番奸民爲之嚮導常熟知縣王鐵與致仕參政錢泮俱爲所殺已復攻圍常州之江陰連月不解援兵不至知縣錢錞死之賊復寇行塘鎮遊擊周番迎敵死之別有賊九十三人自錢塘白沙灣

入奉化仇村經金城突七里石獄殺寧波衛百戶葉紳由甬東走定海崇邱鄉復折而邀鄞江橋歷小溪漳村殺寧波衛千戶韓徵走復明塘渡曹娥時御史錢鯨使道將還慈谿適與之值遇害已而過蕭山渡錢塘入富陽嚴州寇徽州之績溪縣盧鏜先以勁兵出油溪扼之賊奔太平府渡采石江逼京城下京營把總朱襄蔣陞被殺城晝閉門賊鼓行東掠蘇州復有賊千餘由掘泥山登犯觀海慈谿龍山定海縣諸處六年復有賊數千自柘林走海寧直抵杭州北關外屯聚劫掠時朝廷以御史胡宗憲有方畧可大任進都御史提督軍務與督察軍務工部侍郎趙文華協謀奏遣使諭倭王以弭邊患令生員蔣洲陳可願宣市舶提舉以往是年九月賊徒二百餘人登據舟山之謝浦後有賊數百由海門登刦仙居黃巖官兵追之賊奔奉化走鄞江橋出四明山至紹興之龕山宗憲督參將盧鏜帥高梁等兵



斬擊之十一月賊衆二千餘人乘舟遁出南匯口復有攻犯溫州瑞安者守備都指揮劉隨戰死流刦仙居天臺至嵊縣之清風嶺宗憲督容美兵盡殲之又有福建流賊由台溫至寧海抵奉化之楓嶺攻殺慈谿領兵主簿畢清義士杜文明與象山流賊合夥突過四明山攻犯上虞渡蟶浦港寇蕭山壁於錢清胡宗憲親督兵備副使許東望等統麻陽土兵進勦斬首五百餘級餘賊復由諸暨出東陽臨海至太平蒲岐巡檢司得舟而遁三十五年二月使夷生員陳可願偕毛烈及夷商松柴門妙善等七百餘人乘舟進泊於馬墓港自言直抵島倭通諭豐州馬肥前平飛蘭諸島悉已禁止寇掠然納款請罪之表未至而福州直隸沿海告警者踵接據夷商自日本來者云日本國主懦諸島各恃強爭據王直所竄則西海道有豐前豐後筑後肥前肥後薩摩日向大隅九州其所稱曰前平曰馬肥曰飛蘭曰花

腳踏曰島淵曰大村津曰何馬居沙曰他家是曰卒之毛兒曰沉馬曰美美曰空若止曰通明曰巨甲曰廟里曰日高諸處皆筑肥豐州之地總轄於豐濃州王大隅州縣隔一海亦爲聽命山口王居日向薩摩之間亦漸併於豐州王矣九州入日本國越斷港而東水陸程途計經旬月舟行而西不五六日而已入我浙江直隸界矣天朝頒賜勘合貯肥後州亦有貯山陽道周防州者各道入貢必納貲請取勘合而行頻年寇邊實九州島夷也時徐海久據柘林乍浦是年四月將寇南京浙西諸路出嘉興至皂林遇遊擊將軍宗禮帥驍騎五十人突擊殺賊甚多既而復戰死之賊遂攻圍浙江巡撫阮鶚於桐鄉窘甚時胡宗憲新授總督軍務之命舊兵不滿千人乃用計啗賊圍解賊別遣夷船二十三艘領衆千六百登刦鳴鶴場又夷船八艘賊衆千餘登刦臨山三江越數日兩賊合攻觀海龍山城突入慈谿



縣治縣原無城知縣柳東伯負印走賊殺鄉官制使王容知府錢煥焚刦士民極其慘毒從文亭港出欲窺寧波府城盧鏜率兵乘輕舟沿江上下隨賊所往用鳥銃擊之賊疑退屯海口擄掠貨財多所遺棄賊後至者拾取之是月賊衆五百餘衝突南奔將往福建溫州府同知黃釗領兵至分水嶺堵截被賊伏山谷中絶其後殺之賊遂遁莆田之塘頭登岸流刦而西復入浙境據仙居縣時阮鶚始出自桐鄉圍中宗憲檄浴鶚統督兵備副使許東望參將盧鏜台州知府譚綸指揮伍維等進勦盡殲賊於仙居又賊一支寇江北揚州又一支寇江陰無錫諸處所向焚刦先是趙文華督察軍務復命至是進工部尚書提督軍務便宜行事總領涿州保定河間及河南山東徐沛等兵南來各賊聞大兵至退遁常州桃花港陸續出海洋去時宗憲日與徐海對壘數遣死士入海營中反間海果縛其黨陳東等八十

餘人乞降宗憲討征兵且至佯許之及文華至遂與定謀進剿大殲賊於沈家庄徐海溺死獲其尸梟示於是辛丑郎帥餘黨乘舟遁至烈港宗憲約文華復用兵要擊之俘斬三百辛丑郎與葉麻等囚至京師獻俘告廟剉尸梟示餘賊據定海邱家岸夜潰圍逾桃花嶺李溪走鄞之西鄉由元貞橋走奉化寧海與官兵戰於台州之兩頭門把總范指揮死之遂從寧海走溫州至福建得舟而遁謝道之賊移據吳家山自秋及冬屢攻弗克胡宗憲督麻陽兵當歲除乘雪夜襲破其巢悉斬之三十六年四月賊寇通州海門突流楊州廟灣港宗憲遣總兵盧鏜追擊衝沉其舟五斬首四十餘級賊出東安縣復以船爲巢泊河守禦劉顯將百人擊破之斬首百餘級餘黨遁去

紹興府

倭至紹興城下月餘不能入進泊寧波港指揮袁進邀之敗績賊攻



定海城不克遂去都指揮劉錦追擊於海洋復敗沒賊漂一艘於朝鮮朝鮮王李怿擒其帥中林望古多羅械至京師先是閩人李光頭歙人許棟逃福建獄入海引倭結巢於霩衢之雙嶼港海上屢警二十七年都御史朱紈遣都指揮盧鏜等擒李光頭六月又擒許棟而歙人王直收其餘黨爲亂三十一年叩定海門求市不許遂移巢烈港官兵擊於移馬迹潭三十三年四月賊蕭顯自平湖來參將湯克寬邀擊於鼈子門破之是月乙未賊陷臨山衛已剋參將俞大猷破走之八月賊林碧川等自崇明修船爲歸計都御史王忬度其必入浙令都指揮劉恩指揮張四維百戶鄧城分爲二哨一自觀海臨山趨乍浦遏其來一自長途沈家門設伏邀其去賊果南遁官兵與遇於普陀臨江海洋敗之十一月賊寇瀝海所城千戶張應奎百戶王守正張承俱死之三十三年正月蕭顯敗於松江南奔入浙鎮撫彭應時禦之敗死賊進至海鹽之二十里亭參將盧鏜追擊敗之賊由赭山遁走三江歷曹娥瀝海餘姚盧鏜及劉恩張世維潘亭分道夾擊大敗之斬蕭顯九月林碧川沈南山等率衆自楊歌入抄掠浙東蕭山臨山瀝海上虞十月寇觀海衛十一月賊自山居向諸暨知縣徐魁用贊畫周述學計鳴金鼓發火礮賊由山徑入山陰境至府城南疑不敢入乃往河橋遇鄉民姚長子貫其肘使爲導長子紿之曰西而密謂鄉人曰俟賊過其橋燒毀之我死不恨遂陷賊於化人壇四面皆水總兵俞大猷會稽典史吳成器各率兵奮擊悉剿之斬首二百餘級賊黨殺長子三十四年四月松浦賊自錢倉白沙灣掠寧海趨樟村百戶葉紳劉夢祥韓綱俱死之遂至上虞東門外燒民居房屋渡江至阜學兵備副使許東望知府劉錫典史吳成器各率兵圍之至夜賊乘兵倦遁去五月楊歌賊犯餘姚省察官杜槐率鄉兵



禦之斬酋二人從賊三十二人槐力竭死既而賊犯鳴鶴場盧鏜擊敗之松浦賊寇爵溪所不克進寇餘姚初餘姚後清門有橋先三日毀之賊至適潮漲甚不能渡江南鄉兵奮擊之賊去寇三山所把總劉朝恩受檄調他部甫離所一舍許聞報卽馳還固守霖雨城圮數十丈或勸朝恩突走朝恩曰世受國恩今正報效之秋豈可以事權去輒規避也遂躬捍圮所督戰復作木城障之城上矢石如雨不能中賊朝恩曰此幻術也投以生犬首發矢中其首貫喉而斃賊驚潰走朝恩追斬數級六月楊歌賊自觀海出洋都指揮王沛等邀於霍山洋敗之沉其舟是月參將盧鏜敗賊於馬鞍山新林復追敗於勝山龜鼈洋十一月松浦賊復自溫州登海歷奉化遂犯餘姚參將盧鏜遇於文亭令所部兵能倭語者倭飾紿賊曰餘姚兵盛不可敵吾等宜南行遂遷延入四明山中茲地險僻寇者恒之焉居民弗虞寇

至不為備焚刦尤慘時天大雪鏜尾其後經歷文某與接戰於苦竹嶺副使孫宏軾又調奇兵與戰於祈開嶺翁家村皆不能勝至斤嶺餘姚謝生軍及之謝生者大學名志望文正公曾孫也捐家貲募勇敢五百人分三隊張左右翼禦賊自卯至午殺賊九人射傷二三十人矢盡力竭猶奮呼陷陣生貌美晳賊意其帥也叢刀殺之會盧鏜軍亦至復戰於斤嶺於梁衕賊少却走龔家畈復至上虞東門河南毛葑蘆兵迎戰於花園損二百餘人賊遂從北城外由百官渡曹娥江餘姚庠生胡夢雷與其兄應龍操六等率鄉兵邀賊戰於東關死之賊順流而西是時提督胡公宗憲方在浙江西剿川沙賊移檄諸將無力戰者乃身率大兵至於是僉事李如桂王詢指揮楊永昌知事何常明典史吳成器等并力追戰於瓜山又大戰於三界先是許東望請以山陰人金應暘為贊畫團練鄉兵千餘人宗憲又益以武



生項益隆所領處州兵二百人至是與賊迎戰於五婁嶺時賊百餘官兵數千見賊卽走處兵與賊血戰自辰至巳五十六人死於陣而應暘手刃數賊亦被殺是日宗憲斬不用命兵五人於五雲門翌日賊遁丁村盧鏜追擊之斬首二十六級賊大懼以銀物餌之我兵潰次日暮何常明哨賊被殺宗憲督兵次長山聞報大怒拔劍欲自刎李如桂奪劍捄免丙午宗憲壁龕山之巔盧以丁村功獻宗憲慮賊渡錢塘江也促鏜再戰鏜曰士疲矣休養數日乃可料茲賊須鏜了非毛顯所能也宗憲佯諾與山陰人故郎中王畿計之畿密諭親兵曰爾等豢養久未立戰功今賊將滅而諸將逗遛不進且盧參戎以毛顯目爾爾能無耻乎乘其不意襲之賊可盡也衆踴躍請効死卽令吳成器兼率以進不數里遇賊死戰無不一以當十賊大潰循海而走奔匿於龕山之城下小舍內我兵乘勢圍攻賊登屋擲瓦我兵

急破之悉斬首以獻時日且暝宗憲命取賊心啖之選獰首級二十餘顆置案上每顆為飲一觥暨晚諸營方知破賊相率入賀宗憲謂鏜曰再遲一二日何如鏜大慚服閏十一月松浦賊復自溫州南麂山來至平陽之三港守備劉隆千戶鄭剛百戶張澄皆戰沒賊遂趨台州漸北向欲與紹興賊合宗憲令天臺以南知府譚綸兵擊之新昌以北容美宣撫田九霄兵擊之吳成器為先導十二月乙未賊抵新昌殺居民一二百人屯醴泉知縣萬鵬率民兵拒之不克賊亦去聞紹興賊已破畏譚兵及土兵猶豫莫定所往至嵊之上館嶺會容美兵陳而待因九霄以正兵當其前左翼則蜀守王綸伏兵當之右翼則經歷畢爵伏兵當之賊出戰良久伏兵起左右夾攻而指揮吳江率部兵邀賊後多張旗幟為疑兵賊四面受敵遂大潰我兵追之入清風嶺俘斬一百七十餘是賊之未敗也松浦賊又自福寧州



來越平陽仙居至奉化與錢倉賊合凡七百人入紹興勢益滋蔓田九霄既破賊清風嶺宗憲復命副使許東望杭州府同知曲入繩同九霄往邀之遇賊於西小江橋僅隔一河宗憲於馬上自持一幟作指揮狀賊立聚觀宗憲笑曰此易與耳若不顧而南其氣未可乘也卽率兵渡河九霄邀其前入繩襲其後賊見兩兵夾至大怖走匿民舍官兵圍之三匝縱火夾攻死者甚衆周述學曰賊至夜必南逸急設伏邀擊山險知縣葉可成曰西嶺之巔可伏也從之時值天雨夜二更大霧咫尺莫辨賊乘黑衝圍典史吳成器故善戰驅兵奮擊頗有斬獲然脫走者衆果由西嶺南遁夜將半嶺畔伏兵起賊驚潰遂大敗之斬首及焚死者二百有奇餘奔太平浦岐港官兵追之賊堅不出乃夜壁蟲披以火器賊驚起自相攻殺比明乃遁出洋得脫者無幾矣三十五年四月賊周乞勿引豐州賊數千人自鳴鶴臨山三

江以　次日合寇觀海衛弗克寇龍山所庠生李良民率鄉兵禦之乃解去掠慈谿縣時縣無城被害暴酷知縣柳東伯募都長沈宏舉族禦之斬首數百級賊遁欲入掠餘姚盧鏜遇之于文亭大破之五月賊分二支復入一擾慈谿縣一攻龍山所所中兵擊死賊數十人乃解去盧鏜復追敗之擒周屹餘黨遁入五峙洋八月唐寅盧鏜擊蘇常賊及寧紹餘黨至夏蓋山三江海洋與戰于金塘馬墓之間大敗之沉舟數十斬首六百五十有奇逸賊八百餘至慈谿據邱王二家爲巢進寇龍山所參將盧鏜戚繼光副使許東望王詢各帥部兵二千把總盧鏑亦率部兵二千遊擊尹秉衡率北兵三千遇於雁門等嶺賊連戰皆敗九月己未提督阮公鶚親督官兵來稍稍破之賊[illegible]追鶚又督秉衡鏑追至銅嶺誤中伏賊夾擊我兵大敗賊至樂清[illegible]海三十六年十一月壬子王直欵定海關執無印表文稱豐州王



入貢且要互市先是軍門大臣以直爲亂因其子澄於徽州收其母妻下金華府獄後胡宗憲爲提督乃出之給以美衣食奉之爲餌會朝廷遣寧波庠生蔣洲陳可願充市舶提舉宣諭日本國王宗憲因密諭令招來王直至夏賊來宗憲已晉總督列狀上請詔不許命相機擒勦宗憲奉詔秘而不宣馳駐餘姚以夏正爲死間諭再來見直遣義子王滶及葉宗滿先來至餘姚宗憲盛陳軍儀納其降且與迪牀臥因露諸將請戰書十餘道于几上而含糊作寐大鼾欲全活直之意然滶出猶詗城守且察其兵數宗憲恐其逸去乃命二人同往見按院藩臬延緩之又命直子澄以血書諭直復發金帛間其黨直乃因夏正報曰卽歸命但部兵無統欲得王滶攝之盧鏜曰以犬易虎不可失也宗憲是之越數日直不來復命劉朝恩陳光祖夏正與成器陳可問往說之且以夏正婁楠爲質直乃入見盧鏜於舟山中所城宗憲馳至定海直來見宗憲溫語慰之遂送直按察司獄疏其罪狀上請三十八年十二月得旨斬於杭州市

嘉靖三十一年倭有犯吳境者海賊徐經十持大挺踣其二帥其首殊巨三十二年倭登自勝山港掠第四門四月攻臨山衛陷其城三十三年倭大掠梅川上林龍泉等鄉三十四年五月省察杜槐率鄉兵禦倭斬首一人從賊三十二人槐力竭而死邑城戒嚴邑募獵六射虎者踞城樓上發弩射中一人其矢傳毒血濡縷立死倭舁尸去

萬歷四十二年巡鹽御史楊鶴疏

浙直松海自信國公經畧以來至嘉靖末年築城建堡添設營砦棋布星列足可防禦但今識者尚有遺議謂舟山仍宜復縣以固浙東之藩籬金山亦宜建縣聯浙直之勢其松城宜移近李家濱以扼三江之水口太倉宜分一衛於崇明以控蘇松之上遊是亦一議也說



者謂倭奴與三吳對峙東南東北正東風俱可入犯是日日夜夜時時刻刻所當防者吳中惟春汛遊兵一營出守洋山以三月初十日經五月二十五日收撤正防七十五日況修理船隻措處錢糧往往至四月初始過洋是一汛實防止四十五日耳而冬防則不復至海清明以前小滿以後倭奴遂不可帆乎夫洋山馬迹蘇寶蒲哨等山我兵防守則爲信地萬一未汛之先收汛之後倭奴突至而據之是一對馬島故事矣以其下形勢言之洋山蘇寶外海之天險也藩籬也南沙海上之要害也屏翰也吳淞劉河則蘇松之門戶也福山楊舍則留都之門戶也今惟守門廷而忽藩屏非勝算也謂宜于蘇寶嶼中屯遊兵營營兵船於內高山置堠數百里帆檣盡在目中種屯田千餘畝官兵糈供糧餉歲可省帑金萬倭奴入犯可扼其吭而拊其背且蘇寶一山亘海中通倭之去與倭奴之來必由之路使此處

常屯有官兵則勾引接濟之奸絕而窺伺竊發之路消海中增一道金湯吳下多一重屏藩防海上策莫過於此惟是渡海屯田是一大作用難與拘攣者道耳臣巡歷越中周行海上見溫台寧紹皆介海濱而錢塘乃在襄海以臣計之昔日之倭非今日之倭今日禦倭之局非昔禦倭之局台州四塞之國昔年倭寇內犯先臣戚繼光殺戮殆盡溫州環海而居然崇山壘嶂難以散掠此皆非倭所利也寧紹爲浙之門戸重兵控扼定海是矣然賊徑實繁不必更言他處即慈谿之龍山平石實爲間道使倭由之入攻如斜谷徇秦陰平入蜀我反在外彼反在內是不可疏於防也雖然臣所慮者乃在錢塘鼈子門其險似未易卒犯然江潮三日不至何常之有島夷之所垂涎通番下海之徒潛爲內應患正在此耳羅水營之所兵今猶善戰然詳於陸而畧於水臣嘗言之當事謂省會腹心亦宜沿江置艦使之戈戟如林檣櫓相望所以內壯根本外消窺伺南北兩遊兵議撤其一置此地此斷斷可行者也至於金塘玉環諸山且屯且種足食足兵自是萬全無患如謂信國起遣恐異日者藉寇兵齎盜糧則舟山孤懸海外比之金塘玉環之逼近者相去天淵矣



台州府

寧海縣　宋胡融曰寧海水利講之舊矣然皆不得其要領胃爾爲之卒無成績且如官庄大嶼竹口梅林九頃田疇開闢雖號出穀處畎澮溝洫與夫河渠無可倚賴周世宗顯德中祖令孝孫元祐中本路羅提刑邊非不究心於此未踰年歲尋皆廢壞故吾鄉之田凡在路北者凶歲多豐歲少大抵河渠之利獨於蘇湖杭越何則土平水緩勢不可激故也吾邑界兩山之中春夏溪流暴漲奔放衝突聲如雷震小小堰堤一掃而盡豈容瀦蓄故嘗爲之說上策莫如作陂下策莫如浚池相視吾邑土踈而多沙石山峻而不鉗鏁無逶迤漫泉沮洳大澤可以作陂上策之說不可行矣不得已則有下策耳各以十畝爲率問其田凡屬幾主裒其錢買田一畝浚而爲池遇旱共以灌溉一應大戸有田在高仰者一依此例推而行之如此則吾邑之地皆成良田矣雖曰下策猶愈於束手而無策者乎

溫州府

永嘉縣　沿江有三洲西洲浦洲任洲入江有十三浦上戍浦竹浦桑浦甌浦西郭浦外沙浦朱村浦黃石浦白沙浦梅嶼浦蟾頭浦河田浦象浦通江有四港安溪港菰溪港荆溪港柟溪港甌海一名屋海去郡城東六十里江流東至磐石寧村會於海洋茫無際涯是謂甌海自寧村而南積沙成城以捍湖勢沿海皆沙塗亭



民取鹹潮漑沙麗鹵煑鹽甌海之長潮西至白沙接安溪北至潮際接柟溪舟過此洋由千石入柟溪港潮至潮際退潮東去北至館頭抵樂清縣界南次樂港次崎頭舟行至此始出江口入大海分南北行謂之轉崎北至青田縣門而永嘉之海境盡矣

瑞安縣　安陽江在縣南門外舊名安固江吳時名羅陽河唐時名瑞安江又名飛雲渡其長潮西上下抵三港一抵陶三港潮際其退潮江口東接洋嶼入海次橫河南次榆木抵平陽縣界由江南岸自雙射門外歷寧村沙城梅頭抵瑞安界由江北岸則自羅浮華嚴梅溪港強嶼掛綵象浦口館頭青嶼鹿西朱抵嶼清界

平陽縣　海　縣東二十五里北至瑞安縣界榆木浦起經斗門仙口自仙口南經江口山茹南監邪溪鹽亭抵大嶼王孫浦門自浦門抵隨頓嶺俞山自俞山抵福寧縣烽火砦止橫亘三百餘里

沿濟巡檢司一十處營烽堠九十三所

館頭巡檢司管撥白沙山南岸山三嶼山嶼頭山黃華山洋田山盤嶼山田灣山館頭山茅竹山下關山上關山瞿嶼山
中界山巡檢司管撥楓葉山東白山密蠟山黃家山殊磊山川石山大嶼山長沙山沙下山沙匯山洛灣山
北監巡檢司管撥芝門山茗坑山烏岩山蘇家岡後轎山西門山湖頭山礪頭山前山化山下山蘆灣
小鹿巡檢司管撥馬鞍山靈門山魚井山于江山了髻山三山石橋西門烏沙門亭頭東門
蒲岐巡檢司管撥岐頭山水嶴山高松山南蒲山纜嶼山蒲嶼山梔頭山
梅頭巡檢司管撥鮑田俞山錢家步有塘路岩井山白岩南岸渡頭横河塘路鄭家庄



下村巡檢司管撥攔頭濛灣劉家山小王孫大王孫後嵯關山元中岙下村頭
小漁野巡檢司管撥大護山卑灣上洋山奠山鳳凰山白碕山涑盤頭半塘
江口巡檢司管撥嶼門山蔡家山麥城山福全山同前塘塘岸
仙口巡檢司管撥白洋石刺山斗門風門塞平山烽火山
防禦倭寇官軍戰船於首門小源野青奧門中界山楚門等處海口灣泊防備遇有警急即便策應追捕

民兵書

蓋召募非古也古者兵出井田司徒致民司馬致節無事則以時講民而教登其夫家之衆寡急則比什伍簡兵器以鼓旗借師而合人盡兵也何所事募募者起於兵農之分而師武之不足也自漢武節盛兵以威四夷增置羽林校尉之屬而又不愛通侯爵賞以風海內則募兵始此而兵制寖壞陵夷以至末季大盜羣起往往召募增兵創立名號爲陷陳義從積射等類冗濫不可較而國力楊然遂不振以亡唐初制府兵平日皆安居田畝大師下符契於州刺史乃發事踐將歸於朝而士卒賜勳加賞罷歸蓋合兵農合一之道焉已變而爲彍騎已又變而爲藩鎮其極也將卒獷悍跋扈弗爲用宋制禁廂兵曰保捷曰振武慶歷四年之後募兵充禁旅防守不耕而聚食者百十萬而是時所募之兵皆坊市無賴安處豢養不能不惰驕及驅之赴敵多呰呰不肯應賞賚稍不稱輒圜視而呼名雖爲兵實呰窳不可使之人也明興分軍民籍而民力農食兵兵守戍衛民天下久平衛所軍因耗而變正統末令州府縣招募民壯所在官率領操練有警調發而民復有兵正德中計丁糧編機兵銀人歲工食七兩有



奇大縣至累千金於衛兵外復取民財而購民爲兵天下益多故財耗兵虛衛軍僅名額而機快徒虛名曾不獲一旅一卒之用有急輒復議募而徵兵之令紛紛下郡縣矣嘉靖二十八年題准土著居民有能率衆執旗招至百名以上者給冠帶三百名以上者授散官則名色頭目之媒也四十二年令副參遊守等官自募家丁執名在官一體給糧則將官私募之始也萬歷三年議准募浙兵三千人各給鳥銃赴鎮以備衛鋒攻擊則南兵調北之漸也自是之後北孽邊則募南孽倭則募中孽寇賊則募師旅動百姓罷敝然而募者猶踵接烏邑夫以百姓之生聚而當四方之徵召日削月耗猶爲烏邑有人乎語曰毋爲戎首反受其禍蓋謂烏耶國家無大兵革二百餘年矣烏俗之於傑黠雖其天性然哉然承平日久耳目所漸漬諸俗被服率多耽於逸樂聞金鼓則心悸覩旌旗則色變試之兵不習也畏

老曰烏兵之起也則以礦寇先是嘉靖三十七年處州不逞之徒煽訌入我南鄙井里震驚民大震恐倍磊陳氏首糾義旗衷其師擊之盡殪死者以澤量而民因是駸駸玩兵器於股掌之上武夫之勃興自此始倭寇蜂起參將戚繼光搆勦賊之首事者而陳文成等率衆應召三十九年統兵赴台防守四十年破倭於白沙洋俘斬一千計調綏江福援勦流寇及攻屯賊巢所向殄滅以軍功顯而子弟多食祖衣稅懸金以誇閭里人益騖於戰功矣由此觀之初兵之起也敵加於已藉以自救是謂應兵其旣也賈其餘勇惟利是徼是謂貪兵卒之事變多故征發曰騷靡耗萌趨物盛而衰因其變也萬歷二十年孽民劉東陽以寧夏叛築壁堅守王師環而攻之已又決河灌之弗能下於是議者發烏兵三千人趨之兵出之日而人人憂其弗及也至則蹈瑕乘間而入上功幕府所獲輜重不可勝數君子謂是役



也水攻不如吾甲攻之剽而疾也是歲也關白倡亂海島席捲朝鮮而爐其國我兵是以有遼左之役遇倭於碧蹄王師不戒敗績我兵死事者百餘人報至而哭泣之聲相聞閭巷於是倭勢日益猖獗與吾界鴨綠江而守揚聲入犯深計者且謂戎心叵測扼淮口則咽喉絕扼天津則腹脅斷躪吳越則手足痺躡留都則根本搖而士氣久靡營衛列屯之軍徒負尺籍之名至不能受甲乃紛紛議募而徵師於烏則自杭者至則自吳松至則自留都至則自淮揚至則自遼津至街巷之間靡然發動而一二緣事招搖假借總哨統矜子弟垂橐至千金而不佐國家之急是後干戈日滋行者齎居者送中外騷擾而根奉財賂衰耗而不贍賦稅既竭猶不足以繕糗糧大司農言於是稍稍議罷而所遣天津兵三千人中道發回士卒以月糧不給輒幌巾鼓譟捔當事者曲慰勞乃止自兵散田里農種失業衣食亡賴輒多穿窬攘竊抽箕躡垣之姦戶扉不寧桁楊者背項相望也無幾何而浙直所募之兵輒復竄逃弗為用主者治逋逃之罪曰是前之三尺籍固在奈何縱之去也則烏是問蓋至是則兵與民交受其敝而後知兵之流毒遠也善乎司馬光之論民兵也宋韓魏公柄國政欲刺陝西民為義勇司馬光力爭以為不可畧曰凡民生長太平不識兵革所事惟田畝力作雖自教閱獨旗號鮮明鉦鼓備具可美觀而止一遇寇敵卽兀解星散潰敗立至自後放汰還農則惰游巳久不肯服稼力穡如異時又田產空盡流落無歸強者為盜弱者轉死長老至今於邑長嘆此可為永戒而不可復也況今旣賦歛民之粟帛以贍軍又復籍農民之身以為軍是一身而兼軍民之任也民之財力何得不屈前事不忘後事之鑒夫烏今實類是覽里老之呈牒可悲也呈稱念邑僻處山鄉向服禮教不諳兵務始自嘉靖三十七



年勦滅礦賊有辭倭寇擾攘因而召募無有寧日京省守禦烏官居多十室九空朝不保暮近來京師各省寇盜相屬下縣招兵官府窮於支應小民艱於供役應募者皆精壯留家者皆老稚田業失種饑糧何供竊念普天俱屬平民烏俗獨罹劇害懇乞憐准轉詳俯拯民困縣里老以言小東寤嘆於憚人北山感慨於王事烏蓋兼之矣安有一方阽危若是而上不矜者萬歷二十二年知縣周士英上計事竣乃為我父老具疏以聞曰臣竊惟浙東義烏一縣兵不得解甲而為民民不得息肩而無事於兵者三十餘年而未有如今日之甚者也臣叨任義烏兢兢職守何敢越俎而議以干罪戾然歷任以來伏覩征兵之令無歲不至徧戰之夫無家不出人民流竄戶口消耗里分兼併糧差困賠甚有傾覆之風民多死傷之畏詢之父老得之道路無不痛心疾首極言兵害則臣亦安忍避一時之忌諱而貽百姓

無窮之禍哉夫烏邑地方百里舊俗淳龐居民樂業並未知兵自嘉靖間處州礦賊作劇隣壤而兵始興繼以倭奴侵擾練兵浙東而兵始著嗣後釀成癘階父不得恤其子兄不得顧其弟妻不得有其夫歷年來散於北邊散於閩廣者幾數萬衆倭平而生還者十無二三民方救死扶傷之不暇而復重之以檄召之紛紛禍將安極臣初到任不旬月而金陵淮揚薊鎮吳淞江浙省等處募兵官員踵接肩摩一時裹糧景從之金陵者二千有奇之淮揚一千有奇之吳淞者五百有奇之薊鎮者一千有奇之浙省者一千三百有奇人民不趨官募則趨私募畸零比耦給隊往投者難以備載蕞爾彈丸之邑生齒幾何而比歲投募已五六千人則是空邑之子弟以赴之而閭里戶丁何得不屈臣按經制洪武三年以板籍覈天下之丁甲丁二等曰成丁曰不成丁民始生登其名於籍曰未成丁年十六曰成丁丁成



而役六十而罷府州縣驗丁冊口多寡事產厚薄以均適其力蓋至慎重也查得烏民戶口自嘉靖四十二年以至隆慶五年共一萬五千五百一十丁萬曆九年戶口僅存一萬二千九百三十丁虧失原額比十九年定圖役丁登冊充足額數而各里以人丁虛耗紛紛控告不下數百輩臣諭以申請詳豁民乃安定良由師旅頻仍丁壯離散年老者未行豁除童稚者先以編入而逃亡逐竄者則累及里役之包賠此民之所以囂囂不寧也且今弊竇百出姦僞多端病國耗民其害有五臣請得熟數之古之凡民長大壯健者皆在南畝農隙則教之以戰今一遇兵興輒奉檄坐募以尺度量民之長大而試其健壯者招之爲兵其留所以緣南畝者皆老弱也夫八口之家能耕者不過一人挾募者多則力耕者少使良疇委而不開桑柘棄而不採欲令家豐人給不可得也害一人情安於土著而重去其鄉故人人自愛護而知畏法自兵端一開而民倚邊爲奸藪囊篋者家於是通情者家於是鉗徒者家於是雖有作奸犯科椎埋剽竊之輩而身捍文網輒逃之尺五以解免而藐亡法若土苴也害二兵不素定而一時號召大抵取盈於城市之游惰朝甲暮乙東鶩西投鼠竊蠅營詭冒影射按籍而稽其人多不可曉比及逃亡移文勾攝牽攀里排莫可究詰未免徒耗衣裝濫叨糧餉害三今之把總劄付非虛名也然上藉名色以餌民而下假名色以鉤利紈袴之子作充頭目餽遺如市多者百金少者不下五六十金甚至有廢產破家被紿而訐告計民間金帛之費府越於道路而肥募官之私橐者比比是也害四夫既以募民爲兵則其姓名已隸於官府之籍行不得爲商居不得爲農而仰給於官勢遂不可以罷去設汰之使歸彼退而顧其田廬之荒業計盡無聊未有復能生還者也此不爲溝中瘠則爲萑苻嘯



聚是使民掉臂有事之日而弄兵潢池者以此失業無賴之流也害五兼是五害而上猶募焉無已臣竊恐非直爲一家一邑之憂而土崩瓦解之形將在於此當事者豈可訑訑然不爲之處哉臣愚以爲今之所號南兵大率浙以東人浙東六郡而婺居三之二婺屬有八縣而烏又居三之二然嘗試求之烏之民非果有投石超距材官蹶張之能也一日聞召而頓足袒裼以應者則其家不聊生而藉以餬口耳他郡山岩窟穴之民負氣好鬭忠勇而願赴用者無慮不有自今請奉明旨申禁各省衛所衙門勿得再以私募招誘烏民萬不得已征兵東浙宜疏請於朝勅部以檄下之撫院院下之道道下之府分督所屬州縣隨地召募不拘方隅各極簡選精銳可致仍合已募之兵年五十以上願復爲民者聽其方募而待用者年二十以上則收限十年而除其籍如是則方始募之日上已明示其聚散之權審

浚削而汰之則無怨且使民心知其不出十年而復爲平民則計日回復不至叫呼無賴而自棄其身於邊塞民得更代而爲兵兵得復還而爲民此蘇軾募兵之議可施於今日也而要之中原之長技有不專在浙者臣又以爲遠募之兵各須資遣道路遙遠勞費倍多始發有征行之難事久有逃亡之患今之遼薊山陜等古稱用武之地村落百姓常習於戰鬬識敵淺深愛護鄉里節不待驅使猶願自修衣糧共相保聚下令召募立可成軍若成化中北虜毛里孩連寇延綏先臣盧祥言營堡兵少而延安慶陽府邊民多驍勇與胡虜狎敢戰奏請點選民丁之壯者編成什伍號爲土兵得兵五千餘人人免租六石戸三丁委官訓練聽調而延兵盛強虜遂不敢彎弓內向此在延綏一鎮行之有明效矣使九邊在在練習土著撫以厚恩民必欣欣踴躍願出死力又安在其不如浙兵也夫惟土兵以漸而多則



民兵可以漸省而無用民兵可以不用則烏兵可以息肩而歸農休養生息數十年之後戸口可充征賦可繕庶乎其猶有支也臣不自揣越分僭言自知無所逃刑然竊念漢龔遂之治渤海也令民去刀劒而買牛犢般然收富庶之效臣今之治義烏也聽民鬻鋤櫌而佩刀劒囂然喪樂生之心則豈惟有負皇上所以課責羣吏之意而尸祿苟安於旦夕使人實謂臣傳食其邑而秦越其民也則臣亦無以下謝諸父老矣伏乞憐臣犬馬微誠勅部查議從長計處以拯一方之倒懸宗社幸甚生靈幸甚奉旨兵部知道而大司馬以時方用兵不報二十二年東征兵卒以微賞鼓譟至移兵潛剿不分玉石無辜駢首就戮者數千人其慘益不可勝言矣

聯蘇松常鎮並浙江之嘉湖杭嚴八府屬一督撫以保江南心腹議

今西北盡戎馬之場矣識者謂江南豐芑必當鞏固以備巡幸正財賦所自出也然其腹心則在蘇松常鎮杭嘉湖七府之地以形勢言之北則長江天塹南則錢塘襟帶東則大海汪洋西則萬山屏蔽真山川大險以衞此神皐乃以地本一區屬分直省臂指不應吭腹不通莫若七府屬一督撫駐紮鎮江巡歷蘇杭改吳淞參將爲大將海鹽參將爲副將設鎮江京口一副將如常之蛇以鎮江爲首蘇州爲腹杭州爲尾湖州帶山枕江負海爲左右翼常嘉爲喉脘腸胃諸經絡嚴州雖稍寫遠然地界杭上高踞山巔屏蔽錢塘不可他屬以之爲足然後可以扼險守要而南都之左馮翊以固不然自蘇松常與杭嘉湖接境諸地既無山海之阻又無關隘可塞劃然中斷譬之人身恰至腰膂分爲兩截其何能生今試言其邊腹水陸之不可分者有八江海入口處北自鎮江京口南盡杭州錢塘江之鼈子門自京



口鎮而下爲常州之孟河（水營把總）江陰之黃田港（兵備有水陸營）爲蘇州常熟縣之福山港（水營把總）係江海接界遠過嘉定縣之吳淞鎮大海（總鎮駐紮水陸各營把總）爲太倉州（兵備道）劉家河（遊擊水陸把總）爲松江上海縣之黃浦口滲缺口（兵防見海塘）再至金山（無海口參將水陸把總）而直隸之兵防已盡過此爲浙江之乍浦港（所軍）澉浦港（所軍）海鹽港鼈子門（參將）而大海從鼈子門而入錢塘浙江直達杭城下上溯嚴州以上諸山溪灘十里之間累若貫珠此口邊水路之不可分者一太湖浩蕩廣八百里在蘇州之西常州之南湖州之北所屬縣有長洲吳縣吳江武進無錫宜興常熟烏程歸安長興德清湖等縣此中腹水路之不可分者二平望（吳江）鶯脰湖爛溪等處爲蘇嘉湖三府之咽喉所跨縣有吳江歸安烏程嘉興秀水等縣此中腹水路之不可分者三湖天獨墅澱山沉湖仰湖等處爲蘇松嘉三府之間道海船可入所跨縣有長洲崑山（蘇）華亭青浦

松嘉善海鹽秀水嘉興嘉等縣此中腹水路之不可分者四運河[illegible]
帶長亘八百里自杭之北新關至鎮江之京口歷杭嘉蘇常鎮五府
此中腹水路之不可分者五海塘長亘五百里自杭之鼈子門築起
至松之黃浦口塘岸高濶如城一騎可到中間設立寶山所軍川沙水圖
把總青村所軍陸營把總陸路官南匯所軍選鋒把總拓林陸營把總陸路官金山衛參將水陸四營把總將
水直境以上乍浦所軍澉浦所軍海鹽參將以上浙地諸衛所營砦設金山海鹽兩參
將以彈壓之而金山以上屬直乍浦以下屬浙彼此不知堅瑕莫辨
此沿海陸路之不可分者六宜興以上即至溧陽應東壩直接蕪湖
若從蕪湖過壩竟入常州內地稍南突便從廣德入湖州之長興縣
宜興長興二縣對峙所當聯絡陸兵固守此中腹陸路之不可分者
七常州塘延亘如運河之界可以馬步並達中無險要可斷此中腹陸
路之不可分者八有此八不可分又有三大害一曰吳耕浙販浙之



米價每溢於吳浙商舳艫晝夜不絕居民之射利者又與之囤販以
致吳民嘗苦饑而浙商倍以獲利自用兵以來江廣之米漸次難致
全賴此本地之粟而秋成之後搬運一空吳人不能越境而糴諸商
此其爲害者一一曰吳盜浙竊嘉湖之間湖蕩寥濶爰有巨憝糾匿
奸盜每聚至千人刦掠於吳而逃庇於浙官兵互相推諉文移莫可
勾攝此其爲害者二一曰吳鹽浙稅蘇松沿海有鹽竈而不及設運
司分隸於浙夫鹽產於吳而稅歸於浙當此兵興之際獨不可以佐
吳力乎況乎私鹽出沒亦不能行其清核此其爲害者三夫直隸四
府皆衛江海浙之四府惟杭嘉臨海我蘇松四郡既出兵力以衛浙
而浙反以累吳其平時尚然若一旦有事必至此堅彼瑕此彼一處
潰防則在在無川故以八府合屬一撫以統三鎮而杭嘉四府亦宜
設處兵餉以佐協守則地勢既專地利亦盡此保江南之急著也其

浙撫則移駐浙東紹興以保障寧紹溫台處金衢七府以爲江南屏
春外蔽可耳蓋浙海要衝皆在浙東若寧波之定海關台之南北洋
諸境並溫處萬山如天臺雁蕩溫括蒼處四明寧四大山亦皆在浙
東浙撫允宜坐駐紹興以控制外海並攝諸山伏莽之寇此不易之
定論也

婺星所舍辨

封域分星妖祥之說見於保章氏多矣然而謂婺郡爲婺星所舍者
其說則甚長不可以不辨竊考星經周天五十一萬三千六百八十
七里六十八步一尺八寸二分此天之圜數也夫圜數三則徑一實
得十六萬二千七百七十八里六十一步四尺七寸二分此天之徑
數也至於二十八宿度數每一度計一千四百六里二十四步六寸
四分有奇則凡三百六十五度四分度之一正合周天之數明矣若



以周天之數限於十六萬餘里之內自昔帝王而下闢地之最廣者
無如秦始皇漢武帝唐太宗計其四封之境亦不過二萬餘里此外
爲里者猶十四有餘萬今星家論著星宿所大度數止以角亢氐爲
鄭分一曰韓房心爲宋分尾箕爲燕分斗爲吳分牛女爲越分虛危
爲齊分室壁爲衛分奎婁爲魯分胃昴畢爲趙分觜參爲魏分井鬼
爲秦分柳星張爲周分翼軫爲楚分若以地域二萬里計之不過得
星之一十五度耳而乃以三百六十五度盡入於二萬里之內其理
果何謂乎此外十四餘萬里或大海或廣漠四夷及百蠻在其間者
星宿或無所隸屬焉此其可疑者一也又況尾箕爲東方之宿而乃
主北方之燕危虛爲北方之宿而乃主東方之齊奎婁在西而東主
魯井鬼在南而西主秦畢昴正西而北主乎趙角亢正東而中主乎
鄭以至吳越居東南乃屬北方斗牛女之分宋與衛隣乃屬東方房

星之分周在河陽既以爲南方星張之次而班固復以子爲周越在河北既以爲西方昴畢之次而班固復以寅爲趙則東西南北互易其位靡有定據是星之與土各自異方耳此其可疑者二也又如北斗之度居乎天中猶可謂主乎九州若夫五車九坎皆在牽牛之南偏居一方而亦分主列國何耶此其可疑者三也至論其躔次之疎密地壤之廣狹則又有疑焉宋衛之與燕踰越甚遠而房心尾箕實連而爲次魯衛與趙疆理不入而奎婁昴畢實貫而爲列自斗牛以至室壁皆北方之宿也而南起二廣東亘江浙過宋魯而北終於齊衛則自吳越而至齊至衛皆連乎是七宿者也夫箕尾乃幽燕之分而斗牛二宿承之閩廣幽燕吳越相望判乎其不相入矣自井鬼以訖翼軫皆南方之宿也而西越秦雍南帶四川又北折入於三河成周而南始入於楚帶乎衡湘則自秦雍而至楚至衡湘皆連乎是七



宿者也角亢乃鄭之分與楚爲隣星軫而下角亢連之秦雍荆衛里道絕遠者乎其不相比矣星甚相近其地絕相遠其故何耶此其可疑者四也而又於南則分野太疎於北則分野太密宋鄭一國同在豫州之東爲里幾何而乃當夫角亢氐房心之五星魯衛二國密乎兗徐之間所封尚狹而乃當夫室壁奎婁之四次周還洛陽其地尤褊而分秦與楚之外亦獨占夫柳星張之三次北之分野可謂太密矣斗牛女止三宿耳而南起二廣東抵福建二浙北至江南兩淮遠據江南之九路井鬼二宿耳而北起於秦南及四川以至瀘南溪峒雲南大理諸國奄及西南之二方南之分野可謂太疎矣或密或疎所課不等其又何耶此其可疑者五也或者求其說而不可得則曰其國始封之日推歲星所在而言謂如歲星在斗牛而吳越始封而斗女屬吳越自以其說似矣而不知太史公天官書謂木火金水土

各以其舍命國則不但歷指歲星而已也雖然二者之義蒙則皆謂未然何者姑以婺女一星考之星經云玆星明則天下豐女功備大國充當天二十八宿隨天運轉靡一息之或停輝光所燭下及萬方何有乎分野之局婺星凡十一度計一萬五千四百七十里豈但臨乎婺郡而已此星一明豐及天下其照臨之遠且大概可想矣竊以謂天道流行其大無外其小無內初何有於限界星天星也亦何限哉大抵宇宙間萬象異形而同體三才異位而同神蓋自有交相感應之理此其機括之所係淵乎至哉嘗考左氏所載高辛遷閼伯於商邱主辰故辰爲商星遷實沈於大夏主參故參爲晉星夫商邱豈必當辰大夏豈必當參惟人既主是星而爲之祀則是星之休咎亦隨其地而應焉杜預註主辰爲主祀是也能知乎此則蒙所謂前之五疑者有不待辨而自明矣是以胡人共主於昴宿則昴亦應之其



餘蠻夷諸國亦必於星宿各有所主特中華不得而盡聞耳然後知分野之說以星之所應言之則可以地驗之則不可此杜元凱主祀之言實爲古今之確論雖聖智莫可易也蒙近爲寶婺觀作重建記謂國所主而祀之非有局於分野既不悞於歲星所封亦不拘泥於五星所舍命國之論實有合於元凱主祀所註是以釋千古之疑而舉天下莫能破焉明道先生謂天地間只有一箇感與應而已更有甚事伊川先生謂感通之理知道者默而觀之是雖概爲事物而言然主祀之義亦可驗於玆矣蒙備取是而爲之辨金華鄭宗韶題

顧祖禹浙防總論曰嘉興逼近海口其禍與杭州同之而海寧一衛最要之處也海岸之備則有澉浦金家灣石墩黃灣等處而赭山一寨東南逼海而對龕山與錢塘江口相連最衝要也若夫海港之備則龍王塘直抵嘉興實爲切患而西海口南通大洋北近平湖亦浙

江門戶
寧紹海道之備一曰昌國對衛大海倭夷出沒必由之處其設備之
口則有且門三門大佛頭牛欄寨壇頭鶴籠峙等處不下數十寨而
韭山日本山俱遼東大洋夷船往來必望此為準又昌國之咽喉一
曰定海衛之南應臨港口為要害沿海之備則小浹港黃崎梅山嵩
港等處海外之備則有丹山螺峯涔江天童嶼泚出門寨等要害易
於衝突難於守禦也臨山觀海二衛其海岸之備則有瀝海龍山等
處而三山河界臨觀之間相為聲援龍山等口北對金山蘇州大洋
東對烈港而伏龍山獨為兩衛之咽喉
溫州備則有金鄉盤石二衛其設備於海岸者舥艚夾亭以下凡二
十二寨皆海舟登犯之要也其設備於海外者大嵩頭海島以下五
山嶼皆海舟經泊之所也而海港口當備者黃華府城之咽喉江口



平陽之門戶飛雲各境之外戶鎮下門峯火門戶會峭處而白岩塘
寶蒲皷所之外戶故有五水寨為寧紹海防
若夫海港之備則有蟶浦勝山等港而四門港為餘姚東北之襟帶
古窰港為慈溪咽喉金墩浦為定海慈溪相連界烈港為臨觀門戶
而三江港為大洋之口若從宋家漊陡門一帶竟至紹興越港而北
即赭山寨山又省城第一關鎖處也
台州守海之要松門衛海門衛也松門外即大海直抵日本而港內
迂曲難以拒賊必出大陳山而迎戰於海中乃為得之若海門浙東
三台門戶也三面阻水無險可恃故賊之犯台恒必由此健跳所而
山距海亦冲突處也自此而下為中州臨門等港凡七焉若太陸踏
之備則兩衛以下又有六所海門前所與衛等峙中臨大港為椒江
新河所去諸衛所五十里去太平縣三十里水陸可恃也隘頑桃渚

或險或易而楚門南隔小港為玉環山周百里則海舟往來停泊之
淵藪溫台二境所宜深慮也

洋防輯要卷十二

福建署上

福州府

衛兵有三曰征操軍曰屯旗軍曰屯種軍征操軍者入則守城謂之見操軍以時訓練出則守砦謂之出海軍按季踐更均月給米八斗加銀則月給四錢唯外衛所軍有出外海及守煙墩者每月給一石如銀則月給五錢更有選練備戰餘丁亦月給米八斗其軍戶有幼弱及老病者則優䘏之或月給七斗六斗三斗各有等差如給銀則視其斗數以定多寡屯旗軍者乃國初奉紅牌及議田事例之屯軍也屯種軍者即見在頂種之屯軍也此二項軍第歲視受田之數輸糧於官並不沾官餼自正統中鄧茂七之亂郡方戒嚴調屯軍以為防守始有給八斗者今已報罷客兵者舊制無有也嘉靖三十六年



郡苦倭寇巡撫始有調廣西向武州兵禦之者未幾遣歸四十一年倭寇又入巡撫告急鄰省總督都御史胡宗憲遣參將戚繼光以所練義兵八千人自浙來援與倭戰大捷明年巡撫譚綸與繼光以浙兵平興化之寇斬首萬餘級乃奏留浙兵戍閩散於八郡而開府與帥府駐在省會故聚兵亦多環處教場統以將領名曰浙營其營有六人數大抵不下三千餘人

海防

水砦自洪武初命江夏侯周德興經畧海疆設備倭衛所巡檢司築城數十防其內侵又於外洋設立水砦初惟烽火門南日山浯嶼三砦景泰中增立小埕銅山共五砦成化末當事者以孤島無援移於內港內港山澳崎嶇賊舟窄小易遯淺水而兵船潤大難於近岸遂致失利嘉靖四十二年巡撫譚綸始請復舊制五砦以扼外洋其原設

福州者烽火門與小埕後烽火改屬福寧惟小埕專屬焉（南日舊隸福清今屬興化浯嶼屬泉州銅山屬漳州）隆慶初始添設海壇浯銅二遊兵萬歷初尋增南嶼崳山湄洲三遊海壇遊則屬福州（崳山屬福寧湄洲遊屬興化浯銅屬泉州南澳屬漳州）寨遊各有把總一人統其衆寨總由武進士或世勛高等題請陞授以都指揮體統行事謂之欽依遊總由撫院委差或以指揮及聽用把總領督謂之名色各為分汛地嚴會哨賊寡則各自為戰賊衆則合力以攻時值春秋二汛必駕樓船以備海外憲司巡海道與郡海防館視防守之疎密而差次殿最焉

小埕水寨在連江縣定海前所今定額船四十六隻官軍一千六十四名北與烽火門會哨南與南日會哨西洋下目下竿塘白犬皆其汛地省會之門戶也

海壇遊在福清海壇山（山故唐牧馬地宋置牧監尋罷聽民漁耕增兵守之洪武初守備李彝要金於壇衆弗與



彝遂奏徙其民於內地遂為盜種之區隆慶初年始立遊兵於此）額船三十隻官兵六百六十九名泊海壇汛地與南日兵船協守

按砦與遊之初設砦必用世冑及勛陞者欲尊其體統令有以御舟師懾衆志也至遊第用材官及艮家子所以便吾鞭弭可使飛伏應援耳故寨為正兵遊為奇兵砦可以分疆言遊難以汛地執也近槩題請欽依其設一遊一砦相間以居俾分疆不淆而汛地各守此祇足塗覩聽耳夫指臂不聯則秦越異視輔車既隔則唇齒不依幸無事也非勢成犄角倘變起倉卒而覘望參商虜足賴乎迨與先臣奏請設立之意異矣

把截砦

長樂四（入石　仙崎　黃崎　東山）　連江一（光臨里）

福清六（松關　峯頭　永平　大山　白鶴　牛頭）

捍砦

閩縣一 石櫃　長樂一 大祉　連江一 北茭

福清七 松下　連盤　沙窩　長沙　峯頭　平北里　牛南里

烽墩

閩縣十有一 鳳浦　長崎　琅崎　海嶼　象洋　拱嶼　東崎　濱嶼　壯岭　鹽倉　鼓山

長樂二十二 磁酐　广石　魁洞　綦山　斗湖　牛山　湖頭　旒山　大嶼　甲峯　塔山　焦山　石濃　流木　壺井　小祉　江田　石門　山亭北　渡頭山　聖泉山

福清二十七 松下　岑前　大丘　後營　白鶴　燕楂　仙岩　大姒　鏈下　淡流　桃嶼　茶林　鬯頭　壁嶼　前晏　白沙　塔山　馬頭　蒲海　石馬　陳塘　前村　洪坑　總山　西嶺　雙嶼　峯頭

戎器

凡器甲胄干戈之屬衛所軍匠爲之有定式有成數都指揮視其利鈍而藏之於庫三衛舊各有庫宏治四年始設武備庫合而藏之



銃砲火箭飛筒之屬謂之火器三衛置局藏之其外衛所則取兵器於庫局又有歲造解京軍器府衛並造取辦於料銀不足則征之屯耗折鈔衛所造故有軍三民七之目　防海之舟曰官船曰快船曰哨船委指揮一員造之三衛舊各有廠景泰中始并爲一廠在河口隆慶元年改設於園洲郡寨遊外烽火南日浯嶼銅山四寨不隸福州衛亦造舟於此

論曰郡之戎器歲有督進額器一而直十軍之家四胥之家六甲胄楛惡器械朽鈍所從來矣上下相蒙利獘相續久之皆爲有也至於戰艦其費倍蓰歲縻金錢祇實奸橐收汎撤兵守之則繞卒連艘積水觸之則虛舟也夫器不堅好卒不服習蠲利弱及避難弗舉麈飲塗羮直兒戲耳噫安得臨敵舍及如楚之劍戟而教習水戰如越之舟師也豈憂倭奴哉

福州潮汐

閩之水海爲最大自東迤南襟帶五縣閩之東南長樂之東北連江之東南羅源之東福清之東南東北皆海也海潮從東南來南則由粗蘆門北涌東則由日安鎮西涌皆會於馬頭江復分爲二一入西峽一入南台復合於馬瀆竹崎與水口下之溪相接乃回流而汐焉是潮也在永北合北地方猶兼鹹鹵至馬頭江則皆淡矣濱海可田之地唐太和中閩令李茸築石堤跨閩郡長樂東界以障鹽鹵墾田無數又有一等洲田潮至卽退米沙而無害於禾不假人牛而收穫自苍有力之家隨便種插但東流西復遷徙不常利害亦相當云今將潮信具列於左

初一十六寅正三申正三　初二十七卯初三酉初三

初三十八卯正三酉正三　初四十九辰初三戌初三



初五二十辰正三戌正三　初六二十一巳初三亥初三

初七二十二巳正二亥正二　初八二十三午初初子初初

初九二十四午初三子初三　初十二十五午正一子正一

十一二十六午正四子正四　十二二十七未初三丑初三

十三二十八未正二丑正二　十四二十九申初一寅初一

十五三十申初四寅初四

此海潮之候也江潮常緩海潮三刻至入府城內外諸河則愈緩矣又當視其遠近爲先後各以意推其他海船貿易往來淮浙交通之間各以十五潮爲率

福寧州志　海潮之候每月以朔望爲期以漲干滿退半乾六字爲準如初一寅時漲卯時漲半辰時滿巳時退午時退半未時乾大率兩日同一潮汐之時候以掌輪之自寅逆數至丑周而復始一定不

差一月合而一周月大月小潮亦隨之但外海內海大港小港之期候稍有不同然不過差晷刻耳渡海者亦以此法算行舟泊舟之程若鄭舍然海邊捕魚者則有起水小水之說如月頭以十一二為起水至十八九止為小水月尾以廿七八為起水至初七八止為小水起則捕魚小水則止也

墩臺（舊志所載墩臺凡五十九所萬曆二年分守宋豫卿巡歷沿海查出見在僅一十七所俱已傾圮行本府動支帑銀從新改築）

平海衛十二座（小嶼　蔡山　石城　坊前　埕口　澄港　石井　三江　新浦　石獅　湖邊　崎頭）

莆禧所凡五座（文甲　山柄　西山　火頭　東湖）

民兵

國初衛所設置軍伍各營巡司編僉弓兵皆以防禦寇盜景泰中柄兵者建議凡臨敵失軍以上與失機同罪同而民兵之制起矣



巡司

前志論曰巡尉職邏警守四封非冗官也本朝周江夏經營炎海於吾郡東南建平禧衛所又念南日湄洲至迎仙環海二百餘里疎節濶目非一衛一所能遙制之乃於隙地又設六巡司各有寨城有官有射手有間襍以房帳墩臺斥堠相望壯哉昔人之紆策也自兵政凌夷巡警失職當道者乃贅疣之乃減削射手數移以餉水陸兵存在寨堡僅三之一耳不知六司絡繹分則自衛犄埸合則以五百兵并力勦捕懸軍插羽脣齒相依又附砦村落去郡城迢遠有警各攜老稚挾衣糧馳入砦城避鋒鏑亦堅壁清野意也昔賢才智豈下今人而故輕變置之胡為乎昔宋燕達守延州懷寧砦以五百兵破羌胡三萬騎彼其官非巡尉其兵非射手耶

客兵

閩中陸設衛所海立水砦皆是本地軍兵原無客兵名目自嘉靖中寇起始設參將遊擊帶領各處客兵四十三年專設中路守備二員以都指揮體統行事轄福州興化平海泉州永寧各衛所軍并興延二府陸路客兵守備衙門坐鎮本府取道里適均有警便於應援除泉州一營外本府二營初只分北城內民舍隆慶六年始置營望仙門外曠野去處每遇操練調入城教場校閱春秋二汛移屯平海莆禧吉了城內萬曆十九年添設一營曰興泉營本府北門外安置至二十年改為興化新營俱守備領之二十五年因有朝鮮之警復設右營一營北門外西庚地方屯紮以舊營為前營新營為左營共三營設遊擊領之三十一年軍門朱運昌將右營一營調守平海建城安插前左二營仍駐守府城團練防守汛期每營撥守一哨出守賢良文甲濱海扼要地方量撥兵隊分扼三江汛畢撥兵二三十名哨



探信地以防不虞收汛全營操守

水兵

國初立水寨三烽火門（屬福寧州）南日山（屬興化府）浯嶼（屬泉州府）景泰中增置小埕（屬福州府）銅山（屬漳州府）共五砦後以各寨在漲海中無援奏移內港本府南日一砦移入新安里吉了澳官府文移仍以南日水砦稱當時撥興化平海泉州三衛旗軍充為舟師各衛撥指揮一員總管所部之軍謂之衛總又選各衛指揮才能出衆者由把總行事視都指揮而衛總聽節制焉興化衛指揮一員平海衛把總指揮一員泉州衛把總指揮一員南北海洋哨捕百戶六員守備雙嶼改移三江口指揮一員成化中巡撫都御史張瑄欲軍休息分為三班（上班今年二月上明年二月下　中班今年八月上明年八月下　下班明年二月上後年二月下）輪流更代衛總一年一換把總五年一代不欲數易以廢砦事昇平日久武備廢弛倭船總由內港發[illegible]

蓋內港山澳崎嶇賊舟窄小易趨淺水而兵船濶大難以迎敵皆爲無用之器嘉靖四十二年軍門譚綸巡按李邦珍總兵戚繼光會議題請復舊制五水砦以扼外洋將烽火門南日山浯嶼三艘爲正兵銅山小埕二砦爲遊兵選各衛指揮千百戶有才力者充五砦把總以都指揮體統行事分汛地明斥堠嚴會哨定功罪五砦兵船每砦各屯紮二哨又分二哨屯紮大洋賊船必經之處其餘各砦附近緊要港澳則分哨往來以防內侵又於道里適均海洋定爲兩砦會哨之地蓋倭賊由浙而南則烽火門爲先故分兵屯紮於烽火以上之幷下門而與浙船會哨南則與小埕會哨於西洋山（屬羅源縣）小埕則分紮於西洋而與烽火會焉南則與南日會哨於梅花所之南菱南日則分紮於松下又移至南茭與小埕會焉本砦屯紮兵船則移至平海衛前與浯嶼會哨浯嶼則分紮於湄洲而移與南日會焉又兵船



二哨屯紮於料羅移至擔嶼與銅山會哨其銅山兵船則二哨屯紮浯嶼又二哨屯於沙洲山由此而南則爲廣東界矣汛地既定兵勢聯絡賊寡則各自爲戰賊衆則合力幷攻以擊外洋之來賊爲第一擊去賊次之失賊弗擊與放賊登洋者查照汛地論罪五砦把總俱屬督府監軍道提督惟銅山一營去省路遠聽該道於漳州調閱隨汛督發本寨坐駕官員把總以都指揮體統行事指揮僉事一員協總一員前後左右各哨官一員各衛所抽充本砦征操軍共八百九十八名分駕哨船十隻自是夷遭𢦏鉅（嘉靖四十二年爲總兵戚繼光破滅）邊境稍寧萬歷二十四年夷酋關白侵朝鮮羽書襍還海上戒嚴巡撫都御史金學曾委分守張鼎畏都司鄧鍾躬歷汛地規畫萬全議請添設崳山海壇湄洲浯銅元鍾臺澎湖諸遊於一寨之中以一遊間之砦爲正兵遊爲奇兵錯綜迭出巡徼既周聲勢亦猶且砦與寨會哨東西相距南北相抵而支洋皆在所搜遊與遊會哨東西相距南北相抵而旁澳皆在所及如閩浙分界則烽門爲先蓋倭船必由此南下扼津要守門戶誠防禦之一大關鍵也（如倭之通中國實自遼東今乃從南道浮海自溫州福寧以入若東北風自彼來此可四五日程蓋其去遼甚遠而去閩海甚近也）故烽火全力守官澳北與浙船會哨而南與小埕會於羅浮小埕兵船二艘一艘屯西洋一艘屯竿塘北與烽火會哨南與南日會於松下南日兵船二艘一艘屯若嶼一艘屯舊南日北與小埕會哨南與浯嶼會於大小岞浯嶼兵船二艘一艘屯崇武一艘屯料羅北與南日會哨南與銅山會於擔嶼銅山兵船二艘一艘屯鎮海一艘屯沙洲北與浯嶼會哨而南與廣船會若諸遊屯紮則崳山屯西洋霜山白山屯南湧官澳海壇屯蘇澳龍在沿湄洲屯賊澳大小岞浯銅屯擔嶼等處而會哨則北標與海壇會於下水海壇與湄洲會於西砦湄洲與浯銅會於圍頭浯銅與南



澳會於陸鼇信地分明兵勢聯絡規模建置不外戚總戎範圍中也寨遊俱屬分守巡海一道總鎮遊擊提督及清軍海防同知稽核

自倭變之後議者以三江地方爲吾郡門戶海流至此分爲三路一路稍北逼端明陡門入北洋涵頭等處一路稍南通林墩港門入南洋黃石等處中流逼寧海橋直抵熙寧橋白湖等處距郡城二里許自海洋入三江口自三江口入郡城不半日可到議設指揮一員守禦防汛之時撥軍一百二十名澳船六隻坐駕防禦至收巡之時撥軍三十名調船二隻巡守萬歷二十七年分守馮收以指揮無益防禦徒肆漁獵遂議裁革然亦因噎廢食之論迺同知江懋功議春秋二汛復收泊三江之劉澳遇有警便於肆應已經題允遵行

海防館同知江懋功條陳題爲南日砦兵船收泊劉澳及區畫南日山事宜夫兵船當汛時棊布星列在在周防可無罅惟收汛

時砦遊之船盡入泊吉了內澳但湄遊與吉了不遠泊之於此或發或收無甚間阻至若南日四十餘艘并聚此澳既非五都之衝又無扼要之險不過藉以避颶颮免震蕩耳然自吉了沿崖一帶以至蒲禧平海三江遠及萬安若嶼五六百里無舟停泊瞭守空虛萬一當發汎之時北風迅烈大艘聚於吉了之中卒難出澳倭帆據我上游雖有一二小防船隻巡徼在外猶孤洋而遇羣虎也合無於汎畢之時將湄洲遊兵船仍泊吉了以南日砦船撤泊三江今復親履其地徧覽形勢去三江不遠曰劉澳者四山藩蔽又且寬廣更善於三江昔戚總戎曾泊兵於此矧在三江口外為南日左哨信地況南日前哨若嶼去此僅二潮水左哨萬安去此僅一潮水右哨南日山兩寨去此止半潮水後哨平海亦一潮水居中四達隨發隨至不異於遠倚吉了之阻哉夫南日山居民始焉



浮居今成土著徒擅沃饒之利罔顧堂幕之災既不能徙而之他獨不可預為安全之策誠如宋時沿邊弓弩射之法仿而行之擇其丁壯時其訓練獲倭者敘之擒盜者賞之若虞其獷悍也則以鄉保倡鄉民者未必逆也若虞其糜費也則以船器充兵器未必乏也若虞其鳥獸散也則南日山四面阻海勢無所逃也如云弓矢之備於民難需古云矢石如雨則石亦戎事所不廢況從高而下尤捷於矢取之不禁用之不竭乎至於築堡之議誠為萬全但責鉅工煩取民則歛怨取官則無資有未易言者惟擇要地刱一墩臺取其足以備一時之瞭望早知備禦可也如改則鄉兵虎視於南日樓船龍驤於要津陸營鷹揚於沿岸聲勢相倚應援交濟藩籬治而門戶固矣

中路遊擊

嘉靖中倭侵興化福建撫按請罷參戎以專統將領復罷參戎而置守備以都指揮體統行事萬歷二十五年題請改遊擊衙門欽降旗牌三面勅書一道加設中軍把總一員哨探把總一員掌號把總一員以便彈壓其管轄水陸南日一砦海壇湄洲二遊興化前左右泉州新舊共五營欽依名色各把悉聽節制自福州左右中鎮及興化平海共六衛莆禧萬安梅花共三所巡檢一十八司大小職官凡有朘削月糧及色軍各屯大者申文小者輒自約束

福寧州

鄉堡

松山堡一都州東十里　赤岸堡二三都州東十五里　三沙堡五六都州東北六十里舊置烽火水砦後以孤島無援烽火徙松山　牙裏堡內有巡檢司舊在四都因倭徙　橫山堡　雲陽堡俱七都州東北七十里　瀲村堡　才裏堡　才外堡　秦嶼堡俱十都州東北百里賁舊巡檢司徙此



屯頭堡　黃崎堡俱十一都州東北一百十里　水嶼堡　澳腰堡　釣澳堡　南鎮上澳堡　下澳堡　甘家崎堡　嶼前堡　店下堡　沙埕堡近浙蒲門今城鎮市委官抽稅烽火官兵守之俱十二都　巽城堡十二十三都州東一百二十里　小村堡　流江堡　南崎堡俱十四都州東北四十里　前崎堡　蔡江堡　竈門堡俱十五都州東北五十里　桐山堡高家一姓所築蘆門巡檢司徙此十七都州東北五十里　唐底堡十九都　篠嶼堡三十一都州東北百一十里　東安新堡與拓洋巡司城隔溪嘉靖己未年築三十一都州西北百二十里　南屏堡　沙哈東西二堡四十都州南三十二里　古縣沙塘堡　士洋堡　下村堡　恬澳堡　洪江堡四十一都州南四十一里　漁洋堡　武曲堡　備臚堡四十二都州南三十五里　小麻堡　厚首堡　武崎澳堡　長溪堡　積石堡　胡羅堡　閭峽堡俱四十三都州南五十五里高羅巡司徙此　棠源堡四十三都　竹嶼堡四十四五都州西南五十五里　鐵江堡　塗灣堡四十六七都州南四十五里　長邊堡四十八都州南七十里　文星平堡五十一都州南百里　下滸堡延亭巡司徙此　塘頭堡

萬歷元年海賊破堡殺戮殆盡　赤崎堡俱五十三都州南一百里

按海濱南有大金北有松山俱屯重兵巡司居中先年屢議裁革況今弓兵十二可當勁敵乎如南鎮流江既設哨兵則青灣箕簹二司量存其一而大箬哨兵居守延亭則延亭爲冗員且四巡司兵燹之後舊址荒榛僦居州城郎今青灣移牙裏箕簹移秦嶼延亭移下滸高羅移閭峽蘆門移桐山皆非舊地秦順高場原爲大盜營窟居民驛擾累歲不休乃置蘆門巡司今棄蘆門而桐山矣脫鑛寇復作將誰移乎至於鄉堡之設有司聽民自築不免多濫如古縣一村而三堡之地鼎達沙洽一埠而二堡角立似宜并而爲一庶便於守不然力弱勢分鮮克濟矣

福安廉村堡　三塘堡　鹿灣堡　黃崎鎮堡白石巡司移於此　蘇洋堡

阨險

州東關東門外建善寺前　西關西門外教場左　西城關隘涵口巷南養濟院邊　倒流阨

官田　湖坪　楊家灣　錢土　龍亭　王頭陀　杜家　蔣洋以上東北路上截　五蒲　萬里林隘原盜窟嘉靖戊子同知趙廷松建康夷樓以兵守之　虎巢　白琳　王孫乞　兒廠　岩前　馬山頭　半嶺　水北　分水隘以上東北路下截　九島嶺　十八摺　栖聖嶺頭　鷂鶩隘　白箬隘以上西路　九家灣　暗橋以上南路　福安大萊　松羅　中嶺　五嶺　寧德南城關今名龍門嘉靖中縣丞李韶設民兵把守　南靖關在二都縣東五里嶺頭羅源界嘉靖中開路設名兵把守

白鶴界　金乘界　閩坑界

烽燧

州中軍瞭望臺龍首山東　松山煙墩　臺嶼並一都　後崎　賴離並二都

州離智　烽火崁　東壁　大青浩　小青浩並五都　梅花七都　南金　金家山　三石　大峯並八都州東北八十里　黃崎　白岩十一都　南嶺　白露　水澳十二都　沙埕十五都　古縣四十都



右二十一墩並洪武二十年置福寧衛撥兵把守

長門煙墩　北山嶺　積石　閭峽　赤崎　南山　小南　羅浮並四十三都　下滸　塔尾　青山界石並五十二都州南七十五里　石湖　下篁

車安　劉全　關崎並五十三都

右十七墩並洪武二十年置大金定海撥軍哨守

古關

分水嶺與溫州平陽交界

疊石關在十八都州東百六十里與分水嶺皆閩王立以防吳越之侵

後溪關在柘洋閩王時立宋時建寧賊范汝爲由政和來攻長溪人王褒者率衆守賊不得過而歸

營頭關在四十八都霞浦山前有小嶼跨海路通大海中可容數千人

古寨

三沙　青灣俱在五都　丁家一都　小箕簹　黃崎　大箕簹並十一都　南鎮　水溪　下滸並十二都通前八砦皆洪武中置福寧衛軍把守　延亭　西臼　東安並五十三都　高羅四十二都通前四砦皆洪武中置大金所軍防守　箬頭砦五十三都先年曾移烽火砦於此

莆門鎮在十四都與溫州界

軍政

州初惟有衛軍與民壯無所謂土客兵也嘉靖中倭變選軍伍百餘名於本等月糧者各給飯食銀三錢謂之軍兵又選民壯及蘇鄉兵共五百名各給餉銀有差謂之民兵巡道舒公春芳介習邊銃鳥銃倭賊攻城而不能犯銃之力也嘉靖三十六年倭寇犯閩孔亟於是軍民兩兵罷而土客兩兵出矣嘉隆間土客更易不常萬歷初年募松溪政和等處土民一營駐紮城西名左營後增募一營駐紮城南名右營十九年軍門趙公參魯以倭警復從本道李公琯議募浙兵

以重江防守鑿江爲一州二縣之應援汛畢撤回團練駐紮城東名福寧營三營並峙兵威振矣不戢而焚尚壓當事者之深慮也又初選軍政衛所指揮千百戸才勘備倭者卽署備倭賊衛烽火砦把總以福建十六衛中選一員任之衛總聽把總節制以福寧衛福州中左二衛中選一員任之又選千百戸分守海洋要害至嘉靖末年議把總奉欽依一員衛總罷設協總一員至萬歷初年亦罷而千百戸諸員不用矣

論曰州之沿海有墩臺以瞭外洋各路則有廠隘分兵哨守此陸路之扼塞守在堂皇矣至於海洋則官溪鎭下門閭峽大金爲內地之咽喉臺山崳山七星霜山爲外洋之門戸旣入內地則東南之陸路塞嶼三沙爲最要至松山則去州十里而近而南之陸路閭峽大金黃崎下滸寧德鑑江爲最要至漁洋則去州亦二十



里而近倭奴之來也不乘南風則乘北風然南風則入吳越爲最便北風則入閩爲最便舊制設烽火於五六都三沙海面正統九年以海面風波不便泊停乃移砦於一都之松山把總一員則由兩院舉薦兵部選差奉欽依以都指揮體統行事仍設中軍遊把總一名領兵哨守往來應援各處要害故不謂之砦而謂之遊萬歷二十年改守備爲參將節制水陸改中軍爲崳山遊二十八年增設台山一遊春秋二汎參將鎭崳山分遣陸兵守各要害水兵則烽火砦把總紮屯松山分前哨於官澳後哨於斗米澳左哨於鎭下門右哨於三沙舊烽火台山崳山兩遊各守本處可謂周於慮矣戚都護元敬有言曰防海有三策海洋截殺毋使入港是得上策循塘拒守毋使登岸是得中策阻水列陣毋使近城是得下策不得已而守城則無策矣吁格言哉

泉州

明朝洪武初以郡治建泉州衛旁列五所已乃城水澳爲永寧衛城小兜爲崇武所城廈門爲中左所於大復擔南大武山外建浯嶼水寨扼大小擔二嶼之險絕海門月港接濟之奸與福州烽火小埕興化南日漳州銅山聲勢聯絡其爲全閩計甚周先年烽火南日二寨移入內澳浯嶼寨復移廈門縱賊登岸而後禦之無及矣嘉靖戊午浙江舟山倭徙巢梅柯復駕舟出海泊於浯嶼負嵎莫攖四出摽掠興泉汀廣並受其害越一載乃揚帆去此已事之殷鑒也譚巡撫戚總兵議請復舊旋復旋罷近又移浯嶼水寨於石湖說者謂濱海四郡隔藩籬而懷酖毒原非便計乃石湖則於內地尤近置鯨波若罔聞矣倘亦一長慮乎

巡司

隆慶志云洪武至正統年間經畧諸臣江夏侯焦侍郎等官自福寧



州以達漳泉置衛所共二十五巡司四十有五水寨五衛所巡司控賊於陸水寨防之於海則知巡司衙門雖小而與水寨同時建設所以聯絡聲勢保障居民也邇年兵餉缺乏扣銀鮮充似亦一時不得已之權今海防無警生齒日繁彼處離城窵遠則留官彈壓與弓兵防守皆似難免者況土民魚鹽爲生慣習風濤尤嫻水戰飛石放鏢乃其長技近年屢與賊鬬賊亦畏之若以弓兵工食就彼招募土民籍之於官且耕且守禁其尅削作其銳氣卽勝兵千餘不召而集恐客兵不及也

客兵

閩中陸設衛所海立水寨皆係本地官兵原無客兵名目自嘉靖季年都督戚繼光用浙兵勦倭寇著績嗣而撫按請設參將遊擊等官

帶領各處客兵來去不常至隆慶四年院道議募浙江一營設名色把總一員哨官一員召募客兵六百名劄守有城至萬歷二十年海上有警院道又議添新浙兵一營又設把總一員哨官一員以舊營見在者就中裒益每營各額定五百七十五名至三十三年以餉詘裁減每營官兵定以四百五十員名爲率內把總一員哨官四員哨長高招一十七名隊長書記四十九名把總家丁二名健步三名四哨官家丁健步各一名兵夫雜流三百四十七名每營每月約支糧銀四百六十兩有奇俱派在本府七縣徵給至於春冬二汛舊營分兵一哨守料羅一哨守安海一哨守圍頭兼顧福全一哨守府城近議以安海爲泉郡門戶奸盜出沒之藪題設專官駐鎮其地防守宜亟而圍頭尚在福全內地且有浯嶼寨右哨兵船在圍頭洋捍衛於海兼有巡司福全所犄角於陸議將圍頭一哨陸兵掣撤添守安海



其新營二哨守崇武一哨守永寧沙堤一哨劄守府城

水寨官

舊制水寨統以指揮一員謂之把總軍門譚綸題奉欽依比照浙江定海等關把總以都指揮體統行事於是浯嶼寨爲欽總其浯銅遊兵把總及新設澎湖遊兵把總俱軍門劄給名色者

水寨軍兵

舊時水寨舟師皆撥各衛所軍南日寨則撥泉州衛合興化平海二衛共一千五百餘人浯嶼則撥永寧衛寨福全所合漳州衛共二千五百餘人近來軍伍缺乏寨卒悉係募兵而衛所軍止貼駕船浯嶼兵一千七十名（糧每月九錢布政使發給）貼駕軍五百八十名浯銅遊兵五百三十六名（糧俱布政司發給）貼駕軍三百名澎湖遊兵八百五十名（春汛糧給於泉冬汛糧支給於漳）

兵船

浯嶼寨管福哨冬鳥等船四十八隻浯嶼遊管冬鳥等船二十二隻

澎湖遊管哨船二十隻

信地

浯嶼寨兵分四哨出汛時一屯料羅一屯圍頭一屯崇武一屯永寧每汛與銅山南日兩寨及浯銅遊兵合哨稽風傳籌浯銅遊兵分二哨出汛時一屯舊浯嶼一屯擔嶼每汛與浯嶼寨兵合哨惟澎湖遊兵專過澎湖防守凡汛春以清明前十日出三個月收冬以霜降前十日出二個月收汛畢日軍兵放班其看船兵撥信地出防

按泉郡濱海綿亘三百里與島夷爲隣其最險要宜防之地有三一曰崇武在惠安東北接湄洲與興化連界西通泉州大港東接海洋南與祥芝對峙正當泉之上遊海寇入犯首當其衝一曰料



羅在同安極東突出海外上控圍頭下瞰鎮海內捍金門可通同安高浦漳州廣潮等處其灣寬大可容千艘凡接濟萑苻之徒皆識其地以爲標準嘉靖間倭寇由此登岸流毒最慘一曰舊浯嶼在同安極南孤懸大海之中左連金門右臨岐尾水道四通乃漳州海澄同安門戶明初設寨於此最爲遠慮至崇武而上有永寧料羅而上有圍頭舊浯嶼之北有擔嶼烈嶼南有卓岐鎮海皆海寇出入之路抑其次也汛兵屯崇武永寧分哨則獺窟祥芝深滬福全一帶有賴屯料羅圍頭分哨則浯洲安海官澳出浦峯上陳坑一帶有賴遊兵屯舊浯嶼擔嶼巡哨則鎮海岐尾島沙港一帶有賴澎湖絕島舊爲盜賊淵藪有遊兵防守則賊至無所巢穴又泉郡藩籬之故也若至選將校練卒伍修艨艟明賞罰使水軍狎風濤不敢偷安內澳則在人而不在地

寨隘（烽燧附）

晉江縣寨十有七北曰萬安（洛陽橋惠安縣分界）南曰潘徑（在十都）東南十有五曰吳山曰中寨曰坑尾曰沙堤曰新寨曰尾寨曰古雲曰油浦曰僉後曰東店（俱二十都）曰龍安曰湖邊曰東浦曰深滬曰龍尾（俱二十二都俱隸永寧衛）烽燧十有二西曰安平南曰龍及曰古雲（俱二十都）曰坑山（十六都）曰東門外曰浮下（十五都）曰陳坑曰石菌曰番徑曰滄浦曰石頭曰蕭下（俱十都）

南安縣（寨無）烽燧四西南曰石井（四十三都）曰漢東（四十五都）曰街內曰下吳（俱二十六都）

同安縣寨十有四浯嶼為海防重鎮東曰劉伍店澳頭（十七八都）曰牛嶺曰織林（俱三十都）曰歐山（十一都）西曰青奇山曰洪山（七八都）曰西山（一二都）曰大寶（九十都）西南曰下崎曰大貨營曰馬巒（俱十六都）曰東灣曰五通（俱二十二都）烽燧十有四南曰白石頭（十都）曰劉山曰西蘆上（俱十一都）東南曰葉



了（十九都隸金門所）北曰東關濤曰亭泥（俱四十都）西南曰廈門曰歐舍曰徑山（二十二都）東西曰下尾曰流礁（二十三都）曰井上曰龍淵（俱二十四都）

惠安縣寨西北曰白水（在白水浦南一名陳同元季寇作鄉人築以自固正統年知縣閻貞重建兵守之）西北曰東坑（在西五里）曰昧嶺西南曰虎窟（在縣西南山谷間崇山夾峙狹徑僅通人行）東南曰青山（二十六都）澳有五曰崇武曰獺窟曰小蝶曰黃岢曰峯尾（俱有城堡控制大海）烽燧二十二東北曰海頭（六都）曰下頭（七都）曰後黃曰烽尾（俱八都）曰大山曰馬山（在九都）曰蕭山（十都）曰爐頭曰下朱（俱十都）曰後任（三十四都）曰白沙（十九都）東南曰白崎（二十三都）曰柯山（二十四都）曰獺窟（二十五都）曰大岞曰古雷（俱二十七都）曰赤山（二十八都）曰埕埭曰小岞（俱三十都）曰尖山（三十一都）曰青山曰馬頭（俱三十二都）

安溪縣寨二曰白業坂（在縣崇信里諸尚往來經此僉事余爌建閣以石城）曰盤中寨（在新溪里赤嶺村）隘十有一曰東嶺（在依仁里東嶺下）曰典林（在崇信里正德十年知縣彭黃建）曰眉田（龍涓里正德十二年知縣張俊建）曰大保（感德里知縣彭黃建）曰厲鋗（新康里）曰打鼓（來蘇里知縣龔穎建）曰東溪（崇善里）曰燕尾（龍涓里俱知縣龔穎建）曰鰲頭（崇信里軍寨山下知縣彭黃建今廢）曰白汎（長泰里今廢）曰挑舟（感德長樂二里間盜賊往來之地最為關係）

永春縣寨二十七曰南峯（在一都龍坑村）曰占仔（在一都占隔村）曰碧溪（在一都敷尾村）曰蝴蝶（在三橫村）曰金鷄（在上店洋村北）曰石鼓（在仙華村）曰陳坑（在防坑村）曰山中上下（二寨在上泰村）曰龜洋馬頭（在龜洋村以上四五都）曰大模（在六都溪邊村西）曰陳巖（在溪邊村北蕭安六都峻險壁立中清泉四出又有蕭公路亦蕭姓者用皆開以通龍亢二縣遭處架石下臨深谷）曰道場（在高麗山之巔勢極寬廣可容萬人）曰仙亭（在十都東劇村後）曰銀瓶（在十一都石壁山西峻險壁立中有清泉）曰雙魚（在留嚮山頂以山名雙魚故名）曰玉山（在縣鍾山後以上十四都）曰陳占（在石谷山鱗石峻岩半壁有洞深廣莫測昔有劇盜陳占據此虎食與全二都縣不能討至用大師）曰湖安（在湖安山）曰白鶴（在白鶴層巒環障清泉四出正德十四年尤鱗見修築城賊首陳德攻之不克引去）曰石壁（在南洋村）曰覆船（在蓬壺村）曰橫山（在溪邊村）曰猫巖（在小兜村以上一十二都）曰磁竈（在磁竈村後）曰苦崎（在[redacted]地村前）曰河坂（在河尾村）曰張林（在山前山下以上二



十二都）隘二十有二曰樟坑（在三臺山下路通漳平）曰任田（在岱山下路通龍溪）曰白山嶺（在東湖山下路通安溪）曰吳畬（在二都東山下）曰上畬（在白岩山下）曰蘆地（在新犁山下自任田至此皆嘉靖二年知縣柴鑣建）曰呂平（在縣鼓洋頭）曰田中（在七都西北）曰許平（在七都西）曰高平（路通安溪打鼓嶺知縣柴鑣敗賊於此）曰上達（在[redacted]芹坑山後巳上二隘俱知縣柴鑣建）曰橫龍徑嶺頭（在橫龍徑嶺頭）曰西向嶺（在西向嶺）曰泥門（在十四都白岩掘北以上二隘俱知縣柴鑣建）曰東關（在十五都）曰梅北（在十七都）曰塔嶺（在縣北二十都）曰白隘（在縣東北八都）曰石獅山（在十八都倚村東）曰若竹口（在十九都苦竹林巳上五隘知縣柴鑣建）曰頭隘（在大嶺頭）曰蘇坑英山（在二十一都知縣柴鑣建）

德化縣關四曰官關（在梅陽中閘）曰湯尾關（在湯泉下）曰岩市關（在小龍關）曰平蘆關（在東石閘）隘一十有三曰蘇口隘（在防隅通永春）曰劇頭隘（在防隅通永春）曰蓋福洋隘（在防隅）曰上湀隘（在水湀口）曰石門隘（即平盤場在東石南）曰油竹隘（在楊梆中大宮嶺下）曰蛇嶺隘（在楊梅中）曰湯嶺隘（即湯尾寨在楊梅上）曰龍脉隘（在湯泉）曰赤嶺隘（在湯泉上）曰蕉嶺隘（在小九中）曰長安隘（在萬總畝）曰伏虎隘（在湯泉上萬斛岩）

按泉郡西北負山安永德三縣與汀漳延平為隣各處逃民聞作不靖先年處處設有寨堡或遏賊所必由或守賊所必據其建立防守大抵出於民為多東南瀕海接迹島夷晉南同惠諸寨皆為備倭如圍頭烏潯深滬蚶江等滬其土民慣戰海賊所畏兵亦賴之嘉靖季年倭寇充斥村落之民多以寨堅人強得免者承平以來各寨僅存其名邇年巡撫朱徐二公曾屢行申飭各鄉都築堡防虞然上有經營之勤常患於民不可使知下有出辦之繁常苦於官不能盡量不蚤計而築頓難得堅完然無故而興役人涉謗端自非瞭若觀火發切桑土之長孰能曲突徙薪於必然未然之際哉

泉州潮汐總叙（此論潮汐與總列各省潮汐者稍異故仍存之）

泉州大海浸於東南百川悉自西北歸焉與潮接納者為晉江同安惠安三縣而南安之溪則接晉江之潮者也晉江之潮北入洛陽江西入浯江筍江（二江無限界只上下流爾接各曰晉江）東南入安海港南安僅抵雙溪口同安僅抵縣前東西二溪惠安則溪不入潮其所入之處則添清峯崎二縣輞川俵場大岞獺窟四澳然南安自雙溪下接金溪黃龍溪晉江則筍江下接浯江兩涯小港潮皆而通與同安東西溪之潮去海道遠水淡可耕若洛陽江安海港及惠安諸港澳遞海則水鹹矣其潮候則溪江港澳及海亦差有先後云

海潮候

初一十六辰戌中　初二十七巳亥初　初三十八巳亥中

初四十九巳亥末　初五二十子午初　初六二十一子午末

初七二十二丑未初　初八二十三丑未中　初九二十四丑未末

初十二十五寅申初　十一二十六寅申中　十二二十七卯酉初



十三二十八卯酉中　十四二十九卯酉末　十五三十辰戌初

此以潮平時為候洛陽江安海諸港澳緩海潮二刻浯江筍江東西溪又緩三刻金溪又緩一刻雙溪又緩一刻此諸潮先後大畧也近潮居民以指掌布十二時復以長半滿汐半竭六字順推亦準但潮有小大候因之而有遲速尚當按刻為正

惠安志載候潮之法以太陽每日所躔天盤子卯午酉之位而定其消長月臨於下則為長之極自未及申酉則消消極復長以至於子又為長之極自是至卯而消復至於午而極盛此其大較也然月順天右行積三十日始一周天每日臨子午卯酉四時位有先後故潮因之亦有晝夜蚤暮之不同云初一初二十六十七潮至則巳亥二時初三初四初五十八十九二十潮至則子午二時初六二十一潮至在丑未二時初七初八初九初十二十二二十三二十四二十五潮至在寅申二時十一十二二十六二十七潮至在卯酉二時十三十四十五二十八二十九三十潮至在辰戌二時右分為六節應日消長月行雖有常度大率朔望前後則行疾至上下弦則行稍緩月行疾則度盈而潮盛月行緩則度縮而潮微水陰氣月為陰之母其相感如此升菴集海潮人皆言因月唐盧肇獨言因日余常遊海上詢之故老月初出則潮初上月卓午則潮滿月回轉則潮漸退月沒則潮退盡北方月出則潮復上北方月中則潮滿月東轉則潮漸退月沒則潮退盡盧肇言日是太陽水是純陰日西入地時陰避太陽東海潮上日出時水反西流東海潮下且箭之急疾晝夜不能行萬海之深濶洪波蕩漾如何日夜能行數萬里乎又肇之所言晝夜凡一潮知肇不曾海上遊行耳文經進朗臣無行詰難者余嘗較八萊與膠西陸地相去二百里諸水行迂曲則千里諸潮信不同

萊北潮上卽膠西潮下膠西潮上卽萊北潮下北到南海約近萬里據大體北海潮上則江淮以北皆潮滿南海潮上江淮以北皆潮下卽是如登萊卽墨盈縮不同又見四方大海潮流各異耳世間之事尚不能究况天外之事乎大抵海水盈縮譬乾象縱橫耳於理則無有邊際隨風飄蕩莫能定準何可晝夜循環不差度數亦聖功道力不可思議耳邱長春之說如此可與盧肇余靖及夫原發徵之說相參互故備錄之

泉州兵事

嘉靖元年秋廣東盜犯永春

二年正月辛亥泉兵與廣東賊戰於高秋敗擄泉州衛經歷葛彥乙酉漳泉合兵復戰於安溪之霞村擄漳州府通判施福七月賊入興化府



三年十月按察司僉事聶珙督六縣兵合擊賊於德化之小尤中國殲之

二十六年賊寇陳日輝聚衆據安溪覆鼎山小大尖白葉坡諸岡是冬寇同安分巡僉事余爌督兵討平之時漳州月港家造過洋大船往來暹羅佛狼機諸國通易貨物海道不靖是年新設總督閩浙都御史厲禁通番獲通番者九十餘人都御史朱紈行海道副使柯喬都司盧鏜就教場悉斬之彝論發喬鏜皆擬重典後恤刑郎中陸穩乃奏釋之漳泉彝又通倭倭亦以巨舶至漳泉往往有詐負其直者遂生嫌隙而倭患萌矣

三十五年倭自福淸海口入寇泉州衛指揮童乾震引兵迎戰死之倭復至郡城下陷崇武入永春安溪

三十七年四月倭犯安平市陷福淸南安惠安知縣林威禦賊於戰山死之遂犯郡城

三十八年倭犯郡城同安

三十九年陷崇武入永春七月陷安溪

四十年倭掠同安晉江仙遊叛民呂尚四聚黨攻陷永春擄知縣林萬春賊褚鐸攻南安執招撫千戶王道成遂攻德化知縣張大綱戒壁嚴壘乘機出戰大破之直進至巢尚四走死擒鐸三賊悉平

四十年二月倭陷永寧衛是時土賊謝受夫等並起擄人發塚勒贖指揮歐陽淙參將黎鵬舉等合兵連破七砦斬賊首常老等六月淙遣人撫諭其黨夜解散萬餘人黎明進擊擒江一峯李五官等斬之十二月廣賊陳紹祿等二千餘人犯永春先是倭在福淸未回者適浙直總督遣參將戚繼光領金華兵來援興化次宏路驛一夜剿之兵無所犒賞尋還浙江新倭自海口登岸遂攻圍興化城數月時都



督劉顯屯江口距城四十里不敢進遣五兵詣城約援爲倭所獲殺之以從倭漢人詐爲劉兵入城分守參將翁時器參將畢高並中其計十一月二十八日夜五人在城殺人倭乘亂攻城城遂陷據城三月凡殺署印同知一人士夫十餘人大家小民無數至正月始去屯平海衛時命戚繼光以都督總兵福建提浙江兵未至廣東總兵俞大猷奉遣應援以南贛兵爲軍門所留新募漳兵未可以戰惟先把截海港毋令船得去指揮歐陽淙奉遣應援與賊戰於平海之東蕭死之四月戚兵至遂直抵平海衛城破其巢殲滅無遺

四十二年十月倭復攻仙遊五十餘日時浙兵更番未至戚總兵俟人恐城中力竭乃率見在兵破其西寨遂與譚巡撫連兵盡破其東南二寨賊遂潰

四十三年正月賊入泉境攻安平戚總兵兵續至賊聞引去戚追勦

直至漳州賊復奔潮州爲廣東總兵俞大猷截殺無餘
四十五年春有倭船百餘突至永寧戚總兵截殺之隆慶三年四月倭二百餘犯同安分巡僉事蘇愚遣指揮張奇峯督土兵往殲之自是倭絕迹矣
興化　嘉靖二年七月廣寇申大總犯莆田典史汝艮戰死
三十七年四月倭犯府城自是連歲入寇
四十一年十一月二十八日夜倭陷府城同知奚世亮訓導劉堯佐死之賊復破平海城罷巡撫逮分守譎戍
漳州　正統十四年鄧茂七黨楊福陷漳浦南靖長泰龍巖又圍漳城漳州衛指揮顧斌敗走之
嘉靖二十九年贛州筒寇李文彪等作亂漳州府通判謝承志率兵勦之爲獲



三十五年十月倭犯詔安
三十六年六月海寇謝策許老等焚月港
三十七年冬有海寇謝老洪老即洪迪珍等誘倭三千餘人船泊浯嶼次年正月由島尾渡浮宮直抵月港奪港中大船散劫八九都珠浦及官嶼等處復歸浯嶼自是連年焚劫府屬各縣
三十九年五月饒賊張璉僭稱僞號襲陷雲霄城是年龍巖南靖平和詔安各處俱被倭殺掠草寇乘風竊發郡無寧土
四十年正月月港二十四將反先是丁巳年間九都張維等二十四人共造一大船接濟番船官府莫能禁戊午冬巡海道邵楩差捕盜林春領兵三百捕之二十四將率衆拒敵殺死官兵三名由是益橫遂各據堡爲巢旬月之間附近地方效尤各立營壘各有頭目名號曰二十八宿曰三十六猛是年春攻破虎渡城又攻田尾城合浦瀰

山南溪諸處濱海之民害甚於倭是年龍溪縣二十三四等都並海滄石美烏礁等處士民俱反閏五月饒賊襲陷鎮海衛八月又陷南靖縣
四十一年三月饒賊復入南靖縣十月海賊吳平引倭襲陷元鍾所
四十二年十二月龍岩縣土賊蘇阿普曹東田等作亂殺漳平知縣魏文瑞
四十三年二月倭賊數千入自興化仙遊縣來總兵戚繼光追至無象鋪大破之斬倭首三百餘級是年斬二十四將賊張維
四十四年勦殺龍頭砦賊首曹東田馬湘等
四十五年五月吳平夥黨林道乾等犯詔安十月總兵戚繼光督師勦滅之
隆慶二年吳平夥黨賊首曾一本犯詔安九月復寇饒平詔安副總



兵張元勛領兵由陸路截殺於鹽埕又大敗之於大牙澳
三年五月曾一本賊船數百屯於雲蓋寺栢林等灣閩廣軍門會兵於六月內進兵勦滅之邊境始安
萬歷十二年四月奸民吳雙引等謀亂誅之
二十年二月長泰縣民董公等反獄斫知縣李學詩不死捕得誅之
福寧州
自嘉靖三十四年以後倭無歲不犯州境三十八年三月倭數千攻州城署州事武平縣知縣徐甫宰悉力禦之倭退四月陷福安丁巳參將黎鵬舉自崙山衝倭舟爲兩截歷沉其一舟追馳三沙至秋谿山以火攻大破之六月鵬舉被逮去七月倭破桃坑砦八月連攻栢洋堡不克
四十年二月倭據雲淡門十月陷寧德

四十一年八月浙江參將戚繼光帥義士八千殲倭衆千餘於橫嶼
四十二年五月倭寇流江沙埕烽火若把總朱玑率舟師破之把總王如龍追倭賊於小石嶺大破之
四十三年四月參將李超破倭賊千餘於水澳

沈鐵請建澎湖城堡置將屯兵永爲重鎭書

謹陳爲澎湖處置趐基善後永固閩疆事紅夷潛退大灣蓄意叵測征兵調兵殊費公帑昨僭陳移檄暹羅委官宣諭約爲共逐一節未知可允行否若澎湖一島雖僻居海外實泉漳門戶也莫道紅夷灣泊即日本東西洋呂宋諸夷所必經焉地最險要山尤平坦南有港門直通西洋紅夷築城據之北有港門名鎭海港官兵渡澎居之爲一澳從南港門而入名曰暗澳可泊舟數百隻四圍山地人云開作園栽種黍稷瓜果等物牧養牛羊牲畜未可遽墾爲田以山多



頑土無泉可灌故耳今欲使紅夷不敢去住澎湖城諸夷不得往來澎湖港其策有六一曰專設遊擊一員鎭守湖內二曰招募精兵二千餘名環守湖外三曰造大船製火器備用防守四曰招集兵民開墾山蕩以助糧食五曰議設公署營房以安官兵六曰議通東西洋呂宋商船以備緩急此六議似當斟酌舉行者夫澎湖險地什倍南澳南澳地在海島夙盜藪也萬歷初年撫臺劉凝齋移會廣東制臺題設副總兵坐鎭於中祇令兵民完聚田土開闢屹爲海邦重鎭俾夷不敢窺伺漳潮賴以安枕信明驗矣今澎湖可倣而行之請設遊擊一員坐鎭湖內仍設左右翼把總哨官爲之輔佐擇閩中慣歷風濤諳練水路者充之無事則演藝守汛有事則料敵出奇俾諸夷不得窺中土併議久任責成凡兵之進退糧之出入咸遊擊是賴三載加銜六載成勣特陞大將每歲或委廉幹佐貳不時查點如兵士有虛捏月糧有尅減參處查究追出銀兩以充兵餉庶知勸懲永奠沃壤殆與南澳一鎭並爲閩中屏翰矣此設遊擊之策一也夫有官守必有兵戍戍守哨探之兵非二千餘名不可每名月糧九錢此定例者其糧餉或出自漳泉二府或支自布政司庫原有定議沿海濱捕魚之民慎擇以充之或撥出洋遠探若干名遇賊則攻擊之或撥港內守城若干名有警則應援之遊擊標下親兵與把總哨官人役各自另設不許占用水陸戍兵一人不許虛冒戍兵月糧一分其月糧按季關支該道委海防館照名數鑿鏨包封逐名唱給不許將官總哨代領以防尅減尤不許防館吏書需索常例以奪兵食遊兵營堡宿弊亟宜申明禁革之凡汛地之守探具數總報院道以便查考夷情之緩急飛報院道防館以便調度一或誤事自有軍法庶水陸並進犬牙相制澎島一帶可保無虞此議戍兵之策二也夫各寨遊船



每板薄釘稀委官製造價銀十不給半一遇海濤便自潰裂安可出戰今宜令駕船者領價監造每船歷幾汛方許修理載幾汛方許改拆而拆造僅給半價則造船駕船均出一手或不敢以倣漏之舟戶試蛟龍之窟耳若火藥尤紅夷所懼者中左所火攻已破其胆大舟四集自爾宵遁則火器當多備明甚而大銃大船尤不可少者宜造大船十餘隻安置大銃十餘門布列港口俟寇至夾攻之夷倚悍我長技不惟不敢侵我疆土且遠遁無敢再出矣此議造船火器之策三也澎湖山地雖云頑土不堪墾田而遍處膏腴之區或可佈種禾穀者卽黍稷麻頭柑橪果木凡可充兵民口食之需須廣招同安海澄濱海黎庶之田園可耕者多四五百人少亦二三百人俾挈犁鋤種子以往就居撥地聽其墾種每人量給二三十畝仍帶妻子方成家業併畜牛羊捕釣漁利少資糊口仍禁遊擊總哨各官不許索租

一粒各戍兵下班之日有能用力種植者亦聽之明示十年以內决不抽稅俟十年以後田園果熟酌量每畝抽銀二三分以爲犒賞官兵之用務使民兵相安永遠樂業此議招民開墾園地之策四也若官既守海必有公廨居之戍兵寓民亦須藉營房寮舍爲藏身計今議蓋遊擊府公署或在鎮海港口或在娘媽宮前當查舊基擴充之標兵量撥百名環列左右仍設倉廒數間爲貯糧之所擇寛廣爲教塲以備操練而瞭澳口相對二銃城及東北面大中墩各量置營舍以爲守禦方免各兵暴露船兵營兵輪流撥用少均勞逸卽招募種植居民就令自蓋房舍或官量給房價咸附兵營居住相依爲命守望相助此議官廨兵營之策五也夫澎湖大灣上下官兵船隻把港則番船不出入紅夷不許互市無待言者然泉漳二郡商民販東西兩洋代農賈之利比比然自紅夷肆掠洋船不通海禁日嚴民生憔悴一夥豪右奸民倚藉勢官給納遊總官兵或假給東粵高州閩省福州及蘇杭買貨文引載貨物出外海徑往交趾日本呂宋等夷買賣覓利中以硝磺器械違禁接濟更多不但米糧飲食也禁愈急而豪右出沒愈神法愈嚴而衙役賣放更飽且恐此輩營生無路東奔西竄如李旦黃明佐之儔仍走夷鄉代爲畫策更可慮也不如俟澎湖島設兵鎮後紅夷息肩暫復舊例聽洋商明給文引往販東西二洋經過澎湖赴遊府驗引放行不許需索阻滯回船之日若帶有夷人在船卽拿送上司以奸細論庶可以生意飽商民之腹亦可以夷貨增中國之利俟澎湖設官建城之後可徐議爲之此議通商便民之策六也以上迂議六款前五款似可爲澎湖善後之一助後通商一欵亦聊備後日通變之微權伏望憲臺不棄迂朽仍會藩臬巡海守巡司道洎總兵副參等衙門而議停妥一面題請一面舉行非但



澎湖一島堪與南澳並稱重鎮而八閩士民永有依賴矣

洋防輯要卷十三

福建畧下

洋稅

嘉靖中有佛狼機船載貨泊浯嶼漳龍溪八九都民及泉之賈人往貿易焉巡海道至發兵攻夷船而販者不止總督朱紈獲通販者九十餘人悉斬之而海禁嚴三十六年海寇許老謝策等突至月港大殺掠明年冬倭寇三千人再抵月港散刦八九都往來浯嶼寇累歲不息士人乘機爲叛號二十四將沿海騷然四十三年巡海道周賢宣討平之其明年奏設海澄縣治隆慶初年巡撫福建涂澤民題請開海禁准販東西二洋通政唐順之有云國初浙福廣三省設三市舶司在浙江者專爲日本入貢帶有貨物許其交易在廣東者則西洋番舶之湊許其交易而抽分之若福建既不通貢又不通舶設立市舶之意漫不可考矣舶之爲利也譬之礦然封閉礦洞驅斥礦徒是爲上策度不能閉則國收利權而自操之是爲中策不閉不收利孔洩漏以資奸萌嘯聚其中斯無策矣今海賊據浯嶼南嶼諸島公然番舶之利而中土之民交通接濟殺之而不能止則利權之在外也宜講查國初設立市舶之意毋洩利孔使奸人得乘其便其於海禁利害晰如也然市舶之與商船其說稍異市舶者諸夷船泊吾近地與內地民互爲市若廣之濠鏡澳然商船則土著民醵錢造船裝土產徑望東西洋而去與海島諸夷相貿易其出有時其歸有候廣洋巨浸船一開帆四望天水相連茫無畔岸而海人習知海道者率用指南針（鍼羅經）爲其道鑿相傳有航海針經針或單用或指西北灣以前知某洋島之所在約更時當行水路幾許打量水深淺幾托（幾何爲幾托）海中島嶼作何狀某洋嶕險宜慎或風雲氣候不常以何



趨避之與時海販船十損二三及循習於常所往來舟無虞若安瀾焉蓋海濱民射利精如此東洋若呂宋蘇祿諸國西洋暹羅占城諸國及安南交趾皆我羈縻國無侵畔故商船不爲禁（東洋有呂宋屋同沙瑤玳瑁宿霧文采南旺大港吶嗶嘽磨荖英華架山密雁中邦以寧磨里呂味六台高藥武運福河崙岸塘呂蓬西洋有下港暹羅舊港交趾東埔寨丁機宜順塔占城麻六甲順化大泥烏汀礁林新州哂齊交留吧哪彭西寧陸坤占波高址州高堤里隣吉連單乘物吉寧邦日隸安汀義里遲悶蘇祿難論又有鷄籠淡水不係東西洋船數）而特嚴禁販日本者比於通番接濟之例先是海澄未置縣時有靖海館以通判一員司巡緝其後請設海防同知易靖海館萬歷二年巡撫劉堯誨題船稅充餉歲以六千兩爲額委海防同知專督理之刊海稅禁約一十七率（時海防同知沙椓條陳）其禁壓各議以爲過洋之船以東北風去西南風回雖回緩亦不過夏惟自倭回者必候九十月間風汎且日本無貨祇有金銀凡船至九十月方回又無貨物者明係展轉交倭縱有給引仍坐以通倭罪同艘船夥及澳甲等許其舉首給賞之於時凡販東西二洋鷄籠淡水諸番及廣東高雷州北港等處商漁船引俱海防官爲管給每引納稅銀多寡有差名曰引稅（東西洋每引納稅銀三兩鷄籠淡水及廣東引納稅銀一兩其後加增東西洋稅銀六兩鷄籠淡水稅銀二兩萬曆十八年商漁文引歸沿海州縣給發船番引仍舊）每請引百張爲率隨告隨給盡即請繼原未定其地而亦未限其船十七年巡總周寀議將東西二洋番船題實隻數歲限船八十八隻給引如之後以引數有限而私販者多增至二百十引矣其征稅之規有水餉有陸餉有加增餉水餉者以船之廣狹爲准其餉出於商船陸餉者以貨之多寡計值征餉其餉出於舖商又慮有藏匿禁船商毋輒起貨以舖商所接買貨物應稅之數給號票令就船完結而後許其貿賣焉（西洋船面闊一丈六尺以上者征餉銀五兩每多一尺加銀五錢東洋船頗小量減西洋十分之三陸餉胡椒蘇木等貨計值銀一兩者征餉銀二分鷄籠淡水者名曰小番地[illegible]）

每舶面濶一尺征水餉銀五錢陸餉亦如東西二洋之例加增餉者東洋中有呂宋其地無出產番人率用銀錢錢用銀鑄造字用番文九六成色漳人今多用之易貨船多空回即有貨亦無幾故商販回澳征抽水陸二餉外屬呂宋船者每船另追銀百五十兩謂之加增後各商苦難輸納萬歷十八年量減征一百二十兩每年至五六月七八月間風汛屆期各商船回至海外俱由南澳浯銅諸水砦及島尾濠門海門各巡檢信地經過隨報府縣及海防館逐程撥船護送防寇掠其實稽察隱匿漏稅者云自萬歷四年餉溢額至一萬兩刊入章程至十一年累增至二萬兩有餘二十一年報倭警禁止通販而海濱民苦為生難輒違禁私下海或假借縣給買穀捕魚之引故越販於是巡撫許孚遠深念之恐後為變如嘉靖時出示招諭凡貿販人船不論從前有引無引日遠日近俱准駕回照例報官納餉一切私通及壓冬各情罪悉宥免是時越販商人胡臺謝楠等二十四船聞撫綏



令皆駕船回澳報餉與正引之商一例征納二十二年餉驟溢至二萬九千餘兩然則海民趨利之情與商舶通塞之利病其大畧可睹矣其後當事者疑稅餉多寡海防館所報不盡實始議彷各處關稅之例歲委各府佐貳官一員輪管之示清核毋專利竇而泉州以兵餉告匱分巡興泉道建議於泉州中左所設官抽餉如漳之海防例令漳民販西洋泉民販東洋毋相攙越事併下府議時漳民紛稱不便乃具詳言本府屬縣歲派額餉數少民又多逋軍需往往告匱即隆慶中開設海澄船稅僅數千金萬歷中增至一萬兩以此佐之猶且不敷動請司餉濟給考之累年各請撥司餉二萬兩往牒具在遠十三年以後舶稅增至二萬餘兩兼以槩府尺土半壓凡屬官者鑿不括以充餉即鐵爐牛行渡船網稅搜無遺利始免仰給司帑然亦必縣餉船稅盡數征完方克有濟查見在十縣餉額共三萬七千七

百九十餘兩湊船稅二萬餘兩大都在六萬上下而水陸官兵月糧修船置器犒賞諸費歲不下六萬兩如萬歷二十一年禁海餉絀則括府縣帑藏及借諸站剩銀等支用豈有贏餘積藏於庫哉漳泉均為海郡兵餉並屬吃緊餉在漳則漳利餉在泉則泉利其便均也漳餉匱則請在漳泉餉匱則請在泉其不便亦均也今欲以東西洋分屬漳泉割漳餉以贍泉兵不惟漳之兵食無所措給從此私販之徒緣為奸利不漳不泉東影西射公然四出不可究詰者又常什伯於昔日本府籌之未見盡善無弊也惟是榷稅不籌責於海防官聽上裁於是漳泉分販罷議不行而遂請改設餉館給關防會上方大榷天下關稅二十七年中貴人啣命至閩凡山海關津之稅畢蒐羅以進內帑而舶稅歸內監委官征收矣時議委三司首領一員與內監委官協管於正稅外派辦諸方物費不貲重以委官需索土人狡譎無忌憚者投充為巡



攔藉端擾害漳民情因洶洶焉賴有司調停安輯之不為變而是時漳泉民販呂宋者或折閱破產及犯壓各境不得歸流寓土夷築廬舍操傭雜作生活或娶婦長子孫者有之人口以數萬計而同安人張嶷者謬奏言海有機易山與福建相近地產金若採取之可得成金無算有詔遣中貴人委官往勘視而呂宋番聞之大恐以中國將畧取夷地諸流寓人皆內應也於是盡坑殺漳泉民之在呂宋者以二萬人事聞張嶷以欺罔首禍寘極刑海夷有別種號紅夷番饒財實擅給中使文移招諭以來船舶澎湖其人非東西洋種人髮純赤強而多力以船為家於海島諸港門販鬻為生涯其船宏壯甚出沒海洋怒濤中亡所損為兵器自護衛若佛狼機銃發貢銃之屬亦甚具其交易頗以信義怒輒殺人海島中諸夷畏避之利中國羅綺繒布諸貨諸奸人啗以利謂漳之南澳澎湖各島可以市泊紅夷者以

爲信至凡數船事閩撫按行守巡道議以市舶必不可許且奏下兵部覆疏責中使令所在守將督信地兵嚴拒之紅夷船始去而漳泉間射利者意鞅鞅以爲此不費航海而坐收遠夷珍寶利百倍若之何而失之嗚呼其亦不思甚矣哉夷性無常非我族類而海邊惡少尤習狙詐無事猶將勾引接濟爲寇攘地況日夕與豺狼處非欺負貨物激怒夷而至爲變則將爲陰陽播弄啗夷以玉帛子女而爲之嚮導患之至也其何日之有若嘉靖中倭寇藉入貢蹂躪寧紹間皆起於市貨不售士人貪利無行者爲構誘煽亂禍蔓延至不可解殷鑒不遠爲閩計可復爾耶或曰紅夷性朴直非狡倭比是又不然獨不聞廣香山之有澳夷乎其初亦尋常販易今結聚日衆盤據濠鏡澳諸作奸犯科者悉亡命藏匿其中築崇城百雉據險阻兵勢駸迫於省會若癰之附項疽之附背治之不可養之日深當事者廑以爲憂矣今之紅夷其獷驁出澳夷上邇年與澳夷爭市舶地相賊殺廣之海上澳夷輒不勝而高峻其城郭以防禦之其人魁偉者殆防風氏之骨專車焉而玩其狡不如倭而垂涎以爲利藪此奸人之以國爲營者也第今東南隱患又不但此頃撫臣奏言閩地斥鹵磽确田不供食以海爲生以津舶爲家者十而九也況今軍需國課半取給於市艘豈能禁之不去但奸民有假給由引私造大船越販日本者矣其去也以一倍而博百倍之息其來也又以一倍而博百倍之息愚民蹈利如騖其於凌風破浪直偃息視之違禁私通日益月盛有暗結婚姻有私受夷職甚者或賣船以資敵我無晉魏絳之五利而彼饒中行說之三窟長此安窮況今琉球告急屬國爲俘而沿海奸民揚帆無忌萬一倭奴竊據窺及鷄籠淡水此輩或從而勾引之門庭之寇可不爲大憂乎請申飭沿海清查由引嚴禁壓冬不許私造

洋防輯要　卷十三　福建防海畧下　五

違式大船及以引餉事權歸海道管核便疏下兵部覆如議行而沿海民大黠猾及憑藉有勢力者借東西洋由引而潛趨日本時時有之禁雖嚴未全戢

兵防

洪武三年置漳州衛指揮使司其屬爲經歷爲鎮撫爲千戶所者五五千戶所各統百戶若鎮撫後設鎮海衛所統亦如之又置陸鼇銅山元鍾守禦千戶者三衛軍可五千餘人所軍可千餘人耕其屯田而食之成宏間又設鎮海之後千戶所戍龍巖而以漳州衛之後千戶所戍南詔此衛所始末之大較也銅山漳濱海之重鎮也明初遣江夏侯周德興入閩築城備倭置五砦銅山其一爲寨在井尾澳景泰中移今西門澳初以衛官有才望者統其事而後以欽依把總一人元鍾澳屬焉（籌海圖編曰漳州府所轄漳浦一縣最近海澳設水砦者二銅山西門澳爲把總水砦而元鍾受其節制故今止以五砦爲名歲檄鎮海漳州永寧衛及元鍾銅山所軍分番巡哨北自金山以接浯嶼南自梅嶺以達廣東）隆慶六年知府羅青霄議置土兵五營分鎮諸處或廢或存萬歷初年又爲銅山置浙兵營則自萬歷十一年爲吳雙引倡亂而設蓋主與客交駐云澎湖在漳泉海外與倭僅隔一衣帶水嘉靖以來曾一本林鳳輩往來嘯聚其間數爲邊患壬辰朝鮮告變時傳倭且內侵當事謂不宜坐棄澎湖爲設官兵據險戍之又慮孤島遙懸汛期分諸路兵遞爲應援以水犀杜其覬覦此營砦始末之大較也漳入明領縣五成化中以溫文進之亂割龍巖居仁等九里置縣漳平訓險遠難制也正德中象湖諸處亂起巡撫都御史王守仁督兵討平之復采鄉三老議以爲蘆溪等處地里遙遠政教不及釀成大禍今動三軍之衆合二省之威雖曰殲厥渠魁掃除黨類特一時之計未爲久遠之規乞於河頭中營添設縣治引帶汀漳喉襟清寧政教既敷盜賊自息

洋防輯要　卷十三　福建防海畧下　六

上疏請朝置和平縣嘉靖初以南詔廣寇出沒置詔安縣月港者龍溪海上一大都會也自內外賊盤據爲難烽燧傳警歲無虛日都御史朱紈疏請建邑不果後郡守唐九德力持其議都御史汪道昆爲更請置縣海澄而是時又以初平蘇阿晋等於殺狐嶺割龍巖之集賢里置縣寧洋國家剖牧民之符非惟臨長百姓夫亦以父母伊邇威信易敷赤子潢池弄兵自息設險守固勝於數十萬甲兵也郡又有海防同知春秋防汎近又設督捕通判駐雲霄丞主海上事而別駕職內賊此郡邑始末之大較也漳初未有大帥建牙者嘉靖二十八年以軍興設參將一人二十五年益以水陸參將二人三十八年請分福建三路爲三將軍主之其駐漳者爲南路所轄自詔安廣東界北達祥芝鎮漳而兼控泉也先南澳尚未開府每遇汎期專駐元鍾後南澳既設移駐銅山萬曆二十年議者謂偏處一方移駐鷺



門居中調度焉而南澳者在閩廣交夙爲逋藪吳平許朝光巢穴於山曾一本林道乾游魂於海至合兩省會勦始平遂議善後題設副總兵官協守漳潮拓地鄰鎮無事則玉斧彈壓有事則金鉦窮追兼制兩省秩亞驃姚此將帥始末之大較也夫宏正以前承平既久人不知兵故規制尚畧嘉隆之間所部雲擾歲歲苦兵故規制寖詳然衛所官大則金緋小亦列校歲縻月俸錢甚夥其錚錚者多脫穎以出樹勳他處而卑者長旁棨戟乘堅策肥刻削自豐恣睢自豪至不識韜鈐爲何物戰場爲何時告以鼓鼙聲心悸欲絕目眩空頓於戶下安望其緩急使乎若正統鄧茂七之寇指揮顧斌擁兵銅陵募死十人衛遂大破賊二百年來一人而已彼鎮海爲饒賊所陷諸將束手坐觀板蕩此曹之肉豈足食哉至於衛所軍世守尺籍執其殳鬶不能刑鷄鶩無論卻戎脫有變棄甲不暇耳國家養兵世世僅得其

空名宇內皆然不獨漳也正統天順間所在招募丁壯爲民兵（即快手機兵之屬）而巡司故有弓兵俱有司操練然令民壯僅供公門役使弓兵所緝里閭鳴吠及負擔與販而已議者始復仰借於客兵乃客兵之大利大害亦畧可言方嘉靖鼎沸時海內名將如戚繼光俞大猷俱統重兵入漳征勦海上父老猶言繼光時事賊圍孤城急復四出剽掠父老扶攜登望女牆上冀援兵旦晚且至嗣見遠煙數點影嚮如旌旗狀忽砲嚮官兵業抵近郊與賊接戰大破之蓋繼光每出師或急或緩人莫能測賊偵繼光方與所在當道歡飲解甲犒師似未即發繼光已夜從間道急進出沒若神賊猝不意輒狼戾死甚衆云蔡陂之役賊又預度繼光當至設伏待之猝然驚起兵爲少却繼光斬前怯者數人身自督戰賊竟潰四十四年海寇吳平據梅嶺繼光兵來賊遁入南澳繼光追擊之俘斬萬五十人賊潛遁赴海而漳遂平



自漳中賊亂而繼光之功亦與之終始漳人爲之語曰俞龍戚虎殺賊如土皆他路兵也然事急則徵召事平輒復遣去徵召而屠戮者已饒受其禍矣故邇者爲客兵置營居守如土著顧在壬戌參將楊縉以東莞兵來願爲備禦漳賊實納東莞兵爲內應縉下令漳門不得夜開門閉輒兵之漳大駭諸生相率詣當道固爭富家夜自爲登陴固守不呼而集次日清明東莞兵從南郊脅人婦女睥睨殺之郡守始下令鄉兵截殺須臾東莞兵頭顱被地幾盡所部始寧萬曆癸未吳雙引之事敗就誅也有司者慮之議駐客兵於西郊其後長泰囚越獄刺殺縣令囚實與客兵約爲外應先一日客兵以庭毆羅中軍有信啟期不能達囚登城四顧外無援者始就擒幾社稷有幸未熖旋熄不可不謂往事之明鑑也夫漳所最苦者莫如倭嘉靖時閩所初置巡撫則以倭故倭非外能自來也起於中國之民爲之嚮導

都御史朱紈練甲兵嚴糾察按諸通海者若干人悉誅之紈竟爲朝議所中忿恚自殺艙主土豪益自喜爲奸走波濤中交相往來後乃大舉入寇而海寇應之至陷城郭禍墳墓男女駢戮遠近震駭此亦人神之大痛矣綱以亂至而密密則巳晚綱又以亂解而踈踈則安窮比歲海濱人視越販爲常事詭給沙埕引無不詣小城居者當事變之嚴爲令與民更始有梗化者無赦夫越販起於富人射利其意元非勾賊唯是輸其實貨露其情形此其漸不可長者耳禁越販自是防倭急務未可謂越販之門一杜而倭便不復來也海上行封何處無倭奴犯漁舟居賈舶旋復散去不逞之徒手無生活日覬波心與夷雜處彼狡焉有窺中國之心何日忘之中山之藩破矣長蛇封豕爲食未央故待敵宜預也向者夷從西方來賈胡別種也髮盡赤巨艦迎波結中貴人以互市請如東粵香山故事當事持不[redacted]參將



施德政躬抵澎湖宣威耀武與夷相持者久之夷乃去其後數歲更入海上申前請益力當事嚴緝居民不得與售一錢乃更指東粵以往若節借以聲勢恫喝然舟大不便勒轉即有變火攻可燼耳防之無使登岸彼將自沮其食指滅之無使見瑕彼將自戢其殺機後此出沒而未有常也故防敵宜周也國家皇靈旁揚然二百年中深山窮谷之區小醜間發始而鼠竊繼而狼噬驅之則鳥獸散至二十四將而禍烈矣鯨鯢之不淨以煩縣官安能便置反側於度外萬歷以後帶牛佩犢之萌旋就誅滅然餘黨尚未悉散往者漳浦見告人或訝其太張皇然與其張皇也猶勝坐視必以蹤跡之尚未露也而槩置之閭閻人心愈怠城守愈踈脫有眞變烽火在庭而不悟矣詎細故哉語云涓涓不止流爲江河今近郊之內夜半殺人刦掠財物畢行無忌比比有之此固揭竿之漸也故緝敵宜嚴也漳浦林太史偕春之論兵防也築土堡練鄉兵而又以外城宜守內賊宜攻纚纚具悉此是倥偬時事非所施於承平且所營寨諸軍是亦鄉人也是則練之而已客兵久於吾土耳目肝腸豈盡異類是則制之而已張萬紀爲銅山把總每雨雲陰晦意賊所在輒駕小舟身攜一劍以驍勇數輩自隨裝束如漁人因以誘賊賊相遇手自擊殺之或死或縛萬紀雖屢經險阻神意逾壯海上數年閒得安枕無恐者則萬紀之力爲多是外賊未嘗不可攻也頃歲中丞巡歷海上一切與將士綜核名實乃其選將僅騎射故事所選士令抱石以識勇怯著令甚迂而所用又非所擇則何取焉往事材官及兵目人應缺補者將軍與郡國議上主者裁決之比歲自旗門所出不知何人坐名送寨彼其人與地既不相習而部曲儕伍又不相能安望其得熊羆之用哉諺曰文臣宜不愛錢武臣宜不惜死然吾謂武臣愛錢正軍政所由敗壞



而難於收拾第必自文吏大臣始夫將將者之原既清下方自肅不然主者以縟節望之大帥大帥以望偏裨偏裨以望卒伍輾相尅剝尤而效之而兵日貧因以日怯雖今日更張明日整飭徒侈靡文何裨廓清之方畧矣鄭尚書曉曰福建海抱東南汀漳外寇內逋與南贛勢聯絡海物互市時起兵端此其治亂非徒一方之機局者誠哉是言也故爲差次梗概以備閱稽如此

監司

郡縣置分司彈壓曰分守曰分巡其在濱海則又有巡海漳初屬福寧道成化六年汀漳潮贛諸處盜賊出沒始設分守漳南道駐上杭轄漳汀二都遙制江西之贛州而巡海道舊駐會城嘉靖九年都御史胡璉議以漳州海寇縱橫巡海使者遠在數百里外緩急非宜疏請開鎭於漳是巡海雖仝總閩中海上事而漳則其專制者蓋四十

有餘年萬歷中承平既久巡海道復歸會城而漳州奏請特設分守漳南道自是而事屬與治蒞兵撫民守巡並主其權巡海道但司海禁春秋防汛耀其甲戈或間歲一至郡邑事不復相關矣近三十八年撫臣陳子貞議重巡海之權疏請一切軍政俱巡海主之守臣勿復與知然當事無巨細欲盡赴會城正恐遼隔不若守臣就近料理為便且巡道故常奉敕稱備兵使者安得不問兵事哉故疏雖下復不果行守道初設布政司參議後間以參政近有自按察使副使兼官至者巡道初設按察司僉事後間以副使近有自參政兼官至者巡海道初設按察司副使近有自布政司兼官至者

南路參將（序於按參將官級亞於漳潮副將而在前者以漳爲所專轄也）

漳州南路參將原未有專設嘉靖二十八年軍門朱紈題請福建設參將一員至三十五年巡撫王忬題改設水陸參將二員然未有專



管汛地三十八年巡撫劉燾題請福建分南北中三路添設參將三員以漳州為南路并水陸為一參將奉敕分守銅山浯嶼二砦浯銅彭湖三遊漳州銅山二浙營陸鼇一土營漳州鎮海泉州永寧四衛南詔龍岩陸鼇銅山元鍾藥武福泉金門中左高浦十所自洋芝以至大城皆為汛信蓋控漳而兼制泉也先是南澳未設副總遇汛則參將專駐元鍾調度水陸防禦南澳設後移駐銅山萬歷二十年倭躪朝鮮議者謂銅山偏駐一方始兼移駐中左所居中調度

銅山砦

洪武初年皆以衛官考選備倭帶領軍兵出守銅山嘉靖四十二年題准改設欽依把總一員非汛時月固泊寨澳輪番出哨以防緝盜汛期則分四哨前哨鎮海左哨陸鼇右哨沙洲後哨懸亮澳各防汛信地皆險要而横嶼菜嶼井仔灣大小甘山則外洋島嶼之最險者

漳州浙兵營

府城外浙兵營始於萬歷十一年因叛民吳雙引等謀為變當事集議特設浙兵一營駐紮團練設於西教場邇以補額至鎮門一帶河道萑苻竊發肆掠商泊議設哨船一隻輪營兵坐駕隨潮往來巡緝平時則府城內外以主鎮海井尾等沿海萬松嶺岩亭北道皆更番哨守有事則專聽征調隨賊所向相機征剿

銅山浙兵營

銅山浙兵營始於萬歷九年為沿海邊警而設駐紮銅山所城外平時則團練彈壓自銅山以至元鍾詔安等沿海油柑嶺鳳山等孔道皆其哨守有事專聽調度征剿

陸鼇土兵營

陸鼇土兵始於隆慶六年因詔安縣五都土瘠民貧寇盜蜂起當事



者議設土兵一營抽選貧民充之為弭盜安民計初守銅山[illegible]與浙營對調紮守陸鼇城外平時則操練彈壓自該營北抵莆頭南至古雷等沿海與內地雲霄堡皆其哨守有警則隨賊向往剿擊用為哨探嚮導耳目

彭湖遊兵

彭湖一島在漳泉遠洋之外鄰界東番順風乘潮自料羅開船二晝夜始至山形平衍東南約十五里西北約二十里周圍小嶼頗多先年原有民居隸以六巡明徙其民墟其地自是嘗為盜賊假息淵藪倭奴往來停泊取水必經之要害嘉隆之季萬歷初年海寇曾一本林鳳等嘗嘯聚往來分艘入寇至煩大舉搗之始平蓋閩海極遠險島也壬辰歲倭犯朝鮮時有侵雞籠淡水之耗雞籠密邇彭湖當事者集議不宜棄乃設官兵先據險戍之二十五年冬初鄉一遊一總

四哨冬鳥船二十艘目兵八百有奇二十六年春又慮孤島寡援增守一遊總哨舟師是又於海壇南日浯嶼銅山南澳大寨遊各抽哨官一人領堅船三隻汛時遠哨該島以聯聲勢後慮兵餉難繼裁去一遊而海壇南日南澳三處遠哨船漸各停發今僅有一總二哨冬鳥船二十隻官兵八百五十有奇月糈則漳泉共餉之

南澳副總兵

南澳在閩廣之交夙爲盜賊逋藪先年山寇吳平許朝光海寇曾一本林道乾等聚衆爲亂荼毒生靈至今兩省會勦始平萬歷四年建議善後設協守漳潮副總兵官專駐南澳始剏鎮城無事坐鎮彈壓有警督兵窮追兼制兩省事權歸一居然海上一重鎮也所轄南澳游兵柘林守備二砦防倭中頭二遊福建廣東二營陸兵

按癸酉志南澳去元鍾澳口約三十餘里屬廣東饒平洪武間居



民負險作亂遂虛其地其澳周圍六七百里有青澳後澤澳夷船多湊泊於此而深澳尤爲險小舟須魚貫而入官兵攻勦勢甚掣肘嘉靖中潮州府用木石塡塞澳口未幾倭人善泅水者撈起木石澳口復通嘉靖四十四年勦賊吳平嶋集結巢大兵征勦賊黨雖散其地尙爲賊窩萬歷初同知羅拱辰相視其地議設參將一員統兵駐紮築城三座一在深水澳一在雲蓋寺一在龍眼沙互相聯絡立墩臺瞭望調兵哨守計三處田約四五萬畝召軍民給牛耕種自後題設協守副總兵駐劄遂巋然重鎮矣

南澳遊兵

南澳遊兵萬歷四年設見額福哨冬鳥船二十四隻官兵八百七十四員名遇汛貼駕征操軍四百二十名非汛時月園泊遊澳輪番出哨汛期則分勝澳青澳雲蓋等信洋防守並專屬副總兵統轄調度

城堡

漳州土堡舊時尙少惟巡檢司及人煙湊集之處設有土城嘉靖辛酉年以來寇賊生發民間團築土圍土樓日衆沿海地方尤多

龍溪縣　石美土城（在二十九都距郡城東七十里城廣二千四百五十丈）福河土堡（在十一都府南二十里）天寶土樓、塔尾土樓壘　埸土樓、山尾土樓（俱二十一都府南二十里）埔尾土樓　豐山土樓、汰內西坑土樓　歸德上村土樓　華封土樓　獅陂土樓　宜招土樓（俱二十五都府西北二百里）、坂上土樓、埔尾土樓　馬畯土圍（俱二十六都府東十五里）官埭土樓　東州土樓　王洲土樓　流傳土圍（俱二十六都府東四十里）、白石土樓、新埭土圍、梁齊土樓　長橋土城（在郡東北十里尙書林士章砌石築焉）

漳浦縣、雲霄土城（在六都縣西南七十里鄉民所築嘉靖三十九年爲饒賊所陷隆慶六年知府羅青霄重修設海防官其內以督捕通判居守之）西林土城（在六都）赤湖土城（在十七都縣東十里）、前塗



土堡（在六都始累土爲之倭亂更甃以石）埔尾土堡（在六都去雲霄九里始累土後稍緣以山石嘉靖三十六年倭寇突至所在殘毀獨是堡堅守旬餘倭不能克寇退乃更拓基加以磚石）洋丁土堡、蔚嶼土堡、梅安土堡（俱六都入都縣南四十里）東窖土堡（俱七都縣東南三十里）下嶼土堡、娘仔寨土堡　橋頭土堡　埭頭土堡（俱九都縣南五十里）南杜土堡、官畬前土堡　下尾土堡、西山土堡（負山帶海殊爲險固）嶼頭土堡、高山土堡　香爐埭土堡（俱十都縣南五十里）梅月土堡、佛潭橋土堡（砌石爲之雉堞雄壯在十七都）、東坡土堡（在二十三都縣東一百里）竈土堡　植厝城土堡　橡橘土堡　白埕土堡、橫口土堡（俱二十八都縣北一百里）

長泰縣　石高寨（在方成里縣東九里）天成寨（在欽化里縣東南十里朝天嶺之南）泰安砦（設有砦官今廢）

平和縣、龍峯頭土堡（在清寧縣東北六峯山之南）溪石土堡（在清寧里路當平和南靖漳浦之交居民累土爲城寇至不敢犯）西山土堡（在清寧里與溪口堡相望嘉靖中鄉官李文纂築）

詔安縣　嶺頭土堡（在三都去縣西三十里）　梅州土城（在四都縣東四十里）　上橋土城（今圮）　七湖土城（嘉靖二十四年築）　甲洲土城（嘉靖二十五年築）　白葉堡（在二十都去縣西一百二十里）

海澄縣　九都土堡（在縣西）　龜嶼城（祗柱海口實爲郡城門戶又爲澄海之要先是知府羅公議移海門濠門二巡司屯城其上未果）　港口堡（在縣北）　草板堡（在縣南已撤）　下塔顏歷城　七堡（俱六七都）　珠浦堡　廣林堡　虎渡堡（俱八都）　嶼上堡　田尾堡（俱九都）　長嶼堡　何山堡　石囷堡　鍾林尾土樓　青登巓土樓　青礁土樓（俱一二三都）　田尾土樓

## 關隘

關隘之設所以防奸細備寇盜也漳所屬地方凡扼要之處俱設有關隘亦名把截所舊時營於就近各衛所撥旗軍無衛所處撥義民鄉夫守把今久廢矣



龍溪縣　福河把截所（在縣東）　新嶺把截所（在縣北離城百餘里）　柳營把截所（在縣東接泉州界）

漳浦縣　吳田把截所　北岐把截所（俱六都）　港口把截所（九都）　埠頭把截所（十五都）　井尾把截所　大徑把截所（俱二十三都）

龍岩縣　雁石關（在縣東北三十都）　黃坑隘　水曹隘　東坑隘　蕭坑隘（俱表政里）　九出嶺隘　倒嶺隘（俱龍門下里）　三峯嶺隘　廖天山隘（俱萬安里）

長泰縣　林口隘（旌孝里）　鷓鴣隘　下分隘（俱石銘里）　上寧隘　磨槍隘　白侗隘（俱善化里）　朝天嶺隘（即巡檢司）

南靖縣　韓婆隘（在縣北永豐里宏治中漳南道杜啓[illegible]甃石爲門）　水尾岩隘（縣西清寧里）

漳平縣　三峯隘　菜口隘　安井隘　赤坑口隘（俱居仁里）　禾頭隘　白泉隘（俱和睦里）　長塔隘　卓安隘　石門隔隘　南坑村隘　石鑪嶺隘（俱感化里）　朝天嶺隘　下馬坑隘　香樹嶺隘（俱永福里）

平和縣　高礎隘　朱公嶺隘　曹克隘　赤珠隘　三寨洲隘　茶寮隘（俱清寧里）　半地隘　三角隘（俱新安里）

詔安縣　南詔把截所（三都）　陳平渡把截所（五都）　老虎關　關砂嶺隘　牛掌隘（俱饒平界）　龍過關隘（平和界）　十八間洞（雲霄鎮界）　梅嶺安邊館（在海濱嘉靖甲子賊寇吳平巢於此都督戚繼光追逐遁去收其餘黨盡殲之築京觀於此）　走馬嶺（內有東澳爲海口藏風之處寇船往來泊焉呼爲賊澳上二處非關隘以險要備見焉）

## 墩臺

墩臺即古之斥堠也漳自明初沿海地方相度地里遠近各設墩臺賊至舉烽火爲號以便防禦

漳浦縣墩臺十座　白塘　大遙　流會　卓枝　江口　小澳　燈火山　灣角　埠頭　高山塔

詔安縣墩臺三座　梅嶺　洪談　古樓山



海澄縣墩臺三座　海滄　青浦　月港

陸鼇所墩臺三座　陸鼇　洪垢　峯山

銅山所墩臺三座　泊浦　陳平渡　瞭望

元鍾所墩臺八座　南山　東山　鹽倉　東濼　黃崎　漸山　洋林　瞭望

### 海澄縣築寨港口議

縣治之設業有成績且城垣壯固亦似可守但凡設城邑必以水泉爲先今城中鹵地不可爲井惟汲淡潮城外萬一寇至水門關閉安所得水又縣治去海咫尺賊舟無所防限乘風頃刻直至月港潮漲之時舟高於城深可危懼所以議者輒有築塞港口之說但其間利害相半衆論不一具載於左一議云今治縣濱海水潮由海門入中流有泥仔烏礁許茂三洲分爲二派一派遶東從海滄而上一派遶

南而西約一里許至月港醎水夕漲沿邊土田失收且奸徒駕船爲非往來不測賊艦乘潮瞬息可至若從下流於泥仔尾隘處設法塡塞海鹹不通淤泥數年可以成田西溪𢌿南溪淡水匯於八九都灌溉永賴且海船必由東北沿海滄石靈而上橫過福河下至港口水道迂曲信宿方達月港奸賊出入勢甚掣肘況堪輿家謂此爲關塞可固內氣若此舉可成亦興利扼險爲新縣奠安之良策也查得嘉靖十六年鄉民曾請鄉官御史陳遷鳩工壘石興築未及成功今一帶基址俱生泥泊因而爲之其力易焉一議云縣臺所以設於月港者正以其地近海潮汐吞吐氣象豪雄舟楫流通商賈輻湊今若塡塞則商賈舟楫無所停住或泊於壩外則有風波衝擊之虞若由福河入月港水道迂遠其勢非在福河必在石美而近縣之處泉貨不通生意蕭條深爲未便且江流泛漲功恐難成卽幸而成勢必潰決



三洲地方先受其害就使不決則北邊石美一帶不能免其崩頹且舊有二港洩水江東南門二橋以裏尚有洪水之災若止留一港則下流壅塞水災愈甚今若欲興水利須設法疏通若欲爲縣防患莫若查照當日原議於港口再立一橋築垣其上接連港口九都二堡下設水閘以通小船其大船止泊於閘仍於閘外多布石釘不許夫船近閘如此則不惟城中居民無乏水之憂賊船不得突至城下而港口九都二堡亦可恃以無虞矣查得近日修造浮橋勢難禦賊且滯商船又有修補之費恐非長策按二說俱存之以俟采擇

漳浦縣　海跨邑之東南彌望無際潮至而綱取鮮物者謂之綱門有深水綱有淺水綱潮涸而手取鮮物者謂之泊綱門之下卽泊也有泥泊有沙泊泥泊產鮮盛沙泊次之綱泊以水漲涸爲限各有主者往年濱海民以力自疆界爲己業泊之於今必以貲直轉相鬻賣非可徒手博矣顧其爲值一而利十之明年利輒盈其值環海之利歲收不啻四五千金其所輸官課未及五十分之一也利廣故爭輒起往往鬬奪以必得爲快其勢必歸於巨室彼附海之奸民窺其利也亦時乘間羣而駕舟選干戈以强捕其所有之物語於官非縮首而竄則聚而譟官亦莫誰何也其故皆起於利耳

詔安縣

兵防

蒲葵關百里而遙控潮引潮則浦治之南詔場也周漢之職方無考唐嗣聖（即垂拱）三年左郎將陳元光篳輅藍縷以建州治立行臺於四境命將分戍四時躬巡南詔保其二也自下游抵潮之揭陽宋置有沿海砦元爲萬戶府俱調官兵屯守時代湮沒故壘無傳明初仍謂南詔場宏治甲子年（十七）冬寇盜充斥地方騷亂始調漳州後衛所官



軍駐守禦南詔千戶所嘉靖十年設詔安縣治從縣治而東三十里至元鍾千戶所洪武二十年江夏侯周德興爲備倭而建也所之外城又有南澳遊營專治水兵距南澳總戎鎮一葦航之與梧林銅山諸營所鼎峙相望百里之內禁以二所兼領營鎮不可謂無兵而統兵諸將大則開府建節小亦分府列校不可謂無將此何論彈丸之安堵以之保障遐荒折衝瀚海亦有餘矣頻年以來鯨氛屢熾戕莽時伏吳平曾一本諸賊搆亂東南二十餘年軍兵莫敢誰何俞大猷戚繼光兩將軍以客兵入援而後海靖山寧崇禎初年海寇周老三劉香復發沿海等處地方竄逃則山谷皆滿屠戮則城堡俱空千里內外營所諸軍兵環列也立視其毒而莫之救毋論民不得而請之官亦不得而責之蓋所以藉口於鑰城而不肯援乎野營亦駕言於泛海而不肯援乎陸道各適其固司鑰者或逃城而之野守汛者多

棄海而弃陸征調則交有所委戰守又兩無所效其勢且至於募土兵藉鄉兵鄉兵之藉官無養兵之費民有餘兵之用豈不甚善但須聽民間之自衛不宜屬官府之調撥自衛之則民也而調撥之即兵也既出賦以養兵復出身以當兵棄本業而問戎行兵民交當其制決無以善後而多行召募亦未為計之得也使軍盡有用毋待於兵使軍盡無用亦無庸於軍今衛所之尺籍繼世糜糈曠而不馭更覔亡命之惡少以為兵抱石以試之紛呼以閧之其揭旗而奔馳者僅同兒戲不知養之者何需練之者何為也近日當事者蒿目時艱釐沿海之隱慮於是有聽縣節制撥守要害之議此其制甚善要須度營所地方之遠近酌軍兵勞逸之機宜不疲其力而有以耀其武如萬歷甲寅天啓乙丑已行之實效每險置舖更番輪守遠不過數十里多不過數十人合營與所而均調之一歲一人不過十餘日計程



責守賞罰隨之軍兵習險要之防而寇盜潛嘯聚之踪其振武修備不猶愈於揭旗而馳抱石而試乎況乎文武合籌則兵民安利害相關則同仇切措置得其宜綠林之豺元海之鯢將縮爪解轡而不敢逞矣故嘗論之山海之區縱之則滋蔓撲之則力盡何者寇能荷戈而逞不能負耒而耕伏莽之寇由於近村之窩囤帆海之寇由於奸商之接濟及蠢茲之方萌制附近之奸嚴出海之禁彼焉能枵腹而求逞也哉毋論內寇即如嘉靖之季倭夷內訌能令片帆還者乎向令當事者早從巡撫朱紈之議盡法逼倭之豪右嚴行保甲之規條閩浙之高枕豈待俞戚而收功也頃者紅夷間至朝泊夕殲不移旬日彼利水而不利陸扼之無使登舟將自銷其食指何况師武臣力之用命乎大約天下之事預而圖者易為力潰而維者難為功東南無大盜而有小奸小奸者大盜之漸也惟其小而不足畏故其發也

恒足以亂天下消消不息[redacted]江河理勢固然無足怪者今日沿海之民以保甲為故事以小逞為習慣嘯而往挈而還設財自衛官不能問城里之間祀神結會者動數千人忿恚會鬬禮讓不能化法令不能戢緩急有變化為異類是不可為寒心乎故今日之民有亂之萌無亂之形則飭法宜肅也今日之軍有軍之費無軍之用則征調宜參也今日之兵不必廣餉以募民但須選兵而核餉則冒濫宜靖也而後桑土綢繆封豕不突潢池無弄制治保邦之猷其在斯乎其在斯乎

要海守兵

縣治叢山阻海寇盜出沒設險守要置為關隘墩堡或調官兵協守或詔民兵共守關隘以防奸細備寇盜近衛所處則撥旗軍輪守無衛所處則撥鄉兵把守城堡舊惟巡檢司及人煙湊集之處設有土



城自嘉靖辛酉以來盜賊生發民自為築在在有之凡諸關堡俱緣昇平日久今昔異宜廢圮者多惟要害地方不當廢圮自鳳山嶺一路至磨西橋等處地險民囂伏莽竊發萬歷甲寅年間漳之防海盧公申請每五里置一營鋪召銅山浙營分汛迭守天啓二年六月汛兵撤回派附近居民把守而責守不嚴去住不以其時其黠者往往藉兵為寇至天啓六年寇盜之猖獗極矣知縣朱始建議詳行撥南詔所軍五十名汛守半沙古林相見嶺深田舖等處崇禎八年所軍停止知縣王又就近村撥鄉兵輪守日差快手二名執循環二面巡視督守今復由大興至雲霄仍調銅山浙營兵一百名汛守道路漸清鄉兵營兵之防守其得失利害益可睹矣

關隘

南詔把截所在三都　陳平渡把截所二所建撥漳州明初置建衛銅山所軍守把令俱廢

分水關（即漳瀨巡檢司）　古關　半沙關（俱在四都原有兵十名把守）　老虎關　窑龍關　關砂嶺　牛掌隘（以上俱在一都與饒平輪兵把守）　龍過岡隘（在二都與平和界）　滔嶺　竹西嶺（俱在三都）

城堡

金石巡檢司城（在五都）　洪淡巡檢司城（在五都）　漳潮巡檢司城（在三都）

南陂土堡（在二都）　岑頭土堡　寶橋土堡（正德三年築）　甲洲土堡（嘉靖二十五年築）　溪南土堡　仙塘土堡　咸英土堡　仕度土堡（俱在二都）　象鼻土堡（距縣治五里乃水口咽喉之處嘉靖中海寇吳平犯詔堡民阮仕篤等率其族拒守與賊持三日夜賊不能取勝乃解去詔賴以安天啓崇禎之間海寇復至本縣柵木於堡）　上湖土堡　梅州土堡　後溝土堡　馬厝土堡（俱在四都）　張塘土堡（在五都）　川陵土堡（同知羅青霄建俱在五都）

險隘

葵岡山（在縣東四十五里跨梁田鋪上下兩山相峙號相見嶺有古關隘疊石爲之）　烏山（在縣北三十里由水晶坪



而進此山乃諸方奸民嘯集之處）　十八洞（在縣北五十里從烏山入山勢巍峨崖石森列有石室數十處可容百餘人嘉靖中山寇出沒進士蔡一楠被擄於此官兵莫何旋乃散去天啓二三年中烏山賊起營此以爲賊窟官兵勦之底定）　六洞（在縣西北六十里聯接金溪諸山）　白葉洞（在縣西六十里詔安饒平接壤之區叢山峻嶺賊倚爲巢嘉靖二十五年賊寇陳榮玉劉文養出沒潮汀之間南贛軍門檄平和知縣謝德明率鄉兵征勦平之）　河竈徑（在縣西八十里峻崖深谷鳥道崎嶇饒平二和商旅之路）　安邊館（在四都之梅嶺）　走馬溪（在五都海濱內有東澳爲海口藏風之所寇船往來俱泊於此）

墩臺

詔安墩臺（舊志在梅嶺洪淡古樓山三座嘉靖二十八年撫院檄知縣李尚理修之後只有二座一在洋林乃元鍾對崎一在洋尾墩萬歷二年知縣詹立添設）　元鍾墩臺（舊志在南山東山臨箬東灣黃崎漸山洋林七座今只有四座曰南山曰東灣曰黃崎曰臨箬）

南澳遊兵

寨遊之設古未有也洪武二十年爲閩海防倭計遣信國公湯和江夏候周德興分行海上置水砦三曰烽火曰南日曰浯嶼置遊營三曰海壇曰浯銅曰元鍾歲撥衛軍操駕巡哨選各衛指揮才能出衆者充把總領之宏治中海宇安清倭不爲患民狃承平寨遊俱廢嘉靖四十二年倭寇交訌督撫譚綸巡按李邦彥總兵戚繼光奏復遊砦以欽依把總領之遊以名色把總領之元鍾遊聽銅山砦節制萬歷四年巡撫劉堯誨建議改立鍾遊爲南澳遊題受欽依把總視都指揮以重其權聽漳潮副總兵統轄調度澳之東南屬遊哨守澳之西北屬廣東柘林寨哨將專治水兵非汛期月則團泊遊澳輪番出哨汛期則分布防守原額福哨冬烏船四十隻官兵一千八百三十五員名自萬歷二十四年至天啓二年陸續裁減外尚存冬烏船三十四隻官兵八百七十四員名遇汛貼駕征操軍四百四十名自天啓末年崇禎初年船被海寇楊六周三鍾斌劉香等相繼焚燬不



復造修崇禎六七年只得奉文裁減二十四隻惟餘十隻十年八月又減二隻止存八隻因餉設隻定哨官四名捕盜十名共官兵七百二十一員名每月支糧銀七百六十四兩七錢歲支銀九千一百七十六兩四錢其貼駕鎮海衛陸鰲銅山元鍾三所征操軍四百二十名俱停止不調

汛有春冬二期春以清明前起計三個月而撤冬以霜降後起計兩個月而撤期至則整搠舟師聽漳潮副總兵與漳南分守道海防館督發汛地四哨輪守一哨守雲蓋寺等處一哨守青灣等處一哨守娘宮前走馬溪等處一哨守勝灣及前浯等處各有會哨上至勝灣以至娘宮前二哨兵船齎籌簿與銅山下砦會下至青灣以及雲蓋寺二哨兵船齎籌簿與廣東拓兵防倭兵船會瞭望鯨氛勦捕倭寇自汛守不嚴寇盜無警海上春冬多事矣

一勝澳在嗽石澳之海口相去里餘有水原一處無論發汛守汛兵船俱椉於此可泊東北風船五六十隻內通詔安外通大海及前浯散嶼雲霄等處小寇屢屢竊發去娘宮前約水程五十里信地次衝一哨兵船防守

一娘宮前可泊東北風兵船四五十隻一面汪洋一面大山山有水源一處倭寇取汲於此上至銅山縈帶澳約水程三十餘里信地極衝一哨兵船防守

一青澳在南澳之外內有大澳可泊南風船數隻其地淺狹取水甚艱其地居民數百家田園數百畝外有小嶼三里至九歸澳九歸澳五里至金鞍椅信地次衝一哨兵船防守

一雲蓋寺在南澳山之東南可泊西北風船五六十隻其地出有水源二穴相聯倭寇常出沒於此舊有三寶寺時有雲烝遮蓋故以得



名信地極衝一哨兵船防守

按海上防守莫急於船造戰船大號官給五六百兩其次亦三四百金每歲修葺一船且數十金然皆侵欺隱匿苟且答應防海使者歲一閱視只壞船而飾以新灰望之若新整卽之實破潰故其船隻可泊港不可征戰賊入目官船為草坪謂其衝之則立敗燎之則速燼也諸將領亦利船之速壞冀其新造可以濫支崇禎以來海氛屢熾焚燬殆盡當事不敢建議更造只飭議裁減并所謂草坪者而盡去之矣原額四十隻今只八隻猝有叵測如楊六劉香之猖獗不知能以桴筏禦海否也東南半壁未得高枕而臥矣

銅山浙營雖屬銅山而汛守地方俱在詔安故并志之

浙營距銅山城里許萬歷元年為沿邊海營而設官兵原額裁減外壬子志記存四百五十員名平時則團練彈壓自銅山以至元鍾詔

安等沿海油柑嶺鳳山古林等處孔道皆其哨守有事則專聽調度隨賊所向相機征勦

兵事

正統十四年鄧茂七作亂寇汀漳間漳寇乘之攻圍南詔城八閱月耆民涂膺祚尚瑞等討禦之

嘉靖二十五年白葉洞賊陳瑩玉劉文養等據洞反平和知縣謝明德典史黃瑜詔安典史陸鐵等以象湖小篆鄉兵討平之

三十五年倭寇自漳浦地方登岸屯住詔安及六都後江頭土城焚掠漳之倭患自此始

三十六年十二月倭船泊於浯嶼肆去潮州澄海界登岸襲陷黃岡土城刼掠詔安地方

三十七年三月倭數百人自潮州突至三都經尾村殺掠五月刼五



都東坑口土樓十二月由四都至縣治四關外燒燬房屋二百餘間殺掠甚慘又連刼港西土樓二戶鄧繼忠督兵與倭遇於深田陰擒從賊陳來成等四人斬倭首級二顆

三十八年二月倭數千人自潮州來屯治西潭屯燒燬殺掠又攻破嶺頭土圍

三十九年六月三都溪東村頑民鍾宗亘等為亂逼攻縣治知縣龔有成撲滅之本年九月內饒寇陷二都赤嶺寨燒屋殺人又攻大布砦饒寇卽張璉也

四十年二月饒寇突至縣北門外擄掠男婦以去後總兵俞大猷督師勦捕副千戶許瀚障斬其偽將占總兵等賊鋒為靡瀚障論功陞欽依銅山砦把總本月屯住溪東村突至西關外燒屋殺人三月倭寇數十屯住三都土橋等處知縣龔有成召民兵與戰被殺死六十

餘人自三月至五月紮住東關外分夥焚掠十月倭屯下美村圍後溪寨知縣龔有成發鳥銃手助之死守二十日圍解

四十一年六月海寇許朝光犯元鍾十月倭寇數千人攻圍本縣木柵知縣龔有成禦退之二十二日海賊吳平引倭賊攻陷元鍾所城百戶羅綸等被執千戶周華死之

四十二年許朝光自銅山登岸圍番安堡殺擄六百餘人

四十三年倭寇刼懸鐘山白葉洞等處百戶鄧繼忠討之擒其倭吠吱咾宅咾等又有流寇突至金谿東西沉等地方千戶張鳳廷督兵勦禦同梁知縣家丁梁錫等擒倭四人通事一人又斬倭首級四顆

本年五月賊吳平假以招撫爲名入據梅嶺堡刼掠各村拆毁房屋數百間載回梅嶺構爲賊巢

四十四年吳平入梅州土圍刼掠一空五月攻破厚廣土圍六月圍



攻縣城燒燬木柵及西門外房屋知縣梁士楚禦退之本年巡撫汪道昆決策命戚繼光討吳平旬日賊縛其梟黨陳進卿獻於師諸軍夜從間道夾進大破之賊遁入南澳繼光追擊之勦斬萬五千人吳平潛遁都司傅應加把總許瀚障等率舟師追至交趾洋而還

四十五年三月吳平夥黨林道乾等船五十餘隻自走馬溪登岸攻陷五都山南村土圍又攻廠下村土圍曾一本等船百餘隻自泊浦澳登岸刼擄港口等村

隆慶二年九月曾一本夥賊刼掠饒平詔安縣境副總兵張元勳領兵由陸路截殺於鹽埕斬首三百餘級又大敗曾一本於大牙灣斬首三十餘級

三年五月內曾一本誘倭千餘泊船於雲蓋寺柘林等澳閩廣軍門會兵船勦滅之

五年六月廣賊楊老等大船三十餘隻來泊南澳月餘謀犯廣地僉事梁士楚督同海防同知羅拱辰統發兵船追殺之

萬歷三十二年海賊蔔四老猖獗知縣黎天祚擒其二魁殺城上以狥賊平

四十六年海賊袁八老大船數十隻沿刼詔安海濱地方

天啓四年賊首麥有章沈金日等在烏山樣仔林等處聚黨結巢流刼各村夜至縣城外焚掠百戶易彌光率軍民討平之

六年海寇楊六楊七等船百餘艘直至元鍾勝灣等處燬兵船二十餘隻仍登岸焚燬居民房舍沿刼海濱地方殺殲無計

崇禎元年五月初三日海賊周三老駕船百餘隻泊銅石澳港內登岸焚刼擁賊衆直抵元鍾所北城城上矢砲交下及鄉兵設伏合攻乃退初七初八兩日賊船奄至內港象頭山塘東崎頭西崎頭等處



焚掠甚慘西崎頭土城內人遁去僅存十四人賊盡屠之

六年海賊劉香有船十餘艘沿刼詔安元鍾各處十月初十劉香駕船二百餘隻泊銅石灣登岸擁至元鍾北城城上射卻之

七年有紅毛番船泊銅山及五都地方焚殺甚慘官兵縱火焚之船燬被擄夷無一人逃者

劇賊吳平四都人爲人短小精悍有智畧爲兒與羣兒牧即部署諸將號令皆如法羣兒已畏服之往往多奇異已爲人家奴厭之去爲盜盜掠其主人德主人翁善遇之其主母常苦平平令賊以壺水係其兩乳令祼身磨麥身動則壺水搖以此爲樂平既爲盜不肯居人下先後巨奸如許朝光林道乾曾一本等皆驍勇力胆過人然必推平平亦儼然居羣賊上戚南塘號名將猶憚平平所設奇皆與相當號爲勍敵此其英雄必有大過人者平敗遁南灣料大師必追之與

其徒百餘人駕小舟逝去舟用短撓如今俗名蠻脚橈百人齊盪飛小力疾雖淤泥淺水其行如飛乎竟以此得脫後變姓名浪遊江湖間有親見乎鮮衣怒馬在京淛間爲富商大賈乎已炙其面面皆炙瘡人無有識者嘗乘肩輿過故友處掘取金銀諸寶物後不知所之

郭造卿閩中經畧議

閩經畧之大者繫於督鎮蓋閩之巡撫自正統前侍郎楊勉始也至成化末王繼而後或罷遣矣嘉靖間胡璉朱紈王忬兼閩浙巡視事平而不常設專設自阮鶚始未幾而兼提督軍門矣璽書居漳則於防山寇爲踈居省城調度則去南澳太遠以地理較之沿海州縣通潮汐者六縣而抵大海者十五縣耳尚有重巖疊嶂者三十七縣爲盜賊穴窟者何乃遺之乎然諸縣屬之南贛軍門建邵延三府及福興漳泉山縣皆當居中綰轂而四出哨應然後可也置節鎮與立會



省不同會省取舟楫所集以爲民生便節鎮取道理所均以爲控制便也如總兵鎮鎮東則鎮軍門無如泉左興右漳其城高如省中而加廣五百十九丈且無省城九山泉及諸公署而闤闠星聯科甲鼎盛壯哉郡也宜爲鎮者一閩郡城大者三福也建也泉也皆昔僭僞所都故恢閎若此歷考僭據而泉於唐末王留陳三姓尤久故其城尤大而非當上游之衝宋末蒲壽庚元末那兀衲納虜僭所據流毒福興甚熾爲無重臣鎮之耳今福有三司三縣建有都司三衛而泉獨一縣一衛以制甚大易據之郡他日之憂當不下於唐宋元之季世矣宜爲鎮者二沿海州郡外衛備倭者共一帶守禦所不過一二三耳獨泉外衛一而帶所五及十五巡司獨多於他郡者蓋其濱海最廣而其地重故也宜爲鎮者三沿海國初島民多內徙而泉同安之嘉禾浯州諸島不徙亡守禦所及隘場諸巡司居之獨來所賊蹤

其一矣且外嶼澎湖最大有三十六島與琉球直視他島爲獨遠不預爲之所漸爲海寇所據則其巢難攻往年之覆轍可鑒宜爲鎮者四夫均閩海也而漳潮多寇者爲私通多而嚮道熟救援便耳故南粵甚多而閩漳多泉次之其北邑惠安而上非爲鹵掠不徙之矣故惟梅川雲霄月港海滄桑嶼劉店及同安晉江二三海堧也璽書鎮漳亦爲此耳今安邊館又開番市并軍門鎮之如戎心叵測何但鎮漳則反側不安是急而之海也居會城則去此遠而彼無忌矣惟居泉彈壓此輩其勢易於搜捕且令會城迤南不敢睥睨焉宜爲鎮者五海上難以里度惟視風之順遂若沿海之陸其程可計省城南行六驛至泉漳城北上至泉五驛則其道理稍均可通上下羽檄而左右策應不至於後時宜爲鎮者六夫上下各去四郡在山海分言也其實建連福州汀連漳州而邵延居與泉之直北則汀爲閩四極邊



泉至其界五百五十里若汀至福州則千餘里也故其由水至延平又陸抵泉四百里其由漳至者陸路七百餘里耳建由東溪下邵由西溪下皆會於延而入泉泉屬德化西至延界二百餘里北至福之永福二百餘里即福雖隔府而其西北古田閩清皆可由永福入泉非惟漳泉便而福建邵汀延蓋無不便也宜爲鎮者七閩驛詳於通衢而深山茂林獨少是以官吏罕至而奸宄逋亡沙龍鄧寇猖獗至熾坐此耳汀漳初設兵備諸臣經畫爲通道置驛故其盜區漸弭自省城而下江狹濤險宋初泉人避之於北門而往有驛二三鳳龍溪入福此其故道可考也備軍門移鎮而誅故蹤於大田德化置驛則山路四達可無盜賊憂矣宜爲鎮者八若以戶口稅賦論之雖無贏於福而福有三司臺院加以軍門總兵民不勝其擾矣而泉爲閩府雖其愚民一時或悉頑擾而福獨能民可使有不均之嘆乎且軍門

多巡他郡豈能常居此如居此則視之如家必多方經畫不惟城池如金湯之固而舟車所會冠蓋所集儼然齒於上國矣宜爲鎮者九夫泉自宋鹽場多於他郡而番舶於此置司故其郡爲獨富餘力及於橋而寺觀甲七閩今科甲雖侈於昔而橋道之類多廢則其富盛不及昔者尚多耳邇者番舶爲漳所移而鹽利興之未善必得開府畫之則令重而民遵以遏外夷則舶可興以復古制則鹽利可通於地方所益良多而軍興可以佐費矣宜爲鎮者十故移鎮莫善於泉爲山海皆可區處也茲第就閩而論之若經畧之遠者如舊軍門汪道昆所奏福廣共設總兵鎮漳潮二省各副總兵則福居五寨之中而廣居三路之中聽其調度爲宜然温福之間尤爲上游要路元末方國珍通而入閩湯大夫濳而取閩皆是道也島夷入必先此今雖陸寇稍戢安保後日無事乎一當有事則猶增總矣此一時權宜之



術而非可以常設者也若令副總兵於南灣而掣肘於二省奔馳於一隅則其不便亦甚矣且南灣孤山延袤既廣而無衛所非所以壯形勢也無論瓊崖儋萬立州郡於孤島中及嘉禾浯州孤嶼而各立守禦所南灣可不爲之所乎故必移衛及所方可以重帥府以藉其犄角其如繁費何哉夫潮今有柘林守備以控南灣而漳有銅山寨足以扼其吭喉但當遴將簡卒峙糧益治艦而左右會師漳下潮之大城湖上漳之元鍾使接壤之寇不得蟠以爲窟漳於銅山而北至擔嶼以會浯嶼浯嶼會南日於平海南日會小埕於南茭小埕會烽火於西洋烽火山北蒲門以會温之金盤而南下亦如之此其大勢也視寇之所在而總兵往赴之賊在温而鎮烽火賊在潮而鎮銅山禦不使入此定策也安用副總兵而待寇以煩民乎且潮漳各有參將其事權與之頡頏而兩部遵奉不一其文移尤難行於州縣蓋視之猶贅旒也然昔漳南設參將爲有潮寇耳北路重地僅設守備所轄本衛二所小埕水寨即在定海所外有警輒閉所城而罪則不之坐蓋以陸藉口爲其無與於海即守備之賢者無以行其令矣宜改守備爲參將而管烽火小埕二寨防北戶而重鎖鑰南參將則管浯嶼銅山二寨爲之聲援而山海俱聽其令興化守備南日水寨南北參將皆得調之方如常山蛇勢首尾及中擊則皆應矣是故加副總兵不足爲南路重而改設參將所以重北路者大則總兵居中而轄二參將如命左右手五寨皆所提掣而臂指之勢成矣況廣綜理亦當而足爲守助乎宜罷副總兵於彼此各便否者宜爲之處而重其事權若城池諸費皆不可緩者也

泉有市舶提舉司在水仙門外宋元祐初置後廢崇寧初復置南渡時罷而復置其提舉多儒紳爲名吏者衆而所來之國必所市之貨



且於志可考泉在宋富饒本此自元以夷人提舉而諸夷爲虐人或懲之因廢市矣明初立市舶司七年罷仍復之爲琉球入貢其國與泉之澎湖山直而受貢於此不使外夷窺省城猶浙置之寧波是也後番船入貢多抵福州河口因潮陽通事三十六姓其先皆河口人也故就乎此而內官提舉其事成化都御史張瑄奏移省城內則失策矣尚有進貢廠懷遠驛於城外使臣容其入見餘則停居於驛而令此禁蠹弛貢夷縱橫城中矣浙嘗有日本廣有佛狼機之變琉球令雖恭順不可不預爲防也閩因罷諸番市而利皆歸於廣漳人垂涎而引廣夷入境正德間廣之禁嚴番船入漳泉而廣失利於是兩廣都御史閩人林富奏言通之有四利語在奏疏中而舶復通焉嘉靖初革市舶內官而言官因請并罷市舶善哉尚書鄭曉之言也所當罷者內官非市舶也夷中百貨皆中國不可缺者夷必欲售中國

必欲得之以故聖訓雖絶日本而浙福廣三市舶不廢蓋東夷有馬市西夷有茶市江南海夷有市舶所以通夷狄之情遷有無之貨收徵稅之利減戍守之費又以禁海賈抑奸商使利權在上可謂訏猷矣朱紈之忠淸卿執所不敢輕議特審畫未宜此海邦之所追嘆也卽今浙閩夷禍爲酷而廣多其土著市夷之助虐者寡則可概見故漳之安邊館初爲禁之令爲通之而海澄爲縣乃戢其明效見覩也第漳聽其便而無重臣爲轄利之所叢其害之藪乎不如復祖制市舶仍立於泉移安邊館於此焉而軍門鎭之貢使由此入省而藩臬可以亟遣他番如宋舊許通其互市而權從廣例此又出魚鹽之外其利如川方至以佐軍興而奇羸所操多矣噫民之常賦不加魚鹽處之得宜而市舶又善通之何不安生而爲盜乎

郭造卿閩中分處郡縣議



古制盜賊者惟用良二千石及建令制之耳令守令主餉而權旣輕且閩邇來郡各分以守巡則郡守權益輕矣閩視沿海諸藩爲小戎衞最密寨所羅列經畫可謂至備矣第郡縣因循處置尚多乖方故自海寇猖獗他藩破縣者有之而郡破自興化始興化本唐游洋鎭隷於泉州莆田縣宋初以游洋山寇屢作乃分而爲軍其制郡有四等曰府州軍監此特以比下州耳元列爲路今因爲府爲其科甲盛也科甲旣盛則徭役多復而田産險制細民日困考閩隨攻隨陷未有如興化者至元十餘年間因土酋引夷讎殺而陷路城及二縣者各三四次流毒福淸惠安數百里爲墟邇倭變旣陷府又陷平海而仙遊堅守幸不陷蓋國小民貧而力不堪矣舊志言宜降爲州有所爲而發也郡人御史林潤憤臨城之變上疏請惠安及福淸益之而二縣不聽乃罷夫惠安屬泉自縣至泉一驛耳至興則二驛也舍近就遠不聽固宜福淸至宏路驛之省之興各經一驛俱一百二十里然就會城訟獄徵納卽可峻事安能往興而復至省城奔走而重勞乎故汪中丞咸都護議於待賓里迎仙寨江口爲縣割福淸近江附之時閩中所屬凡請置五縣漳守善幹濟而寧洋海澄縣矣江口及福州之水口福寧之穆洋者不果固郡州守之不力亦其地勢審度未宜也夫江口置縣者謂其江廣梁凡六十有四關舊寨爲城以據之則福興之間賊難於奔突耳然江口百餘家其地如覆盆不足以居衆民第關寨垣爲堡以扼長橋或於橋中爲高關如泉之萬安橋則寇不能徑踰矣此江又爲莆田福淸之界北岸卽福淸光賢里離橋不過半里許當漆林之南有枋頭當驛路旁地有中左右三區面臨大江其民業海慣於濱濤合三區爲縣治其中區而左右翼之地不改關爲城可千餘丈民不收聚爲壘已二千餘家寇至扼以長橋



關寨而此城負山帶河勢不能猝攻二郡可無流突憂矣在福淸宜割宏香光賢南口江陰及臨江下鄙昔之不聽者通縣非數里也莆田宜割廣業待賓奉谷武盛新安里共爲一縣蓋福淸自蒜嶺邑以南言語與莆同婚姻與莆通其川合於江而蒜嶺諸山爲限宋莆中圖經序云莆地窘迫由蒜嶺而南有爲諫大夫者居漆林云則是地原屬於莆惜圖經無可考矣莆田之屢陷多由東北隅未陷之先未嘗不增城建臺而不知於此置縣外失其函險故也賊由海入多是東北今有此縣不惟民由江海至縣便利於府而武盛里有平海衞嵌頭巡司新安里有莆禧所吉了巡司爲水寨地奉谷里有靑山巡司待賓里有近仙巡司福淸江陰里有壁頭巡司光賢里有蒜嶺驛俱當屬之是一衞一所一水寨五巡司一驛以控江海之間而綰轂福興之口雖有增者不過四五里而其險壯蓋有金城之勢矣第枋

頭有縣迎仙巡司可革南日里原與福清隔九海以其遠島而棄之
故調移其民居於枋頭等地而於興則近地也既縣枋頭則當復其
故里以待舊民復業焉江陰里亦孤島也昔幸免於調移而設壁頭
巡司守之今二百年民安業如故況南日爲舊水寨地可不移迎仙
寨以控海上乎且以江陰里觀之則福清昔所移者南日海壇二里
海壇周圍數百餘里其地可爲一大縣視之嘉禾浯洲去同安爲近
乃浯洲嘉禾不移而安民業如故今海壇之民盜耕百餘年居民數
萬戸而爲土豪私賦稅海寇常憚其強悍而不敢犯之矣其民既不
可復豈可委而爲大寇之資乎昔同安之古浪大登諸嶼同海壇南
日徙矣而成化六年奏復邇年軍門又稍徵餉於海壇昔所調移者
散處他里已久而常賦不闕則此又起新賦矣若割江陰時和永賓
平北等里一二近嶼其時同移今爲民所盜種者一比古浪大登而



復之則福清雖見割數里而海壇既復原分爲上下二里四都八圖
及江陰等近島爲賊覘今所割數里酌與福清民以海爲業當鼓舞
而無不從矣以縣言之倭寇陷縣未有如福寧戊午夏陷寧德秋陷
福安壬戌冬陷壽寧政和四境皆陷而州亦僅僅免者耳然寧德福
安爲其通海故陷壽寧政和屬建寧府居福寧之內而亦陷者二縣
常往福寧盜鹽販徒因以勾引倭寇而入也元末紅巾則由建而往
陷福寧矣此是四縣者其勢爲存亡者也寇平之後建議州北當政
壽之界於穆洋立縣以控之不果而戚總兵以福寧雖直隸州而事
權不如府重實保東東甌爲賊首入之區也乙卯由此而破仙居其
遯亦必由之匪惟屛閩實以障浙三面獨峙海中爲閩第一重地若
增賦穆洋再割附縣益之而可陞爲府議者駭之矣彼脊平寇往來
至熟尤嫺於兵事豈無見而言之哉余嘗考之江之南安府秋米二

萬石共轄里六十廣之廉州亦[illegible]二萬六千石共轄里七十有六
而福寧州秋米二萬八千五[illegible]帶轄二縣共一百二十八里若
以爲府過南安廉州多矣且其廣四百五十里袤九百六十里閩中
府大者疆域未多過之矣興化縣惟一而此外縣二既陞爲府則州
爲縣凡三縣其視興化通轄尤多爲府未嘗不可也若割近縣附之
則當以政和壽寧政和本寧德縣之關隸鎮也但宋陞爲縣而益以
建安五里而屬建寧久矣壽寧又政和福安二縣地景泰六年所置
也其不屬福寧州者爲去州遠耳而壽寧東南至福安之界八十里
越政和而隸府甚遠宜割以界福寧可也又按古田杉洋去縣百五
十餘里昔議設縣不果乃設福州捕盜通判一員鎮之以治寧福政
壽松溪一帶礦徒今頗寧戢猶慮竊發官本遙制竟非久治或割數
里以附寧德等縣而福寧爲府以制之此則杉洋通判可減也若壽



寧附之而穆洋可勿設縣但府治本州僻在東北壽寧杉洋以爲遠
矣度其地里中無如福安東南至州二百里南至寧德二百里西北
至壽寧二百里將築穆洋城費而廣其故城公署費而爲府宇及學
然八府既有衛而此亦移衛但如廣高州之帶海惟設千戸所協守
禦而神電衛在外縣則此移所而衛可以不移矣州如國初仍爲福
寧縣此其大畧也疆域既均而保障爲壯閩之東北山海皆賴以安
矣福州府屬當倭寇後水口地方爲轉運分司上郡鹽徒所聚倭寇
廣兵過之屢經焚刦矣羣小乘倭肆志兵備之舟方艤而彼挾寇鼓
楫莫敢誰何故時議建縣爲自延至省凡經六驛沿岸而無一縣故
至盜賊充斥載考是地爲古田舊縣今水口驛其故地也蓋閩溪石
多灘急至此稍緩而下無石灘舟楫可集延福驛路至此適中其設
縣固宜原議移閩清縣於此雖省張官置吏但閩清至此六七十里

爲東北極界而其所轄圖里多在西南去此二百里不便將割侯官閩淸等地爲之可矣但此地埈坂臨岸惟有驛地頗寛民居如帶後扼高山越衢度水岑樓出水而居縣須有城衢外之屋俱毁城中一帶甚逼後跨崇嶺虛而難守故竟不果良有以也然此地有轉運分司有驛及遞運所未嘗無官得賢分司治足矣今所掣驗者造舟爲梁而已水勢至此已平當石灘之上有能累石爲堆以木爲梁不過一百六十餘丈當不難於定寧城外之長橋者也且多富商願助者衆課鹺之羸猶足佐費永無每歲繕舟之煩而扼橋掣驗尤便羣小之病莫能偸越矣故縣不設本爲失策也福近懷安縣宜城矣第考長樂縣轄百五十里舊縣治在敦嘉里上元初移於今治而城外爲江與閩縣之界今長樂如子蓋失半身也且右界自營前江至長樂爲近去閩縣爲遠又過峽江民甚不便長樂之東北閩縣之東南皆



濱大海閩縣所轄最遠西至海一百九十里至長樂縣一百里勢不能以遠控宜自峽江以南近里割與長樂是長樂有左臂不惟追徵勾攝爲便而江海之防尤利矣又歷考閩屬自國朝來每因寇亂設縣卽定建寧之設壽寧延平之設永定大田漳州之設漳平及近日寧洋海澄無不定者獨汀州當三省之交成化六年設歸化而其地盜少十四年設永定而寇發閩有者蓋南逼潮漳而北上杭三圖皆寇藪也邇日乃靖者蓋分大埔而又立平遠耳平遠未立之時程鄉立太平營城設撫民通判主之官無常居不實撫綏乃因立爲縣則有司存而其學校祀典鄉飲酒禮民日由之遂漸從善而歸治若嘗數十年一亂一徵其糜費殘戮無算何如一勞永逸而化其爲衣冠文物之區乎故平遠立而潮賊寧矣余嘗志汀前汀守吳興徐公嘗寇猖獗未遑立縣乃建議立撫民館於三圖逼抵賊巢本爲權宜之

術也然近日三省山寇數十年一剿有數十年之安惟三圖百餘年無秋冬間不嘯聚屢撲而不馴服其山林險密尤異他區隣省山寇共推之爲主耳參將俞大猷嘗至上下水諸寨其民七十三戸上狀言三圖溪東接永定西毗程鄉北仰上杭南聯大埔四通而易誘惑恃險不難作亂雖設撫館要之不如縣便且峯市附近又通閩廣要路地雖褊小猶可以爲蕃國上下水間有河坪地勢寛廣山溪環抱堪築縣城就近撫治宜割上杭來蘇三圖永定溪南一圖四圖共五里丁米爲縣如昔永定之例大猷上其議未行或以在二縣之民以割地爲難其費出於汀屬有司又以擾民爲詞不知此方未寧二縣及府首受其禍禍旣寧先獲其福矣或以官多爲費不知將盜賊之地養治賊之官以設官之攫省用兵之費蓋有久利而無害者方今三圖餘黨雖就撫而叵測若汀分土安民此一方最急論弭盜絕源



在三省尤先者也卽割二縣地而動一府費宜所必從者第行之何如耳來蘇各圖田糧爲他圖所已收割者宜從地而歸新縣雖紛爭之門已杜而舊城之賦實減上杭旣分永定矣而猶爲河坪於四十里割其一恐稱不給長汀有五十九里宜割附近上杭之平源丹溪等圖二三圖補附之不患乎不均矣其和平今方移撫民館築城其中不如就而立縣如平遠之立於太平營者爲便旣已有城而縣公署借上杭河稅用之足矣夫此數端者皆屬大計但郡縣寺亂已定則息肩而稅鶴匪以瘠痍未復爲辭則繭絲木蕃爲慮夫先陰雨而綢繆可也旣漂搖稍寧可不爲禦侮計乎邇之力任寧洋海澄者豈不良二千石哉以次第籌之河坪有垂成之勢江口當亟興之役而懐安之減長樂之增百利而無一害第勿因循斯成矣福安之築尤大見目前者爲迂籌日後者爲切則俟之君子焉

崇禎十二年三月給事中傅元初請開洋禁疏言今軍需孔亟徒求之田畝加派編戶此亦計之無如何也然利害有宜剖晰時勢有宜變通如閩中洋禁奏明奉旨然臣閩人也謹查先臣何喬遠曾有疏議謹陳其概則又未始不可採行者臣請得按論之萬歷年間開洋市於漳州府海澄縣之月港一年得稅二萬有餘兩以完閩中兵餉至於末年海上久安武備廢弛遂致盜賊劫掠兼以紅毛番時來猖獗奪船貨官府以聞朝廷遂絕開洋之稅然語云海者閩人之田海濱民衆生理無路兼以饑饉薦臻窮民往往入海從盜嘯聚亡命海禁一嚴無所得食則轉掠海濱男婦束手受刃子女銀物盡爲所有爲害尤酷近雖鄭芝龍就撫之後屢立戰功保護地方海上頗見寧靜而歷稽往事自王直作亂以至於今海上故不能一日無盜特有甚不甚耳海濱之民惟利自視走死地如鶩往往至島外甌脫之地曰臺灣者與紅毛番爲市紅毛業據之以爲窟穴自臺灣兩日夜可至漳泉內港而呂宋佛狼機之夷見禁海亦持貨私至雞籠淡水之地與奸民闌出者市貨其地一日可至臺灣官府即知之而不能禁禁之而不能絕徒使沿海將領奸民坐享洋利有禁洋之名未能盡禁洋之實此皆臣鄉之大可憂者蓋海外之夷有大西洋有東洋大西洋則暹羅柬埔諸國其國產蘇木胡椒犀角象牙諸貨物是皆中國所需而東洋則呂宋其夷佛狼機也其國銀山有夷人鑄作銀錢獨盛中國人若往販大西洋則以其產物相抵若販呂宋則單得其銀錢是兩夷者皆好中國綾羅雜繒其土不蠶惟藉中國之絲到彼能織精好緞疋服之以爲華好是以中國湖絲百觔值價百兩者至彼得價二倍而江西磁器福建糖品菓品諸物皆所嗜好佛狼機之夷則我人百工技藝有挾一技以往者雖徒手無不得食民爭趨之



永樂間先後招徠東西二洋入貢之夷恭謹信順與狡悍不同至若紅毛番一種其夷名加留巴與彿狼機爭利不相得曩雖經撫臣大創初未嘗我怨一心通市據在臺灣自明禁絕之而利乃盡歸於奸民矣夫利歸於奸民而使公家歲失二萬餘金之餉猶可言也利歸於奸民而使沿海將領不肖有司因以爲奇貨掩耳盜鈴利權在下將來且有不可言者竊謂洋稅不開則有此害若洋稅一開除軍器硫磺焰硝違禁之物不許販賣外聽閩人以其土物往他如浙直絲客江西陶人各趨之者當莫可勝計即可復萬歷初年二萬餘金之餉以餉兵或有云可至六萬而即可省原額之兵餉以解部助邊一利也沿海貧民多資以爲生計不至饑寒窮困聚而爲盜二利也沿海將領等官不得因緣爲奸利而接濟勾引之禍可杜三利也倘以此言可採則今日開洋之議洋稅給引或仍於海澄縣之月港或開於同安縣之中左所出有定引歸有定澳不許竄匿他泊即使漳泉兩府海防官監督稽查而該道爲之考覈歲報其餉於撫臣有出二萬餘之外者具冊報部以憑弔用臣鄉弁鄭芝龍屢立奇功既受延世之賞仍責以海上捕盜賊詰奸細使人與船無恙計年量加陞賞竊考有宋之季市舶司實置在泉州載在舊制可考廣東香山澳亦見有稅額閩廣一體耳此非臣一人之言實閩省之公言也伏乞勅下閩省撫按查洋禁可否盡開開洋果否無害有利廣詢泉漳士民著爲一定之規庶奸利可杜兵餉可裕矣

洋防輯要卷十四

廣東

海道

廣東三面皆瀕海地也禹貢三江皆從會稽入於南海會稽之南五嶺復有三江又從廣南城一百里合流入於南海分東西二道焉東南八十里出古斗村南自此浩淼無際　增城志南海在縣南八十里至沙縣二十里近波羅水出虎頭門外波羅水近古斗村

又東南二百里抵東莞南海衛又東南六十里出虎頭門又南一百五十里抵南頭城　有東莞守禦千戶所一名城子岡南通牂牁其西南有佛堂海門經官富山流入急水門入海

下海可抵甌越　山海經甌在海中郭璞注今臨海永寧縣即東甌故地也漢書閩越國圍東甌東甌告急天子天子遣大中大夫嚴



助發兵往救未至閩越止兵東甌乃舉國徙中國處之江淮間而後遣人往往漸出乃以東甌爲回浦縣今按一統志永寧今黃巖回浦今臨海寧海二縣海在台州府城東三面皆濱海海中有尾閭與海門馬筋相直自高山望之其水湍急陷爲大渦者十餘乃東海洩水處北至寧波鄞慈谿定海象山四縣皆濱海倭夷諸國皆抵此登陸西至會稽山陰縣北則浙江入於海

自嶺東惠州府海豐縣南八十里出甲子門又東至潮州府城南一百五十里出潮陽東北可抵閩越　博物志東越通海出南北尾閭之間三江流入南海通東北山高海深險絕之國也今按一統志漳州府龍溪漳浦二縣濱大海與潮相接然山多於東甌故閩越可至東甌東甌不可以入閩越又東至泉州府東南下海行二日抵澎湖嶼自府正東海道行二日至高華嶼又一日至黿鼊嶼又二日至琉球國

又東則抵青齊以至登萊島嶼環抱爰有蜃樓　漢書海旁有蜃氣爲樓臺海賊天琛水怪鮫人之室

是爲東海其別則渤澥故東海又名渤海云　海運自金陵之龍江經由越海閩海而南行可以至廣州古斗海晉劉裕滅南燕還建康遣孫處襲盧循至東衡即此道也（東衡在番禺江中今東莞屬前俗字以衡爲涌）西道七十里出上弓灣是西海儒（南海志斜西海近東莞縣）又西南二百里抵新會縣出抵南八十里爲厓門（厓門在海中俗呼海爲烏豬洋）又南七十里廣海衛扼其要衝官軍每征海寇必集於此又西蜆山至南寧有夜郎豚水出牂牁山　一統志廣西南寧府本古邕州　其西南鬱江一名大江即夜豚水也

可通巴蜀　漢武發夜郎兵會番禺即此道也（鬱江今黔江通四川）其西南由



憑祥海路可抵駱越　郭璞謂甌在閩海中鬱林郡爲西甌今邕州與思明府憑祥縣接界入交趾海皆駱越地也唐咸通末安南都護高駢奏開本州海路從之初交趾以北距南海有水路多覆巨舟駢往視之乃有橫石隱在水中奏請開鑿以通南海之利詔從其請駢乃召工啖以厚利削其石鑿爲五道交廣之民至今賴之

又自嶺西陽江縣西南　陽江西南本吳海安縣南越志縣南小水南注於海極目滄嶼渺望濱波

抵電白縣東一百里而往西南出限門則川流皆放於海爰有海騎水犀龍鯉　南越志海中出騎馬似馬一角而牛尾水犀似牛出入有光水爲之開魚似龍者曰龍鯉海在電白縣東連茂名吳川二縣限門則在吳川縣南三十里

是多文魮珠鼈　南越志海中有文魮鳥頭而魚尾鳴似磬而生毛

又多珠鼈狀如肺四眼六脚而吐珠
有海人焉見之則風　形如僧而小登舟而坐至則戒舟人寂然一不
動少頃復沉於水否則大風翻舟
有魚人焉腹有兩洞皮可餙刀劍其名曰鮨　長二丈兩洞俱水以
養子子朝出食暮還母腹常從臍入口出
中有軒轅之邱鸞自歌鳳自舞是爲天樂其外有炎洲洲上有獸焉
如狸而青鐵椎擊之輒死張口向風而活其名曰風生可以已疾
常持一小杖遇物指之飛走輒不能去有人得之所指必有獲若
椎破其腦急以菖蒲塞鼻乃死腦和菊花服之益壽以酒浸則愈
風疾
洲之下多鮫人蜃氣或蒸爲海市　海旁蜃氣時結爲城郭樓臺人
馬狀謂之海市



去海康縣東十里對面卽爲瓊海郡邑則居島上又南則暹島夷藩
服之國以千百數　占城暹羅諸番國皆古林邑等國極多更易不
可枚舉見星槎勝覽
自巴蜀而抵于闐之西則水皆西流注於西海　史記西海其水東
流注鹽澤鹽澤潛行地下其南則河源出焉
海一而已自青齊北至滄洲則曰北海亦曰瀛海其別至於極北爲
瀚海南與渤海合自碣石通朝鮮諸國直抵扶桑一望汪洋溟涬三
神山在焉　博物志海中有蓬萊方丈瀛洲金銀宮闕仙人所集
其西海則通西域樓蘭姑師邑有城廓臨鹽澤至條支則臨大海
洪邁容齋隨筆海一而已地之形勢西北高而東南下所謂東北
南三海其實一也北至於青滄則云北海南至於交廣則云南海
東漸於吳越卽云東海無由所謂西海者詩書禮經所載四海蓋

引類而言之漢書西域傳所云蒲昌海疑亦渟居一澤耳班超遣
甘英往條支臨大海蓋卽南海之西云按邁止據漢書不考史記
故云無西海可謂謬矣以條支所臨大海爲南海之西則得之矣
惟南海居東委輸之極爲萬水所宗故出虎頭甲子二門則東西二
洋隨船所之東可以至倭國西可以通西藩故曰海爲百谷之王以
其下也翕受自北而東西迤演夾乎左右故南海獨浤且遠稱爲天
池焉
海口有三路設巡海備倭官軍以守之春末夏初風汛之時督發兵
船出海防禦中路自東莞縣南頭城出佛堂門什字門冷水角諸海
澳　海船自東莞之南亭門放洋至烏猪獨猪七洲三洋星盤坤未
針至外羅坤申針則入占城至崑崙洋直子午收龍牙門港則入
暹羅若番賊海寇則入什字門打刧故防之



東路惠潮一帶自柘林澳出海則東至倭奴國故尤爲瀕海要害
漳州番船北風過洋必經此路水砦去此尚離一日之程彼處海
寇出没水砦一時何知倘覘我無備乘虛而入無柘林則無水砦
矣東路官軍宜於九月無事日掣班之時定以柘林爲堡阻其咽
喉之路且附近大城所管軍互相哨守庶保無虞各據險把隘
西路高雷廉海面惟廉州接近安南占城爲重地焉　廉州東水路
自榕根大廉港一日至永安一日至凌祿日半至雷州少南二日
至瓊州正北十日至廣州西水路自大潭口半日至大洗港少北
一日至平銀渡正西二日至欽州歷猪沙南沙大石三娘灣爲雷
三墩箆笏灣水急灣麻監頭牙山七十二經龍山海茅墩官渡等
處東經烏雷頭而達合浦又自烏雷正南二日經涌淪周整而至
交阯永安州歴大小麻墩思勒隘茅頭少東則曰龍尾海東府界

至南大海外抵交趾占城二國界　泛海者每遇大風則舟飃七
八九晝夜至交阯貴州府界如舟不能挽徑南則入占城又自郡
城西橋下舟沿海而東至永安千戶所則歷乾禮高德港冠頭嶺
龍潭五刀白沙珠場隴林祿村等寨地方瓊志又云占海之西與
廉境對順風一日可至唐置廉州地控海口有瘴江西南置麻井
砦東南置三村砦以守之東至高州百二十里西至欽州三百里
南至大海六十里北至欽州百四十里西南卽儋也據此則廉之
東實與瓊之儋州相望

海道江道哨兵

東莞縣南頭屯門鷄栖佛堂門什字門冷水角老萬山伶仃洋等澳
香山縣浪白澳　廣海衛望江崗澳　潮州柘林澳與漳州接界外
牧諸番　碣石海澳在惠州東三百里　惠來縣靖海澳在縣東



石城縣兩家雄海澳在縣東南三十里通大海賊船多泊於此　吳
川廣東灣在南三都地方爲海賊灣泊之所　欽州龍門港　瓊雷
二府白沙石礶舘頭文昌各港　雷州海安海康二所海港　德慶
州南江上自都城下至楊所止凡二百里　白龍水小口增城

營壘

廣州府

南海縣　城西營　城北營　城南營　茅窖　洲岡　石門三埠
番禺縣　白墳營　神頭營　在城東南營　波羅等八埠　波羅
石岡　獵德三埠　烏涌　車陂二埠
東莞縣　介石營
香山縣　鎭頭角營　南禪佛營　縣港口　象角頭　大埔洋營
順德縣　黃涌頭營四面環海　仰船岡　三瀝沙哨係黃涌營所管與新會接界

新寧縣　倉步營坐南接村離縣四十里去甘村營三十里四面通
新會恩平新興三縣甘村營坐上澤村離縣三十里去城岡堡二十
里城岡營與巡岡巡檢同城離縣七十里去那銀堡二十里那銀堡
坐那銀村離縣九十里去何木堡三十里何本堡在何木逕離縣百
二十里去廣海衛十五里以上五堡俱久亂地　分猪坑營　三合
營　官步水營　甘村營今廢　蒼步營　望岡營俱廢　荷木營　那
銀堡　城岡堡今並廢　那西旺北二哨哨船二隻自新寧縣治西遶
北至東逾紫霞法竹那西斗崗澫陽凡由海順風可一日夜逆風可
二三日達新會自西遶北至西由交萩嘴可一日達蜆岡而上小水
至恩平
新會縣　利逕營左右旁近蓮塘等二十村有崑崙曹幕二山通新興高明山嶺險阻多賊　汾水江營在懷
仁都近二山十六村水哨　赤水口營在得行都水邊近餘良尾等六村有五坑嶺檢蜆凹山賊　蜆岡營在得行都近合



山等十八村有羅漢山狼賊　良村營在博都近麥地等二十六村　鬼子窟營在登名都近廿村等二十村防鬼子
窟良金雲永山賊　古五隴逕營在登名都近沙岡等三十村防甜水坑良金雲永三山逕道多岐接連恩平新寧二縣
長沙塘營在平康都近長沙等二十七村防北獵山船金坑石公嵒斬頭等山賊　遊魚山營在平康都近山岡等
十八村防偏岩頭金鋃二山賊　金釵營在平康都近石灘處三十六村防牛仔嶺北獵王坑王枯嶺羅漢等山狼賊通新寧恩平
二縣　濠逕營在平康都茅岡甲防羅漢大山連新興高明恩平新寧等界多賊　倉步營在新寧界與本縣赤水口逕營
相去三十里　水流逕營在得行都近倉步營有山尖等十九村防新寧上飭張邊恩平交逕等山賊　火爐嶺營
在潮陽都近亞囷等九村防新寧石鼓村狼賊　臨江臺堡在華鄂歸二都地方濱海防海寇
增城縣　嶺表多燠少寒若增城北負崇山南瞰漲海內盤鬱而外
疏暢故山氣由北降而陰海氣由南蒸而陽陰陽相搏所以一日之
間氣候屢變炎蒸則熱風雨則寒或夏棉冬葛有之諺云四時皆是
夏一雨便成秋又曰急脫急著勝服藥言不時也增處山海之間故
其候如此若大雨倏霽有謂之分龍雨彼淫淫下而此則赤日行天

者有謂之白撞雨酷暑蟲蠥忽漠滃暴至者地酷氣蒸土生蚊蟲有謂之黃日雨日色微黃且日且雨者土生蝗蟲農夫忌之至於颶風恒發在六月望之前後俗謂之彭祖忌風如斷虹飲海而北指赤雲夾日而南翔此其候也作則伐木殺稼水陸不寧而舟害爲甚餘則薰風解慍然地方少雪有霜瘴癘絕少若語音亦稍不同邑之上負山之氣居多故其音剛而直其下則與海之氣居多故其音柔而婉然與省會無甚差異

陽山縣　山心營　稍遥營　旗鼓營　長婆營　九中營　茶坑營　丹竹營　天堂營　馬丁營　何皮營　李岡營

肇慶府

新興縣　東通恩平西北通東安南陽春舊猺獞賊藪設巡檢司三今存一其營若軍門志有東營在縣東三里西營縣西二里逍利營縣東十二里白鳩營縣東四十里高村營縣東六十里蘆村營縣東六十里平要岡營縣東南八十五里石



子營縣東南九十里張公腦營縣西南五十里第八營縣西南七十里茶崗營縣南二十里裏崗營縣南四十里舊志有長崗營縣西北二十里下洋營縣治西二十四山要地設鄉夫守每月一四七日從金山河頭護陸路商人至新興山口又以二五八日從新興山口護至金山河頭至六九日護往來商人异取牛船皮商人錢以充糧食泊岡營縣南七十里廣東圖說有下里巢去縣三十里今部署立茅田巡腰古巡東利巡同龍巡四營軍守之同知方應時請置存營軍十人

陽春縣　東南通陽江西東安北新興者最患寇設古良巡司其營若軍門志有北寨巡蕉木俱西南界曹崗巡闌白水巡闌蟠尾巡闌俱東北界牛厄曲營縣北百二十里思良都設千長領鄉夫防新興黃三坑思平君子山等賊巖南營縣北百五十里順陽都設千長領鄉夫防龍水西賀等山猺賊舊志有陽關營在縣西西口營在縣西六十里順陽都鳳凰營縣西南九十里太平都縣志有東營西營縣城北糧營縣城西八十里太平都正德中防尚羅陳合水黃東木闌等山傜猖獗知縣黃寬令耕年招廣西狼兵二百餘家分三營耕守廣東圖說有上下魚跳營去縣百五十里今部署無設守四夷也

陽江縣　東通恩平西電白北陽春南大海山海寇並爲患舊設海陵巡司今革其營若軍門志有永安營縣東南八十里奇馬都黃竹逕設旗軍民壯鄉夫防新寧白水山賊馬牯巡營縣東九十里北貫都設鄉夫防新寧白永等山賊麻思營縣西一百一十里處儒都設民打手千餘防陽春樂安等山賊遣塘徑縣西六十里防陽春恩平樂山很賊路戙船澳近大洋民壯及神電雙魚海朗陽江衛所官軍防番寇舊志有高嶺營縣西七十里縣志有三鄧巡蟠龍巡雨霖山珠環嶺北寨巡上下龍麻漇巡雲霄巡桐油圍榻村巡名同陽春者兩縣界縣志云東自那㮀至縣九十里兵營非一而承安營爲要害西自儒崗至縣百七十里兵營非一而印岡營爲要害往守以軍壯打手鄉夫所官領之今十里一營與鋪參列守以營兵領以哨官倘有他處餘能相助廣東圖說有長亭營教場營俱去縣五里歸善營去縣十里黃崗營那㶉營俱去縣二十里獨石營去縣三十里望牛營尖岡營俱去縣四十里按海防圖尖岡接電白縣界此云四十里悞登觀營去縣五十五里按海防圖登觀連尖岡此云五十五里悞漂竹營去縣六十里按海防圖漂竹接登觀此云六十里悞日寮營去縣五十里樂安營去縣六十里高嶺營同上山口營去縣七十五里平望營去縣八十里望斗營去縣八十五里六



墟營去縣一百二十里按海防圖六墟連平望北在麻思營下悞鐵爐頭營去縣二里坑名安插於此今部署恩平營左哨六隊守平望堆錢嶺樂安蚺蛇窟橫桐歸善六營其三隊守恩平縣城後哨六隊守黃竹橋山口田寮憑村那潤長亭六營其三營守恩平木梗水邊葫那龍營中哨六隊守陽江縣城其三隊守恩平城凡哨九隊隊長一人兵十八三隊旗總一人共一百二人每哨哨官一人其平望以西大墟麻思安樂漂竹登觀尖岡六營則陽電營兵也烽堠陽江所六白沙北津南樂那貢南津黃村海郎所六那蘇平山三了北環澳仔東稔雙魚所四石門將軍帽白沙施村陽江縣濱海東海朗西雙魚皆海壖也舊制二所備倭各一人每歲四月風汛之時督率旗軍出海防禦陽江所旗軍七十人海郎所旗軍八十二人雙魚所旗軍一百人各戰船一哨船一霜降後撤回軍分二班一班仍就防禦一班辦備倭科銀又每歲調東莞烏艚船十

雷州神電寧川錦囊等九衛所官軍乘之俱赴戙船澳防汛嘉靖二十七年掣三十五年復掣陽江雙魚所軍船自此多事隆慶六年都御史殷正茂以神電雙魚連陷奏設東西巡海參將以西路參將駐陽江萬曆三年設海防同知亦駐陽江四年始設北津水砦改西路巡海參將爲陽電海防參將八年設北津水寨把總而陽電海防參將龍初船烏艚橫江白艚元鍾哨馬叭喇唬共七十四隻（每年省河一修）共二千二百九十八（修船艚放班）正二七八九十十二月收汛三四五六十十一月出汛所分信地東至三州上下川與南頭砦會哨西至吳川限門與白鴿門砦會哨又以海瀾分爲三哨中哨泊於戙船灣豐頭港左哨泊於砦門澳右哨泊於電白之蓮頭灣軍器火藥咸具自是縣所軍士掣而不用（每歲船就近估修不必至省）收汛亦免放班止給大半工食然自七年以後船兵屢有裁減又裁船大小二十捕兵六百三十



二人並白鴿門以守烏兔至十五年尚存大小船三十五隻官兵九百九十七人先是總兵戚繼光改三哨爲三司兵司左右二哨中司復有中哨凡七哨今仍左右司之名而中司止一哨凡五哨嶺西分守道以右哨原守電白縣蓮頭赤水等信地其船凡兵二百四十八其餘悉屬高州海防同知於是肇慶海防各所屬止船二十六隻官兵七百四十九人中哨船五隻兵一百五十二人守北津港分哨南津等港左司左哨船八隻兵二百一十八人信地東自大灣遞西至馬拇石每月東與廣海遊兵會於海朗西與左司右哨會於馬拇石左司右哨船七隻捕兵二百八人信地東自馬拇石遞西至箬杯山每月東與左司左哨會馬拇石西與右司左哨會箬杯山右司左哨船六隻兵一百六十八人與高州海防所屬船二隻兵五十八人爲一哨信地東自雙魚爲箬杯山西至蓮頭角每月東與左司右哨會箬杯山西與右司右哨會蓮頭角右司右哨船七隻一百九十三人信地東自蓮頭角西至暗鏡山每月東與右司左哨會蓮頭角西與白鴿門砦兵船會暗鏡山則高州海防所屬者也各哨雖有汛地仍哨外洋會哨兵備道給有簿所至結報

## 惠州府

### 營二十三

歸善之營曰蜆殼岡（嘉靖三十年歸博三縣民自建）曰大星港口（今廢）曰西埔曰鬱頭曰盤員曰乾溪曰碧甲（俱今廢）

博羅之營曰橋子舖曰南坑曰橋子頭（三營地方俱界龍門第六七等屯嘉靖二十九年僉事尤瑛立以防流賊）曰檳榔潭

海豐之營曰油坑（在石塘都）曰河田（今廢）曰赤岡（與歸善惠來連界南離海三十里北深山多賊寇成化八年立）曰射道田（在縣南二十里嘉靖十一年立）曰湖東澳曰魚尾澳曰南沙曰南竈



曰長沙（即麗江浦一名長沙港口在縣南八十里）曰石山曰大德（濱海）曰大磨

### 寨三

歸善之砦曰富沙圍（縣東醮塗數十里南臨江北阻金斗山元李士豪劉守正據之何眞引兵環而攻之數日乃克）曰閘邏（郡城西南沿濠數十里中有屯田其外闔阜環複崖壁峭立東口通麻莊南口出中崗北口抵橫江西口接大嶺路皆險峻山石曲折下流淵水舊營屯兵於此以援郡城）曰船澳（見故迹）

### 烽堠十八

歸善之烽堠曰大星嶺曰竹山嶺曰潭州角曰西涌嶺曰碧田嶺（以平海所）

海豐之烽堠曰牛鼻曰麗江山曰麗江門曰平安曰新逕曰小漠（以六處俱海濱地方海寇出沒之區）曰甲子港曰青山曰娘岡曰銀瓶山曰白沙湖曰大磨山曰東坑山（俱捷勝所）

### 海澳四

歸善之澳曰大星海平海所 曰淘娘山碧甲巡司對屬東莞大鵬所地方可藏賊船數百隻嘉靖三十三年巡檢孫鑣請將海道塡塞可守
海豐之澳曰海豐所曰甲子門

潮州府

寨一

曰柘林去府治一百三十里

隘四十七

海陽之隘曰新關在龍溪都 曰萬里橋在太和都 曰湯田在豐政都 曰楓洋在歸仁都
潮陽之隘曰北關在北郭 曰河溪在縣北二十五里 曰門闢在縣北六十里 曰河渡門在招收村
揭陽之隘曰桃山在縣東 曰官溪在縣南 曰藍田在縣北 曰霖田在縣西
饒平之隘曰於村曰小格俱在縣東南 曰九村曰領鄉俱在縣東北 曰黃岡曰



青山坑

海陽縣 北關鎭坐海口在縣東南六十里 潘田堡坐豐政都潘田村在縣西北一百三十里僻在山谷通潮揭漳饒

潮陽縣 河溪隘在縣北二十五里地在招收山下與洋海相接村煙遼曠時有寇竊隆慶三年知縣黃一龍始於斗崖高處設爲瞭望之所募民丁戍守以望海艘遇至舉旗爲號行者卽止於是前患少息往來稱便

揭陽縣 獅子營在霖田都 馬頭營在藍田都已上二營原有官軍防馬鞍山飛泉石硿峯經等處流賊今廢

長佑營在海閘 大場營鎭在鮀江蓬州都今廢 夏嶺鎭新港鎭亦在蓬州都以上三鎭原在官溪東並東西新港巨樓馬耳萊蕪等鎭防海溪賊入今廢

惠來縣 靖海關在縣東南六十里有守禦千戶所西關爲產鹽之地 龍岡關在縣西三十里有東西二關西通龍江溪東通林招獲頗稱險要 神泉關在縣南十五里有巡司通近大海南北險 東各營在縣西五里宏治六年流賊童阿三據此劫掠始築堡以民壯一百六十名守之正德十四年賊首曾鈀頭復據此爲營次年就擒遺址尚存

饒平縣 竹林堡 漁村隘俱在宣化都 小榕 平溪 嶺腳 牛皮 石九村

黃坭大經鳳凰小村青竹逕十隘俱在鉉歌都

澄海之隘曰冠隴曰鮑埔曰南洋曰烏江嘴

論曰潮郡十縣皆阻山帶海而最爲險害者程鄉之徑饒平惠來澄海之澳港平遠之隘山崗蔥鬱海濤噴薄或通閩越或通廣惠瓊崖及外夷之屬號爲水國最霸勝宎山川之氣代有憑依故治則賢哲藉以興亂則鯨鯢藪之狐兔穴之其初漢一大縣耳再析而四又再而七已又再析而十行部典郡及防守之員纍纍不絕豈非有惕於歷年山海之氛民莫必其命耶邇來自任公兵備副使任可容整飭兵戎茲土稍得息肩後至者當亦有當暑歲寒之思乎語云不恃無亂恃在禦亂恃吾無以生亂深慮者是可以長世

兵防 兵署

鎭守總兵府 正統末黃蕭養亂設副總兵賊平裁革後以廣東界



在江閩多警復設總兵駐紮程鄉興寧嘉靖四十二年巡撫侍郎吳桂芳奏移潮州駐紮

南澳總兵府 萬曆二年提督尚書殷正茂奉部咨據福建巡撫劉堯誨會議開設駐紮南澳信地以爲聯守兩省門戶焉

參將府 原設後因設總兵駐紮遂改惠潮陸路參將爲惠潮把總嗣總督御史言[redacted]題復萬曆八年總督侍郎劉堯誨題革十一年總督侍郎郎應勝題復

澄海總兵府萬曆四年置在南溪山之深嶼山孤懸海中界在潮漳間而屬漳居多舊爲饒平縣信寧都四山高竦可避風汛周遭水面約三百里沿山腴田數千百頃頗擅山海之利歷代居民殷富宋避元兵駐此數月洪武二十六年信國公湯和奉命經畧海上謂其巢倭遂徙其民而墟其地其田糧則派之海洋各縣至今街衢遺址尚

存漁獵往來其間稱爲水國以其界在兩省之交斷爲盜區棄而不守嘉靖三十七年海寇許朝光吳平曾一本龍相繼竊據勾引倭奴泊舟爲患是年閩廣軍門殷公正茂劉公堯誨會剿平之奏立南澳副總兵協守潮漳合用部兵創以潮之柘林砦水兵漳之銅山砦遊兵共船八十二隻官兵三千六百六十員名充之分撥信地海上防守又增專守深澳中軍水哨二官一員大小船十一隻捕兵四百名專守城池把總二員廣營福營隊兵三百名此鎮既設不惟海寇駐足無地抑且逋賊出沒不便雖從此以爲久安可也

高州府 舊通志

郡山叢土厚溪峝聯中隋初馮盎盤據三世跨八州之地形勢使然也東南距海電白吳川雖有沙帶限門之阻而水深潮平倏忽遙逐生倭官堡不容少弛西南倚於博陸化州石城山箐盤深猺獞伺隙以虔劉我



人民胡可滋蔓且於二廣爲衝衢之交寇攘竊發則東西壤地斷絕議者欲復高涼舊邑於電白廢臺以控砦衛郡城招募丁壯於信地以耕以守庶幾寇虐可除而民安矣

營四

茂名之營三曰熱水在縣東一百里 曰平鋪 曰沙田在縣東六十里

電白之營曰龍門在縣西四十里德善鄉

寨六

茂名之堡曰舊電白去縣四十里北安鄉平山巡司

電白之堡曰獅子在縣西七十里善德鄉 曰三橋在縣西七十里郎那夏驛

險四

茂名之險曰桃尙間

電白之險曰蕉林在德善鄉 曰陀埇 曰三人間

信宜縣 嶺底堡在縣東六十里近羅馬村防懷鄉聖固六定嶺底各堡 忠堂堡在縣東九十里

雷州府

遂溪縣 橫山堡縣西北六十里防向博白諸賊

廉州府 營二十五

合浦之營曰北營在城北濠外 曰新寮在府東北五十里清和鄉通廣西雲蘆大湖蕉林等處成化中建土城 曰山口在永安所城外與博白化州石城連界 曰清頭去永安城五十里 曰陸湖府東北 曰黃連去府四十里在大說港 曰朱港府北三十里後設丹竹營今改爲鋪 曰城隍去府治三百里今改永平巡司以上廢

欽州之營曰黃土郎舊防城營在時羅都交阯連界役廢知州董廷欽復建今改名 曰黃觀在新立鄉 曰墰冗郎舊總捕營在州東北二百里 曰龍門在龍門港 曰平銀州東三十里 曰瀧時州東七十里 曰大蘇水州北三十里以上存 曰羅浮在防城外西二十里河頭村 曰思勤在防城外九十里初以河州營去州治遠糧運悉由夷界又於江平地界設思勤色衝二營各相應援色衝先裁後軍兵因事逃散復廢思勤 曰上扶龍在貼浪都通十萬大山挨廣西交阯界 曰白皮在白皮村 曰方家在方家村 曰煙通在煙通嶺通羅門海山 曰陸



眼在永樂鄉以上俱廢 曰那迫營在州西北百五十里新王鄉都隆等村 曰那羅營在州西百一十里 曰團圓營在州西百三十里俱連界那陽龍王等村

關三

合浦之關曰東關府東北今改名備鳳

欽州之關曰天板州西六十里 曰魚洪州西北三十里

險四

合浦之險曰新寮府東城五十里今廢

欽州之險曰那蘇在如昔都接立夷界 曰稔均在那蘇南相去七里隘外郎交阯大海 曰那隆在那蘇東相去十餘里隘外郎交阯大海有刁經奸民逃夷山此路

墩九

合浦之墩曰山口府東北一百四十里山口鋪 曰平鴨府東北一百里平鴨鋪 曰珠場府東南七十里珠場港口 曰龍潭府南四十里龍潭砦 曰高德府西南三十里高德港口 曰獨江府南十里獨江村 曰安

寧府南十里近山村　曰西場府西五十里葛麻山　曰冠頭府西南五十里

堠十二

合浦之堠曰川江府東南八十里川江村前　曰龍村府東南七十里龍村岩前　曰[illegible]沙府[illegible]沙寨　曰豐城在永安城西一里豐城砦前　曰白望在永安城西二里白望村　曰円兜在永安城東北五十里[illegible]　曰英羅在永安城東十里英羅砦前　曰武刀城南四十里武刀村　曰飲馬府西南四十里飲馬村　曰玖場　曰獨江　曰西場俱見上

珠池

成化初內官管珠池初採一萬四千五百餘兩大約三石五斗次年採九千六百餘兩每百兩餘四五兩大約一升重四十六七兩次年大者五十餘顆計一斤重云價近白金五十兩此偶然之數也少時所得不償所失御史召洪云



嘉靖八年八月兩廣提督林富言邇者詔下廣東採珠臣聞祖宗時率數十年而一採未有隔兩年一採如今日者也蓋珠之為物也一採之後數年始生又數年始長又數年始老故禁私採正所以生養之也自天順年間採後至宏治十二年方採珠已成老故得之頗多至正德九年又採珠一半老故得之稍多至嘉靖五年又採珠尚嫩小故得之甚少今去前採僅二年珠尚未生思少亦不可得矣五年之役溺死病死者五十餘人而得珠僅八千八十餘兩說者謂以人命易珠今兹之後恐雖易以人命而珠亦不可得矣今嶺之東西所在饑民告急申訴紛紛盜賊乘間竊發乃復以採珠坐派府縣恐民愈窮斂愈急將至無所措手足而意外之變生矣臣聞內庫有扁小餘珠猶可備用未至甚乏如少俟數年池蚌漸老民困小蘇徐取而用之其於愛民之仁用物之節似為兩得

六年兵部題國初於閩廣兩浙設三市舶司以浙江多故旋設旋罷惟閩廣二舶尚存而廣南番舶直達省下禁令易行福建市舶福州惟琉球入貢而航海商販盡由漳泉止以道府引文為據此皆沿海居民富者出貲貧者出力懋遷居利積久弊滋緣為奸盜已非一日今總督凌雲翼議將下番船舶一一由海道挂號驗其文書丈尺審其貨物當出海回籍之候照數盤驗不許夾帶違禁貨物巡撫福建劉思問疏一謂漳州澳船須令赴官告給船由文引并將貨物登記二謂泉州商船先行該有司將大小船隻編列字號每船十隻立一甲長給文為驗三謂沿海居民間有通賊接濟宜立保甲互相稽查如一家接濟則九家報官敢有容隱則九家連坐其中保長另行重處四謂南日山寨新移吉了巡司之旁道里不均應接不及須移置平海衛哨南澳地方以便策應臣竊見近日劇賊林道乾林鳳等遁逃島外尚漏天誅豈有黠猾豪富託名服賈勾通引誘偽造引文收



買禁物藉寇兵而齎盜糧為緇道而聽賊用誠有如督撫二臣所言者伏乞勅下閩廣該地方官查照前議斟酌施行

七年五月刑部題廣東珠池之盜分為三等持杖拒捕者為一等不論人之多寡珠之輕重不論初犯再犯首從俱遠戍若殺傷人為首者斬雖不曾拒捕但聚至二十人以上珠值銀二十兩以上者為二等不分初犯再犯為首者遠戍為從者枷號二月照罪發落人及數而珠未及數者亦坐此例若其人與珠俱不及數或珠雖及數而人未及數者為三等為首者初犯枷號二月照罪發落若假以盜珠為由在海刦客商船隻或登岸刦人財物者各依強盜論依擬著為令

雷州府

雷三面距海東通閩浙北負高凉有平地沃壤之利然雷出而震地濕而熱蓋五嶺之地南盡於此積土薄而陽氣泄也雷廉之交颶風

最大驪潮則鹽流逆上挾雨則拔屋撼山東洋之地彌望渺漫凶徒
之至不繫於人事矣所恃以保障者其捍海之隄乎故西湖以瀦其
澤二渠以釃其派然後斥鹵之地化爲耕桑而雷之民亦可免於爲
魚隄防之修是在司牧者他如永安寧川以達石城三道皆陸所以
衛遂溪而守險之禁當嚴於齊康永寧海澳之衝也備倭之責尤重
明初經畧之迹猶有存者安陸侯吳傑等選練而簡稽之以固沿海之防非
惟雷郡安而廉瓊亦資其控制之利矣
雷郡潮汐與廣州畧同其壯盛觀月之朔望爲候一月間再至再虛
如前月一十五六潮長至朔而盛初三而大盛後乃漸殺新舊相乘
日進一日每歲八九月潮勢獨大夏至潮大於晝冬至潮大於夜此
大較也雷地視廣尤近海故潮輒先至海康東西之泉俱自澗谷而
下至南渡與潮水合平時潮水利於田畝惟颶發則鹹潮逆起稼乃



大傷故東洋田俱築隄岸以遏之遂溪之潮利害與海康同徐聞最
迫海但地稍亢暴潮不能深入田園灌溉大半取資溪澗罕鹹鹵患
其調黎東西潮亦互異調黎東每日兩潮兩汐東滅西滿西一潮一
汐西滅東滿尾春則水小不潮不汐者二三日冬不潮不汐者或五
六日無常期大潮大汐者謂之大水漁者集焉不潮不汐者謂之小
水漁不取魚其渡瓊者亦視潮汐爲進退潮吼而暴舟楫戒之矣
嘉靖十年冬十二月賊劫靈山縣廩監生莫如勤率兵擒之先是八
年之間劫虜者四未有得賊要領者至是逾城而入殺巡捕百戶鄧
經及兵民七八人攻開長春門而去如勤率軍快尾至永淳縣獲賊桂
德勝等五人訊出黨類送軍門斬之
十六年夏安南黎大陽等來犇時莫登庸內亂
十九年春命兵部尚書毛伯溫咸寧侯仇鸞如廣東議處安南冬安

南莫登庸降納之十一月初三日登庸素衣係組率小目耆士等
各以尺帛束頭赴鎮南關投欵脫履跣足北面五拜三叩頭畢隨
向軍門再拜時布政楊銓參政蕭曉張岳翁萬達副使鄭宗白僉
事許路總兵張純參將李榮都指揮石法等諭以朝廷恩威暫令
待罪還國登庸遣親侄莫文明舊臣許三省等二十八人奉表入
朝願請正朔去僭號歸欽州四峝侵地伯溫納降奏聞詔從之
二十一年夏六月收復四峝民歸籍
二十六年安南夷裔莫正中莫文明莫福山率其家屬百餘人來奔
正中等奔欽州投訴解赴軍門提督侍郎張岳發韶州肇慶清遠
安住給米有差
二十七年冬十月安南叛賊范子儀范子流等率衆寇欽州百戶許
鎮與戰於龍門港死之命都指揮俞大猷督兵勦之伏誅子儀子



流率舟師擁衆至欽州詐稱宏瀷已卒以迎莫正中嗣位爲名圍
城刦砦殺傷官兵提督侍郎歐陽必達請改福建指揮俞大猷爲
廣東都司督調漢達土兵一萬禦之生擒范子流斬首千一百名
級子儀乘風逃去既而擒宏瀷斬之函首軍門
四十年春三月海寇至大石屯登岸過近郊知府熊琦率官兵禦之
賊乘潮走
四十四年冬海寇吳平刦掠入廉州參將湯克寬知州傅應嘉率舟
師追之
四十五年春二月師次龍門追及交趾破之
萬歷四年海北兵備道趙可懷上更制議未果行　其畧曰廉州轄
州一縣二東一百餘里即廣西博白地插入合浦之間廣東開建
縣雖屬肇慶實梧之接壤臣以開建宜轄於梧而博白兼轄於廉

非獨廉之利也博去梧陸行六七日至廉僅二日由梧泝流至博計十餘日廉至博三日此地利之便也合浦至石城息安中間博白之界數十里奸民嘯聚伏路截徑商販心驚官司捕緝不能越境其梗道之害又如此博白人比合浦多强悍往往刦掠一越境毋得詰問况挾私仇以報復計上司以抵飾每稱廉人禍已雖郡縣吏亦付之無可奈何臣閱審錄内事多連博勾攝公文十無一繳博生米穀實多於合浦合浦所產魚鹽陶冶嘗轉貿博白博吏以遏糴爲利藪以魚鹽爲壟斷若屬之廉民便於政和也

冬十一月倭寇攻永安所城指揮張本守之遂及海川營新寮關兵備僉事督兵禦之勢益猖獗殺狠目韋眞官軍不能制十二月副總兵張元勛追倭賊於廉州香華江大破之

七年靈山縣石塘狠賊黃琼第羅和尚搆黨作亂海北兵備僉事熊



維學以推官劉子麒率兵討之爲賊所獲知府周宗武移檄諭之乃還遂合兵剿擒羅和尚黃琼第陷死

八年賊黨覃雲明就擒先是鄉民甯經仇許經知其必來復仇乃率衆斷其歸路官兵擣其巢穴雲明計窮食絕獲之知府周宗武撫其餘黨令守石塘請設兵防官得專提調地方賴是以安今石塘犀塘平寧皆知府周宗武之功也是歲設山防通判一員築城開市協守指揮一員

十年八月烏兔那思墟民盜珠永安所千戶田治督軍捕之戰死海北分巡兵備薛夢雷剿平之

二十一年夷人莫登讓爲黎氏所逐攜其妻僕來奔欽州知州董廷鈔納之後潛遁他境

三十五年冬十二月二十七日交阯賊突陷欽州城廉州指揮尚宏

謨將兵禦之雷廉副總兵楊應春兵及欽而還圍州遊擊張繼科自永安發兵次萬麻山不進交阯賊翁富搆黨乘小舟百餘衆三三四千人經龍門入州城遂陷百戶呂朝炯狂走吏目挺然被執指揮學正李加論罵賊而死楊應春兵但及欽州而還

三十六年正月夷賊復侵欽州圍其城同知曾遇指揮尚宏謀力保孤城有數十人望城指畫者謨引兵射殺之賊退

二十八年夷賊復寇中軍祝國泰百戶孔榕禦於龍門大戰死之哨官朱子連戰於南屯之朱蒙港死之是時守龍門哨百戶孔榕巡海中軍把總祝國泰率舟師截其歸路是夜霧氣黑蔽官兵以銃砲擊之賊死傷亦多及天明賊見我師船少外無援兵賊四面攻打矢石俱盡二將皆死哨官朱子連戰於南屯亦死之勅總督兩廣都御史戴燿嚴督安南都統使黎維新幷兵討賊三月令遊擊



目某揮廣肇中營標兵幷守東西二山大兵紮廉州府遣副總兵楊應春詣河州踏看屯兵營地及進兵去處歷四峝地方召峝民窮搠得兵九千人秋九月命總兵官孔憲卿行征夷將軍事以海南兵備副使蔡夢說監軍進兵剿賊帶管海北兵備道分守右布政使林梓留守欽州推官李某隨軍紀功　是月追攻花封巢賊盤據石山不克兵及塗山翁雷莫不知所之其船分四路飄去大海無踪乃還

三十七年十月交南寇平

三十八年命復欽州守備增兵防守

崇禎五年五月流賊數百刦西場場去城四十里而遥迨官兵至而賊遁矣

八年四月海寇平　海寇劉香流毒三省猖獗七年至惠潮誘巡道

及參將登舟挾留都御史熊倖示招撫以緩其勢密檄福建五虎總兵鄭芝龍會剿賊船蠱賊死戰芝龍奮勇力戰一鼓殲之餘黨悉平

九年三月流賊百餘刧那隆去府城僅三十五里

廉瀕海地卑土薄陽燠之氣常洩陰濕之氣常盛陽洩故四時常花三冬不雪一歲之間暑熱過半窮臘久晴或至搖扇人氣多上壅膚多汗出腠理不密陰盛故晨夕霧昏春夏淫雨或連陰卽復淒寒衣服器用皆生白蟻人多口濕間發流毒又面目或手足倏爾作腫痒而不痛醫以流氣藥攻之不效俗謂之走馬胎時或漸移或以燈火環爆之或男左女右灸手尺澤穴卽消然得酒輒復作蓋酒能行氣故也所謂青草肝黃芋肌之毒要亦不善攝生者有以取之諺曰急脫急著勝似服藥衛生者所當知也



按廉地薄海夏秋間颶風或一歲累發或間歲一發初起由東轉北而西而南或起西轉北而東而南皆必對時而後息起之前海鳥羣驚投宿林木皆向南作翻轉之狀或海吼聲大震天腳有暈如虹俗呼風蓬嶺表錄謂之颶母或逾時卽大作暴雨挾之撼聲如雷拔木飛瓦人不能行立馬牛不敢出牧是中州所無也

備倭

明洪武二十七年七月始命安陸侯吳傑永定侯張金寶髯率致仕武官往廣東訓練沿海衛所官軍以備倭寇方有備倭之名天下鎮守凡二十一處廣東曰備倭巡視海道副使一員都指揮一員衛指揮一員專管巡海聽廣東巡視海道副使備倭都指揮節制所轄永安欽州二所每所各官一員督營軍船三艘旗軍三百名各分上下班出海巡哨以防倭寇

涠州遊擊　涠州卽潿洲在珠母海中當冠頭嶺之南約二百里每天降陰雨輒望見之晴霽則否周回七十里昔爲寇穴萬歷六年移雷州民耕住其地萬歷十八年設遊擊一員鎮之二十八年移於永安所距涠州一日之程距廉州百八十里之遠呼吸難通巡道張因經議移駐於冠頭嶺俯瞰六池爲廉門戶猶得臂指之用而未果行

珠池卽廉州之七池

烏泥池至海猪沙一里　海猪沙至平江池五里　平江池至獨攬沙洲八里　獨攬沙洲至楊梅池五十里　楊梅池至青嬰池十五里　青嬰池至斷望池五十里　斷望池至烏泥池　總計一百八十三里

按珠池之事漢唐無考自劉鋹置媚川郡宋開寶以還遂相沿襲置場罷司或採或罷迄無定制洪武二十九年詔採而已未有專官也正統初始令內官一員分鎮雷廉正德中又取回鎮雷者總



屬於廉嘉靖時巡撫林公富奏盡除之專其任於兵備憲臣此廉郡之大幸也

海寨　此營堡類也砦爲珠池設

烏兎砦至凌祿九十里烏泥池二十里守軍五名　凌祿砦至英羅十里至烏泥池十五里　英羅砦至蕭村五里至烏泥池十五里　蕭村砦至井村五里至海猪沙十三里　井村砦至對達五里至海猪沙十里　對達砦至豐城十里至海猪沙十里以上守軍同烏兎

自英羅至對達俱近海有蹈只宜邏近不可插遠

豐城砦至黃泥十里海猪沙十五里守軍五名　黃泥砦在大廉港之北去海猪沙愈遠今無守軍

以上八砦俱永安所地

川江砦至調埠十里至平江池十里　隴村砦至調埠三里　調埠砦至珠場十里　珠場砦至白沙二十里三砦至平江同川江以上守軍俱十一名

白川江至此俱近珠池不可插蹈

白沙砦（在武力十里 楊梅池十里）武力砦（至龍潭十里楊梅池十里守軍俱十一名）
本砦沙尾有[redacted]五所不可插箔
龍潭砦（至古里十里至青嬰池十五里）古里砦（近寇頭至青嬰池二十里）西場砦（在大洗潴東去葛麻江二里許以上守軍俱十一名）
按沿海建寨蓋自金始由西而東而北凡十七處分軍巡哨以防賊取之患然法禁稍疎軍士卽玩畣者有所賄則得者不以聞擇人而任可不愼歟

寰宇記俗有四民一曰客戶居城郭解漢音業商賈二曰東人雜處鄉村解閩語業耕種三曰山戶深居遠村不解漢語耕墾爲活四曰蜑戶舟居穴處亦不漢音以採海爲生

夫廉古珠宮扼塞海北遠鎭交南視嶺外諸郡最爲樞莞鑿山爲城踐海爲地有天險焉颶風一作百里震動南登海角西望天涯（海角亭在郡南天涯亭在欽州）眞南裔也漢馬援既平徵則之亂標銅柱於分茅嶺以爲華夷之限於今賴之水經注昔馬文淵積石爲塘達於象浦建銅標爲南極之界俞益期箋曰馬文淵立兩銅柱於林邑峯之北



惟宁越四峝陷入交趾守土之臣邀功喜事直欲犂巢擣穴郡縣賴之我朝謝絕其請憬彼荒夷歸我侵地　嘉靖二十一年夏六月莫登庸來降收復四峝氏歸欽州版籍民得免於湯火誰之賜歟媚珠海砦寶藏所興領以內臣雖嘗釐革迄今未聞投珠於淵也昔人以爲所獲不補所亡近事足爲明鑒

若夫嚴永安之軍衛以防四達之衝謹沿海之防以備倭夷之擾復白博於我土以均道里之勞皆安壤之不可廢者也今兵備特紮於靈山建堡增立於衛北交寇尚獗惟廉爲重豈可以其僻遠而易視之哉

瓊州府沿海衝要

府城北十里曰白沙港宋設水軍趙汝珞拒元兵於此　明隆慶初始設白沙砦兵船防守與海口唇齒相通凡大舟商船皆住泊焉此瓊治之咽喉也

三亞一百二十里至崖州大蜑保平二港上一百二十里有黃流抱鶯二港六十里至鶯歌嘴數十里至吉家灘八十里至感恩深田灣又八十里至北黎港三十里至魚鱗州皆屬三亞信地距昌化英潮有百里焉

府城西去七十里曰澄邁石䂬深廣可泊船約五十里至馬裊三十里至石牌又百餘里至臨高縣博頓港有兵船防於此百餘里至儋州洋浦三牌石海口入新英港港口有二沙如不識水道則壞舟泊船雖穩便但聞警出船不及　海上多故須輪哨船時出海口瞭守



亦瓊郡之腰絡不可疎備者也南去約八十里至海頭港西岸石壁難以進舟一百里至烏泥港過昌化城又三十里至英潮灣俱賊船出沒處

按瓊郡州縣俱附海濱周回數千里時有倭寇番船之警又設東西二路左右前司守哨防守策應而統領於白沙寨兵家所謂星布棊置之勢況加以天塹之險第夷情叵測風波靡常尤當於衝要處整飭兵船精選器械查詰墩堠巡察海道始可保孤嶼之金湯也故特詳之於篇以備防海者採焉

諸黎村峒

瓊山黎東曰淸水峒今爲東黎都南曰南岐南椰南虛環鄉南坤居禾嶺平沙灣居祿居岐峒南岐七峒今爲西黎都惟沙灣三峒尚稱生熟黎叛服不常（沙灣峒自平黎馬屬後俯化當差）

澄邁黎南曰南黎今爲一都二都水土平善西曰西黎今爲一都終
都尚染於風氣時出爲害
臨高黎尚大率有八曰墳營曰坡頭曰那律曰番吉曰路遶曰番溪
曰松柏曰重遶入洞皆以番豹山爲險祇容一人入過此十里則西
至重遶坡透等尚東至番溪等尚南至番泅等尚時出爲害
安定黎南曰南閭尚去縣三百里地夷曠民樂居之見充里甲惟光螺去縣西南四百里思河縣東南三百里原係黎尚出沒之衝時爲民患
文昌黎曰斬脚尚治平巳久田地經常入有司特人丁尚屬土舍隨
軍聽調而已附尚地多險阨爲瓊文定會遊賊往來之區樂會黎曰
縱横尚去縣四百餘里北接思河光螺南接萬州青山聲勢相依駁失其道
則嘯聚焉
儋州黎視諸處最蕃昔梁隋間儋耳歸附者千餘尚詣此今生熟凡



五都曰花驛曰黎附曰順化曰來格曰來王宏治五年招至桐横一
處嘉靖九年招至修途竹松番[redacted]下[redacted]郡那大落化打爽水頭八處
東黎屬土舍尚首部領南黎屬州部領其餘自耕食不屬州
昌化黎散處山谷不相統攝與民雜居不爲寇害舊有土職二員以
招黎爲名而旣歸有司遂不復領於土舍
萬州舊有民黎九都熟黎九十三村西南則鷓鴣啼尚去州一百二十里與
陵水黎亭筆尚潛通北則龍吟尚去州五十里與思河縱横二尚潛通不
復領於土舍時出爲患
陵水黎北有黎亭去縣二十里南有嶺脚去縣三十里嶺脚由葫蘆門而止黎
亭由黎羅而出又有東北哨有大牛嶺小牛嶺爲往來必由之路黎
人時出遮道爲寇
崖州黎其地多於州境其人十倍之分東西二界生熟半熟三種屢

爲害而州之戶口日耗凡百徭編取給諸縣膏腴田地盡爲黎有羅
活千家爲甚德霞抱顯次之感恩縣附版籍者什九不附者什一與
民雜居無他志患在崖之生黎切近出沒孔道有二一自栽茶總路
分入陀與必改一自滴麻嶺總路分入嶺頭白沙時出爲民患
論曰黎尚內抵五指外界州縣者不可勝計此乃其大較耳自梁
馮冼氏收降千餘尚唐廉訪使諭五州首領親詣其境則當時道
路之遠可知至宋末畧不競犬羊梗道復借途浮海丁謂所稱再
涉鯨波是也迨明初天戈所擣直欲逕穿五指而瓊文洞落多編
齊民獨瓊儋諸黎逾越省地其故何哉蓋自永樂以來以撫黎職
之土人借撫爲名奪我熟黎覩儋州抱驛首役遂致南蛇之亂崖
州舊圖分轄起於土舍之奸如附郭萬平三圖爲黎那陣二土舍分營故梁之崖州隋
之延德唐之落塲落屯縣宋之盛德堂諸基皆設於今黎圖中餘



可知矣開有念王土者未嘗不披輿圖而抱恨也以故洪武時指
揮張庸繼欲開五指縱横之路及邵宗季貴之徒亦屢長慮成化
時副使涂棐德意尤殷使後居其位者以前人之心爲心犁庭開
道寢食在念則古之書村書尚者今皆爲都爲圖矣天順中感恩
令羅鉉賫黎圖於婁鑑宏治末備兵使者副使王某貪賂邀功實
久化之編圖歸附因之土孽致開後來之禍黎之尾大可惜也
瓊山縣營新舊十三砦一
達子營　民壯營　揚威營　振武營以上四營今廢　揚武前營即新營以上俱
海防　張陰山營　黃嶺營　藤寮營　分踪營原名南坤營　大坡營
大定營即唐心營　大會營在居祿洞即馬屎賊巢　水蕉營　白沙砦
堡三
紅花堡　藤砦堡　望樓堡

澄邁縣砦二營七
永靖砦　保義砦　分哨後營　籬護營　營所　籬藏營　判塑
營　居便營在南黎地方防茅甲巳等村峒生黎構同瓊山居林居碌沙灣三峒黎爲患今廢　定全營
臨高縣營八
分哨後營　那零營在鄉錦舖　屯建營防新安三家木落烏石博白黃龍岀灣博頓八港　南
署營　獨本營　羅壯營　口郎營　居啼營三營俱嘉靖初建後廢今移南署營於此
定安縣營十三
鹿屈營　留平營　南斗營　黃竹營　南閏營　南倫營　坡田
營　大葵營　楓木營　太平營　五嶺營　石盤營　嶺背營防光
螺水口嶺背等處村黎構同瓊山居林居碌沙灣賊首黎佛二爲患設南倫官防守嘉靖十三年賊平改今營
文昌縣營八
白延架營防斬脚峒黎并別境流賊　馬欖坡營　赤岸營　大欄營　銅鼓



營　港門營　揚威左營　教場分營
堡二
舖前堡舖前大欄抱虎七星港澳瓊山連洋六處賊船易入　揚橋堡
會同縣營二
分哨左營　清平營
堡一
馮家堡
樂會縣營二
分哨左營　豬母營
儋州砦二營十六
歸姜砦　田頭砦　揚威後營　堡吉營　墳壤營　逢盧營　七
坊營　南巢營　松柏營　腰西營　大羅營　催羅營　可墨營

樣鵞營　那大營　羅花營　日南營　清寧營
昌化縣營一
烏泥營舊分哨後營
堡三
吉家堡　魚鱗洲堡　小洲塘堡
萬州營新舊十五
新潭營　蓮塘營　揚威左營　貢四營　張牙市　五香營　太
平營　南頭營有黃吹欖抱打羅透表羅■無俗等村黎爲患　莆苧營防鵰鳴啼等村峒黎　蔡根
營　長沙營　沙牛嶺防遞北青山龍吟與樂會縣縱橫峒蔡根水口等村黎　馭北營在北段防
本州與陵水合界五嶺海灣路口諸黎　馭南營在南段防南港通塘蓮岐大洲海賊　潭港澳通海賊船易入
堡四
南頭堡　牛塘堡　蓮塘堡　烏石堡



陵水縣營十三
分哨右營　軍堡營　葫蘆營　黎庵營　牙狼營　鎮南營　馭
北絡營防挑油信脉山淵打纘繼凡遐等村黎　鵝塘營防壽山蘆嶺等黎爲患故置　馬騮橋
營　合水營相近有泉回峯番扒若那龍等村黎爲患故置　白茅營　南萬營　半嶺營
堡四
曆修堡　石賴堡　嶺脚堡　黎亭堡
崖州砦二營十九
三亞分砦　連珠砦　揚威右營　合水營　牙力營在本州九所地舊有羅千
家多澗等黎爲患置官軍防守嘉靖二十六年大征遺黨不多今營已廢　樂羅營　香淺營　抱浩營
羅蓬營　半嶺營　殘字營　牙根營　錦臥營　千家營　漁懷營
營　栽茶營　回風嶺　藤橋營　樂安營　樂定藥營　樂平營
堡十五

深溝堡　郎鳳堡　多銀堡　抱拖堡　郎芒堡　石梓堡　高村
堡　山麻堡　落機堡　高嶺東堡　高嶺西堡　望樓堡　榆林
堡牙很不頭利桐珉瑁洲港奧在州東界　多零堡　回風門堡
感恩縣營八
分哨右營　莪茶營　陀興營　必改營　南北溝營　白沙溝營
在縣南外水深寇船易入　黎港營在縣西北　抱駕港營
堡六
深田堡　嶺頭堡　浉麻堡　縣門堡　南港堡　白沙堡
水口黎有港門通海賊船易入議者謂萬州等處多盜惟陵水牛嶺
猶人心腹之疾蓋海灣平陽之地賊據險殺人刦財歲無虛日宜於
牛嶺之南曰南峒建一鎮南營而從南山千戶所領哨百戶一員領
原哨軍五十名就遷牛嶺廵司佐之牛嶺之北曰陽梅建一敀北營



而以萬州千戶所領百戶一員帶領哨兵五十名就遷牛塘巡司佐
之凡軍民客商往來則量撥軍兵護送交割
黎
萬歷二十七年瓊山居林等峝黎首馬屎倡亂定安臨高諸黎應之
雷廉副總兵黎國耀等率兵三路進攻擒之設水會所於馬屎巢穴
即水蕉村築屯田
四十一年冬崖州黎抱田羅活等作亂官軍敗績陷樂平營圍崖州
總兵王鳴鶴督各路官兵并西粵狼兵討平之
參將俞大猷圖說
黎岐居於三州十縣之中與吾治地百姓魚鹽米貨相通鷄鳴犬吠
相聞出刼鄉村最爲便易我兵既集於谿谷來往皆可以通其巢穴
無一次不收成功卽今往勦村分其遺類不甚多能據其遺地稼穡

兵民以雜居之則其子孫耳濡目染於吾民之言語習尚皆可化爲
百姓矣惜乎自古以來皆上首功於賊勢方張之時而不能駕馭於
摧敗之後能捐大征之財數十萬於賊未平之先而靳經畧之財數
萬於善後之際彼其長養積聚之久復如前日之盛一有激復聚爲
亂仍動大兵以勦之費用之多殺戮之慘元氣之傷亦其勢之所必
至耳本職歷遍各峝備覽形勢曉諭各黎熟察其情果見近經勦地
方如羅活峝宜立參將府遷崖州千戶所於其內抱顯村宜增設一
縣古鎮州宜立屯所各有絕黎田地以收勦平之功仍各築城穿池
以垂永久之規又各不經勦黎峝合先區處以杜後日之患於儋州
之擺抱村宜遷鎮南巡檢司又撥儋州千戶所官一員軍一百名陵
水之嶺腳峝宜遷藤橋之巡檢司又撥南山千戶所官一員軍一百
名瓊州之沙灣宜新設一巡檢司及撥南海衛官一員軍一百名各



協鎮之以彈其將來之變仍各築城穿池以爲他日立州縣之基又
各城池之中俱需參將衙門以便周流巡視若夫大路宜通者則南
北取直往之徑設驛遞以便官民往來又羅治城宜暫團打手五百
名擺抱嶺腳沙灣城宜暫團打手二百名各於鎮壓之中寓招徠變
化之術間有梗化不馴之徒相機設計去一二村以警其餘五年之
後事宜已定漸次掣其土舍行令更爲里長該管黎人就編屬之以
爲里首納糧之外不得再加差役其各州縣掌印官務將管下黎人
嚴禁童女不得如前披髮文身男人務著衣衫不得如前赤身露腿
其首各要加帽紮綱不得如前髻髻倒領各村黎童之幼小者設社
學以教之使其能言識字每一年間守巡官於各州縣查考變化各
熟黎幾村招撫生黎爲熟者幾村具呈撫按衙門以爲殿最如此經
畧漸次舉行熟黎既不得倚生黎以爲讎土舍亦不得假熟黎以生

奸不數年間皆發州縣之版籍矣

廣東御史龐尚鵬撫處濠鏡澳夷疏

竊惟廣東一省西北聯絡五嶺東南大海在焉蠻夷雜居禁網疎濶山海之寇嘯聚不時詩曰迨天之未陰雨徹彼桑土綢繆牖戶夫智者鏡幾以先圖勇者乘時以自固此何時也而詩之曰陰雨未至可乎臣生長海邦習聞已久除倭夷山寇出沒擾攘具見經畧者臣不敢煩瀆外謹摘其禍切門庭履霜堅冰者著爲論列竊效詩人桑土預徹之義惟陛下試垂聽焉廣州南有香山縣地當瀕海由雍麥至濠鏡澳計一日之程有山對峙如臺曰南北臺即澳門也外環大海接於牂牁曰石峽海及番夷市舶交易之所往年夷人入貢附至貨物照例抽盤其餘番商私齎貨物至者守澳官驗實申海道聞於撫按衙門始放入澳候委官封籍抽其十之二乃聽貿易焉其通事選



漳泉寧紹及東莞新會人爲之椎髻環耳效番衣服聲音每年秋夏間夷舶乘風而至往止一二艘近增至二十餘艘或倍增焉往年俱泊浪白等澳限隔海洋水土甚惡難於久駐守澳官權令搭篷棲息待船出洋即撤去近數年來始入濠鏡澳築室以便交易不逾年多至數百區今殆千區以上日與華人相接濟歲規厚利所獲不貲故舉國而來負老攜幼更相接踵今築室又不知其幾許而夷衆殆萬人矣詭形異服彌滿山海劍鋩耀日火砲震天喜則人而怒則獸其素性然也奸人則導之陵轢居民蔑視澳官漸不可長若一旦豺狼改慮不爲狗鼠之謀不圖錙銖之利擁衆入據香山分布部落控制要害鼓譟直趨會城俄頃而至其禍誠有忍言者可不逆爲之慮耶議者欲於澳門狹處用石填塞杜番舶潛行以固香山門戶誠是也然驅石塞海經費浩煩無從取給舉事當待何時或欲縱火焚其房

以散其黨爲力較易然往年嘗試之矣事未及濟幾陷不測自是夷人常露刃相隨伺我動靜可復用此故智耶議者又欲將澳以上雍麥以下山徑險要處設一關城添設府佐官一員駐紮其間委以重權時加譏察使華人不得擅入夷人不得擅出惟抽盤之後驗執官票者聽其交易而取平焉是亦一道也然關城之設勢孤而援寡或變起不測適足以爲桀驁之資豈能制其出入乎安邊者貴消禍於未然懷遠者在伸威於既玩臣愚欲將巡視海道副使移駐香山彈壓近地曲爲區處明諭以朝廷德威厚加賞犒使之撤屋而隨船往來其灣泊各有定所悉遵往年定例如或徘徊觀望即呈督撫軍門親臨境上慰諭而譬曉之必欲早爲萬全之慮而後已若以啓釁爲憂則禍孼之萌亦當早見而預待之況有舊澳見存皆以耳目所親見聞者彼將何人執怨乎番舶抽盤雖有一時近利而竊據內地實



將來隱憂黨類既煩根株難拔後雖百其智力獨且奈何或謂彼利中國通關市豈忍爲變孰知非我族類其心必異殷鑒不遠明睹未萌況已著乎急則變速而禍小緩則變遲而禍大惟督撫軍門加意調停從議酌處毋逆其向慕中國之心就於通事中擇其便給者優以殊格使掉其舌鋒爲說客開示禍福以陰折其驕悍之烈自後船入境仍泊往年舊澳照常交易無失其關市歲利復嚴布通番之令凡奸人之私買番貨畔民之投入番船及畧賣人口擅賣兵器者悉按正其罪俾人皆知有法之可畏而不敢爲射利之徒區畫既定威信潛孚皆往年所以禁制而防禦之者悉遵舊例施行諸夷自將馴服而默奪其邪心即禍本潛消矣伏乞勅下該部覆加詳議轉行督撫衙門參之輿論酌以時宜如果臣言可採即便舉行此豈獨嶺海一隅之福實宗社無疆之福也

旨起宗陽電山海信防圖說

陽電地方北枕山南面海東接廣肇西通雷廉蓋嶺西三郡之咽喉也水陸迂回不下二千里粤稽祖制神電一衛以及陽江海郎雙魚寧川四所皆附於邊海又設新興陽春信宜高州石城五所皆附於邊山水陸犬牙相制有司從中協守亦一尉一吏之意哉而泄泄至今日僅存其名矣試言陸信北自新興捻村兵營接藍坑營交界起東自恩平官來逕接新會信界起歷很琦營而西抵石城之高嶺營與雷廉接界止郊洞遼曠叢陰莽薄計程一千二百有餘里設有恩平陽電高州吳川四兵營分布信防據險扼吭此則陸信之大畧也以水信言之東則自廣海寨茫州接界起西至白鴿寨硇州交界止江洋瀚海寇盜出沒計汛凡三百里設有海朗雙魚限門蓮頭四水砦紮船分守扼要哨防此則海防之大畧也蓋海廣則隙多地廣則



險衆也近年兵額日縮餉額日虧船額日減軍額日缺雖規制如初而迹類象人塗馬所謂指臂使而首尾應者則茫乎未之講也

肇屬山海圖說

肇屬自新興而下彌望荒蠻煙炊寥落北自捻村兵營起至石井營而抵恩平縣則百三十里東自官來逕至靖東營而抵恩平則八十里地當新會新寧之交山賊肆出摽掠非嚴兵防禦地方無安枕之期若馬岡倉步開平等處居寧會而枕封慶尤素稱逋逃藪數邑錯壤土孽竊發雖開平屯額設官兵七十餘名而去縣治則九十里矣議者謂恩陽守備秋冬應移紮於恩平豈無見哉由平南營而東至蓮塘稍平而南至長寧凡百二十里而抵陽江縣自縣而南三十里則有海艘砦商賈輻湊廛市星羅越港門而歷銃城則為北津撫民此所謂大要害也自寨門而東二十里則有海朗所去陽江僅五十里有營呼吸可通第所城孤懸積匪猾民作奸捍網幾如南陽之不可問非嚴為約會無以破海上接濟之冏也由陽江西門歸善營歷麻橋兵桐蚺蛇樂安高嶺平望而西上太墟則為陽電兵營矣由大墟至儒岡則為電白縣界矣由儒岡轉折而東上五十里又為陽江之雙魚寨而所城在焉去陽江二百七十里去電白八十餘里卒有緩急能一呼而即至哉是為當事者萬分毖飭務令營砦合防軍兵夾道庶陸可稱平壤而環海亦恃為長城矣

海郎寨所圖說

接海郎兵冊見在官兵計百五十四員名戰船一十二隻東接廣海西界雙魚樓船組練雄踞上游儼然一天塹哉其本港內通陽江陽春等處商賈輳集奸宄易生港中雖設有銃城城設有銃臺三座港門津要似可資控守但港外無臺可抵勢既孤懸由港門而越銃城



即北津撫民環居其地此輩鷹眼不化豪氣猶存每日會胥出海捕魚為生若邀劫若接濟若勾引未可信其必無也況乎土宄敢於捍網旗軍串青衿子復從而翼之哉今協總許三才任事方始所應申嚴號令凡漁舟出入朝往暮返不許遨遊逗留致開衅隙此為救時之第一要著若本砦去縣城二十里去所城二十里所去縣城則五十餘里所軍弱不能支而銃軍少有可用一直汛期督發海郎陸哨官兵為之犄角庶幾孤懸者不至為孤注耳

雙魚寨所圖說

雙魚砦設有砦城一座內置發汛公署及寨署哨捕兵房守險之制亦云密矣兵船一十二隻官兵四百四十四員名在哨孤守雙魚港內通雙魚所城港門兩山對峙銃臺三座復有東山官兵據險而守賊未敢卒犯也去砦八里則有雙魚所城離陽江縣一百七十里離

電白縣九十餘里聲援遼遠實爲邊海孤城外洋勢難逕控覺察責
在贍軍每歲春汛除督發雙魚一哨官兵外又例調東西兩山各營
其協守所城并一帶海岸若東汛則止雙魚一哨虛應故事矣右哨
汛守豐頭港與海朗砦接界港內通織簹墟五里許則至太平驛防
奸緝盜未可刻踈況猶高山夙號盜藪山勢延緜路通雙魚信海奸
宄窺伺踈防常駕客船藏盜出入相應嚴飭海朗會哨分防毋以一
港爲秦越可也

高屬山海圖說

自儒峝分界電邑錯壤於是有陽電營官兵接防自大壚歷麻緫等
營皆地當要衝時聞刦掠歷營而西至夏藍及麻西營凡一百二十
里而抵電白縣南有蓮頭海面在焉港門遼濶非他處可比也自電
城西出烏石歷筋竹夾吳川之那遂等營南至上廊凡二百五十里



而抵吳川縣去縣南二十五里則爲限門砦港門設有銃臺新營設
有戍卒乃吳川一哨官兵爲之分防也本港內通芷芋及梅菉墟皆
盜賊豕突之區又自電城之烏石港苦藤營西至平岡北入高州勒
菜營而抵高州府城乃陽電官兵信地一百三十里也高州而北由
狂邏營至淋水營凡八十里抵信宜縣則與廣西之博白陸川爲界
與猺獞雜居矣駕馭隄防惟以不踈不擾爲善策焉高州而南自濕
田歷樟木等營接陽電兵防而西入化州再歷兵營而至高嶺凡一
百三十里西抵石城縣深菁叢林豹虎窟穴并申嚴斥堠不免西賊
之衝突自此西下三十里爲大安中火又西去五十里爲橫山徑皆
雷州交錯之地地方互相譏詗每致踈虞右西北之廉州三了那網
等處以至息安堡官橋紅嶺一帶地方原有高州官兵一哨守之遁
日又移紮石城過入犯之西賊突統而論之高郡南控滄溟北負叢

菁故大小放鷄蓮頭赤水限門海陵皆高凉之唇齒其新興安平石
城信宜陽春諸邑則高凉之門戶也

蓮頭寨港圖說

蓮頭港近在電白縣城之南設有銃臺三座戰船一十七隻官兵分
防信海東接雙魚西界限門二十餘里左哨則以厚港爲信右哨則
以赤水港爲信各分領兵船五隻而把總官則領兵船七隻紮守蓮
頭二港之中蓋以蓮頭港門遼渺無可據也然銃臺雖設僅可近張
聲勢無能及遠兇港外海洋如大小黃放鷄山博賀青洲皆環對城
南號海洋之最險者議者謂築椿塞港效往年故事庶備電城一重
之藩籬是矣然而水深港濶未易用力且言之易行之難行於有事
之日易行於無事之日難爲目前計惟應練舟師習水戰勤哨探嚴
汛防多積糗糧使士兵不敢私家客兵不敢登岸更整備杣船遇賊



必追有警必應何難褫小醜么魔之魄哉今點驗大船止存六號一
隻七號二隻其餘盡改八號艟艚小船矣原其將大改小之意亦欲
以櫓楫代風濤捷於追擊耳此可角勝於裏海浪平波靜之處非可
施於汪洋萬頃長年袖手之處也且本寨凡有寇犯必係廣料聯艘
大船樓棚高至二三丈艟艚甚小勢不及三之一能仰面而擊之哉
至於海船火器莫過斑鳩銃而現在所存者僅一十四門尚不及海
雙二砦一船之器計非增造五六十門不可議者欲扣本寨官兵之
糧以作料價針頭側鐵不堪合賊鬪也再查本砦官捕兵原額四百
四十員名而原額不補虛伍充數者居其半即現伍捕兵皆捕魚士
人雖習慣不畏風波而窮餒不堪飭勵且暮夜歸家擅離汛守誅之
不可勝誅今欲一兵得一兵之實用非募廣肇習水之客兵不可也
若夫岸賊則有窩主海賊則憑接濟在電白海濱如蓮白頭蕉南海

山厚等村之民專以捕魚為業中有一等奸民凡遇有賊在海便輕身投入詐稱被擄使家屬告案假為勒贖張本公然多運酒糈與賊交通使官兵不敢盤詰教猱升木導虎為倀勾連盤固習為固然恐非五日京兆所能徹底破除也敢以告後之君子

限門　海港圖說

限門之要害兩嶼夾峙厥口水淺屈曲如綖必俟潮漲舟始放轉數回而後進嶼寨防官兵共四百四十員名戰船一十七隻以七隻派守本港上接蓮頭下至限門港口東西錯置銃臺四座內通茳芋吳川縣城以及梅菉墟埠並化州高州一帶港門離縣治僅三十里每歲三四月中閩艚販糴數百人如風雨之驟至人非土著奸偽易滋司是港者塞萌杜漸視之如敵人可也右哨領船僅九隻派防新門接連白鴿寨信海北港去吳川縣九十里內通石城之梁家灘奸宄



不時竊發外海尤極汪洋該哨一官猶宜慎選可令闒茸之庸材鑽營之積猾充之哉大都本砦據限門之險憑銃城之要大寇未易窺伺禁內港導引察外海情形是在得人而已矣

石城所山海圖說

本所隸石城縣治洪武年間奉調雷州衛後千戶所官軍鎮守以邑在山嵎間猺獠編氓錯壞雜居且使節絡繹商賈征途為四郡之通衢故也城之北雉堞遶建於山巔東百里抵化州西百里抵樂安所南七十里抵遂溪北一百二十里抵廣西之博白縣東北九十里抵陸川縣東南一百五十里抵吳川縣西北一百五十里抵廣西之舊林曹村西北百餘里抵樂民所所雖附縣官軍以隔屬相推諉刁疲散漫城守空虛故西賊時時突擾截禦罔聞查東北六十里有曰三合堡者地接博白陸川之邊界猺狼盜賊更番騷動曾設官兵防守

旋復掣回遂致乘暇擣虛無寧日非仍復堡兵無以杜鴟張也其正西六十里曰橫山堡當廉路之衝遂谷叢林逃亡恃為淵海又西一百二十里曰岦浦墩近博白縣之邊界狼猺逼處地方土賊搆之出刦此皆西隅原守之險要亦有原守之軍兵核實而整頓之則石城之畛固矣此外若東南之梁家灘壞連遂溪商船灣泊縣西之凌祿司近杭珠池尤劇盜橫鶩之地因並及之

寧川所山海圖說

寧川所郎附吳川縣東南瀕海西北負山縣城南去二十五里有限門海港有沙脊兩行自外達內凡二十餘里賊若舍舟登岸步抵茳芋距縣所僅五里許縣之側有墟曰梅菉生齒繁多米穀魚鹽板木器具等皆聚於此漳人駕白艚春來秋去以貨易米動以千百計故此墟之富庶甲於西嶺宜乎盜賊之垂涎而歲圖入犯也計本所見



在旗軍屯駐郭內者僅二百八十餘名鵠形鵠狀何足為有無惟合限門為截禦聯海港之偵巡水陸交防軍民協力眈眈者庶有憚乎

信宜所山圖說

信宜所附縣同城設居萬山逼近羅營界連西粵鬱林北流等州縣窐溪絡谷居雜狼猺叢林密菁之間奸徒伏焉旗軍僅三百餘披破甲持白梃弱不堪守無問戰矣故近日屢聯西賊藉兵之力居多按正統九年間曾設有狼兵五百九十餘名給官田米五百七十餘石以餉之居以資捍衛行以應征調未嘗不資一臂今逃亡故絕僅存者皆亡命之流孽耳間有真糧一二說者又有非我族類之虞然使撫綏駕馭得其道詎狼心終不可化哉倘更於懷鄉北流之界特設精兵一枝北鎮信宜之藩衛西壯石城之聲援外絕狼猺之窺伺內杜奸宄之勾結是在縣所文武協力共圖耳

海朗雙魚蓮頭限門四砦圖說

水汛東自廣海砦起西至白鴿寨界止合計四砦爲程共八百餘里沿海罟戍雖稱鴿列而所守者不徒在險而在要焉四砦情形業各指其槪矣今更合而論之電白蓮頭爲最衝吳川限門次之陽江海朗次之雙魚又次之信地中惟鳥嶼山灣賊船潛泊如上自海朗則有娘澳大澳海陵賊船澳若雙魚蓮頭則有獨洲青洲大小黃程放鷄山下而限門則有新門三合窩硇州廣洲灣等處皆可紮船賊每寄碇其中窺伺貨艘往來即爲掩襲標掠之事以故陽電特設一參將居中調度仍不時申嚴各砦犯哨務令兵不離汛更選備堅整快船數隻多設紅貢銃器精選慣歷波濤善搖櫓諳放銃之目兵共五六十名一遇賊警即飛駕出洋衝鋒追截而各兵船復合力夾攻之賊未有不披靡就擒者岡封疆以安堂奧其在廉勇之將領乎



恩平陽電高州吳川四營圖說

六信四營官兵分防兩郡要隘通計一千二百餘里法曰兵無所不分則備無所不寡今每營多者一隊少者止三四名以之擊豕突之賊來不能禦去不能追徐徐躡蹤其後而已然一二小醜在在有之又未可以噎廢食也今查恩平之東如見岡官來逕一帶北如田心樓逕一帶俱與新會新寧錯壤賊以羅漢山爲窟穴官兵不敢越界窮追相應詳請督府分撥標下精勇兵百名屯紥東路之要地遇有警報扼截歸巢追兵夾攻一鼓成擒矣其在陽電之大墟麻總等營一帶路通陽春百足大山盜賊潛迹伏刦悉由逕口其聚衆糾黨則屬紫龍高山其假牧牛爲名入山寒糧接濟者則附近之土人也此應責成陽江縣嚴行保甲杜塞盜萌而又於太平等處屯兵百名北可扼百足山徑之出入南可斷龍高山之屯聚矣此外如分營置防戰小醜而弥聲援次而高州營次而吳川營寨布已周毋容置喙

神電衛所官軍圖說

國初開郡設衛立縣置所合陸海而犬牙相制有深意存焉承平日久軍衛廢弛至於今而敝壞極矣查神電一衛原額旗軍四千八百餘名僅六百六十有五高州陽江等所每所一千一百或二百名僅各存一百五十或二百餘最多者亦不過三百莫可究詰矣今以邊海五衛所言之海朗雙魚偏守一隅防禦情形已載二砦圖說至神電陽江寧川皆附縣城頃閱陽江所軍鶉衣百結無異乞兒神電衛皆豪右包充名存實缺甚則子衿攬買糧米印官莫敢誰何嗷嗷窮卒歲無粒糈充腹上下欺蒙三尺不按可謂非吾輩之咎乎其附山五所若新興尚當要道若高州猶近郡城或可恃無恐他如陽春州城之一所設居萬山中去電白且三百餘里天台等處土宄嘯聚每



從百足山逕口出入肆行刦擄一遇官兵即走入百足山兎脫矣其出而號召即皆團紥於陽春之龍高山中也陽春雖設官兵一哨哨官轄於有司不受呂將調度相應請撥肇標勁兵五十名扼駐太平聞警即由捷徑疾趨至百足逕口則賊之歸路絕矣以上衛所皆附山邊海嶺表要區當事者宜極力整刷何難漸奏敉寧而前人推之後人今日俟之明日可爲長太息也

北津撫民協總圖說

北津即今海朗砦港也先時海賊許恩受撫因令插住港口海岸且耕且漁復給其子許應舉以協總名色責以統馭撫民協守北津原議遞年將自造料船並漁船共十隻目兵二百名住守賊船澳海面日糧以出汛日起支收汛口止此澳孤懸大海中係雙魚砦信地賊船每抛紥其中故以習慣之撫民守之邇來撫民官亦久不到汛海

賊有無之情形亦無一字具報浸尋成故事矣但撫民一枝舊鳥魁出入蛟宮蜃宅若平地合宜申嚴責成令之備船練兵出洋守汛不時偵報一遵受撫之初議不則治以弛防梗令之罪無少貸野心狼子庶不至以萬頃爲三窟矣

離廣州五十餘里爲南海廟歲時有司致祭廟外有大榕樹二株相距數武上榦交結爲門必從此而入廟極宏敞有銅鼓二其一徑五尺餘刻鏤精巧青紅斑駁叩之淵淵云是漢以前物其一徑三尺聲質俱劣乃宋時物也歷代諭祭碑鱗列兩廡而昌黎碑獨高大碑陰及兩旁題刻皆滿

澳門離香山百里向在界外其山從海濱發支如蓮蓬插入海中有城皆鬼子所居無漢人離澳設關以稽人口出入其地不產米鹽蔬菜俱內地運出城中有西洋官職如侍郎粵東文書事件往還



俱用通事其俗見人以摘帽爲禮凡內地所用犀象香珀哆囉嗶嘰羽緞羽紗蘇木椒檀玻璨各洋物皆與之互市向海禁甚嚴止許肩挑後許小船運載澳關係布政司委三司首領及一千總輪之少收其稅甚有利故競鑽營令通洋設立海關則利歸公上矣

澳門夷官亦乘轎其轎方長如櫃官從頂蓋上出入入則仍以頂板蓋之四人舁之止則揭蓋以出其傘用竹葉編成白竹爲柄一人執傘前導一人負一板箱二人執長槍以從其餘儀衛簡陋可笑

離澳門十餘里名十字門乃海中山也形如攢指中多支港逼洋往來之舟皆聚于此彼此交易故有時不必由澳門也

海口天妃廟碑記每月十六十七十八十九四日海水伏流可渡而長年三老熟于海勢風信不敢妄開康熙乙丑有一三司首領署篆璦邑任意開船船戶苦諫不聽未及數里全舟覆沒同年季蓉

洲麒光有風颱說錄於後

風者天地之翕闢山澤之鬱蒸發而成聲日箕月畢之占由來久矣在中土崇山大川風至不時然多和條惠暢若彼拔木撼山之風歲不常有獨大海之中颱颶一至抉檣覆舟而人之性命隨之後之習於海道者設爲占候之法以定趨避或按節序或辨雲日或察草木十取九驗稍師漁子罔不通曉外洋風信清明以後南風爲常霜降以後北風爲正南風壯而順北風烈而嚴南風時發時息恐風不勝帆故舟以小爲速北風一發難止恐帆不勝風故舟以大爲穩海中之颶四時皆發而秋夏爲多所現之氣如虹如霧有風無雨名爲颶母夏至後必有北風必有颱信風起而雨隨之越三四日颱即倏來少則晝夜多則三日或自南轉北或自北轉南蓋夏時陽氣司權南方之氣爲北風摧鬱鬱極而發遂肆橫



激其轉而北也因北風未透南風即起北風之鬱仍復衝決必候有西風其颱始定然後行舟土人謂正二三四月發者爲颶五六七八月發者爲颱颱甚於颶而颶急於颱颱無常期颶經旬日自九月至冬多北風偶或有颱亦驟如春夏船在洋中遇颶可支遇颱則難甚蓋颶散而颱聚也

附錄颶信正月初四日接神颶（俗名報）　初九日玉皇颶（此日有報則一年之報皆驗否則各報有不驗者）　十三日關王颶　念九日烏狗颶　二月初四日白鬚颶　三月初三日元帝颶　十五日真人颶　念三日媽祖颶（即天妃誕日真人報多風媽祖報多雨）　四月初八日佛子颶　五月初五日屈原颶（係大颱之旬）　十三亦曰關王颶　六月十二日彭祖颶　十八日彭祖婆颶　念四日洗炊籠颶（自十二日至二十四日皆大颱旬）　七月十五日鬼颶　八月初五日大颱旬　九月曰九降（自初一至十八日風迅發不常）　十月初一亦大颱旬　十八日彌陀颶　十二

月念四日送神颶自二十四日至除夕多有大風名送年風





# 廣東畧下

## 俚戶　瓊州

黎漢武帝元封元年始畧地爲儋耳珠崖郡民皆服布如單被穿中央爲貫頭（師古曰著時從頭而貫之）男子耕農種禾稻紵麻女子桑蠶織績亡馬與虎民有五畜（師古曰牛羊豕雞犬）山多麈麖（師古曰麈似鹿而大麖似鹿而小）兵則矛盾刀木弓弩竹矢或骨爲鏃（地里志）

珠崖嫁娶皆須八月引戶人民集會之時男女自相可適乃爲夫妻父母不能止（薛綜傳）

黎峒唐故瓊管之地在大海南距雷州泛海一日而至其地有黎母山（舊名俚僚）黎人居焉內爲生黎外爲熟黎

范成大虞衡志曰黎海南四郡鳥土蠻也隝直雷州出徐聞渡半日至隝中有黎母山諸蠻環居四旁號黎人其山極高常在雲霧中黎人自鮮識之久晴海氣清廓時或見翠光浮半空下猶洪濛也山水分流隝郡熟黎所居已阻且深生黎之巢外人不復有辨黎母之巔則雖生黎亦不能至相傳其上有人壽考逸樂不與世接虎豹守險無路可攀但覺水泉秀美絕異爾蠻去省地遠不供賦役者名生黎耕作省地供賦役者名熟黎方輿志生黎各有峒佳椎頭無知不識姓名以布爲衣兩幅前後爲裙長濶不過一尺掩不至膝兩腿俱露椎髻額前鳥言獸面結茅爲屋如覆盆狀上居人下居畜射獵爲常事男文臂腿女文面目用貝錦紡線以色綵綢成若錦縫成圍套從頭穿下至與結住爲裙名曰黎桶足迹不履民地而自相讎鬬居民入其地熟黎以鹽魚貿易唯儋崖乃有之在瓊則少熟黎相傳其先本南恩藤梧高化人多王符二姓

言語皆近彼處鄉音因從征留居長子孫焉峒各有主父沒子繼大亡婦代性習因橫仇殺無親若制服得宜則不為變否則聚兵為變其男子著短衫花幔纏頭圍腰戴藤六角帽或兩耳垂環懸雙帶如刀狀垂裙兩幅婦人戴花簪囊文領露胸老幼坐無尊卑病則椎牛祀鬼喪葬則斬牛待客春則鞦韆會鄰峒男女裝束來遊攜手並肩互歌相答名曰作劇有乘時為婚合者父母率從無禁婚姻不避同姓

各以所邇隸瓊儋萬崖四郡皆椎髻跣足弓刀未常去手豪富兼并役屬貧弱時出與郡人互市

虞衡志常插銀銅錫釵腰繚花布執長靶刀長鞘多以竹為弦椅長槍跣步不捨去熟黎多漢識變服入州縣墟市日晚鳴角結隊以歸



夷人繡面服緦緶績木皮木布陶土為釜器用瓠瓢人飲石汁又有榴酒以安石榴花著甕中即成酒

婦人高髻釵上皆銅環耳墜垂肩衣裙皆五色吉貝無袴襦但繫帬數重製四圍合縫以足穿而繫之羣浴於川先去上衣自濯乃濯足漸升其帬至頂以身串入水浴已則復自頂而下身亦出水繡面乃其吉禮女年將及笄置酒會親屬女伴自施針筆湼為極細虫蛾花卉而以淡粟紋徧餘地謂之繡面女婢獲則否女工紡織得中國綵帛拆取色絲和吉貝織花所謂黎錦黎單及鞍搭之類精粗有差海槎餘錄黎俗男女周歲即文其身自云不然則上世祖宗不認其為子孫也身穿花厚布衣露腿赤足頭戴漆帽旁簪尺許雉毛兩莖披肩領間可恥也男子家富者兩耳復墜盞口大銀圈十數為富侈此所以為彫題離耳之國云寰宇記有臘皮

榴花酒

居有蘭房定婚折箭卜筮以印藏物以般

虞衡志居處架木兩重上以自居下以畜牧婚姻折箭為定聚會亦椎鼓歌舞親死不哭不粥飲惟食生牛肉以為哀痛之至葬則舁櫬而行令一人前行以鷄子擲地鷄子不破處即為吉地海槎餘錄凡深黎村男女衆多必伐長木兩頭架木各數間上覆以草中剖竹下橫上直平鋪如樓板其下則虛焉登涉必用梯其俗呼曰攔房遇晚村中幼男女盡驅其上聽其自相諧偶若婚姻仍用講求不以此也自婺嶺以北有一種遐黎習俗又與黎大異居常以椰瓢蔽體更嫻習弓矢父母年過五十烹食之人不忍聞者若尋常黎俗藏置酒米乾肉衣布之屬不於其家必擇一高坡之地離家百步內外周以樹署加繚繞迴護聳置其中名曰般雖村家



叢雜亦不少混間有盜之者每犯輒獲法曰跙痕即足迹也其初不信因彼自服而後然之

善射好鬭性喜報仇

虞衡志客來未相識主人先於隙中窺之客儼然矜莊始遣奴布席於地客即坐又移時主人乃出對坐不交一談少為置酒先以惡臭穢味嘗客客食不疑即喜繼設酒中遂相親否則遣客不復與交會飲未常捨刀三杯後各請弛備雖解器械猶置身旁也一語不相能容起相戕性喜仇殺謂之捉拘所親為人所殺後見仇家人及其洞中種類皆擒取以荔枝木械之要牛酒銀瓶乃釋謂之贖命海槎餘錄黎人善射好鬭積世之仇必報每會聚親朋各席地而坐飲酣顧梁上弓矢遂啓報仇之志而衆論稱焉其弓矢蓋其祖先有幾次鬭敗之恥則刻箭幾次射於梁上以記之故云

飲醉鼓衆復飲相與叫號作狗吠聲輒二三夜自云本係狗種欲使祖先知而庇之也以次則宰羊羔肉俵散就近村落無不踴躍接受尅日起兵仇家聞之亦如此法募兵應敵臨陣遇府縣公差人役樂請觀戰兩家婦女亦各集本營當退食之際婦女爭出營認箭兩不拘忌其俗云男子仇則結於男子面上若及婦女則其父母家更深仇怨矣其勝敗追奔亦各有程度不少踰之數中罹鋒鏑死者密埋之父母妻子諱不悲泣恐敵知其不武也

借貸責償人不敢欺貿易射獵以利爲喜

虞衡志土產沉水蓬萊清香滿山悉檳榔椰子木亦產小馬翠羽黃蠟之屬與省地商人博易甚有信而不受欺語商人有信則相與如至親借貸所有不吝歲望其一來不來則數數念之或負約不至自一錢以上雖數十年後其同郡人擒之以爲質枷其項關



以橫木俟前負者來償乃釋負者或遠或死無辜被繫累[illegible]數歲月至死乃已復伺其同郡人來亦如繫之被繫家人往負債之家痛訴責償或鄉黨率斂爲償始解凡負一緡次年倍責兩[illegible]倍至十年乃止本負一緡十年爲十緡以故人不敢負其一錢笞或誤殺其一鷄則鳴鼓告衆責償曰某客殺我一鷄當償一鬬一鬬者雌雄各一也一雌爲錢三十一雌五十一鬬每生十子五爲雄五爲雌一歲四產十鷄幷種營爲六鬬六鬬當生六十鷄以此倍計展轉十年乃已慢殺其一鷄雖富商亦罄不足客其家無敢損動其一物閩商値風水蕩去其貲多入黎地耕種官吏及省民經由村峒必舍其家恃以安海槎條錄黎村貿易處近城則曰市場在鄉曰墟場又曰集場每三日早晚二次會集貨物四境婦女担負接踵於路男子則不出也其地殷實之家畜女多至四五輩每日與物本合出門貿易俟回收息或五分三分不等獲利多者爲好妻異待之此黎獠風俗之難變也二月十月則出獵當其時各峒首會遣一二人赴官告知會每數十村留壯兵一二十輩守舍男婦齊行有司官兵及商賈並不得入入者謂之犯禁用大木枷頸及手足置之死而不顧獵時土舍峒首爲主聚會千餘兵攜網百數番帶犬幾百隻遇一高大山顛隨遣人周遭伐木開道遇野獸通行熟路施之以網更密置弓箭熟嫻之人與犬共守之攏列旣成人犬齊奮叫鬧山谷應聲獸驚怖向深岑藏伏俟其定時持鐵砲上嶺犬幾百隻密向大嶺舉砲發喊縱犬搜捕山岳震動獸驚走下山無不著網中箭肉則歸於衆皮則歸於土官上者爲麖皮次者爲鹿皮再次爲山馬皮山猪食肉而已文豹則間得之也

熟黎之地始自州縣大抵四郡各占隝之一陲其中黎地不可得亦



無路通朱崖在隝南陲旣不可取俘則復桴海循隝而南所謂再涉鯨波也四郡之人多黎姓蓋其裔族而今黎人乃多姓王生黎質直獷悍不受欺觸不服王化亦不出爲人患熟黎貪狡湖廣福建之奸民亡命雜焉侵軼省界常爲四郡患云

瓊州府萬州夷獠名曰岐人即隋志所謂俚也有二種遠控黎峒不服王化者曰生岐近傍黎圖稍知羈縻者爲熟岐

舊志熟岐本南恩藤梧高化音語皆同昔從征至此迫掠土黎占立其地種落寖蕃自立峒首頭目分掌村峒役之生岐性習無異濯穢兇狠鳥言夷面無姓名但以村爲號生方成童教以弓矢以所擄人口赤剝而繫之樹令其子弟同射之謂之習射中父老大悅食以大鉢貯飯男女圍聚用匙瓢食之男子著短衫名爲黎桶腰前後兩幅掩不至膝兩腿俱露文其背綴耳以銀環髻堆額前

用牛骨爲簪拴之飾以鷄毛婦女亦著黎桶下圍花幔髻垂後刺涅口腮爲紋茅屋簷垂地開門屋頭內爲木棧居之離地二三尺下養羊豕之類男女未配者隨意所適交唱黎歌卽爲婚姻刻箭結藤爲信斬牛歃血爲盟木弓竹箭鐵鏃無羽刀柄長尺餘弓箭不釋手雖父子動輒持刃相加每出刦謂之討草不避風日草行露宿登高履險躍步遠跨其習如風生習麤惡類如此說者謂比之禽獸而能言比之虎狼而有翼者是也

永樂三年設土官統之後革宏治中始爲寇正德七年按察副使詹璽討之敗績嘉靖以來肆行殺掠至今不靖

漢唐宋元明至國初岐獠皆自耕與民互市間或潛盜馬匹而已永樂三年設土官統之後革土官而土舍浸以生弊宏治十三年儋蛇賊亂始效尤羣起爲寇十七年戰殺督捕指揮谷泰正德初



督捕指揮王琥禦之勢稍阻七年副使詹璽進官軍勒之以土舍洩機敗績由是賊勢愈熾戰殺百戶李延傑總小旗軍潘偉沈宗善等二十四人所過村落西自巴頭香報加小橫嶺北自嶺脚五鄉南里黎與類十餘村人亡財盡掠無所得刦乃長驅東南陸連士丁橫山亦土隴等村橫行無忌黎民有王是岐王策王祐王那弄王那邁王印極附居衝路前此賊止斬牛與之借路援爲嚮導王是岐等潛透消息候賊出入餉以酒食謂之晚存白號百戶名色人口被掠者代爲贖之每日取牛若干隻銀若干埕鍋鐵刀鋤布幔之類多寡不等皆與賊分贓而還其人間有軍民奴因逃入黨與通行賊勢益大嘉靖六年刦殺良民楊文啓等一千餘家七年殺鄉老林鳳鳴焚其尸擄妻子并刦殺細民二十餘家八年殺生員蔡卿鄉尸不獲葬擄民王普良蕭司員等男女數十人遁看

超出高橋窩村荔枝山頭坡長水等村離城僅七八里刦殺無算自黎禍以來掠人口者近千餘人田園荒蕪者近千餘畝牛馬屠戮者約萬餘隻錢糧消耗者約萬餘緡而所得富家子女以爲奇貨嬰兒老叟輒手刃之禾倉廬舍付之烈焰生靈之災此其極矣

按俚訛爲黎聲之轉也久矣自生黎聽招歸附以入版籍則熟黎與土官之所爲也其後土官益多生黎不時竊俚戶以肥已變詐百端反招生黎爲寇人知永樂初潘隆本倡爲禍首故瓊臺志遂書隆本後以無功伏誅稽諸實錄則無是也與其授以知縣職孰若授以副巡檢之易覊哉俚復譌爲岐卽黎之遐者定安楊理嘗入婺嶺始知分有二種生黎之外五指之中歷代不化者爲岐然黎所懼者岐也生岐彊界由瓊抵崖不過三百餘里自儋達萬不過二日餘程俟彼三八月饑荒分兵四面開示信義彼必聽從乘



此開路可立衙門岐旣從而黎服矣惟崖黎最强者曰羅活曰抱宥曰多澗曰千家而密邇官道爲諸黎門戶者千家也成化丁未征千家村及陵水嶺鄉尚東那洋征後黎人惴慄見軍卽跪而軍欺恥其愚騃無故詬詣哨守等官則又淩虐困辱之何怪其未久復叛也正德丁卯千家羅活等村復橫兵憲王繼招撫犒賞其惡愈肆及崐山王倬至伺知其罪調儋昌崖官軍黎兵鵰剿千家村不費斗粟不遺寸鏃數日卽歸隨論旁尚逃入界者擒斬解報羣黎莫敢違令賊死旣多乃下令撫定之自是崖之封內牛畜被野盜賊絕迹此崖民所以報德立祠者也宏治十六年瓊山主事韓俊奏言革去土舍尚首立州縣屯所量撥在外軍民雜處在中防引關開五指山十字道路編立戶甲禁持弓矢嘉靖十九年工部郎中吳會期復言黎居良民五之一宜於兵威削平之際開通十

字大路於其間大約以道里計之自府治至於崖州千里而近自儋州至於萬州六百里而遙此四至一經之大凡也細數之自府治至於沙灣三百里而遙自崖州至於羅合三百里而近俱爲坦途矣度其中未開通處不過二百里耳大集官軍屬武官領之民兵屬有司領之士兵屬鄉保長領之通力合作相其谿壑易以險阻假以數月而瓊崖之路可由黎崗中行矣儋萬視此其工則又殺焉四路交中建城壘地置堡立屯貯食以攻則取以守則固矣二十八年督府都御史歐陽必進奏勦崖州昌化感恩地方吏科給事中鄭廷鵠上言瓊自開郡以來迄今蓋千六百餘年無歲不被黎賊之害然未有如今日之慘者也蓋其蟠山踞崗其中之州縣反爲之外捍是彼無外寇也食飽棄餘狠悍豕突至虔劉我人民坑陷我官軍是我有內憂也其地彼高而我下彼膏腴而我鹹



鹵其勢彼聚而我散彼無有外寇而我有內憂則州縣之兵疲於奔命何日而有息有安枕之地哉臣生長地方竊嘗訪之故老得之征人聞其出戰之時人挾數矢以一當百無不應弦而倒者矢盡力窮遂竄身荊棘我軍至有臨險欷歔而止耳故前日倡亂不過止強石訟諸賊其勢尚孤今連昌化感恩之寇其黨日熾若進兵非調狼目募打手加十數萬人不可臣聞成功在勇圖揆在謀克捷雖難經畧爲上臣嘗考今昔勦除黎患者見二大舉焉元至元辛卯黎叛十月渡師又明年七月深入黎巢蕩空又明年春刻石五指黎婺山而還中間雖二經變故而謀不亂卒以成功可謂捷矣但元夷俗得則棄之猶能奏置屯田府立定安會同二縣至今衣冠文物稱爲名邑此以知其可經畧也又前嘉靖十九年黎叛後軍敗沒請兵討之明年大渡師徒十二月直破其巢崖州諸

崗無虞不至未嘗不大捷也但班師太早漏網數多誠有如前奏咎官所言者當時議者見賊巢德霞平荷可耕可守擬建州縣招集新民以絕異日之患然一時失議遂爾毀成故黎賊一聞出兵相率歸巢兵散於前賊聚於後謂官兵能捷而不能守故也欲其今日不爲再舉之害其可得乎此以知其不經畧之爲害也故臣不患成功之不早惟患圖揆之未周不患克捷之無日惟患經畧之無術何也蟻臂縱張其技有限蟻封雖密其險可夷徒以激於有司殺人無數遂以肆行無忌爾今文武之臣戮力同心一旦大軍臨之勢如破竹但願前事要在圖揆後事要在經畧務以前車爲戒庶不貽後日之悔也何謂圖揆三事崖黎地方大勢南出崖州西出感恩而北出昌化北抵凡陽黎岐東通郎溫嶺脚二崗此二崗實出萬州陵水之衝地形外險內實坦夷賊被攻甚急其合



二崗以擾我陵水必矣爲計當先分奇兵由陵水以攻二崗彼上崗之賊自救不暇然後大兵直擣崖賊巢穴使其黨潰於東勢分於西莫知端倪自相疑惑而風霆之下悉可擒也此其所當圖揆者一也前奏又云無惡那燕等已入凡陽搆集岐賊此或有之但恐其所撫集或即師溫嶺脚之賊也蓋此賊十九年陷我軍不數日羅活賊黨即傳箭崖州徵納百牛抱有賊黨即傳箭九刃屯亦然其與之搆禍通謀久矣此賊嫁禍黎岐以多方誤我或聲言搖惑以堅黎岐助逆之心皆未可知此其所當圖揆者二也黎賊原無奸細其息動出於所轄土舍故百年之禍皆土舍釀之黎將附籍州縣百計阻撓有司或失黎心多方煽惑既成禍變又走洩軍機若使嚮導引我軍取道迂迴險阻以至陷沒如成化時之王道乾前歲之符文龍是也防杜之術不可不謹又發軍興制所貲不

擾而首攻之數不可預定此則用兵之事所當圖揆者三也何謂經畧三事一曰一勞永逸之計夫黎人與此賊共此土也數年一反數年一征雖往往克捷所傷多矣天地之心並生育豈若馴以縚籠置之皆官易介鮮而爲衣冠是誠有望於今神武之代也獻馘之後願招集新民定以約束因其勢而利導之多興學宮禁挾弓矢使不復爲狼豕之慾則堯舜之世尚復有黎哉尚復有反且征哉若徒得而棄之不復經畧如前歲所爲反滋今日之禍則興兵動衆終無寧息眞大鑿也二曰破方啓土之功臣按崖州輿地本自數百里也東西一百五十里有隋延德縣址東南一百三十里有唐臨川縣址東五十里有唐鎭屯縣址西一百里有漢宗羅縣址感恩東北七十里有宋鎭州墟原附郭有鎭寧縣址今俱在賊中所當恢復者也况又有德霞之膏腴千家羅活之饒足招集



之後願建州縣因以屯田且耕且守其廬其居而東西其畝又由羅活磨漸開路以達安定自德霞沿溪水下流達於昌化道路四達屋廬相望井里既定豈不爲國家增拓輿地哉三曰久任責成之道漢建武十七年馬援既平嶺南所至即置城郭興水利條建封溪諸縣又申明漢律傳爲馬將軍故事至二十年秋始還綏定之術願秉餘威震懾山谷建參將府於德霞聯絡州縣亦如馬援故事治城郭興水利條奏便宜事務以鎭安人心其新附之民尚有興志者設法遷徙之或於海北地方屯田或於附近衛所入伍如漢徙潛山蠻七千餘口於江夏以永絕禍本徐求仁明之長慈惠之師奏留久任以終其事其庶幾乎瓊人萬世瞻仰在此一舉臣本待罪諫垣以言爲職知而不言罪也見臣叨鄉士聞見甚眞言而不詳亦罪也故敢干冒天威伏望勅下二部再加詳議此皆

撫綏者之所當深長思也故詳錄之然黎崗中盤州邑外列民雜獠猺之異夷分生熟之殊其情狀當諮訪而周知也

熟黎洪武初年歸附版籍在西路臨高等界則鄉音與廣西蘇梧等處相同東路瓊沉等界則鄉音與福建漳泉等處相同東西二路惟樂會沉邁之黎與瓊山定安之黎爲易治爾凡自祖躬耕有地爲良民但因住近黎土諳曉黎俗者則納糧當差或深居黎村耕作有地與黎田交雜半在羈縻急難呼喚者則納糧不當差永樂初用監生潘隆本奏言命梧州府通判劉銘除來本府撫黎尋加知府名色專一撫黎因是謀分府權奏將周圍三千里內近山都圖版籍糧差者并累代各省從征不歸落土耕山通名爲熟黎者悉與所屬管黎官作眼招撫生黎爲由就據以爲本管而人借知縣縣丞等職者自比雲南廣西稱爲土官永樂十年造册收入



熟黎未報丁口報作新招驟附黎戶名爲梗化者亦納糧不當差時分州縣人民立作二萬餘戶四萬九千餘名口以致縣差奸民硬作梗化此非舊制也宣德正統以來革去撫黎知府等官而管黎知縣等官子孫不得世襲節奏勘核熟黎屬有司革官子孫毋得占管仍回州縣當差宏治十七年又撥作梗化其中多有詐者亦有無知之徒樂爲梗化得免差徭其儋州熟黎雖與生黎無異然其中一半願爲良民一半樂爲梗化遂致謀害相殺馴至攻州陷縣大征之役誤及方面可爲永鑒也熟黎以裏則生黎歧人也散處鷓鴣啼居林恩河羅活等二十六峒盤據五指黎婺東山之中不時出殺劫掠附近村庄實爲心腹之疾初以熟黎爲藩籬有土舍峒首以管來之事久玩愒反以黎歧爲利如宏治年間符南蛇作耗損失官軍糜費錢糧巨萬自後近黎州縣節被搶掠而萬

州特甚有被害民蕭傑王璽等奉行查勘屢年未見完報臣嘗詢有識士夫及老成涉歷之人皆謂其地南北約七百餘里東西四百餘里初生黎服招者永樂四年俱赴京朝見黎賞仍勅各黎首帥尙安生樂業時招主見勅諭全不露巳乃謂生黎歸取勅書各家收畜以爲巳物因而相竊今革官子孫收藏者必須追出給還其家則生黎不致土舍生事侵擾得安其生矣然臨高儋昌萬陵之黎倚山以爲勢各據强弱互相欺凌崖感之黎曾互相角敵至於讎殺比比皆然則黎性之常細叩其由其間有父子繼世結怨報仇者有公孫相傳被陷未伸者有伺隙乘間取利者有應該土峝而弟姪侵奪者有所主軟弱而致欺凌者有所主剝削而激讎害者雖有守備官軍彼云報讎莫敢誰何以此禍延省界歲無一寧皆因統者不合之故也土舍能撫遐岐以爲本等身役在有司決不可以土地人民輕易借與以長亂階此固祖宗之法不容變亂者也



土舍之先僭名土官實與兩廣雲南羈縻者事體不同矧洪武舊制革去無弊土酋主郡如陳乾當猶降爲遠郡通判兵屯子孫盡復民役或爲峝首僅授副巡檢州縣得以致之今之土舍峝首豈敢復如昔日土官之僭與有司分庭抗禮哉然黷貨者反倚之以輸囊篋則乘機嫁禍自此始矣正統年間革官子孫如臨高王紹祖因襲不得乃假官坐縣立萬人屯截路禁行欲謀不軌李僉事誘至杖死儋州劉秀叛殺田表水西等村巡撫韓雍齎榜開諭以故鄉官同知王佐著珠崖錄拳拳在抑土舍後儋之土舍峝首搆成符南蛇之禍可不決去之哉然成化年間感恩土舍劉鑑賄囑知縣羅銓私將近黎民人羅進錄等三十六村撥與管甲因而故

爲鳥吉裸體到處刦掠鄉村受害後蒙兵備副使徐公撥回村峝征除强梗前獎始除即今數十年來貪橫之心非獨革官子孫事起刁奸見土舍開有衰弱竊據數黎遂自立號角敵有本峝首今乘盛欺壓而爭權長者有本奴隸今背主自立而稱峝首者或黎首附籍州縣而所主積恨無巳者以此互相侵奪或引誘出沒使其罪坐所主或左道所殺俾其利致旁收邊患由斯釀大非獨一儋而已皆因此輩乘機嫁禍侵漁黎利所致也必行查其自祖迄今所招而造册以審之行查土舍峝首伊父祖所招黎人村峝至今有服管者若干背拗不服者若干某人地方抵於何人交界某村峝原係借貸版籍糧差熟黎某村峝原係服管無役生黎某村峝原係歷代不向化黎岐各令時常帶率見官如有冤枉許其訴里老有涸包霸佔他人村峝在內者從今各要自首改正待其有



功通道路以換魚鹽而後量以冠帶給之近時探有陽春峝其峝在五指下東南爲郡之中黎居以千計自不爲惡南有滿他香根竹茂竹攏皆係反黎西南有萬家羅活磨岸磨魁等村東有思河等峝東南有縱橫斬兇等峝北去定安東南出萬州陵水西北至儋州程共六日惟西至昌化中阻大溪須浮筏乃濟問之始通之人入自思河僅六日前半路頗崎嶇後愈入愈坦岐黎欵奉情極卑謹其旁呼爲百姓峝者乃天順中都賊餘黨潛住生息甚繁皆東路此岐猶勤耕作由此觀之則無險阻可知矣必須翻然改悟守法循規開諭黎岐各安生理不行鈐制之擾不事勾引之謀則瓊崖庶其靖矣不然則湛鉞之討南蛇何其危也湛鉞廉州衛借職指揮堅廣東都指揮僉事性英俊有文武才畧好用奇策志其勢每與下官有謀者共議宏治十四年夏六月瓊郡儋州七方峝

黎賊符南蛇謀殺尚首符那月占奪地方搆黨反亂刻箭傳約三州十縣黎賊各皆領箭有同時反者有觀望成敗以爲向背者因攻圍儋州陷感恩昌化臨高三縣人民死者十七八閭閻灰燹亦地數百里澄邁安定其害半之瓊州西界一千餘里道路不通海南幾危是秋九月鉞領兵討賊到瓊當見報不信宿戒行就道至澄邁西峯驛通臨高縣走報賊首南蛇令賊黨符那攬那樹約會舉縣賊黨王琳王細保等分領賊兵合萬餘刻期來攻本縣那攬等兵數千已至城下攻西北門垂陷約王琳等攻東南門兵數千亦垂陷指揮張翮領孤軍與知縣林彥修誓以死守危在朝夕邊山人民大半陷沒邊海者無路逃生扶老攜幼符投水死據報時漢達官軍不滿三千後軍未至衆皆有懼色而鉞勇氣自倍遽傳令止軍命士卒軍人作二日糧密詢賊營所在親率先事者領奇



兵由間道晝夜兼程馳突臨高賊而反遶出儋賊之後地名奉藍擣賊老營盡殺守營者百餘級賊方攻城遙聞鬬聲咸歡呼相賀以爲縣與之來相應也攻城益急已而聞官軍舉砲聲驚知老營已破官軍扼其歸路遽掣衆退敵來勢洶湧鉞曰賊方在死地且彼衆我寡未可迎敵觀彼大衆一退勢必不復能止宜斂圍卸甲其半而中邀殺之取威滅賊在此一舉戒軍士如令已乃躬率精銳衝斷賊陣爲二賊前後不復相顧漢達官軍從而擢之又復斬首七百餘級城內軍復出乘其後賊衆大潰散走相失軍民兵擒獲不盡藏匿草野中鄉民荷鋤畚挺殺賊無算連六七日解逆不絕生擒賊首符那樹而那攬者先時乘凭死尸捧頭竄去軍聲大振前項赴約賊徒中道聞風束兵逃走領箭攀賊已反者舉皆奪氣逃衛觀望成敗餘皆願出聽招撫而攻封賊首符南蛇亦遂解

圍歸守窟穴鉞以二千精兵破強賊萬衆救臨高一縣垂陷之城全萬家垂死之命威風四達三州一縣莫不引領望治無何以因晝夜兼程時途啗宿食冒雨苦戰致疾以死海南軍民遠近相弔如喪親戚前賊聞知又復處處緣起後事難言矣

嘉靖甲午之役黎福二巳虜千戶杜盛百戶楊榮并復土舍誅其尚首功決不可成也譬則大黃附子湯泡以制之皆艮劑也可盡棄哉

雜蠻

海獠凡浮海自東西二海而來者皆是也南有八蠻曰天竺曰咳首曰焦僥曰跛踵曰穿胸曰儋耳曰狗軹曰旁脊凡此八者自有荒服以來名號不知其幾變矣周官設象胥掌之其語言固可譯而知也然其名號之變史不能詳漢明帝時天竺浮屠胡法始入中國其俗



捨身焚尸謂之荼毗至今僧學佛者猶然小民火葬效之華風壞矣永平十七年儋耳焦僥等國貢獻由元帝先此棄珠崖故儋耳復爲島夷今則已屬瓊州皆中國人居之聲名文物化於華夏無復緩耳縷頰之狀而西北賈胡有鐻耳垂環而至者

山海經儋耳之國在大荒北任姓號萬子食穀北海渚中郭璞注云其人耳大下儋垂在肩上朱崖縷畫其耳亦以彷之也

焦僥在永昌徼外夷其人長三尺而諸番黑小廝或充貢物而咳首等種大抵皆海獠也日南徼外占城以至西域默德那國其教皆以事天爲本而無象設（即近日天主教）

其經有三十藏凡三千六百餘卷其書體旁行於篆草楷三法今西洋諸國皆因之文有陰陽星歷之類

其地雖接天竺而與佛異俗重殺非同類殺者不食不食豕肉謂之

回回色目教門今懷聖寺有番塔剏自唐時輪囷其上凡十六丈五尺每日禮拜者是也然亦有占城諸國人雜其中間多蒲及海姓漸與華人結姻或取科第宋余靖嘗言越臺之下胡賈雜居岳珂程史則謂爲番禺海獠云

程史番禺海獠雜居有最豪者蒲姓號曰番人本占城之貴人也既浮海而遇風濤憚於反復乃請於其主願留中國以通往來之貨主許焉舶帥實賴給其家歲久定居城中屋室皆侈靡逾禁使者方務招徠以阜國計且以其非吾國人不之問故其宏麗奇偉益張而大富盛甲一時紹熙壬子先君帥廣余年甫十歲嘗遊焉今尚識其故處層樓傑觀晃蕩綿亘不能悉記然稍異而可記者亦不一因錄之以示傳奇獠性好鬼而尚潔平居終日相與膜拜祈福有堂焉以記名如中國之佛而無像設稱爲敖牙亦莫之能



曉竟不知何神也堂中有碑高袤數丈上皆刻異書如篆籀號爲像主拜者皆向之旦輒會食不置匕筯用金銀爲巨槽合鮭炙粱米爲一灑以薔露雜以冰腦坐者皆寘右手於褥下不用曰此爲觸手惟以溷而已羣以左手攫取飽而滌之復入於堂以謝居有樓高百餘尺下瞰通流謁者登之以中金爲版施機蔽其下奏則鏗然有聲樓上彫鏤金碧莫可名又有池亭池方廣凡數丈亦以中金通甃制爲甲葉鱗次全類獠籍而大之凡用銀錠數萬中堂有四柱皆沉水香高貫於棟曲房便榭不論也嘗有數柱欲獻於朝舶帥以其非常有恐後莫致不之許亦卧廡下後有窣居塔高入雲表式度不比他塔環以甓爲大紐繫而漕之外圜而加灰飾望之如銀華下有一門拾級以上由其中而圜轉焉如旋螺外不復見其梯磴每數十級啓一竇歲四月舟舶將來羣獠入於塔出於竇噣拆號呼以祈南風亦輒有驗絕頂有金鷄甚巨今亡其一足聞諸廣人始天大風雷爲盜所取迹捕無有會市有妻人鬻精金執而訊之良是問其所以致曰獠家素嚴人莫闖其藩予宿梁上三宿而至塔裹麨糧隱於顛晝伏夜緣以剛鐵爲鉎斷而懷之重不可多致故止得其一足又問其所以然曰予之登也挾二甬蓋去其柄既得之因天大風鼓以爲翼乃墜平地無傷也盜雖得而其足卒不能補以至今他日郡公以事勞宴之迎導盛飾家人往觀余亦在見其揮金如糞土珠璣香貝狼籍坐上以示侈懽人曰此其常也後三日以榼薦酒饌燒羊以謝龍麝撲鼻奇味不可紀皆可食迴無同槽故態羊脂珍皮色如黃玉酒醇味甘幾與崖蜜無辨獨好作河魚疾以腦多而性寒故也余後北歸見藤守王君與翁諸郎言其富已不如昔日池屋皆廢云



成化四年都御史韓雍修寺以所留達宮指揮阿都剌等十七家居之番言阿都剌華言師父也達官本蒙古人雜領色目始此

番商者諸番夷市舶交易綱首所領也自唐設結好使於廣州自是商人立戶迄宋不絕詭服殊音多流寓海濱灣泊之地築室聯城以長子孫使客至者往往詫異形諸吟咏宋時商戶鉅富服飾皆金珠羅綺器用皆金銀器皿有凌虐七著者經畧帥府輒嚴懲之華人有投充番戶者必誅無赦淳化五年二月癸卯南海商人獻吉貝布畫海外蠻圖及猩猩圖玉帶上於北苑近臣觀之天聖後留寓益夥夥首住廣州者謂之番長因立番長司人食國舶主蒲希密屢貢詔賜黃金準其所貢之値禁網疎濶夷人隨商翺翔城市至有蠻媪賣藥

投荒錄云番禺端午聞街中喧笑諸召之乃蠻媪荷山中異草鬻富家婦女爲媚男藥者或抽金篸或耳璫償其直

熙寧中其使辛押陀羅授懷化將軍乞統察番長司公事詔廣州裁處其後辨告戸絕

龍州畧志廣州商有投於戸部者曰番商辛押陀羅者居廣州數十年矣家貲數百萬緡本獲一童奴返海遂養其爲子陀羅近歲還番爲其國王所誅所養子遂主其家有二人在京師各具數千緡皆養子所遺也此於法爲戸絕謹以告李公擇既爲留狀戸部官謂子曰陀羅家貲如此不可失也子呼而諭之曰陀羅死番國爲有報來廣州耶曰否傳聞耳陀羅養子所生父母有在者耶曰無有也法告戸絕必於本州縣汝何以告於戸部曰戸部於財賦無所不治曰此三項皆違法汝狀此三不當吾貸汝其人未服告之曰汝不服可出詣御史臺尚書省訴之其人乃服并召養子所遣二人謂之曰此本不預汝事以召汝者恐人妄搖撼汝耳亦責



狀遣之然郎中終以爲疑子曉之曰彼所告者皆法所禁不訴於廣州而訴於戸部者自知難行欲假戸部之重以動州縣耳郎中乃已

遂立番坊夷人有居瓊管者立番民所

投荒錄瓊管夷人食動物凡蠅蚋草虫蚯蚓盡捕之入截竹中炊熟破竹而食頃年在廣州番坊獻食多用糖蜜腦麝有魚俎雖甘香而腥臭自若也惟燒笋一味可食先公至北虜日供乳粥一盤甚珍但沃以生油不可入口諭之使去油不聽因諭令以他器貯油使自酌用之乃許自後遂用淡粥大率南食多鹽北食多酸四夷及村落人食甘中州及城市人食淡五味中只苦不可食

洪武初令番商止集舶所不許入城通番者有厲禁正德中始有夷人私築室於番澳者以便交易每房一間更替價至數百金嘉靖三十五年海道副使汪柏乃立客綱客紀以廣人及徽泉等商爲之三十八年海寇犯潮始禁番船商及夷人毋得入廣州城

俚賊在廣州之南蒼梧鬱林合浦寧高凉五郡中央地方數千里村落長帥恃在山險不用王法自古及今民俗蠢愚惟知貪利無有仁義道理不愛骨肉而貪寶貨及牛物若是賈人有財物及水牛者便以其子易之夫或鬻婦兄亦賣弟父子別業父貧乃有質身於其子者有負其家債不時還者其中子弟愚者謂曰我爲汝取錢汝當善殯我耳郎折野葛根數寸徑到債家門下謂曰汝負我錢不肯還我因食野葛死於門下其家便稱寃宗族人衆集其家曰汝不還我錢而殺我子弟今自當繫汝債家慚懼因以牛犢財物謝之數十倍死家乃收屍去不以爲恨刻木以爲符契言誓則至死不改最貴銅鼓鑄初成懸於庭中置酒以招同類來者有豪富子女以金銀爲大釵



執以扣鼓因遺主人名爲納鼓釵風俗好殺多搆讎怨互相攻擊輒鳴此鼓集衆到者如雲有是鼓者極爲豪强號爲都老羣情推服

尉佗於漢時稱蠻夷大長老故俚人猶呼所尊者爲倒老也言訛又稱都老云

所異於瓊崖者以雜於諸蠻故也然人能識之俚人則質直尚信諸蠻則勇敢自立皆重賄輕死惟富爲雄巢居崖處盡力農事大抵輕悍易怨以變

唐韓愈送鄭權尚書序嶺雲南其州七十其二十二隸嶺南節度府其四十餘分四府府各置帥然獨嶺南節度爲大府大府始至四府必使其佐致問起居謝守地不得即賀以爲禮歲時必遣賀問致水土物大府帥或道過其府府帥必戎服左握刀右屬弓矢拍馬夸鞍迎於郊既至大府帥入據館帥守屏若將趨入拜庭之

為者大府與之為讓至一至再乃敢改服以賓主見適位執爵皆興拜不許乃止虔若小侯之事大國有大事諮而後行隸府之州離府遠者至三千里懸隔山海使必數月而後能至蠻夷輕悍易怨以變其南州皆岸大海多洲島風帆一日踔數千里瀾不見踪迹控馭失所依險阻結伙黨機毒矢以待將吏搪塘呼號以相和應蜂屯蟻集不可爬梳好則人怒則獸故常薄其征入簡節而疏目時有所遺漏不究切之長養以兒子至紛不可治乃草薙而禽獮之盡根株痛斷乃止其海外雜國若耽浮羅琉球毛人夷亶之州林邑扶南真臘於陀利之屬東南際天地以萬數或時候風潮朝貢蠻胡賈人船交海中若嶺南帥得其人則一邊盡治不相寇盜賊殺無風雨之災水旱厲毒之患外國之貨日至珠香象犀玳奇物溢於中國不可勝用故選帥常重於他鎮非有文武威風知



大體可畏信者則不幸往往有事長慶三年四月以工部尚書鄭公為刑部尚書兼御史大夫往踐其任鄭公常以節鎮襄陽又帥滄景德棣歷河南尹華州刺史皆有功德可稱道入朝為金吾將軍散騎常侍工部侍郎尚書家屬百人無數畝之宅僦屋以居可謂富而能貧為仁者不富之效也及是命朝廷莫不悅將行公卿大夫士苟能為詩者咸相率為詩以美朝政以慰公南行之思韻必以來字所以祝公成政而來歸疾也

自嶺以西俚人漸貧至或鬻髮於市

投荒錄南海新州俚人男婦皆美鬒髮每沐以灰後梳水中執水以沐以豕膏滋其髮至五六月稍禾熟民盡髠鬻於市復取豕膏塗定至來年又可鬻也

自蜆岡以南瀕海種蔬水上為圃

玉堂閒話廣州番禺縣嘗有俚民牒陳云前夜亡失蔬圃今見在某處請縣宰判狀往取之詰之則云海之淺水中有荇藻之屬風沙積焉其根厚三五尺因墾為圃以植蔬夜為人所盜盜之百里外若浮筏故也

婦女不知蠶績惟治庖廚

投荒錄嶺南俚俗不教女子紡績針縷但教之善庖廚治醯醢或責之則歎曰我女裁袍補襖則灼然不會若調治水蛇黃鱔一條必勝一條聞者絕倒

村市多有屠婆解牛

投荒錄南海解牛多俚婦謂之屠婆屠娘縛牛於大木執刀數之曰某時牽汝耕田不得其時乘汝渡水不即行今何以免死即斬之皮作鞭無論男婦皆能宰



莫猺者自荊南五溪而來居嶺海間號曰山民蓋槃瓠之遺種本猺獞之類而無酋長隨溪谷群處斫山為業有採捕而無賦役自為生理不屬於官亦不屬於峒首故名莫猺也嶺南海北人呼為白衣山子欽廉邇來亦有墾田輸稅於官願入編戶者蓋教化之漸也

蜑戶者以舟楫為宅捕魚為業或編蓬浮水而居謂之水欄見水色則知有龍故又曰龍戶齊民則目為蜑家晉時廣州南岸周旋六十餘里不賓服者五萬餘戶皆蠻蜑雜居晉書陶璜上疏自唐以來計丁輸課於官洪武初編戶立里長屬河泊所歲收漁課然同姓婚配無冠履禮貌愚蠢不諳文字不自記年歲此其異也東莞增城新會香山以至惠潮猶多

惠州志蜑長又稱蜑家里長其種不可志考之秦始皇使尉屠睢統五軍監郤鑿河通道殺西甌王越人皆入叢薄中與禽獸處莫

皆爲秦意者此卽叢薄之遺民耳宋蘇子瞻有蠻煙蜑雨之句今
在歸善者皆土服著食與平民類婚姻亦畧與下戸相通但其籍
則繫河泊所在興寧者則編屬縣下六都立中甲首甲以領之然
課類猶稱河泊焉曰蜑民乃居水者船只支櫱衣不蓋膚計舟納課
猶且代販逃亡蜑長每稱課料則逼同族人稱債主計日行利每
錢一文明日二文又明日四文雖至百文猶不能已於是每每爲
盜推厥原由族人里長罪之魁也嘉靖中知府李玘設法嚴禁潮
州志潮州蜑人有姓麥濮吳蘇自古以南蠻爲蛇種觀蜑家祀蛇
象可見世世以舟爲居無土著不事耕織唯捕魚裝載以供食不
通土人婚姻嶺東河海在在有之本縣舊立一戸國初置河泊所
轄之歲課魚米洪武二十四年籍其戸爲南廟里甲輸糧之外惟
供船差不事他役



至雷瓊則少廣中近年亦漸知書或登陸附籍與良民同編亦有取
科第者矣然罾門多爲勢家所奪蜑民亦行刦盜
番禺沙灣東莞布衙新會金星門至奇獨澳每蜑船一大小九爲
一甲客軍至卽九小并爲一艘饋魚鮮不受卽戰官軍盤之則有
尚書主事據文近日清查土豪所占皆退出在官造册以有力者
總領他日合於倭寇可占矣
盧亭亦曰盧餘在廣州城東南百里以採藤蠣爲業男女皆椎結於
項女許人及嫁始結胸帶相傳爲盧循遺種故名裸體能伏水中數
月此其異於蜑而類於魚者也
月山叢談晉賊盧循兵敗入廣從舟逃居海島上久之無所得衣
食生子孫皆赤身謂之盧亭嘗下海捕魚充食其人能於水中伏
三四月不死蓋化爲魚類也其捕魚使人張罾則數人下水引綦

魚入罾內旣入引繩示之則舉罾并其人以上亦有被大魚吞者
正德中香山縣獲一人驚以爲異執以赴官將以上聞或識之曰
此盧亭也其人入水時偶值颶風不能起潛游數月至香山見罾
以爲巳地乃坐其中爲人所獲初獲言語不通久之曉漢語詢之
信然
馬人本稱邑蠻隨漢馬援流寓銅柱後隨衆來附者也始十戸後孳
衍至三百皆姓馬其人深目豭喙散居崗落中獻歲時至軍府聽令
獷獞不與同羣自爲一種今亦不可復辨矣唐韓愈詩衙時龍戸集上日馬人來謂元旦也
烏蠻烏滸之蠻能噉人者也在南海郡之西南安南都統司之北
裴淵廣州記在晉興今南寧鎮南關
石損子産國生首子輒解而食之謂之宜弟味旨則以遺其君君喜
而賞其婦娶妻美則讓其兄其國有烏蠻灘焉其後國廢於漢建武



中民各爲族常取翠羽採珠爲產又能織斑布可以爲帷幔以鼻飲
水口中進啜如故當交廣之界恒出道間伺候二州行旅有單途輩
者輒出擊之利得人食之不貪其財貨也地有棘厚十餘寸破以作
弓長四尺餘名孤弩削竹爲矢以銅爲鏃長八寸地有毒藥以傳矢
金入皮額盼之間肌肉便皆壞爛而死詢問此藥云取諸虫有毒螫
者合著管中燥之旣爛因取其汁日煎之如射肉在其內則裂外則
不復裂也烏滸人以肉爲殺俎取其髑髏破之以飲酒其伺候行人
以矢射之若人無救者便以火燔燎食若人有伴相救不容得食力
能不盡擔去者使鏃取人手足以去尤以人手足掌蹠爲珍共以餉
長老出得人歸家合聚鄰里懸死人中堂四面向坐擊銅鼓歌舞飲
酒稍就割食之春月方田尤好出索人貪得之以祭田神其後稍變
族類同姓有爲人所殺則伺殺主居處不問是與非遇人便殺以爲

肉食也楊孚記之云爲南裔異物云

鬼奴者番國黑小厮也廣中富人多畜鬼奴絕有力可負數百斤言語嗜慾不通性淳不逃走亦謂之野人其色黑如墨唇紅齒白髮鬈而黃有牝牡生海外諸山中食生物采得時與火飼食之累日洞洩謂之換腸比或病死若不死卽可久畜能曉人言而自不能言有一種近海者入水眼不眨謂之崑崙奴唐時貴家大族多畜之永樂四年娑羅國東王西王各遣人來朝以黑小厮充貢物

海洛國目黃睛性能專愨木食如猿猱近烟火淚目死出暹羅

畬蠻嶺海隨在皆有之以刀耕火種爲名衣服言論漸同齊民然性甚狡黠每田熟報稅與里胥爲奸里胥亦憑依之近海則逼番人尙則逼猺凡田墠礦場有利者皆糾合爲匿以欺官府其害慘於甲兵廣惠雷廉罹其毒而事不發者里胥庇之也按周官土訓掌道地鄙



以詔地事道地慝以辨地物而原其生以詔地求謂昔有而今無似利而實害者皆爲地慝

惠之歸善海豐廣之雙善香山皆有銀鑛畬蠻招集惡少投托里胥假爲文移開礦取銀因行刦掠如香山縣茶常都雞柏村銀浦角宋初産銀取上供屬廣州宜祿場大觀中廣東廉訪使黃烈奏言礦內苗脉微甚而浮冗之人以納官爲名發設民田騷動邀叛詔罷宜祿場令官封之違禁者誅越三百年人無敢發者正德中順德豪民勾引勢家糾集逃賊及白水賊徒僞揑朝旨執照乃開礦採煎村民初猶拒之其後力不能勝盡被屠戮而淫其妻女使供炊爨每歲得銀漸至千餘兩嘉靖甲辰苗脉已盡賊徒乃散然其地雞犬桑柘亦俱盡矣邇來海寇滋多皆此曹也又南三竈正抵海洋番國有田三百餘頃極其膏腴玉粒香美甲於一方在宋爲黃興上下二圍元時海寇劉進據之洪武初屬黃粱籍居民吳進滋通番爲亂二十六年都指揮花茂奏討平之悉逸其餘黨詔虛其地除豁田地永不許耕歲令官軍千人防守正德中南池世家以新會虛稅影占亡命之徒附之招合畬蠻立爲十里聚衆盜耕嘉靖十五年該都里排贖爲已業已而有錢備者素通番舶倚强占奪與畬蠻霸耕僞立文案與里排分上下圍管業知縣鄧遷申明上司丈量餘田歸官歲收租穀歸預備倉里排與通猺畬蠻仍復侵據號召海寇大爲民害焉

誦訓道掌方志以詔觀事掌道方慝以詔辟忌以知地俗謂毒蠱之類皆爲方慝

周官庶氏掌除毒蠱以攻說禬之嘉草攻之其禍之來久矣粵地山林川澤之阻虎狼虺蝮雖或害人然毒莫如胡蔓蠱莫如藥鬼



者胡蔓草也葉如茶其花黃而小一葉入口百竅潰血人無復生邇來品彙蕃盛花葉異常不獨郊外雖邑內在在有之兇民將取以毒人則招搖若喜舞然眞妖物也或有私怨者茹之呷水一口則腸立斷或與人鬬置毒於食以斃其親誣以人命者有之知縣鄒驗嚴加禁約乃少悛云藥鬼者愚民造蠱取利取百虫器置經年視獨存者能隱形與人爲禍隋志載其法五月五日取百種虫小者至虱合置器中令自相啖餘一種存之蛇則曰蛇毒虱則曰虱毒行以殺人因食入入腹內食其五臟死則其産移入蠱主之家三年不殺人則畜者自罹其弊累世子孫相傳不絕亦有隨女子嫁焉凡屋宇淨無塵煙者卽其鬼所爲也又有挑生於飲食中魚肉果菜皆可挑入中其害者胸腹絞痛十日其蠱能動腫脹鼽竅九孔流血而死初中蠱嚼以黑豆不醒易以白礬其甘如餳滋

之以歸魂散雄硃丸在胷膈急宜飲麻油及盒蜜生冬瓜或田鼠
差驗嶺南衛生方治胡蔓草毒急取抱卵未出雞子細研和以清
油斡口灌之乃吐而甦其蠱毒挑生存上鬲者用胆礬半錢投在
熱茶內候鎔化服之以鷄翎攪喉令吐其下鬲者鬱金末二錢飲
湯洞下即瀉出至於麻藥富室誘小民置酒中飲後昏不知人貨
財皆被奪去然醒後不死亦惡物也
懸如畜蠻而齊民效之是在有司加意禁治而已
飛頭獠者嶺南溪峝中往往有之頭將飛一日前頸有痕匝項如紅
縷妻子遂看守之其人及夜狀如病頭忽生翼脫身而去乃於岸泥
尋蟹蚓之類食之將曉飛還如夢覺其腹實矣一曰占城有尸頭蠻
者本是婦人但無瞳人爲異其婦與家人同寢夜深飛頭而去食人
穢物飛回復合其體即活如知而封固其項或移體別處則死矣人



有病者臨糞時遭之妖氣入腹必死此婦人亦罕有民間有而不報
官者罪及一家番人戲之觸弄其頭必有生屍之根蓋即飛頭蠻也
又有鑿齒花面白衫赤裩之屬不可勝數
論曰俚戶其猶有樸畧之風乎重契符結信約毫髮弗爽雖士人
不過也使撫得其道則盡入版圖久矣始也土著奸宄授官與縣
抗衡雖盡革去而其子孫指其舊屬猶曰吾百姓也染其風者亦
陵役下戶如奴隸然俾不得與齊民齒此珠崖錄裁抑土舍實根
本之論也昔者商大節嘗爲予言婺嶺之役深入其阻不用鄉導
則清樾馬道曠若無人少駐待炊箭從葉出其發如雨雖狼達亦
莫能禦避謀諸土舍使探路乃行故獨不肯得全師而歸由此觀
之可盡革哉擇而用之招諭有功然後官之必如洪武末年止授
副巡檢則受制州縣雖奸宄無所售矣今也彼雖弗售而州縣非

人嚴刑峻罰肆其饕餮或爲鼷鼠甘口以朘削膏脂者有之或爲
饑狼要吻以血人於牙者有之趨事兵憲日遂遂馬塵燼影間部
使輒止雷陽惟呈手冊而文卷皆匿焉雖有張弛平反未之或遵
內地且然而矧珠崖之荒乎故婺嶺之叛貪戾激之也嗟乎雜蠻
可化也彼何人斯不可化也誠令長吏皆循則交阯至今一藩司
也婺嶺遐地人奚叛之有

海寇廣東

明洪武四年五月海寇鍾福全李夫人等寇海晏下川等地廣州左
衛僉事楊景追捕至陽江平之
福全僞稱總兵與李夫人徐仙祐等叛於海晏下川大僚丈持等
地景即令指揮范懷率舟師剿捕至陽江海陵山并上川驚惶門
遇賊船二百艘擊敗之



十四年海寇饒隆作亂邑人蕭子明捕之
海陽縣三饒賊首饒隆程鄉縣萬安都人蕭子明募民兵追捕之
二十年海寇周二作亂邑人蕭子明討平之
安遠縣賊首周二寇程鄉縣吳指揮率兵駐於境縣官遣子明領
民兵協力討平之又黃壽山曾必長於永樂中聚衆山海剽掠揭
陽人民旋討平之
二十六年八月命安樂侯吳傑永定侯張全率致仕武官往廣東訓
練沿海衛所官以備倭寇
永樂七年四月海賊阮某寇長熟林崫二巡司焚廨舍毀砦柵而去
巡海副總兵李珪遣雷州衛官軍追擊敗之獲賊船二十七艘生擒
賊屬男婦一百六十八人本年冬十二月倭寇陷廉州教授王翰死之
九年三月倭寇攻陷昌化殺千戶王偉命副總兵指揮李珪等討之

廣東都指揮使司奏比倭賊攻陷昌化千戸所王偉等戰敗被殺
軍士死者甚衆城中人口倉糧軍器皆被刦掠而副總兵指揮李
珪及南海衛所遣領兵指揮千百戸徐茂等初不嚴兵備禦賊至
不敢援賊去亦不追勦罪當死上曰此不可宥姑令捕寇贖罪如
寇不獲皆斬
十九年正月辛巳珪於潮州靖海適遇倭賊與戰破賊衆生擒十五
人斬首五顆并所獲器械悉送北京
戊子兵部言廣東都指揮李端捕倭失機已就逮上命選能幹官
往率兵禦倭
二月辛丑命都督僉事胡原充總兵官都督僉事梁銘都指揮使薛
山爲副率原調廣東都司所屬官軍五千人巡捕倭寇正統十二年
海寇陳方寧作亂潮陽知縣劉原洪禦之

洋防輯要　卷十五　廣東防海略下　二十八

漳州海寇陳方寧攻刼潮陽知縣劉原洪旁城捍禦
十四年八月海賊從黃蕭養攻廣州城不克後蕭養伏誅海賊皆遁
景泰三年四月海賊寇掠海豐新會參政謝祐遣指揮張通攻走之
天順二年五月廣東副總兵翁信奏海賊四百餘犯香山千戸所燒
燬備邊大船其遣指揮張通總督不嚴致失機乞正罪章下都察院
請逮問如律別委武臣代之上曰通罪本難容但今用人之際姑宥
之仍令殺賊以贖前罪十二月陞廣東備倭指揮同知張通按察司
僉事謝獻及官軍十人俱一級兵百二十五人賞有差以新獲海賊
故也七月海寇嚴啓盛寇香山東莞等處巡撫都御史葉盛討平之
先是啓盛坐死囚漳州府越獄聚徒下海爲患敵殺官軍拘留都
指揮王雄至廣東復殺備倭都指揮杜信至是招引番船駕至香
山沙尾外洋僭稱其實會同鎮守廣左少監阮能巡按御史呂益

命官軍駕大船衝之遂生擒啓盛餘黨悉盡海患始平
三年海寇羅劉寧作亂潮州知府謝光討平之
羅劉寧程鄉盜也天順中作耗海陽甚爲猖獗知府謝光討平之
海寇黃于一林烏鐵等作亂潮州知府周宣討平之
黃于一林烏鐵魏崇輝俱海寇爲亂正統五年殺敗海陽官軍大
肆掠刦所過無不殘害知府周宣以奇計誘烏鐵等誅之于一等
益肆亂刦掠揭陽縣治市下夏嶺等二十四村皆被脅從當道檄
宣捕賊宣親督兵據險紮營凡七所與賊相拒四十餘日擒賊渠
魁餘賊不敢出宣謂盜魁既得餘可撫而下也乃出榜令鄉民陳
驥等入賊中張挂而自詣賊營撫諭各賊皆釋甲羅拜乞降且訴
從賊非本心皆出於被脅不得已因遍歷各村放回被擄男婦三
十三名口拘收大海船一百五十艘撫過從良民一千二百三十

洋防輯要　卷十五　廣東防海略下　二十九

七戸繼而山賊羅劉寧等復集衆入海爲亂燒刦惠州府興寧長
樂等縣當道復檄宣捕賊宣潛令從良民黃伯良等出其不意搗
其穴大破其巢俘斬陳聰馬信歐瓊等并獲妖婦羅法娘羅劉寧
母妻與其男貞子等六百六十名奪賊馬五十匹取回各府被擄
男婦揭阿孫等二百二十一口時湯田黃寒等處皆從賊官臣欲
乘勝盡滅之宣謂脅從罔治乞豈免得復戸七千全活命數萬賊
平當道以宣漳人漳潮相密邇擒盜互相藏匿難以行事奏改宣
宣聞命即日就道民遮留不得相與涕泣乃集二百餘人赴闕上
疏乞留宣疏未上而新任太守出京矣既而海寇復大亂攻圍縣
治刦行居民殺死指揮劉琛通判劉恭又掘破海堤淹沒軍民房
屋萬餘區城門晝閉官吏束手無策鄉儒陳驥等白當道曰事急
矣必令周守復來其事乃定因具書請宣宣慨然而來軍民聞風

宣令當道開城門納逃難諸良民府縣學舍寺觀及官廨曠閒處所皆聽栖宿病者給醫藥死者給棺槨貧乏不能自存者皆設法賑濟之潮人大悅當道欲遽發兵宣曰彼雖爲賊良心猶存况未覔其虛實萬一損吾威重則事去矣不如先招之招之不服發兵未晚也乃出榜約日招降至期各賊駕船數百艘來皆被堅執銳渠魁服色僭擬侯王宣謂曰若等既欲從良何爲乃爾於是皆投戈釋甲去僭服相與羅拜宣爲慟哭衆人亦哭是日單騎親詣賊巢遍歷二十四村且慰且諭歸被擄男婦七百餘人賊船三百餘艘送當道處悉燒燬之其未有燬者皆鑿沉之海濱有神祠賊卜神以爲從違既約日入降而復猶豫宣問之曰卜神不吉宣夜抵神祠告曰民欲從良神何爲告以不吉再告不吉是神不知有順逆吾當別作處分矣次日賊復往卜報曰吉然賊雖得吉卜而終



循豫使人覘之團營結砦如故宣告當道曰賊可滅矣欲降而猶豫衆不爲用矣遂出兵一鼓而滅之潮地悉平事聞朝廷遣官齎表裏賞勞斷役以下并及之

四年海寇魏崇輝作亂僉事毛吉等討平之

魏崇輝許萬七竊據海陽下嶺等村與程鄉山寇羅劉寧黃呴山聲勢相倚民罹其害僉事毛吉知縣陳儁奉命討平

宏治中海寇蘇孟凱作亂潮州知府葉元玉討平之

蘇孟凱饒平人宏治中聚衆山林以革卜爲名因而刦掠海陽村落民罹其害者數年知府葉元玉討平之

正德二年海寇朱秉英作亂官軍滅之

上澄溪賊首朱秉英林傳聚衆刦掠大埔縣鄉村燒燬神前市奏聞總督府檄胡僉事黃指揮裘知府等官征勦殄滅地方稍寧

五年海寇陳良玉等作亂安遠侯柳文討平之

賊首陳良玉梁世昌張士錦等嘯聚程鄉縣義化石窟等都擾害各鄉邑總兵官安遠侯柳文等督兵討平之

六年海寇李四仔等作亂都御史林廷選討平之

賊首李四仔黃鏞張時旺嘯聚石窟義化松厚等都寇亂汀漳惠潮正德七年總督都御史林廷選總兵安遠侯柳文總鎮太監潘忠等督兵討平之

十二年海寇黃白眉等作亂平之

淸遠都簕灌賊首黃白眉雷震賴英等作亂流刦福建漳泉地方二省奏聞總督府調兵檄守巡張參議征勦地方始平

嘉靖元年海寇邱泥金作亂平之

邱泥金饒平人嘉靖中作亂流刦海陽鄉村撫盜通判周箕平之



二年福建賊流刦惠潮提督都御史張嶺總鎮太監韓慶總兵官撫寧侯朱麟討平之

先是福建上杭賊首江小范四等集徒搆亂糾合隣界江西安遠廣東程鄉大賴梁八凡黃萬山賴廉等流刦漳泉官兵追敗突刦程鄉等縣鄉村至是嶺等討發漢達土官目兵打手二千餘名委達官都指揮李翺嶺東分巡僉事施卿右參議孫懋守備都指揮楊懋分道與福建官兵夾攻俘斬五百餘名顆地方始平

五年海寇曾阿三作亂平之

曾阿三程鄉人寇掠海陽數年嘉靖中知府張景暘平之

十年海賊黃秀山等亂提督侍郎林富總兵咸寧侯仇鸞討平之

秀山與黎國璽皆東莞縣民乘船出海勾集潮惠雷廉閩浙亡命屯據海洋東西二路沿海鄉村居民商船屢被其害至是富等殲

督海道副使江良材嶺南守巡王積副使楊漉參議翁磐都指揮王蘭分守雷廉高肇左參將程鑒備倭都指揮陸桓調集兵船分道把截夾攻俘斬首從二百餘名顆秀山等戮於市海道始寧

十一年海賊許折桂等亂提督侍郎陶諧總兵咸寧侯仇鸞撫平之折桂與陳邦瑞曾本亮周廣等皆東莞等縣民先是從黃秀山等出海爲盜秀山伏誅折桂等屯交阯執曾本亮等殺之折桂等復回聚黨沿海剽掠拒敵官兵爲害日熾至是諧等督青海道副使楊瀚兵備僉事莫相統領官兵俘斬首從五十九名顆生擒周廣等戮於市折桂乞降首送違禁器物船隻入官歸還脅從被擄一千七百餘衆海道始清

三十三年提督兩廣兵部侍郎鮑象賢總兵定西侯蔣傅討平廣東海賊



先是賊首何亞八鄭宗興等潛從佛大泥國糾合番船前來廣東外洋及沿海鄉村肆行刦掠殺擄人財拒抗官兵脫往福建等處收納叛亡數千湊同陳老沈老王明王五峯卽王直徐碧溪卽徐銓及方武等分道流刦浙江嘉杭寧紹台溫一帶地方均受其害亞八等仍又遁向廣東地方打刦軍門督行巡海副使汪柏委指揮王沛黑孟陽等統領兵船分東西哨隨往剿捕王沛擒獲何亞八等於廣海三州環共一百一十九名斬級二十六顆溺水燒死不計餘黨駕船脫走四散刦掠新會賊首東文柏等乘機突起嘯聚千餘隨卽撲滅撫其脅從三百餘人而徐銓方武等又自福建沿刦突至於潮又爲黑孟陽所破斬徐銓於海其各道守巡兵備等官督幷官兵陸續於潮州柘林南沙烏猪洋新會雷瓊等海面擒斬賊黨共計一千二百餘名顆俘獲賊屬奪回被擄人口各有差何亞八鄭宗興方武鄭時傑等俱解軍門斬於市海島始平初海南柵有天妃廟凡放洋往還皆敬事之且降箕神驗亞八欲寇廣州城往禱令二童子扶箕久不降亞八躬身拜告禱乃降書一死字亞八大怒斷神首幷執二童子殺之其黨知其必敗比行所居大船包以牛草用防官軍潛鑿故是船定不聞鑿聲曉霧溟濛天明不散及兵至猶以爲所遺賊徒得掠而歸遂至於敗亞八東莞人

三十七年正月壬午倭寇自漳泉入揭陽縣刦掠官軍擊敗之復攻刦曉平縣破黃岡民鎮提督都御史王鈁至潮州調集漢達狼兵打手鄉夫副使林懋舉僉事經彥寀參將鍾坤秀知府李春芳各帥師大敗其衆俘馘無算倭寇退走



先是嘉靖壬子倭寇初犯漳泉僅二百人眞倭十之一餘皆閩浙通番之徒頂前剪髮而椎髻向後以從之然髮根不斷與眞倭素禿者自有別戰雖同行退各宿食此其異也徽人王直號五峯者始爲倭經紀後統率往浙破黃巖尚書黃綰家以報私怨遂至寧紹蘇松大掠焚殺甚慘總制集湖貴鉤刀手及廣州打手擊敗之直遂就擒其黨毛老許老等遁入舟山至是犯潮州大船一十三艘其徒八百餘人大都皆漳泉溫紹産也突入揭陽縣大家井村刦財殺人房屋盡燬至遂州千戶所從崩城擁入城中殺死百戶李日芳等報至海道副使林懋舉先往潮州提督都御史王鈁調集漢達官兵幷募廣州新會順德打手未至知府李來豫集鄉夫禦之及僉事經彥寀參將鍾坤秀統督官兵至其擒斬眞倭從倭共一百七十名顆鄉夫之功居多狼兵沿途恣肆官目不能制馭徒張聲勢而已十月甲子賊三百餘徒自焚其舟登岸攻刦碑頭

北塔等村大肆焚掠守備指揮楊璽被殺凡官軍斬獲必奪其尸
去不得伐功璽因伐功致死報聞廣城戒嚴三司往請軍門移鎮
巳而寇集海豐縣潭衝土賊從倭行刦洋尾四村焚掠男婦死者
數千人哭聲遍野懋舉彥案多方禦之民恃以無恐巳而倭酋率
衆千餘自漳州突入饒平縣攻刦黃岡民鎮破其城入居之彥案
坤秀及春芳鄉夫與官兵并力擒斬一百四十六名顆三十八年
二月道軍門駐潮州軍威大振肇慶府同知呂天恩與監督協謀
於海鄉夫皆賈勇擒斬益多寇自饒平閘過趨揭陽縣圍其城彥
案以兵救之寇皆敗走南洋湧鄉夫尤勇斬倭酋金盔甲者一人
其衆大敗俘獲無算及彥案報罷僉事殷從儉代之乘勝每戰皆
捷黃岡鎮團聚者悉出遁走還閩於是軍門遂歸蒼梧奏以坤秀
統師守之



三十八年十月乙丑倭寇復入潮陽縣參將鍾坤秀會按察副使張
子宏嶺東分守參議馮皐謨僉事殷從儉統督官兵禦之屢敗其衆
會提督王鈁擢南京都察院右都御史兵部侍郎鄭綱代爲提督郎
檄官軍嚴討三十九年二月海道副使鄭維誠至四月殷從儉報罷
嶺東分巡僉事齊遇到又屢敗之
倭賊先在福建和平詔安二縣及饒平黃岡鎮隔界屯聚時守將
鍾坤秀領原調南丹州官族莫熹目兵一千九百餘人指揮陳鵾
領原調田州報效官族黃眞目兵一千人於鎮平險要莘山分水
畢二營防截三十八年六月倭報瀕近酋委百戶朱鉞領募兵五
百人鎮撫羅萬麒領團操打手三百人協守俱以指揮馮艮佐統
之復調備倭指揮高拱部領官軍及鎮撫余盛領募兵共七百餘
防守黃岡鎮城通行各縣諭令小民歸并大村起集父子丁夫互

相防守其附郭人民俱移入城內仍行饒平大埔各集鄉夫委官
部領把截要害猥兵秋毫有犯僉事從儉節治以軍法所至肅然
十月乙丑蓬州所報倭船二艘約賊三百餘人從潮陽海口焚船
登岸掠刦錢岡村水哨備倭指揮孫敏擊斬倭級二顆十一月庚
午又有倭賊十餘從招寧巡司河渡磊門登岸同海賊許老等三
百餘徒攻海門所城官軍用銃箭擊死倭賊數名壬申目兵莫善
等追至石牌水陸并進并孫敏又擊敗之賊遁還和平丙子許老
等自海門所至潮陽縣南縣丞范楠鄉等率兵壯鄉夫擒斬十九
名顆并接濟陳林世等四名奪回被擄二十餘口賊遁回和平合
夥丁丑又有賊三千餘徒分三哨從饒平分水關至黃岡鎮城外
署印通判翁夢鯉指揮李熊知縣熊登林叢穆率兵截捕巳卯賊
屯於南洋灣馮艮佐統目兵黃眞莫善分爲二哨千戶黃昇等領



各募兵打手合爲一哨南洋三灣諸鄉兵又協助之擒斬三十八
名顆奪獲接濟三名并被擄人口贓仗馬驢等物乃搶船而奔聚
於關望港口官兵進至楓洋對岸甲午賊出揭陽蓬州都外沙相
焚掠官兵擒獲七名顆有陣亡者隨募兵及烏打背大家井村鄉
夫協勦之而提督交代新令僉嚴守備指揮陳學翰亦至武生詹
宏道等亦督兵獲功十二月巳亥賊往寇隴外甫都官都軍獲二
十名顆會庠生謝弋鳳家丁百名爲軍門取用以千長蕭善文領
之援例典膳秦金製造火藥子母砲九龍梯神技箭各數百枝亦
領兵至辛丑賊自和平營於赤寮村刦揭陽棉湖寨軍門發目兵
五百餘人合學翰截捕丁未新倭賊自福建雲霄突入黃岡余盛
哨禦之互有殺傷賊遁往東嶺戊申賊自關望出營往彩塘官軍
斬獲二十七名顆甲寅新倭合關望大夥官兵營於源頭塘湖適

海道副使鄭惟誠至會督水路官軍指揮武尚文部領兵船亦至張子宏回司已未賊自關望出刦官軍目兵鄉夫共斬獲并獲奸回共六十七名顆秦金領鄉夫打手一千人仍起集三灣鄉夫一千八多給藥銃協同防捕甲子軍門發目兵六百人打手三百人續至賊自縣湖砦突往蘆滘官軍生擒從倭土賊二名并馬一匹三十九年正月癸酉賊移營往潮陽貴山都屯府縣督鄉夫及官軍斬獲十一名顆秦金等官兵用銃擊死尤多丁丑武尚文水兵斬獲六名顆賊又移營於古城官軍追之乙酉四鼓賊船自關望港口往南灣登岸攻閘危急秦金兵及鄉夫用銃砲火箭擊死尤多官軍急赴援協力大戰自寅至午擒斬三千七百七十三名顆賊潰走渡河官兵于英謝弋鳳及鄉夫邀擊之擒斬七十四名顆俘內有自嚙舌死者餘俘及被虜譯字小厮胡器解赴軍門戊子



賊出營祭旗營與南洋灣復讎武尚文等官兵擒斬五十二名顆于英等擒斬四十二名顆鄉夫斬獲六級其在古埕者斬獲一級壬辰賊在關望者土營修船官軍擒斬二十四名顆甲子賊自古埕出刦官軍擒斬二十一名顆二月戊戌賊復回和平沙嶺官軍斬獲一級奪回被虜男婦數十人己酉賊遁至大窖橋目兵邀擊之斬獲頗多戊午賊分哨四百餘乘馬一百十餘匹守備兵刦之擒斬三名顆賊大潰官軍乃得二乘功凡俘馘八百有奇被虜走回者二百餘人獲賊馬十餘匹器仗無算四月殷從儉致仕疏允適擴東分巡僉事齊過至與海道參將會師擒斬二百六十名顆餘賊悉遁

按東莞南頭城古之屯門鎮乃中路也縣有烏艚船號子弟兵者東西二路防守莫不用之舊規每歲春末夏初風汛之期通行督

發沿海府衛所縣巡捕備倭等官軍出海防禦倭寇番舶巡撫定議動支布政司軍餉銀五千兩給發東莞縣貯候支用雇募南頭福永西鄉等處驍勇兵夫與駕船後生共一千五百名查取烏艚船每年三十隻分撥一千名駕駛二十艘分兵於南頭海澳及佛堂門佮仔洋等處又撥五百名駕船十艘往高雷廉等處緊關海澳俱領各備倭官員部領防禦巡緝每月支給工食銀六錢口糧三斗於附近倉分關支若非調遣不給口糧如不敷於潮州府民壯七百八十二名數內二百八十三名工食銀兩征解東莞縣貯候雇募支用其五百名工食銀兩行該府委官選募本處慣經水戰打手與駕船後生共五百名工食口糧照前數就與大城所關支查取海陽等縣艘船往柘林等處海澳協同東路備倭官軍防守前項船俱驗裝載如十萬以上給銀一兩五錢十萬以下給銀



一兩東莞縣雇募於軍餉銀內支用海陽等縣船隻於該府庫貯無礙官錢支領俱待九月終旬風濤止海洋無事方許掣散

嘉靖十四年按察僉事吳大本議以東路柘林澳爲瀕海要害精選兵夫以中路海道咽喉用六百名東路爲門戶用三百名西路頗靜用二百名四月初旬上班九月無事掣班定以柘林爲堡以阻寇變蓋兵貴精而不貴多食宜預而不宜匱備選有常而兵食必足戰守有據而要害必備則三路之海防不爲虛設矣然前此柘林民吳大等已嘗聚衆刦掠惠潮沿海居民被害甚慘嘉靖五年潮州衛指揮賴俊始督民兵驅滅之是寇非外至也海濱獨倚守都黃芒諸村尤爲僻遠居民接濟番船刦掠行舟過號更甚嘗拒敵官兵勢甚猖獗方議大征分巡僉事雍瀾至仍行招撫之僉檄知縣羅雍凱往開諭之置社學立保約擇其子弟十餘人聚於

邑庠於是海表盜賊日消然海賊嘗刦蕭廷昌矣擒獲大半皆潮陽之土著也列漳人先以糴穀爲名而奸民因爲之市賄結軍哨以卵翼之而土著豪强利其貨物交通啓衅豈能盡察哉中路佛堂門十字冷水角老萬山伶仃洋屯門鷄栖海澳最多故用六百名東路雖柘林要害而海豐長沙碣石等處亦宜巡緝故用三百名西路頗爲僻靜故用二百名若倭寇有警增募四百名以足一千五百之數潮州民壯工食於本府軍餉給支兵夫惟選三百名餘留守城有警則雇增二百名以足原額五百之數每艚船四艘一官統之每月更替仿南京操江事體將三路兵船編號定甲使船水手教以接潮迎風之法凡長兵短兵弓矢弩射必常時演習使之出入往來如神海道官嚴加比𫓮以行賞罰仍通行各縣責令沿海居民各於其鄉編立船甲長船甲副長副不拘人數惟其



船之多少一依十門牌內編序應當船上各懸字號若無字號者長副鳴鑼追逐備倭官毋得多帶兵壯下鄉查點總小甲及捕魚船取執結以索銀兩有假稱巡河總甲生事嚇騙者俱行嚴究凡沿海居民量地隨宜起蓋敵樓互相防守一遇有警前後策應凡捕魚小船各在本港不許駕出外洋若遠出不回者地方報官治以接濟之罪

癸丑八月海賊數十艘已寇揭陽兵鄉夫追殺自桃山至大井僅艤十餘而被擄男婦多溺死蓋兵非素養不得地利故也兵法曰置之死地而後存又曰無恃其不來恃吾有以待之打手狼兵虛名而已烏艚船子弟兵皆自中路首擒何寇子弟兵俗呼鬃仔其商販頗類淮海鹽徒而無對敌相刦之惡何亞八亂時詣縣報效蓋因二寇阻其商販之路也知縣何价不許及海道用之素熟地利竟從指揮王沛擒亞八成其功南洋灣鄉夫今在東路屢勝真倭南洋灣鄉夫所居背水正如韓信背水陣置之死地而後存者不捹命敵愾必爲寇所殲故能往往取勝此東路所用之兵也此皆所宜素養者也編號定甲更番作息無事則隨宜農商以養其財聽用則時使休閒以養其力有警則預給工食隨宜釃酒以養其氣威惠相濟務得其心有不戰戰必勝矣此經畧之上計也

洋防輯要卷十六

防海總論　郡國利病書

沿海自廣東樂會縣接安南界起歷海條澳為文昌界鋪前港為會通界神應港豐盈浦為瓊州界麻、頭浦呂灣頭為臨高界田禾灣為儋州界峩許山為昌化所界歷白沙營為感恩縣界大洞天小洞天為崖州界牙孃澳雙洲門為陵水縣界七十二經牙山淡水灣為欽州界卓木營烏雷山為靈山縣界青嬰池楊梅池平江泖為廉州界郘洲為永安所界泖洲為康海所界淄洲為錦囊所界網洲獨猪山為石城千戶所界岡洲小黃、洲汾洲為寧州所界青聚山羅浮峰為神電衛界海陵山為雙海所界小蘐山為海郎所界中蘐山為陽江所界大蘐山為新寧縣界西熊山鴨洲山為新會縣界萬斛山上川山為順德縣界石岐峰為香山縣界蛇西山又南常山為南海番禺



界烏沙洋為白沙巡司界九星洋為福永巡司界珊瑚洲渡杯山為東莞縣界合蘭洲為大鵬所界馬鞍洲為鐵岡驛界寧洲山梧洲山為惠州界記心洋為平海所界徐娘山為海豐縣界大星尖山為健勝所界吉頭峰為碣石衛界前標峰為甲子門所界陶娘灣靖海洲為靖海所界大浮山王嶼山為潮陽縣海門所界小柑山為蓬州所界大柑山為大城所界大京山九猴山為饒平縣界計五千里抵福建南澳山為元鍾所界歷侍郎洲石城嶼為銅山所界歷鴻儒嶼沙汭嶼為陸鰲所界大澂嶼璧洲山為鎮海衛界小澂嶼為月港界舊浯嶼為高浦所界嘉禾山大担山為中左所界小担虎頭山為金門所界大登山小登山為福全所界大捕山小捕山為永寧衛界埕埭峰獺窟峰為崇武所界沙塘灣為惠安縣界嵊嶼白嶼為峰尾巡司界湄洲山為南泉寨莆禧所界石獅峰小澳峰為平海衛界埕口三

江口為沖心巡司界綱山王家嶼為萬安所界六湖山碧水島為鎮東衛界踵山為蕉山巡司界日嶼月嶼為梅花所界卽會城三波嶕五虎澳為連江界下千塘四嶼為定海所界花瓶為北茭巡司界飛鸞渡為寧德縣界青山峰為大金所界天干山丁家埕大俞山三星山流江為福寧州界計二千里抵浙江懸中峰為蒲門壯士二所界歷長沙門大崑山為金鄉衛界鳳凰山為平然所界銅盆山為沙園所界仙口峰飛雲渡為瑞安所界大衢山海安港為海安所界寬嶼破山為寧村所界黃華港為盤石衛界大岩頭為盤石淺岩界前山雙斗門為蒲岐所界兀眼塘斗門關為三山巡司界了髻峯為楚門所界臨門險為險頭所界省梅坑為沙角巡司界大陳山石塘港為松門衛界金淸牐西嶼牐永豐牐皆朱文公所造為新河所界金沙灘鐺嶕為海門衛界海門港為海門前所界五嶼為桃渚所界三門



山為健跳所界石蒲港為前後二所界青嶼灣為昌國衛界小目山為爵溪所界西廚山為錢倉所界孝順洋白塗為大嵩所界大射山為穿山後所界落伽山長白山為中左所界大魚灣為長山巡司界招寶山巾子山為定海衛界金家嶼為寧波界邱家洋為慈谿界金谿浦為龍山所界松浦港為松浦巡司界黃山為觀海衛界破山浦為三山所界化龍浦為餘姚界臨山港為臨山衛界西海塘為上虞界宋家漊為紹興三江所界龞子門為蕭山界和尚山㭶門為會城界茶浦門為海寧所界大衢山小衢山為澉浦所界桑株山為海寧衛界西海口馬迹山北丁興殿前山淡水門為乍浦所界計二千七百里抵江南隸三姑山為金山衛界胡家港為金山巡司界上鈞山中鈞山下鈞山大盤山為青村所界蒲界為南匯所界陳錢山茶山為南踏巡司界寶山為上海界永字山分水嶕為海嶕界綵淘港為

吳淞所界浪岡山顧逕港爲嘉定界竹泊沙送信嘴小團沙新安沙爲太倉界太氣沙管家沙爲崇明界福山狼山三槎口爲通州千戶所界唐家港海門島爲泰州界亂沙新陽港爲鹽城界開山淮河口鶯山爲安東界蠣山高公島爲海州所界清河口巴頭河爲贛榆界甸島勞山島爲安東界孤耆山爲石臼所界計一千八百里抵山東青城峯界歷胡家峯爲高家港巡司界沙嘴峯爲靈山衛界黃埠峯爲夏河寨界浮河峯爲膠州界大勞山田橫島爲鼇山衛界走馬峯爲即墨界馬山爲浮山所界甸島赤島爲雄崖所界吾島探福島爲大山所界巨高島爲大嵩衛界竹島爲海陽所界松島莫邪島漫鷄島爲靖海衛界佛島爲津寧所界五疊島下勞山爲尋山所界歇馬墩洛口堡爲成山衛界海牛島爲不夜城界寶家峯爲百尺岩所界古陌項爲威海衛界文島爲金山所界新安堡戲山峯爲寧海衛界



海鷄山爲黿河呰界盛家庄爲馬埠呰界洋山爲萊州界八角島蜿蟻島爲登州界劉家窪爲廬洋呰界沙門島爲解宋呰界單山爲黃縣界乘島爲馬停呰界鼉島爲昌邑界歆末島爲壽光界都里鎭爲蒲台界青島爲利津界黃島爲濱洲界直沽口爲寶坻界塔山爲蘆龍衛界南半洋山爲昌黎界計一千一百里抵遼東北半洋山爲山海衛界蔬菜島爲中前所界牛車島爲中後所界孤山爲中右所界向陽島羅兒島爲金州衛界石灘島爲中左所界多云島黃駝島爲蓋州衛界屏風山爲復州衛界鳳凰山爲中左所界女兒河爲中屯衛右屯衛界遼河渡古寺島爲廣寧衛界麻田島鄆島爲海州衛界湯站堡爲鎭遼所界臨江爲義州界計一千三百餘里抵鴨綠江爲朝鮮界總其入寇則隨風所之東北風猛則由薩摩或由五島至大小琉球而視風之變北多則犯廣東東多則犯福建正東風猛則必由五島歷天堂官渡而視風之變東北多則至烏沙門分䑸或過韭山海閘門而犯溫州或由舟山之南而犯定海犯象山犯奉化犯昌國犯台州正東風多則至李西嶼壁下陳錢分䑸或由洋山之南而犯臨觀犯錢塘或由洋山之北而犯青南犯太倉或由南沙而入大江犯瓜儀犯常鎭或在大洋而風颷東南也則犯淮揚登萊若在五島開洋而南方風猛則趣遼陽天津防倭者以三四五月爲大汛以九十月爲小汛向之入寇者薩摩肥後長門三洲之賊居多其次則大隅筑前筑後博多倭人善進舟而豐前豐後和泉之人間亦有之乃因商於薩摩而附行者

廣東列郡者十分爲三路高雷廉近占城滿剌諸番烟烽稀曠中路東莞東路惠潮皆倭寇不時出沒之地而東路尤爲要衝若柘林者則又必東路控賊之咽喉門戶也無柘林是無水寨矣無水寨是無



東路矣瓊州四面環海東西九百里南北一千一百四十里長山峻嶺生黎錯居其間而五指腹心盡爲黎據郡閩之定安山險稍或撤備門庭皆勍敵矣茲因辛丑之亂舉兵討平事雖天定險終在夷識者欲於羅活岡據以重兵斷其往來竄伏嘻必如是而後爲久安之計乎福洋烽火門寨設於福寧州所轄官井沙埕羅浮爲南北中三哨後官井添水寨則又以羅江古鎭分爲二哨是在烽火官井當會哨者五小埕水寨設於連江所轄閩安鎭北茭焦山等七巡司爲南北中三哨是在小埕當會哨者三日南水寨設於莆田所轄衝心莆禧崇武等所司爲三哨而文澳港則近添設於平海之後是在日南當會哨者四浯嶼水寨設於同安上自圍頭以抵日南下自井尾以抵銅山大約當會哨者二銅山水寨設於漳浦界北自金山以抵浯嶼南自梅嶺以達廣東大約當會哨者二由南而哨北則銅山會之

浯嶼浯嶼會之日南日南會之小埕小埕會之烽火而北來者無不備矣若由小埕而哨南則烽火會之小埕小埕會之日南日南會之浯嶼浯嶼會之銅山而南來者無不備矣哨道聯絡勢如長蛇防禦之法其能踰此耶總計八閩之地二面當海者二興泉是也一面當海者二福漳是也其要害地如峿江深滬獺窟興化衙心平海龍溪海門漳浦烏尾南靖九龍寨溪是也然莫有如福寧之尤爲險者三面孤懸海中如人吐舌賊人必首犯之舊寨設於州東北六十三里三沙海面援焦竑倡議棄徙松山今必復舊而後可乎浙江沿海舊設四總今增爲四參六總矣四參者杭嘉湖一寧紹一台一溫一也六總者定海昌國臨觀松海金盤海寧也悉其防禦之制自內達外有三重焉會哨於陳錢分哨於馬迹洋山普陀爲第一重沈家門馬墓師爲第二重總兵督發兵船爲第三重備至密也乃若定海者是



寧紹之門戸舟山者又定海之外藩也其地則故縣治也爲里者四爲嶼者八十有三五穀之饒魚鹽之利可供數萬人不待取給於外并若普陀之山比也國初置昌國衛於其上屯兵戍守誠至計也信國經略海上以其地孤懸徙之內地改隸象山識其小而未見其大也蘇松爲浙輔望郡濱於大海自吳淞江口以南黃浦以東海壖數百里一望平坦皆賊經道往因不能禦之於海致賊深入其禍慘矣今建議者曰松江之有海塘而無港口者則自上海之川沙南匯華亭之青村柘林凡賊所據以爲巢穴者各設陸路把總以屯守之而金山介於柘林乍浦之間尤爲浙直要衝特設總兵以爲陸路各將之領袖又於其中添設游兵把總一員專駐金山往來巡哨所以北衛松江而西援乍浦也至於蘇之沿海而多港口者如嘉定之吳淞太倉之劉家河常熟之福山港凡賊舟可入者各設水兵把總以邀

截之至於崇明孤懸大海中尤爲賊寇所必經之處特設參將以爲水兵各將之領袖又於其中添設遊兵把總二員分駐竹泊營前二沙往來巡哨所以往哨海洋而遮蔽港口也內外夾持水陸兼備上之可以拒賊於外洋下之可以巡塘而防守亦既精且密矣乃若淮揚二郡介於江淮之間東濱大海三面隄防考其形勢起自東南廖角嘴抵姚家蕩綿延四百里抵安豐等三十六場俱在腹裏未爲要害要害之處乃通州也狼山也楊樹灣裏河鎮也餘東餘西等場也廖角嘴呂四場也猛港新開港也廟港劉家庄金沙場也其尤要者有三曰新場爲其出入至近逼揚州也曰北海所爲其通新閘港且有鹽艘聚泊也曰廟灣爲其巨鎮而且通大海口也須設三把總以駐之仍用陸路遊擊一員駐紮海安則東可以控狼山通州海門之入而西可以捍禦揚州矣倭患之作嶺嶠以北達於維揚靡不受害



而山東獨不之及者豈其無意於此哉良以山東之民便鞍馬不便舟楫無過海通番之人爲之嚮道接濟再所虞者登萊突出海中三面受敵且危礁暗沙不可勝數非精練之至則舟且不保何以迎敵而追擊乎故安東以北若勞山赤山竹篙旱門劉公之罘八角沙門山諸島乃賊之所必泊而我之所當伺者若白蓬頭揚子口橋鷄鳴澳夫人嶼金勞石倉廟淺灘亂磯乃賊之所必避而我之所當遠者當事諸臣毋恃其不來恃吾有以備之造舟選卒練習故常將來廟堂或修海運以備不虞亦大有賴焉獨禦寇云乎哉遼東古營并地也其背爲沙漠花當吉列迭諸部落在焉其面爲滄濱其餘氣爲朝鮮至明設瀋陽遼陽三萬鐵嶺四衛繞於闔原以遏北陽之衝金復海蓋旅順諸軍聯屬海濱以防島夷之入東北藩籬可謂固矣洪武初倭夷以玩南方之心而玩遼東遼人以禦北敵之法而禦倭寇斬

賊無遺海氛蕩熄劉江金綿島之捷是巳二百年來邊備無故倭敢遠犯哉但地方千有餘里馬步官軍九萬員名止藉山海關一路餽餉我朝北都燕而遠漕江南又自京師達於遼陽飛挽不繼何以食之此其患非渺小矣邇者登萊運米達遼甚便惜未多耳愚謂國初軍屯適中之制至爲精當而大壞極敝司國計者當深念而亟圖之不當專責幕師而已也

海道南自瓊崖北達遼碣回環二萬餘里魚鹽之饒下被於民輓輸之利上濟於國而撻伐之方戍守之備所係亦綦重矣今畧舉海濱州縣著之於篇而附以元人海運之跡城邑形勝山川事跡俱散見各卷中此不載其要荒蕃服及島嶼諸夷皆畧而不書者亦以見重內畧外之意且不欲啟後世窮兵黷武之心也

廣東爲府者有十而濱海之府八瓊州府則回環皆海也



瓊州府北至海岸十里渡海至雷州府海岸爲道六十里而儋州西北去海四十餘里萬州東去海二十里崖州西南去海五十里所屬十縣類皆竝海而瓊之澄邁臨高文昌樂會儋之昌化萬之陵水崖之感恩去海尤近云

大海在欽州之南又東爲廉州府之南

海在欽州南二百五十里與安南國接境又東爲廉州府北去府城八十里

又東折而南爲雷州府之南

海自廉州府南境折而東南出雷瓊二府間又繞而東北今雷州東西南三面皆環海東面去海僅十里所領縣三徐聞一縣尤逼海濱矣縣在府南百餘里東去海二十里

又東北爲高州府之南

高州府南去大海百五十里所屬州一縣五而化州之吳川縣尤逼海濱次則電白縣也吳川縣南去縣四十里電白縣東南去海百里大海自雷州而東北經吳川縣南又東經高州府電白縣南而入肇慶府境

又東爲肇慶府南境

府南境去海爲遠而所屬之陽江縣則南去海僅五十餘里縣在府西南四百四十里與高州府之電白縣廣州府之新寧縣界相接也

又東北爲廣州府南

海在府南百里而所屬之新寧新會香山東莞新安五縣尤爲濱海要衝自陽江縣而東經新寧縣南縣南去海七十餘里又縣西南二百里名寨門海向爲番舶往來之衝又東北爲新會縣南縣



南去海八十里宋之崖山在焉又東北經會城南而三江之水流入焉三江西江北江東江也其南則香山縣也縣北去府城百五十里大海環其外渡海至北岸凡五十里又東北經東莞縣南縣西南去大海六十里又東南爲新安縣南海自縣之西北繞而東南番船往來皆由於此又東北接惠州府界

又東北爲惠州府南

海在府南一百十里而所屬之海豐縣爲濱海要地縣城南去海百里有甲子門諸險志云海自廣州府新安縣東北經府南境又東三百里乃經海豐縣南閩廣往來海豐其必出之途矣

又東北爲潮州府南

海在府南百五十里而所屬潮陽惠來普寧澄海四縣尤近海濱自惠州海豐縣東二百三十里經惠來縣南海在縣南四十里又

東經揭陽縣南海在縣東南九十里又東經潮陽縣南海在縣南
五里又東經府南又東經澄海縣南海在縣南四十里而接福建
漳州府界
福建爲府八而濱海之府四其西與潮州府接境者曰漳州府
海在漳州府東南五十餘里而所屬詔安漳浦海澄三縣皆濱海
衝要也自潮州澄海縣東北入詔安境海在縣城東南一里又東
北經漳浦縣東海在縣東百里又北經府東南而海澄爲漳州之
門戸縣東北以及西南皆濱大海欲固漳州必先衞海澄也
又東北爲泉州府南
海在泉州府城東南四十里唐貞觀二十一年泉州海溢而所屬
同安惠安兩縣尤爲衝要自漳州府海澄縣東北經同安縣南縣
西南去大海僅十餘里又東北接興化府界



又東北爲興化府南
海在興化府南三十里自泉州府惠安縣東北入府境又東北接
福州府福清縣境東南有警防維最切
又東北爲福州府東
海在福州府東百里而所屬福清長樂連江羅源四縣皆濱海之
區也自興化府東北經福清縣東縣東去海三十餘里又北經長
樂縣東縣東去海亦三十餘里又北經府東而建江流合焉又北
經連江縣東縣東去海三十里又北經羅源縣東南縣東南去海
三十餘里又東接福寧州界福州者東南之隩區海陬之襟要也
自福州而達江浙風帆往來最爲捷徑自福州而達交廣乘潮駕
浪東西便易東晉末孫恩肆毒於東海其黨盧循等竄入番禺既
而劉裕與循等相持於潯陽裕潛遣水軍自海道襲其番禺則閩

海非經行之地乎唐咸通中安南陷於南詔諸兵皆屯聚嶺南餽
運艱阻閩人陳磻石建議自福建運米泛海至廣州軍食以足宋
理宗朝朱子奏劄言廣東海路至浙東爲近宜於福建廣東沿海
去處招邀米客景炎祥興之際自閩入粵與蒙古爭衡於海島元
至正十九年時山東河南之路不通議遣戸部尙書貢師泰往福
建以閩鹽易糧給京師得數十萬石其後陳友定亦自閩中海運
貢奉不絕明初定閩粵皆由海道而前湯和出明州海道取福州
而廖永忠自福州海道定廣東世廟時倭寇播惡殲除之績多在
閩粵海中至於安南用兵議者皆以海道之兵不繼故盪平未奏
然則交廣用兵閩海又其上游之勢與
附海運考福建布政司城東南水波門船廠發船至神仙壁碧水
屋山島開洋至三岔河口又東至鼓山寺至瑯琦港娘媽宮前泊



一日至長樂港口一日至民遠鎭巡司一日至總埠頭港一日至
福州左等衞一日至五虎廟一日至五虎門開洋望東北行正東
便是荻蘆山亦謂之裹衣山正北是定海千戸所東南是福清縣
鹽場一日至王家峪海島泊一日至北高山巡司西洋山口泊一
日至福寧州鸒娘娘廟前泊一日至蒲門千戸所晚收䑲艚巡司
海口一日至金鄉衞一日至溫州府平陽縣平陽巡司海口至鳳
凰山銅盆山晚收中界山泊一日至磐石衞見霧在中界山正北
島泊待南風行至晚收楚門千戸所泊北過利洋鷄籠山至松門
港收松門衞東港泊又至台州海門衞東洋山泊離溫州望北行
至桃渚千戸所聖門口泊開洋至大佛頭山屏風山至健跳千戸
所長亭巡司又至羅漢堂山到石浦千戸所東關泊離石浦港後
門過銅瓦山後沙洋半邊山至爵谿千戸所望北行至靑門山亂

石礁洋至錢倉千戶所雙髻港崎頭巡司過至大嵩千戶所沈家
門山招寶山進定海港定海衛南門開洋望北行至遮口山黃公
洋烈港千戶所海寧衛東山小姑山望北行若至茶山低了至金
山衛灘松江府上海縣海套水淺望東南行晚泊候潮過羊山大
七山小七山太倉寶塔望東北行兩日夜見黑水洋南風一日見
綠水瞭見海內懸山一座便是延眞島靖海衛口淺灘避之此運
船自福州至登州靖海衛之道也
又東北爲福寧州東
大海在州東六十里自福州府羅源縣東折而北出經州東又繞
州北而達浙江溫州府界
浙江爲府十一而濱海之府六其南與福寧州接界者曰溫州府
大海在溫州府東九十里唐顯慶元年總章三年海水屢溢永嘉



安固二縣卽溫州境也所屬平陽瑞安樂清三縣皆濱海要地自
福寧州北經平陽縣東海在縣東南七十里又北經瑞安縣東海
在縣東百里而海港直逼縣城南又北經府東又東北經樂清縣
東海在縣東南六十里又東北接台州府界
又東北爲台州府東
海在府東百八十里而所屬太平黃巖寧海三縣皆濱於海自樂
清縣東北經太平縣東海在縣東南二十里又東北經黃巖縣東
海去縣城百里有海港直入徑至縣城北府境海防縣爲最衝黃
巖台郡之門戶也又北經府東又東北經寧海縣東海在縣東四
十里與寧波府接界
又東北爲寧波府東
海在府東南百餘里所屬之象山定海慈谿三縣皆濱海要地自

寧海縣東折北而出爲象山縣縣東西南三面皆濱海相距皆不
過數十里防衛至切又迤北而西折定海縣當其衝縣城東北兩
面皆濱大海定海不特寧波一郡之鎖鑰而全浙之咽喉也由定
海而西爲寧波之北境府北距海六十餘里又西則慈谿之北矣
縣北距海六十里蓋大海自閩至浙皆北行至台州東北乃益折
而東過象山又折而西府境適當折旋之處東南北三面皆險也
自寧波北望金山大洋出崇明沙上海門風帆隼飛信宿可至寧
波告警大江南北安得晏然無事與
大海西折而北出西南爲紹興府境
海在府北三十里浙江錢清江曹娥江之水並會於此而入海謂
之三江海口唐太和二年越州大風雨海溢西北趨杭州不過百
餘里會城以此爲門戶而所屬之餘姚縣亦爲濱海要地海在縣



北四十里自府北而東北對海寧海鹽一帶烽火相接也
又北爲杭州府境又東北爲嘉興府境
海在杭州府海寧縣南十里與紹興府三江口相接並爲襟要唐
大歷十年杭州海溢自海寧縣而東又微折而北經嘉興府海鹽
縣城東里許又東北折而入江南松江府界
江南爲府十有四而濱海之府四其南與嘉興府接境者曰松江府
海在松江府東南七十餘里而所屬上海縣亦濱海要區也自海
鹽縣東北折卽府境金山衛在府東南七十二里其南遙對定海
門當江南之要衝又東北經府東又北歷上海縣東西去縣七十
里而吳淞江之水自縣北以達於海矣
又微折而西北經蘇州府之東
海在府東百八十里而所屬之嘉定縣太倉州常熟縣皆濱海崇

明縣則孤懸海渚在太倉州東二百里大海環其四面東北與海門縣之廖角嘴相爲控帶爲長江外衛舊稱險要今自上海縣而北即嘉定縣之東境海在縣東四十五里縣南吳淞江與上海縣分界又北即太倉州之東境海在州東七十餘里劉河入海處也又北爲常熟縣東北境海在縣東北百餘里大江經縣北以達於海江之北岸即揚州府境矣

淮運考劉家港出揚子江南岸候潮長沿西行半日到白茅港潮平帶蓬櫓搖過撑脚沙尖轉崇明沙正東行南有朱八沙婆婆沙三脚沙須避之揚子江內北有雙塔南有范家灘東南有張家沙江口有陸家沙可避口外有暗沙一帶直至崇明江北有廖角嘴開洋或正西西南西北風潮落正東或帶北一字行半日可過長灘是白水洋東北行見官綠水一日見黑綠水循黑綠水正北行



好風兩日一夜到黑水洋又兩日夜見北洋綠水又一日夜正北望顯神山半日見成山自轉廖角嘴未過長灘正北行靠桃花班水邊北有長灘沙䉶沙半洋沙陰沙溟沙切避之如黑水洋正北帶東一字行量日期不見成山黑水多必低了可見升羅嶼海中島西有磯如筆架即復回望北帶西一字行一日夜便見成山若過黑水洋見北洋官綠水或延眞島望西北行便是九峯山向北去有赤山勞山皆有島嶼可泊若勞山北有北茶山白蓬頭石礁橫百餘里激浪如雪即開使或復回望東北行北有馬鞍山竹山島北有旱門漫灘皆可泊北向便是成山如在北洋官綠水內望見顯神山挑西一字多必是高了即便復同望東北行過成山正西行前鷄鳴嶼內有浮礁避之西有夫人嶼不可行須到劉公島西可泊劉島北西行到之罘島東北有門可入西北離百餘里有黑礁三四畝大避之八角島東南有門可入自之罘島好風半日過抹直口有金嘴石衛出洋內湖落可見避之至新河海口到沙門島東南有淺挨深行南門可入東有門有暗礁西北有門可泊沙門島開洋北過鼉磯山欽島沒島南半洋北半洋到鐵山洋東收旅順口又東收黃洋川西南有礁黃洋川東收平島口外有五個饅頭山進內泊南岸外洋成兒嶺盡東望三山正中入內有南北沙相連可泊三山西有南山收青泥窪西有松樹島北有孤山東北望鳳凰山和尙島墩西有礁石外有亂礁避之三山北青島一路望海駝收黃島使島若鐵山西收羊頭窪雙島有半邊山艾子口望塔山看連雲島東北看蓋州西看寶塔臺便是梁房口入三汊河收牛家莊馬頭泊此自劉河運至遼東之道也

又北爲揚州府之東境



海在府東三百餘里而所屬之通州海門如皋興化諸州縣皆濱海處也今自海門而南爲大江入海之口最稱衝要東南與崇明縣相望自縣東又折而西北舊志海門縣東去海十里北去海三十里今縣境大抵淪入於海非復舊壤也爲通州之東北境州東北去海五十里又西北爲如皋縣之東北境縣東北去海百餘里又北爲興化縣東境縣東去海亦百餘里又北接淮安府鹽城縣界

又西北經淮安府之東

海在府東二百里而所屬之鹽城安東縣以及海州贛榆縣皆濱海今自興化縣而北經鹽城之東縣東去海五十里又北經府東益折而西北爲長淮入海之口淮河北岸即安東縣也縣東去海五十餘里又北經海州之東海在縣東北七十里而接山東青州

府境

大海自江南海州而北爲山東青州府之境又折而東爲萊州府及登州府之南境

海在青州府日照縣東二十里與贛榆縣接界唐上元三年青州大風海溢漂居人五千餘家折而東北爲萊州府之膠州境州東南二境皆去海數十里又東北經即墨縣境海在縣南五十里自縣南以達於東北皆濱海南與海州及安東縣相望又東北爲登州府萊陽縣境海在縣南百餘里又東爲棲霞縣境海在縣南百四十里又微折而東南爲文登縣境海在縣南六十里而東北兩面亦皆濱於海此山東南面之海道也

大海經登州府東境又折而西經登州府之北及萊州府青州府之北



海自文登縣東北出而西折經寧海州之北州北至海五十里又西經福山縣之北海在縣東北三十餘里又西經登州府之北海在府城北五里北與遼東相望自新開海口而北至遼東金州衛旅順海口五百里而近又西經招遠縣之北海在縣北五十里又西經萊州府之北海在府城北九十里又西經昌邑縣北海在縣北五十里又西經濰縣北海在縣之北八十里又西經青州府壽光縣北海在縣北五十餘里又西經樂安縣北海在縣東北百十里與博興縣接界又西北而入濟南府境此山東北面之海道也

大海西折而北出經濟南府之東北

海在濟南府濱州東北八十里今自樂安縣而西北經蒲臺縣東西至縣百四十里又北經濱州東又北經利津縣東海在縣東北三十里又北經霑化縣東海在縣東六十里而入直隸滄州境此山東之爲郡者六而濱海者凡四

又北經直隸河間府之東

海在河間府滄州東百八十里自霑化縣境經鹽山縣東海在縣東七十里又北經州境又北經靜海縣東海在縣東北百五十里當漳衛諸川入海之處所謂小直沽也天津衛在焉衛在靜海縣西北七十五里爲畿輔噤喉之地元人海運至大都者皆集於此明初亦因其制今漕運之達京師者亦未嘗不自天津而北也

海運考自直沽開洋望東挑南一字行一日夜見半邊沙門島挑南字多必見萊州三山挑東北行半日便見沙門島若挑北多見砣磯山南收登州衛沙門島開船東南山嘴有淺挨中東行好風一日夜到劉島劉島開洋望東挑北一字行轉成山嘴正南行好風一日夜見綠水一日夜見黑水又一日夜見南洋綠水又兩日



一夜見白水望南挑西一字行一日點竿䥫二丈漸減一丈五尺水下有亂泥二尺深便是長灘漸挑西收洪如䥫硬沙即便復回望東行見綠水到白水尋長沙收三沙洪如不著洪望東南行日看黃綠色浪花如茶沫夜看浪潑如火星多即是茶山若船坐茶山在西南一字行朝北見崇明沙南見清浦墩岸劉家港如在黑水洋正面挑西多是高了前有陰沙半洋沙嚮沙攔頭沙即是廖角嘴便復回在正東行看水色風汛收三沙洪如風不便即挑東南行看水色收寶山如在黑水大洋挑東多必是低了見隔界大山一座便望正西南一字行一日夜便見茶山如不見隔界山又不見茶山見黑綠水多便望正西行必見石龍山孤礁山復回望西南行見茶山收洪此運船自直沽南運之道也

大海又北折而東出經順天府東南及永平府之南

海自天津而東北爲順天府寶坻縣東南境海在縣東南二百餘里又折而東爲豐潤縣之南境海在縣南百三十里又東爲永平府灤州南境海在州南百三十里又東爲樂亭縣南境海在縣南三十里又東經永平府南海在府城南九十里又東爲昌黎縣南海在縣東南七十里碣石山在焉又東經山海關南而接遼多界海在關南四里自登萊以迄於滄州永平之境古所謂渤海之險也

大海自西而東經廣寧之南境又南折而東出經遼陽之南境遼東南面皆濱海爲險回環幾二千里自山海關而東舊曰廣寧前屯衛南去海二十里又東舊曰寧遠衛南去海二十五里又東北舊曰廣寧中屯衛南至海五十里又東舊曰義州衛南去海百五十里又東舊曰廣寧右屯衛南去海三十里此古所稱遼西地



也自此折而南經故海州衛之西南曰梁房口關亦曰三岔口亦曰遼河口在海州衛西南七十里爲遼河入海之處又南經故蓋州衛西東去衛城十里又南經故復州衛西東去衛城四十五里又南經故金州衛西東去衛城三十里又南折而東經衛南北去衛城百二十里曰旅順口關爲遼東全鎮咽喉之地南對登州府新開海口又東北至遼陽南境海在城南七百三十里又東接朝鮮境內此古所稱遼東地也蓋西南以安南爲翼衛東北以朝鮮爲藩維懷柔震疊之規模於此亦可覩矣

海運考自遼河口開洋順風一日夜至鐵山帶東一字望南行經成山入南洋望正南行三日夜經桃花班水望東行見白水帶西一字勁䁁巽竿尋長灘一丈八尺漸減至一丈五尺望西行蔽揚子江洪如不見望下使必見茶山船稍南面坐茶山望西行半潮便見崇明沙如風順一潮可至劉家港內此運舟自遼東南還之道也

綠蔆龍曰元史稱元人海運民無輓輸之勞國有儲蓄之富今國家□賦自東南而來者僅恃會通一河識者不無意外之慮若尋元人海運之道別通海運一路與河漕並行江西湖廣江東之粟照舊河運而以浙西東瀕海一帶由海運未爲非策也邱氏濬亦主此說又曰元人由海運或至損壞者以起自太倉嘉定而北也若但自淮安而東循登萊以泊天津本名北海中多島嶼可以避風與東南之海渺茫無際者迥異誠議運於此是名雖同於元人而利實專其便易矣

王在晉曰元輕倢其民是以投之窮海而忍視其死至元二十八年漂米二十四萬五千石有奇至大二年漂米二十萬九千石有



奇其隨船汨沒者不知幾千人矣元史亦言風濤不測糧船漂溺無歲無之夫驅民而納於沆漭之中仁人不忍言也况以今時而出海道則三十六島之間定有餘糧矣或者曰利害相因在審時而度勢事之不可執一論也豈獨海運爲然哉

山居論曰禹貢言沿於江海達於淮泗又曰夾右碣石入於河是貢賦之道未嘗不兼用海也秦人飛芻輓粟起於黃腄琅邪負海之郡輸轉北河其制未盡非而用民失其道矣說者謂海運作俑於秦而效法於元豈通論哉

## 七省海疆總論

稽七省之海疆自遼東爲東北極際沿海而南則北直之天津與山東之登萊三省相連而不可離山東之膠州歷大勞山田横島不夜城至登州壽光利津此山東界由天津文安直沽口永平至山海關此北直界

轉而錦州金州鳳凰山鴨綠江（此遼東界）計一千三百餘里（此總言大[illegible]海道難[illegible]度也）而登萊突出於海如人吐舌與遼東為北直之唇齒而天津（衛[illegible]）海運之咽喉也自山東之膠州至江北之安東縣黃河之水由此入海次狼山楊子江出焉（揚州要害之處通州也狼山也）為南北係二水之歸宿次崇明（崇明為江南之控扼）上海為吳淞三泖震澤諸水所歸由此入浙則為乍浦海鹽之界其東南則為定海縣界沿海而數計一千八百里日本則在定海之東北東洋諸國在焉自浙之定海（即舟山為浙東之控扼）由寧波台州溫州而至浙之蒲門所北關交界計二千里（若自乍浦由海寧從杭州慈谿出大海到北關則有二千七百里）過南關烽火門則為閩省門戶迤連而南則興化泉州漳州三府之間有海壇金門廈門銅山南澳在焉計閩之南關至南澳二千餘里而商船之通外洋諸國者悉由廈門出入澎湖在廈門東南臺灣又在澎湖之東呂宋在臺灣東南琉球在臺灣東北又自



閩之南澳（南澳界閩粵兩省之區）過潮州惠州香山虎門（廣之[illegible]商悉從虎門入）高雷而至瓊州迤連而南北出入計五千里（總而計之七省共一萬二千餘里此其大畧也若由大洋直溜未必有此多也）而安南交趾西南洋等諸國在焉考之前明自七省設衛所開列島嶼記載甚詳著論甚悉然其弊在於水師之不設水戰之不修未嘗無哨船也船小不可以任戰未嘗無水兵也兵弱不足以出洋將領畏縮而責之小梭小梭躲避而不敢遠行以致外寇乘虛登岸殘破地方陸兵獲罪水師旁觀計之最左者也又其初守土之兵出於屯衛以耕為餉用烏合之衆驅枵腹之兵不得已而調客兵接運不至入地不宜任倭奴之肆橫而民間受毒此地利不如人和故也嘉靖辛酉年倭陷興化戚繼光陸師直抵興化俞大猷整戰艦直泊南日大猷告繼光曰公兵至驕我兵至截大猷乃創鴛鴦船於南日海上以左右呼吸探於港[illegible]飛鳥之勢陳兵以待之

繼光兵入攻其無備披靡而奔為大猷所掩襲不留一奴矣時繼光惟知報已合戰之功而遺大猷之勞當事者亦遂以戚功奏或告大猷若當有請辨大猷曰不然吾惟知使隻倭不歸為吾閩萬世之安不知有己之勞也繼光聞之服其智又得鴛鴦船之法遂下拜結為刎頸之交彼時故有俞龍戚虎之稱倭自此而滅此人地相宜故為尤重也第七省之中興師者只知水師之名而不知水師之所以為水師者固自有其良法而不可或忽者也

## 潮汐論

古今論潮汐備矣長為潮退為汐匪朝至夕至之謂或以海䲡出入或神龍變化或日出於海或天河激湧皆居中土不習見潮之論夫天地間一氣耳記云卯酉之月氣以交而盛朔望之日氣以變而盛故潮獨大此以餘月餘日論也周翠渠云海居地上地有俯仰潮因



有往來氣升於北則北盛而南虛地必南俯故潮皆南趨氣升於南則南盈而北虛地必北俯故潮皆北趨此以地乘氣潮因地論也惟俯仰之形與喘息之義畧有異矣月臨於卯酉則潮漲乎東西月臨於子午則潮平乎南北此以太陰之天盤論也自朔至望常緩一夜潮自望至晦復緩一晝潮此太陰西沒之期常緩於太陽故也海之極遠者其得氣尤專故潮因之東海南海其候各有遠近之殊豈非風之不同而氣有獨盛歟若晝潮大於春夏夜潮大於秋冬潮之極漲當在春夏之中潮之極大當在朔望之後此則天地之常數通四海皆然然亦止於封域九江之內若天南望北斗與燕一羊脾熟而天復明之外及今紅毛所言彼地有夏秋長夜春冬永晝之處又洋船為颶風所飄常至萬水朝東水皆東流而強急無復潮汐[illegible]北流愈甚則水坭而沸非東風大作不可挽回若此之處理之所窮又非

入之所可測矣故方輿勝覽有欽廉瓊海之潮大小隨長短星不槩月之盛衰之說此雖未可盡信亦未槪非四域之外耳目所不經見之事荒唐儘有姑存之緒論以備參考

竊惟潮汐爲天地呼吸之氣亦波濤消長之機舟人從洋不可不察以南海而言每月二十七日潮生漸長至初一日寅時大潮辰時潮退大潮自初一初二初三初四日漸消至初五日潮落小信潮至十三十四日潮生子時海潮丑時潮退長至十五日大潮寅時潮滿辰時潮退十六十七十八日大潮十九漸消二十日小信至午時滿未時退每年如此東海亦然以北海而言與二海稍異每月十三日大潮漸長十七日午時漸滿申時退二十日退潮至二十七日爲小潮二更漸滿寅時退至二十八日又漸長爲大潮至初一初二日午時長滿未時退初三日漸退初四十二日退爲小潮二更潮滿寅時退



週而復始每月如此

外海潮汐

初一卯末長午中滿申末乾　初二辰初長午末滿酉初乾
初三辰中長未初滿酉中乾　初四辰末長未中滿酉末乾
初五巳初長未末滿戌初乾　初六巳中長申初滿戌中乾
初七巳末長申中滿戌末乾　初八午初長申末滿亥初乾
初九午中長酉初滿亥中乾　初十午末長酉中滿亥末乾
十一未初長酉末滿子初乾　十二未中長戌初滿子中乾
十三未末長戌中滿子末乾　十四申初長戌末滿丑初乾
十五申中長亥初滿丑中乾　十六申末長亥中滿丑末乾
十七酉初長亥末滿寅初乾　十八酉中長子初滿寅中乾
十九酉末長子中滿寅末乾　二十戌初長子末滿卯初乾
廿一戌中長丑初滿卯中乾　廿二戌末長丑中滿卯末乾
廿三亥初長丑末滿辰初乾　廿四亥中長寅初滿辰中乾
廿五亥末長寅中滿辰末乾　廿六子初長寅末滿巳初乾
廿七子中長卯初滿巳中乾　廿八子末長卯中滿巳末乾
廿九丑初長卯末滿午初乾　三十丑中長辰初滿午中乾

一日十二時一時八刻一刻十五分如初一日卯末算就卯末起長連根算至第九位是午中則午中滿矣又就午中滿連根算至第八位是申末則申末乾矣又如子午卯酉寅申巳亥辰戌丑未各有潮汐之分俱皆對照日間則看日時夜間則看夜時如十五日上所寫者是申中長如是滿晨何處問申所謂日看日時依對照算之則是寅中長矣以類推之餘俱倣此

俗云一水差九里正有盈縮之分以其今日之水較之昨日之水



照其時刻可行九里之路也所以長算滿連根九位滿算乾連根八位乃天地呼吸之氣月行圓虧之度殊難深窮其奧矣又云初三十八水長餉午候或日或夜其滿在於子午之間也又謂初八二十三晴水沒人搘者因此二日總照初一日排至三十日止長退無差雖有日夜要知子午卯酉寅申巳亥辰戌丑未循環之理

右係外海潮信如內海時刻海道遠邇長滿乾各差一個時辰當約量道程不可據爲不準若瓊南又難定此潮信彼處潮隨風生東西南北隨風向行

一

掌圖

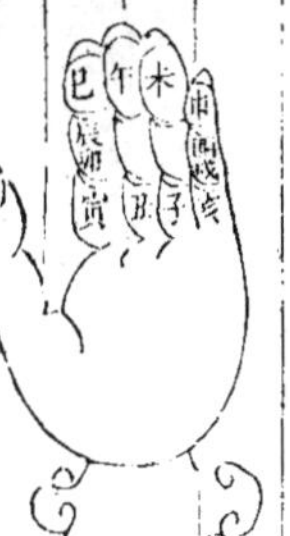

如初一初二日從寅上算起初三初四日過卯位初五初六日過辰位照此式算至十三十四日在申位又十五十六日在寅上算照式算至二十九三十日在酉位此安定日位之處也

今如是初一日算水時則就寅上算水長卯上算半長辰上算滿巳上算退午上算半退未上算乾則知何日何時潮汐餘做此

按外海潮汐日日有差則如一水差九里之說也如浙東潮信更以對照為法不論時刻總算也一掌圖之法則二日一位分六時之長退設法易算也要之各有內外海之分自浙至粵水流俱有咎別雖差不遠未可以不符同而棄之姑並錄之

愚嘗與西洋人談及水月之事彼云水生則月明月明則水上不易之理也因取一錢置於碗中曰此碗則海也此錢則月也置於座前地中以不見錢為度令人取水灌之水滿而錢顯然見之若浮則此



理也

# 洋防輯要卷十七

## 策畧

唐樞云凡商於海者武具而力齊雖有小寇無所容於其間市通則寇轉而為商市禁則商轉而為寇

漁戶竈丁但當用小船不當容其打造大船通番引寇

戚繼光曰選兵之法第一不可用城市油滑之人面目光白行動伶便者是也又不可用奸巧之人神色不定見官府藐然無忌者是也最可用者鄉野老實黑大粗壯手肉堅厚有土作之色選兵以膽氣為主人肥大而膽不充則脂重不能疾趨反為肉累藝精而膽不充則手足倉卒反至失戈先衆而走伶俐而膽不充則未陣先思自全臨事必然先奔反以利害恐人為已避罪之地力大而膽不充則臨時眼花足軟呼之不聞推之不動諺曰藝高人膽大言高藝可添於



有膽之人非謂懦弱之夫熟一藝而即可膽大也但此輩不可多得其次則武藝尚可教習必精神力貌兼收人之精神露於外選人以精神為主而參用相法忌凶死之形重福氣之相鄉野愚鈍之人畏官府畏法度不測我顛倒之術誠信易於感孚愾氣易於振作先壓以異常之威使就我彀中而即繼之以重恩收其心結之以至誠作其氣則為我用命無疑非伶俐油滑者可比也

胡世寧曰練壯丁之法每戶令各置堅利器械二件請教師晝夜演習槍把要長短大小不齊弓弩各隨氣力強弱人長者學弓學槍人短者學把學牌而學槍學銃兼使學棍學弓弩牌者兼使學刀軍民中有膽力過人武藝精熟者許報名另立義勇名色重加優待臨用之時與官軍同給糧賞有功即為超拔

唐順之曰攻捕之法不在增兵而在練兵果練得精鋭士爭抵掌

人實除勇遇賊必不退懾屹然足爲倚重

茅鹿門曰南人不習射當如兩河以北懸射銀錢之利以誘之弓師督師能教百人善得兼二人之食即爲百夫之將不數月全軍善射矣鄉長約束甲長聞驚舉砲爲號各甲赴援有不聽約者許其綁縛而告之官按軍法治之

體卹將官乃任將第一義將官不能成功正以貪者無德以服衆廉者無力以設施若能恤其利則貪者可以無貪而廉者可以成功矣

俞俊卿曰有良將無弱兵

張椿曰爲將須有膽有畧有量有德殺人如刈苗草從善如轉圜用財如揮沙保民如恤子拘泥故常不足有爲也

胡梅林曰將不同有大將有偏將偏將不同有先鋒有哨探有守營有奇伏大將必善將將者也偏將亦須恤下而不苟遇敵而不懼奉



令而不違沉機而不露應變而不窮古人所謂善將兵者也

茅鹿門曰吳越之間鉅家勢族不惜千金爲子弟鬻官若令自募之兵能奮勇勦賊斬首級者倍官兵之賞奏予官職則不獨思保其妻子田廬之有且競得夫爵賞寵祿之及其氣百倍矣使船必用造船之人則不吝工料而且知愛惜領兵必用練兵之將則用心訓練而相識認凡練兵者不但練其藝必先練其心

戚繼光曰練兵者不可但學空套必將臨陣的眞法眞令眞藝眞學習庶操一日有一日之效熟一件有一件之利又曰善操兵者必使其氣性活潑心志兢業或逸而沉之或勞而息之或相其意態察其動靜而樽節之

毛希秉曰軍之克敵者在器兵不完利與空手同射不中的與無矢同勝奇兵者必以正勝短兵者必以長明部分正約束遠斥堠行如戰戰如守是爲正兵強弓勁弩射疎及遠是爲長兵凡勦賊以殄滅爲期不可犯危險而取必旦夕所謂致人而不致於人也

俞俊卿曰兵須有選鋒冗兵之費徒勞膏脂

保甲之法止可安新附之民禦鼠竊之賊諺曰省錢易飽吃了遭饑眞正殺賊總須練得精兵方可取勝也

團練鄉兵不過共保室家小警則虛張聲勢以幸賊之不來大警則預行收斂以免禍之太慘若欲力擒之民盡爲荷戈之衆誠恐操練不素則爲不教之民擾閭以時又有妨農之患聽其自食則人弗樂從給之官帑則所費滋多勢既難行事多虛衍耳

策畧云調客兵不如練土兵調兵一而當練兵者其費百當土著之兵者其費十

王守仁曰沿途該用廩給口糧等項合令計算總支庶免阻滯



楊溥云今日之事不難於禦寇而難於馭兵不難於足兵而難於足食投募之兵多有游民參雜其間官司未得其用地方反受其害

唐順之云軍制不足權行召募未爲經久之計梟猾之徒方應募於江北忽應募於浙東方以得募價而留忽以滿募期而去譬如借債之人主人不得而羈安得而練之總之以練土兵爲實事以募兵爲權宜以調兵爲寄道募兵則遠募不如近募調兵則多調不如少調募兵之法當於本處報選何也其家在是則所獲工食便於歸寄若四方泛募則是烏合之衆無賴之徒招之甚易散之甚難今日之兵又即異日之盜賊矣

鄧芳曰本地之兵習知地利可爲本地防守而顧戀桑梓不能追勦大敵追勦大敵非客兵不可故練土兵與調客兵亦不可偏廢

廣西狼兵出自東蘭那地丹州者能以少擊衆十出而九勝其軍令

極嚴凡一人戰沒左右不夾擊者斬一伍之衆論罪以差退縮者斬
走者斬言恐衆者斬敵人衝而亂者斬敵既敗走佯以金帛遺地爭
取而不追擒者斬號令畫一故能成功
浙江處州之梁高山坑兵自幼開坑淬礦驍悍難制而其勇可用
周元襄巡撫江南凡父老士庶無不延訪或時在路亦止輿受言妨
則集衆人之細長終則成一人之大智陽明先生自入仕以至節鉞
動隨生徒顧問帷幄後值濠變龍光黃受諸人或為間諜或潛伺察
或通機密皆以平日腹心為之遂能成功
唐順之曰軍貴以氣勝人將官棲泊海岸日遇海風則頭暈目眩夜
聞潮聲則耳聾心惕望其長驅海島掃清大憝能乎督師宜時禦戎
服出入軍中發揚蹈厲以作武夫之氣大將遇有賊戰戎服出入陣
中以作偏裨小校之氣小校遇有賊戰戎服先登以作士卒之氣又



於臨陣督戰間取賞校逃卒遵奉旗牌事例百萬中忽然斬戮一二
人以變士卒之耳目使我之氣日益精明則賊之氣自然銷沮
法宜先行於將官及左右親幸之人若於此稍存姑息則士卒不服
矣又罰典宜行於臨陣對敵之時不止行於參提之後則士畏而知
威賞格不廢於尋常用兵之日而不止用於大軍征討之日則士習
而知恩古者賞不踰時罰不後事過時而賞與無賞同後事而罰與
不罰同況過時而不賞後事而不罰何以齊人心而作興士氣乎
賞罰之典雖在而操縱失宜進而效死無爵賞之勸退而奔逃無誅
戮之及士安肯心死也
方廉曰用兵之際衝鋒為難斬級次之海上賊船初來能迎其鋒犁
沉一船飽去之賊犁沉一船均當受上賞如不能對敵擂駕小船撈
取首級者不惟不賞合以退縮論又鄉村審斬必要審地方隣[illegible]

賊犯某處從何斬獲取有結狀方可照格給賞查係假冒即當以妄
殺平民論臨陣不可生擒在野不可妄殺又去船殺人劫財已厭其
欲殺一賊止是一賊若殺却來賊一人是全了幾個好人性命故論
功行賞當以海中擊來船為奇功
出入波濤冒不測之險人情所甚不堪但地理有險夷而土著者無
險人情有利害而利重者忘害沿海諸軍自少至長身履目擊習於
波濤若於垂危冒險轉戰窮追亦只同常慮無以作其氣矣今須多
給行糧豐其犒賞定格將弁兵民能使賊船不得登岸而於海洋擒
斬首級得敘異格比內地所獲賞之加倍若止獲賊船但在洋而亦
以大小論級則人皆爭奮而無不堪之情矣
胡世寧曰以首級論功非善法也兩軍相當爭先格鬬者手眼瞬息
不得差池使其取首則再不得戰而為敵所乘後軍所爭奪死矣故



首級非賊大敗遠奔不能割而割之者多或非真也貪軍奮死殺賊
止望得賞豈圖陞官故殺賊者不能取首而得首者又為勢要所奪
又或因爭首自相蹂踐而為敵所敗甚至戮平民傷戰士取首以為
功其弊有不可言者今須設將臨陣時報明願衝鋒者給予衝鋒木
牌使衆兵皆知彼雖不前者則容之衝鋒者不許砍取首級先拏首
級來獻秖一百仍不給賞計一陣斬獲首級若干賞銀若干以七
分賞衝鋒兵以二分給予在陣砍取首級之兵以一分驗其在陣被
傷者給之庶賞有差等不致爭亂而人皆思奮矣
凌雲翼曰領兵官員不能奮勇進剿為地方保障往往將被擄逃回
或窮鄉避難之民殺以報功至行路者非成羣不敢是不能禦賊而
反為民害至指稱奸細以[illegible]戕吾民可以審冤止許生擒不許殺害
違者一體抵罪又吾民被賊殺而無人收葬亞堪矜憫而或割其首

級請功並大恨宜於所獻首級驗明果係皮肉緊縮有血癊刀痕
者方為真正給賞否則以竿責打庶慎軍功重民命兩得之矣
唐順之曰鳥銃手不能斬首級論賞照數分給與諸軍同
茅鹿門曰守險者必先扼險於險之外設戰艦備火攻謹斥堠賊未
泊岸則當夾水而陣以邀擊之賊既及岸則當隨賊艘所泊而直搗
之此海上格鬭之兵將之最猛兵之最精者可以當之
陳可願曰吾昔使日本見陳錢乃孤山突出極東大洋水深不可下
碇又無嶴可泊以此為期會之地不便也馬蹟有小潭可以泊舟但
有龍窟不可放砲此山在陳錢之西離大衢尚遠以為會哨之地可
也大衢與長塗相對其西有礁無嶴不可泊船亦有龍窟宜避東面
之衢東嶴可容廣福船四十隻其水震蕩不寧舟泊易壞不如大船
藏長塗之北而以哨船泊衢山東嶴遇警舉號招廣福船擊之但大衢



在北長塗在南相離不過半潮之遠潮從東西行兩山束縛其勢甚
疾哨船戰船潮平然後可行策應亦有不便者
胡梅林曰禦海洋者離內地太遠聲援不及接濟不便風潮有順逆
碇舶有便否蛟龍之驚觸礁之險設伏擊刺之難將官之命危於磊
卵無惑其爭執難行也然自禦海洋之法而賊至必知為備甚易苟
因將官之不欲而遂已之是因噎廢食也如愚見哨賊於遠洋而不
常厥居擊賊於近洋而勿使近岸是謂善體法之意
蔡汝蘭曰茫茫巨洋極目無際雖於要害之處聯艦設備而疾風怒
濤不時亦必擇善地而停泊焉豈能揭帆起碇常出洋口而能盡阻
賊船之不出入哉必欲盡收全功以為纖人不易之圖在於水陸夾
攻探有賊船潛入海口水兵星羅於外陸兵雲布於內其將至也擊
其困憊既至也擊其先登既登也擊其無備以疲憊倉皇之賊而當

我養盛豫備之兵一鼓成擒可不血刃矣
凌雲翼曰哨探者兵之耳目也哨探既真則先事有備今沿海把守
官弁賊至皆不聞知及已近岸倉皇失措甚則我船亦被擄而為賊
資能無失事乎宜飭各哨官弁多置蜈蚣艍梭船精選知水性之人
遠出外洋分投哨探如有聲息先來傳報附近各港官兵一聞警急
隨合䑸約會截擊大洋庶可獲制勝之功
胡梅林曰哨探與間諜不同間諜者使人於敵中設法離其腹心覘
其虛實之謂也哨探者將欲進兵預遣人裝作田夫漁樵之類於兵
所經行險阨路口宵行夜伏分探我兵將到之前夕某處有伏某處
無伏逐路預報兵庶安心前進此惟極其機警熟知道路之人方可
任使乃將之腹心所託兵之安危所係也
列地定制犬牙相入所以相衛也封疆相錯所以相保也春秋鄰國



不能救則譏之宜嚴鄰援之約賊攻西則東出銳師攻其左賊攻南
則北出銳師繞其後賊攻中則左右前後各出銳師四面而起非其
守地而兵先至者有異賞坐視其鄰之敗者與同罰則賊腹背受敵
安能肆而不顧哉
魏校曰海寇須開其自新之路王守仁曰出給告示凡脅從皆不問
雖嘗受賊官能逃歸者皆免死斬賊歸降者給賞使內外居民四路
傳播以解散其黨
佟俊卿曰海寇之黨有寃抑難伸憤而流於寇者有貨殖失計困而
營於寇者有功名淪落傲而放於寇者有傭賃作息貧而食於寇者
有知識風水能而誘於寇者有親屬被拘愛而牽於寇者有搶掠人
口壯而役於寇者諸如此類不無可矜雖在盜賊之日未必無求生
之心可以招徠為攻心之謀伐交之計揭榜通衢於賊所出入之處

明諭賊黨中有願歸籍者許令不時投首官給口糧分遞本籍傳親鄰保認卽時釋放中有豪傑能以智力取賊首來獻或說誘誅王出降者准奏予官職如此則彼心危疑其黨易散又閩寇至地方必先擄其士著之人以爲嚮導吾卽以鄉人之智巧遺之擄去反行間諜或假作接濟之人與之往來使不相疑或暗貽之財使厚相結兼餽飲食使日相狃如此則彼之情得而可行吾計以取之矣

胡世寧曰盜賊之興卽當撲滅於微若其旣久而多則不得不撫捕兼行蓋以情則脅從勿治以勢則延蔓難根誅也已招者不殺再叛者不招新起者必撲滅於微

王守仁曰招撫之議可偶行於無辜脅從之民不可常行於長惡怙終之寇可以施於回心向化之徒而不可屢施於隨招隨叛之賊

吳子孝曰治兵以得民心爲本今海隅之民富者遇刦掠而盡其貲



財貧者謀逃徙而不得耕種在城郭者官役其力而無所給取其有而無所賞書曰怨豈在明不見是圖必須軫念惻怛愷悌之念十分撫綏之而後可以得親上死長之心撫綏之道奈何曰緩催科輕徭役禁酷暴戒苛罰

胡世寧曰知府知州知縣三等親民之官使非其人則上官雖有好官行得好事不能實到百姓所以自古國家愼重此職

茅鹿門曰近海郡縣有司有當別議者何則國無鷄犬之警則廉靜長厚之吏當爲治最矣時有羽檄之馳則長駕遠馭之士亦所急使矣爲大僚者當令郡縣長吏及其佐雜莅量其才而器使之大約近海者則擇强智精悍之材一切練軍實築城堡謹斥堠嚴部署皆藉之以備緩急而其餘腹裏郡縣則擇其寛和柔靜之士愼出納謹莞籥務令與民休息此擇有司之畧也

胡世寧曰近日盜賊所在充斥實由昔日權奸弊政及守令乘機侵尅之所致今朝廷屢下寛大之詔而盜賊猶未革心惟以平日貪庸之吏揭揭猶在民上其一二離職者則又歸作富家翁或反陞要職故無以服盜賊之心而散脅從之黨宜簡風力憲臣出詢民瘼凡舊日貪官暴吏按其罪以快吾民之情追其贓以代吾民之賦而又選用循良之吏委以便宜寛其文法倣龔遂賈琮故事使得推誠布德散其徒黨而一二渠魁稔惡難宥輕則就委守令設法擒捕重則選委將帥調兵勦除則盜賊平而患永絶矣若因循荏苒襲用舊人行舊政吾恐盜賊難保其不至滋蔓者鮮矣

策略曰守必以戰而守城必以野徒負孤城而棄其四境煙焰相望所至蕭條有不忍見聞者又安用此孤城乎故李牧備邊先收保而不失不能收保是資賊也宜畧倣墩堡之制使大村市築列爲堡約



其道里之中使勢可相及每賊至則墩堡固守而郡縣急邀而助之而又特嚴其法飭四境殘甚與失城同罪則人各爲戰地各爲守矣

章煥曰北邊城堡相望凡以防衝突備擄掠也南方之畜侈於北邊風帆之力疾於馬足苟無城堡賊何畏而不來民何恃而不散且賊勢之熾凡以鄉民奔竄奸民惑亂助其聲也有城堡則居者守逃者歸耕者斂遠近按堵什伍相保奸民無所容無奸民則無鄉導何以能深入居民不散田野不蕪賦稅不乏根本之要務也

賊遠來持升斗之糧未達岸多苦饑矣徒以海濱廪藏露積故賊至而淹據之因財以爲用因糧以爲食奸人爲之黨而窮民爲之役故所向無前如使多爲城堡蓄積而野無所掠賊不能宿飽則不能深入不能深入則不能多獲不能多獲饑疲易制可不煩兵而守矣

胡世寧曰擇人而守之重其權久其任使得爲萬全久遠之策可也

或以築城勞民爲病者是不然夫自古王公設險以守其國使仗將和卒練一時善戰之功而不爲設險守國長久之計智者不爲也況盜賊每長於野戰短於攻城而兵民每與之相反故吾乘城拒敵是用其所長而乘其所短且以土石而蔽血肉也若無險可恃而專以戰爲守是勉其所短而棄其所長且以血肉而代土石也況築城雖勞而合力均財爲之以漸亦不至苦民所難於團結之法宜相大小以三十四十家爲一團除租房單丁外每一團令養客兵一名每家各設器械一件出人一丁以爲團勇凡二團六十八十家出銀一錢造一巷門門上蓋一更舖舖內置鼓鑼各一面鐵銃六口盤查一方賊六十八十家每夜輪人夫二名守之居常無事止鳴金鼓巡更有警即速放三砲團勇各執器械追勦諸團皆應之所養客兵官爲嚴立法度不許擅離本團搔擾團戶每日有暇即教習本處團兵四郊



之外隨地皆堡隨民皆兵大城屯守之卒將有不必用者矣

馬坤曰土著之人各就一鄉編入保甲盡歸團練五人爲伍十人爲甲五十人爲保上下聯絡各府州縣佐貳官賢能者不時就其鄉團兵閱其武藝又因而稽其人丁如有潛入賊中勾引或探聽者坐罪若有隱弊互相連坐

譚綸曰保甲之法委所轄各府佐貳官同屬縣印官省約輿從親詣地方不問腹裏沿海城郭鄉鎮去處官吏生徒舉監之家逐戶挨查每十家編爲一牌牌內分十直格皆以巷道爲准每戶塡明人口執業村鎮無巷道者亦依村鎮編之就於本戶下坐定日期每一家輪直三日按日於本家門首懸挂每一牌年輪一名爲甲長管領九家每一家年輪一名爲保長領百家其中若有遠出不歸或逋逃海外或私收絲綿火藥等物潛往通洋者許牌內直日之人抱牌赴首官爲奸宄敢有隱不覺舉一家有犯十家連坐毋容姑息其有原犯通番但逃回自首准其免罪若有假公濟私乘此害人者從重懲治保甲之法行庶通番之黨消而地方之不逞亦可禁絶矣

胡梅林曰海商常恐遇寇海寇惟恐不遇商如陰陽晝夜判然相反爲商者曷常有爲寇之心哉自甲申歲凶雙嶼貨壅而日本貢使適至海商遂販貨以隨售倩倭以自防官司禁之弗得西洋船原回私澳東洋船遍布海洋而向之商船悉變而爲寇船矣然夷人有貧有富有淑有慝富者與福人潛通改聚南澳至今未已雖驅之寇不欲也貧者摽掠肆志每歲犯邊雖令其互市彼固無貲也亦不欲也

鄭曉曰外夷服餙器用多資於中國有不容一日缺者若禁其貿易則入寇刼奪一定之勢且彼既不容不資於我則利重之處人自趨之豈能禁民之交通乎故官法愈嚴小民寧殺其身而通洋之念愈



熾也

唐順之曰海船先發制人一惟有望斗上用工夫然必以重利使人每船一隻望斗人一夜給與銀一兩使一夜常有人坐在斗上看賊動靜雖月黑之夜若抬船撐船未必無一兩把火光我船便可作手脚月明之夜則斗上纖悉必見至如小船叭喇唬八槳船宜多置銃手火器旣多賊來便死打又有望斗內人先報賊動靜不患小船制賊不下也至望斗人若報賊的當水軍因以成功則望斗人即當給予重賞若有誤事定以軍法斬首

侁倭卿曰地有南北時有冬夏自春徂夏則時多南風而利於北行自秋徂冬則時多北風而利於南行此番船往來出沒之候也彼趁其時輒乘風連雲以出洋我當其衝欲破浪遡濤以邀擊未必便也蓋亦隨時應之時乎北風必先於北道遏其衝而以南舟曳後而追

之其居中各寨澳之舟又從旁邀出以擊之時乎南風也亦如前法或過於前或躡於後或擊於旁此亦迭肆之方也

又曰以船之大者爲中軍坐船而當其衝以船之中者爲左右翼以分其陣以船之小者繞出於前後兩旁之間海寇所恃全在於銃吾亦以銃爲應中軍大船之前仍用次等船載佛狼機大銃數架以鎮之兩翼中船之前亦用再次船載將軍大銃數十以應之其小船亦各載鳥銃噴筒數百以備於四面各船編定字號每數船列爲一行每一陣列爲數行晝則麾旗爲號夜則震鼓爲號迭出更進與彼此衆寡不同未有不殲此渠魁者也

船之外須蘿以牛革漁網氈絮之類其大者列木爲栅可辟砲石又有車船之制令戰士前後踏輪舟自進退又須預募能射與善浮之人一遇番船或用火箭焚之或用水鑽溺之是皆可用也



俞大猷曰或問兵船官造與私募孰便曰私募便官造之不便者造易而修難也雖督造堅好用之海上衝波激浪不旋踵必議修矣議修之後閣岸日多浮水日少以之守港則可以之出洋追捕則全不足恃在官府不能立無弊之法天下古今豈有視官物爲已物者哉或曰民間安得有許多私船可募乎曰厚之以稅銀使逐利之民爭造新船以應何患其不多責府縣以及時給稅責船戶以及時修整則經年累月皆有堅船可用然則用官造之船以守港用私募之船以追捕則如何曰必若是然後攻守各適其用也

譚綸曰凡水戰專係於舵工與管船捕盜之官舵工使船必近賊捕盜又從而倡之則士卒不得不戰戰則蔑不勝矣故捕盜舵工不可無破格之賞與必罰之法至於分合節制與陸戰同臨陣每占上風使火器得用是亦在舵工耳

仇倭鄉日雇募水稍其弊不可不知蓋以通番下海接濟窩藏皆沿海人多水稍之親故我謀未成彼或先洩兩船相及之際或以口哨或以物色爲號揚帆轉舵故意放開或放彼先行而我船曲折遲躡其後或邀截於港內寇計已窮忽突開一門縱之軼去或追赴將及寇丟棄一船爲餌卽不直前情弊難以殫述彼以暫雇於官非籍於官終身服役者可比宜將水軍之老弱者簡退扣出月糧卽以給水稍是兵得實用而官無重費況水稍係沿海之人而水軍亦爲沿海之人充當卽令水稍教習水師令以一人教十人十人教百人藝優者另加厚賞則朞月之間莫非水稍矣

戚繼光曰網船形似織梭內容二人以罩罩之大風浪可以掩之塗上且不能覆吃水七八寸耳以之爲哨探走報之用極其便當或用之裏港窄河動以百數每隻內用鳥銃一二人蜂集蟻附沿海沿途



而打之甚妙如賊追逼就可棄走一舟不過一金之費耳

兩頭船者兩頭製舵遇東風則用東舵而西駛遇西風則用西舵而東駛海道諸船無踰其利

大倉崇明嘉定之屬一種沙船沙民生長海濱習於水性出入風濤如履平地可以協守各港但便於北洋而不便於南洋北洋水淺南洋水深沙船底平不能破深水之大浪也北洋有滾塗浪福船蒼山船底尖底尖最畏此浪沙船郤不畏惟北洋可拋鐵猫南洋水深惟可下木碇

廣東大戰艦用火器於浪漕中砲發而浪之起伏高低未必便能中賊卽使中矣亦無幾何但其形龐然長大可假此以虓賊人之膽又所恃者有二發熕佛狼機是惟不中中則無船不粉一也以火毬之類於船頭相遇之時從高擲下火發而賊舟卽焚二也大福船亦然

范祖禹曰登萊二郡東南北三面距海故設營連絡每營當一面之寄登州營則扼北海之險者也登萊二衛及靑州龍衛皆屬焉其策應地方則有奇山福山黃河口劉家庄皂河馬埠諸寨楊家店高山海倉魚兒鋪諸巡司海外有空洞華洋長山蓬萊以及三山芙蓉諸島皆登州北門之護也然而取島中之利者皆遼陽之編戶故諸島之在登州恒可畏而不可恃焉國家旣於新河海口置城而又有本營之建所係誠不輕也營以東抹直石落灣子劉家庄平暢蘆洋諸處營以西王莊西山欒家孫家海洋山後八角城後之罘呂四島等處皆番舟之道也嚴外戶以援堂閫必出於此也

又曰文登逼近東海設營所以扼其險也寧海威寧成山淸海四衛隸焉其策應地方則有寧峯海洋百丈崖尋山等所淸泉赤水等寨幸汪溫泉諸巡司而成以東若旱門山九峯赤山白蓬頭諸島皆縱



橫沙磧聯絡潮汐勢若難近而明初倭寇固從此入矣不可忽視之也夫建營之意北所以援登州南所以應即墨犄角之雄實在於此可不重歟

又曰山東與直南連壤即墨望淮安東海所城之道左右相錯咽喉關鎖倭若犯淮其折回必犯萊矣即墨所係視二營爲重大嵩鼇山靈山安東一帶海南之險皆本營控禦處也其策應地方則有雄崖膠州大山浮山下河右洞等所亂山行村虎踦古鎭信陽夾倉諸巡司其海口若唐家灣大任陳家灣鵝鬃拷栳天井灣顏武周疃金家灣靑島徐家庄諸處皆衝要也夫山東地高埠而民强悍非倭所能患所可慮者惟登萊一途耳國家特設備倭都司一員巡海副司一員分置郡縣豈不壯歟又聞宋以前日本入貢自新岡趨山東此亦今日內寇之路也但萊登之海危礁暗沙不可勝測其可畧則安東以北若勞山赤山竹山高旱門劉公島倭而八角沙門三山諸島皆倭所必踏而吾所當備者也若白蓬頭槐子鷄鳴崎金嘴石倉廟淺灘亂礁乃倭所必避而吾所當遠者也此固禦備之先資而海運之機謀也

又曰海防之法禦之海口易禦之江中難禦之江中猶易禦之於陸路尤難而江南江北同險而共患者也論江北大勢東起廖角嘴大河口及呂四廬家等場沿海門裏河通州等境漸近揚州次蹌海門而北則爲徐步營又北爲蠣港又東爲插港轉而西北則金沙鹽城廟灣劉庄姚家蕩再而西北則蛤蜊麻線等港而至大海口矣劉庄東北爲安東海州贛楡泰州州西北爲高郵寶應寶應以北則淮安也賊入海之道有三其一爲新港即所謂三江口蓋由江南狼山越儀徵瓜州而稍入東即揚州矣此可以登岸亦可出海之便道也其



二則蛤蜊麻線等港爲一道北大海口有水路通廟灣賊若據此則南射蕩岸以扼之也必尋大江口而出矣蓋安東海州之東北其海迂遠而多沙磧不能重載可入而不可出之道也故賊出海之途有二若其登岸之處東則廖角嘴呂四場楊樹港又西則狼山北則新衙港是也若賊登狼山窺通州或於廖角嘴呂四場等進則楡東之要害既得揚州可以無患矣又淮揚之地類多商岡東南抵呂四場西北姚蕩賊若登岸不伺淮安則出劉庄灣之境我若據險待之可一戰而擒也是故江北險要除安豐等三十六場俱在腹內而通州新港逼近揚州出入最便者也曰北海可以通新港者也曰廟灣巨鎭而通大海口者也至海鎭在如皐泰州之開東可以控扼狼山逼州之入而西可以捍衛揚州其要亦均也要以狼山當海江之吭而

廖角嘴等皆場州東境朐山據淮海之首鬱洲嬰遊山皆淮東北境中包泰興之周家橋鹽城之射陽湖山陽之雲梯關廟灣等處皆沿海衝要之區盜寇出沒之所夫海口江淮之際運道所經可不重哉江南海患蘇松爲要常鎮次之自金山衛之南匯所各有關軍守禦之信地而議者謂於金山青村適中柘林地方南匯吳淞適中有七八團地方皆宜添汎設兵相爲應援此海塘設備之大畧也沿海港口金山以東有翁家港柘林等處南匯所有五六七八團洪口川沙青水等處皆宜多設戰船結爲水寨嚴明巡守此海港設備之大畧也若夫內地守禦則黃浦一帶實爲蘇松要害今吳淞江口卽爲黃浦口此門戶之地至上海之高倉渡等處華亭葉村等處則亦登岸澱浦甚易所當分布水軍巡邏把截以備之此內地設備之大畧也議者又謂洋山爲松江所屬爲定海吳淞二處兵船會哨處總兵水



寨往來遊徼於外則爲定海吳淞之羽翼內則爲海港把守之捍蔽又海洋設備之大畧也蘇松沿海一帶險隘甚多其大者如常熟之福山港太倉之劉家河嘉定之吳淞江皆海之逼衢而東吳之門戶也長洲有泖湖浩蕩吳淞有鶯湖相屬吳縣有太湖交通此又賊之徑道而腹裏之關隘也其次則福山以西有三丈浦東有許浦劉河以北有新塘浪茜港如賊自東南來必由寶山吳淞宜於吳家沙堵截賊自東北東北必由三沙劉家河宜於營前沙堵截而三丈浦老鸛嘴則皆犄角聲援處也此蘇之外防也至於風汛時越吳淞水兵統發勝墩平望以防嘉興突犯之寇則蘇之內防也或曰沿海之備常熟福山爲最腹裏之備吳淞勝墩爲最亦大畧也若夫常鎮之備則沿海一帶皆要衝也議者謂崇明靖江江陰守禦所必先而三沙圌山孟河尤爲要害故昔人謂海賊入江由江兩岸登陸處廖角嘴

呂前沙南北對峙海面約百四十五里爲二重門戶周家與圌山對峙爲三重門戶失此三門而守金焦兩岸則無策矣此常鎮內外設備之畧也要之吳淞實水路之要衝松鎮之喉舌南可援金山之急北可扼長江之險自茈而北爲劉河七了又東爲崇明七了而西爲白茆福山又折而西爲江陰靖江又西爲孟河圌山皆水戰處也圌山官兵駐營前沙以會哨江北吳淞官兵駐竹泊沙以會哨洋山常鎮官兵據江海之交鎮守陽舍亦云密乎又吳淞而南爲川沙堡南匯青村所而西爲柘林堡皆不遠六十里聲援易及矣金山西連乍浦東接柘林而北護松江防維戒慎禍之發烈矣此平時所宜留心而寇至所宜加意者也

范祖禹曰廣東三路雖並稱扼要而東路尤甚蓋惠潮與福建接壤漳舶通番之所必經議者謂潮爲嶺東巨鎮柘稱南粵要區揹背扼



吭之防不可一日緩也而靖海海門蓬州之所又皆跬步海濤所賴以近保三陽遠衛東嶺若惠州海豐東南濱海捷勝平海甲子門皆瞬息生變惠潮守備駐劄固有以嚴其防矣然不如柘林爲要也柘林乃南粵海道門戶據三路上游番舶自福趨廣必從此入且水寨有一日之遠警報易阻無柘林則無水寨卽無潮惠故當以此爲津要之首而靖海碣石甲子門等處遞加防固此守東路之上策也廣州郡環大洋中哨樓船亦不可緩使賊來犯柘林一路有以過其衝勢難越中路西往也向虎頭門等澳而南頭澳可停船以待潮或據爲巢穴也故險患尤甚此守中路之急務也若西路則高雷廉一路逼近占城暹邏滿臘諸番島嶼森列防閑或懈變在肘腋神電一衛所轄皆高州南岸瓊州又其外戶心腹盡爲黎處郡守封疆悉皆瀕海防維之責難盡崖州舊有參戎果無曠厥官哉此西路所當經畫

者也、

又曰福建八府東南皆濱海狡獪之賊日本爲最國家旣設衛所巡司以控之於陸又設水寨以防之於海初有烽火門南日浯嶼三寨增小埕銅山二寨論者曰三寨乃正兵二寨乃游兵也閩海第一險要在烽火門一寨宜分作二䑸徑至井下地方屯劄而三沙要潮小量撥巡哨以遏內侵小埕則分一䑸至西洋屯劄一䑸量撥巡哨以閩內地南日則分一䑸直至松下屯劄一䑸直至舊南日屯劄而䑸磁澳華嶼量撥巡哨湄浦則分二䑸一䑸至省州屯劄一䑸至料灘屯劄而峻上一帶量撥巡哨銅山則分一䑸直至舊浯嶼屯劄一䑸直至州上屯劄而宮仔走馬一帶量撥巡哨此信地所當知者也其會哨則烽火至西洋與小埕會哨小埕至百丈南日會哨蓋倭賊之來由此而南則井下門當以烽火門全力守之而崙山次之西洋當



以小埕全力守之舊南日次之浯嶼又移而上以全守崳州而與平海衛前與南日會哨銅山又守舊浯嶼與浯嶼會哨五寨兵力各分作一大䑸俱自北守緊急外洋門戶故烽火必北以漸江爲界南以西洋爲界小埕必以北洋爲界南日必北以南菱爲界南以平海爲界南垣嶼爲界銅山必北以垣嶼爲界南以環林爲界此信地邊裏均兵力足用之道也

靖海施侯曰天下東南之形勢不在陸而在海陸地之爲患有形易於消弭海外之藏奸莫測亟思杜漸而論粵中事宜者曰海寇負海作訌外以諸夷爲逋藪內藉山寇爲腹心吾民介於二寇善事之則過有無而得利不善事之則併其身家以靡始也海寇潛結山寇繼而吾郊郭之民亦陰託於二寇故必先除山寇盡去郊郭之爲寇偵者而後可從事於海寇茲二說者大國各有所當也嘗取而論之海寇之譸張創彼勾結之山寇亦不能知其底裏而其實不過張聲勢以搖惑乎人心以蹈意推測絕嶠孤嶼難容多人海外諸夷互市爲利禁令亟嚴誰肯比附爲奸考海患見之載籍者莫劇於嘉靖之世而各傳所稱眞倭無多徐海汪直之黨亦數不盈萬特以東南民氣脆弱聞警逃竄奸民乘亂劫奪均託之於海寇又明末鄭芝龍稱十舶長又以臺灣爲老巢澎湖爲門戶金門廈門爲藩籬盤踞三十六島祖孫相承四十餘年是自來海寇之雄盛未有若鄭氏者然自靖海侯一意征討稽其荷戈之衆特二萬有餘出戰之船不踰三百我兵乘銳攻擊敗衂莫支今奏牘具在班班可考也豈非以重洋阻隔別無生聚之方逃軍閃民潛入其黨亦不易蹈海相從而修造船隻工費不貲非洋面竊賊所能支給乎近時海寇更不能若鄭氏之顯爲號召海外諸夷各守其疆又未聞竊據地方若澎台地廣林深可



爲巢窟可供採伐修造者賊船以風潮爲聚散號令未能畫一我隔重洋而難以搜捕賊卽隔重洋而難爲招納我不能驅商船而供征戰賊詎能盡刦商船以肆侵犯雖海洋萬里合數省而計之其勢原爲不輕而眞賊未必盡聚一偶則約畧可知矣而語賊勢者動曰戰船無數也技勇不可當也夫此無數戰船何處得來不可當之技誰與角試彼倡爲此言者不過追躡兵弁利賊之奔或張賊以文其退縮而無左証以詰之勾結奸細爲賊所用故張賊而大其聲勢而聳庸人以聽之波濤浩淼形迹莫窺賊之情形不能衆著於沿海居民弁兵之心目而惑於無稽者之塗說轉相傳說是賊皆得虛聲搖我也如知賊雖狡如徐汪强如鄭氏其伎倆不過如此則皆有壯其膽而思持挺以制之矣至於山寇之發以習教惑愚頑以結會聯渙散往來邊境勾引追胥數萬之衆易致烏合而實皆我赤子弄兵潢池

誅之則不勝誅不誅則慮釀大事此眞腹心之疾而機宜之當密計
者也於海寇審其伎倆而攻守並用於山寇防其滋蔓而撫勦兼施
非猷遠畧當有卓越古今者矣
兵貴選鋒而操練必精昔岳鄂王令子雲與張憲等練背嵬軍三千
人身披重鎧驀坡注澗如履平地雲一日馬躓墜地鄂王怒欲斬之
以故其兵極精嘗以少而破敵戚少保禦倭練浙兵三千人爲鴛鴦
陣法筅牌鏢刀次第而進持筅人死則全伍皆誅軍止則樹立如植
與鄂王之練軍無異以故倭寇雖鋭而戚軍獨能制之則兵未有不
練而可制勝者也三廣公陶魯將三百人名震兩粵賊聞陶家兵無
不避者初選時都御史韓襄毅公部下兵十五萬合格者僅二百五
十八至三日方能足數則勇健之士固足摧鋒取勝而募選爲不易
也夫後世辦賊者往往調集多兵以衆取勝不知分佈要害固不能



不資多兵而當臨仗之時多而不精徒牽顧以致敗且兵多偷靡經
歲累時則帑虛民困粵兵浙兵古稱勁勇營挑數十人合成三千人
遴鎮將知兵者操練之必勇力過人蹻捷異常年不踰三十者方以
入格而參用岳鄂王戚少保各法以練之數月之後號令既嫻技藝
皆精山賊發用勦山賊海寇來以禦海寇計得此兵三千人可當常
軍十萬也
沿海數千里處處均有港汊地廣防多分汛兵營虞不足調本省各
營戍守則路或數百里勢同遠征而定例本省不領口糧鹽菜則勢
難枵腹從事至於洋賊之犯邊往往乘風順利我迎頭以堵則爲逆
風若跟尾以擊則聞警發兵賊帆已遠出洋數十里不過掩飾觀聽
此堵禦之茫無勝算也竊嘗思兵之衛民不若民之自衛沿海各村
[illegible]之賊緣爲耳目者固不乏人而良民有室家自營生計

不肯爲賊用者勢必百倍無賴近聞奸民勾結洋賊猝至庄村擄良
家人口擄去索重貲以贖不遂意則剮磔任意備極酷虐故沿邊居
民莫不恨賊而村民非奉官令難以聯絡既畏奸民之患生肘腋又
恐殺賊報官光棍差役誣以仇殺則拘嚇騐訊受累更大雖懷憤賊
殺賊之心相視而莫之敢先夫自古所藉以集事者民心耳乘民心
憤怒行團練之法於沿海各村庄編戸口十家設一旗頭二三村設
一團長十數村設一正副團總遴老成紳耆充之能者予以冠帶加
之禮貌官給軍火以時操練令其各衛地方把守口岸有能殺賊立
功立加獎賞旗頭團長於團內不時稽查有奇衺之民蹤跡可疑縛
送到官派員專司其事以時鼓勵顯以作其禦侮之氣朗陰以折其
作奸之萌團練既成節餉寓兵於民賊勢稍重官兵迅爲應援勿令
民氣挫折如此則藩籬固窺伺杜矣又緑營兵額分防似覺稍單而



增兵先議添餉一時難以籌辦查各州縣例設民壯防護城池庫獄
例與官兵一體操捕近日但奉勾喚之票不講擊刺之方殊非設立
本意宜飭地方官捐置鳥銃旗幟按期操練俾得技擊與兵丁無異
督提巡閱時附各營閱視以騐州縣能否俾文職亦有護衛每省有
民壯幾千即添勁旅若干不加餉而兵增是亦壯聲勢而遏奸宄者
籌議海防者輒曰洋面廣濶分布難周也海澳險阻巨艦易壞也況
地空虛奸宄易乘也接濟潛通盜源難塞也擔當任事之人亦至畏
難而縮手然賊匪鴟張而商旅因之折貲農桑以之失業病國害民
莫此爲甚詎可稍有因循至釀巨禍哉唐順之有言洋禁之嚴有宜
查其外出者有宜查其內伏者而外出總由內伏內伏不除則根株
未淸查賊人在海邊刦掠不過布帛米蔬擄人勒贖而已至於船上
器具篷舵硝磺之類皆所藉以行其刦畧烏得而有之此必沿海奸

民刹其財用貨賤而價倍濟以兵器市之桅料故賊船得以修理而為拒抗遁逃之計夫海上無兩載不修之船亦無一年不壞之桅料桅舵折則船為虛器風蓬爛則寸步難行船既漸棄賊亦漸散則桅料之接濟固宜與米穀並嚴也訪聞此類接濟有賊人自行購備有奸民船載送出自賣者恐兵役盤拏為數甚少奸民送出者雜之商販捕魚出沒無時賊與小旗為號瞭見即為接應其導賊刦掠此處登岸刦奪另至一村蹤跡詭秘所以得行其奸然以奸民之時獲厚利鄉里族鄰詎無知覺特以害未切已與之為難恐其夥賊報仇因而不敢耳宜於各海口遴試用知縣稽查於所管海口行團練之法舉殷實紳耆三四名帮助酌定章程有實力奉行拿獲奸細予以優敘或儘先補用紳士有功亦據實上聞知縣官職較大多自愛惜且人多缺少藉此可以巴結必不肯貪圖賄放小利紳士自保身家宗



族戚友共相防衛即為子弟之兵地形既熟心志更強較巡徼客師當更得力至堵賊之方以固海岸禦港口為上賊至內地雖能擒斬傷損已多而地方官往往避失事處分幸賊空過不敢怒賊去來所由無忌也如地方不專坐事之罪而並坐賊所從入查明失事處果曾與賊堵截力有不支量為處分其沿海文武官吏有能抵禦賊鋒阻賊不得上岸不能入口雖無首級以奇功論如此則巡堵嚴密米糧桅料之類既無所濟於奸民而擄掠又不能有所得絕嶼孤島勢成坐困矣

陸戰莫便於騎水戰必資乎舩粵中戰船用鐵栗木為底非若浙閩只用松杉可比故自來稱粵船為堅緻惟例於小修大修有一定年限而海洋鹹水船多生蛆蝣板易爛蓬桅易霉平時不能牢固猝然有警或桅舵中折船不能駕或碇纜傷損船不能泊遂至賊來不敢堵賊去不能追所關非細修整戰船經費不易即出洋大船足備追勦之用而四櫓二櫓八槳急跳各色中船小船亦宜次第量為修整往時賊巢巨島長計者議為搗犁之舉不得不多修出洋戰船近則伏匿處所即著名之老萬山廣州灣等處亦只在內洋海濱刦掠所到不過沿海村庄及內河各汊港是海岸海口內河之遊徼為急遊徼截勦之師大船駕使不甚便捷且查海邊各要緊汛地必有港嶼可避風泊船而港門有深淺灣澳有險易港澳深廣固可多藏大船若僞石口之海石嵯岈船易衝磕甲子門之港口淺涸船多滯頓又若白沙湖鬼叫門之泥深沙積颶風驟起船質粗笨急切不能灣泊其損壞尤多則多置中船小船更為利便核明各船值修整之年固為急工即年例未及亦須驗看應否修整或要地甎船不能敷用竟須設法添補船隻已備恐守汛兵無事登岸或颶風起無人防護而



船壞海寇至無人驅駕而船失務揀勇壯守船遇有逃亡事故限一二日申明扣餉另補船泊在澳不許各兵登岸偷閑將官尤不得身先登岸至堵賊軍器長矛短刃均不可少而水戰總以火器為先一應軍器火藥隨船大小支給雖有定數總須多為預備弁兵始有恃無恐傷各兵將官物鏨記年月以防私換仍不時檢點遇銃砲爆裂火藥短少當即更換找發務令寬然有餘又竹將軍鬼箭遠弩隔河伏弩於守海岸可以得力宜須其式於海口各村庄而遊風火藥於風色不順之時尤為要緊均不可以不預為之備如此則桅櫓修而船有實用戎器裕而兵皆壯胆以堵以勦均皆可以得力矣

海洋盜賊根株難盡沿邊無賴千犯法紀挺身入海即難捕緝官於地方失事畏承緝處分往往改輕為重甚者賄屬事主匿不稟報至其地有積匪夥盜力不能除慮生事干咎雖明知養癰貽患異時發

覺不能無過而與其以生事失事獲咎目前毋寧以失察掩飾規避
上下相蒙以至釀成大案夫盜賊之在重洋非能娶婦生子繁其族
姓也地方官即不肯亦未必竟與賊比利其供奉也何以聽無賴之
麕投奸民之陰附至盜賊伏匿日多而不力爲阻遏剪除此其中毋
亦有縛束於文法懼以辦事取咎者乎且查沿海州縣不第有無賴
奸民潛相接濟並有山賊與洋寇往來勾結則失事甚多失事即干
嚴譴人情愛惜其官鮮不思掩覆倖免即不掩覆而惴惴然懍五日
京兆之慮亦誰肯留心緝捕夫緝捕必地方官視爲切已不吝賞財
以購線爲駁差役以供用倖寬則賊偵事解而復歸過嚴則賊知事
急而遠颺此中機宜實爲情事之不易者沿海州縣揀任賢員有能
兩年內堵海賊不上岸阻山賊不下海者特爲保舉設施方畧聽其
因地制宜不拘成格於失事量爲展限差役知官在則緝捕必更踴



躍盜賊知官之久於其地亦漸將改行似寬而實嚴吏安其職民安
其業矣

海洋之中波濤浩渺寇盜飄忽無形迹可尋非偵探能可官弁初到
事宜全是茫然即久居此地非有成憲可稽難以酌古準今則籌辦
亦無把握夫好問者大智之本而前事者後人之師攻勦方畧胡唐
咸俞諸君經猷固爲卓卓即如江南海口居民聯絡大小魚船暗藏
浦內誘賊入伏遂以殲賊紹興吳主簿暗諭居民積薪待賊賊至火
光燭天而別沉其船賊遁無歸盡爲吳戮此類事宜皆奇之可採也
撫則尤爲不易如臺灣之役非施靖海澎湖之全勝賊鋒挫折鄭克
塽劉國軒詎即束手歸命徐明山之降雖有華老人王翠翹内外相
誘而非王官涇之捷威俞威聲丕著明山黨羽已攜詎肯就撫一應
勦撫機宜情形雖殊名臣名將已試方畧均可參酌供用譬之醫家

時醫未嘗無人而仲景丹溪之方不能盡棄也島嶼遠近風潮上下
有一定方向制敵禦寇舟帆器械均宜講求摘取史傳採訪家乘並
咨取浙閩江蘇各通誌事關海洋者別爲錄出周咨博訪參以時髦
議論輯成海防之書分給沿海將吏俾得有所稽仿是誠經世之大
畧不朽之盛業也

堵勦機宜第一要在偵探不誤偵探確則賊從何處來於何時到何
路勢重勢輕皆可預爲之備堵截埋伏布置停當有戰必勝矣若賊
未動而以爲動則徒勞士卒既動而以爲未動則毫無準備必至坐
失事機故探卒最關緊要惟探卒之用因地而異山谷之間伶俐兵
卒竟可妝賊狀混入巢穴假乞丐候諸道路平原曠野則分塘探馬
亦可遞偵賊壘至海洋難言矣不能用馬而用船船行巨海中小則
爲波壓沉大則用櫓用帆必須多人而烟波浩茫島嶼遮蔽賊艘灣



泊行蹤無從往探偶然相值賊順風而來船大帆濶行使如飛探舟
帆力不足反至落後海岸失事往往因此碉樓之設高至三四丈再
擇地勢高敞處及近洋島嶼各作數座以當瞭望之墩台偵有賊船
傳砲爲號以之濟探船之窮更爲得力

兵貴用奇奇莫妙於間諜巨洋隔阻聲息難通賊之虛實我無由知
我之虛實則逃軍閃民逸入海中反以告諸賊洩漏偵事往往以此
我誠善用間諜則假作逃軍閃民投賊附賊或即用賊間諜以寄我
耳目未始不可要在機事密而用心精昔岳武穆平楊么黃誠楊欽
即楊么之黨胡梅村平徐明山用華老人蔣胡輩爲間乃至枕席之
旁王翠翹亦間之可謂用間之善若种諤之用王和尚間元昊即王
和尚亦不自知則尤神乎間矣賊船大者恒數百人其腹心不過數
人十數人餘皆投附脅從賊徒惟利是視刦掠所獲不過數人十數

人其之其銀錢貨物猥籍船中餘匪詎無垂涎心若許以殺賊投誠則一船所積卽行給與且加之賞勞則人人生心矣卽不生心而船頭與其腹心數人十數人日以防內訌爲心則必攜貳不用命矣故司其事者務以能用諜爲上自遣之諜無論已眞正投誠賊匪可潛留賊中不必責以卽出卽勦捕所拿之賊不妨留其生命厚遇而遣之佯怒而縱之正用反驅皆可供我駕馭或用降匪轉相招誘或驅順賊先行攻擊賊黨之中自相魚肉大勢旣解根株立盡

利於水者不利於陸鯉鰌之屬出水便死嘗見受撫洋匪行走蹣跚目不過二三十里良以在船住居波濤掀簸兩腳必作八字勢開立方穩人之腳踝筋力皆強直能立不能行乃考嘉靖年間倭禍陸地遭屠戮爲甚而官兵亦多敗績於陸路良由將不知兵兵不習戰東南民氣脆弱聞賊先行膽落望風逃竄而沿海無業貧民反附賊爲



用賊雖不利於陸而陸居之從賊未嘗於陸不利故賊得逞其豕突鴟張也夫沿海居民習於風波如崇明上海太倉之沙民寶山南匯象山鄞縣之亭民漁戶淮海各場之私販黃東東莞等處之各島櫓船子弟兵潮州之鄉夫其氣勁悍與溫處延邵之礦徒義烏之民兵戚俞諸名將用之往往取勝此往事之明驗也倘值有事之時講團練之方收海濱壯健無爲賊誘迫行招募之計練溫處義勇使爲我爪牙何須遠調客兵糜餉勞衆滋地方害也哉

明嘉靖間閩之漳泉浙之溫處傍海依山者多以築寨堡得完聚取而論之海賊所恃銃砲攻至百數十步外而不能擊洞重垣堡壘之固或用毛石砌成薄者亦築土四五尺可遮蔽銃砲一利也賊匪乘夜放火就僻村棚寮潛縱一炬居民紛紛驚竄既有堡土則房屋皆在堡內無能縱火二利也鄉民四散住居形勢單弱難以守望相助有堡以聚之則多者數百戶少亦數十家比廬聚族聲勢雄壯保甲團練之法均可就堡施行三利也散地難守禦有堡可憑則聞警之時荷戈登陴數十百人分布一堡人數敷用自然嚴密四利也民間所收糧食貯積堡壘牛豕牲畜俱欄養於內堡長堡副以時稽察買賣交易耳目衆多不能潛行接濟之奸五利也鄉間村落市集勸令相度地勢修壁作壘堡壘旣多一堡有警各堡互應或用邀截或行夾攻既有輔車之勢自成犄角之功六利也築堡取土之處挖成深濠則堡成而濠具濠旁密栽棘刺叢竹之類一二年後棘刺叢生是生成鹿角蒺藜七利也愚民之情可樂成難慮始鄉人重利多吝惜工費若明示利害俾令曉然於心地方官勸諭獎勵富者出貲貧者出力總期工程完固聲勢聯絡則一二年間環海一帶高垣崇墉星羅碁布足資捍衛矣



沿海數千里汊港紛岐墪防兵丁常形不足但洋岸多坦沙碕坎盜船出入有一定海口康熙年間飭內洋沿海相度地勢修建砲臺誠扼要制勝之方惟無數港汊砲臺工費繁多難以處處修砌必得功同費省始可多備無虞查碉樓一法高三四丈每面寬一丈許洞門一層銃砲眼三層碉身所用或石或磚制小而固難以攻破港口隨岸曲灣均可作碉賊船近口我兵於碉眼看準遠者放砲近用過山鳥擊之而身藏碉中不爲賊傷一利也碉樓高可眺遠望見賊船旋放號砲各碉次第相應頃刻間百里內外村庄得以戒備二利也每碉碉長一名碉卒十名要緊海口迴環照應只須數座用兵不過數十名兵少則費省三利也碉制三層守兵銃砲器械薪水糧食先爲預備有警閉門以守不須臨時搬運四利也碉兵責成碉長約束食宿均在其中離碉者罪非如散地可以自便人少而氣自完賊輒不

敢近碉勢重亦不能踰之內犯五利也奸民接濟透漏處所多作數碉碉卒川常偵視非如巡邏兵丁風雨得以阻隔稽防尤為嚴密六利也有砲臺之處不須建碉碉以彌縫臺之空虛其松江以北沿海沙多土少難築堡壘只建碉一法可以堵截挖濠栽叢竹荊棘可以防護論邊防者以保聚為上沿海官設碉樓民修堡壘團練壯勇均固本自強之計次第施行其利可數十年非如一時戰伐之功兵撤而事變旋生也

平湖閣學陸義山棻有通洋宜防倭患議

前代倭患在嘉靖間不僅被於湖邑卽以湖邑論倭屯清溪不過沈氏兩宅非有樓櫓之設墉塹之防可以堅守而力拒卽如邑志所記盧張倭勢不過千人而召集官兵則有七萬三千之衆是以七十三人擒一人而不足有是理哉況父老相傳眞倭止一十八人耳徐海



以新安無賴通洋貿易貲本蕩然遂與其黨汪直葉麻輩誘入倡亂驅煽沿海貧民聚而為寇吳越財賦之區承平既久民間累世不睹干戈豈能單衣而捍鋒刃至於汛師水哨皆同兒戲調至客兵土兵不諳川原形勢而且先有凡肉居民之心無異於賊將不識兵兵不識伍宜乎曠日糜餉縱賊流毒於數郡數十縣之間釀成東南一大害也而其原不過起於通洋貿易之徐海一人甚矣通洋之利小而害大利在下而害在上不可不預為之憂也或曰謀之甚豈鮮不謀利通洋亦生財之一途貿易者什伯其羣皆挾貲求贏以自贍其父母妻子安得人人徐海是大不然凡人之有恒產與恒業者守墳墓樂壥肆有田者供租稅有丁者供力役皆良民也卽逐末而從事於商販南走閩粵北走燕秦遠者至於滇池遼海而止亦足以權子母而收息倍蓰矣何至泛不測之淵入鯨鯢蛟蜃之窟以求贏餘此其人必素行無賴者也必生計凉薄不豐於商販之貲者也必嗜利忘禍貪狠而不仁僥倖於一獲者也必斷棄其身視其父母妻子如路人者也通洋之徒本非良善而往來數數玩易波濤又聞日本風俗出入佩刀男女雜沓飲食之費倍於中國妓館博家比比而是貿易者本少利多又素性獷鷙不自惜其貲卽所獲甚饒而挾妓呼盧罔胥及溺是以贏餘之財得於彼仍失於彼或至盡喪其所有如向之徐海輩曉乎夫人而嗜利忘禍輕其身路視其父母妻子貪狠不仁哉不顧之顛以僥倖一旦之獲則亦何事不可為且涉大海如袵席習見夫獷悍佩刀之俗浮淚倏忽若鳥獸之聚散不以故國鄉井為念久相忘於法制禁令之嚴又且喪其所有窮困無歸更何所不為而尚有忌憚哉彼徐海者始不過一通洋貿易之人非素有不軌之志乘與爲倭為伍遂其邪謀入寇內地祇因貪利而進喪其所有窮



困無歸乃激而為盜耳而謂凡今之人通洋貿易必無若徐海輩者曉敵倚聽或又以為倭俗饒於貲財未嘗闖入為盜此亦不可恃也良稽其產易地皆然中國嗜利忘禍之人可以聚類而往則彼中桀黠者流交相煽誘亦可以因導而來向所云眞倭一十八人者非其故轍耶然則戢亂於旣熾彌亂於未萌利害較然可見廟堂之上遠而未周身任封疆者不宜晏然而處堂也封疆大吏周而未悉各任濱海民社之寄者不宜忽焚如之災而待焦頭爛額之客也康熙初年以海島遊魂未滅沿海防兵糜餉日久立界遷民禁及採捕議者或謂捐魚鹽之利絕貧民衣食之原然不出數年投誠者接踵海氛遂息以所損之利較所省之餉果孰贏而孰詘耶寇在海中不能自耕而食必資內地之粟以為生濱海奸民受其白鏹聚米於家鼓目相濟反以被掠報官日夕惟盜是諱而何暇詰其好食不乏寇不

消自遷界禁筏粒米不得盜入於海而海寇悉爲安插之編戸此計之最得效之已收者也海寇既彌
朝廷下寛大之詔復其遷界許令結筏捕魚可以厚民之生矣而言利者遂進通商貿易充裕
國課之謀於是洋禁大開富家巨室爭造貨船游手惰民競充販客徵貨所挾倍息相期往而獲利則貪進而不肯休苟失其資則流蕩而不能返或負豪門重息之債或親戚義助之財負者莫償索者逾迫相迫不已至於相仇凡爲此者皆所謂素行無賴嗜利忘禍忍蹈不測之險而踏視其父母妻子者也其情其勢不易驅而爲徐海輩哉夫開洋之利稱貸於豪富者羨餘於持權者侵蝕於胥吏者各取什之三其歸於
國課僅什之一而已下取其九上取其一利無幾也數傳之後承平



相習脫有不虞如嘉靖間故患則徵兵調餉費數十倍悉所入之課而不償而黔黎有殘害之戹地方多蹂躪之禍所謂利小而害大利在下而害在上不大彰明較著哉愚謂封疆大吏能直陳利害破拏情而罷其役但許瀕海細民結筏捕魚凡通洋船隻一切禁之則內地之奸謀無自生海外之邪孽無由召此上策也否則願立條約檄諭所屬有司察覈地方通洋貿易之人照由海關例報明姓氏居止編爲一冊冊內註明某人於某年某月某日置買某貨向某海口登某戸船逮其歸也又一一報明而注之冊取其里長兩鄰結狀其隻身無賴貲本不足者不得偕往則來去可稽虧盈可驗放蕩之心有所顧畏而奸匿之志未敢萌芽雖非永安長治之良規或亦防患詰奸之中策然而杞人之憂終未能已也

耿橘平洋策曰昔龔遂治渤海悉罷逐捕盜賊吏諸持鉏鉤田器者皆爲良民吏毋得問持兵者乃爲賊於是羣盜解散復爲良民不殺一人不費一餉而大盜悉平然則今日治江海之盜者亦宜畧仿此意而行之再吳中風俗農事之獲利一而勞最愚懦之民爲之工之獲利二而勞多彫朽之民爲之商賈之獲利三而勞輕心計之民爲之販鹽之獲利五而無勞豪猾之民爲之吁私鹽之行官鹽之滯勢不得不設爲重禁添兵巡捉名之曰賊然其實皆良民也夫鹽之爲物乃人家常用如水火之不可缺也故禁之愈嚴而價愈涌價愈涌而私販愈多大利在前走死地如鶩毋足怪者而自有諸巡役以來兵船周游列械張旗而販者之船亦各具旗械以應之矣應者人日益衆勢日益張而巡者止有此數奚啻止有此數而已姑妄常例以縱之販繼且躬爲販而假之辭終且辭一二愚懦買鹽自食者而誣之販甚且以巳鹽計擲商民船中而誣之賊彼販者視諸兵役之往



來巡視直蠅翼過前耳始具械以應諸巡已而巡無足應械有可持往往於空濶之處波濤之中刦擄人財矣勢大黨多橫行江海如無人矣至於今日名爲販而實爲盜矣故愚以爲不大弛鹽禁而欲靖江海之盜必不得之數也惟鹽禁弛則販鹽者無不諱之名得與諸商賈等與諸商賈等自無用多招亡命屢設兵械亦不必豪猾之民始爲之吾乃視其船有旗械者卽爲賊無旗械者卽爲商賈商賈通鹽價平彼豪猾者將驅之販而亦不爲已此令一申而諸盜可保十九爲良民也卽有一二怙終不悛者其勢孤其擒勦易易耳第鹽法之設乃祖宗之制臣子不得議弛若論其實祖宗之所以設行鹽法者不過得鹽之利以濟國計耳若查各州縣舊例如每年應獲囚鹽若干應賣官鹽若干定爲規則其囚鹽令有司均派各販名下如典稅之法則季易銀類解其官鹽引到日仍發各販易銀交付商人於

國計何損不然爭錙銖之利陷赤子於不赦之條而以誅殺從事卽能勝之於元氣必有所損萬一不勝其所損可勝道哉夫天下有禁之而反以熾弛之而反安於無事者此計是也此化盜爲良之最善策也

崑山鄭若曾作太湖圖而爲之論曰太湖延袤五百餘里雄跨蘇常湖三境全吳巨浸無大於此論水利則三郡田賦豐歉係焉論兵防則三郡封疆安危係焉全吳利害亦無大於此向來論經畧者多未之及或謂東西洞庭及濱河諸山古來兵火不及奚必議守然自古大兵之下江南也或從京口或從三壩志在城郭則山林必在所棄若倭夷土寇則不然志在鹵掠棄無就有令腹內諸村鎮搜括已盡必趨於未經兵火之地則沿湖諸境非當所防者耶況自太湖入宜興以至金陵爲道甚捷不可不先事而爲之防也或曰湖中風波與



江海異若之何其禦之曰此非漁網船不可蓋江船與海船不同海船與內河之船不同內河之船與湖泖船又不同內河之船卽今之官航民船是已江船大者爲州爲襄小者爲滿江紅爲擺渡之類海船十餘種曾已圖形於籌海圖編可覽而知若湖泖之船雖生長吳地者問之多不知況以宦遊之人而知用之乎請詳言之夫湖泖之船大小不齊運石者爲之山船運貨者謂之驳船民家自出入者謂之塘船衛所巡司所用者謂之巡船鄉夫水兵所駕者謂之哨船往來津口用者謂之渡船之六者雖皆習知湖中風濤之性猶未若漁船之利便也漁船莫大於帆罟其桅或六道（可裝二千石）或五道（可裝一千四五百石）或四道（可裝千石）無間寒暑晝夜在湖每二隻合爲一舍素爲賊之所畏聯而艘之太湖攻戰此其最善乎此船小者亦可入港桅三道（可裝五百石）二道（可裝百石以下）是也江湖中皆有之若風息時無間大小皆不適用罟之所利者狂風怒濤也其尾無櫓其旁無槳風息帆弛卽不如巡哨船之擊楫爲有用矣其次爲江邊船（大者可裝二千石以漸而降止於百石）自五桅以至二桅亦專使帆無櫓無槳其中號以下者可入港最大者不可入港若欲出揚子江則繇錫山高橋下江水寬處行然須重載壓船吃水方可過高橋也其次爲廠稍船（大者可裝六七百石漸降至六七十石）又其次爲小鮮船（卽湖中航船是也大者不滿百石）二者皆有櫓而有帆又其次爲剪網船（亦合二隻爲一舍）船雖狹小第一迅駛又其次爲絲網船駕使不過三人而風帆迅駛人亦堪用此二者各湖所共有也又其最小者爲划船三四人盪槳如飛疾於剪網但不用風帆不利湖浪用之以探報諸舟所不及矣其遇賊也以槳超淖泥淺賊舟舟滑難立大爲賊之所憚此船惟吳江長洲有之他縣皆無而吳江之二十九都者慣一行封至爲可惡是此皆漁船之可用者也其他湖泖內港漁船尙有輒



網（一人坐於船首取魚者是）趕網（一取一趕者是）逐網（一二口網在船頭者是）罩網（秋冬罩魚夏月則歇而捕田雞者是）江網（竝木於吳淞江鮎魚口水中兩相持其人登架其船下泊是也）滬網（一只帶頭一只安坐滬岸上起網者是）六者皆遲鈍不適於用所適用者惟鸕鶿船（一名水老鴉一櫓一槳或二槳）出於吳江長洲二縣其駕使不過二三人其駛捷於剪網善用之大爲軍旅之助或又曰週湖港口無慮百數焉得港港而備之曰不然湖口雖多通舟往來者不過如吳江之韭溪葉港雪落洪圻關鮎魚口吳縣之莫舍滸墅口港無錫之獨山浦嶺吳塘門武進之馬蹟山宜興之荆溪東蠡河忻溪百瀆之類可指而數也各練鄉兵守之而以巡哨船爲之探報帆罟邊江等船常居深水賊豈能入湖也哉然大小漁船未經調集一旦用之欲望其出死力不能也須平時藉之於官驗其役專委一廉仁有司訓教之則善矣

風潮占驗

觀太陽知風雨圖

太陽初升有黑雲如鷄頭如旌旗如山如陣鳥如龍頭如蛇如魚如靈芝如張蓋如牡丹狀並應本日未申時有雨如魚鱗王有風

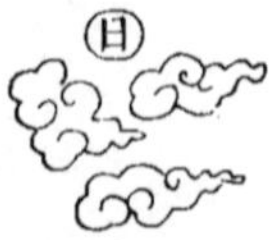


欻火會金虎出遊象

巳午時出未申時應狂風驟雨乾上出有誅代坤巽艮入無震坎出霹靂雨雷離兌出入大善

欻火帶煞象

欻火會金虎帶雷煞出遊來日未申酉時霹靂火雷雨狂風誅人伐廟等事昏天暗地飛來掩日不開有雨不小

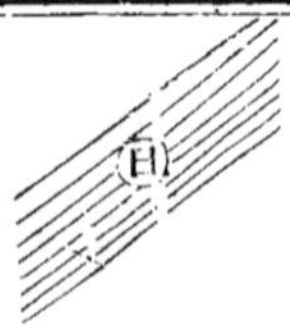


欻火帶虎象

欻火帶白虎出遊王來日未申時雷雨大作

欻火衝駕象

欻火衝駕巳午時有此雲氣應未申時有雨若未申時見應酉戌時雨也

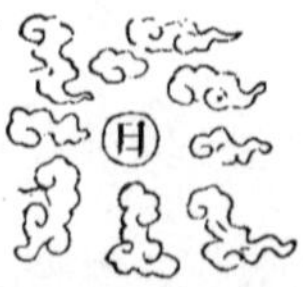


欻火會雨象

欻火會雷霆大煞又名赤離赤鷄王本日未申時雷霆大作折木誅人驟雨傾盆也

雨師倒海象

雨師倒海王頃刻雷電大作霖雨傾盆

欻火出令象

欻火出神霄號令王當日申酉時烈風震雷大雨傾盆飛沙走石

雨師化水象

金火大煞至宮又名雨師化水春月王當時風雨夏秋月應未申時雨

欻火展旗象

欻火下水府展旗發號施令申酉時發現應當日雨雷滂沱陸地興波若半夜子時發現應有震雷大作

徵鳥現跡象

此徵鳥現跡又名赤鼠五六月南方有此之象中夜天河內又無雲此乃久旱天數不可禱也

欻火轄雨象

欻火號令雷部諸煞聽命王未申時狂風飛沙走石霹靂雷電驟雨傾盆折樹誅邪天地昏暗

金虎出戰象

金虎大煞會戰王未時雷雨大作霹靂震動誅邪伐木飛沙走石三日下大雪如無雪則有雷電

欻火遣煞象

欻火遣煞金虎傳令王三日內雷雨大作

都水出遊象

此是斗中使者名都水使出遊主當日未申時風雨大作遍濟通流又看北斗左右或天河中有濃雲二更時前後應

獨雷太乙象

欻火與太乙相會若有在今日現主來日狂風大雨伐木誅人一占主本日未申時雷雨大作伐屋折樹

火鈴號令象

北斗陽茫火鈴將軍擲火號令又四赤蛇五六七月壬子至丁巳日內有雲氣如此乃旱數不可祈禱大災歲也

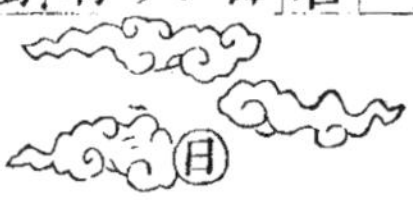

欻火纏舍象

欻火纏舍或成叚如布幪長千丈主天旱狂風若蔽日主未申時大作雷雨誅人畜如掩日雲帶望巽方主殺伐

乾精大煞象

乾精大煞黑雲如魚龍雙行度巽方者主日內風雨大作轟雷掣電誅邪伐木

欻火轉陰象

早晨有此雲氣主當日午未時雷雨大作如本日不應定來日午未時震雷疾風驟雨

欻火展翅象

太陽東方升殿時有此黑雲氣主當日申酉時雷雨大作

欻火伏氣象

太陽升時東方有此黑氣攔遮此爲太陽晶伏氣主當日未申時雷雨閃電自巽方起雲又起東南風

辛君步月象

此二象皆名辛君步月子丑夜現掩月冬主有雪凍夏秋主有雨雷雹蟲蝗食物人遭刦春三月形如龍蛇多者六七月風雨多也

陰陽相戰象

陰陽相戰此兆否極泰來三日內主有風雨

辛天君出遊象

辛天君帶金火出遊四處無雲只有黑雲如此或如龍蛇形蔽月主來日未申時雷雨大作

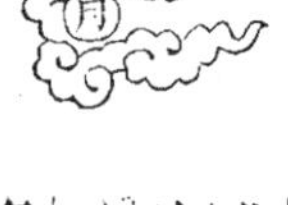

使者化陰氣象

使者化陰氣出坎天君得旨化陽轉陰先施水氣應在日後有小雨連發之兆

辛君會雷霆象

辛天君會雷霆大煞遊月宮有黑雲如龍蛇形自巽方入月者主明日狂風驟雨

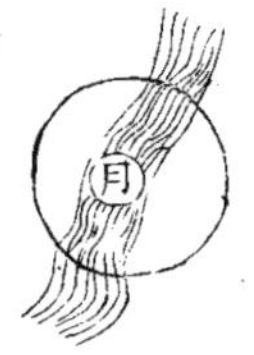

雨師灌天河象

雨師灌天河社令雷神叩天河取水尅離宮應三日後陰沉天氣四五日後有雨無雲之兆

辛君與使者出遊象

辛君與使者出遊來日未申時雷雨大作沉天沒地驟風伐畜雷霆霹靂

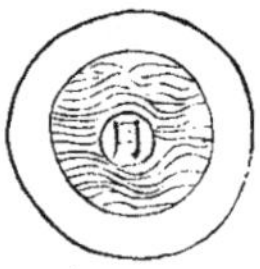

雨師現水象

雨師現水象雷公使者度天河領水入黃道坎宮應亥子丑時有雷雨大作

辛君遊月宮象

黑雲如蛇自兌方而入月宮者壬三日內必有大雨

使者探月象

寅午戌夜一更前後有此兆出之擬於申酉亥子日天陰機動三日後雷雨大作

鼠形戰法象

此象應三日後有雷先乾坎方動有雷雨大作



觀北斗知風雨圖

有白氣射斗口貪星應來日未申時微雨有白氣射巨祿文星旁亦如之白氣通

使者會七煞出遊郎陰陽大煞壬來日未申時雷雨大作迅雷驟雨而行殺伐斗口若無雲射入則壬大旱

使者會北斗都水使者壬來日未申時或戌亥時必有雷雨殺伐

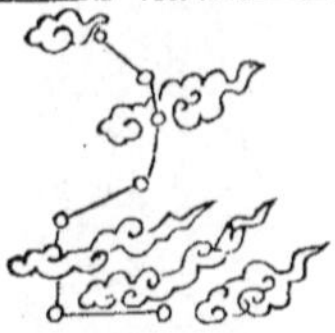

使者領大雷五鬼出遊郎使者與五氣雷公也壬來日未申時雷雨大作無雲則大旱

使者朝斗有此黑雲氣來日未申時先雨後風若斗口有白氣先入後黑氣蓋過來日未申時狂風刮地大雷雨飛砂走石黑雲通蓋過斗七星不現斗口有閃閃龍光壬迅雷轉至坎艮方來日申酉時風雨雷電交作

太乙交宮黑氣如雲遮來朝斗並有墨黑雲蔽斗者壬當夜有雨來日有雨若開了壬明日未申時雨

使者令天罡提殺一二日內壬雷雨大作



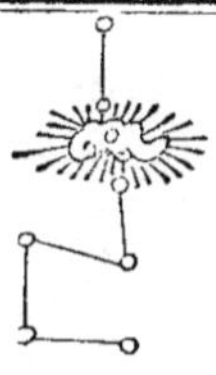

使者會雨師先黑雲如龍蛇或飛鳥破絮先從東北面而來先掛廉貞星兩畔壬二日內雷雨大作後遮廉貞星黑一時久者壬來日未申時雷雨

雷神出遊申酉戌亥子丑時現象壬朔風大雪

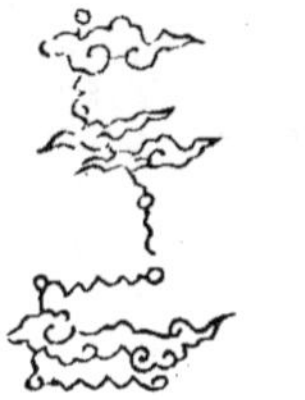

使者入都水司應在四水宿日天陰二日後有風雨

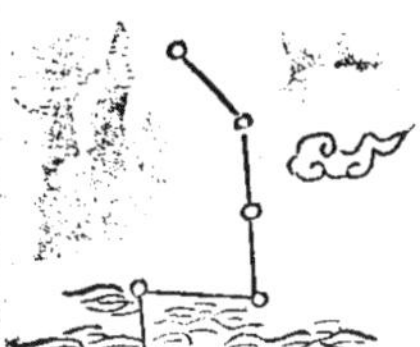

雷神來斗中明日亂風刮地飛砂走石

天豈會太乙
二日內主陸
地成流霹靂
大震伐廟誅
邪

赤雲如此使遍
北斗者主久旱
不可祈禱否則
蝗蟲火光盜賊
熾也若光茫長
是天災封數

使者過河如黑猪形如
陣馬過河明日未申時
大雷雨如天河中有聲
如風聲名使者捲水來
日大雨平地波濤



觀南斗知風雨圖

金星察
訪人間
主三日
內定有
雨

此兆久旱
數不可祈
禱蝗發東
方天災封
數也

金星化水
黑雲掩斗
口不移者
二日後雷
雨大作

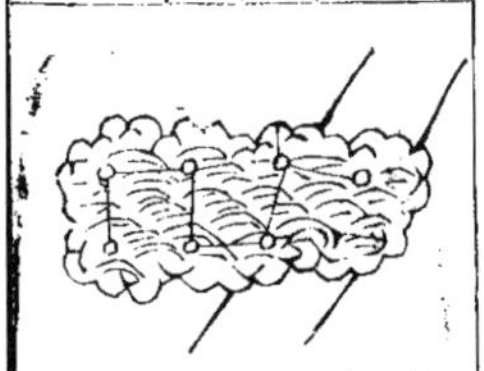

使者掩水天
河中有此水
滅紋雲氣者
二更前後有
响聲來日大
雨

測天賦

高明上覆日月星辰沉潛下載風雨龍神

高明天也天本一氣輕清而運旋於上沉潛地也地本一氣重濁而定位乎下日者太陽之精積而成象光明外發體魄內合月者太陰之精積而成象光明映照盈極而缺星者五行之精木曰歲星火曰熒惑土曰鎮星金曰太白水曰辰星經星者陽氣之餘二十八宿也辰者十二辰次娵訾降婁大梁實沈鶉首鶉火鶉尾壽星大火析木星紀元枵是也角亢氐房心尾箕東方七宿爲蒼龍之體斗牛女虛危室壁北方七宿爲靈龜之體奎婁胃昴畢觜參西方七宿爲白虎之體井鬼柳星張翼軫南方七宿爲朱雀之體環列於四方隨天而轉夫天者羣物之祖懸象著明運而爲二曜分而爲五星列而爲二十八宿會而爲斗極天有四時陰陽寒暑



陽氣在內不得出則激搏而爲雷陰氣在外不得入則周旋不舍而爲風天地相感陰陽相搏氣積而成雲陰陽和泰天地氣交而爲雨若夫太清之世十日一雨雨不破土一歲三十八雨是爲休徵時若之應龍神卽雷神龍屬乾雷屬震二者感陰陽之氣動而飛翔所以降雨也風雨時氣之所致則龍神附而主宰之也凡雨三日以上爲霖久而爲霪天鏡曰天雨三日以上不絕陰謀與如無雲而雨謂之天泣其占爲國家之失政凡雨作於四時旺相之日草木得之莫不榮盛其休囚之日雖有雨不能生物也

占斗光之明暗辨月色之初新

斗光北斗星之光明光潤也暗昏翳也初新謂初生明上弦之月色也凡黃昏時後視北斗中外左右有無雲氣又視新月上下左右有無雲氣然後知陰晴風雨也

魁畔黑雲見露滋於當夜

魁星北斗前四方星若此星之旁有黑雲遮蔽半掩斗口者主當夜有雨

罡邊黃氣屰澍澤於來朝

罡天罡也北斗第七星之名北斗後三星爲杓若罡星前忽有黃色氣潤經時不散者主來日有雨

遍掩映而三日

遍普遍也掩映謂遮而薄有如紗牕之透明也凡北斗遍被黑雲遮掩主三日內有雨若無雨主大將有憂

獨溟濛而半旬

獨孤獨也溟濛天色濛而不明也半旬五日也凡北斗間或有一二星或有五六星有黑雲氣溟濛遍蔽主五日內雨又四望無雲



惟北斗中外上下有雲氣潤者亦主五日內有雨黑雲低下廣而厚者主當日有雨

戊已六龍若魚行而并灑

戊辰已巳名曰六龍平旦時占看日下入夜時占看北斗若有雲氣蒼潤如魚龍鱗狀或停止或飛行遍掩北斗口者主當日雨

斗間五色如黿動以長津

北斗間有五色雲氣動移蒼色如黿龍形狀動止不一大雨驟至

類南天而炎火同中岳以飄塵

類比類也南天者氣也大凡斗中有南天赤色雲氣者主旱赤雲蔽日或蔽斗主明日天熱中岳黃雲氣也若黃雲氣昏暗蔽斗或杓白氣而大遭風雨

在日月上下界不廣密者久旱主多風披拂風塵之象

白氣卽白雲氣也若有此氣掩北斗并日月廣而密者主有大風惡雨一占每月初一日夜視北斗若有白雲氣而潤澤者主月內風雨多

節丹震而甚益農人

節時節也丹紅色震東方也言每月節氣相交之日若早晨有丹氣見於東方者主節內風雨順行利益莊農之人

六甲旬空一旬竭瀫

六甲謂甲子甲寅甲辰甲午甲申甲戌也凡一甲管十日一旬之陰晴若六甲日天氣晴明無雲掩日其夜又無雲掩斗主十日晴

六甲日若有雲氣漫天者主十日有雨

雲氣如出五行逐面

逐面方面也雲出時看在何方上見如東方有雲應甲乙日有雨



餘倣此一曰青雲在甲乙日雨紅雲在丙丁日雨白雲在申酉日雨黃雲在戊已日雨黑雲在壬癸日雨故看五色雲氣逐方面而致雨也

卯日同甲四方之氣象爲因

謂五日六甲日占也

旦有從蒼諸干之期程定變

蒼青色也諸干十干也期程十干變動之候也定變謂此日天色而定變動也平旦時有黑雲出在何方如東方有雲應在甲乙日之類是也餘與上同

紫烏白兔降未升而雨沾

烏日兔月也凡天氣下降陰求陽也地氣未升坤爲地爲陰本乎靜陽索之無有不應故晝之日色紫夜之月色白若此者主有雨

素日丹蟾升未降而災旱

素日白色也丹蟾月色紅也言天氣未降陽背陰也地氣先升以坤陰爲靜是殆未必有動先陰者是陰陽反配而不合故晝之日色白夜之月色赤皆主災旱晴明也

陽碧陰綠未交而景色將寒

碧青色也未交不曾合也將寒言天地不交欲閉寒成冬故也景色時景也此天氣下降地氣未升晝則日色青夜則月色綠是二氣不曾相交將寒之象此秋冬之景殆欲降災凜冽而興於時也

奇青耦黑未密而虹霓欲見

奇者陽日也耦者陰月也未密猶相交未定而泄氣也言天氣既降地氣已升二氣不足故日黑月青似雨不雨必主紅霓之見也若乃重占卯日再聚寒風冽土折樹四方雨瀉無之必生災異



凡占六甲五卯日若有雲氣未聚者將寒之象主大風折木四方昏翳如氣隨變必有大雨此天地之變動也若無雨主生災異

兵甲攢興有之則大起凶災

甲卯日如前天色若無雨則大起災殃必有賊兵起事主在五日內應

斷五音之宮羽

斷猶決也宮羽五音之屬子午時爲宮卯酉時爲羽辰戌時爲商巳亥時爲角丑未寅時爲徵宮屬土商屬金角屬木徵屬火羽屬水如宮日宮風時加巳亥有喪商日商風時加辰戌有兵起角日角風時加巳亥有兵起多死徵日徵風時加巳亥有災病羽日羽風時加卯酉有雨

裁六義之柔剛

六義則六情也如寅午日爲廉貞風從南來主慶賀歡樂事巳酉日爲寬大風從西方來主和會事丑戌日爲公正風從北方來主侵奪財貨盜賊興起事亥卯日爲陰賊風從東方來主七日內有陰謀賊人入界偷營刦寨事辰未日爲奸邪風從北方來主有賊凶虛驚或姦非事如風性不善昏濁勢大能破屋折木者主大凶

壬子至戊午各轄三朝高燥則雲藏數日

壬子癸丑甲寅乙卯丙辰丁巳六日每日管三日晴雨假如壬子日日出時見有雲氣低濃或黑氣在北斗上下左右則所管戊午己未庚申三日內雨也若無雲氣高燥晴明則三日內皆晴癸丑管辛酉壬戌癸亥三日斷如前甲寅管甲子乙丑丙寅三日斷如前乙卯管丁卯戊辰己巳三日丙辰管庚午辛未壬申三日丁巳管癸酉甲戌乙亥三日其斷皆如前總計二十四日推詳所管逐



日有如山鳴谷應驗之不違

丙子終辛巳每管五日低濃則雨遍諸鄉

丙子日至辛巳共六日每一日管五日假如其日有黑雲蔽日或掩斗則所管五日內如前晴雨丙子管壬午癸未甲申乙酉丙戌五日丁丑管丁亥至辛卯五日戊寅管壬辰至丙申五日己卯管丁酉至辛丑五日庚辰管壬寅至丙午五日辛巳管丁未至辛亥五日并前共六十日則逐日占斗光日色定之萬應無移

連窺天漢蛇經而霧集雲屯屢顧銀河猪越而風調雨順

天河中有雲如蛇經過則主雲霧昏蔽有雨猪越謂雲氣如猪形過河也凡天河有雲氣黑潤形如猪蛇往來主當夜有雨

無雲掩映當旬之草木不沾有氣侵凌逐限之田園益潤

天河中過五卯六甲日觀之既無雲氣遮掩又無雲往來則所

日必主晴明若有雲氣在天河中來往者所管日內決有風雨
黑斗夜半如龍在震以辰期
黑斗發水象也斗丑屬也夜半子時也震東方也辰期如在東方
震上者主辰日必有雨
青龍辰前似馬當離兩午信
青龍甲木也龍謂辰也甲辰日有雲氣形狀如馬在離者主午日
或午時必有雨至離南方午屬馬也
月初兩曜青黑潤明旬當致雨黃赤乾晴
月初乃初一初二初三日兩曜日月也青黑以日色或青或黑潤
明雲氣潤濕而明也凡月初占若日月青黑明潤者主月內多雨
如黃赤氣若此者則乾之象主月內多旱每月初一日晴明主上
旬十日初二日管中旬十日初三日管下旬十日斗光日月同占



日候孤光雲帶中央而下動日高三丈雨施四面以類行
凡日出時有雲氣如縷帶橫於日久而不散不移又或蔽日而不
見者主日高三丈雨若日高一丈二丈時見則主申時降雨
朝覻東方積土之雲形便瀉
凡早晨起居必先看東方有黑雲起如堆土之形狀久而不散者
必有雨
暮窺西上累盂之氣象霶傾
凡日落時見西方有雲氣如累盂形狀層層而起者主有雨
晨候北方雲多黃黑晚望南行雷雨立見
晨候占早辰時見北方有黃黑雲氣溫潤長二里許無分大小片
朵昏向南方飛者主壬癸時日必有雨餘則以例推之
躍躍豬氣山奔如七子之期

躍飛跳也豬氣言雲有如豬之形氣也山艮屬也凡早晨間見西
北方有雲氣狀如豬走上山飛行望東北者必主雨七子言應七
日內也
鬱鬱離風乾飛去八辰之索
早晨間見北方有黑氣抑屈蒼青飛行之後南風忽轉北風吹送
如飛者主乙卯日雨或應八日內有雨東北風亦然
雲帶橫列寅卯爲甲乙之名
有雲纏帶列寅卯方上久而不散者主甲乙日有雨
日輪行次辰巳作丙丁之說
凡日行在辰巳上有雲帶橫列則主丙丁日下雨
午未之間見陰戊己日以無差
言午未方上見陰雲如縷帶蔽日不見主戊己日有雨



坤申之上雲行庚辛日而不易
坤申西南方也西南方上有雲氣散掩日者主庚辛日有雨
若值炎旱熒惑稍退於河津
凡天時欲旱則日色酷烈而火星守天河必主旱一曰天河中星
辰稀少皆主旱
或遇霖霪辰象曜繁於漢泊
天河得金之餘氣秋夜最明水星守天河更天河中多星辰而密
厚若此者必主大雨也
五色交錯赤黑相兼天威雹凍神怒雲發
平旦時見天上有五色氣交錯兼赤黑多而往來擾亂者必主大
雷雹風雨一雲黃色發少必雨少
漫灑輕吹遠邇而人君惠重

凡時日風和雨細不損禾稼此人情順化上下同心然也

迅飄頓瀉高低而逢主猜疑

　言急風惡雨震地崩山水勢漂泊若此者大不祥也

若正臣忠先風後雨以詳上驕下諂先雨後風以占

鎮逆入河法令急而淋潦

　鎮乃星中土星若此星逆行入天河主法令急酷淋潦爲民物之災戾也

熒惑戾求政理乖而旱災

　熒惑南方火星若與星辰相犯或入天河必主大旱乃政理錯亂以致之

驗陰陽開闔之節達璿璣運行之數

四仲交變朝中夕半以興雲



　四仲子午卯酉也朝中午時也夕半子時凡四仲年月日時若太乙初移宮有雲掩日而青黑潤明者必主有雨言早晨及日落之雲變故

六壬發轉龍水支干而數雨

　六壬占掌以日加月建及月朔占神后爲大雨天沖爲小雨若依鬼谷神課則以月將加時順數主雲氣方上轉成四課而論之也若以大六壬占以月將加正時視干支三傳而得水騰而上火伏而下青龍升生元武入災主大風雨萬驗無差但節前三日不占

支干雨位非其所以無多

　謂干支之位天地以之分野各有所屬若欲推極其妙必當以分野定之凡斗光日氣該雨各有分野而降雨也

甲齊乙丙楚丁南蠻戊魏韓己中州庚秦辛西戎壬癸燕如十二時辰則子齊丑吳越寅燕卯宋辰鄭鄴巳楚午周未秦申晉酉魯戌亥衛

月色土精當其方而必溥

　春三月丙丁日夏三月戊巳日秋三月壬癸日冬三月甲乙日以上四季八日皆土黃用事合以日值庚辛名月宿土精日其日不問有無雲氣但逢此日必主大風雨

金水出入起風霧以連天

　金星水星情性不定或主風凡金水二星初出入之日必主風雨

畢月相逢布雲雷於下土

　月離箕宿則多風離畢宿則多雨所謂星有好風有好雨者是也

銅雀屏氣池枯而徵鳥翅張

　銅雀之鳥安西城有之鳴則五穀豐熟銅雀屏氣是韜音不鳴又



跌蛇有四翼一名徵鳥凡見處主三年大旱

石燕翱翔川溢而商羊起舞

　石燕鳥名也中岳少室山有之謂石燕若飛則主有雨故唐詩有石燕拂雲晴亦雨之吟耳

戴君之德五徵不亂以維新

　言民戴君主之德則五徵有序而不亂五徵者雨暘寒暑氣也

任相之賢千義無虧而治舊

　凡先風後雨爲順先雨後風爲逆若君臣相得國家必大治陰陽順逆各有其序而不失也

尊天貴地徵秘法而推誠敬鬼重神推元機而定譜

　覆我者天也載我者地也言天地不可不尊重鬼者陰之靈也神者陽之靈也以鬼神之爲德又不可不敬重之達此則元機歸於

掌握㘴特譜序而贊之也

## 占風 四時八節

立春日晴明少雲歲豐熟陰則旱蟲傷禾豆風從西北乾來暴霜殺物穀價猝貴正北坎來冬大雪邊患內侵東北艮來五穀熟正東震氣洩物不成東南巽來多蟲正南離來旱傷物西南坤來春寒六月大水多愁正西兌來旱霜兵起

春分日東南有青雲歲多寒金鐵寶倍貴坎來豆菽不成民饑疾病艮來夏不熟米貴一倍震來五穀成亦無盜賊巽來蟲生四月多暴寒離來五月先發水後旱坤來水小人多瘧痢兌來春寒八月國有憂有兵

立夏南方有赤雲歲豐晴明則旱風從乾來其年凶饑夏霜麥不得割坎來多雨魚行人道艮來山崩地動人疫震來雷不時擊物巽



來其年蟲大作

夏至南方有赤氣則熟明晴則旱風從乾來寒傷萬物坎來寒暑不時夏月多寒艮來山水暴出震來八月人多病巽來九月大風落草木離來五穀熟坤來六月雨多水橫流兌來秋多雨霜

立秋有白雲小雨則吉晴明物不成風從乾來多寒雨坎來多瘧多陰雷寒艮來秋氣不和震來秋多暴雨人不和草木再榮巽來內兵猝起離來兵猝起戎不利多旱坤來五穀熟兌來兵起時行

秋分日西方有白雲則善晴明物不成風從乾來人多相掠坎來多寒艮來十二月多陰寒震來人疾百花不實巽來十月多風離來兵動國七百里坤來土功興兌來五穀大熟

立冬日晴明小寒人君吉天下喜風從乾來君令行天下安坎來冬寒殺走獸艮來地氣洩人多病震來行人不安居多寒巽來冬溫

明年大旱人去其鄉兌來妖言爲兵在山澤離來明年五月大疫坤來洪水泛濫魚鹽倍利

冬至日有雷雲寒明年大豐晴明物不成風從乾來強國有憂夏寒坎來歲美人安艮來五月多陰雨震來雷不發大雨併巽來百蟲害物離來冬溫水旱不時穀貴人疫坤來多水傷苗人民不安兌來明年秋多雨兵起

## 二十八宿直日風雨陰晴歌

日逢井鬼多風雨若遇奎星天色晴婁胃陰風天氣冷昴畢有風天亦晴觜星雨過風亦起室多風雨天亦晴星張翌軫有大雨角亢夜雨日還晴若值柳星雲霧起氐房心尾向前行

春季虛危室壁多風雨若遇奎星天必晴婁胃烏風大冷凍昴畢溫和天又明觜參井鬼天見日柳星張翌陰還晴軫角二星天少雨



或起風雲傍嶺行亢宿大風起砂石氐房心尾雨風聲箕斗濛濛天少雨牛女微微雨聲生

夏季虛危室壁牛天陰奎婁胃宿雨溟溟昴畢兩宿天有雨觜參二星天又陰井鬼柳星晴或雨張星翌軫又晴明角亢二星太陽見氐房二宿大風雨心尾依然宿作雨箕斗牛女遇天晴

秋季虛危室壁震雷驚奎婁胃昴雨淋庭畢觜參差晴又雨鬼柳井雲落便行箕斗牛女必有雨氐房心尾雨濛濛星張翌軫天無雨角亢二星風雨聲

冬季虛危室壁多風雨若遇奎星天色晴婁胃雨聲天冷凍昴畢之期天又晴觜星二宿有時晴井鬼二星天色黃莫道柳星雲霧起天寒風雨又嚴霜張翌風雨又見日軫角夜雨日還晴亢宿大風起砂石氐房心尾雨風聲箕斗二宿天有雨牛女陰凝天又晴占

卜陰晴眞妙訣先賢秘密不虛名掌上輪星天上應定就乾坤陰
雨晴
海候諸占　占天　朝看東南有黑雲擁起東風勢急午時前必有雨暮
看西北有黑雲擁起西風勢急半夜必有雨
占雲　天頂早無雲日出將暫明暮看西無窮明日更晴明遊絲天外
飛久晴便可期清明起朝雲風雨霎時辰風轉鬱烝熱雲雨雷必
震東風雲過西雨下不移時東南卯無雲雨下巳時辰雲來起雨
上風雨辰時見日出卯過雲無雨必天陰雲隨風雨急風雨霎時
息迎雲對風行風雨轉時辰日沒黑雲接風雨不可說雲布滿山
低連宵雨亂飛雲從龍門起颶風連急雨西風黑氣生雷雨必聲
訇雲勢若魚鱗來朝風不輕雲鉤並後掛風色厲人怕夏雲鉤內
出秋風鉤背來晚雲東不應夜雨愁過西兩陣兩雙前大颶連天



惡雲起半開閉大颶隨風至風息始靜然亂雲天頂皈風雨來不
少風送雨傾盆雷過都暗了紅雲日出生勸君莫出門紅雲日沒
起晴明便可許
占風　秋冬東南風雨下不相逢春夏西北風下來風不綻汛頭風不
怕汛後風雨毒春夏若東風不必問天公秋冬西北風天光晴可
喜長夏風勢輕舟船最可行春深風勢動風勢浪來靜夏風連夜
傾不晝便晴明雨過東風至晚來越添驚巨風潮相攻颶長難相
避初三須有颶初四還須懼望日二十二颶風君可畏七八必有
風汛頭有風至春雪百二旬有風君須記二月風雨多出門還可
記初八及十三十九二十一三月十九雨四月十八至風雨帶來
潮傍船人難避端午汛頭風二九君須記西北支風狂西南必亂
地六月十二彭祖忌連天大忌終須忌七月上旬爭秋風穩泊河

南莫開船八月半旬潮候時風雨隨潮不可移
占日　烏雲接日雨必傾滿傍雲雜光晴朗無妨早間日珥狂風卽起
申後日珥明日有雨一珥單日兩珥雙起午前日暈風起北方午
後日暈風勢須狂暈開門處狂而不狂早白暮赤飛砂走石日沒
暗紅無雨必風朝日烘天晴風必揚朝日映地細雨必至暮光烘
天日光晴彩久晴可待日光早出晴明必久返照黃光明日風狂
午後雲遮夜雨滂沱
占虹　虹下雨垂晴明可期斷虹晚見不明天變斷虹早掛有風不怕
占霧　曉霧卽收晴明可求霧收不起細雨不止三日霧濃必起狂風
白虹下降惡霧必散
占電　電起西南明日炎炎電光西北雨下連宵辰閃電飛大颶可期
遠來無慮近則可危電光亂明無風雨時夏風電下秋風電起閃



爍星光辰下風狂
占海　蝦蛄放洋大颶難當兩日不至三日無妨滿海荒浪雨驟風狂
大海無慮至近無防金銀遍海風雨立待海泛砂塵大颶難禁若
近山岸仔細思尋鳥鮮弄波風雨必起二日不來三日准抵水上
毬毛風大難抛東風可守回南暫熬白蝦弄波風起便和
占潮　月上潮長月沒潮退大凡月上水漲東北東南旋漫西南水回
便是潮落北海之潮終日滔滔高麗漲來一旦一遭萊州洋水南
北長落北來走長南退方覺揚子江內糧舟之患最怕船密大風
緊急繫定纜索守船走纜定必有凶直至沙岸走花落杙神鬼驚
散要知杙地大洪泥破灘山一船鐵杙可全漳海泥濘須抛水杙
黑水洋深接繳數尋成山無護鬪處鑼鼓地磨斷欓毛篾可抛成
山鐵山萬丈深泉

福建潮候

初一初二初三十六十七十八辰戌潮　丑未汐

初四初五十九二十日巳亥潮　寅申汐

初六初七初八二十一二十二二十三子午潮　卯酉汐

初九初十二十四二十五丑未潮　辰卯汐

十一十二十三二十六二十七二十八寅申潮　巳亥汐

十四十五二十九三十卯酉潮　子午汐

浙東潮候

初一初二初三十三十四二十五二十六日寅申潮　巳亥平

初四十五十六二十七二十八卯酉長　子午平

初五初六十七十八二十九三十日辰戌長　丑未平

初七初八十九二十巳亥長　寅申平



初九初十二十一二十二子午長　卯酉平

十一十二二十三二十四丑未長　辰戌平

江南潮候

初一子午正　初二子午末　初三丑未初　初四丑未正

初五丑未末　初六寅申正　初七寅申末　初八卯酉正

初九卯酉末　初十辰戌正　十一辰戌末　十二巳亥正

十三巳亥末　十四子午初　十五子午正　十六子午末

十七丑未正　十八丑未末　十九寅申正　二十寅申末

廿一卯酉初　廿二卯酉正　廿三卯酉末　廿四辰戌初

廿五辰戌正　廿六辰戌末　廿七巳亥初　廿八巳亥正

廿九巳亥末　三十子午初

夫朝生爲潮夕生爲汐晦朔弦望潮汐應之故潮平於地下之中而會於月潮生於寅則汐生於申潮生於亥則汐生於巳陰陽消長不失其時故曰潮信

定太陽出沒以應潮信長短歌

正九出乙入庚鄉二八出兔入鷄場三七發甲入辛地四六出寅入犬藏五月生艮歸乾上仲冬出巽入坤方惟有十月與十二出辰入申仔細詳

正月日出在乙入在庚月出在申入在戌

二月日出在卯入在酉月出在卯入在酉

三月日出在甲入在申月出在乙入在申

四月日出在寅入在戌月出在辰入在申

五月日出在艮入在乾月出在辰入在申

六月日出在寅入在戌月出在辰入在申



七月日出在甲入在戌月出在乙入在庚

八月日出在卯入在酉月出在卯入在酉

九月日出在乙入在庚月出在甲入在申

十月日出在辰入在申月出在寅入在戌

十一日出在巽入在坤月出在艮入在乾

十二日出在辰入在申月出在寅入在戌

定寅時法

正九五更三點徹二八五更二點歇三七平光是寅時四六日出寅無別五月日高三丈地十月十二四更二仲冬纔到四更初此是寅時切須記

逐月水消日

七正二八當　三六四七防　五五六六見　七四八五同

九三十四散　子二丑三四

詩曰冰消瓦碎最難當蓋屋未成先居喪陞官未任先罷職夫妻到底不同床

十二時辰風雨定數

子日東風卯日雨　午日東風卽日雨　丑日東風辰日雨

未日東風申日雨　寅日東風巳日雨　申日東風子日雨

卯日東風午日雨　酉日東風丑日雨　辰日東風未日雨

戌日東風寅日雨　巳日東風申日雨　亥日東風辰日雨

六十甲子逐日晴雨定數

一甲

甲子日雨丙寅日止　己巳日雨立止　乙丑日雨丁卯日止

庚午日雨辛未日止　丙寅日雨夕止　辛未日雨戊寅日止



丁卯日雨夕止　壬申日雨卽止　戊辰日雨半夜止

癸酉日雨甲戌日止

二甲

甲戌日雨卽止　乙亥日雨卽止　丙子日雨辛未日止

丁丑日雨夕止　戊寅日雨卽止　己卯日雨立止

庚辰日雨卽止　辛巳日雨癸未日止　壬午日雨立止不止下日陰　癸未日雨甲申日止

三甲

甲申日雨卽止　乙酉日雨丙戌日止　丙戌日雨夕止

丁亥日雨卽止　戊子日雨庚寅日止　己丑日雨壬辰日止

庚寅日雨卽止　辛卯日雨卽止　壬辰日雨辛丑日止

癸巳日雨夕止

四甲

甲午日雨卽止　乙未日雨丁酉日止　丙申日雨乙亥日止

丁酉日雨立止不止久陰　戊戌日雨辛丑日止

己亥日雨卽止　庚子日雨壬寅日止　辛丑日雨壬寅日止

壬寅日雨卽止　癸卯日雨辛亥日止

五甲

甲辰日雨卽止　乙巳日雨丙午日止　丙午日雨卽止

丁未日雨卽止　戊申日雨庚戌日止　己酉日雨辛亥日止、

庚戌日雨卽止　辛亥日雨癸丑日止　壬子日雨癸丑日止

癸丑日雨卽止

六甲

甲寅日雨卽止　乙卯日雨丙辰日止　丙辰日雨丁巳日止



丁巳日雨卽止　戊午日雨卽止　己未日雨卽止

庚申日雨甲子日止　辛酉日雨卽止　壬戌日雨卽止

癸亥日雨卽止

十二時辰晴雨定數

子日雨立止不止寅日止　丑日雨寅日止不止卯日止

寅日雨立止不止卯日止　卯日雨立止不止巳日止

辰日雨立止不止戌日止　巳日雨未日止不止申日止

申日雨夕止不止主陰　酉日雨立止不止久陰

戌日雨立止不止久雨　亥日雨立止不止久陰

許眞君傳授神龍行水時候

正月初三日初八日二十一日　二十五日月盡龍會

初十日十九日二十二日　午時主有大風

二月初三日初九日十二日　龍神朝上帝

初九日十二日十四日　酉時主有大風

三月初三日初七日二十七日　龍神朝星辰

初十日　十七日　午時主有大風

四月初八日十五日十七日　龍神會太白

初九日十九日廿一日　午時主有大風

五月初五日十九日廿八日　龍神朝玉帝

十九日　申時主有大風

六月初九日二十七日　地神朝玉帝

十九日　二十日　卯辰時主有大風雨

七月初七日　初九日　神殺大會

十五日　十七日　午時主有大風



八月初三日　初八日　龍神大會

十七日　廿七日　主有大風雨

九月十五日　十六日　龍神朝玉帝

十七日　十九日　主有大風雨

十月初八日　十五日　府君朝玉帝

十八日十九日廿七日　卯時主有大風

十一月初三初八十五廿九日　府君朝玉帝

十八日十九日廿七日　卯時主有風

十二月初二初五初六初七初八廿八日主有大風雨

定月日風汛

正月初十日廿一日乃將軍降日逢大煞平旦時候無風則雨

二月初九日十三日廿四日　酉時主風

三月初三日十七日　午時後主風

四月初八日十九日廿五日　午時後主風

五月初五日十一日十九日　申時主風

六月十六日廿七日　卯時主風

七月初七日初九日十五日廿七日　午時主風

八月初五日初八日十二日廿七日　午時主風

九月十一日十五日十七日十九日　主風

十月十五日十八日十九日廿七日　卯時主風

十一月初一日初三日十九日　主風

十二月初五日初六日廿二日廿八日主風

逐月風忌

正月忌初七日初八日風　一月忌初一日風



三月忌清明日北風　四月忌立夏日風

五月忌夏至日風以正月下旬爲始算至五月一旬上十日之內主北風

六月十二日忌彭祖風在前後三四日　七八月若有三日南風必有北風報之

九月初九前後三四日忌九𩗗風　十二月廿三四日忌掃塵風

占日月星辰雲氣風雨

一日暈則雨月暈則風何方有闕卽此方風來也

一日沒臙脂紅無雨也有風須看返照日沒之前臙脂紅在日沒之後記之記之

一星光閃爍不定主有風

一夏秋之交大風及有海沙雲起謂之風潮名曰颶風此乃颶四方之風有此風必有震雷大雨同作

一凡風單日起單日止雙日起雙日止

一凡風起早晚和須防明日大起
一有暴惡之風盡日而沒
一防夜起之風必毒
一凡東風急雲起愈急必雨最難晴
一凡春風易於傳報一日南風必還一日北風雖早有此風向晚必静
一防南風尾北風頭南風愈吹愈急北風吹起便大
一春南夏北有風必雨
一雲若砲車形起主大風
一雲起下散四野滿目如煙如霧名曰風花主風起
一雲若魚鱗不雨也風
一凡雨陣自西北起者必雲黑如潑墨又必起作箭簇陣主先風



後雨雨急易晴
一水際生靛青主有風雨
一秋天雲陰若無風則無雨
一海燕忽成羣而來主風雨烏肚雨白肚風
一海猪亂起主大風
一夜間聽九逍逢鳥叫卜風雨一聲風二聲雨三聲四聲斷風雨
一鰕籠張得鯿魚主風水
一水蛇蟠在蘆青高處主水高若干漲若干望下水即至望上稍慢
一月盡無雨則來月初必有大風雨俗云二十五六若無雨初三四日莫行船春有二十四番花信風梅花風打頭楝花風打末
一忌犯七娘子凡作事行船逢此日切不可用

正月初七日十五日　二月初四日十二日
三月十二日十六日　四月初九日廿一日
五月初一日　六月初二日
七月初一日　八月初八日十五日
九月初三日二十日　十月十四日
十一月初三日廿二日　十二月初六日二十五日

八卦方位

乾西北　坎正北　艮東北　震正東
巽東南　離正南　坤西南　兌正西

指南方位

正東甲卯乙　東南辰巽巳　正南丙午丁　西南未坤申
正西庚酉辛　西北戌乾亥　正北壬子癸　東北丑艮寅



定針風雲法

春夏二季必有暴風若天色濕熱午時後或風雷聲所作之處必有暴風宜急避之
秋冬二季雖有暴風每日行船先視四方天色清明由五更至辰時天色光明無變雖有微風無論順逆行船無虞

觀電法

春天電推雷夏天左右隨秋天電大發冬電實其推東電長江水
西電紅日隨北電南風起南電雨如雷

定三方

東風己酉丑　西風亥卯未　南風申子辰　北風寅午戌
東北乙坤辰　東南中乾丁　西北癸巽庚　西南午艮辛

定四方

子午卯酉　寅申巳亥　辰戌丑未　癸丁辛巳
乾巽艮坤　甲庚丙壬

占虹霓

立春四十六日內虹出正東貫震中　春多雨　夏多火災
秋多水民流亡　冬多海賊
春分四十六日內虹出東南貫巽中　春主旱火災
立夏四十六日內虹出正南貫離中　主大旱災
夏至四十六日內虹出正西貫坤中　主有水蝗蟲爲害
立秋四十六日內虹出正西貫兌中　秋有水爲災又曰虹出
西方立秋之後萬物皆貴
秋分四十六日內虹出西北貫乾中　秋冬水賊起
立冬四十六日內虹出正北貫坎中　冬少雨春多水災



冬至四十六日內虹出東北貫艮中　春多旱夏火災粟貴
春三月虹出西方有青雲覆之其夏多寒人病瘧如疫赤雲覆之
夏旱黃雲覆之夏小旱五穀半收白雲覆之夏多大風人疫黑
雲覆之夏多大水
夏三月虹出西方有青雲覆之秋多寒民病疫赤雲覆之秋旱黃
雲覆之禾大收白雲覆之秋多大風黑雲覆之秋多雨
秋三月虹出西方有青雲覆之多寒人病瘧如疫赤雲覆之冬多
大旱黃雲覆之冬大賊白雲覆之冬多風黑雲覆之冬多雨
冬三月虹出西方有青雲覆之來年春多寒人病瘧如疫赤雲覆
之春旱黃雲覆之春雨調和白雲覆之春多狂風黑雲覆之春
多雨水
虹出南方無春夏秋冬所見之處風雨不時不出三年大饑百姓
流亡不歸
虹出北方無春夏秋冬所見之處陰陽不和風雨不時冬溫夏寒
小民恣怨五穀不成其地大荒久旱三年哭徙相隨一曰大旱
二百八十日民大病疫
虹四五六月出西方麥貴　七八月出西方粟貴　九月出西方
大小豆貴　十月出西方穀貴一出一倍再出再倍五出五倍
民流千里

占霧

四孟月有霧主年豐　四仲月有霧主好田禾不能結實
四季月有霧主來春大旱　凡甲乙日有霧人多病　丙丁日霧
旱　壬癸日霧有水

占雨



凡四時卯日有雨穀貴　六月二十七日當雨不雨饑　九月十
二日當雨不雨民多死　十一月四日當雨不雨魚行人道　十
二月四日當雨不雨大旱　凡雲四合不勝於日色不雨卽雨亦
無多

占雷

春正月雷鳴歲大熟　春不雨而有雷音在地中者其所在兵起
夏三月雷不鳴五穀不成人多疾病
秋月有暴雷鳴爲天收百穀虛耗不成　九月雷穀貴
冬雷震驚陰極陽生萬物不成蟄蟲不藏兵起　冬至雷鳴盜賊
橫行天下兵起不時雷雨大作　凡雷聲初發和雅其歲善雷聲
激烈歲惡人災
春三月甲子乙丑戊寅辛卯戊午之日有雷擊物者爲不吉主兵

甲子丙寅戊子己丑丁丑戊寅之日有雷鳴不吉
夏甲午壬戌己亥丁未甲寅戊申之日有雷鳴不古甲子庚寅辛
巳之日雷鳴蝗蟲生
秋甲子有雷歲大凶庚子庚午日雷兵起
冬戊子日有雷不吉庚戌辛亥日正月米貴

占霜露

霜不殺物主來年蟲害五穀不熟大饑
正月霜不殺物見日不消主五穀百物不實牛馬多疾死
天高無露旱災大露潤物主歲收

占雪

冬無雪五穀不成民多災
冬雪盈尺來年豐



占雲氣瑞災

正月一日占四方雲氣有雲東去年豐稔有雲南去當年時旱有
雲西去秋冬兵起五穀貴有雲北去當年秋間水澇凶
十五夜子時垂平明時若東方有青雲人民饑困獄犯多死白雲主
大凶若南方有赤雲主大旱人民不安白雲起主兵變若西方有
赤雲凶災黑雲主人民不樂白雲主秋冬兵戈若北方有黑雲主
七月內水災主地三尺若中央有赤雲當年主婦人病死
二月一日有雲東南來主今春旱有雲南來主田禾大收有雲西來
主民有虛驚事有雲北來主今春民家富足吉
三月一日有雲東去主年內人疾有雲南去主火光之災有雲西去
主九十日無雨有雲北去主秋日有風傷禾
四月一日有雲東去主九十日瘴疫有雲南去主田禾大損有雲西
去主三十日風災有雲北去主四十日外人民疾病
五月一日有雲東去主瓜菓不收牛羊災有雲南去秋冬賊起有雲
西去五十日內人民生異災物不祥
六月一日有雲東去晚田收成有雲南去秋間人疫死有雲北去冬
月多雪
七月一日有雲東去秋疫有雲南去來春人多疫災有雲西去風水
多有雲北去五穀貴
八月一日有雲東去春有成有雲南去來年粟貴有雲西去冬月人
民不安有雲北去當月野獸有災
九月一日有雲東去冬月牛病有雲南去六畜災人民亂有雲西去
人民喜悅有雲北去國有好事
十月一日有雲東去來春東成微有雲南去主禽獸災有雲西去主



七十日內兵虛驚有雲北去主人民喜悅
十一月一日有雲東去春人災有雲南去春旱有雲西去主野獸災
有雲北去國安民樂
十二月一日有雲東去來春多雨雪損花菓有雲南去春不雨有雲
西去春旱人民患上焦病有雲北去春天雨水調勻若隨月一日
而四方無雲氣則吉無事也
一當年觀映北斗星以占吉凶
若黑雲映北斗主年中大旱損五穀　若青雲映北斗主年內夏
有損傷　若白雲映北斗主年內粳米貴　若赤雲映北斗主年
內有大旱　若黃雲映北斗主內火熱雨水調勻
一立觀雲氣而知吉凶
是日平旦東方見有青雲宜夏麥南方見赤雲主豆全收西方見

白雲宜粳糯北方見黑雲宜大豆中央見黃雲宜雜田至日夜晴陰全不實見卽苗不實但實與不實卽知五穀之損益也

占四時之雨

正月一日東方見黑雲主春雨南方見黑雲主夏雨西方見黑雲主秋雨北方見黑雲主冬雪仔細占之無不應

諸神風暴日期

玉皇暴正月初九日　龍神會暴正月二十九日　春祈暴二月初七日　觀音暴二月十九日　閻君暴三月初一日　眞武暴三月初三日　眞君暴三月十五日　天后暴三月二十三日　諸神朝上帝暴三月二十九日　白龍暴四月初一日　太子暴四月初八日　太保暴四月二十三日　龍神太白暴四月二十五日　屈原暴五月初五日　關帝暴五月十三日　龍母暴五



月二十一日　彭祖暴六月十二日　雷祖暴六月二十四日　神煞變會暴七月十八日　茄藍暴八月十四日　龍神大會暴八月二十一日　重陽暴九月初九日　冷風暴九月二十七日　信風暴十月初五日　東嶽朝天暴十月二十日　水仙暴十一月十四日　西嶽朝天暴十一月十九日　候臘暴十二月初八日　拂塵暴十二月二十四日

凡月內遇箕壁翼軫四宿之日主有風起以上逐月起暴之日如不在本日則在前後三日之中嘗聞年高舵師所說故附於此愼勿忽也

年孤虛

甲子旬中孤在戌亥乾虛在辰巳巽甲戌旬中孤在申酉兌虛在寅卯震甲申旬中孤在午未離虛在子丑坎甲午旬中孤在辰巳巽虛在戌亥乾甲辰旬中孤在寅卯震虛在申酉兌甲寅旬中孤在子丑坎虛在午未離

月孤虛

正月孤在坎虛在離二月孤在艮虛在坤三月孤在震虛在兌四月孤在巽虛在乾五月孤在巽虛在乾六月孤在離虛在坎七月孤在巽虛在艮八月孤在坤虛在艮九月孤在兌虛在震十月孤在乾虛在巽十一月孤在乾虛在巽十二月孤在坎虛在離

日孤虛

子日孤在亥虛在辰丑日孤在子虛在午寅日孤在丑虛在未卯日孤在寅虛在申辰日孤在卯虛在酉巳日孤在辰虛在戌午日孤在巳虛在戌未日孤在午虛在子申日孤在未虛在丑酉日孤在申虛在寅戌日孤在酉虛在卯亥日孤在戌虛在辰時孤虛與日同



五嶽之風以納音爲論甲子壬申甲午庚辰丙寅庚戌爲陽商乙丑癸酉辛亥乙未辛巳癸酉爲陰商丙寅戊子甲辰甲戌丙申戊午爲陽徵丁卯己丑乙巳乙亥丁酉己未爲陰徵戊辰庚寅壬午壬子戊戌庚申爲陽角己巳辛卯癸未癸丑己亥辛酉爲陰角庚午丙戌戊申戊寅庚子丙辰爲陽宮辛未丁亥己卯己酉辛丑丁巳爲陰宮甲申壬辰丙午甲寅丙子壬戌爲陽羽乙酉癸巳丁未丁丑乙卯爲陰羽宮風當日雨商風七日雨角風九日雨徵風三日雨羽風五日雨

又曰宮風近十里中百里遠千里徵風近七里中七十里遠七百里羽風近六里中六十里遠六百里商風近九里中九十里遠九百里角風近八里中八十里遠八百里

又曰風發於初遲後疾者來遠初急後緩者來近動葉則十里鳴條者則百里搖枝二百里落葉三百里折小枝四百里折大枝六百里

飛沙走石千里拔木五千里
又曰凡大風非常滿三日三夜者天下盡風也一日一夜者千里之
風也
京房曰乾位西北風從乾來爲折風主人不利坎位正北風從坎來
爲大風宜先發同發主人不利艮位東北風從艮來爲小風主人不
利震位正東風從震來爲兇風亦名嬰兒風主人利巽位東南風從
巽來爲小弱風宜主人利離位正南風從離來爲大弱風宜後發主
人利坤位西南風從坤來爲諫風宜後發主人利兑位正西風從兑
來爲衝風宜先發爲客利
凡子曰風從午上來午日風從子上來甲日風從庚上來壬日風從
丙上來皆爲衝破甲乙日風從庚辛辰申上來壬癸日風從辰戍丑
未上來皆爲刑尅餘皆倣此



世俗出行有大小紅沙之忌大紅沙曰春鷄亥子忌行裝夏兔龍蛇
不敢當秋馬未羊冬牛狗行船走馬謹須防小紅沙曰孟月常居酉
仲月巳上加季月歸丑上此是小紅沙
其占晴曰早起滿天晴日出漸漸明早晨霧露雲晌午日蒸曬日光
明又彩久晴定可待暮日光燭天晴明且又炎暮看西邊清次日上
晴明紅雲日暮起晴明便可許夜觀魁斗淨明日天色正電光起西
南明日天氣炎遊絲天外飛久晴定可期白虹若下降惡霧盡消亮
西南北微風可喜天晴融
其占風曰魁罡氣白黃須防風勢狂早間日晒耳狂風即時起早白
與暮赤飛沙及走石午前日忽昏北方風怒嗔午後日昏暈風起須
當慎日月忽然圓風來不等閒雲掩日不動風勢如山重返照色黃
光明朝風必狂天道忽昏慘狂風如下撼天色黃復赤狂風在頃刻

黑雲片片垂眼底主狂風黑紫雲如牛狂風急如流雲勢如魚鱗來
朝風不輕黑雲北方簇暴頭風太毒黑雲半開閉大颶隨風主雲起
亂行急風勢難支値亂雲來似絞狂風來不少辰闕電光飛大颶必
可期連日霧朦朧必定起狂風星辰若盡見頃刻狂風變
其占雨曰雨自雲中出須兼風信測節令方位從便知吉與凶春嫌
逢虎嘯夏忌龜蛇到乾亥怕交秋純金冬更愁先風後復熱雷雨將
旬看風來雲腳西大雨不須疑日落雲堆裏晴明未敢許朝霞照地
紅午後雨相逢海水忽然黑恐有蛟龍出黑雲風後生須臾雨不輕
白鳥杭杵站半夜天須變雨腳忽斜連三日雨綿綿雨後風仍暴來
朝還有暴霧後色仍昏來朝雨必傾虹見雨不止霹靂從此始雷重
電不高次日雨滔滔月暈明而闕來朝雨可決太白角放光風高雨
亦狂忽然腥風噴大暴難投迯無端寒氣衝風雨鬬蛟龍海魚吐沫



起越日必風雨黑霧罩船頭須防風雨稠雨中黑復亮傾盆難計量
細浪忽迴環前途風雨漫
其占暴曰正月初至八行船去還泊十三至十七觀燈風最急二月
二與九元武風必有三月二日晴還要過清明四月浴佛雨初八十
八日五月端午前風高雨亦連二九是分龍須防風雨衝更有夏至
忌即將正月計六月忌彭祖十二前後數七夕降黃姑望後風始和
八月大潮日南北各不一八七兩月中三日一換風九月重陽暴舟
子須停泊前三與後三勸君莫等閒十月忌初五海豬要起舞十一
二月關鐵漢也停船

七日

洋防輯要卷十九

水軍操練 紀効新書

一兵船束伍法

每福船一隻捕盜一名舵工二名繚手二名扳招一名上斗一名碇手二名用甲長五名每甲兵十名

第一甲佛㓕機甲長專管放佛㓕機賊近管放火磚烟罐等器

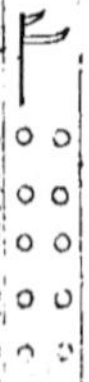

第二甲鳥銃甲長專管放鳥銃賊近攻打

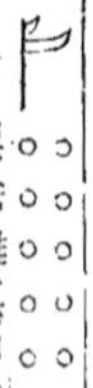

第三甲標槍雜藝甲長賊遠照管船隻搖櫓賊近發槍刀石藥等項

第四甲標槍雜藝甲長賊遠照管船隻搖櫓賊近發槍刀石藥等項

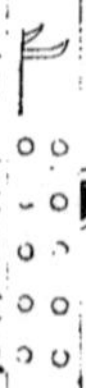



第五甲火弩甲長以一半打弩以一半放火箭賊近從便攻打

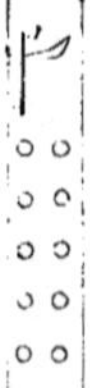

以上如與賊逼近船邊一時遇巧不拘何人用何器但能奮勇當鋒用火藥火器成功用刀槍戰殺有功各爲首者俱以破格奇功論

每甲長一名管兵十名甲長小旗一面照方色今以見在船分之福船二隻海滄船一隻艨艟船二隻爲一哨立一哨官左右二哨官爲一營立一領兵官以松門關分右後二營海門關分前左二營各以指揮一員統領其船上大旗則俱用黑布仍用白石做一大字在旗通寫作台字各照方色製以號帶甲長旗各照號帶方色

福船大旗式凡旗尺俱官尺

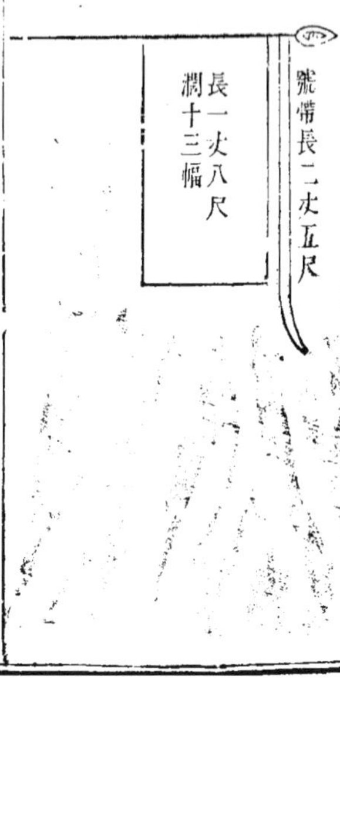


號帶顏色

前營紅帶　左營藍帶　中軍黃帶　右營白帶

後營黑帶



甲長旗式

前營紅　左營藍　右營白　後營黑　中營黃

每船五方旗一副

前營

紅旗紅邊一面　藍旗紅邊一面　白旗紅邊一面

黑旗紅邊一面　黃旗紅邊一面

左營

紅旗藍邊一面　藍旗藍邊一面　白旗藍邊一面

黑旗藍邊一面　黃旗藍邊一面

右營

紅旗白邊一面　藍旗白邊一面　白旗白邊一面

黑旗白邊一面　黃旗白邊一面

後營

紅旗黑邊一面　藍旗黑邊一面　白旗黑邊一面

黑旗黑邊一面　黃旗黑邊一面

中軍

紅旗黃邊一面　藍旗黃邊一面　白旗黃邊一面

黑旗黃邊一面　黃旗黃邊一面

兵夫列船式

平時在船四面擺五甲總合為一大哨於船四面各甲各器長短相間分方面外而立如遇打賊隨賊所在之面併力動手無賊之面亦留每面二人防看其船頭用銃一架第一甲撥兵四名專管船頭閘板下第二甲撥兵四名專管兩水倉門



平時立船閱視圖

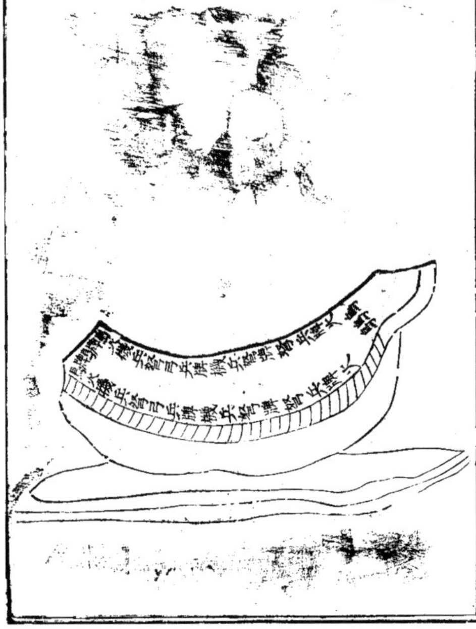

每海滄船一隻捕盜一名舵工二名繚手二名碇手二名扳招一名甲長四名兵夫四十名旗幟方色俱隨本哨福船相同但尺寸不同另開於旗圖之中

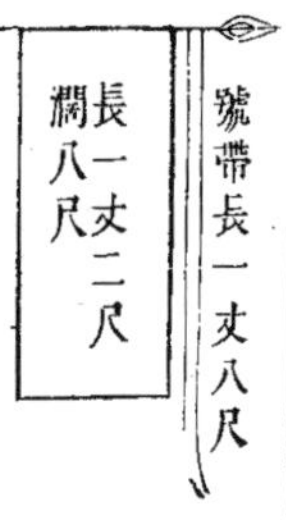


第一甲佛狼機鳥銃甲長專管放機銃賊近管放火砲磚烟火藥等器

第二甲標槍雜藝甲長賊遠照管船隻搖櫓賊近管使槍刀打石傾放火藥等項

第三甲標槍雜藝甲長賊遠照管船隻搖櫓賊近管使槍刀打石傾放火藥等項



第四甲火箭甲長以一半打弩一半火箭賊近各色軍火器俱要便宜攻打

艟艚一隻即大蒼山船也捕盜一名舵工一名碇手一名繚手二名甲長三名兵夫三十名旗幟方色俱隨本哨福船相同但尺寸不同另開於旗圖之中

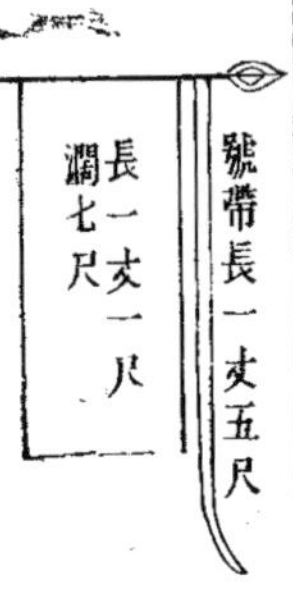

第一甲佛狼機甲長專管放機銃賊近管放火砲烟藥等器

第二甲標鎗雜藝甲長賊遠照管船隻搖櫓賊近各色軍器俱聽持用專備攻戰

第三甲火箭甲長以一半弩手一半火箭賊遠照管船隻搖櫓賊近各色軍器俱聽持用專備攻戰

水兵腰牌

營

年　歲

縣　鄉人身長　尺　寸

面　鬚　土有　處

力　百　斤習　藝

嘉靖　年　月　日給



平居號令禁約

福船應備器械數目

大發熕一門　大佛狼機六座　碗口銃三個

噴筒六十個　鳥嘴銃十把　烟罐一百個

弩箭五百枝　藥弩十張　粗火藥四百斤

鳥銃火藥一百斤　弩藥一瓶　大小鉛彈三百斤

火箭三百枝　火磚一百塊　火砲二十個

鉤鐮十把　砍刀十把　過船釘槍二十個

標槍一百枝　藤牌二十面　寧波弓五張

鐵箭三百枝　灰罐一百個　大旗一面并號帶

大蓬一扇　小蓬一扇　大櫓二張

舵二門　碇四門　大索六根

小索四根每根長十八丈　扳舵索一根　繚後手索二根

碇繳四根每根長二十丈　絞碇索四根　鐵鍋四口并竈盖

花碗八十個　鐵鍬四把　鐵鋸四把

鐵鑽四把　鐵鑿四把　鐵斧四把

薄刀二把　銅鑼一面重五斤　大更鼓一面

小鼓四面　大桅旗一頂　五方旗五頂

水桶四擔并擦梁　燈籠十盞　木梆鐵鐸一副

火繩六十根　繩十根　備用大小松杉木十株

鐵蒺藜一千個

捕盜自備用釘四十斤　油五十斤　麻六十斤　灰三擔

各兵自備用篾盔一頂　隨身釘槍一根　腰刀一把

海滄船應備器械數目



大佛狼機四座　碗口銃三個　鳥嘴銃六把

噴筒五十個　烟罐八十個　火砲十個

火磚五十塊　火箭二百枝　粗火藥二百斤

鳥銃火藥六十斤　藥弩六張　弩箭一百枝

弩藥一瓶　大小鉛彈二百斤　鉤鐮六把

砍刀六把　過船釘槍十根　標槍八十枝

藤牌十二面　寧波弓二張　鐵箭二百枝

灰罐五十個　大旗一面并號帶　大蓬一扇

小蓬一扇　大櫓二根　舵二門

碇三門　竹篙十根　大索四根

小索四根每根長十五丈　繚後手索二根　扳舵索一根

碇繳四根每根長二十丈　絞碇索四根　鐵鍋二口并竈盖

水桶二擔　花碗五十個　鐵鍬二把
鐵鋸二把　鐵鑽二把　鐵斧二把
薄刀一把　鐵鑿二把　更鼓一面
小鼓二面　銅鑼一面重五斤　五方旗五面
燈籠四盞　木梆鐵鐸一副　備用大小松杉木五株
火繩三十六根　繩六根　鐵蒺藜八百個
捕盜自備用釘三十斤　油四十斤　麻四十斤　灰二擔
各兵自備用篾盔一頂　腰刀一把　隨身釘槍一根
著山船應備器械數目
大佛狼機二座　碗口銃三個　鳥嘴銃四把
噴筒四十個　烟鑵六十個　火磚三十塊
火箭一百枝　粗火藥一百五十斤　鳥銃火藥四十斤



藥弩四張　弩箭一百枝　弩藥一瓶
大小鉛彈一百六十斤　鈎鐮四把　砍刀四把
過船釘槍八根　標槍四十枝　灰鑵三十個
大旗一面帶竿號　大篷一扇　小篷一扇
遮陽篷八扇　大櫓一枝　邊櫓八枝
舵二門　碇二門　竹篙二十根
大索四根　小索二根每根長十五丈　扳舵索一根每根長二十丈
繚後手索二根　碇繂二根每根長二十丈　絞碇索一根
篾纜一根　鐵鍋二口并竈蓋　鐵鋸一把
花碗四十個　鐵鑽一把　鐵斧一把
鐵鑿一把　薄刀一把　銅鑼一面重五斤
更鼓一面　小鼓一面　五方旗五面

燈籠四盞　木梆鐵鐸一副　火繩二十四根
備用松杉木五株　繩五根
捕盜自備用釘三十斤　油三十斤　麻三十斤　灰二擔
各兵自備用篾盔一頂　腰刀一把　隨身釘槍一根

一平日各照派定武藝時常檢點船上器具每日一次看驗損壞火藥遇天晴五日一曬收閣乾燥避火之處槍刀鐵器半月一磨遇蔽風雨一各件收磨不如法扣罰工食甲長連坐

一每船斧口石大擂石務足若干八分放在船底二分放在船面用過即補不補者扣工食

一每甲兵十名如有在逃一名將甲長綑打收監甲下兵夫以五名收監以五名齎文分投捉拿獲日即以本犯歷過工食充賞限三月拿不回將差過之兵各打四十監候又差在監一半去拿如此



輪拿一年不獲將全甲兵夫俱革其一年工食通扣在船修艙船隻凡差出拿逃兵者工食即日扣收在官拿獲有功之日給與其逃兵自首免罪不到者春汎時月發船之期依臨陣在逃法示衆每甲俱有逃兵連坐捕盜每船俱有逃兵連坐哨官各哨俱有逃兵連坐領兵官依次連坐即行覺舉者免罪

一兵逃甲長即時稟捕盜捕盜呈哨官轉呈把總呈府註册拘該甲兵夫給文行拿

一每月初一十五捕兵即於二十九十四日該管捕盜募兵到船送付哨官帶到領兵官驗呈把總類驗本府驗中給與腰牌發總呈道收册發船操

一各船捕盜遇夜出哨那船三板船俱要收藏穩便不許拖帶恐遇風急潮滚頓流者一船兵役取水不便誤失者管船兵夫一面治

以軍法一面扣月糧賠造
一在港每日清晨中軍船定營吹打三通放砲三個升太平旗左右
前後四營依序安擺各搖鼓鳴金亦升太平旗
一捕舵兵夫上岸買辦柴米及神福船具俱赴中軍船給籌票刻限
時日回銷敢有不行稟明私自擅離及該管小甲互相容隱知而
不舉者一體連治軍法
一各船領兵指揮哨官捕舵兵夫風汛時月不許偷安假托事故在
岸宿歇虛縻錢糧致悞事機者不分貴賤一體軍法重治如有警
掌行號已畢而未到船已起碇而方來俱係畏避卽發保候無功
者斬
一各船捕舵小甲兵夫各照安名分長幼尊卑務念同舟共命如父
子兄弟相處不許賭酒在船爭打違令喧嘩俱以軍法連坐然後



另行發官問理曲直
一兵與甲長凡事務相推讓惟甲長是聽甲長平時見捕盜一跪一
揖遇軍中發放跪聽號令
一捕盜見哨官平時皆一跪一揖遇在中軍或臨敵以軍法施行
一哨官見領兵官一跪一揖臨敵臨操軍法施行
一領兵官戎裝見把總兩跪一揖平時許以冠帶臨操臨陣戎裝聽
令小則徑自綑打
一哨官見把總兩跪一揖臨操叩頭捕盜見把總叩頭捕盜見領兵
官平時兩跪一揖臨操叩頭跪見
一各船官捕兵役各備蓑衣箬笠一副以便遇雨應用毋得抗違
或者曰兵船當在船上操豈有取兵下陸地而操水戰之理耶繼光
曰海舟比江中不同戰賊時惟用風力帆檣之功但有舟利帆速
者隨便徑上以圖船之力耳海中風濤潮汐非內地江湖搖櫓整
次之比也舟中旣不能操矣而不取於陸以習之不幾於棄之也
或又曰取之操於水寨是矣而又何以陸操繼光曰水陸之分可
恨正在此遇賊登山將不捨舟步戰乎哉或者曰然

安擺船式之圖

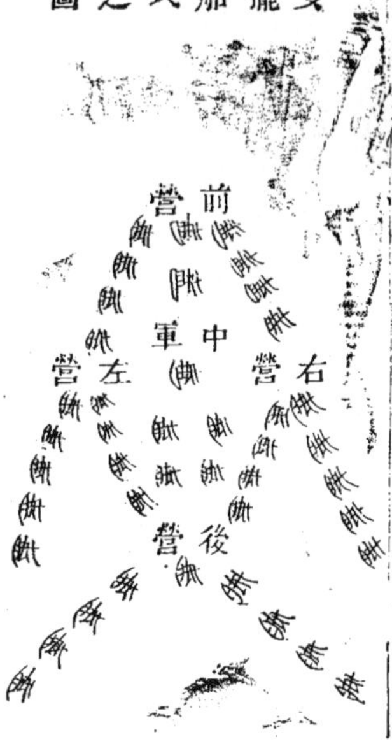




分䑃二營擺圖

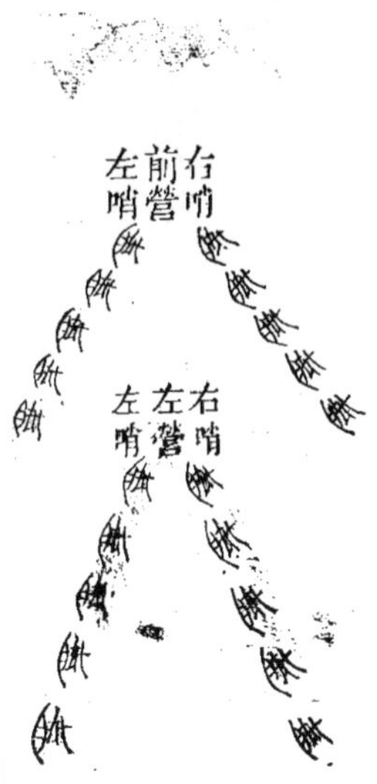


一營擺圖

以上擺船之說大端海濤洶湧港有灣曲澗狹當風隱風之不同隨港形深淺難拘一定之勢此言處寛迴水善之形耳設使狹如羊腸則又當單隻一字順下不可拘方也

一每日日落時分聽中軍船上吹打三通放砲三個各船一體鳴金擂鼓落旗

一夜暮以朦朧爲期中軍船發擂三通起更各船齊擊竹梆打更者打鼓一次梆鑼一遍每更用兵二名一名船頭遠視一名船尾高瞭遇有船過即便鳴鑼各船齊備倘水上有黑塊夜浮者恐賊人踏水偷碇支更兵夫速以石打一面高吽本船捕兵同看若是别物流入則已若是賊人即便鳴鑼打銃各船一體防備違令支更兵夫重治割耳因而失事者斬首

常時水寨操習



一每隔夜把總官先播該操大旗一面於中軍船上示兵知之次日早掌號官先於船上五更吹長聲喇叭一盪各兵起收拾做飯約中軍船炊熟吹第二盪喇叭各兵食飯吹第三盪喇叭各官捕帶兵先登岸赴水寨照圖擺立

一俟水寨演熟部伍然後照前操法以操兵船俟泊處闊港潮平依法操於舟如其闊港狹曲風潮不可操大舟者以小船摘甲長每甲摘兵一半用小船三板操其形狀之畧

擺立圖

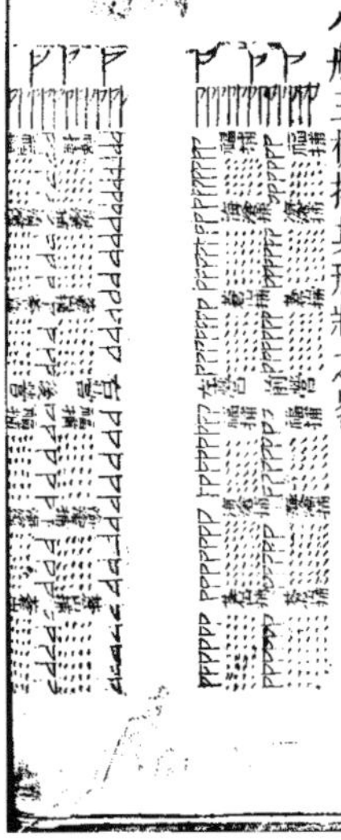

一本總擺清道建五方旗鼓進場坐定中軍官稟放砲升旗又稟放靜砲三個即放砲三個諸營一時肅靜稟掌號笛官旗聽發放掌號笛官捕甲各執旗由兩邊路到臺下立定金鑼號笛止其立定之法每一船捕盜在前甲長旗挨次在後中軍官呼官旗過來齊應一聲先甲長次捕盜次官跪聽發放掌號官發放云官旗聽着耳聽金鼓眼視旌旗駕船如馬見賊爭先同舟共命奏凱還師依次分付起立舵工跪過稟稱舵工聽發放發放云舵工聽着一舟之功全賴爾輩稍有歪斜不能直射賊舟者軍法示衆舵工起此後如有别事發放逐一講明起立中軍分付官旗下地方各應一聲鳴金大吹打各照原路回信地各領兵官照依臺上規矩於各營掌號發放畢聽各捕盜將本船甲兵盡數俱令跪聽其先發放扳招手曰船若着淺治爾之罪次發放繚手曰使風不正治爾之



罪次發放舵工曰船去不能直射賊舟治爾之罪發放畢各營肅靜

一下營中軍掌長聲喇叭三盪吹哱囉各兵起身再吹哱囉中軍旗幟擺出當中立定點鼓各船捕兵依前叢港內列船式樣由中照前圖擺出仍爲每甲一行每船各甲平行俱在場之當中一行立畢金鑼鼓止一面預於場之盡首立左右二的左右相去一百步其的高六尺濶三尺每的下立高桅一根高三丈桅不拘又立近的二座於左右的之中相去二十四步的高三尺濶一尺看中軍點何色旗其該營兵即聽吹天鵝聲喇叭擂鼓各兵吶喊一船一船挨次近的一船之兵約去五十步即照前圖內閱視擺船圖相間擺開爲一長圈邊的之中先鳥銃狠機射手照遠的打放火箭向高照遠桅放之其佛狠機預先立三架在彼臨時止用各船機

兵到卽放打不必攙行將鳥銃一遍狠機各一個火箭一枝弓箭二發其鳥銃兵卽向近的打石佛狠機手每人包火藥五兩向近的擲火然之各色火器各放一件其標槍手打標弩手放弩俱中近的爲則各照方面攻打石矢各三發鼓少間一船兵卽於大臺前而抄傍而回又擂鼓吶喊又一船到的照前行之又過傍抄回如此俱完則前一船兵復又如環輪轉再近的金響鼓止鑼響卽各於脚下止息乃將前四的四桅俱取立居中一字立之中軍掌哱囉各起身擂鼓吹天鵝聲吶喊各兵因面向中攻打一畨鳥銃不用銃子火箭高放火藥標石不必施以其四圍遠攻使賊不敢出露身體於船之亡我可徑造而擒之此遠勢非逼近勢也如臨敵則自有一船逼近用標石火藥擲傾近攻不可預習如此一陣金鳴鼓止摔鈸響各收成每甲一行每船爲一方立定再摔鈸響



收照原出在港圖次立定放砲三個鳴金大吹打挨次照初出擺營序列回還原劄信地立定鳴鑼坐地休息各官赴臺下稟操畢中軍稟比較先列佛狠機六座立一百步的一面豎起紅旗各船佛狠機手通赴臺下立聽唱名打放每人三銃中一者草賞中二者平賞中三者超格重賞不中者打罰如比較陸兵格服次立八十步的一面豎起紅高招名船鳥銃俱集臺下照佛狠機試打賞罰次立六十步的一面豎起黃旗各弩手射手火箭手通赴臺下每人亦三發亦照銃手行賞罰次立二十步的一面豎起藍旗各船標槍手打石手俱赴臺下每人三發亦照銃手行賞罰次立白旗各船刀手勾鐮手槍手俱赴臺下先每名單看使舞手法身法步法次斬馬刀與長槍較次叉鈀勾鐮與長槍較看其遮當何如但能任槍誘哄執立不動目不瞬視候到見肉分槍就使不能遮

架亦爲第一等若一見槍來遠近迎架頭搖身傾手動足亂卽爲生疎且其人無膽或治或革惟公道行之是爲下等俱演畢放砲落旗散操各船三板俱來岸下候兵登船歸艅每演此一遍則演陸操一遍不拘二項但操一遍歇一日水操每月一五九十三十七二十一二十五二十九日陸操每月三七十一十五十九二十三二十七日其陸操照依本府陸兵新書內止操自一隊起以至一官者止不操方營與前一半蓋水兵有水操大勞故也其武藝各照所執比較一如官旗調集臺下之法

一變水兵爲陸兵小隊操束伍圖

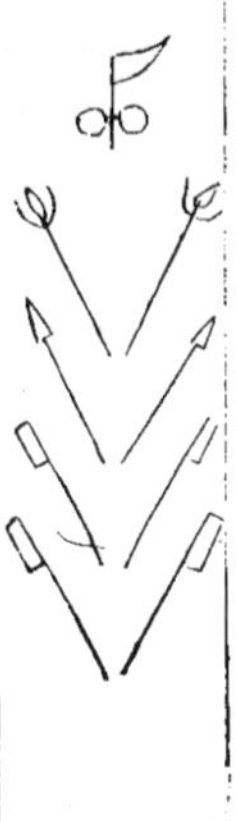



一放火磚火砲火毬之法須火線然之將人方可擲下不然擲而滅就不滅賊可反手正當發時反爲所害

一火箭只着棚帆當中一點打去當高中則不可救低則易救

一弩弓不可遠遠則無益徒費矢竭力

一標槍非兩船相逼不可用在下打更難准

一打石着人頭面方打不可空往船上擲之

一賊船如近我船便傾下火藥一二桶少則無用連桶則恐滚擲木中須傾桶倒下一面用一二人用鐵鍬執炭火數鍬隨藥擲下火多則必有然藥者或用粗碗一個裡火一碗用灰蓋之放於桶口擲藥之時碗內火同藥傾及船一碰而火藥相粘必發難救此第一全勝捷徑妙法智者不能施其巧勇者不能用其力也

發船號令

一隔日先行牌諭各捕兵將以出洋若干日該備薪米水數目令備
完限時點查欠者綑打罰工食凡中軍吹長聲喇叭一通立起黃
旗一面各哨船出洋哨賊如報有警本總即升船聽砲三個大
吹打畢先吹哱囉一盪各船一面起碇掌號俻官捕旗甲俱坐三
板赴中軍船下兩邊照營列定掌號官稟稱官旗到齊聽發放船
上叫官旗進來水鎗門報名俱赴船面掌號官叫官旗過來以下
俱照常時在水寨操練規矩發放畢各官捕回船亦照寨操一體
發放畢中軍船擂鼓升行旗吹第二盪哱囉响各船起遷第三盪
哱囉依次開船夜洋行使首尾相接雁行而進不許太相違離䑸
哨一船違令捕盜之罪二船違令哨官之罪四船違令領兵官之
罪中軍畏縮把總之罪其舵工繚手皆加倍重治遇有船漏風水
不便者覈實免罪



遇夜洋行船

一各船以燈火為號中軍船放起火三枝放砲三個懸燈一盞各船
以營為辨前營船懸燈二盞平列左營懸燈二盞各桅一盞右營
大小桅各懸燈二盞平列後營懸燈二盞一高一低看燈䑸尾收
䑸船到將近船上捕盜先自呼名識認
一遇夜泊船聽中軍船招䑸喇叭響各船依序隨䑸安插不許私求
穩便遠泊因而疎虞斬首示衆哨官連坐
一守夜號令俱同在港號令但每夜加鳥銃手二名點火執銃遇疑
即便對放
一各船遇夜有急看中軍旗五方高豎燈五盞是欲設疑以見船多
之意每船後尾上立燈左右一盞前桅上加燈二盞

臨敵號令軍法

一中軍船戰聲喇叭響各鳴鑼齊擂戰鼓天鵝聲響大聲吶喊奮勇
剿殺獲有功級各送領兵指揮驗實類送中軍紀驗解報退縮後
至者斬其捕盜船行遲曲而後到者斬其捕盜舵工過淺者斬其
扳招手船雖先到而不直射賊船傍邊擦過者斬其舵工繚手使
風不正者斬其舵工繚手如已使逼賊舟相并不能成功致賊舟
復走者斬其捕盜各甲長有能挨報某兵不用心某兵不用心者
其不用心之兵斬首甲長止於綑打
一敵人慮我官兵追戰將船內器物遺棄水中兵夫敢有撈拾而不
追賊者許本船捕甲割耳示衆故縱者連坐斬首
一凡已打敗賊舟一隻而餘舟不行分投追打別賊共相攢來爭撈
首級致賊遁走者各船獲級俱止歸先打一船之功餘船捕盜綑
打一百割耳其一船雖已逼到賊舟而未即打敗餘舟接應會同



用力者不在此例
一各船遇敵有畏勢揚帆遠望逗遛不進者捕盜舵工俱就陣斬
首示衆
一各船放銃須將火藥收藏妥便免至火星爆入貽患匪細倘有失
誤銃手管藥兵夫一體軍法施行
一各船打敗倭寇所撈獲財物包裹聽船捕盜從公分給以多半付
動手首功之人餘皆均處敢有官捕頭目勒分甚至夾打追侵公
然放肆者許各兵徑於回日赴官告首決打重治加倍追付各兵
頭目依律治罪其軍器則要報官解驗不許各兵隱藏
一與賊船對泊船碇纜上用貓竹擘開包裹纜上以防敵人夜竊之
患違令碇手綑打
一各船遇警聽中軍船天鵝聲喇叭響各船鳴金鼓一通捕兵大聲

吶喊以壯軍威違令治以軍法
一各船遇警捕舵兵夫不許解衣而臥違令察出治以軍法
一報警至急起碇不前即使用大貓竹一段計長一二丈縛於碇繳浮水以便班師各自認取違誤碇手割耳示衆
一各船捕舵兵夫遇泊船山灣無故不許上山閒遊恐遇警一時下船不便致有誤事若要取水輪值兵夫赴中軍船告禀明白方許取水違令上山人拿治不恕

松海島嶼外洋哨船發火號令

一健跳者北至金齒門南至漁西其信地則青珠山茶盤山青門黃茅覽
一桃渚者北至牛頭門南至聖塘門其信地則獺皺山白遠山米篩門



一海門者北至擔門南至三山其信地則擔門山三山頭
一松門者北至深門南至鹿頭其信地則礁頭山胡孫尖道士冠山大高城山鹿頭山
一隘頑者北至雞勝南至派岃洋其信地則沙角山靈門山
一楚門者北至郅山南至茅姬山其信地則久岃山老宮前山
一往來巡哨遇有警急各在信地登各相近山上先行舉放煙火所在兵船瞭見火光煙焰就行開帆望火前進哨勦聯近烽堠即時接放傳報南北大兵防截其哨船仍探賊船向往踪跡親報領哨官以便進止如火報不爽兵船逗遛誤事罪坐該營領哨官員若哨船不盡信地止於一處探望或在漁樵船隻入內取信或到山放火而原積柴草不足火小不能燎遠致失傳報誤事者該直哨船軍甲俱以軍法斬首

福船說

大福船高大如城非人力可驅全仗風勢倭舟自來矮小如我之小蒼船故福船乘風下壓如車碾螳螂鬬船力而不鬬人力是以每每取勝設使賊船亦如我福船大則吾未見其必濟之策也但吃水一丈一二尺惟利大洋不然多膠於淺無風不可使是以賊舟一入裏海沿淺而行則福舟為無用矣故又有海滄之設

海滄說

大海滄稍小福船耳吃水七八尺風小亦可動但其力功皆非福船比設賊舟大而相並我舟非人力十分膽勇死鬬不可勝然二項船皆只可犂沉賊舟而不能撈取首級故又有蒼船之設

蒼船說一名艟䑪又蒼之大者

夫蒼船最小舊時太平縣地方捕魚者多用之海洋中遇賊戰勝遂



以著名殊不知彼時各漁人為命負急之勢亦山賊之入我地是也今應官役便知愛命然此船水面上高不過五尺就加以木打棚架亦不過五尺賊舟與之相等既勢均不能冲犂若使徑逼賊舟兩艘相連以短兵鬬力我兵決非長策多見誤事但若賊舟甚小一入裏海其我大福海滄不能入必用蒼船以追之此船吃水六七尺與賊舟等耳其撈取首級水湖中可以搖駛而快便三色之中又此為近利者改制為艟䑪比蒼船稍大比海滄更小而無立壁最為得其中制過倭舟或小或少皆可施功但水兵人技皆次於陸兵使將水兵教練遴選亦如陸兵而後登之舟中則比陸戰加一舟險其功倍於陸兵必矣司寄者何憚而不為哉

三船利鈍說

大端天若風勢順則滄不如福蒼不如滄若風小勢逆則福不

如滄滄不如蒼其開浪網船之類皆可備哨探而不可戰者開浪以其頭尖故名吃水三四尺四槳一櫓其形如飛內可容三五十人不拘風潮順逆者也又不如八槳船左右十六槳後一櫓更為飛迅但坐臥處不冠篾耳網船形似織梭內容二人前後用二人以單單之風波大又可拖之塗上且不能覆吃水七八寸耳此可走報或用之裏港窄河動以百數每隻內用鳥銃二三人蜂集蟻附沿淺沿塗而打之甚妙如賊追逼就可棄走一舟不過一金之費耳

相寇情

小舟數往來者謀議也遲而審顧者疑我也欲進而復退者探我也既退而卒進者襲我也鼓噪而矢石不下者兵器少也卻而顧者欲復來也先急而復緩者整備也促鼓而不戰者懼我也洎而



揚帆者欲出不意也既退而不速者謀我也火夜明而呼噪者恐我襲彼也擲纜而即起者欲擇其利也火數明而無聲者備器也夜泊而邀於涯涘者鄉道欲往也促纜而不呼者急欲遁也促纜及流懸燈於途者夜逸而潰也久而不動者偶人也鼓而無韻者偽響也近岸連村而不登劫者怯也不久困請和投降者詐也

謹行泊

我舟在洋出哨追趕賊船天欲黃昏潮時將盡不可貪程一意前往須防今夜自安泊處恐無收嶴風至之虞遇龍潭神廟不可放銃吹打吶喊或有警動起風作浪之失早晚占看日月星雲氣色飛鳥預知風雨未到晚黑便收嶴宕高登四瞭恐隔山先泊賊船而我不防也

戰船器用說

夫水戰於舟火攻為第一籌固然也其火器之屬種目最多然可以應急用者甚少何則兩船相近立見勝負其諸器或有宜於用而制度繁巧一時倉忙不能如式擲放致屢發而無用或精巧宜用而勢不能遍及一舟或重贅而不能發及賊船最不宜者是見行火器安藥線在口如若候點入口則發在我手若方然即擲則擲下又為賊所救又有所謂火瓶者內用石灰蓋舟上惟利滑使人不能立腳一說用雞鴨卵擲下或擲滑泥者猶可今乃用灰瓶是又澀賊之足而使之立牢也不可不可今屢試屢摘合以眾情共愛而數用無異者止有二種一遠一近至矣足矣愈淫巧繁多愈無實用記之記之

一藉用火藥傾下賊舟此固長策然又別用火器或炭火再傾擲使之發藥每每或連桶擲入水中或被賊乘藥桶及伊舟以水沃濕



亦皆未中肯綮可以必發故復重出此說因以見此法之萬分至妙也所謂二種者遠則只用飛天噴筒近則只用埋火藥桶至易至便萬用無差除此之外所謂火箭神機火磚噴筒之類皆遠不及此苟具此二種則他種又皆不必用也

右約賊船在遠先將炭火燒紅盆盛一處約賊舟相近百十步以火入粗碗灰培再俟賊近三二十步以碗平放在藥桶內蓋了俟兩舟相逼將桶平平擲下至賊船被磕動碗內火跌泛而出與藥相觸即發時刻不失較之別器燃線不然及線濕放早之病皆可無矣

船碇

走風捉颶事急追賊俱關人力起碇遲誤備此臨急解繫纖尾泛之以便回取

此用桐木燒黑外一寸甚妙

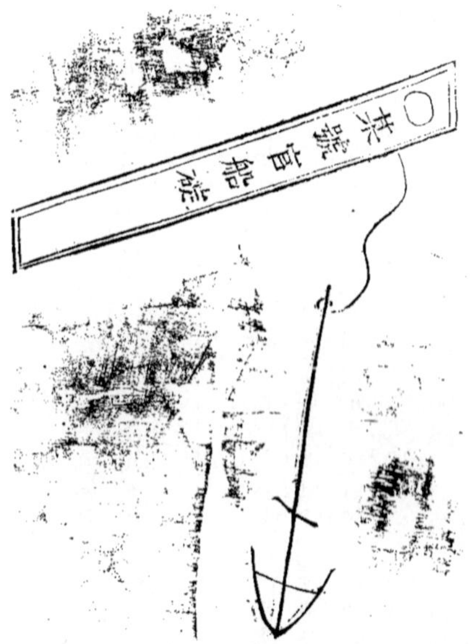




諸家水軍營圖

水軍營圖

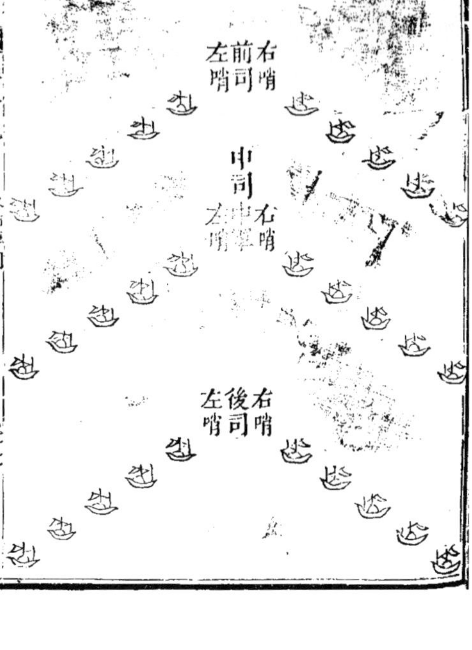




山路險道步步為營倒捲疊進圖式

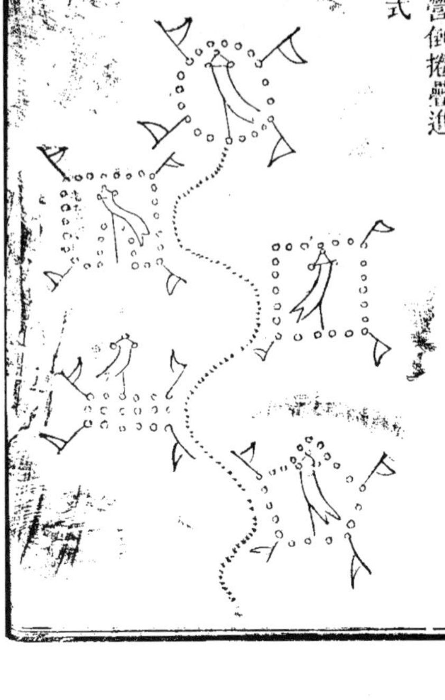

拒馬　每根長五尺二寸重三斤十二兩鐵錘一把重二斤六兩鐵釘一根重十二兩皮條一根長四尺

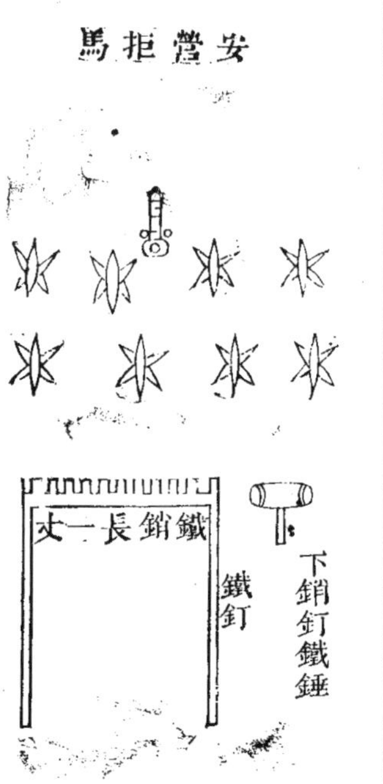




諸家水軍營法

水軍營用船不拘其數大船落篷排列四面內藏甲士火器如在江中下鐵貓若在海則下木碇留四門各船須要易放易發營內左右設快船上站善水勁兵執長槍鈎鐮火弩出敵在相風勢兵力舉之耳

營地

下營貴得地利得其道則合不得其道則爭是也大約大河南北幽燕魯衛之間地平如掌營之方圖惟其所置西北隴陝之間地無百里之平置營多在廣原高坂之際或尖邪或屈曲或斜坡大山或臨深澗塘陂地互相掩人馬咫尺相隔惟登高者可以遠視江南泥濘澤多惟平衍而四通者可居若二廣之地山水重複雖有平廣盡為水田亦必占高原平曠之地可以固守至西南巴蜀界地接蠻夷契辭譯書云高山峭壁萬仞連天深淵有底莫測其源者昔武侯屯兵舊跡亦隨岩穴間道屈曲坡坂之中故今之置陣也但擇其地土穩便相度人馬多寡有出入可以通糧運草無岡隴使人下視之勢則善矣

一不居大谷之口四面受敵人馬易為衝突名曰天竈是也

一不居大山之端防後有人馬沿山而來破我營寨前臨險阻被賊堅守我無出入之路名曰龍首之地是也

一不居死地謂安營不臨墓塚之地人馬多夜驚士卒必生疾病

一不居地柱謂下低中高其地上面廣平中間有岡如覆釜之形若安營其上八面招風周匝受敵

一不居地獄謂高隴之下其地廣衍平原中有地形如仰盆之象若安營其中被賊四面乘高攻我必敗其中



一不居山林草木蒙密之地春夏枝葉茂盛不見人馬恐賊穿出路而來驚我營寨秋冬草木枯敗恐被上風放火因而刦我難以迴避

應敵

一不居江湖溝澗灣曲之地恐被賊於要害處堅守則我無進退之路外無交接卒難相救

一不居大江險絕掩抱之中被賊守定隘阨若救軍不至我無進退應敵之路

一不居江湖之岸大山之側則三面受敵且後無進退之路若中有舟楫船筏傍岸又有通糧之道上流有救應之兵乃可安營

一不居江河夾岸浮水下營須防上流穴船及水賊鑿船沉溺之患

一不居四面長川四達之境四面賊來攻擊外無救援受敵最多

一宜居背高面低前有清流後有通糧之路四面無高山大隴雖在

遠亦不妨

一下營訖司冒及佐卽巡隊檢校兵甲器仗等如有破綻損汚卽須修葺磨礪

一兵士每下營訖先令兩隊共掘一廁

一入地境安營造飯樵採薪柴不可遠去須用哨馬四面卓望見賊急回

一營若無水蹤看他生葭葦水草之處及有蟻壤之地其下必有伏泉可開水井又尋野獸蹤跡去路不遠有水如軍去戰要備水隨行者可於羊皮囊中盛之或大葫蘆竹筒皆可用也

營規

一軍下營訖司騎及佐分行巡視馬驢有疾者醫之

暗營



凡暗地移營別處夜則燈籠留在虛營各聽隨時編發字號如中軍說甲字則是左哨凡言甲字一卽左哨第一隊餘倣此不預定者恐奸細知之也

凡要下暗營各營燈籠點起用罩蓋藏於地不可以不用遂不然恐一時卒用然之不及也

夜營

凡軍營久駐於野谷賊路掘斷爲土壕闊三丈深二尺以細沙散土填平每日檢行掃令靜平奸人出入與兵馬往來盡見

凡下營之旁或下地雷或下水砲懸機於路敵若一至機動火落砲必打出不惟駭敵人之來亦可驚告師之備

用連珠倒捲營法

山深道險馬不得並列人不得連肩恐敵人伏兵險路或擁我前或冲我中或斷我後雖有哨兵探馬恐一時搜索不到敵人出我不意或哨兵探馬誤闖入敵人伏兵之中爲其所陷不及報我冒然而進萬一遇敵一線之路彼以有備待我無備險山之要首尾難援百步之險前後莫救豈容不先爲之防今用連珠倒捲之法如飛天蜈蚣之勢如彼來攻吾中則兩山出兵夾攻彼攻在左之營則右營出兵爲援彼攻右營則左營出兵爲援彼退則我躡其後營後復如噴珠而出又相連下營更番迭戰敵勢旣逸是敵人欲來前面攻我勢不能矣如敵斷我後以退爲進後哨作前哨倒捲而回敵亦難邀截如遇大江關隘之地我又必先留兵把守豈肯輕進使無歸路之理考古証今而各戰行營萬萬無過此者

水戰 金湯借箸

大江要道

舟師可以進可以守東南之師趨三齊者自淮入泗而上劉裕伐南燕舟至下邳是也趨河北者自汴入河而止桓溫伐燕至枋頭是也捨舟登陸尚得半利趨關中者自河而入徑至長安王鎮惡以蒙衝小艦至渭橋是也水陸並進可得全利此皆以舟師進者也塞建平之口使自三峽者不得下此王濬伐吳楊素伐陳之路也據武昌之要使自漢水者不得進此何尚之所謂津要根本之地也守采石之險使自合淝者不得渡蓋韓擒虎嘗因以滅陳也防瓜步之津使自盱眙者不得至蓋魏太武欲據此以寇宋也扼其要害不得進此皆以舟師守者也



舟戰

大勝小

福船廣大如城非人力可驅全仗風勢倭船自來矮小如我之小艙船故福船乘風下壓如車碾螳螂鬬船力而不鬬人力故每每取勝

金兀朮入寇韓世忠與相持於黃天蕩世忠以海艦進泊金山將戰海舟乘風使篷往來如飛兀朮大敗

宋虞允文及金主亮戰於江中部分甫畢敵已大呼亮操小紅旗麾數百艘截江而來瞬息抵南岸者七十艘直薄我軍士殊死戰官軍以海鰌船衝敵舟皆沉敵半死半戰日暮大敗

陳友諒圍南昌明太祖親督舟師三十萬援之友諒解圍東出鄱陽湖逆戰悉以巨舟連鎖爲陣旌旗樓櫓望之如山我軍舟小卻於仰攻往往退縮太祖不懌斬隊長而下十餘人猶不能止郭興趨前曰彼舟如此大小不敵非人不用命也非火攻不可卽命常遇春諸將分調網船載葦荻置火藥其中至晡時東北風起乘風縱火焚其戰艦數百艘煙焰張天十里湖水盡赤友諒弟及平章等皆焚死

堅勝脆

廣船視福船尤大堅緻亦遠過之蓋廣船乃鐵力木所造福船不過松杉而已二船在海若相冲擊福船卽碎不能當鐵力之堅也倭夷造船亦用松杉之類不敢與廣船相冲

順風勝逆風

吳越王鏐遣其子傳瓘擊吳吳遣彭彥章拒之戰於狼山吳船乘風而進傳瓘引兵避之既過自後隨之吳回船與戰傳瓘使順風



揚灰吳人不能開目及船舷相接傳瓘使散沙於已船而散豆於吳船豆爲戰血所漬吳人踐之皆僵仆因縱火焚吳船大敗

金亮遣蘇保衡統水兵由海道趨二浙李寶舟師至東海縣時敵圍海州寶麾兵登岸敵驚引去出海口泊唐島候風卽南寶禱於石臼祈風助順丙寅風雨南來衆喜爭奮引帆俄頃薄敵敵驚失措敵帆皆以錦纈爲之彌亘數里忽爲波濤捲聚一隅窮促搖兀無復行次寶以火箭射之煙焰隨發延燒數百艘降者三千人

順流勝逆流

吳李神福自鄂州東下田頵遣其將王壇汪建將水軍逆戰神福謂諸將曰彼衆我寡當以奇取勝及暮合戰神福佯敗引舟泝流而上壇建追之神福復還順流擊之因風縱火焚其艦壇建大敗士卒焚溺死者甚衆

防淺

吳權舉兵攻皎公羨於交州漢主命其子宏操將兵救公羨權引兵逆戰先於海口多植大杙銳其首冒之以鐵遣輕舟乘潮挑戰而僞遁須臾潮落漢艦皆礙鐵杙不得返士卒覆溺大半

明討陳友諒大戰鄱陽湖所乘舟膠淺沙賊乘勢攻之急欲犯明主舟諸將計無所出帳前親兵將韓成曰古有殺身成仁者臣不敢愛死遂服明主袍冕對賊衆投水中賊信之攻稍弛會諸將兵至始退俞通海與衆議曰湖水有淺處舟難迴旋不利於戰莫若入江據敵上流彼舟若入卽成擒矣劉基亦密言請移軍湖口期以金木相犯日决勝從之敵見我水陸結寨不敢出粮盡益窘繞下流欲遁通海追敗之

防砲



鄱陽之戰瀕危後安一日與友諒鏖戰劉基在御舟忽躍起大呼太祖亦驚起回顧但見基雙手揮之連聲呼曰難星過可更舟太祖悟如言更之坐未半晌舊舟已爲敵砲擊碎矣

防火

元張宏範襲厓山張世傑結大舶千餘作一字陣碇海中中艫外軸貫以大索四周起樓棚如城堞奉帝居其間爲死守宏範薄之世傑舟堅不能動宏範乃舟載茅茨沃以膏脂乘風縱火焚之世傑戰艦皆塗泥縛長木以拒火舟不爇宏範無如之何

防風

宋陸秀夫負帝赴海死張世傑收兵至海陵山散潰稍集謀入廣颶風大作將士勸世傑登岸世傑曰無以爲也登柁樓露香祝曰我爲趙氏亦已至矣一君亡復立一君今又亡我未死者庶幾敵兵退別立趙氏以存杞耳今若此豈天意耶風濤愈甚墮水溺死

大學衍義補有兩頭船之法以海運船巨遇風難旋轉兩頭製柁遇東風則西馳遇南風則北馳海道諸船無逾其利蓋武備無嫌於多慮患不妨於遠莫爲之前猶將求之而况設之前者有未足乎以之衝敵賊舟雖整可亂也

防蟄

舟用夾底庶可無虞舟底有用釘者

舟製

八卦六花船此船江海中攻守皆用不懼風濤攻則敵不能當守則敵不能近故水戰首此以保全勝用厚楠木板作五槽底槽後爲尾槽前平頭有八卦六花之義故名焉上有三桅中有八輪後有舵樓順風有篷逆風轉輪其快如風底中一槽高七[illegible]闊六尺旁



二槽高六尺闊五尺儘邊二槽高五尺闊四尺每槽[illegible][illegible]輪一尺五寸其闊三丈六尺兩頭皆鋪平中間上作艙長三丈六尺槽前平頭三丈六尺槽亦三丈六尺尾起舵樓底空內定八輪中作官艙長三丈六尺闊一丈八尺兩舵各闊九尺前後中共三桅篷索用藥水刷過遇雨不濕火到篷卽滅週圍用挨牌艙上用生牛皮包裹底用狼牙釘品字密釘以防奸細水怪此乃統軍大將取勝也

鬬艦船舷上設女牆可蔽半身牆下開掣櫂孔船內五尺又建棚爲女牆齊棚上又建女牆重列戰士上無覆蔽前後左右豎牙旗金鼓晉謀伐吳詔王濬修舟艦乃作大舟連舫一百二十步受二千人以木爲城起樓櫓開四門其上皆得馳馬畫怪獸於鷁首以懼江神水怪

鬬艦

樓船上建樓三重列女牆戰格樹幡幟開弩牕矛穴外施氊革禦火置砲車擂石鐵汁狀如山壘其長者可以奔車馳馬若遇暴風則人力不能制似不甚便於用然施之水軍不可以不設足張形勢而鎮風濤

以上諸船皆用以壯威者也

輪船一名車船岳飛破楊么於洞庭么時與劉豫通負固不服方洋舟湖中以輪激水其行如飛旁置撞竿官舟迎之輒碎

金主亮既至江北掠民船指麾欲濟虞允文伏舟於七寶山後令曰旗舉則出伺其半渡卓旗於山人在舟中踏輪以行船但見船行而不見人遂壓敵舟人馬皆溺

神飛火輪舟狀類海船周圍生牛革爲障或剖竹爲笆以當矢石上留銃箭眼上中下分三艙首尾設暗艙以通上下中艙安刀板兩旁設飛槳或輪乘浪排風往來如飛水手用泅人遇賊詐敗棄而與之精兵暗伏船內泅人伏水走待賊登船機關一轉翻入中層刀釘板上皆就戮矣若衝入賊船隊兩旁暗伏火器勢不可當

鷹船崇明沙船
可以接戰但
上無壅蔽火
器矢石何以
禦之不如鷹
船兩頭俱尖
不辨首尾進
退如飛旁皆
茅竹板密釘
竹間設牕可
以出銃箭內
隱人盪槳

海鶻船形頭低
尾高前大後
小如鶻之形
舷上左右置
浮板如鶻之
翅以助船之
飛雖風濤怒
漲而無側傾
之虞左右以
生牛皮爲城
牙旗金鼓如
常法

沙船能調戧使鬬風舊制深嚴雙桅下海之禁承平既久法度浸弛不但雙桅習以爲常甚有五桅者長江大帆一日千里若從權取而用之但於兩舷增設戰棚以爲捍衛亦利水戰

以上諸船皆用以戰敵者也

叭喇唬船浙中多用之福建烽火門亦有其製底尖面濶首尾一樣底用龍骨直透前後濶約一丈長約四丈未有小官艙舷面兩旁各用長板其兵夫坐向後而棹槳每邊用十槳或八槳其疾如飛有風豎桅用布帆亦能破浪甚便追逐哨探倭奴號曰軟帆賊亦畏憚

按福船有六號一號二號俱名福船三號哨船四號冬船五號鳥船六號快船福船勢力雄大便於冲犂哨船冬船便於攻戰追擊鳥船快船能狎風濤便於哨探或撈首級大小兼用俱不



可廢而哨探則無如叭喇唬船爲妙

叭喇唬船

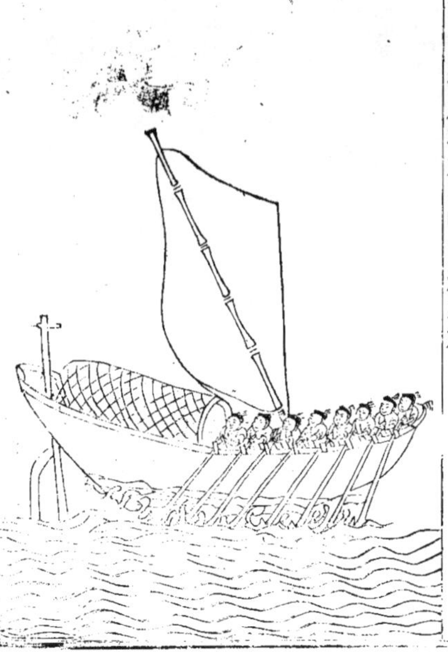

遊艇無敵艦艇

上槳船左右隨艇子大小長短四尺一樁計會進止回軍轉陣其疾如風虞候用之

開浪以其頭尖故名喫水三四尺四槳一櫓其行如飛內可容三五十人不拘風潮順逆皆可用也

漁船於諸舩中制至小材至簡工至約而用至重以之出海易進易退隨波上下敵舟瞭望所不及是以海上取勝擒賊多賴之

八槳船此船但能供哨探之用難以擊賊閩廣浙直皆有此船

宋趙善緗知鎮江製多槳船五百艘無論風勢逆順捷疾如飛

以上諸船皆用以哨探者也

無底船

襄城之圍張貴為無底船百餘艘中樹旗幟各立軍士於兩舷以誘之敵皆驚躍以入溺死者萬餘亦昔人未有之奇也夜戰誤敵未有過於此者又一法以三舟聯為一舫中一舟裝載左右舟則虛其底而掩覆之

蒙衝

蒙衝者以生牛皮蒙戳船背左右開掣櫂穴矢石不能敗前後左右有弩牕矛穴敵近則施放此不用大船務在捷速乘人之不備

宋武帝北伐王鎮惡請率水軍自河入渭直至渭橋鎮惡所乘皆蒙衝小艦行船者悉在艦內泝渭而進艦外不見有行船人北方素無舟楫驚以為神

鴛鴦槳

二舟並一處不用蓬桅各長三丈五尺濶九尺生牛皮裹櫂槳人並槳靶俱在艙內槳尾自內入水每邊八把艙上留箭眼赴敵則兩邊飛櫂相迎近則放神器分兩邊夾攻彼則左右難救未有不敗者也

邱瓊山曰舟大非風不行而行必以帆帆非布則篛葉竹篾火箭射之即焚奈何曰楊幺之舟以輪激水無風可行巧思者師其意製之不用帆亦可行

以上諸船皆用以掩襲者也

走舸
用十四槳船艙上立女牆往還如飛鷗乘人不及

子母舟長三丈五尺前二丈如艦船樣後一丈五尺只有兩邊幇板腹內空虛後藏一小舟通連一處亦有蓋板掩人兩邊四櫂前母舟使風櫂槳艙內裝茅薪置火藥船頭兩傍俱用狼牙釘定鋼尖快利一抵彼船即將母船發火與彼併焚我舟後開子船而歸

連環舟舟約四丈外視之若一舟分則爲二舟中聯以環前截載火砲神煙神砂等器舟首錠大倒鬚釘數枚後截兩旁施數槳或乘順風或自上流徑趨賊營以舟首釘撞賊舟上前環自解後截則回乘其驚惶用器擊之洒水戰奇策也環者大鐵圈兩箇釘前截用鐵鈎兩箇鈎住後截撞於賊船則放其鈎後截即回本寨矣

以上諸船皆用以焚燒者也

破船舸用大木五根各長三丈餘將木居中鑿空仍舖平厚以蔴粘之前後橫拴串釘一處如筏兩邊六輪上作船艙輪軸在內前平頭長一丈艙長一丈五尺尾長七尺安舵樓前平頭上安破舟銃其銃如神槍樣槍頭如蕎麥樣用純鋼極快利頭長三寸後杆長四寸如槍安置銃內凡一舟前用三具約木頭與水頭相平約船相近艙內點放火線徑打入船內

木筏焚敵舟莫如火碎敵舟莫如砲但大砲用於船上恐未損人反先損己自碗口大之上不敢放也今宜造木筏不拘若干座式用整木縱橫平底風不可翻水不可沉上安木架極其堅固量其高過敵船於扼險處平排如堵下安樁木以識之用神器照賊來路打去計步數若干遠將步數打到之地亦用樁木識之戰船居筏後五十步外以防其坐筏上以絮被遮蔽於前將二三十具一字

排列賊船遠望不啻城牆莫測其中虛實伺看賊船將入吾原識椿木浮板步數內將絮被放落走舸之人將筏支正用諸火器照賊打去次第制之以二三十座之筏一齊擊發賊船未有不損可以禦可以守乃水戰必需者也

砲之信藥用柿油等紙封固防水氣潮濕此用以守者也

## 水攻圖訣

兵法曰以水佐攻者強善用水者其道有四一曰因二曰賊三曰逆四曰絕因風縱火順流焚舟此所謂因也或我居上流用藥毒彼此所謂賊也或築堤以障其下決堤以灌其營此所謂逆也賊必藉水陰爲深渠以涸之此所謂絕也倘渡泛溢及入山谷逢水暴漲止則無舍濟則無舟豈以飛橋轆轤越溝塹飛江天艎濟大水而不傳其制古韓信以木罌渡河而擒魏王豹鄧訓以縫革置筏而繫月支此皆臨時制宜者也今繪其式於後以便相機利濟



### 飛渡式

募善遊水士或使人腋挾浮水繫繩於腰先浮渡水次引大繩於兩岸立大樁急定其繩使人挾繩浮水而過如大軍可爲數十道渡

浮囊以渾羊皮吹氣令滿繫其空束於腋下人浮以渡

皮船以生牛馬皮以竹木緣之如箱形火乾之浮於水一皮船可乘二人以竿擊水助之

木罌木罌者縛甕缶以為筏甕缶受二石力勝一人甕間容五寸下以繩勾聯編槍其上形長而方前置筏頭後置梢左右置櫂

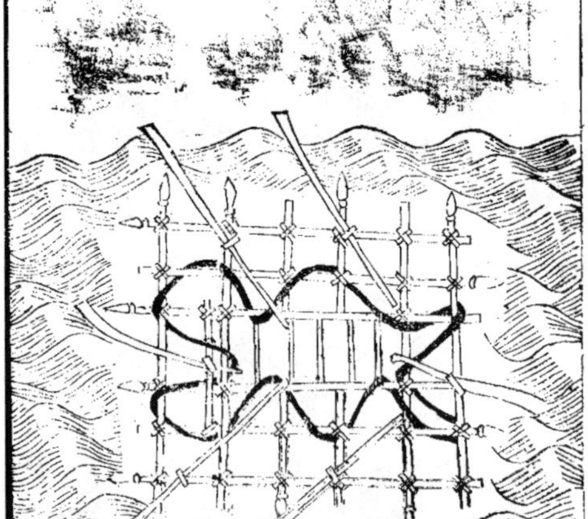

械筏以檜十條爲束一束力勝一人但以五千條爲率爲一筏檜去鋪刀鑽次而拼縱橫縛之可渡五百人或左右各繫浮囊二十先令水工至前岸立大柱繫兩大繩屬之兩岸以夾筏繩上以木繩環貫之施繩聯著於筏筏首繫繩令岸上牽挽之以繩爲約免漂溺之患

蒲筏以蒲束九大圍顛倒爲十道縛如束艙狀量長短爲之無蒲用葦可以浮濟

破船筏用大木五十根長三丈餘將木居中鑿空仍用扳鋪平以油灰蘇塡縫釘完油過前後橫串一處兩邊四輪中作船藏輪軸在內前平頭上安破舟等器木頭與水相半此制射打賊船輕便

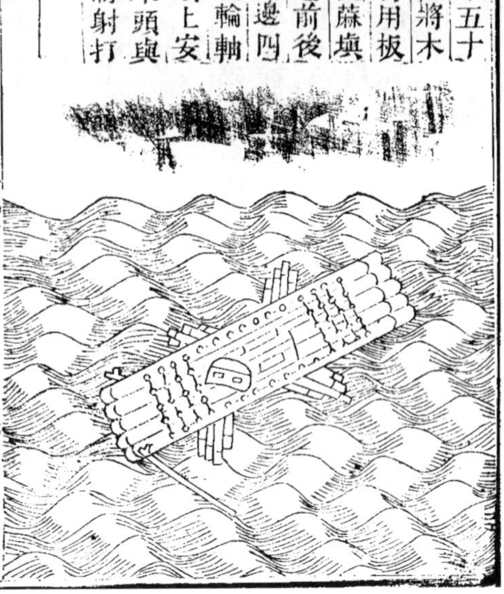



攔火飛篷

水戰之制莫要於篷帆一沾火藥則三軍之命休矣必用晉石脂蜜潑漬爲水將竹篾箬葉蘇索藤繩或布浸之晒乾再浸務令極透編造篷帆大書飛龍天兵爲號則火箭火毬火牡丹等件沾染不着吾可保無虞而進可克敵矣此水戰要具也

製藥方　晉石出山西透明者佳十斤　脂蜜出闕地者佳三斤　水五斤

又製篷索藥方　白礬十斤　皮硝五斤　梔子四斤　共爲末入水五斗熬三五沸刷篷索上以防雨火

攔火飛篷式

飛波甲水戰之具固多而甲冑之制爲要用絹紬爲裏瓠板爲甲砌如魚鱗先用礬水浸透晒乾用或以鵝鴈翎編疊爲甲浮行水上架浪乘風頃刻數十里水不沉溺長江大河之險不足慮也武經有羊皮水袋浮器等製不如此妙

飛波甲式

橐籥潛伏水底用銀打造法物約長一尺上分兩竅管塞於鼻下合一管喻於口中蓋人之被溺以水隨呼吸而入故也能使口鼻之氣上下往來能保無虞

橐籥式

護腎護脚用椰瓢漆黑以護腎囊用棉帶繫腰內漆絹裹脚底蓋腎囊與脚底湧泉穴入水其紅如火惡魚水獸望光而來斯傷其命護之則光不現而害可免亦水戰必備者

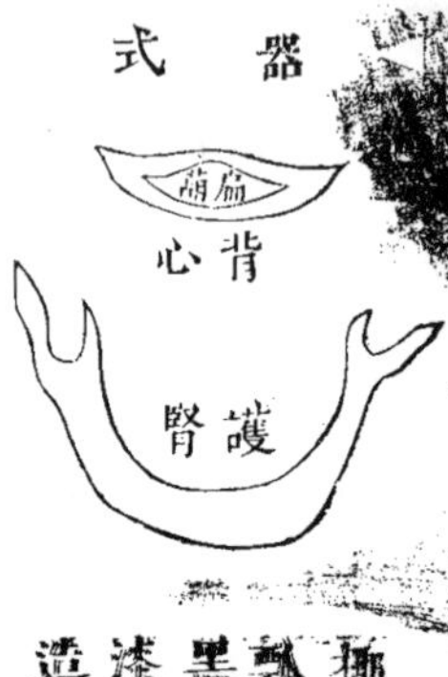

器式

水馬黃藤造形如馬腰似斗粗下用四足橫出水上馬頭高一尺遮前浪尾高一尺遮後浪各虛其中外用布裹堅漆拴一轡鏈入鞍其中以便扳扯馬頭另外安插中空一段可藏乾粮有此則人人膽壯其體不重船中易載再用綿裹上用匏片爲甲葉匏取其浮綿取水濕可禦矢石旁跨一堅木短橈橈首用鐵爲刃可爲戰具橈杆藏一小刀備急用雖船損落水猶可以戰有此水馬再繫今時所用水帶無憂溺矣

水老鴉流賊劉七等舟泊狼山蘇人獻計用火攻者名水老鴉藏藥及火於礮水中發之又製形如鳥喙持之入水以喙鑽船而機發之以自運轉透船可沉試用之已破一船賊駭謂江南神兵能水中破船捨舟登山遂爲守兵所殲

鉤鐮舟中或刮其撩或鉤其船或割其篷間繩索必不可少須竹長而輕刃彎而利乃得實用

鉤鐮式



撩鉤兩船犂沉賊舟賴此撈級或鉤搭賊船使不得去或鉤撩索以牽其篷舟中必不可少者但須鉤粗稍固十數人扯拽鉤萬鈞而不曲乃可鉤柄長丰執難準須用三鉤一搭即得粘掛也

撓鉤式

鉤距楊鋭守備九江安慶諸郡閭寧濠變作先引軍設鉤距於江禁勿洩比寇至船二百餘艘抵岸爲鉤距所破

犁頭鏢此器船頭船尾皆可用下擲賊舟中舟必洞中人必碎斗上止容一二人多亦難擲發不過三五次全在鐵重柄麤尾細太長則擲上難太短則不直下鋒但利即可不必加工用其體重利下之勢而已平時要習熟先擇能上桅斗人於高山峭壁比桅斗尤高處山下立小圓牌把如一人粗自山上擲鏢每發必中把方爲

精熟

犁頭鏢

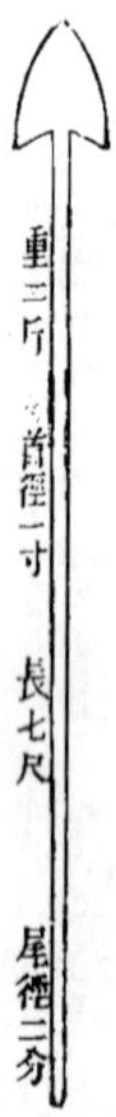


小鏢每相近一二十丈遠若賊船低小我舟高大用此最利擲之如雨無不中賊但習之不熟或翻筋斗或中而無力皆爲徒費鋒須有鋼頭重尾輕用竹尤妙竹體和軟頭粗尾細相宜也無竹處用木杆須使頭粗尾細取其發之有力而準也用銀錢懸十步習之能矢矢命中則又加遠五步習之至三十步止過此則力弱而無用矣

小鏢

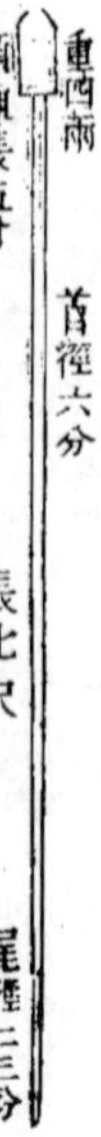




拍竿其制如大桅上置巨石下作轆轤繩貫其顛施大艦上每艦作五層樓高百尺艦六拍竿並高五十尺戰士八百人旗幟加於上每迎戰敵船遇則發拍竿擊之當者立碎楊素伐陳自信州下峽造大艦名五牙艦上起五層高百餘尺左右前後置六拍竿高三十尺容戰士八百人旗幟加於上次曰黃龍置兵五百人又乘舴艋等各有差軍至狼門陳將以艦拒素素令五牙四艘遊戰船近拍竿碎陳十餘艦遂奪江路

鐵綆金主欲北濟韓世忠與之相持於黃天蕩世忠預以鐵綆貫大鉤授健者明旦敵舟譟而前世忠分兩道出其背每縋一綆則曳一舟沉之金主窮蹙

罟網此器凡樓船無女牆板木者用之懸於船外左右防賊跳入十數層厚方可避槍箭惟銃子不能避如只二三層難以遮蔽不如無矣先將網張無牆船上用矢射之或槍戳銃擊一層不效則加二加之至十以不穿爲準

罟網

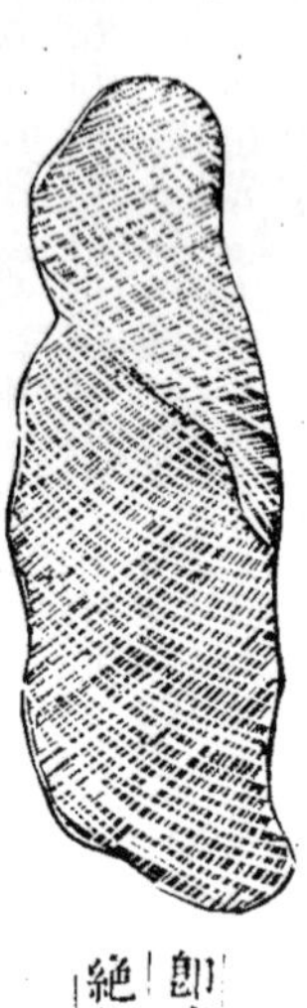

卽壞魚網也絶粗者爲佳

飛空滑水神油罐

用鵝鴨雞蛋盡去其黃和以稠油將磁罐注滿掩塞其口細繩爲路使勇士持之約離賊船二三丈許擲入擊碎四散流溢兼以風波洶湧滑不可立器不可施况油沾船板惹火易焚我兵更於上風或揚神砂縱神火舉火砲雖微法小技取勝之功則甚大矣爲將者愼勿忽而畧之可也



飛空滑水神油罐

水師

束伍

船號最忌名色雜沓不一不一則號令紛雜沓則士難辨混淆無有綱領何以坐籌制勝自一號至六號而止每一寨係一將領不拘船之大小多寡均勻分派不拘參遊都守把總一例曰主將親艦爲中司擇第一堅大者中軍領之餘分爲中司左司右司每司分二哨

前司後司又各分二哨共十哨大約十船以下五船以上爲一䑸哨
官領之兩哨爲一司分總領之三司二司爲一部主將領之
旗色此條可與紀効新書參看
每船大旗俱用黑布一則便於遠瞭一則合於水性也仍用白布取
寨名一字大書加於旗心各照方色製以號帶每隊長小旗一面各
照本船號帶方色

責成

捕盜專管一船之務凡入船客兵俱聽管束第一當重其事權俾
有專力無掣肘可也舵工專管舵兼防舵門下攻守碇手專管碇
正頭前攻守繚手專管帆檣繩索主持調戗斗手遇賊卽上斗用
犂頭鏢下射賊舟神器手專管定發無敵神飛砲掌號手專管接
應司哨號令手及對敵進止號令守艙門平時管一應家火損具
支銷晝夜出入關防隊長司一隊內攻守督兵用命賊近專發火
筒平時督兵習藝修治軍營火器



舵工

一船之命盡係舵工一人必擇練達長年善知風頭熟諳水勢者
充之再置副貳以防疎虞糧賜從優有功加賞
聞昔有高弁名應奎者以善捕盜聞東南嘗言每遇寇必親以
手捬舵工兩骭若股戰髀慄必擇有膽氣者代之蓋以懼奪其
神則東西易向必至誤事眞歷練後語也

水兵

沿海鹽徒儘可選用其次水兵奇妙如浙之七里壠弁金山寺下
漁人俱能鞠入水眢方出白晝鑽船致敵舟沉溺黑夜抽帮致賊
師失隊其次則南直以販賣私鹽者入船輕便且習風濤黑夜潛
行鑿船如飛因以出奇偷營偵探亦一策也

魏中山王英與楊大眼等衆數十萬攻鍾離梁主勅曹景宗救之
景宗慮城中危懼募軍士言文達等潛行水底齎勅入城城中知
有外援勇氣百倍

淮南兵圍蘇州吳越王鏐遣錢鏢等救之蘇州有水通城中淮南
軍張網綴鈴懸水中魚鱉過皆知之吳越司馬福因潛行入城故
以竿觸網敵聞鈴舉網福因得過入城由是城中號令與援兵相
應敵以爲神

周師攻吳壽州吳人大發樓船蔽川而下泊於濠泗周師頗不利
張永德使習水者沒其船下繫以鐵鏁急引輕舸擎之吳人船不
得進退溺者甚衆奪巨艦數十永德解金帶賞習水者

宋劉錡以兵駐淸河口扼金師金兵以氊裹船載糧而來錡使善



沒者鑿沉其舟

宋張貴入襄陽呂文煥固留共守貴恃其驍勇欲還郢乃募二士
能伏水中數日不食使持蠟書赴郢求援元兵增守益密水路連
鎖數十里列撒星樁雖魚鰕不得過二人遇樁卽鋸斷之竟達郢
還報

宋趙善緗知鎭江教浮水軍五百人常以黃金沉江使探得者輒
予之於是水藝極精練能潛行水底數里又製赤烏白鶴二大舟
每舟載二千人依八陣法每一蒐閱舟艦參錯襍以浮水諸軍履
波濤爲部伍角技奏樂如陟康莊

水戰之法與其死戰賊於舟上不如陰制賊於舟下蓋角力尚
互有勝負運奇則操術萬全也與其破賊之卒不如破賊之舟
蓋破卒尚斬獲有限破舟則死亡無算也收功全在泅人爲將

者宜預爲簡别厚加撫養勤爲練試以備不時之用中流一壺千金市之矣

潑泥

嘉靖間倭寇吳郡掠舟過黃天蕩鄉民憤甚斂河泥船數十隻追之以泥潑船頭倭足滑不能立舟人皆躡草屨用長脚鑽能及遠倭溺甚衆

以上皆水戰利器也

曹操伐吳周瑜劉備遇於赤壁部將黃蓋取蒙衝鬬艦十艘載燥荻枯柴灌油其中環以帷幔上建旌旗預備走舸繫於其尾時東南風急蓋以十艦最著前中江舉帆餘船俱進同時發火風猛船往如箭燒盡北船延及岸上營落煙焰張天瑜等率輕銳繼其後操軍敗退



陳友諒圍南昌俞通海等西援友諒出鄱陽湖逆戰通海乘風櫂七舟載葦置火藥入敵水寨焚其戰艦數百獲友仁友貴時通海舟深入敵寨鏖戰意其戰沒少頃飄飄遶出敵舟旁我舟見之大喜躍呼奮前大敗敵人

韓世忠與兀朮相持於黃天蕩以海艦進泊金山下兀朮見海舟乘風使篷往來如飛曰南軍使船如使馬奈何募人獻策閩人王姓者教以舟中載土平板鋪之穴船板櫂槳俟風息則出海舟無風不可動也以火箭射其篛篷不攻自破矣兀朮然之天霽風止兀朮以小舟出江世忠絶流擊之海舟無風不能動兀朮令善射者乘輕舟以火箭射之煙焰蔽天師大潰

以上水戰而專用火攻者也

晉盧循徐道覆率衆數萬方艦而下劉裕悉出輕利鬬艦命衆軍齊力擊之又分步騎於西岸參軍庾樂生乘艦不進斬而徇之衆軍踴躍爭先軍中多萬鈞神弩所至無不摧陷裕自於中流蹙之因風水之勢賊艦悉泊西岸岸上先備火具乃投火焚之煙焰翳天賊衆大敗初分遣步兵莫不疑怪及燒賊艦衆皆悅服

盧循收餘衆走交州刺史杜惠度悉散家財賞軍士與循合戰擲雉尾炬焚其艦以步兵夾岸射之循衆艦俱燃兵大潰盧循滅而廣州平

以上水戰而兼用陸兵者也

後梁王琳攻陳文帝命侯瑱督軍屯蕪湖琳率舟師東下去蕪湖十里而泊擊柝聞於陳軍侯瑱令軍中晨炊蓐食以待時西南風起琳自謂得天助引兵直趨建康瑱等徐出蕪湖躡其後西南風反爲瑱用琳擲火炬以燒陳船皆反燒其船瑱發拍竿擊琳艦又



以牛皮冒蒙衝小船以觸其艦並鎔鐵灑之琳軍大敗

陳閩守陳寶應反據建安晉安界水陸爲柵陳將章昭達討之據其上流令軍士伐木帶枝葉爲筏施拍其上綴以大索相次列營夾兩岸寶應挑戰昭達按甲不動俄暴雨江水大漲昭達放筏衝突水柵盡破寶應大潰定閩中

水戰以上流爲勢此可類推矣

晉伐吳詔王濬修舟艦吳爲鐵鎖橫江又作鐵椎暗置江中濬知狀乃作大筏數十方百餘步縛草爲人令善水者以筏先行遇鐵椎輒著筏去又作大炬長十餘丈大數十圍灌以麻油在船前遇鎖燃炬燒斷順風鼓棹逕造三山

梁賀瓌攻晉德勝南城百道俱進以竹笮聯艨艟十餘艘蒙以牛革設睥睨戰格如城狀橫於河流斷晉之救兵晉王自引兵救之

陳於北岸不能進乃積金帛於軍門募能破艨艟者親將李建之請以死决之選敢死士三百人披鎧操斧乘舟而進將至艨艟流矢雨集建及使操斧者入艨艟間斧其竹笮又以木甖載薪沃油燃火於上流縱之隨以巨艦實甲士鼓譟攻之艨艟既斷隨流而下梁兵焚溺殆半環解圍去

歐陽紇據嶺南反陳將昭達討之紇間出頓洭口多聚沙石盛以竹籠置水柵外用遏船艦昭達令軍人啣刀潛行水以斫竹籠籠篾皆解用縱大艦隨流突之賊衆大敗擒紇

宋垣護之爲鍾離太守隨王元謨攻滑臺護之以百舸爲前鋒進據石濟魏救將至馳勸元謨急攻不從元謨敗退不暇報護之魏軍以鐵鎖三重斷河絕護還路河水迅急護之中流而下每至鐵鎖以長柯斧斷之魏人不能近唯失一舸餘舸並在



梁趙祖悅率水軍據峽石魏崔延伯討之夾淮爲營取車輪去輞削銳其輻兩兩接對揉竹絙連貫相屬並十餘道橫水爲橋兩頭施大轤轆出沒任情不可燒斷既斷祖悅走路又令舟舸不通梁武援兵不能赴救祖悅被獲

梁紬東王命王僧辯等東擊侯景侯子鑒屯姑蘇景遣兵助之及戰僧辯麾細船令退留大艦夾泊兩岸子鑒謂水軍欲退爭出趍之大艦斷其後路鼓譟大呼合戰中江子鑒大敗

陳將吳明徹軍至吕梁周徐州總管梁士彥頻戰不利明徹堰清水灌之列艦城下王軌爲行軍總管率軍赴救引兵輕行據淮口令達奚長儒多豎大木以鐵鎖貫車輪繫以大石沉之清水橫斷陳船歸路明徹破堰遽退冀乘大水入淮比至清口川流已濶水勢亦衰船礙車輪不得過軌因率奇兵水陸並發圍而蹙之將士三萬人器械輜重並就俘獲

以上皆謀斷水者也

初唐池州樊若水不第釣采石江上月夜乘小舟載絲繩維南岸疾櫂抵北岸以度江之廣狹尋詣汴上書言江南可取狀請造浮橋濟師宋立遣內侍往荆湖造黃黑龍船數千艘以大艦載大竹絙自荆渚而下命丁匠營之三日橋成議者謂古未有浮橋渡江者宋主不聽若水爲嚮導克池州即用爲知州試舟石牌口移置采石梁成不差尺寸宋師濟江如履平地

以上則謀濟水者也

水攻要訣

水攻之法必先相地形測高下水因地而成勢或原高於城水高於屋可以壅而至可以决而流或引而絕路或堰以灌城或注毒於上



流或决壅於半濟其法非一總在相機之妙可以灌其城絕其道汎其積漂其廬百萬之衆盡爲魚鱉昔絳水灌平陽汾水灌安邑河水灌大梁淯水灌潁川韓信夾淝水决囊沙而斬龍苴曹操引泲水注下邳而擒吕布關羽决泗水而渰七軍皆控帶山阜得地形之利也即如杭州開西河之水則一城皆沉竈産鼃矣目今汴城之變非明驗乎凡此之類不一而足懼其淺而步騎可涉也吾則曲鐵爲鉤曳之以索謂之聚鈎所觸無不死傷直鐵爲針透之以木謂之涉針所過無不殘滅編竹爲索紐篾爲刺謂之水毛蝟所以鉎涉者之肌膚斷木爲軸鐵釘爲錐謂之水蒺藜所以刺水兵之脛股煉竹爲簽植之泥濘謂之踢筌所以毒人之脚而埋杙爲距置之淺沙謂之鷄距所以碎人之脚板凡此六者雖有慣涉積賊安能涉我境哉懼其深而舟楫可航也吾則綴鐵鈎於浮筒之上謂之浮鈎遇賊船則底敗

可沉繫索綱於江流之中謂之拒櫓遏賊舟則槳櫂可得採綿根採
禾稭以裹賊船之拍拖也而桿櫓難搖割纜廬割藤蔓以礙賊船之
划水而車版難蹈水勢湍急則立刀口木而使賊舟之底不鑿自破
水勢浩渺則立曲膝錐而使賊舟之版不錐自透置撓索於水底使
賊舟遇之而尺寸不移兵家謂之神繫卓倒纂於水渦使賊舟湊之
而旋轉千匝兵家謂之鬼鑽凡此十者雖有舟楫安能及我岸哉懼
賊兵浮罌浮環以襲我之津岸也吾則造木竹造豁木於灘磧而賊
不可用懼其駕飛翼搭浮橋以跨我之河道也吾則造火牌造撞筏
於急流而賊不可施懼其紐蘆束葦以濟也吾則斷木爲查手木穿
木爲皂角木置之半渡之處而使其物之不可行懼其附纜結稃以
濟也吾則橫木爲攔河連木爲截河置未渡之時而使其具之不可
至懼吾步岸之易登也吾則立仗牛交馬使賊人之船近岸不得以



下卸懼吾壕塹之易通也吾則釘暗樁使賊人之船曳席不可以順
流懼賊舟之乘風而前也吾則有撩風榻木以絕其帆之不可使懼
賊舟之拽牽而至也吾則有礙竿虛木以阻其縴索之不可道上流
高而下流低吾則估其上流立堰陂以灌其軍彼勢濶而吾勢狹吾
則因其勢堆沙囊以沒其卒賊迫岸則立四索番車以碎其船賊卒
上岸則立獨面暗棒以掩其卒此爲利顧不偉歟然勝在於敵人之
不及知事敗於吾人之不能秘事機之無窮一或不密則吾之所以
制敵者敵反得以制我矣公孫述拒岑彭述爲浮橋攢鈎以拒彭之
舟纜其術似矣未幾彭乃預知縱火焚橋鈎而述兵以敗韋昭達征
嶺南賊爲竹籠盛沙石以拒昭達之舟楫其智非不巧也不知昭達
得以預知使士卒持刀砍籠而賊兵以潰吳人之禦晉可謂得策然
鐵鎖截船之術一泄而不能免王濬大筏火炬之衝燒杜茂之禦晉

可謂盡善然桔槔打船之具一彰不能免周訪長岐棖之拒是皆敗
於輕泄而貴於善秘也

濟水

凡殊方異域水勢有洄洑險惡者及蛟鼉水害之屬兵師濟渡須皆
先得鄉導問狀預爲防慮

凡將渡先於岸上四面陣列仍令乘高望遠以候騎探之防寇之掩
襲後分隊旋濟

凡牌筏設之竹木及有屋宇處可以毀拆爲筏浮渡並草束芻亦可
用之

凡遇溝澗小水可伐水旁木並枝柯縻以藤蔓纏索推置水中使前
後積聚相挽可以渡人

凡軍行遇溪渡未得濟者則度水濶狹以軍中車用鐵索相維橫絕



中流實以土囊以遏水勢水勢若淺諸軍可渡

洋防輯要卷二十一

兵器 金湯借箸

火器

攻守神器火爲當先積之宜多製之宜善收之宜密防之宜嚴得其法則害賊失其法則害已與其誇多不如精少驗之於先試之於後行其所明去其所疑子母相勻人器相習萬舉萬全天下無敵

硝　每硝半鍋清水半鍋煮至硝化開時用大紅蘿蔔一箇切作四五片放鍋內同滾待蘿蔔熟時撈出用鷄蛋清三箇和水二三碗傾入鍋內以鐵杓攪之有渣滓浮起盡行撤去再用極明亮水膠二兩許化開傾在鍋內滾三五滾傾出以磁盆盛貯用蓋蓋定不可掀動動則泄氣硝中渣滓不肯隨水而出放凉處一宿看煉極細明方可用若不細不明尚有鹹味未可入藥當再如前法清提每十斤用蛋



二箇硝不潔者多用數箇先將鷄蛋白水攪勻訖次將硝下鍋水高二指復將蛋水傾入大滾數次則鷄蛋白雜硝滓俱浮鍋面以篾笊籬抄起又用細大布爲濾巾濾過復將前鍋洗淨再以濾過硝水傾入用文武火煮成冰塊將鍋放地上一日冷定則鹽沉於下硝浮於上去鹽用硝研細聽用

驗硝不出三法煉宜極細色宜極亮味宜極淡如此硝更白但無亮光者渣滓未淨也以舌舐嘗味尚鹹澀者城鹽未淨也二物最能滾珠爲害不小又令製硝之人置硝掌中以火點放硝去而掌不熱或置硝扇上以火點放硝去而扇不焦方爲合式

提硝宜在二三八九月餘月炎寒不宜或欲急用夏天入井冬天放於暖處可也

提硝用瓦烏盆攄至一百斤得三十斤乃可作藥線用熬熟桐油黏紙作藥線衣過水入地無礙

磺　蔴油牛油各數斤熬熟乃以磺徐徐投入隨投隨攪使磺溶化投時莫使纖毫著鍋恐其發火

磺用生者佳洗槌碎去砂土每十斤用牛油二斤煮溶火不可太旺以木棍旋攪鍋底看磺溶化時以麻布作濾巾濾在缸內則油浮於上磺沉於下去油用磺研細聽用必去磺脚下沾黑色底方可研

炭　灰用柳條如筆管大者去皮去節取其理直者用以燒灰入藥爲上清明前後採取以此時柳葉將發未發精脈盡聚枝上故也北方柳木甚少用茄幹灰蒿灰瓢灰杪木灰代之不知諸木中惟榆柳桑柘四木火性更旺四木中又惟柳木枝幹直上火性直走餘皆枝幹曲折文理縱橫且質堅炭硬火性不甚輕便是以古人惟取柳木又必去皮去節者皮則煙多節則逆炸也古法豈可輕改杪木火力



雖弱其理尚直其餘俱不可用北方麻楷灰甚輕但可入發藥若作筒藥無力矣

火藥方 火藥別無方也但以三者製造得法分兩得宜而已

先將硝磺炭三種研極細末用水噴濕搗至一萬杵取出放手心內燃之燃手心不覺熱者方可用若覺熱如前法再搗再試不覺熱然後將藥用水和搗作餅晒乾再搗碎用極密竹篩篩過上粗大者不用下細者不用止取如粟米般者入銃其大小者再如法製造蓋銃筒甚長細則下藥時盡黏筒上不得到底太粗藥又不實大概磺欲快發火炭欲作力硝取噴送致遠全要精細須與研搗之人先約藥成即放其手心點試自然不敢苟且銃筒亦令經手鐵匠點火試放誰不愛惜性命若研時工夫不到硝磺滾爲細珠不閉火門必糊銃筒雖搗到無用若研搗工夫俱到自然渾化不但渣滓俱盡而氣息

亦盡去矣再加銃筒光滑毫無罣礙卽終日舉放亦無他虞
搗藥杵臼須用銅鑲木杵須用銅包搗時復將酸棗汁破雨水或泉水不時洒濕使搗有力搗藥之人須擇勤愼者莫使毫釐砂土入藥內恐搗藥之際石能生火亦不可犯鐵器鐵易生火也藥搗至七日後用水板試放畧無渣滓煙起白色快且直者始妙卽以粗細夾篩篩過粗者成珠在上細者在下用樹下日色照乾不可用暴日慮日中有火也照乾後以內外有黝磁罈收之如日久有濕氣再取酸棗汁破雨水泉水洒濕搗過如前點放自然遠到矣

北方火藥試放不響既而大響損銃何也南方火藥對定分兩皆入水舂硝磺與炭三者合一如綠豆子大臨時入銃甚易今止將三者研細末入水舂過又不定分兩用紙筒竹筒裝盛總入一大皮袋終日馬上撞簸硝磺性重而沉底炭性輕而浮上初放者炭也故多不



響繼放者硝磺也故多損銃此理甚明

大銃藥方

硝六斤　磺一斤　炭一斤

搗之膠結成塊用銅木刃切碎篩珠用細灰再搗

小銃藥方

硝六斤　磺一斤二兩（或一十六兩二錢或十五兩）

火門藥方

火門藥與小銃藥分兩相同但磺用最上面一層者配以硝炭多搗數時不用篩揉成珠照乾研細卽是

鉛子　製藥已精銃眼又平不中何也對未眞也對眞而又不中何也鉛子之病也銃猶弓鉛子猶矢弓良矢直無不中矣今習銃之人全不知用藥若干則可遣動幾錢鉛子猶如弓幾個力氣能發動幾遠箭如稱衡稱錘務要相配少差則不準矣舊有歌曰子重於藥則多半落藥強於子火鎔子死子藥相停更合管門子門同圓藥力氣全門大子小藥氣上燎子或偏歪出之必乖子被火死决無中理習者知子等於弓矢數言盡火器之妙

鉛彈全要合銃口模鑄滾過極圓方可用銃成時先將鉛彈試口大小口容鉛彈一錢用藥一錢彈重則隨彈加藥分數臨陣要狠彈重一錢加藥二分銃筒堅厚是木炭打成者卽加三著藥無妨

佛狼機　佛狼機國名非銃名也其銃以鐵爲之長七尺爲妙五尺爲中再短則不堪矣巨腹長頸腹有長孔以小銃五箇輪流貯藥安入腹中放之銃外又用木包鐵箍以防決裂腹洞與子口同乃出子有力若子銃口大母銃腹小必致損傷子銃口小母銃腹大則出子無力子銃後尾須抵門前後緊逼無縫乃不傷門其放法先以子銃



酌大小用藥舊用木馬又用鉛子以輕馬催重子每致銃損又多遲滯今入藥不必築不用木馬惟須鉛子合口之半舊以平頂送杆將子打平出則不利今製鐵凹心送子一根送子入口內陷八分子體仍圓而出必利可打一里有餘人馬洞過

紀效新書云此銃妙處在前後二照星後柄稍從低庶不礙托面以目照對其準在放銃之人用一目眇看後照星孔中對前照星孔中對所打之物幷具圖於後

每佛狼機一架

子銃九門　鐵門二根　鐵錘一箇　鐵藥匙一根　鐵凹心送子一根　備征火藥三十斤　合口鉛子一百箇　火繩五根

此舟中利器也船舵下每邊置四五箇艙內暗放之敵船相近取銃一彈則板破船漏矣

佛狼機圖
二尺二尺五寸三尺三尺五寸四尺五尺不等重亦隨之降殺鐵門隨母銃大小子銃隨母銃大小鐵錘隨母銃大小火繩長二丈五尺重四兩

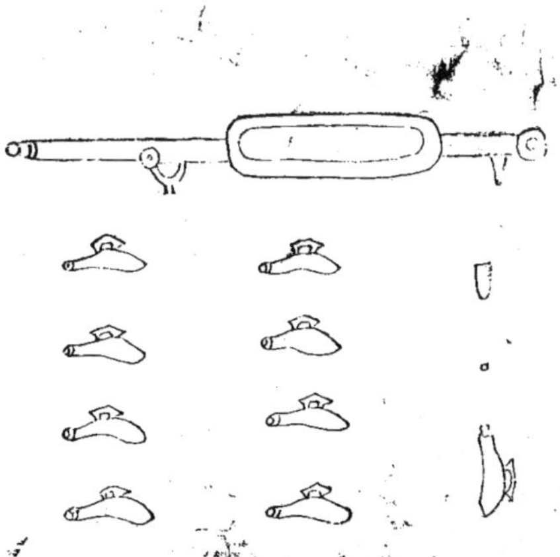



架佛狼機式

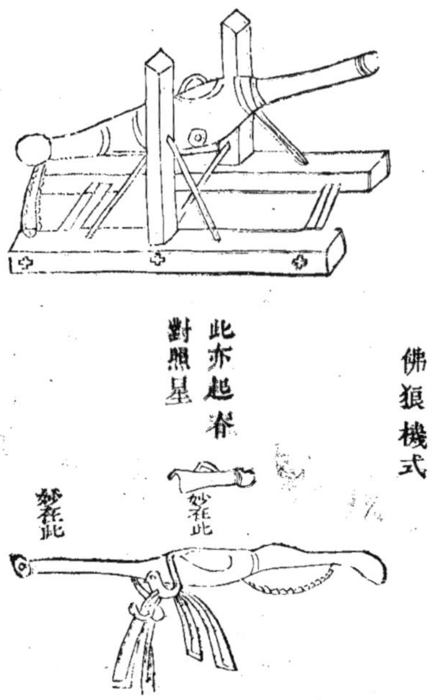


鳥銃　鳥銃不惟攻城陷陣致遠摧堅鋒不可當即較獵射飛亦甚快人意淺識之夫極口訾其不便遂令行伍間目為賤事不知鳥銃收功百倍短兵十倍弓矢業專於精服久自便州縣有司誠能設法鼓舞村落富人首以禦暴民快弓手亦各責之服習萬一有警便可驅市人乘城而守即使制挺亦可撻以赴敵何致仰給征調上糜帑藏下困民生實建威銷萌一大機括凡有軍旅民社之寄者不可不加意焉

中國鳥銃不能專精者鳥銃領之官司造作未必如法極好銃筒三次便熱私自演習慮及炸壞艱於賠償不易常習一烽燧息警舉放火器恐駭官長驚聽鬨不易常習二火藥鉛彈市肆既無誰敢私造不易常習三演習必得空曠之地中國人煙輳集恐致傷人不易常習四銃值頗多無故誰肯置辦不易常習五為將者苟悉諸弊器求精堅藥求輕快置隨地可放之把鼓舞作興神氣日旺攙槍自消矣



鳥銃藥方

硝十兩　磺七錢北方減二錢　柳炭一兩七錢北方減二錢

又方　硝一兩　磺二錢五分　柳炭二錢五分刺桐樹燒炭尤妙

製法先將硝磺炭各研為末照數兌合一處用水二碗下在木臼木杵舂之不用石杵者恐有火也每一臼舂可萬杵若舂乾再加水一碗又舂以細為度舂半乾取出日晒打碎成豆粒大塊此藥之妙只在多舂數萬杵如製墨相類若滲水舂至十數次將一撮試於紙上用火燃之藥去紙不傷可入銃矣若燃過仍有黑白點仍前再加水舂之如式方止

鳥銃全製圖

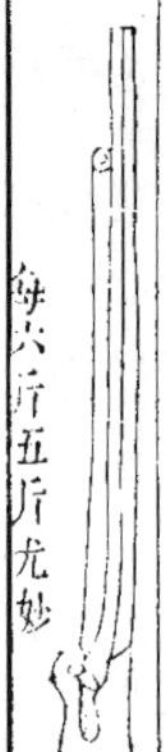

後門縛轉

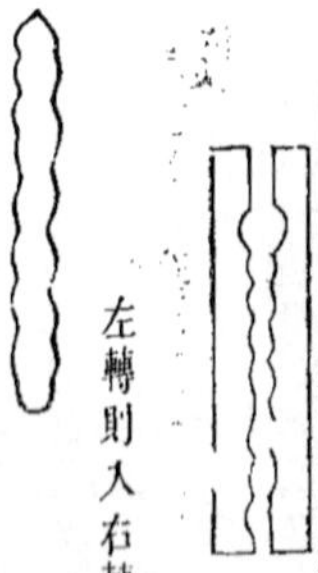


銃腹既長如鉛子在內或尅火門等項取開後門縛轉以便修整

火門前口

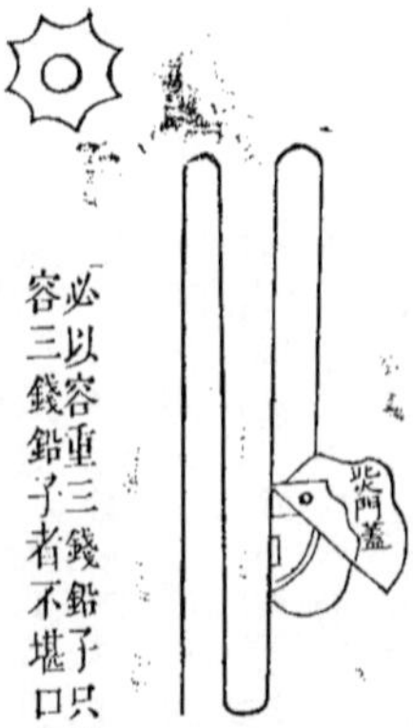


必以容重三錢鉛子只至腹底乃合式不容三錢鉛子者不堪口大腹小者不用

洋防輯要　卷二十一　兵部　七

銃架

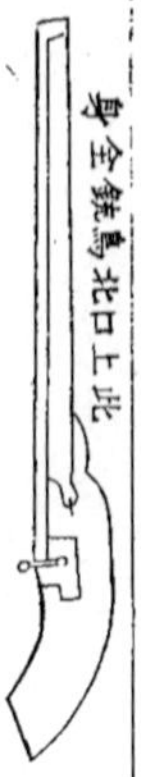


搠杖

每根重三兩插入架內杖頭有大簷遇銃放完過夜恐其中藥滓化濕夜歸以湯醮布如錢縛在杖頭有簷處帶入腹內洗銃築藥子用杖送至其底

銃頭

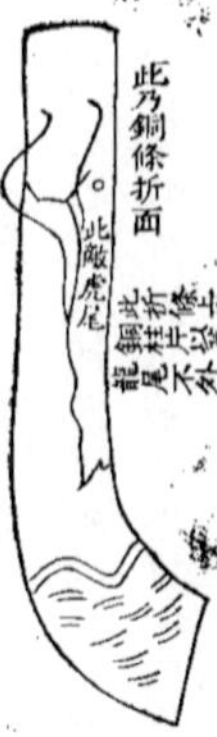


搬軏

側立

側立裏面軏撐形

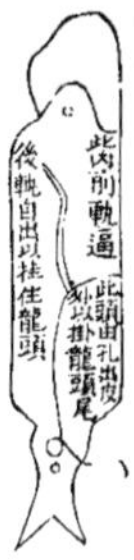


此乃爲木架內搬軏勾過用右手無名指頭搬此則此軏之頭退入皮內龍頭落而火發

龍頭等凡銅皮俱要厚

鳥銃分形圖

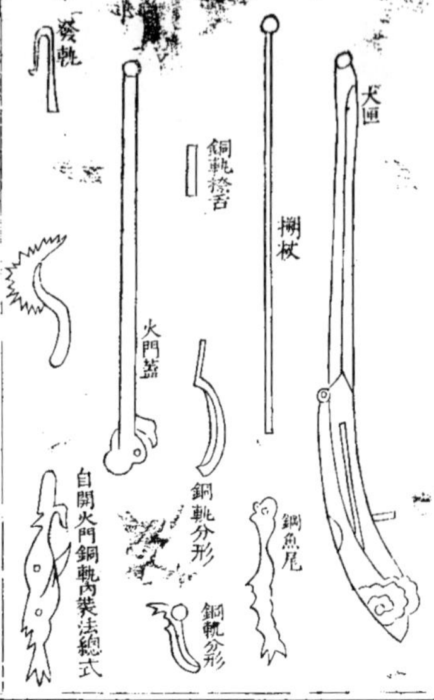


洋防輯要　卷二十一　兵器　八

百子銃　百子銃每門可容大彈一枚小彈二三十枚一發可傷數賊且裝放便而成功多製法數門須用荒鐵百斤煉成四五十斤長而厚大又於鳥銃之法添有照星望打方妙

百子銃

一試銃　凡新舊神器用藥切不宜卽著本等分兩譬如常時著藥三錢且先著一錢再添二錢再添三錢若係官司製造暫歇片時然後加至四錢再著本等分兩用彈又試若家製者不必暫歇冬天鐵冷卽堅厚亦怕驚迸常用銃亦當用半藥噴過方可打放試小器只須避之樹後或用藤牌護身若佛狼機鷹揚砲須築堅厚土牆鑿開一隙置筒於中如前法著藥若大將軍須置地坑中用走線試放非過計也恐萬一失事無知士卒因而氣餒放銃時神氣凝阻不暢

一舊銃　久不打之銃砲恐其驟打而炸也挖地窖丈餘先用火燒熱其銃使砂石打洗內外俱淨入坑中內以泥塗覆薪燒煉俟其冷取出復用桃艾湯洗以牛或羊猪血塗內外仍入坑煉之方可用

一放銃　放銃發機全要凝神定氣攢身極緊自然不致動搖又要手準眼疾台眼對烙門烙門對照星照星對敵對把此不易之法但



銃筒十無四五正準者或偏左或偏右或上或下銃手必須時令服習人知銃性庶便臨陣擊打出征帶藥幾何可令浪費臨陣裝藥甚難可令浪放無論遠近必須一彈一賊方可發機銃手必得短小伶變手疾眼快膽壯有力者爲上切不宜用粗蠢大漢及氣弱之徒

一收銃　神器不問陣上並教場中放畢時卽將銃筒取出堵住火門用滚水灌滿筒膛待水滲入螺螄旋中然後用搠杖裹布刷洗倒去渣滓再用滚水將筒膛衝淨以紙團搌乾直立高處候筒內無熱氣再以紙搌乾火門用香油抹螺螄旋裝安停妥如銃常日所用火藥分兩裝飽收不近燈火處所春夏每月收拾二次秋冬每月收拾一次不收拾底必鏽住鏽二三年雖精堅之筒必致損壞

一修銃　銃筒輕長用久或爲物壓彎或爲木牀帶累屈曲出彈定然不準須於放畢時仔細一看銃筒少有歪斜卽將墨線自烙門眼起直至照星分中處將線一彈曲直立見卽將銃烘熱放厚板櫈上用木鎚顛直將線再彈如筒薄可用鐵筒條一根以紙包裹放在筒內庶免打扁銃筒試看舊銃不用圓筒專做八稜各國鳥銃圓筒者必磋平上面是爲彈線計也如係木牀彎曲將木牀調直牀筒俱彎至一并整理

一洗銃　舊日之銃三發後或藥下自然或致迸炸近日放至十銃猶然可用何也銃膛光與不光火藥精與不精使然爾舊日之銃不知鑽搌膛內坑坑坎坎藥又不精火經再發藥渣盡挂於膛內坑坎之處急裝後藥前火未滅自然舉發膛有坑坎又不知刷洗卽刷洗未必去淨一經潮濕筒必蝕壞坑坎中日深一日漸至透漏安得不炸耳

火箭方



硝十兩　磺二錢　炭三兩五錢

右三味研極細拌微濕每下藥一匙初打百鎚第二匙加二十鎚以後照數遞加每筒打至三千七百方有力筒卷要極堅藥線須用麻楷灰他灰不得透上以藥分爲十分攢至六分半止多則鑽頂出火不妙

火龍箭　用竹篾編筒長四尺口大尾小紙糊油刷以防風雨內編橫順闊箭竹口三節旁留小眼穿藥線總聯內起火箭上每筒裝十七八枝或二十枝鋼箭頭塗毒藥起火前捏明火一丸焚粮草城樓船隻俱妙遇敵則前衝可也

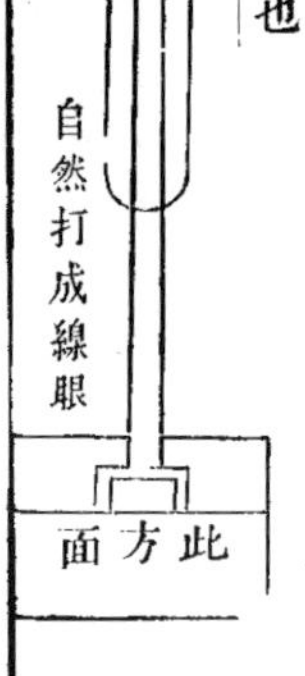

一窩蜂　木桶內貯神機箭三十二枝以射虎毒藥塗箭頭名一窩蜂力能貫革可射三百餘步南北水陸靡所不宜西北車戰每車可架十數桶去敵二百步外總線一燃衆矢齊發勢若雷霆且至輕以皮條綴之可佩而行每營百桶多多益善城上放時垂其頭向賊臨陣放時以小鐵足架地昂其首三四寸蜂尾另用一小木椿釘地止之一發百彈無不中傷行營利器也

大一窩蜂　每籠藏火箭五十枝每枝盛火藥五錢共藥一斤九兩該牙硝一斤二兩九錢硫磺四錢七分杉炭五兩六錢三分編篾籠南竹二十五根紮口黃藤三兩裱籠舊綿紙麵糊四兩裱籠蓋布一丈二寸桐油三兩並漆底箭幹五十枝翎花絲纏牛筋油漆鐵箭頭五十箇托箭鑽眼板一片並吊板鐵絲紮筒苧麻一兩五錢雙連帽簷紙七十五張油飾紮紅三兩紮線五十條紙二張

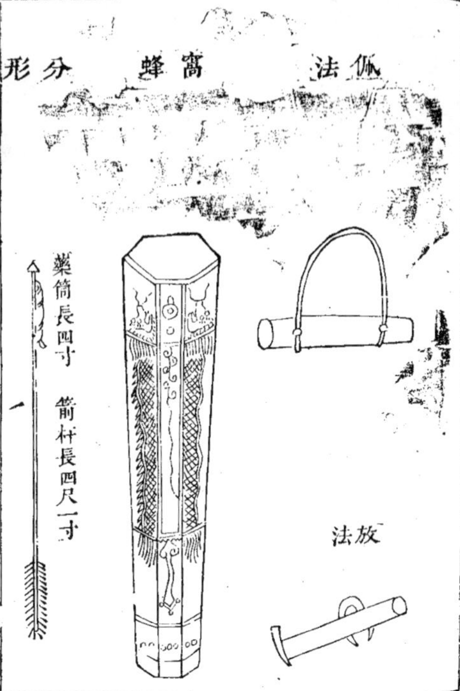




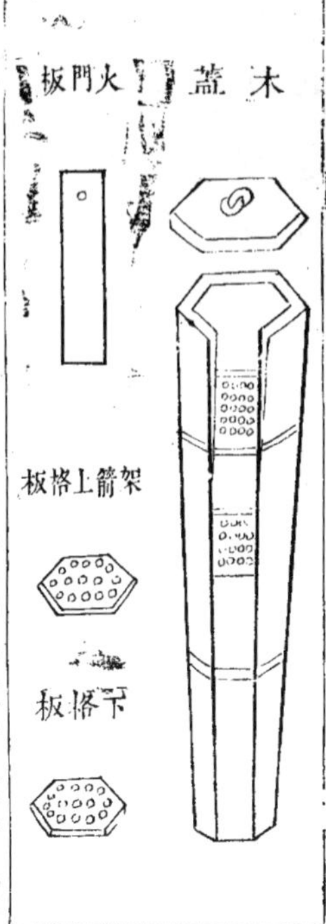


火箭勢猛敵畏之過於弓弩善造者可六七百步遠一枝約打二萬鎚方能濟頭上用回火約十分之二因火箭力大而蓬蔴薄一射徑過無益於焚如尚慮透過當於火門下一二寸遠用竹打十字交叉以阻留之竹鐵交接處用觔纏用漆固翎毛亦用漆下方耐風雨濕氣南方之製多聚百枝三五十枝裝入一籠曰一窩蜂曰火龍九枝曰九龍箭小者曰鴉箭馬上亦可放

飛火振
賊船遠用火箭近數十步內或焚帆焚棚非火振不可制用木鏇作棒槌形自頂上入刀將內中鏇空入火藥裝滿週圍共掏七八孔出火用倒鬚釘釘之外糊油紙避雨濕臨敵用手擲去或高釘帆上或釘人身釘入篷棚皆可延燒陸戰前面長兵相抵後面短兵手點火擲中敵人此亦亂而取之之意也

飛火振式

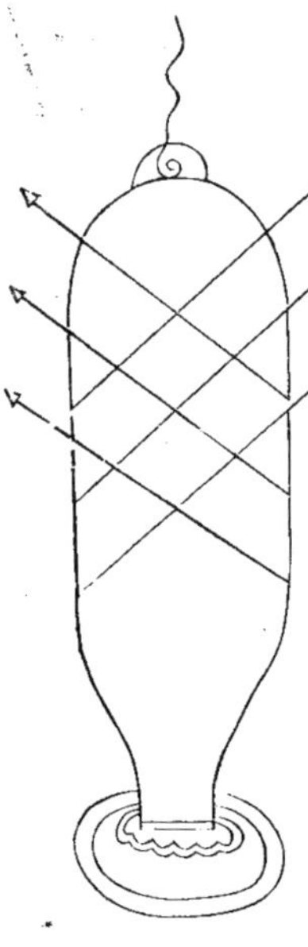



火桶　用木桶可容一斗者用綫藥卽令各船不堪之藥每桶先入藥五斤平平鋪定上用薄沙土一層覆之將粗碗一隻內用灰埋火二三塊平平關在桶內沙上輕輕加蓋加閂閂孔要大閂要細恐入閂時撞動也裝完雙手平舉輕輕落下彼舟火發藥發全舟盡焚此器無藥線長短之失遇潑便燃不及反擲我舟必臨用時方裝火碗裝入火碗就要擲去不可留在我舟恐碗熱藥燃又恐忙中忘之或爲物件手足所觸動反害本船必平日習熟試過者臨陣方從容不致錯亂悞事

火桶

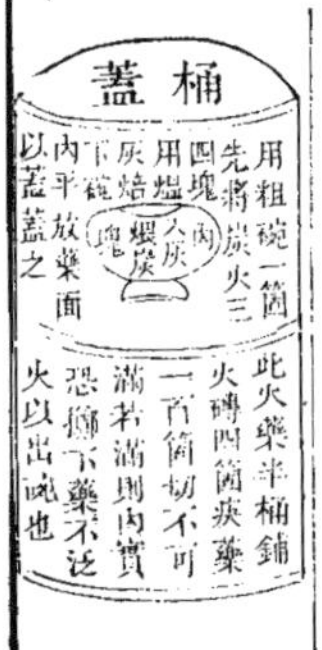


竹將軍　用茅竹圓厚者長四尺開通其節止留頭節作底節後留一尺四五寸用一木柄柄頭照竹節凹凸之形直抵竹節處周圍用四肥釘犬牙樣釘之以苧麻打成辮或三股繩自柄至口緊緊纏固傍節底上先置潤黃泥二寸以一分厚鏾筒口大鐵錢一箇蓋泥上傍錢上開一藥線眼先將雙藥線引入四五寸直透上爲妙入藥一斤看竹之大小增減已入藥用木杆輕輕築實少用紙團或乾土實之又將一分厚鏾竹筒圓大錢一箇鑽眼如蓮房式置藥上以鏾筒口大圓石彈一箇置錢上再加碎鐵釘小鉛彈於錢上更妙若單用石彈則蓮房式錢不必用矣以徑寸粗柴二根長三尺許縛成權架平架放去柄尾須以大石塊抵住防其後坐惟麻繩圓石子鐵錢鐵釘火藥竹火門油灰及斧鋸圓鑿等項預備多帶軍中隨地可造其



體甚輕每兵可擔十數位而威力在佛狼機上發時響聲震地可及七八百步之遠故以將軍名每營數十位架在陣前分作十數層次第發之再以數位分架兩翼或橋口或津渡敵可往來處

竹將軍卽竹發熕雖木亦可爲之亦謂之木發熕北方謂之千里勝其器雖一發而壞然不似銅鐵崩毀傷人其利一敵人得去不可再用其利二每位通計工價不過七分廉費工省一刻可就其利三無難取之物隨地可造其利四體輕可以遠負其利五易於分布易於捨棄其威猛與銅鐵相等能威敵心能壯吾膽其利六南北水陸無所不宜匠不論工拙皆能造其利七對壘立陣防營守城無不可者但安藥信又與別器少異不然則橫出者多而直出者少矣

竹將軍

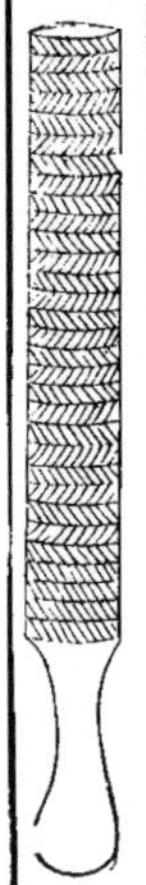

竹將軍分形圖

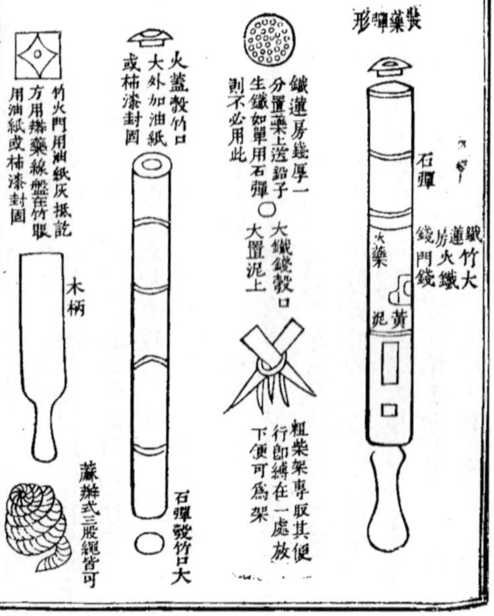




威遠砲　每位重百二十斤舊製周圍鐵箍徒增斤兩點放不準今改爲光素惟於裝藥發火著力處加厚前後加照星門千步外皆可對照每用藥八兩大鉛子一枚重三斤六兩小鉛子一百枚重六錢對準星門墊高一寸平放大鉛子遠五六里小鉛子二三里墊高三寸大鉛子遠十里小鉛子四五里若攻山險砲重二百斤大鉛子重六斤墊高五六寸遠可二十里此砲不炸不後坐就近手可點放

重一百二十斤高二尺八寸底至火門高五寸火門至腹高三寸二分砲口徑過二寸二分火門上有活蓋以防陰雨重二百斤照前加二寸

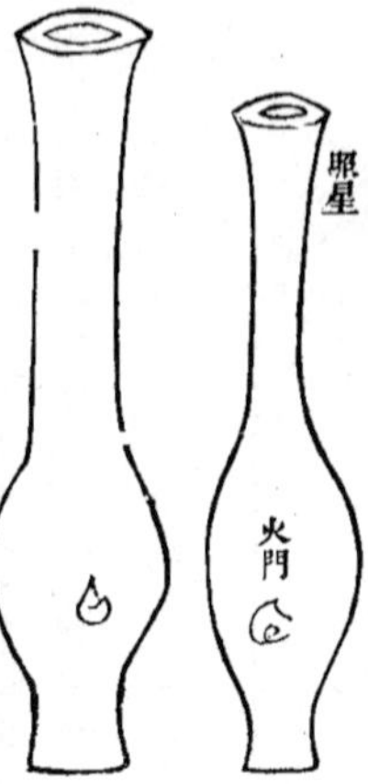


竹發熕　用茅竹截筒長三尺先用冷火之藥浸透以易其性使不染火爲度外以鐵線纏之再用牛筋蔴裹兎灰灰之曬乾生漆漆之內裝發藥五升次裝磁鋒一斤俱用砒黃巴豆硇砂等藥妙製再用神砂三合毒火一合裝畢上用黃泥塞其口口上用鐵箍箍之堅木爲柄柄長二尺裝實聽用

衝鋒追敵竹發熕

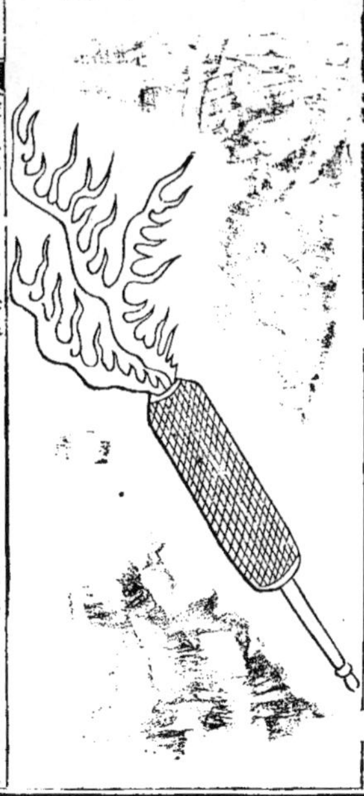



滿天噴筒　截中樣竹二節外用膠布重箍藥用硝磺砒霜斑蝥江子硇砂膽礬皂角銅綠川椒半夏燕糞煙煤石灰斗蘭草草烏水膠大蒜得法分兩製度磁砂與硇砂炒毒挪於長槍頭上燃火守城

滿天噴筒式

毒龍噴火神筒　截竹爲筒約長二尺以貯毒火爛火藥懸於高竿之首令壯士持至城垜口中乘風發火煙焰撲人掩賊面目鎖賊孔竅竚立不定昏眩撲倒蟻附而登內外相應隨將利器繼之破之必矣此器可以攻城卽可以守城矣

毒龍噴火神筒式

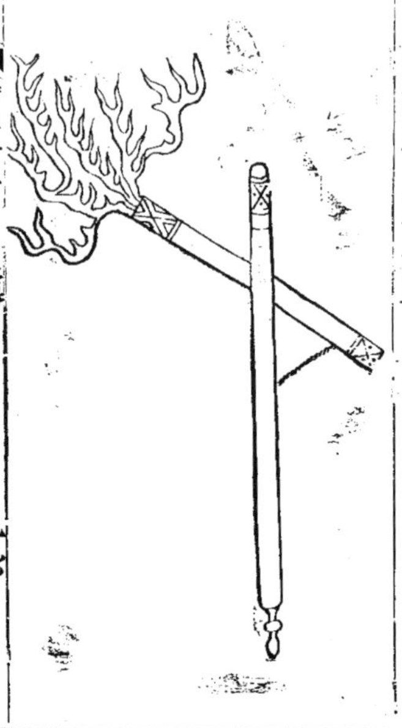



毒火歌

黑砒先擣巴霜浸毒氣冲人嘔見心乾漆晒乾乾糞炒松香艾腑更均停雄黃一味爲君主透徹光明用二斤石黃諸味各四兩四六火藥配分明裝入砲中攻打去破敵衝鋒更殺人

石黃燒酒浸蔴油炒晒乾爲末　雄黃　雌黃　黑砒　蘆花　艾腑　松香　豆末　銀杏葉　乾糞　巴豆霜　火硝　硫黃　箬灰　柳灰

景泰三年國子監學錄黃明善疏陳禦寇事宜內請用毒毬行煙爲毒毬所燻口眼出血行煙所向咫尺莫辨彭天祥火龍書載之甚備

震天雷　金有火砲名震天雷者用鐵罐盛藥以火點之砲起火發其聲如雷聞百里外所爇圍半畝以上火點著鐵甲皆透蒙古攻金時爲牛皮洞直至城下掘城爲龕間可容人城上無可奈何有獻策者以鐵繩懸震天雷順城而下至掘處火發人與牛皮皆碎迸無跡

又有飛火銃注藥以火發之輒前燒十餘步人亦不敢近蒙古惟畏此二物

炸砲　敵人所畏惟我神器近皆思效我所長反以制我矣當因而用之以生鐵襍沙鉛鑄成各樣銃式礦性至横用之爲君炭灰用樹節燒令存性滿裝炸藥兼藏毒火毒砂在內佯爲棄去令其刦去若來攻我必先自傷後雖得吾眞銃不敢用矣

炸藥方

硝一兩硫礦半斤柳木炭一兩六錢石黃一兩六錢雄黃八錢研爲細末用燒酒半斤調勻晒乾剉如豆大臨用之際每一斤加末二兩

一云每煉鐵紅時入醋浸肥而可碎

火器雖小技乎必兼格物度數之學身之長短徑之廣狹牆之厚薄子之大小質之劑量藥之增減毫釐千里利害攸分未有不由師傳



頓臻神解者種類煩繁未敢輕試與其泛而寡效孰若專精一二千百人立毙爲愈哉用者行所明勿行所疑先求無害於已後求有傷於敵可也

火攻神器圖畧

火攻之法用無不勝如赤壁一炬百萬煙銷盤谷發焰藤甲灰燼但非利不動不危不戰主不可以怒而輕試將不可以忿而漫施者誠以必上順天時下得地利中應人和而後可舉也火器既精必當盡法教演置牌一座由近及遠中牌者厚賞之精練幾月而後行之則焚營殺賊誠爲無敵之兵矣

神火鐵圍營

用竪木爲樞內排神弩神箭神彈毒火烈火神火等十六件用壯士守之賊若攻營相近萬火齊放乘機擊之無不敗

神火鐵圍營

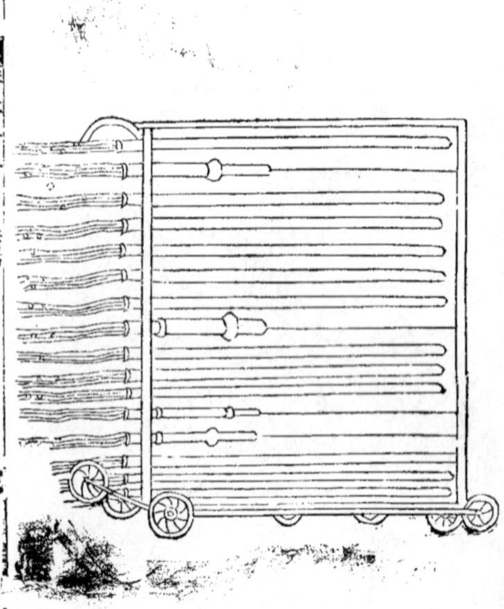



萬勝火龍刀

或銅或鐵鑄造中空藏鉛彈毒火刃分兩刃長三寸上醮虎藥兩旁縛毒火上砍賊首下鉤馬足一器三用冲敵上策

羣蜂砲

篾編成圓籃以紙厚糊四五十層晒乾上糊油紙數層開砲一竅以火藥三斤加鐵蒺藜半斤飛燕毒火各數十箇其中拋入賊船飛燕火發其船立破高阜拋入賊營無不立潰

羣蜂砲

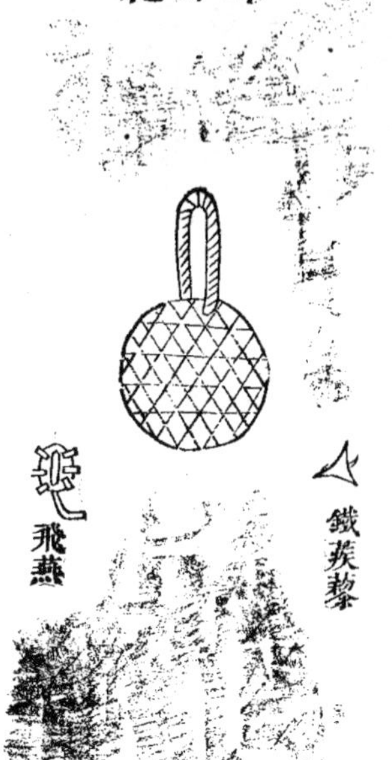




銅發熕

每座約重五百斤鉛子一百箇每箇重四斤此攻城之利器也

銅發熕

欲放發熕須掘土坑令火者藏身然後燃藥線可以免死若用以水戰須以木筏載而用之城上不可用

自犯砲
或鐵或磁燒造空脫用藥信迴連火槽火櫃相機連連埋畱要路賊
犯其機萬砲俱發

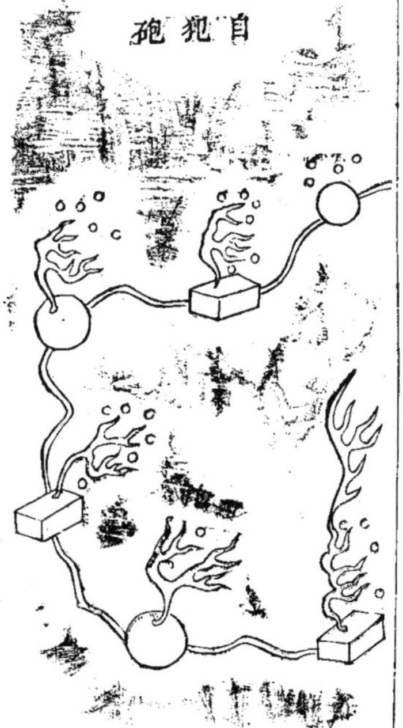




隱跡火陣
相賊來路每處爲方
陣中安磁碙四角各
立藥彈四箇內藏鐵
蒺藜毒火等實滿各
以竹編人獸罩覆橫
直鑿地道接聯火線
引窖藏鐵石等砲多
埋鋼輪機繩誘賊蹈
此人馬俱亡

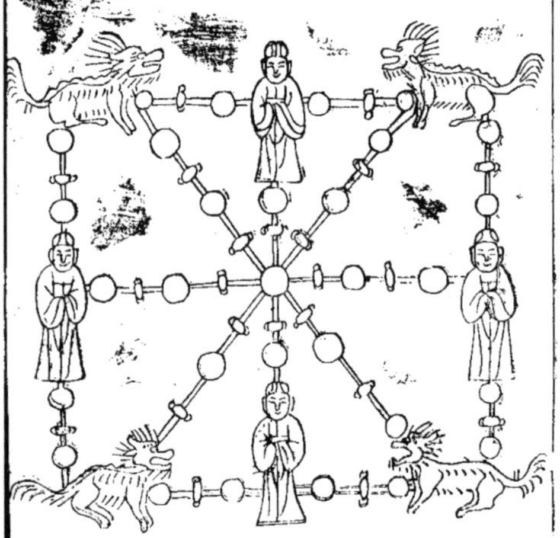

伏地衝天砲
料賊必至處挖地三
尺將神火火砲埋伏
火種用烏盆盛放在
砲上藥線總盤盆內
相近火種其烏盆連
於槍刀杆上仍以土
覆平不露其跡槍柄
插地上賊見旗械搖
拔提機火種倒在藥
線上火發擊賊

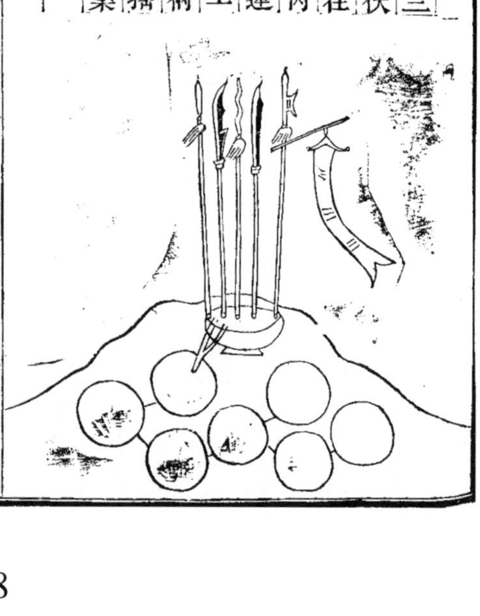



伏雷砲
中用鋼輪一箇埋入地下
四圍將木做行條旁鑿空
裝發藥每行條旁鑿眼以
備裝砲將伏雷法湊在槽
眼將砲藥線引入槽內發
藥中木槽頭湊嵌鋼輪匣
中匣旁入眼分開入處四
圍俱埋火砲藥線俱湊入
行條眼內用土蓋沒方用
法線裝於匣上相賊來處
埋藏發必虀粉

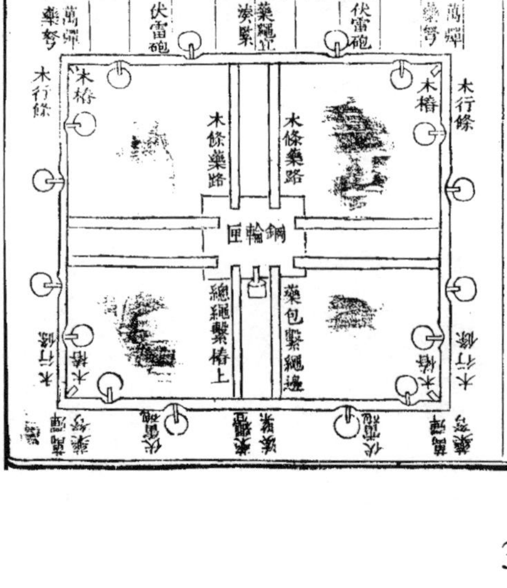

渡水神機砲

隔水爲陣賠使細作將砲埋險隘用貓竹剜去節用礬水浸紙晒乾裏其藥信則不生潮藏於竹內埋於地槽土掩將磁盆對合敲眼與竹口相對以埋發火火種用不灰木製合（用鐵精乾漆不灰木硝磺等物合之）埋於地機將長繩繫於藥信垂於火種之旁賊至用繩拽動其機則砲應手而發

水底龍王砲

用熟鐵打造以木牌載之其機巧在於藏火砲上結香爲限香到信發時刻不差裹以牛脬而不通氣則火悶死通以羊腸硝過夾以粗鐵線上以鵝鷹翎爲浮隨波上下則水灌入而火不滅全在機之玄妙量賊船泊處黑夜順流放下香到火發砲從水底擊起船底粉碎水沸賊沉可坐而擒也

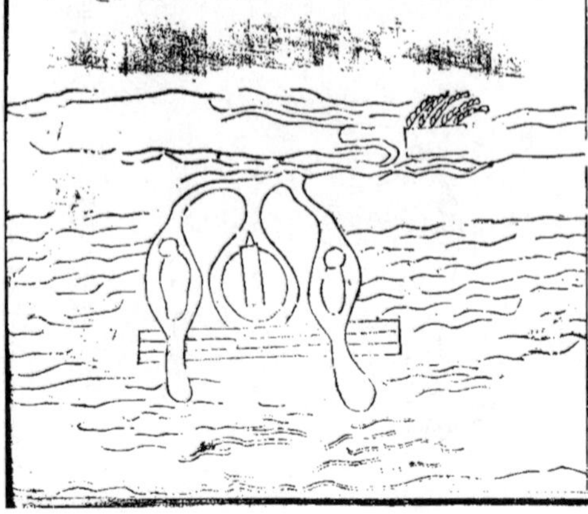



草人活馬砲

或草或禾作人形飾以衣帽中藏火砲神箭神砂神火左右列神銃神箭縛於馬上馬左右用火銃夾住不容轉頭臨敵燃信策馬而奔火砲齊發聲震如雷大軍隨擊敵無不潰

火牛轟雷砲

用廢牛爲之角縛利刃蘸虎藥兩旁竹夾其足使不旋轉背負火砲一筒容藥一斗內藏毒火神砂神火鉛子等牛至信發勢若霹靂人馬皆斃

飛砂神砲
用燒酒炒製毒藥盛於磁罐暗藏城下賊近發火觸無不焦

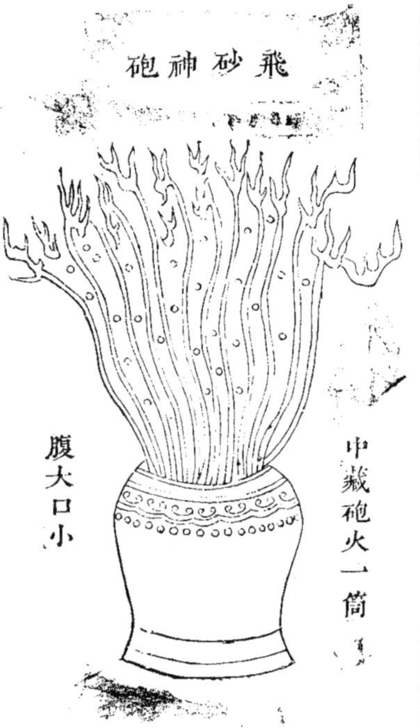




衝陣火葫蘆
形類葫蘆中爲銃心以藏鉛彈毒火等藥堅木爲柄長六尺用猛士持放與火牌相間列於陣前馬步皆利

霹靂猛火砲
砲用生鐵鑄容藥三升內藏飛火神火毒火四面齊發攻城神器

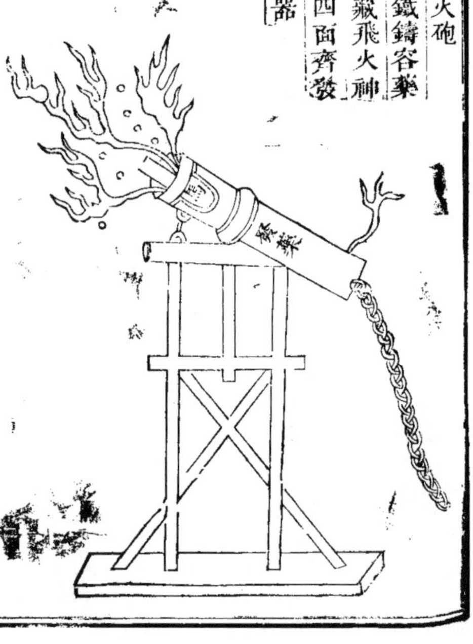



地雷連砲
十位一連每連用一人帶銃棍一根前後用照星照門以鐵釘貫其環中初用火櫃令用走線以發火扁線以傳火

震天飛砲

其砲徑三寸五分用篾編造中用紙桿一筒長三寸內裝送藥筒上安發藥神煙藥線接著送藥外以紙糊十數層兩旁插風翅兩扇順風點信飛入賊營藥發亂擊身焦目瞎

送藥進飛空擲火賊攻發開火燒煙迷惟多最妙

其腹藏稜角數枚一砲角發釘人身上其尖上加蘸虎藥



雷瓜砲

其大如斗升至半天墮入賊巢黑夜攻賊自潰此擊賊燒營之神器

火榴砲

砲用生鐵鑄造形如石榴上留一孔先灌毒火神煙等發藥次放酒盞一箇盞內放火用鐵蓋掩其口砲外畫以五彩多列路旁賊見必拾而弄之搖動火種砲擊煙障無不斃

爛骨火油神砲

砲用桐油（主燒主染火）銀黝硇砂（主火爛皮肉）金汁蒜汁（主毒）炒製鐵砂磁粉將生鐵鑄小子砲發去一擊粉碎無不焦爛也

中藏鐵子神砂



猛火無攔砲

捲紙爲筒中藏神火二三十種隨風四散燒人面目焚糧擊馬勢不可遏

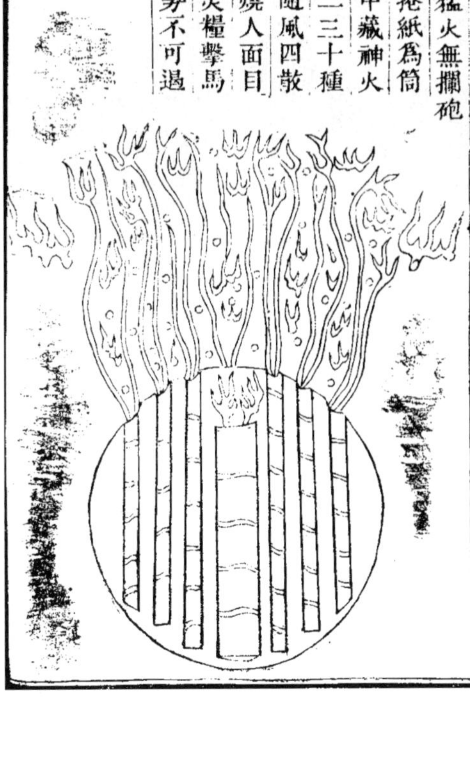

百子連珠砲
砲用精銅鎔鑄約長四尺中藏發藥一升五合藥從口發旁鎔一嘴長一尺餘約藏鉛彈百枚堅木為柄八面旋轉橫於架上竪起則彈落砲竅次第發出

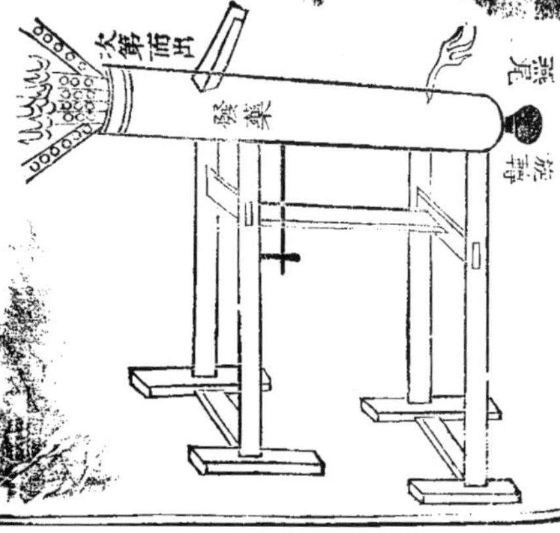




虎蹲砲
內吞百子每子五錢子小而口大則出無力上用大石子一或鉛子一約三十兩先用藥線縛之以布次用藥八兩上用木馬以合口者為準送至二箍子上用土少許入鐵子一層又用土少築再下鐵子一層以五十九為限用合口大鉛子一枚下口一半漫漫築入平口而止後尾稍用鐶去土三四寸二爪釘後用雙爪尖絆在下四箍後應不退走此破敵之神器

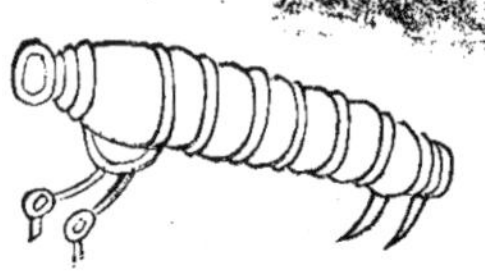

長二尺重三十六斤大釘每根長一尺二寸重三斤半鐵絆每根一尺二寸重三斤火繩每根長二丈五尺鐵鐶每把重三斤

神霧筒

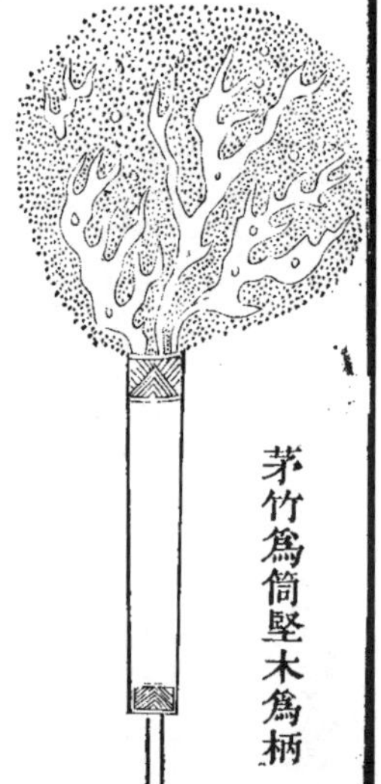

茅竹為筒堅木為柄

藥方
風火灰（用大塊灰桐油浸一斗）　走硝（一斗）　鐵脚砒（五斤）　硫磺（五斤）　南星（二斤）　半夏（三斤）　細辛（二斤）　甘遂（一斤）　川烏（二斤）　草烏（二斤）　碙砂（二斤）　牙皂（十斤）　巴霜（二斤）　斑蝥（二斤）　黃粉（二斤）　銅青（四兩）
共為細末灰麵二十斤入鍋內炒半熟次下羣藥同炒取聽用臨敵順風揚之血涌目瞎萬無不勝



毒藥噴筒　用圖大猫竹長二尺餘以蔴繩纏密下用木柄長五尺先下灰多硝少漫藥一層次下噴藥一層次下餅一枚餅照原製務要合口用力築過餅碎無用也要妙全在此處送藥多則裂其腹送藥少則送出餅子不遠必以竹筒粗細餅子大小為送藥加減耳

毒藥噴筒

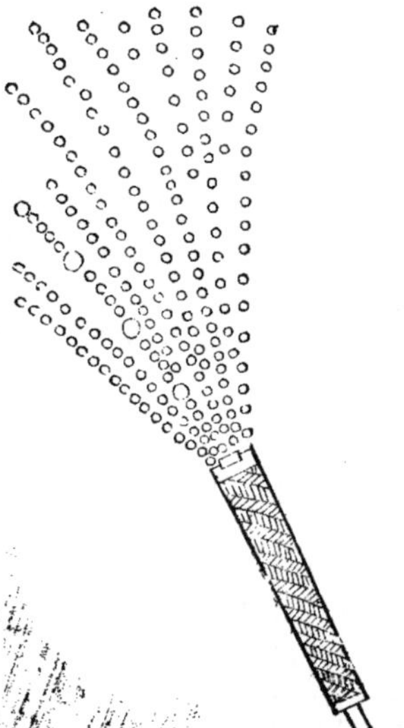

滿天噴筒

截竹二節外用粗布重箍用毒火烈火毒煙等縛於木上燃火守城

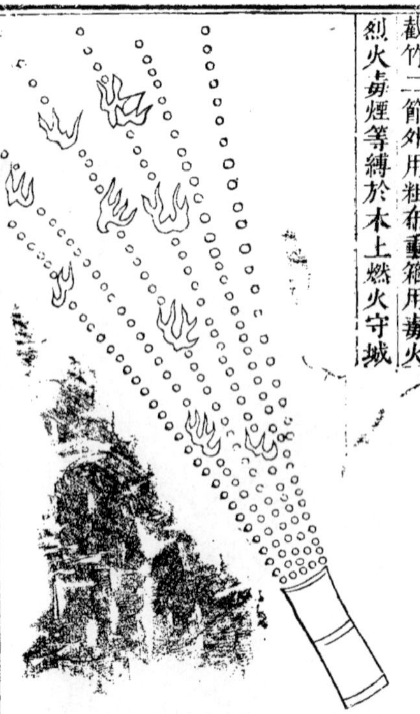



神雷銃

銃長一尺五寸重五斤底至火門高一寸每銃各有照星柄上總一照門銃裝柄上可以旋轉火繩亟銅管內剛對火門放時以左手托住柄挾右腕照準以左指按銅管點放一銃放後輪對星門再放

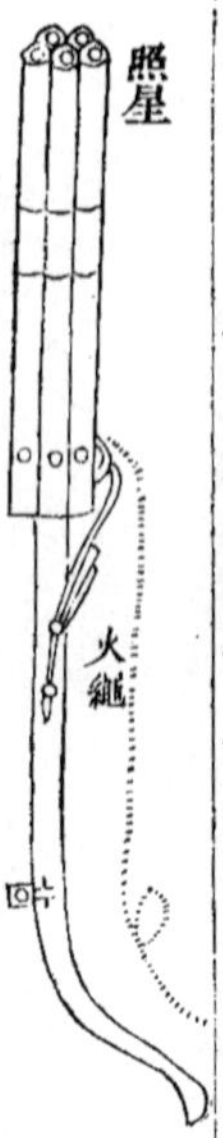


半天雷　用鐵打造管長三尺柄長二尺步戰用此內藏發藥毒火鉛子等一發三百餘步無堅不破之利器

夜叉銃　用堅木車爲法馬馬上釘利鏃上蘸虎藥布裹神火鐵蒺縛緊鏃上遇人馬則釘入骨遇輜車則焚糧草遇船則焚遂帆鏃制三稜倒鉤遇物釘入利害百倍

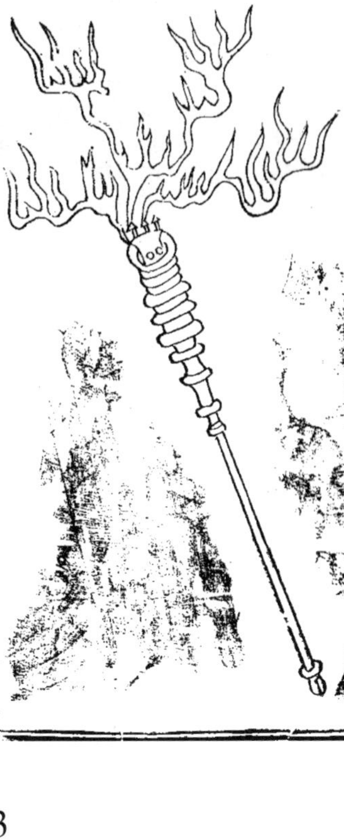



一把蓮

截竹爲筒約長三尺貯毒火等藥懸於高竿之首令壯士寔至城垛口乘風發火觸者皆倒蟻附而登無堅不破

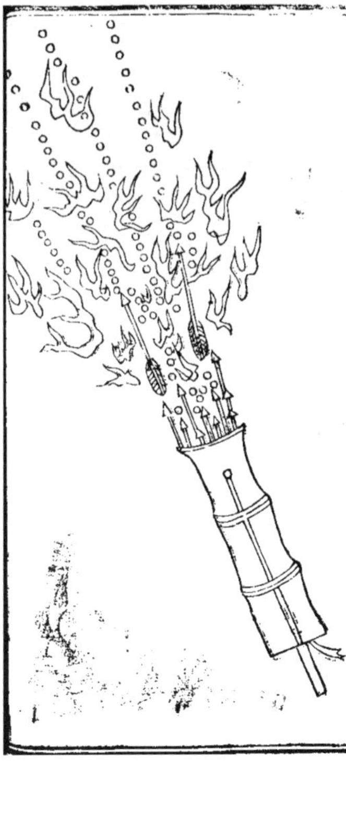

神火箭屏　用木板造箱可容火箭百枝頓置要路機動火發箭如飛蝗人馬皆斃

神籠火箭

用竹篾筒長四五尺糊厚紙油㓾以防雨每筒火箭二十枝鏃塗毒藥萬矢齊發誠燒糧焚寨之神器

埋砲

生鐵鑄大如碗空腹上留口容藥木杵實填入小竹筒穿火線於內外長線穿火槽擇寇必由之路掘坑多埋坑中藥槽通接鋼輪土掩使賊不知踏機火發砲焰冲天敵無不克

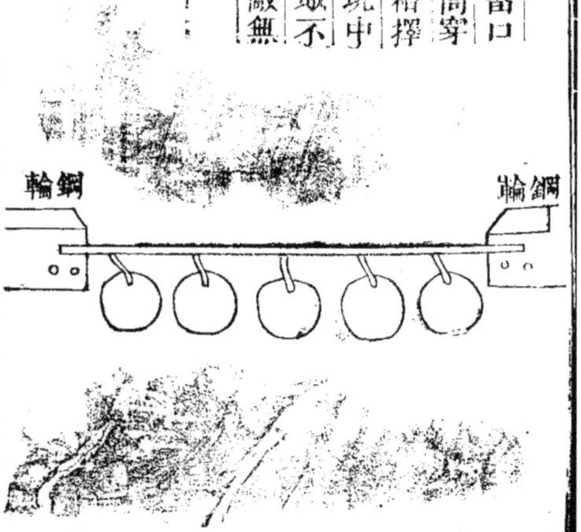




神機火箭

其要全在線眼眼正則出之直不正則斜眼太深則後門泄火太淺則無力而落每箭以五寸長言之眼須四寸深杆要直而去頸二寸稱平翎要勁羽長而高褙筒用㲉紙間以油紙便不走硝此誠水陸之利器

神機火箭

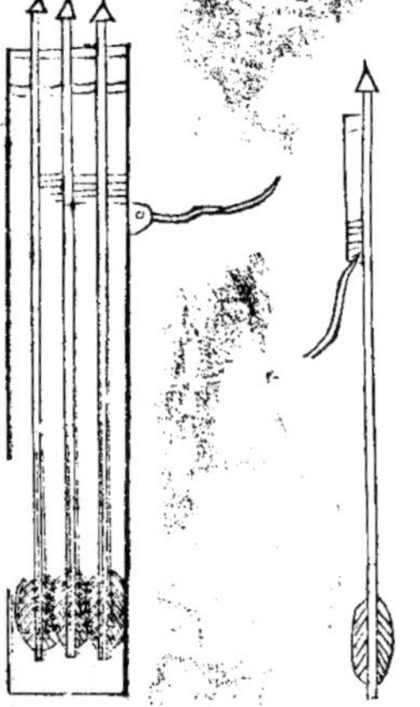

萬矢飛廉箭

編篾為籠中藏百矢矢上捲紙為筒長二尺餘前裝燒火(用砒霜巴豆等)後裝發藥縛於鏃上順風發火鏃蘸虎藥神效無敵

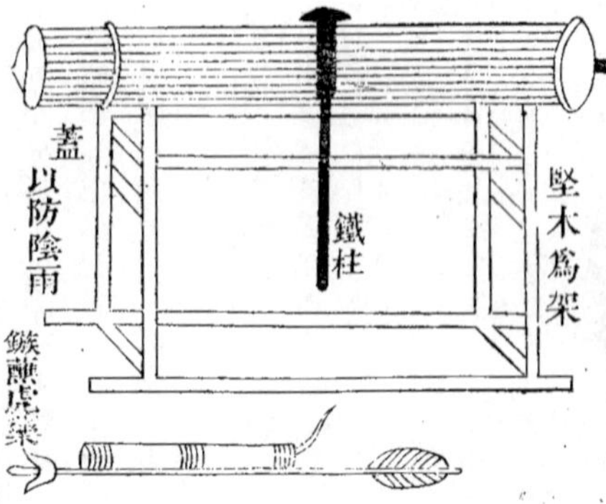




火弩流星箭

猫竹筒長二尺五寸用牛筋苧蔴鐵線生漆魚膠纏定步戰用此列於第三層筒內箭長二尺共十矢上陣藥信一燃十矢齊發勢若飛蝗一弩可抵十兵之用

火弩流星箭

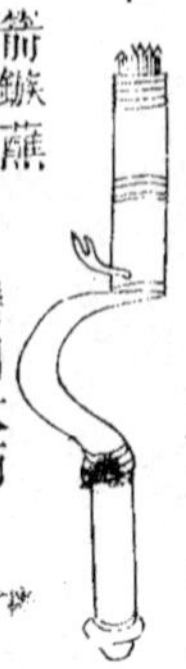


彈馬用木柄照筒口大小筒兩頭用鐵箍二道

神火飛鴉

用篾為之照今人清明時所放紙鴉之式或八角或圓或鴉中藏毒火毒烟等藥信上結線香一段香盡信燃線斷鴉落火焰齊發燒營焚船之妙著

製扁線藥　用細布裁成條以稀麵糊刷過乘濕敷火藥雙摺成線粘壁上陰乾用生桐油油過聽用以防水雨

火攻神藥法品

硝火(主)　硫黃(主)　葫蘆灰(烈火)　箬灰(炮灰也)　竹葉柳灰(主灰)　杉灰(主灰)



樺樹皮灰(鏡灰)　蔴楷灰(無聲)　石黃(法火)　雄黃(毒火)

火攻從藥

桃花砒(紅)　瑪瑙砒(五色)　潮腦(發火)　辰砂(炮)　水銀(炮)　銀黝(爛)

鐵脚砒(黑)　江子油(毒)　乾漆(火)　巴豆(吐)　巴油(爛)　蘇油(煮)

蘇子油(炮)　鬧羊花(迷)　桐油(燒)　金汁(爛)　蒜汁(毒)　狼毒(熱)

天雄(熱)　甘遂(逆)　常山(嘔)　鐵门蓮(毒)　大小蓼(毒)　川黃(利)

薑粉(迷)　牙皂(嚏)　半夏(燥)　爛骨草(皮肉沾之即爛)　川烏(毒)　草烏(毒)

鈎吻(斷腸)　礦灰(毒)　血肉草(毛竅沾之血湧)　巴戟(毒)　巴霜(毒)　人精(毒)

狼糞(風)　封喉草(喉沾之立啞)　斑蝥(毒)　蜈蚣(毒)　虺蛇(毒)　蝰蛇(毒)

斷腸草(入腹則寸斷)　蝦蟆(毒)　竹黃(毒)　蒲花草(火)　蘆花(火)　鼉龍草(毒爛)

右從藥品製煉神火毒火法火飛火爛火各火配合煅煉有試差

之毫釐謬以千里專閫宜留意焉

神火藥偷營刼寨衝鋒破敵用之歌曰

神火燒營第一方石黃一味最難當燒酒浸來蔴油炒足用三斤性太剛加上雄黃與黑信蘆花艾肭並松香豆末攪和銀杏葉更加乾糞與巴霜松香一斤餘四兩三七均分火藥強飛雲砲裏深藏貯落地喧天發火光吐霧噴煙紅滿寨箇箇賊兵盡著傷破陣衝鋒能利害燒燬衣甲及輜糧

石黃燒酒浸蔴油炒曬乾爲末　雄黃　雌黃　黑砒　蘆花　艾肭　松香

豆末　銀杏葉　乾糞　巴霜　硝火　硫黃　箬灰　柳灰

無敵毒龍神火藥丕難之敵用之歌曰

二十八宿按天曹二十八味神藥出開天闢地安邦國用之鬼哭與神嚎蛇埋一味獨爲尊上應天垣木角星此物一斤各二兩除邪滅亂最威靈上風揚去號神砂迷人瞎眼便昏花砲中發去號神煙孔竅須臾噴血鮮但得毫釐鑽鼻竅腦漿流出命歸泉注於溪澗號神水寸腸立斷碎心肝順風送入賊營去百萬賊兵一陣空不用干戈並汗馬奪去凌煙第一功



木角蛟天罡星蛇埋草應之一云即馬旋草　亢金龍武曲星龍尾干蔓草應之　氐土貉天厚星遊珠半夏草應之　房日兎明堂星兎頭商陸草應之　心月狐多疑星狐跛藜蘆草應之　尾火虎關刻星虎牙鉤吻草應之　箕水豹文曲星豹眼南星草應之　斗木獬忠烈星搜風甘遂草應之　牛金牛天柔星牛舌天雄草應之　女土蝠后妃星鬼頭大附草應之　虛日鼠天倉星鼠尾芫花草應之　危月燕吉祥星神仙草應之即蘼蕪草苗　室火猪酒食星猪牙皂角草應之　壁水貐財帛星劍牙箭簳草應之　奎木狼天德星狼牙宜姜草應之　婁金狗天鬼星木必斷腸草應之　胃土雉天爐星雉頭鬼曲草應之　昴日鷄天烏星鷄日細辛草應之　畢月烏天耳星川烏草應之　觜火猴天劍星猴子將軍草應之　參水猿陰陽星川江細辛草應之　井木犴天法星雷公藤草應之　鬼金羊天日星羊躑躅草應之

大黃花　柳土獐天祖星大戟紅牙草應之　星日馬鑾輿星雷丸草應之　張月鹿青龍星紫王金絲草應之　翼火蛇天掣星蛇蟠不食草應之即萎蛇草　軫水蚓土德星魚鱗艾肭草應之松樹皮外綠衣即艾肭也

右神草二十八品應天垣二十八宿炮煉極乾研羅絶細和以砒黃礬霜斑蝥石黃蜈蚣蝦蟆蜂蛇蝀蛇孔雀尾蝎尾各爲細末以蛇埋草爲君或用爲神砂順風揚去或用爲神煙火砲發去或用爲神水注於溪河井澗隨機而應砂入人目頭眩睛瞎煙鎖賊寨血湧髓流水入賊腹腸斷心裂騾馬傷藥者亦然我兵須噙解藥方可合製然製藥已成選天將吉日各依方位主將者齋戒沐浴盛服虔設鹿脯酒醴香燭之儀夜深於壘中先禱於天垣二十八宿之神東方七宿青旗青甲連於東方南紅西白北黑中黃各依方列



烈火藥燒營燒糧燒賊燒馬用之

銀杏松香各一斤二斤硫黃要均停石黃雄信各三兩提過明硝要七斤每斤四兩灰爲使劫寨偷營最有名

斑蝥　艾肭　銀杏葉　豆末　松香　石黃　雄黃　砒信

硝火　硫火　箬灰　稈灰　柳灰

飛火藥衝陣刼寨焚糧燒賊水陸馬步俱用歌曰

蘆花合用桐油拌密室攤乾仔細藏一毫風日不可見見了之時放光明此物十斤不可少更配松香與豆黃銀葉細羅乾糞配更加皂末要相當松香三斤各半斤一一分開不可忘却用火藥三七配霹靂臨風烈焰揚燒人衣甲鑽人眼滿面焦膚爛瞎瘡縱爾賊兵雄百萬砲響連聲一陣亡

蘆花桐油拌曬　松香　豆黃　紅杏葉　乾糞　皂角末　硝火

硫火　箬灰　稈灰　柳灰　斑蝥　石黃

法火藥最利害生擒賊兵用歌曰

羌皂爲君足十斤二椒二蓼細羅成白砒須用巴油拌礦灰燒酒製須精六味各加半斤足烏梅淨末一斤匀諸味攢成合一處便將紙砲巧裝成周圍却把松香蘸霹靂小砲在中心砲響一聲如吐霧迷人鼻竅瞎人睛眩暈昏花無可奈一物不見自縱橫滿營猛火燒人馬箇箇生拏與活擒

硝火　雄黃　硫火　箬灰　樺灰　柳灰　良薑　乾薑　單薑
胡薑　川椒　胡椒　黑蓼　赤蓼　榆皂　大皂　白信拌油
礦灰燒酒拌炒　人精炒　松香　石黃

煙火藥著賊皮立爛見血封喉歌曰

鐵子磁鋒豌豆粒硇砂銀黝人中汁連浸三朝火焙乾再入桐油炒爍烈取將虎藥輕輕滾一砲不過二三合假使賊兵十餘萬此砲只



須三四十飛雲打入賊兵中霹靂一聲天地裂鑽入孔竅透入腸見血封喉不可說頃刻橫尸滿戰場此是火攻眞妙訣

鐵子　磁鋒　硇砂　銀黝　人中汁炒　桐油　虎藥　硫火
硝火　箬灰　斑蝥　樺灰　柳灰

送風火藥風逆愈勁煙燄蔽天歌曰

狠糞多收並艾肭須要加入江豬骨骨煆爲灰肉煉油油拌硝硫火性烈曬焙須當用極乾逆風愈勁眞奇絕遇當二八配分明火攻隊裏神仙訣

狠糞　艾肭　江豬骨　江豬油　硝火　硫火　箬灰　杉灰
稈灰　斑蝥

三火合一藥

飛火獨火神火三火合一每火一斤硝火一斤硫火六兩箬灰葫灰柳杉灰各四兩入硃砂三錢水銀三錢研不見星

火種

不木灰一斤　鐵衣三兩　炭末三兩　麵皮三兩　紅棗肉六兩　署拌米泔爲餅每兩管一月

火信

硝火一兩火酒製　葫灰　斑蝥各二錢　硫火三錢

銃用常藥

硝火四兩　硫火一錢　灰一錢七分　斑蝥一錢

五里霧

木屑將桐油炒過共合一處要研極細用布袋盛之臨敵人各量帶如遇順風先傾於地詐退百餘步用走線點火結成霾霧朦蔽五里人馬悶氣涕淚不絕互相戕殺突出鳥銃驍騎追殺此亦用兵一奇



出其不意儘足破敵

神噀噴霧

硝百斤　炭五十斤　木屑五斗　松香三十斤　鷄糞一斗　狠糞二升　頭髮五斤燒灰　砒五斤　人糞一斤

薑汁一斤　食鹽二兩　烏梅肉四兩　醋半斤　四味共爲膏聽用

硇砂　膽礬各一兩　白礬　細鐵末各五錢　右共爲末和膏丸指頂大揚塵爲衣每遇賊人將一丸入口嚼爛迎面噴之二日立瞎

神煙

火硝一斤　硫黃四兩用小便煮過　炭三兩　樟腦一兩　輕粉一錢　陽起石一兩
石黃一斤　砒四兩　右爲極細緊築竹筒內發之可迷百步良久不散

神火

焰硝一斤爲末燒酒三斤拌汁曬乾　硇砂一兩　硝半斤　針砂四錢　硫黃四兩　炭二兩

右共研極細緊築於銃筒內臨敵發之可燒賊人

結煙

狼糞 雌黃 石黃 陽起石

青煙

火硝二兩 樺皮一兩 硫火五錢 灰一錢 青黛三錢

白煙

硝火一兩 硫火五錢 灰一錢 鉛粉四分

紅煙

硝火一兩 松香二兩 黃丹一兩 瀝青八分

紫煙

硝火一兩 硫火二錢 灰三錢 木煤三錢 生皂角三錢

潮腦水秀才



隔河放砲擊賊 藥內加潮腦水秀才無此二樣鉛子不過水船上用砲亦當用此防水氣

石油 四川有石油和藥可入水不滅若以石油造成藥團藏火器中借火器一發之力而石油之火崩散船篷船艙中掩敵不備縱以水救之石油不畏水愈救愈熾

江豬油 江豬在水中能逆風逆浪而上故其油能逆風可合石油共為藥

毒方

桑柴灰五斗 苦蕎麥灰一斗 豆楷灰三斗五升 茄楷灰三斗 五燈頭灰五斗 巴豆灰一斗五升 藜蘆灰一斗 川草烏灰二斗 地星草汁三斗

右共淋水三石煎至八斗後入地星草汁微熬再入硇砂五兩砒三兩膽礬五兩棗末二兩銅青三兩再微熬藥冷為度

附解毒聖藥

明礬半斤 好箭頭砂二兩 右將白鴨取血拌浸九浸九晒又綠豆漿三浸三晒又白蘿蔔汁三浸三晒又藍根煎汁三浸三晒又含春水煎汁三浸三晒研極細末用烏梅肉四兩甘草半斤熬膏為丸雞豆大製藥放藥裝藥皆噙一丸並用真阿魏搽口鼻七

麻藥

漬花 川草烏 附子 半夏 南星

毒水方

蘇花並尖 人參 對配 或加白芷草烏共研末法陰淵井泉

又方 雷公藤 巴豆 五月草 常山 為末用

毒酒方

川烏 草烏尖俱取 五月草取花並脂 天仙草取花子 陀羅花子每五兩浸



酒一埕

砲 砲本作礮甘延壽傳投石絕等倫范蠡立法飛石重十二斤為機發行二百步唐李密以機發石為攻城具即此砲也有單梢雙梢七梢旋風虎蹲往腹獨脚臥車等類大同小異今存兩種以例其餘覽後二圖用法了然矣

夯賊圍城時一小卒言於朱巡撫曰昔戍獐獵見敵薄城遊擊張良賢以七梢砲禦之問其製用三柱各七尺左右二根埋土二尺五寸上各開一圓孔中一根本粗末細中腰梢下一圓木貫之入左右二孔末繫長繩七尺一頭緊纏一頭活機置石於筐前段用繩不拘若干條每繩用人不拘若干名但以能舉其梢為率待其勢急方放活機其石自然飛去所向人馬無不虀粉自高打低靡不中者名曰七梢砲此誠攻戰利具也

蝎尾套

每繩長如梢之體不必拘定若干條但能舉其梢可矣每繩用二人量輕重扯之

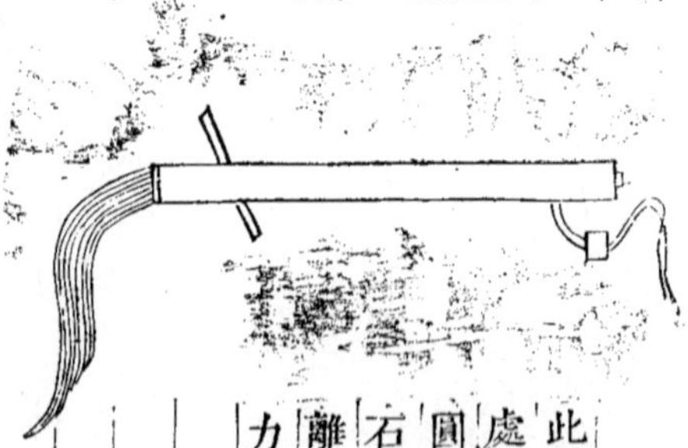

此蝎尾套在梢頭挂之此處安大石子不拘數塊方圓蝎尾既挂一人雙手墜石俟前扯起放去如箭方離弦必後手扣緊出始有力耳此礮訣也

此繩人墜起礮自發石去



砲石

武經雖載而獨行砲車架者甚明人鮮悟之故重開明其勢守城第一器也既省火藥之費又有不竭之資

砲石用人扯起打去式

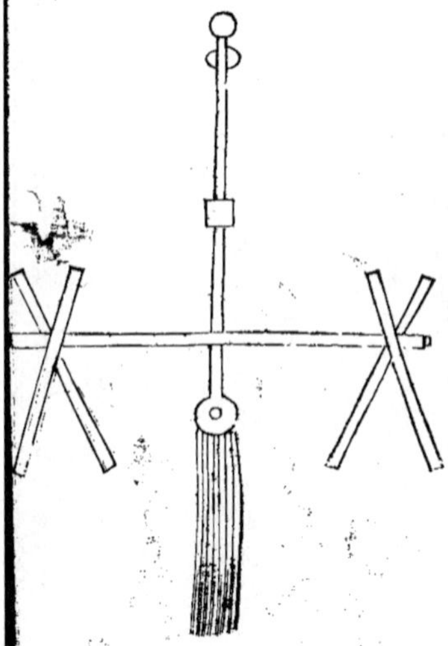

砲車

以大木爲牀下施四輪上建獨竿竿首施羅筐置砲稍高下約城爲準推徙往來以逐便利

砲車

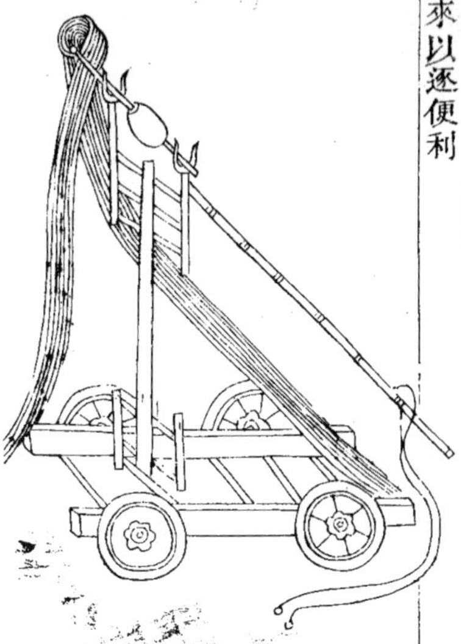



砲架

史思明遁太原李光弼撤民屋爲擂石車車二百人挽之作大礮飛巨石一發輒斃二十餘人賊死者什二三乃退營數十步外

蒙古攻金洛陽強伸創過砲用不過數人能發大石於百步外所擊無不中

元攻襄陽置砲城東機發聲震天地呂文煥遂以城降渡江之日宋兵陳南岸擁舟師迎戰元人於北岸陳砲擊之舟悉沉沒

飃石　每用一握竹長五尺以長繩二股一頭繫竹上一頭用一環繩中分用一皮兜徑五寸搖竿爲勢一擲而發守城宜用且飃石易得但手發不遠用飃竿發之可遠可重須平時習慣發則有準爲有司者令每家每戶出少年一人擇空曠之地於農隙之時教而習之久自熟矣

以圈挂竿頭貯石打去石發圈落竿用竹爲之長五尺



飃石

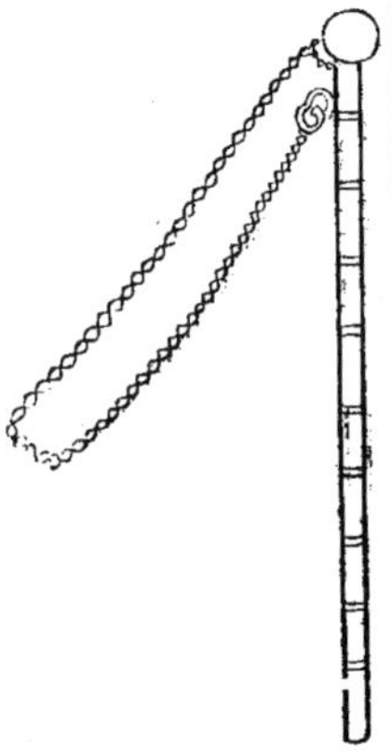

弓制　古有爲弓三年而成者試之穿七札九年而成者試之飲石梁是惡可語於今日哉弓有六善一者往體少而勁二者和而有力三者久射力不屈四者寒暑力一五者弦聲清實六者一張便正凡弓欲其勁妙在治筋筋生長一丈乾則減半以漆湯濡而極之復長一尺然後用之則筋已盡無復伸弛故往體少而勁也凡弓節短則和而虛

弓式

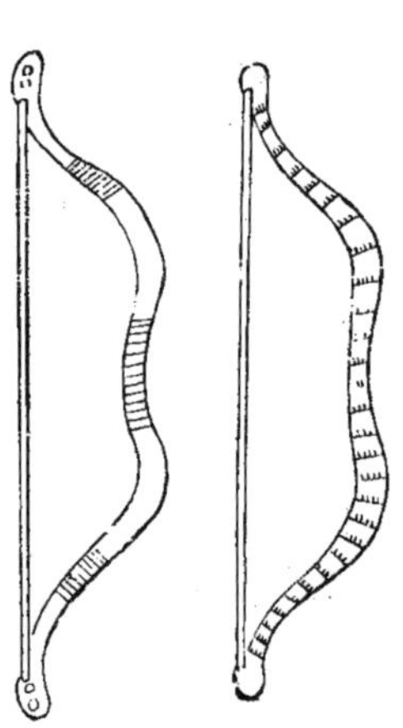

螞蝗面弓　用大牛角截成面濶拽滿則曲如扇圈受力均勻不走不朒

泥鰍面弓　用小牛角截成面狹拽滿則曲如折竹受力不勻易走易朒

披背筋法　披筋一板晴暄合待半月陰雨二月方再上若連披數板則內濕外乾解脫可待



漆弓法　用漆一重晴暄合待十日陰雨二十日方再漆若日漆數重亦內濕外乾斷脆可待

裹弓法　用黃樺桃皮朱紅不若黑生漆免水透

䟽弓法　用白角魚枕綵畫不若黑生漆免費工

焙弓法　江南地多卑濕四時必以火焙弓去火四尺上下太近則燥太遠則火氣微凡火四時有增減太猛則枯太寬則火易息（正二月五分三四月六分五月十分六七月七分九十月六七分十一二月五分）弓面向上焙背不焙面也焙後必冷定絕無火氣方可安弦無傷拆之患也值天時清爽時取弓出列於架上使筋角活也

軍器三十有六而弓爲首易之制器尚象五兵中獨言弧矢誠重之也今之制何滅裂甚耶蓋筋角不能自相固結故假之以膠漆膠漆

不能自然堅實故壯之以筋角二物相資必隔旬日候其自堅然後再用是謂年弓月箭否則弓雖易成膠亦易脫弓面濶則力硬受弦端正故取象螞蝗乃扁濶之介蟲也弓面狹則力軟易走易斷故取象泥鰍乃圓滑之水族也皆由擇角之初大角價高小角價低有司喜賤而惡貴故小角常多大角常少因而悞事多矣敵中軍器上皆有原監造官姓名年月有悞則正法所以敵器一一犀利孰知中國有司止欲速成備數而已哉

箭制　矢不破堅與無矢同矢不等弓與無鏃同爲箭重則緩輕則颺也近日製箭有四失一曰鏃太重二曰幹太粗三曰膠易解四曰翎易落古人製箭欲其去之勁直也故翎之以羽曰鵰曰鶴曰鴻曰鵠不一其名欲其去之鋒利也故鏃之以金曰石蓮曰鑿子曰蕎麥稜曰破甲錐不一其式然驗之已往翎以鵰鶥野雉爲最捷以寸金鑿破甲錐爲最銳以通幹爲直而易中笴以黑漆爲省而易成餘皆不堪實用矣



語云箭頭重過三錢箭去不過百步箭身重過十錢弓力當用、碩大約弓八斗以弦重三錢半箭重八錢爲準而火箭藥箭別有法

指機製　近製眼孔皆圓人指骨扁孔圓必塞以褚布則血柱指黑弦兜致掃食指宜將孔前後稍長橫入指中轉正則骨橫而扁指轉而鬆不致脫落而眼中圓活不磨指節不遏矢不掃皮有三善焉

弩說　秦野有枉矢星形似弩其星西流天下見之而驚故曰王弩發驚天下弩者怒也言其有怒勢也此武經所謂弩者天下之勁兵四夷所畏服也其實守城利器無踰於此以其器或利仰或利平弩則利俯故也然則弩不利於戰歟非弩不便於戰乃將不善於弩耳前代名將如孫子伏萬弩射龐涓耿恭傳藥弩驚北敵項羽伏弩而漢王捫足甘寧持弩而渠帥揚船李陵發大黃參連弩射單于虞詡二十強弩射一人退羌兵諸葛亮損益連弩謂之元戎一弩十矢俱發司馬懿發石連弩射遼東呂蒙據濡須塢置強弩萬張以阨曹公唐李郭子儀宋劉錡吳璘宗澤輩用弩破敵者不可勝數漢且置強弩都尉積弩將軍南郡有發弩官唐李元諒築連弩臺開元十二年命羽林飛騎習弩有伏遠臂張角弓單弓靜塞等弩宋有神臂弩克敵弓之制其實卽弩也熙寧之神臂弩始年張若水依式監造之繼命韋少寬著令申明之又御筆命民間不得私製誠重之也善用者列爲五層攢箭以射射訖者挈回而張張訖者挨次而射遞相輪番繼而不絕敵射藝極精矢無虛發何能當此萬一哉故射堅及遠爭



險守隘過衝制突非弩不克

弩制　弩以腰開爲上蹶張次之手彀又次之腰開可十石弓之強者不及也晉馬隆平樹機能用之古人有大黃弩伏遠弩螞蝗弩今其制不傳蹶張則有跳鐙弩木弩鐙弩亦曰小黃其用尤利木弩邊兵不甚用其力之強弱皆以石斗爲等手弩僅可用以射獵箭去不遠鏃薄不重只可入人寸許若有厚衣堅甲不可入矣所恃惟毒藥之性不利深但射人皮肉外血行之處能化血爲水中者立死

弩箭　弩箭制與弓箭不同弓箭騣弦安笴頗難弩箭平頭安笴甚易弓箭長擇幹甚費弩箭短擇幹甚省用石蓮頭蕎麥稜則光滑不能入甲不若用破甲錐寸金鑿子則鑿上有鋒易入竅隙翎用禽羽則得箭者尚堪再射不若用竹片裁製則翎口如刀易穿肌肉箭有熟鋼木羽風羽木撲頭三停木羽者以木爲幹中人幹去而鏃留穿

不可拔風羽者當安羽處則空兩邊以容風氣則射時不撼三停者箭形至短羽幹鏃三停中物不能出以短故也

跳鐙弩

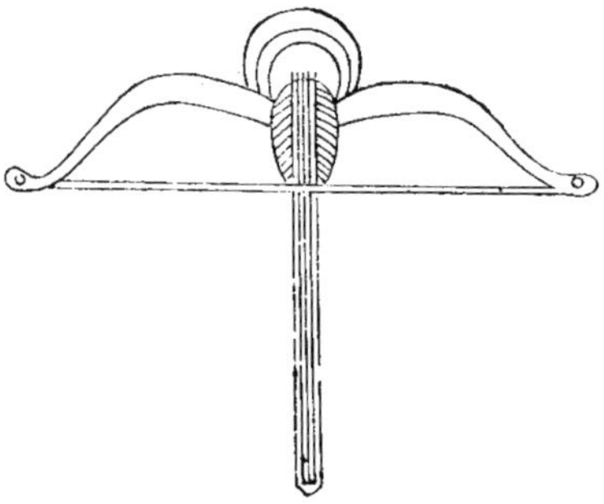

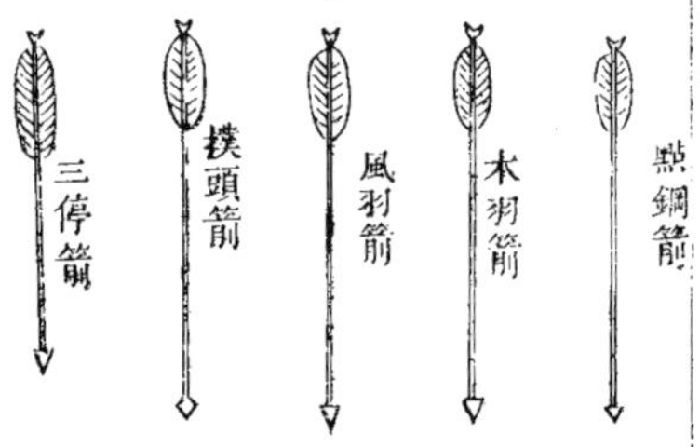




耕戈　此器利守城伏路防賊倫營用弩箭染草烏毒藥以引線繫樁於二三十步橫路而下堆草藏形觸線則機動箭發然須先授我軍以暗記近來賊用長竹先打而行則機發於人足之先今當多用如百弩連成數丈其機只在向我處弩盡頭下之俟彼入弩將盡處就長竿先發其機則不能遠退出數丈矣又當分作三四箇機架能打發一機不意又有未發之機也

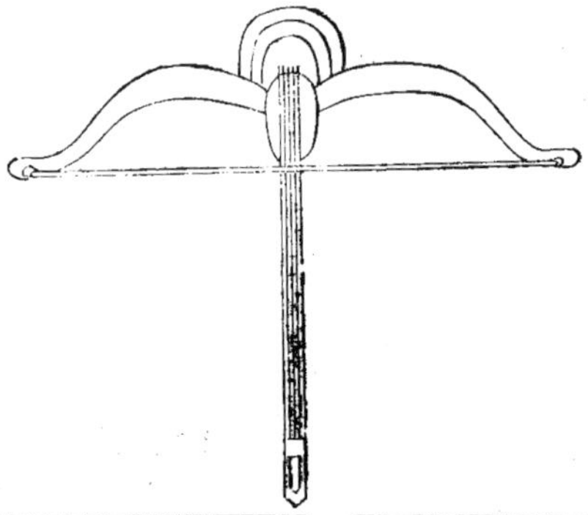

鬼箭

用竹弩一張作架牀埋地弩頭敘向上以馬尾繫機攔於當路以竹樁或樹枝釘於隔路賊馬銜馬尾線動機發箭然繫機馬尾須退機後架牀轉出乃可拔機

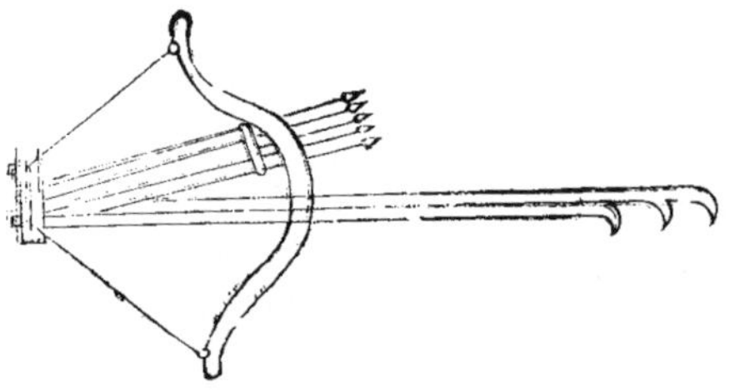



連弩

用木作牀埋九矢七矢五矢等弩於道旁草菌淬蓋撐滿搭箭即以繩結其弦穿度弩前橫竹通筒引至排弩木釘兩樁道旁攔繩當路馬銜弦破連弩迸發

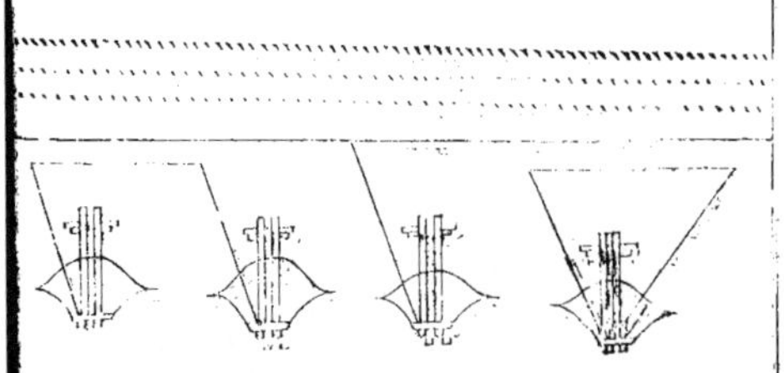

隔河伏弩

用連矢弩十條張隔岸伏藏作連架牀持之此以繩繫於牀發箭若轉度弩機則與鬼箭法同

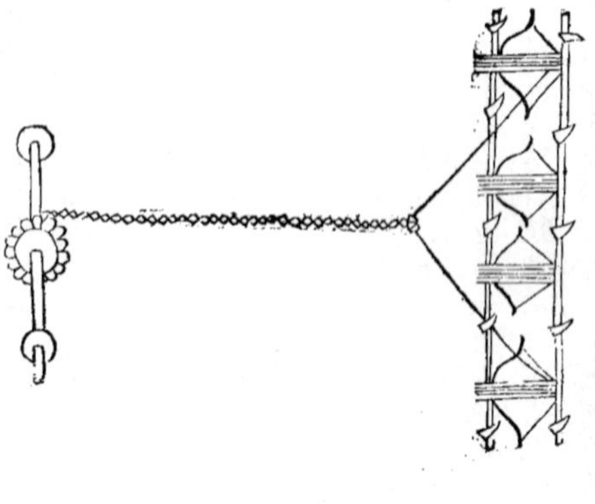



弩箭藥方

大金藤　飛虫藤　地鞠　地油麻　呂公縧　樟木　悶多羅

百蛇藤　草麻根　半天藤　烏龍藤少許　木通

右各等分爲粗末用淨瓦碗一箇地上掘一孔放碗在孔內用薄竹笆蓋在碗上用茅草三葉十字放在竹笆上後放藥末在竹笆上用大樹葉或諸般樹葉蓋在藥上留頂上孔却用溫灰圍圓煨住頂孔上放炭火徐燒盡火量時抽出茅草看黃色爲度取出竹笆用碗內藥汁調擴藥母乳缽內研爛不稀不稠就插上箭頭上晒乾後用粟穀草燒煙薰箭頭此箭見血便死每一錢擴藥母須搽七根箭頭爲效此箭用箭筒裝不要走了氣掛在燒火有煙處搽藥時箭頭上用綿紙些少纏在箭頭上然後搽藥方不落藥

又方　烏頭一名烏喙味辛甘溫大熱有大毒八月採其汁煎之名

射囮殺獸

又方　土附子味辛熱有毒生去皮搗濾汁澄清旋添晒乾取膏名爲陶獵人將作毒箭使用

又方　君子實　狼毒　川烏　草烏　硇砂　升麻各五錢　眞麝香四錢

右各藥用五兩蔴油二十五斤煮鐵子一升候乾聽用每藥一兩油五斤鐵子一合與虎藥同功或與同用

射虎藥方

取生鮮草烏或一二斗洗去土沙再用籮盛人腳踏去黑皮以內肉白爲度搗碎用布濾榨出汁汁乾爲度去渣不用用磁盆澄汁盆底下有粉去粉不用約於清汁有十碗用四碗入鍋內煎一滾起沫用篾片刮去沫傾入磁盆內再將存六碗生汁入煎熱汁內一順攪勻



露一宿明早取澄清散分碗內下澄渣粉不用量升多寡以碗大小盛之放日中晒至午時又取澄清汁下澄渣粉不用晒至晚如前取澄清汁再用薄棉紙鋪置籮內濾過渣不用第二日第三日如前晒法澄法紙濾去渣粉每日晒時用竹片從碗底挑起順攪晒不致上熟下生也至第四日晚濾稠藥存留勿去另用碗盛夜露一宿取澄清汁用底下存硬稠者不用第五日入總晒至六七日各碗漸少減歸各碗晒時觀看碗弦上起黑沙點子面上結冰有五色雲象其色紅黑如香油樣歸總罐盆內放淨處陰四五日聽用再磚砌一爐高二尺周圍大小容藥盆放內中爲度爐中從地上一尺五寸用木物架盆於上爐上空五寸用布物蓋於藥盆之上不許煙透走爐旁取一火門如鵝卵大從地起高三寸外用炭火十數塊並擫威柴又名繫條又名覘蕨又用皂角花椒燒煙令煙入火門內燻藥盆熱藥面

上結成冰是火候好矣約燻一箇時候其結冰要厚如薄再燻厚則除火取孽出令冷收入磁瓶內封固聽用如冬天寒冷用絮物包放暖處勿令凍省如夏天炎熱放清冷處勿令潮壞如冬凍省夏潮壞出沫用磁盆盛如前法上爐燻之藥熱即止或將藥上於箭上用皂角花椒煙燻之如舊前藥晒時如遇日色太烈晒一二日又要露一宿如日色淡綫不必露也初做藥之日觀天色晴明即用烏頭如前法製之如晒一二日有雨照前燻藥爐上只用炭火烘熱盆爲度攪勻又放一二日候晴再照前法晒之烏頭取來不可堆厚恐爛壞必要潮濕地下攤開又不可吹風乾了無汁即取搗爲妙其藥製完放瓶內封固日久下澄有稠者如沙糖樣挑起取用上箭最快箭致身上不滿數步即斃矣此藥名爲晒藥比燻藥更妙或人誤中藥箭用松毛搗調冷水服之或香油服之如不及自溺泥中和泥漿水服之



如旁有人用口啣水吸箭傷處吐之再啣水吸再吐之不致藥散走喉封也其藥忌見香油如入一點香油藥即解無效其性有二飛見水飛見油飛造藏甚易

又射虎藥方

三四月間採草烏頭子一百斤去皮葉止用肉舂碎酒醉部醉水約三十斤將竹篾做簍高四尺週一丈下留一門燒火紙糊將薄板三四塊作一箇架楞上半中間將大碗盛藥水用紙蓋碗口放在板上下用水窩樹柴有星在上出在杭州明火如箋纔頭火燒四日四夜時時要將藥水并在大家火盛一處去碗底渾脚將布拭淨又將碗盛炘一日如此要并十次夜并換去脚十次後用細柴煨煙炘三日三夜仍前并換去脚不可絕火炘至成藥將鷄試不效再炘試好收入磁器收貯吊在煙火頭上不可冷處又忌松煙一入藥性則解又忌煤煙並出脚丟在河內猪牲食死

附解藥方

大鼎頭解牙齒緊又能治塗毬腫痛喉內疼痛　大統管解擴治肚痛　小鼎頭解散治背脈疼瘡毒瘡擂爛酒調　山桂皮治大瘡散　山八角解壯血存生氣治痢　九將官解身骨疼痛　木都管解橫藥治百木死氣　飄風浪解水面生氣　山明靈解飛　木明靈解水上魚飛毒　飄風散解散心氣血脹　解土藤解吐　青龍藤解百蛇噴心　白龍藤解百蛇　南蛇藤解百蛇氣　猛蛇藤解毒　烏龍藤解擴藥子　霜涼藤解喉渴　大烏蛇藤解蛇　蝴蝶藤解迷悶困睡　大柑藤解牙爛　半天藤煮水洗刀傷　大金藤解身骨疼痛　小烏蛇藤解蛇　白蛇藤解蛇　引領藤解擴存生氣即天冬　蜈蚣藤治蜈蚣洗腫青　木通藤解手脚軟弱　車帶藤洗刀傷　川石藤治板筋發　照頂木煮洗腫爛　通引藤引出生氣　七闘根洗刀傷骨節　破石攀根解臨腫即胡絲蠱　百萬金解生氣即則根　銀弟解擴　金弟解擴　縛壓香藤生氣不令藥發用水浸轉細如筋縛喉上藥箭



不攻喉　頂固藤解牙緊　山獸藤煮酒食洗　小丁茄藤洗箭口　身硬藥煮水洗身　高樓望月即龍飛角　山都管解擴藥

右爲末引子用五倍子爲末用鹽等分焰硝等分烏梅肉多用水煎爛同煉蜜爲膏磁罐收之不許乾了如不酸倍加五倍子烏梅肉此係酸藥各每服一錢重噙化下日進三服治被藥箭傷透即先服此藥蘇醒後却服定心丸

定心丸

木香　硼砂　焰硝　甘草　沉香　雄黃　辰砂各等分　丹丁香減半

右煉爲膏蜜用罐盛之每服一錢噙化日三服爲丸用米粥

又方服酸藥

大鼎豆　九將官　大統官　木都管　山都管　金弟　銀弟

地菊　山苦楝　金藤　紗藤　山八角

右併為末合成用酒煎潑放家鹽摻温服不犯鐵器用銅銚煎之將原燒藥竹笆燒作灰碾爛酒調服令解了將用藥先令就每服一餅細嚼薑湯送下如利不止凉水補之便用凉水洗手然後吃粥

過藥方

大戟五兩　地油蔴一兩　土當歸一兩　右為末糊米糊為餅子

千里漿

木瓜　紫蘇　葉桂各五錢　烏梅肉　赤茯苓各一兩

右為細末煉蜜為丸如彈子大噙化一丸咽津

又方

百藥煎　烏梅肉　紫蘇葉　人參　甘草　麥門冬

右各等分為細末煉蜜為丸噙化

又方



甘草三兩為末　乾葛二兩為末　綠豆粉一兩五錢　蒲黃五錢　烏梅肉二兩　紫厚朴二兩　紫合花草二兩

右將蜜水與梅肉為丸如圓眼核大噙化

藤牌　老粗藤如指用之為骨藤篾纏聯中心突向外內空庶箭入不及手腕也周簷高出雖矢至不能滑泄及人內以藤為上下二環以容手肱執持此主衛而不主刺矢石槍刀皆可蔽所以代甲冑之用每兵執一牌腰刀一把擱刀手腕一手執鏢槍將鏢擲去急取刀在手隨牌殺人一入槍身內則槍為棄物我必勝彼矣牌無鏢能禦而不能殺將欲進步然後起鏢勿發岳武穆用旁牌蔴紮刀合軍士低頭下欲馬足敗金師拐子馬是也置於行伍之先必在狼筅之下蓋恃筅為勢架護於上方能筅下突進若無筅則牌刀皆短不能獨出獨入每為長器所制

藤牌

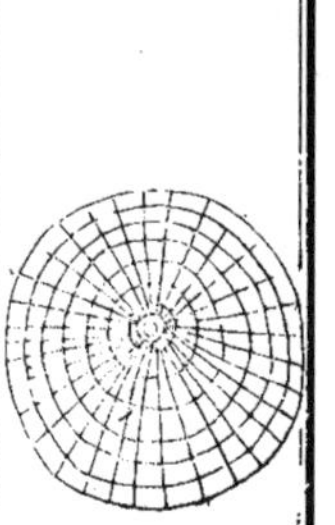

挨牌　用白楊木長五尺濶三尺下頭比上畧小四五分可以補陣可以發矢用繩索用木橄欖取其可挂項上以左手中指健中挾牌下短繩木橄欖仍以五指挽槍前半節右手執槍後半節或伸縮左右旋刺兩手俱不持牌

挨牌

長牌　浙中用團牌形短不能蔽體西兵用挨牌性剛不能當鏃惟粵東長牌用沙桐木包以皮革其質輕舞運可以如意其性柔箭鏃不能砍裂左手執牌右手持刀可蔽人體砍馬足與鳥銃夾隊列為前鋒眞上策也粵東先年征黎黎之弓箭更勁於敵而長牌勝之

腰刀　腰刀造法鐵要多煉刃用純鋼自背起用平剷平削至刀刃芒平磨無肩乃利妙尤在尖近時匠役將刀打厚不肯用工磨平止用側銼將刀橫出其芒兩下有肩欲入不深刃芒一秃即為頑鐵矣柄要短形要彎庶宛轉牌下不為所礙蓋就牌式也無牌則刀短不可入陣惟馬上用之

腰刀

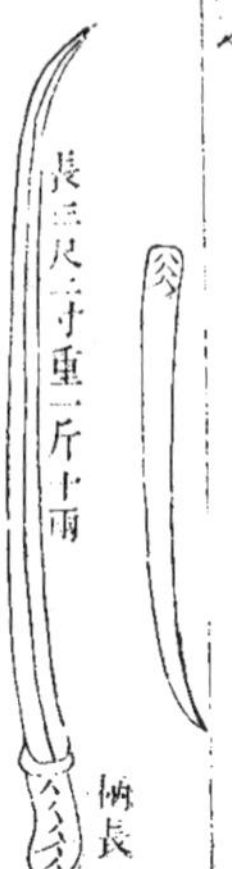

長刀　自倭犯中國始有之跳舞光閃而前我兵已餒氣矣我兵短器難接長器不捷遭之者身多兩斷緣器利而雙手使用力重故也賊遠則發銃近身則無他器可攻刺惟此刀輕而且長可備臨陣棄銃之用

長刀

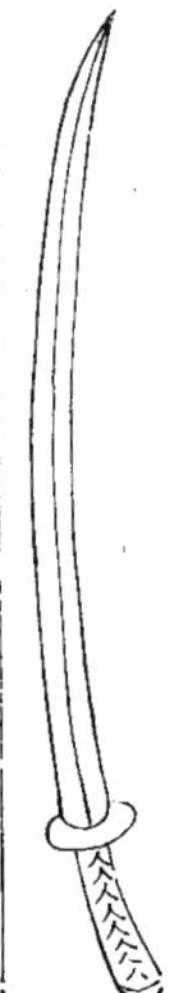

刃長五尺後用銅護刃一尺柄長一尺五寸共長六尺五寸重二斤八兩

甲論　甲爲用命之本當鋒鏑而立於不敗之地者此也周禮有函人之職司馬法有甲士之制馬燧以短長三等制造鎧衣士皆賴以全肢體便進取古人之甲以皮後人之甲以金南方地形險陷多用步兵難以負重天雨地濕銹爛易生萬不可用矣此外有藤有角而體重難久鉛子易入今擇其利者惟有緝甲用棉布不等須厚一寸



造甲之法步軍欲長馬軍欲短弩手欲寬槍手欲窄其用不同其制亦異若拘於定式肥者束身太緊甲身可周後背而前胸不交甲裙可閉後臀而前襠不掩瘦者挂體太寬挽弓發箭則甲不貼體而胸臆絣撲有弦斷脫筈之憂揮箭刺槍則甲不附身而腰背鬆虛有抵手礙足之患長者不過膝腕而矢石可及短者垂其腳而而泥淳不前小則折去甲葉遺棄不收大則割去全段拋擲不顧不幾徒費乎故君子必慎其微於制作之初也

甲

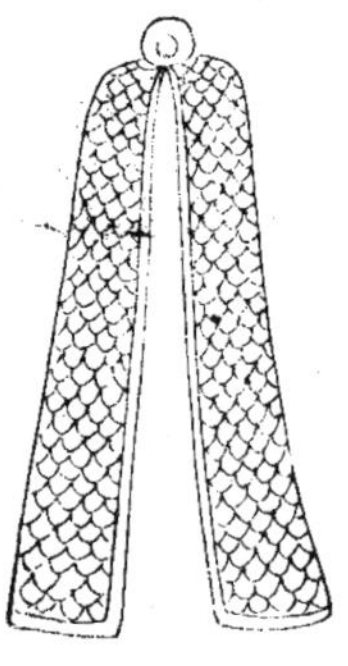

慶歷元年太常臣田況言今賊甲皆冷砧而成堅滑光瑩非勁弩可入我兵衣甲皆軟不足當矢石豈中國之巧力不如一小羌乎彼專而精我漫而畧故也今請令打造純鋼甲先用八九斗力弓試射以觀透箭深淺而賞罰之

棉甲　棉花七斤用布盛如夾襖粗線逐行橫直縫緊入水浸透取起鋪地用腳踹實以不胖脹爲度晒乾收用見雨不重黴顯不爛鳥銃不能傷

紙甲　起於唐宣宗時河中節度使徐商劈紙爲之用無性極柔之紙加工鎚軟疊厚三寸方寸四釘如遇水雨浸濕銃箭難透

皮甲　廣西造皮甲法生牛皮裁成甲片用刀刮毛以破碗舂碎篩去米大屑調生漆敷上油浸透則利刀不能入

馬甲　周馬之身最爲利害惟頭面胸臆馬面於舊制雖巧近日符



離陳蔡之後馬多被傷中壽星腦額而死今制爲貼腦用棉衣衲作一片貼在馬面子內額腦之間脫遇矢石可透鐵面尚有鐵額可隔此馬面所以合用鐵額大全裝鷄項大而秋錢小或暑月悶熱雪雨水結搭去秋錢尚有鷄項可蔽甽肉此馬甲所以合用小全裝我軍馬甲垂下過韈尺許故重滯縮絆賊軍馬甲只平腹下用虎斑布裙過箭皆被嬌揉故輕捷俏俊此馬甲身所以合用平韈鷄項重則頭低項曲馬被控抑鷄項輕則頭高項直馬臆鬆寬此鷄項所以合用棉花衲赤身帶甲則擦損肌肉襯以藉褥則護措皮毛此馬甲所以未帶甲先用馳滑辣甲圖兩件是爲甲制

國家武備極弛年來浮慕節省之名不究實際之用器以節省愈恣苦窳今何時哉技不精膽不壯驅使入陣空殺無辜是以圖僥倖也自今軍需修造懸遵前估不妨稍寬其值以盡其用估務充不務儉

器費將之費多庶幾製一器獲一器之用至於作奸冒銷法在必懲
赫連勃勃之治兵器也以弓射甲射不貫卽斬弓人射貫卽斬函人
今極大奸猾每從輕釋人亦何憚而不玩法以漁利哉當此用兵之
日一器不精卽戕一卒之命必須造器時卽鐫官匠姓名送營試驗
不堪者坐名鞭責臨敵悞事必斬以殉治軍器參用軍法理或宜然
亦庶知儆乎
軍中制器將官多推有司蓋避嫌耳不思臨戎悞事其咎誰歸銀兩
出入不親何嫌之有其買辦工料巡視監製隨完隨試堪否行罰須
將官親爲之方俾實用不然航海者漁人而造舟者梓人彼何與於
利害而焦勞困苦以底其精司出納者惟知扂估減價以爲省一金
民受一金之賜且估之不奢司事者無從侵尅不知委用非人稽查
無法任是如何估減愈減愈於器具上剝削而自侵之數原不減也



器成無用並給造之資盡置無用之地所謂惜小棄大掩耳偷鈴有
大計者思之



## 海運舊制

工部右給事中李用敬奏開膠萊新河其畧謂邇者河道湮塞深妨
國計聞之膠萊之間有新河一道在海運舊道之西乃元人欲開通
以避海道島嶼之險而未成者先是山東巡海副使王獻慨登萊之
民上瘠人稀生理不足皆由舟楫不通嘗按元遺跡鑿馬濠石底以
通淮安商賈建新河等閘八座以蓄洩水患導張魯白現諸河以濟
水道見今淮安之船由淮河直抵麻灣卽新河之南口也由海滄直
抵天津卽新河之北口也自南口至北口僅三百三十餘里各有潮
水深入中有九穴河大沽河諸流可引其淤塞未通宜量加濬者一
百五里宜深加濬者三十餘里元人用功已開其三今之用功當任
其二此皆彰明可見者也乞選才望官一二員會同撫按官亟爲修



舉疏入工部覆行所在撫按詳議具奏

大學士邱濬海運論

海運之法自秦有之唐人亦轉東吳粳稻給燕幽然亦給邊方之用
而已用以足國則始於元焉初伯顏平宋命張瑄等以宋圖籍自崇
明由海道入京師至元十九年始建海運之策命羅璧等造平底海
船運糧從海道抵直沽是時猶有中灤之運不專於海道也二十八
年立都漕運萬戶府以督歲運至大中以江淮浙江財賦府每歲所
辦糧充運以至末年專仰海運矣海運之道其初也自平江劉家港
入海至海門縣界開洋月餘始抵成山計水程自上海至楊村馬頭
一萬三千三百五十里最後千戶殷明畧者又開新道從劉家港至
崇明州三沙放洋向東行入黑水大洋入界河當舟行風信有時自
浙西至京師不過旬日而[illegible]雖有風濤漂溺之虞然視河

漕之費所得蓋多故終元之世海運不廢我朝洪武三十年會通河
通利始罷海運考元史食貨志論海運有民無輓輸之勞國有儲蓄
之富以爲一代良法又云海運視河漕之數所得蓋多作元史者皆
國初史臣其人皆生長勝國時習見海運之利所言非無所徵者竊
以爲自古漕運之道有三曰陸曰河曰海陸運以車水運以舟而皆
資乎人力所運有多少所費有繁省漕河視陸運之費省十三四海
運視河運之費省十七八漕河雖免陸行而人輓如故海運雖有漂
溺之患而省牽挽之勞較其利害蓋亦相當今漕河通利歲運充積
固無資於海運也然善謀國者恒於未事之先而爲意外之慮今建
都幽燕蓋極北之地而財賦之入皆自東南而來會通一河譬則人
之咽喉也一日食不下咽立有死亡之禍況自古皆是轉搬而以鹽
爲傭直今則專役軍夫長運而加以兌支之耗歲歲常運儲積之糧



雖多而征戍之卒日少食固足矣如兵不足何迂儒爲遠慮請於無
事之秋尋元人海運故道別通海運一路與河漕並行江西湖廣江
東之粟照舊運河而以浙西東瀕海一帶由海通運使人習知海道
一旦漕渠稍有滯塞此不來而彼來是亦思患預防之先計也家居
海隅頗知海舟之便舟行海洋不畏深而畏淺不慮風而慮礁故製
海舟者必爲尖底也首尾必俱置柁卒遇暴風轉帆爲難亟以尾爲
首縱其所如且暴風之作多在盛夏今後率以正月以後開船置長
篙以料舟定盤針以取向一如番舶之制夫海運之利也以其放洋
而其險也亦以其放洋今欲免放洋之害宜預遣習知海道者起自
蘇州劉家港訪問傍海居民捕魚漁戶煎鹽竈丁逐一次第踏視海
涯有無行舟潢道泊舟港汊沙石多少洲渚遠近親行視驗委曲爲
之設法可通則通可塞則塞可迴避則迴避圖畫其本以爲防海運

運之法萬一可行是亦良便若夫占視風候之說見於沈氏筆談每
日五鼓初起視星月皎潔四際至地皆無雲氣便可行舟至於巳時
則止則不遇暴風矣中道忽見雲起即便易柁回舟仍泊舊處如此
可保萬全永無沉溺之患萬一言有可採乞先下閩廣二藩訪尋舊
會通番航海之人及行廣東鹽課提舉司歸德等場起取慣駕海舟
竈丁令有司優給驛遣既至詢訪其中知海道曲折者以海道事宜
許以事成加其賞俾其監工照以海船式樣造爲運船及一應合用
器物就行委官督領其人起自蘇州歷揚淮青登等府直抵直沽海
濱去處踏看可行與否先成運舟十數艘付與駕使給以月糧俾其
沿海按視經行停泊去處將山島港汊樹標幟詢看是何州縣地方
一一紀錄造成圖策縱其往來十數次既已通習保其決然可行無
疑然後於崑山太倉起蓋船廠將工部原派船料差官於此收貯照



依見式造爲海運尖底船隻酌定軍夫若干裝載若干大抵海舟與
河舟不同河舟畏淺故宜輕海舟畏風故宜重假如每艘載八百石
則爲造一千石舟許其以百石載私貨三年之後軍夫自載者三十
稅一客商附載者照依稅課常例就於直沽立一宣課司收貯以爲
歲造船料之費其糧既從海運腳費比漕河爲省其兌支之加耗宜
量爲減殺大約海舟一載千石則可當河舟所載之三河舟用卒十
人海舟減五或半之則漕卒亦比舊省矣此又非徒可以足國用自
此京城百貨駢集公私俱足矣考宋朱子文集其奏劄言廣東海路
至浙東爲近宜於福建廣東沿海兵處招邀米客元史載順帝末年
山東河南之路不通國用不繼至十九年議遣戶部尚書貢師泰往
福建以閩鹽易糧給京師得數十萬石京師賴焉其後陳友定亦自
閩中海運進奉不絕也況今京師公私所用多資南方貨物之來皆

於運河窄淺舳艫擠塞脚費倍於物値貨物所以湧貴而用度爲艱此策既行南貨日集於北空船南歸者必須物實而北貨亦日流於南矣今日富國足用之策莫大於此說者若謂海道險遠恐其損人費財請以元質之其海運自至元二十年始至大歷二年止備載逐年所至之數以見其所失不無意也竊恐今日河運之糧每年所失不止此數況海運無剝淺之費無挨次之守而其支兌之加耗每石須有所減恐亦浮於所失之數矣此策既行果利多而害少又將革江淮荆湖之漕折半入海運除減軍卒以還隊伍則兵食兩足而國家亦有水戰之備可以制服邊海之夷誠萬世之利也章句末儒偶有臆見非敢以爲決然可行萬世無弊也念此乃國家萬萬年深遠之慮姑述此嘗試之策請試用之試之而可則行不可卽止

海道經



元至元十二年克取江南二十一年起運海糧擢用朱清張瑄萬戶之職押用糧船三萬五千石賜立海道萬戶府千戶所百戶所虎符銅牌素銀牌面各領品職成造船隻大者不過一千石小者三百石自劉家港開船出楊子江盤轉黃連沙嘴望西北沿沙行使潮長行船潮落拋泊約半月或一月餘始至淮口經過膠州海門浮山勞山福島等處沿山一路東至延眞島望北行使轉過成山望西行使到九河收進界河兩個月餘纔抵直沽委實水路艱難深爲繁重二十六年增益糧米八十萬石是歲正月裝糧在船二月開洋四月到於直沽交御五月回還復運夏糧至八月又回本港一歲兩運是時船隻鮮少民人恐懼二十七年朱萬戶躬請長興李福回朝奏押運指引自楊子江開洋落潮往東北行使出離長灘至白水綠水徑至黑水大洋望北尋望延眞島使轉成山正西行使流入沙門島門放萊州大洋收進界河遠不過一月之期近不過半月之限俱至直沽以漕運利便是歲加封朱萬戶爲浙江省參政張萬戶爲浙[illegible]之職每歲專從此道駕使船隻赴北京將及二十餘年至大德七年當蒙官司招顧兩浙上戶造船運糧脚價一十一兩五錢分撥春夏二運延祐以來各運海船大者八九千石小者二千餘石是以海道富盛歲運三百六十萬石供給京師甚爲易便迤南番船皆從此道貢獻倣效其路矣

海運誌序

余往嘉靖辛亥視學廣右時吏事寡暇輒取全史讀之覩古人攻戰處以覆按輿圖其地里險夷遠近如在几席間後移官江西羅文恭公出廣輿圖相質正余爲刻於省中因益知海道自淮循岸嶼薄燕薊便甚宋宣和中議攻遼而諸臣不知出此僅遣高藥師以一舟使



金往返若陸其後元人通海運於都燕爲得策且悉考當時載籍無言海中壞運舟者意卽有之不多故不道也藏其語二十餘年隆慶辛未余起家復守薄山東會河漕告病朝廷遣科臣按視欲開膠萊河以避大海通運事不就余曰卽大海可航何煩膠萊河也叙其說上撫臺以求試之驗語聞會科臣疏上遂下通運之命而余亦叨轉督漕運身踐初議募舟集糧時中外尙疑駭謂不知若何乃行僅踰月十二萬石悉安行抵岸而天下臣民始信海道可通矣因久據以佐河漕安六軍之心銷奸萌之志國家都燕大海在左肱此專利也一百六十餘年來羣臣論若多而未果行茲遇聖君賢相英謨立決而微臣適奉廟略叨奔走再闢茲途在國輸常轄一惟意所施非宗社萬年靈長寧遂效斯計耶今而後始敢布其說取前後題請移聞及海上道里行計類爲誌凡二冊檄廬州守張君大忠刻之以識大

都云隆慶六年七月吉欽差總督漕運兼提督軍務巡撫鳳陽等處地方都察院右副都御史臨海王宗沐書

預備緩急

如遇順風使帆之時水勢顛猛便減帆幔投奔港汊稍泊不得貪程恐風勢不止天時昏暮迯避前行不知宿泊多有疎失不可不知遇順風正使帆間忽轉打頭風便當使回風尋港汊爲穩勿得前行指望風息恐反至疎虞如遇急猝暴風奔港汊不及之時急搶上風多抛鐵猫牢繫纜如重載船則頻頻點看小倉怕有客水浸入隨處劄艙如小船則看風色如何別尋泊處如春夏間於港汊內泊船須要多用壯繩深打樁橛不計早晚恐有山水發洪衝突之患

海運詳考

山東布政使司左布政使王宗沐呈爲海運事近接邸報見戶科給



事中李貴和有開膠河之疏隨經工部覆題差工科給事中胡檟親臨相度竊計朝廷以邳河近年間多淤塞漕舟不通故欲爲我國家慮至深遠別通一路以防不虞誠大計也該職查得膠萊河之開始於元至元十七年七月總管姚演奏事下丞相阿合馬與百官集議因鑿以鈔萬錠爲傭直仍給糧食世祖從之十八年九月丞相火魯火孫又奏請免益都淄萊寧海三州一歲賦入折傭直以爲開河之用三十一年御史臺言膠萊海道淺澀不能行遂廢而所恃以漕達於京師者惟恃阿八失所開濟州河其後漕臣襲加爵孫偉言漕海舟疾且便而右丞麥木丁亦言阿八失所開河益多損少是時漕臣忙兀解遂招集南人運速萬石與襲加爵孫偉言合諸臣請用軍驗試遂移阿八失所用水手軍萬人船千艘界揚州省教習漕運以平欒船從津專事海運而濟河亦廢夫以元人之虐用其民其開膠萊河與臣稱其所費不貲而卒無成效固不能強以全盛之力與河爭利者此其終不可成之明驗也夫邳河既未能猝通而膠萊又恐不足以濟故以愚見莫如徑通海運今誠得二萬金以六千金造船六隻以餘銀募登萊海島居民約船大小每船須五十人上下以三隻自登州而北至直沽三隻自登州而南至淮安每船皆給以公文及齎帶重物到彼處官司交投爲驗還歸登州凡可往返三兩轉即係海道通行然後通用造船派運之法悉依元人規制詳見後條銀發海右守巡及海道督造募招每船給一火牌乃通書船上水手姓名又每人給一小牌俱書年甲籍貫以防改替仍每船給畫工一人以便圖錄標記停泊山崖之名則明年之春即可以所造之船先赴淮安兌運止數萬石如元人初年之例其事之必可成及悉查歷代成算與較量本朝河運利害俱逐欵開載於後職以爲有十二利焉自



古漕運以建都爲向往唐漢都秦則通渭宋都梁則通汴我朝定鼎幽燕地勢極北所恃者在邳州一線之路近又淤塞有識寒心今所費不多而別通海道兩漕並輸國計益足彼不來而此來先臣邱濬固已言之此國家至深至遠之計一利也漕河身狹閘口珠聯漕船勢必立幇以防爭越挨守日久則百弊生而軍食費今海運開洋不必挨幇二利也查據議單每歲漂流掛欠不下數萬掛欠由人漂流自天然卽於漂流之中論之有人船米俱在者有人在而船米亡者有船壞而米尚可撈於濕者情態萬狀報入戶部不過行勘然有司之勒停與吏書之隱匿有實漂流而以爲虛千死獄中而責償不獲有不漂流而以爲實各分其利而虧損在官今海運既通則雖有漂流而無掛欠而漂流亦不待於勘報稽違以誤總計三利也今漕河浙江蘇松常鎮寧國太平共糧一百八十六萬石每石扣過江米七

升共該費米十三萬二百石而入淮以後遇淺船剝腳費之費不與焉今海運既通則過江米與夫盤剝之費省者不下數十萬四利也漕河運軍兌米已畢憚於空歸牽挽之勞往往將船鑿沉而逃每歲計費不貲今海運無船將不能歸則沉船可省五利也宋人運船歸則帶鹽邱濬亦有此論其事體未敢遽議然今各軍有行糧有賞鈔有安家今誠通海運舟大而人多許其稍帶南貨免其抽稅而漸減行糧諸色每歲之省亦不可計六利也漕河運軍行糧有派在水次𨔼支者每每徵收不齊其後改徵本色四五錢不等而官給不時守候頗艱今通海運則須盡給而後開幫凡一應料價輕齎月糧等項有可皆不容淺料理自齊七利也議單浙江江西湖廣臨艙耗米每石至七升六升其餘道里漸近雖有遞減輕齎然其費亦不貲矣所以然者爲其行日久而耗多故也今海運乘風勢甚迅急則耗米亦



可稍議裁節其羸亦多八利也京師王畿四方走集近者累歲爲行戶市賈民間貧累輔臣曾形章奏今海運既通百貨合集則物價輕行戶亦寬自成富盛在唐陸贄當德宗之亂以京師米貴奏請出糶關中爲之價平今國家承平萬無此理然以貨推米則深計者所不廢九利也遼東孤懸餉餽甚艱往年災荒天子爲之宵旰東顧海運既通則遼東緩急可餉如洪武三十年故事十利也歷朝漕運皆卒召募而惟本朝用軍歷朝漕運皆率轉搬而惟本朝直達軍無更休而直達路遠在途更時牽挽疲勞還家未幾席而官司已點再運矣今海運既通則每行五鼓開船而已即在艮每歲春初入兌而夏盡即休疲困亦蘇十一利也兌運時軍弊百出盜賣侵尅甚或官軍俱逃其有軍盜而官不知則掩欠之官在刑部獄者往往相比也今海運自開洋之後欲盜而誰與爲市已盜而逃將焉往十二利也國

家承平二百年矣私憂誠不勝惓惓頃歲久臥林下頗考其詳茲特因膠萊之費用布始末以仰慰廟堂不惜駱議爲國家建長遠不拔之盛心此係元人與國初已享之成利猶之耕熟田也而管見迂疎又以爲萬萬必可成就所有考據利害詳悉俱載後條伏惟鈞臺賜裁擇焉倘可轉聞再加酌議見之施行則宗社幸甚愚無任仰望冒昧之至

計開

一海運在先朝始末　查得海運之說倡自唐咸通中議而未詳至宋神宗熙寧七年京都路訪察鄧潤甫等言山東沿海州郡地廣歲豐穀賤募人爲海運山東之粟可轉之河朔以助軍需詔京東河北路轉運使相度卒不果其後元世祖至元十九年伯顏滅宋時載圖籍由海之京以爲海運可通力請於朝遂命上海總管羅璧朱清張



瑄等造平底海船六十艘運糧四萬六千餘石從海道至京師然刱行海洋沿山求嶼風信失時明年始至直沽朝廷未知其利是年十二月立京畿江淮都漕運司二仍各置分司以督綱運每歲令江淮漕運司運糧至中灤京畿漕司自中灤運至大都二十年又用王積翁議廣開新河然新河候潮以入船多損壞民亦苦之於是罷開新河頗事海運立萬戶府二以朱清爲中萬戶張瑄爲千戶忙兀䚟爲萬戶府達魯花赤爲千戶二十四年始立行泉府司專掌海運增置萬戶府二總爲四府二十五年內外分置漕運司二其在外於河西務置司領接運海道糧事二十八年又用朱清張瑄之請併四府爲都漕運萬戶府二止令清瑄二人其屬有千戶百戶等官分爲各翼以督歲運至元四年遣官至江浙議以嘉興松江秋糧并江淮江浙財賦府歲辦糧全充運海漕之利至是始博而到京者已三百萬有

餘矣初河運之道自平江劉家港入海經揚州路通州海門縣黃連沙頭萬里長灘開洋沿山嶼而行抵淮安路鹽城縣歷西海州海寧府東海縣密州膠州界放靈山洋投東北路多淺沙行月餘始抵成山計其水程自上海至楊村馬頭凡一萬三千三百五十里至元二十九年朱清等言其路險惡明年千戶殷明畧又開新道從劉家港入海至崇明三沙放洋向東行入黑水大洋取成山轉西至劉家島又至登州沙門島於萊州大洋入界河當舟行風信有時自浙西至京師不過旬日而已視前二道為最便但風濤不測糧船漂溺者間亦有之然視河漕之費則其得蓋多矣歷歲既久弊日以生水旱相仍公私俱困疲三省之民力以充歲運之恒數而押運監臨之官與夫司出納之吏恣為貪黷脚費不以時給收支不得其平船戶貧乏耗損益甚兼以風濤不測盜賊覆亡由是歲運之數漸不如舊



至正元年益以江南之粟通計江南三省所運只得二百八十萬石二年又令淛軍行省及中政院財賦總管府撥賜諸寺觀之糧盡數起運僅得二百六十萬石而已及汝頴倡亂湖廣江右相繼陷沒而方國珍張士誠竊據淛東西之地雖縻以好爵資為藩屏而貢賦不供剝民自奉於是海運之舟不至京師者積年矣至十九年朝廷遣兵部尚書伯顏帖木兒戶部尚書齊履亨徵海運於江浙由海道至慶元抵杭州時達識帖木兒為浙行省中書丞相張士誠為太尉方國珍為平章政事詔命士誠輸粟國珍具舟達識帖木兒總督之既達朝廷之命而方張互相猜疑士誠慮方氏載其粟而不以輸於京也國珍恐張氏取其舟而因乘虛以襲己也伯顏帖木兒白於丞相正辭以責之巽言以諭之乃釋二家之疑先率海兵俟於嘉興之澉浦而平江之粟展轉以達杭之石墩又一舍而後抵澉浦乃載於舟海灘淺澀躬履艱苦粟之載於舟者為石十有一萬明年五月始抵京是年秋又遣戶部尚書王宗禮等至江浙二十一年九月又遣兵部尚書徹徹不花侍郎韓祺往徵海運一百萬石二十二年五月運糧赴京視上年之數僅加二萬而已九月遣戶部尚書脫脫歡察爾兵部尚書帖木至浙江二十三年五月仍運糧十有三萬石入京九月又遣戶部侍郎博羅帖木兒監丞賽因不花往徵海運士誠托詞以拒命由是東南之粟給京師者遂止於是歲此載在元史大畧也

又考元丞羅璧傳曰璧與朱清張瑄首部漕舟由海洋楊揚村不數十日入京師賜金虎符進懷遠大將軍萬戶兼管海道運糧二十四年乃顏叛璧復以漕舟至遼陽海洋抵錦州小凌河至廣寧十寨諸軍賴以濟加昭勇大將軍二十五年督漕至直沽會潞河水決溢幾及倉璧樹柵率所部畚土築堤捍之陞昭毅大將軍王艮傳曰艮遷



海道漕運都萬戶府經歷時紹興之官糧入海運十萬石城距海十有八里歲令有司拘民船以備短送吏胥得並緣以虐民及至河次主運者不即受有折缺之患民執言運戶既有官賦之直何復為是紛紛也乃責運戶自載糧入運船為風所敗者當覆實除其數移文往返不絕艮取吏牘披閱即除其糧與鈔運戶乃免於破家王克敬傳曰克敬擢河南道廉訪使調海道都漕運萬戶是歲當天歷之變海漕舟有後至直沽者不果輸復漕而南還行省欲坐罪督運者勒其還趨直沽克敬以為脫其常年而往返若是信可罪今踏萬死完所漕而還豈得已哉乃請計石數附次年所漕舟達京師省臣從之貢師泰傳曰師泰江浙行省參知政事二十年朝廷除戶部尚書俾分部閩中以閩鹽易糧由海道轉運給京師凡為糧數十萬石朝廷賴焉張思明傳曰初立海道運糧萬戶府於江浙受除者憚涉險不

行思明請陞等以優之因若爲令又查得宋史開載建隆中女直嘗自其國之蘇州泛海之登州賣馬故道猶存至重和元年漢人高藥師泛海來言女直建國屢破遼師登州守臣王師中以聞詔蔡京童貫共議遂使武義大夫馬政同藥師以海道如金金主與粘沒喝議使渤海人李善慶持國書并珍珠生金等物同馬政來修好詔蔡京等諭以攻遼之意善慶等唯唯居十餘日遣政同趙有開齎詔及禮物與善慶等渡海報聘行至登州會諜者言遼已封金主爲帝乃詔政勿行止遣平海軍校呼慶送善慶等歸金職惟元人開國幽燕享海運之利已幾及百年其全盛之時固無庸論及至正之末天下分裂猶能使張士誠運給數年若夫宋之趙有開馬政又以孤舟鑿空海道由海往來報命則海道之可通又不待元而始可信矣

一海運在明朝本末　查得明洪武三十年海運糧七十萬石給遼



東軍餉永樂五年禮部會官議北京合用軍餉本處稅糧子粒并黃河漕運未能周急必藉海運然後足用即目今海船數少每歲運不過五六十萬石且未設衙門專領事不歸一莫若即於太倉城內專設海道都漕運使司堂上官於文武中擇公勤廉幹者以充行移與布政司同各處衛所見有海船并出海官軍俱屬提調以時點檢如法整治奉旨運糧的事再議了來說至九年以濟寧州同知潘叔正言命工部尚書宋禮都督周長等發山東丁夫十六萬五千濬元會通河自濟寧至臨清三百八十五里於是漕舟始達通州十年禮以海船造辦太迫議造淺船五百艘由會通河運淮揚徐兗等處歲糧一百萬石以補海運一年之數十一年平江伯陳瑄等始議原坐太倉歲糧蘇州并山東兗州送濟寧倉河南山東送臨清倉交收浙江并直隸衛分官軍於淮安運至徐州京衛官軍於徐州運至德州各立倉廒收囤山東河南官軍於德州接運至通州交收名爲支運一年四次十三年增造淺船三千餘艘海運始罷遮洋船每歲於河南山東小灘等水次兌運糧三十萬石內六萬石於天津等衛倉收二十四萬石內十四萬石運耗折銀六錢俱從直沽入海轉運蘇州倉收其後巡撫侍郎周忱言裏河民運多失農月請如永樂初令民運於淮安瓜州補給腳費兌與軍軍民兩便衛所出給關通付繳從之宣德八年參將吳亮言江西浙江湖廣江南船各回附近水次領兌南京江北船於瓜淮領兌其淮徐臨德諸倉仍支運十分之四浙江蘇松等船各本司府地方領兌不盡者仍於瓜淮交兌其北邊一帶如河南彰德府於小灘山東濟南州縣於濟寧其餘水次倣此成化七年都御史滕昭議罷瓜淮兌運裏河官軍過江船於江南水次交兌民加過江之費視遠近爲差十年議淮徐臨德四倉交運糧七十



萬石改就水次兌與軍船名爲改兌每年議派多準其數然不爲常例又查得平江伯陳瑄傳載永樂初充總兵帥舟師海運歲米百萬石餉京師遼東請建百萬倉於直沽尹兒灣城天津衛兵籍萬人戍守舟經海島下令交市人不敢譁兩便之江陰侯吳楨傳載戍定遼時總舟師數萬由登州轉餉海道險遠楨善調度兵食充足未幾召還自此遂罷海運然山東登州衛海船猶設一百隻正統十三年減免止得十八隻歲撥五隻裝運靑登萊三府布花鈔錠一十二萬餘斤至遼東餘泊海以備海寇宏治十六年又減四隻其十四隻分派湖廣江西各四隻就彼成造浙江福建各三隻每隻解銀五千兩赴部買料成造正德四年題革各布政司每三年徵價解部三府布花准收折色正德五年仍舊打造嘉靖三年本部議得海船之設本爲裝運布花防禦海寇今布花已收折色若資此爲戰艦恐遇風則奔

馳莫止臨陣則重大難旋題請停罷夫登州船至嘉靖三年而始革遮洋船至嘉靖四十五年而始廢今漕河淺船亦自海運四百料鑽風船改造則海運雖罷不行而其餘規尚有考故職以爲警耕熟田者誠以二祖之神謨不可終廢也

一漕運[illegible]久勢必變通　查得開國定都必通漕運運法既久勢須變通故歷代漕法因時改張漢人尚矣唐都關中江淮漕租來至東都陸運至陝西水運行至開元十八年裴耀卿始一變而爲轉搬自江淮漕者皆輸河陰倉自河陰倉西至太原倉謂之北運韋堅二變通漢隋運渠起關門抵長安通山東租賦乃絕灞滻並渭而東至永豐倉與渭合劉晏三變由潤州陸運出揚州轉送至河陰李泌四變爲入渭船方五板輸來渭橋遂罷南路陸運牛仙客五變爲和糴而其後遂終唐世宋人都大梁初開四河以漕而汴爲重開寶八年一



變而爲綱運嘉祐三年二變而爲造船補卒團本路綱熙寧二年薛向三變而爲募客舟與官舟分運元豐五年陳佑甫四變而爲汴河量綱崇寧三年曾孝廣五變而爲直達綱而亦終宋之世我朝初仰海運永樂十一年始爲海陸兼運繼而支運爲兌運爲改兌卽今不惟運之在官軍者弊端百出耗折數多而河之漸南徙者決壅不常梗塞爲病酌時事之急以求必濟之經舍海運則安所求哉通計河海二運俱不能無利害然聖人立法不能使天下之純有利而無害惟酌其多少之分而決其權使不可窮而已河運之利在腹裏無盜賊之警在安流無風濤之險然近年風水之漂流官軍之侵盜歲不下十餘萬在戶部不過扣羨餘趲存各項以補足四百萬之額然實達之運曠日持久則軍無寧歲洪河之轉則期限難必轉徙無定而況侵盜而逃利歸刁奸之手攤派及衆償出在運之人是以官軍交

病歲漸彫瘵以職前所述十二利者詳籌度之則利在海行爲多而其所患者不過風濤之漂沒而已行之既久灣泊得地占風順時則可以自保完歸而每年早定兌期必開洋於首春之候則又不待規避而猛惡之風濤亦不相逮矣且又計之今運河之梗見儲於邳州之下者已三十餘萬而停之二年卽使海河二運利害相當猶當詢求以紓南顧之憂而又況其十五之利害也伏惟籌國者幸加意焉

一初尋海道之議　查得海運不行已近二百年固未敢遽造舟載糧而長往也自閩浙而至蘇松自蘇松而至淮安自淮安而至登州其間雖未直達而本界往來固未嘗乏絕特自登州而至直沽則已絕北海途遙而利少民或未之常經耳卽今春半則自登州登舟尚可南北分行北盡直沽南盡淮安卽如前募人造舟可以尋導而驗試之稍涉夏初則但可北行而南向之舟不可發勢須自淮安發舟



尋道至登州今登膠之間往往有淮貨則民間小舟未嘗不通故職謂募人初試僅六萬金而足者此也如募人而自有舟則兼給以其舟之直齎持百給皆應優厚但欲使人樂於應募而通行其道中嶼梗之處停船之島悉加標記往來三數次則卽可載糧以試舟爲引導也以試舟之水手分布於糧船亦可也又行之二年則人益習其險而糧固可雲集故元初止四萬而其後乃至三百萬餘我朝一統而南下爲富卽今揚州以及江西湖廣皆仍舊由儀徵入河而但以浙江蘇松常鎭寧國太平自海運出則固已一百八十六萬矣自此進退損益惟吾所欲而尙何難之有哉初造試海船人與費皆不多無庸設專官及估費故不悉通

一海運既通造船通運之議　查得海道前已試驗通行固可造船開運但山東登州頗據海道之中北入直沽而南至淮安約爲適均

但登州無大舟但可以小試而不可以供載糧登州人寡但可以初試而不可以足漕數則須於江淮間更造船隻而別選水手此其所當議者一也元初水道稱劉家港在今嘉定縣元末貢師泰則出福寧州我朝永樂中則漕粟皆頓太倉州見今河漕則淮安爲聚集擬通海運則須定起幫之地此其所當議者二也漕舟既通南貨漸富則盜賊出沒勢不能無故元自仙鶴哨船而國初環海列有備倭屯戍徼巡之官兵所必修復此其所當議者三也運船帶鹽始自宋人其後邱濬亦有此議然於鹽法不無稍礙而運軍船胥海險非有以補酬之又無以使之鼓舞而盡其力非鹽則貨此其所當議者四也河運用軍則各衞自有官統押故但以都御使糾繩之而已若海運風濤官非久習則輒啦吐不支故元人設官專爲都轉運司秩正三品而朱清張瑄但加職而不易職此其所當議者五也海行習險必



海防之人故元人雇募水手常於揚州尤須教習而邱濬亦云須募閩廣之人募則有費抑移海運之軍糧以充募乎抑寧教習水手乎此其所當議者六也河運以近多淤塞故籌海運而元人亦以江南諸運糧充運額如必於淤塞爲慮也則湖廣江西淮陽眞慶皆在黃河之南以及白糧船祿米倉米部等衙門糧米將並歸海運乎此其所當議者七也江南海運粟輸太倉開洋此永樂中故事計亦以避丹陽奔牛一帶淺澀也并歸淮安出海則船廠總運皆聚於一處若江南河自劉家港太倉啟行則廠官勢必分建此其所當議者八也海運糧船至直沽交卸元人於此置廣通倉停頓轉搬各有經費擬今河運議暈桃花淺以北事體或官令設船或雇民經紀此其所當議者九也元人分滎陽等綱爲三十每綱皆設押綱官二員每綱船三十隻爲一綱船九百餘隻運糧三百餘萬石戶船八千餘戶綱官以常選正八品爲之此元人全額也今截淮北之糧歸於河運則船之大小與戶之多少若有節裁此其所當議者十也事當新建則百議俱出規條紛拏必當究盡利害始可以久自十事之外有未詳者俟通行議運之日博采羣策以成劃一固不憚於更張而坐失大計也夫海運之利較著如此而久不及者夫豈狃於河運之安行且憚於更張之煩費哉戶部總司天下之大計而必得在外任事之臣淮漕雖據運道之中樞而未悉登州以北之路談風濤之險則聽者易容戒首事之端則言者咋舌然不知久而狎之自當益習此趙充國所以云屯田久住從枕席上過師也不然元人立國固亦有六宮百司之餉給而自至元以迄至正享其利幾及百年而雖二祖之冠絕百代猶不能棄其成功而據其見利故職謂欲切時務而深遠慮以爲足國之計資無踰於此者矣



海運里程

第一程自淮安府開船至八套口共計三百餘里係河道可爲一程

第二程自八套口開船至鶯遊山共約二百四十里用東南風一日可到爲一大程如風不便九十里可投五叉河又西北一百餘里可投狹口灣泊容船五百餘隻

第三程自鶯遊山起東北遠望琅琊山前投齋堂島灣泊約四百里用西南順風一日可到爲一大程島西面泥灘二里可容船百餘隻中間所過水面東北濤落口灣口可泊船二百餘隻中間所過水面東北濤落口約一百九十里可容船十餘隻又東至夾倉口二十里可容船二十隻迴避望海石又東至石臼海口三十里可容船六十隻迴避石臼欄胡家欄曲伏桃花欄又東至龍王口四十里可容船三十隻迴避黃石欄又東至龍灣二十里可容船百餘隻迴避木瓜

島又東至齊堂島二十餘里迴避胡家山以上堪灣泊海口五處應迴避七處俱用西南風迴避西北正北東北風其餘滴水口沙灣口二處係西南經過碎路如遇緊急亦可灣泊

第四程自齊堂島等處開船正東由膠州靈山島東北望勞山前投福濤灣泊共約二百餘里用西南順風半日可到為一大程此島方圓二十里西南有泥灘二里半可泊船七十隻如船多島迤西五十里有董家灣闊大可泊船三百餘隻中間所過水面東四十里曰古鎮海口可容船三百餘隻迴避梅子嘴又東至靈山島五十里島西南嘴可容船二十隻迴避東北正北風島東北鼓樓圈容船十餘隻迴避正北西北風此處雖可容船不宜久住又東北至唐島六十里可泊船二百餘隻避東北正北風迴避露明石又東至小靑島五十里可容船三十隻避正北東北風又至董家灣六十里迴避馬提



嘴以上堪灣泊海口五處應迴避三處俱用西南風避西北正北東北風

第五程自福山開船東二里迴避老君石遠望田橫島約一百五十里用西南大風為一大程半日可到此島方圓三十里可泊船二百餘隻如船多島東北十里有關落灣容船二百餘隻中間所過水面東北由小管島六十里可容船二十隻又東由大管島十里可容船十餘隻又東至田橫島七十里以上堪灣泊二處迴避一處餘自進口港可容船十餘隻係背路遇緊急亦可灣泊

第六程自田橫島由青黃島遠望槎山前投元眞島灣泊共約四百餘里用西南順風一日可到為一大程島東西長五里遇北風泊南面遇東風泊北圈可容船百餘隻東北岸下水底三孤石傍多隱石該迴避遇船多島迤西五里朱家圈可容船百餘隻又西五里朱家

圈與草島前可容船五六十隻中間所過水面東十二里澗落灣容船二百餘隻又東至楊家溝港三十里可容船三十餘隻又東十里迴避劉家嶺又東至草島嘴三十里可容船五六十隻又東至青島三十里西圈可容船十餘隻東又至黃島三十里西南灘可容船十餘隻又東北至黃家島三十里可容船三四十隻又東經過蘇島直至元眞島朱家等圈一百五十里迴避朱家圈西柳蒲與沙嘴元眞島西嘴與島東岸三孤石以上灣泊六處迴避五處其餘行村寨島公島與何家馬頭乳山寨上港口及靖海衛北張濛島皆是背落去處如遇緊急亦可灣泊迴避靖海排石石裏島娘娘廟嘴

第七程自元眞島開船稍放洋行東轉杵島嘴北過成山頭西北望威海山前投劉公島灣泊二百四十餘里用南風為順風一日可到為一大程容船六七十隻如船多島迤西十里威海東門口教場頭



五口可容船三四百隻中間所過水面東至鏌鋣島西頭李家圈三十餘里可容船二三十隻避東北東南風南二里迴避礬石東三里鹿島可容船一二十隻避北風與東風又東七八里迴避四屋港又東十五里迴避墨石島又北十餘里養魚池可容船二百餘隻避東風東北風又東北二十餘里黃埠嘴可容船一百餘隻避東北與北風又東南一里避成山頭又東七八里迴避殿東頭此二處稍險須放洋遠避過此轉西三十餘里駱駝口圈裏東岸下可容船七八十隻避東北風又西三里李叢嘴可容船二三十隻避西北風又西十五里柳夼海口可容船五十隻避西北東北風又西七八里迴避青鷄島與鷄鳴島相連水底礁石又西直至劉公島一百里迴避島東南礁石嘴又西六七里黃泥涯可容船二三十隻俱避東北正北風又西二里山黃島裏口可容船三十隻避西面風又西十里衛東門

口教場頭塢口可泊船四百隻避西北風以上灣泊十處迴避十處
其餘寧津所西北嶇山海口尋山所西南青魚灘家鷄汪皆是背路
去處如遇緊急亦可灣泊
第八程自劉公島開船西北十餘里迴避王家嘴又西十餘里迴避
靖子嘴又西十餘里迴避小柞島邊遶嘴西南遠望之罘島灣泊共
約二百餘里爲一大程用東風東北風爲順風半日可到島東西長
二十里東頭迴避勝子嘴灣又西大口婆婆口可容船一百餘隻避
北風西北風又西三里迴避宅窠如船多島迤東三十餘里崆峝島
前可容船二三十隻迴避島南沙港又北二十里夾島可容船六七
十隻避北風中間所過水面迤西百四十里養馬島東柄上老鴉港
可容船三四十隻避西北風又島西南迴避煉石嘴又轉島裏龍王
廟前可容船二三百隻避西北正北東北風又西北五十里係崆峝



島又西三十里至之罘島以上灣泊四處迴避六處
第九程自之罘島開船西六十里過龍洞直西遠望長山島西投沙
門島灣泊共約一百八十里爲一大程用東南風一日可到島東南
汪周圍二三百里可容船一百餘隻避西北東北正北風如船多島
迤東南六十里新河海口可容船五六十隻口外不宜住船口裏避
回面風中間所過水面西六十里八角嘴可容船六七十隻避西北
正北風又西五里迴避龍洞嘴可容船五十隻迴避四石又一二里
入劉家汪海口可容船一百餘隻避回面風又西二十里迴避灣子
口東北沙港又西二十里迴避抹直口金嘴嶕石又西三里入新河
海口迴避觀音嘴口西北四十里迴避長山島東南嘴沙港又西十
里係沙門島以上灣泊三處迴避六處
第十程自沙門島開船西南遠望三山島約二百餘里爲一大程用
東風爲順風半日可到島南面黑港可容船三四十隻迴避北風中
間所過水面南三十里迴避大石欄又西六十里桑島前面可容船
五六十隻避東北西北正北風迴避島東北二處嶕石又西四十里
屺島迴避島東西北三處嶕石島南宋港可容船四五十隻又西
四十五里迴避羊欄嶕石又西十五里係三山島以上灣泊二處迴
避四處
第十一程自三山島開船過芙蓉島正西投大清河口灣泊共約四
百餘里爲一大程用東風與東北風爲順風一日可到可容船五百
餘隻避北風與東北風中間所過水面西五十里芙蓉島迴避東沙
港轉西南面可容船四五十隻避東北風又西五十餘里迴避虎頭
崖與東北碎石又西五十餘里迴避海倉口椿木閘石又西一百十
里係洱河口河外有沙嶺船難進泊又西四十餘里係小清河船難



進泊以上灣泊二處迴避三處還有三處小河口俱不堪灣泊
第十二程自大清河開船投大溝河約一百六十里用西南風一日
可到爲一大程可容船一百餘隻如風不便六十里投降河可容船
二百餘隻又至大沙河三十里可容船一百五十隻靠北岸有沙嶺
須迴避以上灣泊二處迴避一處
第十三程自大溝河開船投大沽河灣泊約二百餘里可容船二百
餘隻如風不便七十里投乞溝河灣泊可容船一百餘隻俱無迴避
其桑勾河窄小不堪灣泊
自淮安府起至張家灣止海道水程共計三千四百五十里

海運故道

一自南京開洋出龍江關靠東邊行到觀音山中洪一路好行至礬
山北有淺灘中洪可行望方山東邊中洪一道淺灘直過斬龍廟止

至鰣魚廠東路至龍潭驛一路水緊北邊中洪可過徑至儀徵中洪北到金山寺西首十餘里水緊拖猫寺北中洪都可行到焦山門仔細戳水行西南嘴有淺灘喚做姜婆沙西北下戳水中洪好行南有淺灘過山中洪一路好行轉往南有水是洪至丹徒縣南有隔壁沙灘中洪到五聖廟中洪好行閻山西南嘴一路淺灘中洪到孟子河西南好行東北中間淺灘沙嘴占多是洪有蘆嘴青東南衝出有三四里轉過南中洪戳水行便是黃山東北淺灘衝出大江中洪行望西邊緊水洪過東有馬馱沙西南嘴衝出帶一條東南也有沙帶一路中洪可行南有江陰縣地方拋船江陰縣西邊有夏港過江陰縣中洪到巫子門淺沙打外洪過喚做寶船洪望見西北蝦蟆山可轉中洪到蝦蟆山西有淺灘望北好行南是谷瀆港中洪有淺灘舟行小碍可防占南有洪照黃思鋪占南岸行到夷舖港南有淺灘北邊



是洪到福山港中洪到白茆港北有狼山望東北戳水中有淺北有洪逕到廖角嘴南路與劉家港拋泊

海運新道

元史初海運之道自平江劉家港人海經揚州路通州海門縣黃連沙頭萬里長灘開洋沿山嶼而行抵淮安路鹽城縣歷海州東海縣密州膠州界放靈山洋投東北路多淺沙行月餘始抵成山計其水程自上海至洋村馬頭凡一萬三千三百五十里至元二十九年朱清等言其險惡復開新道自劉家港開洋至撐脚沙轉沙嘴至三沙揚子江過扁担沙大洪又過萬里長灘放大洋至青水洋又經黑水洋至成山洋過劉家島至之罘沙門二島放萊州大洋抵界河口其道差爲徑直明年千戶殷明畧又開新道從劉家港入海至崇明州三沙放洋向東行入黑水大洋取成山轉西至劉家島又至登州沙門島於萊州大洋入界河當舟行風信有時自浙西至京師不過旬日而已視前二道爲最便云然風濤不測糧船漂溺者無歲無之間亦有船壞而棄其糧者至元二十三年始責償於運官人船俱溺者乃免然視河漕之費其所得蓋多矣

海運說

海運始於元而朱清張瑄者故海上亡命也久爲盜魁出沒險阻若風與鬼刦掠商人甚苦之至元二十一年伯顏建議海運乃招二人授以金符千戶押運糧三萬五千石仍立海道萬戶府三以清瑄與羅璧爲萬戶轄千戶所領虎符金牌素銀牌船大者不過千石小者三百石自劉家港出洋子江盤轉黃連沙嘴月餘始至淮口過膠州牢山一路至延眞望北行轉成山西行到九皐島劉公島沙門島放萊州大洋收界河西月餘抵直沽實爲繁重至元



二十六年增糧八十萬石二月開洋四月直沽交卸五月還復運糧至八月回一歲兩運是時船小人恐懼至元二十七年朱萬戶請與李福四押運自洋子江開洋落潮東行離長灘至白水綠水黑水大洋北延眞島轉成山西行入沙門開萊州大洋進界河不過一月或半月至直沽漕運利便因加朱爲浙江省參政張爲浙江鹽運司都運如斯者三十餘年大德七年招兩浙上戶自造船與脚價十一兩五錢分撥春夏二運延祐以來各造海船大者八九千石小者二千餘石歲運三百六十萬石京師稱便迨南贛貢亦通蓋自上海至直沽內楊村馬頭凡萬三千五百五十里不出月餘可以達省費不貲若長樂港出福州經崇明以北又自古未有之利也洪武三十年猶放其制歲運七十萬石以給遼東至永樂間會通河成始不復講議者恒有意外之虞以爲人生一日食

不下咽則死亡立至會通河南北之咽也訪求古道擇才而任之且重其權抑亦可為先事之防即使有如清與瑄者亦且消其驍勇而誘以自效又博求王憲使獻膠萊河之說因其垂成之功督以畫一之法使表裏兼資參酌利害以甦漕卒之困而求無疆之利憂世之君子豈無是心哉夫此皆成說也若議之於將來其為利便固有不待智者而後知者予欲有所俟焉而不敢輕為之說也

新河論附載

淮河北岸隔一里為支家河通新清至安東縣有澳河霤水三議俱臨淮可通東則有東運河朱家河七星白家河流入淮又東有鹽場河界官界牛洞河平朝河流入海俱宜築塞中有邉蠻河在淮海交可置閘以殺水勢西則有沭陽水涸為太湖為傳河湖又有楊家溝



西漣河崔家溝古閘皆入漣河海口自支家河至漣河水程三百八十里入海由海州贛榆至山東界歷安東衛石臼所夏河靈山衛膠州河瞭頭礬至麻灣海口計二百八十里隔五家灣可通把郎廟新河口杜陳庄小閘戴家劉家大閘王朱杜家小村至平杜州又經窩舖亭口大成昌渠小閘新河集秦家庄海倉口至大海口共三百七十五里大海口至直沽四百里通計一千三百四十五里而平度州東南本有南北新河水源出高密縣至膠州分二流北河西流至海倉口以自膠抵萊河元時曾濬此謂以避迤東海道數千里之險者近代所當講矣夫誠欲都燕則海運安可不復海運復則新河安可不開海運由安東尋靈山歷陳家島傍岸而來則觸浮勞之巇放舟大海岸夾延眞自蓬頭紅成山沙門則歷萬里之波濤若新河由海倉至麻灣相距纔一百餘里非如涉海數千里之阻也下欵三沙之洋上接三山之泐水勢自然非若引汶絶濟㵎決細流以蓄注也萊守陽賓云新河自膠州歷昌邑濰縣西北出界河止八十里內六十里海潮日至其二十里淤塞往時開壩規制現成至小直沽易易也此河若成天下利之奈何吝此二十里之費棄元人垂成之績哉邱學士云海舟不畏深而畏淺不畏風而畏磕其言又豈無據乎

北海泊所

乾皮嶺　楊林子　長灘　澆薄　苦房溝　通江溝　沙灘溝
打鐵溝　擺渡口　南寨溝　朝花島　快怙口　紅草窠　黃林
水　剪子河　青蓮嘴　郇步　南北河　柳河　紅草溝　白河
桃園　薤韭駝　官溝　梁房口

洋防輯要卷二十三

鹽政

山東鹽法志

本司所轄一十九場惟八場徵鹽永利利國豐民豐國四場距海稍近鹽曬於地其形顆今謂之監鹽是也永阜新鎮王家岡寧海四場距海不啻六七十里而遙鹽熬於盤其形散今謂之末鹽是也然煎之之法率以天時為本而成之以人力每歲春夏間天氣晴明取池滷注盤中煎之盤四角揩為一織葦攔盤上週塗以蜃泥自子至亥謂之一伏火凡六乾燒鹽六盤盤百斤凡六百斤為火引鹽一餘二百斤詰旦仍出坑灰攤曬亭場閒至中俟鹽花浸入灰內仍實灰於坊以取滷其試滷必以石蓮投之滷中沉而下者為澹滷浮而橫側者為生澹滷煎之費薪必浮而立於滷面者乃俗入盤煎之頃刻



而就將成仍投以皂角數斤鹽始凝結至於積灰則以年久為良滷水漬潤出鹽尤多然久旱則潮氣下降土燥而鹽不生花久雨則客水浸溢亭場沾濕曬灰又致銷蝕故以灰取滷必雨暘時若而後鹽始豐若夫曬鹽之法其取滷則又有灰淋土淋之殊土淋之法以畚插起鹹鹻潮灘土曬乾實土池中注水取滷如灰淋法每竈各砌磚石為大灑池旭日晴霽挖坑井所積滷水滲入池中曝之自辰逮申不煩鐺鬻之力即可掃鹽以輸官少陰晦則絕無鹽故海墺之場多曬鹽而場去斥鹵遠者多火鹽鹽品以散為上而監次之

夫募商鬻鹽肇自宋雍熙間其法以商輸芻粟塞下而官給之鹽夫亦漢鼂錯遺策也識者韙之明洪武初循用其策以東鹺專供邊代芻粟累朝邊計賴焉成化間稍更以入金自是飛輓不繼於邊塞其策與彼孰多此未易講也蓋不獨東鹺已矣東鹺商課較他方甚微渺其中鹽引僅一十二萬餘耳顧有內商有邊商邊商則報中鹽引於邊代輸芻粟與金各半之以金計每引僅值金一錢又半之內商則轉購鹽引於邊商藉以鬻餘鹽牟利而鹺司徵其金歲額以兩計凡五萬輸商之計部計部復輸商之邊鎮猶存國初實邊遺意焉司計者所宜殫心也運使甘一驥開鹽河議查得洛口下流見今上接新冶大清河通行濱州霑化利津入海以收寧海等八鹽場之利為山東梁宋之用並無湮塞無容再議其所稱鹽河故道久湮難尋則小清河南一支逕流青州等府樂安等縣海滄等十一場入海者也國初山東鹽河有東北二大支其北一支屬洛口蒲臺二批驗所為大清河洛口上流自東平墳河口東阿平陰長清齊河而東入洛口下流經齊東蒲臺濱州霑化利津入海以通寧海永阜豐國永利利國富國豐民王家岡等場運鹽出八場過蒲臺洛口二關而達運河



此鹽河北一支屬洛口蒲臺二所而達寧海等八場之鹽利者也其東一支屬樂安批驗所為小清河出趵突泉流大明湖經華不注山流龍山經章邱流清塔沙三河經鄒平長山新城流孝婦河又東經高苑博興流烏河其名烏河者一名乾時左傳公與齊侯戰於乾時是也一名時水杜預注時水在樂安縣界臨淄二十五里是也源出益都矮槐樹北又有系河者在長山縣北二十里源出范城店經新城界流烏河而入小清河其名孝婦河者源出益都西顏神鎮三里經淄川長山新城北抵高苑博興樂安東北達高家港又有淄河者在長山縣南二里源出米山自城南流孝婦河而入小清河又有乾溝河者在長山縣西南三十里源出長白山流孝婦河而入小清河其名清沙河者清河一名繡江在章邱縣東一里源出會仙山下合白脈泉東西二麻灣泉西北匯為白雲湖而入小清河沙河在鄒平

縣西二百步源出大峪山西北而入小清河諸水皆出馬車瀆支脈河澄海口北入海自小河而南上流則爲臨淄縣之淄河澠水康浪水爲益都縣之巨洋水爲臨朐縣之培水石溝水爲沂州之東泇河西泇河沭河湯河爲郯城縣之大方湖沂河經徐州邳宿而達黃河自小清而東下流則爲壽光縣之沮河龍泉水王欽水爲日照縣之付疃河竹子河大晃莊河在萊州府則爲濰縣之濰河淮河白浪河寒浞河爲昌邑縣之浮康河七溝河爲膠州之膠萊河洋河爲高密縣之張魯河五龍河白水河爲平度州之雲河現河蘇村河墨水漱玉泉乳泉爲卽墨縣之土滾泉龍泉爲掖縣之南陽河掖河白沙河萬歲河杲村河上官河在登州府則爲招遠縣之萬盛河五淵河爲萊陽縣之五龍河陶張河平南河爲福山縣之淸洋河義井河而登萊等府壽光日照等縣各有支河入海此鹽河南一支屬樂安批驗



所而通海滄高家港等十一場之鹽利者也成化以後海滄等十一場支河乾涸商旅不行邳州改行淮鹽開歸改行河東樂安批驗所裁革而鹽河南一支故道遂日就湮沒無復可尋矣十一場竈丁改徵折銀每引七分百釐共徵六千餘兩舍其所產徵其所乏而竈丁漸累漸逃愈逃愈累無復更生之望矣近乘開歸分認地方之會議豁折銀復本色仍照附省竈丁例五分四釐支商歲減徵銀一千七百兩而十一場貧竈庶幾少蘇顧十一場水利湮廢竈鹽不售所謂泃濕濤涞烏在其能蘇竈也鹽河僅存者北一支大清河耳洛口爲大清下流齊東縣間有淺處尚無湮塞蒲臺而下通行濱州利津霑化入海大清上流自汶河口築而鹽舟不達於運河至魚山車運三十里上船而商人始告病矣運河之水涓滴不復鹽河加以連年旱乾商人舍舟從陸而大清又幾廢矣幸蒙廟堂採議濬五泉建五閘

以復大清之舊以通寧海等八鹽場之利不獨山東舊額五萬兩蝕之卽梁宋新額一萬六千兩亦取辦於此矣但往以十九場而應全齊梁宋今以八場而應全齊梁宋源少流濶恐不可繼明問欲舉鹽河故道而盡復之誠盛心也但樂安北負海日照南負海登萊東負海古所謂天府之國齊得十二焉而不得收負海之利豈非有其地無其人乎凡有憂國憂民之心者不能不拜明問而扼腕也竊念天下之事當與天下之人共爲之百世之利當爲百世之規其興之功不必自我出我開其端而俾後人底其績可也故不必旦夕計今創其畫而俾後數十年竟其功亦可也蓋民可與樂成難與慮始驟語之以興水利必忽焉而不信令且儆之以除水害驟語之以開河通舟楫必駭焉而懼擾今且引之以通溝渠庶幾其有濟乎夫一市之中必有一市之溝不然市遇霪雨必害於一市矣一村之內必有一



村之溝不然村遇霪雨必害於一村矣況大而一邑又大而一郡不通溝洫不洩下流豈不害於一邑一郡哉宜下令各邑繪圖貼說某村之溝以某村爲下流各郡繪圖貼說某邑之溝以某邑爲下流邑各幸其境內合一市之力通一市之溝合一村之力通一村之溝合一邑之力通一邑之溝邑之下流有壅者郡助之費以通之而一邑之水害弭矣一邑之故道出矣郡之下流有壅者藩司助之費以通之而一郡之水害弭矣一郡之故道出矣語云禹以四海爲壑又云禹盡力於溝洫善治水者未有不通下流亦未有不自溝洫始也古今異宜陵谷變遷凡可通處卽爲故道誌書所載諸水不必泥也凡可入海處卽爲壑禹之九河不必追也時詘舉嬴大象未易輕動苟有溝渠以洩下流卽可與民安堵不必遽望通鹽河與舟楫之利也溝渠既通下流既洩水害旣除故道既出藩司又繪一圖省水利總

圖某郡之水由某邑歸於運河某郡之水由某邑歸於黃河某郡之水由某邑歸於海某處下流可蓄應建閘以蓄水某處上流有泉可濬應導泉以濟水仍爲圖說詔後之來者近而數年或遠而數十年時和歲豐物力充盛必有能因時立政盡復鹽河之舊以通商盡輸海滄諸場之鹽以惠竈盡通山海之利以還先齊民物輻輳之盛者矣

江南鹽法考

管子以海王之國謹正其鹽筴告桓公伐菹薪煮海水爲鹽正而積之十月至於正月成二萬鍾公使糶之得成金三萬斤於是齊有渠展之鹽國用富強後世言鹽利者皆昉焉漢初弛山海之禁不領於縣官經費而吳王濞招致天下亡命來煮海水爲鹽以故國無賦而用饒其後卒以謀逆敗元狩中以東郭咸陽孔僅言置鹽鐵官募民



因官器作鬻鹽官爲牢盆（今有煎鹽官做卽其制）敢私鬻鹽者刖左趾沒其器物已罷行無常唐乾元初第五琦變鹽法就山海井近利之地置鹽院籍游民業鹽者爲亭戶免雜徭煮鹽盜鬻者論罪（今煎鹽竈戶因此）其後鹽之鄉爲置吏置亭戶收鹽轉鬻商任其所之其去鹽鄉遠者轉官鹽於所在置之商絕鹽貴則減價以糶曰常平鹽官得其利而民不知貴而諸道故有榷鹽錢商舟所近復有稅錢晏悉奏罷之商民均利歲鹽利至六百餘萬緡居天下賦稅之半國用給焉宋制諸鹽聽州縣給賣歲課所入申尚書省而轉運使操其贏佐一路之費兩淮鹽行江浙荊湖諸路所謂末鹽者也（鹽出於海設竈戶烹熬煎煉而成謂之末鹽卽周官散鹽也若解州出鹽池者得西風水化而成謂之顆鹽卽周官監鹽也末鹽在楚州鹽城鹽歲煮四十一萬七千餘石通州豐利鹽四十八萬九千餘石泰州海陵鹽如皋倉小海場六十五萬六千餘石海州鹽蒲惠澤洛要三場歲煮鹽四十七萬七千餘石漣水軍海口場十一萬五千餘石）人之軍吏困於轉輸舟卒侵鹽雜沙土鹽惡不可食坐鞭笞徒配相繼莫能止而積鹽多露積無屋貯至生合抱木其上其數莫可較天聖間用翰林學士盛度言於是詔罷官自鬻聽入金錢京師榷貨務而以江淮若兩池鹽給之歲增課十五萬其後西事劇募商人輸芻粟塞下又置折中倉聽商人以金銀若輸粟輸他貨於京師入中者優其直予券以所在鹽給償後世召商中鹽之法自此始也自唐始榷鹽歲天下鹽利裁四十萬緡劉晏增之至六百餘萬緡迨宋紹興末泰州海陵一監支鹽二十餘萬爲錢幾七百緡區區一州唐時天下征榷之數而尤浮之於鹽利罄取盡矣明以鹽課給九邊糧餉而水旱凶荒亦時藉以賑民於天下設都轉運使司者六而兩淮居其一歲課百二十餘萬幾與漕運米直等初沿海竈丁俱以附近有丁產者充之免襍役徭給草蕩其罪犯自遷徙以下刑止杖仍發



煎鹽其煎辦以丁爲率初制引四百斤尋改辦小引半之（每丁歲辦小引鹽一十六引）計兩淮鹽歲額引七十萬五千有奇歲終轉運司所辦出給課如目上以待會虧額者追理凡竈丁所煎鹽一引給工本鈔二貫時鈔一貫直錢千優之合用引目運司官以時請於戶部請內府印造給付乃召商納粟中監量所在米價高下道里遠近爲之則中已出納引請場行支鹽如日鹽出場經批驗所依數驗掣而所過官司辨驗放行其轉賣各照上所定行鹽地毋過界若引與鹽離及越境賣者同私鹽追斷商賣鹽已卽所在退引非官僞造引者斬諸監臨勢要令家僕行商中鹽侵民科者罪如律蓋法令甚嚴如此然於時商中鹽者引輸銀八分上所權利甚微而商利甚厚以總利權抑市猾贍民食而已永樂中令商於各邊納米二斗五升或粟四斗淮鹽一引於是富商大賈自出財力招遊民墾田田日就熟而年穀屢豐甘

蕭寧褒粟石直銀二錢而邊以大裕宣德中施大惠於天下歲遣御史督視鹽法令各運司查中鹽商年遠事故無子孫支給者行原籍官司每引給貧米鈔二十錠優恤之正統初令淮浙貧竈有餘鹽官給米麥取之竈丁逃移者鹽課司核實停其征又令各商守支年深不得鹽者聽以十分爲率支淮鹽四分其六分於山東運司不願兌者聽守支諸所爲隱恤商竈甚厚其後始分爲常股存積常股者商人中納依次守支之鹽存積者積鹽在場遇邊餉急增價開中越次而放支之鹽也存積行而常股益艱滯商人子守支數十年老死不得支而兄弟妻子代之支者矣正統十二年以前令兩淮鹽課以十分爲率存積二分常股八分以後存積增至四分景泰元年又增至六分天順中御史李宏請照正統十四年例先儘派完存積商人撥派到場即支不拘資格常股依次支給不許攙越成化七年以後減存積二分仍作二分正德七年御史朱寔題准七分爲常股邊餉開中三分爲存積收貯在倉非遇緊急不許開中成化中戶部尚書葉淇言商人輸粟二斗五升是以銀五分得



鹽一分也請更其法課輸鹽於運司銀四錢支鹽一引可得粟二石是以一引之鹽坐致八倍之利且商人銀納運司道近而便安是上下交利之道奏可於是商人引鹽悉輸銀於運司類解戶部歲驟增至百餘萬兩諸商墾田塞下者悉撤業歸西北商或徙家於淮以便鹽而邊地爲墟粟湧貴石至值五兩時議者屢言虛邊儲而實太倉非計顧歲所增入當致十倍一歲錢穀之數而縣官支費日煩卽緩急可以支應慮不能損目前厚利以深惟邊計欲復如祖宗時盡輸粟塞下及薄取八分之利必不可得矣宏治中御史馮元中奏言開中邊方引鹽莫肯趨納皆由運司開賣故商人舍遠就近下戶部議令自今各邊招商上納本色糧草如舊制未幾復廢時天子加意於國家盈縮之變召閣學士討屯田茶馬之政甚悉已及鹽大學士李東陽言今者鹽法壞盡各邊開中徒有名而商賈失利類不肯中納

上問何也諸臣因極言皇親王府及內臣奏討之弊奏討者一夾帶者十弊尤甚因言國初茶馬法行有歐陽駙馬者爲夾販高祖震怒曰我才一行法卽欲首壞之耶遂置極典此事今皆不敢言上慨然曰非不敢言乃不肯言耳於是下詔言鹽國用所需近年欽賞數多又內外勢要人奏討奏買乃是攙越支賣夾帶私販以致上損國課下奪民財此遵何義哉其悉住還官自今各邊開中引鹽及糴買糧草勢要不得求討窩占巡撫糧儲官毋阿徇受囑違者聽巡按御史糾劾無何上賓至正德中用事者悉託名討鹽徑自奏中增價發賣不復遵舊制而鹽法決裂盡矣嘉靖初申飭鹽法之政令議者紛紛言利事析秋毫而法復一變五年用御史戴金言每正鹽一引許帶餘鹽一引正引於各邊納糧草餘鹽納糧運司解部其夾帶多餘者割沒入官歲增餘鹽銀六十萬兩正德中御史秦越亦言餘鹽至是始爲定制其後鹽法



都御史王仲御史黃國用復請以割沒銀給竈戶人給二錢有差取鹽一引倒開邊報中名工本鹽歲復增課銀三十萬餘鹽題中每包五百五十斤內正鹽二百五斤加以[illegible]商鹽五十斤并包索三十斤共二百八十五斤爲正引在邊上納糧草外餘鹽隨帶一百六十五斤赴運司納銀淮南原定價八錢後減七錢淮北原定六錢後減五錢割沒鹽十七年定鹽法都御史王臣題准淮南每一百六十斤淮北每一百六十斤各納銀一兩近時割沒外多餘者每斤納銀一分是時商人於邊中鹽者引納銀七錢已漸減五錢視初制不啻倍蓰而各邊穀湧貴不易糴勢要或占中賣窩若斗頭加耗官科罰而吏侵漁之弊諸爲費不貲及給引下場或官吏留難或竈丁額課不辦動經年而不得掣且商業輸餉於邊矣安所得贏羨攜重貲往返數千里外復輸納於運司而有司奉令申嚴非徵完餘鹽卽正引不得下場卽已支鹽上堆而挨單守候非五六年鹽不得行諸行鹽地遼遠涉長江排風浪時有漂損而數十萬之貲本擲之爲有又不能盡防攬截戶之無溢賣耗竊也蓋商憊至

是而甚於是商遂分而爲三曰邊商曰內商曰水商邊商多沿邊土著專輸納米豆草束中鹽中已所在出給倉鈔塡勘合以齎投運司納鹽引官爲平引價聽爱直於內商而賣之內商多徽歙及山陝之寓淮揚者專買邊引下場支鹽過橋壩上淮候掣亦官爲定鹽價以轉賣於水商水商係內商自解者什一餘皆江湖行商以內商不能自致爲買引鹽代行官爲總其鹽數船數給水程於行鹽地而販禁焉國初時嚴商人代支之禁及是而諸商名目不一禁停而均逐求利舊制有所不行者勢使之然也（引淮商定例每引官價八錢五分淮北七錢五分鹽價每銀一兩買鹽一百七十八斤引每銀三兩二錢）邊商以買引得利微復自支鹽出場名河鹽而鹽法壞御史鄢懋卿爲請將河鹽淮鹽相兼掣秤懋卿又奏各場未掣引鹽一百五十餘萬引宜責令通行解納約可得銀百餘萬奏下兩淮大擾徵歛督逼無虞日會御史徐爌上言商人挾貲萬里事出百



艱爲國足邊正引之外既征餘鹽又加以工本割沒可謂厄矣乃一歲之間必取盈百五十萬前鹽有掣無售一時督畢計何從出至於借丁畢債引目甚則鬻產回籍剜肉醫瘡其困苦已甚夫商人患無貲耳有貲則百貨可通豈能強之必趨於鹽官府出令惟除奸華弊不顧鬻鹽非奸弊也則亦莫如之何矣隆慶中御史孫以仁又言鹽引之滯塞價之減削始由於工本之帶加而致也今欲以河鹽淮鹽兼掣疏通則內商淮鹽日漸維寒邊商引目日益阻隔蓋邊商之引必得內商接買而後行緣以內而國課外而軍餉一旦未能兼供按年報中數年守支顧此未免失彼是以盡西北之旅報中以籌邊褁東南之商分撥以供課視國初鹽法迥然不同令以河鹽隨到隨掣內商守支日久不得趨利或別圖改業況夫堆鹽山積其誰肯收邊商之餘引以候數年之挨掣又老商隻影於淮上而爲國課之爭先

者乎宜停止兼掣爲便於是工本河鹽及都御史所奏清理鹽悉議罷而商困稍蘇萬歷初鹽法如嘉靖時制無紛更商人亦便習安之然行鹽額地自正德嘉靖後割江西五府（南安贛州袁州臨江吉安）及湖廣一府（永州）行廣鹽臺臣至累疏力爭不能復顧課日增行鹽地日蹙勢不能速售且廣鹽既通諸越境私販者不可遏民間無慮皆賤買私鹽而淮鹽大阻故水商船往返勢不能無愆期而淮南鹽歲掣減舊額四之一乃部解餘鹽銀六十萬兩歲解無能緩則預征於內商以取盈其數至二十以後所預征商銀一百五十餘萬始以鹽上堆而征堆鹽征盡則征在倉鹽久之將商未賣引而征也其後寧夏叛及島夷內訌以客兵餉費巨無所出始議增寧夏引鹽八萬東征引鹽四萬有奇名加增鹽附單搭掣以佐軍興旦夕之費而諸宿猾巧爲奸利者往往營部札付援爲例於是有加罰違沒引鹽（違沒者商人領引年遠及印號不明



斂引或鹽爲火燬船沉消折鹽亡而引存爲沒官引或引道路壅引上鹽存雖有鹽亦不得行爲沒官鹽俱禁毋得買補及是而商赴部請加罰如中納之數或以新引配鹽或領故引支鹽俱越次超掣大率如河鹽及新增鹽額）以舊鹽舊引而告加罰故許令搭掣射利者趨焉而運司黠猾吏受重賄因得主使官私加罰而益賣之諸領新札者反不與由是衆大銜憤會上方大權海內商貲因奏言兩淮積犯引鹽歲久山積遣內臣賣之可得銀數十萬爲大工費二十七年始遣內臣查積鹽勅所駐爲鹽政府焉既至而沒官鹽歲久有折盡（先是亦有給火票許商繳賣者）乃括庫中積餘銀五萬上之所分委查鹽官四出探巨商積鏹累鉅萬者捕鞫治籍其貲以輸御沿海竈戶稍殷實無得免久之乃疏掣賣兩淮犯沒八萬餘引附單搭掣歲輸銀十二萬兩入內帑先是鹽法御史果疏諫極懇切不報然鹽政內臣歲欲取贏於商猶時時羈縻之而水商人販楚中者受榷稅使禍尤慘急則鳥舉獸散無復有願買新鹽者嗚呼自代有鹽

法以來其未有若我國家九邊軍實半仰給於鹽課兩淮歲課百餘萬安所取之取之商也商安所出出於竈也以區區海濱荒蕩莽蒼之壤民穴居露處魍魅之與羣而歲供國家百餘萬金之課自鈔法壞而優恤爲虛所恃供課之外商收其餘鹽得銀易粟以餬其口若商不得利則從業海上饑無所得粟寒無所得衣是坐斃耳將強者冒禁公行集衆私販因而椎剽甚則盜兵潢池震動城邑若唐末黃巢王仙芝之類是矣故商不得利之禍淺而竈不得食之禍深即如邇者中使一出海上驚惶焚刈草蕩不顧煎辦官雖多方曲諭莫若之何且商人皇皇求利今令破家析產備受窘困富者以貧貧者以死彼所戀舊堆之鹽預徵之課未忍割而徙業若束縛之急使之一無所顧今天下安得歲增民間百餘萬粟輸九邊以爲兵食者乎卽令桑宏羊盡策恐無救於蕭牆之變矣大都鹽法之本在恤竈在通



商在慎任人先朝公忠遠慮之臣其成言具在彭侍郎韶云天下小民無處皆窮苦而竈戶獨甚臣巡視海鹽目擊其苦爲之涕下破屋缺垣不蔽風日脫粟糲飯不得一飽此居食之苦也山蕩渺漫人偸物踐欲守無人不守無薪此積薪之苦也曬淋之時舉家登場刮泥吸海隆冬寒砭心骨此淋滷之苦也兼之燒灼蓬頭垢面人形盡變酷暑如湯不敢暫離此煮辦之苦也寒暑陰晴日有課程煎辦不前鞭撻隨至此徵鹽之苦也客商至場無鹽抵償備極逼辱舉家憂惶此賠鹽之苦也逃亡則身口飄零住業則家計蕩盡所宜加意矜念遇事寬恤宜莫如竈戶矣霍僉事韜云國初招商中鹽官之徵至薄而商之利至厚故鹽價平賤民亦受賜今則每引納銀七錢五分權勢賣囑復取利錢復以長蘆兩浙搭配並支商人一身三路支鹽勞費不貲及其轉販不得不增價以市利而鹽益涌貴夫正鹽涌貴則私鹽遍行私鹽愈行則正鹽愈滯亦其所由也爲救時之策宜莫若令商人多帶餘鹽正鹽一引許帶餘鹽二三引悉輸粟於邊如永樂之時納糧二斗五升之例其非官引而輒買餘鹽者置重辟蓋官價減則商旅樂趨餘鹽盡收則竈戶可得贏利而士民亦無淡食行之數年則邊儲可足乃以餘積招募游民墾邊地課農畝邊地愈闢邊防愈固此百年之利也中餘鹽於邊策甚善然今益難行矣李戶部夢陽云國初建轉運司以來差監察御史分督鹽課此於鹽甚重然御史者以法治而所與奉法者則運司提舉等官今其官非盡慎選夫人情莫不有欲導之以潔然且慮汚况導之以汚人奚所不至乎且歲一遣御史初至於法多不甚解聽察多紛更恬靜多避嫌及少得次第已復更代矣竊未見其可也誠選貞潔通明御史淸鹽如淸軍三易歲乃代仍簡風憲重臣一人付便宜之權畧仿漢桑宏羊唐劉晏今朝周忱故



事令其舉墜剔蠧濬源淸流一切不得阻撓運鹽提舉官悉選補廉吏如此而利不興用不足芻餉供億之費不給未之有也語曰知者不襲常此之謂乎自後言人人殊不具載乃今所急惟是急召還內使罷之勿遣然後天下事可得而言矣

贊曰鹽筴之利所從來矣漢以前擅有郡國言者不甚著唐宋以還置吏書令而守之幾無遺矣而綱亦少密焉然要亦整齊均調使爲國賴而不爲民病則義固所以利國朝法令數變浸失其初然未有天子自以爲利者近世爲加罰之說者因計奪於豪右適逢辛有得售其奸遂使鹽政旁出公私困擾事勢之流相激使然殆謂是乎今大農無終朝計而九邊所仰給安在法蠹利詘而國隨之不待智者知之矣

額鹽數

通州分司駐紮石港場所屬豐利馬塘石港掘港西亭金沙餘西餘東餘中呂四爲上十場

泰州分司駐紮東臺場所屬富安安豐梁垜東臺河垜丁溪草堰小海廖角拼茶爲中十場

淮安分司駐紮安東縣所屬白駒劉莊伍祐新興廟灣莞瀆板浦臨洪徐瀆興莊爲下十場

行鹽地

江北廬州鳳揚二府滁和二州俱行單鹽淮揚二府行食鹽惟徐州所屬及宿州食長蘆鹽不食淮鹽

江南行單鹽地應天寧國池州太平安慶共五府

湖廣鹽法道所屬行鹽地武昌黃州漢陽長沙德安辰州岳州常德承天荊州襄陽鄖陽十二府靖州一州



江西鹽法道所屬行鹽地南昌九江南康饒州瑞州臨江建昌撫州袁州共九府

河南鹽法道所屬行鹽地開封南陽汝寧共三府

行鹽事宜（通行事宜總論中未備者載之）

關引　每年夏冬二季起解運司查算勘會若干道中鹽若干引正解銀三釐加耗銀三毫差吏解赴南京戶部關領引目解價赴部挂號轉給應天府買紙刷印完日領回收貯架閣庫挨次榜派近議四季起派四季榜派現今遵行

榜派　正德七年御史朱冠　奏准分三十場爲上中下三等均勻挨次榜派以富安安豐梁垜東臺何垜草堰廖角拼茶豐利石港金沙餘西呂四爲上場馬塘西亭新興餘東餘中廟灣掘港伍祐劉莊白駒小海丁溪爲中場莞瀆臨洪興莊徐瀆板浦爲下場每過投到勘合發付榜派單年上等自呂四中等自丁溪下等自板浦逆派起雙年上等自富安中等自馬塘下等自莞瀆順派起仍分派本折逃亡本色商人赴場支鹽折色商人在司領解逃亡聽商自行買補

撥引　先因淮南引鹽壅滯以沒邊引不售御史蔡時昂設法凡遇堆鹽聽掣如一單堆鹽一千引限買邊引八百方准赴掣名謂二八培派今遵行淮北引目疏通毋庸泥買

鹽單　商人執引下場之鹽淮南運至白塔河過橋將引投入該巡司積至八萬五千爲一單造冊二本送院一發掣鹽之官一發該司收貯備照謂之眞單淮北運至安東過壩將引投安東縣積至五萬五千爲一單造單冊如前淮南歲行鹽八單淮北四單謂之單鹽



秤掣　每據運司呈掣之時將其存眞單委就近府佐縣佐等官稱掣其稱掣事規每引各認包號插旗一面至二十引而止委官親手掣籤對號提上一引據旗人役帶領上秤卽以一引輕重之數例十九引二十引完以後照前周而復始

割沒　臨掣時淮南每引以五百五十斤淮北每引以五百六十斤爲則如一引之外多餘鹽五斤以內遍將原掣引鹽積算淮南每一百六十斤納銀一兩淮北每三百斤納銀一兩是爲舊割沒若多出五斤以外卽照邊例夾帶問罪每斤納銀一分是爲新割沒餘銀不足額類卽以割沒湊完補解

解綑　專委運司佐貳官將掣過單鹽四單一次開價解綑蓋內商之鹽綑大賣於水商改小以便裝運謂之解綑

京掣　水商已買過解綑之鹽抵石灰山關舊聽鹽院移牒南道復

掣放行謂之驗掣萬歷二十二年題準後水商告復令改於浦子口鹽院歲兩次親赴驗掣放行

食鹽　食鹽者乃於單鹽內過橋壩之時抽點另堆候鋪戶批引票支買謂之食鹽

編審　每五年二次編審江戶定上中下三戶則各場總催俟照原額選共殷實僉充亦五年一換各總下竈戶多寡不同或編二十名或編三十名務使竈舍相近草蕩接連事畢造冊備照殘疾年老不堪煎辦者俱開除寡婦守節子未成立者其夫遺課免辦見任官以禮致仕者舉人監生及經科舉生員俱照例優免

折課　舊規水鄉竈戶不諳煎鹽者每引納工本銀三錢五分解送運司給散竈丁或年終類解戶部正德七年御史朱冠題准水鄉竈戶每引折銀二錢鹽課司年終解送運司類解赴部又莞瀆一



場地不產鹽每引折取價銀五分白駒西亭俱辦本色鹽七分折色三分

官補　嘉靖六年御史戴金題准行委御史估計每角用鐵三千斤連鑄造工價約用銀二十六兩即於運司贓罰如數動支照依時鑄造四方鐵柈共三百二十一角給與各場貧戶竈丁煎辦歷年久損壞仍補造給發

賑濟　商人每引上納銀五分存兩司庫遇年歲災傷以爲賑竈之用後因蔡御史議將應納銀每引扣銀三釐給竈戶工食餘四分七釐惟抵折色給商人折色者依竈戶應納之銀以應賑之銀抵應辦之課商竈兩便令遵行之

清理鹽法都御史按會典正統初嘗以戶部侍郎同御史巡視兩淮復旋取回自後差都御史或以侍郎兼都御史理之至嘉靖凡五六遣焉其後戶科請罷清理極論不便三事於是都御史罷不復遣

巡鹽監察御史按會典以監察御史巡鹽自宣德始然閱數歲一遣旋復取回其後復以巡河御史兼理鹽法而巡鹽之差遂省至正統三年始歲差御史巡視淮浙長蘆諸司而河渠由濟寧進北抵張家灣長蘆御史兼理之由濟寧抵南京兩淮御史兼理之遂爲定制

按鹽課莫多於兩淮而法制屢變徵納愈艱嘉靖十五年戶部尚書梁材博訪酌行以還中邊之舊兼疏通餘鹽題准正鹽例有引目餘鹽總在正鹽包中不得另立照票與引目相背除河東聽其仍舊外其兩淮鹽斤每包計五百五十斤內二百八十五斤連包索爲正引定價五錢二百六十五斤爲餘鹽淮南定價銀六錢五分淮北定價銀五錢兩浙每正鹽一引連包索共二百五十斤定價銀三錢五分餘鹽通融二百五十斤爲一引嘉興批驗所銀五錢杭州紹興批驗



二所各銀四錢溫州批驗所銀二錢山東長蘆共計四百三十斤內二百零五斤爲正引長蘆定價二錢山東一錢五分內二百二十五斤連包索爲餘鹽長蘆南掣鹽所銀三錢北掣鹽所銀三錢五分山東定銀三錢五分以上正鹽俱各開邊報中兩淮兩浙俱令上納本色糧草長蘆山東聽其上納折價至如餘鹽價銀所在各邊照舊運司收銀解部轉發各邊續題准開中引鹽無論常股存積不分淮浙山東長蘆俱照原定價則上納本色糧草

浙江鹽課

國初場有團又有竈丁丁給鹵地草蕩及工本鈔米辦商中買者輸芻粟於邊赴場支鹽掣賣（洪武初亦以四百斤爲一引後乃行改辦小引每引一百斤竈丁每歲辦小引鹽十六引每大引給工本鈔一貫是歲給鈔八貫辦鹽已千六百斤出時鈔八貫值米八石）成化中分引目之半爲折銀嘉靖中復幷改本色爲折色鹽銀半解京濟邊半給商自赴場

買鹽運掣盡變納支本色之舊歲課日詘幸又從有司責辦鹽銀不
盡出鹽場出民田包補十七八矣一曰帶徵水鄉鹽折銀竈分濱海
水鄉自正統中巡撫周公忱始時鈔法不行工本無出因分附場爲
濱竈令煎辦遠場爲水鄉竈令代出工本米後米不能辦則納折色
鹽銀銀又不能辦則改水鄉竈盡歸民授民役銀歸民糧帶徵成化
末都御史彭公韶議也是爲民代水鄉竈輸鹽銀之始一曰重徵水
鄉蕩價民蕩認納銀米鄉蕩業歸濱竈蕩價民糧帶徵矣後夏公百
年爲運司以歷欠商價多奉院檄下縣問故時水鄉蕩屬縣不屬縣
則宜增稅縣未稔鹽往牒也謾以民蕩畝若干對因槩加稅若干一
蕩價也民代輸者一民蕩代輸者又一萬歷三十九年事也邑人侍
御彭公嘗請之竟未谷兩浙鹽規載萬歷二十四年鹽院楊公鶴䆮支云萬歷三十九年鹽院請丈各蕩升科提覆商價可爲苦心但一時承委官奉行未善未免一槩派加茲逢恩詔推廣皇仁今院上疏部覆量減一半凡重疊加派者自四十二年



爲始照數減免云云本縣民蕩初派每畝一分六釐七毫今派爲八釐三毫八絲時楊公亦未悉此蕩爲民蕩只照竈蕩例減半若知爲民蕩必併正全豁矣令鹽利實入縣官者蓋無幾而鹵地與蕩價竈丁佃之海
上民坐享其實歲不下三四千金有司欲問之則詭以竈困竦上聽
不察其實曲護之不知民爲竈困竈固未嘗困抑又不第無困已也
蓋始乎調停卒乎偏肥積不可返鹽政之失不能無追憾於作法者
已茲以國初迄今鹽政欵列於後庶異時釐正者有所稽焉
知縣樊維城議國初竈戶辦鹽官給滷地草蕩及工本鈔米以爲之
資草蕩採薪有限全賴鈔米每引一石者足充年飱費故所求鹽利
爲最多後鈔法壞工本無出竈丁徙業者以鹵地草蕩佃之人取息
抵課而家在水鄉稱水鄉竈其仍居海濱稱濱海竈者僅餘三之一
焉昔之文臣如周文襄者來巡海上亦姑隨順人情免水鄉之煎辦
而令其代出鈔米以及濱竈乃米實難辦法終不行迨彭公韶巡鹺

直憐其困弛之爲民水鄉盡得落籍而應辦鹽斤則對民糧徵銀解
運司本縣田畝始有一千三百金之加民代水鄉竈受累此時水鄉
所遺草蕩若卽并歸濱竈猶可計草價以派鹽斤少損民田帶徵之
數乃官與征銀一千八百兩解運司代之趲集至前任夏乃始議并
給濱竈又予之蕩而蕩之草價反將此一千八百金者帶征於民糧
復以兩場爲惠不均更包補鮑郎四百六十金以均之合前共三千
五百餘金而此外徭銀抵課本縣及嘉平二縣代解者復有五百五
十金之多重疊包賠不一而足於是兩場課銀盡皆民爲竈出穀土
爲鹽田出每歲所辦者猶有千金餘鮑郎直三百五十金而已更以
官吏工腳之俸銀工食縣司所設之鹽課給賞計之所費又七百餘
金取以相當實入之利益復無幾竊謂國家鹽課之失算無如此邑
兩場之甚也總之一鈔法不行本絀無以生息遂行權宜苟且之術



貽累於民而無益於國至此今欲修復之亦求之國初給竈之舊可
矣夫國初所用給竈者非前所云工本鈔及鹵地草蕩三者耶工本
鈔不易復鹵地草蕩自在卽鹵地時有坍漲草蕩之無虧損有開辟
者又在今兩場竈所謂受草蕩每丁多者三十餘畝少者亦不下二
十畝每佃各納草價五六分與竈丁共耕熟者分爲上中下三則增
派稅銀自三分至一分五釐解運司大約竈丁所得草價多者每歲
一兩餘少者亦不下八九錢而鹵地之佃與人者又可得銀二三錢
不等至問竈丁所給於運司者每丁稅額亦不過二錢有奇而已而
惟責其煎辦每年每丁須納鹽三千六百斤值銀七八兩之多故給
之草蕩給之工本米優厚如此今因工本米不給鹽課多帶徵於民
糧上責其銀納二三錢而已此則鹵地之人足以辦之又何所困而
必須優厚之地乃空擲此草蕩與之令歲享草價之厚入豈非常事

者失於籌及相沿冒濫未裁乎抑鹾司積胥猾吏欲留此以取分於竈戶故相隱而不發至今乎夫民爲竈困田糧爲鹽課出辦無論矣蕩固國家土地也草價固國家土地所産也而不辦鹽而收息有此理否卽辦鹽而以一二兩之入輸一二錢之稅十而納一又有此理否民之田可以代徵竈之蕩胡不可加徵也竈之蕩可以佃之而收草蕩之價胡不可改之爲稅加民田一例徵之以補鹽課以減本縣代徵之課也計兩場耕熟之蕩海砂可得三四萬畝鮑郎可得數千畝今分三則起稅解運司者不過千金若以民田稅銀額論之尚可畝加銀五六分當得銀三千也其未墾者畝可加銀二三分兩場爲畝九萬餘又可得銀二千餘也今莫若盡以其蕩歸之有司將佃客姓名籍之於冊一如編審里長之法荒熟各自爲理畝多者爲役頭畝少者爲甲戶立限徵銀解之運司除抵海砂課銀一千有奇鮑郎



課銀三百有奇外尚多三千餘金則以一千金抵本縣代納之蕩價以二千金抵本縣帶徵之水鄉鹽銀綽然有餘民困可甦而國計可裕其兩場鹵地尚有一萬六千餘弓減田價之半而徵之尚可得銀一千六百則或歸場官收解或歸有司照前法徵銀亦無不可總之今日海上煎丁俱非眞竈編排直捷徵銀自易正不必多人預於其間恣其中飽而無益於國也斯議也不知者以爲刱稅而實非刱也蘆瀝已先行之矣考之兩浙鹽規載萬歷四十二年蘆瀝場竈趙志奎等建議照蕩僉役毋沿照丁給蕩之空名鹽院楊公以爲不易之論將蕩戶名下實查蕩産畝數按籍僉差其貧竈之有丁無産者盡免其役因以其法入之復命疏中至今蘆瀝稱便夫蘆瀝亦海邑析之平湖者也三場事體原同蘆瀝可行海鮑獨不可行乎但行之於民於因其便於奸竈於鹽司胥役俱不便耳夫立法而欲小大稱便

小人無梗千古無有深於計者要在獨斷獨行而不爲所撓阻斯得矣

兩浙都轉鹽運使司分司舊在下沙鎮宋建元中置明正統二年遷於新場北領鹽課司八

浦東場鹽課司在華亭縣七保宋置內分六團

袁浦場鹽課司在華亭縣十四保舊名袁部宋置內分五團

青郁場鹽課司在華亭縣十五保宋置內分四團

下沙場鹽課司在上海縣下沙鎮宋置明正統五年都御史朱與言奏分爲三本場內分五團

二場鹽課司在上海縣十九保內分三團

三場鹽課司在上海縣十七保內分三團

清浦場鹽課司在蘇州府嘉定縣八都明永樂六年設內分三團



天賜場鹽課司在蘇州府崇明縣宋置場不分團聽其隨便煎煮以其有涉海之險也凡各場竈有犯應配役者率遣調於此云

元葉知本請減鹽價疏

臣聞漢宣帝詔曰鹽民之食而價或貴衆庶重困其減天下鹽價漢時鹽價遠不可詳臣以爲必輕於唐也唐之鹽價天寶至德間斗鹽十錢是兩文銅錢一斤自祿山叛亂天下兵興肅宗命第五琦轉運江淮財賦始變鹽法斗鹽增作一百一十是二十二文一斤至德宗急於聚斂相盧杞用陳少游加賦於民斗鹽增至二百七十召天下之民怨啓朱泚之亂階此則陳少游之罪也順宗初立卽減價憲宗又減價大貴不過五十文一斤宋之鹽價比唐尤賤斤鹽八文貴至四十七文而止唐宋用兵仰鹽供給其價不得不貴今天下一統四海息兵無宿師轉餉之費萬邦貢賦俱入王府無用度不足之虞而

為政者但思今日增鹽額明日增鹽價必欲困竭江南之民財斲喪
國家之根本臣不知其用心何如也歸附之初鹽價中統鈔十二貫
一引該錢三十文一斤至元十五年初定鹽額兩定鹽額兩浙運二
十二萬引當年辦至中統鈔二萬四千八百六十餘定至元二十四
年桑哥作相滅里虛誕鹽額作四十五萬引包辦以此誑罔朝廷營
求運使此時兩浙人民尚富滅里到任肆其威虐止辦得三十四萬
八千餘引得中統鈔一十一萬八百七十餘定次年蒙都省明見滅
里虛誕奏減一十萬引定作三十五萬引為額以鹽價言之自十二
貫為始一次增作十五貫第二次增作二十五貫第三次增作一定
則是歲辦三十五萬定矣唐時江淮鹽課四十萬緡代宗用劉晏善
於理財初年二百萬緡至大歷年間歲得六百萬緡當時天下租賦
歲入一千二百萬緡而鹽利居半今六百萬緡準今一萬二千定也除



淮鹽一百萬引外臣只以浙鹽言之已收唐時三倍之利比德宗時
一歲租賦已有九百萬定之多至此亦可止矣大德年間又增鹽額
十萬引又增鹽價十五貫至大四年又增鹽價十貫續又增二十五
貫通作一百貫一引是官價二百五十文一斤也較之唐宋最重之
價增多四倍民何以堪價既取二百五十文一斤官豪商賈乘時射
利積塌待價又取五百文一斤市間居肆又徼三分之利故民持一
貫之鈔得鹽一斤賤亦不下八百瀕海小民猶且食淡深山窮谷無
鹽可知陛下登極聰明睿知遠覽古今天下臣民想望至治臣意前
日聚斂之臣所為害民之政陛下必能革除以給人心固邦本也豈
慶二年忽又增兩浙鹽額一萬引差撥竈戶害及附場百里外之民
怨忿身亡者有之延祐二年又增鹽價每引一定臣不意陛下以聖
明之君而左右大臣猶行此剝民之政也使臣遇德宗盧杞之時豈

不敢言今陛下聖學高明獨不能如漢宣帝乎此臣所以惓惓有言
臣願陛下痛減鹽價使天下之民皆無食淡之苦然後選任運官設
檢校所限官豪買引復附場百里之賣鹽另置魚鹽局以便海島小
民均撥灘場柴蕩以優恤新撥竈丁如此處置皆太平快活條貫也
願陛下注意行之勿為聚斂之臣所悮

正德三年沿海富家言水鄉蕩價內白塗銀無徵遂割民間已入黃
冊科鈔分補不足再加縣糧耗米包補謂之白塗蕩價自是民戶歲
代各場補納鹽課矣

隆慶二年丈田均糧富家將水鄉蕩或報為科糧民田以絕竈戶之
告分或指為濱海丁蕩以拒縣人之丈量俱該場奸人受賄而除富
家之額也

浙林御史商人折支例顧文禧言每引折與銀三錢似未詳也宏



治元年令浙西鹽課折銀七錢者減為六錢又宏治二年令兩浙
水鄉竈戶每引銀六錢嘉靖中中丞周用亦言松江分司每引折
銀六錢一半解部一半給商商三錢而解部者復三錢一引也既
取於商中復取於丁課言利亦已悉矣沈淮所以深病之與

按萬歷季年猶有折商之課則成宏改給折色以足商人引額法
尚在也天啓而後無所謂給商者商人納引官取其稅如榷關然
迺執引買鹽與竈丁相市聊別於私販而已

嘉靖十四年兩浙每正鹽一引連包重二百五十斤原定四錢者減
作二錢五分餘鹽通融二百斤為一引屬嘉興批驗所者引五錢

按引四百斤者正也自大引改為小引於是一引分為二引引二
百斤矣迺餘鹽亦入引額而正引銷鹽斤數以優商故有連包索
二百五十斤之例若兩淮有每引五百五十斤者正餘鹽俱入數

又不同於兩浙也
陳志云鹽取精於日成形於火淫雨沙淡久陰沙濕不能成鹽價亦時踊其產鹽之地自寶山至九團謂之鹹海水不成鹽鱗介亦鮮自川沙至一團水鹽可煮亦有海錯惟南匯沙嘴及四團尤饒按濱海鹽場每場畝許用制刀平沙如灰鋪勻擔水澆曬晡後用板推夾成一長埂以防夜雨明日翻開仍曬如前滅成鹽花盛夏二日秋冬四日曬力方足嚴冬西北風殊勝日曬倘將成而值久雨則復無用矣先此築土圍如壘名曰橐旁鑿一井以竹筒潛通俾沙力既足乃取短木鋪橐底冒以稻草與灰然後聚場沙置橐上再覆以稻草與灰挑水澆之使水由竹筒滲入井中是曰滴滷驗滷之法用石蓮肉投入浮者為真其雜以水者味薄不堪煮石蓮亦沈矣煎法一竈四鑊近水末鑊近突以次遞熱運至大鑊取惜薪也煎週日而始成鹽煎時鑊上撈起者曰撈鹽白而乾潔鹽之上者每鹵二十鑊俗呼一盪得鹽可二百斤大較鹽之盈縮係乎雨暘貴賤視乎薪價近者內蕩既皆成田而海薪復絕况商紀頓貧各竈鹽壅為力勢而獲又寡煮海之民始瘁矣另有甃磚作場以沙鋪之澆以滴滷晒於烈日中一日可以成鹽瑩如水晶謂之民晒鹽價倍於常惟盛夏有之不能多得也



國朝設兩浙都轉鹽運使司於杭州設松江分司於府境下沙鎮以同知或副使一員蒞之統新舊八場二十七團竈戶分給柴蕩工本鈔督辦鹽課其竈戶附近能煎鹽者曰濱海居遠不能煎鹽者曰水鄉水鄉例出柴滷價錢貼雇濱海竈丁煎辦其後鈔法變更柴價又為總尅故濱海鹽丁日就貧困正統六年巡撫侍郎周忱乃以水鄉竈戶應納之糧盡留本府支用共六萬餘石節運耗置贍鹽倉分貯各場總三萬六千餘石用以賑贍鹽丁及補逃亡闕價所貼柴價亦貯之各倉官為支給又選殷實竈丁為十排年總催其次為頭目輪當應當有消乏者依前選替當時便之
成化二十二年知府樊瑩議以水鄉折鹽米均入該縣糧耗項下帶征白銀經送運司交納原撥蕩草價仍與各場征價共納米竈戶還入民戶當差
宏治十一年御史藍章復僉水鄉戶補濱海竈丁
國子生沈淮鹽政奏疏畧　一查給工本洪武中每竈一丁給與工本鈔二貫六十文以備器用以給口食當時鈔一貫可易米二石竈丁之優裕可知矣自鈔法廢弛所謂工本者名存實亡不與之本而取其利世未有是理也臣觀沿海沙地及水深長蕩舊制每稅鈔六十文竊意所給工本蓋此鈔也今諸蕩不復征鈔已改收平米三升或五升官既可以米而易鈔竈獨不可改鈔而給米乎乞查改征蕩米照依原定鈔貫筭給竈戶以充工本則器用備口食周民感聖恩樂輸無怨而所以取之者亦有名矣　二勘草蕩灰場舊法竈戶皆有附近草蕩以供煎鹽柴薪約計所取價值可抵金一丁鹽課之半其後場司以竈丁屢易不復撥與俱為總催豪右侵占樵刈或開墾成丁收利入己仍於各竈名下征收全丁額鹽夫既無工本又無柴薪使竈戶自攢輸鹽立法初意豈若是耶又聞各場竈戶多無灰場往往入租於人始得攤晒夫灰場者產鹽根本之地與草蕩皆竈丁之命脈也乞委所司追取宣德正統以來草蕩舊數踏看明白照丁撥派明立界限以防侵奪竈戶無灰場者官為處置給與無使重納私租夫有米以為之工本有蕩以給其柴薪而攤場又無租稅之累如此而流亡不歸鹽課不充則亦無是理　三分別濱海水鄉濱海

竈戶謂之滷丁男婦悉諳煎曬倚以爲生雖勞不得辭矣其水鄉遠在二三十里之外原因濱海丁闕僉以補之然業非素習強而使之終無益於事也以是舊例水鄉每丁助貼滷丁米六石或四石代與辦鹽每歲滷丁到鄉陸續收取雖云貼米錢米雜物無所不受出者不覺其難收者各得其用甚良法也因其後鹽司立定千百名長役令收水鄉鹽價騷擾百端侵漁無饜而人始不堪逃亡相屬矣知府樊瑩憫其若此請以鹽價均入秋糧帶征起解原撥蕩價亦與各場征收於是鹽課不虧逃亡復業後因濱海竈丁消耗復用水鄉僉補強者百方規避而免弱者萬種受侵而逃雖有補竈之名殊無辦鹽之實訪得沿海居民原非竈籍而私自煎鹽者往往有之乞敕所司今後滷丁有逃亡者即以此等居民僉補或犯徒罪發充竈丁比之重役水鄉有名無實相去遠矣　四停止折徵國家開設鹽司原爲



邊計然惠養元元之意亦在其中非專於求利也成化中因各場無鹽給客每引折與銀三錢比之中納其利十倍巡鹽御史林誠以爲歸利於商孰若歸利於上因奏將竈丁鹽課一半徵銀解京一半存場給客兩浙鹽政自此而大壞矣夫竈日以煎鹽爲業不徵鹽而徵銀鹽非私鬻何自而得銀哉鹽既以私鬻而得銀則興販之徒不招而集且將無以禁之況初給價銀非皆本色故衣骸器盡以折充每引三錢皆其名耳今乃實徵本色又有非時竈丁貧者或先事而逃催目在者幸并爲賠納歲消月磨無慮十減六七矣欲利反害無甚於此伏乞特敕運司自正德元年爲始停止銀兩照舊徵鹽則竈丁蒙惠養之仁而私販之徒亦無所藉口矣　五禁革賣引凡支鹽引自不許中途增價轉賣此舊例也近歲商人不利關支而利於售賣以中鹽原無名也則爲之曰合本以賣引明有禁也則委之曰分撥所賣之引無關支者又託買補運給牙行公爲興販夫引既辨其本名鹽又不由倉領不謂之私販而何又有豪猾之人假托權勢支領之際任自爲支或并包夾帶私鹽或落價折徵庫物官吏畏其聲威催目受其凌虐控訴無所含怒百端乞自今凡遇開中委御史一員專察凡鹽臨官吏詭名及勢要之人冒禁上納者許令究問商人則令供報子姪或兄弟在官以便盤詰有仍前私賣及假托者依法問罪鹽貨入官其所中納係存積者支與見鹽係常股者亦急與催辦無令久候以啓幸心　六存恤竈丁夫刮沙吸海煮日熬波天下之工役未有於竈戶之勞者蓬首黑肌灰臥糖食天下之人民未有如竈戶之窮者也加之有司與鹽司分爲兩家鹽司曰吾之竈也知課督而已有司曰吾之民也知徵賦稅而已其督鹽課者雖百方箠楚繫女囚男有司不問也其徵賦稅者雖百端取索賣婦鬻子鹽司不



知也彼竈戶者何辜於天下何罪於官而獨罹此極乎況濱海土地類多沙磧比之水鄉沃土大半不侔府之私糧論糧加耗而不以田者蓋謂此也近歲有司不原初意槩與水鄉同加耗米至斃均徭亦不分肥瘠一例出銀查得浙江錢塘縣竈戶施安海寧縣竈戶徐淮清等各告巡撫都御史彭韶李嗣致蒙聽理將竈丁全戶正糧並折金花銀兩錢塘海寧與華亭上海同一浙西地也乞敕所司比照二縣事例將濱海竈丁量爲存恤訪求先年侍郎周忱奏例設法賑濟其餘一應雜泛差徭悉與除免庶幾濱海窮民無他繫累得以畢力事功雖勞而不怨矣

按府志竈丁消耗蓋有其由蕃息招徠必由其道如前代葉黃諸公及此所陳是矣今不務存恤之但知僉選僉選未幾又復消耗此固鹽司之失然有司不與講究本末遇有僉補即議均賠夫海

之鹽猶田之粟也鹽課之不充補之以粟農田之無歲海豈能知之必若亭戶消亡則鹽當絕而海民之食利仍自如官課雖虧而私家之興販猶昔也以此質之鹽司其有說乎且事當探本謀當慮後私田稅重極矣又加以海孰能當之此則長民者所當留意

下沙場下沙二場下沙三場三鹽課司額管竈戶一萬五千七百六十二丁每丁辦鹽二引二百七十二斤三兩二錢歲辦鹽二萬二千二百四十九引六十一斤十三兩五錢每引四百斤今折銀六錢三分四釐四毫舊志詳載工本鈔數考會典及府志洪武十七年定兩浙鹽工本鈔每引二貫五百文歲遣監生運鈔給宣德五年罷遣監生令於官庫關領每引猶支二貫三鹽課司支鈔八千四百四十三錠四貫二百五十文成化四年府境科鈔蕩改徵米遂無以給竈戶正德元年監生沈淮奏乞即以改徵蕩米給充工本疏入不行該管田地灘蕩志冊所載懸殊實因田地連接民產易為隱蔽灘蕩並無塍岸難以丈量冊籍頃畝俱是隨意揑寫以應官司督責若論原有土地十纔開報一二自前



元時附近大家往往據為私業至於明朝舊業猶存即下沙三場九團富家白蕩外灘蕩者自國初至宏治末並無賦役正德年間始遂認下沙二場蕩價五百二十六兩四錢三分為隱蔽計嘉靖二十三年大使李鳳委收蕩外灘蕩分給本場百催而均納遂認蕩價割據富家失業而不能違蓋以官地當還官立法至公人心自服也若九團熟地及各團灘蕩今仍舊竊據富家占地萬畝不納一粒米而莫能究詰貧弱不取寸草歲輸重課而無所控訴由是竈戶分為二等留場納課者曰濱海流移遠去者曰水鄉

水鄉竈戶凡六千六百七十六丁每丁折納米四石該米二萬六千七百四石不貼濱海丁代為辦課總催科取有一丁出米八石每[illegible]銀五兩至六兩成化二十二年知府樊瑩查濱海餘丁一千八百七十六丁補水鄉缺額餘無可補四千八百丁奏行巡撫都御史彭韶剳放為民原折納米悉與除免額辦鹽課該銀七千七百一十九兩八錢四分若以向日核實田土計丁均扣收其租利以納課銀當餘大半而為沿海占地富家所惧僅扣蕩地八百七十八頃九十二畝六分九釐每畝槩征草價銀五分計銀四千六百三十二兩四錢一釐三毫九絲一忽五微謂之水鄉蕩價　虧銀三千一百十七兩四錢三分八釐六毫八忽五微則加本縣秋糧耗米包補謂之水鄉鹽價　原扣水鄉丁蕩俱在縣境納糧民田之東各場辦課竈地之西外不近海內不傍江歲種花稻豆麥無異附郭膏腴府縣鹽司兩不編差東海士民視為仙境征價之後又不曾折裂為河陷沒為湖正德三年沿海富家忽言水鄉蕩價內白塗無征銀一千五百六十兩四錢一釐四絲一忽五微負累賠納據所言銀數計所謂白塗該二萬九千五百三十畝八分當時甚易按核竟為此輩誑誤割民間已入黃冊科鈔蕩一百三十二頃七十七畝一分四釐每畝改征銀八分補銀一千六十二兩二錢五分一釐二毫四絲一忽五微鄉俗謂之塩蕩錢縣場文移亦稱水鄉蕩此外不數銀四百九十八兩一錢四分



九釐八毫再加縣糧耗米包補謂之白塗蕩價自是水鄉丁蕩止征銀三千七百二兩三毫五絲縣境士民歲代三場補納鹽課銀四千六百四十七兩八錢三分九釐六毫五絲而為華亭境內浦東等四場包補者又不與焉此海上富家占鹽司地逐竈戶入水鄉而令縣民包補之大畧也

濱海竈大丁一萬九百六十二丁額辦鹽課該銀一萬七千六百二十九兩七錢九分四釐四毫俱從各場征解運司至宏治中改僉小丁令編總催八百名管小丁三萬八千五百丁入賦役冊蕩地攤場二千二百九十二頃七十四畝三分三釐三毫二絲又七千七百四十四弓四尺八寸計丁分撥以辦額課此官司文稅之設也若道其實則挂冊竈丁十無二三見在而見在都亦不至場已百餘年凡稱辦課絶灶者皆本管總催及造冊書手之田本戶未嘗聞也各場

歲辦鹽課俱是總催各以所管田地灘蕩召附近貧民耕樵曬煎收其租銀納場解送運司以銀轉解京庫及給引商引商以銀還向曬煎鹽民買鹽運掣但各催納銀畧同所分土地不惟美惡懸殊而頃畝多少亦異分地多而又美者完課猶餘百金分地少而又惡者賣男鬻女以塡足或地雖全而有民田多者冒免徭役浮於鹽課窮無田者歲輸二十金不獲免宅釐故貧催多逃每五年一編補凡承役者漸滅無遺當補役者聞風先去此濱海竈丁消耗而催役常缺課銀常虧之大畧也

竈丁消耗縣民受害固由富家竊據鹽司田土若歷任之官司莫能清理亦由貧催欲分富家世業以致此輩聞有言者即走馬會黨計產合財五六百金一日可集以賄吏書吏書爲之心醉以賄士夫士夫爲之遊說以購奸猾奸猾爲之告擾查勘申詳動經歲月言者力竭



而事在高閣矣合無悉聽此輩世爲永業但畝依官地起科以足額錢則富家不須阻撓貧家咸得減課如誠欲清理須正經界先年府縣鹽司丈量田土中間常隱數里今幸民田再經丈量圖冊具在畧加簡核卽難隱蔽宜會各場嚴督各限催三日內於民田竈地及各圍甲界上每百步築一墩以正大界灘蕩草蕩悉照熟地立尺許塍岸以爲小界乃自民田以至海涯悉法編號丈量近營葺者亦須覆丈備造魚鱗圖冊分別田蕩灘場照依官地起科不過兩旬圖冊完備總計該征銀數逾於數額卽通融均減若不及數卽通融均加至不可加乃令縣補卽濱海總催咸無賠費竈丁不須辟役先令縣加糧耗及割草蕩以補鹽價蕩價幷近年又多補銀共四千六百八十六兩悉當停止收還縣徵秋糧加耗米可減九千三百七十二石熟田每畝減六合零若因而就簡以完課安竈在設法編催蓋令鹽課出於總催催有逃缺課卽虧失故每五年一爲僉補而竈丁漸盡查得縣境三場額編總催八百名隆慶三年量見各場熟地三百三十七頃萬歷十四年縣派均徭竈丁得免民間熟田二千四百五十三頃若督各場或計該場量見竈地或計各戶優免民田以均差役則催難逃而課常足濱海竈丁可無消耗矣

明初凡竈丁皆發團煎鬻正統中侍郎周忱始議分附場爲濱竈遠場爲水鄉竈濱竈鬻鹽水鄉竈出工本米後濱竈逋課累水鄉故議水鄉自納折色鹽銀設有夫長收集而夫長往往過徵竈爲之困成化本都御史彭韶改議水鄉竈盡歸民役其折色銀歸糧耗帶徵濱竈丁缺補以曠丁不足補以水鄉初三場各有草蕩若干頃竈戶既給鹵地復給草蕩煎鬻易辦自鄉竈歸民原撥草蕩乃正蕩戶歲徵其入曰蕩價三場各設收頭徵之欺弊視百夫長尤甚嘉靖中有司



改議蕩價幷歸秋糧而水鄉蕩盡給濱竈然於竈雖優而民則病矣昔商人中鹽一引才輸邊粟二斗五升恒操其贏竈戶辦鹽一引給工本鈔一千五百文可易米一石故課易辦鹽有餘積民戶得於運司支口食鹽自給有司因徵其入曰鹽糧自鈔法不行竈戶口以耗散商人每引增至銀二兩口食鹽亦不復給商民蓋交病之鹽口之稅官吏每口一十二斤市民六斤每納鈔一貫鄉民二斤二兩五錢每斤納米四升三合二抄五撮鹽雖不給而原額固在有司幷其額入稅糧內帶徵食鹽廢而私鹽日熾矣有司知其原復其舊制草蕩以歸竈不以稅民鹽口以惠民不復耕稅則私鹽息而商利倍邊儲尚亦有賴哉

紹興府

國家開設鹽司非直足國裕邊亦以惠養元元法至一矣其後課者

不力罔以給商乃每引暫折銀三錢以畀之比之中納利且數倍成化中巡鹽御史林誠以爲利歸於商孰若利歸於國奏以竈丁鹽課一半征銀解京是謂折色一半存場給客是謂本色夫竈戶所業者鹽耳不征鹽而征銀非私鬻不辦私鬻則奸宄不可盡詰網亦稍疎而鹽政自此壞矣已而有巡鹽應捕之設意任禁奸飭法而復與奸商爲市是又益之蠹也乃復斷以期月程其所捕不如數者罰之出銀以輸歲算其費非十倍役銀不止又況田野之氓不習江海率募市猾充之被給弄而空家室者十且八九其害可勝言哉謂宜復中擊之初規嚴私鹽之厲禁罷免徭之役歲以額編民壯定其班與其期日使之分番遊捕奸詭宜可少戢即捕不如數而罰銀以償終不至如徭編之甚而亦毋貽乎鹽司之徵矣

永嘉縣永嘉場



二都東隣大海其鄉一都至五都明初以瀕海故盡占籍爲竈竈戶一千四百正丁一千九百九十每大丁一貼辦小丁五額辦鹽六千七百四十五引三百三十五斤二兩五錢歲支工本鈔一千三百四十九錠八百三十文每竈分與沙壇一畝官仍給鐵鍋牢盤一口及山藉採樵以資耕煎區分二十四團總催八十名分立八扇每扇歲一人征收課鹽貯之倉場候商人執引以次照支謂之常股後因邊儲急用召商中納越次支給謂之存積成化中御史林誠以倉鹽多耗疏奏沿海竈鹽並輸半價姑分折本二色其折色鹽三千一百五十三引三十一斤該銀一千二百六十一兩二錢三分一釐輸運司解京本色鹽三千五百九十二引三百斤十五兩二錢內再積四分常股六分後因商人支給不時而倉廒所積復有浥漏耗損之患官府必責其販鹽總催往往破產以償不勝困累宏治中侍郎彭韶廉知其弊奏並改折色計銀一千四百一十五兩三分解納運司給商任其到場買鹽聽擊商竈一時稱便嗣後鹽法漸壞國初所給工本米繼易以鈔及鈔法不行工本遂廢而又身膺二役縣有里長場有總催縣有甲首場有五長縣有收頭場有解戶縣有支應場有直日竈之與民苦樂居然可見爲有司者顧以竈得鹽利每困苦之凡雜辦征輸悉與民埒且商人到場買鹽貧竈率先貸其銀而商人乘之以射利數月後必取倍稱之利每鹽一引視常價僅得半之用是日苦窘急逃亡數多而額不可減正德中當道議將竈戶田每五十畝准一小丁以足原額之數庶幾得通變之宜然舊額沙壇外有沙城回護節年風潮衝塌沙壇半入於海耕辦寡資鹽不甚旺邑人封通政王鉦深用爲憫惻嘉靖十三年間具奏乞照各場水鄉例將舊征折色鹽課敷之通縣並請修築沙城事下巡鹽御史楊春芳行知縣



周璣會議奏按驗將折色鹽銀派通縣照田辦納竈困稍蘇至嘉靖二十七年巡鹽御史鄢懋卿因諸生張玲馮澣等言乃就沙舊址築以石堤保存餘沙分加各竈每丁所得視舊額不啻減半云

福建鹽課

閩之場其隸吾郡者福清有二一爲海口場一爲牛田場其鹵地皆掌於有司附海爲鹽戶主煎作依山爲竈戶供薪木復專隸晒令竈戶以銀代薪爲雇值鹽竈戶每米一石征夫一丁著令復其身仍給工本鈔日出鹽一斤四兩積三百六十日爲一引四百五十斤以入於倉嚴私販之禁計民男女成丁者歲給鹽三斤征米八升謂之鹽糧後罷米折鈔每丁口歲納鈔六貫每貫折錢二文中米折出爲鈔二貫錢六文閏月則算而加之倉鹽給口食餘者以給商販久之民不復支鹽納鈔如故其私鹽直賤不及數於法無禁私販多自鹽場

售入倉類低黑殺䅵鹵壞賈人又慮就場險阻輒買引市私鹽充數由是倉鹽日久虧耗丁夫困於賠累依山戶縣又不免其䅵役編戶重稱困矣後遵戶部奏准各折銀米以足軍需遂罷辦鹽入倉之例工本鈔亦復住支

論曰閩之壤什五依山什五襟海非若江淮吳楚之郊舟帆所畢通車轂所交集也行鹽之界不過依山四郡止耳地非廣輪賈無贏筴時逢平世市絶横征則商固可執筴而取餘官亦可持籌而收積乃今增引加課駢拇枝指䖃尾跋胡得以錙銖失以什伯於是商日困而榷日紛矣

上里場鹽課司隸福建都轉運鹽使司補以竈戶役者凡二千五百六十六家分爲三十一團有總催有秤子有團首有埕長皆擇丁糧相應者爲之其册十年一造隨丁糧消長每鹽一引重一百斤每歲



辦鹽共二萬二百引一百八十斤零八錢內依山竈戶該辦鹽一萬五千八百九十二引二百六十二斤七兩四錢初由煎煮依山竈戶出備柴薪銀兩附海用力煎辦鹽斤有無相須稱爲兩便後山縣哂近海竈戶漸至勒掯依山遂至賠損訐告分巡僉事年俸定與則例每依山竈戶該納鹽一引出銀二錢五分交與附海代替曬辦還官府歲總催人等各照團分催征總計銀三千九百七十三兩一錢六分三釐八毫總由乾没多端逃竄百出官每思係國課未免重複追征因奉戶部勘合該所選官曾音德奏准將依山竈戶折徵銀兩通解鹽運司候衆商問甲對引買鹽支用民以爲便

民間戶役最重者莫如鹽戶蓋軍戶則十年取貼軍裝匠戶則四年輪當一班鹽戶既與軍民諸戶輪當本縣十年之里長又輪當鹽場之總催團首秤子埕長依山者爲總催團首附海爲秤子埕長總催埕長即民之里催也團首埕長即民之甲催也每十年攢造鹽册又經省赴運司候審至現當之年正差之外凡監司過往公差票牌下場及該場官吏在官人役等費輪月按替支應賠補需索之苦過於民矣汎場官自首竊途吏胥門隸復不可制加以積棍包當多取上下交征非竭澤不甘又軍民諸戶遞年均徭驛傳之編凡民正米一石只派銀二錢上下鹽戶每年每丁既納銀二錢五分每糧一石納銀五錢五分尚有私賠鄉費及雇募鹽丁等役輕重懸絶嘉靖四十五年攢造鹽册時殘破之後濱海死亡殆盡運司以該場鹽價不滿原額將各戶新收田地每項加收虛丁四口比諸國制又加銀五分

鹽倉原置附場常璜山後因附海人戶告准各就地方置立倉厫便於修葺看守在南洋者三倉在北洋者三倉隆慶三年鹽商告復附場常璜山建立倉厫三十一間征收運納但離海窎遠搬運看守不



便自嘉靖以前通熟通口牛田二場買鹽應帮而上里場之鹽只到場空剪引目鹽引依時索價常璜倉之設實虛名耳屢經告復舊處或從改折便民當事者烏得以因循爲無事哉附鹽法議

萬曆四年莆田縣布衣陳天叙目擊竈戶之苦因赴京奏請爲鹽法弊害懇恩比例酌處急甦民命事運司江大鯤詳院道蒙批司府會議本府知府馬夢吉議上里場附海本色照依浯洲潯美惠安四場事例改折全課利民等情據此查得上里場附海鹽斤舊制倉立隨團竈戶輸鹽於倉以俟商人到場支鹽此成法也嗣後倉移常璜山商人因海運危險絶不到團只將引目赴場空剪惟聽奸僧勒索竈戶折價商人僅得三分之一赴海自置鹽虛言樣船到港某日開駕將引照鹽過鎮則商人之不支鹽非變法乎既不支鹽復令竈戶輸鹽入倉鹽之所輸無幾進倉使用常例每冬每團計費四兩一冬計

三十六團所費不知凡幾此納鹽之害也鹽朝進而暮偷倉隨盡而隨撒出巡邏儲兩次查盤倉鹽俱無奸棍乘機科歛經營免罪各冬之中狡猾者少費愚樸者多費少者數兩多者十數兩通團計之所費不知凡幾貧而擬徒抑又甚矣此盤查之害也派鹽出商奸儈胥役賄賂相通有應派而不派未應派而先派稍不如意故爲廒底鹽不盡派以延查盤故有歷數年不派而數經盤查者此支派之害也商人到場出鹽則店家下鄉勒索私價每引得銀一錢二分只以四五分還商仍將貨物抵折商竈原不會面有已收作未收多作收少奸儈以空剪引目制商人商人亦自知非法而曲從竭民膏血以飽奸貪既已上鹽又折私價私價之外又有出倉常例湯水等費此折私價之害也折價之不時不問各冬只責見年中間各冬有引多者有引少者如一冬見年中九冬俱係見年代納輪流見年則輪流



代納多者與少者納易於除還至少者與多者納則無可除未免賠累此折私價不均之害也本府目擊民艱甚切痌瘝合無照依上里場鹽倫年與商人抵折五分之價令場官收貯不許生事多索各冬多寡自行辦納見年只理催攢不得賠累商人賫引到場照引給價聽其海口買鹽查盤稽其完否不完者罪如是則商竈兩得其便牙儈莫施其計成法不必盡更虛設鹽倉可廢無辜之罪贖可盡蠲矣運司署印支如璋議倉立附場以官爲守聽商來支鹽完則竈無問可也場官報完商人不至罪坐在商與竈無與官收官放牙儈何所厠其奸隨足隨支查盤無所用之矣帶管鹽法道呂繩如議本竈戸告訴之情則甚苦據商人支鹽之名則甚正名正者有國朝之經制在制難輕變自當持成法以防趨便之私情告苦者有本院捐贖之德意在牘可盡捐又何必用查盤以致竈民之藉口本道謬爲兩言以蔽之改折之議官不可著之令也而查盤之役及今猶可報罷也他如隨場立倉以官爲守鹽一完則竈無問商不至則罪在商該司之議已爲得之專候憲示以表羣情軍門丁繼嗣批據該道覆審謂竈戸懼罪而議告折商人執舊制而議支鹽已娓娓言之詳矣但國初經制遠難輕變改折之議似不可執以爲常設查盤之後可以報罷則已之可也諸如隨場立倉以官爲守該司之議甚善俱如照按院陸夢祖批海竈輪鹽商引剪支二百年令甲具在況上里場受鹽更多乎商竈不務完鹽擅叩九閽欲撓國法大不可訓道司辨之悉矣場官立倉爲守完鹽不罪竈不支罪商彼又何說之辭悉照行惟是盤查一廢則鹽之爲官爲私竈之孰完孰欠一任縱橫誰其問之以後盤之無苛如有力政稍力稍力改決不輕議徒予以法外之仁可也



廣東鹽法

場鹽　潮鹽產於潮陽等四縣招收等場竈戸鹽丁納課糶開埕漏賄鹽收積在場以待鹽商到場販賣不得船載百里外卽爲私鹽有禁

潮陽招收場饒平東界小江場登海西界小江場惠來隆井場

榷鹽　廣濟鹽尙從本府管橋官領票到場收賣運至橋門照依先納在庫餉銀每商一名上鹽船一隻每隻九倉每船二十八弔每弔一百五十斤實稱鹽一兩斤對納餉銀七兩四錢一分六毫秤加鹽一斤卽爲兵帶七倍行罰掣放上橋另領戸部引目照往二河發賣

鹽餉　天順以前歲徵三百餘兩歷成化宏治正德中知府談倫奏准鹽利代納新與鹽糧遂增至四千兩歷嘉隆中又增至一萬八

千二百八十八兩九錢萬歷十三年又添增閏月餉五百八兩七
四年因布政司追徵鹽鈔遂增鈔商十名徵銀二千六百十二兩
抵納海洋等縣戶口鹽鈔銀十六年又增埠頭萊鹽餉銀一千兩
通計共餉銀二萬二千三百八十六兩九錢

橋商　原額七十名萬歷十四年增鈔商十名代納通府鹽鈔本年內又增商二十名足一百之數每歲納餉上鹽分爲六大班至二十年改爲四大班分爲四十小班每小班一名納餉銀十五六兩上鹽三萬七千八百斤一歲共納餉銀二百二十四兩上鹽十萬六千斤領引四十三道每引帶鹽一千七百五十斤萬歷十年以前免納餉銀後買鹽邇年以來餉增路塞今年納餉明年賣鹽商始稱困餉期一至有以數金貼人代納者

行鹽地方　廣商從鹽法道領引到招收等場照引幾道買鹽若干



由海運至南雄逾嶺接賣淮商從西關而下直抵三始[illegible]謂之南鹽橋商領給軍門火票到東界等場買鹽聽管橋官掣[illegible]上橋領戶部引目至三河接賣汀商逾嶺過贛州袁臨等府瑞金會昌石城等七縣從東關而下謂之汀鹽二路合賣自正德四年起各定地方嘉靖四十五年廣南侵賣過界潮鹽路塞隆慶二年又開至萬歷十一年又閉路塞餉增是以十四年以後尚有積餉在庫一萬五千零而未上鹽者商民之困至此極矣

埠頭萊鹽　橋下海防等七縣埠頭先因商外奸民告餉二千兩後被勢侵其餉遁負萬歷十六年察院蔡夢說革去一半尚存一千兩責令橋商販納每季銀二百五十兩每小班納二十五兩餉通百商勻納鹽輸二十商領示鎮埠發賣

龍川和平鹽餉　橋上餉鹽運至長樂縣過清溪嶺入龍川和平二縣原無二餉萬歷十八年因廣商射利告納餉爭賣惠潮道從二縣長議願食潮鹽所令潮商代納又增商餉銀二百十一兩六錢八分歲夏冬二季進解

衙鹽　道府縣儒學并諸職衙門所用細鹽從百商上橋班數抽銀販盤煎送祗用銀八十兩存正餉之外

知州張應宿廣鹽課議

昔漢之七國吳以煮海獨富強名山大川總爲利藪欽廉之境瀕海者半而欽州之海滌曾無一竈煮鹽且州境西與北接壤西粵其食鹽靡不仰給於廉其鹽船靡不取資於欽查得郡之鹽商其子母之貲僅以十金計視長蘆淮揚擅貲巨萬者天淵也而視長蘆淮揚得利更饒更速不數月可子母全收不必遠募商而中鹽者可輻輳獨其額課歸公家者什一而落已者什五費用之孔多侵漁之手衆充



過餉者幾何而入私橐者盈盆蓋痡下而上不肥天地自然之利國家竟不得盡賴其用也竊謂合浦之白皮等處瀕海欽亦瀕海邊海郎可產鹽欽亦何獨不可產鹽計民力農隙儘多暇時計道里商運更爲便益若無論其是否土著是否竈丁令爲鹽海增竈儘力烹煮山野多薪不必如浙之計丁分灶煬也閩廣多商不必如淮揚長蘆盡大商巨賈也隨到隨中隨掣隨放不必淹滯停留費時曠日也若然則瀝鹵可盡爲桑田而額課足仰裨軍餉以欽之利供欽之費以欽之餉餉欽之兵不加賦而可加兵固是術也不特此今鹽商自郡而至欽例先輸課於府旋又輸於司以額外兵帶者多而攔盤問又私輸於長墩司經費幾多吏貫幾多需索守幾多時日故官課一而私課三總之課也總之充餉也何不并歸一處照條編一體設櫃可省加耗之半應解者解應支銷者支銷在州猶在府也誠使裝載於

斯投納於斯稱掣於斯不逾日隨可放行便商者多矣若此則於舊額之外量增以益餉彼亦樂從也所裨於國家經費豈淺鮮哉言利不稱善政然不病民不病商躬於公私上下間塞[illegible]漏之孔而裒多益寡得旁彼此兩利乎舍鹽與屯而欲求加兵[illegible]餉是道旁之築舍終爲說鈴畫餅而已此必不得之數也

粵東未設鹽院之前只鹽市提舉司監之歲[illegible]二萬七千四百餘道歲徵鹽課十四萬一千二百四十六兩有[illegible]向於里民排甲殷富者報認鹽商又有水客埠商三分因粵撫李諱士楨題里民以包賠請豁漸次招商不分水埠總以能銷引辦課者永遠充商先納課一半往場買鹽到省過關驗放至各埠銷賣每鹽一包新加銀六分計每引外加課四錢八分又於竈田每畝加銀二分三分五分不等又淡水場之沙田地埔産鹽甚多倍加銀三錢二分零共加課銀二萬



二千七百有奇潮州二十三年未經詳覆正在議加大約粵省鹽法其弊已極自逆藩僭竊之時淡水等場及平山等處多有藩孽土棍霸占鹽田賤買貴賣亂行私鹽近雖禁止驅逐清理鹽田歸還竈戶而大吏官商借商人出名銷引自發本委官各場買鹽占踞各埠於朝廷國課雖無所損而奪商民之利此柳子厚所謂吏而商也至于行鹽雖在內地而海上連檣捆載通洋私販此又利之最厚者至于小民饑苦或至海濱候潮退拾魚鱉螺蝦之屬巡海兵丁往往殺之此官之所以益富而小民之所益困也逮康熙二十年兵垣卞諱三畏條陳與閩省特差巡鹽御史滿州各部衙門三品以下皆得點差不專用臺臣矣

海邊竈戶燒鹽及鹽田晒鹽之人俱極貧極苦無家無室以蓬席爲居弊衣草屩官商與之買鹽量給鹽本若彼得十金之本卽任擔颺去不知所之蓋此輩從無積累隨燒隨賣糊口而已眞所謂窮民無告者況每畝每埔增加竈稅此輩愈困所謂恤竈正所以恤商恤商所以裕課也

礦冶

潮礦冶出海陽等五縣每年聽各縣商民採山置冶每冶一座歲納軍餉銀二十三兩前去收礦煉鐵各三座數不等計通共銀一千兩

海陽縣豐政都山場約一十座

揭陽縣藍田山場約一二座

程鄉縣私口山場約五六座

大埔縣淸遠德洲山場約十座

平遠縣長田義化山場約十餘座

## 外夷市貢

### 朝鮮

朝鮮本箕子所封秦屬遼東外徼初爲燕人衛蒲據其地武帝定朝鮮爲真番臨屯樂浪元菟四郡昭帝并爲樂浪元菟二郡漢末爲公孫度所據傳至公孫淵魏滅之晉永嘉末陷入高麗高麗本扶餘別種其王高璉居平壤城即樂浪郡地唐征高麗拔平壤置平樂都護府其國東連鴨綠江東南千餘里五代唐時王建代高氏闢地益廣并古新羅百濟而爲一遷都松岳以平壤爲西京其後子孫朝貢宋遼金歷四百餘年未始易姓元至元中西京内屬置東寧路總管府畫慈悲嶺爲界洪武初其主王容表賀即位封爲高麗國王後李旦代有其國遣使請改國號賜號朝鮮其國分爲八道中曰京畿東曰江源本濊貊地西曰黃海本馬韓地南曰全羅本下韓地東南曰慶尚乃辰韓地西南曰忠清皆古馬韓地城東北曰咸鏡本高句麗地西北曰安平本朝鮮故地分統郡府州縣其忠清慶尚全羅三道地廣物衆州縣雄巨最爲富庶俗尚詩書人才之出比諸道倍多平安咸鏡二道境接靺鞨俗尚弓馬兵卒精強東西南瀕海北隣女直西北抵鴨綠江東西二千里南北四千里



| 道 | 郡 | 府 | 州 | 縣 |
| --- | --- | --- | --- | --- |
| 京畿 | 楊根 豐德 水城 | 漢城 開城 長湍 | 楊州 驪州 坡州 谷州 廣州 潤州 東州 | 交河 三登 土山 |
| 江原 | 杆城 通川 松岳 高城 平海 寧越 旌善 | 江陵 三陟 襄陽 淮陽 鐵原 | 原州 江州 槐州 濱州 | 平康 烈山 酒泉 蹄麟 龍岡 江西 安昌 麒麟 丹成 三和 咸從 五縣 |
| 黃海 | 遂安 延安 守郡 | 平山 瑞興 承天 | 黃州 海州 日州 愛州 仁州 | 屬黃州 牛峯 長淵 茂長 扶安 康津 黃成 昌平 會寧 大化 萬頃 鎮安 全榮 興德 樂安 濟南 |
| 全羅 | 靈巖 右阜 珍島 | 全川 南原 | 羅州 濟州 光州 昂州 | 大江 古阜 富順 清河 巨濟 豬城 神雲 東萊 義城 安岳 瑞和 臨陂 南陽 扶寧 義興 咸仁 海南 移安 聞慶 蔚修 欽谷 |
| 慶尚 | 蔚山 熊川 咸陽 陝川 | 金海 善山 | 慶州 尚州 泗州 | 昌寧 安陰 高靈 守城 三嘉 山陰 |
| 忠清 | 永川 清道 清風 溫陽 梁山 天安 林川 | 寧海 安東 密陽 昌原 | 晉州 忠州 青州 公州 九州 洪州 蔚州 狞州 興州 靖州 辛州 | 永春 保寧 報恩 扶餘 石城 |
| 咸鏡 | 瑞川 鬱莫 寧遠 | 咸興 安邊 會寧 永興 鏡城 | 延州 惠州 開州 燕岐 安州 靈州 德州 蘇州 台州 燕州 隋州 壽州 | 湟山 利城 |
| 平安 | 嘉山 郭山 熙山 江東 龍川 博川 价川 雲興 宜川 慈山 順川 | 平壤 成川 定遠 昌城 廣利 見仁 寧邊 江界 合蘭 | 定州 昇州 平州 義州 銀州 銅州 鐵州 朔州 撫州 常州 宿州 濱州 買州 | 孟山 陽德 守和 德川 江東 泰州 |



### 安南

安南古南交地秦屬象郡漢武帝時路博德等平定南越置交趾九

眞日南三郡治嬴𨻻東漢初爲徵側所據光武命伏波將軍馬援討之仍爲漢郡吳爲九德武平新昌郡劉宋平郡徙交趾州治龍編唐置都督府蓋自秦及唐皆入中國版圖與嶺南無異五季時土豪曲承美始據其地後劉氏楊氏相繼爲長宋師平嶺表丁璉內附封爲交趾國王後黎桓李公蘊陳日麗轉相篡立元季叛服不常憲宗封爲安南國王永樂初黎季犛篡陳氏而自立四年討平之建交趾布政司領府十七州四十一縣一百五十七復歸中國者近二十年宣德二年黎利復叛遣兵討之利懼奉表乞立陳氏後許之罷郡縣已而利復篡立嘉靖六年其都督莫登庸乘黎之亂弒黎廣自立僭國號曰大越改元明德子方瀛嗣改元大正且侵內地十八年遣兵討之因其請罪乞降命方瀛爲安南都統使嗣是擅專如故今按入交趾凡三道詳載於後

安南等處承宣布政司　按察司　都指揮使司治交河宣德前置

府十七　州四十七　縣一百五十七　所三　市舶司一　又衛十二

交州 領州五 縣十三　慈廉　福安　威蠻　利仁　三帶　東關　石室　英田　清潭　清威　應平　平陸　利仁　安朗　安樂　扶寧　立石　慈廉

北江 州三 縣七　嘉林　武寧　北江　嘉林　超類　細江　善才　東岸　慈山　善誓

諒江 州二 縣十二　諒江　上洪　清遠　那岸　平河　鳳山　陸那　安寧　保祿　石隴　唐安　多錦

諒山 州七 縣五　上文　下文　七源　萬崖　廣源　上思　下思　邱溫　鎮夷　淵縣　丹巴　肥縣

新安 州四 縣十三　東潮　靖安　南策　下洪　至靈　峽山　古費　安老　水棠　支封　新安　安和　同利　萬寧　雲屯　西鹹　清沔

建昌 州一 縣六　快州　建昌　布縣　直利　東結　芙蓉　永涸

鎮蠻 縣四　延河　太平　古蘭　多翼



奉化 縣四　美祿　西眞　膠水　順爲

建平 州一 縣六　長安　懿安　大灣　安本　望瀛　安寧　黎平

三江 州三 縣五　洮江　宣江　沱江　麻溪　夏華　清波　西蘭　農石

宣化 縣九　曠縣　當道　文安　平原　底江　收物　大蠻　楊縣　乙縣

太原 縣十一　富良　司農　武禮　洞喜　永通　宣化　王若　大慈　安定　感化　太原

清化 州四 縣十一　九眞　葵州　愛州　清化　安定　永寧　古藤　梁江　東山　古雷　農貢　宋江　俄樂　磊江　安樂

乂安 州四 縣十三　驩州　玉麻　南靖　茶龍　衙儀　支羅　丕祿　上油　偈江　眞福　古社　土黃　東岸　河華　石塘　奇羅　盤石

新平 州二 縣三　政平　南靈　奇儀　福康　左平

順化 州二 縣十一　順化　利調　石蘭　巴閭　安仁　茶禍　利蓬　乍會　思蓉　苔蒲　士榮　蒲浪

升華 州二 縣十一　升華　思義　黎江　都邪　安備　萬安　俱熙　禮悌　特主　白烏　義純　鶩盃　溪錦

廣威 縣二　麻龍　美良

宣化 縣三　赤土　車來　瓌縣

嘉興 縣三　籠縣　蒙縣　四忙

歸化 縣四　安立　文盤　文振　水尾

演州 縣三　瓊林　茶清　芙蓉

安南僞制卽交州爲東都僭設五部六寺御史臺通政司五十六衛城兵馬等衙門附郭府曰奉天縣二曰唐德永昌其西都今爲清華承政古齊登庸所自居也外分道十三設布政司　憲察司　總兵使司

十三承政司
安邦承政司　卽交州地領府一曰海東
海陽承政司　卽新安地領府一曰海陽
山南承政司　卽諒江建昌奉化鎮蠻建平地領府十一曰上洪下洪天長廣東應天荊門新興長安莅仁平昌義興
京北承政司　卽北江諒江領府四曰北河慈山諒江順安
山西承政司　卽交三江嘉興歸化地領府六曰歸化三帶端雄安西臨洮沱江
諒山承政司　卽諒山地領府一曰諒山
太原承政司　卽太原地領府三曰太原富平通化
光明承政司　卽宣化地領府一曰宣化
興化承政司　卽廣威州地領府三曰興化廣威天關



清化承政司　卽清化地領府四曰紹天鎮寧蔡州河中
義安承政司　卽義安演州地領府八曰義安肇平義奇華德宣演州北平淸都
順化承政司　卽順化升華領府三曰順化吳都昇平
廣南承政司　卽義安領府三曰廣茶麟正麻

入交道三一由廣西一由廣東一由雲南由廣東則用水軍伏波以來皆行之廣西道宋行之雲南道元及明朝始開廣西道亦分爲三從憑洋州入者由州南關隘一日至交之文淵州坡壘驛復經脫郎川北一日至諒山又一日至溫州之北隘徑半日至鬼門關又一日至經溫州之南新一麗村經二十江至保祿縣半日渡昌江又一日至安越縣南市江下流北岸一道思明府入過摩天嶺一日至思祿州過辦強一日至祿平州州西有路一日半至諒山府若漢東南行過車里江永樂中黎季犛據之以拒王師後偵知艱處乃決之以濟師一日半至安博州又一日過耗軍峒山路險惡又一日至鳳眼縣又分二道一日至保祿縣亦渡昌江一道諒江府一日至安越縣南市江岸各與前道會其自龍州入者一日至平隘又一日至七源州二日至文蘭平茹社又分爲二道一道由蘭州一日經右隴縣北山徑出鬼門關平西四十里渡昌江上流徑右隴之南沿江南岸而下一日至四安縣平地至安勇縣至安越縣中市江北岸一道漢平茹社西一日半經武岸州山經二日至司農縣平地又一日半亦進至安越縣北市江上流北崖南市江在安越境中昌江之南諸路總會之處皆可濟師一日至慈山府又至東安加林等縣渡昌艮江以入交州雲南亦由二道由蒙自縣經蓮灘入交州之右隴關下程蘭洞循洮江右岸四日至水尾州八日至文盤州五日至鎮安縣五日至夏華縣又三日至清波縣又三日至臨洮府洮水卽當富良上流其



北爲宣光江南爲沱江所謂三江也臨洮二日至山圍縣二日至興化府卽古都邦域自興化一日至白鶴神廟三岐江四日至白鶴縣渡富良江其一道自河陽隘循洮江左岸十日至平源州五日至福安縣又一日至宣府二日至端雄府若沿海岸又五日至白鶴三岐然皆山徑欹側難行其循洮江右岸入者勢平夷乃大道也若廣東廉州自烏雷山發舟北風順三日可抵交之海東府以行由烏雷一日至永安州自白龍尾二日至玉門山又一日至萬寧州萬寧一日至廟山廟山一日至屯卒巡司又二日至海東府海東府二日經熟社有石堤陳氏所築以禦元兵者又一日至白藤海口過天寮司南至安陽海口又南至塗山海口又南至魚多海口各有支港以入交州自白藤而入則經水棠東潮二縣至海陽府復經至靈縣過黃徑平灘等江其自安陽海口而入則經安陽縣至荊門府亦至黃徑等

江南上洪之北境以入其自塗山而入則取古齊叉取宣陽縣經
老縣之北至平河縣經南策上洪之南境以入其自多魚海口而入
則由安老新明二縣至四岐遡洪江快州經鹹子關以入多魚海口
爲太平海口其路太平新興二府亦經快州子關口由富平江以入
此海道之大畧也交州之東有海陽荆南策上洪下洪順安等境去
海波遠各有支港穿達迤邐數百里大舟不能入故交人多平底淺
舟以入海港云

防倭要畧

海夷雖多其國大而爲吾患者莫如日本日本諸州約以百數其近
於西南者薩摩爲最屢次入寇多此州及肥後長門二州之人（二州亦近西南）其次則大隅前後筑等州以及豐前豐後和泉之人率商於薩摩
而附行者也且山城（倭主所居曰山城州國爲名）號令久不行於諸州而山口豐



後出雲等專兵自恣自後惟豐後獨行強併有諸島摽掠出沒皆貧
惡之民欻忽而起非有常尊定主也國家懲倭之亂緣海備禦幾千
萬里其大爲衛（置軍六千一百四十一名）小爲所（軍一千二百人）又次巡檢司（弓兵百人）凡港
次處所皆設兵船五等（二百料船一百料船一篙八槳哨船頭快把槳船一槳飛船）又有水砦石
營棚等項官司相維遠近相連幾於密矣夫倭船之來恒在淸明後
前乎此則風候不常故倭不利於海行屆期則東北風而不變也過
五月風自南來倭不利於行矣重陽後風亦有東北者過十月後風
自西北來亦非倭所利矣故防倭者以三四五月爲大汛九十月爲
小汛焉說者决勝於敵至時不若防之未登岸之際也蓋倭人寇必
向風所之東北風大則由薩摩或五島（在薩摩西有五山相錯）至大小琉球以
視風色之變遷北多則犯廣東東多則犯福建而柘林常樂等寨皆
不可不守也若正東風猛則必由五島歷天堂官渡水而視風色變
遷東北風多則至烏沙門分䑸或過韭山海閘門分而犯温州或由
舟山南犯定海象山奉化昌國台州等處而金塘石浦海門等要害
不可不守也正東風多則至壁下陳錢分䑸或由洋山之南而犯臨
觀錢塘或由洋山之北犯青南太倉或過南沙而入大江而鯉浦龍
山瀕山狼福等要害不可不守也若夫在大洋而風欻東南則犯淮
揚登萊若在五島開洋而風方猛則趨遼陽天津而亂沙鹽城廟灣
等處要害不可不守也夫沿海一路俱要害而長樂海門狼福龍重
苟不備皆其批亢擣虛之處也昔人以擊賊於海中爲上策禦賊於
海港爲中策雖然水戰豈易易哉凡風潮之大小順逆取放之淺深
利害所當究心者也（防倭地汛詳下條）
日本卽故倭奴國去中土甚遠隔大海依倚山島高麗在其北新羅
百濟在其西北琉球在其西南有附庸之國百餘自漢武滅朝鮮驛



通漢者三十六國皆稱王大倭王居邪馬臺國卽邪靡堆是已光武
建武中元二年始來朝貢安帝永初元年復來貢漢末國亂國人立
其女子卑彌呼爲王三國吳赤烏元年卑彌呼入貢於魏後卑彌呼
死其宗女壹與繼之後復立男王並受中國爵命後漢東夷傳會稽
海外有夷洲亶洲卽倭奴也孫權黃龍二年遣將軍衛温諸葛直浮
海求夷洲亶洲欲俘其民以益衆軍行終歲士卒疾疫死者十八九
亶洲絶遠卒不可得至得夷洲數千人而還沈瑩臨海水土志夷洲
在臨海東去郡二千里歷魏晉至宋齊梁陳皆來貢隋大業四年倭
王多利思比孤入貢隋書倭國在百濟新羅東南水陸三千里於大
海中依山島而居都於邪靡堆卽魏志所謂邪馬臺也杜佑曰倭在
帶方東南大海中去遼東萬二千里大畧在閩中會稽之東自謂秦
伯之後入唐常來朝貢咸亨初惡倭名更號日本自以其國近日所

出也或云日本故小國爲倭所併因冒其號云初附新羅入貢後新羅梗海道始繇明州入貢其國嘗分五道曰東海南海西海東山山陰宋雍熙以後累來朝貢熙寧以後來者皆僧也元至元初遣使趙良弼招諭且介高麗諭意皆不應十八年遣忻都范文虎等率兵十萬伐之自平戶島移軍五龍山暴風破舟文虎等擇堅好舟乘之遯歸棄師十萬爲日本所殲終元之世使竟不至明朝洪武二年命趙秩諭其國王源懷因遣使入貢後數歲一來而入寇不絕十六年與胡惟庸通謀爲亂絕之命信國公湯和江夏侯周德興經畧沿海自遼左至徐聞築城設衛所戍守要害海防凡數千里永樂二年遣太監鄭和招諭海外諸番日本首先輸欵乃給勘百道許其通貢然仍不時入寇十九年大掠遼東諸處總兵官劉江殲之於望海島海氛稍熄宣德以後不時入貢而窺伺竊掠不已正德四年鄞人朱縞



以逋逃充倭使冒姓名宋素卿入貢遂階禍基嘉靖二年復至與倭使宗設爭先後相讐殺大掠寧波宗設仍奪舟去於是論素卿死絕倭貢十八年復貢奸商亡命之徒相與搆釁亂遂作甚於三十一年息於四十二年十餘年中東南騰沸生民之塗炭極矣志云日本之地形類琵琶東高西下或以其勢若蜻蜓亦曰蜻蜓國東西數千里南北數百里九州居西爲首陸奧居東爲尾山城居中乃彼國之都也其國君以王爲姓以尊爲號後又改稱皇初居日向州筑紫宮後徙山城州所統有三部五畿七道三島六十五州五百七十三郡郡然皆依水附嶼大者不過中國一村落而已三部者一曰畿內部有山城大河河內和泉攝津五州故曰五畿五州分統五十三郡一曰畿外部有東海南海北陸東山山陽山陰七道合統六十州六十州又分統五百二十郡一曰海曲部有伊岐對馬多藝三島三島各統

二郡凡六郡其通中國之道舊自遼東由六朝以後多從南道率自温州寧波以入今貢道則定於寧波蓋其國去遼甚遠而去閩浙甚邇風汎時往來率不過四五日程其在彼國西南而尤近中國者薩摩州爲最嘉靖中屢次入寇多此州及肥後長門二州人次則大隅筑前筑後博多日向豐前豐後和泉諸州之人大率商於薩摩而附行者也山城號令久已不行有山口豐後出雲三州專兵自恣既而山口出雲復滅惟豐後猶存然亦浸弱矣籌海說山口本名周防州南邊海其西即長門州關渡在焉渡此而西爲豐前豐後日向筑前筑後大隅薩摩爲最西又北爲肥後肥前所謂西海九州也自肥前而西有大漁洲謂之懸海有平戶島元世祖言見日本地圖其太宰府西有平戶島周圍皆水可屯軍船是也平戶之西爲五島有五山相錯懸海而生其中有澳可泊乃日本西境之盡處或謂即五龍山



元范文虎棄師處矣自五島而西四望無山直抵陳錢壁下此島南去薩摩千五百里與平戶相去二百五十里與肥前相去四百三十里由五島至山口平戶其必經之所也自五島而北爲多藝爲伊岐又北過海面五百里而後至對馬島與高麗相望此則日本北境之盡處也凡日本西北至高麗必由對馬島開洋島之西北有堆沙凡山谷撒思乃三澳風順不過一日程約五百里而至高麗矣其南至琉球也必由薩摩州開洋風順不過七日其貢使之來必由博多開洋歷五島而入中國因造舟水手俱在博多故也貢舶回則徑收長門因其抽分司官在焉若其入寇則隨風所之東北風猛則由薩摩或由五島至大小琉球而視風之變遷北多則犯廣東東多則犯福建犯福建則自澎湖島分腙或之泉州等處或之梅花所長樂縣等處矣若正東風猛則必由五島歷天堂官渡水而視風之變遷東北

多則至烏沙門分䑸或過韭山海閘門而犯溫州或由舟山之南經
大蒲港入金塘崚門而犯定海或由東西殊山入湖頭犯象山奉化
或入石浦關犯昌國或入桃渚海門松門諸港而犯台州矣正東風
多則至李西澳壁下陳錢分䑸或由洋山之南過漁山兩頭洞三姑
山入蟶浦而犯紹興之臨山三山過霍山洋五嶼列表平石而犯寧
波之龍山觀海過大小衢徐公山入鼈子門赭山而薄錢塘矣或由
洋山之北過馬蹟潭西而犯青浦或過馬蹟潭北而犯太倉或過南
沙經茶山廖角嘴涉谷積入太江越狼福山而犯瓜儀常鎮若在大
洋而風欻東南也則過步洲洋亂沙入鹽城口而犯淮安入廟灣港
而犯揚州再越而北則犯登萊若在五島開洋而南風方猛則趨遼
陽趨天津大抵倭船之來恒在清明之後前乎此風候不常屆期方
有東北風多日而不變也過五月風自南來倭不利於行矣重陽後



風亦有東北者過十月風自西北來亦非倭所利矣故防倭者以三
四五月爲大汛九十月爲小汛焉志云山城以東地方廣邈雖倭奴
遠服賈者或不能知大抵陸奧一州在其極東而薩摩一州在其最
西博多其島民也東南去肥前州四百五十里貢使必出之路又有
平壺八角諸島在其北面自嘉靖以後東南得以寧謐萬歷中關白
發難於朝鮮又久而後平云四夷考倭國以山城爲主山城之南爲
和泉又南爲沙界沙界之東南爲紀伊紀伊之西爲伊勢山城之西
爲丹渡東爲攝津東之西爲攝摩西爲但馬西之西爲因幡丹渡西
爲美作東爲備前東之西爲備中西爲因幡西之西爲伯耆美作之
西爲備後之北境出雲之南境備後之西爲安藝出雲之西爲石見
安藝石見之西爲山口谷國即古之周防州也山口之西爲長門關
渡在焉渡此而西爲豐前其南爲豐後又南爲日向豐前之西北爲
筑前西南爲筑後筑後之南爲大隅大隅西爲薩摩豐後東南爲懸
海爲土佐爲伊豫爲阿波阿波相近懸海爲炎路土佐豐後之間爲
佐嘉關薩摩之北爲肥後又其北爲肥前肥前西懸海爲平戶平戶
西爲五島北爲多藝爲伊岐極北爲對馬島諸島皆有酋長山城號
令不行強者則相役屬焉

薇人吳三英曾至日本國言貨至彼則報島上市官判價無欺客買
彼貨亦不二價不似中國市井多欺僞其風俗淳朴道不拾遺婦人
女子與人極褻狎終不亂捫其乳甚喜曰你愛我若揣其足謂有意
私之出刃相刺其姦禁甚嚴不惟姦婦姦夫並死其家不舉則闔門
論死客中有文人墨士奇材異能者王聞必召見然每紆其途以示
土地廣濶又黎媿曾筆記云有人至日本支國東浦寨呼中國人唐
人猶西北人呼中國人爲漢人也國雖有王專政者爲將軍三傀驕



王擁虛位而已俗至潔男女着白布衫長垂至足又云中國伽楠皆
非眞眞者彼國亦不易得取伽楠法先期割牲密卜有無走密林中
聽樹頭小兒語急斫數斧而返遲則有鬼搏人隔年始一往取先上
其王及三傀重加洗剔上者留之厚酬其直次下者聽別售又言將
至東浦過黑水洋最險吹沙無刻停若無風緩渡則沙壓舟沉又言
國亦有狀元名必取人才出羣者或數年得一人不似中國每科必
置一人爲冠冕也嘗覽異域志云日本乃徐福所領童男女避秦之
虐遂國於彼而中國詩書亦得相傳故其人多尚作詩寫字流傳旣
遠數千年間聲音不同其文荒遠不足以續聖教故不相合耳然猶
有價不二道不拾遺女不淫亂何風之淳也聖教不行宜其有浮海
之嘆歟

劉觀察孝儒奉命往紅毛國徵船勦臺灣悞入黑鬼洋舟人合速煮

飯未幾鬼怪千百猙獰呌號不可名狀舟人趺坐結印口誦梵呪如僧家演盂蘭盆會四顧撒飯去來雜沓天明始絶云此皆溺海餓鬼也又一日大洋中忽起高山障海紅光閃爍呼問舟師搖手戒勿語恐怖之狀更甚於黑鬼洋也急入舟披髮持刀出立蓬背割舌手足血瀝水中郎仆船上經一飯時頃舟人曰得生矣問以故曰海中魚出如山不足怪也但欲吞舟則吐紅光瀝血水中可以解之否則以舟中尊者血瀝解之不然幾葬魚腹也

倭奴隣三韓即國故名韓中倭後自惡其名更號日本在東南大海中依山島而居地方數千里爲畿五曰山城曰大和曰河内曰河泉曰攝津共統五十三郡爲道七曰東海有伊賀伊勢志摩尾張三河遠江駿河伊頭甲斐相模武藏安房上總下總常陸十五州共統一百六十郡曰南海有伊紀淡路河波讚耆伊豫伊佐六州共統四十



八郡曰西海有筑前筑後豐前豐後肥前肥後日南大隅薩摩九州共統五十三郡曰東山有江江美濃飛彈信濃上野下野陸奧出羽八州共統一百二十二郡曰北陸有若佐越前越後加賀能登越中佐渡七州共統三十郡曰山陽有潘摩美作備前備後中安藝周防長門八州共六十九郡曰山陰有丹波丹後徂馬因潘伯耆出雲石見隱伎八州共統五十二郡爲島山曰伊岐曰對馬曰多褹各統二郡總計三千七百　十二都四百一十四驛八十八萬三百二十九課丁土產白珠青玉金銀銅鐵瑪瑙硫黃丹土野馬山鼠諸物大倭王以王爲姓歷世不易初號天御中主居日向筑紫宮其子號大材雲尊自後皆以尊爲號傳世二十三至彥瀲尊第四子號神武天皇徙大和州橿原宮傳至守平天皇凡四十一世自後世次皆不可考復從山城國文武僚吏皆世其官有德仁義禮智信大小十二等凡篁凡令在尾翼諸名後各道分置刺史王以天爲兄日爲弟黎明聽政日出而罷云日我弟也其誕妄若此用法率尚嚴急果於殺戮或戕剝肢體其初刻木結繩以紀事魏晉以後得五經佛教於中國於是緇衣沙門之屬傳習文字其俗男子兜額文身短衣無袖褶袴褰東衣肩背處繪染草花木蟲之狀以別尊卑履無綳組以底之長短別貴賤女子披髮跣足衣如緯幔從頭頸貫之居無城郭惟國王處以樓觀其餘富者屋版貧者覆茅不識拜起之節以蹲踞爲恭搓手爲悅分器而食或用邊豆性極貪鄙詭譎好兵行以刀劍自隨不知嫁娶男女相悅即爲夫婦渡海則令一人齋戒不櫛沐謂之持衰不利輒殺之

太倉使往日本針路見渡海方程及海道針經

太倉港口開船用單乙針一更船平更者每一晝夜分爲十更以焚香枝數爲度以木片投海中人



從船面行驗風之迅緩定更數多寡可知船至某山洋界吳淞江用單乙針及乙卯針一更平寶山到南匯嘴用乙辰針出港口打水六七丈沙泥地是正路三更見茶山茶山水深十八托一云行一百六十里正與此合自此用坤申及丁未針行三更船直至大小七山灘山在東北邊　灘山下水深七八托用單丁針及丁午針三更船至霍山　霍山用單午針至西後門　西後門用巽已針三更船至茅山　茅山用辰巳針取廟州門船從門下行過取升羅嶼廟州門水深流急升羅嶼用丁未針經崎頭山出雙嶼港升羅崎頭與可泊船崎頭水深九托雙嶼港用丙丁針三更船至孝順洋及亂礁洋雙嶼港口水流及孝順洋水深十三托亂礁洋水深八九托取九山以行九山四邊有礁打水行船宜仔細一云亂礁洋水深六托泥地九山用單卯針二十七更過洋至日本港口打水七八托泥地南邊泊船有從烏沙門開洋七日即至日本　若陳錢山至日本用艮針梅花東外山開船用單辰針乙辰針或用辰巽針十更船取小琉球

小琉球套北過船見雞籠嶼及梅花瓶彭嘉山　彭嘉山北邊過船遇正南風用乙卯針或用單卯針或用單乙針西南風用單卯針東南風用乙卯針十更船取約魚嶼　約魚嶼北邊過十更船南風用單卯針東南風用單卯針或用乙卯針四更船至黃麻嶼　黃麻嶼北邊過船便是赤嶼五更船南風用甲卯針東南風用單卯針西南風用單甲針或用單乙針十更船至赤坎嶼　赤坎嶼北邊過船南風用單卯及甲寅針西南風用艮寅針東南風用甲卯針十五更船至古米山　古米山北邊過船有礁宜知畏避南風用單卯針及用甲寅針五更船至馬異山　馬異山南風用甲卯或甲寅針五更船至大琉球　大琉球那霸港泊船（土官把守港口船至此用卯及甲寅針行二更進那霸內港以入琉球國中）那霸港外開船用單子針四更船取離倚嶼外過船南風用單癸針三更船取熱壁山以行　熱壁山南風用單癸針五更船取田



北山又南風用丑癸三更半船取夢加刺山南風用單癸針及丑癸針三更船取大羅山　大羅山用單癸針三更半船取萬者通七島山西邊過船　萬者通七島山用單寅針五更船取野顧七山島內野顧山用巽寅針二更半船取但爾山用艮寅針四更船取亞甫山（一云野顧山對面行六十里有小礁四五箇最畏避由北邊過船用艮寅方行一百五十里至旦午山用艮寅方行四十里至亞甫山）亞甫山在平港口其水望東流甚急離此山用艮寅針十更船取亞慈理美妙若不見此山用單艮針二更船又艮寅針五更船取沿灣奴（一云渡奴）沿烏佳眉山沿渡奴烏佳眉山用單癸針二更船若開時用單丁針一更船至西是麻山　西是麻山南邊有沉礁名發礁（一云佐沉長礁）東北邊過船用單壬針一更船是正路却用單子針四更船取大門山中　大門山傍西邊門過船用單丑針三更船取兵衿港兵衿港循本港直入日本國郡

琉球

琉球一島僻在海外萬歷丙子琉球以嗣封請命戶科給事中蕭崇業行人謝杰持節冊以往杰吳人也歸言琉球有日本館羣聚數百人待封使之舟轉與爲市其人出入挾利刃琉球心懾之疑不可向邇云越辛卯又以嗣封請於時倭犯朝鮮海氛弗靖議令琉球自齎詔冊以歸使臣罷弗遣更十餘年朝鮮事解琉球堅以往例陳乞上嘉其爲不叛之臣復許之甲辰命兵科左給事中夏子陽行人王士禎又持節冊以往丙午冬子陽竣事還私向余言日本近千人露刃而市琉球行且折於日本矣且使臣入彼國若不聞焉其所以事天朝至淺鮮也操縱伸縮惟是諸陪臣與吾之通事表裏爲姦區區兩使臣威所不能加法所不能禁也倘異時者再銜朝命涉滄溟其辱國彌甚君其識之余聞給舍言愴然有感於心乃今數年日本發焉



啓疆而琉球之君爲虜臣爲僕矣且陽借修貢之途以陰待假道之計撤我藩籬窺我虛實日引月長將何以固我圉乎玉關之謝抑其末耳詩曰肇允彼桃蟲拚飛惟鳥當事者勿泄泄焉而視之若桃蟲然則幾矣

占城國古越裳氏界本秦象郡林邑縣地漢爲象林縣屬日南郡其地西去廣州二千五百里東濱滄海西鄰徐狼（今瓜哇）南接扶南（今眞臘）北連九德（今安南）東西五百里南北千里（城去海百二十里去日南界四百餘里其郎湖浦口有秦家郡墟城猶存）其南界水步道二百餘里有西屠夷亦稱王馬援因植二銅柱以表漢界（馬援北還留遺兵十餘家居壽冷岸南而對銅柱悉姓馬自婚姻有二百餘戶交州以其流寓號曰馬流言語衣服尚與華同山川移易銅柱今復在海中馬流人常識其處林邑記建武十九年馬援樹兩銅柱於象林南界與西屠國分漢之南彊又云銅柱山周十里形如倚蓋西跨重岩東臨大海屆膠漢里記林邑大浦口有五銅柱王馬援水經言銅柱在林邑不言在欽江唐馬總所鑄銅柱在欽者）漢末大亂功曹子區連殺縣令自號爲王謂之林邑國

吳時通使赤烏十一年交州攻區粟大戰於灣浦數世後其王無嗣外甥范熊代立傳子逸晉建興中夷奴范文教逸制造城池宮室兵陣器械王愛信之咸康二年逸死文篡位都典衝去海岸四十里水經注林邑城西南橫長南北縱狹北邊西面迴折曲入城周圍八里一百步塼城二丈上起塼牆一丈開方隟孔上倚板板上層閣閣上架屋屋上構樓樓高者六七丈下者四五丈飛觀鴟尾迎風拂雲緣山瞰水驀翥嶢嶢但制造壯拙耳時交州刺史姜莊使所親至日南郡並貪殘臺遣夏侯覽為大守尤侵刻又貪日南肥沃欲畧有之至是因民之怨襲殺覽以其屍祭天交州刺史朱藩遣督護戍日南文復滅之進寇九真郡害吏民十八九永和五年文死子佛五猶屯日南七年交州刺史楊平九真太守灌邃討佛走之佛乃請降隆安三年佛孫胡達復寇日南九真諸郡無歲不至殺傷甚多交州遂至虛弱至其孫文敵為扶南王子當根繩所殺大臣范諸農平其亂自立為王諸農死子陽邁立陽邁死子咄立復名陽邁宋元嘉二十年使振武



將軍宗慤與交州刺史檀和之討之其後遣使朝貢齊梁陳時或不賓服隋遣大將軍劉方及欽州刺史甯長真伐之其王梵志遣使謝罪於是朝貢不絕唐貞觀中其王頭黎死子鎮龍被弒國人更立頭黎女為王國人不服國人立頭黎姑之子諸葛地為主妻以女其國乃定至德後以國在環州界更號環王王所居曰占城又以占城名之元和三年犯安南時楊於陵為嶺南節度使遣兵擊走之後益橫安南都護張舟責其朝獻不至執偽都統斬首三萬級虜其王子獲戰象船鎧黃巢亂後嶺海多虞史亦絕書五季周顯德五年其王釋利因陀漫遣使朝貢表以貝多葉書之始自稱占城國云宋建隆二年其王釋利因陀盤遣使朝貢開寶五年其王波美稅褐印茶遣使者訶散朝貢即前二次所遣者也太平興國二年其王波美稅陽布印茶遣使李脾來貢六年交州黎桓上言欲以占城俘來獻太宗令

廣州止其俘存撫之給衣服資糧遣還占城詔諭其王七年遣使乘象入貢詔留象廣州畜養之八年伐交趾水陸象馬數萬黎桓擊走之俘斬千計雍熙二年其王施利陀盤吳日歡遣使獻方物且訴為交州所侵掠三年其王劉繼宗遣使李朝仙來貢儋州上言占城人蒲羅遏為交州所逼率其族百口來附四年秋廣州上言雷恩州關送占城夷人百五十餘口來歸分隸南海清遠縣端拱元年廣州又言占城夷人忽宣等族三百餘人來附淳化元年新王楊陀排自稱新坐佛逝國遣使來貢訴為交州所攻上賜黎桓詔令各守境尋賜其王白馬兵器諸番聞之不敢侵侮至道元年上表謝恩併獻方物且言本國流民三百散居南海蒙旨放還今猶有在廣州者舊有進奉夷人羅常占見駐廣州乞隨舶船歸國上從之復賜白馬二疋遂為常制咸平二年嗣王楊晉俱毗茶室離入貢再至乃詢知其避交



人奔於佛逝去舊都七百里大中祥符三年嗣王施離霞離鼻麻底得金毛獅於三佛齊四年來獻天禧二年嗣王尸嘿排摩惵遣使入貢言國人諸廣州或風漂船至石塘即累歲不達石塘在崖州海面七百里外下陷八九尺者也天聖七年奉表進鳳八年嗣王陽補孤施離皮入貢慶曆元年廣東商人邵保見軍賊鄂隣百餘人在占城命轉運司選使臣齎詔書器幣賜其王購隣致闕下餘黨令就戮之明年十一月其王刑卜施離值星霞弗遣使獻馴象嘉祐元年其使蒲息施琶貢方物還至太平州沉失行橐明年正月詔廣州賜銀千兩七年其王施里律茶盤麻常修武備以禦交趾由廣東路入貢請賜白馬從之熙寧元年其王楊卜尸利律陀般摩提婆入貢乞市騾馬令於廣州買騾以歸建炎二年其王楊卜麻疊入貢紹興二十五年子鄒時闌巴嗣封乾道三年子鄒亞娜嗣掠大食國方物來貢為

大食所訴遂不議其封七年閩人有浮海之吉陽軍者風飄至占城見其國與眞臘乘象以戰無大勝負乃說王教以騎射王大悅具舟送之吉陽市得馬數十匹歸戰大捷明年復來瓊州拒之憤怒大掠而歸知吉陽軍林寶慈奏聞淳熙二年嚴馬禁不得售外番三年占城歸所掠生口惟存八十三人求通商不許四年占城以舟師襲眞臘入其國都慶元五年眞臘大舉伐占城以復前讎殺戮殆盡俘其王以歸國遂亡其地悉歸眞臘因名占臘云其後國王或曰眞臘人也又曰占城恢復無可據者今其國近瓊州順風一日可至建都臨海曰新洲港所居屋宇門牆俱甃以灰甎雕鏤堅木爲猛獸狀外周磚垣爲城以兵甲藥鏃刀鏢守之元至元十五年旣滅宋遣人至占城還言其王失里咱牙信合八剌哈迭瓦有內附意詔封占城郡王十七年其王保寶旦拏囉耶邛南議占把地囉耶遣使貢方物奉表



降十九年以其國王孛由補剌者吾旣內屬卽其地立省而其子補的負固不服遣兵征之自廣州航海至占城港港口北連海海旁有小港互通其國入州東南止山西旁木城官軍依海岸屯駐占城兵治木城四面約二十餘里起樓柵立回回三稍砲百餘座又木城四十里建行宮分遣瓊州安撫使陳仲達等三道攻之以萬人建旗鼓出木城拒戰乘象者數十亦分三隊迎敵矢石交下自卯至酉賊敗北官軍入木城合擊之殺溺死者數千人其王與其臣逃入山使報答者來求降官軍復駐城外旣歸款終無順志明洪武元年其王阿答阿者遣使入貢二年春二月辛未遣行人吳用賜以璽書九年三月遣使者入賀聖壽節諭其勿與安南交兵永樂元年遣使告諭卽位六月其王占巴的賴遣使奉金葉表文來朝貢方物且言安南侵掠請降勅戒諭者再上遣行人蔣賓王楅使往其國賜以絨絲織金文綺紗羅而勅安南胡查令其息兵修好尋賜鈔幣并賜勅諭四年七月初廣東都

指揮司選精兵六百人以能幹千百戶領之具器甲糗糧由海道往占城會合軍馬八月遣內官馬彬等齎勅諭以伐安南賜以鍍金銀印及紗帽金帶黃金百兩白金五百兩織金文綺衣二襲并絲綺紗羅等物占巴的賴遂出兵助征復遣太監王貴通齎勅往勞之賜白金三百兩綵幣二十表裏五年五月奏言克取安南所侵地獻俘貢方物謝恩詔嘉獎之六年十月遣其孫舍楊該奉表貢象及方物謝恩比還賜貢金印及黃金百兩錦綺羅紗五十疋綵絹百疋且賜勅嘉勞之七年八月遣使奉表謝恩貢犀象等物八年九月復遣使濟標等貢象并金銀器物仍遣馬彬送濟標還國賜齎勅以文幣賜之十三年四月遣其孫舍阿那沙等奉表貢方物冬十一月兵部尚書陳洽言初時黎賊及陳季擴之時占城國王雖聽命出兵來助然實懷二心圖脣齒相依徘徊觀望愆期不進及進化州乃大肆虜掠以



金帛戰象資季擴季擴亦以黎蒼之女遺之復納季擴之舅陳翁挺及鄧鎔之弟緞等男女三萬餘人又侵奪升華府所隸四州十一縣地驅掠人民厥罪下季擴一等爾夫有罪必討請發兵征之上以交趾旣平民方安業不忍窮遠夷但遣使齎勅諭占巴的賴自是浸貢惟十一年遣行人往勞餘如番夷常例十五年侵據升華府傳至摩訶貴由景泰末死其弟盤羅悅天順初遣使入貢請封遣給事中江彤行人劉寅之齎勅往封之諭其砥礪臣節賜以彩幣而已盤羅悅遣使奉表入貢卽遣其使道沙婆剌齎勅并賜彩幣自是屢爲安南所侵財用兵力日以衰耗成化中其王爲安南兵所逼使居赤坎邦都郎遣使請封而安南部臣據其國都使臣馮义等譏封之嗣王古來航海奔至廣州投訴表文以來朝爲辭督府屠滽委參議黃勤賫護送至京時安南納其叛將而助之虐爲申言古來不當嗣[illegible]

來留廣州力辨其寃濡從僉議謂冊印有古來名宜奏聞畀諸古來遂移文諭安南數其不能卹隣之意折其奸萌道之順逆安南聽從不敢肆其兇狡乃選官軍二千令東莞南頭商人張宣領之護送古來至新洲港得反其國宏治十八年古來卒沙古卜洛嗣正德五年詔遣給事中季貫行人俞廷瑞齎勅冊往封爲占城國王十二年來朝貢嘉靖二十一年再至男日抵齋

眞臘國在占城西南自占城順風三晝夜可到或云半月西南去林邑三千餘里一曰吉篾又名甘孛智本扶南屬國東距車渠西有朱波唐書作驃北近九眞南瀕海距廣州十日程其王姓刹利曰漸強盛隋時始通中國傳至伊金那貞觀初遂併扶南而有之唐人虬髯客傳謂兼并扶南疑爲寓言扶南卽狼朧䫀國九眞郡水東南流逕䑐官口下注大浦之東湖潮水日夜長七八尺從此以西潮望并潮一至五日水長丈六七二日後日夜分爲兩潮水長一二尺四時高下一定水無盈縮也是曰海運兼各象浦一曰象水也是爲徼外之夷皆躶身男以竹筒掩體女以樹葉蔽形雖習俗猶耻無蔽惟依暝夜與人交市闇中臭金便知好惡明朝曉視皆如其言蓋自徼外皆然不獨扶南其先女子爲王號曰葉柳柳音聊卽葉調國其南有徼國人名混潰來化葉柳降之遂以爲妻惡其躶跡著貫頭國內效之男子著橫幅合干漫也其後天竺僧憍陳如有其國教國人事天神每旦誦經咒故易世既久眞臘重僧云民色甚黑號爲崑崙婦女多有白者生女九歲請僧誦經作梵法去其童身點其額爲吉利名曰陣毯十歲卽嫁城周圍可二十里郭下二萬餘家石濠廣二十餘丈餘城三十所各有數千家王宮及官舍皆面東城門上有石佛頭五飾其中者以金當國中有金塔金橋王宮在其北近門周圍可五六里其正室瓦用鉛凡歲時一會則羅列玉猿孔雀白象犀牛於前名曰百塔洲金盤金椀飲食諺云富貴眞臘也永徽初并有鳩密富那迦乍武令僧高等國神龍以後國分爲二其南近海號水眞臘其北多山阜號陸眞臘後復合而爲一迄宋通貢不絕及滅占城號爲占臘役參半眞里登流眉道明蒲甘等國爲屬國所領大聚落十餘地方七千餘里元貞中遣使諭招之乃始臣服見周達觀眞臘風土記明洪武初國王忽兒那遣其臣奈亦吉郎等表獻方物二十年七月行人唐敬還自眞臘其國王遣使貢象五十九隻香六萬觔自是朝貢不絕永樂改元遣使招諭卽位至其國氣候常熱田穀歲熟煮海爲鹽風俗富饒男女椎髻穿短衫圍稍布非復裸國矣其所屬國猶有裸者見有衣服人卽笑之法有劓刖刺配犯盜則斷其手足民殺中國人則償命中國人殺其民則罰金無金賣身贖罪二年八月國王參烈婆毗牙遣陪臣將職等九人朝貢方物賜錢幣表裏初中官往使眞臘將歸有從行軍三人遁索之不得國王以其國中三人從中官歸補伍上見禮部引見上曰中國人自遁何預彼事而責償且得此三人言語不通風俗不諳吾焉用之況其皆自有家寧樂處此爾禮部給之衣食與道里費遣還眞臘尚書李至剛等言臣意中國人必非遁於彼者或爲彼所匿則此三人亦不當遣上曰逆詐不用爲君但推天地之心待人可也三年參烈婆毗牙死命亭班王孜往祭之封其長子參昭烈平牙爲王賜之綵幣等物十七年三月參烈昭平牙遣使奉金縷表文貢馴象方物

爪哇國古訶陵也一曰闍婆又名莆家龍在眞臘之南海中洲上舊唐書東與婆利西與墮婆登北與眞臘接南臨大海宋史東至海一月汎海半月至崑崙國西至海四十五日南至海三日汎海五日至大食國北至海四日西北汎海十五日至勃泥國又十五日至三佛齊國又七日至羅羅國又十日至柴歷亭抵交趾達廣州其屬國有蘇吉丹打板打網底等國木爲城有文字知星曆表夏至立八尺景在表南二四尺宋元嘉九年始通中國後絕至唐貞觀二十一年與墮和羅墮婆登皆遣使入貢天寶中自闍婆遷於婆露伽斯城宋淳化五年其王穆羅茶遣使朝貢元時始稱爪哇世祖大舉兵征之不克後命將

史爾破其國擒酋長以歸尋放還洪武二年三月遣行人吳用錫爪哇國王璽書三年其王昔里八達剌朝貢納元所授宣勅二道封爲國王八年二月合三佛齊爪哇山川之神附祭於廣東山川之次十三年十月其王八達那巴那務遣其使阿烈彜烈時奉表入貢使者留月餘遣還因詔諭其國王後爪哇分爲東西二國永樂元年西王都馬板遣使奉賀表朝卽位貢方物賜鈔并襲衣文綺表裏二年東王孛令達哈遣使貢方物奏請印章命製鍍金銀印賜之并賜鈔幣三年西王都馬板遣使貢方物時其傍近㵲里日夏邏邏治金貓里三國各遣使同以方物貢俱賜文綺襲衣四年西王貢珍珠珊瑚空青等物東王貢馬賜鈔及幣各有差四年西王遣使朝貢言東王不當立已擊滅之降詔切責五年上表謝罪願償黃金六萬兩復立孛令達哈之子從之六年都馬板遣使獻黃金萬兩禮臣言所償金



尚負五萬兩宜下法司治之上曰朕於遠人欲其畏罪而已豈利其金耶今既能知過所負金悉免之仍遣使齎勅諭意并賜鈔幣八年十一年十三年十六年十九年皆貢而東王久不至蓋已爲所并矣天順四年八月都馬板遣使奉表朝貢方物賜宴賞齎之自是不可考

三佛齊國古干陀利也在占城之南相距五日程居眞臘爪哇之間所管十五州其屬國有單馬令凌牙斯蓬豐登牙儂細蘭等國其王號詹卑其人多姓蒲梁天監元年入貢後絕唐天祐初始通中國宋建隆初其王悉利胡天霞里遣使朝貢淳化三年冬廣州上言其使蒲押陀黎前年來貢自京回聞本國爲闍婆所侵（卽爪哇）住南海一年今春乘舶至占城偶風信不利復還乞降詔諭本國從之熙寧十年使大首領地華伽囉來以爲保順慕化大將軍入見以金蓮花貯珍珠龍腦徧撒殿元豐中使至者再廣州受其貢獻方物入言俟報乃護至闕下（廣州舊志治平中地華伽囉遣使至囉囉入貢遇大風船幾覆至囉囉禱於天有老翁見雲端風浪息時値儂寇燬廣州天慶觀老君像在光中至囉囉覩之卽向所見者也及還以告地華伽囉遣思離沙文詣廣購材鳩工重建落成請道士羅盈之爲住持何德順爲監臨施錢十萬置山田於番禺蓮塘以充常住鑄大鍾覆以樓費錢四十萬又施錢四十萬增置田於清遠蓮塘莊明年地華伽囉殁剪其爪髮送道士葬之至今祭焉）南渡後入貢不絕洪武二年二月遣行人趙述使其國四年趙述還國王馬哈剌札八剌卜遣使隨述奉金字表文來朝貢賜大統曆及織金紗羅文綺六年復遣使賀正旦并貢方物八年復遣使從招諭拂菻國使來貢九年其王卒遣使奉表乞紹封請印綬命鑄駝鈕鍍金銀印賜之十月詔封其嗣子麻那者巫里爲三佛齊國王三十年六月以胡惟庸謀亂乃生閒謀紿我使臣命禮部移文暹羅達於爪哇俾責取焉其後爲爪哇所廢以其地爲舊港仍立頭目以司市易永樂三年正月遣行人譚勝受千戶楊信等



往舊港招撫廣東逃民梁道明（勝受南海人洪武癸酉鄉貢進士爲臨桂縣丞永樂元年二月王子以取最名爲監察御史後以事降行人至是遣勝受及千戶楊信等往舊港招撫南海逃民梁道明等以勝受乃其同鄉故也時道明挈家居於彼者累年廣東福建軍民從之者至數千人推道明爲首指揮孫鉉嘗使海南諸番遇明子及二奴挾與俱來奏聞遂遣勝受等偕二奴齎勅往招諭之十一月勝受等還以道明及鄭伯可等來朝貢方物賜道明等襲衣及鈔百五十錠文綺十表裏紗絹七十二疋其副頭目施進卿遂代領其衆上以勝受奏事稱旨陞浙江按察使）五年九月太監鄭和使西洋諸國還至舊港遇海賊陳祖義等遣人招諭之祖義等詐降潛謀劫和覺之整兵隄備祖義兵至與戰大敗之殺其黨五千餘人擒祖義等械送京師悉斬於市諸番聞之莫不讋服是年舊港頭目施進卿遣壻邱彥誠朝貢詔設舊港宣慰使司命進卿爲宣慰使賜印誥冠帶文綺紗羅後卒二十一年子濟孫襲宣慰使賜紗帽銀金花帶織金文綺襲衣銀印令中官鄭和齎往賜之自是朝貢不絕

暹羅國本暹與羅斛二國地古赤土及婆羅剎也在占城極南北直

廉州衞海北岸連於交趾暹國土瘠不宜耕藝羅斛土田平衍而多
稼暹人歲仰給之隋大業三年屯田主事常駿等自南海郡乘舟使
赤土至今訛傳爲赤眉遺種後改曰暹元元貞初暹人常遣使入貢
至正間暹始降於羅斛而合爲一國洪武初暹羅斛國王參烈昭昆
牙遣使朝貢進金葉表詔賜大統歷七年三月暹羅斛國使臣沙里
拔來朝貢方物自言本國令其同奈思里儕剌悉識替入貢去年八
月舟至烏猪洋遭風壞舟漂至海南達本處官司收穫漂餘蘇木降
香兜羅錦等物來獻省臣以奏上怪其無表狀詭言舟覆而方物乃
有存者疑必番商也詔中書禮部曰古者中國諸侯於天子比年一
小聘三年一大聘九州之外番邦遠國則每世一朝其所貢方物不
過表誠敬而已高麗稍近中國頗有文物禮樂與他番異是以命依
三年一聘之禮彼若就每世一見亦從其意其他遠國如占城安南



西洋瑣里瓜哇渤泥三佛齊暹羅斛眞臘等處新附國土入貢既頻
勞費甚大可令遵古典而行不必頻煩其移文使諸國知之後其子
參烈寶昆牙思哩多羅祿紹封九年九月其王遣子昭祿羣膺奉貢
象及方物賜詔褒諭之二十年暹羅斛國貢胡椒一萬斤蘇木十萬
斤二十八年十一月詔遣内使趙連宋福等使暹羅斛國祭故王參
烈寶昆牙思哩多羅祿賜嗣王蘇門邦王昭祿羣膺文綺四疋羅四
疋氊絲布四十疋王妃文綺四疋氊布十一疋永樂元年遣使朝貢
賀卽位二年其王昭祿羣膺哆羅諦剌遣使坤文琨表貢方物遣内
官李興等齎勅勞之并賜文綺鈔帛四年二月復遣使奈必表貢方
物詔賜古今列女傳且乞量衡爲國中式從之七年正月遣使奉儀
物致祭仁孝皇后命中官以告几筵九月復遣使坤文琨等表貢
方物賜幣遣之時南海人何八觀等流移海島遂入暹羅至是因文

琨歸上令諭其國王遣八觀等還毋納逋逃以取罪戾并賜其王金
織紵絲紗羅絨錦八年遣使貢馬及方物并送中國流移人還賜勅
勞之并賜彩幣十年十二月復來朝貢十三年五月昭祿羣膺哆囉
諦剌卒其子三賴波磨札剌的賴紹封十七年十月遣使諭暹羅國
王仰與滿剌加平十八年四月遣使入貢方物賜之鈔幣仍遣中官
楊敏等護送還國仍賜其王錦綺紗羅等物十九年三月遣使奈懷
等六十人貢方物謝侵滿剌加國之罪賜鈔幣有差十九年復入貢
以後入貢猶如常期正統景泰間貢或不常成化迄今大率六年一
貢近雖嘉靖三十二年八月遣使坤隨離等貢白象及方物象牙十九枝共
三百五十斤烏木三十七枝共二千六百斤樹香六百斤藤黃四百八十斤木香三十斤紫梗三百斤胡椒八百一十斤蘇木一萬四千
二百斤三十七年八月遣使坤應命等貢方物象牙三百斤樹香六百五十斤藤黃一百五十
斤速香三百一十斤白荳蔲三十斤蘇木一萬三千二百斤胡椒四百五十斤烏木三千八百斤大楓子五百斤其貺皆獻



頗似不同

滿剌加國古哥羅富沙也漢時常通中國後爲頓遜所羈屬頓遜在
海奇山土地方千里城去海十里有五王並羈屬扶南可三千里東
界通交州去扶南卽古哥羅富沙也其西界接天竺徼外諸國其國
城接闍婆故又名大闍婆今稱重迦羅東有吉里地悶故其處舊不
稱國自舊港順風八晝夜可至其國傍海山孤人少受羈屬於暹羅
每歲輸金四十兩爲稅明永樂三年其王西利八兒達剌遣使奉表
文來朝貢十年命正使太監鄭和等統管兵二萬七千餘人駕海船
四十八艘往諸番夷開讀賞賜詔封爲滿剌加國王賜銀印冠帶袍
服且建碑立界暹羅始不敢侵擾九年七月嗣王拜里迷蘇剌率其
妻子及陪臣五百四十來朝上聞之念其輕去鄉土跋涉海道卽遣
中官海壽禮部郎中黄裳等往宴勞之復命有司供張會同館既至

奏表入見并獻方物上御奉天門宴勞之別宴王妃及陪臣等仍命光祿寺日給牲牢上尊命禮部錫王金繡龍衣二襲麒麟衣一襲及金銀器皿帷幔裀褥賜王妃入兒迷蘇里及其子侄陪臣傔從文綺紗羅玉帶儀仗鞍馬并賜王妃冠服九月拜里迷蘇剌辭歸錫宴於奉天門別宴王妃陪臣等賜敕勞王厚賜之并及其妻子陪臣復命禮部宴餞於龍江驛仍賜宴於龍潭驛十二年國王母來宴賜有加一十年三月其王西哩麻剌率其妃及頭目來朝貢方物以父沒新嗣位故也宣德九年國王復來天順三年國王無答佛哪沙率其子蘇丹芒遮沙請命復遣使冊封自建國以來朝貢至今不絕

按滿剌加疆域在占城國南其朝貢由廣東以達京師滿剌加貢獻方物番小廝犀角象牙玳瑁鶴頂鸚鵡黑熊

蘇門答剌國古大食也一曰須文達那自滿剌加順風九晝夜可至



其西去一晝夜程有龍涎嶼獨峙南坐里洋之中每至春間羣龍交戲於上遺涎則國人駕獨木舟採之以爲香一斤值其國金錢一百九十二枚准中國銅錢九千文

星槎勝覽採之或遇風波則人俱下海一手附舟一手揖之而得至岸其龍涎初若脂膠黑黃色有魚腥氣久則成大塊或大魚腹中剖出若斗大亦覺魚腥焚之淸香可愛貨於蘇門答剌之市官秤一兩用彼國金錢十二枚一斤則一百九十二枚也遊宦記聞諸香中龍涎最貴重廣州市不下五六十千乃番中禁榷之物出大食國近海傍常有雲氣出草山間卽知有龍睡其上土人更相守之俟雲散則知龍已去往觀必得龍涎入香合和能收斂腦麝淸氣雖經數十年香味仍在得其眞者和香焚之則翠煙浮空結而不散或言涎沫有三品一曰泛水二曰滲沙三曰魚食泛水則輕浮水面善水者伺龍出沒隨而取之滲沙則凝積多年氣味盡滲於沙中魚食則化糞散於沙漬惟泛水者可入香用嘉靖二十四年二月司禮監傳諭買龍涎香一百斤出示京城採買未得奏行浙江等十三省及各沿海番船等處收買三十四年巡撫牌發浮梁縣商人汪宏等責差綱紀何處德領同前去番舶訪買陸續得香共十一兩差千戶朱世威送驗後廣州府犯人馬那別的等告送龍涎香一兩三錢褐黑色及有密地都密地山夷屬採有褐白色六兩各夷稱褐黑色者採在水白色者採在山又據密地都周鳴和等送香辦驗眞正共十七兩二錢五分差千戶張鸞送驗

洪武間遣使奉金葉表貢方物國名須文達那永樂三年酋長宰奴里阿必丁隨中官尹慶朝貢封爲蘇門答剌國王給印及誥五年嗣王鎖丹罕阿必鎭遣使阿里來朝并貢方物宣德六年復來貢十年復請封



其子爲王初太監鄭和奉使至蘇門答剌僞王蘇幹剌方謀殺宰奴里阿必丁以奪其位且怨使臣賜不及已領兵數邀擊官軍和因奮兵與戰蘇幹剌敗走追至南勃國并其妻子俘之以歸永樂十三年九月俘於行在以大逆不道伏誅諸番震服

考大食國域在占城之西洋中南接目連所居賓童龍國東北接雪山葱嶺皆佛境也西北與大秦相近爲其統屬宋初與占城通貢宋淳化四年舶主蒲希密得廣州番長寄書招諭遂至南海以老病不能詣闕乃以方物來獻其表有曰涉歷龍王之宮瞻望天帝之境庶憑元化以慰夙心今則雖屆五年之誠猶睽雙鳳之闕則是射利寓廣今色目蒲姓者是其裔也後與賓童龍國使來朝入貢陸路由沙州恐爲西人鈔畧詔自今取海路由廣州至京師自是朝貢不絕熙寧中其使辛押陁羅乞統察番長司公事詔廣

州裁度又進銀錢助修廣州城不許歸國被誅見蘇黃門龍川畧
志其後分部領爲勿斯離弼琶囉勿跋等國蘇門答剌則出龍涎
香者也布那姑兒則產硫黃者也又有層檀國在南海傍城距海
二十里熙寧四年始入貢順風行百六十日經勿巡古林三佛齊
國乃至廣州多產香藥其風俗語音與大食同
蘇門答剌貢獻方物馬犀牛龍涎香撒哈剌梭眼布寶石木香丁
香降眞香沉速香胡椒蘇木錫水晶瑪瑙番刀番弓石青硫黃
錫蘭山國古狼牙須也自蘇門答剌順風十二晝夜可至其國地廣
人稠貨物多聚亞於瓜哇中有高山上產鵶鶻寶石每遇天雨衝流
山下沙中拾取之隋常駿至林邑極西望見焉番語謂高山爲錫蘭
因名相傳釋迦從翠藍嶼來嶼在龍涎西北五晝夜程登此山猶存足跡山下有
寺中貯釋迦涅槃眞身側臥及舍利子



狼牙修國梁時通焉在南海中其界東西三十日南北二十日行
北去廣州二萬四千里恐卽此國
永樂七年詔諭其王亞烈若奈兒遣太監鄭和等齎詔勅金銀供器
綵枚織金寶旛布施於寺及建石碑賞賜國王頭目有差亞烈若奈
兒負固不恭謀害舟師和卽潛備先發制之使衆銜枚疾走夜半奮
擊而入生擒其王永樂九年歸獻闕下上命擇其支屬賢者立之禮
部言其國人皆謂耶巴乃那賢十年九月遂遣使齎詔及誥印封之
時羣臣皆請誅亞烈若奈兒上曰蠻夷禽獸耳不足深誅遂赦之亦
遣歸時國人立不剌葛麻巴思剌查爲王詔諭使遜位十四年十一
月偕占城瓜哇滿剌加蘇門答剌南巫里沙里灣泥彭亨古里木骨
都束溜山洋南勃利卜剌哇柯丹麻林剌撒忽魯謨斯柯枝諸國及
舊港宣慰使各遣使貢馬及犀象方物遣鄭和等齎勅及錦綺紗羅

綵絹等物偕往賜各國王正統十年國王遣使耶巴剌謨的里啞等
來朝貢方物天順三年其王葛力生夏剌昔利把交剌惹復遣使來
貢
按錫蘭山疆域在西洋與柯枝國對峙南以別羅里爲界自別羅
里南去順風七晝夜可至溜山洋國十晝夜可至古里國二十一
晝夜可至卜剌哇國柯枝接大小葛蘭二國山連赤土自小葛蘭
順風二十晝夜可至木骨都束國自古里順風十晝夜可至忽魯
謨斯國二十晝夜可至剌撒國二十二晝夜可至阿母國又自忽
魯謨斯四十晝夜可至天方國乃西洋之盡處也天方舊名天堂又名西域有回
回歷宣德中朝貢
錫蘭山供獻方物象寶石珊瑚水晶金戒指撒哈剌乳香木香土
檀香沒藥西洋細布藤竭蘆會硫黃烏木胡椒椀石



佛狼機國在瓜哇南古無可考　舊志婆利國在廣州東南海中洲
上去廣州三月程其王姓憍陳如隋大業中遣使人貢又　投和
國在眞臘之南自廣州西南水行百日可至其地正相對古之狼
徐鬼國分東西二洲皆能食人瓜哇之先鬼啖人肉卽此國也佛
狼機亦與相對云永樂十年九月南勃利國王馬哈麻沙遣使貢
物或亦婆利之更名但皆疑似無他證據姑附於此
素不通中國正德十二年駕大舶突至廣澳口銃聲如雷以進貢請
封爲名右布政使兼按察副使吳廷舉許其進貢撫按查無會典舊
例不行遂退泊東莞南頭徑自蓋房樹柵恃火銃以自固有至部者
不行跪禮朝見欲位先諸夷御史邱道隆何鰲前後具奏皆言其殘
逆稱雄逐其國主似是哺勃利逆臣先年潛遣火者亞三假充滿剌加國遣
禮使臣風飄到澳往來窺伺熟我道途畧買小兒烹而食之近日滿

剌加國王奏其奪國讎殺等情屠掠之禍漸不可長宜即驅逐嚴禁私通仍將所造房屋城寨盡行折燬重加究治買賣工匠人等以私通外夷之罪詔皆從之誅其首惡火者亞三等命撫按檄守巡備倭官軍驅其餘黨出境河道副使汪鋐帥兵至猶據險逆戰商人鑿舟用策乃悉擒之餘皆遯去

月山叢談佛狼機國在爪哇國之南二國用銃形似同但佛狼機銃大爪哇國銃小國人用之甚精小者可擊雀中國人用之稍不戒則擊去數指或斷一掌一臂銃制須長若短則去不遠究須圓滑若有蹉斜滯礙則彈發不正惟東莞人造之與番制同餘造者往往短而無用嘉靖初佛狼機國遣使來貢初至行用皆金錢後乃覺之其人好食小兒云在其國惟國王得食之臣僚以下皆不能得也至是潛市十餘歲小兒食之每一兒市金錢百文閩之惡



少掠小兒競趨之所食無算其法以巨鑊煎滾滾湯以鐵籠盛小兒置之鑊上蒸之出汗盡乃取出用鐵刷刷去苦皮其兒猶活乃殺而剖其腹去腸胃蒸食之居二三年兒被掠益衆遠近患之海道汪鋐以兵逐不肯去反用銃擊敗我兵由是人望而畏之不敢近或獻計使善水者入水鑿沉其舟盡擒之汪鋐由此薦用後為南贛巡撫以進甘露召入總都僉事久之轉吏部尚書會北虜入寇鋐建議請頒佛狼機銃於邊鎮凡城鎮關隘墩臺缺口皆用此以禦寇詔從其議下所司施行至今三邊實賴其用然鋐奏疏詞語諄復可厭兵部郎中吳縉雲嗣見而笑之鋐聞之怒黜為銅仁府知府或戲之曰君被一佛狼機打到銅仁府

嘉靖中黨類更番往來私舶雜諸夷中為交易首領人皆高鼻白皙廣人能辨之遊魚洲諸快艇多掠小口往賣之[illegible]由[illegible]密背依未詳

鄉村以至諸澳拐誘惡少日繁有徒甚至官軍商紀亦與交通云

暹羅別記

暹羅國者西洋一彝也歷朝修貢皆自福州而入其人知禮義有朝鮮之風其國皆平壤無城郭有山相距甚遠山內多犀象及蘇木胡椒等物番民所居傍皆栽檳榔收時王分稅之以售于中國人王出人乘象前導亦鳴金刻戟所戴如兜鍪而有銳向前非玉非金不知其何以為之也所衣皆錦而赤脚跣足無靴履此則番彝之俗矣國民俱造高樓云其地通黃河四月水至皆黃色王亦徙居遠山民盡登樓以處牛羊犬豕亦畜於樓上人則乘舟往來蔬薪之屬以小舟貿易夫黃河發源崑崙北行入龍門皆在西徼今又南注於暹羅之域豈其地與星宿海相連而河流由此入海乎抑行於中國者又別有一道耶且年有水則多收無水則歉禾播於田隨水之大小必高



出於水上無淹沒之患故水之來也王必排駕出迎八月水退王又率臣民出送始還舊居民亦退居樓下矣其國另有字與中國異行禮以拱手上額為恭所鑄有錢兼用貝子有銅器聲大而清今暹羅銅鼓為音樂所剛也其往來之期乘南風而來臘月北風動則去所帶貨物以布麥為貴從別洋以行非琉球呂宋之水道也

海外諸番入貢互市

廣州船舶往諸番出虎頭門始入大洋分東西二路東洋差近周歲即回船有鶴頂龜筒玳瑁等物西洋差遠兩歲一回船有象牙犀角明珠胡椒等物宋於中路置巡海水師營壘在海東西二口闊二百八十丈至屯門內二百里其地南至大海四十里東至惠州四百二十里西至端州二百四十里南至恩州七百五十里北至韶州五百五十里今為東莞縣南頭城東南海路二百里至屯門山水皆淺日行五十里乃順帆風西行二日至九州石又南二日至象石作一日用東風西南行七日至九乳螺州又西南行三日至占不勞山在占城東二百里海中占城投罪人於此

又南二日至陵山星槎勝覽作天山其山峻而方有泉環繞如帶甚甜民居星散結網爲生業皆占城境
也陸行至賓童龍國一月程東去麻逸國二日程一名摩逸去渤海云十日程太平興國七
年載寶貨至廣州今名麻逸凍水行一日至東西竺崑崙洋諸蕃志作崑崙門又一日行至古
笪國則眞臘也王號其居又半日行至奔陀浪州自眞臘西五十程至丹眉流國其國東北至廣
州一百三十五程又三日行至軍突弄山又五日行至海硤番人謂之質南
北百里北岸則羅越國一名羅斛今名暹羅南岸則佛逝國占城屬國又東水行四
五日至訶陵國今爪哇南中州之最大者又西出硤三日至葛葛僧祇
國在佛逝西北隅之別島國人多抄暴乘船者多畏[illegible]其北
岸則阿羅國一名阿羅陀今滿剌加阿羅西則阿谷羅國一名[illegible]羅單從葛葛僧
祇四五日行至婆露國一名阿魯又六日行至婆那國一名婆達那伽藍洲一名
翠藍嶼又北四日行至獅子國在西海之西多獅子故名昔黎諸貨通獅子國疑即大秦也其北岸
距南天竺大岸百里自伽藍洲行二十日至榜葛剌國則西天竺也



一曰西印度乃釋迦得道之所海口有察地港番商於此抽分云天
竺之西一千五百里有注輦國宋太宗祥符八年其王羅茶羅乍始
遣使入貢其使言離本國舟行七十七日歷那勿丹山婆里西蘭山
至古羅國以古羅山得名又行七十一日歷加八山不占勞山舟寶隆山至
三佛齊國又行十八日度蠻山水口歷天竺山至賓頭狼山之黃西
王母冢距舟所將百里又行二十日度羊山九星山至廣州之琵琶
洲離本國凡千一百五十日至廣州焉　今按天方國有四方寺宋
史注輦國有四城佛寺但注輦入朝貢眞珠以珠撒殿與天方獅子
麒麟不同或云天方即獅子國不可知也
雷州控入海水路　東至海三十里西至海一百五十里南至海一
百七十里北至化州一百六十里海路從州東北陸行一十五里瓶
談源汎海至羅陽接吳川縣通江水從吳川上水至化州二日程

自化州下水至海口四日程從州東至海三十里渡海抵化州界地
名崗州道閘浙從州東南陸行一百四十五里抵海至諸番國從州
南陸行一百七十四里至遞角場抵南海汎海一程可至瓊州從州
西陸行一百五十里汎海水路至安南國故諸番船雖東洋琉球等
國被風飄多至瓊州瓊州東至海有一百二十里其南崖州去海最近云
黃帝時南夷乘白鹿來獻鬯及禍裘唐堯南撫交趾三苗來賓虞舜
時僬僥氏來貢沒羽鑾夷率服禹貢甸服之外侯服之外五百里侯
服綏服四面皆分二等三百里揆文教接於侯服則使諸侯揆文教以治之井全無武備也以文爲教二百
里奮武衛接於要服則使諸侯奮武衛以治之井全無文事也以武爲主綏服之外五百里要服四面
皆分二等三百里夷夷爲東西南北之外夷也二百里蔡蔡放也左傳曰蔡蔡叔放罪人於夷境如後世安置安插
之類輕於要服之外五百里荒服四面皆分二等三百里蠻八蠻謂天竺咳首僬僥跛踵穿
騎瞻耳狗貊傍泰二百里流流如水之去而不返也後世罪人有長流者視蔡爲重夏成五服外迫四



海南海魚革珠璣大貝商伊尹正四方獻令正東越漚剪髮文身越漚
文身翦髮東吳亦如之故曰正東令以魚皮之鞞鮫瞂利劍爲獻鞞刀鞘也瞂盾同鮫謂鮫魚皮以
飾劒口正南甌鄧桂國子產里損百濮九菌皆南蠻之別名也甌與漚同甌駱也鄧曼姓荊南蠻
嗣也今呼爲俚人百濮見左傳九菌未詳令以珠璣玳瑁象齒文犀翠羽菌鶴短狗爲獻
璣似珠而小菌鶴可用爲旌旄短狗狗之善者正西崑崙狗國枳已闟耳貫胸雕題漆齒禹貢
織皮崑崙今西洋之達慈嶺狗國犬戎也枳與軹同疑入蠻之𩔗也闟耳即離耳也貫胸一人皆胸中有竅雕題自南而居西洋者漆
齒黑齒國一名令以丹青白旄紕罽龍角神龜爲獻貢丹青於西海有犛毛氐有紕罽毛衣也龜龍
亦出西海正北空同大夏莎車代翟匈奴樓煩月氏此皆西北胡虜並見史記兩漢書今韃靼
回回色目之屬令以橐駝白玉野馬騊駼駃騠良弓爲獻物產在此者見書傳湯曰咎
成周王會甌人蟬蛇今臨海永嘉即東甌也蟬蛇出南越於越納納貢也於越自浙至江右皆是且甌
文蜃今廣西駱越之北伊尹朝獻已上東甌則甌人也又正南甌則駱越也漚甌通用文蜃大蛤也共人元貝吳越之蠻
曰共人元貝也貝蜃也今之海肥海陽大蟹海水之陽今瘴蚶蚌之地自深桂自深南蠻今桂州部州名會

稍之鞹（鞹皮可以冒鼓）蠻陽之翟（揚州之蠻翟山雞也）翕吾翡翠者所以取羽（翕吾今蒼梧也翡翠爲羽青而有黃）南又致翕者皆北向（南南越也五嶺之南爲揚粵今廣東地）漢時朱崖南有都元湛離甘都盧黃支等國近者十餘日遠至四五月程其俗畧與珠崖相似其州境廣大戶口蕃滋多異物漢武帝時帝遣應募人與其使俱入海市明珠璧琉璃奇石異物齎黃金雜繒而往所至國皆廩食爲耦蠻夷賈船轉送致之他夷珍貨流入中國始此（市舶錄劉向曰獨檣舶深五十餘肘三木舶深十五餘肘西域以肘爲度）後漢光武時交趾日南徼外蠻來貢馬援建銅柱後西屠夷亦改國名哥羅屬於扶南自是各國名易屢矣日南象林蠻屢叛而區憐（區一作歐）竟據林邑（以象林之邑名）背違中國習俗文字漸與婆羅門同而佛書遂致桓帝世扶南之西天竺大秦等國皆由南海重譯貢獻而賈胡自此充斥於楊粤矣其貢瑇瑁象齒吉貝（樹名其葉盛時如鵝羽抽以績紡作布）沉水香（土人欲斷積以歲月心節朽爛獨在置水則沉故曰



沉香不沉者曰棧香）琥珀（松脂入地千年乃成）獸則馴象元犀猩猩之屬多不可殫紀吳孫權遣宣化從事朱應中郎康泰使諸番國其所經及傳聞則有數百國泰立記傳謂之扶南土國曰蒲蘆中曰優[redacted]曰橫趺曰諸簿曰北擄曰濱那專曰烏又曰斯調曰林陽曰馬五洲曰薄歎洲曰躭蘭洲曰巨延洲其後歷代更變非復舊名矣

晉武帝平吳林邑扶南入貢之後曰乍羅曰橫蘆曰未利曰卑離曰滿都曰纏余曰沙樓曰蒲林皆昔所未聞者也

宋齊至者師子毗加棃于陀利闍蒲婆黃阿羅陀阿羅單婆星良牙修盤盤頓遜等蓋有十餘國

梁武帝時婆利丹丹毗騫始通毗騫王身長有三丈頸長三尺自古以來不死如神聖知未然之事其子孫則生死如常人隋使通亦致羅刹其在國婆利之東其人極陋朱髮黑身獸牙鷹爪蓋佛書所謂長身金剛夜叉羅刹即此物也他如投和邊斗之屬貢於隋者益多其貢大抵金寶香藥等物亦有獻佛牙舍利者皆奉婆羅門之教故也

唐始置市舶使以嶺南帥臣監領之設市區令蠻夷來貢者爲市稍收利入官凡舟之來最大者爲獨檣舶能載一千婆蘭（胡人爲三百斤爲一婆蘭）次曰牛頭舶比獨檣得三之一又次曰三木舶曰料河舶遞得三之一貞觀十七年詔三路舶司番商販到龍腦沉香丁香白蔻四色並抽解一分武后時都統路元叡冒取番舶貨物不勝忿殺之開元初市舶使周慶立與波斯僧造奇巧以進劾罷又罷遣使者之南海求珠翠者開元四年有胡人上言海南多珠翠奇寶可往營致且言市舶之利又欲往獅子國求靈藥及善醫之嫗致之宮掖上命監察御史楊範臣與胡人偕往求之範臣從容奏曰陛下前年焚珠玉金繡



示不復用今所求者何以異於所焚者乎彼市舶與商賈爭利殆非王者之體胡藥之性中國多不能知況於胡嫗豈宜置之宮掖夫御史天子耳目之官必有軍國大事臣雖觸冒災瘴死不敢辭此特胡人眩惑求媚無益聖德竊恐非陛下之意願熟思之上遽自引咎慰諭而罷之後於廣州設結好使每番舶至則審事宜以聞文苑英華裴次元奏廣州結好使事由奉部書謝恩狀竊以伏奉某月日手詔令臣速具前件官本末事由聞奏臣六月日謹具某官歸本道事以聞某月日奏官至伏奉某月日手詔所奏某官尋赴廣州事宜具詳本末想宜知悉者臣伏以綸綍下於紫宸明命廣於滄海榮深感極寵洽心驚罔章失措懽惕交集顧臣鄙陋忝寄藩維無補涓埃果更涼燠矧茲地遠敢望恩加日月照臨之明無幽不燭乾坤生成之德在物莫遺豈其奏報常儀特降詔書慰撫事逾等列真邁恒情伏以

軒車一遂歲次三變謬職愧深於星琯荷恩思拜於彤庭廁清列於班行裁冠劍於何日守炎荒之遐服甘瘴癘以嬰身懷死節之丹誠願生還於絳闕循奉存諭之命更切攀戀之忱臣不勝感恩懽躍屏營之至是時諸番多所更改而真臘嘗犯邊元和中安南都護張舟擊敗之乃復銅柱以正疆埸於是貢琛溢於王府其後節度使馬總又鑄二柱以繼之貞元時波斯波羅二國入貢多珍物節度使王虛休奉宣威德撫今市易常供外一無所取乃為使院圖表進其言曰海門之外隱若敵國貪忠履信貽厥將來時稱得體其後以軍興漸加市稅太和中文宗下詔除之

宋開寶四年置市舶司於廣州以知州兼使通判兼判官淳化二年始定抽解二分凡諸番之在南海者並通貨以金錫緡金易其犀象珊瑚琥珀珠玭鑌鐵鼊皮玳瑁瑪瑙硨磲水晶番布烏樠蘇木胡椒



香藥等物太宗立榷務於京師詔諸番貨至廣州非出官庫不得私相貿易其後又詔非珍奇物皆聽市後又詔他物之良者亦聽市其半大抵海舶至徵其什一而給其餘價值歲入以數十巨萬計縣官經費有助焉

太平興國二年李昌齡知廣州有海舶之饒昌齡不能以廉自守淳化三年代還昌齡上言廣州市舶每歲商舶至官盡增價以買之良苦相雜少利自今請擇其良者如價給之苦者其責勿禁熙寧中廣州市舶歲課虧折或以為市易司擾之故令提舉究詰以聞於是務官呂邈以闌取番物劾免後以言者罷杭州市舶諸司皆隸廣州元豐三年中書言廣舶已修定條約宜選官推行詔廣東以轉運使孫迥罷舶臣兼領大觀元年復置廣浙福建三路市舶提舉司（杭州仍復罷置又增司於泉州也）三年番商欲往他郡者從舶司給券毋雜禁物其防船兵使給之使諸國法船舶司嚴所市物毋得過二分官吏市者有禁政和四年詔廣南市舶司歲貢珍珠犀角象齒建炎元年詔市舶多以無用之物枉費國用取稅權近自今以後禁耨香指環瑪瑙兒眼睛之類博買前來及有虧番商者重治其罪皆置於法惟賜臣僚象笏犀帶者量令輸送舊法番物分粗細二色龍腦珍珠之類皆為細物十分抽一後又博買四分麤色十分中抽二又博買四分抽買既多商人多匿其細者實非舊與細色以五十兩為一綱麤色以萬斤為一綱每遂一綱則有腳乘贍家錢一千餘緡其後部運者每以象犀紫礦之類冒腳乘而舊十一綱至分為三十三綱多費腳乘贍家錢三千餘貫

紹興二十七年詔廣南經畧市舶司察番商假托入貢隆興中臣僚以象齒珠犀比他貨最重請十分抽一罷博買乾道初臣僚又言福



建廣南貨有市舶貨物浩瀚置官提舉實宜乾道七年詔粗色貨物以一萬斤為一綱加耗六百斤依舊支破水腳錢一千六百六十二貫有奇南渡後經費困乏一切倚辦海舶歲入固不少然金銀銅錫錢幣亦用是漏泄外境而錢之泄尤甚法禁雖嚴奸巧愈密其弊卒不可言

淳熙二年詔廣州市舶除榷貨外他貨之良者止市其半

元世祖嘗立提舉司尋罷至英宗治平六年遣使榷廣東番貨乃復立之聽海商貿易歸征其稅順帝元統六年罷廣東提舉二司至正二年復立廣東提舉司申嚴市舶之禁三年縱海商貿易歸征其稅

濯纓亭筆記宋末沈敬之逃占城乞其興復占城以國小辭敬之數奏庭之哭而不得歸占城賓之而不臣敬之竟憂憤發病卒其王作詩挽之曰慟哭江南老鉅卿春風飄泊為傷情無端天下編年月致

使人間有死生萬疊白雲遮故國一坏黃土葢香名英魂好逐東流水莫向邊隅怨不平占城以島夷知重節義如此

明朝除元亂大一統諸番例當三年一貢世見來王計以互市立市舶提舉司以主諸番入貢舊制應入貢番先給以符簿及至三司與合符視其表文方物無僞乃送入京若國王王妃及陪臣等附至貨物抽其十分之五其餘官給之直暹羅爪哇二國免抽其番商私齎貨物入爲市易者舟至水次悉封籍之抽其十二分乃聽貿易然閩廣奸民往往有椎髻耳環效番衣服聲音入其船中導之爲奸因緣鈔掠傍海甚苦之舊志凡東洋交易各用綵紵倭國尤爲商狠商人畏之回易鶴頂等物西洋交易多用廣貨回易胡椒等物其貴細者往往滿舶若暹羅產蘇木地悶產檀香其餘香貨各國皆有之若沉香之貴沉烏角沉至貴者蠟沉削之則捲嚼之則柔皆樹枯其根所



結惟奇南木乃沉之生結者犀角有烏犀花犀通天犀復通犀花犀者白地黑花通天犀黑地白花復通犀則通天犀白花中復黑花此皆希世之貴也鶴頂龜筒玳瑁見說可合焉惟犀角不苟合故公服以玉與犀爲帶貴其不苟合之義也

洪武三年五月遣使頒科舉詔於安南占城以其通中國文字也諸番莫不畏威懷德自是朝貢不絕亦有不及期而貢獻者永樂改元遣使四出招諭諸番貢獻畢至奇貨重寶前所未有乃命內臣監鎮市而設公館於城南水濱後改建於郡西仙湖今爲[illegible]分九月太監[illegible]少卿聞良輔初爲湖廣副使坐事降行人至是奉[illegible]西南諸番暹羅爪哇以至西洋古里諸國還京奏事稱旨擢廣東按察使內臣侯顯鄭和等偕行人往返番土皆以禮之四年六月廣東布政司奏海[illegible]外諸番入貢方物水路艱[illegible]遞載惟南雄至南安限隔梅嶺[illegible]梅不通自今請用民力接運上曰爲君務養民今番貢無定期而農鮮暇日假令自春而至秋番役入貢不絕皆民接運豈不妨其農事自今番夷入貢如值農務之時其方物並於南雄收貯十二月農隙却令運赴南安着爲令復顧侍臣曰民不失其養雖勞之鮮怨民失所養雖休之不德八月置懷遠驛於廣州城蜆子步捌房百二十間以居番人隸舶市所提舉司然內官總貨提舉官吏惟領簿而已有常由福建而被風漂舟至者如渤泥本闍黎屬國在西南大海中去爪哇四十五日程去三佛齊四十日程去占城三十日程永樂四年其王遐旺來朝

琉球　在大洋大海中當建安郡東水行五日而至隋大業中遣將率兵自義安浮海擊之義安今潮州也洪武中分大小琉球朝貢甚恭官生常入太學受業每加收卹他若喃勃利新附諸國亦有隨舶



至廣州者正統十年按察副使章格巡視海道時琉球使臣蔡璇等率數人以方物貿鬻鄰國風漂至香山港守備當以海寇欲戮之以爲功格不可爲之辭奏還其貲而遣之番夷頌德嗣琉球客商有漂瓊州者遂至廣州城僉事經彥寀加意存卹遠人感之

成化宏治之世貢獻至者日盛有司惟容其番使入見餘皆停留於驛往來設宴管待方許入城衣服詭異亦有帽金珠衣朝霞者老稚咸競觀之椒木銅鼓戒指寶石溢於庫市番貨甚賤貧民承令博買多致富正德十二年西海夷人佛狼機亦假朝貢突入東莞縣大銃迅烈震駭遠近殘掠特甚至炙食小兒海道奉命誅逐乃出境自是海舶悉行禁止例應入貢諸番亦鮮有至者貢舶乃往漳泉廣城市貿蕭然非舊制矣於是兩廣巡撫都御史林富稽查祖訓會典奏且得允於是番舶乃通焉臣惟巡撫之職莫先於爲民興利而除害尼

上有益於朝廷下有益於民生者利也上有損於朝廷下有損於民生者害也今以除害爲名并一切之利禁絕之使軍國無所資忘祖宗成憲且失遠人之心則廣之市舶是也謹按皇明祖訓安南眞臘暹羅占城蘇門答剌西洋瓜哇彭亨白花三佛齊勃泥諸國俱許朝貢惟內帶行商多行譎詐則擊却之又按大明會典惟安南滿剌加諸國來朝貢者使回俱令於廣東布政使管待見今設有市舶提舉司又勅內臣一員以督之所以送往迎來懋遷有無柔遠人而宣盛德也至正德十二年有佛狼機夷人突入東莞縣界時布政使吳廷舉許其朝貢爲之奏聞此則不考成憲之過也厥後獺狡章聞御史邱道隆等奏卽行撫按令海道官軍驅逐出境誅其首惡大者亞三等餘黨聞風懾遁有司自是將安南滿剌加諸番舶盡行阻絕皆往漳州府海面地方私自駐紮於是利歸於閩而廣東之市井蕭然矣夫



佛狼機素不通中國驅而絕之宜也祖訓會典所載諸國素恭順與中國通者也朝貢貿易盡阻絕之則是因噎而廢食也況市舶官吏公設於廣東者反不如漳州私通之無禁則國家成憲果安在哉以臣知中國之利鹽鐵爲大山椒水次仡仡終歲僅充常額一有水旱勸民納粟猶懼不給舊規番舶朝貢之外抽解俱有則例足供御用此其利之大者一也除抽解外節充軍餉今兩廣用兵連年庫藏日耗藉此可以充羨而備不虞此其利之大者二也廣西一省全仰給於廣東今小有征發卽措辦不前雖折俸折米久已缺乏科擾於民計所不免查得舊番舶通時公私饒給在庫番貨旬月可得銀數萬兩此其爲利之大者三也貿易舊例有司擇其良者加價給之其次貧民買賣故小民持一錢之貨卽市握椒展轉交易於以自肥廣東舊稱富庶良以此耳此其爲利之大者四也助國給軍既有就焉而在官在民又無不給是因民之所利而利之者也非所以開利孔爲民罪梯也議者或病外夷闖境之爲慮則臣又籌之暹羅眞臘爪哇三佛齊等國洪武初貢方物臣服至今永樂年間浡泥入朝沒齒感德成化中占城被纂繼絕蒙恩南方蠻夷大抵寬柔乃其常性百餘年來未有敢爲寇盜者近時佛狼機國來自西海其小爲肆侮夫有所召之也見今番舶之在漳閩者亦未聞小有驚動則是決不敢爲害亦章章明矣況久阻忽通又足以得歡心乎臣今謂於洋澳要害去處及東莞縣南頭等地面遞年令海道副使及備倭都指揮督率官軍嚴加巡察凡舶之來出於會典之所載者密伺得眞許其照舊駐紮其爲會典之所不載如佛朗機者卽驅逐出境如敢抗拒不服卽督發官兵擒捕而凡所謂刺晗番賊必誅權要之私通小民之誘子女下海者必禁一有疎虞則官軍必罪如此則不惟足與一方之



利而王者無外之道亦在是矣伏乞皇上特勅該部熟議將臣所陳利害逐一參究如果可行乞行福建廣東將令番船之私商駐紮者概行逐去其有朝貢表文者許住廣州洋澳去處俟官司處置如此庶懷柔有方而公私兩便矣

灣泊有定所　布政司案查得暹羅國並該目管下甘蒲石坤州與滿剌加順塔占城各國夷船或灣泊新寧廣海望峒或勒金奇潭香山浪白濠境十字門或東莞鷄棲屯門虎頭門等處海澳灣泊不一

抽分有則例　布政司案查得正統年間以迄宏治節年俱無抽分惟正德四年後鎮巡等官都御史陳金等題要將暹羅滿剌加國并結闞國夷船貨物俱以十分抽三該部將貴細解京麤重變賣留備軍餉至正德五年巡撫都御史林廷選題議兩廣各項貨物着變賣存留本處以備軍餉正德十二年巡撫兩廣都御史陳金會勘副使

吳廷舉奏欲或倣宋朝十分抽二或依進貢事例十分抽三貴細解
京[illegible]變賣收備軍餉題議止許十分抽二本年內占城國進貢將
附搭貨物照依前例抽分至正德十二年滿剌加國奉佛狼機本國
及進貢詐僞禮部議行鎮巡等官遣發出境嘉靖五年又該姚都御
史奏稱暹羅國進貢將陪貢附搭貨物十分抽二以備軍餉方物解
京表請六年該國副使仲思閩者宋的利等奏稱上船並無抽分該
禮部查得會典內該國例不抽分行回將原抽貨物退還交貨修船
歸國遵行到今

俸糧折色椒木兼支　布政司案查得遞年止係都布按三司文武
官員及在省文職官吏本司備行廣豐庫於庫貯抽四胡椒蘇木計
算各名下折色俸銀每一兩內折八錢折蘇木一百斤尚餘二錢胡
椒五斤八兩六錢八分其餘衛所武職官吏與夫境外各屬則無折



支椒木之例

嘉靖中夷之市舶內臣船至澳遣知縣有廉幹者往船抽盤提舉司
官吏亦無預焉

国家出版基金项目
NATIONAL PUBLICATION FOUNDATION

# 海上絲綢之路文獻集成

總主編　陳支平　陳春聲

## 歷代史籍編

113

主編　范金民

海峽出版發行集團
THE STRAITS PUBLISHING & DISTRIBUTING GROUP
福建人民出版社

# 本册目次

# 廣東海防彙覽四十二卷（卷三二至卷四二）

〔清〕陳鴻墀等纂

# 廣東海防彙覽卷三十二

## 方畧二十一

### 礮臺二

東路潮州府

饒平縣

西虎仔嶼礮臺康熙五十六年建屬黃岡右營在營東南四十八里上至紅螺山汛三里下臨大海把總一員兵六十名營册

雞母澳礮臺康熙五十六年建屬黃岡左營在營東



南五十里上至小雞母澳汛七里下臨大海把總一員兵八十二名同上

謹按二臺見黃標海防圖黃岡城地屬饒平兩臺並在饒平界內阮通志誤入澄海今更正

南澳廳

臘嶼上下礮臺並康熙五十六年建屬南澳鎮右營在營北上至閣屬本標左營石獅頭水程二十里下至走馬埔汛十五里把總外委各一員兵一百名或千總或把總均與外委每歲鬮撥營册

長山尾礮臺康熙五十六年建屬南澳鎮右營在營西六十里下至澄海協右營大萊蕪礮臺汛水程三十里千總外委各一員兵一百名同上　司案畧嘉慶十九年總督蔣攸銛奏言粵省南澳連接閩洋向於長山尾建有上下礮臺二座惟海道日久變遷遂致今昔情形各別查長山尾上礮臺建在峯巔半空施放不能得力下礮臺設在淺灘旁有山麓遮蔽礮路水多嶕石洋船不由臺邊經過以現在地勢而論並非扼要之區查有長山尾三十里之隆澳地方北接南海南濱巨洋凡往澎湖臺灣廈門銅山等處及由閩洋至粵東潮澄一帶各商船俱從隆澳洋面經過若將長山尾下礮臺裁撤上礮臺改爲望樓酌留兵丁數名瞭望傳報其餘兵丁九十餘名及額設之千總把總各一員並大礮十二位移設隆澳庶要緊之區得資重兵防禦之力



澄海縣

大萊蕪礮臺康熙五十六年建屬澄海協右營在協東二十五里下至本協左營放雞山礮臺汛六十里千總外委各一員兵一百名營册

沙汕頭礮臺康熙五十六年建屬澄海協左營在協南三十五里下至放雞山礮臺汛水程二十里千總把總各一員輪年更替兵三十九名同上

潮陽縣

蓮澳礮臺康熙五十六年建屬達濠營距本營二十

里西至狗毋涵汛四十里南至廣澳礮臺十里兵二十三名營冊

放雞山礮臺康熙五十六年建屬澄海協左營在營東南五十五里上至本協右營大萊蕪礮臺汛六十里下至達濠營水程十五里千把總外委各一員輪年更替兵三十七名

謹案本臺黃標海防圖在澄海縣今據潮州府志

宫鞋石礮臺嘉慶五年建屬達濠營上至狗毋涵汛十里外委一員兵三十名司案署嘉慶五年七月會計潮陽縣添建宮鞋石礮臺火藥局兵房等項一案先據潮州府具稟府庫急需項內先後借支銀二千五百兩發交潮陽縣購料興建應聽於捕費項內撥還



廣澳礮臺康熙五十六年建營制同距營二十五里上至蓮澳汛十里下至河渡礮臺十里把總一員兵五十三名

謹按黃標海防圖但云達濠城東有蓮澳礮臺南有廣澳礮臺迤西有河渡礮臺阮通志並據以屬澄海考澄海志東南海面與南澳之五嶼侍郎嶼中流分界東北與饒平之三嶼外西南線路分界西北與潮陽之尋洄山三嶼角嶼草嶼外東北線路分界西北與揭陽之青嶼礮臺外東南線路依岸上小坑汛分界其西南外洋因嘉慶十九年澄海漁船在南高淺被刧檢出乾隆四十二年分界洋圖澄潮兩縣以竹根洲之外鐵砧赤礁中流分界鐵砧屬達濠赤礁屬澄海協左營離達濠營之蓮澳五里刧案歸潮陽勘報又據通志海防圖河渡門在達濠營西潮陽縣治東則蓮澳廣澳河渡三臺均在潮陽界內通志失考也

河渡礮臺康熙五十六年建營制同北至本營二十里下至海門營龍潭鼻洋面界十五里把總一員兵二十二名俱同上在達濠城西縣志



錢澳礮臺康熙五十六年建屬海門營距營十里上至龍潭鼻洋面與達濠營水汛界十里下至南礮臺十里把總一員兵四十九名

南礮臺康熙八年建營制同東至本營一里下至河背汛未及里把總一員兵二十五名

石井礮臺康熙八年建營制同在營北五十五里西

至門闢礮臺汛十里下至赤水塘五里外委一員兵四十名原千總一員兵六十名道光元年抽千總一員兵二十名撥青嶼礮臺其外委一員從門闢撥入

南礮臺順治十八年建營制同在營北八十里南至門闢礮臺十一里北至潮州鎮右營北礮臺港五里外委一員兵二十二名俱同上

謹按海門營別有南礮臺建自康熙八年與此名同地異

揭陽縣



北礮臺順治十八年建屬潮州鎮右營在營西南六十里上至潮陽營登岡塘十里下至青嶼礮臺二十里把總外委各一員兵七十九名營冊

青嶼礮臺康熙八年建營制同在營西南八十里上至北礮臺二十里下至潮陽營石井汛十里千總外委各一員兵六十四名同上

惠來縣

石碑澳礮臺康熙五十六年建屬海門營上至靖海所城五里下至赤澳礮臺十五里外委一員兵三十名營冊

靖海港礮臺康熙五十六年建營制同上至石澳汛十五里下至靖海所城五里把總一員兵六十名

澳脚礮臺康熙五十六年建營制同上至溪東礮臺五里下至神泉礮臺五里外委一員兵四十五名俱同上在靖海港西縣志

赤澳礮臺康熙五十六年建營制同上至石碑礮臺十五里下至前詹汛十五里把總一員兵八十名營冊

神泉港礮臺康熙五十六年建營制同上至澳脚礮



臺五里下至碣石左營水汛界把總一員兵四十九名

溪東礮臺康熙五十六年建營制同上至前詹汛二十里下至澳脚礮臺五里外委一員兵二十五名同上

謹按本臺黃標海防圖屬揭陽縣今據潮州府志

惠州府

陸豐縣

西甘澳礮臺康熙五十七年建屬碣石鎮左營在營南十五里距甲子所十里把總外委各一員兵七十

六名營冊　司案署嘉慶十一年三月初八日兩廣總督那彥成奏稱竊照陸豐縣甲子所城濱臨大海烟戶殷稠爲洋匪出入窺伺之地會匪李崇玉又復生長是鄉春間查拏該匪被逃之後經升任惠潮道吳俊碣石鎮洪蕃鏘先後勘得該處城垣坍缺甚多港口礟臺一座又東西蘇公廟又東宫渡前廳各建小礟臺一座待度山頂應建望樓一座又芒湖北岸之鹽埠前石頭潭西宫廟等處應各建小礟墪一座又甲子西鄉之鹿欄汕尾港口三處應各建礟墩一座又華涌鄉前之圭湖地方應建墩臺一座將各情形繪圖貼說併該道府縣等稟請倡捐

蘇公礟臺嘉慶十年建營制同距本營十里距甲子所城五里上至西甘礟臺汛五里外委一員兵四十名嘉慶十年因東甘澳礟臺形勢太低轟擊不能得力改爲墪卡而築此臺於蘇公澳名曰蘇公礟臺



淺澳礟臺康熙五十六年建屬碣石鎮中營在營南十里輪防千總外委各一員兵六十名

謹案康熙五十六年總督楊琳題建沿海礟臺在縣屬者三曰東甘曰西甘曰淺澳乾隆十年縣志兵防門內尚存有東甘之名而阮通志圖據黃標海防圖止著西甘以此知黃圖作於嘉慶十一年東甘改裁後也

東宫礟臺嘉慶十年建屬碣石鎮左營距本營五里距甲子所城三里上至圭湖墪汛二十五里外委一員兵二十名俱詳西甘礟臺下　俱同上

謹按縣屬之鹽埠前等七處均於嘉慶十年建設礟臺詳西甘礟臺下所引奏畧並屬內地茲不載

海豐縣

石獅頭礟臺康熙五十六年建屬碣石鎮中營白沙湖汛距營一百三十里上至白沙湖汛二十里至右營遮浪汛二十五里外委一員兵二十二名營冊

遮浪涘礟臺康熙五十六年建屬碣石鎮右營在營東南三十里輪防把總一員兵五十五名



白沙灣礟臺乾隆五十九年建屬碣石鎮右營在營西北二十五里把總一員兵二十名司案署海豐縣屬向設有白沙灣塘汛安兵三名邇因匪船滋擾該地文武會勘議於外洋進口必經汕尾港口添建礟臺一座汛房六間於碣石鎮標右營派駐海豐城內兵額內抽撥一十七名湊同原配塘兵共二十名

鮜門港礟臺屬碣石鎮右營在營西八十五里千總一員兵五十名

長沙礟臺嘉慶九年建營制同在營西五十里把總外委各一員兵三十名司案署據惠州府詳據海豐縣詳該縣添建長沙礟臺一座於嘉慶九年七月興工十二月工竣又修復鮜門港礟臺一座於嘉慶十年七月興工十一月工竣

均係該地紳士捐建由府委員勘驗詳請咨部分別議獎

南山礮臺嘉慶十年建營制同屬營西北二十五里

汕尾礮臺汛距本營二十五里西北至墩下寨城三里把總一員兵五十名司案署據惠州府詳海豐縣會同碣石鎮右營申稱南山添建礮臺俱係該地方官民公捐督令董事貢生王惟忠等建造移撥官兵礮位俱係碣石鎮標右營管轄

謹案本臺因牛腳川礮臺不能得力於汕尾村岸添建移弁兵駐防　又案東莞縣屬別有南山礮臺屬水師提標中營與此名同地異



麻瘋寮礮臺嘉慶五年建營制同輪防把總一員兵五十名俱同上　司案署海豐屬白沙灣䑸門港麻瘋寮先後添建礮臺其白沙灣䑸門港兩處業經前縣會營詳議歸於外辦毋庸咨部查麻瘋寮地方前臨海口後近村庄對港鳳飛山腳猫仔屆邊及賊船入港必經之處尤屬扼要該處紳耆等情願捐貲添建礮臺一座弁署三間兵房五間厨房一間火藥局一間望樓一間移撥牛腳川礮臺二千觔礮一位五百觔礮一位並移撥墩下城五百觔礮一位其封口火藥彈子各項在於額貯項下撥用俱係碣石鎮右營統轄之內

歸善縣

盤沿港東礮臺屬惠州協右營東南一百六十里東至小漠汛南海豐縣界十五里西至平海營華背塘十五里南臨海北至黃埔十里把總一員兵三十名營冊

盤沿港西礮臺營制疆里同外委一員兵三十名

吉頭港礮臺屬平海營在營西北三十三里去平海所城三十里把總外委各一員兵三十名司案署嘉慶十年按照承准提督行據平海營呈稱吉頭港鄉民捐建礮臺一座周圍二十八丈內弁署三間兵房十間更樓二間配右哨把總一員撥兵丁三十名防守配二千觔礮二位係該處民人在海撈獲嘉慶八年五月配運赴臺又五百觔礮二位四百觔礮一位係歸善縣移送配運赴臺

大星山礮臺營制同在營南二十里東南西三面距



海把總外委各一員兵四十名

墩頭港礮臺乾隆四年建屬惠州協右營在營南一百十里東至下涌汛四十里西至橫岡汛三十五里南臨海北至淡水汛三十里把總一員兵四十五名俱同上　司案署乾隆三年總督鄂彌達奏歸善縣屬墩頭港面臨大洋緊接惠州府城雖上通大鵬下連平海但相距甚遙延袤數百里並無重汛又無礮位城寨可資守禦應請於墩頭港口建築礮臺派撥千把一員領兵五十名駐劄與大鵬平海互相聲援

中路廣州府

會城外沿海礮臺

城南海珠礮臺屬撫標左營距營六里東至廣州協右營東礮臺五里西至本協右營永清堡礮臺六里南至廣州協纜路尾汎三里北至廣州協左營西關汎一里輪防外委一員兵四十名營冊

城東東礮臺屬廣州協右營東南三里東關汎距本協一里上至東關汎一里下至纜路尾汎五里額外外委一員兵三十名

城西永清礮臺屬撫標右營距營十里東至海珠礮臺六里西至廣州協西甯礮臺六里南至水師提標



大黃滘礮臺九里北至廣州協十三行新街堆五里把總一員兵四十名

城西西礮臺屬廣州協左營西北四里西關汎距本協八里上至順德協右營大坦尾汎七里下至西甯礮臺一里額外外委一員兵二十名

城西西甯礮臺屬廣州協左營東至永清礮臺六里上至西礮臺一里兵五名俱同上　原額兵二十名嘉慶二十三年移撥獵德礮臺十五名

謹案南海縣去海尙遠舊未設有礮臺嘉慶十四年洋匪張保等以海口嚴斷接濟竄入內河所在滋擾士民議請防堵經總督百齡委員查勘於石灣銀帶沙白鷺洲三處各築礮臺一座但三處均屬內河小汊紆迴曲折始達內洋與番禺縣屬之獵德龜岡順德縣屬之大洲雞公石逼近海口者不同茲不具載附記於此

番禺縣

獵德礮臺嘉慶二十二年建屬廣州協左營西關汎距本協二十五里至新塘營沙河汎六里下至赤河



汎十里外委一員兵三十名營冊　司案署嘉慶二十二年總督蔣攸銛奏番禺縣屬獵德地方爲各夷赴省往來總路應請於此處設立礮臺爲中權扼要奏明於商捐預備礮臺工料項內動給興建

南排涌口東礮臺屬水師提標左營雞公石礮臺汎距本營四十五里上至西角廟汎五里下至深涌汎三里外委一員兵十五名

東礮臺屬水師提標後營距營一百十三里上至沙河口汎六里下至順德協右營西關汎十里把總一員兵十二名

大黃滘龜岡礮臺嘉慶二十二年建營制同距本營一百二十七里上至深井尾汛四里下至順德協右營三山汛八里兵三十名深井尾汛千總兼防嘉慶二十二年總督阮元巡撫陳若霖奏署內港大黃滘地方有大河一道南通香山東南通黃埔虎門爲商船之所必經若由大黃滘直抵省城即可不由東南之獵德是僅建獵德礮臺不足以嚴兩路門戶臣阮元親自相度大黃滘有小石山土名龜岡四面皆水堪以添建礮臺

中流沙礮臺道光十六年建俱同上　道光十五年二月二十九日總督盧坤會奏言廣東省城水路東通外洋向在省城東首設立礮臺爲防盜禦夷之備惟東礮臺逼近省城其距省二十里之獵德礮臺又因河面淤沙不甚得勢此時洋面安靜且海口礮臺周密夷船亦不足慮惟



地處海疆省會重地必應多設屏翰以壯聲威臣盧坤上年與陸路提督曾勝調派弁兵堵禦嘆夷兵船查得省城之東十五里有中流沙地方係外海入省必由河道河心漲有沙塗正當水路之衝當時即在彼安礮列兵阻遏夷船進出實有扼吭之勢今臣等復與曾勝會同詣勘委係中流扼要險阻天成應於此處向東建設礮臺派撥弁兵安設礮位凡有外海駛入應行堵禦船隻迎面轟擊較東礮臺等處之從旁攻擊者更爲著力省城保障無過於此商之署藩司李恩繹暨在省司道均意見相同當派廣州府等勘估工料共需銀七千兩零海關衆商亦願一律捐辦毋需動用帑項擬俟虎門海口礮臺工竣後即行興辦庶省城護衛益加謹嚴海防更形愼密矣

順德縣

大圍涌礮臺嘉慶十四年建屬順德協左營南二里

碧鑑汛距本營十里上至碧鑑汛十里下至佐魚汛十里兵二十名碧鑑汛外委兼防營冊　司案署順德縣內河因洋匪竄入滋擾經總督百齡委文武確議於大圍涌大洲雞公石三處建築礮臺防禦工料由紳士捐資建造

大洲礮臺嘉慶十四年建營制同屬營南五十里崑岡汛上至濠滘汛十里下至半江汛九里兵二十名

崑岡汛千總外委兼防

雞公石礮臺嘉慶十四年建屬水師提標右營距營六十里上至雞公石汛二里下至西角廟汛八里千總外委各一員兵三十名俱同上



謹案順德縣屬內河除三礮臺外其最險要者莫如容奇頭爲南達香山孔道嘉慶十四年洋匪滋擾總督百齡檄令紳民於此捐建礮臺由紳士選撥丁壯防守屬順德協左營南二十里容奇頭汛其餘小汊支河多築土臺日久半經傾圮當令隨時修復亦有備無患之意也

新安縣

沱濘山礮臺康熙五十四年建屬大鵬左營在營西水程一百四十里把總外委各一員兵八十五名營冊

九龍寨礮臺嘉慶十五年建營制同在營西水程二百九十里千總一員兵四十二名司案畧佛堂門原建礮臺一座歸大鵬營管轄因年久圮壞該臺孤懸海外無陸可通又無村庄居民互相捍衛且距大鵬營縣城二百餘里距九龍汎水程四十餘里控制不能得力准前任提督錢夢虎議將該臺移建九龍地方兵與民合聲勢聯絡守禦較爲得力

大嶼山石笋礮臺嘉慶二十二年建屬大鵬右營在本營西水程四百里千總外委各一員兵四十八名司案畧新安縣屬大嶼山孤懸海外四面皆水爲各夷船必經之處內惟大澳口東涌口二處可以收泊其東涌口向無汎房惟大澳口額設守兵十三名山上向有雞翼礮臺係大鵬營千總駐守但與東涌



大澳相距遥遠不能兼顧嘉慶二十二年總督蔣攸銛阮元先後題准部咨委候補知府彭昭麟會同新安縣於東涌口建汎房八間又於東涌口獅山脚建礮臺二座兵房七間火藥局一間大澳口楊侯廟後建垛墻十丈於二十二年八月竣工

赤灣左礮臺屬水師提標左營東南十里南頭礮臺汎距本營二十里上至赤灣右礮臺二里兵二十名

赤灣右礮臺營制同屬營東南十里南頭礮臺汎距本營十七里上至石圍塘汎十四里兵二十名以上二臺歸南頭礮臺把總兼防

南頭寨大礮臺營制同在本營東南十里把總一員兵三十名俱同上

東莞縣

新涌口礮臺嘉慶十四年建屬水師提標中營沙角礮臺汎距本營十二里上至太平汎八里下至左營碧頭汎二十里外委一員兵三十名營册司案畧嘉慶十四年總督百齡奏言查虎門爲省城中路門戶不但夷貨各船均由此進出卽盜艘亦多往來窺伺實爲第一要隘現在該處各島嶼設有三門沙角大橫檔小橫檔等處礮臺均屬扼要惟距虎門東南十餘里之亭步汎左首新涌山俯臨海汊距各礮臺稍遠不能聯絡臣等與護提臣左翼鎮孫全謀再三籌議應請於新涌口添建礮臺一座以資守禦現據該處士民具呈捐出山麓自置窰屋田畝以爲建臺基址照式建築



安設礮械由左翼鎮派千總一員帶兵五十名按季輪班駐防其舊設亭步汎卽請裁汰

沙角礮臺嘉慶五年建屬水師提標中營距本營十一里至三門卡房八里駐防把總一員兵三十名司案畧嘉慶五年總督吉慶奏稱虎門海口外沙角山逼近大洋形勢陡削爲洋船必經之路該口雖有橫檔南山二門礮臺但海面遼闊遠至三十餘里礮位轟擊似難得力若於此處建設礮臺與横檔南山遥相對峙形勢聯絡防禦更爲周密謹會同提臣孫全謀恭摺具奏等因札司遵辦委員勘估建造撥配官兵礮位前往防守撥大礮十三位內除抽撥獅子塔礮臺礮五位尚少礮八位並一切工料均籌捐辦理毋庸動項請免造具册結又准左翼鎮咨沙角山海面原係鎮標中營轄屬獅子塔係右營經管

謹按虎門覽勝云沙角礮臺在木棉洋南面臨大

洋勢甚空闊凡闔水操師舟畢集於此惟夷船自龍穴至此則折而西以趨武山雖巨礮僅轟擊其尾無能爲力也然臺甚堅壯以備水闘而威外夷亦設險之要津矣故今雖改爲望臺仍具載之

威遠礮臺道光十五年建即南山礮臺前餘地週七十丈營制同距本營十里下至三門卡房十里外委一員兵六十名

鎮遠礮臺嘉慶十九年建營制同距本營十一里上至武山汎一里下至南山礮臺一里千總一員兵六十名司

案畧嘉慶十九年總督蔣攸銛奏稱東莞縣虎門海口爲夷商出入門戶該處横檔南山設立兩礮臺均有弁兵駐守惟緣海道日久變遷遂致今昔情形各別查虎門之横檔小山與南山對峙海中凡外洋進口之船必由兩山中流駛入從前該處海道水深兩臺東西相對可以轟擊防堵頗爲得力近則南山脚下沙淤約二十里船由沙外至南山西北角入口舊礮臺勢難控制而南山西北角正與横檔緊對擬於西北角山坡添建礮臺一座其横檔礮臺原建地勢較高從上臨下施放礮力不得勢擬於原礮臺東面城脚增築月牆一道約長八十丈將礮位移於月牆內架放與南山西北角新礮臺及舊礮臺形如品字對船夾擊足以嚴關隘而壯捍衛一應弁兵礮械悉照原額毋庸另議二十年三月奉准部咨所有新建礮臺名爲鎮遠礮臺週圍長一百二十丈內建弁署兵房城樓敵樓望樓軍器局火藥局等項又添築横檔月臺一座自東南包轉至北長六十丈內建弁署兵房火藥庫軍器局敵樓等項均按照成規例價確估准於糧道庫普濟堂經費項內動支建築虎門覽勝云鎮遠礮臺與横檔礮臺南北對峙相距三百



六十餘丈重洋至此爲一大束眞天險也盖自老萬山以內下猶有地洋面雖極寬闊舟行必由水道以進猶陸路之康莊也外此則或暗沙淤淺或巨石巉嶒夷船載重艙深入水必二丈許不遵其道非滯於沙即壞於石矣故諸夷赴黃埔必先於澳門請僱蛋民之諳於水道者引其舟以行謂之引水官爲之司至沙角礮臺呈請報單載明某國船赴某行貿易乃折而西至兩礮臺間其水道寬不過數丈餘皆巨石相觸不敢行也今夷人之黠者亦畧能知之然自此至黃埔幾二百里不能處處盡悉建臺於此與横檔礮臺若門之兩屏闔其屏奚自入哉

横檔月臺嘉慶十九年建屬水師提標右營距本營十二里上至大虎礮臺四里下至板頭汎十二里千總外委各一員兵五十名距鎮遠礮臺三百餘丈



大横檔礮臺康熙五十六年建兵十名

小横檔礮臺兵十名兩臺營制疆里均與月臺同爲千總兼防

大虎山礮臺嘉慶二十二年建營制同距本營十四里上至獅子塔礮臺二十六里下至横檔月臺四里千總一員兵五十名

西永安礮臺道光十五年建週六十八丈

鞏固礮臺道光十五年建在蘆灣山週圍五十一丈

謹按嘉慶十九年添設鎮遠新礮臺原奏稱横檔

南山設立兩礮臺均有弁兵駐守擬於西北角山坡建設礮臺一座形如品字又阮通志海防圖說亦云鎮遠南山二臺與橫檔礮臺斜峙似該處新舊止有三臺然考嶺海名勝記大虎山稍折而東南右橫檔山左南山相距五六里橫檔首尾樹礮臺二高水面五十仞南山礮臺一可三仞據此則此處原有三臺合以新築已成四臺知原奏及圖說皆於橫檔大小二臺合而一之而通志建置畧城池下著曰鎮遠橫檔二礮臺海防畧亦以鎮遠



橫檔合之沙角山新涌大虎山謂東莞縣屬止有五礮臺並與圖自爲矛盾矣兹特分晰具載庶不致混誤云

香山縣

老萬山東澳礮臺雍正十年建屬香山協左營在營東南二百九十三里上至左營十字門一百四十三里下至西澳礮臺七十里輪派千把總一員外委一員兵五十名營冊

老萬山西澳礮臺營制同上至東澳礮臺七十里千把總一員外委一員兵十名

蕉門礮臺嘉慶十七年建屬水師提標右營距本營二十五里上至左口汛十里下至白藤滘汛六里把總一員兵三十名司案畧查蕉門口新礮臺原日建議時係在黃角山建築旋以地非扼要經總督蔣攸銛巡撫韓崶委員姚侍龍會同廣海寨守備吳紹麟覆勘改建蕉門山嘴脚下逼近獅子大洋西靠深山該處孤懸海外人迹罕到搬運物料均由獅子洋面經過風濤洶湧運價倍增眞乃鑿山塡海工程浩大十六年二月開工至五六月連遭颶風所築圍壩屢被冲塌至十七年三月工築始竣

三竈山礮臺康熙五十七年建屬香山協左營在本



營西一百十里千總一員兵十五名

涌口門礮臺康熙五十七年建營制同距本營四十五里上至右營山蕉坑石城環二十里下至平頂山汛十里外委一員兵十八名

磨刀角礮臺營制同在本營西四十九里把總一員兵四十名

大托山礮臺雍正十二年建屬香山協右營在本營南七十五里把總一員兵二十五名

虎跳門東礮臺雍正十二年建營制同在本營西一

百十三里把總一員兵二十五名
謹案虎跳門原設東西兩礮臺東屬香山西屬新
會
罟草土城礮臺屬順德協左營在營東北四十五里
千總外委各一員兵一百名
龜岡礮臺雍正十二年建營制同屬罟草礮臺汛距
本營四十五里上至半江汛二十里下至內洋大海
外委一員兵三十名
謹案番禺縣屬別有龜岡礮臺在大黃滘屬水師



提標後營與此名同地異
烏豬礮臺乾隆四十七年五十七年遞修營制同屬
罟草礮臺汛距本營五十五里上至潭洲汛十五里
下至內洋大海兵十名　以上二臺並歸罟草礮臺
千總兼防俱同上
謹案番禺縣屬別有烏豬岡礮臺嘉慶十四年鄉
人請建與此不同
附濠鏡澳西洋夷人礮臺六
三巴礮臺臺冠山椒上宿番兵臺垣四周爲瞭龕以置守夜者臺下爲窟室貯熖硝

六臺中惟三巴最大
東望洋礮臺
西望洋礮臺兩臺對峙制與三巴同
娘媽閣礮臺在西望洋下
南灣礮臺南灣澳門紀畧作南環茲據通志圖
伽思蘭礮臺設火藥局於左側臺中礮大者六十一餘差小銅具四十六餘鐵其大銅具重三千觔大十餘圍長二丈許受藥數石伽思蘭紀畧作噶斯蘭
道光十四年十一月總督盧坤巡撫祁塨等奏
覆畧云查明史嘉靖年間先有番人佛郎機入
香山濠鏡澳爲市天啟元年大西洋來中國亦
居此澳終明之世未嘗爲變即今之澳夷也該



夷人歲輸租銀五百兩由縣徵解其建設礮臺
六座載在縣志檢查舊案西洋人在澳居住以
後有紅毛國夷人即今之暎咭唎窺伺澳門常
欲脅奪市利西洋夷人遂設立夷兵建立礮臺
以爲居守之計亦係前明時所設嘉慶十三年
暎咭唎夷兵擅入澳門佔據東西礮臺經前督
臣吳熊光奏奉　諭旨曉諭退出嗣於十
四年署督臣韓崶督臣百齡先後議設前山營
官兵案內又將澳夷舊設礮臺情形奏明有案
本年暎咭唎夷目律勞啤擅至省城不遵法度
臣盧坤慮其至澳生事並因西洋夷人近年貧
弱恐爲暎夷誘脅密派員弁在澳門水陸預爲
調度並開導西洋夷人許以派撥官兵協守礮
臺杜其反側之心密作牽制之計亦經奏
聞在案其暎咭唎夷商貿易往來有時領牌赴
澳暫寓或安頓家眷來往無常即如本年律勞
啤押逐出省以後在澳店戶寄寓旋即病故其
眷屬亦已搭船回國是澳夷與暎咭唎並非一

氣其設立礮臺番哨所以防禦暎咭唎諸夷而非暎咭唎之聲援由來已久惟該夷建築礮臺實在年分並無確切志載且該夷如果有凌轢居民蔑視官法及奸夷勾結情事即使章程久定亦必應嚴行驅逐當經委員會同地方文武密訪茲據查得該西洋夷人建設礮臺係在前明天啟年間初造有三巴門伽思蘭娘媽閣三處後因荷蘭爭佔又添建東望洋西望洋南灣三處礮臺並將初設礮臺加修寬大添設礮位現在三巴門礮臺安礮四十七具伽思蘭礮臺安礮十八具娘媽閣礮臺安礮二十九具東望洋礮臺安礮二十具西望洋礮臺安礮十三具南灣礮臺安礮五具此外尚有大小礮三十餘位安放西洋稅館其礮口自濶八寸至五寸五分不等並不能容三人蛇行而入所用火藥均由小西洋運來收貯娘媽閣礮臺臨時取用其番哨原設四百八十名嗣因經費不足裁汰二百四十名又頭目兵總五六十人番哨分守礮臺每日早晨或鳴鼓換班或開放鳥鎗並非終年訓練住澳夷人共五百餘家男丁大小一千餘人黑夷奴二百餘人該國派有嘍囉哆一名兵頭番差各一名在澳管理該夷人遇天氣晴明三五人馳馬海旁謂之運氣納凉從無多人遍遊山海之事其各國夷人到澳向西洋人暫時租屋居住並無在澳長住之人現在暎咭唎夷商在澳者十九人此外花旗㗁㘓哂各國自一二人至七八人不等徧查澳夷並無嗎嘽喊其人惟查暎咭唎前有夷商嗎哩啞業經病故或係傳聽之訛亦未可定以上各情據在澳居住開店商民衆口一辭亦與臣等平日見聞相符此澳夷設立礮臺番哨原委及現在訪詢之實在情形也臣等復審度地勢體察夷情澳門東西南三面濱海其南面係萬山外洋爲各國夷船入粤海口北面陸路通香山縣城該夷人所設礮臺均在東西南三面望洋而建南面爲獨多北面並無礮臺是其設險屯兵專爲防禦



外洋而非意在抗衡內地形制顯然距澳門五里即係前山營所轄之關閘汛爲限制澳夷之界該處向就河內通海沙脊障以石垣設立一門以通行旅派有把總帶兵四十六名防守自關閘西北十五里即係前山營從前設立陸路遊擊一員守備一員嗣於道光十年將守備移駐大鵬右營裁減兵額改遊擊爲內河都司管帶千把總外委四員兵丁三百六十三名與海防同知駐劄防守臣前赴該營閱兵周覽形勢前山營控制澳門實有拊脊扼吭之勢關閘咽喉界限尤爲險要天成是澳夷雖有礮臺番哨亦無險可恃而我內地層層扼要控制即使犬羊反覆亦不敢肆其玩侮之心又查嘉慶十四年前督臣因澳門自伽思蘭礮臺至西望洋礮臺迤南沿海一帶石坎低矮曾爲暎夷爬越奏奉
諭旨令該夷人加築女牆增高培厚俾資防護亦因暎夷桀驁恐澳夷力不能禦故爲之固其圍以自保柔澳夷以所貪即制暎夷以所畏以夷防夷正與現奉
聖諭先後同揆該夷人久在
皇仁覆幬之中此時如遽行拆毀礮臺驅逐番哨二百餘年久設之藩籬一旦裁撤數百戶澳夷未免轉滋疑懼且使各國夷人以西洋人爲
天朝所屏棄必致咸生鳩佔之心轉非綏靖海隅之道即以內地海疆而論澳門爲廣東門戶本應建臺設守該礮臺雖建自夷人設遇海防緊要之時內地派員撥兵督同防護未始不可得其捍衛之力臣等公同酌議所有澳門礮臺番哨應仍存其舊邀免拆毀驅逐仍嚴加查察不使稍有違玩以杜釁端

謹案澳門西洋夷礮臺築自前明天啓間迨
國朝乾隆四十五年澳夷添築臺基總督李侍堯奏
令毀拆嘉慶十三年暎咭唎夷兵登岸乃許其加

築女牆至道光十四年奉
旨查訊奏免拆毁在夷人久隸帡幪誠心向化不特不敢少萌異志轉可使爲屏翰仍其舊址即固我邊防然究建自外夷未可與沿海諸臺並載玆附列其名目形勢於香山礮臺之後使來者知所考而已　又案香山縣屬內河防禦礮臺凡七處嘉慶十年至十四年洋匪張保鄭石氏紛入內河總督百齡巡撫韓對行縣督勸紳士陸續相地建設曰港口礮臺曰港口西礮臺以禦賊之來自西北者



曰上閘礮臺所以防張婆澳口之東出與南入及南六涌之西入者又於縣治南沙栅下渡口築臺曰威遠於沙涌築臺曰下閘濠涌築臺曰永固並築犁頭嘴疉石二臺皆地關扼要然並屬內河深處去海口尙遠玆不具載而畧著其名目地勢及緣起之由於此至前山寨土城西南二門內外礮臺及黃粱都城各礮臺營屬疆里建置年分均已詳具本城下其駐防兵弁統於各城自以城爲主玆亦不復重載其他附城礮臺均用是例亦發凡於此焉

新會縣

崖門新東礮臺嘉慶十四年移建屬新會縣右營在營東二百里千總一員兵六十二名（營冊）

崖門西礮臺營制疆里同兵二十名歸新東礮臺千總兼防

虎跳門西岸礮臺營制同屬崖門東礮臺汛距本營東二百二十里上至本營獨州汛四十里下至長沙汛三十里兵四十四名歸崖門東礮臺千總兼防（俱同上）



新寧縣

長沙礮臺屬廣海寨在寨東南三十七里千總一員兵三十二名（營冊）

烽火角礮臺營制同在寨東七里把總一員兵三十名

横山礮臺營制同在寨西一百十里把總一員兵三十名

大澳大小碉樓屬陽江鎮左營在營東一百十里把

總外委各一員兵三十名

南灣碉樓屬廣海寨烽火角礮臺汛距寨城五里下至礮臺十里外委一員兵十五名

陡門礮臺屬那扶營陡門汛距營九十五里上至廣海寨橫山礮臺二十里下至陡門汛五里外委一員兵三十七名（俱同上）

西路肇慶府

陽江縣

海陵戙船澳礮臺屬陽江鎮左營在營西南九十里



把總外委各一員兵三十名（營冊）

石覺礮臺康熙三年建營制同在營東南三里把總一員兵二十名

北津月臺明萬歷十四年建礮臺於上

國朝康熙十年重修十六年爲蛋賊所毀十八年修復但過高能禦遠不能防近嘉慶十四年建月臺於下（縣冊）營制同在營東三十里千總一員兵三十名（營冊）

北額港月臺康熙十年建礮臺過高嘉慶十年捐築月臺營制同在營西二百五十里把總一員兵四十名

北額新礮臺嘉慶六年建營制同屬北額舊礮臺汛東至雙魚所城五十里西至電白河口礮臺汛十里外委一員兵二十六名（俱同上）

高州府

電白縣

蓮頭礮臺屬陽江鎮右營在營南三十里把總一員兵十九名（營冊）

博賀礮臺營制同距本營十五里至興平礮臺五里



外委一員兵二十名興平礮臺千總兼防

興平山礮臺嘉慶五年建營制同在營西南十里千總一員兵三十八名（嘉慶五年總督吉慶奏畧言粵省西場鹽觔向由海運場地在電白縣地方濱臨大海港口甚寬兩邊雖設有蓮頭博賀礮臺二座相距三十里之遠不能得力查電港中間有興平山一座最爲扼要若於此建立礮臺撥兵防守三面鼎峙足資捍禦臣等與藩運二司捐辦工料揀委原任三水縣知縣孫樹新建造兵房火藥局共一十四間上下礮臺兩座謹會同提臣孫全謀具奏）

興寧礮臺嘉慶六年建營制同在營西五十里把總一員兵三十名（司案畧電白縣麻姑墪港口僻處海邊洋面遼闊實爲水陸交界緊要）

之地嘉慶六年布政司會同按運二司詳准總督吉慶會議在於該處添設礮臺一座所需工料銀兩在於藩庫存公項內動支銀二千五百兩運庫添平項內動支銀二千五百兩移交高雷廉道領回飭令建築

赤水礮臺營制同距本營六十里下至興寧礮臺十里兵二十名

謹案黃標海防圖屬吳川縣考廣東輿圖赤水港在電白西南一百里縣志亦稱赤水係電白西港距城四十里則本臺應屬電白黃圖誤今據營冊更正



流水礮臺營制同距本營一百里至興寧礮臺五十里兵十名　以上二臺俱興寧礮臺把總兼防

河口礮臺營制同屬山後礮臺汛距本營四十里下至本臺十里兵十名

山後礮臺營制同在營東四十里兵十八名　以上二臺共設千總一員專防俱同上

吳川縣

津前礮臺康熙五十六年修屬硇州營東至本營七里南至淡水汛三里西至大海北至簕竹汛六里把總一員兵五十名營冊

限門東礮臺屬吳川營在本營東南二十五里把總一員兵三十五名

限門西礮臺營制同在營南三十五里把總一員兵三十五名

麻斜港礮臺營制同在營西八十里把總一員兵三十五名

淡水礮臺康熙五十六年建屬硇州營東至本營五里北至津前礮臺三里南至那娘礮臺五里西臨大



海千總一員兵五十名

那娘墪臺康熙五十六年修營制同東距本營三里北至淡水礮臺五里西臨大海外委一員兵四十名

南港墪臺康熙五十六年修營制同西北距本營十七里西至梓桐汛十里北至北港礮臺二十五里東南臨海把總一員兵四十名

北港墪臺康熙五十六年修營制同西南距本營二十五里南至南港礮臺二十五里西至潭埠汛十二里東北臨大海把總一員兵四十名俱同上

石城縣

暗舖礮臺屬化石營在營西南八十里把總一員兵六
四十名營冊

龍頭沙礮臺營制同屬暗舖礮臺汛距本營一百七
十里下至青平汛七十里外委一員兵四十名同上

雷州府

海康縣

流沙礮臺屬雷州左營在營西南二百里南至青桐
礮臺八里把總一員兵五十名營冊



雙溪礮臺屬雷州右營在營東南一百二十里上至
白鴿寨四十里下至左營淡水汛二十里把總一員
兵四十名同上

遂溪縣

庫竹礮臺嘉慶十六年改建營制同在本營東南一
百十里上在舊縣汛四十里把總一員兵三十名營冊

司案畧布政使司會與詳准雷瓊鎮道勘估移覆庫竹礮臺原高一丈一尺週圍僅五丈兵房火藥局共止七間未免卑隘該地爲四路村墟扼要之所懇請改造奉行轉飭勘估茲增改建築計高一丈八尺寬二十四丈長二十八丈兵房藥局望樓八間所用工料在田房稅羨項下動支建築以資捍衛

海頭礮臺營制同在營東一百六十里把總一員兵
五十名

通明礮臺營制同在營東南二百二十里上至庫竹
礮臺二十里下至雙溪汛四十里千總一員兵三十
四名俱同上

徐聞縣

青桐礮臺屬雷州左營在營西南二百八里南至徐
聞營石馬臺界十里外委一員兵三十名營冊

博漲礮臺屬海安營在營南六里把總外委各一員



兵三十名

白沙礮臺營制同在營東二十里外委一員兵三十
名

三墩礮臺營制同在營西三十五里外委一員兵三
十名　以上二臺俱博漲礮臺把總兼防俱同上

廉州府

合浦縣

大觀港東礮臺屬廉州營在營西南九十里千總一
員兵三十八名營冊

謹案黃標海防圖有大冠港礮臺廣東輿圖大觀
港有東西二臺東合浦西欽州阮通志大觀港礮
臺屬廉州營汎大觀港汎礮臺屬龍門協右營汎
今並據營册分載
冠頭嶺礮臺營制同距營八十里兵十三名
八字山礮臺營制同距營十五里下至冠頭嶺礮臺
六十五里兵十四名　以上二臺俱大觀港礮臺千
總兼防
烏雷墪礮臺屬龍門協右營在營南水程七十里把



總一員兵四十六名俱同上
欽州
大觀港西礮臺屬龍門協右營在營南水程七十里
把總一員兵五十五名營册
石龜頭礮臺屬龍門協左營在營西水程一百一十
里把總一員兵二十六名
牙山礮臺營制同在營南水程二十里千總一員兵
五十二名
香爐墪礮臺屬龍門協右營把總一員兵七十名俱同

上
瓊州府
瓊山縣
海口港東礮臺屬海口營在營北三里與右營西礮
臺對峙東至牛始礮臺三里千總外委各一員兵三
十名營册
海口港西礮臺營制同在營北三里東與左營東礮
臺對峙西至東水港礮臺六十二里千總外委各一
員兵三十名



牛始港礮臺營制同在營東北四里至白沙墩二里
外委一員兵十五名
馬裊港礮臺營制同在營西一百四十六里下至儋
州營新安墩界十里把總外委各一員兵三十名俱同
上
澄邁縣
東水港礮臺屬海口營在營西六十八里下至石㙻
港礮臺二十里把總一員兵十五名營册
石㙻港礮臺營制同在營西八十八里下至蒼[illegible]

墪十八里外委一員兵十五名同上

謹案黃標海防圖海口城西有石䃯礮臺阮通志因據以入瓊山縣誤也澄海志又云石䃯港在東水港西泉鑿港東爲縣屬瀕海要地亦誤今據營册更正

臨高縣

石牌港礮臺屬儋州營在營東北一百五十里上至海口營馬裊汛礮臺二十里把總一員兵三十名營册

謹案石牌博頓二臺黃標海防圖屬瓊山今據營



册

儋州

新英港南礮臺

新英港北礮臺二臺並屬儋州營在營西北二十五里共設把總外委各一員兵八十二名營册

博頓汛礮臺營制同在營東北八十里上至將軍汛三十里外委一員兵三十名同上

崖州

大蛋港礮臺屬崖州營在營南十五里千總一員兵

二十五名營册

望樓港礮臺營制同在營西一百二十里把總一員額外外委一員兵十七名

榆林港礮臺營制同在營東一百七十里把總一員兵十五名

三亞礮臺營制同在營東一百三十里把總一員兵二十四名

保平港礮臺營制同在營西十里外委一員兵二十五名

謹案保平港崖州志在州西八里阮通志圖保平



礮臺在州城東今據廣東輿圖

赤嶺港礮臺營制同在營東二百十里外委一員兵十三名俱同上

陵水縣

桐棲港礮臺屬萬州營在營西一百四十五里距縣城三十里把總外委各一員兵二十四名營册

會同縣

潭門港礮臺屬海口營在營南二百五十里上至萬

州營博鰲墊與崖州營界二十里外委一員兵十五
名營册

文昌縣

清瀾港礮臺屬海口營在營東南二百里上至呂芎
墊十里把總外委各一員兵三十名營册

謹案阮通志海防圖有清瀾港礮臺在會同縣西
南考瓊州府志清瀾港屬文昌縣附近有清瀾所
城然則通志誤也今據營册

舖前港礮臺營制同在營東六十里上至新港礮臺



四里把總一員兵三十名同上

已廢礮臺存目

南澳廳

雲蓋寺礮臺在雲澳天啟二年總兵黎國炳建上刻大將礮二位大神飛二門敵樓一區戍兵防守南澳志

西礮臺在深澳離南澳城一里與獵嶼對峙如兩翼

泰字樓礮臺在雲澳城二十里俱同上

潮州府澄海縣

三環礮臺在北港東縣志

東林礮臺營册

惠州府陸豐縣

烏墊東礮臺嘉慶九年建屬碣石鎮中營在營西
四十里上至金廂石汛十里下至烏墊西塘原設
兵十五名營册

烏墩西礮臺嘉慶九年建營制同西北十里至白
沙湖汛距本營五十里下至上灣墊十里原設兵
三十名同上

謹案道光十一年二月二臺因風雨坍塌將弁



兵礮位撤回

海豐縣

牛腳川礮臺康熙五十六年建屬碣石鎮左營原
配外委一員兵十九名營册

謹案道光十年因本臺不能得力將弁兵撤回
移防汕尾村之南山礮臺

青草汛礮臺在長沙臺東廣東輿圖

歸善縣

車繒礮臺嘉慶七年建屬平海營南十里大星汛

原駐防外委一員兵二十名營冊司案畧嘉慶七年准部咨總督吉
慶奏稱歸善縣紳士林辟雍等呈請於車繒頭添
設礮臺以資防守據歸善縣會同平海營勘得平
海地方濱海車繒頭山巔俯臨港口最爲切近業
據該地紳士人等捐建礮臺完竣請於平海營內
抽撥兵丁二十五名並派大星汛左哨千總移駐
防範以專責成再此臺有圮壞一體援照通省臺
汛營房之例動項修葺以垂永久所需二千觔礮
二位一千觔礮二位五百觔礮一位在於附近平
海各營查明配撥遞年演放火藥照例開銷

謹案此臺已坍塌將弁兵撤回

廣州府東莞縣

三門礮臺康熙五十六年建嘉慶二十一年因積
沙海淺不能得力改作卡房望樓礮位移鎮遠礮



臺及虎門寨營冊

香山縣

馬鰡門礮臺縣志圖

獅子塔礮臺屬水師提標右營距營四十里上至
永靖營四沙汛二十里下至大虎礮臺二十六里
營冊

謹案該臺因海面淤淺不能得力於嘉慶六年
十一月將原安礮位運往東莞新建沙角礮臺

新會縣

厓門東礮臺嘉慶十四年以本臺距水面稍遠不
能得力移建近岸

肇慶府陽江縣

後山礮臺縣冊

北額港後礮臺志圖

戙船澳礮臺廣東輿圖

豐順礮臺

頓鉢礮臺



雙魚礮臺

海朗礮臺俱同上

高州府石城縣

急水礮臺廣東輿圖

三墩礮臺俱在城西七十里急水港

烏兎礮臺在城西一百里佛子港

東村礮臺俱同上

雷州府遂溪縣

白鴿礮臺在白鴿城東黃標海防圖

廉州府欽州

靑鳩礮臺在城南六十里南港　廣東輿圖

南港礮臺在南港西

長墩東礮臺

長墩西礮臺俱在南港

蓮羅港礮臺在漁洲坪港東

漁洲江礮臺在防城南三十里漁洲坪港　俱同上

瓊州府瓊山縣

防村港礮臺在石𥗼港旁　廣東輿圖



石𥗼嶺礮臺在城西北三十里高三丈　同上

臨高縣

近洋井礮臺在城東二十里珠磜灣　廣東輿圖

博從礮臺

頭洋礮臺並在城西北二十五里博逝港　俱同上

文昌縣

七星礮臺在城西北一百三十里海濱七里山傍　廣東輿圖

廣東海防彙覽卷三十二終

廣東海防彙覽卷三十三

方畧二十二

保甲

若東莞若香山若順德沿海之民多爲海寇或一夜刼掠數十家或聚衆十數飄據海洋官兵不能追捕皆守巡官不能防之於微故也須嚴督守巡官督府縣有司申明保伍之制每鄉立一鄉老自相管攝十家爲甲百家爲鄉出入互相周知行檢互相覺察寇盜互相守禦則沿海之民自不能挺身潛蹤獨爲盜



寇不幸有聚衆飄洋拒敵官兵者又須嚴督守巡官嚴督府州縣巡捕官嚴督沿海衛所官據險以守凡賊由海入刼俱有海港扼海港控制焉則入刼無路入自困矣明霍韜渭厓文集

國朝乾隆二十一年總督楊應琚批司詳准據海豐縣稟稱縣屬橋仔頭周厝澳等處海旁有外來之人在彼搭寮居住受雇牽罟應請拆逐一條查沿海澳嶼藏奸最易橋仔頭等所搭草寮開鋪諸人果係循分良民應請編立保甲聽其在彼資生其小寮與無賴

之徒既非安分又無年籍可稽止係受雇牽罟行跡靡定未便任其聚處貽害地方應如縣議將受雇牽罟之人所搭小寮概行拆逐毋許容留滋事各船應需牽罟另覓附近土著之人如船已回港即令散回不許蓋寮歇宿又據稟江牡嶼搭寮居住之人應請稽查約束一條查該嶼獨處海中徐元英等在彼居住現雖食力耕作並無爲匪然既無家室又無澳甲管束誠恐日久生奸且伊等常往內港買賣交易保無偷運貨物接濟奸匪應如縣議請將該嶼居住之



人查明年籍交著長沙港澳甲約束仍令不時親往查察朔望赴縣遞具並無爲匪甘結存案仍移會營員每季督駕槳船稽察一次倘有容留面生可疑之人及囤積違禁貨物即行據實稟報查究司案

五十五年七月大學士公阿桂等會議總督福康安等奏畧言該督既稱廣州等八府屬海島貧民聚處有年儼同村落戶口多寡不同良莠亦復各異若概行驅逐未免失業無依自應如該督撫所奏將散處外洋離汛較遠之校椅灣等三十二處搭蓋寮房一百五十八間共一百六十二戶離汛較遠難以稽查應飭令州縣會同營員查明現有寮屋概行拆毀并詢明各戶本籍住址妥爲撫卹安插毋使失所其附近礮臺塘汛之海南柵等八十三處共一萬六千七百三十一戶久成村市並設有澳長稽查向無窩匪盜竊之事若概行燬逐未免貧民失所反爲滋事亦應如該督等所奏上體

聖慈免其拆毀照內地民人之例就地編排保甲申敘條款出示曉諭務須妥協辦理



五十八年十二月奉

上諭前因海島居民日衆令各督撫編查戶口入於年底彙奏海中島嶼易爲匪類潛蹤是以前降諭旨嗣後毋許民人私自建房居住以防其勾結滋事至沿河灘地居民日多築堤圈堰亦於河流有碍是以一并禁止今閱福寗所奏山東一省海島居民即有二萬餘名各省島嶼住者想亦不少此等民人相沿居住爲日既久人數又多勢難槩令遷徙惟當遵照前旨不准添建房屋以致日聚日衆所有現住民人仍應留心訪察嚴密稽查勿任勾結匪徒滋

生事端其沿河地方並宜一體飭屬隨時查察弗令多佔河灘有碍水道該督撫等總宜實力奉行不得以彚奏塞責欽此

六十年廉州府陳世綸稟稱盜船在洋伺刼有水師巡船弁兵奮勇殲擒計無所之必思上岸搶刼然其敢於上岸者無線不引無窩不聚賊窩盜線村中斷不可容者也現在鄉村亦仿保甲之意設有地保練總鄉長各色人役但係官派充當奔走應付各項雜差而於緝匪事宜轉泛而不切除地保仍照舊供役



外令各村士民另舉老成奉法之人充牌頭在保長之下各有牌頭量村之大小三四五人不等分段稽查村內各戶某人作何營業與某某往來如有游手好閒形踪詭譎忽出忽歸乍貧乍富一經訪實卽密稟查拏以及酒肆飯店廟觀各處來歷不明留心盤詰再輪派人夫日間眺望夜間伏路巡更一聞有警該保長牌頭率領鄉勇爭先救援又分頭燒賊來船斷賊歸路務期全夥擒獲增此保長牌頭專司盜賊概免別差使家自爲查人自爲守果其一年之中並

無盜竊報案卽予獎勵案司

嘉慶四年總督吉慶奏覆御史黃照條奏摺畧言原奏沿海偏僻村庄責成州縣官每年親到稽查一次甲長應擇鄉鄰素所畏服者充役甲內有交通洋匪及於私行出刼者許其卽行稟拏等語查粵東廣州肇慶惠州潮州高州廉州雷州瓊州八郡皆係濱海各州縣沿海各村莊不少大者千餘家小者數百數十戶不等向來照依村庄之例仍設保甲管約稽查按照規條辦理其間富少貧多半係捕魚爲業地處



偏僻良善者固多奸惡者亦復不少潛爲不法或窩藏盜賊探信消贓或貪圖重利接濟水米疊經嚴密稽查有拏獲送出者亦有保甲得贓隱匿旋經發覺究辦者今該御史奏請保甲責成州縣官每年親到沿海各村莊稽查一次併令愼選保甲實爲弭匪安良正本清源之要訣自應實力奉行妥爲揀選以杜保甲庇護奸民勾通盜匪之弊至州縣赴村莊親查時必須輕騎減從註册亦不許胥役需索分文

十三年總督吳熊光奏覆海洋情形摺畧言條奏內

開保甲之政小民相助相親非止爲禁接濟也而其法既行則接濟自禁小民於鄉里奸民不敢相犯者畏其報復矣今有奸民官既令甲長保正舉報而又合十家百家之力以懲之則何憚而不爲但保甲固良法官辦則假手書吏未免騷擾終無實效選紳士之公正有幹濟者爲之倡始即從所居之本村先辦而其餘各村紳耆相倣而行一冊呈官一冊存鄉自相編查不勞而事集等語臣查保甲之法原屬古人守望相助之意保甲行而耳目衆多奸徒自不敢公



然接濟第假手於書吏人等恐有嚇詐誣拿等弊前經倭什布等奏明令各州縣慎選約正約副嚴其責成如有通盜爲盜之人許約正約副指名舉首縛送或有知情故縱及枉拿無辜並嚇詐鄉愚等事即行加倍治罪臣上年復經會同撫臣孫玉庭嚴飭各屬上緊挨查造冊詳送亦經附摺奏明在案似可無須另選紳士再行查辦

十五年七月總督百齡奏畧言硇洲周圍三十里烟戸二千七十餘家東海圍約二百餘里迤東一帶皆係砂土惟西南毗連之東山墟地方居民分爲上中下三社共烟戸五千八百八十餘家廣州灣周圍六十餘里其烟戸只有零星村落一百餘家皆編列牌保甲長造冊備查至西海岸傍之草潭北羅舊廟楊甘墟樂民江洪及海康縣屬之烏石埠徐聞縣屬之錦囊山狗吼青桐東塲等處村莊相距或五六十里或二三十里港峪毗連烟戸錯處亦均經該鎮道等逐一編查曉諭革除舊習使之各安生業各該處民人無不怵目劌心氣習已漸丕變矣



古法之良莫良於保甲地方官非不遵行但無真精神貫注其中則懸一門牌造一戸籍究屬於事無濟彼盜匪之米糧布帛硝磺篷索麻油鉛刀等物何一不由奸民接濟保甲果行夫豈有此若輩貪食盜利條告不足禁其姦教化不足格其心惟威之於刑庶幾知歛迹邇來法網恢恢匪惟同保不坐即正犯亦多幸免蓋緣接濟銷贓之人必小有貲財一經到案四徒隸役之輩或者陰授以意往往翻供釋去此辦理接濟之所以難也應請飭令地方官實力編查一有

犯者誅其人沒其家發配其孥務使懲一儆百毋稍姑息至於荒涼寂寞之地尤爲盜賊窩巢地方官之法令威權窮而莫用則保甲之法又屬空談非大加懲創而釐剔之恐未易轉移也程含章上百總督書十七條之一

右戶甲

海洋聚刼多出蛋家故欲爲海上清盜藪必先於蛋家窮盜源何也蛋艇雜出鼓棹大洋朝東夕西棲泊無定或十餘艇或八九艇聯合一䑸同罟捕魚稱爲罟朋每朋則有料船一隻隨之醃魚彼船帶米以濟



此蛋各蛋得魚歸之料船兩相資易事誠善也但料船素行鮮良忽伺海面商漁隨伴船少輒糾諸蛋乘間行刼則是捕魚而反捕貨矣當事者未嘗不三令五申也然弭盜之方總不外於總甲今議十船爲一甲立一甲長三甲爲一保立一保長無論地僻船稀零星獨釣有無罟朋大小料船俱要附搭成甲編成一保互結報名自相覺察按以一犯九坐之條并繩以朋罟同䑸之罪甲保一嚴奸船難閃則盜藪不期清而自清盜源不期塞而自塞明崇正間知縣周希曜議　新安縣志

照得保甲之法行之於陸地易行之於海澤之區難於是釀爲盜藪任其非爲今卑縣設册力行親履察編每十家爲一甲十甲爲一保零星居民就近附甲至於海濱有船地方亦以十船爲一甲三十船立一保若本地船少不妨湊派成甲其保甲長俱擇有力量者充之有警互相救援有犯互相覺察各彙一册報縣存案每月朔望各保甲長具有無失事結狀一體投文稽核倘有盜竊及賭博不法等項事發必究連坐如先期出首者定行獎賞俾保甲各知激勸同上



國朝康熙四十六年議准福建漁船桅聽其用雙用單各省漁船止許用單桅欲出洋者將十船編爲一甲取具一船爲匪餘船並坐連環保結若船主在籍而船出洋生事者罪坐船主防海備覽

乾隆二年七月兵部議准嗣後凡沿海一應採捕及内河通海之各色小艇俱令地方官取具澳甲鄰佑甘結一體印烙編號刊刻船傍書寫篷號給以照票其新造小艇與採捕售賣者亦令其一例報官取結編號如有私造私賣及偷越出口者俱照違禁例治

罪澳甲不行呈報一體連坐遇晚須停泊入家塘汛之處倘有船隻被賊押坐出洋者立即赴官報明將船號姓名移咨營汛緝究容隱不首日後發覺以接濟洋盜治罪租船之人必報明本處澳甲出結報官存案若租船者爲匪船主澳甲一并究擬治罪其呈報遭風者必查明人夥有無落水受傷亦訊明實據方准銷號如有揑報者即行根究治罪倘有官役藉名需索詐害良民許赴有司控告治罪

八年十一月兩司會議稱廣南韶連道議詳順德縣



三桂容奇河面調撥巡船印烙船隻一案請以半年爲限令地方官嚴禁吏役胥索務將商漁大小船隻全數印烙編立牌甲不許遺漏并令各該地方官即於船之兩傍刊刻某州縣某村第幾號船戶某人姓名某甲甲長管下粉塡油抹其營站各船亦照一體辦理以便一目了然仍令各州縣按月造具印烙過船數通繳查核半年之內全數報完以後新造之船一經造就亦即一體印烙造報并飭令守口汛兵如有出海船隻務須驗明印烙刊刻字號登記號簿放行回日對驗如有未經印烙刊刻字號不許出口押回該州縣補行印烙若半年以外仍未印烙者應令將船戶照依違令例笞五十一面將州縣不行印烙緣由通報如未印烙三隻以下者分別申飭記過若至五隻以上者請照失察奸船出口例參處如守口弁兵不行查驗或將未印烙之船賣放出口爲匪者一經事發亦嚴參究治再查半年之限烙完仍令將新造編烙亦按月造報實覺瑣繁亦應如該府所請按季造報并取具該管州縣出具並無遺漏及胥役勒索印結通繳查核由是未經印烙之船不得出海



即已經印烙之船或起歹心而船身字號昭彰商民一目了然即可指名稟究似此立法則匪徒奸技無從造施而地方海疆益獲綏靖矣司案

二十一年三月兩司會詳稱請飭沿海州縣將各港小漁船隻逐一徹底清查換給印照仍照上所編號數并船戶姓名各書木簽一枝計該港小漁船若干號即書木簽若干枝書交營汛收執凡遇小漁船出港務令赴汛領簽入港即赴汛繳銷過午以後即

不許其出港該汎弁兵目於晚間稽查是日所繳簽數如不敷是日領出之數即知某號船戶出港未回立飭該保甲追尋回港查其船內有無別物移縣嚴究即無爲匪情事實係故違定限亦照原定之例按日加等治罪將船拆燬如實因被風不能歸港者亦耑責營汎查明是日果係逆風波濤洶湧難以回棹方准免究倘風信雖畧有不順各船俱已歸港惟獨該船逗留在洋明有情弊亦必嚴查移究

又詳准嗣後買賣船隻令該管澳甲及買船人之地



保查係誠實農民方准承買仍令開列現在船戶舵水的實姓名年貌籍貫照例取具各結編入甲內另行印烙換給新照並令賣船之人即將舊照繳銷仍移會守口營汎一體查驗出入如照不符船隻立即查拿移解嚴究其拖風船如有朽壞報明拆賣即令押拆如尚堪駕駛者聽其成隻轉賣仍將賣與何人之處赴縣報明某人承買不論改作何船隻開明年籍換給印照編甲稽查以杜假借出海之弊至汕尾港寄泊蛋船雖祖籍潮屬然寄泊海豐歷有年所且遠隔重洋遠難回籍未便任其散漫無稽應飭就近編入該處澳甲約束給照稽查并通飭沿海各州縣查明如有此等寄泊蛋船亦一體遵照編甲庶於海疆有裨

總督楊應琚禁約一嚴保甲澳長凡大中小商漁船並令各該縣照烟戶式或編排十船爲一甲一甲互相爲保彼此聯絡一船有犯一甲無人舉首即干連坐每船百號爲十甲設立澳長一名責令稽查匪類及一切事宜即一縣僅止船數十號亦照依編甲立



澳長一名若一縣船至一百五十號以外則勻設澳長二名分管其商船按雙單桅分甲合對漁船以十對爲一甲小艌船蛋船等項各另編保甲設立澳長仍以一百號爲率各該州縣務須愼選土著身家殷實並無違犯與更名重役之人取結承充五年一換如有怠玩及滋事不法隨時詳革另選補充其餘水練埠保一切名色概行革除遞年將澳長姓名年籍及所管船隻甲數號數造册繳查　一嚴寄籍採捕粵東沿海以捕魚爲業但各有地界出港入港易於

稽查豈可任其藉詞越境滋事惟澄海縣民向在惠州府歸善縣海豐縣置造漁船出海採捕春夏之間復駕回澄寄泊修整致兩地難以覺察嗣後如有澄海漁戶欲赴惠州府屬歸善海豐造船採捕者令將的實籍貫先赴原籍地方官禀報查明移知惠州府屬各該縣准令成造俟工完給照收港如無原籍移文不得濫准其見在寄港澄海漁船俱令呈明本縣移明歸豐等縣換給執照聽該縣文武約束一體編號排甲統歸此縣澳長查管遇停泊修葺之時不許



仍前駛回澄邑如有過犯照越境例治罪船并八官守口文武不行查察亦並參處

二十三年布政司詳稱嗣後查照各處大小漁船其向來或五日或十日歸港者定限十日歸港一次向係半月及二十日以外歸港者定限二十日歸港一次至從前逗留外洋一月以外及兩月始行歸港者定限一月歸港一次以昭畫一至於稽查出入既不令其領繳木簽勢非遠離之臺汎所能覺察似應著令埠保澳甲就近巡查以事責成應請如廣州府所議倣照編立保甲之法飭令沿海各州縣將屬內港澳捕魚船隻逐一徹底清查取具各船戶連環保結換給印照開造年貌戶口清册十船聯爲一牌立一牌頭百船聯爲一甲立一甲長令其互相稽察如有逾限不歸又無遭風確據而逗留海面甚且乘機爲匪情弊牌頭甲長據實赴就近臺汎首報移縣拘提仍責令該管埠保不時稽查每月令各港澳漁船戶十船聯名出具並無窩藏歹船出海滋事如有一船爲匪九船連坐甘結牌頭甲保加具各結赴縣呈繳



再東莞順德新會等縣屬內漁船有赴新安香山新寧三縣海面採捕由澳門厓門虎跳門等處出海此等漁船應令該縣通年於該漁船領照時查明係駕往何縣何處土名海面採捕灣泊何港亦照編立牌甲之法分別開造清册備移某縣飭著就近灣泊某港埠保稽查結報其新寧縣有別屬拖風漁船到境採捕先經詳定在於大澳灣泊者令將原牌繳赴縣丞衙門查驗另換票照准其採捕俟其回帆給還原牌回籍其上川埠沙提港灣泊者亦經禀請令廣海

寨巡檢司照依大澳之例辦理
布政司詳准海口商漁船隻出入大洋人數照例給
與印照往來查驗統限半年事竣出具並無遺漏印
結申報該管知府直隸州再督同丞倅各員分路抽
查編定之後遇有戶口遷移當增減者保甲長隨時
登記按季呈明州縣更正冊牌俱同上
三十一年二月吏部議覆巡撫王檢條奏畧言查定
例編排保甲地方官有不實力奉行稽查盜賊者專
管州縣官降二級調用兼轄官係同城降一級調用



不同城降一級留任統轄官降一級留任又定例州
縣地方失事四參降一級調用外洋失事文職免參
內洋失事文職四參降一級留任等語是州縣官不
實力編排保甲定例綦嚴遇有地方失事四參例應
降調州縣官自各畏懼處分不敢以盜案視同膜外
至洋面失事處分較輕地方各官未免怠忽不加稽
查以至海洋僻壤漁船會聚之處糾黨製械肆行刦
掠若不嚴定處分無以靖海疆而戢盜匪應如該撫
所請嗣後海疆地方城鄉口岸漁船聚會之所均倣

照保甲編立字號於漁船出入嚴加查察道員按季
親巡督率府廳逐一稽查據實結報遇有洋面失事
之案除盜犯並非在本處糾夥製械者仍照向例議
處外其有土著居民暨流寓匪徒在該地方糾夥製
械出口行刦者專管州縣照編排保甲不實力奉行
例降二級調用未獲盜犯交與接任官嚴行緝拏兼
轄之府廳係同城降一級調用不同城降一級留任
統轄道員降一級留任庶地方各官併該管上司均
自顧考成嚴行稽查盜匪無自潛踪海疆可以綏謐



矣奉
旨依議欽此
十一月總督楊廷璋奏言竊照粵東濱臨大海小民
半以採捕為生商漁大小船隻每州縣不下一二千
艘易致匪徒竄跡竊刦為害如上年審辦洋盜曾德
度等蔓延數載始克就擒現在海洋平靖商民均沾
樂利之休臣蒙
皇上厚恩身任海疆思欲淨絕盜源者首在清釐船政伏查
造船給照編保書梳稽查出入原屬遵行定例但日

久法弛辦理不肯認眞成效焉能坐致臣隨嚴檄司道通飭各州縣將境內所有商船漁艇按數編排十船設一甲長十甲設一澳長無論船身大小務令於篷桅頭傍書刻某州某縣某號某甲某人某船字樣已據陸續查編書刻冊報到案除商船載明船主舵水貿易何地往返何時凡屬漁船快艇必使出捕定有方向收港定有限期配鹽食米定有章程俾內河外海無不明書標識之船漁戶水手無非按籍可稽之人倘有多船混入一目瞭然哨巡不難即捕宵小



現已聞風斂跡即如番禺南海東莞香山新會一帶向有奸民置船於沿海港汊偷賣私鹽出空回棹即乘閒糾夥搶割成熟田禾載以肥橐歷年報案纍纍今臣自行編船之法訪得劉世啟羅加富等販鹽私船一十七隻出沒於沙灣海汊咨飭該縣會營查拿現將該處巡檢斥革嚴審私販按擬治罪當時西成刈穫之時村舍貼然不聞再有搶割之事其明驗也此不過於原定舊例之中加議整飭作新之力即可收效於旦夕倘嗣後各該地方官膽敢視爲具文遺

漏編書縱容匪船竊刦汛守員弁並不實力稽查均即從重嚴參革究庶足以儆玩愒而除錮弊清盜源以靖海疆商民船隻永歌樂利矣奉

硃批好仍宜實力永久行之欽此

四十三年兩司會詳稱漁船出入久經定有章程凡採捕各船均酌定歸港日期逾違分別處治如有越境採捕等弊即將船戶舵水由陸遞解回籍按律治罪船隻入官其樑頭五尺以下小船止許就埠買鹽醃製惟瓊屬漁船分別大小限帶鹽斤餘皆無許帶



鹽醃魚淸釐船政規條已屬周備乃日久法弛船戶漸至越洋寄泊致海安營稟順德新會東莞陽江電白等縣各船遠至流沙汎屬採捕並帶鹽前往醃魚稟奉檄飭移營嚴行查禁核議先詳等因本司等伏查條約既明奉行宜力應請通飭各縣遵照成規出示曉諭飭領司照勒令按限歸港嚴禁越境逗留站洋滋事一面查察各船如有違犯分別移提按例究治惟是船戶固宜申以禁令而官役亦當重以責成查條約內載灣泊漁船設立澳甲管束遞年將澳甲

姓名及所管船數造册呈繳查核今各縣不列册繳查驗由澳甲經管廢弛並不查明造報以致任由出入應請參酌舊章令澳甲將所管船戶有無違限不歸寄泊地方之處隨時揭報州縣地方官逐加稽察如有違犯禁約即懲究具報該州縣仍查照規條於年終彙造清册通送查考倘澳甲需索徇情分別究治再查條約內稱口岸離文武衙署武員營汛稍遠者專委員弁駐劄稽查原爲愼重海口嚴防偷越之意惟其中或有限於道里營制經費等事致未專委



員弁駐劄應再通飭遵照如無移駐專員即令該管地方文武督率澳甲汎兵時加稽察倘有失察容隱需索等弊卽將守口員弁分別查參司案

前明置新寧縣河泊所以統蛋編交里甲督征魚課如縣之坊都今所裁而歸縣矣馭蛋之法可勿亟講乎蛋之性頑而多力又善水涉波濤如履平地客人渡海風作方與險遇神魄皆失兇蛋泰然而前以救溺爲名奪取財物諺云海闊蛋家強是也今欲嚴以弭之必也明其印烙飭令埠長勒加約束而又使之十船互相爲結有犯同坐遇有颶去惟同結是問如是則蛋稍知畏法矣海蛋說新寧縣志

接濟銷贓非船不行議者謂禁止出洋則盜風自息其論自正惟是粤東人多田少半食魚鹽之利槩行禁絶則貧民無以爲生從賊益衆況其勢亦有不能悉禁要在地方官於商漁鹽船一體照例印烙編查十船爲甲互相保結給與印照出入口岸塘汛逐細查驗所有蛋艇漁船夜間不許留宿口外至濱海鄉村小船出入不由塘汛者尤爲接濟銷贓之具盜匪



所在趨之若鶩應令地方官設法擇立殷實之人以爲船總責其訪查夜間總繫一處有不遵者破没其船通同作弊者誅無赦程含章上百總督書十七條之一

右船甲

廣東海防彙覽卷三十三終

廣東海防彙覽卷三十四

方畧二十三

禁奸一

明胡宗憲云昔之防海重防其入今之防海重防其出重防其入則礪我戈矛戒我樓櫓可以禦日本之倭重防其出則支流必辨合港必稽所以禦通日本之倭者正未可以悉數也 防海備覽

國朝順治十二年六月嚴禁沿海省分無許片帆入海違者置重典 東華錄



康熙十一年題准閩粵地方嚴禁出海其餘地方止令木筏捕魚不許小艇出海 雍正年修會典

又題准居住海島民人概令遷移內地以防藏聚接濟奸匪之弊有仍在此等海島居住耕種者照違禁貨物出洋治罪汎守官弁照例分別議處 防海備覽

又題准凡有大小船隻出海貿易及在遷移海島蓋房種地者不論官兵民人俱以通賊論處斬貨物家產俱給首告之人該地方保長知情同謀故縱者斬知情不首者絞不知情者杖一百流三千里該汎守官兵知情故縱者亦以同謀論俱處斬其不知情者文職知縣知州革職永不敘用府道降三級調用專汎武官革職與兵丁一併治罪兼轄副將等官革職該管總兵官降三級留任該督提各降二級留任巡撫降一級留任有能拏獲本汎出海之人文武各官均應免罪拏獲別汎出海之人十名以上者拏獲之文武官員紀錄一次一百名以上者加一級該管文武官員或兵民拏獲者督撫提鎮道府副將均應免議若官兵民人私造出海船隻者處斬該管文武官



員及地方保甲長同謀者絞知而不首者杖一百流三千里文職州縣官所屬民人武職專汎官所管兵丁私造船隻失於覺察者革職兼管文職知府武職副將等官降三級調用該管總兵官該道官降二級留任該督撫提降一級留任 雍正年修會典

又題准該汎官拏獲出海奸民止報該鎮不報督提及該鎮不即報督提者俱降二級留任

十九年題准該管官拏獲本省出海貿易奸民二十名以上者紀錄一次二百名以上者加一級數多者

照數加級紀錄俱同上

四十二年瓊州府同知姚哲詳稱捕漁船隻雖屬各州縣編甲但嘉穀之下不無粮莠其善良安分者固多而乘機剽掠貪利害人者亦正不少此輩若給以票勢必藉票作膽肆行海上或搬運米穀接濟賊船互相倚伏乘間為盜亦未可定是名雖為捕魚而實寇盜之囮查捕魚小船既係辦課何須給票應請飭禁止許在於本籍內港往來捕魚倘越港外地界卽以匪類究懲則奸宄無所托迹而海上亦無別寇矣陵水縣志



五十六年覆准凡客商船隻在五省沿海及東洋貿易外其南洋呂宋噶喇吧等處一槩不許內地商船前去貿易俱令在南澳等地方嚴查截住令廣東一帶水師各營查拏違者從重治罪其外國夾板船有來貿易照舊准其貿易令地方文武官嚴加防範不許生事

雍正三年奉

上諭嗣後如仍將無照民人夾帶船內偷渡者發覺之日朕必將該管總督提督等一併治罪該總督提督等務竭力嚴禁俱同上

五年六月奉

上諭昔年曾奉

聖祖仁皇帝諭旨海外噶喇吧乃紅毛國泊船之所呂宋乃西洋泊船之所彼處藏匿賊盜甚多內地之民希圖獲利往往有留在彼處之人不可不預為措置欽此隨經廷臣與閩粵督撫議令內地之人留在外洋者准附洋船帶回內地奉



旨准行在案此乃

聖祖仁皇帝綏靖海疆且不忍令內地之民轉徙異地實仁育義正之盛心也但數年以來附洋船而回者甚少朕思此等貿易外洋者多係不安本分之人若聽其去來任意不論年月之久遠伊等益無顧忌輕去其鄉而飄流外國者愈衆矣嗣後應定限期若逾限不回是其人甘心流移外方無可憫惜朕意不許令其復回內地如此則貿易欲歸之人不敢稽遲在外矣將此交與高其倬楊文乾常賚悉心酌議並如何定限年月之處一併詳議具奏欽此

十二年議准洋船偷渡民人每在初出洋面之際廣東海船掛驗出口之時該汎官弁押交虎門協撥船押送外洋洋面俟其乘風放洋後方許回汎（防海備覽）

乾隆五年廣東巡撫王安國奏言欽州與安南接界商販出洋貧民業操舟者不可數計最難稽察請將瀕海船隻報官印烙船戶水手出洋給照一紙歸時繳查暫羈者准於三年內附載歸港並行文安南國王必有印照方准收留即有事不得過三年從前出洋之人生長彼地者聽餘勒限三年附載回籍違者



拿送正法（國朝江藩舟車見聞錄）

六年議准噶喇吧番目因出洋不歸留住彼地之漢人在番滋事遂至戕害雖恐擾及商船宜禁止貿易但賀蘭國王責其太過已將鎮守夷目更換再三安慰商船照舊生理則該番原未擾及商客應令南洋照舊貿易其中有至暹羅柔佛等國者亦准往來至南洋諸國米多價賤回櫂或買米壓載入口餘剩或並未買米載回均聽從商便其商船往販諸番自宜定限應以三年為限逾期不歸將舵工水手人等不許再行出洋其外洋汎地如有停泊洋船察驗船照有經閱多年者勒令入口交地方官察訊詳究（防海備覽）

又奏准拿獲偷渡民人隱匿不報者官革職兵責四十板革糧賄縱者官革職兵革糧皆治罪

又奏准拿獲偷渡之人訊明從何處開船將該守口官弁照疎縱偷渡外洋例按人數分別議處拏獲者照拏獲偷渡外洋例按人數分別議敘若弁兵因公差委所乘船將無照之人偷載專管官知情者革職提問不知情者革職兼轄統轄官不揭報提參皆照



不揭報劣員例議處

十三年議准民人偷渡兵在外洋拏獲者仍照例分別給賞如偷渡船尚在沿海口岸兵於本管界內拏獲原係分內之事無庸給賞若將別汎沿海口岸偷渡民人盤察擒獲者照外洋拏獲例減半賞給但不得因有賞銀將沿海口岸不應盤察之船借端需索滋擾（俱同上）

七月總督策楞巡撫岳濬提督黃有才牌稱歸善等縣漁船出海採捕止許在其本境洋面朝出暮歸越

境站洋卽干嚴例無如有等奸猾舵水每以司照爲護符出入海濤動逾旬月或越入別境之內假醃製而販賣私鹽或勾通港汊小船藉口糧而販米出海稽其踪跡幾於無所不爲其本船之人又多半皆屬生監利其分肥飽索在於陸路彌縫捕巡汎弁致送規禮塘兵衙役亦有例錢久站洋面不歸設詞風信不順出海越境採捕謂其被風飄流而地方文武各官又以稽查太密恐蛋民無以爲生計或失所流離日事因循莫能遏抑現拖風船隻歲益增多事關海



洋不可不防微杜漸查向來成案惠潮二府所屬拖風澳船出海採捕止許在於各本境內撈魚朝出暮歸違者計日治罪今應於舊例內酌爲變通除造船之時取結編號出入口岸營汛掛驗放行米糧鹽觔數日仍照前例辦理外其有違限十日以上并站洋滋事者無論是否遭風及船主知情與否將本管船戶一體坐罪并將原船拆毀勒令改業仰司轉飭沿海各府州縣一體遵照實力奉行毋得虛應故事司案

二十一年總督楊應琚禁約稱商船貿易務須報明所往地方約畧遠近何時收港登册存案俟回日查對倘有買賣未宜轉販別地愆期亦須在指定地方取有執照方免治罪至漁船樑頭五尺以下者止許在本港採捕朝出暮歸其樑頭五尺以上漁船應需三日五日十日歸港一次者許該地方官查明詳允飭移該守口員弁照限分別查辦不得逾違如逾限三日以上笞四十每一日加一等罪止杖一百再犯遞加一等枷號一個月倘有連結船戶擾亂成法及抗違越境採捕等弊卽將船戶舵水由陸路



遞解回籍交該縣照站洋違禁律治罪船隻變價入官澳甲人等分別治罪若果被風飄阻人力難施暫停別港守風報明沿海各汎轉報移縣卽逾十日免議沿海弁目俱刊戳記一方如遇該船禀報阻風迴帆照例蓋硃紅戳記用墨筆書明日期俟船入口查驗放行如無汎戳鈐蓋移地方官詳究倘風阻之處營汎刁難勒揹不與蓋戳許漁戶就近報明州縣通禀查究同上

五十四年八月軍機大臣阿桂等奏言兩廣總督奏

稱粵東孤嶼荒島地方每有無籍貧民前赴搭寮耕種其始祇爲糊口起見而引類呼朋不免奸良雜出日久卽爲匪徒窩聚之所必須先行搜剔如雷廉二府交界海面之潿洲其拖東斜陽地方俱係孤嶼荒地今竟有在該二處搭寮居住者日聚日多不免與洋盜串通滋事業飭地官逐一遞回原籍草寮燒毀勿使再有窩匿此外洲島現在逐一親查辦理等語查海洋荒僻島嶼向例原不許居民私行耕種採樵以杜奸宄匪徒在彼潛踪匿跡日久卽至引類呼朋



滋生事端近年以來地方官未免視爲具文並未時刻嚴查竟有無籍貧民在彼搭寮居住以耕種爲名此中奸良雜出不免有與洋盜串通滋事應如福康安所奏嚴飭地方官逐一遞回原籍營生草寮悉行燒毀凡屬外洋洲島一律淸查照例嚴禁庶內杜勾串之緣外絕窩藏之路於緝匪防奸較爲有益奉

旨依議欽此

六十年廉州府陳世綸禀稱欽州陸路西境接連安南之江坪硭街龍門洋面西境接連安南之白龍尾西蚬沙等處水陸交錯夷民雜處盜船出沒遂成淵藪乾隆四十五年間查得該處寄居客民有三百二十餘戶在彼年久難以押回本籍且通商貿易亦不能禁絕往來惟令在彼開舖貿易之人以後不許搬移眷口及另合未經出口民人商同夥販依傍親戚前往居住查出照擅入夷地治罪在案今又十餘年其前往肩挑覓食者不止廉屬卽廣肇潮惠高雷以及福建之漳泉汀各府廣西之宣化永淳博白等縣民人江坪硭街所在多有現今拏獲洋盜訊供內地



之人十居五六或本在盜船停泊夷洋或先往夷地肩挑貿易以後誘逼入夥在欽州與安南界連壤接不妨中外一家若原籍府縣分與安南相隔遼遠該民人等既能自食其力近地皆可謀生而忽思輕去其鄉是已不安本分先萌爲匪之心將來日積日多糾夥刼掠皆可爲盜船眼目今雖不能遽淸其源庶幾漸遏其流請將私越舊例申明曉諭除欽州一屬毗連安南毋庸議外凡各府州縣距安南數百里千里之遠者嗣後民人毋得越境私往以致陷入匪徒

自干顯戮並責令該民人之父兄族屬嚴加管束有犯必懲督署案

嘉慶十六年二月署總督韓崶奏畧言赤貧食力之人既無恒產可守勢不能禁其不出洋採捕度活恐涸跡漁戶任其出入自如即難保其不復萌故智況沿海漁戶亦多不安本分之徒即如現辦盜犯林亞瑞等十名訊明平日並不爲盜亦非投誠首民實係採捕漁戶因貧一時起意行刼是嚴防海口必先編查漁戶實爲目前要務臣現在嚴飭沿海州縣確查



大小漁船逐一編號印烙造册通報其拖風等項大號漁船仍照向例由縣給發牌照飭令註明漁戶梢水姓名年貌籍貫限定歸港日期驗照出入小漁船每隻由縣給予腰牌祇許朝出暮歸不得在洋漂泊均責成守口臺汛營弁查驗放行由該營將備按旬列摺稟報督撫衙門查考如有漁船久出不歸守口汛弁即報明營縣查拏嚴究仍示禁弁兵人等毋許藉端措索擾累一經拿獲盜匪究明何處出口即將守口弁兵提省確審如僅止失察即予斥革示懲倘知情故縱即當從重治罪

二十三年三月初四日布政使趙慎畛按察使玉輅會詳稱商民船隻嗣後請領貿易船照務將前往貿易處所稟明地方官於照內塡註明白以杜偷越如有因風漂往他處易換夷貨回帆務遵定例駕赴省河大關驗征倘敢抗違商民照例治罪船貨入官其地方官查明分別詳辦議處督署案

道光十二年雷瓊道王鑄雷州府徐寶森稟稱沿海漁蜑船隻均應編號給照在本境內採捕早出暮歸



不得站洋寄泊尤不准越境捕魚如敢愆期不歸出境逗遛許沿海營汛查拏解究例禁綦嚴歷經飭查驅逐在案瓊郡四面巨洋農三漁七濱海人戶全賴耕海爲生本不容外來漁船結隊聯艅侵佔採捕乃近聞沿海各州縣每有廣肇一帶蝦𦨴拖風等項船隻駛來海港日久停泊佔踞捕魚儋崖二州尤甚此等漁艇越海遠來名爲採捕難保不無伺刼情弊現值捕務喫緊之際亟應查拿解究以清盜源疊經出示嚴禁曉諭并札行各屬一體查辦嗣後如有前項

海北漁船復來瓊屬海面寄泊採捕者責成守口員弁查拿由陸路解送本管州縣審實卽照站洋違禁律辦理船隻變價入官澳甲兵役人等得規縱庇察出一并治罪漁戶以船爲家似此認眞查拿俾漁戶各保身家不但越境站洋之風可以稍戢而盜匪亦不致溷跡矣（同上）

右禁私越站洋

紹興十一年十二月丁亥立譏察海舶條法（宋史高宗本紀）

倣省僻在海徼寇盜奸宄出入之藪也外通洋夷諸



島内逼香山澳門沿海又皆鹽場蜑戶利之所競害亦滋起走利之徒每私販違禁之物以勾引生事此鄉落之甚蠹而縉紳之公患也然而此輩偏借縉紳之名號以通行於鄉落而莫可誰何長此不治名實無根黑白相亂甚者不知不見之處乃有庇盜殃民之事壯甚痛之（與劉巡按書　明陳子壯遺集）

國朝嘉慶四年二月初八日總督覺羅吉慶會奏言竊

臣等欽奉

上諭有人條奏近來洋盜充斥皆由搶刼商船糧食暗地勾通行戶重價購米得以久留請一例禁止並於海口陸路添設重兵等事此等情節沿海各地方諒所不免但應如何設法辦理朕難以懸斷着傳諭凡有海疆將軍督撫等各就該處地方海口情形悉心確核務使洋面日漸肅清而於商民仍無妨礙各抒所見據實奏聞候朕指示施行其水師各營作何訓練整頓之處亦著一併詳議具奏等因欽此伏查海禁之說早有此論緣洋盜在海遊奕原思圖刼客商若貨物不走海洋則盜食無資盜源自絕此誠不易之理但海邊米石民食攸關粵東州郡大



半濱臨洋面而孤懸海外之瓊州又產米無多專藉高雷二郡之米以資接濟潮州一郡則賴閩省之臺灣及葛拉巴等處運米糶售是瓊潮兩郡人烟稠密地窄山多米穀均需海運倘一經嚴禁不但於民食大有妨礙甚至民間一切買賣應用之物俱不能照舊流通濱海之民無可謀生所關甚重卽如蜑戶一項平日捕魚爲業以海爲生不異農民之以田爲命且粵東官鹽向由海運更難禁其出洋此粵東不能海禁之實在情形也查外海盜匪多有藏匿夷洋乘

風來粵及閩浙各海面行刦海禁一嚴勢必登岸搶奪粵東地方遼闊海道幾及三千里其沿海港口雖有礮臺而澳邊山脚居民頗多實難以逐處設兵防禦惟有嚴飭文武於各海口認眞緝捕嚴密查拏勿使內地奸商漁戶人等私帶米石出洋以濟盜賊鐵觔火藥亦一體嚴禁不容稍有透漏如此辦理盜匪不能久𠷣洋海自必日漸逃散再臣吉慶到粵後水陸營伍不時督飭勤愼操防習勞演武而於瓊州之海口廣州之虎門潮州之南澳洋面分爲三路派令



鎮將帶領兵船節節實力搜拏獲盜千餘均已照例辦理盜賊較前稍爲歛跡並令鎮將督率官兵在船勤加操演務底精熟令遵

聖明指示查拏奸民接濟盜糧使盜匪口食無資更可速淸洋面理合恭摺具奏

十年三月布政司廣厚按察使秦瀛會詳稱粵東十府三州近洋者八郡沿海村鎮林列港汊紛歧臺汛舟師水陸防捕所以嚴海禁飭岸守者條教號令已屬詳備地方文武員弁果能實力奉行何至盜匪日肆鴟張岸奸復敢接濟茲蒙多方整飭文職以各州縣爲分巡分防各府爲督巡督緝各道爲總巡總緝武職千把都守爲分巡分緝鎮將爲督防督緝提督爲總巡總緝並責成本司等督辦內河外海及陸路各口岸防捕機宜封章入奏明定章程從此事有專屬責有攸歸大小文武協力同心查察旣周追捕自當得力惟查水陸周察尙須派委而委用必須得人先於奏議章程案內雖經通飭派委幹員查驗商漁船隻禁杜夾帶米糧火藥并令各道府查勘沿海村



庄繪圖具覆查閱覆到之處於團練添防各事雖俱籌議多屬舊有章程而於如何周察方能有濟之處仍屬未能詳盡今旣責令沿海文武地方官分職任功應令切實查明沿海礮臺兵丁是否足額現設礮臺是否一律扼要有無應行添建移改之處沿海大小村鎮共有若干何處應建碉樓堡寨何處應挖溝壕如何編查團練其沿海港汊何處可以攏岸作何防範附近村庄漁船寮篷可以接濟銷贓者如何稽察沿海寮棚能否全行拆毀不准再有搭蓋其奸民

土棍通盜濟匪如吳川之廣州灣遂溪之東海新寮之下川澄海之東隴等處向爲盜船灣泊買米銷贓處所究應如何辦理又近來盜匪擄掠人口船貨往往寄信勒贖既有通信之人盜匪自在左近如何設法擒捕務令切實指陳總期事可施行功歸實效其應須委員查辦之處若必待省中派往不惟無此多員且試用人員多未能諳練於事無濟應卽令各道府督率州縣就近揀派能事佐雜實力查辦其各該地巡檢如有人地不宜者卽稟請更換或該縣府有



平日知曉才幹之佐雜現在別屬亦准其稟請發往以供差遣果能拏獲贓盜及濟匪之人當優加鼓勵凡委員一名每月酌給資斧銀三十兩由通省攤捐獲有米石船隻准其變價充賞拏獲器械火藥繳貯公用如民間有拏獲出洋米石亦准一律給賞總令各該管道府嚴督認眞查辦仍嚴禁委員等毋許得賄縱漏及任聽書役人等藉端滋擾商旅并禁本地無賴民人挾嫌誣指總期杜流弊而戒因循理合詳請察核督署案

七月總督那彥成奏言竊臣辦理洋盜以來欽奉

廟謨密查口岸嚴斷接濟銷贓以絕奸宄而淸盜源業經查獲多名於彙奏摺內詳細列入但去莠旣以安良卽民愚亦須矜憫自應仰體

皇上好生之德遇事奏明恭請

訓示查律載奸徒偷運米穀潛出外洋接濟奸匪者擬絞立決又沿海地方奸豪勢要及軍民人等私造海船夾帶違禁貨物下海潛通海賊同謀結聚及爲嚮盜刼掠良民者正犯比照謀叛已行律處斬梟示全家發



近邊充軍又例載凡地棍奸牙違禁將米穀豆麥雜糴偷運出口及在洋接濟奸匪者該管各官照違禁出海例分別查議又違禁出海該管州縣不知情革職永不敘用該管府道各降三級調用各等語查粵東現經拏獲通盜濟匪各犯其審係積慣通賊者自屬法無可貸惟有一種濱海愚民不過爲些微小利冐法行險如內地買物每價一兩盜匪可出數倍移贓就貨其實亦不知例禁之嚴至於立決現被拿之犯往往有數兩之贓而不得不按例定擬若其中私

通接濟至於累萬或如船隻軍火等項或實有勾結情事自不容少逭而無知之民私相買賣爲數無多實覺贓輕法重臣受
恩深重身任封圻亟應推廣
皇仁合之現在情形稍爲變通辦理應請將贓在十兩以外者按律治罪其在十兩以內者卽照洋盜之接贓例定擬其有心接濟勾通者雖一兩以下亦不援減地方官有實在不能振作一任奸民來往勾通接濟者經臣等查出自卽隨時參奏治罪若因從前失察後



知愧奮將勾通接濟奸民自行查拏稟報者亦應請免其處分在各員自當倍加感激實力查拏亦可免回護諱匿之弊庶於辦理洋匪淨絶盜源似有禆益

十三年閏五月總督吳熊光奏畧言一條奏內開洋匪與岸匪勾通不可不嚴但能遏止岸匪之接濟則勾通不禁自絶矣等語臣查洋匪之肆惡雖在海洋而其資生實在岸上非內地奸民與之表裏勾通斷不能久延殘喘前經撫臣孫玉庭會同前督臣倭什布議請嚴禁盜線以杜濟匪臣抵任後復疊次嚴禁水米等物出洋計數年以來拿獲海洋盜犯及濟匪奸民分別嚴辦已屬不少而盜踪終未能淨盡臣每留心訪詢始知閩省民情雖屬獷悍尚知保護身家堵禦洋匪不使登岸滋擾而粤民則嗜利忘害不惟不加堵禦甚且與盜暗通踪跡詭秘地方官防範難周是奸民一日不除洋匪一日不能斷絶臣近日派委文武各員於沿海口岸嚴密稽查復密囑提臣錢夢虎於潿洲地方拿獲匪犯數百名其中多有濟匪奸徒並據各營縣及巡緝委員陸續稟獲登岸盜犯多名訊據各犯供稱近因口岸稽查嚴密盜船乏食



手下人等俱思散歸致被拿獲等語各紳士亦皆聞風知儆有赴提臣錢夢虎船次具結情愿約束鄉民不敢任令濟匪此風似已較前稍知斂跡第恐日久懈生臣惟有嚴飭各文武實力查辦以期洋面肅清

十四年八月總督百齡會奏言竊查粤東鹽埸除近埸各縣就地坐配不由省河配運外餘鹽俱由外海運至省河候配近年以來洋匪猖獗凡運鹽之紅單船隻涉歷外洋或被擄刼勒贖或因畏怯不得不向

盜匪買照放行名曰打單其中不肖船戶間有私帶水米濟匪獲利而內地一切情形就中暗遞消息或將船隻礮火等物竟賣與盜匪捏報遭風損失是鹽船出海實爲目前之大患查各處海口現俱恪遵

諭旨嚴密巡查不獨米穀硝磺不使稍有私帶即盜船所需用之篷纜等物亦俱一一禁絕惟運鹽船隻若仍任其常川出海則濟匪之物固可嚴查飭禁而其勒贖打單實屬滋害於商而有利於盜商受害必視運鹽爲畏途盜得利更覺有恃而無恐奴才蒞任以來晝



夜焦思博採衆論惟有亟改陸運以絕無窮之累所有擬改大畧情形前於籌議捐造米艇摺內已經奏及並聲明未經到關之鹽另擬由陸路輸運在案但旣酌改章程必須通盤籌計除潮州府屬之招收河西隆井惠來東界小江海山七塲歷係供配潮橋各埠廉州府屬之白石東西塲高州府屬之茂暉塲向歸平南二櫃坐配俱由內河運銷毋庸置議外其餘廣州肇慶惠州高州各府所屬之海甡雙恩大洲淡水碧甲墩白小靖內外石橋海甲電茂博茂十二塲

柵俱係遠隔重洋向係省城綱局自置艚船赴塲配鹽由外海運省分埠行銷後因艚船笨重駕駛不能便捷兼之年久多有損壞商人遂雇募紅單船配運現經查明西路之海甡雙恩電茂博茂四塲由陽江恩平等縣一路水陸挽運及東路之大洲淡水碧甲墩白小靖內外石橋海甲八塲柵由海豐陸豐歸善等縣一路水陸挽運俱有內河可以行走其間有陸路相隔者或用小船駁載或用牛車或用肩挑運至省城脚費所增無幾而鹽觔顆粒不能散失各埠商



獲益更多將來賣價仍可照常無須增減商情亦甚樂從兼之沿海窮民均得以挑鹽爲活計即牛車船隻亦多營趁其海運之紅單鹽船現雖雇募在內河緝捕不日海面肅淸仍可載貨貿易均不致於失所即將來海運陸運亦屬並行不悖而此時酌改陸運則鹽船旣無勒贖打單之苦又免遭風漂没之虞於到關之期轉可不致遲悞且洋匪無此接濟自必倍加窮蹙盜夥雖衆而無以爲生更易勦辦似屬一舉而數善均備謹繕摺具奏

船雖小而分載出海合之以通番者各官司嚴加盤詰如果採捕之船則計其合帶米水之外有無違禁器物其回也魚蝦之外有無販載番貨有之卽照例問擬則載有定限而接濟無所容矣然而港口旣紛稽查宜細必嚴行設法如某寨責成某官某地責成某哨某處定以某號某澳東以某甲果戍守之官以廉以明矢公矢慎盡心爲國而謂通番之不可禁吾未之信也（防海備覽）

匪類逃躲外洋內地奸人接濟糧米食物然後能久



延濟以火藥軍器然後敢敵殺論者多歸咎漁船不知漁船所帶糧米斗石能濟幾何火藥軍器犯禁之物惟哨船可以攜之向來南澳地方皆守港哨船接濟如東隴港南洋港漳林港澄海港沙汕港頭海山柘林井洲各處哨船無一不接濟者而東隴海山南津三處爲尤甚每猪十隻價近百金米十石價五六十金火藥鳥鎗軍器藤牌軍器價皆十倍坐港之利勝於通番夫民船犯禁官兵可緝官船作弊孰敢攖鋒是在鎭主留心稽察無使復蹈前轍（論鎭守南澳書八條之一）

（藍鹿洲集）

盜匪多刼一船卽我師多受一船之害其財貨可食數月其船隻可用數年所不用者大半勒取米糧布帛猪雞硝磺等物聽人贖回愚民罔顧法紀潛購以往地方官無從稽查也現在惟紅單船與盜船爲伍耳其東西兩路商漁鹽船聞其多向盜匪納銀打單故得出入盜中散行無忌而接濟銷贓之弊卽寓其中此害之大者也應請飭地方文武實力查察禁之毋聽散行總須彙齊數十號爲一幫就近申請師船



順便護送如有散行者准沿途水陸官弁兵役一體拏究如此則盜匪內無接濟外無刼掠不擊自敗矣（程含章上百總督書十七條之一）

查米糧淡水柴鹽硝磺等項均爲盜匪所必需之物貧民窮蛋圖得重利偷買接濟難保必無其事現出示懸賞曉諭無論商民兵役如能盤獲奸徒偷運違禁軍火柴米等項出洋濟匪許其就近投明保甲報官訊究卽照所獲價値盡數給賞或探訪的確而力不能拘密報文武擒拿到官者報信之人亦照盤獲

例量予給賞一半若係弁兵訪拿前項匪徒除獎賞外即稟請記功超拔以示鼓勵仍一面飭守口員弁不動聲色嚴密訪查出入商漁船隻留心盤詰倘敢稍有踈縱一經覺察照例嚴參治罪似此明白示禁層層盤查兵役不敢怠玩奸徒不敢嘗試口岸無從偷漏洋匪無從勾通加以舟師協力兜擒礮臺認眞守禦該匪等無從覓食勢必日形窮蹙可不攻而自潰矣道光七年雷州府王玉璋條陳

右禁接濟總論



廣東海防彙覽卷三十四終

# 廣東海防彙覽卷三十五

## 方畧二十四

### 禁奸二

元延祐二十五年禁廣州官民無得運米至占城諸國出糶元史食貨志

閩船假稱糴賑大都皆接濟島人致米價日騰待餔者枵腹公詢閩廣米價無大相懸會海上緝獲其偵探者鞫得情以故拒閩船日甚廣人賴以全活者數十萬家明盧雲龍贈王侍御記四留堂稿

按郝通志侍御名有功萬歷二十一年巡按廣東時事

國朝康熙五十六年覆准出洋船按道里遠近人數多寡停泊脫貨日期每人一日准帶食米一升並帶餘米一升以防風信阻滯出口時守口官弁逐一驗明放行不許借端需索防海備覽若有於酌定口糧數目之外多帶糧米查出糧米入官帶米之人立絞沿海文武官員如隱匿不報或被首出或經事發文武官員從重治罪至於小船偷載米糧剝運大船者嚴拿治

罪雍正年修會典

雍正元年五月奉

上諭沿海數省運米出洋玩法網利該督撫提鎮當著實嚴查禁止至肩負小民貿易度日悉從自便可也諭直省各督撫通使知悉欽此

七年覆准出洋船食米若於酌定數目之外多帶售賣或實係接濟姦匪或止係圖利察出將米入官賣米之人分別治罪守口官弁隱諱不報者革職如受賄放縱治罪



乾隆元年九月覆准嗣後如有奸徒偷運米穀接濟外洋者照出洋船隻多帶米糧接濟外洋例擬絞立決其有希圖厚利但將米穀偷運出口販賣並無接濟奸匪情弊者計算偷運米一百石以上穀二百石以上照將鐵貨潛出海洋貨賣二百觔以上例發邊衛充軍米一百石以下穀二百石以下照越渡關津律杖一百徒三年至有米不及十石穀不及二十石者照違制例杖一百仍枷號一月示警爲從及船戶知情者各減爲首一等米穀船隻照例變價入官其在內地河港販運接濟民食並不出口過海者不在違禁之例地方文武官弁不得藉詞攔阻致滋事端至偷運米石出口及在洋接濟奸匪者該管文武各官除通同受賄知情故縱仍照違禁貨物出口律治罪外如失察偷運米一百石以上穀二百石以上者將各該員弁均降一級留任米一百石以下穀二百石以下者罰俸一年米不及十石穀不及二十石者罰俸六月

十三年九月覆准嗣後有將穛糧麥豆偷運出洋接濟奸匪者照偷運米穀例並擬絞決如審係止圖漁



利並無接濟奸匪情弊者計所偷運石數照二穀一米之例分別科斷其爲從及知情不首之船戶亦照米石例減等問擬船隻貨物入官其文武官弁失察故縱處分均照失察米石定例辦理俱同上

二十一年總督楊應琚批司詳稱查出海漁船所需柴薪米糧等物原令按日帶備若准其於出口之後又復私向小船購買換易易啟逗留站洋等弊是以前經議令毋許小船在於汛口之外販賣食物以免

接濟奸匪應仍照前議遵守毋庸另議司案
二十七年兩司會詳稱查商船航海貿易既准粵海
關議令各商船於放關之前預先報明關口照例塡
給米照該船戶即將米照執赴各就近地方官衙門
呈明公同照數驗下食米然後開帆出口毋得先將
食米下船始行稟驗等因辦理殊屬妥協應如粵海
關所議令各船商按照海道遠近人數多寡每人每
日連餘米止許帶米一升五合於放關之前預先報
明關口塡給米照執赴各就近地方官衙門呈明公

同照數驗明下載則地方官既有稽考而營汛亦得
照例盤查庶杜影射夾帶之弊倘各地方文武員弁
兵役徇情縱漏及藉端需索等弊察出立卽嚴行提
究參處同上
嘉慶元年二月奉
上諭盜匪在洋往來行刼及經官兵追捕又竄入外洋苟延
殘喘其船中日用淡水食米從何而來必係沿海漁船人
等貪圖小利私爲接濟以致盜匪得有食米久住海洋雖
海濱貧民向藉捕魚爲生勢難槩行禁止然當於魚汛之

時嚴密盤詰查其船中人口若干帶米若干按口計食倘
有額外多帶糧食立卽查究則漁戶等知所儆懼不致仍
夾帶偷賣而盜犯等無所得食自不能常在洋面况盜犯
所得贓物必須上岸銷售地方文武果能於各隘口實力
嚴查遇有形跡可疑之人攜帶物件卽行拿究如此斷其
接濟之路四面兜截自無虞其遠颺漏網魁倫吉慶不可
不實力妥辦以靖海疆而副委任毋得久而生懈將此諭
令知之欽此
五年六月總督覺羅吉慶奏畧言柴米及一切違禁

之物偷運出洋濟盜以及代盜銷贓嚴禁查拿俱關
緊要應請嗣後如有員弁得賄私放柴米違禁等物
出洋兵民代盜銷賣贓物不論員弁兵民先於該處
海口枷號半年滿日仍按律計贓定擬如此嚴行查
辦亦係清釐洋盜之一法
十年三月奉
上諭那彥成奏查明粵省情形籌酌大畧章程一摺據稱探
聞現在洋面盜船大小計有三百餘號而捕盜米艇合計
祇有八十七隻未免見少請設法趕造三十三隻共一百

二十隻均爲配定軍火糧餉分路派員出洋緝捕等語著照所請辦理但此項米艇趕造齊全較之盜船祇三分之一多寡仍屬懸殊即製造多船而內地奸匪與海盜信息相通緝捕仍屬無益那彥成惟當各督飭地方營伍於陸路及各口岸地方嚴行訪緝如會匪土匪等使不得與洋匪勾通其銷贓賣米匪徒隨時查禁斷其接濟而兵弁尤當留心管束絕其通盜之路則盜源既靖海洋自可漸就肅清不可徒計船隻多寡以海捕爲事也欽此

右禁米薪



康熙二十三年覆准焰硝硫磺軍器樟板等物違禁私載出洋接濟姦匪者照例治罪該管汛口文武官弁盤察不實者革職知情賄縱者革職提問兼轄官降四級調用統轄官降二級留任提督降一級留任防海備覽

五十八年覆准一切出海船隻不許攜帶軍器雍正年修會典

五十九年覆准沿海各省出洋商船礮械軍器概行禁止攜帶其原有礮械軍器俱令該地方官查收自禁之後如有商船仍帶礮鎗軍器出海者查出從重治罪其地方官一并嚴加議處同上

雍正六年覆准往販東洋南洋大船攜帶鳥鎗不得過八桿腰刀不得過十把弓箭不得過十副火藥不得過二十觔洋貨投行買貨即同牙人將應帶軍器數目呈明海關給票照數製造鏨書姓名號數完日報官點驗塡入照內守口官弁驗明放行回日如有短少即行訊究果係遺失取通船甘結存案戶部則例

八年覆准往販東洋南洋之大船准攜帶之礮每船



不得帶二位火藥不得過三十觔造礮時呈明地方官給與印票赴官局製造完日地方官親驗鏨鑿某縣某人姓名某年月日製造字様仍於照內注明所帶之礮輕重大小以與海關及守口官弁察驗回日繳官貯庫開船再行請領倘本船遭風致礮沉失即於所在地方官報明免其治罪如其船無恙妄稱沉失即行訊究若商船內買有外番紅銅礮許其帶回交地方官給與時價以充鼓鑄之用防海備覽

廣東提督王文雄疏請禁海船軍器以爲海船被刧

未聞與賊相拒所帶鎗礮反以資賊請一槩禁止兵
部奏請行文各省督撫提鎮確議竊恐商船之火器
可禁而賊船之火器不能禁是以商委賊也且今惟
官兵遇賊或不能相拒耳若商船之拒賊不遺餘力
矣大抵商船與賊船皆恃閩人若商船閩人多賊所
甚畏爲其習水戰器械精利也曾登高望商賊鏖戰
移時互有勝負轉戰益遠不知所之而沿海水師亦
登桅望歎不能駕一船相助也欲靖海賊惟在召募
閩人習戰攻明賞罰更番出哨毋視爲具文此其要



也且今內地米糧得潛運出口接濟海賊何有於鎗
礮而必取資於商船乎海口之稽查上下相蒙關部
之牌票奸良莫辨不此之禁而禁商船軍器何其仇
商而愛賊也商船之鎗礮不可資賊商船之財貨反
可資賊乎其或名爲商船而與賊陰相通者斯又禁
所不能行也　國朝陶貞一書禁海船軍器疏後

嘉慶九年十一月奉

上諭前據裘行簡奏請仍禁商船配帶礮械出洋降旨諭令
玉德等體察情形詳議具奏茲據奏稱往販外夷之大洋
船仍准其每船攜帶礮位火藥鳥鎗腰刀弓箭等項其在內
地南北二洋貿易商船槩不准配帶礮械等語外洋商販
船隻貲重道遠若不准令配帶礮械設中途遇盜不足以
資防禦然准令配帶漫無稽覈恐出洋以後盜匪乘機刼
奪轉致藉寇兵而齎盜糧並恐奸商牟利以之濟匪亦所
不免嗣後除內洋船隻不准配帶外其外洋商船著照所
議准按照舊例攜帶礮位器械等件不得有逾定額仍著
於船隻出洋時飭令海口員弁將攜帶礮械數目驗明
並無多帶塡給執照放行俟該商進口時仍將原領執照



送官查驗並令該商將在洋曾否禦盜據實呈明倘礮械
或有短缺即令其將因何失落緣由詳悉聲明一一登記
以備稽考如有揑報情事別經發覺即將該商按例懲治
如此立定章程自可不致滋弊該督撫當嚴飭海口員弁
實力奉行毋得縱容吏胥啟勒索訛詐之端爲要欽此

十一年八月奉

上諭吳熊光等奏查明粵東硝磺情形籌辦透漏一摺據稱
粵省產硝各廠煎解年久時虞缺乏查有夷船壓艙鹹沙
一項亦可煎硝曾經辦理有案且洋船壓艙所帶硫磺例

准收買壓艙鹹沙較之倭磺更多若收買不盡尤易透漏似應倣照辦理應請俟夷船進口時卽將壓艙鹹沙及所帶磺觔一并飭商認買俟二項充足可備一二年之用將磺廠封蓋硝廠亦一併暫停採煎等語硝磺二項例禁綦嚴豈容稍有透漏今之盜船火藥甚多自應設法嚴防杜其接濟吳熊光等請於進口洋船隨時詳驗將壓艙鹹沙及所帶磺觔查明飭商認買以濟營用兼以杜透漏之弊亦是一法著如所奏辦理但盜船之接濟其途甚多總須在海口地方查察嚴密方免透漏如營汛兵丁卽有將火



藥賣給盜船之事前經節次降旨令於濱海各處嚴密稽查水米火藥等項出洋濟匪該督等仍當諄飭各營縣實力奉行方可以杜盜源而靖洋面勿任稍涉疏懈爲要欽此

接濟之害米糧之外火藥爲最閩盜匪火藥多係購買硝磺自行製配粵東瀕海濕熱薰蒸遠年牆土皆可煎熬成硝而硫磺則不能處處皆産防維較易昔往惠潮嘉應一帶密查硝磺會於豐順縣雁洋逕地方會同揭陽令及該地文武查得磺坑一區當經具稟旋卽封禁又訪得英德縣磺廠最爲豐茂官磺之外多有私賣亦卽稟請移知南韶連道嚴密查禁數年來盜匪購買頗難誠恐日久防範稍疏爲禍不細應請飭令地方官加意查拏一有私賣立置重典程含章上百總督書十七條之一

右禁礮械火藥軍器

雍正九年十二月初四日奉

上諭據廣東布政使楊永斌奏稱鐵器一項所關綦重不許出境貨賣律有明條粵東出産鐵鍋凡洋船貨買歷來禁止乃夷船出口所買鐵鍋有自一百連至二三百連甚至五六百連一千連者查鐵鍋一連約重二十觔如一船帶至五百連千連卽無慮一二萬觔計算每年出洋之鐵爲



數甚多誠有關係嗣後請照廢鐵之例一體嚴禁違者該商船戶人等卽照例治罪官役通同徇縱亦照徇縱廢鐵例議處凡遇洋船出口仍交與海關監督一體稽察至於商船每日煮食之鍋應照舊置用官役不得借端勒索滋擾如此則外洋之鐵不致日積日多於防姦杜弊之道似有裨益至煮食器具銅鍋砂鍋俱屬可用非必盡需鐵鍋

亦無不便外夷之處於朝廷柔懷遠人之德意原無違碍等語鐵觔不許出洋例有明禁而廣東夷船每年收買鐵鍋甚多則與禁鐵出洋功令不符矣楊永斌所奏甚是嗣後稽察禁止及官員處分商人船戸治罪之處悉照所請行倘地方官弁視爲具文奉行不力經朕訪聞或別經發覺定行從重議處粤東既行查禁則他省有洋船出海之處悉照所請行著該部通行曉諭永著爲例欽此

又覆准一切廢鐵除內地販賣聽從民便無庸禁止如有將廢鐵潛出邊境及海洋貨賣立卽拿究照例治罪該管官知情故縱者革職受賄者革職提問海防



備覽

商販出洋貿易如有私將銅觔鐵觔並銅鐵器攜帶貨賣圖利者按照觔數分別首從治罪貨物銅觔船隻入官其關汎武職員弁知情故縱不行查拏者革職私罪賣放者交刑部治罪失察者降一級調用公罪自行盤獲者免議道光九年兵部則例

右禁銅鐵器

雍正三年覆准外洋行走之船動經數月鐵釘油灰

樱絲黃蔴等物准酌量攜帶於照內塡註數目以備察驗如有動用同船之人出具甘結存案倘有借端多帶者照例治罪防海備覽

照得粤東各屬大半濱臨洋海處處與外洋相接岸匪最易勾通節經本部堂嚴飭文武員弁密拿接濟以盡根株查米糧固爲日月所必需而海船無三月不換之篷帆蒲包樱蔴爲篷帆須用之物若果禁止不能下海則雖有船隻篷帆敗壞不能駛行船隻亦爲廢物實爲坐困之良策是嚴禁蒲包樱蔴應與接濟米糧並重合行嚴切示禁爲此示諭沿海居民人等及守口員弁知悉嗣後如有漁人船戸及岸上居民人等如敢私運蒲包樱蔴等物出洋者一經查出卽照通盜例從重究辦或守口員弁私放賄縱亦卽一體嚴行參辦總督那彥成示



右禁船具

康熙五十六年覆准打造海船之人希圖厚利以所造船隻賣與外國者查出造船與賣船之人立斬如其人尚留外國將知情同去之人枷號三月該督撫

行文外國將留下之人解回立斬雍正年修會典

乾隆三十年十二月刑部奏言本部會同吏部兵部議得據江南總督高晉刑部尚書協辦大學士暫留江蘇巡撫任莊有恭奏籌辦巡防海洋事宜請立章程一摺據該督等奏稱私船之禁宜分別定例以靖盜源也查例載富民謀利自造商船與他人及租之者俱各杖一百枷號三個月失察之州縣官罰俸一年等語此蓋指並未為匪者而言又夾帶違禁貨物例內有船主在籍而船隻出洋有事並責船主之語



其餘別項為匪並無船主作何治罪明文今查各案盜船無不出於租賃除船主知情分贓者應照窩主窩賊贓例分別治罪外其餘除杖枷之外並無他例可援不足以示儆戒嗣後租船為匪船主即不知情應請亦照夾帶違禁貨物接濟外洋原保結之人杖一百徒三年例擬以杖徒船隻入官充賞其失察之地方官並請照原例加倍議處如船主實有事故不能親自出洋別令親屬押駕出洋者許赴地方官呈明取結將親屬開填入照方許出洋如未呈明即以頂冒論罪等語查造船謀利之徒多係稍有貲財未必遽有為匪之事是以向來海洋盜案究其船隻類係出於租賃若船主果能杜絕租賃匪類自無從售奸但租船出洋為匪者或係行劫或係行竊各有不同非可漫無區別應請嗣後租船為匪之案除犯該徒罪以下船主不知情者仍照自造商船租與他人杖一百枷號三個月之例定擬外其犯該流罪以上者應如該督等所奏船主雖不知情亦照夾帶違禁貨物接濟外洋原結保之人杖一百徒三年例杖一



百徒三年船隻入官充賞其失察之地方官應照失察租船並未為匪罰俸一年之例從重議以降一級留任如船主實有事故不能親自出洋別令親屬押駕出洋許赴地方官呈明取結將親屬開填入照方許出洋如未呈明即以頂冒論罪如此則照不虛給防奸嚴密商賈不能羈累而盜源自清矣奉

旨依議欽此

凡沿海地方奸豪勢要及軍民人等私造海船夾帶違禁貨物下海前往番國買賣潛通海賊同謀結聚

及爲鄉道刼掠良民者正犯比照謀叛已行律處斬梟示其父兄叔伯與弟知情分贓杖一百流三千里如不知情之父兄仍照不能約束子弟爲盜例杖一百其打造海船賣與外國圖利者造船與賣船之人爲首者立斬爲從者發近邊充軍若將船隻雇與下海之人分取番貨及糾通下海之人私行接買番貨與探聽下海之人番貨到來私販買賣蘇木胡椒至一千觔以上者俱發近邊充軍番貨並入官律例統纂

船廠匠人私造快蟹艇隻若不定以查禁之法竊恐



陽奉陰違應請出示曉諭嚴禁船廠匠人毋許私行製造并飭令各州縣責成地保嚴密訪查如有製造快蟹艇隻者立卽稟官拘究該州縣仍每月親至船廠搜查一次如無造艇情事卽取具工匠甘結加具地方官印結通送查考若其造艇圖利卽將承造之工匠及匿不稟報之地保一併從嚴治罪倘州縣並不認真搜查一經發覺或被武營獲解卽究明失察承造之州縣分別撤參似此明立章程則查禁較爲認真而工匠或知儆怯道光十三年布政司議詳參將高宜勇稟陳四條之一

右禁私造租賣船隻

乾隆二十四年戸部覆准絲觔私販出洋照米石出洋之例定爲科條每絲過百觔照米過百石例發邊衛充軍不及百觔者杖一百徒三年不及十觔者枷號一月杖一百船隻貨物俱行入官失察之汎口文武各官亦照米石出洋之例分別議處

又覆准綢緞綿絹等物如有違例偷漏私販者亦照米石出洋之例按分兩多寡分別軍徒枷杖嚴行科罪



右禁絲觔綢絹

宋南渡三路舶司歲入固不少然金銀銅鐵海舶飛運所失良多而銅錢之泄尤甚法雖嚴姦巧愈密商人貪利而貿遷黠吏受賕而縱釋其弊卒不可禁宋史食貨志

國朝乾隆二年覆准洋船換買錢文若數目過多恐有販銷之弊令守口官弁實力稽察如有奸商圖利多載錢出洋者卽拏治罪防海備覽

一嚴禁制錢出境以阜民生也查銅錢不准違禁出

境下海律有明條瓊南錢價往往長落懸殊緣客船載貨或攜帶銀兩來瓊貿易一時適乏便宜抵兌之貨卽將賣出現錢及所攜銀兩換錢儘數帶回瓊屬錢價比較廣惠潮各屬大有贏餘每制錢一千文可申出二三四分不等是以盈千累萬裝載出境客船不販貨而販錢祇圖罔利營私不計居民日用應請飭令地方官剴切示諭海口各行分別路之遠近定以限制每船止准帶錢若干以爲中途費用如踰數載運比照私米出口之例分別定擬行戶知情不行



檢舉與任聽裝載之船戶一體科罪庶奸商稍知儆畏而闤闠可無甚貴甚賤之虞矣道光七年雷州府王玉章禀陳四條之一

右禁制錢

廣東海防彙覽卷三十五終

# 廣東海防彙覽卷三十六

## 方畧二十五

### 馭夷一

順治十二年覆准荷蘭國貢使來京人數不得過二十名仍令該督撫擇諳曉荷蘭語三四人偕來雍正年修會典

十三年議准荷蘭入貢貢役不得過百人入京貢役止二十名餘留住廣東該地方文武官嚴加防衛俟進京人回一同遣還不得久住海濱



十六年總督題准暹羅國再來探貢所帶壓船貨物地方交易其抽丈船貨稅銀清冊移送戶部察核

康熙六年覆准暹羅貢船不許過三隻每船不許過百人來京員役二十二名其接貢探貢船概不許放入

七年題准西洋貢船以後船不許過三隻每船不許過百人

八年題准令西洋正副貢使及從人二十二名來京其留邊人役該地方官給與飲食仍加防守俱同上

六十一年覆准暹羅國奏稱彼國有二紅皮船前因
禁洋被留令廣東督撫查明交貢使帶回其在廣駕
船水手人等係內地者各發原籍安插係暹羅夷人
令隨船回國嘉慶年修會典
雍正二年十月奉
上諭暹羅國欽遵
聖祖仁皇帝諭旨不憚險遠進獻穀種果樹及洋鹿獵犬等
物最爲恭順殊屬可嘉作何奬賞著定議具奏所奏穀種
鹿犬已經差官送京各種果樹俟來歲春和另行委解知



道了運來米石令地方官照粤省現在時價速行發賣不
許行戶任意低昂所奏每米一石定價五錢則賤買貴賣
非朕體恤小國之意著行文浙閩此次已到之米石該國
現經發運續到者皆照粤省一體遵行嗣後且令暫停俟
有需米之處候朕降旨遵行其壓船隨帶貨物本當照例
徵稅但該國王既能輸誠向化冒險遠來此次應輸稅銀
著一概免徵來船梢目徐寬等九十六名雖係廣東福建
江西等省人民然往居該國歷經數代各有親屬妻子實
難勒令還歸著照所請免令徐寬等回籍仍在該國居住

以示寬大之典欽此
四年六月
諭意達里亞國教化王覽王奏請援釋放德里格之例將廣
東監禁之畢天祥計有綱一體施恩釋放等語查德里格
於康熙五十九年因傳信不實又妄行陳奏我
聖祖仁皇帝念係海外之人從寬禁錮及朕即位後頒降恩
詔凡情罪可原者悉與赦免開以自新德里格所犯與赦
欵相符故得省釋彼時廣東大吏未曾以畢天祥計有綱
之案入大赦冊內具題上聞今據王奏請朕查二人所犯



非在不宥之條即王不行陳奏朕亦必察出施恩今特降
旨與廣東大吏將畢天祥計有綱釋放以示朕中外一體
寬大矜全之至意兹因使臣回國再賜人參貂皮等項用
展朕懷王其收受故兹勅諭嘉慶年修會典
五年議准西洋博爾都噶爾國王感被德化遣使來
京不比尋常進貢所帶貢物令其由水路來京其來
使從人願帶來京者聽願留粤省者令該地方官從
豐撥給房舍食物
七年奉

旨暹羅國王遣使遠來貢獻方物具見悃誠朕念該國遠隔海洋齎送不易欲酌量裁減以示恩卹遠藩之意但此次貢物既齎送前來難以帶回著照往例收納其常貢內有速香安息香袈裟布疋等十件無必須用之處嗣後將此十件免其入貢永著爲例欽此

乾隆三十一年覆准嗣後西洋人來廣遇有原進土物及習天文醫科丹青鐘表等技情愿赴京効力者在澳門令告知夷目呈明海防同知在省令告知行商呈明南海縣隨時詳報總督具奏請



旨護送進京僅帶書信等物件由海防同知南海縣交提塘轉遞俱同上

乾隆五十八年八月十九日奉

上諭現在譯出嘆咭唎國表文內有懇請派人留京居住一節雖以照料買賣學習教化爲辭但伊等貿易遠在澳門即留人在京豈能照料數千里外至於天朝禮法與該國風俗迥不相同即使留人觀習亦豈能效法且向來西洋人惟有情願來京當差者方准留京遵用天朝服色安置堂內永遠不准回國今伊等既不能如此辦理異言異服逗留京城既非天朝體制於該國亦殊屬無謂或其心懷窺測其事斷不可行但該國王具表陳懇非若使臣等自行稟請之事可以面加駁斥已頒給勅書明白諭駁此次該國航海遠來念其尙爲恭順是以諸加體卹今該貢使到後多有陳乞屢爲煩瀆看來此等外夷究屬無知今又不准其留人在京該國王奉到勅諭後或因不遂所欲心懷觖望恃其險遠藉詞生事亦未可定雖該國遠隔重洋歷都越國斷不敢妄生衅隙但或於澳門地方串通勾結欲滋事端不可不預爲之防長麟到廣東後務宜不動聲



色隨時留心雖該貢使目覩天朝體制深嚴四夷畏服斷無意外之慮設該國無知妄行或於澳門小有滋擾該處貿易之西洋人等多係西洋別國之人並非該國所屬想未必皆與彼一心臨時當先安頓在彼貿易之西洋別國人等使其各安生業不致爲所勾結則嘆咭唎即有詭謀亦斷不能施其伎倆但此不過爲先事防範預行指示長麟惟當存之於心不可畧有宣露稍涉張皇轉致夷人疑慮至郭世勳在巡撫任內有年近又兼署督篆辦理諸務均屬妥協長麟到任後不可以新授總督多有更張諸事

惟當與郭世勳和珅商確綏靖海洋方爲不負委任至外省遇有外藩經過之事照料接待往往不能適中或因朕令稍加恩視該督撫等即踵事增華過於優待以致漫無節制長其驕恣或令稍加裁抑即過於減損又失懷柔之道非過即不及節經降旨訓諭此等外夷向化來庭朕惟視其來意伊若恭順馴謹則即量予加恩伊若有不諳禮制之處亦即繩以禮法該督撫等總當酌量事體輕重照料得宜方爲妥善此次嘆咭唎貢使回國如其船隻尚在珠山等候該貢使等應由京赴浙上船開行若其船隻業



已先回則該貢使等須由長江亦當由浙江起旱前赴廣東澳門附該國買賣便船回國是該貢使行走兩路皆不出浙江廣東地方長麟於該貢使經過時所有飯食等事自應照例供給俾無缺乏至於禮貌一切總須自存體統示以威重伊等如妄有干請即當辭嚴義正嚴加駁斥不可過事優容以致啟其冒瀆無厭也欽此

三十日奉

上諭現在嘆咭唎國貢使瞻覲事竣於九月初三日起程由內河小路行走赴廣東澳門附該國貿易便船回國已派松筠沿途照料其經過各省接替護送之提鎮大員已派慶成富成王柄王集托爾歡矣此次派出松筠及接護各提鎮大員原爲催趲彈壓俾貢使等知所畏懾所有經過省分營汎墩臺自應預備整肅倘松筠等有稍需兵力彈壓之處即應聽其檄調俾資應用若呼應不靈致有掣肘惟該督撫是問欽此

勅諭嘆咭唎國王知悉咨爾國王遠在重洋傾心嚮化特遣使恭賫表章航海來庭叩祝萬壽並備進方物用將忱悃朕披閱表文詞意肫懇具見爾國王恭順之誠深爲嘉許所有賫到表貢之正副使臣念其奉使遠涉推恩知禮



已令大臣帶領瞻覲錫予筵宴叠加賞賚用示懷柔其已回珠山之管船官役人等六百餘名雖未來京朕亦優加賞賜俾得普沾恩惠一視同仁至爾國王表內懇請派一爾國之人住居天朝照管爾國買賣一節此則與天朝體制不合斷不可行向來西洋各國有願來天朝當差之人原准其來京但既來之後即遵用天朝服色安置堂內永遠不准復回本國此係天朝定制想爾國王亦所知悉今爾國王欲求派一爾國之人住居京城既不能若來京

當差之西洋人在京居住不歸本國又不可聽其往來常
通信息實爲無益之事且天朝所管地方至爲廣遠凡外
藩使臣到京驛館供給行止出入俱有一定禮制從無聽
其自便之例今爾國欲留人在京言語不通衣服殊制無
地可以安置若必似來京當差之西洋人令其一例改易
服色天朝亦從不肯强人以所難設天朝欲差人常往爾
國亦豈爾國所能遵行況西洋諸國甚多非止爾一國若
俱似爾國王懇請派人留京豈能一一聽許是此事斷難
行豈能因爾國王一人之請以致更張天朝百餘年法度



若云爾國王爲照料買賣起見則爾國人在澳門貿易非
止一日原無不加以恩視即如從前博爾都噶爾亞意達
里亞等國屢次遣使來朝亦曾以照料貿易爲請天朝鑒
其悃忱優加體卹凡遇該國等貿易之事無不照料周備
前次廣東商人吳昭平有拖欠洋船價值銀兩者俱飭令
該管總督由官庫內先行動支帑項代爲清還並將拖欠
商人重治其罪想此事爾國亦聞知矣外國又何必派人
留京爲此越例斷不可行之請況留人在京距澳門貿易
處所幾及萬里伊亦何能照料耶若云仰慕天朝欲其觀
習教化則天朝自有天朝禮法與爾國不相同爾國所留
之人卽能習學爾國自有風俗制度亦斷不能效法中國
卽學會亦屬無用天朝撫有四海惟勵精圖治辦理政務
奇珍異寶並不貴重爾國王此次賫進各物念其誠心遠
獻特諭該管衙門收納其實天朝德威遠被萬國來王種
種貴重之物梯航畢集無所不有爾之正使等所親見然
從不貴奇巧並無更需爾國製辦物件是爾國王所請派
人留京一事於天朝體制既屬不合而於爾國亦殊覺無
益特此詳晰開示遣令貢使等安程回國爾國王惟當善



體朕意益勵欵誠永矢恭順以保義爾有邦共享太平之
福除正副使臣以下各官及通事兵役人等正賞加賞各
物件另單賞給外茲因爾國使臣歸國特頒勅諭並賜賚
爾國王文綺珍物具如常儀加賜綵緞羅綺文玩器具諸
珍另有清單王其祗受悉昭睠懷特此勅諭

十月奉

上諭長麟奏管帶暎咭唎貢使遵出浙境日期及該夷等悅
服恭順情形一摺覽奏已悉又據奏該貢使向護送之道
府等稱該國王此次進貢實是至誠我們未來之前國王

曾向我們商議此次回去隔幾年就來進貢一次是早經議定的惟道路太遠不敢定准年月將來另具表文再來進獻若蒙恩准辦理卽將表章貢物呈送總督衙門轉奏也不敢强求進京只求准辦就是恩典等語此尚可行著長麟卽傳知該使臣以爾國王此次差爾航海遠來輸誠納貢大皇帝原為嘉許賞賚優加嗣因爾等不諳中國體制冒昧瀆請天朝定例綦嚴應准應駁無不按例而行爾等所請於例不合是以未准大皇帝並無嗔怪爾等之心爾等不必害怕今據爾禀稱將來尚欲另具表文再來進貢大皇帝鑒爾國王恭順悃忱俯賜允准但海洋風信靡常亦不必拘定年限總聽爾國之便貢物到粤天朝規矩凡外夷具表納貢督撫等斷無不入告之理居時表貢一到卽當據情轉奏大皇帝自必降旨允准賞賜優渥以昭厚往薄來之義爾等回國時可將此意告知爾國王以此次爾國所請未邀允准係格於定例大皇帝並無怪意爾國王儘可安心將來具表進呈亦必恩准從優賞賚如此明切曉諭不特該使臣聞知益加悅服將來回國告知該國王亦必彌深欣感也至此次該國貢船因其初次効忱



是以將所帶貨物免其稅課嗣後該國進貢除貢船裝載物件外其餘應納應免惟在該督等會同監督查照定例臨時酌辦固不可於例外加征亦不可越例寬免使夷人等多得便宜妄生覬倖也欽此

五十九年奏

上諭據奏荷蘭國貢使搭坐商船來粤船商咭時現已裝貨完畢放洋業據咭時將入口出口船料稅銀等項全數交納荷蘭國貢使遠來納費恭順可嘉所有該貢使搭坐商船除進口貨物照例納稅外其應納船料及出口買帶貨物著加恩免其交稅今此項出口船料等稅業據全交著俟貢使回國時仍令給還以示柔遠懷來至意欽此



六十年十二月奏

上諭朱珪奏暎咭唎國呈進表貢一摺該國王因前年貢使進京賞賚優渥特具表文土物呈進具見悃忱雖未專使來粤有何不可已准其賞收並發給勑書一道及賞賜緞疋等件朱珪接到後可卽交與該國大班啵啷轉送回國俾該國王益加感戴恭順以示懷柔至天朝官員例不與外夷交際其致送前任總督監督禮物朱珪飭令寄回所

辦亦是欽此

嘉慶十年二月初七日奉

上諭據倭什布等奏暎咭唎國呈進表貢請旨遵行一摺並據將譯出表文貢單呈覽該國王重譯輸誠情詞恭順從前乾隆六十年間該國曾經附進表貢蒙

皇考高宗純皇帝俯賜賞收加以錫賚賜之勅書此次既據該國王備進方物交夷船恭賫到關自應照例賞收著那彦成等即行查照辦理並將貢物委員賫京呈遞彼時再行頒給勅書賞件俾遂忱悃而示懷柔至另片所奏該夷



目稟稱該國宰相有寄呈天朝中堂書一封總督書一封禮物各一分又該國公班理事官寄呈總督關部書各一封呈關部禮物一分業據倭什佈等以天朝法制大臣官員不准與外番交接諭令毋庸呈出帶回本國等語所辦甚是但外番呈進表貢例由總督關差轉奏寄書通問尚屬有因至寄呈天朝中堂之書必係因國王從前進貢時知有和珅在朝且管理西洋堂事是以此次專函備禮看來所寄之書未必係偏致大學士公函現在倭什佈等已將原信發還不妨向該夷目等將該國王所寄中堂之書究係寄與何人之處訊問明晰遇便覆奏至該國與咈囒哂國搆釁與兵不過蠻觸相爭儘可置之不問惟所稱該國有護貨兵船四隻來廣一節近聞外洋貨船到粵各該國均有兵船護送亦不獨暎咭唎國爲然必係因洋面不能肅清自爲守衛之計各國貨船在外洋行走恐遇盜刼自設護衛原與天朝無涉迨駛至澳門已近內地口岸或致有竊掠之事豈不貽笑外夷該督等當嚴飭地方文武整飭巡防使澳門一帶商船停泊得以安靜無虞至伊等護貨兵船向來自必定有灣泊處所總當循照舊規申畫



界限勿令任意越進爲要再閱該督譯出該國原表內稱遇有別項事情要我出力我亦十分歡喜効力等語此言似非無因自係聞洋面時有盜警或需伊國兵力幫同緝捕是以隱躍其詞亦未可知海洋地面番船往來原應內地官兵實力查緝焉有借助外番消除奸匪之理那彦成到任後惟當遵照節次諭旨修明武備整頓營伍使奸徒聞風自遠以懾外夷而靖海疆方爲不負委任欽此

三月總督那彦成會奏言竊臣等接奉

上諭據倭什布等奏暎咭唎國呈進表貢請旨遵行一摺自

應照例賞收著那彥成等卽行查照辦理欽此當卽欽遵
諭旨傳諭夷目諭以該國王呈進表貢業荷
大皇帝賞收并諭以
大皇帝
君臨萬國
恩被四表無論內地外夷均係
大皇帝百姓卽如汝國鍾表大呢羽毛等物原非中國必需
之物所以准汝國貿易通商者皆出
大皇帝垂憐外夷子民一視同仁之恩此次汝國王恭進表



貢
大皇帝鑒汝等恭順之心
諭令賞收
諭令我等大人們好生恩待汝等併管束內地商人平允交
易汝國來此貿易之人亦須安分謹遵禁令毋得有
違將進到表貢委官恭送進京再降
恩旨至汝國王子大臣等與中國中堂大人們書信禮物
天朝法度森嚴大臣從無外交之事汝等帶來禮物斷不必
送出惟所帶書信必須交出我大人們也不敢私自

拆閱將原封恭呈
大皇帝御覽再請發回至汝國管理貿易頭人不過專爲汝
國貿易事務並無別項面見稟議事件只須在此好
好管束汝國之人不得違禁生事自來中國大人從
無私謁私見之例我大人們謹遵
大皇帝恩旨體恤夷商管教內地民商公平貿易就是了汝
等須知
天朝法度須感
大皇帝之恩等語明白曉諭該夷目等人人額慶歡忭叩頭



感服伏查外洋各國夷人見小圖利中國布帛茶葉
等物亦其日用急需各夷國又自互相蠻觸是以生
恐別夷國間其往來貿易其書信因從前未經收受
是以帶回澳門今臣等明白宣諭伊等呈出原封書
信禮單臣等又將副本令人譯出清稿一併呈
覽查各國洋船向來灣泊均有一定處所澳門離省三百餘
里係西洋夷人常川居住向止准西洋夷船二十五
隻更替貿易其餘各國夷船例應收泊黃埔欲收泊
黃埔必須先進虎門虎門離省一百六十里山岸陰

沙自然天險其護貨兵船祇准在虎門外之潭仔零丁等洋面灣泊而黃埔虎門潭仔零丁等處層層礮臺常川均有兵船巡防該夷船收埔時臣等兩衙門仍派有武弁關役彈壓稽查立法極為周備至各國夷商俱無兵船惟嘆咭唎國貨船有兵護送而該國商船亦無兵船惟其國王貨船始有兵船四隻護送其兵船在虎門外交易後隨同貨船回國不准少有逗留臣等兩衙門亦派有兵役防送其餘各夷國貨船內均有礮火器械自資防範於例原准攜帶至該



國原表稱歡喜効力等語隱躍其詞誠如

聖諭自係聞洋面不靖或需伊等出力之意查夷人不過沾沾計利即如上年澳門夷目願備兵船二隻幫同師船出洋緝捕臣延豐即以體制不符且不能得力與倭什布議以後停止夷船協捕於本年正月會奏在案而此二隻洋船迄今無踪亦實無遭風失事等事細揣其情形不過藉協捕為名可以免此二船出入納稅而嘆咭唎國自亦得聞此事希冀效尤免稅又恐澳門夷船出力有功或待彼國冷淡其意不過如

此至各該國夷船船隻既大多載礮火向來洋盜俱不敢搶刦澳門等要處又有師船巡防不至少有疎失可以毋廑

聖念惟海疆要地各外夷接壤最多洋面不靖令外夷亦有風聞臣等或身任封圻或職司關鑰急切辦理不能得手晝夜圖維同深憤恨惟有同心協力務靖洋氛

惠商安民以仰副

皇上柔遠安良之意謹奏奉

上諭那彥成等覆奏嘆咭唎國呈進貢表一摺覽奏俱悉嘆



咭唎獻表輸誠呈進方物前已降旨加恩賞收現在那彥成等奏明專員齎京俟到京時頒給勅書賞件用示懷柔至摺內稱澳門夷目願備兵船協同緝捕之處延豐以體制不符且不能得力與倭什布商議停止所見甚是緝捕洋匪內地自有兵船豈有天朝借資外夷之理且安知伊等不窺探虛實因此生其輕視之心乃倭什布三義助上年於夷船請往協捕時冒昧允准今該夷船已查無踪跡可見並非認真出力那彥成延豐能見及此較之倭什布三義助有識多矣至各國洋船向來灣泊既有一定處所

自當仍循其舊邪彥成等惟當督率所派員弁隨時留心
稽查彈壓勿稍疏懈又據覆奏譯出暎咭唎貢使所帶該
國宰相寄呈天朝中堂大人書信一節邪彥成等諭以禮
物斷不必送出惟所帶書信必須交出我們也不敢私拆
將原封呈覽等語此語甚是但看所譯寄與天朝中堂書
信其語氣似專向一人而言並非公信邪彥成等當再加
以詢問究竟書內所指中堂係屬何人若該使臣稱係寄
呈天朝中堂之公信則當明白告之以總督關部俱駐劄
粵省經管各國夷船爾國寄呈書信尚無不合至於天朝



大學士不止一人皆隨大皇帝在朝辦事從無外交爾國
宰相不應寄呈書函禮物此後不得再有呈遞邪彥成等
詢問時看該使臣如何登覆着隨時具奏欽此

二十一年七月奉

上諭此次暎咭唎國貢使到天津時謝筵不遵禮節至通州
已稱叩跪必能如儀迨至御園朕將次陞殿正副使臣俱
托病不能瞻覲是以降旨即日遣回但念該使臣雖有失
禮之愆該國王萬里重洋奉表納貢其意至爲恭順未便
絕之已甚轉失字小之意因將該國王貢品內擇其至輕
微者地理圖四張畫像二張銅板印畫九十五張加恩賞
收仍賞給該國王白玉如意一枝翡翠玉朝珠一盤大荷
包二對小荷包八個交該貢使領賚回國以示厚往薄來
之意該貢使等領到賞件極爲欣感亦頗形悔怯現已自
通州啟行俟到粵後着蔣攸銛等仍照例給與筵宴一次
並諭以爾等福分淺薄已至宮門不能瞻仰天顏大皇帝
憐念爾國王慕化輸誠仍酌收貢件並賞爾國王貴重品
物爾等應感激天恩迅速回國俾爾國王敬悉恩意其未
收貢件均妥爲照料上船勿令損失倘曉諭之後該貢使



等復將未收貢物懇乞賞收總以業經奉有明旨不敢瀆
請正言拒絕欽此

勅諭暎咭唎國王知悉爾國遠在重洋輸誠慕化前於乾隆
五十八年
先朝
高宗純皇帝御極時曾遣使航海來庭維時爾國使臣恪恭
成禮不愆於儀用能仰承
恩寵瞻
覲筵宴

錫賚便蕃本年爾國王復遣使齎奉表章備進方物朕念爾
國王篤於恭順深爲愉悅循考舊典爰飭有司俟爾國使
臣至日瞻覲宴賚悉倣
先朝之禮舉行爾使臣始達天津朕飭派官吏在彼賜宴詎
爾使臣於謝宴時即不遵禮節朕以遠國小臣未嫻儀度
可從矜恕特命大臣於爾使臣將次抵京之時告以乾隆
五十八年爾使臣行禮悉跪叩如儀此次豈容改異爾使
臣面告我大臣以臨期遵行跪叩不致愆儀我大臣據以
入奏朕乃降旨於七月初七日令爾使臣瞻覲初八日於



正大光明殿賜宴頒賞再於同樂園賜食初九日陛辭並
於是日賜遊萬壽山十一日在太和門頒賞再赴禮部筵
宴十二日遣行其行禮日期儀節我大臣俱以告知爾使
臣矣初七日瞻覲之期使臣已至宮門朕將御殿爾正使
忽稱急病不能動履朕以正使猝病事或有之因祇令副
使入見乃副使二人亦同稱患病其爲無禮莫此之甚朕
不加深責即日遣令歸國爾使臣既未瞻覲則爾國王表
文亦不便進呈仍由爾使臣齎回但念爾國王數萬里外
奉表納賮爾使臣不能敬恭將事代達悃忱乃爾使臣之
咎爾國王恭順之心朕實鑒之特將貢物內地理圖畫像
山水人像收納嘉爾誠心即同全收並賜爾國王白玉如
意一柄翡翠玉朝珠一盤大荷包兩對小荷包八箇以示
懷柔至爾國距中華過遠遣使遠涉良非易事且來使於
中國禮儀不能諳習重勞唇舌非所樂聞天朝不寶遠物
凡爾國奇巧之器亦不視爲珍器爾國王其輯和爾人民
慎固爾疆土無間遠邇朕實嘉之嗣後毋庸遣使遠來徒
煩跋涉但能傾心效順不必歲時來朝始稱向化也俾爾
永遵故茲敕諭



九月總督蔣攸銛奏言奉
上諭蔣攸銛等奏詳查暎咭唎國入貢情形一摺朕覽奏甚
爲欣悅該督等於數千里外所論事理與朕前後飭辦情
形無一不相符合實能深知朕心遇事能見其大可嘉之
至現在暎咭唎貢使已由內地回粵該督即遵前旨派員
接護不必問及京中之事若有干求總以正言杜絕不可
姑息示以整肅仍照例筵宴一次令其乘坐原船回國並
諭知該正使以哃嚕嗹既在粵充當大班即不應派充副
貢使本係爾國錯誤哃嚕嗹此次既已承充貢使則不應

復令留粤卽令該正使帶回本國永遠不准再來澳門至
啵咺等五人該督查明如係夷人令該貢使等一併帶回
若係內地商人卽分別遠處安置此後不許仍在澳門居
住並諭知該使臣等現在天津口岸已奉大皇帝諭旨不
許爾國船隻再至該處收泊如有違禁到彼者該處官吏
必立卽驅逐不准登岸爾國船隻總應照向例在粤洋收
口以遵定制將該貢使等禮遣回國如一二年後該國王
復遣使來貢該督總遵昨降諭旨將來貢據情轉奏由粤
送京須賞之件亦由京發往其貢使令其在粤守候由彼
筵宴遣回毋庸令其復來京師等因欽此伏念臣等識淺



才庸仰蒙
簡畀海疆重寄凡遇外夷交涉事件防範中不可驟啟其疑
釁縻之尤須微杜其漸仍時時凜遵
聖訓慎密持循以與辦理得臻安協迺以管蠡之敷陳特蒙
綸綍之褒奬寸忱縷感彌切慚惶遵查暎咭唎國駛往天津
貢船五隻業有三隻駛回粤洋並該國貨船每年在
海關納稅數目及酌議辦理各緣由均經臣等先後
具摺奏蒙

睿覽現聞未到二船遭風漂泊呂宋如果屬實約計九月內
該二船亦可駛回粤洋尚在貢使未到粤之前可飭
隨同回國臬司明山南韶連鎮總兵何君佐現已遵
旨前赴與江西交界之南雄州接護貢使臣等札飭沿途營
汛弁兵甲仗務須一律整肅以壯聲威而崇體制倘
貢使到粤後妄有干求臣等定當嚴詞杜絕斷不姑
息查粤東向來筵宴暹羅國貢使係於未入宴之先
臣等會同將軍都統海關監督率同司道等在巡撫
衙門大堂帶領該貢使行三跪九叩之禮望



闕謝
恩然後入宴茲暎咭唎國貢使在天津筵宴時謝宴已不能
如儀且查乾隆五十八年粤東並未給予筵宴應遵
旨須賞使臣筵席三桌仍照例賞給牛羊等物以廣
皇仁至該國來粤管理貿易大班係該國王選派數年一換
向不知會粤省該國夷情貪詐如從前充當大班之
喇咈嗌咙咺呞嚐陳及現在代辦之嗄咖啲等數人
內惟嗌咙咺人稍誠實餘俱性情詭譎大率恃其船
堅礮利貨衆稅多誇耀於在粤貿易之各國而又妄

恩干請以圖遂其壟斷牟利之心凡夷商來粵貿易
多年每有能通漢語粗識漢字者隨從哃嚀嗹入都
之哎咟等五人均係夷人內嗎嚹嘫一名係其書記
該五人俱不過隨侍之人無足輕重非哃嚀嗹可比
若槩責令貢使一併帶同回國轉恐滋其疑懼此時
該貢使或將五人一起帶回或留一二人隨後回國
似可聽從其便更足以昭
覆幬之仁葢夷情多詐而復多疑駕馭在經權並用
國體宜崇而尤宜慎措置宜寬猛兼施臣等惟有隨時



隨事悉心籌度期歸妥善以仰副
聖主諄諄垂訓之意謹奏又同日片奏言再暎咭唎國大班
哃嚀嗹曾隨同前次貢使入都又在粵年久習知
天朝禮節乃此次奉使到京不克成禮欽奉
諭旨飭令隨同正使一併回國經臣等擬具曉諭各國夷商
示稿咨陳
聖鑒恭俟奉到
硃批並哃嚀嗹回國之後再將告示給發曉諭頃閱邸抄恭
讀

上諭以此次暎咭唎國貢使至天津筵宴不能如式又將原
船私行駛去係蘇楞額廣惠之咎其至通州不能演
禮迨行至
宮門復藉詞延宕不克成禮係和世泰穆克登額奏對
未明之咎交部嚴議通行中外仰見
聖明至公無私中外一體之至意第夷人愚昧無知萬一誤
會
綸音轉移咎在大臣陳奏不明竟以朝服未到爲口實而臣
等節次所奉



諭旨並未明發恐其藉詞延宕彼時再行奏明請
旨往返須遲至月餘辦理不無窒礙葢暎咭唎夷人固屬獷
悍不知禮義其是非之心亦未盡泯如果直揭其非
正言駁詰未嘗不理屈詞窮可否仰懇
天恩再行
頒發
明諭以粵海關貿易之事係
天朝懷遠恩施內地無須外洋之貨稅外洋必資內地之
物用百餘年來深仁厚澤各國均沾而暎咭唎船隻

較多受恩更渥該使臣等在天津謝宴不能如式行
至通州不肯演禮迨至
宮門又復藉詞延挨不克成禮種種愚昧無福是以不
收表貢嗣念貢使等雖有失禮之愆該國王重洋納
賮極爲恭順仍賞收圖畫至輕之物三件並頒給白
玉如意貴重等物四件將使臣等禮遣回國以示懷
柔至副使哃嘽噸在粵年久習知禮節較之正使羅
哶啊嗼吐噁等初至中華者更屬不合現在因
欽派大臣不能教習貢使演禮各予議處則該副使哃嘽噸



亦應令其隨同正使回國聽該國王自行查辦嗣後
該國貨船姑准其仍在廣東貿易不得駛往他處致
干驅逐
天朝爲萬國共主凡朝貢諸國恪恭將事者莫不渥承
恩澤倘有失儀者亦卽加之屏斥
國法一本至公不獨於咲咕唎一國爲然也如此明白
宣諭令臣等轉發行該貢使知照不特伊等無可置
喙而各國共凜然於
朝儀不可稍紊益生其敬畏之誠臣等因事關控制外夷
管窺所及不敢不密陳於
聖主之前計貢使十月初旬始可行抵粵省裝載貢物及置
買茶葉尚有旬日耽擱至速亦須十月望間放洋回
國如蒙
俞允仰祈
聖恩頒發
諭旨勅部由驛五百里遞發到粵倘不爲遲俟貢使由虎門
出口後謹將
上諭刊布曉諭各國夷商一體遵照謹奏



右通貢

廣東海防彙覽卷三十六終

# 廣東海防彙覽卷三十七

## 方畧二十六

### 馭夷二

前山村南二十里陸路沙徑狀如蓮根夷人居澳中自名爲蓮花座先是番船泊無定所擇海濵之灣環者爲澳若新寧則廣海望峒香山則浪白濠鏡十字門東莞則虎頭門屯門雞棲明嘉靖三十二年番船趨濠鏡者言舟觸風濤水漬濕貢物願暫借濠鏡海地晾曬海道副使汪柏許之時僅草舍數十間後商



人謀利者漸運磚瓦木石爲屋若聚落然居住輸租自是諸澳俱廢惟濠鏡澳獨爲舶藪矣未至三里許明萬歷二年設關閘委官守之每逢一六日開關歲放米若干石每月六啟閉廣肇南韶道發封條六道令文武官會同驗放事已閉關復就其聚廬大街中貫四維各樹高柵榜以畏威懷德分左右定其門籍以旅獒明王慎德四譯咸賓無有遠邇畢獻方物服食器用二十字分東西各十號使互相維繫譏察毋得容奸聽海防同知及市舶提舉司約束四十一年海道俞安性詳請兩院勒碑禁約五欵一凡新舊夷商敢有仍前畜養倭奴順搭洋船貿易者許當年歷事之人前報嚴拏處以軍法不舉一併治罪一凡新舊夷商不許收買唐人子女倘有故違舉覺而占悋不法者按名究追仍治以罪一凡番船到澳許即進港聽候丈抽如有拋泊大調環馬騮洲等處外洋即係奸刁定將本船人貨焚戮一凡夷商趁貿貨物俱赴省城公賣輸餉如有奸徒潛運到澳許夷執送提調司報道將所獲之貨盡行給賞報者船器入官敢



有違禁接買一併究治一凡澳中夷寮除前已落成遇有壞爛准照舊式修葺此後敢有新建房屋添造亭舍擅興一土一木定行拆毀焚燒仍加重罪（香山縣志）

國朝康熙五十七年覆准澳門夷船往南洋貿易及內地商船往安南貿易准其行走不在禁例仍行文該督嚴飭地方文武各官不時巡查如有澳門夷人夾帶中國之人并內地商人偷往別國貿易者查出之日照例治罪如該管官盤查不實徇情疎縱事發從重治罪（雍正年修會典）

雍正三年覆准西洋人附居澳門如有夾帶違禁貨物并中國之人偷載出洋者地方官照諱盜例革職

同上

九年同知印光任議一洋船到日海防衙門撥給引水之人引入虎門灣泊黃埔一經投行即着行主通事報明至貨齊回船時亦令將某日開行預報聽候盤驗出口如有違禁貨物夾帶查明詳究　一洋船進口必得內地民人帶引水道最為緊要請責縣丞將能充引水之人詳加甄別如果殷實良民取具保



甲親鄰結狀縣丞加結申送查驗無異給發腰牌執照准充仍列册通報查考至期出口等候限每船給引水二名一上船引入一星馳禀報縣丞申報海防官據文通報並移行虎門協及南海番禺一體稽查防範其有私出接引者照私渡關津從重治罪　一澳內民夷雜處致有奸民潛入其教并違犯禁令之人窩匿潛藏宜設法查禁聽海防衙門出示曉諭凡貿易民人悉在澳夷牆外空地搭篷市賣毋許私入澳內並不許携帶妻室入澳責令縣丞編立保甲細

加查察其從前潛入夷教民人并窩匿在澳者勒限一年准其首報回籍　一澳門夷目遇有恩懇上憲之事每自繕禀浼熟識商民赴轅投遞殊為褻越請飭夷目凡有呈禀應由澳門縣丞申報海防衙門據詞通禀應具詳者具詳請示用昭體統　一夷人採買釘鐵木石各料在澳修船令該夷目將船身丈尺數目船匠姓名開列呈報海防衙門即傳喚該匠估計實需鐵斤數目取具甘結然後給與印照并報關部衙門給發照票在省買運回澳經由沿途地方汛



弁驗照放行仍知照在澳縣丞查明如有鐵釘木石餘剩繳官存貯倘該船所用無幾故為多報買運希圖夾帶等弊即嚴提夷目船匠人等訊究　一夷人寄寓澳門凡成造船隻房屋必資內地匠作恐有不肖奸匠貪利教誘為非請令在澳各色匠作交縣丞親查造册編甲約束取具連環保結備案如有違犯甲鄰連坐遞年歲底列册通繳查核如有事故新添即於册內聲明　一前山寨設立海防衙門派撥弁兵彈壓番商稽查奸匪所有海防機宜均應與各協

營一體聯絡相度緩急會同辦理老萬山澳門虎門黃埔一帶營汛遇有關涉海疆民夷事宜商漁船隻出口入口一面申報本營上司一面并報海防衙門其香山虎門各協營統巡會哨日月亦應一體查報澳門紀畧

乾隆元年奉

上諭朕聞外洋紅毛夷板船到廣時泊於黃埔地方起其所帶礮位然後交易俟交易事竣再行給還此向來之例也乃近來夷人所帶之礮聽其安放船中與舊例不符朕思



從前洋船到廣既有起礮之例此時仍當遵行何得改易著該督察照舊例并將朕旨宣諭各夷知之欽此雍正年修會典

十六年閏五月布政司詳准粵東開洋已久番舶日增商貨雲集荷蘭等國夷船雖各有大班彈壓商梢人等亦俯就約束而昔年禁令未可遽行遺忘今大班啞嗶畔攜帶番婦同行例當驅逐但係該船大班既由澳門而至省館姑從寛典以示

聖朝懷柔之意然其漸不可不防禁令之行當先之於澳門若任其來省已為無及嗣後有夷船到澳先令委員查明有無婦女在船有則立將婦女先行就澳寓居方准船隻入口若藏匿不遵即報明押令該夷船另往他處貿易不許進口倘委員徇隱不報任其携帶番婦來省行商故違接待取悅夷人除將委員嚴參行商重處外定將夷人船貨一併驅回本國以為違犯禁令者戒

二十七年奉

上諭據奏暎咭唎夷商啪嚪等以絲觔禁止出洋夷貨難於成造籲懇代奏酌量准其配買情詞迫切一摺前因出洋



絲觔過多內地市值翔踊是以申明限制俾裕官民織紝然自禁止出洋以來並未見絲觔價平亦猶朕施恩特免米豆稅而米豆仍然價踊也此蓋由於生齒日繁物價不得不貴有司恪守成規不敢通融調劑致遠夷生計無資亦堪軫念著照該督等所請循照東洋辦銅商船配搭綢緞之例每船准其配買土絲五千觔二蠶湖絲三千觔以示加惠外洋至意其頭蠶湖絲及紬綾緞疋仍禁止如舊欽此

二十九年覆准每船准帶絲一萬觔飭令統在土絲

及二蠶粗絲內勻配其頭蠶湖絲緞疋等項務須嚴行查禁不得影射夾帶滋弊凡絲觔到粵出洋責令該道府監督逐層盤查妥協辦理

四十二年四月二十三日奉

上諭李侍堯奏前在粵省時見近年外洋夥船進口全載棉花頗為行商之累因與監督德魁嚴行飭禁嗣後倘再混裝棉花入口不許交易定將原船押逐初不知緬地多產棉花今到滇後聞緬匪之晏共羊翁等處為洋船收泊交易之所是緬地棉花悉從海道帶運似滇省閉關禁市有



名無實等語所陳切中緬匪情弊着傳諭楊景素會同李侍堯德魁於海口嚴行查禁如有裝載棉花船隻概不許其進口務實力奉行勿以空言塞責仍不時留心訪察如有胥役等受賄私放者立即重治其罪欽此

五十四年十月總督福康安會奏言竊照奉

旨嚴禁大黃出洋一案臣福康安會同前撫臣圖薩布等札飭司道府州督屬實力查禁並傳集省城行商通事嚴切諭禁取有各國大班依結實力奉行在案嗣復

欽奉

上諭伍拉納奏每年令興泉永道官買大黃五百觔帶交臺灣鎮道配發各鋪繳價領售其琉球貢使回國購買藥料時所需大黃每歲不過三五百觔之數無許官伴人等夾帶等語所辦甚是等因欽此茲復接准部咨內開奉

上諭大黃藥料為民間療病所必需不可查辦過當以致因噎廢食其內地省分如臺灣瓊州崇明等處地懸海外著地方官酌定限制給與官票呈驗以防私販偷漏其餘各府州縣均聽其照常販運毋庸發給官票等因欽此仰見

我



皇上利用厚生寬嚴交濟之至意伏查粵東地處海疆多逼洋面若大黃任其出洋勢必輾轉入於俄羅斯境內自應亟為設法查禁但民間療疾在所必需防範過嚴又恐商販裹足以致內地藥材短缺誠如

聖諭不可因噎廢食查大黃出產川陝二省商人運販到粵於省城佛山兩處售賣每年約二十餘萬觔其賣與洋行各國夷人約十餘萬觔內地各府州地方亦約銷十餘萬觔臣等督同在省司道悉心酌議除廣肇惠潮南韶高廉雷九府直隸嘉應連州羅定三州俱

係內地遵
旨應聽商民照常販運毋庸發給官票致滋紛擾外其瓊州一府孤懸海外與閩省臺灣江蘇之崇明相似該府所屬多係緊接外洋歲需大黃應即嚴定限制以杜透漏至外洋各國與俄羅斯海道一水可通難保無偷漏之事但各國療疾亦所必需似未便竟行禁絕臣等公同酌核所有瓊州一郡應照臺灣之例准商民等由省城佛山每年販買五百觔前往售賣官爲給票一路關隘口岸查驗放行如無官票及多買夾



帶者即嚴拏治罪其西洋各國應照琉球之例每年每國販買亦不得過五百觔飭令省城洋行及澳門商人將售買大黃數目及賣與何國夷人均於洋船啟棹之先分晰列冊呈繳南海香山二縣一面通詳一面移行守口文武員弁按冊稽查如有夾帶多買一經查獲嚴拏行商通事從重治罪仍將大黃變價歸官於保商夷商名下各追十倍價銀充公至暹羅一國與粵東不通貿易大黃一項嗣後應行禁止惟遇該國進貢之年貢船回國時每次准其買帶五百觔俾資療治其安南一國貢道不由粵東臣福康安前在粵西時於辦理善後事宜摺內奏請申明例禁毋許內地民人私販藥材綢布等物至安南售賣現在阮光平已欽奉
恩封恪修職貢該國向來貢使回國例准購帶藥材嗣後亦應照琉球之例每次貢使回國時准其購帶大黃五百觔即以本年阮光顯等回國爲始如此則海外瓊州一郡既已明定限制各國所買爲數又屬無多自不致復有多餘漏入俄羅斯境內所有本港船隻一



概嚴行禁止不許私毫夾帶致滋偷漏如經查出即照私販硝磺例從重治罪臣等仍隨時督飭地方官及守口員弁嚴密稽查按月結報如有私縱即嚴參辦理務使內地商運流通洋販淨絕俟俄羅斯通市之後仍聽照常賣運毋庸復設禁防所有臣等現已遵
旨查禁大黃出洋及酌定章程緣由謹繕摺覆奏

五十七年二月二十七日署總督郭世勳會奏畧言伏查藥料內大黃一項爲民間療疾所必需本不在

查禁之列嗣因恰克圖不准與俄羅斯通市而外洋各國多與俄羅斯海道可通是以酌定章程嚴禁私販每年只准攜帶五百觔俾資療疾使其僅敷自給不能轉售他境經軍機大臣議奏令該督等轉飭通事明切曉諭以
天朝因不與俄羅斯通市恐各該國多販大黃轉售是以不准多帶非於各國有所吝惜俟俄羅斯通市之後仍聽照常賣運毋庸復設禁防等因奉
旨依議欽此欽遵在案是於查禁透漏之中仍寓惠卹遠夷



之意茲閱邸抄俄羅斯仰蒙
皇上天恩准其開關通市大黃爲外洋諸夷所亟需治病之藥若仍令照數購帶不敷濟用未免向隅仰懇
聖慈俯將大黃仍准各夷商照常買運免其限以五百觔定數俾邊遠夷民得除疵癘之祲共臻壽域該夷等感沐
高厚生成自必倍昭恭順矣

乾隆五十八年

勑諭暎咭唎國王知悉爾國王遠慕聲教嚮化維殷遣使恭齎表貢航海祝釐朕鑒爾國王恭順之誠令大臣帶領使臣等瞻覲錫之筵宴賚予駢蕃業已頒給勑諭賜爾國王文綺珍玩用示懷柔昨據爾使臣以爾國貿易之事稟請大臣等轉奏皆係更張定制不便准行向來西洋各國及爾國夷商赴天朝貿易悉於澳門赴市歷久相沿已非一日天朝物產豐盈無所不有原不藉外夷貨物以通有無特因天朝所產茶葉磁器絲觔爲西洋各國及爾國必需之物是以加恩體卹在澳門開設洋行俾得日用有資並沾餘潤今爾國使臣於定例之外多有陳乞大乖仰體天



朝加惠遠人撫育四夷之道且天朝統馭萬國一視同仁卽廣東貿易者亦不僅爾暎咭唎一國若俱紛紛效尤以難行之事妄行干瀆豈能曲狥所請念爾國僻居荒遠間隔重瀛於天朝體制原未諳悉是以命大臣等向使臣等詳加開導遣令回國恐爾使臣等回國後稟達未能明晰復將所請各條繕勑逐一曉諭想能領悉據爾使臣稱爾國貨船將來或到浙江寗波珠山及天津廣東地方收泊交易一節向來西洋各國前赴天朝地方貿易俱在澳門設有洋行收發各貨由來已久爾國亦一律遵行多年並

無異語其浙江寗波直隸天津等海口均未設有洋行爾國船隻到彼亦無從銷賣貨物况該處並無通事不曉語爾國語言諸多未便除廣東澳門地方仍准照舊交易外所有爾使臣懇請向浙江寗波珠山及直隸天津地方船泊貿易之處皆不可行又據爾使臣稱爾國買賣人要在天朝京城另立一行收貯貨物發賣倣照俄羅斯之例一節更斷不可行京城爲萬方拱極之區體制森嚴法令整肅從無外藩人等在京城開設貨行之事爾國向在澳門交易亦因澳門與海口較近且係西洋各國聚會之處往



來便益若於京城設行發貨爾國在京城西北地方相距遼遠運送貨物亦甚不便從前俄羅斯人在京城設舘貿易因未立恰克圖以前不過暫行給屋居住嗣因設立恰克圖以後俄羅斯在該處交易買賣卽不准在京城居住亦已數十年現在俄羅斯在恰克圖邊界交易與爾國在澳門交易相似爾國既有澳門洋行發賣貨物何必又欲在京城另立一行天朝疆界嚴明從不許外藩人等稍有越境攙襍是爾國欲在京城立行之事必不可行又據爾使臣稱欲求相近珠山地方小海島一處商人到彼卽在該

處停歇以便收存貨物一節爾國欲在珠山海島地方居住原爲發賣貨物而起今珠山地方既無洋行又無通事爾國船隻既不在彼停泊爾國要此海島地方亦屬無用天朝尺土俱歸版籍疆址森然卽島嶼沙洲亦必畫界分疆各有專屬况外夷向化天朝交易貨物者亦不僅爾暎咭唎一國若别國紛紛效尤懇請賞給地方居住買賣之人豈能各應所求且天朝亦無此體制此事尤不便准行又據稱撥給附近廣東省城小地方一處居住爾國夷商或准令澳門居住之人出入自便一節向來西洋各國夷



商居住澳門貿易畫定住址地界不得逾越尺寸其赴洋行發貨夷商亦不得擅入省城原以杜民夷之爭論立中外之大防今欲於附近省城地方另撥一處給爾國夷商居住已非西洋夷商歷來在澳門定例况西洋各國在廣東貿易多年獲利豐厚來者日衆豈能一一給撥地方分住耶至於夷商等出入往來悉由地方官督率洋行商人隨時稽察若竟毫無限制恐內地民人與爾國商人間有爭論轉非體恤之意核其事理自應仍照定例在澳門居住方爲妥善又據稱暎咭唎國夷商自廣東下澳門由內河

行走貨物或不上稅或少上稅一節夷商貿易往來納稅皆有定則西洋各國均屬相同此時自不能因爾國船隻較多征收稍有溢額亦不便將爾國上稅之例獨准减少惟應照例公平抽收與別國一體辦理嗣後爾國夷商販貨赴澳門仍當隨時照料用示體恤又據稱爾國船隻請照例上稅一節粤海關征收船料向有定例今既未便於他處海口設立交易自應仍在粤海關按例納稅毋庸另行曉諭至於爾國所奉之天主教原係西洋各國向奉之教天朝自開闢以來聖帝明王垂教創法四方億兆率由



有素不敢惑於異說卽在京當差之西洋人等居住在堂亦不准與中國人民交結妄行傳教尤屬不可以上所諭各條原因爾使臣之妄說爾國王或未能深悉天朝體制並非有意妄干朕於入貢諸邦誠心向化者無不加之體恤用示懷柔如有懇求之事若於體制無妨無不曲從所請況爾國王僻處重洋輸誠納貢朕之錫予優加倍於他國今爾使臣所懇各條不但於天朝法制攸關卽爲爾國代謀亦俱無益難行之事茲再明白曉諭爾國王當仰體朕心永遠遵奉共享太平之福若經此次詳諭後爾國王或誤聽爾臣下之言任從夷商將貨船駛至浙江天津地方欲求上岸交易天朝法制森嚴各處守土文武恪遵功令爾國船隻到彼該處文武必不肯令其停留定當立時驅逐出洋未免爾國夷商徒勞往返勿謂言之不預也其凛遵毋忽特此再諭

嘉慶十四年四月總督百齡會奏言竊照澳門一隅自前明嘉靖年間大西洋人納稅租住迄今二百餘年檣帆雲集貿易交通上年暎咭唎國兵擅自登岸

震懾



天威旋卽退去而防微杜漸尤須籌定章程臣等檢查檔案從前議奏防範外夷規條本爲詳備因日久玩生致滋弊竇除再申明例禁督令切實奉行外至於今昔情形不同有應隨時增易者謹分晰數條爲我

皇上陳之

一外夷兵船應停泊外洋以肅邊防也查外夷來廣貿易先將貨船停泊伶仃等處外洋報明引進黃埔河面以便查驗開艙從不許護貨之兵船駛入內港近年以來漸不恪守舊章應請嗣後各國貨船到時

無論所帶護貨兵船大小槩不許擅入十字門及虎門各海口如敢違例擅進經守口員弁報明即行驅逐一面停止貿易庶邊防嚴肅該夷人等不敢萌輕視之心

一各國夷商止准暫留司事之人經理貨賬餘飭依期歸國不許在澳逗留也查外夷商船向係每年五六月收泊九十月歸國該夷商或因貨物未銷或有行商掛欠未清向准在粵海關請照下澳暫過住冬仍俟行賬算明即於次年催令回國邇來該夷等竟



有在澳久居遷延不去者名數較多且種類不一誠恐別滋事端嗣後各夷商如銷貨歸本後令其依期隨同原船歸國不得在澳逗留即有行欠未清止准酌留司事者一二名在澳住冬清理責令西洋夷目及洋行商人將留澳夷人姓名造册申報總督及粵海關衙門存案俟次年即令歸國亦申報查考如敢任意久住或人數增多查出立即驅逐

一澳內華夷宜分別稽查也查澳內西洋人房屋自乾隆十四年議定章程止許修葺不許添造嗣因西洋夷人生齒日繁以致屋宇逐漸增添至澳內華人原議不准攜帶妻室以杜販賣子女之弊嗣因西洋夷目呈稱華夷貿易惟賴殷實華人方足取信若室家遷移則萍跡靡定虛實難稽是以住澳華人仍准攜帶妻室安土重遷亦難槩令挈眷遠徙惟澳內為地無多華夷雜處若不定以限制恐日致蔓延應將西洋人現有房屋若干戶口若干逐一查明造册申報已添房屋姑免拆毀不許再行添造寸椽華人挈眷在澳居住者亦令查明戶口造册存案止准遷移



出澳不許再有增添庶於體恤之中仍寓防閑之意

一夷船引水人等宜責令澳門同知給發牌照也查各國夷船行抵虎門外洋向係報明澳門同知令引水人帶引進口近年竟有匪徒冒充引水致滋弊竇嗣後夷船到口即令引水先報澳門同知給予印照註明引水船戶姓名由守口營弁驗照放行仍將印照移回同知衙門繳銷如無印照不准進口庶免弊混

一夷商買辦人等宜責成地方官慎選承充隨時嚴

察也查夷商所需食用等物因言語不通不能自行採買向設有買辦之人由澳門同知給發印照近年改由粵海關監督給照因監督遠駐省城耳目難周該買辦等惟利是圖恐不免勾通外內商販私買夷貨並代夷人偷售違禁貨物並恐有無照奸民從中影射滋弊嗣後夷商買辦應令澳門同知就近選擇土著殷實之人取具族長保隣切結始准承充給與腰牌印照在澳門者由該同知稽查如在黃埔即交番禺縣就近稽查如敢於買辦食物之外代買違禁



貨物及勾通走私舞弊並代雇華人服役查出照例重治其罪地方官狥縱一并查參

謹案原奏五事最後夷船起貨令洋行按股分撥一條經

廷議指駁且與本書無涉故不録

十九年十月總督蔣攸銛會奏畧言竊照粵東省地居瀕海番舶雲集各國夷商藉資貿易以裕生計該夷商等因遠涉重洋每貨船十數隻有兵船一二隻護送抵粵後俱泊外洋由該國通事報明澳門同知

飭令內地熟悉沙線民人將貨船引帶由虎門海口駛入黃埔內港灣泊納稅售貨其兵船仍泊外洋俟貿易事竣貨船出口該兵船仍護送回國是於懷柔之中仍寓防閑之意立法原為妥善溯查貿易各國有咈囒西荷蘭呂宋咪唎㗎暎咭唎嗹㗎啦噹國嗹國等處貨船每年多寡不齊自嘉慶七年以後各國船隻稀少惟暎咭唎國祖家船港腳船咪唎㗎國船為多此外祇呂宋國間有船一二隻來粵近聞暎咭唎與咪唎㗎彼此搆釁時相刼奪貨財此係洋商傳



聞之詞且事在夷洋不值過問本年夏間有咪唎㗎國貨船一隻進口隨有暎咭唎國嘪嚧吔兵船隨帶之小快艇啣尾駛追經守口員弁登時將該船逐出外洋臣等當飭洋商通事嚴詰暎咭唎大班嗌咃呢因何不行約束令其切實稟覆旋因暎咭唎國及咪唎㗎國時有貨船駛至而暎咭唎之護貨兵船雖不敢駛入內洋時至虎門外海口往來游奕屢經驅逐倏去倏來情形詭譎必須示之以威臣等當即就近調齊中路巡洋舟師排列虎門海口檄令提標中軍

參將吳紹麟等督率各備弁申明號令整肅隊伍連環操演鎗礮以壯聲威一面檄委辦事明幹之佛岡同知福蔭長偕同香山縣知縣馬德滋親赴澳門飭傳該大班噝哾呾面加詰責據通事譯據該大班稟稱實因咪唎堅會在外洋搶過該國貨船挾有仇隙希圖乘間報復等語臣等復飭該委員等諭以該二國在海外有無釁觸一面之詞不足深究茲旣駛至內地洋面卽應稟遵

天朝禁令何得妄思報復應速飭該國兵船遠泊外洋等



候貨船護送回國如敢不遵不但將該兵船立時擊沉定當奏明

大皇帝停止該國貿易若咪唎堅國兵船有違功令亦應一體照辦

天朝大公無私並不稍存偏護亦不能稍爲姑息等諭該大班隨遞稟謝罪其嘆嚧吡兵船旋已揚帆回國尙有護送貨物兵船二隻俱在外洋往年灣泊地方現在各夷商照舊貿易安貼如常臣等訪得南洋諸夷以嘆咭唎爲最强而並非富饒惟藉貿易爲資生之

計其貨物不到內地亦別無銷售之處且呢羽鐘表中華儘可不需茶葉土絲彼國斷不可少是其不能不仰給於貿易者其理易明惟是懷柔駕馭必當杜漸防微向來兵船護送貨船到粤貨船自行進口兵船卽駛往零丁潭仔洋面停泊嘉慶十四年原奏但稱不許進十字門及虎門各海口語涉籠統嗣後應仍其舊不得駛近內洋亦不准於所護貨船出口之後復有逗留致干驅逐

二十二年六月總督蔣攸銛會奏言竊照福建之武



彝茶及由安徽入浙江之松羅茶爲西洋夷人必需之物而各夷中又惟嘆咭唎銷售更多從前商人悉由江西內河販運來粤近因洋面平靖希圖迅速漸改爲海運溯查嘉慶十八年始有海運進口之茶七十六萬四千七百九十餘觔至二十一年竟有六百七十三萬三千九十餘觔所增之數已不啻十倍查夷人雖以貿易中華藉裕國用但別項貨物絕其互市猶可支吾歲月惟茶葉爲日食疾病所必不可少若一經禁止出洋卽於伊等生命有關實爲控制之

要道今若任聽商人慣由海運相沿日久難保無奸
商串通黠夷於海中偏僻島嶼隨處寄碇私相買賣
各夷恃有得茶捷徑勢將無復顧慮合無仰懇
天恩敕下閩浙安徽各督撫祇以茶葉由海運粤必致夾帶
違禁之物私售外夷嚴行查禁並出示曉諭産茶之
區及各海口自嘉慶二十二年爲始槪令仍歸內河
過山販運來粤以收控馭之益其販往江南天津之
茶向由海船裝載者在所不禁
道光十四年六月總督盧坤會奏言二月十九日准



戶部咨奉
上諭前據御史黃爵滋奏紋銀洋銀應並禁出洋杜絶仿
鑄從重科條罪一摺當交刑部妥議具奏茲據刑部將
仿鑄洋錢明定治罪科條具奏著照所議辦理其禁止
洋銀出洋於海洋交易事宜是否可行著沿海各督撫
體察情形妥議章程酌核具奏等因欽此仰見
皇上於杜絶偷漏之中寓體䘏商民至意跪誦之餘不勝
欽感當經臣盧坤咨行欽遵臣祁𡊮抵任接准移交
隨會同行據司道轉飭廣州府等詳查妥議由署廣

東藩司李恩繹署臬司李振翥署鹽運司李本榆督
糧道鄭開禧核明會詳前來臣等伏查洋銀一項來
自夷船內地因其計枚定價既不必較銀色之高低
又無需秤分兩之輕重遠行服賈便於攜帶是以東
南沿海各省市廛通行而粤東爲夷人貿易之所行
用尤廣大商小販無不以洋銀交易海口出入向不
查禁御史黃爵滋因內地每有仿造洋銀即與紋銀
無異奏准將洋銀一併禁止出洋原爲愼重海防起
見臣等詳加體察並傳洋商伍紹榮等查詢粤省洋



銀出洋有內地商賈攜帶者有外洋夷船攜帶者在
內地商賈或由別省載貨來售或由粤省揭貨貲徑
販多係航海往還貲本盈千累萬其中固多貿遷貨
物而有時無貨可販或貨少本多即挾貲而歸或攜
本往別省置貨錢既多難帶金銀出洋又干例禁勢
不能不攜帶洋銀亦勢不能因商賈攜有洋銀即禁
其不由海洋行走此內地商賈來往不能無出海之
洋銀也至夷船載運洋銀來粤係備買貨找價之需
所帶洋銀多寡不定其置買內地貨物或多或少亦

聽其自便如進口貨多出口貨少該夷船所帶洋銀即有餘剩勢不能禁其不仍行帶回即內地洋商與夷人交易除以茶葉大黃湖絲綢緞等物易換洋貨之外價值如有不敷既不便强令夷人添置貨物又不准官銀交兌向以番銀找給歷經奏明有案既以番銀找給夷人即不能禁其不載運回帆此外洋夷人來往不能無出海之洋銀也是禁止洋銀出洋於廣東商夷交易均有窒礙且恐因禁止洋銀而轉致金銀偷漏更於海防非宜至內地仿造番銀名為土



板其銀色成本原未必輕於外洋而經紀交易向不行用即間有攙入洋銀行使者亦必挑出發換不特不能行之夷人即內地商賈亦不行使更必不因此為紋銀出洋之慮所有廣東省洋銀出入海口應請仍照舊章辦理免其查禁臣等仍諭飭洋商確遵定例毋任夷人私帶紋銀出口並飭各海口嚴查如有奸販攜帶紋銀出洋與販鴉片即行拿獲究辦以杜偷漏而肅海防所有遵

旨查議緣由臣等謹合詞恭摺具奏

九月初十日總督盧坤會奏言竊臣等奉

上諭有人奏近聞暎咭唎國大舶終歲在零丁洋及大嶼山等處停泊名曰躉船凡販鴉片煙者一入老萬山先以三板艇剝赴躉船然後入口省城包買戶謂之窰口議定價值同至夷館兌價給單即雇快艇至躉船憑單交土其快艇名快蟹亦名扒龍礮械畢具每艇壯丁百數十人行駛如飛兵船追拿不及各洋呢羽等貨稅課較重亦由躉船私行售賣等語海防例禁綦嚴豈容夷船逗遛售私漏稅且鴉片煙流毒內地疊經降旨嚴行



飭禁自應實力查拿務使根株淨盡若如所奏躉船之盤踞不歸快蟹之飛行遞送輸灌內地愈禁愈多各項貨物恃有快蟹躉船售私紋銀之出洋關稅之偷漏未有不由於此着該督等督飭所屬即將躉船設法驅逐快蟹嚴密查拿勿任仍前停泊致啟售私漏稅等弊該夷船如或驅此泊彼巧為避匿即責成巡哨水師認真巡緝從嚴懲辦毋得稍有諱飾並着將查辦情形先行據實具奏欽此又先准軍機大臣字寄三月二十七日

奉

上諭本日據程祖洛奏稱閩省奸民之貿易廣東者習學
番語即在澳門交接夷人勾引來閩並據現獲之王畧
供認在澳門生理常與夷人交易稔知夷情凡夷船之
帶有鴉片煙土者必先寄泊廣東外洋勾引私船發賣
淨盡再收內洋報稅開艙等語現在嚴禁鴉片較前查
拏甚緊該夷船不能獲利又素聞內地奸民通信以官
兵驅逐夷船不肯用火器轟擊遂致心存藐玩於閩省
洋面有不遵驅逐之事轉敢施放鎗礮肆行拒捕向來
營員驅逐夷船曾經降旨不准用礮轟擊原期於示威



之中仍寓懷柔之義乃該夷船一遇官船驅逐膽敢施
放鎗礮且該夷人船隻較大外洋本所熟悉官兵駕駛
小船洋面未能徧識又不敢擅用火器其應如何防範
之處該督撫等務當隨時體察情形斟酌妥善以靖洋
面而杜私販欽此伏查外洋鴉片流入中華由來已久
其初本以藥財販運入關完稅行銷沿海商民沾染
外夷習氣煎膏吸食迨嘉慶四年前督臣以鴉片有
害民生禁止入口販運者不得入關而吸食者傳染
日廣夷人隨私帶鴉片煙土在外洋寄泊銷賣臣盧

坤前奉
諭旨飭令查明鴉片煙延入內地之由為拔本塞源一勞
永逸之計到任以後查訪近年鴉片行銷日盛皆由
土棍駕駛快船透漏節經咨行舟師將在洋停泊夷
船隨時催令開行並嚴禁民船蛋艇與夷船交易接
濟并嚴拏走私土棍先後經各員弁在洋用鎗礮擊
沉快艇不少復據香山協迭次拏獲與夷船交易民
人及私走快蟹艇隻本年又將向夷船販買煙土之
李亞祖等人船並獲起獲煙土業將辦理情形并歷



次拏獲快艇緣由奏蒙
聖鑒在案欽奉前因遵復與臣祁𡎴及新任海關監督彭
年會同詳查暎咭唎番船販賣鴉片煙土實為內地
民生財用之蠹呢羽等貨雖現在訪查尚無偷漏實
跡查核粵海關稅銀徵銀一百六十六萬九千兩零
比較歷年收數有增無減第恐匪徒走私日久漸生
偷稅之弊亦不可不防其漸惟鴉片來自外夷其發
源既無從查禁夷船來粵多在零丁外洋及磨刀洋
面寄泊各該處均為貿易商船進口出口必由之地

寄泊夷船少則四五隻多則二三十隻歷據巡洋員
弁隨時禀報批飭催逐有卽時開行者亦有稱因探
聽貨物行市及守風修槓延逗者該處遠在外洋離
省數百里何船躉載鴉片巡洋兵船亦不能搜查確
實未便於衆船聚泊之時遽用礮火轟擊致失
天朝懷柔之義其躉船一項常年在洋當衆船聚集之時
溷雜其中難分玉石惟有於各國商船回颿以後查
明如有在洋躉私船隻卽調集水師大加兵威嚴行
驅逐弟鴉片雖係夷船載來若無地匪勾串販運該



夷人卽有私貨亦從何行銷近年歷次嚴拿快艇該
夷船卽不能獲利更可見夷人全藉土販表裏爲奸
則嚴拏走私尤爲握要現在飭令香山協派撥巡船
二隻在於夷船灣泊洋面常川巡查一切買賣食物
民蛋艇隻均不許攏近夷船私相交易以杜接濟遇
有土棍駕駛快艇向夷船與販鴉片及私買呢羽等
貨卽時查拿解究從重分別治罪並責成內河營縣
派撥巡船在於各海口及一切通海港汊分定段落
晝夜輪流巡緝遇有奸販偷越進出卽行拿解各關

口一體實力嚴查無論外海內河有能拿獲走私漏
稅人贓卽照拿獲鴉片煙之例分別奏請議叙卽不
能人贓並獲但能拿獲私艇者官弁量予鼓勵兵役
酌給獎賞如員弁疎於巡緝或兵役得規故縱除兵
役照例治罪外將該管官從嚴參辦仍飭地方官訪
拿開設窰口土棍照姚九等一例查抄嚴辦免其從
前失察之咎如視爲具文別經發覺從重參辦並飭
令洋商傳諭暎咭唎夷商互相查察如有一船偷漏
稅貨卽將衆船不准貿易使其彼此自相稽察防閑



更爲周密謹會同海關監督臣彭年據實具奏　又
片奏言暎咭唎夷人所恃不過船隻高大堅厚安放
礮位較多內地師船因需巡歷淺洋不能如夷船之
高大然其在洋躉船僅止數隻若厚集兵力設法驅
除該夷船亦安能違抗弟夷情狡獪惟利是圖其私
販鴉片歷年已久獲利甚重斷不甘心舍棄被逐以
後勢必百計詭謀或伺官兵撤後仍復前來或因窮
蹙無歸竄駛他省卽如閩省訊據王畧供出夷船因
廣東查禁嚴緊不能獲利卽赴越閩洋是其明証外

洋遼闊不特閩浙江蘇彼此連界即北洋亦一水可通雖各省均有巡緝舟師而重洋浩渺之中番舶乘間出没勢難防堵無遺設被潛行遊奕勾串地匪隨處售私匪唯鴉片之透漏益廣且內地海洋口岸均被外夷行駛熟悉尤非所宜總之勢成積重驟難挽回屢經周咨博採有謂仍應照昔年舊章准其販運入關加徵銀稅以貨易貨使夷人不能以無稅之貨私爲售賣紋銀者有謂應弛內地栽種鶯粟之禁使吸煙者買食土膏夷人不能專利紋銀仍在內地轉



運不致出洋者其說均不無所見然與例禁有違窒礙難行更有謂內地所得不償所失不若從此閉關停止外夷貿易不知夷人在粵貿易已閱二百餘年且亦不止暎咭唎一國萬無閉關之理况又奸販到處皆有勾串外夷爲鬼爲蜮縱使閉關亦未必即能盡更無此辦法臣等受

恩深重固不敢畏葸苟安養癰貽患亦不敢徒飾後言不顧全局悉心籌畫與其梃而走險各處蔓延不若暫爲羈縻嚴加約束外則巡以舟師內則謹防海口使

其不致行銷無忌亦不致越駛他省再行徐圖禁絶至偷漏稅貨重在各口嚴查不在躉船之有無也

又片奏言臣等前因暎咭唎夷目嘽嘮啤擅至省外夷館居住欲與內地文武衙門文移書信往來不遵舊制屢次曉諭任意執拗當經照例將該國商船封艙停止貿易嗣該夷兵船二隻駛入黄埔內河停泊又經臣等調派水陸弁兵分路防堵檄調外海師船驅逐間該夷目畏懼悔罪籲求放行據洋商轉據各夷商兩次稟求遵照舊章領粤海關牌照由臣等於八月十九日委員押逐出口該夷兵船亦即於是日



退出均經會摺奏

聞在案該夷目現在澳門寄住極爲安靜澳門附近洋面現飭陽江鎮師船巡查陸路亦飭原派弁兵鎮靜彈壓茲據洋商伍敦元等轉據該國散商化林治等以夷船雲集稟請開艙貿易以便趁此風汛揚帆回國等情前來臣等查暎咭唎夷商在粤貿易均係遵守章程相安無事前此封艙皆因夷目嘽嘮啤一人之過與衆商無涉該散商等深知嘽嘮啤違抗之非並

無一人附和均尙通曉大體自七月十二日封艙以來閱時幾及兩月夷船停泊鹹潮海水之中貨物久貯折耗已屬不少本年該國來粤商船較往年更多重洋遠越數千人仰望
聖朝恩澤買賣沾利未便使衆商停船久候當卽會同商議批准開艙照舊貿易仰副
皇上恩威並濟懷柔遠人之至意仍飭洋商傳諭各夷商總須永遠恪遵法度自能久沾樂利倘有一人違玩卽將衆人買賣全行停止俾自相約束奸徒無從播



弄至該國公司局散以後一切事宜應歸何人司總以專責成之處臣等現在與粤海關監督會同飭商妥議並將應行整頓章程分別辦理謹合詞奏
聞

十五年正月總督盧坤會奏言竊外洋夷人來粤貿易自乾隆二十五年奏定防範規條以後嗣於嘉慶十四年道光十一年經各前督臣撫臣先後酌議章程奏准遵行立法已屬周密第奉行日久或竟成具文或漸生流弊上年暎咭唎公司局散該國商人自

來貿易司總無人雖經諭飭該夷商等寄信回國仍派大班來粤管理現在商多人雜事無統屬必應頒發章程俾資遵守惟是事有今昔之殊且暎夷公司旣散貿易情形與前亦稍有不同除舊章無須更議各條照舊申明曉諭並將查辦夷欠嚴拏私走各章程先經專案具奏外尙有應行酌量增易規條經臣等率同藩臬兩司詳加籌議肅體制以防逾越嚴交結以杜漢奸謹出入之防專稽查之責庶防範益昭詳愼仍嚴飭洋商公平交易各顧大體俾諸番共沾



聖澤咸凜畏懷謹合詞恭摺具奏

一外夷護貨兵船不准駛入內洋應嚴申禁令並責成舟師防堵也查貿易夷人酌帶兵船自護其貨由來已久向例祇准在外洋停泊俟貨船出口一同回颿不許擅入海口自嘉慶年間以來漸不恪守舊章上年又有闌入海口之事雖該夷船駛入內河淺水之處毫無能爲而防範總應周密除虎門一帶礮臺現在分別增建移設添鑄大礮籌備堵禦外應申嚴例禁嗣後各國護貨兵船如有擅入十字門及虎門

各海口者即將夷商貨艙全行封艙停止貿易一面立時驅逐並責成水師提督凡遇有外夷兵船在外洋停泊即飭各礮臺弁兵加意防範並親督舟師在各海口巡守與礮臺合力防堵弁兵倘有疎懈嚴行參處務使水陸聲勢聯絡夷船無從闖越

一夷人偷運鎗礮及私帶番婦番哨人等至省應即責成行商一體稽查也查夷人除隨身攜帶刀劍鎗各一件例所不禁外其擅將礮位及鳥鎗軍械並番婦人等運帶赴省定例責成關汛兵弁稽查攔截惟



關汛固有盤查之責而夷商在省外夷館居住其房屋皆係向行商租賃該商等耳目切近斷無不知自應一體責令稽查嗣後各國夷人概不准將鎗礮軍械及番婦番哨人等運帶至省如有私行運帶者責成租館行商查阻不許令其入館一面赴地方官呈報如有容留隱匿即將該行商照私通外國例治罪關汛弁兵不行查出仍分別失察故縱從重究處

一夷船引水買辦應由澳門同知給發牌照不准私雇也查澳門同知衙門向設引水十四名遇夷船行抵虎門外洋應報明該同知令引水帶引進口其夷商在船所需食用等物應用買辦亦由該同知選擇土著殷實之人承充近來每有匪徒在外洋假充引水將夷人貨物誆騙逃走并有匪類詭託買辦之名勾串走私等弊迨事發查拏因該匪徒詭託姓名無從緝究嗣後澳門同知設立引水查明年貌籍貫發給編號印花腰牌造册報明總督衙門與粵海關存案遇引帶夷船給予印照註明引水船戶姓名關汛驗照放行其無印花腰牌之人夷船不得雇用至夷



船停泊澳門黃埔時所需買辦一體由該同知給發腰牌在澳門由該同知稽查在黃埔由番禺縣稽查如夷船違例進出或夷人私駕小艇在沿海村莊遊行將引水嚴行究處如有買賣違禁貨物及偷漏稅貨買辦不據實稟報從重治罪

一夷館雇用民人應明定限制也查舊例貿易夷人除通事買辦外不准雇用民人道光十一年奏准夷館看守門戶及挑水挑貨人等均由買辦代雇民人惟愚民騖利鮮恥且附近省城多諳曉夷語之人若

聽夷人任意雇用難免勾串作奸自應定以限制並宜專以責成嗣後每夷館一間無論住居夷人多寡祇准用看門人二名挑水夫四名夷商一人雇看貨夫一名不許額外多用其人夫責成夷館買辦代雇買辦責成通事保充通事責成洋商保充層遞箝制如有勾串不法惟代雇保充之人是問仍令該管行商按月造具各夷商名下買辦人夫名籍清册送縣存案隨時稽查其挑貨人夫令通事臨時散雇事畢遣回至民人受雇為夷商服役之沙文名目仍永遠



禁止倘夷人額外多雇人夫及私雇沙文服役將通事行商一併治罪

謹案夷商雇倩民人服役自嘉慶十四年籌定六事其買辦條內代雇華人服役查出治罪徇縱地方官查參是夷商雇用民人概行禁止揆之現在情形恐有窒礙而道光十一年議定八欵於僱請服役應議變通條內嗣後夷館應需看貨守門及挑水挑貨人等均由買辦僱倩其人數多寡並未定以限制且令行商將人夫名册送縣存查一切章程概未議及較之嘉慶年間所定條例又覺太寬惟道光十五年新定條欵適中可行蓋體卹之中仍寓裁制之道焉

一夷人在內河駛用船隻應分別裁節並禁止不時閒遊也查夷人入口貿易貨船停泊黃埔其在省城澳門往來向惟暎咭唎公司船戶准坐駕插旂三板船隻此項三板船身較大上有艙板易於夾帶器械及違禁貨物現在公司已散所有插旂三板船應行裁革至夷人在夷館居住不准擅自出入嘉慶二十



一年前督臣蔣攸銛任內酌定每月初八十八廿八三日准其附近遊散一次近年該夷人往往不遵舊章必須重申禁令嗣後各夷人船到黃埔或在省城澳門往來通信祇准用無篷小三板船不得再用插旂三板船隻其小三板經過關口聽候查驗如有夾帶違禁貨物及礮位器械即行驅逐在館居住夷人祇准於初八十八廿八三日在附近之花地海幢寺散遊一次每次不得過十人限申刻回館不准在外住歇飲酒如非應准出遊日期及同遊至十人以外

並赴別處村落墟市遊蕩將行商通事一併治罪

謹案故事唤咭唎國公司船戸遇有公事往來坐駕插旂三板船非夷目船戸不得坐駕此奏新定條例稱三板船身較大上有艙板易於夾帶器械及違禁貨物現在公司已散所有三板船應行裁革是此項船隻既便夾帶最難防範毋論公司散合應一律永遠裁禁矣但此奏尚未議及附記於此備他時籌核焉

一夷人具稟事件應一律由洋商轉稟以肅政體也



查外夷與中華書不同文其中有粗識漢字者亦不通文義不諳體制具稟事件詞不達意每多難解并妄用書信混行投遞殊乖政體且同一夷務或由洋商轉稟或由夷人自稟辦理亦不畫一嗣後凡夷人具稟事件應一概由洋商代爲據情轉稟不必自具稟詞如係控告洋商事件或洋商抑措不爲轉稟之事仍許夷人自赴地方官衙門稟訐立提洋商訊究

右互市

廣東海防彙覽卷三十七終

廣東海防彙覽卷三十八



方畧二十七

馭夷三

西南諸國

謹按海夷之由廣東通貢市者僅十餘國而已其越南一國貢道雖非廣東而接壤欽州依光最近故錄於西南諸國之首餘則或來或否皆可舟達廣州不可忽也玆就各史所載合以東西洋考西洋朝貢典錄諸編刪其已亡考其分合凡同國異名者已歸吞併者總爲一稱仍隨代錄之以著



守在四夷之盛云

安南古交阯地唐以前皆隷中國五代時爲土人曲承美據宋初封丁部領交阯郡王三傳爲黎桓所篡黎氏亦三傳爲李公蘊所篡李氏八傳無子傳婿陳日炬元時屢破其國洪武元年王日煃奉表貢方物封安南王日煃卒姪日熞嗣四年冬日熞爲伯父叔明逼死叔明請封帝命姑以前王印視事七年弟端攝政十年端侵占城敗殁弟煒代立二十一年相國黎季犛弑煒立叔明子日焜建文元年季犛弑日焜自立名其子蒼曰胡奃僭國大虞成祖既承大統封爲安南國王故陪臣裴伯耆詣闕告難會老撾送陳天平至言臣前王日烜孫祈發師彰天討帝遣齎勑責奃奃還報迎天平四年天平入雞陵關奃伏兵邀殺帝大怒命沐晟張輔李彬陳旭南征五年獲季犛及僞太子安南盡平改安南爲交阯設三司設交州北江諒江三江建平新安建昌奉化淸化鎭蠻諒山新平演州乂安順化十五府分轄三十六州一百八十一縣又設太原宣化嘉興歸化廣威五州直隷布



政司分轄二十九縣其他要害咸歸衞所控制之六年輔等振旅還上交阯地圖東西一千七百六十里南北二千八百里安撫人民三百一十二萬有奇陳氏故官簡定與化州僞官鄧悉阮帥等謀亂定僭大號國曰大越諸州縣皆嚮應守將屢出無功阮帥等推簡定爲太上皇別立陳季擴爲帝八年五月晟追季擴至虞江季擴乞降授交阯布政使賊無悛心九年復命輔會晟軍討之明年進軍政和遂獲季擴班

師復命輔出鎮十四年召還命李彬代中官馬祺以採辦至大索境內珍寶人情騷動並起爲亂彬征剿日不暇給十八年命陳智助之明年秋賊悉破惟黎利未得二十年彬卒詔智代彬會仁宗踐阼敕智善撫之宣宗初即位智屢敗時渠魁未平小寇蠭起宣德元年命王通往討大敗心膽俱喪擅割淸化以南地予賊帝聞命柳升梁駱進討賊懼具書詣升軍乞罷兵立陳氏裔升奏聞無何升歿通與利盟約退師遣官偕賊使奉表及方物獻帝諭通撤軍民北還利



遣使謝恩詭言陳氏子孫絕帝命利權署安南國事利僭位六年子麟繼貢獻不絕如常制正統元年麟卒子濬繼封國王天順三年庶兄琮弒之自立爲國人所誅以濬弟灝繼成化七年灝破占城遂侵廣東瓊雷盜珠池廣西雲南亦數告警詔詰之輒詭詞對宏治十年灝卒子暉繼十七年暉卒子漴繼卒弟誼繼正統元年冊爲王四年阮种等竊權逼誼自殺立其弟伯勝國人討之立灝孫賙十一年陳暠作亂殺賙自立賙臣莫登庸初附暠後與黎氏大臣阮弘裕

等討之登庸立賙兄譓潛蓄異志黎氏臣鄭綏別立其族子酉榜攻譓出走登庸擊破綏殺之十六年攻陳暠敗死嘉靖元年登庸自稱安興王立譓弟廄六年篡位酖殺廄九年禪位於子方瀛十六年譓子黎寧遣鄭惟僚等赴京言譓卒國人立爲世孫主國事乞興師除國賊乃以毛伯溫等督軍征討時方瀛已卒登庸率從子及部目入鎮南關進降表伯溫稱詔赦之授登庸都統使改十三道爲十三宣撫司二十二年登庸卒方瀛子福海嗣二十五年福海卒子宏瀷嗣四十三年宏瀷卒子茂洽嗣時莫氏漸衰黎氏



復興搆兵多故始黎寧爲登庸攻竄國人立其弟憲迎寧歸淸華卒其臣鄭檢立寧子寵寵卒無子國人立黎暉四世孫維邦卒立子維潭居淸華自爲一國萬歷十九年維潭攻殺茂洽茂洽子敬恭竄龍州憑祥界列狀告當事遣官問敬恭等願居高平而維潭求欵之使亦數至二十五年授維潭都統安南復爲黎氏有而莫氏但保高平一郡維潭卒子維新嗣卒子維祺嗣迄明之世二姓終不能歸一云節錄明史

國朝順治十七年安南國都統高平莫敬耀入貢黎維祺亦於康熙二年入貢未受封而卒三年子維禧嗣請封繳僞敕印命封爲安南國王先是莫敬耀亦未受封而卒子元清襲六年維禧奪高平元清奔滇之皈朝七年移於南寧諭維禧以高平及上琅下琅石林廣淵四州還元清維禧卒弟維禔嗣十三年吳三桂叛維禔復攻高平元清奔歸順十四年維禔卒弟維禛嗣十九年剿雲南兵由剝塞進元清卒子敬光爲鄉導二十年雲南平維禛



入貢言元清父子從逆皇上知其誣命將敬光發回其國安插敬光不敢歸自縊死二十二年封維禛安南國王嘉其不從吳逆御書忠孝守邦四字賜之欽州志

康熙元年題准安南擒獻明裔照前恩賞表裏加三十疋銀加五百兩雍正年修會典

四年題准安南貢道由廣西憑祥州起送

雍正五年安南國王黎維祹因雲南開化鎮清釐地界奉表謝罪奉旨覽王奏感恩悔罪辭意虔恭朕特沛殊恩將督臣等查出之地四十里賞賜該國王欽此俱同上

乾隆二十七年奉上諭安南世守藩封夙昭恭順朕心素所嘉予乃者國王黎維褍新嗣特遣使臣持節往封該國王於使臣蒞境時先請商五拜之儀必待使臣駁定始克如禮未免狃於鄙俗實爲弗當但念該國王一經使臣指示卽仍遵定制亦可從寬弗論該部可傳諭該國王俾知永遵三跪九叩之禮毋再隕越欽此



三十七年議准安南國王奏請將投誠內地之該國人黃公纘等四百餘人發回該國處治查黃公纘等於乾隆三十四年投入內地該國王所稱黃公纘之父黃公舒稔惡弗悛派兵攻圍潰走各情節事在乾隆三十二年兩年之久並未豫報滇省何由得知中朝爲天下共主內外一視同仁莫不兼收並育黃公纘等業已襁負來歸恩威處置均應仰遵朝典非復該國所得自專所奏應毋庸議嘉慶年修會典

五十四年安南國內訌黎維祁棄印潛逃國人推阮
光平爲國長敂關內附並求親自到京瞻
覲遂
命廣西按察使成林齎
敕封阮光平爲安南國王
五十五年安南國王阮光平親詣
闕廷慶祝
萬壽至
聖節日安南國王於親王以下郡王以上班次一體行禮



五十七年奉
旨軍機大臣會同禮部議覆安南國王阮光平請定貢期方
物一摺所稱從前舊例該國三年一貢者定爲兩年六年
遣使來朝一次者定爲四年等語著依議行其舊例金銀
器著毋庸呈送欽此俱同上
嘉慶八年六月二十七日奉
上諭前此農耐國長阮福映表陳與安南國搆兵顛末係爲
先世復讐恭遣陪价賫交阮光纘遺棄舊
頒敕印並縛獻海洋逋盜恪恭請命朕鑒其航海輸誠特予

嘉納會明降諭旨將安南阮光纘獲罪覆滅及阮福映恭
順出力緣由先行宣示中外嗣節據該國長請錫新封陳
明該國係先有越裳之地今并有安南不願忘其世守籲
懇仍以南越名國經疆吏據情入告部臣議駁以南越命
名與徼外封域未協特念其敂關內附敬抒悃忱命用越
南二字以越字冠於上仍其先世疆域以南字列於下表
其新錫藩封並令廣西撫臣孫玉庭一面檄知阮福映一
面委員伴送齎進表貢使臣赴貢諭其緩程行走以示天
朝柔遠之意茲復據孫玉庭奏稱阮福映接奉欽定越南



恩命倍深感激情詞懽忭出於至誠該使臣業已起程北
上計七月下旬卽可到京等語應卽加之寵命封爲越南
國王所有應行頒給該國王印信敕書等件著各該衙門
查照定例先期預備並著欽天監衙門於頒行時憲書內
將安南二字改爲越南永遵正朔至將來冊封時著派廣
西臬司齊布森將新頒敕印帶同來使齎捧出關前往宣
示詔旨俾該國王長承恩眷世守勿替將此通諭知之欽
此
入交之道凡三一由廣西一由廣東一由雲南由廣

東則用水軍伏波以來皆行之其海道自廉州烏雷山發舟北風一日可抵交之海東府若沿海岸以行則烏雷山一日至永安州白龍尾白龍尾二日至玉山門又一日至萬寧州萬寧一日至廟山廟山一日至屯卒巡司又二日至海東府海東二日至經熟社有石隄陳氏所築以禦元兵者又一日至白藤海口過天寮巡司南至安南海口又南至塗山海口又南至多漁海口各有支港以入交州自白藤而入則經水棠東潮二縣至海陽府復經至靈縣過黃徑平灘



等江其自安陽海口而入則經安陽縣至荊門府亦至黃徑等江由南策上洪之北境以入其自塗山而入則取古齋又取宜陽縣經安老縣之北至平河縣經南策上洪之南境以入其自多漁海口而入則由安老新明二縣至四歧遡洪江至快州經鹹子關以入多漁南爲太平海口其路由太平新興二府亦經快州鹹子關口由富良江以入此海道之大畧也方輿紀要

扶南國在日南國之南其南有頓遜國地方千里五王並屬扶南諸國往還交易其市日有萬餘人珍物寶貨無不有國俗本裸文身被髮不制衣裳以女人爲王號曰柳葉壯健似男子其南有徼國事鬼神者字混塡夢神賜之弓乘賈舶入海柳葉人見舶欲刼取之混塡射其舶穿一面矢及侍者柳葉大懼舉衆降塡乃教柳葉穿布貫頭形不復露遂君其國納柳葉爲妻其後王混塡沉孔立中子盤盤以國事委其大將范蔓盤盤死國人共舉蔓爲王伐金鄰國遇疾遣子金生代行蔓姊子旃因篡蔓自立遣人詐金生



而殺之蔓死時有乳下兒名長在人間至年二十結國中壯士襲殺旃旃大將范尋又殺長而代立吳時遣中郎康泰宣化從事朱應使於尋國國人猶裸唯婦女著貫頭泰謂曰國中實佳但人褻露可怪耳尋始令男子著橫幅今汗漫也晉泰康中尋始遣使貢獻其後王憍陳如本天竺婆羅門有神語曰應王扶南扶南人聞之舉國欣戴迎而立焉憍陳如死後王持棃陁跋摩宋元嘉齊永明中遣使貢獻梁天監二年跋摩復遣使送珊瑚佛像詔授安南將軍扶南王

死庶子畨隨跋摩殺其嫡弟自立十八年遣送天竺旃檀瑞像娑羅樹葉并獻火珠鬱金蘇合等香南史王姓古龍居重觀柵城梏葉以覆屋王出乘象其人黑身鬈髮裸行俗不爲盜田一歲種三歲穫國出剛金狀類紫石英生水底石上人沒水取之可以刻玉扣以羖角乃泮人喜鬬鷄及豬以金珠香爲稅治特牧城俄爲眞臘所幷益南徙邪弗邪城武德貞觀時再入朝又獻白頭人二白頭者直扶南西人皆素首膚理如脂居山穴四面峭絶人莫得至與參半國接兩唐



書合抄

狼牙修國在南海中北去廣州二萬四千里土產棧沉婆律香等其俗男女皆袒而被髮以吉貝爲汗漫國人說立國以來四百餘年後嗣衰弱王族有賢者國人歸向之王聞乃加囚執其鎖無故自斷王以爲神因不敢害乃逐出境遂奔天竺妻以長女俄而狼牙王死大臣迎還爲王二十餘年死子婆伽達多立天監十四年遣使阿撒多奉表

婆利國在廣州東南海中洲上土氣暑熱如中國之盛夏穀一歲再熟草木常榮海出文螺紫貝王姓憍陳如自古未通中國問其先及年數不能記自言白淨王夫人卽其國女天監十六年遣使奉表獻金席等普通三年其王頻伽復遣使珠智獻白鸚鵡青蟲兜鍪琉璃器雜香藥等數十種

眞臘國在林邑西南本扶南之屬國其王姓剎利氏名質多斯那自其祖漸以强盛至質多斯那遂兼扶南而有之死子伊奢那先代立居伊奢那城其國與參半朱江二國和親數與林邑陀桓二國戰爭其人行止皆持甲仗其俗非王正妻子不得爲嗣王初立



之日所有兄弟並殘刑之別處供給不得仕進人形小而色黑婦人亦有白者悉拳髮垂耳性氣捷勁其國北多山阜南有水澤地氣尤熱無霜雪饒瘴癘毒蠚土宜稻粱少黍麥粟果菜與日南九眞相類大業十三年遣使貢獻以上隋書有大城三十餘所王都伊奢那城有戰象五千頭尤好者飼以飯肉與鄰國戰則象隊在前於背上以木作樓上有四人皆持弓箭國尙佛道及天神天神爲大佛道次之武德六年遣使

貢方物貞觀二年又與林邑國俱來朝南方人謂真臘國爲吉蔑國自神龍已後真臘分爲二半以南近海多陂澤處謂之水真臘半以北多山阜謂之陸真臘亦謂之文單國高宗則天元宗朝並遣使朝貢兩唐書合抄

宋慶元中滅占城而併其地因改國名曰占臘

元時仍稱真臘洪武三年遣使臣郭徵等齎詔其國四年其國巴山王忽爾那遣使貢方物十六年遣使齎勘合文冊賜其國王凡國中使至勘合不符者即屬矯僞許縶縛以聞十九年遣行人劉敏唐敬偕中



官齎磁器往賜明年敬等還遣使貢象五十九年貢香六萬觔尋遣使賜其王鍍金銀印其王參烈寶毘邪甘菩者遣使貢象及物初中官使真臘有部卒三人潛遁索之不得王以其國三人代之帝曰華人自逃於彼何預而責償且言語不通吾焉用之命賜衣服及道里費遣還三年遣使來貢告故王之喪命鴻臚序班王孜致祭給事中畢進中官王琮齎詔封其嗣子參烈昭平牙爲王進等還嗣王遣使偕來謝恩宣德景泰中亦遣使入貢其國自稱甘孛智後訛爲

甘破蔗萬歷間改爲東埔寨明史

訶陵國在南方海中洲上豎木爲城作大屋重閣以椶櫚皮覆之用象牙爲牀食不用匙筯以手而撮亦有文字頗識星歷貞觀十四年遣使來朝元和十年遣使獻僧祇僮五人鸚鵡頻伽鳥以其使李訶內爲果毅訶內請迴授其弟詔褒從之十三年遣使進僧祇女二人鸚鵡玳瑁及生犀等兩唐書合抄

闍婆國在南海中其國東至海一月汎海半月至崑崙國西至海四日西北汎海十五日至勃泥國又十



五日至三佛齊國又七日至古邏國又七日抵交阯達廣州其地平坦產稻無麥民輸十一之租煮海爲鹽多魚鱉雞鴨山羊果實有木瓜椰子蕉子蔗芋出金銀犀牛旃沉檀香茴香胡椒檳榔硫磺紅花蘇木亦務蠶織有薄絹絲絞吉貝布剪銀葉爲錢中國貿人至者待以賓館飲食豐潔地不產茶不設刑禁雜犯罪者輕重隨出黃金以贖惟寇盜者殺之其王椎髻戴金鈴衣錦袍躡革履坐方牀官吏日謁三拜而退出入乘象或腰輿壯士執兵器以從國人見王皆

坐俟其過乃起以王子三人爲副王官有佶連四人共治國事其俗有名而無姓淳化三年十二月其王穆羅茶遣使陀湛副使蒲亞里判官李陁那假澄等來朝貢陀湛云中國有眞主本國乃修朝貢之禮令有司優待久之使還賜金幣甚厚賜良馬戎具以從其請又有摩逸國太平興國七年載寶貨至廣州海岸建炎三年以南郊恩制授闍婆國主懷遠軍節度琳州管內觀察處置等使金紫光祿大夫檢校司空使持節琳州諸軍事琳州刺史兼御史大夫上柱國



闍婆國王食邑二千四百戶實封一千戶悉里地茶蘭固野可特授檢校司空加食邑實封紹興二年復加食邑五百戶實封二百戶宋史

爪哇國在占城西南元世祖時遣使臣孟琪往黥其面世祖大怒舉兵伐之破其國而還洪武二年太祖遣使詔諭其國九月其王昔里八達剌蒲遣使奉金葉表來朝貢方物宴賚如禮五年又遣使隨朝使常克敬來貢上元所授宣勅三道其國又有東西二王東蕃王勿院勞網結西蕃王勿勞波務各遣使朝貢

以其禮意不誠詔留其使已而釋還之十二年王八達那巴那務遣使朝貢明年遣使賜三佛齊王印綬爪哇誘而殺之天子怒留其使月餘賜勅責之成祖即位詔諭其國永樂元年遣副使聞良輔行人寗善賜其王絨錦織金文綺紗羅使者既行其西王都馬板遣使入賀復命中官馬彬等賜以鍍金銀印西王遣使謝賜印貢方物而東王勃令達哈亦遣使朝貢請印命遣官賜之自後二王並貢三年遣鄭和使其國明年西王與東王搆兵東王戰罷國滅適朝使經



東王地部卒入市西王國人殺之凡百七十人西王懼遣使謝罪帝賜勅切責之命輸黃金六萬兩以贖六年再遣鄭和使其國西王獻黃金萬兩禮官以輸數不足請下其使於獄帝曰朕於遠人欲其畏罪而已寗利其金耶悉捐之十三年其王改名揚惟西沙遣使謝恩貢方物時朝使所攜卒有遭風飄至班卒兒國者爪哇人珍班聞之用金贖還十六年王遣使送還諸卒帝嘉之賜勅獎王并優賜珍班自是朝貢使臣大率每歲一至正統元年使臣馬用良言先任

八諦來朝蒙恩賜銀帶今爲亞烈帙四品乞賜金帶從之閏六月遣古里蘇門答剌錫蘭山柯枝天方加異勒阿丹忽魯莫斯祖法兒甘巴里眞臘使臣偕爪哇使臣郭信等同往賜爪哇勅五年使臣回遭風溺死五十六人存者八十三人仍返廣東命所司廩給俟便舟附歸八年廣東參政張琰言爪哇朝貢頻數供億費煩敝中國以事遠人非計帝納之其使還賜勅曰海外諸邦並三年一貢王亦宜體䘏軍民一遵此制天順四年王都馬班遣使入貢使者還至安慶



酗酒與入貢番僧鬭僧死者六人禮官請治伴送行人罪使者勑國王自治從之宏治十二年貢使遭風舟壞止通事一舟達廣東禮官請勅所司量予賜賚遣還其貢物仍進京師制可宣德十年入貢表書稱一千三百七十六年葢漢宣帝元康元年乃其建國之始也地廣人稠性兇悍男子皆佩刀稍忤輒相賊故其甲兵爲諸番之最字類瑣里無紙筆刻於茭蔁葉氣候常似夏稻歲二稔無几榻匕箸人有三種華人流寓者服食鮮華他國賈人居久者亦尙雅潔其國人最汚穢好啖蛇蟻蟲蚓與犬同寢食狀黝黑猱頭赤脚崇信鬼道殺人者避之三日卽免罪父母死舁至野縱犬食之不盡則大戚燔其餘妻妾多燔以殉其國一名莆家龍又曰下港曰順塔萬歷時紅毛番築土庫於大澗東佛郎機築於大澗西歲歲互市中國商旅亦往來不絕其國有新村最號饒富中華及諸番商舶輻輳其地寶貨塡溢其村主卽廣東人永樂九年自遣使表貢方物明史

謹按東西洋考下港一名順塔唐稱闍婆一名訶陵元稱爪哇又元汪大淵島夷志畧稱爪哇卽古闍婆是同國異名其說已古今考元史止著爪哇



之名註云在海外其風俗土產不可考則元史亦無足援據惟明史稱太祖時爪哇闍婆二國並來貢其著二國國王之名亦不同則大淵倂而爲一似傳聞之誤茲各著其名而誌疑於此

干陁利國在海南洲上出斑布吉貝檳榔特精好爲諸國之極宋孝武世王釋婆羅那鄰陀遣長史竺留陁獻金銀寶器梁天監元年其瞿曇修跋陁羅四月

八日夢一僧謂曰中國今有聖主十年之後佛法大興汝若遣使貢奉則土地豐樂商旅百倍若不信我則境土不得自安初未之信既而又夢此僧曰汝若不信我當與汝往觀乃於夢中至中國拜覲天子既覺心異之陁羅本工畫乃寫夢中所見武帝容質遣使并畫工奉表獻玉盤等物使人既至模寫帝形以還其國比本畫符同焉因盛以寶函日加敬禮後跋陁死子毗針邪跋摩立十七年遣長史毗員跋摩奉表獻金芙蓉雜香等（南史）宋名三佛齊（明史）與占城爲鄰



所管十五州土產紅藤紫礦箋沉香檳榔椰子無緡錢土俗以金銀貿易多熱少寒冬無霜雪人用香油塗身其地無麥有米及青白豆雞魚鵝鴨頗類中土國中文字用梵書以其王指環爲印亦有中國文字上章表即用焉累甓爲城周數十里用椰葉覆屋人民不輸稅賦有所征伐隨時調發立酋長率領皆自備兵器糧糗汎海使風二十日至廣州其王號詹卑其國居人多蒲姓建隆元年九月其王悉利胡大霞里檀遣使李遮帝來朝貢五年潮州言三佛齊國蕃

商李甫誨乘舶船載香藥犀角象牙至海口會風勢不便飄船六十日至潮州其香藥悉送廣州淳化三年廣州上言蒲押陀黎前年自京迴聞本國爲闍婆所侵住南海凡一年今春乘船至占城風信不利復還乞降詔諭本國從之咸平六年其王思離咮囉無尼佛麻調華遣使李加排副使無陀李南悲來貢且言本國建佛寺以祝聖壽願賜名及鐘上嘉其意詔以承天萬壽爲寺額鑄鐘以錫授加排歸德將軍無陁李南悲懷化將軍大中祥符元年其王思離麻囉



皮遣使李眘地副使蒲婆藍判官麻河勿來貢許赴泰山陪位於朝覲壇遣賜甚厚天禧元年其王霞遲蘇勿吒蒲迷遣使蒲謀西等奉金字表貢眞珠梵夾經崑崙奴詔許謁會靈觀游太清寺金明池天聖六年八月其王室離疊華遣使蒲押陀羅歇及副使判官亞加盧等來貢方物舊制遠國使人貢賜以閒金塗銀帶時特以混金帶賜之熙寧十年使大首領地華伽囉來以爲保順慕化大將軍元豐中使至者再率以白金眞珠婆律薰陸香備方物廣州受表入言

俟報乃護至闕下天子念其道里遙遠每優賜遣歸
二年賜錢六萬四千緡銀一萬五百兩官其使羣陀
畢羅爲寧遠將軍官陀旁亞里保順郎將畢羅乞買
金帶白金器物及僧紫衣師牒皆如所請二年廣州
南蕃綱首以其主管國事國王之女唐字書寄龍腦
及布與提舉市舶孫迥迥不敢受言於朝詔令估値
輸之官悉市帛以報五年遣使皮襪副史胡仙判官
地華加羅來入見以金蓮花貯眞珠龍腦撒官皮襪
爲懷遠將軍胡仙加羅爲郎將加羅還至雍邱病死



賻以絹五千匹詔與二十六年其王悉利麻霞囉陀
遣使入貢帝曰遠人向化嘉其誠耳非利乎方物也
其王復以珠獻宰臣秦檜時檜已死詔償其直而收
之宋史洪武三年太祖遣行人趙述詔諭其國明年其
王馬哈剌札八剌卜遣使奉金葉表隨入貢詔賜大
統歷及錦綺有差其國有三王七年王麻那哈寶林
邦遣使來貢九年怛麻沙那阿者卒子麻那者巫里
嗣明年遣使貢犀牛黑熊火鷄白猴及丁香諸物使
者言嗣子不敢擅立請命於朝嘉其義命使臣齎印

敕封爲王時爪哇强已威服三佛齊而役屬之聞天
朝封爲國王與已埒則大怒使人誘朝使邀殺之亦
不能問貢使遂絕三十年禮官以諸蕃久缺貢奏聞
帝曰洪武初諸蕃貢使不絕邇者安南占城眞臘暹
羅薌門答剌西洋等三十國以胡惟庸作亂三佛齊
乃生間諜紿我使臣至彼爪哇王聞知遣人戒飭禮
送還朝由是商旅阻遏今欲遣使爪哇恐三佛齊沮
之聞三佛齊本爪哇屬國可述朕意移咨暹羅俾轉
達爪哇於是部臣移牒令以大義告諭三佛齊能省



愆從善則禮待如初時爪哇已破三佛齊據其國改
其名曰舊港三佛齊遂亡國中大亂爪哇亦不能盡
有其地華人流寓者往往起而據之有梁道明者廣
州南海縣人久居其國閩粵軍民泛海從之者數千
家推道明爲首雄視一方會指揮孫鉉使海外遇其
子挾與俱來永樂三年成祖以行人譚勝受與道明
同邑命偕千戶楊信等齎敕招之道明及其黨鄭伯
可隨入朝貢方物四年舊港頭目陳祖義遣子士良
道明遣子觀政並來朝祖義亦廣東人雖朝貢而爲

盜海上貢使往來苦之五年鄭和自西洋還遣人招諭之祖義詐降潛謀邀刼有施進卿者告於和祖義來襲被擒伏誅時進卿適遣壻邱彦誠朝貢命設舊港宣慰司以進卿爲使錫誥印及冠帶自是屢入貢然進卿雖受朝命猶服屬爪哇其地狹小非故時三佛齊比也二十二年進卿子濟孫告父訃乞嗣職許之洪熙元年遣使入貢訴舊印爲火燬帝命重給嘉靖末廣東大盜張璉作亂官軍已報克獲萬歷五年商人詣舊港者見璉列肆爲蕃舶長猶中國市舶官云其地爲諸蕃要會在爪哇之西順風八晝夜可至土沃宜稼語云一年種穀三年生金言收穫盛而貿金多也俗富好淫習於水戰地多水惟部領陸居庶民皆水居編筏築室繫之於椿水漲則筏浮無沉溺患欲徙則拔椿去之下稱其上曰詹卑猶國君也後大酋所居卽號詹卑國改故都爲舊港明史

墮和羅國去廣州五十日行貞觀十二年其王遣使貢方物二十三年又遣使獻象牙火珠請賜好馬兩唐書合抄



投和在眞臘南自廣州西南行百日乃至王姓投和羅名脯邪迄遥官有朝請將軍功曹主簿贊理贊府分領國事民居率樓閣畫壁王宿衞百人衣朝霞耳金環頻盜者死次穿耳及頰而劓其髮盜鑄者截手無賦稅民以地多少自輸王以農商自業銀作錢類榆莢民乘象及馬無鞍鞦繩穿頰御之貞觀中遣使以黃金函內表并獻方物

室利佛逝地東西千里南北四千里有城十四以二國分總西曰郎婆露斯多金汞砂龍腦夏至立八尺表影在表南二尺五寸其王號曷蜜多咸亨至開元閒數遣使者朝表爲邊吏侵掠有詔廣州慰撫又獻侏儒僧祇女各二官使者爲折衝以其王爲左威衞大將軍賜紫袍金鈿帶後遣子入獻詔宴於曲江宰相會冊封賓義王授左金吾衞大將軍

單單國在振州東南亦有州縣木多白檀王姓剎利名尸陵伽王以香塗身冠雜寶瓔近行乘車遠行乘象戰必吹蠡擊鼓盜無輕重皆死乾封總章時獻方物羅越者北距海五千里西南哥谷羅商賈往來所

湊集歲乘舶至廣州必以聞上俱同

注輦國自古不通中國水行至廣州約四十一萬一千四百里其國有城七重高七尺南北十二里東西七里每城相去百步凡四城用磚二城用土最中城以木爲之皆植花果雜木其第一至第三皆民居環以小河第四城四侍郎居之第五城王之四子居之第六城爲佛寺百僧居之第七城卽王之所居兵陣用象四侍郎分領其衆產眞珠象牙珊瑚頗黎檳榔豆蔻吉貝布五穀有綠豆黑豆麥稻地宜竹大中祥



符八年九月其國主羅茶羅乍遣進奉使侍郎娑里三文副使蒲恕判官翁勿防授官亞勒加等奉表來貢三文等以盤奉眞珠碧玻璃升殿布於御坐前降殿再拜譯者道其言曰願以表遠人慕化之誠宋史三文離本國舟行千一百五十日至廣州其年承天節三文等請於啟聖禪院會僧以祝聖壽明年使回賜物甚厚天禧四年又遣使琶欄得麻烈呧奉方物入貢至廣州病死守臣以其表聞詔廣州犒厚賜以遣之明道二年十月其王尸離囉茶印㐌囉遣使蒲

押陀離等以泥金表進眞珠衫帽及眞珠一百五兩象牙百株西染院副使閤門通使舍人符惟忠假鴻臚少卿押伴蒲押陀離自言數朝貢而海風破船不達願將上等珠就龍牀脚撒殿頂戴贍禮以申嚮慕之心乃奉銀盤升殿跪撒珠於御榻下而退景祐元年二月以蒲押陁離爲金紫光祿大夫懷化將軍熙寧十年國王地華加羅遣使奇囉囉副使南卑琶打判官麻圖華羅等二十七人來使副以眞珠龍腦登陛跪而散之謂之撒殿既降詔遣御藥室勞之以爲



懷化將正保順郎將各賜衣服器幣有差答賜其王錢八萬一千八百緡銀五萬二千兩

丹眉流國東北至廣州一百三十五程其俗以板爲屋跣足衣布無紳帶以白紵纏其首貿易以金銀其王所居廣袤五里無城郭出則乘象車亦有小駟地出犀象鍮石紫草蘇木諸藥四時炎熱無霜雪未嘗至中國咸平四年國王多須機遣使打吉馬副使打臘判官皮泥等九人來貢木香鍮鑞胡黃連紫草紅氈花布蘇木象牙召見崇德殿賜以冠帶服物

層檀國熙寧四年入貢海道使風行百六十日至廣州其王名亞美羅亞眉蘭貴人以越布纏頭服花錦白氎布出入乘象馬其法輕罪杖重罪死穀有稻粟麥食有魚畜有綿羊山羊沙牛水牛橐駝馬犀象藥有木香没藥血竭鵬沙阿魏薰陸産真珠玻璃交易用錢官自鑄三分其齊金銅相半而銀居一分禁民私鑄元豐六年使保順郎將層加尼再至神宗念其絕遠詔頒賚如故事仍加賜白金二千兩

勃泥國在西南大海中其國以版爲城所統十四州



其王所居屋覆以貝多葉民舍覆以草在王左右者爲大人王坐繩牀若出即大布單坐其上衆舁之名曰阮囊戰鬬者則持刀被甲甲以銅鑄狀若大筒穿之於身護其腹背其地無麥有麻稻又有羊及雞魚無蠶絲用吉貝花織成布其表以數重小囊緘封之紙類木皮而瑩滑色微綠長數尺闊寸餘橫卷之僅可盈握其字細小橫讀之詔館其使於禮賓院優賜以遣之元豐五年二月其王錫麻喏復遣使貢方物

俱同上

俱藍海外諸蕃國惟馬八兒與俱藍足以綱領諸國比餘國最大世祖至元間行中書省左丞索多等奉璽書十通招諭諸蕃未幾占城馬八兒國俱奉表稱藩餘俱藍諸國未下行省議遣使十五人往諭之十六年十二月遣廣東招討司達魯花赤楊庭璧招俱藍十七年三月至其國國主必納的令其弟肯那却不剌木省書回回字降表附庭璧以進言來歲遣使入貢十月授哈撒兒海牙俱藍國宣慰使偕庭璧再往招諭十八年四月至馬八兒國其國宰相馬因的



謂官人以何事至此庭璧等告其故及假道之事馬因的乃託以不通爲辭與其宰相不阿里相見又言假道亦以他事辭五月二人早至館屏人令其官者爲通情實乞爲達朝廷我一心願爲皇帝奴我使札馬里丁入朝我大必闍赤赴筭彈華言國王也告變筭彈籍我金銀田産妻孥又欲殺我我詭辭得免今筭彈兄弟五人皆聚加一之地議與俱藍交兵及聞天使來對衆稱本國貧陋此是妄言凡回回國金珠寶貝盡出本國其餘回回盡來商賈此間諸國皆有降心

若馬八兒既下我使人持書招之可使盡降時哈撒兒海牙與庭璧以阻風不至俱藍遂還哈撒兒海牙入朝計事期以十一月俟北風再舉至期令庭璧獨往十九年三月抵俱藍國國主及其相馬合麻等迎拜璽書三月遣其臣祝阿里沙忙里八的入貢時也里可温兀咱兒撒里馬及木速蠻主馬合麻等亦在其國聞詔使至皆相率來告願納歲幣遣使入覲會蘇木達國亦遣人因俱藍主乞降庭璧皆從其請四月還至那旺國庭璧復說下其主忙昂比至蘇木都



剌國國主土漢八的迎使者庭璧因喻以大意土漢八的即日納欵稱藩遣其臣哈散速里蠻二人入朝

元史

占城國在廣州之南可二千里南際眞臘西接交趾東北臨大海福州長樂五虎門張十二帆大舩西南善風十晝夜程由福州而往鍼位取官塘之山又五更取東沙之山過東甲之嶼又五更平南澳又四十更平獨猪之山又十更見通草之嶼取外羅之山又七更收羊嶼海行之法以六十里爲一更以托避礁淺以鍼位取海道國東北百里巨口曰新州港港之滸標以石塔其寨曰設比奈二夷長收之戶五六十餘港西南陸行百里爲王之都城其名曰佔城壘石爲之四方有門門有防衛其王修浮圖教王之冠三山金金鈒花冠服五色花布長衣下圍色絲帨其出入乘象或小車服以二牛其臣茭葦之冠制如王飾以金絲辨品級服冑滕色布帨上下跣足其服色元黃紫無禁白用辟其遇天詔至也王則花冠錦衣束八寶方帶腕金鐲服玳瑁履乘象出郊介而從者五百人或舞皮牌或擊鼓或吹椰筒或執兵皆夾王而趨



至則王膝行以迎其王之宫峻而廣蓋以修茏繚以垣以堊壁之宫之門以堅木雕百獸以飾其臣之居高下有制民檐過三尺用罰蓋以茅其定歲以月生晦爲一月十二月爲一歲無閏其俗午而興子而寢晝夜十更記以鼓以粉畫革爲書記性愛其首羊皮搥薄或樹皮薰黑或摺削細竹爲管蘸白粉書字如蚯蚓委曲之狀或誤觸其首即有陰殺之恨其婚禮先會於女家旬之後男之父母宗戚鼓樂以迎男婦歸則飲酒以慶其制刑五一曰杖脊杖以籐二曰剕三曰貫削木以堅木削銳樹之舟以貫罪人之後

末出於口泛水而爲警四曰烙面用之奸五曰斷手用之盜其國之怪異一曰鱷魚可以辨訟二曰屍頭蠻是食嬰孺國有大潭名曰鱷魚凡訟不決令兩造騎牛渡潭曲者鱷魚食之直者屢過不食屍頭蠻一曰屍致魚即民家女子生而無瞳子者夜寢飛頭往食嬰兒糞尖兒被妖氣即不育頭仍飛回若候飛去移其軀別處則回不得合而死民生此女不白之官除殺者罪其家其常食曰檳榔畀以蔞葉包以蠡灰食不絕口飲曰甕酒甕酒者造以飯和以藥封之甕中以生蛆爲熟凡飲則截織竹三尺竅其中插於甕人則圍坐視多寡而入水輪次以咂飲至味薄乃不入水見月則飲酒而歌其



交易以淡金以銀其利魚鹽其俗耕田其穀宜三種其畜宜六擾國之馬如驢三種黍稷稻也六擾馬牛羊豕犬鷄也其王元日沐浴用人膽以和部領獻以爲禮謂云通身是膽也其家亦以酒飲其王在位三十載則齋戒於深山一載而復位國人稱爲昔嚟馬哈剌札入山子弟攝國日齋戒而誓天曰我爲王不道願狼虎食我或病亡我期年不死仍反位昔嚟馬哈剌札乃至尊至聖之號其山有伽蘭香一曰奇南其色紅紫是產也乃海外之特品有視守以禁私採價以銀對多降香烏木國以爲薪烏木黑潤皆冠絕於他產有竹焉其狀如藉

藤色如鐵寸有三節高幾二丈名曰觀音竹有獸焉其狀如牛黑質無毫麟紋而三跲鼻戴一角其象有野水必羣而出入之青衣者則觸而死有鵝鴨其鷄足二寸紅冠白耳曲腰高尾人置掌中亦啼多梅橘甘樜椰子芭蕉子多茄瓜葫蘆有果焉其狀如瓜皮如荔支黃肉如鷄卵味如蜜子如鷄腎味如栗其名曰波羅蜜其國之隸有賓童龍國山地與占城相接其國有雙溪之澗水極澄徹有目連遺趾其居喪之事有三一曰縞服二曰設佛事薦死三曰擇地而葬



婚姻偶合是多屍致魚之妖民咸廟祀之以禳其酋長出入從以百人讚唱曰亞曰僕其衣服民俗與占城同有山焉峻嶺而方曰靈山其俗耕田曰稻山多黑紋藤杖以斗錫條易之紋疎者可一錫而三條海舶常樵汲於此或然水燈以求利涉其與占城鼎峙而望者有崑崙之山盤礴千里其北有弓鞋之嶼山之下曰崑崙洋其水不見山二十五托溝內可五十托過溝可三十五托舶之往西洋者善風七晝夜始盡此山其民漁採而食巢穴而居其狀怪而黑諺曰上怕

七洲下帕崑崙針迷舵失人船莫存又有東西竺之山東竺一案而兩與西竺亦一案而門內之水可三十托外之水可三十五托龍嵸對峙人有蓬萊方丈之稱焉土不宜穀資於淡洋男女斷髮繫占城之布其物有木綿椰簟卧之夏涼而冬暖淡洋者四周皆山有大溪焉經帶二千餘里而注於海其流清而甘過舶汲焉其田膏腴田稻民俗亦淳厚也其朝貢以三載其傳位受皇帝之封洪武二年其主阿搭阿者首遣其臣虎都蠻來朝貢詔遣中書省管勾甘桓等封爲占城國王四年遣使奉金葉表來朝貢十六年復遣子來賀聖朝節乃遣使賚與勘合文册二十四年復來朝



貢以其臣弑逆立命絶之永樂後其國與諸國皆來朝貢始定每三年一來正統後其國襲封遣使行禮其貢物象牙犀牛角犀孔雀孔雀尾橘皮抹身香龍腦薰衣香金銀香奇南香土降香檀香栢木燒辟香花黎木烏木蘇木花縢香蕪蔓番紗紅印花布油紅綿布白綿布烏綿布圓壁花布花紅邊縵雜包縵番花手巾番花手帕兜羅綿被洗白布泥明吳省曾西洋朝貢典錄

榜葛剌國在翠藍與西北可七千里一曰東印度之國地方千里由蘇門答剌而往也取帽山翠藍西北而行善風二十日至浙地之港一曰泊綮地小舟以入五百里至鎖納兒之港港有城池街市又行二十站及坂獨哇而至國其國城郭壯麗其王有大殿四方而堊飾爲閒凡九三門而入殿之柱裹以黃銅鏤以花獸其王之衣冠王之臣之衣冠俱回回製上下皆回回人婚喪一如其禮其民善富庶而淳好爲商賈其男子髡纏首白布服圓領長衫下圍色帨革履女子椎髻短衫圍色布絲綿珥寶鈿項佩瓔珞手足約以金鐲戒指其土氣恒燠其定歲以十二月國無閏刑止於流百職有印符行移掌軍者謂之巴斯剌



兒有醫師卜人星官暨百工市肆咸備其語謂之榜葛俚亦善吧兒語樂工謂之根肖速魯奈凡夙興舉樂於富貴者之家擊小鼓一人擊鼙鼓一人吹箪篥一人其音節先徐而後促舉畢則予之酒物倘伽凡欵賓以檳榔凡宴享用樂婦歌舞以娛賓樂婦之飾也服淺紅綿布之花衫下圍色絲帨肩項佩五色硝子珊瑚琥珀珠之纓絡腕約青紅硝子之釧鐲其俗有虎戲鐵索拽虎而行其戲也解索虎蹲而擄人躶以擊虎虎乃哮咆作勢與人而對躍人時掉臂於虎

口戲而畢則虎伏於地閱戲之家飼虎以肉與人以倘伽其交易以銀錢名曰倘伽以海䖍名曰考㗍其利布帛其穀宜五糧歲二穫其畜宜六擾（銀錢重官秤三分徑官寸一寸二分底面有紋海䖍計斤）其酒之品有四一曰椰子酒二曰米酒三曰桐子酒四曰茭蔁酒其布帛之品有六宓布謂之皁泊廣二尺長五丈六尺勻細而白黃布謂之滿者提廣四尺長五丈緊而密布羅謂之紗納已附廣五尺長三丈狀如生平羅布紗謂之忻曰勤搭㗍廣三尺長六丈纏首用之如三梭者謂之沙塌兒



廣二尺五寸長四丈兜羅錦謂之鷰哩鷰勤廣四尺長二丈背面有絨起可四五分其土物有珊瑚珍珠水晶瑪瑙翠羽多芭蕉子波羅蜜石榴酸子甘蔗多酥蜜多瓜葱薑芥茄蒜有駱駝有桑皮紙有木焉弱條而青葉朝花而暮斂如夜合其子如李名曰菴摩勤一曰餘甘食之已冉石毒其接天詔之日明甲馬隊千餘設於左右長廊明光甲巨漢秉劍持弓矢以侍孔雀翎之蓋百具設於丹墀象隊百設於殿上其王陞八寶座橫劍於膝迺有持銀杖者二人引導五

步一呼至中則止復有持金杖者二人引導如前其王肅恭拜迎詔勅叩首而加額其開讀賞賜之訖也是陳絨毯於殿以宴天使以牛羊為燔炙以薔薇之露諸香之蜜水而為飲其朝貢無常（永樂六年其國王靄牙思丁遣使來朝貢九年至太倉命行人往宴勞之十二年又遣其臣把一濟等來朝貢麒麟等物正統三年貢同表用金葉）其貢馬馬鞍金銀事件戧金琉璃器皿青花白磁撒哈剌者扶黑荅立布洗白苾布兜羅錦糖霜鶴頂犀角翠毛鸚哥乳香纛黃熟香烏香麻藤香及烏爹泥紫膠籐竭烏木蘇木胡椒（同上）



思吉港國蘇吉丹之訛也為爪哇屬國其中凡數聚落而吉力石其主也吉力石有王百餘歲能知吉凶國在山中賈舶僅經過其水濤而未嘗泊船彼民出詣饒洞與華人貿易華人所泊者饒洞也饒洞原野平衍以石為城其酋出入乘車車飾以金亭御四馬或八馬亦御黃犢前導百餘鹵簿皆備諸夷見王輒避匿不敢出獨女人合掌伏道旁其餘風俗多類下港云其與國為思魯瓦為猪蠻多盜故華人輒不肯駐猪蠻有次子名北極十餘歲時軀重數百觔為盜

所刼負之不能起今爲哪嗜饒洞之後爲金後山修竹成林茉莉自花不假培植人皆赤身只一紙蔽其下體種豆供飧疆者善射逐獐鹿猿猱火焙而食餞啖其肉渴飲其血佐以樹酒足跡未嘗下山（東西洋考）

文郎馬神國以木爲城城只一半餘半皆山也（按水經註稱文郎人野居無室宅依樹止宿食生肉採香爲業與人交市若上皇之民又馬文淵遺兵十餘家住西屠國不返土人以其流寓號曰馬流世稱漢子孫今之文郎馬神疑即其後而播遷茲土云云）王宮繡女數百人王出乘象或泛舟以繡女自隨或典衣或持劍或捧檳榔盤王登舟趺坐榻上繡女坐地下



與王相向或用女人刺舟威儀甚盛民居多縛木水上築屋以居如三佛齊男人用五色布纏頭腹背多裸或着小袖衣蒙頭而入下體以縵圍之初盛食以蕉葉爲盤及通中國乃漸用瓷器又好市華人瓷甕畫龍其外人死貯甕中以葬其俗不淫姦者論死華人與夷女通輒削其髮以女妻之不聽歸也女人蓄髮髮短若見華人髮許長心慕之問何以致此紿之曰我生長中華用華水沐之耳夷女競市船中水欲以沐髮華人故斬之以爲笑端焉（女人慕悅華人輒持香蕉甘蔗及茉莉花相贈不妨往復嘲謔第國禁甚嚴無敢私通者）入山深處有村名烏籠里彈其人盡生尾見人輒掩面羞澁欲走然地饒沙金夷人擕貨往市之擊小銅鼓爲號貨列地中主者退丈許深山人乃前視貨當意者置金於貨之側主者遙語欲售則持貨去不售則懷其金蹣跚歸矣隣境又有買哇柔每半夜盜斬人頭以金裝之故夜必嚴更以待

暹悶者吉里地悶之訛也其國居重迦羅之東田肥穀盛沿山皆旃檀至伐以爲薪其氣蒸人鮮不病者



地又苦熱旁午必俛首向水而坐差可辟瘴男女斷髮短衫夜卧不葢體俗亦以立爲尊夷人見王則坐地合掌無姓氏不知年歲亦無文字紀事以石片子爲記如千石則總於繩上一結亦有酋長互訟則兩造各牽羊入曲者没其羊直者仍帶羊以出結繩束矢之風其猶存於絕島乎（俱同上）

婆羅又名文萊東洋盡處西洋所自起也永樂三年十月遣使者齎璽書綵幣撫諭其王四年十二月其國東西二王並遣使奉表朝貢其地負山面海崇釋

教惡殺喜施禁食豕肉犯者罪至死王薙髮裹金繡巾佩雙劍出入徒步從者二百餘人有禮拜寺每祭用犧萬歷時爲王者閩人也或言鄭和使婆羅有閩人從之因留居其地其後人竟據其國有金印一篆文上作獸形言永樂朝所賜民間嫁娶必請此印印背上以爲榮後佛郎機橫舉兵來擊王率國人走入山谷中放藥水流出毒殺其人無算王得返國佛郎機遂犯呂宋明史

滿剌加在占城南或云即古頓遜永樂元年十月遣



中官尹慶使其地其地無王服屬暹羅歲輸金四千兩爲賦慶至宣示招徠之意其酋拜里迷蘇剌大喜遣使隨慶入朝貢方物封爲王賜誥印綵幣襲衣黃葢復命慶往其使者言王慕義願同中國列郡歲效職貢請封其山爲一國之鎭帝從之製碑文勒山上慶等再至其王益喜禮待有加五年九月遣使入貢明年鄭和使其國九年其王率妻子陪臣五百四十餘人來朝抵近郊命中官海壽禮部侍中黃裳等宴勞有司供張會同館入朝奉天殿帝親宴之妃以下

宴他所光祿日致牲牢賜王錦繡龍衣二襲麒麟衣一襲金銀器帷幔衾綢悉具妃以下皆有賜將歸賜玉帶儀仗鞍馬賜妃冠服瀕行賜宴奉天門再賜王帶儀仗鞍馬黃金白金錢鈔錦綺紗羅渾金文綺妃及子姪陪臣以下賜宴有差禮官餞於龍江驛復賜宴龍潭驛十年夏其姪入謝及辭歸命中官甘泉偕往十二年王子母幹撒於的兒沙來朝告其父訃即命襲封十七年王率妻子陪臣來朝謝恩乃辭歸訴暹羅見侵狀帝爲賜勅諭暹羅暹羅乃奉詔二十二



年西里麻哈剌以父沒嗣位率妻子陪臣來朝宣德六年遣使者來言暹羅謀侵本國王欲入朝懼爲所阻欲奏聞無能書者令臣三人附蘇門答剌貢舟入訴帝命附鄭和舟歸國因令和齎勅諭暹羅責以輯睦鄰封毋違朝命八年王率妻子陪臣來朝抵南京天已寒命俟春和北上別遣人齎勅勞賜王及妃洎入朝宴賚如禮及還有司爲治舟王復遣其弟貢駝馬方物時英宗已嗣位而王猶在廣東賜勅獎王命守臣送還國因遣古里眞臘等十一國使臣附載偕

還正統十年其使者請賜王息力八嗇息兎兒丢八
沙護國勅書及蟒服傘葢以鎮服國人又言王欲親
詣闕下從人多乞賜一巨舟以便遠涉悉從之景泰
六年速魯檀無答佛那沙貢馬及方物請封爲王詔
給事中王暉往已復入貢言所賜冠帶燬於火命製
皮弁服紅羅常服及犀帶紗帽予之天順三年王子
蘇丹芒速沙遣使入貢命給事中陳嘉猷等往封之
越二年禮官言嘉猷等浮海至烏猪洋遇颶風舟壞
飄至淸瀾守禦所救護勅書無失諸賜物悉沾水乞



重給令使臣復往從之成化十年給事中陳峻冊封
占城王遇安南兵據占城不得入以所齎物至滿剌
加諭其王入貢其使者至帝喜賜勅嘉奬十七年九
月貢使言成化五年貢使還飄抵安南境多被殺餘
黥爲奴幼者加宫刑今已據占城地又欲吞本國本
國以皆爲王臣未敢與戰適安南貢使亦至滿剌加
使臣請於廷辨兵部言事屬既往不足深較帝乃因
安南使還勅責其王尋遣給事中林榮行人黃乾亨
冊封王子馬哈木沙爲王二人溺死復遣給事中張

晟行人左輔往於廣東命守臣擇一官爲輔副以終
封事正德三年使臣端亞智等入貢其通事亞劉本
江西萬安人蕭明舉負罪逃入其國賂大通事王永
序班張宇謀往浡泥索寶而禮部吏侯永等亦受賂
僞爲符印擾郵傳還至廣東明舉與端亞智輩爭言
遂與同事彭萬春等刦殺之盡取其財物事覺逮入
京明舉凌遲萬春等斬王永減死罰米三百石與張
宇謀永並戍邊後佛郎機强舉兵侵奪其地王蘇端
媽末出奔遣使告難時世宗嗣位勅責佛郎機令還



其故土諭暹羅諸國王以救災恤隣之義迄無應者
滿剌加竟爲所滅時佛郎機亦遣使朝貢請封抵廣
州守臣以其國素不列王會羈其使以聞詔予方物
之直遣歸後改名麻六甲男女椎髻身體黝黑間有
白者唐人種也俗淳厚市道頗平自爲佛郎機所破
其風頓殊商舶稀至多直詣蘇門答剌然必取道其
國率被邀刦海路幾斷其自販於中國者則直抵廣
東香山澳接跡不絕云

謹按明史滿剌加傳稱正嘉間爲佛郎機所滅而

海語則稱佛郎機破其國王退依陂隄里佛郎機
整衆而去王乃復所云云與史稍有不同海語爲
黄衷作衷宏治間進士書成於嘉靖初據海賈所
傳見聞較近似得其詳今附錄於此
蘇門答剌在滿剌加之西永樂二年遣副使聞良輔
行寄善賜其酋織金文綺絨錦紗羅招徠之三年鄭
和下西洋復有賜和未至其酋宰奴里阿必丁已遣
使入貢詔封爲王賜印誥綵幣襲衣遂比年入貢終
成祖世不絶鄭和凡三使其國先是其王之父與鄰



國花面王戰中矢死王子年幼王妻號於衆曰孰能
爲我報讐者我以爲夫與共國事有漁翁聞之率國
人往擊馘其王而還王妻遂與之合稱爲老王既而
王子年長潛與部領謀殺老王而襲其位老王弟蘇
幹剌逃山中連年率衆侵擾十三年和復至其國蘇
幹剌以頒賜不及已怒統數萬人邀擊和勒部卒及
國人禦之大破賊衆追至南勃利國俘以歸其王遣
使入謝宣德元年遣使入賀九年王弟哈利之漢來
朝卒於京師憫之贈鴻臚少卿賜誥有司治喪葬置

守塚戶時景宏再使其國王遣弟哈尼者罕隨入朝
明年至言王老不能治事請傳位於子乃封其子阿
卜賽亦的爲國王成化二十二年其使者至廣東有
司驗無印信勘合乃藏其表於庫却還其使別遣番
人輸貢物京師稍有給事自後貢使不至迨萬歷間
國兩易姓其時爲王者人奴也奴之主爲國大臣握
兵權奴桀黠主使牧象象肥俾監漁稅日以大魚奉
其主主大喜俾給事左右一日隨至入朝見王尊嚴
若神主鞠躬惟謹出謂主曰主何恭之甚主曰彼王
也焉敢抗曰主第不欲王爾欲之即王矣主叱退之



他日又進曰王左右侍衛少主擁重兵出鎮必入辭
請以奴從主言有機事乞屏左右王必不疑奴乘間
刺殺之奉主爲王猶反掌耳主從之奴果殺王其主
遂篡位任奴爲腹心委以兵柄未幾奴復殺主而代
之其國俗頗淳出言柔媚惟王好殺歲殺十餘人取
其血浴身謂可除疾地瘠無麥有禾禾一歲二稔四
方商賈輻輳華人往者以地遠價高獲利倍他國風
俗頗類滿剌加篡殺後易國名曰啞齊

覽邦在西南海中洪武九年王昔里馬哈剌札的剌札遣使奉表來貢詔賜其王織金文綺紗羅永樂宣德中嘗附鄰國朝貢其地多沙磧麻麥之外無他種商賈鮮至山坦迤無峯巒水淺濁俗好佛勤賽祀

淡巴在西南海中洪武十年其王佛喝思羅遣使上表貢方物賜賚有差其國石城瓦屋王乘輿官跨馬有中國威儀土衍水清草木暢茂畜産甚夥男女勤於耕織市有貿易野無寇盜稱樂土焉

百花居在西南海中洪武十一年其王剌丁剌者望



沙遣使奉金葉表貢詔賜王及使者綺幣襲衣有差國中氣候恒燠無霜雪多奇花異卉名百花居

彭亨在暹羅之西洪武十一年其王麻哈剌惹答饒遣使齎金葉表貢番奴六人及方物宴賚加禮永樂九年王巴剌密頓剌達羅息泥遣使入貢十四年與古里爪哇諸國偕貢其國土田肥沃氣候常溫米粟饒足煑海爲鹽釀椰漿爲酒上下親狎無寇盜然惑於鬼神刻香木爲像殺人祭賽以禳災祈福至萬歷時有柔佛國副王子娶彭亨王女將婚副王送子至彭亨彭亨王置酒親戚畢會婆羅國王子爲彭亨王妹壻舉觴獻副王而手指有巨珠甚美副王欲之許以重賄王子靳不予副王怒卽歸國發兵來攻彭亨人出其不意不戰自潰王與婆羅王子奔金山浡泥國王王妃兄也聞之率衆來援副王乃大肆焚掠而去當是時國中鬼哭三日人民半死浡泥王迎其妹歸彭亨王隨之而命其長子攝國已復王位次子素凶悍遂殺其父殺其兄自立

南勃利在蘇門答剌之西順風三晝夜可至王及居



民皆回回人僅千餘家俗朴實地少穀人多食魚蝦西北海中有山甚高大曰帽山其西復大海名那沒黎洋西來洋船俱望此山爲準近山淺水內生珊瑚樹高者三尺許永樂十年其王馬哈麻沙遣使附蘇門答剌使入貢賜其使襲衣賜王印誥錦綺羅紗綵幣遣鄭和撫諭其國終成祖世比年入貢

柔佛近彭亨一名烏丁礁林永樂中鄭和遍歷西洋無柔佛名或言和曾經東西竺山今此山正在其地疑卽東西竺萬歷間其酋好搆兵鄰國丁機宜彭亨

屢被其患華人販他國者多就之貿易時或邀至其國國中覆茅爲屋列木爲城環以池無事通商於外有事則召募爲兵稱强國焉地不産穀常易米於鄰壤男子薙髮跣足佩刀女子蓄髮椎結其酋則佩雙刀字用茭蔁葉以刀刺之俗好持齋見星方食節序以四月爲歲首

丁機宜爪哇屬國也幅員甚狹僅千餘家柔佛黠而雄丁機宜與接壤時被其患後以厚幣求婚稍獲安處其國以木爲城酋所居旁列鐘鼓樓出入乘象以



十月爲歲首性好潔酋所食啖皆躬自割烹民俗類爪哇酒禁甚嚴有常稅然大家皆不飲惟細民無籍者飲之其曹偶咸非笑婚者男往女家持其門戶故生女勝男華人往商交易甚平

按舟車聞見錄丁機宜卽𠸄咭唎然據明史所稱則別爲一國矣

巴剌西去中國絕遠正德六年遣使臣沙地白入貢言其國在南海始奉王命來朝舟行四年半遭風飄至西瀾海舟壞止存一小艇又飄流八日至得吉零

國居一年至秘得居八月乃遵陸行閱二十六日抵暹羅以情告王獲賜日給且賜婦女四人居四年迄今年五月始附番船入廣東得達闕下進金葉表貢祖母綠一珊瑚樹琉璃瓶玻璃盞各四及瑪瑙珠胡黑丹諸物帝嘉其遠來賜賚有加

古里西洋大國西濱諸蕃要會也永樂元年命中官尹慶奉詔撫諭其國賚以綵幣其酋沙米的喜遣使從慶入朝貢方物三年達南京封爲國王賜印誥及文綺諸物遂比年入貢二十一年偕忽魯謨斯等國



遣使千二百人入貢時帝方出塞勑皇太子曰天時向寒貢使卽令禮官宴勞給賜遣還以其土物來市者官酬其直宣德八年其王比里麻遣使偕蘇門答剌等國使臣入貢其使久留都下正統元年乃命附爪哇貢舟西還自是不復至其國山多地瘠有穀無麥俗甚淳行者讓道道不拾遺每旦王及臣民取牛糞調水塗壁及地又煆爲灰抹額及股謂爲敬佛國中半崇回教建禮拜寺七日一禮王老不傳子而傳甥無甥則傳弟無則傳於國之有德者國事皆決於

將領以回回人爲之

柯枝宋梁隋唐皆入貢永樂元年遣中官尹慶齎詔撫諭其國六年復命鄭和使其國九年王可亦里遣使入貢十年鄭和再使其國連二歲入貢其使者請賜印誥封其國中之山帝遣鄭和齎印賜其王因撰碑文命勒石山上自後間歲入貢宣德八年王可亦里遣使偕錫蘭山諸國來貢王瑣里人崇釋教佛座四旁皆水溝復穿一井每旦鳴鐘汲水灌佛三浴之始羅拜而退其國與錫蘭山對峙中通古里東界大



山三面距海俗頗淳築室以椰子樹爲材取葉爲苫以覆屋人分五等一曰南昆王族類二曰回回三曰哲地皆富民四曰革全皆牙儈五曰木瓜木瓜最貧爲人執賤役者屋高不得過三尺衣上不得過臍下不得過膝途遇南昆哲地人輒伏地俟其過乃起氣候常熱一歲中二三月時有少雨國人皆治舍儲食物以俟五六月間大雨不止街市成河七月始晴八月後不復雨歲歲皆然田瘠少收諸穀皆產獨無麥諸畜亦皆有獨無鵝與驢云

小葛蘭西洋小國也永樂五年遣使附古里蘇門答剌入貢賜其王錦綺紗羅鞍馬諸物王及羣下皆瑣里人奉釋教重牛俗淳土薄收穫少仰給榜葛剌鄭和嘗使其國又有大葛蘭者波濤湍悍舟不可泊故商人罕至

錫蘭山或云卽古狼牙修梁時曾通中國永樂中鄭和使西洋至其地其王亞烈苦奈兒欲害和和覺去之他國及和歸復經其地乃誘和至國中發兵五萬刦和塞和歸路和乃率步卒二千由間道乘虛抜其



城生擒亞烈苦奈兒及妻子頭目獻俘於朝廷臣請行戮帝憫其無知並妻子皆釋且給以衣食命擇其族之賢者立之有邪把乃那者諸俘囚咸稱其賢乃遣使齎印誥封爲王其舊王亦遣歸宣德五年鄭和撫諭其國八年王不剌葛麻巴忽剌批遣使來貢正統元年命附爪哇貢舶歸天順三年王葛力生夏剌昔利把交剌惹遣使來貢嗣後不復至其國地廣人稠貨物多聚亞於爪哇東南海中有山三四座總名山翠藍嶼大小七門皆可通舟中一山尤高大番名

梭篤蠻山其人皆巢居穴處赤身髡髮相傳釋迦佛昔經此山浴於水或竊其袈裟佛誓云後有穿衣者必爛其皮肉自是寸布挂身輒發瘡毒故男女皆裸體但紉木葉蔽其前後或圍以布故又名裸形國地不生穀惟啖魚蝦及山芋波羅蜜芭蕉實之屬自此山西行七日見鸚哥嘴山又二三日抵佛堂山即入錫蘭國王所居側有大山高出雲漢產紅雅姑靑雅姑黃雅姑昔剌泥窟沒藍等諸色寶石每大雨衝流山下土人競拾之海旁有浮沙珠蚌聚其內光彩瀲



灧王使人撈取其珠故其國珠寶特富王瑣里國人崇釋教重牛日取牛糞燒灰塗體又調以水徧塗地上乃禮佛手足直舒腹貼於地以爲敬王及庶民皆如之不食牛肉止食其乳死則瘞之有殺牛者罪至死氣候常熱米粟豐足民富饒然不喜啖飯欲啖則於暗處不令人見徧體生毫毛悉薙去惟髮不薙

忽魯謨斯西洋大國也永樂十年命鄭和齎璽書往諸國賜其王錦綺綵帛沙羅妃及大臣皆有賜王即遣陪臣已即丁奉金葉表貢馬及方物十二年至京師宣德五年遣和宣詔其國其王賽弗丁乃遣使來貢八年至京師宴賜有加正統元年附爪哇舟還國嗣後遂絕其國居西海之極自東南諸蠻及大洋商舶西域賈人皆來貿易故寶物塡溢氣候有寒暑春發葩秋隕葉有霜無雪多露少雨土瘠穀麥寡然他方轉輸者多故價殊賤民富俗厚或遭禍致貧衆皆遺以錢帛共振助之人多白晳豐偉婦女出則以紗蔽面市列廛肆百物具備惟禁酒犯者罪至死醫卜技藝皆類中華交易用銀錢書用回回字王及臣下



皆遵回教地多鹹不產草木牛羊馬駝皆啖魚腊壘石爲屋有三四層者寢處庖廁及待客之所咸在其上饒蔬果有核桃把聃松子石榴葡萄花紅萬年棗之屬境內有大山四面異色一紅鹽石鑿以爲器盛食物不加鹽味自和一白土可塗垣壁一赤土一黃土皆適於用

宋腒朥國暹羅屬國其人多以耕漁爲業性情褊急其齋僧飼象與暹羅相類男蓄髮去鬚首插雉尾腰束疋帛短衣窄袴無履襪常佩刀劍女椎髻跣足短

衣長裙披帛於肩頗知紡績俱同上

翁加里亞國在波羅泥亞南物產極豐牛羊可供歐羅巴一州之用大清一統志其人彷彿蒙古衣裙甚短束縛袴襪有如行縢極穎悟習馳馬馬短頸善奔常帶彎刀長四尺在馬上舞試婦人刺繡工巧物產極豐金銀銅鐵等物取之不竭皇清職貢圖

波羅泥亞國在熱爾瑪尼亞國東其人彷彿蒙古有髭無鬚去髮有頂偏垂首後其地寒冷初秋至初夏皆衣皮裘首用皮冠好擊劍家養熊羆以供戲玩婦



人才能專持家務土產蜂林琥珀牛羊等物

亞利晚國在西洋與回回國相近天氣温和風俗淳厚戴八角帽着長衣采色相間文如柳條窄袖束腰躡革履夷婦披髮不笄以青帕蒙首背領飾金銀著長衣持盥器善女工俱同上

溜山洋國在別羅里南郝通志

亦思把罕國在大小邁蘭西

小剌哇國在古里國南

剌撒國在忽魯謨斯國南

阿丹國在剌撒國西

古麻剌國在東南海中

祖法兒國東南大海西北重山無城郭氣候常如秋王白布纏首衣青花絲帨或金錦袍靴履乘轎跨馬前後列象駝馬鼓吹

阿魯國在西南海中與九洲山相望

天方國一名天堂即西域西海盡處也有回回歷俱同上

咖喇吧荷蘭所屬地由萬山外羅新州遶陸耐國後



向南行約四日至崑崙山為越南境又南行約五日至柔佛國又南行一日至綱甲峽口又過三洲洋正南行三日為咖喇吧山名頭峙山又南行二十餘里至海峙山過此為咖喇吧大山廣袤二百餘里有城郭荷蘭番在此者約三四千人別有島番兵二三千人又有土番無來由種類也凡外番無可考者俗謂之無來由見海國聞見錄土產燕窩麝香丁香沉香落花生蔗糖咖達流連子形似柚而小孟姑生形如柿有核其味清美阮通志

廣州舶船往諸番出虎頭門始入大洋分東西二路東洋差近（周歲卽回）西洋差遠（兩歲一回）東莞縣南頭城東南海路二百里至屯門山（水皆淺日可行五十里）乃順帆風西行二里至九州石又南二日至象石（一作用東風西南行七日至九乳螺州）又西南行三日至占不勞山（在占城東二百里海中占城投罪人於此）又南二日至陵山皆占城境也陸行至賓童國一月程東去麻逸國二日程（一名摩逸去浡泥三十日程）水行一日至東西竺崑崙洋（唐書作門毒國）又一日行至古笪國則眞臘也又半日行至奔陀浪州（自古臈西五十程至眉流丹國其國東北至廣州一



百三十五程）又二日行至軍突弄山又五日行至海硤番人謂之質南北百里北岓則羅越國（一名羅斛今爲暹羅）南岓則佛逝國（占城屬國）又東水行四五日至訶陵國（今爪哇）南中洲之最大者又西出硤三日至葛葛僧祇國在佛逝西北隅之別島（疑此卽婆利）其北岓則阿羅國（一名阿羅陀今滿剌加）阿羅西則阿谷羅國（一名何羅單）又從葛葛僧祇四五日行至婆露國（一名阿魯）又六日行至婆那國（一名西文達那）伽藍洲（一名翠藍嶼）又北四日行至獅子（在西海之西鄰）其北岸距南天竺大岸百里自伽藍洲行二十日至榜葛剌

國則西天竺也一曰西印度海口有察地港天竺之西千五百里有注輦國離本國舟行七十七日歷郍勿丹山婆里西蘭山至古羅國又行七十一日歷加八山占不勞山舟寶龍山至三佛齊國又行十八日度鑾山水口歷天竺山至寶頭狼山之西王毋塚距舟所將百里又行二十日度羊山九畏山至廣州之琵琶洲離本國凡千一百五十里至廣州焉（利病書）

瓊州海口至安南四日夜　崖州至外羅一日夜

海口至叮咬爐八九日夜　至嗎哌二十餘日夜



至鹿頭四五日夜　至笨白六七日夜　至舊港十二三日夜　至蜂仔余蘭三十餘日夜　至柔佛至問來　至蘇鹿　至龍芽　至咭噫　至暹羅俱八九日夜　至嘛呐呷十二三日夜　至咖嚁吧三十餘日夜　至道道裁十八日夜　至占櫸問七八日夜　至蚊如颯三四日夜　至安問　至知汶俱三十餘日夜　至萬難四十餘日夜　至梹榔嶼十餘日夜　至此吉礁十餘日夜　至把東二十餘日夜　至吧寶二十餘日夜　至望竭仔四十餘日夜

水師圖要

西洋針路　鎮海衛太武山打水以下凡言托俱就打水言之出大担門半更船過此用丁未針四更取大小柑　大小柑橘嶼船從外過丙十五托外二十五托申未針三更取南澳坪　南澳坪山漳潮連屬遠望只一山近有三門西南邊一派沉礁丙十八托外二十五托船從外過坤申針十五更取大星尖　大星尖屬東莞縣內三十五托外四十五托坤申針七更過東姜山　東姜山對開四十五托其前爲弓雞山　弓雞山對開四十九托內外俱可過其前爲南亭門　南亭門對開四十七托單坤針五更取烏豬　烏豬山洋中八十托單坤針十三更取七洲山　七洲山七洲洋在文昌東一百里海中連起七峯內有泉舟過此極險稍貪東便是萬里石塘東之石塘海也舟犯希脫者一百三十托若往交阯東京



單申針五更取黎母山　黎母山在定安縣庚酉針十五更取海寶山　海寶山單亥針及乾亥由塗山海口五更取鷄唱門即安南雲屯海門　交趾東京東至海西至老撾南至占城北至思明府

又從七洲洋坤未針三更取銅鼓山　銅鼓山在文昌東北海極深險坤未針四更取獨珠山　獨珠山在廣州東南海中周五六十里諸番修貢視此爲準其洋爲獨珠洋六十五托坤未針十更取交阯洋　交阯洋十托坤未針取占筆羅山是廣南港口　廣南漢日南郡隋唐驩州國朝又安府

又從交阯洋未申針三更取望瀛海口入清華港　清華港交阯爲西京

又從交阯洋取小長沙海口入順化港

---

又從交阯洋坤未針十一更取外羅山　外羅山遠望成門近看東高西低傍西行四十五托丙午針三更取馬陵橋其內爲提夷交阯屬縣　提夷馬陵橋一十五托內外俱可過南有礁丙午針四更至交杯嶼即新州港口　新州港國朝爲新安府　新州交杯嶼相對故名十八托丙午針三更取羊嶼　羊嶼丙八九托外二十托南有羊角礁不可近丙午針三三更取煙筒山　煙筒山交阯占城分界處丙午針三更取靈山　靈山對開六十托單午針二更取伽俑貌　伽俑貌山港內有三嶼潮漲則不見山遠過十五托坤未針五更由圭龍嶼取羅灣頭即占城港口　占城國舟行半月程至厓州十日程　占城國羅灣頭五十托坤申針五更取赤坎山　赤坎山近二十托外十八托單申針四更取鶴頂山　鶴頂山二十五托洋中有玳瑁洲宜防若往東埔寨由此分路單庚針四更



取柯任山　柯任山自赤坎沿山行庚申針開有石燭礁在西南單庚及庚申針看風讓高收毛蠏洲　毛蟹洲六七托船頭對洲收入有三托水在淺內須見兩邊坤身頭崎　東埔寨即占臘

又從赤坎山單未針十五更取崑崙山　崑崙山非河源之崑崙單庚及庚酉針三更取小崑崙　小崑崙兩邊有礁出水庚酉及單酉針八更取眞嶼　眞嶼看成三山內過十四托泥地外過十八托沙地遠過只七八托便是假嶼水淺不可行只從眞嶼東北邊出水礁南邊過船庚戌針五更取大橫山　大橫山暹羅界分過南邊二十托爲正路北邊水淺只五托水船在南邊見小橫山　小橫山十四托辛戌針十更單戌七更乾戌十更取筆架山　筆架山山下十四托開二十托壬亥針五更取陳公嶼及黎頭山　黎頭山西高大東南稍低丙有嶼西北石排山壬

子針五更取圭頭淺圭頭淺四十托用單乾針三更取竹嶼竹嶼淺口四五托壬子針及乾
亥沿山坤申尾即暹羅暹羅在占城極南
又從崑崙山坤申及庚酉針三十更取吉蘭丹吉蘭丹即大泥港口坤申針七更
入港是大泥國大泥國即古勃泥
又從崑崙山取眞嶼辛酉針二十八更取六坤六坤暹羅屬國與大泥連
又從崑崙山坤未針三十更取斗嶼斗嶼丁午針五更取彭亨國彭亨國
單午針五更取地盤地盤山在彭亨港外外二十八托內四十四托三更至東西竺東西
竺柔佛界丁未針十更取羅漢嶼即柔佛港口柔佛國一名烏丁樵林羅漢嶼有淺
宜防往來尋白礁爲準往滿剌加從北邊過船用庚酉針五更入龍牙門龍牙門山門相對中通



船多盜南有凉傘礁中三十托北二十托南八九托又過淡馬錫門庚酉及辛戌針三更取吉里問山
吉里問山二十七托兩邊有淺乾亥針三更取崑宋嶼崑宋嶼二十五托單亥針五
更取箭嶼箭嶼三十四托乾戌針五更取五嶼五嶼中有眞假五嶼沿此山入爲麻六甲即滿
加剌
又從東西竺丙午針十更取長腰嶼長腰嶼北邊正路二十六托若往丁機宜坤
申針四更取獨石門獨石門出門單酉針過鐵釘嶼鐵釘嶼其外水急單庚及庚申針
四更至鱷魚嶼鱷魚嶼西是坤身晝南流夜北流再進由第二港入是丁機宜
又從長腰嶼丁午針十更取龍雅大山龍雅山在馬戶邊過單午針三更取饅頭嶼
饅頭嶼收入即詹卑七更可到三佛齊稱王爲詹卑國王徙居此因名七嶼七嶼從饅頭嶼駕開

丁午針三更到此又丁未針七更取彭家山彭家山坤未三更取西南第二山有沉礁取坤申
針收入舊港舊港三佛齊故都
又從彭家山辰巽針十更取進峽門進峽門丙巳針巡坤身七更見三麥嶼三
麥嶼過嶼單丁針及丁午五更單未五更取都麻橫港口都麻橫港口中望有山正路
十七托單午針十更取覽邦港口覽邦港口夷好食人無維纜者外有小嶼名奴沙牙近嶼
八九托丁午三更取奴沙剌十四托又用丁午針三更遠望錫蘭山錫蘭山港口就望見言
之去彼尙遠洋中凡五嶼正門四五托丙午針六更至下港下港爪哇巨鎮亦名順塔再進入爲
咖留吧
又從滿剌加國五嶼五嶼分路入蘇門答剌單乾針五更取綿花嶼綿花嶼第三



灣過船七八托外二十托單戌針過淺辛戌四更取鷄骨嶼鷄骨嶼對門六十六托有淺船宜
遠過朝戌針十更取雙嶼雙嶼對門三十五托門中十托即正路所經乾戌並辛戌針四更取單嶼
單嶼內十六托外四十托辛戌針十更認亞路亞路坤辛三托洋中二十托壬亥及乾亥針若
離山用乾戌針十五更取巴祿頭巴祿頭旁爲九州山單亥乾戌針五更取急水灣急水
灣西邊有灣沉礁打浪對開水二十五托辛酉針五更取啞齊啞齊國即蘇文答剌先名大
食自滿剌加九晝夜可至
又從玳瑁州丁未針三更取東西董東西董從西董過船遠似石礁單丁針五更
丁未三十更取失力大山失力大山近山坤未針五更取馬鞍嶼馬鞍嶼巽巳針五
更取搭林嶼搭林嶼正路在西辰巽針三十更取吉寧馬哪吉寧馬哪山單巳

針七更單丙六更取勿里洞山 勿里洞山丙午針十五更取吉里問大山 吉里問大
山西面坤身拖尾甚長有淺離山宜防辰巽針四更取保老岸山 保老岸山與吉里問相對
巽巳針四更取椒山 椒山沿山取磨嶼七更收入饒洞 思吉港饒洞即蘇吉丹國與
爪哇近
又從保老山乙辰針五更取吉力石港 吉力石港即爪哇之杜板村八九托乙辰
針一更取雙銀塔 雙銀塔丁未針五更取磨里山 磨里山單乙針三更取郎木 郎
木山山下有三吧哇嶼前有老古淺單卯針五更取重迦羅 重迦羅與爪哇界接單卯針
五更取火山 火山辰巽針二更取大急水 大急水乙辰針三更至髻嶼 髻嶼乙卯
針十更取大雲螺小雲螺 大小雲螺乙卯針六更單卯針七更取蘇律山 蘇律山乙辰



針三更收山取印嶼 印嶼單卯針二更至美羅港即是池悶諸國最遠處
又從吉寧馬礁往文郎馬神分路丙巳及巽巳針五更取吧哩馬閣 吧哩馬閣
即白水洋八托是正路近嶼有淺乙卯針五更甲卯五更單卯五更取三密港 三密港乙卯針二
更取龜嶼六托是正路 龜嶼稍開有石單巳針三更取單戌世力山 單戌世力山
有淺五托是正路單巳針及巽巳四更又辰巽收美啞柔 美啞柔港口前有大山是馬神國
東西洋攷
呂宋計七十餘更 宗腳一百七十更 蘇祿一百
四十更俱呂宋屬 汶來一百五十更 宋咭喇一百八
十更呂宋屬 咖喇吧二百八十更 舊港一百四十
更 蔴六甲二百六十更俱咖喇吧屬 暹羅一百四十
更 柔佛一百五十更 叮咖呶一百六十更 赤
仔一百五十更 樂昆一百五十更以上三處暹羅屬 安
南五十更 東埔寨一百一十更安南屬 東京三百
四十更 大小西洋 于係臘呂宋係在管轄 法蘭西
噗咭唎以上五處難計程途 舟師輯要
眞臘在占城西南三晝夜可抵其國 崖州志 三佛齊在占城南五日程 蘇
門答剌在占城西自滿剌加九晝夜可達 錫蘭山在南洋自蘇門答剌國十二晝
夜可達 溜山洋在別羅里南七晝夜可達 木骨都東在小葛蘭西二十晝



夜可達 古里國在溜山洋南十日可達 卜剌哇在古里國南二十一晝夜
可達 剌撒國在忽魯謨斯西二十日可達 阿丹國在剌撒西二十二晝夜可
至 天方國西洋盡處自忽魯謨斯西四十晝夜可達 崖州志

玻璃漏

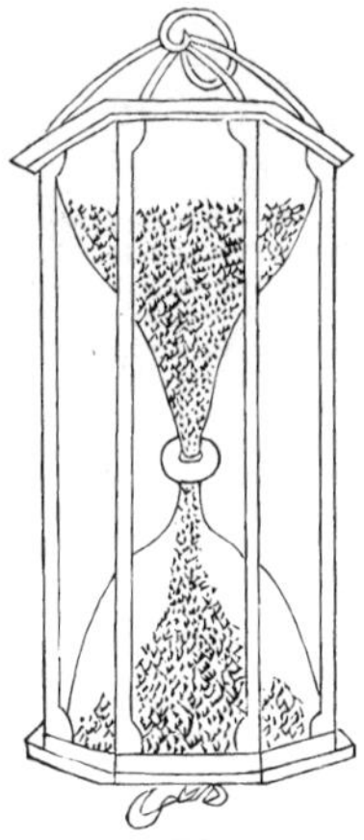

針盤

更定更法

海中船行里數皆以更計或云百里爲一更或云六十里爲一更或云分晝夜爲十更今問海船夥長皆云六十里之說爲近舊錄云以木柹從船頭投海中人疾趨至梢人柹同至謂之合更人行先於柹爲不及更人行後於柹爲過更今西洋船用玻璃漏定更簡而易曉細口大腹玻璃瓶兩枚一枚盛沙滿之兩口上下對合通一線以過沙懸針盤上沙過盡爲一漏即倒轉懸之計一晝一夜約二十四漏每更船六



十里約二漏半有零人行先木柹爲不及更者風漫船行緩雖及漏刻尙無六十里爲不及更也人行後於柹爲過更者風疾船行速當及漏刻已踰六十里爲過更 國朝徐葆光中山傳信錄 凡陸地往來有里數有程站可以按程計日分毫不謬惟洋船則不然蓋大海之中全凴風力若風信不順則船勢漸退此不可以日期定也汪洋所在杳無山影非同內洋有涯岸垵泊者比此不可以程站計也故設爲更數以定水程夫更數者洋船設一漏以貯砂砂隨漏盡則爲一更然

不得風力相稱者則又不可以計更故持木片一塊在船頭放於海中人即疾趨至船尾其木片亦即並流至船尾者此其氣力相稱即可隨漏以計更矣果有此風信晝一日夜可得十更一更可行六十里如陸路之一站也其所放木片或人走至半船而木片已先流過船尾者此其風力十分順利則爲過更數過更者過更程也其所放木片或人走至船尾而木片只流至半船者此其風信不順則爲不及更數不及更者不及程也故火長之定羅經者船頭從何字



行約有幾更該到何處下鐵錘以取泥沙則知更數之有準針道之不移或轉字與否隨其分別矣每見洋面同棹被風飄流誤收他處皆由火長錯認更數或被狂風錯認山勢或因失落器具致遭飄流之害耳故今言及更數亦皆因愚以誘愚何曾深知其徵奥耶其甚者以垵邊之船亦詢及更數夫既有垵可泊有程可考舉眼見之不問又安用此無稽之形影乎 洋船更數說 舟師輯要

廣東海防彙覽卷三十八終

# 廣東海防彙覽卷三十九



## 事紀一 晉至明

晉元興三年十月盧循寇廣州刺史吳隱之爲循所敗執始興相阮腆之晉書安帝紀

盧循攻番禺執吳隱之自稱平南將軍攝廣州事通鑑

謹按南史宋武帝紀義熙元年九月盧循浮海破廣州云云追敘之辭也

義熙元年四月盧循遣使貢獻時朝廷新定未暇征



討以循爲廣州刺史徐道覆爲始興相同上

六年二月廣州刺史盧循反晉書安帝紀七月循自蔡州退將還尋陽武帝遣輔國將軍王仲德等追之使建威將軍孫季高自海道襲番禺十一月季高至番禺克之南史宋武帝紀 謹按孫處字季高以字行南史紀稱名本傳稱字今改從畫一

高祖遣季高率衆三千汎海襲番禺初賊不以海道爲防季高至東衝去城十餘里城內猶未知守戰士猶有數千人城池甚固季高先焚舟艦悉力登岸會天大霧四面陵城卽日克捄循父擬長史孫建之司馬虞尫夫等輕舟奔始興卽分遣振武將軍沈田子等討平嶺表諸郡宋書孫處傳謹按父擬南史作父嘏

七年二月盧循至番禺爲孫季高所破將餘衆南走劉藩孟懷玉斬徐道覆於始興交州刺史杜慧慶斬盧循傳首京師宋書武帝紀

循於左里奔走而衆力猶盛自嶺道還襲廣州季高拒戰二十餘日循乃敗走宋書孫處傳

杜慧慶交阯朱䳒人也父瑗爲日南九德交阯太守盧循據廣州遣使通好瑗斬之慧慶瑗第五子



也義熙七年除交州刺史詔書未到其年春盧循襲破合浦徑向交州慧慶率文武六千人拒循於石碕破之循雖破餘黨皆習兵事李遜子孫李奕李移李脫等皆奔竄石碕盤結俚獠各有部曲循知奕等與杜氏有怨遣使招之奕等受循節度六月庚子循晨造南津令三軍入城乃食慧慶悉出宗族私財以充勸賞自登高艦合戰放火箭循衆艦俱然一時散潰循中箭赴水死斬循及父嘏幷循二子並傳首建業南史杜慧慶傳

唐嗣聖元年七月廣州崑崙殺其都督元叡（唐書武后紀）叡闇懦僚屬恣横有商舶至僚屬侵漁不已商胡訴於元叡元叡索枷欲繫治之羣胡怒有崑崙袖劍直登廳事殺叡及左右十餘人而去無敢近者登舟入海追之不及（通鑑）

開元十年八月嶺南按察使裴伷先上言安南賊帥梅叔鸞等攻圍州縣遣内侍楊思勗討之（舊唐書元宗紀）

天寶三載二月（新唐書作四月）南海郡太守劉巨鱗討吳令光閏月令光伏誅（同上）



海賊吳令光作亂寇永嘉郡南海太守劉巨鱗以屯門鎮兵討誅之（黄佐修通志）

乾元二年九月廣州奏大食國波斯國兵衆攻城刺史韋利見棄城遁（唐書肅宗紀）

宋太平興國中楊允恭掌廣州市舶自漢之後海賊子孫相襲大者及數百人州縣苦之允恭因部運入奏其事太宗卽命爲廣州都巡檢使賊有葉氏者衆五百餘往來海上允恭集水軍造輕舠掩襲其酋斬之餘黨棄船走悉殲焉賊寇每遇風濤則遯止洲島間允恭領衆涉海捕之殆盡賊皆望風奔潰（宋史楊允恭傳）

淳化二年以工部員外郎陳堯叟爲轉運使賜黎桓詔書（宋史交阯傳）

欽州如洪拙步如昔三鎮皆瀕海交州潮陽民卜文勇等殺人幷家亡命至如昔鎮鎮將黄令德匿之黎桓令潮陽鎮將黄成雅移牒來捕令德固不遣因茲海賊連年剽掠乃以陳堯叟爲轉運使賜桓詔書堯叟始至遣攝雷州海康縣尉李建中賫詔勞問桓堯叟又至如昔詰得匿文勇之由盡擒



其男女老少一百三十口付潮陽鎮吏且戒勿加酷法桓遂上章感恩幷捕海賊二十五人送於堯叟且言已約勒溪洞首領不得騷動

至道元年交州戰船百餘艘寇欽州如洪鎮畧民刼廪實而去

大中祥符三年（黄志作二年）蠻寇刼海口蜑戸如洪砦主李文著以輕兵襲之中流矢死詔督安南捕賊明年執狄僚十三人以獻（俱同上）

嘉祐四年二月交阯寇欽州（宋史仁宗紀）

熙寧八年十一月交阯陷欽州廉州宋史神宗紀
時交阯入寇知欽州陳永齡率兵固守城陷不屈
而死欽州志
紹興三年海寇黎盛犯潮州焚民居毁城去宋史高宗紀
盛初犯廣州城縱火官軍莫敢前潮循惠均受擾
害上始命申趙單韓四分統兵滅之惠州府志
五年海賊朱聰犯廣州閏二月海賊陳感犯雷州官
軍屢敗三月命廣東福建路招撫朱聰八月聰降命
補水軍統領宋史高帝紀



八年海寇陳旺攻雷州澄海將軍虞輔國與郡守議
曰海寇利於水鬭惟陸戰可挫其鋭請出戰郡守難
之將軍李憲以死請遂開南門而出自朝至午戰數
十合輔國死之憲愈奮戰至暮亦死寇不得入粤大記
慶元三年夏閏六月東莞大奚山島民作亂知廣州
錢之望遣兵殲之黄通志
東莞縣大奚山在縣南大海中有三十六嶼周三
百餘里居民不事農桑不隷征徭以魚鹽爲生紹
興間招降其人來祐等選其少壯者爲水軍使臣
一員彈壓官一員無供億寬魚鹽之禁慶元三年
提舉徐安國峻禁遂聚爲亂遣兵討捕徐紹夔等
就擒遂據其地經畧錢之望與諸司請於朝歲季
撥摧鋒水軍三百以戍季一更之蒼梧軍門志 謹按慶元六年請減戍卒之半屯於官富場後悉罷之有姓萬者爲酋長因名老萬山
初延祥寨水軍海寇畏之錢之望請於朝乞差延
祥將官商榮將兵而往大奚山人用木支格以釘
海港官軍不能入而島民盡用海舟載兵弩達廣
州城下州民散避會官船水手善跳船與賊首船



遇乃從檣上飛過斷其帆索遂不能進商榮用火
箭射之賊大敗宋王象之輿地紀勝
元至元十七年正月廉州海賊霍公明鄭仲龍等伏
誅元史世祖紀
二十一年十一月江西行省參知政事雲丹峉實擒
獲海盜黎德及招降餘黨百三十人卽其地誅黎德
以狥以其弟浩及僞招討吳興等檻送京師同上
謹按阮通志云舊志黎德本新會人元史以爲江
西盜蓋當時廣惠韶潮南雄德慶肇慶諸路皆隷

於江西行省故也
是年廣東安撫使月的迷失招諭海冦涂僑降之黄通志
泰定三年八月海冦黎三來附詔諭廣州蜑戶使復業元史泰定帝紀
至正九年海寇犯合浦逼瓊山化州路通判游宏道會諸牌兵追寇至澄邁石礶港與張友明木棄飛羅士顯等俱戰死戴璟等修通志
游宏道至正間爲化州路通判九年海寇犯合浦



逼瓊山宣慰司檄瓊廉高化四郡兵討之宏道出資三萬緡購賞統義士張友明等七百餘人會諸郡官兵追寇遇於澄邁石礶港時寇窮蹙死戰張友明等戰甚力俄而海南番兵皆赴水走諸官兵亦走寇乘勝四合宏道與友明及石龍簿木棄飛廉州同知羅仕顯俱戰死黄通志　謹按仕顯世襲武德將軍非名武德也今改正
十年海寇陳君寶作亂邑人趙光國禦之黄通志
棉湖陳君寶等作亂邑人趙光國率鄉勇禦之招脅從人民李文用等三十餘家復業六月海陽菜塘賊莫子安等水陸夾攻縣城光國日夜嚴督丁壯固守自出錢帛犒勞軍士賊夜遁
二十五年海寇麥福來等作亂牌兵王戴通志作黄子壽禦之俱同上
子壽信宜人冬十月海寇麥福來破高州城至信宜虜刼子壽率民兵戰退追賊入海以功爲高涼路同知戴通志
明洪武四年郝通志作五年五月海寇鍾福全李夫人等寇



海晏下川等地廣州左衛僉事楊璟追捕至陽江平之利病書
海賊李夫人鍾萬戶徐仙姑數於海晏下川大僭文特等地刼掠璟同指揮范懷率舟師勦捕至陽江海陵遇賊船二百艘擊敗之斬僞總兵李福全李夫人等一百七十人隨督官軍追賊至那泥港殺溺甚衆擒僞總兵陳貴等二十八人又令雷州衛千戶王清等追捕賊羅以終於潘浦殺海陵賊二百餘人於硇州獲賊首譚南受等三百八十五

人於翁家港擒賊首梁許進又令王淸同海南千戶周旺獲賊從黃三舍等五百八十三人（郝通志）

八月海賊羅子仁等寇高州執通判王名善不屈至霞峒新營遇害（黃通志）

王綱洪武初擢廣東參議至增城爲海寇曹眞所得築壇羅拜脅爲謀主綱罵之遂遇害（浙江通志）

謹案此條無年月故附載於此

十四年海寇饒隆作亂程鄉人蕭子明捕之（黃通志）

十一月趙庸討廣州海寇大破之（明史太祖紀）



二十年海賊周三寇程鄉縣邑人蕭子明討平之（利病書）

二十四年九月倭寇雷州百戶李玉鎭撫陶鼎戰死（明史太祖紀）

永樂七年四月海寇犯欽州副總兵李珪遣將擊敗之（明史成祖紀）

海賊阮瑤寇長熟林虛二巡司焚廨舍而去李珪遣雷州衛官軍追擊敗之獲賊船二十七艘生擒賊屬男婦一百六十人（利病書）

八年十二月倭賊寇廉州教授王翰死之（同上）

翰河東人任廉州教授嚴立規程教誨不倦倭寇陷城民皆逃走翰整衣冠端坐明倫堂賊至欲執之罵詈不屈遂遇害（黃通志）

九年二月倭陷昌化千戶所（明史成祖紀）

廣東都指揮使言倭賊攻陷昌化千戶所王偉等戰敗被殺軍士死者甚衆城中人口倉儲軍器皆被刼掠而副總兵李珪及領兵指揮千戶徐茂等初不嚴兵備禦賊至又不救援賊去亦不追勦罪



當死上曰此不可宥姑令捕寇贖罪如寇不獲皆斬（利病書）

四月賊犯崖州百戶[illegible]吳戰死（崖州志）

十一年二月崖州百戶尹敬等追賊至獨洲洋戰沒（同上）

十九年正月倭賊寇靖海副總兵指揮李珪禦之生擒十五人斬首五級所獲器械送北京二月命都僉事胡原充總兵官都督僉事梁銘都指揮使薛山爲副率原調官軍五千人巡捕倭寇（黃通志）

宣德元年倭犯饒平耆民陳彝擊走之黃通志

劉秀者倭夷通事也嘗引倭船入內港脅居民領貨數倍其値名曰放蘇不遂則肆剽掠至是導倭至饒平上底鄉耆民陳彝統衆擊之擒殺其酋乃遁潮州府志

八年倭犯昌化昌化縣志

正統十二年漳州海寇陳萬寧犯潮陽知縣劉洪源禦之黃通志

十四年八月海賊從黃蕭養攻廣州城不克黃通志九



月總兵官安鄉伯張安討廣州賊敗死指揮僉事王清被執死之以參議楊信民爲右僉都御史討廣東賊十二月以都督同知董興爲左副總兵討廣東賊戶部侍郎孟鑑參贊軍務明史景帝紀

南海賊黃蕭養者坐强盜繫獄夜破肘鐐而出遂逃入海正統十三年九月也招誘愚氓漸至十餘萬都指揮王淸自高州引兵赴援至廣州舟膠淺水有小艇載柴及鹽魚者奔逃若避賊狀官軍問蕭養所在伏兵突出柴中執淸盡殲其軍城中震恐明黃瑜雙槐歲抄

張安帥舟師遇賊戚船澳安方醉臥官軍不能支退至沙角尾賊薄之軍潰安溺死明史董興傳

王淸字一寧慷慨多勇略出塞累立奇功至是失利被執罵賊不屈死蕭養乘勝志氣益橫僭稱東陽王改元授僞官百餘人據五羊驛爲行宮四出剽掠粵大記

景泰元年四月廣東都指揮李昇何貴率兵捕海賊戰死五月董興擊破廣東賊黃蕭養伏誅明史景帝紀



興等進兵時天文生馬軾隨行蕭養聚船河南千餘艘其勢甚張衆欲請兵軾曰兵貴神速請兵則緩不及事以所徵兩廣江西狠兵取勝猶拉朽耳興從之三月初五日有大星墜於河南及且以所占告曰四旬內破賊必矣四月十一日興帥官軍至大洲頭與賊遇大破之信民使人諭賊降蕭養曰楊公我父母也嘗徐思之時叛蕭養者漸衆酉者不滿一千會信民卒鑑等益加招徠蕭養中流矢而臥爲官軍所擒餘黨悉平雙槐歲抄

三年夏四月海寇掠海豐新會都指揮僉事杜信與戰死之參政謝佑副使項忠遣指揮張通等往勦賊遁去備倭指揮僉事王俊有罪伏誅（黃通志）

鎮守廣東左監丞阮能副總兵董興遣杜信往勦海賊被殺復遣指揮歐信等分路追之惟王俊追至清水澳不獲還至荔枝灣海面獲白船一隻俊取其檳榔蘇木等物縱賊出洋而遁爲中監錦衣百戶許昇所發論斬（利病書）

天順二年二月海寇犯寧川守禦千戶所（黃通志）



巡按廣東監察御史呂益奏副總兵翁信備倭都指揮張通等不嚴督各衛所守哨致賊流刼寧川守禦千戶所殺虜人財其哨守地方都指揮僉事林淸不行策應俱宜究治上曰翁信等姑記其罪都察院錄狀以示俾急擒賊林淸令益執鞫之

三月廣東副總兵翁信奏海賊四百餘人犯香山守禦千戶所燒燬備邊大船上命指揮張通殺賊贖罪（俱同上）

七月海賊嚴啓盛寇香山東莞等處巡撫右僉都御史葉盛討平之（利病書）

先是啓盛坐死囚漳州府越獄聚徒下海爲患敵殺官軍拘留都指揮王雄至廣東復殺備倭都指揮杜信至是招引番船至香山沙尾外洋盛廉其實會同左少監阮能巡按御史呂益統官軍駕大船衝之生擒啓盛餘黨悉平（粤大記）

十二月海寇平（黃通志）

論功陞備倭都指揮張通按察司僉事謝瓛及官軍十人俱一級餘一百二十五人賞有差



天順三年五月廣東按察司僉事謝瓛備倭都指揮同知張通討海寇獲之

是年海寇黃于一林烏鐵等作亂潮州府知府周宣討平之（俱同上）

黃于一林烏鐵魏崇輝俱海寇正統間首亂五年殺敗海陽官軍益肆刼掠所過無不殘害知府周宣以奇計誘烏鐵等而誅之于一等肆掠揭陽縣夏嶺等二十四村皆被脅從當道檄宣捕賊宣督兵據險爲營凡七所與賊相拒四十餘日擒殺渠

魁餘賊不敢出乃令鄉儒陳驥等入賊中招之而自詣賊營撫諭賊皆釋甲羅拜乞降放回被虜男婦三十三人收大海船一百五十艘撫脅從良民一千二百三十七戶繼而山賊羅劉寗等復聚衆入海爲亂焚刼惠州府興寗長樂等縣當道復檄宣捕賊宣潛令脅從良民黃伯良等出不意擣其巢穴大破之俘陳聰馬信歐瓊等并獲妖婦羅法娘羅劉寗母妻與其男眞千等六百六十名得馬五十疋收回被虜男婦一百二十一人時湯田黃



寨等處皆從賊省臣欲乘勝盡滅之宣乞貰免共得復業戶七千活命數萬賊平當道以宣漳人漳潮密邇逋逃互相藏匿難以行事奏請調惠州宣即就道民遮留不得相與涕泣乃集二百餘人赴闕上疏乞留宣疏未上而新任太守出京矣既而海寇復大亂攻圍縣治殺指揮劉琛通判劉恭掘破海堤淹没房屋萬餘區城門晝閉官吏束手無策鄉儒陳驥等白當道曰事亟矣非周守復來不可乃檄宣至則請開城門納逃難良民凡學舍寺觀官廨皆聽栖宿病者給醫藥死者給棺櫬貧乏不能自存者賑濟之潮人大悅當道欲遽發兵宣曰不如招之俟其不服兵未晚也乃出榜約日招降至期賊駕船數百艘來皆披堅執銳宣曰若等已欲爲良何故乃爾於是投戈釋甲相與羅拜宣乃單騎親詣賊巢遍歷二十四村且慰且諭歸被擄男婦七百餘人賊船三百餘艘賊已約日入降卜於神不吉遂復猶豫使人覘之團營結砦如故宣告當道曰賊可滅矣欲降而猶豫衆不爲用矣



遂出兵一鼓而滅之潮地悉平 利病書

四年海寇魏崇輝作亂僉事毛吉討平之 黃通志

魏崇輝揭陽人初揭陽夏嶺村民多以捕魚爲業出入風濤不受有司約束尋有豪猾爭田訴於官有司檄巡檢勾攝之不服崇輝等奪舟下海合許萬七等大肆剽掠與羅劉寗黃阿山聲勢相倚九月 揭陽縣志作五年 潮州府志作七年 僉事毛吉調兵征剿崇輝伏誅擒其地賊悉平 潮州府志

六年春海賊羅劉寗寇程鄉總兵都指揮張通等討

之黃通志
賊犯程鄉總兵張通等敗之衆潰入巢副使陳濂
參政朱成引兵駐蛇坑命官招撫賊乃降惠州府志
成化元年海寇犯澄邁縣澄邁縣志
二年海寇入澄邁石礶港備倭百戶項欽戰敗同上
宏治四年東路指揮崔畢等巡海獲賊坤喇謝提等
男婦百餘陵水縣志
六年倭寇新安東莞所千戶袁光追捕於岑子澳死
之新安縣志



宏治中海寇蘇孟凱作亂潮州知府葉元玉討平之
黃通志
十八年前所百戶閻清巡海追賊至石礶港戰沒澄邁
縣志
正德二年海寇朱秉英作亂官軍滅之黃通志
上漳溪賊首朱秉英林傳聚衆刼掠大埔縣總督
檄胡僉事等征剿滅之利病書
五年海寇陳玉良等作亂安遠侯柳文討平之黃通志
賊首陳玉良梁世昌張仕錦等嘯聚程鄉縣義化

石窟等都擾害鄉邑總兵安遠侯柳文平之利病書
六年海寇李四作亂都御史林廷選討平之黃通志
賊首李四黃鏞張時旺嘯聚程鄉縣石窟義化松
源等都寇掠汀漳惠潮總督右都御史林廷選總
兵安遠侯柳文等平之利病書
八年海賊作亂指揮徐爵督千百戶杜儼等追至澄
邁東水港遇風舟覆百戶王隆溺死澄邁縣志
八月安南入寇欽州百戶謝惠禦於深水灣死之利病
書



九年十月交阯掠廉州指揮范鎧擊敗之黃通志
十一年倭寇澄邁指揮徐爵督軍追至白浦洋擊敗
之溺死無數澄邁縣志
佛郎機入寇占據屯門海澳海道汪鋐討之新安縣志
佛郎機假朝貢占據屯門海澳時肆剽掠屠食嬰
兒御史邱道隆何鼇前後具奏准行驅逐鋐親冒
風濤戰而克之所獲貲財悉賚軍士秋毫無私同上
冬十月交阯掠廉州指揮范鎧擊敗之黃通志
十二年海寇黃白眉等作亂平之同上

清遠都箭灌賊首黃白眉雷震賴英等作亂流刼
漳泉張參議等剿平之 利病書
十四年海寇金章踞饒平大金門刼南澚港官兵以
强弩射之殪其酋乃遁 潮州府志
大坭番船入榆林港知州陳堯恩指揮谷春等逐之
獲羅朝田等二十四人 崖州志
嘉靖元年新會群盜起引倭寇黃梁都沿海民多被
殺掠 香山縣志
海賊吳清寇下灣鄉 潮州府志



清柘林人入海爲盜綽號大王嘉靖元年寇下灣
鄉長樂鄉兵來援追及赤嶺乃遁三年受撫旋叛
後寇海豐大海嶺爲官兵所殺 同上
海寇叩泥金作亂平之 黃通志
泥金饒平人嘉靖中作亂流刼海陽鄉村撫盜通
判周奭討平之 利病書
二年二月佛郎機夷人別都盧寇廣東守臣捕獲上
命就所在誅之 郝通志
五年海賊吳大等作亂指揮賴俊平之 潮州府志

吳大柘林人與弟吳三聚衆十餘艘流刼海濱潮
州衛指揮賴俊督東路鄉兵捕滅之 同上
海寇曾阿三寇掠海陽知府張景暘平之 黃通志
十年海寇黃秀山等亂提督都御史林富總兵威寧
侯仇鸞討平之 同上
秀山與黎國璽皆東莞縣民乘船出海勾集潮惠
雷廉亡命屯據海島妄自稱號東西二路沿海鄉
村數被其害至是富等嚴督海道副使江艮材左
參議王積副使楊漉右參議翁磐都指揮王蘭左



參將程鑒備倭都指揮陸桓調集兵船分道夾攻
俘斬首從二百餘人秀山等戮於市 利病書
林富宏治進士任右布政故事許朝貢番舶集廣
州百貨攸賴因佛郎機之變一槩絕不與通富奏
復之嶺東賊王基僭號海寇黃秀山倡叛以次討
平 明焦竑獻徵錄
十一年海賊許折桂等亂提督都御史陶諧總兵威
寧侯仇鸞撫平之 黃通志
折桂東莞人與陳邦瑞曾本亮周廣等從黃秀山

出海爲盜秀山伏誅折桂遁交阯執曾本亮等殺之折桂復回聚黨沿海剽掠至是諸等督靖海道副使楊濂兵備僉事莫相統領官兵俘斬首從五十九人生擒周廣等戮於市折桂乞降歸脅從被擄一千七百餘人（利病書）

海寇陳邦瑞許折桂等突入波羅廟欲犯廣州爲指揮李嶅所壓邦瑞投水死折桂等降東莞編爲總甲使約束其黨五百人爲新民兵部以降賊羣聚恐乘隙爲變令解散其黨（明史陶諧傳）



十四年海賊郭老寇大埕所執致仕蘇信浮海去抵瓊州遇颶風舟將覆信拜禱風息賊驚以爲神乃釋歸（潮州府志）

二十三年海寇李大用聚百艘犯柘林下岱鄉兵竭力守禦賊潛從後澳登岸鄉人合攻之始遁是夜設伏以待曰賊再來聞鼓聲卽起夜半鼓鳴伏發賊自相蹂躪溺死無算（同上）

二十七年安南范子儀范子流等寇欽州官兵執誅之（黃通志）

先是安南都統使莫福海卒子宏瀷幼其大臣阮敬謀立其壻莫敬典范子儀謀立其黨莫正中互讐殺正中敗挈百餘人來歸子儀收殘卒遁海東至是妄言宏瀷死迎正中歸立剽掠欽廉等州嶺海騷動提督侍郎歐陽必進檄指揮俞大猷討之馳至廉州賊攻城方急大猷以舟師未集乃遣數騎諭降且聲言大兵至賊不測果解去無何舟師至設伏冠頭嶺賊犯欽州大猷遮奪其舟追戰數日生擒子儀弟子流斬首千二百級窮追至海東雲屯檄宏瀷殺子儀函首來獻（明史俞大猷傳）



三十年海賊張酋犯石矡港指揮王克振千戶俞宗禦之（澄邁縣志）

海寇何亞八引倭入寇東莞所千戶萬里死之（新安縣志）

三十二年正月海寇許棟犯潮陽（郭通志）

三十三年提督兩廣兵部侍郎鮑象賢總兵征蠻將軍蔣傳討平海賊（黃通志）

海寇何亞八鄭宗興等潛入佛大坭國糾合番船駐廣外洋沿海鄉村大被剽掠復往福建集叛亡

數千與王直徐銓方武等流刼浙江諸郡彝回廣東提督鮑象賢命巡海副使汪柏指揮王沛黑孟陽等捕之擒亞八等於廣海俘斬一百四十六人溺死甚衆餘黨散走而徐銓方武等自福建犯潮為孟陽所破斬銓於海上廣潮雷瓊等海面先後俘斬賊黨一千二百餘人磔亞八宗與武等於市(郝通志)

三十六年十二月倭由浯嶼犯潮州澄海界陷黃岡土城彝奔詔安(潮州府志)



三十七年正月倭寇自漳泉犯揭陽縣復攻饒平縣破黃岡鎮提督都御史王鈁等大敗其衆俘馘無算倭寇遁(黃通志)

先是嘉靖三十一年倭寇初犯漳泉僅二百人眞倭十之一餘皆閩浙通番之徒頂前剪髮而椎髻向後以從之然髮根不斷與眞倭素禿者別且戰雖同行退各宿食此其異也徽人汪直號五峯者始為倭經紀後統率往浙破黃巖尚書王綰家以報私怨遂至寓紹蘇松大肆焚掠總制集潮貴鈞刀手及廣州打手擊敗之直就擒其黨毛老許老等遁入舟山至是犯潮州大船十三艘其徒八百餘人皆漳泉溫紹産也突入揭陽縣大家井村刼財殺人房屋盡燬至蓬洲千戶所殺百戶李日芳等報至海道副使林懋舉先往潮州提督都御史王鈁調集漢達官兵并募廣州新會順德打手未至知府李春芳集鄉夫禦之及僉事經彦寀參將鍾坤秀統官兵至共俘斬一百七十人鄉夫之力居多狼兵沿途恣肆官不能制十月甲子倭寇三



百餘人焚其舟登岸刼惠來龍溪等村守備指揮楊簠被殺復寇海豐縣潭衝土賊從之刼洋尾凹村男婦死者數千人彝倭酋率衆千餘自漳州突犯饒平縣破黃岡鎮踞其城彦寀坤秀及春芳等率鄉夫與官兵勦之俘斬一百四十六人(利病書)

是年海賊犯澄邁副使王會遣指揮王克振鎮撫陶孟煒百戶周縉等追捕獲之(澄邁縣志)

三十八年二月倭寇自饒平間道犯揭陽縣圍其城僉事經彦寀率兵救之倭敗走南陽灣鄉夫追之斬

倭酋一人俘馘無算黃通志

十月倭從海口焚舟登岸直薄潮陽城下為鄉兵所擊不得逞肆掠鳳山錢岡諸村十一月以千餘人從達濠渡河會許朝光攻海門水哨指揮孫敏同南丹州土目莫善追至石碑澳敗之賊遁還平和等又與許朝光自海門犯潮陽縣丞范楠卿擊走之次日又有倭從分水關犯黃岡鎮通判翁夢鯉指揮李榮知縣熊昊統官兵截擊越三日屯南洋指揮馮艮佐土目莫善千戸黃昇統漢土兵分



為二哨夾擊之大破其衆奔海陽之闢望港越十日奔揭陽之蓬洲都皆為官兵所敗會王鈁遷南京右都御史以兵部侍郎鄭絅代益兵嚴討十二月倭寇海陽下外莆都越三日自平和橋移營赤寮掠揭陽棉湖寨官軍援之又有倭自福建雲霄突入黃岡越八日闢望港賊遊奕彩塘官兵邀擊斬首二十有七越七日雲霄賊與闢望賊合分刦甲子棉湖蘆清官軍皆擊破之俘斬一百八十有奇潮州府志

許朝光本姓謝饒平賊許棟殺其父擄其母育朝光為子聚衆流刦漳潮等處嘉靖三十七年棟自往日本將糾合倭奴謀大舉及還朝光迎於石碑澳伏兵舟中殺之盡有其衆據深澳之後宅築寨居之肆行刦掠後以招撫移於海陽闢望村商船往來給票抽分名曰買水後為其黨陳滄海所殺南澳志

謹按陳天資東里志滄海為龍溪諸生投許朝光頭目讒之不聽一日滄海所親至乘船往候頭目



莫應夫指為通奸細朝光怒欲殺之滄海誓無他甘罰酒示儆朝光允焉翼午會酒畢光浴於室應夫伏賊殺之滄海奔入應夫等殺滄海以塞衆議據此則殺朝光者應夫非滄海也

三十九年倭犯潮州明史世宗紀

正月賊屯潮陽貴山都指揮武尚文及鄉兵連戰皆捷賊移營古埕自闢望港往南陽登岸在籍典膳秦金與官兵合擊大敗之俘斬三百七十有奇賊潰渡河官兵邀擊之復大捷賊又渡江而來尚

文等復大敗之越十日古埕賊與官兵遇又斬二十餘級二月賊還和平沙嶺越十有二日闘望賊遁走大窖橋官兵俘斬頗多又十日賊分哨悉至官兵奮勇擊之賊大潰俘斬八百有奇四月僉事齊遇與海道參將會擊之又俘斬三百六十有奇自倭變以來軍聲於此稍振六月倭寇潮陽之桂嶼薄暮由苦竹白葉越城而入通判翁夢鯉署縣事勒兵禦之城內紳耆各領子弟傭作與賊通宵巷戰屢擢賊鋒平明鄉兵來援殺賊無算始遁去潮州府志



七月倭寇大埔知縣馬俶芳擊敗之八月倭大舉寇三河湖寮古坡邑村楓朗等鄉十一月始出境潮州府志

四十年正月朔倭陷饒平大埕所同上

先是倭陷黃岡大埕戒嚴倭移營詔安以懈之諜城中備弛選精銳五千人自東北隅入殺傳籌者倡言兵反居民閉戶不敢出平明賊大至城陷焚殺積尸塞道據城三十餘日乃去饒平縣志

八月大盜張璉林朝曦作亂詔提督侍郎張臯同都督劉顯俞大猷等討之郝通志

璉故饒平縣胥也盜官銀覺入賊中陰刻石曰飛龍傳國之寶投諸池僞與衆漁得之衆驚以爲帝王符也於是大埔賊蕭晚羅袍楊舜相與歃血推璉爲長璉自號飛龍人主封袍等爲王刼興寧長樂圍和平使晚屯木窖其黨林贊僞南靖爲聲援呂細斷汀漳官兵所出之塗袍舜出永定連城絕餉道王伯宣入海導倭夷犯潮州牽我兵不得救勢猖獗甚獻徵錄



侯大才黃眞皆海寇也分二哨大才稱海哨眞稱白哨共攻惠來清華等處白哨據漳林海哨據北山洋馬湖各爲巢穴擄男婦勒贖民不堪命四十年官兵至始懼乞降旋叛去潮州府志

四十二年正月倭犯海陽浛鄉掘發塚墓居民號哭尋犯揭陽之官溪逼南關屯潮尾村窺城數月大井鄉勇擊走之三月倭突至潮陽城下掠迤北諸村破鳳山直浦知縣郭夢得募壯士五百人拒戰義勇莊淑禮胡世和死之夢得縞衣哭奠人人痛憤五戰皆

捷賊潰散五月倭屯海上號萬衆副使劉存德統兵來援乃遁（同上）

林國顯饒平人與鄉人沈門田浪廣皆賊李大用黨大用死國顯糾餘孽與沈門由海道寇浙江黃巖縣縣人歸罪巖人徐碧溪（徐直號碧溪）拘其家屬國顯乃導碧溪至南澳後碧溪爲遊擊黑孟陽所擒國顯亦逃入倭（南澳志）至是遂導倭入寇據上底林家圍四出抄掠（潮州府志）國顯子先繫漳州獄漳守釋之使招其父遂不還勢益猖獗林鳳林逢陽皆其



族孫吳平其姪壻株連蔓引流毒閩廣二十餘年（饒平縣志）

三月官軍擊潮州倭破之六月倭犯海豐俞大猷破之（明史世宗紀）

春倭復至侍郎吳桂芳調狼兵四萬五千福兵一萬五千以總兵俞大猷統之僉事徐甫宰監軍（潮州府志）大猷以花腰蜂五百人爲前鋒倭望見花腰蜂旗幟輒股慄思遁大猷乘勢縱擊戰於洑水神山溝（海豐縣志）俘斬一千一百有奇再戰於海豐大德港

俘斬一千三百有奇賊潰下海又追斬一千六百六十有奇餘奪舟而遁忽颶風起覆溺殆盡（潮州府志）

花腰蜂者賊首伍端也四十二年總兵俞大猷以恩信招之降時倭寇二萬餘在潮惠間勢猖獗甚將士觀望不前端率其麾下一戰敗之再戰焚之一二月間除滌殆盡（花腰蜂傳　霍勉齋集）

八月海賊吳平犯惠潮詔閩廣會師討之（郭通志）

吳平糾殘倭流刼海豐轉入潮州既而閩二省會討乃退南澳福建總兵戚繼光兵先至亟攻之搗



其巢穴平間道乘小舟奔交阯其遺孽曾一本復嘯聚海上高雷諸郡咸被其擾者數年（潮州府志）

平初據南澳爲戚繼光俞大猷所敗奔饒平鳳凰山掠民舟出海自陽江奔安南桂芳檄安南萬寧宣撫司進勦遣湯克寬以舟師會之夾擊平於萬橋山下乘風縱火平軍死無算擒斬三百九十餘人參將傅應嘉言平已擒復云溺死福建巡撫汪道昆奏聞桂芳不肯曰風火交熾時何以知其必死也平黨林道乾復窺南澳（明史吳桂芳傳）

吳平詔安人短小有智畧同時許朝光林道乾曾一本諸賊皆畏憚之總兵俞大猷討平平受撫既而復叛設三城海上縱橫南澳浯嶼間嘉靖四十三年挾倭流刼惠潮等處事聞詔閩廣兩省會兵剿之平集百餘艘踞深澳築寨自守戚繼光遣兵由牢猪澳間道擣其穴平急乃以小艇渡陳塘殺兵夫奪其旗號衣甲遁出湯溪官兵追者困卧道旁以為兵也平遂乘漁舟徑奔海島南澳志

謹按志稱繼光由牢猪澳間道擣平巢穴今考牢猪澳有二一在隆澳當深澳之陽兵行動靜一望而知且去澳城三十里一在竹栖澳去平寨止里許平壘木石塞其港舟不得進所謂由間道擣其巢穴理亜難信按何敦復漢壽亭侯祠記繼光潛遣卒三千人從澳之雲蓋寺芟刈草莽且息且進一夜俘斬三千級雲蓋寺在深澳之陰故能潛師伏卒攻其無備蓋由牢猪澳而繞抵雲蓋寺也又按舊志吳平遁走繼光遣兵窮追於交阯萬安詳詔安志言平變姓名浪遊江湖有人見平鮮衣肥



馬在京浙間為大賈平炙其面無有識者後又復歸故巢掘取所藏金寶而去不知所之潮州舊志又謂在海島抱枯樹而死諸說不一附識於此

四十五年五月總兵湯克寬破賊吳平於崖州擒其妻子及頭目陳二老等陵水縣志

湯克寬邳州衛人官都指揮僉事廣東用兵命赴軍前自効從大猷大破倭海豐以為惠潮參將復從大猷破吳平平未幾復振克寬已擢狼山副總兵命留討賊俄敗之陽江烏猪洋平竄奔安南都御史吳桂芳檄安南協討遣克寬以舟師會夾擊平萬橋山下焚其舟擒斬四百人平遠竄乃進克寬署都督僉事為廣東總兵官曾一本突海豐惠來間克寬倡議撫之令居潮陽下滄地明史俞大猷傳

十二月海賊何喬林容等掠陵水復犯崖州突入大蛋港崖州志

廣東海防彚覽卷三十九終

# 廣東海防彙覽卷四十

## 事紀二 明

隆慶元年正月四日倭賊襲破廣海衛城新寧縣志

二月賊曾一本何喬等掠文昌羅頓雲樓等村陵水縣志

時副使姚世熙坐視不出三月指揮石子方招何喬及其部衆林容等引之入城喬至見兵船多復叛出子方懼追之以死誓之喬乃復歸林容等竟不就招而去九月林容犯臨高陵水同上

海寇入碣石衛林道乾黨二百人因城崩無備潛入



殺三千餘人擄三百餘人燒房屋百餘家海豐縣志

二年倭陷甲子所城惠來縣志

千戸馬壽不爲備故也海豐縣志

六月曾一本寇廣州殺知縣劉師顏七月賊入廉州

十一月命廣東福建督撫將領兵會剿曾一本明史穆宗紀

時海寇曾一本倡亂閩廣廷推劉燾總督兩廣軍務給事中鄭大經疏言頃皇上以兩廣用兵特簡劉燾爲總督顧今所患不在無燾而在任燾之未至耳臣僅條上六事曰重事權久信任寬文法聽委用廣招徠厚賞格此皆所以委任將帥而責成功也吏部覆謂兩廣經畧事宜悉如大經言而廣福接壤爲唇齒之地宜令燾兼督福建軍務庶事權歸一易於成功明徐學聚彙典

柯繩武領南頭中哨遊擊從參將魏宗翰征海寇曾一本翰統戰艦泊雷州港連環爲陣武與指揮李茂才陳不可翰剛愎不聽卒被火攻茂才戰死賊乘勝突向省會時我兵新敗諸將倉皇畏縮武



獨率所部拒之賊衆我寡奮勇邀擊歿於陣廣州府志

三年三月曾一本陷碣石衛裨將周雲翔殺參將耿宗元叛附於賊明史穆宗紀

先年倭犯海豐巡撫熊桴趨惠州遣參將王詔耿宗元分兵往禦倭至宗元部將周雲翔先遁宗元欲斬以徇雲翔懼夜帥其衆二千餘襲殺宗元并執通判潘槐投倭槐在倭中乃用間倭巢執首惡廖鳳以獻又戮叛黨四百餘人蒼梧軍門志

總兵郭成追倭至金錫不及

海寇曾一本欲窺廣城復誘倭徒擄大鵬所爲援大鵬所在東莞海濱倭取道海豐經平山欲往大鵬迷失道取鄉人爲導鄉人誤以爲欲往博羅之大蓬灑也領之由鐵岡渡沿途經小埔村伊岡佛嶺鐵場皆罹害既而過增城阻沙子水不得渡會徵廣西閩浙兵三萬人討山寇副使江一麟申威張子宏議且移事倭總兵郭成將而前擊倭倭既窮乃盡銳以迎我師我師敗績倭亦遁還鐵岡出白雲屯參將謝潮追之斬數十級至金錫郭成又追之倭寇遂入海奪船而去海豐縣志



八月廣東賊曾一本伏誅明史穆宗紀

時倭患尚熾提督侍郎張瀚調參將蔡汝蘭帥師三千五百人討之執雲翔等磔於市郝通志

李錫歙人元年爲福建總兵官海寇曾一本橫行閩廣間俞大猷將赴廣西總督劉燾令會閩師夾擊一本至閩錫出海禦之與大猷遇賊柘林澳三戰皆捷賊遁馬耳澳復戰會廣東總兵官郭成率參將王詔等以師會萊蕪澳分三哨進一本駕大舟力戰諸將連破之燬其舟生擒一本及其妻斬首七百餘死水火者萬計時廣寇惟一本最强錫大猷成共平之而錫功最鉅論功加都督同知明史李錫傳

是歲潮揭林樟賊郭明等依憑海賊作亂總督左都御史劉燾討平之蒼梧軍門志

郭明潮陽賊也踞林樟海賊陳一義應之流毒二十年民不聊生乃命僉事楊芷副使江一麟總兵郭成分兵進勦郭明拒敵斬之於陣餘黨遁入山各官兵焚其巢移師北山洋馬湖二寨賊胡一化



陳一義與官兵拒敵以計擒之斬首五百四十餘級奪回所擄男婦一千三百餘人潮州府志

四年正月倭入廣海衛城明史穆宗紀

先年十一月倭寇二百餘從西海登陸寇海晏雙門諸村譎戍奸人朱衣盧榮等怨衛所官遂搆藤峒賊邱樂閑輩五百餘人連倭攻城值旗軍上梧州班正月六日五鼓衣滅火殺人賊從城西南入千戶甯紹傑棄城遁指揮王正鎮撫周秉唐戰敗

死之百戶何蘭亦戰死郝通志

二月肇慶府同知郭文通帥師追倭於廣海敗績倭據廣海衛四十六日殺戮三千餘人官民房舍焚燬殆盡比退文通督狼兵浙兵追之兩軍不和故敗俱同上

許瑞澄海人曾一本甥也一本死瑞收其餘黨沿海剽掠西至惠廣隆慶元年劇寇攻廣州招瑞殺賊贖罪大破洋盜於虎門總督嘉其能遣歸潮州

四年三月入居溪東寨數與魏朝義爭海利相仇殺乃徙海豐墩下避之瑞死頭目林奇才領其衆潮州府志



四年秋八月倭合山寇掠電白鄉村都指揮白翰紀帥師禦之不克而還電白縣志

先是倭奴四十餘人自蓮頭登岸東奔至於佛子屯通判夏宗龍領募兵三百餘人追之敗績而還參將馬艮滙領兵至自陽江遇於漂竹與敵不克後又有倭百餘自北津來合而山寇黎汝誠亦率其黨千餘與之合於高岡因引入山勢遂大熾襲

城陷之蔣曉及指揮范震李日喬張大成千戶王朝相皆棄城走指揮張韶死之時倭奴二百餘自雙魚所登岸焚舟攻雙魚不克止之直抵電之莊垌時十二月二日也偃伏不動城中疑之知縣蔣曉稱疾不出掌印指揮范震亦無防備明日有報倭縛長梯將登城者衛縣皆不信是日城大陷賊由東北及西北入殺人於城人始知城陷指揮范震李日喬張大成千戶王朝相各棄城逃指揮范張韶抗敵死之十三日又有倭三百人至電與之合居城中者二十三日大肆屠戮時土人參將黑孟陽統兵劄船白蕉港坐視倭寇陷城按兵不舉且乘倭去率兵擄掠故大守吳公首揭之分巡李某聞電城陷亟遣郭文通帥師來援抵陽江聞賊尚居電白城中觀望不進及聞賊退卽馳報云兵攻城與賊大戰挫其鋒棄城池矣初文通之至陽江也遇倭於紅花根其兵敗至是取兵頭顆數十報功焉參將陳濠自吳川引兵入於高州府陳濠原駐電城九月二十日有倭二百餘由赤水登岸

直趨府城濠帥師追至黑蔴敗之賊遂遁入於化州同上

倭陷廣海衛危及新會知縣林會春乘城葺備累石堅柵捍之仍檄居民各自爲守備倭聞引去郝通志

五年正月倭賊攻新寧城不克十月復攻城亦不克

十二月敗倭賊於那西新寧縣志

是年倭賊攻大鵬所舍人康壽栢禦之時所城被圍四十餘日賊具雲梯泊城柏呼衆堅守有登陴者手刃之卽碎其梯圍乃解新安縣志



六年正月許萬載犯澄邁殺數百人復入新安港攻臨高澄邁縣志

臨高典史林邦達厲兵負土塡大橋障水灌之賊環而東卽併力東守屢戰却賊已而賊乘夜登城邦達飛石殺其梟帥守兵應之賊潰走斬獲百餘人瓊州府志

二月倭寇廣東陷神電衛大掠山寇復起閏二月倭寇高雷官軍擊敗之明史穆宗紀

往年倭患惠潮爲甚民嚴備之而有司防守加密

故倭遂西向神電錦囊相繼陷没遐邇大震殷正茂涖蒼梧甫浹旬卽率兵而東檄總兵張元勳引兵赴之檄僉事李材許孚遠參政江一麟副使陳奎吳一介參議周鳴塤各帥所部以從以參將陳濠晏秋元等將之仍屬僉事李材監其軍賊披靡四奔官軍窮其所往斬首千餘級倭患平蒼梧軍門志

殷正茂隆慶時提督兩廣軍務時倭數爲害正茂議守巡官畫地分守而徙瀕海謫戍之民於雲南川湖絕倭嚮導乃令總兵官張元勳參政江一麟



等先後殺倭千餘以次盡平諸盜以功累加兵部尙書兼右副都御史倭復犯電白正茂剿殺千餘人嶺表畧定明史本傳

李材嘉隆間爲廣東僉事倭五千攻陷電白大掠而去材追破之石城設伏海口伺其遁而殲之奪還婦女三千餘會奸人引倭自黃山間道潰而東材聲言大軍數道至以疑賊而返故道迎擊盡殺之又追襲雷州倭至英利皆遁去降賊渠許恩於陽江明史本傳

先是海寇登北岔港掠男婦數千徐聞王言率鄉兵追躡悉奪還斬賊首是時倭復逼城言與陳邦傑禦之邦傑戰死言愈奮勵整率行列用火器連斃二賊圍遂解郝通志

是年海賊首鄭大漢許俊美久作亂提督兵部右侍郎殷正茂討平之蒼梧軍門志

先是鄭大漢橫行海上是年春乘倭警與楊老仔等刼掠瓊崖夏倭平大漢始開洋東上避兵吳川陽江所至荼毒督府下令海道副使劉穩受計征



倭海兵把總吳天賞等率撫兵追至樓肚澳連戰敗之許俊美者林容黨也猖獗高雷時出没於陽電間天賞等追之率衆遯吳川肆刼督府檄劉穩整兵付參將白翰紀往援次廣海颶風敗舟俊美突入馬頭背內地訌然督府震怒屬劉穩暨監軍副使吳一介將章程新修三寨船募兵二千以參將晏繼芳領之令劉穩登舟調度仍促白翰紀吳天賞等舟師東上夾擊於是新兵倏集士氣奮揚白翰紀初戰於竹洲老萬山晏繼芳再戰於三竈

洋吳天賞等兩捷於三洲洋荔枝澳俘斬三百餘人焚溺者倍之俊美爲其黨所殺吳天賞俘鄭大漢獻軍門身長八尺磔於市同上

賊李茂由陵水直犯萬州海北道許孚遠引兵禦之陵水縣志

先是茂爲高卓挫敗已有降意至倭賊入鹹水港沉舟登岸茂遂統大綜至倭遁之三亞奪船出洋悉爲暴風所覆茂即令人告招降斬獲倭解陵水以自解



萬歷元年四月詔赦李茂俱同上

李茂以倭級來降海北道許孚遠許之自李茂歸降之後西寇潛遁瓊海寢兵幾三十載澄邁濱海之民始獲安全然李茂雖累有殺賊之功而奸徒蠅附勢焰日盛利在珠池操舟犯禁海洋行刼日夜不絕遂基剿澳之禍澄邁縣志

是年冬海賊掠潮陽縣丞黃時春奉檄往撫賊留之不返潮陽縣志

二年三月潮州叛賊朱良寶作亂提督右都御史殷

正茂討平之（蒼梧軍門志）

潮州賊林道乾之黨朱㫐寶既撫復叛襲殺官軍掠六百人入海再犯陽江敗走乃據潮故巢總兵張元勳積草土與賊壘平用火攻之斬首千二百餘級遺孽魏朝義等四巢亦降𠌫與胡宗仁共平㫐寶黨林鳳惠潮遂無賊（潮陽縣志）

十有二月倭陷鈎鼓衛雙魚所

雙魚爲臨海孤城接寡兵孱守者見倭薄城下惶亂失恃遂爲倭所據提督殷正茂震怒總兵等官



逗令戴罪徂征時總兵張元勳監軍副使趙可懷參政劉志伊僉事石磐參將梁守愚官兵四集設伏夾剿（蒼梧軍門志）破之於五藍斬首八百餘級悉擒之（電白縣志）

石磐嘉靖丙午舉人兩廣倭亂磐爲嶺南僉事至肇慶倭陷雙魚所雷廉大震磐躬督將士出戰復雙魚斬首一千五百生擒四百人追餘賊於牛牯墩富林鐵場悉平之（福建通志）

三年倭犯電白（日本傳）

海寇林鳳突入廣澳總督兵部左侍郎凌雲翼擊走之（蒼梧軍門志）

林鳳擁衆數千流刧海上爲官兵所逐因奔外洋攻吕宋玳瑁港築城據守且修戰艦謀脅番人復圖內逞福建巡撫劉堯誨遣人諭吕宋國主集番兵擊走之巢船燒燬賊衆大挫至是又從外洋突入廣澳雲翼乃檄張元勳趙可懷追剿之與福建總兵胡守仁兵合追至碣石俘獲八十餘人復追至淡水洋焚沉二十餘艘鳳走遯外夷不知所終



（同上）

看得福建道御史孫　具題前因大率謂廣賊林鳳數年流毒地方極其兇慘奉旨夾剿奔遯吕宋夷國及閩省遣人諭夷計擒近復奔歸廣海再肆焚刧閩兵追擊衛溺擒斬過半且兩廣總督凌雲翼亦經責令官兵追剿誠與福建巡按劉某意見亦同使潮州道參政金淛肯嚴督官兵夾剿滅此無難乃專主招撫阻回閩師致賊藏滅無期即今林鳳或逃或存俱無的息倘兵力稍緩林鳳或復招納叛亡伺隙再逞閩省之患無已要行兩省督撫諸臣嚴督官兵舉發舟師刻期會剿務得鳳賊殄滅毋恃招撫致貽後患一應功罪侯事平兩省巡按御史勘明另行具奏各一節爲照除惡務去其本猶斬草必除其根今林賊之惡亦甚矣豈有再行招撫不加芟除之理況已題奉欽依責令閩廣官兵同心搜剿自當欽遵行事該道復行主撫阻回閩師則是故違明旨法當參論又不但申

飭夾剿而已但查先該廣東巡按御史馬應夢疏
稱據該道揭報林鳳絕無悔禍之心在我當專剿
補之策必其主剿已有定論茲復阻回閩師者得
非以向背無常兵法譎正互用當林賊殘黨潛回
被閩師追擊過半餘船四散奔潰殆若傷弓之鳥
見曲高飛使不招而致之茫茫大海末繇踪跡卽
欲夾剿計無可施以此塵魔坐使師老財匱亦非
良策其意或在於此然必撫之而殲厥渠魁散其
脅從可也若始則誘之繼則撫之末又不能遣散
聽其黨類相從團結如故眞若厝火積薪貽害將
來何所紀極旣該福建巡按官具題前來相應再
行申飭合候命下移咨兩廣總督侍郎凌雲翼嚴
行總副參將潮州道及兵巡海道各官務要整頓
舟師遵照前旨與閩中官兵無論閩廣海洋遠近
島夷務將林賊窮搜盡剿永除禍根不得故主招
撫阻三軍之銳氣間有已招者仍應散歸原籍各
取本里收管復業當差勿得隱忍聽從團聚自貽
養虎之戒仍移咨福建巡撫劉務遵夾剿舊議以



成全功勿以該道爲辭聽各官兵逗遛觀望其中
一應功罪移咨都察院轉行廣福巡按御史於事
平之日查叙題參施行　明郎中吳
與言題請剿海寇疏　大埔縣志

四年冬副總兵張元勳破倭於廉州

十一月倭賊攻永安所城指揮張本固守遂掠海
川營及新寮閘兵備僉事趙可懷禦之勢益猖獗
殺狠目韋眞官軍不能制十二月副總兵張元勳
追襲於廉州香草江大破之　利病書

是年海賊馬志善李成降　蒼梧軍門志

馬志善李成賊首林鳳黨也鳳逃奔外夷志善與
成懼先後請降督府凌雲翼乃檄同知楊士中逐
名給票解散回籍賊屬艚船器械入官

五年倭寇突外洋滅之

日本薩子馬國賊合黨三百舟二十餘至温州南
兆外洋風擊舟壞散奔有倭丹俄帥四十餘人奪
白艚突犯大鵬外洋海道副使孫光祖參將胡震
督兵追剿至九洲洋賊懼棄舟登黃楊山叢林中
拒敵我兵奮勇生擒三十三人斬級六奪其舟械
俱同上



唐鯉欽州人五年任思明教授攝上石西州事值
倭寇破欽與思明同知率土兵千餘禦之所過雞
犬不驚　郝通志

六年夏六月海上逋寇百餘人叛自外夷至海口權
領潮州參將金丹將兵禦之賊遁去　潮州府志

先是南澳副將扼設方調集水師屯海上會賊至
金將軍計曰南澳兵扼其衝而我固守以防奔突
賊可擒矣及諜之水兵固無戰意賊佯乞降輒以
安撫爲辭於是賊竟揚帆去或以讓將軍將軍嘆

曰使毋得隸水兵詎令賊生還耶葢是時將軍所部者陸兵也乃修靖海海門二城并築營蓮花峯下為海門南障因名曰蓮花上其狀於鎮巡諸大吏咸以為能初客兵無汛地往往雜處民廬潮人苦之至是營立而兵民始分海口屹然成巨鎮矣（明林大春蓮花營碑）

六年八月賊林道乾犯陵水兵道舒大猷走之

林道乾大艘至聲言欲攻李茂駕十餘艘由清瀾入萬州入陵水縱掠兵道舒大猷自將兵沿海勦



補道乾遁去（陵水縣志）

道乾惠來人少為縣吏機變險詐性嗜殺所過無不殘滅舟泊處海水盡赤潮汐為之不至先是嘉靖四十五年三月攻詔安山南廐下等村都督俞大猷逐之遁入北港（北港在澎湖嶼東北萬歷末年始通商賈稱臺灣）大兵不敢進留偏師駐澎湖守之道乾不樂居北港遂恣殺土番取膏血造船從安平鎮二鯤身遁占城復回潮州擄掠如故既而就撫安插潮陽下尾鄉（今潮陽招收都）猶與曾一本聲氣相應每招募無賴入予一金致十人者予三金即以其人統之由是附者日衆連年刼惠來龍溪都又犯海豐石帆都有朱艮寶魏義莫應敷者亦海盜與道乾相應時因地方多事勉為招撫既就撫道乾據招收都艮寶據南洋寨朝義據大家井應敷據東湖寨殺掠如故（潮州府志）

八年海防同知周希尹遣兵討老萬山賊平之

先是嘉靖已已賊據老萬山為害備倭指揮孫敖以海道林懋舉命征之遁去後復聚刼掠船隻海



防同知周希尹討破其穴而還（新安縣志）

十年六月梁本豪引倭犯廣東總督陳瑞集引軍擊之沉其船百餘艘（明史日本傳）

黃應甲以總兵官鎮廣東蜑戶蘇觀陞周才雄招亡命數千人縱掠雷廉間應甲率五軍並進生擒觀陞才雄斬首四百餘級其黨縛酋長陳泉以降未幾梁本豪亂本豪故曾一本黨亦蜑戶也一本誅竄海中習水戰遠通西洋且結倭兵為助殺千戶掠通判以去總督陳瑞與應甲謀分水軍二南

駐老萬山備倭東駐虎門備艚別以兩軍備外海兩軍扼要害處水軍沈艚舟二十生擒本豪諸軍競進大破之石茅洲賊復奔潭洲沙灣聚舟二百及倭舟十相犄角諸將合追先後俘斬千六百有奇沈其舟二百餘撫降者二千五百他倭犯瓊崖應甲斬首二百餘奪其舟 明史李錫傳

總戎兩湖黃公庚辰來總廣東之兵歲壬午三月大司馬文峯陳公蒞兩廣公上封事曰廣之蛋賊爲患久矣失今不治必爲將來莫大之禍此賊結黨數千出没海島操舟疾如閃電入淵號爲水獺其强如此雖船居踪跡莫定投托岸上豪家爲之窩主事露則賄買里排結曰良善其横如此耳目



甚長兵巡府縣吏書皂卒無一處而無其人少有消息晝發夕知其狡如此被追急迫則捨舟登岸投入人家男婦擁護且譁曰妄捉平民而追者或得反坐其險如此是以數十年來莫肯捕詰間有任者飛語危言遭中傷去矣因列其近年罪狀曰臥榻之患當早撲滅督府是之乃上疏請一如公議夏六月集兵選將自副總以下悉屬公調度分布各將碁列洋海之內外七月入夜躬帥舟師與海道朱存公出彼羅初十日遇賊於獅石海面賊勢猖獗徑趨海道舟公望見曰事急矣麾兵前援以小舟翼海道過已舟乃更大戰自卯至酉賊大敗連日追北前後斬者縛者俘其男女及投降者四千餘人十八日班師 賀黃總兵序　霍勉齋集

十八年賊李茂餘黨掠海上海康所千戶孫瑚率兵往禦死之

瑚掌所印時賊李茂餘黨殺掠海洋瑚率兵往禦自卯至申斬賊四千餘級舟退忽颶風起陷陣而殞 郝通志

節齋劉公鎮粵之明年計擒李茂陳德樂二酋下之理念餘黨或悔禍解散猶可無煩天誅乃稔惡不悛更爲封豕蹂躪海間勢張甚公獵纓語曰此猶得喣嫗治乎遂上便宜部署方略檄橫海諸將軍率下瀨戈船夾兵討之公登壇發號親厲士氣巡軍甫七旬上功幕府賊黨盡平 嶺南平寇贈言錄序　碧山學士集



二十六年四月倭犯柘林碣石惠潮兵備副使任可容敗之

閩中劇盜引倭夷千餘人犯柘林碣石舳艫相望任可容條議勦賊事宜檄督將卒分布沿海汛地嚴禁漁人出洋以杜接濟募勇士陳聰魏大亨等運籌設伏委二指揮一赴柘林一赴碣石刻期督功賊知有備不敢發五月十二日有閩客販米五舟自吳川歸至碣石爲賊追刼各商赴汛兵求援

汎兵遂擒五十五人爲盜遊擊顧某拷訊誣服以奇功報可容疑之檄惠州海防同知鞫訊所服與初報異可容誓神覆訊行查吳川米行及各商原籍知其冤力爲昭雪五月十八日寄令勇士陳聰爲漁舟誘賊賊果追伏兵齊發生擒眞倭六賊酋八斬倭首三十五級奪器仗無算（潮州府志）

二十九年四月倭寇吳川五月寇雷州六月寇廉州參政盛萬年殲之

盛萬年萬歷進士歷遷廣東參政分守嶺西辛丑



四月倭寇吳川邑故濱海憑限門爲天險閩有海舶名白艚者往來貿易奸徒勾倭藏其中入限門登陸焚刼萬年購義勇配狼兵協力出戰賊宵遁五月倭大舉寇雷州萬年在高州聞報曰高雷相去六百里從陸往賊必知之非拒則遁若從海道一日可至出其不意必成擒矣乃料戰艦六十艘揚帆抵雷倭方據民廬轟飲官兵從市口撤屋而焚之賊奔突不得出殲焉六月倭寇廉州萬年又令遊擊黃令拒之俘馘五十沉其艨艟二自是賊不復寇粤（浙江通志）

三十五年十二月安南賊犯欽州（明史神宗紀）

交阯賊翁富搆黨乘小舟百餘衆數千人經龍門入欽州城陷百戶呂朝炯越城走吏目袁挺然被執學正李嘉諭罵賊死雷廉副府楊應春領兵至望州嶺而還（利病書）

三十六年總督兩廣御史戴燿督安南都統使黎維新討翁富平之（郡通志）

是年交賊復寇欽州守備祝國泰百戶孔榕禦於龍



門港大戰死之哨官朱子連戰於南屯之朱家港亦死之賊圍州城同知曾遇指揮黨宏謨射退之（廉州府志）

祝國泰餘姚人武進士管潿洲中軍萬歷三十六年正月二十六日交阯船二百餘復寇欽州至龍門泰領兵衝之殺賊百計賊勢披靡明日益衆來圍士卒以衆寡不敵爲言泰厲聲曰龍門乃欽之咽喉萬有一失不重誤欽人乎寧死無退與孔榕並力迎戰從辰至未力戰不休會潮漲船膠遂遇害剖腹焚屍（欽州志）

四十七年海寇袁進掠潮州副使梅之煥握海道招散其黨率降之（明史本傳）

袁進同安人李忠龍溪人糾黨數十艘流刼閩粵間四十七年已未犯南澳副總兵何斌臣調南澳遊兵船合䑸彭山防倭二哨兵船合䑸雲益寺柘林寨兵船合䑸廣澳三面犄角出奇設伏又於淡水處置毒賊不得水大困屯白沙湖後受撫（南澳志）

四十八年海寇褚綵老犯揭陽三月林我鵬犯廣澳官軍敗之



綵老連䑸分南北二隊犯揭陽焚刼無算縣令馮元颺禦之四月復至七月又至九月犯澄海署縣事程鄉縣主簿冉艮翰禦之賊退明年復犯揭陽颺禦之大創而遁（潮州府志）

林我鵬同安人聚衆與袁進李忠合袁李就撫我鵬逸去萬歷四十八年庚申三月突犯廣澳副總兵何斌臣督官兵連敗之獲其繒艚船二神虎銃一生擒其黨二十我鵬喪魄遁南澳之烏猪嶼四月死於疫把總繆宏緒王邦雋等追剿斬賊首總管老李新老大功老生擒賊首詹八老長老等四十一名餘黨盡殲於烏猪外洋（南澳志）

天啟三年紅毛彝蘭入大船二隻帆檣蔽空由佛堂門入泊庵下知縣陶學修親率鄉兵持兵器往豁西等處防守乃去（新安縣志）

六年海賊劉香焚刼惠來都現龍頭鄉（惠來縣志）

七年七月海賊寇廣東（明史熹宗紀）

崇禎三年正月海賊八十餘艘犯揭陽城知縣馮元颺用紳士議却之



時海賊用佛郎機大銃攻城詹事郭之奇與諸紳議分城戰守城中七十四廠般夫二千餘人另募壯士一百四十餘人殺一賊給銀二十兩十九日開北門與戰諸生范應龍鄭祖紹與焉賊退二十日賊突犯西關諸生黃夢選同哨練王勝鄭權等開門用大銃直衝賊陣賊創遁去三月二十四日流賊自長樂入境時豐政賊葉阿婆張文斌等乘勢並入延刼藍霖二都進逼縣城詹事郭之奇捐貲募壯士與知縣馮元颺率兵逐之追至上陽村

入長樂界克之救回被擄男婦無算揭陽縣志

閩賊李芝奇聯舟數十突入南港犯澄海縣令吳戴鰲禦之建銃城於溪東以扼舟師之路副使謝璉檄參將鄭嘉謨征之俘馘三百有餘芝奇弟爲鄭芝龍所擒磔諸市潮州府志

是年艚賊李魁奇入寇參將陳珙死之

艚寇百餘隻闌入珙督寨兵禦之於佛堂門外擒七艘馘之賊忿直至南頭海珙以兵少不能禦入城賊因登岸設雲梯攻城守陴者燒大銃斃賊首



折其梯賊乃解去南頭地方盡被焚刦巡撫乃發金八百給官兵及民之被殺者時賊勢愈熾移泊電白蓮頭港巡撫令珙統烏艚及寨船百餘艘出剿珙忌同事者分功督大船自爲前鋒一鼓而敗珙因死焉新安縣志

六年二月海寇劉香寇新安閩撫將鄭芝龍敗之

香乘風突入直泊虎頭門殺死守銃臺兵遂抵省河下芝龍帥師出剿戰於赤崗破之賊乃遁去同上

七年正月海寇劉香廹惠來縣城焚刦西南二關惠來縣志

夏四月丙辰海寇劉香逼海豐城署縣海防黃朝選畏威許撫始退海豐縣志

葉高標海豐吉康人戊辰進士晉禮科都諫海寇劉香廹海豐大吏勦撫未決高標亟移書當事謂必移兵海豐嚴爲之備及寇平弟請命專鎮墩下固全粵之咽喉絕餘孽之窺伺紅毛舶邀通市高標慮挑釁貽害上疏力言不可狀郝通志

五月劉香復寇新安



五月二十日賊二百餘艘泊南頭時總鎮鄧某督兵禦之生擒數賊賊遂揚帆刦新會之江門七月初三日復入南頭會颶風大作兵乘風擊之賊敗而去新安縣志

八月海寇劉香圍攻石橋場不克

時城長盧體荃廩生盧鍜等倡率力禦擊死賊夥甚衆自是飲恨連日擁衆圍攻鍜等多募打手銃礮退之海豐縣志

是年海寇劉香犯沿海諸郡

宗萬化以潮州同知攝府篆海寇劉香老犯沿海諸郡甚猖獗總督熊文燦屢喪師欲苟且就撫召監司以下議有康某者阿文燦意請親詣賊舟餘牽唯唯萬化獨爭曰古之撫賊者必我足制賊賊畏威而懷德然後聽我譬之馬銜轡在手可東西驅也今我師屢挫賊甚張如徒手驅猛虎欲銜我馳驅必不得矣盍先謀大折其鋒不然必不可文燦色變目攝之遂罷議康某邀萬化同往賊舟萬化固辭賊卒挾康揚帆去 國朝魏叔子集



八年劉香復入寇新安閩撫將鄭芝龍平之

劉香挾康承祖洪雲蒸二道官在船要撫春三月入泊城下持道檄索取城中鐵炭米肉知縣烏文明與士民堅守不應每夜燃炬傳籌相持月餘香乃縱火城外知縣因誓師出城救火守備余子高以斗酒犒師我師奮擊乃少却五月會鄭芝龍兵於田尾剿滅之 新安縣志

先是海寇鍾靈秀既降復叛爲鄭芝龍所擒其黨潰入長汀轉掠江西屬邑文燦檄芝龍屢敗賊而福有紅夷之患海寇劉香乘之連犯閩廣沿海邑帝以責文燦文燦不能討乃議招撫賊佯許之參政洪雲蒸長沙人初官廣西參政嘗捜靈秀餘黨斬三十餘級盡燬其巢文燦乃令雲蒸與副使康承祖參將夏之本張一傑入賊舟宣諭俱被執文燦懼罪奏諸臣信賊自陷給事中朱國棟劾之詔貶秩戴罪自効八年朱龍合廣東兵擊香於田尾遠洋香脅雲蒸止兵雲蒸大呼曰我矢死報國急擊勿失遂遇害香勢蹙自焚溺死承祖等脫還賊黨千餘人詣浙江歸欵海盜盡平 明史熊文燦傳



是年石徐馬鄭四姓盜亂海上犯沙貝湛粹鄉率鄉人禦之沿江樹木柵十餘里日椎牛餉士立賞格斬盜一首十金生獲盜十五金所需干楯礮火旗幟皆公一人立辦無不周給盜率巨舶數百來攻以火礮擊岸上中木石皆立碎公命疊潮泥爲短牆高等肩厚三四尺盜礮著其上聲瘁然而不能過盜以小舟泊岸將登公自行酒飲鋒銳士撫其背使出戰斬數十盜從短牆內以礮石擊傷死

者無算盜仰攻六日無所得退去湛加珩墓誌 國朝陳恭尹獨漉堂文集

廣東海防彙覽卷四十終



# 廣東海防彙覽卷四十一



## 事紀三　國朝一

國朝順治元年海賊邱輝等掠海上潮陽王國充募丁壯儲芻糧為官軍聲援輝等皆望而靡沙隴五堡悉安潮州府志

二年七月海寇蘇成據碣石衛城

張明珍自據碣石殘酷異常石橋場居民岌岌幾不能守及陰通海寇蘇成陽與明珍合珍不覺遂為所擒餘黨悉潰蘇成遂據石橋場海豐縣志



十月朔鄭芝龍舊將陳豹領水師數千巨艦百餘援揭陽既而通賊招劉公顯為義男教賊破城沿河刦掠知縣趙甲謨以失城下獄論死陳豹引九軍賊至福州授以官揭陽縣志

海寇黎忠國徐鄭石馬等流刦官兵鄉勇禦之新安縣志

三年春二月海賊蘇成入據甲子所城海豐縣志

三月海賊黃海如圍潮州陳君諤擊敗之

陳君諤澄海人丙戌海寇黃海如圍郡城三月遊擊李明謀內變君諤以計潛入明帳手刃之復陰

集鄉勇出海擊賊破之圍解閩寇繼至君謂邀擊之中流斬首數百級所獲財物悉以備捍禦潮州府志

是年陳斌犯潮州巡道黃潤中禦之

陳斌綽號大巴掌初爲黃海如黨力可撲牛爲賊中梟將駕舟破海陽南桂都掘海隄海澄二邑民廬田墓淹沒殆盡至是犯郡城巡道黃潤中禦之十二月納欵隨征梧州殺其主帥逃歸澄海與楊廣構難廣以兵擊之斌奪門而出潮州府志

四年春賊蘇成踞提勝所城七月犯海豐城不克而



遁海豐縣志

海賊破長樂吳六奇部將王金復之

王金豐順人海賊掠潮陽鎮平轉攻程鄉四年破長樂金皆剿平恢復之長樂縣志

六年二月總兵官閆可義敗黃海如於雷州平岡坡

國朝仇巨川羊城古鈔

黃海如澄海人與兄漢日俱給事郡邑爲吏尋投南澳從軍有功劄授遊擊銜二年閏南都失守遂招亡命揭竿稱亂縣令劉珙撫諭不聽閏六月犯潮州有約內應者知府楊球捕斬之逼城失柵參將劉遠督兵民嬰城固守在籍給事辜朝薦之妻謝捐金募壯勇殺賊始解退七月復至會吳六奇來援其裨將蕭欽尤驍勇海如夜遁九月入閩就撫十一月移哨故里球頭村餘黨李天宜據海陽縣之鸛塘鄉民擊走之三年十一月請降總督佟養甲許之遣鎮雷州六年夏復殺雷州守趙最叛潮鎮郝尚久勦之海如遁七年六月引寇數萬圍潮州五十日漳州援師至乃解尋爲閩寇所殺潮州



府志

十年秋閏八月靖南王耿繼茂會將軍哈哈木工及總兵官吳六奇劉伯祿等率師平潮州諸寇

先是九軍賊劉公顯神總賊李班三等分據潮陽揭陽等縣隨剿隨熾勾連閩寇鄭鴻逵鄭成功陳豹等艨艟數百蹂躪不息叛鎮郝尚久僭稱新泰侯據城攻邑海寇蘇利乘機騷擾沿海諸郡震動至是大發兵討之寇始退

十一年秋八月海寇陳豹等突入揭陽城九月平藩

遣左翼鎮許爾顯靖藩右翼鎮徐成功并督標哈喇翼聶隱舉總兵劉伯祿吳六奇等分剿之（郝通志）

十二年二月海寇楊二楊三掠桐棲港（陵水縣志）

八月海寇陳豹破揭陽

陳豹同史朝炯以巨船百艘集南溪之旗尾黃廷萬禮蘇茂林勝等共統僞鎮二十餘員擁賊六七萬人泊洪山沙港等處進逼各鄉寨輸米分遣賊兵圍揭陽防守楊倫盡焚城外居民舖屋賊將黃廷圍東門萬禮圍北門蘇茂圍西門皆樹柵開塹



爲久駐計林勝劄營於人家頭鄉以防禦府兵復運磚石雜泥土作二堆一在觀音堂一在東門北各高二十餘丈架巨礮數十座於其上日夜擊城内用杉列柵移石砌壘以抵之街巷行人多被外礮擊死三日闖寇敗府兵於油蔴舖先是省將郭登賢張祥領騎步兵八百名來潮同道鎮援揭陽至油蔴網脚地遇闖賊林勝與戰殺我兵三百餘人馬十餘匹我師敗退保烏岡山二十五日闖寇猖獗漸逼饒鎮總兵吳六奇遇之於獅拋毬林勝蘇茂等兵水陸并至六奇勢不能敵其三營之兵被賊殺死八百餘人自是上下湯坑及藍霖諸寨盡納欵於闖（揭陽縣志）

蘇茂林文燦之圍城也縣未設兵賊至攀援而入知縣張如榜將死之賊素服其廉并印還之（普寧縣志）

十三年二月闖寇復擁兵至東村渡官兵敗之

闖寇之衆倘十餘萬賊將張英巴巵亨擁戰艦五百餘直至錫場溪頭東村等處琅山營官兵見之卽分兵出禦連以小礮擊之賊當喪敗之餘懼不



敢登岸官兵矢礮交下自午至酉擊死百十餘人遂退（揭陽縣志）

十五年三月海寇楊二楊三暴掠海上

大兵旣畧定雷廉二郡楊二楊三航海聚衆於龍門島數寇掠海南北間至是以七艦泊龍棲灣遊擊馬可任遣兵禦之寇方登岸樵採兵至賊殊死戰我兵少却賊乘勝逐北中軍何汝孝獨以一馬殿後賊斬其馬尾汝孝急易騎走賊揚帆東去（崖州志）

夏總兵官張偉征海寇鄧耀敗之（羊城古鈔）

十六年三月楊二等入番人塘尋又入樂道村焚燬民室掠牛畜稻米無算崖州志

十七年秋九月海北道方國棟討龍門寇鄧耀平之

方國棟廣東按察司僉事分巡海北道巨寇鄧耀盤踞海島中時時出沒爲雷廉患國棟請諸制府集兵三千分五路以行而躬總其節制繼又慮賊之他逃也急檄鄰道及安南國王各出兵分扼要害耀遂受擒國朝汪琬堯峯文鈔

十八年賊楊二等寇海南



十一月賊楊二楊三等圍感恩城泛舟至嶺頭捨舟登陸夜襲邊港番人塘等村三百餘人驅赴海岸比曉寇船至悉置舟中令以金帛牛酒贖其不能贖者殺之海岸爲赤人情洶洶竄匿山野時史遊擊權儋州營聞變急以數十騎馳歸未至賊覘知之乃令其衆百餘人薙髮詐爲史兵鳴角而進時中軍楊敵先亦遣兵守黄流聞角聲以爲史至出迎之賊因奮擊我兵披靡賊遂追至黄流黄流民恃有守兵不備賊至倉皇奔竄會兵賊相持民得出走未及於難除夕賊抵大蛋港口州城戒嚴崖州志

康熙二年十二月番禺蛋賊周玉李榮寇海洲香山縣志

周玉李榮皆番禺蛋民以捕魚爲業所轄繒船數百其上可以設樓櫓列兵械三帆八掉衝濤若飛平藩尙可喜以其能習水戰委以遊擊之任遇警輒調遣防護水鄉賴以安輯自康熙壬寅議海禁於是盡掣其船分泊港汊遷其奴屬於城內玉等鷙獷之性不堪籠縶詐稱歸葬請於平藩可喜許



之復攜家出海糾合亡命聲勢大張癸卯十一月連檣集艦直抵州前盡焚汎哨廬舍火光燭天獨於民居一無騷擾復破順德執縣令王允而去可喜聞變亟發舟師勦捕賊首周玉餘黨解散出王縣令於賊舟釋其縛令得不死是時尙藩與督撫兩院俱諱其事王僅罷職而已國朝鈕琇觚賸

五年海賊襲香山翠微村鄉人韋元懿死之香山縣志

韋元懿香山人五年海賊襲翠微元懿招衆擊之次年奄山被寇率衆赴敵賊聞其勇遮道擊之遂

遇害大清一統志

九年賊沙浦六寇黃崗官兵擒斬之並其黨三十四人

沙浦六海寇也初鄭成功遁入臺灣海上賊徒多奉其號令五年續遷海界窮民捕魚盜鹽潛匿巖藪浦六合邱輝等爲盜潮州府志

十一年九月臺灣巨逆李奇等率寇船流刦蠔涌知縣李可成遊擊蔡祀剿之賊遁瀝源等山李可成督兵殲焉新安縣志



十一年沙浦七寇港口爲官兵所擒殲其黨二十人潮州府志

十六年七月海寇鍾吉生夜刦香山翠微村把總鄭九琨死之香山縣志

鄭九琨香山人前山寨把總康熙中海寇鍾吉生夜刦翠微村九琨率親兵馳至分三隊從四巷殺入吉生以火鎗中九琨九琨揮親兵退已尚挺立作擊賊狀賊不敢遽近伺衆已越田方仆地死大清一統志

八月海寇江欽等帥二百餘艘侵掠揭陽九月刼官溪都水師守備趙雲把總徐選督舟師邀擊之賊被殺及墜河死者千餘人揭陽縣志

十二月海寇犯欽州遊擊劉士貴擊敗之東華錄

十七年海寇楊二聯等犯儋州揭陽人謝謙與瓊山令茹元協剿之大清一統志

謝謙揭陽人僑寓羊城負勇畧當事廉其才致之麾下及楊二聯犯儋耳檄謙與茹元協剿之謙曰出其不意一鼓可擒也乃佯回棹賊果不爲備伏兵突起大敗之焚巨艦五擒長毛賊二十七人潮州



府志

海寇嘯聚石龍千總譚昇率師剿之

譚昇東莞人以百總從征龍門碣石諸寇有功吳逆之變棄官歸東莞縣志會海寇嘯聚石龍糾惠州叛黨將犯東莞當事募能破敵者衆推昇遂以千總署副將事率師會剿時賊洪拜祥等蔽江而下勢張甚昇所將僅千人乃以疑兵誘賊伏巨礮碎其舟潛以輕舸乘之大潰擢副將廣州府志

十八年海寇楊二掠石礓港
楊二帥四十餘艘入石礓由顏張港登岸刦掠以舟行負重不便揚帆倡言被擄子女許父母親戚持金贖否則投之海矣當事慮百姓通賊嚴禁止百無一還次年五月方北歸澄邁縣志
是冬海寇犯廣州權中營中軍守備馮俊力戰死焉蔭其子一人新寧縣志
十九年二月賊楊二聯寇瓊州陷海口所暨澄邁定安諸邑將逼郡城謝謙率七舟併力鏖戰一晝夜身



被數十創力窮被執不屈死大清一統志
三月賊謝昌寇海洲
初十五年吳逆令僞將馬雄等攻新會平藩遣標員謝厥扶等以舟師禦之厥扶陰自納欵平藩子尚之信以被廢不得志矯父命與賊連和踰年之信歸正厥扶抗兵不從總兵祖澤清殺之以贖罪其子昌與其下李積鳳挾殘黨走海陵流刦沿海村落至是來寇海洲擄男婦百餘人官兵追剿至海陵獲所擄歸之八月又寇海洲鄉人乃塹而守焉香山縣志
蔡璋順德鎮總兵十九年抵任首治戰艦詰戎兵定汎守明賞罰逾年簡舟師徑突海陵出賊不意傾其巢穴賊謝昌走外洋旋與楊二冼彪合勢復振會犯瓊南璋率師渡海賊分三路拒敵璋麾樓船結大陣令槳舸迎潮擊其尾大敗之斬獲僞官弁等六百餘級生擒三百人餘悉赴水死救回被擄子女三千餘人悉分遞回籍數年海患以息其後復破殘寇於十字門璋擊賊皆親擐甲行間故



士卒用命所向披靡順德縣志
二十年二月楊二謝昌破海口所三月三日飛船百餘號自東水港抵蛋場城守孫雲鳳邑令呂登瀛棄城遁賊人據焉及官兵進剿賊始退澄邁縣志
海賊犯順德縣參將陳啓明擊敗之
陳啓明官參將署順鎮時前將陳璠擊海賊敗爲所殺賊遂逼邑旁近村攻圍焚刦無所憚擲雉尾炬焚守汎艦汎艦皆走賊乘勝追至北門石湖涌登岸恣掠老幼爭趨城城門閉民呼門大哭自相

蹉踏多死者啟明乃擐甲持刀出親兵十餘隨之徑開東門與賊遇瞋目當先突前奮擊手殺十餘賊當其鋒者皆碎各散走直追至河下賊跳船遁首尾不能自顧啟明扼腕曰使得一艦發大礮追之無噍類矣賊自後膽破不敢近城（郝通志）

二十一年海寇犯山後港把總黃勝任死焉奉
旨優卹（高州府志）

三十年賊謝昌等破虎門鎮將李潤香走之

李潤香東莞人順治初授水帥副將未幾撫目周



真李榮暨碣石鎮蘇利叛潤香帥舟師討之獲真榮遁走敗利於大星角擢驃騎將軍移鎮虎門闔賊楊金目突入白沙湖潤香與戰焚其舟庚申海孽謝昌等破虎門巡撫以潤香宿將使督戰艦直擣海陵所向皆捷（東莞縣志）

三十二年海寇千艘將犯香山邑令胡戴仁用毛定周策固守邑賴保全（香山縣志）

三十七年甲子所海盜蔡三十二降總督殷化行誅之

漆恭江西人遊金臺遇姚炳坤見如舊歡約曰我苟官君必翼我三十七年炳坤令於粵東番禺恭赴約值惠州甲子所海盜曰蔡三十二聚衆數萬數刦掠商民軍門殷化行剿之敗績撫軍滿丕議招撫而難其人姚語恭曰茲君脫穎時也薦於撫軍劄以遊擊銜往殷忌之且護前短僅給軍七百人遇盜港口督戰銃子穿恭坐坐顛恭墮諸艎未傷復起坐盜衆大疑駭莫測虛實遂退恭夜乘小舟抵盜所盜以為偵欲縛之恭叱曰我特來者何



偵為賊兵刃交布恭笑曰我一人耳何怯如是蔡曰將軍不待戰而敢獨至何也恭曰
天子大聖文武寬裕慈和爾輩皆良民或為飢寒迫耳今
大憲不遽加大兵特招撫之爾輩改邪歸正悉宥前愆且以綠林豪俠之才轉而為國家干城之寄
寵榮當代豈不愈於為盜耶盜壯其雄而信其坦直相顧曰撫我也恭返蔡如期至撫軍欲赦而官之殷曰盜傷官軍殊死罪且性野而多頑難受繩尺遂殺十二人蔡臨刑呼曰漆某誑我恭攜酒往

奠其尸人或阻之恭曰盜不予欺予幾不免卽獲累無悔焉卒奠而還撫軍勞以千戶固辭阮通志

四十一年河渡賊出沒海島邊民苦之始移守備駐墩下千總防縣城海豐縣志

四十二年十二月海寇入崖州大蛋港守備劉士偉禦之不克賊進東廂遊擊黃友瓚刼之海口哨船追至樂盤獲一舟崖州志

四十三年三月賊船犯陵水桐棲三亞海水師副將劉成功督兵船剿擒之陵水縣志



總督郭世隆疏言海面遼闊賊匪易於潛蹤臣設立船兵自南澳至龍門令守備千總把總逐日帶領巡哨副將參將遊擊每月會巡一次水師總兵春秋二季駕船二十分巡外洋至瓊州上年十一月至今年二月先後擊敗賊衆於沱濘外洋沉賊船七斗頭角海面沉賊船十隻南萬崖二處海面沉賊船二東華錄

四十五年三月海賊蔡玉也等伏誅

總督郭世隆疏報海洋巨盜蔡玉也等聚衆刦掠商船今已擒獲分別定擬斬流

命刑部侍郎常綬往勘覆奏蔡玉也等五人應立斬東華錄

是年賊江倫等爲亂澄海漁人陳勇獻策破之俘三十餘人

陳勇澄海人少業漁得縱觀海上形勢丙戌海寇擾亂勇詣軍門獻策帥奇之授卒數百人勇駕小舟乘賊不備大破之焚其舟獲賊首江倫等三十餘人澄海縣志以功授百夫長潮州府志

五十二年劇賊黃扁聚黨跳梁廣海守備湯寬督舟師平之潮陽志



乾隆十年夏六月紅夷兵船入雞頭洋同知印光任諭去之

先是紅夷英吉利者頻年與呂宋搆衅外洋雍正八年六月呂宋兵敗紅夷將歸獻俘被颶飄二戈船入獅子洋紅夷素剽賊明時屢入粵求市恃其巨礮發之可洞裂石城震數十里卽世所傳紅夷礮者時遠邇驚詫大府疏劾虎門守將王璋光任以東莞令奉檄往勘至則諸夷以饑乏乞濟其酋

安心意殊狡黠光任反覆開陳大義安心悟釋呂宋俘由澳門伺便還國凡二百九十有九人然後爲之給廩餼葺帆櫓嚴閘防至九月風便乃去策楞以

聞既復念惟懲可以毖後患也因上改設海防同知議請即以授光任九年三月需

命未下呂宋忽駕三舶泊十字門外光任適奉牒相度建署形勢至澳訊即去年所釋紅夷俘其酋西士古以賚書謝恩爲言而意實伺紅夷圖雪恥光任因



留澳客白大府許達其書旋命光任持諭往諭之諭詞嚴正呂酋聞之心折四月八日揚帆歸而光任亦拜遷職之

命矣諸番恃巨舶大礮然以舟大難轉遇淺沙即膠或觸礁且立破每歲沿海熟識海道之人貪利出口接引以致蕃舶出入漫無譏察頗乖控制之宜光任具議上請明年六月偵報雞頸有紅夷三舶詭言將往日本貿易不數日又有三舶至光任聞於大府調巡海舟師分布防範八月初九日皆升帆若遠揚狀俄而佛郎西來告亟光任偕香山協副將林嵩令各營哨船一字横截海面且遣澳門夷目宣諭威德會薄暮西南風作佛郎西三舶疾駛入口紅夷計沮乃逡巡罷去弗郎西即佛郎機呂宋其屬夷也世與紅毛讐稱戈海上者三年而卒以無虞者策楞之畧爲多澳門紀畧

印光任字黼昌應孝廉方正之

詔發往廣東以知縣用署東莞臨大海兩戒之守以虎門爲限癸亥六月海大風有二巨舶進虎門泊獅子



洋鬈髮猙獰兵械森列莞城大震制府策公楞欲興兵彈壓布政使富察託公庸笑曰無須也但委印令料理抵精兵十萬矣公白制府曰彼夷酋也見中國兵輿恐激生他變某願往說降之即乘小舟從譯者一人登舟詰問方知暎夷與呂宋讐殺俘其人五百以歸遇風飄入内地篷碎糧竭下碇收船五百人者向公號呼乞命公知暎酋有乞糧之請而修船必須内地土匠畧捉搦之可制其死命乃歸告制府及託公先遏糴以飢之再匿船匠

以難之暎酋果不得已命其頭目叩關求見公直
曉之曰
天朝柔遠一視同仁惡人爭鬬汝能獻所俘五百人聽中
國處分則米禁立開當喚造船者替修篷桅送汝
歸國暎酋初意遲疑旣而商之羣酋無可奈何伏
地唯唯所俘五百人焚香懽呼其聲殷天制府命
交還呂宋而一面奏聞
天子大悅以爲馭遠人深得大體卽命海門添設同知一
員而遷公駐劄焉居無何番部咭唎哂入澳貿易



暎咭唎貪其利先後發六艘詭言來市陰謀簒取
公察其奸探暎酋將至命熟海道者導其船果起
碇揚帆將尾其後公駕戰艦督水師營兵入海召
暎酋厲聲叱之曰若來何爲利人貨物將作賊耶
我奉制府令若傷咭唎人卽將爾國之在黃浦者
抵償若奪其貨卽將汝貨之在牙行者抵償言訖
揮健兒千餘披甲張礮環其舶而守之暎酋噤聲
登時六船搖去而咭唎船早已安渡虎門矣當是
時微公折之俾其奪氣則二國兵交而中華亦受

其跆籍賴君仕海疆久於諸夷種類支派某強某
弱某狡某愚其地之山川形勢靡不部居別白於
胸中以故先事預謀當機立斷終公之任海面肅
然國朝袁枚小倉山房文集

四十五年七月番禺沙灣茭塘盜平
李瑚撫廣東時番禺縣屬之沙灣茭塘近接大洋
綿亘百數十里素稱盜藪假風便捕魚出洋肆劫
或散布內地時出摽掠有以被盜報者官輒諱之
令改竊繇是盜益恣瑚下車暨總督巴延三籌訪



各盜姓名居址出入途逕偵探知諸盜首以七月
望前歸家設祀密飭文武官分布兵役旬日間擒
獲巨盜梁亞香二百餘人寘之法阮通志
五十三年香山縣知縣彭翥擊海寇於海島敗之
彭翥大理府進士選廣東香山縣五十三年海賊
倂張有號平波大王者率衆爲寇福敬齋公相總
督廣東調水師營兵出海擒捕飭香山令辦軍需
半年不獲一盜將弁無以自解反造蜚語誣君供
張不周器械朽鈍福公怒召君入厲聲曰汝踞蹐

不任事雖文官我獨不可以軍法從事乎出諸武弁咨揭示之君神色不變但伸明香山小邑所辦糧餉業費三萬餘金所以久而無功者緣武弁退縮不能軍之故公相默然顏稍和公知兵事不可以口舌爭也卽奮曰翥願解任親往擒賊公相莞然曰汝孱弱書生果臨陣得不被賊靴尖蹴倒乎曰翥非手打賊也乞公相賞精兵二百聽翥指揮必有以報公公相許之君歸署捐俸支帑造戰船三隻料簡鎗礮火藥賞賚糗糧犂然備具著短後



衣率健兒戎服出哨諸武弁以爲迂且妄無不匿笑者君禱天妃廟乞風舟中忘帶鼓卽借廟中鼓聲之以壯軍威次日黎明風果大順君徑出海口公相命諸武弁會剿相遇海島中武弁搖手云風雖順少頃卽轉宜緩行或云今日反支日也不利行師或云海賊出入無定須探明所在巢穴再往君毅然不聽飽飧士卒揚帆竟行百餘里遇盜船二隻發礮擊之殺十餘人賊久不見官兵突出不意驚乃遁去君知數日內賊必聚衆來乃入島約武弁一齊出洋衆武弁亦媢君之先得功也唯唯聽命翌日君見風順霧消開船出果賊船八九隻從上游來初猶逡巡欲避繼見官兵少乃持鎗直犯發礮擊之閉君知賊以穢物相厭勝也殺黑犬取血釁礮礮果發適大軍亦至擊破賊船賊盡落水千百賊頭出沒海面如浮瓜然反向官船號呼乞命君命以鐵鉤扯起之而以長繩稾縛之纍纍然魚貫者七百餘人解督轅請示公相大悅飛章入奏遷岳州府同知 小倉山房文集



五十六年何士祥破海盜於黑水洋

何士祥香山人進士在崖州時護理參將會盜船至黑水洋乘風破浪來往如飛士祥與衆計曰海面遼闊賊人熟諳水性迫之則遠颺非設伏誘之不可遂於諸港汊埋伏戰艦自乘小舟獨往挑戰賊果合衆來迎且戰且退誘入重地伏驟發四面環擊之擒馘尤夥 香山縣志

五十八年暎咭唎入貢

暎咭唎之遺使入貢也且請留一人居京師理貿

易事
純皇帝以都城距澳門將萬里何由顧及楚遷且語言服
制全殊事不可行特
勅諭其王止之使臣復言請於浙江寧波珠山暨直隸天
津維舟通市並依俄羅斯故事於都門另立一行
交易仍給附近珠山一小海島附近廣東省城一
小地俾有定居或令澳門寓居之夷得出入自便
又自廣東省城下澳貨物由內河行走或不稅或
少稅



帝以寧波天津無通事洋行交易未便且俄羅斯自立洽
克圖以後久不在京寄寓都下爲萬方拱極之區
豈容外藩開設行店若夷商抵廣例不得入城原
以杜民夷之爭端立中外之大防今欲居珠山海
島並廣東附近省城地華夷參錯尤不可行其諸
蕃出入往來亦應由地方有司督洋行商人隨時
稽察不得全無限制至貿易納稅皆有定例不能
以該國夷船較多使稅則獨爲減少所請均屬格
礙使諭使臣於

朝並作
勅告戒其主五十九年
帝念噗夷貪狡牟利恐日久生心復以所頒國王
勅諭二道宣示兩廣督俾後來者知所從焉　國朝何太青春暉堂集

廣東海防彙覽卷四十一終

廣東海防彙覽卷四十二

事紀四　國朝二

嘉慶五年海寇入香山桅夾門總兵黃標督舟師逐之（香山縣志）

七年春暎咭唎兵船六泊澳門總督吉慶諭去之

嘉慶七年春暎咭唎忽來兵船六淹畱數月有窺澳門意協辦大學士總督吉公慶飭洋商宣諭回國以是年六月去去之日特遣其酋陳謝謂咈唧哂欲侵澳門故輙舉兵來護他訛言請勿輕信意將以掩其跡也會西洋人索德超等居京師者言於蘇公楞額上聞馳諭吉公以夷兵船開帆日奏（春暉堂集）

二月署海門守備李象斌巡海遇賊戰敗死之李象斌嘉應人官碣石衛千總署海門守備七年二月出海遇賊衆十餘艘縱擊之會東南風作戰失利遂遇害（冊檔）

是年海賊犯麻斜汛把總房士升死之

房士升吳川人把總辛酉防守麻斜汛海寇突擊



汛幾陷士升奮勇衝擊寇怒率舟師大至士卒驚潰士升慷慨誓衆且敵且守賊潛遣人登岸雜村民中從士升後猝刺之解其屍（阮通志）

八年賊犯電白港知縣盛植才却之

盛植才八年署電白縣事時值洋匪猖獗蟻集港口欲焚水東並掠各鄉植才親臨海濱巡守徼火轟發左右請暫避植才叱之與博茂場大使楊星曜督率鄉勇堵禦賊乃去復與星曜捐俸設立木柵壆樓數處洋匪屢迫不得登岸邑賴以完尋補陽春以獲洋匪功遷雷州同知（同上）

九年秋海寇劫白蕉村人力拒之（香山縣志）

是年海盜烏石二鄭一横行海上

初海寇嘯聚外洋商舶往來皆有號稅未敢直窺村落也至是黨類漸盛東則龍穴蕉門大沙尾西則登石海南則竹洲平山磨刀等處皆其停泊之所內地奸人接濟既便地方官欲籌剿辦又以動多阻礙爲辭是以養癰豢虎勢愈梟張（香山志）

十年二月海盜劫赤澳礮臺（督署案）

四月海盜刦大雞毋礮臺官軍禦却之

閏六月海盜攻海豐長沙礮臺不下外委陳朝勲死之俱同上

七月左翼鎮林國良等破海盜於吳川廣州灣守備李名准獲鄭能發毋及其妻鄭黨奪之外委陳孔惠死焉盧茂場大使姚均等破盜於放雞洋

總督那彥成奏畧言粵東濱海地方皆有盜船停泊之所而大幫匪船倚爲巢穴之固則惟吳川屬之廣州灣爲尤著該處有井泉可供汲飲港澳可



避風濤西近湛川北接赤坎皆有米糧足資接濟乘東風之便則直趨瓊州西南風起則徑向東中兩路遊刦得利又復歸泊而盜首鄭一吳十一指烏石二等皆係附近之人夥黨勾結根株蔓衍極爲盤固臣那彥成到任之後細加訪察具悉情形若非痛加勦洗絶盡根株不足以靖盜源當卽一面劄委原任知府陳鎭馳赴赤坎等處截其米糧出口要路仍一面劄委左翼鎭林國良督帶署香山協副將許廷桂海口營參將何英以及參遊都守委員等配駕兵船八十餘號前往搜捕又咨行提臣厚積兵力就廣州灣西北兩岸屯紮以防盜匪情急逋竄並飭高雷兩府督同吳川遂溪兩縣派勇守卡遇有逸盜上岸協力擒拏茲據該鎭等稟報於七月十三日寅時行抵廣州灣洋面望見盜船密布灣口見兵船將近卽開礮拒捕該鎭等督率兵弁向前開礮攻擊正在對敵之際灣內又駛出盜船數十隻前來接應合力拒抵官兵奮勇施放連環鎗礮自卯至午擊沉盜船七隻賊匪紛



紛落海箭射石擊全行被浪捲沒官兵勇氣百倍追捕益力拏獲賊船三隻仍竭力前追直抵硇洲外洋有賊船二隻被兵船攏近抛擲火器立時焚燒賊衆投海者無數又拏獲大開波一隻大快艇一隻先後共生擒男婦七十九名口大小鐵礮二十六門旗幟刀鎗九十餘件其餘賊船舍命向大洋四散奔逸時將日暮風勢狂亂陡起颶風不敢窮追卽收入廣州灣港內見兩岸搭蓋草寮半係賊黨接濟米糧銷售贓物之所又沙坡上有空船

數十隻擱淺修整備搜並無人迹所有空寮空船盡屬盜物即令全行燒燬自近年來廣州灣久為賊據經此次痛勦方得掃清查本日陣亡兵丁四名重傷弁兵水手十四員名輕傷弁兵水手二十四員名又據派在廣州灣各隘口截擊逸匪之吳川營都司區鳳鳴海康縣高經祥硇州巡檢周璉把總竇振龍東陽巡檢王汝琦先後稟報在清訓海旁等處殺死盜首鄭一之弟鄭三頭目鄭國華等數十名生擒李朝豐等二十二名並獲船隻礮



械各等情此次賊匪失其依據分股奔竄隨據龍門協副將舒萬年稟二十六日突有匪船四十餘隻攻打龍門經該副將督率弁兵奮勇擊退而對岸之牙山礮臺孤懸海中詎該匪船阻拒水道使龍門於牙山隔斷不能救援乘夜將礮臺攻破放火焚燒守臺千總林鳳高兵丁羅萬貴等三十餘名拚命拒敵俱被圍刼又稟盜首鄭能發之母妻在羅浮僻處藏匿經東興汎守備李名桂拏獲解至中途被匪衆奪回並擄去守備一員將營房燒

燬外委陳孔惠被戕各等情前來查龍門屬欽州治所地處極邊遠在海外臣等接閱之下即飛飭新任高州鎮總兵樊雄楚由陸路海口營參將吳英由海道星速前往會同該協舒萬年水陸兜擒並飛咨提臣就近督捕又劄委廉州府張世偉署高州府唐錞馳赴該處嚴拿併查明被刼情形與弁兵下落及有無延燒民房妥為撫恤俟稟復到日再將疎防各員據實參奏臣等正在籌辦間又據電白縣盛植才稟距縣城十里之興平港外土



名放雞洋面有匪船百餘號在彼遊奕港內現泊有配足引鹽尚未開行之船百餘號該匪意圖搶刼當即會同場官營員督帶兵役鄉勇分頭防範詎七月二十一日午刻盜船已抵港外銜尾直進臺汎弁兵開礮轟擊該匪等亦放礮抵拒場官姚均揚星耀隨又分給各鹽船礮火鳥鎗曉以同仇大義齊心協力互相救援維時各船無不奮勇鎗礮齊發擊壞匪船一隻各匪船仍換幫駛進並放三板入港相持至申刻又擊壞匪船二隻先後燬

賊數十人生擒三板內陳阿八一名賊船始退出港外是夜大風忽起至二十二日午刻始息賊匪仍駕三板進港經該縣等督同內港各船戶及兵勇擊壞數船斃賊百餘生擒賊匪十餘名各匪船至夜始退二十三日辰刻大小匪船百餘號不避鎗礮蜂擁直入聲稱報復內有大開波船數號勢甚凶橫因距城甚近典史楊鋘將守城大礮十尊趕運至天鵝墩對準賊船分排施放擊中數隻賊勢稍怯忽賊船火發烈焰漲天延燒匪船官弁督



率兵勇乘其慌亂連發鎗礮賊匪竄逃溺死者無數其不出港者卽棄船登岸官弁兵勇分路截捕拏獲安南二等並前所獲共一百六名口二十四日早瞭望匪船駛出蓮頭外洋據高州府杜安詩稟該府於二十六日趕至電白提督亦由吳川到來會同分派各員把守要路二十四日港外仍見有盜船往來遊奕二十八日午後該匪駕三板乘潮進港經興平山天鵝墩等處放礮擊退至戌刻該匪等乘天色昏黑將船駛進蓮頭約有七八十

人持械登岸卽督率兵勇奮力堵禦傷斃盜匪多名生擒陳維紀等十六名餘皆奔回匪船逃逸各等情臣等以盜匪情急圖食東西奔竄意圖搶劫雖據該處文武竭力拒退前後獲犯二百數十名然盜首及夥匪均未全行就獲現在飛飭舟師作速擒勦以靖海疆

惠潮洋盜鄭亞鹿伏誅

鹿潮陽人乾隆間投朱濆幇爲盜後與朱濆不相能率其黨攻濆濆敗走之會海門營舟師追剿礮



轟損其舟鹿與劉斧頭支等鳧水上岸皆爲官軍所獲分別誅之七月總督那彥成奏畧

十月二十日廣糧通判李臨募率紅單船破盜於大衿洋督署案

十一月惠潮巨盜黃正嵩殺其黨乞撫

東路黃正嵩久有投誠之志且欲攻殺就近之鄭流唐亞婆帶李崇玉等爲贖罪獻功地十月十五日正嵩與鄭流唐遇乘夜擊沉其數船二十日偵知李崇玉至正嵩迎擊沉其拖風船一二十三日

流唐糾亞婆帶鄭保養等數十船攻正嵩先是正嵩遣張良等六人入流唐黨中爲間因從三板船擲火罐直及大船傷流唐面燒其髭大半鄭黨亂駛逸去正嵩益奮勇先登殺亞婆帶大頭目阿甘生擒王阿滿等十八人乃監投誠旗入鯆門俘其陣獲之王阿滿等並籍其船礮兵械以獻於是流唐僅存七八船又被傷甚重衆勢瓦解亦願投誠矣總督那彥成奏署

獲盜首李崇玉督署案



李崇玉故與朱濆合總督那彥成密飭潮州府朱爾賡額遣諜以賞格給朱濆黨旋宣言於岸謂朱濆已受賞約縛獻李崇玉矣且故露其諭濆者又使投首人王騰魁等至賊所當朱李同議事時以諭帖交濆濆覩之默然不言崇玉乃疑則與濆分幇挾其家口及同黨西竄先是朱爾賡額密以重資僱閩人投崇玉船爲內應有何纍官者故犯閩案因登岸兵獲之鞫得內應事聞於崇玉閩人遂逃然崇玉因此益疑濆矣當是時那彥成責令黃

正嵩擒賊效功崇玉自東奔西夜相遇正嵩圍擊之壞其一船朱爾賡額率釣艚船二十六署運同劉先暉奏留知縣楊桂蔭經歷戴鍾英率新造米艇五漁船十役勇千餘四路兜截副將李光顯督師船東上聲勢益張遊擊黃定全巡檢嚴荃亦率船尾逼崇玉計無復之乃與其黨就縛乞命時十月十日也

十二年七月總兵林國良追擊烏石二於了洲洋遇害及其都司林道材把總洪日陞督署案



林國良福建人厓門總兵戊辰七月海盜屯舟九龍口伺劫國良往擊之戰甫合而紅旗幇船且百號周環相向國良督將士拋擲火器自辰至未戰益力適黑旗幇船會哨至勢遂不支國良素善跳盪知事不可爲手利刃躍身過賊舟連殺十數人遂遇害冊檔

洪日陞字朝玉澄海人澄海營把總戊辰隨虎門總兵林國良追勦賊張保仔於新安至鵶洲洋礮盡力窮援兵不至衆頗有退心日陞大呼殺賊塵

舟師前逼賊手斃三人終以衆寡不敵從林國良
死焉事
聞優卹澄海縣志
十三年八月暎咭唎兵船擅入澳門
先是七月暎咭唎來巡船三日喙噴日啦曰噏噉
喙噴船番梢七百啦船番梢二百噏噉船番梢一
百他鎗礮劍刃火彈稱是其兵頭喥路喇揚言呿
囒哂佔處西洋國主遷於啞咩啢咖洲暎咭唎與
西洋世好恐呿囒哂入澳滋擾因以兵力來助駐



澳西洋理事官嘍嚟哆以聞知香山縣事彭昭麐
署海防同知熊邦翰先後申報總督吳公熊光飭
洋商開諭大班俾兵船旦夕回帆喥路喇不聽議
登岸入澳定居八月初二日以二百人入三巴寺
一百人入龍嵩廟初五日以二百人踞東望洋一
百人踞西望洋其在三巴寺者十二日復移於西
洋鬼樓澳民驚怖紛紛逃匿洋商挾大班赴澳慰
遣堅不肯行十六日吳公熊光下令封艙禁貿易
斷買辦昭麐親詣西洋議事亭嘍嚟哆入見出暎

咭唎兵總覆書譯之詞甚不遜方遷延集議間暎
夷復來兵船八每船番梢六七百九月初一日遂
駛三兵船入虎門進泊黃埔二十三日率其兵目
十餘夷兵四十水梢二百乘三板船直抵會城以
禁斷買辦爲名之十三行公司夷館取其素所儲
蓄碣石總兵黃飛鵬方統師船駐省河飛礮擊之
斃夷兵一傷夷兵三恐懼而退諜報續來三大船
一爲風敗二爲呋囒哂擄又白鬼兵二千已抵新
埠亦欲來澳居守會呿囒哂以兵五千據噶喇吧



邀荷蘭諸國侵暎咭唎嗑叮喇國都其酋以兵還
救駐澳之兵總勢稍蹙時總督吳公飛章入
告已奉有再敢抗延帶兵勦辦之
諭各路官軍雲集暎夷大恐且慮其貿易之停也具狀輸
誠請給買辦復開艙以入埔入澳夷兵陸續回船
歸國總督吳公許之十一月初七日暎夷兵船起
椗出洋十一日復開艙驗貨
上以吳公辦理遲緩又未親赴澳門震耀軍威雖開艙在
夷兵既退之後而許其開艙則在夷兵未退之先

嚴旨切責下部議奪職來代者永公保卒於途
特簡百公齡爲兩廣總督十四年三月抵任奉
命確核暎夷來去之由受事第二日馳赴澳門詢訪盡得
暎夷覬覦實情遂劾吳公示弱失體畏葸無狀
上震怒下吳公於理論戍伊犂調任巡撫孫公玉庭以諱
匿不陳並勒回籍鎮廣之將軍都統等均各罷去
所支鹽菜口糧銀三萬一千二百吳公責償二萬
孫公責賞一萬一千二百是役也暎咭唎來船十
一淹留三四月之久釁帆飈忽矢集穗城於時人



心駭怖寢息不安而市井無賴之輩號召徒衆千
餘露刃張拳俟夷兵一動即刼掠城外巨室素封
之家屏息待盡吳公震懼不知所出一切部署防
禦實惟孫公是賴公意主靜鎮不涉張皇故未及
上聞卒以獲咎免官而暎咭唎徵賄澳夷滿其慾壑（時謂澳夷出銀六萬員以犒暎夷）雖思陰據澳門亦不敢顯言侵奪矣
是歲暎咭唎番船未至時
上命先期偵探如仍多帶夷兵即相機堵剿倘畏罪感
恩亦泊港外候

旨八月初七日百公齡奏暎咭唎國夷商喇咈等請祖家
貨船照常貿易從之暎夷具狀陳謝總督等據以
上
聞得
旨嗣後交涉外夷當恩威並用正大得體俾知感畏永戢
邊隅大哉
王言洵萬世控馭之良法也（春暉堂集）
是年惠潮道林天培募鄉勇防海
林天培己未進士出爲惠潮道是時盜匪聯艅海



面漁鹽各船被擄者輸其米石求脫且得厚值制
府檄令沿海關隘議察諸船出海約計人口時日
毋得多齎糧天培聞命曰絶盜口食接濟固善恐
不得食則勢將內撲防禦未集民受其殃矣乃親
歷沿海諸地修墩堠練軍實於要害處所請添設
礮臺營汛弁兵總督吳熊光以戰艦不日告成將
大事勦除無庸謀此天培因不納其議乃捐俸銀
僱募鄉勇奔走海濱爲防堵計遂以積勞致疾卒
初天培嘗請調撥師船數十號停泊放雞洋既可

爲南澳之聲援亦可絶閩粤盜艘之會哨其言卒不見用未幾福建提督李長庚追勦蔡牽至黑水洋面將成擒粤盜適會稍益其勢力而長庚又殞命焉潮人既多天培有先事之明又悼長庚之忠以盡命也立祠於海濱祀之阮通志

十四年二月乙卯海寇圍香山磨刀礮臺

都司余時高撥兵防下閘礮臺恐震縣城也庚申賊僞爲漁船潛入内地嗣後賊氛日甚總督百齡初莅任即馳檄封海港禁商舶往來賊無所得食



冒死衝突常三四百艘分掠村庄橫檔村禦賊死者譚靄珍鄧煥章等六十六人時官兵未集防禦尚疏賊遂敢深入矣香山縣志

謹案廣東洋匪始自嘉慶初年積而日夥黃正嵩投誠後尚存張保輩數百艘遊奕外洋全恃内奸爲之接濟自總督百齡抵粤改鹽船爲陸運驟封海港商舶不通數萬之衆勢不得不撲岸覓食於是連帆内竄香山東莞新會諸縣濱海村落慘遭焚刦而順德番禺尤甚考諸近人紀述所言蹂躪擄掠之狀皆得自目擊有非官牘所得詳其十一者是時武備廢弛守口兵弁既習狃於因循當事者又止知斷接濟以清盜源銳意禁遏於沿海要隘匪船可伺間駛入之區實未能先事綢繆備兵防範困獸之鬬固有自來使其早燭幾先層次布置選派勁旅嚴備要津然後徐絶接濟根株不數旬已可制其死命即令冒死衆入而扼其出路必至窮蹙乞憐此時或聚族而殲或網開一面操持自我何至任鯨鯢鼓浪離島嶼而伺肆掀騰哉其



後焦勞策畫剿撫兼施掃淨海氛著功甚速然當區畫之始論者已不能無遺憾附著之以見籌海之匪易言也

五月海盜張保闖入内地焚刧南海順德新會開平沿海村市督署案

海盜烏石二刼高州電白赤水港礮臺外委周國勳却之

五月二日烏石二率船數十乘潮入赤水港登岸者千餘人環攻赤水礮臺守臺外委周國勳先於

臺外編插竹簽設備賊不能近旋燒草熏烟入臺並塹竹簽使平用雲梯數十蜂擁直上國勳督兵奮勇堵擊奪其雲梯時電白縣知縣李振鐸典史楊鋘率義勇職員蔡以臺及丁役赴援殺賊百餘人擊沉賊船二賊乃退同上

六月署總兵許廷桂殲海盜總兵寶於磨刀洋張保來救廷桂死之香山縣志

許廷桂帶領師船於六月初八日巡至桅甲門外磨刀洋面寄椗次日辰刻陰雨中見總兵寶等匪



船數十隻駛至許廷桂卽督率官兵上前攻擊該匪船膽敢放礮拒敵各師船鎗礮齊發擊沉賊船三隻船內賊匪全行落海漂沒許廷桂乘勢指麾各舟師奮力追擊又復斃賊多名兵丁何淸等望見盜首總兵寶被礮轟斃餘匪正在倉皇危急猝有張保仔盜船三百餘隻蜂擁前來帮同抵拒許廷桂親督各舟師竭力迎攻不意東南風陡作波浪掀騰賊匪倚恃船多佔據上風師船礮火不能向擊匪船乘風壓下拋擲火毬燒燬師船五號許

廷桂坐船擊斷舵桿延燒船尾賊匪乘間過船許廷桂與千總毛國斌等持刀抵殺許廷桂身受多傷被戕落海坐船被焚委員未入流施鳴皐中礮身死毛國斌亦受傷落海維時師船被風吹散不能連絡相顧惟署遊擊林孫都司嚴高等師船奮力向前救護林孫將賊船內穿紅馬掛執旗之賊目射死賊夥乘風圍攏縱火將師船焚燒嚴高被戕林孫身受重傷跌入海中共計師船被燒六隻沉殺七隻漂失十二隻其餘十隻經已革副將周



自超領帶收入內港堵禦賊匪尚復撲拒經香山縣彭昭麟都司余時高督率繒船趕到擊沉盜船一隻奪回師船大鐵礮一門斃賊三人賊匪始行退去是役也署守備陳大德署千總葉榮高外委葉聯魁陳見楊萬國平何新均經陣亡與都司嚴高未入流施鳴皐各屍身均尚未獲又署千總盧大陞把總魏高泊大剛署把總劉旺錦外委吳起高黃大邦陳大光郭蓢張得義殷勝發劉大彩陳君見譚國淸馮大陞莊派徐兆鴻許廷桂之第三

子許成福皆無下落至於各船兵丁除見水得生者一千餘名（總督百齡奏署）

總兵許廷桂既被害逃兵至石岐奪食是日賊連刼第一角寮后等村村民擊退之仍屯大涌村前聲言刼石岐十二夜乘潮至港濠涌鄉人禦之礮斃賊十餘人稍退屯茶園山下鄉人復移礮斃數人而鄉人無一傷者翼日知縣彭昭麟檄官兵及罟船與鄉人水陸夾攻自辰至申賊披靡去越三日有諜賊試水於甲洲獲之訊其情云欲再舉窺



縣城也由是益戒嚴築永固礮臺樹水柵於濠涌賊亦不復至（香山縣志）

鄭應元乾隆四十六年進士由庶吉士改中書病歸會洋匪鴟張由芙蓉沙逼入廟塔基水柵總兵許廷桂舟師失利難兵分闖入城奪食首議賑米以安難兵次添鄉勇以屯海岸設濠涌整臺水柵以當南路設犂頭嘴礮臺以當東路易上柵礮臺水柵之內添濠殼壩以當中路於港口添設碉寨塞淺水湖以防其前塞南六南九兩滘以防其後

邑令然之（同上）

八月賊張保犯瀾石鄉人霍榮基死之

榮基南海人己巳海賊內竄肆掠及瀾石衆欲欵賊以免榮基曰彼利舟楫今深入重地取死耳好男子從我殺賊奈何低首耶乃約近鄉集壯勇相應援榮基膂力絕人性剛直鄉之羣不率夙憾之陰欵賊賊至多從壁上觀榮基獨率鄉勇禦賊稍却次日再奮擊賊力不支無援中礮而仆壯丁梁近等五人俱死焉（雁山文集）



九月賊張保攻香山大黃圃武舉何定鰲禦之

九月乙亥張保率船三百餘艘攻大黃圃東南知縣彭昭麟撥繒船十四護西北癸未賊以紅旗由鵝頭山踰尖峯嶺而下以黑旗由西北河田進鄉人擊之賊多死傷忽風轉潮上繒船不能抵賊奮船破柵時淇澳司張永津奉檄守禦僅以身免鄉人既首尾受敵退隘堅守沿海墟場焚刧殆盡武舉何定鰲等四十八人遇害（香山縣志）

十月孫全謀禦賊張保遇於沙灣敗績

梁韜香山人由香山協鎮左營外委升左翼鎮中營千總時孫全謀督水師專閫海上怯而無謀海上大盜分三黨張保爲最強闌入內地流刦村落全謀乃率師船百餘往禦之遇於番禺之沙灣賊甚衆望其檣如積而沙灣內海也臨舟師擁不能軍敗績全謀幾爲賊所獲韜以爲勢急非火賊舟令其自救則吾師不能出乃自投火於藥櫝中櫝爆火及賊舟賊亂氣奪逃入內港全謀乃得脫舟師生全者千餘人而韜以焚死時嘉慶十四年十



月辛丑夜也香山縣志

温汝能順德人乾隆戊申舉人官中書十四年洋匪滋事乃募鄉勇請於官得鑄礮而賊果至連檣數百艘急攻黃連汝能率鄉勇救之黃連故無火器至則礮擊賊賊氣奪攻六晝夜不能破乃退越二日又至圍六日解去賊不能踰黃連長驅縣城汝能之力也順德縣草志

是月孫全謀以赤灣角失機革職

賊首鄭一嫂帮船及張保仔家口財物各船均匿泊於新安縣屬之大嶼山北赤瀝角洋面該處前有砂脊東西各有涌口若乘機迅疾圍擊該逆等聞信必往救援不但內河賊退兼可聚殲羣醜因先飛飭香山縣彭昭麟親帶繒漁船三十五隻星夜潛往襲剿鄭一嫂等匪船一見繒漁各船即放礮抵拒繒船奮力攻擊當獲賊船一隻並將鄭一嫂所坐大白底夷船柁尾擊壞斃賊數十名該匪船旋即避入赤瀝角港內繒漁各船連日在外攔截時該逆張保仔正在焚刼大黃埔之際聞知鄭



一嫂等被困果於十月初一二等日帶同香山二鄭保養等全帮由板沙尾橫門先後竄出往救計匪船大小尚有二百六十隻直入赤瀝角之內沙螺灣將大船排列停泊小船往來禦護繒漁各船不能進攻仍在港外巡守適前次檄調之碣石鎮黃飛鵬由東路帶領兵船駛抵澳門奴才等即催令趕至虎門與孫全謀合帮並帶同兼護左翼鎮王國寶等所領兵船共米艇六十號於十一日前往赤瀝角督率繒漁各船在該處東西涌口分船

堵住自十二至十六日兵船連次用大礮向西南面港內轟打斃賊無數該匪亦在港內放礮拒敵守備葉遇高先被賊礮打傷嗣因本船礮炸震損兵丁亦有傷亡外委李世茂所駕一船亦被賊礮打傷被風飄失該匪等晝夜乘潮欲出西口勢尚兇悍奴才等探悉情形竊以現在北風當令賊船既在大嶼山北面屯泊正可乘風縱火焚燒當即由省購備柴草引火之物裝置大小船四十三號陸續運交孫全謀相機應用迨至十七日三更該



逆等竟將大船百餘號乘夜轉向東面港口突出復經兵船施放連環大礮斃傷賊夥船隻甚多該逆等仍復退回但兵船祇在港口外輪番遥擊不能攏近賊船攻擒奴才等誠恐相持日久官兵疲懈隨調撥在內防堵之紅單兵船六十五號赴赤瀝角交提臣孫全謀督同協剿以壯聲勢又趕緊置備舊爛大艚船十隻運往以備載石填塞淺口又恐賊衆被圍情急或翻越大嶼山梁逃竄即檄調各口岸防守官兵一千名令副將何君佐統帶

在該山要路巡堵并用礮下擊並設法斷其汲取淡水之處一面出示諭散賊黨並懸立賞格以期速擒巨憝至十八九等日匪衆情急欲出兵船仍於兩面港口遥堵漸覺鬆勁當此賊勢既窮之際亟宜策勵我軍爲一鼓殲滅之計奴才百齡即率同署臬司温承志馳赴新安就近督辦奴才衡齡同署藩司陳若霖在省籌濟一切軍火兵糧俾無缺誤該逆張保仔見港外師船增添山上弁兵林立十分驚懼於二十一日酉刻乘潮向東口駛出



官兵礮火紛擊夜半始復退回詎二十二日辰刻賊匪以小船牽挽大船一齊揚帆冒死衝突各官兵不能聯絡攔截至未刻賊船全數俱由急水門向外洋逃遁奴才等先後聞報同深憤恨當即確查二十一二等日祇有兵船十二隻隨同孫全謀坐船在前截擊其餘各米艇紅單兵船皆參差落後並有催喚不前者以至賊匪兔脫總督百齡奏畧彭昭麟雙流人九年令香山海氛漸熾即令紳民於近城要地建臺柵以爲守禦十二年夏賊攻圍磨刀

礮臺急守弁幾不支報至時已甲夜磨刀距縣城五六十里昭麟馳檄守備李海能領舟師守芙蓉沙防賊北入之路自與都司余時高引兵由陸路馳救鼓五下賊不意昭麟猝至懼昭麟發礮擊之碎其船二圍遂解許廷桂者海上驍將也率舟師數千人皆精銳已而復沒於芙蓉沙賊益熾乘勢欲逼窺縣城副將某怯甚議閉城堅匿昭麟不可獨出禦賊僅督民丁及漁戸而已未嘗得一兵隨臺卡即有兵亦疲不受驅策而昭麟無懼色視賊



所在必往擊之賊故畏昭麟能亦少却時十四年秋也冬賊數百艘避風於新安之赤瀝角昭麟偵其實即請兵於提督孫全謀並檄縉船夷船分扼隘口孫全謀軍其西昭麟軍其東爲一舉滅賊計賊乘風張帆西出孫全謀麾師船避之昭麟覺率縉船夷船追之不及歸則欷歔曰虎狼既縱不復得矣明年賊受撫海患紓昭麟前後籌辦者五六年香山縣志

十一月郭學顯即郭婆帶受撫授把總銜同上

十五年正月海盜張保求撫

總督百齡會奏言竊臣於上年十二月間在歸善縣平海港口查辦郭學顯投誠事務彼時張保仔鄭保養香山二等匪帮在新安固戍外洋遊奕有線民稟報各匪因見郭學顯等帮夥紛紛投誠該匪等亦願率同全帮來投等情臣百齡前奉
諭旨張保仔或窮蹙來投斷不可准欽此當卽嚴行飭駁去後嗣復據按察司經歷劉大魁稟據線人稟稱張保仔鄭保養自知罪大情願立功自贖等情並



代遞張保仔哀懇稟件前來查閱該匪稟內稱伊本係蜑戸因從幼被盜首鄭一與其弟鄭七擄至船內服役鄭一死後鄭一之妻與鄭七之子鄭保養接管帮船伊與香山二等皆充頭目非爲首從前抗拒師船係匪夥無知屢經官兵陸續殲獲不少實在害怕又恐到官治罪夥衆不敢來投今求
奏懇
天恩暫時赦宥情願將船礮呈繳散遣夥黨懇祈酌畱船隻數十號隨同師船出洋將所有餘匪全行掃滅

以贖死罪等語臣百齡查該匪雖連次被勦稍挫
兇鋒但其船多夥眾勢非窮蹙何以遽肯前來投
首所稟情詞未必非狡譎緩兵之計殊難憑信當
復嚴飭並將來稟擲還仍即分飭舟師及各口岸
文武員弁倍加隄防不可鬆勁迨臣百齡收降郭
學顯帮夥事竣回省忽據報張保仔等帮船二百
餘號於十二月二十日由潭洲駛入內港分泊於
順德香山之大洲鷄洲李家沙板沙尾等處間有
小艇因乏食駛近村岸欲圖嚇索米糧經各處防



守官兵壯勇節次開礮轟打計斃賊三百餘名擊
壞賊船十一隻奪獲一隻該匪衆竟不似前番肆
橫抵拒隨將大小船隻退出潭洲寄泊復據經歷
劉大魁稟稱張保仔鄭保養遣令頭目鄭從富等
賫具哀稟並開單呈出大小船二百二十餘號大
小礮一千餘門頭目一百五十餘名夥衆一萬四
千餘人懇乞投首適臣韓崶於正月十二日回任
正在商同辦理間據報該匪船均於十七日駛赴
虎門外之龍穴洋面灣泊聽候示諭遵辦臣等連

日與陞任山西撫臣衡齡及各司道鎮將等公同
密籌粵洋盜匪郭學顯烏石二東海霸總兵保鄭
七之子鄭保養及香山二等向有六大帮之名張
保仔係鄭保養帮內大頭目因鄭一賊婦及香山
二等各有匪船數十號俱聯爲一帮遂致勢衆鴟
張上年六月內總兵保被兵船擊斃其義子梁阿
康僅有船十餘隻現在郭學顯全帮並東海霸帮
夥馮超羣俱已投誠其東海霸本身並烏石二等
亦據各線人稟報均有懇乞投首之意即張保仔



帮夥內殺死賊目乘間來投者亦有譚阿瑞高阿
華林阿目等三百餘名或該匪慮及將來黨散勢
孤竟以畏死之心妄作求生之想亦未可定粵省
二十年來沿海商漁受寇盜之刦掠已久近年復
擾及內港村寮民心時覺驚惶民力亦漸形支絀
現在紳民聞張保仔有投誠之信莫不望其來歸
以此一帮巨盜解散後餘匪皆易殲除從此粵洋
可期肅靖倘該匪等求生不得必致羣兇拚死拔
猖沿海居民復遭蹂躪即令將士奮勇攻擒立時

殲獲亦難保其不傷一兵不折一矢若其東擊西竄遷延歲時糜餉老師已屬不值況每年各國夷商貨船往來絡繹素爲該匪等所覬覦設有疎虞固屬不成事體更恐奸夷勾結助啖勢更蔓延亦甚可慮臣等身任地方恨不滅此朝食安敢舍勦言撫惟思該匪等如果率衆投誠是法無可貸之人竟似情有可原誅之則不免殺降拒之則又虞縱寇失此目前可乘之機即大費日後徐圖之計實屬一大轉機關係匪細臣等再四熟商固不敢



輕信疎防亦不敢拘泥誤事一面嚴飭各內河要隘防兵練勇晝夜巡堵一面札至署提臣黃飛鵬帶領兵船駐守虎門以備不虞臣韓對率同署藩司陳若霖在省籌辦一切臣百齡即帶同署臬司溫承志馳赴虎門查看情形張保仔等果係悔罪乞命自必親來叩見臣百齡即宣示

聖主恩威令其先將夥黨陸續遣散收回船礮漸次減其兇勢設該匪必懇酌留船隻及得力頭目人等帶領出洋緝捕贖罪再當相機部署使之不能操縱自如以杜後患倘該匪等竟係虛詞要請不遂所求仍復逃遁亦即設法散其夥黨俾令內潰便可乘勢攻勦以期一鼓殲擒容俟辦有頭緒再行馳

奏所有臣等籌辦張保仔懇請投誠情形先行據

實密陳

二月辛卯海寇攻長沙埔村人奮擊之殺十餘人賊知不能入焚沿海民居六十二戶而去鄭宏德鄭四蕭應朝蕭任高曾天富鄧啟日蕭作輝林世善蔣勝廣九人遇害香山縣志



四月賊張保鄭石氏蕭雞爛等歸正總督百齡親蒞香山撫之同上

羣寇之初起也大吏皆視爲癬疥疾不介意而盜之刼得財物貨之安南官軍擊之則以安南爲藪多受安南僞封其最著者曰譚日居稱平波王勢甚雄驁其後莫觀扶等烏聚蜂起不可殫述舟師廢弛已久兵多不用命將帥亦視哨會爲具文消靡錢糧而已惟總兵黃標驍勇敢戰獲賊最多賊畏之稱之曰黃老虎且榜召購衆能得黃將軍酬

千金望其幟文皆逸去甲子二月追賊於欽州龍門邏賊幾就擒為主帥所抑不得志賊得跳免黃憤甚嘔血卒民失所依而盜遂不可制盜不可制道愈梗惟漁艇鹽艘執業如故蓋視船之大小稅以金名花紅給單為據期以四月四月外易新單不滿意則擄之又分布徒衆遍會城巨鎮以便貨船商人出口掛號以故擁貲富而漁鹽人又利其酬昂值私載米穀硝磺器械售之以故器用足遇貨船之大而厚者固者亦重價買之又刼外夷白



底開波等船以故船隻堅大標掠村落老弱者勒令收贖過期斃之海少壯者怵之使從裸而登岸守禦者見無衣人知為盜逐殺之被脅者雖欲乘間遁以裸不敢以故黨羽衆而標掠之勢遂日益加張矣惟時著名者八股曰鄭一曰郭學憲曰張保仔曰梁保曰香山二曰烏石二曰東海霸曰劉唐伯先絕後增李尚青吳知青蟾蜍養三股其小股不可更僕數而諸股中惟鄭一為最強為最久郭學憲張保仔皆曾事之學憲海康人捕魚為業

鄭一執之並擄其父母兄弟遂從為盜比鄭一歿自長其衆不嗜殺故人以婆帶稱之其兄學明性亦慈善樹黑幟曰黑旂帮張保仔年十四亦為鄭一所擄愛之嗣為子使領舟數十出刼多利得財不私悉爪分其衆衆刼不力者輒殺之鄭一多其區畫日見親任及疾病殆以姪安邦為子而託之保仔令左右之安邦實耎懦無能聞礮掩耳故事無大小仍聽命於鄭一妻石氏而後行石氏頗知事理保仔受安南扶黎大元帥封石氏非之保仔



傷總兵林國良許廷桂石氏讓之所設施皆能服衆故保仔亦事之為假母惟謹祀一神禱輒應倚童子之旣寐者言吉凶如影響將出刼筊於神吉則往不吉則不往也卽往亦不利舟中人稱之曰大王公旂幟色紅曰紅旂帮梁保一股附比之以嘗受安南總兵封故黨衆呼為總兵保香山二素亦雄據中路保仔屢與搏擊勢不敵遂兄事之有急亦相援救是四寇也分踞東中兩路狼狽相依倚西路則烏石二吳知青李尚青東海霸四股盤

踞之烏石二者姓麥名有金兄有貴弟芝吉世居
海康之烏石鄉故以行次稱焉亦受安南阮氏僞
封阮氏滅乃爲盜掠海康生員黄鶴置之記室鶴
不得歸輙爲有金作示布告斂財物歲計得銀不
下十餘萬凡隸高廉雷瓊瀕海居民均爲所制市
物多輸值故瀕海愚民又樂就之而潿洲硇洲孤
懸海外遂爲賊巢穴其兄麥有貴嗜啖人心肆毒
實甚吳知青李尚青朋比以益其勢由是東中西
三路行賈居氓不安業者三十年矣歲戊辰六月



總兵林國良與賊戰於新安之南頭自辰至未礮
盡矢窮賊衆蟻集赴縣報急者再而援不至竟爲
賊害旣而戕署鎭許廷桂於桅甲門奏入
天子赫怒謂非百齡不足辦賊乃從山東藩司任召還
命總制兩粵授以方畧並問勦堵之策奏對中有以盜攻
盜之語
上是之慰勞甚至將入粵境粵之父老子弟以復見青天
標幟前迓葢以乙丑撫粵東時戟門設鼓使受屈
抑者告貪黷者擊以聞皆能拯之黜之民甚感德
去之日民雷之不得各負米一囊藩其門制府乃
自解後射圃出故望其來如慈父母焉以己巳夏
四月至先之澳門厓門蕉門虎門以規約形勢繼
告官吏曰此方苦盜久矣
聖人在上使民不得安堵守土之謂何吾爲命吏誓將滅
此朝食諸君其交勉之有治盜良策者亟以告於
是一時大小官吏及縉紳先生皆各言所見又飭
將士勤訓練用命則賞不用命戮無赦又簡閱軍
實以船礮兵械過少不足敵盜之十一遂與韓撫



軍疏請添戰艦備礮械飭員弁製造火箭六輪船
又飛檄各縣要害處所樹木柵築臺堡而東莞令
王國忠以塞蕉門弗成褫官又於轅門置大鼓如
撫粵時凡被盜者與謁見言勦賊事者胥撾鼓以
聞乃又下令曰盜之所賴以抗士卒者火所賴以
糜黨羽者食所賴以爲藏身之固者舟使不有濟
之者安能取之不竭而用之不窮遂派員分赴海
口譏察米穀船及他禁物之出洋者又知賊之素
利者莫如鹽艘以其巨容千石礮若火軍械皆備

而舵工篙師護丁衛卒往往遇盜輒散舟遂爲盜
有其不散去者則又並人亦從盜亟請於
上改海艍爲陸運時有以不能稱便梗其說者温觀察卒
贊成之賊不得食狂狡內竄舟師寡衆勢固不敵
斥堠更堡調撥兵丁賊至則匿賊去則稍稍復集
虛施鎗礮礮臺水柵瀕築汐擢其堅固者賊反據
之否則悉被焚拆故凡要害卒不能收捍衛防堵
功廣州通海諸縣曰南番東順香新素以饒富著
者蹂躪尤甚而東莞之到滘村凌虐之酷則又非



筆墨所能罄述也盜初刼到滘鄉勇四擊之盜死
傷者衆恨次骨至是破其村盡人虜縛之老弱者
殺不留少壯者悉脅從賊發其倉廩所儲穀石使
婦女老醜者磨礱其少艾行酒於是縉紳耆老之
呼籲於制府行臺者擔其鼓自晨至暮聲不絕制
府飛檄督率舟師進勦黃飛鵬屯兵澳門孫全謀
安處閫西皆不用命七月十五日舟師夜泊大隆
口賊猝至領紅單船委員盧楚元趙應壬奔告提
督孫全謀從者以就寢謝兩人譁乃許之曰卽傳
令甫歸則孫舟雙燈明舵樓矣於是各舟悉退蓋
水師夜戰視主帥舟中燈爲號懸前桅者視桅枹
鼓懸後哨者視金鉦而羣盜則視火箭爲進退焉
各舟既退盜尾逐之千總黃正嵩領紅單船巡緝
是夜適泊外口見舟師倉皇入口曰是敗北之道
也乃羅陳其舟遮擊之俘人二十奪舟三以夜不
敢追明日孫劾總兵王國寶何英見賊輒退撤回
參辦盧楚元趙應壬事不靜鎮搖惑人心革去頂
戴黃正嵩不得軍令輒擅進止以獲賊功責四十



撤回正嵩本首民投誠後勦捕頗力多所斬獲至
是黜而何英則盜所素懼賊中稱小何者也置之
囹圄而賊益鴟張矣制府乃謀賃夷船配夷兵以
遏其勢與同官坐密室促膝籌策聞賊之在沙灣
茭塘黃埔肆刼者自三鼓至五鼓礮聲震几上茶
甌聲琅琅然不絕遂至咯血
天子知之
手詔勸慰謂求治不可太急又令悔罪者予以自新於是
制府又集寀寮而諭之曰海盜嘯聚千百爲羣其

虜脅而從不啻什九豈無父母妻子室家可歸如登岸而見執於官兵則死之反獲於其黨則亦死之故勢有逃之不得者况盜之驅衆以刼皆驅若輩衝鋒冒刃故日報獲盜繫獄纍纍而其實元惡大憝未嘗殲其一陷於盜羣者皆吾子民其情可哀已律載謀逆者肉袒自縛且赦而若輩與謀逆者有間必盡殺乃止非所以體

天子好生之德也故欲挫賊之鋒則利用勦欲渙賊之勢則利用撫勦必先戮其渠而後能散其黨撫必先



散其黨而後能擒其渠此烏合之徒耳孰肯捨生以求死哉然西路之賊吾未皇卽辦今宜先辦東中二路惟時梁保一隊爲護總兵許廷桂所敗幾滅之其子亞康拾其餘燼合張保仔而張保則刼掠無虛日甚且亡命內犯香山東莞屢經蹂躪惟香山之大黃圃恃堅莫能下村民之呼籲於制府轅者至無容足制府廉知鄭石氏有身將娩挈其輜重密屯於大嶼山下距新安縣城二十里曰吾得之矣是名赤瀝角內僅一罅若由馬角礮臺進

擊石氏無後路可通保仔諜知必撤其衆來援黃圃之急可解而吾亦一鼓成擒也遂飛檄繒㕦各船星羅三面又檄徐參戎殿颺屯兵陸路以防岸遁檄令賊援至勿截殺使其揚帆盡入赤瀝角而後尾擊之則皆受困已而果然乃又飭西洋貢使唱嚬嗁帶護貨兵船佐堵海口貫竹牌數十實以硝磺縱火焚之將聚而殲焉賊大恐日夕冲突將匝月大小頭目及徒衆死傷甚衆碎斧爲彈解檣以炊勢甚窘幾就擒制府自督師期十一月二十



三日至山巔將親操桴鼓焉詎先一日圍解賊遁制府痛恨不可忍馳至虎門乘夜草奏直劾水師縱賊者某某當明正典刑少焉是朱觀察之言易其稿少焉是溫觀察之言又易其稿終之委曲周旋以奏孫提軍僅革職效力行間何英王國寶則素欲劾奏而未得其當者因附及焉先是郭學憲一股有乞降意因制府勦賊甚急且恐無以取信故未果來張保仔因赤瀝角時求援於學憲學憲弗應張保仔恨之言舟楫相迎必翦撲不留孑遺

學憲懼偵得張保仔使其黨領舟十六運糧以應乃乘不備縱擊之擒三百餘人併船十六奪之之歸善平海獻功乞降制府親往收其衆六千餘人船百十有三銅鐵礮五百兵械五千有六百又其黨馮用發郭就善張日高等十餘船四五百人散處陽江新安者亦降黑旂帮遂滅時十四年十有二月也事

聞

上奬郭學憲功拔把總張保豔郭學憲之得官又見蟾蜍



養就撫不得降罰亦痛自追悔惟以負罪甚大蓄懼懷疑不自決禱於大王公神乃附童子作囈語怵其早投誠否將不利保仔乃故爲揚言曰朝廷設我用我豈不能似學憲立功時耶第恐不聽我言弗諾所請耳制府聞言札劉大槐往歸具言保仔信神言有願服意至庚午正月二十九日忽艤舟集虎門沙角洋請制府收其徒衆制府遣温莘圃朱耐亭兩觀察先往香山二獎皮保迓於道翌日制軍至保仔懼誘而縛之不敢來制軍欲面諭

利害以堅其信乃駕一葉艇直臨賊所如令公單騎見回紇然時賊船舳艫十餘里遠見制府至鳴礮以迎煙迷漫若雲霧左右色慄慄視制府制府夷然整暇而張保仔已偕賊目數人飛楫出煙中奔抵制府舟亟命之見則匍匐請罪制府諭以大義保仔感激叩頭謝並求制府去其下一字稱單名制府曰若然則我故張姓子爾名張保殆欲我保受天祿也張保既去明日復丐劉大槐言其船大小四百餘夥黨三萬有奇請擇五十號擇其衆



五千充卒伍月給糧勦西路賊以自贖制府皆不許適西洋番船揚帆入虎門口命其大班曉諭之令其先散徒衆呈納器械船隻入奏後方勦賊保終不聽又爲員弁之邀功者讋之曰收郭婆帶徒衆擇地平海今曰虎門有噬爾意保懼遁去至三月初旬鄭石氏忽挈其孥赴省爲張保訴慮敵謗疑故先盡室來爲質以示信舟集香山縣芙蓉沙海口聽命其船大小四百八十火礮器械三萬六千男女人口二萬六千五百有奇區畫如收學憲

時於是紅旂帮亦滅紅旂帮旣滅制府乃與韓撫
軍謀辦西路賊先是烏石二東海霸亦屢求投誠
制府附摺陳奏十五年正月奉
旨烏石二等如果悔罪來投卽照郭學憲之例辦理等因
欽此是時以張保仔猖獗不暇兼及西路故雖派
委文武員弁往宣
諭旨然不過約畧傳示而已兹則仍檄之來投又檄越南
陳兵江坪防其不來佚去也區畫旣定以張保爲
前隊領船三十使香山協洪鰲監焉郭學憲爲二



隊領舟三十前提督孫全謀監焉其三隊則提督
童鎭陞碣石鎭黃飛鵬也四月十八日掛帆西行
途遇陳玉保曹亞晚面縛來投二十六日孫全謀
誘朱亞保等一百三十九人於放鷄洋縛之張保
又縛得海甸九李宗潮三百九十餘人二十七日
烏石二遣其頭目張亞安等至硇洲問張保投誠
狀保盡幽囚之别遣譎者誘有金兄弟有金兄弟
微覺其異則竄往㻛洋張保尾至海南之天狗尾
紅沙宣言制府已奉
諭旨來撫實無他意矢之再三黃鶴力言事不可恃芝吉
曰事在兩歧俱死無益也有貴曰撫我固善虐我
則爲厲報之耳有金低首不語良久曰死則死耳
奚畏焉乃召其徒衆俱來五月十二日至儋州之
新英洋面童元戎黃鎭軍舟師悉至乃環擊之自
辰至午焚十餘艘斃賊無算麥有金勢絀就縛仰
天曰郭張就撫後當更易前轍始能建白平海著
勞績乃必欲使張保仔勦我得功耶其兄有貴弟
芝吉宋國興等俱爲洪副將胡都司所擒李尚青



先斃其黨偕吳知青等悉降二十一日制府至雷
州各師獻俘於雙溪港口有金詈張保賣己保曰
誰勸汝此時來降有金怒視之制府詰黃鶴爲諸
生胡爲盜曰使人甘爲盜守土之謂何爲盜當磔
不應使懷沅賣我也是役也獲盜男婦四百九十
餘人受降三千四百有六十人船八十有六銅鐵
礟二百九十一兵械一千三百七十有一制府乃
集僚佐將備於海康北門外磔盜首麥有金等八
人駢斬黃鶴等一百十有九人囚吳知青等十餘

人以待罪西海一隅之數被盜困者無不歡呼踴躍撫掌稱快其巡防水陸各師復於海康之南焦鋪前青劏新村瓊山之鹽竈遂溪之海頭徐聞之麻羅昌化之烏泥吳川之新米及欽州儋州等處斃賊二百餘人生擒者七十一人獲船十有四而餘匪在海豐遂溪合浦降者亦幾及千人東海霸匃於海康以聽命凡潿洲硇洲各島嶼爲賊所據者黄樊二鎮率偏師往悉掃蕩之申厲禁焉疏上

天子冊功晉制府太子少保戴雙眼花翎給輕車都尉世



職

賚尚方珍物九元戎童公

賞花翎給雲騎尉世職

錫尚方珍物三撫軍韓公

賞花翎

予尚方珍物三其下

賞花翎者六人則總兵黄飛鵬道員温承志朱爾賡額守備孫全謀副將洪鰲都司胡朝佐也承志晉按察司銜全謀以遊擊超用戴藍翎者二人則委員花東莞周飛熊也其餘與事者皆得甄敘張保先以擒李宗潮等功予千總銜令擢守備戴花翎各弁兵行

賞有差復

詔令將在事文武官仍列等具疏以

聞吳知青東海霸等悉

予赦遣歸制府以張保來投皆由大王公神默相使然築

廟虎門奏請褒封

天子下部議頒春秋兩祭儀注錫其稱曰靖海之神莘圃



觀察以二十年之海氛掃除淨盡沿海四千里民得安堵厥功偉焉屬強作生爲文紀事傳後之防海者或勦或撫有所取法生據事直書詮次如左數經修飾潤色始成平海紀畧刊之樂石 謹案碑在督糧道署此多異文實大畧之椎輪也故錄存之 強作生磨盾記

二十年七月盜潛奪副將羅鳳山巡海船時羅鳳山巡哨回船泊港口外暫歸署令把總黄登守之夜有盜襲之遁假名號掠海上徐聞官軍獲之 香山縣志

道光三年六月西洋兵船入雞頭洋總督阮元諭却

之督署案
十三年賊楊就富嘯聚夷洋廉州府知府張堉春捕
獲之
秋七月越南奸民阮保變姓名陳加海嘯聚作亂
有內地人楊龍富林致雲等往年遭風飄出外洋
流落越南爲盜阮保因其熟悉海道推之爲首以
林致雲爲主謀設立總頭目大頭目分枝頭目各
數十人佔踞九頭山青藍山等處洋澳四出行劫
知府張堉春偵知之率領委員出猫尾海閬龍門



大洋查得九龍山在極西洋面山之中央有一巨
蕩寬廣數十里可容數百船與內地西蜆沙小白
龍相近賊人踞爲巢穴逼近內洋情形叵測時晚
稻黃熟居民驚惶逃徙張堉春檄遠近營縣一體
戒嚴合浦縣訓導葉軒建議以爲賊船泊近海岸
必先刈割田禾沿海百餘里之田稻黃遍野師船
遠駐西洋猝不能致若不設法防守是安坐而齎
盜糧也然急切之時官爲民守不若教民自守海
濱紳民前經烏石二之亂恇怯惶恐勢所必然急

宜遣使宣諭處置傳集諸生申明團練舊章招回
逃避之民教以堅壁清野似爲應變急着從之聲
勢大振村民乘時收割田禾賊冲突十餘次不得
登岸退回海洋行劫張堉春乃會同龍門營都司
查得嘉慶年間海寇烏石二作亂侵入廉洋甫入
境先誘脅漁船入夥聚至千餘艘之多占據潿洲
四出剽掠爲患十餘年之久今海疆不靖不能採
捕正在失業疑懼之時設此海賊乘機糾遁此等
蜑民一經誘脅必至滋蔓難圖海洋治亂之機正



在於此急傳檄海疆營縣舉行水練收羅漁戶歸
伍用軍法部署遴選賢能勤幹之員專司其事與
白石場大使陳裕垂府經歷候昕欽州州判沈炳
文駛駕海船分往合浦欽州所轄之古里北海三
娘灣西洋魚埇港等處齊集大小魚船聯絡成帮
編列字號歸入本府團練使之悉爲官用不致陷
入賊黨團練既成千餘里星羅碁布之漁人悉成
勁旅其船輕便矯捷凡汊港獲匪師船所不能到
之處俱能駛入都司佘清又察出從前苦累漁戶

積弊移府革除泐石永遠禁止漁人盇感激用命所向有功賊不得逞近入九頭青藍等山負嵎阻險有被擄之內地人黃三德工書算楊龍富倚為腹心黃三德不甘從賊通知水練頭人鄭添友願赴官投誠張堉春准其所請責令擒賊自贖知會都司余清卽令鄭添友潛往賊巢移會黃三德計誘楊龍富等下山余清伏兵魚塘港擒之并其黨彝尚添二十餘人窮追越南首犯陳加海至霧水洲擒之十三年夏五月海寇平（廉州府志）



謹案楊龍富案牘作就富

十四年六月暎咭唎夷目啤嘮啤擅入居省外夷館總督盧坤會奏言暎咭唎國在廣東貿易該國向設有公班衙名目管理通國買賣謂之公司該公司派有大二三四班來粵總理貿易事務約束夷商道光十年據洋商等稟知該國公司至道光十三年期滿該國夷人各自貿易恐事無統攝經前督臣李鴻賓飭商傳諭大班寄信回國若果公司散局仍酌派曉事大班來粵總理貿易本年臣盧坤與粵海關監督臣中祥查得該國公司已散卽經飭商妥議務使事有專責勿致散漫無稽六月暎咭唎有兵船載送夷目啤嘮啤一名來粵稱係查理貿易事務攜帶女眷幼孩共五口寄住澳門兵船查有番梢一百九十名停泊外洋該夷目換船至省外夷館居住臣盧坤接據營縣稟報卽咨會水師提督派撥舟師在於虎門等處海口巡防并行各礮臺弁兵嚴密防範不准該夷兵船進口及番婦人等來省並飭洋商伍敦元等查詢該夷



目因何事來省如因公司散局應另定貿易章程卽告知該商等轉稟以憑具奏恭候奉到
諭旨飭遵詎該夷目不肯接見洋商旋赴城外呈遞致臣盧坤書信一函封面係平行款式且混寫大英國等字樣當查中外之防首重體制該夷目啤嘮啤有無官職無從查其底裡卽使實係該國官員亦不能與
天朝疆吏書信平行事關
國體未便稍涉遷就致令輕視隨飭廣州協副將韓

肇慶諭以
天朝制度從不與外夷通達書信貿易事件應由商人
轉稟不准投遞書函繼思化外愚蠢初入中華未
諳例禁自宜先行開導俾得知所遵循復摘敘歷
次奏定夷人貿易條欵諭飭洋商傳諭開導並告
以外夷在粵通市係
聖朝嘉惠海隅並不以區區商稅爲重該國貿易已越
一百數十年諸事均有舊章該夷目既爲貿易而
來卽應遵守章程否則不准在粵貿易等情前後



四次反覆曉諭旋據該商等稟覆該夷目不遵傳
諭聲言伊係夷官監督非大班人等可比以後一
切事件應與各衙門文移來往不能照舊由洋商
傳諭伊亦不能具稟祇用書文交官轉遞堅執不
移請卽停止該國買賣臣以該夷目律嘮哩屢次
執拗誠屬頑梗第念該國王向來尚屬恭順該國
散商均尚安靜若因律嘮哩一人之過槩行封艙
未免向隅復將外夷貿易事宜向係洋商經理從
無官爲主持之事嘆咭唎向與中華不通文移該

夷人所言不能准行并將本應封艙因體卹散商
衆人暫從寬緩緣由明晰批飭該商等再行曉諭
如其悔悟恭順照常貿易倘再違執卽行封艙冀
以情理之眞誠化犬羊之桀驁但能無傷大體卽
亦不加苛求而該夷目於商人傳諭若罔聞知該
商等將批語抄給亦置之不閱並據水師參將高
宜勇稟報嘆咭唎國復來兵船一隻與前來兵船
同在虎門口外九州沙瀝洋面停泊查其番梢亦
係一百九十名詢據聲稱並不進口候風順駛去



等情復經咨行水師提督及香山協一體加緊防
堵並札飭沿海各縣嚴禁商漁艇隻攏近夷船交
易接濟一面與臣祁𡎴再三籌度嘆夷素性凶狡
所恃者船堅礮利內洋水淺礁石林立該夷船施
放礮火亦不能得力該夷目身入中華距本國數
萬里已有主客之勢如其妄思跳梁我兵以逸待
勞其無能爲顯而易見第事關化外必須格外詳
愼折服其心商人所稟究屬一面之詞未便遽信
隨飭委同知潘尚楫會同廣州府協同前往夷館

面加查詢并諭令將兵船卽日開行回國該夷目仍不將來粵辦理何事情由說明亦不將兵船因何而來何日回去之處詳細登答因該夷目令通曉漢語之夷人傳話恐傳告或有不實飭令帶同通事前往該夷目又不肯令通事轉傳言語委員等無從曉諭屢飭洋商查探總不能得其來歷原委復查暎夷貿易向由洋商與大班人等經理從無夷目干預今忽欲設官監督已與舊制不符且該國卽有此議亦應將如何監督辦理何事之處



先行稟明奏請

諭旨分別應准應駁遵照辦理乃該夷目嘩㗎呷既不稟明突然來至省外夷館居住輒欲與中華官員文移書信來往殊出情理之外迭經商人傳諭委員查詢不爲不委曲詳明亦非强以所難該夷目總不將辦理何事說明原委必欲與內地官員通達文移書信且擅出告白令各散商不必以斷絕貿易爲慮是其有心抗衡不遵法度若不量加懲抑何以肅

國體而懾諸夷向例夷人不法卽應封艙臣等與粵海關監督臣中祥商議並與將軍都統及在省司道會同熟商惟有照例封艙將暎咭唎國買賣暫行停止如該夷目畏懼恭順遵照

天朝制度再行奏請

恩施准其開艙交易以昭懲戒貿易原係散商之事第該國既未另派大班該夷目先稱查理又稱監督究不知所司何事且如此執謬不受約束事無責成卽散商貿易亦難期妥協近年夷商漸形驕大



當此章程創始必應從嚴整飭現在臣等會同將嘩㗎呷歷次違抗照例封艙原委出示曉諭並敘明與各散商無涉此外各國照常買賣是否有當仰祈

聖明訓示遵行再粵海關近年征收夷船商稅暎咭唎國約計銀五六十萬兩在

帑藏原無關毫末而

國用爲重亦不敢不通盤籌畫惟夷情貪得無厭愈示含容則愈形傲晛現在外洋私販鴉片夷船日

多正在設法整頓又來此謬妄之夷目此時卽便
姑容亦必得步進步另生妄想亦不得不少示裁
抑該國以貿易爲生衆商紛紛載貨前來急於銷
售趁秋冬北風載貨回國斷不肯輕擲貲本守候
誤時各散商見㗱嘮啤屢次違抗衆心已多不服
現據在海關稟求開艙業經批示如㗱嘮啤悔悟
遵守舊制卽准其奏請開艙該商等必不任聽固
執自誤營生且內地大黃茶葉磁器絲觔爲該國
必需之物溯查嘉慶十三年及道光九年因該夷



人滋事封艙旋據籲請復開此該國不能不與中
華交易之明証該夷人除礮火以外一無長技現
已商同將軍臣哈豐阿等派撥弁兵在省城內外
分設堆卡加意巡防澳門一帶亦密派員弁水陸
分投布置鎮靜防範不致疏虞亦斷不稍涉張皇
肇衅釀事仍飭該府縣訪查漢奸嚴拿懲辦至外
夷貿易係洋商專責今夷目㗱嘮啤來粵該商等
既不先行稟報節飭傳諭又一無能爲殊屬玩忽
仍查明有無情弊嚴參究處所有辦理緣由臣等

謹合詞繕摺密奏奉
上諭盧坤等奏暎咭唎國夷情謬妄請旨辦理並現在
籌備情形所辦尚妥所見亦是暎咭唎國夷人素性
兇狡與中華不通文移惟化外蠢愚未諳例禁自應
先行開導令該商等傳諭飭遵玆該夷目已執拗頑
梗不遵法度自當照例封艙稍示懲抑俾知畏懼如
該夷目及早改悔照常恭順懇求貿易卽准奏請開
艙祇期以情理之眞誠化犬羊之桀驁但能無傷大
體卽無庸過事苛求倘該夷人自恃船堅礮利陰蓄



詭謀不聽約束犬羊之性急則反噬則驅逐出省不
能不示以兵威其省城內外及澳門一帶大嶼山礮
臺等處務須密派弁兵加意巡邏不動聲色鎮靜防
範至外夷在內地通市如能照常安靜自當一視同
仁曲加體卹況天朝嘉惠海隅並不以區區商稅爲
重該國貿易百數十年諸事均有舊章豈能以該夷
目一人之執謬絕商船之往來總當通盤籌畫設法
整頓自未便任聽該夷目固執致各散商紛紛向隅
務隨時察看情形酌量辦理固不可以國體有防稍

事遷就亦不准令邊夷啟衅稍涉張皇至該夷目膽
敢抗違有無内地漢奸暗中唆使必應嚴飭該府縣
密速訪拿從重懲辦其外夷貿易係洋商專責茲該
夷目來粤該商等既不先行稟報節飭傳諭又無一
能爲殊屬玩忽著該督等查明有無情弊嚴參究辦
其現在籌備防範各處該督等當約束弁兵密飭稽
查防守以備不虞不准輕啟衅端致煩兵力俟察看
夷情安靜卽行撤回仍將辦理情形隨時據實具奏
毋稍含混欽此



八月暎咭唎兵船突入黃埔旋悔罪求去

廣州將軍哈豐阿總督盧坤等會奏言竊暎咭唎
夷目嘩唠啤不請牌照擅進省河妄投書信屢次
曉諭頑梗不遵臣盧坤將該國商船照例封艙該
夷目又令兵船二隻闖入海口進至内河黃埔地
方臣盧坤酌調文武員弁兵丁并咨調旗營提標
師船及新會等縣内河巡船分布前路直達省城
之獵德礮臺大黃滘河面及兩岸阨要處所由陸
路提臣曾勝督率調度防堵將辦理情形恭摺奏
聞並將海口疏防水師參將提督據實嚴參臣盧坤自
請嚴議在案提臣曾勝調遣布置極爲周密該夷
兵船人等見前路水面木排橫亘鎗礮如林大小
師船排列數里陸路亦處處駐兵扎營聲勢聯絡
軍威嚴整該夷兵船泊於黃埔貨船中間瞭見柴
草船隻惟恐火攻伏處舟中一步不敢前行一人
不敢上岸間有由澳門進省欲與夷目見面之人
又被我兵截回該夷目於水路堵塞以後已屬膽
怯卽知會該國散商向洋商伍敦元等轉言該國



散商兵船係爲保護貿易夷船以明其並無他意
迨我兵日集該夷目内外消息不通進出無路並
形惶恐復字知散商轉告洋商求給三板船一隻
以便出省臣等以該夷目不領牌照擅自進省其
兵船復駛入内河雖並無不法重情而故違例禁
膽玩已極若卽准其出省來去自由何以示儆戒
而昭懾服復令洋商詰其因何不領牌照擅自進
省兵船闖口駛入内河意欲何爲令其明白登答
方准出省否則定行勦辦斷不輕縱旋於八月十

六日據洋商伍敦元等轉據該國散商咖嘩𠺕等投稱嘩嘮㖞自認因初入內地不知例禁是以未領牌照卽行進省兵船實因護貨誤入虎門今已自知錯誤乞求恩准下澳兵船卽日退出求准出口等情臣等復以該夷目雖知悔罪第究因何事來粵原遞書函所寫何語節次查詢始終未據言明不便任其朦朧至兵船闖入海口稱係誤犯已屬支飾且於兵丁開礮轟擊時輒敢放礮回拒致礮臺椽瓦震損何其如此膽大叉經批飭詰究去



後茲於十八日據該夷商咖嘩𠺕等向伍敦元等覆稱嘩嘮㖞實係來粵管理貿易事務因自以為官卽稱監督前遞書函內所寫因伊係夷官與大班不同欲與

天朝文武衙門文移往來禮貌相當並無別語至兵船進口實因商船封艙貨物久貯恐致疎虞是以進口保護因被海口兵丁開礮轟擊夷兵亦放礮自護以致損傷礮臺深知悔錯卽當修復惟求恩准給牌下澳等情具稟前來臣等與司道等公同熟

商嘩嘮㖞屢次違執其意以為外夷官目與內地官吏並無尊卑欲思抗禮臣等因

國體攸關不容遷就其兵船進口名為護貨自卽存挾制之心此時水陸營伍星羅碁佈火攻船隻亦已現成若乘其進退兩難之際四面夾攻原不難立制其命第我

皇上懷遠以德撫馭外夷仁義兼盡玩則懲之服則舍之從不為已甚之舉嘩嘮㖞雖有妄誕之想尚無不法實跡未便遽加勦除且該國散商數千人俱



以夷目不遵法度為非無一附和更未便玉石不分今嘩嘮㖞既已認錯乞恩衆散商節次籲求自應寬其一綫逐令出口俾畨夷震懾之下仍感

天朝仁慈寬大之恩臣等公同商酌意見相同隨經批准放行並據該商等赴粵海關請領紅牌由臣盧坤派委文武妥員於十九日將嘩嘮㖞押逐出口仍飭恭候

諭旨遵行該夷兵船二隻亦於是日開行一路磨淺二十二日押出虎門海口所有調防各處水陸官兵

櫱行撤回分別歸伍歸巡至澳門大嶼山等處先
經臣盧坤飭令署香山協副將秦裕昌署大鵬營
參將鄧旋明分投巡防續又添調梧州協都司王
錦綉帶兵三百名前赴澳門協同防守並調陽江
鎭師船在附近澳門洋面實力巡查現在該夷兵
船出口尤宜嚴密防範謹合詞恭摺由馳驛奏奉
上諭本日據哈豐阿等由驛馳奏暎咭唎兵船夷目均
已押逐出口一摺此次暎咭唎夷目嘩嘮啤來粵貿
易不遵法度該督照例封艙該夷目又不請牌照擅
令兵船二隻闌入海口進至內河黃埔地方經該督
調派文武員弁兵丁並咨調旗營提標師船及新會
等縣內河巡船分布前路及兩岸扼要處所該夷兵
船人等見水面木排橫亘槍礮如林大小師船排列
數里陸路亦處處駐兵札營聲勢聯絡軍威嚴整該
夷目等伏處舟中內外消息不通進出無路惶恐悔
罪懇求給牌下澳該督因該夷目違禁膽玩若卽准
其出省來去自由不足以懾服夷情飭令洋商伍敦
元等嚴加詰問該夷目因何不領牌照擅將兵船闌



入內地意欲何爲且於兵丁開礮轟擊時輒敢放礮
回拒令其明白登答方准出省旋據咖嘩哈等覆稱
嘩嘮啤係屬夷目與大班不同不曉事體兵船進口
實因商船封艙保護貨物緣海口兵丁開礮轟擊夷
兵亦放礮自護深知悔錯且該國商梢數千人俱以
夷目不遵法度爲非無一附和之人該督等因該夷
目嘩嘮啤旣已認錯乞恩衆散商節次籲求自應寬
其一綫逐令出口卽准該商等赴粵海關請領紅牌
該督派委文武委員於八月十九日將嘩嘮啤押逐
出口該夷兵船二隻亦於是日開行押出虎門海口
所有調防各處水陸官兵櫱行撤回分別歸伍歸巡
當該夷進退兩難之際何難立行勦滅但此等外夷
趨利若鶩其不諳例禁之處不值與之深較朕亦不
爲已甚玩則懲之服則舍之該督等辦理此案尚合
機宜前因該督等不能先事預防致令該夷兵船闌
入內河勞師驅逐是以降旨分別革職示懲今旣將
該夷目等押逐出口是該督等始雖失於防範終能
辦理妥善不失國體而免衅端朕頗嘉悅盧坤着加

恩賞還太子少保銜並給還雙眼花翎其前此疎防亦難辭咎着仍帶革職留任所有海防各營汎乃水師提督專轄前任水師提督李增階業經革職現已事定着毋庸議即令回籍已革水師提標中軍參將高宜勇着俟枷滿一月後即行釋放其看守礮臺怠玩各弁着一併枷滿釋放此係朕格外施恩該督等惟當知感知懼力加振作於營務海防隨時認真訓練務將從前積習痛行湔除俾士卒悉成勁旅以壯聲威而副委任欽此



廣東海防彙覽卷四十二終

# 江防集要一卷

〔清〕趙寧輯

《江防集要》一卷，清趙寧輯。寧字管亭，江蘇江陰人。曾任長沙府同知。是書專記各江形勢，於沿岸港口、城鎮、寺廟之地理、里程等，臚舉亦較詳明。據《學海類編》本影印。

# 江防集要

清　江陰趙　甯管亭輯

江防一曰夷陵昔公孫述下兵江關拔夷道而據荆門王濬治樓船下益州破吳荆門夷道而江南遂平陸伯言曰夷陵國之西門失之則荆州可憂是也一曰襄陽羊叔子開府于此地以爲滅吳根本梁武帝亦于襄陽起兵以平石頭若元人幷宋頓師于襄樊者數年襄樊旣下而江南自潰矣此又其一也一曰江陵魏武破荆州下江陵以伐孫吳杜征南伐吳先克



江陵宇文氏南侵于謹渡漢而下江陵是也旣至江陵則沿流而下武昌亦一道也一曰黃州金人自黃州逼江州劉光世置酒高會不設備金人渡江是也若夫密邇江甯所最扼要而設防宜先者一曰皖建安中孫仲謀攻皖克之使諸葛恪守其地對岸立營以爲金陵屏蔽今之安慶是也一曰無爲州其相對爲濡須口孫吳于此作塢以拒北軍金兀朮自馬家渡濟江陷太平是也一曰歷陽即今和州相對爲采石蘇峻叛于歷陽濟自横江登牛渚侯景自横江濟采石韓擒虎楊行密亦渡采石宋人平江南樊若水建議以浮橋濟采石金亮南侵亦臨采石明太祖亦自采石渡江以平集慶路是也一曰瓜埠元魏伐宋魏里自陵瓜埠掠民廬舍及伐葦爲筏聲言欲渡江者是也一曰廣陵魏文帝觀濤于廣陵歎曰魏雖有武騎千羣安所用之及隋伐陳賀若弼自廣陵濟江是也其他若下蜀至京口通泰至平江又其下流也凡此數者皆濟江之要地也其順流而濟者則夷陵以下數處也其截流而濟者則黃皖以下數處也順



流而濟者舟師也其道遠而實易截流而渡者水陸兼進者也其道近而實難今沿江而上宜精練水師昔漢將岑彭以列艦逆蜀于荆門蜀兵保江州不敢出魏武南下周公瑾以舟師三萬進據夏口而魏武敗還如一旦上流有變必先據梁山（蕪湖下三十里）以待之此三者守江之長算也今宜遠扼荆門近控夏口又近則屯梁山先其不意以制之

自京口而至秣陵控制荆揚引輔江湖咫尺淮甸應援梁宋人皆知爲長江之險然而不知爲守淮計則非

知長江之險者也自武昌而至江陵東通吳會西連巴蜀南極湖襄北控關洛人皆知爲荆湖之險然而不知爲襄漢計則非知荆湖之險者也自涪陵而極成都土地險塞沃野千里控渝扼瀘聯接關隴人皆知爲巴蜀之險然而不知爲漢中備則非知巴蜀之險者也蓋長淮所以爲江浙之藩籬襄漢所以爲荆湖之脣齒漢中所以爲巴蜀之門戶晉人能守合肥壽陽以爲重地故劉石終不能逾淮以圖晉陶侃使元宣鎮襄陽故趙人不能越漢沔以取荆蜀以魏延鎮漢中故魏人不能逾南鄭以謀蜀昔祖狄自淮陰進兵以復河南到彥之自漢入泗以平司兗則江淮之形勢可用也元溫自沔漢以邀霸上柳元景自襄陽以克潼關則荆襄之形勢可用也漢高祖自南鄭以克三秦諸葛孔明自漢中以鎮關隴則漢中之形勢可用也爲今計自淮泗以擣青徐守壽春以援汝潁固荆州以開蜀道控襄陽以當川陝固洛陽以制潼關西南守江西以運百粤東南守浙江以沿閩吳開墾全楚因糧唐鄧則天下大勢復矣



夫江東極于海上流江陵歸峽則襄陽隨郢爲之藩蔽中流武昌九江則舒蘄光黃爲之藩蔽下流建康京口則眞陽楚泗廬壽爲之藩蔽今自淮以東以楚泗廣陵爲之表則京口秣陵得以遮蔽自淮以西以壽廬歷陽爲之表則建康姑熟得以襟帶江西之鎮莫重于潯陽而舒蘄者潯陽之表也湖北之鎮莫重于武昌而齊安者實武昌之表也

淮陰盱眙爲淮右臂鍾離蘄春爲淮左臂

大江之南上有荆鄂下至常潤十郡之間要緊者七渡



上流最急者三荆南之公安石首岳之北津中流最緊者二武昌太平之采石下流最緊者二建康之宣化鎮江之瓜州

襄陽不沿海鄖陽不沿江實爲全楚江防首地岳州府江防九溪衛九澧關三江口關閘口關野牛關慈利縣天平所魚洋隘走蹦隘細沙隘遙望隘鵶兒隘中靖磨門隘石磊隘長梯隘龍溪隘麻寮所靖安隘山羊隘九女閼櫻桃隘曲溪隘梅梓隘欄刀隘黃家隘青山隘華容縣古梅寨石門縣臺宜寨慈利縣安福寨索口寨西牛寨武口寨澧川寨

江南沿江信地　安慶守備池州南岸上自馬當起下

至池口止二百九十里安慶北岸上自史家溝起下至老洲頭止三百六十里荻港把總池州太平南岸上自池口起下至東梁山止計三百五十里安慶盧州北岸上自老洲頭起至西梁山止計三百里遊兵把總太平江甯鎮江南岸自東梁山起下至高資止計三百四十里和州江甯北岸上自西梁山起下至黃天蕩止計二百四十里　儀眞守備江甯揚州北岸上自黃天蕩起下至瓜州止計百四十里瓜州衛總三江口把總揚州北岸上自瓜州起下至廟灣止



計二百四十里圌山把總鎮江常州蘇州南岸上自高資港起下至包港止計二百五十里　上元縣上抵高橋門二十里下至句容縣土橋鋪三十里　江甯縣上至圭山四十里下至黃溝口二十里　和尙港大勝關上至當塗縣界葛岡鋪三十里下至金家墳十里　江甯去句容九十里句容抵龍潭抵斜溝俱七十里長江一帶洲渚限隔惟斜溝龍潭二處船隻由此出入故黃天蕩爲賊淵藪而龍潭斜溝則津要地也　溧陽雖濱大江然去金壇宜興俱不百里

金壇去鎮江不遠宜興去蘇松不遠江賊海寇俱宜預防　高淳縣不近江洋止有廣通鎮東垻河道由溧陽宜興常州無錫通接松經行往來客商船隻六合縣居江北東南通江　江淮巡撿司去浮沙口及瓜埠俱百里其閒穴子河王家套八字溝甚是險要　秣陵鎮陸要路　繁昌縣巡捕駐劄宗三廟係荻港三山二司接界最爲要害　和州芝麻河口揚州府青山爲黃天蕩最要　舊江口爲儀眞縣喉舌重地　蔣八港僅逼鎮城通接孟河海口等處爲



東南險要之最　三江會口上至瓜州鎮下至廟灣止共計江面百五十里乃瓜儀險要之最　鎮江衛督軍防守金山江操軍在金山西馬頭陸路把截圌山兀處江邊與周家橋對乃鎮江咽喉畱都之門戶　鎮江府東西二馬頭皆濱大江逼近城郭乃要地也守焦山護東津守金山護西津哨北至瓜洲儀眞以備江寇南至圌山安港以防海賊

江都縣三江會口與江南圌山相對乃江防第一重門戶中有順江洲江面頗窄水流湍急最爲險要此處

能守瓜儀可保留都無慮或賊從江南而入則圌山
爲正兵三江會口爲奇兵賊從江北而入則三江會
口爲正兵圌山爲奇兵又一字港上接圌山十里下
接三江會口十里泊守中流以便兩地協助防守
江都縣東南八十里沙河港與江心焦山寺相對瓜洲
鎮南濱大江北到府城四十五里與江心金山寺相
對是第二重門戶建有甎城江南糧運由此過埧
儀眞縣何家港若賊由鎮江冲來必趨本港則西入儀
眞東奔瓜洲北侵楊子橋等處舊江口與江心新洲



相對儀眞縣南下江口與江心天甯洲相對是第三
重門戶其洲接連何家港爲江洋要害儀眞城東到
瓜洲鎮四十里西到江甯六合縣六十里東北到揚
州七十里南濱大江五埧貨財湊集漕運糧船由此
過閘第一要害
東溝係六合儀眞二縣交界處正當黃天蕩大江之中
險要尤甚
揚舍廹西江陰縣北枕長江而黄田港切近縣尤爲要
害靖江孤懸江心要害賊由大江南突孟河尤爲險

要
儀眞縣東北十五里都天廟卽新城通衢
圌山陸路內通埤城外通戴港東至孟河南達丹陽西
接府城及東南馬頭俱係要害或賊從孟河至埤城
則埤城爲正兵戴港爲應兵賊由戴港登岸則戴港
爲正兵埤城爲應兵東津當爲伏兵府城坐枕江干
更宜把截西津馬頭并防禦四門兩關
永生洲添設防汛因瓜儀常等處襟江帶海要地空闊
聲勢不能相援



金陵枕江江防最急太平采石東南襟喉議扼險者必
斷采石明太祖自和陽濟師克之故下諸郡如破竹
江西江防信地南湖觜守備南岸上自江西九江府德
化縣城子鎮起下至馬當止計二百九十五里北岸
上自湖廣龍坪起下至沙灣角止計二百四十里上
哨至德化縣城子鎮止下與安慶守備官兵會哨

# 江防述略一卷

〔清〕張鵬翮撰

《江防述略》一卷，清張鵬翮撰。鵬翮（一六四九—一七二五）字運青，號寬宇，四川遂寧人。康熙九年（一六七〇）進士，累官蘇州知府、河東鹽運使、左都御史、刑部尚書、江西總督、河道總督。以「防海之道在於會哨，而防江之道在於聯絡」，乃概論聯江浙兩地官兵爲一，併力禦侮之主張而撰此。據《學海類編》本影印。

# 江防述略

清　張鵬翮　著

夫防海之道在於會哨而防江之道在於聯絡然而防江必先防海請先言夫會哨會哨者會兩省諸將各各帶領兵船交牌口號會哨於洋山也洋山者海道必由之要路也山周百里形如南箕中平如掌內有十八安島可藏海船數百山之麓娘娘廟在焉海水鹹不可飲唯山嶺一泉清淡可汲賊若入犯我欲窮追會哨必泊此中以避風汲水南至定海北至吳淞皆一潮可到蓋



江浙之交華彝之限也故舟山爲浙江之屏翰而玉環鳳凰馬蹟馬墓等山輔之崇明爲江南之屏翰而縣後匾擔竹箔送信諸沙輔之洋山又爲江浙兩省之屏翰而陳錢壁下諸山輔之陳錢者中國海山之盡處也海賊擊空明而來風濤無際望見陳錢則喜中國之將近而必泊於洋山以避風汲水視風然後分船如遇東北風起必由下入陳錢馬蹟等山以犯浙江而流入乎蘇淞正東風起必由茶山西行以犯淮楊而流入乎常鎮然必發船于洋山洋山既爲江浙之險要故防海之道

必須吳淞舟山二總兵各各命將帶領兵船往來會哨于洋山以交牌口號爲驗若遇賊犯浙之中界則沈家門（舟山南）等處官將帶領兵船北截長塗三姑之路（金山衛之東）以浙西兵船爲犄角馬墓等處官將帶領兵船南截普陀青龍洋韭山之路以溫台兵船爲犄角若賊泊浙之兩頭洞總兵官自烈港督師北截之於觀海洋七里嶼參將自臨山洋督兵應援南截之於金塘崎頭洋以石浦梅山港兵船爲犄角（台州在天童山之東北）此浙江之海防也若泊洋山侵茶山則南匯上海官兵出黃浦直搗茶



山爲正兵金山營青村所官兵出金山港由上中下釣山抵壁下以尾其後吳淞官將出吳淞江陳永子山以犯其前劉河營官兵出竹箔沙爲奇兵崇明官兵塞縣前縣後匾擔諸沙以截大江之口爲守兵此江南之海防也賊犯江南而浙江官兵不至陳錢者罪在浙江賊犯浙江而江南諸將不至馬蹟者罪在江南俱以交牌口號爲驗遇賊則江浙官兵聯絡爲一併力掩殺或搗其中堅或截其歸路或躡其後或犯其前毋使登岸入江爲第一策此江浙海防之大要也然知防海而不知

防江脫有疏虞突入內地爲害不淺故聯絡江防又所當講者也聯絡者聯兩江官將主客兵船犬牙交錯而節制之也蓋浙江之險在海江南之要在江東連大海北亘長淮中貫大江南則蘇松常鎮北則安鳳淮揚星分碁列若賊入江則沿江兩岸上下千里無不可犯之內地防守愈難　國家於此設立兩江巡撫設立主客官兵皆所以鎖鑰金陵防護漕運其計甚善若彼此各守汛地而不知聯絡置長江于度外卒然有警蹂躪內地安望其風帆上下瞬息千里出奇制勝者哉愚觀夫



大江之險在崇明一沙當長江萬里之委流障大海諸洋之巨浪爲大江之砥柱實金陵之門戶也其入江之道有二北有縣後扁擔二沙南有竹箔遂信二嵩北道水淺南道水深截四沙之口更無入江之路矣大江之鎖鑰有四廖角嘴前兩沙相對海闊一百五十里爲第一重狼福兩山相對江闊一百二十里爲第二重江陰靖江相對江闊四十里爲第三重圌山與永生州相對江闊一十餘里爲第四重當事誠能聯絡四重官將多設兵船賊犯第一重則二三四重兵船以次漸進一重不利則二重繼之以至三四重莫不皆然則未有不勦殺靡遺者也或曰諸侯有道守在四彝與其聯絡於江曷若先事預防會哨於海此眞得防海之道而防江亦不外是矣

# 海防要覽二卷

〔清〕丁日昌　李鴻章撰

《海防要覽》二卷，清丁日昌、李鴻章撰。日昌（一八二三—一八八二）字禹生，號持静，廣東豐順人。歷任江蘇布政使、福建巡撫等。鴻章（一八二三—一九〇一）字少荃，晚號儀叟，安徽合肥人。道光二十七年（一八四七）進士，改庶吉士，授編修，官至文華殿大學士、直隸總督。是書凡二卷，上卷丁日昌《海防條議》，下卷李鴻章《覆奏海防條議》，係彙編二氏於光緒初年有關海軍、海防建設之奏章而成。每卷各分練兵、簡器、造船、籌餉、用人、持久六項，上卷多出水雷一項。旨在精求水師、建立海軍，並有購買軍艦軍火之具體原則。據清光緒十年（一八八四）刻本影印。

甲申九月中澣

# 海防要覽

金陵書於海上

光緒甲申重九
敬㤼書屋校刊

文宜書局發售

## 海防要覽卷上

長沙左錫九校刊

### 海防條議

丁日昌

一練兵原奏稱陸路之兵固宜益加訓練外海水師尤當益事精求各口岸固須設防然非有海洋重兵可迎剿可截擊可尾追彼即可隨處登岸使我有防不勝防之苦等語是所注意者在于要口設防不效從前零星散漫即兵法所謂致人而不致于人之意查十餘年來泰西凡三大戰一曰英法照土攻俄之戰開衅之初英法即以重兵守黑海口使俄不能出入其後俄卒求成于英法一曰花旂南北之戰開衅後北花旂即將所有兵船駛往南花旂各海口全行堵塞俾不得乞援鄰國購辦戰械南花旂卒致殲滅一曰布法之戰布人自聞法國動兵即將道國勁旅先堵禮昊河口而法亦卒爲布所困即如中外用武以來兵非不多餉非不足然彼族不過數千人今日擾可而粤之全省疲于奔命矣明日擾閩而閩之全省疲于奔命矣我則備多力分彼則擇瑕而蹈是皆未練重兵屯扎

處處設防之弊故致此也外國之有戰事也力與力相敵則器精者勝器與器相等則先下辣手者勝故今日擇要練兵以備攻勦尾擊之用尤不可須臾緩矣今以天下大勢言之法國占據安南之胥江及南天省既與我廣西雲南貴州之邊境毗連英國占據五印度既與我雲南四川之邊境毗連成國染指新疆聯絡回部已與甘肅陝西之邊境毗連其占據黑龍江以北者又且與我盛京等處邊境毗連至東南七省之逼近海洋爲洋船所可朝發夕至者又無論已從古中外交涉急于陸者恆緩于水固未有



水陸交逼處處環伺如今日之甚者也然以理與勢揆之凡外國陸地之與我毗連者不過得步進步志在蠶食而不在鯨吞其水路之實逼處此者則動輒制我要害志在鯨吞而不在蠶食故東北爲最要東南與西北爲次要西南又次之此四要者若分緩急選練重兵水則首尾互應陸則各自爲戰庶幾漸息乎敵人覬覦之心或有可稍固吾圉之一日也中國旂綠各營數非不多口糧太薄器械太窳斷難恃以制敵年來雖有減兵增餉之議而餉仍薄汛兵未裁終難化散爲整徹底改觀臣在可蘇時言將撫

標數營舊兵一律裁汰易以新勇撤去汛地改操洋鎗洋礮當時輿論頗碍撤汛之難經臣密奏以和議不可長恃自强必須早計仰蒙　聖恩特允照辦迄今並未聞汛地撤後稍有流弊若使各省均以勇易兵減額優餉分別練爲礮隊鎗隊雖不增帑增費而十萬勁兵固可星羅碁布而其要則在于裁汛併營蓋分汛則兵斷不能練不練則雖優餉減額而兵何自而精乎至于各省沿海水師但知安泊內港不能拒禦外洋積習之深非一日矣然使水師即精而所用乃舢船舊礮則仍以予敵也沿海漁人蛋戶



熟習風濤之險者其根柢較內地之兵爲能耐勞次則挑選水師之得力者易其船械勤其操演教以測量規算漸練漸熟使其常以水爲家而且當令沿海全洋統籌兼顧不可稍分畛域何則風濤馳驟一息千里若分各省疆界則彼此推諉寇盜終無殄滅之日故化散爲整之法不特陸師宜然而水師尤爲切要日本彈丸小島不過夜郎靡英之倫而年來發憤自雄變更戎冠博帶之舊習師法輪船飛礮之新製其陰而有謀固屬可慮其窮而無賴則更可憂以北境之塞希倫地與俄而日俄之交固用李太國

開火車鐵路而多借英國之債其國主嘗見英使巴夏禮與之潛謀密計而日英之交固用黎展遺密查臺灣情形資爲指臂腹心而日美之交固彼其低首下心沁沁晛晛以求悅于各國者豈有他哉蓋其覬覦臺灣已寢食靡寐之不忘中國倘棄之如遺固既從心所欲萬一勢出于戰則又交暱各國爲之解鈴說合不致能發而不能收此其所以敢肆然無忌快志于一逞也臣任蘇藩司時曾於議覆修約條內陳明日本陰柔而有遠志中國所買鎗礮皆彼國選餘之物宜陽與之好而陰爲之備其時李鴻章深



以臣言爲然常即代爲密陳今日本雖小有所償然彼之所費既不啻十倍此數況死于是役者復五六百人萬一他日復藉端發難以數船橫亘于黃海黑水洋之間則洋滬之氣不通事事爲之棘手而臺灣之患猶其小而且緩者也故今日馭遠之法內則力圖整頓不可徒託空言外則虛與委蛇不必稍涉虛憍不惟與泰西各國開誠布公示之以信即日本亦宜暫事羈縻使目前不致決裂俟我水陸各軍均既精練自可潛消其窺伺之心萬一不能彼出于驕而我應之以正亦爲薄海之所共諒此練兵之當務速務實不可得過且過者也

一籌器原奏稱凡礮臺及水礮臺所需巨礮應如何購辦水陸各軍所用洋鎗應如何一律購用最精之器及以後應如何自行鑄造精益求精之處等因查外洋火器至今日如此之精非惟唐宋元明之所未有抑亦堯舜禹湯之所不及料總理衙門所稱知效彼之長已居于後然使並無此器更何所恃誠爲洞見癥結之論惟火器一項不外礮鎗火箭等物有宜于攻者有宜于守者有攻與守並宜者英國之大礮有曰阿勿斯郎有曰巴留西有曰安司脫



須有曰回得活特法國大礮曰壘迭兒魯士布國大礮曰克虜伯美國大礮有曰巴勒得有曰四得臥得有曰布魯嘎斯有曰德里氏嘎蓋諸國之礮以阿勿斯郎德里氏嘎爲最大以克虜伯布魯嘎斯爲最精大者吃子至六百磅聞其鑄造時內用生鐵外套熟鐵釘以螺絲既成之後多用火藥轟放使內外二層漲力勻透生鐵與熟鐵相切已緊然後以之施用阿勿斯郎在其本國購買已須一萬九千圓買價既大即運費亦當不輕精者二十四磅之彈能與百磅彈同其鋭力從前礮後開門僅用左右雙劈近則

用整塊圓劈又用藥演放千數百次腹內始加鋼圈鋼底彈則加以鉛殼比膛略大礮腹有螺旋三十二轉必使彈由腹中相盪相摩宛轉而後出口此漲力之所以加大速率之所以加快也但無論如何大礮其命中須在一里內外過遠則彈子本體之墜重力與空氣之阻攔力皆足以畀之恐攻堅不能有勁矣至美國之格林礮管多放速有同魚貫蟬聯布國之聯珠鎗兩人肩負而行若中國之擡鎗一分杪可放數十次亦為陸戰行營之所必不可少者或欲擊近則用馬口鐵盒實以羣子以漆固之出口後亦



能四散撲人如風雨之驟至但須圓滑合膛方能得力其欲越山越城而擊不能望見之物則用十五寸徑口以上之礮打礮昂其首而用高弧之度自上而下可以炸物焚營南花旂礮臺為北花旂所燬多受此種礮子之害至洋鎗一件外國不三十年而已屢變其製初用火石引火槍繼用鋼夾引火槍最後以來福槍為第一等自南北花旂交戰北花旂始用林明敦槍南花旂始用果倫比槍自布法交戰法國始用飾師撥槍布國始用尼一根槍經一次之戰爭則必增一番之慘酷造物至此亦幾無以供其雕

鎸其槍腹背有來福皆從後門進子循環迭放無堅不摧然而機簧太緊用久則漸失挺力而不能盡如人意而且銅捲子藥購覓艱難子盡則鎗為廢物故只能用于臨陣操演只可仍用舊鎗其抵禦馬隊則用能炸之火箭倘兩軍相接我占順風則用噴筒毒煙以迷敵目使其洋鎗不能施放器械既利則又在平時心定與手熟練之機器及前敵之軍械必須精于腹地各省庶得以重馭輕之法至于礮臺則宜建于地險水曲敵船必宛轉而後能駛行者之處方能使敵船多受數礮又可從前面後面為通行之



圍若臺設于水路徑直之地則敵船瞬息即過豈能礮礮中其要害北海惟大沽之水道最曲大江自鎮江以下惟金山前水勢迴環均可建築礮臺焦山四面受敵似不如也造臺之法極內一層須用灰牆外牆則用磚石不如用三合土其厚總須在二十尺以外高低則視地勢之低昂及水路之中偏護牆必須成交角而不可成正角斜至五股之一勾敵礮若來自可斜拂而過不致顯與為抵其礮臺及火藥倉上必設太平蓋以禦自上而下之礮子下必設高陽推以禦橫掃之礮子其最下層之他隧必須加築

堅固四面俱通溝外之小礮臺大沙堆亦必須迤邐照應卽使敵用陸兵闖入尚可側轟橫截然而北花旂之鐵甲船爲南花旂礮臺之礮所轟傷者僅三隻爲水雷所轟沈者十餘隻葢專用礮臺而無水樁水雷浮壩等物阻于前則礮臺斷不能得力而敵船之游駛可以自如而無忌若臺中大礮則自六百磅以至二十四磅之礮無不可用惟放礮地步愈寬則愈可轉移愈密則愈受敵彈此在位置者先事之綢繆與臨時之變通耳外國寓兵于工卽寓工于士故製造與行兵槪可歸于一貫中國兩離之則兩缺



此其所以不能以格致爲自强之本也若夫機器局之設必須在煤木嚻集五金易採之處尤爲便易江西之鄱陽湖邊有數大島山阻水環敵船所不能入而南贛汀建之水亦可乘漲而至上達楚蜀而下逮皖吳于此建一大機器廠氣易通而科易埈臣上年曾以此事商之曾國藩李鴻章皆以爲可只以無費而止今機器之役事方經始有進境而無止境若精華全在河濱勢同孤注萬一彼族變生不測先下辣手豈不深費經營是則欲製器又必先覔製器之地爲尤切而且要者矣

一造船原奏稱創立外海水師應如何添購各兵船及鐵甲船水礮臺應用若干船只該船吃水最深各海口何處宜于駐泊如何抵禦如何攻破逐一詳議等因查外國前十餘年新聞紙卽有云中國自唐虞用木船邊盤槳至今數千年仍是用木船邊盤槳可謂泥遠守執古法等語葢所以調之者微矣易曰窮則變變則通戰國杜摯有言曰利不百不變法工不千不易器葢及今而能變則尚有可通之日及今而不變則再無可變之時外國之鐵甲船有數等其最上者中用樣木與黃松木外加極韌而有大凹凸力



全無炭質之熟鐵板五層每層約厚四寸層層用螺絲釘嵌凡遇船中吃力之處則鐵板加層加厚葢鐵甲數層相合者礮子難穿獨層厚鐵者礮子易穿也鐵板之下必用堅木以爲之墊有厚十二寸者有厚八寸者方可稍減敵彈震動之力而又嵌鐵彈于木墊之內使不得透其最大者機器力重有一千五百疋馬力吃水太深中國口岸內恐無此深水之港難以購用今年英國駛乘換仁寸之鋏甲船約八百疋馬力者用之于中國洋面最爲合式若如日本所購之鐵甲船本係木質不過上面蒙以三四寸之

鐵僅有二百八十疋馬力船下吃水之處亦全無鐵若以兩枚半桅之結實頭板船乘風撞之自必震動鬆裂非眞鐵甲船也購買之價視船之精麤大小厚薄新舊及馬力多寡機器鍋爐之靈便結實往往有賤于兵輪船者大約上與中之鐵甲船價總在十萬磅以外二十萬磅以內每百磅又須加船漁雜費十二圓半若託洋人輾轉購求必致誤買木質之蒙鐵者不如選派熟習船務結實可靠之委員分往外國船廠託其製造一面帶同中國製船駛船之人前往認眞學習俟其造成中國工人亦可習焉而化



大約英美法丹各國船廠每廠各宜定造一船成後再行考較優劣貴賤以爲委員之賞罰方不致虛糜巨款現在英國有大小鐵甲船五十四號法國六十二號俄國二十四號美國四十六號其間以木船舊質外蒙鐵甲藉爲遮聲者亦屬不少中國洋面延袤最寬目前大小鐵甲船極少須十號將來自能創造極少須三十號方敷防守海口以及游歷五大洲保護中國商人至停泊鐵甲船之處固須水深然海底必須硬泥之質庶能受錨若軟泥質則起錨艱難沙質則錨易走動石質及蛤殼質則不能受錨中

國極好錨地以香港爲最蓋上有重山迴護可以避風而下則水深二三十拓不致過淺過深今已歸之英人抑無庸議北海遼東之老鐵山前後以及搭連島長子島等處海面全是泥質水深二三十拓不等直隸遼東二海大風不越十二時雖無山勢擋阻亦屬無妨此間似可泊鐵甲船二三號距大沽南礮臺之南高墩約八里以外海底泥質此間似可泊鐵甲船三四號東北海有此數船首尾相應則津沽山海關鴨綠江之門戶可固惟十月水漠以後須將各船移泊煙臺以資活動煙臺港外有崆峒列島可



以遮護風力海底亦是泥質似可泊中小鐵甲船一二號楊子江口崇明山之南面水深二三十拓不等惟海底軟泥居多中亦有泥沙相合者可以拋錨此間似可泊鐵甲船二三號上以通津滬之氣下以保太平洋萬里之安臺灣北面距日本之九修島爲直隸一葦可杭似宜泊鐵甲船二三號以固東南樞紐但臺灣東北海面水勢爲呂宋諸山所束縛波濤最險不如泊于澎湖漁翁二島之間抑或雞籠港等處亦易運煤錨地亦尚穩妥廣東虎門水非不深而海底不平且一旦與諸國有事卽不能駛出香港

與東北洋諸鐵甲船相聯絡照應資首尾之互擊似只可泊鐵甲船一二號以爲自固之用其鐵甲船攻破礮臺之法在八百丈以內者可用八寸徑以上之螺絲礮配以實心尖彈專指臺角一處疊放迭擊不可忽東忽西倏有傾圮之形然後自上而下遞擊遞低其臺牆自必漸裂漸離卸矣其十五寸以上之壓打礮炸彈則用以仰攻臺中之火藥倉太平蓋使其延燒臺兵自無站足之地而船中人抽配陸兵爲常行壘以逼之敵人接濟一絕有不渙然瓦解者乎其鐵甲船自衛之法倘遇兩岸有林木之處船桅必多挂樹枝使敵人不能辨識所有鍋爐氣貫機鏈兩邊必護以沙袋外面必蒙以鐵鏈使之往復迴環又以大繩結網爲外層遮蔽使之以柔克剛倘遇敵之鐵甲船衝撞勢猛者捩柁偏左偏右以避之勢相等者急轉船首鐵衝先撞其腰又以船首衝四五丈之長木二條作乂形外蒙以網下以重物墜之則可以收取前阻之水雷等物俾免爲所觸擊其攻破鐵甲船之法一曰大礮須用實心尖彈自二十四磅以至六百磅愈大愈爲得力其彈體一爲嵛孤二爲圓椎形三爲圓柱形四爲平圓底開礮之時先應



計其速率三千步內定其率點于船頭三千步外則定準點于來到之處及其尤近又必須礮礮擊其火藥倉及鍋爐螺輪氣機捩柁之處則一礮勝千十礮至礮中火藥宜用近日布國新製之藥餅則始能速率稍減可免炸裂未速率倍增鐵甲可以直透

一曰水雷用生鐵鑄殼厚約半寸用藥自五十磅以至百餘磅以距水面之淺深爲用藥之多寡水深者用電線引火之諳水淺者用磨而發火之雷下繫之錨其重必須比雷七倍倘以木樁繫之尤爲定而有準若緊靠船底轟發雖極厚極堅之鐵甲船無不裂而沈者倘在船之前後左右轟發則有沈有不沈矣惟用于外海則煙水渺茫萬難恰値敵船一定往來之道而且自銅山以至沈家門潮信過大自七尺以至二十一二尺不等水雷放低則潮漲時相距二丈有餘雖觸發不能有勁若放高則潮落時適爲敵人所窺見更爲無濟雖用活機以俯仰之而高下懸殊過甚終難得其定力若能用于內港河道稍窄之處分擋排如雁行虛虛實實以標識之則敵船勢不勝撈必疑自退其順風力水力飄動之水雷或用機器自行之水雷敵

人用長竿一撥卽開難以有準亦有船裝水雷以機器在水底行走者然難以對準敵船本船亦多先受危險似不可用若用須以小船以墊墊槳使無聲響船首以長竿繫水雷黑夜用猛力送至敵船之下自可轟破此外國在大洋相持時亦偶有用之者一曰水礮臺有在水面浮洲用堅木排列成格而外以沙土爲垣者此爲定礮臺有下繫重錨七個中用鐵鏈推于木樁者此爲活礮臺有用四千順之鐵船配極重之大礮中用機器自行遇鐵甲船過可以自後通行打之者此爲浮礮臺此三種礮臺有用大礮



六門者有用四門二門者卽使擊鐵甲船得力而勢同孤注故所用皆係北膛大礮螺絲貴重之礮無用之者恐一旦同歸于盡也近時法國比倫又以熟鐵皮爲極大之浮標其形爲扁橢圓體其重三萬噸比鐵甲船加倍其標留三孔鋪鏈卽從三孔而出其分隔之機其有一萬八千個均無漏水之門故不漏氣與水雖使鐵甲船用力衝之亦不易沈似較水礮臺稍爲得力然費重運難不如多造水雷而有實濟也一曰大筏中用鐵倉實以火藥外用觸火之物筏見于水面者極小乘風乘水送至鐵甲船邊機器一發藥倉炸裂北花旂之鐵甲船亦有爲此種大筏所衝燬者至于氣毬電綫皆行軍必不可少之物自應分別購製方不致臨渴掘井以上各項船械購貨之值賤于自製者數倍然若不一面購買一面製造則始終受人把持終無自强之日矣

一籌餉原奏稱以上各層此時創立之需日後久遠之費非有大宗巨款不能開辦非有不竭餉源無以持久等因查各條辦法只陸營改兵爲勇就原有之餉選新練之兵但費訓練工夫不必另籌口糧其軍火一切或酌用前敵



所餘舊鎗或酌給亥等新鎗似尚可無須大宗巨款其礮臺鐵甲船以及要口防兵新鎗新礮水雷礮臺等物並製造一切經費將來持久固非數萬萬金不能卽此時開辦亦恐非千餘萬不可從前總理衙門案提四成洋稅原爲綢繆未雨而設未知現存尚有若干各省釐捐雖權落地稅若能結實整頓歸爲畫一辦法歲入當可稍盈其兩淮之商捐廣東之沙田或亦可酌籌一二餘則惟有如原奏所稱盡人力因地利開財源節財流而已絲茶二者中國大利之所歸也今僅浙閩數省種植得法若能于地氣不

甚寒冷之省一律勸植桑茶多出一分之貨即可多增一分之稅洋人呢布皆從中國買絲棉而成之者也往來越海洋六十餘萬里而猶有餘息若中國自行仿造耕織機器則絲棉無自外求深耕可盡地利不惟百姓可免飢寒而利權所入當益饒矣五金煤鐵各礦西班牙布魯士英俄新老金山等處歲入何止千萬中國地大物博爲五大洲第一繁盛之區此等金寶之氣豈能終秘而不宣西人之精于化學者凡見石面上有青黑花形及平地隱隱有一條凸煤如山或有一條凹下如澗或其地草木獨異則其



下掘至三四丈深必有五金之礦又其下小石之與大石相附麗而自成一色者西人謂之果唔若能分別其脈絡而以水銀灌之則果唔中皆有金可取聞倣造自來火之草木質金石質者雲南與印度接壤之處最多似可令諳化學之人分別前往采覓四川鹽井之有煤油者若用機器挖通亦可挹注不竭磁州平陸大同太原米脂等處皆煤多而佳傳聞濰孫萊蕪等處皆有煤而塊亦大鎮江之東南山煤鐵五金似皆可采浙江之金華福建之永定則有煤井至于鐵則各省產者尤多而且產煤之處皆多產

鐵廣東之芝麻鐵尤有韌力而炭質亦少臺灣北路一帶田地最饒自崇文山後與葛鳥聰毗連之處高山曠野縱橫千里生番野性醒則如人而醉則如獸本萬難就馴然趁此恩威並用隨時招撫以生化熟或亦是一機會臺地每年出烏龍茶千數萬箱皆此間附近所產而良材大木爲尤多五金煤炭之礦定亦不少若設一大機器廠及大船廠于此當可取不盡而用不竭閩粤人之傭于彼路者無一生還若招以屯田開礦利竇日開生聚自可日盛數十年後意可另設一省于此以固東夏之防以收自然之



利且木料五金煤鐵等項非特利源所繫亦軍事勝敗所關法國戰船十倍于布而平時未及多備煤炭戰事開而始購用各國遵照公法之例不準售買法國以此竟爲布人所敗故開礦一層尤爲目前軍事餉事之第一要務矣至中國人之商于外國者以新老金山新加坡爲最多生意亦最大若設領事官及派鐵甲船以保護之則抽其貨釐亦可爲供給該船之費若夫鴉片一項漏卮尤甚每年絲茶所入之款僅足抵鴉片煙所出之數即不能禁彼之不來亦當設法維持使銷售之漸少查官與兵二項吃煙

者本已有禁自當認眞申明舊例有犯必懲至紳衿及士農工商之吃煙者擬限五個月全戒不戒者不加以罪但別其籍入癮附于娼優隸卒之後爲五等合家不得請封子孫不得應試爲官夫不加罪名則無書差需索之擾列入賤籍則有家人父子極力勸戒自行嚴禁之益但禁有用之人吃煙而不禁無用之人吃煙又但禁吃食之人而不禁販賣之人則彼族亦不得責以違約向我糾纏除官與兵二者由大吏自行查禁外其紳民限期似可由督撫選舉公正紳士會同州縣設局辦理限滿之後臨時再酌予展限一次應入癮籍而不入者許旁人揭告分別妥辦仍多貼戒煙良方以資挽救若慮騷然行此一事或致藉口則各省百姓服鴉片自盡者無日無之驕吏藉此擾舉數端懇請通飭辦理以重民命似亦不爲無因昔英國爲弛禁黑奴之事捐銀千餘萬以成善舉今以毒物貽害中國自問想亦不安似可一面遣公使與該國王及上下議院婉詞理論耐心堅持但求異日之有濟不望速效于一時並由商民常刻洋字新聞紙公布各國訴以中國受鴉片煙之毒爲至慘至酷其國內雖重利而外亦好名或不



至漠然無所動于中也抑或由公使攜帶桑茶種各若干贈其國主勸令將印度種煙之地試種桑茶彼以毒物來我以美物往或可使之內愧乎至禁未淨絕之前中國自出罌粟似當稍減稅釐使內地之煙賤于外來之煙則彼煙銷滯本虧更可望其日來日少不禁吸者販者而徒禁內地之種者則內地少種一分即引外國多銷一分中國貨財亦即多耗入外國一分是處猛虎之噬人而又惜其不能飛而傅之以羽翼也沿海舊有水師裁後所有口糧船費即可津貼新創之水師其舊日水師大小官員衙署均設在內地人煙稠密可以收費之處若一律變費充公似亦不無小補且可杜絕水師永遠不致居陸之弊陸地設電報其費減于海者一之七若擇陸地緊要繁盛近海之處先設公司漢字電報一可通軍情二可收信資三可減驛費似亦不爲無益況洋人沿海已設英字電報我仍置而不設則是我之一舉一動外人瞬息得而知之外人一舉一動我終久不得而知也陸路電報已通則海中電報銷路必滯然後由中國承充亦準外國附遞信息但須一律改爲漢字令通事譯以授之似亦杜漸防微之道此

外復設公司銀行凡官民公司皆得入股以通天下之有無以報隨時之貼息將來開礦一局亦即從此公司生根銀行一設則銀紙可以通用如古者鈔票之類開源之端孰大于是至目前之輪船招商局則損外益內最為有益大局之舉尚宜擴而充之使可由近而遠鐵路亦將來之所不能不設者否則恢復新疆轉運艱苦抽調兵勇行走豈不遲延但此則須設在我海防已有可恃之後方不致為他人所攬以上各層皆有關于人力地利開源節流之大者惟宜行之以漸持之以恆購造最靡巨款不可用同



泥沙礦務最易擾民不可出以鹵莽用財者苟諸事一秉至公私毫不存意見行見天下變通地不愛寶而國用無虞匱乏矣

一用人原奏稱以上各事一不得人均歸虛費然其誤在于用非其人而不在法之未善不得謂事之不可為等因查練兵簡器造船籌餉皆可籌切實辦法惟用人難得切實辦法而洋務用人尤難得切實辦法何則用人而求切則泛者疑矣用人而求實則虛者怨矣欲求所以用人先求所以知人至于洋務則尤為叢污藪垢之所歸當波瀾

驟起之時如捕惡蛇如禦洪水不知費幾許經營而後不致決裂乃不責其平時之不能自強而詬其臨事之不能一擲以父母清白之遺終日與異類往返酬答舌敝唇焦轉使千秋萬世蒙一不韙之名有志之士如之何而不去之若洸平總理衙門原奏所稱同心少異議多局中之委曲局外未必周知益痛哭流涕其言之也南宋初趙子砥自金歸奏云金人議和以用兵我國斂兵以待和譬如畏虎以肉飼之肉盡終于噬人不如預設陷阱以待之此言可謂至明至切夫給香港給賠價以肉飼虎也陳兵簡器



造船設陷穽以待虎也彼深居室中目未見虎者輒謂虎形如羊狀如豕可持箠以驅之厲色以殺之及一旦獨行深山突遇龐然大物張牙舞爪據地一嘯獵獵風生不覺瞶然長號始自悔陷穽之未設致一身親虎其害也而已無及矣則何如及今事尚可為而為之乎為之之術奈何惟用濟變之才以自強一曰水師將才二曰外國使才三曰製造通才何謂水師將才查水師脈絡雖與陸路不同而馭之之理不異十數年來水陸各營將領豈無智勇兼優而略能耐習風濤之苦者宜調往輪船學習優厚其餼

稟而深觀其造就計其中必有偉然特出之人又于機器各局及現有輪船管帶辦事員中采訪考驗試之以事當亦可間得一二其舊時水師以及沿海諸色人中或設榜以招入格之才或博訪以求出羣之選上以誠求下必有以實應者何謂外國使才古來列國交際皆不廢聘問之禮豈今日而能獨異惟使臣必使能通彼此之情而又能消未然之釁則責任亦實不輕京官爲人材淵藪向有抱負經濟者卽不必曾任洋務但稍加閱歷辦理自有分寸其次則索之于沿海士商及曾親往外國之人但求能任



時局之艱鉅不必復計資格之有無英使阿而各本係醫生巴夏禮本係商人何嘗有資格哉而彼國倚之若股肱腹心中國竟大受其累可知何地無人何途無才特在當局者之能懸鵠以招耳使才既得或數國兼遣一使或一國專遣一使惟英俄法美布五大國及羅馬教主處則當擇其有風力而善言語之使臣方不辱命蓋英國交涉本繁而又有洋藥一害法及羅馬爲天主敎之樞紐必須常使與之辨論教士之入中國也引誘莠民欺淩良善擧肘官吏潛通消息凡有百姓之處卽有傳敎之人目前受其

荼毒固屬甚而又甚將來醸成大變更爲防不勝防羅馬本屬弱國全賴法人爲之袒護自法被布國所敗後護衞該教主之鐵甲船業已撤回羅馬原境又爲意大利所奪教主亦無如之何故近來教士之在他國者氣焰稍衰而在中國之教士則囂張如故是宜急遣使臣將教士種種不法之處與該教主及法國辨論切陳熟商一面制辦教士之法一面嚴飭州縣不分民教一律處斷公平勿再爲叢敺雀此遣使中第一議也喀什噶爾酋目亐古幹者前年與英立約英議院中亦有論及該國不宜與中國之叛



臣通好結盟因中國當時無公使在彼不能與之執約以爭也布則素恨傳教俄則關涉新疆而且爲最大最强之國美則地曠物博皆使臣之所必須聯絡者日本在我卧榻之側近而且逼所使當精益求精矣至于離間一法只能行之于昔時不能行之于今日蓋泰西自其國遠涉數萬里以來和則樂利同沾戰則蠹起爲難當布法交鬨時法領事被戕布領事尙爲代抱不平冤死則狐悲理固然也故使臣惟有一秉至誠不必稍涉疑間之計轉啟各國疑貳之心至安南暹羅等屬國亦當遣使順道撫慰堅其

向化之忱不徒以厚往薄來爲能盡禮之誼也何謂製造通才以中國之大人物之衆豈無精于化學算學留心機器之人化學算學者製造之所從出也將來軍火鐵船耕織機器以及開礦各事皆與製造相爲表裏任繁事大尤當慎其選而專其責津滬閩諸局陶鎔已久成就必多木外官有精于算學者自可指派來局互相磋切此外加有心靈品端之人似亦無妨廣爲延致但切多中選精斷難精中求多此時厚其薪水他日優其出身人才豈有不蒸蒸日上者哉且求才必當于無事之時然後能用于有事



之際否則時方晏然雖伯樂牽騏驥過于其門而不顧及變生倉猝駑馬之骨竟奉以千金何則預則識拔自眞急則取舍或誤也一曰儲將來有用之才其目有九曰圖學曰算學曰化學曰電氣曰兵器曰機器曰工務曰船務曰政務凡同文館廣方言館以及出洋學生皆就此數大端發憤精研以底于成學成之後只準爲公辦事不得自圖生計各關道並有洋務各州縣及各省稅務司皆該學生出身之階即將才使才通才亦皆伊等生根之處惟中外各館須再加擴充斯取不盡而用不竭自强根本無有重

于此者矣抑臣更有進者外患不除人身癰疽之疾也民生不安人身腹心之疾也癰疽之疾尙足傷生心腹之疾尤能致命海內黔黎自遭髮捻擾亂以來僅有生業饔飧不缺者十之三饑寒逼迫朝不保暮者十之七而其中尤受困累無可告訴者一爲農一爲商農民終日胼胝之餘所得幾何一經胥吏之垂涎叫囂必至雞犬無聲而後已一催科也串票有費投納有費一詞訟也審訊有費提押有費見教士則若天神視平民則如魚肉有若深恨百姓入敎之不速者　朝廷有豁蠲之曠典而取盈者不爲下



行草野有委曲之冤情而倚勢者不爲上達當官幕吃煙飲酒呼盧喝雉之時正百姓顚連疾苦哀籲無門之時其佐雜之擅受濫刑營汛之藉端訛索者更無論已商人涉江浮海冒犯霜露營求尺寸之利而官府僅取百中之一以充餉奉公彼亦何敢稍有異言乃權吏卡員苛索萬狀翻囊倒篋無異盜賊隨身需用之物在洋人尚有優免之章獨至華民漏報一絲一縷雖全船貨物充公而尚須加以厚罰不知當事者何厚于待洋人而薄于待華商也且船既高而未起日未暮而停查私費未投雖千百人守候呼

號。而有所不恤。征收完納之間。絕不寓體卹矜憐之意。迨至商人利薄本虧。于稅釐豈無所損。則何如明定一抽收章程。懸牌示眾。使各色均歸一律。不得畸輕畸重。罰款概以充公。司事人等。不得私分。庶免藉端酷罰。復出其不意。特派素有清望大員。微行查訪。奏參一二。或可挽回風氣。釐課亦可日有起色。去年沿江訛傳彭玉麟微服查察釐榷。員役斂跡數月。可見若輩並非毫不畏法。但任非其人。則流弊滋甚。此又不可不防也。然而農商之受害日甚。則由于官吏不能通上下之情。官吏陋習之日深。則由于員多缺少。補署無期。一旦冀得差使地方。如餓狼之忽遇肥豕。不趁此飽噬一口。則將來永無果腹之時。迨此狼去而彼狼復來。民困如之何得甦。元氣如之何得復也。萬一誅求無厭。人心或搖。不知須糜費幾千百萬之餉。貽害幾千百萬之民。而後始能奠定。明收有數之款項。暗耗無限之脂膏。廣西前事。是其殷鑒。無乃所入者過薄。所償者過厚乎。　朝廷倘一旦毅然決然。爲停止實職捐輸之計。疆吏認眞淘汰。考課無所能者。一概奏請于本職上酌加虛級。咨送回籍。聽候調取。然後刪去浮泛臃腫之虛文。講求生



聚教訓之實濟。必大貧不貪饋送。而後州縣之法可行。必州縣不任吏胥。而後官民之情可貫。若上之于下。呼吸易通。則下之于上。親愛有至。即一旦海疆有事。蒼赤抱同袍同澤之忱。可一呼而成勁旅。雖有教士之浸淫。不懷疑貳。雖有漢奸之買囑。不能間離。是　國家所失于捐輸者甚小。所得于民心者甚大。又何必飲鴆止渴。爲一時苟且權宜。蹈東漢末流之覆轍乎。否則官民之氣日揆。上下之情日散。心腹痼疾既深。雖日事籌餉籌兵。亦終恐無補于萬分之一。除船械一切自強之具。必須效法于東西洋外。其餘人心風俗。察吏安民。仍當循我規模。加以實意。庶可以我之正氣。靖彼之戾氣。不致如日本之更正朔。易衣冠。爲有識者所竊笑也。

一持久原奏稱方今大局攸繫。莫如外患。禦患之道。莫如自強。非局中局外用心切籌。堅持定見。豈能有濟等因。查西人于格致一事。往往冥心孤索。父不能通其理者。子若孫必通之而後已。故事能有成。然能製一有用之物者。國家必隆其爵。子孫必世其業。以故有志之士。無不嵩心抃力。堅忍耐苦而爲之。我中國則窮理之學有餘。格物之學

不足誠以所懸以爲富貴功名之的者在此不在彼故極身心性命以趨之者亦在此不在彼目前已難望其事之有濟況日後能期事之久持乎其所以不能持久之故撮而舉之約有二端一曰任事不專責重者羣務蝟集每日何止數百事故只能了事之當然而不能深求事之所以然虛文繁則精力疲于應酬例案繁則樞紐持于書吏不惟奉行者習而不察即倡議者亦且過而弗留極緊極要之事反爲不緊不要之事所累姑且以一省言之地方報盜上司但批會營嚴拏而營之有兵無兵不問也州縣報



災上司但批籌款撫卹而款之有著無著不計也一事如此諸事可知一省如此天下可知非常之舉黎民所懼固非慘淡經營苦心孤詣不能底于有成乃關繫安危之事與循例奉行之事紛至而雜眥則何能窮其所往使事無遁物物無遁情乎故必先省事而擇其至重至要者盡瘁以圖之然後事能有濟此持久之一道也一曰求效太速泰西之謀國也締造經營擲金錢于無用之地者不知幾何一旦闢土開疆始收效于數千百年之後中生士人于事淺嘗輒棄于之甚者而期之甚賒見卵而求時夜見彈

而求鴞炙無怪其業止于半途功虧于一簣也況西人之船械本于創創則近于捉影捕風而秏費難計中國之製造出于因因則按圖索驥而實效易求即使初次略不中肯而所費之省于西人者已不可以道里計矣譬如前製之械未精而後製者必可漸精若因一械之未精而即謂此械之無用則雖日言自強而自強終不可得而至精衞填海未必一石而海即成田愚公移山未必半鋤而山即改道惟有不計其效之遲速但求其效之有無日積月累成效必有可觀此又持久之一道也西國事事必求遠勝



古人故術日習而日精中國事事必求效法古人然辨論多而事業少虛文多而實詣少古人之糟粕存而古人之實意已失矣夫鐵船飛礮古人所無之物亦古書所未載之條嗜古者固無怪其不欲棄我之長效彼之長然使彼僅以船礮自閑于東西則我亦何妨以戈矛自足于中土無如我弱一分則敵強一分我退一步則敵進一步安危禍福之間固有稍縱即逝者天下大變之來方如烈火燎原燬室家獘人畜在須臾之際而一二老師宿儒反叱水龍各機器爲奇技淫巧方且齋戒沐浴磬折俯伏欲以至

誠感格上蒼使之反風而自滅抑或擊里鼓召胥徒禮井
泉分長幼持杯勺以灌之心非不誠法非不古而財物之
燼于火人命之斃于火者已不可救藥矣與今日之外侮
而仍欲以昔日之兵器者何以異此沿海之機器船廠當
經開辦旋請停止者屢矣異議者豈眞欲敵國之且强中
國之日弱哉不過古人所載以矛刺盾之議橫亘胸中而
且目未覩鐵船炸礮之利身未嘗鐵船炸礮之害故鰓鰓
慮夷之變夏欲挺然以一身當其衝擬此後凡有指陳練
兵簡器造船之失者卽令親往沿海各廠各船考究閱歷



外國之兵與器果否勝于中土之兵與器卽將來購船製
器當必有疑爲耗費過大者亦可令指陳之員親往查核
果眞有弊自可愈加釐剔若其無弊言者當可釋然其購
物價錢以及一切雜用尤必每月刊布月報以昭覈實古
今來無記大如邱山細如毫毛之事內愈秘則外愈疑則
何必不洞開城府使局中局外皆可共見共聞天津一案
臣屢請和不可恃防必須固萬一決裂或由上海或由胥
江以擣其後又自請嚴議爲津郡官民贖咎奏牘具在可
覆按也而論者痛詆在津辦事諸臣昭害衙吏貽誤大局

若使當時局外得見臣與曾國藩等密陳各疏或亦可稍
息議謗此曾國藩之所以歎息痛恨長逝而不瞑目者也
故臣爲欲局中局外一力一心爲持久之計則莫如將應
辦各事使之目擊心曉了然于中如慮漏洩密情亦何妨
令異議各員親到局中詳閱原委妥籌熟計然後辦事者
有立足之地而定見可堅持矣且今日人才不患持議之
異同而患委靡之日甚宋臣蘇軾所謂平居無犯顏敢諫
之士臨事安得有殉義死節之臣若局外而能堅持異議
雖未必言能中肯然其氣自可用也倘令閱歷邊事由驟



而精由生而熟此時多一骨鯁之直士卽他日多一幹濟
之能臣豈不大有裨益乎然則今日而令人人之能自强則
當先示以的而不可徒用虛言欲事事之能持久則當相
見以誠而不可稍分門戶庶不致功敗垂成半途輒止矣
以上六條皆就總理衙門原奏略申餘蘊附呈管見臣身
嬰痼疾嘔吐連年醫藥百端曾無大效前蒙　聖恩特召
曲予矜全感激涕零往往中夜起立祗以病勢尚深未能
卽時就道復荷　聖慈准給假期益深鐫篆而犬馬戀
主之忱拳拳不能自已謹傾葵藿冀報涓埃是否有當伏

乞聖鑒謹　奏



# 海防要覽卷下

長沙左錫九校刊

## 覆奏海防條議　李鴻章

一原奏練兵一條內稱若求實在可禦外患事較辦髮捻諸賊爲更難兵亦較辦髮捻諸賊宜更精洵是不刊之論蓋髮捻苗回諸賊皆內地百姓雖有勇銳堅忍之氣而器械不及官軍之精備可以剿撫兼施若外洋本爲敵國專以兵力强弱角勝彼之軍械强於我技藝精於我即暫勝必終敗敵從海道內犯自須亟練水師惟各國皆係島夷以水爲家船礮精練已久非中國水師所能驟及中土陸多于水仍以陸軍爲立國根基若陸軍訓練得大礮兵登岸時尚可鏖戰礮臺布置得法敵船進口時尚可扼守但用旗綠營弓箭刀矛擡鳥鎗舊法斷不足以制洋人并不足以滅土寇即如直隸練軍屢經挑選整頓近始兼習洋鎗小炸礮以剿內寇尚屬可用以禦外患實未敢信各省抽練之兵大率類此用洋鎗者已少用後門鎗及炸礮者更少其勢只可加練而不可減練只可添練洋器以求制

勝而不可拘執舊制以圖省費前督臣曾國藩於同治十年正月覆奏籌備海防摺內謂沿海之直隸奉天山東三省江蘇浙江兩省廣東福建兩省沿江之安徽江西湖北三省各應歸併設防沿海七省共練陸兵九萬沿江三省共練陸兵三萬統計每年需銀八百萬兩因無款可籌議遂中止玆總理衙門擬以曾經制勝之洋鎗隊練習水戰丁日昌擬選練陸軍合天下得精兵十萬人與曾國藩前奏大略相同惟陸軍與水師用法各殊練法亦異水師猶可上岸擊賊陸軍未便强令操舟似不宜兩用以致兩誤



臣愚以謂沿海沿江各省現有練兵鎗隊雖不及曾國藩丁日昌所擬十餘萬之多然與其多而無用不若少而求精但就現有陸軍認眞選汰一律改爲洋鎗礮隊凡綠營額兵老弱勇丁酌加裁減其餉卽加給新練之隊沿海防營幷換用後門進子鎗子緊要口岸附近之處屯紮大股勁旅無事時專講操練兼築堡壘有事時專備游擊不准分調各海口仿照洋式修築沙土礮臺以地步寬展橢圓堅厚爲要礮位宜用口徑八寸至十餘寸者演習之務在及遠愈遠愈妙務在能中不中不發卽所謂藥能對症有備無虞者矣

一原奏簡器一條西國水陸戰守利器以鎗礮水雷爲大宗礮有前後門生熟鑄純鋼之分鎗有前後門滑膛來福之異水雷有用觸物磨物電氣發火之别稱嘗考究其圖與器而得其大略洋鎗一項各國改用後門鎗以其手法靈捷放速而及遠其舊製前門鎗賤價售於中國每爲外人所輕英俄德法美泰西五大强國也其後門鎗名目英之至精者曰亨利馬梯呢其次曰士乃得俄曰俾爾打吸德曰呢而根法曰沙士鉢美曰林明登以利鈍遲速較之



則英之亨利馬梯呢精於俄俄之俾爾打吸精於美美之林明登又精於英之士乃得及德法諸鎗也林明登士乃得二種近年已運入中國臣處及沈葆楨均購存林明登數千枝上海機器局亦能仿照惟兵勇粗疏者多士乃得機簧較簡購價較省修改較便現擬令各營酌換士乃得鎗而間以林明登認眞操習由漸而精並令津滬各局先購林明登造子機器仿製子藥銅捲以便接濟仍與總理衙門商購英國亨利馬梯呢鎗若干枝又與俄領事訂購俾爾打吸鎗千枝以備將士選鋒者操用至礮位一項英

德兩國新式最精德國克鹿卜後門鎗礮擊敗法兵尤爲馳名臣逐年購到克鹿卜大小礮五十餘尊分置大沽礮臺天津防營其最大者兩尊口逕八寸足抵前門礮口逕十一二寸之子力然每尊價約二萬圓若于無力多購或謂鋼礮過大藥力過猛用久或致損裂故英國多用前門熟鉄夾箍長彈大礮曰烏理治曰阿墨斯得郎曰回德活特三家尤著大者口逕十一寸至十五寸身重八萬斤以上子彈重至六百磅能打穿二十餘寸厚之鉄甲惟起運維艱價值尤貴中國尚無購用者陸路行仗小礮則以德



國克鹿卜四磅彈後門鋼礮美國格林連珠礮爲最精捷臣又各購定數十尊以備遊擊要需目下滬甯各局亦能仿造十二磅至六十八磅之圓彈鋼鉄炸礮淮軍習用已久遠勝中國舊制而不及西洋新式之精仍擬仿照烏理治阿墨斯得郎之式箍以熟鉄而機器未備外國訂造鎗礮機器全副購價須數十萬金再由洋購運鋼鉄等料殊太昂貴須俟中國能用洋法自開煤鉄再添購大鑪汽錘壓水櫃等機器仿造可期有成若克鹿卜之鋼礮回德活特之熟鉄礮係用生鋼生鉄鑄成該廠自有秘法更未易

學步矣至水雷一項轟船破敵最猛從前南北花旂之戰南兵獲雷力居多德法之戰法國兵艘十倍于德而波羅的海法艘未能深入全仗水雷之功其法分爲兩類一爲定而不動之水雷或連於木樁木排之間或用錨定其位使沈水中或隧地城堡被攻時于缺口要路安置此專爲自守而設一爲能行動之水雷式浮水面順風力飄動或用機器自行或于鉄船首伸出長竿置之或專作拖帶水雷之船此可爲攻敵之用近來格致之學日精水雷之法亦日精多以强水觸物磨物及電綫發火其觸而發火磨



而發火比用法點放者尤佳用藥僅五六十磅無論何種兵船皆能轟破其底聞各國皆講求此物製存極多其用時必于水中排列數行每口安放數十具使敵船疑畏不敢進滬津各局現只能仿造其粗者而電機銅絲鉄纜皮等件仍購自外洋須訪募各國造用水雷精藝之人來華教演庶易精進至火器盡用洋式礮子火藥兩項亦係要需津局有造藥機器四副日出二千餘磅已可敷用惟鎗礮多而子彈尚少滬局僅造藥機器一副日出無幾宜添購機器在蘇甯推廣製造各省防江防海需用洋鎗礮

之子藥均宜設局在內地仿造否則事事購之洋商無以備緩急且聞滬津各機器局逼近海口原因取材外洋就便起見設有警報先須重兵守護實非穩著嗣後各省籌添製造機器必須設局於腹地通水之處海口若有戰事後路自製儲備庶可源源接濟也

一原奏造船一條查布國防海新論有云凡與濱海各國戰爭者若將本國所有兵船逕往守住敵國各海口不容其船出入則為防守本國海岸之上策其次莫若自守如沿海數千里敵船處處可到若處處設防以至力散布于



甚大之地面兵分力單一處受創全局失勢故必聚積精銳只保護緊要數處即可固守等語所論極為精切中國兵船甚少豈能往堵敵國海口上策固辦不到欲求自守亦非易言自奉天至廣東沿海袤延萬里口岸林立若必處處布以重兵所費浩繁力既不給勢必大潰惟有分別緩急擇尤為緊要之處如直隸之大沽北塘山海關一帶係京畿門戶是為最要江蘇吳淞至江陰一帶係長江門戶是為次要蓋京畿為天下根本長江為財賦重地但能守此最要次要地方其餘各省海口邊境略為布置即有

挫失于大局尚無甚碍惟既欲固守必預將所有兵馬礮位軍械輜重並工局物力儲備堅厚雖軍情萬變而不離其宗　廟謨閫算平昔之經營臨事之調度皆不可一毫錯亂道光二十二年夷船入長江而全局始震咸豐十年夷兵犯津通而根本遂危彼族實能覘我要害制我命脈而我所以失事者由于散漫設防東援西調未得全力聚于緊要數處今議防海則必鑒前轍揣敵情其防之之法大要分為兩端一為守定不動之法如口內礮臺壁壘格外堅固須能抵禦敵船大礮之彈而礮臺所用礮位須能



擊破鐵甲船又必有守口巨礮鐵船設法阻擋水路并藏伏水雷等器一為挪移泛應之法如兵船與陸軍多而且精隨時遊擊可以防敵兵沿海登岸是外海水師鐵甲船與守口大礮鐵船皆斷不可少之物矣現計閩廠造存輪船十五號內有二號已在臺灣遭風損壞滬廠造成輪船六號內有二號馬力五百匹配礮二十六尊與外國大兵船相等其餘各船皆僅與外國小兵船根鉢相等然已費銀數百萬有奇物料工匠多自外洋購致是以中國造船之銀倍于外洋購船之價今急欲成軍須在外國定造為

省便但不可轉託洋商誤買舊船徒糜巨款訪聞兵船及鐵甲船以英國爲最精英之宮廠公司廠均以造鐵甲之優劣相與爭衡日新月異應揀派明于製造略知兵事之員選帶學生工匠前往由總理衙門會商駐京使臣移知該國兵部俾得親赴各廠考究係何等船制最爲堅緻靈捷並宜于中國水道者與其議價定造卽將帶去華匠兵士附入該廠及武備院學習造工並講求駕駛操練之法俟成船後配齊礮位隨船回華庶有實濟而中國船廠仍量加開拓以備修船地步至擬設兵船數目如丁日昌所



稱北東南三洋各設大兵輪船六號根鉢輪船十號合共四十八號自屬不可再少除將中國已造成二十號抵用外尚短二十八號竊謂北東南三洋須各有鐵甲大船二號北洋宜分駐烟臺旅順口一帶東洋宜分駐長江外口南洋宜分駐廈門虎門皆水深數丈可以停泊一處有事六船聯絡專爲洋面遊擊之師而以餘船附麗之聲勢較壯約計定造鐵甲船每隻需銀百萬兩內外已費不資只有先購此項分年籌辦俟有餘力再置他船或由閩滬各廠陸續仿造兵船總以足成四十八號爲度惟守口大礮

鐵船卽所謂水礮臺船亦係西洋新製利器以鐵船配極重之礮輔助岸上礮臺四面伏擊阻遏中流能自行動最爲制勝凡要口須添設一二艘聞在外國定購每船連礮約價銀十餘萬兩但笨滯不能涉海須將礮位鐵甲分拆運載來華裝配應俟委員到彼一併察辦如價省運便陸續再購造二十號分布南北各口抑或由外洋購大礮由華廠照式仿造鐵船更可次第添置至丁日昌奏稱裁併五十號艇船可養給一號大兵輪船裁併十號閩頭舢板可養給一號根鉢輪船計各省沿海水師舊制各船糜費



以之供給四十八號輪船尚覺有盈無絀等語查同治十一年五月臣于覆奏船政事宜摺內擬請裁撤各省艇船卽以各船修造養兵之費抵給輪船月費經總理衙門議令各該督撫奏辦迄今併未議覆今添購鐵甲等船巨款必須另行籌策養船練兵一切費用應如丁日昌所議請
旨勅下江蘇山東浙江福建廣東沿海各省將舊置及新添紅單拖罾艇船舢板等項分別裁併專養輪船以免虛糜而資實用

一籌餉一條近日財用極絀人所共知欲圖振作必

統天下全局通盤合籌而後定計新疆各域自乾隆年間始歸版圖無論開闢之難卽無事時歲需兵費尚二百餘萬徒收數千里之廣地而增千百年之漏巵已爲不值且其地北接俄羅斯西界土耳其天方波斯各回國南近英屬之印度外日強大內日侵削今昔異勢卽勉圖恢復將來斷不能久守屢閱外國新聞紙及西路探報喀什噶爾回酋新受土耳其回部之封幷與俄英兩國立約通商是已與各大邦勾結一氣不獨伊犁久距已也揆度情形俄先蠶食英必分其利皆不願中國得志于西方而論中國



目前力量實不能兼顧西域師老財匱尤慮別生他變曾國藩前有暫棄關外專清關內之議殆老成謀國之見今雖　命將出師兵力餉力萬不能遠可否　密諭西路各統帥但嚴守現有邊界且屯且耕不必急圖進取一面招撫伊犁烏魯木齊喀什噶爾等回酋准其自爲部落如雲貴粤蜀之苗猺土司越南朝鮮之略奉正朔可矣兩存之則兩利俄英旣各懷兼倂中國亦不致屢煩兵力似爲經久之道況新疆不復於肢體之元氣無傷海疆不防則腹心之大患愈棘孰重孰輕必有能辨之者此議果定則已

經出塞及尚未出塞各軍似須略加裁減可撤則撤可停則停其停撤之餉卽勻作海防之餉否則只此財力旣備東南萬里之海疆又備西北萬里之餉運有不困窮顚蹷者哉至此時開辦江防海防約計購船練兵簡器各項至少先需經費一千餘萬兩本年八月間戶部奏覆文祥寬籌餉需摺內議請暫停內府不急之需而海防用項仍無可籌姑令各省先儘各項存款移緩就急抵充防費究之各省留支奉撥之數視歲入之數無不浮濫數倍更有何款可以存留借抵必不得已應仍照總理衙門五年奏案



專提部存及各海關四成洋稅一款爲目前開辦之需除將津海東海關四成奏歸天津機器局江海關四成內之二成奏歸上海機器局山海江漢兩關四成奏明撥充奉兵及淮軍月餉淡水一關奏留臺灣軍需均爲海防而設毋庸置議外其餘各海關四成洋稅及部庫歷年提存四成應請專備總理衙門及海防統帥大員會商撥用此後卽責令各關另款封存逕行抵解不准本省借留亦不必再解部庫致多轉折此項每年計可得銀百數十萬兩加以部庫提存三百餘萬其有不敷擬仍暫借洋款由續收

四成項下撥還或另行設法歸楚以應急需其息銀以七八厘爲度歸本以十年八年爲度亦各國常有之事無足詫慮也至於日後久遠之費當于開源節流求之現在丁漕課税正供之外添出釐金捐輸二款百方羅掘仍不足用捐輸所得無幾流弊甚大而内地釐金又爲半税所絀如銅鉄羽呢洋布等項類皆有關民生日用洋船轉運迅捷輸納又僅半税于是奸民包攬冒騙大宗貨物皆免完釐因税則載在和約無可議加以至彼此輕重懸殊商民交困叢雀淵魚之喻何堪設想丁日昌議設廠造耕織機器曾國藩與臣迭次奏請開煤鉄各礦試辦招商輪船皆爲内地開拓生計起見蓋既不能禁洋貨之不來又不能禁華民之不用英國呢布運至中國每歲售銀三千餘萬又銅鉄鉛錫售銀數百萬于中國女紅匠作之利妨奪不少曷若亦設機器自爲製造輪船鉄路自爲轉運但使貨物精華與彼相埒彼物來自重洋勢不能與内地自產者比較我利日興則彼利自薄不獨有益餉釐也各省諸山多產五金及丹砂水銀煤炭之處中國數千年未嘗大開偶開之又不得其器與法而常憂國用匱竭此何異家有寶庫封錮不啓而坐愁飢寒西士之精化學者視山之土石即知其中有何礦藏以爲宜聘此輩數人分往徧察記其所產擇其厚利者次第開挖一切仿西法行之或由官籌借貲本或勸遠近富商湊股合立公司開得若干酌提一二分歸官其收效當在十年以後臣近於直隸之南境磁州山中議開煤鉄飭津滬機器局委員購洋器雇洋匠以資倡導因爲鑄軍器要需亦欲漸開風氣以利民用也近世學者鑒于明季之失以開礦爲秕政不知弊在用人非礦之不可開也其無識紳民惑于堪輿風水無用官吏恐其聚衆生事尤屬不經之談刻下東西洋無不開礦之國何以獨無此病且皆以此富強耶若南省濱江近海等處皆能設法開辦船械製造所用煤鉄無庸向外洋購運權其餘利并可養船練兵此軍國之大利也至於洋藥一項流毒中國本年三月間欽奉　寄諭以醇親王請飭密籌杜絶飭即妥議辦法等因臣查閲醇親王摺内有不必倉猝施行要在矢志弗懈俟外洋鴉片不來再嚴中國罌粟之禁等語實屬洞達大體適因臺灣事起未便置議茲查洋藥自印度進口每年約七萬數千箱售銀三千餘萬

之多英國明知害人之物而不欲禁洋商販運并欲禁中
國內地自種其用意殊極狡狠上年修約總理衙門與英
使言之屢矣并預聲明既不能禁英商之不販洋烟卽不
能禁華民之不食洋烟惟有暫行弛禁罌粟不但奪洋商
利權並可加增稅項將來計窮事迫難保不出于此其時
英使聞之亦頗心動而該國卒不見聽臣卽再與辦理恐
亦無益應仍循總理衙門原議陰相抵制以冀洋藥漸來
漸少再加厲禁爲宜查雲貴川陝山西各省多種罌粟彊
臣臺諫每以申明禁令爲言是徒爲外洋利藪之敺授胥
文摉索之柄究之罌粟曰種曰廣勢仍不可遽禁閩土藥
性緩價廉而癮亦薄不比洋藥爲害之烈爲今之計似宜
暫弛各省罌粟之禁而加重洋藥之稅釐使外洋煙土旣
無厚利自不進口然後妥立條規嚴定限制俾吸食者漸
戒而除絕之民財可杜外耗之源國餉幷有日增之勢兩
得之舉也查洋藥每箱百斤新關正稅三十兩釐捐則各
省多寡不同福建每箱捐銀三十六兩江蘇每箱捐銀三
十三兩北洋大津等關捐銀二十四兩捐愈重則漏愈多
英國條約原有洋藥如何征稅聽憑中國辦理之說如能

卷下　十四

于洋稅一律議加自可毫無滲漏裨益更大否則南北各
口通行加重捐數均照關稅之例無稍參差以免趨避專
收作海防經費由統帥提用合之亦成巨款此外沿江沿
海各省皆令整頓貨釐鹽釐各省每年限定酌撥數萬兩
協濟海防以上數端皆開源之事也若夫裁艇船以養輪
船裁邊防冗軍以養海防戰士停內府不急之需減地方
浮濫之費以裨軍實而成遠謀亦節流之大者苟非上下
一心內外一心局中局外一心未有不半途而廢者矣
一原奏用人一條擬派統帥責成經理及遴選得力提鎮
將領爲之分統查南北洋濱海七省自須聯爲一氣方能
呼應靈通惟地段過長事體煩重一人精力斷難兼顧各
督撫未必皆深知洋務兵事意見尤不能盡同若責成統
帥調度既恐扞格不行若會同各省商籌又恐推諉貽誤
從前辦粵捻各賊何嘗不屢簡統帥臣亦曾備位其間深
知其苦餉權疆政非其所操不過徒擁空名而各省督撫
仍不能不問兵事畛域分則情形易隔號令改則將士難
從是欲一事權而反棼也何況有事之際軍情瞬息變更
倘如西國辦法有電綫通報遞達各處海邊可以一刻千

卷下　十五

里有內地火車鐵路可屯兵于旁聞警馳援可以一日千數百里則統帥尚不至于誤事而中國固急切辦不到者也今年臺灣之役臣與沈葆楨函商調兵月餘而始定及調輪船分起裝送又三月而始竣而倭事業經定議矣設有緊急誠恐緩不濟事故臣嘗謂辦洋務制洋兵若不變法而徒騖空文絕無實濟臣不敢明知而不言也竊計北洋三省設一統帥卽才力倍于臣者尚慮不能肆應南洋閩省口岸更多似亦非一統帥所能遍及若因創設鐵甲兵船等項須責成大員督辦經理如前江西巡撫沈葆楨前江蘇巡撫丁日昌皆究心此事熟悉洋情似堪勝任至丁日昌擬設北東南三洋提督分統各船不爲無見但文武兼資素習風濤駕馭輪船操法者實不易得耳抑臣更有陳者用人最是急務儲才尤爲遠圖洋人入中國已三十餘年駐京已十餘年以兵脅我殆無虛歲而求練達兵略精通洋法者恆不數覯由于不學之過不不學由于士不教也軍務肅清以後文武兩途仍舍章句弓馬未由進身而以章句弓馬施于洋務隔膜太甚是以沈葆楨前有請設算學科之奏丁日昌前有武試改鎗礮之奏皆格於



部議不行而所用非所學人才何由而出近時拘謹之儒多以交涉洋務爲浼人之具取巧之士又以引避洋務爲自便之圖若非　朝廷力開風氣破拘攣之故習求制勝之實濟天下危局終不可支日後乏才且有甚于今日者以中國之大而無自強自立之時非惟可憂抑亦可恥臣愚以爲科目卽不能驟變時文卽不能遽廢而小楷試帖太蹈虛飾甚非作養人才之道似應於考試功令稍加變通另開洋務進取一格以資造就現在京師旣設同文館江省亦選幼童出洋學習似已闢西學門徑而士大夫趨向猶未盡屬者何哉以用人進取之途全不在此故也擬請嗣後凡有海防省分均宜設立洋學局擇通曉時務大員主持其事分爲格致測算輿圖火輪機器兵法礮位化學電氣學數門此皆有切於民生日用軍器製作之原外國以之黜陟人才故心思日出而不窮華人聰明才力本無不逮西人之處但未得其法未入其門蓋無以鼓勵作新之耳如有志趣思議于各種略通一二者選收入局延西人之博學而精者爲之師友按照所學淺深酌給薪水俾得研究精明再試以事或分派船廠礮局或充補防營

員弁如有成效分别文武照軍務保舉章程　奏奬升階
授以濱海沿江實缺與正途出身無異若始勤終怠立予
罷革其京城同文館上海廣方言館習算學生及出洋子
弟學成回國皆可分調入局教習幷酌量派往各機器局
各兵船差遣如此多方誘掖勸懲兼施就所學以課所能
即使十人中得一成就已多一人之用百人中得十成就
已多十人之用二十年後製器駛船自强之功效見矣
一原奏持久一條竊以古無久而不敝之法惟在辦事之
人同心協力先後相繼日益求精不獨保境息民兼可推



悟新意裕財足用如泰西各國皆起於彈丸之地創造各
樣利器未及百年而成就如此之精規畫如此之遠拓地
如此之廣豈非其舉國上下積慮殫精人思自奮之效乎
中國在五大洲中自古稱最强大今乃爲小邦所輕視練
兵製器搆船諸事師彼之長去我之短及今爲之而已遲
矣若再因循不辦或旋作旋輟後患殆不忍言若不稍變
成法于洋務開用人之途使人人皆能通曉將來即有防
海萬全之策數十年後主持之人亦必名有實亾漸歸頹
廢惟有中外一心堅持必辦力排浮議勿以成格爲萬不

可破勿以風氣爲萬不可[redacted]開勿急近功勿惜重費精心
果力歷久不懈百折不回庶幾軍實漸强人才漸進製器
漸精由能守而能戰轉貧弱而爲富强或有其時乎是天
下臣民所禱祀求之者也

# 膠灣詳述一卷

〔清〕佚名撰

《膠灣詳述》一卷，撰者不詳。蓋撰於清末德人占領山東膠州城之後，記述膠州地理水道、商賈貿易及風俗民情等甚悉。據《小方壺齋輿地叢鈔三補編》本影印。

# 膠灣詳述

劉 名

膠州一城頗大。近此百年中。商賈屯集。貿易頗稱昌盛。此灣之中。船泊輻湊。不可勝數。水深而潮濶。向以中國封閉通商。故往來之船。皆係華式篷帆大船。今不幸年過德國得此最大最好北港之地。且未破壞神姑毋由者地輿家但知是灣屬於山東一邑。并不知該地貨物出產之大。常常販運而通於高麗。尤在歐洲各國通商之前也。蓋此地雖在黃道規之下。泰山崛起。山陽山陰。地脉所聚。故此出產獨隆。而膠州之中。特為豐盛。自古迄今之利息。源源不絶。誠足以為山東一省勝地耶。該港遠離沂州府東北直線僅十德里。德國里數。即所謂故羅麥特也。長於美之迷當上距登萊。亦不甚遠。惟地脊伸出如臂。海道雖屬迂折。而內地山嶺重疊。載販貨物。大非易易。轉不若繞行海道。尚覺平坦而無阻滯也。且由海道繞行。計程雖遠。尚可同時而到。膠州之北。陸地盡處曰芝罘。約合十德里。而適中間萊陽縣一路。較為平坦。以笨車運載。可達萊州。西北轉折。僅二十德里。此路徑行較之山縣尤易為力。該港中尚有水道餘利。都則在內地行船一節。介蘭山縣。中通港道。可行小船。由此海而至彼海。膠河為宜焉。此河相接於膠萊之間本係兩河。合源於分水嶺。掘地而通之。河流本有分支入於內地。是所收於水道之利。不止一端矣。聞一千七百九十六年。當康熙時。嘗操勝算。集大工而疏鑿之。僅宜小船行動。出漕以後。則以華式大船拖載之。係為由南至北運糧之計可以減卻繞走山東之文登榮城橫出阻滯也。然而工程浩大。僅啟其端即行中止。故至今猶未成功耳。膠州一城。在於緯線赤道北。三十六度十六分。經線由英京起算。偏東一百二十度十分。周圍皆濶三丈。雄壯廣大。並有外門。城之外亦極開展。且有護庇於城牆者。城高三丈。敵樓修飾甚華美。有似歐洲之牌坊。居民之數雖無籍可稽。然城中瓦屋櫛比鱗次。允稱繁庶。由此城而至灣口港門。約十八海迷當。（此指水線之數。）膠州一縣所屬之地。南北十五德迷當。東南十十一德迷當。戶口約估二十萬。現今膠州灣泊華式小船之地。相距其城六海迷當之遙。海船停泊又在十二海迷當之遙。是距其城十八海迷當矣。其泊小船之地曰大坂沥。

（此名未詳。僅就西音譯之。而已此地處依所有地名皆以音會意錯香非衛詩也）

瘴潮屢特甚。居之易生疾病。而發熱瘟瘧焉。膠州商業。開於元朝。轉運貨物以通西北。故至今得為埠頭之盛。惟是灣中水道較淺。半係沙礫。半係污泥。所有之岸。積漸遞高。其最淺之處。從前甚難就近泊船。然中國之人。竟置港灣於無用。兼無注意開此絕大口岸而興無窮之利也。前者不知此灣作為埠頭[illegible]十今由十一年時德人議立為通商地並此亦中國雖有芝罘開市山東商務所接壤者於芝罘向者洋貨之入山東也。洋船僅至芝罘為止。由中國商船自行運入內地。現時內地之人業習慣而知洋貨之善無不購望於芝罘焉今膠州之港初開。其不知者從此於芝罘者必使德人來於此遂從接港灣必分芝罘之利無疑矣。

# 黄浦考一卷

〔清〕佚名撰

## 黄浦考 解題

《黄浦考》一卷，撰者不詳。此書係概論黄浦水道及歷次浚、潮之作。據《小方壺齋輿地叢鈔三補編》本影印。

# 黃浦考

## 溯名

黃浦係春申君黃歇所鑿。故又名春申浦。明史河渠志亦作大黃浦。其源之所發。受杭州嘉興之水。起自秀州塘。經華亭金山縣境。東流至瓜涇塘。迤而東。受南北兩涯之水。過得勝港。入本邑（上海縣）境。至鄒家寺嘴。折而向北。受東西兩涯之水。又折而東北。合北境吳淞江同流入海。夫浦與江本不合流。明永樂元年。吳淞江淤塞。尚書夏原吉用邑人葉宗行言。濬江通范家浜。引流直接黃浦以達海。其出海之口。雖名吳淞江。實黃浦口。舊說指黃浦為古之東江。然攷古之東江。其水由東南入海。而黃浦之水。由東北入黃。則指黃浦為東江者謬也。或云浦底有六泉。其味甘如長江之中泠泉。此相傳之辭。確否亦不得而知。浦中有文犨洲生於元末。始僅尋丈。後廣至數十畝。王逢樵里叟門生。來遊于此。適鳴雉羣集。故名。是洲曰文犨。因與浦岸相接。今已盡為民田。此殆古人所謂滄海變桑田者是。初時浦面甚闊。且吞吐潮汐。故無結冰之日。厥後漸淤漸狹。至明正德元年冬。黃浦冰經月不解。車騎負檐者。行冰上如平地。有娶婦者。迎新婦而歸。從冰上行。砉然一聲。冰裂數畝地。百餘人無一獲免。崇禎九年九月驟寒。十二月極寒。黃浦冰。○國朝順治十一年十二月大寒。黃浦又冰。康熙三十二年冬。黃浦又冰。乾隆二十六年。冬。大寒。浦江凍。列舟不能行。嘉慶十四年冬。大寒。黃浦又冰。即以近數十年論。亦嘗結冰一次。咸豐十一年十二月。黃浦冰。至明年正月十四日始解。此固滬人所共知者也。浦中每日潮來。固有一定之時。而亦有不合乎時者。元至正七年八月十二日，浦中午潮過，未幾復至。國朝順治五年七月二十一日，黃浦潮一日三至。十八年七月二十六日，潮又三日三至。康熙六十一年二月十二十三兩日，皆一日三潮。康熙七年六月十七日戌刻，浦水騰躍，此滬上之奇聞也。元張之翰詠詩云：黃浦春風正怒號，扁舟一葉渡驚濤。明陳子龍詩云：南浦微風動，蕭然滬壘秋。國朝朱彝尊詩云：極浦連天闊，驚濤壯海門。歷來題詠之多，不可傳記，皆以歇浦本滬江勝地，故邑家作滬城八景圖，更以黃浦秋濤冠列其首。水天一色，頗極壯觀。又考新涇港北楊淄灘南，地名平家石橋，有小黃浦一條，浦面甚闊，南通三林塘中心河，其波瀾之壯，幾與黃浦相等。此則又一浦，而實與黃浦兩不相涉。考古者蓋不可不知耳。

# 舟山考一卷

〔清〕佚名撰

舟山考　解題

《舟山考》一卷，撰者不詳。此專記舟山境内山川，而結之以守土固疆之主旨。據《小方壺齋輿地叢鈔三補編》本影印。

# 舟山考　　闕名

舟山。即浙江定海縣境。今設定海廳管理。其地形勢山川港汊。以及村居口岸。詳載定海志。繪圖貼說。標識分明。即物產人物。廟宇勝蹟。平原嵐嶂。亦叙述如掌上螺紋。無煩考古者贅辭焉。自中外通商以來。英國重視此山。以爲勝於香港。屢向中朝商及。若舟山爲金礦銀窟藏珍蓄寶之區也者。孰知舟山乃孤懸一島。長廣祇及內地一小縣耳。英乃耽耽虎視之。何也。説者謂英人得此。便於駐紮水師。寄頓商賈。不知此細事也。香港已有駐足地矣。何更作此奢想。其駸駸謀之者。以天下之地。得寸則寸。得尺則尺。仲虺之誥所謂兼弱也。我中國地大物博。尊王之意。百姓同心。雖邇來兵革無威。而以理直陳。抗聲相答。無隙可乘。英不能强人所難也。考舟山之得名。以此島懸居海中。形似大艦。首向西北。尾向東南。宛然浮於水面。泊近寧波界口。爲甬江外屏蔽險要之區。與閩之馬江。粵之虎門。遥相對峙。洵天險自然之地。故逐逐者多方謀取。而自守者恒嶢嶢于此。山之西南曰火燒門港。與穿山所郭衢所相對。西北過螺頭門海口。即大謝山。正西與蛟門對望。西南與象山相銜。大謝山似舟之前導。小艦。亦一浮島。正北曰大沙口。近處有山。名長白。又北曰秀山。又北曰岱山。爲竈戶煑鹽之域。又北曰大衢山。其東南尾曰舵嶴。殆以山如舟。而其尾名舵耳。尾之東北隔海。曰普陀山。有梵宇琳宮。東曰大落伽山。南曰小落伽山。皆普陀島。覺舵嶴之東。有數小島。曰順母塗。曰朱家尖。曰盧家山。曰桃花山。稍南曰烏沙門。曰沈家門曰田嶴。山東南爲亂礁洋。海礁層疊，水底螺旋，行舟頗險。舟山之外屏也。正南曰東嶴門，西嶴門。迤西即象山。北之錢倉所。海島之多，儼如萄蠡。舟山地大，可以居人。今人垂涎，譬如炫賣於五都。賈人爭相問價。當固我封疆，守我土宇，盡心力而營之。猶藏舟於壑。使大力者不能負之而走可也。

# 三沙灣情勢記一卷

〔清〕佚名撰

《三沙灣情勢記》一卷，撰者不詳。三沙灣在福州與厦門之間，此紀其地形勢，語甚簡略。據《小方壺齋輿地叢鈔三補編》本影印。

# 三沙灣情勢記

閩名

三沙灣在福州與廈門之間，形勢極佳，灣口窄狹，不過一英里，灣內水面廣闊，深可十二尋，淺處亦可七尋。灣內有一小島，曰三都島。島各有一港埠，足以進出船舶。如此天然形勢，苟佐以人工而為港埠，則舉國莫若焉。凡各國以艦隊據有他國領土，必有深意存其中。當平居無事之日，預設蓄煤修艦之所，以備一旦有軍事，則三沙灣之地方形勢最為穩適。現據之此地，非惟足以握中國南方一帶之海權，並可南控臺灣，東制南洋諸島，南扼香港以北之海岸，各國注目於此，固非偶然耳。

# 沙門灣形勢説略一卷

〔清〕佚名撰

《沙門灣形勢説略》一卷，撰者不詳。沙門灣爲浙江寧波、台州交界之海港，亦稱三門港、三門。此專記其地形勢之勝，於島嶼、山川等所記頗詳。據《小方壺齋輿地叢鈔三補編》本影印。

# 沙門灣形勢說略

佚名

案查沙門灣。一作三門灣。亦稱三門港。實為浙江寧波台州交界之海港也。通志載三門港在象山縣東南百里。東北為寧波之石浦。其海口島嶼紛列。星羅棋布。形勢之勝。可歷按焉。距港口東五十里。即大佛頭島。孤懸海外。俗稱謂南田。洋圖名曰牛頭山。此島外列群峯。內包陸地。人稠土沃。物產饒富。實為浙洋之奧壤。其南有黎民島。凡船行候潮。或避東北風。可泊黎民島西面內澳。是島實居沙門灣之北角。凡泊船經此者。須距黎民島西南二百拓行駛。始不致觸犯近角之礁石。其北面悉為陸岸。海底皆係泥質。距黎民之西六百有奇則有三岐山。此處水深十拓。再西六百則為圓錐峯島。圓錐西北六百拓。及西面四里。皆有小島。北四里為生佐治島。海水近島漸淺。其南面水深三拓。可避東北恒風。是島之北有海灣焉。淺而多石。即為象山港之陸岸。洋圖謂之大化口。自灣口至港。水程七里。距生佐治島北四里。迤東即係石浦港。是港水道深淺無定。惟華船可行。生佐治島之西有數高峰。旁峙小島。露石林立。峯之高者曰天礩島。島西與陸地相隔。其間海面闊可一里。水道頗深。天礩之西南有淺亘。僅四尺餘。其南西五里則有健跳城。地即桃頭角。其間有高峰。是處沿海一帶水深二拓。所謂桃頭角者。其地如桃頭。作尖錐形。且有長峰伸入海中。如桃之有梗也。港之盡處。西面為海游所。西北為寧海縣。皆為昔日防汛之地。寧海河口距天礩島六里。又有石礦。山南面水深六拓。便泊舟檝。西北有港介於寧海象山之間，實通溫洋、查浦等處。其灣口大佛頭之西為尖洋島。尖洋島西北二里為峭壁島。南面水深四拓。泊舟亦宜。惟遇大風波浪頗惡。距尖洋島之西南為大佛島。島有高峰。其名四不爾得峰。高可八百尺。此皆沙门灣島嶼海岸之形勢也。若大佛頭之東北。与壇頭山相對。高七百四十尺。其間即石浦门。壇頭北与哥爾島相接。同為西面石浦之屏障。其中島石錯落。沙州縱横。曲折而抵石浦港。石浦南岸与大佛頭相對者為東门島。山頂築有礮臺二座。其下即為石浦港邊西港面頗廣。遇潮漲則成大澳。潮落則兩岸沙灘中成窄港。故行船自石浦门至內港頗多險灰。自壇頭以北皆隸象山。海面東北為韭山諸島。与西面大目山相對。壇頭、韭山皆有居民田地。為浙洋漁利之勝區。過此則為桃花六橫諸島。此沙门灣北面島嶼海岸之形勢也。其迤南則為台州灣。港面較沙门為開拓。灣之東北外三列島。鎮島。繩島。金门島。高島。東磯嶼。皆与台州海门衛相對。再南則為台州列島。外上大陳山。下大陳山。及西南之松门衛松门山。皆為台洋扼要之地。然由松门以北。島地之大。無有過於大佛頭者。由松门而南。則為溫州灣之玉環山。形勢之雄。兀然重鎮。此皆沙门灣南面島灣海岸之形勢也。至沙门灣以東數十里。有黑山列島。馬鞍山。沙石雜生。無關形勢。姑不贅述。所謂沙门灣之形勢。其利有五。其地北面山峰回抱。陡岸斜出。港水深處較多於此。駐紮師艦。實為穩澳。其利一。輪舟行駛南洋。礁多浪惡。最懼東北恆風。而黎民島之西。大佛頭之南。天然屏蔽。避風之艦。往往萃焉。其利二。是處洲屿數万。居民數萬。沙戶漁蜑充斥於其間。苟開貿易之場。興盛可以立致。其利三。其陸地徤跳海游查浦寧海相距咫尺。即北而石浦。南石橋。皆密邇左右。倘開商埠。可与甬江甌海鼎峙而三。且地當衝要。商貨轉運。招集甚易。其利四。其尤佳者。南田本係荒島。自光緒紀元。奉 旨開墾。經營十數年。募民闢種。醵資興築。即於大佛頭區分桃源蓬萊三山瀛洲四鄉。釐為十都。共列一百八嶴。即鄰近海島。率經開墾。共得田一萬八千六十三畝。地七千四十畝。塘地四千六十畝。官民山地一萬二千六百八十四畝。迄今種植繁庶。民居薈萃。外人得之。以之駐兵屯煤。勤農通商。即其已成之基。經之營之。將見不數十年而与星加坡香港爭勝矣。其利五。嗚呼。我中國有 此佳壤。不能興利。具此形便。不能設險。

徒資外人之垂涎。而我封疆大吏。且未知其地形奚若。茫然漠然。更可憫歎。今閩浙省某武員奏飭往勘。聞其覆稟則曰島嶼無多。居民稀少。似無足重輕者然。噫。外人於我國內地之村墟。外海之島嶼。圖繪彌精。記憶甚悉。而我反東西莫辨。有如夢囈。人明我暗。人精我疏。人詳我略。人聰我聾。嗚呼。此其所以人強而我弱也。

# 廣東海防形勝考一卷

〔清〕佚名撰

《廣東海防形勝考》一卷，撰者不詳。概論廣東各地之地理、河流、江防及港口等，文字簡約，要言不煩。據《小方壺齋輿地叢鈔三補編》本影印。

# 廣東海防形勝考

闕名

番禺之都。據以作州。州為中路。西起欽州防城之白龍尾。東訖閩粵聯界之南澳鎮。袤延二千三百餘里之洪流。而瓊島居南幾二千里。迴環皆海。浦東路有惠潮之防。西路為欽廉之阻。蓋自南洋之輪艦入中華者。以廣東為首衝。七省之兵商出南洋者亦以廣東為門戶也。客曰三路之形勝。願詳聞之。主人曰省河所流東出香港。西通澳門。界乎其中。則有九龍寨汲水門。大嶼山十字門之險在焉。外洋之防也。自長洲牛山而至虎門。內洋之防也。自白鵝潭而南石頭而沙路。自大沙頭而中流砥柱。而魚珠。省前路之防也。自陳頭。五斗。甘竹。西海以達虎跳。磨刀。崖門。潭州。觀音沙。以達橫門。蕉門。省旁路之防也。魚珠西上可以廹增步。獵德東逺。可以駐燕塘。省後路之防也。此中路之形勝也。若東路由惠以訖潮。而碣石甲子。神泉。汕頭。南澳。可設防也。西路則由高以達欽。則陽江之海陵。高之碙洲。水東。雷之海安。廉之北海市。欽之龍門與極邊之白龍尾。亦一省垣之股肱肘腋也。而又有南路之瓊州。則以海口所為要地。東則鋪前司青藍港也。南則陵水樓桐港也。又南則榆林港也。大蛋港也。西則儋之洋浦港也。四面皆水。尤逼越南。南路之防又若是。與南澳之近臺灣。勢均重也。故地有常形者據地之利。兵無定勢者測地之用。是以九門之水。以虎門為深廣。可入大船。為全省之要衝。則重兵以萃之。欽廉接越南。潮接臺灣。彼寇有逼處之勢。然昔日之籌防者有議。瓊之海灘。可築礮堤十餘里。列礮隊。往來迎擊。再設之以高臺巨礮。榆林港内寬外狹。置臺較易。戰艦可以收泊。廉之北海。平沙廣衍。尤利用礮車馳驅。截擊。潮之汕頭口。有犄角之險。若於放雞山等處。增置巨礮。力足自守。然要以礮臺水雷兵輪三者相輔為固。蓋其意如手足捍腹心。門戶蔽堂室。不可一缺失也。

# 廣州灣圖説一卷

〔清〕吴桐林撰

《廣州灣圖説》一卷，清吴桐林撰。桐林字蟄卿，四川屏山人。官四川提標右營遊擊，兼攝川北鎮總兵。此應劉永福之召駐防廣州時所撰，記廣州灣地理形勢，及法人入侵遂溪、吴川等事。據《小方壺齋輿地叢鈔三補編》本影印。

# 廣州灣圖說

屏山吳桐林著

廣州灣口至海頭礮台四十三里。海頭礮台至麻斜五里。海頭礮台至赤坎三十里。海頭礮台至門頭墟六十里。門頭墟至梁家灘二十五里。海頭礮台至雷州一百二十五里。海頭礮台至坡頭墟四十里。海頭礮台至遂溪縣城七十里。海頭礮台至吳川縣城一百三十五里。

法人初索吳川縣屬之廣州灣。本在口外。朝廷以為荒島。遂允之。不意法兵輪至廣州灣。查其地係屬沙土。無甚出產。且不便停泊。遂任意駛入內地。直至遂溪縣屬海頭汛登岸。豎旂。奪民牛馬。又因該處之民不賣食物。大怒。入市捉鄉民二十人。至船。我民將築壩以攔其船。法輪始釋我民。開輪而去遂溪吳川兩縣民忿甚聯團結會誓將共拒法兵死守地土民情洶洶正未能已若當道能以廣州灣為吳川屬非遂溪屬爭之未必不可以折衝法兵也仰首　九重不禁為吾民哀籲求之矣

# 廣州灣形勢考一卷

〔清〕佚名撰

《廣州灣形勢考》一卷，撰者不詳。此略述廣州灣之地望、水道及貿易，屢陳法人欲侵占其地之用心。據《小方壺齋輿地叢鈔三補編》本影印。

# 廣州灣形勢考

闕名

法國戰船已進廣州灣。並未登岸。此說似覺言之過早。然所傳究未嘗無因。緣法國久欲在中國擇一要區為他日用兵張本。故曾遣兵船泊至該灣測量形勢。該灣係高州府轄境。在吳川縣之南。与雷州府遂溪縣交界在北緯線二十一度零十五分。東經線一百十一度零三十分。與香港相距約二百咪。海南在其西。南香港介其東北。一水迴環。最擅形勝。不獨可為水師停泊之區。且可作通商口岸。法人知其地勢扼要。故欲據為屯兵之用也。廣州灣之形勢有數處足可與香港並駕齊驅。有數處比香港更扼奇制勝。而不及香港利益亦有數事。所謂美中不足也。雖然法今若果取此灣亦未嘗無所裨益。嘗考此灣輿圖。長約二十咪。可入港內者祇有兩窄口。週圍有陸地。關鎖。港內水深。由三尋半至十尋不等。灣泊甚便。港之東口闊約一咪半。口外有沙積數處。闌欄防密。船艘不能直入。惟從南面沿岸而行。水道迴環。始堪前進。其水道勻計有七尋之深。祗有一處畧淺。兩尋半而已。灣內自東而西。其長十咪。自北而南。約廣六七咪。雖極大戰船。亦可容大隊灣泊安穩無虞。大港之外。復有小港。其形如帶。長約十五咪。廣約一二咪。直從大港通出東口。此小港雖狹。惟水深亦有三四尋。每當潮汐漲退。港口水流異常湍急。有河流一道。直注廣州灣。河旁有城。名赤墈。為貿易要區。其生意多與澳門江門來往。赤墈入口貨以洋紗足頭鴉片爲大宗。其餘各項貨物。到者亦多。至出口貨則以生油草席爲大宗。草席可作蒲包帆檣之用。然不止生意之利已也。法人若取此灣則高廉雷瓊四府。將必與法屬東京聲氣相通。呼吸靈便。查此灣與西江相隔。僅有內地小山一層。除此之外。無甚阻礙。倘法人既踞其地。則五年之後。生意可期增至四倍之多。而香港亦迭受其益。蓋將與該灣直可運貨通商也。惟是法人欲擎雞擴倘欲在浚西江之地亦事所難料然有英國在京斷難如願除是英國棄却保守長江之初議方能任法人行所欲行

再廣州灣左右。或有煤礦。亦未可定。因該處地土。時露炭質也。廣州灣屬高州府吳川縣管轄。与雷州府遂溪縣交界。在北緯線二十一度零十五分。東經線一百十一度零八三十分。灣內自東而西長二十咪。自北而南廣六七咪。水深三尋半至十尋。可入港者。祇有兩窄口。週圍有陸地闊鎖。大港之外。復有小港。長約十五咪。廣約一二咪。水深亦有三四尋。水流甚急。河灣有城名赤磡。貿易甚繁。生意多与江門澳門來往。入口貨以洋紗鴉片為大宗。出口貨以生油草蓆為大宗。

# 虎門形勢一卷

〔清〕佚名撰

《虎門形勢》一卷，撰者不詳。此於虎門之地理、山川、村鎮、炮臺等情形均有記述，謂：「炮臺雖足制勝，不過比之堅甲利兵，苟士無戰心，將無調度，縱可制敵，反資敵人。」皆有感而發。據《小方壺齋輿地叢鈔三補編》本影印。

# 虎门形勢

闕名

虎门為吾粤有垣门户。阻山帯海。控制重洋。實之雖狂閩蕩舄。在在可通。然其間隱礁暗沙。断續起伏。僅留水痕一線。以通舟楫。洋船入口。向藉小艇土人探水。熟諳駛行。稍出礁外。其輪輒壞。此所謂天險也。歷朝守之。僅置戍堡稽察往來。至元末倭寇猖獗。乃築砲臺以資防禦。明永樂二年。令太監鄭和等領兵招外洋人互市。設三有船司。領以三品太監。聽洋人與土民交易。收其課稅。由是粤通西洋。閩通琉球。浙通日本。萬曆四年。許西洋人僑寓香山澳门。他國聞風繼至。我朝懷柔遠人。初時海禁甚嚴。粤自獅子洋以南。禁民勿擅出入。於獅山上築蓮花城。高建一塔。以示海界。偷渡者斬。由是海自澄清。罔敢潛越。乾隆年間，臺灣蠢動，督臣李制軍於虎門之娘鞋、鵝弄、橫檔等山築立砲臺，海防漸密。嘉慶十三年，張保、鄭一之亂，既和，督臣百官保奏添虎門之大角、沙角、永安砲臺。水師提督於太平墟以重邊防。道光五年，督臣阮太傅建砲臺於大虎山下，以壯聲援，勢同犄角。道光十二年，督臣盧尚書、將軍哈統制，以橫檔當西路之衝，接築兩旁炮台，（以鞏其後，以扼其前，以護其）使策應之路相通，雖有智者左右。改娘鞋為威遠，更置靖遠、鎮遠，以相聯絡。又於焦門新涌汛加築兩炮台，使策應之路相通，雖有智者莫能偷越。蓋虎門包帶羣山，形分三路。正中為大小兩橫檔，斜踞大洲。小橫檔山形如馬鞍，前有暗沙，後有礁石，一路與大橫檔相通，此中路之形勢也。東路為沙角，其山面南，而炮台向西，水線一灣，曲繞其前，此為虎門第一重門戶。其

後有金交椅。恐受背攻。因於山後更築一月城。其東即三門汛。為太平寨之門
路。其南曰新涌汛。附近大王廟水軍寨鵝兒汛。此外高山崎嶇。島嶼隱現。勢如
奔馬。遍山赤石。直插洋心。此東路之形勢也。西路為大角。右臨上濱。左帶島洲。
為海門右臂。去沙角約三十餘里。然天生水線。洋船既越沙角。必西奔太角山
下。方能達於橫檔。其島洲近接小橫檔。以繩墨計之。水面相距約七百五十餘
丈。西北即兩沙村。有鞏固大炮台。去鞏固而北。即大虎山。其西口亦有水線。設
炮台於虎頸之凹。則海防益密。此西路之形勢也。正中橫檔一路。鎮以水師。東
路諸村守沙角至沙遠。西路諸村守大角至大虎。迄今節節設台。駐兵控御。自
中法之役。甲申籌海。中日之戰。甲午辦防。彭宮保統兵南來。復相度要衝。增臺

置炮於海(魚)珠一跡。尤稱長江天塹焉。閱日李岡千仞所著嶺南遊記。言魚珠炮台築成時。有松川少將附輪來觀曰。此台之得地。雖有千萬水犀軍不能飛渡。則此路炮台形勢。亦足雄矣。余謂炮台雖足制勝。不过(以)彼之堅甲利兵苟士無戰心。將無調度。從可制敵。反資敵人。鎮定巨艦淪亡。旅(順)於威海失陷均前車之鑒也。

# 朝鮮日本圖説不分卷

〔明〕佚名撰

《朝鮮日本圖説》不分卷，撰者不詳。朝鮮部分卷前冠朝鮮總圖，列朝鮮官爵品級，後分載八道地理。各道前冠圖，次圖説，次地理。又載倭寨總圖説、東路釜山寨圖説、中路泗川寨圖説、水路南海圖説。日本部分僅載日本國圖説、日本島夷入寇之圖、倭國事略，無詳細地理分佈記録，似原書有殘缺。據中國國家圖書館藏明刻本影印。

朝鮮總圖
日本
對馬島
絶影島
西生
水營
機張
釜山
東萊
兵營
彥陽
金海
熊川
昌寧
水營
鎮海
咸安
天城
加德
固城
泗川
巨濟
水營
河東
閑山島
光陽
順天
水營
興陽
南海
樂安
寶城
綾城
長興
兵營
康津
古今島
旌義
濟州
大靜
南

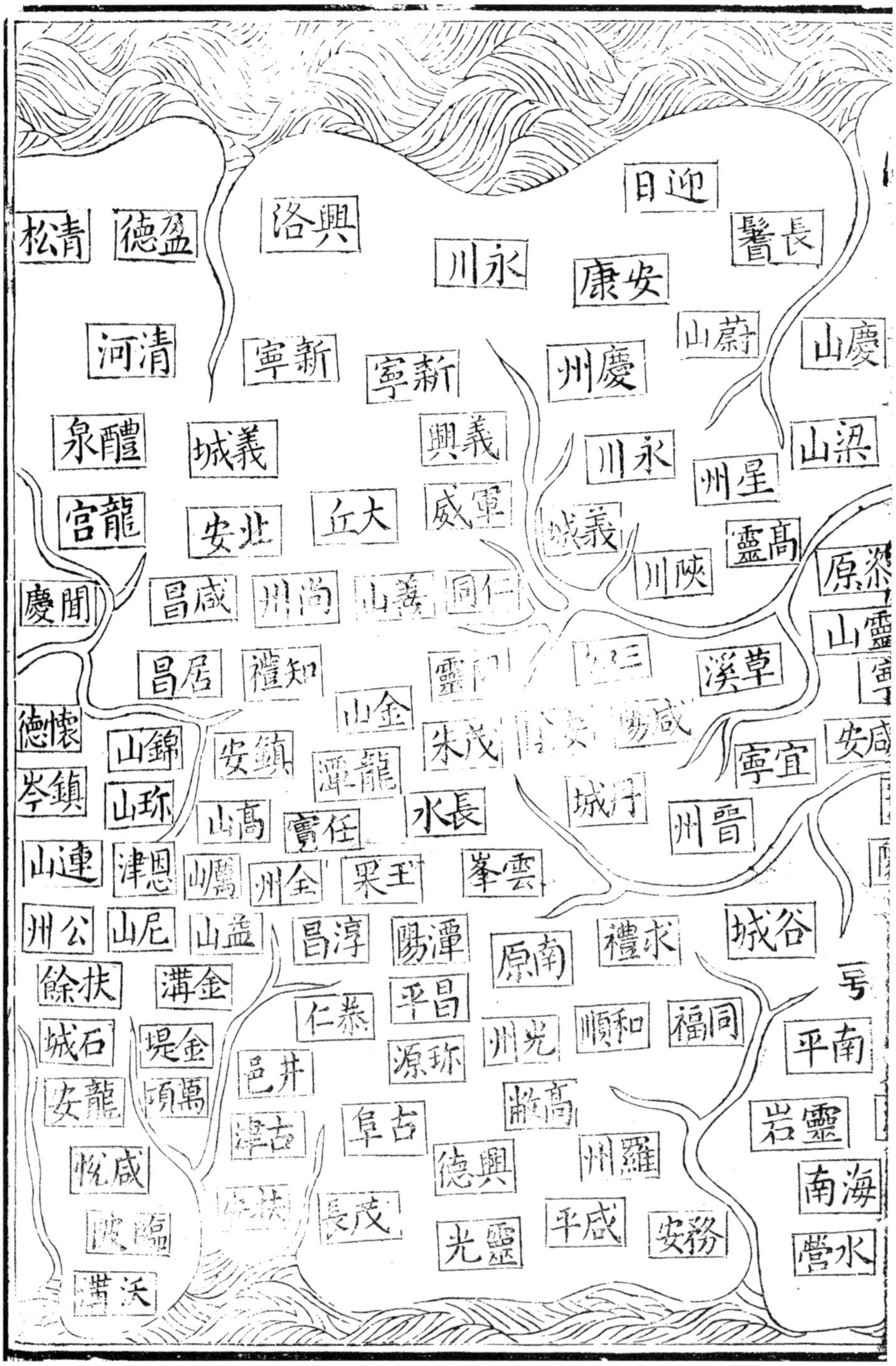
清松
盈德
永川
安康
迎日
長鬐
清河
新寧
新寧
慶州
蔚山
慶山
醴泉
義城
義興
永川
星州
梁山
龍宮
大丘
軍威
高靈
陜川
聞慶
咸昌
尚州
仁同
居昌
知禮
草溪
金山
咸安
宜寧
懷德
錦山
鎮安
龍潭
茂朱
長水
晉州
鎮岑
高山
任實
雲峯
連山
恩津
公州
尼山
益山
淳昌
潭陽
南原
求禮
谷城
扶餘
金溝
昌平
光州
和順
同福
南平
石城
金堤
萬頃
井邑
羅州
靈岩
龍安
古阜
興德
海南
咸悅
茂長
靈光
咸平
務安
水營
沃溝

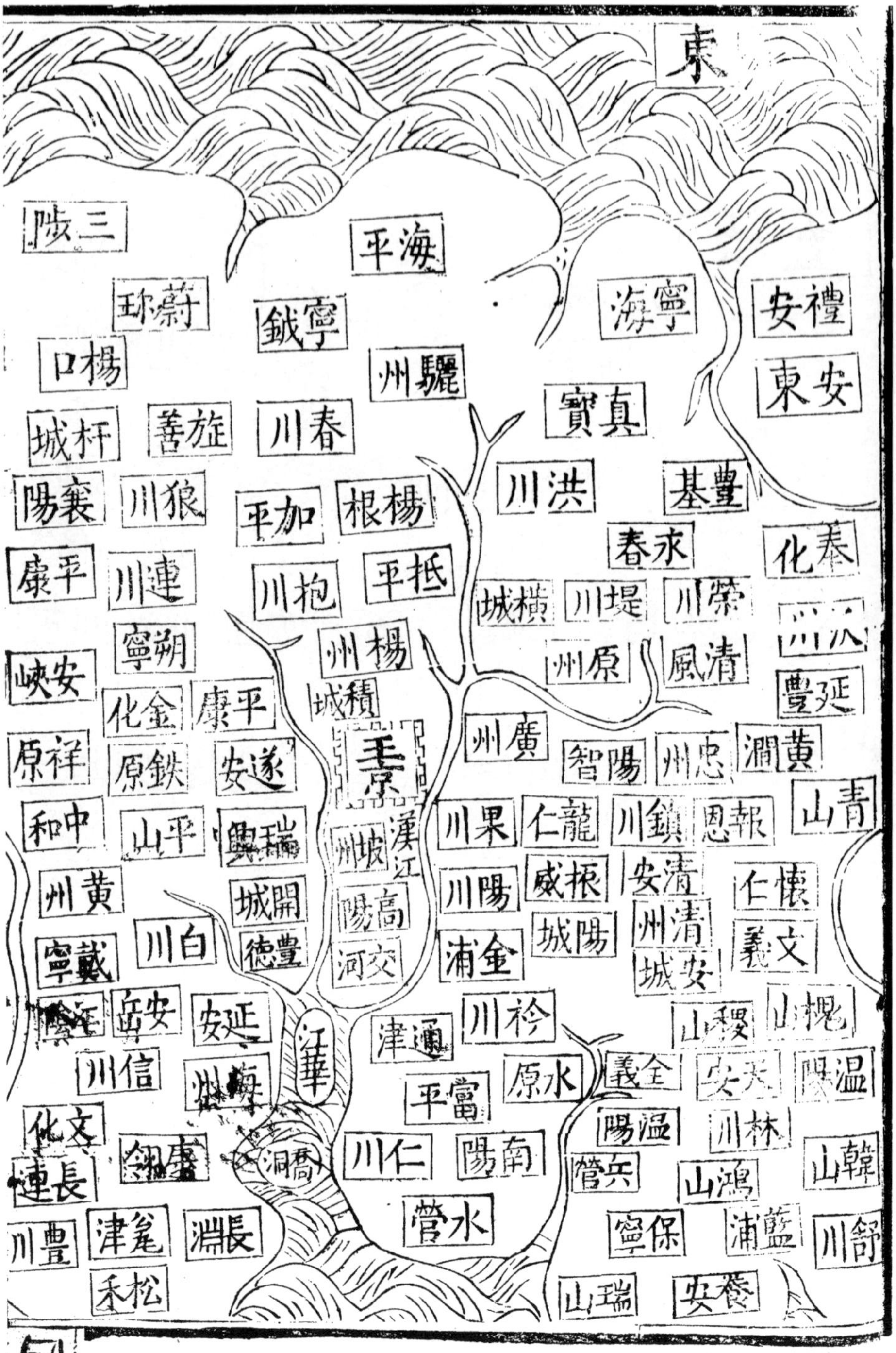
東
三陟
海平
蔚珎
寧鉞
寧海
禮安
安東
楊口
驪州
真寳
杆城
旋善
春川
洪川
豐基
襄陽
狼川
加平
楊根
永春
奉化
平康
連川
抱川
抵平
橫城
堤川
榮川
朔寧
楊州
原州
清風
延豐
安峽
平康
金化
積城
廣州
京
陽智
忠州
黃澗
祥原
鉄原
遂安
青山
中和
平山
瑞興
坡州
漢江
果川
龍仁
鎮川
報恩
黃州
開城
高陽
陽川
振威
清安
懷仁
戴寧
白川
豐德
交河
金浦
陽城
清州
文義
安城
延安
衿川
稷山
槐山
通津
江華
信川
水原
全義
天安
温陽
富平
温陽
林川
文化
南陽
仁川
喬洞
兵管
鴻山
韓山
長連
水管
保寧
藍浦
舒川
豐川
長淵
松禾
瑞山

51

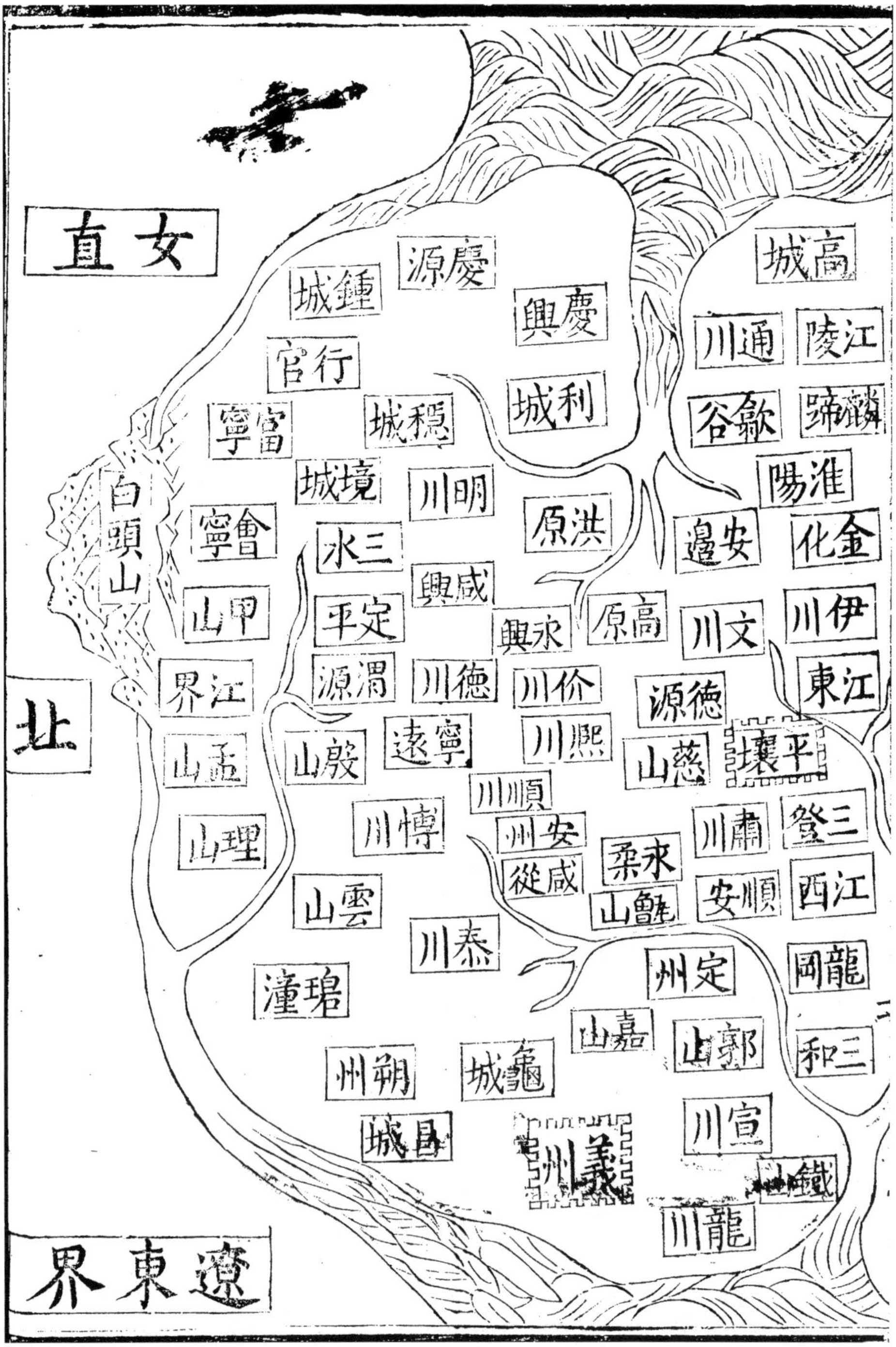

女直
北
遼東界
白頭山
慶源
鍾城
慶興
行官
富寧
穩城
利城
境城
明川
會寧
三水
洪原
咸興
甲山
定平
高原
永興
江界
渭源
德川
价川
德源
寧遠
熙川
殷山
孟山
慈山
平壤
順川
博川
安州
理山
永柔
咸從
甑山
雲山
泰川
碧潼
定州
嘉山
郭山
朔州
龜城
昌城
義州
宣川
鐵山
龍川
高城
江陵
通川
麟蹄
歙谷
淮陽
安邊
金化
伊川
文川
江東
三登
肅川
江西
順安
龍岡
三和

# 朝鮮八道總圖說

海外之夷切近

中國者無如朝鮮蓋朝鮮舊爲

中國之版圖也國於周統於秦郡縣於漢至晉始自爲聲教云其地東西南三面濱海北鄰女直西北至鴨綠江與遼左相接壤國之東西相距一千里南北二千四百餘里分八道東曰江原本濊貊之地西曰黃海古朝鮮馬韓舊地南曰全羅本卞韓之地東南曰慶尚乃辰韓之地西南曰忠清亦馬韓之域東北曰咸鏡本高句麗之地西北曰平安本朝鮮故地而京畿在八道之中前

帶漢江後倚白嶽其王都形勝視開城平壤之故墟此爲之冠國中山川嶮隘壤地膏腴風物不殊於中原而民俗亦尚禮義蓋裔夷之最善者也惟是民多柔弱習尚詩書武備不修違衣袽徹桑之戒故關酋之難一起諸道風靡國君播遷三京淪沒向非

天王興伐暴之師宏興繼之義一掃海氛而廓清之則三韓之土宇幾何而不胥爲倭也耶八道共十六牧使五十三府八十郡一百七十五縣四十一察訪其官爵備列于左云

京畿道四牧使六府八郡十九縣六察訪

忠清道四牧使十二郡三十縣六察訪

江源道一牧使六府七郡十二縣四察訪

黃海道二牧使四府七郡十一縣三察訪

全羅道三牧使五府十一郡三十八縣六察訪

慶尚道三牧使九府十四郡四十一縣十一察訪

咸鏡道一牧使十四府三縣三察訪

平安道二牧使九府十八郡十三縣二察訪

## 朝鮮京職品爵

議政府總百官平庶政理陰陽經邦國

領議政正一

左議政正一

右議政正一

左贊成從一　一員　右贊成從一　一員

左參贊正二　一員　右參贊正二　一員

左舍人正四　一員　右舍人正四　一員

檢祥正五　一員　司録從八　二員

忠勳府諸功臣之府　府院君正一

君從二以上至從一品無定員　經歷從四　蔭官選用

都事從五　蔭

義禁府掌奉教推鞫　文　判事從一　文

知事正二　二員　文　經歷未入流　蔭

都事同上

六曹 吏掌文選勲封考課 戶掌戶口貢賦禮掌禮樂祭祀 兵掌武選軍務刑掌法律讞訟 工掌營繕等務 判書 正二 一員 文

叅判 從二 一員 文 叅議 正三 一員 文

正郎 正五 戶刑工 各三員 蔭亦選 判尹

漢城府 掌京都口籍市廛家舍田土 判尹 正二 文一員

左右尹 從二 各一員 文 庶尹 從四 蔭

判官 從五 蔭 叅軍 從七 二員 蔭

司憲府 掌論執時政糾察百官正風俗伸寃抑禁濫偽等

大司憲 從二 文 執義 正三 文

掌令 正四 各二員 文 持平 正五 各二員 文

監察正六文蔭俱有

開城府掌治舊都駐開城列京衙　留守從二文

經歷文　都事文蔭俱有

教授從六文

承政院掌出納王命　都承旨

左右承旨正三各一員文　左右副承旨正三各一員文

同副承旨正三文　注書正七各二員文

掌隸院掌奴婢簿籍及決訟之事　判決事

司儀從五各三員蔭　司平正六各四員蔭

司諫院掌諫諍與都諫同司風紀論駁　大司諫正三文

司諫從三　文　獻納正五　文

正言正六　各二員　文

弘文館掌內府經籍治文翰備顧問副修撰知製敎　領事領議政

大提學正二　提學從二

副提學正三　直提學堂下正三

典翰從三　應教正四

副應教從四　校理正五

副校理從五　修撰正六

副修撰從六　博士正七

著作正八　正字正九　以上俱文

藝文館　掌制撰辭　記事官

奉教　正七

待教　從八

檢閱　正九　以上俱文

成均館　掌儒學教誨

知事　正二

同知事　從二

大司成　正三

司成　從三

司藝　正四

直講　正五

典籍　從五

學官　從六

博士　正七

學正　正八

學録　從八

學諭　正九　以上俱文

承文院　掌事大交隣文書

都提調　從二　三議政

提調從二　副提調正三
判校堂上正三　叅校從三
校理正六　校檢從六
博士正七　著作從七
正字正八　副正字從九　以上俱文
通禮院掌禮儀　左右通禮正四　蔭
相禮從四　蔭　贊儀從五
引儀從六　八員　蔭
奉常寺掌祭祀及議謚　都提調正一官兼
提調從二　以上官兼　正正三堂下

僉正 從四　判官 從五

主簿 從六　直長 從七

奉事 從八　參奉 從九 以上文

校書館 掌印頒經籍及香祝印篆　提調 從二

校理　博士

著作　正字 以上文

司僕寺 掌輿馬廐牧　提調

正 以上文　僉正

判官　主簿 以上蔭

軍器寺 掌造兵器　都提調

提調　　正以上文
僉正　　主簿
直長　　奉事
副奉事　　叅奉以上武
司饔院掌供御膳及闕内供饋事　　都提調
提調　　正以上文
僉正　　判官
主簿　　直長
奉事以上蔭
禮賓寺掌賓客宴享宗宰供饋等事　　提調

正以上文　僉正

判官　主簿

直長　奉事

參奉以上蔭

司宰監掌魚肉鹽燒木炬火等事　提調

正以上文　僉正

主簿　直長

參奉以上蔭

軍資監掌軍需儲積　都提調

正以上文　僉正

判官　主簿
直長　奉事
參奉以上蔭
兵曹屬下　宣傳武正七　二十五員
部将武從六　二十員　守門将從七　武
掌樂院掌教閲聲律　提調
正以上蔭
典醫監掌醫藥供内用及賜與　提調
司譯院掌譯諸方言語　都提調
守從四　別坐正六　蔭

别提從六　上同

典艦司掌京外舟艦　都提調

提調　别坐

别提上同

宗廟署掌守衛寢廟　都提調

提調　令從五　蔭

直長　奉事

平市署掌勾檢市廛平斗斛丈尺低昂物貨等　提調

令　蔭　直長

奉事蔭

長興庫掌席子油芚紙也令蔭

主簿蔭　直長蔭

奉事蔭

氷庫　提調

別坐蔭

司圃署掌園圃蔬菜　提調

司圃從六　蔭　別提

掌苑署掌園囿果　提調

掌苑從五　蔭　別提

養賢庫掌成均儒生米豆　主簿

直長　奉事

典牲署 掌養犧牲　提調

主簿 蔭　直長

奉事 蔭　叅奉 蔭

歸厚署 掌造棺槨　提調

別調 上同

圖畫署 掌圖畫　提調

別調 上同

外官品爵

觀察使 從二 文八道各一員　都事 從五 文八道各一員

評事 從六 文咸 平各二員

兵使 從二 武咸二員平 黃忠全各一員慶二員

水使 正三 武京忠全 各一員慶二員

僉使 從三 武

判官 從五 上同

縣監 從六 上同

權官 從九 武

牧使 正三 堂下 堂上官亦為

府尹 從二 文

虞候 正三 武兵 水司屬官

郡守 從四 文武俱有

縣令 從五 上同

萬户 從四 武

察訪 正六 蔭官

朝鮮日本圖說

北
京畿道
麻田
朔寧
漣川
分石山
寶蓋山
金城山
紺岳山
逍遙山
永平
慈登山
楊州
海龍山
白雲山
抱川
加平
東
雲岳山
青平山
沙積山
馬遊山
八峯山
楊根
龍門山
果川
廣州
冠岳山
黔丹山
東通江原道
南漢山
清溪山
龍仁
陽智
利川
圓山
屯城山
驪州
定水山
太德山
竹山
陰竹
安城
百足山
東南通忠清道
南

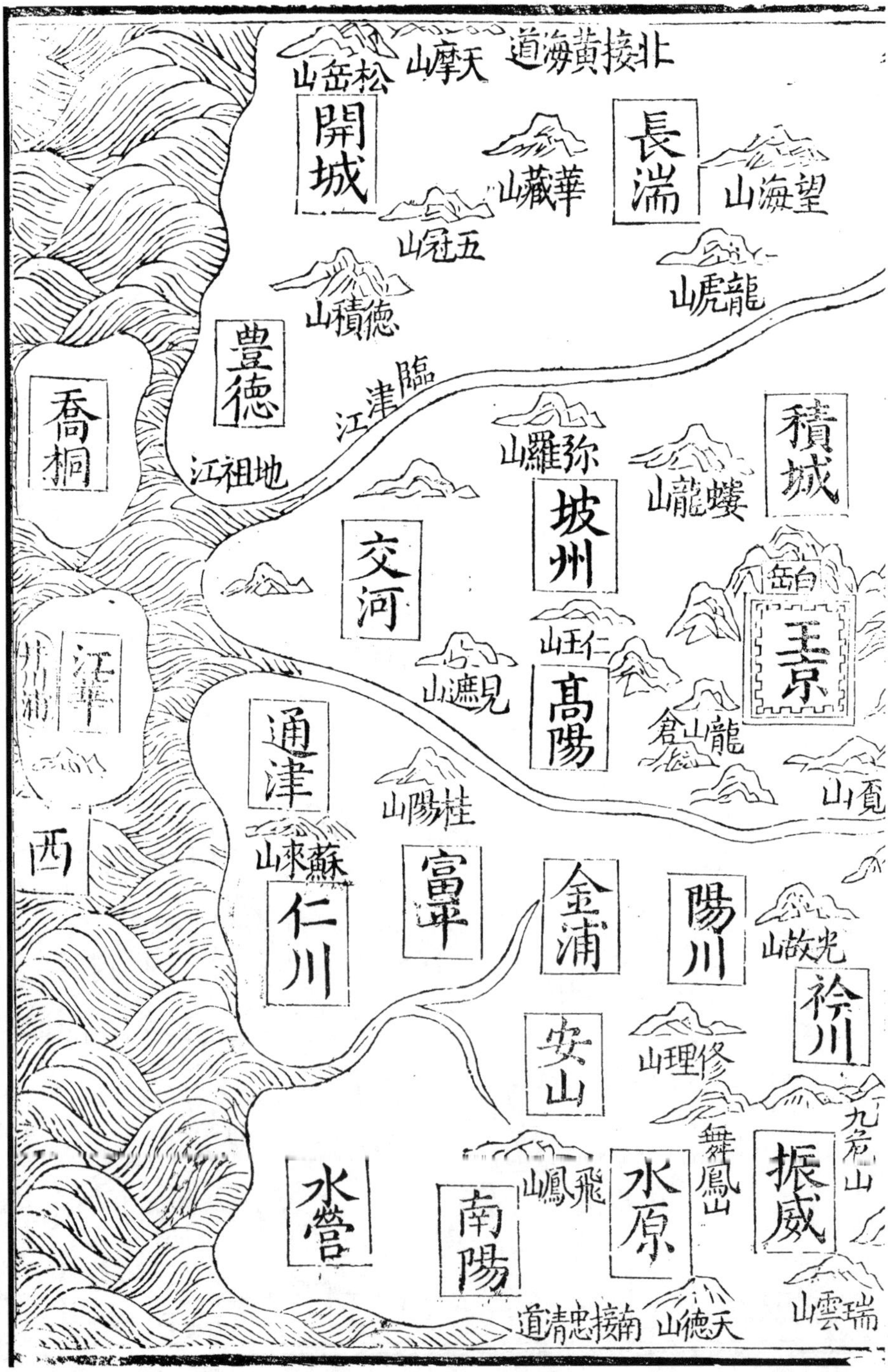
北接黄海道
松岳山
天摩山
開城
長湍
華藏山
望海山
五冠山
龍虎山
德積山
豐德
喬桐
臨津江
地祖江
弥羅山
積城
坡州
交河
白岳
王京
仁王山
見遮山
高陽
龍山倉
江華
通津
桂陽山
蘇來山
西
富平
金浦
陽川
光敎山
衿川
仁川
修理山
安山
舞鳳山
飛鳳山
水原
振威
水營
南陽
天德山
瑞雲山
南接忠清道

## 京畿道圖說

本道迺朝鮮畿甸之所倚白岳而木覔帶漢江其江之源來自忠清道之忠州入本道驪州楊根達京城出廣州楊州果川陽川流於江華海口其口地名井川浦進船直抵龍山倉前漢江一通於江源道春川昭陽等處一通於忠清道丹陽等處以上水淺不可通船京北有江名臨津自咸鏡安邊烏鴨山入本境漣川麻田長湍至豐德為臨津江西出海口滙於江華海船直通於豐德之地祖江江船則自臨津通於麻田之澄波渡以上不能通船本治除京職外仍設四牧使六府八郡十九

縣六察訪本境廣州有本國牧馬場自倭殘之後該道人民固爾逃遁而土地尚自豐厚至若山川景物頗多殘廢於倭奴其在京文武品爵並列於前云

京畿道地理

廣州東楊根界二十五里呂州界七十五里南利川界七十四里陽智界八十五里龍仁界四十里西果川良才驛二十七里安山界七十六里北楊州十里

驪州東忠清道忠州界四十四里江原道原州界十里南陰竹界二十三里西利川界二十八里廣州界五十二里北砥平界三十七里楊根界五十七里

利川東呂州界二十二里南陰竹界四十里西陽智界三十七里北廣州界二十一里

楊根東砥平界二十七里南呂州界二十三里西廣州界三十九里楊州界四十里北加平界四十三里

**砥平** 東江原道原州界四十七里南呂州界十六里西楊根界二十一里北江原道洪川界四十三里

**陰竹** 東呂州界十六里南忠清道忠州界十五里西竹山界二十五里北利川界二十九里

**陽智** 東利川界十二里南竹山界四十七里安城界八十一里西龍仁界十七里北廣州界四十里

**竹山** 東陰竹界二十二里南忠清道鎮川界二十六里西安城界二十三里北陽智界四十九里

**果川** 東廣州界十三里南水原界三十四里西衿川界二十里安山界二十八里北露梁界二十里

**水原** 東龍仁界二十一里忠清道平澤界五十里南同縣五十九里振威界二十二里西南陽界二十里同府一百十二里北果川三十九里

**富平** 東衿川界三十四里楊川界十五里南安山界四十八里仁川界十五里西大海界十四里北金浦界十七里通津界十三里

**南陽** 東水原界二十四里南同府隻阜界二十里西花梁界四十一里北安山界四十三里

**仁川**　東安山界四十一里衿川界三十四里南大海界七里西濟物梁界十七里北富平界二十四里

**安山**　東果川界五里南南陽界三十五里西仁川界十一里北衿川界十四里

**安城**　東竹山界十六里南忠清道稷山界二十五里西陽城界十七里北陽智界八十九里

**振威**　東陽城界十三里南忠清道稷山界三十七里水原界十二里北龍仁界三十三里

**陽川**　東楊花渡界十七里西富平界十五里南同府十九里北金浦界三里西南同府界十三里東南衿川界二十里西北金浦界十三里

**龍仁**　東陽智界二十四里南南陽界四十五里西水原界十六里北廣州界十五里

**金浦**　東陽川界二十二里南富平界十里西大海二十六里北通津界十七里

**衿川**　東果川界十一里南安山界十六里西富平界十七里北陽川界二十七里露梁界二十三里

**陽城**　東安城界三里南忠清道稷山界二十七里西振威界十九里北龍仁界一十五里

**通津** 東金浦界三十三里南富平界三十二里西江華界九里北豐德界十五里

**楊州** 東抱川界二十五里加平界九十六里廣州界七十五里南同州界八十二里西高陽界四十里坡州界三十三里北積城界二十二里麻田界五十八里連川界七十四里

**坡州** 東楊州界二十二里南高陽界三十五里西交河界十七里北長湍界二十里積城界三十里

**高陽** 東楊州界十四里西交河界二十一里南陽川界二十六里北坡州界十九里

**抱川** 東加平界十八里西楊州界三十里南同州界三十六里北永平界二十六里

**永平** 東抱川界三十二里西漣川界三十四里南抱川界十六里北江原道鐵原界三十二里

**積城** 東麻田界十七里南楊州界三十一里西長湍界八里坡州界八里北長湍界二十里

**交河** 東坡州界十六里高陽界二十六里南同郡界二十二里西豐德界九里北長湍界二十五里

**加平** 東江原道春川界十三里南楊根界四十三里西抱川界七十九里北永平界五十四里

長湍東朔寧界五十里麻田界三十六里積城界五十一里南坡州界四十五里西豐德界二十六里開城界三十七里北黃海道牛峯界十三里

江華東甲串津十五里南德海岸四十里西寅火石津二十六里北昇天府津十五里

豐德東長湍界三十九里南通津界三十四里西開城界十七里北同府界十五里

朔寧東漣川界二十二里江原道鐵原界四十一里南長湍界二十八里西黃海道兎山界十一里北江原道安峽界二十一里同道平康六十一里

麻田東漣川界十九里南積城界七里西長湍界十七里北朔寧界二十一里

漣川東永平界十八里南楊州界十三里西麻田界十五里北朔寧界二十七里江原道鐵原界十六里

喬桐東寅火津十里西至海二十七里南至海十一里北黃海道白川角山津十二里

開城東長湍界十一里南豐德界十九里西碧瀾渡黃海道白川三十六里同道江陰界三十五里北同道牛峯五十七里

北
北接京畿道
東北接江原道
忠清道
加葉山
緋岳山
龍頭山
普賢山
陰城
堤川
胎靈山
鎮川
忠州
錦山
頭陀山
永春
清安
稷山
大林山
清風
月岳山
丹陽
木川
清州
延豐
朴建山
嶺死山
東
九龍山
昧谷山
全義
懷仁
俗離山
元城山
燕岐
文義
報恩
主屹山
德義山
東通慶尚道
公州
馬城山
雞足山
雞龍山
青山
沃川
懷德
鎮岑
白華山
黃澗
産長山
兜率山
永同
天護山
連山
摩耶山
猴頭山
南接全羅道
黃岳山
南

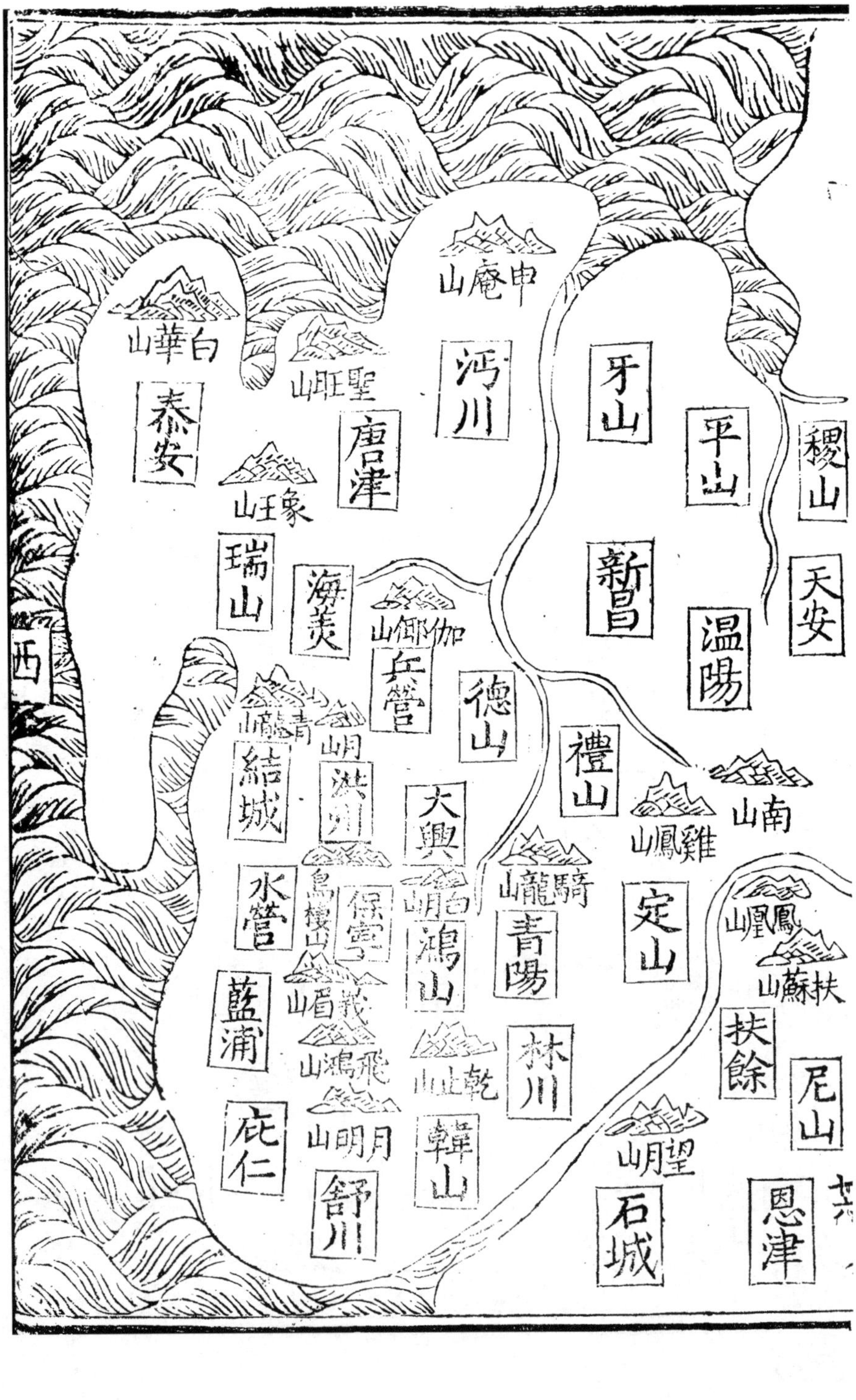

中菴山
白華山
聖旺山
沔川
牙山
平山
稷山
泰安
唐津
象王山
瑞山
海美
新昌
温陽
天安
西
兵營
德山
禮山
南山
結城
洪州
大興
雞鳳山
騎龍山
定山
水營
烏棲山
保寧
鴻山
青陽
鳳凰山
扶蘇山
藍浦
飛鴻山
林川
扶餘
尼山
庇仁
月明山
韓山
望月山
石城
恩津
舒川

忠清道圖說

本道東北與京畿接壤漢江之水流入忠州丹陽以上水淺不能通船西南自舒川海口入熊津江至公州一派入清州之西一派入沃川之左江上舟楫俱可通海而忠州鎮城西北逵大溪溪源來自漢江前障大林山東臨慶尚南界全羅而東南山嶺巖巖逼鄰全慶二道倭壘故人民殘掠廬舍亦多煨燼雖不若全慶之慘而較之各道殆甚焉惟西北沿海一帶民居猶然繁殖

忠清道地理

忠州東清風界二十八里南槐山界四十八里延豊三十一里西陽城五十一里京圻呂州七十八里同

道陰竹界六十六里北堤川界四十五里江原道原州界五十八里

**清風** 東丹陽界九里南慶尚道聞慶界六十里西忠州界四十里北堤川界十七里

**丹陽** 東慶尚道豐基界二十九里南同道醴泉界三十六里西清風界五十二里北永春界四十三里

**槐山** 東延豐界二十二里南清安界三十八里西陽城界二十九里北忠州界五十里

**延豐** 東慶尚道聞慶界十一里南同縣界十三里西槐山界三十三里北忠州界五十里

**陰城** 東忠州界八里北同州界二十五里南槐山界十八里清安界三十五里西鎮川界四十里

**永春** 東慶尚道豐基界三十六里南丹陽界五十八里西堤川界五十五里北江原道寧越界三十一里

**堤川** 東江原道寧越界十七里永春界十八里南清風界二十里丹陽界二十里西忠州界四十八里北江原道原州界三十六里

**清州** 東清安界四十三里同縣時化驛界四十四里南文義界二十里懷仁界二十四里報恩界二十二

里西全義界五十四里木川界五十五里燕岐界三十八里北鎮川界三十二里

**天安** 東木川界十三里南公州界四十八里全義界三十三里西溫陽界十一里牙山界十六里北稷山界二十里平澤驛界六里

**沃川** 東報恩界五十一里青山界五十二里南永同界四十六里全慶道茂朱界八十九里同道錦山界七十三里

**文義** 東懷仁界十一里懷德界十七里西燕岐界四十一里北清州界十一里

**木川** 東清州界十九里北稷山界十九里西天安界十七里南全義界二十二里

**懷仁** 東報恩界十六里南清州界三十二里西文義界十六里北清州界二十九里

**清安** 東清州界三十里南同州界十二里西同州界二十二里北槐山界九里陰城界十九里

**鎮川** 東忠州界三十七里南清州二十八里西稷山界二十八里北京圻竹山界三十九里

**報恩** 東慶尚道尚州界四十四里南沃川界二十九里青山界二十五里西懷仁界十四里北清州界二十八里

**永同** 東黃澗界十六里南沃川界十五里西同郡界二十一里北青山界三十里

**黃澗** 東慶尚道金山界四十里北同道尚州界十四里南永同界十六里西同縣界二十里

**青山** 東慶尚道尚州界二十四里南永同界十三里西沃川界二十里北報恩界二十二里

**公州** 東懷德界六十九里鎮岑界六十四里南扶餘界四十九里尼山界四十三里連山界五十三里全羅道珍山界八十里西大興界六十九里北天安界五十七里燕岐界二十七里

**韓山** 東林川界十五里南全羅道臨陂界十四里同道咸悅界十三里西舒川界十九里北鴻山界二十九里

**林川** 東石城界二十九里恩津界三十一里全慶道龍安界二十二里南同道咸悅界十五里韓山界二十七里西鴻山界十六里

**全義** 東全羅道咸悅界十六里韓山界二十七里西鴻山界十六里南天安界十二里北木川界十二里

**定山** 東公州界二十一里北同州界十五里南扶餘界三十一里西青陽界十七里

**恩津** 東連山界八里南全羅道礪山界十七里西石城界十三里林川界二十五里北尼山界二十一里

**懷德** 東沃川界二十二里南全羅道珍山界三十里西公州界九里北文義界二十九里

**鎭岑** 東公州界十一里北同州界十里南全羅道珍山界二十二里西連山界十六里十七里北公州界三十二里

**連山** 東鎭岑界二十二里全羅道珍山界三十五里南同道高山界十九里恩津界二十六里西尼山界

**尼山** 東連山界十一里南同縣界十六里西石城界二十五里北公州界十里

**扶餘** 東公州界二十四里石城界十五里南林川界二十里西清安界三十七里鴻山界十九里北定山界二十二里

石城 東尼山界十六里南恩津界二十四里西林川界十二里北扶餘界十七里

燕岐 東清州界十五里文義界十五里南公州界十三里西同州界十三里北全義界二十六里

洪州 東大興界二十五里南保寧界二十九里西結城界九里北德山界十六里

舒川 東韓山界十一里南全羅道沃溝界二十五里西庇仁界九里北鴻山界四十一里

瑞山 東海美界十七里南要兒梁一百四十二里西泰安界二十四里北大山浦五十七里

泰安 東瑞山界十二里南同郡界六十五里西所斤浦三十三里北瑞山界四百三十九里

沔川 東洪州界十七里南德山界十二里西唐津界十三里北同縣界十五里

温陽 東天安界二十二里南禮山界二十六里西新昌界十三里北丹山界十三里

平澤 東稷山界十五里南牙山界八里天安界十二里西京圻水原界二十里北同府界十里

鴻山 東扶餘界三十一里林川界十八里南韓山界九里舒川界八里西藍浦界十六里庇仁界十五里

北洪州界西十四里

**德山** 東禮山界二十三里南洪州界十三里西海美界十八里北沔川界二十三里

**青陽** 東定山界二十一里南扶餘界三十一里西洪州界十一里北大興界三十一里

**大興** 東公州界三十里南青陽界二十二里西洪州界九里北禮山界十九里

**庇仁** 東鴻山界三十四里西至海岸五里南舒川界二十里北藍浦界九里

**藍浦** 東鴻山界四十九里南庇仁界四十里西至海岸七里北保寧界九里

**結城** 東洪州界二十七里南同州界十四里北同州界十八里西至海岸十八里

**保寧** 東青陽界四十七里洪州界三十二里南藍浦界二十里西至海岸十九里北結城界二十五里

**牙山** 東天安界四十里南新昌界十六里温陽界十八里西沔川界三十二里北平澤界四十二里

**新昌** 東温陽界十里北牙山界十四里西沔川界二十六里南禮山界二十一里

禮山東溫陽界二十里南大興界九里西德山界二十二里北新昌界二十一里

海美東德山界十七里南洪州界六里西瑞山界九里北唐津界四十三里

唐津東沔川界十里南海美界十二里北至海岸十里西盂串界四十四里

北
全羅道
東北接慶尚道
北接忠清道
咸羅山
龍安
咸悅
礪山
龍華山
高山
錦山
大芚山
龍潭
西台山
茂山
益山
鳳頭山
鎮安
乾止山
金溝
全州
淳昌
富貴山
任實
德裕山
長水
龍繞山
玉果
中臺山
進樂山
龍頭山
南原
東
泰仁
高達山
龍龜山
谷城
七蒙山
井邑
蛟龍山
同文山
馬耳山
雲峰
昌平
潭陽
動樂山
荒山
秋月山
順天
大德山
求禮
和順
同福
樂安
富餉
光陽
蟾津江
松度山
鳳城山
天德山
寶城
興陽
舟越山
金鐵山
水營
蛇浦
呂島
方踏
加馬島
南

药山
鉢伊山
沃溝
臨陂
萬頃
金堤
扶安
白岩山
鑑浦
古阜
候臺山
興德
邊山
內藏山
高敞
長城
西
茂長
神雲山
逍遙山
金鰲山
羅州
珎原
鷲嶺山
咸平
法聖浦
大慶浦
光州
務安
木浦
箕山
靈岩
錦城山
南平
無等山
德山
水營
中峰山
海南
月出山
康津
中條山
兵營
天雲山
綾城
母后山
萬德山
天冠山
長興
於蘭
會寧
鹿島
智力山
加里浦
濟州
大靜
旌義
漢拏山

## 全羅道圖說

本道密隣慶尚自曳橋光陽順天求禮南原俱爲島酋行長所據我兵一到恢復南原席捲倭奴而南退行長於曳橋酋深濬高壘重城堅壁固守於斯樵採不通第光陽東有蟾津江其源自加馬島入口一百三十里通龍頭山近南原之西一派一百五十里入南原之東南倭奴曾伏水兵遥應南原甚爲險隘我之大兵聯絡營壘於龍頭山以進擊其鎮城羅州枕錦城山環海潮口其口可泊船是以水兵營於茲島境內土沃地闢花果繁殖魚鱉盛生若濟州旌義大靜俱在海島其自生馬

匹育於斯焉

## 全羅道地理

全州東鎮安界四十七里臨陂七十四里金溝界十九里南同縣界三十八里任實界四十一里北益山界三十七里礪山界六十一里高山界四十里

益山東礪山界十里北同郡界十九里南全州界十七里西咸悅界二十二里

金堤東金溝界十四里南泰仁界二十二里西扶安界二十六里萬頃界十三里北同縣十八里

古阜東泰仁界三十七里南興德界十八里西至海岸三十九里北扶安界十七里

錦山東忠清道沃川界二十一里茂朱界四十八里龍潭界三十六里西珍山界十九里北同郡界十七里

珍山東忠清道沃川界四十一里錦山界三十六里南同郡界西全州界八里北忠清道公州儒城縣界三十九里

礪山東高山界十三里全州界十一里西益山界十三里龍安界十九里北忠清道恩津界十五里

萬頃東金堤界十九里南同郡界十五里北全州界十一里西至海岸三十里

臨陂東全州界十五里南萬頃界二十里西沃溝界二十里北咸悅界十一里忠清道韓山界十七里

金溝東全州界十六里北同府界八里南泰仁界十八里西金堤界十八里

井邑東淳昌界二十里南長城界三十里西古阜界八里北同郡界十三里

興德東古阜界十二里北同郡界十五里扶安界十三里南高敞界十六里西同縣界十四里

扶安東金堤界十三里南古阜界十八里興德界五十二里北萬頃界十二里西至海岸二十七里

沃溝東臨陂界十五里南同郡界二十三里北忠清道舒州界十九里西至海岸二十七里

龍安東礪山界十六里南益山界十二里西咸悅界四里北忠清道林山界十里

咸悅東益山界十三里西忠清道韓山界九里南臨陂界十里北龍仁界十四里

**高山** 東龍潭界三十四里全州界五十五里南同府界十里西礪山界三十二里北忠清道連山界二十九里

**泰仁** 東任實界三十九里南淳昌界四十八里西金堤界二十八里北金溝界十七里

**羅州** 東南平界七里光州界二十里南靈岩界五十里長興界七十五里西務安界三十八里北咸平界四十里

**光州** 東昌平界十八里南和順界二十一里南平界二十八里西羅州界四十七里北珎原界二十一里

**咸平** 東全州界三十二里西至海岸四十一里南務安界四里北靈光界三十五里

**靈岩** 東全州界十四里北同州界三十里南康津界十七里海南界七十五里西至海岸五十里

**靈光** 東珍原界五十九里南咸平界二十八里北茂長界二十四里西至海岸二十八里

**高敞** 東長城界十里興德界十七里北同縣界七里南茂長界十九里西同縣界二十二里

**長城** 東潭陽界二十八里西高敞界十五里南珎原界十七里北井邑界二十六里

珍原 東昌平界十四里南光州界十七里西靈光界二十三里北長城界二十三里

茂長 東高敞界十四里西至海岸二十九里南靈光界二十三里北高敞界十六里

南平 東綾城界十八里和順界十四里南羅州界三十六里西同州界二十四里

務安 東全州界三十三里西至海岸七里南至海岸三十里北咸平界二十二里

長興 東寶城界四十八里西康津界十二里北羅州界五十里結城界四十里南至海岸十五里

珍島 東海南界碧波津二十七里南金甲島三十里西右南挑浦四十七里大沙邑串三十里

康津 東長興界南至海岸七里西海南界二十五里北靈岩界四十四里

海南 東康津界十九里西珍島界碧波津界五十三里南至海岸六十六里北靈岩界一十六里

濟州 東旋義界八十里西大靜界八十一里南至海岸一百二十里北至海一里

旋義 東濟州界二十六里北同州界二十里西大靜界三十七里南至海七里

大靜東旌義界五十七里南至海十里西至濟州界三十七里北同州界三十二里

南原東雲峰界三十里南順天界六十七里谷城界一十三里西淳昌界三十七里玉果界六十二里北任實界四十三里長水界七十里

潭陽東淳昌界二十里玉果界三十四里南昌平界二十里西同縣界十四里北長城界二十里

淳昌東南原界二十三里南玉果界十八里西潭陽界十九里井邑界六十九里北任實界二十五里泰仁界四十三里

龍潭東錦山界二十九里北同郡界二十二里南長水界四十六里鎮安界三十一里西高山界三十六里

昌平東玉果界二十五里潭陽界十一里北同府界十一里南同福界三十四里西光州界十一里

任實東南原界二十一里南同府界二十三里西淳昌界五十七里泰仁界六十五里北全州界二十四里

茂朱東慶尚道知禮界四十九里南同道居昌界六十二里錦山界三十八里同郡界十三里北忠清道

沃川界十里

谷城東南原界三十里北同府界十二里南順天界七十一里西玉果界二十六里

鎮安東長水界二十八里南任實界四十九里西全州界三十五里北龍潭界三十三里

玉果東南原界二十里南同福界二十六里谷城界二十一里西潭陽界十一里北淳昌界十一里

雲峰東慶尚道咸陽界二十里西南原界七里南同府界六十二里北同府界九里

長水東慶尚道安陰界五十里南南原界二十里西同府界二十二里鎮安界三十二里北龍潭界四十七里

順天東光陽界十五里北同縣界二十五里南原界六十里谷城界三十六里南至海岸二十五里西樂安界三十一里同福界八十三里

樂安東順天界十四里北同府界二十三里南興陽界二十五里西寶城界二十五里

寶城東樂安界四十三里南興陽界四十三里綾城界二十四里同福界五十二里

**綾城**東寶城界四十六里南長興界四十四里西南平界十七里北和順界十二里

**光陽**東慶尚道晉州界五十八里南至海岸六里西順天界十二里北同府界八里

**求禮**東慶尚道晉州界二十里南順天界九里西南原界二十九里北同府界九里

**興陽**東蛇渡鎮四十三里西寶城界七十八里南鉢里浦四十里北樂安界八十二里

**同福**東順天界十六里昌平界二十里南和順界一十四里北王京界三十八里

**和順**東同福界二十八里西南平界二十一里南綾城界十二里北光州界九里

鳥嶺
龍宮
聞慶
秋風驛
蟻陽山
主屹山
咸昌
黃嶺山
俗離山
尚州
仁同
金山
開寧
善山
知禮
安陰
咸陽
西
居昌
三嘉
高靈
陜川
玄風
昌寧
丹城
山陰
晉州
宜寧
草溪
昆陽
德山
咸安
鎮海
河東
智異山
水營
金鰲山
泗川
臥龍山
固城
南海
閑山島
巨濟
望雲山
加德
廿六

## 慶尚道圖說

本道境域多臨大海中分三浪江其江之源自唐浦竹島海口進龍潭過昌寧醴泉俱可通舟楫入榮川止於小白之陽且奉化之北有駒峙竹嶺秋風嶺鳥嶺相沿以迤邐於咸陽之六十峙八良峙岩晃數百餘里皆接漢連雲是山川之勝封土之美全朝鮮惟此為險而廣但其地突在海隅去對馬島止盈盈一水故倭奴發難首先被兵東左道有倭酋清正營於島山蔚山西生而又以釜山機張為之老營西右道有行長營于晋州泗州等處而又建沈安道大寨以為退守之窟自晋州

而西接金羅之光陽順天與行長之賊壘相望環首尾數百里連營壘壘若率然之勢是海洋之利山谿之險悉為倭所有矣我兵自尚州善山星州高靈陜川三嘉以至榮川安東慶州彥陽連營三百餘里馬步絡繹進攻且日示增灶之勢而諸酋之氣始奪該道地方昔倚大海以為金湯今則卒然之變起於海外若非我兩次進兵為之恢復招回罷民數萬安戢此中則四顧丘墟惟有虎豹縱橫而已亦可慨也夫

慶尚道地理

慶州東蔚山界六十一里長鬐界八十三里南彥陽界六十二里西清道界七十六里永川界五十三里

北延日界
三十六里

蔚山東至海岸界三十七里慶州界四十八里南機張
界七十一里同縣界九十一里西彥陽界三十里
機張界六十六里北
慶州界二十七里

梁山東機張界二十三里東義界十七里南同縣界四
十六里西密陽界五十里金海界十八里北彥陽
四十
一里

永川東慶州安康縣四十二里南同府慈仁縣界三十
三里西河陽界二十三里北任內新寧界二十五里

興海東延日界二十一里南慶州界安康縣三十一
里西同府神光縣界九里北清河界十三里

東萊東機張界二十一里南至海岸十五里
西梁山界八里北同郡界二十九里

清河東至海岸界七里南興海界十一里西慶
州神光縣界十二里北盈德界十九里

迎日東至海岸十四里長鬐界二十二里南慶州界
十里西同府界十三里北興海界二十五里

**長鬐** 東至海岸六里南慶州界十六里西延日界二十八里北同縣界五十五里

**機張** 東至海岸八里南東萊界十四里西梁山界三十二里北蔚山界四十九里

**彥陽** 東蔚山界十九里南梁山界二十一里西密陽界三十八里清道界三十一里北慶州十三里

**安東** 東真寶界六十五里青松界六十六里南義城界四十四里西醴泉界五十四里北榮川界四十二里禮安界三十二里

**寧海** 東至海岸七里南盈德界二十二里真寶界八十里禮安界一百二十六里北江原道平海界三十里

**青松** 東盈德界四十九里南永川界七十四里西安東界十九里北真寶界五里

**醴泉** 東安東界二十二里豐基界三十四里南龍宮界二十一里西同縣界二十二里北忠清道丹陽界七十里

**榮川** 東安東界二十七里禮安界五十一里南安東界四十一里豐基界十二里北同郡界十四里

**豐基** 東榮川界十四里南醴泉界五十一里西忠清道丹陽界二十四里北同道永春界六十九里

**義城**東青松界四十五里安東界四十四里南義興界四十里西軍威界三十九里北禮安界三十七里

北安東界二十七里

**盈德**東至海岸十三里寧海界十四里南清河界四十一里西青松界四十六里北真寶界五十七里

**奉化**東安東界三十一里西同府界十二里南禮安界二十五里北江原道三陟界七十四里

**真寶**東盈德界三十里寧海界十五里南青松界二十八里西安東界二十里北寧海界二十三里

**軍威**東義城界五里南義興界二十四里西善山界二十二里北比安界二十里

**比安**東義城界十六里南軍威界十七里西善山界二十二里尚州界二十一里醴泉界三十三里

**禮安**東寧海界四十一里南安東界十二里西榮川界三十九里北奉化界四十一里

**龍宮**東醴泉界十五里南同郡界三十五里西尚州界十二里北同州界九里

**大丘**東慶山界十八里南清道界四十七里西星州界五十二里北義興界四十三里

**密陽**東梁山界四十九里彥陽界九十三里南金海界四十七里西靈山界三十八里北清道界三十二里

**清道**東彥陽界一百十八里北大丘壽城縣界二十四里慶山界二十三里東慶州界九里南清道界二十九里西慶山界二十三里

**慶山**東慶州界九里南清道界二十九里西大丘界二十一里北河陽界二十一里

**河陽**東永川界六里南慶山界十八里西同縣界三十里北永川界十二里

**仁同**東星州界四十三里南同州界五十七里西開寧界三十三里北善山界十五里

**玄風**東密陽豐角縣界三十三里南昌寧界十六里西高靈界十六里北星州加利縣界二十三里

**義興**東永川西寧界四十五里南星州界四十八里大丘界五十一里西軍威孝靈縣二十六里北義城界十八里

**昌寧**東密陽界二十七里南靈山界十七里西草溪界四十一里北玄風界二十九里

尚州東比安界六十七里南善山界三十九里同府界四十里金山界四十里西忠清道報恩界七十里北咸昌界二十九里

星州東大丘界二十六里義興界一百二里仁同界九十九里南高靈界四十九里玄風界五十四里北知禮界六十二里開寧界三十八里

善山東軍威界七十里南仁同界四十五里西開寧界十七里北尚州界三十四里

金山東開寧界十二里南知禮界四十一里西忠清道黃澗界四十一里北尚州界三十四里

開寧東善山界十九里仁同界四十二里南星州界三十八里西金山界十四里北善山界三十一里

知禮東星州界十三里西全羅道茂朱界三十八里南居昌界四十六里北金山界十五里

高靈東玄風界三十里南草溪界二十八里西陜川界三十二里北星州界十里

聞慶東尚州界二十里南咸昌界五十四里西忠清道延豐界十一里北同縣界三十六里

咸昌東尚州界八里南同州界十七里西
同州界二十三里北聞慶界七里

晉州東咸安界六十七里北鎮海界七十里南泗川界二
十八里固城界六十六里西丹城界三十八里昆
陽界二十七里河東界六十七里全羅道光陽界
九十四里北三嘉界四十五里宜寧界四十里丹
城界四
十七里

陜川東草溪界十七里西居昌界五十里南
三嘉界二十四里北高靈界三十六里

草溪東昌寧界二十五里西陜川界十三里南
宜寧界二十八里北高靈界二十六里

咸陽東安陽界三十七里南山陰界二十六里西全
羅道雲峰界二十七里北安陰界三十七里

昆陽東泗川界二十八里北晉州界三十七
里西河東界九里南海界四十五里

南海東晉州界四十里西海岸十五里南
海岸三十六里北露梁界三十八里

居昌東陜川界二十八里南三嘉界二十八里山陰界
三十四里西安陰界二十五里北知禮界四十六

里全羅道茂朱界六十六里

**泗川** 東固城界二十三里南晋州界二十五里西同州界五里北同州界六里

**三嘉** 東宜寧界十三里南晋州界十四里西丹城界十三里北陜川界二十五里

**宜寧** 東咸安界八里南晋州界三十里西三嘉界三十七里北草溪界六十五里

**河東** 東昆陽界二十八里南同郡界四里西晋州界二十四里北同州界三十一里

**山陰** 東丹城界二十里南同縣界十九里西咸陽界三十一里北居昌界四十九里

**安陰** 東居昌界二十一里西全羅道長水界五十七里南咸陽界五里北居昌界五十里

**丹城** 東晋州界二十里南同州界八里西同州界十七里北山陰界二十一里

**金海** 東梁山界四十二里南熊川界四十里西昌原界四十四里北密陽界四十四里

**昌原** 東金海界二十三里南熊川界三十三里西咸安界三十七里柒原界三十三里北同縣界三十二里

咸安東昌原界二十五里西晉州界三十一里南鎮海界二十七里北宜寧界三十八里

巨濟東玉浦界二十里西梁州界三十七里固城界水路三里塔串界四十一里北永登浦五十里

固城東巨濟界五十三里南至海岸一里西晉州界二十五里泗川界四十里北鎮海界四十三里

漆原東昌原界二十六里西咸安界十一里南昌原界八里北靈山界二十三里

鎮海東漆原界龜山界十三里南固城界十六里西晉州班城縣界二十一里北咸安界九里

熊川東北金海界十五里南薺浦界二里西昌原界二十五里

新寧東永川界十里南同郡界五里西義興界十一里北同縣界十七里

靈山東密陽界四十里南漆原界二十三里西昌寧界十五里北密陽界十一里

黃海道
井芭山
達雲山
彦真山
遼東山
峯山
遂安
龍擊山
谷山
碧花山
天峴山
政方山
鳳山
瑞興
九峯山
加羅邑山
新溪
東
西峰山
平山
滅惡山
華蓋山
兎山
雉岳山
江陰
浮鴨山
鶴峯山
兎山
牛峯
白川
東接江原道
鳳勢山
延安
聖居山
天摩山
南

長連
殷栗
楊山
安岳
九月山
豐川
文化
信川
長壽山
載寧
縛石山
長淵
松禾
海州
槐林山
五盤山
花山
首陽山
甕津
康翎

黃海道圖說　一

本道延安聖居花山俱於王京首尾相聯境內之水名曰猪灘發自谷山郡九峯山過新溪入牛峯縣治遂名馬出江陰白川延安西流入海而海船止通於江陰之[illegible]盃浦以上俱不能行舟該治館道殘廢於倭奴四望甚覺寂寥惟境右沿海豐陰一帶境左谷山等處地境偏僻未罹兇鋒民生猶然饒裕云

黃海道地里

黃州東瑞興界五十一里南鳳山界二十三里西至海岸五十里北平安道中和界三十九里同道祥原郡界三十九里

**平山** 東牛峯界十五里南至海岸一百五十里西海州界一百三里鳳山界一百里江陰界二十二里北新溪界六十四里

**瑞興** 東新溪界二十九里西鳳山界四十四里黃州界七十八里南平山界七十里北遂安界四十三里

**鳳山** 東平山界七十五里瑞興界三十四里南載寧界三十里西至海岸三十四里北黃州界三十七里

東平山界七十里瑞興界四十里南載寧界五十里西至海岸四十五里北至黃州棘城界三十里

**安岳** 東至海岸四十里南信川界十五里西文化界十八里北長連界四十六里

**載寧** 東平山界三十里南海州界三十二里西信川界三十一里北鳳山界二十里平山界九十里南海州界七十五里西信川界十五里北鳳山界二十里安岳界二十五里

**遂安** 東谷山界四十五里新溪界二十五里瑞興界三十四里西同府界三十五里北平安道祥原界四十八里三登界九十一里

**谷山**東咸鏡道安過界九十二里新溪界四十五里西遂安界三十四里北平安道咸川界九十三里同道陽德界一百九里

**信川**東載寧界三十里南海州界四十五里西松和界八里北安岳界十五里

**新溪**東兔山界四十里南瑞興界四十一里西遂安界三十四里北江原道伊川界四十五里

**牛峰**東兔山界三十三里南京圻長湍界八十四里西平山界二十九里北新溪界三十一里

**文化**東安岳界二十三里信川界二十五里南松禾界二十六里西殷栗界三十三里北長連界二十九里東安岳界十九里南信川界十三里西松禾界四十七里殷栗界四十里北長連界四十二里

**兔山**東朔寧界十六里南同郡界二十四里西牛峰界三十三里新溪界六十九里北安峽界十九里

**長連**東安岳界十三里南文化界二十七里西殷栗界二十一里北至海岸十六里

**海州**東平山界十六里龍媒梁界九十五里南康翎界四十九里西甕津界九十四里長淵界九十二里

北信川界五十六里
載寧界四十一里

**延安** 東白川界三十三里西平山界三十一里南至海岸二十九里北平山界三十三里

**豐川** 東殷栗界二十五里南長淵界三十三里松禾界二十七里西至業清江十里北許沙浦四十二里

**白川** 東江陰界二十七里開城府碧瀾渡界三十三里南海岸三十里西延安界二十三里北平山界四十里

**甕津** 東至海岸二十五里海州界十一里北同州界二十里南至海岸二十里西至海岸六十五里

**松禾** 東信川界七十二里西豐川界十一里南長淵界五十三里北殷栗界十五里

**殷栗** 東文化界二十四里南松禾界三十里西豐川界十九里北長連界十三里

**江陰** 東平山界十六里北同府界十五里西白川界二十五里南開城府界三十一里

**康翎** 東茄乙浦二十里南登山串界六十里西海州界三十里北同州界三十五里

**長淵** 東海州界五十六里南至海岸四十里西阿郎浦界四十七里北豐川界二十五里

北
平安道
黃清洞山
江界
獨山
渭原
崇積山
理山
碧潼
曹東山
雲山
大物伊山
奉天臺山
白碧山
耳山
檜山
熙川
廣城山
東北接咸鏡道
白赤山
妙香山
寧邊
大林山
五峯山
价川
泱山
德川
馬踰嶺
寧遠
劍山
東
太阻山
安州
唐山
刀山
鳳棲山
姑射山
順川
孟山
豆無山
長安山
肅川
法弘山
慈山
天聖山
靈德山
大聖山
平壤
箕子墓
慈母山
殷山
媒山
陽德
牡丹峯
鎮江山
大林山
崇化山
鳳頭山
成川
江東
三登
白嶺山
清涼山
中和
盤龍山
三十五
祥原
禾山
谷山
九龍山
南接黃海道
東南接江原道
南

北接遼東界
鴨綠江
松山
天摩山
昌城
達覺山
義州
朔州
大蝦山
延平山
九峯山
控江亭
蓋慕山
豆龍山
古津江
龍川
長境山
窟庵山
龜城
泰川
三角山
龍骨山
菩提山
酉陽山
熊骨山
凌漢山
馬山
鐵山
宣川
定州
郭山
嘉山
博川
清川江
大定江
米豆山
永柔
順安
圓靈山
牙菩山
龍山
咸從
江西
舞鶴山
天磨山
三和
廣東山
龍岡
石骨山
黃梁
海鴨江
雲峯山

## 平安道圖說

本道名川沃野地闊民聚為朝鮮八道之首郡而平壤鎮城尤最壯丹峯居左舞鶴山居右同水環遶於其前聖山巋立於其後箕子勝之因而墓於城之北焉且大同江之派有二一自寧遠德川殷山順川慈山江東合流於祥原一自谷山禾山出三登亦合流於祥原二水交襟遶於平壤城下因名大同江過此由龍崗三和出黃梁遂注之海江上小船入三登而止境右有清川大定古津鴨綠等江若清川則發源於熙川妙香山徑价川寧邊入安州為清川江自老江而入海海船止可至

安州大定則出源朔州豆籠山過泰川到嘉山作大定江由銅和西入於海海船止可通於控江亭古津之首自龜城盖慕西流彌串入於海不可通船只用小艇渡涉若鴨綠江者源自咸鏡之白頭山東流爲豆滿江西流經覺山三朮江界渭原理山碧潼昌城至義州爲鴨綠江

正德末年水勢傾注分流三道入海鴨綠固有三道江之名其海口船只可通於莫佐里以上則湍急不能通船只容小艇渡涉其地與遼相接人參貂鼠俱産於斯是稱魚羹之鄉云

## 平安道地理

平壤東祥原界五十里江東界四十七里南中和界三十六里西江西界五十七里甑山界七十二里北順安界四十九里慈山界六十一里

中和東祥原界四十里南黃海道黃州界十二里西江西界五十三里北平壤界六里

龍岡東江西界二十里南三和界十二里西至海岸三十四里北咸從界十七里

三和東龍岡界五里北龍岡縣界十一里南至虎島三十四里西至海岸三十四里

咸從東江西界十四里南龍岡界二十里西至海岸二十里北甑山界二十一里

順安東平壤界十五里南同府界十里西同府界十七里永柔界二十四里北肅川界三十七里

甑山東永柔界三十一里平壤界十二里北同府界十二里南咸從界二十五里西至海岸十五里

江西東平壤界十三里南龍岡界十八里中和界二十九里西咸從界十八里北甑山界三十九里

安州東价川界三十五里順川界五十二里南肅川界四十八里西老江鎮六里北慱川界八里寧過界九里

定州東嘉山界三十八里南至海岸二十里西郭山界十五里北龜城界四十二里泰川界四十四里

肅川東慈山界三十里南順安界二十里永柔界十八里北安州界十三里西至海岸四十四里

嘉山東慱川界二十里南同郡界十七里西定州界二十五里北泰川界二十五里

永柔東順安界九里南同縣界十二里西平壤界三十五里肅川界十三里北至海岸三十五里

義州東朔川界一百十五里龜城界八十二里龍川界六十里同郡良策舘界六十六里鐵山界七十九里鴨綠江四里

鐵山東宣川界十八里南至海岸四十一里西龍川界三十六里北義州界五十六里

龍川東義州良策舘界十九里北同州界十九里南鐵山界二十二里西至海岸四十五里

昌城東雲山界一百九十里西泰川界二百四里南朔州界二十三里西鴨綠江三里北碧潼界六十三里

**朔州**東昌城界八十四里北同府界十八里南龜城界九十四里西義州界二十里鴨綠江三十六里

**龜城**東泰川界三十八里南定州界三十八里宣川界七十二里郭山界五十八里西義州界一百十三里朔州界二十九里

**宣川**東郭山界十三里西鐵山界七十里南至海岸二十一里北龜城界九十一里

**郭山**東定州界十三里南至海岸十三里西宣川界二十三里北龜城界三十二里

**寧邊**東价川界二十一里北德川界一百九里南安州界五十六里西泰川界四十里博川界四十二里北熙川界一百二里雲山界二十一里

**雲山**東寧遠界五十九里南同府界十五里西泰川界三十四里北理山界八十一里

**熙川**東江界一百十九里北同府界一百八里南寧邊四十六里寧遠九十四里西理山界七十四里

**博川**東寧邊界十一里北同府界十二里泰川界十二里南安州界三十三里西嘉山界十七里

**泰川**東寧邊界三十六里南嘉山界三十五里西龜城界二十一里北雲山界二十一里

**成川**東黃海道谷山一百二十六里南三登界三十八里江東界四十二里西殷山界四十六里陽德界六十五里

**德川**東寧遠界三十九里南孟山界三十四里順川界二十五里西价川界四十六里北寧遠界三十九里

**价川**東德川界三十七里南慈山界七十九里順川界六十里殷山界三十二里安州界三十二里寧遠界三十四里北同府界六十三里

**慈山**東殷山界四里南平壤界三十六里順安界三十九里西肅川界三十四里順川界十一里价川界二十二里

**順川**東殷山界十一里孟山界十五里德川界八十九里南慈山界十一里西价川界十二里北同郡界十九里

**祥原** 東黃海道遂安界四十里南同道黃州界四十一里西平壤界二十三里中和界二十里北三登界二十七里江東界三十七里

**三登** 東成川界十九里北同府界四十二里江東界二十七里黃海道遂安界二里西平壤界四十六里祥原界三十六里

**陽德** 東咸鏡道高原界三十三里同道安邊界三十七里南黃山界西成川界一百二十八里北孟山界一百五十四里咸鏡道永興界五十一里

**孟山** 東咸鏡道永興界三十一里南陽德界五十四里西順川界二十里德川界三十三里北寧遠界五十里

**江東** 東成川界五里西同府界三十二里慈山界四十四里南三登界八里祥原界四十六里北平壤界三十九里

**殷山** 東順川界二十里西同郡界十二里慈山界二十三里南成川界二十里北价川界四十九里

**江界**東古慈城界一百三十里南熙川界二百七十里咸鏡道咸興界三百六里西渭源界三十二里北鴨綠江三十九里

**渭源**東江界一百五十里北同府界五十三里南理山界三十九里西同郡界四十三里

**理山**東渭源界二十四里南同郡界一百十六里雲山界一百五十三里熙川界二百五十里西碧潼界二百五十九里北鴨綠江十二里

**碧潼**東理山界一百四十五里北同郡界九十一里南昌城界七十七里西同府界七十一里

**寧遠**東咸鏡道定平界一百六十里南孟山界一百二里西德川界一百六里北熙川界四十五里

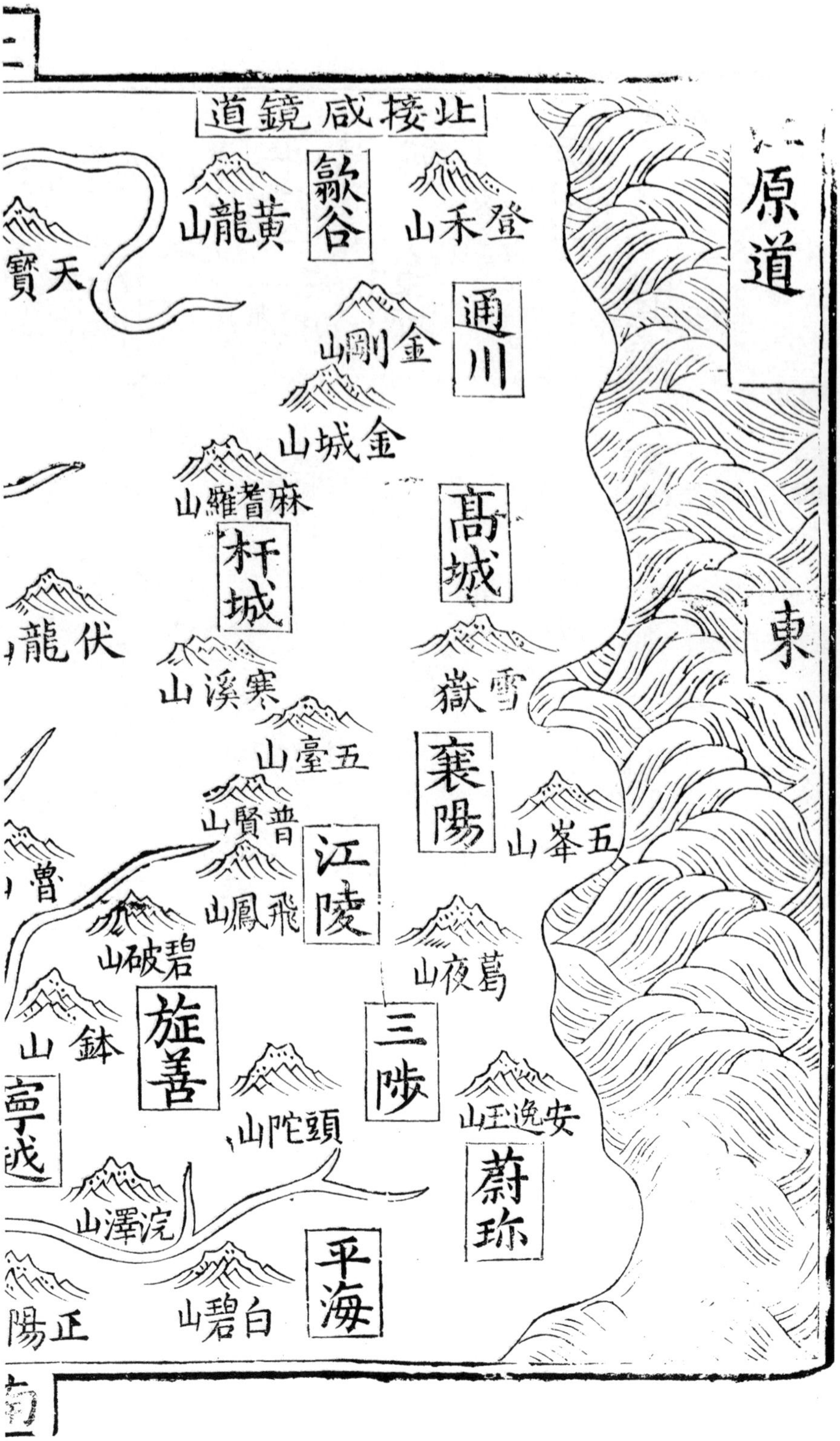

北接咸鏡道
原道
東
歙谷
黃龍山
登禾山
天寶
金剛山
通川
金城山
麻耆羅山
高城
杆城
伏龍
寒溪山
雪嶽
五臺山
襄陽
普賢山
五峯山
江陵
曾
飛鳳山
碧破山
葛夜山
旋善
三陟
鉢
山
頭陀山
安逸王山
寧
蔚珎
浣澤山
平海
白碧山
正陽

西北接平安黄海
伊川
城山
青龍山
平康
未應伊山
達摩山
金城
淮陽
五申山
鐵原
慶把山
安峽
頭陀山
金化
楊口
牛頭山
狼川
飛鳳山
寶盖山
春川
麟蹄
清平山
昭陽江
洪川
孔雀山
水精山
平昌
琚瑟甲山山
橫城
原州
雉岳山
西南接忠清道

江源道圖説

本道境内有貽陽江自淮陽之金剛山發源過狼川入春川名貽陽西流遂入京畿道之加平楊根直通漢江其江陵之西五臺山一水發源過平昌寧越入忠清之永春丹陽清風止於忠州昧谷山之陰其平昌之西有山名曰水精其間有銀礦其封域之東西界慶尚雖稍經倭患未甚殘廢址西邇運上腴産豊家給人足人參産於斯焉

江源道地理

江陵東至海岸十里西至平昌界一百五十九里横城界一百九十里西南旋善界九十里南三陟界九十

四里北襄陽界六十里

**三陟**東至海岸九里南蔚珍界一百九里西慶尚道奉化界一百五十里同道安東少川界一百三十七里旌善界九十五里北江陵界三十七里

**襄陽**東至海岸十二里南江陵界十五里西麟蹄界五十五里北扞城界四十五里

**平海**東至海岸七里南慶尚道寧海界二十四里西同府首北部曲界五十一里北蔚珍界三十八里

**扞城**東至海七里南襄陽界五十六里西麟蹄界八十里北高城界六十七里

**高城**東至海七里南扞城界五十里西淮陽界六十里北通川界五十里

**通川**東至海九里南高城界八十七里西淮陽界四十一里北歙谷界十四里

**蔚珍**東至海九里西慶尚道安東界八十一里南平海界四十八里北三陟界四十四里

**歙谷**東至海三里南通川界十八里西咸鏡道安邊界三十里北同府界十里

原州東平昌界一百十二里忠清道堤川界五十二里南同道忠州界四十三里西京圻道砥平界七十四里同道呂州界六十三里北橫城界三十里

春川東楊口界八十九里南洪川界六十五里西京圻加平界五十九里北狼川界六十四里

旌善東三陟界七十四里西平昌界三十三里南同郡界四十三里北江陵界四十四里

寧越東忠清道永春界五十八里南同道同縣界二十四里西同道堤川界四十九里原州界五十三里北平昌界四十四里

平昌東旌善界四十五里寧越界二十八里西原州界二十四里北江陵界十七里

麟蹄東襄陽界七十二里南洪川界五十三里西楊口界四十里北扦城界八十里

橫城東江陵界六十八里南原州界十三里西同州界四十二里北洪川界四十二里

洪川東麟蹄界七十二里南橫城界三十四里京圻砥平界三十七里北春川界三十二里

淮陽東通川界六十九里高城界五十二里南楊口界六十四里金城界五十里西平康界三十七里北咸鏡道安邊界三十九里

鐵原東金化界三十二里南京圻永平界四十三里西同道漣川界四十三里西同道朔寧界二十九里

楊口東麟蹄界三十四里南春川界三十二里西狼川界三十一里北淮陽界七十三里

狼川東楊口界四十五里南春川界三十三里西金化界六十四里北金城界五十六里

金城東淮陽長陽縣界一百五里南狼川界五十二里金化界十七里西平康界三十七里北淮陽界五十六里

伊川東平康界三十八里南安峽界十四里西黃海道新溪界三十五里安峽界六十里北咸鏡道安邊界一百五里

平康東金城界二十四里淮陽一十七里南鐵原界十五里西伊川界六十里安峽界六十三里北咸鏡

道安過界八十一里

金化東金城界三十六里南狼川界三十一里西鐵原界三十里北平康界一十六里

安峽東平康界三十四里南京圻道朔寧界十五里西黃海道兎山界十四里北伊川界四十五里

朝鮮日本圖說

咸鏡道
東
南
鍾城
穩城
富寧
慶源
鏡城
慶興
端川
吉州
明川
圓山
羅端山
小白山
雙雞山
雙鷄山
雲峯山
馳駱山
冬郎山
白岳山
永平山
吐羅山
雲住山
馬乳山
長德山

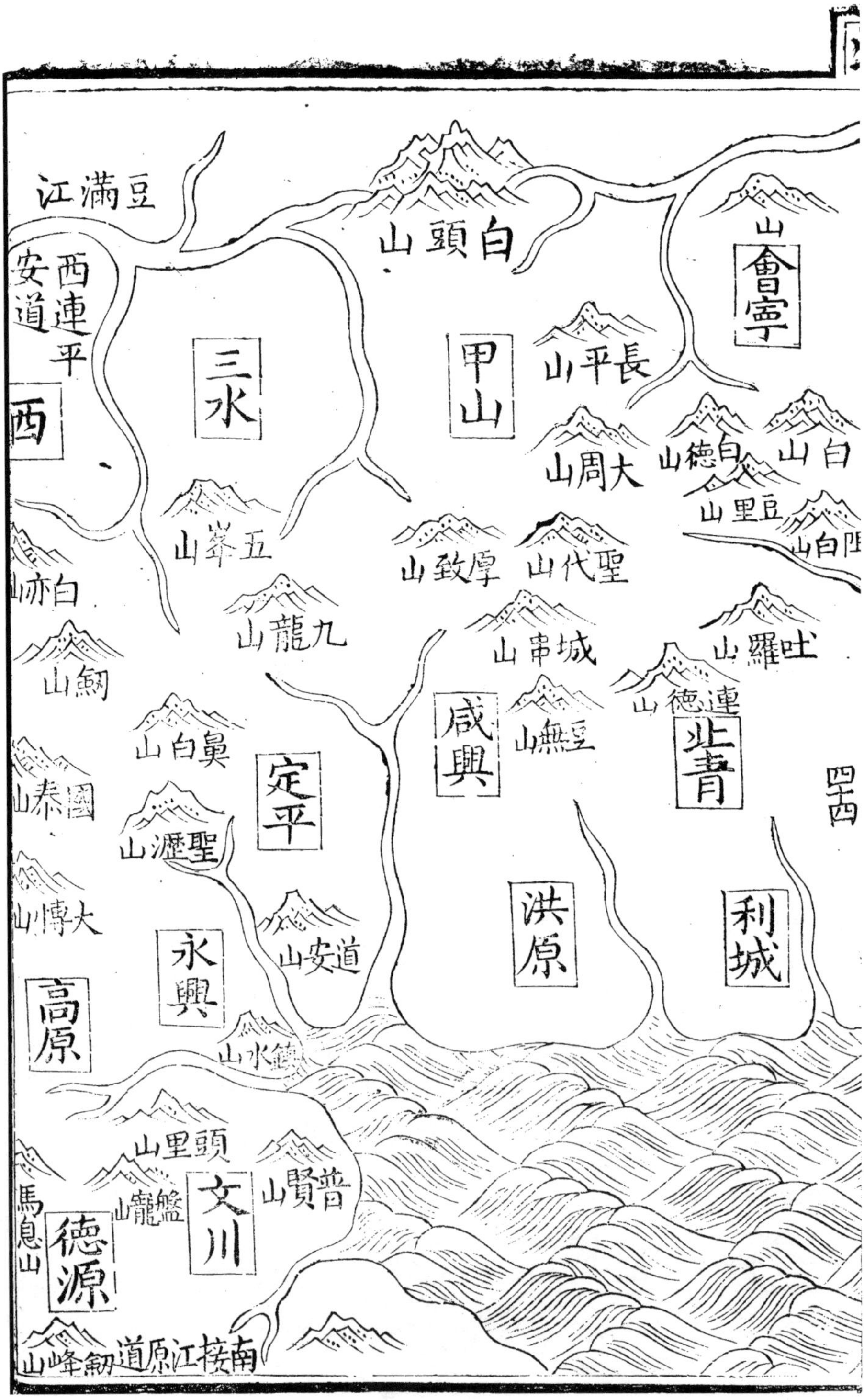

豆滿江
白頭山
山
會寧
西連平安道
西
三水
甲山
長平山
大周山
白德山
白山
豆里山
白山
五峯山
厚致山
聖代山
白亦山
九龍山
城串山
吐羅山
劍山
咸興
豆無山
連德山
北青
四十四
鼻白山
國泰山
定平
聖瀝山
洪原
利城
大博山
道安山
永興
高原
鎮水山
頭里山
普賢山
盤龍山
文川
馬息山
德源
南接江原道劍峰山

## 咸鏡道圖說

本道東北接連豆滿江其江之源自境內白頭山發派經慶源鍾城遂為本江流入平安境理山昌城義州作鴨綠江江而入於海境西安邊烏鴨山前一水發源流入京畿道之漣川麻田至交河為臨津江而注之海境北與女直接壤會寧圓山之野有行營先年清正曾經掠其界人民尚亦安堵地雖狹而迫於海其蓄產豐陰居積饒裕莫盛於此貂鼠育為

## 咸鏡道地理

咸興東洪原界七十里南定平界三十七里西平安道江界二百八十里北三水界二百十里北青界一

百七十五里

**永興** 東至海岸五十里南高原界十四里西平安道孟山界二百二十五里同道寧遠界二百十里北定平界二十四里

**定平** 東至海岸三十里南永興界四十五里西寧遠界一百二十五里北咸興界二十里

**高原** 東永興界十五里北同府界二十里南文川界十五里西平安道陽德界一百十里

**安邊** 東江原道歙谷界九十五里南同道伊川界八十八里同道淮陽界八十五里西永興界九十里江原道平康界一百五里

**德原** 東至海岸七里南安邊界二十里西同府任內永豐界三十里北文川界三十里

**文川** 東德原任內龍津縣界十四里南同府界十七里西平安道陽德川五十四里北高原界三十三里

**北青** 東利城界六十八里南咸興界八十里洪原界五十六里北甲山界一百六十八里

端川東吉城界六十六里南利城界三十七里西同縣界四十五里甲山界一百八十六里北野人地一百七十里

利城東端川界四十五里北同郡界三十四里南北青界三十八里西同府界四十三里

洪原東北青界五十三里南至海岸四里西咸興界三十七里北同府界六十四里

甲山東建州衞東良北界一百五里南端川界九十里北青界一百三十二里西三水界六十五里北惠山界一百十五里

三水東甲山界一百二十五里南咸興界三百四十四里西平安道古茂昌界一百十里北鴨綠江一里

鏡城東至海岸六里南明川界二百四十二里西同縣界一百四十五里北富寧界四十八里

吉州東明川界十里北同縣界三十二里南至海岸二百二十七里西端川界二百十九里

明川東鏡城界六里北同府界七里南至海岸一百七十里西吉城界四十四里

**慶源** 東慶興界九十六里南至海一百六十五里西穩城界十九里北豆滿江十六里

**會寧** 東至海岸二百四十九里南富寧界六十八里西豆滿江六里北鍾城界三十里

**鍾城** 東穩城界二十七里北同府界二十九里南會寧界八十七里西豆滿江一里

**穩城** 東慶源界三十四里南至海岸二百六十一里西鏡城界三十七里北豆滿江五里

**慶興** 東造山浦三十五里南至海岸四十里西慶源界三十六里北豆滿江三十五里

**富寧** 東至海岸八十三里南鏡城界六十二里西野人地界三十五里北會寧界三十八里

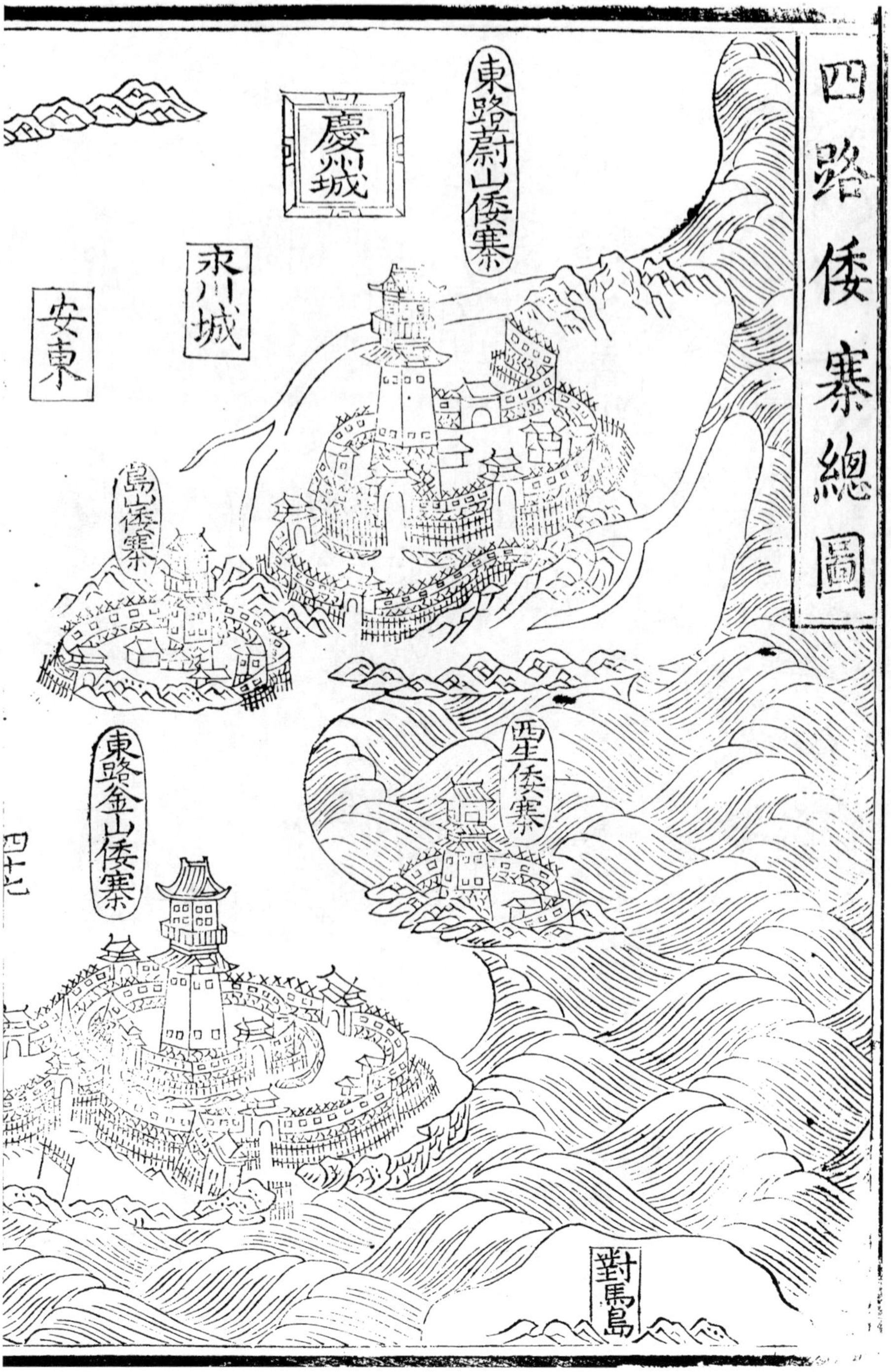
四路倭寨總圖
東路蔚山倭寨
慶城
永川城
安東
島山倭寨
西生倭寨
東路釜山倭寨
四十七
對馬島

鳥嶺
忠州
醴泉
榮川
尚州
善山
晉州
三嘉
泗川
望晉山
昆陽倭寨
中路石曼子大寨
東陽倉
梁山倭寨
竹島倭寨
機張倭寨
閑山島
固城倭寨
赤梁島
南海倭寨
絶影島

京畿道
南原
任實
富有倉
龍頭山
求禮
順天
全州
海農倉
曳橋
栗林
西路行長大寨
光陽倭寨
露梁島
古今島

## 倭寨總圖說

朝鮮三面瀕海全羅慶尚並當南徼汛道而慶尚之釜山去對馬島尤咫尺瞬息風帆可達島故屬朝鮮為倭所併其地磽确不足耕島人藉釜山互市為食彼此相利日往還如常尋有僑居其間者鮮人亦不異之歲久居者漸衆遂註為倭户相習既熟情形盡得則攖噬中萌此非厲階歟壬辰夏倭奴作難大肆啓疆連諸島之衆屯結釜山縱兵長驅鮮人素不習兵革且無一朝之備望風瓦解喪國墮都君逋臣虜而三京之地倭奴奄有之矣于是陪臣奔朝乞師

詔遣樞臣經略大將徂征當時也倭以驕悍飄忽深入西北遂成破竹之勢然營壘則寥寥也故我兵一戰而下平壤再進而收開城復王京倭奴退守釜巢假乞封以緩我師迨封議成我之備遂弛而倭益密厲爪牙儲集益厚冀夆戈而圖席捲故封使不旋踵而倭且瀰漫京南數道矣丁酉秋攻陷全慶據有泗川順天之地合釜山為東中西三陸寨南海閑山二大島為水寨清正巢釜山石曼子巢泗川行長巢順天平調信巢南海閑山因山為墉因水為隍堅陴重柵火礮周施延亘八百餘里水陸相望聲勢連絡南方形勝盡為所據當時說者謂大勢在倭雖欽飛貢

育恐無所施其力戊戌秋
王師畢集先設奇以挫其鋒隨犄角以牽其勢因糧扼吭
朝鮮之粟不供日本之餉不繼賊之外援絕而內日窮蹙
於是水陸夾擊危巢振籜而下賊謀合兵海洋以圖一逞
而水師接擊焚燬帆檣殲厥渠魁俘馘醜類絕卵覆巢頓
清海國夫倭奴以七年而成狡窟志不在小而竟奪于
天威然按其營壘建設周詳機巧備至其素稱善守良不
誣也因圖之以俟籌海者覽焉

東路倭寨分圖
蔚山清正大寨
島

永川
慶州城
東萊
島山倭寨
西生倭寨
機張倭寨
水營

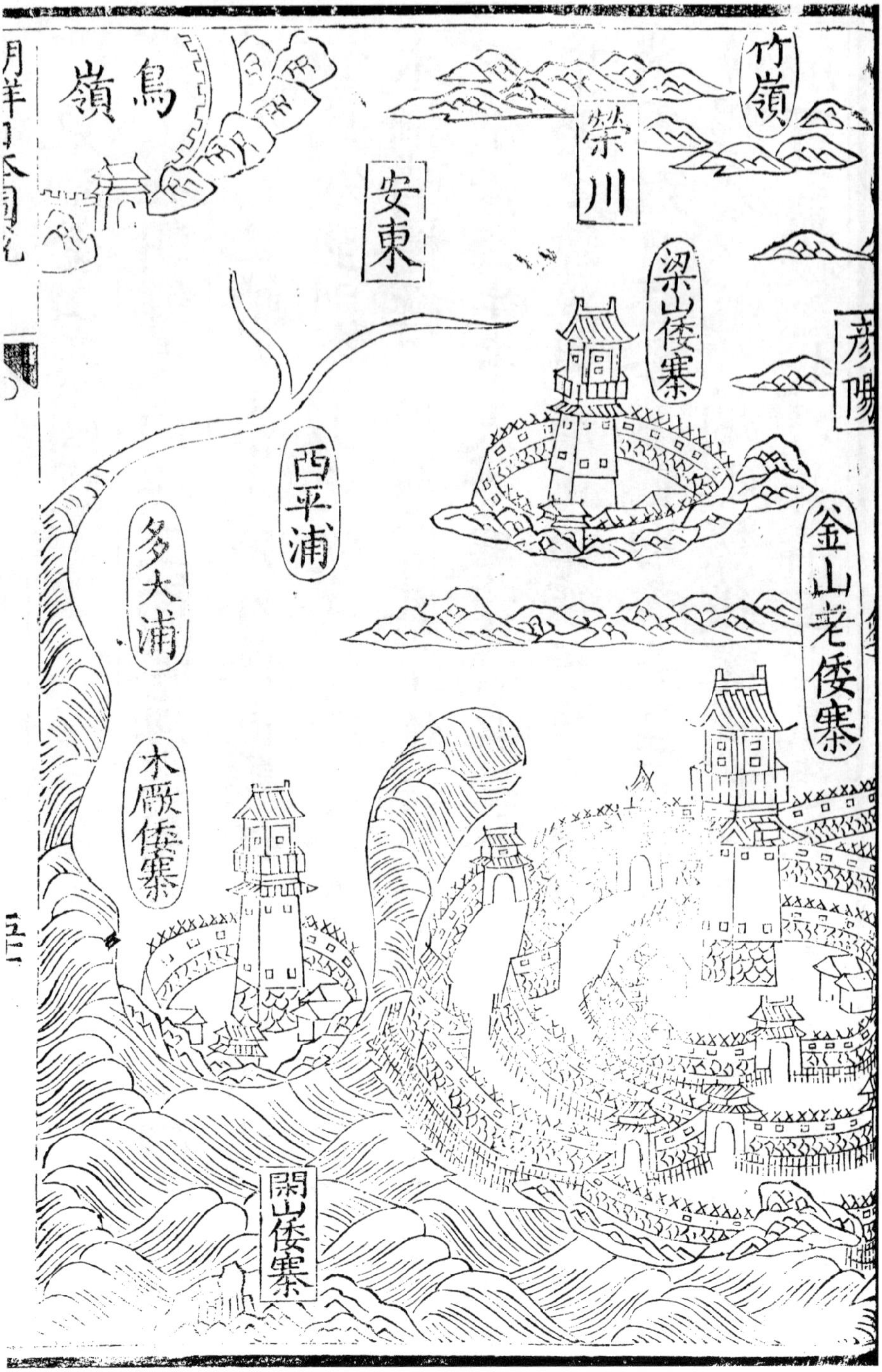
竹嶺
榮川
彥陽
梁山倭寨
安東
鳥嶺
釜山老倭寨
西平浦
多大浦
木厰倭寨
開山倭寨

## 東路釜山寨圖說

釜山在朝鮮東南隅三面瞰海與對馬島聲聞相達誠鮮之大門也鮮人素不戒外侮而籍倭户自釀開門引盜之禍故冦至則釜山先受兵倭據以為老營重塹堅陴三樊木柵哨樓極目于無際其下依洋結艦以聚水兵左右翼以機張西生多大等寨復營島蔚抱三浪江備梁山以聯中路之勢渠魁清正雄據于中金湯百二未足擬也向非我軍尅日齊夅風鶴助勢先墮西中之壘以斷其肩臂襲燒糧寨以絕其烟喉然後環而攻之則釜仍倭之故墟何能一旦盡拔之扒乃若清正七載逋誅實由于三寮之固也

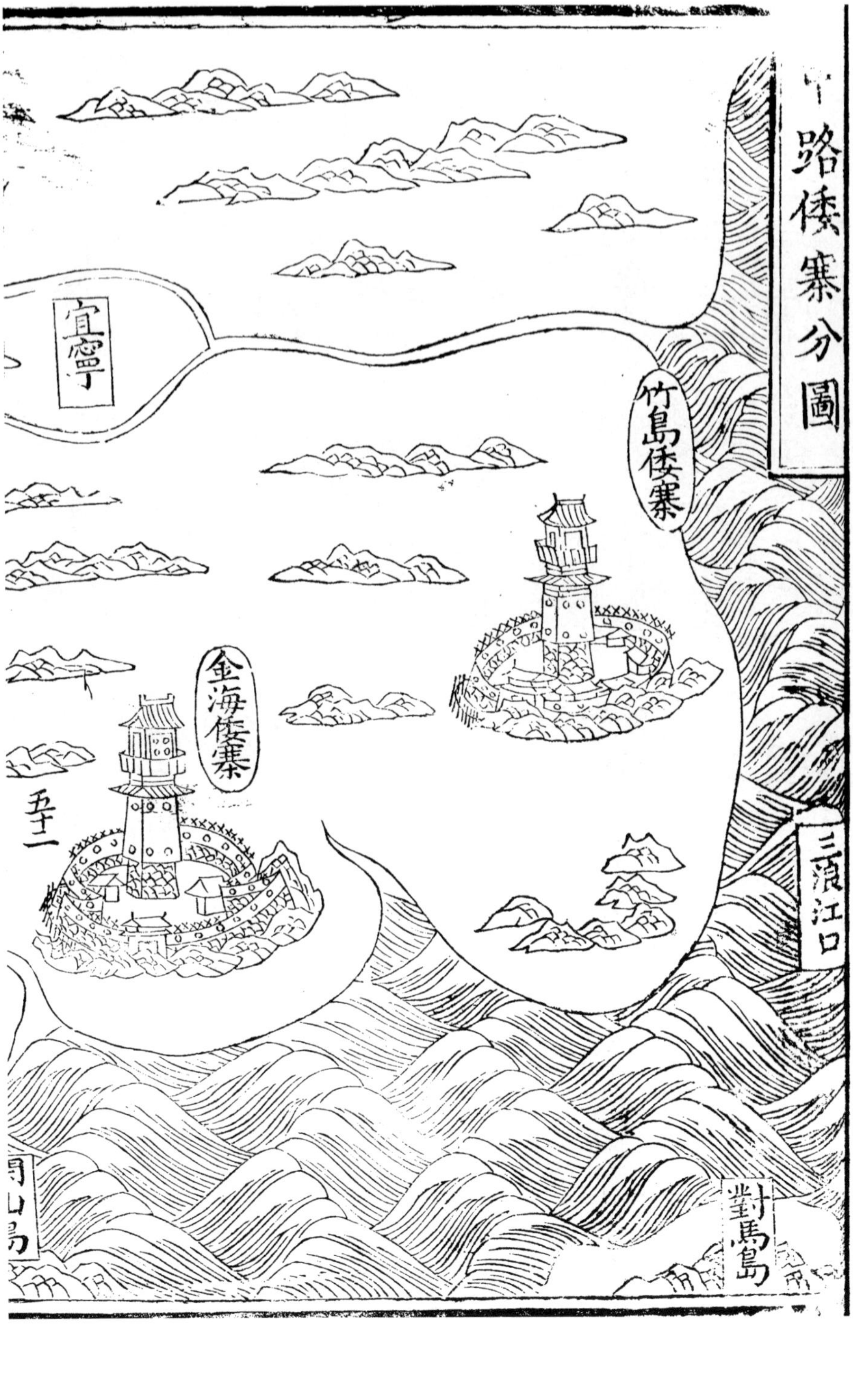
路倭寨分圖
宜寧
竹島倭寨
金海倭寨
五十一
三浪江口
山島
對馬島

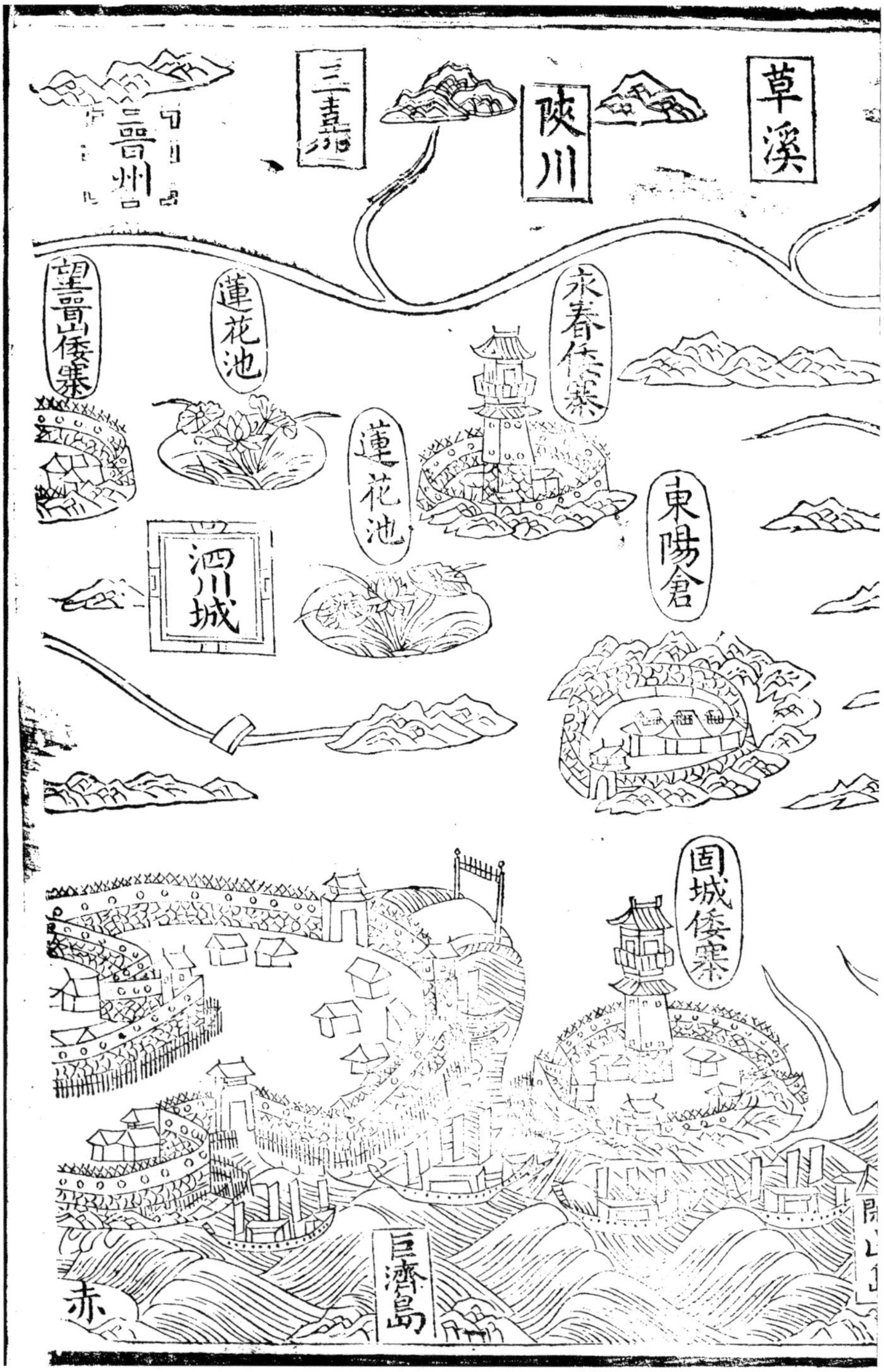
草溪
陜川
三嘉
晉州
望晉山倭寨
蓮花池
永春倭寨
蓮花池
東陽倉
泗川城
固城倭寨
巨濟島
赤

六十峙
八良峙
居昌
晋江
昆陽倭寨
石曼子沈安道大寨
嶦津江口
南海大寨
島

## 中路泗川寨圖說

泗川之寇以沈安道為狡穴其地懸綴海滸當陸更鑿渠引潮為衛崇墉列雉堅壁重壕因阜搆樓四通瞭望兩翼夾固城蟾津之險北進而望晉山又進而晉州與昆陽永春東陽相犄角俱結有大寨而東陽之積儲又甚厚且左倚釜山右倚曳橋勢如率然以狡酋石曼子將之而左以正成負嵎耽耽攖之固未易也然我之所急圖者惟此寨蓋此寨一破則賊東西之勢孤外援可絕故魁日進取連下六寨而儲餉燒燬靡餘雖我軍不戒于困獸亦稍一失利然風霆所過鬼膽自狙執汛[illegible]不旋踵而賊始知險力固不足恃也

西路倭寨分圖
光陽倭寨
蟾津江口
露梁島
五十四

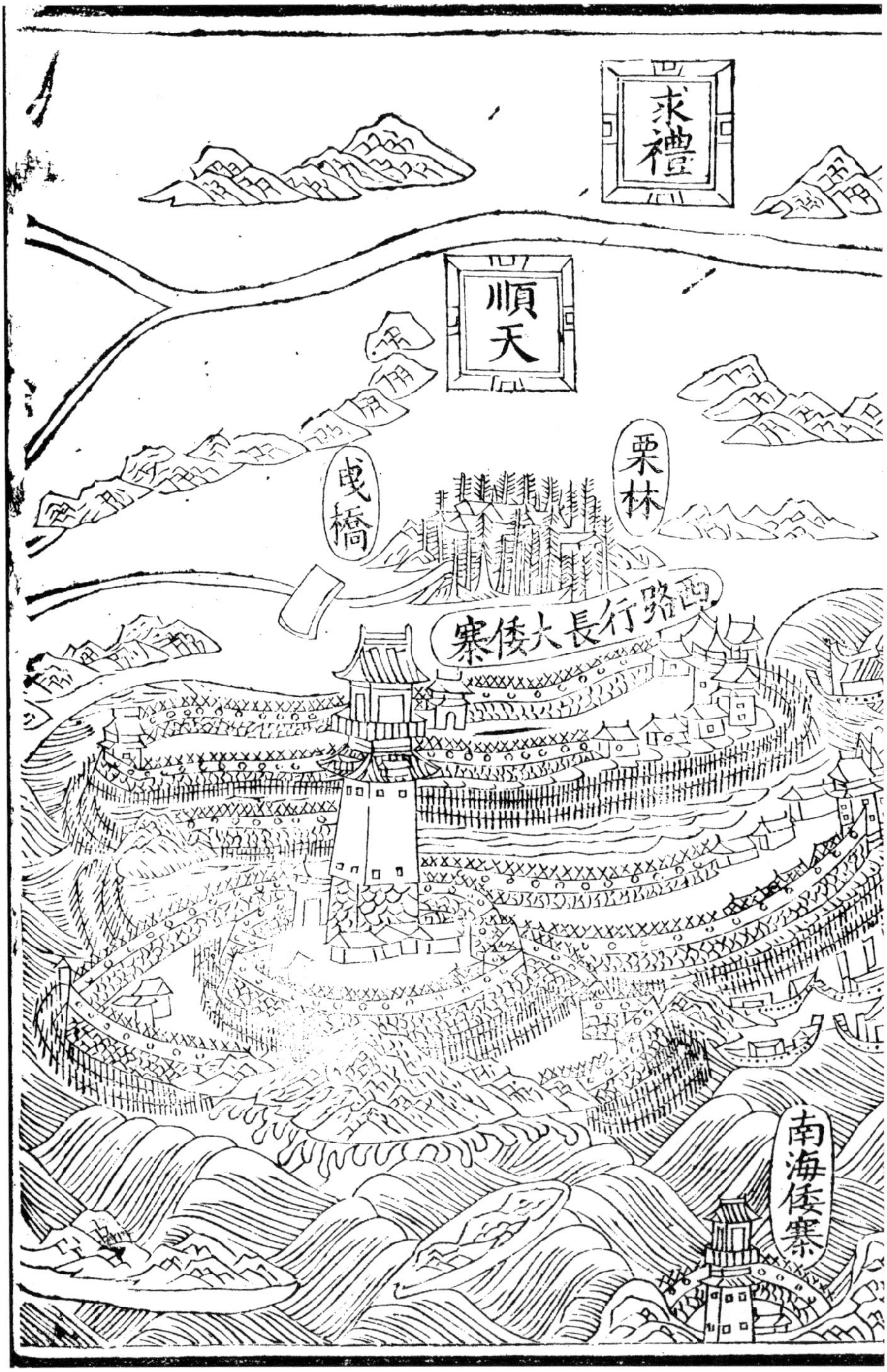
求禮
順天
曳橋
栗林
西路行長大倭寨
南海倭寨

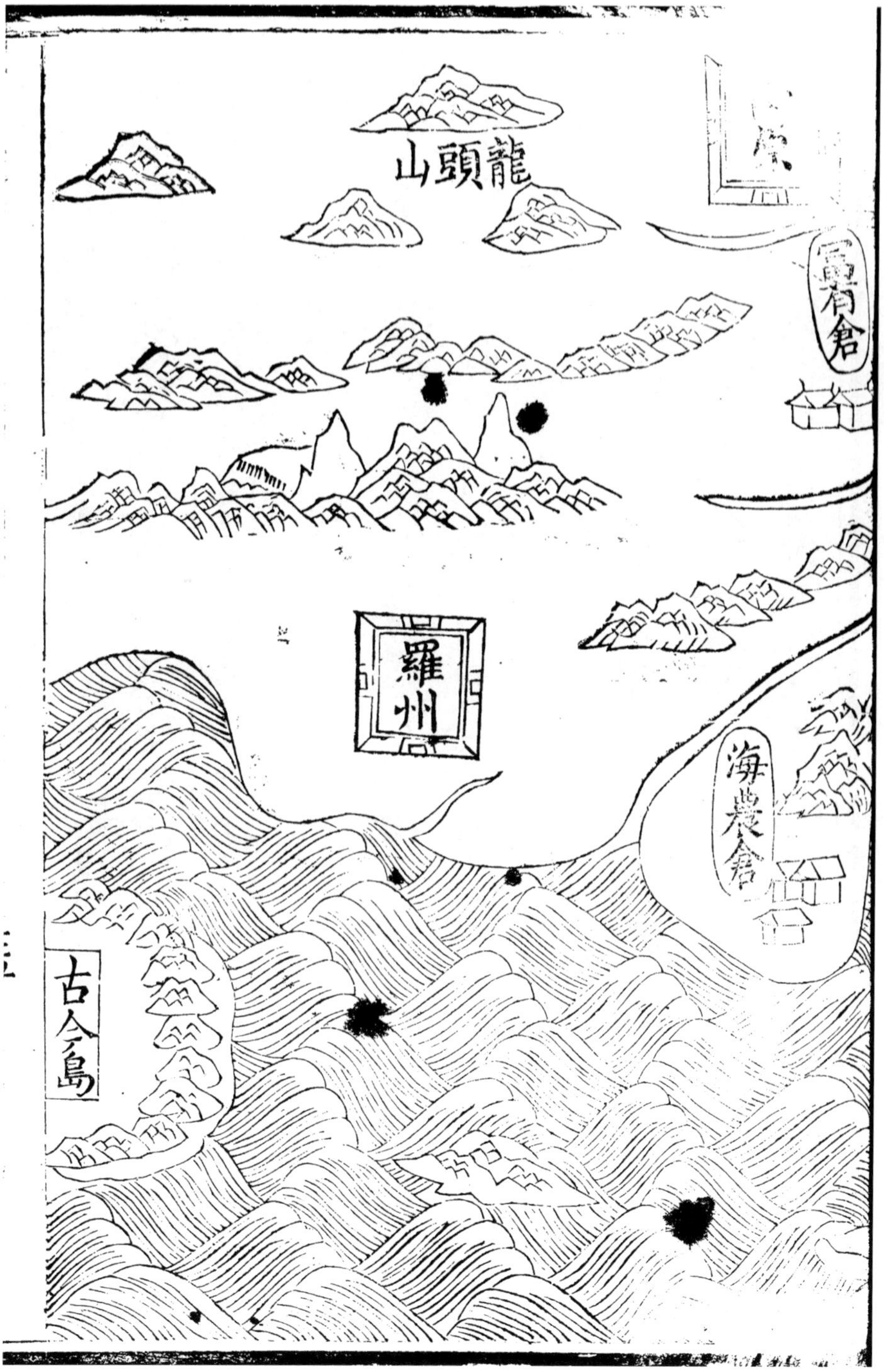
龍頭山
富有倉
羅州
海農倉
古今島

# 西路順天倭寨圖說

西路曳橋倭酋行長與謀僧風和尚分屯之處去南海甚邇水陸為援又樹兵光陽以聯中路之勢其地臨海二磯並出為夾衛形勢稱天險而結搆營壘又極其機械自南原被克而順天求禮之勢益壯賊進退有利退守無虞其為謀亦深遠矣丁酉冬清酋島山被圍急行長自南原一退輙三百里我兵乘之不崇朝而失大險十之七戊戌秋我軍水陸齊攻勢如雷擊賊震慄佯為乞降我因乘隙入諜者外攻內應賊乃披靡因我軍迎擊石曼子于露梁幸而宵奔酋之不死者幾希是狡夷雖知攻守之法而不知謀為我伐也

諸路倭酋水寨全圖
巨濟島
釜山倭寨
絕影島倭寨
對馬島

沈安道倭寨
閑山島
露梁島

曳橋倭寨
赤梁島
南海大倭寨
古今島

## 水路南海圖説

南海島究在海中中有錦山一川山深險而多叢木東接閑山絶影諸島倭酋平調信巢之聯艘數千以備舟師之扼運道自麗兵閑山失守爲倭所併益横行海上乘風出没為三路外應及西路行酋困急諸島之倭大發舟師来援向非我謀先發擒其奸細横海直擣大殲之于露梁則諸酋會集南海為負嵎之勢圖之猶未易也及其勢孤而乗勝搜剿遊魂屍解平酋父子相嘗于斧鑕豈義聲所至有非幺麽所能攖耶

北
日本國圖
東北至毛人國界
東
陸奥州 領九郡
相摩州 領八郡
常陸州 領十二郡
武藏州 領十四郡
安房州 領四郡
伊豆州 領三郡
駿河州 領十郡
上總州 領四郡
下總州 領十二郡
遠江州 領五郡
出羽州 領十二郡
越後州 領七郡
下野州 領六郡
三河州 領三郡
志摩州 領二郡
上野州 領九郡
甲斐州 領四郡
越中州 領四郡
信濃州 領一郡
尾張州 領二郡
此名三江
紀伊州 領十郡
越前州 領十二郡
飛驒州 領三郡
和泉州 領四郡
能登州 領三郡
河内州 領十五郡
太和州 領十五郡
領九郡
南

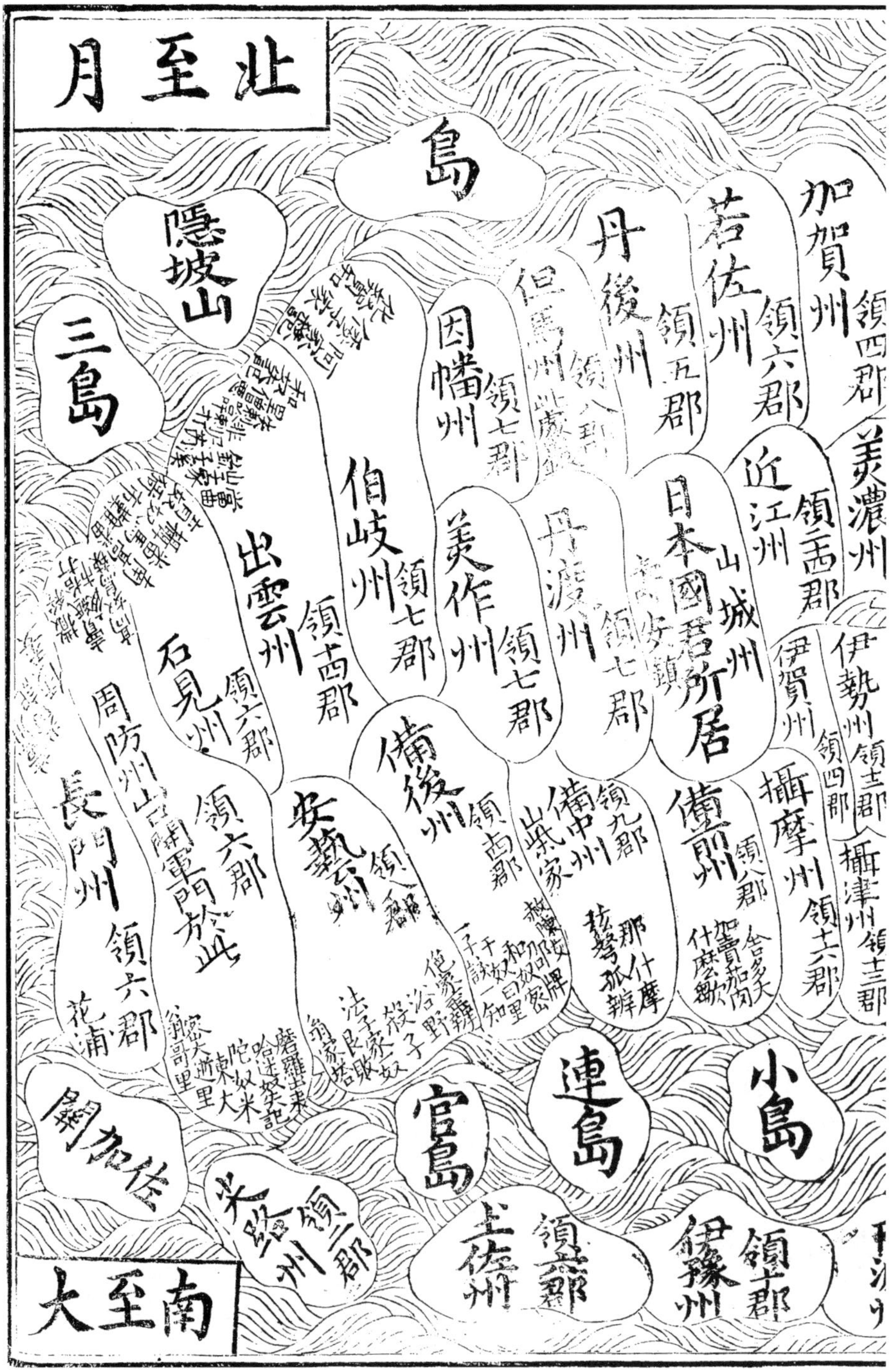
北至月
島
隱岐山
三島
加賀州 領四郡
若佐州 領六郡
丹後州 領五郡
但馬州
因幡州 領七郡
伯岐州 領七郡
美作州 領七郡
丹波州 領七郡
日本國君所居
山城州
近江州
美濃州
伊賀州 領四郡
伊勢州
攝摩州
攝津州
出雲州
石見州 領六郡
周防州
長門州 領六郡
安藝州
備後州
備中州 領九郡
備前州
連島
小島
宮島
淡路州
土佐州
伊豫州
南至大

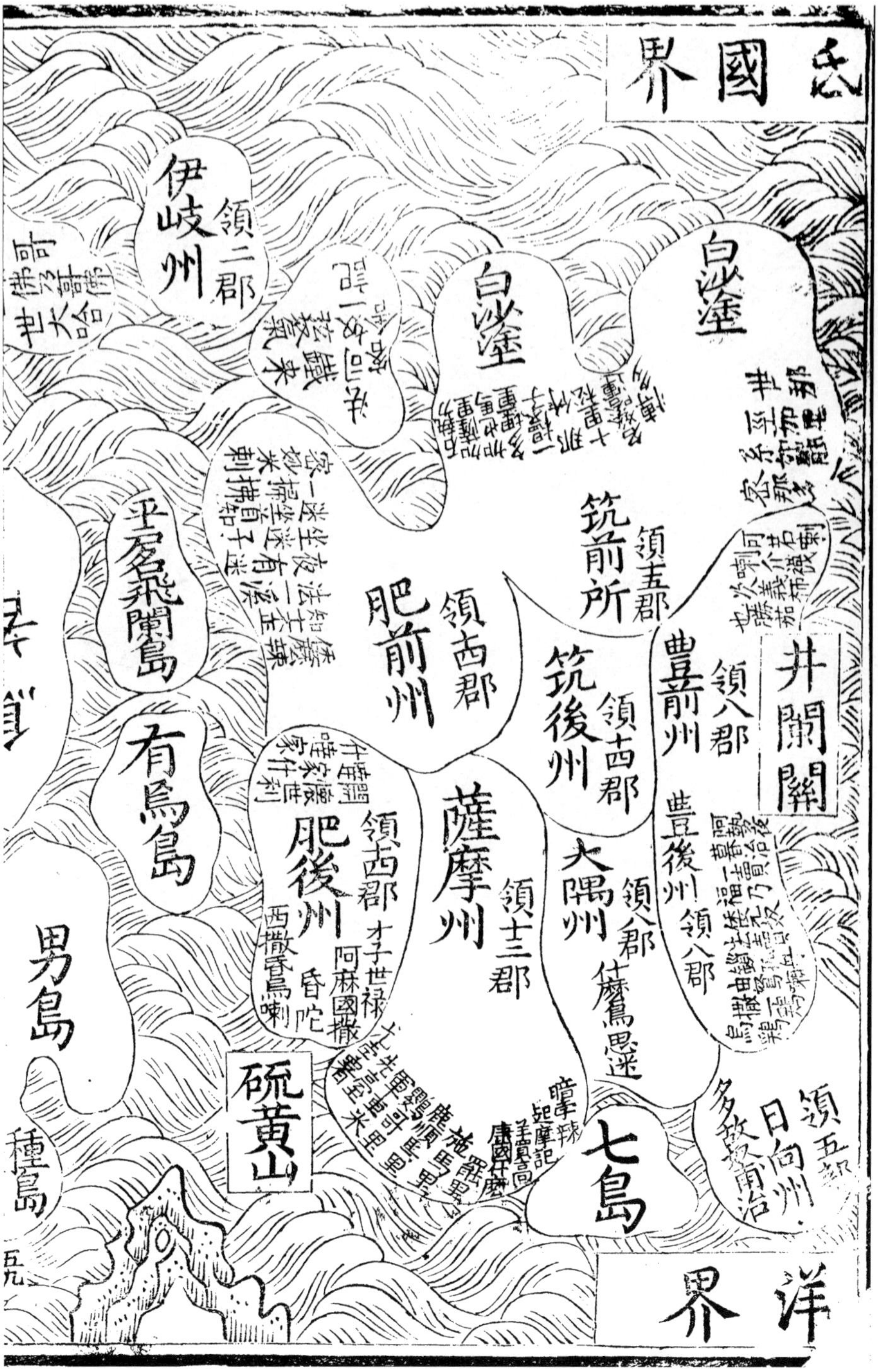

西國界
伊岐州
領二郡
白沙塗
白沙塗
筑前所
肥前州
平戶飛蘭島
有馬島
筑後州
豐前州
領八郡
豐後州
領八郡
肥後州
薩摩州
大隅州
男島
種島
硫黃山
七島
日向州
洋界

西北至朝鮮國界
遼東
山東
淮揚
西
浙江
藝州
女島
名大漁
西南至福建界

日本島夷入寇之圖
從此入溫州
從此入福興
從此入泉漳
從此入惠潮
從此入廣州
從此入雷州
從此入瓊州
溫州
平陽
福建
興化
泉州
漳州
潮州
惠州
廣州
高州
雷州
廉州
崖
萬
儋
安南界

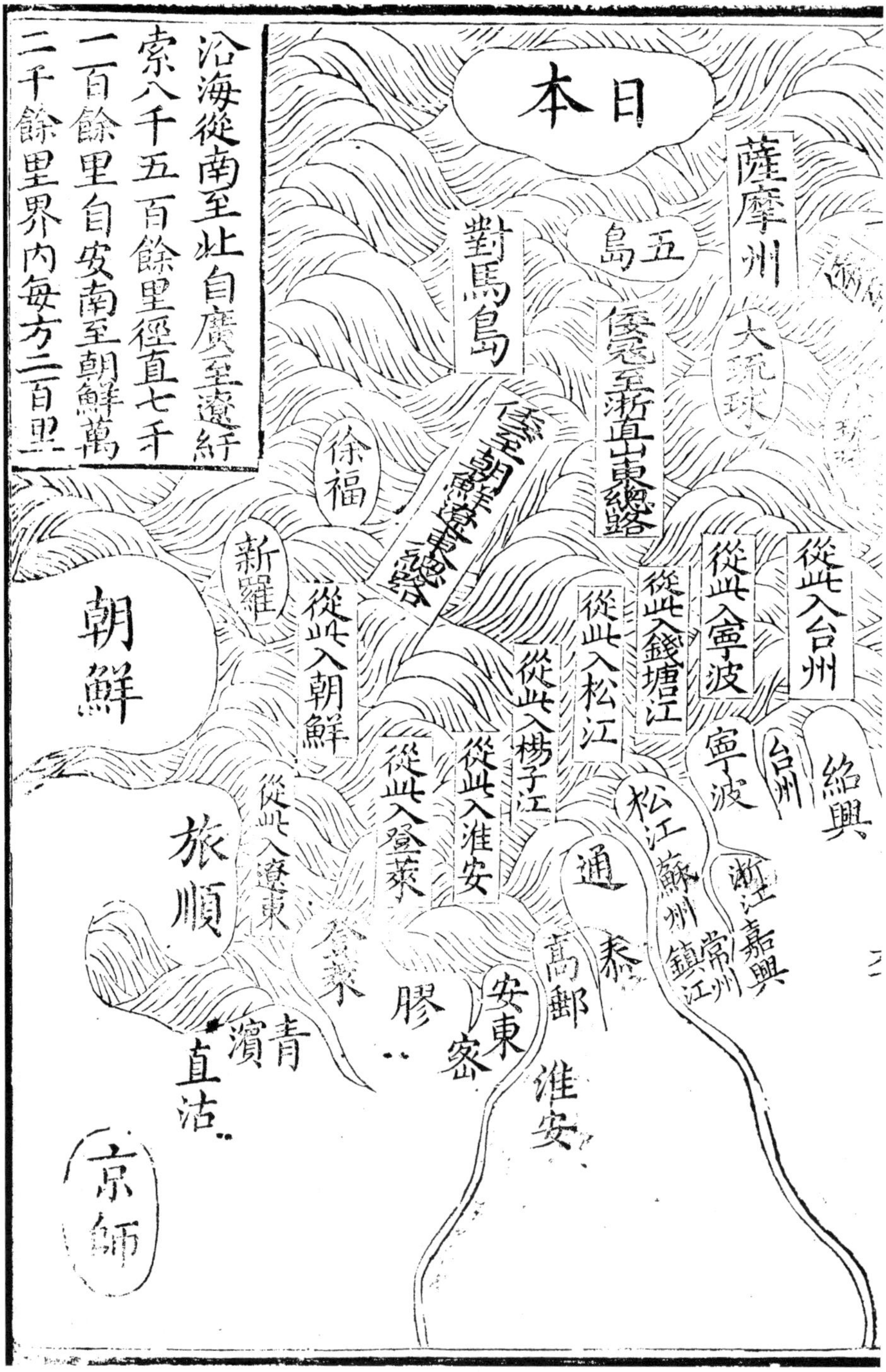
沿海從南至北自廣至遼紆索八千五百餘里徑直七千二百餘里自安南至朝鮮萬二千餘里界内每方二百里
日本
薩摩州
五島
對馬島
倭寇至浙直山東總路
大琉球
倭寇至朝鮮遼東總路
徐福
新羅
朝鮮
從此入台州
從此入寧波
從此入錢塘江
從此入松江
從此入揚子江
從此入朝鮮
從此入淮安
從此入登萊
從此入遼東
旅順
紹興
台州
寧波
松江
蘇州
鎮江
常州
浙江
嘉興
通
泰
高郵
安東
淮安
膠
登萊
青
濱
直沽
京師

倭國事略

日本即古倭奴國也去中土甚遠隔大海依山島為國
邑隋書記在百濟新羅東南其地形類琵琶地勢東高
西下東西數千里南北數百里九州居西為首肥前肥後豐前
豐後筑前筑後日向大隅薩摩陸奧居東為尾至山城旱程七十五日舊云陸奧為頭薩摩大
隅為尾者非山城居中乃彼國之都也其國君以王為姓以
尊為號後改稱皇初居日向筑紫宮後徙山城國文武
僚吏皆世其官有德仁義禮智信大小十二等及軍尼
伊尼翼諸名山城以東地方廣邈雖倭奴遠服貫者不
能閲歷而知況華人乎故其島之數可考按舊圖山城以東中為近

江伊賀尾張三河美濃飛彈信濃上野陸奧北邊海為但馬丹後若佐加賀越前越中越後出羽甲裴常陸南邊海為攝摩攝津太和河内遠江駿河伊豆相摩武蔵下野東北懸海則為佐渡在南懸海則為志摩七島上總下總安房　而其閒廣狹至到有不能考者今據譯記所傳聞者而述之山城之南為和泉其南海島泊舟者為阿賣介撒几為歪打阿波為于撒几為天王者為沙界衣又其南為沙界其地方甚小沙界之東南為紀伊其東為三河出海之口為濱大海其島為康大為科什麼為奴智紀伊之西為伊勢北為三河其島為腰大為阿乃奴子山城之西為舟渡左為攝津其島為飄船谷為阿家世奴乎辣為素埋為男女懷東南懸海為安防州左之西為攝摩其島為那敗為舍箇世為抗茄為我這古為磨羅右為但馬右之西為因幡丹渡西為美作左為備前其島為几什麼皝為茄賣茄里為多大左之西為備中出鐵其島

為山子加為言奴手嚩為那什摩其南為連島懸海三十里**右為因幡右之西為伯耆**沿海俱白沙無䑸可泊其鎮為阿家殺記為倭子介為他奴賀知其北為竹島懸海三十里**美作之西為備後之北境**其䑸為一子詼一知為于奴鼻為和奴密知為拿䀢為赦東大**出雲之南境**其䑸為畨倚為山子介為欽子溪為戶流為非嚩哳為失喇哈吀為也生忌為密和奴失記其北為隱岐懸海三百五十里**備後之西為安藝**其䑸為翁家荅日昆䀢為法子加一知為窟撒子為谷也為他加歪喇其南為宮島懸海三十里**出雲之西為石見**出銀與銅其䑸為南高畨馬為畨馬搭為哥為撮奴市為有奴子北至海三十里**安藝石見之西為**

**山口國即古之周防州也**横直二百四十里其南邉海之䑸為翁哥里為密大逝里為東大為陀奴迷為哈迷奴失記為奴羅市米其北邉海之䑸為斯殺為賣抵哈扣為夜市為高奴烏嚩北至三島海面三百五十里**山口之西為長門**横直皆二日程䑸為花浦為薰州為畨記為倭

委北至三島懸海三百五十里關渡在馬其西旱關為阿界馬失記抽分司設於此渡此而
一西為豐前橫五百里直四百里其奧為可苦喇馬喇介䄎次為大義地為野慢茄為阿世夜為暮治
為一賣其南為豐後橫直皆六百里其奧為福乃為倭几奴法賣為鎖孤舟為由奴烏喇為撒
一基為島四基又其南為日向橫直皆三百六十里其奧為多故奴甫治豐前之西
北為筑前橫六百五十里直四百里其奧為右勢為加菩里為加打也馬為多賣里為一萬字為奴
打為世加為經字里為多羅為密那多為法哈達即博多之別名也其北離伊岐島海面五百里西南
為筑後橫直皆二百五十里筑後之南為大隅其南濱海之奧為什磨烏思迷今之
人訛傳為懸海懸海乃大漁州也大得與日向薩摩等連壤名為九州大隅之西為薩摩
橫直皆三百六十里其奧為晴孛喇為趕麻子記為羊理南為康國什麼為羅里為拖馬里為強頭馬里為鷂
哥里為年市米為仙臺為審孛署豐後東南懸海為土佐為伊豫為阿

波阿波相近懸海為炎路土佐豐後之間為佐加關土佐至佐加關海面一百八十里佐加關至豐後海面七十里薩摩之北為肥後横直皆五百里其衆為牙子世六為阿麻國撒為昏為一國撒介烏喇為開懷世利為嗟加什為什嗟加又其北為肥前横直皆五百里其衆為鐵来為言奴氣子為法司奴一計為客舍其内沿可泊舟交易之處為倭磨喇為知十歪為法一溪為夜問迷為坐迷子為迷坐骨知為一掃拂為愛奴手刺為世子為迷古里為夫撒為一喃哥呀為雄婆哥為松本一名馬子喇為法麻撒几肥前西懸海為平戸東西海面十里西北至博多海面四百五十里平戸之西為五島五山相錯懸海而生其中有衆可泊乃日本西境之盡處也過此西行越五六日四望無山直抵陳銭壁下此島與薩摩相去一千五百里與肥前相去四百三十里與平戸相去二千五十里五島至山日必由平戸經過其衆為乃路為倭齊家為衣屋奴窑為通記為達奴烏喇為烏苦為話哈嗟北為多藝為伊岐横直皆七十里至對馬島海面五百里

爲對馬島横三百里其南嶴為竒為甘大哈東南為佛乃哥世西北為推沙九為山谷為撒思乃為知六磨為你打北為倭奴烏刺其西北至高麗也必由對馬島開洋各島之人俱至推沙九撒思乃山谷三嶴開洋至高麗之則失多順風一日約至五百里南至琉球也必由薩摩州開洋順風七日其貢使之來必由博多開洋歷五島而入中國因造舟水手俱在博多故也貢船回則徑收長門因抽分司官在焉故也若其入寇則隨風所之東北風猛則由薩摩或由五島至大小琉球而視風之變遷北多則犯廣東東多則犯福建彭湖島分䑸或之泉州等處或之梅花所長樂縣等處若正東風猛則必由五島歷天堂官渡水而視風之變遷東北多則至烏沙門分䑸或過韭

山海關門而犯温州或由舟山之南而犯定海經大貓洋入金塘蛟門犯象山奉化由東西厨入湖頭渡犯昌國入石浦關犯台州入桃渚海門松門諸港正東風多則至李西嶴壁下陳錢分䑸或由洋山之南而犯臨觀過漁山兩頭洞三姑山入瀝海則犯紹興之臨山三山過霍山洋五嶼烈表平石則犯寧波之龍山觀海犯錢塘過大小衢徐公入鼇子門赭山則薄省城或由洋山之北而犯青南過海蹟潭而西犯太倉過馬蹟潭而西北或過南沙而入大江過茶山入瞭角嘴滸谷檟狼福山而犯瓜儀常鎮若在大洋而風歘東南也則犯淮揚犯登萊過步州洋亂沙入鹽城口則犯淮安入廟灣港則犯揚州再越而北則犯登萊若在五島開洋而南風方猛則趨遼陽趨天津大抵倭船之來恒在清明之後前此風候不常屆期方

有東北風多日而不變也過五月風自南來倭不利於行矣重陽後風亦有東北者過十月風自西北來亦非倭所利矣故防春者以三四五月為大汛九十月為小汛其停橈之處焚劫之權若倭得而主之而其帆檣所向一視乎風實有天意存乎其間倭不得而主之也向之入寇者薩摩肥後長門三州之人居多其次則大隅筑前筑後博多日向攝摩津州紀伊種島而豐前豐後和泉之人亦間有之乃因商于薩摩而附行者也日本之民有貧有富如攝摩伊勢若佐博多其人以商為業其地方街巷風景宛如中華富者各數千家有積貲至至萬者又如和泉一州富者八萬户皆居積貨殖有淑有慝如薩摩之鸚哥里方

數千里其邑長安慶能納民于軌物無一人為盗又如
宮島人不嗜殺人有不平事但諸神廟罰錢又如紀之
頭陀僧三千八百房專習武藝殺人而不犯中國富而淑者或登貢船而来或
登商船而来凡在寇船皆貧與為惡者也山城君號令
不行徒寄空名於上非若我中國禮樂征伐自
天子出大一統之治也山口豐後出雲開三軍門（如中國總督府之義）
各以大權相吞噬今惟豐後尚存亦不過兼并肥前等
六島而已（肥前肥後筑前筑後豐前豐後）山口出雲以貪戚亡（山口原并國十
二曰石見長門安藝備前備後備中出雲伯岐丹後因
幡但馬後出雲奪歸其地山口長子死爲其君亦為陶
殿所殺豐後君以其弟攝山口事吞安藝安藝殺之嘉
靖三十六年山口無君豐後獨稱雄爲山城君金印勘
合久爲山口所有向来入貢俱山口自主山城惟出名
而已陶殿之亂宮殿勘合俱焚金印亦損一角不知所

歸貢自此絶矣欲望彼國之約束諸夷斷斷乎不能也

一薩摩關東之人剛而直京洛畿内之人柔而奸子生十歲則學刀學弓書惟足記姓名而已以陣亡為榮以刀匕為佩匹夫之勇也

一倭奴單衣短袖不能當中國之矢石跣足跳躍一遇蒺藜拒馬鎗則仆矣

一倭奴所持者長刀利刃浪戰死鬬爾御以狼筅翼以鎗牌夾以弓弩鳥銃快鎗滅虜諸砲迭施並發倭無能為矣然善守一攻不下即當設法用之不宜苦攻也

一倭奴入寇人自裹糧將無定額之兵入無隔月之餉長驅遠鬬固不慮深入之虩然其性多狐疑示之以疑則又畏阻不敢前或誘之於伏中或擊以精粹倭可立斃也

一倭奴長於陸鬬短於水戰平原曠野最怕馬兵且畏我弓矢野戰浪騁東出西沒用整營大隊堂堂正正之時少也

一倭奴慣張虛聲詭爲神恠如牛頭鬼面之類以恐敵人且多張旗旛以亂人眼目以少爲多飾虛爲實兵雖能戰實無幾何虛聲恐嚇不足畏也

一倭奴利緩戰而畏急攻緩則從容生謀急則措手不及敵寡則氣倍敵衆則氣奪乘其未定以大兵臨之可立破也

一倭奴善用金行間得勝則殺而奪之假和詐降以懈敵心批亢擣虛掩人無備知其奸謀則不墮術中矣

一關白攻城先於十里外自築土壘日築日近漸逼城下遂為高壘以觀虛實或提鳥銃下攻或穿土穽陷城若乘其築壘之時出兵擾之多設鎗砲不使相近則倭之奸謀阻矣

一倭船闊面尖底欹側不定人皆摇蕩眩暈若以福沙蒼船犁之中流而以漁船唬船夾擊其左右鎗砲並攻倭奴虀粉矣

一倭奴稱中國曰大唐曰唐人久居倭國者曰舊唐人所

居之地曰大唐街盖以唐之威令素行於夷狄故長之而
至今稱焉况我
大明甲兵土地勇將謀臣十倍於唐乎
一倭奴出兵禁忌
子日休行辰地　辰係正東傍南
丑日莫犯酉方　酉係正西
寅日切怕逢亥　亥乃正北
卯日須忌未羊　未係正南傍西之方
辰日必防申上　申是西南
戌日不走寅場　寅乃東北也

巳日忌行戌處　戌方乃正西傍北之地

未日索麄子殃　子方正地在北彼國甚忌

亥日不宜巳巽　巳在東南

酉日偏忌午鄉　午正南方

午日自愁見丑　丑地在正北傍東

申日愁會卯傍　卯係正東

巳上係倭國出征出行之切要爲將者不可不知

# 朝鮮海道圖説一卷

〔清〕王德均撰

《朝鮮海道圖説》一卷，清王德均撰。德均（一八二三—一八八四）字筱雲，安徽懷遠人。是書記述朝鮮周邊各島礁、灣、澳、灘、岸之方位、大小、潮汐、水深及航海路線等，兼涉民俗風情，詳實有本。據《小方壺齋輿地叢鈔三補編》本影印。

# 朝鮮海道圖說

懷遠王德均述

可豆島。　昔在緯北三十六度五十五分并緯北三十七度三十分。又緯北三十八度三分之處。有法國兵船屢擬測至朝鮮國海岸因隔淺灘初探水深四十四拓旋探忽淺至十四拓。故不果。後復於咸豐六年西八月底在緯北三十八度二十七分偏東一百二十四度二十七分。距可豆島西南相近之處。又欲測至海岸而不能。　可豆島南角距赤道北三十八度二十七分。經度偏東一百二十四度三十四分。其南角伸入陸岸間之澳內南面有二鎮。為華船停泊之所。可豆島東角距陸岸七里。彼此相連。有一淺灘。潮退盡時。有數處露出水面。遠視淺灘。北伸入海。其勢甚遠。近西角有一小島距西南西一里。有一大平灘。向南鋪入海二里。此平灘与可豆島間之水道均深八拓。　小島与平灘北角間之水道。深十四拓至十六拓。近小島之處。水深五拓。可豆島南面相近之處。水深八拓至九拓。此水道通可豆東面陸岸間之澳。探得內有一平灘距水面三拓。水道內深八拓至十拓之處。船可停泊。泊船處東北面有可豆島以障風。西面有平灘遮護。澳岸多田原。

潮信　咸豐六年。西九月初三初四二日。可豆島南面之澳內潮漲於八小時二刻十分。高十尺。朔望日潮約漲於六小時一刻五分。約高十一尺至十二尺。

牀山。亦名單尔斯島也　道光十二年。西七月十七日。有一英國商船在色尔遮墨斯合尔列島。北面相近之處。見陸地間有一大島。曰牀山。南角有一陸山。近角有一大石。角東面有一大灣此灣北面可障風之處。林島并南面各島。山頂多叢林。近海岸之山坡。多耕種。英國商船曾在林山西面。緯北三十八度十七分。偏東一百二十四度五十六分之處停泊測此島距色尔遮墨斯合尔島最北者之北西十二里。

色尔遮墨斯合尔列島。 其三島最向北者之西角。經度偏東一百二十四度四十四分半。最向南者之南角。距赤道北緯三十七度四十四分半。各島居中者西面有一白石小島。近南島西南角。水深二十至三十拓。其島南西澳之中界海底為黑砂。水深七拓之處。可泊船。其澳內惟西西南与南并東南間。可障風處。澳岸有兩林。山島最高者。七百五十尺。登最高頂。能見朝鮮之最高陸岸。一帶亂石山迴合。又見海岸曲折向南西南。與北西北相距二十五里至三十里。近岸多小島。中列島南列島間之水道闊而穩便。惟中島與北島間。水內多石行間有露出水面者。

約押金澳　昔有法國兵船由此得分西面三里之處經過。探得列島間水深十一拓。島中多漁民。田肥美。多耕種。克里福列島與陸岸兩水深三十三拓。詳探之後。復向前行。距約押金澳西角一里。水深九拓之處停泊。測澳。以距赤道北緯三十六度五十三分。東偏東一百二十六度十七分又四分分之三。此澳伸入陸地。向東南頭遠。澳口有兩石行。其東面有一水道。潮退盡時。深約六尺。過此水深七拓至九拓。海底為軟泥。覓大鎮。對面為兵船停泊之所。一鎮中居民衆約四千口。約押金澳向東南并向東分為二。長四里至五里。但澳內水道甚淺。潮退祇深三尺。

海岸。 自約押金澳海岸曲折向東北而成一大灣。內有叢島。灣首曰日羅木灣。灣南岸有兩澳。一曰迷澳。一曰克洛林澳

設邑里阿灘。 此淺灘南尾。距赤道北尾緯三十六度五十九分二十秒。偏東一百二十六度十八分。自此處起。淺灘與陸岸平行。至緯北三十七度六分。即偏東一百二十六度三十一分半之處。此淺灘闊約四分里之一。至四分里之三。灘之各段。距水面深淺不一。深兩尾水深不過六尺至九尺。其東西二面為陡界。近東界之處。水深十一拓至十二拓。近西界水深十二拓至十五拓。此灘

往障入迷澳。克洛林澳之海浪灘与陸岸間有一長水道。闊約二里。水深過十二拓。水道間俱便泊船。

克洛林澳　此澳西角距赤道北緯三十七度一分半。偏東一百二十六度二十五分。近澳口西角可摩藍底比勒石与亞勒佛得吞間。深九拓之水道內。為此澳外面穩便泊船處。陸岸多村庄。澳內有河口。此間潮漲高二十六尺。　此澳口闊約一里。其東角有一砂嘴。向西面伸入水道。四分里之三。潮退盡即現。嘴之西界。与澳口西角之間。有水道深十一拓。澳內与約押金澳同。

迷澳。　迷澳口距赤道北緯二十七度三分。偏東一百二十六度三十三分。其南首有窄水道。深五拓半。遠視形如河口。故曰迷澳。近此窄水道口。為穩便泊船處但澳口外面多淺灘小島甚不易到且泊船處之水道向潮流行之力甚疾每小時五里近此澳岸并日羅木灣岸為樺山一帶之脈昔有法國兵船在日羅木灣水深十五托北緯三十七度十一分偏東一百二十六度三十五分之處停泊探得阿得尔夫島以南与佛尔雅得島以北兩島向之水道深二十一托

因皮里阿尔列島　按前泊船處北面有因皮里阿尔列島一帶叢東南有日羅木灣之海岸距此海岸一里半有水道深十一托距海岸不及一里半則深淺不一此灣東南偏南又有一澳長十里闊約一里此向係有一大河口澳岸人煙稠密為華船停泊之所澳內有兩帶山山向有大平原其北面之山有陡

石崖。其南面高棒山相連之脈。遠視此山。即可知河口方向。溯河之故道。曲注東南。後還從向東。曾詢諸朝鮮國舟人。視西尔（朝鮮都邑）為東東北之向。時有朝鮮官民窺探法國兵船測量水道。故知都邑距河口不甚遠。日羅木灣內。潮流行之力甚疾。速率每小時四里至五里。大潮高二十二尺半至二十六尺。西八月二十六日。法國兵船至此處開行。適值南西南之風。未免曲折繞行。擬過列島最東者之上風。西行時順探水之深淺。各處皆同。已過帽石。即抵阿得尔夫。与木尔羅尔両島之間。探水深二十七拓。過此探得十七拓。又探得八拓。船隨淺於水深十四尺。海底為砂之處。帽石距赤道北緯三十七度十五分。此砂雖距佛尔堆得島高頂。西北偏北又北三分之向。又距西勒佛得島高頂。北又西一分之向。佛尔雅得島距緯北三十七度九分。偏東一百二十六度三十分。阿厚尔夫島東南角。距赤道北緯三十七度十二分十秒。偏東一百二十六度二十四分。兵船所淺之灘。距赤道北緯三十七度十三分。偏東一百二十六度二十七分。

馬角里板克斯港并淺灣。道光十二年。西七月二十日。有英國商船自鉢山南面泊船處南駛。一日之中。已歷多島。近鹿格島。距建陡山鎮約二里許。棹山西面停泊。二十五日更向東行十里。自鹿格島向東北前行七里。至一叢島向於近鎮穩便之處停泊。此列島北西有一大灣。名淺灣。淺灣內之島中多農民。洲灣口闊約五里。距口北西十里之處。闊約九里。灣內深淺不一。其中水道深八拓至十二拓。湾之西岸有大島。曰林奇島。淺湾首分為二。西首自南至北長七里至八里。東首自南西南。向北東北。內多帆檣往來。不知長為幾許。　距林奇島南西約一里半。淺湾口外西有三島。成馬角里板見司港。港西北曰長丑山。島東西曰戈田。南西曰南島。西西近長丑山南角又有一小島曰茅石。周圍有石行。戈田島南角对面。港之中。深八拓至十二拓。探得北水道甚淺。約二十尺至十二尺。港之北面有数高石。距港南面島之北角西西北一里。露石間所滄之直線。為水深五拓之界。稍向北。水深六拓。更向北。水深十二拓。對茅石距赤道北緯三十六度二十八分。又四分分之三。經度偏東一百二十八度二十八分。　長丑山西岸中段近山谷之處。有淺澳。內多低砂岸。戈田島西北岸有大鎮距戈田島東面有一大島曰如心島橫遮淺灣之四島上有三柳如心島与林奇島南面向之水道長二里闊約一里半内有小島并石礙难行船凡擬抵馬角里板克司港者可視高三千二百八十尺之樟山為標準樟山距泊船處東偏北又北三分之二通此港各水道間多小島亂石須謹防之　昔法國兵船赴此港時在格林島南面二里半之處探水深二十七拓格林島高九百五十一尺距赤道北緯三十六度七分偏東一百二十六度一分後自此處前行多時已過外洋島高一千五十尺者東面四里之處探水深十四拓至十六拓更向東行七里始改向北行次第過卞速勒島柏連島及納島距東面稍遠自此三島對面至他得分島對面之處探水深八拓至十拓他得分距赤道

北偉三十六度二十四分半。經度偏東一百二十六度三十四分。過此即抵馬角里板克司港。淺灣自南至北。長約三十里。自如心島起。至距北面二十五里之處止。約水深十一拓。淺灣之西半。墨剔來得島。水深六拓至十拓。墨剔尔列島距赤道北偉三十六度四十四分。其北面奧內探深四拓至五拓。東東北面之奧內近岸處。水深二十二尺至二十六尺。淺灣內潮漲高二十六尺。灣內多旋溜。西船入水過深。礙難經過。此灣內多貿易。各危險處有號燈。行船者易於識別。鎮之最大者。在如心島。并盧美港。距如心島北面三里。有拍斯哇尔列島。距東角東北面一里半。為拍那島。淺灣南口有三水道。如心島西面之兩水道。華船可通。第三水道。在馬角里板克司港列島南與東面。此水道至如心島東南角。深六拓半至二十二拓。其東南角與相近之步位島成一圍，嶼為穩便泊船處。柏斯哇尔列島與如心島間近陸岸之處。亦可穩便泊船。柏那島潮力較灣內稍緩。更為穩便。自淺灣至距北西十里之露體列島水深九拓至十六拓。海底為砂并蛤。距露體列島東中略南西一里。水深八拓，海底為砂。灣口對面之處。可停泊避風。華船亦常停泊候潮。距露體列島北西北一里半。有長四百拓之平灘。距水面二十六尺。行船者應於平灘西面。與林奇島間行過。

過此水道。即能見墨別尔列島。距北偏東西六里。其列島分淺灣為兩大澳。一曲折自南向北。一曲折自西南向東北。距此列島最南者南西半里。有一小島。遙見叢林間有一白塔。其頂為瓦。距此小島西南偏西三里。與距林奇島最近之角里數相同。亦有一平灘。較前二灘稍小。距水面二十六尺。行船者應由此平灘西面前行。　過此稍向林奇島以北。即能見西偏北之蘆美港。港內成一澳。長一里半。山坡有一大鎮。為茂灘最大之埔頭。通此港水道。深六拓半至九拓。可避各方之風。港西有一大澳。出澳之潮力甚大。泊船不甚穩便。大潮時。華船可通大澳。過蘆美港北面之小島。水道甚窄。深淺不一。有一水道長六里至七里。僅深二十六尺。近此處有一圓錐山。分列三峰。狀如懸鈴。此山最易識別。適當三澳之中。　蘆美港東面為淺灣東北澳之口。西南面可障風處。此澳內水深不過三十二尺。且潮退盡時。近大官角有一灘。長一里半。斜鋪入海。

潮信　馬駒角里板克司港。朔望日潮漲於三小時二刻。大潮高至二十九尺。淺灣內潮漲高二十六尺。

巴西尔湾。亦名駐同。　距格林島東南偏四十里。有陸舌稍曲。成巴西尔湾。陸舌南

界。距赤道北緯三十六度七分三十八秒。經度偏東一百二十六度四十二分

半。巴西尔湾闊四里。南面無障風處。澳口內水深二拓半至三拓。故大船不能

入澳。昔有兩西兵船在澳口外面水深五拓之處碇泊。　距湾口西角西南五

里。有尖小島。高九百三十尺。曰黑倫島。為赴此湾之標準。湾岸多村鎮田原。并

多叢林。潮闊。嘉慶二十年間西九月初四日。望前二日半。在巴西尔湾。見

見潮漲高十五尺半。潮退盡時為戌正。又見潮漲滿於丑正。故知朔望

日潮漲約於四小時一刻。

大潮高十七尺至十八尺。

高麗列島。　有西船自巴西尔湾開行向南於高麗列島間。探水深七拓至廿

七拓之處。停泊一宿。致日後。又在某雷湾內水深十一拓。海底為軟泥質。距刺

草島東西二百柘之處停泊一日。測得距赤道北緯三十四度二十二分三十九秒。偏東一百二十六度三分。此間列島為最穩便泊船處。各向俱有水道可通。潮漲向東北。大潮流行速率。每小時三里半。高十五尺。登此島之山峰。高八百尺者。務遠見大小二百餘島。

古公列島。 此列島自東至西長九里。若列入夫島。自南至北。亦九里。土瘠不毛。島間有窄水道。潮流行之力甚疾。當大西風時。此間有巨浪衝激。向內數島。間有植物之處。砂岸向有居民。 古公列島最向東而最大者。曰營島。自東至西長二里。闊一里。其東角距赤道北緯三十五度四十八分八秒。偏東一百二十六度三十一分。此島稍高。上多矮樹。向西漸低。西角外多露石。當東北風時可在此島南面停泊。若值西南大風，恐不能敵此巨浪。距泊船處二里可得淡水。

潮信

營島朔望日，潮漲於二小時一刻十分，大潮高二十尺，常日小潮十尺。潮順水道流行，每小時三里。

行船法程

凡自西面向古公列島行船者，必須先視馬鞍島。其西高峰距赤道北緯三十五度二十六分五十秒，偏東一百二十六度六分。此島兩角各有一峯，故自遠視之形如馬鞍。距北面一里半有一小島，距東面一里又有兩相近之小島。自馬鞍島相距五里之處向東前行，能見尖島，其北面能見古公列島。此間潮漲向北流行之力甚大，水深十拓至三拓又四分拓之一。距尖島北面有一角近水面之石，有一穴，曰乳石。自西面行船者易於識別。抵孔石與尖島間，即可向東北偏東前行，或向營島東角前行，即於水深九拓海底為軟泥之處停泊。自此處視尖島中界為南偏西又西一分之向，相距一里；又視營島東角為東北之向。凡曲折強行而赴此泊船處者，尤須加意，因此間有陡界，自深六拓忽淺至三拓。

風信

高麗國西岸東北與西南兩恆風，七八月間方向不一，大風時多雨。

無塵列島

此三島并數小島，自西南向東北，長約五里，距赤道北緯三十五度二十一分，偏東一百二十五度五十八分。其列島中之最大者有一山，形如圓錐高不万尺。列島最南者有山數座。最高者五万尺。列島北者高三万尺。北為石崖近東南角有二小島。大風時。列島間不能行過。北面之水道雖闊乃其南口有一壘石。北口有兩小島。距大角東南陡角東北又東二分。一里半。潮退四分之一即現。若當避北風或西北風時。船退至此處即可。距東南陡角西面。或西南西半里。水深十二拓。海底為砂并蛤之處。停泊以避風。更近角水深十四拓。咸豐十一年西十二月曾有英國兵船在此處避西北大風。海底受錨甚牢。而海浪甚大。潮漲落甚高。是兵船後繞北島而行。相距半里。近島形狀疑有陡嶼。距列島西北西一里半。有一小島。高二十尺。距小島一里。有一露石。高十尺。露石與小島間。復有一小石。距露石東南偏南二万拓。又有一石。距此列石東東南三里。有兩小島。其北者高五十尺。南者高一百尺。周圍有亂形露石。是英國兵船於此小島西南。距二百拓至三百拓。更行向東北。探水忽減至五拓。海底為泥質。且有大浪。故不許更向前行。

汲得司島。　高麗列島南半最向西北之島。為汲得司島。自北東北至南西南。長三里。島有二高峯。其北最高都一千二百二十八尺。距赤道北緯三十四度四十二分半。經度偏東一百二十五度十六分。

馬口島。　距汲得司島東西八里。有一島高一千四百五十七尺。自北至南長六里。曰馬口島。其中界距赤道北緯三十四度四十分五秒。偏東一百二十五度二十八分半。汲得司島與馬口島間。探得深五十一拓。

繪圖列島。此列島有三長島。高二百尺至三百尺。其北面有西小島。与此列島成一曲形。過北南二尾之東角。爲北又西一分与南又東一分之向。北西四島。如有石行。交互相連。南島爲最大而高者。其島与北西四島間。跨有一穩水道。此列島北尾爲一陡山。距此陡山西北又西一分。又距列島西影北偏東又東三分之向。有一小露石。高約五尺。近此露石与島間。視海浪如擊虎處。距陡山与露石東北面一里可行。潮溜信此間潮流行之向。自東向西。近繪圖列列島北西流行之力甚疾。此英國兵船本擬向西北偏北而行。恐爲潮力推至石淺。故改向北行以避之。非闌克得石。距繪圖列島最北者。東北又北三分。四里。有圓頂石。高五十尺。曰非闌克得石。

壁列石。距絵図列島南角。西南又南一分。四里又三分里之一。有一圓頂石。周圍有陡石崖。其北西有一露石。距非蘭克得石東面約六里至七里。又有一同形石。高約八十尺。爲獨島。

尔亦司島亦名阿尔色拾得島。 此島距赤道北偉三十四度丁分。偏東一百二十五度七分。爲高麗列島最向西南者。距西北角一里。有一獨峯。高一千九百三十五尺。此島自西北至東南長三里。西北東南兩界。各爲陡山。西面亦有陡岸。南岸山坡間有二村。自海面不易識別。村之向東者較大。 距此島北西五里。探水深四十八拓。海底爲碎蛤。距西面五里。探水深五十一拓。海底爲泥質。又距南面一里。水深四十拓。海底爲軟泥質。 距島西北角北面一里半。有三大露石。

自西至東。同在直線內。其露石居中最大者。能遠見二十五里。其三露石與尓六司島間。有一石相連。成大石行。

馬利列島。　距赤道北緯三十四度十二分。偏東一百二十五度三十分。有三島。曰馬利列島。其高頂能望遠北西與東西兩島。高約七百尺。西面者高三百五十尺。自尓六司島高頂。視馬利列島東面最高之島。為東東北之向。相距二十里。此三島有陡岸。附近亦有陡界。列島西北西相距一里至二里。有四大露石。其東西三露石。同在直線內。距東島北又東三分之向。最近者相距一里又四分里之一。稍遠者相距一里又四分里之三。最遠者相距二里又四分里之一。其三石居中者。有雙尖石頂。最高頂約六十尺。距此石西西北一里。又距馬利列島西北若北東北之向。為第四石。上面有平頂列島。西面相近處有數小島。

哈里押環島。全名為克雷格哈里押環島。此島距馬利列島東又南二分十二里。緯度距赤道北西三十四度十二分。經度偏東一百二十五度五十一分。島長二里半。頂稍平。中間最高處四百尺。距東面并西面。俱有一大尖露石。其東西距島四分里之三。都能自西南海面遙見二十三里。其石為某雷灣南口之標準。西面者距島二里。亦易識別。

磬列島。西者東者列島。距赤道北緯三十四度八分。經度偏東一百二十五度五十六分。又距哈里押環島東南四里。有兩島。高約五百尺。曰磬列島。二島相距甚近。西南面互相遮蔽。不能通見各水道。此島最易識别。其形與他島迥異。左拏石攫。怪石猙獰。絶頂為陡石崖。其形如雞冠。

茱雷灣。　距哈里押塌島與磬列島北面。約十五里。灣西面有刺草島。距赤道北緯三十四度二十二分三十九秒。經度偏東一百二十五度五十七分。昔有一英國兵船欲赴此灣。因見刺草島南面有鼓石所故繞刺草島北面行過。探水深十七拓。又十拓。又十一拓。又九拓。其船在刺草島中間之東面。相距二百拓。水深十一拓。海底為軟泥之處停泊。距此島東南面三里。有一最高峯。為門得里杜島。　茱雷灣內有大小高低各島。但其奇異之形。島內耕種者亦少。灣之東面。為勒格為勒峯。形如駝背。向西面為懸崖。距北峯十四里半。有墨克司為尔峯。其峯甚尖。距磬列島東北又東二分七里。此列島最東者。距赤道北緯三十四度十三分。經度偏東一百二十六度九分。曰為西尾島。自西南海間相距二十里視之。形如平馬鞍。

朝鮮國西南海岸。 朝鮮國西南海岸并相近之列島。西船尚未探明。昔有一英國兵船繞奇形如塔之溫司尔島。西稜向東南前行至某雷處。又有英國一兵船。已抵浿得司島東面二里半之處。又向東南前行。因偶發濃霧。擬近哈里押塌島泊船。因近岸深十九拓。海底為粗砂和蛤。且無避風之處。故又向東北前行八里。於西島成澳之處停泊。其島曰甯洛列島。泊船處西南面亦無障風之處。東北面又有一窄水道。仍無隱險。自此泊船處視磬島。為南偏西之向。相距七里。是兵船於此處敵受東東南之大風。終二日而不息。停泊之處海底為砂和蛤。間有石底。澳內有教林澳之西面。又有兩小澳。其間水道深五拓。海底為泥之處。不過大之船可避風。島間亦有滑淺水。此泊船處雖不盡穩便。若適值昏夜。或霧日。可暫泊船。此間潮漲向東北。退向西南。朔望漲八小時二刻 若有法國兵船。繞某雷灣北列島間行過。不特抵高麗海岸。是兵船於西八月初二日自哈覓尔登港開行。擬向西北前行。抵高麗之海。岸適遇逆潮。且風向不七。力亦甚小。抵北緯三十四度十一分。偏東一百二十六度二十九分。半。遇一大礁。探得深淺相同。俱深過十六拓。既而傍夕前行。至北緯三十四度三十二分。徑度偏東一百二十六度。又遇一大淺礁。因此間無可通之水道。故仍旋船

而過為西尼島之東面。復自此向西前行。而過磐島窜洛島間之水道

背得列島。 此列島有五小島。并数露石。成一方形。各面長九里。其北面之島甚窄。長一里。高二百尺。此島距克尔柏尔島高峯。北偏西三十里。其向不易行過。東面有陡露石。北西西面近小島之處。有盛石行。又距列島南面有奇形之石。曰乃尼賓石。 近背得列島北面處。潮漲退流行之力甚疾。半漲時潮力流行為東東之向。凡船往返。皆應近北西之島行過。然後直向東或直向西前行。自東西視此列島。南北排列如屏。居中者為最大。

克尔柏尔島。 距朝鮮西南岸各列島稍遠。有大島如蠶繭。自東東北至西西南。長約四十里。闊約十七里。曰克尔柏尔。海岸向大澳甚少。東北一帶多耕種。

山田高二千尺。多松柏雜樹。其最高者為枷克蘭島。計高八千五百五十八尺。上有叢林。島之北半并東半。山成圓錐形者多。惰高五百尺至八百尺之圓錐山頂。有數礮臺。　島之北岸中界。有曠大平原。東面有一平面。較平原稍高。此間有一城。臨海。長一千五百尺。城堞間有七臺。　克尔柏尔島之東角。名曰登答。四角距舌北二里。有波弗得島。亦名牛島。此島與城向近北岸之處。探水深淺不一。深六拓至二十七拓。島之南岸與北城相望之處。亦有一城。城西有一小澳。澳外有兩島。最向內者為琥珀島。向外者為波尔納得島。其西面為力圪生島。其東面相距甚近者。為馬根島。稍遠周圍有石行者。為巴鹿島。此四島自西至東。長約八里。距克尔柏尔島一里至二里。克尔柏尔南岸之西界。有一陡山伸入海曰羅尼山其東面有一大澳澳内距陡山東北二里周圍有石行者為馬利押島距陡山南面一里有一綠島周圍有石行曰巴尔羅島南面四里有印佛得島二島俱平而低距巴尔羅島西偏北二里又距羅尼陡山西南二里有色麻郎石 克尔柏尔島南面水流行向東北甚疾咸豐十一年西五月間有一西船當東南与大東風時一晝夜間為潮力推向東北三十里 琥珀島間易得淡水巴尔羅島亦可得淡水但無稳便泊船處（泊船處克尔柏尔島与波佛得島）以南澳之東半為稳便泊船處其間水道闊二里潮力流行向南甚疾近北岸城間亦有泊船處惟西北風作起時即須開行克尔柏尔島西角与伊登島間亦可避東南西各方之風若遇北与西北間之風即可向下風面開行近琥珀島及克尔柏尔南岸与城相近之處停泊惟西南与東南間無障風處若風浪陡作不能開行

朝鮮南岸　朝鮮南岸。自西面枯泊港與新屋島起。至東面黑石勒島與域列石止。其東西二影。約有百餘大島。高三百尺至二千尺。各列島有居民。當三分之二。小島約二百有奇。隱險甚少。各島沿海為陸影。西六月間曾於列島東西兩處察寒暑表中數為七十五度。夜較晝降三度。西七月間察寒暑表中數為八十度。因天空多濕氣。故熱度減少。春夏間風向不一。又此列島有居民處可得淡水。

枯泊港　枯泊港以都有覺悟司令與愠得尔兩島。港北有一帶群山。形如鋸齒。覺悟司令島東北角為測量處。緯度距赤道北三十四度十七分二十秒。經度偏東一百二十六度三十五分二十八秒。此間不甚熱。惟都若能見鋸山高二千三百二十三尺。至一千六百四十三尺者。自北偏東至南偏西。長二里餘。即可知此港方向。凡赴此港。可自東面覺悟司令与恆得尔兩島間行過。復前行。能見恆得尔島間二角。一爲東偏北又北三分之向。一爲東南偏南又南三分之向。即可泊船。外此大潮時。流行速率五里至六里。準此停泊。可避潮流行之力。

格里登列島。　覺司令島以南。隔一水道。闊一里半。深十七拓至二十一拓。有格里登列島。大島有四。小者甚多。四島最北而高五百五十六尺者。自東面視之。如一帶平頂山。南脹有一奇形陡石崖。高四百尺。最易識别。曰克里克尼可尔島。　列島最東。自南至北長五里者。分爲二段。中有窄頸相連。島之北半東角。高一千八十四尺。并有乱山。曲折向西。高九百十九尺。窄頸以南有一陡峰。曰哈尔弗得峰。高一千一百四十八尺。又有群山。自此曲折向南。列島中最大者。僅高五百二十五尺。東南面有两澳。潮退盡而涸。列島西南者。与中島間之水道。闊約二百拓。列島南半多叢林。自東南視之。甚易識別。山頂最高者。一千二百七十三尺。山之西南角盡界。曰疾潮角。自此角又有一平頂山蜿蜒向東東北二里。稍向東。又有人乳山。高九百五十六尺。列島最南者。自南至北長一里。南半闊一里。曰港門島。多叢林。最高之頂。五百二十五尺。南面甚陡。島之北半。高二百八十三尺。為陡嶺。

格里登港　格里登列島間。有格里登港。可避各方之風。凡向此港行者可自南面列島之最東者。与港内島間之水道行過。此間有陡界。又距列島最東者之北角西北半里。有高三百三十九尺之條小島。島与角間為港之背。其間有二灘盡石。一距東島之北角甚近。曰南姊妹石。一距北西四分里之三。曰北姊妹石。條小島与南姊妹石間之水道。闊四分里之一。凡直向西行經此水道。可距條小島百拓之處前行。俟斜視條小島為北偏東之向。即可向南西之泊船處而行。及視克里克尼可尔島与條小島西面稍相離為北向。又斜視哈尔弗得峰為東南偏東之向。探得深十拓至十二拓之處。即可泊船。此間海底受錨甚牢。昔有西船於此停泊。以避東南大風。

新屋島門達為勒島　距格里列島西偏東十一里。有平頂島。高三百十四尺。

曰新屋島。四周有陡石崖。各面俱深二十八拓至三十拓。距新屋島東偏北十五里。緯度距赤道北三十三度五十九分。經度偏東一百二十六度五十七分。有門達為勒島。高一千四十一尺。廣約一里。自西面視之如圓山。東北面有長角。島岸頗陡。北面與岸村中居民約三百口。凡自西面向哈寬尔登港前行者。此二島為必由之徑。

哈寬尔登港　距克尔柏尔東北角東北偏北又北二分。三十八里。有兩大島。曰南吼列島。距西島北角甚近。東南西角間有小島。為測量島。列島間甚穩便之泊船處。為哈寬尔登港。列島東南為此港闊口之處。南吼列島有陡岸。且較相近各島稍大。故此港易於識別。若不從東南面視之。則兩島混而為一。測量

島內可修船。亦可得淡水。潮信：哈喀寬尔登島朔望日潮漲於八小時二刻，大
潮高十一尺。若夌南風較高於夌北風時二尺至三
尺。窄水道間潮流行速，行船法：程南南巽列島周圍有陸界，甚危險。自東南面
牽甚疾入港內則無力，就之更為穩便。但距測量島以東二百拓港口向有
一隱石，曰薩勒生石，距水面七尺。此外並他隱險。隱石以外有陸界，凡行船
者，未能視鼻頭角与三角峰成直線時，應視各樹与測量島北面稍相離，即
可避薩勒生石。自薩勒生石視鼻頭角与三角峯成直線，為南西南之向港口
內各處皆可停泊。海底受錨甚牢，然泊久又起錨不易。 凡曲折強行入此港
者，尤須加意近港口。北岸有陸界近測量島北岸，灯海底為斜坡，尚屬穩便。惟
淺角處有淺灘，向測量島西角鋪至水道中界，兩深三拓及距淺角二百拓至
三万拓之處，僅深二拓。哈寬尔登港北面之水道闊二百拓，船體入水不甚深
者，當天氣晴明，風力稍緩時，可以行過。近西岸處有小半潮石，東岸有一石行
廿間水道僅闊七百五十尺，底有石，行与兩島相連。當石行處恰為水道中界
稍向西為窄水道最深處。大潮退盡，深約十二尺。若自陸岸來風，行於水道北
面兩島間約与並風時同。又距北水道口東角東北偏北又北二分七百拓有
薩木郎露石，潮退盡時顯露。二石更向東北偏北又北二分七百拓，水深四拓。
除霧日昏暗時暮夜亦可入此港。值大東風時擬此赴港者，應先從港之南口
横向上風面候能見蚊列島与園錐島，即可駛向陸角將抵陸岸，即更向測量

霧前行。凡從淺灘經過時，愈行向北。風愈穩上風愈穩，因港間風向不一也。

圓錐島、蚊島。　距哈寬尔登港南四東東北三里。有三角形島，長四分里之三。其東北面中段。有奇形圓峯，高五百五十四尺，故名圓錐島。周圍有稜石崖。并有陡嶼。自此島至哈寬尔登港口前。有數陡小島。高約三百尺。曰蚊列島。附近為陡嶼。相距不遠，可行過。

哇克島。　距圓錐東北偏東又東二分。六里又四分里之三。有亂形石，高三百十四尺。東西二角稍長者，曰哇克島。更向東北偏東又東二分。距哇克島二里半，有二凸石。高於潮漲面約二十尺。距此南西百拓。又有數石行。

城列島、凸列島。　距哈寬尔登港口東面十四里。有城列島，為高麗南岸最南之島。值明朗時。能見朝鮮南海岸高山。惟北更偏東之向。不能眺遠。此列島為三陡石。高約三百尺。自南至北排列。東面与近南角之處。各有一小島。

城列島之西北。隔水道闊約一里。深四十四拓。有兩島。曰乃列島。距二島以東一里。有小島。約高六十尺。形如削成。二島向南者。有尖峯如圓錐。高三百三十三尺。西面為陡界。有亂石。自南角向東南伸入海半里。潮漲即隱

色尔勒島　距乃列島北偏西十二里又四分里之一。有色尔勒島。高七百十四尺。距山頂以下四百尺。有村落。島間有馬鞍頸。非風平浪靜時。不能近岸距此島高頂西南一里半。有一露石。高於潮漲面四十尺。又距高頂東南一里。有數相連之露石。

農夫島。距南吼列島東北偏北又北二分。七里半。有農夫島高六百三十五尺。近北角有一石。潮漲即隐。島周有陡影。上多喬木。高約三十尺。石為藁色。

樓克列島。亦名生樓克列島 列島為三。最東者有復夫峰。高一千有六十三尺。西島高七百八十八尺。自東至西長約一里。恰遮東中島与東島間水道之北西岬。水道深七拓。惟中島与東島內水道甚窄。僅深二拓。凡欲避北西各方之風者。可於中島以南半里。水深八拓之處停泊。西島之北西澳內水深六拓之處。可避東南与西西南各方之風。澳岸有大鎮。可得淡水。

布洛克島。距樓克島復峰東南三里。有五列島。為布洛克島中之最大者。上有居民。最南者高五百十六尺。近各島周圍有陡影。俱有水道可通行。惟南島与中島間。計深二十拓。

馬鞍島。距叟峰中界。北偏西又西三分二里。有小島。高三百二十三尺。曰馬鞍島。周圍有陡界。

草堆島。距叟峰西北四里。有小島。高五百八十八尺。曰草堆島。自南面視之。形如圓錐。周圍有陡界。

秃石。距叟峰中界。東北又東二分九里。有秃石。其与黑石勒島間深八拓。至十五拓。

黑石勒島。距乃列島最高者。北偏西二十三里。爲黑石勒島最南之界。曰隔次角。有一帶叢林山。自隔次角。綿亙向北。至黑石勒島。高一千三百八十一尺。

距隔次角北偏西又西三分一里半。為枯泊頭。有澳長約四分里之三。大潮退盡時。澳内尚深四拓。近隔次角之處。可傳泊。自此處視尧石。恰与隔次角相遇。若发南東南与北西北间各方之風。此间泊船。不甚穩便。　自枯泊頭起至相距四里。哈尔為角之處。列黑石勒島北岸。即曲折向北西北。距此段海岸对面半里。有三島。其最向北而大者。高七万六十七尺。曰推鹿兒島。此島与陸岸间。為黑石勒澳。推鹿兒島与南面島间。為澳口。闊四分里之一。澳内水深四拓之處可傳泊。自此處視胡白島山高頂。与澳口成直線。又視推鹿兒島東北影。恰与哈尔為角相遇。

企望頭。原名西山。　距哈尔為角西西南七里。有華盖島。其与哈尔為角間之企望頭東面各澳。多小島。并潮漲隱石。不能泊船。約僅深二拓。距華蓋島東面有小島。形如馬蹄。距此島南偏東三分里之一。有一隱石。海浪隱約擊之。故能識別華蓋山南半。高六百四十六尺。其西面為懸崖。

自華蓋島起。企望頭西岸曲折向西北偏北。七里。北岸與西面之拗克蘭島間。水道闊二里。可避大東風。如已行過華蓋山。與北西之小島。相距一里。即應由企望頭。與西伯里尔登角相距半里之處行過。自此見有該小島。其最向北高十尺者。曰各尔島。距各尔島五十拓。水深七拓。及過各尔島南面不遠。即可向西偏北前行。約一里半。能視華蓋山高頂。與拗克蘭島東北角。成直線。水深十四拓之處。泊船甚穩

拗克蘭島。

拗克蘭島。高一千八百八十一尺。上多叢林。對面企望頭與此島

高等而無叢林。除南岸外。俱未探明深淺。西南岸有數沙嶼。

美觀列島。　距拗克蘭西南角不遠。有二島。樹木鼓叢。蒼翠欲滴。名曰美觀島。二島間水深十九拓。

胡白島。　胡白島。自東南偏南。長三里。闊約一里。頂高五百七十一尺。形圓如斗。距企望頭西北一里。為拗克蘭島東南角。距島角東南一里又四分里之三。為企望頭北尾。近島角對面小島與胡白島間之水道。闊一里。深十拓至十一拓。海底為泥質。島之東西兩面。深四拓。或五拓。海底亦為泥質。

三角形島。　距胡白島高頂西偏南三里又四分里之一。有三角形島。高三百尺。自周圍視之。俱有高尖峰。

皮兜列島。 列島有四。最易識別。互視方向。為東北偏東與西南偏西。各島又有相近之小島。距巴列島最高者。西北偏西二十里半。為皮兜列島居中最大者曰西士頗尔島。有長林。絕頂高一千有七十五尺。任自南北視之。尖如筆穎。最易識別。距西士頗兜島南角。一里半。高四百八十九尺。頂有尖峰者。為皮兜列島之西島。距南角二里半。高五百五十九尺。頂平。四圍甚陡者。為皮兜列島之南島。西士頗尔島。與皮兜列島最向北。高四百四十尺者。西向水道。闊半里。深十六拓。泊船處距西士頗尔島西岸半里。視其最高頂為南東南之向。水深五拓至八拓之處。可泊船以避東北與西南各方之風。

貫咸尔石。 距棲克列島雙峰西又北三分。五里。有貫咸尔石。其與皮兜列島間。有敖低島。高約百尺。周圍有陡界。

東中西三灰塵島。東島距草堆島西偏南又南一分。六里。高於潮漲面三十尺。中島距西偏南又南二分。九里半。高於潮漲面十尺。西島距西偏南又南二分。十二里半。高於潮漲面四十尺。周圍有陡畀。各島間有深水道

石崖島。距中灰塵島東北又北二分。約一里。有石崖島高三百尺。東面有平石。高於潮漲面六尺。

舍柏島。距草堆高頂。西又南一分。四里。有舍柏島高二百五十尺。附近陡畀。水深十一拓。

鼠列島。距西士頗尔島高頂。西偏南。九里。又距圓錐島。西北偏西。又西三分之一。十八里半。有鼠列島。遠視混而為一。附近之陡畀。深十八拓至二十拓。列

島東面小艇可穩泊。列島有高麗居民。

大小兄弟島。 有兩島。一高五百二十三尺。一高四百二十二尺。形勢略同。曰大小兄弟島。各有叢林。較他島石色稍黑。距大兄弟島高頂南偏西一里。又距東南一里。又四分里之一。有亂石。高於潮漲面十尺。故由大兄弟島南面行過者。宜相距二里。

物伯司得島。 距大兄弟島北偏東一里。有物伯司得島。自西東視之。高頂劈分為二。最高者出潮漲面四百三十五尺。

可隱島。 距大兄弟島北面。三里又四分里之一。有可隱島。高二百十四尺。距此東西百拓。有一石。潮退盡時。海浪擊之。近東南角有一斜坡石。又距西偏南。

三分里之一。有一平石。高於潮漲面十尺。

可倫島。　距大兄弟島北西五里。爲此各列島間最易識別者。曰可倫島。有二高頂。北頂高一千五百三十七尺。上面稍平。南頂稍低。高一千一百四十六尺。形如兩乳。島之東面山脈爲斜坡。西面甚陡。東南面相近處有三低小島。近島處不能停泊。

得格勒斯島。　得格勒斯島。自東東南至西西北。長六里。闊二里餘。其与可倫島間。有穩水道。闊約半里。深八拓。至十拓。海底爲泥質。可倫島東北岸爲陡畧。可就近行過。得格勒斯島之西南。有一澳。海底爲泥質。內有數石小島。潮退盡時。澳內泥灘。自石小島最向外者。鋪入水道。　得格勒斯島。与拗克蘭島形相似而較低。高七百九十四尺。西南角之西面甚陡。高五百十六尺。東南角高六百有五尺。又東南面有數沙嶼。対岸有六島。曰小條島。

克柏尔島。距得格勒斯島最高峰。東北三里。有島頂稍平。高七百尺者。曰克柏尔島。北面為陡石崖。東南角与得格勒斯島之東角間有三小島。附近水深十七拓

飽克島。此島与克柏尔島同形。与得格勒斯島北角間成一水道。闊一百五十拓。深十六拓至十八拓。

漁翁石。距飽克島高頂。西又南一分。一里半。有潮漲滿最險之隐石。曰漁翁石。附近水深十六拓。居民於石上立標桿為記。

南北點列島。　此列島為魚貫小島。自北偏東至南偏西。長約四里。南點列島自北偏東至南偏西。長約二里。平頂高約百尺。最向南之小島。為橢圓形。距可倫島高頂北又東三分四里。小島以西。自十三拓。漸淺至五拓。距列島最向北者以北百拓。有一石。潮退盡即現。　北點列島為四小島。与南點列島間之水道。闊四分里之三。居中最高者一百四十尺。

脫累西島。　距鮑克島与克柏尔島以北。有脫累西島。自南至北。長四里。闊二里。其西岸有三峰。向北者高六百二十四尺。居中最高者。七百六十五尺。向南最矢者。六百四十八尺。島之北東二面。有陡石崖。近岸深九拓。至二十拓。

因生得島。（原名逐尼島。）　距南北點列島西面一里半。有因生得島。島分二頂。東面高一千一百八尺者。尖而易別。西面高一千二百七十尺者。頂稍平。如長嶺。

官島。（原名申希島。）因生得島以南。有官島。自東至西。長九里。最闊之處三里。近西角。有山高一千有五十八尺。其與官島相連處。為低窄頸。故自海面視之。似不相聯絡。（泊船處此此列島間。最穩便泊船處為因生得島与官島間之水道。凡由此泊船處前行者。應距官島以東半里。由高二百尺之孔島東面繞行。因此間甚深也。又有泥堆。自官島鋪入海二百餘拓。行時必須視可倫島高頂。与官島相離。若大霧昏塞。不能見可倫島高頂時。可視因生得島高頂為東北偏北之向。并視孔島与官島東北角恰相遇之處。可穩便泊船。）

十里壁島。 官島以西。距十里壁島間之水道。尚未探明深淺。但暴視之。似無危險。十里壁島東南至西北。長八里。闊四里。上有長林。居中有最高二峯。北峯高一千九百六十二尺。南峯高二千零三尺。距此西南角以南半里。又距最高峰以南有一石。潮漲即隱。

門得列梳島　距十里壁島東南角之東南。六里半。有門得列梳島周十三里。附近為陡壁。近中部有山。高一千一百六十七尺。近東南岸有山。高一千二百三十六尺。近西北岸有兩小島。自此距高十五尺之露石以北三分里之一。水深八拓至九拓之處。晴明天時可停泊。

鋸島。　距門得列梳島以西四里。格里登列島以東有三島。互視方向為北偏東與南偏西。居中最大者。高七百五十六尺。山頂形如鋸齒。故曰鋸島。　距鋸島北面半里。有士丹里島。其間水道尚未探明深淺。距士丹里島南角以西半里。有一石。潮漲滿即隱。　鋸島以南有洛卜剌島。二島間之水道。闊一里半。深十二拓至二十一拓。海底為泥質。距路卜剌島北角百拓有一石。潮退即現。

潮信

高麗南岸各列島間。朔望日。哈寬尔登潮漲早於枯洎港。哈寬尔登港為八小時三刻十三分。枯洎港為九小時一刻十三分。格里登港為九小時三刻五分。各列島間大潮高十一尺半。小潮高八尺又四分尺之一。漲時流行向東。退時流行向西。漲滿後二小時始流行向西。退盡後二小時始流行向東。 格里登港内。潮漲時刻不一。當南風時。漲早退遲。哈寬尔登港与企望頭間。潮力速率。每小時偶有过二里者。惟西面近格里登列島處。潮力速率每小時竟有流行六里者。且各島間叠浪極險。

米亞哥列島 臺灣与日本九州嶼南角間有一帶列島。先自西向東。復自西南向東北。或斷或續。最向西一段。為米亞哥列島。南界距赤道北緯二十四度。最西之界經度偏東一百二十度五十五分。北界距赤道北緯二十五度不分。最東之界。經度偏東一百二十五度三十分。米亞哥列島分為二區。西曰巴衛山東曰太平山巴衝分列十島有山者五餘平而低皆為珊瑚島周圍島形如帶以東珊瑚行列島间有窮奇島絕頂乱石攢空素無居民距窮奇島西西北有孤米山尖峰高七百七十尺餘為平頂

孤米山（一作姑米）　孤米山結珊瑚灰石之質所成樹木叢雜高低偃仰其色青蒼有四鎮市西岸一北岸二山谷向一埠頭建於北岸見有中國數商船停泊此處澳口甚窄而淺非大潮平滿時不能抵此埠頭又北西沙灘間天晴朗時可停泊　聞距孤米山西北偏西十里有淺甚險自東偏北自西偏南長三里昔有西船於西十一月十六日距孤米山西偏北九里自下風而視海浪如擊淺處為西偏北至東偏南之向距孤米山西南偏西約十里半時雲氣溟濛疾雨

如遇海浪甚高，天已向夕，不便遣小艇探試淺處，僅自申正二刻至酉正，能見叠浪。

過箭山与巴衝山　此二島間有數穩泊船處，如有詳細海圖，不難循至巴衝山之西，有黑頂登港。港面寬廣闊，惟多珊瑚淺，且淺界甚陡，有至自十五拓忽淺至十拓者。若天氣晴朗時，距水面五拓之珊瑚淺尚易識別。過箭山除北岸并黑頂登港以外，其餘各河口俱有石行連貫，不易入取淡水。過箭山之西南面木尔澳內河口尚深，可暫停泊，就舟中汲取淡水，毋須小艇轉運。過箭山之數泊船處，船體入水十八尺者可停泊修理。當東北恆風時，有兩澳可避風，亦能得淡水。惟距澳岸約万拓有最險珊瑚淺，宜謹防之。凡東北恆風時，由臺灣与米亞哥列島間向北曲折強行者能見甯奇島即不可更向東行因列島以北有淺灘且近島處較近臺灣岸處海水流行之力更自東而南趨近列島西半風力更烈又不易曲折強行

太平山　米亞哥列島東半五山一曰太平山一曰伊勒布一曰亞溯馬一曰可魯馬一曰駝島太平山與巴衢山間有兩小島一曰迷和拏島一曰他拉勒島聞此兩島與太平山北與西北西之石行相連為自東北又北以至西南向嘉慶年間有英國兵船名布勒為登司者為石行觸沈即以船名命此石行聞太平山以南有伊家馬島當測量米亞哥列島時未能識別此島　太平山之四周有珊瑚石行西面有亞溯馬島西北有伊勒布島北有可音馬島東北

有駝島。各島羅列珊瑚石行間。自亞溯馬西岸石行稍伸入海。又西有數處不相聯絡之珊瑚淺。近伊勒布島珊瑚淺遠伸入海。三里至四里。近島之西北有深水道。可達駝島。或抵太平山埠頭。可魯馬島西南岸。亦有珊瑚淺斜伸入海。船向北斷時向東西至駝島東南面。又距太平山北角。約十里珊瑚淺之東北亦有高礁石。當西南恆風時。駝島以內淺處泊船甚穩。即東北恆風時。亦可停泊。前測量時陡遇暴風。未能詳細探試深淺。出港駛行。未為穩便。且太平山東。亦多淺處。伸入水道。約五十拓。惟自南岸之東角疊浪處起。至西南泊船處止。防險尚少。然亦不可疏忽。又太平山間。無淡水與薪。且多危險。行船法程凡人自東北。或東面或南面。航來亞哥列島者。尤須加意。若值昏暮。珊瑚淺固難識別。且行草參差。既小微綠。更不易辨明。又各淺處俱為陡界。亦不能賴鉛錘探行。

凡自西南就米亜哥列島者先能見過箭山之遠高頂有叢林高約二千尺自各方視之每面不同又為近岸諸山所掩故不能詳測其高數列島之東南有亜當米司峰高一千三百尺凡準此就過箭山而能覩此島西界為東北偏北之向時即能見窮奇島為高陡之石小島測量至此天已將夕仍向前行因过箭山西北以至窮奇島一帶俱無危險。昔有英國兵船擬在此向測量自西面就米亜哥列島已过近南面之沙島海浪擊淺之處仍復向東前行擬見伊家麻島而後曲折繞行以抵北面之太平山行至次曉猶不能見此島因屬虛無嗣因風力甚烈遂旋船向西擬至巴衝山之下風面以避風已近此島沿東岸向南後沿南岸向西至中正始抵此島南岸珊瑚行之西南尾。自此處見有一行淺處向西南遠伸沙與沙島相連其南有水道可通布勒登澳深十三拓之寄泊船處澳內珊瑚淺界深十三拓至七拓。

布勒登澳。布勒登澳僅可泊船凡自西面向此泊船處行者已已窮奇即能見沙島因窮奇島與沙島直線以北不能行过故應距沙島南面一里向巴衝山西南角而行然亦刻須加意因沙島北角伸東北至西南有一帶珊瑚行也。

巴衡山珊瑚淺界。有高露石。曰南石。為淺界標準。巴衡山與南石間。亦有數淺
處。雖距水面五拓六拓不等。而水色甚清。瑩徹如玻璃。至距水面二三拓者。常
有海浪擊之。故各淺易避。巴衡山之低西南角稍北。有珊瑚石行。其間水道向
右入港者。為最穩。 凡自東面向此澳行者。險處俱易識別。如已能見巴衡山
可沿自南向東之淺處前行。及能見疊浪成犄角形。並能見布勒登澳之西南
角。近疊浪處之海底甚平。通此澳之水道。深八拓至九拓。近澳口深十四拓至
十五拓。若遇逆風。欲泊澳外。須先遣小艇探之。若欲入泊澳內。應抛一錨。遣小
艇為前導。次第移之。兼可緣纜而進。或不欲久停。仍泊澳外亦可。 布勒登澳
內。不易得薪。亦難得淡水。設有在此列島南面。猝遭風險。而不能再抵穩便泊

船處。故詳載赴布勒登澳之途程。

黑頂登港　巴衡山以西。為黑頂登港。布勒登澳與黑頂登港間。兩泊船處各有通行水道。但多珊瑚淺。巴衡山南面有數小澳。當西南恆風時。澳內可避風。而不能修船。已繞過巴衡山東北角。能見海浪擊淺處。則速向拏與他拉勒兩小島。俱易識別。若值昏夜。須謹避之。小島以北。有數隱險。昔有英國兵船於距二島十里水深七拓之處。視前面隱險甚多。遂旋船西行。　凡自布勒登澳向黑頂登港行者。於已過巴衡山東北面海浪擊淺之處。須向西行。盡島之長。而後繞西北相近之角。既過此角。即應沿海浪擊淺相距約一里之處。漸行向南少頃。即能見黑頂登港口。當東北恆風時。須曲折強行。以赴此港。港之北角曰

赫米尔登角近角有奇形凸露上有小石一堆距角一里餘有最險石淺登桅
俯視易於識別距角內一里水深十拓海底無隱險處可停泊此間周圍於是
陸岸更向內亦可停泊但多淺處　凡自西面擬赴黑頂登港者如已過過箭
山西北岸可繞衣薩島而向墨羅司角前行準此以入黑頂登港須繞至赫米
尔登角一里餘水深十五拓之處停泊此間有數處小潮時甚淺然登桅俯視
各淺俱易識別以船體當便亦可暢行東北恆風時此港甚穩西南恆風時多
颶風西南海面巨浪如山甚屬危險又此港有淡水并有可取木材港（自黑頂登港至太平
山行船法程）昔有英國兵船自黑頂登港之停泊處開行後曲折彊行向北
擬自迷初拏他拉勒兩低珊瑚小島之上風面行迎已過海浪擊淺處相距五
里之上風面忽探水祇深七拓復旋向西北而行兩小島間約有珊瑚淺與太
平山北面相遠　已抵近太平山之西南面忽遇雨雖隨遣小艇詳探深淺復

又稍向前行里水深十二拓之處停泊此為太平山与亞脷馬島相連珊瑚成間之四處當東北恆風時亦甚穩便若遇南風海浪極大不便泊船太平山西南角珊瑚行向最易登岸之處為長沙澳最近之石角距赤道北緯二十四度四十三分三十五秒經度偏東一百二十五度十七分四十九秒

琉球列島　距米亞哥列島之東北有琉球列島其最大者曰阿其筝哇島一名大琉球島。自東北至西南長五十六里。闊十里至十二里。民庶而貧北半高陵山巔多叢林。東北海岸陡而瘠。西北海濱一帶散乱無植物東南岸甚低。亦無耕種自南至西半面海岸略低平。率多農民周環小島。皆海中拳石耳。

阿麻其里瑪列島。亦名克拉馬列島　一名克拉列島　距大琉球南角以西。有四島。統曰阿麻其里瑪列島。一曰蓬馬和。一曰亞柯。一曰寄路馬。一曰陀卡嶼。四島之內陀卡嶼為最大。餘皆甚小。　道光二十九年間。有英國兵船抵此列島。按海國所載阿麻其里瑪列島。其數六。各島間為穩便水道。但駛行時曾見列島甚多。且水道內多石行。又是列島之最東者。与大琉球之西南向。有淺處。常有海浪擊之。

又距此島西西北之可果島以東。有額力沙白得石行。向東遠列五里至六里。

那霸港对面有數珊瑚小島。曰石行列島。一名奇列島。

那霸港。大琉球島西南岸之那霸港。為琉球國大埠頭港。分為二。一外一內。內港深二拓至三拓。港面雖不甚廣闊。亦可泊商船十五艘至二十艘。常入內收泊者。半係日本船隻。間有中國商船暨琉球小艇。外港泊船處東与南二面。有陸岸障風。其餘各方有珊瑚石行。以抵海浪。港底受錨甚牢。可以敵風。那霸港之南角。与亞比角為乱形。距二角以南約一里半。有小山。多叢林。故易識別。小山陸岸。環成一澳。有珊瑚石行。自亞比角向北排列。擁護此澳。珊瑚石行與亞比角間。為深水道。大船可行。自水道中界稍向外。又有珊瑚行。曰華石行。兩面俱可通行。若遇南風并潮漲時。即應由華石行以南之南石行行過。若風潮相反。即應由華石行以北行過。又水道北面之珊瑚行。曰阿尔石行。水道曰阿尔水道。亞比角之西南有石行。角北亦有石行。凡抵亞比角之对面處。即能見距鎮北一里半之吐買頭徒石山。及过吐買頭。又是一帶高山。向有三駝頂。自駝頂右面之樹林左畔。能遠見阿那達克山。此山距赤道北緯二十六度二十七分。自此稍前行。即能見奇形之石。曰盤車頭。又稍前行。即能見鎮北之石山巔。有白屋者。曰假盤車頭。盤車頭負背有湖底山。原名首里。琉球都邑。跨山脚

脊骨

淡水　華船河內有衆源為淡水且易登岸近吐買頭塚墓之處亦有淡水泉源但稍有海浪汎有大潮不能登岸

浮標　華華石行東西二界之中有黑浮標距西比角西西北石行之界有紅浮標河尔石行東南界有白浮標各標俱有同色旗幟操舟者準此前行即可順抵華石行南北兩水道北水道東西二面石行間各有木標作識本國商船向北駛都常由此水道

潮信　那那霸港朔望日潮漲於六小時二刻漲高五尺至七尺來潮信稍有不一

行船法程　凡船自粵者或香港當西南恆風時擬赴琉球者必經臺灣與福建間之水道後距福建臺灣北面之亞巴島克來格島挨金可尔特島相距稍遠之處行過因各島間多石行且近島之處海浪水流行之方向不一過此即應向和平山底牙吾蘇島暨勒尔島以北經過向東前行倏然見可米山則或北或南皆可暢行多聳石與相近之小島間亦可暢行但其間多石行距可密島以北之高峯北偏東又東三分之一十三里又四分里之一又距阿更亦島中界西又北二分之向有小石長四分里之一曰多西瑪石島高約八十尺為乱形有石一行自此島向北遠列一里弱地處又有數石行自多羈石分列約四百拓故由可密山以北經過者不宜逼近多羈

石。阿更六島南角甚陡，其形如劈，頗易識別。過此島以南而向東行者，早離是南面之阿麻其里馬列島并南東南之大琉球島。又前行即能見南與東面之石行列島，低而多沙，草木不茂，四周有珊瑚石行環之。當東北颶風勝，凡自粵省赴琉球者，如繞過臺灣南角，已免海水向北流行之力，即可沿臺灣東岸向北曲折强行，由可米亞哥列島與和平山之間行過。準此向可於可米山之或南或北行過。若由可米山以南行者，近阿麻其里馬列島北岸而行，亦無隱險。

當颶風期，應由米亞哥之南面而行，因北面水道不寬，難避風險。阿麻其里馬列島以南之水道，除實不尓石行外，無他隱險。距大琉球島南角西南偏南又南三分七里，有實不尓露石，周圍多石行。距大琉球島南角西偏北又北二分七里，有何尓石行，亦名沙島，稍出水面。

大琉球島南角亦名亞寄母角。凡自南面向那霸港行者，可先繞行亞寄母角甚近之處，然後大琉球西岸相距三里至三里半之處，由阿尓石行與西不尓石行以東行過而赴那霸港。

過南水道入那霸港行船法。穩過那過那霸港有三水道：華石行與亞比角石行南曰南水道；華石行與阿尓石行南曰阿尓水道；阿尓石行北面各石行以北曰北水道。凡過南水道者，僅能全見盤車頭，即應稍向亞比角石行石行，及至能見右面之駝頂，較吐買頭為東南又南二分之向，自水深七拓之處，即能過南水道并華石行之尾。過此即可繞亞比石行，相距甚近之處，而向假盤車頭北西北相距半里水深七拓之處停泊。準此赴那霸港者須

謹防英谷來尔淺處。自此淺視盤車頭為西又南一分之向，視南礮臺為北偏
西又西三分之向。道光十七年探此淺處，距水面一拓。二十六年又有法國兵
船探得三隱淺，一距水面二拓，一距水面四拓，一距水面四拓半。自距水面二
拓之淺處視亞比角為南偏西又西三分之向，視假盤車頭為東偏南又南一
分之向。自距水面四拓之淺處視盤車頭為東南偏東又東三分之向，視亞比
角為西南又西三分之向。自距水面四拓半之淺處視亞比角為西南偏南又
南三分之向，視假盤車頭為東南偏東又東三分之向。凡赴此港時，若風轉
自東來，不能向北前行，須視叢林山脈以外之樹與樟山成直線，或與樟山西
面相離。樟山頂甚最易識別。準此前行，可避阿尔石行之尾。前記假盤車頭
北西北相距半里水深七拓之泊船處，當大西風時甚不穩便。昔有英國兵船
於水深十四拓，海底為泥質之處停泊。自此泊船處視亞比角之嘴，則為西南
又南一分之向，視盤車頭為東偏南又南一分之向，較此處泊船更穩。都為巴
納池。巴納頭與盤車頭之石行向即巴納池口。凡入此口時，如已能視孔石之
北界，與湖底山以南之平面樹林成直線，即不可更就巴納頭，候能與壕角恰
自假盤車頭負背現出，為巴納池內穩便泊船處。咸豐三年間，有美國兵船
探此深淺，又得二淺處：一距亞比角西又南二分一里又四分里之一，曰勒新
登石行，距水面二拓半；一距亞比角西西南一里又四分里之三，距水面一拓
者。美國由南水道入那霸港行船法程，詳列於左。凡自西面擬赴那霸港者

應由阿麻其里馬北面行過。俟已过阿更六島，即可向東南前行，或北或南，以
過石行列島。但此列島西面及南面之石行分列方向，較图中稍遠。故駛行須
隨時測探。已过石行列島，即可向南東南之樹林山前行，以抵南面水道口外。
但不宜距口过遠，恐不能識別吐買頭南面之樹林与白塚。此林与塚為入南
水道口之標準。既已能視為東偏北又北二分之向，即準此向前行。俟能視外
樹林与亞比角成直線，即可避西南石，向吐買頭而行，以抵假盤車頭西与北
關相距半里之處。此水道雖較窄於阿尔水道，而過阿尔水道行船法達當
其向甚直，故行船不甚熟悉者，宜就南小道而行。當東北風時，擬入那霸港
者曲折，強行过阿尔水道，較穩於南水道。凡擬入阿尔水道者，應視假盤車頭
與湖底山以西第一劈裂處之右平面樹林成直線，依此向前行，可避華石行
之北尾。若未及視樟山与樹林山東面相離，則不可多行向南。如探得深十二
拓，即須旋行，仍準前法入港。俟已能視樹林山在樟山之右，即知已抵華石行
之東北，可向亞比角前行。與凡旋向阿尔石前行時，應謹防西南石与自阿尔
石行向有向東伸入那霸港之淺尾。俟將見外樹林与亞比角相離，即須轉向
而行。凡由阿尔水道或南水道以赴那霸港時，不可忘阿尔石行間潮流之向，
漲向北，退向南。值順風時，如擬直過阿尔水道，應視華船港內之島，適當南斗
二嶽臺之空處，準此可向東南又東二分前行。俟能視盤車頭為東向，即偏
可旋向東東北，如上法。稍以至泊船處。華船港間之島樹木蔚然蒼翠北

水道行船法揔北北水道以西石行以東有石淺故北水道甚窄潮漲滿時露石甚多非熟悉者行過甚難凡擬由此水道入那霸港者應視假盤車頭東面第一小山与南面一帶山間之奇形山成直線為南偏東又東二分之向望山前行俟斜視吐買頭為東又北二分之向即應稍偏南而行以避東面石行過此即可隨意停泊　凡東北恆風時自那霸港開行者應繞過大琉球島之南角因門谷墨里列島間不便曲折强行與此列島有五周圍有石行向東洋探深淺當南風時擬自大琉球島開行而赴彼念列島者應繞行琉球島之北船既過此島即可順流而北向東前行

深澳　大琉球西岸有大澳西与西南無障風處測量處距赤道北緯二十六度三十五分三十五秒經度偏東一百二十七度五十九分四十二秒澳首弩古鎮对面相距半里即便泊船且西与西南方三風不常有即偶有之海浪亦不甚大　兵澳首之陸岸多農民有最大兩鎮一曰弩古一曰莫土卜

蘇柯島一曰西提島　距大琉球西北岸約四分里之一深澳以北有蘇柯島東岸

与琉球島間。有泊船處。可避東方風。加併可得淡水柴薪。南北兩面皆可通行。蘇柯島南角冒石行向南東南列入海約半里。以護泊船處之南面。又距深澳南岸數里之處。泊船亦穩。

恩定港。一名墨尔福里港。大琉球西北岸有一陸岛伸入海五里至六里。近古之界有小島。此島与東面貴島間。為恩定港口。距港口西面約十二里。有伊挨島。稍低而平。東角有圓錐峰。高五百六十一尺。曰糖塔山。凡擬赴恩定港者。可以此山為行船準的。恩定鎮可得淡水。潮信 恩定港朔望日潮漲於八小時三十五分。高約八尺。行船法程 凡船自西面擬赴恩定港者。如已過伊挨島少北。可向東東南而行。及抵港口時。應先遣小艇往石行間設立數標。因此水道闊不及百拓。凡船體入水過深者。必須先行設標。始可循行而入。凡擬入此小道者。先應向貴島西岸前行。俟射視洗里石与遠處之渡山成直線。為東南又南二分之向。準此前行。及射視燈筒石為南又東一分之向，即應向煙筒石前行，又斜視蘭進角為西南又西二分之向，即向角而行，以抵恩定鎮之相望處停泊。此間有陸岸環之，可障各方之風。惟停泊時須防蘭進角向北伸入港內之石行。

沙澳。距恩定港東東南約八里，有陸岸環抱之沙澳，澳口有石行，中國商船可入，西船入水過深，礙難行過。石行以內深八拓至十二拓，海底為軟泥，澳之南岸，有產煤處。

伯羅澳。大琉球島東岸中有大澳，曰伯羅澳，距大琉球島南角約五里，有珊瑚一行，向東北遠列，而至壹岐島之東北角。珊瑚行內，有數小島，除昔大卡島東北角對面之小島，與大錦島向之水道，餘皆係珊瑚行，無水道可通。伯羅澳東南角，近壹岐島處，不能避風浪，惟壹岐島與哈納低島西面水深十五拓之處可泊以避風。除此澳以外，大琉球東岸無泊船處。

琉球國東南各島。　凡自臺灣東岸，向波念与馬利亞納列島間駛行者，極須加意。因此向石岐等處經緯度尚未測明，暮夜更宜詳察。

北波羅低那列島。　南北兩波羅低那島互視，一為北東北，与南西南之向相距四里。其最南大而低者，自東至西約三里，為珊瑚島。其上草木叢生，中峰距赤道北緯二十五度五十二分，又四分之三。經度偏東一百三十一度十二分又四分之一。南岸有石一行，遠列入海。約無可泊船處。北面島之北角有一稍高頂，向海之面有斜坡。

比式柏列石。　嘉慶初年，曾有人見此石，測得距赤道北緯二十五度二十分。

經度偏東一百三十一度一十五分

拉薩島　嘉慶十二年嘗有人見此石及二十年有法國暨呂宋兵船曾抵拉薩島測得自西北至東南長約四里至五里。低而陡。多樹木周圍有石衔距赤道北緯二十四度二十七分。經度偏東一百三十度四十分。　又聞距赤道北緯二十四度三十五分。經東偏東一百三十四度。有一低島。長約六里。白除嫛得里克島。其經緯度未曾詳細測明。疑即拉薩島之誤。

大琉球島北面各列島　自大琉球島以北至距赤道北緯三十度五十一分有一帶列島。其間穩便水道甚多。但圖不甚精。須隨時詳察。不宜膠柱。道光二十六年。有法國兵船沿此列島行過時。稍加測明。惜未補闕。

友利島。一名玖羅島。友利島中點。距赤道北緯二十七度二分。經度偏東一百二十八度二十五分二十四秒。

也拉布島。一名武進島。昔剛此島南峰。距赤道北緯二十七度十一分。經度偏東一百二十八度三十一分三十四秒。高八百八十九尺。道光二十五年。伯剛得緯度距赤道北二十七度十四分。經度偏東一百二十八度三十三分。

卡奇路馬島。一名陀見島。又名冠冕島。卡奇路馬島南面最高峰。距赤道北緯二十七度四十四分。經度偏東一百二十八度五十九分。高二千四百六十一尺。自南至北長十四里。自東至西廣七里。北峰高二千有三十四尺。西北面有一鎮。以上三島多樹木。亦有居民。

依阿島。一名硫礦島。　距赤道北緯二十七度五十一分。經度偏東一百二十八度十四分。有火山高五百四十一尺。曰依阿島。嗣又測定經度。為一百二十八度十九分。

阿何島。一名港島。　大琉球與日本間一帶列島最大者為阿何島。亦曰港島。北角距赤道北緯二十八度三十一分四十秒。經度偏東一百二十九度四十分十二秒。南角距赤道北緯二十八度六分三十秒。經度偏東一百二十九度二十二秒。自東北至西南長約三十里。多農民。南半有二峰一高一千六百七十四尺。一高一千四百二十尺。咸豐六年。有美國兵船在此測量。據云此間多澳。俱為陡岸。可得淡水。米薪。島之北半與南半相連處為低頸。故自遠視之。形如二島。北角有隱嶮向東北偏北伸入海二里半。隱內間有兩露石。北者高八十尺。

阿何島南角與卡吐納島間。有窄水道。闊半里。水道西口內卡吐納北角間之溫生司嶼內可停泊。但入此水道。須預拋錨。因海水流行之力甚疾。且水道較窄。闌信。溫溫生司島。朔望月潮漲於五小時二刻。高五尺半。

旗閘島。距阿何島北角東南十五里。有旗閘島。自北東北至南西南長七里。有居民。頂高八百六十七尺。距赤道北緯二十八度十八分。經度偏東一百二十九度五十七分半。

日耳曼敵石行。咸豐九年。西三月二十三日。有美國兵船名日耳曼敵者。由阿何東南面曲折強行時。誤擱此珊瑚淺。即以命此珊瑚石行。測得距赤道北緯二十八度十六分經度偏東一百二十九度五十八分自石行最淺距水面六尺之處視旗開島最高之形如階級者為東北又北一分之向相距六里至七里又探得珊瑚行自北東北至南西南闊約半里長約一里　距石行中界以北二里六有淺處石行間約有一深水道登桅末俯視能見旗開島之東南與西南兩角各有石行列入海一里至二里　按美國海圖曰耳曼敵石行距旗開島西南角南偏西又西三分二里又四分里之一又距此南面一里半有馬尔夫石行泊船處有昔有美國兵船在旗開島以南距岸一里又四分里之一水深二十五托海底為珊瑚雜蛤貝之處停泊自此處視旗開島東南角為東南偏東又東二分之向視西南角為北又東二分之向此間潮流行甚加滚自西与西西北間退自北東北与東北間水面流行速率每小時約二里水面下流行較疾一倍

三畝列石。一名馬士多年石。道光三十年西十二月初八日。有商船過此列島。則得距赤道北緯二十八度四十四分。經度偏東一百二十九度三十八分。列石最高者。約二十尺。西面有二低石。不相聯絡。其間亦有石行。距石行西北二十五拓。深十二拓。及相距半里。則深淺不一。自十五拓至二十二拓之間。海底為珊瑚質。其深淺不一之處。恆激成疊浪。

林士可登列島。一名色西尔列島。自距赤道北緯二十八度四十九分至三十六度六分。自經度偏東一百二十九度至一百三十度三分。有一帶列島。曰林士可登列島。

尤可島。一名阿格尔島。距赤道北緯二十八度四十九分。經度偏東一百二十八度五十九分有一島。首為大山。曰尤可島。高一千六百二十三尺。距此島北面約一里。有小島。曰卡米那納島。

安卡拉島。一名拍勒尔島。安卡拉島。距赤道北緯二十九度八分。經度偏東一百二十九度十一分。高八百八十五尺。

洗馬戈。亦名枯泊列島。洗馬戈。為四小島。最高者七百三十八尺。距赤道北緯二十九度十三分。經度偏東一百二十九度十九分。距此東又北二分三里。為四列島之最向東者。

西規西。一名乜木郎島。西規西島。高二千一百八十四尺。距赤道北緯二十九度二十七分。經度偏東一百二十九度三十五分。近此西北又有一小島。

餘洼島。一名亞樓米低士島。餘洼島。為火山。高二千八百有五尺。距赤道北緯二十九度三十八分。

非拉島。一名險島。距蘇洼島西西北。有非拉島。高八百七十九尺。距赤道北緯二十九度四十一分。經度偏東一百二十九度三十一分。

拏克島。一名高島。拏克島。高三千二百八十七尺。高峰距赤道北緯二十九度五十三分。經度偏東一百二十九度五十分。

大西比島。一名登苔司島。大西比島高一千八百二十尺。高峰距赤道北緯二十九度五十五分。經度偏東一百二十九度三十二分。近此西北。又有一小島。

小西比島。一名福尔卡特島。小西比島。高九百八十四尺。距赤道北緯二十九度五十三分。經度偏東一百二十九度三十六分。

苦樓那島。一名也拉保武　苦樓那島高二千一百十六尺。其最高頂距赤道北緯二十九度五十九分。經度偏東一百二十九度五十五分。

非拉列石亦名卜勒克石行又名拉柏林列島　非拉列石自東北至西南長約三里。最高者九十尺。距赤道北緯三十度五分。經度偏東一百三十度三分。

屋久島。日本音亞枯那島　非拉列石東北有大島曰屋久島。最高之峰曰摩陀米山。高五千八百四十八尺。距赤道北緯三十度二十一分。經度偏東一百三十度二十九分。自東西視之爲婆山。屋久島自南至北長十二里半。水道向赤楪旺。

種子島。日本音他風加島　此島向赤楪明闊頂爲平面。有叢林。南角距赤道北緯三十度二十二分。北角距赤道北緯三十度四十三分。其最向西處。經度偏東一百三十度五十四分。最向東之處。經度偏東一百三十一度五分。闗西岸有泊船處。併教鎮。

阿摩露石。一名邑里付石。闗此石為隐石。距赤道北緯三十度四十四分。經度偏東一百三十度四十五分。

牙路布島。一名拏家羅比島。此島有大山高二千有六十七尺。最高峰距赤道北緯三十度二十七分。經度偏東一百三十度十一分。自東東南至西西北。長六里。最闊處三里。

大克島。一名亞羅司島。此島略高。周圍二里。距赤道北緯三十度四十八分。經度偏東一百三十度二十四分。
宜波哥島。此島為火山。最高頂距赤道北緯三十度四十二分。經度偏東一百
三十度十七分。高二千三百四十五尺。
跎黑墩石。一名臥石。冬 咸豐十年。西正月。向。美國兵船始見此石行。最險處距赤
道北緯三十度四十一分。經度偏東一百三十度十九分。自此石行中最高十
八尺之處。視宜波哥島西南角。為西北之向。視東角為北又西二分之向。視大
克島東角。為東北又北二分之向。石行內亦有僅平水面而稍露者。此隱石與
露石向允方分列。約四分里之三。又有數石行。自宜波哥島東角列入海。約四
分里之三。亦有石嘴。自大克島東角伸入海四分里之一。

三石。一名鳥石。　三石爲三小島。居中者高二百二十三尺。距赤道北緯三十度四十五分。經度偏東一百三十度五分。其餘二島。高亦相埒。

枯羅島。　枯羅島。高二千一百三十二尺。距赤道北緯三十度五十分。經度偏東一百二十九度五十五分。

摩利生列島。一名英格速爾列石。又名拉爾納列石。　此島爲八列石。自東北至西南長五里半。最高者距赤道北緯三十度五十一分。經度偏東一百二十九度二十六分。高四百四十六尺。天色晴明時。相距二十里即能見之。

風候氣候。西西南恆風。經過琉球而至日本國南岸。併波念列島。咸豐四年。西五六月間。救美國兵船在那霸港停泊時。常有西南恆風。西七月間。風轉爲東南向。西八月間。風向風力不一。間有烈風大雨。西九月朔。始有東北恆風。美國兵船至初七日開行。前數日常有此風。亦間有西北大風。併多大雨。西四月。波念列島間。風向皆不一。西六月間。風向爲南與西向西九月間風向為北与東間西十月間自颶風。風臺湾与波念列島向。琉球島至波念島一帶。多遇大風天氣亦惡在颶風轍內。颶風移向西時罕入日本境界。日本海內颶風之轍大約為東与北之向。自西五月起。至西十月止。為颶風限期。近波念列島西十月間。颶風較多於他處。

**圖書在版編目（CIP）數據**

海上絲綢之路文獻集成. 歷代史籍編. 第四輯. 第一卷 / 范金民主編. --福州：福建人民出版社，2023.8
ISBN 978-7-211-09070-9

Ⅰ. ①海… Ⅱ. ①范… Ⅲ. ①海上運輸-絲綢之路-史料-彙編 Ⅳ. ①K203

中國國家版本館CIP數據核字（2023）第072989號

審圖號 GS（2022）4637號
本書有關內容和地圖僅代表作者個人觀點，不代表官方立場。

**海上絲綢之路文獻集成・歷代史籍編**（第四輯 第一卷）

主　　編　范金民
責任編輯　莫清洋
美術編輯　白　玫
出版發行　福建人民出版社
電　　話　0591-87533169（發行部）
電子郵箱　fjpph7221@126.com
地　　址　福建省福州市東水路 76 號
經　　銷　福建新華發行（集團）有限責任公司
印刷裝訂　上海盛通時代印刷有限公司
地　　址　上海市金山區廣業路 568 號
電　　話　021-37910000
開　　本　787 毫米 ×1092 毫米　1/16
印　　張　276.75
版　　次　2023 年 8 月第 1 版第 1 次印刷
書　　號　ISBN 978-7-211-09070-9
定　　價　3600.00 元（共 9 册）

# 海上絲綢之路文獻集成

總主編　陳支平　陳春聲

## 歷代史籍編

112

主編　范金民

福建人民出版社
海峽出版發行集團
THE STRAITS PUBLISHING & DISTRIBUTING GROUP

国家出版基金项目
NATIONAL PUBLICATION FOUNDATION

# 本册目次

# 廣東海防彙覽四十二卷（卷一至卷三一）

〔清〕陳鴻墀等纂

《廣東海防彙覽》四十二卷，清陳鴻墀等纂。鴻墀字範川，浙江嘉善人。嘉慶十年（一八〇五）進士，道光間主講廣州越華書院。是書係鴉片戰争前廣東海防資料彙編，由廣東督撫衙門組織鴻墀等，廣蒐檔案、書籍，加以甄别，分門别類編成。不惟備載軍事史料，有關外貿、外交史料，亦多涉及。據上海圖書館藏清道光間刻本影印。

# 廣東海防彙覽職名

總裁

歷 太子太保兵部尚書兼都察院右都御史總督廣東廣西等處地方提督軍務兼理糧餉世襲一等輕車都尉臣盧　坤

兵部尚書兼都察院右都御史總督廣東廣西等處地方提督軍務兼理糧餉臣鄧廷楨

太子少保兵部侍郎兼都察院右副都御史巡撫廣東地方提督軍務兼理糧餉今任刑部尚書臣祁　𡎴

兵部侍郎兼都察院右副都御史巡撫廣東地方提督軍務兼理糧餉臣怡　良

監修

前任廣東等處承宣布政使司布政使臣吉　恒

廣東等處承宣布政使司布政使今任都察院左副都御史臣鄺　濤



廣東等處承宣布政使司布政使臣熊常錞

廣東等處提刑按察使司按察使今任廣西布政使臣李恩繹

廣東等處提刑按察使司按察使陞任山東布政使臣王青蓮

廣東等處提刑按察使司按察使臣喬用遷

督修

兩廣都轉鹽運使司鹽運使陞任陝西按察使臣李振翥

原任兩廣都轉鹽運使司鹽運使臣梁恩照

兩廣都轉鹽運使司鹽運使臣陳嘉樹

提調



廣東督糧道陞任山東鹽運使臣鄭開禧

前署廣東督糧道候補道臣洪錫豫

原任廣東督糧道臣朱遠吉

廣東督糧道臣王　篤

總閱

分巡雷瓊兵備道臣董國華

采輯

分巡南韶連兵備道調任河南糧鹽道臣蔣明遠

分巡南韶連兵備道臣楊九畹



原任分巡惠潮嘉兵備道臣李本榆

分巡惠潮嘉兵備道臣王貽桂

分巡肇羅道臣王雲錦

分巡高廉兵備道臣吳秀良

分巡雷瓊兵備道陞任長蘆鹽運使臣王　鑄

前護理分巡雷瓊兵備道事韶州府知府臣張堉春

前署廣州府事今任山東曹州府知府臣潘尚楫

廣州府知府臣珠爾杭阿

前署韶州府事原任高州府通判臣陸向榮

前署韶州府事原任南雄州知州臣吳毓鈞
前署韶州府事原任惠州府同知臣易長華
前署韶州府事潮州府同知臣郭際清
韶州府知府臣周壽齡
前署惠州府事候補知府臣余保純
惠州府知府臣楊希銓
前任潮州府知府臣覺羅誠善
潮州府知府臣易中孚
前署肇慶府事候陞知府臣姚柬之



肇慶府知府臣蘇登額
前署高州府事直隸州同知臣敦泰
前署高州府事候陞知府臣諸鎮
高州府知府臣王朝綱
原任廉州府知府臣厲同勳
廉州府知府臣文禧
雷州府知府臣高澤履
署雷州府事羅定州知州臣秀山
原任瓊州府知府臣富爾崇阿

瓊州府知府今任湖南按察使臣王藻
瓊州府知府臣明誼

纂修

原任內閣中書前編修臣陳鴻墀
候選訓導臣梁廷枏
合浦縣教諭臣曾釗
舉人臣林伯桐
信宜縣訓導臣吳蘭修

收掌



開建縣訓導臣熊景星
候選訓導臣謝念典

校對

舉人臣朱鳳梧
生員臣周禮
生員臣陳樹屏
生員臣梁國璸
生員臣李通言

繪圖

舉人臣儀克中
生員臣何元棠



凡例

一粵海三路說昉明中東指惠潮中屬廣州肇高廉雷瓊五管毗連並居西境自乾隆丙辰西路首裁上下爰創四路之名逮嘉慶庚午東路踵繼區分聿著五路之目然巡防宜清段落而編纂必戒紛繁茲溯據開宗沿稱舊段稽諸載籍如編圖籌海要紀方輿皆潮始瓊終東先西後允當援爲第次紹厥規繩庶披指掌之圖經循列眉之紀載兩無牾牴一雪狐疑



一范逢時圖溫處海防多憑署牘顧炎武書郡國利病亦羼公文兩浙續編批答奏章彙採平播紀事咨移牌票齊登茲編畧古詳今舉新證舊史乘而外罄敘官書例則所存旁搜吏籍先舉省政之專用次及海瀣之通行凡上達之章下頒之令挨年順月件繫條分痛刈宂閒朋歸簡凈又海洋專政督部攸司時有會銜統諸首列固可因文見義益知揭本引綱

一外臺秘要太平廣記諸書摭萃叢編沿源作者

今引用羣籍仿列書名節取數言因標典據詳畧互著審定去留開見異辭量增考證一事而兩門可入繫在至先有條而無類可歸存諸附

按

一艅艎以火攻制勝遠近並取衝堅江海以水陣團操深淺均資利涉然非乃審厥象曷令各奏爾能今則薰煙噴藥之方伏浪泅波之具以及拋船泊澳分隊合䑸逐繪形模暢徵圖說昔籌海編客描兵仗傳信錄細寫舟車溯厥權輿依爲矩矱



一古今地志首載端在圖經島嶼遐區指點率憑繪畫顧羣書動牽數省一圖綜括寰瀛於沿海之港汊多疏實偏隅之邊幅有限今自潮陽以迄瓊甸劃判內外洋名起東路而逮中西錯列城臺式度可分可合不複不遺他若虎澳對峙雙門雲隆跨連兩界欲明要害特補專圖錄海圖第一

一嶼港沙礁紛殊界屬府廳州縣歷綰巖疆今以通說統舉宏綱更於各縣詳臚細目俾環洋阻隘展卷分明意在畫沙匪同拾瀋錄輿地第二

一地俯汪洋難憑蠡測舟循港澳本類螺沿袤長三千餘里而遙總括三十八管之內汎防所届步尺綦嚴又列戍開屯畫疆置守平量四至各衞一隅將昭全粵之籓籬先別諸營之界限數原不忒類各相從錄道里第三

一建官稽古義取相維惟大吏握要居中相機節度餘則巡道實職存兵備同知或銜繫海防丞尉半駐邊隅巡檢分司偵緝蓋文員之責武備兼焉況鎮標營協設有專官將備弁員數難更僕會典僅書駐劄茲并追述沿革之因政考但列銜名茲更推記汎防之所聯其臂指壯我千城異貫而可使同條分馳而依然合轍錄職司第四



一外海內河兩殊營分並與屯防陸路互倚聲威先外海以捍邊陲次內河以存根本終之以海埏陸地聯之如唇齒腹心勢既鼎足而平分編

亦鋸牙而排列其間兵籍數經舊沐樞冊祇著
今存凡全撥分抽頗難綜覈其籌增酌減劇費
鈎稽此編於故額新添已裁見在總憑年代晰
著事由錄營制第五
一會典載臣工俸廉不列心紅薪炭錄兵丁餉米
不及卹故銀錢益廣大則約舉綱維而方隅必
詳陳節目也至捐輸附經費飛輓在積儲常見
榆莢泉流益信萑苻鏡淨蟬聯有及蛇足無譏
錄財用第六



一盟津蒼兕肇創舟官粵海黃龍討源下瀨營配
厰修之異等駕駛稽驗之殊方以遞占測風雲
候察潮汐船政冠首統類多端若夫戰艦求利
用火器重軍儲施發固欲因心製造胥歸定額
故戎器次焉率師干在嚴簡閱通水務始許銜
鋒熟講魚麗平銷蜃氣況乎西鄰夷域東界閩
疆聯棋布之聲援恃梭巡之聯絡統分任別上
下班齊載定限期兼嚴報核又況變通因勢剿
撫兼施或於接濟清其源或用間諜携其黨成
規具在妙術無方故操練巡哨緝捕次焉至戰
守迭昭勤惰功過攸別勸懲等第有差毫釐是
析年月遞遠欵目繁滋以類相從斯克用勸故
軍政又次焉自明以來慎嚴所衛復界而後客
綴墾臺近更添築羅星綢繆未雨惟初基之遞
溯爰分地而臚登故所城礮臺又次焉且口岸
闊疏易通奸宄蛋漁出沒頗室巡防然編烙既
善規循斯考覈無虞卮漏故保甲禁奸又次焉
通典述邊防兼錄外國輿圖志地理亦附南夷



國家琛賮旅來梯航鱗集敂關請貢入市受廛每擴
懷柔之仁即示防維之義故馭夷終焉凡此皆因時定
則臨事制宜難為刻舟之求宜有轉圜之用鑒
茲成憲存乎其人錄方畧第七
一自昔鯨鬐鼓浪大率螳臂當轅我
朝風教涵濡海邦清晏然以地大物衆偶然草薙榛
披失業者或阻饑而嘯野亡命者或畏法而跳
梁雖釜底遊魂神驅遽盡而田間遺孽日久潛
生又如化外顓蒙罔識

天朝體制妄思干請輒悔輕狂偶犯科條旋形觳觫今
則
陽春普照凾夏無塵每逖曩聞輒昭炯戒殷陳前轍遐
衍餘波錄事紀第八

廣東海防彙覽卷一





# 東路圖

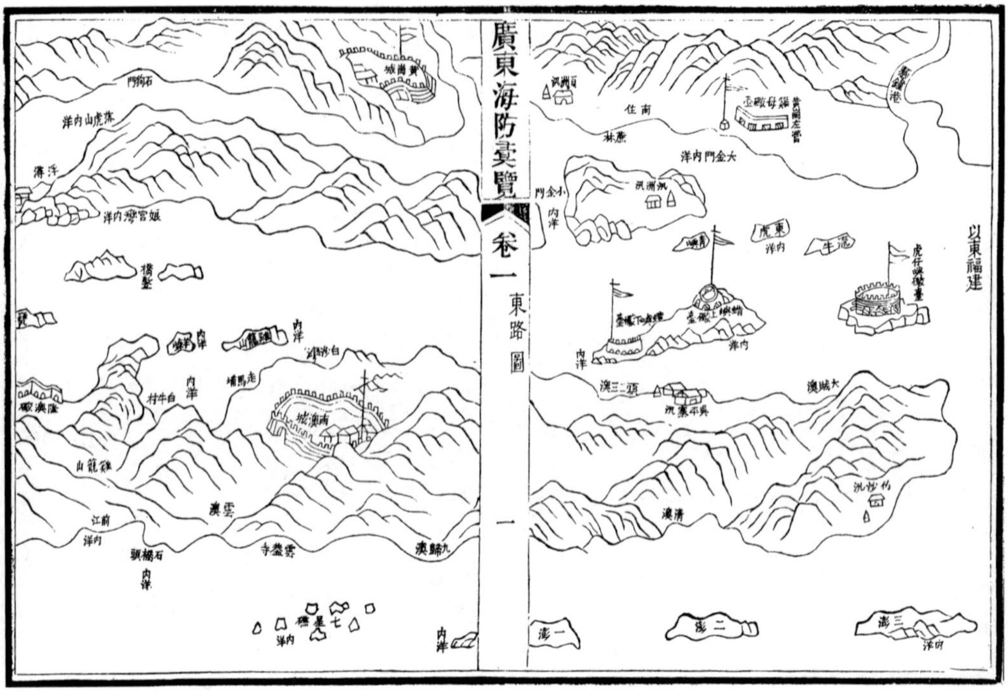
廣東海防彙覽
卷一
東路圖
一
以東福建

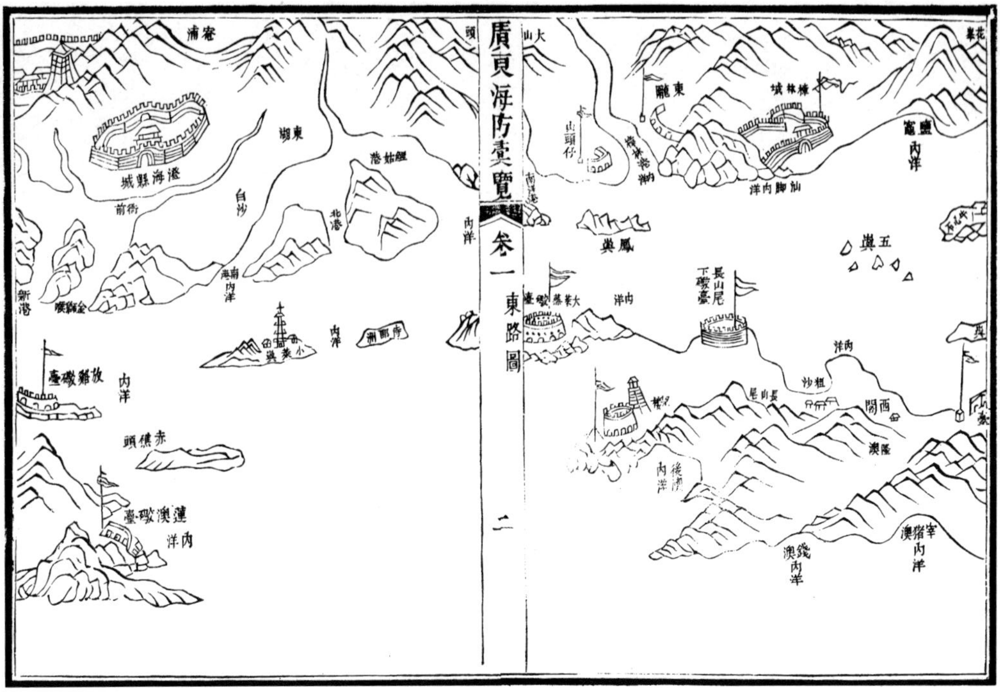
廣東海防彙覽
卷一
東路圖
二

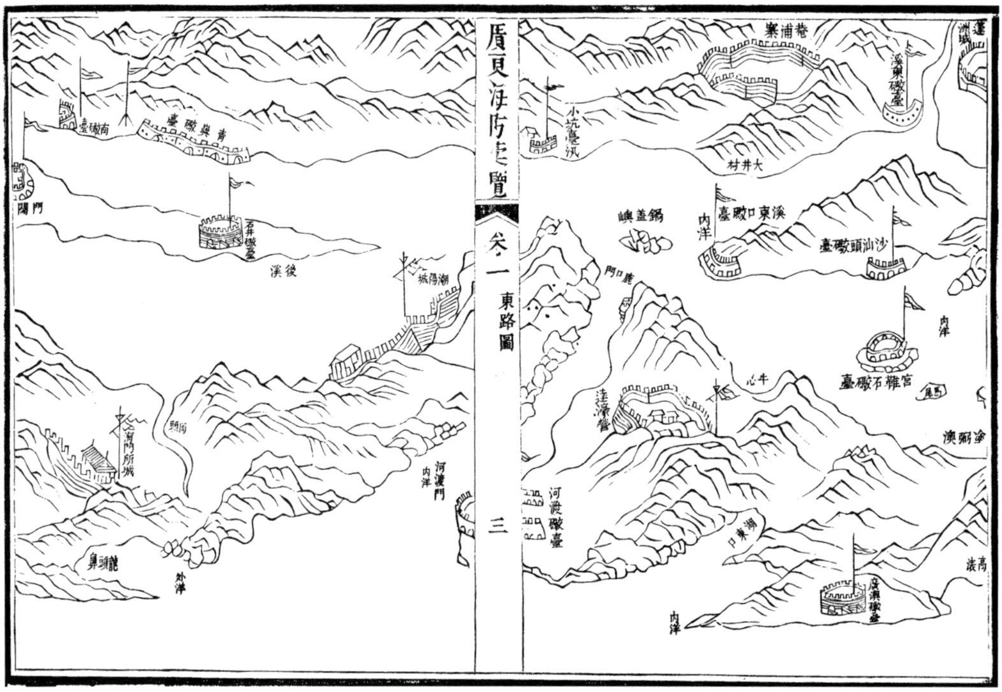
廣東海防彙覽
卷一
東路圖
三
南礟臺
石井礟臺
後溪
潮陽城
海門所城
內洋
河渡門
外洋
巷浦寨
溪東礟臺
大井村
鍋蓋嶼
溪東口礟臺
內洋
沙汕頭礟臺
內洋
牛心
達濠營
河渡礟臺
廣澳礟臺
內洋

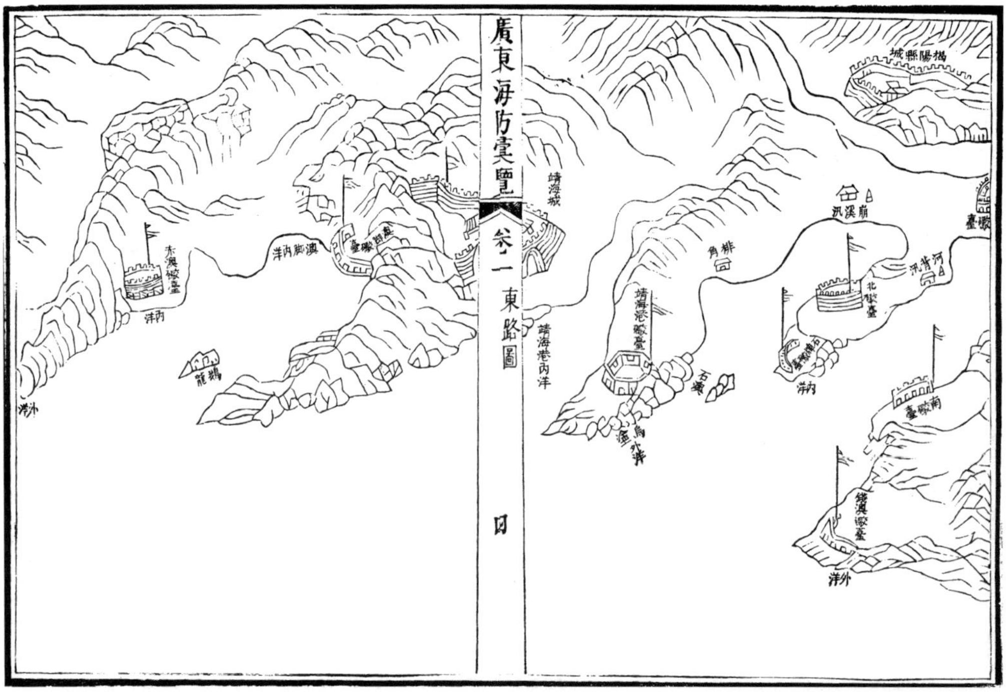
廣東海防彙覽
卷一
東路圖
四
赤澳礟臺
內洋
澳腳內洋
靖海城
外洋
揭陽縣城
排角
靖海港礟臺
靖海港內洋
北礟臺
內洋
南礟臺
外洋

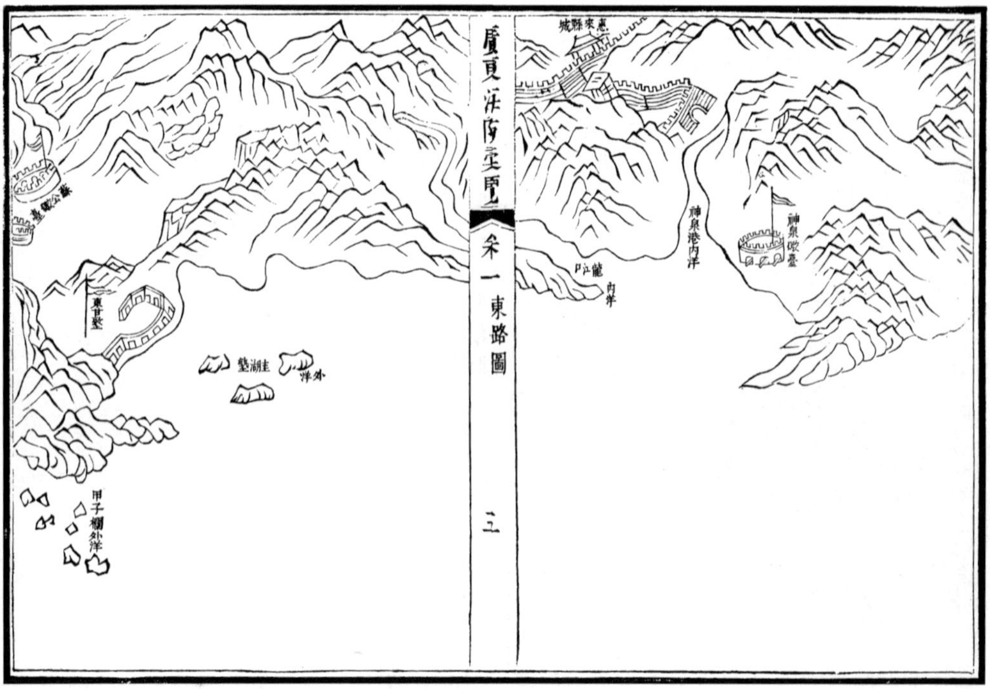
廣東海防彙覽
卷一
東路圖
惠來縣城
神泉港內洋
神泉墩臺
甲子欄外洋
外洋

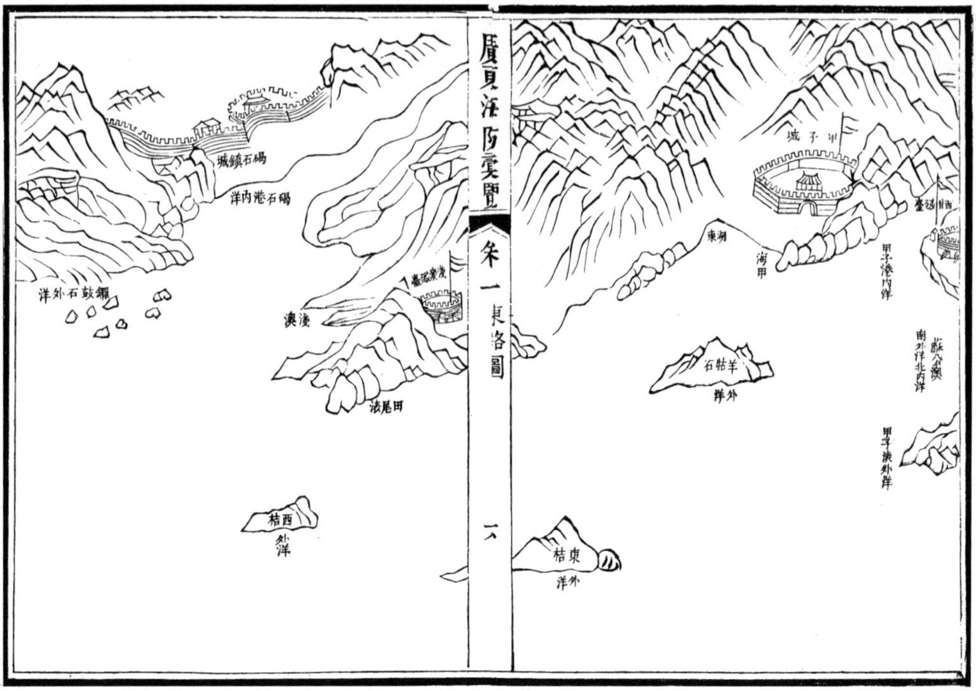
廣東海防彙覽
卷一
東路圖
碣石鎮城
碣石港內洋
鐵鼓石外洋
甲子城
羊牯石
外洋
甲子港內洋
甲子澳外洋
西桔
外洋
東桔
外洋

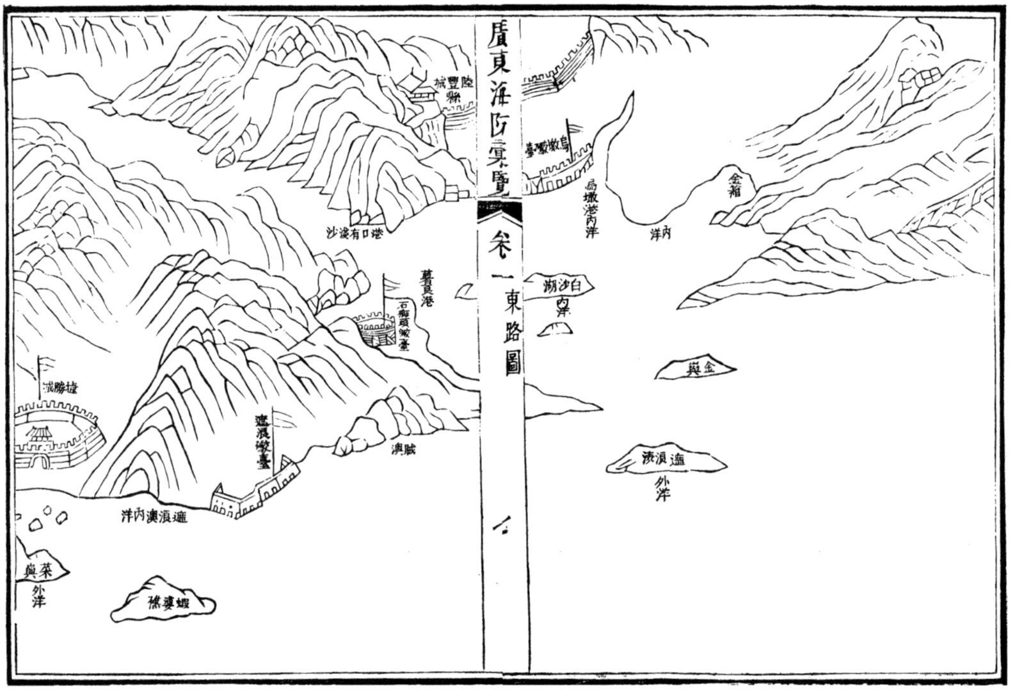
廣東海防彙覽
卷一
東路圖
七
陸豐縣城
烏墩礮臺
烏墩港內洋
內洋
金廂
港口有淺沙
碣石港
白沙湖
內洋
金嶼
捷勝城
遮浪礮臺
賊澳
遮浪澳內洋
遮浪
外洋
菜嶼
外洋
蝦蟆襟

廣東海防彙覽
卷一
東路圖
八
海豐城
南山礮臺
長沙港內洋
伯安汛
淺澳
內洋
猴跳石外洋
白沙灣礮臺
外洋
猫子灣外洋
牛脚川礮臺
外洋
暖帽山
外洋

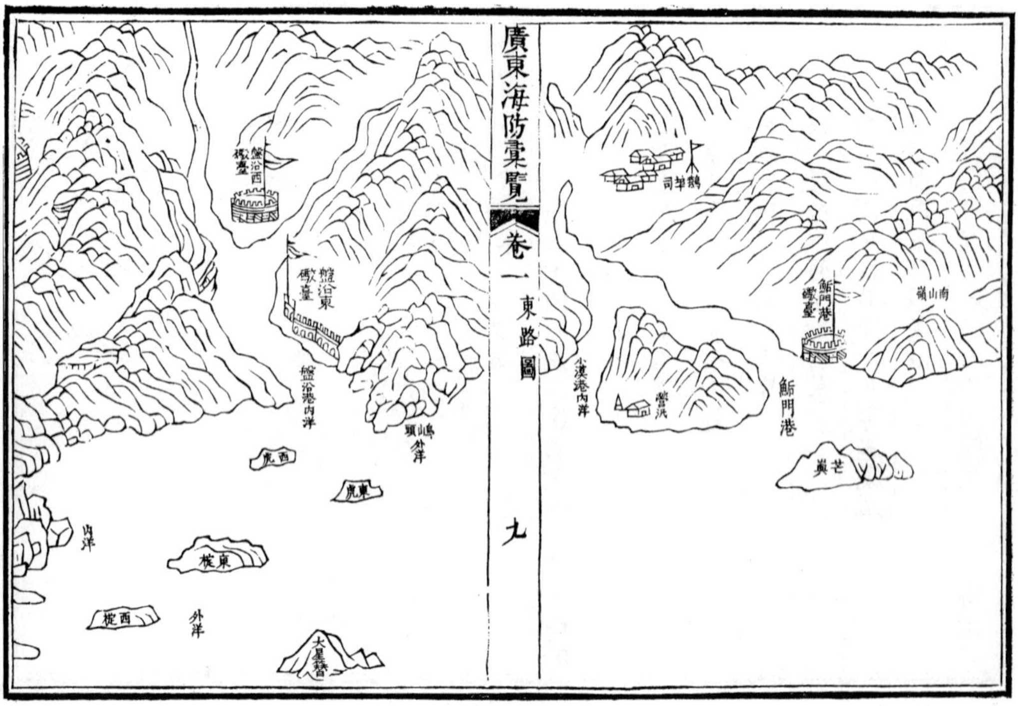
廣東海防彙覽
卷一
東路圖
九
盤沿西礮臺
盤沿東礮臺
盤沿港內洋
嶋頭外洋
西虎
東虎
內洋
東椗
西椗
外洋
大星磬
鵝埠司
小漠港內洋
營汛
鮎門港礮臺
南山嶺
鮎門港
芒嶼

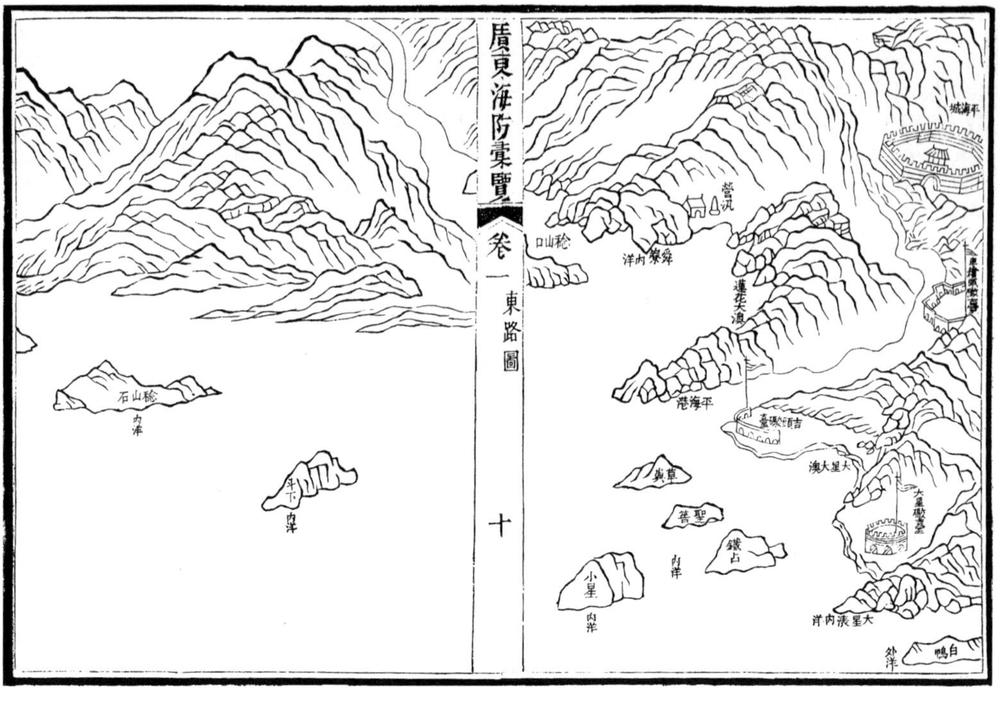
廣東海防彙覽
卷一
東路圖
十
稔山石
內洋
內洋
稔山口
營汛
平海城
蓮花大澳
平海港
吉頭礮臺
大星大澳
草嶼
大星礮臺
內洋
小星
內洋
白鴨
外洋

南澳孤懸海中四面汪洋爲漳潮兩郡門戸商船往來要衝

深澳南北風可泊船百艘

辛猪澳南風可泊船七十隻

青澳北風可泊船六十隻

長山尾南風可泊船百隻

大萊蕪暫可寄泊浮沉澳可避颶風

蓮澳西南風可以暫泊

河渡門可容一船進至南澳順風一潮水港深口狹北風難進南風難出

海門東距達濠西北界連潮州鎮屬南即汪洋大海爲東路海防要隘

錢澳大流水深一丈五尺小流一丈東南風可泊

赤澳水淺石礁甚多可以暫泊東風至錢澳一潮水

神泉澳白艚船可進外澳可暫泊北風

蘇公澳水深一丈二尺

甲子灣港口狹進港可泊若西南風盛發時賊過



一時難出外面亦難久泊大流水深一丈小流五尺大船東南風可進

碣石城三營襟山帶海南臨汪洋所有營汛在在俱關緊要

湖東港水淺惟小哨可進

平海枕山面海上通碣石鎮下達大鵬其大星港爲商鹽船隻聚集之區巡防緊要

田尾港可灣大船大流水深二丈小流一丈五尺

大船南風入碣石港深五尺小流不可進

淡水港白沙湖西南風可泊
烏墩港大流水深六尺小流三尺大船至東海滘
另小河可通至海豐縣
遮浪澳大流水深二丈小流一丈五尺東北風可
灣泊
汕尾港大流水深二丈五尺小流二丈大船北風
可暫泊
長沙港東南風可泊
大星港大流水深八尺小流四尺大船西南風可
進東北風可泊



# 中路圖

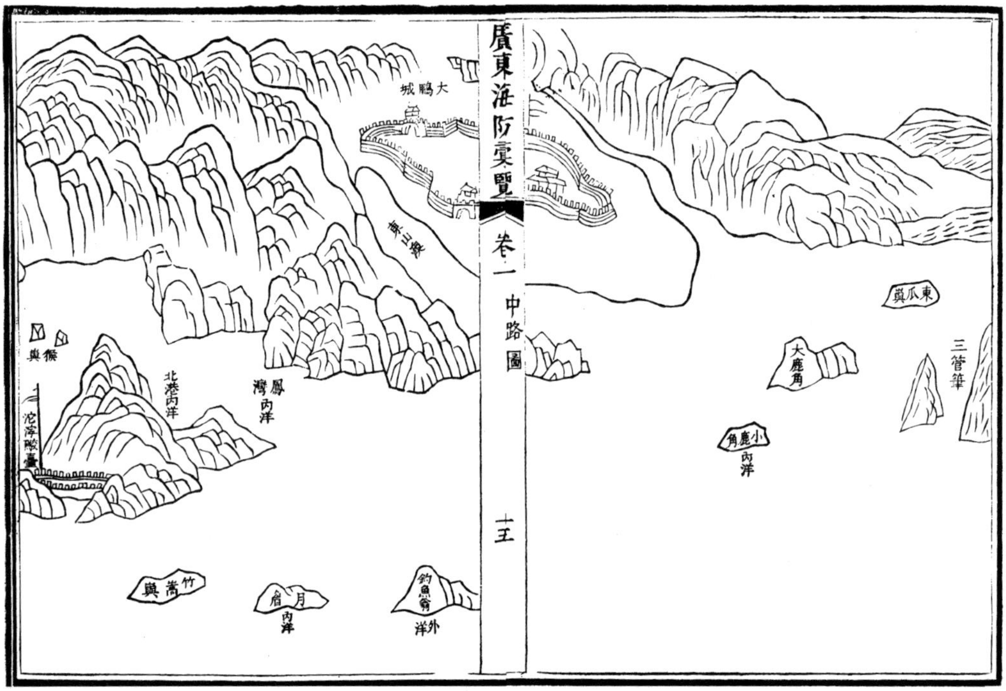

廣東海防彙覽
卷一
中路圖
十五
大鵬城
東山墩
北港內洋
鳳灣內洋
沱泞墩臺
竹篙嶼
月眉內洋
釣魚翁外洋
東瓜嶼
大鹿角
小鹿角內洋
三管筆


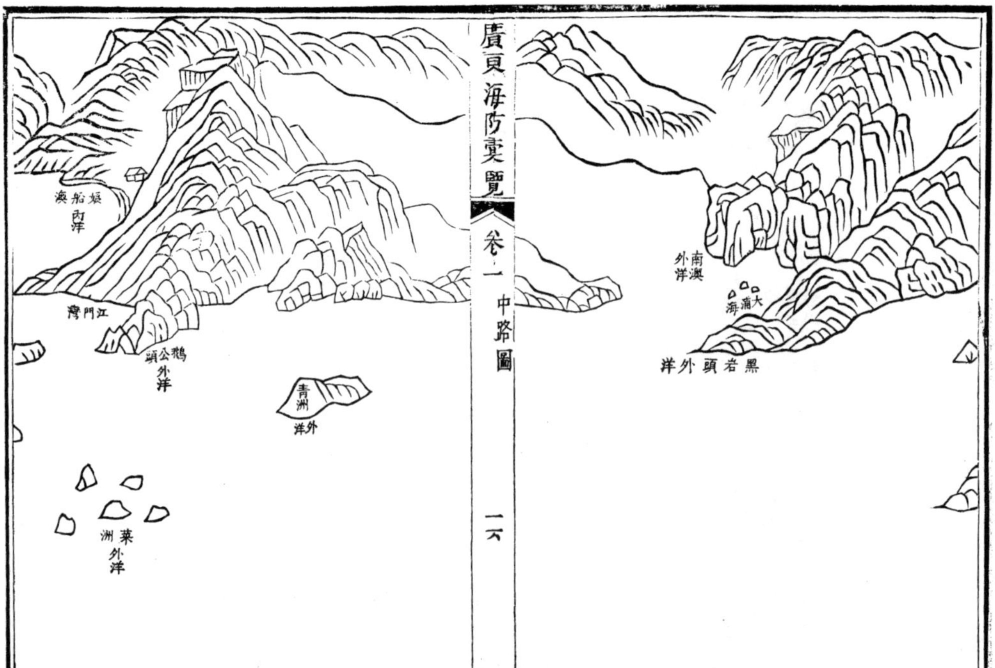

廣東海防彙覽
卷一
中路圖
一六
娘船澳內洋
江門灣
鵝公頭外洋
青洲外洋
萊洲外洋
南澳外洋
大蒲海
黑岩頭外洋

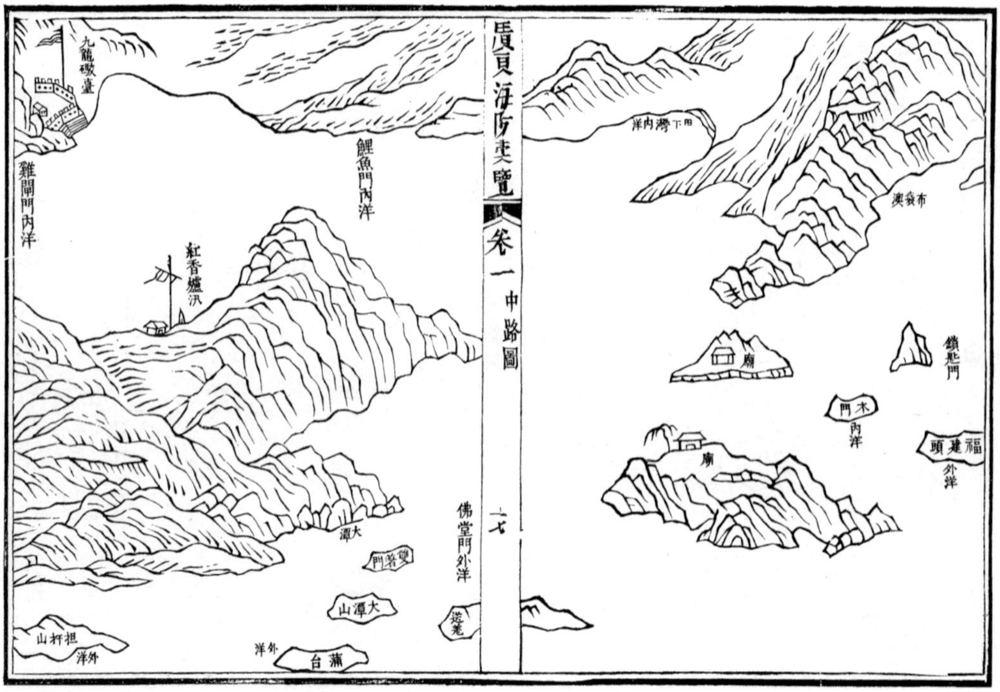
廣東海防彙覽
卷一
中路圖
十七
九龍礮臺
雞闢門內洋
鯉魚門內洋
紅香爐汛
大潭
佛堂門外洋
大潭山
担杆山
外洋
蒲台
外洋
田下灣內洋
布袋澳
廟
鎖匙門
木門
內洋
福建頭
外洋
廟

廣東海防彙覽
卷一
中路圖
十八
仰船洲
雞闢門
下磨刀
上磨刀
西涌口
赤瀝角
東涌口
白沙灣
長洲
西灣
南灣
東灣
青洲仔
外伶仃
內洋
中洲
紅坎
橫山仔
土瓜灣
硬頭山
廟
急水門內洋
香港外洋
大白
外洋
小白
外洋
南鴉
上鴨脷
外洋
下鴨脷
二門
外洋
一門
外洋

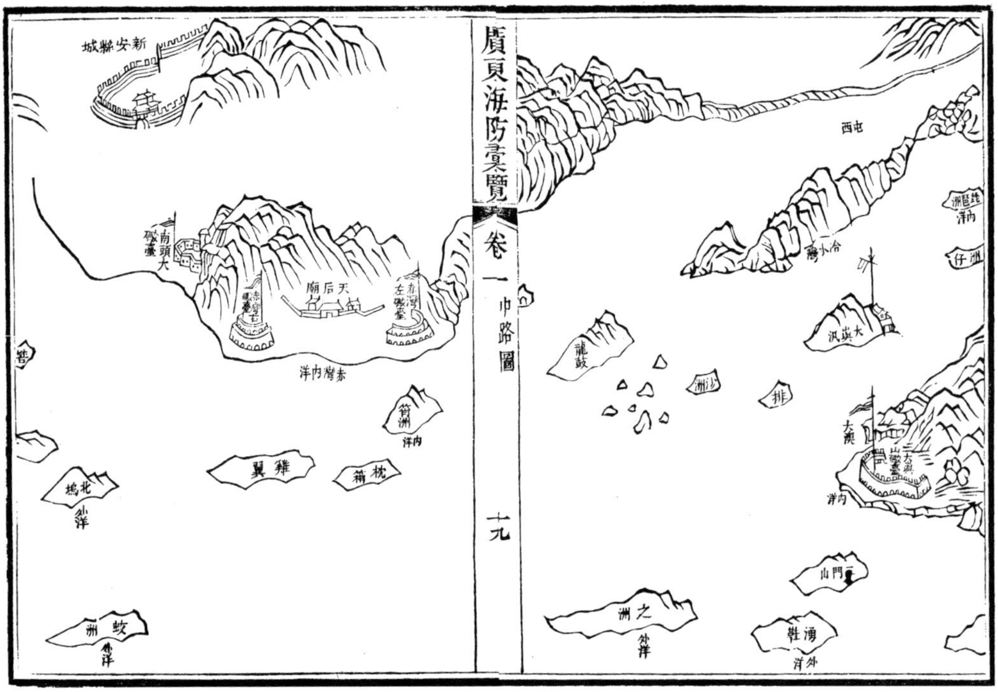
廣東海防彙覽
卷一
中路圖
十九
新安縣城
南頭大礮臺
天后廟
赤灣內洋
雞翼
枕箱
北螺
外洋
蛟洲
外洋
西屯
大嶼汛
龍鼓
沙洲
排
內洋
外洋

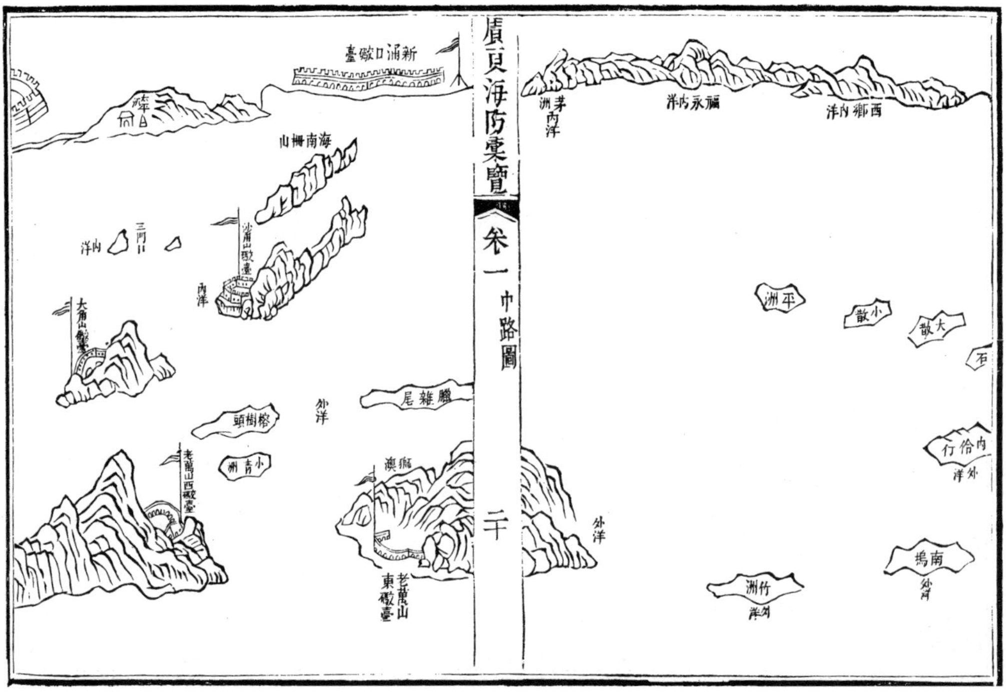
廣東海防彙覽
卷一
中路圖
新涌口礮臺
海南柵山
沙角山礮臺
大角山礮臺
內洋
外洋
榕樹頭
小青洲
老萬山西礮臺
老萬山東礮臺
茅洲內洋
福永內洋
西鄉內洋
平洲
小散
大散
竹洲
外洋

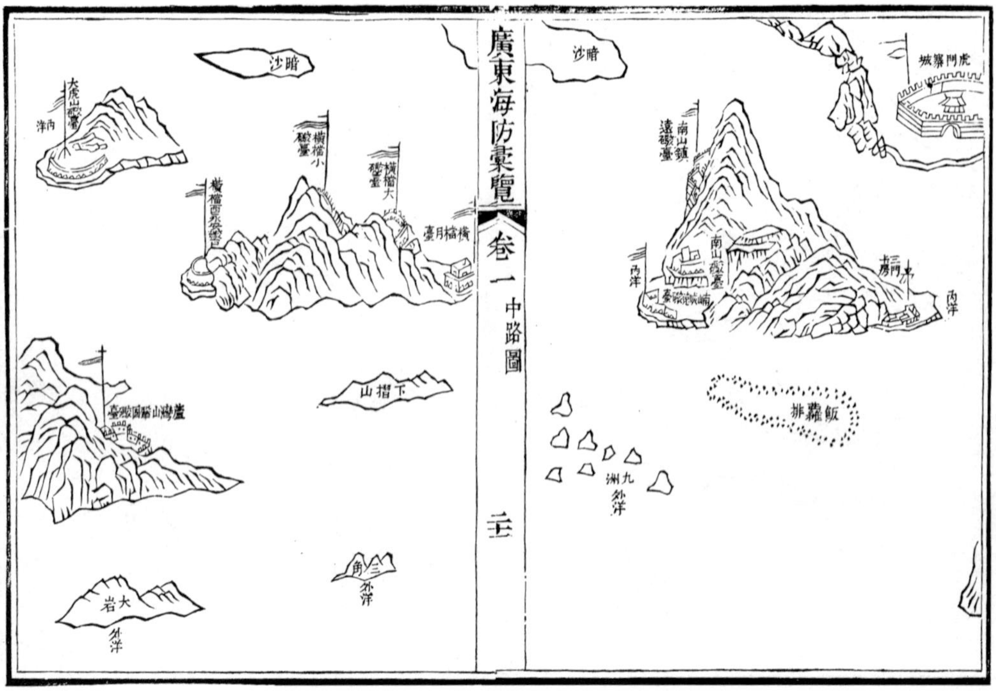
廣東海防彙覽
卷一
中路圖
暗沙
大虎山礮臺
內洋
橫檔月臺
下指山
三角
外洋
大岩
外洋
虎門寨城
南山礮臺
內洋
飯蘿排
九洲
外洋

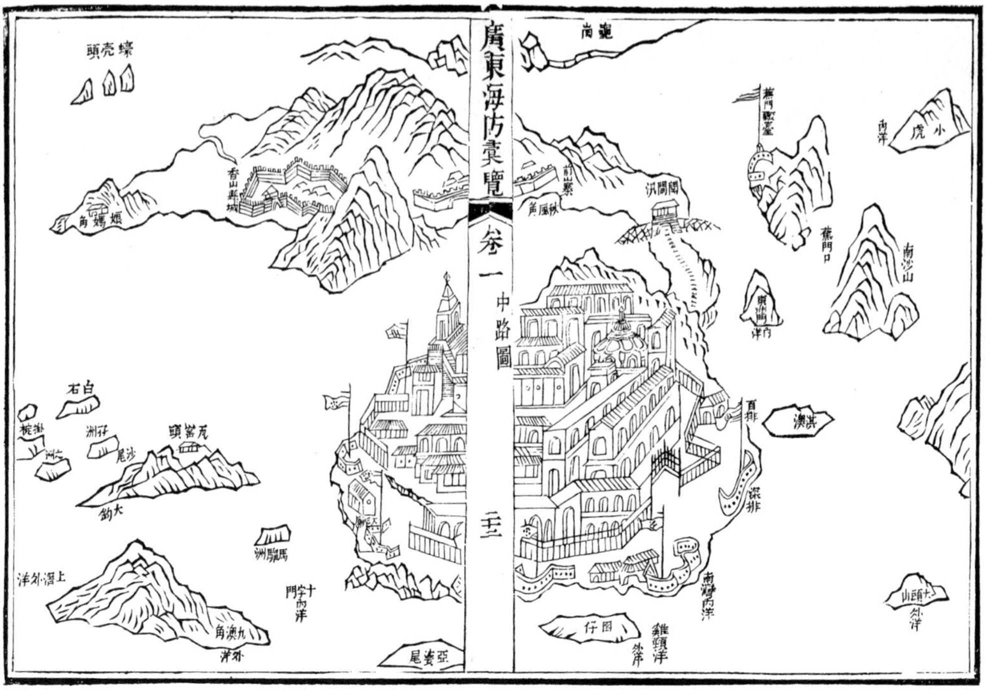
廣東海防彙覽
卷一
中路圖
蠔殼頭
香山縣城
關閘
蕉門礮臺
小虎
內洋
蕉門口
南沙山
白石
瓦窯頭
沙尾
馬騮洲
十字門內洋
外洋
亞婆尾
南灣內洋
雞頸洋
外洋
大頭山
外洋

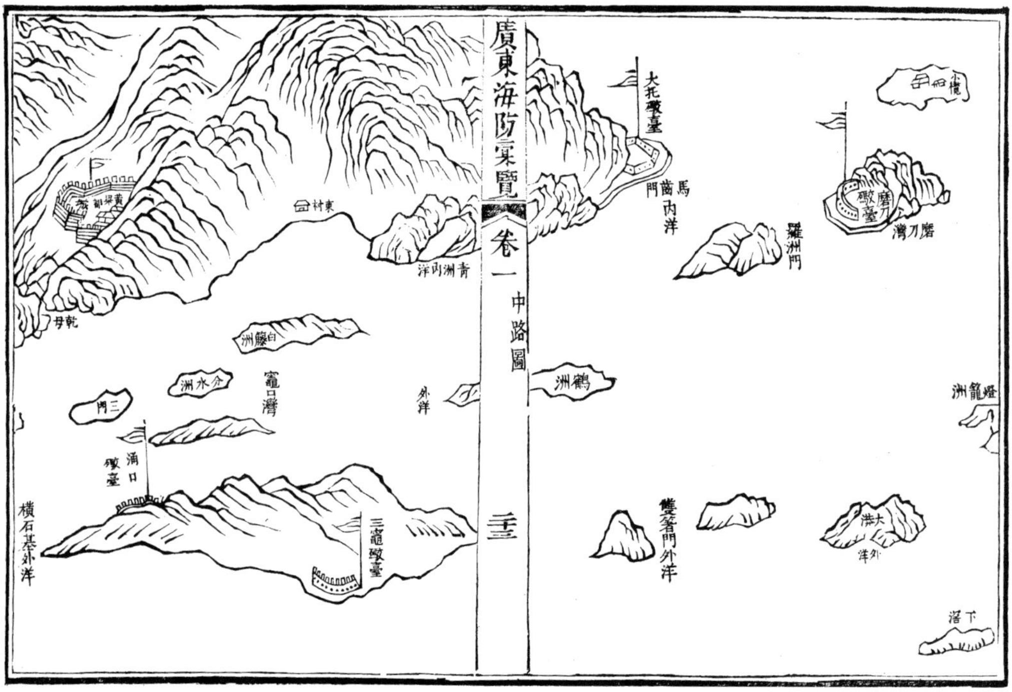
廣東海防彙覽
卷一
中路圖
卅三
大托礮臺
馬齒門
內洋
羅洲門
磨刀礮臺
磨刀灣
東村
青洲內洋
白藤洲
分水洲
三門
竈口灣
外洋
鶴洲
燈籠洲
涌口礮臺
橫石基外洋
三竈礮臺
雙蓍門外洋
外洋


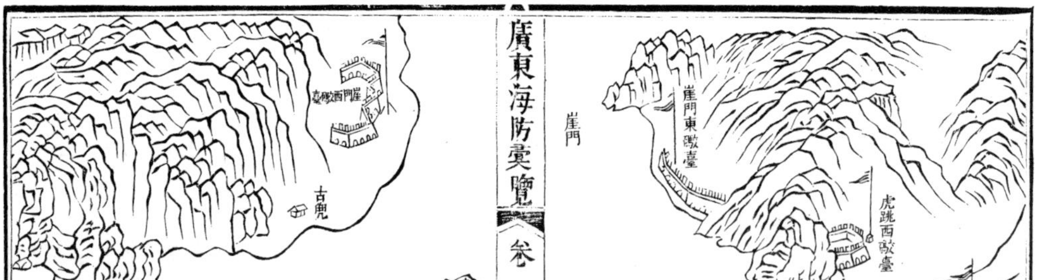
廣東海防彙覽
卷一
中路圖
卅四
崖門西礮臺
古兜
獨崖
三崖
燕子排
孖洲
三角
獅洲
牛角
荷包灣
竹篙尾
三角
外洋
雞心洲
高瀾
外洋
崖門
崖門東礮臺
虎跳西礮臺
虎跳門
三虎
二虎
大虎
內洋
浪白滘內洋
大林
小林
草鞋洲
鐵爐
外洋

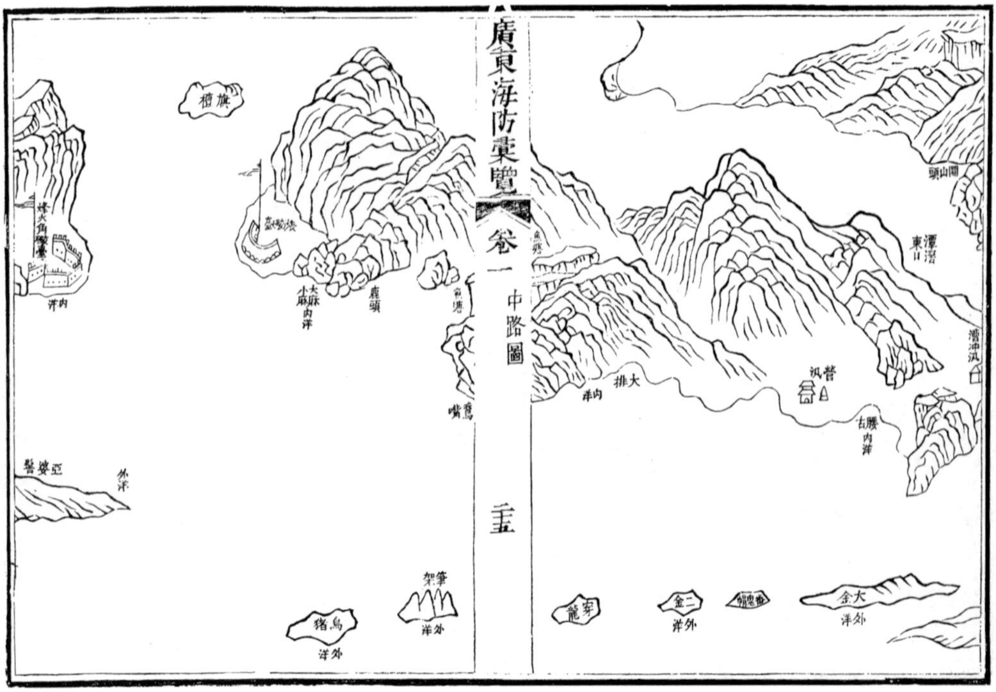
廣東海防彙覽
卷一
中路圖
旗
烏猪
外洋
筆架
外洋
大排
內洋
大金
外洋
二金
外洋

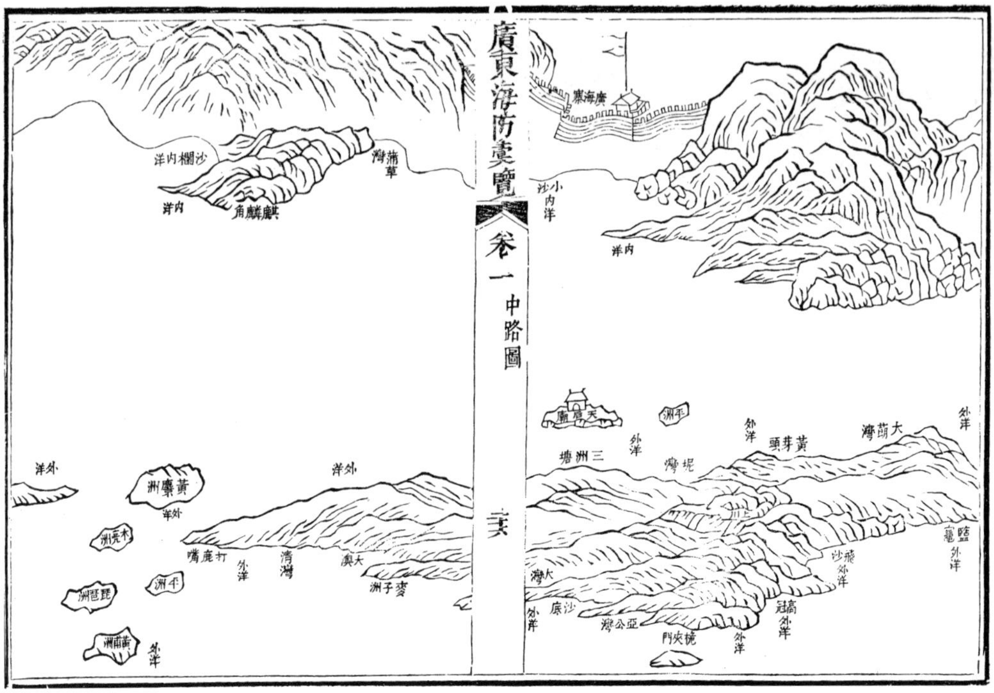
廣東海防彙覽
卷一
中路圖
廣海寨
沙欄內洋
蒲草灣
麒麟角
內洋
小內洋
內洋
天后廟
三洲塘
黃芽頭
大葫灣
外洋
黃麋洲
外洋
大澳
清灣
麥子洲
打鹿嘴

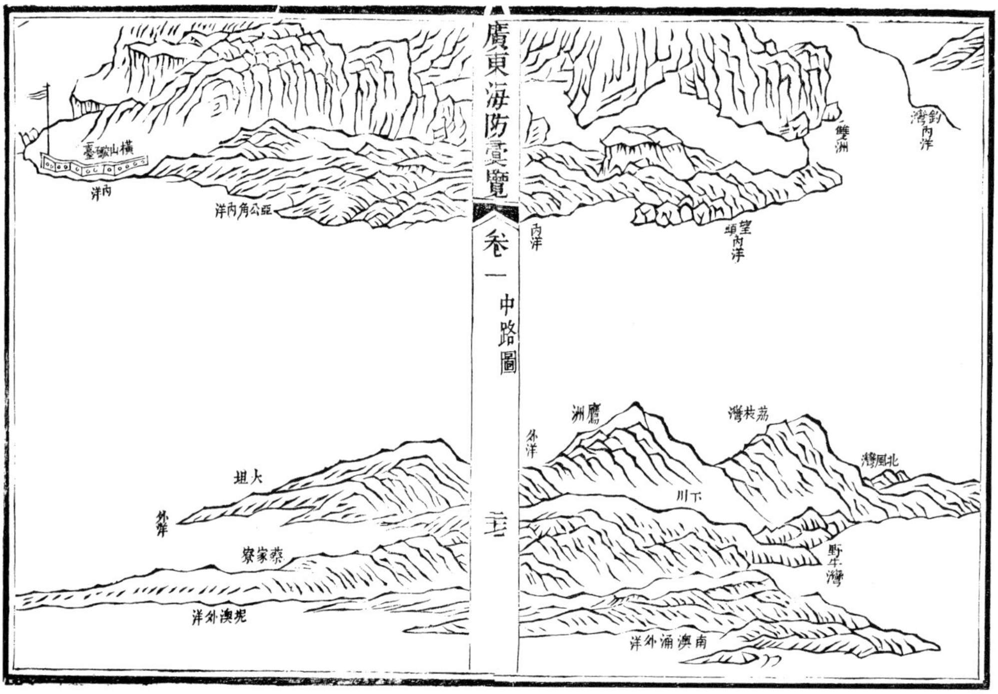
廣東海防彙覽
卷一　中路圖
三七
橫山礮臺
內洋
亞公角內洋
雙洲
內洋
望頭內洋
鷹洲
荔枝灣
北風灣
外洋
大坦
外洋
下川
蔡家寮
野牛灣
泥澳外洋
南澳涌外洋

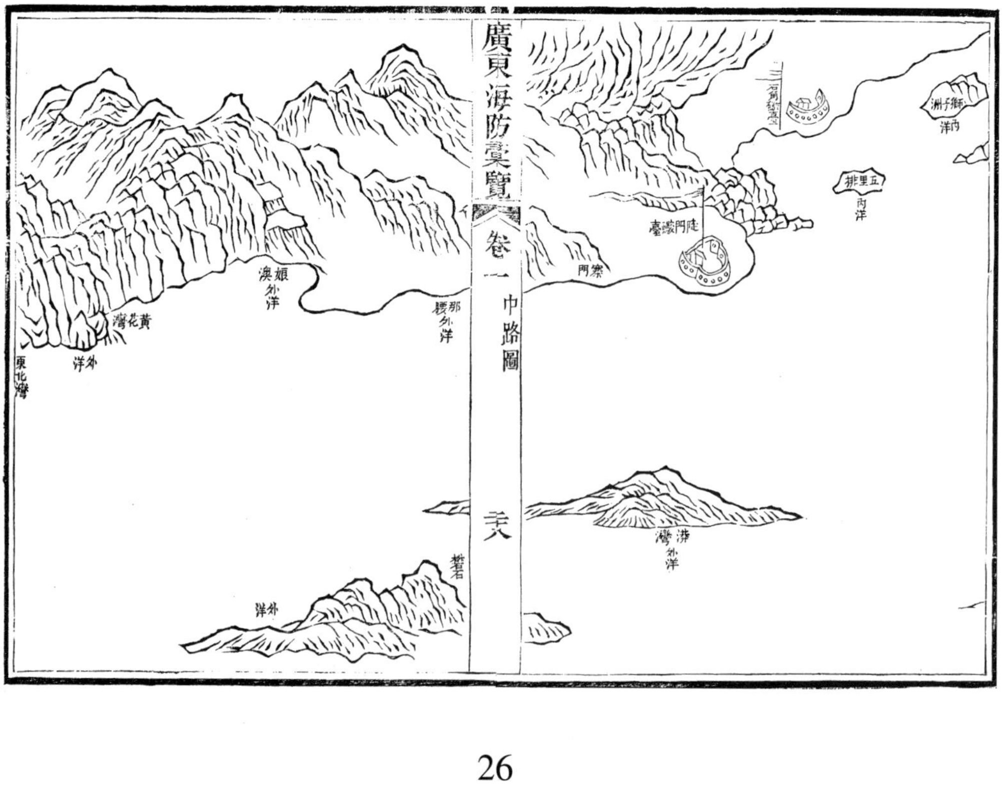
廣東海防彙覽
卷一　中路圖
三八
獅子洲
內洋
五里排
內洋
陸門礮臺
寨門
娘澳
外洋
那腰外洋
黃花灣
外洋
東北灣
外洋
外洋

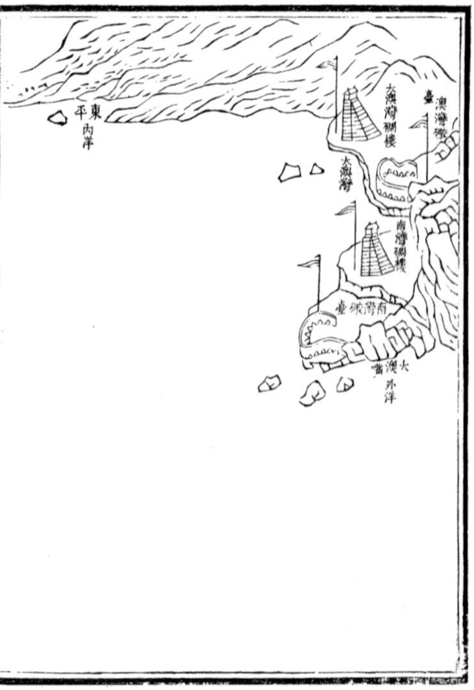




沱浮灣大流水深三丈小流一丈五尺東北風可泊

娘船澳大颶風可泊

龍鼓澳大船可泊獨畏東風

佛堂門將軍澳可避颶風

大嶼山孤懸海外內有大澳東涌二虎其東涌與西涌兩港通流港外水深八九尺港內水深三丈又赤瀝角一山斜蔽於前最爲孤僻容易藏奸

南頭寨澳大東南風可泊

沙角礮臺坐落鎮遠南山之外夷船出入粵省衝要海道扼截要區

新涌在虎門之南外控大海內連虎門寨城爲商漁出入握要

萬山屹立海中最爲荒險附近無深大之澳大船難以排泊惟外臨汪洋商夷船隻往來趕駁最爲險要

鎮遠南山二礮臺與橫檔礮臺月臺斜峙相去不



遠均係扼截省會門戶防守商夷船隻出入要區

蕉門礮臺外臨大海內連大小虎近年水深船多由此防守須嚴

十字門水深三丈洋船至灣泊於此

磨刀灣外臨大海內連香山附近澳門商漁船隻出入最要之區

虎跳門礮臺東西分屬香山新會內達大河外連洋海至爲險要

崖門外俯汪洋内通新會大河爲商船出入衝要之區

廣海寨壤連山海其大澳橫山上下川等處爲商漁聚集防守最要上下川可泊船隻



# 西路圖

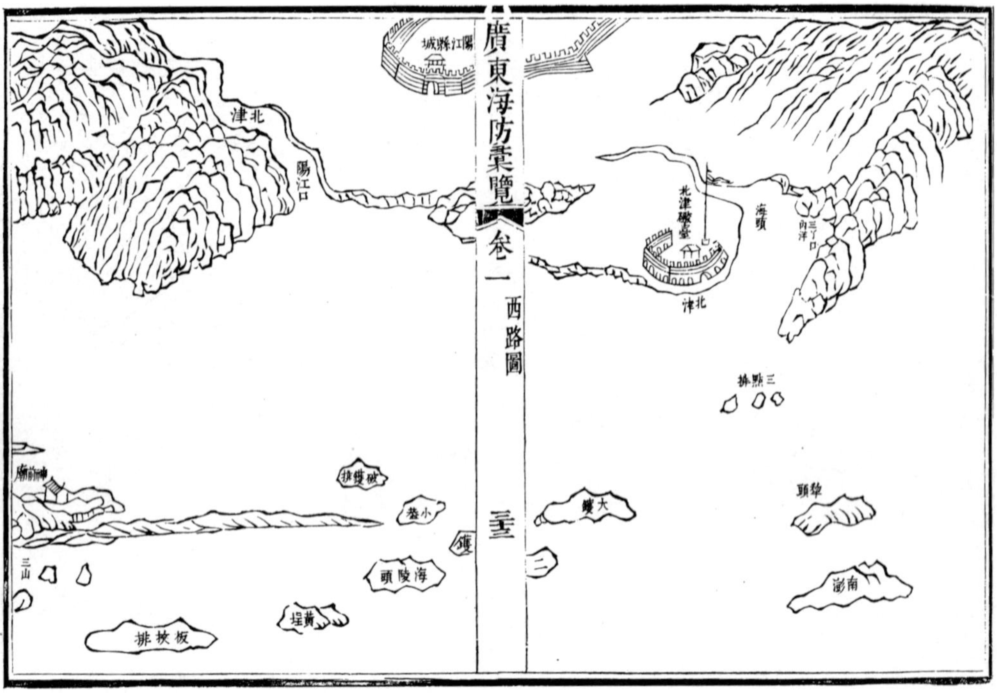
廣東海防彙覽
卷一
西路圖
陽江縣城
北津
陽江口
北津礮臺
海頭
三丫口
內洋
北津
三點排
神前廟
大鑊
犂頭
南澎
三山
海陵頭
黃埕
板挾排

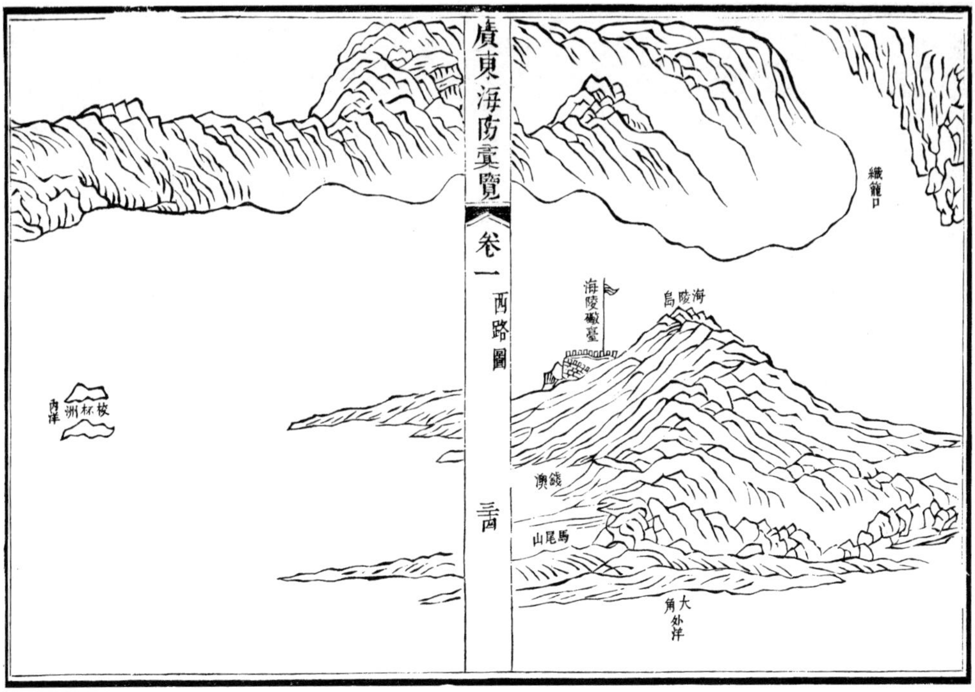
廣東海防彙覽
卷一
西路圖
海陵礮臺
海陵島
錢澳
馬尾山
大角
外洋

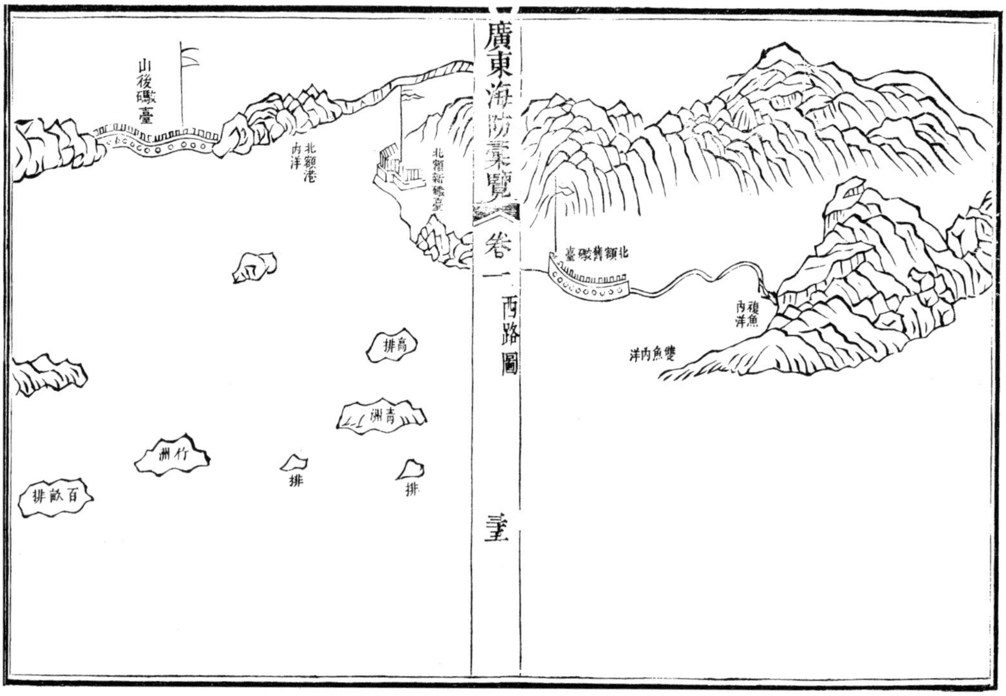
廣東海防彙覽　卷一　西路圖
三五
山後礮臺
北額港
內洋
北額新礮臺
北額舊礮臺
複魚內洋
雙魚內洋
高排
青洲
竹洲
百畝排
排
排

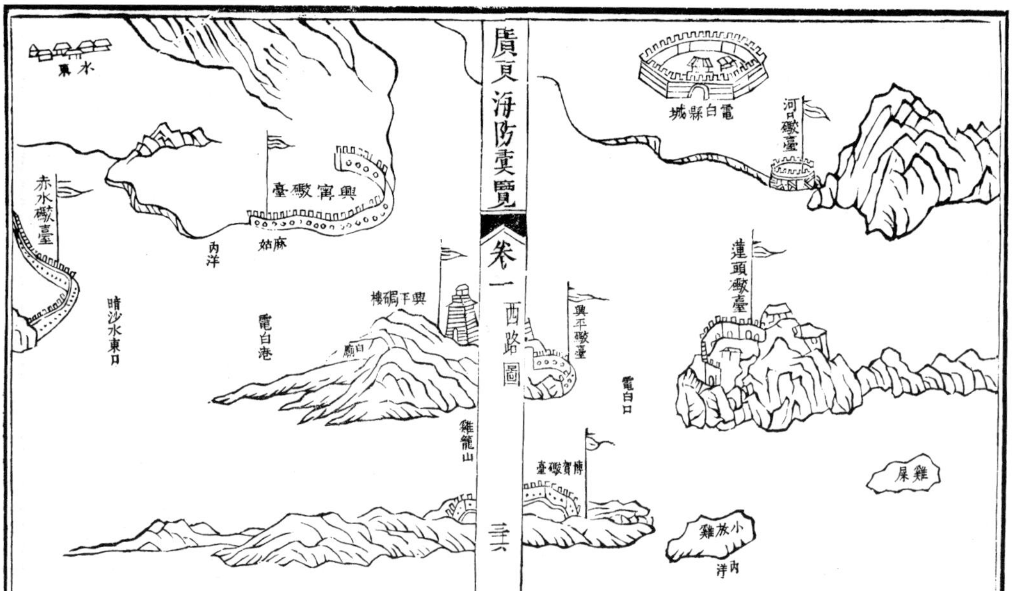
廣東海防彙覽　卷一　西路圖
三六
水東
赤水礮臺
興寧礮臺
姑麻
內洋
晴沙水東口
電白港
興下碉樓
興平礮臺
電白縣城
河口礮臺
蓮頭礮臺
電白口
雞籠山
博賀礮臺
雞屎
小放雞
內洋
大放雞
內洋

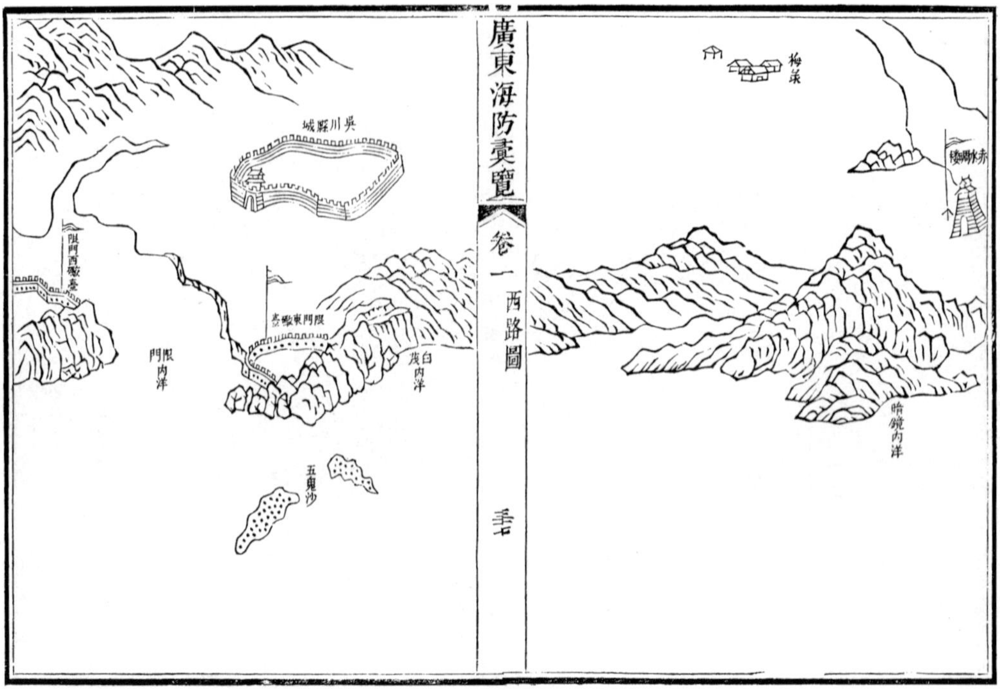
廣東海防彙覽
卷一　西路圖
三七
吳川縣城
限門西墩臺
限門東墩臺
限門內洋
五鬼沙
梅菉

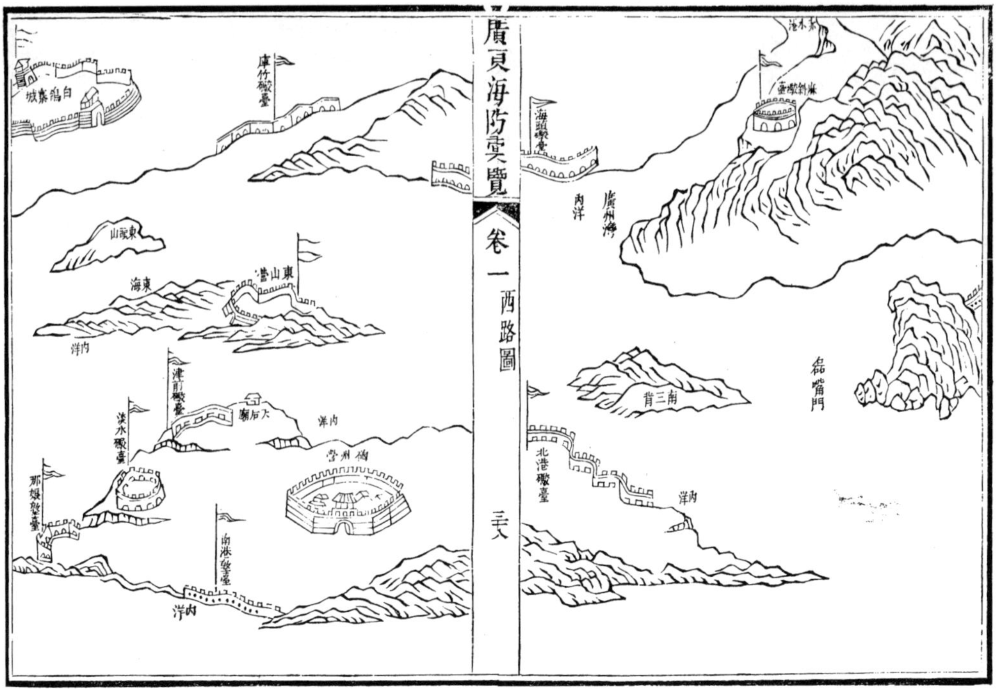
廣東海防彙覽
卷一　西路圖
三八
白鴿寨城
東山營
東海
內洋
津前墩臺
淡水墩臺
天后廟
內洋
硇州營
內洋
海頭墩臺
麻斜墩臺
內洋
廣州灣
南三背
北港墩臺
內洋

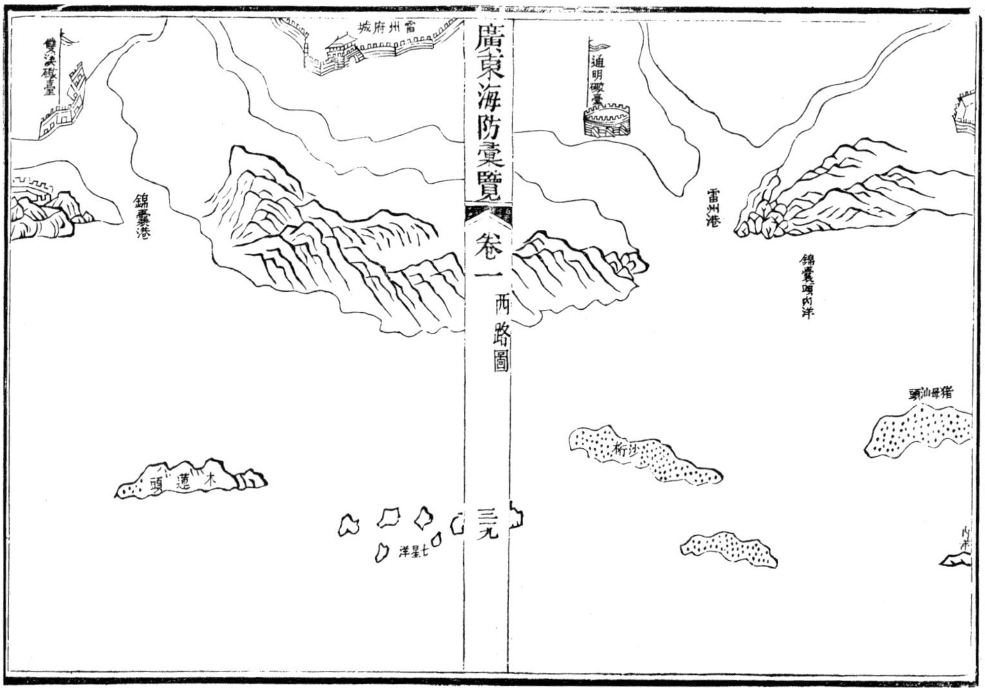
廣東海防彙覽
卷一
西路圖
三九
雷州府城
雙溪礮臺
錦囊港
木蘭頭
七星洋
通明礮臺
雷州港
錦囊頭內洋

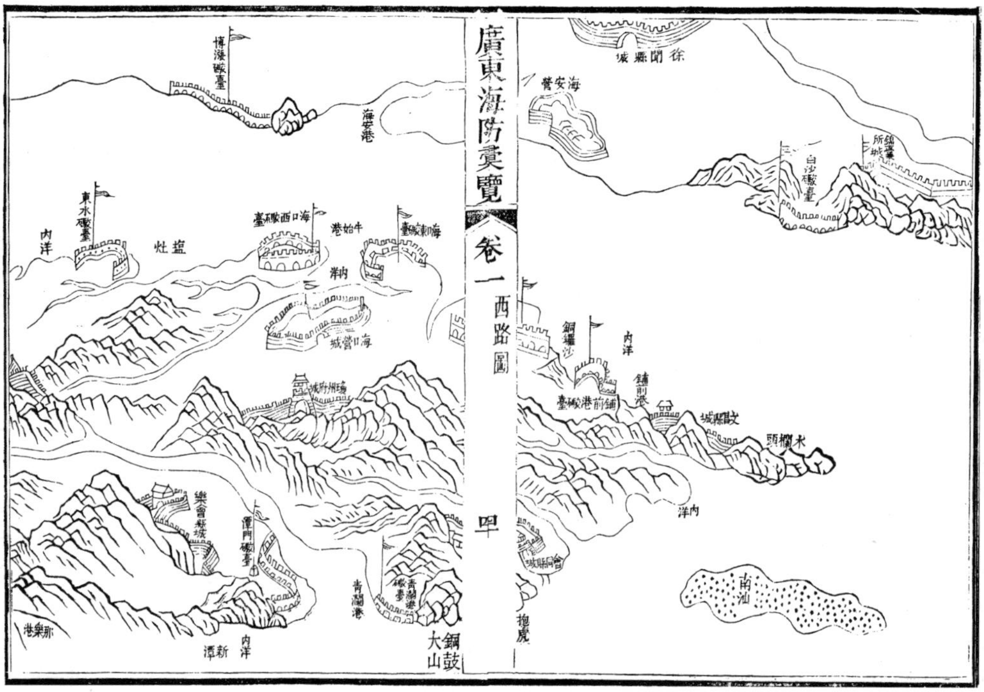
廣東海防彙覽
卷一
西路圖
四十
博茂礮臺
海安港
東水礮臺
內洋
鹽灶
海口西礮臺
海口東礮臺
內洋
海口營城
瓊州府城
樂會縣城
潭門礮臺
青瀾港
青瀾港礮臺
銅鼓大山
新潭
內洋
新樂港
徐聞縣城
海安營
錦囊所城
白沙礮臺
內洋
鋪前港
鋪前港礮臺
文昌縣城
木欄頭
內洋
會同縣城
抱虎

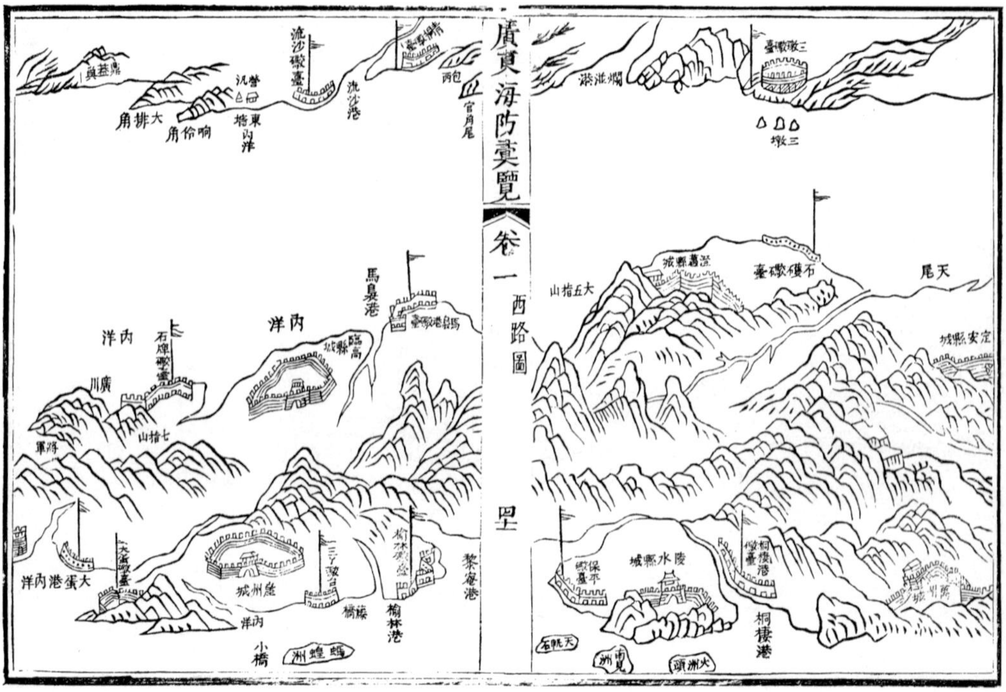
廣東海防彙覽
卷一
西路圖
流沙礮臺
流沙港
馬鼻港
棟林港
桐棲港
黎菴港

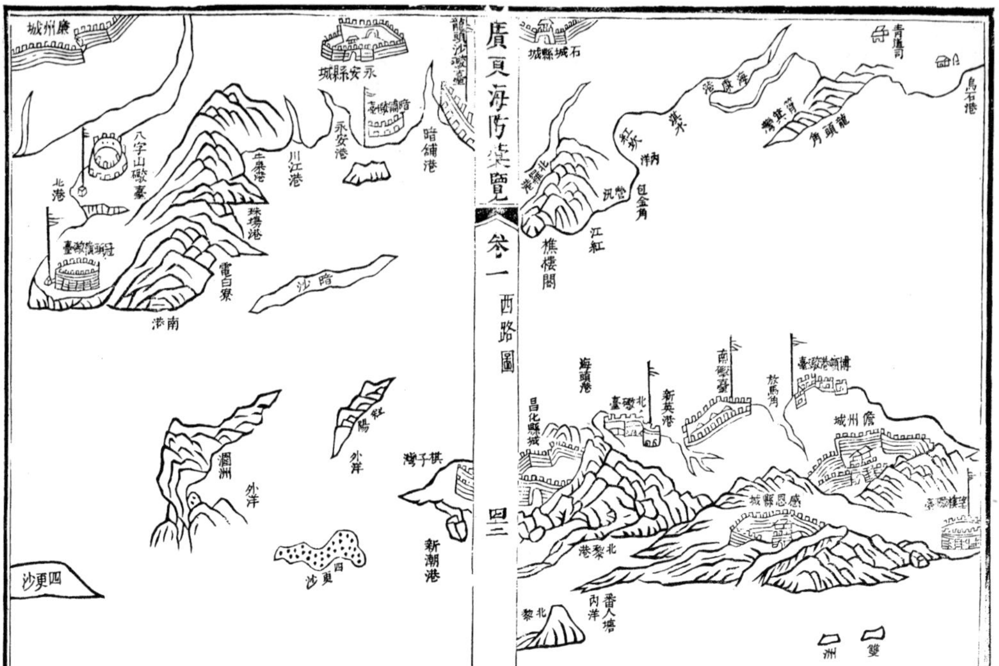
廣東海防彙覽
卷一
西路圖
八字山礮臺
永安港
暗鋪港
川江港
新潮港
新英港
海頭港
昌化縣城
南灣礮臺
放馬角

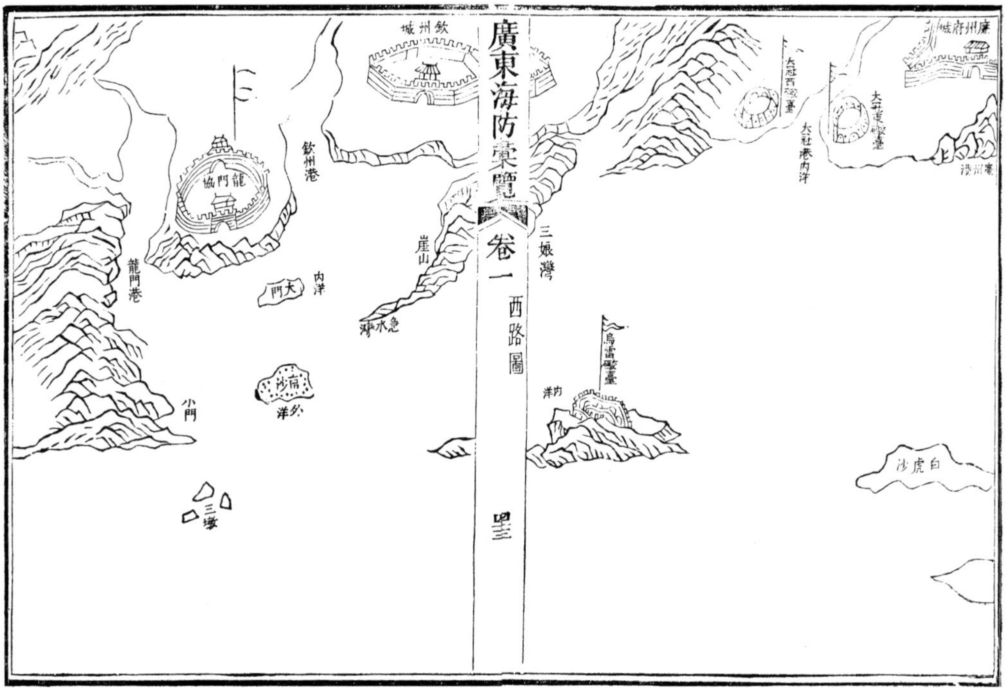
廣東海防彙覽
卷一
西路圖
四三
欽州城
龍門協
欽州港
龍門港
大門
內洋
外洋
小門
三墩
崖山
三娘灣
烏雷礮臺
內洋
廉州府城
大社港內洋
白虎沙

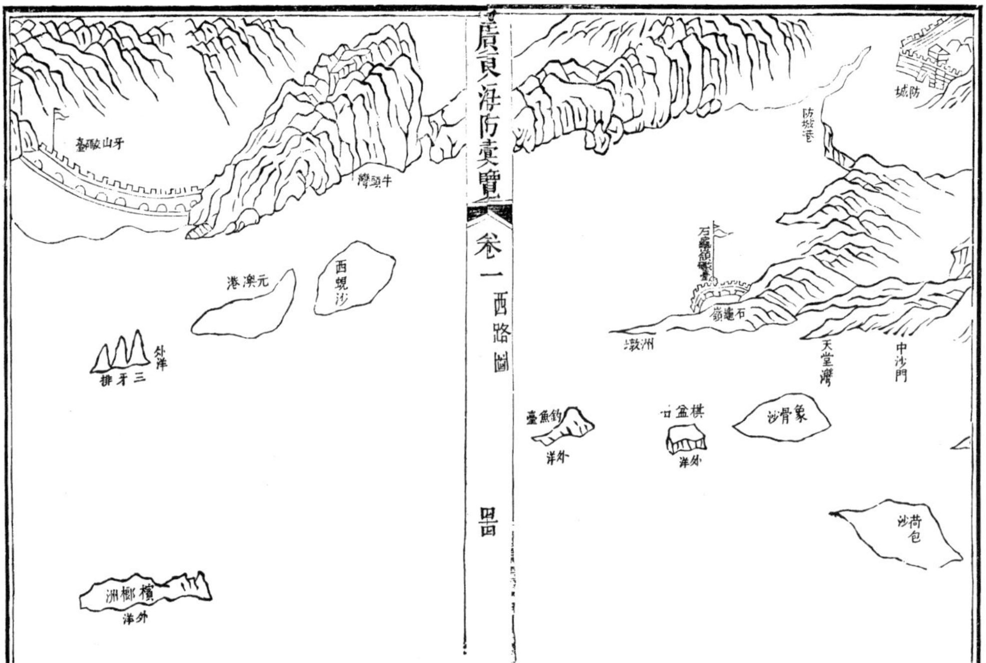
廣東海防彙覽
卷一
西路圖
四四
牙山礮臺
牛頭灣
元澳港
西蜆沙
外洋
三牙排
橫榔洲
外洋
防城
防城港
石龜嶺礮臺
石龜嶺
天堂灣
中沙門
釣魚臺
外洋
外洋
象骨沙

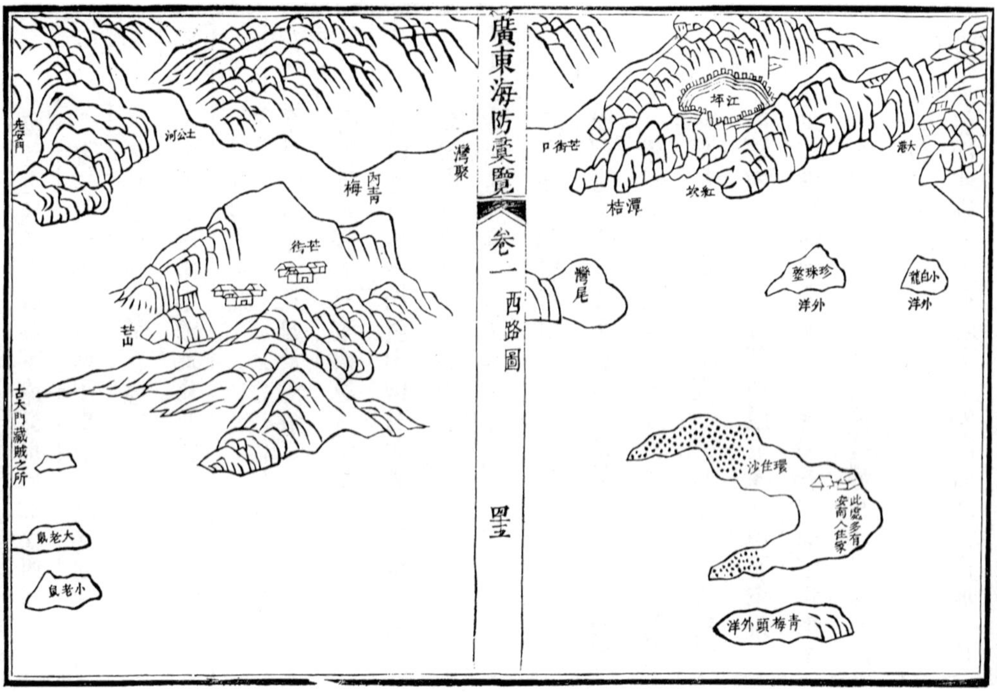
廣東海防彙覽
卷一
西路圖
四五
土公河
芒街
古大門藏賊之所
芒街口
江坪
大港
桔潭
珍珠墪外洋
小白龍外洋
環住沙
此處多有安南人住家
青梅頭外洋

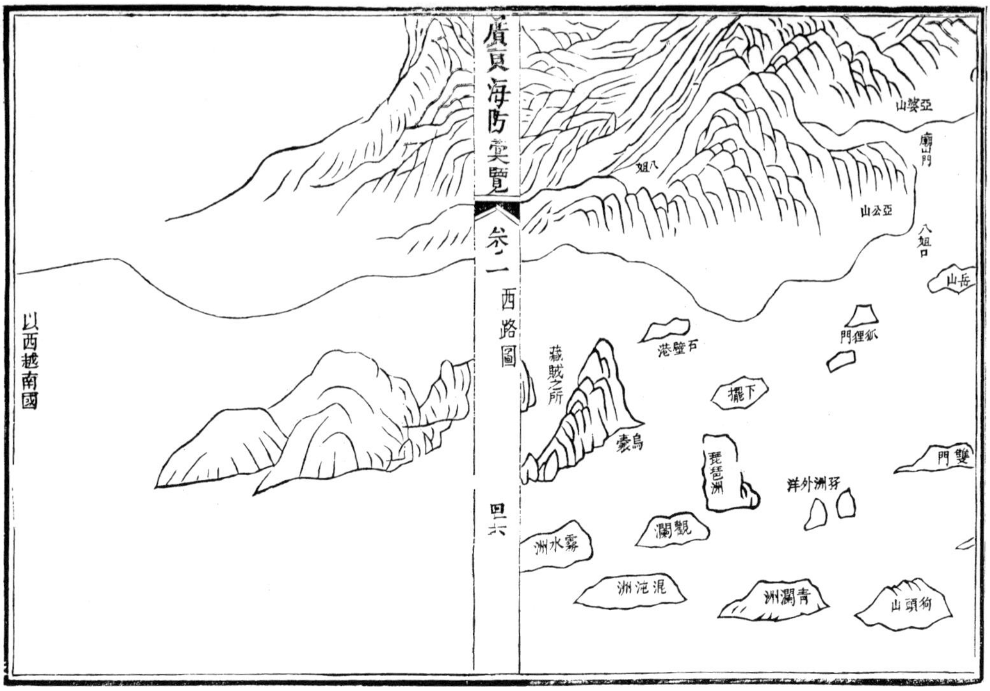
廣東海防彙覽
卷一
西路圖
四六
以西越南國
亞婆山
廟山門
八姐
亞公山
八姐口
岳山
狐狸門
石壁港
下擺
藏賊之所
琵琶洲
牙洲外洋
雙門
霧水洲
觀瀾
泥沱洲
青瀾洲
狗頭山

陽江上通香山廣海下達吳川硇洲爲西路沿海
要地其大澳海陵興平水東等港爲商漁蛋船
繁集之所握守最宜嚴密
海陵澳西曰戙船澳此處可泊船不畏四面風海
寇每潛泊於此
雙魚港水深六尺難於灣泊
蓮頭澳水深七尺東南風可灣泊
電白海口水淺四邊山低有大颶風不堪灣泊
放雞山可暫時寄泊船隻



赤水港南北風可泊
限門港大流一丈小流八尺港口水淺有沙極險
惡甚難出入駛至芷艼另易淺水河船至梅菉
硇洲大流一丈五尺小流一丈四面臨海東南尤
浩瀚無際大船可從南邊進東北風可灣船
東山即東海地皆平坦孤懸海外四面汪洋與硇
洲中隔沙行素爲奸藪前後皆有沙水淺大船
所不能進
龍門地處極邊與越南交界南面汪洋商夷船隻

往來防守最要港内有七十二徑俱相通可容
千餘艘
通明港水深可泊大船
雷州港水深可泊船數百
潿洲洋面龍門協與海安營交界商船往來最易
藏奸常須偵緝
海安港上通硇洲下達龍門南望海口汪洋北枕
徐聞地面爲官民商漁舟車往來衝要
瓊崖地處極南東西南三面汪洋無際爲巡防至



要
清瀾港各港有海賊聚散往來拋泊邀截商船以上雜引籌海重編　國朝侍郎温汝适總兵黄標兩海圖阮元等修通志海防圖營冊

# 南澳圖



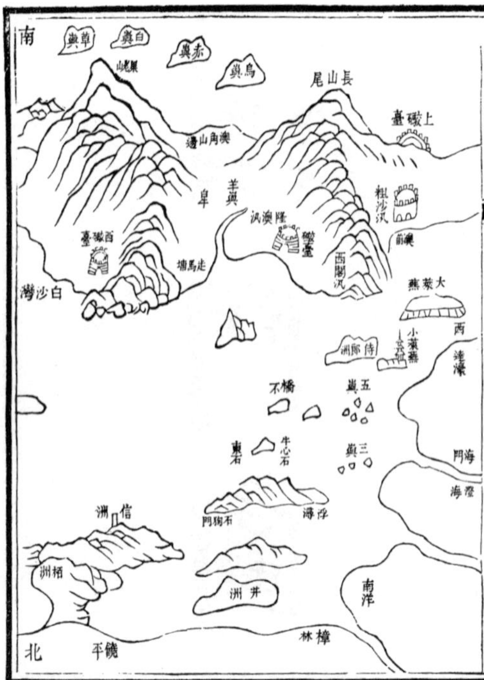




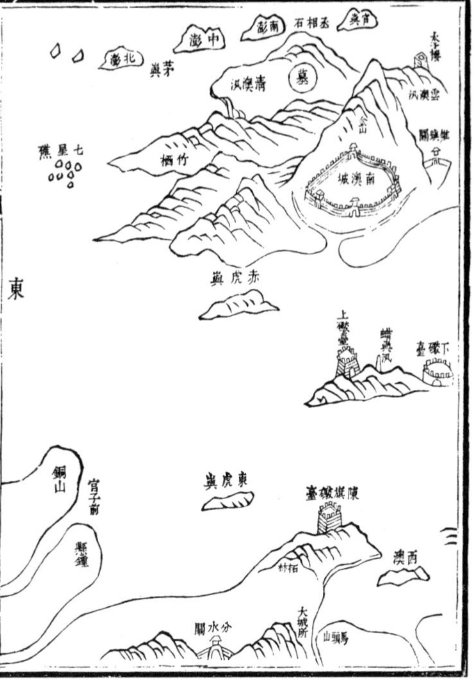


南澳一島孤懸世爲荒服至明萬歷間始入版圖爲漳潮門戶中分深雲隆青四澳閩粵各屬其二倭寇之防舊稱險要南澳志全圖後又有四澳分圖洵爲詳覈然自乾隆四十八年志成以後迄於今茲兵房臺汛多所變更不特明代屯戍之遺無迹可索也茲就近日形勢别存一圖附三路圖末

# 澳門圖

澳門在香山縣南百二十里澳南有四山離立海水縱橫貫其中成十字曰十字門澳門紀略有總圖有正面側面二圖又別為娘媽角圖然夷人六礮臺娘媽角居其一則娘媽角卽澳門之左股茲合併繪焉

# 虎門圖

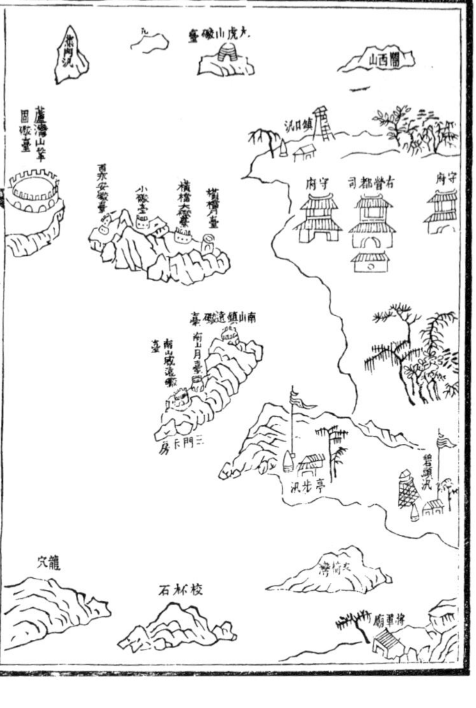


虎門與澳門雖呼吸相通然澳門屬香山虎門屬東莞澳門紀略繪有虎門圖不及東莞志圖之詳近年以來虎門外礮臺制多更變道光十五年復增新築形勢與舊日不符別增一圖備考

廣東海防彙覽卷一終

# 廣東海防彙覽卷二

## 輿地一

### 險要一

通說

東路　潮州府　惠州府

中路　廣州府

西路　肇慶府　高州府　雷州府　廉州府　瓊州府

粵省介在荒服控帶峝獠而防海為尤要秦命南海尉任囂築城瀧口此置戍之始也漢設交州刺史治南海唐置嶺南五管經畧招討使宋以京官充嶺南道經畧安撫使元置廣東道宣慰使司兵制損益代有不同明太祖洪武二年命平章廖永忠參政朱亮祖取廣東遂命亮祖鎮守建置衛所分布要害其沿海者曰潮州衛轄大城蓬州海門靖海四所曰碣石衛轄甲子門捷勝海豐平海四所曰南海衛轄大鵬東莞二所曰廣海衛轄香山新會海葫三所曰肇慶衛轄陽江所曰神電衛轄陽春雙魚寗川三所曰雷



州衛轄石城錦囊海安海康樂民五所曰廉州衛轄永安欽州二所衛設指揮等官所設鎮撫千戶等官分領旗軍設屯田以贍之星羅戍守又多建墩烽一傳百應為常山率然之勢頗稱嚴整正統間因黃蕭養寇亂設總兵於蒼梧制兩省嘉靖間倭寇犯邊始專鎮於東粵又設雷廉參將一駐雷州水營參將駐南頭萬歷初又設惠潮參將各一白鴿水營參將一潿州水營遊擊一柘林碣石虎頭門廣海北津白鴿六水營守備各一於是旗軍而外復有城守之民壯斥堠之表加以水哨之遊巡大將居中操臂指之權守綦密矣其防汛之境畧分三路高雷廉三郡斗入海中西界欽州控連交阯雜處羅旁南面巨海綰轂瓊山而占城暹羅滿剌諸番環匝於外益省會之西蔽也其地以神電雷州廉州三衛十一所為邊白鴿潿洲兩水營遊徼於外是為西路廣州帶三江阻重海崖門虎門夾峙左右屹為筦鑰前山澳門蕃舶所集南頭控其東陽江介其西實全省之中權也其地以肇慶廣海南海三衛六所為邊虎頭門廣海北津

三營遊徼於外而南頭一鎮總挈之是爲中路惠潮二郡界連閩省漳舶通番道所必經南澳介處兩間伏莽蟠互全恃兩府之彈壓又省會東偏一要阨也其地以潮州碣石兩衛八所爲邊柘林碣石兩水營游徼於外是爲西路三路各統於本管之參將而兼轄於兩總戎瓊州孤懸海外自爲一鎮此明代設兵之大較也國朝杜臻粵閩巡視紀畧

議者謂廣東海防當分三路三路者左爲惠潮右爲高雷廉而廣州爲中惠潮二郡皆與福建接壤而潮



尤當其衝柘林南澳皆要區也由柘林而西爲大城海門靖海蓬洲諸所又西接甲子門碣石平海諸衛所皆爲西南之庇倘柘林南澳失守是無潮也平海碣石失守是無惠也故惠潮之備以柘林爲最要柘林乃南澳海道之門戶據三路上游番舶自福趨廣皆由此入澳去惠潮水寨遠幾百里水寨爲惠潮之衛而柘林爲水寨之衛愼固之防不可不豫而大城所聲援差近備尤不可或疎也若夫中路之備則在屯門雞栖佛堂門冷水角老萬山虎門等澳而南頭

澳在虎門之東爲省會門戶海寇往往窺伺於此爲闌入之逕則東莞大鵬之戍守宜切也又西則峽門望門大小橫琴山零丁洋仙女澳大竈山九星洋諸處而浪白澳在香山之南爲番舶接濟之所則香山所之戍守宜切也又西爲厓門寨門海萬斛山硇州等處而荃洞澳在厓門西爲番舶停留避風之門戶則廣海衛及新寧海朗二所之戍守宜切也若西路三郡去倭島似遠而安南占城暹羅滿剌諸番風帆易達高州之南神電衛所轄一帶海澳若蓮頭港汾



洲山兩家灘廣州灣皆府之南翰也雷州凸出海中三面受敵其遂溪湛川濶洲樂民等四十餘隘固爲門戶之險而海安海康黑石清道徐聞錦囊諸隘亦所以合海防澳者也至於廉州之境尤爲全廣重險故兵符特劄於靈山達寶增屯於衛北海寇之警峒獠之擾外夷之侵有兼憂焉永樂七年倭嘗陷廉州而瓊州又廉之外戶也五指腹心盡爲黎據戶版城邑類皆海濱備倭之制若白沙石礶瑄頭文昌與海安海康對峙番島飄風突來防禦甚切此西路所當

加意者也又濱海諸邑爲盜賊淵藪者如增城東莞之茶滘十字滘番禺之三漕波羅海南海之仰船崗茅滘順德之黃涌頭香山新會之白水分水等處往往歲集兇徒以小艇出海珠禁弛則糾黨盜珠嚴則誘倭行刼此又當詰奸禁宄以消其萌國朝顧祖禹方輿紀要

廣之大奚爲急水佛堂二門之嶂周迴有三十六嶼廣二百里其西南之老萬山又過之潮之南澳中分爲四與肇慶之海陵皆廣三百餘里廉之龍門島高之硇洲雷之潿洲蛇洋洲皆廣百里開闢之可以爲



一縣皆廣南之餘地在海中者也國朝李調元粵東筆記

南澳東懸海島扞衛漳之詔安潮之黃岡澄海閩粵海洋適中之要隘外有小島三爲北澎中澎南澎俗呼爲三澎南風賊艘經由暫寄之所內自黃岡大澳而至澄海放雞廣澳錢澳靖海赤澳此雖潮郡支山入海實爲潮郡賊艘出沒之區晨遠颺於海陽以伺掠夜西向於島嶼以偷泊而海賊之尤甚者多潮產也赤嶼一洋自甲子南至淺澳田尾遮浪汕尾鮜門港大星平海雖屬惠州而山川人性與潮無異故於

居中碣石立大鎮下至大鵬佛堂門將軍澳紅香爐急水門由虎門而入粵省外自小星筆管沱溢福建頭大崳山小崳山伶仃山旗纛嶼九州洋而至老萬島嶼不可勝數處處可以樵汲在在可以灣泊粵之賊艘不但繒船海船此處可以伺刼而內河槳船櫓船漁舟皆可出海群聚剽掠粵海之藏垢納污者莫此爲甚廣省左扞虎門右扼香山而香山雖外護順德新會實爲省會之要地不但外海捕盜內河緝賊港汊四通奸匪殊甚且共域澳門外防番舶與虎門



爲犄角有心者豈可泛視哉外出十字門而至老萬此洋艘番舶來往經由之標下接岸門三竈大金小金烏猪上川下川戙船澳馬鞍山此肇屬廣海陽江雙魚之外護也高郡之電白外有大小放雞吳川外有硇州下鄰雷州白鴿錦囊南至海安自放雞而南至於海安中懸硇州暗礁暗沙難以悉載非深諳者莫敢內行而高郡地方實藉沙礁之庇也雷州一郡自遂溪海康徐聞向南幹出四百餘里而至海安三面濱海幅闊百里對峙瓊州渡海百二十里自海安

繞西北至合浦欽州防城及交阯之江平萬寧州延至一千七百里故海安下廉州船宜南風上宜北風自廉之冠頭嶺而東白龍調埠川江永安山口烏兎處處沉沙難以名載自冠頭嶺而西至於防城有龍門七十二逕逕逕相通逕者島門也通者水道也以其島嶼縣雜而水道皆通廉多沙欽多島地以華夷爲限而又產明珠不入於交阯是以亭建海角於廉天涯於欽瓊州屹立海中地從海安渡脉南崖州東萬州西儋州北瓊州與海安對峙瓊山文昌樂會陵



水感恩臨高定安澄邁沿海諸州縣環繞熟黎而熟黎環繞生黎生黎環繞五指嶺七指山五指西向七指南向周圍陸路一千五百三十里府城中路直穿黎心至崖州五百五十五里萬州東路直穿黎心至儋州五百九十里自海口港之東路沿海惟文昌之潭門港樂會之新潭那樂港萬州之東澳陵水之黎菴港崖州之大蛋港西路沿海惟澄邁之馬裊港儋州之新英港昌化之新潮港感恩之北黎港可以灣泊船隻其餘港汊雖多不能寄泊而沿海沉沙行舟實爲艱難内山生黎嵐瘴殊甚吾人可往熟黎而不可往生黎生黎可往熟黎而不可到吾地熟黎夾介其間以水土習宜故也此亦海外稍次之臺灣惜乎田疇不廣歲仰需於高雷雖產楠沉諸香等於廣南甲於諸番又非臺灣沃野千里所可比擬也國朝陳倫炯海國聞見錄

江河之水所由出海者爲海門最大者從廣州而出曰虎頭門其小者曰虎跳曰雞踏曰雞啼曰三門曰東洲此中路之海門也從東莞而出曰南亭從新安



而出曰小三門曰屯門曰急水曰中門曰鯉魚曰雙筯曰南佛堂曰北佛堂從新寧而出者曰大金曰小金曰寨門曰官門從惠來而出曰甲子門從潮陽而出曰河渡從澄海而出曰水吼此東路之海門也從新會而出曰崖門曰松柏從順德而出曰黃楊從香山而出曰金星曰上十字曰下十字曰馬騮曰黃麖從吳川而出曰限門從海康而出曰白鴿此西路之海門也三路海門東起潮州西盡廉州南盡瓊崖有水寨以守水寨在潮州者曰柘林在惠州者曰碣石

在高州肇慶者曰恩陽在廣州者曰南頭在雷州者曰白鴿六寨之汎地廣寨則屯門佛堂潮寨則東嶺下河渡肇高寨則神電馬騮雷寨則北隘頭其港深可泊大船餘港淺惠州碣石衛海石嵯岈船易衝磕止有白沙湖可泊大船餘港多外淺內深甲子門其港亦淺瓊州白沙與萬州其港俱淺鬼叫門有暗沙萬州有一港頗寬廣海船爭避風其中稍不虞則港口忽生一沙橫塞之須祭禳乃滅海中沙礁時有時無皆鬼神爲之（國朝范端昂粵中見聞）



謹按虎頭門三門同在東莞界內虎跳門雞啼門東洲門同在香山界內固屬中路海門至上十字下十字及黃麖馬騮諸門當廣管之南衝聯絡虎跳雞啼等門其金星東洲二門則與東莞新安兩縣遥望故就廣州言之則爲東路然就通省言之實仍爲中路也粵中見聞誤以此處屬之西路固爲失考復以新寧之大金小金寨門官門爲東路亦誤新寧海道東接香山虎跳雞啼諸門舟師可互爲聲援爲廣管西偏最要之地亦西路沿海所恃以爲應者也

粵東營汛海防尤重東起潮州西訖瓊廉皆濱海也而六大寨尤爲要害曰南頭寨自大鵬鹿角洲起至廣海三洲山止曰北津寨自三洲山起至吳川赤水港止曰白鴿寨自赤水港起至雷州海安所止又自海安所起至欽州龍門港止曰柘林寨自福建元鍾港起至惠來神泉港止曰碣石寨自神泉港起至㺍寮村海面止曰白沙寨瓊州府全屬每歲哨邏俱官結報大帥簡覈此外尚有限門龍虎門等三寨寨雖稱險要不入六大寨之數（陸豐縣志）



附各澳可取水處三十垵　南澳（閩粵鎮）　萊蕪（澄海協）

廣澳（達濠汛）　錢澳（海門屬）　靖海（海門分汛）　赤澳（海門屬）

神泉（惠來縣屬俱南澳鎮轄）　甲子（碣石左營）　汕尾（湖內可泊）　青草

（碣石右營）　大星（左三管筆右稔山平海營）　沱濘（大鵬營）　佛堂門（內有赤嵌牛屎灣九龍灣布袋灣可寄泊）　大急水（有三門）　赤垵（赤垵新安屬北入廣城南往大俞山要入廣則至黃河一按虎頭門至魚珠至省城）　大俞山（大澳可泊新安縣屬）

十字門（此卽澳門外口有內十字外十字香山縣屬）　三竈（香山縣屬）　上

下川（新寧縣廣海屬）　陽江大澳（東南北風可泊）　海陵（內大鹹澳可避颶）

儒峝　蓮頭（外是放雞山內是電白屬可泊）　電白（至硇州過小洋無澳可泊）

硇洲（直至海口約有三埈陳艮弼舟師輯要）

凡沿海取水井泉之處可湮者則湮之不可湮者令土著之民十家輪守設立專汛嚴立條格犯者抵死此前朝名將俞大猷鄧鍾所反覆丁寧也（李光坡防海論）

東路

東路爲惠潮二郡與福建連壤漳舶通番之所必經議者謂潮爲嶺東之巨鎮柘林南澳俱係要區扼吭拊背之防不可一日緩而靖海海門蓬州大城諸所



又皆跬步海濤所賴以近保三陽遠衛東嶺者也惠州海豐東南濱海其捷勝平海甲子門皆瞬息生變惠潮守備割於衛治誠有以嚴其防矣然未知柘林爲尤要也柘林乃南澳海道門戶據三路之上游番舶自福趨廣悉由此入舊例風汛之期各澳皆設戰艦秋盡而掣回泊水寨此在他澳猶可柘林去水寨一日之遠警報未易達倘賊視我無備批吭擣虛不亦危乎無柘林是無水寨也無水寨是無惠潮也爲今之計東路官軍毎秋掣班必以柘林爲堡愼固要津附近大城所戍卒互爲聲援不得規避空所縱賊馳驟若遇颶霧塵霾尤宜加之意焉其外碣石靖海甲子門海澳雖視柘林稍次而舟師防禦各有信地之責者又可少懈乎（明胡宗憲籌海圖編）

謹按此說本諸戴璟明時倭寇最爲患故以東路之柘林爲重

本朝海不揚波似籌海之要不在此然先事而謀不可不講也畧採數條以著梗概而特詳於西路焉

潮州府



潮郡東南皆海也左控閩漳右臨廣惠壯全潮之形勢爲兩省之屏藩春夏之交南風盛發揚帆北上經閩省出烽火流江翱翔乎寧波上海然後窮盡山花鳥過黑水大洋遊奕登萊關東天津間不過旬有五日耳秋冬以後北風勁烈順流南下碣石大鵬香山厓山高雷瓊崖三日可歷遍也外則占城暹邏一葦可杭噶囉吧呂宋琉球如在几席東洋日本不難扼其吭而擣其穴也全潮海疆不過五百里上自南澳下迄甲子門中間島嶼澳港歷歷可數柘林大城所

居南澳上游有雞毋澳山後澳虎嶼獅嶼紅螺雞冠西澳諸山及橫山青山鹽漏上里諸礮臺與閩之銅山縣鐘接界明人防海知設水寨於柘林而不知南澳之不可棄遷其民而墟其地遂使倭奴紅夷盤踞猖獗吳平林鳳林道乾許朝光曾一本先後盜兵邊民塗炭萬歷年間始設副總兵守之

國家鎮以元戎遊魂永靖葢閩廣上下要衝阨塞險阻外洋番舶必經之途內洋盜賊必爭之地去留明效固彰彰若此也南澳四面大洋周迴三百里分隆深雲青四澳雲青屬閩詔安治之隆深屬粵饒平治之左右兩營分守各疆亦以福廣名青澳在東濤流險惡無泊舟善地雲澳在南近岸皆沙水淺風飛巨艦亦難停頓是以左營舟師必分深澳駐泊以深澳鎮城所在元戎旌節之區也深澳面北半倚山阿外險內寬千舟可聚若北風狂發則不如隆澳之安隆澳在西南南颸驟起則又宜於深澳深澳之口為青嶼為蠟嶼青嶼石峯奇矻有海闊天空四字古蹟蠟嶼礮台有兵防守與長山尾汛皆捍門要地也黃岡之



南為大澳為獅頭為鴻門為信州為柏洲為井洲諸澳西北四十里為海山海山雙峙汪洋中與南澳黃岡相犄角溪南防汛為東石溪北防汛為浮潯各港洋面鎖鑰固焉下此為侍郎嶼為三嶼為五嶼水際卷石嶐然小星賊艘偶衝亦有不攻自破之妙澄海洋中為大萊蕪小萊蕪為放雞山放雞屬潮陽境澄海協弁兵守之過此為達濠亦在海中潮陽東方之保障也自明以來屢為寇壘許棟張禮邱輝憑陵肆毒而輝殺掠無已慘酷最甚康熙二十年設副將兩營屯劄今改專汛守備城池戰艦屹然稱雄藩內則磊口河渡分南北兩門外則放雞蓮澳廣澳礮臺羅列其誰敢攖之下此為東嶼為西嶼西過龍潭鼻為錢嶼礮臺則海門營出口之要害也海門城據山臨海有水師參將駐劄猷灣河背兩岸礮臺皆在城下為潮陽東南保障出口迤西為靖海所靖海有城有礮臺屬惠來境海門守備分守之靖海而南以石碑澳為要害賊舟屢泊登岸剽掠赤山鉛錫石井諸澳皆苦海氛而神泉為尤甚神泉登岸十五里則為惠

來縣南門上下舟航皆入此港爲惠邑第一要害築城港口駐劄防兵左右礮臺威武震疊華淸甲子作我屏翰而海濱有長城之勢矣甲子爲惠潮樞軸有碣石水師專守不容越俎代謀潮屬海面如此而已港澳雖多沙礁暗阻風濤不測舸艦輒碎非熟諳港道者弗敢輕入商艘往來不過旗嶺汕頭神泉甲子他皆非所戀也 國朝藍鼎元鹿洲集

潮爲郡當閩廣之衝上控漳汀下臨百粵右連循贛左爲汪洋廣袤四五百里固嶺東第一雄藩也附郭



曰海陽爲十一邑領袖潮陽在其南澄海在東南惠來在西南皆海國饒平疆宇亦大半海國焉由閩入粵以分水關爲要害由贛入潮以平遠八尺爲要害由汀入潮以大埔石上爲要害自惠來長樂而來則畬坑爲門戶自海豐而來則葵潭爲門戶自海豐甲子所而來則龍江覽表居然天塹自海而來則南澳澄海達濠海門神泉鎖鑰固之內溪水道以三河爲要害三河堵截則程大平鎮與郡城聲息不能相通經之則惠潮之樂土置之實兩郡之隱憂曲突徙薪於斯二者加之意固官斯土者之責矣 潮州府圖說鹿洲初集

海陽縣

東隴隘在縣南登雲都境內又有新關海門萬里橋楓洋湯田伯公等隘 大淸一統志

府南百五十里有南洋三灣嘉靖三十八年官軍敗倭賊於此地 方輿紀要

饒平縣

縣治在萬山中所屬南澳又在大海中黃岡柘林海山鴻門皆汪洋浩漫驚心駭目大山大海控握全閩



屹然嶺東鎖鑰焉饒之爲邑也雄哉廣一百九十里袤一百八十里南澳渡海水陸又七十里泱泱大國未可以貢賦無幾小之濱海重地以黃岡爲最要黃岡在東南九十里當閩廣之衝副將巡檢防之而不足復移潮郡同知弹壓之由黃岡東行三十里至分水關爲入閩孔道自關抵福州省城九百五十里耳東南三十里爲大城所又十里爲柘林寨故明置重兵於此黃岡之南渡海爲南澳南澳四面大洋山崖險峻迴迴三百里爲閩粵兩省咽喉重地自古海賊

盤踞之區朝光跳梁倭奴肆虐大爲邊患今設總兵官鎮守之分隆深雲青四澳雲青屬閩隆深屬粵鴻門海山在澳西北東石浮磚𡶶井洲蠟嶼皆內海星羅也沿海港汊以草尾港爲大南洋竹木穀米諸貨之所通也五塘六澳灣港樟山橫山下岱諸港弗可悉數 饒平縣圖說 鹿洲初集

上里尾在縣東南九十里黃岡城黃岡東三十里大埕所東十里山上有礮臺屬黃岡協汛守與福建詔安交界乃漁船聚集採捕之處夏秋南風旺起偷渡姦民駕小艇雜入漁船引誘偷渡爲海防次要 潮州府志

虎仔嶼在上里尾西十里海岸東西有石相對如虎之回顧跳躍故名與南澳獅頭山相對上有礮臺乃商船往來要道周圍多礁石舟不得泊爲海防次要

雞母澳在柘林東南與臘嶼相對距南澳三十里濱臨大海商船往來絡繹採捕漁船出沒其間亦多礁石舟不得泊上有礮臺爲海防次要

柘林城在黃岡東二十里城在山阿與黃岡大埕所相犄角東南爲雞母澳與西澳對峙如門中可避風



爲商漁船停泊之所出口曰小門仔西即馬頭山大金門明時未設南澳鎮之前爲海防最要

馬頭山在西澳汛之北遇水淺船不能直達黃岡溪重載多泊於此迤邐西北即南澇汛爲海防次要

南澇在大港鄉前有南北二港舟楫相通大埕所鄉民出入船隻多泊於此亦海防最要

西澳在內海中大金門口內爲黃岡商漁船隻出入咽喉東對雞母澳西逼大金門爲海防最要

大金門在大海中西澳之西南信洲之東畔海船出入之咽喉爲海防最要



小金門在大海中海山溪南歐邊鄉之東北信洲之西南亦海船出入咽喉如潮小有礁重載難走爲海防次要

柏洲信洲南北對峙在草尾林厝兩臺出口距黃岡二十里形家所云日月捍門是也屬南澳營池地鄉民以墾園採捕爲業柏洲東北一帶俱蛔場蠔坵毗連新村鹽埕約十里許爲海防次要

橫山塘竹林溪新村口小港俱通海水淺大船不能

駕駛漁艇採捕奸民以小舟招引偷渡屬黃岡協營汛地爲海防次要

草尾臺黃岡船隻出入之要隘內連溪河外通大洋屬黃岡協營汛地爲海防最要

林厝臺黃岡城南溪水南流處也水道淤淺非大潮不能常通舟楫屬黃岡協營汛地爲海防次要

伍塘港黃岡溪水西流處也溪水從饒平諸山而來由黃岡西流二十里孚山入海水大貨船出入之處屬黃岡協營汛地爲海防次要



大澳在鴻門港之東面臨大海屬黃岡協營汛地農漁船隻出沒其間爲海防次要

鴻門港在黃岡西南十五里柏洲信洲之西北東通黃岡南達南澳西北連孚山西南通浮潯港口迤西蠔坵蛐場南北綿亘十餘里乃鄉民採捕之所但海道紆淺潮退重船難行屬黃岡協營汛地爲海防次要

孚山在黃岡西二十里有上孚山下孚山之分上孚山建城寨乃粵閩通衢有小港名孚山港又名龍鬚港西通水磨驛邊等鄉東達伍塘港有小山屹峙於南卽下孚山也坐臨大海西南卽浮潯東南爲黃岡南澳海山井洲乃海防最要

井洲距黃岡二十里在港門港之東孚山之南亦海島也海山溪南溪北在其南鄉民以採捕爲業屬黃岡協營汛地三嶼在其西南爲海防最要

海山溪北在黃岡西南三十里屹立海中內環八鄉總名溪北內有浮潯鄉居民頗稠設有浮潯石狗門二汛有鹽埕設場員董其事浮潯在西面石狗門在



山東北爲閩粵商船出入必經之處爲海防最要

海山溪南其山橫峙海中南臨大洋東障浮潯北對溪北伍嶼在其西長山尾在其南山嘴卽牛心石西畔有小山曰馬鞍山前後八鄉民人亦稠有鹽埕爲海防最要

浮潯卽海山西面前海澳也澄海饒平兩縣交界在孚山西南十餘里樟林東南三十里東有海山南北兩溪南有長山尾西南有辭郎洲四面屏蔽雖在大洋無風濤之患爲商艘停泊之所亦爲藏奸納匪之

地屬南澳營汛地又闞黃岡東隴澄海外戸爲海防最要俱同上

大金門小金門在城東南海島二門四山屹立海中後枕柘林旁瞰南澳右有大澳井洲爲饒平門戸國朝吳興祚廣東輿圖

柘林寨在縣南大尖峰西南有柘林澳西北至府城百三十里置寨於此爲戍守要地海防考柘林波連南澳跨閩粵之交海寇恒窺伺於此他寨或山或樵或港皆有險可恃柘林寨南面平洋海寇揚帆直指



瞬息可至且四面孤懸無附近衛所可以緩急應援故柘林之備爲最切方輿紀要

堠墩四一在長沙尾分屬廣東汛地於廣營撥兵二十名日夜輪守瞭望一在雲蓋寺左分屬福建汛地福營撥兵二十名日夜輪守瞭望一在竹棲澳分屬福建汛地福營撥兵二十名日夜輪守瞭望一在金山墩分屬廣東汛地廣營撥兵二十名日夜輪守瞭望縣志

大尖志在縣東南百里峻如筆立爲高埕柵之鎮其東大埕柵有鳳髻山左虎嶼右獅嶼相距半里許西大港柵有烟樓山南柘林寨有紅旗山下爲柘林澳皆邑險隘四柵之中設大城千戸所其東南有鯉魚山又二里有紅羅山港通潮水蟠蜒四十里柘林在其南暹羅日本及海賈常泊巨舟於此粵閩巡視紀畧

内洋一虎仔嶼一鷄母港一大小金門

外洋一深嶼一隆澳一臘嶼一洋嶼一西閣一長山尾一前江澳一王嶼一侍郎洲一海山一溪南一溪北潮州府志



南澳廳

南澳設鎮最爲得策今議者不諳猥云海外斥鹵何煩重兵而將士苦涉風濤樂於撤戍又從而和之此寒儉小人之議未睹守國之大計也以子章權之爲利者四澳昔稱饒野田千畝自賊穴其地懸糧潮籍以橋鹽利歲時代納今兵環其外農耕其野卽不能盡補虛稅而歲入稍稍共濟兵餉使會計得人可收充國孔明屯田之利一也澳面海背山往吳平許朝光據之緩則入山出冠郡縣急則下海要結倭奴今

變爲兵營賊失其巢二也往海冦之來也腹困鹹水其力不勁舟之火器厥餘不敗潛泊灣下以俟內賊接濟給以米糧假之硝磺復整楫戈楯入冦我疆今重兵守之外賊欲泊以竊淡水則憚兵不敢登岸內賊欲出爲接濟則憚兵而不敢放舟故自設鎮以來海不揚波三也澳跨閩粵之交往分疆而屯分將而營彼此推諉今總以一將閩粵一家手足相恃四也嗟乎守金陵者不守淮泗則長江失險守雷廉者不守瓊崖則門庭受冦夫南澳亦潮之淮泗瓊崖也惡可棄也　明潮州知府郭子章南澳設鎮論　南澳志



南澳當閩廣交界在大海之中有山田數千畝乃明初起發居民遺棄之地也嘉隆間倭泊於此互市廣捕急則奔閩閩捕急則奔廣而海冦許朝光吳平之徒相繼巢穴於此誠盜賊淵藪也萬歷三年總督殷正茂福建巡撫劉某題設副總兵以彈壓之外以奪海冦之巢內以絕接濟之路左以伸閩之臂指右以固粵之門戸而屯田海利其小者也數年來漳潮無亾矢遺鏃之費策誠得矣其次則惠潮二府亦當敵要衝向被倭冦殘擾爲甚今惠潮各有參戎柘林碣石有備總亦上游之蔽藩也議者謂惠潮水道延袤千里若海門靖海甲子所之間宜添設水兵一營遊擊海上與南澳各寨相爲犄角而東路遂可安枕然言之於無事之日則迂矣　明王在晉海防纂要

南澳在閩廣之交去懸鐘水口約三十餘里洪武間居民負險作亂遂爲賊巢小舟須魚貫而入官兵攻剿頗難內田約五萬餘畝官給牛種屯軍耕種以阨冦盜之險而免輸將之勞　國朝顧炎武郡國利病書



南澳爲閩廣要衝賊艘上下所必經之地三四月東南風汎粵中奸民哨聚駕駛從南澳入閩縱橫洋面截刦商船由外浯嶼料羅烏紗而上出烽火流江而入於浙八九月西北風起則捲帆順溜剽掠而下由南澳入粵刦獲多者各歸度歲謂之散斗刦少無所利者則泛舟順流避風於高州海南各處來歲二三月土婆湧起南方不能泊則仍駕駛北上由南澳入閩所以南澳一鎮爲天南第一重地閩粵兩省門戸也鎮守之道以熟諳海道形勢爲要以搜捕賊艘爲

先今承平日久將卒疲玩大率養尊處優誰肯輕身出海將弁奉命巡哨泊船近岸沈湎樗蒱以爲娛樂遷延期滿自號班師揚帆回汛賊黨連踪刦掠莫之過問或大吏督責不得已稍稍出洋方且鼓樂前導舉礮作威惟恐賊船不知遠避賊亦若相體恤不來衝突或於他處行刦此疆彼界咫尺視如秦越第使失事之處非其所轄則吏議不及便欣然自喜甚或虛張聲勢以爲賊莫敢犯吾境是今日水師之通病也足下前在溫州威望素著一年之中超擢大鎮建牙故士晝錦殊榮所以上報

國恩下酬知己必已籌之熟矣凡人困於下位每不憚艱難險阻思自建白及功名既成身家爲重無論追風逐浪出入水天茫茫之中非其所願即求一二留心海防督責將弁者亦難言之蓋富貴移人志驕氣惰固其宜也自古及今海上將帥素尸戎行不整卒徒積弱致盜賊滋蔓爲禍數十百年不息誰之咎也前人有言曰官怠於宦成詩曰靡不有初鮮克有終願足下以此爲戒一洗從前怠玩之習砥柱海天勛



名遠大正未可量夫昇平小醜原不難撲滅洋面雖寬得其要如一室耳除內線迎賊之人賊勢自然窮蹙練兵丁募死士精器械勤諜探慎機密搜醜類而殲之治其標也平居恩威並濟有以大服軍士之心雖使赴湯蹈火亦無所避治其本也成敗興亡之故洞如觀火幸勿笑爲書生迂闊之談先民有言詢於芻蕘惟足下察之上南澳施總兵書　鹿洲初集

南澳爲東南門戶棄險以資敵非計也愚以爲底定必收全局制勝在扼咽喉自臺灣巨寇祖孫相傳閩踞厦門當天戈所指猶敢抗衡一旦瓦解幾於全局可收矣某謂海中扼要南澳中左金門銅山同一體譬如造舟一牢百牢一漏百漏南澳閩粵咽喉尤孽醜所必爭今諸島節節布置而南澳猶在所畧敢剖晰陳之南澳峙漳潮大海界上海門天然關鎖隆萬初徵海寇曾一本許朝光吳平之亂特設漳潮副總兵官轄福廣防倭多營復翼以柘林懸鐘兩寨遊巡臂指聯絡屹然東南半壁砥柱也自勝朝海防懈弛藩籬盡徹臺寇立僞帥屯重兵於南澳先搶要領然

後連艅南下指肇高惠潮爲倉庫捲其儲積揚帆而歸復分遣徒衆潛赴內地招誘奸民入海從者如市羽翼既成牢不可破設有巨鎮於此彈壓賊必不能越此而飛渡也是此地向爲不逞出沒之區今爲沿海郡縣屏藩之寄事機先後間不容髮萬一死灰重然乘風突至茲地先爲賊有我咽喉梗塞彼彼焉思啟或因糧於我或藉兵於我後悔何及應設官兵三千員名配𦨭艚船二百統以總兵官蒐討訓練永固東南門戶彼澳中巨艦只堪外泊深港守兵坐巨艦



以嚴斥堠警𦨭艚運掉如飛先其未薄而迎擊之則彼勞我逸主客懸絕賊定破膽不敢覬覦抑沿海金湯相望千里內外永斷風塵其於制勝攻心克收全局尤不待計決也一應器仗資裝礟銃火藥除所在官司原有驗貯現存修估配給外今軍糈浩繁一時未易取給權時就地設處如本澳原墾田約若干頃募佃耕作分其稅入可養兵若干鹽埕計若干畝募丁收曬招商配運可養兵若干綱桁漁船採捕雜稅可養兵若干此皆可助官帑以濟急需倘蒙俯允選委廉幹正印官并武弁中有曉地利諳士宜者一二人協同勘估冊報仍一面議餉增兵爲久安長治計事無急於此者恐時會差池措手莫及不敢不冒昧披陳以冀採擇國朝戴元冠代上經略南澳書 潮州府志

澳在饒平東南二百里海中之山也地周三百餘里中分四澳東折爲青澳風濤險惡泊舟者患之西折爲深澳環以黃赤二嶼一口裁通可容千艘而隆澳其門戶也其曰錢澳宋帝所曾駐蹕處有洲曰辭郎明萬歷三年建立城池設副總兵官駐防於澳明季海寇倡亂據爲巢穴遂廢其地今四海蕩平改爲隆



深雲青四澳分隆深二澳屬廣東饒平縣管轄雲青二澳屬福建詔安縣管轄移廈門總兵官駐劄爲左營粵中見聞

勝澳在銜石灣海口相距里許有水泉又可避風無論發汎收汎兵船俱泊於此內通詔安外通大海及前浯雲霄等處小寇屢屢竊發去娘宮前約水程五十里汛地向爲次衝潮州府志

娘宮前可泊兵船四五十隻面洋梳山有水泉倭寇

取汲於此上至銅山鴛殼澳約水程三十餘里汎地向為極衝

靑澳在南澳之外內有大灣可泊船其地淺狹取水頗難東有墩臺撥兵瞭守其地居民數百家田園數百畝外有小澳三里至九歸澳九歸澳五里至金梭椅汎地向為次衝

雲蓋寺在南澳山之東南可泊船五六十隻有水泉二穴相聯倭寇常汲於此舊為三寶寺時有雲氣遮蓋因以名寺不知建自何代基址猶存汎地向為極



衝

彭山與南澳相對西至雲蓋寺約四五十里北至勝澳約百餘里順風一潮可到其山有三曰南彭曰中彭曰北彭三山列峙海中周圍各一里許又一小島曰北尖尾四面皆危石暗礁可寄泊不可久住中彭有泉海船過者必取汲於此其下即黑水外洋乃巨舶必由之處原設巡哨官一員往來防守以餉絀議裁上俱同

澄海縣

澄海潮之新建邑也東際大海西瞰田寮前襟外砂諸村後帶南洋東隴諸堡遠則北有蓮花峯為之肩背南有馬澳為之翰屏縣志

縣為海氛設也故名澄海明嘉靖四十二年析海陽之上中下外三都揭陽之蓬洲鮀浦鮀江饒平之蘇灣建澄海縣在郡治東南六十里即古闢望司故地也大海之濱沮洳之宅平沙四望洲渚無數幅員所届東西三十里南北六十有五里環城之水四圍如帶旗嶺港距城十五里洋艘所泊其山皆培塿不足



數大萊蕪小萊蕪二山皆在海中邑東之保障濤洄山在西南內洋中與潮洋接壤自邑視之如拳然一縣形勢以大海為要害海寇蕩舟乘潮可入故於沿海港汊設礮臺以控扼之在海中則有大萊蕪放鷄山二礮臺在各港則有溪東沙汕頭三灣東湖平洲山頭子東隴鹽竈諸礮臺星羅棋布可云周密南洋樟林蓬洲所鷗汀背皆有城堡阨塞藩衛有形之險阻不過如斯矣澄海縣圖說　鹿洲初集

澄邑沿海之地港凡十有二皆前代盜賊出沒之所

其來飃駛其去影息數爲內地患當其連䑸南下自東隴旗嶺飛錢大洲蓬子諸港入而蘇灣危自南北二港入而下外危自新港東港西港大港溪東港入而蓬洲鰐浦鮀江危雖上外中外二都稍鄰內地然前途震驚闔邑俱動譬人一身業已燀耳剔眼斷手刖足安能久人世哉而要皆以萊蕪爲出入門戶蓋嘗論之守金陵者不守淮泗則長江失險守雷廉者不守瓊崖則門庭受冦澄城者萊蕪之金陵雷廉也斷瓜州則山東之師不下踞北固則兩浙之路不通



萊蕪者澄城之瓜州北固也然則扼要爭奇審形制變嚴接濟之令斷樵汲之途先爲不可勝以待敵之可勝冦果能越此而飛渡耶縣志

南關鎮在縣治南北關鎮在縣治東北大場鎮在鮀江都夏嶺鎮新港鎮在蓬洲都以上諸鎮久廢冦隴寨在下外都莿林寨在上外都渡頭寨在中外都程洋岡寨南沙頭寨南灣寨樟林寨在蘇灣都岐山上寨岐山下寨下埔寨鷗汀背寨外砂上中下寨在蓬洲都水吼橋寨湖頭市寨厚隴寨月浦上中下寨長子橋寨在鰐浦都鮑浦寨蓮塘寨大場寨在鮀江都以上諸寨百姓因冦盜充斥置寨防禦自爲戰守其後豪家多徙別寨官軍不及救援多爲冦所毀內惟鷗汀樟林二寨康熙八年展復後爲署縣通判閆奇英修建

潮郡險要鎮有五澄居其三曰大場夏嶺新港隘四十有八澄居其四曰冦隴鮀浦南洋鷗汀背以今考之殊不盡然況自展復以來山川再闢時異勢殊形勝因之似未可一概論也謹舉其尤要者東北曰南



洋蓮峰峙其背管隴獅子諸山環列左右水自橫隴溪東流歷程洋岡由蓮子港直通外洋昔爲朱艮寶負固之所曰樟林與鹽竈東隴二村東西相接水由烏塗尾水仙宮前出海直抵浮潯爲商船停泊之處曰鹽竈與饒平峙頭仙村相對東濵海民居叢穠以採捕爲生縣東北境盡此西南曰鷗汀背近連鰐浦遠控鮀江水從梅溪龍尾分流由新港東港入海順治十年閩冦鄭成功以郝尚久乞援駕海舶直抵潮州道經此爲邑人陳君諤所扼不得前乃大掠揭陽

而去曰蓬洲所西北羣峰環抱袤延數十里負山距海屹然濱海要區其南溪東港在雙溪口外舟楫停泊若蜂屯蟻聚與沙汕頭磯臺東西相望西曰水吼橋水自雙溪口西折循海陽庵埠鎮內河西北經中離溪達潮揭普三邑東北達海洋上莆都前卽庵埠鎮商賈舟楫輻輳曰沙汕頭地臨大海風濤蕩滌有淤泥浮出作沙汕數道前有海澳由放雞山而入東對萊蕪西通潮陽之達濠後溪爲海道出入門戶東曰大萊蕪屹然起巨浸中與小萊蕪對峙更東卽侍



郎洲一望汪洋滄波無際山北有港可避風此九者皆近日瀕海阨塞也邑之外衛卽郡城保障其餘旁溪曲徑不能盡述而經途要道不踰於此矣俱同上

鮀浦鎮在縣西南有巡司洪武三年置本屬揭陽縣嘉靖三十七年倭犯鮀浦四十二年改今屬方輿紀要

大場鎮在縣西南近海其相近有厦嶺新港等鎮接連馬耳萊蕪等海澳以防賊衝又有大城營在縣南門外同上

樟林港在縣東北三十里鹽竈西六里商漁船隻停泊之處米穀聚積之所與東隴毗連由烏塗尾水仙宮前出海人烟稠密建有城寨屬澄海協營汛地爲海防最要潮州府志

東隴在樟林港西畔北達郡城商船停泊之處爲海船出入要隘木筏鹽船貨物總滙之地西有山頭烏塗尾二汎把守又外有小港繞南洋進北港達南港南通澄海南門其自東至西有旗嶺港飛錢港大洲港蓬子港俱通大洋屬南澳營汛地爲海防最要

南洋口在東隴口西有城垣極繁盛出港爲蓬子港



外卽大洋屬澄海協營汛地爲海防次要

北港口在縣城南北港外卽大海近大萊蕪韓江南流沙尾溪分派經流杜王洲渡口至此出海乃漁船出入之處爲海防次要

南港口在縣城東南外卽大海有小萊蕪山坐鎮口外爲商漁船隻出入咽喉水從韓江而來由鼇頭渡下南流分派繞澄海城南與縣城諸水會入於海爲海防最要

萊蕪在縣城東南海中有大萊蕪山小萊蕪山距縣

二十餘里相近北港口上有礮臺斜對長山尾爲海船進口門戶山北可避風泊船近南港口淤塞重船艱於出入多泊大萊蕪爲海防最要小萊蕪在西上有浮圖鎮居其上

新港在南港西水從韓江來與梅溪分流由港南流出海港西畔卽鷗汀背澄海在東庵埠在西南通沙汕頭北達郡城設有礮臺哨船爲海防次要

鷗汀背城在縣城西二十里新港西港口直通外洋爲海防次要



東港在鷗汀西水從梅溪龍尾分流由鷗汀至沙汕頭口南流入海小江鹽場及鵞子渡俱在此港之西南北俱鹽埕爲海防最要

大澳在沙汕頭口二十里外有竹根嶼放鷄山爲之屏嶂東連萊蕪浮濤西通庵埠後溪爲沙汕頭門戶是澳出口東過南澳往閩浙江蘇西經海門卽往廣惠瓊南爲海防最要

沙汕頭在鷗汀背西北庵埠二十餘里東對溪東港南對潮陽角石渡汛爲海防最要

沙汕頭口卽沙汕頭前海澳也由萊蕪西放鷄山大澳而入乃潮陽商船進口之要道東出大海西通潮陽之達濠後溪西北達揭陽之北礮臺爲海防最要

雙溪口水從梅溪龍尾而來北通庵埠西南出溪東港海船聚泊之處貨物出入之咽喉爲海防最要

庵埠在郡城南六十里地當海澄交界實海揭潮澄四縣之通市商賈輻輳水陸交通沙汕頭雙溪口其門戶也寨外水吼橋內河西北通揭陽地美都北礮臺東北達海陽上莆都彩塘市諸處爲海防最要



溪東港在沙汕頭口之西雙溪口之外商船出入咽喉與沙汕頭礮臺東西相望蓬洲所城在其北爲海防最要

蓬洲所城在縣西三十里溪東港後距庵埠十里爲海防次要（俱同上）

大萊蕪海底有沙汕一道沉水礁三　一在汕下一在澳內一對凿子門東控南澳賊艘必經之地爲海防最要（縣志）

內洋　一萊蕪　一溪東溪港　一東港口　一沙汕頭　一三

灣一南洋一山頭仔一樟林一鹽竈潮州府志

潮陽縣

縣東至蓮澳六十里爲大海縣志

西至大長隴普寧縣界八十里

西迤而稍北至貴嶼橋普寧界七十里貴山與普寧以溪爲界惟青洋山一村在溪外

南至草蕪惠來縣界三十里

西北至南礮臺揭陽縣界九十里在縣西北方舊曰北者以路從縣城北門出也



西南至雷公嶺林公墓惠來縣界九十里舊以寒婆徑爲界未剖都以前也

東南至海門錢澳三十里爲大海

東北至角石澄海縣界四十里

縣地東西贏而南北縮正南隆井都其外大海正北數里卽內洋西過和平橋一望平疇數十里其外與惠來普寧交界西北竹山直浦與揭陽交界東南皆大海北自㵽洄而東至放鷄山諸島嶼悉隸澄海縣然拊邑之背不虞所宜備也俱同上

河溪隘在縣北二十五里地與大化山蓮山與洋海相接村煙遼曠時有寇竊隆慶三年知縣黃一龍始於斗崕高處設爲瞭望之所募民丁戍守以望海艘遇寇至舉旗爲號行者卽止於是前患少息往來稱便也利病書

南礮臺在縣城西北八十里與揭陽北礮臺對峙以海防最要之地兩岸俱設礮臺以扼其吭潮州府志

門闢礮臺距縣北六十里南礮臺之東南與石井礮臺青嶼礮臺相爲犄角爲海防次要

後溪口在潮陽北門外㵽洄山鎮港外石井門闢南



礮臺俱在西北乃商漁船隻出入咽喉爲海防最要俱同上

㵽洄山俗呼爲巡梅山在城北大海中高約五十丈周圍十餘里縣志乃潮揭澄三縣分界處與龜嶺相鄰平嶼吳嶼三嶼俱在口外潮州府志白嶼在其西特出洋中若萓珠然俗云印浮水面草嶼角嶼泥嶼及放鷄山在其東縣志凡商漁船出入潮陽達濠後溪諸港俱由此嶼經過潮州府志

磊石門在後溪港東草嶼之內與赤沙汎相對進口水井南通逹濠同上洋海之門廣東輿圖為海防最要焉潮州府志

角石在磊口門外東二十餘里與沙汕頭南北相望又與溪東礮臺相為犄角為海防次要同上

逹濠山距縣東三十五里府志三十里東至蓮澳東南至河渡北至磊口東至澳頭高約數十丈周圍數十里建有營堡縣志為漁鹽輻輳之地南口河渡汎礮臺為海防最要潮州府志



河渡在逹濠南大海中上有礮臺為瓊南廣惠往來商船停泊之處與廣澳俱在南高涐內為海防最要同上

廣澳山距城東北三十里其北為招收山三面距海高約六十餘丈盤據四十里河渡在其內河渡溪長數十里南北通大海南錢澳北為馬耳磊口縣志為海船停泊處為海防次要潮州府志

蓮澳在南高涐東北二十餘里有礮臺亦為海船停泊所赤礁在其南竹根嶼馬尾嶼及放鷄山俱在東北為海防次要

海門城在潮陽城東南二十里為全縣門戶有南北礮臺以龍潭鼻為曜山為商漁船隻停泊處港內西通練江逹和平橋亦通隆津溪繞縣城而北逹彼溪城臨大海駐參將為瓊南廣惠閩浙江蘇商船往來之要口為海防最要俱同上

錢澳山旁即海門所廣東輿圖為海船灣泊之所距縣東南二十五里高約四十餘丈周圍五里迤東三里曰蓮花峰宋文丞相嘗登此以望帝舟其北有山曰鍾南山臨於滄海之上有石田曰鎮海將軍德勝闊在



其西有牛角睡虎伏龍等石及宋元題刻甚多按舊志云此處為邑之咽喉海口出入之處所謂鎖鑰重地最宜防守者故海門銃城之設特加嚴焉縣志

雙髻山即曾山距縣西北二十五里高數百丈周圍數十里為近縣尖秀山航海者望此為準上有巖曰寶峰巖石室天成深廣八尺多文貝紫草朱芨服之祛毒其支趨練江曰石龜山大流經其下巨石林立石龜如笏為邑之右臂距縣十里

石井山距縣北六十五里高約五十餘丈周圍十里

舊有城垣爲海口重地設防汛
黄岡山距縣南四十八里
南山距縣南一百餘里高數百丈綿亘約九十里連峯接岫深林峻嶺西通長樂南通惠來海豐盜賊出沒常負固焉
內洋一南礮臺一錢澳一河渡門一角石汛一葛洲一澳頭一蓮澳
外洋一錢澳淺一廣澳淺俱同上

揭陽縣

潮郡山海交錯者揭陽與潮陽饒平惠來四邑也而綿亘遼敻接連數邑揭獨稱巖疆縣志
北礮臺在揭陽縣城東南四十里與潮陽縣南礮臺南北相對外連潮澄各海口內爲揭普諸水會歸之處實郡城咽喉爲海防最要潮州府志
青嶼汛在揭陽縣城東南六十里澄海溪東港西北四十里與潮陽石井礮臺相峙出口卽係大洋進口二十里係南北礮臺門闢在其西實南北礮臺之門戶但巨浪難以停泊船隻爲海防次要同上



惠來縣

惠來爲潮州外藩綿亘百六十里面臨大海背負崇山水陸要區東南極地縣志
黄岡爲入惠第一門戶控山島海上茄洋而下洪橋古原一樓緣界二邑流棍聚匿故途險中有刦掠之患明陳尚志茄洋樓地方事宜議
神泉關在縣南十五里有巡司逼近大海南尤險利病書自海豐甲子所而來以覽表渡爲扼吭風濤偶作洶湧莫當龍江西南之天塹也自海而來則東有靖海所築城駐防水師戰艦之所守也縣南十五里有神泉城鹿洲初集神泉港北通縣城西達隆江至葵潭商漁停泊潮州府志港口有礮臺足壯金湯水師兵防把總巡檢所駐劄也東南石碑澳赤山澳澳角溪東諸礮臺武震雷轟沿海折衝之屏翰縣圖說鹿洲初集西五十里有澳名蘇公澳卽陸豐縣甲子港潮惠分界處也潮州府志
石井澳在縣東南二十里縣志
沿錫澳在縣東南三十里

赤山澳在縣東南四十里俱同上在神泉港南十里粵閩巡視紀畧

石碑澳在縣東南五十里海寇屢泊登岸刼掠最爲要害縣志

大泥澳在縣東南六十里

濠口港在縣東四十里

華清港在縣南六十五里

甲子港在縣西八十里有甲子所城爲海豐惠來之界俱同上



牌角在海門西南三十五里山臨大海設有礮臺香爐嶼草嶼橫亘海中近岸多石大船不能停泊山坳居民捕魚爲業爲海防次要潮州府志

靖海港在海門西六十里距縣城五十里在烏塗漾礮臺西五里通惠來之西石鄉嗚珂鄉商漁船聚泊於內沿海迤西一帶計四十餘里有石碑赤澳前尖溪東澳角四礮臺爲海防最要

內洋一靖海港一神泉港一澳脚一溪東一華埔一金泉洲一赤洲一文昌一石獅尾一石碑澳

外洋一東澳一蘆園一菱梭一西澳一赤沙澳一華澳一烏塗尾一排兜俱同上

惠州府

海在府城南百十里自府東南以迄西角皆以海爲險志云海濱有浦船澳宋祥興初文天祥移師處卽浦船澳也方輿紀要東南有海港焉置平海所爲外藩東曰海豐負峻嶺臨大洋碣石一衛孤懸海表翼以甲子捷勝二所稱重鎮焉潮州府志

府東接長汀北連贛嶺控潮海之襟要壯廣南之輔



扆大海橫前羣山擁後誠嶺南名郡也方輿紀要

沿海烽堠碣石則有湖東墩魚尾墩甲子門則有圭湖墩娘岡墩捷勝則有小茅墩大茅墩海豐則有麗江墩牛鼻墩鮜門墩新逕墩平海則有竹墭墩大星墩依汎地撥軍防守瞻望儆息以憑調度海豐縣志

陸豐縣

陸邑東自烏坑大坪折而之內洋劍門坑又折而之羅溪旂頭嶂綿亘二百餘里水環山東谿谷峪岈許山新田吭背扼要縣志

東南至覽表渡石埔大礁石黃礁石太平門湖仔澳雙人石白礁與潮州府惠來縣交界

西南至大德港口空壳山與海豐縣交界

內洋一亞媽礁一港心石一鷄屎礁一旗石凹一金獅凹一許公礁一小嶼石一東礁門一洲獅澳一大白礁一礁仔一滴水凹一剃石一崎石港一大灣一疊西一峽石一鑼鼓石一二虎一虎頭一烏墩港一金嶼

外洋一綱尾礁一烏礁一赤礁一羊牯嶼一草嶼（係惠陸交界　俱同上）



海豐縣

海豐關隘有硃砂門羊蹄嶺壟下寨五雲峒黃雀河田北坑新田南塘三合嶺西甘澳東甘澳湖東港湖西臺崎石港淺澳小情汎烏墪港大德港大灣鎮海口羅溪平營葵潭等處地名（郝玉麟等修通志）

邑三面距海東起石帆港接潮之惠來境其東置甲子巡司其西置甲子所城三十里至寧海澳外有魚尾澳洲渚延亘可以泊舟中有湖東港山勢盤曲可以避風又二十里至石橋港外有田尾澳亦可以泊舟中至碣石衛又四十里至烏墩港又二十里至捷勝所外有白沙湖遮浪角亦可以泊舟中有大德港又三十里至長沙港又三十五里至謝道山謝道山離縣僅十里則邑治之門戶也（陸豐縣志）

歸善縣

惠於五嶺爲大郡歸善爲大縣山占其一川占其一其東北複嶺重關陸走四百里則磜頭爲之宗正東平政白馬西馳迤而南碧甲海水環之所城連絡碣



石爲重鎮（明連國柱都理志論）

歸善之澳曰大星海（平海所）曰淘娘山（碧甲巡司對東莞大鵬所地方可藏賊船數百隻嘉靖三十三年巡檢孫鏞請於海道塡塞可守　利病書）

大星山在平海所之南海中廣袤二十餘里距所城十里其西爲小星山故平城曰雙星（縣志）

磜頭山在城東北二百里爲歸善盡境與磜頭二十里而近曰南嶺周百餘里險阻可據（同上）

廣東海防彙覽卷二

# 廣東海防彙覽卷三

## 輿地二

### 險要二

#### 中路

嶺南濱海諸郡左爲惠潮右爲高雷廉而廣州中處故於此置省其責亦重矣環郡大洋風濤千里皆盜賊淵藪帆檣上下烏合突來樓船屯哨可容緩乎嘗考之三四月東南風汎日本諸島入寇多自閩趨廣柘林爲東路第一關鎖使先會兵守此則可以遏其



衝而不得泊矣其勢必越於中路之屯門雞棲佛堂門冷水角老萬山虎頭門等澳而南頭爲尤甚或泊以寄潮或據爲巢穴乃其所必由者附海有東莞大鵬戍守之兵使添置往來預爲巡哨遇警輒敵則必不敢以泊此矣其勢必歷峽門望門大小橫琴山零丁洋仙女澳九竈山九星洋等處而西而浪白滘爲尤甚乃番舶等候接濟之所也附海有香山所戍守之兵使添置往來預爲巡哨遇警輒敵則亦不敢以泊此矣其勢必歷厓門寨門海萬斛山䃮洲等處而西而望峒澳爲尤甚乃番舶停留避風之門戶也附海有廣海衛新寧海朗所戍守之兵使添置往來預爲巡哨遇警輒敵則又不敢以泊此矣夫其來不得停泊去不得接濟則雖濱海居民且安枕而臥矣況會城乎按今設禦之法浪白望峒二所各置戰艦愼固封守而南頭宜特設海道駐劄居中調度似有以扼嶺南之咽喉矣應援聯哨其中路今日之急務乎籌海圖編

廣東省會襟江帶海其東出海則由虎頭門而虎頭



門之東則爲南頭省會之門戶也其西出海則爲崖門崖門之西則爲廣海衛而香山澳在省會西南夷人住泊於此稱密邇焉異日者倭寇嘗殘破廣海衛矣海寇曾酋輩由五虎門揚帆而來鼓棹而去莫敢誰何無備故也今既設南頭參將廣海守備控制於外虎頭門把總防守於內又總鎮標下添設中權二部水軍以備策應由今視昔萬一有不測之變豈遂至於束手哉然議者以濠鏡澳終爲腹心之疾或議毀其巢廬或議移之浪白三洲或議設官以治之或

議以鄰國爲壑而徙之南澳要非根本之論也夫東省之有番舶譬人身之有痰火苟元氣固足精神充旺則火與痰亦爲血脉運動之資若元神虛耗營衛不周而區區以去病爲務未有不日消而月削也故文事武備圖治者不容缺一（海防纂要）

廣郡隸縣十有四而瀕海者南海番禺順德東莞新寧香山新會新安也曰屯門曰雞踏曰雞啼曰冷水角曰老萬山曰三門曰東洲曰南亭曰廣海曰沙灣曰黃圖曰急水曰松柏皆廣郡衝險而虎頭門澳門南頭厓門爲要此海防之中路也（廣州府志）



四境周廣四百餘里歸善之大埔新安之蓮花逕香山之麻涌村番禺之南岡頭鹿步滘增城之增江皆其水陸交通犬牙相制者也鈌口司之西南以大小橫檔山爲門戶連設礮臺以資守禦舊通志云山自大庾而來循脊東下迢布而隆起爲羅浮東包揭嶺屬之海墺復西至海豐新安扼新安而挹海惠至玆邑而一聚其水則接羅陽達重溟遙望虎門龍穴以爲深匯蓋總其形勢則黃峯前峙涌口會流重山左叠連洋右抱雄鎮東南以固會城誠巖邑也哉（府志圖說）

番禺縣

番禺分地遼郡三面東南濱海北則負山固稱險要矣其水之宜防也於茭塘則有獅子塔琵琶洲聖塘南箕西垻黃埔赤沙赤紫勒雙對岡焉於沙灣則有龍灣古墳紫坭市橋烏洲神頭韋涌石碁焉此皆內藏小海外枕大洋出入倏忽行舟時常戒警者也（縣志）

金鷰嶺俗呼飛鵞嶺其山延袤高聳中藏羣峯下枕茭塘外接海洋明正統末鄉民立鎮於此以禦寇



石礦山在金鷰嶺東一里高聳二百餘丈廣袤十餘里四周皆海屹峙中流下即獅子洋東有石壁峻削狀如獅子爲虎門捍山上（俱同）

中流沙在省城之東十五里外海必由河道沙正當其衝阻遏夷船進出實有扼吭之勢（國朝總督盧坤奏畧）

烏豬岡在紫坭之南嘉慶十四年洋匪滋擾內河各鄉議請於扼要口岸捐建烏豬岡龍灣礮臺（司案署）

順德縣

香山新會控制海洋順德則其重關也南海番禺憑

依省會順德則其外屏也故其地東北紫坭抵番禺之龍灣南排諸汎東南容奇抵香山之鷄哥嘴黃圃等汎西北毗連南海之西淋小布西南接壤新會之潮連周邑廣輪幾三百里而縣治背倚中山前襟海岸三漕海發源西樵會於桂洲後入於疉石海蓋粵本海隅故順邑溪流皆以海名悉從西淋龍江灌注而東可稱澤國而黃揚尤險要焉府志圖說

丁卯志云順德要害有三一石金剛海口一新滘海口一太平海口三者皆邑之門戶太平逼近海洋曠



蕩無蔽嘉靖壬子壬戌兩歲海賊皆由此徑入越城刦庫擄掠居民知縣李有則始作木柵柵外暗樧參差守以戈船賊不得入胡友信修之萬歷七年沈鐵以期會往府戈船衛行適賊船三十餘突入東畔居民惶怖一船閣於樧眾船回救而去始知柵之功云十二年葉初春益增修之柵自大艮寨前沙至小灣田國朝羅天尺五山志林

磨刀海營在縣西北五十里北通南海西淋上游即莊步爲江水之衝明嘉靖初置又黃涌頭營在縣西北七十里據縣上游當諸海之衝南扼三漕東控疉石大清一統志

新安縣

邑爲東莞分地前俯大海急水佛堂獨鰲洋小三門諸隘其出海所必經也東路則長門輞井建汎防邏西路則鰲灣茅洲分土守禦至南頭一寨原轄汎地六處尤爲要害廣州府志

新邑爲省會藩籬則沿海臺寨尤爲吃緊展界之後奉設邊防除瞭望臺外西至茅洲碧頭南由屯門東



抵大鵬凡險要處所額設臺寨一十二座每座屯兵三五十名更番防守間有海曲山紆鄉圍遼濶之處仍復錯置營盤星羅棋布設防之密無踰於此壬子秋屯門告警一呼而兵民奮擊渠黨盡俘所謂設險以守民忘其勞者也縣志

大鵬山去縣百二十里即大鵬營地也有城在其上按明末大盜羅欽贊李成盤踞以爲巢穴流刼東新歸善民不聊生順治十三年新安知縣傅爾植請於上剿平之今以參將一員督兵一千名守之國朝仲振履

虎門覽勝

九龍山在新安東一百三十里有礮臺建於山嶼

急水門在屯門外東水勢湍激震撼奔騰雖龍門竹箭之險不過是也凡商舟自汕尾往來者貧蛋奸民往往於此肆刦不可不嚴爲之防也俱同上

陶娘山在大鵬東南抵惠州界包拱如城內容艟艨數十艘先年寇據島險海道何公用鄉耆歐陽景等議壘石塞之縣志

大奚山一名大嶼山同上一曰碙州元吳萊古蹟記俗曰大姨



有小姨與俱峙粵閩巡視紀畧在縣南百餘里爲急水佛堂之障山有三十六嶼周圍二百餘里山中有村落多鹽田縣志宋紹興中招降其人宋祐等選少壯者爲水軍老弱者放歸立砦砦水軍使臣一員彈壓官一員無供億寬魚鹽之禁謂之醃造鹽慶元三年鹽司峻禁遂哨聚爲亂遣兵討捕徐紹夔等就擒遂據其地經略錢之望與諸司請於朝歲季撥摧鋒水軍三百以戍季一更之然兵勢孤遠久亦生亂慶元六年復請減戍卒之半屯於官富場後悉罷之明應檟蒼梧軍門志嘉慶十四年總督百齡圍張保於此將以火焚之保乘間遁去二十二年總督蔣攸銛飭候補知府彭昭麟查勘該處孤懸海外爲夷船必經之所又有大澳東涌二處可以收口泊船二處亦俱有村落民居稠密其東涌向無汛房惟大澳口原設守兵十三名雖有雞翼礮臺派大鵬營千總一員帶兵四十名駐劄防守但地勢濶寬距東涌大澳口遙遠勢難兼顧請在東涌口添設建汛房八間圍墻五十丈抽撥大鵬營外委一員兵丁二十名分駐并請在大澳口西面近



左右村二處各建堡墻四十丈北面汛房後亦建堡墻四十丈以備隨時添兵架礮之用從之其山勢極曠衍凸凹孱顏雖置大鵬之兵於此不足以資分守惟澳口多漁艇民蜑叢雜不下數千艘人皆狂悍善泅習知水道即印以火烙編其保甲設澳長以率之嚴出入以馭之則漁艇可利於師舟設不得其道亦未嘗不可以爲寇也是在綏戎者善用之上下磨刀山在大嶼北龍鼓山南其洋名以山分上下大嶼之要津也虎門覽勝

謹按蒼梧軍門志及輿地紀勝引南海志並以大奚屬東莞阮通志從廣東輿圖歸新安蓋新安本東莞地也

老萬山在龍穴南距虎門二百七十里中國之山至是盡昔有萬姓賊巢此故名有東西兩山相峙為入虎門水道此東南第一關也波流洶湧每南風作傾排若山岳震撼若雷霆師舟蜑艇皆不可越番艇之來也重洋無所障礙至是而兩山相束不得不依山而轉故山之間東西各設礮臺以資捍禦東屬大鵬



西屬香山協誠設險之要津全粵之屏障也同上

謹按老萬山在大奚山西南周圍實過於大奚距澳門四十里東西兩山相距三四十里各設礮臺東礮臺距澳六十里西礮臺距澳八十里與大奚屯哨為犄角當老萬山兩臺之中為南寧門門距澳七十里其與西礮臺稍近者為距澳八十里之獅澳八十餘里之杯澳百里之竹洲百二十里之三牙排遙遙相望蓋老萬山在粵極南山之外即汪洋無際八達四通為各國夷船入粵必經之路故此山為粵洋第一重門戶雖老萬山以內至虎澳兩門兵哨臺汛層層佈置遮加嚴密然論中外大防莫重於此其扼要防守視大奚沙角橫檔各礮臺尤為提綱挈領溯稽乾隆五十八年暎咭唎使臣請賞給附近珠山海島一處及附近廣東省城小地方一處居住窺伺之意於此已露其端至嘉慶七年泊兵於雞頸洋欲在老萬山居住又越數年彼國為咈囒哂所敗急思報復在老萬山外截掠咈囒哂及呂宋貨船不使至粵狡焉思逞桀



驁難馴其意以為西洋夷得居澳門免納貨稅彼國市易為數較多亦欲盤踞老萬山以遂其牟利之計因之拒截他國俾貿易稀少則彼可以堅其壟斷用是詐謀百出不如所欲遂有嘉慶十三年藉保護澳夷為名陰圖佔據之事故近年於大嶼之東涌口添建所城多置兵弁移守備駐劄實因逼近老萬山宜並加意防範耳然則老萬山與大嶼其兵防均不可一刻疏懈今大嶼既設重兵而老萬兩礮臺駐防兵弁為數無幾況此地有淡水

泉脈可恃不煩載運更屬險隘天成不可不預爲
遠慮籌海者尙加之意可矣
佛堂門海中孤嶼也周圍百餘里潮自東洋大海溢
而西行至獨鰲洋左入佛堂門右入急水門二門皆
兩山夾峙而右水尤駛番舶得入左門者爲已去危
而卽安故有佛堂之名自急水角逕官富場又西南
二百里曰合連海葢合深澳桑洲零丁諸處之潮而
會合於此故名又西南五十里卽虎頭門矣粤閩巡視紀畧
佛堂門又曰鐵砧門旁有巨石長二丈餘形如鐵砧



潮汐急湍巨浪滔天風不順商舶不敢行其北曰北
佛堂其南曰南佛堂其南佛堂之山乃孤島也康熙
年間設立礮臺一座以禦海氛嘉慶庚午知縣李維
榆詳請移建此臺於九龍寨海旁縣志
南頭一寨原轄汛地六處曰佛堂門曰龍舶灣曰洛
格曰大澳曰浪淘灣曰浪白明萬歷十四年總督吳
御史汪會題南頭爲全廣門戶控制蠻倭請以總兵
移鎮葢番舶固可直達澳門而由澳門至省則水淺
不能行必須由大嶼山經南頭直入虎頭門以抵於

珠江此南頭所以爲全廣門戶也正德年間番彝佛朗
機入冦占據屯門海道汪鋐平之厥後隆慶三年海
賊曾一本入冦四年倭冦流刼鄉村萬歷年間老萬
山賊肆刼崇正年間艒賊李魁奇劉香等相繼入冦
雖屢經勦滅而南頭之守禦尤嚴
國朝康熙年間亦以海氛未靖故有遷界之舉自復界
後海宇敉安而設險更爲周密雖今之汛地及設兵
皆與舊制不同而大嶼山雞翼角礮臺南頭礮臺亦
灣左右礮臺最爲險要大鵬一城所以禦東北也與



平海相連而自惠潮至者則大鵬適當其衝明隆慶
五年倭賊攻大鵬所城舍人康壽相率衆協守圍乃
解同上
新安城南水程二十里至伶丁山山外卽伶丁洋縣
東一百六十里爲大鵬所其南面有七娘山山外爲
老大鵬卽濱大海所城東南有海口大舶可入其東
北過西鄉嶺小貴嶺復有港口僅通小舟大奚山海
島在邑南水程九十里志稱二百里佛堂門海島在邑東
南水程一百五十里志稱二百里粤閩巡視紀畧

東莞縣

設兵所以固圉而東莞獨當江海之衝既備內攘又虞外寇備內攘宜分沿江沿村列以亭障邏以戍守庶俾探丸胠篋之雄望而却步此水陸各汛防不可一日稍疎也禦外道寇宜合海道所經必由港汊擇要地宿重兵而偏師遊巡絡繹洋面則聲援相倚緩急足資策應即風帆踔厲不能超越此各旗雖已置寨而南山橫檔間尤宜撫其背而扼之吭乃絕其窺伺也廣州府志



海有三路分三門而以虎頭為大門在廣州南大小虎兩山相束一石峯當中下有一長石為門限潮汐之所出入東西二洋之所往來以此為咽喉焉出虎頭咫尺則萬里天險與諸番共之諸番非表而吾非裏也粵說

厓門虎門澳門三隘為全粵障蔽而虎門尤為險要廣州府志　虎門砦在縣西南五十里水砦也明置

本朝設副將防守大清一統志　海濶而多礁舟觸之立碎番船至必官給引水人導之入國朝印光任等澳門紀畧

武山砦在縣南武山與虎門相應援又白沙砦在縣沙村近三門海大清一統志

虎頭門以虎山得名山有二西曰小虎山東曰大虎山如連珠巨浸中稍折而東南右橫檔山左南山相距五六里巋然雙闕而海出入其間界中外故曰門橫檔山首尾樹礮臺二高水面約五十仞南山礮臺一可三仞及水俱宿目兵焉循山下十餘里有三門礮臺一三門者山前突二石插波劃水為三也目兵如各礮臺數橫檔南三十里許為龍穴山先置汛哨



今廢南山東南三四里為校椅灣畧如郊關形而已曠廓外絕涯涘矣虎山內外重洋而門當其最深流處蕃船及外郡巨艚必由以入絕獅子洋達廣州海函谷關也而門左右率淺洋惟不任艚船行他舟縱所如寥乎閉外夷之門一而開內攘之門且千矣薛韞虎門記

由石角出海口行二十七里至鎮口又十里至虎門寨登最高山巔望大虎小虎山三門橫檔礮臺及南沙海南柵寗洲等島決背可盡三門在寨南二里又

南五里爲甯洲島南山礮臺在寨西七里又一里爲横擋臺又西二里爲南沙又西十里爲蕉門又西二里爲横角左汛又西五里爲黄角右汛香山所轄也南栅鄉在寨東僅隔一水又東五里爲上角村又東三十里爲碧頭鄉而茅洲墟鹽場在寨之東南四十里皆接新安境粵閩巡視紀畧

海南栅縱横各八里周三十五里有南栅鄉南栅村西涌村磨亭步溪泥凹板頭村冬瓜鬱村涌口村南岸村新村南涌口村溪頭村對面岡永原村西安村東北村同上

三門在寨城八里潮汐所出入也兩岸皆山形若峽中瀝復平列二山劃爲三門中門近已淤淺師舟不能行左爲上門凡艘船之至自新安者皆出入於此右爲下門外爲枯洲山武山在其西虎門覽勝

武山在三門西明於山前設寨置兵山之東凹處爲三門礮臺山角爲南山礮臺又西爲鎮遠礮臺峯巒㚇兀亘延數里民蛋雜居實虎門之要害也

校椅灣在沙角礮臺南夷船入境之要津也山形如椅地甚寬厰有靈泉清洌可飲大旱不竭



赤灣在南山之南嘉慶年間左右兩礮臺以資防禦亦扼要處也屯門山在赤灣東郡志云大寶元年春於寶安縣設屯門鎮以重兵守之明正德元年佛郎機突至屯門設立營寨占據海島膾炙生人以充常食海道汪鋐用破舟載柴繞出夷船後時南風大作火及夷舶重大不便轉移盡被焚燬遂大勝之

龍穴山在虎門南三十里應龍之所潛也實爲五縣之分域東莞之外屏海潮汐之際其流混混泡泡北流入於虎門西達省會東至惠州其陰有大礜可以避風番東順香新之蜑艇集焉

九洲洋在龍穴南一百四十里有巨石九相聚於中流夷船入境之孔道也

獅子洋在閣西山西上通省會下接香山由芙蓉大刀諸沙直達澳門雞頭外洋廣及萬頃波濤洶湧番東之要津也以中瀝爲兩縣之界凡番舶之赴黄埔者必由於此

蠔墩在獅子洋北二十里凡夷舶之赴黄埔者必停

泊於此（俱同上）

香山縣

香山環海孤嶼昔為東莞之一鎮宋元豐建為縣繚以土垣號曰鐵城但設寨官即所謂金斗鹽場也初治七星峯下元末遷於蓮華峯是為今治（粵閩巡視紀畧）

香山為郡南之盡地省會之外戶也四面環海宛在中央西南至黃潭瀝海潮居都入新會界西北至泌冲都入南海界東北之東洲門遙望虎門與東莞海程相接稍南眺即東莞之大奚山也又西北之大欖



都與順德之馬寧村一葦可達而東至零丁洋為新安界島峙周遭約七百餘里俱係水程有非舟楫所能渡者至於境內之陸路則東為大字都西至龍眼都叠石村南盡恭常都北抵縣港而止黃梁都海連新會南入高瀾前接大洋為番船往來之門徑西南之絕塞也大小橫琴之東則濠鏡一澳盤踞夷人惟恃前山寨為關鑰特設同知築城以彈壓之又以關閘汎為咽喉尤一邑之吭也其東陲之吉大村涌口門則與新安東莞遙隔海畔以為聲援故自西而迤邐東南礮臺營汎游哨巡踞駢羅接跡非第是邑之要領其所以屏障會城者亦實有賴焉（廣州府志）

香山海防南為最要黃梁都介內外間外則東而雞頸中而浪白西而銅鼓荷包高闌大小虎內則赤坎泥灣三門蕃鬼巖而黃梁都居其中尤要區也昔人築土城設都司戍之（縣志）

粵東海防以廣州為中路而廣州海防又以香山為中路左則東莞新安右則新會新寧必犄角之形成應援之勢便然後近足以嚴一縣之鎖鑰而遠足以



立一郡之藩籬故欲為一郡計宜先為一縣計欲為一縣計宜合數縣以為計自前明花茂設哨第一角徐如珂隳澳城張鳴岡驅倭出海天啟初建前山寨

國朝改設海防同知專立前山營制澳夷張保騷亂各要隘設礮樓水柵可謂籌之詳矣夫固圉之方因地為守今昔既殊險易亦判今綜全勢觀之有內海防然後一縣之門戶密有外海防然後全郡之門戶密內海防則一縣之近地自為勢外海防則合數縣之守望以為勢夫防之於外誠為至要然內匪不清馴

爲海寇故內能嚴而外始絶其根况設防以爲民也邑盡水鄉一港一汊悉通外洋海寇可直入尤不能不隨地爲之備自石岐南至第一角東至東濠口北至縣港口西至象角頭此內之內者也象角頭東抵縣治十餘里皆小港耳其勢似稍緩然此北接第四沙太平沙東接縣港口田園錯雜蜑戸寥寥奸人借作萑苻藪不憂大寇之窺伺而仍憂小醜之跳梁縣港口東濠口第一角則咽喉也距縣治或十餘里或二十里沿岸村庄聲援可借今碉樓水柵與民守之但措置未盡善則指臂或不靈自第一角南迤東歷蠔殼頭至磨刀角迤西歷螺洲門黃麖門至馬齒門一名馬鰟門又西虎跳門自東濠口東迤北至東洲門此界乎內外者也東洲門插入於海望之如牛角然昔人以爲東北極衝致憾於防次衝之榕樹門而不防極衝之東洲門葢謂其足爲東濠外蔽而又以據南北之限也蠔殼頭插而入於海猶之東洲門也昔人謂蠔殼頭西望新會之厓門猶東洲門東望東莞之虎頭門重以守第一角不守蠔殼頭爲憂夫昔人之



憂憂磨刀海當其南衝并憂三門海當其西衝耳今西望阡陌縱横其勢頗異惟南來一徑扼險爲難若厓門在虎跳門外西折而北入專爲新會南衝與蠔殼頭無涉并與香山西南內地無涉非若東洲門之三面勞顧盼也非若東洲門與虎頭門之海道直通也然西以防內奸也而南以防外寇亦要地矣且南來之徑稍內則蠔殼頭當其衝稍外則磨刀角當其衝既守之於蠔殼頭又守之於磨刀角則蠔殼頭借磨刀角爲外護而勢不病其孤與古人所謂戰在一處守在一處之說相合故磨刀角不容緩耳磨刀角西與小托相對則縣南與縣西諸口之滙也小托右與大托相對爲黃麖門大托石與井岸相對爲馬齒門則黃梁都之左戸也黃梁右戸惟虎跳一門海面不寛扼吭爲易東西礟臺又與新會分守勝於鐵鎖之截則香山西海由南入北之徑固矣既防磨刀角虎跳門又防黃麖門馬齒門此內若螺洲門若三門滘若竹洲頭若溢涌若上下洲汎凡黃梁都北境皆可高枕臥惟沙田遼濶西鄰新會內匪出入縱跡難

稽較象角頭尤甚弁兵巡哨是不可不嚴者自象角
頭西迤南至叠石海則縣治之西戒而虎跳門內之
東徑也越沙田而西分數徑而北達於古鎮守叠石
足以盡截東入象角之路未足以盡截北入古鎮之
路古鎮東西海皆郡南吭脰東爲曹步之橫琴海當
小欖西南西爲鱘鰉瀝界新會東莞昔張郭諸匪出
入爲常今橫琴海石堰左右交幾斷一徑矣惟南連
太平沙第四沙至象角東折達浮虛海其潛匿內匪
猶黃梁都之北境也鱘鰉瀝界兩縣濶二三里古鎮



外海二鄉如張左右翼實一方東咽之處外則虎跳
門海既由南直抵厓門海亦北抵三沙口東折而併
流內則西達新會之江門西北達新會之潮連北達
海洲小欖與順德之馬滘江尾而橫琴海北與會於
尖岡今橫琴海既不足憂自當專意於古鎮與外海
協力守鱘鰉瀝使順德之南新會之東得外蔽以成
郡南內地關鍵也由尖岡越沙滘而北右折爲石牌
海爲東埒口乃小欖一鄉之衝而近地諸港之總也
東埒口北爲二埒汎又北爲順德北側海東埒口東

迤南爲較剪口又東南爲𥔵步又東南爲橫逕又東
南爲縣港口皆內地也而一望沙洲羣醜藏聚與象
角頭等處相勾引所慮者惟此東埒口東北爲波頭
汎則大黃圃也大黃圃東南爲烏珠爲橫檔爲獨子
直達於三洲則東洲門之北也大黃圃東北爲小黃
圃小黃圃東北爲𥔵草土城爲潭洲潭洲南迤東爲
黃旗角皆番禺順德之南戒也諸鄉四面環海海面
亦濶幾不能互爲援欲擇扼要之地以守之使諸鄉
無東顧憂則莫如蕉門黃旗角南迤東至蕉門則內



外之界而最要之區也蕉門右西抵獨子既爲烏珠
增一外蔽蕉門左北抵虎門更爲全郡鍵其東戶蕉
門之勢牢虎門之力紓而內地防禦不虞其逼促故
番順境上與香山鄰者皆恃以爲安且東與東莞南
沙對岸南與東洲門遙相望地雖小固雄鎮也嘉慶
中議築礮臺於黃角山旋以地非扼要改建於蕉門
誠以海寇之來經蕉門不必經黃角蕉門既入海港
已歧潭洲黃圃諸村落四圍浩瀚人人自危不若併
力守蕉門以成犄泥之勢譬猶制虎者搏諸內則甚

難拒諸外則較易也但中流島嶼其勢稍孤能守之則南沙東洲借以爲勢不能守之則指臂既非鞭長不及其勢盡潰散而無所用故非重兵不濟耳自東洲門南爲涌口門又南爲金星門門南爲九洲洋東爲淇澳堡淇澳浮寄海中東與新安大嶼山近有事祇内援之而内不藉以爲援諸門雖雄踞縣東而隔越重山數十里無待資爲保障亦不能資爲保障益門能限南北不能限東西海船東來在在可泊附近居民有警自爲守而已自金星門南迤西經雞柏吉



大至澳門自磨刀角南迤東經南野角秋風角至澳門澳門爲廣州南界盡地無澳夷居之則爲孤島有澳夷居之則爲要區故昔人屢憂之澳南有十字門十字門西大橫琴與三竈到督環斜對中爲橫洲三竈西迤北爲雞啼門又西爲連灣爲浪白又西迤北爲大虎三角山居大虎浪白間左右海如兩脇皆要領也大虎西迤北則西入厓門北入虎跳門而西南接新寧上下川界警備不可不嚴雖諸處海道日淺數十年後或漸作桑田而目前尚宜謹鍵其門多設巡哨於内此外如黑山高瀾大芒黃茅頭荷包灣盡舟師遊奕之所耳非一臺一汛所能支也往者黑山置礮臺以難防禦毁之誠是也與其資寇不若撤防也若老萬山雖在大橫琴南六十里外與黑山情形則又異寇得黑山不能守得老萬山足以守故防香山之老萬山猶防新安之大嶼山也非防其出入而防其盤踞也要之海防之防海寇也地邇變則憂遞紓海防之防澳夷也時愈久則患愈迫前明驅佛郎機與倭奴後西洋人居之尚循謹無他虞邇來



西洋爲紅毛所脅且利其富饒以房屋爲紅毛居停紅毛日强西洋日弱澳夷之消長即事端所由生也恐將來西洋有反主爲客之形紅毛成有挾而求之勢則意外生變無有窮期豈僅爲一邑害哉故廣州海防以香山爲要而香山海防尤以澳門爲要同上

夫濠鏡距香山邑治不百里香山距會城百五十里耳有陸路總經塘基灣徑達澳中其三面俱環以海在廣州以澳爲肘腋近地在夷人佛郎機以番舶易達故百計求澳而居之査夷人市易原在浪白外洋

後當事許其移入濠鏡失一原止搭茅暫住後容其築廬而處失二既已室廬完固後復容其增繕週垣加以銃臺隱然敵國失三每年括餉金二萬於夷貨往歲大抽之際有執其抗丈之端求多召侮鬨然與夷人相爭失四乃闊廣亡命之徒因之爲利遂乘以肆奸有見夷人之糧米牲菜等物盡仰於廣州則不特官澳運濟而私澳之販米於夷者更多焉有見廣州之刀砲硝磺銃彈等物盡中於夷用則不特私買往販而投入爲夷人製造者更多焉有拐掠城市之



男婦人口賣夷以取貲每歲不知其數而藏身於澳夷之市畫策於夷人之幕者更多焉夷人忘我與市之恩多方抗衡求自固之術我設官於澳濟彼饔飧彼設小艇於澳門海口護我私濟之船以入澳其不容官兵盤詰者若此我設提調司稍示臨馭彼縱夷醜於提調衙門明爲玩弄之態以自恣其不服職官約束若此番夷無雜居中國之理彼且蓄聚倭奴若而人黑番鬼若而人亡命若而人以逼處此土夷人負固懷奸之罪不可掩也抽餉有每年難虧之額彼能役我兵船數隻兵數百名護貨如許以入澳夷人善匿虧餉之罪不可掩也不顧漢官法度彼所當遵動曰紅毛夷鬼我所首防夫室廬之固夷種之繁非有大故不遽加兵殊方異產航海而來仍與流通未遽阻絕此王者柔遠道自宜然但夷人多蓄倭番彼自滋中國之疑中國自宜解之使徙故體悉其情隱申以內夏外夷之義先免抽餉一二年以抵其營繕垣室等費諭令即先遣回倭奴黑番盡散所納亡命亦不得潛匿老萬山中仍立一限令夷人盡攜妻子



離澳其互市之處許照舶泊浪白外洋得貿易如初澳夷一清并議驅除老萬山之藏伏者夫不即絕接濟以扼夷人之糧食不即動大衆以阻夷人之向化第我無貪先免餉以服其心我有可恃令避地以潛消其類未有正德年間可逐出境外而令遂不可使徙者乃量彼量己選將足兵操其必服之道臣尤先望之當事若夫聽其住澳只須嚴爲之防則當事已有成畫臣無容再嘵嘵矣明郭尚賓疏稿

吾廣之有濠鏡澳實門庭之寇也厝火積薪苟以爲

安燕雀在堂顔不知變忽安危之大計餌鄧易之小材有識者之所深憂勉齋子曰島夷關市與爲寇異四夷來王無以綏之仁者所不處也旣納其稅又探其未然之惡而漫爲之議義者所不爲也不察其順逆不辨其奸良一槩名之曰賊非但俱焚玉石將有俗庖月易一刀之慮知者所不出也或曰何如曰建城設官而縣治之上策也遣之出境謝絶其來中策也若握其喉絶其食激其變而剿之斯下策矣欲行上策當先要之以中策請明諭番夷曰軍門以爾土



著於此招集無賴買馬造銃恐我中國嗜利之徒煽誘不軌將爲地方患特申勅官兵撤爾屋宇送爾歸國兩全無害仍嚴兵備之再三令之若其聽順徙而之他此謂以鄰爲壑故曰中策倘其哀乞存留願爲編戸乃請於朝建設城池張官置吏以漢法約束之此謂用夏變夷故曰上策或曰幸得徙夷邊鄙不聳蒼生之福厚矣何更以爲中策曰守在四夷天子之事也不却衆庶王者之大也因糧於敵以靖疆圉霸國之烈也兩廣百年間資鄧易以餉兵計其入可當

一大縣一旦棄之軍需安出一不便也香山海洋得澳門爲屏衛向時如老萬如曾一本如何亞八之屬不敢正目而視闔境帖然若撤去澳夷將使香山自爲守二不便也今設城池置官吏以柔道治之不動而安誠策之得計築城工費不過萬金設官柴馬不過千金是稅課五分之一耳香山舊以澳夷在境加編民壯三百名今若建縣就以爲城守之役仍查備倭兵船近香山地方者付與縣官淸其虚冒餉其游惰足其衣糧習其技藝高檣大舶張形勢之制與崇



城表裏爲國家威嚴廣州永無慮矣明霍汝瑕勉齋集

海外諸番與中國市易必欲得一屯駐之所以便收泊明初暹羅占城瓜哇琉球浡泥諸國皆在廣州互市正德中移於高州電白縣嘉靖中始移香山之壕鏡歲輸課二萬金卽今澳門也佛郎機人因得混入其中後佛郎機併呂宋滿剌加二國勢力獨强諸國人之在壕鏡者皆畏之遂爲其所專據築城建寺焉大西洋人來亦樂居此故市易益廣今番人皆立家室長子孫不下數千家從無不軌之謀蓋其志在市

易取利無別意也然海外諸番不一境璩所居大約只數國之人而他國不與焉故往往各欲乞地以為永業如嘉靖中林道乾遁於臺灣後去而荷蘭人卽據之萬歷中荷蘭人又賄稅使高寀求築城於澎湖都司沈有容往諭之始去其在臺灣者亦為鄭芝龍所逐芝龍降後荷蘭又據之鄭成功又奪其地

本朝取臺灣後始不復為外番所佔可見諸番互市必欲得一屯泊之所也近日英吉利國遣使入貢乞於寧波之珠山及天津等處僦地築室永為互市之地



皇上以廣東既有澳門聽諸番屯泊不得更設市於他處所以防微銷萌者至深遠矣　國朝趙翼外番借地互市論 趙氏劄記

澳門在廣州府香山縣之東南去縣治陸路一百四十里水路一百五十里凡海中依山可避風有淡水可汲曰澳又其東有大十字門西有小十字門海舶由以出入因呼曰澳門先是海舶皆直泊廣州城下至前明備倭遷於高州府電白縣後嘉靖十四年番舶夷人言風濤濕貨物請入澳晒晾許之令輸課二萬兩澳有夷自是始萬歷二十九年西洋人利瑪竇入中國始居澳門于後西洋人來者日益衆而諸夷稍稍去僅

國初以海氛遷界凡沿海地皆棄不收稅西洋夷人改歲課輸地租五百兩西洋夷人聚居於澳自是始由前山寨東十五里為關閘設把總守之為民夷出入要隘明制每月六開關支給夷人米石支給訖仍閉關今關常開惟不許夷人闌入他皆不禁出關閘五里為望夏村設縣丞分駐其地專治民夷詞訟而統其成於海防同知由望夏而西三里為澳門其地週



一千三百八十餘丈因山勢高下築屋如蜂房蟻垤者澳夷之居也澳有關稅一主抽稅小稅館三主譏察曰南環稅館專稽察夷人登岸及採望番舶出入曰孃媽角稅館專稽察廣東福建二省寄港商漁船隻防透漏杜奸匪夷船入港必由十字門折而西經南環又折而西至孃媽角又折而東乃入澳由澳稍西為青洲其地多樹木有臺榭園囿夷之別業也由青洲稍北為沙尾洲又稍北為磨刀角秋風角可抵香城而水稍淺凡商民船須乘潮出入夷船不能進

此亦香山中外之界也澳舊有夷城前明總制何士晉墮之今惟築短垣一帶爲限夷人自設夷兵一百二十名司夜禁察漏稅又前明時督撫嘗建議請就其聚廬中貫大街樹高柵編以各字號分爲東西使互相維繫稽察聽市舶提舉司約束後亦不行蓋粤人之以澳夷爲虞久矣凡番舶入廣望老萬山爲會歸西洋夷船由老萬山而西至香山十字門入口諸番國夷船由老萬山以東由東莞縣虎門入口泊於省城之黃埔其西洋船旣入十字門者又須由小十



字門折而至南環又折而至孃嬀角然後抵於澳其水路至香山須易小艇夷船不可到陸路惟關閘一徑兩限大海無他岐也今度其情形大約昔多而今少昔富而今貧昔強而今怯何則夷國有二王一曰善世一曰治世凡爲僧者皆屬善世主行教爲商者皆屬治世主營利貿易今天主教久奉禁絀而不行而各番生齒日繁互易之利亦減於昔以故來澳之夷頗少而在澳者又多死徙而去夷船大於中國萬斛之舟每號可容人五六百其貨值數十萬金始經

題定限澳船限額二十五隻後有覆於水者有失利不能營運者有壞不修者今船不過十隻其貨如胡椒錫蠟檳榔之類皆從交趾安南諸國轉販而來無珍異瑰奇或無資置貨惟以船賃各夷取其租今澳夷中已有流爲乞丐匪類者行乞之夷婦尤多是貧於昔夷之勇力不逮於佛朗機嘪嚹諸國惟精於火器又善以千里鏡測量發無不中以故能雄長諸番今澳中乃眞夷絕少有粤人與夷妻私產者有華人貧乏無賴衣其衣操其音而爲僞者雖桀驁忿不顧



身實柔脆無能爲役是弱於昔又以澳門形勝論之遠隔關閘孤懸外海計其地在香山僅如黑子之著面守老萬山則凡諸番船皆不得入內港守十字門則西夷船不得至澳地其由澳而內入香山有山嶼星羅棋布非易小舟乘潮汐不能出入制夷之法但閉關閘則無所得食斷小艇則窮而無所往禁工匠則船朽不可用非有叢箐幽壑可狹而匿重關設險可閉而守洛倉鄖鳴可堅而待其陽爲桀驁不馴乃逆知

國家懷柔天覆必不輕加誅戮因有恃而不恐非眞能不顧死命而敢悍然無忌也然爲澳夷者亦有所苦焉夷少男而多女又多挾資遠出累歲不歸則苦於漢奸之誘拐稍有資積而孤居島上漁艇小舟出沒不可稽察則苦於匪類之竊貨物入內地而子錢拖欠逾期無償或致躑躅無告則苦於牙行之負賴馴悍頑之類平其氣而後可以服其心固中外之防修乎內而自可以服乎外而又嚴爲之防以折其驕悍預爲之刖以杜其紛紜此則夷民相安萬年無事之



至計也　國朝張甄陶澳門圖說

自香山縣鳳棲嶺迤南凡一百二十里至前山又二十里爲濠鏡澳不至澳六七里山嶄然斷亘沙隄如長橋曰蓮花莖莖末山又特起名蓮花山又伏又起中曲均長五六里廣半之直艮坤是稱澳焉澳惟一莖繫於陸饒餽糧食餘盡海也以故內洋舟達澳尤便捷遵澳而南放洋十里許右舵尾左鷄頸又十里許右橫琴灣峯表裏四立象箕宿縱橫成十字曰十字門又稱澳門云其東南百里間爲老萬山孤島具

營壘山東北注虎門屬番舶入中國道此山外則天水混同無山矣而澳夷出入洋則不於虎門於十字門二門俱斜直老萬山十字門特近澳也澳夷西洋族自嘉靖三十年來此歲輸屋緡五百一十有五孳育蕃息迄今二百有餘年矣東望則九洲洋如列星羅几研間下卽宋文天祥勤王經由之伶仃洋也西望則三竈黃楊諸山而北折而上爲崖山也轉而矚洲嶼參互水有艨艟哨槳之次北陸有亭障壁壘之相望前山寨捫其背虎門扼其吭



國家御內控外大一統豈不偉哉　國朝薛韞巡視記

濠鏡澳之名著於明史其曰澳門則以澳南有四山離立海水縱橫貫其中成十字曰十字門故合稱澳門或曰澳有南臺北臺兩山相對如門云澳今西洋意大里亞夷人僦居環以海惟一逕達前山故前山爲捫背扼吭地北距香山縣一百二十里而遙南至澳門十有五里而近其有寨自明天啟元年始立參將府

國初因之康熙三年改爲副將府未幾以左營都司代

何準道曰康熙七年秋海賊從寨右登岸攻刦果福圍村副鎮遂請移駐縣城坐令拖寨之地武備損威
相仍至今五十六年建土城出南門不數里爲蓮花莖即所謂一徑可達者前山澳山對峙於海南北莖以一沙隄亘其間徑十里廣五六丈莖盡處有山拔起跗蕚連蜷曰蓮花山莖從山而名也萬歷二年莖半設閘官司啓閉上爲樓三間歲久圮康熙十二年增建官廳於旁以資戍守出閘經蓮花山稍南爲望厦村過村折而西南一山青巉巉中嵌白屋數十百間形繚而曲東西五六里南北半之有南北二灣可



以泊船或曰南環二灣規圓如鏡故曰濠鏡是稱澳焉前明故有提調備倭巡緝行署三今惟議事亭不廢

國朝設有海關監督行臺及稅館澳門紀畧

澳東爲東澳山之東爲九星洲山九峯分峙多巖穴奇花異草泉尤甘商舶往來必汲之曰天塘水其下爲九洲洋旁連鷄柏山多暗礁又東爲零丁山東莞香山新安三邑畫界處下爲零丁洋又東至於旗纛澳或曰澳形如蟛蜞故名蜞澳又東北不二百里有

二門曰虎門蕉門蕉門南瞰大洋有暗礁不能寄椗與東洲門金星門可泊艚船艚船洋船不由之金星門之旁有雞籠洲小茅山

澳北則青洲山前山澳山盈盈隔一海茲山浸其中厥壤砠厥木樛巑岏薈蔚石氣凝青與波光相上下境殊幽勝明嘉靖中佛郎機旣入澳三十四年復建寺於茲山高六七丈閎敞奇閟知縣張大猷請毀其高墉不果天啓元年守臣慮其終爲患遣監司馮從龍毀其所築城蕃不敢拒又北爲秋風角爲娘媽角



一山崷然斜插於海磨刀犄角西北接蛇埒南直澳門險要稱最

澳西不十里有北山下爲北山村沙尾村西爲燈籠洲其與秋風角對峙者曰南埜角旁爲掛椗山船可寄椗也如雞籠雞洲橫洲白藤大淋小淋三板洲皆孤絕無寄舶處又西爲大托山小托山大磨刀小磨刀山礮臺上下二門曰馬騮曰黃麖過此爲虎跳門崇正十年紅毛駕四舶由此門入廣州求市外有島廣百餘里是爲浪白滘明初諸蕃互市於此嘉靖中

始移濠鏡萬歷三十五年番禺舉人盧廷龍計偕入都請盡逐澳中諸蕃出居浪白外海當事不能用又有泥灣門雞啼門兩門之間有桅夾石蕃鬼巖然惟大小托大小磨刀有港可泊船云又西爲黃洋木山下爲黃梁都有巡檢司城一里都司戍之稍南爲鹹湯門外爲三竈山產鹽有大使領之高明瀾山多鹿元海寇劉進據之明初有腴田三百頃居民烟火與三竈相望又有牛角山雞心洲馬騮洲

澳南有四山曰蠔田曰馬騮曰上上潛曰芒洲爲內



十字門又二十里有四山曰舵尾曰雞頸曰橫琴曰九澳爲外十字門澳夷商船出入必由之橫琴山下有仙女澳一名深井山澳曰井澳橫琴二山相連爲大小橫琴元末海寇王一據之旁一山曰銀坑水最甘洌又南五十里曰蒲臺石又東南爲老萬山東澳可泊西南風船西澳則東北風船泊之俱同上

濠鏡澳者邑之南陲孤懸海上者也陸行百二十里可至設關焉關之外劃而住海外諸番千有餘家諸番人隨山勢高下築宮室樹卉木結臺榭月有廩給食吾香之粟而居積其貨番船來往萬里倏忽有司不得稽按先臣龐尙鵬嘗憂之入關而東沿乎海者吾香東陲也曰吉大有礮臺迤北曰雞拍有礮臺曰角頭山有礮臺又迤北曰平頂有礮臺曰涌口門有礮臺又極北曰東洲門在邑之東北極矣其插而入於海也望之如牛角然自東洲迤西曰榕樹門則入縣正北矣自榕樹門來者有二港一曰小隱口再曰東濠口今兩口爲之哨設哨船矣兩口之間曰水洲山山設礮臺以扼其中哨兩口以張其翼曰是固也



吾北維乎而榕樹之外獨缺東洲之守是舍其極衝而防其次衝也防其正北而舍其東北也是可憂也自東濠口而西曰縣港口水由番莞來至浮虛鋪錦之海而極濶至是稍收焉直吾香之西北也案此爲縣之東北及正北地西字疑誤謂其直入吾縣設哨焉使番莞嚴哨握其外吾香於黃角黃圃握其衝則犄角成而縣之西北固矣夫番莞豈不誠內地乎然檣帆風馬咫尺千里恐呼之或不及顧之或不應未可紓吾憂也自縣港口而入曰張婆澳有礮臺又稍入置柵水中曰上

柵憂其奸之闌入也亦憂其奸之逸出也又入則縣治矣過縣治而南曰沙涌曰下柵其制猶之上柵也又南曰曲涌有礮臺又南曰第一角海邑之西南門戶也有哨焉自第一角而南望盡遷沒矣山島聳峙曠無人烟迤東地勢稍折而入曰北臺曰深灣有礮焉又迤東曰蠔殼頭蠔殼之插而入於海之南向西猶東洲東門之插而入於海之東向北也蠔殼而西望會之厓門猶東洲而東望莞之虎也捨蠔殼不守守第一角猶捨東洲門不守守榕樹門以內也非不



守也力不及也是可憂也由蠔殼又東曰南野角曰蔴子埔有礮臺曰茅灣村有礮臺曰秋風角有礮臺又東則香山寨矣有鎮兵以分其憂者此也過寨而東邑之迤南盡矣又爲吉大環香皆水也猶之廣郡諸縣落之皆水也縣治而外其附近者龍眼都縣治在其東龍眼在其西龍眼之西亦縣之西阻沙爲口曰象角口有哨焉有臺焉自象角口入而近乎縣也曰獅子滘有哨焉出象角而南曰竹仔林有哨焉是皆縣之西陲也自象角口而西北望原田錯繡曰大

欖都則入於內而近順德矣有臺焉有哨焉自竹仔林而西北望曰古鎮鎮近新會有臺焉有哨焉自竹仔林而南望層巒曰黃梁都民已遷矣地已墟矣可不憂黃梁夫必遷其民墟其地而後可不憂也此豈設險守國意耶地必有形廣狹大小袤延險易皆形也有形而後有勝守此可以兼彼策此可以應彼故曰勝也香浮海中寸寸可念也尺尺宜守也於是因其有口者以駐哨哨卽勝也因其地之稍高可望者以築臺臺卽勝也然而臺不敷人哨不敷舟臺之相



去或數里或數十里舟之相去近或數十里遠或百里以爲傳烽遞警可也以之截殺堵禦則疎焉矣况其地廣大而多山川之要會極香會甯三縣之衝棄而勿守尤有可憂者存焉故曰形勝志憂也縣志

掛椗角在澳門西北二十里自澳門媽祖閣對岸銀坑羣山連亙直上至掛椗角屹立海中北爲登龍洲爲南坴角西爲芒洲一望瀰漫則橫琴三竈間也磨刀海自北來至掛椗角左右分二道東北一道由秋風角經青州抵澳門北山南屏諸村藉羣山爲南障

其海面寬而淺商舶入澳常候潮於此其東南一道直達馬騮洲南岸爲大釣環海面不甚廣媽祖閣與銀坑對岸則入澳之門戸也銀坑右折而北與馬騮洲對岸則入縣之門戸也掛椗角大釣環之間固一扼吭地矣案南埜角登龍洲與掛椗角爲應前山北徑也能守此則秋風角可稍緩若欲藉爲磨刀外藩則其勢不及矣蓋岸則漸迤而東海則漸蕩而西海中諸山若浮若沒不能恃爲阻隘故截前山之北則易而障磨刀之南則難也



芒洲瀝小山連合浮於水面週迴四五里北接峽口瀝之衝西界鶴洲東連上滘達澳門南入下滘與舵尾角形勢相錯對立如門內十字門之一口也（大釣環越山而南爲內十字門東口爲馬騮洲西口爲芒洲）水甚駛舟楫多由此澳門西路最要津

國初建碉臺洲上今洋巡戰艦常停泊其中

竈口其東南爲大橫琴西爲三竈外洋內洋之限也廣二三里中一山曰橫洲水最湍急一統志所載烏沙海卽此海船由高瀾內來者入雞啼門由高瀾外來者則入此門（俱同上）

雞啼門東岸爲三竈大淋小淋間有大門二門門較小西岸爲連灣外爲重洋內爲雞嘴汎汎當門北衝西通連灣文灣浪白爲兩口總滙有汎隸香協右營

浪白澳在澳門西迤南九十里在黃梁都西南六十餘里雞心洲當其南口北爲連灣東爲文灣又東與三竈大林山對峙爲雞啼門昔蕃舶藪也今已淤淺不能停泊（方輿紀要）案浪白雖淤淺而地最遼濶瞭望頗難且東則連灣文灣以及雞啼鹹湯二門之內西則



三角大小虎以達於新會新寧此徑橫貫之固彼此偵諜之捷徑也（縣志）

黃梁都之南隅皆濱海地曰草蓢環曰石狗環曰蘆亭環曰榕樹環海面二三十里直接浪白三竈沿海山舊皆有烽堠狗山曰西烽堠西南臨榕樹環望水嶺曰中烽堠南臨石狗環望水嶺東曰東烽堠近雞嘴汎南臨草蓢環海道自西而東此皆必經之路北折入內地則雞嘴汎爲最衝案縣西南自虎跳馬鰟二門以外防守絶少黑山礟臺旣以不足恃毀之則

雞嘴汎不宜緩視矣

東洲門橫跨海上六七里噴薄迅激水作旋渦潮落時上下懸流數丈舟人候平流乃過東北稍內接橫門迴頭鳫山者橫門之二門也外爲橫洲名橫門橫門視東洲門較小彎曲成環水勢平緩可泊船從南來者或憚東洲門險駛東折入橫門路頗迂二門水甚淺直東四十里爲龍穴山與水師提標中右兩營分界北距虎門八十里海船入郡城者往往直從淇澳東上龍穴入虎門其入縣城者亦直從淇澳東上



龍穴徑三洲入東濠然龍穴左右多淺數百斛之船仍繞東洲門斜上邑人鄧穀曰東洲門爲內河要路上引江流黃淤奔注下滙滄海鹹潮香山上下海相交之門戶也舊爲防倭要津案縣東北外洋海道最直阻山爲險者絕少南備於東洲門北備於蕉門西備於東濠口聲勢互相助矣二洲三洲居其間則彼此皆可借爲近應也

涌口門西距縣七十五里四大兩都環其背海中有馬尾洲自東洲南經竹洲麻子村十里至其地門中

長隄橫亘隄外有礮臺然淤淺漸潤勢已不能及遠 俱同上

金星門在縣南百里淇澳之西唐家村之東海中兩峯相對中有小嶼如星故名昔蠻蜑多澳於此相聚爲寇 方輿紀要

蕉門南瞰大洋多暗礁不能寄椗 澳門紀畧 各色船隻出入要地 廣州府志 漁船欲避虎門橫之險多從三礮臺亭步繞蕉門白藤滘往 國朝錢以塏嶺海見聞

黃旗角在潭洲東橫檔北皆隔巨海其北界則番禺



其東北界則東莞也前後海道二一由虎門入繞村前經烏洲山又經樓岡入番禺沙灣一由獨子岡經蕉門口抵黃角又經三角山又經橫檔山又經烏猪山又經潭洲放馬山又經小黃圃入板沙海至番禺排頭內外之間最要也 縣志

曹步東臨橫琴海南颺角海東北流板海縣北境東西橫越之路昔海寇屢泊此案象角壘石之北古鎮曹步之南數十里無汎哨香山新會土匪互相勾連出入則以此爲門庭嘯聚則以此爲淵藪淸盜之源

所不容緩
浮虛海北距大黃圃尖山五六里遮其南出之路南通縣港口東出横門案海泊由横門西趨其勢甚直至三角村可一阻之至浮虛可再阻之郡國利病書載有浮虛營蓋要地也
天狗尾海西北八小黃圃北分二道入番禺順德東出潭洲南入大黃圃汪洋無際極險之區
東濠口爲東戒出入要道口以內小河紆曲口以外海勢浩瀚北則蕉門虎門南則淇澳大嶼東則南沙



龍穴一夫當關地也案東濠口內有犂頭嘴礮臺然距濠口尚遠以禦小寇則無庸以禦巨寇則不及使移置東濠口則近固足以守而遠者亦未嘗不藉爲聲勢也俱同上
東濠口之西曰縣港口當香之西北往來要道阮元等修通志嘉慶十年後港口夾岸築臺柵港口外淺水湖以寇由此出入築石隄阻之案第一角北距縣二十里東岸爲大涌村其外海面漸寬其內祗數十丈千數百斤之礮勢無不足及建臺第一角或大涌則縣南曲涌寮后濠涌沙涌諸村皆有恃今自第一角北濠涌則有臺渡頭則有臺下閘則又有臺咫尺間幾若左支右絀所謂舍門戶而守堂奧則勢蹙而敵多也雖張郭闌入時亦藉濠涌力然外無重鎮以致掛帆直入逼窺縣城曲涌寮后幾遭一爐使大涌與第一角設備何慮有此縣志
蠔殼頭西與平岡對峙南距磨刀角約三十里北距芙蓉沙數里第一角十餘里西爲廣福沙海道連新會內外之間最要區也案昔人嘗以不守蠔殼頭爲



憾今以形勢觀之守蠔殼頭兼守平岡則爲南戒扼其至衝并爲西戒屏其偏戶而第一角之守於內者勢亦倍牢且許廷桂之敗也以內河狹無退步也其受壓而至無退步也以沿岸之無援也磨刀在外不能應之以海濶而勢孤也此若有備則失勢於外猶可整旅於內何至受狂寇之窮追乎且海寇由三門西來則可不經磨刀而不能不經蠔殼頭故蠔殼頭爲尤要
磨刀角一孤洲在水中東神灣西小托爲蠔殼頭外

障有礮臺守之然不能無藉於近援
馬鰟門有礮臺守大托黃楊間東西互通之徑南向
梳夾門泥灣門可爲外應其北大托小托之間曰黃
麖門亦東西海互通
泥灣門在白虎蕉西黃粱都東馬鰟門南衝也白藤
山蔽之險可守
梳夾門在白蕉東又東爲馬角海內洋之最衝也其
外雞洲登籠洲皆昔日海寇遊息所
虎跳門東香山西新會一水爲之界北距鰟鯉瀝八



十里門外右折入厓門亦北行八十里爲鰟鯉瀝分
流處海道視厓較直水勢視厓較緩商舶出入多由
此
春坎沙自外海村前橫插海中與礮臺角錯對僅五
六百丈嘉慶戊辰曾建議興築撥兵戍守有格之者
不果行踰年寇果大肆俱同上
謹按他省海防止防海寇粤省則兼防夷人故就
通省之形勢論則香山最要就香山之情事論則
澳門最要澳地密邇縣城蕃舶絡繹民夷雜居易
生釁隙近日夷人生齒益繁市易視前更廣稍疏
防範狂妄頓生雖事後必悔罪輸誠而臨時已譸
張爲幻大防所繫
國體宜伸欲求綏帖夷情先令恪遵成憲故此編於
險要之附近澳門者罄臚簡中較他縣倍加詳備
使覽者曉然於輕重緩急之意云

新會縣

新會疆域三百餘里殊有鞭長不及之勢是以潮連
牛肚灣沙村大瓦設四巡司以分轄四隅其隸潮連



者歸德莘華二都界近順德香山其隸牛肚灣者則
新化石牌之境與開平接壤隸於沙村者潮居瀧水
與新寧香山相聯屬至大瓦則中樂一都爲順德之
鄰境既駐遊擊爲重鎮而又以江門南接香山紆迴
沙島水陸交通復移駐二尹以資彈壓廣州府志
緣護爲屏圭峯作鎮厓山爲烏豬大洋之鎖鑰江門
握三瀝古鎮之咽喉新會固則自郡以西不能越而
窺郡據形勢以固封圉故稱要區縣志
厓山在大海中高四十二丈周八十一里粵閩巡視紀畧兩

山相對勢頗寬廣中有一港其口如門可以藏舟宋陳仲微二王本末海潮出入宋紹興間嘗置戍衛南海古蹟記

厓門在新會南與湯瓶山對峙若天闕故曰厓門自廣州視之厓門西而虎門東西爲西江之所出東爲東北二江之所出葢天所以分三江之勢而爲南海之咽喉者也粵說

厓門去縣六十里又十里爲長沙汛虎臂去縣四十五里獨子山白石嶺皆其分汛粵閩巡視紀畧

長沙村舊設沙岡巡檢司距厓門海程十里陸路五



里與廣海衛相對而近新寧之百峰山爲會寧開恩四邑接壤之地康熙二十年設把總戍之同上

新甯縣

新甯縣阻山濱海前時危地盜竊發地方不甯宏治中立白石堡於縣東調軍哨守既建縣後設那峎荷木二堡遷望高巡司於海晏巡守然地方廣濶武備疎畧守之不足嘉靖十年撥廣海衛左所官軍來縣守禦又設城岡堡甘村萶步等營調集客兵哨守三十五年勦平石鼓等盜復三合那西洋宮逕更鼓水老榕逕苦村等立六營以防餘寇竊發後因兵多虛冒地方粗甯隆慶中前項營堡廢撤殆盡尙存募兵百名屯縣且哨且守其時居獲安枕者職此之由自募兵撤而所賴爲衛止城軍耳軍止守城城外毫不得力而地方遂多事焉萬歷十六年知縣楊廷植以分猪坑險要多警置營而輪撥餘丁守之又申設哨船二隻兵四十名以哨那西旺北一帶海上二十年知縣王學尹申復三合營三十四年知縣熊文華申復荷木堡增立官步營皆扼西南險要之砦但盜多



兵少且統者非人而虛冒過半緩急未可恃議者謂當及今權酌糧食復原募兵百名平時屯守城池有警則哨捕四境庶幾奸宄知戢利病書

舊衛其地原名烏崗在廣州府西南海濱四百餘里原隷新會縣宋置巡檢司於此是爲古溽州其地一面枕山三方瀕海銅鼓大牌海面汪洋無際上下二川矗立於前上川之左曰大金門曰小金門諸彝入貢遇逆風則從此進致倭奴紅彝乘風煽禍最爲險要明洪武二十年命都司花茂開創遷巡檢司於望

頭鄉建衛城於此調集羽林官軍五千六百餘名分隸左右中前後五所而以指揮使等統之隆慶四年倭賊殘後設立營寨守戎主之彈壓捍禦縣志

南灣山在寨南横抱寨城透運海中一二里

烽火角山在寨東五里上有礮臺下臨大海奇石巉巖俱同上

廣海衛寨城南面即大海遶城而東廣二十里夾海口有二礮臺西曰長沙距那扶營海程百五十里東曰烽火距元頭山海程八十里廣海陽江之界有香



山口廣二十里粵閩巡視紀畧

上川山在城南二百三十里縣志在衛南海程五十里長二十五里廣二十里有石笱村北坑村西坑村茶灣村高觀村鮎魚村上川之左曰大金門海右曰小金門海皆在海晏都粵閩巡視紀畧

下川山在城南三百里縣志與上川對峙在衛西南海程六十里長三十里廣二十里有牙灣村野牛塘南澳村水洋村南洋村淡水坑塔邊村上步村下步村葫蘆灣荔枝灣有新甯人居之粵閩巡視紀畧

黃金門在衛南海程五十里周二十里

五圭島在衛東南海程六十里周三十餘里

蟒洲島在衛西南海程七十里長十五里廣十里俱同上

白蕉山在縣東南一百六十里層障聳翠石出海際望如堆雪縣志

銅鼓山在城東南二百里嶂巒叠矗東出飛鵝峰俯瞰大洋風濤觸石聲如銅鼓其下爲銅鼓海

泥涌河在城南二十五里由冲蔞墟順流至廣海烽



火角入海

矮崗河在縣南四十里下流望崗入廣海

大牌海在廣海衛之南

大金門海在上川山之左流接銅鼓海

小金門海在上川山之右諸彝入貢遇逆風則從此進

南門洋在寨南一里汪洋浩瀚

潭溶河在新甯縣逕逶迤三十里上通上川下川以至廣州下通廣海大洋以出銅鼓角背口子設礮臺

若干戍以水軍寇至不得入又不敢越我而過險設
夷昧於一來我濳師從潭滘出表裏夾攻必將片帆
不返矣
內洋一獨崖一東滘口一魚塘灣一鹿脛一旗壇一
西滘口一椒椒石一白蕉灣一大排小沙灣一臺冲
一麒麟閣一莆草角一青蘭角一沙欄涌一牛頭灣
一椰子角一雙洲口一望頭前一莇箕角一官涌口
一坭嘴一横山一上川島一下川島



外洋一黃茅洲一大角頭一銅鼓角一大金島一小
金島一筆架島一穿龍島一烏豬島一桅甲門一沙
底洋一平洲一黃麖門一木殼洲一琵琶洲一狗練
角一蟒洲島一亞公角一神洲一鬼洲一北渡津一
娘澳俱上同

廣東海防彙覽卷三終

# 廣東海防彙覽卷四

## 輿地三

### 險要三

西路

議者曰廣東三路雖並稱險阨今日倭奴衝突莫甚
於東路亦莫便於東路而中路次之西路高雷廉又
次之西路防守之責可緩也是對日本倭島則然耳
三郡逼近占城暹邏滿刺諸番島嶼森列游心注盼
防守少懈則變生肘腋滋蔓難圖矣可弗講乎故高
州東連肇廣南憑溟渤神電所轄一帶海澳若蓮頭



港汾州山兩家灘廣州灣爲本府之南翰兵符重寄
不當托之匪人以貽保障之羞也雷州突出海中三
面受敵其遂溪湛川涠洲樂民等四十餘隘固爲合
衛三道門戶而海安海康黑石清道並徐聞錦囊諸
隘所以合防海澳以操縱反側俾不敢梗化焉者尤
可齷齪玩愒已哉若廉州則尤爲全廣重輕海北扼
塞兩有攸寄故兵符特劄於靈山達堡增屯於衛北
海冦峒獠外夷之憂視三嶺獨勞焉西南雄郡如瓊

爲廉之外戸五指腹心盡爲黎據郡邑封疆無不濱海備倭之制若白沙石瓊館頭文昌海安海康對峙番島飄風突來防禦甚艱近雖駐參將於崖州責有攸寄而守禦營戍舊額歲久寖弛凡此皆西路今日所當汲汲經畫焉者深念預防俾幕南稽顙重譯來庭非長民若兵者之責乎籌海圖編

廣東三面距海接連島夷風帆迅駛疾如飈隼千里可瞬息至也近者封事未結倭情變遷其在廣海尤當思所以綢繆牖戸之計至是總督侍郎兼右僉都



御史陳大科題爲倭警未息廣海防禦當周摘陳切要時宜以固邊隅事查得潮之南澳廣之南頭肇慶之北津電白雷瓊之白沙白鴿皆爲沿海要區全粵門戸務須在在周防事事有備竊見城垣繕治有未固軍興糧餉有未充將領布置有未周士卒訓練有未熟戰船火器有未齊整節檄各守巡該道加意講求從實詳奪隨據守巡二道呈詳行布按二司會議前來隨會同該巡按廣東監察御史馬文卿議照國之防冦也譬諸人身之防病也必當視其受病之處加毖愼焉昔倭夷侵犯我粵一陷電白再潰雙魚皆在電陽之間則電陽一帶固百粵受病之處矣今查廣惠潮瓊等處俱設參將雷廉南澳則設副總棋布星列畫地區守乃高肇之間獨缺焉查萬歷四年前督臣淩雲翼題設高州參將一員專管陸路陽電參將一員專督舟師嗣因羅旁之役遂以高州參將裁改駐劄東山地方將陽電參將議革於是陽雷陸兵併之於恩平守備北津水寨僅設欽依把總一員統之而高肇之交始無參將矣該道鑒前慮後是以有



設復參將移駐同知之議臣等廣集衆思僉謂陽電之間一舍之外卽爲巨海節年寇患率由此登陸以震驚全粵參將之設是誠不容已也但議復陽電參將則可議移瀾洲遊擊則不可何者瀾洲有斷望平江等地之防高廉固並重也移之雖省供億之費不能無顧此失彼之虞惟北津把總一員初以革參將而設今亦宜以復參將而裁卽以其廩糧移給參將似亦相當至於高州府同知名曰海防乃令端居府城今議以本官移劄梅祿均於海防有裨既經司道

會議僉同相應丞行題請將陽電參將設復前來於二縣地方駐劄統領北津水寨兵船遇汛出海防倭遇警督兵邀殺恩陽守備及衛所官軍俱聽節制合用廩餼節湊處給北津把總應行裁革至高州府海防同知照議移劄梅祿地方仍乞勅下禮部鑄給關防一顆以便行事該兵部題覆設復陽電參將裁革北津把總奉旨是欽此欽遵陳大科奏議　明郭棐粵大記

按西路要害論之詳矣今之設備視昔又加密焉自嘉靖十九年征黎而有瓊崖參將之設然猶兼高廉



也至隆慶六年倭亂而始專設雷廉參將其白鴿白沙二總則設於嘉靖四十五年北津把總則設於萬歷八年至萬歷十七年珠賊為患而始有潿洲遊擊之設葢西路東防倭夷西控諸番外禦交黎內擣珠冦營寨舟師棋置星列可謂備矣議者謂電白一帶向被倭冦殘陷如蹈無人之境倘猶垂涎於此取故道而來則陽電恭將之復似當議也又謂天下形勢皆內中國而外四夷獨瓊崖州郡在外黎岐居中五指腹心永為左衽不無手足倒懸之嘆嗟乎此特設兵彈壓撫馭綏徠或觀釁而動因時治之用夏變夷則可耳若治平無事欲禽獮而草薙之亦非仁人君子之用心也海防纂要

水汛東自廣海砦起西至白鴿寨界止合計四砦為程共八百餘里沿海置戍雖稱鶴列而所守者不徒在險而在要焉四砦情形業各指其槩矣今更合而論之電白蓮頭為最衝吳川限門次之陽江海朗次之雙魚又次之信地中惟島嶼山灣賊船潛泊如上自海朗則有娘澳大澳海陵賊船澳若雙魚蓮頭則



有獨洲青洲大小黃埕放鷄山下而限門則有新門三合窩硇州廣州灣等處皆可扎船賊每寄椗其中窺伺貨艘往來卽為掩襲剽掠之事以故陽電特設一參將居中調度倘不時申嚴各砦把哨務令兵不離汛更選備堅整快船數隻多設槓棋銃器精選慣歷波濤善搖擄諳放銃之目兵共五六十名一遇賊警卽飛駕出洋衝鋒追截而各兵船復夾力夾攻之賊未有不披靡就擒者海朗雙魚蓮頭限門四砦圖說　利病書

高廉雷瓊為西路瓊固全粵外戶高廉雷亦逼近安

南占城暹邏滿剌諸番島嶼森列曰蓮頭港曰汾洲山曰兩家灘曰廣州灣曰遂溪曰湛川曰潿洲曰樂民曰青嬰地曰平江曰淡水灣曰珠場曰林墟曰白沙曰呂灣曰禾田灣皆四郡衝險而白鴿神電諸隘爲要此防海之西路也廣州府志

電白在高郡之西其外洋有大小放鷄山又西爲吳川其外洋有硇州營下鄰雷州之白鴿寨錦囊所南至於海安營自放鷄而南至於海安中懸硇州暗礁暗沙處處皆有洋匪罕敢出入故高郡之海防較他



郡爲稍易雷州自遂溪徐聞海康向南而出四百里爲海安自海安繞西北至廉州之冠頭嶺中由雷公沙永安城調埠川江白龍港處處沈沙難以名載而外洋則有潿洲當雷廉瓊三郡之中惟盛夏南風大作不可停舟餘時皆可灣泊盜船往來憩息其中冠頭嶺而西至於欽州防城中有龍門七十二逕島嶼懸雜徑徑相通搜捕匪易所以西路盜匪較東路爲尤甚瓊州屹立海中地與海安對峙其海道自海口港以東惟文昌之潭門港樂會之新潭那樂港萬州之東澳陵水之黎菴港崖州之大蛋港可以灣泊船隻自海口港以西惟澄邁之馬裊港儋州之新英港昌化之新潮港感恩之北黎港可以灣泊其餘港汊雖多不能寄泊而沿海沈沙行舟最爲艱險海國聞見錄

粵省天地會匪素與洋匪相爲狼狽廣東海防舊分三路以廣州爲中路惠潮二府爲東路高雷廉爲西路自來論海防者皆以東路爲最要而西路在所緩此蓋沿前明備倭舊說彼時倭人來自閩海故東路實爲咽喉今則中東二路爲督臣提臣駐劄之區耳



目親近兵力亦較強盛該匪等尚有顧忌惟西路僻在一隅聞見難周兵力亦薄而廉州一郡又與安南接壤可爲接應銷贓之地每年自八月九月乘風揚帆蟻聚登岸打莊刼舍任意蹂躪直至次年四五月方止近聞該匪自與會匪結連後糧食器具有家居會匪爲之接濟掠人搶物有家居會匪爲之引導水陸交通益無忌憚每上岸搶得男婦即貼字限日或於雷州所屬之潿洲或於高州所屬之廣州灣或於廉州所屬之江平各地面泊船候贖是該地方爲洋

匪船往來避風候潮要地似可設法截剿闘洋匪大半皆係雷州府遂溪縣湛川司所屬東海地方居民該處四面環海該匪等各有室廬各有眷屬其搶掠貨物仍隨時攜回家中銷賍度日以故習俗相沿竟視作匪爲恆業鄰里畏其報復地方官慮其激變姑且因循此等處所似應設法鋤汰（國朝陳昌齊奏畧）

肇慶府

肇慶爲郡北辰萬山南傅於海而陽江縣則當大海之濱北津其要害也所則海朗雙魚相去三百里砦



則南頭白鴿門相去一千二百四十里而北津居其中入縣僅三十里近矣故歲調東莞戈船發神電陽江雙魚海朗尺籍戍戚船澳爲北津外藩嘉靖三十五年撤戍自此盜賊如履堂房萬歷元年許恩殺鄭大漢以降居之北津保界四年督府凌公請以兵倫北津之關其年戈船七十有四戍卒二千二百七十分三軍許恩領中軍六年許恩謝其黨置田宅居縣城西偏爲編氓其黨亦散處北津無寨如故初許恩既居北津則以蜃合沙土築城自守池其外雖金湯

不過也恩去跛牂牧其上曰圮十四年春珠池之役海上戒嚴郡丞方公職防海視師北津四顧躊躇欲砦之請於兵憲王公屬秋暮王公行縣至北津觀許恩城曰朝廷待恩不死故恩爲朝廷城今避居遜我奈何棄之且恩自營兎窟不萬全豈肯已哉因之便於是方公圖上方畧因恩之舊亦蜃而築之（明葉春及新築北津寨記）

由平南營而東至蓮塘南至長甯凡百二十里而抵陽江縣自縣而南三十里則有海殷砦商賈輻湊廛



市星羅越港門而歷銃城則爲北津撫民此所謂大要害也自寨門而東二十里則有海朗所去陽江僅五十里有警呼吸可通第所城孤懸積匪與滑民作奸捍網幾如南陽之不可問非嚴約束之會無以破海上接濟之囮也由陽江西門歸善營麻橋黃桐蚺蛇欒安高嶺平望而西上大墟則爲陽電兵營矣由大墟至儒峝則爲電白縣界矣由儒峝轉折而東上五十里又爲陽江之雙魚寨而所城在焉去陽江一百七十里去電白八十餘里卒有緩急能一呼而即

至哉是爲當事者萬分毖飭務令營砦合防軍兵夾道庶陸可稱平壤而環海可恃爲長城矣（利病書）

陽江縣

豐頭港在城西四十里有砲臺（廣東輿圖）

北額港在城西南一百六十里設兵防守（同上）

北津寨在縣南三十里北津山西麓舊有望海亭明萬歷四年於此置水寨十四年築城周二百二十丈門三爲海津險要（大清一統志）

海陵島自北津寨渡海三十里長八十里廣四十里



自平岡渡直過止十里舊志云海陵山高三百丈周二百里列爲數峯上有盤石非人力可致而螺殼相粘舊名羅洲又名羅島其中峯爲牟黃山東爲平章山下有平章港受海陵漲潦以達於海西南爲馬鞍山山下爲戙船澳西北爲鵶洲山海陵巡檢居之（粵閩巡視紀畧）

高州府

是郡東南距海雖有沙帶限門之阻而水深潮平倏忽變生備倭營壁不容少弛（明黃佐泰泉集）

高郡衿巨海而帶三江接雷廉而引柳桂南曰吳川東南曰電白兩邑臨海據重洋限門之險實爲天池（郡通志）

北接廣肇南距交阯分營十七帶甲一萬有餘烽烟斥堠深入狼猺溪洞之間曲折迴環肩背相望以達於大海浮艨艟踞島嶼以與龍門硇洲相犄角豈非金湯之固哉（高州府志）

茂名縣

茂名縣海在府南一百五十里海防攷府境所轄海



澳若蓮頭港汾洲山兩家灘廣州灣皆南面之險（方輿紀要）

電白縣

蓮頭港口在縣南三十里水行止十里由此迤西有博賀臺去縣三十里水行止二十里又西有赤水港去縣六十里水行止三十里又西有流水臺去縣九十里水行百里又西有河口臺去縣三十五里水行五十里此電白之東南境也赤水蓮頭山後三港俱可泊舟（粵閩巡視紀畧）

白蕉之南三里爲鷄籠山濱臨大海遥對大小放鷄山南門博賀兩港中分爲海船必經水道地勢如蓮頭博賀東西鼎峙四面環海扼要據險嘉慶四年兩廣總制覺羅吉公念電陽爲嶺西咽喉盬艘雲集海口洋匪時防出没於是檄文武吏議擇地度勢於兹山之陽依嶺踞海建砲臺一座更名曰興平山誌興化平治之義（縣志）

縣南十里爲蓮頭山下有砂磧自東迤邐而西控扼海門如横帶然二十里爲汾洲山三十里爲放鷄山



四十里有晏鏡山與汾洲放雞屹爲三峰（同上）

化州

化州接壤粤西控扼猺峒而大海南環窺伺易及亦襟要之所矣（方輿紀要）

吳川縣

吳川納三江之水以注於限門砂磧曲折怪石交牙如劍如戟衝波激浪響應如雷東西礮臺據險守固儼然一夫當關之勢矣外望博立諸墪星羅棊布有艈槳以爲聲援麻斜守禦復與雷汎相夾峙愼重海防之意可不謂周密乎（高州府志）

硇洲在吳川縣南一百四十里（明統志）出限門一百五十里長七里廣十里屹立海中當南北道乃雷化犬牙處（粤閩巡視紀畧）一島可居數千家（廣東輿圖）宋置硇洲砦後名爲翔龍縣明洪武六年楊景破海賊譚南等於此（方輿紀要）化州東南至碙洲鎮大海二百二十里又有孱州在海中（宋樂史等太平寰宇記）

謹按寰宇記作碙洲蓋硇之譌硇从囟讀爲鐃猶農从囟聲之例耳宋史二王紀遂駐碙州因黃龍



見名爲翔龍縣當屬廣州陳仲微二王本末云碙州屬廣之東莞仲微身從端宗海上見聞當確吳萊南海古蹟記大奚山一名碙州與硇洲本不相混方輿紀要據厓山志混而一之誤也

石門港在城西南八十里爲海濱大港水闊二十餘里東岸有麻斜礮臺西岸乃遂溪縣所屬（廣東輿圖）

馬鞍山海中突起形如馬鞍其地最爲險要（縣志）

梅菉鎮南距縣二十里四面皆水螺旋以入海南商舶多集於此居民數千家省會之通衢也萬歷間議

設海防同知駐梅菉（粵閩巡視紀畧）

限門在邑南三十里納三川之水入海（縣志）三川者一吳川二陵水三羅水吳川源出鑑江陵水源出廣西北流縣扶來山下羅水出北流縣峩石下二水合於化州又會吳川於合江渡吳川縣西一百十里有羅州故址宋檀道濟所置也三江合流過縣西復分三川旋繞縣南復合爲一至限門入海水道曲阨（粵閩巡視紀畧）兩岸沙磧堅銳逾鐵（廣東輿圖）值潮退沙磧淺露或潮滿風急舟楫多阻故名（粵閩巡視紀畧）出洋三四里東西橫



擁一磧勢若長城俗名長城亘（縣志）

南山渡亦島名在硇洲西北五六里長三十里廣七八里（粵閩巡視紀畧）

石城縣

兩家灘營在縣東南五十里海澳通大海爲石城遂溪兩縣衿要（大清一統志）

急水港在城西七十里有急水礮臺三墩礮臺現撥官兵防守（廣東輿圖）

佛子港在城西一百里（通志城南十五里誤）港口有烏兎礮臺

官寨港在城西一百三十里（通志一百二十里誤）與合浦縣交界港東屬本縣有東村礮臺港西屬合浦縣有英羅礮臺又名英羅港

零淥港在城西一百二十里又名零烈水港口有龍頭沙礮臺（俱同上）

龍頭沙一峯突起海中往來舟楫必蟻附而過使數十人守之可當數千人之衆誠屬要津也以此地孤懸海徼距縣二百里餘題其額曰驪珠臺（縣志）

雷州府



夫雷三面距海如永安寧川以達石城三道皆陸所以衞遂溪而守隘之禁當嚴齊康永寧海澳之衝也備倭之責尤重國初重臣經畧之迹猶有存者選練而簡稽之以固沿海之防非惟雷郡安而廉瓊亦資其控制之利矣（秦泉集）

雷郡濱海爲猺島出没之區然高城深濠襟山帶海亘古及今無有復隍者（明莫天賦重修雷州城垣記）

雷州府漢置徐聞縣合浦郡統之歷齊梁陳始爲雷州更合州府復爲雷州歷代因之元初置安撫司尋

改路立海北道宣慰司轄六路三軍州事國朝爲府洪武九年以欽州及四縣來隸後改回領縣三地濱炎海多平田沃壤有海道可通閩浙三面並海正北枕高州之石城東西兩隅陸程直達寧州永安此三道實策應之地無此則背水可憂也雷之形勝可險亦可不險焉是故遂溪首當藩屏而湛川潿洲樻山樂民以及四十餘隘之重地所以合三道之門戶以尊堂室者勿謂爲支撐目前計可也若錦囊海安海康黑石清道甯海東清并齊康徐聞錦囊之隘所以



協防環郡海澳以操縱反側者於吾頤指氣使間俾不敢游心注盼焉顧容若世祿鄙夫齷齪玩愒而徒爲囊橐謀哉凡此亡命罔非赤子居重馭輕識早圖素長民若兵者責也嶺海輿圖

雷州府三面距海南出瓊崖東通閩浙亦折衝之所也方輿紀要

雷三面距海東通閩浙北負高凉所恃以保障者其捍海之隄乎利病書

清道隘在府西百八十里濱海又府西南有黑石隘皆戍守要地也方輿紀要

雷州形勢白鴿寨東接硇讀撓日洲大洋爲東偏之門樂民所西接廉州大洋與永安所相望西偏之門戶也而海康諸所在其內粵閩巡視紀畧

家山者雷西南之要扼也其下有流砂沙港由西海入岸而爲青桐徐聞所轄也岸北爲流沙海康所轄也今爲兩礮臺綰轂其口登山而望正西有小山青石嶙峋房參岸也西北有城雉堞參差海康所也大海之西烟雲杳靄中防城在焉流沙青桐相去八里



別有鵞胆港在青桐臺下青桐南十里爲石馬臺八燈港出其下又南二十里爲白盤臺東場港出其下又南二十里漸折而東爲包西港新地灣東場臺在其內此雷州之西南隅也自流沙以北二十里爲英鴿翎臺又十里爲總堠墩又十五里爲房參臺房參港出其下又北二十里爲徒房墩又二十里爲郎斗墩又二十里爲吳蓬墩海康港出其下又北三十里爲博袍墩又十里爲洪排臺洪排營在其內距海康所四十里又北二十里爲調建墩屬樂民所東北歷

羊蹄臺下落港爲文體港東距遂溪縣八十里自文體臺更北卽接石城矣諸港惟流沙港最深廣長七十里其次海康港長三十里皆可泊舟

雷州東門邪徑三十里渡通明河至白鴿寨寨有城周二里雷郡東北隅門戶也東海島在其東自寨而南十里爲北家港又南十里爲舊礮臺距海一里許又南十里爲雙溪礮臺距海五里許而雙溪營又在其內十五里自雙溪臺又南二十里爲溪泊港又二十里爲淡水港又二十里爲調嶺港又十里爲吳家



港又十里卽錦囊所矣自寨而北十里爲北品港又二十里爲庫竹港又二十里爲舊縣遂溪故治所也又北十里爲北月港又二十里爲海頭礮臺接吳川境矣諸港惟雙溪爲最近府治港口又向大洋然淤淺不可泊舟獨通明一港可泊大舟而白鴿據其口遂爲重鎮焉(俱同上)

海康縣

雙溪港在城東南二十里(通志八十里誤)有雙溪臺分兵防守又二十里爲溪泊港(廣東輿圖)

洪排港在城西南一百四十里(通志一百六十里誤)又有洪排臺

房參港卽石頭港在城西南一百五十里又有房參臺

流沙港卽翁家港在城西南二百里與徐聞交界南爲青銅港分兵防守(俱同上)

遂溪縣

東山營(東山塘　激沙塘　麻參塘　極角塘)此一汛四塘係遂溪縣湛川司地僻處東隅爲雷州左臂其東南爲碙洲東北爲



廣州灣正東則大海無際地方官因其險遠不能時常稽察嘯聚之徒如吳十一指烏石二等跳梁於驚波駭浪中出外洋則擄商船入內河則刦村庄皆以此地港口爲安泊銷贓之所而其地居人復潛爲盜線巧資盜糧幾於不可究詰今則大吏親臨殲其巨魁赦其脅從二十餘年之畏途已成砥矢且不惟目前之安又更定營制增設防海官兵阨險要之區嚴門戶之防爲後日圖萬全者法莫良焉嘗試攷其地形凡舟之從碙洲北而入雷州海頭各港必從沙尾

而至而東山數十里地方正當其衝今以東山墟增設師船官兵與潿洲營協同堵禦重關疊險表裏相依奸民不敢恃險竊發卽發外匪亦無從飛渡如雙溪白鴿寨海頭等處可永無海氛之警而郡城安於磐石矣(雷州府志)

白鴿門明設把總一兵八百四十六名兵船二十八自赤水港接北津歷限門沙頭洋至海安所止與潿洲信地相接(粵閩巡視紀畧)

東海島在遂溪東自北家港至舊縣長七十里廣二



里或三十里與縣治雖隔海僅若一河有南北二渡南卽白鴿相距十里許潮退不過五六里北在舊縣水益狹不過二三里許其地宜稻且饒魚鹽居民稠密有西坡村大菌村大村奄里村那惱村調產村齋頭村鬱律村鹽鑪村厚皮山德老村嚴巖頭村披裏村龍騰上村龍騰下村調屋村調東村青藍村東山村調倫村調朗村邁望村吳處村麻坦村北山村調市村安甯村調羅村十二塥村遂溪東界及海而止東頭山又東海之傍島也有調琴村後山村金家村官寮上下村祿退村西園村調第村暗祿村調舊村瑯琊村山頭村外內林村三岔村

蔚律嶺志稱在海康東百里蓋卽東海島中之蔚律也盡海處屹起十餘仞爲東方巨鎮舟船自廣回至汾洲洋先見此嶺以爲指歸

調鷄門周圍一百五里隔硇洲僅一水地勢奔趨赴海如鷄展翅故名

樂民所距海十里距府治一百二十里西有樂民港海口廣二三里可泊大船其地有沙洲城登之可見



大海稍南三十里調神灣又南三十里博里港可泊船又南三十里官塲港船嘗於此避風

潿洲在海中去遂溪西南海程可二百里(通志云在郡城東南十里誤)周七十里(或曰百里)內有八村人多田少皆以貿海爲生昔有野馬渡此亦名馬渡有石室如鼓形榴木杖倚著石壁採珠人嘗致祭焉古名大蓬萊有温泉黑泥可浣衣使白如雪前爲蛇洋洲周四十里上有蛇洋山亦名小蓬萊遠望如蛇走故名(俱同上)

海頭港在城東三十里卽吳川石門港西爲本縣界

有海頭磤臺分兵防守廣東輿圖

庫竹港卽木丹港在城東南一百里有庫竹臺分兵防守

曾家河在城南一百二十里一名乾零水源出博格村又名博格港東流一十餘里由通明港入海爲雷左臂要地置白鴿寨哨

調神港在城西南一百八十里通志二百里誤有調成臺又二十里爲博里港三十里爲官埸港四十里爲調建灣皆有墩臺俱同上



徐聞縣

徐聞在雷府正南一百八十里自徐聞東南行二十里爲海安所下有港行十里出港口卽大洋又東爲錦囊所城東有港小舟行十里出大洋有新芓島此港又可通通明白鴿寨粵閩巡視紀畧

冠頭嶺縣東南三十里遠望如冠廉州又有冠頭嶺此則張岳所云海道可通交趾者踏磊有觀濤嶺周一里登之可望渡口同上九域志有冠頭寨蓋在冠頭山下大淸一統志

三墩在城南二十里突起海中號小蓬山中墩粵閩巡視紀畧

靑灣港在城東南三十里

新芓島在錦囊所港外中有村落七八處民戶三百餘長三十餘里廣五里近岸狹處可一里俱同上

錦囊海安天造門戶舟航利涉此其要津矣雷州府志

邪黃港在城西南二十里上爲古源水左爲西卯港又十里爲三墩港有三墩臺分兵防守廣東輿圖

海安港在城南稍東二十里又名博漲港港口有海安所城有博漲臺係渡瓊津渡



白沙港在城東南三十里有白沙臺

博賒港在城東南四十里上爲蓮勝溪有博賒臺

討網港在城西南四十里有討網臺

東埸港在城西南五十里有東埸臺

鵞豆港在城西南六十里有石馬臺左爲八登灣有白盤臺俱同上

靑銅港在城西七十里通志三十里誤有靑銅臺分兵防守廣東輿圖

博贌港在城東南八十里有鹽井臺

黃塘港在城東九十里上有何家灘有調黎臺稍北爲畚頭港有牛牯臺（俱同上）

廉州府

南濱大海西距交阯固兩粵之藩籬控蠻夷之襟要（方輿紀要）

廉爲嶺表遐郡山勢逶迤川流縈曲南拱冠頭北擁五黃大廉鎮於東北巨浸湧於西南西轄欽州瀕海而治諸山合抱結爲龍門鎖鑰衿喉欽江漁洪二水夾流會龍門以入海中洲之地至此而盡（郝通志）



合浦縣

合浦嶺表遐邑山勢起伏川流灣迴龍門跨其東州江遶其西而縣治中所據當平衍之地此一邑之形勝也（縣志）

舊志縣境諸寨東南自高州府石城縣零祿烏兎二寨迤西則有英羅寨蕭村寨井村寨對達寨豐城寨黃坭寨又西有川江寨隴川寨調埠寨珠場寨又西有白沙寨武刀寨又西有龍潭寨古里寨又西爲西場寨接欽州境皆明崇正中建（大清一統志）

武刀港又名大河江在城南三十里東有武刀寨（廣東輿圖）

珠場港在城東南五十里東有調埠寨西有珠場寨

川江港在城東南六十里郎大廉港東有川江寨西有隴村寨

大觀港在城西南八十里東有東礮臺爲合浦界西有西礮臺爲欽州界

榕根港在城東南一百六十里東有村臺爲石城界西有英羅臺爲合浦界（俱同上）



乾體營在縣南二十里乾體海口康熙元年遷界將珠場八寨改水師營（大清一統志）

欽州

欽廉海中有砂磧長數百里在欽境烏雷廟前直入大海形若象鼻故以得名是砂也隱在波中深不數尺海舶遇之輒碎去岸數里其磧乃闊數丈以通風帆不然欽殆不得而水運矣嘗聞之舶商曰自廣州而東其海易行自廣州而西其海難行自欽廉而西則尤爲難行蓋福建兩浙濱海多港忽遇惡風則急

投近港者廣州之西海岸皆砂土無多港澳暴風卒起無所逃匿至於欽廉之西南海多巨石尤爲難行觀欽之象鼻其端倪已見矣（宋周去非嶺外代答）

欽州經州城入海連分二支俱環抱一洲東曰鴻飛南曰鼇魚廣數頃爲州治關鎖（國朝周碩勳鼇魚洲文昌閣記）

欽州控臨大海制馭安南爲藩籬要防析衝重地永樂中兩征交阯皆自廣西之憑祥雲南之蒙自而未嘗以奇兵出欽州傾其內險故賊得以偷息海上則欽州者滅交阯之要途也嘉靖中州臣林希元曹達



議而不果用有事交阯者安可後欽州而不亟講歟海在州南二百餘里自此涉海揚帆一日至西南岸郎交州潮陽鎮永樂五年尚書黃福議交阯萬寧縣接雲屯海口並連廣東欽州地方最爲險要宜於欽州所添軍立衞是也圖經雲屯海鎮在交阯新安府雲屯縣之雲山石海中番賈舟船多聚於此永樂中設市舶提舉司其山摩空直竦兩山對峙一水中通自海門黎母山發船西行水程九百里至海寶山自海西北行水程三百里至鷄唱門入雲屯鎮就此鎮轉入新安府或安那山州皆便道又州西南有六水口譚家水口黃浦水口藏浦水口西陽水口大灣水口大亭水口並各入海之路皆設軍戍守（方輿紀要）

南港在城南六十里東有青鳩礮臺西有南港礮臺又有長春墩東西兩岸礮臺（廣東輿圖）

龍門海在城南六十五里羣山錯列海中七十二水道隨山而轉彼此相通故名七十二逕分兵扼守

牙山港在山東南七十里港口有牙山礮臺分兵防守



大觀港在城東南九十里港西屬本州有西岸礮臺分兵防守

漁洲坪港在防城南三十里有漁洲江礮臺又東爲蓬羅港礮臺（俱同上）

按欽州邊海巖疆背接廣西宣化新寧右接上思州安南萬寧州往南出海六十里爲龍門海島東通高雷瓊西隣交阯內有港汊七十二逕昔年鄧耀楊彥迪等盤踞之地往西陸路一百九十里地名防城與交阯陸路接壤地居龍門腦後西由防城而進有三

都四峝皆崇山峻嶺狼猺雜處向爲賊藪明季防城設有水營把總專領船隻防海又設攘外營把總督兵專防三都四峝等處又大直埇口設兵制其險欽城東南七十里爲牙山爲龍門之門戶距牙山二十里地名金鼓嘴迤東爲烏雷港迤西爲馬鞍山皆海外北吭之地也（欽州志）

永樂初平交阯收其地爲郡縣尚書黃福議曰交阯萬寗縣接雲屯海口並連欽州最爲險要宜於欽州千戶所添軍立衞以備之英國公張輔復請設防城



佛涌二水驛寗越涌淪二遞運所以通交阯之路因交南旋棄其議遂止嘉靖間廉州知府張岳言粵東入交之路自雷州冠頭嶺發舟順風一二日可抵交之海東府自欽州天涯亭猫尾港歷烏雷海自龍尾玉龍山抵交之萬寗州度可七站蓋時方用兵於交故議者復及此也然則防城一戍不惟控制海島抑且管鑰屬國備書之以爲疆吏告焉（粵閩巡視紀畧）

欽州前世守禦可考者宋置二砦一曰鹿井砦在州西南控象鼻沙大水口入海通交州一曰三村砦在府東南控寶蛤灣海口東南轉雷州之遞角塲又欽州西南有六水口曰譚家曰黃螵曰藏蝠曰西陽曰大灣曰大亭皆置兵守之古今地名不同未暇深考明設欽州所卽在州治内而黃土（卽防城）龍門二營其要地也又有平銀營卽渡口也又有白皮營在白皮村今詢土人云白皮塲在牙山下牙山在州治東南九十里海中特起三山形如排牙故名萬歷三十六年因變亂嘗設營於此意卽白皮營也西路又有羅浮營在防城外一百十里河洲村因道出獒界餽餉



艱難又設思勒包冲二營於江坪去防城九十里尋廢考如昔峝在思勒村今如昔戍蓋卽思勒置營處

同上

瓊州府

廣東之地爲郡者十而八境於海自東徂西相距三四千里國初於此設衞若所大小七十餘處以爲海道防者甚至歲久而弊滋戍守之具一切廢弛朝廷知將領之不足恃也乃增置憲臣以提督之於凡海濵之地皆然而尤注意於是邦焉非其人有過人之

才廉聲素著者不輕畀也明邱濬瓊臺會稿

夫瓊中國外境也大海是環番夷四達廣袤三千餘里西南雄郡無逾此者愿惟俚峒盤據腹心而我控制反在其外生熟穙猓屢爲榛梗五指珠崖最稱險惡文昌萬州尙易馴制特以諸邑營戍寖成廢弛恣其趦趄耳沿邊海防尤爲諸夷觀望名存而實亾者不獨瓊管爲然也嘗聞之珠崖之變起於髮髡方今香蠟藤葛皮毛齒革取辦於瓊者不一故齊民腹背受敵而息肩亾繇柔遠能邇盍豫圖之泰泉集

府外環大海中盤黎峝封域廣袤三千餘里蓋海外之要區西南之屏障也方輿紀要

瓊州府自漢罷珠崖梁闢儋耳置崖州歷唐始置瓊州宋爲瓊管元爲路爲軍民安撫司國朝爲州領州三縣凡十背阻大海限以天塹三面俯臨軍州勢若建瓴廣藩西南此爲雄郡綿亘三千餘里五指腹心爲諸黎據故郡邑封疆無不濵海者漸綏附版爲吾聲敎地形勝迺甲於天下否則險終在人元事有炯鑑也惟瓊山川崇深害浮於利外邑倚爲安危文武



守臣責實重焉黎防之制瓊澄臨樂文定諸地舊有營戍事久寖弛而倭備亦然守禦巡司總轄之寄當圖新效不可咎前人之失策也五指羣峝安定尤險惟會同文昌四野民村又藉清瀾之衞獨稱樂土唯儋州獠種雖繁土廣田饒自經大征梗化者七坊一峝而已領昌化之版藉善黎彌望斥鹵厚儲備邊其良圖哉萬州海山四錯黎無統轄陵水疆域似萬關係猶崖若珠崖則黎悍而夥長技負固攖之者摧恆勤我兵近雖大定然種類生齒履霜之漸不可忘也故議者於羅活峝欲據以重兵遲以歲月乃置官兵鎮之其陵水要區之鄰於崖者則界以十字路截其往來竄伏計若得矣任人爲難矧占城暹羅諸番東南對峙時飄風突來瞭望實難邇駐叅將於崖州責任有攸兼也感恩黎衆民稀無城池兵甲恐非長策夫以瓊之沃壤中飽豺狼之吻藩籬稍疏時且厲我抱大志者每欲批穴擣巢使幕南空庭不戢自焚而爲元人之攻取達時機者必曰勞來柔誨俾格心向化儕吾赤子而守國初之招安大率只此二端然其

既也各亦有弊於戲嚴武備馭外番宏綱細目文莊公之經濟固存執而弗泥變而弗輭可與從政矣明姚虞嶺海輿圖

瓊郡周環皆海也屹立萬里汪洋中為全粵西南之保障十二州縣星羅匝布廣袤千有餘里上拱神京下俯諸夷占城眞臘交阯直可以足躉之形勢之雄中原未有也郡北十里為海口渡海六十里為徐聞距廣東省城一千七百里附郭曰瓊山居海外全島之極北崖州居島之極南東陲萬州西陲儋州實分



四隅而峙焉由瓊山東行八十里為定安百六十里為文昌二百九十里為會同三百五十里為樂會四百七十里為萬州五百八十里為陵水一千一百一十里為崖州此瓊島東方諸州縣惟定安為腹裏其餘皆濱海也由瓊山西行六十里為澄邁二百三十里為臨高三百七十里為儋州六百五十里為昌化九百里為感恩一千一百里為崖州此瓊島西方諸州縣皆遵海而西而南者也其海道周環俱通東行由清瀾頭調懶博敖蓮塘李村諸港五日可至崖州臨川港西行由東水博鋪洋浦烏泥抱羅諸港五日可至崖州保平港俱有港汊可以灣泊瓊筦古誌云瓊郡由定安過南閭入光螺嵩四日達崖由白石村過風門嶺三日達萬又自郡城由澄邁黎中二日至儋州自儋州東踰黎嵩二日半至萬州由是觀之瓊崖相距不遠特黎岐中阻逶迤一週是以千里而遙其當開通黎道無疑也曩日五指大山人跡罕到不知中間黎嵩情形今則採辦木植官吏窮極幽深來往無礙矣會期云自府至沙灣三百里自崖至羅活



三百里俱為坦途其中未開通處不過二百里耳普天之下莫非王土豈有十三州縣衣冠文物之王民反為蠻鬼藩衞僅居邊陲之一綫獨虛其中以讓黎岐為聲教不及之地腹心弗治四體雖安欲保百年無病斷不可得鹿州初集

天下郡邑濱海未有若瓊之四面環海者其東西廣九百里南北長一千一百四十里定安尤險郡邑封疆反四面環列占城暹羅諸番西南外峙東北又與閩浙諸洋相通稍或撤備則門庭皆勍敵矣廣東處

東海之邊而瓊又當其南實南徼之要害也明改州爲府統州縣十三復設海南衞統內千戸所五外守禦千戸所六各海口咸置烽堠瞭戍指揮部軍統轄之名曰備倭巡捕巡司散布分列海冦望幟而知有備後因辛丑之亂討平珠崖於崖州駐設參將我

朝因之國朝薛傳源防海備覽

瓊州孤懸海中黎山峙其內大海環其外欲爲經畫綢繆非披圖所能悉所有巡勘過各州縣港汛之險易設兵之緩急逐一敷陳一瓊山縣有牛始白沙鹽



灶三港澄邁縣有東水石礶二港此五港係瓊州水師轄汛毋庸議及一臨高縣有大港三內除馬裊港亦屬水師轄汛外有石碑港離縣四十里此港闊大易於行舟舊未設兵查係儋州營屬汛應行儋營酌量緩急抽兵二十名防守有博頓港離縣三十里港深水潤易於行舟原設百隊一名帶兵四十五名防守舊日營盤扼要港口頗有地利不知何年改爲腹內離港七里而遙今應復還舊劄處所庶便控扼此外尚有博舖博泊博逃黃龍諸港俱有墩臺設兵瞭

守且一帶接連俱堪彼此聲援一儋州有新英港離州城十里外通洋浦灣三板石等處額設防汛兵七十名港雖寬大然距州城不遠可以策應毋庸置設一昌化縣有英潮港離城三里儋營有把總一員帶兵三十五名防守布置得宜一感恩縣有大港二一曰北黎港離縣甚遠港大而險必空船方可出入崖州營撥管隊一名帶兵二十五名防守布置得宜一曰感恩港俗呼縣門港離城五里此港潮退不能進船舊制崖州營撥百隊一名帶兵一十七名防守查



此項目兵久與防城之兵同住城內大非循名責實之義應令防港目兵在港面地方住劄且經躧勘該地平濶堪以安營所當急行者也又有地名嶺頭墩者一名嶺頭灣離城四十里此地宜防歹船入灣取水舊設墩臺一座兵二名瞭守今應增兵一十八名令崖營酌量抽撥防守以杜奸歹一崖州爲全瓊之後戸其瀕海衝險處所較各州縣爲多即如自番人塘起歷黃流灣榕村酸梅塘南山嶺止計海面約二百餘里雖設有墩臺及瞭守兵丁奈此一帶地方處處可

以泊船登岸取水又處處逼近村庄今應與榕村適中之地設兵五十名撥千總一員每年輪換帶兵防守自南山嶺至番人塘一帶地方無事則上下巡查有警則加緊堵禦誠不可少緩者也但慮崖營汎廣兵單不便再爲抽撥查康熙三十一年奉文一件瓊土已闢等事抽調崖兵一百名貼防太平水尾薄沙寶停四處黎汎今黎岐遵化安耕樂業相應於太平水尾二汎各調回一十二名薄沙寶停二汎內各調回一十三名共足五十名安設於榕村地方以便往



來查巡堵禦又有保平港距城十里設額兵五十名兼顧大蛋港其港雖大然內有城汎外有港汎可以互相應援又有三亞港離城一百二十里港面濶大船隻出入自如舊係釘樁扼守今宜仍舊釘樁則船隻難進至其營盤布置皆已得宜又有榆林港與三亞港止隔一山呼吸可通無庸更議一陵水縣有桐棲黎菴二港離縣三十里係防陵官兵兼顧港雖寛大多石而險非熟識水道者不能進但二港之界有地名椰子灣者此港可以泊舟取水舊制木柵阻欄

灣口今已朽壞推原前人作柵之意非藉以爲固特爲緩勢計耳歹船不能前進則我兵技勇得以先施此柵欄所宜仍舊修設者也一萬州有東澳港離州城三十里此港甚大又有那樂港較東澳略小萬州營撥百總一名帶兵五十六名駐劄東澳並防那樂而東澳那樂之間有地名新潭灣者與海中大洲山相對歹船取水甚便應於東澳防兵五十六名之內抽撥二十名移防新潭灣撥千總一員督守歲久輪換則歹船不敢近矣一樂會有博敖港離縣一十五



里係萬州營屬汎撥百總一名帶兵三十六名防守此港口多石惟熟識水路者方能出入一會同縣有潭門港文昌縣有舖前清瀾二港俱屬水師營汎定安一縣無港均無庸議以上止論各州縣大港之險易若小港小汊名目甚多約皆淺窄難行亦各有兼防不必具論竊惟瓊州五營兵制爲數僅四千有零內一層防黎中一層防城外一層防海既已在在須防而海艅揚帆瞬息千里陸路應援徒步爲艱故於石碑港嶺頭灣榕村新潭灣四處議設營盤蓋因其

地勢之緊要也博頓營盤之議仍舊址感恩港防兵之議駐港面三亞港之議復釘椿柳子灣之議設柵欄蓋惟從其舊制立法之善也國朝總鎮范時捷條議陵水縣志

郡城西七十里曰澄邁石䃮港深廣可泊自五十里至馬裹三十里至石牌又百餘里至臨高轉頓港有兵船防守又百餘里至儋州洋舖三碑石海中入新英港港口有二沙線兵船不識水道觸沙卽壞泊船雖穩但聞警出船不及海上多故皆用哨船時出海口瞭守其中沙線不可不知南去約八十里至海頭港內皆石壁難以進船一百里至烏泥港近昌化城又三十里至英潮灣亦宜設備瓊州府志

謹按瓊州商船住泊海口爲多其次陵水港海口營本屬水師又與瓊州鎮駐劄所近故戎伏無虞陵水在瓊州之南其東萬州其西崖州崖州近雖改營爲協水陸相兼而距陵水界二百餘里鞭長不及且商舶之往陵水者皆自東而西所經萬州營陸路管轄卽遇狙刦呼援罔聞稽昔日萬州設



營之故本爲防黎故隸於陸路今者黎久被化幾類齊民萬州營弁兵七百餘名倘改爲水陸相兼既可以防黎亦可以防盜西有崖州協東有萬安營聲勢相聯商船安席而渡矣

瓊山縣

郡城北十里曰白沙港宋設水軍防禦於此明隆慶初始設白沙寨兵船防守與海口唇齒相倚商船皆住泊焉是瓊治之咽喉也東六十里曰舖前港深廣可容商船倭賊常從此入卽明時海賊李茂澳黨住泊爲患之所勢與白沙相倚是瓊治之胸項也瓊州府志

海口港在城北七十里海口所北官渡此過海又十里爲牛始港二十里爲白沙港

小英港在城西七十里又十五里爲鹽竈港

烈樓港在城西二十里乃漢軍渡海之處有大石生海邊北有三墩名烈樓嘴海南渡徐聞此爲最近

麻錫港在城東北四十里又十里爲芒芋港又二十里爲東營港又三十里爲博茂港又四十里爲北洋港

神應港舊名白沙津宋元帥王光祖曾開未就淳祐戊申年颶風作衝激成港人以爲神應故名（俱同上）

澄邁縣

海居邑之北偏去縣治僅三里許而自東徂西浩淼不下七八十里飛艫飄忽瞬息登陸是患之最近者無如海急宜籌畫者亦無如海（縣志）

東水港在城西北十里港口設有東水港營防守有東水墩臺（廣東輿圖）

澄東自博湳西至玉抱七八十里盡北傅大海無崇



山爲之障蔽巨石爲之關限東水一港西北去城十里而近潮來風便艨艟冒突直抵城跟今水軍歲遣一舟率舟師戍此扼守港口固其宜矣然東水猶易扼守且閘外有巨石潛伏水中潮長能入舟潮退即膠舟故賊入者鮮惟石矍一帶沿海二三十里地勢平衍東西兩岸如玦繞出翼抱中爲湖套無厓石之阻無風濤之險浪靜水深不待潮候隨時隨地可泊巨艦可登陸岸明成化二年嘉靖三十年

國朝康熙八年賊舟皆泊此入寇今東水營僅撥兵十名分守石矍二三十里之地卒有警急可爲寒心杞人之慮竊謂宜中分東水屯戍之軍爲二其一軍校自領屯守東水港其一又中分爲二就石矍嶺爲一營更擇沿海一帶山岸稍高有形勢可據處另立一營則兩營戍守可互相覘望互相聲援而令尉復於平時養募鄉兵練成一旅堪備實用並行令各都各鄉皆習團練一旦警報鄉兵即協助營兵各都鄉夫盡執兵而出壯聲勢作應援設疑伏賊烏能恣其猖獗哉（縣志）



石矍港去縣治十五里其地產石參差錯出峭嶢鑠钁名曰石矍外接海潮內受西峯沙地南滾稍陽諸水東流通白沙省治西南際儋崖及占城諸國波濤洶磯名曰石矍港四周皆山形勢巍峩合拱可蔽風濤舟楫繫纜雖遇烈迅中處晏如也復名曰石矍嶺（同上）高三丈立峰堠於上以覘海警今加墩臺（廣東輿圖）又澄之港澳可棲泊者此地稱最故沿海島諸國往往揚帆蟻聚剽掠諸州邑未有舍此之他者成化初突入村落猥殘縣治嗣年備倭閫戶項欽以寇登石矍

坐落職宏治間千兵閭清追賊至此卒自斃流覽往蹟胎禍一區而蔓延無極因循凡幾易代莫有爲杜患策也嘉靖辛亥歲海寇猖獗三攻城不克濱海居民竄匿山谷況烟且數十里時清漳許侯令玆土與丞佐莆人周君商畧召黎兵底定之寇退乃屬耆老而告之曰海港可塞吾將畢力爲之爰以其事請之當道遂歷其地命漁人游渡廣狹淺深俟潮汐退後先樹木柱中流星列仍織籮蓄石置孔於木柱中沉石以截流一柱叠載數籮一籮積石數百肈工於九



月畢成則歲之十二月由是浩蕩津涯石勢鱗集巨艚無敢向石𥗼肆薴匪直澄地晏堵而瓊郡且永賴之（明教諭林港塞石𥗼港記　縣志）

文昌縣

舖前東去二十里至白峙澳四十里至木蘭澳五十里至急水門八十里至抱虎灣一百里至抱陵港又數里至銅鼓角此一帶地方前時常有賊船灣泊登岸取水乘間暴掠至於清瀾一港海門寬濶水道紆迴內達文昌縣治外通大海瓊州之肘腋也此數處

最宜加防（瓊州府志）

清瀾南去六十里至馮家灣四十里至會同哆南八十里至樂會博敖俱爲要地更當備守八十里至萬州那鹿出外洋有南北二澳前賊船常於此取水四十里至大塘灣六十里至舊陵水三十里至牛頭嶺北嶺突起海外六十里至桐栖鹽水港六十里至黎菴港四十里至玡琅澳六十里至榆林澳前常有賊船棲泊宜加防備三亞一港東至萬州西至昌化東風發時有賊船登岸搶奪最宜加防



抱陵港在城東七十里原自銅鼓山來又三十里爲赤港郭婆港俱發源東猺山四十里爲虎港源出抱虎山（同上）

七星山在城西北一百三十里海濱旁有七星礮臺（廣東輿圖）

長岐港在城南五十里港口有淡泥墩

陳村港在城東六十里港北有大塲臺中塲臺南有調炳臺

清瀾港在城東南九十里港南沿海有陳家墩罟亇

墩嚴村墩漁魚墩
石欄港在城北一百四十里港東沿海有小山臺調灘墩上東灣臺下東灣臺通志城北一百二十里誤
鋪前港在城西北一百五十里約三江水入海港西有鋪前墩有新港臺俱同上

會同縣

港門港舊名調懶港在城東南三十里何曾嶺水從此出潮長堪泊舟潮退則為淺沙蜑戶煑鹽其傍瓊州府志



歐村港在城東稍北四十里港口有歐家墩廣東輿圖
馮家港在城東北七十里港口有馮家墩同上

臨高縣

烏石港在城北十五里瓊州府志
砵碌港在城東二十里同上傍近洋井礅臺廣東輿圖
博鋪港在城東北二十里納縣前江透灘諸水至港口入海瓊州府志向設防禦於此廣東輿圖
博迷港在城西北二十五里瓊州府志設博從頭洋墩臺廣東輿圖

石碑港在城東北四十里舊名三家港瓊州府志
黃龍港在城西北四十里
博頓港在城西五十里水自儋州至此入海西岸屬儋州東屬臨高俱同上博頓營設防於此廣東輿圖
呂灣港在城西五十五里瓊州府志
博白港在城西北五十里源自西龍潭溢流入港
新安港在西城西北五十里
馬裊港在城東北六十里水自那虞都來經下水歷臨機長村達此入海俱同上設防馬裊營廣東輿圖



萬州

周村港在城東十五里又名小海受金仙踢容諸水共入港門港瓊州府志
小海港一名港門港在城東二十五里總納周村所受諸水入港雖通舟楫極險難泊港口北有港北臺沿海一帶有青山墩連岐臺多格臺墩南港臺港南有接羅墩各分兵守望廣東輿圖
前後澳在城東南海濱澳邊有長寧臺烏場墩
南港在城東南三十里有東澳臺有楊調墩俱同上

陵水縣

加攝嶼在城東四十里加攝澗外爲大海中一島高三十餘丈縣志

雙女嶼在城東五十里港外大洋中兩石對立如人上有淡水井商船多汲焉

港坡港在城東十五里又東十五里爲黎菴港淺隘多石舟不能行

桐棲港在城南三十里外通大洋內爲商艘停泊之所廣潮二府商賈於此運載自七月以後占風不順



商艘卽不出澳每年粵海關派書役徵收餉稅於二月來七月去港內有漁船二十餘朝出暮歸兩岸設立營汛礮臺以備倭寇陵邑一要區也一名鹹水港一名南山所港離港二里名白蕉出有淡水汛兵守之

赤嶺港卽名土掘墩在縣南七十里港門狹小商艘不便出入設有汛兵防之

黎菴港在縣東三十里由赤嶺而下爲私匪出沒之所設汛防守港門狹小商艘不便出入惟有漁船三十餘朝出暮歸

舊陵水北距萬州大塘灣六十里南至牛頭嶺三十里牛嶺突出海涯南至今縣治三十里又三十里桐棲港六十里至黎菴港四十里至玡瑯澳六十里至榆林港向有賊船栖泊宜加防備俱同上

崖州

崖州山林環遶黎獠錯雜屼峙海濱最爲弭遠嶺表之絶徼溟南之奧區也方輿紀要

州東南濱海有狼牙石頭利洞玳瑁洲等港澳俱海



寇窺伺撥兵戍守同上

番坊港在城西五里瓊州府志

龍棲港在州城西五十里內有龍棲灣廣二里又西三十里爲羅馬港抱歲港樂羅港西四十里爲望樓港

畢潭港在城東一百里

田尾港在城東一百二十里

高沙港在城東北二百里

臨川港一名臨川水在城東一百三十里源自五指

山分爲兩派前後夾流唐以名縣

板橋港即石排灣在城西南十五里水中有巨石横列俱同上

謹按瓊州府志山川門此八條與保平港三亞港合口港皆屬臨高而圖則屬崖州考臨高在瓊州西北崖州在瓊州南相去極遠崖州有抱歲巡司即樓堠見嶺海輿圖蓋皆以港得名據此則山川門誤也今不從

保平港在城西南十五里設有礮臺又五里爲大蛋



港廣東輿圖

三亞港又名臨川港在城東一百六十里港口有礮臺北有榆林港有南港墩

合口港在城東北二百里有藤橋臺俱同上

感恩縣

小南港在城西北三十里有十所墩廣東輿圖

延澄港一名白沙河在縣東南四十里有嶺頭墩北黎港在城北九十里設北黎營及墩俱同上

抱駕港白沙灣皆濱海水深寇船易入撥兵哨守方輿

紀要

儋州

州外環瀛海內扼黎狸襟帶瓊崖至爲唇齒方輿紀要

頓積港在城東北三十里有墩臺二座一名里赤一名清濠俱分兵汛守廣東輿圖

莪蔓港在城北四十里有墩臺二座一名神埇一名莪蔓

黃沙港在城西北四十里又有南灘港設於硐墪臺

禾田港在城北四十里有墪臺二座一名新方一名



港方俱同上

新英港在城西三十五里知州羅傑築長隄於上以利涉者其北又有洋浦港瓊州府志

田頭港在城西南四十里田頭村之西又十里爲沙溝又四十里爲大村港煎茶港

大員港在城南一百二十里源自白黎村至大員舖入海又小員港在城南二百里小員舖前入海俱同上

昌化縣

沙洲港在城西二十里納北江水瓊州府志

烏坭港在城西北二十餘里大潮可通海舟

英潮港在城西南二十五里

祺子灣在城西北三十里大陳山後海濱有小石圓如祺子灣上有淡泉白沙中湧出海舟常泊汲南港即三家港在城西南四十五里納有江南水又有大員小員大村三港郡舊志編屬儋州以州轄昌化而州界至昌江也上俱同

昌化沿海皆礁惟英潮一港上至蛋場村又上至城西之烏坭下至四更村二三十里間沙洲灣環頗可挽泊此要地也向設英潮營汎百總一員額兵二十七名又有墩臺一座以備瞭望此善策也但其地空曠並無村落水皆鹹鹵故營兵以為不便該營具詳制府以守護城池為名移置烏泥港而其報部之冊仍名英潮此從前移汎始末也查烏泥一港雖係昌江入海之口而港口淺狹旁多暗礁賊心不敢冒險深入即入其地而營在烏坭之濱山谷之內外不足以瞭望內不足以守禦置兵於無用之所而於英潮要地反棄不守此失策也嘗相度形勢昌城之西有



小神山嶺雖不甚高而城中纖毫畢見礮火所及雉堞皆碎往年賊從此處破城此必爭之地也小神山之麓即烏坭大江海舟出沒港口嶺上皆見若置一營於嶺上與昌城互為犄角多造單桅漁舟分泊江中及蛋場四更等處賊若近港先令漁舟前行誘探後發陸兵邀截此一奇也英潮一營仍移置於舊墩賊舟近岸營兵堅壁自守漁舟從蛋場四更出口竟燒賊船前後擊之又一奇也總之賊在外洋未悉我之虛實我憑高遠望視賊所向隨地設拒此萬全之策也國朝陶元淳論昌化海防



廣東海防彙覽卷四終

# 廣東海防彙覽卷五

## 道里

### 沿海

石獅頭廣東與福建交界東是福建海面西是廣東南澳海面北是黃崗營管阮通志海防圖

白沙灣東至石獅頭二十五里西至長山尾六十五里志圖作六十里北至陳旗頭四十里國朝温汝适海防圖

五嶼至萊蕪六十里北至樟林港口四十里志圖

大萊蕪至放雞六十里志圖萊蕪至澄海一百里西至廣澳八十里營圖



長山尾至放雞四十里至南高洡六十里温圖志圖無

赤礁頭南澳達濠澄海三營分界東南澳西達濠北澄海管志圖

放雞礮臺南至南高洡二百二十里西至沙汕頭四十里

侍郎洲至新港九十里

新港至沙汕頭六十里

沙汕至河渡門一百一十里俱同上澄海南港至河渡門約九十里營圖

南高洡至河渡門八十里志圖作四十里温圖

鹿口門外達濠澄海兩營分界東澄海西達濠管同上

塗弼澳水是澄海山是達濠管温圖

鹿口門至錢澳一百一十里志圖作六十里温圖至達濠二十里營圖

龍頭鼻海門達濠兩營分界東達濠西海門管志圖

崗頭東海門潮陽兩營分界東海門西潮陽管同上

海門營西至碣石二百二十里營圖



錢澳至崩溪四十里志圖至烏塗六十里温圖志圖無至潮陽陸路三十里西至靖海所九十里營圖

崩溪至烏塗八十里烏塗至赤澳六十里志圖

赤澳至神泉七十里志圖靖海港口至神泉港一百三十里至惠來四十里至赤澳六十里營圖

神泉港至蘇公澳一百三十里志圖一百四十里温圖作至甲子港約八九十里甲子港至西尾汎約八九十里至碣石城二十里營圖

甲子灣至海豐陸路一百九十里西至湖東六十

里

東宮磯臺西至碣石六十里俱同上

圭湖塹海門碣石兩營分界東海門西碣石左營管志圖

蘇公澳至淺澳一百四十里同上蘇公澳至湖東六十里湖東至田尾澳六十里温圖志圖無

東桔外洋碣石中左二營分界東左營西中營管志圖

淺澳至金厢八十里同上田尾至金厢八十里温圖志圖無



淺澳磯臺北至碣石十里西至田尾十里營圖

田尾港至汕尾一百四十五里陸路至捷勝所二十里西至烏金三十里同上

金厢至遮浪㳍一百二十里志圖金厢至石獅頭八十里温圖志圖無

金嶼碣石中右二營分界東中營西右營管志圖

烏墩港西至遮浪九十里至白沙湖五十里東至碣石港五十里營圖

遮浪㳍至牛脚川七十里志圖西至汕尾一百一十里營圖

牛脚川至汕尾三十里志圖

汕尾港至鮜門港八十里同上至平海港一百里西至大星百一二十里營圖

鮜門港至大星㳍一百一十里志圖至捷勝所八十五里營圖

烏山頭碣石平海二營分界東碣石西平海營管志圖

大星㳍至沱寧一百四十里

三管筆平海大鵬二營分界東平海西大鵬營管



沱寧至娘船澳九十里俱同上圖作娘船灣温西北至老大鵬四十里營圖

娘船澳至佛堂門六十里志圖

佛堂門至擔杆山八十里西北由鯉魚門至急水門七十里同上西至九龍三十里營圖

擔杆山至外伶仃八十里志圖

急水門至石笋八十里

外伶仃至石笋九十里

大嶼山磯臺至涌鞋百二十里

箵洲龍鼓至新安七十里俱同上箵洲温圖作沙洲
萬山至澳門九十里志圖萬山西臺至東臺四十里
志圖
新安南頭礮臺至龍穴八十里龍穴至淇澳一百
里温圖志圖無
淇澳至澳門七十里志圖
澳門至大滐三十五里温圖作三十里西南由雞頭至阿
婆尾五十里同上
三巴嶼起由外海至崖州約一百五六十里至新



會七十里至大港三十五里西南由雞頭至亞
婆尾五十里營圖
亞婆尾至三竈涌一百里志圖
羅洲門香山左右營分界南左營北右營管
鶴洲至雞啼門九十里雞啼門至大金七十里俱同
上高瀾至牛角九十里温圖志圖無
磨刀灣香山左右營分界南左營北右營管志圖
虎跳門礮臺香山新會兩營分界東南香山左營西
北新會右營管東北至虎跳門內香山右營管

崖門外香山新會廣海三營分界東南香山東北新
會西南廣海管
大金至三洲八十里温圖作七十里
牛角至烏豬七十里俱同上
十字門至香山陸路一百二十里西至浪白港九
十里營圖
崖門至廣海八九十里魚塘汎西至廣海寨六十
里
烽火礮臺由外海至北津港約一百二十里俱同上



烏豬至沙底五十里沙底至黃麖門外五十里志圖
三洲塘至雙洲六十里同上
上下川西至北津大澳七十里營圖大澳至神前六
十里神前至馬尾九十里志圖
黃麖洲由外海至南澳涌五十里
南澳涌至礬石一百一十里温圖礬石作陽江礮
雙洲至滐洲八十里滐洲至大澳七十里大澳至
神前六十里
礬石至南澎一百二十里南澎至海陵頭九十里

大澳灣西春江廣海分界東廣海西春江右營管
陽江口陽江鎮左右兩營分界上通香山廣海下達
吳川硇洲
海陵至馬尾七十里俱同上馬尾至雙魚九十里溫圖
北津港西至雙魚一百一十里由外海至蓮頭澳
一百八九十里營圖
雙魚港西至蓮頭一百一十里至陽江一百七十
里同上
雙魚至青洲八十里青洲至蓮頭六十里蓮頭至



興平三十里興平至放雞八十里溫圖志圖無
大放雞至硇洲一百四十里至廣州灣三百一十
里志圖
蓮頭澳至電白陸路二十里西至吳川限門港一
百八十里由小海至硇洲營北港礮臺約三百
里限門港至硇洲一百八十里營圖
硇洲東北海吳川硇洲分界東吳川西硇洲志圖
硇洲至吳川縣外海一百八十里西至通明港一
百餘里營圖

硇洲至海安三百五十里溫圖北門港至海安二百
五十里營圖錦囊港至海安一百一十里溫圖
高排南硇洲海安海口分界東硇洲西北海安西南
海口管
海安白沙至海安港三十里至海口牛始港一百
三十里海安港至包西一百三十里包西至流
沙港一百一十里流沙至烏石港三十五里烏
石至暗舖港一百八十里暗舖至斜陽潿洲一
百八十里志圖無



冠頭嶺至龍門一百二十里俱同上
潿洲龍門海安分界西北龍門東南海安管志圖
潿洲北至廉州冠頭嶺約二百餘里東至海口海
安約七八百里西至龍門約四五百里南至儋
州約千里營圖
龍門與越南交界東龍門西越南夷地溫圖
瓊州府海口過海安約八九十里距龍門協約千
里距崖州約一千三四百里營圖
廣村至將軍七十里溫圖

放馬至新英港一百一十里
新英至海頭一百一十里
北黎港至崖州三百六十里
三了至榆林港二百里
榆林港至陵水港九十里
黎林港口東至萬州一百一十里
抱虎至文昌縣一百六十里上俱同
海口海面自東路至硇洲大蛋港計一千四百八十里至廉州約四百五十里至龍門協約七百六



十里營圖

廣海衛水砦汎地二百里東至新會厓門界又二十里至香山虎跳門竹篙尾界一百十里西至陽江娘澳界二百五十里南至外洋三十里北至新寗坤蔓界利病書

雷州控八海水路東至海三十里西至海一百十里南至海一百七十里北至化州一百六十里海路從海州東北陸行二十五里抵談源汎海至羅場接吳川縣通江水從吳川水至化州三日程自化州下水至海三十里渡海抵化州界地名硇州從州東南陸行一百四十五里抵海至諸番國從州南陸行一百七十四里至遞角場抵南海汎海一程可至瓊州從州西陸行一百五十里汎海水路至安南國故諸番舶雖東洋琉球等國被風飄多至瓊州瓊州東至海有一百二十里其南崖州去海益近云

西路高雷廉海面惟廉州接近安南占城爲重地焉

廉州東水路自榕根大廉港一日至永安一日至淩祿日半至雷州少南二日至瓊州正北十日至廣州西水路自大潭口半日至大洗港少北一日至平銀渡正西二日至欽州歷諸沙南沙大石三娘灣爲雷



三墩篋簩灣水急灣麻監頭牙山七十二逕龍門山海茅墩官渡等處東經烏雷頭而達合浦又自烏雷正南二日經涌淪周整而至交阯永安州歷大小麻墩恩勒隘茅頭少東則曰龍尾海東府累至南大海外抵交阯占城二國界凡泛海者每遇大風則舟飃七八九晝夜至交阯貴州府界如舟不能挽徑南則入占城又自郡城西橋下舟沿海而東至永安千戸所則歷乾禮高德港冠頭嶺龍潭五刀白沙珠場隴林祿村等寨地方瓊志又云占海之西與廉境對順

風一日可至唐置廉州地控海口有瘴江西南置麻井砦東南置三村砦以守之東至白州百二十里西至欽州三百里南至大海六十里北至欽州百四十里西南即儋也據此則廉之東實與瓊之儋州相望俱同上

自龍門東南至烏雷接合浦界半日程至珠池二日程西南至大小鹿墩接交阯界一朝程正南至瓊州四日程正北至廣州十二日程西南至交阯海東府五日程欽州志



黃堤至蓮頭山四十里

蓮頭至放雞山五十里

放雞至赤水港六十里

赤水至暗鏡山四十里

暗鏡至博茂灣六十里以上電白縣境

博茂至限門港六十里

限門至磊嘴門八十里

磊嘴至三合窩四十里

三合至新門八十里

新門至洵洲一百二十里以上吳川縣境

沿海自廣東樂會縣接安南界起歷海條粤爲文昌界鋪前港爲會同界神應港豐盈浦爲瓊州界麻頭浦呂灣頭爲臨高界田禾灣爲儋州界峩詐山爲昌化所界歷白沙營爲感恩縣界大洞天小洞天爲崖州界才娘澳雙洲門爲陵水縣界七十二徑及牙山淡水灣爲欽州界草木營烏雷山爲靈山縣界青嬰池楊梅池平江池爲廉州界邵州爲永安所界泖洲爲海康所界潿洲爲錦囊所界調洲獨猪山爲石城



千戶所界硇洲小黃堤汾洲爲寧川所界青聚山羅浮峰爲神電衞界海陵山爲雙魚所界小獲山爲海朗所界中獲山爲陽江所界大獲山爲新寧縣界西熊子山鵞洲山爲新會縣界萬斛山上川山爲順德縣界石岐峰爲香山縣界蛇西山大南常山爲南海番禺縣界烏沙洋爲白沙巡司界九星洋爲福永巡司界珊瑚洲渡杯山爲東莞縣界合蘭洲爲大鵬所界馬鞍洲爲錢岡驛界寧洲山枯洲山爲惠州界記心洋爲平海所界徐娘山爲海豐縣界大星尖山爲

捷勝所界吉頭峰爲碣石衛界前標峰爲甲子所界陶娘灣靖海磬爲靖海所界大浮山玉嶼山爲潮陽縣海門所界小柑山爲蓬州所界大柑山爲大城所界大京山九猴山爲饒平縣界計五千里抵福建利病書

海口往崖州水程

潮一流至東水可停風颶水大可進　一流至馬臮寄椗停風颶　一流至紅排可停小風颶　一流至將軍寄椗停潮　一流至洋甫內新英港可停颶水小亦可進　一流至東頭可拋水大卽可進　一



流至海頭可寄泊船　一流至昌化寄泊船水大時進停風颶此內有四更沙甚大長　一流至北黎可寄椗水僅五尺進停風颶　一流至嶺頭東北風可寄椗　一流至望樓可停風颶水滿大七尺可進　一流至保安寄椗內崖州淺水漲大可卽進甚要小心

安南國江坪又名竹山東上廣東水程

潮一流至白龍尾廣東安南交界　一流至牛頭澳　一流至烏雷進內龍門協營　一流至冠頭嶺外開南方有潿洲斜陽藏賊之所　一流至南面澳可停北邊　一流至草潭內可停風颶　一流至江紅　一流至海塘　一流至烏石水漲大可進內停風颶

一流至東場澳　一流至三角　一流至海北卽海安所外對瓊州山　一流至錦囊外瓊州山七星嶺過淺水　一流至泗洲內外沙礁甚多　一流至過洋三更船至內電白港　一流至蓮頭　一流至青洲　一流至雙魚　一流至馬尾港　一流至三點頭　一流至海靈頭　一流至陽江大澳　一流至公山　一流至九洲塘　一流至魚塘　一流至銅鼓角外上下川有猺人住　一流至大金內進江門港　一流至浪白滘有河灣可泊風颶　一流至南埜　一流至澳門外老萬山　一流至九洲內是虎門關可進省城　一流至



伶仃山　一流至屯門琵琶洲　一流至青龍頭　一流至淺澳卽淺灣　一流至仰船洲　一流至九龍　一流至佛堂門　一流至娘船澳　一流至鵝公澳　一流至陀甯三水門　一流至大星角　一流至鹽洲港　一流至鮜門港　一流至汕尾港　一流至龜靈　一流至草鞋洲　一流至遮浪角　一流至金星石　一流至碣石港口外卽田尾淺澳　一流至湖東港　一流至甲子港　一流至神港　一流至赤澳　一流至靖海　一流至海門錢澳　一流至

廣澳表頭　一流至鳳山卽澄海　一流至南澳外三彭雲
葢山　一流至范鐘　一流至官口仔前　一流至蘇占
一流至銅山古螺頭可進銅山營乃福建管轄　一流至沙洲卽菜
嶼　一流至虎頭山　一流至將軍澳　一流至燈
火安　一流至鎮海　一流至梧嶼斗米　一流至
廈門外大担小担金門山有沙線須小心　國朝黃標水師圖要

各營

滿州水師旗營

在廣州省城歸德門內



外海水師

南澳鎮標右營駐南澳城在潮州府南二百里東至
福建銅山營官仔前汛水程九十里西北至澄海界
五嶼洋面水程五十里南臨大海北至黃崗協左營
柘林汛水程五十里分防六汛一深澳口兼防吳平寨一汛
二臘嶼上下磤臺三隆澳兼防馬走浦西角粗沙凡三汛　四長山尾
五海山浮礡兼防石狗門牛心石栢洲凡三汛　六西山兼防信洲汛營冊
澄海協左右營駐澄海縣城在潮州府東南六十里
東至南澳澄海界五嶼海面六十里西至澄海揭陽

界雞林山四十八里南至澄海潮陽界蓮澳海面六
十里北至澄海饒平縣界九溪橋四十五里分防九
汛一左營外沙兼防漁洲汊口上窖各汛南溪塘津口塘新港墊臺凡五汛　二鷗
汀背三蓬洲兼防水吼橋塘蓬洲北門塘湖頭市翁公碑小坑臺溪東港各汛凡六汛　四
沙汕頭磤臺五放雞山磤臺兼防洪渡塘汛　六南洋兼防山尾溪東
渡平洲三灣山頭仔各汛杜王度塘凡六汛　七樟林兼防九溪橋塘鹽竈汛塘鴻溝東隴各汛
凡四汛　八烏塗九大萊蕪磤臺
達濠營在潮陽縣東三十里東至廣澳磤臺二十五
里西至潮陽縣三十里南至河渡磤臺二十里北至



宮鞋石磤臺二十里分防八汛一廣澳磤臺二河渡
磤臺三沙浦四磊石五角石六宮鞋石磤臺七狗母
涵八蓮澳
海門營在潮陽縣東南二十里東至湖邊鄉與達濠
營界十五里西至南磤臺一里南至錢澳磤臺十里
北至下徑宮前與潮陽營界十里分防十二汛一錢
澳磤臺二南磤臺三河背四牌角五靖海港磤臺六
靖海所城七石牌磤臺八赤澳磤臺九前詹十溪東
磤臺十一澳脚磤臺十二神泉磤臺

碣石鎮標中營在惠州府東四百二十里東至左營甲子所城六十里西北至陸豐縣城六十里西至右營捷勝城一百二十里南臨河北至潮州鎮屬惠來營葵潭汎七十里分防五汎一溓澳礮臺兼防頭塘汎二湖東西臺兼防草洋塘白石塘南塘田尾洲師三洲滴水三合嶺各汎凡八汎三金廂石兼防崎石鼇觀音堂嶺牛踏嶺小城烏墩東臺凡五汎四白沙湖兼防烏墩西礮臺烏墩西塘上灣墩下灣墩大德東大德西大魔山娘巖山蛇仔地石獅頭礮臺凡十汎五白沙湖水汎

碣石鎮標左營在惠州府東南四百八十里東至潮



州府惠來縣覽表鄉十里西至碣石衛城六十里南臨大海北至陸豐縣淡政鄉十里分防七汎一碣石衛城二陸豐城兼防陸豐頭塘磨海塘鹹水溪塘牛毋湖塘產田塘沙塘洪㽏塘白沙塘長橋塘羅山塘凡十汎三湖東港兼防湖東東臺海甲山汎中伙塘碣石頭塘凡四汎四西甘澳礮臺兼防東宮礮臺汎五圭湖鼇兼防蘇公澳礮臺汎六黎將府兼防萬輋河田黃茅田凡三汎七五雲峝

碣石鎮標右營在惠州府東二百八十里東至碣石衛城一百二十里西至惠州協平政塘一百五十里南臨大海北至海豐縣城七十里分防十二汎一碣石衛城二墩下寨城三海豐兼防小溪梅隴墟思君堂各汎謝道山臺汎赤岸塘南門塘佛子塘小液塘大液塘王化塘孔子門塘平安塘凡十二汎四鵝埠兼防嶺閘口嶺脚塘新徑塘鳳河塘香坑塘水尾塘長朗塘凡七汎五鮜門礮臺兼防小漠汎六鮜門港水汎七小漠港水汎八長沙礮臺兼防馬鬃山汎九長沙港水汎十汕尾礮臺兼防南山礮臺扁涌湖汕尾塘大帽山墩門炭嶺凡五汎十一汕尾港水汎十二遮浪礮臺兼防橋仔頭汎

平海營在惠州府東南一百六十里東至西涌嶺二十里西至大鵬山一百十里北至惠州協右營旱塘仔汎五十里南屬洋面二里附營平海頭塘輋背塘觀音凹塘鐵涌塘凡四



汎分防五汎一大星兼防車繒頭礮臺東山卡凡二汎二大星山礮臺三斗頭卡四稔山兼防柴寮上角墩頭凡三汎五吉頭港礮臺兼防天井湖汎荔枝凹塘稔山塘石頭嶺塘鹽竈背塘官溪塘洗馬湖塘小桂塘西鄉塘凡九汎

大鵬營在廣州府東南五百里東至歸善縣嶺凹村陸路三十里西至新安縣獨樹村陸路九十五里南至外洋北至歸善縣西鄉凹陸路三里分防五汎一鹽田二沱濘礮臺兼防老大鵬汎三九龍礮臺兼防九龍海口汎四紅香爐水汎五大嶼山礮臺兼防大嶼山東涌口凡二汎

水師提標中營駐東莞縣南七十四里虎門寨城距

省城一百二十里東至新安縣城一百里南至香山縣城二百三十里西至順德縣城一百十五里分防十汛一鎮遠礮臺二南山礮臺三三門卡房四武山五大涌口兼防雙岡軍舖泗會涌到滘白馬塘陸汛赤嶺塘陸汛凡六汛六大汾兼防到堀望牛墪白市凡三汛七閘西山八新造兼防黃埔畬頭南亭凡三汛九鳳涌頭兼防牌樓角黃牛滘蕉利槎滘凡四汛十沙角礮臺兼防新涌礮臺太平鎮口鎮口陸汛凡四汛

水師提標左營駐新安縣城東至大鵬營陸程一百三十里西至虎門寨水程一百里西北至省水程二



百八十里南臨海分防五汛一蓮花逕兼防飛鵝蒲汛周家村塘栗木岡塘息民亭塘流塘塘凡五汛二南頭礮臺兼防赤灣左礮臺赤灣右礮臺石圍塘鼇灣角凡四汛三茅洲墩臺兼防茅洲碧頭墪臺碧頭嘴頭角佛子凹凡五汛四屯門兼防輞井橫洲官涌焦逕大埔頭城門凹凡六汛五深圳兼防白石塘龍塘塘蔴雀嶺苦草峒各汛凡四汛

水師提標右營駐同中營分防五汛一大虎山礮臺兼防小虎塘右口凡二汛二橫檔月臺兼防橫檔大礮臺橫檔小礮臺白藤滘凡三汛三獅子墖礮臺兼防深涌汛四雞公石礮臺兼防雞公石烏豬岡礮臺龍灣礮臺龍灣西角廟南排南排涌口東西砲臺蜆步石子海埠蝦窩凡十一汛五蕉門砲臺兼防左口二洲三洲板頭凡四汛

香山協左營駐香山縣在廣州府南二百二十五里東至新安縣城二百十里西至新會縣城三十里南至本營十字門外洋一百七十里北至順德縣城九十五里分防四汛一雍陌兼防沙尾口蔴子埔茅灣古鶴三竈山礮臺凡五汛二平頂山兼防涌口門礮臺企人石角頭山雞拍凡四汛三磨刀角礮臺兼防第一角平嵐下閘新安雙合山石鼓磋平逕蚺蛇塘榕樹埔深灣北臺十一汛四吉大兼防瓦窑頭香山場凡二汛

香山協右營道里四至同左營分防九汛一小河洲



二黃梁都土城三白鯉沙兼防浮墟橫逕珏嘴黃圍後岡大黃圃廣塘凡六汛四新圍兼防鸜歌嘴二埒較剪口岡頭海洲古鎮凡六汛五大托山礮臺兼防東村汛六虎跳門東岸礮臺七小隱兼防鳳棲嶺上閘港口凡三汛八象角兼防疊石汛九萬山東澳礮臺

廣海寨在廣州府西南五百里東至香山縣三百五十里東北至新會縣二百四十里西北至那扶營二百十里西至陽江縣三百五十里南臨大海分防六汛一長沙礮臺兼防都斛曹冲圓山頭凡三汛二烽火角礮臺兼防南灣硐樓山背上閣冲蔓塘羊坑口凡五汛三橫山礮臺兼防海晏荷木逕凡二汛四大

澳礮臺兼防大澳東北大澳灣凡二汛五下川大坦灣兼防雙洲口海官涌口海
横山口海凡三汛六上川大蓢灣兼防潭溶西口海上閣口海山背口海潭溶東口海
凡四汛
陽江鎮標左營駐陽江縣城在肇慶府西南水陸程
五百二十里東至恩平縣界九十五里西至電白縣
伍藍汛二百六十里北至陽春營平坦汛六十里南
俱大海附營北門頭塘汛分防八汛一雙魚所城兼防豐頭濠山門凡
二汛二北津礮臺兼防三丫東平平岡凡三汛三那龍兼防那篤那龍塘蓮塘塘那碉
塘凡四汛四太平兼防清湖蓮花百歲墳雙墳由子儒垌各汛清湖塘蓮花塘茶亭塘大墟塘蘇



緦塘太平塘漂竹塘蒲牌塘由子塘車田塘凡十六汛五石覺礮臺兼防蘇橋塘蚺蛇塘
樂安塘凡三汛六海陵戙船澳礮臺兼防北溵白蒲平章馬鞍山三山石門凡六汛
七北額舊礮臺兼防北額新礮臺福烏施村凡三汛八大澳大小碉樓
陽江鎮標右營在高州府東南一百六十里東至本
標左營儒垌汛三十五里西至高州鎮標左營分界
汛一百十里南臨大海北至鎮標右營清水屯汛一
百五十里分防六汛一山後礮臺兼防河口礮臺蓮塘坡伍藍各汛伍
藍塘夏藍塘凡五汛二興平礮臺兼防博賀礮臺興平碉樓莊垌塘縣蓢塘白蕉烟墩凡四
汛三興寧礮臺兼防赤水礮臺流水礮臺赤水碉樓港口沙院尖山烟墪暗鏡烟墪凡七

汛四蓮頭礮臺兼防那浮烟墪蓮頭烟墪凡二汛五三橋兼防龍門烏泥荔枝
圜黄坑各汛槌子塘新安塘黄竹塘羅浮塘興樂塘凡九汛六獅子堡兼防那霍大榕樹望
夫黄嶺佛子樓各汛烏石塘白馬塘苦藤塘觀珠塘大牙塘凡十汛
吳川營駐吳川縣城在高州府南一百八十里東至
陽江鎮右營陸路一百八十里南至陽江鎮硇洲營
水路二百四十里西至瓊州鎮雷州右營水程二百
二十里北至高州鎮化石營陸路二百二十里分防
五汛一東礮臺兼防文峰汛二西礮臺兼防茂暉汛三麻斜礮
臺兼防博立芋隴塘墩宿江窖頭凡五汛四田頭兼防龍起溶汛五大坡兼防坂橋



長坡各汛茶亭塘三江塘樟木塘牛橋皮塘凡六汛
硇洲營在高州府吳川縣硇洲孤懸海島無城池關
隘東則浩渺無涯直與越南農耐順化諸夷洋毗連
西至雷州右營水程二百餘里南至海安營水程三
百餘里北至吳川營水程二百餘里分防八汛一津
前礮臺二淡水礮臺三那娘礮臺四南港礮臺五北
港砲臺六潭埠七簕竹八梓桐
東山營駐雷州府遂溪縣東山墟孤懸海外四面環
洋爲外海水師專營東北距雷州府城水陸程一百

二十餘里東至硇洲營水陸程八十五里西至雷州右營白鴿寨水陸程八十五里南至雷州左營錦囊汎水陸程一百八十里北至吳川營麻斜礮臺水陸程六十五里附營東山頭塘汎分防四汎一極角兼防激沙塘鹽竈港巷裏港北山港調舊港官僚港凡六汎二麻參三崩塘兼防烏律港坑裏港陳給港狗尾草港凡四汎四遂還兼防調琴港邁林港西山港凡三汎

海口營駐瓊州府瓊山縣屬海口所城西北隅十里東至萬州營博鼇墊界四百七十里西至儋州營新安墊界一百六十三里南至瓊州鎮標右營紅坎坡界二里北至海安營洋面界水程八十里分防十汎一海口港東大礮臺二牛始港小礮臺兼防白沙墊沙上墊大林墊北洋墊北港墊凡五汎三鋪前港大礮臺兼防新港臺下東灣臺尖山臺調灘墊上東灣臺田南墊凡六汎四抱虎兼防白石墊大港臺田頭河臺赤水臺蝦塘墊楊橋臺大場臺中場臺調炳墊凡九汎五清瀾港大礮臺兼防詈芎墊嚴村墊沙魚墊淡泥臺馮家臺沙笔臺凡六汎六潭門港小礮臺七海口港西大礮臺兼防沙上墊小英墊白廟墊豐盈墊凡四汎八東水港小礮臺九石礶港小礮臺兼防蒼眼墊泉鑿墊麻顏墊凡三汎十馬裊港大礮臺

海安營在雷州府南二百十里南至瓊州府瓊州鎮



標營水陸路一百二十里東至硇洲營水程三百八十里西至龍門協永安營水程七百三十三里北至徐聞營陸程二十里分防七汎一博漲礮臺兼防荔枝灣踏磊塘北關塘觀濤塘凡四汎二三墪礮臺兼防那黃塘齋崙塘西卵塘凡三汎三白沙礮臺兼防紅坎塘青灣塘博平塘凡三汎四海安港口海五流沙海兼防烏石海汎六樂民海七錦囊海

龍門協左營在欽州南水路六十里爲外海水師專營東至本營牙山礮臺水程二十里西至紅沙灣汎水程十里南係大海北至欽州營東茅墪水程三十里分防五汎一牙山礮臺二三口浪兼防紅沙灣汎三石龜嶺兼防防城漁洲坪水營凡三汎四東興街兼防羅浮松栢思勒那稜那馬漸凜埇崙凡七汎五北崙兼防白雞扶隆大菉王光凡四汎

龍門協右營在欽州南水路六十里東至左營牙山礮臺水路二十里西至得勝墪陸路二里南臨大海北與欽州營東茅墪界水路三十里分防五汎一烏雷礮臺二大觀港礮臺三汊口海四永安城兼防山口西山英羅砍馬對達沙尾凡六汎五白龍城兼防珠場調埠隴村川江凡四汎

崖州協在瓊州府後戸居極南相距九百八十里東

至萬州營陵水縣土堀墊界二百十里西至儋州營昌化縣馬嶺塘界三百二十五里南至大海十里北至樂安城汛二百四十里與瓊州鎮左營太平黎汛番挺峒界二百八十五里分防十七汛一大蛋大礅臺二三亞大礅臺三榆林小礅臺四赤嶺小礅臺五保平大礅臺六望樓小礅臺兼防東門塘至深溝塘下馬嶺塘凡二汛七三亞兼防荔枝塘汛八小橋兼防舊營塘迴峰嶺塘凡二汛九藤橋兼防西門塘酸梅塘抱陀塘九所塘望樓塘凡五汛十黃流兼防窖籠塘白沙塘凡二汛十一嶺頭兼防嶺頭塘南巷塘凡二汛十二感恩兼防通天塘十所塘凡二汛十三北黎



十四抱蘊十五樂平十六油柑坡十七樂安城

內河水師

順德協左營駐順德縣城在廣州府南一百里東南至虎頭門寨一百十五里南至香山協一百二十五里西南至新會營一百四十里西北至肇慶協二百六十四里分防七汛一甘竹二崑岡兼防濠滘大洲大洲礮臺牛浦獨樹魚塘海雁田滘文海李海凡九汛三九江沙口兼防大洛口鎮涌口大灘頭鵝埠石甘竹仰船岡三瀝沙白藤凡八汛四容奇頭兼防大門滘容奇尾金字沙橫流馬寗雲步奇槎凡七汛五吕草土城兼防龜岡礮臺烏豬礮臺潭洲小黃圃佐魚牛江雞洲凡七汛六

碧鑑兼防大圍涌礮臺新滘口菴前三株松金盤地陸汛凡五汛七三漕兼防倫敎黃連三洪奇疊石墪上涌河澎勒樓葛岓凡八汛

順德協右營在本協北三水縣蘆苞地方距本協一百九十一里東至水師提標後營二百七十里西至督標水師營一百五十里南至水師提標中營三百四十里北至清遠營一百十里分防六汛一瀾石兼防蓮塘賓石灣瀾石亞公廟五斗口三山赤下林岳凡八汛二西關兼防鶴岡老鴉岡白沙湖石門松樹岡牛塘萎墪大坦尾西關貝底水凡十汛三鷹嘴沙兼防大通滘五汊口岳利沙爪步鷹嘴沙大基尾張槎新蕪鼎沙腰凡九汛四西南兼防泰益白沙流美南津口木綿頭三水西南



舊黃鼎凡八汛五仙管兼防獅子賓小塘荔枝園仙管北岓大岓江埔橫角基常濟凡九汛六蘆苞兼防界牌鴨埠胥江蘆苞凡四汛

新會左營駐新會縣城在廣州府西南二百三十里東至順德協白藤汛六十里西至恩平金龜塘二百六十里南至本營右營墟西汛十五里北至督標水師營都含汛一百二十五里分防六汛一江門兼防東勝陸汛濠滘周郡豬頭山雷霆山陸汛高基堆凡六汛二開平縣城兼防開平頭塘嚦峒塘土塘塘羊盤九岡坪各陸汛黃涌烏石水口長沙三合海口赤水口井岡鬣魚頭沿滘口凡十三汛三古勞陸汛兼防馬牯屯坡山朱六合凡三汛四鶴山縣城兼防游魚蠻橋雲益

雙石鐵岡崑崙黑坑蓮塘禾谷坪河村凡十汎五瓦窰兼防逕口陸汎銀瓶嘴三娘廟凡三汎六金剛兼防粉崗石頭苦草尾凡二汎

新會右營駐新寧縣城在廣州府西南三百六十里東至香山協虎跳門東岸礮臺二百二十三里西至那扶營百足山七十里南至廣海寨烏石岡十里北至左營黃涌河中五十里分防六汎一崖門東礮臺兼防崖門西礮臺虎跳門西崕礮臺長沙古兜各陸汎甜水坑汎凡五汎二新寧城守兼防滘口廟瓦窰灣那西各水汎石板潭花樹坪水坑岡凡六汎三外海嘴陸汎兼防河塘北街大悅滘新圖梅樹墟步涌新魁滘環龍廟穀埠三了營凡十汎四七村兼防龍門象山三仙



水東雞籠岡板頭各陸汎凡六汎五南坑兼防黃村白坌葫平岡長林水口沙路凡六汎六虎臂陸汎兼防大沙獨洲狗尾虎坑鱷洲金牛頭墖東墖西各水汎大鼇沙堆凡九汎

水師提標前營駐東莞縣城距廣州城一百八十里肇慶府城四百七十里虎門寨六十里東至陸路提標後營石龍汎二十八里西至本標中營陳岐石汎二十八里南至本標左營蓮花逕汎六十八里北至本標中營牌樓角汎三十九里分防八汎一英村兼防油稼里陸塘欄花峽口篁村萬家租各水汎小洞塘大林逕大凹塘烏坭坑塘佛子凹各陸汎凡十汎二大鏊山兼防塘頭下長山口凡二汎三石龍兼防寮步陸汎京山水口荔枝基缸

瓦洲蓁蘭上南各水汎凡六汎四企石兼防低地水汎五鐵岡兼防塘鵝墪流海角小埔凡三汎六蘇村兼防合竹洲水汎常平楊凹各陸汎凡三汎七魚步礮臺兼防稍潭水汎八蘆村兼防金洲滘水汎虎門寨凡二汎

水師提標後營駐增城縣屬新塘東至陸路提標後營石龍頭汎五十二里西至順德協右營西關汎一百二十三里西北至省城一百十三里南至順德協左營泮浦汎九十九里北至增城營陳逕頭汎七十五里分防七汎一新塘兼防木古仙村二汎二大墪兼防泥紫十字滘石灘口梁家江口凡四汎三墪頭兼防南岡頭石路口東西洲白沙烏涌魚珠凡六汎四東



礮臺兼防沙河口獵德赤沙東圃凡四汎五深井尾兼防大黃滘大黃滘礮臺鴨墪韋涌官田基凡五汎六到塭兼防思賢滘觀音廟第五涌凡三汎七濫尾浮船

督標水師營駐肇慶府城外分防二十七汎一學前二鋪前三靈山四龍門五後瀝六羅隱涌七長利八橫查九東洲十沙步十一大稔十二貝水十三典水十四石排十五金利十六金洲十七富灣十八官棠船十九石洲二十長圳二十一都含二十二青岐二十三思賢滘二十四馬口二十五沙嘴二十六白泥二十七葫蘆嘴

前山營駐香山縣南一百三十里東至香山協左營吉大汛十里南至澳門娘媽閣海二十五里與香山協左營洋面界西至香山協左營沙尾汛六里北至本營南大涌汛十里分防三汛一塱厦二關閘三南大涌

陸路近海各營

黃岡協右營駐黃岡城上至東關汛一里下至左營草尾港臺二里附營東關軍前塘二汛分防六汛一大城所城兼防琉璃嶺南潯下埔臺凡三汛二九溪橋兼防灰寨員頭臺峙頭臺大壟臺𡎺塿臺徑口



凡六汛三黃山坑兼防黃山坑塘白雲坊塘府頭塘凡三汛四官山兼防分水關竹林溪臺橫山臺新村塘凡四汛五西虎仔嶼礟臺兼防上里尾臺紅螺山凡二汛六草徑嶺

饒平營駐饒平縣城在潮州府東北一百五十里東至福建漳州府詔安縣五十里西至豐順縣七十里南至黃岡協右營六十里北至福建汀州府上杭縣二百三十里分防六汛一饒平兼防南關嶺門四松栢墪桃園張公嶺凡五汛二洋較埔兼防栢仔橋石壇凡二汛三內浮山兼防湯溪塘漢塘塘樟溪塘黃山坑塘平福鋪塘老虎關凡六汛四大埔兼防九峻嶺黎家坪打禾坪福園墪塘弓涉塘西江塘坪沙塘永青塘石上汛凡九汛五三河城兼防洋陶坪塘水典塘篷辣塘雁瀨塘銅盤塘嚴祖渡塘鄭均塘青草布塘凡八汛六蒲田兼防單竹坪高澗塘宋公坑黃坑塘南坑塘銀溪塘合口塘凡七汛

潮州鎮標中營駐潮州府城本營無專轄地方四至歸潮州城守營分防四汛一湯坑兼防大羅汛二貴人村兼防磜下汛三脊箕坪兼防長灘汛四洞脚兼防吳全葫蘆田龍潭銀坑仲坑山凡五汛

潮州鎮標左營隨防潮州府城四至同中營分防六汛一仲坑山火燒塘二嘉應州三畬坑汛兼防水車塘官塘新



塘羅衣塘張公渡塘各汛凡五汛四逕心五言嶺關兼防冷獅塘汛六南華嶺

潮州鎮標右營隨防潮州府城四至同左營分防六汛一揭陽兼防打鐵鋪塘北門塘桂竹園塘獅公徑楓口竹橋各汛凡六汛二河婆兼防橫岡石內棉湖凡三汛三北礟臺兼防鳳翥塘東嶺塘方坑凡三汛四青嶼礟臺五普寧兼防山步塘陂塢塘藍兜塘凡三汛六龍根磜兼防鯉湖汛

潮州城守營駐潮州府城東至黃岡協黃山坑汛五十里西至潮州鎮右營鳳翥塘三十里南至澄海協篷洲所汛七十里北至饒平營蒲田壩汛一百三十

五里附營潮州頭塘筆架山汛英塘鋪塘鬣門山汛凡四汛分防三汛一畨隍
兼防鳳棲塘葛後坑塘曲灣塘松水塘烏石塘葛布塘產溪塘朱坑塘轉水塘黃竹車塘代富塘凡十一
汛二豐順兼防白墳塘木頭凹塘潘田關上嶺大凹頭桔傘三角地各汛凡七汛三巷
埠兼防急水猴掩井白石嶺凡三汛
潮陽營駐防潮陽縣城在潮州府南一百四十里東
至南澳鎮屬達濠營四十里西至普寧縣一百十里
南至惠來縣一百十里北至潮州府城分防十一汛
一馬滘兼防馬滘上頭御史嶺徑門汛凡四汛二麒麟埔三和平兼防和平
溪南凡二汛四峽山卡路兼防峽山卡路秋風嶺卡路凡二汛五軍埠六寒



婆徑兼防寒婆徑汛塘邊塘烏石塘馬厝宅塘凡四汛七陂溝八三坑肚九
石井礮臺兼防石井礮臺赤水塘桑田塘赤杜嶺竹林河溪華陽各汛凡七汛十門闢
礮臺十一南礮臺兼防南礮臺登岡塘青麻山塘涵元墖汛虎頭塘凡五汛
惠來營駐惠來縣城在潮州府西南二百四十里東
至潮陽營一百里西至甲子所城七十里南至海門
營水師礮臺神泉汛十五里北至雷公嶺與潮陽營
界三十里附營茶鋪塘總鋪塘二汛分防十一汛一徑口二靖海
三小黃岡兼防黃岡鋪汛四武寧五神泉六雲落兼防田心塘崩崁塘
夾嶺汛凡三汛七葵潭兼防溪口青南徑頭屯塘西嶺肚凡四汛八黃沙庵九梅

林十七娘寨十一隆江兼防長田塘池邊塘溪沙塘覽表塘閘雞亭伍山各汛凡
六汛
惠州協左營駐惠州府城東至潮州府及興寧長樂
縣界四百十四里西至廣州府屬東莞縣界一百里
南至歸善縣鑿頭大海界一百二十里北至江西龍
南縣界五百五十里分防六汛一博羅城守兼防思疑洲白
沙堆凡二汛二石坑兼防黃塘鸞岡嶺背麥子洲凡四汛三水東陂兼防公莊廠岡
李峒髻嶺凡四汛四長寧城五凹下兼防小長坪汛六老虎坳兼防黃崗
鑿子樹下茶崗板嶺錫場鐵爐耳各汛長寧縣前塘板嶺塘藍田塘龍門縣前塘黃菓塘公莊塘新墟塘



板橋塘小金塘惠州頭塘凡十六汛
惠州協右營駐歸善縣城東至秋香塘與永安營欖
溪塘界一百四十五里西至東閣汛與水師提標後
營謝岡汛界四十里南至本營旱塘與平海營稔山
汛界一百二十里北至浮橋頭塘與陸路提標中營
小金汛界一里分防四汛一歸善兼防梁化三棟東閣各汛金雞瀝浮
橋頭楓園水口井橫瀝獨石瘦狗壠謝渡口檳榔潭秋香各水塘冲口蓬亭天罡釣魚公陽化新鋪中伙
馬鞍饅頭嶺府前塘各陸汛塘凡二十三汛二平山兼防白雲三兜竹白茫花芋坑石門仔陳
田樟樹凹白馬雙金塘各汛文埔三角湖三了各水塘黃菓瀝平山水劉田碧山鋪山豬棚鴨仔湖轎嶺

平政朶村川龍鵝埠角各陸塘凡二十三汛三盤沿兼防黃埔小漠客子好招飯羅陸塘凡六汛四墪頭兼防坐下塘下涌橫岡淡水平山仔凡五汛

永靖營在廣州府東南九十里東至水師提標右營蓮花城二十里西至水師提標後營韋涌汛五十五里南至水師提標右營薄刀沙三里北至水師提標右營南亭汛二十五里附營官橋石子頭塘各汛彈岡涌口石基涌口小龍涌口各船凡六汛分防四汛一市橋兼防大龍坑頭南山各汛市橋河船凡四汛二鍾村兼防石壁大石里仁洞凡三汛三南村兼防員岡北亭新造各汛市頭涌口船凡四汛四茭塘兼防明經四沙螺涌各汛茭塘涌四沙河各船凡五汛



那扶營在肇慶府南三百七十里東至開平界七十里西至陽江界五十里南至新寧界九十里北至新興界二百里分防二汛一恩平縣城兼防黃茅嘴那洋黃埠頭亞媽髻金雞墟各汛鴛鴦塘新堡塘金龜塘鹿加冲塘看牛坑塘凡十汛二陡門兼防陡門礮臺中城寨門旁鶴泗門泗門水汛凡六汛

陽春營駐陽春縣城距肇慶府城三百六十里東至陽江珠環山界六十里西至東安縣分界墟界一百里南至陽江縣淸湖界七十里北至河頭營黃泥灣汛七十里附營平坦那烏瓦盎松栢大鐺灣交岡各汛黃泥灣夾塘平坦塘川山寺塘高流水塘牛岡墳塘南門塘三家店塘山口塘凡十四汛分防二汛一那旦兼防潭水下隴垌各汛岡尾塘那旦塘凡四汛二鵝公兼防龍頭那黃荆山逕凡三汛

化石營駐石城縣城東至本營化州新安塘五十里西至廉州府合浦縣新墟汛一百六十里南至雷州府遂溪縣太安塘三十五里北至廣西博白縣坡心汛一百五十里附營山口銅鼓逕波蘿根坡頭茅垌兩家灘藍靛烏石垌譚伯營各汛那旦塘白藤塘分界塘老鴉塘青陰塘分流塘龍村塘下山塘凡十七汛分防二汛一暗舖礮臺兼防龍頭沙礮臺金花垌晒穀嶺橫山墟鹿仔坑白泥塘龍灣堡下青平楊桃角沙田垌各汛樟村塘那賀塘沙劃塘烟墪塘青平塘石頭岡塘高橋塘凡十九汛二化州兼防新安塘中



伙塘茉竹塘龍山塘棠陰塘都和塘州前塘大橋塘湯水塘分界塘馬鞍塘石甯塘南窠塘鋠水塘龐村塘藤弔橋茉竹中垌合江竇墟白梅鴨籠凡二十二汛

廉州營駐廉州府城東至石城縣洗米河一百七十五里西至欽州舊舖塘一百十里南至冠頭嶺礮臺港面八十里北至廣西橫州簕竹汛三百十里附營烏家汛上洋塘長坑塘新立塘烏泥塘蜘蛇塘芋蒙塘丹竹塘賣粥嶺塘石康塘石橋塘水井塘黃志塘白水塘凡十四汛分防四汛一公館兼防佛子闇口福祿山下火燒橋平鴨白沙窖羅新墟各汛新寮塘茅山塘凡十一汛二大觀港礮臺兼防八字山礮臺冠頭嶺礮臺凡二汛三濤湖兼防張黃石埇各汛多蕉塘車板塘響水塘廣椰塘官橋塘凡七汛四靈山

兼防高橋塘山心塘刀背塘豐塘潭湖武利山口石塘東界九乂那簍吳屋張屋平吉陸屋那利那峰泒沙宋秦三岔各汛凡二十汛

欽州營在廉州府東二百二十里南至龍門協水程六十五里西至廣西上思州三百二十里北至廣西宣化縣三百六十里分防五汛一那暮塘兼防舊營舖塘關草塘大嶺塘茶嶺塘濟時塘平銀塘分界塘望州嶺塘凡八汛二馬尾兼防尖山水口汛觀峒塘凡二汛三三十六村兼防那尾那余烟胎肥淋潭全稔測各汛凡六汛四小董兼防馬鞍石梯寗家勒塞各汛馬腸埇塘小峰門塘大峰門塘蓮塘塘那學塘凡九汛五大寺兼防芌頭牛皮灘那覓屯首長墊各汛蒙村塘埇口塘宿禾塘北埊塘西了塘派暮塘大直塘凡十二汛



雷州左營駐雷州府城東至海濱平洋十里西至沙坡汛九十里南至徐聞營英利汛九十里北至右營頭塘二里附營府城頭塘南渡塘陳春塘高水塘中伙塘調亭塘將軍塘平樂塘淳化塘中伙汛凡十汛分防五汛一錦囊所城兼防淡水汛調嶺臺赤尾臺青桐塘曹家塘凡五汛二海康所城兼防洪排汛沙坡汛徒房墪總堠墪北和塘柙採塘凡五汛三博賒兼防鹽井臺調黎臺牛牯臺吳家臺炭家墪曲界汛田心塘凡七汛四流沙礮臺五青桐礮臺

雷州右營駐遂溪縣白沙塘在雷州府西北一百三十里東至遂溪海頭礮臺一百六十里西至遂溪草潭埠三十五里南至海康縣雷高墟一百七十里北至遂溪太安塘分界村一百三十里分防九汛一文體兼防界礮桐油下落馬蹄井各汛洋脚臺白沙塘頭塘竹頭塘下擔塘凡八汛二雷州府城兼防府城頭塘陸公泉塘瑞芝塘平岡塘凡四汛三城月兼防山居汛下僚塘淨坡塘濱洋塘城月塘響水塘新坡仔塘坡頭塘凡八汛四遂溪兼防雷禪溝里八山新墟石門司馬石橋各汛司馬塘石橋塘石井塘梧桐塘白土塘東門塘水車塘永平塘太安塘斜文塘木棉塘凡十七汛五通明礮臺六庫竹礮臺七雙溪礮臺八海頭礮臺兼防舊縣塘北月舊縣各汛凡三汛九樂民兼防堵腰頭草塘山口各汛調建臺博里臺調神臺草潭臺崩塘塘山心塘盧亭塘河頭塘山口塘凡十二汛



徐聞營駐徐聞縣城東至雷州左營山門舖五十里西至雷州左營青桐汛石井村一百里南至海安營那黃杜五里舖仔十五里北至雷州左營淳化塘分界石牌九十二里分防二汛一東場兼防東場臺白盤臺石馬臺討網臺包西汛凡五汛二英利兼防英利塘南包塘遇賢塘三篤塘濂濱塘蘭灘塘中伙塘二舖塘頭舖塘徐聞縣塘石板汛凡十一汛

瓊州鎮標左營駐瓊州府城東至文昌縣清瀾汛一百九十五里南至會同縣海豐市二百三十五里西至府城西門北邊街一里與右營界北至府城紅坎

坡東邊八里與海口水師營界分防四汛一定安縣
兼防巡崖塘樂會塘居丁塘周公塘黃竹塘凡五汛二文昌兼防大冲塘新橋塘凡二汛三
太平黎兼防崩溝塘南狗塘木頭河塘大路坡塘嶺寨塘南閭塘楓木塘凡七汛四赤草
兼防黎村塘抱隆塘東厫塘那蛋塘石瀝水塘梁沙塘凡六汛
瓊州鎮標右營駐瓊州府城東至府城東門南邊街
一里與左營界南至那柚市五十里與左營赤草汛
梁沙塘界西至澄邁縣境那洋嶺界一百二十里與
儋州營臨高汛界北至府城外紅坎坡西邊八里與
海口水師營界附營大西門頭塘東路乾橋塘那柚塘西路業里塘石山塘凡四汛分



防三汛一澄邁兼防東門塘多峰塘那黎水塘森山塘凡四汛二會同兼防東門
塘白鶴塘存營塘大路塘清平塘嘉積塘凡六汛四水尾黎兼防烏掛塘屯昌塘凡二汛
儋州營在瓊州府西南三百里東至瓊州鎮標右營
澄邁汛森山塘一百八十五里西至崖州營感恩縣
北黎汛二百六十里南至瓊州鎮標右營水尾汛二
百六十里北濱大海分防十汛一臨高兼防松林塘榕橋塘將軍塘
塘那鶱塘那棉塘美珠塘縣前塘二鋪塘下水塘木棉塘凡十汛二昌化兼防頭羅塘南莊塘
沙溝塘新洋塘那磜塘安海塘永安塘新港塘縣前塘羅員塘馬嶺塘凡十二汛三薄沙兼防
山田塘番奴塘條南塘駝馬塘催烱塘狗革塘凡六汛四新英港五將軍六那

大七南定八石牌九博頓十英潮
萬州營在瓊州府東南三百六十里東至樂會分界
塘一百三十里西至陵水縣土堀墪一百八十里南
至東澳港三十里北至鷓鴣啼嶺一百八十里附營東門
塘那樂塘新潭灣東澳港青山墪烏場墪凡七汛分防五汛一州屬西北兼防
西門塘坡心營長沙營凡三汛二樂會兼防縣城東門塘萬樂分界塘橫山塘會樂分界塘博厫
港凡五汛三陵水兼防縣城北門塘南峒塘楊梅塘九曲塘萬陵塘縣城南門塘滑石溝塘鷹秋塘
大陂塘大坡黎峒白茅黎峒鷹秋黎峒南萬黎峒土堀墪黎菴港牛嶺臺加攝墪椰子灣凡十八汛四
桐棲港礮臺五寶停兼防東門塘全親塘莫板塘凡三汛俱同上



謹按廣東水師營制區分外海內河並歸水師提
督管轄陸路各營別歸陸路提督管轄沿邊防衛
惟外海水師爲最要而瀕海港汊內注游波臺汛
星羅巡防梭織實與外洋有腹背相維之勢故內
河水師次之陸路諸營似與海防無涉然潮惠距
海口不遠高廉雷則咫尺間呼吸可通至瓊州更
四望渺瀰其鎮標諸營雖名陸路實環衛海疆故
此編所錄營分先外海次內河終以陸路近海各
營以著指臂相聯之勢焉其營員營制兵制戰船

諸篇視此

廣東海防彙覽卷五終



廣東海防彙覽卷六

職司一

文員

明洪武三年設黃岡巡檢司黃岡爲閩廣之交山海之會流賊往來嘯聚截刼士官商旅多受其害至是置司鎮禦之饒平縣志

建文三年五月錦衣衛所鎮撫陳直言廣東海濱巡檢多係人才不諳操戰禦賊請於軍官弟姪中不應襲替者保選上從之詔在京各衛所選取相應年三十以上者送吏部查缺選補明符驗革除遺事



成化八年始設海南兵備道於瓊州又設海南副使一員專理兵事後革宏治元年給事中李孟暘議以瓊州在大海之南孤懸境外西近交阯南通占城暹羅諸國州縣人民環臺而居其中深山大海皆爲黎人盤踞奏復副使整飭兵備兼分巡駐札瓊州府利病書

宏治十八年又設分巡嶺東道兼兵備於惠州府長樂縣是年巡按御史王士昭以惠州等二府多盜賊

殺人奏令分巡官兼理兵備駐札長樂縣同上

嘉靖三十八年移長沙巡司及兵營於謝道山長沙港離海豐縣三十里巡檢司有打手三十名弓兵十名復有營一置打手百名港口闊十餘里賊船易進我兵難拒知縣張濟時因司營焚燬議改設謝道山居民叢集且離縣十里有警互相援應知府顧言善其策請當道改之惠州府志

嘉靖三十八年定捕盜通判信地舊制惠州捕盜通判一員半年駐岑岡一則可以調停撫賊一則可禦



備海防然碣石去岑岡千有餘里往回動踰二旬顧此失彼勢不能兼府議令將捕盜通判專一駐岑岡任撫民之責分隸和平河源龍川長樂興寧附近五縣其歸善博羅海豐三縣行令本府清軍同知或管糧通判帶管同上

夫將官之統兵海上也虛兵尅餉苟且偷安乃其積習致然若查覈親督則海洋欺隱無由兵將之利病可悉今總兵衙門間差旂牌等官至寨振飭悉是利得厚賂則回稱兵將精強否則弛廢徒有科歛無裨實用此哨官之不可遣也整飭原在司道而專理當在海防司道難以屢出惟海防可以常巡且其出身科目廉耻向上之心其所素積若海防官實心用事不以別委常在海旁駐劄督理則海寇猝至不敢逗遛覘望分布巡哨必不敢潛住澳港船上之兵必不敢登岸偷閒哨兵數目必不敢虛名冒餉船隻破爛可即查申造補楨棋損壞可即驗明替換兵器不足可即查數支給哨兵逃亡可即扣冒頂補北風汛發必率兵以防北南風汛發必率兵以防南老弱者無



所容接濟者有所憚又何患兵威之不振也故撫按當責成司道司道當責成海防若海防果能常住海邊振勵軍旅地方輯安歲終優敘以酧其功則人懷奮勵而海洋有賴矣明尹瑾海防要務疏八條之一

謹按撫按謂巡撫巡按也巡按為前時官制今已裁矣然地方利病官制廢置之由無古今一也故刺取諸書之論及者錄之武職視此

國朝吳六奇上藩督將軍揭言潮州巡道一官邊海封疆所係最重凡地方之吏治民風賊寇奸宄以及衙

蠹豪橫悉賴振綱肅紀執法彈壓以內犁金湯而外
靖山海葢緣督撫憲臺越在廣肇去潮不啻千里即
惠州守道亦千里而遙雖其節制之權無遠弗屆而
封疆緩急請命維艱惟得風憲衙門駐茲海國上以
奉宣憲令下以慴服人心則封疆無叵測之虞此自
古以來因地設官至意也茲職閱邸報見嶺東巡道
一員及南韶羅定嶺西海北共五道槪在議裁奉有
勅下督撫確議歸併之
旨竊以爲他道皆在內地潮道獨在邊陲似應分別議留者
職身在地方爲地方起見不能默默故敢僭陳末議
伏乞題留請
旨俾海邦重地得固鎖鑰
宗社生靈葢永賴無疆矣豐順縣志
雍正二年始定廣東沿海保題州縣巡撫年希堯奏
言廣州府屬之東莞香山新安新會順德新寧惠州
府屬之歸善海豐潮州府屬之潮陽揭陽饒平澄海
惠來海陽肇慶府屬之陽江高州府屬之電白吳川
石城雷州府屬之海康徐聞遂溪廉州府屬之合浦



欽州瓊州府屬之瓊山澄邁臨高會同樂會文昌儋
州萬州陵水崖州昌化感恩三十五州縣皆海濱要
地應遴選才識勝任之員保題調補
上從之阮通志
六年六月十一日奉
上諭潮州府同知移駐黃岡既於康熙五十六年部覆准行
海陽縣縣丞移駐菴埠亦經楊琳題准乃歷任同知縣丞
竟敢因循偷安並未移駐而該督撫漫無覺察聽其規避
俱屬不合著楊文乾逐一查明參奏其如何嚴定處分之
處該部議奏欽此
七年六月吏部會奏言調任廣東總督孔毓珣疏稱
惠州府海豐一縣山海交錯地方遼闊其間稽查防
範非縣令一員可能兼顧查縣屬碣石衛離縣城一
百二十餘里駐劄鎮將兵民襍處必須文職大員駐
劄經理該衛守備止經徵屯糧不理民兵事務應將
守備裁汰改設惠州府海防軍民同知照州縣之例
設民壯五十名其衛守備原管一十六屯糧米內除
梅林雙派二屯坐落惠來縣屬地方就近歸併惠來

縣管轄其松林黃羌羅𡺸大安際峰横隴不帔黃塘賴僧蓢塘上護赤花鄺公半逕共一十四屯即令改設之同知管轄就近徵收屯米支放碣石鎮標兵糧一應碣石沿海兵民事務除人命强盜照例仍令海豐縣知縣印官承審餘令同知就近審理至防海機宜該同知亦得與總兵官就近酌量再海豐縣屬之河田汕尾二處俱為山海要地均須文員稽查緝捕而該縣南豐平安二驛現住縣城俱無夫馬船隻經管應將南豐平安二驛丞裁汰改設巡檢二員分住



河田汕尾二處要地專司捕務查緝奸匪併令該同知時加督飭再海豐縣屬東海滘地方尤為廣闊商民輻輳該地原設有驛丞一員亦無經管夫馬船隻之責應將東海滘驛驛丞改為東海滘巡檢俾稽查亦有專責又甲子所捷勝所與碣石衛有犄角之勢應將甲子捷勝二所千總悉受新設同知兼轄庶呼應得靈事無掣肘其同知巡檢胥役應照經制額數所需官俸役食銀兩即將裁汰守備驛丞額編經費銀兩撥給應如該督所奏辦理奉

旨依議欽此

十年五月總督郝玉麟奏言臣看得南澳孤懸海島界聯閩粵兵民襍處商船絡繹實為海疆要區南澳地原分隆深雲青四澳隆深二澳隸廣東饒平縣雲青二澳隸福建詔安縣向設閩粵總兵駐劄澳城統轄左右二營分班出洋哨巡左營屬閩右營屬粤雲青二澳地租歸左營徵收隆深二澳地租歸右營徵收澳內童生亦由營員造報附入饒平詔安二縣考試澳內向無文員一切民事俱附饒平詔安二縣分



管相距百有餘里中隔大洋偶遇風阻即難飛渡縣令實有鞭長莫及之虞且武弁不便干預民事應添設粵閩海防軍民同知一員住劄南澳照州縣例設民壯五十名專司督緝申明海洋禁例盤詰出入船隻稽查往來奸匪凡四澳編查保甲印烙漁船監放兵餉俱歸該同知管理應輸地租亦歸同知徵收俟文充支左右二營兵餉仍於鎮營統巡會哨之時配撥兵船出洋月日飭該同知一體查報朔望恭講

上諭化導兵民爭訟等事悉令同知就近審理各照粵閩定

界由潮漳兩府詳報以專責成澳內文武童生就近聽同知考試徑送各學政收考至防海機宜令其與總兵官就近商酌共相防範嚴飭胥役毋得滋事騷擾如有扶同徇隱均照專管官例議處該同知職任海防應照廈門同知之例兼理刑名錢穀地方命盜等案悉歸該同知就近勘審分別經解各該管知府審轉庶免饒詔二縣航海相驗往還提犯拖延添設監防禁卒以免疎虞其同知胥役應照經制額數添設所需官役俸工照例支給澳城現有同知衙署舊



址照舊修復所需工料均在閩粵兩省動支正項各半支應該澳地分兩省所設同知應聽兩省各該上司統轄彼此不得丢委再該同知到任應入大計考核及其報丁憂事故委署等項若俟兩省會核咨題必致躭延歧誤查粵屬隆深二澳地方較廣於閩屬雲青二澳其戶口田園租穀等項亦多於雲青二澳似應統歸粵省主政由潮州府轉申各該上司考核遞年所需官俸役食銀兩亦統於粵省支給報銷添設同知海防軍民事務員缺緊要仰懇

聖恩簡發記名人員俾資料理并請鑄給粵閩南澳海防軍民同知關防以資信守潮州府志

乾隆三十年吏部奏言署兩廣總督策楞等奏廣州一府省會要區東南緊接大洋遠國商販絡繹所屬香山之澳門尤夷人聚居之地海洋出入防範不可不周現駐縣丞一員實不足以資彈壓查澳門之前山寨現有城池衙署但添設官吏未免又增經費似應將肇慶府同知移駐前山所遺捕務該府通判兼理惟是該同知職司防海兼理番民較諸理猺廳員



其責尤重若不優其體統無以彈壓夷人查粵省理猺同知例設弁兵應請照例給與把總二名兵丁一百名統於香山縣虎門兩協內各半抽撥酌撥哨槳船隻以資巡緝之用至前山寨既設同知所有香山縣縣丞應移駐澳門專司稽查民番一切詞訟仍詳報該同知辦理再肇慶同知原係部選之缺今移駐前山寨有防海撫夷之責其缺甚為緊要必得熟悉風土之員方克勝任并請改為題缺又分防同知例給關防以昭信守擬為廣州府海防同知關防字樣

至應行添修衙署營房另行分别辦理俯蒙
俞允所有經營事宜及應撥兵船等項仍容分别報部查核
等語應如該署督等所請肇慶府同知准其改駐廣
州府前山寨稽查彈壓屬廣州府管轄原管捕務准
其歸於肇慶府通判管理香山縣縣丞亦准其移駐
澳門專司稽查屬該同知管轄其移駐同知員缺准
其改爲要缺嗣後缺出令該督撫於現任屬員内揀
選調補至該同知職司防海管理番民准照理猺同
知之例給與把總二員兵丁一百名統於香山虎門



兩協内各半抽撥并酌撥哨槳船隻以資巡緝所有
在澳民夷一切訟詞責令移駐縣丞稽查仍詳報該
同知辦理奉
旨依議欽此
接濟銷贜最爲詭寄非長處海岍不能得其情僞督
撫藩臬政務殷繁遠在省城耳目難及知府事務亦
多惟巡道職任監司於分則尊於事則簡所有防守
口岍盤查接濟銷贜諸事應請責其提綱會同鎭將
督率所屬文武常住海口實力奉行一切食用夫馬

另籌公費毋累地方官如果用得其人則行間諜買
耳目募死士於風雨晦明之夜火焚賊船諸事皆可
與將官相機而動又州縣事尤冗雜所管洋面少者
百餘里多者數百里一人之耳目精神勢難處處周
到應由巡道派委佐貳雜職分段經管給與月費協
同地方官弁小心防範凡出海船隻逐一搜查如於
自備食用之外多帶柴米木料釘灰油麻蒲席繩纜
等物及夾硝磺火藥者卽行拏究入口時查明有無
銷買賊贜仍分别勤惰以爲黜陟於防守斯爲得力



惟是口岍之接濟易查而荒村之接濟難查日間之
接濟可查而夜間之接濟不可查因地制宜雇募船
隻聯紳士耆老爲耳目腹心是則在地方官之能事
者粤東舟師向無委員前憲王公以將官緝捕不力
言多不實始用佐雜爲委員亦未遴派賢能官卑望
輕不過具月報代書吏而已應請於丞倅牧令等官
内遴派賢能爲監軍記功錄過以憑賞罰幷令月帶
銀兩以備緩急賞邺之用隨時報查取具將弁印領
核銷如主將不職亦許列欵稟報似於捕務較爲有

益 程含章上總督百齡書一十七條之二

百協捴節制兩粤整飭營伍嚴斷接濟賊糧盡勢蹙相繼投首復親臨雷州誘麥得勝戮之海氛於此一靖然盜夥計不下數萬人雖奉

恩詔飭令歸農官爲管束而若輩不諳耕桑性又兇惡飲酒食肉習與性成田家之苦非所能受村中生者恃其兇惡擇食四隣往往交結黨羽潛出爲盜上下兩路濱海地方民多貧瘠盜風猶不甚熾六縣沙坦之富甲於通省而商船之趨省會貿易者莫不滿載貨物



交易往來故搶劄刼掠之患惟中大路爲尤劇是所賴大吏剏制以祛其害有司實力以發其奸也嘗有邑父老請於履曰濱海之民苦於盜久矣虎門爲水師統轄之地而刼掠之患無歲無之明府前請於蔣節相移武山之兵房於閘西而番東之盜不敢復出今又請於阮宮保建礮臺於大虎山橋頭雙岡之盜誠不敢熾矣然西而番禺市橋順德陳村香山黃角之盜未嘗不從蕉門出也東而新安碧頭岡邊燕村碧岡之盜未嘗不潛出於佛堂門龍穴山以肆刼也東莞雖可即安他縣之患未息明府其何以籌之履曰余爲東莞令知爲東莞謀耳他縣非所能及也無已則有一焉按香山海疆也設澳門同知以撫夷人而夷人戢安東莞疆海較香山爲尤要是番船之要津盜賊之淵藪也若裁廉防同知鈌移至虎門爲直隸繁鈌同知劄鈌口福永兩巡司爲之屬官守汛員弁亦得節制以彈壓夷人緝捕盜賊凡紅單船出海貿易者沿海口岸有司稽之非同知照不准入口仍嚴究之蝦笱艇之出海採捕者各礮臺營汛武弁稽



之非同知照不准出洋亦仍嚴究之凡夷船之報單必報於同知而轉達之凡軍門出巡閱署及師船之巡至某所皆按期報之瀕海居民統衆械鬬者亦得隨時禁捕之則夷船出入有所稽查兇匪畏忌不敢復熾沿海營員勤惰亦不至漫無覺察而鹽梟私販且必知所畏忌又不敢出入口門所謂設官以經之置使以緯之也然是謀也非履所能及也容請於大府圖之 虎門覽勝

總督 舊駐肇慶府城乾隆七年總督策楞奏明移駐會城 正二品 加尚書銜從一品 廣

東廣西一人大清會典

謹按明史職官志總督兩廣軍務兼理糧餉帶管鹽法兼巡撫廣東地方一員永樂二年遣給事中雷鎮巡撫廣西十九年遣郭瑄艾廣巡撫廣東景泰三年苗冦起以兩廣宜協濟應援乃設總督成化元年兼巡撫事駐梧州正德十四年改總督爲總制尋改提督嘉靖四十五年另設廣東巡撫除兼職四年革廣東巡撫改爲提督兩廣軍務兼理糧餉巡撫廣東萬歷三年仍改總督加帶管鹽法



本朝因之

又按本書爲防海而作所有文武職官關涉海事者自宜備列編內若省會駐劄大員去海較遠似可無須備載然總督一官統領軍務不獨本管標下五營近聽調遣卽全省水陸營員自提督而下均受節制故疏防失察例有處分而事涉外夷更歸專掌至於巡撫則兼理糧餉其標下營制半近海疆內河礮臺多屬標營界內將軍標下舊設水師協領佐領諸員實歸督轄且有節制通省水陸副將之責比照綠營蓋如副參之於提鎮若臬置不列曷昭統制茲幷弁諸文武職官之首庶知

本朝官制所以聯臂指之勢嚴統率之方有所自始焉

巡撫從二品加侍郎銜正二品　廣東一人同上

謹按明嘉靖四十五年復設廣西巡撫初兩廣各置巡撫成化五年以事體不一更置總督大臣而罷巡撫正德十一年以體統太重改爲提督已而惠潮二府山冦時發梧州在二千里外文檄往來



徵調爲難遂以總督撫廣東至是復設廣東巡撫

本朝因之

巡道

分巡惠潮嘉道駐惠州府

分巡肇羅道駐肇慶府

分巡高廉道原爲高雷廉道乾隆三年改復爲高廉道駐高州府

分巡雷瓊道原爲海南道乾隆三年改復爲雷瓊道駐瓊州府

知府

潮州府知府

惠州府知府

廣州府知府

肇慶府知府

高州府知府

雷州府知府

廉州府知府

瓊州府知府（以上俱各駐府城）

同知

南澳軍民海防同知（雍正十年添設）



潮州府同知（康熙五十七年移駐饒平縣黃岡城）

惠州府海防軍務同知（駐碣石雍正七年設）

廣州府海防捕盜同知（駐佛山雍正十二年設）

海防軍民同知（乾隆八年以肇慶同知移設駐前山寨）

雷州府同知（駐徐聞縣海安所城）

廉州府同知（雍正九年移駐加昔地方乾隆九年移駐龍門）

瓊州海防同知（駐海口城）

通判

潮州府通判（舊駐府城乾隆十五年移駐菴埠鎮）

廣州府糧捕通判（兼管東滙關鹽務）

永寧通判（乾隆四十七年巡撫李湖奏裁韶州府通判欽改設駐番禺縣沙灣茭塘適中地方）

高州府通判（原駐府城乾隆九年移駐梅菉墟）

知州

高州府化州知州

廉州府欽州知州

瓊州府儋州知州

崖州知州

萬州知州



知縣

潮州府海陽縣知縣

饒平縣知縣

澄海縣知縣

潮陽縣知縣

揭陽縣知縣

惠來縣知縣

惠州府陸豐縣知縣

海豐縣知縣

歸善縣知縣

廣州府南海縣知縣
番禺縣知縣
新安縣知縣
東莞縣知縣
香山縣知縣
順德縣知縣
新會縣知縣
新寧縣知縣
肇慶府陽江縣知縣



高州府茂名縣知縣
電白縣知縣
吳川縣知縣
石城縣知縣
雷州府海康縣知縣
遂溪縣知縣
徐聞縣知縣
廉州府合浦縣知縣
瓊州府瓊山縣知縣

澄邁縣知縣
臨高縣知縣
昌化縣知縣
感恩縣知縣
陵水縣知縣
樂會縣知縣
會同縣知縣
文昌縣知縣

州判



廉州府欽州州判 舊駐州城乾隆八年移駐東興街

縣丞

潮州府海陽縣縣丞 舊駐縣城康熙五十七年移菴埠乾隆十五年以駐通判撤回今遷復
潮陽縣縣丞 駐縣城
揭陽縣縣丞 原保昌縣丞嘉慶十二年南雄嘉應互改府州案內改設移駐棉湖
惠州府海豐縣縣丞 康熙五年裁乾隆二十一年以茂名縣丞設此駐汕尾
歸善縣縣丞
廣州府南海縣縣丞 駐會城

**番禺縣縣丞** 初駐會城後移駐沙茭涌中之坑頭村乾隆四十六年撤回會城

**新安縣縣丞** 雍正九年添設駐大鵬所城

**東莞縣縣丞** 原駐縣城乾隆十九年移駐石龍司案署乾隆十九年案查東莞縣屬京山司巡檢所轄石龍茶山各處其地頗廣上接惠潮各府下通省會最爲衝要武職駐有遊擊大員文員止一巡檢似覺未稱其兼轄茶山地方烟居廣聚匪類出沒亦屬要地應令縣丞移駐石龍與武員會同巡防細事准其查理大案歸縣查辦疎防失察以縣丞開參其京山司巡檢卽令移駐茶山

**香山縣縣丞** 原駐縣城康熙四十八年裁雍正八年復設駐前山寨乾隆八年添設同知移駐望夏村

**順德縣縣丞** 舊駐縣城雍正十一年移駐縣東容奇村



**新會縣縣丞** 舊駐縣城乾隆十九年移駐江門

**新寧縣縣丞** 乾隆十九年以新寧縣大瓦司巡檢裁缺改設原駐那骨堡地方建行署於大澳每年七八月拖風漁舟出海卽居行署二三月船回還正署三十一年移駐大澳

**肇慶府陽江縣縣丞** 明萬歷七年設康熙六年裁雍正八年復設駐雙魚所城

**雷州府遂溪縣縣丞** 嘉慶十七年總督百齡奏裁以肇慶府司獄缺改設駐白沙塘之楊柑墟

**廉州府合浦縣縣丞** 舊駐縣城雍正九年移駐縣東一百八十里永安城

**瓊州府瓊山縣縣丞** 駐海口所城

**主簿**

**新寧縣主簿** 原新寧縣廣海寨司巡檢嘉慶二十二年改爲主簿駐廣海寨城

**巡檢**

**粵閩南澳司巡檢** 雍正十三年添設

**潮州府海陽縣浮洋市司巡檢** 乾隆二十七年以潮州府永豐倉大使裁缺改設駐浮洋市

**饒平縣柘林司巡檢** 原係黃岡司嘉慶二十四年奏請移駐柘林改爲柘林司案署嘉慶二十四年總督阮元巡撫李鴻賓奏饒平縣柘林地方逼近海口巡防宜密向設千總不足以資彈壓查該縣屬黃岡巡檢地非緊要可以移駐柘林俾得就近巡緝於捕務益資得力

**澄海縣鮀浦司巡檢** 駐縣南三十里蓬洲所城



**樟林鎮司巡檢** 雍正九年以東隴河泊所裁缺改設駐縣東北三十里樟林城

**潮陽縣招寧司巡檢** 駐招收都達濠城

**門闢司巡檢** 駐縣北直浦都闢埠

**揭陽縣北寨司巡檢** 駐舊田都

**惠來縣神泉司巡檢** 雍正十年移駐縣六十里靖海所城

**惠州府陸豐縣甲子司巡檢** 雍正九年以東海滘巡檢改設駐縣東南一百二十里甲子城內

**歸善縣碧甲司巡檢**

**平政司巡檢** 駐範和岡

平海司巡檢雍正九年添設駐平海城內
廣州府番禺縣鹿步司巡檢駐縣東南海神廟旁
茭塘司巡檢駐新造村
沙灣司巡檢駐縣南市橋村康熙七年設
新安縣官富司巡檢駐縣城三十里赤尾村
福永司巡檢駐縣西北三十里
東莞縣京山司巡檢駐茶山
中堂司巡檢原駐樊廓乾隆十八年移駐蘇涌
鈌口鎮司巡檢原駐鈌口村雍正九年移駐固家村乾隆九年遷復



香山縣香山司巡檢駐小欖村
黃圃司巡檢駐小黃圃
黃梁都司巡檢雍正九年添設駐黃梁都城　司案署雍正九年准部咨總督郝玉麟疏
稱廣州府香山縣地居濱海在在險要西設香山司巡檢一員西北設黃圃巡檢一員東西則屬典史管
轄屬內黃梁一都地方遼闊孤懸海島距縣治窵遠向無文員駐劄典史勢難兼顧匪類易於潛藏應請
添設巡檢一員駐劄彈壓
淇澳司巡檢乾隆三十四年以歸善縣欣樂司裁缺改設駐澳門
順德縣都寧司巡檢駐陳村
紫泥司巡檢原駐縣東大洲鄉後移駐赤花鄉雍正十年遷駐舊者

新會縣沙村司巡檢駐縣南長沙村
潮連司巡檢原駐潮連村後改駐江門乾隆十九年以縣丞駐江門仍令移復
牛肚灣司巡檢原駐遵名都署廢令駐縣城
肇慶府陽江縣海陵島司巡檢雍正九年添設駐縣西南七十里海島陵
鶴洲山
高州府茂名縣赤水司巡檢原駐赤水港明季改駐梅菉
吳川縣硇洲司巡檢駐硇洲
雷州府海康縣清道司巡檢駐縣西南九十里北和墟清道城
謹按方輿紀要府西南百二十里地名烏石港有



巡司卽此也但云百二十里爲異耳
遂溪縣湛川司巡檢元時駐二十二都湛川村洪武三年移縣東南七十里舊縣村
謹按方輿紀要稱潿洲巡司在潿洲山明洪武三
年置遂溪志云在界外久裁然則因遷界裁之也
今已復界潿洲實逼海疆亦一要區也
徐聞縣東塲司巡檢駐縣西四十里陳墟
寧海司巡檢駐縣東七十里武陵墟
廉州府合浦縣珠塲司巡檢駐縣南六十里白龍寨城稽察沿海八寨地方
欽州如昔司巡檢明洪武五年設駐州西南二百里如昔都乃逼近交趾並近海濱要

地

防城司巡檢原管界同駐州北一百八十里白花山下乾隆元年移駐龍門改爲龍門司十二年將防城同知移駐龍門以龍門司移駐防城改防城司在州南七十里乃交趾入中國要隘

瓊州府萬州龍滚司巡檢乾隆二年添設駐州南十里富仁都

文昌縣青瀾頭司巡檢駐縣東百里抱陵港

鋪前司巡檢在縣西北百五十里鋪前港之東

廣東海防彙覽卷六終



# 廣東海防彙覽卷七

## 職司二

### 武員

洪武二十七年置大城守禦之千戶所於宣化都先是元代日本南人畱其地者以數萬計習水道遊掠濱海自登萊至東粵咸被其毒至是命安陸侯吳傑於海濱訓練士卒置城守禦大城所其一焉設正千戶二員副三員百戶十員鎮撫一員吏目一員旗軍一千二百二十五員名軍器五千四百五十七件饒平縣志



命安陸侯吳傑專設沿海訓練衛所官軍以備倭寇設海南衛備倭指揮一員專轄內外十一所每所官各一員督管軍船於所捕海面巡視有警申報勦除分別功罪崖州志

洪武四年禁沿海民私出海五年命浙江福建造海舟防倭明年從德慶侯廖永忠言命廣洋江陰橫海水軍四衛增置多櫓快船無事則巡徼遇寇以大船薄戰快船逐之詔吳禎充總兵官領四衛兵京衛及

沿海諸衛軍悉聽節制每春以舟師出海分路防倭迄秋乃還十七年命信國公湯和巡視海上二十一年又命和行視閩粵築城增兵嘉靖中倭患漸起廣東惠潮增設參將駐揭陽隆慶初倭漸不爲患而諸小寇往往有之萬歷三年設廣東南澳總兵官以其據漳泉要害也自世宗世倭患以來沿海大都會各設總督巡撫兵備副使及總兵官參將遊擊等員而諸防禦廣東分東中西三路設三參將明史兵志

欽州守備宣德中交寇黎利叛始命廣東都指揮程



瑒領軍於欽城南北立四營以守後因之都指揮指揮間用成化六年以後始專用指揮利病書

廉州守備景泰以來委都指揮一員成化以後革靈山守備天順初調廣惠二衛官軍六千分上下班防守成化十六年掣回廣州衛宏治十四年掣回惠州衛成化以前間委都指揮令以廉州衛指揮千百戶各一員領旗軍百名防守行糧俱本縣存留倉支給成化壬戌設分守嶺西左參將管雷廉高肇四府廣州府新會新寧二縣隸焉駐劄肇慶嘉靖癸丑巡撫應檟嫌遠轄不便議以右參將管廉左參將管韶廣兵部覆是之同上

潮漳副總兵居於南澳而掣肘於二省奔馳於一隅則其不便亦甚矣且南澳孤山延袤既廣而無衛所非所以壯形勢也無論瓊崖儋萬立州郡於孤島中即嘉禾浯州孤嶼而各立守禦所南澳可不爲之所乎故必移衛及所方可以重帥府以藉其犄角其如繁費何哉夫潮今有柘林守備以控南澳而漳有銅山寨足以扼其吭喉但當遴將簡卒時糧治艦而左



右會師漳下潮之大城潮上漳之元鐘使接壤之粵不得蟠以爲窟漳於漳銅山而北至擔嶼以會浯澳浯澳會南日於平海南日會小埕於南交小埕會烽火於西洋烽火出北蒲門以會温之金盤而南下亦如之此其大勢也視寇之所在而總兵往赴之賊在温而鎮烽火賊在潮而鎮銅山禦不使入此定策也安用副總兵而待寇以煩民乎且潮漳各有參將其事權與之頡頏而兩部遵奉不一其文移尤難行於州縣蓋視之猶贅旒也然昔漳南設參將爲有潮寇

耳此路重地僅設守備所轄本衛二所小埕水寨卽定海所外有警輒閉所城而罪則不之坐盖以陸藉口爲其無與於海卽守備之賢者亦無以行其令矣宜改守備爲參將而管烽火小埕二寨防北戸而重鎖鑰南參將則管浯嶼銅山二寨爲之聲援而山海俱聽其令與化守備南日水寨南北參將皆得調方如常山蛇勢首尾及中擊則皆應矣是故加副總兵不足爲南路重而改設參將所以重北路者大則總兵居中而轄二參將如命左右手五寨皆所提挈而臂指之勢成矣況總理容而足爲守助乎宜罷副總兵則彼此各便不者宜爲之處而重其事權若城池諸費皆不可緩者也明郭進卿閩中經畧議

南澳總兵府萬歷二年提督尙書殷正茂奉部咨據福建巡撫劉堯海會議開設駐札南澳信地以爲聯守兩省門戸焉利病書

國初山海未靖順治七年置兩藩重兵駐守海防加毖省會設提督潮州碣石高州設總兵惠州雷州設副將廉州設參將各縣衞所要地並設遊守分防盡罷



衛所旗軍屯租領於縣官皆隸於各協制度一變康熙八年展界聽民出界外邊境稍拓然亦未能如舊今所守諸汎視八年所展之界又復不侔現設欽州營遊擊一守備一千總三把總六國初額員兵一千十三名粵閩巡視紀畧

乾體營遊擊一守備一千總二把總四兵一千三百六十六名國初無續設

廉州府總兵一遊擊二守備二千總四把總四兵一千八百八十八名舊係參將康熙元年改總兵領本鎭兵一千潿洲兵一千加募兵一千共三千名今減

高州府石城營守備一千總三把總五國初額員兵四百名

雷州府副將一都司二守備二千總五把總八國初額員兵一千四百名

徐聞營守備一千總一把總二國初額員兵三百名

海安營遊擊一守備一千總二把總四國初額員兵一千名

白鴿寨守備一千總一把總二續設兵五百名

吳川營遊擊一守備一千總二把總四國初額員兵八百四十名
高州雷州總兵一遊擊二守備二千總四把總八國初額員住高州府兵一千八百九十一名
電白營遊擊一守備一千總二把總四國初額員兵八百四十名
肇慶府春江營副將一都司一守備二千總四把總八兵一千六百名國初無順治九年設陽高遊擊一員十一年西寇侵軼兵散十三年委官招復十七年改爲春江遊擊領兵一千康熙三年加兵五百名改參將八年又加五百名改副將



那扶營守備一千總一把總二國初額員兵四百名
廣海寨遊擊一守備一千總二把總四兵九百六名舊設參將一員兵一千名加提標四百名康熙元年又加撫標六百名共兵二千名今改減
新會營遊擊一守備一千總四把總六國初設兼防會甯兵一千三百名
香山營副將一都司二守備二千總五把總十兵二千名順治四年設前山寨官兵五百員名康熙元年加兵五百改設參將駐防縣城三年又加兵一千共兵二千名改設副將
順德營總兵一遊擊三守備三千總六把總十二兵三千名順德舊不設兵康熙二年因周李二寇犯城而設十二年題定雖駐縣城兼轄南番香山各縣巡緝沿海
虎門寨副將一都司二守備二千總四把總十兵二千名原設參將一員兵一千名今改增
新安營遊擊一守備一千總二把總四兵七百八名舊設守備一兵五百名康熙三年加五百名四年廣州左路總兵移鎮七年罷今改減
惠來營遊擊一守備一千總三把總六國初額員兵八百名
海門營守備一千總一把總二舊擬都司今改兵四百名



潮陽營遊擊一守備一千總二把總四舊改副將一都司二今改兵一千名
達濠營副將一都司三守備三千總六把總十二兵三千名舊無因秋風角海寇邱鳳據達濠埠康熙十九年討平之添設
潮州府總兵一遊擊三守備三千總六把總十二國初額員兵二千四百九十五名
澄海營副將一都司一守備二千總四把總八國初額員兵一千六百名
黃岡營副將一都司二守備二千總四把總八國初額

員兵一千三百三十四名
凡爲營二十八兵若干名於中抽調一萬四百七十六名分佈沿邊諸汛
謹按此言復界時員額與今多殊然創制之原不容畧也故仍詳之以著後此沿革之本

康熙二十二年四月

欽差石柱會同總督吳興祚巡撫李士珍奏言臣等會查得廣州惠州潮州肇慶高州雷州廉州等七府所屬二十七州縣二十衛所沿海遷界幷海島港洲田地共



三萬一千六百九十二頃有零內原遷拋荒田地二萬八千一百九十二頃有零額外老荒田地三千五百頃有零應交地方給還原主無原主者招徠勸墾務令得所外有欽州所屬之澗洲吳川所屬之硇洲遠隔大洋非篷桅大船不能渡仍棄勿開臣等宣布
皇仁百姓驩呼載道據州縣衛所陸續呈報復業丁口三萬一千三百有零承墾田地一萬一千一百四十六頃有零其丁口姓名及拋荒老荒開墾屯田鹽田竈田分別細數應聽該撫造冊另報照例起科邊界既開

無篷桅小船筏子准其捕魚漁課鹽課亦應照例起徵惟海禁如舊先因遷界沿海多設墪臺今既展復應將不緊要處兵丁歸併緊要處議得欽州之龍門去州治六十五里原係界外海島小山交錯水逕周通可以行舟亦可藏舟爲全省西南門戶緊要此處多設水師可以兼顧欽州乾體而欽州乾體之重兵可裁應於龍門增設水師副將一員都司一員其欽州營遊擊一員應裁去其下守備一員千總二員把總四員兵一千十三名裁歸龍門乾體營遊擊一員



應裁去其下酌裁守備一員千總二員把總四員兵九百八十七名歸併龍門共足二千之數以立龍門營防城界連粵西交阯從龍門營撥守備一員千總一員把總四員兵四百名駐守卽於其中分千總一員兵一百二十名防守王光十萬山如昔峒等處欽州應設城守從龍門營撥都司一員千總一員把總一員兵四百名駐劄卽於其中分撥千總一員兵一百二十名防守烏雷海牙山港等處乾體營官兵裁歸龍門外尙餘千總一員把總二員兵三百七十九

名仍留本營即於其中撥把總一員兵一百二十名防守冠頭嶺大觀港等處再從龍門營撥守備一員把總一員兵二百名駐劄永安所防守白龍城珠場寨等處自防城以下四路官兵俱令龍門副將專管仍聽廉州總兵管轄從石城營撥千總一員兵一百名守急水礮臺從雷州營撥千總一員兵一百名守樂民所再撥千總一員兵一百名守海康所再撥守備一員把總一員兵三百名守錦囊所再撥千總一員兵七十名守青桐流沙礮臺海安所係渡海往瓊



州之津口緊要現設遊擊一員兵一千名應仍舊即於其中撥把總一員兵一百名分防三墩白沙等處從白鴿寨撥千總一員把總一員兵二百名分防雙溪口庫竹渡南頭臺等處海安白鴿二營仍令雷州副將專管從吳川營撥千總一員把總一員兵一百五十名分防蔴斜限門等處從高雷總兵營撥把總一員兵五十名守茂名之那菉臺從電白營撥把總二員兵三十名分防赤山港山後港河口礮臺等處自石城以下諸路仍聽高雷總兵統轄從春江營撥

把總一員兵五十名守白額港再撥守備一員把總一員兵二百名守雙魚所再撥千總一員把總一員兵二百名守北津寨從那扶營撥把總一員兵七十名守陡門港從廣海營撥千總一員把總三員兵二百五十名分防橫山長沙圓山銅鼓角諸處從新會營撥千總二員把總一員兵三百名分防崖門虎臂山外海嘴等處香山縣之前山寨去澳門二十里在海邊緊要設有副將官兵二千名應仍舊但向來止住縣城未赴汛地應量留都司一員千總一員把總



一員兵四百名防守縣城餘兵一千六百名及本副將應令移駐前山順德縣係省會西南水路門戶緊要設有總兵兵三千名應仍舊自春江以下諸路仍聽順德總兵統轄東莞縣之虎門寨在海口去縣六十里係省會東南水路門戶緊要設有副將官兵二千一百八十名應仍舊但向來止駐縣城未赴汛地應令移駐虎門即於其中撥千總一員把總二員兵二百名分防橫檔礮臺山前礮臺三門礮臺諸處從新安營撥把總一員兵一百二十名分防碧頭臺嘴

頭角南山臺北佛堂等處虎門新安二營仍聽左翼總兵官統轄從惠州營撥守備一員千總一員兵二百名駐大鵬所分防老大鵬等處再撥都司一員千總一員把總一員兵二百名駐平海所分防盤圓口稔山汎等處大鵬平海二路仍令惠州副將專管從碣石衛撥千總一員把總一員兵一百五十名駐墩下寨分防青草頭鮜門港再撥遊擊一員千總一員把總一員兵六百名駐捷勝所分防扁涌湖大德港烏墩港等處再撥守備一員把總一員兵一百五十



名駐甲子所分防湖東港田尾山等處墩下甲子二路令捷勝遊擊專管從惠來營撥把總一員兵一百名守神泉港再撥守備一員把總一員兵二百名守靖海所兼防小黃岡自墩寨以下五路仍聽碣石總兵統轄從海門營撥千總一員把總一員兵八十名分防河背磤臺猷灣等處從潮陽營撥把總一員兵五十名分防桑田堡等處達濠新設副將官兵三千名原非經制部議令於全省額內通融酌裁今經總督題留在全省額內裁去三千名以合原舊總額查

達濠雖係要地但在碣石潮州之間兩地各有重兵而達濠又置三千之戍未免浮多况現議設守南澳足以壯潮聲援應將副將及都司二員守備二員千總四員把總八員兵二千名裁去止留守備一員千總二員把總四員兵一千名改設遊擊一員以領之即於其中撥把總二員兵八十名防河渡磊石門從潮州營撥把總一員兵五十名防守青嶼海口從澄海營撥都司一員千總一員把總一員兵三百名駐蓬州所分防溪東港鷗汀背等處再撥守備一員千



總一員把總一員兵二百名駐南洋分防樟林山頭仔等處從黃岡營撥都司一員千總一員兵一百名守大城所再撥守備一員把總一員兵一百名守柘林寨再撥把總一員兵三十名守分水關自海門以下諸路仍聽潮州總兵統轄南澳海島離岈四十里係粵閩接壤之區全省海疆東北門戶扞衛潮漳最稱緊要應設官防守但經部議令粵閩督撫臣會議具題不便遽議俟臣等至閩會同將軍施烺於閩省議設兵防之日再議具題至於附近海島洲港既已

給民耕種應聽地方官酌議撥官兵防守自防城至分水關沿海防守兵丁共一萬四百名瓊州府孤懸海表轄十三州縣黎人居其內周圍二千餘里設有總兵官兵四千六百餘名海口所北渡衿喉設有水師副將官兵一千二百名應仍舊至邊海水師應多設船隻聽該督撫另行議題所裁副將遊擊都司守備該督撫給文赴部候選補千總把總酌於本省遇缺補用其添設龍門副將一員都司一員達濠遊擊一員聽部照例推補可也俱同上



乾隆十五年六月二十二日奉

上諭國家兵制水師與陸路並重而近來水師將弁往往不得其人蓋緣外省於拔補千把時由遊守而轉送副參由副參而轉送提鎮總督節次考驗恐致駁詰多取漢仗可觀弓馬嫻熟及通曉官話之人送考而實在深諳水師者或不得與選夫水師兵丁與陸路不同在陸路則以漢仗弓馬為能而水師則專以水戰為事況將弁為兵丁之領袖凡風雲氣色島嶼情形以及往來駕駛之法尤須練習有素方可指揮士卒操縱得宜嗣後各省拔補水師千把務留心選擇通曉水性熟練舟師之員方許考驗不必專於漢仗弓馬取之庶水師將弁得收實用而遇有提鎮大員缺出亦可備簡任將來各省水師千總年滿送京引見時朕將嚴加試驗如尚有不能熟習者惟該督提是問欽此

二十年七月軍機大臣會同兵部奏言兩廣總督楊應琚等奏請廣州漢軍駐防改設滿洲一摺查廣州駐防漢軍准令出旗為民弁撥綠營入伍食糧以資生計屬



格外隆恩該處兵糧計共三千五十六名今該督奏請裁改滿州兵一千名所餘二千名未經一併議明改辦殊未畫一臣等酌議廣州駐防漢軍改駐滿洲應仍照福州之例出缺扣留約計五百名之數該督等具奏請

旨派撥於每年春秋二季發往一次統俟陸續出缺通行裁改其一切更定事宜臣等謹就該督等所議條款公同分晰酌議具奏　一原奏漢軍水師甲兵除綠營所撥舵工五十名外其餘五百五十名向由漢軍壯

丁挑補今既改駐滿兵擬將滿兵壯丁與漢軍壯丁
各半挑補但水師必須學習駕駛俟換到時將伊成
丁之人隨營學習缺出陸續選補以足前額水師營
大小旗員亦應以滿員各半管轄統俟滿兵壯丁學
習稍熟後另行定議等語查廣州將軍水師甲兵共
五百五十名向由八旂漢軍壯丁內挑補今雖改駐
滿兵尚須每年逐起發往且滿兵新往駐防水師非
其常習應於陸續發往之滿洲壯丁內選派堪習水
務之人令其隨營學習俟有成效再行頂補庶於水



師操防不致貽誤至該督等請水師營亦以滿員管
轄之處應俟將來駐防滿兵全數改齊之後該督再
行咨部請
旨辦理
謹按原奏改撥章程與海防無涉茲不具錄至此
條宜入兵制因其議及滿員員先於兵故隸於此
二十三年二月二十三日奉
上諭水師保送俸滿千總尤當詳審著各提督等嚴行考核
弁發隔營統巡大員帶領出海試驗如果嫻習水務准其

送部引見其或本營濫行送保又隔營扶同徇庇者即行
查明參處其著爲令欽此
二十五年正月兵部奏言議得閩浙總督楊　奏稱
查陸路武職從前亦准題補本省自乾隆九年部議
均令回避本省惟水師各缺仍以本省之人題補因
本省之人生長該地諳悉海洋船務可收駕輕就熟
之效然以本省之人居官本地所轄員屬兵丁無非
桑梓親朋姻婭族屬彼此交相固結不免猫鼠同眠
積習一時難挽臣竊思水師之異於陸路者惟此洋



面操縱一端查各省海洋祗有閩省廈門至横灣係
屬横洋沙線稍異餘則粵東江浙均與福建連疆同
一海面若夫風雲氣色各省更無二致況駕駛船隻
出洋原有舵工椗手繚手等項目兵耑司其事更有
千把外委指示督率將備並不躬親操駕似無需本
省之人方能勝任除提鎮大員均蒙
聖主特簡畀任封疆感激
深恩咸思報稱自不敢徇情瞻顧因私廢公原可毋庸迴避
本省若干把徽弁均有將備管束一切亦不能專主

應仍照於本營弁兵内拔補外所有副將參將遊擊
都司守備等官應請照陸路武職之例概令迴避本
省若謂本省水師缺多人少如廣東浙江江南等省
俱有水師營分其將備亦多熟習水務若將閩省員
缺以粵浙等省人員掣補粵浙等省員缺以閩省人
員掣補自足敷用等因臣等查得向例水師不拘本
省之人俱准題補掣補嗣於乾隆十二年二月内臣
部議覆原任江南河道總督周學健條奏武職人員
迴避本省一摺奉



旨武員定例部推月選之缺向卽迴避本省惟題缺各省督
提有將本省人員預行保舉缺出掣補者亦有指缺題補
者部中雖執例不准而朕恩施准用者多故武員之用於
本省者率由於此也今兵部議令遵照定例迴避自應仍
復舊制但念伊等既經保舉註册必俟别省缺出始行掣
補未免需次艱難朕思副參爲武職大員不應題補本省
之人嗣後無論陸路水師缺出俱著停其題補其遊擊都
司等官與副參官級稍遜且有副參統轄稽查諒亦不致
瞻狥掣肘可仍照現行之例辦理此係朕格外體卹之意
非爲伊等寬其繩檢也至年滿千總一項部議發往他省
伊等係本省拔補微員候補人多一時難以得缺發往他
省不無俯仰拮据之慮著仍留本省補用其副參等官作
爲迴避陞調之處該部另議具奏欽此經臣部議定嗣後
預保註册應陞水陸副參之參遊内有籍隸本省者
於鄰近省分互相調掣如江蘇人與安徽調掣湖南
人與湖北調掣福建人與廣東浙江調掣甘肅人與
四川陝西調掣水師人員福建人與廣東調掣江南
人與浙江調掣等因具奏奉



硃批依議欽遵在案又乾隆十二年十二月内臣部議奏水
師海道情形原屬不同將他省人員調補恐一時不
能熟練似宜稍爲變通請嗣後水師副參毋庸迴避
本省伊等倘有狥情瞻顧之處令該督撫提鎮指名
題參從重治罪等因具奏奉
硃批依議速行欽遵亦在案是水師人員仍存循舊例辦理
今該督奏稱所有副將參將遊擊都司守備等官應
請照陸路武職之例概令迴避本省等語臣等伏思
提鎮係奉

特旨簡畀封疆自無狥情瞻顧之慮其千把徼弁原有將備約束亦無所容其瞻狥毋庸置議外至副將參將遊擊都司守備等官均有訓練兵丁整飭戎行之責若俱用本籍人員難保無瞻顧親朋袒護朦蔽之弊自應分別改調請嗣後遇有水師副將參將缺出照陸路之例本省之人概不准其題補本省之缺如現任本省遊擊人員內有人材出衆堪應預保以備掣補參將者各該督撫等保題註册後臣部遵照從前調掣之例如本籍係福建人以廣東參將調掣係江南



人以浙江參將調掣係廣東浙江人以福建及江南參將分別調掣再查陸路遊擊都司例於本籍五百里外之缺補用守備例於隔府別營之缺補用今查水師情形多係沿海一帶非陸路營汛得以里數分別計算者可比應請畧為區別嗣後遇有外海水師遊擊都司守備缺出均照陸路守備之例於隔府別營之缺題補掣補所有現任籍隸本省之水師副將參將有籍隸本府本營者行令該督照現在議定隔府別營之例以人地相宜之缺互相調換恭候

命下臣部即行文各該直省將軍督撫提督欽遵辦理可也

奉

旨依議欽此

五十六年二月二十五日奉

上諭前命軍機大臣議覆浙江提督陳杰條奏選拔千把外委應按照總督提督駐劄地方就近考驗一摺行令兩江等處各就該省營伍道里情形悉心妥議具奏彼時朕以此等微末弁兵分隸各提鎮標營管轄其有距總督駐劄地方較遠者於選拔時必須前赴總督衙門考驗恐資斧



維艱且往返轉需時日是以諭令該督等將隔省各標營如何就近令提督總兵自行考拔之處酌定章程另行核辦原為體恤末弁起見嗣後兩江湖廣閩浙等省陸續奏到情形各有不同茲福康安奏千把二項職分較大所得養廉較諸文員中州判縣丞為加優一加拔補即可食廉赴考不虞拮据嗣後各營千把缺出請循照舊例仍送總督考拔等語所議甚是千把職任雖微但一經拔補將來即可膺都司守備之選若本營鎮將考選或有不公提督瞻顧狥情而不行駁飭適足以啟倖進之獘即總督巡閱

時復行考驗查出徇情弊竇參革示懲而該弁業已拔補有年於營伍操防不無貽誤轉非愼重戎行之道卽如前年福康安參奏總兵葉至剛濫送兵丁呂豪一案是其明證嗣後直省提鎭協營遇有千把缺出仍由提督轉送總督考試拔補其外委及額外外委例無養廉所得餉銀亦屬無幾恐其憚於遠涉騐其上進之心著照福康安所議行欽此

十一月二十七日奉

上諭兵部題覆廣東候補都司利振紀守備黃斌同在部呈改水師試驗未嫻准咨照例議以降一級調用一本業照部議降調矣該都司等在部呈請生長海濱熟悉水師到粵後經福康安卽行試驗均未諳習據實咨部辦理自係福康安覈實試驗不肯任其冒濫貽誤辦理尙屬公正因思此等人員或因在部候補時希圖得缺較早兼冋原籍及水師陞途便捷隨冒昧呈改迨發往各省後督撫以候補人員分發各省一時未能得缺不卽行試驗致令該員等冒濫充數殊非覈實辦公之道嗣後各督撫遇有此等呈改水師人員分發到省後務須試驗除實能諳習水師情



形者方准留標補用外如有本不諳習朦混呈改之員卽據實咨部辦理毋得稍存姑息致滋貽誤欽此

滿漢水師旗營 乾隆十一年將軍策楞奏設　營冊

將軍一員

副都統二員

協領一員 滿洲

右翼佐領一員 滿洲

左翼佐領一員 漢軍

防禦二員 滿洲漢軍各一

驍騎校六員 滿洲漢軍各三

外海水師

南澳鎭 原轄澄海協達濠營康熙四十二年將原屬潮州鎭之海門協改隸水師提督管轄

總兵一員 駐劄潮州府南二百里南澳城標下左右二營左營隸福建提督管轄

右營

遊擊一員 存營

守備一員 存營

千總二員 左右哨各一分防營西三十里隆澳汛西北水程五十里海山浮礡汛

把總四員 左右哨頭二司各一分防營北深澳口汛臘嶼礮臺汛西六十里長山尾上下

礮臺汛北水程五十里西山汛

澄海協駐澄海縣城隸南澳鎮管轄

副將一員標下左右二營

左營

都司一員

守備一員存營

千總二員左右哨各一分防本協南二十里鷗汀背汛南三十五里沙汕頭礮臺

把總四員左右哨頭二司各一分防本協南十里外沙汛西南三十里蓬洲汛東南五十五里放雞山礮臺汛餘存營



右營

守備一員存營

千總二員左右哨各一分防本協北十里南洋汛東二十里大萊蕪礮臺汛

把總四員左右哨頭二司各一內分防本協東北三里東湖汛北三十里樟林汛東北三十里烏塗尾汛各一

達濠營原設副將康熙二十三年改設遊擊守備各一千總二把總四四十二年裁遊擊千總各一把總三五十八年裁督標右營把總一撥入駐劄潮陽縣東三十里隸南澳鎮管轄

守備一員存營

千總一員存營

把總二員頭二司各一內分防距本營二十五里廣澳礮臺一

海門營原設副將康熙八年裁二十年改設守備千總把總各一四十二年添設遊擊千總各一把總三五十八年又添設把總二雍正四年裁遊擊改設參將駐劄潮陽縣東二十里海門所城隸南澳鎮管轄

參將一員

守備一員存營

千總二員左右哨各一遞年輪派靖海所城隨防

把總六員左右哨頭二三司各一遞年輪防淺澳礮臺南礮臺牌角汛靖海礮臺赤澳礮臺神泉礮臺各一



碣石鎮原設總兵官康熙三年裁八年復設標下中左右三營隸水師提督管轄

總兵一員駐劄碣石衛城

中營在惠州府東四百二十里陸豐縣碣石衛城

遊擊一員存營

守備一員存營

千總二員左右哨各一左分防營南十里淺澳礮臺汛右存營

把總四員左右哨頭二司各一輪防營西南崎石港汛西一百十里白沙湖汛東三十里湖東西臺西四十里金廂石汛

左營在惠州府東南四百八十里

遊擊一員存營

守備一員分防營西北一百七十里參將府汛

千總二員左右哨各一左分防營西北一百里陸豐縣城汛右分防西南三十里湖東港汛

把總四員左右哨頭二司各一分防五雲尚參將府西甘澳礮臺圭湖城臺四汛

右營在惠州府東二百八十里捷勝所城

都司一員原遊擊乾隆三年改存營

守備一員駐劄營西北二十五里墩下寨城

千總二員左右哨各一左分防海豐縣城汛右分防鮜門港礮臺汛



把總四員左右哨頭二司各一分防遮浪礮臺長沙礮臺汕尾港礮臺鷲埠四汛

平海營在惠州府東南一百六十里隸碣石鎮管轄

參將一員

守備一員分防營北四十里稔山汛

千總二員左右哨各一一防營南十里大星汛一協防稔山汛

把總四員左右哨頭二司各一分防營南二十里大星山礮臺西二十里斗頭卡西北三十三里吉頭港礮臺一存營

大鵬營原順德右營遊擊守備千總把總等官康熙四十二年裁順德總兵官將鎮標右營改爲大鵬營屬提標原設遊擊雍正四年改爲參將駐劄東莞縣大鵬所城隸水師提督管轄

參將一員駐劄大鵬所城

左營道光十一年分設左右二營其左營官弁惟把總一員裁撥右營餘俱照原額設

守備一員存營

千總二員左右哨各一左分防新安縣九龍海口汛右分防新安縣鹽田汛

把總三員左哨頭司右哨頭二司各一分防娘船灣塔門二汛右哨頭司存營

右營道光十一年設駐劄東涌所城

守備一員道光十一年將前山營守備改設

千總一員道光十一年添設專防大嶼山汛

把總三員頭二三司各一道光十一年添設二員原大鵬營改撥一員分防青龍頭長洲



赤柱三汛

水師提標營中左右前後五營前後二營內河水師餘外海水師

提督一員

中營嘉慶十五年以左翼鎮中營改設駐虎門城

參將一員嘉慶十五年以海口營參將移撥

守備一員存營

千總二員左右哨各一分防距本營十一里鎮遠礮臺一百五里新造汛

把總五員左哨頭二三司右哨頭二司各一分防距本營三十五里大涌口汛五十里大汾汛十二里閘西山汛九十五里鳳涌頭汛十一里沙角礮臺

左營原左翼鎮標左營嘉慶十五年改駐新安縣城

遊擊一員

守備一員存營

千總二員左右哨各一分防營東北六十里蓮花逕汛一存營

把總四員左右哨頭二司各一分防營東南十里南頭礮臺西北五十里茅洲墩臺東南六十里屯門汛東四十里深圳汛

右營原左翼鎮右營嘉慶十五年改設駐同中營

遊擊一員嘉慶十五年以左翼鎮中營遊擊移撥

守備一員存營

千總三員中左右哨各一分防距本營十四里大虎山礮臺十二里橫檔月臺汛六十里雞公石礮臺

把總三員左哨頭二司右哨頭司各一一存營餘分防距營四十里獅子塔礮臺二十五里蕉門礮臺

香山協隸水師提督管轄

副將一員標下左右二營

左營駐劄香山縣城

都司一員存營

守備一員存營



千總二員左右哨各一一防營南七十三里雍陌汛

把總三員左右哨頭司各一左哨二司一一分防營南四十三里平頂山汛一防營西四十九里磨刀角礮臺一防營南一百十五里吉大汛

右營同駐劄

都司一員存營

守備一員存營

千總二員左右哨各一分防營西七十里新圍汛北六十里白鯉沙汛

把總四員左右哨頭二司各一分防營東南七十五里大托山礮臺西一百十三里虎跳門東岸礮臺東二十五里小隱汛西十五里象角汛

廣海寨原設參將等員康熙二年改設副將四年仍設參將八年改遊擊駐劄廣州府西南五百里廣海衛城隸陽江鎮管轄

遊擊一員

守備一員存營

千總二員左右哨各一分防寨東南三十七里長沙礮臺西二百五十里大澳礮臺

把總四員左右哨頭二司各一分防寨東七里烽火角礮臺西一百十里橫山礮臺西南一百八十里下川大坦灣東南一百五十里上川大蓢灣

陽江鎮原左翼鎮駐廣州雍正二年移駐順德縣嘉慶十五年添設水師提督以左翼移駐陽江縣改爲陽江鎮標下左右二營隸水師提督管轄

總兵一員

**左營** 原春江協右營嘉慶十五年改駐劄陽江縣城

遊擊一員 原春江協都司嘉慶十五年改爲鎮標中軍遊擊 存營

守備一員 存營

千總三員 內左右哨分防營西南一百八十里雙魚所城東三十里北津礮臺各一

把總六員 左右哨頭二三司各一內分防營東九十里那龍汛西一百二十五里太平汛南三里石覺礮臺西南九十里海陵䑸船澳礮臺西二百五十里北額舊礮臺東一百十里新寧縣屬大澳大小磵樓汛

**右營** 原電白營嘉慶十五年改駐劄高州府東南一百六十里



都司一員 原係遊擊乾隆三十一年改 存營

守備一員 存營

千總二員 左右哨各一分防營東四十里山後礮臺西南十里興平礮臺

把總四員 左右哨頭二司各一內分防營西五十里興寧礮臺南三十里蓮頭礮臺西北七十里三檻汛各一

**吳川營** 原設守備康熙三年添設遊擊乾隆三十一年改都司駐劄吳川縣城隸陽江鎮管轄

都司一員 存營

守備一員 存營

千總一員 左哨

把總四員 左右哨頭二司各一分防營東南二十五里東礮臺汛南三十五里西礮臺西八十里麻斜礮臺東北二十五里大坡汛

**硇州營** 康熙四十二年添設將白鴿寨守備一乾體營千總一把總二移駐後改遊擊乾隆三十一年改設都司駐劄吳川縣隸陽江鎮管轄

都司一員 存營

千總一員 分防營西五里淡水礮臺

把總三員 頭二三司各一分防營西七里津前礮臺東南十七里南港礮臺東北二十五里北港礮臺

**東山營** 嘉慶十五年添設水師提督以向駐白鴿寨水陸各半之雷州右營水師守備移駐遂溪縣東山墟改爲東山營隸陽江鎮管轄



守備一員 存營

千總一員 分防營東南二十五里極角汛

把總二員 分防營東北三十五里崩塘汛西南三十五里遂遐汛

**海口營** 原海口營嘉慶十五年添設水師提標改爲海口協道光十二年仍改爲營駐劄瓊山縣屬海口所城隸瓊州鎮管轄

參將一員 存營

守備一員 存營

千總二員 左右哨各一專防海口港東西兩礮臺

把總四員左右哨頭二司各一分防舖前港清瀾港東水港馬裊港礮臺

海安營原設水師副將康熙八年改遊擊駐劄雷州府南二百十里隸瓊州鎮管轄

遊擊一員存營

守備一員存營

千總二員左右哨各一內分防營西一百四十里流沙海汛一

把總四員左右哨頭二司各一分防營南六里博漲礮臺三里海安港海汛西一百三十三里樂民海汛東二百五十里錦囊海汛

龍門協駐劄欽州南水程六十里隸瓊州鎮管轄

副將一員駐劄龍門標下左右二營



左營

都司一員存營

守備一員分防營西水路三百九十五里東興街汛

千總二員左右哨各一一分防營南水程二十里牙山汛礮臺一協防東興街汛

把總四員左右哨頭二司各一內分防營西水路四十里三口浪汛一百四十里石龜嶺汛四百五十六里北崙汛各一

右營

都司一員乾隆元年添設存營

守備一員分防營東水路四百八十五里永安汛

千總二員左右哨各一內分防營東水路二百二十五里三汊口海汛一

把總四員左右哨頭二司各一內分防營南水路七十里烏雷汛礮臺東水路一百里大觀港礮臺東南水路三百二十五里白龍城汛各一

崖州協道光十二年以海口協副將移駐崖州城改為崖州協隸瓊州鎮管轄

副將一員存營

守備一員存營

千總一員

把總二員水師頭二司各一

謹案崖州協水陸相兼尚有陸路員弁茲不載



內河水師

順德協乾隆二十二年以虎門副將都司移駐順德縣城改為順德協隸水師提督管轄

副將一員標下左右二營

左營駐順德縣城

都司一員存營

守備一員分防營西北七十里甘竹汛

千總二員左右哨各一分防營南五十里昆岡汛東北四十五里呂草土城礮臺

把總四員左右哨頭二司各一分防營東南八十二里九江沙口汛南十七里容奇頭汛西北四十一里三漕汛

右營在本協北三水縣蘆苞距本協一百九十一里

都司一員存營

千總二員左右哨各一分防營南一百四十五里瀾石汛西南六十五里西南汛

把總四員左右哨頭二司各一分防營東二百六里西關汛東南一百四十四里鷹嘴沙汛南一百九十里仙管汛距本營六十里蘆苞汛

新會營隸水師提督管轄

參將一員標下左右二營

左營駐劄新會縣城

守備一員



千總二員左右哨各一分防營東十六里江門汛西北七十里鶴山縣城汛駐鶴山城

把總四員左右哨頭二司各一分防營西南一百二十里開平縣城汛駐開平城西北一百一十里古勞陸汛四十五里瓦窰汛九十五里金岡汛

右營駐新寧縣城

守備一員存營

千總二員左右哨各一分防營東二百里崖門東礮臺南七十九里七村汛

把總四員左右哨頭二司各一一新寧城守餘分防營東北一百六十七里外海嘴陸汛南九十五里南坑東一百八十六里虎臀陸汛

水師提標前營原東莞營嘉慶十五年改駐東莞縣城



都司一員

千總二員左右哨各一分防營南八里英村汛東二十六里石龍汛

把總二員左哨一右哨頭二司各一分防營東九十二里鐵岡水汛西四里魚步礮臺

後營原新塘營嘉慶十五年改駐增城縣屬新塘

遊擊一員存營

守備一員存營

千總二員左右哨各一存營分防距本營一里新塘汛一百二十三里深井尾汛

把總四員左右哨頭二司各一分防距本營十九里大墩汛四十三里墩頭汛一百一十三里東礮臺汛三十一里到壆汛



督標標下左右前後四營皆屬陸路別設水師一營

肇慶水師營駐劄肇慶府城外

參將一員存營

守備一員存營

千總二員

把總四員

前山營原海防營嘉慶十四年改以平鎮營遊擊守備各一員移撥過營原係陸路道光十一年改爲內河水師營駐劄香山縣南一百三十里隸香山協管轄

都司一員原設遊擊一員守備一員道光十一年改設都司其守備改撥大鵬營右營

水師千總一員率外委一員帶兵百名駕坐槳船在澳門東西南三處海面巡查

把總一員分防營南十五里關閘汛

謹案本營南通澳門與香山協左營洋面交界爲香山一帶門戶緊要之地

陸路近海各營

黃岡協隸潮州鎮管轄

副將一員

左營駐劄饒平縣黃岡城原有守備一員嘉慶二十年移撥淸遠右營

都司一員存營



千總二員分防營東南四十里柘林寨南二十里并洲汛

把總四員分防營東南五十里羅母澳礮臺北三十里赤坑汛西二十里孚山汛

右營駐同左營

守備一員分防營東南三十里大城所城

千總二員分防大城所城

把總四員分防營西南四十里九溪橋汛西北四十里黃山坑汛東十五里官山汛東南四十里西虎仔與礮臺

謹案粵閩交界饒平地處極邊爲東路海防所自始黃岡協駐饒平境內營屬西虎仔與礮臺瀕臨大海實近海扼要之區而饒平營更與互爲聲勢益相形並重焉

饒平營駐饒平縣隸潮州鎮管轄

遊擊一員存營

守備一員分防營北一百八十里大埔縣城大埔汛

千總二員分防饒平縣城饒平汛營西北一百五十里三河汛

把總四員分防營東三十里洋較埔汛南三十里內浮山汛西北九十里蒲田汛各一協防大埔汛一

潮州鎮陸路提督管轄



總兵一員

中營駐潮州府城

遊擊一員存營

守備一員存營

千總二員分防營西北一百四十里陽坑汛一

把總四員內分防營西北二百二十里貴人村汛二百五十里筲箕坪汛北九十里洞腳汛

左營隨防潮州府城

遊擊一員存營

守備一員存營

千總二員分防嘉應州城嘉應州汛

把總四員分防營西北四百四十里余坑汛東北一百二十里言嶺汛

右營隨防潮州府城

遊擊一員存營

守備一員存營

千總二員分防營西南八十里揭陽縣城揭陽汛西北二百二十里河婆汛

把總四員分防營西南六十里北礮臺八十里青嶼礮臺一百二十里普寧縣城普寧汛西北一百九十里龍根磜汛

謹案潮州一府密邇閩洋鎮標中左二營雖在內



地而邊幅相距咫尺可通至右營界域所圉則北礮臺青嶼礮臺並在管轄之內尤關扼要可知星棊羅布本屬內外相資聲援所倚固宜備錄焉

潮州城守營駐劄潮州府城原有守備一員嘉慶十五年移駐三水營隸潮州鎮管轄

都司一員原係遊擊嘉慶十九年改存營

千總二員內分防營西北一百六十里豐順縣城豐順汛一

把總四員分防營北七十里畱隍汛西北一百六十里豐順縣城豐順汛南六十里庵埠汛各一

潮陽營駐劄潮陽縣城隸潮州鎮管轄

遊擊一員存營

守備一員存營

千總二員內分防營北五十五里石井礮臺

把總四員分防營西九十里麒麟浦汛南三十里和平汛一百三十里寒婆徑汛一百一十里陂溝汛

惠來營駐劄惠來縣城隸潮州鎮管轄

遊擊一員存營

[illegible]員分防營西三[illegible]

千總二員內分防營東南五十里靖海汛一



把總四員分防營南十五里神泉汛西北一百三十里雲落汛一百八十里黃沙庵汛西一百五十里七娘寨汛

惠州協標下左右二營隸陸路提督管轄

副將一員

左營駐惠州府城

都司一員存營

守備一員分防營北三百里長寧縣城長寧城汛

千總二員內分防營西三十里博羅縣城博羅城守汛一

把總四員分防營西一百二十里石坑汛北一百五十里水東陂汛西北三百九十里四

下汛北三百七十里老虎坳汛

右營駐劄歸善縣城原有都司一員嘉慶九年撥歸新設永安營駐防

守備一員存營

把總三員分防歸善縣城歸善汛營東南七十里平山汛一百六十里盤沿汛

謹案本營左營南界歸善縣墩頭大海固屬近海要區而右營所屬之盤沿汛南至大海五里且營內均設有礮臺控制嚴密非他營專防陸路可比也

永靖營乾隆四十七年設駐劄廣州府城東南九十里



遊擊一員陸路提標左營移撥

守備一員高州鎮標右營移撥

千總二員內分防營西二十里市橋汛一

把總四員內分防營西三十五里鐘村汛西北二十里南村汛東北二十里茭塘汛各一

那扶營駐劄肇慶府南三百七十里隸陸路提督管轄

都司一員

千總一員分防營北五十里恩平縣城汛

把總一員分防新寧縣屬陡門汛

謹案本營疆域西距陽江南距新寧其交界處所並屬瀕海之地營屬之陡門礮臺俯臨海面去廣海寨之橫山礮臺瞬息相通寨門旁鶴兩汛又毗連廣海營制雖屬陸路而巡防扼要實與水師無異

陽春營嘉慶十五年以原春江協左營官兵改設駐肇慶府陽春縣城隸陸路提督管轄

守備一員

千總一員

把總二員分防營西六十里那旦汛西南百四十里鵞公汛

化石營駐石城縣城隸高州鎮管轄



都司一員存營

千總一員分防營東一百十里化州城化州汛

把總二員內分防營西南八十里暗鋪礮臺一

謹案本營西至廉之合浦南至雷之遂溪交界處所地皆濱海而暗鋪礮臺又在西南界內洵屬要區

廉州營駐劄廉州府城隸高州鎮管轄

遊擊一員存營

守備一員存營

千總二員分防營西南九十里大觀港礮臺西北二百四十里靈山縣靈山汛

把總三員內分防營東一百二十里公館汛東北一百七十里清湖汛各一

欽州營駐劄廉州府東二百二十里隸高州鎮管轄

參將一員原遊擊乾隆三十年改存營

守備一員存營

千總二員內分防營西一百三十里三十六村汛一

把總四員分防營東一百十里那暮塘北五十里馬尾汛九十里小董汛西八十里大寺汛

謹案龍門協控臨巨海而欽州營界直當其北面



有臂指之勢

雷州營隸高州鎮管轄原有都司一員乾隆三十六年裁

參將一員原副將乾隆三十年改

左營駐劄雷州府城

守備一員存營

千總二員內分防營東二百里錦囊所城一

把總四員內分防營西一百四十里海康所城西南二百七十里博賚汛二百里流沙礮臺各一

右營駐劄遂溪縣白沙塘官兵水陸各半嘉慶十五年以本營水師守備移駐東山墟作為東山營守備

守備一員原海口左營守備嘉慶十五年移駐白沙塘作為本營守備存營

千總二員分防營東北九十里遂溪汛東南一百二十里通明礮臺汛

把總四員內分防營東南一百三十里雷州府城汛一百六十里雙溪礮臺汛東一百六十里海頭礮臺各一

謹案本營水師雖經移駐而營界所屬如東南面之通明庫竹雙溪三礮臺東面之海頭礮臺並屬險要

徐聞營駐劄徐聞縣城隸高州鎮管轄



守備一員存營

千總一員分防營西七十里東場汛

把總一員分防營北九十里英利汛

瓊州鎮原雷瓊鎮嘉慶十六年改

總兵一員駐劄瓊州府標下左右二營

左營原雷瓊鎮左右營向係陸路嘉慶十五年改水師十六年改屬瓊州鎮

遊擊一員存營

守備一員存營

千總三員分防營南九十里定安縣城定安汛東一百七十五里文昌縣城文昌汛西南

三百里定安縣境太平黎汛

把總四員 内協防定安縣汛文昌汛太平黎汛各一

右營

都司一員 原係遊擊乾隆十九年改 存營

守備一員 存營

千總二員 分防營東南二百三十里會同縣城會同汛西南二百四十五里水尾黎汛各一

把總三員 協防澄邁汛會同汛水尾黎汛各一

謹案本營西與海口水師營交界固爲逼近海隅而儋州澄邁駐兵之地亦與本營毗連合左右兩營實屬瓊南全境居中扼要

儋州營 駐劄瓊州府西南三百里隸瓊州鎮管轄

遊擊一員 存營

守備一員 存營

千總二員 分防營東一百二十里臨高縣城臨高汛西二百十里昌化縣城昌化汛

把總四員 内分防營西南一百四十里薄沙汛西北二十五里新英汛南北礮臺東北一百五十里石碑汛各一

謹案本營北濱大海其東北面之石碑汛與海口



鎮右營馬裊汛礮臺交界所屬之英潮新英兩汛並外達汪洋南北礮臺又在汛界之内陸路營分之近海者此其最焉

萬州營 駐劄瓊州府東南三百六十里隸瓊州鎮管轄

遊擊一員 存營

守備一員

千總二員 内分防營西一百十五里陵水縣城陵水汛一

把總四員 分防州屬西北汛營東一百里樂會縣城樂會汛西一百四十里桐棲港礮臺汛西北二百二十五里寶停汛 俱同上



廣東海防彙覽卷七

# 廣東海防彙覽卷八

## 營制一

### 裁設

廣東之地爲郡者十而八境於海自東徂西相距三千里國初於此設衛若所大小七十餘處以爲海道防者甚至歲久而弊滋戍守之具一切廢弛朝廷知將領之不足恃也乃增置憲臣以提督之（送憲副徐君赴廣東詩序　瓊臺會稿）

明太祖既定天下度要害地係一郡者設所連郡者設衛大率五千六百人爲衛千一百二十人爲千戶所百十有二人爲百戶所所設總旗二小旗十大小聯比以成軍廣州設前衛後衛左衛右衛南海衛清遠衛新會千戶所後添廣海衛新寧千戶所增城千戶所東莞千戶所大鵬千戶所香山千戶所永安千戶所從化千戶所（廣州府志）

竊見祖宗於山東淮浙閩廣沿海設立衛所鎮戍連絡每年風候調發舟師出海後又設都指揮一員統領諸衛專以備倭爲名今倭賊憑陵所在莫之誰何



但見官司紛紛抽點壯丁及原役民快皆素不教練之民驅之殺賊非祖宗設立沿海軍衛之意也（備倭事畧　明歸有光震川集）

白沙營在瓊山縣北十里白沙港口元置水軍鎮明初置營於此與海口寨相唇齒（大清一統志）

明洪武元年三月元左丞何眞以惠州歸附始僉歸附軍（從何眞者）收集軍民三丁收一調戍鎮南衛二年立千戶所調福建龍巖信豐等縣民兵千餘分番哨守營於北關之外二十一年設惠州衛及各所二十七年立碣石衛及各所與惠州衛各所統軍同制（惠州衛與碣石衛俱隸廣東都指揮使司　同上）

洪武二十三年設香山守禦所千戶五員百戶十員旗軍一千一百六十名撥往征調把守鎮頭各營備倭守城俱本所旗軍成化間始立民壯謂之民兵守庫守營守海巡捕守城共三百二十五名天啟元年前山寨建參將府衙門陸兵七百名把總二員哨官四員水兵一千二百零把總三員哨官四員大小哨船五十隻守石龜潭秋風角茅灣口掛椗角橫洲深

井亞婆尾九洲洋老萬山狐狸洲金星門各海汛香山縣志

萬歷志曰本縣阻山濱海前時寇盜竊發地方不靖宏治間立白石堡於縣東調軍哨守旣建縣復設那銀荷木二堡遷望高巡檢司於海晏巡守然地方廣闊武備疎畧守之不足嘉靖十年辛卯秋御史林公御史吳公奏撥廣海衞左所官軍來縣守禦又設城岡甘村莟步等營調集客兵哨守嘉靖三十五年剿平石鼓等盜復置三合那西羊公逕更鼓水老榕逕苔村六營以防餘寇竊發諸營碁布誠爲久安至計後因兵多虛冒地方粗安隆慶間前項營堡廢撤殆盡僅存募兵百名屯縣且哨且守而其時民獲安枕者亦職此之由自募兵撤而地方遂復多事萬歷十六年知縣揭廷植以分猪坑險要多警置營而輪撥餘丁守之又申設巡哨船二隻以哨那西旺北一帶二十年知縣王學尹申復三合營三十四年知縣熊文華申復荷木堡增置官步營皆扼西南險要之塞顧盜孔多而軍兵少且統者非人而虛冒過半緩急



未可恃議者咸謂當及今權酌糧食復原募兵平則防守城池警則哨捕四境隱然虎豹在山之勢庶幾奸宄知戢矣新寧縣志

思勒營在欽州防城外九十里至羅浮營二十里嘉靖十九年軍門議立河州大營以營去州治遠軍兵糧餉往來悉由夷界又於江平地界設思勒衞色二小營互相策應每營各撥軍兵五十名以千百戶一員統領防守後參將俞大猷議廢衞色一營利病書

嘉靖四十五年改東路爲柘林寨東路之兵時汛時撤海寇伺其往來以爲肆掠無歲弗擾提督侍郎吳桂芳奏募民兵一千七百一十六員名領船大小四十五隻以指揮一員將之建牙於天妃宮之東南而移其官於西北屹然一巨鎭焉其地對峙南澳黃岡大城相爲犄角聲援相通饒平縣志

萬歷七年以嶺東道前營駐碣石以遏惠潮二郡入寇之路二十年倭警頻仍設復右營屯駐白雲以遏入寇惠州之路遇汛撥兵二百名屯於五里沙以防寇盜奔突之虞陸豐縣志

十四年六月總督吳御史汪會題南頭爲全廣門戶控制蠻倭請總兵移鎮帶標兵一營遇汎駐劄彈壓以據形勝重門戶也裁革參將添設把總一員及左右分總新安縣志

二十九年閩中白艚船糴粟者勾藏倭寇突入限門防護無兵攻圍吳川甚急城幾不守時當朝覲府縣俱闕正官惟嶺西道盛公萬年駐電白聞報親調狼兵徵募鄉勇擒賊三十餘人錮之獄奸徒謀爲內應潛入城夜以鴿鈴爲號即殲其渠魁八人復調參將



郭西科兵至吳遂勦平倭寇公復以吳川邊海險要守禦宜嚴乃添設吳川一營官兵共五百三十六員名把總領之駐吳川教場又添設限門水寨官兵五百十二員名分總領之以專捍禦並屬海防官及陽電參將管轄爲海防善後之策甚詳自後雖有寇患未嘗至城下吳川縣志

天啟三年移潮州右營兵鎮黃岡嘉靖之末海寇肆亂知縣羅印凱呈巡撫舒公奏設通判一員駐劄黃岡然衙宇空置官惟時歷迨四十四年改海防同知亦但春秋二汎耳至是乃移右營兵鎮其地而海防二汎仍舊不易饒平縣志

海豐之東路通惠來西歸善南大海北長樂設巡檢司二長沙港甲子門各領弓兵五十人其營砦有油坑營在右塘都長沙甲子二巡司各領弓兵十名工食照數僱募打手防歸善流賊河田營久廢赤岡營與海豐惠來連界南離海三十里北深山多盜成化八年立以碣石衛軍三十名甲子所以十六名縣民壯十五名防守謝道山營在城南二十里嘉靖十一年立有民壯四名瞭望湖東澳軍營魚尾澳軍營碣石衛每澳撥軍二十名防守南沙軍營海豐所官軍五十員名把守內抽十名大德港輪日瞭望防海寇出沒南竈軍營長



沙軍營即麗江浦一名長沙港口在縣南八十里海豐所官軍四百員名打手二百五十名軍行糧月三斗打手工食月六錢俱本府秋糧內銀支給石山營大德軍營濱海海豐所軍十名瞭望大磨軍營與麗江四所撥旗軍七百名分守海豐所海澳防守旗軍一百八十名牛鼻烽堠麗江山烽堠麗江門烽堠平安烽堠新逕烽堠小漠烽堠已上各有哨瞭軍防守甲子門海澳防守旗軍九十五名甲子港烽堠青山烽堠娘岡烽堠銀瓶山烽堠白沙湖烽堠大磨山烽堠東坑山烽堠俱捷勝所歲撥旗軍各二名瞭守大率濱海五里沙諸處番船常突入爲患皆可慮也惠州府志

陽江縣東通恩平西電白北陽春南大海山海寇並爲患舊設海陵巡檢司今革其營砦軍門志有永安營在縣東南八十里喬馬都黃竹逕設旂軍民壯鄉夫防新寧白水等山賊馬貼逕營縣東九十里北貫都設鄉夫防新寧白水等山賊麻思營縣西一百十里虔儒都設民打手軍以防陽春樂安等山賊正德中設印岡營蓮塘徑縣西六十里海朗陽江二所官軍防陽春恩平縣山很賊戙舡澳近大洋民壯及神電雙魚海朗陽江衛所官軍防番寇通志同舊志無馬貼逕營舊志有高嶺營縣西七十里惟鎮伯軍門志通志無縣志有三鄧逕蟠龍逕雨琳山珠環嶺北寨逕上下瀧麻瀝逕所雲霄逕桐油圍楊村逕名同陽春者兩縣界　縣志云東自那柳至縣九十里兵營非一而以永安營爲要害西自儒崗至縣百七十里兵營非一而以印岡營爲要害往守以軍壯打手鄉夫以所官領之今十里一營與舖參列守以營兵領以哨官倘有他虞餘能相助廣東圖說有長亭營教場營俱去縣五里歸善營去縣十里橫桐營那凋營俱去縣二十里獨石營去縣三十里望牛營米岡營俱去縣四十里海防圖尖崗接電白縣界此云四十里誤登觀營去縣五十五里　按海防圖登觀連尖岡此云五十五里誤漂竹營去縣六十里　按海防圖漂竹接登觀此云六十里誤曰寮營去縣五十里樂安營去縣六十里高嶺營同上山口營去縣七十五里平望營去縣八十里望斗營去縣八十五里六墟營去縣一百二十里按海防圖六墟連平望此在麻思營下誤鐵爐頭砦去縣二里撫民許恩安補於此　今部署恩



平營左哨六隊守平望堆錢嶺樂安蚺蛇嶺窟橫桐歸善六營其三隊守恩平縣城後哨六隊守黃竹橋山口田寮甩村那凋長亭六營其三營守恩平木梗水邊萠那龍營中哨六隊守陽江縣城其三隊守恩平城凡哨九隊隊長一人兵十人三隊旂總一人共一百二人每哨哨官一人其平望以西大墟麻思安縣樂漂竹登觀尖岡六隊營則陽電營兵也陽江所六白沙北津南樂那貢南津黃村海朗所六那蘇山三了北環澳竹仔東稔雙魚皆四石門將軍帽白沙施村利病書



瓊郡州縣俱附海濱周廻數千里時有倭寇番船之警又設東西二路左右前後司守哨防守策應而統領於白沙寨兵家所謂星布棊置之勢況加以天塹之險但夷情叵測風波靡常尤當於衝要處整飭兵船精選器械查詰墩堠巡察海道始可保孤嶼之金湯也

陽電地方北枕山南面海東接廣肇西逼雷廉蓋嶺西三郡之咽喉也水陸迂回不下二千里粵稽祖制

神電一衞以及陽江海朗雙魚寗川四所皆附於邊
海又設新興陽春信宜高州石城五所皆附於邊山
水陸犬牙相制有司從中協守亦一尉一吏之意哉
而泄泄至今日僅存其名矣以水信言之東則自廣
海寨茫州接界起西至白鴿寨雷州交界止汪洋瀚
海寇盜出沒計汎凡三百里設有海朗雙魚限門蓮
頭四水砦派船分守扼要哨防此則海防之大畧也
盎海廣則隙多地廣則險衆也近年兵額日縮餉額
日虧船額日減軍額日缺雖規制如初而迹類象人



塗馬所謂指臂使而首尾應者則茫乎未之講也（冒起宗陽電山海信防圖說）
雙魚砦設有砦城一座內置發汎公署及寨署哨捕
兵房守險之制亦云密矣兵船十有二隻官兵四百
四十四員名左哨孤守雙魚港內逼雙魚所城港門
兩山對峙銃臺三座復有東山官兵據險而守賊未
敢卒犯也去砦八里則有雙魚所城離陽江縣一百
七十里離電白縣七十餘里聲援遼遠實爲邊海孤
城外洋勢難遥控覺察責在瞭軍每歲春汎除督發

雙魚一哨官兵外又例調東西兩山各營共協守所
城并一帶海岸若東汎則止雙魚一哨虛應故事矣
古哨派守豐頭港與海朗砦接界港內逼織菁墟五
里許則至太平驛防奸緝盜未可刻踈況有高山夙
號盜藪山勢延綿路逼雙魚信海奸宄窺伺疏防常
駕客船藏盜出入相應嚴飭海朗會哨分防毋以一
港爲秦越可也（冒起宗雙魚寨所圖說俱同上）
新安營自前明設參將一員城守守備一員千總一
員把總兩員官兵五百名萬歷十四年以總兵移鎮



南頭裁參將十八年罷移鎮復參將
國朝順治初裁去參將餘仍其舊康熙三年奉
旨增設官兵五百名共一千名改城守守備爲中軍守備添
設遊擊一員千總一員把總二員（新安縣志）
順治四年前山寨設參將一員左右營千總各一員
把總四員兵五百名及康熙元年添撥撫標兵五百
名分防縣城康熙三年改設副將衙門添設左右營
都司二員守備二員千總二員把總四員官兵一千
名通共官兵二千名後奉文裁減除陸續抽撥及逃

故不准頂補外左營尚實存兵九百二十八名右營兵八百六十四名康熙八年內更設營制本營添設防守海口官兵四百零三名配駕船隻防守香山縣志

江起龍十三年任水師參將駐劄白鴿寨通明港始至營署俱圯無城塹可守起龍周視白鴿當郡城入海之口爲雷州左臂無白鴿則無雷州乃捐貲立營寨招居民屯聚爲墟市商貨畢集聲勢與雷城相聯絡及康熙三年出海起龍遂進副將移營海安口兵民帖服五年出洋捕盜風發舟覆起龍殞焉郡通志



康熙元年提督軍門移鎮惠州府以副總府爲軍門府左右翼遊擊四員領左右前中四營目兵四千以中左二營駐防府城以前右二營駐歸善縣惠協副將領左營官兵移駐東莞右營官兵移駐平海所二年惠協副將統領右營官兵移駐海豐縣時左營協防東莞因改海豐營爲惠協左營仍統各屬三年裁惠協副將改總兵一員遊擊二員分中左二營各統兵一千中營官兵一千係新添設俱駐海豐又將惠協右營改爲鎮標右營統兵共一千亦屬惠鎮總兵統轄五年裁總兵官并中營官兵一千仍照原設惠協副將及左右營都司各一員副將同左營仍駐海豐右營都司統領官兵仍駐平海九年提督還鎮省城惠協副總領左營官回駐惠州并轄大鵬守備官兵四百員名右營仍守平海其白雲平海各汎東江歸善各哨江防俱右營撥遣其海豐添設守備及惠來東海滘官兵則撥入碣石鎮管轄陸豐縣志

獅子營在番禺縣東南礪山石子頭前康熙十三年築城置墩一大清一統志



南澳鎮在饒平縣東南一百六十里海中南澳山上明萬歷四年築三城一在深水澳一在雲蓋寺一在龍眼沙互相聯絡設副總兵駐守

本朝康熙十八年改設總兵官兼轄澄海海門達濠三營控制兩省爲海上重鎮同上

竊照龍門當欽州咽喉爲高雷廉瓊門戶最爲要害故明安船設兵甚爲得法我

清定鼎以來廉欽於順治十三年始入版圖彼時地方初定營寨廢弛至康熙元年遷界改廉州珠場寨爲乾

體水師營嗣康熙八年展界雖乾體水師營增船增兵但船泊內港既非扼要卽爲失計且置欽州沿海西鹽白皮等塲于戶外不能相顧所以三十餘年間海寇鄧耀楊二等攻城掠野蹂躪四郡荼毒不堪實由未得險要以爲守耳某等守欽數載洞識情形先於甫勦龍門時卽詳請設兵善後一爲逆渠未殲龍門爲必守要區請圖善後之策等事一爲逋逆復聚狂逞乞亟勦除以安黎庶事一爲龍門爲必守要區懇乘舟師勦蕩之時亟圖善後以奠海疆事而新會



遊擊梁斌統船勦賊親歷其地亦有龍門兩經掃蕩宜設善後兵營以永固邊疆事與某等前後所詳不謀而合葢龍門內有七十二逕逕逕相通且與交阯接壤賊艘易於出沒邊海愚民多爲煽惑烏合蟻附變亂不常實爲腹心大患若龍門設兵賊無巢穴可據自難糾聚夥黨卽內地亦不煩重兵若爲久遠之計再於水營牙山分船佈守犄角相應扼其咽喉手足自僵理勢有必然者或卽以乾體之兵酌量移駐是兵不添設餉不加增俾高雷廉瓊沿邊之民無憂

刼掠煎鹽捕魚均享樂利荒土可闢國賦可充矣故守乾體不若守龍門尤爲得利倘云龍門屹峙島嶼似在界外查州志原稱龍門江與大海不同況緊對牙山尙在牙山之內故明設營自是謀深慮遠矧今潮州達濠業經題設副將而廣州府虎頭門至今設守不可比類而推歟古人衣袽之警安不忘危今議守龍門不特可消海寇目前之萌孽併可息交阯將來之睥睨某等所以切切慮及此者正以藩籬不可不守亟宜綢繆未雨仍舊建營以爲安攘伏乞施行



知州馬世祿請設龍門協營議　欽州志

佟國勷康熙十八年任廉州守時海氛未靖盜賊據龍門島爲巢穴國勷以前明重兵駐永安潿州

國朝以總鎭駐郡城俱不得要領因與州牧馬世祿剴切上其事於督撫龍門設水師副將國勷之力也　廉州府志

硇石鎭康熙八年展界設立駐鎭總兵一員統轄中左右三營每營各設遊擊一員守備一員官兵三千五百七十五員名總兵統中營遊擊守備兵一千五

百名駐鎮衛城餘二千七十五名左右二營分領左營駐防捷勝所右營駐防甲子所二十三年奉裁中營千總一員把總二員并東海滘縣城防守官兵實留中營千總二員把總四員額兵二千八百四十名餘三營遊守各官照舊總兵統中營官兵仍駐衛城左營遊擊仍駐捷勝所左營守備移防甲子所右營遊擊移駐東海滘右營守備移防海豐縣城（陸豐縣志）

國初欽設城守遊擊撥中軍守備分防城守其南港蓬羅澌凜如昔大觀港烏雷各設汛防守漏口礮臺撥



千總一員駐防後移長墩自吳逆倡亂楊彥迪跳梁營制廢弛康熙十六年歸正長墩仍設千總以防海小董三十六村二汛各撥官兵以扼廣西要害海防疎曠彥迪餘孽肆行猖獗二十三年始設龍門協鎮副將都司駐防龍門左營守備分防防城其牙山烏雷三口浪各要口設汛撥兵防守分綜巡哨王光十萬大山向爲山寇黃國琳施學盈等巢穴設派撥千總以扼上思州之險貼浪都之上扶隆逼近交阯撥把總以捍衛四峝之澌凜古森思勒峝之那梭各隘

設建礮臺調撥礮位官兵戰船分防以備海氛之出没迤西之石龜嶺設礮臺安礮位官兵戰船防守以遏犇寇之侵陵我

國家未雨綢繆欽營龍協營汛礮臺星羅棊布誠有備無患宜乎山無伏莽海絕遊魂商民咸樂熙皥矣（欽州志）

國初臺灣狂孽授首爰駐水師提督於厦門移厦門鎮於南澳以左營爲福營右營爲廣營並轄於南澳其水師之星羅棊布於沿海者澳之西爲廣之碣石鎮



虎門鎮高廉鎮西南則雷瓊鎮澳之東則福之金門鎮漳州鎮福清鎮東南則臺灣鎮排若鴈齒聯如貫珠而澳居其中靜則相維動則相應此百餘年來粵閩之民所爲寢息於驚濤駭浪之中而恬若連席安若覆盂也（南澳志）南澳自明萬歷間設副總兵防守漳潮分福廣兩營逮崇正季年海寇猖亂據爲巢穴鼎革後遂廢其地康熙二十四年臺灣蕩平海外俱入版圖乃移厦鎮設總兵一員福廣兩營遊擊二員除福營外其廣營遊擊標下守備一千總二把總四戰

守兵共一千二百名大小戰船二十隻防守澳城并深澳隆澳西角長山等水汛每年給領錢糧一萬八百兩糧米四千三百二十石饒平縣志

康熙四十三年七月兩廣總督郭世隆疏言粵東自南澳起經碣石鎮至虎門協海面二十餘里守汛遼闊請增設兵船於遙對南澳之澄海協以資巡防海門一所最爲緊要應移達濠營遊擊守備千總把總駐劄改爲海門營以海門所守備移爲達濠營守備甲子一所乃險要海口從前止設千總一員應以鎮



左營移駐與碣石鎮聯絡防守吳川營隔海百餘里有硇州一島宜以龍門協所屬之乾體營兵令白鴿寨守備千總把總統之駐劄硇州改爲硇州營白鴿寨即以千總管領至平海大鵬二所逼近巨海應專設二營其順德一鎮外有香山鹿門二協內有省會駐防兵可裁去總兵官止留遊擊爲順德營改鎮標左營爲平海營右營爲大鵬營下部議均如所請行國朝蔣良騏東華錄

孔毓珣雍正三年總制兩廣綜覈全粵山海形勢移香山協都司於潭洲調增山縣丞於海口改碣石衛爲同知措置詳審精密不錯寸𨸏郝通志

乾隆三年總督鄂彌達奏畧言饒平澄海二縣皆潮郡濱海要地以黃岡一協爲屏藩其實止可控制分水關陸路咽喉而東南海面向四顧空虛幸下多礁石匪船出入維艱有伍塘港繞出其背則水路平穩倘由此登岸經浮山徑口黃山坑白石嶺竟可直趨郡城黃岡之險不足恃該協固不便移於內地使沿海數十里無重兵惟西北四十里有白石嶺兩山對



峙中通一綫車不容軌應於白石嶺建築關垣安設礮位添撥弁兵駐防與黃岡爲犄角又澄海縣樟林港地當水陸之衝接連鴻溝鹽竈并饒平員頭沿海一帶奸匪多從此出沒最關緊要雖額設巡檢千總而幅幀遼闊兵役無幾未免顧此失彼查澄邑南洋駐守備一員把總外委各一員帶兵一百零一名該處距縣城僅十里城內現有副將大員聲勢足以彈壓應請將南洋守備并駐防兵丁移駐樟林分轄鴻溝鹽竈員頭等處以樟林原設兵丁移駐南洋奉

旨俞允潮州府志

十年將軍策楞奏言粵東地處海濱凡差使行走非船不行盜賊竊發亦惟舟師可以追捕現在甲兵之內於海上情形類皆茫然未曉併有一經泛海頭暈目昏畏怯不能坐立者伏思海疆重地首重舟師雖粵省駐防披甲原未設有戰船但各兵身處海濱於舟師不加習練究屬缺欠之處查閩省駐防官兵於附省洋與地方另設水師一營專司訓練水兵其存城官兵亦得輪班前往學習數年以來頗收水陸兼資之用粵東海口甚多港汊冗繁兼之外夷船隻時出於途比閩省更為險要似應請照福州之例一體添設水師奉

旨依議欽此

明初揭陽守禦有蓬州所軍後割隸澄海其餘經制營伍並無額設景泰間設民壯以守城池今仍之然非市井冒充則羸弱登數嗣是議設水陸汛防禦惟申移他營兵協守而已然盜舶連艅揚帆而入滿載而歸以之禦商禦民則有餘弭盜則不足明季召募



土兵初設西營以守舖前水口又設振鐸營以守縣城崇禎末年又設東安營遊擊守縣俱以土把總轄之然旋設旋廢我

朝自定鼎以來則有本省兩藩撥剿駐防之兵順治十五年始于舖前設北礮臺與潮陽縣之南礮臺對峙設水師營遊擊一員守備一員以共守之然皆隸於潮鎮而餉俱支於本府與縣無涉嗣以賊艘闌入未足禦敵又添設揭陽青嶼礮臺與潮陽之石井礮臺對峙以協守之改名石井營後又裁去石井營而更以潮鎮之左右營輪流守縣兼撥千把總以守四礮臺口子雍正十一年奉文左營移駐嘉應右營專管駐防揭陽不復輪流巡防乾隆二十六年八月將分汛河婆汛之右營守備掣回郡城設千總一員駐防河婆汛千總一員駐防北礮臺外委一員駐守石內汛乾隆二十七年五月添設方坑楓口竹橋三處水汛抽撥普寧縣城外委一員移駐適中之楓口汛各設快船一隻往來巡查方坑竹橋二汛水道揭陽縣志

二十七年九月兵部奏言議得廣督蘇昌奏稱竊照

廣東之瓊州府地方孤立海外東西南三面皆屬大洋惟北與雷州內地隔海相對峙凡由省城及沿海各郡赴瓊者皆由雷州營所轄之海安營出口渡海八十里半日可到雷州固爲瓊郡出入咽喉而廣州省會以及惠潮廉州等府皆南臨大海瓊郡屹立海南又爲通省外海籓籬此則雷瓊兩郡內外相爲脣齒相依之情形也現在文職設有道府武職設有總兵俱駐劄瓊郡共資彈壓文武官制已備惟雷瓊道則兼轄雷州府呼吸相通控制得當而瓊州鎮臣所



轄管兵則僅止瓊州一協儋州萬州崖州三營所管汛地亦止海外一隅竟與內地雷州兩不相屬伏思
國家設立營制必須聲勢聯絡犄角相應方足以壯聲援況瓊州爲海南重鎮民黎雜處四面環洋若貼近之地營汛一無統轄未免內外扞格遇有緩急呼應不靈大有未便臣自抵任後諮訪通省營制悉皆相險布防互相聯貫獨瓊州一鎮聲勢甚孤臣檢查檔案如雷瓊道一缺先於雍正年間曾改爲海南道專管瓊州一郡迨三年復經前任督臣鄂彌達以雷州相距瓊州鎮僅隔海面百里形勢相倚如輔車脣齒
奏請將海南道仍改爲雷瓊道兼轄雷瓊二府使海外要郡不致孤立等因經部覆准在案從此雷瓊兩郡一切海面事宜該道均得一手稽查凡瓊州商民赴雷販米運米穀者出入口岸亦得互相關會大於海防有裨瓊鎮與雷協均有稽查海口之責更有出洋巡哨之例遇事俱互相關涉文武實事同一體臣查雷州協及所管徐聞海安二營雖同隸高州鎮統轄然相距高州皆遠至六七百里相距瓊州則陸路



無多海面不及百里若將雷州協及徐聞海安二營改隸瓊州鎮統轄則不惟內外聯爲一體血脉相通而一切營伍事宜及考驗官弁片帆往返較之遠赴高州更爲便捷且查高州鎮現管轄羅定龍門雷州三協電白吳川欽州廉州海安徐聞化石硇洲八營額設官兵一萬一千六百餘員名所轄汛地延袤二千餘里平日既查察難周而每年九十兩月該鎮例應出巡紆迴周折亦久曠時日瓊州僅管轄一協三營額設官兵共止五千四百餘員名不及高州之一

半臣綜核兩鎮及雷協形勢以遠近而論則雷州近
於瓊而遠於高以汛地廣狹而論高鎮減去雷州徐
聞海安三協營尚有親標及八協營官兵九千餘員
名爲數不少而裒多益寡可免鞭長莫及之患以海
疆要鎮而論瓊鎮增此三協營則共有親標及七協
營官兵八千餘員名彼此兵數既得適均而外海與
內地不致形格勢阻實大有裨益仰祈
皇上天恩俯准將雷州一協及所管之徐聞海安二營一并
就近撥歸瓊州鎮統轄俾海外要鎮得與內地聲氣
相通呼應靈便於營制更爲周備而文武體制亦昭



畫一矣等因查管轄營制必須聲氣聯絡庶查察易
周而緩急有資於營伍地方始有裨益廣東雷州協
並徐聞海安二營向隸高州鎮總兵管轄今該督既
稱雷州爲瓊郡出入咽喉而雷州協及徐聞海安二
營相距高州皆遠至六七百里瓊鎮管轄官兵不及
高州之半請將雷州協及所管之徐聞海安二營撥
歸瓊州鎮統轄等語應如所請廣東雷州協及所管
之徐聞海安二營均准其改歸瓊州鎮總兵統轄所

有該鎮協營等坐名流傳各
勅及關防俟
命下行文該督查明報部查辦奉
旨依議欽此
三十年奉文澄海協左營所屬之東湖大萊蕪二汛
改歸右營管轄右營所屬之沙汕頭礮臺汛改歸左
營管轄澄海縣志
嘉慶十一年正月初十日總督吳熊光奏言制賊之
命在使船隻無處停留米糧無從接濟西路吳川縣
所屬之廣洲灣及遂溪所屬之東海二處盜船每多



屯聚最爲緊要前督臣那彥成於搜捕廣洲灣盜巢
摺內奏擬添設參遊營頭遙資控制經臣錢夢虎親
往逐細查勘廣洲灣前臨大海一片沙灘沙性鬆浮
難於建造礮臺營汛惟有於附近廣洲灣之田頭村
龍起滘等處要隘派撥弁兵晝夜巡守內禁米石出
口外絕奸匪消贓庶接濟無人匪船自不能久泊至
東海地方孤懸海中東西長一百餘里南北寬三四
十里分爲上中下三社土膏腴沃素爲産米之區其

上社東南有海港一道名曰激沙與高廉所屬之硇洲營相對中隔洋面二十里盜船於此港內灣泊該港中雖寬大其口門僅容一二船出入兵船不能連檣進攻該匪倚爲巢穴既可避風濤又兼資糧食該處文官止湛川司巡檢一員武官僅外委一員駐兵二十名實難彈壓必須設立重兵添建礮臺營署勘得激沙渡頭距船隻出入之口甚近此處應添設礮臺一座緣係浮沙必得石砌臺基方能堅實又勘得相距激沙渡頭里許之南坑村地段寬闊足以建立



營頭葢造兵房衙署惟須建築城垣以資防守但磚城工費浩大應請建立土城則營房礮臺兵威壯盛犄接廣洲灣東南近連硇洲均足以聯絡聲勢不但盜船不能停泊該處民人亦不敢通盜爲奸於捕務大有裨益臣錢夢虎因公至省與臣吳熊光臣孫全謀又再四熟商實爲目前要務惟東海添建新營及附近廣洲灣之田頭村等處派兵巡守總須兵丁一千一百餘名并設立參將等員方克有濟伏思

國家經費有常未便額外請添兵丁多糜餉項止有就

本省營分兵數較多可以酌減之處量爲抽撥查督標六營均係駐劄肇慶共兵五千一百十名內除水師一營九百三十九名外其中左右前後五營尚共有四千一百七十一名肇慶係屬腹地且又有城守一營同駐統計兵數較多似可將督標後營兵八百四十名裁減再於提標內抽撥二百六十餘名以足一千一百餘名之數查督提二標營分距遂溪之東海地方均千有餘里官弁可以先行酌派前往其兵丁等若令携家移駐勢多未便而東海添設之兵又



難緩待臣等擬於就近召募新兵一千一百餘名上緊操練務成勁旅其督標後營及提標所抽各兵若遽行裁汰該兵等未免驟至失生計惟有將督標後營兵八百四十名分隸左右中前四營俟該四營兵丁事故出鈌時卽以後營兵丁補額後營兵丁出鈌無須再補如此逐漸減少不過二三年卽可盡裁其提標抽撥爲數無多更易照此辦理仍將督標水師兼帶後營名目以符五營定制至舊兵未裁之時新兵糧餉應請於前奏商捐捕盜項下動支俟裁汰全

完卽歸舊額支放其應建礮臺及衙署城垣一切經費亦請於商捐項下支用造報再東海營汛係雷瓊鎭所轄該鎭駐劄瓊州遠隔重洋鞭長莫及應改歸高廉鎭統轄并將與東海對峙之硇洲都司一營歸於新設之東海營參將節制俾犄角相恃呼應益靈防禦更爲嚴密

十四年四月二十日總督百齡會同奏言查澳門距廣州府屬之香山縣城一百四十五里東西南三面枕海惟北面陸路可通縣城向來西洋夷人在澳門



設有礮臺六座係該夷自行居守由縣至澳西路曲折至前山寨地勢開展建有土城居民稠密其寨外左右河路均與環澳之海面相通迤南有沙脊一道名曰蓮莖向有關閘一座障以石垣設門以通行旅其關閘外三里許卽係入澳之三巴門規其水陸險要形制天成以前山寨而控澳門實有拊脊扼吭之勢舊同知一員管轄海防營把總二員水師防兵九十名又由香山協派都司千總各一員兵丁七十九名駐札協守嗣因香山協副將頻年出海緝捕歷任

都司調赴縣城經理營務遂致前山衙署全行傾圮卽關閘亦僅派兵二十八名在彼巡查地要兵單殊非慎重邊防之道必須設立專營內護香山外控夷澳始足以壯聲威而昭體制應請改遊擊一員中軍守備一員水師千總一員把總二員外委二員額外外委二員招募兵馬步戰守四百名分左右二哨作爲前山營其遊擊守備駐劄寨城鎭守均改爲陸路題缺派撥把總一員帶兵六十名專防關閘汛地外委一員帶兵二十名協防關閘外里許之望夏村並將同知舊管之兵丁九十名再新兵十名交水師千



總督率外委一員管帶駕坐槳船在澳門之東西南三處海面往來巡查統歸遊擊管核就近隸左翼鎭兼轄庶幾規模整肅鈐束分明於邊防益昭嚴密所有新設前山營遊擊守備各一員查有潮州平鎭營之遊擊守備堪以移駐其千總一員請於撫標右營移撥把總二員請將原設之海防營把總撥歸外委二員請於督標中營移撥額外外委二員俟招募新兵操演純熟卽於本營拔補至平鎭營原設遊擊

擬以三水營都司改駐其三水營都司原缺擬以潮州城守營守備改駐該二營事務較簡量爲改撥均足以資彈壓如此一轉移間俸餉各仍其舊而於營制亦不致窒閡矣

十五年八月初六日總督百齡會奏言廣東提督向來駐劄惠州府居陸路衝要之地東中西陸路四鎮八協五十九營星羅棋布疆域相聯控制陸路各鎮協營甚屬相宜其巡查臺汛兵防及考驗六營官兵各事宜均屬便當周客原設廣東提督應作爲陸路



提督現在提標五營應各仍其舊毋庸更改惟粵東洋面上接閩海下達夷洋袤長二千餘里滄波浩淼島嶼嶙峋內河則港汊分岐四通八達通省水師三鎮五協三十五營捕務尤爲緊要必須添設水師提督一員專管外海內河水師各鎮協營官兵訓練緝捕事宜始足以資統馭當經飭行司道籌議去後茲據廣東布政司曾燠按察司陳若霖護理督糧道李威會議詳覆前來 奴才會同撫臣韓葑提臣童鎮陞悉心核議查新設水師提督必須駐劄要緊海口督

飭各路舟師隨時策應方爲得力廣州府屬虎門地方係近省緊要海口與澳門焦門洋面相通中路舟師及出海商漁船隻並每歲番舶往還均由虎門出入實爲海疆適中扼要之區向設左翼鎮總兵一員在該處巡守究覺兵力稍單應將新設水師提督駐劄虎門庶足以壯聲威而資控制所有原設左翼鎮總兵衙署改爲水師提督衙門應設立中左右前後五營以符體制即將原設左翼鎮中左右三營改爲水師提標中左右三營應設水師提標中軍參將一



員擬將春江協副將移駐雷瓊鎮所屬之海口作爲海口協副將其原設海口營參將一員移駐虎門改爲水師提標中軍參將兼管中營事務原設左翼鎮左營遊擊應改爲水師提標左營遊擊仍駐防新安縣城其原設左翼鎮標右營都司應改爲提標右營遊擊即將原設左翼鎮標之中營遊擊移駐毋庸增添其原設左翼鎮標右營都司一員即移駐海口地方作爲新設海口協中軍都司兼管左營事應添水師提標前後兩營查東莞營係內河水師向設都司

一員距虎門甚近即將東莞營官兵改爲水師提標前營仍駐防東莞縣城又新塘營向設內河水師遊擊一員離虎門亦不甚遠即將新塘營官兵改爲水師提標後營仍駐防新塘地方如此則中左右三營係外海水師前後兩營係內河水師表裏聲勢亦屬聯絡是虎門添設水師提督統馭全省水師官兵實爲扼要得宜於營制益昭整肅至水師洋面東路則有南澳碣石二鎮足資督緝西路自陽江電白至龍門一帶洋面廣闊復有碣石硇洲潿洲廣洲灣東海



西海等處要緊洋面原設春江協副將一員駕馭難周須移駐專閫大員藉資彈壓應將左翼鎮總兵移駐陽江改爲陽江鎮水師總兵管轄西路水師各營原設春江協副將一員移駐雷瓊鎮所屬之海口其春江協原設中軍都司即改爲陽江鎮中軍遊擊新設陽江鎮總兵亦應設立鎮標左右二營應將春江協左右二營改爲陽江鎮左右二營惟原設左右二營左係陸路右係水師從前廣東提督祇有一員水陸統歸節制今既添設水師提督各有專司應行區

別水陸營分量爲轉移應將原設春江協右營水師官兵改爲陽江鎮左營歸鎮標中軍遊擊管轄毋庸另設中營官兵高州鎮屬之電白營係外海水師向設都司一員兵丁七百餘名該營所管洋面與陽江毗連應將電白營官兵改爲陽江鎮右營仍駐防電白雷州營額設參將一員管轄左右二營左營全係陸路右營半係陸路半係水師亦應區別水師陸路分地管轄查雷州右營水師守備一員向駐白鴿寨地方額設馬步兵七百零一名內水師兵丁二百四



十九名陸路兵丁四百五十二名應將該營水師官兵量爲移駐查遂溪縣屬之東山墟地方孤懸海奧四面汪洋最爲險要之區與硇洲廣洲灣等處迴環相接有犄角之勢應將原駐白鴿寨之雷州右營水師守備一員帶水師兵二百四十九名移駐東山墟改爲東山營守備就近歸硇洲營都司兼轄且東山墟舊有湛川司巡檢一員更可互相稽查所有白鴿寨地方及通明礮臺應令雷州右營撥陸路千總一員管帶原設陸路兵丁駐防白鴿寨兼管通明礮臺

亦可無虞疏防如此增改官無冗設兵有專防於水陸地方均有裨益至軍裝器械各在原營移撥毋庸另造所有西路吳川硇洲龍門海安海口及新改之東山營并陽江之廣海寨俱係外海水師統歸陽江鎮營管轄此添設水師提督更移水師總兵並移駐將備劃分各營汛之情形也再查原設春江協左營守備係屬陸路向來駐防陽春縣城應將該營官兵改爲陽春營歸陸路高州鎮管轄雷州右營官兵半係水師半係陸路今既劃出水師官兵改爲東山營



守備尙有該營陸路弁兵應移駐遂溪縣屬濱海險要之白沙塘仍作爲雷州右營歸雷州營參將管轄但須籌撥參將一員管帶彈壓查海口營向設守備二員茲將春江協副將移駐海口作爲海口協副將並將左翼鎮右營都司移駐海口作爲海口協中軍都司兼管左營事其原設之海口營左營守備應移駐白沙塘改爲雷州右營守備所有雷州右營原設磯臺汛地俱歸該守備經管遂溪縣屬地方瀕臨大海疆界袤長尙應添設縣丞一員駐劄沿海要隘之

楊柑墟相距白沙塘甚近協同新設守備稽查沿海之草潭舊廟北羅烏石等處地方聲氣聯絡巡查較爲嚴密應於通省中簡缺縣丞內酌量移駐作爲調缺遇有陞遷事故在外揀員調補以昭愼重又查惠來營原屬陸路向係碣石鎮管轄但碣石鎮係水師總兵以水師而管陸路殊多隔礙應將惠來營遊擊改歸潮州鎮管轄其上年新設之澳門前山營原擬撥歸左翼鎮管轄茲左翼鎮移駐陽江其前山營亦係陸路營分應就近撥歸廣州協副將管轄此外尙



有雷瓊鎮屬之崖州營額設參將守備各一員俱係水師其所管各汛係屬水陸相兼原應釐定汛地分別改撥緣崖州地處極邊山海交錯且番黎雜處駕馭宜嚴必須駐劄參將大員重兵彈壓方足以資控制現查崖州地方層層安設塘汛極爲嚴密應仍循其舊毋庸移改崖州營屬各員弁遇有考拔及呈報事件由該營參將呈報雷瓊鎮分別水陸弁兵資送水陸提督核辦俾免分歧從前營制粵東原設左右二翼總兵各一員今左翼鎮改爲陽江鎮其右翼鎮

名目亦應量爲更改查右翼鎮總兵駐劄韶州管轄南雄三江二協應改爲南韶連鎮仍駐劄韶州此又酌改陸路各營官弁並更定鎮名俾免混淆之情形也

十六年六月二十七日總督松筠奏言粵東洋面西路尤爲寬廣甫値區分水陸營制之初必須因地制宜通盤籌畫以期愼密海防伏查原定洋巡章程中東西洋面區分五路上下十班粵東水師總兵三員僅敷統巡三班其餘七班照例派委副參代巡粵東



通省水師營制內河外海共三十三營又崖州一營地處極邊山海交錯向係水陸相兼業經前督臣百齡奏明仍循其舊中路虎門水師提標及香山大鵬順德英清新會外海內河共一十三營係水師提督就近統理東上路之南澳海門達濠澄海共五營係南澳鎮總兵統轄東下路之碣石平海共四營係碣石鎮總兵統轄中東兩路水師各營聲勢聯絡管轄極爲周密控制亦屬得宜惟西上西下兩路共水師十一營幅幀遼闊海面汪洋幾及二千餘里原議統歸新設之陽江鎮總兵管轄實有鞭長莫及之勢茲准水師提督臣童鎮陞咨稱西上西下兩路各營區別水陸今昔規制不同即如海口海安各協營逼近海南實爲全瓊門戶今撥歸陽江鎮管轄路途遥遠稽察難周一切要緊文報亦恐稽延貽誤而極邊之龍門協逼近夷洋距陽江千有餘里更難策應稽查從前粵洋海寇縱橫皆由水師兵防不甚周密之故此時萑苻靖息營制新更正須相度機宜詳悉釐定免至稍有偏廢等因適提臣童鎮陞巡查內河來省



臣等公同面商因查雷瓊鎮駐劄瓊州府城乃西海適中之地該鎮向係陸路總兵兼轄水陸營汛瓊南孤懸海表四面環瀛應將雷瓊鎮改爲瓊州鎮水師總兵該鎮標左右二營萬州儋州原設陸路各營及水陸相兼之崖州營均駐瓊州防黎緊要仍歸該鎮兼管其原轄之雷州左營徐聞營及上年移駐白沙塘之雷州右營俱駐劄雷州地方應改歸陸路之高州鎮就近統轄自陽江至東海爲西上路所有陽江鎮標左右二營廣海寨吳川營硇洲營東山營均歸

陽江鎮管轄自海口至龍門爲西下路所有海口龍門海安崖州各協營均歸瓊州鎮管轄臣等謹按釐定洋面情形籌議西上西下兩路及西上之東海西下之龍門各分上下班派員巡洋搜緝庶邊境大洋各有水師重鎮分轄會哨緝捕益昭嚴密矣

十八年澄海協左營蓬洲城北翁公碑地方添建營房正屋五間左右廂房各一間就蓬洲汛屬輪撥兵丁二十五名巡防澄海縣志

廣東海防彙覽卷八終



# 廣東海防彙覽卷九

## 營制二

### 兵額

宋慶歷中詔收廣南巡海水軍忠敢澄海皆予旗鼓訓練以備戰守陸豐縣志

熙寧間廣南路騎軍之額自靜山而下步軍之額自水軍而下者並改號曰清化凡爲八十二指揮總一萬二千七百人同上

乾道四年樞密院言潮州守臣傅自修欲於本軍禁軍闕額人數內撥三指揮二百人專防海道以識水勢人充文獻通考五年冬十一月庚申增置廣東水軍宋史孝宗本紀



元元貞二年九月詔以兩廣海外四州城池戍兵歲一更代往來勞苦給俸錢選良醫往治其疾病者命三二年一更代之元史兵志

明洪武十五年三月籍廣州蛋戶萬人爲水軍時蜑人附海島無定居或爲寇盜故籍而用之又俘賊首號鏈平王者獲賊黨一萬七千八百五十八賊屬一

萬六千人斬首八千八百級（黃通志）

謹按明彙典籍廣州蛋戶蓋命南雄侯趙庸也

十七年花茂上言廣東南邊大海奸宄出沒東莞香山諸縣逋逃蛋戶附居海島遇官軍則詭稱捕魚遇番賊則同爲盜寇飄忽不常難於訊詰不若籍以爲兵庶便約束又請設沿海依山廣海碣石神電等二十四衛所築城浚池收集海島隱料無籍等軍仍於山海要害地方立堡屯軍以備不虞皆報可（明史花茂傳）

嘉靖十四年按察僉事吳大本議以東路柘林溪爲瀕海要害精選兵夫以中路海道咽喉用六百名東路爲門戶用三百名西路頗靜用二百名四月初旬上班九月無事掣班定以柘林爲堡以阻寇變蓋兵貴精而不貴多食宜預而不宜匱儲選有常而兵食必足戰守有據而要害必備則三路之海防不爲虛設矣然前此柘林民吳大等已嘗聚刼掠惠潮沿海居民被害甚慘嘉靖五年潮州衛指揮賴俊始督民兵驅滅之是寇非外至也海濱獨信寧都黃芒諸村尤爲僻遠居民接濟番船刼掠行舟遇荒尤甚嘗拒



敵官兵勢甚猖獗方議大征分巡僉事雍瀾至仍行招撫之令檄知縣羅允凱往開諭之置社學立保約擇其子弟十餘人聚於邑庠於是海表盜賊日消然海賊嘗刼蕭廷昌矣擒獲大半皆潮陽之土著也矧漳人先以糴穀爲名而奸民因爲之市賄結軍哨以卵翼之而土著豪強利其貨物交通敵艓豈能盡察哉中路佛堂門十字冷水角老萬山伶仃洋屯門雞栖海澳最多故用六百名東路雖柘林要害而海豐長沙碣石等處亦宜巡緝故用三百名西路頗爲僻靜故用二百名若倭寇有警增募四百名以足一千五百之數潮州民壯工食於本府軍餉給支兵夫惟選三百名餘留守城有警則雇增二百名以足原額五百之數（利病書）

竊惟嶺海之間素稱多盜然往者每有嘯聚之衆隨收底定之功未有亘歲連年征討不息者也蓋自曾酋倡亂將領匪人我師屢衂南渡之敗全師覆没省下之焚軍實盡喪公私罄竭盜賊乘虛蜂起瓊雷之間林容爲梗高廣之界則有程老王老肆虐皆連艦

數十擁衆百千至於山寇流刼所在而是民間耕作不得賦役不休富者轉貧貧者重困因而爲盜沿海之際幾於無民困斃流離至是極矣茲者幸賴皇上威靈發内帑之金下夾剿之令兩省諸臣併力成功巨酋授首海濱之氓庶幾復有太平之望矣臣生長海邦憂切桑梓耳聞目擊非一朝一夕之故矣故嘗竊自憤悶以爲嶺海之民遭此荼毒日積歲釀何緣一鳴於君父之前以袪此而後朝食也茲者幸得備員侍從濫職論思臣乃復遠嫌畏禍不備論而極言



之是上負陛下而下負臣素心也是以不揣狂謬條爲八事

一曰覆虛冒臣往見將官募兵者持檄下縣一千之衆不滿六七百耳則三四百之餘皆將官之囊橐也上之所募愈衆則侵入愈廣而將官操其所入以預貸而收厚息則兵愈憊弱而難用夫浚民膏血以養兵而徒以恣此輩之谿壑良可痛恨邇者撫臣熊桴深鑒前弊每募兵不使將官到縣檄下有司點選足數差官押送到哨此誠良策然到哨之後在其掌握任其轉移又不復可考矣如往歲魏宗瀚王如澄虛報兵數各二三百名已被巡按御史王同道查出正法矣郭成兵至潮州被知府侯必登密查不容冒領成閲矣近日如馬良漄又被副使江一麟查出見爲巡按御史楊標參劾矣當此民窮財盡之秋司計者多方搜括不足支持而此輩鼠耗狼貪惟知肥家不思體國有如臨陣遇敵尚望其捐軀報主乎臣以爲釐此不難而恒患法之不立耳夫今之查點者查其名數而不悉其人之眞僞是以彼能容奸耳今定爲



什伍之法十人爲甲五甲爲總年貌皆麗於籍卒然稽查一甲之内必悉一甲之年貌其不能者僞可知也一總之内必悉一總之年貌其不能者僞可知也如是而包代之弊見矣臣又見今之冒濫者莫如家丁蓋自名色把總而上皆以官爲差官尊者家丁愈衆而侵入益復不貲凡此皆上下相承以開冒濫之門而蠹朝廷之廩餉耳臣以爲家丁之名目可革也伏乞勑下該部詳議招兵一節則宜委用有司稽查之法則宜屬之巡按御史不時差官查閲其有虛冒

者按問如律見參馬良滙尤宜重治以爲將來之戒至於家丁一節倂望禁除則法紀彰明而人知警畏財不虛糜而兵威可振矣

一日復兵防竊照廣東濱海之地十郡而七向者設兵三路分布防守土人目爲遊擊之兵深爲得策東路則柘林西至甲子所等處地盡潮惠之境中路則南頭西至望洞澳等處地盡廣州之境西路則吳川灣澳至瓊雷海港等處地盡高雷廉瓊之境每歲於東莞新會順德三縣編差烏艚橫江民船六七十艘



分投把守各以一守備統之彼此聯絡首尾相應有常守之兵無不備之澳制至善也如東路則柘林爲閩廣之關鑰中路則南頭爲省會之門戶而浪白望洞等澳則夷舶出沒之區皆重地焉西路比二路若爲少緩然盜珠之賊常淵藪其中況賊由一路而西則此爲之壑矣近如賊林容橫行肆虐其禍固亦可覩分布守禦均之不容緩者頃因柘林叛卒之變當事者懲噎廢食盡令人船免差納稅而船戶遂困乃改設六水寨置兵萬人大意專守南頭遂弛邊海之備此如撤去藩墉而獨顧門戶賊之縱橫海上固其所也夫賊之來也雖飄風忽雨然入有門路止有灣澳非如江河之濱隨在可泊者也往年船戶用力守備得人盜賊一發隨卽成擒夫其來不得泊去則必追賊雖時有豈其如今日之肆志哉此皆往事之得也然欲復舊規而船戶消乏已盡無復可用臣愚以爲劇寇蕩滅見造官船一百餘隻卽以六水寨之兵照舊分布三路設一總兵居中調度往來遊擊互相犄角俟船戶興復之後照依舊規更番迭守遇有寇



發責令各守備隨卽相機勦捕陳吾德條陳八條之二

自我朝開拓以來登萊至浙沿海築城五十九城以爲守設備置所間以烽堠大率規模有類九邊之制今承平日久應廢而不存矣故倭寇之來竟無阻隔長驅深入殘害生民爲今之計莫若練土著之兵使之各相戰守然始練不可以應卒而調兵不可以持久事急則調之勢緩則練之若調之者終不如練之者可久也且調兵一而當練兵之費百養調兵一而當土著之兵其餘費十練愈久則兵益精在上無調

遺之煩調愈簡則費益省在下無供給之累以其所費者而練兵何弗強也以其所省者而充費何弗贍也（明李時行青霞公集）

照得高凉之地東南距海綿亘六百餘里倭奴每乘北風而來信宿可至電白吳川爲必犯之地西北倚於博陸山箐盤鬱猺獞雜處於二廣爲聯絡之處萬一中寇則東西壞絕矣其所繫之重如此乃承平日久武備寖衰尺籍空虛兵防單弱以故前有電白之禍近有吳川之虞本道思爲結綢補牢之計乃力請



兩院再增水陸官兵九百三十九員名幸蒙軫念時艱俯賜批允深爲地方幸焉故爲之派守汛地爲之酌用戰船爲之增定名數爲之布立營壘爲之置造器藥爲之料理錢糧時其訓練稽其虛冒申其號令約其應援雉堞之卑小者撤而新之池濠之湮沒者淸而浚之以至設塘報謹斥堠籍狼兵愼城守一切軍中機宜時與二三將領共申飭之徹土綢繆稍已具悉惟是兵心未一面命爲難時異勢殊善後不易謀欲掇拾條欵編列成書水陸各自爲帙捕隊而上各給一帙使與士卒習其耳目齊其心志且籍以垂永久倘亦可爲高凉保障之一助乎（盛萬年申嚴條約議　吳川縣志）

國朝雍正八年二月初六日奉

上諭兵民各有職業是以分隸文武管轄不使混雜難於約束致生事端聞得廣東瓊州遠隔海外其弁員等竟於額設兵丁之外另有一種掛名兵丁乃係無賴之徒賁緣餽送而千把等員受其陋規即准附名在册投充効勞而此輩居然以營兵自居不服地方拘管在營弁則以原非兵



丁又無糧餉不行約束在州縣則以名列戎行非同編戶不便置問以致介在兩歧恣行不法欺壓良善聚集匪人甚爲居民之累瓊州一處如此恐他處與此相類者不少著各省督撫提鎮等悉心確查嚴行禁革倘奉到諭旨通行之後再有掛名等弊一經發覺定將該管大小官弁從重議處欽此

十三年三月二十四日奉

上諭國家設立兵丁原以充緝盜安民之寄廣東爲濱海嚴疆武備尤宜勤練不應少有廢弛查通省兵丁共計七萬

餘名不爲不多歲費俸餉等項將及二百萬兩國家之養之者不爲不厚乃近年以來朕留心訪察粵省兵丁怯懦退縮者多而奮往用力者少如雍正十一年九月間有黎聖兼等客船在高要縣三榕汎前被刼盜止八人該汎有外委一員帶兵十九名一任事主喊救閉門不出又如惠來營管隊陳有爵帶兵九名於雍正十一年九月巡哨途遇私鹽十餘擔不能擒捕反被打傷搶去鳥鎗衣物又如提標前營百總黃振魁帶兵十八名於雍正十一年十二月巡遇私鹽亦被打傷搶去器械此朕



陸續訪聞甚確者同一廣東之人而爲盜賊私梟者則強悍無比其食糧入伍者轉怯懦不堪細推其故皆由將備選募時多憑兵家之子弟親戚夤緣汲引但取其應對伶俐趨蹌便捷者送赴上司驗補不但民間強壯勇敢之人無有入選卽餘丁中之勇健而質樸者亦棄而不錄以致營伍之中習尚虛文全無實濟此乃戎政之最有關係者著廣東督撫提鎭嚴飭所屬將弁痛改從前陋習嗣後募補名糧必以強健勇敢者爲合式入伍之後時加訓練申明賞罰如再有遇賊退怯者必重懲以示儆其現在老弱之輩濫充營伍者作何沙汰募補之法著該督撫提鎭等秉公妥議辦理自此次奉

諭旨之後尚有仍蹈前轍者經朕訪聞必將督撫提鎭及大小將弁分別嚴加議處不少寬貸欽此

國家糜廢金錢養一兵必得一兵之用而將官蔭空糧老弱充軍數可用者幾何南澳之兵老弱參半膏粱子弟厠身行伍生事賭博逃避差徭此之不可不汰也然沿襲既久驟行裁革未免怨聲沸騰有苛刻之議鄙意老弱之兵及病船不能衝風破浪者皆另造



名册准舉餘丁自代倂不必問其爲眞餘丁假餘丁但人材精壯武藝高強則補之一舉不佳則再再舉不佳則三三舉而不中用則除之官自招募勇敢強力之人以補其缺則兵皆精兵無虛冒名糧之弊而又於每月三六九期勤行操演考其技能工拙而賞罰之使兵識將意將識兵情屹然爲一方雄鎭知所向之無敵也　雖有猛虎無爪牙不威雖有名將無左右不雄況殺敵重事可無心腹親軍死生不離者哉鄙意鎭兵旣選練精壯又於精壯中拔其武勇超

羣才能出衆者約三百人爲巡哨親軍特加優恤每出洋則與之俱又於三百人中擇其武藝尤精敢死不二心之士約五六十人爲親隨待以心腹休戚相關遇有把總缺出量才拔補以鼓勵之擒獲賊船有金銀貨物按其多寡均分之凡隨行出哨之人共沾其惠切不可自私自利有臨陣盡力功在衆上者倍加優賞遇缺先補則敢死之軍勇氣無敵一遇賊船如鷹攫兎功名財利悉在此中皆將翹首跂足惟恐鎭主之不出哨也藍鼎元論鎭守南澳書八條之二



乾隆五十八年覆准挑補水師兵丁令該管將備出具切實甘結仍令該提鎭於水操之便親加試驗如有畏水暈船等事將兵丁斥革其挑補出結將備照昌領兵糧例治罪嘉慶年修會典

向例捕盜米艇大船配兵六十名中船五十名小船四十名數原不少惟是米艇長大每船掌舵者須六七名管頭蓬者須八九名管大蓬者須十餘名又每船礮位多者十七八位少者十二三位每位派兵三名數恆不敷其火礮噴筒籐牌鳥鎗等物往往不能兼顧倘遇賊匪窮而相搏後船接應不及兵丁慌亂輒先跳水從前覆轍可爲明鑑而賊匪小船六七十人中船八九十人大船百二三十人其盜首之船必百七八十人每見我師追及盜船見其鎗刀林立輒逡巡而不敢過蓋欲過賊船必先保護本船過船人少則不能殺賊而反見殺於賊過船人多則本船空虛賊匪乘虛而入必致失事故自用兵以來獲賊不爲少矣而著名盜首從無一獲皆原於此凡盜首之船財貨充積兵丁豈不思獲無如衆寡懸絶故憚而不前也夫擒賊必先擒王得其王而餘黨可散嗣後



應請大船配兵百名中船配兵八十五名小船配兵七十名人數既多軍心自壯而後賊首可擒至水師不敷配撥應卽招募諳練鄉勇令弁兵隨事敎導亦可得力也程含章上百總督書十七條之一

嘉慶十四年十月二十八日總督百齡會同奏竊

奴才　奉

上諭御史何南鈺奏請於粵省各路海汛添駐武員重兵分頭鎭守一摺所奏似屬難行沿海要隘爲盜匪出入之路

防堵固宜周密但一省中額設官兵各有駐守定所若盡
合移駐海口恐陸路各處不敷防汛亦非所宜著百齡通
盤籌畫是否可行或量爲添調卽行妥議具奏欽此奴才
與提臣孫全謀悉心籌議伏查粤東地方依山環海
港汊紛歧東中西三路海道綿延四千餘里東連閩
海西接夷洋海面尤爲廣闊又有西上西下之分中
係省城及佛山江門石龍諸大鎭民居稠密商艦駢
闐每爲洋匪所窺伺現在粤洋緝捕喫緊倂杜絕接
濟賊匪缺乏口糧屢次内竄掠食防堵自應周密該



御史何南鈺奏請粤省各路海汛添駐武員重兵分
頭鎭守固爲愼重海防起見惟水陸營汛各有定制
勢不能偏倚疎漏粤東通省督撫提鎭協各標額設
陸路五十九營連新設前山寨共六十營設兵丁四
萬二千五百九十二名外海水師二十七營額設兵
丁二萬零一百九十二名内河水師八營額設兵丁
五千九百二十名通共水陸九十五營計共兵丁六
萬八千七百零四名嘉慶六年前督臣吉慶派撥外
海水師二十七營分段洋巡以南澳右營海門達濠

澄海各協營爲東路以碣石左翼二標平海大鵬香
山廣海各標協營爲中路以春江右營電白吳川硇
州各營爲西上路以雷州右營海口海安崖州龍門
各協營爲西下路遞年各營將備分班輪流出洋巡
查本管洋面又派鎭將參遊大員分路統巡會經奏
明在案至各路要隘口岸如東路之海豐陸豐南澳
饒平澄海潮陽揭陽惠來等縣原設礮臺三十三座
中路之東莞香山新會新安新甯等縣原設礮臺二
十八座奴才百齡到任後籌辦捕務因地制宜復議



於最要海口新會之厓門東莞之新涌山口到滘大
汾番禺之沙灣烏豬順德之大園涌雞公石高明之
都含開平之長沙鶴山之古勞水口各等處籌添礮
臺十二座西路陽江電白吳川石城海康徐聞遂溪
合浦欽州瓊山文昌會同澄邁陵水崖州各州縣原
設礮臺五十三座共計東中西三路新舊礮臺一百
二十六座分别最要次要派撥目兵或一二百名或
數十名不等駐劄防守其陸路六十營及内河水師
八營設立汛卡巡哨各船撥兵分防星羅棋布在在

均關緊要奴才前經會同撫臣奏明趕造米艇添鑄礮位與提臣孫全謀集師策劃設法堵防現在造成米艇併僱用紅單及紅綠頭船隻均須添調各路水師弁兵管駕緝捕以營分之大小撥兵數之多寡已於東路之南澳碣石澄海海門平海中路之左翼鎮香山協大鵬春江廣海電白及西路之雷瓊海口各鎮協營内陸續調撥外海水師兵七千餘名配船出洋緝捕又挑買堅固運鹽船隻三十號調撥内河水師兵一千五百名配撥礮械派委文武員弁管帶在



於廣州府屬之南番新順等縣内河梭織巡緝至内河外海水師各營墩臺汛卡有需撥兵貼防之處均卽抽調督撫提標及廣惠潮肇增城惠來各鎮協營陸路弁兵就近撥赴水師各營防守此現在剿辦洋匪抽調撥防之實在情形也伏思粵省輻員廣袤水汲固應嚴加巡緝而陸路中或地處海隅或界連鄰省其惠潮南韶各府疊嶂層巒類皆險要亦須周密稽防查通省額設水陸九十五營均係扼要控制本無冗設誠如

聖諭額設官兵各有駐守定所若盡令移駐海口恐陸路各處不敷防汛亦非所宜仰見

皇上鑒徹瀛壖神籌機要奴才不勝欽服之至刻下因堵捕洋匪調撥各路水師鎮將帶兵出海已無閒空之員而陸路兵丁撥赴沿海及内河水師營汛貼防計有有八千五百餘名勢亦斷難再為抽撥卽如本年夏秋閒洋匪張保仔等帮屢次内竄所有各處要隘礮臺及沿河鎮市村莊輪流調派陸路鎮將參遊都守



各員督帶弁兵分地防堵不下三千餘名迨事竣始撤令歸伍已屬一時權宜辦理至於貼防各處水師臺汛兵丁如果本營需用亦卽撤回另行就近酌撥往替如此更番籌調庶於營制海防兩無窒閡所有該御史請撥重兵添駐海汛之處實屬難行毋庸置議謹合詞恭摺覆奏奉

硃批因地制宜剿不如堵撥兵固不能行若令居民自為防護豈不事半功倍汝熟思之欽此

滿漢水師旗營

原額領催三十名水師兵四百七十名木匠二名艙匠二名教習副工兵一百名乾隆二十一年因滿漢兼駐領催水師兵木艙匠滿漢各半十九年因旗營兵丁洋面熟習所有教習副工兵酌留五十名其餘五十名缺在於八旗壯丁內挑補四十年奏准教習副工兵五十名飭知原撥營分陸續撤回遇有缺出在八旗壯丁挑補二十年及四十一年先後共裁汰木匠四名艙匠四名

現額兵六百四名（領催兵三十名水師兵四百七十名副工兵一百名木匠二名艙匠二名營冊）



南澳鎮右營

原設兵一千二百名康熙四十一年裁兵二十名撥歸三江協乾隆三十五年裁兵八十名四十七年奉行養廉名糧裁除酌增實兵公費名糧刪除案內裁名糧一百一十名增添兵九十八名四十八年裁名糧十二名道光十六年裁兵二十名

現額弁兵一千零二十六名（外委千把總五員額外外委一員步兵五百二十五名守兵四百九十名）

澄海協左營

原設兵八百一十三名康熙四十一年裁兵十三名撥歸三江協乾隆二十九年更定澄海協兩營兵一千四百二十二名每營兵七百一十一名三十五年裁兵二十名四十七年奉行養廉兵糧裁除酌增實兵公費名糧刪除案內裁名糧七十八名增添兵四十九名道光十一年裁兵十三名

現額弁兵六百四十九名（外委千把總五員額外外委一員馬兵九名步兵一百六十五名守兵四百六十九名）



澄海協右營

原設兵六百三十二名康熙四十一年裁兵十名撥歸三江協乾隆二十九年更定澄海協兩營兵一千四百二十二名每營兵七百一十一名三十五年裁兵十五名四十七年奉行養廉名糧裁除酌增實兵公費名糧刪除案內裁名糧七十八名增添兵四十二名道光十一年裁兵十三名十五年裁兵五名

現額弁兵六百四十二名（外委千把總五員額外外委一員馬兵九名步兵一

百六十三名守兵四百六十四名

達濠營

原設兵三百七十四名康熙五十七年添兵四十三名乾隆四十七年奉行養廉名糧裁除酌增實兵公費名糧刪除案内裁名糧三十五名

現額弁兵三百八十二名外委千把總三員額外外委一員步兵一百名守兵二百七十五名

海門營

原設兵一千零五十九名乾隆三十五年裁兵五



十名四十七年奉行養廉名糧裁除酌增實兵公費名糧刪除案内除名糧九十五名增添兵四十七名嘉慶二十二年裁兵二十名撥往天津營道光十一年裁兵十八名撥往提標右營兵十四名

現額弁名九百零九名外委千把總七員額外外委一員步兵二百五十六名守兵六百一十八名

碣石鎮標中營

原設兵九百四十八名康熙四十一年裁兵十六名撥歸三江協乾隆三十五年裁兵二十八名四十七年奉行養廉名糧裁除酌增實兵公費名糧刪除案内裁名糧一百名增添兵六十二名

現存弁兵八百六十一名外委千把總六員額外外委一員馬兵八名步兵二百二十八名守兵六百二十三名

碣石鎮左營

原設兵九百四十六名康熙四十一年裁兵十五名撥歸三江協乾隆三十五年裁兵七十九名四十七年奉行養廉名糧裁除酌增實兵公費名糧刪除案内裁名糧九十九名增添兵六十二名道



光十二年裁兵十六名十六年撥往水師右營兵五名

現額弁兵七百九十四名外委千把總六員馬兵九名步兵二百一十二名守兵五百六十七名

碣石鎮右營

原設兵九百四十六名康熙四十一年裁兵十五名撥歸三江協乾隆三十五年裁兵三十一名三十七年裁名糧五名四十七年奉行養廉名糧裁除酌增實兵公費名糧刪除案内裁名糧九十六

名增添兵五十九名道光十二年裁兵十七名十六年撥往水師右營兵五名

現額弁兵八百三十六名（外委千把總六員馬兵九名步兵二百一十六名守兵六百五名）

平海營

原設兵九百三十一名乾隆三十七年裁兵一百零九名乾隆四十七年奉行養廉名糧裁除酌增實兵公費名糧删除案内裁名糧八十四名嘉慶二十二年裁兵三十二名撥往天津營道光十一年裁兵十四名十六年撥往水師右營兵五名

現額弁兵六百八十七名（外委千把總七員步兵一百六十名守兵五百二十一名）

大鵬營左營

原設兵九百三十一名乾隆三十五年裁兵四十一名四十七年奉行養廉名糧裁除酌增實兵公費名糧删除案内裁名糧八十三名道光十一年分爲左右二營以大鵬所城爲大鵬左營

現額弁兵五百零五名（外委千把總五員額外外委二員步兵一百一十八名守



兵三百八十名）

大鵬營右營

現額弁兵四百八十二名（外委千把總五員額外外委二員步兵一百三十名守兵三百五十名）

水師提標中營

原設兵八百六十一名嘉慶十六年添兵一百三十九名二十三年在陸路各營抽名糧一名兵一百名歸入本營

現額弁兵一千零八十一名（外委千把總七員額外外委四員馬兵九名步兵三百四十九名守兵七百一十二名）

水師提標左營

原設兵八百四十六名嘉慶十六年添兵一百五十四名

現額弁兵一千名（外委千把總五員馬兵二十名步兵二百七十六名守兵六百五十名）

水師提標右營

原設兵八百二十五名嘉慶十六年添兵一百七十五名二十三年在陸路各營抽名糧一名兵一

百名歸入本營

現額弁兵一千一百零一名（外委千把總八員額外外委三員馬兵八名步兵三百九十五名守兵七百九十一名）

香山協左營

原設兵九百五十名康熙四十一年裁兵十六名撥歸三江協三江協將兵一名移交理猺營經管乾隆二年裁兵二十五名撥歸廣海寨八年裁兵二十五名撥歸海防營四十七年奉行養廉名糧裁除酌增實兵公費名糧删除案內裁名糧八十四名增添兵六十九名道光十一年裁兵十七名十六年裁兵三名



現額弁兵八百四十九名（外委千把總七員額外外委二員馬兵八名步兵二百三十六名守兵五百九十六名）

香山協右營

原設兵九百五十名康熙四十一年裁兵十五名撥歸三江協三江協將兵一名移交理猺營經管乾隆二年裁兵二十五名撥歸廣海寨八年裁兵二十五名撥歸海防營四十七年奉行養廉名糧裁除酌增實兵公費名糧删除案內裁名糧八十七名增添兵六十八名道光十一年裁兵十七名十六年裁兵三名

現額弁兵八百四十九名（外委千把總七員額外外委二員馬兵七名步兵二百三十五名守兵五百八十名）

廣海寨

原設兵八百名康熙四十一年裁兵十三名撥歸三江協乾隆二年撥香山協兵五十名歸本營入額三十五年裁名糧十名四十七年奉行養廉名糧裁除酌增實兵公費名糧删除案內裁名糧七十四名道光十六年撥往儋州水師營兵五名



現額弁兵七百四十六名（外委千把總四員額外外委二員馬兵七名步兵一百五十四名守兵五百七十九名）

陽江鎮標左營

原設兵九百六十名嘉慶二十二年裁兵二十七名撥往天津營

現額弁兵九百一十名（外委千把總九員額外外委四員馬兵十八名步兵二百二十名守兵六百五十九名）

陽江鎮標右營

現額弁兵八百零五名外委千把總四員額外外委四員馬兵九名步兵一百七十八名守兵五百九十四名

吳川營

原設兵八百名康熙四十年裁兵九十二名撥歸電白營四十一年裁兵十一名撥歸三江協四十二年裁兵二十名撥歸硇洲營乾隆三十一年裁名糧五名四十七年奉行養廉名糧裁除酌增實兵公費名糧刪除案内裁名糧六十八名嘉慶七



年羅定協撥兵五十名歸入本營又於提標五營撥兵一百名歸入本營二十二年裁兵五十名撥往天津營道光十一年裁兵八十名十二年裁兵十二名十六年裁兵三十名

現額弁兵五百八十二名外委千把總四員額外外委二員馬兵八名步兵一百六十名守兵四百零八名

硇洲營

原設兵五百名乾隆三十五年裁兵八十二名四十七年奉行養廉名糧裁除酌增實兵公費名糧刪除案内裁名糧四十名四十九年增添名糧二名兵一百九十八名

現額弁兵五百七十八名外委千把總五員步兵一百五十三名守兵四百零六名

東山營

嘉慶十六年將雷州右營水師兵二百四十九名外委名糧一名移駐東山改爲東山營十七年在雷州右營抽外委名糧一名又在高州鎮左右二營羅定協右營廉州營欽州營共抽兵五十名撥歸本營道光十二年裁兵六名十六年抽裁兵四



名

現額弁兵二百九十一名外委千把總二員步兵五十九名守兵二百三十名

海口營

原左右二營左營弁兵四百九十二名右營弁兵四百八十五名道光十二年以海口協副將改爲崖州協副將其崖州營參將改爲海口營參將原海口右營守備改爲海口營中軍守備

現額弁兵九百六十二名外委千把總九員額外外委六員步兵二百一十八

名守兵七百二十九名

海安營

原設兵九百四十名康熙四十一年裁兵十五名撥歸三江協四十二年裁兵二十二名撥歸硇州營乾隆四十七年奉行養廉名糧裁除酌增實兵公費名糧删除案内裁名糧七十七名增添兵七十名嘉慶二十二年裁兵六十名撥往天津營

現額弁兵七百九十六名外委千把總六員額外外委二員步兵二百三十一名守兵五百五十六名



龍門協左營

原設兵九百八十四名乾隆三十五年裁兵一百零三名四十七年奉行養廉名糧裁除酌增實兵公費名糧删除案内除名糧九十名增添兵四十六名嘉慶二十二年裁兵十四名撥往天津營

現額弁兵八百二十三名外委千把總七員馬兵十三名步兵二百零六名守兵五百八十五名

龍門協右營

原設兵九百八十四名乾隆三十五年裁兵一百一十三名四十七年奉行養廉名糧裁除酌增實兵公費名糧删除案内裁名糧九十名增添兵四十五名嘉慶二十二年裁兵十六名撥往天津營

現額弁兵八百一十名外委千把總七員步兵二百一十二名守兵五百七十三名

崖州協

原設兵八百名康熙四十一年裁兵十三名撥歸三江協雍正八年添兵一百一十九名乾隆三十五年裁兵二十五名四十七年奉行養廉名糧裁



除酌增實兵公費名糧删除案内裁名糧九十一名增添兵七十五名嘉慶二十三年裁兵三名撥往水師提標中右營道光十二年改營爲協添陸路兵三百名

現額水師弁兵二百六十八名水師外委千把總三員步兵一百名守兵一百六十五名

現額陸路弁兵八百九十七名陸路外委千把總八員額外外委六員馬兵二十五名步兵二百三十名守兵六百二十九名

順德協左營

原設兵九百三十二名乾隆二十二年添兵九十二名四十二年裁名糧十名四十七年奉行養廉名糧裁除酌增實兵公費名糧刪除案內裁名糧八十七名增添兵七十四名道光十一年裁兵二十名

現額弁兵九百八十二名外委千把總七員額外外委二員步兵四百二十八名守兵五百四十四名

順德協右營

原設兵一千名康熙三十四年裁兵一百二十八名五十七年裁兵四名撥歸海門達濠二營雍正八年添兵三十二名乾隆二十二年裁名糧十名四十七年奉行養廉名糧裁除酌增實兵公費名糧刪除案內裁名糧八十三名增添兵七十二名嘉慶二十五年添兵四十名道光十一年裁兵十八名



現額弁兵九百零一名外委千把總六員額外外委二員步兵四百一名守兵四百九十二名存營兵二百二十名分防兵五百三名

新會營左營

原設兵九百名乾隆四十七年奉行養廉名糧裁除酌增實兵公費名糧刪除案內裁名糧七十名嘉慶二十二年裁兵十名撥往天津營

現額弁兵八百二十名外委千把總七員額外外委一員馬兵二名步兵一百九十九名守兵五百九十五名

新會營右營

原設兵九百名乾隆四十七年奉行養廉名糧裁除酌增實兵公費名糧刪除案內裁名糧六十八名嘉慶二十二年裁兵十名撥往天津營



現額弁兵八百二十二名外委千把總六員馬兵四名步兵一百九十九名守兵五百九十七名

水師提標前營

原設兵四百八十九名嘉慶十六年添兵一百一十一名十九年裁兵二十九名移撥英清營是年移回補額

現額弁兵六百名外委千把總四員額外外委二員步兵一百五十四名守兵四百零五名

水師提標後營

原設兵七百三十七名嘉慶二十二年裁兵二十名撥往天津營

現額弁兵七百十七名外委千把總六員步兵一百九十七名守兵三百九十八名

督標肇慶水師營

原額兵一千名康熙二十三年裁兵十二名又裁補撫標達濠二營兵五十名三十四年裁兵三十八名四十一年裁兵十五名撥歸三江協五十七年裁兵四名撥歸海門達濠二營乾隆四十七年



奉行養廉名糧裁除酌增實兵公費名糧刪除案內裁名糧七十七名增添兵一百三十五名嘉慶二十二年裁兵二十名撥往天津營

現額弁兵九百一十九名外委千把總六員步兵二百九十六名守兵六百零九名

前山營

原設兵五百零二名嘉慶十四年將原海防營兵及督撫標兵移撥十七年裁兵七十名撥往三水營二十三年裁兵三名撥往水師提標中右營道

光十一年撥往大鵬營右營四十名

現額弁兵三百七十三名外委千把總二員額外外委三員馬兵一十四名步兵一百五十六名守兵一百九十三名

黃岡協左營

原設兵六百一十名康熙四十一年裁兵十名撥歸三江協乾隆十二年裁兵二十二名撥歸潮州城守營四十七年奉行養廉名糧裁除酌增實兵公費名糧刪除案內裁名糧七十一名增添兵四十六名嘉慶二十三年裁兵三名撥往水師提標



中右營

現額弁兵五百五十名外委千把總四員額外外委三員馬兵二十三名步兵九十七名守兵四百零六名

黃岡協右營

原設兵六百一十名康熙四十一年裁兵十名撥歸三江協乾隆十二年裁兵二十二名撥歸潮州城守營四十七年奉行養廉名糧裁除酌增實兵公費名糧刪除案內裁名糧七十二名增添兵四十五名嘉慶二十三年裁兵三名撥往水師提標

中右營

現額弁兵五百四十八名外委千把總五員額外外委三員馬兵二十三名步兵九十八名守兵四百零五名

饒平營

原設兵五百六十名康熙三十四年裁兵十四名四十一年裁兵九名撥歸三江協乾隆四十七年奉行養廉名糧裁除酌增實兵公費名糧刪除案内裁名糧六十五名嘉慶二十三年裁兵三名撥往水師提標中右營



現額弁兵四百六十九名外委千把總四員額外外委三員馬兵十八名步兵四十七名守兵三百七十五名

潮州鎮標中營

原設兵八百名康熙四十一年裁兵十三名撥歸三江協乾隆四十七年奉行養廉名糧裁除酌增實兵公費名糧刪除案内裁名糧九十一名增添兵九十二名嘉慶二十三年裁兵二名撥往水師提標中右營

現額弁兵七百八十五名外委千把總六員額外外委四員馬兵三十三名步兵一百六十四名守兵五百六十五名

潮州鎮標左營

原設兵八百名康熙四十一年裁兵十三名撥歸三江協乾隆四十七年奉行養廉名糧裁除酌增實兵公費名糧刪除案内裁名糧九十二名增添兵九十一名嘉慶二十三年裁兵三名撥歸水師提標中右營

現額弁兵七百八十三名外委千把總六員額外外委三員馬兵二十三名步兵一百六十二名守兵五百六十六名



潮州鎮標右營

原設兵八百名康熙四十一年裁兵十三名撥歸三江協乾隆四十七年奉行養廉名糧裁除酌增實兵公費名糧刪除案内裁名糧九十二名增添兵九十一名嘉慶二十三年裁兵三名撥往水師提標中右營

現額弁兵七百八十三名外委千把總六員額外外委三員馬兵二十三名步兵一百七十七名守兵五百六十六名

潮州城守營

原設兵六百五十五名康熙三十四年裁兵十七名四十一年裁兵十名撥歸三江協乾隆十二年撥黃岡協左右營兵四十四名潮陽營兵六十六名歸入本營二十三年裁名糧五名四十七年奉行養廉名糧裁除酌增實兵公費名糧删除案內裁名糧六十三名嘉慶二十三年裁兵三名撥往水師提標中右營

現額弁兵六百六十七名外委千把總四員額外外委三員馬兵三十八名步兵八十六名守兵五百一十六名



潮陽營

原設兵九百名康熙四十一年裁兵十五名撥歸三江協乾隆十二年裁兵六十六名撥歸潮陽城守營四十七年奉行養廉名糧裁除酌增實兵公費名糧删除案內裁名糧七十一名嘉慶二十三年裁兵三名撥往水師提標中右營

現額弁兵七百四十五名外委千把總六員額外外委三員馬兵二十五名步兵一百一十八名守兵五百七十二名

惠來營

原設兵七百五十名康熙四十一年裁兵二十名撥歸三江協乾隆四十七年奉行養廉名糧裁除酌增實兵公費名糧删除案內裁名糧七十一名嘉慶二十三年裁兵三名撥往水師提標中右二營

現額弁兵六百六十四名外委千把總六員額外外委二員馬兵二十三名步兵九十九名守兵五百一十四名

惠州協左營

原設兵六百九十五名康熙三十四年裁兵十八



名四十一年裁兵十一名撥往三江協雍正十年增添兵一百四十名乾隆八年裁兵七十名十二年將提標五營兵五十名撥歸本營四十七年奉行養廉名糧裁除酌增實兵公費名糧删除案內裁名糧八十名增添兵四十五名嘉慶六年在撫標裁兵一百名歸入本營二十三年裁兵三名撥往水師提標中右營

現額弁兵八百四十八名外委千把總七員額外外委四員馬兵二十三名步兵一百七十一名守兵六百一十八名

惠州協右營

原設兵六百九十五名康熙三十四年裁兵一十七名四十一年裁兵十一名撥往三江協乾隆四十七年奉行養廉名糧裁除酌增實兵公費名糧刪除案內裁名糧七十七名增添兵四十六名嘉慶九年裁名糧二名兵一百四十九名撥往永安營嘉慶十二年抽提標右營名糧一名提標五營兵一百五十名歸入本營二十三年裁兵三名撥往水師提標中右營



現額弁兵六百三十三名外委千把總三員額外外委四員馬兵二十三名步兵二百三十三名守兵三百六十二名

永靖營

原設兵六百四十六名乾隆四十七年奉行養廉名糧裁除酌增實兵公費名糧刪除案內裁名糧五十一名五十一年添名糧一名兵二百一十二名嘉慶十三年裁兵三名撥往水師提標中右營

現額弁兵八百零五名外委千把總八員額外外委四員馬兵一十一名步兵三百八十三名守兵二百二十六名

那扶營

原設兵三百名康熙三十四年裁兵八名四十一年裁兵五名撥往三江營協乾隆四十七年奉行養廉名糧裁除酌增實兵公費名糧刪除案內裁名糧二十八名

現額弁兵二百五十九名外委千把總二員額外外委三員馬兵十二名步兵三十一名守兵二百零三名

陽春營

原設兵三百六十名嘉慶二十三年裁兵三名撥往水師提標中右營



現額弁兵三百五十七名外委千把總三員額外外委二員馬兵一十三名步兵五十二名守兵二百七十六名

化石營

原設兵三百名康熙三十四年裁兵八名四十一年裁兵五名撥歸三江協雍正八年撥往廉州營兵九十名歸入本營又添募兵三十名九年撥廉州營兵四十名歸入本營十三年撥高州鎮左右二營兵八十名歸入本營乾隆四十七年奉行養

廉名糧裁除酌增實兵公費名糧刪除案内裁名糧三十七名嘉慶十五年撥陽春營兵一百一十名歸入本營二十三年裁兵三名撥往水師提標中右營

現額弁兵五百九十七名（外委千把總三員額外外委二員馬兵一十九名步兵六十九名守兵四百八十七名）

## 廉州營

原設兵一千名康熙二十四年裁兵二十六名四十六年裁兵十六名撥歸三江協雍正八年裁兵



九十名撥歸化石營九年裁兵四十名撥歸化石營乾隆四十七年奉行養廉名糧裁除酌增實兵公費名糧刪除案内裁名糧六十九名增添兵五十六名嘉慶十七年裁兵十名撥歸東山營二十三年裁兵三名撥往水師提標中右營

現額弁兵八百零二名（外委千把總六員額外外委二員馬兵二十六名步兵一百五十六名守兵五百八十八名）

## 欽州營

原設兵七百三十六名康熙四十一年裁兵十二名撥歸三江協乾隆三十六年添名糧五名四十七年奉行養廉名糧裁除酌增實兵公費名糧刪除案内裁名糧七十三名增添兵九十一名嘉慶十七年裁兵十名撥歸東山營二十三年裁兵三名撥往水師提標中右營

現額弁兵七百三十四名（外委千把總四員額外外委二員馬兵二十六名步兵一百八十二名守兵五百一十二名）

## 雷州營左營

原設兵六百三十五名康熙三十四年裁兵十六



名四十一年裁兵十名撥歸三江協乾隆元年抽右營兵一百二十五名撥歸本營三十年裁名糧十五名四十七年奉行養廉名糧裁除酌增實兵公費名糧刪除案内裁名糧六十八名嘉慶七年在三江協抽兵五十名撥歸本營十七年將名糧一名兵一百二十四名撥歸右營二十三年裁兵三名撥歸水師提標中右營

現額弁兵五百七十三名（外委千把總四員額外外委三員馬兵一十六名步兵八十九名守兵四百四十四名）

雷州營右營

原設兵六百三十五名康熙三十四年裁兵十六名四十一年裁兵十名撥歸三江協乾隆元年將本營原防陸路名糧一名兵一百二十四名劃歸本營入額十三年裁名糧五名四十七年奉行養廉名糧裁除酌增實兵公費名糧刪除案內裁名糧七十四名嘉慶七年在三江協抽兵五十名歸入本營十五年裁名糧一名兵二百四十九名撥歸東山營十七年將左營名糧一名兵一百二十



四名歸還本營十八年裁名糧一名移撥東山營二十三年裁兵三名撥往水師提標中右營

現額弁兵五百七[illegible]六名外委千把總三員額外外委三員馬兵一十七名步兵八十九名守兵四百四十七名

徐聞營

原額兵二百七十名康熙四十一年裁兵四名撥歸三江協乾隆四十七年奉行養廉名糧裁除酌增實兵公費名糧刪除案內裁名糧二十四名

現額弁兵二百四十二名外委把總一員額外外委二員馬兵一十二名步兵

十名守兵一百八十一名

瓊州鎮標左營

原設兵八百五十七名康熙四十一年裁兵十四名撥歸三江協乾隆四十七年奉行養廉名糧裁除酌增實兵公費名糧刪除案內裁名糧一百零四名增添兵一百四十名嘉慶二十三年裁兵三名撥往水師提標中右營

現額弁兵八百七十六名外委千把總六員額外外委五員馬兵二十九名步兵一百五十二名守兵六百零九名



瓊州鎮標右營

原設兵八百六十九名康熙四十一年裁兵十四名撥歸三江協乾隆二十二年裁名糧五名四十七年奉行養廉名糧裁除酌增實兵公費名糧刪除案內裁名糧九十九名增添兵一百四十名嘉慶二十三年裁兵三名撥往水師提標中右營

現額弁兵八百八十四名外委千把總六員額外外委四員馬兵二十九名步兵一百五十六名守兵六百一十七名

儋州營

原設兵八百名康熙四十八年裁兵十三名撥歸三江協乾隆四十七年奉行養廉名糧裁除酌增實兵公費名糧刪除案內裁名糧七十三名增添兵五十六名嘉慶二十三年裁兵三名撥往水師提標中右營

現額弁兵七百六十七名（外委千把總三員額外外委三員馬兵三十二名步兵九十五名守兵四百三十七名）

萬州營

原設兵八百名康熙四十一年裁兵十三名撥歸



三江協乾隆四十七年奉行養廉名糧裁除酌增實兵公費名糧刪除案內裁名糧七十三名增添兵五十六名嘉慶二十三年裁兵三名撥往水師提標中右營

現額弁兵七百六十七名（外委千把總六名額外外委四名馬兵三十二名步兵一百二十五名守兵五百七十七名　俱同上）

鄉兵附

澄邁民兵之額始於元至正二十八年閻里吉思平黎議僉土民爲黎兵明初洪武三年自元歸附後黎兵逃亡者衆餘兵皆歸民籍未幾復立民兵萬戸府簡民間武勇編伍操練有事出征事平還民有功一體陞賞議未立正統十四年始令各縣招募民壯選民間二十以上五十以下縣多寡不等一十名立一小甲五小甲立一總甲十二總甲立一都長統以縣佐一員訓習之遇警隨調成化間通融三鄉丁糧編都長一名總甲二名小甲一十六名民壯一百六十名天順元年令官給鞍馬器械民壯一名免其戸內三丁糧五石以資贍給宏治庚戌副使陳英復革都



長省民壯僉千百長名色壬子罷民壯爲機兵（亦曰快手又名機快）丁巳年御史王哲革千百長掣爲機快聽捕官操用甲子副使王繼始行丁編法革千百長朋湊民戸三十丁僉民壯一名以丁多者爲正戸餘爲貼戸悉出津貼定民壯一百七十八名嘉靖丁酉御史戴璟復行糧編法募驍勇以充之壬寅後陸續議抽民壯放班隆慶丁卯立白沙寨抽澄邁四十九名以充水兵壬申奉戸部咨裁抽澹邊澄邁二十九名後立陸營又扣解府充餉於是哨守不足督府殷正茂乃

議增兵守城每二名加編一名澄邁增七十四名半每名扣一兩二錢解充陸兵餉萬歷丙子後停止增編澄邁只存防守民壯六十名今全書民壯編五十名（澄邁縣志）

明隆慶元年海賊猖獗同知陳夢雷親詣各州縣僉選鄉兵每圖立督長一人團長二人或三人以時操練頗得實用然止行之濱海地方尋以招安李茂而廢

萬歷五年兵巡道舒大猷令州縣各立鄉兵復遣同



知楊繼文通判莫與儔分行州縣查點本縣報一千五百名報精兵二百八十名戊寅御史龔懋賢至復申飭各州縣掌印巡捕等官親選鄉勇自備器械隨其所長以初二十六操練月具精兵冊繳報以憑殿最後值巨寇林道乾駕百餘艘突至登岸爲陵水鄉兵設伏擒之此足見土著鄉兵之效也

十八年兩院題准責令掌印官於編立保甲之日挑選壯丁不論多寡附併鄰村湊成隊伍籍名在官擇其膂力智謀出衆者立爲哨官免其本身雜役使統束鄉勇訓以技擊諭以法令每日給銀一分以資養贍如法訓練以期實用（俱同上）

廣東巡撫以倭寇爲梗奏調客兵救應此支吾之策也前年淮浙被兵曾調廣州兵救之謂其強可使也則今日惠潮被寇宜廣兵足用矣乃有不支之患而紛紛於客兵之望計客兵調發當在踰時之後民其糜矣廣兵自足應敵但上之人不思所以用之術是以知者莫肯謀勇者莫肯奮耳且海濱之民疲弊甚矣官司之所困征役之所窮富豪之所侵債負之所折怨入骨髓有思亂之心久矣今強寇在境不亟捕



滅勢當內外連結蔓延滋大事可深憂瑕以爲客兵遠難致且路遠而費必多今以餉客兵之財而爲募土兵之値無不給者土兵盡收所以寡敵之黨土兵甚近所以急民之救此計之得者也瑕又聞之千兵易得一將難求欲得土兵須任土將欲求本土良將必有大度大識大恩大禮出於尋常之外則將材至矣（霍勉齋集）

凡籌海防者莫不曰洋面闊而分布難周海澳險而

巨艦易壞汎地虛而奸宄易乘私濟通而盜源難塞此數難者惟團練則足以易之唐順之有言洋禁之嚴有宜查其外出者有宜查其內伏者而外出總由內伏內伏不除則根株未清查賊人在海邊刦掠不過布帛米蔬擄人勒贖而已至於海上器具桅舵硝礦之類皆所藉以行其刦掠烏得而有之夫海上無兩載不修之船亦無一年不壞之槓料桅舵折則船爲虛器風篷爛則寸步難行船既漸棄賊亦漸散則槓料之接濟固宜與米穀並嚴也奸民雜之商販漁



戶出沒無時賊與小旗爲號瞭見卽爲接應其導賊此處登岸而別至一村刦掠蹤跡詭秘所以得行其奸然以奸民之害良通賊鄉族豈無知覺特以害未切己與之爲難恐其夥賊報仇若分委試用知縣稽查海口行團練之法酌定章程有實力奉行拏獲奸細者立予優敘或儘先補用紳士有功亦據實上聞知縣自顧功名紳士自保身家必不貪圖小利賣放縱奸至堵賊之方以固海岸禦港口爲上賊至內地雖能擒斬傷損已多今旣委員團練卽當不獨坐地

方官失事之罪而並坐賊所從入查明失事之處果曾與賊堵截力有不支量爲處分其沿海文武官吏有能抵遏賊鋒阻賊不得上岸口者雖無首級以奇功論如此則巡堵嚴密米糧槓料之類旣無所濟於奸民而擄掠又不能有所得絕嶼孤島勢成坐困矣

國朝蔚如煜　沿海團練說

國朝嘉慶十年二月二十四日總督那彥成奏言團練一法本古人寓兵於農遺意兵之衞民恒不如民之自衞現在勾結之禁旣嚴接濟之奸浸少賊匪日就



窮蹙勢必伺隙樸岸焚掠村莊沿海一帶港港相接路路可通礮臺塘汎僅能守禦一處不能遍爲顧及馳報該管地方官及舟師等處又恐緩不濟事臣等經出示並通飭沿海各屬勸諭紳耆於各村墟自爲團練以資扞禦其需用礮位或將就近營縣小礮借撥或據該紳耆呈請自爲捐價官鑄編號暫行借用俟事定後收回仍隨時委員嚴密查察不使滋事並勿任官差稍有擾累以期綏靖閭閻

嘉慶十三年總督吳熊光奏覆海洋情形摺畧言條

奏內開沿海五千餘里有名新舊礮臺一百三十七座又有口岸塘汛兵額雖多因分見少實有防範難周之處此中事機不得不藉資民力且官之愛民決不如民之自愛兵之衞民決不如民之自衞於保甲之中卽行團練之法大村自爲一團小村或合數處十數處而共爲一團平時紳耆自相訓練聞警自相保護並於臺汛互作聲援亦寓兵於農之意等語臣查粤東海道自東至西幾及四千里水陸兩途地方遼闊村莊蓋難縷數而洋匪往來剽掠無定所亦無



定時計通省額設水陸官兵六萬八千餘名內水師官兵二萬六千餘名陸路官兵距海遥遠者又不便紛紛檄調兵力因分見少勢難排列海岸株守終年營汛鶩遠實有防範難周之勢是以倭什布前奏有勸設堡城捐造望樓之議嗣經部臣以城堡恐易藏奸准令間設望樓以備望遠傳報責令公正衿耆撥派壯丁輪流瞭望遇有盜警卽傳集村人齊心出禦鄰近村落亦得遠望盜踪互相協助奏准通行惟原議令一二人爲頭班經理一節恐啟擾累詐之弊部臣行令祇須勸諭實力遵行毋庸派人領班今條奏內稱於保甲之中行團練之法與前議各出壯丁情事相同但彼則各顧各村而此則互相聯結合數處十數處爲一團而使紳耆訓練與領班無異粤民慓悍好鬬平居無事尚以大姓欺凌小姓結會械鬬相習成風卽如瀾洲草潭東海從前屢有抗捕傷兵之事瀾洲現藉三省兵力得獲多犯而草潭東海等處亦因派兵前往奸民始聞風逃散若使其自相團練結聚人各有兵在淳謹之民或可藉以禦盜而不逞之徒成羣結隊恐得力少而爲害轉多團練一法



雖古人寓兵於農之意而於粤東民情風俗似非所宜惟有勸諭紳士各守其所自行護衞洋匪庶不敢窺伺也

謹案原奏五條此錄其一尋古人團練鄉勇之意所以濟兵力之窮蓋兵之額有限而寇之患無常以有限之兵而守無常之寇是以難也團練鄉勇則無人非兵無地不守但當得公正紳耆約束之訓率之然後能知方耳然公正紳耆亦非可幸得

也子游答夫子問得人數語盡之矣此奏謂粤民慓悍好鬭以團練鄉勇爲不可行殆因噎廢食之論歟顧其言民害詳盡亟錄之俾司民者知其病而思處其方或者團練與教化並行旣禦寇有備而好鬭之習亦漸移乎

廣東海防彙覽卷九終



# 廣東海防彙覽卷十

## 財用一

### 俸餉

咸通三年以邕管經畧使鄭愚爲廣州刺史南蠻陷交阯徵諸道兵赴嶺南詔湖南水運自湘江入澪渠西造地麪粥以饋行營湘灕泝運功役艱難軍屯乏食潤州人陳磻石詣闕上書言江西湖南泝流運糧不濟軍食士卒食盡則散此宜深慮臣有奇計以饋南軍天子召見磻石因奏言臣弟聽思曾任雷州刺史家人隨海船至福建往來大船一隻可致千石自福建裝船不一月至廣州得船數十艘便可致三萬石至廣州矣又引劉裕海路進軍破盧循故事執政是之以磻石爲鹽鐵巡官往楊子院專督海運於是康承訓之軍皆不闕供舊唐書懿宗本紀

宋初歲調雷化高藤容白諸州兵輦糧泛海接給瓊州至道間始令郡兵輦糧海北瓊州府志

元豐間令輸米朱崖軍者准以錢折

元初置水軍給糧巡海土漢軍糧皆從官給

明隆慶至萬歷間增置水陸黎防民間科派不遺錙銖各色名目盡歸兵餉俱同上

廣東兵餉舊制於潮州府民壯數內抽追工食選募打手駕船後生分守三路後因山賊竊發念城池爲重寄留民壯守護而前項兵食每年於鹽利內處補後議以兵貴精而不貴多食宜預而不宜匱於東路兵夫止選三百名防守遇有警報則增僱三百以足六百原數其中西路一千五百名內量減七百名止募八百名通計見該一千一百名約計東路三百名



西路二百名中路六百名各路將三之一哨巡三之二營守每兵夫五十名牘船一隻兵夫一名每月工食六錢月糧三斗船一隻脚價一兩五錢或一兩二錢兵船每四隻則以一官統之日逐守巡或閱月半月更番相代又於朔望量加魚鹽之犒永爲定額所費俱於軍餉內取辦遇有警報又許徑自動支添募應選不必直俟文移動經旬月以致噬臍無及凡所應辦逐一登記每月造報追掣兵之時截日住支於以釐革侵漁冗濫之弊此嶺南海防之大畧也籌海圖編

謹按此議良是第恐將非其人怠於訓練兵既少而又不精迫遇警添募所謂驅市人而戰不如兵有常額之爲善也

夫閩與東粵之粟不足以支境內每仰給於粵西今若集至十萬之兵則必加四十萬石之粟此果何策而足也夫閩粵之地幸而邊海則安南暹羅諸國皆可以糴誠出海舟以致之積至數十萬石然後裹糧大舉方無不濟明黎遂球蓮鬚閣集

國朝康熙五十四年議准廣東高州府電白縣原設徵



折色米四千一百二石零撥雷州兵米今將雷州府兵米折價支給以免解運大清會典

乾隆十八年十月三十日布政使司石柱會同糧驛道看得海門營署守備聶世俊稟稱洋巡兵丁多貯米石一案本司等伏查粵省解運兵糧同城附近者向係按月預支離營遥遠者則按季預支卽領省倉餉折米石亦按季預領至於陸路遊巡兵丁有在公費項內借給糧米照依時價歲底扣補還項水師巡兵則每名配足一月之糧其餘逐月按運至船分給

此營中向來辦理之成例也茲海門營守備聶世俊稟稱巡船寄泊外洋恐風信莫測有絕食之虞請給船備米三十石舵船備米二十石就州縣會撥糧內先期解支但已配足上班期滿交落下班撤師之日給與出洋兵丁作為十月十一月分內米糧等語查各協營遊巡不過在本營洋面遠者二百餘里近者百數十里之間非涉千里重洋有半月一月程途遙遠者比縱遇風信莫測旬日之內亦可以戧駛回境是以歷來官兵出巡所需糧米從無致誤今若如署



備聶世俊所請不特船上貯米過多有碍駕駛且經歷日久濕熱薰蒸誠恐員弁交接每多推諉至若遇風沉失錯豁周章似應仍存其舊之爲安便但營制不同地方迥別其有應需多備糧米之處應如碣石鎮所議每兵每名除月帶糧米外另多備三斗飭令原奉撥運之州縣先期交出配足出洋食舊貯新上班交落下班撤師之日統作六月十月分兵食內銷算倘各州縣解運有阻未得及時交接應在公費項內借支照依時價將米扣補還項并或有遭風沉溺

之處照例請銷至龍門海安二協營兵米均屬折色每名出洋巡哨需預備米三斗龍門協應在合浦欽州等縣代買撥貯該協倉穀內撥借照時價扣還買補海安營洋巡每兵多備米三斗雖據徐聞縣呈開倉穀報部已入額貯然既照時價扣還買補並無虧缺亦應一體借支將米扣補移知該縣買備還倉左翼鎮屬之香山虎門新安廣海等協營既稱出洋兵丁向有先期在原奉撥糧米內挨名預支一月俟撤師回營之日下月挨名扣充銷算與預支一月糧米



之例無異毋庸多貯等語應聽其照舊自行料理又平海營洋巡兵丁糧米原係借支公費米石按照時價在於各兵月餉按季酌量扣還補足原欵公項無虧毋庸會撥多備應毋庸議司冊

二十年九月巡撫鶴年會奏言粵東八旗自添設水師營以來每遇閏月應添本色米七千一百餘石於省倉支存本色米內撥支自上年閏四月不敷支給將嘉應二屬兵少米多支存充裕之海潮五州縣撥解因該州縣路隔藍關長途輓運維艱通融辦理令

附近之廣韶等屬六州縣於存七糶三倉穀內派撥其海潮各州縣應撥支存之米變價解道歸還各州縣買補還倉在案伏查乾隆二十一年丙子閏九月八旗水師等營應需米石除省倉現存米二千四百九十六石零暨肇慶府新寧等州縣八百三十石湊支外尚不敷米三千八百餘石應於潮嘉兩屬之普寧等州縣撥解殊覺頭緒紛繁應請量為變通臣與督臣楊應琚商酌查有廣州府之三水縣之廣益倉為積貯西穀而設亦當出陳易新緣年豐出糶無多



現貯穀二萬四百餘石歷年不無久遠陳積堪虞且距省僅一百餘里朝發夕至所有不敷閏月兵糧三千八百餘石即以該倉存貯之穀儘數碾解最為便易其潮嘉二屬州縣支存米石令各該州縣按照時值變價解赴道庫收貯俟來歲秋收仍照時價給發三水縣採買還倉該縣接壤粵西或於西穀雲集之日酌量買補統歸糧道責成辦理一轉移間以陳易新兵食充裕洵屬兩有裨益

嘉慶七年六月二十五日奉

旨兵丁餉銀本屬有限若再行坐扣伊等何以為生著將一切扣餉之例永行停止欽此

向例水陸兵餉皆預發三月惟是海洋路遠往返動經一兩月前之領者方回後之領者又將復去徒滋跋涉每於追捕吃緊之際輒因糧餉不繼停泊以待或因糧餉將到遠去恐其相左觀望徘徊往往緩不濟急夫事幾之會間不容髮遲之一日雖勞費經年不足追其前效嗣後應請一發半年支該將官隨時支給俾得多備薪米則心膽自壯可以窮追絕遠矣 程含章上百總督書十七條之一



駐防水師兵月支餉銀二兩匠役水師木匠月支餉銀二兩水師水舩月支餉銀一兩 檔冊

駐防水師領催歲支米十二石水師甲兵歲支八十二石水師教習歲支餉米三石六斗水師匠役歲支餉米二十四石

綠營馬兵月支餉銀二兩步兵月支餉銀一兩五錢守兵月支餉銀一兩

綠營馬兵月支餉米三斗步兵月支餉米三斗守兵

月支餉米三斗（俱同上）

水師旗營協領一員佐領二員防禦二員驍騎尉六員俸銀家口米均照駐防支領共俸銀八百六十兩家口一百七十口共米五百十石（司冊）

提督俸銀八十一兩六錢九分四釐薪銀一百四十四兩心紅銀二百兩蔬炭銀一百八十兩（則例）養廉銀二千兩（司冊）

總兵官俸銀六十七兩五錢七分六釐薪銀一百四十四兩心紅銀一百六十兩蔬炭銀一百四十兩（則例）



養廉銀一千五百兩（司冊）

南澳鎮總兵一員左營歸閩俸薪經費閩省支給（則例）養廉銀一千五百兩閩粵分支（司冊）

副將俸銀五十三兩四錢五分八釐薪銀一百四十四兩心紅銀一百八兩蔬銀七十二兩（則例）養廉銀六百四十二兩二錢六釐（司冊）

參將俸銀三十九兩三錢四分薪銀一百二十兩心紅銀三十六兩蔬銀四十八兩（則例）養廉銀五百兩（司冊）

遊擊俸銀三十九兩三錢四分薪銀一百二十兩心紅銀三十六兩蔬銀三十六兩（則例）養廉銀四百兩（司冊）

都司俸銀二十七兩三錢九分四釐薪銀七十二兩心紅銀二十四兩蔬銀十八兩（則例）養廉銀二百六十兩（司冊）

守備俸銀十八兩七錢六釐薪銀四十八兩心紅銀十二兩蔬銀一十二兩（則例）養廉銀二百兩（司冊）

千總俸銀十四兩九錢六分五釐薪銀三十三兩三分五釐（則例）養廉銀一百二十兩（司冊）

把總俸銀十二兩四錢七分一釐薪銀二十三兩五



錢二分九釐（則例）養廉銀九十兩（司冊）

外委無俸養廉銀十八兩（司冊）

賞卹紅白事銀數

駐防水師旗營領催本身及子女婚嫁賞銀六兩如遇祖父母父母本身及妻室喪賞銀七兩兵丁本身及子女婚嫁賞銀五兩如遇祖父母父母本身妻室身故賞銀六兩教習兵原屬綠營照綠營一例賞給

綠營兵丁娶妻賞銀三兩二錢子女婚嫁及妻子喪賞銀一兩六錢兵丁父母喪賞銀六兩四錢祖父母

故無伯叔父母亦賞銀六兩四錢兵丁身故有家室
者賞銀四兩無家室者賞銀二兩四錢及一兩六錢
乾隆四十九年奉
旨兵丁紅白賞項准其在於地丁項內扣留銀三萬六千五
百四兩以備賞資欽此
六十年碙州營添兵二百名增賞銀兩正項動支
廣州水師旗營歲撥銀九百兩
南澳鎮右營歲撥銀四百二十五兩六錢
澄海協歲撥銀五百十二兩三錢二分八釐



達濠營歲撥銀一百五十兩二錢四分
海門營歲撥銀三百八十一兩五錢四分四釐
碣石鎮標歲撥銀一千六兩六錢四分四釐
平海營歲撥銀三百三十五兩四錢二分八釐
大鵬營歲撥銀三百三十五兩四錢二分八釐
水師提標五營歲撥銀一千六百三兩二錢
香山協歲撥銀六百七十二兩
廣海寨歲撥銀二百八十三兩五錢四分四釐
陽江鎮標左右二營歲撥銀七百五十四兩九錢三
分六釐
吳川營歲撥銀二百九十八兩三錢九分六釐
碙州營歲撥銀二百七十五兩四錢五分八釐
東山營歲撥銀一百十九兩三錢一分六釐
海口營歲撥銀三百九十一兩四錢四分
海安營歲撥銀三百二十五兩三錢四分
龍門協歲撥銀七百九兩四分八釐
崖州協歲撥銀四百三十九兩六錢三分六釐
順德協歲撥銀七百兩



新會營歲撥銀六百四十八兩五錢一分六釐
督標六營歲撥銀一千八百八十九兩五錢一分
前山營歲撥銀一百六十九兩九錢四分
黃岡協歲撥銀四百一十七兩四錢六分二
饒平營歲撥銀一百三十八兩四錢
潮州鎮歲撥銀九百二十一兩二錢
潮州城守營歲撥銀二百　十　兩　錢　分　釐
潮陽營歲撥銀三百七十二兩八錢
惠來營歲撥銀二百六十五兩八錢九分二釐

惠州協歲撥銀五百六十三兩九分六釐
永靖營歲撥銀二百九十四兩四錢二分
那扶營歲撥銀一百三兩四錢四釐
陽春營歲撥銀一百六十七兩五錢八分四釐
化石營歲撥銀二百三十七兩八錢二分四釐
廉州營歲撥銀二百九十四兩七錢二分
欽州營歲撥銀二百九十一兩六錢四分四釐
雷州營歲撥銀四百六十四兩九錢二分
徐聞營歲撥銀九十五兩八錢三分二釐



瓊州鎮標歲撥銀八百三兩二錢
儋州營歲撥銀二百八十三兩五錢四分六釐
萬州營歲撥銀二百八十三兩五錢四分六釐俱同上

公費銀兩

各標協營年中領運餉項硝礦弁兵盤費水脚修製軍械等項乾隆四十八年爲始在於正項銀內按營照額給領乾隆六十年硇州營新添兵丁應添公費在於地丁項內動支嘉慶十五年添設水師營應需公費以節減馬兵名糧撥給司冊

南澳鎮標右營歲撥銀四百五十一兩九錢二分
澄海協歲撥銀五百五十五兩二錢四分
達濠營歲撥銀一百六十兩四錢四分
海門營歲撥銀三百九十五兩二錢二分
碣石鎮標歲撥銀一千六十六兩三錢八分
平海營歲撥銀二百九十六兩五錢二分
大鵬營歲撥銀三百三十八兩九錢四分
水師提標五營歲撥銀一千八百五十一兩三錢
香山協歲撥銀七百二十八兩七錢



廣海寨歲撥銀三百十六兩二錢六分
陽江鎮標歲撥銀六百九十九兩七錢二分
吳川營歲撥銀二百八十九兩六錢八分
硇州營歲撥銀二百四十二兩七錢六分
東山營歲撥銀一百二十三兩
海口營歲撥銀三百九十一兩四錢
海安營歲撥銀二百五十一兩一錢二分
龍門協歲撥銀六百八十五兩八錢六分
崖州協歲撥銀四百七十三兩五錢二分

順德協歲撥銀七百八十九兩六錢
新會營歲撥銀六百八十九兩六錢四分
督標六營歲撥銀一千七百九十七兩一錢八分
前山營歲撥銀一百六十兩二錢六分
黃岡協歲撥銀三百九十五兩二錢八分
饒平營歲撥銀一百六十八兩八錢四分
潮州鎮標歲撥銀八百四十六兩三錢六分
潮州城守營歲撥銀二百四十兩一錢二分
潮陽營歲撥銀二百六十八兩二錢



惠來營歲撥銀二百三十九兩四分
惠州協歲撥銀五百三十三兩一錢六分
永靖營歲撥銀二百八十九兩八錢
那扶營歲撥銀一百八兩七錢八分
陽春營歲撥銀一百二十八兩五錢二分
化石營歲撥銀二百十四兩九錢二分
廉州營歲撥銀二百八十八兩七錢二分
欽州營歲撥銀二百六十四兩二錢四分
雷州營歲撥銀四百三十八兩三錢

徐聞營歲撥銀一百一兩六錢四分
瓊州鎮標歲撥銀六百三十五兩四分
儋州營歲撥銀二百七十六兩一錢二分
萬州營歲撥銀二百七十六兩一錢二分（俱同上）

民壯工食

潮州府海陽縣額設五十名裁存三十名應支銀一百八十兩（司冊）
饒平縣額設五十名裁存二十五名應支銀一百五十兩



澄海縣額設五十名裁存四十名（內撥本府不同城同知一十名）應支銀二百四十兩
潮陽縣額設五十名裁存三十名應支銀一百八十兩
揭陽縣額設五十名裁存三十名應支銀一百八十兩
惠來縣額設五十名裁存二十五名應支銀一百五十兩
惠州府陸豐縣額設三十名裁存二十五名應支銀

一百五十兩

海豐縣額設五十名裁存二十五名內撥本縣不同城縣丞四名應支銀一百五十兩

歸善縣額設五十名裁存三十名應支銀一百八十兩

廣州府南海縣額設五十名裁存三十名應支銀一百八十兩

番禺縣額設五十名裁存三十名內撥佛山海防同知八名應支銀一百八十兩



新安縣額設五十名裁存二十五名內撥永寧通判四名應支銀一百五十兩

東莞縣額設五十名裁存三十名內撥佛山海防同知八名應支銀一百八十兩

香山縣額設五十名裁存三十名內撥本縣不同城縣丞八名應支銀一百八十兩

順德縣額設五十名裁存三十四名內撥本縣不同城縣丞四名佛山海防同知八名應支銀二百零四兩

新會縣額設五十名裁存三十名內撥永寧通判四名南海縣九江主簿二名應支銀一百八十兩

新寧縣額設三十六名裁存二十五名內撥永寧通判四名應支銀一百五十兩

肇慶府陽江縣額設五十名裁存二十五名應支銀一百五十兩

高州府化州額設五十名裁存二十名應支銀一百二十兩

茂名縣額設五十名裁存三十名應支銀一百八十兩



電白縣額設五十名裁存二十五名應支銀一百五十兩

吳川縣額設五十名裁存三十名內撥本府不同城通判一十名應支銀一百八十兩

石城縣額設五十名裁存三十名內撥本府不同城通判一十名應支銀一百八十兩

雷州府海康縣額設五十名裁存二十名應支銀一百二十兩

遂溪縣額設五十名裁存二十四名內撥不同城湛川司巡檢四名

應支銀一百四十四兩
徐聞縣額設五十名裁存二十名應支銀一百二十
二兩
廉州府欽州額設五十名裁存二十名應支銀一百
二十兩
合浦縣額設五十名裁存二十四名內撥不同城縣丞四名應
支銀一百四十四兩
瓊州府崖州額設五十名裁存二十名應支銀一百
二十兩
儋州額設五十名裁存二十五名應支銀一百五十
兩
萬州額設五十名裁存二十名應支銀一百二十兩
瓊山縣額設五十名裁存三十四名內撥不同城縣丞四名應
支銀二百零四兩
澄邁縣額設五十名裁存二十五名應支銀一百五
十兩
臨高縣額設五十名裁存三十五名內撥本府不同城同知一十名
應支銀二百一十兩



感恩縣額設一十六名無裁減照存留應支銀九十六兩
陵水縣額設二十一名裁存二十名應支銀一百二
十兩
樂會縣額設四十四名裁存三十名內撥本府不同城同知一十名
應支銀一百八十兩
會同縣額設四十一名裁存二十名應支銀一百二
十兩
文昌縣額設五十名裁存二十五名應支銀一百五
十兩
潮陽縣招寧司揭陽縣北寨司番禺縣鹿步司茭塘
司沙灣司東莞縣京山司中堂司缺口鎮司香山縣
黃圃司香山司順德縣都寧司紫泥司新會縣沙村
司牛肚司遂溪縣湛川司各設民壯四名歲支工食
銀二十四兩俱同上

廣東海防彙覽卷十終

# 廣東海防彙覽卷十一

## 財用二

### 積貯

唐順之云沿海衛所舊皆屯田今埋沒過半而圖冊故存宜按圖照冊儘數查出辦納屯糧及金塘玉環諸山膏腴幾萬頃皆古來民居之處今可墾爲屯田設所戍守一以據險一以固糧此一事與臣所謂足軍食者相關舊制之當復者也（籌海圖編）

守禦先講積貯考明季海洋之困防禦諸臣或阻於



事權之不久或潰於號令之不嚴或誤於訓練之不精遂釀成東南一大害然猶幸其時兵餉克供民食未匱故得以勞來安集不至千里爲墟夫平居寘社立倉納粟勸農委任得人出納有法不至虛費不至刁難良法美意無以加矣至倉卒權宜之際亦必計出萬全可預備一籌焉（海防備覽）

國朝雍正三年覆准廣東生齒繁庶家鮮蓄積將羨餘銀兩造倉買穀運貯於南澳鎮各營貯五千二百石潮州鎮各營貯六千二百石提標五營貯五千石督標各營貯七千石每兵一名約存穀一石零借給各兵其有餘者不必借給（檔冊）

九年總督郝玉麟疏言粵東戶口日增食指繁衍民間賴有常平倉穀平糶接濟惟營內兵丁家口除月餉月米之外別無資藉每當青黃不接日給不敷前任督臣孔毓珣相擇沿海緊要鎮營買貯穀石甚有裨益臣察沿海鎮營尚有緊要鎮營急需籌畫如瓊州鎮協孤懸海外龍門協兀立海中香山虎門二協兵民稠集廣海一寨僻處海隅一鎮五協營共應貯



穀一萬石責成提鎮盤查結報

乾隆二年提督王　於建造教場等項內動支羨餘銀兩買穀五千石建倉廒收貯以備標營及惠協兵丁接濟

三年議准營倉穀石責令同城之府州縣於每年歲底逐一盤查出結報部

四年咨准南澳鎮營舊貯穀二千石不敷接濟於海防同知倉貯穀石內撥穀二千石交該右營添貯以備借給

七年覆准廉州府倉撥穀二千石合浦縣於倉穀內撥四千石靈山縣撥穀一千石欽州撥穀三千石共一萬石運赴龍門收貯

九年咨准將龍門倉穀一萬石移駐龍門之廉防同知經理以專責成

二十四年咨准左翼鎮左營買貯穀八百石借給兵丁粜同各標鎮協營倉貯案內造報

嘉慶二十四年奏准廉防同知經管龍門倉穀歷有借糶緣嘉慶四年經龍門協將各兵出洋口糧銀四



千六百兩買穀另建營倉收貯轆轤收放無需廳倉接濟廳倉日久恐有霉變奏請裁撤變價所有穀價解司候撥 俱同上

永豐倉專貯各屬解省供支八旗駐防兵米康熙四十六年巡撫范時崇題准酌撥州縣積穀運省碾米六萬石存倉以備征解不前隨時融支之需乾隆十二年撥發新設水師旗營兵米一千二十六石四斗七升一合十四年至三十一年撥給暹羅國貢船人役口糧一千五百三十六石八斗二升八合實貯米五萬七千四百三十六石七斗一勺 道冊

南澳鎮右營貯穀四千石 營冊

澄海協左右兩營貯穀一千五百石

達濠營貯穀五百石

海門營貯穀一千二百石

黃岡協左右兩營貯穀一千五百石

饒平營貯穀一千石

潮州鎮標中營貯穀一千石

潮州鎮標左營貯穀一千石



潮州鎮標右營貯穀一千石

潮州城守營貯穀一千石

潮陽營貯穀八百石

惠來營貯穀八百石

碣石鎮標中營貯穀一千石

碣石鎮標左營貯穀一千石

碣石鎮標右營貯穀一千石

平海營貯穀一千二百石

大鵬營貯穀一千二百石

水師提標中右二營原左翼鎮中右二營原貯穀二千石內撥兵五十名倉穀五十四石歸入海防營存貯又按照兵額抽撥穀一百一十四石歸入本標左營存貯外尚貯倉穀一千八百三十二石

水師提標左營原左翼鎮左營貯穀九百一十四石內在本標中右兩營倉貯穀石內按照兵額撥穀一百一十四石移撥過營存貯　又奏准動支鹽羨紙硃充公銀兩買貯穀八百石共貯倉穀九百一十四石



水師提標後營原新塘營貯穀八百七十四石八斗四升六合六勺

香山協原貯穀一千九百四十石內撥兵五十名倉穀五十四石歸入海防營存貯外尚貯倉穀一千八百八十六石

廣海寨貯穀八百六十石

順德協左右兩營原左翼鎮中右兩營原貯穀三千石內分貯新塘營倉穀八百七十四石八斗四升六合六勺外尚貯倉穀二千一百二十五石一斗五升三合四勺

前山營原海防營貯穀一百零八石

督標水師營貯穀八百八十四石

龍門協實貯穀一千二百石

瓊州海口營原瓊州海口協貯穀一千六百石

瓊州鎮左右二營原雷瓊鎮額貯穀三千石撥穀五十一石折銀三十兩零六錢交崖州營收領採買新添兵食外尚貯倉穀二千九百四十九石

崖州協原貯穀八百六十二石陸路貯營倉穀五百九十四石水師貯營倉穀二百六十八石在雷瓊鎮左右兩營倉貯穀石內撥穀五十一石折銀三十兩零六錢撥交過營收貯共貯倉穀八百六十三石俱同上



經費

竊照廣東曩時征戰未嘗借兵於外至如浙直倭變多調廣兵陷陣取勝往往而是蓋南粤勁卒在昔有聞矣邇當事者皆以爲弱不可用豈寧惟是臣每見羽檄紛馳徵兵旬日卒鮮有應募者雖謂之無兵可

也此何以故在昔帑藏充足士不乏糧是以人樂於趨耳近者公私告匱供億不敷每一招募士不見糧此輩捐田里妻子而當鋒鏑室家於何取資服食器械於何備給勢必稱貸於人而後可也故號招日久將官必集其孱弱無能之夫以充募為之預貸而厚收其息也而壯夫肯為之哉見其不可用不得已而越省招募閩兵閩兵月計餉銀九錢廣兵月計餉銀六錢多寡不均士心不服無賴之徒不為兵則為盜耳此致弱之由也故轉弱為強之術在於足財用然



東粵歲額餉銀不滿十萬近增六水寨之兵萬八一歲費七八萬矣此外官軍廪糧已難挪借況徵調旁午安望其越格懸賞以成賈勇之風哉查得本布政司貯帑金頗饒往年吳越閩蜀假貸及先朝節次欽取計銀一百八十餘萬遂爾懸罄先該撫臣題請各省迄未見還致廑皇上發內帑之費僅乃集事此豈可繼之道哉夫天下一家也挹彼注茲何分爾我往年別省有急則取之廣今廣中困乏則取之別省此一體相成之義今曾會雖獲而山海之寇尚爾陸梁

臣聞當事諸臣輿言及此未嘗不扼腕興嘆稱難措手伏望皇上勅下該部備查節次題請之疏行移於各省如數解補不待撫臣哀求請乞而聖明注意則各省臣工自爾動念不得以秦越相視食既足則兵自強不待借調於外而輕生敢死之士非廣之所無地方生靈亦免客兵之害矣明陳吾德疏陳八條之一

東莞南頭城古之屯門鎮乃中路也縣有烏艚船號子弟兵者東西二路防守莫不用之舊規每歲春末夏初風汛之期通行督發沿海府衛所縣巡捕備倭等官軍出海防禦倭冦番船巡撫定議動支布政司



軍餉銀五千兩給發東莞縣貯候支用雇募南頭福永西鄉等處驍勇兵夫與駕船後生共一千五百名查取烏艚船每年三十隻分撥一千名駕船二十艘分兵於南頭海澳及佛堂門伶仃洋等處又撥五百名駕船十艘往高雷廉等處緊關海澳俱領各備倭官員部領防禦巡緝每月支給工食銀六錢口糧三斗於附近倉分關支若非調遣不給口糧如不敷於潮州府民壯七百八十三名數內二百八十三名工

食銀兩征解東莞縣貯候雇募支用其五百名工食銀兩行該府委官選募本處慣經水戰打手與駕船後生共五百名工食口糧照前數就與大城所關支查取海陽等縣艚船往柘林等處海澳協同東路備倭官軍防守前項船俱驗裝載如十萬以上給銀一兩五錢十萬以下給銀一兩東莞縣雇募於軍餉銀內支用海陽等縣船隻於該府庫貯無碍官錢支領俱待九月終旬風濤寧息海洋無事方纔舉散利病書

國朝乾隆十八年三月布政司會詳准巡檢等官按月



周巡水路給船一隻跟隨人役三名每名日給飯食銀五分該員日給路費銀一錢縣按日捐給石城縣志

十九年奏准廣東緝捕經費動撥關鹽贏餘銀十四萬兩倘有不敷并准在田房稅羨項下支用

查南番東順等十縣瀕臨河海港汊最多其間盜賊匪類易至藏奸應請於現任佐雜內遴選二員水師千把內遴選二員佐雜二員即於南番二縣挑選民壯八名分給隨帶千把二員亦於水師內挑選八名分給隨帶隨帶之民壯旣不另行募調仍有原設工食可支毋庸再給工食應請每名每月給銀一兩佐雜千把每月各支盤費飯食銀三兩其站船四隻額設水手各有應得工食毋庸議給外外加水手十六名均係受雇之人每名每月止支給銀五錢以作辛工飯食似屬不敷應請每名每月給工食銀九錢合計每月需用委員盤費飯食及兵役水手工食銀共四十二兩司案

五十二年十一月三十日奉

上諭孫士毅等奏據洋商潘文巖等呈稱現在臺灣剿捕逆



匪粵省招募新兵巡防海口商船往來藉此兵威得免驚擾該商等情願捐銀三十萬兩以充軍需又據鹽商李念德等呈稱粵省運鹽多經洋面今添兵巡防鹽務益增嚴密願備餉銀二十萬兩用展蟻忱各等語該洋商鹽商等請捐餉銀係因添兵巡防海口與該商生計有益起見自應俯准所請以遂其報効之誠但各商等於地方公務踴躍捐輸尚屬急公並著該督等查明咨送吏部照例議敘以示獎勵欽此

嘉慶九年十二月十八日總督那彥成奏言查補修

米艇並一切經費誠如
聖諭必須於閒欵籌撥支銷使經費裕如方可責成捕盜
諄諄令臣當顧大局莫惜小費然事當期於核實臣固不敢
拘泥鮮通亦不敢因有此
旨遂令任意糜費惟有悉心籌度於無益之費不准稍涉通
融而於有益之費斷不肯略為靳惜亦必請
旨動用總期節濫用以濟實需庶經費不致虛糜而緝盜可
收實效矣
十年正月二十四日奉



上諭緝捕盜賊必須經費充裕平時足資籌備遇有刼搶之
事齊心追捕方能得力聞從前粵東原有關稅及鹽務各
項盈餘銀二十萬兩提出作捕盜經費吉慶任廣東總督
時因安南阮光纘窩留洋匪多在該國江坪地方潛匿粵
省洋面尚為安靜其時又值川陝軍務需用浩繁吉慶遂
將該省關鹽各項盈餘銀兩提出歸公原為一時權宜之
舉後阮福映并有安南不復窩留洋盜以致積年匪徒俱
遁入內地沿海口岸刼搶現在粵東情形較前不同其捕
盜經費自不免於支絀此時川陝軍務告蕆何必將此區

區公項解京支用所有吉慶從前提出歸公之項自應仍
留該省作為捕盜公費前曾諭令倭什布等籌撥捕盜欵
項總未據伊等詳晰覆奏那彥成等接辦後務當通盤計
算寬為籌備將沿海地方各酌給緝捕之費勿使辦公拮
据查明吉慶從前歸公各欵若係奏案仍奏明留粵以為
捕盜經費或此外別有可籌欵項亦不妨奏明辦理庶一
切防捕有資地方文武無可藉口以期盜匪漸次肅清則
裨益於民生國計者甚大正不可惜小費而忘遠計也欽
此



二月二十四日總督那彥成奏言竊臣籌議海陸情
形及辦理章程業已另摺奏請
聖訓所有應需經費尤須預為籌備方不致臨時周章臣屢
次接奉
諭旨諄諄令臣籌備經費不可因小誤大臣并將
諭旨宣諭各文武司事官員莫不感懼畏服同深歡頌查自
乾隆五十九年製造米艇緝捕洋匪以來歷年費用
自六七萬至十餘萬不等雖每年亦有擒捕而現在
洋匪不但不能見少轉見其多臣恭譯

指示各機宜得知與其經年費用徒致虛糜何若寬爲籌備
早收實效一經肅清則永遠節省誠爲
運籌決勝之至計
洞悉全局之要機今臣開悟愚蒙辦理早得握要查從前粵
東太平各關及官鹽原有盈餘在外捐爲緝捕之費
並不報部開銷及嘉慶五年經前督臣吉慶奏請充
公嗣廣西潯梧二關銀六萬兩留存兵餉粵海關銀
三萬兩由該關自行解京餘銀十四萬兩已蒙
恩准留爲粵東修造船隻及捕盜官弁兵丁口糧之用臣檢
查舊案近年以來官弁兵丁口糧一項卽需銀七八
萬兩不等至於船隻礮械更無一定以米艇常年在
洋衝涉波濤或與賊接仗或風擊礁衝一經損壞動
費數千餘兩若樻椇蓬索時需修理卽火藥鉛彈弓
箭亦必須隨用隨補而修造工料皆屬急需未免市
價居奇較之例價不止倍蓰以致動形掣肘此外調
防兵丁口糧舵工水手每年又需銀十餘萬兩計關
鹽盈餘實有不敷雖經倭什布等奏請在於武職空
缺養廉及田房屋稅羨餘剩銀兩內動支但此二項



亦僅二三萬兩於事仍屬無濟現擬添造米艇三十
二隻并配製礮械等用卽需銀十三萬餘兩船隻旣
多卽須添撥弁兵并修理舊船加以口糧等項需用
更繁臣仰蒙
聖訓不可吝惜小費斷不敢因有此
旨遽涉浮濫然亦必須通盤計算使經費不致支絀方期克
收實效查廣東每年地丁雜項均有一定支欵不能
有餘業已歸公之欵均有經費之項不便停解若仍
復陋規亦無此體制臣現與藩司廣厚再四籌維惟
有以本省之項濟本省之用庶較省便查各省收納
監生銀兩現在欽奉
上諭自十一年爲始每屆收足十萬兩卽補還封貯具奏一
次欽此臣伏思各省封貯銀兩原以備地方緊急之需粵
東現在緝捕洋盜并購緝土匪爛崽在在均需動項
辦理而無欵可撥此項捐監銀兩每年約收銀二十
餘萬兩並非正欵且封貯本省爲留應急需今旣有
急需自可暫緩封貯卽將此項捐監銀兩自嘉慶十
年爲始同關鹽盈餘作爲捕盜經費臣仍督率藩司

一切撙節支用不准稍有浮冒核實報銷庶經費不致支絀每年如有餘剩仍收歸封貯俟海疆安謐封貯歸足即奏明請

旨停止至緝捕盜匪需用之項太多實不能無外銷之項臣再爲熟籌酌辦奏

上諭前因粵東緝捕洋盜經費不敷節經降旨諭那彥成預爲籌備免至臨時周章茲據奏稱該省添造米艇配製礮械及添撥弁兵修理舊船給發口糧等項需費繁多所有兩粵支用之鹽關盈餘及武職空缺養廉田房稅羨各項銀兩支用不敷請將該省捐監銀兩作爲捕盜經費暫緩封貯等語各省收納捐監銀兩前已有旨令於嘉慶十一年爲始將所收之銀補還封貯今粵東緝捕需費既多又無別款可以籌撥著照該督所請准其將該省捐監銀兩暫緩封貯作爲捕盜經費該督務須督飭所屬一切撙節支用不得稍有浮冒並著將所收捐監銀兩每届收足十萬兩及支用款項若干奏報一次仍於年底將收銀總數及支用各款分晰彙奏一次至所稱緝捕盜匪需用之項太多實不能無外銷之款等語捕盜需用經費雖款項繁



多但總須逐款報部庶有稽核若祇令在外支銷則是經手之員易於借名影射必致將並未動支無可開銷之款概行列入殊非慎重帑項之道該督惟當確核實銷按款報部不得有外銷名目致滋弊端欽此

十一年三月初八日奉

旨吳熊光等奏粵東鹽商情愿捐輸經費籲請代奏一摺粵東沿海地方現在建立營分添造米艇捜捕賊踪需費較繁國家綏靖地方從不靳惜帑費原無藉該商等出力捐輸但該商等經營鹽務以現在建營造船鉅工並舉情殷報効出於至誠所有呈請公捐銀二十萬兩著加恩賞收仍准其於司庫籌款借領分作四年完繳着該督查明捐輸人數咨部照例議敘以示獎勵欽此

五月初三日奉

上諭吳熊光等奏洋商懇請捐輸洋盜公費一摺粵省緝捕洋盜添造兵船需費較多洋商等憤切萑苻誼敦桑梓呈請公捐銀十二萬兩以備經費情詞懇摯出於至誠着照所請准其捐輸於關庫盈餘項下借支撥解自嘉慶十三年起分限四年完繳歸款所有捐輸各商着交部照例議

敘欽此

十四年四月二十日總督百齡會奏言准粵海關監督臣常顯咨據洋商盧觀恆等呈稱商等受釐嶺表服賈海隅叨蒙

渥澤報稱爲難茲聞澳門籌議派設專營俾資控制從此澳夷懾服番舶安集商賈永遠蒙庥今情願捐銀十萬兩發商生息以備每年兵食之需惟商等貲本經營在外一時未能湊齊請自十四年起至十六年止每年先繳息銀一萬兩以供支用其所捐銀十萬兩於



十五六七等年分作三年繳解藩庫聽候轉發別商生息則商等營運仍屬寬舒懇請核咨轉奏等情移會前來臣等伏思

國家帑項充盈何藉商人毫末捐輸即現在籌議控制澳門添設專營所需兵丁糧餉經費無多尤可無資商力惟該商等懽感交深懇求至再臣等不敢壅於

上

聞謹據情代奏仰懇

恩准賞收以遂其急公報効之心爲此合詞恭摺具奏奉

上諭百齡等奏洋商呈懇捐輸備公銀兩一摺據稱洋商盧觀恆等因現在澳門籌議添設專營控制澳夷商賈永遠蒙庥情願捐銀十萬兩發商生息以備每年兵食之需并請自嘉慶十四年起至十六年止每年先繳息銀一萬兩以供支用其所捐銀十萬兩於十五年十六七等年分作三年繳解藩庫聽候撥商生息等語該商等既情殷報効出於至誠著加恩賞收並准其分年完繳留於該省發商生息以備公用所有該商等捐輸職名著該督等查明造冊咨部給予議敘欽此



十五年十一月二十六日奉

上諭百齡等奏停止鹽斤加價仍請海陸兼運並商人願輸師船經費一摺粵東鹽斤加價原爲該省捕盜之需今大小匪幫俱已辦竣海洋寧謐所有加價銀兩即著停止至巡哨師船例有動支經費原無須商人捐輸但該商等既以海運鹽船往返悉藉舟師防護願按年備銀八萬餘兩支應巡洋師船兵丁口糧情詞懇切著准其捐輸三年以後仍在緝捕項下按款支給無庸再藉商力再粵東鹽務前此百齡等因籌杜接濟奏改陸運惟是東西兩江鹽場

濱臨大小洋由海配載較之陸路便捷省費且全洋寗靜與上年情形迥不相同自應准其海陸兼運如果陸運不便於商百齡等無須迴護前奏仍當遵照舊章由海裝運以期配銷迅速俾商力益臻饒裕該部知道欽此

十二月二十七日奉

上諭據百齡等奏廣東廣州府紳士前請公捐銀二十萬兩嗣因各鄉堡團練禦賊即將已捐未繳之項支銷茲事竣查核所用銀數共計三十一萬有零此較認捐之數有盈無絀懇即將用欵抵前捐欵咨部銷案等語廣東紳士因



自衞鄉廬捐貲捍禦所捐之欵現據陸續自行支用並造冊呈核計共用欵已浮於從前請捐之數著照該督等所奏准其擬抵捐貲其已繳在官之捐銀八千四百餘兩即發商生息存爲修補該處壂臺水柵等件之用至該紳士於此次係自用自銷未曾官爲經理且人數衆多無庸交部議敘欽此

二十九日奉

上諭百齡等奏請將例不准銷各欵俯准捐補一摺該省自上年辦賊以來凡修造船隻礮位僱用人夫一應物料工價未免稍昂其購線僱船等項亦應發給口糧加以賞賚自係實在情形今據該督等聲稱係例不准銷之欵請將例外用欵銀一十九萬五千餘兩於通省督撫司道府州縣各官應得養廉內每年攤捐銀十分之一陸續扣收歸補等語著照所請除先經捐存司庫銀一萬餘兩及紳士捐備銀二萬兩儘數抵補外尚餘銀一十六萬五千餘兩准其於通省各官養廉內每年攤捐十分之一以清帑項欽此

十六年閏三月十四日奉



上諭韓葑奏請撙節關鹽盈餘銀兩分別報撥留支一摺粵東原撥關鹽盈餘銀十四萬兩本爲捕盜經費及津貼歲修米艇篷索礮械例價不敷之需嗣因巡洋師船一百四十號并兵口糧歲需銀八萬餘兩准令該省局運各商捐辦祗有修理米艇及津貼等項尚須動用原撥關鹽盈餘銀兩已不須十四萬之多茲據該撫奏請每年酌留銀六萬兩以備支應其餘八萬兩報撥充餉俟將來停止商捐銀兩後仍照舊撥用著照所請行該部知道欽此

道光七年六月總督李鴻賓會奏言臣等因前黃埔

至虎門一帶匪徒結夥駕船載私行刼製造快船酌派弁兵按段巡緝追捕業將試辦有效情形先行陳
奏並聲明每年所需口糧經費俟籌有經久之策再行具奏在案臣等查前項新造快船七隻係派水師提標香山協等弁兵管駕巡緝每船派弁一名日給口糧銀六分每船派兵四十名每兵日給口糧銀四分並修理船隻添備器械雜費約計一年需銀四千兩內外前經奏明此項船隻捕盜則有益地方緝私則有裨關稅一切費用應由藩庫關庫各半支給除



粵海關一半由監督臣文連自行籌奏外其藩庫應給一半銀兩實無閒欵可動自應籌項生息以期支用裕如查藩庫有賞借息一項係乾隆三十四年奏明將鹽商原領生息備賞紅白帑本銀二十三萬二百四十五兩二錢五分四釐改為賞借息名目留為運本之資每年所得息銀四萬一千四百四十四兩一錢四分六釐由運司移解藩庫入季報撥此項銀兩以之借動發商生息歲收息銀陸續歸還原本仍可隨時入撥於庫項並無窒礙又糧道庫存普濟堂經費項下亦堪借動臣等與司道悉心籌計應在藩庫賞借息一欵所存息銀內借銀六萬兩道庫普濟堂經費內借銀四萬兩共湊成十萬兩發交鹽當二商生息自發商之日起按年一分行息每年可得息銀一萬兩以一半歸還原本一半撥充快船弁兵口糧及修費支用如有餘剩即為懸賞獲犯等項之需計二十年可將原借本銀全數歸還其發商本銀永遠生息以後所得息銀除支給快船口糧修費及懸賞獲犯等項外餘銀另欵存貯以備公用其每年提



歸本銀報部查核惟支用息銀歲無定數應由藩臬二司隨時核實支給年終造册報明督撫兩衙門存案毋庸報部核銷以歸簡易仰懇
聖恩俯允如數動借發商生息既於本欵需用無碍而捕費有資可期經久奉
旨俞允

廣東海防彙覽卷十一終

# 廣東海防彙覽卷十二

## 方畧一

### 通論

守廣者以三路爲扼要自成宏後訖嘉靖初倭警寖息者五十餘年邊備廢弛衛所屯田并兼豪右軍戸亡耗不復勾補水寨移於海港墩堡棄爲荆榛哨船毁壞不修而奸民逸囚漁人蜑戸咸伺隙思釁一旦蜂矢四起武夫喪氣抱首鼠竄賊無亡矢折刃之衂蹂躪徧於江南城野蕭條白骨塡路矣然後謀臣猛



將分道出鎮增兵設屯人人扼掔而談戰守起壬子至癸亥首尾十餘年中國始得安息此浸失祖制之故也善乎總制胡宗憲之言曰夫謂之海防者則必宜防之於海猶江防者必防之於江國初每衛各造大青及風尖八槳等船百餘隻更番出洋哨守海外諸島皆有烽墩可泊後弛其令列船港次每於風汛時協軍巡哨使不得越島深入則內地可以安堵總兵俞大猷亦請設樓船艙船數百隻分伏諸島往來巡探攻捕名之曰遊兵而遠遏之於大洋之外議者

多是之或謂海棲經月必有颶風巉崕復礁廉厲倖劍戟不可下碇是邀擊海上之難也葢海戰之弊有四萬里風濤不可端倪白日陰霾咫尺難辨一也官有常汛使賊預知趨避二也孤懸島中難於聲援三也將士利於無人掩功諱敗四也自嘉靖已卯後禦洋之法立哨探嚴緊官得預備則藩籬之守其法終不可廢故必哨賊於遠洋而不常厥居擊賊於內洋而不使近岸斯策之最善而當時之議亦卒未有能易此者也國朝姜宸英湛園文稿



翁大立云海防之要惟有三策出海會哨毋使入港者得上策循塘拒守毋使登岸者得中策出水列陣毋使近城者得下策不得已而守城則無策矣籌海圖編

唐順之云禦倭上策自來無人不言禦之於海而竟罕有能禦之於海者何也文臣無下海者則將領畏避潮險不肯出洋將領不肯出洋而僅僅責之小校水卒則亦躲泊近港不肯遠哨是以賊惟不來來則登岸殘破地方陸將重罪而水將旁觀矣

又云賊至不能禦之於海則海岸之守爲緊關第二

義賊新至飢疲巢穴未成擊之猶易延入內地縱盡殲之所損多矣然自來沿海戍守莫不以擁城觀望幸賊空過謂可免罪而不顧內地之殘破內地戍守亦幸賊所不到而不肯策應沿海今却不然宜分定沿海保護內地內地策應沿海地方沿海力戰損兵折將宜坐內地不能策應之罪內地殘破沿海幸完宜坐沿海縱賊之罪又如同是一樣沿海地方賊由甯紹登岸甯紹却不殘破而殘破溫臺賊由溫臺登岸溫臺却不殘破而殘破甯紹自來則坐地方殘破



者之罪今却不然宜并坐賊所從入其沿海文武將吏有能連次鏖戰抵遏賊鋒阻賊下船不得登岸深入者雖無首級以奇功論一准平倭事例如此則人知謹於海岸之守不敢幸賊空過以覬免門戸常扃堂奧自安矣

禦海策要云備倭之術不過守禦二者而已未聞泛舟大海遠征島彝雖以元世祖之威伯顏孛朮之勇艨艟千里旌旗蔽空一遇颶風陡作萬人皆爲魚鼈此其明驗也而況沙石起伏洲渚驅阻風候向背潮汐高下波濤洶湧至到淺深彼皆素所諳練以我之迷而蹈彼之危能爲必勝哉

譚綸云今之談海事者往往謂禦之於陸不若禦之於海其實大海茫茫却從何處禦起自有海患以來未有水兵能盡殲之於海者亦有未有能逆之使復回者不登於此必登於彼即十得其一二彼亦視爲不幸而遇風者耳僥倖之心固自在也若陸戰一勝即可盡殲賊乃興懼不復犯我此水戰陸戰功用相殊而將官則力主海戰爲是者以海戰易於躲閃陸



戰則瞬息生死勢不兩立且萬目共覩不能作弊當事者宜坐照之勿墮將官術中自失長算可也

張情云禦寇海洋使不得登陸乃爲上策當事諸公多主此說然而大海汪洋禦之甚難賊之來也勢必乘風潮之順吾往迎之必逆逆而擊之不其難乎賊之去也亦必乘風潮之順吾同其順而追之愈追愈遠能必其相及乎即使及矣逆風之中不難歸乎況賊見我舟能必其不遠避乎運舵揚帆頃刻千里我能必攻之乎故奸將專以風潮藉口爲規避焉吾何

所據以查之耶陸戰則不然瞬息生死勢不兩立非彼即已將士不能作弊况海中殺賊即使殲其幾舟在彼猶不幸而失風耳其所全者莫肯絶覬覦之心陸地之戰彼將全軍覆没能無懼乎故講海戰不如講陸戰之爲善

魏校云晉溪在三邊欲分軍守邊遂菴聞而訝之使人往問晉溪答曰三邊數千里欲一一守之雖盡天下之兵不能也只是擇要害處爲邊寇素所從入之路把截則可耳晉溪威令素行凡遇入寇廠軍爭相救援無不擒獲邊境稍安此言北邊設險之法愚謂海防亦然則兵不費而寇可遏



環海兵船之設其法不爲不善其備不爲不周邇年倭寇往來兵船未收全功者何也夫茫茫巨洋極目無際雖於要害之處聯艦設備而疾風怒濤不時亦必擇善地以爲停泊焉豈得揚帆起椗常出洋口而盡能阻賊船之不入盡遏賊船之不歸哉必欲其盡收全功以爲經久不易之圖在於水陸夾攻盡之矣夫倭寇之發䑸犯我也每徒止備一月行糧而飄泊二月者有之每船可載一百徒而滿載二百者有之及其抵岸困憊莫甚使得焚舟登陸奪險鼓勢養鋭蓄精然後出我兵以臨之近者十日遠者一月方得與賊相望反主爲客轉逸爲勞豈能得志於彼哉爲今之計宜於春汎小陽汎先期一月將各道兵士督發各海口要害處如在嘉湖者出三關在紹興者出龕山出臨山出觀海出三江在寗波者出定海出昌國出象山在臺州者出海門出新門出松門在温州者出楚門出盤石出金鄉等處廣東福建直隷山東等省各相海口要害督發兵士如之安營操練與兵船相表裏以爲防守萬全之計設或賊船潛入海口則水兵星羅於其外陸兵雲布於其內其將至也擊其困憊既至也擊其先登既登也擊其無備以疲憊倉惶之賊而當我養盛豫備之兵一鼓成擒可不血刃而收其全功矣春汛之期不過三月將半至五月將終小陽汎之期不過九月將半至十月將終過此則非風汎所利而倭舶難以渡海矣今宜於每年三月九月初將各道統兵官分與信地令其督領部兵

多運酒糈與賊交通使官兵不敢盤詰勾連盤固非五日京兆所能徹底破除也（蓮頭寨港圖說利病書）

謹按此說洞徹海洋利病不特爲蓮頭港言之故編於此

乾隆十八年三月布政司會詳稱伏查地方之阨要險夷民情之淳樸詐僞及何處爲奸匪出沒巡查宜嚴巡檢等官是其專責似應照依各該員分管疆界責令按月週巡一次無論窮山幽谷僻遠村莊海口港汊務須親到其地邊海地方何處有港汊可通內



河向有何項船隻出入盤詰稽查是否嚴密何處係界接大洋或有島嶼險遠有無奸匪出沒現在何處巡緝防範所管地方共有出海商澳船隻若干是否俱係編號領照舵水是否相符商船係往何處貿易每年回港幾次澳船出洋採捕是否依期歸港有無站洋爲匪分別取具地隣保甲船主商人澳甲埠保切結其境內山場海澳四至界連何處各有道里若干何地設有墩臺營汛槳哨船隻各有兵役幾名果否實力巡緝日逐於經歷處所將目擊情形隨時登記統俟巡竣將某日親巡某處如何情形逐細開列清摺繪圖具結同所取各結一并申送該州縣覆核酌議仍令該府州縣將捕巡員缺分管地方何缺係屬最要何缺係屬次要何缺地方向屬安靜以及所管地方道里遠近應酌定一月兩月巡至一次之處先行造册通報查核（石城縣志）

振履護送夷使出洋兼查各路礮臺駕槳船由黃埔趨龍穴東至大嶼山周覽形勝詳加考核恍然於粵東之患不在外夷而在內盜礮臺兵房之設所以防夷而尤不可不防盜也蓋夷之不足患者有三道路



不諳一也水米不濟二也攻戰不力三也番舶非極大不能涉重洋故其底入水必二丈許海自老萬山以內雖勢極汪洋其下皆暗沙巨石相間愈入愈淺惟中瀝或數十丈或數丈可以通行夷人必於澳門僱蜑戶之熟於水道者引之謂之引水否則非滯於沙卽觸於石矣且舟在虎門外則高入虎門內則低淡水力弱則其舶愈不便轉移此不足患者一番舶之來每艘必百餘人或數十人所載糧米至多亦不

過數千石自其地至中國經年累月所耗者必已過半設有不虞營員守礮臺以阻之列師船以截之東香新三縣率各巡司分堵口門嚴斷奸民接濟有不法者斬之不數月而夷人餓斃矣且海水之性邊近大洋以北者淸而甘邊大洋以南者碧而黑甘者猶可飲黑者則鹵汁矣而夷人之來均在九十月之交海水春夏淡而秋冬鹹其時涓勺不可入口斷棱椅之泉截龍穴大嶼之汲不數日而夷人渴死斃矣此不足患者二若夫攻戰之術夷所恃者礮耳其礮皆



以銅爲之盤螭鏤花中刻幾千幾百幾十年鑄盖夷人得國之日爲紀易王不易年也礮子則用生鐵大者四十觔小者亦二十五觔火藥之力較中國尤猛礮火所轟擊可及三四里誠勁敵也然其舶不敢深入不過停泊外洋肆其兇惡耳颶風驟起則必遭傾覆且礮火雖猛在船施放搖盪必無定準况礮可施於遠而不能施於近但於月夕以蜑戶小艇載火具潛伏其舶下舶之布帆重疊猝不能卸又沈重不便轉移加以火攻頃刻灰燼礮力無所施又或患其潛

乘三板小艇上岸力戰此尤不足患也盖夷人以布纏縛兩腿不能屈折又日與海波上下足軟無力凡與搏者無論墜水仆地一蹶即不能起非若中國水師起伏擲跳捷便即溜也有此三不足患夷人誠無能爲役矣而洋匪之爲民害則在在可虞是誠不可不嚴治之也盖番東順香新五縣瀕海之地去縣窵遠貧蜑奸民或搭寮於山凹或駕艇於水次形跡詭秘遷徙無恒村中間有富監者老類多由盜刦起家大者駕紅單船裝載酒米糖果赴各路販賣小者家



置蝦笱艇出洋採捕魚蝦遇有客船載重者一呼而集恒數十人殺刦貨物駛至外洋偏僻之地分攜贓物而竄官爲查拏則生者出結保領而實則以盜保盜也欲窮治其罪又無贓據可證轉以致干妄拏平民之譴不得不相爲隱忍前十數年督臣未悉其故往往案無確據槩予省釋以致張保郭學顯麥得勝諸匪橫行無忌虎門覽勝

船政一

臣聞古兵法舟師有三等其大者爲陣脚船其次爲

戰船其小爲傳令船盡置陣倘持重故用大船出戰倘輕捷故用其次至於江海波濤之間旗幟金鼓難以麾召進退故用小舟由此觀之凡舟之大小皆可以爲守戰之備不必皆用大船然後濟也朝廷試於駐蹕之地聊爲千艘之具教之戰攻之法計亦易辦望聖明置一水軍帥以名將以爲江海守禦之備宋侍御史章誼戰守策名臣奏議

明成化中總督兩廣都御史韓雍初開督府於蒼梧立秋調發先預備糧餉買料於南海縣僱匠造船五



百艘所費不過二萬每十艘外有一小哨船以便探邏駐劄蒼梧及番禺江上每歲六月行令土官各定年分輪班領土兵大約四千七月初齊集船中每船十人聽令調剿其餉給薪米之數登岸交易之法約束周密凡山海寇盜倏忽掩其不備無不斂手就擒此兩廣所以安也所得財物各令入己論功仍醲賞莫不踴躍効命軍士惟令城守民船免於刷擄軍民稱便郭通志

大率嶺西濱海地方兵多不習水戰賊船未泊時宜先行清野之法使賊登岸一無所掠而勢又不敢離船大遠我兵大營與賊艘相望可一二十里時出小隊挑戰彼即退遁無疑不遁則我兵以靜制動必勝亦無疑若賊以小船載數人以餌我而我兵貪之未有不墮其計者然此特可爲邀擊計捍地方一時之患耳至欲取全勝樹大功必非巨艦水戰不可水戰無具雖有萬衆無能爲吳國倫與馬參將書甄頤洞藁

竊惟廣東海防浩渺寇盜靡常東起潮州西盡瓊廉原設水寨以備防守在潮州則有柘林寨在惠州則



有碣石寨在廣州則有南頭寨在高肇則有恩陽寨在雷州則有白鴿門寨在瓊州則有白沙寨在廉州則有烏兎寨烏兎寨近裁革矣而六寨猶存給以官船領以捕盜哨官分管之將領總管之船非不豫也兵非不備也當事臣工非不殫心經理也然或不能消寇孽於未萌而擒賊盜於猝至此其故何哉海洋廣闊其分布難周也海澳險阻其巨艦易壞也汛地空虛其奸宄易乘也兵糧虛冒其軍旅未充也器具缺少其急用未濟也接濟潛通其盜源未塞也勦撫

失算其兵威未奮也督率之人其查覈未嚴也臣生長海濱灼知梗概廣東海防機務諮詢悉詳今欲議行整刷臣有所知不敢隱默謹條陳海防八事伏乞敕下兵部併行廣東省參酌採用則海防亦未必無小補矣

一量地廣狹以置船多寡夫各府之封疆不同而各寨之廣狹亦異卽如南頭一寨東至大星西至廣海省城門戶所由繫焉原置船六十隻視諸寨獨加之夫加之誠是也水寨之船分爲汛地三哨一巡佛堂



門一巡大星一巡廣海分之誠是也但廣州地方遼遠哨探未周如船在佛堂門則佛堂門有備矣設寇由雞公頭潛入海安縣恐佛堂門之兵未之知也船在大星則大星有備矣設寇由大鵬潛入大屯步恐大星之兵未之知也船在廣海則廣海有備矣設寇由十字門潛入香山由松栢門潛入新會恐廣海之兵未之知也南頭寨地方之曠遠類如此若柘林寨則東至柘林澳西至神前港其中大城蓬州海門靖海諸所在焉饒平澄海潮陽惠來諸縣在焉海之曠遠不減南頭而寇之淵藪獨倍他寨南澳向爲賊巢河渡門號爲寇窟乃若寨船止四十隻與他寨同焉豈知自柘林以至神前千有餘里皆其汛地哨船泊在柘林柘林以下皆寇之乘虛而入境者也哨船移泊神前則神前以上皆寇之乘間而竊發者也近設南澳兵船可謂據險握要一定而不可易者而河渡門乃商船往來之衝寇之搶船掠人接濟聚黨皆在於此卽海寇林道乾回洋首泊其地安可置而不講也白沙寨則統轄瓊州四圍皆海周環數千里淸瀾



諸所屢被賊陷樂會諸縣曾遭寇殃賊衆我寡强弱不敵又安能不坐失事機哉近以烏兎寨之設止爲廉州珠池乃行裁革而以船二十隻增入白沙寨矣夫白沙之船固增矣而復撥船二十隻輪流看守海安兼哨珠池又安能守汛地哉是白沙寨之船雖增猶未增也兼以崖州陵水萬州樂會抵連外洋使哨船弛備海寇突至其何以禦之至於碣石寨則東起甲子西至平海所界在南頭柘林之間白鴿門恩陽二寨亦東連南頭南抵白沙寨此三寨也地方稍狹

策應有援雖各置船四十隻似難裁減臣無論已而南頭柘林白沙三寨尚宜酌量海澳添造官船務足分布港門無至疎畧而河渡一港猶不可不增柘林之船以分布防禦者也寨船既增海澳鱗集卽有海寇無罅可入又奚自而刼掠哉或謂添船兵恐糧餉不足臣愚以爲不然廣東頻年大征山寇餉且足用今山寇俱已蕩平别無所費各營兵所以相機量減能減二營之兵卽可以剩一寨之餉故不必增餉而餉自足也且海濱貧民倚海爲生饑不得食則潛出



刼掠乃其故態若多置哨船兇悍無籍者皆得投兵就食既爲兵必不爲寇又未必非潛消寇孼之微權也

一量淺深以置船大小夫廣東六寨汛地各有港可以避風泊船但港門有淺深灣澳有險易港深而易泊者無論船隻大小皆可駐劄若港門淺狹則利於小船而不利於大船今六寨之中水深可泊者在南頭則有屯門佛堂門也在柘林則有東山下河渡門也在恩陽則有神電馬騮門也港澳既深雖有颶風

驟發船易入港用大船以禦敵誠爲上策若白鴿門汛地惟北隘頭可以泊船其港亦淺兼以巡哨錦囊永安二所往來洋中俱有沙行大船恐未利也白沙寨汛地惟清瀾可泊大船而白沙萬州諸港俱淺鬼叫門亦有沙此二寨也然猶有可泊之地卒遇颶風壞船猶少也至若碣石衞一寨殆又甚焉碣石汛地惟白沙湖頗可泊船然湖中泥爛湖尾淺狹僅可容十餘船耳若碣石衞則海石嵯岈船易衝磕甲子門則港門甚淺船易涸頓一遇大風大船不能入港屢



被覆滅豈能遽爾造補而本寨之汛地未免空虛海寇倏至如入無人之境孰從而禦之故甲子門屢被寇刼而竟無一兵與較勝負非兵退怯若無敵船也今於碣石白沙白鴿門三寨須酌用三號四號之船遇颶可以入港灣泊其船常存則其威常振耳或謂三寨海寇要衝而小船不利於戰然與其必用大船而屢被衝破孰若多置小船而振耀兵威小船多與大船相當也況所謂小船者非若小哨馬之類也惟其可以入港而已

一就寨修船以固守汛地夫廣東海澳瀰漫寇盜叵測或乘機嘯聚或順風倏至若澳無兵船則縱横刼掠接濟私投不旬日而聚黨跳梁强不可制倏兵船復集勢已無及惟澳有兵船則蜂屯蝟集棋布星列非獨外寇不敢犯卽內地有蓄異謀者亦將顧忌兵威而不敢動勢使然耳先年六寨借用民船可暫而不可久故汛地空虛賊盜猶熾近設官船與福建事例相同船常在寨甚可經久但往歲寨船俱掣回省城修整各寨汛地並無船隻防守又何海寇之不結



黨也南頭一寨附近省城掣之猶可柘林碣石二寨遠在東路恩陽白沙白鴿門三寨遠在西路順風俱有八九日之程若遇逆風卽一二月不能到計其修理往來之程動經數月萬一寇至將何以禦之今改議三年回省一修亦計量及此耳臣愚以爲各寨之船宜在各寨修之卽三年亦不必掣也各寨俱有港澳俱可修船油釘藤麻之類隨處足用若防汛已畢卽可就近修理不必掣回省城惟白沙一寨屬在瓊州無桅而省城之桅難以過海勢必回省替換若白沙寨船隻間有一二壞桅者方許駕回省城換桅修理或回恩陽附近更換苟非壞桅不必回省夫各寨之船旣不離汛地則沿海之澳不至空虛矣

一查革虛冒以振飭軍旅廣東寨船大號者兵七十名二號者兵六十名三號者兵五十五名四號者兵四十名哨馬則二十五名兵有多寡隨船之大小也惟其可以駕船禦敵而已乃將領有嗜利者每船虛兵三名哨官效將領捕盜效哨官各有所利各不相非甚以跟隨人役冒頂兵餉招募老弱減尅月糧扶同欺隱海上遠涉孰從而知之或司道點閱則僱人



答應或掣名不到則假托私逃計一船之兵十分已虛其三而實在駕船者幾何人哉計實在之兵老弱已居其半而奮勇禦敵者又幾何人哉夫兵已虛矣又老弱雜處無事登岸者過半看守無人或颶風驟發無兵護船船必壞或海寇突至無兵應敵敵必勝故兵船懦弱不振凡以虛冒耳今宜責任守巡及海防督理本府兵船常至海防查覆嚴禁虛冒使兵皆足數揀汰老弱使兵皆勇壯或有逃亡事故者限一

日內申明扣餉召人補額毋致隱匿支糧船泊在澳不許各兵登岸偷閒爲將官者亦毋得身先登岸以爲人望近日撫按諸臣已屢行申飭但恐海上虛兵乃其故態如再有前弊許撫按查參重處則將領畏法而兵不虛冒矣

一預置器具以防備急用夫船以槓椇爲主槓椇鈌則船壞而無用兵以戎器爲衞戎器鈌則兵怯而無威六寨船隻槓椇一年小修三年大修已爲定例但海洋不測一時颶風驟發船不到港槓椇損壞亦尋常事耳如偶折桅柁則船不能駕撐損失椗纜則船不能灣泊關係非細故也捕盜無銀修理姑將船隻灣泊港內不敢出洋不得已兵將和同減兵數冒支月餉銀兩隨而修理之此通弊也方其未修也船泊港內不堪督駕兵數不足不堪禦敵忽有盜賊束手無策有船與無船同耳今於各船槓椇果係被風損壞而哨捕人員原無侵欺冒領情弊海防官宜卽查明鈌卽補之毋徒棄船港中若所費不多則量出官銀不必拘大修小修之例或有船隻被風打破亦宜



速行造補以免汛地空虛海洋鹹水船易生蛆艕板必爛將官猶宜按月朔望潮汐之期責令捕官將船燂洗庶乎船可堅固而駕撐長久也至於軍器火藥隨船大小支給多寡各有定數然須多置預備然後有恃無恐又宜令捕官不時檢點毋致濕爛銃礮爆裂卽當查換火藥鈌用卽當支給但新造銃礮之時須鑿記年月分别官物以防私換夫槓椇已修則船有實用戎器已備則兵有壯威矣

一嚴禁私濟以杜絶寇源海寇所賴者船也船上所賴者槓椇兵器也彼海邊刼掠不過布帛米穀而已擄人取贖而已至於船上器具桅椗硝磺之類皆船中所急用者也烏得而有之惟海邊姦民潛相通濟利其財物賤貨而倍價乏兵器則以兵器通乏槓椇則以槓椇通故賊船得修理以爲逋逃抗敵若有司地方嚴加禁革不使接濟之貨得以下船各澳各船嚴加巡緝毋使接濟之船得以出海則海上無一年不修之船亦無半年不壞之槓椇桅柁偶折則船爲虛器風篷既爛則寸步難移船以漸棄賊亦漸散固

其勢也語云海邊無接濟則海上無奸細正謂此耳雖謂奸細潛泊海隅村落雜之商販捕魚出沒無時此則其鄉里鄰族所得而知也官府果能設法禁戢有出首得實者不惜重賞鄉里容隱者嚴加重處其事未有不發露者矣明尹瑾海防要務疏

國朝雍正八年議准各省沿海營汛原分水陸水師惟在大洋遊巡其陸路海濱塗岸潮退膠淺爲水師巡船之所不到其中各色小艇隨潮飄泊或有暗載違禁貨物甚至乘機偷刼此等所在設立小號巡船防海備覽



乾隆四年設要缺各司巡船布政司薩哈諒請於南海之江浦黃鼎番禺之茭塘沙灣順德之馬寧香山之香山小黃圃黃梁都新會之沙村牛肚灣新寧之廣海寨惠來之神泉揭陽之湖口十三要缺各設巡船二隻每隻巡丁十二名巡緝河道郝通志

凡各處港道有各處船隻不同如粵之海南商船要從磁石處過者俱不敢用鐵釘以藤捆扎船身木釘油灰耳此不能用之營船也如廣州府屬内海多以八櫓六櫓四櫓兩邊皆用櫓又有急跳槳船沙罟船兩邊皆用短槳倒爬亦屬營船以其輕快用草包蓆爲大篷吃水不多大者亦如趕繒之式小者亦如艍船之式然終不敢深入大洋只宜用之內海則便於趕繒艍船矣如惠州府屬亦有營船快哨拖風二式小於艍船不過七八尺樑頭只好行走埃邊未敢駛入大洋惟魚船之拖風亦有大隻出洋攬貨者亦有一對兩隻共拖一網以其牽連不倒雖大風巨浪恃有後墜爲穩漁人喜用之然易於藏奸如潮州府屬多有舢艚類似艍船而無艕平底淺面便於出入港



道如江浙之沙船廣南之烏尾船身方正而底平專用兩邊鴨屁舵爲之護水只好順風直溜滿載負重稍遇逆風則當寄椗難於敲戧此兩年凡廣之烏尾重載往閩浙遇風浪沉礁多有打破今亦少行矣現廣之新造鹽船皆烏尾式也又見有在廣之沙船此兩年過洋甚得利皆合人之氣運不可爲例也至若烏尾船之式甚大樑頭至於三丈餘可載數千石則如今之洋船也然莫如戰船上乾淨明亮雙戰棚兩

重礮位器具重大配水兵將百名連戰兵共有三百
人　國朝陳良弼水師輯要
西路高雷廉近占城滿剌諸番中路東莞等𢃄水賊
海寇不時出沒東路爲惠潮與福建接壤漳船通番
之所必經其受海患均也明初舊制每歲春汛各𢃄
港皆設戰艦秋盡而掣回泊水寨至嘉靖時則倭奴
衝突莫盛於中路亦莫便於東路其次則南頭等處
又其次乃及高雷廉三府勢有緩急事有難易分兵
設備亦當因之故明初舊例戰船中東二路不過二



十艘夫汪洋大海百千蜂擁而來二十艘於何處生
活故嘉靖時已議增益
本朝自底定廣東設立外海巡船凡大小各船如趕繒
船艍船及艕仔船拖風船等製至一百六七十隻所
以制防者備矣　防海備覽
竊查粤東山陬海澨蠻猺雜處爲從古盜賊充斥之
地自我
朝定鼎痛加剿戮山海巨盜以次平安百數十年來休
養生息民物滋豐諸番來朝貨貝雲集魚鹽蜃蛤之

利甲於天下洵海上之樂土也逮乾隆五十四五年
後盜賊復起禍緣安南夷王黎氏衰微阮光平父子
篡立兵革不息國內空虛招致亡命崇其官爵貸以
兵船使其刼掠我商漁以充兵餉名曰採辦實爲粤
東海寇之始其時太平日久水師懈弛各將官緝捕
不力商漁失業從賊者多地方官亦不能杜漸防微
而接濟銷贓諸弊無地不然洎乎光纘既亡羣盜無
主爭爲雄長遂蔓延而不可制若今之烏石二總兵
保東海八阿婆帶諸賊皆安南巨盜陳天保莫觀輔



等之頭目也嗣是而來添造戰船命將出師已二十
年勞費亦云久矣而盜賊如毛訖無成效統計一歲
之中我之擒賊極多不過千餘名耳而賊首沿海一
招從者如蟻彼之船隻不待購造也皆得自商漁彼
之食貨不待經營也皆得自刼掠海洋之路熟若門
庭波濤之險安如平地我師轉形怯懦矣兵去則分
據各港無求不獲兵來則連帮抗拒莫之敢攖我師
轉形困瘁矣又以海船全憑風力風勢不順雖隔數
十里猶之數千里旬日半月猶不能到也是故海上

之兵無風不戰大風不戰大雨不戰逆風逆潮不戰陰雲濛霧不戰日晚黑夜不戰暴期將至沙路不熟賊衆我寡前無收泊之地皆不戰及其戰也勇力無所施全以大礮相轟擊船身簸蕩中者幾何幸而得勝我順風而逐賊亦順風而逃一望平洋非如陸地之可以伏兵獲也東西南北惟其所之非如江河之可以險阻扼也必其船傷行遲我師環而攻之賊匪計窮半已投海然後獲其一二船而餘船已飄然遠矣倘值日色西沉賊從外洋逃遁我師不敢冒險勢



必回帆收港故其殄滅最難統計出師以來各憲籌海之策大約有三其一曰剿謂賊匪罪同叛逆及今不除後將愈熾剿之誠是也顧不操乎必勝之謀與之以不敗之具官兵其肯用命乎且何以免其藉口也其一曰撫謂連年剿捕無功勞師糜餉伊於胡底撫之誠是也顧不俟賊匪窮而求我而先誘以官職招以金錢彼謂官司猶有能乎且何以怵奸宄而杜邪心也其一曰守謂賊之服食器用何一不資諸內地嚴斷接濟則不擊自敗守之誠是也顧不備講乎

守之之道瀕海四千餘里可勝守乎擇地而守之則顧此失彼逐段而守之則備多力分兵家所忌恐非萬全之計也之三策者皆至當不易之理而卒未能平賊毋亦行之未盡其道乎方今兵力疲勞之後强弩之末難穿魯縞又前年十二月李提軍歿於蔡牽去年五月林總兵歿於張保覆軍殺將兵氣不揚亦已極矣非大加一番振作恐賊匪未易即平况各憲未易身歷重洋一切情形僅得之傳聞之說章自效力四年三次出洋親冒矢石於風濤之壯厲危險海道之難易遠近各股賊匪之大小强弱與夫官兵之



辛苦才否雖未能備悉淵微亦已麤知大略茲逢盧懷若咨詢及芻蕘謹將見聞思慮所及撮爲籌辦海匪事宜十有七條以備採擇焉

一戰船宜派本管之武弁監修也查前憲吉公任內修造船隻皆用出洋弁兵監修工程尚屬實在嗣因有不肖弁兵意存需索匠人與之錢則諸事順手否則件件挑剔遂罷弁兵專用文員修造工竣之日稟請驗看合式即令武弁接收費用雖稍減於前而工

料實不如舊壵船工最爲深微固與不固非一時外觀可得而盡一出大洋巨浪掀簸眞形畢現矣章前因帶領紅單船百號出海與舟師相從兩月見各將官座船日夜戽水數百桶譬驅老牛贏馬鬬豺狼於崇山峻嶺之中庸有濟乎無怪其沿海停泊而不得力也夫船者官兵之城郭房室車馬也船果堅實以戰則勇以守則固以追則速以衝則堅反是則凜凜焉憂沉溺覆亡之不暇安望獲賊憶在洋時見林總兵座駕海安四號一船堅緻牢實行走快捷賊匪望



而生畏詢之爲蔡廷芳所監造可知監工得人一船可收數船之用不宜因一二弁不肖遂謂人人皆然也應請將船隻次第撤回徹底與修即派該管弁兵監修彼其身命所關自不肯聽匠人偷工減料如有需索指名揭參至於料價必稍增益應由藩庫發足毋令承修之員賠累而後工程可得而固此爲勦賊第一要務不可不倍加意也

一篷索椗柁桅木宜加料製備也大海之中浪之起也船如升天浪之落也船如墜地一物勿固即有覆溺之憂憶與舟師相從東西洋面凡三千餘里若一遇大風舟師即有折桅者一船折桅全軍失色雖賊船唾手可得亦必舍而收港又不可棄之以資賊也必求木易之三四日後其工乃竣而賊已從容遁矣迨行三五日追賊將及桅壞復然更行八九日又莫不然此所以出師兩月不獲一賊也應請於篷纜椗舵加料備修每船并多給篷席繩纜一副以備不虞灰蔴釘油等物事事寬爲預備其頭大桅尤關緊要即不能全用堅完大木亦須帮鑲結實此皆官兵性



命所繫不可以爲細故而忽之也

一戰船宜添造雇備分路出捕也查現在米艇共百二十號原不爲少無如盜首烏石二烏石大匪船不下五六十號鄭一已死其頭目張保最爲猖獗匪船不下百餘號東海八阿婆帶香山二匪船各三四十號金姑養已死其頭目老藍帶領其衆與總兵保大礮腹匪船各一二十號共計匪船不下三百餘號其餘零星小匪尚不在此數我師未免單弱矣且粵洋四千餘里船少則顧此失彼勦捕仍不得力應請酌

量添造新舊米艇須得百八十號再雇募紅單船四十號分爲四路廣州府洋面一路惠潮二府屬洋面一路高廉雷瓊四府屬洋面遼濶係屬賊巢應分二路每路米艇四十號紅單船十號餘剩二十號預備抽換修理之用各路之兵即駕各路之船則海道較熟各營之官即帶各營之兵則約束較易四路並作分合緝捕不論賊逃遠洋近洋緊緊追躡使其船不得燂水不得取薪米不得買備而我以宿飽之師更番疊戰不過數月賊黨必散賊首可擒矣



一戰船須常加燂洗也海水鹹濊船底易生蠔殼其在民船每月必燂洗油刷一次賊船亦然今師船止洗而不燂或燂而不油故行走每不若賊船之速總因弁兵貧乏無項可支應請酌給燂費俾得乘間燂油其船身紅黑顏色亦須加染鮮明旗幟亦要整肅庶軍容壯盛而駕駛亦靈也程含章上總督百齡籌辦海匪書十七條之四

道光七年六月初二日總督李鴻賓會奏言粵東外海內河奸匪叢集往往結黨同舟晝夜橫行或偷載違禁私貨或强刼商賈財物此等匪類隨處皆有而由黃埔至虎門一帶接近外洋之處爲尤甚雖從前屢經拏辦而其風未嘗少熄所以然者該匪等數十人每共坐一船其船身長而狹兩邊各設木槳數十枝駕駛捷便名曰快蟹艇行走如飛每遇官兵巡船奮力追捕亦不能及甚且敢用礮械抗拒巡兵而走私漏稅刼財斃命之害因以日熾臣等於上年十月間與水師提督臣李增階會同商議籌所以制伏之策因仿照該匪等所坐快蟹艇式樣製造應用爲以毒攻毒之法長五丈六尺寬九尺六寸安設木槳四



十枝務期弁兵駕駛足資追捕核計自黃埔以及虎門外洋面各要隘地方共有七次須造快船七隻分段巡查並以此項船隻捕盜則有益地方緝私則有裨關稅因與前粵海關監督臣達三會同籌議各辦經費共成此舉毋許開銷庫項迨冬臘間將快船七隻先後造竣共用過工價銀三千餘兩隨將各船添備器械均交水師提督臣李增階選派精練弁兵按段實力巡緝自上冬至今凡行刼走私各匪大半潛踪即偶然駕艇窺伺一遇巡船即自棄其艇而逃陸

續奪獲快蟹艇六隻餘多該匪等自行鑿破沉溺深井黃埔虎門一帶河道海口頗覺肅清辦理不爲無效半年以來每船派弁一名日給口糧銀六分每船派兵四十名每兵日給口糧銀四分皆係臣等與前監督達三現任監督文連各半籌給其拏獲船匪之弁丁亦皆臣等捐貲給賞至此後每年弁兵口糧及修理船隻添備器械一切用費約計一年需銀四千兩內外非可常行捐辦亦仍不得動用庫欵必須籌一經久之策以期支用裕如容俟妥爲籌畫再行具



奏

右總論

康熙二十九年題准外海戰船哨船自新造之年爲始閱三年小修小修後三年大修大修後三年尙堪修理應用者仍令大修如不堪修理題明拆造防海備覽

雍正十一年議准直省修造戰船報銷限期廣東瓊州限六月其餘各廠限四月均以工竣日起限同上

乾隆二十四年工部奏畧言查定例各省戰船三年小修六年大修大修後三年如船隻尙堪應用仍行大修或不堪修理題明拆造其修造限期康熙年間小修定限三個月大修拆造定限四個月完工雍正六年因修造船隻不能堅固者加重處分奉

旨交部定議遂將小修展限至四個月大修拆造展限至六個月完工

五月初五日奉

上諭據王進泰奏時值春操赴崇明查閱止有出巡船五隻其餘各營戰船俱交廠修造無船可操請將崇明鎭暨沿海各營屆修船隻先行趲修一半餘船緩至來歲接修等



語所見甚是沿海營汎練習水師全在駕駛戰艦出洋操演方足以明訓練而修軍實如遇屆修之期即當預爲確估工料速行趲辦以應操期何至各營俱藉詞無船盡行停操則將來或遇修造之年各營官兵勢必經年不復登舟操演設船專爲巡防今乃因修造需時轉致無船可用倘遇概要哨探亦將以無船爲詞置之不問耶其實所謂三年修造亦不過虛應故事徒循舊例爲冒銷之地且冀掩其廢弛之積弊耳似此因循怠忽實爲各省相沿陋習且小修即以半年爲期大修拆造又當何如再定例雖載

如五年大修之後其船尚堪駕用無須拆造者再加小修一次亦不過視爲具文此等船隻即現在尚堪駕用而年限已滿例得拆造又孰留以不須拆造而不爲開銷帑項之計至於修理戰船若僅委營員監造無人稽察則必致於尅扣侵肥無裨實用若令文員監造文營則又多方搜求不肯收受國家承平日久一切武備鮮知實力整頓而不肖員弁凡遇興修又往往視爲利藪置公務於不顧此等弊竇在實心任事之督撫等自能留心察訪釐剔積習使屬員知所畏怯不敢生怠玩舞弊之意著傳諭該督詳



悉查明現在文廠興修船隻分別勒限督催完竣查驗出水毋令久稽時日致悞操期各營如有冗多無用船隻應行裁汰者即爲裁汰以期實效其各省凡有水師營汛並著各督提留心稽察一體查明辦理具奏并將此傳諭知之欽此

右修造限期

乾隆元年三月工部奏言據廣東總督鄂彌達咨稱粤東修造戰船各案向來無論工料銀數多寡俱於屆期修造之前造册具題請撥餉銀修造工竣題銷今戶部奏准各省修建工程確估題報工竣造册物料價銀數在五百兩以上工價銀數在二百兩以上者令督撫預行確估題報工竣造册題銷其物料銀數在五百兩以下工價銀數在二百兩以下者令督撫咨明工部定議知照戶部行令動項興修俟工完造册具題核銷等因所有粤省修造戰船請撥餉銀之時是否俱照此例辦理等因查雍正六年十月內經九卿議定廣東修造戰船定例各該協營於修造兩月之前預先估計造册申報督撫一面具題一面



檄行監修之員預撥餉銀即行辦料惟廣東之瓊州遠處海隅重洋往返需時除照此例之外再寬兩個月於四月之前預領銀兩辦料等因行文在案今廣東修造戰船請撥銀兩之時若照戶部議准按至銀數多寡分別題咨辦理似與九卿議定之例不符應行該督嗣後該省戰船凡屆備造之期照舊例遵行并知照戶部可也奉

旨依議欽此

右購材期限

雍正十年議准廣東外海艚船及拖風船向來設椗二門者屆修造之年再准增設一門向用藤纜者准其改用棕纜以資巡哨（防海備覽）

十二年議准閩浙二省戰船篷索循照舊例按年更換奏

旨廣東省戰船篷索更換著照閩浙之例遵行

乾隆三年覆准粤東外海艚船拖風等船遇拆造之年原用藤纜一條者換棕纜二條原用藤纜二條者換棕纜三條（俱同上）



十四年七月兵部奏言臣等議得浙江總兵官陳鳴夏奏稱海洋憑虛御風全憑帆力故大篷之旁加插花桅頂之上加頭巾風帆力猛船行尤速請將沿海各標營一體動公製用如遇戰船修造之年照同楨棋造冊交廠修換等語査乾隆二年十一月內原任狼山鎮許　奏出洋商船禁用頭巾插花臣部行令沿海各督撫詳議具題嗣後各該督撫題覆內洋商船若一概准用倘或為匪難於追捕自應嚴行禁止各等因經臣部覆准通行沿海各省在案是頭巾插花一項借助風帆駕駛迅速實為行船利涉之具水師戰船出洋巡哨自應一體製備以資巡防實用奏

旨依議欽此

頭巾插花尾送等事此商船所必需也商以貨重輕風難駛故加頭巾於桅末插花於篷邊加尾送於尾樓使之食風輕快可先到以趨利遇賊以難追辛丑間臺灣有警兩廣總督楊琳令各船皆預備頭巾等事愚初言於楊總督曰艮弱幼歷波濤未見戰船載頭巾即昔年征臺大舉亦未及於頭巾等事可見營



船之不用明矣今以粤船輕浮尖薄遇風即傾側欲翻是不可用一也其戰船中不過柴米衣甲下不滿載則下虛船上人多搖搖往來則上盛上盛下虛已非穩計豈可加頭巾插花使之飄去乎是不可用二也一見賊則當勵必死之志尚敢偷生恃頭巾以思遁乎是不可用三也楊曰善令罷之（水師輯要）

右船具

康熙五十二年議准各營艍犁趕艚等船於船頭船尾刊刻某營某鎮某號捕盜船名（防海備覽）

五十三年覆准各營哨船刊刻某營某字某號舵工
水手人等各給與腰牌備書年貌姓名籍貫
雍正十年議准廣東戰船身長一丈九尺至九丈板
厚一寸至三寸一分每板一尺用三四五六釘有差
俱同上
十三年十二月巡撫岳濬批司呈詳稱拖風船隻易
於販私等因一案應如左翼鎮所請將各州縣鹽場
船頭額設緝私鹽槳船及埠商巡船併沿海各鄉所
設看沙船現在有與營船式樣相同者俱令將船頭



獸形刮去其州縣鹽場槳船於船之左右兩傍用油
紅地金字大書某縣場第幾號槳船鹽商巡船左右
兩傍用白粉地金字大書某埠第幾號巡船沿海各
鄉看沙巡船用白粉地黑字大書某鄉看沙巡船嗣
後新造巡槳各船均不得同營式樣可混淆作奸等
弊而沿海往來遊船查緝各有專責至船尾擺列器
械乃各巡船出海提防必需之物均係詳定未便去
此至廣潮各府屬各縣奉准部行設立之巡船原爲
沿海港汊爲盜賊出沒之所而設非商民巡船可比

仍聽其與槳船一樣造成裝餙惟於船頭用粉圈金
字大書某縣司巡船字樣使與槳船相同之中仍然
有別責成地方官實力稽查同案
二十一年五月十五日總督楊應琚批司呈詳稱惠
潮道所禀巡船染紅鐫字并慎選艙水巡查一條查
粤省沿海各屬向俱設有巡船配駕巡役往來梭織
遊巡稽查奸匪此外各埠查緝私梟以及水練沙夫
亦各設有巡船募充丁役稍有不慎難免奸良混雜
而船隻別無識認更易藉端爲匪應如道議巡船一



項令地方官將該船通身染紅色大書白字編列某
府州縣第幾號巡役某人等船鐫刻船尾兩傍其鹽
埠及水練沙夫巡船亦令呈報地方官照樣染紅分
別鐫字各船所用巡役巡丁舵工水手務要誠實土
著良民取具族隣保練甘結地方官一體造册存案
并各按洋面界限分別巡查不許越境出入及逾違
日期仍飭守口汛弁登簿備查如有不照式製造藉
名巡船出口者許汛口弁兵水練澳甲即行解究同上
四十七年十二月江南提督公孫　奏言臣每見各

營大小巡船俱係彩畫龍虎及各種海獸詢之水陸
各員咸稱以壯觀瞻并以分營船民船之別由來已
久等語查設立巡船原爲緝獲盜賊起見自當改裝
密緝不令人知方能物色擒拿若繪畫絢彩反令奸
匪見知避匿與巡緝何益甚屬無謂以臣愚見與其
徒縻彩畫之費反無益於巡拿自應禁止彩畫只用
油餙與民船無異則奸匪不致避匿官兵更可留心
物色如有形跡可疑者卽能擒獲似巡緝之道更爲
有益仰懇



皇上勑部通行各省除戰船准彩畫以壯瞻觀外所有內外
洋面水陸各營大小巡船一概不許彩畫只用油餙
俾資巡緝是否可採合并附奏奉
旨依議欽此
龍骨如中艕龍骨長三丈配頭艕龍骨長二丈尾艕
龍骨長一丈俱高一尺一寸闊一尺或有增減依此
例推之　含檀二丈當寬二尺四五寸厚一尺四五
寸深可六尺配官艙樑頭二丈二尺尾座二丈頭含
檀一丈一尺墩巾一丈二尺　含檀一丈配大桅四
丈如或一丈八尺配大桅七丈二尺此例推之
鹿耳(卽桅夾)如含檀二丈鹿耳當一丈三尺以下艙五
六尺配含檀內尺餘出船上四五尺矣寬宜一尺餘
厚宜八寸餘隨裁料折衷之　官艙如官艙樑頭長
二丈則深當六尺配杉板亦二丈配椗身二丈有餘
此例推之　尾座如尾座二丈深可四尺有餘當寬
二尺有餘厚一尺有餘　大桅以一丈配頭桅六尺
如大桅八丈頭桅當四丈八尺矣以此推之　舵依
含檀之尺寸如含檀二丈舵葉亦二丈寧長勿短舵
頭或五六尺當從舵金門之高低折衷之



椗身二丈椗齒七尺面闊六寸方五寸船身自墩
巾起至尾座止共長若干則大桅亦如之右各事大
畧言其相配非就一船言也卽如趕繒艍船之式皆
可以此例推如大桅逼近頭桅宜溜不宜戧太遠頭
桅宜戧不宜溜要在相稱戧溜俱宜者爲善或有壓
重宜於頭不宜於尾宜於尾不宜於頭者全在匠人
之細心舵公之駛法也近有二匠俱稱良工各造一
船制度皆善競駛時不分勝負其有心者暗用小棍

釘其舵末使舵帶累其船輸矣以微末之物亦累全船然則制度尺寸可不講哉水師輯要

大米艇身長九丈五尺寬二丈六寸深九尺三寸

中米艇身長八丈六尺寬一丈八尺五寸深八尺六寸

小米艇身長七丈六尺寬一丈六尺四寸八分深六尺五寸一分

撈繒船頭長二丈二尺面寬八尺八寸底寬五尺八寸八分深四尺八寸中長二丈二尺面寬一丈四尺底寬八尺四寸深六尺尾長二丈六尺面寬一丈一尺九寸底寬七尺一寸四分深五尺四寸計二十二艙司冊

右船形制

乾隆五年議准修造戰船按各廠成例購買松杉等木以濟船工不必搜採欃木擾民誤工防海備覽

兵船首先揀料桅舵椗三者最重桅須番木椗舵須呀㘃膩或鹽番木亦可龍骨桅夾橫檀舵牙桅托件件須撿船內橫樑須直長透者曲手灣須長成大灣



交船底板最妙如有直無灣不可用曲手多多甚妙譬如人腰胸骨多大者力必大樟木佳或菩奈木亦可番木恐釘打下裂開不可用水底板長闊者佳如窄短則船不堅固厚薄照船大小配釘宜密不可用竹釘鑽孔與釘大小配若釘大孔小打下板必裂若孔大釘小打入不得力此船匠省工之弊也灰須細白桐油舂灰交練熟透者佳若省工搗練草率船多漏鑿灰要用網紗絲者妙粗者不固易於損漏若用竹絲者斷斷不可廣東多用竹絲廈門全用網紗篷索粧扮得宜蔴要長白青短者不堪用藤白小者妙椶索須梳凈不可襍有片碎兵船禦敵古有用牛皮竹柵網紗者而禦火礮則莫如網紗愈厚愈妙且用水濕不易燥此以柔制剛之法四面遮蓋彼銃箭皆不能入則軍心固矣𤍠洗亦是緊要久不𤍠洗船底板生蟲結住駕駛不快而船板易爛又須時時整頓或船有滲漏或槓椇不堅則急於修補否則一遇敵船即追駛外洋餓使遲緩且驚虞風浪焉能專心打仗故水師以戰船為第一要著外海紀要

右船材

乾隆二十四年工部奏畧言查康熙五十七年覆准巡哨戰船同時修造有誤防汎嗣後各營船隻届期一併題明先修一半仍留一半在汎巡守俟前半完工到汎卽將後半續修完日一併題銷等因在案是戰船同時修造原有題明先修一半仍留一半在汎巡防之例載在會典

嘉慶十二年奏准新舊米艇共一百三十五隻以一百二十隻分爲四帮東中西分三路巡緝其餘一帮



往來策應以十五隻爲輪換替修之用照現存隻數作爲定額其額設繒𦨭拖風等船共一百三十五隻必需留防巡哨者祇五十一隻其餘暫停修造其節省之修費卽可移爲修理米艇之用司冊

右輪修

康熙三十四年奉

上諭戰船關繫緊要修理銀數覈減太過恐臨用之時因船料單薄復行大修以致貽誤著工部會同戶兵二部再行確議具奏欽此遵

旨議准令各督撫將軍提鎮將修理戰船銀數照各地方工料價值據實確估具題工竣報銷防海備覽

五十二年覆准戰船風篷桅索除應修之年每届別給外每歲於朋扣餘剩銀內給篷索銀一次

雍正五年奏准山東江西江南福建浙江湖廣廣東等省於每年終將修造過戰船名號數目動用過何項錢糧並舊料變價若干分悉造冊送部

十年覆准廣東戰船採買桅木於道庫鹽課項下支銀四千兩遴委文武官弁勘驗估買如遇修造聽承修各官選擇配用將每株實價若干較原定部價節省若干每株圍圓長短若干造冊報部



乾隆三年議准廣東各標鎮協營寨外海戰船拆造加八津貼大修加六津貼小修加四津貼俱同上

二十四年二月戶部奏言該臣等查得廣督李侍堯疏稱粵東省外海內河各戰船酌定成規一案先經前督楊應琚將應需工料銀數造冊具題准部咨覆以船身長寬丈尺與從前報銷相同而需用工料銀數較前多有加增至椗纜等項歷届報銷各案每船

開用椗一門櫻纜一條開用二門三條者今册內一律均用椗三門櫻纜三條與從前開用數目不符令查明必須增添應用之處詳細聲敘並將一應做法未經分晰處所查明發駁原册聲明另造妥册具題等因查廣東各標鎮協營寨外海戰船一百七十二隻各標鎮協營寨額設內河槳船二百四十三隻入額槳船一百五十七隻按照各船丈尺據實核算拆造大小修工料並椗纜津貼等銀查與原額未免稍有加增但各船內先因船身丈尺多與報部原册不



符或於海道未甚合宜業經題明更正在案今更改各船較之原額多有加長加闊卽所用椗纜等項亦有因前係細小未能適用今復增設長大以利巡防是現在一切工料較前俱已加多則需用銀兩不得不稍有進益復遂照部議將船隻做法分晰開造總以丈尺相同工料畫一使船身務俱堅固藉資實用至外海各戰船添設椗纜於雍正十年奏准將各船向係椗二門者再添設一門及將藤纜改換櫻纜以利舟師續於乾隆三年題准如該船原用櫻纜一條

又添櫻纜二條共成三條內除一條照舊估報外至二條照額定數目請餉更換若該船原用藤纜二條改換櫻纜又添櫻纜一條共成三條亦照額定數目請餉更換其添設椗門俱照更換久經遵行在案是各船均係設椗三門櫻纜三條應請俯照原議辦理以慎軍功除册送部查核外謹題等因前來查粵東省外海內河戰船成規先於乾隆二十一年十二月內據前督楊應琚造册具題經臣部駁查去後今據該督李侍堯查照駁欵分晰另造清册具題並將外



海各船設椗三門纜三條均係題准添設之處聲明應准其添設至拆造大小修工料並需用椗纜津貼等項銀兩該督雖稱船身丈尺變換較之原額多係加長加闊需用銀兩不得不稍有加增等語但查册內所開船身丈尺較歷次報銷各案並未有加長加闊之處而需用銀兩多於原定例內另有加增應將加增銀兩逐一删減在於原册內註明發還該督嗣後凡遇大小修拆造需用工料銀兩遵照此次核定成規數目照例估銷并先行造具簡明清册咨部備

案可也奉
旨依議欽此
五十四年八月軍機大臣會同奏言臣阿桂等會同酌議兩廣總督福康安摺內所奏將戰船照商船式樣改造一節臣等詳悉思維竊以水師戰船雖有折戧使風不及民船迅速之說但若因捕盜時駕駛未甚便捷仿照商船式樣一律改造於國家定制輕易更張尙有未協設地方遇有緩急船隻過於窄小屆時亦不能濟用自未可因噎廢食槪行議改且查粵



東額設外海戰船共一百三十七隻閩浙江南俱有額設戰船應請
勑下各省沿海督撫提鎭就各該地方外海形勢將各船酌留一半其餘一半於將來屆應拆造之年照外海民船式樣逐漸改造旣以就駕駛便捷合捕盜之機宜兼以循守成規備地方之緩急庶立法可以永久於定制亦無防碍再臣等向聞沿海各處官造戰船以部定例價係從前工料平減時所定近年物料昂貴或有不敷承辦之員惟求符合丈尺塗飾油粉以為觀美其實釘稀板薄施之內洋港汊居然艨艟大艦一到大洋卽不足以衝風破浪遇有緝捕盜匪等事多僱用民船駛駕上年臺灣配渡閩省本地官兵多願乘坐民船雖未經聽許易換而官船不及民船之堅固已可槪見因思近日各省沿海地面緝捕兇匪多託言官船高大不便駛駕易為賊匪認識恐尙非實在情事現在查辦沿海戰船自應將官造船隻是否與民船一律堅固詳加查勘或祇因其笨大不便駛駕欲圖改造或本不堅固難以衝禦風浪務須



核實辦理相應一併請
旨飭下沿海各督撫提鎭飭令各屬如查係例價本敷而承辦之員尅減工料所致自當據實查參將各員從重治罪著落追賠以儆將來若原定價值實有不敷亦當據實奏明寧可量減額船數目將工料歸併津貼以期官造一船卽收一船之實用方足以資巡緝而衛海疆奉
旨依議欽此
嘉慶九年四月工部奏言臣等查定例各省修建一

切工程銀數在千兩以內咨部辦理千兩以上題估
題銷嗣於嘉慶五年五月內欽奉
諭旨嗣後除刻不可緩之工酌量奏請修理其餘均俟軍務
告竣後再行奏明辦理欽此上年川陝等省賊匪蕩平大
功告蕆臣部恐各省地方官藉有軍務告竣之名以
尚可從緩之功紛紛咨部請修奏請照戶部動用耗
羨匣費之例銀數在三百兩上下准其咨部辦理如
數逾五百兩者奏明辦理等因奉
旨依議欽此行知各督撫欽遵辦理嗣據兩廣總督倭什布

將嘉慶五六七八等年修理戰船營房等工陸續分
案題咨造册估報均經臣部查明動用銀數在五百
兩以上者行令遵照新定章程奏明辦理各在案今
據該督奏稱粤東外海內河戰船及礮臺營汛各按
地方海道情形設立以資防守水土鹽潮颶風猛烈
易於損壞實為刻不可緩之工將嘉慶六七八年分
修造戰船估需工料五七八年分修理營汛工料請
准照一面酌給銀兩一面造册核銷舊例分別估銷
等語臣等伏思粤省為海疆重地戰船營汛實為水

陸巡守所關況該省現在緝捕緊要尤宜及時修整
以資巡防所有修理戰船營房礮臺等工既據該督
遵照新定章程彙摺奏明實係刻不可緩應如所奏
准其修理仍行該督將修過各工用過銀兩照例分
別題咨估銷分案造册送部核辦至奏稱此後各年
船工及限外坍損營汛勢亦概難停緩均請循照舊
例辦理等語臣查各省工程前經臣部議定如數逾
五百兩者奏明辦理原為慎重錢糧工歸核實起見
今該督僅將從前已修各工遵照新例奏明嗣後應

修工程仍請照舊例辦理是千兩以內工程仍得紛
紛咨請修理殊與新定章程不符應令該督查照臣
部前次奏定章程核計銀數多寡分別奏咨撙節辦
理以昭慎重奉
旨依議欽此
十一月奉
上諭據長麟奏稱伊在兩廣總督任內曾經製造米艇若干
隻並有商民捐辦若干隻用以出洋捕盜最為便利等語
聞近年來營官以船身損壞不便駕駛地方官則以修費

不肯互相推諉遂致終年停泊日久徒歸朽廢前經倭什布等奏請將繒船改造之米艇三十三號悉於關務盈餘項下動支銀四萬兩修理業經降旨准行又據奏該省初造米艇九十三號今沿海東中西三路各有米艇數十隻亦經軍機大臣議令將實在船數咨部查核那彥成到任後即查此項米艇現在實有若干隻如有損壞即應督飭地方官上緊修整以備出洋勦捕之用至修船等項一切均須經費前曾據倭什布等奏請將關鹽盈餘銀十四萬兩全數留存支用又請於武職空缺養廉及田房稅羨項



下每年約餘銀二三萬兩一併動用亦經議准施行仍著那彥成悉心設法通盤籌畫如該省尚有閒款可以留貯備用者不妨奏明歸入緝捕項下支銷總須經費裕如方可責成捕盜即如海船舵工一項閩好手多為賊船僱用蓋由小民趨利若舊在賊船中得受僱價較多是以樂為之用若官為僱用時亦酌加工價伊等自必欣然就僱方足資駕駛之力那彥成惟當隨事妥籌行之以實轉不必稍存惜費之見致有窒礙廢弛也那彥成年富力强受恩深重尤應虛衷集益整飭吏治申嚴武備緝除匪黨肅清海洋以副委任欽此

十三年四月奉

上諭吳熊光奏製造米艇部定價值不敷請仍照前擬成規辦理一摺粵省此次應造米艇部議令照閩省每隻祇准銷銀二千六百十八兩零原未連礮械計算在內今該督請仍照前擬成規粵省製造米艇大中小等號牽均計算連礮械一併在內需銀在四千上下委係實用實銷並無浮多自係實在情形著照所請粵省製造米艇連礮械統行計算准其每隻銷銀四千兩俾資趕造該部知道欽此



大米艇工料銀四千三百七十八兩六錢五分五釐拆造給值如之小修工料銀一千九百二十六兩六錢零八釐大修工料銀三千二百八十三兩九錢九分一釐司冊

中米艇工料銀三千六百二十兩零七錢六分五釐拆造給值如之小修工料銀一千五百九十三兩一錢三分六釐大修工料銀二千七百一十五兩五錢七分三釐

小米艇工料銀二千六百七十七兩八錢七分三釐拆造給值如之小修工料銀一千一百七十八兩二錢六分四釐大修工料銀二千零八兩四錢零四釐

撈繒船工料銀一千六百四十五兩七錢五分二釐拆造給值如之小修工料銀七百二十四兩一錢三分一釐大修工料銀一千二百三十四兩三錢一分

廣州水師旗營

第一第二號外海繒艍船二 第一號長七丈一尺寬一丈七尺九寸拆造工料銀一千一百一十五兩三錢八分九釐小修工料銀一百九十六兩九錢二分二釐大修工料銀三百六十五兩五錢八分七釐 第二號長五丈三尺四寸寬一丈四尺八寸拆造工料銀五百零一兩六錢零二釐小修工料銀一百四十六兩二錢三分大修工料銀二百五十八兩四錢一分二釐

第一號額設內河槳船一 身長四丈六尺七寸寬七尺六寸拆造工料銀三十六兩八錢四分小修工料銀八兩二錢五分大修工料銀一十五兩九錢八分

第一至第三號入額內河槳船三 第一號長四丈一尺二寸寬七尺五寸拆造工料銀五十二兩一錢二分小修工料銀一十六兩九錢三分大修工料銀三十一兩



七錢一分二釐 第二號長四丈五尺八寸寬七尺一寸拆造工料銀四十五兩七錢一分小修工料銀一十四兩七錢七分二釐大修工料銀二十六兩五錢一分八釐 第三號長四丈六尺五寸寬七尺一寸拆造工料銀四十五兩七錢一分小修工料銀一十四兩七錢七分二釐大修工料銀一十六兩九錢二分三釐

饒平營

第一至第六號額設槳船六 各長三丈八尺寬二尺二寸拆造工料銀四十兩零二錢二分五釐小修工料銀一十七兩二錢八分八釐大修工料銀二十三兩二錢三分九釐

第一號入額快船一 長三丈八尺寬八尺二寸拆造工料銀一十五兩七錢一分八釐小修工料銀三兩八錢五分八釐大修工料銀一十一兩一錢四分八釐

南澳鎮右營

第一至第三號外海大八槳船三 各長四丈五尺寬一丈一尺拆造工料銀三百一十七兩二錢八分一釐

澄海協

第一至第四號外海大八槳船四 各長四丈五尺寬一丈一尺拆造工料銀三百一十七兩二錢八分一釐

海門營

第一至第四號額設內河舶艚船四 各長四丈六尺八寸寬八尺五寸拆造工料銀六十七兩五錢零四釐小修工料銀一十八兩九錢八分二釐大修工料銀二十三兩三錢六分九釐



第一第二號外海大八槳船二 各長四丈五尺寬一丈一尺拆造工料銀三百一十七兩二錢八分一釐

潮州鎮左營

第一至第四號入額內河快船四 各長三丈八尺寬八尺二寸拆造工料銀一十五兩七錢一分八釐小修工料銀三兩八錢五分八釐大修工料銀一十一兩一錢四分八釐

右營

第一至第三號額設內河快槳船三各長四丈五尺寬九尺拆造工料銀六十五兩二錢零四釐小修工料銀二十二兩四錢六分九釐大修工料銀三十一兩二錢二分四釐

第四號額設內河槳船一長三丈八尺寬八尺二寸拆造工料銀四十兩零二錢二分五釐小修工料銀一十七兩二錢八分八釐大修工料銀二十三兩二錢三分九釐

第五號額設內河快船一長三丈三尺寬六尺六寸拆造工料銀二十六兩五錢一分小修工料銀一十一兩六錢二分九釐大修工料銀一十六兩七錢九分二釐

第一號入額內河快船一長三丈八尺寬八尺二寸拆造工料銀一十五兩七錢一分八釐小修工料銀三十兩八錢五分八釐大修工料銀一十一兩一錢四分八釐



潮州城守營

第一至第三號額設快槳船三各長三丈六尺寬七尺六寸拆造工料銀三十二兩五錢三分二釐小修工料銀一十四兩零七分四釐大修工料銀二十一兩零九分四釐

第四至第七號額設快船四各長三丈三尺寬六尺六寸拆造工料銀二十六兩五錢一分小修工料銀一十一兩六錢二分九釐大修工料銀一十六兩七錢九分二釐

潮陽營

第一至第三號額設快槳船三各長四丈三尺寬八尺七寸拆造工料銀六十二兩三錢七分五釐小修工料銀二十兩零七錢五分六釐大修工料銀二十八兩八錢

四分二釐

黃岡協左右二營

第一第二號額設內河槳船二各長二丈三尺寬五尺五寸拆造工料銀一十二兩六錢七分三釐小修工料銀三兩七錢二分六釐大修工料九兩四錢五分九釐

入額內河槳船

達濠營

第一號外海大八槳船一長四丈五尺寬一丈一尺拆造工料銀三百一十七兩二錢八分一釐

前山營



第一號槳船一長五丈寬九尺一寸拆造工料銀七十一兩二錢一分小修工料銀二十二兩九錢九分五釐大修工料銀四十二兩九錢九分六釐

第二號槳船一長三丈七尺寬六尺八寸拆造工料銀四十五兩七錢一分小修工料銀一十四兩七錢七分二釐大修工料銀二十七兩六錢七分六釐

清遠營

第三第四號槳船二各長四丈四尺寬六尺五寸拆造工料銀一十九兩七錢小修工料銀六兩大修工料銀一十六兩七錢

惠州協

第一至第三號入額內河槳船三各長三丈四尺寬五尺六寸拆

造工料銀一十一兩五錢小修工料銀三兩零五分大修工料銀九兩九錢八分五厘

督標水師營

第一號急跳槳船一長二丈六尺九寸一分寬六尺六寸一分拆造工料銀二十三兩二錢九分六釐小修工料銀四兩七錢九分大修工料銀七兩一錢九分四釐

第二號四櫓船一長四丈零二分寬九尺七寸四分拆造工料銀五十七兩三錢五分二釐小修工料銀一十七兩零五分八釐大修工料銀二十六兩八錢八分六釐

第五號急跳槳船一長二丈八尺三寸寬六尺三寸八分拆造工料銀二十三兩二錢九分六釐小修工料銀四兩七錢九分大修工料銀七兩一錢九分四釐

第六號四櫓船一長四丈一尺九寸九分寬一丈零四寸四分折造工料銀五十



七兩三錢五分二釐小修工料銀一十七兩零五分八釐大修工料銀二十六兩八錢八分六釐

第九號急跳槳船一長二丈八尺三寸寬五尺九寸一分拆造工料銀二十三兩二錢九分六釐小修工料銀四兩七錢九分大修工料銀七兩一錢九分四釐

第十號兩櫓槳船一長三丈四尺八寸寬八尺八寸一分拆造工料銀四十五兩零八分一釐小修工料銀一十三兩四錢六分八釐大修工料銀二十一兩零六分四釐

第十一第十五號兩櫓槳船二各長三丈四尺八寸寬六尺九寸六分拆造工料銀三十八兩四錢七分三釐小修工料銀一十一兩五錢七分七釐大修工料銀二十二兩三錢七分

第十六號兩櫓槳船一長三丈四尺八寸寬八尺五寸八分拆造工料銀三

十八兩四錢七分三釐小修工料銀一十一兩五錢七分七釐大修工料銀二十二兩三錢七分

第十九號兩櫓槳船一長三丈四尺八寸寬七尺七寸七分拆造工料銀三十八兩四錢七分三釐小修工料銀一十一兩五錢七分七釐大修工料銀二十二兩三錢七分

第二十號急跳槳船一長二丈七尺三寸七分寬六尺一寸四分拆造工料銀二十三兩二錢九分六釐小修工料銀四兩七錢九分大修工料銀七兩一錢九分四釐

第三第四第七第八第十二第十三第十四第十七第十八號額設內河巡船九各長四丈三尺七寸寬六尺二寸五分拆造工料銀五十二兩九錢九分九釐小修工料銀二十三兩三錢一分九釐大修工料銀三十九兩七錢四分九釐



肇慶協

第一至第三號入額內河槳船三各長三丈六尺五寸寬六尺六寸拆造工料銀一十七兩八錢四分五釐小修工料銀六兩二錢二分五釐大修工料銀一十兩三錢一分八釐

第四第五號入額內河槳船二各長三丈六尺五寸寬六尺一寸拆造工料銀一十七兩八錢四分五釐小修工料銀六兩二錢二分五釐大修工料銀一十一兩三錢一分八釐

第四第五號入額槳船二各長三丈六尺五寸寬六尺一寸拆造工料銀一十八兩零一分三釐小修工料銀六兩二錢二分五釐大修工料銀一十一兩三錢一分八釐

化石營

第一號入額內河槳船一長四丈五尺九寸寬九尺拆造工料銀四十一兩五錢七分三釐小修工料銀一十三兩一錢四分五釐大修工料銀二十兩零一錢三分一釐

第二號入額內河槳船一長四丈五尺九寸寬八尺八寸拆造工料銀四十一兩五錢七分三釐小修工料銀一十三兩一錢四分五釐大修工料銀二十兩零一錢三分一釐俱同上

右修造之費

嘉慶二十年覆准大米艇每隻例給燂洗篷索銀九十兩加增銀六十兩中米艇每隻七十五兩加增銀五十兩小米艇每隻六十兩加增銀四十兩司冊



二十一年咨准撈繒船每隻例給燂洗篷索銀二十八兩加增銀十四兩續增銀二十四兩一錢七分六釐同上

右燂洗之費

廣東海防彙覽卷十二終

# 廣東海防彙覽卷十三

## 方略二

### 船政二

雍正二年閏四月二十二日奉

上諭沿海各省督撫提鎮戰船出洋巡哨最爲緊要舊例地方官承管修造營員每多方勒索不顧州縣賠累地方官惟知交結營員囑其收受彼此俱有私心修造豈能堅固以致出洋船隻易至朽壞重修朕深知其弊欲改歸營員修造使州縣無賠累之苦而於軍政似實有裨益爾等可



會同速行確議具奏若有不可行處不可迎合強以爲是欽此

十二年議准嗣後各省修造戰哨巡船承修官於估計領銀後因事離任或經病故不得仍令該員子弟家人辦料承修其已經備料興工將次告成者接任官詣廠親驗委係實工實料取具驗明印結申報上司稽考依限竣工倘有浮冒立即揭參如估計未領銀或領銀未興工接任官將未領銀作速承領原任已領銀作速催繳辦料承修或離任官將所領銀已

經別處辦料亦著接任官驗明接收造入交盤清册申報察覈違者該督撫題參（海防備要）

乾隆十七年覆准廣東高雷二府屬外海戰船自改歸省城河南地方修造以來緣屆修之船已不堅固遠涉重洋多遭風擊碎應將海安營雷州協右營戰船大小修歸瓊州之海口廠吳川電白硇洲三營戰船大小修歸高州之芷芋廠至如何更造再令妥議（防海備覽）

廿八年議准海安營雷州協右營戰船更造統歸海



口廠辦理其吳川電白硇洲三營戰船更造因高廉產木有限應仍歸省城河南地方辦理屆期更造將原船變價解省濟用仍照更造定例報銷庶免涉險之虞（同上）

嘉慶十八年題准出洋各項師船均自十六年正月以後仍遵定例大小修拆造年限辦理不得援引十五年以前之案隨損隨修一律報銷運廠承修者則由運司飭委丞倅牧令等員會同承修廠員之廣糧通判確驗辦理廣州府廠則由藩司飭委丞倅牧令等員會同廣州府確驗至瓊州潮州高州各廠則由該管巡道選委妥員會同廠員確驗造册估報咨部修竣一同出結再運廠承修二十五隻向由運商捐辦嗣後遇屆大小修拆造年限由運司先行籌款支用仍由運商捐還毋庸動支經費（司册）

二十年咨准高州府芷芋廠原派修造硇洲吳川東山三營米艇該廠距府甚遠赴省購料盤運維艱改歸廣州府廠承修

二十一年覆准廣東陸路提標右營前營內抽撥第



三第七第八等號船三隻匀歸惠州協所屬東西兩江緊要河面安設派撥弁兵管駕巡防屆應修造之年由歸善博羅兩縣承修

二十四年咨准高州廠承造硇洲東山吳川撈繒船五隻統歸廣州府廠承造（俱同上）

南澳鎮標右營大米艇三中二

澄海協左營大中米艇各一小二

右營大中小米艇各一

海門營大米艇一中三小二

達濠營中小米艇各一俱潮州府廠修

碣石鎮標中營大小米艇各二中一大小米艇廣州府廠修中米艇運司廠修

左營大中米艇各一小二大小米艇各一運司廠修中小各一廣州府廠修

右營大米艇二中三大米艇一運司廠修餘廣州府廠修

平海營大中米艇各二大米艇廣州府廠修中米艇運司廠修

水師提標中營大米艇四小一撈繒船一大米艇三運司廠修大小米艇撈繒各一廣州府廠修



左營大米艇三中二撈繒船二中米艇一運司廠修大米艇三中米艇一撈繒二廣州府廠修

右營大中米艇各二小一撈繒船一大中米艇各一運司廠修大中小米艇各一撈繒一廣州府廠修

香山協左營大米艇一中三小一撈繒船一大米艇一中二運司廠修中小米艇各一撈繒一廣州府廠修

右營大中米艇各二小一撈繒船一米艇俱運司廠修撈繒廣州府廠修

大鵬左營大中米艇各二

右營大中米艇各一撈繒船三俱廣州府廠修

陽江鎮標左營大米艇三中二撈繒船二大米艇一運司廠修餘廣州府廠修

右營大米艇三中二撈繒船二大米艇一運司廠修餘廣州府廠修

廣海寨大中米艇各三撈繒船四俱廣州府廠修

海口營大米艇四中三撈繒船四

龍門協左營大米艇一中三撈繒船三

右營大米艇二中二撈繒船三

海安營大米艇三中四小一撈繒船一



崖州協大小米艇各一撈繒船一俱瓊州府廠修

硇洲營大米艇二中一撈繒船一

吳川營大米艇二撈繒船一

東山營中米艇一撈繒船二俱廣州府廠修

右承修

康熙三十九年覆准嗣後戰船停交州縣官修理該督撫簡選賢能道府等官於各將軍提鎮附近地方監修防海備覽

五十二年議准嗣後拆造戰船委道員府佐貳並本

營副將參遊公同監造
雍正三年議准江南外海戰船於蘇揚鎮三府水次設總廠三每年委道員一人監修遴選副將或參將一人公同監督屆修造之期會同布政使司確估興工三廠事繁道員許遴委同知通判每廠各一人副將許遴委都司守備每廠各一人分司其事廣東福建浙江山東外海戰船均照江南之例至江南江西浙江湖廣廣東內河戰船皆有內河巡哨無庸別委官設廠仍照舊修理



又覆准廣東外海戰船廣惠肇三府於省城河南地方潮州府於菴埠地方高雷廉三府於高州芷芋地方瓊州府於瓊州海口地方共設四廠委道員二人監修武職令有戰船之該管副將或遊擊守備等官協理上俱同

雍正八年二月二十六日奉
上諭向來外省各標營沙唬趕繒等船原令道員會同副將監督修造道員遴委同知通判承修副將遴委營都司守備監修聞承修之員備辦物料必俟監修驗看自千把以及遊副逐層需索不一而足及如式修造赴各標營交收又有驗看勒措之弊迨交收之後一任船隻棄置河干雨淋日曬船中器械繩索為頭舵人等盜竊變賣而該管將弁槩不追究夫始則借端勒索後則聽其毀棄豈非以承修之責專在文員而監修之武弁置身局外遂至視同陌路乎此等錮弊聞各處皆然而京口將軍標下為尤甚嗣後修造標營船隻著道員副將會同領價道員遴委丞倅副將遴委都守協同辦理修造如係將軍標下船隻即遴委參領以下等官同領同辦其船隻交收之後在汛停泊



責令頭舵苫蓋澆洗每歲令該管將弁出具印結送督撫查核如有陞遷事故令其具結交代至於修造船隻有大修小修拆造之不同是以工料多寡懸殊今聞船未發廠頭舵人等已將在船什物私行盜賣即屆小修亦必令其拆換添備甚屬不法嗣後着將什物一併具冊移交如有短缺將該管將弁及頭舵人等分別叅追總之各省船隻每當修造之時及交收之後其中種種獘端難以枚舉今就朕所聞頒發諭旨在各省將軍督撫提督等悉心商酌時加訪察以除諸獘倘諭旨中有難於奉行之處亦即據

實陳奏欽此
十年議准廣東戰船身長一丈九尺至九丈板厚一寸至三寸一分每板一尺用三四五六釘有差廣東外海戰船委道員內河委知府各會同副參等官監督（防海備覽）
乾隆元年覆准廣東龍門協外海戰船於龍門地方設廠修造令欽州知州承辦請餉報銷仍由該道工竣由高州鎮察驗（同上）
八年十二月工部奏言臣等議得廣州將軍暫署兩



廣總督策楞奏稱修造戰船例應道員經管各本營副參等官協理工完之後承修文武會同出結請驗如果堅固合式督臣核實題銷誠以船務有關軍工不容諉其責於微末員弁也臣查本省造船分設四廠內省城河南一廠題定廣南韶道監修祇緣該道駐劄韶州離省窵遠難以分身兼顧是以專委佐貳褋職千把微弁在廠料理殊非愼重錢糧之道再新改歸并省廠修造之芷芋廠外海戰船原監修之高廉道遠駐高州亦慮鞭長莫及似當一并改委以期就近稽查臣查省城現有鹽糧二道各本任職掌辦公之外儘有餘閒應請將省廠修造外海船隻改歸鹽運司經管芷芋廠新改省廠修造外海船隻改歸糧驛道經管其府修內河槳櫓船隻並令該二道各率督同監修仍不時親往廠所查驗不得專委佐褋亦不得將錢糧違例交給營員辦理如有聽任工匠包攬以及偷減物料等弊即行分別查參再東省向例修造料價瓊州府先期四箇月給領省城等廠先期兩箇月給領但近年木植漸少本地採買頗難不



得不遠赴鄰封購覓原定兩月四月領價不獨赴辦不及並慮辦員顧惜考成將不合式之木遷就搪塞轉致有誤船工似應將領銀定限酌為變通請嗣後遞年屆應修造外海內河船隻令各廠監修道員照依成規定價均預期六個月之前赴司請領遴委幹員前往產地選擇購買務得合式物料運回貯廠量材配用如此則廠務時有大員稽查物料亦可從容選擇章程不紊部價無增一轉移間於船工大有裨益等因具奏前來查八年二月內欽奉

上諭嗣後修造標營船隻著道員副將會同領價道員遴委丞倅副將遴委都司守備協同辦理修造如係將軍標下船隻即遴委參領以下等官同領同辦欽此臣部通行各省督撫欽遵在案今署廣東總督策楞奏稱河南一厰原定廣南韶道監修祇緣該道駐劄韶州離省寫遠難以分身兼顧專委佐貳襍職千把微弁在厰料理殊非慎重之道再新歸省厰修造之芷芓厰外海戰船原監修之高廉道遠駐高州亦慮鞭長莫及似當一并改委以期就近稽查請將省厰修造外海船



隻改歸鹽運司經管芷芓新改省厰修造外海船隻改歸糧驛道經管其府修內河槳櫓船隻並令該二道督同監修等語查修造戰船關係軍工甚為緊要前案

諭旨令道員親身領價督率稽查正所以杜茍簡草率之弊因道員駐劄寫遠隨委佐襍微弁經理實非慎重船工之道今廣省河南厰及芷芓厰新歸省厰修造外海船隻該署督既稱原定監修之廣南韶道高廉道駐劄寫遠俱屬鞭長莫及奏請改委就近之道員以便稽查應如所奏嗣後改委鹽糧二道分厰監修其府修之內河槳櫓船隻亦令該二道督同辦理仍令該督不時稽察如有仍照從前委任佐襍千把微員料理以及聽用工匠包攬偷減物料等弊即行據實題參至該署督疏稱近年木植漸少本地採買頗難不得不赴鄰封購覓原定兩月四月領價趕辦不及均請預期六個月之前領銀委員前赴產地購買等語亦應如所奏嗣後各厰戰船屆應修造之期准其於六個月之前領銀委員購辦合式物料貯備配用



仍令該道親驗查收如有將不合式木料遷就搪塞等弊該督查明亦即一并題參交部議處可也奉

旨依議欽此

右監修

嘉慶四年奏准額設繒艍船八十二隻船身笨重不如民船米艇迅捷酌留三十五隻其餘四十七隻仿照民船米艇式樣將繒船改為大號米艇艍船改為中號米艇共改造米艇四十七隻司冊

又議准廣東省內河水師及沿河各營額設櫓槳急

跳船及入額槳快船三百十七隻除前後議裁停修共四十九隻尚存額設船一百五十五隻入額船一百十三隻共二百六十八隻其巡防廣州府屬河道櫓槳船一百二十六隻船身笨重不若巡船靈捷應於屆應修造仿照巡船之式改造又黃岡協額設櫓槳船二隻因河道淺窄駕駛不靈倣照該協入額小船裝造此外水師旗營及韶惠潮肇高廉羅等屬各營櫓槳船一百三十八隻仍循其舊毋庸裁改同上

十四年五月十七日總督百齡會奏言嘉慶十二年



前督臣吳熊光以捕盜米艇不能遠出外洋請留內洋守禦另照澄海縣船式改造登花戰艦二十號奏蒙

允准在案查此項船隻既為出洋捕盜而設現當海氛未靖之時自應早為成造齊全以濟急需乃自具奏之後迄今已經二年尚未購有要緊桅柁大件木料臣等到任後催據各司道禀稱原奏製造登花船隻一切舵桿桅碇必須伽蘭膩等木方能適用曾委令廣州府福明理事同知英吉等上緊採辦因伽蘭膩等木產自外番實難購覓致未成造是登花船購料既屬艱難從前吳熊光因何遽行陳奏前准部議戰船物料並無販自外番之例此項登花船自應照定例核實辦理何得請用伽蘭膩等木致成糜費且粵洋捕盜船隻自乾隆五十九年將繒船改造米艇以來每年在外洋勦捕未嘗無効此時何以忽有登花船名目查吳熊光原奏內稱提督錢夢虎曾有登花船慣走夷洋駕駛靈便之語現在錢夢虎養病在省臣等向其詢問據稱從前追捕閩匪蔡牽之時見此等船



隻能涉外洋因有此議惟今昔情形各異自當酌量變通等語核其當日議造登花船之時吳熊光不過臆度為詞錢夢虎遂附和其說其實與粵洋緝捕有益與否均未細加體察也查粵洋綿亘四千餘里盜匪東西遊弈出沒靡常若如吳熊光原議以二十隻之登花船日往來於浩淼汪洋之際殊不足以聯聲勢而壯軍威且登花船不特購造維艱即造成亦屬無益如所需伽蘭膩等木料竟由外番採覓辦足二十船之料倘配兵出洋以後或遇風摧浪擊稍有損壞

一時無料換修轉致不能應用仍復閒置其不必成造者一也又如粵洋現在賊船分帮竄擾全賴舟師轉捩便截易於跟追攻捕登花船身重笨較之向用米艇掉運不靈粵省水手舵工亦均不諳駕駛倘有失事轉致官兵得所藉口其不必成造二也又如錢夢虎所言登花船可涉閩洋查閩粵緝捕固應不分畛域但如原奏俟登花船造得時卽將米艇全收入內洋防守是閩粵兩省捕務盡仗二十隻登花船之力設或追賊入閩則粵東外洋遇有盜艅轉致無船



策應顧此失彼其不必成造者三也吳熊光以必不可行之事任意紛更託空言而無實際臣等不敢因其奏准有案因循遷就致誤緝捕要需隨與藩司衡齡臬司陳若霖督糧道章銓再四酌商並同代理提督臣孫全謀悉心籌度查原估登花船身通長十丈腰寬二丈一尺艙深九尺較之粵洋所駕大號米艇身長九丈五尺腰寬二丈六寸艙深九尺三寸大小寬窄不甚懸殊而登花船工料每隻需銀七千餘兩礮械尚不在內米艇工料每隻連礮械僅需銀四千餘兩約計一船所費足敷兩船價値與其曠時糜費議造不堪適用之登花毋寧就熟駕輕添設已有明效之米艇應請將原估登花船二十隻工料銀十五萬四千餘兩改設大中小米艇四十號一切工料旣可循照向定章程辦理不致浮糜而水師弁兵習慣駕駛於緝捕亦甚得力如蒙

俞允臣等卽飭令承辦各員尅日開工趕緊置造其工料銀兩仍于原奏商捐貲項下支給並造具估册咨部聽候核議奏



旨俞允

二十年兩廣總督蔣攸銛等奏言粵東海面遼闊港汊紛歧先於嘉慶十五年大帮洋匪平靖之後經前督臣百齡奏准酌留米艇及投誠船額設大中小號米艇一百四十隻分配各營常川巡緝並經議定各船大小修年限及需用工料銀數造册咨部在案茲據水師提督臣童鎮陞往來洋面體察情形所有大號米艇仍應照舊派巡以期有備無患其中小之船敞駛折戧不甚得力應量爲裁改以期實用而節糜

費臣等伏查粵東洋面安謐而內洋以及沿海港口間有奸漁窮蛋乘間爲匪亟須隨時偵緝庶不致萌孽復滋其米艇原係在於外洋聯帮緝捕攻擊盜船若至淺水處所駕駛不靈自應量爲變通俾外海內洋均收實效查米艇一項從前亦係照民船成造今查有撈繒船一項係漁民聚族而居出海採捕之船無論外洋淺水沿海港口均能駕駛足可配兵緝捕較之米艇追逐靈便查外海水師各鎮協營兵撥管駕米艇一百四十隻另額設繒艍艕仔船十九隻內



河舶艚快馬槳巡各船六十二隻今議裁中小米艇二十號快馬船九隻內河巡船十五隻仍留米艇一百二十號繒艍艕仔船十九隻內河槳巡各船三十八隻并將所裁中小米艇酌改撈繒船三十四隻即以各案遭風應行補造及拆造未經領項之龍門協八號碣石鎮左營三號達濠營一號南澳鎮右營五號海門營三號澄海協右營二號東山營一號陽江鎮左營七號龍門協原編廣字十九號中米艇九隻達濠營二號海門營七號澄海協左營五號水師提

標右營五號崖州營原編南字八號海安營原編碣石五號及屆應拆造之平海營第五號龍門協第十號小米艇八隻共船十七隻陸續裁改撈繒船以資內洋緝捕至酌改撈繒船隻除將前項應改米艇十七隻外尚應裁改三隻俟將來遇有應補造拆造中小船隻再行裁改又中號米艇拆造每需工料銀三千六百二十兩七錢六分零小號米艇拆造每需工料銀二千六百七十七兩八錢七分零計拆造中小米艇各十隻共需銀六萬二千九百八十六兩三錢



八分以之勻造撈繒船三十四隻每隻約需工料銀一千六百餘兩共計可節省六七千兩自造竣之日起仍照米艇章程三年准其小修再三年大修再三年拆造亦歸核實如有被風等事仍照定例隨時奏請辦理又中米艇每隻遞年原額𤏡修蓬索銀五十兩又加增𤏡修銀二十五兩小號每隻遞年原額𤏡修蓬索銀四十兩又加增𤏡修銀二十兩計中小米艇共十隻共需𤏡修銀一千三百五十兩今改撈繒船勻算每隻每年應給𤏡修銀二十八兩又加增銀

十四兩統計酌裁中小米艇二十隻改撈繒船三十四隻每年支用經費亦屬相仿又議裁快馬船九隻內河巡船十五隻請俟造竣領回撈繒船時若業已壞爛者停其修補將舊料變價完固者另行撥用均奉部議准行

右改造

雍正九年八月二十四日奉

上諭據廣東韶州總兵官李惟揚摺奏粵省額設戰船不敷遊巡之用是以添設哨船二百餘隻以資汎守向例係文



武官弁公同捐修後因無力措辦經督臣郝玉麟奏請以通省水師朋扣銀兩動支修造奉旨允行在案乃今已歷一載祇以文移册籍往返駁詰尚未修造卽如臣標右翼額設槳船三十八隻只有六隻可用等語海疆遊巡船隻關繫緊要所當急行修整者上年旣經督臣郝玉麟奏請以朋扣銀兩為修造之費何以遲延至今尚未舉行郝玉麟亦未將情由奏聞覩右翼一處則其他可知著該督將緣由查奏倘係屬員等遲延玩忽卽行題參欽此

乾隆五十四年覆准四沙汎添設遊擊一員於額設巡船三隻之外添造巡船一隻茭塘汎添造小巡船一隻　司册

五十八年　月布政司吳俊會詳稱粵東際海依山界連交阯洋面遼闊甲於他省東自南澳西至瓊崖幾二千數百里其間水師營分不啻棊布星羅設立營艦大小一百數十號分布巡防從前海面安謐原足以資利用近年以來萑苻乘間竊發出沒靡常洋面商鹽船隻報刧頻仍水師戰船祇可於本營洋面照防不便越境追捕以致本境轉慮空虛故一聞盜



警卽需地方官僱備民船而民船視捕盜為畏途遂輒紛紛躲匿是以僱覓甚難比至僱有船隻盜已遁去洋海之不靖商民之受累均由於此查歷年捕盜營中俱用東莞米艇因其船身桅柁堅固靈捷便於追駛之故惟是近年民間打造甚少省城河下及東莞香山等處不但僱覓艱難卽欲與民間平價購買亦急切不可多得本司道等公同籌議此時粵東要務無過於捕盜捕盜急需又無過於船隻與其常年僱覓曠日糜費苦累船戶不如一鼓作氣籌欵打造

則一勞可冀永逸於捕務輿情實爲兩得現在會同標下中軍副將等按照通省水師營分海道遠近擬造二千五百石大米艇四十七隻二千石中米艇二十六隻一千五百石小米艇二十隻分布於上下洋面常年配兵巡緝其造船經費約需銀十五萬數千餘兩擬由各府州屬捐銀五萬五千兩鹽運司暨鹽務綱局捐銀三萬五千兩再於司道以下正印官養廉内酌扣銀六萬兩共銀十五萬兩足資辦理

五十九年奏准營船追捕不如民船米艇便捷文職



正印各官借支養廉照米艇之式添造九十三隻分撥各營應用 司冊

嘉慶五年奏准添造米艇二十隻拖風船八隻在運庫閒欵動支

九年奏准粵東捕盜米艇原有一百一十三隻因積年遭風擊爛及捕盜失去十八隻止存九十五隻不敷派撥擬補造三十隻據洋鹽二商情殷報効自願捐資成造三十隻以資巡緝

十年奏准現存捕盜米艇八十七隻分往各路仍未免見少據洋商呈請捐資再造三十三隻共計一百二十隻以期緝捕得力

二十三年奏准東路潮州海面額設繒艍等船十九隻緝捕不能得力均行裁汰添設大八槳船十隻分撥南澳右營三隻澄海協左右兩營四隻海門營三隻達濠營一隻

二十四年奏裁海門營米艇一隻南澳鎮右營米艇一隻澄海協左右二營各米艇一隻將節省出洋緝捕弁兵口糧及篷索燂洗銀兩移撥南澳鎮屬添造大八槳船十隻出洋緝捕 俱同上



右添造

乾隆十九年將軍錫特庫會同總督班第提督胡貴奏言廣州水師旗營設立數年以來訓練漸次熟習虎門一帶外卽大洋内多港汊民夷船隻絡繹往來實屬通洋門戶最爲扼要其附近之纜尾河面遼闊四達通津再亭步港汊亦係通洋捷徑均屬關隘要口此二處雖有虎門協官兵酌駕海船二隻分撥巡查但地方遼闊加增兵船更爲有益應請派撥旗營

繒艍船二隻派撥官兵分撥纜尾亭步等處協防官兵輪流更換再撥櫓槳船二隻隨同軍標四營遊巡河道之槳船協力巡查又撥槳船二隻貼防左翼鎮所屬南海縣之佛山順德之陳村二處河道再查水師旗營設立之初原撥繒艍船六隻槳船八隻除槳船存用外其繒艍船酌留四隻足敷操防之用所餘二隻應撥還原營奉

旨依議欽此

嘉慶二十三年奏准闔西山地方移撥吳川營千總一員三江協把總一員督標及陸路提標外委各一員分別移駐闔西大虎山礮臺焦門礮臺應需巡洋槳船將撫標營撫字第一二三四號額設內河巡船四隻撥歸闔西山礮臺巡洋弁兵之用毋庸再造司冊

右移撥

乾隆三十三年五月奉

上諭前據工部核駁熊學鵬估變裁汰船隻一本閱其情節顯係承辦之員以多報少希圖染指分肥當經傳諭永德另委妥員確實估報今據該撫覆奏果有寗紹台道方桂



弊混情節摺參革職審擬並請定例凡限滿拆造船隻不得仍循部定估變成規逐案委員據實確勘報部變價等語所辦甚是已如所議行矣此等船隻俱係動用官帑修造每隻不下數千金即經歷年久拆卸變價亦何至每隻僅止數十金之少其為官吏欺公肥橐不問可知今浙省明驗如此則其餘各省已可概見著將此通諭各省督撫提鎮等嗣後遇有屆限應行拆造船隻悉照浙省所辦嚴飭各屬悉心確估變價務使物料皆歸實用而帑項不致虛糜無任稍有中飽侵漁自干咎戾著為令摺并發欽此

三十四年二月工部咨稱准兩廣總督李侍堯將廣東省屆應拆造外海內河各戰船應變舊料價銀請責成勘驗之文武各官悉心驗明如果不堪再修必須拆造即將該船舊料逐一據實確估應變價銀聯銜列冊通報仍由司詳請另委附近之巡道知府再加確估詳送咨部變價解司報撥並請嗣後屆應拆造戰船如果鎮將道府勘明不堪修理必須拆造者一面將舊船據實確估變價一面將應造戰船由司詳請動項預期辦料依限興造仍將舊船變價數目

於奏報節省工料銀兩案內彙列清單奏咨以符定例各緣由除咨戶兵二部外咨部前來查本年五月內欽奉

諭旨嗣後遇有應拆造船隻嚴飭各屬悉心確估變價等因經本部行文轉飭遵照在案今據該督咨稱居應拆造外海內河各戰船應變舊料價銀應請責成勘驗之文武各官悉心驗明逐一確估聯銜列冊通報由布政使詳請另委附近之巡道知府再加確估詳送察核咨部等語應如所咨辦理倘有徇隱中飽侵漁



一經察出即將驗估不實之文武各官參賠治罪至該督咨稱居應拆造戰船遵照新例委員確估報部變價未免有需時日而成造新船例有定限勢難停工以待嗣後一面將舊船據實確估變價一面將應造戰船由司詳請動項預期辦料依限興造以副軍工等語查限滿居造船隻如有堪用舊料自可撥抵新船應用以節錢糧與裁汰各船應令全船拆變者不同若一面確估一面領項興造是將舊船物料無論堪用與否一概全行估變與拆造之例不符殊屬未協相應咨覆該督可也

嘉慶十五年奏准現設巡船一百四十號係於新造舊存收繳各米艇挑備堅固倘有損壞隨時更換修補又於存船內挑貯三十號以備替用其舊存應行拆修及投誠各船不堪應用者均行變價司冊

右估變

乾隆四十一年覆準水師旗營協防繒艍船二隻箭槳船二隻槳船二隻均行裁汰司冊

五十四年議準撫標槳船裁其六



嘉慶十五年奏准雷州營額設內河六櫓船一隻快船二隻海安營額設內河櫓槳船四隻艟艚三隻該處本無內河無需巡緝全行裁汰

十六年奏准現存艟艍等船五十一隻除中路廣州水師旗營繒艍船二隻照舊存留其東路潮州海面逼近閩洋各處港口寬闊須用繒艍船防守以資保護南澳右營酌留繒艍船七隻澄海協留繒艍烏艚船六隻海門營留繒艍船五隻達濠營留艍船一隻共計應留繒艍等船二十一隻其餘三十隻均行裁

汰

二十三年題准陽江鎮右營有米艇五隻撈繒船二隻內外洋面足資巡緝其原設江字一號二號入額內河快馬船二隻船身笨小不能出洋巡緝全行裁汰

二十四年題准陽江鎮左營有米艇五隻撈繒船二隻內外洋面足敷配緝其原設春字今改為江字第一第二號額設內河櫓槳船二隻並濠山門入額槳船一隻全行裁汰俱同上



右裁汰

國朝巡哨各船順治初年定戰哨船以新造之年為始三年小修五年大修十年拆造若未經居期詳請修造者出詳官降二級調用轉報官降一級調用具題官罰俸一年防海備覽

又議准武官看守戰船損壞二船者降二級留任三四船者降二級調用五六船者降四級調用七船以上者革職該督撫提鎮仍不時委副參等官巡察其官兵所乘之船若未戰以先既戰以後閒住之時卽交督戰官看守統兵大員不時委官巡察如有損壞俟凱旋日將看守官亦照前例議處

康熙二十九年題准各省海汎戰哨各船屬營弁及各府州縣承修者至應修之年以文到日為始限一日領船再限估價報部部覆准修之船以部文到之日為始大修限三月小修限兩月限內不領不估及承修逾限者分別議處俱同上

五十三年覆准巡海官兵船隻倘有因風打破者令該管官查勘明白出結詳報督撫查明具題到日免



其賠補如有揑報情弊將出結官革職嚴加治罪不查明具題之督撫提鎮亦嚴加議處雍正年修會典

雍正六年九月二十二日奉

上諭戰船關繫緊要從前修理不能堅固併逾限遲延官員議處之例似屬稍輕嗣後修理戰船不能堅固及逾限遲延者應嚴定處分以示儆戒但從前定限過於緊迫應作何寬展限期俾承修官員得以從容辦理又該上司等或有勒揹掣肘以致辦理遲延亦應定以處分俱著九卿詳悉定議具奏欽此

十二月二十三日奉
上諭各省修造戰船於成造之時解送總督親驗總督委中軍每向監造文員需索規例爲之徇隱是以工料皆屬虛糜其實不能堅固朕思戰船關繫緊要嗣後船廠附近省城者著在城之督撫提鎮及布按兩司於承造完工之日公同驗看令修船堅固丈尺合式倘有不能堅固完好及浮冒侵蝕等弊卽揭報題參按律治罪欽此防海備覽

十年議准各省修造戰船由督撫提鎮委副參會同文職道府領價督修委都司協同文職府佐等辦料



修造如係將軍標下之船委參領以下官同領同辦凡屆修造之年各該營於五月前將應小修大修拆造之船分析呈報該上司照例題咨承修官照額定小修大修拆造價值備具册結支領江南江西福建浙江湖廣廣東等省於將屆修兩月之前領銀備料天津山東於八月前領銀備料各該營均於屆修前一月底將船駕赴廠所承修官卽於次月興工依限報竣如該營員於屆修造之年不依限申報及屆修前一月底不將船駕赴廠所者皆照遲延事件例議處若承修官玩視船工將價值延挨請領者降一級調用該上司故意留難以致延遲者將該上司降二級調用承修官免議

又議准修造戰船不如式堅固及未至應修年分損壞者著落承修官賠六分督修官賠四分仍將承修官革職督修官降二級調用至小修限四月完工大修拆造限六月完工倘有貽誤船工違限未及一月者承修官罰俸一年督修官罰俸六月將軍督撫提鎮罰俸三月一月以上者承修官降一級調用督修



官罰俸一年將軍督撫提鎮罰俸六月兩月以上者承修官降二級調用督修官降一級留任將軍督撫提鎮罰俸一年三月以上者承修官降三級調用督修官降一級調用將軍督撫提鎮降一級留任四月以上者承修官降四級調用督修官降二級調用將軍督撫提鎮降二級留任五月以上者承修官革職督修官降三級調用將軍督撫提鎮降三級留任

又議准承修官將未經修完之船捏報完工者革職督修官降二級調用將軍督撫提鎮降一級調用如

承修官詳報未完督修官以完工轉報者督修官革職承修官照例議處承修督修官詳報未完將軍督撫提鎮以完工具報者將軍督撫提鎮革職承修督修官照例議處

又議准船届修造之期該管官不將船上什物交明致頭舵兵丁人等偷竊因而短少殘闕者除頭舵兵丁人等治罪追賠外將該管官降一級調用該上司不揭參者降一級留任至交船之時頭舵兵丁人等有藉端勒索者革職提問該上司明知不揭參者降



二級調用俱同上

乾隆五年奉

上諭東南沿海一帶如山東江南福建浙江廣東廣西等省皆設有戰船以為海防之備今承平日久官弁漸覺疎忽朕聞戰船數目竟有報部之虚名而十分之中不免闕少二三者至於大修小修之時每因船數太多難以察覈該營官弁及州縣官通同作獘將所領帑銀侵蝕入己報修十船其實不過七八船而又塗飾顔色以為美觀仍不堅固且更有不肖官弁令子弟親屬載販外省或賃與商人前往安南日本貿易取利者以朕所聞如此雖未必各省皆然然亦難保必無其事可傳諭該省督撫提鎮等嗣後嚴行稽察加意整頓務令諸弊盡除以重海防倘將來再有風聞經朕特遣大臣前往察出虚冒廢弛則該管之大員咎亦難辭欽此

三十五年兵部奏准水師修造戰船如有不肖營員希圖射利包修者將承修官與包修官俱革職督修官照徇庇例降三級調用提鎮降一級調用交戰船時兵丁人等藉端勒索使費者將該管將弁照衙役



犯贓例議處若武弁需索者革職提問總兵官知所屬員弁需索情獘不行揭報題參者降三級調用

謹案原摺增改則例一百一十條摘與本書關涉者錄之

右處分

廣東海防彙覽卷十三終

# 廣東海防彙覽卷十四

## 方略三

### 船政三

廣州水師旗營

乾隆十一年設營十二年由左翼鎮標各協營撥繒艍櫓槳船十四歸本營管駕十九年奏准裁汰艍船二額定旗字第一至第四號繒艍船四第一至第五號內河槳船五四十年十一月題准裁汰第一第四號繒艍船二第一第三第四第五號額



設內河槳櫓船四

現額赶繒船一艍船一額設內河槳船一入額內河兩櫓船一槳船一閱操座船一乾隆四十三年奏設

司冊

南澳鎮右營

原額設趕繒船六膨仔船六嘉慶四年五月奏准以米艇撥抵繒艍案內裁變第一第四第五號趕繒船三十五年十二月題准分別裁留案內裁汰第二第三號趕繒船二二十三年正月奏准裁汰第六至第十二號繒膨船七改造大八槳船三

現額第一至第三號大米艇三第六第七中米艇二南字第一至第三號大八槳船三

澄海協

原額設趕繒船一艍船四膨仔船二烏艕船一嘉慶四年五月奏准以米艇撥抵繒艍案內裁變第一第二號繒船二二十三年正月奏准裁汰第三至第八號艍船三膨仔船二烏艕船一改造大八槳船四　又原設內河槳船五道光二年裁



左營現額第一號大米艇一第二號中米艇一第三第四號小米艇二

右營現額第一號大米艇一第三號中米艇一第五號小米艇一澄字第一至第四號大八槳船四

達濠營

原額艍船二膨仔船一嘉慶四年五月奏准以米艇撥抵繒艍案內裁變第一第二號艍船二二十三年正月奏准裁汰第三號膨仔船一改造大八

槳船一　又額設入額内河槳船各一道光三年
裁
現額第一號中米艇一第二號小米艇一大八
槳船一
海門營
原額趕繒船一艍船一艕仔船四嘉慶四年五月
奏准以米艇撥抵繒艍案内裁變第一號繒艍船
一二十三年正月奏准裁汰第二至第六號艍船
一艕仔船四隻改造大八槳船二



現額第一號大米艇一第四第五第六號中米
艇三第四第六號小米艇二第一第二號大八
槳船二額設内河舢艚船四
碣石鎮
原額趕繒船一艍船十拖風船八嘉慶四年五月
奏准以米艇撥抵繒艍案内裁變第一至第三號
繒船一艍船二十一年十月奏准酌定製造米艇
成規案内全行停修變價　又額設内河槳船二
入額内河快船六十六年三月裁船四道光八年

裁槳船快船各二
中營現額第一第二號大米艇二第三號中米艇
一第四第五號小米艇二
左營現額第一號大米艇一第二號中米艇一第
四第五號小米艇二
右營現額第一第二號大米艇二第三第四第五
號中米艇三
平海營
原額設趕繒船一艍船三拖風船四嘉慶四年五



月奏准以米艇撥抵繒艍案内裁變第一至第四
號繒船一艍船三十五年十二月題准分别裁留
案内裁汰第五號至第八號拖風船四　又入額
内河快哨船一十六年裁
現額第一第二號大米艇二第三第四號中米
艇二
大鵬營
原額設艍船四艕仔船四嘉慶十五年十二月題
准分别裁留案内全裁　又額設第一至第五號

內河櫓槳船五入額第一至第三號內河快哨船
三十六年三月題准停修
左營現額第一第二號大米艇二第三第四號中
米艇二
右營現額第一號大米艇一第二號中米艇一第
三至第五號撈繒船三

水師提標中左右三營
原額提繒船二艍船六嘉慶四年五月奏准以米
艇撥抵繒船案內裁變第一號繒船一十一年十

月奏准酌定製造米艇成規案內停修左字第二
第七號繒艍船二十五年十二月題准分別裁留
案內裁汰第三第四第五第六第八號艍船五均
已撥裁　又額設左字第一至第十三號內河六
櫓船六四櫓船六兩櫓船一入額左字第一至第
二十一號內河兩櫓槳船十五槳船六乾隆四十
七年九月奏准籌辦沙茭案內將額設第十一第
十二號四櫓船二入額第一第四第十二第十九
號兩櫓船三槳船一撥歸永靖營嘉慶十六年三
月題准分別裁留案內裁汰額設第一第三第六
第七第八第九號六櫓船四櫓船二入額第二第
三第五第六第七第十二第十三第十七號兩櫓
船七槳船一餘十四照巡船式改造二十年八月
奏准裁汰額設第二至第五號巡船四入額第一
第二第七第九號巡船四二十三年七月奏准闔
西地方添船防守案內在撫標營撥入巡船四
中營現額第一至第四號大米艇四第五號小米
艇一第六號撈繒船一

左營現額第一至第三號大米艇三第四第五號
中米艇二第六第七號撈繒船二
右營現額第一第二號大米艇二第三第四號中
米艇二第五號小米艇一第一號撈繒船一
額設內河巡船五入額內河巡船五

香山協左右二營
原額設第一至第六號提繒船二艍船四嘉慶四
年五月奏准以米艇撥抵繒艍案內裁變第二第
三號繒艍船各一十一年十月奏准酌定製造米

艇成規案內停修第一第四至第六號繒船四
又原額設第一至第十號八櫓船一　四櫓船三槳
船六入額第一至第十五號槳船十五十六年三
月題准分別裁留案內裁汰額設第二第四第五
第七第八號四櫓船二槳船三入額第三至第六
第八第十三第十五號槳船七俱照巡船式改造
左營現額第一號大米艇一　第二至第四號中米
艇三第五號小米艇一　第六號撈繒船一
右營現額第一第二號大米艇二第三第四號中



米艇二第五號小米艇一　第六號撈繒船一
額設第一第三第六第九第十號內河巡船五入
額第一第二第七第九至第十二第十四號內河
巡船八

廣海寨

原額設外海雙篷𦨭船二嘉慶十一年十月奏准
酌定製造米艇成規案內停修　又原設第一至
第八號內河櫓槳船八入額第一第二號內河快
槳船二嘉慶十六年三月題准分別裁留案內裁

汰額設第六號船一入額第一第二號船二餘船
七照巡船式改造二十年八月奏准裁汰米艇巡
快船案內全裁
現額第一至第三號大米艇三第四至第六號
中米艇三第七至第十號撈繒船四

陽江鎮左營

原額設陽春協右營（本營原春江協右營改撥）𦨭船四拖風船
一嘉慶四年五月奏准以米艇撥抵繒𦨭案內裁
變第一至第三號𦨭船三十一年十月奏准酌定



製造米艇成規案內停修第四第五號𦨭船拖風
船各一　又原額設第一第二號四櫓船二二十
四年九月題准裁訖原入額第一至第四號快槳
船四十八年十二月奏准區分水陸案內移撥新
會營巡緝　又濠山門汎原入額內河槳船一嘉
慶二十四年九月裁
現額第一至第三號大米艇三第四第六號中
米艇二第一第二號撈繒船二
右營原額設電字（本營原電白營改撥）第一至第四號外海

艍船四嘉慶四年五月奏准以米艇撥抵繒艍案內裁變第一第二號艍船二十一年十月奏准酌定製造米艇成規案內停修第三第四號艍船二　又原入額第五第六號內河兩櫓快馬船二二十四年八月裁

現額第一至第三號大米艇三第四第六號中米艇二第十三第十六號撈繒船二

吳川營

原額設第一至第五號艍船二拖風船三嘉慶四



年五月奏准以米艇撥抵繒艍案內裁變第二號艍船一十一年十月奏准酌定製造米艇成規案內停修第一號艍船一十五年十二月題准分別裁留案內裁汰第三至第五號拖風船三　又原額設第一第二號櫓槳船二嘉慶二十五年六月裁

現額第一第二號米艇二第一號撈繒船一

碙洲營

原設額第一至第四號艍船二拖風船二嘉慶四年五月奏准以米艇撥抵繒艍案內裁變第一第二號艍船二十五年十二月題准分別裁留案內裁汰第三第四號拖風船二　又原入額內河快馬船二十六年三月裁

現額第一第二號大米艇二第三號中米艇一第一號撈繒船一

東山營

原額設第一第二號中米艇二嘉慶十八年第一號米艇碎於風奉文改造第一第二號撈繒船二



現額第二號中米艇一第一第二號撈繒船二

海口營

原額設第一至第十二號繒船二艍船四拖風船六嘉慶四年五月奏准以米艇撥抵繒艍案內裁變第一第三號繒船一艍船一十一年十月奏准酌定製造米艇成規案內停修第二第四至第六號繒船一艍船三十五年十二月題准分別裁留案內裁汰第七至第十二號拖風船六

左營現額第一第二號大米艇二第五第六號中

米艇二第一第二號撈繒船二

右營現額第三第四號大米艇二第七號中米艇

一第三第四號撈繒船二

海安營

原額設第一至第四號艍船四嘉慶四年五月奏

准以米艇撥抵繒艍案內裁變第三第四號艍船

二十一年十月奏准酌定製造米艇成規案內停

修第一第二號艍船二　又原額設第一至第四

號櫓槳船四入額第一至第三號艟艚船三十五



年二月裁

現額第一至第三號大米艇三第四至第七號

中米艇四第八號小米艇一第一號撈繒船一

龍門協

原額設第一至第四號艍船四第五至第十三號

拖風船九嘉慶四年五月奏准以米艇撥抵繒艍

案內裁變第三號艍船一十一年十月奏准酌定

製造米艇成規案內停修第一第二第四號艍船

三第五至第十三號拖風船九二十年八月奏准

裁汰巡快船隻案內全裁

左營現額第三號大米艇一第四第五第七號中

米艇三第一至第三號撈繒船三

右營現額第一第二號大米艇二第六第九號中

米艇二第一至第三號撈繒船三

崖州協

原額設第一至第五號拖風船二哨船三嘉慶四

年五月奏准以米艇撥抵繒艍案內裁變第三第

四號哨船二十一年十月奏准酌定製造米艇成



規案內停修第一第二第五號拖風船二哨船一

現額第一號大米艇一第二號小米艇一第三

第四號撈繒船二

順德協

原額設第一至第二十五號內河六櫓船一四櫓

船一兩櫓船三兩櫓槳船六一櫓槳船三急跳船

十二入額第一至第八號櫓槳船四槳船四嘉慶

十六年三月題准俱照巡船式改造

現額設第一至第二十五號巡船二十五入額

第一至第八號巡船八

新會營

原額設第一至第二十二號六櫓槳船一兩櫓槳船四急跳船十七入額第一號急跳船一又嘉慶十八年十二月奏准區分水陸案內將春江協快槳船四撥入編爲第二至第五號船四嘉慶十六年三月奏准分别裁留案内俱照巡船式樣改造

現額設第一至第二十五號巡船二十五入額第一至第五號巡船五



水師提標

前營原額第一至第十五號内河槳櫓船十五嘉慶十六年三月奏准分别裁留案内裁汰第五第九第十第十四第十五號槳船五餘船十照巡船式改造

現額設第一第二第三第四第六第七第八第十一第十二第十三號巡船十

後營原額設六櫓船一兩櫓槳船一一櫓槳船三槳船一急跳船一入額櫓槳船四槳船二嘉慶十六年三月題准分别裁留案内俱照巡船式改造

現額第一至第七號額設内河巡船七入額第一至第六號内河巡船六

督標水師營

原額設第一至第二十號四櫓船三兩櫓船四兩櫓槳船八急跳船五嘉慶十六年三月奏准將四櫓船一兩櫓槳船七急跳船一照巡船式改造

現額設第一第二第五第六第九至第十一第十五第十六第十九第二十號内河櫓槳急跳船十一入額第三第四第七第八第十二至第十四第十七第十八號巡船九



前山營

原由廣海營改撥櫓船一槳船一

現額内河櫓槳船二

黄岡協

原額設内河槳船二入額二嘉慶十六年三月題准以額設船二照本協小船改造

現額設第一第二號槳船二入額第一第二號

槳船二
饒平營
現額設第一至第六快槳船一槳船五共六入
額第一號快船一
潮州鎮
左營現入額第一至第四號內河快船四
右營現額設第一至第五號快船三槳船一快船
一入額快船一
潮州城守營



現額第一至第七號內河快船七
潮陽營
現額第一至第三號內河快槳船三
惠州協
嘉慶二十一年惠州河道不靖在陸路提標營抽
撥槳船三
現入額第一至第三號內河槳船三
永靖營
乾隆四十七年五月酌籌沙茭善後事宜始建營

制移撥左翼鎮額設內河四櫓槳船二入額內河
兩櫓槳船四五十年四月沙茭添設弁兵案內議
於四沙大石潔涌各汛添造入額槳船三嘉慶十
六年三月奏准分別裁留案內俱照巡船式改造
現額設第一第二號巡船二入額第一至第七
號巡船七
化石營
現入額內河槳船二俱同上
西北東西南三路巡船



謹案嘉慶十五年總督百齡巡撫韓崶因內地土
盜往往結黨成羣肆行刦掠奏准添設巡船三十
區分三路東路則番禺東莞增城博羅等縣添船
六西北則南海三水清遠英德等縣添設船十西
南則高要德慶封川順德新會香山等州縣添船
十有四分路巡緝所有各船號數分派各路營弁
配駕具列於後
西北路督字第一號起至第十號止巡船十委順德
協左右二營弁八員兵二百名配駕巡緝司冊

東路督字第十一號起至第十六號止巡船六委水師提標前後二營弁六員兵一百二十名配駕巡緝

西南路督字第十七號起至第三十號止巡船十四委督標水師營新會營弁十四員兵二百十名配駕巡緝（嘉慶十六年布按二司會稟東路河道較爲安靖將東路巡船二隻撥西南路緝捕）（俱同上）

縣屬巡船

謹案內河各文職管駕巡船自乾隆二年奏准南



海等縣所屬之江浦等巡檢司十三缺俱瀕海最要之地每司設巡船二每船巡丁十二東莞縣之中堂司巡檢爲次要之缺設巡船一巡丁十二又十八年奏准廣州府新安縣添設巡船二編列新字號分歸官富福永二司管巡又三十四年奏准南海之江浦番禺之茭塘沙灣新寧之廣海寨四巡檢轄地遼闊仍舊各設巡船二其黃鼎馬寧香山小黃圃黃梁都沙村牛肚灣神泉湖口各巡檢原設巡船二酌各裁其一與中堂官富福永三缺

原設巡船一分交各巡檢親管駕巡又五十年題准裁汰雷州府司獄改爲南海縣九江主簿所有南海縣江浦司原設巡船二撥出一船歸新設主簿管駕巡查又嘉慶十九年題准新寧縣廣海寨巡檢改爲主簿原設巡船巡丁悉歸主簿管轄統計現存巡船二十備列於後

南海縣九江主簿現設巡船一江浦司黃鼎司各設巡船一（司冊）

番禺縣茭塘司沙灣司各設巡船二



順德縣馬寧司現設巡船一

東莞縣中堂司現設巡船一

香山縣香山司小黃圃司黃梁都司各設巡船一

新會縣沙村司牛肚灣司各設巡船一

新寧縣廣海寨主簿現設巡船二

新安縣官富司福永司各設巡船一

揭陽縣河婆司（原湖口司）現設巡船一

惠來縣神泉司現設巡船一（俱同上）

僱民船附

竊照海上之戰所須者船耳頃因船戶消乏而我之藩衛遂弱故興復民船實爲今日探本之論向者東莞新會順德三縣烏艚橫江二號大船一千餘艘歲取六七十隻編次輪差餘者任其往還生理官司有急仍行刷擄不任差次然船戶既衆隨用隨足兵無招集之勞船無官追之費一有刷取旬日可集士銳氣精所向成功隱然寓兵於民之意虎豹在山之勢也即如嘉靖年間萬甯州之變黃秀山許折桂何亞八等之亂豈下於曾賊哉然隨即撲滅者皆船戶之



力自往歲浙直征倭以新會一縣言之調去一百一十艘迄無一還加以頻年刷擄有司之侵漁多端兔差就征斯民之膏脂頓竭至於南渡之敗隻櫓不返於是三縣船戶盡矣乃議官造然以烏合之衆而駕官船與船戶相依爲命者利害豈不懸絕近當事者懲前弊令民間願造船者給帖執照凡編差刷擄納稅三項永與蠲除夫豈不善然鮮有應者何也大信之未孚也故前之帖以後而反之者有矣蓋急缺之際固不暇於守區區之信而此輩懲前顧後敢復傾身家以嘗試哉况三者永蠲而無一焉彼反而思之曰是必不然矣臣愚以爲今者造有官船可備戰守誠宜因此時定爲經久之法明立丹青之信以招徠鼓舞伏望皇上敕下該部查議如果船戶關係海防不小乞將臣議行移當事臣工務以興復民船爲事凡民間有願造船者今始勿差俟興復衆多既復舊額乃循舊規編次輪差至於刷擄納稅永與蠲除有司侵漁者許船戶告發治罪雖有急缺亦多方措處毋輕失信於民如是而船之不復者臣不信也再照



船戶乏絕生理蕭條稅課失額而市井無藝閒居彿鬱如蒼鷹野鶴不得飛鳴飲啄於雲霄海澤之際而使之戢翼山林坐守困餓豈其性哉故船戶之復有四便焉收無藝之衆一也通商賈之利二也待戰守之需三也復稅課之額四也海防急務莫要於此矣

明陳吾德條陳八條之一

國朝嘉慶九年大學士議覆總督倭什布奏畧言該督奏稱官船如有不敷即添雇民船往捕尤應妥善辦理查盜匪由越南閩省入粵報至省城已需數日上

司行文雇船州縣出票派役差役得票遇船卽封得賄卽放無賄刁難雇定後報明上司轉交營員營員驗船又以篷舵不堪繩索不全勒索州縣遂慫後仍以收拾篷舵爲詞躭延觀望比至收拾妥協而後出洋船戶已經失時廢業盜匪亦久遠遁無踪應請如遇盜船衆多官船不敷不得不添雇民船之時上司卽飭州縣親往監視差役封雇並卽委員監交營員務期諸弊盡絶不得假權吏役徒致擾民無益公事

十四年六月十九日總督百齡會奏言竊照粤東地處海濱洋面遼闊近年來各股匪船連帮伺劫藐抗官兵甚至撲岸滋擾實屬猖獗可恨亟須厚集舟師痛加攻剿並斷絶內地奸民接濟勾引之路方可冀綏靖海氛查前督撫臣節次奏明設有米艇一百三十五號分東中西三路剿防又各營額設外海繒艍拖風等船五十一隻分巡各營汛口復經臣等於五月內請將前議登花船改造米艇四十隻以爲巡防東海及策應中西兩路師船之用似於緝捕之道已屬嚴密惟東中西三路米艇除風損撞礁更番修葺



及在洋飄失外現在每路僅存二十餘號其額設之繒艍等船亦有報部修造未竣及未經部覆興修者卽將登花船改造之米艇趕緊造竣船數亦屬無多分布於四千餘里之海面聲勢不能聯絡每遇大帮匪船剿捕卽不能得力上年總兵林國良與近日許廷桂之失事實緣船少兵單衆寡不敵所致且各路舟師東追西擊不但有顧此失彼之虞而以此路之急待彼路之緩亦復緩不能濟卽如四月內提督孫全謀在中路荷包灣剿捕時檄調東路碣石鎮黃飛鵬師船協剿該鎮因在南澳防堵閩匪朱渥未能卽日分帮前來五月內高廉鎮樊雄楚在電白縣與平港堵剿撲岍賊匪檄調西路署春江協何英師船夾攻因相隔硇州洋面亦未能朝發夕至是又各路舟師斷難期以互相策應之明驗況粤洋各盜首匪船每帮或二三百隻或百餘隻或數十隻不等而現在張保仔烏石二兩股匪船卽有三百餘隻該匪等自恃船多抗兵屢擾且當此嚴絶接濟口食不繼之時冒死奔突現在沿海一帶口岸處處防堵從前不過

任其自去自來畏難將就爲今之計若不及早設法
痛勦必致賊勢蔓延或竟勾結內匪登岸聚掠爲害
滋甚臣等目擊情形不勝日夜惶急茲與提臣孫全
謀並藩司衡齡臬司陳若霖署運司温承志糧道章
銓暨各屬道府州縣等相度機勢再四籌商必須添
造米艇一百隻加鑄大小鐵礮千餘位配足兵丁軍
火寬備口糧俾令長驅連䑸合捕搜追先注張保仔
烏石二等大股匪船攻剿蕆得一鼓殲除即可次第
廓清羣醜惟是添造米艇購料與工有需時日實屬

緩不濟急查向來出海運鹽之紅單船一項涉歷外
洋或被刼勒贖或畏盜打單甚至接濟通信種種弊
端急宜禁絶然必需停其出口運鹽始能杜其藉端
透漏現查本年到關配引鹽觔已將次足敷年額其
未到之鹽俟另擬改由陸路輸運章程奏請
訓示所有此項紅單鹽船即擇其高大完固者僱用四十餘
號又僱覓拖風大船五十餘號合成一百號酌配礮
械軍火調選官兵與原配舵水人等分間管駕交與
提臣孫全謀督率各鎮將等出洋搜剿一面上緊修

造米艇成就再將所僱之紅單拖風等船陸續换撤
如此通融撥濟兵船不致缺乏剿賊亦可應手但海
洋攻捕之師固難遲緩而海外巡防之策尤當預籌
臣等查前項紅單船隻除挑僱大號可以配兵出洋
者尚餘小號一百五十餘隻現亦籌給僱價口糧配
撥壯勇礮械分赴南海番禺順德新會東莞增城三
水清遠鶴山開平等縣內河一帶協同原派巡船嚴
行查緝此外尚有運鹽之紅綠頭船及白艚等項大
船亦一體給價僱用配撥礮械派令文武員弁管帶

於廣州府屬之崖門梔甲虎跳磨刀蕉門虎門馬鰡
黃𨍏肇慶府屬之北津海陵等處中路一帶要隘各
海口或十隻或八隻分峙停泊堵禦以防匪船竄入
並就近稽查接濟至沿海各路村鎮均分派正雜各
官會同各該地方官勸諭紳士團集丁勇互相守護
村圍並據各屬捐造礮械編號給予以資堵禦至於
海岸奸民每於積沙窮島之間搭蓋草寮或托名捕
魚或藉開小舖通盜濟匪尤爲可恨現在逐一確查
概令拆毀移居附近村墟人烟稠密之地按戶編查

通行保甲之法使爛匪奸徒無從托足則一切米糧濟盜之物不致影射偷漏卽內洋捕魚船隻亦飭令分立澳甲隨處稽查使內河外海水陸剿防一律准備森嚴庶足以懾奸頑而肅禁令自洋匪節次擈擾港口官兵切齒痛恨皆思奮勇擒渠卽閭省士民等亦無不念切同仇急公協捕臣等惟有凜遵
訓示隨時相機籌辦斷不敢稍遺餘力以冀仰仗
天威速殲巨憝上抒
聖主廑念海疆至意奉



旨俞允

夷船附

嘉慶十年五月十六日總督那彥成會奏言欽奉
上諭據倭什布延豐奏上年澳門幫同捕盜夷船者那彥成延豐卽諭知夷人等以伊等船隻不能得力令其速行駕駛回澳嗣後勿得再用夷船幫同捕盜等因欽此臣那彥成撿查案卷上年夷船捕盜臣延豐以體制攸關且不能得力於上年十月咨明倭什布嗣後停止夷船出洋捕盜當經轉飭夷目遵照在案茲荷
聖明指示仰見
睿慮周詳臣等曷勝欽服除飛飭藩臬兩司暨澳門委員等
欽遵
諭旨卽令該二夷船駕駛回澳嗣後永遠停止出洋捕盜以示懷柔而昭體制一面飭知沿海文武員弁並咨明鄰省督臣撫臣一體轉飭挨查務得該二船寔在下落再行復奏

六月初六日總督那彥成奏言澳門夷目願備兵船協同緝捕一節前欽奉



諭旨卽將嗣後永遠停止及出洋未回之二夷船挨查下落緣由附片具奏在案茲據澳門委員胡湛稟稱上年隨同師船出洋捕盜夷船二隻均于五月內次第回澳卽諭令嗣後不必再請協捕當卽歸額營生照常貿易是該二夷船誠如
聖諭並非認眞出力不過借緝捕爲名其實影射營運以冀漏稅地步臣等惟有留心查察嗣後倘該夷目等再有呈請仍不露聲色止不許其請亦不道破其情弊俾各夷船安心貿易以示懷柔而昭體制

廣東海防彙覽卷十四終



# 廣東海防彙覽卷十五

## 方畧四

### 船政四

外洋水戰較之陸戰尤難汪洋大海巨浪滔天船隻顛簸帆篷高下分寸舵務在得宜則施放礟位方能有準如稍不諳駕駛進則無功退則無地豈不危哉夫爲將帥者號令嚴明賞罰無私兵如指臂將若腹心一可十十可百百可千同心協力權操必勝臨敵先明號令使帮船將備悉心追捕遠則施放火礟近則行營子母鳥鎗再近弓矢噴筒火箭亂石擲船各兵執技以牌遮蓋爲先次以火斗火礶覷敵者強弱乘烟過船無不克也船宜上風方無損誤如不得上風切勿攏近此爲至要或敵衆我寡又屬下風乃衆寡莫敵船宜戧駛不可順行且戰且戧使我船得占上風此時將船列成一字長蛇礟分左右施放單鞭直入敵圍一出一入使敵者莫能施其巧也惟是戰法不一神出鬼没各運心機不過畧舉一二云爾

水師圖要

捕盜專管一船之務凡入船客兵俱聽管束第一當重其事權俾得有專力無掣肘可也舵工專管舵兼防舵門下攻守椗手專管椗正頭前攻守繚手專管帆檣繩索主持調戧斗手遇賊即上斗用掣頭鏢下射賊舟神器手專管定發無敵神飛礮掌號手專管接應司哨號令及對敵進止號令守艙門者臨敵牢守艙門平時管一應家火槓具支銷晝夜出入關防隊長司一隊內攻守督兵用命賊近專發火筒平時督兵習藝修治軍火器明李盤金湯十二籌



一船之命盡係舵工一人必擇練達長年善知風頭熟諳水勢者充之再置副貳以防疏虞糧賜從優有功加賞同上

大凡舟師之中不可一日離船兵以船爲家船因兵固守令如二丈面踅繒船者必配舵公二人大繚一人頭繚一人頭椗副椗二人頭抄一人阿班一人杉板公一人直庫一人押扛一人香公一人一鼊二鼊二人此十四人名爲專管頭目事確不可少也餘二十人謂之散兵內亦有大旗什長在焉如幫舵入繚車篷起椗扳杉板搖櫓幫抄支更瞭望打水皆當幫助協力爲之同船共命也務擇一歷練勤謹隊目管船以約束此三十四人共三十五人此至要也至於隊目舵公等加餉以及香燈之費另有加賞不可以例定水師輯要

一舵公務要能知港道深淺天時明暗潮汐向流戧溜得法心有主宰毋得狐疑聽人亂語俗云耳聾舵公此之謂也專司在舵上下出入收放勒肚揹使繚椗後邊舵公艙是其居室人莫能與之爭時或與大



繚同處亦有之任重責大加以名糧不爲過矣

一大繚如副舵之類常在舵公之側事事皆能學知亦可幫舵公之不逮如大繚母小繚繩皆要收拾潔淨毋得汚爛大篷俱要遮護毋使風吹日曬天燥則當用海水漂篷毋使枯焦禁人不許踐踏藏掛雜物則易損矣大抵大篷一年兩換苟少行駛或能照管亦可經年

一頭二椗經管者於駛船之時要看前面礁石木桁灣船則防其拖椗夜則看守斗頭恐椗繩磨乾出火

當以濕草綿之類包裹椗繩時用水澆之毋使焦乾灣船起舩之時揀椗送椗務揀送得法不使椗牙椗奴損壞他船多者務令送開勿使椗繩相犯
一頭抄者乃照顧大抄或於船出入港道轉灣囘頭遇流水處所舵不靈與時用抄抄轉助之
一阿班者乃登桅遠望山勢識認地理時或繂牽不清輪餅中有碍各處不妥者當腰帶斧釘上桅料理雖在駛船風浪之時亦不能免
一杉板公者佩杉板之時做成繩結使衆人共撈而



背之放時亦然每有出杉板之時送差總無暇刻爲之先去洗淨收拾堅固打水搖櫓最苦
一直庫者修理火器礮位號銃火藥火繩之類各項火具務要乾燥勿濕又當近水艙處安置以防烟火之患時常照管數日曬亮事雖小而關係甚大
一押扛者則木匠也斧鑿刀鋸銼錐油灰麻絨竹絲網紗之類是其專管時或損壞桅椇補漏修葺製造器械皆有所事
一一繚二繚卽車輪大篷繂索是也如烏船則有三條繂索今之趕繒只用二條務有專管使之耑心致志如起篷之結鷄脛索卽無底升落篷之照顧大繂時或寄泊不駛可以舊繂索換新收藏亦見儉省或船被風擺繂索則能打桅當以小索捆住勿使相擦以避損壞或於臨陣之時用竹片合裏繂索以防割斷
一管船隊目事事皆當勤謹爲一船之主合舵公之議公平使人糧餉不尅撥差無偏如打水支更洗笨卽尖櫃官艙盔及中艙也洗舨清水溝毋使藏汚月或熯洗舟底用石灰粉泥毋使生蛆淡水之蛆見鹹水卽死鹹水之蛆見淡水亦死槓具



預先修整毋得臨時有誤軍器亦當鮮明旗幟毋至破爛水牌火竈水艙火藥艙等事不盡細微者惟伊是問及至能幹有功一體超拔勿以水兵技藝荒疎人材蠢樸目之此皆趕繒船駕駛之要也至於艍船之中一舵公二繚手二椗手一杉板一抄一繚此八人可矣餘十二人連管船官兵共二十一人其經管約束之法與趕繒同所用直庫押扛香公則就中選取此二十一人之中事事皆可相兼爲用也
舟中器具既備人數各有專管則當調官兵以配駕

之方成勁旅如趕繒船中水兵三十五人則當配戰兵六十五人以足百數或有多帶餘丁數人若皆壯丁亦能殺賊者則可於戰兵之中稍減數人如鎮臣登船必有掌號號礮鼓吹排列於前大纛小旗門鎗五方旗等類排列尾樓大桅高掛帥字旗（旗可用黃布十三幅長二丈四尺）若營將自出只少帥字旗餘皆如式方壯軍威官廳以內則主將居之或帶家人內幕伴當旗牌之類可住於內或帶都守千把領旗頭目等官可住阿班艙則大桅前之小官廳也他如各兵計算多少



盡配中笨五六艙之間其頭桅前之各艙則衆水兵之所收貯舵公艙以後則舵公大繚香公等之所住其大桅以後之水艙乃直庫之收拾火器也計中艙之間每艙配近十人不過收貯衣甲被褥伙食之類耳其睡卧之處仍在笨上篷下則爲住處矣故船中遮陽蓬席棚之類俱不可少竹篙木棍亦不可無於此時可爲遮蓋風雨也（或遇出洋無水於有雨之時布棚盛水可以濟急）如此番出巡將到何處計有數月之住則當預備數月之柴米蔬食矣當爲查驗多少使無將來枵腹之嘆

其柴木務令乾燥不濕則不烟無蛆則無蟲毋使白蟻蛀船板此爲緊要先於各兵上船時驗其所帶衣甲軍器如刀牌取其堅剛鮮利弓用短梢硬弓箭務要三十條鎗手藥筒心藥火繩火門火機鎗身務要堅固齊備藥當三觔彈當百出爲將者當自多備好火藥百餘觔好利器數十件（如鎗刀藥膏藥辟暑傷寒各藥亦當預備）碗箸鍋竈各自備用勿得取配船之公物與衆兵爭食也各兵安頓已定各認艙口可將配船兵丁花名寫出分搭排舨遊兵各名字如配兵六十五名派出四



十名用水兵十名兼之共五十名分兩舨自頭獅以至尾樓一邊可得二十五名（尾樓四人尖櫃六人中艙六人船頭六人頭獅三人約略派之其幫大礮子母礮者皆此中人也）內有水兵五名熟諳水務分搭在頭獅桅舵之處餘鎗手殺手弓箭照空兼搭不得彙聚一處其任頭目事十四人以十名水兵幫助之并可作遊兵之用其戰兵二十五人挑選好漢能用數件軍器者分爲遊兵倚船之處以便過船殺賊也排舨者則大書名字貼於某處舨內使之識認隨將在船人數盡行派出分班打水水皆人人必需

勿得狗庇免差（如有顧替之人聽之至於出海之時難於取水當禁船發籤一人一頓只許一升水毋得多取）次又派出支更人數將戰兵與水兵兼務或一更兩人或三四人齊支舟中只以四更爲度差亦不苦（如用兩人一夜不過八人四人不過十六人）又派人上岸請先鋒石棟三尖硬石前來到船鳴金鼓接之堆在樓尾尖櫃水仙門頭獅各兩傍隨多少十餘堆約足用耳各兵煮飯務當十人同煮不必零星只令終日火烟不歇（伊等皆於四更時各持一柴壓竈分一鍋二鍋三鍋四鍋之例見有黠者只喜二鍋以火竈熟易爲力遲又恐慢故以二鍋爲美）又如舵公水兵見人衆多者於繚岫處自安小竈或於合檀篷邊亦安小竈此不妨聽之

如船船之配兵原有水兵二十一名今可配四十八湊就六十一人加有管兵官在內則多矣其規矩調度與趕繒之法大同小異（俱同上）

一遇有賊之時掌號金鼓起頭篷事急則篷椗齊起再不及將椗羈一浮蕩爲號棄之回時認號收取（舟師輯要）

一排舨兵丁各認住處遊兵分頭獅尖櫃尾樓三處各任事頭目各顧本等銃路開明所有弓箭刀鎗



插在桶內沙米之中（用大桶或裝米或裝沙或裝水以備用）

一大礮應用多少藥先以布袋盛之應用礮子碎子各置一筐於本礮之處放完此礮當用鐵爬濕水布洗之恐有火氣未盡不可再入藥耳其大礮要四五人帮之大礮心藥或用炒木或用紙包心藥或用散藥令直庫預備其子母礮小子各已裝便一位要三人穩照打放一裝子礮藥一安子以及點繩心用炒木藥爲上

一噴筒火礶要放時先令人於竈內或火盆中加火炭扇紅離賊船三十餘步可點着乘風燒之火礶將鬚點着離十餘步擲於賊船之中務要破則藥見火而發中藏有碎鐵與之俱燃可以傷賊不可大遠恐擲落水不可使他接去倒擲過來反自爲害當使賊不見倏然一擲而破爲上

一船上恐滑難走取各兵草虉草蓆之類鋪滿船面澆之以水可避火免滑其中艙用戰被遮做蝦蛄心使兩邊不相顧而排舨兵恃以無恐火器亦得安心戰被亦用水澆之並繚岫尾樓皆可以遮蔽兩舨有

竹牌牛皮牌皆用水澆之

一遇賊船時先要取他上風彼亦要取我上風未免往來梭織此時若在數百餘步之外以火礮打之然取上風其船必歪礮發必不遠多見礮子不出百步之外而落若太高則又不準且放一出工夫悠久愚謂此時可以少用祇三門耳（然礮少則多用子母礮更妙）

一遇賊於百步之外正子母礮得用之時百步之內牌鎗可以兼用五十步之間弓箭可以兼用三十步之內噴筒可用十步火礶先鋒石灰包可以兼用（灰包用帋包石灰內藏一小石方能致遠諸器皆當約量可到之際用之勿太早空費無益貴在稳重切勿慌忙此在上風者而言）



一至倚船之時長鎗大劍任其所殺持牌刀過船者持大刀過船者一會之間生死立判所謂養軍千日用在一朝也

一如我船多賊船少中左右夾攻之如我船二隻賊船一隻我一船居上風攻之一船從賊尾樓攻之如彼此各一則當趕上風之勢就伊腰間橫截之謂之喜鵲含柴勢也及其並列謂之魚比目勢全在人力耳

一如我船少賊船多當避上風擇其軟弱者攻之或不得上風則從下風駛開讓賊船過身就賊之上風尾樓繚岫處衝之或賊船兩邊大至我當發兩邊大礮子母礮打之（戰船中火礮雖多發不過一不敢齊發恐沉没也際此危急之時不得不齊發矣）如或賊勢大被其過船必源源而來我兵則乘伊虛而奪彼之船也（此勢敗之局也）或賊船高於我船祇可用噴筒火礶難用也然今之賊船皆是商船安有火藥軍器此固無慮間聞有失事者皆由欺敵大過耳（俱同上）



一舵工之宜選擇也船隻堅固選配官兵軍械火具配足矣舵工不識水性不明戰法必不敢向前卽向前亦不得力而舵工爲最難得是以選兵必先選舵工（國朝李增階外海紀要）

一器械之宜具足也船工得人矣軍械火具之未備則兵膽不壯船多何益大約船配兵一百名其器械配足四百件以備左右臨時執用

一遇敵之宜知所用也敵遠者用大礮畧近者用鳥

鎗火器噴筒鑽箭再近者用火礶火斗石塊最近者火具一齊開發探有敵船則將各項齊備船自何方來則各執器械面向何方其無敵之面亦少留兵守望敵船撞攏各弁兵各用所長鈎鐮檔义挑刀藤牌執以向敵最要爲密用火礶一齊擲燒敵船被燒敵人必逃避我弁兵卽乘其烟燄執擋义鈎鐮挑刀用藤牌遮蓋過船必須我船並攏得穩方可過船此尤要也

一火攻之宜講究也洋面水戰全仗火礮大銃鳥銃



火箭噴筒遠近攻打之法諸將皆素習之昔人燒船則用火箭而其發火之法皆不得力是莫如今所用之火礶更有一法以少勝多以小克大則莫如用火攻船而風濤上下難於攏近卽攏近而火不能延或火發而彼可以禦止逃避皆無益也須用米艇數隻將船頭二門椗緊緊縛住我船頭桅用鐵桿二枝尖子鑽子長一丈有餘一半緊縛椗身一半伸出似蜈蚣鬚様船後把舵之所用篷弓網紗水灌厚厚遮蓋兵二三十名執有藤牌檔义鈎鐮挑刀等械在內船頭并艙上面先用松香又用火藥桶排列上用松毛覆之多多益善或乾草火恐不烈又用長竹一條打空心火藥作引由船內通至船尾後伸出舵工與兵二三十名能浮水有膽量者在篷弓網紗內駕駛保護其駛船要撞進賊船或前撞或横撞二枝鐵桿插入敵船木板內斬之不斷拆之不開推之不去牽之不動戳之不起如中箭然我兵又用網紗籠盖有器械護身賊無奈我何俟可發火時我兵在舵門後下杉板船將竹引火發火賊船焚而我杉板船卽在水



面擒賊矣或先令我衆兵船向賊船相機勢擇其要處攻之賊心必亂乘機用火攻船破之如不濟或再用火攻船一撞去以濟前火攻船之勢是又在領兵者之隨機應之臨陣之時須占上風或左或右忽前忽後其變不可勝言也

一風雲沙礁之宜詳慎也天時變幻難測而故老占驗有記載參以身所閱歷亦可十得八九縱有時不驗而要不可不防也砂礁潛隱難窺而舟師經過有水線是必熟於海道者方能知之海上行舟水程里

數易知而不知風潮流水逆順砂礁灣曲各處不同是以到處別僱舵工駛船如遇追捕必延擱貽誤將兵者不可不選訪舵工而亦不能盡委舵工也俱同上

舵者猶人之心也繚斗椗猶人之四肢也船上衆兵猶人之百骸也心君主持得正則四肢百骸皆得其道心君主持不正則四肢百骸盡失其宜故一船着力全在舵工三畧曰用軍之害猶豫爲大審決既定應進則進應退則退細思猶豫之害在爾舵工尤甚凡事謀於衆則吉惟是舵工事宜要在一身主宰衆



人皆不得參一見況行船一遇風浪兵心莫不搖惑礁脉淺沙衆兵又如何曉所以仰觀俯察舵工獨任其勞仰觀之法若何如霧後須防風颶夏秋更有雷風秋天夜間有露决無颶变冬北風雖大不爲颷夏至以後北風一起卽有風颷又六月雷響止九颱七月雷響九颱來但風颷雷颶各有雲象可觀總之四季有不應時之風就知不宜每日再看日月出没若有黑雲橫蔽非風卽雨兼之天神未動海神先動或水有臭味或水起黑沫或無風偶發移浪礁頭浪響皆是風之豫兆當緊緊留心俯察之理若何潮候隨四時之節令長退有一定之去來春潮大在申酉戌夏潮大在亥子丑秋潮大在巳午未冬潮大在寅卯辰各按時候卽如春天初一日此處不淺可過轉至夏來初一日此處却過不去由此類推行船無失但礁脉有明暗流水有順逆一被島嶼山嶼所阻又有緩急遲早他省更不相同若遇無風之際一到水急礁淺先要度量船之大小纔可强施槳櫓以避其害所以風颶險流水更險欲求妥穩惟有斟酌拋碇而



已又如春天多有烟霧若在內洋駕駛礁脉叢雜無論晝夜俱須停泊爲要諺云寬心可駛萬年船者此也如若不明方向須看羅盤不識深淺須用水托倘到薄暮行舟必認一山爲主尖而高者聳立易識但山高則影遠見影又勿害怕不前小而平者急切難辨須記此山山嘴係何形象左右有無小山嶼如見有小山嶼則知爲應山始可認定至認礁脉亦以附近之山爲主或由某山嘴或對某山頭或某山門開或某山門閘確對某處認定某礁然後可駛戧避之

認礁之要不外一開一攏一橫一直倘若不看對山不認某門稍有猶豫忽畧鮮有不受其害者如黑夜大洋遇風不敢收畧惟有憑香戧織戧去香點若干收回照依若干以防礁岸攏淺之虞或浪大不能轉戧只可將篷蹲少繚母往下風挽緊朝東而行可避山嶼然凡遇風颶要蹲篷幾頁傳集頭目各兵各司其事至鬆繂遵繚盡宜開戧又要迅速若是順風遇颶尤要戧起繚已收緊可放檣繂如篷尙㖽風又防檣繂或鬆不下腰縵掛緊大桅此際戧若太起復恐



轉戧所以開泊轉戧先要叫顧頭篷者小心提防其於夏秋遇颶之後須知轉西回南必擇碇地方可收泊

舵工事宜　國朝林君陞舟師繩墨

一船上聲應氣求之事務惟爾舵繚更甚是以舟師紀律駛風不正責之舵繚務必和衷協力方克有濟至行船先問那一戧開收泊先問那一戧抛尤要辨地方之寬窄或左右貼近山嶼或前後逼連船踪遵繚過繚事事俱與舵工斟酌而行不可造次至開船時誠恐洒來洒去船頭不定萬一頭繚照管不及忽然碇浮原要這一戧開反致那一戧轉故繚母必須雙買以防不測使兩戧有備無患方可任其轉折凡遇捷篷之際可將繚曲揎在繚風之上猝然遇風恐篷高不能揎掛至在洋行駛常川宜在繚袖門過門須防山洩風要看戧一起頭急宜收繚舵若風大難拉急宜鬆繚收放應手方稱活繚活舵然善事者必先利器舟之乘風也利便遲鈍盡在乎篷其留心先要在匠人聯篷之時親將大篷之孱口用力絞緊篷抽每條鬆七八寸既免走樣可觀又且耐用可久卽



篷檣倒插等竹亦必逐根配齊竹太大則篷硬不能㖽風竹太小則篷輭遇颶反兜風而船且不能過浪至於篷鈎等項早宜預備齊全庶幾遇颶蹲篷不致忙亂若船上要做繚風還當審察桅本之向背向前之桅上把繚畧鬆幾寸背後之桅上把繚畧緊幾寸所以寸繚分舵毫釐千里

繚手事宜

選兵之道豐偉第一獨選斗手則不然豐偉之人體重不能便捷如何爬得上桅故手足伶俐精力强壯者方勝斗手之任然又必有膽以充之倘膽或不充

畧能爬得幾頁便足輭眼花如何到得桅頂就使到了桅頂稍有倉猝驚惶如何穿繚挂索盡能舒徐無誤故二十以下四十以上之人俱用不得葢年到四十則筋力少衰豈能蹲伏委曲猿騰鶻擊故上落爲甚可危年未二十則膽氣未壯豈能屈伸進退蛇行龜息故臨事則又可患必要選別得人先教以一切上桅工作須帶一丈多長之布將身繫縛不惟身安心穩兩手皆可運動凡桅之輭硬預宜辨知幫用若多箍亦生銹又恐幫桅摩久則能徹不時將箍催緊



庶免搖動抽鐵桅門桅伞尤須時時閱視伞平要慮秤桅必用板篾桅伞之後免致跳起却又不宜過高反致不牢如遇大風過洋必要綑着桅伞不使跳動桅脚又有桅箭且宜着箭三四分如或過箭則調戧不靈至餅子箭時用硬木更換恐畧彎則篷必難搥一切繩索平時預備收好檣縴弔揚都要合式小則塞門大則難過餅子門再若腰縵所穿骨轆子此其極小者也然兩頭不時常揎緊或挪動缺少一時風雨驟至任用力蹭篷却被鐵箍罣住害生於細微卽此謂也四時風颶最壞篷索夏秋移浪損傷尤甚故必預爲綢繆時時更換不致颱颶臨時急廹穿掛之苦

斗手事宜

波濤浩渺望戰艦如礬石知椗之爲功甚大故抛椗之法宜詳走椗之害不小孑然獨艘則飄流撞擱一船盡受其害若鱗次聯綜則風急浪湧禍延更覺其慘常見廈門作颶上風一船斷椗一撞二二撞四如轉圓石於千仞之山一時數十號大船頃刻盡虀粉所以遇着聯綜其抛椗切忌雁行須按七星圓式細



悉椗木利害平日照管收拾自然刻刻留心滚練務必及時澆洗不容遲誤尤防蛆蛀於內難辨於外惟看燂後有未乾之處卽知內係蛆蛀燂舵亦然何愁不識購買椗舵俱宜照此辨別其餘防備之椗亦須頻頻澆潑萬一久不泡浸到臨用抛下時乾燥不能到底反致誤事卽所用椗紖或櫻或藤或篾俱是喜濕惡燥之物若不澆潑則摩動必黴黴則危矣每到遇風勒舵以及過門等項又要生根爲妙再值有風之際篾頭亦宜不時澆潑若於風水一息速行轉椗

不致泥沙埋没傷其碇齒此皆平時收拾之道椗紉俱可應用臨時不致患生意外抛椗之法有三一觀地之深淺淺地抛椗必待船戧定方可抛下在椗紉又要慢出出太急往往紉絆椗頭俗謂之包頭又名弔狗若港嶴有逼江海之處恐雨潦衝沙深處忽淺難以拘執如久不進此港嶴先問土人方可收入一觀流之緩急如急水抛椗預先將椗潑水出斗再擇善爲潑挪者俟候仍將車內椗紉量其地之淺深先約放紉多少在船又把椗紉生根停當俟舵工戧起就可抛椗須快出紉纔能使得到底此又不可與淺地一例而論一觀風之順逆如順風逆流俟大篷頭篷齊下方可抛椗若順風順流又要觀嶴之寬窄嶴若寬戧起抛椗然後下篷嶴若窄而淺卽在嶴口下大篷駛頭篷進嶴囑頭繚放去小戧一起卽可抛椗是名走馬抛椗之法大畧具此三者再於泥爛風急防椗割地而走須用薄板一塊長二尺許較椗齒闊一寸鑿四孔用繩揎繫於椗齒可以爬泥俗語喚做椗鞾至椗擔揎繫不可長短長短亦能走椗倘移地



避颶事起倉猝或恐車關人力起椗遲誤備用大毛竹一株縛於椗紉浮水以便歸取椗手熟此何至把椗遲疑胸無定見故能如磐石之安者此又椗手之功也（椗手事宜俱同上）

水戰以篷帆爲要葢陸戰皆實地設有不虞再謀生路江河湖海之中四面波濤篷帆一沾火藥則三軍休矣必用晉石蜂脂熬漬爲水將竹篾箬葉或布浸之再曬再浸務令極透編造篷帆則火箭火毬火銃火牡丹等件沾染不著吾兵可保無虞矣名欄火神行衝敵飛篷（國朝傳庭秘書）

欄火飛篷式



欄火飛篷式

書某部第幾號
以便軍中觀望

附用法傳庭秘書以晉石蜂脂入水再浸再曬傳其上以不染火爲度　金湯十二籌以白礬十觔皮硝五觔梔子四觔爲末入水五斗熬三五沸刷篷索上以防雨火

船號最忌名色雜沓不一不一則號令繁雜沓則士難辨混淆無有綱領何以坐籌制勝只一號至六號而止每一寨保一將領不拘船之大小多寡均勻分派不拘參遊都守把總一例曰主將親船爲中中司擇第一堅大者中軍領之餘分爲中司左司右司每司分二哨前司後司又各分二哨共十哨大約十船以下五船以上爲一䑸哨官領之兩哨爲一司分總



領之三司二司爲一部主將領之金湯十二籌

揚帆海上固必關心設使有危尤須應變即如舟駛滄波倘遇風飈漂出外洋檣傾楫折尺寸莫移櫃水既已斷絕而海水又鹹不可咽將如之何可汲海水置鍋內上架酒甑如造酒法熾火煮之則水氣升騰甑內側孔流出即成淡水可食矣外海紀要

凡欲灣船當先明地利如今日意欲照垵而行順風取流則兼數程勿論如逆風抛戧則當辨明此垵係何南北風可以久住可以寄流可容多少船隻山上有水與否何日有暴期與否則天時地利皆了然胸中自無錯誤之虞矣譬如此山在北則可當北風之患是爲北風嶴矣此月有無暴期則可得知天時矣苟或南風盛發之際面南甚爲不便則當避之粵之海濱山面南而不高甚少南風澳若進內港遍遲難通且到處有沉礁暗淺收泊甚難如愚在碣石見說白沙湖可泊船今亦淺矣每有商船打破如碣石港原可入大洋船今只有四五尺水堤繒非搬空不得進田尾一垵到甲子行數日不得進港仍復溜回以



到時風流不順遍遲難進不得不回也舟師輯要灣泊船隻說

泊澳式

若山不甚高闊口寬澳可作一字排列或水深作二字排列亦可大船要居中小船分兩傍

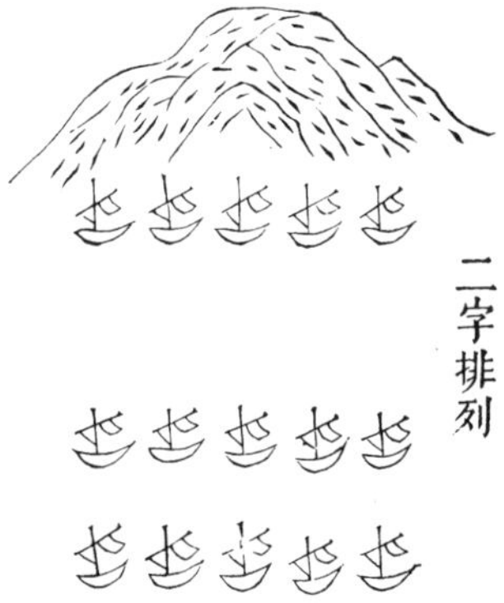

二字排列



圓澳作圓勢

如平坦小澳作人字列

寬處作文字勢

平澳作三疊梅花體

右如各澳口排列圖式不過畧舉大概因時制宜隨地變化難以盡備凡灣船之時當候中軍擇地而灣不可使椗繩相犯致有相撞之患又不可椗地不穩致有拖椗之虞苟有數日之寄則當放倒椗以候潮水往來庶不至旋回所以為賊者一夜泊九灣九夜無灣泊以其出入靡定不敢守常使人知覺翕澳也翕澳者知賊之泊處乘夜駛船攻之使不得出盡一䑸之船而撲滅之苟可翕彼之澳豈不慮翕我之澳乎　俱同上

附古戰船備考

水戰之具其船濶狹長短隨用大小勝人多少皆以米爲率一人重米一石其檝棹篙櫓帆席絙索沉石調度與常船不殊　樓船船上建樓三重列女牆戰格樹幡幟開弩牕矛穴置抛車壘石鐵汁狀如城壘忽遇暴風人力莫能制此亦非便於事然爲水軍不可不設以成形勢　艨衝以生牛皮蒙船覆背兩廂開掣棹孔左右前後有弩窻矛穴敵不得近矢石不能敗此不用大船務於疾速乘人之不及此非戰船也　鬬艦船上設女牆可高三尺牆下開掣棹孔船



內五尺又建棚與女牆齊棚上又建女牆重列戰具上無覆背前後左右樹牙旗旛幟金鼓此戰船也走舸舷上立女牆置棹夫多戰卒少皆選勇力精鋭者往返如飛鷗乘人之不及金鼓旗幟列之於上此戰船也　遊艇上無女牆舷上置槳床左右隨大小長短四尺一牀計會進止廻軍轉陣其疾如風虞候居之非戰船也　海鶻頭低尾高前大後小如鶻之狀舷下左右置浮版形如鶻翅翼以助其船雖風濤漲天免有傾覆背上左右張生牛皮爲城牙旗金鼓

如常法此江海之中戰船也（唐杜佑通典）

八卦六花船此船江海中攻守皆用不怯風濤攻則敵不能當守則敵不能近故水戰首此以保全勝用厚楠木板作五槽底槽後爲尾槽前平頭有八卦六花之義故名焉上有三桅中有八輪後有舵樓順風用篷逆風轉輪其快如風底中一槽高七尺闊六尺旁二槽高六尺闊五尺儘邊二槽高五尺闊四尺每槽相離置輪一尺五寸其闊三丈六尺兩頭接鋪平中間上作艙長三丈六尺槽前平頭三丈六尺槽亦



三丈六尺尾起舵接底空內定八輪居中作官艙長三丈六尺闊一丈八尺兩舷各闊九尺前後中共三桅篷索用藥水刷過遇雨不濕火到篷即滅週圍立挨牌艙上用生牛皮包裹底用狼牙釘品字畓釘以防姦細水怪此統軍大將取勝也（金湯十二籌）

沙船能調戧使鬬風舊制深嚴雙桅下海之禁承平既久法度浸弛不但雙桅習以爲常甚有五桅者長江大帆一日千里若從權取而用之但於兩舷增設戰柵亦利水戰

八槳船此船不能擊賊但可供哨探之用閩廣浙直皆有之

開浪船以其頭尖故名喫水三四尺四槳一櫓其行如飛內止可容三五十人不拘風潮順逆亦皆可用也

漁船於諸船中制至小材至簡工至約而用至重何也以之出海每載三人一人執布帆一人執槳一人執烏嘴銃布帆輕捷無墊没之虞易進易退隨波上下敵舟瞭望所不及是以出海取勝擒賊多賴之



無底船襄城之圍張貴爲無底船百餘艘中豎旂幟各立軍士於兩舷以誘之敵皆競躍以入溺死者萬餘人亦昔人未有之奇也夜戰誤敵未有過於此者

又一法以三舟聯爲一舫中一舟裝載左右則虛其底而掩覆之

神飛火輪舟狀類海船周圍生牛革爲障或剖竹爲笆以當矢石上留銃箭上中下分三層首尾設暗艙以通上下中層鋪刀板釘板兩旁設飛槳或輪乘浪排風往來如飛水手用泅人遇賊詐敗棄而與之精兵暗伏艙內泅人赴水走待賊登船機關一轉翻入中層刀釘板上皆就戮矣若衝入賊船隊兩旁暗伏火器勢不可當

鷹船兩頭俱尖不辨首尾進退如飛旁皆茅竹板密釘竹間設竅可出銃箭竅內隱人盪槳

叭喇唬船浙中多用之福建烽火門亦有其製底尖面闊首尾一樣底用龍骨直透前後闊約一丈長約四丈末有小官艙舵面兩旁各用長板一條其兵夫坐向後而棹槳每邊用十槳或八槳其疾如飛有風豎桅用布帆亦能破浪甚便追逐哨探倭奴號曰軟帆賊亦畏憚



子母舟長三丈五尺前二丈加艦樣船後一丈五尺只有兩邊幫板腹內空虛後藏一小舟通連一處亦有盖板掩人兩邊四棹前母舟使風棹槳艙內裝茅薪置火藥船頭兩脥俱用狼牙釘錠鋼尖利一抵彼船即將母船發火與彼船並焚我軍後開子船而歸

連環舟約四丈外視之若一舟分則爲二舟中聯以環前截載火礮神煙神砂等器舟首錠大倒鬚釘

數枚後截兩旁施數槳或乘順風或自上流徑趨賊營以舟首釘撞賊舟上前環自解後截則同乘其驚惶用器擊之乃水戰奇策也環者大鐵圈兩枚釘前截用鐵鉤兩枚鉤住後截撞於賊船則放其鉤後截即回本寨矣俱同上

謹案心畧聯環舟圖說與此並同今不載

兩頭船

海船可縛旋轉今兩頭製舵隨風可行海道諸船利無踰於此外張牛皮竹笆內藏銃礮火藥以此衝敵



萬無不勝國朝施永圖心畧

木筏

焚敵舟莫如火碎敵船莫如礮但大礮用於船上恐未損人反先損已自碗口大之上不敢放也今宜造木筏不拘若干座式用整木縱橫平底風不可翻水不可沉上安木架極其堅固量其高下遇敵船於拖險處平排如堵下安樁木以識之用神器照賊來路打去計步數若干遠將打到之地亦用樁木識之戰船居筏後五十步外以防其坐筏上以絮遮蔽於前將二三十具一字排列賊船遠望可當城墻莫測其中虛實伺看船將入吾原識樁木浮板步數內將架被放落走舸之人將筏扶正用諸火器照賊打去次第制之以二三十座之筏一齊擊發賊船未有不損可以禦可以守乃水戰必須者也金湯十二籌



廣東海防彙覽卷十五終

# 廣東海防彙覽卷十六

## 方畧五

### 船政五

順治十二年題准下海船隻除有號票文引許令出洋外若奸豪勢要及軍民人等擅造二桅以上違式大船將違禁貨物下海前往番國貿易潛通海賊同謀結聚及爲嚮導刼掠良民者正犯處斬梟示全家發邊衛充軍其打造海船賣與番人圖利者爲首處斬爲從發邊衛充軍若止將大船僱與下海之人分



取番貨及糾通下海之人接買番貨并探聽番貨到時私販蘇木胡椒至一千斤以上者俱發邊衛充軍番貨入官其小民撑駕單桅小船給有執照於沿海近處捕魚打柴巡捕官軍不許擾害雍正年修會典

十七年題准濱海地方禁止雙桅沙船不許民間私造違者照通賊律治罪

康熙四十二年覆准海洋漁船止許單桅樑頭不得過一丈桅工水手不得過二十名取魚不許越本省界未造船時先具呈州縣該州縣訊供確實取具澳甲戶族里長鄰佑當堂畫押保結方許成造造定之日報縣親驗明白印烙字號姓名并將桅工水手一體查驗取具澳甲長結船戶保結然後給照其照內仍將船戶桅工水手年貌籍貫開列庶便汛口地方查驗如有違例船戶責四十板徒三年船隻入官承驗之州縣降二級調用加級紀錄不准抵銷桅工水手如有越數多帶或詭名頂替者船戶責三十板徒二年頂替之人嚴究如無他故杖一百汛口文武官弁盤查不實亦降二級調用內有夾帶硝磺等物者



本船戶即以通賊論擬斬桅工水手知情同罪不知情責四十板流三千里甲長保結之人各責四十板徒三年仍查取結之州縣官革職汛口盤查之文武官俱革職如有賄縱情弊革職杖一百流二千里其內港取魚五六人之小船不在此例

又覆准商賈船隻許用雙桅樑頭不得過一丈八尺桅工水手不得過二十八名其一丈六七尺樑頭者不得過二十四人一丈四五尺樑頭者不得過十七人一丈二三尺樑頭者不得過十四人造船時先具

呈該州縣取供嚴查確係殷實良民親身出洋船戶取具澳里甲各族長并鄰右當堂畫押保結然後准其成造造完該州縣親驗樑頭等項不得過限多帶并將樑頭柁工水手一一驗查取具澳甲長鄰右船戶當堂畫押保結并將船身烙號刋名然後給照照內將在船之人詳開年貌履歷籍貫以備汛口查驗其有樑頭過限并多帶人數詭名頂替以及汛口盤查不實賣放者罪名處分俱照漁船各加一等惟夾帶違禁物件其罪名處分與漁船一例其有謀利富



民自造商船租與他人及租船者俱責四十枷號三箇月失察之州縣官各罰俸一年明知造船受租而容其成造者降二級調用俱同上

四十六年五月先是兵部尚書金世榮督閩時謂出洋大船易以藏盜奏定漁船禁用雙桅商船飭令改造毋許樑頭過丈有八尺至是閩浙總督梁鼐疏言商船不許過丈慮其越出外洋或至為匪然船大則商人之資本亦大不肯為匪且不容無賴之人操駕自定改造所費甚鉅皆畏縮遷延其現已改造者僅求合於丈有八尺之樑頭而船腹與底或仍加舊是有累於商而實無關海洋機務

上命大學士等議弛其禁東華錄

雍正元年題准出海商漁船自船頭起至鹿耳梁頭止本桅上截一半各照省分油飾廣東用紅油漆飾青色鉤字船頭兩披刋刻某省某州縣某字號字樣沿海汛口及巡海官弁凡遇商漁船驗係照依各本省油飾字號者即係民船當即放行如無油飾刋刻字號即係匪船拘留究訊防海備覽



三年覆准廣東漁船樑頭不得過五尺舵水不得過五人

九年議准商漁船篷上大書州縣船戶姓名每字大各徑尺藍布篷用石灰細麵以桐油調書篷白布篷用濃墨書黑油分抹字上不許糢糊縮小

十一年議准往販外洋商船准用頭巾插花並聽樹桅尖其內洋商船及漁船不許用頭巾插花桅尖如違例私用守口官弁不行察報者罰俸一年俱同上

乾隆四年二月兵部奏准外洋商船准其製用頭巾

揷花其內洋商漁各船一槩不許製用如有私用者察出治罪失察弁員照例議處司案

三十一年十一月兩司會詳稱十三年飭禁蝦笱艇案內議定限一月內將蝦笱艇盡行拆改如違將船戶水手舵工人等照私造小艇偷漏出口例治罪仍將船隻拆變以七分賞給原獲兵役三分入官充公該管官拿獲十隻記功一次兵役得財故縱與犯人同罪官弁明知不究者參處失察者每案記過一次詳奉飭遵在案今民間船隻多用櫓槳雖與違例之



蝦笱艇有間但多用櫓槳設有不法之徒影射橫行其貽害與蝦笱艇相等應如香山縣所禀將四櫓八槳十二槳槪行禁止請飭令該管地方官傳齊各地保澳甲諭以民船按程行走本無多需櫓槳若櫓槳過多設有匪船乘機搶竊刼奪兵役追捕不及其爲害甚大是禁止多用櫓槳所以保護善良並非以厲民之舉俾地保澳甲遍行傳說曉諭凡民間商民船隻止許用兩櫓兩槳至漁船一項樑頭六七尺之大船出外洋採捕行走之遲速因風帆之順逆本毋庸

多置櫓槳其中小漁船多在內洋及附近內河採捕并趕鮮販賣小船每船亦止許用二櫓二槳儘可捷行一切船中不許携帶多餘櫓槳將船上裝造多用櫓槳之器具槪行起除拆毀限一月內令地保澳甲將減用櫓槳船戶姓名開一清册并具並無匿漏甘結送縣存案該縣仍加具印結通報查考並飭令隘口官弁兵役實力巡查如一月之外敢有故違即拏送地方官初犯將船戶舵工水手各枷號一月杖一百澳甲地保各杖八十船隻姑免入官再犯將船戶



舵水各枷號四十日杖一百船隻入官拆變以七分賞給原獲兵役三分入官充公澳甲地保各杖一百革役兵役得財故縱與犯人同罪如敢藉端索詐擾累嚴拏重究該管官拏獲十隻記功一次每十隻加一次失察者每案記過一次徇縱不究者即行詳參

四十一年正月司道會詳稱粵省稽查一切大小商漁船隻三十一年七月內核定船政禁約條例久經通行玆澄海協禀陳潮屬商民裝造雙桅船隻有私將樑頭船身丈尺格外加增艙內又有小艙名曰假

櫃等語似應飭令各屬如遇商民製造雙桅船隻務將丈尺式樣呈報該地方官核與例符批准方許興工工完報官親驗編號入甲如該管官因公他往即令該縣佐貳等官代驗不得委令家人胥吏赴驗致滋弊混查驗船隻果與原報丈尺相符方准給與船照將船主及舵水人等的實姓名年貌籍貫塡明并開船內所帶器械及備用什物件數以便汛口查驗於出口時責成守口員弁將該船前往何處作何生業并舵水年籍姓名逐一查塡鈐蓋印戳并將所塡



人數照登號簿方准開行如印官輒委家人胥役代驗致商漁船隻長寬丈尺不符及守口員弁盤查不實者察出分別從重議處至如奸商敢於稟明給照後復私將樑頭船身加增者一經察出除治罪外仍將船隻入官俱同上

右商漁船式度

康熙三十三年議准內地船隻往外國貿易損壞更換船隻者到關時報明地方官并海關監督照原出人數姓名查驗相對所造船隻准其進口如坐去船隻不曾損壞造船帶歸者船隻軍器入官商人照打造違式大船在海行走例治罪如暗帶外國之人偷買犯禁之物者俱照收買違禁貨物例分別輕重治罪如海關監督并防守海口官不行查出或被旁人首告該督撫提督將失察官員指名題參交與該部議處雍正年修會典

五十年議准商漁船給發執照係州縣專責如營官擅給執照者降二級調用倘借執照爲匪將擅給執照之營官革職防海備覽



五十一年覆准海洋中凡有形迹可疑之船已被盤獲逐一查明如貨物人數不符稅單牌票者并貨物爲稅單所無者令其詳查俱限三日內查明果係商船即速放行將放行之處仍令申報如係賊船即交與地方官治罪如巡緝官兵藉此稽查以賊船作爲商船釋放事發之日照隱諱盜賊之例革職如索取財物者拏問如將商船作爲賊船故爲稽遲擾害照誣良爲盜例革職如有勒索財物者亦拏問該管上司察出免其處分失察照例治罪雍正年修會典

五十三年覆准各省海洋商漁船隻分别書寫字樣其各標營船巡哨刊刻某營第幾號哨船照柁工水手俱各給與腰牌刊明姓名年貌籍貫如船無字號人有可疑卽行嚴拏究治至漁船出洋時不許裝載酒米進口亦不許裝載各樣貨物違者嚴加治罪其守口文武各官不行盤查者照奸船出入海口例處分

五十六年覆准出洋船隻初造時卽令報明海關監督及造完時地方官必取驗印烙取船主甘結查有



家口方許在船及監督驗明之後卽將船隻丈尺客商姓名并載何貨貿易往某處情由塡給船單令口岸文武官照單逐一嚴查按月造册具報督撫存案

五十八年覆准商漁船隻凡雜應將客商責之保家商船水手責之船戶貨主漁船水手責之澳甲同腙限定人數出入盤查并嚴禁漁船不許裝載貨物接渡人口 俱同上

雍正六年議准出洋商船於出口之處將執照呈守口官弁驗明掛號塡注出口月日放行詳報督撫於每年四月報部回帆入口守口官弁將照與船比對相符詳報督撫銷號督撫每年九月報部如出洋人回而船不回大船出而小船回及出口人多而進口人少者督撫嚴加訊究果係番欠未清俟來年六七月間乘風駕回其被風飄往别省者船戶取具彼處地方官印結賫回呈驗遭風覆溺者若有餘存之人及同行鄰船客商舵水等卽訊彼確供保結再加地方官印結詳報均於入口册內聲明報部免其訊究倘留番清欠之船來年仍不駕回捏報遭風飄溺等



弊並無彼處地方官印結及餘存之人鄰船客商舵水甘結者督撫嚴參治罪原出結地方官交部議處 防海備覽

十二年議准商船於出口之際舵水遇有事故該船戶就近招募取具保結由守口官弁批發執照准其頂補

乾隆元年奏准漁船出口入口守口官弁驗明船照准其出入如盤察不實及借端勒索者降二級調用受賄者革職

又議准沿海一應樵採及內河通海之各色小船均報明地方官取澳甲鄰右保結編烙船號姓名給照遇晚必停泊人家塘汛處所倘船被賊押坐出洋立即報官將船號姓名移知營汛緝究若租船與人必報明本處澳甲出結報官存案其呈報行船遭風者驗明人夥有無落水受傷必有實據方准銷號其出口入口止赴就近守口官弁掛號稽察不必預定處所日期或風信不齊進口愆期者取具結狀存案如盤查不實及借端勒索者照漁船例議處



商漁各船由地方官取船戶族里保結果屬殷實良民許其製造給以執照桅檣雙單船樑丈尺及在船人數各限以制於執照內登注漆桅編號書船戶姓名各異其色江南青質白書浙江白質綠書福建綠質朱書廣東赤質青書以昭識別以備口岸稽察其江南浙江福建廣東商船許往東洋南洋貿易他省船不得私往漁樵謀生者許往瀕海港嶼經由汛口均由官弁驗照以稽出入偷渡及驗照不符者論（俱同）

上

十一年二月兩司會詳稱查粵東濱臨大海小民多以捕魚爲業海上風信靡常往還匪易勢難進止自由其惠海所屬與本省新安新寧陽江等縣海道洋面原相毗連海船通行採捕例所不禁凡拖風漁船出海即在中途營汛掛號稽查倘有爲匪滋事人照不符立拿解究如無販私及違禁貨物等弊或因風暫泊鄰邑飭令風順回港免其解訊以省拖累（司案）

十四年八月巡撫岳濬會奏言查採捕漁船定例每人每日准帶食米一升餘米一升以備風信不順出



口入口俱由守口官弁驗照稽查粵省現在照例遵行其在本境海面採捕者止許朝出暮歸不許越境站洋至山多田少之區商民前往鄰境產米地方販買米穀由海載運者臣等酌議嗣後飭令該商預先呈報地方官查明市糧多寡該商果係殷實良民即給照令其採買照內將該商姓名船戶人名數目及前赴某府縣何處地方採買由何海面行走約若干日期塡註明白如須分船載運每船各給一照以杜影射牽混一面申報臣等衙門飛飭赴買處所地方

官及經過沿途口岸各員弁親驗於照內塡明米數開行日期截角掛號知會營汎一體放行運到本境地方官盤驗米數相符即准其發糶報明銷案如有夾帶偷漏等獘嚴拏究追倘或因價貴不能買足照內之數或因價賤而有餘資可以多買令其就近在採買之處報明地方官添註照內如中途遭風失水各就汎地報明汎口官弁查驗具結通詳立案倘有揑報照例治罪其民間海島潮田沙坦等項刈穫之穀須從海面運回者著令該田主呈明地方官給照



載運并移知守口官弁一體查驗放行倘有偷漏影射等獘亦即分別查究奉

硃批雖如此立法尙在汝等費力妥行也欽此

二十一年署理總督楊應琚示　一嚴編飾刋書凡州師營哨及州縣遊巡並商船鹽艘漁舟蛋艇擺渡換鮮下至鴨子樵薪禾艔船等無論內河外海一切大小船隻悉令於船頭兩舷分別書刻某省某營某府某州縣某字某號某人某船字樣每字大須徑尺船頭油紅刋字處用粉白圈塡黑字加以油護務

令字跡顯明桅之上半截亦油紅面前一面亦刋某營州縣字號姓名及某船字樣量字之多寡長短塗白粉地一塊上塡黑字並加油護風篷上亦照前式大書每字俱徑尺藍布篷用石灰細麵桐油調寫篾篷白布篷用濃墨書寫槪不許用板片書寫刻釘致易移動或有商船遠出貿易未歸勢難勒限盡數趕回編飾即令隨在灣泊之地方官隨時隨地督令船戶將篷桅船頭兩舷照式油飾書刻另編字號移明本籍州縣註册以便回帆入口查驗仍於兩年後從新粉飾書寫一次免字跡日久模糊沿海汎口官營



及出洋舟師并內河追拿匪船私梟舉目瞭然最易辨識凡驗無油飾刋書編號及將字樣塗改剷削情獘即係匪船所管地方文武立拘究訊按律治罪船隻入官變價　一出海漁船商船每藉口壓艙擅用石子石塊爲拒捕行兇刼奪之具嗣後均止許用土坯土塊壓艙如有不遵守口員弁澳甲兵役嚴拏解究倘縱令裝帶致有在洋爲匪用石傷人即將縱放出口員弁澳甲兵役人等分別參處　一嚴換照限

期各屬大中小漁船從前原定以六月初旬赴司請領照票各屬多不依期請給并有全不赴領者嗣後務遵定例一律請領司照先期由該縣著令澳甲查明該港船若干務將船戶的實年貌姓名船身樑頭丈尺造冊繳縣核明轉造正冊註明油飾刊書字樣編排保甲號數一繳藩司請領照票一移守口營汎於出入港口時按冊核對遞年定以六月初旬領回於七月內截給各漁戶出海採捕如縣領遲延布政司差提該縣經承懲處如漁戶遲至九月內始行請



領不准換給各漁戶無本年新照在船概不許其出港至換領新照即將上年所領舊照繳縣彙送察銷其從前如有存下舊照亦應一體清查繳銷毋許匿留任聽奸匪執持出海滋事　一嚴稽察責成凡商漁船隻出入口岸并停泊之處如係附近駐劄文官衙署及武營汎防者即令該管文武員弁按照經過水面界址晝夜稽查并於每月終將登記掛驗過各船列冊通報查核如口岸離文官衙署及武營汎防稍遠需專委員弁駐劄著令將某州縣某港口岸係

何營管轄應委該營弁目若干員名駐劄稽查先行造冊通繳如有失事故縱按冊查明照例嚴參再守口文武稽查盤驗文員自縣丞以下責成同知知縣就近查察武員自守備以下責成都司遊擊稽查倘有需索漁船陋規徇私縱容及玩忽怠弛一味因循立即據實稟分别參處并令該處地方文武互相稽查不得以文武殊途避嫌隱諱如有扶同瞻顧一經發覺一并嚴參照徇庇例議罪司案

二十五年五月刑部奏准出洋船隻於領照時將本



船作何生業買賣詳細填註於到口上岸之日官弁核對相符即行放進若照內所填生業買賣不應有此貨物者嚴加盤詰審鞫有無竊刼分别治罪來歷有因亦令詳記檔簿失事關傳各口有被竊日期貨物與檔簿相符者立即根查仍飭兵弁人等不得藉端索詐任意措留影射滋事如有失察故縱及擾累無辜情弊各照諱盜誣良例分別治罪

三十年十二月刑部議准漁船止將船主年貌姓名籍貫及作何生業開填入照內并將船甲字號於大

小桅篷及船旁大書深刻仍於照後多留餘紙俟出口時即責成守口員弁將該漁船前往何處作何生業并在船舵水年貌的實姓名籍貫逐一查明塡入照內印戳放行並將所塡人數照登號簿遇有一船爲匪則在船之年貌籍貫皆可按簿而稽如將照給與匪人將給照之州縣官仍照出洋漁船違例給照例降二級調用查塡不實將汛口文武員弁照盤查不實例降二級調用

三十三年二月布政使詳請嗣後船戶不按期換照



不報明舵水者請比照詐冒給路引律杖八十如逾限一月加一等杖九十逾限二月加二等杖一百俱換給新照逾限三月者除照例不准換給新照外仍杖一百再枷號一月不行查報之澳甲亦請照違令律笞五十 司案

三十七年八月兩司會詳請飭令各該地方官查明屬內外港漁船共有若干列冊報查其違例越境採捕各船戶是何姓名係何澳甲管下亦請飭令刻日移會文武追押歸港

四十年六月總督李侍堯准浙江巡撫咨查商漁船隻出口之時查照原給印照內所塡舵水姓名年貌相符者即行驗放倘有臨期遇疾病事故更換著令該船戶同稅行具結稟明即於單內添註原塡舵水某人因何事故更換某人代替塡明年貌鈐用印信放其出口並行該原籍知照倘船隻進口查驗姓名在船舵水與原照內姓名年貌不符又無彼處汛口印信塡註更換情由係屬違例私頂即將該船船主舵水一并查辦詳以杜影射私頂情事 俱同上



四十七年十月戶部奏准番禺縣坑頭地方添設永寗通判建立衙署所有沙茭二屬各村民船無論大小責成廳員就近督沙茭二巡檢徹底清查編號并將船戶姓名及所用櫓槳數目登記檔冊給予印照造冊通送及行番禺縣備查如有違例多用櫓槳無論本地外來即行查拏按例究治至民間置造出洋船隻應先呈明該廳查實批准始許製造如私自造船出海無論是否爲盜一并嚴究重懲船料入官如有爲匪情事并將知情之[illegible]匠縱容之地保兵役俱

與盜賊同科設有濫給匪船執照內查填不實并失察富民將船租賃奸民出洋爲匪并失察携帶礮械及違禁貨物并匪徒在本地糾夥持械出洋行刦等事悉以給照之該廳員并沙茭二巡檢爲專管開列職名請參其番禺縣知縣旣未給照驗烙請酌減處分以示區别

五十四年八月軍機大臣阿桂等會奏言據兩廣總督福康安奏沿海各處漁人蛋戶俱以採捕爲生內有艱苦乏食之徒往往爲洋盜所誘或探聽信息或



爲銷變贓物零星寄泊稽查易疎當飭地方官編列字號每船開造丁口清冊按季詳報並令連環互保如有一船串通洋盜各船不行首報查出卽予連坐當此捕盜緊急之時卽令兵役帶同作線如能指獲與兵役一體奬賞等語查粵東漁人領照出海採捕係億萬窮黎生計攸關自難一例禁止從前雖由各該州縣於印照內開載人船數目編列姓名年歲出入海內按照稽查立法不爲不密但行之日久漸至懈弛今令各船連環保結由地方官按季詳報一船爲盜卽將不行呈首之互保各船予以連坐禁防益加周密盜風亦可漸次廓清於捕務洵爲有裨應如所奏辦理奉

旨依議欽此

五十七年八月刑部奏言臣等議得江蘇巡撫奏稱民人或造商漁船隻赴縣領照方准出海船照註明船戶舵工水手姓名年貌住址回棹時按照核對而海洋行刦之案往往仍有操殺事主搜取船照連船刦奪公然出入各海口竟至無從覺察者誠因船照內



雖有姓名住址而該盜旣欲假冒船戶自必將其姓名住址按名分認至於年貌一層臣查駕船出海率皆年力强壯之人不過面紫面赤有鬚無鬚之分而海洋盜犯亦從無年幼年老及面白鬚白之人是年貌住址姓名雖經註明皆可影射請嗣後商漁各船照票內舵工水手各年貌項下將本人箕斗驗明添註均於出口進口時按名查驗一有不符卽行跟究倘有揑稱照票遺失或有稱存留家內者除訊係盜匪假冒從嚴問擬外如審明實無爲匪情事亦治以

違例之罪並將船隻入官以為照票不隨本船者儆至於水手人等在洋患病臨時僱覔別船水手相帮者亦屬事所恒有惟令該船戶於收口時即行出具保結呈報該管員弁於新僱水手年貌之下亦註明箕斗以防牽混但須驗明同船之人每名箕斗皆屬相符方准具保如此立定章程則船戶有箕斗為驗盗匪即無從假冒於防盗之法較為嚴密惟是沿海口岸原許別省商船來往貿易江南船照如此辦理別省船照未能畫一請行令閩廣浙江直隸山東各



督撫一體照辦等因應如該撫所奏辦理并令該撫飭令各員弁親赴口岸將各船戶人等驗明箕斗出入按名查驗毋任吏役弊混仍照例將年貌姓名住址逐一稽查毋致疎漏再該撫奏稱如有水手人等在洋患病別僱亦塡註箕斗等語亦應如該撫所奏辦理應令該撫嚴飭守口員弁實力稽查毋致始勤終怠並禁書役人等毋得藉端需索轉滋勒指商漁之弊恭候

命下臣部通行海疆地方一體遵照辦理奉

旨依議欽此

右商漁船查驗

廣東海防彙覽卷十六終

# 廣東海防彙覽卷十七

## 方略六

### 船政六 候潮占 風雨附

古之言潮者多矣或言如橐籥翕張或言如人氣呼吸或言海鰌出入皆無經據唐盧肇著海潮賦以謂日入海而潮生月離日而潮大自謂極天人之論世莫敢非予嘗東至海門南至武山旦夕候潮之進退弦望視潮之消息乃知盧氏之說出於胸臆所謂蓋有不知而作者也夫陽燧取火於日陰鑑取水於月從其類也潮之漲退海非增減蓋月之所臨則水往



從之日月右轉而天左旋一日一周臨於四極故月臨卯酉水漲乎東西月臨子午則潮平乎南北彼竭此盈往來不絕皆繫於月不繫於日何以知其然乎夫晝夜之運日東行一度月行十三度有奇故太陰西没之期常緩於日三刻有奇潮之日緩其期率亦如是自朔至望常緩一夜潮自望至晦復緩一晝潮若因日之入海激而為潮則何故緩不及期常三刻有奇乎肇又謂月去日遠其潮乃大合朔之際潮殆

微絕此固不知潮之準也夫朔望前後月行差疾故晦前三日潮勢長朔後三日潮勢極大望亦如之非謂遠於日也月弦之際其行差遲故潮之來去亦合沓不盡非謂近於日也盈虛消息之於月陰陽之所以分也夫春夏晝潮常大秋冬夜潮常大蓋春為陽中秋為陰中歲之有春秋猶月之有朔望也故潮之極漲常在春秋之中潮之極大常在朔望之後此又天地之常數也昔竇氏為記以謂潮虛於午此候於東海者也近燕公著論以謂生於子此測於南海者



也又嘗聞於海賈云潮生東南此乘舟候潮而進退者耳古今之說以為地缺東南水歸於海海賈云潮生東南亦近之矣今通二海之盈縮以誌其期西北二海所未嘗見故闕而不紀云嘗候於海門月加卯而潮平者日月合朔則旦而潮平日緩三刻有奇上弦午而平望以前為晝潮望以後為夜潮此皆臨海之候也遠海之處則各有遠近之期月加酉而潮平者日月合朔則日入而潮平上弦則夜半而平望則明日之旦而平望以前為夜潮望以後為晝潮此東

海之候潮也又嘗候於武山月加午而潮平者日月合朔則午而潮平弦則日入而平望則夜半而平上弦以前爲晝潮上弦以後爲夜潮月加子而潮平者日月合朔夜半而潮平上弦則日出而平望則午而平上弦以前爲夜潮上弦以後爲晝潮此南海之潮候也宋余靖海潮圖序

說文朝潮夕汐浮屠書云神龍變化海嶠志以爲水隨月之盈虧王充論衡以爲水者地之血脉隨氣進退臨安志以爲海水盈而爲潮縮而爲汐晝夜消長



不失其期故謂之潮信高麗圖經云天包水水乘地而一元之氣升降於大虛之中氣升地沉則水溢而爲潮氣降地浮則水縮而爲汐抱朴子云天河從北極分爲二條至於南極其一經南斗中過其一經東斗中過兩河隨天轉入地下遇兩水相得又與海水合三水相蕩而天轉之故激湧而成潮盧肇海潮賦云日附於天天右旋入海而日隨之水因其灼激而退退於彼必盈於此日激水而潮生月離水而潮大地浮於水天在水外日入則晚潮激於左日出則早潮激於右邵子曰海潮者地之喘息乎所以應月者從其類也海潮圖序云潮之進退海非增減葢月之所在則水往從之故月臨卯酉則潮漲東西月臨子午則潮平南北彼竭此盈往來不絕皆係於月瓊南則以長短星值日爲消長凡此數說其指不同然遠者無徵近者謬陋惟邵子之言最約而中葢天地之氣升沉摩盪無須臾之停水乃其氣之流行而可見者然江河津液之水也大海則胸腹之水也故潮之有消長猶人之有呼吸乃其自然之理至於潮之必



應月者則又以爲太陰之精不得不然也余襄公圖序之言實與邵子相表裡葢邵言其理而余則直指其事耳所謂月臨卯酉則水漲乎東西者言月在卯酉之方則水縮極而復生也諺云月上水長又云月落海轉正此說也所謂月臨子午則潮平南北者言月在於子午之位則潮長極而將退也諺云月盡水縮是也潮之消長三辰而盈三辰而縮一晝夜而消長凡再然積二日而必差一辰則應月之驗耳何也日行一晝夜旋運三百六十五度而天一周月之行

也一晝夜不及日十二度有奇以晝夜百刻計之一刻該得三度六分半潮惟應月故一消一長得六時二刻有奇一晝夜再消長共得十二時四刻強恰好湊及十二度有奇之數積二日共差八刻強而遲一時積十四日半得刻凡五十而潮復值其初此所以二日必遲一辰而朔望之潮所以相同也初一初二之月則夕隱於西而辰出於東十五十六之月則夕生於東而晨没於西故水皆以此時漲乎東西至其日夜之中則月或在天上或在地中皆臨子午之位



故潮皆以此時平乎南北潮視月升沉以爲消長依古及今未之能易也新會志則以潮汐分爲五節初一初二初三十六十七十八則謂之平初四初五初六十九二十二十一則謂之落言水勢微劣也初七初八初九二十二二十三二十四則謂之敗魚蝦退散網罟不施初十十一十二二十五二十六二十七則謂之起種植醖釀醫灸忌行十三十四十五二十八二十九三十則謂之旺余襄公云晦望前三日潮勢長後三日潮極大即此起旺之期也月弦之際潮之去來合沓不盡即此敗落之期也潮海濱人則以十三爲起水至十八十九爲大水時二十爲落至二十七爲小水時二十八爲起水至初三初四爲大水時初五爲落至十二爲小水時至於朔望之晨我處已消而惠州所屬之潮方長則海門有遠近地勢或南或北有不能盡一者耳今居民以指掌布十二時復以長平滿落半竭六字推之亦甚準云此陳天資記潮汐考也海陽縣志

賈志云按舊說謂海潮與月相應月爲太陰氣感相



從故月上潮亦上余常察之亦有不盡然者矣且朝潮夕汐晝夜兩至月上潮亦上是矣乃月落而汐又至不知於應月之義何居論者又以爲天地呼吸之氣然天文家推日月薄蝕五星遲留退逆皆有常度不爽毫末獨於潮汐迄無定論益未可以臆測矣余觀潮汐之生必自東來而說者又以爲潮生於北北方坎位天一之氣潮所從生然以宇內形勢論之北自遼陽南抵於粵歷五省而遠萬里雖潮汐奔騰迅駛亦必由近及遠南北各省自有先後次第安能同

時並至不移晷刻乎考字內輿圖遼陽直隸山東江南浙江福建諸省皆東臨大海而潮汐之至無先後之殊其爲東來無疑獨瓊郡之潮云隨長短星不與月應又云潮長西流潮落東流又云雷瓊兩岸東西異流南岸水流東而長則北岸水流西而消北岸水流東而長則南岸水流西而消同在一海不應兩岸異流以余觀之皆地勢使然也考大地自北而南至粵省則南地已盡粵自潮郡迄瓊西行五千餘里皆南面臨海潮汐東來越五千里而西雖使飛兎行天



亦需一二時始至豈得與東南諸省較時刻乎則瓊潮之不與月應宜矣觀瓊郡潮長西流潮落東流益信自東而來返東而去耳舊志載余襄公謂常候潮於東南南海月臨卯東海潮平而南海未長月臨午南海潮平而東海已消信是說也則瓊潮之消長皆後於東海矣豈非因遠而遲之故乎若與欽廉之潮不同以欽廉又處瓊郡之西愈遠而愈遲矣至於兩岸異流蓋由兩岸相激夫瓊雷二郡對峙瓊居海南雷在海北二郡相去百里而遙以大海潮汐去來之

勢浩瀚無涯陡直臨地束之水勢驟急急水之旁必有廻流流於南岸必廻旋於北流於北岸必回旋於南試向溪流驗之莫不皆然而獨以瓊潮爲異者蓋小水易見而大海之潮難察也其云半月東流半月西流者或者各就南北岸視之耳若夫朔望前後潮大上下弦前後潮小與八九月潮勢獨大考之他省亦然乃潮汐之常性非地勢所得變者然則人又何以獨異瓊潮乎爲存此說以俟窮理者正之瓊州府志

王桐鄉佐云余襄公候潮東南指海門也南海指武



山也二海相去幾何而潮候旦晚頓各異時而海南絶島之中潮候之不同無足怪者余公之說固善矣然而海南潮候實則不同故世俗無所依準但準授時歷長短星爲定候而已星之說載籍無考本出於後世方伎家陰陽禁忌之書而授時歷取之世俗禁忌以爲參差不齊之星偶與瓊潮湊合蓋二星每月內推移不定而潮水消長從之自合朔歷上弦前後爲長星潮自望歷下弦前後爲短星潮逼星前後則潮長大至極漸過遠而潮漸減小至盡而將盡老潮

亦常與方來穉潮相接逐日輪轉如環無端其春夏二季則星未至前三日新穉潮初起逐日長大至星日而極過後二三日則漸退逐日有消長而水痕遞減一分減極以至後星逼近則潮水不消不長此卽襄公所謂潮之去來合沓不盡者此是新穉潮初來與舊老潮相接而然及乎前星老潮退盡而後星新潮復來長消同前秋冬二季又與春夏不同星過後三日新潮方生又逐日長大以至大極而止以後消長亦同前但春夏潮長在長短星前秋冬潮長在長



短星後二星所臨前後卽爲潮大之期不拘朔望與上下弦也長則西流消則東流日有消長又不拘於半月也八九月內各有兩長短星謂之變星此兩月潮水獨大九月尤甚又不甚退似乎每日有兩潮此二星之說適合海南潮候者也同上

雷地視廣尤近海故潮輒先至海康東西之泉俱自澗谷而下至南渡與潮水合平時潮水利於田畝惟颶發則鹹潮逆起稼大傷故東洋田俱築隄岸以遏之遂溪之潮利害與海康同徐聞廹海但其地稍亢

暴潮不能深入田園灌溉大半取資溪澗罕鹹鹵患其謂黎東西潮亦互異謂黎東每日兩潮西一潮一汐謂黎潮東減而西滿那黃潮西減而東滿凡春則水小不潮不汐者二三日冬不潮不汐者或五六日無常期大潮大汐者謂之大水漁者集焉不潮不汐者謂之小水漁不取魚其度瓊者亦視潮汐爲進退潮吼而暴舟楫戒之矣利病書

每月初一三十日初二三四五六水醒至初七平交十五水又醒至十六十七十八十九二十日水俱醒



二十一日水平如前水醒流勢甚急凡船到七州洋及外羅洋值此數日斟酌船身不可偏東宜扯過西自初八九十一二三四水退流東二十三四五六七八水俱退東船到七州洋及外羅值此數日斟酌船身不可偏西西則無水宜扯過東凡行船可貪西水色青多見拜浪魚貪東則水色黑有大朽木深流及鴨鳥聲見如白鳥尾帶箭此係正針足近外羅對開貪東七更船便是萬里石塘內有一紅石山不高如看見船身低下若見石頭可防水痕忌日忌行船裝

載大月初一初七十一十七二十三三十日忌小月
初三初七十二二十六日忌明張燮東西洋考

新安潮

初一日寅卯辰申酉戌長巳午未亥子丑退　初二初三日卯辰巳酉戌亥
長子丑寅午未申退　初四初五初六日辰巳午戌亥子長丑寅卯未申酉
退　初七初八日巳午未亥子丑長寅卯辰申酉戌退　初九初十
十一日子丑寅午未申長卯辰巳酉戌亥退　十二十三日丑寅卯未申酉
長辰巳午戌亥子退　十四十五日寅卯辰申酉戌長巳午未亥子丑退
十六日以後同前水師圖要



虎門潮

初一初二初三日辰戌長丑未退　初四初五初六日巳亥
長寅申退　初七初八日子午長卯酉退　初九初十十一
日丑未長辰戌退　十二十三日寅申長巳亥退　十四十五
日卯酉長子午退　十六日以後同前同上

粵江潮

廣州去大海不遠二百里每年八月潮水最大秋中
復多颶風當潮水未盡退之時颶風作而潮又至遂
至波濤溢岸南中謂之沓潮凡颶風作先一二日片
雲漫空疾飛海人呼爲颶潮風唐劉恂嶺表錄異

廣人以潮汐爲水節或日一潮而一汐或日兩潮而
兩汐皆謂之節其在番禺之都朝潮未落暮潮乘之
加以終風前後相蹙海水爲之沸溢是曰沓潮一歲
有之或再歲有之此則潮之變水之不得其節者也
若以歲之十月自朔至於十有二日候潮朔日潮盛
則明年正月必有大水二日則應二月日直其月至
於十有二日皆然此亦潮之常而人罕知之蓋水之
神於節者也粵東筆記



謹按廣東全海潮信大畧相同惟瓊州爲異耳故
東路中路沿海諸州縣不具詳姑著新安虎門粵
江三潮以見其概云

欽廉瓊海潮

欽廉日止一潮謂之小水朔望大潮謂之先水廣州
記石洲名黃山在海中山北日一潮山南日再潮嶺外錄

凡江浙之潮皆有定候獨瓊海之潮半月東流半月
西流潮之大小隨長短星不係月之盛衰亦甚異也
寰宇記

瓊州潮候與江浙欽廉不同其地勢異也郡與徐聞對境兩岸相夾故潮長則西流消則東流日有消長常也八月九月其勢獨大每日兩有消長者其變也故舊潮漸減漸小謂之老潮新潮漸進漸大謂之穉潮十一月朔或時不測而長謂之偷潮其大小之候隨長短星不係月之盛衰舊志云瓊海東南諸港朔望前後潮大上下弦前後潮小二至前後潮大二分前後潮小夏至潮大於晝冬至潮大於夜又云晴則望南而吼陰則望北而吼人以爲陰晴驗之果然又



云交廣潮候與閩粵相去亦少差而瓊崖儋萬之潮候大小俱各差殊其半月東流半月西流則同不係月大小之盛衰今附流水指掌圖說以便參觀倪邦良日雷之海安橫渡至瓊之海口計程約八十里非遇大順風則往返舉帆均以水流東爲候而逐月逐日各有差移難以他郡潮信推測癸未六月承乏定陽適初旬伏流待渡海安偶閲舟師流水簿繁不勝紀因撮其畧繪圖於左每月兩次起新流相距十四日如十一月十三起流二十七又起流是也惟四月

十月則新流三次其逐月爭差各縮二日退一時俱逆算如十一月十三二十七起子十二月十一二十五起亥是也三九月之初四十八十月之初一十五則縮三日而流在上半月者則起時未在下半月者則起時初惟四月十月之十五流起時中其起新流之前三日俱伏流每日一次流東四箇時辰便退西其逐日爭差各半箇時歷兩日差一時俱順算如十一月十三起子未十四起丑初十五起丑未是也若遇閏月則以上半月照前月下半月以下半月照後



月上半月又海口北海安流早半箇時辰海口瓊地海安雷地按潮爲天地呼吸之氣所運而適與月應蓋月行每月一周天與日會十二會得日三百五十四有奇是一歲月行之數也歲有三百六十日常數也而又有六小月今倪氏此圖以十二月編定三百六十日每月相距十四日起流一月縮三日兩日差一時又以三九十月朔望內各縮多一日共得六日以準六小月併月行三百五十四日適符三百六十之數準定潮候起伏洵屬簡便但月行尚有奇零今

只整齊配去不計餘分歲久必差故天后廟碑所定起伏月日時刻久已不符以其便於渡海者姑錄之以俟知者考正（按天妃廟碑言十六七八九四日伏流可渡至中流始有怒濤乃東西合流處所所謂中洋合窠滾也過此可勿戒心如風大則半日可渡又歲三月二十三日天妃渡南海必有北風舟楫宜候之以是日須臾可渡是日廣東邊海地亦皆有風雨又不可泥於圖說也）

燕肅海潮論宣昭潮候說於浙江之潮消長晨夕之故可謂得其旨矣而於瓊海欽廉之潮則又難通余嘗推之水由氣以往來於地猶血之以氣往來於脉皆一氣之所致也故水有潮有不潮者如人身之血有行脉有不行脉者也時刻之不爽者卽一息四至之期也大小之不同者卽春弦夏洪之道也日止於一潮或半月東流半月西流者亦猶兩蹻之與兩手遲速大小所見之不同也至於潮必東起者東乃生氣之方陰陽之義始於此也百川之水盡赴於東返本之義焉如人身之氣血必歸源於中焦亦起於寅時生氣之際也（明郎瑛七修類藁）

俞思謙案瓊海欽廉之潮與浙江不同蓋地勢使然耳靈樞言月滿則海水西盛月郭空則海水東盛是



海之盛衰固應月而分東西也自直隸至福建皆東際大海去西海絕遠西海之水無由而至故潮汐不得不併盛於東非潮之必起於東也瓊州四面環海東西之潮皆至焉齊氏召南水道提綱謂徐聞（雷州屬縣）以西諸水皆西入海是也故東潮盛則挾西潮以西流西潮盛則夾東潮以東流而其盛衰之期仍應乎月故半月東流半月西流也其候則仍分爲早晚二潮至欽廉之日止一潮者則併潮也欽廉之海在瓊州安南之間而當其凹形如側盂故潮自大洋而注於凹甚易自凹而退於大洋甚難早潮未歸晚潮又至來愈盛則退愈難水經注之所謂併潮番禺記之所謂沓潮蓋卽此矣嶺外錄不能推原其故遂謂之日止一潮也其猶得分爲一日一潮者蓋早晚二潮一盛必有一衰當其衰則內潮之退其性固不欲緩也內潮退則外潮之至者可得而分矣石洲山圯之潮亦同此理蓋山南大洋而圯小海也（國朝俞思謙海潮輯說）

論時辰流水安南國江坪與廣東交界流水初起新流

正七月初七二十一日　二八月初五十八日　三九月初一十五二十九日　四十月十三二十七日　五十一月十二十五日　六十二月初九二十三日

瓊州海南流水

正月初一初二初三日亥時初中尾流東寅時初中尾流西　初四初五初六日伏流後新流水下倣此　初七初八初九日戌時初中尾流東丑時初中尾流西初十十一日戌時中尾流東寅時初中流西　十二十三十四日亥時初中尾流東寅卯時尾初中流西



十五十六日子時初中流東卯辰時尾初流西　十七十八二十九日伏流　二十一二十二二十三日酉時初中尾流東子時初中尾流西　二十四二十五二十六日戌時初中尾流東丑時初中尾流西二十七二十八二十九日亥時初中尾流東寅時初中尾流西　三十日子時初流東卯時初流西

二月初一初二初三初四日伏流　初五日申時尾流東亥時尾流西　初六初七初八日酉時初中尾流東子時初中尾流西　初九初十十一日戌時初中尾流東丑時初中尾流西　十二十三十四日亥時初中尾流東寅時初中尾流西　十五十六日子時初中流東卯時初中流西　十七日伏流　十八十九二十日申時初中尾流東亥時初中尾流西二十一二十二二十三日酉時初中尾流東子時初中尾流西　二十四二十五二十六日戌時初中尾流東丑時初中尾流西　二十七二十八二十九日亥時初中尾流東卯時初流西　三十日子時初流東卯時初流西



三月初一初二日伏流　初三日未時尾新流東戌時尾流西　初四初五初六日申時初中尾流東子時初中尾流西　初七初八初九日酉時初中尾流東丑時初中尾流西　初十十一十二日戌時初中尾流東丑時初中尾流西　十三十四日伏流　十五十六十七日午未時初中尾流東酉時初中尾流西　十八十九日未時中尾流東戌時初中流西二十二十一二十二日申時初中尾流東戌亥時初中尾流西　二十三二十四二十五日酉時初中尾

流東亥子時中尾流西　二十六二十七二十八二
十九日伏流　三十日午時初流東酉時流西
四月初一初二日午時中尾流東酉時中尾流西
初三初四初五日未時初中尾流東戌時初中尾流
西　初六初七初八日申時初中尾流東亥時初中
尾流西初九初十日酉時初中流東子時初中流西
十一十二十三十四日俱伏流　十五日巳時尾
流東申時中流西　十六十七十八日午時初中尾
流東申時尾酉時初中流西　十九日未時初流東



酉時尾流西　二十二十一二十二日未申時中尾
流東戌時初中尾流西　二十三二十四日申時中
尾流東亥時初中流西　二十五二十六日伏流
二十七二十八日巳時中尾流東申時初中流西
二十九三十日午時初流東申時尾流西
五月初一初二日午時中尾流東酉時初中流西
初三初四初五日未時初中尾流東亥時初中尾流
西　初六初七初八日申時初中尾流東亥時初中
尾流西　初九初十十一日伏流潮水小難行舟　十二日

十三日午時初中流東申時尾流西　十四十五日
午時初中流東酉時初中流西　十六十七十八日
未時初中尾流東戌時初中流西　十九日申時初
流東戌時尾流西　二十日申時中流東亥時初流
西　二十一二十二二十三二十四二十五二十六
日伏流　二十七日午時尾流東酉時初流西　二
十八二十九三十日未時初中尾流東酉戌時中尾
初流西
六月初一日未時尾流東戌時中流西　初二初三



初四日申時初中尾流東戌亥時尾初中流西　初
五日初六日酉時初中流東亥子時尾初中流西
初七初八初九初十日伏流潮水小舟難行　十一十二十
三日午時初中尾流東申時初中尾流西　十四十
五十六日未時初中尾流東酉時初中尾流西　十
七十八十九日申時初中尾流東戌時初中尾流西
二十二十一日酉時初中流東亥時初中流西
二十二二十三二十四日伏流　二十五日巳時初
流東申時初流西　二十六二十七二十八日午時

初中尾流東　二十九三十日未時初中流東酉時初中流西

七月初一日未時尾流東戌時初流西　初二初三日申時初中流東戌時中尾流西　初四初五日申時尾流東亥時初流西　初六初七初八初九日伏流　初十日巳時初中流東未時尾流西　十一十二日巳時中尾流東申時初中流西　十三日午時初流東申時尾流西　十四十五日午時中尾流東酉時初中流西　十六十七十八日未時初中尾流



東酉戌時尾初中流西　十九日申時初流東戌時尾流西　二十二十一二十二日伏流　二十三二十四二十五日巳時初中尾流東未申時中尾初流西　二十六二十七二十八日午時初中尾流東申酉時中尾初流西　二十九三十日未時初中流東酉時中尾流西

八月初一初二日未時中尾流東酉戌時尾初流西　初三初四初五日申時初中尾流東戌亥時中尾初流西　初六初七日伏流　初八初九初十日巳時初中尾流東未申時中尾初流西　十一十二十三日午時初中尾流東申酉時中尾初流西　十四十五十六日未時初中尾流東酉戌時中尾初流西　十七十八日申時初中流東戌時中尾流西．十九二十二十一日伏流　二十二二十三日巳時中尾流東未時中尾流西　二十四二十五二十六日午時初中尾流東申時初中尾流西　二十七二十八二十九日未時初中尾流東酉時初中尾流西　三十日申時初流東戌時初流西



九月初一初二日申時中尾流東戌時中尾流西　初三初四日伏流　初五初六初七日辰時初中尾流東午時初中尾流西　初八初九初十日巳時初中尾流東未時初中尾流西　十一十二日午時初中流東申時初中流西　十三日午時尾流東酉時初流西　十四十五日未時初中流東酉時中尾流西　十六十七十八日伏流　十九二十日卯時中尾流東午時中尾流西　二十一二十二二十三日辰時初中尾流東未時初中尾流西　二十四二十

五二十六日巳時初中尾流東申時初中尾流西
二十七二十八日午時初中流東酉時初中流西
二十九三十日伏流
十月初一初二初三日卯時初中尾流東巳時初中尾流西　初四初五初六日辰時初中尾流東午時初中尾流西　初七初八日巳時初中流東未時初中流西　初九日巳時尾流東未時尾流西　初十十一日午時初中流東申時初中流西　十二十三十四日伏流　十五十六十七日寅卯時中初尾流東辰巳時中尾初流西　十八十九二十日卯時初中尾流東巳時初中尾流西　二十一二十二二十三日辰時初中尾流東午時初中尾流西　二十四二十五日巳時初中流東未時初中流西　二十六日伏流　二十七二十八二十九日寅時初中尾流東巳時初中尾流西　三十日卯時初流東午時初流西
十一月初一初二日卯時中尾流東午時中尾流西
初三初四初五日辰時初中尾流東未時初中尾



流西　初六初七初八日巳時初中尾流東申時初中尾流西　初九初十十一日伏流　十二十三十四日子時初中尾流東卯時初中尾流西　十五十六十七日丑時初中尾流東辰時初中尾流西　十八十九二十日寅時初中尾流東巳時初中尾流西
二十一二十二日卯時初中流東午時初中流西
二十三二十四二十五日伏流　二十六二十七
二十八日亥時初中尾流東丑時初中尾流西　二十九三十日子時初中流東寅時初中流西
十二月初一日子時尾流東寅時尾流西　初二初三初四日丑時初中尾流東卯時初中尾流西　初五初六初七日寅時初中尾流東辰時初中尾流西
初八日卯時初流東巳時初流西　初九初十日伏流　十一十二十三日戌時初中尾流東丑時初中尾流西　十四十五十六日亥時初中尾流東寅時初中尾流西　十七十八十九日子時初中尾流東卯時初中尾流西　二十二十一日丑時初中流東辰時初中流西　二十二二十三日伏流　二十

四二十五二十六日酉時初中尾流東子時初中尾流西　二十七二十八二十九日戌時初中尾流東丑時初中尾流西　三十日亥時初流東寅時初流西水師圖要

右候潮

孫子曰月在箕壁翼軫此四宿者風起之日也向以爲紙上陳言竟未之試茲出汎海外占之多驗值四宿而風不起間或有之起則未有不狂大者至於俗忌假托於神雖不可攷然亦多合四宿因擇應驗者



俗忌古占著於篇俾舟師知所趨避云　正月初二日月在箕初九日在壁俗云玉皇颶二十二在翼二十三在軫三十又在箕俗云龍神颶　二月初七在壁俗云春期颶二十在翼二十一在軫俗云觀音颶二十八在箕俗云龍神朝上帝　三月初三俗云眞武颶又云拔草颶初五在壁初七俗云閻王颶十五俗云眞君颶十八在翼十九在軫二十三俗云天妃颶二十六在箕俗云諸神朝上界　四月初二在壁初八俗云太子颶十五在翼十六在軫二十三在箕俗云太保颶又云龍神干太白　五月初五俗云屈原颶十三在翼十四在軫俗云關王颶二十一在箕俗云龍母颶二十八在壁　六月十一在翼十二在軫俗云彭祖颶十九在箕俗云十二做不透十八做去湊二十六在壁　七月初八在翼初九在軫俗云神煞交會颶十六在箕二十三在壁　八月初六在翼初九在軫十四在箕俗云伽藍颶二十一在壁俗云龍神大會　九月初四在翼初五在軫初九俗云重陽颶又云九朝風十二在箕十九在壁二十七俗



云冷風信　十月初一在翼初二在軫初五俗云五風信初九在箕十六在壁二十九在翼三十在軫俗云東嶽朝天　十一月初七在箕十四在壁俗云水仙颶又云冬至風二十七在翼二十八在軫俗云西嶽朝天　十二月初五在箕十二在壁二十五在翼二十六在軫俗云掃塵風　以上十二月坐定法也若遇閏月則看前月大小月大則同前月月小則移前一日初一初八二十一二十二二十九乃四宿之日也餘可類推海防纂要

風者天地之翕闢山澤之鬱蒸發而成聲日箕月畢之占由來久矣在中土崇山大川風至不時然多和條惠暢若彼拔木撼山之風歲不常有獨大海之中颱颶一至挾檣覆舟而人之性命隨之後之習於海道者設爲占候之法以定趨避或按節序或辨雲日或察草木十取九驗梢師漁子罔不通曉外洋風信清明以後南風爲常霜降以後北風爲正南風壯而順北風烈而嚴南風時發時息恐風不勝帆故舟以小爲速北風一發難止恐帆不勝風故舟以大爲穩



海中之颶四時皆發而秋夏爲多所現之氣如虹如霧有風無雨名爲颶母夏至後必有北風必有颶信風起而雨隨之越三四日颱即倏來少則晝夜多則三日或自南轉北或自北轉南蓋夏時陽氣司權南方之氣爲北風摧鬱鬱極而發遂肆橫溢其轉而北也因北風未透南風即起北風之鬱仍復衝決必候有西風其颱始定然後行舟土人謂正二三四月發者爲颶五六七八月發者爲颱颱甚於颶而颶急於颱颱無常期颱經旬日自九月至冬多北風偶或有颱亦驟如春颶船在洋中遇颶可支遇颱則甚難蓋颶散而颱聚也 國朝吳震芳嶺南雜記

粤之風以言乎方位朱鳥所直是故南風爲正而北爲逆也以言乎時令春夏多南風而秋冬多北風也是番舶之所視爲去來者也山曰息風曰風穴從乎地也寒而爲飄爲颶暑而爲青東爲赤游爲狂龍從乎時也失其位與時則風之變也厥名颶起自東北者必自北而西自西北者必自北而東而皆至南乃息謂之迴南故曰颶者具也具四方之風也又懼也



始懼其來終懼其復作也或曰陸肩傳云南海歲有舊風颶者舊之訛也故說文無颶或曰楊慎曰颶當作颶音貝故俗曰風報報者貝之轉也颶必有兆蘇子所云非祲非祥斷霓飲海而北指赤雲夾日以南翔者或曰半虹亦曰破篷則颶母也 澳門紀畧

天外飛遊絲久晴便可期清朝起海雲風雨霎時辰風靜鬱蒸熱雷雲必振烈東風雲過西雨下不移時東南卯没雲下雨已時辰雲起南山遍風雨辰時見日出卯遇雲無雨必天陰雲隨風雨疾風雨片時息

迎雲對風行風雨轉時辰日没黑雲接風雨不可說

雲布滿山低連霄雨亂飛雲從龍門起颶風連急雨

西北黑雲生雷雨必聲訇雲勢若魚鱗來朝風不輕

雲鈎午後排風色屬人猜夏雲鈎內出秋風鈎背來

亂雲天半遶風雨來多少風送雨傾盆雲過都暗了

紅雲日出生勸君莫出行紅雲日没起晴明未堪許

風雨潮相攻颶風難將避初三須有颶初四還可懼

望日二十三颶風君可畏七八必有風訊頭有風至

春雪百二旬有風君須記（東西洋考）



二月風雨多出門還可記初八及十三十九二十四

三月十八雨四月十八至風雨帶來潮傍船人難避

端午訊頭風二九君還記西北風大狂回南必亂地

六月十一二彭祖連天忌

七月上旬來爭秋莫船開八月半旬時隨潮不可移

烏雲接日雨即傾滴雲下日光晴明無妨

早間日珥狂風即起申後日珥明日有雨一珥單日

兩珥雙起

午前日暈風起北方午後日暈風勢須防暈開門處

風色不狂

早白暮赤飛砂走石日没暗紅無雨必風

朝日烘天晴風必揚朝日燭地細雨必至

返照黃光明日風狂午後雲過夜雨霶霈

虹下雨雷晴明可期斷虹晚見不明天變

斷風早掛有風不怕曉霧即收晴天可求

霧收不起細雨不止三日霧蒙必起狂風

電光西南明日炎炎電光西北雨下連宿

辰闕電飛大颶可期遠來無慮遲則有危



電光亂明無風雨晴閃爍星光星下風狂

蟛蜞放洋大颶難當兩日不至三日無妨

海乏沙塵大颶難禁若近沙岸仔細思尋

烏鰌弄波風雨必起二日不來三日難抵

東風可守回來暫傲白蝦弄波風起便和（俱同上）

日暈則雨月暈生風何方有闕即此方風來也（水師輯要）

日没胭脂紅無雨也有風須看返照在日没之前胭

脂紅在日没之後

星光閃爍不定主有風

凡風單日起單日止雙日起雙日止
凡風起早晚和須防明日再多
有暴惡之風盡日而沒
防夜起之風必毒
凡東風急風雲起愈急必雨起雨最難得晴
凡春風易於傳報一日南風必還一日北風雖早有
北風向晚必靜
防南風尾北風頭南風愈吹愈急北風吹起便大
春南夏北有風必雨



雲若礮車形起主大風
雲若魚鱗不雨也風顛
水際生靛青主有風雨
秋天雲陰若無風則無雨
六月一雷止九颱七月一雷九颱一齊來
月盡無雨則來月初必有大風雨俗云廿五六若無
雨初三四莫行船春有廿四番花信風梅花風打頭
楝花風打末
九月內遇箕壁翼軫四宿之日主有風起如十二月

二十一日起一日有風應明年正月有風二十二日
有風應明年二月內有風或是日有幾次風則明年
是月亦有幾次風
春夏秋三季早看東南黑雲掌第二日主有風晚看
西北
北風浪硬而堅南風浪柔而順
海響者主一二日有大風俱同上
夏至過而東北風氣熱者風雨必大氣不熱者風雨
必小如放雨白者或日出有雨或雲白者下小雨大



氣若交陳三兩日定作大風颱　霜降過而有風雨
或有西南風無論大小必有暴風雨有無未定　白
露過而有大南風必有大風雨或小風雨　立春過
者必有春雨北風不甚大若遇暴期風必大　四月
有南風水動　五月有龍船風雨　七月有秋淋風
雨此三月不可妄動行船看天氣行之　天氣全變
紅雲者速備大風雨至　天氣變一條紅雲者或三
色或五色長者并有小雨來者無甚大風如若短者
又無雨不出三日有大風雨　青蜓大螻蟻各蟲亂

飛並有大熱天氣者風颱速來日下山時雲變大紅
色另日必有大風或雨　海氣變備風雨或無風海
浪甚大尤慎之來者風雨或風颱甚大又速　或海
變臭氣或海水變紅或海水變黑或海上有大魚浮
者或海上有飛羣魚者皆有大風雨 水師圖要
清明以後地氣自南而北則以南風為常風霜降以
後地氣自北而南則以北風為常風若反其常則颱
颶將作不可行舟 南澳志
十月以後北風常作然颱颶無定期舟人視風隙以



來往五六七八月應屬南風颱將發則北風先至轉
而東南又轉而南又轉而西南颱颶俱多帶雨九降
則無雨而風
颶有東風先至轉而北而西而南者又有西風先至
轉而北而東而南者俗謂之回南回南風勢最為猛
烈然一回南則風息矣又有倏而東倏而西倏而南
倏而北者倏東倏西倏南倏北之風往往連綿數日
雖得南風亦不止又有火颱凡颶颱皆雨火颱獨於
雨中挾火而飛或大而如車輪或小如丸彈昏黑之

中空中布滿疑鬼疑神令人心膽俱裂其風尤為狂
猛有泊港海船吹入平地十餘里者土人最畏火颱
五六七月間風雨俱至即俗所謂西北雨風時雨也
舟人視天色有點黑則收帆嚴舵以待之瞬息之間
風雨驟至隨刻即止若預待少遲則收帆不及而或
至覆舟焉
天邊有斷虹亦颱將至止現一片如船帆者曰破帆
稍及半天如鱟尾者曰屈鱟出於北方又甚於他方
也海水驟變水面多穢如米糠及有海蛇浮遊於水



面亦颱將至
颶風將作地氣先變每風靜日朗之時忽然白浪騰
空如鳴鼓般雷聲聞數千里謂之湧浪又或海水變
為朣朦則數日之內颶風必起諺所謂海神未動山
神先動也若地氣不鼓即天風雖烈海中波浪大而
不翻整而不碎浪雖高大整而不翻則船從浪上過
若從水底翻上作浪而浪碎則船不可為矣
凡濱山與澳泊船之處南風則以南負山而北面海
者為澳北風則以北負山而南面海者為澳南風則

𩙪南風澳北風則𩙪北風澳此其常也獨五六月應屬南風而遇北風之時不可泊北風澳葢以北風轉南之時呼吸變更颶雨嚴厲以北風而受南風篤避不及隨刻粉碎矣

海上風有定信如早東則晚西早南則晚北惟八月風無常信故八月最難出海上俱同

右占風雨



廣東海防彙覽卷十七終

廣東海防彙覽卷十八

方畧七

戎器一

順治五年題准馬兵每名各給甲一胄一櫜鞬一弓一箭四十腰刀一步兵每名各給甲一胄一腰刀一其步兵弓箭兵給弓一箭三十長槍兵給長槍一鳥槍兵給鳥槍一直省兵丁器械照此例給發防海備覽

十年議准各省軍器或遇闕額或新增該督撫照兵部經制額數具題由部覈准成造仍將動支錢糧奏請開銷



雍正元年奏准官兵將軍器質當者官革職兵鞭一百革退軍器追繳還官失察之該管官罰俸一年

五年覆准官兵遇升遷事故其本人舊有軍器係動官銀置備者給與頂補之人若本人自備者除官員軍器聽其自便外兵丁軍器該管官視其器械之利鈍酌量定價給新補之兵卽將新補兵丁名下應領錢糧陸續扣給原主俱同上

六年七月初八日兵部議奏八旗內虧少軍器者將

該管大臣等照例處分奏

上諭軍器乃戎政攸關該管上司各官理應不時稽察令其整齊完備乃考察不嚴致有虧少本應將該管官員照部議處分但此係初次查點姑從寬免嗣後再遇查點若有似此殘鈌不備者定將該管各官治罪不貸欽此

六年奏准官兵私賣軍器者革退交刑部治罪失察之該管官罰俸一年防海備覽

七年議准廣東省各協營每兵百名設弓箭手二十名各佩腰刀兼習雙刀長槍鳥槍手五十名各佩腰



刀藤牌手五十名執牌刀挑刀手十名礮手十名永遠畫一演習

十年議准直省各營軍裝器械屬督撫所轄者督撫委官盤察提督所轄者提督委官盤察皆取本營並無闕少及委官並無揑飾印甘各結存案各於年終保題一次至於各鎮有屬督撫統轄者由該鎮委官盤察取印甘各結並加具保結送督提察覈於年終保題若無督提統轄各該鎮委官盤察取結亦於年終保題其保題之時各將所屬軍裝器械數目分晰

標營造冊並保結送部察覈如保題之後仍有闕少將從前盤察之官罰俸六月督撫提鎮罰俸三月倘委官明知闕少扶同揑結報稱並無闕少者降一級調用

又議准督撫提鎮將營中盔甲弓箭鳥槍藤牌刀槍旗幟鍋帳鉛藥鍬棍等項按照題定額數製備一有損闕該管官卽詳報隨時修整准其動用公費務期齊全足用如有盈餘擇其堪用者存營以備增補其朽弊者酌量銷毀以免竊賣之弊



又議准各營軍裝器械以都守爲專管官副參遊爲兼轄官若無故闕少經督撫提鎮題參將專管官罰俸一年兼管官罰俸六月照數分賠若兼管官察出揭報者免議止令專管官獨賠皆限六月如逾限不完將專管官住俸兼管官停升俟賠完之日開復若係兵丁闕少經該管官察出揭報追補足額者免議至於新舊各官將軍裝器械限一月交代如無闕少新官造冊出結詳報督撫提鎮年終報部若交代之時舊官推卸不交新官勒索不受皆照交代遲延例

分別議處至病故兵弁闕少軍裝器械者係兼管官病故著落專管官獨賠專管官病故著落兼管官獨賠倘專管官兼管官一時病故著落從前未經察出之專兼各官分賠其闕少各數果係年久朽壞出師闕損及因公動用者准動公費製備免其議處分賠倘有藉端科累兵弁製備者照因公科斂例議處

十一年議准營中一應軍器遇有闕損不按時修整及修整而收貯不謹以致朽爛或將豫備鐵木等項堆貯潮濕地方以致鏽蝕者將該管官罰俸六月仍令照數賠補



又議准失火燒燬官兵房屋盔甲器械等物者該管官罰俸六月若因公他出者免議

又議准營汛兵丁所帶腰刀該管官不時察驗遇有損壞卽時修整如損壞不堪使用及有白鐵無鋼者將兵責革該管官罰俸一年俱同上

乾隆元年三月兵部奏言查雍正十三年五月內臣部議覆湖廣襄陽總兵官焦應林爲客請公糧歸入奏銷等事一疏內開嗣後各直省標營公費銀兩該營於年底將一歲共計公糧若干修用何項軍裝公事開銷若干現存若干逐一分晰欵項繕冊送該省布政使查明核實奏銷倘有浮冒開銷侵蝕情弊經該司查出申報該督撫題參等因具題通行在案今該布政使程仁圻既稱公費銀兩營中遇有公事隨時支用原無定數亦從不知會文員藩司衙門旣無額數可查又無文案可據年底造冊到司其中何者實用何者浮冒無從查對請嗣後凡營中動用公費銀兩修補一應軍裝器械等項該管弁員估定價值報



明提鎭查無浮估情弊始准動用修補完日委員驗明出具實用印結申送提鎭至於差遣官兵盤纏等費應取具各官兵領狀亦送提鎭卽用印文將某營修何項軍裝何事差遣動銀若干陸續移知藩司存案俟年底各營造送細冊到日藩司查明提鎭原移印文逐一核算如與原文相符轉請送部設有提鎭移報所無抑或浮於移報之數卽駁令更正并移提鎭查究倘委驗之員扶同出結察出一併查參照例議處等語應如該西安布政使程仁圻所請俟

命下之日行文各直省督撫提鎮欽遵可也奉
旨依議欽此
又議准修補一應軍裝器械該管官估定價值呈報該提鎮察無浮冒准其動用公費銀修補完日委員察驗出結申送提鎮該提鎮陸續移文會布政使司并詳督撫存案該營於年終將一營共計工費若干各項開銷若干見存若干逐一分晰造冊送布政使司覈對倘有浮冒及與提鎮原文外錯者駁令覈減更正仍詳督撫覈參將造冊官罰俸一年至於差遣官兵盤費於公費內動支者取具各官領狀亦照此



辦理 防海備覽
十五年奉
上諭八旗兵器械鈌少者均咨部官為造給器械內弓箭尤為緊要惟賴不時整理善為收貯欽此
閏五月工部奏言查臣部為工程總滙必須酌定章程方能久遠遵行而軍器一項向來並未定有章程是以各省報銷一切軍裝往往同一器械而彼此價值多寡不一臣部惟據該省舊案核銷而各省因未定有成規往往並不照核減舊案造報以致往返駁查不但案牘紛繁抑且遵循無據合無仰懇
皇上勅下各省督撫查照修理城垣衙署之例將一切軍器軍裝什物等項按照各營情形分別輕重大小實在物料工匠確查該處價值據實核定造冊送部臣部會同九卿斟酌定議頒發各省遵行庶章程定於畫一兵甲俱得堅利而錢糧亦歸實用無冒銷貽累之弊矣奉
旨依議欽此



十六年覆准鳥槍為緊要軍器倘有年久不堪適用者令該管官驗看確實准其重造其舊槍鎔化之鐵加謹收貯以備各項軍裝之用 防海備覽
十八年五月二十五日左翼鎮呈稱本職於上年六月間到任因見報盜竊各案類皆報用鎗刀詢據將備僉稱各處村莊刀牌鎗礮俱有私藏是以稟陳查禁蒙批准飭遵以來越今數月不特傍牌火礮不聞有依限首繳而刀鎗弓弩亦不聞有報官編號至盜賊之持此以為刦掠之資者不一而足即如香山協

具報老萬山盤獲姜瀾飛藉照冒充差船一案旗刀牌礮擺列滿船則知司議之曉諭令其自行首繳編號仍屬無濟自應急爲立法勒限查追且上年逆匪王亮臣等敢於雇匠打造軍器者亦皆向來並未設法查禁以至上年八九月間起意直至上年十二月間發覺始行拿究若一鎗一刀必令報官編號不許民間私自製藏又何待其發覺而始究擬哉請飭行將民間一切私藏軍器責令有司著落保甲限日盡行追出如違禁傍牌火礮悉皆繳官銷燬槪不准再



行私藏其鳥槍弓刀等項酌定件數分別批給如一鄉之內務查其果係殷實良民必須器械防守者取具不致爲匪甘結存案准其將器械刊刻姓名字號送官驗明存留但鳥槍不得備兩桿弓刀不得過三件幷令有司造冊移會營員一體備查此外無業貧民以及素非良善之戸追出器械悉行銷壞嚴飭各匠毋許私行打造每月出具甘結報查嗣後如有並無字號鎗刀無論其有無爲匪准令兵役拿解嚴審來歷從重究辦

二十一年

欽定棉冑以革髹漆項植銅鍱護項護耳護頸均敷棉護軍校護軍前軍垂紅纓護項以下石青色驍騎校驍騎鹿角礮手垂墨纓護項以下各從旗色甲亦敷棉護軍校驍騎校前鋒護軍均全身驍騎無左右袖鹿角兵礮手無裳及左右袖左襠色如冑制官綺表綢裏外布黃銅釘鍰金兵綢表布裏外布白銅銅釘鍰銀（防海備覽）

二十五年奏准腹內省分每兵一千名設立鳥槍三



百桿沿邊沿海省分每兵一千名設立鳥槍四百桿該管官弁精專操練提鎭時加考驗如不精練嫻熟者指名題參照廢弛營伍例議處（嘉慶十年修會典）

八月兵部奏言臣等議得廣州駐防地處海濱最關緊要今廣州將軍福增額等奏請水師旗營兵丁出洋操演時將軍副都統等一年輪流一人親往看操應如所奏辦理再該將軍等奏請長柄刀大刀手兵裁改礮手槍手等語查直隷各省水師營均設槍礮刀箭大刀等項兵丁因船臨近時亦仗軍器防護今

請改設雖能致遠而不能防近似於操演之道未協
長柄刀大刀兵一百名照常設立以備操防該將軍
所奏毋庸議再補造綿甲鐵甲等項請在於八旗製
造軍器項內動支修整仍令用過工料造冊咨報工
部核銷奉
旨依議欽此
三十六年六月工部奏言准兵部咨查先經臣部以
直省標營軍器應修應造並無一定年限奏請
勅令直省督撫將軍都統提鎮等確查各項軍器預估預修



應造年限聲明動用銀欵造冊報部臣部詳加查核
分別彙總具奏著爲定例等因於乾隆三十四年八
月二十日奏本日奉
旨依議欽此欽遵通行直省標營遵奏定議去後續經臣部
節次咨催令據各該督撫將軍都統等陸續造冊於
三十六年六月初十日咨送到齊臣等伏查直省標
營送到水師陸路一切軍裝器械冊開物料既有銅
鐵木革絲布之不同而營制情形亦有水陸高下燥
濕之迥異或平日佩帶隨身或貯庫經年一用自宜

就器械以分年按標營以立限臣等謹查來冊并考
稽成案因各省之情形酌物料之堅脆核定應造之
期分別定限另繕清單恭呈
御覽伏候
命下臣部纂入則例除各省官兵自置之械仍應遵例自行
修造毋庸辦理外應即通行各省一體永遠遵行奉
旨依議欽此
三十六年六月奉
旨病故人等應行賠補殘壞軍器銀兩雖應賠補但伊等已



經病故若照現今所議著落伊等家屬賠補朕心不忍著
施恩從寬免其著落伊家屬賠補欽此
五十六年十二月軍機大臣奏言奉
上諭昨據兵部將修製軍裝則例進呈朕詳加披閱所辦殊
屬非是前因各省提鎮以下至將弁等佔用馬步名糧作
爲用項者殊非核實行伍之道因降旨添給武職養廉虛
額兵丁名糧俱挑補實兵所有一切修製軍裝等項俱令
作正開銷原爲慎重營伍體恤兵丁起見但既官爲經理
所有應修軍械等項亦應核實辦理毋許各該省稍有弊

混方爲正辦今閱兵部所定則例內卽如鐵盔鐵甲兩項今定爲六十年一製三十年一修殊不思鐵盔鐵甲係實經久之物亦不過督撫提鎮查閱營伍時偶一穿帶並不常用卽調派出兵若鐵盔鐵甲打仗必致難於轉動此歷來出兵打仗之人所深知何必定以修製年限致啓營伍開銷浮冒之漸其虎衣虎帽等項尤爲虛設無用何必定限修整以此類推其中似此者諒亦不少况各省修造軍械銀兩亦應酌定數目豈可聽其任意開銷今則例內總未載明所謂定限者定何限應用者用何項甚屬疎漏不成書尚欲頒行各省何所適從著軍機大臣會同該部另



行詳加酌核悉心妥議具奏欽此查各省造報修製軍裝器械之案名目甚繁節經兵部咨查駁飭核減於五十年三月內奏請行令各該督撫按照水陸情形分別實在應修應存款項造冊報部復經兵部逐款查核將舊例未經開載各項均令營兵自備不准開銷又行軍携帶及差務備用各項停其修製遇需用時將應修應製歸入軍需差案款項核銷其餘實在行軍操演所必需軍裝器械酌展年限纂入則例此兵部

辦理則例之原委也但查則例內所載准其修製軍裝器械等項內仍有並非常用及可經久不壞毋庸定限修製之物今一律增定年限准其修製辦理未爲覈實臣等謹將則例內所開定限修製各項除實係操演守禦必需之物不能經久不敝必當報部修製者准其仍立年限修製報部核銷外其餘軍裝器械並非常用及製造後可以經久不壞如鐵盔鐵甲虎衣虎帽等物概行刪除毋庸定立年限再爲修製以昭核實至實在應修器具所需工料等項核銷銀兩向例歸於工部辦理但各省物料所値貴賤不定



應令各該省督撫及將軍提鎮等將各項器具長寬尺寸並所需工料逐一開明一并造報工部詳悉核定再行載入則例務使帑項不致虛縻而軍裝咸歸實用奉

旨依議欽此

兵部原擬各省營兵自備器具清單附

箭靶鈴靶礮靶布靶水靴布灰帘爉义帽球彩袖彩布紬裙帽盔布門帘灰帘鼓架鼓裙樸圍公文木匣

公文皮袋更簽木梆更弓弓卡弓掣墜弓架鉛墜子篷蓆天平法馬戥子夾剪斛斗尖角大旗巡船旗梢斗旗船桅衝風旗蜈公旗弓箭撒袋弓插弓籠弓鈎箭罩箭筒箭架箭桶扡坭挑梢骲頭小褂衫羊皮袄羊皮褂棉袄接衫布單袷套褲布帷馬裙腰帶黑襪襪頭布靴皮靴䩞鞋布鞋布褲裙布襪胸包裹脚汗衫纏腰搭連衣搭膊護膝靸鞋綁襪解錐蒲鞋馬蹬鞍轡圍腰包袱棕帽棕衣小刀大鏟鋤碗礮包木碗鑵絡閉火竹筒猴兒頭



現今則例內原擬修整各項改存毋庸修製清單附

廣東省鐵盔鐵甲虎帽虎褲虎鞋虎衣戰腰號衣鈎刀竹篙鈴火藥筒

兵部原擬各省停修存貯軍裝器械清單附

廣東省礮名三十種刀名二十二種鎗名十三種叉名三種斧名五種鏟名三種戟名三種鐃名三種鐮名三種钂名三種斗鏢仔鐮割靶頭鈎矛線割鈎篙挽木櫥木鞭鐵沙挑刀鏟竹紮三角等項十四種

嘉慶七年五月兵部奏言臣部現在纂修軍器則例凡現在例內有辦理未能妥協之處酌量變通恭呈

御覽一各省提鎮到任宜造交代清冊送部以便查核也查各省營中軍器向係該督撫委員盤查每屆年底循例保題應請嗣後各提鎮卸事時將所屬各營一切軍器註明名色件數原製原修年分幷分別堪用不堪用字樣造具交代清冊移送新任提鎮照冊點驗出結送部　一軍營需用弓箭宜酌定價值以杜浮冒也查臣部核銷各省弓箭價向照各省准銷成案核辦至用兵省分物力維艱需用緊急固未便拘泥成



數亦難以聽任開銷請於定價之外每弓一張不得增價過三錢每箭一枝不得增價過二分俟軍務告竣仍照原價辦理　一各省庫貯殘廢銅鐵器械宜酌量變通以歸實用也查各省州縣庫貯鐵器及收繳民間鳥鎗礮位應請將前項銅鐵器械行令各該督撫轉飭查明如係堪用之物隨時酌撥就近營汛分別抵用其不堪用之物卽行銷鎔變價將所變歸於製造軍器項下應用仍令五年查辦一次報部如蒙

俞允臣部纂入軍器則例遵行奉

旨依議欽此
八月兵部奏言臣等謹按現奉
諭旨兵丁餉銀原屬有限若再行扣除伊等何以爲生著將
一切扣餉之例永行停止等因欽此欽遵在案除新立停
止專條將例內所有扣餉之處槪行刪除外惟此條
所扣俸餉係官兵自備之軍器一時無力置辦情願
預借俸餉銀兩製給與預借俸餉扣還之例無異並
非分賠代賠核減等項可比應請照舊分作季數月
分扣還但例目專稱扣餉漏載俸銀未爲詳妥應改



爲預借俸餉製造軍器以昭明晰至例文內有不能
顯達例意之處並請酌改數語俾無牽混今擬定弓
箭撒袋腰刀鈌少情願預借俸餉製造者該參領佐
領查明呈報都統造具細冊分送該部照定式製造
給與其工價銀兩官員於俸銀內作四季扣除兵丁
於錢糧內作二十個月扣完俱造入俸餉冊內咨明
戶部坐扣如有年久損壞無力修復准照此例辦理
十二年定水師省分出洋捕盜用去軍火及損壞軍
裝礮械准其隨時補製於各營解司支存公費銀兩

內動用造冊報部查核直省各標營遇有應行修製
軍裝軍械需用銀數在一千兩以上督撫造冊具題
一千兩以下造冊報部均按例覈明俟覆准之後方
准動項修製請銷如同一標營同時修製軍裝軍械
需用銀數在一千兩以上者不准分案咨報仍照例
具題如不候部文擅自動項修製報銷者將承辦轉
詳出咨各官照添建營房率行請銷例議處嘉慶年修會典
二十一年六月兵部奏言江南道監察御史王松年
奏各省修製軍械銀數千兩以內者仍隨時咨部辦
理其千兩以上先行詳細具奏等因一摺臣等細繹



例意凡各省修製軍械飭令專派大員查驗結報者
原以杜浮冒之端分別工料千兩內外令其分別題
咨估銷者原爲錢糧慎重之道遇有題咨到部臣等
詳核保題冊內原製原修年分按照例定年限分別
准製准修如不遵定例請製請修者隨案駁飭著賠
參處其支領工料從前原有一面報部一面先行給
發銀兩之案嗣兵部於嘉慶十二年修輯則例定以
如不候部覆先行動項修製者將承辦各員分別議

處是定例已極周備辦理亦極詳慎今據該御史奏
請修製軍械工料銀兩數在千兩以上者先行詳細
具奏係爲慎重錢糧起見臣等公同酌議除年例歲
修以及數在千兩以下之案並業經題咨報部有案
者均仍照向例辦理外應請嗣後請製各項軍械需
用工料銀數在千兩以上應如該御史所奏令各直
省將軍督撫等先行將撥欵帶欵並添新及逾限各
器械開明名目件數實在情形於摺內詳細聲敘幷
將估計銀數核明具奏俟准部覆後再行題估題銷
以昭核實奉
旨依議欽此
二十五年九月工部咨言營繕司案呈查各省工程
題銷現准吏兵二部欽遵
諭旨核定遲延處分並據奏稱題銷事件由戶工二部核明
遲延月日分別議處等語職等竊思工程報銷非酌
定起限章程其遲延月日本部難以查核查在京千
兩以上各工定例四箇月報銷係於工竣驗收後起
限所有本部辦理各省題銷城垣衙署倉厫營房各



項房座及製造軍裝器械修造戰哨船隻等項均應
查照在京工程以工竣之日起限應令該督撫將軍與
工完工日期於題本內聲明以憑稽核如有預領銀
兩並不及時興修以及採辦遲延者應由各督撫查
明參辦並令各直省嗣後如有報修工程將該承辦
各員於何時支領銀兩先行知照本部備案所有酌
議各條俟呈堂核准後通行各直省督巡撫遵照
轉行將軍都統一體辦理並知照吏兵二部可也
道光五年七月工部咨稱戶部文開准前任雲貴總
督明山等咨稱查武職公費項下修理軍裝局庫軍
械盔甲旗幟槍刀等項無論銀數在一二百兩至五
六百兩節年皆係在於公費冊內隨同題銷並不扣
廉扣俸扣餉亦不將修理軍裝局庫銀兩提出另案
報銷今次部文於動項在五百兩應專案奏辦案內
亦有載修理軍裝一欵是否此後公費內請修之軍
械局庫等項動用銀兩至五百兩以外者應分別營
分提出專案具奏抑或仍照舊例併案報銷之處咨
部示覆以便遵照辦理等因查修理軍裝一欵係公

費專欵動用應仍咨該省遵照無論動用何欵均照
動用耗羡章程專案之
諭旨辦理以重帑項而免兩歧等因前來應令公費案內
修理軍裝局庫軍械等項並令遵照戶部議定章程
用銀數在五百兩以上者專案奏明辦理可也
十四年十二月二十日奉
上諭哈豐阿等奏操演礮位籌備軍械一摺粵省地處海
濱毗連越南訓練操防尤爲要務前經賞給關稅銀兩
製造臺礮茲據該將軍等奏如數造成後飭令各兵勤



加操演惟各兵自備步弓戰箭以及舊制子母鎗均有未
能得力之處該將軍另造火漆纏筋戰弓六百張前鋒
領催及甲兵每名配造戰箭一百枝其矛鎗一項亦更
改式樣務令便捷合用此次增改備辦軍械不無需費
著即由粵海關稅內賞給銀五百兩該將軍飭交該委
員將各項軍械一律迅速整造完竣務須認眞訓練不
可有名無實用副朕整飭戎行有備無患之至意欽此

廣東海防彙覽卷十八終

# 廣東海防彙覽卷十九

## 方畧八

### 戎器二

#### 修造定限

**南澳鎮標右營** 大纛什長旗督陣紅旗得勝旗門旗綠布大旗火攻旗營頭旗火藥桶礮繳鈎礮鈀礮撞礮門針礮欓礮乂礮鍊火桿火棍鐵刷子礮鏈鐵錘鐵送子鐵鑞鍋撐二十年製十年修號帽號褂青帽青衣單帳房單帘子十二年製六年修木箱二十五年製十三年修皮搭連九龍袋皮葫蘆火藥角烘藥角火藥袋火繩皮包鞘殼籐牌十六年製八年修木𣝔八年製四年修長槍長矛鹿槍鴨舌槍竹篙槍三十年製十五年修子母礮劈山礮生鐵大礮竹節礮三十年後寔有炸裂准其鑄造十五



年後口門寬大准其修理礮牀礮架礮車礮凳礮砦皮花瓶扣五年製三年修腰刀鳥鎗牌刀挑刀四十年製二十年修銅鍋十年後如有破損准其貼換戰鼓十五年後如有破損准其更換木柄竹竿籐籮皮條五年更換繩三年更換木杠十年更換紅纓十五年更換噴筒火箭火號火磚火罐灰包係每年修製十分之一守禦之撓鈎四十年製二十年修行軍攜帶之梅針箭係應用之時歸於軍需欵內製辦核銷　硬弓鎗靶箭靶礮靶帽毬鼓裙鈎鐮鐵鈎麻刷水桶係營中自備　弓箭撒袋套褲圍腰護膝係兵丁自備　鐵盔鐵甲百子礮蜻海礮下山虎緊身衣褲　割繚刀單刀竹紮係停修存貯

**澄海協左右二營** 大纛什長旗督陣紅旗火攻大旗戰䄜礮繳鈎礮鈀礮撞礮欓礮門針礮乂礮鍊火杆火棍鐵刷子礮鏈鐵錘鐵送子鐵鑞鍋撐二十年製十年修號帽號褂單帳房單帘子十二年製六年修鐵鋤鐵鍪木箱二十五年製十三年修皮搭連九龍袋皮葫蘆火藥角烘藥角火藥袋

火繩皮包鞘殼籐牌十六年製八年修木楲八年製四年修犂頭鏢長槍長矛鴨舌槍鐵猫兒三十年製十五年修子母礮行營礮劈山礮過山鳥礮生鐵大礮熟鐵礮竹節礮三十年後寔有炸裂准其鑄造十五年後如口門寛大准其修理礮牀礮架礮車礮凳礮盔皮花瓶扣五年製三年修腰刀鳥鎗鈸鎗牌刀挑刀四十年製二十年修銅鍋十年後如有破損准其貼換戰鼓十年後如有破損准其更換木柄竹竿籐箍皮條五年更換繩三年更換木杠十年更換紅纓十五年更換火箭五虎箭九龍箭火龍火筒火磚火罐噴筒木火桶灰包係每年修製十分之一守禦之木牌八年製四年修撓鈎槍四十年製二十年修行軍攜帶之梅針箭係應用之時歸於軍需欵內製造核銷　硬弓鎗靶箭靶礮靶帽毬鼓裙大水桶弔桶救火鈎鐮麻刷竹水銃係　營中自備　弓箭撒袋套褲圍腰護膝係兵丁自備　鐵盔鐵甲虎衣虎褲百子礮熕子礮生鐵熕礮熟鐵熕礮河塘礮班鳩礮板槽礮蜻海礮砂礮川山龍礮鈎刀割刀鐮刀撻



刀排槍馬义三眼槍木槍鈎鐮鏢子竹紮係停修存貯

**達濠營**　棉盔棉甲大纛什長旗督陣紅旗礮繳鈎礮鈀礮撞礮門針礮欖礮义礮鍊火桿火棍鐵刷子礮鏟鐵錘鐵送子鐵鑷鍋撑二十年製十年修號帽號褂青衣單帳房單帘子十二年製六年修木箱二十五年製十三年修皮搭連九龍袋皮葫蘆火葯角烘葯角火葯袋火繩皮包鞘殼籐牌十六年製八年修木楲八年製四年修犂頭鏢鈀义長槍長矛鐵猫兒三十年製十五年修子母礮劈山礮砂礮生鐵大礮竹節礮三十年後寔有炸裂准其鑄造十五年後卩門寛大准其修理礮牀礮架礮車礮凳礮盔皮花瓶扣五年製三年修腰刀鳥鎗鈸鎗牌刀挑刀鐮刀四十年製二十年修銅鍋十年後如有破損准其貼換木柄竹竿籐箍皮條五年更換繩三年更換木杠十年更換紅纓十五年更換火箭火筒火號火磚火罐木火桶灰包係每年修製十分之一守禦及救火之木牌八年製四年修鐵义撓鈎鈎鐮槍四十

年製二十年修　行軍攜帶之梅針箭係應用之時歸於軍需欵內製辦核銷　硬弓鎗靶箭靶礮靶帽毬大水桶水桶水斗麻刷火鈎鋤斧係　營中自備　弓箭撒袋套褲圍腰護膝係兵丁自備　鐵盔鐵甲下山虎緊身衣褲生鐵熕礮班鳩礮蝦蟆礮大刀單刀佩刀三眼槍排槍鴨舌槍鴛鴦斧竹紮木槍係停修存貯

**海門營**　棉盔棉甲大纛什長旗督陣紅旗礮繳鈎礮鈀礮撞礮門針礮欖礮义礮鍊火桿火棍鐵刷子礮鏟鐵錘鐵送子鐵鑷鍋撑二十年製十年修號帽號褂青衣單帳房單帘子十二年製六年修木箱二十五年製十三年修皮搭連九龍袋皮葫蘆火藥角烘藥角火藥袋火繩皮包鞘殼籐牌十六年製八年修木楲八年製四年修鈎鐮槍犂頭鏢長槍長矛鴨舌槍竹篙槍鐵猫兒三十年製十五年修子母礮行營礮劈山礮生鐵大礮竹節礮三十年後寔有炸裂准其鑄造十五年後口門寛大准其修理礮牀



礮架礮車礮凳礮盔皮花瓶扣五年製三年修腰刀鳥鎗牌刀四十年製二十年修銅鑼銅鍋十年後如有破損准其貼換戰鼓十年後如有破損准其更換木柄竹竿籐箍皮條五年更換繩三年更換木杠十年更換紅纓十五年更換火箭火筒火號火斗火磚火罐灰包係每年修製十分之一　行軍攜帶之鐵斧梅針箭係應用之時歸於軍需欵內製辦核銷　硬弓鎗靶箭靶礮靶帽毬鼓裙救火鈎鐮汲桶水桶鐵鈎麻刷係　營中自備　弓箭撒袋套褲圍腰護膝係兵丁自備　鐵盔鐵甲下山虎緊身衣褲百子礮鐵熕礮河塘礮班鳩礮板槽礮蜻海礮砂礮大刀鐮刀挑刀馬义長柄刀短柄刀鏢子竹紮係停修存貯

**碣石鎮標中左右三營**　棉盔二棉氈盔紬布棉甲大纛什長旗督陣紅旗先鋒旗帥旗大小令旗門旗五色旗令箭旗桅旗竹柄撓鈎轉柄撓鈎礮繳鈎礮鈀礮撞礮門針礮欖礮义礮鍊火桿火棍鐵刷子礮鏟鐵錘鐵送子鐵鑷鍋撑二十年製十年修號帽號褂青衣單帳房單帘子單凉篷十二

年製六年修鐵鍬木箱二十五年製十三年修皮搭連九龍袋皮葫蘆火藥角烘藥角火藥袋火繩皮包
鞘殼籐牌十六年製八年修木橛八年製四年修鈎鐮槍犂頭鏢長槍長矛鐵猫兒三十年製十五年修
子母礮得勝礮砂礮生鐵大礮號礮三十年後寔有炸裂准其鑄造十五年後口門寛大准其修理礮牀
礮架礮車礮発礮盔皮花瓶扣五年製三年修腰刀鳥鎗牌刀挑刀鐮刀四十年製二十年修銅鑼銅鍋
十年後如有破損准其貼換大小戰鼓十年後如有破損准其更換木柄竹竿籐箍皮條五年更換繩三
年更換木杠十年更換紅纓十五年更換噴筒火箭火龍火磚火罐木火桶灰包係每年修製十分之一
浮身水角帶十年製五年修守禦及救火之木架木牌水桶八年製四年修汛旗救火號旗十年製五年
修撓鈎四十年製二十年修麻刷三年製一年修行軍攜帶之鐵斧梅針箭係應用之時歸於軍需欵
內製辦核銷　硬弓鎗靶箭靶礮靶帽毬鼓裙係營中自備　弓箭撒袋套褲圍腰護膝勒鞋椰碗係兵
丁自備　鐵盔鐵甲河塘礮靖海礮班鳩礮百子礮把連礮极槽礮紅引礮鐵熕礮銅熕礮長佩刀繚割



刀竹篙槍短襖係停修存貯

**平海營**大纛什長旗督陣紅旗火藥桶棉簾牛皮帳礮繳鈎礮鈀礮撞礮門針礮欅礮义礮鍊火
杆火棍鐵刷子鐵錘礮鏟鐵送子鐵鏺鍋撐二十年製十年修號帽號褂單帳房單帘子十二年製六年
修鐵鍬鐵鏊木箱二十五年製十三年修皮搭連九龍袋皮葫蘆火藥角烘藥角火藥袋火繩皮包鞘殼
籐牌十六年製八年修木橛八年製四年修犂頭鏢長槍長矛鐵猫兒三十年製十五年修子母礮砂礮
生鐵大礮三十年後寔有炸裂准其鑄造十五年後口門寛大准其修理礮牀礮架礮車礮発礮盔皮花
瓶扣五年製三年修腰刀鳥鎗牌刀挑刀鐮刀四十年製二十年修銅鍋十年後如有破損准其貼換戰
鼓十年後如有破損准其更換木柄竹竿籐箍皮條五年更換繩三年更換木杠十年更換紅纓十五年

更換火箭火龍火筒火磚火罐木火桶灰包係每年修製十分之一守禦及救火之木架木牌水桶水筲
八年製四年修鐵撓鈎鐮四十年製二十年修麻刷三年製一年修燈籠一年更換扁擔八年更換
行軍攜帶之鐵斧梅針箭係應用之時歸於軍需欵內製辦核銷　硬弓鎗靶箭靶礮靶帽毬鼓裙係營
中自備　弓箭撒袋係兵丁自備　鐵盔鐵甲河塘礮班鳩礮靖海礮馬刀馬义斗鏢木槍竹筒槍鈎槍
係停修存貯

**大鵬營**棉甲大纛什長旗督陣紅旗先鋒旗帥旗令旗門旗五色旗夏布大纛夏布旗戰被牛皮
帳快鈀礮繳鈎礮鈀礮撞礮門針礮欅礮义礮鍊火桿火棍鐵刷子礮鏟鐵錘鐵送子鐵鏺鍋撐二十年
製十年修號帽號褂單帳房單帘子十二年製六年修鐵鍬木箱二十五年製十三年修皮搭連九龍袋
皮葫蘆火藥角烘藥角火藥袋火繩皮包刀槍皮套鞘殼籐牌十六年製八年修木橛八年製四年修鈎



鐮犂頭鏢鐵蒺藜斗鏢長槍長矛鐵嘴槍鐵猫兒三十年製十五年修子母礮行營礮砂礮生鐵大礮三
十年後寔有炸裂准其鑄造十五年後口門寛大准其修理礮牀礮架礮車礮発礮盔皮花瓶扣五年製
三年修腰刀鳥鎗牌刀挑刀四十年製二十年修銅鑼銅號號筒銅鍋十年後如有破損准其貼換戰鼓
海螺十年後如有破損准其更換木柄竹竿籐箍皮條五年更換繩三年更換木杠十年更換紅纓十五
年更換火箭火龍火筒火磚火罐木火桶灰包係每年修製十分之一浮身水角帶十年製五年修
守禦及救火之木架水桶水筲八年製四年修火鈎撓鈎四十年製二十年修汲桶三十年製十五年修
扁擔八十年更換燈籠一年更換木棍木梆四年更換　行軍攜帶之鐵斧梅針箭係應用之時歸於軍
需欵內製辦核銷　硬弓鎗靶箭靶礮靶帽毬鼓裙係營中自備　弓箭撒袋係兵丁自備　鐵盔鐵甲
虎衣靖海礮河塘礮班鳩礮百子礮十把連礮琵琶槍單刀馬义鐮刀斬馬刀大刀木槍木牌斧鍬係停

修存貯

水師提標中左右前後五營盔襯棉盔棉甲大纛什長旗督陣紅旗先鋒旗
得勝旗帥旗令旗門旗坐旗五色旗黃布旗黃布揚
圖黃布橫圖桅旗蜈蚣旗五彩夏布圖五彩綢圖綢
大圖順風旗禡祖旗大小花旗火藥桶棉簾快鈀鈎
篙礮繳鈎礮鈀礮撞礮門針礮櫎礮乂礮鍊火桿火
棍鐵刷子鐵鏈鐵錘鐵送子鐵鐝鍋撑二十年製十
年修號帽號褂青衣單帳房單帘子單凉篷十二年
製六年修鐵鋤鐵鍪木箱二十五年製十三年修皮
搭連九龍袋皮葫蘆火藥角烘藥角火藥袋火繩皮
包鞘殼籐牌十六年製八年修木橛木樁八年製四
年修鈎鐮槍犂頭鏢短鳥鎗長槍長矛大旗鎗三十
年製十五年修子母礮行營礮砂礮生鐵大礮三十
年後實有炸裂准其鑄造十五年後口門寬大准其
修理礮牀礮架礮車礮凳礮蓋皮花瓶扣五年製三
年修腰刀鳥鎗牌刀挑刀鐮刀四十年製二十年修



銅鑼銅鍋十年後如有破損准其貼換戰鼓海螺十
年後如有破損准其更換木柄竹竿籐箍皮條五年
更換繩三年更換木杠十年更換紅纓十五年更換
噴筒火箭五虎箭九龍箭火龍火號火筒火磚火罐
木火桶灰包係每年修製十分之一浮身水角帶燕
尾牌十年製五年修　行軍攜帶之鐵斧柴刀腳齒
梅針箭係應用之時歸于軍需欵內製辦核銷　硬
弓鎗靶箭靶礮靶帽毬鼓裙綢戰圖布戰圖木架木
牌木棍汲桶水桶汛旗救火號衣救火號旗火鈎撓
鈎槍手槍麻刷井繩燈籠係營中自備　弓箭撒袋
圍腰護膝靿鞋係兵丁自備　鐵盔鐵甲紅號衣拐
角帳房靖海礮馬蹄礮河塘礮　班鳩三眼鎗大刀虎
牙刀舩尾刀背刀斬馬刀馬乂斗鏢木鎗竹篙槍竹
嘴槍竹紮鐵鈎槍錫乂螺螄鏈鴛鴦鋤斧係停修存
貯

香山協左右二營棉盔棉甲大纛什長旗督陣紅旗先鋒旗三角令旗綢纛綢旗黃布

揚纛桅尾旗蜈蚣旗禡祖旗火攻大纛戰被棉簾牛
皮帳快鈀礮繳鈎礮鈀礮撞礮門針礮櫎礮乂礮鍊
火桿火棍鐵刷子礮鏈鐵錘鐵送子鐵鐝鍋撑二十
年製十年修號帽號褂青衣青褲單帳房單帘子單
凉篷十二年製六年修夾帳房夾帘子鐵鋤鐵鍪木
箱二十五年製十三年修皮搭連九龍袋皮葫蘆火
藥角烘藥角火藥袋火繩皮包鞘殼籐牌十六年製
八年修木橛八年製四年修犂頭鏢鏢槍長槍長矛
竹篙槍鐵猫兒快鈎鐮三十年製十五年修子母礮
行營礮子母砂礮砂礮生鐵大礮三十年後實有炸
裂准其鑄造十五年後口門寬大准其修理礮牀礮
架礮車礮凳礮蓋皮花瓶扣五年製三年修腰刀鳥
鎗牌刀挑刀鈎鐮刀四十年製二十年修銅鑼銅鍋
十年後如有破損准其貼換木柄竹篙籐箍皮條五
年更換繩三年更換木杠十年更換紅纓十五年更
換火箭火筒火號火磚火罐木火桶灰包係每年修
製十分之一守禦之撓鈎槍鈎鐮槍四十年製二十
年修　行軍攜帶之梅針箭係應用之時歸於軍需



欵內製辦核銷　硬弓鎗靶箭靶礮靶帽毬鼓裙箭
架麻刷汲桶井繩木架木梆木牌木棍虎槍汛旗係
營中自備　弓箭撒袋弓籠弓插拖泥挑梢套褲搭
膊圍腰護膝靿鞋柳碗碗包係兵丁自備　鐵盔鐵
甲河塘班鳩礮河塘礮班鳩礮靖海礮百子礮千里
馬銃大扁刀斬馬刀背刀木槍竹槍係停修存貯

廣海寨棉甲大纛什長旗督陣紅旗先鋒旗礮繳鈎礮鈀礮撞礮門針礮乂礮櫎礮鍊火杆火棍
鐵刷子礮鏈鐵錘鐵送子鐵鐝鍋撑二十年製十年
修單帳房單帘子單凉篷十二年製六年修鐵鋤木
箱二十五年製十三年修皮搭連九龍袋皮葫蘆火
葯角烘葯角火葯袋火繩皮包鞘殼籐牌十六年製
八年修木橛八年製四年修撓鈎犂頭鏢長槍長矛
鴨舌槍鐵猫兒三十年製十五年修子母礮行營礮
劈山礮砂礮生鐵大礮三十年後寔有炸裂准其製
造十五年後口門寬大准其修理礮牀礮架礮車礮
凳礮蓋皮花瓶扣五年製三年修腰刀鳥鎗牌刀挑
刀四十年製二十年修銅鍋十年後如有破損准其

貼換木柄竹竿籐箍皮條五年更換繩三年更換木杠十年更換紅纓十五年更換火箭火龍火筒火號火磚火罐木火桶灰包係每年修製十分之一行軍攜帶之鐵斧梅針箭係應用之時歸於軍需欵內製辦核銷　硬弓鎗靶箭靶礟靶帽毬火鈎麻刷木水桶汲桶井繩木架木梆木牌木棍長靶刀手槍鈎鐮鐵叉汎旗撓鈎槍係營中自備　弓箭撒袋係兵丁自備　鐵盔鐵甲靖海礟百子礟班鳩礟獨彈礟三眼鎗鐮刀馬叉木槍鋤斧係停修存貯

**陽江鎮標左右二營**棉甲大纛驅旅旗督陣紅旗先鋒旗銃纛纛令旗嚮纛左五色旗坵纛紬纛月紬旗火攻大纛戰被礟靶礟撞礟門針礟叉礟鍊礟欓火杆火棍鐵刷子礟鏟鐵錘鐵送子鐵鏇鍋撐鐵鏟火箭槍箱二十年製十年修號帽號褂青衣青褲單帳房單帘子十二年製六年修鐵鋤鐵鏨木箱二十五年製十三年修皮搭連九龍袋皮葫蘆火葯角烘葯角皮葯袋火繩皮包



鞘殼籐牌十六年製八年修木鏇八年製四年修撓鈎犁頭鏢馬叉長槍長矛鐵猫兒鈎鐮三十年製十五年修子母礟行營礟斫礮劈山礟磅礮過山鳥礟砂礟生鐵大礟三十年後寔有炸裂准其鑄造十五年後口門寬大准其修理礟牀礟架礟車礟凳礟蓋皮花瓶扣五年製三年修腰刀鳥鎗牌刀挑刀四十年製二十年修銅鑼銅鍋十年後如有破損准其貼換木柄竹竿籐箍皮條五年更換繩三年更換木杠十年更換紅纓十五年更換噴筒火箭火龍火筒火號火磚火罐木火桶灰包係每年修製十分之一行軍攜帶之鐵斧梅針箭係應用之時歸於軍需欵內製辦核銷　硬弓鎗靶箭靶礟靶帽毬木架木牌木棍木梆長靶刀鈎鐮鎗鐵叉手槍撓鈎槍汎旗火鈎麻刷木水桶水桶汲桶井繩係營中自備　弓箭撒袋兵丁自備　鐵盔鐵甲靖海礟河塘礟班鳩礟亘管礟大鐮刀扁刀三眼鎗劄刀係停修存貯

**吳川營**棉盔棉甲大纛什長旗督陣紅旗令旗五色旗礟繳鈎礟鈀礟撞礟門針礟欓礟叉礟鍊

火桿火棍鐵刷子礟鏟鐵錘鐵送子鐵鏇鍋撐二十年製十年修號帽號褂青衣戰腰單帳房單帘子單幔子十二年製六年修鐵鋤鐵鏨木箱二十五年製十三年修皮搭連九龍袋皮葫蘆火藥角烘藥角火藥袋火繩皮包鞘殼籐牌十六年製八年修木橛八年製四年修撓鈎鐮犁頭鏢馬叉長槍長矛鐵猫皃三十年製十五年修子母礟行營礟劈山礟砂礟生鐵大礟三十年後寔有炸裂准其鑄造十五年後口門寬大准其修理礟牀礟架礟車礟凳礟蓋皮花瓶扣五年製三年修腰刀鳥鎗牌刀挑刀四十年製二十年修銅鑼銅鍋十年後如有破損准其貼換木柄竹竿籐箍皮條五年更換繩三年更換木杠十年更換紅纓十五年更換火箭火筒火磚火罐灰包係每年修製十分之一　行軍攜帶之鐵斧梅針箭係應用之時歸於軍需欵內製辦核銷　硬弓鎗靶箭靶礟靶帽毬撓鈎鈎鐮水缸係營中自備　弓箭撒袋圍腰護膝係兵丁自備　鐵盔鐵甲百子礟鞭礟河塘礟靖海礟班鳩礟大刀扁刀單刀鐮刀窩刀橛



斧月斧馬鐮係停修存貯

**硇洲營**棉盔棉甲大纛什長旗督陣紅旗礟繳鈎礟鈀礟撞礟門針礟叉礟鍊礟欓火桿火棍鐵刷子礟鏟鐵錘鐵送子鐵鏇鍋撐二十年製十年修號帽號褂青衣青褲單帳房單帘子十二年製六年修木箱二十五年製十三年修皮搭連九龍袋皮葫蘆火藥角烘藥角火藥袋火繩皮包鞘殼籐牌十六年製八年修木橛八年製四年修撓鈎犁頭鏢長槍長矛鐵猫兒三十年製十五年修子母礟行營礟劈山礟砂礟生鐵大礟三十年後寔有炸裂准其鑄造十五年後口門寬大准其修理礟牀礟架礟車礟凳礟蓋皮花瓶扣五年製三年修腰刀鳥鎗牌刀挑刀鈎鐮刀四十年製二十年修銅鍋十年後如有破損准其貼換木柄竹竿籐箍皮條五年更換繩三年更換木杠十年更換紅纓十五年更換噴筒火箭火磚火罐灰包係每年修製十分之一　行軍攜帶之梅針箭係應用之時歸於軍需欵內製辦核銷　硬弓

鎗靶箭靶礮靶帽毬撓鉤麻刷係營中自備弓箭撒袋係兵丁自備 鐵盔鐵甲虎衣䩞海礮河塘礮班鳩礮扁刀斧鋤係停修存貯

## 東山營

棉盔棉甲大纛什長旗督陣紅旗督令旗礮繳鉤礮鈀礮撞火棍鐵刷子礮鏈鐵錘鐵送子鐵鏾二十年製十年修單帳房單帘子十二年製六年修九龍袋火藥角烘藥角火藥袋火繩皮包鞘殼籐牌十六年製八年修木椒八年製四年修犂頭鏢短鳥鎗長槍長矛鴨舌槍三十年製十五年修行營礮劈山礮生鐵大礮三十年後寔有炸裂准其鑄造十五年後口門寬大准其修理礮牀礮車礮凳礮盔皮花瓶扣五年製三年修腰刀鳥鎗牌刀挑刀四十年製二十年修木柄竹竿籐箍皮條五年更換木杠十年更換紅纓十五年更換噴筒火箭火罐係每年修製十分之一浮身水角帶十年製五年修 行軍攜帶之梅針箭係應用之時歸於軍需欵內製辦核銷 硬弓鎗靶箭靶礮靶帽毬撓鉤麻刷係營中



自備 弓箭撒袋係兵丁自備 鐵盔鐵果百子礮大刀鉤鐮竹紮鏢係停修存貯

## 海口營左右二營

大纛什長旗督陣紅旗礮繳鉤礮鈀礮撞礮門針礮乂礮欓礮鍊火桿火棍鐵刷子礮鏈鐵錘鐵送子鐵鏾二十年製十年修單帳房單帘子單涼篷十二年製六年修木箱二十五年製十三年修皮搭連九龍袋皮葫蘆火藥角烘藥角火藥袋火繩皮包鞘殼籐牌十六年製八年修木𣙻八年製四年修鉤鐮槍犂頭鏢短鳥鎗長槍長矛鐵猫兒左營鐵雄鯢三十年製十五年修子母礮生鐵大礮三十年後寔有炸裂准其鑄造十五年後口門寬大准其修理礮牀礮架礮車礮凳礮盔皮花瓶扣五年製三年修腰刀鳥鎗牌刀挑刀四十年製二十年修木柄竹竿籐箍皮條五年更換木杠十年更換紅纓十五年更換火箭火筒火罐係每年修製十分之一浮身水角帶十年製五年修 行軍攜帶之梅針箭係應用之時歸於軍需欵內製辦核銷 硬弓鎗靶箭靶礮靶帽毬木架木牌木棍木梆長靶

刀鐵乂汎旗火鉤撓鉤麻刷水斗水筲水桶係營中自備 弓箭撒袋係兵丁自備 鐵盔鐵甲䩞海礮河塘礮砂礮班鳩礮馬蹄礮鉤鐮刀鐮刀背刀竹篙槍馬乂割鐮係停修存貯

## 海安營

棉甲大纛什長旗督陣紅旗礮繳鉤礮鈀礮撞礮門針礮乂礮欓礮鍊火桿火棍鐵刷子礮鏈鐵錘鐵送子鐵鏾鍋撑二十年製十年修號帽號褂青衣青褲單帳房單帘子單中軍帳十二年製六年修木箱二十五年製十三年修皮搭連九龍袋皮葫蘆火藥角烘藥角火藥袋火繩皮包鞘殼籐牌十六年製八年修鉤鐮槍犂頭鏢短鳥鎗長槍長矛鐵猫兒三十年製十五年修子母礮行營礮砂礮生鐵大礮三十年後寔有炸裂准其鑄造十五年後口門寬大准其修理礮牀礮架礮車礮凳礮盔皮花瓶扣五年製三年修腰刀鳥鎗牌刀挑刀鐮刀四十年製二十年修銅鍋十年後如有破損准其貼換木柄竹竿籐箍皮條五年更換繩三年更換木杠十年更換紅纓十五年更換火箭火筒火罐係每年修製十



分之一浮身水角帶十年製五年修 行軍攜帶之梅針箭係應用之時歸於軍需欵內製辦核銷 硬弓鎗靶箭靶礮靶帽毬水桶扁擔火鉤麻刷救火號旗木架木牌木棍木梆鉤鐮手鎗長靶刀汎旗係營中自備 弓箭撒袋係兵丁自備 鐵盔鐵甲鐵幘子礮䩞海礮鞭礮鉤鐮鎗四眼槍竹篙槍係停修存貯

## 龍門協左右二營

盔襯棉甲大纛什長旗督陣紅旗桅旗牛皮帳礮繳鉤礮鈀礮撞礮門針礮乂礮欓礮鍊火桿火棍鐵刷子礮鏈鐵錘鐵送子鐵鏾鍋撑二十年製十年修號帽號褂單帳房單帘子十二年製六年修鐵鋤鐵鍪木箱二十五年製十三年修皮搭連九龍袋皮葫蘆火藥角烘藥角火藥袋火繩皮包鞘殼籐牌十六年製八年修木椒八年製四年修犂頭鏢短鳥鎗長鎗長矛竹篙槍三十年製十五年修子母礮行營礮劈山礮砂礮銅礮生鐵大礮三十年後實有炸裂准其鑄造十五年後口門寬大准其修理礮牀礮架礮車礮凳礮盔皮花瓶扣五年製三年修腰刀鳥鎗牌刀挑刀四十年製

二十年修銅鍋鐵鍋十年後如有破損准其貼換木柄竹竿籐箍皮條五年更換繩三年更換木杠十年更換紅纓十五年更換噴筒火箭火號火磚火罐灰包係每年修製十分之一浮身水角帶燕尾牌十年製五年修守禦之撓鉤四十年製二十年修　行軍攜帶之鐵斧梅針箭係應用之時歸於軍需欵內製辦核銷　硬弓鎗靶箭靶礮靶帽毬救火號旗水桶扁擔托叉鐵鉤麻刷燈籠係營中自備　弓箭撒袋係兵丁自備　鐵盔鐵甲虎衣百子礮砦子礮河塘礮靖海礮竹節鞭礮馬卯銅礮班鳩礮大刀片刀單刀環刀統刀繚風刀馬叉鉤鐮係停修存貯

**崖州協**　棉盔棉甲大纛什長旗督陣紅旗二十五年製十三年修號帽號褂青衣青褲單帳房單帘子籐牌十六年製八年修木箱三十年製十五年修皮搭連九龍袋皮葫蘆火藥角烘藥角火藥袋火繩皮包鞘殼鐵鍬礮繳鈎礮鈀礮鏈鐵刷子礮撞鐵錘鐵送子礮櫌礮鍊礮門針托叉火桿火棍礮鑽礮



維鍋撐二十年製十年修木轆十年製五年修子母礮行營礮砂礮銅生鐵大礮三十年後寔有炸裂准其鑄造十五年後口門寛大准其修理礮牀礮架礮車礮凳礮葢皮花瓶扣五年製三年修腰刀鳥鎗大鳥鎗牌刀挑刀長槍長矛四十年製二十年修銅鍋十年後如有破損准其貼換木柄竹竿籐箍皮條五年更換木杠十年更換紅纓十五年更換繩三年更換火箭火筒火罐係每年修製十分之一　行軍攜帶之鐵斧梅針箭係應用之時歸於軍需欵內製辦核銷　硬弓鎗靶箭靶礮靶帽毬綢戰圖布戰圖木架木牌木棍木梆長靶刀手鎗鉤鐮槍汎旗撓鉤汲桶水桶扁擔麻刷救火號旗係營中自備　弓箭撒袋係兵丁自備　鐵盔鐵甲百子礮紅衣礮三眼鎗木槍竹篙槍馬叉鉤鐮鈀頭割鐮繚割係停修存貯

**順德協左右二營**　棉盔鯿鰛左棉甲大纛什長旗督陣紅旗得勝旗鯿鯿綢龍圖黃布橫圖桅尾旗蜈蚣旗衝風旗順風旗黃布揚纛大小花旗棉簾快鈀礮繳鈎礮鈀礮撞礮門針礮櫌礮

叉礮鍊火桿火棍鐵刷子礮鐮鏈鐵錘鐵送子鐵鏺鍋撐二十年製十年修號帽號褂青衣青褲單帳房單帘子十二年製六年修鐵鍬木箱二十五年製十三年修皮搭連九龍袋皮葫蘆火藥角烘藥角火藥袋火繩皮包鞘殼籐牌十六年製八年修木鏺八年製四年修鈎鐮鎗犂頭鏢長槍長矛鐵猫兒三十年製十五年修子母礮行營礮斫營鹹礮砂礮生鐵大礮三十年後寔有炸裂准其鑄造十五年後口門寛大准其修理礮牀礮架礮車礮凳礮葢皮花瓶扣五年製三年修腰刀鳥鎗牌刀挑刀鐮刀四十年製二十年修銅鑼銅鍋十年後如有破損准其貼換戰鼓十年後如有破損准其更換木柄竹竿籐箍皮條五年更換繩三年更換木杠十年更換紅纓十年更換噴筒火箭火龍獸鱗右火筒火號火磚火罐木火桶灰包係每年修製十分之一浮身水角帶十年製五年修守禦之撓鉤撓鉤槍四十年製二十年修　行軍攜帶之梅針箭係應用之時歸于軍需欵內製辦核銷　硬弓鎗靶箭靶礮靶帽毬鼓裙木架木牌木棍



木梆長靶刀手槍鐵叉麻刷木水桶汲桶汎旗井繩係營中自備　弓箭撒袋圍腰柳碗係兵丁自備　鐵盔鐵甲班鳩礮河塘礮百子礮馬叉斗鏢嘴鏢槍斧鋤係停修存貯

**新會左右二營**　棉盔棉甲大纛什長旗督陣紅旗夏布大旗黃布揚纛桅尾旗蜈蚣旗衝風旗戰被棉簾快鈀礮繳鈎礮鈀礮撞火棍鐵刷子鐵錘鐵送子鐵鏺鍋撐二十年製十年修號帽號褂青衣青褲單帳房單帘子十二年製六年修夾涼篷鐵鋤二十五年製十三年修九龍袋火藥角烘藥角火藥袋火繩皮包鞘殼籐牌十六年製八年修木鏺八年製四年修鈎鐮槍長槍長矛三十年製十五年修行營礮砂礮子母砂礮生鐵大礮三十年後寔有炸裂准其鑄造十五年後口門寛大准其修理礮牀礮車礮凳礮葢皮花瓶扣五年製三年修腰刀鳥鎗牌刀挑刀四十年製二十年修銅鍋十年後如有破損准其貼換木柄竹竿籐箍皮條五年更換繩三年更換紅纓十五年更換火箭火籠火號火筒火磚火

鑵木火桶灰包係每年修製十分之一救火之撓鉤四十年製二十年修　行軍攜帶之鐵斧梅針箭係應用之時歸於軍需欵內製辦核銷　硬弓鎗靶箭靶礮靶帽毬麻刷木水桶汲桶井繩木架木梆木牌木棍長靶刀鉤鐮鎗手槍鐵义汎旗係營中自備弓箭撒袋係兵丁自備　鐵盔鐵甲河塘礮斑鳩礮片刀四眼鎗木鎗竹槍係停修存貯

督標水師營　棉甲大纛什長旗督陣旗礮繳鉤礮鈀礮撞火棍礮刷礮鏟鐵鎚鐵送子鐵鈲鍋撐二十年製十年修號帽號褂青衣青褲戰腰單帳房單帟子十二年製六年修鐵鋤鐵鏨二十五年製十三年修皮搭連九龍袋火藥角烘藥角火藥袋火繩皮包鞘殼籐牌十六年製八年修木𣚍八年製四年修鉤鐮犂頭鏢長槍長矛三十年製十五年修過山鳥礮砂礮生鐵大礮三十年後賔有炸裂准其鑄造十五年後口門寬大准其修理礮架礮牀礮車礮凳礮盔皮花瓶扣五年製三年修腰刀鳥鎗牌刀



挑刀鐮刀四十年製二十年修銅鑼彎號銅鍋十年後如有破損准其貼換陣鼓海螺十年後如有破損准其更換木柄竹竿籐箍皮條五年更換繩三年更換木杠十年更換紅纓十五年更換守禦及救火之木架木牌木梯水桶弔桶八年製四年修救火號旗十年製五年修鐵錨火鉤鉤鐮四十年製二十年修麻刷三年製一年修扁檐四年更換　井繩三年更換燈籠一年更換木棍木梆四年更換　行軍攜帶之鐵斧柴刀梅針箭係應用之時歸於軍需欵內製辦核銷硬弓鎗靶箭靶礮靶帽毬鼓裙係營中自備弓箭撒袋係兵丁自備鐵盔鐵甲亘底礮河塘礮扁刀馬义月斧係停修存貯

工部軍器則例

前山營　棉盔棉甲大纛什長旗督陣紅旗先鋒旗帥旗令旗五色綢令旗蜈蚣旗綢旗綢五彩圖青紗夏布圖布楊圖鉛子桶火藥桶鐵鈲礮櫑礮鍊礮門針礮繳鉤礮鏟鐵刷子礮鈀礮撞鐵鎚鐵送子火桿礮义火棍二十年製十年修號帽號褂青帽青衣單帳房單帟子單凉篷單照壁十二年製六年修木箱鐵撓鉤犂頭鏢二十五年製十三年修皮搭連九龍袋皮葫蘆火藥角烘藥角火藥袋火藥筒火繩皮包籐牌鞘殼十六年製八年修木𣚍八年製四年修子母礮行營礮劈山礮砂礮生鐵大礮三十年後寔有炸裂准其鑄造十五年後口門寬大准其修理礮牀礮架礮車礮凳礮盔皮花瓶扣五年製三年修腰刀鳥鎗牌刀挑刀長槍長矛四十年製二十年修銅鑼銅號十年後如有破損准其貼換戰鼓海螺十年後如有破損准其更換木柄竹竿籐箍皮條五年更換木杠十年更換紅纓鈴鐺十五年更換繩三年更換火筒火箭火鑵係每年修製十分之一守禦及救火之木架木牌水桶小把桶弔桶蜈蚣梯貯水木桶八年製四年修汎旗救火號旗救火號衣十年製五年修長靶刀鉤鐮槍撓鉤槍鐵义托义鐵錨兒鐵斧鐵鋸四十年製二十年修火鉤三十年製十五年修麻刷三年製一年修木棍木梆四年更換扁擔八



年更換燈籠一年更換　行軍攜帶之鑼鍋鍋撐鐵鋤鐵鏨梅針箭係應用之時歸于軍需欵內製辦核銷　硬弓鎗靶箭靶礮靶帽毬鼓裙箭架係營中自備　弓箭撒袋係兵丁自備　鐵盔鐵甲河塘礮班鳩礮大扁刀斬馬刀背刀木槍鉤槍竹篙槍鏢槍快鈀係停修存貯

黃岡協左右二營　皮盔棉甲大纛什長旗督陣旗火藥桶鐵鈲礮櫑礮鍊礮門針礮繳鉤礮鏟鐵刷子礮鈀礮撞鐵鎚鐵送子托义火桿火棍二十年製十年修號帽號衣青衣單帳房單帟子十二年製六年修木箱二十五年製十三年修皮搭連九龍袋皮葫蘆火藥角烘藥角火藥袋火繩皮包鞘殼籐牌十六年製八年修木𣚍八年製四年修子母礮行營礮劈山礮生鐵大礮三十年後寔有炸裂准其鑄造十五年後口門寬大准其修理礮牀礮架礮車礮凳礮盔皮花瓶扣五年製三年修腰刀鳥鎗牌刀挑刀長槍長矛四十年製二十年修銅號十年後如有破損准其貼換戰鼓十年後如有破損准其

更換木柄竹竿籐箍皮條五年更換木杠十年更換紅纓鈴鐺十五年更換繩三年更換守禦及救火之木架貯水木桶八年製四年修汎旗十年製五年修鐵撓鉤四十年製二十年修扁擔八年更換　行軍攜帶之鑼鍋鍋撐鐵鋤鐵斧梅針箭係應用之時歸於軍需欵內製辦核銷　硬弓鎗靶箭靶礮靶帽毬鼓裙綢戰圖布戰圖木牌木棍鐵鈎麻刷水桶救火號旗係營中自備　弓箭撒袋係兵丁自備　鐵盔鐵甲號礮係停修存貯

**饒平營** 皮盔棉甲大纛什長旗督陣旗五色號令旗蜈蚣旗二十五年製十三年修號帽號衣青衣青褲單帳房單帘子籐牌十六年製八年修木箱三十年製十五年修皮搭連九龍袋皮葫蘆火藥角烘藥角火藥袋火繩皮包鞘殼鐵鐝礮欓礮鍊礮門針礮繳鈎礮鏟鐵刷子礮鈀礮撞鐵錘鐵送子托叉火桿火棍二十年製十年修木獗十年製五年修子母礮行營礮劈山礮生鐵大礮三十年後寔有炸裂



准其鑄造十五年後口門寬大准其修理礮牀礮架礮車礮凳礮盔皮花瓶扣五年製三年修腰刀鳥鎗牌刀挑刀長槍長矛四十年製二十年修木柄竹竿籐箍皮條五年更換木杠十年更換紅纓鈴鐺十五年更換繩三年更換守禦之木架八年製四年修鐵撓鈎四十年製二十年修　行軍攜帶之鑼鍋鍋撐鐵鏨鐵斧梅針箭係應用之時歸於軍需欵內製辦核銷　硬弓鎗靶箭靶礮靶帽毬綢戰圖布戰圖木牌木棍救火號衣救火號旗水桶麻刷哈吧什旗四方高照旗係營中自備　弓箭撒袋係兵丁自備　鐵盔鐵甲鈎鐮鈎子係停修存貯

**潮州鎮中左二營** 棉甲大纛什長旗督陣旗綢大旗蜈蚣旗黃布旗二十五年製十三年修號帽號衣青帽青衣青褲單帳房單帘子單涼篷籐牌十六年製八年修木箱三十年製十五年修皮搭連皮葫蘆九龍袋火藥角烘藥角火藥袋火繩皮包鞘殼鐵鐝礮欓礮鍊礮門針礮繳鈎礮鏟鐵刷

子礮鈀礮撞鐵錘鐵送子托叉火桿火棍二十年製十年修子母礮行營礮劈山礮生鐵大礮三十年後寔有炸裂准其鑄造十五年後口門寬大准其修理礮牀礮架礮車礮凳礮盔皮花瓶扣五年製三年修腰刀鳥鎗牌刀挑刀旗槍長槍長矛四十年製二十年修木柄竹竿籐箍皮條五年更換木杠十年更換紅纓鈴鐺十五年更換繩三年更換　行軍攜帶之鑼鍋鍋撐鐵鏨鐵鋤鐵鐮鐵斧梅針箭係應用之時歸於軍需欵內製辦核銷　硬弓鎗靶箭靶礮靶帽毬汲桶麻刷蜈蚣梯鐵錨撓鈎弔桶水桶扁擔救火號旗哈吧旗四方高照旗綢戰圖布戰圖係營中自備　弓箭撒袋係兵丁自備　鐵盔鐵甲四眼槍鐵鈎鐮係停修存貯

**潮州鎮右營** 棉甲大纛什長旗督陣旗綢大旗蜈蚣旗鐵鐝礮欓礮鍊礮門針礮繳鈎礮鏟鐵刷子礮鈀礮撞鐵錘鐵送子托叉火桿火棍二十年製十年修號帽號衣青帽青衣青褲單帳房單帘



子單涼篷十二年製六年修木箱二十五年製十三年修皮搭連皮葫蘆九龍袋火藥角烘藥角火藥袋火繩皮包鞘殼籐牌十六年製八年修子母礮行營礮劈山礮生鐵大礮三十年後寔有炸裂准其鑄造十五年後口門寬大准其修理礮牀礮架礮車礮凳礮盔皮花瓶扣五年製三年修腰刀鳥鎗牌刀挑刀長槍長矛四十年製二十年修木柄竹竿籐箍皮條五年更換木杠十年更換紅纓鈴鐺十五年更換繩三年更換　行軍攜帶之鑼鍋鍋撐鐵鏨鐵鋤鐵鐮鐵斧梅針箭係應用之時歸於軍需欵內製辦核銷　硬弓鎗靶箭靶礮靶帽毬汲桶麻刷蜈蚣梯鐵錨鐵撓鈎弔桶水桶扁擔救火號旗哈吧旗四方高照旗綢戰圖布戰圖係營中自備　弓箭撒袋係兵丁自備　鐵盔鐵甲四眼槍鐵鈎鐮係停修存貯

**潮州城守營** 皮盔棉甲大纛什長旗督陣旗紅綢大旗蜈蚣旗二十五年製十三年修號帽號褂青衣單帳房單帘子籐牌十六年製八年修木箱三十年製十五年修皮搭連九龍袋皮葫蘆火藥

角烘藥角火藥袋火繩皮包鞘殼鐵鏾礮櫋礮鍊礮門針礮繳鈎礮鏈鐵刷子礮鈀礮撞鐵錘托义火桿火棍二十年製十年修木檝十年製五年修子母礮行營礮劈山礮生鐵大礮三十年後寔有炸裂准其鑄造十五年後口門寛大准其修理礮牀礮架礮車礮發礮盔皮花瓶扣五年製三年修腰刀鳥鎗牌刀挑刀長槍長矛四十年製二十年修銅鑼銅號十年後如有破損准其貼換戰鼓十年後如有破損准其更換木柄竹竿籐箍皮條五年更換木杠十年更換紅纓鈴鐺十五年更換繩三年更換　行軍攜帶之銅鍋鐵鍋鍋撐鐵鍪鐵鋤鐵斧鐵鐮梅針箭係應用之時歸於軍需欵內製辦核銷　硬弓鎗靶箭靶礮靶帽毬鼓裙綢戰圖布戰圖木牌木棍救火號旗水桶汲桶蜈蚣梯鐵撓鈎鐵錨係營中自備　弓箭撒袋係兵丁自備　鐵盔鐵甲百子礮生熕礮班鳩礮鈎鐮鈎子係停修存貯

**潮陽營**棉甲大纛什長旗督陣旗鐵鏾礮櫋礮鍊礮門針礮繳鈎礮鏈鐵刷子礮鈀礮撞鐵錘鐵



送子托义火桿火棍二十年製十年修號帽號褂青衣青褲單帳房單帘子單凉篷十二年製六年修木箱二十五年製十三年修皮搭連九龍袋皮葫蘆火藥角烘藥角火藥袋火繩皮包鞘殼籐牌十六年製八年修木檝八年製四年修子母礮行營礮劈山礮生鐵大礮三十年後寔有炸裂准其鑄造十五年後口門寛大准其修理礮牀礮架礮車礮發礮盔皮花瓶扣五年製三年修腰刀鳥鎗牌刀挑刀長槍長矛四十年製二十年修木柄竹竿籐箍皮條五年更換木杠十年更換紅纓鈴鐺十五年更換繩三年更換　行軍攜帶之鑼鍋鍋撐鐵鍪鐵鋤鐵斧梅針箭係應用之時歸於軍需欵內製辦核銷　硬弓鎗靶箭靶礮靶帽毬綢戰圖布戰圖木牌木棍汲桶水桶弔桶扁擔鐵鈎麻刷係營中自備　弓箭撒袋係兵丁自備　鐵盔鐵甲百子礮係停修存貯

**惠來營**棉甲大纛驅旅旗督陣旗鐵鏾礮櫋礮鍊礮門針礮繳鈎礮鏈鐵刷子礮鏈礮撞鐵錘鐵

送子托义火桿火棍二十年製十年修號帽號褂青衣單帳房單帘子十二年製六年修木箱二十五年製十三年修皮搭連九龍袋皮葫蘆火藥角烘藥角火藥袋火繩皮包鞘殼籐牌十六年製八年修木檝八年製四年修子母礮砂礮銅礮生鐵大礮三十年後寔有炸裂准其鑄造十五年後口門寛大准其修理礮牀礮架礮車礮發礮盔皮花瓶扣五年製三年修腰刀鳥鎗牌刀長槍長矛四十年製二十年修銅鑼十年後如有破損准其貼換陣鼓十年後如有破損准其更換木柄竹竿籐箍皮條五年更換木杠十年更換紅纓鈴鐺十五年更換繩三年更換　行軍攜帶之鑼鍋鍋撐鐵鏈鐵鋤鐵斧梅針箭係應用之時歸於軍需欵內製辦核銷　硬弓鎗靶箭靶礮靶帽毬鼓裙木牌木棍水桶鈎鐮麻刷扁擔係營中自備　弓箭撒袋係兵丁自備　鐵盔鐵甲　班鳩礮鐮刀長刀係停修存貯

**惠州協左營**盔襯棉盔棉甲大纛驅旅旗督陣旗二十五年製十五年修號帽號褂青帽青



衣單帳房單帘子籐牌十六年製八年修木箱三十年製十五年修皮搭連九龍袋皮葫蘆火藥角烘藥角火藥筒火藥袋火繩皮包鞘殼鐵鏾礮櫋礮鍊礮門針礮繳鈎礮鏈鐵刷子礮鈀礮撞鐵錘鐵送子托义火桿火棍二十年製十年修木檝十年製五年修子母礮行營礮砂礮生鐵大礮三十年後寔有炸裂准其鑄造十五年後口門寛大准其修理礮牀礮架礮車礮發礮盔皮花瓶扣五年製三年修腰刀鳥鎗牌刀挑刀長槍長矛四十年製二十年修木柄竹桿籐箍皮條五年更換木杠十年更換紅纓鈴鐺十五年更換繩三年更換守禦及救火之木架木牌水桶蜈蚣梯八年製四年修救火號旗十年製五年修長靶刀鈎鐮槍撓鈎槍四十年製二十年修汲桶火鈎三十年製十五年修麻刷三年製一年修木棍木梆四年更換扁擔八年更換燈籠一年更換　行軍攜帶之鑼鍋鍋撐鐵鋤鐵鍪鐵鐮梅針箭係應用之時歸於軍需欵內製辦核銷　硬弓鎗靶箭靶礮靶帽毬係營中自備　弓箭撒袋護膝係兵丁自借　鐵

盔鐵甲馬义鴛鴦鋤斧係停修存貯

**惠州協右營**盔襯棉盔棉甲大纛驅旅旗督陣旗鐵鑼礮欔礮鍊礮門針礮繳鈎礮鏈鐵刷子礮鈀礮撞鐵錘鐵送子托义火棍火桿二十年製十年修號帽號褂青帽青衣單帳房單帘子十二年製六年修木箱二十五年製十三年修皮搭連九龍袋皮葫蘆火藥角烘藥角火藥筒火藥袋火繩皮包籐牌鞘殼十六年製八年修木鑼八年製四年修子母礮行營礮砂礮生鐵大礮三十年後寔有炸裂准其鑄造十五年後口門寛大准其修理礮牀礮架礮車礮凳礮蓋皮花瓶扣五年製三年修腰刀鳥鎗牌刀挑刀長槍長矛四十年製二十年修木柄竹竿籐籠皮係五年更換木杠十年更換紅纓鈴鐺十五年更換繩三年更換守禦及救火之木架木牌水桶蜈蚣梯八年製四年修救火號旗十年製五年修長靶刀鈎鐮槍撓鈎槍四十年製二十年修汲桶火鈎三十年製十五年修麻刷三年製一年修木棍木椰四



年更換扁擔八年更換燈籠一年更換　行軍攜帶之鑼鍋鍋撐鐵鏊鐵鋤鐵鐮梅針箭係應用之時歸於軍需欵內製辦核銷　硬弓鎗靶箭靶礮靶帽毬係營中自備　弓箭撒袋護膝係兵丁自備　鐵盔鐵甲馬义鴛鴦鋤斧係停修存貯

**永靖營**盔襯棉盔棉甲大纛什長旗督陣旗五彩纛緞蟒纛黃布揚纛蜈蚣旗礮欔礮鍊礮門針火桿礮义鐵鑼快鈀二十年製十年修號帽號褂青衣青褲單帳房單帘子十二年製六年修木箱二十五年製十三年修皮搭連九龍袋皮葫蘆火藥角烘藥角火繩皮包鞘殼籐牌十六年製八年修木鑼八年製四年修子母礮行營礮砂礮三十年後寔有炸裂准其鑄造十五年後口門寛大准其修理礮架皮花瓶扣五年製三年修腰刀鳥鎗牌刀挑刀長矛四十年製二十年修戰鼓十年後如有破損准其更換木柄竹竿籐籠皮係五年更換木杠十年更換紅纓鈴鐺十五年更換繩三年更換火鑵火磚火箭灰包

係每年修製十分之一守禦及救火之木架木牌水桶八年製四年修汛旗救火號旗救火號衣十年製五年修撓鈎四十年製二十年修火鈎三十年製十五年修麻刷三十製一年修木棍木椰四年更換

行軍攜帶之鑼鍋鍋撐鐵鏊鐵鐮　鐵斧梅針箭係應用之時歸於軍需欵內製辦核銷　硬弓鎗靶箭靶礮靶帽毬鼓裙係營中自備　弓箭撒袋圍腰護膝係兵丁自備　鐵盔鐵甲河塘礮班鳩礮斬馬刀木槍竹篙槍鐵义係停修存貯

**那扶營**盔襯棉甲大纛什長旗督陣旗塘馬旗礮繳鈎礮鏈鐵刷子礮鈀礮撞鐵錘鐵送子火桿二十年製十年修號帽號褂單帳房單帘子單凉篷十二年製六年修皮搭連九龍袋皮葫蘆火藥角烘藥角火藥袋火繩皮包鞘殼鐵鑼籐牌十六年製八年修木鑼八年製四年修行營礮威遠礮砂礮生鐵大礮三十年後寔有炸裂准其鑄造十五年後口門寛大准其修理礮牀礮車礮凳礮蓋皮花瓶扣五年



製三年修腰刀鳥鎗牌刀挑刀長槍長矛大旗槍四十年製二十年修木柄竹竿籐籠皮係五年更換木杠十年更換紅纓鈴鐺十五年更換繩三年更換　行軍攜帶之鑼鍋鍋撐梅針箭係應用之時歸於軍需欵內製辦核銷　硬弓鎗靶箭靶礮　帽毬箭架木架木椰木牌木棍長靶刀鈎鐮撓鈎鐵义手槍汛旗火鈎麻刷木水桶汲桶井繩係營中自備　弓箭撒係兵丁自備　鐵盔鐵甲係停修存貯

**陽春營**盔襯棉甲大纛驅旅旗督陣旗先鋒旗月心大旗綢旗鐵鑼礮繳鈎礮鏈鐵刷子礮鈀礮撞鐵錘鐵送子火棍二十年製十年修號帽號褂青衣青褲單帳房單帘子十二年製六年修皮搭連九龍袋皮葫蘆火藥角烘藥角火藥筒火藥袋火繩皮包鞘殼籐牌十六年製八年修木鑼八年製四年修生鐵大礮砂礮三十年後寔有炸裂准其鑄造十五年後口門寛大准其修理礮牀礮車礮凳礮蓋皮花瓶扣五年製三年修腰刀鳥鎗牌刀挑刀長槍長矛四十年製二十年修木柄竹竿籐籠皮係五年更換

木杠十年更換紅纓鈴鐺十五年更換繩三年更換行軍攜帶之鑼鍋鍋撐鐵鏨鐵鋤鐵鏟梅針箭係應用之時歸於軍需欵內製辦核銷　硬弓鎗靶箭靶礮靶帽毬火鈎麻刷木水桶汲桶井繩木架木掷木牌木棍長靶刀鈎鐮槍鐵义手槍撓鈎槍汛旗係營中自備　弓箭撒袋係兵丁自備　鐵盔鐵甲係停修存貯

**化石營**棉甲大纛驅旅旗督陣旗督令旗綢戰圖布戰圖礮义礮㰚礮鍊礮門針火桿礮繳鈎礮鏟鐵刷子火棍礮鈀礮撞鐵錘鐵送子鐵鏾二十年製十年修單帳房單帘子十二年製六年修木箱二十五年製十三年修皮搭連九龍袋皮葫蘆火藥角烘藥角火藥袋火繩皮包籐牌鞘殼十六年製八年修木㰚八年製四年修子母礮行營礮威遠礮生鐵大礮號礮三十年後寔有炸裂准其鑄造十五年後口門寬大准其修理礮牀礮架礮車礮凳礮蓋皮花瓶扣五年製三年修腰刀鳥鎗鈙鎗牌刀挑刀長槍



長矛鈎鐮四十年製二十年修木柄竹竿籐箍皮條五年更換木杠十年更換紅纓鈴鐺十五年更換繩三年更換火箭火罐火磚灰包係每年修製十分之一　行軍攜帶之鑼鍋鍋撐鐵鏨鐵鋤鐵斧梅針箭係應用之時歸於軍需欵內製辦核銷　硬弓鎗靶箭靶礮靶帽毬撓鈎水桶麻刷係營中自備　弓箭撒袋係兵丁自備　鐵盔鐵甲鞭礮大刀扁刀四眼槍係停修存貯

**廉州營**棉盔棉甲大纛驅旅旗督陣旗綢令旗鐵鏾礮㰚礮鍊礮門針礮繳鈎礮鏟鐵刷子礮鈀礮撞鐵錘鐵送子托义火棍火桿二十年製十年修號帽號褂單帳房單帘子單凉篷十二年製六年修木箱二十五年製十三年修皮搭連九龍袋皮葫蘆火藥角烘藥角火藥袋火繩皮包鞘殼籐牌十六年製八年修木㰚八年製四年修子母礮行營礮生鐵大礮三十年後寔有炸裂准其鑄造十五年後口門寬大准其修理礮牀礮架礮車礮凳礮蓋皮花瓶扣五年製三年修腰刀鳥鎗牌刀挑刀長槍長矛四十

年製二十年修銅鑼十年後如有破損准其貼換木柄竹竿籐箍皮條五年更換木杠十年更換紅纓鈴鐺十五年更換繩三年更換　行軍攜帶之鑼鍋鍋撐鐵鋤鐵鍬鐵斧梅針箭係應用之時歸於軍需欵內製辦核銷　硬弓鎗靶箭靶礮靶帽毬水桶潑水桶鐵鈎麻刷係營中自備　弓箭撒袋係兵丁自備　鐵盔鐵甲虎衣係停修存貯

**欽州營**棉甲大纛什長旗督陣旗令字旗稟字旗袼褀二十五年製十三年修號帽號褂青帽青衣青褲戰腰單帳房單帘子籐牌十六年製八年修木箱三十年製十五年修皮搭連九龍袋皮葫蘆火藥角烘藥角火藥袋火繩皮包鞘殼鐵鏾礮㰚礮鍊礮門針礮繳鈎礮鏟鐵刷子礮鈀礮撞鐵錘鐵送子托义火棍火桿二十年製十年修木㰚十年製五年修子母礮小銅礮生鐵大礮三十年後寔有炸裂准其鑄造十五年後口門寬大准其修理礮牀礮架礮車礮凳礮蓋皮花瓶扣五年製三年修腰刀鳥鎗牌



刀長槍長矛四十年製二十年修戰鼓十年後如有破損准其更換木柄竹竿籐箍皮條五年更換木杠十年更換紅纓鈴鐺十五年更換繩三年更換　行軍攜帶之鑼鍋鍋撐鐵鏨鐵鋤鐵斧梅針箭係應用之時歸於軍需欵內製辦核銷　硬弓鎗靶箭靶礮靶帽毬鼓褶水桶水銃火鈎麻刷係營中自備　弓箭撒袋係兵丁自備　鐵盔鐵甲紅衣礮鞭礮挑刀係停修存貯

**雷州左右二營**棉盔棉甲大纛什長旗督陣旗礮义礮㰚礮鍊礮門針火桿礮繳鈎礮鏟鐵刷子火桿礮鈀鐵錘鐵送子鐵鏾二十年製十年修號帽號褂青衣單帳房單帘子十二年製六年修木箱二十五年製十三年修皮搭連九龍袋皮葫蘆火藥角烘藥角火藥袋火繩皮包鞘殼籐牌十六年製八年修木㰚八年製四年修子母礮行營礮生鐵大礮三十年後寔有炸裂准其鑄造十五年後口門寬大准其修理礮牀礮架礮車礮凳礮蓋皮花瓶扣五年製三年修腰刀鳥鎗牌刀挑刀長槍長矛四十

年製二十年修戰鼓十年後如有破損准其更換木柄竹竿籐箍皮係五年更換木杠十年更換紅纓鈴
鐺十五年更換繩三年更換　行軍攜帶之鑼鍋撐鐵鏊鐵鍬鐵鐮鐵斧柴刀梅針箭係應用之時歸
於軍需款內製辦核銷　硬弓鎗靶箭靶礮靶帽毯鼓裙木架木牌木棍木梆手槍長靶刀鈎鐮槍汎旗
撓鈎麻刷水桶扁擔燈籠救火號旗綢戰圖布戰圖係營中自備　弓箭撒袋係兵丁自備　鐵盔鐵甲
拐角帳房鞭礮馬蹄礮扁刀係停修存貯

**徐聞營**棉盔棉甲大纛驅旅旗督陣旗綢令旗二十五年製十三年修號帽號褂青衣青褲單帳
房單帘子籐牌十六年製八年修木箱三十年製十五年修皮搭連九龍袋皮葫蘆火藥角烘藥角火藥
袋火繩皮包鞘殼礮叉礮櫌礮鍊礮門針火桿礮繳鈎礮鏟鐵刷子火棍礮鈀礮撞鐵錘鐵送子鐵鐝二
十年製十年修木櫠十年製五年修子母礮行營礮生鐵大礮三十年後寔有炸裂准其鑄造十五年後



口門寬大准其修理礮牀礮架礮凳礮車礮葢皮花瓶扣五年製三年修腰刀鳥鎗牌刀挑刀長槍長矛
四十年製二十年修銅鑼十年後如有破損准其貼換陣鼓十年後如有破損准其更換木柄竹竿籐箍
皮係五年更換木杠十年更換紅纓鈴鐺十五年更換繩三年更換　行軍攜帶之鑼鍋撐鐵鏊鐵鍬
鐵斧梅針箭係應用之時歸於軍需款內製辦核銷　硬弓鎗靶箭靶礮靶帽毯鼓裙綢戰圖布戰圖木
架木牌木梆木棍手槍鈎鐮槍長靶刀汎旗救火號旗撓鈎水桶扁擔麻刷塘馬旗係營中自備　弓箭
撒袋係兵丁自備　鐵盔鐵甲四把連礮係停修存貯

**瓊州鎮左右二營**棉盔棉甲大纛驅旅旗督陣旗二十五年製十三年修號帽號褂青
衣青褲單帳房單帘子籐牌十六年製八年修木箱三十年製十五年修皮搭連九龍袋皮葫蘆火藥角
烘藥角火藥袋火繩皮包鞘殼鐵鐝礮櫌礮鍊礮門針礮繳鈎礮鏟鐵刷子礮鈀礮撞鐵錘鐵送子火桿

火棍托叉二十年製十三年修木櫠十年製五年修子母礮行營礮生鐵大礮三十年後寔有炸裂准其鑄
造十五年後口門寬大准其修理礮牀礮架礮車礮凳礮葢皮花瓶扣五年製三年修腰刀鳥鎗牌刀挑
刀長槍長矛四十年製二十年修木柄竹竿籐箍皮係五年更換木杠十年更換紅纓鈴鐺十五年更換
繩三年更換　行軍攜帶之鑼鍋撐鐵鏟鐵鍬　鐵斧梅針箭係應　用之時歸於軍需款內製辦核銷
硬弓箭靶鎗靶礮靶帽毯木架木牌木棍木梆長靶刀鈎鐮槍手槍汎旗撓鈎水桶貯水木桶水筲扁擔
蜈蚣梯麻　刷救火號旗係營中自備　弓箭撒袋係兵丁自備　鐵盔鐵甲百子礮紅衣礮虎威礮馬蹄
礮大刀虎叉係停修存貯

**儋州營**棉盔棉甲大纛驅旅旗鐵鐝礮櫌礮鍊礮門針礮繳鈎礮鏟鐵刷子礮鈀礮撞鐵錘鐵送
子托叉火桿火棍二十年製十年修號帽號褂青帽青衣單帳房單帘子十二年製六年修木箱二十五



年製十三年修皮搭連九龍袋皮葫蘆火藥角烘藥角火藥袋火繩皮包鞘殼籐牌十六年製八年修木
櫠八年製四年修子母礮行營礮劈山礮佛郎機礮砂礮生鐵大礮三十年後寔有炸裂准其鑄造十五
年後口門寬大准其修理礮牀礮架礮車礮凳礮葢皮花瓶扣五年製三年修腰刀鳥鎗牌刀長槍長矛
四十年製二十年修木柄竹竿籐箍皮係五年更換木杠十年更換紅纓鈴鐺十五年更換繩三年更換
火罐火筒火箭係每年修製十分之一　行軍攜帶之鑼鍋撐鐵鏟鐵鍬梅針箭係應用之時歸於軍
需款內製辦核銷　硬弓鎗靶箭靶礮靶帽毯綢戰圖布戰圖撓鈎槍水　桶貯水木桶扁擔蜈蚣梯麻刷
救火號旗水筲木架木牌木棍木梆長靶刀鈎鐮槍汎旗係營中自備　弓箭撒袋套褲圍腰係兵丁自
備　鐵盔鐵甲生鐵熕礮發熕礮銅礮百子礮班鳩礮千里馬礮馬蹄礮挑刀背刀馬叉係停修存貯

**萬州營**棉盔棉甲大纛驅旅旗督陣旗鐵鐝礮櫌礮鍊礮門針托叉火桿二十年製十年修號帽

號褂青衣青褲單帳房單帘子十二年製六年修木箱二十五年製十三年修皮搭連九龍袋皮葫蘆火藥角烘藥角火藥袋火繩皮包鞘殼籐牌十六年製八年修木櫃八年製四年修子母礮行營礮三十年後寔有炸裂准其鑄造十五年後口門寬大准其修理礮牀礮架礮車礮凳礮蓋皮花瓶扣五年製三年修腰刀鳥鎗牌刀長槍長矛四十年製二十年修木柄竹竿籐箍皮條五年更換木杠十年更換紅纓鈴鐺十五年更換繩三年更換行軍攜帶之鑼鍋鍋撑鐵鋤鐵斧梅針箭係應用之時歸於軍需欵內製辦核銷　硬弓鎗靶箭靶礮靶帽毯綢戰圖布戰圖木架木牌　木棍木梆鈎鐮貯水木桶水桶扁擔鐵鈎麻刷係營中自備　弓箭撒袋圍腰護膝係兵丁自備　鐵盔鐵甲百子礮通關礮砂礮班鳩礮銅礮班鳩鐵礮大礮馬蹄礮背刀挑刀係停修存貯



廣東海防彙覽卷十九終

# 廣東海防彙覽卷二十

## 方略九

### 戎器三

#### 各營分配

**南澳鎮標右營**　綠緞金龍大纛三十面什長旗三十副火攻紅緞金龍大旗四面帶什長旗四副督陣紅緞旗二十九面紅綢開門旗二面紅布得勝旗六面綠布大旗三十二面什長旗八十面黃布營頭旗一十二面白心紅邊號褂一百九十五身紅心白邊號褂五百八十一身全緞號帽一十五頂布得勝號帽八十四頂青衣二十身帳房五十頂挑刀一百三十七把鳥鎗六百三十八桿腰刀八百五十七口藤牌九十五面牌刀九十五張長鎗一百七十四桿戰鼓二十四面鑼鍋五十口鐵撓鈎六十



六枝生鐵礮一百二十六位大小生鐵礮子九萬四千五百粒熟鐵子母礮一十九門子八十三個鉛彈子二千一百粒火礶二百一十個火箭二十八箱火磚六十四個噴筒三十六枝藥桶二個火號一百零二枝灰包三百個火藥一萬五千零七十五觔八兩七錢黑鉛四千六百六十四觔四兩　營兵自備軍械弓箭一百九十五副戰箭七千二百一十枝圍腰二十條護膝二十副套褲二十對火繩一千二百七十六盤　停修存貯軍械青布鐵盔甲一百九十五頂帶裙袖一百九十五副青布鐵盔甲二百九十頂身素鐵盔甲五百六十五頂身青布下山虎緊身褲一百六十七副鹿鎗五十五桿繚割刀五十三把鈎鐮五十八枝鐵百子礮六十三門靖海礮二門單刀九十二張　道光十四年司冊

**澄海協左營**　全緞號帽四十五頂緞邊布號帽一百八十八頂白心紅邊號褂一百二十一身紅心白邊號褂三百七十三身帳房四十頂綠緞大纛二十副紅緞大纛二副腰刀四百九十四口長

鎗七十三桿鳥鎗鈘鎗共四百一十一桿牌刀八十九口藤牌九十九面子母礮五門行營礮四位過山鳥礮一十二桿生鐵礮五十八位幷礮架盔全熟鐵礮一門挑刀八十五把鐵鋤三十五枝戰鼓一十三面木牌一十六面箭七十五枝撓鈎鎗九枝鑼鍋四十口鐵鍬三十五枝黑鉛二千四百二十八觔十四兩火藥八千七百七十八觔十四兩零二分五釐烘藥一十九觔零八兩八錢戰被六張鐵猫兒五個犂頭鏢五十枝火箭十二筒火籠十三個火筒六枝木桶三個火磚二十七個灰包一百三十個火礶二百五十個火箭一十八匣　營兵自備軍械弓箭撒袋一百二十一副戰箭五千零八十枝青布圍腰套褲護膝共二十副　停修存貯軍械青布鐵盔甲五十九副素鐵盔甲帶甲裙八十四頂素鐵盔甲四百五十二頂虎衣褲六十身百子礮七門熕子礮二門生鐵熕礮一門熟鐵熕礮八門河塘礮三門班鳩礮九門板槽礮一門靖海礮一門砂礮一門割刀四枝鐮刀二枝鈎鐮二十四枝掛鎗一枝馬叉六枝鏢子七



枝木鎗四枝

## 澄海協右營

全緞號帽四十五頂緞邊號帽一百五十五頂白心紅邊號褂一百二十四身紅心白邊號褂三百六十八身帳房四十頂絲緞大纛一十九面帶什長旗九十五面紅緞大纛二面什長旗一十面紅緞督陣旗一十五面腰刀四百九十二口長鎗七十二桿鳥鎗鈘鎗四百零八桿牌刀八十九口藤牌九十九面黑鉛二千四百零八觔十兩火藥八千七百一十五觔十四兩零二分五釐烘藥九觔十一兩六錢子母礮五門行營礮三位過山鳥礮一十二桿生鐵礮伍十八位幷礮架盔全挑刀八十八把戰鼓一十三面鐵鋤三十五把木牌二十面撓鈎鎗九枝箭八百七十五枝鑼鍋四十口鐵鍬三十五枝戰被六張犂頭鏢五十枝鐵猫兒六個火箭十二筒火籠一十二個火筒一十枝木桶四個火磚二十八塊火礶二百八百個灰包一百四十個火箭一十八匣　營兵自備軍械弓箭撒袋一百二十四

副戰箭五千零一十枝青布圍腰套褲護膝共二十副　停修存貯軍械青布鐵盔甲帶甲裙五十八副素鐵盔甲裙八十八副素鐵盔甲四百六十一身鈎刀一枝虎衣褲五十五身百子礮七門熕子礮一門熟鐵熕礮七門河塘礮五門班鳩礮六門板槽礮一門靖海礮一門沙礮二門三眼鎗一枝鐮刀二枝鈎鐮二十八張排鎗一枝割刀六枝馬叉八枝鏢子七枝木鎗三枝

## 達濠營

滿天星棉盔甲一百二十五頂身白心紅邊號褂六十六身紅心白邊號褂一百七十二身青衣十身單帳房三十二頂緞龍大纛一十四副腰刀三百一十口鳥鎗二百三十六桿長鎗五十七桿鈘鎗一十一桿藤牌七十面牌刀七十口挑刀五十二張生鐵礮六十位子母礮五門子二十五個子母沙礮八門子三十二個礮架盔六十副銅鑼鍋三十二口火藥五千四百九十四觔八兩九錢烘藥三十觔零四兩六錢黑鉛一千四百一十七觔八兩羣子窩蜂子三萬七千三百粒封口彈子五千五百顆



鐵猫兒四個犂頭標四十枝火箭八匣火筒四枝木火桶四個火號十四枝火磚三十九塊火礶一百六十個灰包七十個戰箭六百枝鐮刀十把　營兵自備軍械弓箭撒袋一百副戰箭三千五百八十枝長桿五枝圍腰十條護膝十副套褲十對　停修存貯軍械青布鐵盔甲帶甲裙八十五項身素鐵盔甲帶甲裙一百六十三頂身青布下山虎緊身套褲四十一身副鴛鴦斧三十二把生鐵熕礮八門班鳩礮七門大刀一百五十一口單刀九張佩刀二張木鎗三枝三眼鎗二門排鎗三枝蝦蟆礮二門鴨舌鎗十枝竹扎鎗十枝

## 海門營

青布棉盔甲七十頂身緞號帽一十三頂布號帽三十四頂紅心白邊號褂五百九十九身白心紅邊號褂一百六十七身青衣二十六身單帳房七十五頂大纛三十八副腰刀七百七十三口長鎗一百桿鳥鎗六百三十八桿牌刀九十二口藤牌九十二面子母礮二十一位帶鍩仔一百零五個

行營礮一位生鐵礮一百四十四位礮架盔一百四十四副火藥一萬四千四百七十二觔八兩七錢烘藥六十觔零十三兩二錢黑鉛三千六百一十觔四兩封口鐵彈一萬三千四百鬆羣子窩蜂九萬二千七百粒鉛礮子八十粒銅鑼一十二面戰鼓一十四面銅鑼鍋七十五口鐵斧二十把鐵猫兒五個鈎鐮鎗二十八枝撓鈎二十九枝犂頭鏢五十枝火箭二十七匣火筒一十八枝火號一十九枝火斗二十個火磚七十四個火礶二百個灰包一百五十個　營兵自備軍械弓一百七十四張箭七千三百一十枝撒袋一百七十四副套褲二十六雙圍腰二十六條護膝二十六副　停修存貯軍械青布鐵盔甲一百七十四頂身素鐵盔甲六百六十一頂身青布下山虎衣虎褲六十五套百子礮十位生鐵熕礮四十七位河塘礮二位帶鋯子六個班鳩礮八位帶鋯子二十四個板槽礮一位帶鋯子三個靖海礮二位帶礮凳二張砂礮十位帶鋯子四十個大刀十四把馬叉十四枝挑刀一百三十五枝鐮刀六枝



## 碣石鎮標中營

棉甲五百六十三身緞號帽一百八十二頂布號帽六百五十一頂號褂六百八十五身勇字短襖八十五身青衣八十身涼篷一座帳房四十九頂大纛一十七桿副帥旗一面先鋒旗五面大令旗一面水操小令旗五面門旗四面五色旗五面撓旗一十面大銅鑼一十二面銅金一面大戰鼓一面小戰鼓一十一面腰刀六百九十口長鎗六十桿鳥鎗四百九十二桿牌刀八十口藤牌八十面子母礮十門子五十個得勝礮一門大小生鐵礮一百零八位熟鐵砂礮八門子三十二個號礮六門礮凳三張鐵鏈四十九把鐵鋤四十九把鈎鐮鎗一百三十六枝撓鈎一十六枝鑼鍋四十九口鐵鐮六張鐵斧四十九把軟柄撓一十六副鐵猫兒六個帶鍊犂頭鏢一百二十枝火箭五十六匣火籠四十四個火噴筒四十四個木火桶四十四個火磚四十四塊火礶三百六十四個灰包八十個浮身水角三十副木架二十八個木牌二十八個木棍二十八對大小封口一萬零一百個羣子窩蜂五萬三千六百五十個鉛子五千七百個火藥一萬二千四百二十四觔零三兩四錢黑鉛三千三百二十一觔挑刀四十七張　營兵自備軍械戰箭九千一百二十八枝弓箭一百九十八副圍腰八十五條護膝四百一十九對套褲八百四十六副鞦鞋八百四十六對椰碗四百一十九個　停修存貯軍械鐵盔七百七十六頂鐵甲一百一十三身竹篙鎗一百三十六枝河塘礮十門子二十四個靖海礮三門班鳩礮二十七門子八十四個繚割刀二十八枝長佩刀二十一把

## 碣石鎮標左營

棉盔一百一十三頂棉甲五百二十五身緞號帽一百六十四頂布號帽五百六十六頂號褂六百六十一身勇字短襖六十九身青衣六十身涼篷一座單帳房四十九頂大纛一十七桿副帥旗一面大令旗一面水操小令旗五面五色旗五面撓旗一十面大銅鑼一十二面銅金一面大戰鼓一面小戰鼓一十二面腰刀六百六十六口長鎗六十桿鳥鎗四百八十一桿牌刀六十口藤牌六十面子母礮十門子五十個行營礮四位大小生鐵礮七十九位熟鐵砂礮六門子二十二個號礮六門礮凳二張鐵鏈四十九把鐵鋤四十九把鈎鐮鎗一百一十枝撓鈎鎗一十八枝鑼鍋四十九口鐵鐮七張鐵斧四十九把軟柄撓一十八副鐵猫兒三個帶鍊犂頭鏢三百七十枝火籠四十個火噴筒四十個火箭四十六匣木火桶三十八個火磚四十塊火礶二百五十六個灰包九十個浮身水角二十四副木架二十個木牌二十個木棍二十對封口七千九百個羣子窩蜂四萬六千五百個火藥一萬二千零二十四觔黑鉛三千三百一十四觔四兩鉛子七千個挑刀四十七張　營兵自備軍械弓一百八十一張戰箭七千一百七十枝圍腰六十九條套褲七百九十五副鞦鞋七百九十五對椰碗三百九十四個護膝三百九十四個　停修存貯軍械鐵盔六百一十三頂鐵甲二百零一身竹篙鎗一百一十枝百子礮四門把連礮二門河塘礮七門子二十七個班鳩礮三十七門子九十三個板槽礮二門子四個

靖海礮二門長佩刀一十五把線割刀二十四枝

**碣石鎮標右營**棉盔一百零七頂棉甲五百六十身緞號帽一百七十一頂布號帽五百
九十六頂勇字短襖九十四身表衣七十五身涼篷一座帳房四十九頂大纛一十九桿副帥旗一面大
令旗一面水操小令旗五面五色旗五面桅旗一十面大銅鑼一十二面銅金一面大戰鼓一面小戰鼓
一十二面腰刀六百七十二口長鎗六十桿鳥鎗四百八十六桿牌刀七十五口藤牌七十五面子母礮
十門子五十個大小生鐵礮八十七位熟鐵砂礮六門子二十四個號礮六門礮梲一張鐵鏟四十九把
鐵鍬二十四把鈎鐮鎗一百二十枝撓鈎二十枝銅鍋四十九口鐵鐮八張鐵斧二十四把軟柄撓三十
二副鐵猫兒六個犂頭鏢一百五十枝火箭一百匣火籠五十個火噴筒五十個木火桶五十個火磚五
十塊火礶三百七十五個灰包一百個浮身水角帶二十四副木架二十個木牌二十個木棍三十對汎



旗三十四面大小封口八千三百個羣子窩蜂四萬七千五百個鉛子五千三百個火藥一萬二千一百
二十八觔十一兩零九分黑鉛三千三百零七觔八兩挑刀四十七張　營兵自備軍械弓箭一百八十
六副戰箭七千七百五十七枝圍腰九十四條護膝四百一十三對套褲八百三十八副靰鞋八百三十
八對柳碗四百一十三個　停修存貯軍械鐵盔六百六十四頂鐵甲二百一十一身竹篙鎗一百二十
六枝紅引礮三位鐵熕礮二位百子礮三門銅熕礮一門河塘礮八門子二十四個班鳩礮一十八門子
五十四個靖海礮一門把連礮二門無子班鳩礮一門線割刀三十二枝長佩刀三十三把鴛鴦鐵斧觔
二十五副

**平海營**鳥鎗四百七十八桿藤牌一百零三面牌刀一百零三口銅事件腰刀一百四十二口鐵
事件腰刀四百七十八口長鎗五十桿綠緞大纛一十二副紅心白邊號褂三百九十七身白心紅邊號

褂八十四身單帳房六十頂鑼鍋六十口號帽七百一十六頂挑刀七十七把鐵鍬五十一把鐵斧九把
鐵鐮刀六十把大小生鐵礮九十位熟鐵沙礮五十六門配礮子二百個熟鐵子母礮十門配礮子五十
個大小鐵封口一萬七千三百七十九個大小羣子五萬八千二百三十個鉛彈子一千一百四十個灰
包一百一十包木火桶二個火罐八十個火磚一百個火籠一十七個火箭一十六匣火筒二十四個犂
頭鏢五百五十三枝鐵猫兒三個火藥桶二個戰鼓一十六面　營兵自備軍械弓箭一百三十五副戰
箭五千五百四十枝　停修存貯軍械鐵頁青布盔甲六百二十頂河塘礮七門配礮子二十一個班鳩
礮二十一門配礮子八十三個靖海礮四門馬刀一十把馬鎈三十把斗鏢五百七十七枝鈎鎗二十五
枝竹篙鎗五十桿長木鎗八十九桿

**大鵬營**鳥鎗四百八十桿藤牌一百面牌刀一百張銅事件腰刀一百二十九口鐵事件腰刀四



百八十五口長鎗五十桿綠緞金龍大纛一十九面綠緞金龍什長旗九十五副紅緞督陣紅旗一十二
面青紗夏布大纛二十面青紗夏布什長旗一百面先鋒旗十二面帥旗一面令旗一面五色旗一百門
旗二面碗兒盔棉甲二百九十頂身號帽紅邊白心號褂六十二頂身號帽白邊紅心號褂二百二十頂
身單帳房五十頂銅鍋十面銅鍋五十個鐵鍬四十二把鐵斧四十二把斗鏢五百零四枝快鈀二十四
枝犂頭鏢六百四十八枝浮身水角帶五十副牛皮帳二張戰被二張灰包二百六十個撓鈎四十八枝
火號四十枝火磚七十二個木火藥桶四十八個火籠七十二個火筒七十二個火箭四十八匣鐵猫兒
二個火礶四百四十個挑刀四把鈎鐮五十八枝鐵嘴鎗一枝銅號二個號筒二個戰鼓八鼓海螺一百
個三角釘二百七十五個皮蛤蟆五十個刀鎗套八十個大小生鐵礮六十五位大小熟鐵砂礮三十五
門子一百三十七個火藥一萬三千三百二十二觔五兩八錢黑鉛三千二百七十三觔四兩熟鐵子母

礮十二門子五十六個行營礮十門封口彈子一萬四千二百三十三個羣子窩蜂五萬九千九百個鐵砂三百零五觔八兩錢糧子一百四十個鉛彈二百八十個　營兵自備軍械弓一百二十九張箭六千二百三十枝　停修存貯軍械鐵盔綉蟒鐵甲七十頂身鐵盔青布滿天星鐵甲四百二十八頂身虎衣三十八副熟鐵靖海礮四門河塘礮七門子二十六個班鳩礮二十七門子八十一個百子礮六門十把連礮二門琵琶鎗六十七枝單刀八十二張馬鎲九枝鐮刀五張大刀五張斬馬刀十張斧鉞八把木鎗三十八枝木牌七面

**水師提標中營**單涼篷一座單帳房二十八頂綠緞大纛九副紅緞大纛一副帥旗一面得勝旗三面先鋒旗三面五色旗十八面什長旗六十面蜈蚣旗十八面鑼鍋三十個大小生鐵礮五十四位大小熟鐵砂礮三十一門子一百一十一個行營礮五門子母礮五門子二十五個銅鑼一面礮凳



二張鳥鎗五百二十一桿藤牌八十七面牌刀一百四十六張腰刀七百零三張挑刀四十七張長鎗十一桿鐵撓鈎八十四枝火藥一萬三千二百一十五觔三兩黑鉛三千六百二十九觔四兩大小封口五千零五十個羣子窩蜂二萬二千五百個大小鐵彈二千五百六十四個鉛礮子一萬二千七百個鐵砂三百七十七觔四兩青布勇字有翅脇棉盔甲四百七十頂身緞號帽十五頂布號帽七十五頂紅心白邊號褂六十身白心紅邊號褂十五身青衣十五身快鈀一百一十七張犂頭鏢一十枝火噴筒十個火箭九十枝火號二十五枝火磚一百二十個火礶一百四十個灰包二百七十個　營兵自備軍械火繩一千七百六十七盤弓箭一百二十一副戰箭五千三百七十枝　停修存貯軍械青布有裙袖鐵盔甲一百一十二頂身青布無裙袖鐵盔甲一百六十二頂身竹篙鎗一百五十四桿拐角帳房二頂靖海礮二位河塘礮三十六門子一百四十四個班鳩礮二十門子七十個馬蹄礮二位三眼鎗二把大刀一張

背刀一張斬馬刀一十四張馬鎲七張鐵鈎鎗五枝斗鏢二十枝木鎗一百六十一枝

**水師提標左營**鳥鎗五百零八桿藤牌六十六面牌刀七十四張腰刀六百九十三口長鎗四十五桿綠緞金蟒大纛十七副紅緞金蟒大纛七副各色令旗四面五色先鋒旗十面五彩夏布大纛一十五面綠綢五彩圖一面什長旗二面黃布旗四面黃布楊圖三面蜈蚣旗七面青布勇字號有翅脇棉盔甲十二頂身棉甲五百七十八副全緞得勝帽十一頂白心紅邊號褂十一身全布得勝帽六十三頂紅心白邊號褂四十九身京布青衣十四副單帳房六十三頂涼篷一頂銅鑼一十三面鑼鍋六十三口柴刀十張鐵鋤十張鐵鍬五張鐵鏟五張鐵脚馬一百對挑刀六十六張火鈎十二把快鈀十七把鐃鈎三十二枝大旗鎗十桿火筒十六個火號二十枝火礶五十七個火箭四匣火磚四十五個灰包一百一十個大小生鐵礮七十四位大小熟鐵砂礮十三門子四十八個熟鐵子母礮十門子五十個熟鐵



行營礮六位大小封口鐵彈六千九百個熟小羣子窩鋒五萬八千個鉛彈二千六百顆鉛礮子一千二百個鐵砂一百零一觔八兩鉛三千二百零二觔八兩火藥一萬二千九百二十二觔五兩七錢　營兵自備軍械弓箭一百三十二副戰箭五千三百六十枝　停修存貯軍械青布鐵盔甲八十六頂身鐵盔五百七十八頂青布有裙袖鐵盔甲一十二頂身青布無裙袖鐵盔甲五十四頂身鈎鐮一十九枝錫鏟二十把斬馬刀三張馬鎲二十九張大刀六張木鎗七十八枝竹鎗嘴八枝竹紮八枝竹篙鎗三十七枝三眼鎗一十一桿一百觔熟鐵河塘礮八門子三十一個四十二觔熟鐵班鳩礮十門子四十個三十五觔熟鐵班鳩礮三門子十四個三十觔熟鐵班鳩礮一門子三個

**水師提標右營**棉盔甲四百一十五頂身緞號帽十四頂布號帽五十一頂白心紅邊號褂十四身紅心白邊號褂四十二身青衣九身單涼篷一座單帳房三十二頂紅綠緞大纛十一副綠綢

五彩圖十一面什長旗四十面帥字旗一面得勝旗三面先鋒旗三面五色旗十一面蜈蚣旗十一面腰刀六百七十四張長鎗十桿鳥鎗五百零二桿藤牌八十二面牌刀八十二張挑刀四十二張子母礮五門子二十五個行營礮六位大小生鐵礮五十位熟鐵砂礮二十四門子八十九個礮欖二張大小封口四千七百五十個羣子窩蜂三萬四千三百個鉛礮子九千一百個黑鉛三千四百八十二觔四兩火藥一萬二千五百二十四觔六兩一錢六分鐵砂四百一十九觔十四兩大小鐵彈二千零六十八個鑼鍋三十個鐵鐃鈎四十六枝快鈀八十九張火噴筒十個火箭六十五枝火號十枝火磚八十五個火罐一百零五個灰包一百六十個木牌二個木棍四桿手鎗一桿　營兵自備軍械弓箭一百一十九副戰箭五千三百一十枝　停修存貯軍械青布有裙袖鐵盔甲一百一十五頂身青布無裙袖鐵盔甲一百七十二頂身竹筩鎗一百零六枝靖海礮二位馬蹄礮二位大刀六張黃布揚圖十一面斬馬刀八張三眼



鎗二把鈎鐮一枝馬鎈九把螺絲鏟一副木鎗一百枝竹札嘴一十五枝拐角帳房二頂河塘砲二十二門子九十個班鳩礮二十一門子六十九個

香山協左右二營　生鐵礮一百零九位大小封口一萬零六百五十個窩蜂羣子六萬五千五百個熟鐵砂礮二十四門子八十八個熟鐵子母砂礮十門子五十個熟鐵五子礮四門子二十個熟鐵砂礮六門子二十個行營礮五位礮車六十一個鳥鎗九百六十一桿腰刀一千三百一十八口藤牌二百一十二面牌刀二百一十二張長鎗一百七十五枝火藥二萬二千八百四十三觔二兩八錢黑鉛七千三百三十觔零八兩鉛彈子一百六十個馬鞍夾帳房一頂單帳房四十頂涼篷三頂鐵鋤四十把鐵鍬四十把鑼鍋四十個挑刀一百六十二張綠緞金龍大纛三十一副紅緞金龍火攻大纛二副綠綢大纛一副綠綢大旗四十一面五色先鋒旗十面紅綢三角令旗一面棉盔甲一千一百三十二副

全緞得勝帽二十四頂緞邊布項得勝帽一百一十七頂白心紅邊號衣褂二十四身紅心白邊號衣褂八十二身青衣三十五身青褲三十五身銅鑼一面　水師專用軍械鏢鎗二百六十五桿竹筩鎗八十五桿戰箭六百枝鈎鐮刀六張快鈎鐮二十六張戰被一十四張牛皮帳八張鐵猫兒三個快鈀七十五架火箭十五枝火筒七十三個火磚一百九十個火罐二百一十九個灰包四百五十個火箭七十匣　守禦軍械鈎鐮鎗一百枝撓鈎鎗一百三十八枝　營兵自備軍械弓箭二百三十七副戰箭一萬零九百一十枝鎗靶二十五個箭靶二十五個礮靶十個帽毬四個硬弓三十八張鼓裙十四條箭架二十個撒袋二百三十七個弓籠二百三十七個弓插二百三十七個拖泥八十件挑稍八十件套褲一千六百八十四對搭膊一千六百八十四件腰圍一千六百八十四件護膝一千六百八十四對靴鞋一千六百八十四對椰碗一千六百八十四個碗包一千六百八十四個　停修存貯軍械鐵盔甲二百二十七副



滿天星鐵盔甲一百九十二副竹筩鎗八十五枝河塘礮二十六門子一百一十四個河塘班鳩礮四十門子一百一十六個班鳩礮二十四門子七十二個靖海礮四門百子礮五門大扁刀三十張鈎鐮刀六張斬馬刀一張背刀六十五張快鈎鐮二十六張千里馬銃二門木槍八十七枝竹鎗四十枝

廣海寨　棉甲六百一十八身單帳房六十八頂單帳房簾六十張單涼篷一座金龍緞大纛十二副先鋒旗十面腰刀五百七十張長鎗六十二桿鳥鎗四百三十桿牌刀一百零七張藤牌一百零七面鋤斧二十把大小生鐵礮六十五位窩蜂羣子四萬個大小封口鐵彈六千零五十個火藥一萬一千五百八十二觔一兩鉛六二千八百二十八觔四兩大小熟鐵子母砂礮四十位子一百六十五個行營礮五位皮搭連十個戰箭六百枝銅鍋六十八口鐵斧二十把鐵猫兒四個青紗布大旗二十八面犂頭鏢四十枝火罐一百七十八個火磚一百個灰包一百八十個撓鈎五十六枝　營兵自備軍械弓一百十

八張箭一百一十八枝戰箭四千八百七十枝停修存貯軍械靖海礮二位百子礮六門班鳩礮十六門獨彈礮八門鈎鐮二十八枝三眼鎗十二桿鐮刀四枝馬义十二架鐵盔甲一百一十八頂

陽江鎮標左營鳥鎗三百五十二桿藤牌一百二十九面牌刀一百二十九口銅事件腰刀一百二十二口鐵事件腰刀三百五十二口長鎗六十桿綠緞金龍大纛一十四副綠綢畫龍大纛一十五副紅緞火攻素大纛一副五色先鋒旗五面綠綢紅月大旗一十二面紅綢紅旗六面紅緞紅旗一十四面得勝號帽青衣青褲六十副得勝號帽白心紅邊號褂八十頂身得勝號帽紅心白邊號褂二百九十七頂身頂帳房四十二頂帳房簾二十幅挑刀四十一把棉甲一百四十二身鑼鍋四十二口鐵鋤二十七把鐵鍬二十七把鐵鏟二十七把大小生鐵礮六十一位熟鐵子母礮砂五門子二十五個熟鐵砂礮二十四門子九十六個熟鐵子母礮二門子十個過山鳥礮一門子四個鐵猫兒十四個犁頭鏢九



十枝火藥罐二百九十五個火箭三十三箱零五枝鈎鐮七十二枝火噴筒三十六個火磚一百個灰包一百八十個撓鈎四十二枝戰被八張大小鐵彈子五千六百四十五個羣子三萬七千六百五十個鉛彈子一千一百二十個　營兵自備軍械弓箭一百二十副戰箭五千二百七十枝停修存貯軍械鐵盔青布綉蟒有裙袖鐵甲一百二十九頂身鐵盔青布滿天星有裙袖鐵甲三百九十四頂身鐵碗兒盔一百四十二頂熟鐵靖海礮四位河塘礮十四門子四十二個班鳩礮二十八門子八十四個鐮刀十二把

陽江鎮標右營單帳房六十九頂大纛十五面驅旅旗七十五面紅旗十五面令旗二面五色旗五面腰刀六百二十九口長鎗四十桿鳥鎗四百零四桿牌刀五十三把藤牌五十三面子母礮十九門子九十五個挑刀五十三把鐵鋤五十九把銅鑼二十一面熟鐵行營礮三門生鐵礮九十位礮

架四十八張銅鍋六十九口鐵鍬六十九把鐵斧六十九把鐵犂鏢四十枝鐵猫兒四個戰箭六百枝自備火箭一百四十枝火筒二十五個火箭箱十三個撓鈎三十枝火磚一百零五個灰包一百零五包木架三十五座木牌三十五面木棍七十條木栿七十五個封口七千八百二十七個羣子窩蜂五萬五千九百六十粒火藥八千九百四十一觔一兩二錢黑鉛一千四百四十五觔十二兩　營兵自備軍械弓箭一百七十四副戰箭五千五百枝　停修存貯軍械青布鐵盔甲二十八頂身素鐵盔甲一百七十一頂身鐵盔棉甲四百三十三頂身棉甲碗盔四十七頂身熟鐵班鳩礮一十六門子三十七個熟鐵砂礮六門子二十四個河塘班鳩礮三十四門子八十八個互筒礮二門三眼鎗三桿大刀一十五把扁刀四把鈎鐮二十枝鐮刀四把

吳川營鳥鎗四百零八桿藤牌六十六面牌刀六十六口腰刀六百一十九口棉甲一百五十八



件棉盔甲十七副挑刀五十五把白心紅邊號褂三十五身紅心白邊號褂九十二身得勝帽一百零八頂牌衣二十一件單帳房六十五頂帽布搭子六幅大纛十五副令旗二面五色旗五面長鎗四十桿子母礮二十五門子一百三十個熟鐵行營礮九位熟鐵砂礮十四門子七十個生熟礮六十位封口五千三百八十二個鉛彈子四百八十個羣子窩蜂三萬七千五百三十粒鐵鋤五十五把銅鑼二面銅鍋六十五口鐵鍬六十一把鐵斧五十五把鐵猫兒十四個鈎鐮五十四枝犁頭鏢四十枝火箭一百五十枝火筒八十個火磚一百零五個火礶二百五十個灰包一百零五個礮凳二張撓鈎三十二枝　營兵自備弓箭撒袋一百四十八副戰箭五千七百五十枝停收存貯鐵盔滿天星素甲二十四頂身鐵盔青布甲一百一十頂身素鐵盔甲三十八頂身鐵盔布甲二百四十七頂身鐵盔甲七十七副鐵盔一百五十八頂百子礮二位鞭礮五位河塘礮二門子八個靖海礮二位班鳩礮三十二門子九十六個大刀一

把扁刀二十把窩刀一把單刀十把馬鏟一把月斧六把钁斧六把鎌刀十八把

**硇洲營** 棉盔甲三百項身布號帽一百九十四頂白邊紅心號褂一百四十四身紅心白邊號褂三十身青衣褲二十身單帳房三十一頂大纛二十八副腰刀四百六十九口長鎗三十九桿鳥鎗三百四十二桿牌刀五十九口藤牌五十九面挑刀三十九把子母礮十七位子八十五個熟鐵沙礮二十九門子一百十六個行營礮二位大小生鐵礮八十二位斧鋤共二十把銅鑼鍋二十口封口六千九百二十個羣子窩蜂三萬九千八百八十粒鉛子一千三百五十個火礶四百個鈎鐮刀八十八把犂頭鏢一百零四枝鐵貓兒一十六個火箭二十六匣又火箭五十枝噴筒二十六個灰包一百三十包火磚一百三十個撓鈎四十把　營兵自備弓箭撒袋九十五副戰箭二千九百五十枝　停修存貯熟鐵靖海礮二位熟鐵河塘礮六門子一十八個熟鐵班鳩礮四十三門子一百五十一個虎衣三十三身扁刀一十把鐵盔甲六十六項身鐵盔青布甲三項身



**東山營** 金蟒緞大纛五副督令旗一面棉盔甲二十項身鳥鎗一百四十二桿藤牌二十三面牌刀二十三口腰刀二百零二口行營礮一位生鐵礮一十八位帳房六頂挑刀二十把大小封口二千一百五十個窩蜂羣子一萬一千五百個黑鉛三百一十個火藥三千一百三十三觔五兩七錢七分烘藥三十五觔十二兩長鎗一十六桿犂頭鏢五十五枝火礶一百零三個火箭九匣噴筒四十個水操短鎗六桿浮身水角帶二十個　營兵自備軍械弓箭撒袋四十副戰箭一千五百四十枝　停修存貯軍械百子礮一門鐵碗盔棉甲一百九十項身鐵碗盔滿天星棉甲二十一項身大刀九把鈎鐮六把

**海口營左營** 大纛旗一十二副什長旗六十面督陣紅旗一十二面帳房一十項夾項單圍小涼篷一項鳥鎗三百三十六桿腰刀四百零八把藤牌四十面牌刀四十口長鎗三十桿大小生鐵礮五十八位子母礮五位子二十五個火桿一十四枝大小封口四千七百五十個羣子三萬個鉛子三千一百個挑刀三十八把水操短鎗十五桿浮身水角帶二十五副犂頭鏢十二枝鈎鐮鎗六把火礶六十個火筒六十個火箭六十匣　營兵自備軍械弓箭四十四副戰箭二千二百七十枝　停修存貯軍械青布鐵盔甲四十項身素盔甲四百二十七項身竹篙鎗三十枝靖海礮二位河塘礮二位子六個熟鐵砂礮一十七位子五十一個班鳩礮一十六位子四十九個小馬蹄礮一位馬乂一十七把割鎌四把鈎鎌刀三十把長矛三十枝

**海口營右營** 大纛旗一十二副什長旗六十面督陣紅旗一十二面帳房一十項鳥鎗三百三十六桿腰刀四百一十七口藤牌四十面牌刀四十口長鎗二十二桿大小生鐵礮五十五位子母礮五位子二十五個火桿一十四枝大小封口四千三百五十個羣子二萬六千五百個鉛子三千二百個



挑刀三十八把水操短鎗十五桿浮身水角帶二十五副犂頭鏢三十枝鈎鐮鎗六把鐵貓兒二個火礶六十個火筒六十個火箭六十匣　營兵自備軍械弓箭四十副副戰箭一千九百三十枝　停修存貯軍械青布鐵盔甲四十一項身素盔甲四百三十七項身竹篙鎗三十八枝靖海礮一位河塘礮三位子九個沙礮一十五位子四十五個班鳩礮一十八位子五十四個馬乂一十九把鎌刀二把鎌鈎刀三十把長矛三十枝

**海安營** 單帳房十項單中軍帳篷一項金龍緞大纛一十七副鳥鎗五百六十桿藤牌五十四面牌刀五十四口腰刀七百七十三口鑼鍋十口長桿鎗六十七枝挑刀五十一把火桿二十六枝棉甲六百六十四身白心紅邊號褂七十八身紅心白邊號褂二百六十二身青衣八十六身青褲八十六條緞得勝帽五十六項布得勝帽三百三十七項熟鐵砂礮一門子四個熟鐵子母礮三十六門子一百七十

四個大小生鐵礮九十六位生鐵行營礮一位熟鐵礮一門熟鐵行營礮一門大小封口八千四百二十個羣子窩蜂子四萬六千三百八十個鉛彈子九十三個火藥一萬四千五百五十五觔七兩八錢五分黑鉛三千三百零四觔十三兩五錢短鳥鎗二十桿浮身水角帶三十副鈎鐮鎗五十四枝鐮刀一十枝犂頭鏢八十枝鐵猫兒一十個火藥二百六十八匣火礶六百七十五個火筒九十個　營兵自備軍械引箭撒袋一百五十六副戰箭七千三百二十枝停修存貯軍械鐵盔甲六百六十四頂青布鐵盔甲六十二副滿天星鐵盔甲一百零二副四眼鎗一十六門生鐵頂子砲一門熟鐵靖海礮一門熟鐵鞭礮一十門長矛六十桿竹篙鎗鎗六十桿鈎鐮刀六十把

**龍門協左右二營**鳥鎗九百九十五桿藤牌一百七十六面牌刀一百七十六口腰刀一千三百一十三口長鎗一百七十四枝大纛五十副棉甲一千零六十四身碗兒盔棉甲一百三十三項身號帽九十一頂號褂四百九十七身單帳房九十一頂鑼鍋九十一口鐵鍬九十一把鐵斧九十一把鐵鋤九十一把大小生鐵礮一百零九位熟鐵子毋礮四十九門每門礮子五個熟鐵五子礮三十四門每門配礮子五個熟鐵砂礮五十五門每門配礮子四個熟鐵行營礮十一位銅礮一門生鐵封口一萬零一百八十九個生鐵羣子窩蜂五萬六千五百七十五個鉛彈子一萬六千二百六十個挑刀一百三十三張　營兵自備軍械弓箭二百五十副戰箭一萬零五百一十枝　停修存貯軍械鐵盔一千零六十四頂鐵盔青布甲二百五十頂身虎衣五十六身百子礮八門替子礮九門子二十三個河塘礮九門子三十六個靖海礮三門竹節邊礮五門馬卵銅礮二門班鳩礮二門大刀一百六十四把扁刀二十一把繚風刀九十九把單刀三把馬鏟十把

**崖州協**棉盔甲四百五十二副全緞號帽二十二頂緞邊布項號帽五十三頂白心紅邊號褂一



百八十一身紅心白邊號褂五百九十九身青衣八身青褲八條單帳房八十頂大纛一十九副腰刀七百八十七口長鎗五十桿鳥鎗五百四十一桿牌刀五十八口藤牌五十八面挑刀十把子母礮十位子十個行營礮一十五位大鳥鎗五十桿大小生鐵礮二十九位銅砂礮一位大小銅礮一十二位礮鑄礮鈀礮鎖礮錐火桿共十五副銅鑼鍋八十口鐵斧四十把火箭五十四匣火筒五十四個火礶五十四個火藥一萬二千九百一十七觔零五兩二錢黑鉛三千六百六十五觔四兩鉛子一千一百個大小鉛鐵彈三百六十六觔八兩大小封口鐵彈五千三百六十三個封口鐵彈六百個窩蜂羣子二萬六千個羣子三千四百個　營中自備軍械弓箭撒袋一百九十一副戰箭七千四百七十枝綳箭圖四堂布戰圖四堂　停修存貯軍械鐵盔甲三百四十副竹篙鎗一百五十枝紅衣礮七位百子礮九位三眼鎗四十桿馬鏟二把木長鎗八十二桿鈎鐮十二把割鐮十二把繚割刀六把鈀頭十八把

**順德協左營**大小生鐵礮九十位熟鐵子毋礮六門子二十七個熟鐵砂礮七十門子二百三十七個鳥鎗六百四十一桿藤牌八十七面牌刀八十七口腰刀八百二十五張快鈀六十枝犂頭鏢三百四十八枝大小封口鐵彈一萬九千三百一十四個火藥一萬五千零一觔零六錢五分黑鉛四千二百零一觔零四兩窩蜂羣子七萬二千二百六十二個鐵砂八百四十五觔四兩火礶九十五個火磚九十五個火箭四十一枝撓鈎五十六枝浮身水角帶二十副灰包一百九十個火噴筒六十個白心紅邊號褂三十三身紅心白邊號褂三百三十一身棉甲五百七十四副全緞號帽一十五頂緞邊布項號帽二百八十八頂青衣三十身藍布紅邊蜈蚣旗一面藍布順風旗一面白布大小花旗三面紅綠緞金龍大纛一十九副銅鍋五十二口單帳房五十二頂鐵鋤斧五十二把鐵鍬三十一把鐮刀三十一張銅鑼四面戰鼓四面長鎗八十七枝木架四個木牌四個木棍八條木梆四個長靶刀四張手鎗一十枝鈎

鐮鎗一十枝鐵义一十枝汎旗一十面撓鈎鎗五十六枝挑刀九十六張　營兵自備軍械弓箭撒袋一百四十六副戰箭五千九百六十枝圍腰三十條綠龍圖二十九面黃布橫圖一面椰碗一百五十七個　停修存貯軍械鐵盔青布鐵甲一十一副滿天星鐵盔甲一百九十副青布鐵甲一百二十一副熟鐵河塘礮十一門子四十一個熟鐵班鳩礮五十六門子一百四十六個馬鎈二架斗鏢嘴二百三十六枝

**順德協右營**熟鐵子母砂礮五門子二十五個熟鐵行營礮一門鳥鎗五百八十四桿藤牌六十七面牌刀六十七張腰刀七百四十八口挑刀四十五張快鈀一百二十四架犂頭鏢七十枝火礶七十五個火磚七十五個火箭三十枝灰包一百五十個鐵猫兒三十個釘子棉盔甲五百零二副紅緞金龍大圖一副綠緞金龍大纛一十六副白心紅邊號褂五十四身紅心白邊號褂二百六十三身號帽三百五十二頂青布刀牌衣三十二件青布褲三十二條單帳房四十七頂銅鑼鍋四十七口火藥一萬



三千六百零六觔九兩二錢黑鉛三千九百四十二觔小鉛彈子四百六十八個鐵鋤斧三十三把鐵鍬三十一把鐵鐮刀三十一把銅鑼六面戰鼓五面綠綢龍圖二十六面黃布橫圖十六面紅白鑲邊蜈蚣旗一十五面白布大小花旗四十五面紅布得勝旗一十五面長鎗六十六枝木架四個木梆四個木牌四個長鈀刀四張撓鈎鎗一十枝鐵义一十枝手鎗十桿木棍八條汎旂十面鈎鐮鎗三十六枝撓鈎四十五枝　營兵自備軍械弓箭撒袋一百三十四副戰箭五千二百一十枝圍腰三十二條火繩三千零八十五盤　停修存貯軍械青布鐵盔甲八十六副滿天星鐵盔甲二百副熟鐵河塘礮二百一十一門子八百四十個百子礮十七門鏢鎗三十枝斗鏢三十九枝

**新會協左右二營**大小生鐵礮五十四位熟鐵子母砂礮一百二十五位礮子四百六十六個鳥鎗九百一十二桿藤牌二百面牌刀二百張青布勇字號無裙袖棉甲一千三百六十五頂棉盔一千三百六十五身單帳房一百二十五頂鐵鋤四十把鑼鍋一百二十五口鐵斧四十個大纛三十二副夏布大旗五十五面腰刀一千四百一十七張火藥二萬二千五百八十七觔零五兩八錢五分黑鉛八千九百八十六觔零六兩長鎗一百桿大涼篷一頂大小鐵彈子五千個羣子三萬五千五百個得勝號帽九百四十六頂得勝號褂九百四十六身青衣青褲二百副撓鈎九十四枝快鈀一百一十一架挑刀一百張鈎鐮四枝火箭一百二十枝火磚一百二十個火礶一百個灰包二百四十個　營兵自備軍械弓箭三百副戰箭一萬零一百四十枝　停修存貯軍械滿天星有裙袖青布鐵甲三百身鐵盔一千一百零五頂河塘礮四門礮子一十六個班鳩礮四十五門礮子一百三十四個匾刀四十六張四眼鎗一桿木鎗四百一十七枝竹鎗二十枝

**水師提標前營**單帳房三十三頂盔襯一百六十九頂棉盔甲一百六十九頂身緞號帽



一百頂布號帽三百七十三頂黃邊號褂二百九十三身紅心白邊號褂九十身青衣六十身單涼篷一座紅綠緞大纛十副帥字旗一面令旗十四面五色旗五面門旗二面坐旗一面蜈蚣旗一面腰刀三百八十九口長鎗八十三桿鳥鎗二百六十四桿牌刀七十口挑刀八十一張藤牌一百二十三面子母礮六門子三十個行營礮三位大小生鐵礮一十七位礮車一十七副礮蓋一十七個鐵鎈十把礮撞六條火桿六枝鐵錘十個皮搭袋二百六十四個九龍袋六十個火藥桶一十二個鐵鋤頭十把銅鑼一十五面戰鼓一十五面海螺五個木架八個木牌八面木棍一十六條鈎鐮鎗二十枝撓鈎鎗二十枝汎旗二十面鑼鍋三十三口鐵鐮刀五把鐵斧頭十把火藥七千一百零四觔二兩五錢黑鉛一千九百七十一觔礮彈子一千七百個鉛彈子二千六百個窩蜂羣子一萬二千五百一十五個浮身水角帶三十副桅旗三十五副燕尾牌四面撓鈎篙六十枝短鳥鎗一十六桿火箭七十五枝火磚七十五個火礶七十五

個灰包一百五十個　營兵自備軍械弓箭撒袋八十四副戰箭三千二百八十枝圍腰六十條護膝六
十對勒鞋四百七十五對　停修存貯軍械青布鐵盔花甲一十二頂身青布鐵盔素甲二百三十八頂
身紅號衣三十九身竹篙鎗二百六十枝班鳩礮一十九門礮子五十七個馬蹄礮三門虎牙刀三十張
船尾刀八十張三眼鎗一門馬鎈八十張

**水師提標後營**　鳥鎗四百八十七桿藤牌八十七面牌刀六十四張腰刀六百二十六張
金龍綠緞大纛一十副金龍紅緞大纛四副綠綢大圖二十三面黃布横圖四十四面藍布紅邊蜈蚣旗
一十三條白布大小花旗三十九面藍布順風旗一十三面快鈀二百六十五架銅鑼三面單帳房二十一
四頂鑼鍋六十六個鐵鋤二十四把鐵斧二十四把碗兒盔釘子棉甲四百零七副白心紅邊號褂五十
身紅心白邊號褂一百身緞邊得勝號帽七十頂布邊得勝號帽三百三十頂長鎗二十枝挑刀四十張



熟鐵子母礮十門子五十個熟鐵小大砂礮一十三門子四十四個火藥一萬二千七百一十八觔十四
兩烘藥八觔零五錢黑鉛三千三百八十八觔零八兩鐵砂一百八十八觔零九兩五錢大小鉛彈子六
百七十七個通條一十三枝火號一百三十枝火箭一百一十七枝五虎箭六十五枝火磚一百三十個
火礶一百三十個噴筒六十五個灰包一百三十個撓鈎鎗五十二枝　營兵自備軍械弓箭一百一十
一副戰箭四千五百七十枝綠綢戰圖六副綠布戰圖六副　停修存貯軍械鐵盔青布鐵甲九十二副
鐵盔青布滿天星素鐵甲一百七十副熟鐵大小河塘礮一百九十四門子七百三十六個背刀三十張
鴛鴦鐵鋤斧一十三把

**督標水師營**　鳥鎗五百六十桿藤牌一百零七面牌刀一百零七張腰刀七百九十五張挑
刀一百零七張長鎗一百零四桿鈎鐮三十把金黃緞蟒纛一十九副青布棉甲七百五十三身緞邊號

帽六十頂全布號帽二百二十五頂白心紅邊號褂六十件紅心白邊號褂二百一十件青衣二十二件
青布褲十八條帳房五十七頂銅鑼四面陣鼓四面海螺八個鑼鍋五十七個鐵鍬二十八把鐵鋤二十
八把鐵斧二十八把柴刀二十八張鐵鐮刀二十八張大小生鐵礮二十位大小子母砂礮四十六門礮
子二百個三號砂礮一十四門礮子七十個過山鳥礮一門礮子三個鐵封口彈子二千夥鐵羣子一萬
夥鉛封口彈子一萬三千三百夥鉛羣子六萬六千五百夥鐵砂三十四觔二兩皮搭聯五個黎頭鏢嘴
一百枝灣號四枝　營兵自備軍械弓箭七十四副戰箭三千六百四十枝　停修存貯軍械青布有裙
鐵盔甲六十頂身亙底礮五門河塘礮六十七門礮子二百個馬鎈一百二十把扁刀五十二張

**前山營**　生鐵礮二十位大小封口一千五百五十個羣子一萬零五百個鉛彈子一千六百個黑
鉛一千七百八十二觔火藥六千九百四十七觔劈山礮一門熟鐵砂礮八門子三十二個熟鐵子母礮



六位子三十個行營礮四位大小礮車一十九個鳥鎗二百五十桿腰刀四百四十二口藤牌四十五面
牌刀四十五張長鎗十枝單頂無圍布涼篷一座涼篷單布麒麟照壁一張單帳房五十頂鑼鍋五十口
鐵鋤五十把鐵鋤五十把五色紅緞大纛一十副五色先鋒緞旗十面督陣緞旗二面紅綢旗五面藍綢
旗一面五色綢令旗五面紅緞大令旗一面黃布大帥字旗一面黃布小帥字旗一面綠綢五綵圖二面
綠青紗夏布圖二面黃布蜈蚣旗二面黃布楊圖二面棉甲三十三身棉盔甲三十七副白布紅鑲邊號
褂一百五十身青布紅鑲邊號褂二百九十身青布牌衣四十五身緞邊布頂號帽一百五十頂布邊緞
頂號帽三百三十頂皮葫蘆六個皮搭聯一十二個九龍袋一十二個火筒四個火箭四匣火礶一十個
銅鑼一面火藥木桶三十個鉛子木桶一十五個快鈀一十一架挑刀二十二把鈎鎗四枝犁頭鏢二十
枝戰鼓二面操鑼二面銅掌號二枝海螺十個　營中自備軍械箭靶三個鎗靶三個礮靶二個箭架二

個漆弓十張火繩一千七百四十盤戰箭五千八百四十枝弓箭撒袋一百五十二副停修存貯軍械青布有裙袖鐵盔甲八副鐵盔三十三頂斬馬刀四張木長鎗十九桿竹篙鎗三十枝鏢鎗二十枝背刀一張大扁刀十張河塘礮四門子十六個熟鐵班鳩礮二門子六個

黃岡協左營金龍緞大纛一十八副什長旗九十面督令紅旗一十八面號衣五百三十身號帽五百三十頂青布牌衣六十八副帳房六十五頂皮盔七十六頂棉甲四十三身鳥鎗二百六十九桿藤牌五十面牌刀五十張長鎗四十五桿挑刀一十八張腰刀四百八十五張一千五百觔生鐵礮二位七百觔生鐵礮二位六百觔生鐵礮一位五百觔生鐵礮四位三百觔生鐵礮二位二百觔生鐵礮一位二千觔生鐵礮二位一千觔生鐵礮二位八百觔生鐵礮一位四百觔生鐵礮一位子母礮九位子三十七個劈山礮三位行營礮三位封口一百六十個羣子窩蜂子二千一百六十個大小錢糧子一千二



百六十一個鉛子一千二百個大小生鐵礮子羣子窩蜂子一萬五千二百一十八個銅鑼鍋六十五口戰鼓八面掌號一枝鐵鋤頭六十五把鐵斧頭六十五把火藥六千六百七十八觔十三兩五錢藥桶二十個黑鉛一千八百六十三觔 營兵自備軍械綢布戰圖各五堂弓箭一百六十副火繩一千六百一十四盤戰箭六千六百二十枝 停修存貯軍械鐵盔四百一十二頂鐵甲四百四十五身鐵碗兒盔二十三頂合操礮三位鐵砂挑六十五枝

黃岡協右營金龍緞大纛一十八副什長旗九十面督令紅旗一十八面號衣五百三十二身號帽五百三十二身青布牌衣六十七副帳房六十五頂皮盔七十六頂棉甲四十三身鳥鎗二百七十六桿藤牌五十面牌刀五十張長鎗四十五桿挑刀一十七張腰刀四百八十八張二千觔生鐵礮一位一千五百觔生鐵礮一位一千四百五十觔生鐵礮一位一千觔生鐵礮一位八百觔十觔生鐵礮一

位八百觔生鐵礮一位七百觔生鐵礮二位五百觔生鐵礮三位子母礮九位子三十七個封口一百二十個羣子窩蜂子一千七百四十個大小錢糧子一千三百零七個鉛子一千四百個火藥六千六百七十八觔一十三兩五錢黑鉛一千八百六十三觔劈山礮三位行營礮二位鐵鋤頭六十五把鐵斧頭六十五把銅鑼鍋六十五口戰鼓八面掌號一枝大小生鐵礮子羣子窩蜂子一萬零二百三十三個藥桶二十個 營兵自備軍械綢布戰圖各五堂弓箭一百五千八副火繩一千六百五十盤戰箭六千零四十枝 停修存貯軍械鐵盔四百一十七頂鐵甲四百五十身鐵砂挑六十五枝

饒平營緞龍大纛二十四面什長旗一百二十面督陣紅旗二十四面號衣四百一十身號帽四百一十頂青衣青褲四十四身五色號令旗五面帳房五十八頂皮盔四十四頂棉甲四十四身藤牌四十四面牌刀四十四口鳥鎗二百三十五桿挑刀三十六把長鎗四十四桿腰刀四百一十六口蜈蚣旗



七面子母礮四位子二十個行營礮二位劈山礮四位大小生鐵礮六十八位羣子二百六十五個大小生鐵礮子羣子窩蜂子共四萬六千二百三十五個鉛子四百個鑼鍋五十八口鐵鍬五十八把鐵斧五十八把火藥五千三百二十二觔黑鉛一千五百八十六觔四兩 營兵自備軍械綢布戰圖共四堂哈吧叶旗七面四方高拱旗七面弓箭一百三十八副火繩一千百七十五盤戰箭五千六百一十枝 停修存貯軍械鐵盔甲四百一十五頂身

潮州鎮中營鳥鎗三百九十三桿藤牌六十三面牌刀六十三口腰刀六百九十九口長鎗六十桿挑刀二十四張金龍大纛二十四副綢戰圖七堂布戰圖七堂棉甲七十九身號帽四百九十七頂號衣四百零十身青布褲三十五副單帳房八十五頂大涼篷一頂銅鑼鍋八十五口鐵鍬五十把鐵鋤五十把鐵斧五十把鐵鐮刀四十五把熟鐵子母礮五位子二十五個生鐵行營礮三位熟鐵劈山礮

三位大小鐵彈子封口羣子窩蜂子共七千八百個鉛彈子四百二十九個　營兵自備軍械弓箭二百一十四副戰箭八千五百枝　停修存貯軍械碗兒鐵盔七十九頂鐵盔甲五百九十一頂身

### 潮州鎮標右營

大小生鐵礮一十二位熟鐵子母礮六位子三十個鉛子六百四十二個鳥鎗三百九十三桿藤牌六十三面牌刀六十三口腰刀六百九十七口棉甲七十九身號帽四百七十三頂號褂三百八十六身牌衣四十二副緞龍大旗二十四副單帳房八十五頂銅鍋八十五口鐵鍬五十把鐵斧五十把鐵鋤五十把鐵鐮刀四十五把綢戰圖七堂布戰圖七堂旗鎗四桿鈎鐮八桿劈山礮三位長鎗六十桿挑刀二十四張行營熟鐵礮三位大小封口一千個羣子窩蜂子共六千八百個四眼鎗六門　營兵自備軍械弓箭二百一十二副戰箭八千三百一十枝　停修存貯軍械鐵盔百百九十頂鐵甲五百九十身碗兒鐵盔七十九頂



### 潮州鎮標右營

大小生鐵礮六十位子母礮九位子四十五個行營礮三位劈山礮七位大小生鐵彈子封口子羣子窩蜂子共五萬二千零五十六觔火藥九千一百七十七觔二兩一錢鉛二二千六百四十六觔鳥鎗三百九十二　藤牌六十三面牌刀六十三口腰刀六百九十七口　棉甲七十九身號帽五百三十二頂號褂四百三十七身牌衣三十七副緞龍大旗二十四副單帳房八十五頂銅鑼鍋八十五口鐵鍬五十把旗鎗六桿撓鈎一十二桿鈎鐮一十二桿長鎗六十桿鐵斧五十柄鐵鋤五十把鐵鐮刀四十六把紅綢大旗一面蜈蚣旗二面挑刀二十四張　營兵自備軍械弓箭二百一十三副戰箭八千三百四十枝綢戰圖七堂布戰圖七堂哈吧叶旗二面四方高照旗二面　停修存貯軍械鐵盔五百九十頂鐵甲五百九十身碗兒鐵盔七十九頂

### 潮州城守營

鳥鎗三百四十二桿藤牌六十一面牌刀六十一口腰刀五百九十張挑刀十

八張金鼓掌號一十二件長鎗五十桿金龍大纛二十副紅綢大旗七面綢戰圖六堂布戰圖六堂皮盔四頂棉甲七十九身號帽三百九十二頂號褂五百七十四身牌衣二十副單帳房六十七頂銅鑼鍋六十七口鐵鍋二十四口鐵鍬四十張鐵鋤四十張鐵斧四十張鐵鐮刀三十四把大小生鐵礮八十九位熟鐵子母礮五位子二十五個生鐵行營礮三位熟鐵劈山礮三位大小封口錢糧礮子羣子窩蜂子六萬五千六百三十個鉛子三百個　營兵自備軍械弓箭一百八十二副戰箭六千八百三十枝　停修存貯軍械鐵盔五百七十一頂碗兒鐵盔三十二頂鐵甲五百七十四身百子礮一位生熕礮八位班鳩礮二門

### 潮陽營

號帽六百三十九頂號褂六百三十九身青衣八十四身青褲八十四條單帳房九十九頂單涼篷一頂緞大纛三十九副綢戰圖七堂布戰圖七堂腰刀六百五十七口長鎗八十桿鳥鎗三百



七十五桿藤牌七十二面牌刀七十二口挑刀一十二張子母礮十位子五十個行營礮四位劈山礮四位大小生鐵礮三十六位火藥八千七百九十七觔零五錢大小封口錢糧子羣子窩蜂子二萬九千五百五十五個窩蜂子十四觔十五兩鉛子一千九百個黑鉛二千五百零四觔四兩棉甲九十二身銅鑼鍋九十九口鐵鋤五十把鐵鍬五十把鐵斧五十把　營兵自備軍械弓箭撒袋一百九十一副戰箭七千四百一十枝火繩二千三百盤　停修存貯軍械百子礮二門鐵盔五百六十頂鐵碗兒盔一百六十九頂鐵甲六百三十七身

### 惠來營

滿天星棉甲九十身號帽二百頂號褂五百五十五身青布緊身短衣九十身單帳房七十九頂大纛一十九桿副腰刀五百六十一口長鎗六十桿鳥鎗三百三十九桿牌刀六十一口藤牌六十一面子母礮一十門子五十個大小生鐵礮三十三位砂礮一門子二個大小銅礮一位火藥七千七

百零五觔一兩四錢三分黑鉛二千二百四十七觔一十二兩大小封口三千四百五十個羣子窩蜂子一萬八千個鉛子一千一百個鐵鏈七十九把鐵鍬七十九把陣鑼四面陣鼓四面鐵斧七十九把鍋裴七十九副鑼鍋七十九口　營兵自備軍械弓箭一百六十六副戰箭六千六百一十枝撒袋一百六十六個　停修存貯軍械鐵盔青皮甲六十九副鐵高盔小珠釘甲四百九十二副鐵碗兒盔甲九十頂副班鳩礮一十門鐮刀四十把長刀二十九把

## 惠州協左右二營

鳥鎗七百八十一桿藤牌一百二十七面牌刀一百二十七口腰刀一千二百四十口長鎗一百零三桿緞大纛二十四副青衣一百二十四身號帽一千二百六十三頂號褂一千二百二十七身單帳房一百六十一頂銅鑼窩一百六十一口鐵鍬一百五十六把鐵鐮一百五十一把大小生鐵礮一百一十四位熟鐵行營礮一十四位熟鐵子母礮一十六門每門配礮子五個大



小鐵彈子九千二百一十個大小窩蜂羣子五萬三千六百四十九棉盔甲九十九頂身挑刀六十五把盔襯帽十五副熟鐵砂礮二門每門配礮子五個鐵鍬一百六十六把　營兵自備軍械弓箭三百七十三副戰箭一萬四千一百四十枝　停修存貯軍械鐵盔青布甲一千二百三十八頂身馬鞍二十七把

## 永靖營

紅緞大纛一十二副綠緞五綵圖六面什長旗一十八面綠緞蟒圖一副黃布揚圖六面黃布蜈蚣旗六面緞邊號帽五百七十二頂號衣六百四十一身盔襯帽二百二十九頂帳房一百二十三頂鐵鍬六百二十四條青布牌衣三十六身京青布青褲六條青布棉盔甲一百九十三頂副存局青布棉盔甲四頂副鳥鎗四百二十六桿藤牌七十二面牌刀七十二口腰刀七百零六口鑼鍋一百二十三口鐵鍬七十三把鐵鋤四十九把鐵鍋二十四把鐵鐮二十四把鐵斧三十九把行營礮六位熟鐵子母礮八門每門子五個一百五十觔熟鐵砂礮二門子六個一百觔熟鐵砂礮六門子二十四個鉛封口

彈子五百個鉛羣子二千五百個鐵封口彈子六百個鐵羣子三千個貯備三年火藥九千二百八十一觔零七錢五分黑鉛二千八百九十八觔一十二兩鉛礮子三千三百個火藥四百二十觔快鈀三十六張火礶三十個火磚三十個火箭三十枝灰包六十個鐵砂九十觔戰鼓八面連鼓搥八條挑刀四十六張　營兵自備軍械弓箭一百七十八副撒袋一百七十八個圍腰一十一條護膝一十九對戰箭七千零二十枝　停修存貯軍械青布有裙袖鐵盔甲九十七頂副青布鐵盔甲四百二十一頂副竹篙鎗五十五枝一百觔熟鐵河塘礮七門子二十八個二十八觔熟鐵河塘礮一門子四個五十二觔熟鐵班鳩礮二門子十個三十觔熟鐵班鳩礮八門子二十四個斬馬刀八張木槍四十七桿

## 那扶營

大纛八副塘馬旗十面大旗鎗七桿帳房三十二頂鑼鍋三十二口涼篷一頂白心紅邊號褂五十五身紅心白邊號褂一百身鳥鎗一百三十桿藤牌三十八面牌刀三十八張長鎗二十桿挑



刀二十九把腰刀二百五十四口大小生鐵礮二十位威遠熟鐵礮一位行營熟鐵礮三位一百七十二觔八兩熟鐵子母砂礮二門子十個大小封口子一千二百八十個羣子窩蜂八千五百五十個火藥三千三百零三觔八兩五錢四分黑鉛八百五十五觔　營兵自備軍械弓箭五十七副戰箭三千三百七十枝箭架五十六個　停修存貯軍械鐵盔青布鐵甲五十七頂身鐵盔滿天青青布鐵甲一百三十頂身鐵盔滿天星青布棉甲一十八頂身碗盔青布棉甲二十四頂身

## 陽春營

綠緞金蟒大纛十副綠綢金蟒大纛八副五色先鋒旗五面綠綢紅月大旗十七面紅綢紅旗四面大小生鐵礮十五位熟鐵砂礮二門礮子八個帳房四十一頂鑼鍋四十一口大小鐵彈子一千五百二十五個羣子一萬一千五百個鐵鍬二十六把鐵鏈二十六把鐵鋤二十六把鳥鎗二百七十二桿腰刀三百七十九口藤牌四十面牌刀四十口長鎗四十桿挑刀三十把青衣青褲六十副紅心白

邊號褂二百九十七身白心紅邊號褂八十一身棉甲一百三十八身　營兵自備軍械弓箭一百一十
八副戰箭四千六百八十枝　停修存貯軍械鐵盔青布甲一百二十二頂身鐵盔鐵甲三百零六頂身
碗兒盔一百三十八頂

**化石營**棉布甲三百五十八身單帳房五十八頂鐵鍬五十八把鐵鋤五十八把鐵斧五十八把
鑼鍋五十八口大纛八副火攻大纛二副驅旅旗四十面督令旗八面火攻紅緞驅旅旗十面督令紅旗
二面鳥鎗二百六十三桿鉸鎗四十枝藤牌六十二面牌刀六十二把腰刀四百七十一把挑刀五十七
把長鎗四十桿大小生鐵礮二十七位行營礮六位威遠礮一位子母礮六位大小鐵彈三千二百五十
個大小羣子二萬一千五百個號礮一百三十二門　營兵自備軍械弓一百五十四張戰箭五千零六
十枝　停修存貯軍械鐵盔四百四十四頂鐵甲八十六身鞭礮十二門四眼鎗一門大刀十四把扁刀



十二把

**廉州營**棉盔甲五百一十五頂身緞號帽二百五十六頂白衣青心號褂二百五十六件單帳房
九十四頂門廉二十六塊單涼篷一頂大纛旗十五副紅綢令旗一面腰刀七百一十五口挑刀三十四
把長鎗五十桿鳥鎗四百一十三桿牌刀五十口藤牌五十面子母礮十位子五十個大小生鐵礮四十
四位鐵鋤九十四把銅鑼五十八面銅鑼鍋九十四口鐵鍬九十四把鐵斧九十四抱鐵封口彈子四千
三百五十個窩蜂羣子四萬九千個　營兵自備軍械弓箭撒袋二百五十二副戰箭八千七百四十枝
停修存貯軍械虎衣五十身鐵盔甲二百五十二頂身

**欽州營**鳥鎗三十七十六桿藤牌八十三面牌刀八十三口銅事件腰刀七十三口鐵事件腰刀
五百五十六口長鎗七十二桿紅綠緞金蟒大纛一十四副令字旗二面招旗一面稟事旗一面戰鼓十一

四面棉甲七十二身號帽一百六十六頂號褂四百九十四身青衣青褲十四套單帳房八十一頂銅鍋
八十一口斧頭八十一把鐵鍬八十一把鐵鋤八十一把大小生鐵礮十八位小銅礮二口熟鐵子母礮
四門每門配子五個大小鐵彈子二千三百個羣子窩蜂子一萬二千百百個　營兵自備軍械弓箭二
百零四副戰箭六千七百四十枝　停修存貯軍械碗兒盔四十九頂鐵盔青布甲七十三頂身鐵盔鐵
甲一百零八頂身鐵盔素鐵甲四百一十七頂身大紅衣礮二位鞭礮八門挑刀二十把

**雷州左右二營**棉盔甲七百一十頂身青棉甲二十身號帽一百頂白心紅邊號褂一百
五十二身紅心白邊號褂二百八十四身青衣三十三身牌衣一百身副金蟒緞大纛二十四面什長旗
一百二十面督陣紅旗二十四面帳房一百四十頂角帳房二頂鳥鎗五百六十八桿藤牌八十七面牌
刀八十七口挑刀六十八口腰刀九百七十六口長鎗一百二十二桿生鐵礮八十九位熟鐵行營礮四



位熟鐵新子母礮二十門礮子一百個熟鐵舊子母礮二十門礮子一百個大小封口八千六百四十九
個大小窩鋒子五萬七千九百零一個羣子九十九個火藥一萬五千五百零二觔零一兩零五分黑鉛
四千五百七十觔零四兩烘藥一十二觔一十四兩鐵鍬二十九把鐵斧二十一把鐵鋤四十二把鑼鍋
一百四十五口陣鼓二十四面　營兵自備軍械弓箭撒袋二百八十八副戰箭九千二百四十枝官戰
箭一千七百五十枝布戰圖九堂綢戰圖九堂　停修存貯軍械青布鐵盔甲一百零九頂身滿天星鐵
盔甲二百零一頂身鐵盔甲二十頂身素鐵盔甲五十頂身碗兒盔二十頂扁刀二十四把柴刀六把熟
鐵鞭礮二十門熟鐵馬蹄礮三十二門鐮刀六把

**徐聞營**單帳房三十二頂金龍緞大纛六副綢令旗一面鳥鎗一百二十一桿藤牌二十七面牌
刀二十七口腰刀一百八十七口鐵斧三十把鐵鋤五把鐵鍬五把鑼鍋三十口銅鑼二十二面陣鼓六

面長鎗三十桿挑刀二十九口撓鉤四十把行營礮四位熟鐵子母礮四位子二十個生鐵礮五位封口九百個窩蜂四千五百個火藥三千零七十一觔一兩三錢黑鉛八百一十六觔十二兩釘子棉盔甲一百七十七副白心紅邊號褂四十八身紅心白邊號褂一百一十二身青衣三十六身青褲三十六條　營兵自備軍械弓箭撒袋六十副戰箭三千三百三十枝綢戰圖一面布戰圖一面塘馬旗十面鼓圍六條　停修存貯軍械青布鐵盔甲二十四副滿天星鐵盔甲三十六副四連號礮一十七位

**瓊州鎮標左營**棉甲三百八十一身號帽八百一十六頂號褂七百一十五身青衣九十一身青褲九十一件腰刀七百三十一口長鎗七十四桿牌刀七十七口藤牌七十七面鐵鏈二十把挑刀四十三把鐵鋤二十把單帳房九十二頂大纛十六副鳥鎗四百三十九桿子母礮一十位子五十個行營礮五位生鐵礮一十五位鐵鍋九十二口鐵斧二十把驅旅旗八十面小紅旗十六面大小鐵封口



二千六百個羣子一萬三千五百個　營兵自備軍械弓箭二百三十二副戰箭九千四百一十枝　停修存貯軍械鐵盔三百九十五頂鐵甲三百九十五身碗盔三百八十一頂虎威礮五位紅夷礮六位馬蹄跑四位大刀一十把虎义二把

**瓊州鎮標右營**棉甲三百七十六身號帽八百三十頂號褂七百二十五身青衣九十一身青褲九十一件腰刀七百三十口長鎗六十四桿牌刀七十九口藤牌七十九面鐵鏈二十把挑刀四十三把鐵鋤二十把單帳房九十三頂大纛十六副鳥鎗四百四十六桿子母礮十位子五十個行營礮四位生鐵礮一十三位鑼鍋九十三口鐵斧二十把驅旅旗八十面紅旗一十六面大小鐵封口二千七百個大小羣子一萬四千個　營兵自備軍械弓箭二百三十四副戰箭九千枝　停修存貯軍械大刀九口碗盔三百七十六頂鐵盔三百九十三頂鐵甲三百九十三身虎威礮五位紅夷礮六位百子礮一

位

**儋州營**生鐵礮二十一位生鐵劈山礮四位生鐵行營礮二位佛郎機礮一位子三個熟鐵行營礮三位熟鐵子母礮十位子五十個熟鐵砂礮一位子三個鳥鎗四百二十一桿單帳房八十八頂大纛一十六副棉盔甲三百四十二副青衣號帽九十二頂身青號帽六百五十七頂白心紅邊號褂一百七十六身紅心白邊號褂四百八十一身腰刀六百六十三口長鎗六十三桿牌刀五十四口藤牌五十四面鐵鏈四十把鐵鋤四十把鐵鐮三百五十二條鑼鍋八十八口木架三十六對木牌三十六個木棍七十二條木梆三十六個長鞭刀七十二把鈎鐮鎗七十二把火礶一十五個火筒八個火箭二十匣火藥九千八百五十六觔十一兩黑鉛三千零三十六觔零四兩大小鐵封口三千八百八十個大小羣子窩蜂子二萬二千五百個停修存貯軍械青布鐵盔甲一百五十一副素鐵盔甲二百零四副挑刀三十八



把熟鐵馬蹄礮七位生鐵發熕礮五位生鐵熕礮一位子一個熟鐵千里馬礮二位子二個銅礮一位熟鐵百子礮五位熟鐵班鳩礮四位子三個督陣大背刀二十把馬义二把綢戰圖四堂布戰圖四堂　營兵自備軍械弓一百二十八張箭七千四百二十十枝撒袋一百八十二副圍腰套褲九十二身

**萬州營**行營礮三位子母礮一十位礮仔五十個火藥九千八百二十六觔十一兩八錢四分烘藥三觔十四兩黑鉛二千七百九十八觔十二兩鐵封口彈子三千零五十個鉛封口彈子一千二百個鐵窩蜂群子一萬五千個鉛窩蜂群子六千個鳥鎗四百桿腰刀六百八十三口藤牌七十面牌刀七十口長鎗六十六桿帳房八十八頂緥號帽一百九十七頂布號帽五百五十五頂白心紅邊號褂一百六十二身紅心白邊號褂四百五十六身青衣褲一百套鐵斧二十把鐵鋤頭二十把鑼鍋八十八口棉盔甲四百二十六副大纛一十五副　營兵自備軍械弓二百零三張戰箭八千零五十枝撒袋二百零三

副圍腰一百條護膝一百副火繩四千盤綢戰圖四
堂布戰圖四堂 停修存貯軍械鐵盔二百九十三
頂鐵甲二百九十三身百子礮一十位過關礮八位
班鳩銅礮一位礮仔三個班鳩鐵礮一位礮仔三個
馬蹄礮六位砂礮三位礮仔九個挑 俱同
刀二十四把背刀六把大礮一十位 上

廣東海防彙覽卷二十終



# 廣東海防彙覽卷二十一

## 方畧十

### 戎器四

直省標營大纛裁方幅為三角直長五尺八寸斜長一丈邊作火焰形或繪雲蟒或繪飛熊隨地異製無定式鐵頂朱髦什長旗三角直長三尺三寸有奇斜長六尺八寸邊作火焰形鐵頂朱髦此外有先鋒旗督陣旗門旗令旗稟事旗均隨營異製大帥旗以黃布為之方幅廣丈有八寸長丈有四尺兩面大書帥字號帶一長丈有五尺竿長丈有六尺刻木葫蘆為頂防海備覽



盔制定以鐵二片製如帽形上銳下平合而成之曰盔即兜鍪高五寸圍圓一尺九寸其合縫處壓以鐵梁曰盔梁盔前案鐵一片曰遮眉闊寸餘圍長九寸上覆鐵檐一如蓋形曰舞擎闊六分長四寸三分為覆椀於其盔上其上仰者為盔椀徑一寸六分高一寸二分圍圓五寸安管一尺二寸圍圓一寸以插盔槍俗名帽項狀槍長三寸六分槍上為盤以垂髦上安頂項各有品制垂於項後者曰護項垂於兩耳者曰護耳

護耳之下曰護頸均以布爲表（官用錦緞或施綵繡無定式）傅以
鐵葉護項用鐵葉九護耳二用鐵葉各六護頸同馬
兵鐵甲甲衣長二尺一寸下廣尺有一寸護肩二各
長尺有一寸廣尺有三寸袖二各長尺有二寸上圍
圍尺有二寸下圍圍九寸護腋二各長一尺上廣九
寸凹其中以承腋其末銳遮襠一方八寸左襠一方
六寸甲裳長二尺六寸幅二每幅上廣尺有二寸下
廣尺有五寸均以布爲表（官用錦緞施綵繡無定式）甲衣用鐵葉
一百三十有六每葉長二寸五分廣二寸甲裳用鐵



葉二百十有六護肩甲袖護腋遮襠左襠五分均用
小鐵葉長一寸六分廣一寸四分步兵甲衣長二尺
甲裳長二尺六寸間有無裳者餘同
弓箭之制原定弓胎用榆木或檽木南方或削巨竹
爲之取材之法視竹木之理平正端直張而不跛胎
長三尺七寸其面傅以牛角背加以筋膠外飾樺皮
胎一而角兩接接處用鹿角一塊固以筋膠加煖木
皮於外曰弓靶兩弰以桑木爲之各長六寸三分鑲
以牛角刻鍥其末以受弦彄弰與胎屬筍相接處光

削一面以鹿角爲方釘於角端曰墊弦弓弦有二一
曰纏弦用蠶絲二十餘莖爲骨外用綵線橫纏以東
之纏線用三節隔七寸許空一二分不纏則不張弓
時可摺叠收之一曰鹿皮弦剪鹿皮爲之用於戰陣
弓力强弱視胎面厚薄筋膠之輕重爲斷一力至三
力用筋八兩膠五兩四力至六力用筋十四兩膠七
兩七力至九力用筋十八兩膠九兩十力至十二力
用筋一觔十兩膠十兩十三力至十五力用筋二觔
膠十二兩十六力至十八力用筋二觔六兩膠十四



兩箭笴以楊木柳木樺木爲質取圓直之杆削成之
別用數寸之木刻糟一道曰箭端箭笴必取範於端
以均停其首尾刻銜口以駕弦曰括其端受鏃凡鏃
冶鐵爲之曰鈚箭曰梅針皆戰箭施於校閱者曰骲
箭以寸木空中錐眼爲竅矢發則受風而鳴又謂之
響箭鐵鏃上加骨角小哨者曰鳴鏑黏羽翎於箭括
曰箭羽（俱同上）
倘欲用箭必依諸葛武侯遺法作連環弩上有方箱
箭分十道中藏百箭二人挽之觸機自發一發十矢

隨發隨挽矢復自出每船安置十弩則瞬息間發矢千計一飯之頃萬矢連環雖有劇賊無所逃避此亦舟中之長技也（鹿洲集）

拍竿其制如大桅上置巨石下作轆轤繩貫其巔施大艦上每艦作五層樓高百丈置立拍竿並高五十尺戰士八百人旗幟加於上每迎戰敵船近則發拍竿擊之當者立碎（金湯十二籌）

罟網此器凡樓船無女牆板木者用之懸於船外左右防賊跳入十數層厚方可避鎗箭惟銃不則不能避如只二三層其勢疎薄難以遮蔽不如無矣先將網張無女牆船上用矢射之或鎗戳擊一層不效則加二加三以不穿爲準（同上）



弩弓箭 每張每枝所需工料價值照則例做法核定價銀四錢零四釐（司冊）

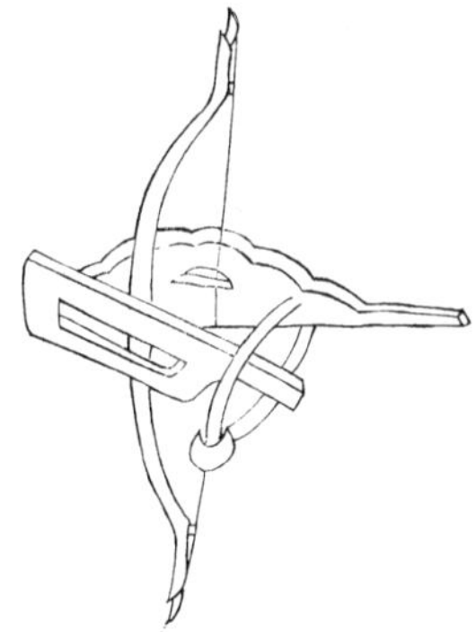



燕尾牌 長二尺三寸寬九寸厚五分鋸邊枋二條穿帶四條外面彩畫虎形質用木

**快鎚** 中齒連管長一尺四寸管筒口徑一寸三分兩傍灣齒二枝俱長一尺三寸徑六分木桿長五尺五寸徑一寸二分

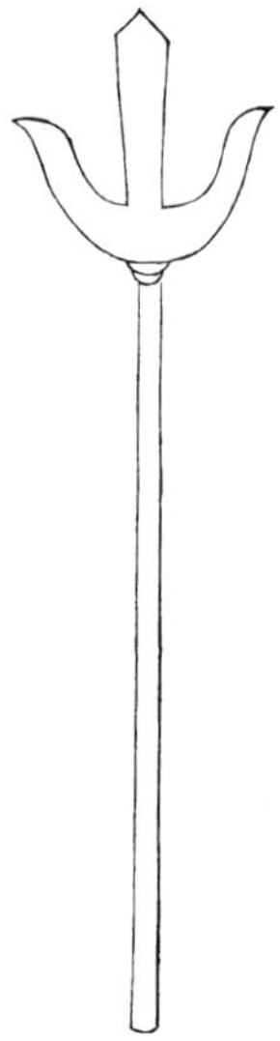



**犂頭鏢** 每枝長三尺五寸內鏢頭連管長五寸寬三寸厚四分淨重一觔二兩槁木柄長四尺徑二寸五分

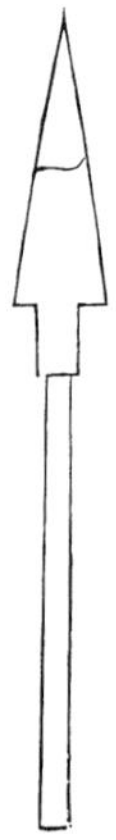

**鈎篙** 鐵鈎一長四寸大一寸五分厚一寸重一觔竹柄長一丈二尺圍圓四寸

鈎篙



**竹柄撓鈎** 高一丈五尺上安三鬚鐵鈎連管折長一尺一寸圍圓四寸二分厚一分淨重一觔二兩竹桿纏紮藤箍

雙鉤鐮鎗 通長七尺七寸鎗頭長七寸寬一寸中厚三分管長四寸圍圓三寸六分厚一分鉤鐮二各折長三寸寬五分厚一分四鐓共重一觔一兩六錢　俱同上

右旗幟甲冑矢刃之屬



明史云古所謂礮皆以機發石如范蠡之飛石發行二百步郝昭以繩連石磨壓諸葛亮衝車李密以機發石號將軍曹操發石車擊袁紹軍中呼霹靂車是也元初得西域礮攻金蔡州城始用火然造法不傳後亦罕用至明成祖平交阯得神機鎗礮法特置神機營肄習製用生熟赤銅相間其用鐵者建鐵柔爲最西鐵次之大小不等大者發用車次及小者用架用椿用托大利於守小利於戰隨宜而用爲行軍要器永樂十年詔自開平至懷來宣府萬全興和諸山頂皆置五礮架二十年從張輔請增置於山西大同天城陽和朔州等衛以禦敵然利器不可示人朝廷亦愼惜之正統末邊備日亟御史楊善請鑄兩頭銅銃景泰元年巡關侍郎江潮言眞定藏都督平安火傘上用鐵鎗頭環以響鈴置火藥筩三發之可潰敵馬應州民師翺製銃有機頃刻三發及三百步外俱試驗之天順八年延綏參將房能言麓州破賊用九龍筒一線燃則九箭齊發請頒式各邊嘉靖八年從右都御史汪鋐言造佛郎機礮謂之大將軍佛郎機



者國名也正德末其國舶至廣東白沙巡檢何儒得其制以銅爲之長五六尺大者重千餘觔小者百五十觔巨腹長頸腹有修孔以子銃五枚貯藥置腹中發及百餘丈最利水戰駕以蜈蚣船所擊輒糜碎二十五年總督軍務翁萬達所造火器兵部試之言三出連珠百出先鋒鐵棒雷飛俱便用母子火獸布地雷礮止可夜刼營御史張鐸亦進十眼銅礮大彈發七百步小彈百步四眼鐵鎗彈四百步詔工部造萬歷中通判華光大奏其父所製神異火器命下兵部

其後大西洋船至復得巨礮曰紅夷長二丈餘重者至三千觔能裂洞石城震數十里天啟中錫以大將軍號遣官祀之崇禎時大學士徐光啟請令西洋人製造發各鎮然將帥多不得人城守不固有委而去之者及流寇犯闕三大營兵不戰而潰鎗礮皆為賊有反用以攻城城上亦發礮擊賊時中官已多異志皆空器貯藥取聲震而已明置兵仗軍器二局分造火器號將軍者自一至五又有奪門將軍大小二樣神機礮襄陽礮盞口礮椀口礮旋風礮流星礮虎尾



礮石榴礮龍尾礮毒火飛礮連珠佛郎機礮信礮神礮礮裏礮十眼銅礮三出連珠礮百出先鋒礮鐵棒雷飛礮火獸布地雷礮椀口銅鐵銃手把銅鐵銃佛郎機鐵銃木廂銅銃筋繳樺皮鐵銃無敵手銃鳥嘴銃七眼銅銃千里銃四眼鐵鎗各號雙頭鐵鎗夾把鎗手鎗快鎗以及火車火傘九龍筒之屬凡數十種正德嘉靖間造最多（防海備覽）

古來禦兵唯用兵仗故鼂錯之言曰勁弩長戟匈奴之弓弗能格也即有用火者大都乘風縱勢如即墨赤壁是也其大礮等物不過曹操霹靂車之屬而已

本朝以火器禦敵為古今第一戰具然其器之輕妙實以文皇帝平交阯始得之即用其偽相國越大王黎澄為工部官專司督造盡得其傳今禁軍內所稱神機營者其兵卒皆造火藥之人也當時以為古今神技無可復加然亦相傳所稱大將軍蒺藜礮之類耳宏治以後始有佛郎機礮其國即古三佛齊為諸番博易都會粵中因獲通番海艘沒入其貨始並礮收之則轉運神捷又超舊制數倍各邊遵用已久至



今上初年戚繼光帥薊門又用火鴉火鼠地雷等物敵畏之不敢近塞盖火器之能事畢矣數年來因紅毛夷人冦又得其所施放者更為神奇視佛郎機為笨物盖藥至人斃而敵猶不覺也以此橫行天下其誰敢當之但恐守礮者畏怯冦未來而先放比對陣則藥盡反速戰士之奔此自來通病也（明沈德符野獲編）

國朝雍正五年奏准舊例各兵千名設立威遠礮四位子母礮六位今除沿海沿邊及水師戰船並直省守護城池緊要隘口之礮仍舊存留至小口戍兵無多

礮應撤回存貯督撫提鎮駐劄地方庫內遇有需用臨時酌發防海備覽

議准官兵所用軍器內鳥槍一項能衝銳折堅最爲便利如腹內省分地勢平坦利用弓矢至沿邊沿海省分山深林密利用鳥鎗應將腹內省分每兵千名設鳥鎗三百竿沿邊沿海省分每兵千名設鳥鎗四百竿該管官弁務須操演純熟該提鎮不時考驗將該營官并題參同上

九年三月廣東巡撫鄂彌達疏言鳥鎗向有嚴禁但



廣東瓊州孤懸海外民借鳥鎗以爲防禦未便照內地收繳請令各戶藏一桿違者治罪下部議行東華錄

乾隆三十二年二月總督楊廷璋會奏言竊臣欽奉

上諭崔應階奏東省各州縣民壯改習鳥鎗教演純熟頗資防守所辦甚好直省或可仿照添改鳥鎗就各地方實在情形斟酌妥辦倘該處或有難行之勢亦不必勉强從事欽此臣查設立民壯原以護衛倉庫城池巡緝奸匪與營伍兵丁表裏爲用粵東省各州縣及分駐丞倅縣丞巡檢等衙門額設民壯自四名以至三十名不等共計一千三百八十七名向俱分習鳥鎗弓箭刀鎗藤牌馬叉等械伏思鳥鎗一項爲軍器中制勝先資然必相離稍遠及平疇高曠了無障礙始克施放得宜如奸匪猝至近在肘腋或委巷曲折勢不及施又賴刀鎗短兵助其不逮粵東濱海環山水陸要隘固多空曠之區而岡嶺崎嶇村墟逼仄亦在所多有今臣酌將各處民壯有已習鳥鎗者仍令兼習刀鎗期於制遠禦近未習鳥鎗令卽改習鳥鎗同刀鎗並練務臻純熟其原習之藤牌馬叉似非所急應令裁除以



專訓練至於瓊州一府遠在海南各州縣壤錯五指山之外現在黎人經重加懲創規畫善後之餘雖已安貼畏懷然防禦之道不可不加嚴密此郡於鳥鎗尤爲緊要而據查練習者甚少已飭按名責令專習鳥鎗腰刀以重海隅捍衛所有應需添給鳥鎗爲費無幾飭令地方官製備編號分授會同防城營員勤加教導訓練責成該管道府留心考察巡歷所至隨時驗試如敢虛應故事技藝生疏役則革除另補該管官照例詳參

五十六年四月總督福康安會奏言粵東自廣州省城及各標協營寨設立礮臺并沿海各隘口安設礮位棋布星羅歷係責成營員及地方官經管稽查遇有炸裂損壞應行製補者報明臣等衙門飭行各營派弁由地方給照赴佛山鎭修製緣該處爲鐵斤聚集之所沙土合宜舖匠又多請製造且有該處駐劄之同知都司驗照督催製竣即運赴各營安設向來尙無私鑄情事惟是防弊不可不嚴立法尤不容不密該處舖匠既多奸良不一若不嚴加查察不特牟



利舖戶私行鑄造賣給盜匪且恐不肖員弁或有藉公影射數外多鑄情事臣等復督同藩臬兩司詳細酌籌擬責成統轄之廣州府愼選殷實安分舖戶人家承充鑄造礮位官舖取具聯環保結如有私造立即查拿同保結之人一併治罪其餘各舖止許打造農具器用槩不准鑄造礮位並令該處文武隨時留心稽察毋任胥役人等訛索滋事俾內地私鑄之弊先行禁絕則外來之礮位收繳更易爲力矣

初三日總督福康安會奏言臣等欽奉

諭旨礮位爲軍火要需民間不應私行製造即商船在外夷置買以爲途中禦盜之用亦當於進口時報明呈繳地方官酌量給予價值分撥備用等因欽此仰見我

皇上愼重軍火綏輯海疆

睿慮周詳無微不至伏查礮位爲軍火要需海疆營伍尤與腹地不同凡係出洋巡哨以及口岸礮臺安設堵禦在在俱資利用查察更應加嚴臣等自前涖任以來通飭各屬文武嚴查進口商船軍器照例繳銷不許存留取咨嗣據海口營具報海面撈獲鐵礮二位那



扶營撈獲鐵礮一位硇州營撈獲鐵礮半截吳川營撈獲鐵礮二位當分别提查委驗均係小礮多已損壞驗無年月字號並非標營製備究詰莫知來歷自係商船被風沉失臣等誠恐海疆寥廓尙有撈存隱匿復即嚴切通查查得粵東洋面綿亘三百餘里濱海各郡處處瀛波環繞口岸紛歧不特夷船番舶每年絡繹而來即本省及福建內港海船亦往來不絕通達既廣則稽查宜嚴所有出入海口船隻除各國來廣貿易洋船向有攜帶礮位鎗刀火藥等項由粵

海關監督於該船出入虎門時查驗開報例准隨帶外其本省商船領照出口無論遠赴夷地及赴各省貿易均由守口文武員弁驗照放行不准携帶礮位歷久奉行其商船自外夷置買礮位在洋禦盜亦屬情事所有准其攜帶礮位實爲仁至義盡廣行曉諭商人自必各顧身家凛遵禁例倘有玩不呈繳或於進口之先私自寄藏者查出嚴行治罪失察各官從重參處其各省商船因風漂粤暫時泊口仍欲駛往他省貿易者與進口船隻不同若將所帶礮位一槩



令其呈繳則出洋禦盜無資恐轉啟私藏之弊擬飭各隘口查明船照內已經開載者仍准攜帶其未經開載者即訊明何處置買緣由於照內添註蓋印給令帶往一面詳請移咨給照省分俟該商船回棹時查驗收買自可不致疎漏如此分別辦理庶商旅既資捍衛而軍火益昭慎重矣奉

上諭商船出洋攜帶礮位原爲洋面禦盜之用不特各國來廣貿易商船未便禁止即內地出口商船槩行不准攜帶礮位倘遇匪船行刼臨時不能抵禦豈有轉令束手待斃之理況在洋行刼者不獨內地匪徒想即各國夷匪亦有糾約爲盜攜帶鎗礮出沒海洋爲行旅之害而內地出洋商船內轉無礮位抵禦該商等即不保護貨物亦各愛惜身命若拘泥禁止何以衛商旅而禦盜刼著福康安等即飭令守口文武員弁祗須於商船出洋時將礮位稽查點驗後仍准其攜帶不可因噎廢食也欽此

五十八年十二月初七日巡撫郭世勳批兩司會詳稱潮陽縣商船出海攜帶礮位未有鐫鑿船戸姓名及製造年分一案奉准浙江巡撫咨查佈司查明抄



錄粤省欽奉

諭旨准令商船攜帶礮位新例敘詳以憑咨覆等因當經備移惠潮嘉道飭查去後茲准移據潮陽縣覆稱商船出海准帶礮位原奉

諭旨係祇令商船出洋時將礮位稽查點驗並未限定礮位數目并令鏨鑿姓名年月之文嗣據各船戸郭萬勝等禀稱身等船隻出口俱在內地沿海各省貿易並無遠赴夷洋之船每船各帶小礮四位每位約重十觔至十餘觔不等船內每人各帶防身牌刀一把即

可足用惟礮位鏨鑿年月字號及船戸姓名之處設或遭風壞船偶至沉失恐匪徒撈獲轉得藉礮位鑿有姓名可以影射進口貽累非輕並懇俯從商便總以照內填明礮位牌刀數目俾牌照器械相符為准等由查與

諭旨相符當即查明礮械准其攜帶逐一給照填明數目移知營汛驗照放行在案茲浙省以並未奉有明文咨查自因粵省具奏礮位章程特奉

諭旨俾止粵省接到



廷寄未經通行各省所致請咨移沿海各省查照等由到道移覆到司覆查無異所有潮陽縣船戸稟請給照帶礮出口緣由及據抄錄粵東省欽奉

諭旨相應據由詳請咨覆浙江撫院暨咨明福建江南山東直隸奉天等省督撫院憲轉飭沿海各營縣知照再各商船出海准其攜帶礮械禦盜回籍之日應將原帶礮械照數繳縣貯庫不得存留在家別滋事端俟下次出洋時仍赴縣請領攜帶回日繳貯通飭各該地方官知照俾得有所稽考緣由當批仰候分咨該

司仍即通飭各該地方官知照司案

查盜船雖有鎗礮必不如官設鎗礮之精良前經稟明近日龍門營屢擒賊匪今又於盤獲吳亞跛晚賊船放礮拒捕官兵施放連環鳥鎗當時擊斃盜首等十六名生擒夥犯十二名可見鳥鎗實戰之利器自乾隆四十七年奉文飭禁民間鳥鎗收繳淨盡其防禦盜賊不過竹篙木棍乃洋盜登岸入村未知是鎗是礮先放三聲假威恐嚇而村民並無火器先自驚慌明知某家被刧不敢向前救護是以盜日强橫民



日懦弱查民間不許私造鳥鎗而例載有防禦盜賊猛獸應用鳥鎗具呈地方官編號稽查等語是以民間查繳之時欽州思勒如昔等處准留八十七桿合浦縣永平狠兵准留一百八十二桿除州屬界連交阯照舊不動外縣屬之狠兵二百餘年以來地在腹內並無寇警請將所留鳥鎗撥借一半卑府親赴查勘寇頭嶺大觀港左右近海一帶村莊大村借給鳥鎗五桿小村借給三桿再令本村自置腰刀弓箭若干件一併官為册記交保長牌頭等經管令鄉勇平

時演練純熟以備勦除盜匪毋許私鬬擅用聲勢既壯盜賊卽不敢輕犯一俟洋面肅淸仍將鳥鎗交還狼兵收貯乾隆六十年廉州府知府龔陳四條之一

嘉慶三年六月二十四日奉

上諭魁倫奏拏獲在洋疊刧盜犯一摺已交軍機大臣會同行在法司核議速奏矣但摺內稱拏獲盜船一隻起出大小礮位八門此項礮位該盜匪從何而得豈盜匪倉猝所能鑄造若非沿海營汛礮位被盜搶竊卽係汛兵私自賣給或在洋遺失其起出礮位俱鑄有營分及製造年月號



數無難查辦何以向來閩粵等省拏獲盜船起出礮位總未聞究辦及此誠爲可笑著傳諭魁倫等卽將此案起出礮位是何營分如何被盜搶刧遺失之處查明著落根究辦理並著傳諭粵東督撫遇有拏獲盜船礮位亦應照此一體嚴行查辦毋得顢頇了事將此各諭令知之欽此

十年八月十三日總督那彥成會奏言竊照官兵出洋捕盜火器之利捷於刀矛攻遠摧堅惟礮位最關緊要非預爲籌備恐臨時不足以資配用現在東中西三路洋面配船配兵及沿海五千餘里各屬添建礮臺硼樓在在均需礮火查定例存營礮位三十年准製十五年准修備帶出洋火藥每年於歲底綜計用過觔數咨部核銷并製造需銀均准在於公費項內開銷歷經遵辦在案現當捕務喫緊之際據各屬詳請添給礮位及具報炸損各礮俟確切查明應賠應製分別核辦外所有原給臺汛兵船各礮位遇有轟擊年久口門寬大或震裂炸損難於點放者自應隨時換給臨用時方不誤事但鑄造新礮生鐵必須陶鎔熟鐵仍須錘鍊併置辦泥模爐竈有需時日鑄



成之後演式不合又必挑換另鑄方堪撥用非一時所能猝辦臣等與司道等公同籌議應卽寬爲製造收貯省局庶幾有備無患此次應請添鑄生鐵三千觔大礮十位二千觔大礮二十位一千五百觔大礮二十位一千二百觔大礮二十位一千觔大礮三十位八百觔大礮三十位五百觔大礮四十位共礮一百七十位共重一十九萬八千觔按礮每位配封口五十箇羣子二百五十箇共重二萬九千觔熟鐵子母礮八十位每位連子四箇重一百五十九觔按配

鉛子六千箇共重一千五百觔查生鐵礮每百觔例價銀三兩二錢四分熟鐵子母礮每位例價銀二十六兩四錢九分二釐熟鐵劈山礮每位例價銀一十四兩零七分九釐封口羣子每百觔例價銀二兩一錢七分六釐鉛子每百觔例價銀三兩五錢按照核計共需銀一萬零九百三十八兩二錢零五釐火藥以硝磺柴炭膠工器具併計每百觔例價銀三兩九錢一分五釐五毫共需銀三千九百一十五兩五錢二分共需銀一萬四千八百五十三兩七錢零五釐



此項礮火係為備用製辦司庫並無閒款可動查有嘉慶七年分前督臣吉慶等附片奏明修整中路舊米艇案內鹽商捐辦添製礮械銀一萬兩繳貯藩庫尚未動用應即在於此款內儘數動支委文武大員監工趕緊製造尚不敷銀四千八百五十三兩七錢零五釐應請在於藩庫支存公費項內奏支動用工竣造冊咨部核銷再照粵東歷辦礮位火藥例價不敷均需捐貲津貼前項生鐵礮需津貼銀五千四百六十四兩八錢熟鐵礮需津貼銀二千四百四十八兩零四分封口羣子需津貼銀一千零五十兩九錢六分鉛子需津貼銀三十八兩火藥需津貼銀二千八百九十九兩五錢共尚需津貼銀一萬一千九百零一兩三錢除前存之商捐銀一萬兩於例價儘數動支外再有不敷臣等與司道公同捐辦奉

旨照所請辦理欽此

八面神威風火礮用精銅鎔鑄長三尺後為燕尾下為木架別鑄提心五枚每礮一架用兵二人一放一裝中藏鉛彈發藥八面旋轉遠則攻打二百餘步近



則一百餘步水戰中器之最利者莫過於此傳庭秘書

蝴蝶礮子以兩半圓空銅殼合為圓毬之形兩殼之中以銅索二尺連綴不離蟠其索納入兩殼而合之鎔鉛灌之鉛凝而毬堅矣以毬入礮礮發毬出鉛鎔殼開索連之飛舞而去凡遇戰船高檣帆索無不破斷者矣國朝阮元揅經室集

當賊舟相距遼闊弓矢無所用及兩船既交一人能發幾矢一矢能傷幾何則莫若礮火之為功也哨船軍器宜用鳥鎗鹿銃連環子母西瓜等礮噴天筒火

罐火箭佐以單刀藤牌長鎗大鈎其餘一槩不用約畧計一船中爲礮火者十之七爲刀鎗者十之三鹿洲集

海洋之戰莫烈於礮以大爲貴從前賊見官船皆奔避不戰爲礮少也數年來刼我礮臺擄我官船及商夷船隻礮位已不可勝用矣其大者至四五千觔我師之礮大者不過二三千觔勢不如賊所幸兵丁施放較賊精熟惟須多備鐵釘參差束縛大如礮口令軍士於近賊時入礮施放一發可傷數十人比礮子



爲更烈國朝程含章嶺南集

礮臺礮位數

西虎仔與礮臺礮六位內一千觔八百三十觔八百觔五百觔各一一千五百觔二營冊　謹按本臺與鷄母澳礮臺各礮位有年久損缺乾隆五十六年詳請鑄換准部咨覆與軍需則例分別條年銷變各款不符行令加緊收貯嗣營員具報礮臺有關捍禦各壞礮逢期減半火藥演放復於嘉慶二十四年六月赴省局領運二千觔千五百觔一千觔礮各一位安置鷄母澳礮臺一千五百觔二位一千觔礮一位安置本臺

鷄母澳礮臺礮八位內二千觔一千觔各二一千五百觔七百觔五百觔四百觔各一

臘與礮臺礮八位內二千觔一千四百觔一千觔九百八十觔六百觔四百觔各一五百觔二

長山尾礮臺礮八位內二千觔一千四百觔一千觔八百五十觔六百觔各一五百觔三

大萊蕪礮臺礮八位內二千觔一千三百八十觔八百觔六百觔各一一千觔五百觔各二

沙汕頭礮臺礮八位內二千觔一千三百觔七百觔四百觔各一一千觔五百觔各二

蓮澳礮臺礮六位內二千觔一千觔七百觔各一三百觔三　謹按本臺安礮六位嘉



慶十五年閏六月初一日被賊刼去四位業經奏明在案所有該臺現需礮位防禦暫在該營兵船及局貯礮位抽撥運赴本臺安置逢期照例演放

放鷄山礮臺礮八位內二千觔一千觔各二七百四十觔一五百觔三

宮韡石礮臺

廣澳礮臺礮八位內二千觔一千二百七十觔六百觔各一一千觔二五百觔三

河渡礮臺礮六位內二千觔一千觔八百觔五百觔各一三百五十觔二

錢澳礮臺礮八位內二千觔一千觔五百觔各二八百觔四百觔各一

門闢礮臺礮四位內八百觔五百觔各二

石井礮臺礮六位內八百觔五百觔四百觔各一三百觔三

南礮臺礮四位内五百觔三百觔各二

北礮臺礮八位内一千觔八百觔五百觔四百觔各一三百觔四

青嶼礮臺礮八位内一千觔八百觔五百觔四百觔各一三百觔四

石碑澳礮臺礮六位内二千觔一千觔八百觔三百五十觔各一五百觔二

靖海港礮臺礮八位内二千觔一千觔各二八百觔五百觔四百觔三百五十觔各一

澳脚礮臺礮六位内二千觔一千觔五百六十五觔各一五百觔三

赤澳礮臺礮八位内二千觔一千觔五百觔各二八百觔三百觔各一

神泉港礮臺礮八位内二千觔一千五百觔五百五十觔各一一千觔二五百觔三



溪東礮臺礮六位内二千觔一千觔八百觔各一五百觔三

西甘澳礮臺礮八位内二千觔四百九十觔各二一千觔五百五十觔五百觔各一

東甘澳礮臺礮八位内二千觔一千觔五百觔各二五百五十觔四百六十觔各一

蘇公礮臺

淺澳礮臺礮八位内二千五百觔一千觔各二六百觔五百觔四百八十觔四百六十觔各一

湖東西礮臺

東宮礮臺

遮浪礮臺礮八位内二千五百觔一千觔五百觔各二六百觔四百七十觔各一

石獅頭礮臺礮六位内一千觔二七百觔四

汕尾港礮臺

鮜門礮臺

南山礮臺礮四位内二千觔七百觔各一一千觔二

盤沿港東礮臺礮四位内俱三百觔

盤沿港西礮臺礮四位内俱三百觔

吉頭港礮臺

大星山礮臺礮八位内二千五百觔一千觔各二五百觔四

墪頭港礮臺礮八位内一千觔五百觔各二三百觔四



海珠礮臺礮二十位内五千觔四千觔四百觔各一二千五百觔三一千觔二五百觔七三百觔五

城東東水礮臺礮二十位内二千觔一千觔各二二千五百觔四五百觔五四百觔一三百觔六

永清礮臺礮十七位内二千觔一千觔三三百觔十三

西礮臺礮十位内二千觔二一千觔一五百觔四三百觔三

西寗礮臺礮十一位内二千觔一千觔各二五百觔六三百觔一

獵德礮臺礮三十位内三千觔四二千觔八一千五百觔二一千觔七八百觔六五百觔三

南排涌口東礮臺

東礮臺

大黃滘礮臺礮二十二位 內二千五百觔二千觔各二一千五百觔三一千觔六八百觔五五百觔四

中流沙礮臺 道光十五年新鑄大礮五十九位撥置各礮臺五十六位尚餘三位內六千觔一五千觔二俟本臺建竣移撥

大圍涌礮臺

大洲礮臺

鷄公石礮臺 以上三臺礮位均已撤



沱濘山礮臺礮八位 內二千五百觔五百觔各二一千觔三五百五十觔一

九龍寨礮臺礮八位 內二千觔三一千五百觔一千觔七百觔四百觔三百觔各一

大嶼山礮臺礮八位 內二千觔一千觔各二八百觔一五百觔三

赤灣左礮臺礮六位 內一千三百觔一千觔七百觔各一五百觔三

赤灣右礮臺礮六位 內一千三百觔一千觔七百觔各一五百觔三

南頭礮臺礮八位 內二千觔一千觔各二八百觔一五百觔三

新涌礮臺礮十二位 內二千五百觔七百觔各二一千五百觔一八百觔三五百觔四

沙角礮臺礮九位 內五千觔三千觔各二二千觔四一千觔一

大角山礮臺礮十七位 內三千五百觔一千觔各二三千觔一千五百觔各三一千二百觔五百觔各一二千觔五 謹按此據道光十四年司冊後因暎咭唎兵船駛入內港續有添換至道光十五年鞏固礮臺成撤本臺三千觔礮二位二千觔礮五位移配

南山礮臺礮十位 內二千觔一千觔各二五百觔六 謹按此據道光十四年司冊後因暎咭唎兵船駛入內港續有添換至十五年冬新建威遠月臺七千觔礮二位五千觔三千五百觔三千觔二千五百觔二千觔各一位一千觔十三位五百觔二位共二十二位悉行移配

威遠月臺礮四十二位 內八千觔十六千觔六三千觔四七千觔五百觔各二五千觔三千五百觔三千觔二千五百觔二千觔各二千觔十三

鎮遠礮臺礮四十一位 內六千五百觔四千觔九百觔各一六千觔三千觔二千



五百觔各二五千觔八百觔各三二千觔四一千五百觔十六一千二百觔五九百觔一 謹按此據道光十四年司冊後因暎咭唎兵船駛入內港續有添換至十五年冬新建威遠月臺成撤本臺一千觔礮七位移配

橫檔月臺礮三十八位 內八千觔六千觔五千觔四千觔各二三千五百觔一千五百觔八百觔各一三千觔四二千五百觔三三千觔十四七百觔六 謹按此據道光十四年司冊後因暎咭唎兵船駛入內港續有添換至道光十五年新建永安礮臺成撤本臺四千觔三千五百觔三千觔八百觔礮各一位二千觔十三位一千五百觔四位一千觔十一位共礮三十二位移配又鞏固礮臺成撤各臺一千觔礮一位移配

大橫檔礮臺礮十五位 內二千觔三一千觔四五百觔八

小橫檔礮臺礮四位俱五百觔

大虎山礮臺礮三十二位內九千觔八千觔七千觔五千觔四千觔各一三千五百觔一千四百觔一千二百觔一千觔各三三千觔二二千觔五一千五百觔八

西永安礮臺礮四十位內五千觔三千觔一千五百觔各四四千觔二三千五百觔一二千觔一十三一千觔一十一八百觔一

鞏固礮臺礮二十位內五千觔二四千觔三三千觔二千觔各五一千二百觔四一千觔一

萬山東澳礮臺礮八位內一千觔七百觔各一五百觔六

萬山西澳礮臺礮八位內一千觔二五百觔六



蕉門礮臺礮十四位內一千五百觔二一千二百觔四一千觔八

三竈山礮臺礮八位內二千觔一千觔各二七百觔一五百觔三

涌口門礮臺礮三位內七百觔一五百觔二

磨刀角礮臺礮八位內二千觔一千觔各一七百觔五百觔三百觔各二

大托山礮臺礮八位內一千觔七百觔各一五百觔四三百觔二

虎跳門東礮臺礮八位內一千觔七百觔各一五百觔四三百觔二

龜岡礮臺礮八位內一千觔七百觔各一五百觔四百觔三百觔各二

烏豬礮臺礮八位內一千觔七百觔三百觔二百五十觔各一五百觔四

厓門新東礮臺礮二十二位內五千觔一二千觔八百觔五百觔各四一千

觔七六百觔二

虎跳門西岸礮臺礮八位內一千觔七百觔六百觔各一五百觔五

長沙礮臺礮八位內二千觔二一千觔七百觔六百觔各一五百觔三

烽火角礮臺礮八位內二千觔二一千觔七百觔六百觔各一五百觔三

橫山礮臺礮八位內二千觔一千觔六百觔各一五百觔五

大澳礮臺礮七位內三千觔二二千觔一千觔七百觔各一四百觔三

陡門礮臺礮六位內二千觔一千觔六百觔各一五百觔三

戙船澳礮臺礮八位內二千觔一千觔各二五百觔四

石覺礮臺礮四位內七百觔五百觔各一三百觔二



北津礮臺礮八位內二千觔一千三百觔八百觔各一一千觔二五百觔三

北額港礮臺礮八位內二千觔一千觔各二八百觔一五百觔二

蓮頭礮臺礮六位內二千觔一千觔七百觔三百觔各一五百觔二

博賀礮臺礮七位內一千觔二七百觔三百觔各一五百觔三

興平礮臺礮十五位內五千觔四千觔二千五百觔一千五百觔五百觔三百觔各一二千觔三一千觔六

赤水礮臺礮六位內二千觔八百觔三百觔各一五百觔三

流水礮臺礮二位內五百觔三百觔各一

河口礮臺礮二位內五百觔三百觔各一

山後礮臺礮四位內一千觔三百觔各一五百觔二

興甯礮臺礮十四位內三千觔二千五百觔各一三千觔三一千觔九

津前礮臺礮十位內二千觔一千觔二百觔各二五百觔四

限門東礮臺礮八位內二千觔一千五百觔八百觔各一一千觔二五百觔三

限門西礮臺礮八位內二千觔一千五百觔各一一千觔一五百觔四

麻斜港礮臺礮九位內二千觔一千觔各二五百觔五

淡水礮臺礮九位內二千觔一千觔各二五百觔四三百觔一

那娘礮臺礮五位內五百觔一三百觔一百觔各二

南港礮臺礮五位內五百觔二百觔各一三百觔三



北港礮臺礮五位內五百觔二百觔各一三百觔三

暗舖礮臺礮五位內一千觔七百觔三百觔各一五百觔二

龍頭沙礮臺礮八位內二千觔一千觔各二六百觔一五百觔三

流沙礮臺礮八位內二千觔一千觔各二五百觔四

庫竹礮臺礮四位內一千觔三百觔各一五百觔二

海頭礮臺礮八位內二千觔一千觔各二五百觔四

雙溪礮臺礮八位內二千觔一千觔各二五百觔四

通明礮臺礮四位內一千觔三百觔各一五百觔二

青桐礮臺礮四位內一千觔三百觔各一五百觔二

博漲礮臺礮九位內二千觔一千觔各二五百觔四

白沙礮臺礮三位內五百觔一三百觔二

三墪礮臺礮三位內五百觔一三百觔二

冠頭嶺礮臺礮五位內一千觔七百觔各一五百觔三

大觀港東礮臺礮八位內二千觔一千觔各二五百觔四

大觀港西礮臺礮八位內二千觔一千觔各二五百觔四

石龜頭礮臺礮十一位內一千觔八百觔各一五百觔二百觔一百五十觔各二三百觔三

牙山礮臺礮八位內二千五百觔一千五百觔一千觔各一八百觔三七百觔二



八字山礮臺礮八位內二千觔一千觔各二五百觔四

烏雷墪礮臺

香爐墪礮臺礮八位內二千觔一千觔各二五百觔四

海口港東礮臺礮八位內一千五百觔一千觔各二五百觔四

海口港西礮臺礮八位內一千五百觔五百觔一千觔各二六百觔二百觔各一

牛始港礮臺礮三位內五百觔一三百觔二

東水港礮臺礮三位內俱三百觔

石礨港礮臺礮三位內五百觔一三百觔二

馬裊港礮臺礮五位內一千觔一五百觔三百觔各二

新英港南礮臺礮四位內一千觔三百觔各二五百觔二
新英港北礮臺礮五位內一千觔七百觔三百觔各一五百觔二
石牌港礮臺礮六位內二千觔一千觔六百觔各一五百觔三
大蛋港礮臺礮五位內二千五百觔一千觔三百觔各一五百觔二
望樓港礮臺礮三位內五百觔一三百觔二
榆林港礮臺礮三位內五百觔一三百觔二
三亞港礮臺礮五位內一千觔三百觔各一五百觔三
赤嶺港礮臺礮三位內五百觔一三百觔二
保平港礮臺礮五位內一千觔三百觔各一五百觔三



桐棲港礮臺礮五位內一千觔八百觔三百觔各一五百觔二
潭門港礮臺礮三位內五百觔一三百觔二
清瀾港礮臺礮五位內一千觔八百觔五百觔各一三百觔二
舖前港礮臺礮五位內一千觔一五百觔三百觔各二

土城礮位數

海門所城礮四位俱三百觔
達濠城礮十二位內一千五百觔三五百觔三百五十觔三百觔各三三百二十觔一
虎門寨城礮三十位內二千五百觔二一千觔六五百觔二十二
前山寨城礮十九位內二千五百觔一千觔各二七百觔一五百觔九三百觔五

按建礮臺兵房於西南二門之上臺各置礮四分置城上者六位二門外復建臺列礮各十位

呂草土城礮七位內六百觔四百觔二百五十觔各一五百觔四
黃粱都城礮九位內五百觔四三百觔五

製造各項礮位目

母子礮　威遠礮　靖氛礮　決勝礮　得勝礮
行營礮　靖平礮　提行礮　鐵行礮　靖海礮
靖蠻礮　滅逆礮　神威礮　蕩寇礮　紅衣礮
西洋礮　發熕礮　貢礮　帶子貢礮　覇王鞭礮
趙公鞭礮　百子鞭礮　鞭礮　百子礮　班機礮



過山鳥礮又名鳥機礮　伏櫪機礮　劈山礮又名開山礮
信礮　號礮　河塘礮　威風礮　湧珠礮
連珠礮　轉輪礮又名履邊礮　獨彈礮　車礮　喊礮
响礮　地雷礮　通關礮　板槽礮　鰲尾礮
牛頭礮　肆把連礮　大將軍礮　貳將軍礮　將軍礮
磨盤礮　漆礮　西瓜礮　千里馬礮　定軍礮
獨子沙礮　砂礮　亘底礮　碗口礮　坐地礮
玖箍礮　竹節礮　無名大礮　無名中礮
無名小礮　虎威礮　追風礮　追風獨眼礮

虎尾礮　虎蹲礮　馬蹄礮　馬腿礮　馬卵礮
牛蹄礮　牛腿礮　牛尾礮　鷄卵礮　替子礮
筆管礮　靜街礮　銅沙礮　銅百子礮　大小銅
礮　銅鎖礮　銅馬卵礮　千里馬銃　板槽銃
以上礮位尺寸大小不一做法互異即一省之中同一名目而尺寸觔重尙屬懸殊且有用生鐵鑄造有用熟鐵打造者若因名目相同定以畫一恐有形勢未宜今擬定直隸等省嗣後製造礮位按其實在大小尺寸觔重數目照依後開各欵工料定例核算辦



理（工部軍器則例）

打造熟鐵礮位

每淨重一百觔用荒鐵四百觔蓋火十塊鋼二觔油二觔　每荒鐵一百觔用煤炸七百觔木炭十二觔八兩　每淨重一觔用鐵匠一工捭匠五分工鏨匠三分工每剉礮礮位按外面圍圓尺寸折見方尺二尺用剉匠一工如用火漆每折見方尺一尺用退光漆四錢木炭四兩每方尺五尺用火漆匠一工每匠十工各用壯夫二名

鑄造生鐵礮位

每淨重一百觔用荒鐵一百三十觔每荒鐵一百觔用煤炸二百觔縩麻二觔木炭三十觔松香三觔烟子三觔磁末三十六觔青坩土五十觔黃土一百觔每淨重一百觔用鑄匠四工模匠二工每鑄匠十工用壯夫二名

鑄造生銅礮位

每淨重一百觔用銅一百一十觔　每銅百觔用煤炸一百觔木炭二十五觔用匠六工壯夫三名　每



鎔化銅二十觔用砂罐一箇　每淨重一百觔用秫稭五十觔木炭四十觔縩麻一觔十兩青坩土十八觔黃土四十觔稻草四十觔松香二觔四兩磁末十觔桐油一兩八錢烟子一觔十兩土坯三十塊剉銅匠六工錚磨匠五工鏇匠三工子兒匠一工番砂匠二工捉麻匠二分工　各項礮位打眼厚三分以上每箇用匠三分工厚五分以上每箇用匠六分工至厚一寸以上每箇用匠一工五分如二寸以上者照此遞加　銅礮打眼按照前例各欵減半用工

製造各項鳥鎗

鳥鎗　叉子鳥鎗　鹿鎗　排鎗　鋑鎗　盤條鳥鎗又名盤絲鳥鎗　馬上鎗　大鳥鎗　威子追風鎗　神鎗　蕩寇鎗　琵琶鎗　長柄叉鎗　攢把拉鳥鎗

籐牌小鳥鎗　三眼鎗　四眼鎗

以上鳥鎗長徑尺寸不一觔重懸殊如必規製畫一恐於各省各營演放未便今擬定直隸等省嗣後製造鳥鎗第按其實在大小尺寸觔重數目照依後開各款工料定例核算辦理



打造鳥鎗筒

每淨重一觔用荒鐵三觔銅三錢油一兩　每荒鐵一觔用煤炸六觔木炭二兩　每淨重一觔用鐵匠八分工　捽匠五分工　裝錠十件　每鳥鎗一桿用裝錠匠五分工　各項鳥鎗打眼應照礮位分別厚薄核算匠工剉鎗筒并火漆與礮位例同

鑄造生鐵礮子工料

每淨重一百觔加耗鐵二十五觔　每正耗鐵一百觔用煤炸二百觔木炭三十觔檾麻一觔八兩烟子三觔磁末三十四觔青坩土三十二觔黃土五十觔

每鑄正鐵三十觔用鑄匠一工

造藥鉛火繩法

每配造火藥一百觔用淨硝八十觔淨磺十觔查各省冊報硝磺有開毛硝毛磺者有開淨硝淨磺者其折耗分兩多寡不一今按京師配造火藥做法核實計算均係結淨硝磺不得另開折耗淨炭十觔向例以荒炭二十觔取淨炭十觔燒柴四十觔器具銀一錢水膠一兩匠工八工五分

每鑄造鉛丸一百觔用正鉛一百觔耗鉛十觔器具銀八分木柴五十觔硬煤一百十觔匠工三工六分



製造火繩每丈徑二分用檾麻二兩四錢淨硝一錢二分　每十六丈用匠一工

查各省冊開製造藥鉛火繩配用材料多寡不一京師配造既有一定分兩施放得力遵行既久其各省自應一律製造俾得利於施放而錢糧亦歸核實但查各省常年操演所用鉛丸火繩每年俱有定額不難早爲預備所有各營兵丁除差操外儘有餘力可以自行製造其耗鉛火工麻觔所用無幾亦無難從容自備且向來各省開報火繩並鉛觔內所用耗鉛火工者不過數省其餘均係兵丁自備並不開銷錢糧應請嗣後各省常年操演所需火繩及鉛觔加耗火工等項均應一律令兵丁自備如遇軍需另案令該督撫專摺奏明均照京師做法辦理再火繩一項各省均係用麻成造惟雲南廣東廣西三省均經該督撫將本地產麻較少向用樹皮成造與麻質相似利用已久毋庸更張奏明在案查樹皮向無例價該

督等既稱與麻質相似自後製造樹皮火繩應按麻火繩價值核算不得稍有加增致滋糜費

硝磺鉛觔價值定額 均在本省採買

淨硝 查該省南海順德二縣產硝每百觔工本價銀三兩七錢八分准銷有案今各營冊開價值與成案相符嗣後淨硝每百觔價銀以三兩七錢八分核定

淨磺 查該省英德縣產磺每百觔工本價銀三兩一錢准銷有案今各營冊開價值與成案相符嗣後淨磺每百觔價銀以三兩一錢核定

鉛 查歷年各營報銷成案每百觔均開價值銀三兩五錢今各營冊開價值與成案相符嗣後鉛每百觔價銀以三兩五錢核定

水陸運費

陸路每百觔每百里脚費銀一錢一分 查該省准銷解運廣鍋成案每百觔每百里銀一錢一分今各營冊報每百觔每百里銀四錢殊屬浮多應照運鍋成案核定



水路每百觔每百里運費銀七釐 查冊開較解運廣鍋成案有減應照此核定 俱同上

右礮位之屬

過船弩賊莫妙火攻但我用火賊船亦用火必我之火倍烈於賊倍速於賊然後我先燒賊而賊不能燒我聞前浙江李提軍火攻之法另用小船須貯硝磺柴草臨時發火駛燒賊船此古法也惟是海上風濤迅厲火船未必便能近賊卽近矣賊以長竿撞拒浪頭一湧火船賊船各開數丈斷難得力莫若仍照今法用火礶噴筒爲良賊船火礶受藥五六觔噴筒大徑四寸餘長八九尺我師火礶受藥不過二三觔噴筒大不過徑寸長不過二三尺應請製造亦如賊式礶筒之中加辣椒川烏班茅蟲等毒烟所到賊已昏倒更有火桶火斗二物受藥愈多火焰愈烈須令軍士多爲預備於逼近賊船時携上頭桅奮力遙擲其抛擲火礶亦須上桅方能及遠三者之用死生勝敗決於須臾必習練精熟方能先發制人但得二三件及賊賊必紛紛投水其船可得矣 嶺南集



噴筒 每枚用竹筒長五尺圍六寸口徑八分內裝火藥外用鐵絲黃麻繩綑硃紅油飾 司冊

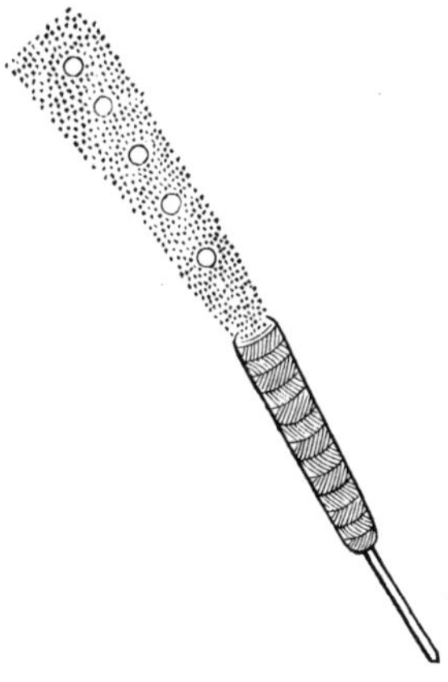

**火箭**每枝用檍木桿一根長三尺圍四分翎花三片長六寸頭繫紙筒管一內裝火藥一兩二錢膠桼

**火箭匣**長四尺九寸高三寸五分寬六寸兩頭板高一尺四寸寬六寸俱厚五分週身用杉木硃紅油飾

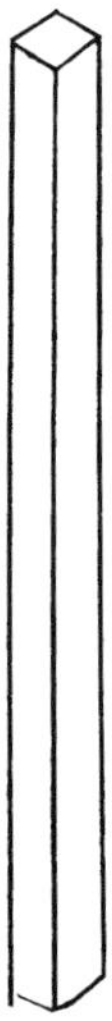

**五虎箭**每枝通長三尺二寸內檍木桿一根長三尺圍四分五色翎花三片長六寸箭頭鑲牛角一高二寸圍八分開穿五眼頭繫紙筒管一內裝火藥一兩二錢膠桼

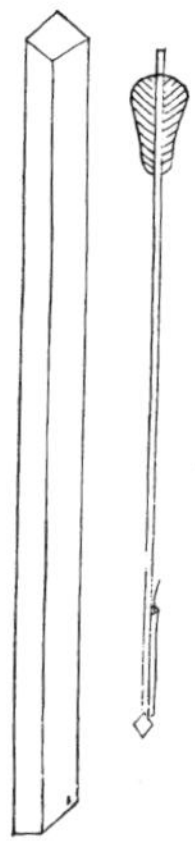



**火籠**長四尺六寸頭圍一尺二寸尾圍六寸篾織紙裱硃紅油飾

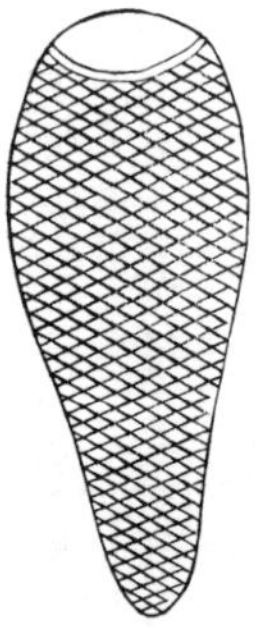

火筒用竹筒一條長五尺圍五寸內口徑寬八分外用黃麻纏細

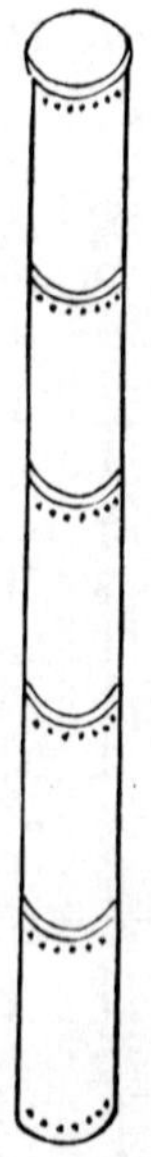



木火桶高一尺八寸口寬一尺四寸底寬一尺三寸過圍用杉木加鐵箍油飾

火號每枝通長二尺九寸內竹筒一段長二寸圍三寸內裝火藥外用黃麻紥安裝橁木柄

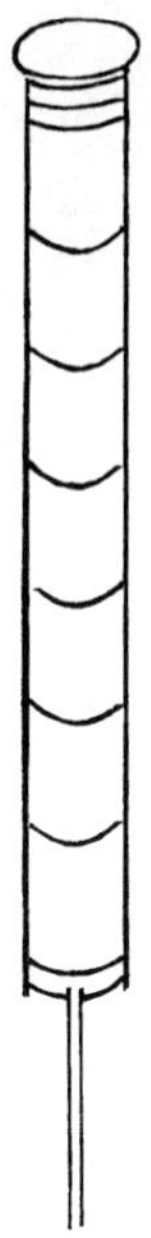



火磚每塊長八寸寬四寸高二寸用木胎紙胎內藏火藥硃紅油飾

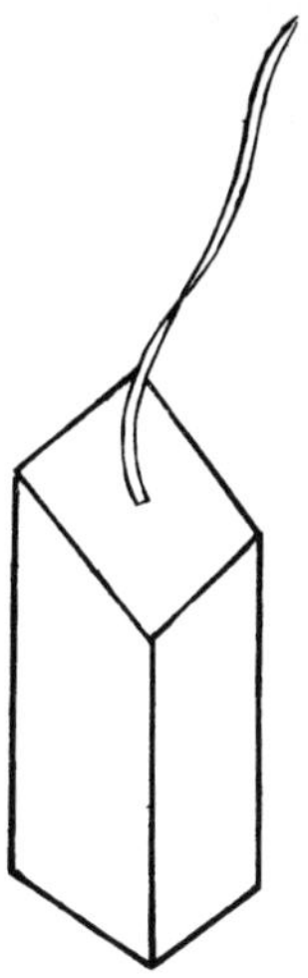

火礶每個高四寸口徑三寸中圍一尺八寸底徑三分內藏火藥十一兩六錢外加火繩纏繞俱同上

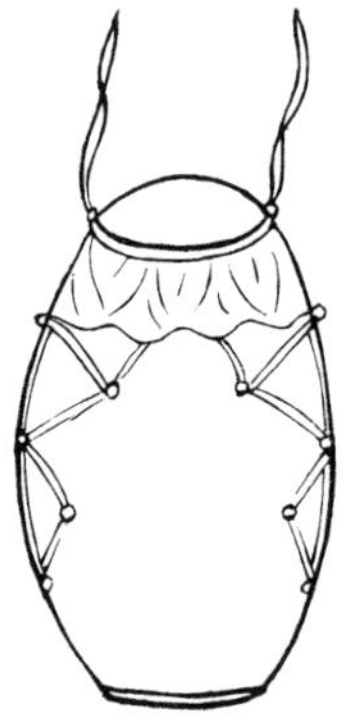



古火器附

火箭勢猛敵畏之過於弓弩善造者可六七百步遠一枝約打二萬緫方能濟頭上用回火約十分之二因火箭力大而篷蓆薄一射徑過無益於焚如尙慮透過當於火門下一二寸遠用竹打十字交义以阻留之竹鐵交接處用筋纏用漆固翎毛亦用漆下方耐風雨濕氣南方之制多聚百枝三五十枝裝入一籠曰一窩蜂曰火龍九枝曰九龍筒小者曰湧箭馬上亦可放名火箭金湯十二籌

火箭溜用此器則火箭無斜衝直立之患矣明趙士楨車銃議

火箭溜

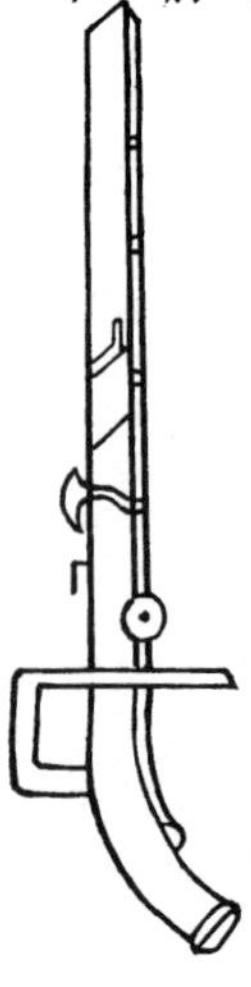



戰船遠用火箭近十數步內或焚帆焚棚非飛火抓不可制用木槌作槌形自頂上入刀將內中鑚空入火藥裝滿週圍共掏七八孔出火用倒鬚釘釘之外糊油帋避雨濕臨敵用手擲去或高釘帆上或釘入人身釘入棚皆可延燒陸戰前面長兵相抵後面短器手點火擲中敵人此亦亂而取之之意也名飛火抓金湯十二籌

飛火抓式

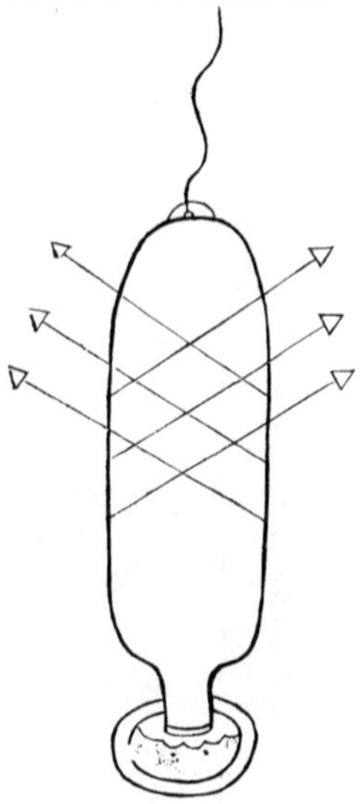



用木桶可容一斗者用緩藥即令各船不堪之藥每桶先入藥五觔平平鋪定上用薄沙土一層覆之將麤碗一隻內用灰埋炭火二三塊平平擱在桶內沙上輕輕加盖加欞欞孔要大欞要細恐入欞時撞動也裝完雙手平舉輕輕落下彼舟火激藥發全舟盡焚此器無藥線長短之失遇激便燃不及反擲我舟必臨時方裝火碗裝入火碗就要擲去不可留在我舟恐碗熱藥燃又恐忙中忘之或爲物件手足所觸動反害本船必要平日習熟慣練者臨陣方從容不致錯亂誤事名曰火桶

火桶式

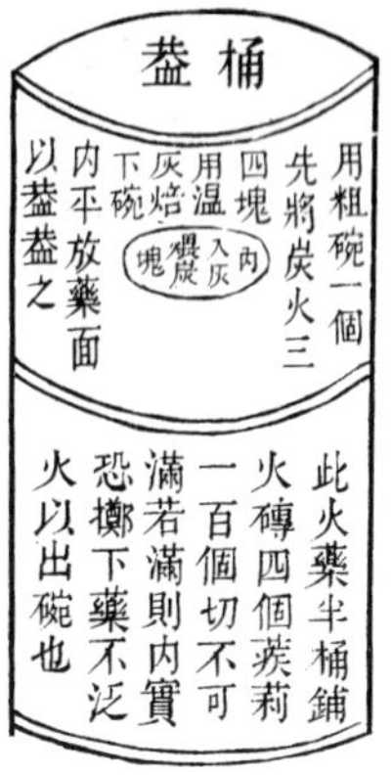


謹按司冊火桶已見上但不如此說之詳故並載焉



三飛不過一法即一大火箭也造法用徑六七分荆木爲柄長可六七尺後稍用大翎三稜與柄相稱藥頭用紙筒實以火藥如火箭頭同長可七寸麤可二寸再大再加鏃長五寸橫闊五分或如劒形或如刀形或三稜如火箭頭光瑩芒利通計連身重二觔有餘燃火發之可及三百步名三飛但命中不能惟擊舟燒帆極妙

用火攻者名水老鴉藏藥及火於礮水中發之又製形如鳥喙持之入水以喙鑽船而機發之以自運轉

鑽透船可沉（俱同上）

迭放火箭三人肩背相反後用一人遞箭放畢退在左邊裝箭旋轉右邊待放（年羮堯治平勝算全書）

四十九矢飛廉箭編篾爲籠中空圓眼約長四尺外糊紙帛內裝四十九矢以薄鐵爲鏃捲紙爲筒長二寸許前裝燒火（用砒霜巴豆合）後裝催火（發藥也）縛於鏃上順風放去勢如飛蝗（首尾輕重相等則去遠一發四十九矢齊飛）中賊則腐爛掛篷則焚燒（傳庭祕書）

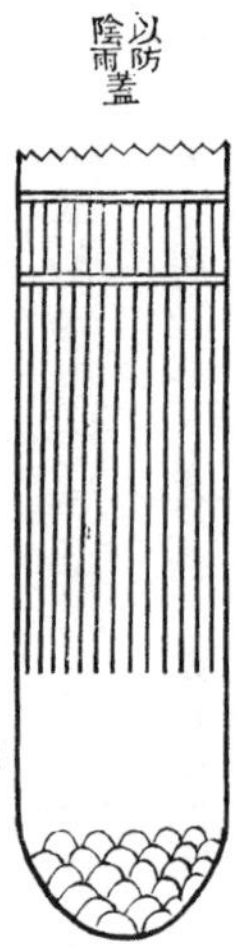




火龍吐焰神毬用油篾編造圓滚如毬可容火藥一升（神火飛火相合以燒船毒火烈火相合以燒賊）厚紙糊裏將松脂溶化薄塗週圍以細繩爲絡使膂力勇士持之約離賊船二三丈許飛空擲入賊船則火光四起以亂賊心（同上）

神火飛火毒火烈火之圖

羣蜂礮用篾編成圓籃以紙厚糊四五十層曬乾上糊油紙數層開礮上竅以火藥三觔加鐵蒺藜半觔飛燕毒火各數十箇實其中抛入賊船飛燕火發其船立破施永圖心畧

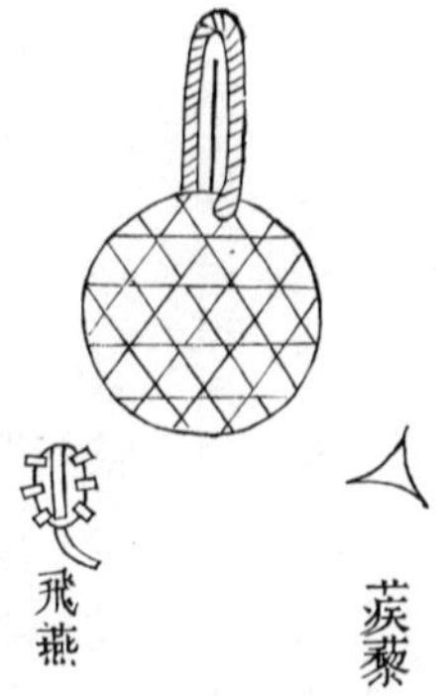




神霧筒用風化灰用大塊灰相一斗走砂一斗鐵脚砒五觔硫磺五觔南星二觔半夏三觔細辛二觔甘遂一觔川烏二觔草烏二觔硇砂二觔牙皂十觔巴霜二觔斑猫二觔薑粉二觔桐青四兩共爲細末飛麪二十觔鍋內炒半熟次下羣藥同炒取起聽用臨敵順風揚之血湧目瞎萬無不勝

夜义銃用堅木車爲法馬馬上釘利鏃上燕虎藥布裹神火鐵線縛緊鏃上遇人馬則鈎入骨遇輜重則焚糧草遇船則燒篷帆鏃制三稜倒鈎遇物釘入利害百倍俱同上

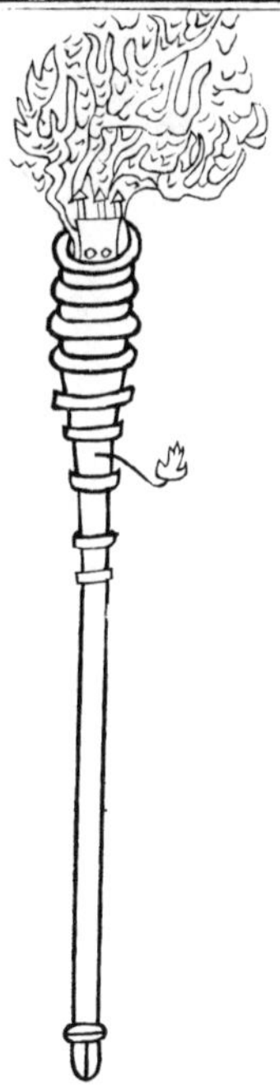



油礶用鵝鴨雞蛋盡去其黃和以桐油將磁礶注滿掩塞其口細繩爲絡使勇士持之約離賊船二三丈餘擲入擊碎四散流出兼以風波洶湧滑不可立器不可施況油粘船板惹火易焚我兵更於上風或揚神砂縱神火舉火礮雖微法小技而取勝之功則甚大矣金湯十二籌

飛空滴水神油礶

右火器之屬



水戰之具固多而甲胄之制爲要用細絹爲裡鉚板爲甲砌如魚鱗先用礬水浸透曬乾預用或以鵝雁翎編送爲甲浮行水面駕浪乘風頃刻數十里水之險不足慮也武經有羊皮水袋浮嬰等制不如此妙名飛波甲 金湯十二籌

飛波甲式

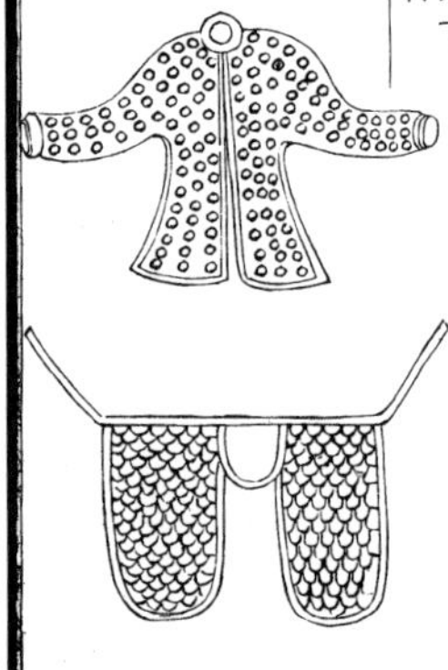

黃藤造一水馬腰似斗纛下用四足橫出水上馬頭高一尺遮前浪尾高一尺遮後浪各虛其中外用布裹堅漆拴一轡人騎其中以便攀扯馬頭另外安插中空一段可藏乾糧有此則人人膽壯其體不重船中易載再用綿裹土用匏片爲甲葉匏取其浮綿取濕水可禦矢石旁跨短橈橈首用鐵爲刃可爲戰具橈杆中藏一小刀以備急用雖船損落水猶可以戰有此水馬再繫今時所用水帶無憂溺矣名水馬 上同



潛伏水底用銀打造法物約長一尺上分兩竅以管塞於鼻下合一管噙於口中蓋人之被溺以水隨呼吸而入故也能使口鼻之氣上下往來可保無虞名槖籥

槖籥式

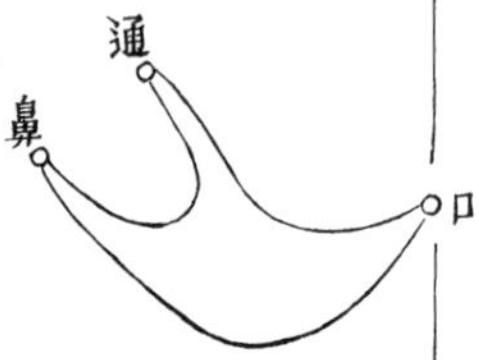

用椰瓢漆黑以護腎囊用綿帶繫腰內漆絹裹脚底
盇腎囊與脚底湧泉穴入水其紅如火惡魚水獸望
光而來斯傷其命護之則光不現而害可免亦水戰
必備者名護腎護脚俱同上

護腎護脚

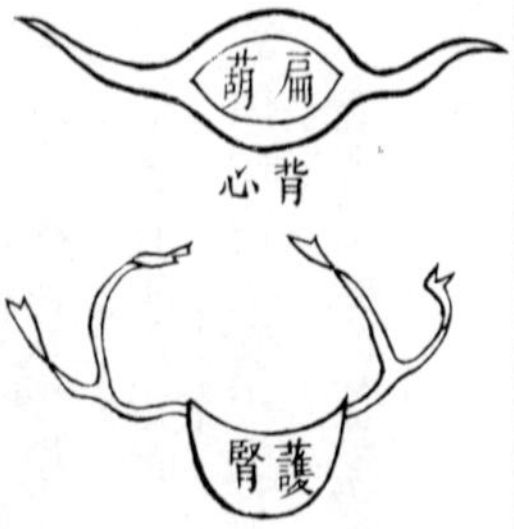




飛渡式

募善游水士或使人腋挾浮水繫繩於腰先浮渡水
次引大繩於兩岸立大樁急定其繩使人挾繩浮水
而過如大軍可為數十道渡心畧

飛渡式

浮囊

以渾脫羊皮吹氣令滿繫其空束於腋下人浮以渡

浮囊式

皮船

皮船者以生牛馬皮以竹木緣之如箱形火乾之浮於水一皮船可乘十二人以竿繫木助之（俱同上）

皮船式

旱船過水用布週方各四尺雙層十字縫柱四方每方用豬胞四箇各收口抽緊放於水上（防海備覽）

立站過水用皮做裩連襪當中容放食物用搭包一條以布做四小袋乘豬胞四箇繫放腰間過水（同上）

右渡水器之屬

廣東海防彙覽卷二十一終

# 廣東海防彙覽卷二十二

## 方略十一

### 操練

乾隆十年四月二十日奉

上諭國家設立營伍修明武備所為折衝禦侮之用必訓練精熟於平日斯可奮勇決勝於臨時是以陸路設營汛沿海設水師皆須勤演習收實效為是去年朕命大臣查閱營伍後陸路該管大員頗有竭力整頓氣象而水師操演則不過將演就陣法塞責了事其操舟破浪之法官弁兵



丁茫然不知以為此水手之事漫不留意即至舵工水手其能熟練者亦屬寥寥平日操演之時各船進退尚且參差往來間斷茍其臨敵何以致用夫水師以舟為主出沒風濤去來倏忽必掌舵能操縱自如而駛風折戧致破浪衝波水手等盡能嫻習卽官弁兵丁等亦皆心領神會不待呼應而自靈然後猝然遇敵駕駛輕捷一舟之中臂指相使如一人之身則應變制勝無難向來水師員弁仍以水師用原欲其熟識情形收得人之效今則視為故套該管者不加察徼幸者茍且延玩是青材之善政為伊等之

捷徑矣著通行申飭沿海將軍督撫都統提鎭等務遵朕
旨實心訓練甄別毋得仍前玩忽虛應故事欽此
三十五年二月兵部議覆兩廣總督李侍堯奏言臣
等伏查廣東一省乾隆二年原任兩廣總督鄂彌達
以粵東地方遼濶非數月之間所能巡遍題請停其
查閱止於保題軍器案內委員查看取具總兵保結
題報如有要務必須提督親身查閱者該提督臨時
酌量請
旨等因議准在案今該督奏請嗣後仍令查看營伍等語應
如所奏廣東通省營伍分爲東西兩路令該提督分
年巡查如遇督臣查閱之年提督停其查閱提督查
閱之年總兵停其查閱仍令遵例不得多帶親丁亦
不得擅取民夫如有屬員違例迎送以及騷擾地方
等事該督撫卽行據實嚴參從重議處至各省提督
於所屬營伍或係一年巡查一次或二三年巡查一
次且有僅於新任後查閱及委員巡查者辦理未爲
畫一現在該督所奏按年巡查之法亦未酌有一定
年限臣等酌議除各省地方不甚遼闊可以一二年



巡查一次者仍照舊辦理外至地方遼闊者俱於三
年內輪巡一次其僅於新任後巡查一次及委員查
閱之處槪行停止恭候
命下臣部行文各省一體遵行奉
旨依議欽此
五十八年九月軍機大臣會同兵部奏言臣等謹案
閩督伍拉納等所奏各款詳悉會議一該督等奏稱水
師兵丁宜實力操演等語查水師將備兵丁原爲緝
盜巡洋而設必須平時在洋勤加操演熟習技藝方
於捕盜有益今據該督等奏稱嗣後浙江水師除輪
應出洋弁兵不計外其輪應下班未居出洋之各兵
弁責令該管將備親身督率每月在洋操演二次每
次定限三日駕船必行至一二百里之外在洋按照
陣圖如法操演不得委令千把帶往塘塞並仍令該
管提鎭每年按季在洋親身督操本標將備一次自
係實力操演之道均應如該督等所奏辦理若將備
等不實力奉行而該管提鎭瞻狥容隱不據實嚴辦
許令同城之道府州縣卽密行稟報由該督查參如

同城文職隱匿不報別經訪出卽將文職各官一併參處該督撫等仍不時稽察如此則各顧考成海洋操演不致視爲具文而於緝盜巡洋克收實效一該督奏稱嗣後挑補水師兵丁責令該管將備詳愼召募也等語查水師兵丁必須通習水性熟諳水操者始能得力今該督等奏稱嗣後詳愼挑補水師兵丁令該管將備出具切實甘結仍令該提鎭於水操之便親加試驗如有畏水暈船等事將兵丁斥革其挑補出結將備以冒領兵糧例治罪其舊有兵丁責令



該管提鎭悉心甄別此內有不曉水性而尚能熟習鎗礮弓箭者改撥陸路當兵其毫無所能者悉令退伍歸農該督等仍於閱兵時按明册註各兵技藝嚴加考核如有不實卽將該提鎭據實參處亦係整頓水師起見自應如該督等所請辦理一該督等奏稱將備帶兵出洋每三個月爲一班如副參遊出洋則都守存營辦事都守帶兵出洋則副參遊存營辦事等語查副參遊守輪班巡查洋面係其專責原不得委諸千總微末之弁今該督等奏稱嗣後每屆出洋

換班之期副參遊守等官輪班分巡一概不許委令千總代班卽或因一時患病輪應副參遊之班卽令都守代巡輪應都守之班卽令副參遊代巡均於下屆補還原班仍令該提鎭先期開具巡洋將備職名出具並無瞻狥欺飾印結報部又恐該管提鎭或有瞻狥容隱責令該管道員會同提鎭將應行巡哨之官兵逐名點查督其駕船開行册報督撫並令該道發給用印小旂幾十杆編列號數飭令水師於某日行至某處卽將所領小旂一杆給某處嚳甲令其就



近送該管州縣衙門轉送該道查考其將備弁兵内有於出洋後私自潛回者亦責令該道飭委地方各員就近密訪查拿由該道通報督撫究辦如該道虛應故事不實必訪察別經發覺該督撫卽將該道嚴行參處如此互相糾參立法更屬周備亦應如該督所奏辦理一該督等奏稱考拔官弁宜較技藝功過以歸公允也等語查水師兵丁弓箭固應熟練而駕駛船隻等事亦必演試便捷庶幾得收實効至認眞緝匪涉險遭風自應量加甄拔以示鼓勵應如該督

所請水師兵丁除步箭照舊考試外凡爬桅掌舵鳧水駛船及施放鎗礮各藝各就所長分別考驗存記其有奮勉巡緝拿獲盜匪者按其獲匪之多寡分別記功存案遇有缺出將技藝熟嫻記功多次者先予考拔若技藝可觀記功甚少及並無記功者概不准朦混送考以昭激勸至所稱將備千把外委等官應行考驗時一體考其各項技藝如在水中並無一長足錄者即停其陞轉勒令演習或改撥陸路等語查該將備千把外委身任水師自當嫻習水中技藝乃



無一長足錄若僅令停陞演習不定以年限尚不足整飭戎行所有此項停陞將弁等應令該督等勒限一年督令認真演習如一年限滿水師技藝仍不能熟習者即行分別降革其改撥陸路之員亦必視其弓馬尚屬可觀惟未能諳悉駕駛各事宜者始准改撥以杜冒濫臣等悉心籌酌分別核議於水師營制尚無窒礙而於海疆巡緝似有裨益奉

旨依議欽此

謹案原摺所議六條今摘其沿海各省通行者錄於此

五十九年十二月高州府知府克家額詳稱奉札開粵東洋匪充斥緝捕不容刻緩先經奏請製造船隻分撥各營應用現在各船陸續造竣分發駕駛緝捕惟是船隻礮械雖俱齊備若各營弁兵技藝生疎不能衝風波浪即難收捕盜之益該府等所屬洋面是否均能就近親身稽查抑或尚須另委妥員分投稽查該弁兵操演或勤或惰或應旬日一報或一月一報俾此番練兵捕盜不致有名無實之處即日妥議



具覆依經傳飭移行去後茲據電白縣覆稱移據電白營移覆每月一四七日期操演爬桅泅水二五八日期操演各兵技藝三六九日期合演水操每逢十日期都守上下二班聯絡稽查上班洋巡自正月起至六月底止正二三四五六等月二十四日巡至赤水洋面與吳川營會哨下班洋巡自七月起至十二月底止七八九十十一十二等月十八日至赤水洋面與吳川營會哨等由查該兵操演技藝及爬桅泅水均在本管洋面其平日是否認真操演自可就近

稽查倘或怠惰偷安卽當據實稟明核辦至所定會哨之處一係陽江管轄一係吳川管轄離縣稍遠耳目難週應請另委妥員分頭查察卑職仍不時留心稽其勤惰隨時稟報不致稍存瞻狥怠忽俾兵丁等咸知勤於練習技藝漸就馴精而於出洋捕盜不致有名無實又據吳川縣覆稱移准吳川營移稱新船到營每月初一十五日督率弁兵駕船開行在於廣州灣洋面飭令弁兵隨行隨施鎗礮弓箭爬桅鳧水必至百里外而後止至晚仍泊於洋面初二十六日



在洋按照圖陣定式演習多次至晚仍泊洋面初三十七日始將船駕回如在洋遇風卽在洋停泊風息補操若屆應操演之期天色變異颶風將作俟天氣復晴如法補操至會哨處所日期會商電白硇洲二營訂期上班洋巡自正月起至六月底止正二三四五六等月二十四日巡至赤水洋面與電白營會哨又正二三四五六等月初九日巡至廣州灣洋面與硇洲營會哨下班洋巡自七月起至十二月底止七八九十十一十二等月初四日又八月初十日俱巡

至廣州灣洋面與硇洲營會哨又七八九十十一十二等月十八日巡至赤水廣州灣各洋面與電硇各營會哨等由併准硇洲營移稱新船到營配諳練水務兵丁上班洋巡自正月起至六月底止係都司管駕巡緝正二三四五六等月初九日巡至廣州灣洋面與吳川營會哨四月二十四日巡至錦囊洋面與海安營會哨下班洋巡自七月起至十二月底止係千總管駕巡緝七八九十十一十二等月初十等日巡至廣州灣洋面與吳川營會哨十月二十四日巡



至錦囊洋面與海安營會哨每月逢五逢十日操演新船各兵施放鎗礮弓箭爬桅鳧水演習牌刀各技不拘陣勢隨行隨操操畢仍管駕船隻在本管洋面跟踪巡緝遇有停泊洋面卽按照圖陣定式演習務期並臻純熟等由查營員會哨飭委文官稽查必須親身前往監哨俾不至有名無實茲吳硇二營與電白等營每月分定會哨所屬洋面遠近不一若一人稽查勢不能週恐有顧此失彼之虞設遇卑職因公他往臨期不能親身監哨轉非慎重之道懇請委員

分按稽查至兵弁操演或勤或惰請以一月一報以收實效各到府據此伏查電白吳川硇洲各營上下兩班巡洋會哨日月與奉行定期相符每月操演日期挑演弓箭牌刀或操練爬桅鳧水使各弁兵不時練習以臻純熟一面操演一面捕盜其各弁兵操演處所均在本管洋面與電白吳川各縣城附近相距府城遙遠現據各該縣查覆均可就近稽查除飭電白吳川二縣各於所屬操演處所就近隨時稽察每月將操演勤惰情形通報一次倘或怠惰偷安隨時



稟明核辦務使弁兵均有警覺不致有名無實司案

嘉慶二年正月奉

上諭據吉慶奏校閱各標營官兵一摺內稱現值冬深閱兵之期查閱內河水師弁兵駕駛便利在船施放鎗礮尚屬熟練鳧水爬桅亦屬嫻習等語此語不通粵東氣候雖屬和暖但水性寒冷且正屆隆冬之時令人赤身下水究未免不近人情官兵等若遇追捕洋盜即赴水擒捉亦分所當然至於尋常操演自應按時練習即如該督所奏駕駛兵船施鎗放礮及爬桅等技藉以操習武備則可至於鳧水一節行之冬令殊無此理該督等若故令兵丁等冒寒入水固覺太不體恤倘竟無其事僅以一奏塞責尤屬具文非是嗣後沿海地方如尋常操演爬桅等技藝仍照常演習外至冬令鳧水斷不可行以示朕體恤水師準情酌理之意將此通諭有水師省各督撫知之欽此

二十二年六月二十四日奉

上諭巴哈布奏請飭各省營伍講習紀律一摺國家設立營伍訓練兵丁原應講明紀律俾各有勇知方若但演習技藝而於殺敵致果之義不能曉然於心一經親歷行陣或



退縮不前即平日技藝精良亦徒為虛飾而鮮實用凡有將率之責者平日教演兵丁即當明白曉諭以兵法有進無退臨陣退縮者國有常刑奮勇捐軀者邺及後裔況果敢直前成功者多而傷夷者少若怯懦奔逃軍法有殺無赦無一能苟免者是與其死於法何若死於敵死於敵者百世流芳死於法者罵名千古使兵丁習聞此言人人心知大義則勇敢倍增節制之師自莫非干城之選矣至技藝亦必時加訓練近閱外省奏摺操演兵丁情形率舉春秋二操有云夏令兵丁多務農功恐防其耕作者此言大

謂古者寓兵於農是以三時務農一時講武今兵農判為
兩途取賦於農以贍兵即藉兵入伍以衛民若仍以耕耨
而誤差操豈非虛糜糧餉嗣後各將軍督撫提鎮等務督
率將弁將所轄兵丁常川練習不可稍有曠廢以肅軍紀
而勵戎行將此通諭知之欽此

道光十三年三月二十七日奉

上諭每年各直省輪應查閱營伍之期經兵部開單請簡朕
念由京員派往各省不免供億之煩且各省督撫皆朕所
信任一經特簡即與欽差無異是以即派該省總督及兼



提督銜之巡撫查閱原係曲加體卹推誠不疑乃近來營
伍廢弛教誡不嚴如廣東兵丁竟吸食鴉片烟河南兵丁
行至安徽毆死人命攜帶幼童福建兵丁勒折夫價又有
強搶鹽館之案總緣各該省督撫希圖見好虛應故事並
不認真簡校紀律不肅職此之由夫兵可百年不用不可
一日不備似此因循疲玩尚望其有勇知方備國家干城
之選耶嗣後各直省督撫平日當破除情面認真校閱務
使營伍整肅一兵必得一兵之用方為不負委任將來兵
部奏請時朕不論何省仍照舊例派公正大員前往如查

有訓練不精軍實不齊者惟該督撫是問從重治罪決不
寬貸毋謂言之不預也將此通諭知之欽此

國朝簡閱軍士各省八旗水師營每年春秋二季將軍
副都統等督率官兵分駕戰艦操演金州福建乍浦
廣東出海口操演均擇天氣晴和潮平風順時官兵
乘戰艦出洋列陣張帆起柁掌號發礮以次操練停
操之後各督率官兵講習水務蓋平日之訓練既精
斯臨陣之勇敢可決也防海備覽

教練水兵之法人生皆學而知之使之日日舟楫慣



習水務則學識皆可通融如船隻之排列陣勢連䑸
駕打亦因潮水之進退風力之微緩一來一往則以
戧風逆流是豈人工所能為乎愚曾歷海壇南澳碣
石香山水師見所操者不過分兩道魚貫而進傍放
邊礮到處放一斗頭礮交七分左右而回或被急流
逆風不能隨䑸終局是看圖說法從何講起可不為
難中之難乎愚見先以杉板船蕩槳駕子母礮插小
旗一面令舵公抱櫓管兵官管船官督駕水兵數名
結寨連䑸則其船小不貪風流驅駛得法操練既熟

次以小船教之可能如意後以趕繒船配操則駕駛之人學習精通易於旋迴矣水操畧言

謹按古人言訓練者有練心練膽練耳目練手足之說甚詳然皆兼水陸營言之竊以爲今日春秋二操戳風鳧水是練膽也聽號視旗是練耳目也爬桅運柁是練手足也而親上從長之意卽寓之是練心也故此篇於古人訓練之說不具錄而詳載舟師輯要及見用各陣圖說於後以著我
朝訓練之精要非前代所及云



演礮附

康熙五十六年覆準廣東沿海設立礮臺於每年正月九月委就近文職會同該營官弁每礮演放十餘次具報總督察覈防海備要

乾隆二十年十二月總督楊應琚會同奏言粵東各海口礮臺實爲沿海之保障現今歷年旣久其礮位有無銹損火藥礮子是否備貯足額每年必須大員親往查驗演放始足以重海防而裨實用今臣因巡閱邊海地方營伍隨親詣各礮臺督同各處官兵逐一試演現在礮位尚無銹損又親驗火藥礮子亦俱按照礮位數目每位製備二十出存貯庫中備用獨是通省礮臺甚關緊要稽之向例每年正九兩月演放礮位僅委之就近文武等官其間更有轉委佐雜千把人員者官微任重難資整飭伏查京城演放礮位係蒙
皇上欽點王大臣前往監視卽粵東將軍標所轄礮臺亦係將軍與副都統親詣督演則各鎮協營之礮臺亦應責成大員演放以昭愼重查各鎮總兵官例應每年



九月内巡查所屬營伍臣請嗣後除正月内演放礮位仍循舊例飭委就近文武務親身會同查看外其大員演礮之期應令各鎮臣於巡查營伍時親詣各礮臺率同該處文武逐一演放並查驗火藥礮子等項有無虧缺其撫標礮臺二座提標經轄大鵬等營之礮臺亦於九月内令撫提二臣就近督演如遇督臣在省則撫標礮臺與督臣會同演放職名日期照例會册題報庶海防益加整肅邊圉永慶安瀾且沿海安置礮臺處所皆係緊要口岸督撫提鎮大員均

於每年親歷巡視更於地方營伍較有裨益奉
硃批如所議行欽此
各海口礮臺等處礮位必須洗演潔淨方可經久應
於每年霜降之前用火藥洗演一次如有收貯不慎
及未經洗演以致起銹漸蝕者將該管官照例議處中樞政考

週天二十八宿璇璣圖

此週天二十八宿璇璣圖四面皆八隻中藏八隻如
東南西北正門二隻不動四隅四隻共十二隻不動



取十二辰之義也如內一號移於東門則東南角一
隻移於正南　二號移於西門則西北角一隻移於
正北　三號移於南門則西南角一隻移於正西
四號移於北門則東南角一隻移於正東　五號如
一號　六號如二號　七號如三號　八號如四號
消中藏之八隻四面仍是八隻使人不知其何去何
來至有遊巡小哨隨其出入所謂雜而不亂四頭八
尾觸處爲首其殆是乎舟師輯要

週天二十八宿璇璣圖

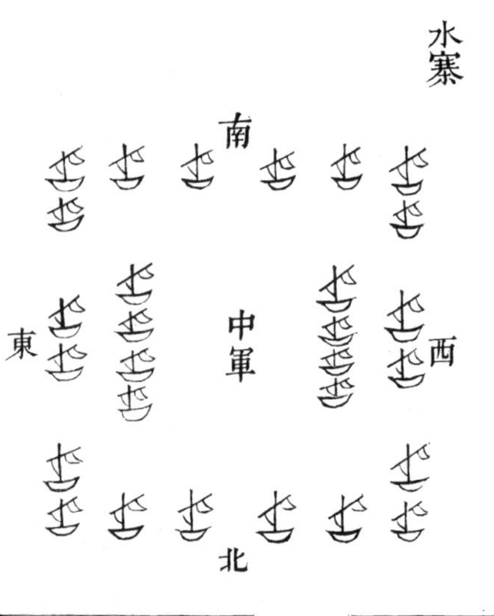




右前圖排出以虛其中四面亦皆八隻不見其多而
寬曠自若安收如前照前出收之不難矣
圍操法　先排三疊勢將前二疊分左右兩邊魚貫
而出放邊礮看諸船行盡到交叉之處放斗頭礮交
叉照一船左一船右而回其後疊看兩邊俱回齊排
前進各放斗頭礮而兩邊兩疊仍收中軍之後後疊
亦收回作前疊矣其金鼓掌號招旗隨時可用俱同上

圍操圖

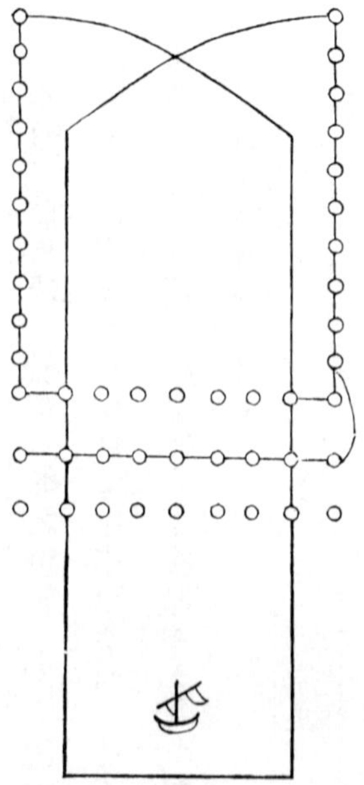



以下廣東各營現用陣圖

## 水操拋船式

水操號令

師船十隻以八隻分左右兩股逐對抛泊總領一船在八船之前督陣一船在八船之後居中抛定總領船鼓吹迎接閱操者至操臺陞座中軍參將呈送操圖請令宣令官接令跪稟發令水操陞礮三聲令旗一展各船官兵肅靜聽令

萬派朝宗陣



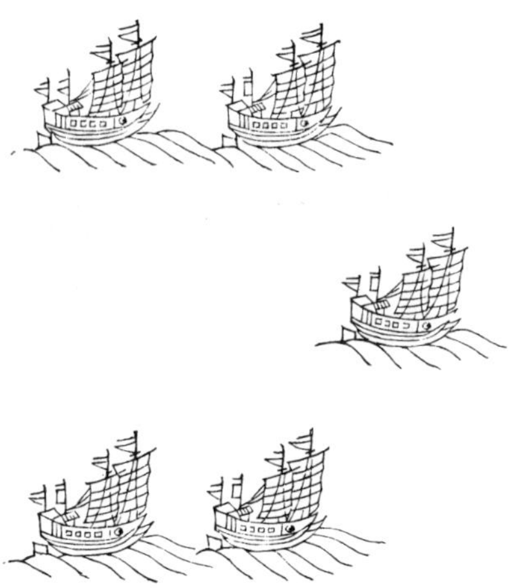

萬派朝宗陣

總領船揮五色旗掌平號放礮一聲各船齊起大篷掌平號放礮三聲各船起椗掌瀏水號總領船開行左右股逐對魚貫前進督陣船押尾隨行總領船揮紅旗掌天鵝號號礮一聲各船礮火齊放衆兵助威吶喊一叠再揮紅旗掌天鵝號號礮一聲各船又齊放鎗礮衆兵助威吶喊一叠再揮紅旗掌號墜礮一聲各船再齊放鎗礮助威吶喊一叠總領船號礮一聲掌平號揮藍旗各船轉舵變成雙鳳穿花陣

雙鳳穿花陣

雙鳳穿花陣

總領船揮紅旗號礮一聲掌催尖號左右股各船對面衝攻衆兵助威吶喊各船齊放斗頭腰邊尾送鎗礮聯環攻打候總領船押紅旗鎗礮吶喊齊止總領船揮黃旗號礮一聲變成一統昇平陣

一統昇平陣

一統昇平陣

總領船揮紅旗掌號墜礮一聲各船齊放鎗礮助威吶喊一叠又揮紅旗掌號墜礮一聲各船再齊放鎗礮吶喊一叠又揮紅旗掌號墜礮一聲各船又齊放鎗礮助威吶喊一叠總領船押紅旗鎗礮吶喊齊止

海洋肅清陣

海洋肅清陣

總領船壁礮三聲吹得勝令揮五方旗總領船中央拋定各船照安營式分股下椗依序安泊鼓吹繳令

水軍泅水陣

水軍泅水陣號令

先將水軍二隊分船隱隱候閱操者至各船官兵跪接號令船奏樂連陞三礮候陞座畢樂止中軍官跪呈操圖請令官稟請發令奏樂陞礮三聲樂止掌平號一聲尖號一聲五色旗一招信礮一聲騎兵下水上馬又掌平號二聲尖號一聲五色旗一招信礮一聲二層水兵下水又掌平號三聲尖號一聲五色旗一招信礮一聲三層水兵下水掌行隊號點鼓水兵分兩翼向前執令官舉黃旗吹海螺兩隊水兵雁行分列舉藍旗白旗佈成龍游陣

# 龍遊陣

龍游陣

號令船掌平尖號一聲藍旗一招信礮一聲吹海螺擂鼓兩隊水兵交鋒對壘衆兵吶喊助威俟左股大旗與右股紅旗相對鳴金一聲喊止敲金邊水馬兵冲出排列第一層刀牌兵排列第二層雜技兵排列第三層變成三才陣

# 三才陣

三才陣

號令船掌平號三聲尖號一聲執令官揮紅旗信礮一聲水馬兵放牌鎗一次再掌平號三聲尖號一聲紅旗一招信礮一聲水馬兵又放排鎗一次再掌平號三聲尖號一聲紅旗一招信礮一聲水馬兵又放排鎗一次揮藍旗變成偃月陣

# 偃月陣

偃月陣

執令官舉藍旗點鼓牌刀手演武伍步擂鼓牌兵水面滚伏雜技各兵冲出又點鼓演武伍步鳴金一聲舞止皂旗一招敲鼓邊匪船冲陣揮五方旗變成一氣渾元陣

# 一氣渾元陣

一氣渾元陣

號令船擂鼓水馬兵分佈外層雜技兵圍裏第二層刀牌兵環繞第三層圍住匪船掌天鵝號揮紅旗信礟一聲擂緊鼓各兵八面衝攻鎗礟齊發擒獲匪船鳴金三聲鎗械齊止五色旗一招信礟三聲奏得勝令變成四夷拱服陣

# 四夷拱服陣

四夷拱服陣

各水兵分四層排列奏凱回營赴座船報捷歸隊上船

# 凱旋收隊陣

謹按廣東營制雖水陸區分而操演圖陣無論外海內河皆與陸路同歸畫一綜其陣法大約有二一爲合操陣一爲雜花陣合操不可變惟雜花可變曰兩儀跕隊曰站定迎敵曰九進十連環曰進步連環曰四象合度皆不可變者也其可變者曰弓箭冲敵一變爲刀牌衝殺再變爲四疊梅花三變爲一字長蛇四變爲牌城鞏固五變爲雙鳳朝陽止曰一統清甯一變爲猛虎出林再變爲方營制勝（此陣亦可變四敵梅花并梅花疊戰）三變爲五敵梅花四變爲

三才對械止曰梅花叠戰一變爲混元一氣再變爲打破連環（此陣亦可變偃月牌山並九宮八卦）三變爲得勝方營四變爲凱旋收隊止曰四龍出海一變爲四壘藏蜂再變爲天圓地方三變爲八卦燦陳四變爲三才並峙五變爲混元一氣止曰九宮八卦一變爲偃月牌山再變爲天圓地方止以上陣法諸營大段相同其中有少異者則因營兵之多寡爲增減者也水師營分操演皆在陸地故部頒陣式統歸一律其頒發年分遍閱營册皆未能溯指則奉行已久矣此書爲防海而作陸地操演之法爲圖多不勝載兹舉其名目正變之故於篇末俾閱者知所考而已至師舟操演營册無稽惟近日提督關天培籌海初集略舉大凡採備觀覽中如萬派朝宗雙鳳穿花一統昇平諸圖見於
南巡盛典知所列陣圖當有所本非杜撰也



# 廣東海防彙覽卷二十三

## 方畧十二

### 巡哨一

元置白沙水軍巡海上（陵水縣志）

明洪武二十七年命安陸侯吳傑專訓練沿海衛所官軍以備倭寇設南海衛備倭指揮一員專轄內外十一所每所官各一員督管軍船於所部海面巡視有警申報剿除分別功罪萬歷四十三年分設左司萬陵樂會桐棲博敖兵船八隻官兵二百八十四名白沙寨艚船二十二隻長號槳船十五隻正兵二哨駐泊白沙港一自東下巡文昌清瀾會同至樂會博敖港與三亞兵船會一自西下巡澄邁臨高儋州至昌化英潮港與三亞兵船會又遊兵二哨駐泊三亞港一自東上巡陵水萬州至樂會博敖港與白沙兵船會一自西上巡感恩魚鱗洲昌化英潮港與白沙兵船會（同上）

永樂二年五月豐城侯李彬鎮廣東清遠伯王友充總兵官率舟師巡海（明史成祖紀）

明制東海朗西雙魚二所備倭各一人每歲四月風汎之時督率旗軍出海防禦陽江所旗軍七十八海朗所旗軍八十二人雙魚所旗軍一百人各戰船一哨船一霜降後撤回軍分二班一班仍就防禦一班辦備倭科銀又每歲調東莞烏艚船十雷州神電甯川錦囊等九衛所官軍乘之俱赴滘澳防汛嘉靖二十七年掣三十五年復掣陽江雙魚所軍船自此多事隆慶六年都御史殷正茂以神電雙魚連陷奏設東西巡海參將以西路參將駐陽江萬歷三年設海



防同知亦駐陽江四年始設北津水砦改西路巡海參將為陽電海防參將八年設北津水寨把總而陽電海防參將罷初舡烏槽橫江白槽元鍾哨馬叭喇唬共七十四隻每年省河一修共二千二百九十八人修船則放班正二七八九十二月收汛三四五六十十一月出汛所分信地東至三州上下川與南頭砦會哨西至吳川限門山與白鴿門砦會哨又以海闊分為二哨中哨泊於戙船灣豐頭港左哨泊於砦門澳右哨泊於電白之蓮頭灣軍器火藥咸具自是縣所軍士掣而

不用每歲船就附近估修不必至省收汛亦免放班止給大半糧食然自七年以後船兵屢有裁減又裁船大小二十捕兵六百三十三人益白鴿門以守烏兎至十五年尙存大小船三十五隻官兵九百九十七人先是總兵戚繼光改三哨為三司兵司左右二哨中司復有中五哨凡七哨今仍左右司之名而中司止一哨凡五哨嶺西分守道以右哨原守電白縣蓮頭赤水等信地其船凡兵二百四十八其餘宜屬高州海防同知於是肇慶海防各所屬止船二十六隻官兵七百四



十九人中哨船五隻兵一百五十二人守北津港分哨南津等港左司左哨船八隻兵二百一十人信地東自大灣迤西至馬栂石每月東與廣海遊兵會於海朗西與左司右哨會於馬栂石左司右哨船七隻捕兵二百人信地東自馬栂石迤西至筶杯山每月東與左司左哨會馬栂石西與右司左哨會筶杯山右司左哨船六隻兵一百六十人與高州海防所屬船二隻兵五十人為一哨信地東自雙魚角筶杯山西至蓮頭角每月東與左司右哨會筶杯山西與右

司左哨會蓮頭角右司右哨船七隻兵一百九十三人信地東自蓮頭角西至暗鏡山每月東與右司左哨會蓮頭角西與白鴿門砦兵船會暗鏡山則高州海防所屬者也各哨雖有汛地仍至外洋會哨兵備道給有簿所至結報利病書

廣東東起潮州西盡瓊廉原設水寨以備防守在潮州則有柘林寨在惠州則有碣石寨在廣州則有南頭寨在高肇則有恩陽寨在雷州則有白鴿門寨在瓊州則有白沙寨夫各府之封疆不同而各寨之廣



狹亦異即如南頭一寨東至大星西至廣海省城門戶所由繫焉原置寨船六十隻視諸寨獨爲加多加之誠是也本寨之船分爲汛地三哨一巡佛堂門一巡大星一巡廣海分之誠是也但廣州地方遼遠哨探未周如船在佛堂門則佛堂門有備矣設寇由雞公頭潛入新安縣恐佛堂門之兵未之知也泊在大星則大星有備矣設寇由大鵬潛入大步屯恐大星之兵未之知也船在廣海則廣海有備矣設寇由十字門潛入香山由松柏門潛入新會恐廣海之兵未

之知也南頭寨地方之廣遠類如此若柘林寨則東起柘林澳西至神前港其中大城蓬州海門靖海諸所在焉饒平澄海潮陽惠來諸縣在焉海之曠遠不減南頭而寇之淵藪獨倍他寨南澳向爲賊巢河渡門號爲寇窟乃若寨船止四十隻與他寨同焉豈知自柘林以至神前千有餘里皆有汛地哨船泊在柘林柘林以下皆寇之乘虛而入境者也哨船移泊神前則神前以上皆寇之乘間而竊發者也近設南澳兵船可謂據險扼要一定而不可易者而河渡門乃



即海寇林道乾回洋首泊其地安可置而不講也白沙寨則統轄瓊州四圍皆海周環數千里清瀾諸所累被賊陷樂會諸縣會遭寇殃賊衆我寡強弱不敵又安能不坐失事機哉兼以崖州陵水萬州樂會抵連外洋使哨船弛備海寇突至其何以禦之至於碣石寨則東起甲子西至平海所界在南頭柘林二寨之間白鴿門恩陽二寨亦東連南頭南抵白沙寨此三寨地方稍狹策應有援雖各置船四十隻似難裁

滅而南頭柘林白沙三寨尙宜酌量海澳添設官船務足分布港門無至疎畧而河渡一港尤不可不增柘林之船以分佈防禦者也寨船既增海澳鱗集即有海寇無罅可入又奚自而刼掠哉至六寨汛地各有港可以避風泊船但港門有淺深灣澳有險易港深而易泊者無論船隻大小皆可駐劄若港門淺狹則利小船而不利大船今六寨之中水深可泊者在南頭則有屯門佛堂門也在柘林則有東山下河渡門也在恩陽則有神電馬騮門也若白鴿門汛地惟



北隘頭可以泊船其港亦淺兼以巡哨錦囊永安二所往來洋中俱有沙大船恐弗利也白沙寨汛地惟淸瀾可泊大船而白沙萬州諸港俱淺鬼叫門亦有沙至碣石衛一寨殆又甚焉碣石汛地惟白沙湖頗可泊船然湖中泥爛湖尾淺狹僅可容十餘船耳若碣石衛則海口嵯岈船易衝磕甲子門則港門甚淺船易涸頓一遇大風大船不能入港累被覆滅豈能遽爾造補今於碣石白沙白鴿門三寨須酌用三號四號之船遇颶可以入港灣泊其船常存則其威常

振矣明尹瑾海防疏八條之二

蓮頭限門二寨汛地上自靑港與雙魚分界下至硇洲與白鴿寨分界沿海地方計六百九十里其中靑洲山黃程山蓮頭山放雞山暗鏡山博茂灣磊嘴門七處俱在外洋乃賊船可泊之所但恐風信不測兵船難以久駐至於靑洲港蓮頭港赤水港限門港三合窩新門港六處可以泊船即為防守要地其靑洲港在電白縣之東距城八里人煙稠穰甚為喫緊應派七號船二隻劄守艟艚一隻專責巡哨港外靑洲



黃程前藍海面而蓮頭港為電白縣咽喉距城五里應派左哨三號船二隻六號船一隻劄守左港右哨之六號船一隻七號船一隻劄守右港艟艚一隻專責巡哨蓮頭外洋接前藍海面止赤水港為電白之西港內透各鄉村距城四十里應派三號船一隻六號船二隻劄守八號船一隻專責自蓮頭海面巡至放雞山止又艟艚一隻專責自放雞海面巡至暗鏡山止限門港為吳川縣門戶離城六里港通梅菉化州達高州府應派六號船二隻七號船五隻劄守八

號船一隻專責自睄鏡海面巡至博茂灣止又艟艚一隻專責自博茂海面巡至限門止三合窩爲賊往來八達之區窩有小港通限門內港應派六號船一隻七號船二隻劄守東則策應限門西可備禦新門八號船一隻專責自限門海面巡至三合窩止其新門港爲石城縣要地離城八十里應派七號船二隻劄守艟艚一隻專責自三合窩海面巡至新門止又艟艚一隻專責自新門海面巡至硇洲止大船可恃攻擊艟艚以便偵探派守蓮港限門二寨圖說 吳川縣志



潿洲蛇洋洲二洲之上各有山阜縹渺煙波間可望不可登其間居民因珠盜充斥盡徙內地萬歷初移廣海遊擊將戰艦三十以戍之十四年有倭遊擊者憚其險遠請分所將戰艦爲二自統其半駐永安餘使其屬統之守濱漘雷州府同知徐學周建議駁之曰將心也卒手足也謂心與手足可異處乎潿洲絕險故不可撤備濱漘密邇珠池彼所以來駐者意在盜珠耳議上倭遊擊之請格不行十七年定設潿洲遊擊一員兵一千六百六名戰船四十九分五哨駐守十八年治遊擊署於潿洲尋爲風毀二十年卒徙永安而以潿洲爲信地自海安所歷白鴿海門樂民乾體至龍門港皆其遊哨所及也粵閩巡視紀畧

國朝康熙二十八年議准水師總兵官不親身出洋督率官兵巡哨者照規避例革職防海備覽

海口所爲瓊郡咽喉舖前港居東馬裊港居西乃瓊郡之肘腋也其地皆屬險要而舖前尤爲喫緊海口舖前馬裊三港現有水師戰艘防範周密毋庸置議但水師所轄汛地東至會同縣之潭門西至臨高縣之馬裊而止其餘州縣亦各有港口通海係瓊鎮陸路兵丁防守從未設有水師兵船誠慮賊䑸飄忽突至官兵無船難以追剿似宜撤回防硇及巡吳川白鴿等處之戰船分撥於儋萬崖三州每州港口抽水師協千把總一員帶兵一百名駕船二隻輪流巡哨使水陸互爲聲援庶幾萬全郡守賈棠詳議 陵水縣志



大海汪洋渺無涯涘瓊郡孤懸海中府屬州縣瀕海港口處處可以進舟灣泊在在可以登岸取水即使多設巡邏船隻猶懼不虞查目今巡海哨船不過十

有餘隻所以夥賊往往易於乘潮肆掠則船少疏虞之過也應請於要害港口增設巡船選練水兵調撥巡邏聯絡不絕其巡查以船票爲憑凡無船票及無貨物者即係歹船巡海哨船須各分地方以專責任如某日某船巡邏某處各有記簿倘遇事發即查該地方係屬何人巡守則疏玩之罪既難逃辭而遊奕小醜亦懼我之有備而爭相遁跡矣同知姚哲詳議

海上巡邏固須多設船隻其陸地僻處窵遠者舊制止設營汛兵丁並無船隻可以巡海應請各州縣水



陸緊要處所逐一淸查分晰某港某口一帶水路係海船所巡某州某縣陸路若干遠近係汛守兵丁所巡其有陸路汛守而兼巡海口者即酌量添船添兵之法務使水陸巡查各得其實庶地方不致推諉而防禦實受其益矣俱同上

四十三年覆准廣東沿海地方派定千把總帶兵會哨副參將每月巡察每年春秋之際委令鎭臣統巡雍正年修會典

八月兩廣總督郭世隆疏言前奏添造戰船俱經報竣設立船兵自南澳至龍門令守備千總把總逐日帶領巡哨副將參將遊擊每月會巡一次水師總兵春秋二季駕船二十分巡外洋至瓊州按季更替以次川巡東華錄

四十八年覆准閩粤江浙四省每年輪委總兵官親領官兵自二月初一日出洋在所屬本汛洋面周遍巡查至九月底撤回遇有失事獲賊照例分別題參議敘如總兵官不親身出洋巡哨者令該督撫提指名題參如有奸船出入海口者若遇失事將陸營守



口官於每案各罰俸一年雍正年修會典

四十九年覆准江浙兩省停其會哨行令閩粤江浙山東五省督提鎭等仍照定例派撥官兵專力遊巡各該總兵官不時出洋親身監督遇賊追擒無分疆界務獲淨盡以靖海洋同上

五十年奉

上諭朕於水陸兵丁年久深悉其情事船至海洋必俟風候若不候時不察風汛而欲强行必至兵船同損官兵皆朕歷年養育之人如遇有賊自應効死若無賊而徒以巡哨

受傷實爲可惜總兵須留意欽此防海備覽

五十七年覆准南澳屬閩粵交界瓊州孤懸海外額設南澳總兵及瓊州水師副將應分各帶標員專巡本管洋面自南澳而西平海營而東分爲東路以碣石總兵澄海水師副將輪爲統巡帶領協鎮標員及海門達濠平海等營員爲分巡自大鵬營而西廣海寨而東分爲中路以虎門香山二協水師副將輪爲統巡帶領二協標員及大鵬廣海二營遊守等官爲分巡自春江協而西龍門協而東分爲西路以春江



龍門二協水師副將輪爲統巡帶領二協標員及雷白吳川海安硇州等營員爲分巡共派爲三路每年分爲兩班巡查如遇失事照例查參雍正年修會典

南澳爲閩廣要衝賊艘上下所必經之地三四月東南風盛粵中奸民哨聚駕駛從南澳入閩縱橫洋面截劫商船由外浯嶼料羅烏紗而上出烽火流江而入於浙八九月西北風起則捲帆順溜剽掠而下由南澳入粵劫獲金錢貨物多者各回家營運卒歲謂之散斗劫少無所利者則汎舟順流避風於高州海南等處來歲二三月土婆湧起南方不能容則仍駕駛北上由南澳入閩所以南澳一鎮爲天南第一重地是閩粵兩省門戶也鎮南之法以捜捕賊艘爲先今承平日久將卒疲玩奉命巡哨泊船近岸遷延期滿揚帆回汎賊連䑸劫掠莫過而問或上命督責不得已稍稍出洋揚旆徐行舉礮作威惟恐賊船不知遠避失事之處偶屬他鎮地方則此鎮自相慶賀以爲賊不敢犯吾境是則今日沿海水師之通病也論鎮守南澳書藍鹿洲集



兵法有奇正賊勢有大小出其不意敵乃可致往者遊魂猖獗賊首三十二等百十連䑸聚泊大萊蕪小萊蕪等處明目張膽受千把總饋獻而不辭哨船之出非所畏今所謂賊不過無賴之輩饑寒偪身三五成羣踏斗而出遇船少人弱則奪而駕之因其舵水糧食湊集匪類所奪船漸大然後敢公然行劫其爲賊也有限其窺伺在商船貨貝財帛衣糧又必孤行離援乃肆其侮非立意與官兵哨船爲敵者也見商船則趨見哨船則避哨船輕而浮其行速商船重而

滯其行遲哨船旗幟飛揚牌刀高掛商船無之此賊所能辨也鄙意哨船之出當如商船行徑勿張旗幟勿掛刀牌多運小石壓載以疑貨物有急可當軍器行莫連艅但度策應所可及若斷若續遇賊船對敵然後舉大礮爲號衆哨齊集堵截環攻擒賊獲船百不失一若夫裝點軍容張揚聲勢是呼賊船使之避耳非真心捉賊者也同上

雍正十三年覆准福建南澳鎮左營及金門鎮之銅山洋汎歸南澳鎮巡察每年上班巡期委右營守備



與廣東鎮協會哨左營遊擊與海壇金門兩鎮會哨該總兵官駐鎮彈壓下班巡期委右營遊擊出巡總兵官親率兵船與兩鎮會哨以左營遊擊留營彈壓防海備覽

乾隆元年覆准廣東西路洋面分爲上下二路自春江至電白吳川硇洲爲上路上班以春江協副將爲總巡下班以吳川營遊擊爲總巡率領春江電白吳川硇洲各營員爲分巡均於放雞洋面會巡至硇洲一帶自海安至龍門爲下路上班以海安營遊擊爲總巡下班以龍門協副將爲總巡率領海安龍門各營員爲分巡均於瓊州洋面會巡所屬一帶至上路之電白營遊擊上班隨巡聽春江協副將統領電白營守備下班隨巡聽吳川營遊擊統領如遇本營洋面失事分別題參同上

十五年十月總督阿里衮會奏言該臣看得洋巡會哨一案先經閩浙督臣喀　奏請閩浙兩省統巡兩月一次分巡每月一次指定處所定以日期其江南廣東二省并請畫一定議遵行部議以福建南澳與



廣東聯界而南澳總兵又係廣東福建兩省總督兼轄海面向來作何會哨果否俱能剋期并作何立法稽查不致虛應故事應并行督撫提督詳悉妥議具題等因前任督臣陳大受接准部咨當經移行遵照嗣准前任廣東提督臣黃有才轉據沿海各鎮協營查明定議移覆因南澳與閩省會哨日期亦須商定又經咨移閩浙督臣查議暨咨明內部在案續准將議定日期移覆復經臣檄行布政使等彙案核議具詳去後茲據布政使司布政使石柱會同署按察使

司印務兩廣鹽運使范時紀詳稱查粵東海洋自南澳西至龍門長亘數千里瓊州僻處西南一隅孤懸海外節奉題定分路分班派委遊巡每年上班於二月初一日出洋至五月底撤師下班於六月初一日出洋至九月底撤師瓊州一協專巡本管洋面上下二班俱委該協副將為統巡南澳一鎮亦係專巡本管洋面上班派右營守備出巡下班派右營遊擊出巡與粵省鎮協會哨其自南澳而西平海營而東分為東路上班以碣石鎮總兵為統巡下班以澄海協



副將為統巡帶領該鎮協標員及海門達濠平海各營員為分巡又自大鵬營而西廣海寨而東分為中路上班以虎門協副將為統巡下班以香山協副將為統巡帶領二協標員及大鵬廣海兩營員為分巡又自春江至電白吳川硇洲為西上路上班以春江協副將為統巡下班以吳川營遊擊為統巡帶領春江電白吳川硇洲各營員為分巡又自海安營至龍門為西下路上班以海安營遊擊為統巡下班以龍門協副將為統巡帶領海安龍門各營員為分巡但

統巡各鎮將遞年雖依期出海向未定有會哨之例其在洋遊巡或疎或密或遠或近并有無怠惰偷安潛泊島嶼茫無稽考立法殊未周詳今議照閩浙兩省之例定以兩月會哨一次上班定以三月初十日五月初十日為期下班定以七月初十日九月初十日為期三月初十日碣石鎮巡至南澳之深澳與南澳鎮會印通報虎門協副將與春江協副將會哨於白沙洋面仍巡回本路龍門洋面與龍門協副將會印通報係屬本路地方毋庸定以日期五月初十日



碣石鎮與虎門協副將會哨於平海大星澳洋面春江協副將與海安營遊擊會哨於硇洲洋面七月初十日澄海協副將與香山協副將會哨於平海大星澳洋面吳川營遊擊與龍門協副將會哨於硇洲洋面九月初十日南澳鎮與澄海協副將會哨於萊蕪洋面香山協副將與吳川營遊擊會哨於廣海大澳洋面龍門協副將與瓊州協副將會哨於白沙洋面各該會哨處所均屬各路舟師必到交界地方並非越境遠涉至屆期會哨各鎮將酌量風信順逆預為

駕駛前赴則逐漸戧駛自可依期而至但尅期一日未免太速風信有順逆之分則駕駛有難易之別或因颶風忽起即須收泊躲避恐難應期不爽似應寬以十日之期定以初十日至二十日其先到者務在定議洋面等候如値黑夜及風色不正即在附近港澳寄泊若天明風正仍赴議定洋面梭織聽候一到會合即聯銜蓋印通報倘過二十日仍未見到明係不諳水師有心規避先到之員務即具文通報仍即巡回本路洋面不得私自會印如此則彼此似無颶



風之虞亦免愆期之咎其先到之員在於交界處所等候與本路洋面比鄰原可照應或即在本路界內應到處巡查既親身在洋似無貽誤至會哨定有處所或在洋中或在島嶼一經聯銜通報雖可以爲徵驗但恐其私自會哨似應密差標員稽察毋庸賫捧令箭等候再分巡員弁歷來原有會哨但未有一定次數今應定以每月與上下鄰境舟師各會哨一次定以半月分別上下或先西而後東或先東而後西彼此預爲酌定務使不致歧誤一經會合即聯銜通報不得私自會印如有懈怠揑飾即令統巡官揭參統巡分巡各於上下接界按期會哨往來梭織以爲聲援聯絡分巡之勤惰更得藉以稽察即統巡之怠惰偷安亦難容其假借弭奸匪而肅海洋實爲綏謐海疆之善策至南澳與閩洋界連該鎮總兵與閩省金門鎮會哨日期閩省現議每年止於六月十五日一次其於粤省日期兩不相値原無妨礙等由前來臣覆核無異臣謹會同廣東巡撫臣蘇昌廣東提督臣林君陞合詞具題



十八年四月十七日司道會議稱査巡檢等官既各分管地方又無刑名錢穀之事巡緝稽査是其專責似應照依各該員分管疆界責令按月週巡一次如邊海地方何處有港汊可通内河向有何項船隻出入盤詰稽査是否嚴密何處係界接大洋或有島嶼險遠有無奸匪出没現在如何巡緝防範所管地方共有出海商漁船隻若干是否俱係編號領照舵水是否相符商船係往何處貿易每年回港幾次漁船出洋採捕是否依期歸港有無站洋爲匪分別取具

澳甲埠保切結何地設有墩臺營汛槳哨船隻各有兵役幾名果否實力巡緝日逐於經歷處所將目擊情形隨時登記并細加體訪同所取各結一并申送該州縣覆核并確查該員實係親身巡歷加結申報府道彙核通報如果巡查實力一年之內地方俱屬綏謐將巡歷之捕役督率之州縣各予記功一次如因巡查而拏獲大夥匪徒緊要人犯按其事之大小開列職名附請拔擢議敘如屬外結亦量予記功司道等仍於各員因公進見時細加查詢所管地方道



里遠近應酌定一月兩月巡至一次之處先行造冊通報查核但地方情形不同何處應行巡查何處應行會哨海口船隻如何稽查編保必須地方官各就該地情形條分縷晰確切定議再行覆核飭遵檔冊

十九年四月兩司會詳稱查得粵省與鄰省交界處所會哨必須畫一行之便易而無扞隔始可遵循垂之永久請設定藍色令旂一面寬約二尺許上寫某營軍令字樣蓋用營印一屆會哨時日目兵執持為號再用照票一紙長約尺許寬六七寸上寫某營某汛弁兵姓名於某年某月某日與某省營汛在某處地方會哨字樣先由該營將備刊刷蓋印照一年之數頒發按期填用應咨明鄰省轉飭各營一體頒發各汛屆會哨之期彼此對換所換鄰省之票按期繳送本營備弁每季彙送統轄之鎮協查驗轉報備考其會哨次數除舊係每月兩次外其新添各處應每月俱定為一次上月會哨咨訂下月日期前後參差使奸匪莫測該專轄之員不時勤加查察每半年遊巡一次稽其勤惰統轄大員每年巡閱營伍之時亦清查一次倘有虛應故事擾累地方即嚴行參究文



職各官均有地方之責亦應令自州縣至道府或遇停訟及公事之便出巡之時親行察勘隨時報查以上專轄統轄各武職及道府各官巡查均毋庸與鄰省訂期會巡惟應認真辦理并請移咨江楚各省轉飭知照司案

四十六年二月兵部奏言議得近經前署廣督李瑚以廣東船戶李萬利船至電白縣屬內洋被搶一案將疎防之專兼統轄并在洋隨巡季巡各員弁職名

開參臣部照例議處至統巡官例有處分行令補參送部去後今據兩廣總督覺羅巴延三覆稱查電白營遞年出洋分爲上下兩班上班統巡於二月初一日起至六月初一日止下班統巡自六月初一日起至十月初一日止船戶李萬利係乾隆四十四年十月十二日被搶是時班期已滿並無統巡所取職名無憑查開等因移咨到部查各省水師營分巡查洋面原有舊定章程粵省統巡官據該督查明每年自二月起至九月止分爲上下兩班出洋巡查其自十



月起至次年正月止向因是時海內風信靡常未有統巡之員雖屬相沿舊例但思海洋重地特派官兵按期輪哨原以消弭賊匪衛安商旅自宜遞相更換週而復始今該省自十月起至次年正月止竟無統巡之員若慮冬令風信靡常則李萬利船隻被搶正在撤巡期內商船既可行駛巡船豈獨不能出巡況季巡隨巡冬令既仍在洋巡哨何獨統巡竟不出洋且在洋之季巡隨巡多係千把微弁恐無大員彈壓必存怠惰以致有名無實殊非慎重海防之道臣等未敢以該省遵行已久因循照覆相應奏明請

旨勅交該督將粵省所屬洋面或按營分添設一班輪流巡哨或將巡期改爲六月一班遞相更換之處按照地方情形悉心籌酌覆奏到日再議并令各鎮嗣後將巡洋將備及汛守官弁職名按季分晰造册送部遇有失事以憑核辦如此分别酌改庶洋面哨巡並無空缺稽查較爲嚴密於海疆稍有裨益並請通行凡有洋面省分一體詳查更正以昭畫一是否有當伏候



聖諭遵行奉

旨依議欽此

五十五年六月大學士公阿桂等議奏言查乾隆四十六年内據前任廣督巴延三奏稱遵照部議酌改巡洋會哨日期案內請將外海水師各鎮協營各路巡洋每年改定六箇月爲一班分爲上下兩班遞相更換週而復始統巡各員上班會哨日期仍以三月初十日五月初十日爲期毋庸更易下班統巡各員會哨之期改爲八月初十日十月初十日俾免遲誤

其會哨處所仍俱照原定洋名以免紛更等因經臣
部議覆具題奉
旨依議欽此嗣經臣部具題原任浙江定海鎮總兵陳標並
不遵例會哨議處一案欽奉
諭旨外省巡洋每多視爲具文飾詞捏報殊非慎重海防之
道着該督撫按照各處洋面風信平順之期另行會商庶
各該鎮等不得藉詞風阻遲誤欽此續據閩浙督伍拉納
等奏稱海壇金門二鎮每年三九兩月於涵頭港會
哨之期其時風信靡常並多海霧改爲四八兩月等
因奉



硃批此議是該部如所議行欽此欽遵各在案今據兩廣總
督公福康安以粤東海洋風信春令多係東北夏秋
多係西南冬令北風盛發其九月間風信查與平時
相似粤省會哨之期亦不在於此月節據該鎮協等
具覆均請照依舊定章程辦理惟據碣石鎮唐述先
呈請該鎮上班巡洋應於三月初十日至深澳洋面
與南澳鎮會哨五月初十日至大星澳與左翼鎮會
哨按照常年風信頪皆頂逆請將兩次哨期互相更

換臣與提臣高璨公同核酌海洋風信靡常會哨自
兩路而來此順彼逆原難一致總在統巡各員隨時
體察即果有颱颶暫爲收泊一俟風定即可設法儧
駛依期會哨應飭照舊遵行毋庸另議等語臣等悉
心酌議海洋巡緝立法基嚴各省督撫自應酌量該
處情形定期會哨以昭慎重五十四年十月內欽奉
恩旨嗣後各該鎮會哨如實有風大難行許其據實報明督
撫並令該鎮等彼此先行知會即或洋面風大雖小船亦
不能行走不妨遣弁由陸路札知以便訂期展限再行前
往欽此是



聖諭詳明原以示體恤而崇實效今據總督公福康安按照
該省原定章程毋庸另議更張自屬實在情形應如
所奏辦理奉
旨依議欽此
五十七年九月大學士公阿桂等奏言臣等查洋面
匪盜出沒理宜實力巡防以期嚴密廣東遂溪縣屬
之潿洲海島前據福康安酌撥弁兵移駐并聲明於
該島添設礮臺汛房在案今據該署督郭世勳奏稱

福康安欽奉
諭旨進京囑臣確勘不必以原奏移駐在前稍存草率遷就
臣疊檄催勘茲據雷瓊道俞廷垣等先後稟稱潿洲
四面大洋時有颶風猝發猛烈非常若建蓋兵房難
保經久且四面礁石鱗列隨潮伏現戰艦亦難停泊
而淡水又不足供多人食用其中地土只可種植雜
糧若兵丁在彼駐防即需運米接濟輸載殊費周章
該島不產竹木春夏只生茅草過此更無可資炊爨
歷次飭查該處實難駐兵防守未便因前奏稍存遷



就等語自屬實在情形應如該署督所奏毋庸移駐
添設至該處既不便設兵防守則巡緝更宜嚴密自
應遴派員弁以專責成該署督所稱海安龍門兩協
營水師額設兵內每營派撥兵一百五十名每月責
成該協營副將遊擊飭令千把外委各一員帶領兵
目各七十五名配駕哨船令赴潿洲梭織遊巡具結
聯銜通報下月仍由各協營先期撥派更番出巡並
令各該副將遊擊嚴密督察如能拏獲盜匪分別陞
賞如潛行艣船汲水或停泊偷安致有失事或盜匪

私赴潿洲即將管駕員弁兵丁該管副將遊擊一並
分別參處其潿洲東南斜陽一島與潿洲相距僅三
十里一體責令各弁兵順帶巡查等語亦應如該署
督所奏辦理嗣後該署督等惟當按月嚴飭員弁實
心巡緝毋致始勤終怠如此則雖無駐兵設汛之名
而有緝盜巡洋之實於海疆似有裨益矣奉
旨依議欽此

五十八年九月初一日奉
上諭前因暎咭唎表文內懇求留人在京居住未准所請恐



其有勾結煽惑之事且慮及該使臣等回抵澳門捏詞煽
誘別國夷商壟斷謀利諭令粵省督撫等禁止勾串嚴密
稽查昨又據該使臣等向軍機大臣呈稟欲於直隸天津
浙江寧波等處海口貿易並懇賞給附近珠山小海島一
處及附近廣東省城地方一處居住夷商收存貨物種種
越例干瀆斷不可行已發給敕諭逐條指駁飭令使臣等
迅速回國矣外夷貪狡好利心性無常暎咭唎在西洋諸
國中較為強悍今既未遂所欲或致稍滋事端雖天朝法
制森嚴萬方率服暎咭唎僻處海外過都歷國斷不敢妄

生釁隙遠越重洋但覬該國如此非分干求究恐其心懷叵測不可不留心籌計預爲之防因思各省海疆最關緊要近來巡哨疎懈營伍廢弛必須振作改觀方可有備無患前已屢次諭知該督撫等督飭各營汎於噢咭唎使臣過境時務宜鎧仗鮮明隊伍整肅使之有所畏忌彌患未萌今該國有欲撥給近海地方貿易之語則海疆一帶營汎不特整飭軍容并宜預籌防備即如寗波之珠山等處海島及附近澳門島嶼皆當相度形勢先事圖維毋任噢咭唎夷人潛行佔據該國夷人雖能諳悉海道善於駕駛



然便於水而不便於陸且海船在大洋亦不能進內洋也果口岸防守嚴密主客異勢亦斷不能施其伎倆着傳諭各該督撫飭令認真巡哨嚴防海口若該國將來有夷船駛至天津寗波等處妄稱貿易斷不可令其登岸即行驅逐出洋倘竟抗違不遵不妨懾以兵威使知畏懼此外如山東廟島地方該使臣曾經停泊福建臺灣洋面又係自浙至粵海道亦應一體防範用杜狡謀各該督撫惟當仰體朕心會同該省提督及沿海各鎮等不動聲色妥協密辦不可稍有宣露致使民情疑懼如或辦理疎懈抑或過涉張皇俱惟該督撫是問此係朕思慮所及先行指示想來亦不致有此事也將此遇便傳諭各該督撫遵照妥辦並諭沿海各提鎮知之欽此

五十九年四月　日總督覺羅長麟奏言竊查水師各營巡洋會哨必須嚴正大員稽查監哨庶使怛怯將備各知顧畏不敢藏匿灣泊趨安避險廣東水師各營自總兵副將以至都守每年分爲上下二班巡洋會哨向來即由提臣派委參遊都守等官稽查監哨並不取結報部是無論總兵出洋參遊監哨係以屬員稽察上司固屬有名無實即都守出洋而以都



守監哨亦必至同官相應彼此瞻徇臣前在浙江巡撫任內見水師出洋均委道府大員監哨取結報部廣東事同一例應請嗣後凡水師鎮將大員出洋悉委文職道府監哨其參遊都守應行會哨之小營汎委令同知通判監哨均按季飭取監哨各員並無扶同徇隱印結送部核查倘有不實一經臣等查出即將監哨各員一體嚴行參處如此辦理則巡緝可期實在而海洋漸可肅清

嘉慶四年總督覺羅吉慶奏覆御史黃熙條奏畧言原奏水師將弁每年三四月南風盛時於盜船出入要隘分布堵截令不能乘風而出至九十月北風盛時則截其歸路等語查粵東本地海盜無多聯帮盜船俱來自安南夷洋每當春夏之交乘風潛入粵海遊奕官兵追捕嚴緊即逸入閩浙洋面秋冬則乘北風復回夷地來時空船則走內洋迫刼擄商船贓物滿載而去則由外洋潛回夷地外洋煙波浩渺不但並無隘口亦且山島皆無勢難堵截臣吉慶到任後



相度情形奏分三路兵船常川遊巡遥見賊船即駛往追捕無盜時即在南澳萬山佛堂門電白潿洲海安沿海各大島澳灣泊使探船查報一聞盜至迅速駛往追捕沿海口岸礮臺復派官兵防守近年以來洋盜較前知懼惟盜踪出入靡常遊巡搜捕不容稍有懈弛臣等現在嚴飭三路兵船先事預防相機探緝以期事必有濟所有該御史奏請隨時堵截匪船亦與緝捕有益通飭三路鎮將一體相機辦理再粵東向來洋巡會哨不過艚艍船兩三隻本地盜賊尚可緝拿如遇夷匪聯帮即不能捕獲臣等以正當需兵捕盜之時若分撥三路捕船及防守礮臺兵丁照例巡哨轉以有用之兵置之無用業經附片奏明各營巡洋會哨請俟三路兵船撤回之後再行辦理海口仍令巡船搜查緝捕合併聲明

五年二月奉

上諭各省沿海水師向例設有統巡總巡分巡及專汎各員出洋巡哨近因各省奉行日久漸有代巡之弊即如統巡一官係總兵專責今則或以參將遊擊代之甚至以千總



把總外委及頭目兵丁等遞相代巡遇有參案到部則又聲明代巡之員希圖照離任官例罰俸完結殊非慎重海疆之道著通諭沿海省分各督撫嗣後均令總兵為統巡以副將參將遊擊為總巡以都司守備為分巡倘總兵遇有事故祇准副將代巡或副將亦有事故准令參將代巡不得以千把外委等濫行代替以杜借端規避之弊至山東水師向不參送統巡疎防職名殊未允協嗣後該省亦應一律遵辦以昭畫一此次通諭之後各督撫等務令水師各員親身出洋梭織巡查以期綏靖海洋倘敢仍前代

督藉端推諉一經部臣查出或被科道糾參則惟各該督撫是問將此通諭知之欽此

七年二月初十日布政使常齡按察使陳文會同詳稱奉牌准提督孫全謀咨開准本部堂咨開嘉慶六年三月十六日據南澳鎮稟稱本年二月二十五日舟次奉本部堂照行前事粵東洋巡以總兵為統巡副將參遊為總巡都司守備為分巡查南澳鎮向不入粵省派撥上下班統巡第該鎮管轄粵省之鎮標右營及澄海協海門達濠共五營現擬作為東路以



該鎮及澄海副將為上下班統巡等因又准提督咨同前因各到職奉准此惟查各營上班例巡先於正月初一日遵照舊例出巡經將正二兩月分兵出洋鹽菜銀發給去後今接奉新定章程准以駕艇緝捕兼理例巡即如現派上班統巡之署澄海協鄭文照總巡之南澳右營遊擊林國良均係駕坐米艇所有駕艇之兵既支口糧應令停支例巡鹽菜銀兩其配駕戰哨船者照支鹽菜銀至東路統巡鎮協飭赴歸湖會哨查歸湖洋面是否卽係碣石中營所屬之白沙湖抑或別營所管洋面細詢南澄等營舵兵均未確悉又總巡分巡會哨舊有章程應否仍照舊定日期處所每月會哨兩次出具聯銜印結交原派監哨官繳報其總巡一項如何酌議會哨之處似應仰候核奪再查職屬東路原配米艇十一隻聯為一帮如遇鎮協統巡會哨之期若一齊帶往歸湖恐有顧此失彼若鎮協自己坐船及隨巡千把總二船帶往未免過單似應臨時酌量情形妥協辦理以應會期倘或一時捕匪吃緊萬難分身赴會可否仍遵照督部



堂前奏奉

旨暫停之例權宜變通之處未敢擅便請察奪核示等由到本部堂相應咨商酌核見覆等因到本提督准此查新定洋巡章程係屬永久遵循而三路米艇緝捕係因洋面未靖派撥巡緝俟海面平靖卽行撤回惟因各路洋面應派撥總兵統巡而水師總兵均經派委督駕米艇緝捕是以責令兼理統巡查例巡與緝捕原自判然未便牽扯緝捕兵船則支口糧例巡兵船則支洋賞原無重支其東路統巡會哨定在歸湖洋

面查歸湖係碣石鎮左營與海門營交界在甲子溙之東神泉洋面之歸湖墪洋圖備載自可遵照於此會哨至各路統巡鎮協原定酌帶千把船二隻總巡酌帶千把船一隻分巡帶千把船一隻如值統巡前往會哨統巡官並帶千把船二隻共船三隻但其經由各總巡所巡洋面而總巡應隨統巡前往直至非該員總巡洋面止過境又有總巡之員隨統巡前往是總巡並帶千把又共船二隻又統巡經由分巡所巡洋面而分巡亦應隨統巡前往直至非該員分巡



洋面止過境又有分巡之員隨統巡前往是分巡並帶千把又共有船二隻則統巡往來洋面統巡總巡分巡並各所帶之船共有七隻船不爲單如總巡前往會哨各分巡亦應隨同前往總巡分巡並各所帶之船共有四隻船亦不單再統巡總兵副將新定洋巡章程業經指定統巡會哨洋面日期自應遵照會哨左翼碣石南澳三鎮雖均督駕兵船緝捕第仍兼理統巡遇應會哨之期似應飭令酌量情形順道前往會哨至粤東洋巡向無總巡今已定有總分其會

哨洋面日期自應酌定俾有遵循卽分巡會哨雖舊有章程但各路洋巡已改其會哨似亦應量爲更改茲本提督謹按洋圖酌定總巡分巡會哨洋面日期列單咨送再崖州營僻處瓊州之南東西兩路洋面距海口海安二營寫遠不論由東西洋面至海口均須南風前往北風方可回巡若照各營一律定擬總巡分巡會哨恐該營兵船遠出洋面空虛致有鞭長莫及之虞今擬將崖州營上班總巡分巡由西路至新英港洋面與海口營總巡分巡會哨一次下班總



巡分巡由東路至東澳港洋面與海安海口二營總巡分巡會哨一次均毋庸定以日期令該總巡分巡隨時酌量情形前往會哨以免顧此失彼所有各路總巡分巡會哨洋面日期其中恐或有相離稍遠遇風帆不順往返需時有應行量爲更易者應請裁奪至出海各員均應實力哨巡難容稍有捏飾所有各路總巡分巡會哨日期應否飭令具報各統巡就近查核通報如遇風暴或不能依期會哨卽據實具報察核倘有捏飾情弊查出揭報嚴參咨覆到本部堂

准此仰司卽便會同按察司立將咨內所議各欵悉
心查核妥議詳覆察奪等因奉此本司等伏查粵東
洋巡向無總巡今已定有總巡其會哨洋面日期自
應酌定俾有遵循卽分巡會哨雖舊有章程但各路
洋巡已改其會哨似亦應量爲更改但本司等未能
周歷各營洋面究難深悉情形應請如提督所議總
巡分巡會哨洋面日期永定章程庶得遵循以免遺
誤再提督擬將崖州營上班總巡分巡由西路至新
英港洋面與海口營總巡分巡會哨一次下班總巡
分巡由東路至東澳洋面與海安海口二營總巡分



巡會哨一次均毋庸定以日期令該總巡分巡隨時
酌量情形前往會哨以免顧此失彼所議亦屬妥協
再大鵬左翼二鎭營前請更改會哨洋面日期業經
提督議覆毋庸更改惟電白與吳川二營原議在白
茂會哨今旣改在那莸洋面會哨亦照現定章程咨
報督署案
十五年八月初六日總督百齡會奏言竊照全粵盜
艘雖經蕩滌誠恐或有漏網匪徒混迹商漁之列且
閩洋餘匪尚未剪除倘若巡緝稍疎必致逋逃滋蔓
臣百齡於剿辦盜匪烏石二等完竣後酌派師船一
百六十號分遣各鎭將督駕按段搜巡並奏明俟將
巡緝章程應如何釐定洋面界限兵船多寡另行會
籌定議具奏以期事有專責餉不虛糜茲臣百齡回
省後與臣韓對臣童鎭陞悉心會商籌議查嘉慶六
年間前督臣吉慶前提臣孫全謀會奏准部核定洋
巡章程內將粵洋區分東中西上西下四路設立洋
巡船隻就各鎭協營所轄洋面地方派撥鎭將備弁
等員率帶本管兵丁每船三四五十名不等配置礮



火器械定爲統巡總巡分巡會哨各名目分別上下
兩班先將各員職名造冊送部遇有失事卽按照原
報各職名題參疎防等因奉行在案嗣因洋匪充斥
盜艘日聚日多師船亦漸加增每船兵數亦加配至
七八十名或百餘名何處報有匪船卽往何處緝捕
卽船不能守定一方又未便分帮散處以致常川出
洋竟無安歲且出洋兵丁爲數過多則水師應管之
各口岸礮臺汛堡不能不以陸路兵丁貼防代守紛

紛徵調不特經費多糜而以陸兵派守水汛既未能追捕海盜轉致陸兵營汛兵單不足以資防禦臣百齡自上年四月到粵後體察情形竊以海氛一日不靖粵省水陸地方均難措置緣彼時各巨帮匪船百十爲羣縱橫海面不得不先其所急籌計剿堵爲事今水師營制現遵

旨籌議更設另摺奏請

訓示所有應派巡洋舟師亦須因時制宜詳晰釐定所謂兵可百年不用不可一日不備也臣等督同各司道鎮



將再四商酌現在洋面已無大帮盜匪若仍令舟師以緝捕爲名連檣聚泊海港固屬虛糜然竟照舊定事宜以本汛之官兵巡本汛之洋面船則零星散布兵則各守一隅於聲勢未能聯絡設本境有聚匪匪艇或闖洋有逃竄盜帮勢難迅速兜擒亦不足以昭慎重且汪洋數千里海面島嶼錯雜原難保無一二奸徒潛蹤嘯聚從前舟師若能一鬨竊發立往剪除何至蟻聚蜂屯久而滋夥譬之癬疥不治遂成疽瘍臣循養癰致難猝滅是昔日所以致患之故正此時所爲切要之圖伏查現存新舊米艇及節次捕獲投誠之大小船隻爲數不少礮火鎗械亦復有盈無絀水師兵丁除額設一萬九千餘名外現於增設水師提督案內復議請添八百名當此兵充船足之際甫經戡亂之初自應就新定水師營制參以舊設洋巡章程斟酌損益分路巡緝俾不疎於稽防庶永期於安謐臣等議將現在派段搜捕之一百六十號師船挑出一百四十號擬於虎門迤東大鵬營所轄之佛堂門起至虎門迤西廣海寨所轄之大澳止一帶洋



面區爲中路設船三十號南澳鎮澄海協達濠海門等營所轄洋面區爲東上路設船三十號碣石鎮平海營所轄洋面區爲東下路設船二十號新設之陽江鎮廣海電白東山等營所轄洋面區爲西上路設船二十號新設之海口協龍門協海安崖州等營所轄洋面區爲西下路設船三十號仍定以統巡總巡分巡會哨名目責成各鎮將備等官率帶各路兵丁按照派定界限分別上下兩班實力巡哨搜捕惟查

嘉慶五年欽奉

諭旨各省水師均令總兵爲統巡欽此今中東西洋面區分
五路上下十班粵東水師總兵三員僅敷統巡三班
其餘七班應照總兵遇有事故副參代巡之例於東
上路中路上班西上路下路下班均以副將爲統巡
於東西下路上班中路下班均以參將爲統巡其東
海地方處西上下兩路之中孤懸海面前曾奏定專
派船二十號在彼巡防今西上西下兩路皆設有師
船其東海一處應酌雷船十號交硇洲吳川二營都
司守備管駕巡緝東海硇洲廣洲灣一帶洋面仍與



西上下兩路師船分期會哨所有各路師船統歸水
師提督巡隨時稽查勤惰倘該鎮將等所管洋面
或有匪船竊聚即將該員立予參革留緝重懲俾將
領咸知警惕庶不致復蹈從前委靡之習仍令提督
於每年春秋兩次親往東西兩路分查洋面夏冬二
季遊巡內河併校閱水師技藝仍將查過情形自行
陳奏並咨報總督衙門以便派員覆查如此綱舉目
張星羅棋布海路既不致空虛水師亦得均勞逸船
雖分而勢合兵雖少而用精於巡防益昭嚴密並查

各路額設兵丁數目儘足敷上下兩班換替無虞短
缺其換回巡洋兵丁即可於本管各口岸礮臺汛堡
分駐防守以免內河匪艇偷越出海之弊所有節年
貼防弁兵亦可全數撤歸陸路本管巡緝土匪不特
貼防口糧經費概可節省而於水陸營伍秩然不紊
庶足以各專責成至現在設立巡船共計一百四十
號係於新造舊存收繳各米艇內挑備堅固倘出洋
日久或有被風浪損壞者自應隨時更換修補現又
於存船內挑貯三十號以備替用其舊存應行拆修
米艇此時均可毋庸修造惟久泊河干必致朽壞應



與存剩收繳投誠各船驗係動舊不足備用者均遵
照前奉
諭旨概行拆變將價銀繳存司庫以備隨時修補巡船之用
再查現派師船一百四十號係就船身大中小均勻
酌配兵丁雖每船多寡不同而以中號配兵五十名
爲斷共配兵七千名嗣後所需口糧若循照緝[illegible]章
程每名每日仍給銀五分爲數似覺[illegible]伍現將洋
面區分五路搜捕餘匪分班[illegible]或往來千里或數

百里之間遠歷風濤動需半載較之各巡各汛得以兼顧室家者究有不同若遽令裹帶本身糧餉恐窮卒贍養眷屬無資似無以示體恤茲臣等酌中定數

應懇

皇上天恩每兵每日酌給銀三分以資口食又每船舵兵一名除日給口糧銀三分外請加給銀三分又每船配管船武弁一員請日給口糧銀五分又每船請照例歲給燂洗修換篷索銀五十兩統共每年所需弁兵口糧燂洗篷索等項共應支銀八萬六千六百三十



二兩即在於緝捕經費項下按數支給以視歷年歲支捕費十餘萬兩爲數實大有節省仍俟二三年後洋面實在安靜再將巡船量爲裁減仍照洋巡舊規分撥辦理毋庸支給口糧以昭核實臣等謹按現在洋面情形籌議分路派船搜緝緣由合詞恭摺具奏

奉

上諭百齡等奏籌議分船巡緝洋面章程一摺覽奏俱悉廣東洋面綿亘數千里近年來藏垢納汙幾成盜藪自百齡到任以後嚴杜接濟大振軍威將各路著名首夥大盜分別剿撫一律蕩除此次復籌議善後章程分布各路師船責成巡緝所辦實爲周妥此時洋面肅清已無大股盜匪但尋常刼奪小盜尚難保其必無若不隨時捕獲則日久嘯聚恐又萌蘖滋事百齡等務當督飭各路鎮將在於所管洋面認眞巡邏期於有盜必獲但聞弁兵等積習相仍往往於眞盜不能捕獲轉將濱海貧民如漁船蛋戶人等妄拏報官塞責邀賞以致誅及無辜從前伍拉納在閩浙總督任內任性妄爲即有此等情事最爲可恨百齡認眞辦事現將粵洋巨盜收捕一空海疆安謐勳績已成業經



身膺懋賞其平素居心詳慎豈尚復存邀功之心朕亦斷不疑其有此但恐弁兵人等積習未除間或妄拏滋事用是諄諄訓諭該督等惟當隨時密查凡於捕獲案犯必須詳細研鞫以期罰當厥辜設竟有妄拏邀功之人卽當嚴參辦理不可姑息仍不得任伊等藉口因循並眞盜亦不認眞蹤捕經理方爲得宜其所議派員分段巡哨挑用船隻以及酌給捕盜口糧等項章程均照該督等所請行將此諭令知之欽此

謹案摺內巡哨及挑選師船給發巡洋兵丁口糧

凡三事牽連敘及究其要旨以巡哨爲主故編於此焉

巡洋官兵以六個月爲一班每年分爲上下兩班俱令總兵統率將備弁兵親身出洋巡哨遇有失事分晰開參照例議處（中樞政考）

沿海各鎮協營總巡三月初十日碣石鎮巡至深澳與南澳鎮會印通報陽江鎮與春江協副將會哨於廣海大澳海安營遊擊與海口營參將會哨於白沙仍巡回本路龍門與龍門協副將會印通報係本路



地方毋庸定以日期五月初十日碣石鎮與陽江鎮會哨於平海大星澳春江協副將與海安營遊擊會哨於硇洲八月初十日澄海協副將與香山協副將會哨於平海大星澳硇洲營都司與吳川營都司會哨於廣州灣十月初十日南澳鎮與澄海協副將會哨於萊蕪香山協副將與吳川營都司會哨於廣海大澳龍門協副將與海口營參將會哨於白沙

各省水師人員按季巡洋不得濫行代替無論何省總以總兵爲統巡親身出洋督率將備巡哨以副將參將遊擊爲總巡都司守備爲分巡倘總兵遇有緊要事故不能親身出洋祇准以副將代統巡副將遇有事故偶以參將代之不得援以爲常其餘遊擊都司均不准代總兵爲統巡都司守備不准代副參遊擊爲總巡千總把總不准代都守爲分巡目兵不准代千把外委爲專汛派員出洋責令統巡總兵專司其事按季輪派一面造冊送部一面移送督撫提督查覈如於造冊報部後原派之員遇有事故不能出洋應行派員更換者亦卽隨時報明出具印甘各結



倘有越級委派代替無故更換者該總督巡撫提督據實查參將統巡總兵照例議處如總督巡撫提督不據實查參率行轉報題咨者將提督照例議處總督巡撫交吏部覈議倘本官畏怯風波不肯出洋臨期託病私行轉委所屬員弁代替經總督提督總兵查出揭參者將本官參革提問（俱同上）

廣東海防彙覽卷二十三終

廣東海防彙覽卷二十四

方略十三

巡哨二

乾隆十五年十月題定巡哨章程

春江協屬水師右營所管陽江縣屬洋面從前議準自春江至電白吳川硇洲爲西上路上班以春江協副將爲統巡帶領協鎮員弁及春江電白吳川硇洲各營員爲分巡其每年上班副將帶領協標隨巡千把配駕兵船於二月初一日出海統巡西上路一帶



洋面三月初十日東與虎門協副將會哨於廣海大澳洋面嗣於乾隆十二年內奉行與左翼鎮會哨五月初十日西與海安營遊擊會哨於硇洲洋面均照例聯銜會印通報五月底徹師

春江協標水師右營守備所管陽江縣屬洋面從前議准原定巡期每年上班右營守備於二月初一日出洋分巡所屬海面聽本協副將統巡每月照例酌定與上下鄰營會哨各一次通報上半月西與電白營洋巡員弁舟師會哨於春江電白交界之青洲洋面下半月東與廣海寨洋巡員弁舟師會哨於春江廣海交界之葛洲洋面五月底徹師

春江協標中軍都司每年下班輪派帶領隨巡千把配駕兵船於六月初一日出洋分巡協屬右營海面聽吳川營都司統巡原定巡期每月照例酌定與上下鄰營會哨各一次通報上半月西與電白營洋巡員弁舟師會哨於春江電白交界之青洲洋面下半月東與廣海寨洋巡員弁舟師會哨於春江廣海交界之葛洲洋面九月底徹師



嘉慶七年二月兩司議定會哨日期

上班

東路

統巡澄海協與左翼鎮三月初十日在歸湖會哨

總巡除隨統巡會哨外南澳鎮右營與碣石鎮中營五月初十日在歸湖會哨

分巡除隨統巡總巡會哨澄海協左營與達濠營正二五各月每月二十日在蓮澳淩會哨

海門營與碣石鎮左營正三五各月每月二十日在歸湖會哨

澄海協左營與南澳鎮右營二四六各月每月二十五日在五嶼會哨

海門營與達濠營二四六各月每月二十五日在龍潭鼻會哨

## 中路

**統巡**左翼鎮與澄海協三月初十日在歸湖會哨

左翼鎮與春江協五月初十日在廣海大澳會哨

**總巡**除隨統巡會哨外

碣石鎮中營與南澳鎮右營五月初十日在歸湖會哨

平海營與左翼鎮左營二月初十日在脊洲會哨

廣海寨與電白營二月初十日在大澳會哨



平海營與碣石鎮中營四月初十日在烏山頭會哨

左翼鎮左營與廣海寨四月初十日在龍穴會哨

**分巡**除隨統巡總巡會哨外

碣石鎮右營與平海營正三五各月每月二十日在烏山頭會哨

碣石鎮左營與海門營正三五各月每月二十日在　會哨

左翼鎮左營與左翼鎮中營正三五各月每月二十日在龍穴會哨

香山協左營與香山協右營正三五各月每月二十日在三竈會哨

碣石鎮右營與碣石鎮左營二四六各月每月二十日在東桔會哨

左翼鎮中營與香山協右營二四六各月每月在龍穴會哨

左翼鎮右營與香山協左營二四六各月每月二十五日在龍穴會哨

大鵬營與平海營二四六各月每月二十五日在三管筆會哨

## 西上路

**統巡**春江協與雷瓊鎮三月初十日在硇洲會哨

春江協與左翼鎮五月初十日在廣海大澳會哨

**總巡**除隨統巡會哨外

電白營與廣海寨二月初十日在大澳會哨

硇洲營與雷州營二月初十日在廣州灣會哨

電白營與硇洲營二月初十日在廣州灣會哨



**分巡**除隨統巡總巡會哨外

春江協右營與電白營正三五各月每月二十日在青洲會哨

吳川營與硇洲營正三五各月每月二十日在廣州灣會哨

春江協右營與廣海寨二四六月每月二十五日在葛州會哨

吳川營與雷州營右營二四六各月每月二十五日在廣州灣會哨

## 西下路

**統巡**雷瓊鎮與春江協三月初十日在硇洲會哨

**總巡**除隨統巡會哨外

雷州營與硇洲營二月初十日在廣州灣會哨

海口營與雷州營四月初十日在高排會哨

海口營與崖州營在新英港會哨崖州營僻處瓊州之南距海口洋面窵遠總巡會哨不能指定日期應令崖州營總巡隨時酌量情形與海口營總巡會哨一次毋庸定以日期

**分巡** 除隨統巡會哨外龍門協左營與海安營正三五各月每月二十日在潿洲會哨

龍門協左營與龍門協右營二四六各月每月二十五日在三口浪烏雷二汎適中海面會哨

海安營與海口營左營二四六各月每月二十五日在銅鑼沙會哨



海口營左營與崖州營在新英港會哨崖州營僻處瓊州之南距海口洋面窵遠分巡會哨不能指定日期應令崖州營分巡隨時酌量情形與海口營分巡會哨一次毋庸定以日期

## 下班

### 東路

**統巡** 南澳鎮與碣石鎮八月初十日在歸湖會哨

**總巡** 除隨統巡會哨外海門營與碣石鎮左營十月初十日在歸湖會哨

**分巡** 除隨統巡總巡會哨外澄海協都司與南澳鎮右營七九十一各月每月二十五日在五嶼會哨

澄海協右營與達濠營七九十一各月每月二十五日在蓮澳湶會哨

澄海協都司與澄海協右營八十十二各月每月二十日在萊蕪會哨

海門營與達濠營八十十二各月每月二十日在龍潭會哨

### 中路

**統巡** 碣石鎮與南澳鎮八月初十日在歸湖會哨

高州鎮與碣石鎮十月初十日在廣海大澳會哨

**總巡** 除隨統巡會哨外碣石鎮左營與海門營十月初十日在歸湖會哨



香山協與春江協都司九月初十日在大澳會哨

大鵬營與左翼鎮中營九月初十日在脊洲會哨

大鵬營與碣石鎮左營十一月初十日在烏山頭會哨

香山協與左翼鎮中營十一月初十日在龍穴會哨

**分巡** 除隨統巡總巡會哨外碣石鎮中營與碣石鎮右營七九十一各月每月二十五日在　會哨

左翼鎮左營與左翼鎮右營七九十一各月每月二十五日在龍穴會哨

香山協右營與香山協左營七九十一各月每月二十五日在三竈會哨

平海營與大鵬營七九十一各月每月二十五日在三管筆會哨

平海營與碣石鎮右營八十十二各月每月二十日在烏山頭會哨

左翼鎮左營與大鵬營八十十二各月每月二十日在箐州會哨

香山協左營與廣海寨八十十二各月每月二十日在燕子排會哨

香山協右營與左翼鎮右營八十十二各月每月二十日在龍穴會哨

西上路

統巡高州鎮與龍門協八月初十日在硇州會哨

高州鎮與碣石鎮十月初十日在廣海大嶼會哨

總巡除隨統巡會哨外春江協都司與香山協九月初十日在大澳會哨



吳川營與雷州右營九月初十日在廣州灣會哨

春江協都司與吳川營十一月初十日在白茂會哨

分巡除隨統巡總巡會哨外電白營與吳川營七九十一各月每月二十五日在那菉灣會哨

廣海寨與春江協右營七九十一各月每月二十五日在葛洲會哨

電白營與春江協右營八十十二各月每月二十日在青洲會哨

硇洲營與雷州右營八十十二各月每月二十日在廣州灣會哨

西下路

統巡龍門協與高州鎮八月初十日在硇洲會哨

總巡除隨統巡會哨外雷州營右營與吳川營九月初十日在廣州灣會哨

海安營與雷州營右營十一月初十日在高排會哨

海安營與崖州營在東澳港會哨崖州營僻處瓊州之南距海安洋面窵遠總巡會哨不能指定日期應令崖州營總巡隨時酌量情形與海安營總巡會哨一次毋庸定以日期

分巡除隨統巡總巡會哨外龍門協右營與海安營七九十一各月每月二十五日在潿洲會哨

龍門協右營與龍門協左營八十十二各月每月二十日在三口浪烏雷二汛適中海面會哨



海口營右營與海安營八十十二各月每月二十日在銅鑼沙會哨

海口營右營與崖州營在東澳港會哨崖州營僻處瓊州之南距海口洋面窵遠分巡會哨不能指定日期應令崖州營分巡隨時酌量情形與海口營分巡會哨一次毋庸定以日期

十五年奏定分段派撥巡洋章程

粵東洋面向分東中西三路西路海道廣濶又有西上路西下路之分茲釐定巡洋章程東路南澳碣石海道綿長亦應分別上下兩路派船巡緝以專責成

合計設立師船一百四十號分派中路東上下西上下各路洋面巡緝會哨定爲上下兩班更替以均勞逸先將各員職名造册送部遇有失事即按照原報

各職名開參

東上路設立師船三十號配南澳右營澄海左右營海門達濠各營水師兵一千五百名巡緝南澳鎮右營澄海協左右二營達濠海門二營所轄洋面

南濠澄海達濠海門各營共額設水師兵三千七百四十一名除配駕師船一千五百外尚存營兵二千二百四十一名足敷防守



上班

統巡

澄海協副將

總巡

南澳鎮右營遊擊

分巡

澄海協左營守備

海門營守備

達濠營守備

並帶各營千把總分巡派定洋面

南澳鎮右營守備派在下班分巡上班無守備出洋應照嘉慶六年部議以千把總作爲協巡

每年三月五月訂定日期至碣石甲子洋面與碣石鎮會哨

下班

統巡

南澳鎮總兵



總巡

海門營參員

分巡

澄海協中軍都司分巡該協左營洋面

南澳鎮右營守備

澄海協右營守備

並帶各營千把總分巡派定洋面

海門達濠二營守備派在上班分巡

下班無守備出洋應照嘉慶六年部議以千把

總作爲協巡
每年八月十一月訂定日期至碙石思子洋面與碙
石鎮會哨
東下路設立師船二十號配碙石鎮標三營平海營
水師兵一千名巡緝碙石鎮中左右三營及平海營
所屬洋面
碙石平海各營共額設水師兵三千二百七十七
名除配駕師船一千名尚存營兵二千二百七十
七名足數防守

上班
統巡
平海營參將
總巡
碙石鎮中營遊擊
分巡
碙石鎮右營都司兼分巡鎮標中營洋面中營派千總協巡
碙石鎮左營守備兼分巡鎮標中營洋面
並帶各營千把總分巡派定洋面

平海營守備派在下班分巡上班無守備出洋
應照嘉慶六年部議以千把總作爲協巡
每年三月五月訂定日期東上甲子洋面與南澳鎮
會哨
下班
統巡
碙石鎮總兵
總巡
碙石鎮左營遊擊

分巡
碙石鎮中營守備兼分巡鎮標左營洋面左營派千把總協巡
碙石鎮右營守備兼分巡鎮標左營洋面
平海營守備
並帶各營千把總分巡派定洋面
每年八月十一月東上甲子洋面與南澳鎮會哨九
月十二月西下路大鵬佛堂門洋面與中路提督
會哨
中路虎門設立師船三十號配水師提標中左右三

營香山協左右營大鵬營水師兵一千五百名巡緝水師提標中左右三營香山協大鵬營所轄各洋面新設水師提標五營及香山大鵬等各協營共額設水師兵六千九百五十四名除配駕師船一千五百名外尚存營兵五千四百五十四名足敷防守

上班

統巡

香山協副將



總巡

水師提標中營參將總巡提鎮中左右三營洋面

分巡

水師提標左營遊擊兼分巡提標右營洋面右營派千把總協巡

水師提標右營守備兼分巡提標左營洋面

香山協左營都司

香山協右營守備　大鵬營守備

並帶各營千把總分巡派定洋面

每年三月五月駛往大澳洋面與陽江鎮會哨

下班

統巡

大鵬營參將

總巡

水師提標右營遊擊總巡提標中左右三營洋面

分巡

水師提標左營守備兼分巡提標右營洋面中營派千把總協巡

水師提標中營守備兼分巡提標右營洋面

香山協右營都司



香山協左營守備

並帶各營千把總分巡派定洋面

大鵬營守備派在上班分巡下班無守備出洋應照嘉慶六年部議以該營千把總爲協巡

每年九月十二月駛往大鵬佛堂門洋面與碣石鎮會哨

水師提督不時出洋督巡每年春季二月往西巡至龍門秋季八月往東巡至南澳稽查各鎮協營洋面併閲水師營伍夏季六月冬季十二月往內河各營

遊巡外海內河有無盜匪情形提督按春秋二季自
行陳奏一次並咨報總督衙門查考
西上路設立師船二十號配陽江鎮標左右營廣海
寨東山營水師兵一千名巡緝陽江廣海電白東山
各營所轄洋面
新設陽江鎮東山營及廣海寨共額設水師兵二
千六百零七名除配駕師船一千名外尚存營兵
一千六百零七名足敷防守
上班
統巡
陽江鎮總兵
總巡
廣海寨遊擊 總巡陽江廣海電白各洋面
分巡
陽江鎮右營都司
陽江鎮左營守備
並帶各營千把總分巡派定洋面
廣海寨東山營守備俱派在下班分巡上班並



無守備出洋應照嘉慶六年部議以該營千把
總作為協巡
每年三月五月往大澳洋面與中路虎門師船會哨
下班
統巡
海口協副將
總巡
陽江鎮中軍遊擊 總巡陽江廣海電白各洋面
分巡
陽江鎮右營守備
廣海寨守備
東山營守備
並帶各營千把總分巡派定洋面
每年八月十一月駛往吳川洋面與東海兵船會哨
西下路設立師船三十號配海口左右營海安龍門
協左右營崖州營兵丁一千五百名巡緝西海之海
口烏石草潭潿洲沙桁及瓊州所屬澄臨儋崖昌感
各洋面

龍門海口海安崖州各營共額設水師兵四千四百三十一名除配駕師船一千五百外尚存營兵二千九百三十一名足敷防守

上班

統巡

崖州營參將

總巡

海口協中軍都司總巡海口海安各營洋面

龍門協左營都司總巡龍門協左右二營



分巡

龍門協右營守備

海安營守備

海口協左營守備分巡左右二營洋面右營派千把總協巡

並帶各營千把總分巡派定洋面

崖州營守備派在下班分巡上班並無守備出洋應照嘉慶六年部議以本營千把總作爲協巡

每年三月五月駛往吳川洋面與東海兵船會哨

下班

統巡

龍門協副將

總巡

海安營遊擊總巡海安海口各洋面

龍門協右營都司總巡龍門協左右二營洋面

分巡

龍門協左營守備

崖州營守備



海口協右營守備分巡左右二營洋面左營派千把總協巡

並帶各營千把總分巡派定洋面

海安營守備派在上班分巡下班無守備出洋應照嘉慶六年部議以本營千把總作爲協巡

每年九月十一月往西巡至龍門白龍尾該處與夷洋交界無由會哨責成欽州文武稟報平時在海口烏石草潭㶷洲沙桁及瓊州所屬各洋面常川巡緝

西路東海地方設立師船十號酌駕吳川硇洲各營

兵丁五百名即派

硇洲營都司

吳川營都司

吳川營守備

並帶各營千把總在於東海硇洲廣洲灣洋面

巡緝

吳川硇洲二營共額設水師兵一千三百三十二名除配駕師船五百名外尚存營兵八百三十二名足敷防守



每年三月五月駛往吳川與西下路西海師船會哨

八月十一月與西上路兵船在吳川洋面會哨

十六年奏改雷瓊鎮釐定派撥巡洋章程

西上路

上班 設立師船二十號上下兩班俱於陽江鎮標左右二營廣海寨共三營輪派兵丁一千名在各該營所屬洋面巡緝

統巡

陽江鎮總兵 統巡鎮標左右二營廣海寨吳川硇洲營東山營各屬洋面

總巡

陽江鎮右營都司 總巡陽江鎮左右二營廣海寨各屬洋面

分巡

陽江鎮左營守備 分巡本管洋面兼分巡鎮標右營洋面

廣海寨守備分巡本管洋面

並各營管駕千把總

每年三月初十日在黃茅洲洋面與中路虎門師船會哨五月初十日在硇洲洋面與西下路海口師船會哨

下班



統巡

陽江鎮中軍遊擊 統巡鎮標左右二營廣海寨吳川營硇洲營東山營各屬洋面

總巡

廣海寨遊擊 總巡鎮標左右二營廣海寨各屬洋面

分巡

陽江鎮右營守備 分巡本營洋面兼分巡鎮標左營洋面

協巡

廣海寨 該營現班應派守備分巡因該營守備派在上班分巡下班並無守備應照洋巡舊規酌派千總把總一員協巡本營洋面

並各駕千把總

每年八月初十日在黃茅洲洋面與中路虎門師船會哨十一月初十日在硇洲洋面與西下路海口師船會哨

西上路東海地方 設立師船十號上下兩班俱於硇洲吳川東山三營輪配兵丁五百名專在東海硇洲廣州灣各屬洋面巡緝

上班

總巡

硇洲營都司 總巡硇洲營吳川營東山營所屬硇洲廣州灣東海洋面



分巡

吳川營守備 分巡本營洋面兼分巡硇洲營洋面

協巡

東山營 該營現班應派守備分巡因守備派在下班分巡上班並無守備應照洋巡舊規酌派千把總一員協巡本營洋面

並各營管駕千把總

每年上班洋巡遇會哨之期未便隨同統巡官往他處會哨應令專在東海硇洲廣州灣洋面巡緝

下班

總巡

吳川營都司 總巡吳川營硇洲營東山營所屬廣州灣硇洲東海洋面

分巡

東山營守備 分巡本營洋面兼分巡吳川營洋面

協巡

硇洲營 該營現班應派守備分巡因該營無守備應照洋巡舊規酌撥千把總一員協巡本營洋面

並各營管駕千把總

每年下班洋巡遇會哨之期未便隨同統巡官往



他處會哨應令專在東海硇洲廣州灣洋面巡緝

西下路

上班 原設師船三十號今議分十號交龍門協撥配官兵統巡本協洋面尚存師船二十號上下兩班輪配海口協海安營崖州營共六營兵丁一千名在各該營所屬洋面巡緝

統巡

海口協副將 統巡海口協左右二營海安營崖州營各屬洋面

總巡

崖州營參將 總巡崖州營海口協左右二營海安營各屬洋面

分巡

海安營守備分巡本營洋面

海口協右營守備分巡本營兼分巡左右營洋面

協巡

崖州營該營現班應派守備分巡因該營守備派在下班分巡上班並無守備應照洋巡舊規酌派千把總一員協巡本營洋面

並各營管駕千把總

每年三月初十日在潿洲洋面與龍門協兵船會哨五月初十日在硇洲洋面西上路與陽江兵船會哨



下班

統巡

雷瓊鎮總兵統巡海口協左右二營海安營崖州龍門協左右二營各屬洋面

總巡

海安營遊擊總巡海安營海口協左右二營崖州營洋面

分巡

海口協中軍都司分巡海口協左右二營洋面

崖州營守備分巡本營洋面

協巡

海安營該營現班應派守備分巡因該守備派在上班分巡下班並無守備應照洋巡舊規酌派千把總一員協巡本營洋面

並各營管駕千把總

每年八月初十日在潿洲洋面與龍門協兵船會哨十一月初十日在硇洲洋面與西上路陽江兵船會哨

西下路龍門協於海口帮內議分兵船十號上下兩班輪配該協左右二營兵丁五百名專在所屬白龍尾及潿洲洋面巡緝

上班



統巡

龍門協副將統巡龍門協左右二營所屬白龍尾及潿洲洋面

總巡

龍門協右營都司總巡龍門協左右二營所屬白龍尾及潿洲洋面

分巡

龍門協左營守備分巡龍門協左右二營所屬白龍尾及潿洲洋面

並兩營管駕千把總

每年三月初十日在潿洲洋面與海口師船會哨五月初十日巡至白龍尾該處係夷洋交界無由

會哨責成欽州文武稟報並令雷瓊鎮不時稽察
務使常川巡緝

下班

統巡

雷瓊鎮總兵統巡龍門協左右二營所屬白龍尾潿洲及海口協海安營崖州營各屬洋面

總巡

龍門協左營都司總巡龍門協左右二營所屬白龍尾及潿洲洋面

分巡



龍門協右營守備分巡龍門協左右二營所屬白龍尾及潿洲洋面

並兩營管駕千把總

每年八月初十日在潿洲洋面與海口海安師船會哨十一月初十日巡至白龍尾係夷洋交界無由會哨責成欽州文武稟報

以上西上路西下路各股兵船釐定統巡總巡分巡會哨名目以專責成仍循照原奏章程按照派定段落互相聯絡實力巡緝

廣東海防彙覽卷二十四終

# 廣東海防彙覽卷二十五



## 方略十四

### 緝捕一

海賊之患今而不慮恐為他日之害晉孫恩初因報仇結聚其後破州縣殺長吏永嘉東陽等八郡皆相應遂至有衆數萬雖劉牢之輩將兵轉鬬而恩出沒海上吳會閩廣皆被其毒官兵弱則奮臂而為敵官兵強則乘風絕洋而遁又急則孤槳單下詐為客舟官兵不能辨也止能於瀕岸淺海互相回避驅入深



洋則巨浪之中不能坐立何暇議鬬哉宋鄭剛中奏　歷代名臣奏議

竊照經略嶺表不外撫勦二端而已然曰勦者殲其黨類使弗復肆所以治罔赦之罪也曰撫者散其徒與使為良民所以處脅從之衆也以臣所見如往年大征所獲張璉乃用賂於賊而得璉之黨有限也動不貲之費連三省之兵曾不能傷賊之毫毛及大兵撤而賊復肆矣今三饒之間所在流刼蓋莫非璉黨類也則向日之飛報大捷者何如哉至於賊志得意

滿擁衆求招則又惟其所欲據吾咽喉以收厚利雖殘害吾民不恤也蓋自往年當事者失於長筭捐下滄之地以與撫民許朝光報水至今遂啟盜心朝光去而曾一本據之一本去而林道乾又據之矣然則嶺海之禍亦何時已耶凡此二端皆宿套舊習不可破除以貽地方無窮之患者也今者堂堂之陣破賊擒酋庶幾厭於人心然聞其餘黨奔竄未能盡絶恐與程賊等合夥則地方綏靖尚未有期也至林道乾見據下滄招撫尤不可不周處詳慮以圖久安之計



伏乞勅下該部將前撫勦事宜分别明白毋容將官借以便文自營海上餘寇刻期嚴令勦絶以除禍根林道乾招撫一節責令總兵郭成處置停妥毋蹈前車如其縱容報水貽禍地方容臣等參究治罪不貸則宿弊除而地方之安枕有日矣（明陳吾德疏陳八條之一）

蛋賊出洋其去不遠西不過在上川下川等澳棲泊東或至新安海面想海道已有文行惠州海防堵截矣若上川下川在洋海心長亘百里有高山峻嶺賊每投托山猺在山頂瞭望兵到東洋則爲密號賊望見趨而西兵到西洋則爲密號賊望見趨而東是坐老王師也乞出一虎頭牌付山官曹平嚴切責諭如賊船到港糾集猺民協力擒解重加陞賞如窩藏在港或作眼俾得逃避一體勦滅其官兵人等有乘機登岸擄掠者許執牌禁諭則蛋賊所到人人効力而官兵所至亦整整奉法玉石有分矣又此賊生聚二十多年兵精人衆今天威所摧泰山壓卵但亦不可不深爲之慮竊以爲似宜行文香山東莞新會新寧各縣但願降者卽與接受一面飛報與得敵同功不



許殺害或給受降旗與陳推官海防朱同知臨陣受降不許殺害賊知有生路不死鬬一也孤其黨與易成功二也且免多殺濫及非辜三也兵法云多方以誤之又云攻心爲上又賊奔海洋所乏者水米水取諸港米則前二月所蓄計不過旬日之食今必十分嚴接濟之防須淨絶陽江海南艚船往來淨絶新會順德番禺小料細船往來彼到賊所必稱被刼實通同濟之也擒賊只在此時若秋稼將收則沿海搶禾難困矣又昔年賊遇官兵大船出洋小船入內東海

出洋西海入內官兵賣路只云不見賊而已今號令嚴明羅網周密諒無此事然亦不可不多爲之防竊以爲似宜行牌三水縣查緝小船蛋戶有逃入夥者拏解重賞窩藏者斬告發者與得敵同賞此弊番禺之三江金利橫潭皆有之蓋蛋賊平日多結親於上海急則爲逃匿之地緩則通同打刼此肇慶三水橫潭所以多故也一兵法云朝氣銳晝氣惰暮氣歸今用兵旬日恐士氣之惰歸也謂宜有以鼓舞之軍中牛酒之犒最急况炎暑巨浪之中非酒無以作氣耶



上陳文峯軍門 霍與瑕勉齋集

彼蛋賊者固有蛋戶里長如里長肯保姑聽之如不肯保即當除之矣若埽漏賊則雖有保結亦不可聽蓋賊與里長及海門人役通作一夥宜察也此衆人之言也大抵海洋蛋戶無不爲賊雖盡殺之不爲過生前月十三日密請於督府曰且勿收兵賊且餓更須十日餘黨盡絕矣不爾兵散難以率合賊經創殘之後奮其凶焰更勤當事者慮今海中餘賊聞督府已添募鄉兵漸爲之圖此勝算也 復海道朱存誠 勉齋集

王天性曰凡涖潮者類以治盜爲難余謂盜無難治亦釀成之過也嘉靖間朱良寶叛聞官軍將至縛獻其黨求媚彼勢未熾未嘗不畏官兵也使當事不爲甘言所誘長驅直入如縛雞豚耳林道乾起白哨僅二百餘人方其寇溪東寨溪東人壘戰寨內使官兵從外夾攻之道乾坐斃矣失此二機遂至猖獗此治之不早也當大井破賊時賊棄甲裹瘡匍匐山谷中相對涕泣使官兵不爭取財物窮追之可立盡也會一本死許瑞已喪膽收殘黨西遁釜中遊魚耳使官兵不急於奏凱半分樓船尾其後彼何所逃死失此



二機餘燼復然此治之不盡也夫治不早則萌芽不翦之說也勢必煩斧柯治不盡則去草留根之說也勢必復蔓延余故曰釀成之過也盜果難治哉 澄海縣志

明季倭寇之患垂三十年流毒數千餘里而終得殲除淨盡者以其舍舟登陸而陸兵可以坐制其命也今海寇之勇遠遜於倭寇然各省會兵勦捕總未見焚賊一巢擒賊一首者何故蓋賊之用計愈狡而蹤跡愈幻矣聞之曾經被刦者賊必指索銀米而以其

船爲質又擇壯健者入其巢以爲役否則戕其人取其貨冒充商人以售於他郡所駕之船固商船也所驗之票固護照也交易既畢翩然獲利而去彼賊首者固晏然處海島間既得商船以齎盜糧又得商船以爲脅從而卽資其船與人以消其贓物何爲登岸殺掠自投羅網而膏斧鉞哉要之賊船未嘗無停泊之處賊黨未嘗無屯聚之時苟命將出洋勢必金鼓振天旌旂耀日賊已如鬼如蜮紛然四散而避之而兵船必不能持久也兵糧必不能重載也一旦撤兵



内地則仍嘯聚而行刦耳故剿捕之法祇須詐爲商船以待其來遇賊少則藏精鋭於艙底施機括於戰塲誘其登而擒之俾餘賊之瞭望者不覺遇賊多則遠者禦以長矛近者沃以沸湯致其死以敵之俾我兵之赴援者可繼或賊所停泊屯聚多至數十艘者宜多備小舟藏發礦佛郎機於柴草内自黑暗中順風縱火而擊之小舟焚而礮亦發賊船無不爲齏粉者特兵間之儲費有限既費而又無從開除是以賊船之畏兵船反不如畏嶺海大船之能不惜所費而并力殺賊也　國朝褚華海防集覽序

海戰之弊有四萬里風濤不可端倪白日陰霾咫尺難辨一也官有常汛使賊預知趨避二也孤懸島中難於聲援三也將士利於無人掩功諱敗四也　姜宸英海防總論擬稾

國家東南環海萬里汪洋舟楫利涉爲民生之大利其間宵匪潛伏出没行刦亦爲方隅之隱憂江浙閩廣則自二三月至九月皆盜艘刦掠之時原賊之起其初甚微止一二人密約三五人潛至港口窺伺小艇



附岸徑跳登舟露刃脅舟人駕出外港遇有略大之漁船則詐稱買魚又跳而上再集匪類至十餘人便敢公然行刦此粤東所謂踏斗者也出遇商船則亂流以截之稍近則大呼落帆商自度無火礮軍械不能禦敵又船身重滯難以走脫聞聲落帆惟恐稍緩相顧屏息俟賊登舟綑縶賊或收其財物將船放回或連船刦駕他往雖不願從亦暫相依以冀旦晚刦换一入其黨則與之化日久日多遂分爲一二船勢漸以大此等小輩無他伎倆但使商船勿卽惶恐下

帆又有礮械可以禦敵賊亦何能為乎愚以為商船皆有身家斷不敢思為匪以自喪其身家性命而且一船下水必有族隣鄉保具結地方官查驗烙號給與護船牌照方敢出外貿易此等有根有據之人豈不可信而必禁攜鎗礮使拱手聽命於賊若以族隣保結不足憑則不應給與牌照既可給與牌照則可聽其隨帶防船器械倘得請

旨勿為拘牽弛商船軍器之禁則不出數月洋盜盡為餒殍未有不散夥回家者也哨船之不能禦賊皆謂萬頃



渺茫從何捕起風濤險惡性命可虞不知賊船在近不在遠沿邊島澳偏僻可以停泊之區時往搜捕百不失一蓋彼雖名為賊未嘗不自愛其生陡遇颶風未嘗不自憂覆溺各省匪類性雖不同然皆必有按澳可避颶颶乃能徐俟商船之往來必待天朗風和乃敢駕駛出洋以行劫其貪生惜死之心同其哨緝之方堵截之候無不同也向來各省巡哨實心者少每欲出巡必預張聲勢揚旆徐行一二月未離江干又於船中旦暮鼓樂舉礮作威是何異呼賊船而使之避也若使巡哨官兵密坐商船以出勿張旗幟勿舉礮作威遇賊船嚮邇可追即追不可則佯為遜避之狀以堅其來挽舵爭據上風上風一得賊已在我胯下我則橫逼賊船如魚比目並肩不離順風施放礮火百發百中兩船既合火罐火藥桶一齊抛擊雖百賊亦可擒也所有銀錢貨物盡賞士卒勿許將弁自私自利首功兵丁拔補把總將弁以次陞遷無得掩抑則將士之功名財利俱在賊船將不遑寢食以思出哨也抑愚聞在洋之盜十犯九廣則弭盜之法尤宜加意於粵東粵俗自潮州沿海而下千有餘里



半以攘奪為生涯水勢習熟往來如飛將來流毒不知其何所届此則杞人之隱憂詎可以其天涯絕域置為荒遠而不足介意哉論海洋弭捕盜賊書　藍鹿洲集

防海之法莫善於戚繼光之會哨今宜倣而行之於大洋要害處及附近緊要港澳分哨以為防限而於道理適均處定為兩寨會哨之聯絡呼應戈船相望更於每寨之中添遊奕以巡之錯綜迭出雖支洋窮澳無不按焉此防盜之良法也又莫如王家彥之遥

民兵編鄉兵而外更聯漁兵夫漁兵卽沿海之漁戶也今試舉行此法既分哨會哨以巡察之練民兵編鄉兵而官軍勿驚擾之復使沿海之爲漁者合其勢厚其餉偵賊所在以爲海上耳目而牽制之此亦防寇之良法也而又添設戰船教習水戰以時簡閱激賞或遏寇於遠洋使之不能嘯聚或擊寇於近洋使之不能達岈而且招之以散其黨撫之以誘其來擣其巢穴以撲滅其踪跡則寇將無可託足而剽竊攻奪之患不有日衰而日熄者哉抑更有請者寇之所急者食民之所貪者利比者海中奸人往往僞作商賈厚挾金錢以入省會而奸牙愚民之徒謂與其平價與民不若重價與寇誠養癰之大患也今嚴盤詰之法首重海關次及海口汛防等處於商之買米出入者務詰其里居姓氏必與符引相合來歷清明方許出境以慎重乎譏察非常之意而官吏之勾引潛通者其弊又叢生是則在文武大吏公忠體國者嚴爲之防以清其源而已矣沈德潛海防論



一曰禁接濟以絕賊資夫堅壁淸野兵家所先賊踪跡在水其精神未嘗頃刻不在陸而其巢穴又未嘗頃刻敢離水也彼多掠金錢所不足者粟米耳奸民貪數倍之利陰售之誠禁接濟則賊無所得食必登陸則失其所恃失其所恃則人能制其死命此司馬仲達之所以困公孫淵也二曰練鄉兵以衞村堡賊既登陸掠食矣非敢盡登也必以其半守船以其半登陸焉夫海船莫能近岸拋泊潮至以小船往來潮退卽行於泥中耳沿岸之民方其未登俯而擊之便及其既登臨而伺之便但苦無兵器火藥也誠立殷戶爲雄長授之火械俾募豪勇而官又爲之明斥堠伏奇兵爲相策應一村團練村村皆然此李崇之所以平兗盜也三曰謹間諜以攜賊黨夫賊非異人卽吾民耳掠商漁而乘其船脅其人故黨日蕃焉計一船之眞盜巨盜無幾餘皆被擄耳吾無以制賊毋論既擄者畀賊卽未擄者慕賊誠開脅從之生路重懸購賊之賞格鄉兵既控之於陸水兵又要之於水被擄者知賊之虛實必內應而相圖求脫此高仁厚之所以破阡能也四曰擇水將以教攻戰夫水戰之法

只在衝犂放火奪上風燒篷棚射柁工卽破敵矣然數者賊與我共之恆以被擄前驅使吾之火藥器械幾盡乃出精銳乘吾倦吾舵工繚手畏賊而不敢直逼賊船僨帥紈袴乳臭暈嘔忙亂又何暇指揮哉誠擇將於老漁簡兵於海戸以漁船駕銃突入賊圍募水工入水鑿沉賊艘或誘之入港而絕其歸路或與之夜戰而乖其所之此岳武穆之所以破楊么也接濟禁則以飽待飢鄉兵練則人自爲戰間諜謹則以賊攻賊水將擇則輔周國强兼此四者而後賊可殲也周之夔海寇策



乾隆三十一年七月二十六日奉

上諭蘇昌奏稱福鼎縣知縣趙由儀首先訪查洋案拏獲隣省隣境盜犯二十餘名等語趙由儀頗屬能事着出具考語送部引見此等盜案近來廣東福建江南浙江等省拏獲頗多該犯等出入海洋前後犯案不一而足地方官既已審訊屬實卽應就案完結雖各省另有犯案亦不必彼此行查使凶徒得稽顯戮至邇年以來海洋積匪累累就獲現在地方官留心查辦固屬可嘉但從前數年何以寂無報聞皆由所在文武員弁因循玩忽故賊匪得潛匿洋面滋事今各省既上緊訪緝則匪犯自無可逋藏著各督撫再行嚴飭沿海州縣加意捜捕其隣近省分並互相關會一體協力擒拏務絕根株而清海境毋得稍有縱弛致奸徒倖逃法網欽此

五十四年二月布政使許祖京按察使姚棻會詳稱緣高廉雷瓊四府地處海濱洋面遼闊無際賊匪易於駕船遊奕窺伺刦掠實爲商船之害地方文員止能於事後察其泊岸賣贓時設法緝捕而於在洋行刧之際無從着力全賴水師營員認眞巡哨查拏盜



匪方可斂跡惟是水師營員向來只就本管口岸帶兵駕船巡防以致賊匪東追西竄易於兎脫自應設法會緝以靖盜跡而安商旅玆據雷瓊道等文武會稟稱查雷瓊二郡濱臨大海設立水師原期綏靖洋面以安商旅自安南内訌以來節奉檄行誠恐夷逆潛跡入口卽經職道設法派員於各口岸實力巡防尚無夷匪潰入之虞惟内地齊桅匪船結夥多人往往於商艘必經之所肆行刦掠甚或私帶軍火器具

連船並刦迫據事後報官會營追捕盜跡已遠一時無從跟緝目擊情形深爲痛恨雖捕盜原無疆域之分而地廣勢孤有非獨力所能週遍上年十月間署龍門協副將陳大勳到瓊會哨公同籌議若各就本營管轄口岸巡防恐東追西竄匪徒尚易脫漏囑其回欽州時稟商鎮道設法會辦兹准高廉鎮道府札商非四府文武會同圍捕不足以靖海疆而除商累併繪圖按照各府營相距要害之處定期畢集並力協拏俾盜船無可逃逸議擬章程會辦等因奉批核



明妥議通詳本司等遵查潿洲錦囊行溝七星嶺大洲各海面係商船往來經由停泊之所時有盜船遊奕伺刦該道等以潿洲洋面界在龍門海安海口三營共撥兵六百名錦囊行溝界在電白吳川海安三營共撥兵四百名七星嶺界在硇州海口二營共撥兵三百名大洲界在海口崖州二營共撥兵四百名定期會緝一節查搜拏盜匪固屬海疆首務而營防汛地口岸守禦亦關緊要若於一營之中撥兵數百名之多非惟於操防有誤抑且各兵巡哨均須裹糧

而行洋面風汛靡常多則難行之久遠應請於該道等擬定兵數各酌減一半如潿洲洋面酌定龍門撥兵一百五十名海安撥兵一百名海口撥兵五十名又錦囊所屬行溝酌定電白撥兵一百名吳川海安各撥兵五十名又文昌縣所屬之七星嶺酌定硇州撥兵一百名海口撥兵五十名又萬州所屬之大洲酌定海口撥兵五十名崖州撥兵一百五十名以上派撥各兵飭令該管營員督率會同定期駕船輪班認眞緝捕庶賊匪易於擒獲海洋可以肅清而於各



營操防亦不致有貽誤　又該道等稟請營員出洋捕盜令地方官僱備堅固快大雙桅商船移送乘坐一節查近聞各營員遇有海洋失盜經地方官移知緝賊必須州縣雇備民船乘坐併給與盤費如不雇備卽不肯往最爲惡習殊不思擒拏洋盜係水師營之專責原有額設兵船若一遇出洋捕盜槩令地方官雇備商船則兵船幾爲虛設設地方官一時不能多雇勢必藉詞推諉應請飭令該道等會同營員查明各營額設兵船共有若干隻是否足敷配駕抑必

須添雇民船確切核定隻數飭令地方官先期雇備給定船價口糧移送營員出具收領繳送道府查核事竣押還地方官驗放具報如地方官因外洋失事文員例得免參任意膜視並不雇送者照溺職例揭參或雖雇送而臨期遲延在三日以内者記大過二次三日以外者稟請參處其有於雇備之時短發船價不給口糧並任聽差役澳甲得錢賣放並於事竣驗放之後私自措留及船已敷用藉端濫封他船肆意需索擾害船戶者該管道府查明具報將玩役澳



甲照例從重治罪地方官分別查參營員兵丁於事竣後不將船押還者查明有無措留勒索情弊亦照此辦理仍令該道等將何營必須添雇民船若干之處先行詳晰通報以憑查考　又該道等稟請洋面緝捕每獲正犯十名官記功一次如遇考缺核記功之多寡分別陞補兵賞銀五十兩所獲多者以次遞加一節查文武各官如果不分疆界實力偵緝有能拿獲鄰境盜犯自有議敘保薦專條倘係本境應捕各犯雖獲至十名究屬該員分內之事定例止免其

處分豈可濫邀功議惟兵丁果能出力協拿至十名之多自當量加獎賞以示鼓勵應如該道等所議俟解交文員審明贓據確鑿實係正盜核算名數分別給賞所有賞賚銀兩數在二百兩以下該州縣自行捐給數在二百兩以上該管知府於所屬中分別攤捐倘該弁兵等受賄縱放並懷挾夙嫌將附近在洋採捕之漁戶誣指為盜及意圖邀賞混將無辜之人作為賊匪拿解者審明將妄拿之兵丁照例治罪

又該道等以每歲二三八九等月為商船輻輳之時



盜刦較多所有洋巡季巡哨船槩令前赴指定處所會緝難免顧此失彼一節查盜匪遇有巡船搜捕自必東逃西竄是官兵在洋會緝必須彼此聯絡首尾相應俾盜匪無所逃遁方為嚴密應如該道等所議嗣後各營撥兵於二八月初旬定期移會同日配駕官兵先由屬境搜緝由近而遠定於三九月初一日齊集指定會緝處所晝夜梭織協力圍捕使盜匪無從匪跡至緝捕洋盜本屬水師營員應辦之事一遇派委自應按期前往豈容違玩該道等議請各營派

往員弁如無事故玩延不到遲至三日記大過一次遲至十日卽行參處尚未允協應請各營派往出洋巡緝之員弁如無事故不到計其遲延日期如在一日以下者記大過二次如至五日者卽行揭參照律治罪上司徇庇一併查參庶各員自顧考成不敢違玩而於會緝一事可收實效　又該道等稟請二三八九緊要月分會緝外尚有洋巡季巡哨船飭令認真巡查會哨一見盜船卽按會緝章程不拘界限並力協拿一節查洋巡季巡會哨原有定例應令沿海



水師各營查照成例委員巡哨如遇盜船務須不分疆界儘力追捕獲解文員收審倘意存歧視不協同擒捕以致匪船遠颺該管上司查明揭參治罪以示懲儆

五十九年二月初五日總督覺羅長麟會奏言奉
上諭朕恭閱
聖祖仁皇帝實錄康熙五十二年戸部尚書張鵬翮條奏沿海操兵各事宜奉
皇祖聖諭飭駁以張鵬翮所奏俱屬空言無補不可施行並詳細指出如賊船停泊必依據海島有淡水之處瞭望官兵船來卽遁去外洋官兵退後復回又商船雖帶火藥軍器一遇賊船並不敢與敵船中所有隨其所取各條實爲切中海洋賊匪情弊粤省雷瓊等府地方均濱臨大洋向年多有盜刼等案前經福康安於總督任內隨時緝獲懲創近年以來盜風稍知歛戢但恐日久玩生且本年秋間卽據郭世勳奏拏獲洋盜蕭亞二黄亞機等審擬具奏可見奸匪仍未淨盡不知各海口有無似康熙年間洋盜情形著長麟郭世勳留心訪查加意整頓並將現在應如何



查辦之處卽各抒所見據實奏聞欽此伏查廣東省海洋遼闊島嶼叢多臣等考稽志書
聖祖年間如現今之龍門協等處均有盜匪盤踞其間高州廉州雷州等府時多擾累嗣後特設龍門協官兵以據其巢又復於硇洲吳川海口廣海平海大鵬等處建設營汛星羅棋布盜匪隨失所憑依節年以來復蒙
皇上力整水師諄諄訓誨福安康在粤時又復竭力捜拏痛加懲治迄今高雷廉三府民歌樂利安堵寧居而海

運客商倍於從前是盜匪頑梗之風較之
聖祖年間實爲歛戢惟是廣東海面外接夷洋港汊紛歧皆
通去路防範稍疎則遺蘖復出而滋擾緝拿嚴密又
復遠遁以藏身臣郭世勲於署總督任内節經查拿
辦理具奏有案臣長麟到任兩月以來又日與提臣
及司道鎮將等悉心籌畫業經疊次札飭各鎮臣親
率舟師於交界處所分投堵緝分派將備各就汛地
按段截拿仍專委熟諳水師之都司黃標率領弁兵
由東路一帶尾追搜捕都司朱朝振率領弁兵由西



路一帶尾追搜捕復疊札沿海道府州縣各於陸路
海口多撥幹役一體協拿且不時密委佐貳試用等
官改裝易服分投各處密考潛稽其勤惰臣長麟現
亦尾隨出省親赴沿海一帶校閱督查惟考盜匪並
非起於近時緝捕亦未寬於一日何以緝捕多年而
盜仍未熄抑或者弁兵之緝捕雖嚴盜匪之黨援易
結兵捕一盜而盜又糾數夥以益之兵有巡緝不到
之處盜無分離散夥之時若不先設法以離其黨恐
萌蘖不免蔓延根株難期淨盡且糾夥更有深人痛

恨不可不亟行分别查辦者臣等聞凡盜匪行刦每
將客船之舵工水手及捕魚之漁戶蛋戶搶擄過船
脅逼入夥甚至將被擄之人用木棍細縛繫於船旁
令其手執器械驚怖商客被擄之人既畏盜勢之凶
又不知有自首免罪之例遂不免屈身從盜又懼犯
事攀扯即再不敢棄盜爲良以致盜匪日聚日多若
於被擄之初即明示以生全之路一面緝捕一面即
將強盜自首免罪之條廣爲宣布使力擒與計誘兼
行俾盜匪黨羽日漸分離斯剪除無難罄盡臣等現



出示曉諭有能乘間脫逃投首免其治罪乘勢擒盜
送官及逃回指控聚盜之所領官查拏者賞給銀兩
以示獎勵自出示後已有被擄水手赴潮陽縣歸善
縣投首臣等現在批飭研審如並未從盜屬實即行
取具的保予釋歸家以期被擄之人聞風踵至如有
可疑仍留候待質即或投首之人不皆被擄之輩不
妨於誘至内地後再行密爲查辦亦較之海捕搜擒
事半而功倍今蒙
皇上垂詢不敢不據實直陳奉

旨軍機大臣會同該部議奏伍拉納亦著入議欽此大學士
公阿桂等奏言查自首免罪本有成例但愚民未必
盡知今該督等出示曉諭使其聞風踵至以期離散
匪黨未始非息盜之法至稱被擄之人有能乘勢擒
盜送官及能逃回指控聚集處所領官查拏者除免
罪外分别獎賞一節此等被擄之人既經爲盜如聞
拏緊急希圖免罪自行投首追緝捕稍緩難免故智
復萌仍行入夥即乘間逃回豈肯將盜匪聚集之所
據實指控且業經被擄又安能擒盜送官所奏恐終



屬有名無實總之查拏盜匪惟在督飭將弁兵丁於
各海口實力巡防購線偵緝遇有上岸銷贓之犯立
即盤獲嚴行根究並於平時責令地方官編列保甲
嚴密稽查不使無業之徒私通盜匪併嚴禁内地米
石私行出洋及蛋戶漁船爲盜耳目等事如果能實
力奉行自可期匪徒斂戢洋面日就肅清所稱現在
投首水手令於審明後取保省釋如有可疑仍留待
質之處固爲設法招致起見但仍督飭令地方官留
心查察是否實係棄盜爲良别無詭秘踪跡不可任

其狡展致有疎縱所有會議緣由理合恭摺具奏奉
旨依議欽此
六十年十二月二十日署總督朱珪奏言奉
上諭朱珪近日督率所屬屢獲盜犯尚屬留心惟閱摺内稱
李關六等各在夷地捕魚度活四月間在洋行劫後駛回
夷地銷贓俵分等語所云夷地自即係安南一帶海濱貧
民捕魚爲活雖難禁止然亦不應聽其私往夷地久住以
致糾約爲匪行刧銷贓著該署督即嚴飭沿海文武嗣後
隨時查禁毋令漁戶人等潛赴夷地滋生事端再福建浙



江洋匪前經諭令該署督一體嚴拏目下北風當令恐匪
徒見閩浙二省追捕緊急乘風竄入粤洋朱珪務宜董率
水師將弁實力截拿勿任遠颺漏網此爲最要欽此又奉
上諭嗣後閩浙廣東洋面遇有此等盜船無論其果係安南
並各外夷盜匪抑係内地匪徒假裝服飾一經拿獲即概
行正法其李發枝等要犯並着督飭將弁設法查拏務獲
以淨根株欽此臣自到粤以來所辦盜案研鞫情形多屬
閩粤奸民間有長髮侏儒詰之則本係欽州一帶民
人寄居江坪夷地者輙按其罪名一律正法此向來

辦理之實情也至銷贓處所多在夷地自應嚴飭沿海文武隨時查禁毋令漁戶人等潛赴夷地久住生奸臣現復嚴飭派委東路之碣石鎮總兵梁秉睿統領署副將錢夢虎署參將鞠應蛟等兵船二十隻與閩省合力堵拏左翼鎮總兵覺羅西密揚阿督中西兩路副將謝恩詔遊擊黃標等兵船二十隻往來巡緝及委署香山協副將林國良領臣令箭上下稽查遇有盜船實力擒禦不得任其諱飾縱颺所有臣遵
旨再加疊飭辦理情形恭摺奏陳



廣東海防彙覽卷二十七終

廣東海防彙覽卷二十六

方略十五

緝捕二

嘉慶四年九月初五日總督覺羅吉慶會奏言竊臣等奉
上諭御史郭儀長奏緝捕洋盜情形獲盜須分眞僞一摺廣東廣西濱海地方盜匪出沒自須得其貿易之地泊船之處出入之時然後緝捕得力該御史所奏於洋面事宜是否可行着察看情形悉心妥議具奏欽此伏查粵東海盜



多係來自夷洋賊匪窩藏俱在安南順化新洲等處而白龍尾洋面在華夷交界之間距江坪甚近爲盜匪來往必經之所打刦贓物亦潛赴江坪消賣其廣東欽州及廣西南甯奸商亦有私赴買運者臣抵任後即聞白龍尾有盜船灣泊江坪夷地有內地奸商潛赴代消贓物之事曾經清字附片奏明查辦將奸民驅逐並在思勒安設兵卡截拏併咨提臣孫全謀帶領兵船六十號赴白龍尾緝拏盜匪聞信俱逃竄夷洋藏匿彼時如遽赴夷洋又恐安南驚懼是以未

經擒獲現在責令西路之遊擊魏大斌何英等常赴該處查拏至禁絕江坪消贓誠爲要事如果贓無消處盜匪自必斂戢前雖於思勒設卡南寗之上思州亦飭令堵截未派有大員稽察不足以昭愼重請嗣後思勒設卡之處責成高州鎭高廉道稽察南寗府屬之上思州責成左江鎭左江道稽察倘仍有消贓情事先將該鎭道嚴參如此分別辦理則要地均有大員輪查防守者亦必加倍小心奸商自不敢潛赴買贓亦係清肅盜源之一法又洋盜出沒之候春夏



乘南風竄入粵洋伺刦商船秋冬即乘北風駛回安南夷洋現在粵東防緝事宜已派三路兵船相機遊巡認眞緝捕白龍尾復責令西路兵船及龍門協兵船會巡辦理似已周密今該御史所奏雖屬實情毋庸另行查辦又原奏獲盜案內被脅之年壯力強者分配哨船給與錢糧令將弁管束隨同出洋緝盜等語查粵東審辦洋盜案件臣等詳加審訊甘心入夥及擄捉日久在洋帮同打刦者始行擬斬在船爲盜服役並未打刦者問擬發遣止被押禁而未從盜服

役者審明立予省釋誠以罪關生死眞僞自應愼重如事主報明被擄者亦必詳加查辦不敢稍有錯誤其應行釋放及投首盜匪亦必察看其人如果並無兇暴情狀可以收用者方令跟隨官兵出洋作線緝捕設稍有可疑者即不肯輕令跟隨官兵以昭愼重緣此等人奸良難辨多用頗有關係今該御史所奏年壯力強之人令將弁管帶緝捕竊恐人心叵測未便輕遽施行至於被刦之船許其開列人數姓名年貌籍貫報明存案俟拏獲時查對相符訊明釋放一節現在粵東即照此辦理臣並咨明閩浙督撫如有



粵省商船在閩浙洋面被刦及閩浙商船在粵洋被刦船主呈報者均各彼此移咨飭知地方官查照辦理又守汛兵丁畏盜不捕及至遠颺始放鎗礮捏稱追捕一節最爲可惡從前水師一二號巡哨船隻猝遇匪船數十聯帮而至望見即行放礮使盜船聞知遠避不敢緝拿誠爲惡習今粵東分派三路大帮兵船令總兵黃標錢夢虎林國良遊擊魏大斌何英都司許廷桂等帶領巡緝復有提臣孫全謀督拏聲勢

頗大盜匪漸知畏懼實無從前水師惡習該御史所
奏亦毋庸議謹就粵省現在辦理實在情形恭摺覆
奏

七年御史陳昌齊奏畧言今春以來凡離海五十里
內外處所掠財帛焚廬舍刼人口不一而足查屢次
由海上岸之洋匪率不過一二百人至行刼時輒有
陸居會匪多人持械助兇每行刼後又在海濱招夥
給丁壯等安家銀每人數十兩誘令下海沿海居民
類皆自少採捕爲生習拳勇熟水勢向爲匪等所畏



懼自經匪等招誘從匪者往往而有因思重賞之下
必有勇夫可以爲盜即可用以捕盜似宜令地方官
明張告示有能相率出洋勦捕或乘匪等上岸併力
殲擒送官驗實者除將所得軍械交官外其財物船
隻併陸路上或有匪黨產業一槩給予獲匪之人充
賞即已經聽誘下海之丁壯若能設法殲擒多匪連
船械等物運來投首亦准免罪爲民一體給賞其擒
獲勾引助兇之會匪確有證據者亦照此辦理則當
該匪行刼在塘汛切近之地官兵自可聞信趨勦或

官兵未到之時丁壯亦必圖賞力捕仍須令地方各
官詳稽戶口妥編保甲以清續行入匪之源於各埠
頭訪拿濟匪糧物於各市鎮嚴緝代匪銷贓以絕水
陸勾連之路庶幾洋面肅清而地方可臻安謐矣國
朝吳應逵鴈山文集

九年總督倭什布會奏言臣等伏查粵東十府三州
幅員遼闊其中廣惠潮肇高雷廉七府俱係濱海之
區瓊州孤懸海中絕無依傍海道自東至西綿亘三
千餘里東與閩省連疆西與越南接壤形勢險要廣



遠甲於他省自古迄今無不以防夷捕寇爲要務溯
查乾隆五十四年以前沿海窮漁貧蛋什伍糾結伺
刦商鹽船隻並無大夥聯䑸敢與官兵抗拒之事迨
安南阮光平父子有國慣以豢賊爲能招集內地亡
命給與礮火米糧器械船隻俾其至閩粵洋面肆行
刦掠盜匪出有經年累月之糧歸有消贓窩頓之所
糾聚日多聲勢遂甚其自安南駕船而來也一由白
龍尾而入廉雷各洋面緣白龍尾附近江坪其消贓
之所也一由順化港而入瓊州洋面緣順化港爲安

南富春門戸富春其國都也此兩路盜船駛入粵洋非百號即數十號其志總在直趨福建浙江及其飽掠而歸仍由原船駛入江坪富春沿途雖有剽掠並不近岸登岸各營水師全用米艇配兵東西遊擊歲有擒殲蓋船多則力敵而沿海口岸村莊亦賴以安堵此數十年來安南叅賊及官兵在大洋擊賊之情形也今自阮光纘失國之後新藩阮福映曉知大義驅逐奸匪向日之爲舊阮勾結竄匿者已被芟夷其餘黨則仍竄回內洋復圖糾結出没爲奸該匪等遠



行已缺資糧退歸又無巢穴因常在粵東洋面遊奕伺刦而大幫水師兵船常行在海緝捕匪船站脚不住又無從得食於是分駕船隻各於所在港汊潛駛登岸刦掠村莊官兵分則勢單合則顧此失彼往往聞信追拏匪船已揚帆而逸此近日賊船猝聚猝散不時登陸官兵大艘在洋難期得力之情形也查籌海捕盜原無一定之規就目前盜情而論以千百無籍之徒久佔滄波米糧乏絶又不能退入越南除登岸刦掠之外別無生計查粵東省自東至西沿海礮

臺一百餘座額設兵丁止三千七百四十餘名而水師出海官兵終年有數千名在船既不便更番替換又不能增戍添防所有在洋在岸緝捕防堵事宜必須亟行變通妥客規畫務爲彼勞而我逸勿任彼逸而我勞方可綏靖疆隅翦除凶醜茲參酌折衷敬爲

皇上陳之　皇朝經世文編

十年二月總督那彥成奏畧言竊查捕盜舟師三路署提督魏大斌帶四十三號米艇自大鵬營至電白一帶爲中路南澳鎮總兵杜魁光帶米艇十一號署



總兵林國良帶米艇十號外搭配僱覓貨船料船十四號自南澳至平海一帶爲東路至西路祇有參將何英帶十餘號米艇在瓊南一路近有遭風損壞者所剩兵船不滿十隻惟海疆寥濶東西綿延三千餘里知名礮臺百有餘處此外港汊紛歧處處均可上下內海舟師大幫掃除追捕而岸口防守緝查更關緊要現擬責成各文武地方官員以專其任令有海口各州縣責其訪緝奸商土匪接濟勾通勸諭約束各村團勇爲分巡分防而各州縣才具不齊費用不

足交本府督率辦理相機通融籌畫爲督巡督緝至各道員事本簡少專責令在所屬境內不時來往巡查爲總巡總緝武職各海口礮臺換撥可棄千把大處或用都守修整器械稽察出入爲分巡分緝各鎮協大員常川巡邏稽查守臺兵弁如有不妥之人立卽辦理更換仍嚴緝私自出入勾通接濟之人爲督防督緝至提督爲通省大員帶印入海險涉風濤少有踈虞大體攸關更難住手轉須大幫兵船爲其防護且通省水陸兵丁六萬有餘祇有提督一缺應查



應辦事件亦不宜廢弛魏大斌既不勝任而水師又不得人應請

旨或調或

簡無論水陸人員但須勇往精明可爲統率之人令其在於陸路來往巡防亦可探訪賊踪總持全局相機調度布置爲總巡總緝臣仍另委妥信之人嚴密訪查師船以捕獲大幫賊匪爲功曠日縻費爲罪各地方以訪獲私通斷絕接濟爲功失察透漏爲罪如此海陸巡察防緝文武併力或期於事有益至於陸路內河

各州縣地方近來土匪爛崽以及會匪往往潛煽會衆動至數百餘人肆其搶掠臣抵粵未及一月已有兩案其餘潛滋暗長者當不止此此實臣前次未多經見之事竟不圖一變至此大約由於洋盜不靖奸民恃有逋逃之所故敢肆行無忌然事不能保其必無總在留心先事辦理亦應責成於本道府督辦本屬地面捕務查各州縣往往顧及處分以致因循釀成大案今請但能有事辦結不但懇

恩免其處分仍可加之鼓勵又若購線解囚各費人數旣多



所需亦不能少州縣愛惜小費貽誤事機亦所時有仍責令本道府於所屬州縣通融協濟一屬有事各屬幫辦亦以緝獲爛崽土匪爲功若致釀成事端將道府一體嚴加治罪

照得殄滅寇盜綏靖邊疆全資兵威亦仗民力本部堂從前辦理博承會匪深悉民情因思海洋盜賊伎倆只同鼠竊而遊奕數載久稽刑誅者不過以鼓棹揚帆上下風濤之內往來島嶼之旁師船跟踪東剿則西竄南追則北逸非不能用我搗犁未免阻其出

沒本部堂博採輿論披覽士民條議均稱本省蛋民以江海爲田廬以舟艇爲家室晃水弄潮極其便利而紅单船一項其船多係合夥朋修裝運貨物所獲贏餘舵工水手均得公分本爲同財共命之心莫不齊心協力近因賊匪充斥擾害江洋該船修理堅整尤爲洋盜所垂涎往往併力追刧奪其船隻視人貨之多寡定勒贖之重輕舵工水手逼令服役稍不如意卽行殺死抛屍海中家屬尙不知信船戸大小婦女姦佔輪宿並無放回貲貨既已虧折人命復難保



全莫不恨切骨髓懷報仇雪恨之心而地方官於該船戸苦害情形既鮮據實禀報於裝運貨物又恐其遭刼遺累不輕放行以致株守坐食困頓無聊本部堂念茲船民均我赤子遭賊匪如此荼毒被賊匪如此凌辱不勝切齒業已廣修戰艦整飭水師出洋搜捕亟思戮其鯨鯢冀得拔諸水火該船戸等既懷自畏之心兼切同仇之志正可幫同官兵殺賊立功爲此曉諭紅单船戸人等爾等有情願出洋殺賊者約會數船十數船公議家道充裕辦事明幹之人爲首

呈明該管府廳州縣將船中舵工水手姓名居止並軍械器具造賫清册探明賊匪灣泊官爲給發執照徑前手捕如能拿獲著名大盜多殺賊匪立將爲首之人奏予職銜頂戴願入伍者卽行拔補幫同出力之人賞給銀兩其沿海大小漁船爲賊所苦不能漁捕者亦准禀地方官照依辦理查現在接濟之禁既嚴賊匪無糧可食爾等以諳習水道之人攻饑疲日久之賊自易得手地方官察其悃愊好爲鼓勵則辦賊之方卽爲保民之政一應投册請照無任書役需



索壓候該船戸等惟有黽勉從事俾洋面早清一日則可早營一日生計此後坦行無警俯仰有資豈非商民之福毋得假托捕盜爲名夾帶犯禁之物自干罪戾

據新安縣禀報五月二十三日有漁戸陳建壽歐聲耀等禀稱該漁戸隨同兵勇出洋巡緝見有匪船十隻駛入鯉魚門伺刧卽便合兵追剿奮勇圍捕打沉盜船三隻獲盜陳亞甲葉二湖等三十二名當經本部堂飭令該縣傳齊出力漁戸當堂給賞陳建壽姚

開瓊二名將所獲船隻及鹽斤二十餘石盡數給賞外仍各賞銀五兩歐聲耀鄭成絢張德金鄭有發鄭全滿吳德利六名將賊船給賞外亦各賞銀五兩受傷漁戶鄭亞長鄭阿五馮阿九三名除經該縣撥醫調治外另各賞銀十兩并令該縣逐一詢明該漁戶等如有願行入伍者卽行給與名糧用示獎勵在案查各屬沿海漁戶以海爲生終朝採捕涉歷風濤藉覔微利情殊可憫一遇匪船遊奕往往連船擄去逼脅爲盜致令安分百姓陷於匪黨身犯刑章實堪痛



恨因思爾等漁船沿海生理自一二十隻至數十隻不等人船不少朝出暮歸聲勢亦易聯絡且終年在洋水性熟悉如果隨同官兵奮勇緝捕何難擒獲匪徒卽盜船往來蹤跡亦易於偵探其有欲近岸圖刼者儘可預先報知官兵早爲堵禦若慮日後出洋盜船報復爾等於獲盜後本部堂准其補食名糧毋須再行採捕亦何憚而不爲爲此明白示諭嗣後爾等船隻出洋必須聯屬同行歸港一律灣泊遇有盜警官兵在岸防堵及配駕船隻出洋截拏爾漁船水手人等卽協同跟隨實力擒捕如果獲有盜匪立卽優給賞銀願入伍者卽行拔補似此同心奮勉庶盜匪知所畏懼不敢近岸爾等亦得安居樂業經示諭之後爾等遇當防盜之時漠然不顧查出定當究懲如不肖書吏及守口弁兵因此封派爾等船隻藉稱防禦及勒令爾等出洋捕盜爾等指名首告卽當立予嚴辦不稍寬貸也以上總督那彥成示

十四年五月十七日總督百齡會奏言竊照雷州府遂溪縣屬之東海地方經前督臣吳熊光於十一年



正月內會同前撫臣孫玉庭提臣錢夢虎等議請設立參將專營並於田頭村撥兵巡守潋沙添設礮臺南坑建築土城所需兵丁一千一百餘名在於督標後營抽裁八百四十名提標抽裁二百六十餘名就近召募新兵駐守等因奏奉部議准遵行在案嗣於十三年十一月吳熊光又以東海不產磚木停止建營奏請將原議召募新兵除田頭村已移設兵一百名外其餘一千名應改募水師添船緝捕欽奉

諭旨東海地方移駐營汛召募新兵一事先經議准辦理茲

又請將原議召募新兵之處改募水師添改船隻配駕以成勁旅等語東海地方孤懸海外向為盜藪究竟應否添設營汛以資控制之處悉心籌畫即行定議奏聞辦理欽此臣等伏查東海地方向為盜藪從前吳熊光等議請建營自係因地制宜亟須籌畫之事即使該處不產磚木亦宜設法購運何以時閱三年忽又畏難中止現在究竟應否建營必須確切查明方可定議臣等凛遵

訓示悉心籌畫與藩司衡齡臬司陳若霖糧道章銓及在粵年久之府縣等公同詳核並詢之高州鎮臣樊雄楚僉稱東海形勢實難建營衆論無異緣東海之激沙地沙土鬆浮掘深三尺即已見水就令建築城堡礮臺亦難經久且係彈丸之地海外孤懸又與廣洲灣遙遙相對以一隅株守之兵當四面可通之路殊不足以資控制自不若設船巡緝較為便易吳熊光始而未經詳查繼之事不可行又遷延日久不得不更改前議此前後具奏情節不符之實在緣由也至所請將原議召募新兵一千名改募水師添造兵船一



節查前項招募之兵原為東海建營而設今既停止建營添造兵船將陸兵改募水師其應添船若干如何分配兵丁應派何員管帶吳熊光續奏摺內又未議及今臣等另摺奏請將登花船改造米艇四十隻按大中小號應水師兵二千八百名核計吳熊光所議另募水師兵一千名尚少兵一千八百名若使全行召募則舟師不能安置眷兵勢須用單身應募之人恐良歹不分轉難稽察若以一千名仍前召募以一千八百名派自各營不惟卒伍參差且糧餉亦難畫一辦理臣等再四籌商請將配駕米艇四十隻之巡兵即於通省額設水師內按數均勻輪派並選派副將參遊等員率領備弁分番管帶以二十隻專在東海巡防以二十隻在西路洋面往來策應於緝捕益昭嚴密其一切經費均在商捐捕盜項下支給毋庸動帑所有吳熊光原議改募水師之一千名亦可停止召募又所議裁撤督標後營及提標兵丁一節臣等伏思分營隸兵原有定額督標五營並設忽裁後營既於營制未協而裁兵遽失生計更難保其不

流蕩爲匪且粵省陸路口岸正當偵緝奸宄防堵接濟之時多一兵可得一兵之用尤不宜輕議裁革且現在業已停止另募水師應請將吳熊光議裁之督標後營兵丁八百四十名飭令仍歸原伍以符舊制現在已經抽裁者糧餉照例截曠其陸續補額之兵俟欽奉

恩旨允准後再分別到營月日支領錢糧俾免牽混至提標議裁之兵丁二百六十名內除吳熊光奏明募有新兵一百名移防田頭村汎地業已開支糧餉無庸撤



回外尚有未募兵一百六十名亦請一併歸還提標原營如此核實辦理庶事不紛更而於巡防緝捕事宜更可收有備無患之益

十七年正月二十七日署總督韓崶奏言粵東洋面自蕩平匪帮後釐定巡洋章程派撥舟師一百四十號區分五路梭巡會哨中路虎門澳門新安大澳各洋面及東西上下各洋均一律安靖惟東路之南澳界連福建閩廣洋捜捕餘匪尚未淨盡每慮伺隙竄入必須嚴密巡防即如現辦本案盜犯崔明鄭阿洞等均係閩洋盜犯甫經竄入粵境當即拿獲解辦委巡各員防捕尚爲認眞臣現復嚴飭南澳鎮胡于鋐碣石鎮曾文華督率舟師實力巡緝如遇閩匪竄入立即堵截圍拿不留餘隙其西下路之瓊州龍門一帶逼近越南恐有漏網逸匪從前逃往夷洋躲避復思乘間竄回尤應加緊防捕現在嚴飭西路巡洋舟師及沿海協營督飭臺汎員弁一體愼密堵防不容稍有疎懈玆水師提臣童鎭陞循照奏定章程酌帶師船擬於二月初間親往高廉雷瓊西路各洋面督



緝巡查以期永靖瀛壖商民樂利謹附片陳奏奉

硃批所辦甚是整飭極難廢弛甚易勉守百齡章程爲要欽此

二月十九日總督蔣攸銛會奏言竊臣攸銛上年冬間恭覲

天顏蒙

皇上廑念海疆

諄諄訓諭感佩服膺無時敢忽抵粵後與臣崶和衷商辦留心訪察半月以來知粵東近日緝捕事宜有亟應詳

晰上陳者外洋地方遼闊自前任督臣百齡與臣蔚剿撫兼辦漸就綏康嗣後釐定章程派分五路師船常川巡緝遞來尚屬安靖惟瀕海州縣前於洋盜未靖時因廣僱商漁船隻帮同緝捕內有撈罾漁船一種攜帶礮械隨同偵緝向資其力事竣後陸續飭令將礮械呈繳其中安分守法者俱已先後呈出間有無知愚頑或因駛泊僻遠之地尚有私留未經呈繳淨盡雖未敢公然刦掠但烟波浩渺之中難保不潛出滋事現在商委妥員會同營縣嚴密稽察并出示



曉諭務令悉數呈繳不准復行留匿一面責成水師提臣督率各路水師鎮將備弁認眞巡緝並飭沿海營縣將師船停泊開行及境內有無匪船之處按五日一報以憑查核倘有稽延捏飾即行嚴參不使匪跡復萌外洋當可無慮內河則自臣蔚與前督臣百齡松筠節次督拿匪犯多名嚴辦以後不逞之徒頗知儆懼報案向少惟陸路廣州韶州肇慶三府錯壤處所上年冬間報案頻聞如三水縣之古竈墟西南墟及陽山縣之七鞏墟南海縣之九江等案爲甚此等匪賊多係惠潮一帶客民赴廣韶等屬種山傭工者以及各本縣無業匪徒於冬間糾約搶刦得贓即散各案據報時臣攸銛尚未到任即經臣蔚督飭文武員弁拏獲著名賊匪楊短生等多名審擬具奏在案現復嚴督營屬上緊緝拿隨獲隨辦不任稍有懈弛惟是粵東近年查拏匪盜緝捕緊嚴統計前後獲到正法之人已不啻盈千累百而刦案何以仍然不能盡絶臣等相與悉心商確連日就失事各地方體察情形於到案人犯研窮原委始知懲創於事發之



後更須防範於未發之先又必得其地以截伏竄之途尤在得其人以收督捕之效水陸稽緝刑教兼施庶可杜蔓延而清勾結耳蓋粵東廣韶一帶內河則港汊多岐陸路則岡嶺環互水陸相爲表裏水嚴即竄入陸路陸嚴則由水馳逃該匪等之忽聚忽散必有窩藏聚集之地臣蔚前曾奏明添設船卡派撥員弁兵丁分路巡緝茲臣攸銛與臣蔚就現在情形覆加細酌須於適中要隘處所選派能事文武大員派給隨員酌帶兵役居中調度四路偵緝一有賊蹤立

即分投圍截庶當時不能逃竄事後亦易追拏其員弁兵丁飯食口糧及修葺船卡工費向於酌留關鹽盈餘銀六萬兩津貼歲修米艇之外撙節支用倘實有不敷當再妥協籌議另行奏辦

二十三年五月布政使趙愼畛按察使玉輅會詳稱奉批據候補道陳廷杰水師提標中軍參將吳紹麟稟稱案奉札以粵東洋面久已肅清今春夏以來刦案疊出且內惟陳發金吳子劍被刦二案據報獲犯數名首要亦尚在逃其餘竟全未破獲此數起盜匪



必有粵省匪人在內飭道前往虎門面見水師提督及署水師提標中軍參將吳紹麟會商緝捕之法或訪拿積窩或嚴查口岸應從何處下手何處可有踪跡何弁可以任事其洋面巡緝應如何或分或合使盜船無行刦之暇并即熟籌就近速行各該營縣皆應扮商誘緝購線辦理茲發去銀一千兩該道帶去應給何縣何營即就近給發但期獲案不惜多費等因經職道廷杰攜帶銀兩馳赴虎門時値水師提督巡洋未回當即遵札面晤職紹麟亦已接奉飭同前

由現署東莞縣吉倅同時到寨會督通盤熟籌緝捕之法職道等伏思粵東洋面緝匪事宜立法本已周備詎本年春夏以來連有商民陳發金吳子劍郭肇興葉勝利張振聲等被刦五案之事獲報寥寥此數起盜匪必有粵省匪人在內亟應設法偵緝職道等悉心講求計惟內而嚴查口岸外而扮商誘緝遵照指示畧參末議六條奉批仰司查議遵查該道等稟稱一粵東洋面遼遠廣州府屬爲中路肇慶府屬爲西上路惠屬爲東下路潮屬爲東上路南澳鎭爲閩



粵門戶各營縣所管濱海最要口岸共三十九處各地民奸良不一忽漁忽盜及通盜濟匪皆難保其必無如查察稍有未周奸民積而成習有二十一年平海營洋面破獲刦盜三案皆是新安縣人之事相應查開沿海最要口岸名目請責成該管營縣嚴查口岸寄踊匪踪訪拿積窩如應添派熟悉捕務之佐雜文員帮同稽察省城幹員較多由憲臺量才酌派以期得力並令於各口岸之外僱備民船扮商誘緝如能獲報鄰境本境新舊各案分別照例辦理外所有

用過扮商經費核實給發示勸如該管境內嗣有失事即屬奉行不力亦惟該管文武是問等語本司等查盜匪之往來自如皆由口岸之稽查疎忽是責成口岸之營縣實爲要務應如該道等所稟責令該管營縣嚴查口岸訪拿積窩并令僱備民船扮商誘緝經費准其報銷仍以有無獲犯失事分別勸懲　又該道等稟稱一舟師商船式樣不同雖遠在洋間約畧可辨則盜匪之辨認舟師爲易而盜匪游奕往來行踪詭秘與從前之大帮匪船不同則舟師之辨認



盜匪較難必得另僱商船扮商誘緝茲查南海縣屬福潮船行經理閩來商船有大福潮船舵靈船堅能向大洋超駛又香山屬有民船名大撈艚船出洋捕魚往來靈便茲僱大福潮船二隻各酌配兵三四十名選有署香山右營都司黃正嵩署千總樊立勳熟悉閩粵內外洋面情形緝捕可信委令該二弁各駕一船同爲一起改裝商賈無分閩粵大洋往來誘緝兜捕又僱大撈艚船四隻各酌配兵三四十名派署大鵬營參將蔡廷芳管駕二隻自大鵬起至南澳一

帶扮商誘捕畢職紹麟管駕二隻爲一起自虎門起扮商游巡由東路沿洋探踪搜捕兼查各路扮商各船稽勤惰而歸核實是大福潮船超越外洋誘緝於外大撈艚船絡繹梭織誘緝於內中間又有各協營縣僱備民船扮緝則節節有備似已周密等語本司等查洋面捕匪自宜扮商誘緝該道等議以另僱商船派委熟悉洋面之都司黃正嵩等配兵分路誘捕應如所稟辦理　又該道等稟稱一現議遴弁僱船之外須帶眼線當此創始之時如用非其人勢必貽



誤似應先傳張振聲呈報案內被刦紅頭船隻之船戶王以龍又葉勝利呈報案內未知何往之船戶王亞五查明飭傳前來交都司黃正嵩等帶往閩粵各洋以憑指認被刦原船其張振聲報案內舵水翁亞實等係曾被閩匪擄禁逃回現既失業即傳令到案照兵丁例發給口糧分派各船帶同出海作爲認盜線目如一案速獲正犯即可從此究出另案一面仍由各委弁自行僱覓可信眼線最關緊要其現在被刦紅頭船隻之船戶王以龍等更可指認無訛應如

所稟覓線往緝以期盜匪速獲　又該道等稟稱一
香山營所管澳門老萬山等處番舶經由地當最要
未便遠離陽江鎮所管西上路碣石鎮所管東下路
此外各協營星羅棋佈各轄方隅皆係出洋巡緝其
在洋或分或合除會哨之外原無一定海洋遼闊如
有大夥匪船舟師宜合力會捕今粤洋間有匪艇出
沒尚屬無多舟師宜分兵散緝其合也不可顧此失
彼其分也仍應聯絡聲援庶令盜匪刻刻防兵不予
以暇應請通飭巡洋舟師一體留心相機分合似可



毋庸另立章程至南澳鎮所管閩粤交界要洋係閩
匪入粤必由之路澄海營脣齒相依為東上路要隘
今各洋先後具報失事各案均稱福建綠頭船匪船
誠恐閩匪刦去粤船牌照得以冒混出口應請行飭
南澳鎮分派舟師嚴密防堵以杜閩匪闖入並令澄
海各營隨時查察如有惠州船牌照到境必須盤詰
來歷似亦密捕未破各案之一端等語本司等查現
在盜匪無多舟師自宜分兵散緝仍應聯絡聲援應
如該道等所稟飭令巡洋舟師一體留心相機分合

其南澳鎮係管理閩粤交界要洋澄海營亦屬要隘
現在閩匪既刦去粤船牌照恐有冒混出口情事亦
應如該道等所稟飭行南澳鎮分派舟師堵緝並令
澄海各營如有惠州船牌照到境立卽詳細盤詰倘
有支離閃爍來歷未明卽解交地方官徹底審辦
又據該道等稟稱一此次議辦海洋緝捕事宜係因
粤洋久已肅清忽有刦案五起而設職道等就現在
洋面情形計議應請奉批之日起以三個月為限期
滿核其功過分别奬懲所有現在各弁兵扮商出海



相應給發兩個月口糧除守備以上係自備資斧千
總以下每弁一員日給銀八分每兵一名日給銀五
分由卑職紹麟會同現署東莞縣吉倖按名卽於奉
發銀內支領事竣報銷如有不敷由吉倖就近墊付
具報其僱備福潮船二隻大撈艚船四隻必得預先
往僱業經職道廷杰分札南海香山二縣趕緊價僱
專差押赴虎門交卑職紹麟配兵照議辦理船價一
併報銷等語本司等查弁兵扮商出海自應各給口
糧同船價一併報銷應如所稟辦理本司等仍嚴飭

南海香山二縣分別速僱福潮船及大撈艚船專差
押赴虎門交該參將吳紹麟配兵應用至據議俟奉
批日起以三個月爲限期滿核其功過分別奬懲之
處亦應如所稟辦理以上各條本司等悉心核議均
屬可行復查該道等所稟緝捕事宜以扮商誘捕爲
要固爲洋面緝匪之良法第恐陽奉陰違仍致有名
無實該水師提督中軍參將吳紹麟既據具稟駕船
遊巡兼查各路扮商船隻之勤惰應請責令該參將
實力查察如各路扮商船隻有偷安畏葸停泊海邊



揑報出洋者立卽飛稟拏問從重治罪其實在出洋
誘緝拏獲巨盜者亦卽優加獎擢本司等仍嚴飭委
員分投稽察務在勸懲並施信賞必罰庶人皆用命
盜可速擒矣督署案

七月九峯司巡檢陳銓稟稱職於嘉慶二十年署潮
陽縣招寧司巡檢歷時九月得悉沿海情形設法防
堵行之稍有著效不敢避躁進妄瀆之嫌畧陳其概
併繪具五省連疆海圖以備採覽查招寧三面瀕海
東北由潯洄至草嶼爲磊石港口西北由鳳崗至虎

子嶼爲河道港口西南則南高洑有廣澳礮臺東南
則葛洲澳馬耳連放鷄山有蓮澳礮臺北連海門南
接南澳卽閩粵洋面門戸爲匪船乘閒攔入伺刦之
路沿海居民利在魚鹽以採捕爲耕種各港船隻年
給印照朝出暮歸例禁越境而招寧所屬春冬開採
之際則有界連閩省詔安之淺澳柘林鐵湖等處打
罟艚船充斥盤踞每三十號爲一艚風汎順利動輒
駛至三四十艚大小卽千餘號其中難保無匪船混
跡滋擾分段師船有萊魚之利弛不之禁習以爲常



職於二月到任正開帆採捕之時地方紳耆聯名公
稟職卽乘駕小船親詣沿海各艚申以例禁諭以利
害若不退出閩洋卽當會營查拏統作匪船究治遵
限於五日內概歸閩港至本港漁船縣照可稽卽不
難於編查由是海口稍爲安靜四月二十間採有閩
省綠頭船二隻在廣澳汎屬遊奕伺刦職捐僱民船
移會守備竇振龍配駕兵丁壯勇日夜堵緝幸免貽
誤因思近來匪船多係零星小號每船乘載不過二
十餘人出沒不時並非連帆結檣可爲對敵每遇商

船漁船聯帮駛寄且爲退避一遇舟師卽便遠颺在舟師船身大駕駛旣不便捷又非從前連帮守助可以併力窮追職將實在情形禀明印官一面會同營員與地方紳士熟籌計議就近於本港拖風漁船擇其殷實船主配駕壯勇船四號壯丁十名六名不等給以礮火器械令其連帮駕駛與舟師遙分犄角可以誘敵可以截拏無事則聽其採捕安業有事則責其併力掩捕做照古者寓兵於農之意壯勇責成紳士保結僱募官給口糧遇有拿獲匪船變價半給充



賞半充捕費明其賞罰示以勸懲官捐其費民食其力紳士分其任旣無妨於民業亦無慮滋流弊行之五月之久而閩匪聞風未敢東向窺伺粤洋卽內地土匪亦皆斂戢所以職屬一隅終其任而竟無商漁船隻被刼之事此行之稍著效者類而推之沿海地方無不可行似爲堵緝海防之一助所慮地方文武不盡實力分任其勞之爲難耳所有各路師船之文委員例限半年更換職愚以此項經費委派似可裁撤名爲隨同稽查實仍安居陸地且初至各處港口

地方風汛期刻以及何處可以灣泊何處潮汛可以壓帆掩捕不易熟諳廹六月期滿地方之東西南北畧可指認而又易一員徒爲水師營員添帮貼之累而於捕務無益若以爲稽查勤惰則該管文武各有專司與其責之一呼應不靈之委員何如責之該管現任之職守此委員似宜裁撤之情形也再各路分段師船灣泊港口抽查漁鹽之利者多而實力會哨留心防堵之事者少應嚴裁革使港口無利可圖自然各盡力於海事矣且各港漁船去此陋規責以前



項派船聯幫誘敵掩捕之事必能爲其所用此陋規之有防於公事似宜嚴禁之原委也又有不肖文武實係內洋被刼賠給贓物捏報外洋邀免處分以啟刁劣商船實係外洋被刼故意駛回港口揑報內洋希圖詐賠者此從前商夷固有難言之隱而營員亦間有不白之冤二者容委確查分別嚴辦庶事無枉縱而政得其平矣同上

瓊屬除定安一縣無海外餘皆濱臨大海港汊紛歧又多與夷洋接壤現値匪船聚集夷境此拏彼竄若

非水師出洋誘緝必致擾及內地民難安枕惟盜匪乘坐之船多係刼掠客商漁戸而得水師船至見是商漁船未便遽施鎗礮卽或察其形跡可疑跟蹤搜驗該匪必假托商漁船餙令驗照并有牌照可驗或寄椗於偏僻洋面望見師船已張帆遠遁難以誘令潛出并力兜擒是拿盜有效莫如誘拿一法盜船所利者商漁船之貨物水米若令師船改載商漁船每船配撥弁兵携帶軍械鳥鎗隱伏艙內或分或合出洋巡查盜船見是商船必攏近行刼號礮一響各船



趕至協拿以逸待勞最爲得力查瓊屬民船不慣行走外洋難以僱用查有儋州紅魚蝦罟各船隻船身較大堪載弁兵乘風亦屬便捷惟是該漁船捕魚是其恒業今欲令舍其恒業受僱出洋必須厚給口糧并酌與燂洗篷索花紅等費如有受傷或至傷斃者如何分別輕重優加恤賞之處先爲議定自可樂於効用計船計日爲費滋多則籌欵不可不預也道光十二年雷瓊道王鑄雷州府徐寶森稟陳四條之一

廣東海防彙覽卷二十六終

廣東海防彙覽卷二十七

方畧十六

緝捕三 招撫附

明林大春與謝鳳池書云聞林道乾具狀乞撫此賊以懼誅叛入外夷近又私還於故國自知無所逃於天地之間猶冀延旦夕之命據告若出眞心於情似應俯順但林賊惡谿滔天罪難擢髮瘡痍滿地流血未乾方其負嵎以居何嘗不經招撫及其跋扈而去其意原圭勾通向使其計得行粤東之禍未巳茲乃



糾集殘黨奔亡海上勢無異於强弩之末數實會夫天亡之時是勦賊授首之日而民爭啖其肉之秋也嘘吸之機間不容髮招撫常談豈容再誤惟公軫念生靈肅將天討昭示國法嚴行各路水陸官兵併力合勦或客懸賞格令獻渠魁或大開肆赦散其黨與務在設伏出奇隨機應敵毋致釜魚復投深淵籠鳥再棲茂樹候提聞之日除勦賊林道乾與助惡有名賊首不赦外其餘脅從照依林鳳散黨例各給免死牌遣回原籍所在官司驗牌安插敢有再行倡亂者

許逕自擒斬庶人知賊之不可爲與天網之不可漏於焉勞來撫字以收旣渙之人心愼固封守弭將來之盜患而海濱積歲之害可從此掃除矣潮州府志

夫所謂撫者撫其黨而散之渠魁歸命禍根已芟而復散其協從以歸編氓撫之誠是也非謂聽其聚黨而雄據一方也往歲廣東寇盜叢興烽火旁午有司不能制其死命而徒效招撫是縱之非撫之也其害則據險聚黨負固不散陽稱効順陰出刼掠卽如林道乾向已就撫據河渡門聚黨數千集船數十遇烏



艚販鹽則每船取銀四五十兩名爲買水遇白艚捕魚則每船納銀七八兩名爲扣稅百姓以其旣撫而畏禍不敢言官司以其旣招而隱忍不肯發猶癰疽積毒久則必潰是皆不制其死命故撫而復叛叛而復撫海濱之民又何憚而不爲賊哉夫海寇所以難擒者以海洋廣闊萬里渺茫若其肯與兵戰則勝負尚未可定惟被兵開洋任風飄蕩賊船可往兵船不可往兵船又不能時時聯絡而海隅村落遼遠星錯倐忽而來及兵至則又逸去若撫之而不能令其散黨

歸命徒寬之則反以養患防之則仍費提防與不撫同此所謂欲得其死命而使勦務嚴密兵威可奮矣明尹瑾海防要務琉八條之一

國朝嘉慶十年七月初一日總督那彥成奏畧言洋匪雖多大半由於盜首之擄捉威脅其甘心從盜者實屬無幾臣到任後卽於各海口出示曉諭有能殺賊投首者寬其旣往予以自新玆據代理澄海縣王元鳳稟有被盜擄捉廹脅服役不甘從盜殺死賊匪三名斫傷一名逃回投首夏阿南等八名並繳到船一



隻百子礮二門刀十把海豐縣鵞埠司巡檢徐維珩稟許阿內等八名殺賊三名投首又胡阿發等二十五名殺賊首紅痣狗等投首并繳到大礮三門吳川縣知縣朱振聲稟黃阿金等十名先因被盜捉擄押令服役不甘從盜殺賊三名賊婦一口逃回投首又據稟被盜擄捉廹脅服役不甘從盜乘間逃回林明光等三名赴麻斜汎投首又稟赴營移送被擄不甘服役乘間逃回杜亞盡等六名海豐縣張再英等稟有縣屬浪涌鄉職員徐績等帶領被盜擄捉不甘爲

盜殺賊一人逃回投首之鄭章盛等十六名並繳到船一隻百子礮二門子母礮一門以上先後投首共八十六名伏查該民人等不甘爲盜并有殺賊之功不可不即加鼓勵臣隨驗有才具可用者分別其中或起意爲首殺賊之投首人酌量補給外委或額外外委馬步名糧即令跟隨緝捕不願入伍者亦俱妥爲安插不使一名失所以示招徠臣自督辦以來各屬文武功過尚未綜核容俟確查擇其出力拏賊者仰懇

天恩准臣會同撫臣孫玉庭秉公保奏



十月初二日總督那彦成奏畧言安插之事期於核實不得不嚴立處分俾地方官知所警惕嚴加管束應請以後入伍歸農充役各項交各營各縣按月點查彙册報核如有不善管束失於查察以致逃去者請

旨飭部嚴定處分以示法守至查現在尚有續來投首者窮而歸命於事理斷不能麾之使去爲盜然事機愈順愈當加倍慎重將來爲數漸多則安插之地亦有人滿之患入伍者不能漸增糧額無業者又無從給墾閒田而內中亦有爲盜多年曾經殺害居民有指名相仇之人此時既不可加之誅戮又不可聽其聚處以致別滋事端容悉心籌畫必思計出萬全再行妥議章程奏請

訓示遵行再此次辦理投首盜匪爲數過多撫臣孫玉庭恐善後事宜難於辦理意欲示立限期不准收納與臣意見不同是以未經會銜但事關重大臣不敢不先行馳奏



又同日奏言竊查粵東洋匪滋事十餘年來沿海數千里深受其害自乾隆五十年後年年捕盜費日以廣盜日以增臣到粵數月確查情形深維大計恪遵

皇上指示機宜遏絶勾通嚴禁接濟激勵官弁感發士民正氣業已奮揚近又將廣州灣賊巢剿淨賊夥亦極寒心其米糧等物間有透漏賊黨既多亦非些微可以敷食情形十分窮蹙臣又預飭礮臺塘汛嚴密防堵間有撲岸之賊亦均未能得利戰守之資頗爲嚴備臣仍復不遺餘力兼用熟悉盜踪與新舊投降之人

廣爲間諜使之自相疑貳自相殘殺所以投首者紛紛踵至查嘉慶五年原有投首之事因辦理不善勒示限期踰期不來即不收納當即欽奉
諭旨以爲以立限爲辭總不成話倘逾限不來不准其投首盡置之於法乎抑棄行拒絕聽其赴洋爲盜乎實無此辦法嗣後仍當隨時收留安爲安置無得拘定限期致多窒礙欽此臣查此原案敬謹跪讀頓開塞滯辦理益可遵行業經兩次將投首之案與撫臣孫玉庭聯銜具奏詎撫臣忽別存意見先欲立限受降臣未能允從繼又



以辦理多有未協不肯會銜另自陳奏查盜匪既經投誠誠如
聖諭未便予以駢誅亦未有拒而不納復使去而爲盜之理即如數十萬教匪衆
皇上
睿謨廣運不數年而悉歸蕩平何嘗不勦撫兼施得以成功迅速孫玉庭在粵前後已半年有餘往年盜匪浸熾之時於勦守之事未聞一有布置且洋盜情形併未知悉亦未經專摺奏明
聖主今又以投誠爲非則勦撫二者俱無所施不知更有何策可以盡善若臣亦扶同隱諱趨避斷斷不敢且查現在大幫盜首鄭一烏石二東海伯劉唐伯黃正嵩郭婆帶李湘青總兵寶鄭維豐與已投誠之林阿發許雲相黃茂等即當時限外未收之盜至今貽害無窮臣受
恩深重自應竭盡血誠任勞任過斷不敢因循畏難致染外官故習但自分才識短淺不敢自以爲是兩次至撫署面商意見未能畫一所有投首各稿又令司道等往返五次請撫臣畫押執意不肯臣以關係重大斷



非一人私意可臆斷之事又劄會在省司道公同核議亦皆不以立限爲是以撫爲非今既已兩議不得不單銜具奏臣爲公事起見並非別有私意合併聲明謹將往復辦議另單恭呈
御覽謹奏
一原議海中盜匪不下數萬若盡行招撫非數十萬金不可後難爲繼而捕費更用何項此經費甚難也查廣東捕盜近年以來借防堵爲名每歲公私

需用不下數十萬兩剿撫兩不得力總未辦去一股賊匪此項虛糜實無底止臣前議每名投首一名請准開安插銀十兩若果用銀數十萬即可散剿賊數萬則此項究歸核實較之空談剿守徒費無益者豈不懸殊且全海之賊既不能盡剿亦不能全撫正宜乘此機會散賊黨翦其勢既孤則剿捕更得迅速完事是辦撫之費卽辦剿之資前經屢奉

諭旨令臣不得愛惜小費致誤大事臣自接辦以來所辦各事除兵餉貼防之費開支正欵一切緝捕經費俱係臣籌欵辦理仍擬將來籌辦備用



一原議投首所殺之賊是否確係盜犯無從查其底裏是殺賊投首未可盡信也查投誠之人必須將船隻礮械盡行繳官卽使賊目首級無從查考而所繳之船有出洋大開波大紅單大拖風之類其礮位有二三千觔五六千觔不等現俱交官註冊不能虛假且船隻礮械非可猝辦必積之十餘年而後可資以爲用今既繳官卽令再有反覆亦須再積數年目前已可無患至云所獻賊目首級難於盡信然爲大局起見止竒權爲包容使虛聲所播賊黨自相猜疑於辦賊實有裨益且既已悔罪投誠勢不可再加之審訊設將現在投首之人竟審辦一二人則全局盡散不但聞風裹足卽業已投首之衆人人自危殊非息事安人之道

一原議盜犯投首之後不問刼掠案由卽得脫身免罪而該地方文武各官無從銷案徒受處分是循名責實礙難分理也查地方官尋常盜案果能拏獲首夥自可寬其處分其平日廢弛失於防守致村庄蹂躪殘害生命不加重罪已屬

皇上格外之恩臣等身爲大員費盡苦心辦至賊人窮蹙來歸之候豈又轉爲伊等計及開脫處分且賊人窮而竄投亦萬無分別某人係某案之盜文武處分未清不敢收納之理如必欲訊明則滿海之賊人人有案必待地方官一一查拏則永無辦盡之期譬之接仗之時勢不能辨明某某曾到某處然後施放鎗礮若就撫之時因難銷處分而不受是打

仗之時亦將因有礙開復而不殺勦撫大計均以
地方官之處分格而不辦名曰守法而跡涉瞻徇
況在事文武如果出色出力
聖恩倘准破格保奏俾得海疆肅清
皇上亦必將已往之愆格外寬免臨時仍懇
准請
旨
一原議賊匪非真悔罪特因貪利而來官吏意在邀
功不惜重金爲市是偏重招撫致生謗議也查從



前辦理招撫之時知府大員俱至賊船彼此拜往
至議船值若干礮值若干外賞三十四十金不等
然一奏之後除賊首數十交營管束餘人槩置不
議聽其自散今則實因查拏勾通接濟既嚴窮而
來投大非往日之許賞勸降可比粵省官場民俗
好爲造作謠言然虛實自在此等大事不能因浮
議遂爲中止其中有殺賊來投者有自至礮臺兵
船報降者此又係何人出貲購到若官吏邀功之
說竊思地方遇有大事但患臣等賞罰不公不能

提掇在事人之精神俾人人各懷立功之志爭先
恐後是即人心轉機較之近年上下疲玩縱賊勾
通因循貽誤者又當何如
聖明自可洞鑒臣亦無庸多辨
一原議此等盜犯無恒產恒業回籍之後衣食無資
故智復萌因之勾結匪類是岸上之盜日益滋多
也查海盜因近年官吏積玩因循水陸合成一氣
是向來陸路之盜本已不少現在陸路嚴緊設竟
挺而走險或如從前之勾通安南或在海中竊據



島嶼爲患益深辦理更爲費手今置之岸上即使
野心不改別生事端尚有蹤跡可尋得以制其生
命不至如海捕之徒費無功臣亦籌及將來人數
衆多或於廣西開曠地方安插給墾俾其去海既
遠亦得衣食有資惟事關重大必須與通省曉事
官員悉心妥議然後可以條奏請
旨所有現在安插之人只有嚴行責成各州縣協營按月查
點冊報嚴定處分則責成既專防範自密矣
一原議投誠賊目加之頂戴居然高出齊民之上等

語查率衆來歸爲功從前辦理例有明文即如現在就撫之林亞發黃茂許雲相均係著名大盜所率投誠之數千人如須打仗殺盡雖兵力可集而靡費已恐不少且如不許以投誠絕其自新之路則窮而覓食五千里之口岸焉能保其必無疎失一經登岸焚刼搶殺民命何堪今不費一兵不縻一餉不過以千把之頂戴權示羈縻賞爲首之數人而餘黨悉皆安貼兩相比較又孰得而孰失也且入手辦理稍可從優現仍督兵打仗加力上緊



嚴防口岸此後賊幫日形窮蹙來者更多又不妨漸從輕減以示等威必不至泛濫無止

照得我

國家重熙累洽凡在食毛踐土莫不感沐

皇仁詎有麼麽小醜出没島嶼不安耕鑿自外生成本部堂

總率師干肅將

天討現在調集水陸官兵招募民蛋鄉勇一十餘萬添修艚船米艇僱募紅單白槽各項出洋船隻千有餘艘刻期分途進勦我武維揚取鯨鯢以爲戮罪人斯得將

玉石之俱焚因思賊船人衆各色不齊本部堂於獲賊降人面加訊問查有因買賣折本失計入賊有因寃抑未伸懷憤投夥有因親屬被拘勒贖被畱有因搶掠人口年壯服役有因麤知風潮因能見誘被裹之始禁壓艙底絕其飲食不從則殺死拖下大海勒以不得不從諸如此類多係有家口田廬之人自裹脅入海飄蕩經年雖在盜賊之中豈無生歸之念特以被賊拘束不能脫身又恐逃走上岸兵役捉拏遂爾偷延窮洋本部堂憑



神武之威靈詎容怙惡體

皇恩之浩蕩不絕自新爾賊黨中果有被賊裹脅恨賊殘暴情願投誠者准其逃出地方投明該管里長保正帶領到官捐給口糧遞送到籍傳與戚鄰保認即時釋放如中有豪傑能用智力陰糾同志將著名首逆用計擒縛砍殺或說誘謀主出降又彼此均係大頭目能於別股大頭目相會之時誘擒投降均即奏予官職其沿海貿易人等向因住居海岸畏賊擾害潛相交易或領賊資本上岸購買此時遇賊匪潛至知其

停泊之處誘其同來之伴指引本地團練兵役設法拏獲卽加以重賞寬其平日接濟之罪現據吳川縣稟有黃亞金等十八殺賊投首新寗縣於六月十四日有潘長洲等七人綑縛賊目朱佳成投首海豐縣於四月十七日稟有鄭章成被擄服役不甘乘間殺賊投首海豐縣鵞埠司所管於前月二十六日有許亞內林亞剛等八人殺賊三名投首本月十三日有胡亞發張榮光等二十五名將盜首紅痣狗殺死攜帶賊船大礮器械投誠前來本部堂當飭地方官將



投誠人等優加獎賞願入伍者拔補名糧願回籍者給賞口糧護票以逋逃之窮寇倏爲忠義之良民禍福轉關只爭一念人鬼分路不在多時刻下大兵雲集賊黨中似此亟圖拔出者自應不少但恐未能周知未免中存疑畏合行出示曉諭爲此通諭陷賊人民知悉爾等能乘間殺賊逃出地方官給予口糧遞送回籍兵役能帶投誠人報官與拏賊一體獎賞如果能用計縛拏賊首賊夥分別獎賞其大頭目誘拏別股大頭目帶率船幫投誠大頭目奏予官階夥黨重賞安插平日與賊貿易之人能指引泊船處所誘拏同來夥伴亦卽宥其前愆地方官於海岸百姓機巧有用者不妨故貽賊擄假作接濟與賊往來反行間諜互相開諭此本部堂於除暴誅亂之中開爾等一線生路各宜猛省轉災爲祥若再執迷不悟大兵所指巢穴立傾駢首同戮決不能再邀寬宥凛之愼之總督那彥成示

照得粵東洋面不靖經本部堂嚴飭各州縣將沿海口岸接濟槩行禁絕調集水陸官兵僱募民蜑勇壯



分投兜剿搗巢犁穴無難尅期肅清但兵勇所至玉石俱焚本部堂節制一方爾等均我赤子念現在盜船多有被賊裹脅禁押逼於饑寒並非甘心從賊是以仰體

皇仁出示招諭七八月來投誠之人接踵而至如惠州之胡阿發李崇會許阿內袁阿明韓斗鳳陳五新安之林阿發順德之馮阿連潘長洲陽江之麥阿荷歸善縣之吳阿興李福生沈世傳張長貴澄海之黃阿四等共計數十起男婦二千餘名均卽曲施寬宥安爲安

頓投誠人等平日擔驚受恐得復爲太平良民安居樂業莫不歡聲載道本部堂於投誠之快馬頭人舵工水手逐一面加訊問據稱各處快馬所得貨物各船掛單港規銀兩雖盈千累萬總歸大老板掌管與他幾個心腹享用快馬有陰瞞者卽欲砍殺各輩只有口糧並無一毫蓄積如今接濟路絕米糧不能下船有船無米日加窮蹙遇有官兵客船打仗都是我們當先受死禍則老板獨享福則我輩先當心中實是不甘是以懇恩投誠等語本部堂查各快馬頭人



與舵工水手萍寄窮洋本屬無利可圖迫於老板威勢不能自拔實可憐憫試思各盜首有何好處到汝等現在各夥受苦老板等坐擁多資急宜乘大兵攻剿之時趁老板不能自顧結伴投出合再出示明白曉諭爲此通諭快馬頭人各舵工水手等知悉爾等果能悔過自新如林阿發袁亞明韓斗鳳等帶領船隻礮械投誠者爲首之人賞把總頂戴共謀之人賞給外委一同投出之人均恩賞銀兩願投効者給予馬步名糧願歸農者給予路票各歸本籍如能照李

宗會李福生胡亞發等將大老板殺死卽將大老板船內一生所蓄貨物分給出力之人其設謀之一同下手者照軍功例奏賞千總把總官職帶來夥伴加倍獎賞地方文武不許阻撓胥功兵役人等不許到船騷擾現均如此辦理再往日投誠之大頭目陳添保陳剛黃久海蔡世爵等皆已拔補千總把總作本部堂轅門差官聽候差委何等風光爾等想已傳聞至李崇玉一犯本係會匪又爲充軍逃犯與爾等不同罪愆重大



朝廷指名捉拏之人奉懸賞格探有李匪確信者賞銀一百兩用計誘往指引官兵擒拏者賞銀一千兩能首先下手擒送到官者賞銀一萬兩奏予水晶頂戴李匪到洋不久黨羽無多伊係得罪

朝廷拋棄老母妻子隻身逃走不忠不孝爾等能爲

國家出力便爲忠臣義士又可立功作官有何疑懼不思奮勉爾等果能醒悟或就地方文武或尋相熟紳耆懇其代爲呈請或有妥人徑赴本部堂行轅遞呈投誠卽委官接辦不令爾等守候喫虧毋再觀望有

負本部堂肫切開導之心也同上

十月二十三日奉

上諭本日辰刻先據孫玉庭馳奏辦理投首洋盜未臻妥善一摺內稱那彥成辦理投首盜匪酌賞頂戴並每名賞銀十兩計海盜不下數萬若盡行招撫經費爲難其殺賊投首之人未可盡信且此等盜犯罪皆凌遲斬梟今准其投首槩置不問榮以頂戴加以重賞以致民間有爲民不如爲盜之謠揆諸事理殊屬未協曾與那彥成再三辨論意見不同等語是那彥成於洋盜投首一事竟屬辦理錯謬



是以該撫據實參奏朕披閱時卽料及那彥成日內亦必有奏報迨至已刻果遞到那彥成四百里馳奏之摺係在孫玉庭拜摺之次日所發內一摺係續報洋匪投誠節次統計已有三千一百七十五名口請仍照前議章程分別將出力者賞給千把外委頂戴其餘分別量予安插又另摺具奏辦理洋盜勦撫事宜據稱與孫玉庭兩次面商意見未能畫一並另單臚列各條多係分辨之語自係知該撫先經具摺故爲此奏伊二人身任封疆意見齟齬猶屬小事至粵省海盜充斥前授那彥成爲總督原令會同該撫督飭地方文武盡心緝捕期於戢盜安民並非令其招撫乃前據那彥成兩次奏報洋盜投誠若干名請將出力各首犯賞給頂戴朕卽以爲此等稔惡匪徒貸其一死已屬格外恩施豈可濫邀名器當卽降旨訓諭其賞銀一節特以其人數尚少尚可准行今前後投首者至三千餘名之多據那彥成稱盜匪情形十分窮蹙試思該督到粵以來並未有督率將弁出洋痛事圍殲擒斬巨盜之事該匪等方且乘間登岸搶刼礮臺肆其滋擾有何畏懼而遂形窮蹙乎又據稱該犯等船隻礮械旣經繳官目前已無可



患等語辦理事務停當總當計及將來歷久無弊豈有祇圖目前之理況目前卽未必無患耶至稱兼用熟悉盜蹤與新舊投降之人廣爲閒諜等語看來竟係設法招撫此等宄渠如果情急逃生輸誠投首尙當防其反側若招之使降如何足恃朕從前辦理剿捕教匪曾諄諄以勿事招撫爲誡天下豈不知之況那彥成曾經行陣尤非他人可比卽軍營中實係窮蹙投誠或殺賊獻功者亦必令審訊明確然後酌予安插今那彥成奏稱旣已悔罪投誠勢不可再加之審訊殊不成話該犯等來歷不明若不訊問確

切豈可遽爾省釋至所獻賊目首級既稱難於盡信又稱
止可權爲包容該匪殺賊獻功自當將所殺之賊訊訪明
晰方足憑信若槩予包容該匪等詭譎異常設竟仇殺良
民揑報殺賊呈驗首級假詞投首豈可置之不問有是理
乎又據稱盜犯置之岸上尚有踪跡可尋得以制其生命
等語大言不慚可笑已極盜匪在洋行刼祗係有害商旅
近日漸肆鴟張原以其登岸行刼不可不上緊緝捕地方
文武於盜匪在洋出没時尚不能謹守礮臺要隘制其登
岸之路卽如李崇玉一犯乃係岸上匪徒經朕嚴飭緝拏



那彥成猶未能尅期弋獲致令兎脫豈將海盜置之陸路
轉能制其生命卽伊祖亦未必有此才幹況那彥成乎該
匪等積慣刼掠一無恒產此時卽按名賞銀十兩花消已
罄卽賞給頂戴亦豈能久事羈縻是目前雖經投首將來
必至背恩潛逃復萌故智並恐無數兇徒散居各處心懷
叵測難保無與陸地奸民勾結煽誘别釀事端於大局
殊有關係今那彥成奏稱籌及人數衆多或將廣西閒曠
地畝給墾安插可見此次投首之三千餘名伊亦不能辦
理乃出此謬悠之見廣西綏靖地方忽令數千匪徒雜處

其間豈能保其日久相安倘廣西又不能容則將徙置何
處此時投首之三千餘名業據那彥成將出力者分賞頂
戴並賞給銀兩自不復行撤回使生怨望但此後洋盜必
須力爲緝捕不可輕令投誠以杜後患且此三千餘名亦
不可不酌籌安置因思吳熊光在湖北審辦各案自
必得有端緒奏摺諒已拜發在途現經明降諭旨將吳熊
光調補兩廣總督吳熊光接奉此旨卽星夜兼程由驛赴
新任其湖北應訊案件如尚審辦未結卽專交托津會同
瑚圖禮秉公辦理完竣後托津著仍遵前旨馳赴廣東會



同吳熊光查辦一切回京面奏至吳熊光抵粤後須將投
首盜匪三千餘名妥爲安置遣散爲第一要務並嚴飭沿
海各口岸營汛上緊巡緝毋任洋匪登岸並嗣後不准設
法招致其節次投首之犯如有滋生事端者著卽按律正
法示懲勿稍寬縱至那彥成辦理緝捕洋匪徒事招徠投
首祗圖洋面盜匪稀少有意見好見長殊不知辦理並未
妥協此必係誤聽屬員慫恿或竟出自廣厚一人主見亦
未可定那彥成廣厚俱著解任交吳熊光傳旨質訊將以
上各情節詳細究問如祗係誤聽人言辦理錯謬卽當據

實參奏一面令那彥成廣厚二人自行來京候旨或那彥成偏聽信任者不止廣厚一人亦當指名參辦倘此外復訊有骫法營私欵跡即當傳旨革職拏問並將任所貲財查抄一面嚴行審訊按律定擬前聞所設軍功局亦係廣厚從中贊成此時如已裁撤則已若現尚設立著速行裁撤並將廣厚如何迎合那彥成之處一併查明據實具奏至孫玉庭與那彥成近在同城其設立軍功局等事豈竟毫無聞見何以並無一字奏及祇以那彥成辦理洋盜投首未能安協具摺陳奏殊屬非是著吳熊光傳旨將孫玉



庭申飭並詳悉詢問具奏吳熊光接奉此旨即將起程日期由四百里具奏到粵後辦理大概情形及查辦一切要件俱由五百里馳奏欽此

十一月十一日奉

上諭上月二十二日據那彥成奏到續報洋匪前後共有三千餘名請賞給頂戴銀兩分別安插所辦非是以特諭吳熊光前往查辦本日又據那彥成續收投首各起三百二十餘名現在賊匪窮蹙並據另片奏稱另有巨盜東路巨盜二幫來投人數不下四五千名即星赴惠潮一帶親

往辦理等語所辦草率錯謬深爲可慮看其摺內所敘及抄錄賊供委員等紛紛購線並各口岸均有告示是前後報到之賊均非自行投誠竟係那彥成倡爲招撫謬論深信不疑惟欲藉以見好見長不顧事之利害輕重矣辦理洋盜惟有督飭文武實力勦捕之一法即或因勦急來降亦當詳辨真僞分別核辦豈有將刼盜罪名置之不問優以賞項獎以官職率意妄行豈置勦捕於不辦乎伊摺內尙云此次查閱營伍諭令水陸將弁奮勉殺賊以堅賊匪投首之心士氣百倍振作等語可謂恬不知耻廣東營伍



廢弛已極朕用那彥成爲總督令其實力整頓勦捕盜賊那彥成並不以勦賊爲務專辦投首並將巨盜紛紛錄用營弁致兵民皆懷怨望士氣更何由振作設有他變那彥成實爲禍首罪魁縱執法重懲地方尙可問乎況有何把握如此擔承大不度德量力矣又據稱從前吉慶任內曾辦投首一千七百餘名迄今數年未聞另有滋事之案自謂可以仿照辦理殊不知吉慶意在招撫以致盜匪全無畏懼營伍廢弛日甚一日本屬錯誤且伊祇稱安插散遣並未優給頂戴銀兩其安插之處係在南雄一帶距海甚

遠卽有黨羽亦難以勾結今那彥成將投首數千人散在各屬甚至列入營伍能保反側之徒不潛相勾結乎伊尙云賊匪現在窮蹙肅清海氛眞非難事等語實不成話現在外洋盜匪直入內河肆意焚刦並至省城戒嚴正所謂開門揖盜尙得謂之窮蹙乎那彥成前此摺內將各州縣焚刦之賊指爲內河匪徒以明其並非洋盜殊不知從前盜匪只在海面行刦並不敢肆行登岸今洋盜投首者紛紛而內河之盜其勢日熾豈將盜匪移入內河卽謂之肅淸洋面乎封疆大吏辦理諸事小心敬畏尙慮貽誤今那



彥成毫無愼重之心如此易視必貽後悔不知那彥成有何把握敢出此語其摺尾又云自分十餘年少有知識眞可謂爲不慚矣海疆重地關係緊要今那彥成所辦如此朕廑念綦切吳熊光接奉此旨著卽迅速馳赴惠潮一帶接印任事將那彥成先後辦理投首一事妥爲經理所有前兩次投首之三千餘人業經那彥成賞給頂戴銀兩入伍歸農此時若必令繳回頂戴銀兩撤出營伍則伊等不免又生怨望且慮滋生事端祇可照那彥成原辦安揷卽此次續又來投之三百餘名旣經招致亦不得不准其投

順惟所遣購線委員卽應全行撤回至現在東路巨盜二幫有四五千人吳熊光馳抵惠潮之後著詳細酌看如該盜等已中止不來則已設有投誠之事勢難却而不受必須愼重辦理除其中本係裹脅者照例散遣外其曾經爲匪及著名之犯卽應查明如果此時實在殺賊立功方可加以收䘏此後招致之說亟行截止免盜匪等源源而來辦理棘手再那彥成摺內現在安揷之法大約頭目多願入伍散夥多願歸農粵省弁兵平日通盜者聞已不少今又將積年匪盜紛紛歸入營伍豈不令其通同一氣往來



無禁設竟與洋盜聯絡盤結如何辦理但那彥成業已准令入伍吳熊光惟當將入伍之盜撥入能事將備名下容令嚴加管束時時防範有犯必懲不可稍涉大意再盜首朱濆一犯前此據閩浙督撫奏稱業經官兵在崇武澳口用礮轟沉船隻將該犯淹斃今那彥成奏稱現在澄海縣報稱朱濆不願回閩投誠願歸澄海受撫等語是閩省前報朱濆淹斃之語尙不確實並著吳熊光詳查具奏朱濆係有名盜首刦掠多年稔惡已久非尋常散夥可比若此等盜首經來投誠豈有不問來由直與赦貰自應於來投

之時責令立功自贖如果伊將劇盜總兵寶李崇玉之類
設法殲鑿呈驗方可免其一死准予安插庶幾辦理稍協
又據另片奏稱現在經費不敷先於捐項下動用已諭令
洋鹽兩商捐貲一二萬兩俟收到歸欵等語籌畫經費原
爲捕盜而設今那彥成並不以之捕盜而用以賞盜以每
名十兩而論前後所給已屬不少將來照此辦理遇有勦
捕要需又將從何支給那彥成此時亦自知難以爲繼故
授意洋鹽兩商捐助著吳熊光據實查明如果該商等情
願捐輸卽准其據情代奏屆時當加恩賞給議叙以示獎



勵又據另片奏稱伊至粵東以來水土不習時多病痛恐
有貽誤等語那彥成正在壯年或那彥成因見粵事難辦
預存推委故爲此奏亦未可知均著吳熊光據實查奏無
得稍涉瞻徇至廣西營伍相距較遠吳熊光此時亦無暇
前往查閱著於廣西巡撫及提督內奏明著定一員就近
閱看又據另片奏稱革職守備羅耀紀及羅成振等均經
出力拏賊俱著加恩照所請賞給把總外委以示鼓勵嗣
後投首之人必須似羅成振等之實在出力拏獲方可施
恩不得濫給也又另片請將收賊不甚出力之何英等三

員暫摘頂戴又署鎮林國良請旨實授並傷故兵丁賴聲
揚請旨賜卹等語林國良首先攏船擒賊尚爲出力著加
恩准其實授左翼鎮總兵至參將何英遊擊許廷桂守備
曾欽選三員打仗不力著摘去頂戴示懲其傷故兵丁賴
聲揚著加恩照例賜卹又另摺參都司鄭廷安請革職永
遠枷號一摺鄭廷安緝捕懈弛自應參處但須核明情罪
方爲允當鄭廷安著先行革職其那彥成所請永遠枷示
之處應否如此嚴懲並著吳熊光秉公查核具奏其那彥
成所請簡放春江香山二協副將已交兵部檢查可放人



員奏請簡放又據奏請揀發副參等弁員亦已派員揀選
俟引見發往欽此

十一月二十五日總督那彥成奏言竊臣自十月中
旬出省查閱中東路營伍並就督辦勦捕各事宜嗣
因仰仗
皇上鴻威黃正嵩輸誠効力劉唐伯亦旣就撫李崇玉全家
誘獲東路去此巨寇則無大幫賊匪洋面已就肅清
惟中西路各幫巨賊臣尚未及往辦正恐臣在惠潮
東路或恐乘機滋擾臣當飭左翼鎮臣林國良原任

提督隆補都司孫全謀等率領舟師速行西下乘此賊勢正惶惑心散之時盡力攻剿務挫其鋒則於全局更有裨益臣在潮州於二十三日得信知

欽差督臣吳熊光已於十一月十八日抵省臣當即於二十四日起程回省途次接據鎮臣林國良等稟稱於十一月初十日在新寗外洋探得張保之船三十餘隻在大澳一帶灣泊當卽督兵往捕賊匪恃衆竟敢放礮對敵自午至酉打死多名獲船十隻獲賊二百一十二名賊猶不肯散走海霧迷漫黑夜不能分辨至



次日天明賊匪猶敢前來抗拒我兵乘勝奮勇攻剿又復打死多名獲船七隻獲賊一百三十九名等情前來臣查此次連得勝仗獲船十七隻賊三百五十一名器械無算查此幫卽係張保賊中最稱驍悍者今痛剿此幫則其餘賊匪更可聞風膽落計自臣出巡一月之內前後三起共得有五百餘人打死傷斃者千數百人現在士氣奮興踴躍百倍從此鼓鋭西下以乘勝之師攻心散之賊不難陸續殲擒仰副

皇上綏靖海隅之至意至拏獲盜犯飭審解辦及此次出力官兵移交

欽差吳熊光查明辦理合先馳奏仰慰

聖懷

十一月二十八日奉

上諭本日據那彥成馳奏巨寇黃正嵩殺賊獻功率衆投誠及紅單鹽船攻獲盜匪多名二摺朕詳加披閱黃正嵩爲積年巨盜今悔罪來歸攻殺擒獻別幫盜匪多名率其夥黨一千四百五十餘名口投誠自係眞心改悔現據那彥成從優捐賞銀兩並據奏懇賞給實缺千總那彥成自已先給千總頂戴是以保奏實缺吳熊光到後查明黃正嵩



如已經那彥成賞給頂戴自毋庸再行撤回應傳到黃正嵩面行曉諭以爾能縛獻盜匪率衆投誠業經那總督奏明奉旨賞給千總頂戴現在匪首李崇玉在逃未獲責令親赴洋面緝捕如能將該犯弋獲卽當奏補實缺若不能擒獲該犯且予頂戴虛榮俟再有出力方可仰邀恩賞並當諭以那總督業經內召進京是以奉旨令本總督前來接辦爾等惟應奮勉立功上進且不可將那彥成因辦理招撫洋盜失當經朕諭斥之故稍有宣露致啟其疑貳也

朕於洋盜投誠一事原非欲必行禁絕如果實有誠心悔罪窮蹙來投者自當覓其一線現在福建浙江均有投誠盜匪業據准行但不可以收撫爲事派員四出招徠吳熊光到粵當妥爲辦理從前那彥成所賞投首盜匪頂戴銀兩此時均不必撤動嗣後不可再行招撫果實有認眞出力投首如黃正嵩之殺賊立功者仍當酌量奏賞頂戴此外或實有改悔自新者准貸其一死分別四散安插亦無不可若槩行拒絕則又誤會朕意矣至黃正嵩此次請帶得力夥衆二百餘人出洋緝捕自應准令攜帶俾資得力



其安插入伍歸農各犯亦當隨時查察毋令聚集滋事如有過犯立卽懲辦又據奏繳出盜船礮位有重至二三千觔者此等礮位必非海船中所能製造若非在岸鑄成焉能頃刻猝辦何以地方文武漫無覺察著吳熊光查明來歷將失察之員參奏嗣後當嚴行查禁不得再有透漏至那彥成所請將唐光茂易萬里等分別議叙一節該員等奉上官委派招撫原無不合且招撫多名自應給與甄叙但該員等是否實在出力其投首出力之人是否曾經殺賊立功亦著吳熊光查明或應照那彥成所請加恩或應酌量輕減之處統俟覆奏到日再降諭旨至另片奏運使蔡共武將黃正嵩一幫投到人衆捐給安插各費並僱募紅單船隻已明降諭旨將蔡共武等分別陞叙矣其單開候補從九品花東苑降旭升及投首之陳綱陳添保嚴在綱均據奏懇加恩但閱摺內並未詳細聲明該員等如何出力之處未便卽予恩施並著吳熊光查明具奏那彥成原摺著發交吳熊光看欽此

十四年三月初五日署總督韓封奏畧言粵東海道自東至西幾及四千里外接夷洋近連閩省其大股



賊目現有烏石二總兵寶郭阿婆帶東海八鄭一嫂張保仔香山二等每股匪船自數十隻至一二百隻不等乘潮乘風分幇肆刼商漁船戶畏其刼擄或竟私與買路名曰打單蓋不如是則海道不能行地方官無從禁遏且沿海各村落處處可達外洋易生窺伺一聞舟師掩捕則遠竄外洋在各舟師分守口岸其勢亦不能舍口岸而專事勦捕尤恐別股賊匪乘虛竄入往往前去後空顧此失彼且合通省之舟師本不及賊船之半又常年涉歷波濤易於霉壞甚或

遭風飄失撞礁擊碎事所時有多一船修造卽少一船緝捕此昔日治海疆者所以有海防而無海戰之說也前督臣那彥成見戰不足恃專一主撫購求線目誘令來投厚給賞銀使之歆動當時如鄭流唐黃正嵩等大帮匪盜亦俱相率歸降岸上來一投首之人卽海上去一助惡之賊且使其黨羽自相疑貳不至始終固結此法斟酌行之未嘗不可漸收實效惟於積年巨盜並未殺賊立功輒予頂戴從行夥黨不過跟隨投首亦給多金獎勵過隆則民心不服賞給



太濫則經費難支其弊實在於此厥後矯枉過正或又以撫為必不可行於是賊中被擄逼脅之徒聞知投首之路絕則一經逼脅只得安心服從夥黨日益滋多又有誅不勝誅之慮今被擄難民有能殺賊投首者欽奉

諭旨分別量給頂戴銀兩其曾經在洋行刼悔悟來投者亦准貰其死罪仰見我

皇上洞燭機宜恩威並濟邇日聞風投首者又有歸善縣稟報李阿組等現在飭提審明分別辦理臣愚以為剿者國家不易之大法撫者

聖朝格外之深仁二者並行其效似更易致

十二月二十八日奉

上諭百齡等奏洋逆張保仔屢思內竄俱經舟師擊退并大稱洋逆郭婆帶率同夥衆五千餘人擒獻張逆匪夥三百餘名呈繳船九十餘隻礮四百餘位悔罪投誠一摺粵洋各股盜匪惟郭婆帶與張保仔兩股船數最多滋事已久今郭婆帶因內地防堵嚴密水米火藥不能接濟又見張保仔股匪屢次攻撲口岸皆經痛剿奔逃心存畏懼蓄意



投誠現據摺內奏稱轉據歸善縣稟報郭婆帶竟將張逆夥黨殺斃不計其數擒獲三百餘名奪獲匪船十一隻又搶回前刼左翼鎮官兵米艇四隻率其夥衆五千餘人大小船七十餘隻大小礮四百餘位一併收入平海內港赴官呈獻投誠等語看此情形甚屬可信前此閩省奏到朱逞帮船投首一事止將船隻礮位呈繳未能擒殺盜夥今郭婆帶將張逆帮夥大加擒斬搶獲多船到官呈繳則其真實投首之意尤為確然無疑此時百齡親往查辦着卽准其投首並加恩將郭婆帶卽郭學顯賞給把總令其隨

同捕盜至伊夥黨現有五千餘衆人數既多難保其悉與
郭婆帶齊心効順此內除裹脅在船者原係良善之民即
可分別釋回外其餘實在夥衆著百齡詳加察看如有兇
橫之徒應如何分別安插加以鈐束之處務當妥爲籌辦
總須散而不聚密爲防範爲要又盜首東海覇帮夥陳勝
等四百餘人現亦帶領船隻礮械一同投首並著百齡詳
細察看慎重妥辦所有郭婆帶呈繳礮位船隻均著留充
官用廣東捕務廢弛已久洋匪刼掠橫行毫無忌憚自百
齡到任之後認眞整頓嚴斷接濟簡練舟師用能壁壘一



新俾賊衆膽寒現在郭婆帶及東海覇率衆投誠又張保
仔自赤瀝角逃出外洋之後因賊多糧少仍於十一月初
五二十九等日欲由新安急水門等處竄入內河希圖掠
食且直趨官兵屯劄之固戍地方欲圖攻撲並經百齡督
飭舟師及地方官兩次追勦轟壞賊船大小頭目二十餘
名殲賊六百餘名并擊斃賊首鄭一嫂之姪生擒盜夥七
名燒燬盜船八隻擊壞盜船十餘隻官弁兵丁人人効命
大挫賊鋒事機順利此外內河積年兇盜向來爲害商民
者亦經督飭地方官擒拏分別審辦本日摺內即有一百

二十餘名可見辦理認眞毋少疎懈實爲出力可嘉至孫
全謀前因在赤瀝角勦賊鬆勁號令不嚴聽賊逃遁降旨
革職拏問治罪解交刑部用嚴師律今該督摺內稱係孫
全謀自知悔懼此二次截勦逆匪身先將士用能斃賊燬
船經該督查詢確實並無虛捏自可稍贖前愆孫全謀著
加恩免其拏問留於廣東効力贖罪其署遊擊之守備黃
振烈署守備之千總蔡振華因焚攻盜船火勢猛烈以致
延燒本船同時陣亡殊可嘉憫著加恩咨部賜卹欽此

十五年正月十五日奉



上諭百齡奏大帮洋匪郭學顯率衆投誠分別辦理一摺覽
奏俱悉郭學顯雖係粵洋大帮盜匪但從前係被已故盜
首鄭一擄脅下洋迨後自領帮船尚不十分兇惡現因接
濟斷絕官兵堵勦認眞誠心悔罪不赴張保仔應援並與
爭仗殺死張逆夥賊一千餘名擒獻三百餘名自率夥衆
等五千五百餘人共大小船一百一十餘隻銅鐵鎗礮五
千六百餘件赴官呈繳經百齡查驗屬實其情詞眞切尚
知大義前已加恩賞給把總隨同官兵出洋緝捕以觀後
效至此次呈繳盜船較多百齡現在挑配出洋並留內河

巡緝因思此項船隻與官船式様不同出洋時賊匪必不
疑爲官兵正可俟其攏近之時施放鎗礮相機痛剿百齡
當咨飭水師官兵遵照辦理其礮械等件亦著擇其可用
者配帶出洋其實在殘壞者卽著銷燬至不堪適用之船
卽照該督所請變價充賞可也至張保仔帮內頭目楊本
源等及烏石二東海覇兩帮各行率夥來降一節並著百
齡查明伊等果出至誠卽照郭學顯之例辦理又百齡覆
奏接奉諭旨一摺所奏均係實情可見前此傳述之言不
無太過諸不可信百齡辦理一切能不爲浮詞撼阻毅然



舉行頗有定見現在辦理已有成效賊勢漸孤再能將大
股殄除海氛卽可净盡百齡惟當堅持此念實心經理以
期海疆永臻綏謐懋承優眷欽此

二月十五日奉

上諭百齡韓崶奏各路洋匪悔罪投誠分别辦理又海洋巨
寇張保仔稟懇投誠各摺覽奏俱悉盜匪張保仔兩次具
稟開呈大小船隻二百七十餘號大小礮一千餘門頭目
夥衆共一萬四千餘人懇乞投首此事尚未可信如果該
匪眞心來投首應將船隻器械全數呈繳何必仍懇畱匪

船至數十號之多若因隨同官兵出洋剿捕贖罪立功投
首後豈無師船派撥又安用該匪預爲籌計自係該匪以
近日各口岸嚴禁接濟無以爲生勢窮力絀假意投誠冀
作緩兵之術該匪等素性狡猾反側靡常倘情形稍涉可
疑仍當乘勢攻勦以期淨絕根株切勿輕信疎防致蹈賊
人鬼蜮伎倆所謂受降如受敵不可不慎之又慎卽使該
匪眞心畏罪率衆來投亦須分别安插使之散而不聚聲
勢無由聯絡再飭各地方官密加鈐束庶不致有疎虞若
祇圖一時苟且將就不顧將來流弊滋多非萬全之策也



所有此次奏明散遣歸籍之各股投誠賊匪亦須一律妥
爲經理不可稍有疎忽欽此

古者治盜剿撫兼施前憲見水師不甚得力盜賊不
可勝誅廣開招撫之路其事未嘗不是惟不先之以
剿而遽用撫且以官職金錢爲招似我畏盜而非盜
匪懼而求撫也業奉

諭旨禁止各盜匪亦旣聞知矣若輩竄身海洋殺掠刼奪無
所不爲其罪原不勝誅但其中甘心爲盜者固多而
被擄廹脅者亦復不少誰無父母妻子之念止以陷

身匪徒出則人爭羅致故憚而不敢還耳書云殲厥渠魁脅從罔治從古帝王如天好生之德雖虎豹豺狼未始不網開一面且揆之今日水師情形亦斷不能盡取盜賊而殲之應請奏懇

皇上准於出師之日於沿海地方明張告示除罪大惡極之一二賊不准投誠外其餘有不甘爲盜者急早投誠准其免死回家餘財并准攜帶有能殺賊投誠及殺首投誠者分別獎賞倘仍執迷觀望拏獲之日駢首就戮如此則來歸者衆賊黨孤盜首可擊而取也或



謂恐其詐降貽禍是則過慮彼之船隻礮械既已繳收驟欲作惡勢所不能蛟龍失水一夫可制每見盜匪上岸行走多不能速人輒指而目之此輩固無能爲矣况烏合之衆一散難以復聚乎 程含章上百總督書　嶺南集

廣東海防彙覽卷二十七終

# 廣東海防彙覽卷二十八

## 方畧十七

### 軍政一

國初題准水戰時有能超登敵舟殺賊獲衆者統兵大臣驗明舟之大小分爲三等注册一等舟賞五人先登者賞銀二百五十兩第二人二百兩均咨吏部分別授爵第三人賞銀一百五十兩給一等舟三等功牌第四人賞銀百兩給一等舟四等功牌第五人賞銀五十兩給一等舟五等功牌均注册俟後復有超



登一等舟戰功將兩次五等功牌准作一次四等兩次四等功牌准作一次三等積至兩次三等者咨吏部授爵二等舟賞四人先登者賞銀二百兩移咨吏部授爵第二人賞銀百五十兩給二等舟二等功牌第三人賞銀百兩給二等舟三等功牌第四人賞銀五十兩給二等舟四等功牌均注册俟後復有超登二等舟戰功將兩次四等功牌准作一次三等兩次三等功牌准作一次二等積至兩次二等者咨吏部授爵三等舟賞三人先登者賞銀百五十兩給三等

舟一等功牌第二人賞銀百兩給三等舟二等功牌第三人賞銀五十兩給三等舟三等功牌均注冊俟後復有超登三等舟戰功將兩次三等功牌准作一次二等兩次二等功牌准作一次一等積至兩次一等者咨吏部授爵其三等以下常舟不列等次先登者賞銀八十兩給常舟一等功牌第二人賞銀六十兩給常舟二等功牌第三人賞銀四十兩給常舟三等功牌均注冊俟後復有超登常舟戰功將兩次三等功牌准作一次二等兩次二等准作一次一等積



至三次一等者咨吏部授爵以上超登敵舟殺賊獲衆戰功視舟之等次遞減一等准其積算如超登一等舟之第三人後得二等舟二等功牌或得三等舟一等功牌均咨吏部授爵餘准此若追獲空舟小舟及敗走之舟者不在給賞授官之例統兵將帥不將先登情由及所獲舟數分別等次者止照常舟例給賞在舟督戰官照第二人例餘官照第三人例護軍校驍騎校等照第四人例均按舟論功（防海備覽）

康熙十二年覆准招撫兵千名以上舟三十隻以上者爲五等軍功兵千五百舟四十以上者爲四等軍功兵二千舟五十以上者爲三等軍功兵二千五百舟六十以上者爲二等軍功兵三千舟七十以上者爲一等軍功兵三千五百舟八十以上及招撫僞王竊據之府城者均臨時酌量從優議敘

四十六年題准江浙閩廣海洋巡哨期內本汛並無失事能拏獲海盜一船者將專汛分巡委巡兼轄官各紀錄一次拏獲二船者將專汛分巡委巡兼轄官各紀錄二次總巡統轄各官紀錄一次拏獲再多者



照數遞加（俱同上）

五十一年覆准州縣印捕各官能於匪類出口時盤獲一起者准紀錄一次抵罰俸一年二起抵罰俸二年三四起者准開復所降之級盤獲入口洋盜者按起加倍計算至於陸路汛口弁員武職無稽查保甲之責如亦能盤獲出口入口洋盜亦照文職例議敘准抵（雍正年修會典）

五十五年覆准哨巡官弁如在巡期之內並無失事而能拏獲以前盜犯抑或本汛並無失事而能拏獲

别汎盗犯十八以上者審明盗供行刼洋面與年月日相符分委總巡等官各准紀錄一次其從前如有降罰之案准其開復以示鼓勵同上

乾隆六年奏准海洋接緝官如限內但能獲盗雖不及半皆免處分若能拏獲盗首夥盗者照陸路接緝獲盗例分別議叙防海備覽

七年題准兵丁若遇水戰有能超登敵舟殺賊得獲者驗明舟之大小分爲三等一等舟先登者賞銀百兩授都司第二人賞銀八十兩授守備第三人賞銀



六十兩授千總第四人賞銀四十兩授把總領戰加三級同戰官加二級二等舟先登者賞銀八十兩授守備第二人賞銀六十兩授千總第三人賞銀四十兩授把總領戰官加二級同戰官加一級三等舟先登者賞銀六十兩授千總第二人賞銀四十兩授把總領戰官加一級同戰官紀錄一次其授官者均照銜准其先用如係空舟小舟及敗走之船不用此例

十七年題准礮手捕盗人等超登敵舟殺賊得獲照兵丁議叙若放礮打沉賊舟者一舟賞銀二十兩二舟賞銀四十兩給與把總劄付三舟賞銀六十兩給與千總劄付如有多者照此給賞給劄同上

古者用兵必有不次之賞以勸衆心亦必有不測之誅以肅衆志自盗匪滋擾以來各將弁涉歷風濤身經百戰與數十戰不等皆水師熟練之人特以在洋日久勞不得息又無重賞重罰以振動之未免日形疲鈍應請多方磨厲以發其鋒務得其誓效死力有進無退而後已出洋以後令該將官與監軍委員詳記功罪某日某人打仗奮勇某人先近賊船某人殺



賊若干獲賊若干或火攻得法或攔截有方或策應便捷一一開報大則立予超升小則給予功牌獎以嘉語遇有升遷缺出論功不論俸而在營者不得與之較如有畏葸不前者亦即揭參治罪庶得人人感奮踴躍爭先至於帶兵大員尤宜優以禮貌布以腹心假以威權而後可責以成效也程含章上百總督書十七條之一

自古用兵在精不在多是故敢死之兵一可當百疲弱之兵百不當一彼盗匪皆亡命之徒一遇緊急齊心舍死格鬬往往反敗爲功我兵各顧性命危急之

際輒棄其將官跳水先逃鮮有與將同死者蓋非威
不畏非德不懷查定例出洋兵丁除應得名糧給養
家外每名日給行糧銀五分恩至渥也無如海洋僻
遠薪米昂貴一遇歉歲再食或不能飽冬則衣不蔽
體形同乞丐自用兵以來各兵有丁年出海皓首不
歸者長與風濤爲鄰更無家室之樂加以功罪朦朧
莫由自表殺賊者無賞退怯者無罰受傷無醫藥之
資死亡無棺衾之費雖陣亡例有
恩䘏而文報駁詰具領何年無怪其靡靡不振也應請明



定章程功多者立賞以官其次或賞銀牌或賞銀兩
仍記其功以觀後效疾病者給以藥資死亡者給以
葬費受傷者由主將與監軍驗明輕重分別給賞陣
亡者例得䘏銀速爲給發如有臨陣退縮者立卽斬
首軍前庶軍皆感畏不戰而氣自倍於平賊不難矣
同上

道光十四年正月兵部奏言兩江總督陶澍等奏嚴巡洋
員弁實力巡哨定議勸懲章程以肅洋政一摺臣等
查巡洋員弁果能熟諳水性不畏風濤於巡哨期內

並無失事案件自應酌予記功應請照該督所奏嗣
後每哨一次准其記功二次如記功至八次者無論
俸滿與否係千總由總督提鎮嚴加考核發交統巡
大員帶領出海試驗屬實卽報明總督出具考語咨
部由部核明准其送部引
見其把總記功奬拔千總及守備以上等官詳記檔冊於
保薦案內聲明之處均應如該督所奏辦理該督又
稱如有不諳水性畏懼風濤每次予以記過二次於
換班詳報積至記過八次由該管上司詳明總督提



鎮飭令交給本營副參等將考驗如技藝亦無可觀
者卽行斥革如弓馬尚屬可觀准其改撥陸路至於
所帶兵丁如有熟諳水性不畏風濤者每一次亦准
其記功二次於換班時報明存案積有記功八次遇
有外委缺出秉公考驗儘先拔補如係不諳水性畏
懼風濤每一次亦記過二次於換班時具報積至記
過八次如技藝亦無可觀者卽行革伍若技藝尚可
造就亦准改撥陸路等語臣等查巡洋捕盜責任綦
重若有不諳水性畏懼風濤者卽係洋面不得力之

人未便令其隨巡四次虛糜糧餉應請嗣後出哨人
員由總統各官察看如果不諳水性畏懼風濤初次
准其暫行記過仍令下次再行出洋試看倘仍不得
力卽行改撥陸路令其習鍊弓馬以觀後效至兵丁
記過之處亦查照千總等官一律辦理如有熟諳水
性不畏風濤記功儘先拔補外委之處卽照該督所
奏辦理至該督聲稱舵工如給有舟師外委委牌者
請照把總例辦理如未給有委牌者請照兵丁辦理
臣等查例載舵工如果熟悉海洋駕駛事宜准其給



予舟師外委之牌照額外外委之例造冊咨部遇有
經制外委缺出一體遴選拔補令該督請以巡洋舵
工如給有舟師外委委牌者卽照把總例辦理與例
未符應仍令該督查照定例辦理俟
命下之日臣部行文有洋面地方督撫一體遵照並令該督
撫等將記功記過人員均各隨時報部以備查核其
統巡總巡分巡及取結各官若有不親身督率前往
及濫行保送扶同徇庇並礮臺等項不隨時修理者
一經覺察卽令該督撫隨時核實嚴參以重海防而

肅洋政奉
旨依議欽此

右軍功賞卹

雍正六年二月初五日奉
上諭據孔毓珣奏稱龍門協副將景慧奉該管總兵官調取
考驗遭風漂没又該協右營把總謝廷彥輪值冬季遊巡
帶領兵丁泛海亦被風漂没等語聞之深爲憫惻查康熙
五十二年內福建臺灣廣東碣石有海洋遭風傷損官兵
之事蒙



聖祖仁皇帝特頒諭旨令地方大吏加以恩卹並令嗣後通
行但向來未曾分別官兵詳著爲例恐地方官奉行不力
或至日久廢弛亦未可定朕思海洋危險之地凡官弁兵
丁若因公事差委遭風受困者當照軍功加恩倘有不幸
至於身故者當照陣亡之例優卹著九卿分別詳細定議
具奏景慧謝廷彥及兵丁等應如何加恩之處一併議奏
欽此

八年三月二十八日奉
上諭昨據署理南澳總兵官張起雲摺奏雍正六年六月內

南澳鎮巡海哨船遭風飄爛淹溺弁兵一案其實在淹沒者係把總一員兵丁四十名被淹而幸獲生全者兵丁九名其餘兵丁三十七名並未上船隨行乃冒開姓名希圖領賞皆由千總蔡文郁等濫行造報守備林甲俊冒昧轉詳等語隨據署提督許良彬摺奏與張起雲所奏相同朕念江海之中風濤不測凡官弁兵丁因公事差委遭風受困者著照軍功加恩倘有不幸至於身故者著照陣亡之例優加賞卹此朕軫卹弁兵之特恩亦料其不忍欺誑冒濫也豈意舉行伊始即有南澳鎮巡海哨船遭風冒開兵



丁三十七名之事經張起雲查出參奏許良彬亦即據實奏聞均屬可嘉著將張起雲許良彬交部議敘近有條奏內稱粵東三面環海例應遊奕巡查而公事差遣往來亦必經由海道遂有無賴營兵覬卹賞之特恩爲射利之捷徑或值行船擱淺偶爾擦傷或船已停薄近岸撞碎是皆駕船不謹之故而船內兵丁惟恐責令賠修轉揑報人船飄溺各營代詳請賞甚至有將戰船暗地毀損希圖朦混邀賞者即如上年龍門協把總張賓帶兵巡海遭風壞船而弁兵多人均扶篷登岸又如百總徐禧帶兵護送鹽船

偶爾被風損船人俱登岸無損此皆未必受困而濫竊恩賞者況粵東各汛水師無不熟識水性乘波出沒事屬尋常若一經被風飄溺並未淹斃遂准領銀三十兩彼善於泅水之兵丁得一次之賞較二年之餉而有餘難免乘機作弊應請嗣後除遭風身故之兵弁仍照例優卹外其被溺而仍獲生全者可否停其賞給等語朕覽條陳所奏合之張起雲許良彬所參是閩廣濱海之區事同一轍竟以從優卹賞之恩起小人貪財冒賞之念將來或至暗傷船隻滋弊作奸公事轉致貽誤俱未可定況閩粵二省於沛



恩之初即有此等之事則其他濱江沿海之地倣效而行亦勢所不免矣著各省督撫提鎮通行曉諭水師弁兵等嗣後若有遭風受困者務須據實開報該管營弁確查轉詳勿以一時圖利之念忘朝廷格外之恩而蹈欺罔之罪且存心如此亦斷不能逃神明之譴責也此次通行曉諭之後該管大臣等益當仰體朕心訓飭稽查期於核實倘有不應賞而賞與應賞而不賞者經朕訪聞皆於該管之大臣是問欽此

十二年奏准沿海外洋凡官兵巡哨及因公差委如

有遭風受困没水登岸幸獲生全者官准軍功加一級外委於補官日加一級兵丁並食糧之舵工水手皆照軍功頭等傷例給賞其或飄没身故者官以見在職任照陣亡例分別廕贈給與祭葬銀外委及兵丁並食糧之舵工水手亦照陣亡例分別給與祭葬銀其奉調考驗之官弁兵丁照軍功例各減一等凡船內舵工水手有被淹身故者如係召募之人照軍功一等傷例予卹其擊碎之船槩免賠補其遭風受困幸獲生全者官准軍功紀錄二次外委於得官日



紀錄兵丁人等照軍功二等傷例減半給賞其飄没身故者官照陣亡例減一等分別廕贈減半給祭葬銀外委及兵丁人等亦照陣亡例減半給與祭葬銀至應給祭葬銀如無妻子親屬領受者給銀二兩該督撫提鎮遣官致祭　防海備覽

乾隆三十五年十月兵部奏言議得廣督李侍堯奏竊照定例內開大洋大江危險地方官兵因公遭風受困幸獲生全者官准軍功加一級兵丁照軍功頭等傷例賞給飄没身故者官照陣亡例分別廕贈給與祭葬銀兩外委兵丁亦照例給與祭葬銀兩其奉調考驗之官弁兵丁予卹之處照軍功例各減一等若係內洋內河官准軍功紀錄二次兵丁照軍功二等傷例減半給賞飄没身故者官照陣亡例減一等分別廕贈半給祭葬銀兩兵丁亦照例減半給與祭葬銀兩如無妻子親屬者給銀二兩遣官致祭等語臣伏思水師官兵巡海是其專責如果風雲沙線平日講求熟悉自能先事察驗何至猝不及備致有覆溺之虞今失水淹斃之官兵照陣亡例給賞已屬過



優至受困生全情形各有不同有止於船板釘鍋挫傷一二處者亦有並未受困者槩以受困爲詞動帑卹給查出征受傷官兵効命疆場衝鋒冒鏑實有傷痕可驗猶且遞分五等以示差别今巡洋受困官兵不論有傷無傷轉得槩以頭等軍功邀賞似覺輕重未協粤東地處海洋巡哨船隻遭風事所常有歴報受困生全多無確據即間有一二處挫傷及至查驗早已平復其中尤易捏混并遭風情形亦有不盡屬實者臣愚以爲巡洋遭風飄溺身故及身受重傷官

兵雖非軍功可比究屬因公情尚可憫應請嗣後在
大洋大江遭風淹斃者照陣亡例減一等賞卹其身
受殘廢重傷者則照軍功二等傷給賞若係內洋內
河各再減一等減半給賞官俱無庸廕贈兵亦不必
遣官致祭至奉調考驗猶之文員因公赴省更未便
議恤應與內洋內河受困生全官兵優敘賞給之處
槩行刪除如此分別辦理庶冒濫之弊可除而
國家優卹勤事之典尤爲核實等因具奏奉
硃批該部議奏欽此欽遵臣等伏查出洋巡哨官兵乘風駕



駛涉歷江洋頓遇颶颶風信原非人力所能施其飄
沒身故者既身溺波濤卽幸獲生全者亦命懸呼吸
較諸衝鋒冒鏑之人危險並無區別是以定例特照
軍功分別給以廕贈賞賚猶恐查驗不實致啟冒濫
復嚴定捏報遭風處分以杜其弊將捏報之員革職
提問出結之員革職具題之督撫提鎮降級畱任勸
懲之例備極周詳今該督以粵東巡船遭風多無確
據請將遭風淹斃照例遞減賞卹受困生全者殘廢
重傷始准減等給賞其奉調考驗及內洋內河遭風

給賞之處槩行刪除等語查巡船捏報遭風既有一
定科條該督查出此等情弊果能照例嚴參究治則
冒濫之弊不禁自除若慮遭風之無確據遂將飄沒
身故之人一槩停其廕贈減其祭葬既無以卹死事
之人至受困弁兵俱係逐浪飄流幸獲生全非比鋒
刃所加定有傷痕可驗若殘廢重傷始准給賞其幸
生無傷之人槩置不問則弁兵無所鼓勵轉恐畏避
風濤洋面巡查苟且塞責於愼重海防之道反無裨
益伏查近今江南巡洋船隻遭風一案欽奉
上諭以猝遭颶風飄至隔省自屬人力難施無咎責其駕駛



不善仍令照例分別賞卹仰見我
皇上軫卹弁兵至仁優渥該督意在杜弊祇應核實辦理毋
庸將舊定章程遽議更改應請嗣後奉公出洋巡哨
官兵查明實係遭風並非駕駛不愼所有應得卹典
仍照舊例分別辦理該督所奏巡船遭風淹斃官兵
減等卹賞及受困官兵停止卹賞之處均毋庸議至
奉調考驗原與差遣巡哨者不同遇有遭風飄沒之
案一體動帑給賞似屬較優自應刪除以示區別應

加該督所奏嗣後奉調考驗官兵如有遭風淹斃及
受困生全者一槩毋庸䘏賞是否有當伏候
聖諭遵行奉
旨兵部議駁李侍堯請將巡洋船隻遭風淹斃遞減賞䘏等因一本所駁甚是官兵出洋巡查俱係因公差委其猝遇颶颱擊損船隻更非人力所能施不特飄溺斃命者死事宜旌卽落水而幸獲生全亦屬命懸呼吸較諸衝鋒冒鏑之人其死傷本無區別是以向例照軍功分別給以廕贈賞賚誠爲允協至於捏報遭風定例處分極重祇在督撫



等實力確查隨事懲儆自不致冒濫滋弊若因偶有捏報之案卽欲將䘏賞成例遽事停減未免因噎廢食李侍堯所見非是應如兵部所議行至奉調考驗官兵遭風淹斃及受困幸全者該督請將舊定䘏賞之例一槩刪除兵部照議覆准此等雖與巡洋出哨者不同但奉調究屬因公情亦可憫嗣後著照舊例減半給賞以昭平允欽此

三十六年八月大學士會同禮部兵部奏言奉
上諭禮部議䘏福建遊擊尤用赴省領劄在洋飄没一本請給祭葬銀兩自應按例給與至所稱遣官讀文致祭祭文內閣撰擬之處太覺拘例不過國家優䘏臣工備飾終之典尊卑自有等差至予祭並錫祭文所以褒賞旌勞尤宜慎重詎可一槩濫施若尤用不過一綠營將佐第念其因公飄没給資塋奠已屬體䘏之恩然核其生平有何事實可錄而欲爲之援筆摛詞徒循敷衍成章豈所以重代言而昭體制朕辦理庶務悉惟崇實此等深所未愜所有各條定例著大學士會同各該衙門另詳悉妥議具奏其尤用議䘏一本着照新例行欽此欽遵臣等伏查大洋大江等處因公差委及奉調考驗人員飄没身故者向例



給予䘏廕並祭葬銀兩讀文致祭一次臣等酌議如係二品以上大員因公差委者仍照向例辦理其餘奉調考驗等官均毋庸讀文致祭奉
旨依議欽此

五十年八月兵部奏言據前署兩廣總督巡撫孫士毅以廣東吳川營把總傅君召管駕該營在廠修竣戰船駕駛回營遭風漂至外洋擊碎淹没身故請照陣亡例䘏賞等因具題到部除動項造補船隻䘏賞淹斃兵丁臣部會同戶工二部另行題覆外查向例

大洋大江危險地方凡官兵因公差委漂没身故者
照陣亡例辦理若在内洋内河漂没身故者照陣亡
例減一等辦理綠營陣亡卹賞例内提督給銀八百
兩總兵七百兩副將六百兩參將五百兩遊擊四百
兩都司三百五十兩守備三百兩守禦所千總二百
五十兩衛千總二百兩營千總一百五十兩把總一
百兩外委照把總給與又陣亡提督總兵官各加贈
三級副將參將各加贈二級遊擊都司守備千總把
總各加贈一級應得祭葬銀兩行文禮工二部議奏



又提督總兵官陣亡者廕子弟一人以都司補用副
將參將遊擊廕子弟一人以守備補用都司守備廕
子弟一人以衛千總補用千總把總廕子弟一人以
把總補用久經臣部遵照辦理近蒙
皇上特恩將陣亡綠營官員照旗員例一體改給世職其廕
贈舊例悉行删除等因各在案臣等伏思官員巡洋
遭風猝遇不測固屬因公殞命但究與身先士卒効
命疆場捐軀鋒鏑者有間若因陣亡廕贈舊例已删
槩照打仗陣亡新例議給世職似無以示區别而昭
平允臣等酌議嗣後官員因公差委在大洋大江遭
風淹斃及在内洋内河因公淹斃者仍按其官階各
照舊例分别給予廕贈卹賞將舊例内照陣亡字様
删去庶因公身故人員仍得仰沐
恩施如蒙
俞允所有廣東吳川營淹斃把總傅君召即照此辦理並載
入例冊永遠遵行奉
旨依議欽此

嘉慶十五年十月二十一日奉



上諭百齡等奏巡洋師船陡遇颶風沉溺及損壞沿海官兵
房屋分别查辦一摺粤東地方濱臨大海每有大風此次
巡緝東西洋面師船陡遇沉溺人力難施自係實在情形
署海門營參將黄勇及弁兵等一百餘人落海淹斃情殊
可憫均著加恩照陣亡例賜卹其沉失損壞船隻著查明
照例修補欽此

巡洋官兵遭風淹斃如有曾經出兵打仗及殺賊受
傷者照陣亡例議卹其未經出兵受傷者仍照巡洋
例議卹中樞政考

官員出洋巡哨因擒拿盜匪被賊戕害奏
旨照陣亡例賜䘏或奉
旨交部議䘏者提督給銀八百兩總兵七百兩副將六百兩
參將五百兩遊擊四百兩都司三百五十兩守備三
百兩守禦所千總二百兩營衛千總一百五十兩把
總一百兩經制外委照把總給與提督給騎都尉又
一雲騎尉世職總兵給騎都尉世職副將以下把總
經制外委以上俱給與雲騎尉世職襲次完時給與
恩騎尉世襲罔替應得祭葬行文禮工二部議奏應



得
勅書移咨吏部辦理額外外委馬兵給銀七十兩步兵給
銀五十兩舵工水手食名糧者照步兵例給賞如係
雇募之丁給銀二十五兩兵丁人等應給之銀如無
妻子親屬收受者給銀二兩該督撫等委官致祭
凡大洋大江及內洋內河官兵因公差委及奉調考
驗在途猝遇盜匪如能奮不顧身殺賊捐軀者俱照
巡洋官兵擒盜被害之例減半給與䘏賞銀兩官減
一等給與廕襲提督給與騎都尉總兵給與雲騎尉
襲次完時俱給與恩騎尉世襲罔替副將以下經制
外委以上俱給與恩騎尉世襲罔替若猝然遇賊被
害者非擒盜被害可比照因公殞命減半之半給與
䘏賞銀兩毋庸議給廕襲
沿海營汛弁兵極力救護失風人船不私取絲毫貨
物者該管官據實申報總督巡撫提督總兵官記功
遇有水師千總把總缺出擇其熟諳水師而功多者
拔補其守備以上官員救護商船二次者紀錄一次
備弁兵內因救護商人或受傷被溺該總督巡撫確
查保題照因公差委弁兵受傷被溺例給與䘏典俱同



上
道光十三年五月十八日奉
上諭盧坤奏師船在洋遭風日久查無下落請照會越南國
遍查等語廣東提督李增階統帶將弁林開疆等巡洋捕
盜上年十二月內在西路洋面遭風先後收港惟提標中
營二號米艇一隻配駕弁兵七十名並帶礮械查無下落
欽州竹山洋面與夷洋接連除盧坤已飛飭欽州州判移
文該國萬寧土州在境內洋面搜查外仍著照會該國王

飭令逼加查訪如係漂收該境卽迅飭屬送回內地查明
有無受傷受困奏明照例辦理欽此

右巡洋遭風賞恤

廣東海防彙覽卷二十八終



# 廣東海防彙覽卷二十九

## 方畧十八

### 軍政二

順治初年定沿海督撫提鎭嚴飭官弁及內地所屬
地方官將海盜立法擒拏務期淨盡如果無海盜令
該管各官按季具結申督撫提鎭報部倘出結之後
此等海盜經別汛拏獲供出從前潛匿所在將供出
之該管汛口地方官降二級調用 防海備覽

康熙十一年題准海盜侵犯城池殺傷兵民者專汛



兼轄各官皆革職鎭守總兵官降二級調用提督降
二級戴罪圖功焚燬鄉村刦擄男婦殺傷兵民者專
汛官革職兼轄官降二級調用鎭守總兵官降二級
提督降一級皆戴罪圖功若兼轄各官聞報退縮不
前往緝拏者革職提鎭聞報不卽領兵會勦者降二
級調用盜船飄突奪擄同往追緝官不相救援率師
徑返以致官兵損傷者革職提問專汛官降二級兼
轄管官降一級皆戴罪圖功提鎭罰俸一年海盜乘
夜入城殺傷兵民專汛官擊盜受傷盜卽退遁者專

汛官仍降二級兼轄統轄官仍各降一級皆戴罪圖
功同上
四十二年覆准沿海各營洋面有島有嶼宜另爲派
定船隻以將備帶領常川駐守其餘各汛以千把遊
巡如有一年之中該管汛內失事一二案者仍照例
以盜案參處其失事至三四案者千把革職副將參
將遊擊降二級留任圖功倘能拏獲盜船仍與開復
至五六案者降四級調用七八案者革職總兵所屬
營內共有失事十案者降二級留任圖功至十案以



外者降二級調用再守備例不作兼轄但水師與陸
路不同守備兼輪防哨巡之責亦應與參遊一例處
分雍正年修會典
四十六年題准江浙閩廣海洋行船被盜無論內外
洋面將分巡委巡兼轄官各降一級留任總巡統轄
官各罰俸一年立限一年緝拏不獲將分巡委巡兼
轄官各降一級調用總巡統轄官各降一級罰俸一
年如被盜地方有專汛之官照分巡官例議處防海備覽
五十一年覆准沿海州縣海岸有出口爲盜者文職

失察一次者罰俸一年二次者罰俸二年三四次者
降二級留任五次以上者降二級調用至於沿海口
武弁等失察出口入口每案罰俸一年雍正年修會典
五十五年覆准內洋失事仍照定例議處若果係外
洋被刼者難定專汛兼轄惟責之分委總巡題參到
日限一年緝賊如不獲者照村莊道路失事一年限
滿不獲之例將原參分委總巡分別議處賊犯仍令
接管官照案緝拏其失察出口入口各官亦應仍照
定例議處再海洋緝賊較陸地倍難陸地獲賊過半



例得免議海洋無論內外獲賊一半者亦應免其處
分倘內洋失事捏稱外洋後被失主告發或查出之
日將哨巡及專兼各官均照諱盜例處分既經失主
告發該管督撫提鎮若不查明據實揭報題參照狥
庇例議處
又覆准外洋失事將被刼船隻在內洋何汛出口查
明咨部存案着令該汛遊守緝拏獲日審訊盜供若
有以內洋失事捏稱外洋者即依諱盜例處分俱同上
雍正三年議准官弁出海巡哨如有洋面失事隱諱

不報者該將軍督提訪實題參革職防海備覽
又議准洋面失事巡哨各官恐嚇賄囑不行通報者
照諱盜議處上同
五年十一月十二日兵部議奏千總陳天祿等偷運
米穀出洋照律治罪奉
上諭此本內千總陳天祿把總黃正登以本省之人爲本省
地方營弁敢於故違海洋之禁賄放米船甚爲不法向來
朕聞廣東福建之人性多貪利而俗習輕悍敢於爲非其
曾經身爲武職官弁者或因事革退閒廢在家往往不能



安分常於本地方生事此等人既久在營伍之中於武職
上司衙門往來習熟又因曾任職官舉動言語足以煽惑
本地方之人是以藐玩國法肆行無忌而愚昧之人被其
引誘而不覺朕意嗣後廣東福建二省及江浙沿海溫台
寧波等府之武職官員有因事參處已經革職治罪而家
居者不便仍留本地方居住其原任守備千把等官則酌
量派往直隸山東河南等省入伍食糧免伊等在籍生事
既歸營伍則有約束又有兵糧以養贍其身家其中漢仗
弓馬尚好者仍可改過自新免圖効力之路似有裨益其

副將以下都司以上參革治罪之員若係本省之人者另
行請旨其如何分別定例之處該部詳議具奏欽此
七年議准盜從外洋咎在出洋巡哨之官將守口官
免議至外洋行劫之後散夥登岸潛冒入口守口官
弁失於覺察者罰俸一年其有盜由海口內奪船出
洋行劫將失察守口官弁降一級留任盜犯限一年
緝拏全獲開復限滿不獲照所降之級調用若本案
盜犯經別汛拏獲定以三年之內有能拏獲別汛盜
船或本汛並無失事者該督撫具題准其開復防海備覽



八年議準廣東將軍總督提鎮各標輪撥官兵駕船
遊巡附近河道遇有失事在巡能獲盜過半者免其
議處若疎防四月限期未滿先已回營盜尙無獲將
游巡官照離任官議處接巡之官能將盜犯拏獲照
接緝官例議敘不獲亦照接緝例議處皆免限年緝
拏其盜犯令該地方專汛官承緝接緝
九年議准凡巡海船於未出口之前取同船兵丁不
敢搶物爲匪連名甘結在船該管官加結申送該上
司存案回哨日仍取同船兵丁在洋並無搶物爲匪

扶同隱匿事發願甘並坐甘結送該上司察覈如弁
兵在洋搶奪商人財物該管官不係同船失於覺察
照失察營兵爲盜例議處若通同庇匿革職提問督
撫提鎮不題參者照徇庇例議處
又議准商船在洋遭風落淺巡哨汎守兵丁不爲救
護轉搶奪財物拆毀其船以致商人斃命或未致斃
命皆照例分別首從治罪在船該管官弁如同謀搶
奪雖兵丁爲首該員亦照爲首例治罪雖不同謀但
分贓者照爲從例治罪實係不能約束並無通同分



肥情弊者革職若遭風被淹商人救援得生兵丁因
而撈取財物者坐贓治罪該管官鈐束不嚴降二級
留任其商人淹斃在先見係飄沒無主船貨因而撈
搶入已不報者亦坐贓治罪如見船覆溺因不許搶
奪撈取財物阻撓不救以致商人斃命者阻救之人
係官革職兵革糧皆分別首從治罪
十三年議准海洋捿緝盜案之官如係兩月三月一
輪巡哨者初次巡期不獲記過圖功下次輪巡仍不
獲罰俸三月係四月一輪巡哨者初次巡期不獲亦

記過圖功下次仍輪巡不獲罰俸六月在洋巡緝半
年者回哨無獲罰俸六月一年在洋偵捕者限滿不
獲罰俸一年盜犯皆照案緝拏俱同上
乾隆元年十月吏部等會奏言議得浙江按察司胡
瀛奏稱內洋形勢與內地迥別雖有山嶼島嶼名色
在州縣原未經由每於失事之日慮及四參不獲即
干降調故爲駁詰推委外洋兼卸鄰邑輾轉移查經
年不結并有闗提船戶事主前往失事處所指認內
外洋面及某省某縣界址者以致事主拖累無窮伏



懇
勅部行文沿海督撫除向有定界者毋庸復查外其有內外
洋并兩三縣及兩省相鄰界限不清之處轉飭沿海
州縣會同營員帶領諳練舟師勘明在內在外洋面
山嶼島嶼名色某省某縣界址逐一繪圖造册詳報
督撫彙齊送部存案有盜案發覺州縣官會同營員
即日照圖訊明的實處所按供通報則文武各官自
無眈延推諉之獘矣至於處分定例內洋失事文職
四參不獲即降一級調用但查沿海州縣均係揀選

之員其防範海口偷渡編查漁船驗給照票稽察違禁物件加以地方官刑名錢穀諸事責任已繁且州縣衙門從未有巡海船隻而捕役又不能熟練水性若因洋盜即同水師武職一并降調似覺處分過重查定例內地失事如無墪舖處所武職初參停其陞轉二參罰俸一年三參罰俸二年四參降一級留任等因在案請嗣後內洋失事州縣限滿無獲亦照武職降級留任之例庶文武處分各得其平而沿海州縣益加奮勵等因具奏奉



硃批該部議奏欽此欽遵交出到部查內洋形勢原與內地迥別山嶼島嶼州縣實未經由及至失事地方官冀免處分不無故為駁詰或推委外洋兼卸鄰縣輾轉移查經年不結并有關提船戶事主指認洋面以致拖累無窮均未可定應如該按察使所請行文沿海督撫將內外洋并兩三縣及兩省相鄰界限不清之處轉飭沿海州縣會同營員勘明某省某縣界址繪圖造冊彙送吏兵二部存案嗣後遇有盜案訊明界址按圖通報則文武各官不致推諉而事主亦無拖累之虞矣至於內洋失事亦應如該按察使所請其文職處分照內地無墪防處所失事武職處分之例初參停其陞轉二參罰俸一年三參罰俸二年四參降一級留任如此庶沿海州縣處分皆得其平而責有攸歸各相感激益加奮勵不致互相推諉矣俟

命下之日臣部等衙門載入例冊速行各省衙門一體遵奉施行奉

旨依議欽此

三十年十二月刑部奏言本部會同吏部兵部議得



據江南總督高晉刑部尚書協辦大學士仍暫留江蘇巡撫任莊有恭奏籌辦巡防海洋事宜請立章程一摺查海洋失事如在內洋尚有某州某縣可以指目若在外洋不見何岸本無一定疆界可以指劃惟海舟以六十里為一更計自某處放洋行至被劫處所約有里數若干定為何州縣營汛所轄洋面乃地方文武泥於定例遇有報失必帶同事主關訂鄰封營縣定期會勘以致千里遠商守候羈延苟失物無多或甘隱忍不報且洋面未經勘定則承緝之責尚

無所歸輾轉遲延必致盜逸贓銷難於捕獲臣等查江省洋面自某縣至某縣計有里數若干各營久已繪有定圖應請將所繪洋圖再加較正飭發沿海州縣并送部存案嗣後內洋失事仍照舊例文武帶同事主會勘外如外洋失事聽事主於隨風飄泊進口之處帶同舵水赴所在文武不拘何衙門呈報但須隔別訊明由何處放洋行至被刼處所約有里數若干即將該事主開報贓物報明各該管印官員該文武即查照洋圖定爲何州縣營汛的轄倘有規避處



分互相諉卸指使事主捏報他界者查出即行嚴參該文武查明洋界一面飛關所轄州縣會營差緝其事主即予省釋毋庸候勘至於詳報督撫衙門無論內外失事總以事主報到三日內出詳馳遞以便據報徑到海關各口將稅部贓單互相較核有貨物相符者即可知盜船於何處進口船主何名其稽查關口之員役如於文檄未至之先能查出匪船拿獲稟報者官弁則照例議叙吏役則酌量給賞如奉到文檄能按照單簿據實查出飛移所在地方官將盜犯

拿獲者并免其盤查不實處分等語查盜刼之案必須迅速緝拿斯人犯不致遠颺贓物亦易查獲至商人報盜一經訊明自應即行省釋勿使輾轉羈留致滋延累應如所奏辦理奉

旨依議欽此

三十一年正月初八日奉

上諭近據江蘇浙江廣東等省節次拏獲海洋盜犯多人業已盡法懲治此等積匪或一人連犯兩省之案或一案牽連數省之人疊纍刦案已閱多年此時始行發覺皆由從前各地方官遇有商船被刦之事每以事涉海洋畏難不



肯訪緝又或因水面所轄地界毗連可以互相推諉彼此捺擱遂至縱盜養奸釀成積案已將各年疎防之文武各員交部嚴加議處矣今三省盜夥就獲者幾及數百名恐匪船往來洋面潛踪刦搶似此者尚復不少若不嚴加搜捕盡絕根株何以靖海疆而安旅舶常思此等海盜糾夥行兇雖在洋面而所竊贓物不能不向城市變賣其妻孥家屬亦必於陸地寄居即如浙省獲盜之案亦因賊犯宋三竊贓包褳敗露遂得尋線跟求弋獲多犯試思地方員

弁平日留心察訪見有行踪詭秘並衣物可疑者隨時盤詰鬼蜮復何所遁形至界連數省之處盜匪出沒每聞此地嚴拏卽竄入彼境以圖避匿若彼此同心上緊協緝則四路堵截匪徒又從何狡脫乎總在封疆大吏嚴飭有司實力稽查設法踹捕洋面永遠清淨方不負緝暴安民之意倘此後該地方官復敢因仍故智玩視盜案不行嚴察查拏及諱匿不報者一經發覺必重治其罪該督撫等不能嚴切謹飭責有攸歸朕不能爲之寬貸也將此通行曉諭知之欽此

三十五年六月吏兵二部奏准嗣後盜從外洋行刦之後散黨登岸混冒入口武職守口官失於覺察者降一級留任若盜由海口以內奪坐船隻出洋爲盜將武職失察守口各官降二級調用則例

又兵部奏准嗣後商漁船隻實被強刦搶報搶奪者照諱盜爲竊例議處屬員諱匿已經告發武職上司不查明揭報題參者照徇庇例降三級調用同上

謹案是年吏兵二部欽奉

諭旨將文武處分則例四十七門逐一較核酌擬增改陞



續奏准通行茲錄其與本書關涉者又防海備覽載雍正七年議准一條與此大畧相同茲并錄焉於以見我

朝兢兢弭盜安民之意歷久彌昭云爾

三十六年三月吏部奏准匪船汎口地方沿邊私駕出洋者將失察地方文職官地方官并守口官均照不實力稽查例降一級留任查沿海武職原係分防巡緝所屬沿邊各處理應巡查遇有匪徒沿邊私駕出洋失察處分自應較文職加重應將失察之耑汎武職并守口員弁均照不實力稽查例加一等降二級留任如承審官於獲犯時意存迴護不將盜匪偷越地方究明指出者將承審官照徇隱不報例降二級調用

三十八年兵部咨稱海洋遊巡接緝員弁係照派定巡哨日期限滿緝賊不獲分別查議與地方專汎之員例應接緝一年限滿議處者不同是該員等於巡期限滿之時卽應咨參自毋庸彙至一年始行送部致寬例限應令該督嗣後凡接巡員弁俟巡哨期滿

即行送部議處以符定例

四十五年八月奉

上諭本日兵部進呈引見武職人員履歷內有廣東守備王騰鳳係因洋盜未獲部議降調送部引見之員已飭令該部將名簽掣扣不准引見本年粵省盜犯韓廣石等糾夥多人糾刦洋面各營弁如果留心盤詰於該盜犯等初次下洋潛行上岸時嚴查密訪緝獲無難何致海洋有屢行糾刦之事乃該員弁等平時既不能實力查緝及至盜案發覺部議降調該督撫復為出具中上考語給咨送部引



見是適啟其僥倖之心於海疆營伍大有關繫王騰鳳著即照部議降調嗣後廣東福建等省凡有外海水師營分各該員弁如有似此失察洋面盜案者俱著照部議實降內閣票擬時毋庸雙簽進呈欽此

四十七年二月吏部奏言查例載匪船偷越出洋如承審官於獲犯時意存迴護不將盜匪偷越地方究明指出者將承審官降二級調用等語今據閩浙總督陳輝祖奏稱閩省沿海各屬通達外洋守口弁兵得規縱盜承審各員每瞻顧徇隱不切實根究請嗣後審理洋盜之員務將各盜究明實在出入口岸有無得規縱放並出口時係稱何項生理同夥幾人迨刦贓後又載有何項貨物掛驗而入由此逐細追求難以巧圖規避倘仍有任聽各盜信口妄指不究出實在口岸者即嚴參從重議處等語應如所奏即嚴飭所屬實力奉行倘有仍前任盜妄供不將實在口岸究出者該督撫即行嚴參臣部將承審官照例議以降二級調用仍從重議以實降加級紀錄不准抵銷該督又稱海洋盜案與陸路不同陸路必盜憑報



案贓憑主認始可定為正盜若洋面失事各該事主或因距城遙遠或畏懼守候往往隱忍不報該地方官輒拘泥查無報案証佐無憑不即緝拿究治並請嗣後海洋盜案地方官一有訪聞立即查勘緝拿一俟獲犯訊明供認不諱者只須查起贓物詰訊明確即無事主認贓亦即按律定擬不得稍存輕縱倘仍有拘泥觀望不即緝拿究治者即以縱盜嚴參等語是亦慎重海疆弭盜安良之意亦應如所奏嗣後海洋盜案地方官一有訪聞立即查勘緝拿一俟獲犯

審訊明確即按律定擬招解倘有仍前拘泥觀望不即緝拏究治者經該督撫查參臣部將該地方官即照諱盜例革職如此明定科條庶承審承緝各員不致瞻顧因循而守口員弁等亦必咸知警惕則兇盜不致漏網於海疆地方不無裨益俟
命下臣部通行沿海各督撫一體遵照并載入例冊永遠遵行奉
旨依議欽此

五十一年七月二十三日奉



上諭據孫士毅奏拏獲外洋行刦盜匪譚華瑞等八名搜獲匪船一隻並過山烏一桿噴筒三枝火藥一觔嚴究來歷據供係外委趙承恩兵丁吳有亮得錢租賣現在從重究擬請將該管員弁及署鎮副將王廷春革職示儆提督竇瑸交部嚴加議處一摺海洋一帶奸宄潛藏盜刦固所不免至弁兵等有緝匪安良之責軍火利器藉以防奸捕盜最關緊要乃外委趙承恩兵丁吳有亮竟敢私將火藥火器租賣與譚華瑞等行使此與藉寇兵而資盜糧何異其藐玩實出情理之外所供因譚華瑞等托稱鹽船放夜需用實不知伊等爲匪之語斷不可信該督務須徹底根究即使平日審無豢賊養奸彼此分贓情事亦應與盜犯一例科斷以示懲儆至該管員弁漫無覺察所司何事均著照所請革職竇瑸係專閫大員亦難辭咎著交部嚴加議處并著通行飭諭各省營員兵丁嗣後務知守法防奸倘再有貪利不法豢縱盜賊偷賣火器火藥等情即照此案嚴辦各該管營弁亦應時刻嚴查毋得疎縱將此通諭知之欽此

嘉慶二年兵部咨稱兵船巡緝洋面帶同商船行走



遇匪既可緝拏商船亦藉此保護恐日久廢弛弁兵需索務嚴密查察有犯必懲律例統纂

四年三月兵部奏言查定例內開水師員弁遇有疎防盜刦案件無論內外洋面分巡兼轄專汛各官初參降一級留任二參降一級調用總巡統轄各官初參罰俸一年二參降一級罰俸一年又拏獲鄰境盜犯任內如無承緝疎防之案准其送部引
見如有承緝盜案准其以拏獲二案抵銷本任承緝一案各等語歷來凡遇海洋盜案均照此例辦理嗣因閩浙

水師疏防之案較多按例議處節經實降實革以致水師乏人據前任閩浙總督魁倫請將水師人員寬免從前疏防處分并嗣後毋論本轄與鄰境能拏獲盜賊一案卽准其抵銷本任承緝處分一案等因於嘉慶三年六月初六日經軍機大臣會同臣部議准遵行在案續據兩廣總督吉慶以水師人員降革較多遇有缺出一時不得其選請照內地陸路無墩鋪四參降一級留任之例議處經軍機大臣會同臣部議覆准照陸路設有墩鋪四參降一級調用之例辦



理等因於嘉慶三年十月初二日奏准遵行亦在案臣等伏查各省海洋情形大畧相同是以定例並無區別若僅將粵東水師改照陸路處分而別省海洋仍照向例議處是同一水師處分已屬兩歧各省拏獲洋盜事同一律若分別各省分予以抵銷未免畸重畸輕行之日久必致滋狡吏奸胥高下其手之弊自應明定章程以歸畫一臣等謹按各省海洋地方遼闊緝捕宜嚴處分過輕誠恐巡哨各員捕務懈弛轉致疏縱處分過重則降革較多又未免水師乏員

一時難得其選惟前次議覆兩廣督臣吉慶條奏將水師處分改照陸路設有墩鋪之例定議似覺輕重適均於各省現在情形較爲允協請嗣後閩浙江南廣東山東等省水師人員遇有疏防盜案一體改照陸路設有墩鋪之例初參分巡兼轄專汛各官住俸二參無獲降一級留任三參無獲降一級仍留任四參無獲降一級調用總巡統巡之員二參例止降留罰俸自應仍循其舊毋庸另行更議至拏獲盜犯抵銷本任之處先據閩浙總督魁倫奏准拏獲一案抵



銷本任一案亦屬鼓勵人材用資緝捕之道應請嗣後各省水師人員能拏獲洋盜一案無論本轄鄰境俱准其抵銷本任承緝一案如並無承緝疏防之案遇有拏獲仍照向例辦理如此酌中定制庶核議水師人員統歸畫一其緝捕懈弛者不卽弋獲終歸降調既不致倖邀寬縱而緝捕勤能之員參限較寬亦不致遽罹降革似於惜材捕盜勸懲兩得其宜如蒙
俞允臣部載入例冊通行奉
旨依議欽此

五年閏四月兵部奏准水師各營如遇連界地方報刼之案事主於何營呈報該營卽速知會連界之汛帶領事主赴洋會勘確實立卽呈報督撫一面令關口員弁將稅簿贓单較核呈驗一面卽嚴飭水師各營勒限緝拿一俟疎防限滿卽將曾否獲賊開具職名照例題參如有藉詞躭延並不赴洋速行查勘依期呈報及題參踈防逾限至半年以上者係守口之官查驗遲延卽將守口官員降一級調用若係巡洋官弁會勘遲延卽將巡洋官弁降一級調用或統巡



官轉報職名及督撫題參遲延者均降一級留任

七月總督吉慶奏畧言竊照粵東沿海窮民素無恒産類皆自造漁船出海採捕稍獲微利養贍身家惟查從前濵海州縣往往借給船照需索陋規而礮臺弁兵及海口巡檢復以稽查驗照爲名到處勒取規銀運鹽船隻硬要魚蝦擾累多端以致窮蛋所得魚價除應付規費外所剩無多不足以資養活不免饑寒遂起盜心竟有出海爲匪以及被盜擄捉不愿回籍者海洋盜匪逐漸增多未必不由於此經臣出示

嚴禁札飭革除不許絲毫需索雖較前稍知畏懼但恐不肖官弁日久故態復萌必須奏明嚴立章程方可永久無弊漁戸不致失所海洋可期平安應請嗣後凡有漁船應行給照該州縣必須當堂親自給發不許假手書役私取陋規經由海口礮臺弁兵及該管巡檢亦不許需索分文鹽船不准硬取魚蝦自奏明後如敢抗違仍有勒取情事許漁戸控告不論文武員弁兵丁先於海口枷號一年示衆滿日仍按律問擬庶沿海文武員弁兵丁各知畏懼不敢仍前擾



害而漁戸安居樂業逐漸從容自不敢有爲盜之心卽已爲盜者亦必聞信歸回正本清源實有裨益

八月兵部奏准嗣後各省遇有巡船遭風之案巡洋員弁迅速呈報督撫如延遲一月以上者降一級留任三月以上降一級調用六月以上降二級調用九月以上降三級調用一年以上革職至總督巡撫一聞禀報卽速差員覆勘明確出具保結題請修補其具題日期請以半年爲限如於半年之外遲延三月以上者督撫罰俸一年六月以上降一級留任一年

以上降一級調用二年以上降二級調用均於具題本內先行聲明有無遲延如或逾限臣部按其年月會同吏部照例議處

十一年刑部咨稱據署直隸總督裘行簡咨稱大江洋海官弁兵丁乘危搶奪傷非金刃傷輕平復應發伊犂一條細繹例意誠以出哨官兵見商船遭風覆溺並不急為援救輒敢乘危搶奪拒傷事主不法已極是以從之遠方若將此項人犯與內地搶奪傷人者一體改發似覺無所區別應請仍發伊犂毋庸改發



內地等因咨請部示查官弁兵丁在洋乘危搶奪傷人一條情節雖重惟究係因船遭風乘機撈搶與有心在江洋搶奪有間且係比例發遣原例既經改發內地自應一體改發以歸畫一本部業已與強姦未成毆傷本婦等三條一體修改所有該署督咨請毋庸改發內地之處應毋庸議并通行各督撫一體遵照可也

十二年五月十七日奉

旨孫玉庭奏拏獲在洋疊劫盜匪及守備不設之汛弁審明分別辦理一摺此案外委劉大光於賊匪刦掠礮臺之時即督率在臺兵丁放礮轟擊並無退縮不前情事嗣因奮力抵敵趕前殺賊被盜匪梁亞金等先後砍傷左臂膊右後腿等處滚下石角昏迷不醒是該外委抵敵不住尚屬有因且受傷屬實並無揑飾情弊該撫請將劉大光革去外委依守備不設被賊侵入律擬以杖一百發近邊充軍未免法重情輕其平時不能防範咎有應得革去外委已足示懲不必再行按律科罪至議兵丁何思鳳與徐承伏蘇連升張得雄均問以杖一百徒三年至配所各折責一



節所擬亦未允協兵丁徐承伏蘇連升張得雄抵賊不住被梁亞金等擄捉下船押禁船底自應問以杖徒何思鳳因見劉大光被賊砍傷跌倒即同兵丁元秀趕上救護該兵丁亦被賊用刀砍傷左腿倒在石角之旁若與未經受傷之兵丁徐承伏等一律科罪殊不足以昭區別何思鳳著革退兵丁不必再行科罪其禦盜受傷身死之兵丁元秀著照例議卹其餘各犯罪名著該部核議具奏欽此

十九年二月兵部奏言臣部則例載失察盜案處分有窒礙難行者如海洋同日在一處連刼處分倍重

但武職各官於此等重案能限内全獲盜犯自可以功抵過即拿獲及半過半兼獲首者亦應寬其失察處分以勸緝捕乃例載限内全獲始行開復海洋連刧之案限内獲盜及半兼獲盜首均仍予減等議處實爲過嚴不足以示勸懲且易啟諱匿之弊至海洋風信靡常而例載福建浙江廣東等省海洋會哨均著有定期倘是日適遇暴風該鎮等畏懼違誤處分以致冒險失事殊有關係再巡洋捕盜較陸路爲倍難而處分比陸路較重每遇失事一案開參到部有



事汎兼轄統轄委巡分巡總巡統巡隨統巡隨總巡隨分巡以及兩箇月三箇月四箇月半年一年接續輪巡各項名目多至十餘員少亦八九員不等每遇開參該督等輒以微末之員充數至有以千把等弁代理總巡分巡及一人而兼四五任者及由部查取越級濫委職名輒以一時乏人通融辦理爲詞實屬有名無實再海洋接緝盜案之員兩箇月三箇月四箇月初次巡期無獲開參到部例止記過圖功須下次輪巡不獲始予罰俸若下次不復輪巡即予免議

是記過圖功實屬具文再海洋失事於分界處所查勘其有推諉及指使揑報他境者例有革職專條而又有降一級調用之條實屬兩歧應請嗣後遇有海洋連刧之案限滿不獲仍照例議處如能於限内獲犯及半兼獲盜首即予免議營兵爲盜爲竊窩盜窩竊之案專管官失察者仍照例議處如能自行查出究辦者即予免議督撫提鎮等於地方盜案含糊隱飾不行開參如係徇庇屬員即照徇庇例議處如係諱匿即照諱盜例議處海洋會哨由該提鎮等選定



日期豫行關會仍將會哨日期報部以憑查核不必按照部定日期或致適遇暴風冒險失事海洋盜刧之案開報專汎兼轄統轄統巡總巡分巡隨巡委巡職名總須查明失事地方界址實係該員弁管轄巡緝地面將該員弁等覈實開參或有統巡而無總巡或有分巡而無隨巡委巡之類比照道路村莊失事或有專汎而無協防或有兼轄而無統轄准其隨案聲明毋庸將各項名目全行開報徒滋具文至一時派委乏人准其按照官級遞行派委代理若以千把

微員作為總巡分巡開參并一人而兼四五任之類仍照例治以越級濫委之咎其接巡盜案之員俟下次輪巡期滿不獲例應罰俸始行送部議處以歸簡易至海洋失事分界處查勘如有推諉及指使捏報他境係屬規避私罪自應議以革職奉

旨依議欽此

八月吏部奏准嗣後盜由海口以內奪坐船隻逾越出洋行刦將奪坐船隻不行查出之地方官及守口官均降一級留任勒限一年緝拿限內全獲准其開



復不獲照所降之級調用如於限內獲盜過半兼獲盜首其原議降一級留任之案三年無過准其開復若三年內有能拿獲別汛奸船即准其抵銷開復

總督巡撫提督總兵按年輪巡自行查閱營伍如有千把等官年力衰頹弓馬不堪經總督巡撫提督總兵查出參劾者將不豫行揭報之該管上司亦按照該屬員降革勒休分別議處中樞政考

巡洋官員由統巡總兵按季照例輪派務於應屆出洋之前先期派定並將職名一面具文造冊送部一面移送督撫提督查覈並將具呈報部日期塡明春季不得逾正月夏季不得逾四月秋季不得逾七月冬季不得逾十月如呈送遲延按其違限月日分別議處

水師各營配兵出洋務須慎選明幹弁兵實力巡哨並將原派將備銜名先報督撫存案倘該弁兵等在洋遇有匪船退縮不前轉被盜刦該督撫等查明即將本船弁兵嚴行治罪原派之將備參奏革職仍令自備資斧在於洋面効力三年方准回籍該總巡總



兵照例議處

總兵官不親身出洋監督官兵巡哨副將以下等官不親身出洋巡哨者該總督揭參總兵各照例議處總督提督總兵不據實揭參提督總兵均照徇庇例議處總督巡撫交吏部覈議

福建浙江江南廣東山東海洋按期輪派官兵巡哨若行船被刦毋論內外洋面限滿不獲將專汛兼轄分巡外委各員及委巡隨巡與統轄總巡統巡各官分別參限照例議處

海賊登岸侵犯城池殺傷兵民未能卽時擒獲或海賊上岸焚燬鄉村刦擄男婦或祇係被賊擄刦並未焚燬鄉村者專汛兼轄統轄統兵提督各官均照例分別議處在洋分巡隨巡官照專汛官例議處總巡統巡官照統轄官例議處至失事地方兼管官聞賊已經申報兼統各官聞報退縮不前或提督總兵聞報不卽帶兵進勦以及賊船飄突奪船擄兵同行總兵將備不行率師追擊以致官兵損傷者亦各照例分別嚴議如海邊居民被賊登岸刦掠並未掠去男婦亦未焚燬鄉村者該督撫題參



疎防照海洋失事例議處若海賊乘夜八城殺傷兵民者專汛官雖經擊退受傷仍將專汛兼轄統轄各官照例處分如海賊登岸並未殺傷兵民卽能擊勦殺退者免議

地方失事該汛原有經制專汛之員該管官不將經制職名開報糾參以外委塞責題參者呈報轉報并提督總兵各官均照例分別議處其原未設有經制專汛官止派撥外委巡防者如遇失事該總督巡撫提督於題參疏內聲明止將外委參處疎防

沿海巡查武職并守口員弁失察匪船不由汛口沿邊私駕出洋者均照例議處若匪船私駕出洋駛回時洋面尚無失事報案該管武職能細心盤察獲犯解究者免其從前失察處分如案已別經發覺知會關拏始行盤獲破案者其從前失察沿邊私駕之處量行酌減議結倘官員於獲犯時意存迴護不將盜匪偷越地方究明指出者亦照例處分

外國夷船被刦巡洋各弁失於防範初參限滿不獲將分巡委巡專汛兼轄總巡統轄各官及統巡總兵各照例分別議處



駐防水師旗員領帶兵船出洋巡哨或駕船赴廠修理陡遇暴風擊碎船隻該水師官員卽速呈報該將軍等委員確驗實係人力難施並非管駕不愼出結保題免其賠補動支錢糧修造如有揑報情弊將揑報之員參革提問濫行出結官并失於查明具題之將軍等各照例分別議處

船隻配載官兵出洋巡哨俱令照向定兵丁額數配駕倘出洋時不如額配足以致船隻不能管駕遭風

擊碎者將派撥之員與失於稽查之總巡及總兵各
官均照例分別議處其船隻著落巡哨各員賠造俱同
上
道光八年八月刑部會奏言閩浙總督孫爾準浙江
巡撫劉彬士奏籌議海洋盜案參緝章程一摺查例
載外洋失事聽事主在文武衙門呈報該衙門卽訊
明被刦處所里數查照洋圖定爲何州縣營汛所轄
飛關會緝事主毋庸候勘等語詳繹例意原以洋面
茫茫巨海卽熟悉洋面之人倉卒亦難確指若俟會



勘差緝必至盜逸贓銷且事主守候審勘廢時失業
立法本極周詳茲據閩浙總督浙江巡撫會議奏稱
遇有商民呈報在洋被刦之案各營縣先將事主多
方詰訊如失事在交界處所卽互相推諉迭傳事主
赴洋會勘經年累月弋獲無期應如該督撫等所奏
嗣後外洋失事之案無論本省鄰省總以事主初呈
所指被刦地方爲准如有不能指實地名者卽於報
案時將洋圖令其指認地方官一經據報在本縣該
管洋面被刦卽行緝拏贓盜一面移會交界縣分一

體查緝如事主報呈指明係在鄰縣及鄰省洋面被
刦者該縣卽一面緝拏一面將原報呈詞飛移失事
地方并詳報該督撫分別咨行毋庸傳同事主會勘
仍令該督撫等嚴飭所屬不分畛域實力奉行以期
洋面日就肅清商旅無虞擾害並通行管轄洋面省
分各督撫一體遵照辦理再該督撫等奏稱拏獲盜
犯審明被刦地方若係事主原報錯誤於定案時將
失事處所該管員弁照例補行參處所有原參員弁
處分准其查銷倘有藉詞推諉或令事主改換呈報



或令盜犯捏供別處者均照規避例參革究辦等語
均應如該督撫等所奏辦理並通行管轄洋面省分
各督撫一體遵辦仍令該督撫等各將所轄地方洋
面詳細繪圖送部備查奉
旨依議欽此
十三年八月兵部奏言查巡洋定例無論何省皆以
總兵爲統巡其次有總巡分巡委巡隨巡名目遇有
失事應與該管洋面之專汛兼轄統轄人員一併開
參分別議處近來海洋失事之案往往祇參專汛兼

統一二人餘悉置之不議迨臣部隨案飭查始行開參而限期已逾案多懸宕並有積至數案而始開參者名爲從嚴其實轉多遺漏致巡洋員弁徒有巡哨之名並無巡緝之實揆之定例既有未符且恐此端一開巡洋人員遂以議處不及漸生懈弛之心海洋寥廓匪船飄忽稍一失機即易竄逸不分責於協緝而欲以一二專兼之力肅清海面勢必有所不能再查海洋失事之例自統巡以次悉令勒限緝賊正以限嚴則人人有贖免之思責專則人人爲切身之計或可力圖奮勉蓋補前愆若一遇刦案即請降革並不限緝則本員既得立身事外置本案之盜於不問而接緝之員又以限滿不獲例不過罰俸完結未必肯實力緝捕是似嚴於懲辦而實寬其責成應請

旨飭下有洋面地方各督撫提鎮遵行奉

上諭嗣後閩浙督撫提鎮暨有洋面地方各督撫提鎮凡遇有海洋失事將專汛兼轄統轄統巡總巡分巡委巡隨巡各員弁均照例按限開參勒令緝賊不得一案祇參一二人亦不得積至數案始行開參倘仍蹈前轍即



將該督等交部照規避徇庇例嚴參議處不貸欽此

沿海各省所屬陸路濱海沿口及江河中流要處該總督巡撫提督總兵詳酌確勘設立巡船在於該處巡緝遇有失事照地方失事無墩鋪之例辦理若於限內卸事照離任官例議結道光九年兵部則例

右處分

廣東海防彙覽卷二十九終

廣東海防彙覽卷三十

方畧十九

所城

東路潮州府

饒平縣

黃岡鎮城

潮防同知黃岡協副將及協標左營都司駐劄所營冊

在饒平治東南九十里明嘉靖二十七年倭寇蹂躪知府郭春震築城



國朝順治間饒平鎮總兵吳六奇重建潮州府志

柘林寨城

原黃岡協標左營守備駐劄所嘉慶二十二年移守備於清遠營改駐千總營冊在大埕所西八里週圍八十五丈高一丈三尺與南澳對峙明季海寇亂南澳不守以柘林為重地舊城甚廣俱毀於寇

國朝康熙初改築小城阮通志

大埕所城

潮州鎮轄陸路黃岡協標分防右營守備駐劄所營冊

在饒平東南一百二十里宣化都鳳獅二山下西至柘林寨八里東至琉璃嶺二十里明洪武二十七年築週圍六百四十三丈高二丈七尺池如城週之數五十三丈為門四各建城樓敵臺嘉靖崇禎間屢修

國朝康熙三年遷拆八年展復九年重建南臨大海居民以曬鹽為業城內駐都司東界場鹽課大使逼近閩省為邊海要地潮州府志

謹案雍正九年總督郝玉麟疏稱粵省衛所陸續裁汰止存七所今將甲子捷勝平海三所議裁其



大埕海安大鵬雙魚俱止理軍屯事務别無專責應請一併裁汰大埕海安二所軍屯糧米就近歸併饒平徐聞管轄今仍駐防

南澳廳

南澳城

南澳海防同知及鎮守福建閩粵漳潮南澳總兵駐劄所營冊南澳城明萬歷四年副總兵晏繼芳建皆甃以石明亡海寇鄭成功黨陳豹楊金木杜輝先後據之

國朝康熙三年杜輝降盡遷其民内附城遂墮二十三年臺灣蕩平二十四年廈門總兵楊嘉瑞移鎮南澳先建營房屯住官兵三十四年復就舊址建城週圍六百一十九丈西北三百一十九丈屬閩東南三百丈屬粵阮通志

海陽縣

湖山城

在郡城西北週繞湖山

國朝康熙十七年築石甃高一丈寬六尺長五百一十



五丈爲門四曰紫西門西門靖北門水仙門湖山俯瞰郡城惟隔一濠當西北險隘有輔車之勢潮州府志乾隆三年總督鄂彌達奏請就腰城舊址添築城墻一百二十五丈六尺直跨城濠與郡城一式高厚另開一門與之相通城濠左右安置弔橋便民出入另設水關三座宣洩濠水郡城西北兩角建築敵臺二安設礮位輔翼腰城阮通志　總督鄂彌達奏畧潮州府城西北隅之湖山週廣十里高五十丈離城僅五十餘步中隔城濠登巔俯瞰全城如在膝下城内居民有戴戶出汲之勢其湖山之背俱係平坡高埠據之則易守禦棄之則難於防範康熙十七年潮鎮馬三奇相度形勢創築腰城恭遇昇平日久城墻圮塌窩鋪營盤僅存遺址亟宜修復但止築腰城週繞湖山及濠而止與郡城不相連屬又低薄不足以資捍禦應就腰城舊址添築城墻

澄海縣

蓬州所城

南澳鎮轄水師澄海協標中軍都司守備駐劄所營冊

在縣西南三十里近溪東大港爲海疆扼要西至達濠城三十里東至鷗汀城三十里明洪武二年建三十一年始砌以石週圍六百四十丈高一丈五尺四門各有樓月樓四窩舖二十原屬揭陽嘉靖四十二年改隸澄海天啟五年修



國朝康熙三年遷拆七年展復重修嘉慶七年復修池週圍七百五十丈深一丈廣二丈澄海縣志

南洋寨城

澄海協標右營千總駐防汛營冊　按原駐守備乾隆三年與南洋千總互移

在縣治東北四十里南洋下社環城皆水直通外海可泊戰船米穀雲集可戰可守西至鷗汀城三十里東至樟林城三十里週圍二百五十六丈高一丈八尺開東西二門創建於明洪武三年後毀於賊

國朝康熙五年遷拆七年展復重建澄海縣志

鷗汀背城

澄海協標左營千總分防汛營冊在澄海縣西南二十里夾於新港南港東港三處海口乃三面受敵之地

明季寇亂築寨以資保聚

國朝順治十四年毀於海寇康熙五年遷拆七年展復重建週圍六十丈高一丈四尺澄海縣志

樟林寨城

澄海協標右營守備駐劄所營冊在澄海縣東北三十



里西至南洋城三十里東至黃岡城四十里週圍一百四十丈高一丈四尺剏自明初後爲賊毀

國朝康熙五年遷拆七年展復重建查東隴口爲通津之地樟林密邇東隴藉城以資保聚口爲通洋總滙之地澄海縣志

潮陽縣

海門所城

南澳鎮轄水師海門營參將駐劄所會典在潮陽縣東南十五里招收都明洪武二十七年築海門城坐臨大洋先爲海口村自建城後更今名東至達濠城三十里爲縣治保障週六百七十四丈三尺

高二丈五尺天順六年修

國朝康熙二十四年重修乾隆十五年二十二年二十四年遞修潮州府志城離海二里爲門四門各有樓潮陽縣志

達濠城

南澳鎮統轄海門營兼轄達濠營守備駐劄所會典在潮陽縣東四十里

國朝康熙五十六年剏築週圍一百四十二丈高一丈五尺潮州府志



謹案達濠孤懸島嶼扼吭之地西至海門汛四十里東至澄海蓬州城四十里達濠城南十六里名河渡口卽外洋城北二十里名磊石故曰達濠接澄海揭陽迤西而上直接潮陽城駐水師守備千把招寗司巡檢招收場鹽課正副大使本港漁船千艘商民稠密與海門俱爲扼要之地

惠來縣

靖海所城

南澳鎮轄水師海門營中軍守備駐劄所會典靖海港

在惠來縣東六十里長三十餘里直達外洋海船多泊於此其城週圍五百零一丈四尺西至神泉城三十里東至海門城四十里城西北二門屬惠來營陸路東南二門屬海門營水師兩營劃地防守(潮州府志)明洪武二十七年建爲門四嘉靖萬歷間繼重修

國朝康熙十年三十八年各重修(郝通志)乾隆二年四年奉准動項修葺(司冊)

隆江堡城

潮州鎮轄陸路惠來營中軍守備駐劄所(營冊)在縣西三十里原隸海豐龍溪都又名萬興寨週圍一百五十一丈六尺五寸高一丈三尺垜口二百九十五西南北原建城樓後圮知縣楊宗秉修(潮州府志)乾隆七年准部覆動項修葺(司冊)

神泉澳城

惠來營把總分防汛(營冊)神泉港在惠來縣南十五里長三十里直通外洋城週圍二百八十丈高一丈四尺南門外有神泉礮臺駐兵防守西至陸豐縣甲子所城七十里東至靖海所城三十里(潮州府志)明嘉靖三



十三年建東西二門(郝通志)

國朝順治十三年議裁神泉司康熙元年遷地立界合民居內地六年建營堡十年修神泉靖海二城三十八年四十七年五十八年重修(惠來縣志)雍正五年又修(府志)九年移駐巡檢(司冊)

三河鎮城

潮州鎮轄陸路饒平營千總駐劄所(營冊)在新寨社舊稱粵閩關隘明嘉靖間山賊島夷寇抄爲患紳士呈請築城二年告成週圍四百四十九丈二尺高一丈五尺雉堞九百一十有八門四東曰永清南曰宣和西曰鎮安北曰拱極

國朝康熙三年毀於水饒鎮總兵吳六奇捐修增擴門樓城堞乾隆五年大修(惠來縣志)

惠州府

陸豐縣

碣石衛城

海防軍民同知碣石鎮水師總兵及鎮標中軍中營遊擊駐劄所(營冊)在縣東六十里明洪武二十七年建

週圍一千一百二十丈高二丈共四門池廣二丈二尺惠州府志

國朝康熙八年廣界重築高二丈厚一丈八尺週圍一千一百二十丈雉堞二千二百六十二敵樓四樓下闢門陸豐縣志乾隆十六年奉准動項修葺司冊

謹案雍正九年改設陸豐縣總督郝玉麟疏言軍民同知一員駐劄碣石邊海要地可資彈壓今各衙門軍糧歸新舊二縣分管該同知止理碣石海防事務太簡查惠州府原該有糧捕通判一員管



理各州縣捕務惠州府地方遼闊實難兼顧請將惠州府屬之博羅歸善長寧河源和平五縣連平一州仍令通判管轄附近碣石之海豐長樂龍川永安五縣與新設陸豐捕務悉歸該同知管理并稽查沿海一帶盜船出入至所轄各縣及沿海兵民軍務仍聽其就近審結以專責成

甲子所城

甲子巡檢碣石鎮標左營遊擊駐劄所營冊在縣東一百二十里明洪武間築高一丈八尺厚一丈五尺週圍五百九十丈雉堞一千一百八十敵樓四樓下闢門池深一丈廣八尺陸豐縣志

國朝乾隆五年六年奉准動項修葺司冊

謹案雍正九年改置陸豐縣將東海滘巡檢改爲甲子巡檢於甲子城中建造衙署移駐以資巡緝

海豐縣

墩下寨城

碣石鎮標右營守備駐劄所會典在縣治南五十里捷



勝所之右明崇禎九年築

國朝乾隆五奉准動項修葺司冊

謹案雍正九年詳議改南豐驛爲汕尾巡檢於墩下城內建署復議改汕尾巡檢爲黃沙坑巡檢

捷勝所城

碣石鎮標右營都司駐劄所會典在縣治南八十里明洪武二十八年築週圍四百七十二丈高一丈厚一丈八尺雉堞九百四十敵樓四樓下闢門四池深一丈八尺廣八尺惠州府志

國朝乾隆五年八年俱奉准動項修葺司冊

謹案雍正九年總督郝玉麟疏裁甲子捷勝二所官添設知縣所城仍駐遊擊乾隆三年改都司

歸善縣

平海所城

碣石鎮轄水師平海營參將駐劄所(會典)在城東南二百里(廣東輿圖)明洪武二十七年建城週圍五百二十丈高一丈八尺雉堞八百七十一爲門四敵樓角樓各四窩鋪七

國朝雍正七年修(縣志)乾隆三年十六年俱奉准動項修



葺(司冊)

中路廣州府

新安縣

大鵬守禦所城

水師提督轄大鵬營參將駐劄所(會典)在縣城東南一百二十里大鵬嶺之麓明洪武二十七年廣州左衛千戶張斌築週圍三百二十五丈六尺高一丈八尺城樓四敵樓四警鋪十六雉堞六百五十門三(郝通志)東西南三面環水濠週圍三百九十八丈(新安縣志)

國朝康熙十年修(郝志)乾隆十六年奉准動項修葺嘉慶十九年捐修(司冊)

東涌所城

水師提標右營守備駐劄所道光十一年新設(營冊)

東莞縣

虎門寨城

水師提標及中營參將守備右營遊擊守備駐劄所(營冊)明萬歷十六年始建城虎山前旋移山後(府志云郡出海之門二十有六而扼要者虎頭門厓門澳門也郡隸縣十有四而瀕海者南海番禺順德東莞新寧香山新會新安也厓門澳門虎門三隘爲全粵障蔽而虎門尤爲險要東莞舊志云虎門爲省會與東莞咽喉山水險要明嘉靖間海寇曾一本犯省皆由無重兵守禦故也撫按具題建寨城守設重兵鎮之)



國初毀於寇康熙二十六年建今寨於石旂嶺築土爲之週圍一百八十六丈八尺之地五十七年改建磚城(澳門紀畧)嘉慶十二年奉准動帑項修葺(司冊)十五年總督百齡奏請添設水師提督駐劄虎門移改總兵副將抽撥兵丁建造衙署兵房以資守禦(司案)

謹案移左翼鎮駐陽江改爲陽江鎮水師總兵移海口營參將改爲提標中營參將改左翼鎮中營

守備為提標中營守備改鎮標中營遊擊為提標
右營遊擊改鎮標左營守備為提標右營守備俱
隨駐虎門奉准部咨設水師提標中營中軍參將
各署
香山縣
前山寨城
海防同知及水師提督轄香山協副將陸路提督轄
廣州協外標前山營遊擊守備駐劄所營冊北距香山
縣一百二十里而遥南至澳門十有五里而近明天



啟始立寨澳城明季創自佛郎機萬歷中總督何士晉采香山令葉善繼言下令隳澳城天啟時海道副使何如珂始克盡隳之初嘉靖時有請復通市蕃貨給事中黃希文力爭之蕃舶禁絕已而巡撫林富言互市有四利詔從之諸蕃之復通市自林富始十四年都指揮黃慶納賄請於上官移舶口於濠鏡歲輸課二萬金澳之有蕃市自慶始三十二年蕃舶託言舟觸風濤願借濠鏡地暴諸水漬貢物海道副使汪柏許之初僅茇舍後奸民牟利者漸運瓴甓榱桷為屋佛郎機始得混入久之遂為所據蕃人之入居澳自汪柏始佛郎機既據澳至萬歷二年建閘於蓮花莖設官守之而蕃夷之來日益衆吏茲土者皆畏懼莫敢詰甚有利其寶貨佯禁而陰許之總督戴燿在事十三年養其患香山縣知縣葉善繼條議制澳十則上之然蕃乂匿倭賊四十二年總督張鳴岡檄令驅倭出海因上言申明約束以制澳夷部議從之因設參將於中路調千人戍之皆用海道俞安性之議也海道副使其屬有海防同知安性復條具五事勒石永禁與澳夷約一切受海防同知管轄天啟元年改設參將於前山寨設立兵弁防制漸密終明之世無他虞　國朝因之康熙三年改為副將未幾以左營都司代　阮通志

國朝康熙五十六年建土城週圍四百七十五丈高九
尺每城二十丈增築子城一丈凡二十四丈為門三
北偪於山故不門起礮臺兵房於西南二門之上臺
各置礮四位分置城上者六二門外復建臺列礮各
十雍正八年設縣丞乾隆八年以肇慶府同知改設
前山寨海防同知同知印光任上控制事宜七條十三年夷兵頭若些匿罪人啞嗎嚧安哆呢經總督策楞奏明勘問西洋亦遣使庇利那至依擬定獄同知張汝霖與香山令暴煜詳籌善後



事宜十二條勒石漢蕃文各一通而前山之勢益重澳門紀畧嘉慶十四
年總督百齡巡撫韓崶奏請設立專營控制澳門按乾隆十年設海防營駐前山撥香山協右營把總一員虎門協右營把總一員過營隸海防同知管轄
移平鎮營遊擊守備兼撥千總外委駐劄作為前山
營隸左翼鎮管轄十五年因設水師提督區分水陸
改歸廣州協轄司案兼採營冊
黃梁都城
香山協標右營都司駐劄所營冊黃梁都有巡檢司城
方一里都司戍之澳門紀畧　阮通志云香山地居海濱在在險要東南黃梁一都孤

懸海島雍正十年添設巡檢一員駐劄彈壓乾隆二年建黃梁都斗門墟
土城在縣南一百五十里週圍二百丈高七尺五寸
上厚四尺下厚五尺土臺一座礮九位知縣李景厚
經理其事香山縣志

咢草土城
順德協左營千總駐劄所詳礮臺

新寧縣

廣海寨城
陽江鎮轄廣海寨水師中軍遊擊守備駐劄所營冊在



縣西北十里本新會縣地明宏治中改屬新寧大清一統志
舊屬新會禱州巡檢設於望頭鎮以其地置衛
所刱築城池洪武三十年指揮使夏必振增築週圍
九百三十二丈九尺高二丈二尺爲門四城樓四雉
堞二千四百警舖四十三郝通志
國朝乾隆二年奉准動項修葺司冊

那扶營城
肇慶協轄陸路那扶營都司駐劄所營冊在縣西南一
百二十里原守備駐劄新寧縣志乾隆五年嘉慶十五年
俱奉准動項修葺司冊

西路肇慶府

陽江縣

北津城
陽江鎮標左營千總駐防汛營冊在縣南三十里高一
丈五尺厚四尺有奇週圍二百八十丈門三樓四
國朝康熙十年修尋廢十八年重修添設後山礮臺子
城肇慶府志　葉春及記許恩既居北津以蠶合沙土築城自守恩去日圯萬歷十四年春郡丞方公
因恩之舊亦蠶而築之週圍二百二十丈高一丈五尺基廣半仞上有雉堞其高如基之廣門三中爲按



察分司左爲欽依總司又左以居分總右則備倭之署皆西向負山罨江所違也兵民相錯以居南門外
闢講武場容萬人中有亭場東濱海有陵登而望之不知幾千萬里亭其上日望海嘉慶十五
年改設陽江鎮新定營制兵額駐千總一員步守兵
三十九名防守營冊

雙魚所城
水師陽江鎮標右營千總駐劄所縣冊在縣治西南一
百五十里明洪武二十七年建週圍四百八十丈厚
一丈高一丈八尺門樓各四
國朝康熙十年重修肇慶府志乾隆四年奉准動項修葺司冊

太平驛城

陽江鎮標右營把總駐防所營冊在縣西一百一十里

嘉靖四十五年築城週圍三百零六丈東西門各一

窩鋪九肇慶府志

國朝乾隆四年奉准動項修葺司冊雍正四年總督郝玉麟疏稱陽江縣太平驛陽春縣安樂驛惟管發配徒犯并非往來應付夫馬船隻之員應請裁汰但太平驛係衝要之地請添設巡檢專司捕務查緝姦匪其衙署即在太平驛駐劄毋庸添設

蓮塘驛城

在縣東北六十里明洪武間建驛嘉靖間築城週圍



三百零六丈高一丈二尺肇慶府志現設把總一員兵三

十名防守縣冊

雷州府

海康縣

海康所城

高州鎮轄陸路雷州營左營把總分防汛營冊在郡西

南一百二十五里逼近大海明洪武二十七年剏築

國朝康熙八年重修雷州府志

遂溪縣

樂民所城

雷州營右營外委駐劄所營冊在郡西一百二十里西

通潿州雷州府志

白鴿寨城

國朝康熙九年初築十年復水師哨船分隸白鴿寨縣冊

原設守備駐寨內後於四十二年添設潿州營移守

備駐潿州白鴿寨裁會典乾隆元年移雷州右營守備

駐劄動項修葺嘉慶十五年移守備於東山墟改爲

東山水師營司冊兼採營冊



徐聞縣

海安所城

瓊州鎮轄海安營水師遊擊及中軍守備駐劄所營冊

在縣治東南博漲村洪武二十七年剏建宏治十四

年遷賓樸村始築石城正德五年增修雷州府志兼採方輿紀要

國朝康熙元年雍正七年乾隆五年遞有修葺嘉慶六

年奉准動項修葺司冊

謹案府志海防海安營在徐聞縣南二十里距海

三里渡海即爲瓊州康熙八年統歸高雷鎮管轄

乾隆二十七年改隸雷瓊鎮嘉慶十五年奉文改隸陽江鎮今歸瓊州鎮轄

錦囊所城

雷州營左營千總駐防汛（營冊）在新安村（郝通志）縣東百里明洪武二十七年建萬歷三十二年修（雷州府志）

謹案城在郡東南一百八十里南通外蘿門東通北莉海北與海康淡水汛相應援原設守備一員奉裁移雷州營左營守備駐防今守備撤駐縣城撥千總一員駐防



廉州府

合浦縣

白龍寨城

龍門協右營分防把總駐劄所（營冊）在府南六十里屬合浦縣週圍三百三十丈有奇城高一丈八尺東西南三門明洪武間剏建合浦縣珠場司巡檢駐（廉州府志）

永安城

瓊州鎮轄龍門協右營水師守備駐劄所（營冊）縣東一百八十里西南抵海東抵石城北抵博白界聯三縣

城週圍四百六十一丈高一丈八尺濶一丈五尺濠週五百丈明洪武二十七年建於今治

國朝康熙二年移廉防同知駐劄其地後同知遷欽州防城雍正二年令合浦縣丞移駐與龍門協右營水師守備同城（廉州府志）

欽州

防城

防城巡檢及龍門協把總駐劄所（州冊營冊）在州城西南二百里明萬歷三十四年剏建土城週圍一千九百八十丈（廉州府志）防城乃交阯自海登岸入中國之要隘爲欽廉門戶前人之城防城有深意



焉（阮通志）

國朝康熙十一年修（郝通志）龍門協左營守備及同知駐劄防守雍正十三年設龍門巡檢乾隆四年移駐防城（廉州府志）

謹案司冊原管界司巡檢於乾隆元年奉准部覆改爲龍門司巡檢移駐龍門續於乾隆十二年題准部覆將防城同知移駐龍門以龍門巡檢移駐防城改爲防城司又據營冊乾隆四年因安南內

訌移守備駐東興府志誤混

瓊州府

瓊山縣

海口城

瓊州府海防同知瓊山縣縣丞瓊州水師參將及中軍守備駐劄所縣冊營冊在郡城北十里明洪武閒築防倭週圍五百五十五丈高一丈七尺廣一丈二尺成化十三年增築攔馬墻

國朝康熙六年十年十一年二十四年乾隆五年十六



年俱奉准動項修葺司冊

文昌縣

清瀾所城

在縣城東南二十里明洪武時建三百四十步東西二門廣東輿圖舊在清藍都洪武萬歷閒土賊林鳳攻陷徙建於南砣都陳家村築以石

國朝康熙元年大水圮壞七年修葺今設巡檢駐守以資巡緝文昌縣志

崖州

樂安所新城

巡檢及崖州協陸路千總駐劄所州冊營冊在州北去州城一百五十里明萬歷四十四年剿抱由羅活二洞叛黎繼議先後招降題築堡屯兵戍守舊抱由口前瑞芝山爲樂安霞牒之衝名爛紅溝地方建立磚城週圍四百丈連南門月城在內高一丈二尺東西南城門三郝通志

國朝乾隆二年奉准動項修葺司冊

廣東海防彙覽卷三十終

廣東海防彙覽卷三十一

方畧二十

礮臺一

新安邑濵東南枕山帶海省會之門戸係焉往往山海二寇出沒西北民甚苦之今有營兵棋布星密雉堞高崇所恃無恐然欲得以先聲制敵者惟銃礮耳尋會南頭寨議於西門臨海之地建臺一座俟告成日請發大銃安備堵禦俾鯨鯢聞風息浪此亦未雨綢繆之一議也（明知縣周希曜條議　新安縣志）



國朝康熙元年遷海時急水暗舖礮臺二座又十里一臺五里一墩凡十六所（遂溪分界臺　北丫墩　新水臺　北坡墩　東坡平墩　慎敎臺　黃竹根墩　深田臺　息安墩　那里坡墩　鵪鴣林墩　鷄公嶺臺　金花垌墩　高橋岡墩　梓木岡　新屋村墩）分撥城守兵巡海臺六名墩四名把總一員督率二年增設礮臺官兵六十名內千總一員戰兵三十四名守兵十五名其職則出哨巡海其兵器則弓箭鎗礮其錢糧則月俸月銀其查邊則大人每歲一臨本府文武官與焉其修邊柵則各都保長其大礮臺創造則甲里任之七年展海邊界撤各墩臺存留舊者一（暗舖礮臺）更設新者四（龍頭沙臺　三墩臺　烏兎臺　東村臺）以防守焉二十三年督院親臨巡查相視邊界更定營制化石營石城汛千總把總各一員兵一百名總以礮臺千總一員分防石城城池急水礮臺等汛其城池塘汛共安馬戰兵一十名步戰兵二十名守兵七十名（共一百名）急水礮臺（兵六十名）龍頭沙（兵十名）三墩（兵十名）烏兎（兵十名）東村（兵十名）各臺共安馬戰兵十名步戰兵二十名守兵七十名（共一百名）星羅棋布可謂密矣四十九年本道條陳奉兩院批允設立巡海櫓艇二



隻交暗舖汛兵配駕遊巡每艇配兵一十八名水手二名器械完具而防海之法稱大備矣（石城縣志）

五十六年楊琳巡撫廣東踰二年授總督遂有沿海礮臺之役裁闊狹酌險易新者建之舊者整之共計礮臺城垣汛地一百一十六處將則有調兵則有增共計三千九百九十一人首尾相應疎密合宜又上言海防六事一曰統巡分路二曰戰船宜增三曰哨船宜均四曰要汛增兵五曰要地設官六曰遠協屬鎮皆洞切情勢（郝通志）

國朝蕩平四海五十餘年猶安愈求安籌及海防
敕下九卿會議丙申冬琳入
覲謝
恩面承
諮詢並
命與廷臣集議其禁止南洋販載米糧私賣船隻諸條業已
奏
旨頒行遵照惟沿海礮臺議令督撫提鎮會勘具題琳
陛辭就道於孟夏初旬抵任越八日即起程順途先往香山

澳門閱看次至省城會同將軍撫提諸公商議粵省
海道綿長旋繞往回非終歲不能竣事惟虎門為全
省門戶應行會勘餘當分任委於五月朔日登舟偕
往勘明拜疏分道而行琳由東路馳往惠潮濱海諸
邑琳覩粵中沿海村落不畏盜賊之罪名雖營制羅
布而出沒如常奸徒通賊接濟盜糧實乃營汎縱賊
殃及商民何以設防阨要申嚴紀律以慎固封守披
雨冒暑徧歷島嶼因知歸善縣屬之大星山海豐縣
屬之遮浪澳淺澳東西甘澳牛脚川石獅頭惠來縣

屬之神泉港澳脚溪東靖海所石碑澳赤澳潮陽縣
屬之錢澳廣澳蓮澳悉係一望渺茫並無山島遮隔
然賊船不能久停外洋勢必駛近內海刼掠商船灣
泊取水又新安縣屬之沱濘山潮陽縣屬之河渡放
鷄山澄海縣屬之沙汕頭大萊蕪饒平縣屬之南澳
鎮臘嶼山長山尾鷄母澳環列海中悉屬內洋係賊
船來往必經之路如各扼險把守豈能飛越舊時明
季遺留及
本朝遷界後所築烟墩瞭臺週圍數丈不能駐兵悉心
籌畫於臨海山梁據三面之險相度形勢建立堡城

自八十丈以下至二三十丈不等安兵自八十名以
下至三四十名不等城內俱築實心高臺不用垛口
高出城牆垛口之上眼界瞭亮運用礮位三面應手
上設大礮數位建造營房官兵防守復添馬步塘汎
以為接應又達濠一營向設水師守備并無城郭捍
蔽今築城一座以資守禦西自新安縣屬之沱濘起
東至閩省水陸交界止共設礮臺二十五處城一座
分駐官兵一千四百五十餘員名果能將備稽查弁

兵劾力晝夜瞭探以高臨下遇有賊船開礮攻打立成虀粉一臺之設勝於兵船數十一堡之兵可當勁卒千餘尚何奸徒不望風生畏敢於海面遊奕哉（總督楊琳建沿海礮臺序）

新邑爲省會藩籬沿海臺寨尤爲吃緊展界之後奉設邊防除瞭望臺外西至茅洲碧頭南由屯門東抵大鵬凡險要處所額設臺寨一十二座每座週圍牆垣方圓數十丈中立官廳兩廂羣房各用屯兵三五十名更番防守沿海一帶左右聲援呼應相接間有



海曲山紆鄉圍遼闊之處仍復錯置營盤星羅棋布設防之密無踰於此（知縣李可成條議 新安縣志。）

查設立礮臺原以資防守而壯聲勢應請通飭各地方官弁兵丁嗣後務遵定例實力奉行文武各官如有習於便安不行訂期監放守臺兵丁敢不遵法守禦任人遊玩官則參處兵則究革以昭愼重（兩司議覆范鹽道條陳）

乾隆二十年二月二十五日總督楊應琚會奏言粵東沿海匪船必須收入港口始能灣泊而船內如無淡水接濟往往亦不能自存康熙五十七年間前督臣楊琳面奏

聖祖仁皇帝指授方畧題請於各屬海口要隘堪以泊船登岸凡有淡水可取之處均相地堡添設改築礮臺城垣共一百一十六座安置礮位派撥官兵防守迨後又經歷任督臣題請添設礮臺一十七座而沿海一帶棋布星羅防範極爲週密臣自抵任後巡閱邊海地方營伍隨親詣各礮臺督同各處官兵逐一試演現在礮位尚無銹損又親驗火藥礮子亦俱按照礮



位數目每位製備二十出存貯庫中備用獨是通省礮臺甚關緊要稽之向例每年正九兩月演放礮位僅委之就近文武等官其間更有轉委佐雜千把人員者官微任重難資整飭伏查京城演放礮位係蒙

皇上欽點王大臣前往監視即粵東將軍標所轄礮臺亦係將軍與副都統親詣督演則各鎮協營之礮臺亦應責成大員演放以昭愼重查各鎮總兵官例應每年九月內巡查所屬營伍臣請嗣後除正月內演放礮位仍循舊例飭委就近文武務親身會同查看外其

大員演礮之期應令各鎮臣於巡查營伍時親詣各礮臺率同該處文武逐一演放並查驗火藥礮子等項有無虧缺其撫標礮臺二座及提標經轄大鵬等營之礮臺亦於九月內令撫提二臣就近督演如遇督臣在省則撫標礮臺與督臣會同演放職名日期照例會冊題報於地方營伍較有裨益

嘉慶十三年總督吳熊光奏覆海洋情形摺畧言條奏內開礮臺形勢今昔不同有舊臨碕岸近為沙壅施放不能得力者有舊為沙壅因海波衝激可以駕



駛巨艦者詎能處處改建或酌於礮臺左近擇其要隘添設碉樓則經費無多而防堵有資至口岸馬頭人烟稠密地勢散漫未能添兵增防商民有請於要隘處所捐建碉樓者飭令作梅花形或品字形或前高後低或左橫右縱相度地勢總令彼此接應得及等語臣查粵東新舊礮臺共一百三十七座其中有規模宏廠可以安設重兵者原係前明初年及中葉建造以備倭患並非為洋盜而設臣上年於前赴電白督緝蔡逆之便會晤前提臣李長庚據云經過粵東所設礮臺灘面沙線東坍西漲今昔不同其中多有不能得力之處與其有用之兵力施之無用之地莫若將不得力礮臺兵丁撤回多備船隻出洋緝捕等語臣曾附摺奏明並囑提臣錢夢虎於剿賊之便將各礮臺有無應行改撤之處就近察看伏思沿海一帶港汊紛歧營汛鶩遠而舊有礮臺復以今昔形勢不同不能得力自應量為變通第

國家經費有常安能處處改建添設兵丁致糜帑項且礮臺形勢今昔雖殊而前人創建之初頗有深意是



未有者不敢輕議增添而舊有者亦未便輕議裁撤容臣酌量情形通盤籌畫再行具奏至捐建碉樓一事曾於捕盜章程案內奏准通行僅據報香山縣之港口放馬沙及新會縣之崖門電白縣之興平地方各建碉樓一座其餘近海之區非孤懸島嶼即遠岸浮沙基址不堅礮力難及據各營縣勘覆並無必須添建之處港岸地窄非平陽地面可比勢難縱橫高下及梅花品字形如式建造亦俟臣覆加確查分別酌辦原奏五條此錄其一

十四年署總督韓對奏言臣於二月二十七日自省起程二十八日酉刻舟抵香山縣城次日登陸於酉刻行抵離澳里許之新廟地方當有西洋夷目味嚟等率領夷兵百餘人擺隊出迎時因天色已晚臣卽在廟住宿據該夷目味嚟嗷嚧喏嘫三人到廟求見臣當傳進面諭以上年暎咭唎國夷兵到澳爾等不行阻止任其登岸本有應得之罪仰蒙
大皇帝憫念爾國向稱恭順未加深究爾等嗣後益當加意防守不得自取咎戾該夷目等俱免冠叩頭並據通事轉稟稱上年暎咭唎國夷兵到澳事在倉卒是以不能阻止伊等自知孱弱無能咎無可逭且受暎咭唎滋擾銜恨已深仰賴
大皇帝天威震懾暎咭唎夷兵畏懼竄逃伊等感沐
大皇帝厚澤深仁銘心刻骨以後惟有合力固守不敢稍涉疎懈等語情詞出於至誠臣卽於三十日進澳該夷等又各鼓吹焚香祇迎道左情形極爲恭順當經犒賞綢匹牛羊茶麪等物該夷等頌祝
皇仁懽聲雷動臣隨查得澳門現在並無暎咭唎夷人在內



其大西洋自前明嘉靖年間卽寄居此地已有二百餘年其貨船到澳止徵船料不納貨稅仍歲輸地租銀五百兩近年生齒日繁大小男婦約計共有三千餘名口其華人在澳開鋪落業者男婦共計三千一百餘名口因夷人止知來往貿遷凡百工所備均需仰給於華人而貧民亦可藉此稍沾餘利歷久相安從無爭競全澳東西約四五里南北半之東南西三面濱海惟北面陸路可通縣城西洋人於澳內舊設礮臺六座正中曰大礮臺東曰東望洋西曰西望洋正南曰南灣東南曰伽思蘭西南曰娘媽閣各礮臺均係該夷目帶領番兵一二十名不等自行防守其自伽思蘭礮臺起至西望洋礮臺止迤南沿海一帶上年暎咭唎夷兵駛駕三板由此登岸該處本有石坎坎甚低矮易於爬越應加築石女墻一道增高四五尺計長二百餘丈俾資防堵經臣面爲指示該夷目味嚟等懽忭喜躍云當刻期興工現在澳內華夷安堵民氣恬愉詢之居澳者民僉稱西洋夷人向來安靜守法從未滋生事端惟暎咭唎於諸夷之中最

爲強悍其赴粵貿易船隻亦較諸國尤多此時若遽予禁絶恐夷情貪狡激之轉易生變而澳門處處枕近外洋西洋夷人又素爲暎咭唎所藐玩去歲既有暎咭唎船入澳之事卽難保其去不復來臣思西洋夷人居澳有年如於澳内添設弁兵或恐夷人無知轉生疑懼而自澳至縣迤北一帶陸路不可不預籌防範玆查距澳東北五里曰蓮花莖長約七里橫寬約五六十丈兩面皆海中僅沙脊一道堤邊沙水甚淺大船亦不能入於形勢頗爲吃緊沙脊適中之處



向有關閘一座障以石垣僅設一門以通行旅該處向設把總一員兵二十八名自關閘西北行十五里爲前山寨其寨本有土城民居稠密舊設海防同知一員額設防兵九十名卽歸同知管轄又香山協中軍都司千總各一員兵丁一百零三名並巡槳船隻向俱駐寨防守因香山協副將頻年出海緝捕澳門一帶素稱安貼是以歷任都司千總常調赴縣城彈壓前山衙署無人居住以致日就傾圮僅存廢址其自何年何任損圮並無檔案可稽臣查關閘前山兩

處均係自澳赴縣最要關隘今前山僅有文員所轄兵數無多卽關閘亦止設兵二十八名均不足以資防禦臣愚以爲前山營弁兵均應照舊防守衙署亦應趕緊修造現飭香山縣知縣彭昭麟迅將該衙署兵房趕估詳修一面檄飭署香山協副將許廷桂遵照將該都司兵丁等陸續撤回前山駐劄如該副將出海緝捕其守城弁兵恐有不敷另於别營籌議撥補不致稍有短缺並於該協兩營内抽撥兵丁三十二名添戍關閘足成六十名稽查出入按時啟閉庶



足以壯聲援而成犄角抑臣更有請者距澳北里許有蓮花峯其巔與澳夷東望洋礮臺對峙且爲自澳入縣陸路要隘又蓮花峯之西內海中有島名青洲與澳夷大礮臺對峙其勢可以控制全澳此二處似應酌建礮臺各一座惟事關動帑創興臣未敢遽自定議並此外尚有華夷交易章程均須因時制宜酌加增改容俟督臣百齡到日會同熟商妥議分别籌辦又虎門係各夷商入口之所且爲省城第一門戶黃埔係夷商貨船停泊之處防範稽查尤關切要臣

擬於省城各事宜次第清釐後再行親赴虎門等處
確勘會同新任督臣百齡熟籌妥辦所有查閱過澳
門情形恭摺附驛具奏奉
上諭據韓崶奏到查閱澳門夷民安堵並酌籌控制事宜一
摺澳門地面西洋人舊設礮臺六座其自伽思蘭礮臺至
西望洋礮臺迤南沿海一帶本有石坎因形勢低矮上年
暎咭唎夷兵即由此爬越登岸今擬加築石女墻一道增
高四五尺共長二百餘丈經韓崶查閱指示該夷目等懽
欣願辦應即令其刻期興工俾資防護至所籌添建礮臺



移駐弁兵並增定華夷交易章程各事宜著百齡抵任後
先親往各該處查看情形會同詳細酌籌妥議具奏欽此
廣州省城南海中有大虎山為內外適中扼要之地
昔人未於此建礮臺者以其東南彌望皆水漫無逼
束故也余於丁丑冬閱虎門水師乘兵船出零丁雞
頸諸外洋遍觀內外形勢及澳門夷市而歸乃擇於
大虎山築建礮臺或曰山前彌望皆水若賊船不近
山豈能招之使來受礮耶余曰水雖瀰漫而沙厚積
於遠水之底外潮內江急水深泓所濬滌而行者皆

近此山之根爰乘小舟親測之近山者其深數十丈
若遠至百丈以外漸淺矣二百丈大舟不能行矣築
臺週一百二十丈高一丈八尺女墻三十六神廟藥
局兵房畢具置大礮自七千觔至二千觔者三十位
發之能擊三百丈之外此無異對面有山逼而束之
使近出此山之前也此臺之外有沙角礮臺為第一
門戶進而橫檔鎮遠為第二門戶此大虎為第三門
戶又於大虎之內新建獵德大黃二礮臺為第四門
戶方今海宇澄平無事於此此臺之建聊復爾耳然



安知數十年後不有懼此臺而陰弭其計者數百年
後不有過此臺而懼取其敗者又若山之內山之外
或於高而耕為田或濬深而改其道則亦未能預料
矣爰為銘曰嶺南薄海虎門洞開乘潮立壁馮山起
雷聲威所擊無堅不摧波恬風偃巍巍乎臺阮元廣州大虎山新建礮臺碑記
夫守城之最得力者莫利於神礮今神礮已貯而銃
臺未築是以有用之器置之無用之地也明戚參將
嘗言濠澳夷所築銃臺制度極精大約造之城上於

城頭雉堞之下做一石竇以便發銃城內仍加厚一層以防銃之伸縮眞堅固之極活動之甚比之甯遠銃臺大不相同宜令險隘之處倣式造之薪芻宜備積薪不如積炭積炭不如積煤以炭可免延燒煤尤可露積也防海備覽

道光十五年總督盧坤等奏言竊臣盧坤上年會奏咦咭唎兵船押逐出口一摺欽奉

上諭沿海各處礮臺著該督於校閱營伍時親往虎門一帶逐加查勘如有應行更定事宜務當悉心妥議總期



有備無患方足以壯聲威而資防禦其營務海防一切章程俟新任提督關天培到粵後該督等會同籌商設法整飭力除怠玩積習俾該將弁等有勇知方悉成勁旅等因欽此臣盧坤當卽欽遵於上年十月校閱中路營伍時由虎門乘坐海船會同陸路提督帶同署水師提標參將佘清等親至各礮臺逐加查勘查虎門海口爲外洋至省城中路咽喉其水道自東而西向在南北兩邊傍山建築礮臺以沙角大角兩礮臺爲第一重門戶南山鎮遠橫檔三礮臺爲第二重門戶

大虎礮臺爲第三重門戶層層控制本屬得宜因大角沙角兩礮臺中隔海面一千數百丈本在大洋之中遙遙相望現在沙脚又漲有沙塗船隻經由離臺甚遠兩邊礮火均不能得力惟鎮遠橫檔兩礮臺南北斜峙南山礮臺在鎮遠迤東形如品字錯綜布置中隔水面三百餘丈形勢道緊聯絡當飭署參將佘清等在橫檔試放大礮子正及海面中泓實爲扼要大虎礮臺海面雖闊從臺脚探量至九十八丈以外卽係暗沙淺水不能行船惟恐潮汐大汎沙面水勢



加深只須於暗沙釘立木樁則水大時船隻亦不能經由水面行駛總在離臺一百丈之內礮火亦屬得勢惟南山礮臺地勢過高礮子易於冒出船頂其橫檔鎮遠南山大虎各礮臺原建墻垛亦均單薄礮洞過大不足以資捍蔽又勘得橫檔大虎山後另有海道可以繞出各礮臺之後直達獅子洋而入內河從前以該處內有淺沙船隻不從此行走並未設立礮臺臣委員測量該一帶海道現在水深四丈有餘儘可行船設船隻由此處繞道行駛則橫檔等處礮臺

均無從攔阻未便以向不設備致滋疎漏查該處南
係蘆灣山北即橫檔山背面應在兩山之麓各建礮
臺則前後左右四面周匝惟時臣闗天培尚未到粤
臣盧坤與曾勝勘畢轉回因思海中潮汐往來水勢
長落不同礮火高低即異必須演試確實查有署督
標右營參將洪發科於軍火事宜最爲熟諳隨調委
該署參將會同佘清前往將橫檔等處礮位於潮長
時演放一次潮退時又演一次以舊船停泊海面中
汛作標試驗礮子均能打及船身但五千觔以下礮



位礮子及遠自一百餘丈至二三百丈不等力量尚
薄必須六千觔以上火礮方能致遠推堅各礮臺舊
存礮位六千觔以上者甚少且多銹爛易於炸裂不
堪施用此臣盧坤查勘海口礮臺及派員演試礮位
之情形也臣闗天培到任後即前赴各礮臺履勘情
形相同隨會同籌議海口防堵以礮位爲第一要件
各礮臺舊存之礮不濟用省城存貯舊礮亦多係銹
爛無可更換應添鑄六千觔大礮二十位八千觔大
礮二十位俟鑄成後酌添各臺應用其大角沙角二

處只堪作爲報信望臺舊設礮位除留放信礮之外
其餘均移至新建各臺配搭安放以歸核實其南山
礮臺應於前面餘地添築石基建設月臺一座將礮
位移設月臺與橫檔鎮遠各臺高低相等並將各礮
臺墻梁修築堅厚礮洞造高改小並於橫檔背面山
麓及對面蘆灣山脚各添建礮臺一座安設礮位派
撥弁兵防守庶船隻不能繞越防範益加周密惟外
洋入口船隻乘潮駛風其行迅疾又在海浪之中船
身上落不定弁兵放礮轟擊往往一礮不中趕裝二



礮船已去遠以致攔阻不及必妥定章程以期有備
無患復詳加酌議嗣後虎門海口以沙角大角兩處
爲瞭望報信之臺其南山礮臺起至大虎礮臺分爲
三段將礮位分上中下三路較準安放每出三礮齊
發遇應行防堵之時沙角大角兩處先放信礮知會
南山等處弁兵整備礮火等候俟船隻駛至第一段
南山礮臺先放大礮三出接連九礮至第二段則鎮
遠橫檔與南山三面對準每臺接連九礮一齊轟擊
如至第三段大虎礮臺亦遠放九礮如此連環轟擊

三路交攻即使有盜艭番船乘風駕駛亦必立時碎裂此籌議添設海口礮臺礮位及聯絡轟擊之章程也以上添鑄大礮四十位經臣盧坤飭委洪發科與署廣州協都司黄廷彪購募熟諳匠人李陳霍等承造除舊礮折抵銀二千兩外實共應給價銀一萬四千八百兩責令保固三十年限内炸裂由該匠賠造其增建礮臺暨修理墻垛各事宜飭委署廣州府知府潘尚楫督同東莞縣知縣李繩先等傳匠逐一撙節估計連鑄造礮子約共需銀五萬二千兩有奇此



項經費據粵海關衆商以防夷要工伊等情願捐辦經監督彭年咨會該商等公議於每年行用酌提羨餘分三年呈繳請於藩庫先行動墊俟收繳捐項按年解還歸款察核商情極爲眞切臣盧坤飭令署藩司李恩繹於司庫雜款陸續動支給領興工第設守固宜扼要防禦尤貴得人必須平日操練有方以期臨時施放得力營務與海防相爲表裏臣等現委洪發科與佘溶將礮臺聯絡轟擊之法教導水師弁兵預先練習務期一律純熟俾臨事不致慌張所有勘辦情形會同廣東巡撫臣祁塤合詞恭摺具奏

廣東海防彙覽卷三十一終

国家出版基金项目
NATIONAL PUBLICATION FOUNDATION

# 海上絲綢之路文獻集成

總主編　陳支平　陳春聲

## 歷代史籍編 111

主編　范金民

海峽出版發行集團
THE STRAITS PUBLISHING & DISTRIBUTING GROUP
福建人民出版社

# 本册目次

# 兩浙海防類考續編十卷

〔明〕范淶撰

《兩浙海防類考續編》十卷，明范涞撰。涞字原易，安徽休寧人。萬曆二年（一五七四）進士，官浙江按察司副使、福建左布政使。是書分五綱四十六目，每目分原考、續定、申諭、備録、附議五類，備述浙江海防情形，含兩浙地理形勢、設防、官軍、糧餉、練兵、方略、武器、艦船以及倭寇入犯浙江情形等。此書源於劉見嵩《兩浙海防類考》，「原考」與「續考」並載，可見萬曆間浙江海防變化。據明萬曆間刻本影印。

兩浙海防類考續編敘

督撫任丘劉公持中丞節塡兩浙浙郡邑强半
瀕海維時島夷蹢躅屬國議援議防浙當十
五濟師增餉無虛晷夷狡叵測衆亦吠聲浙
東諸郡旦莫廩廩若餘皇斥候猝薄郊圻十
餘年閧浙無患形而患聲
督撫公示鎮靜以敉寧諸軍而陰懲毖防守具
豫遏夷釁滄溟不波八年於茲會屬國既靖
罷援師浙稍息肩



督撫公瞿然曰防之此其時矣語防海使今右
轄范公曰浙掌故有防海類考曷芟增定萬
世規昔搠今更則芟昔略今詳則增牘不增
而標註增者為輿海哨道諸圖目不增而事
增者為糧餉犒賞諸目目不殊而事殊者為
稅監等事事文省而目增者為使貢捷節諸
考船器圖說總之詳於見行而略於曩沿詳
於本省而略於附見取備實用匯第博綜已
也編先四卷今為十卷卷倍類考文亦稱是

命曰海防類考續編不佞辰適待罪浙藩與
剞劂之役反覆竟讀竊有概於防之義防之
言豫也防於可防之地易防於無可防之地
難防於無可防之時易防於有可防而無可
防之時難可防者形也無可防者聲也東南
防海西北防陸陸有刀盧騎塵關城甲楯蘖
芽一動形埒昭然故曰易也若乃滄海巨浸
沃盪千里天水寥渺山島竦峙其來無端其
去無涘故曰難也浙有防海之役昉於嘉靖



壬子數十狡孽跳梁吳越若蹈虛賴歙胡公
底定懲前鑒後防稍稍密不過候風汛禦剽
舟非果有壓境之夷旁而伺我也故曰易也
關酋據王京而海上沸聲自膠東遼左移浙
矣計道里抵夷窟浙與膠萊等且無屬國為
之藩乘風溯潮不數日舟泊金塘大衢間叵
測也防已亟見為周章而多事防已疎一旦
決裂不及制故曰難也地難時又難
撫公處之無難復與先後

臺察馬公
吳公
周公慮切同舟計先未雨寮幕蕭共拱揖受成固神靈威武默以折衝至其畫一周防可規萬世則續編具在夷狡以聲我鎮以形形聲之變不可勝窮彼以形來我以無形應彼罷而窮於形之外彼以聲來我以形應彼局而困於形之內浙事在形聲間我形常攝彼聲自謐在防海者得是編而善守之爾民歌平陽曰蕭何立法顜若畫一曹參代之守而弗失載其清靜民以寧一敬書簡端以詒來者

萬曆壬寅仲冬吉旦

浙江等處承宣布政使司左布政使前翰林院庶吉士平陵史繼辰頓首謹書



# 海防類考續編後序

續編海防書成報
大中丞瀛海劉公暨
按臺吳公
鹺臺周公皆曰可宜壽之梓逭愆忘時
前按臺馬公以代行業已授指而
中丞公復諭藩臬使宜有序不敏沐適兼署按察事當申言末簡竊惟海防志兵也兵之設以衛民也君子政先成民故禮義衛其心耕織衛其身財貨衛其常甲胄衛其變豫防曲制靡一之不周譬之盧扁投劑或治標或治本時其緩急而意有獨重是謂國手不爾聆兵與民偶矣偶則敵何衛之能為
中丞公秉鉞撫浙八朞年始終如一日卽僻壤海壖神采無不貫注復值時事多囏體解囊集東援西討調發不遑
御用苦逕額之供山河苦礦稅之逆取乏官

長府告匱灑之征徑則亦若于是歲民有
爭心矣夫民可靖也不可爭也故亂萌因
出聚室成雷而隨譁隨止帖然歸法紀中
微公不能制益公褒忠誠以格上下日與
先後
臺察公一心協慮惟寛
主上東顧憂是急而涵養邃深聲色不大允操
縱迎機中竅徐徐而成之有議加賦者公
曰不可當吾世而競閭閻惟率各長吏綜
核名實酌盈縮汰濫浮以杜漏巵何若而



足
國何若而足民何若而足兵何若而足食可
踵故否則更絃財察變通著為一定法具
在諸有司掌故獨兵食損益條緒散紀各
區者尤蓬紛鱗崒難更僕數也因檄海兵
道淶稽海防類考為續編備載三十年間
巨纖沿革其籌海練兵各舊冊籍有關于斥
候隘塞督哨繕艘入寇奏捷占候及舟械

圖式如干條咸摘要彙附共成一書以詔
百執事公之意卽易之衣袽詩之桑土習
章程以御倉猝永不使鱗介易我衣裳而
機在事先無闕其捷所謂惟有道之主爲
能持勝者率類此會淶偶奉遷入浙藩猶
幸奉公約束纂完以報知公不獨慮今又
且慮後眞藎臣爲
國爲民之遠計哉憶昔淶宂位杭嚴初侍
督撫聊城王公閱欲節兵省餉遍歷各部曲



惜志未就而行今公繼之意彌切規畫彌
悉遂減歲餉十萬有奇迄淶任海道與藩
右丞三仕浙而三事公叨教植最久聆公
之訏謨宏略又家詳所載海防簡褒者一二
斑耳說者謂公近增遊兵三千挐東南大
肓察然賦仍舊何以故抑亦覈實之效歟
要之惠心衛民令行禁止所服者素也故
驅兵之東則倭奴遯歸之西則播酋俘滅
夫豈倖致者耶噫全勝不鬬大兵不創當

事者脫有一念不在民瘼而在兵威則妖夸黷伐將無底止非公續編之意矣曩者公辨漂艫之非冦覆驗果為琉球屬夷遂遣還國是念也又由吾民以及夷民仁人之心之福固無量哉併述之以告封疆之長民者編凡十卷綱凡五目凡四十六條

萬曆紀元歲在壬寅

浙江等處承宣布政使司右布政使兼攝提刑按察司事新安范淶頓首謹書



兩浙海防類考舊序

島夷之為濵海患其來久矣我

國家創業之初南之備倭與北之備虜經畫詳悉無異此其英謨遠慮良非恒情所能窺測其萬一也承平日久諸島波靜士大夫之議每不及於南中國之所以斥堠而守者將盡其藩衛而撤之嘉靖壬子閒二三狂孽勾引内犯走吳越數十州郡如出入無人之境中外咸已騷然嗟殆哉時



世皇帝赫然震怒大徵天下材官騎士選督吏帥費江南財粟百餘萬始克斷蛟戢鯨宣威海上南顧之憂少舒自玆以後兵馬餽餉烽堠墩亭軍械樓船賞罰練習視昔大備載在籌海圖編及海防考者皆可披閱而知也迨今埀二十年兩浙沿海之區已稱寧戢而時異勢殊因革消縮之不常規議更移之靡定其行事上下稽之往牒大不相符受責任事之臣能無隱憂於此乎

督撫湖湘謝公奉
命秉鉞茲土經武緯文坐鎮南服而惓惓衣茹之防恒日夕兢惕于東巡海憲副劉公平日殫心職業其于海上故實無不周知廼仰承其志意纂成兩浙海防類考一書上之
四院皆報曰此深有裨安攘者也命梓之以永遵守書凡四卷目三十又五條首具輿圖明阨塞次之建置又次之兵額凡其



糧餉軍需之所自出哨守修營之所必先鉅及功賞細及占候無不條分縷布於其中海防掌故恐無出此矣嗚呼公之心豈徒以潤色鴻猷備美觀聽而自志其劬勩已耶大都天下事嘗失之於後時而圖目前者難與計久安之策也春秋孔氏大一統之書其戎狄之名似非所宜亟亟於辨者而其稱狄也或曰狄或曰白狄或曰赤狄其稱戎也或曰戎或曰山戎或曰姜戎或曰陸渾之戎別其種類而詳書所勝所敗之由傳者曰正其名者非他欲天下後世知其種類之謂何而制禦之方可施之于不悖聖心之不忘遠至今可以想見若此是書之纂言辨事核而考究甚詳乎度公之心其憂深思長將貽後人以久遠之利也與使後之繼此者取圖牒一展讀之往事昭昭若覩茫茫千里之巨浸可須臾亡備哉備不弛則患不生雖歷百年如今



日可矣慎無曰鯨濤不作可以無事而去兵減食以要節省之名俾前時臨渴掘井之弊茲復蹈之也已伯輪不佞僭題于簡端併以告諸守封疆者

萬曆乙亥仲夏吉旦

浙江布政使司右參政前奉
欽督學校顒寧滕伯輪謹書

兩浙海防類考舊後敘

國家幅幀萬里西北諸夷限隔以山三五年
來開市受降幾為不侵不叛之臣獨蕞爾
倭夷憑海為險每當春汛乘風濤寇至倏
來劫掠如故黠詐之性莫馴朝貢之使久
絕議者謂視西北尤難誠然哉顧事非人
不成非時不因相機利導是在智者在昔
海寇初熾民不知兵當事者率不吝金帛
以購健卒徼奇功號召及於荊楚征輸盡



乎東南斯之謂舉贏而民力詘矣比者斂
日就薄以今視昔其所入猶不逮三之一
各郡之餉為額為充數可知也民且安之
誰能議增救時之道莫先覈實覈實者何
兵不貴多而貴實吾覈之而致詳於水陸
多寡之數則冗兵可汰矣官不貴多而貴
實吾覈之而分據於要害阨塞之地則冗
官可去矣費不貴多而貴實吾覈之而期
于今毋許戈矛機銃火藥及一切自衛攻

人之具則冗費可除矣漁不免稅也惟其
實毋多取功固當賞也惟其實毋濫施衛
所有糧旗軍有鈔在在稽查無毫滲漏凡
此皆今時覈實之政上仗
督府松屏謝公之主畫
侍御充嵎蕭公
鵬峯吳公
心原萬公
東洲田公先後決策而巡海見嵩劉公



則實能協力以共成之執此而往無虛無
冒其所取於民者雖以今亦足矣何必昔
也他如繕修城垣以固內地禁約普陀以
預禍釁考察官捕訓練士卒以俟再舉以
及風雨晦冥潮汐出入推步之法亦必講
求以待不測周悉若茲以故倭夷每內侵
則輒多斬獲捷音時至海濱晏如辟之良
弓利矢得善射者操之貫札穿楊遞命遄
應所爽雖駑驁亡能出吾彀中其覈實之

效與誠宜備書以紀之其言海防而并籌於防礦兼附以金衢嚴之官兵者盡三郡之地皆為浙必如是而後為兩浙之全書也其言兩浙之海防而南暨閩廣北盡青揚統括之於一圖之内者環各省之外皆為海必如是而後為海防之全書也刻既成將布諸境内與各路共之余因得而讀之因敘其爨實之意如此嗚呼兩浙天下財賦之淵藪也兩浙安則天下安矣茲刻也豈惟兩浙抑海内賴之哉



萬曆三年五月五日浙江布政使司分守寧紹台道左參議新安余一龍頓首拜書

移文督催如各區報到事宜内別有新議可採或原係一區規制事可通行者不妨斟酌詳訂定為畫一其餘悉照原行校閲編輯施行

萬曆三十年十一月初六日重輯海防書成呈文

浙江等處承宣布政使司清軍道右布政使范　為海防遠計事

萬曆二十九年正月二十七日本司先任按察使管海兵道事時奉到

本都院劉　憲牌前事復於二十九年三月初十日又奉

本都院憲牌云云等因奉此為照浙省東南一大都會郡邑半臨海濱每年汛期防倭為急昔有類考一書及海諸書規畫亦頗詳悉第纂輯歲久各區事務增減漸殊若非及時重修何以昭示法守遵經備行布按都三司兵巡海兵各道總鎮參遊等衙門將見在設備水陸官兵糧餉馬匹戰船軍火器械地方關隘駐劄會哨派守及官鈔軍儲犒賞軍需船稅錢糧與夫征調應援增益汰減各事宜開冊送核去後續奉前因復經嚴催各該關營冊籍查核間本道適承乏奉文齎捧入京至歲杪回任各冊尚未送齊又於三十年春間彙署臬司各道印務雖簿書蝟集仍節次行催隨准各該司道送到文冊該本道逐一參查其間或有官兵員名糧餉軍馬戰船器械等項數目彼此開載互異及時事變更陸續增損事宜不無遺漏未盡者又經節行各司道覆查填報前來本道隨事考覈

自類考圖編外兼查練兵檄諸書參舊刻新條分縷析如前有而今減者删之今有而前無者增之減而未盡減有復增者增而未盡增有復減者悉以年月據實載之分款分區有綱有目仍以海防類考為主而每類之名義則有五焉盖海防類考刊於萬曆三年今編即照其次序每段將舊刻分書於前以為增損張本庶覽者知其源因標之曰原考自萬曆三年以迄於今其間或兵或餉時損時益各有多寡分於原考之後庶覽者知其流因標之曰續定如原考已載而復有申明兼之裁革者因標之曰申諭又各款內有沿革參差歲月久近即原考亦未之及者查出俱列其槩以備遺忘因標之曰備錄又見行事務雖按成規而其中或有人情



土俗尚未妥便時贏時詘尚難均齊所當斟酌變通而又未能遽行者亦據見聞存其大略以資他日參覈因標之曰附議若本款無錄可備無議可附者不必贅其詞仍遵照原行憲牌附敘籌海圖編內與本省有關繫者纂集成帙合為一書相應通行呈請

撫院　一呈　除呈

按鹽二院照詳外今將謄錄草藁開呈

憲覽俯賜裁定併請示此書之名或名海防續考或名海防類考續編均候示下遵行本道仍一面分錄草冊咨送海兵各道都司總鎮參遊等衙門各將本區兵馬錢糧照此冊再加查核果否的確前時報數或有錯訛不妨改正及續奉未盡事宜照款錄

覆查俱確伏候動支缺兵或漁稅犒賞等項銀兩寫刊頒布垂示將來庶幾政存方冊上不負

本都院八年經略之成勞抑且事有舊章下可追諸大夫徳忘之隱慮按圖求駿事逸功倍惟在當事者着實舉行則於裨益海防非淺鮮矣伏乞

照詳裁奪施行

按鹽二院　一呈　除呈

撫院照詳外切照海防事務屢廑

本院軫念地方節蒙會同申飭禁諭諄切第前籍浩繁纂錄甫畢其中兵馬錢糧軍火器械與夫添改船隻增減水兵及有各道近



經奉行見議未妥者除先錄草藁呈候

撫院裁酌詳訂示下遵照刊刻成帙另文呈送

憲覽仍通行頒布以示法守以垂久遠伏乞

照詳施行呈奉

欽差提督軍務巡撫浙江等處地方都察院右副都御史劉　批覽海防編考蒐纂集已極詳明綱目秩然足示法守各區兵馬錢糧如議再行查覈及續奉未盡事宜併查速覆該司訂確發刻頒布繳

巡按浙江監察御史吳　批海防一書事屬繁非諳于籌海至計者未易纂集也海濵恃有長城其在此乎候梓　完送閱繳

欽差巡按浙江等處監察御史周　批據議標彙簡晰足稱全書矣如

照行繳文奉
本都院劉　憲牌據布政司清軍道呈送重輯海防類考草冊前
來該本院覆加查閱是集列五目而挈其要合三書而彙其成訂
覈精詳條分縷析足備考鏡以埀久遠亟行刊布遵守第其間或
有新奉本院詳定或各道關報偶遺及圖註先今不同事體見議
未妥者俱經標註明白相應會行覆覈考正牌仰該道會同本布
政司將陸續發來海防考草冊查照標註再加參酌應覆查者覆
查應改正者改正應增入者增入應詳定者作速移會詳定至於
兵馬錢糧數目去處尤宜逐一再加磨對題曰海防類考續編二
司各撰序文一篇列前後簡校輯先完者一面考選善寫吏農照



舊考大小定式謄錄務要字畫端楷一面買辦上好梨板擇空閑
處所募倩慣熟字匠議酌供給圖局償工鐫刻仍選誠慎吏二名
專董其事此係埀久之書毋容潦草搪塞刻完刷裝二十部送院
如本院已經出境另裝四十部遇有便差送至原籍其各沿海兵
道府衛有司及參遊備倭把總衙門行令自備紙張赴司印回遵
守其該司道前後用過紙張并刊刻印裝工料及各校謄人役工
食犒賞等項該司徑議酌行用過銀兩俱於司庫漁稅犒賞銀內
造冊開銷俱毋違錯等因又准本司咨奉
本都院憲牌前事移會前來就經遵將新奉
本院詳定與各道偶遺及標註事宜應合詳定者俱經移會參酌

訂正呈
請允行在卷今將各款繕寫刊發各衙門一體遵守施行須至冊
者

兩浙海防類考續編目錄

終



# 兩浙海防類考續編卷之一

## 浙江輿圖敘

浙江古揚州地崇山巨浸所在限隔然杭嘉嘉興湖湖州與江淮相表裏嚴嚴州衢衢州以徽徽州直隸徽州府饒江西饒州府爲郛郭江信廣信江西廣信府右闢在浙之北境大海東蟠繞出淮淮安揚揚州之境固四通八達之區也安吉安吉州長興縣俱湖州府屬以西本山越窠界在廣德南直隸州之間上無兼轄之司訟訐繁興頗號難治嘉湖寧波紹興紹興四郡則震澤今太湖東海之所經也湖衢淤塞大遺三農之告而鹽徒嘉湖易通舟楫故私鹽尤多之患次之處州之民多依山盜礦動至數千持之則激緩復馳縱慶元處州屬縣松溪福建屬縣與處州接界一帶歲被倭暴溫溫州台台州並海而南信宿舟宿達于福寧福建屬州賈客良便之然不能不防他寇也若倭夷奉琛入貢則風帆直指寧波突至倏來詐叵測先事而備其在定海寧波屬縣即夷舟所從入乎

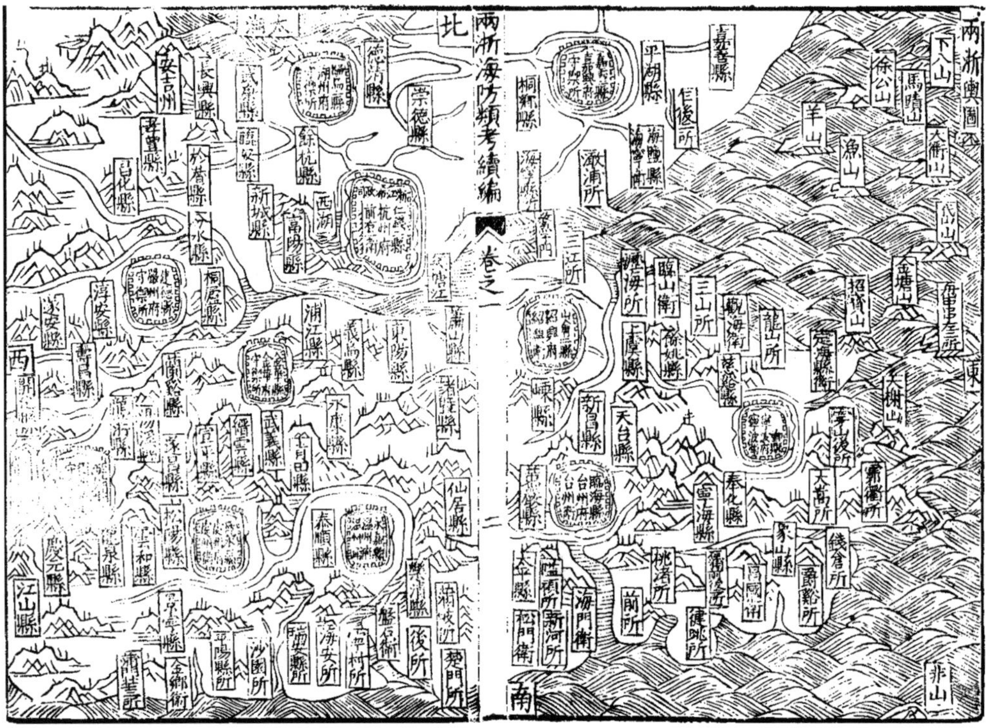
兩浙輿圖
兩浙海防類考續編　卷之一
二
北
南
東
西
太湖
安吉州
長興縣
武康縣
德清縣
崇德縣
嘉善縣
平湖縣
桐鄉縣
餘杭縣
新城縣
富陽縣
分水縣
桐廬縣
淳安縣
遂安縣
壽昌縣
蘭谿縣
浦江縣
義烏縣
東陽縣
永康縣
武義縣
縉雲縣
宣平縣
松陽縣
龍泉縣
雲和縣
慶元縣
江山縣
泰順縣
平陽縣
瑞安縣
金鄉衛
沙園所
海安所
寧村所
盤石衛
後所
楚門所
仙居縣
天台縣
新昌縣
嵊縣
蕭山縣
澉浦所
三江所
瀝海所
臨山衛
三山所
上虞縣
餘姚縣
觀海衛
龍山所
慈谿縣
定海縣
奉化縣
寧海縣
象山縣
大嵩所
錢倉所
健跳所
前所
桃渚所
海門衛
新河所
松門衛
下八山
徐公山
馬蹟山
羊山
漁山
大衢山
岱山
金塘山
招寶山
大榭山
非山

全浙海圖
兩浙海防類考續編　卷之一
三
屏風山
星山
官井門
眼角礁
流江
洋嶼門
鎮下門
木林寨
流江寨
壯士所
福建福寧沙埕界

大崑山
小崑山
兩浙海防類考續編　卷之一　四
干山
雙牌嶺
石塘寨
七溪寨
東山烽堠
大小崑極衝嘉靖三十二年
賊曾駐犯今派把總官部領軍
兵四百九十五員名劄此專哨
石塘七溪浦壯一帶地方

兩浙海防類考續編　卷之一　五
長塗山
大嵩寨
石牛寨
南堡場

兩浙海防類考續編　卷之一
六
南龍山
洋嶼極衝嘉靖二十八等年賊船由此入江口登犯平陽地方今派總哨官部領兵船二十二隻劄此南與鎮下關北與飛雲關東與金盤左哨各兵船會哨
洋嶼門
嶼門寨
半嶺寨
陸路山寨
河泊所
塔下隘
平陽縣所
去海十里次衝
東林隘
江口水寨
江口港
十塘烽堠
江蔡隘
福泉烽堠
峯端烽堠
仙口巡司
陌城寨
汶路口寨
汶路口隘

兩浙海防類考續編　卷之一
此處極衝嘉靖二十七等年
頒官兵四百九十五員名屯
劄哨守陌城汶路口眉石宋
埠陡門江萊一帶地方
仙口廠
仙口寨
眉石北隘
眉石南隘
新築民堡
江萊寨
陡門寨
陡門廠
宋埠寨
沙園千戶所
瑞安港
飛雲渡

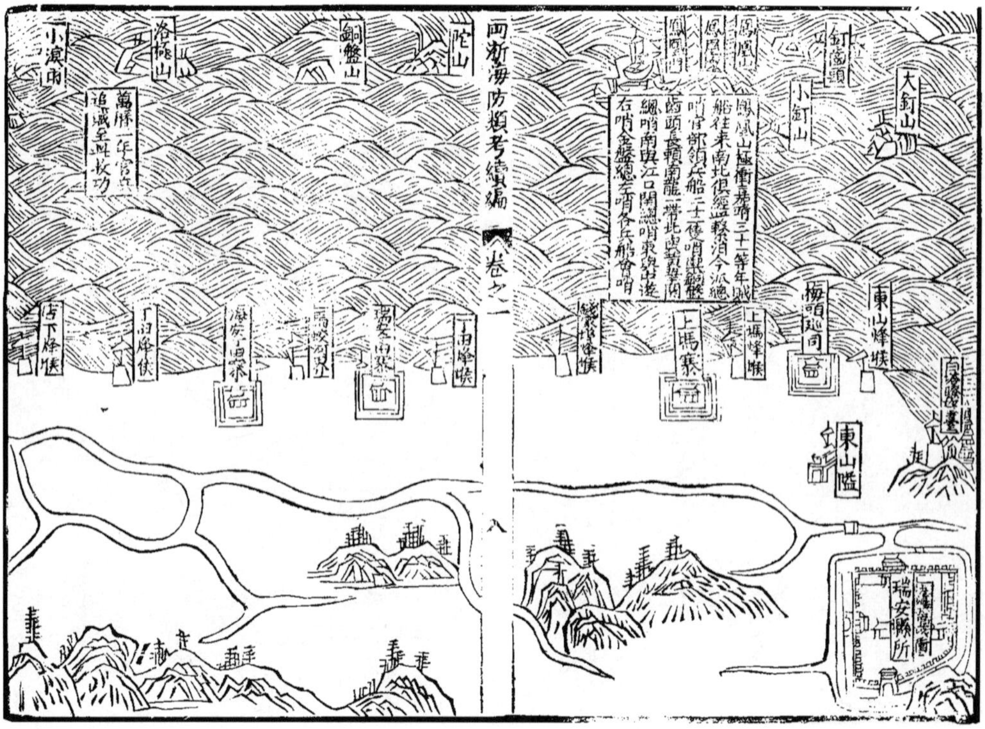
兩浙海防類考續編　卷之一
八
大釘山
小釘山
鳳凰山
鳳凰山極衝嘉靖三十二等年賊
船往來南北俱經此今派總
東山烽堠
梅頭巡司
上馬烽堠
上馬寨
東山隘
瑞安縣所
丁田烽堠
陀山
銅盤山
小濵門
萬曆二年官兵追賊至此收功

兩浙海防類考續編　卷之一
九
東洛山
此處極衝當臨外海深洋賊船南
北往來常泊本嶼稿水或捉漁樵
船隻乘風奔突今派溫處參將中
軍把總一員哨官一員部領兵船
五十四隻泊守專哨洞頭門壇頭
等處北與本遊左哨南與金盤
總遊哨左哨各兵船會哨
隆慶六年官兵追賊至此收功
鮑田烽堠
海安所
前崗極衝嘉靖三十九等年賊
船登犯今派把總一員部領
官兵四百九十五員名劄此分
哨場橋長沙永嘉場沙村
黃石浦一帶南與溫州中軍
團操營二哨北與隔江隨征
標營各官兵會哨
壇頭
白鹿門
半洋礁
此處賊船暫泊嘉靖
四十四年官兵在此攻
勦倭船收功見該東
洛遊兵船時常哨禦
泥嶼
前崗烽堠
後崗寨
前崗寨
長沙寨
長沙烽堠
後崗極衝逼臨深水嘉靖
三十九等年賊船登犯今派
把總一員部領官兵四百九
十五員名劄守哨禦
溫州府衛
兵巡道
江心寺

兩浙海防類考續編
卷之一
沙村寨
九甲烽堠
七甲烽堠
盤石衛
馬目寨


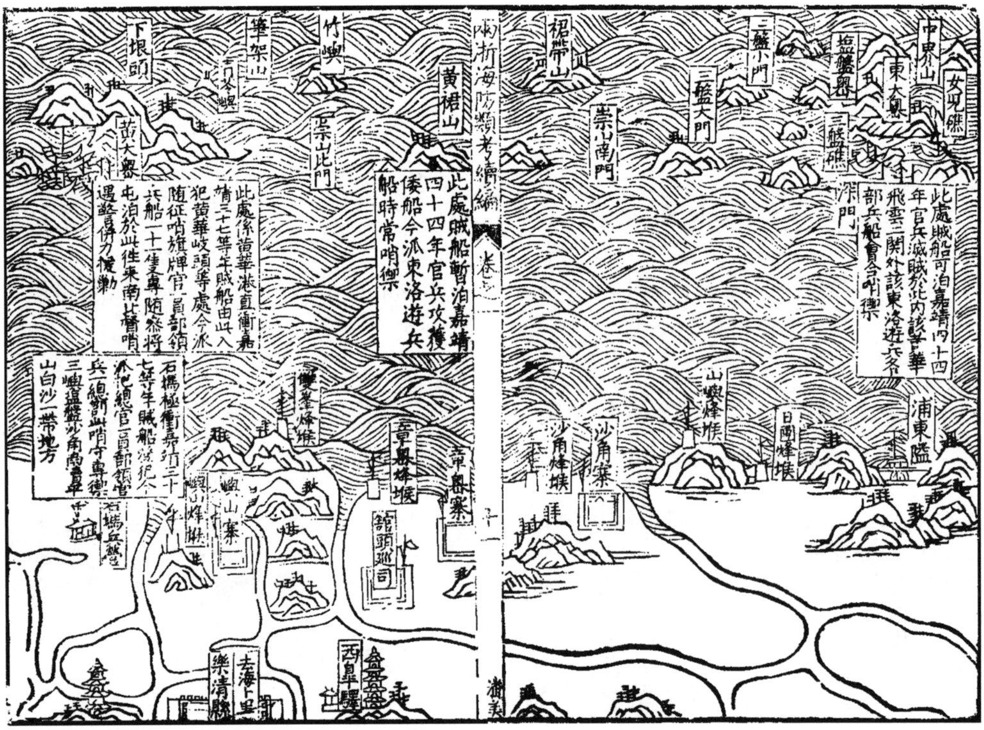
兩浙海防類考續編
卷之一
下垠頭
筆架山
竹嶼
黃裙山
崇山北門
崇山南門
三盤大門
三盤小門
東大嶼
中界山
女兒礁
此處賊船暫泊嘉靖四十四年官兵攻獲倭船今汛東洛遊兵船時常哨禦
沙角寨
沙角烽堠
浦東隘
館頭巡司
樂清縣
西皋驛

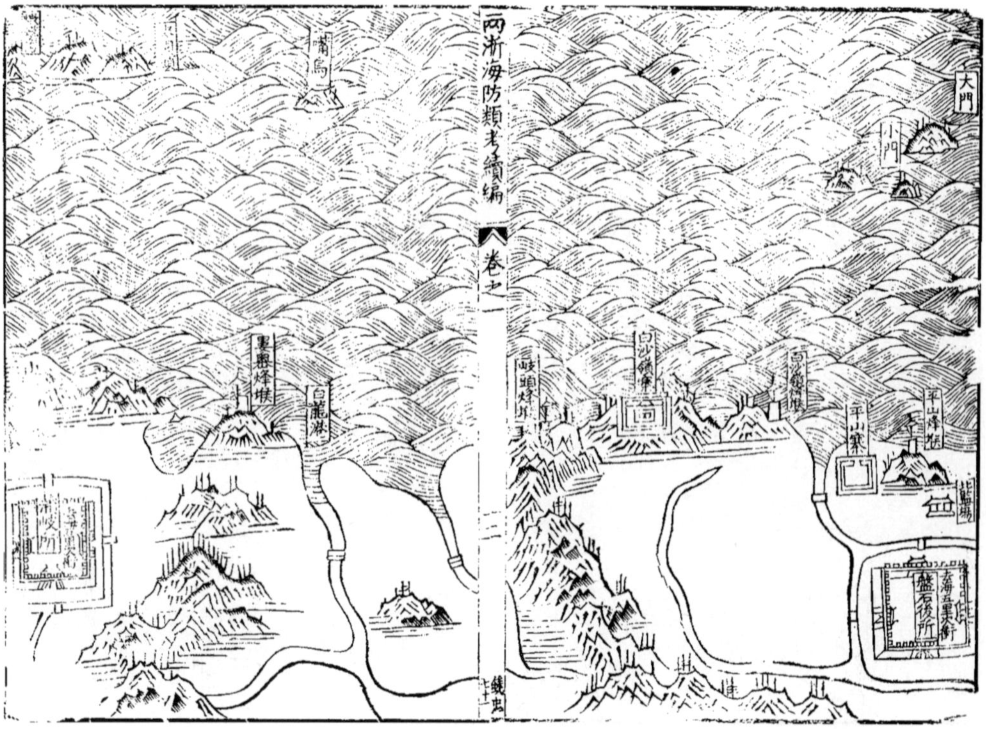
兩浙海防類考續編
卷之一
大門
小門
平山寨
盤石後所


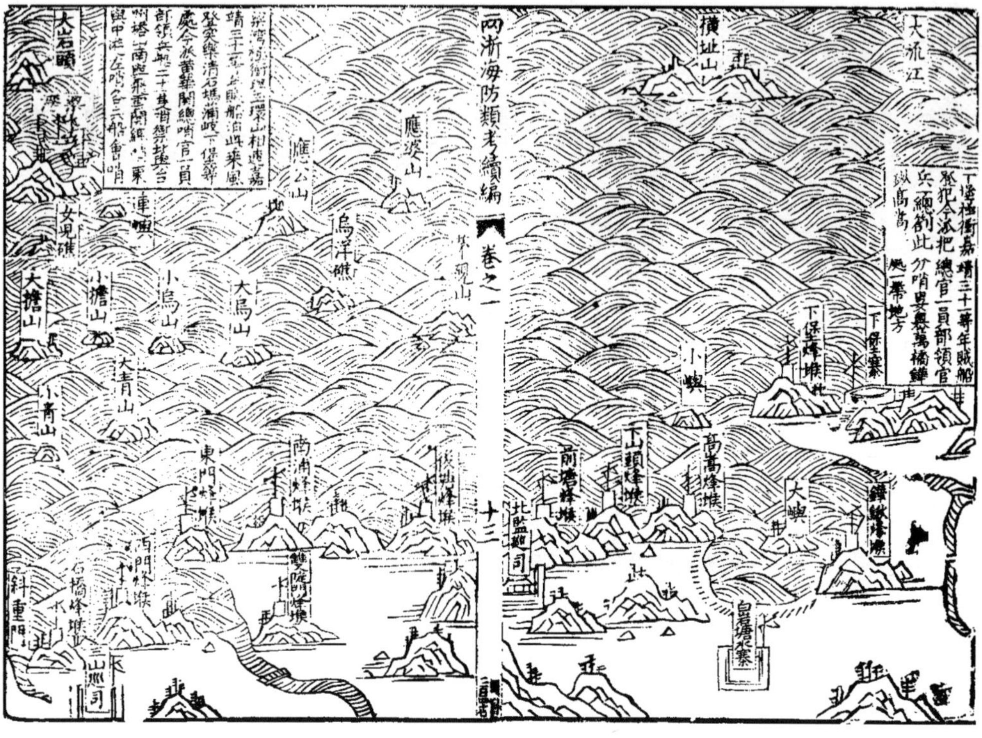
兩浙海防類考續編
卷之一
大山頭
女兒礁
大擔山
小擔山
小鵓山
大鵓山
大青山
小青山
應婆山
烏洋礁
東門烽堠
西門烽堠
石橋烽堠
斜重門
橫址山
大流江
小嶴
大嶴
下保寨
下保烽堠
高嵩烽堠
前塘烽堠
北監巡司
皇塘水寨

兩浙海防類考續編
卷之一
十四
小鹿山
派岀山
派岀海洋係松門閑信地今派哨官一員部領兵船五隻泊守東南與㳙門東北與靈門各兵船會哨
長山烽堠
楚門所
楚門㵀
㳙堡汛期撥台州左營官兵一總劄此分哨㳙門洋坑水桶嶴後涔長沙等處
陡門㵀
㳙堡
横門
坎門
青山

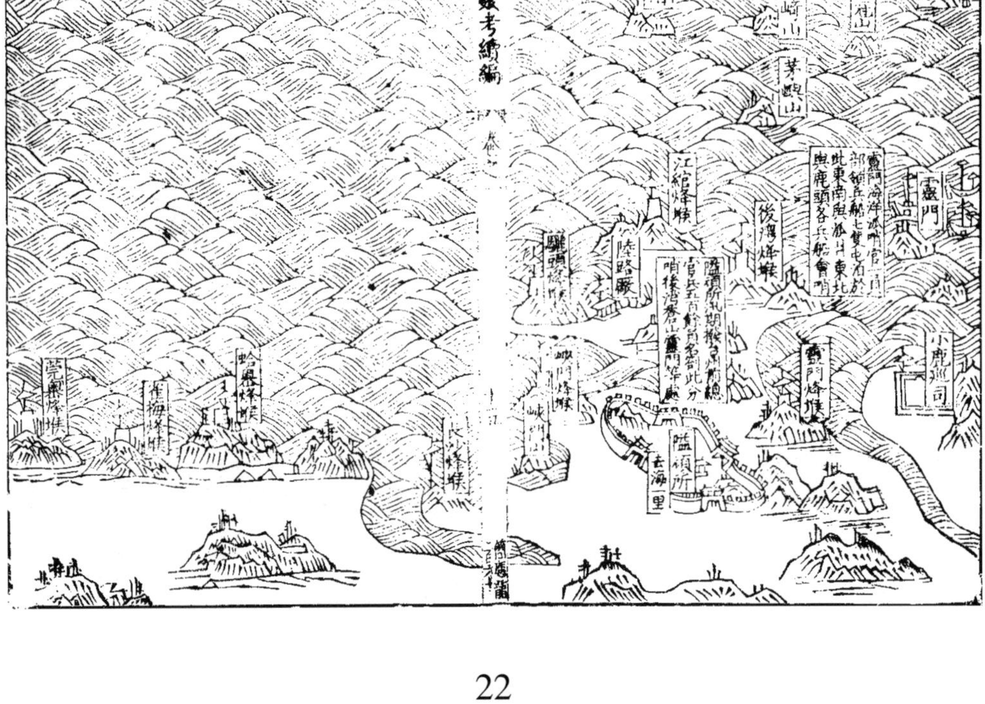
兩浙海防類考續編
大鹿山
湖鹿山
竹嶼
小鹿山
雞鳴山
西崎山
茅䲞山
靈門海洋派哨官一員部領兵船七隻屯泊於此東南與派岀東北與鹿頭各兵船會哨
靈門
江綰烽堠
後涔烽堠
盤石衛
陸路㵀
靈門烽堠
小鹿巡司
盤石所
去海一里

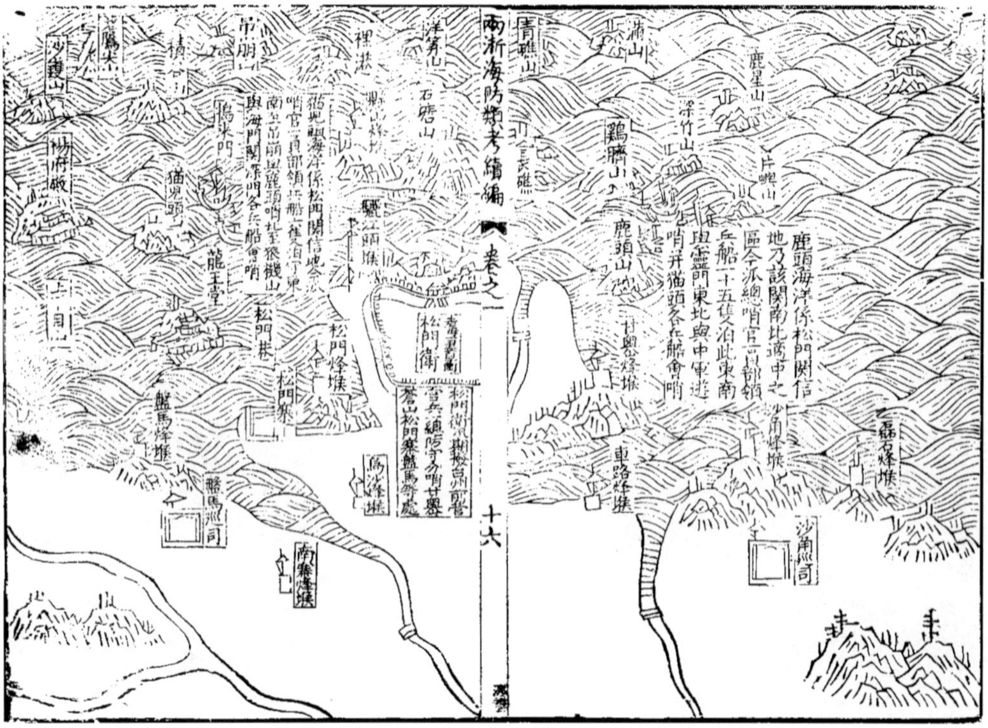
兩浙海防類考續編　卷之一　十六
鹿頭海洋係松門關信地乃該關南北適中之區今派總哨官一員部領兵船一十五隻泊此東南與靈門東北與中軍遊哨并猫頭各兵船會哨
青礁山
滿山
鹿星山
深竹山
片嶼山
鹿頭山
沙角烽堠
沙角巡司
磊石烽堠
東路烽堠
猫兒與海洋係松門關信地今派哨官一員部領兵船
南與前崩與龍頭哨北至狼機山與海門關深門各兵船會哨
石塘山
猫兒頭
龍王堂
松門衛
松門烽堠
松門寨
盤馬烽堠
盤馬巡司
烏沙烽堠
南寨烽堠
松門衛汛期撥台州前營官兵鎮防守分哨廿寨礬山松門寨盤馬等處

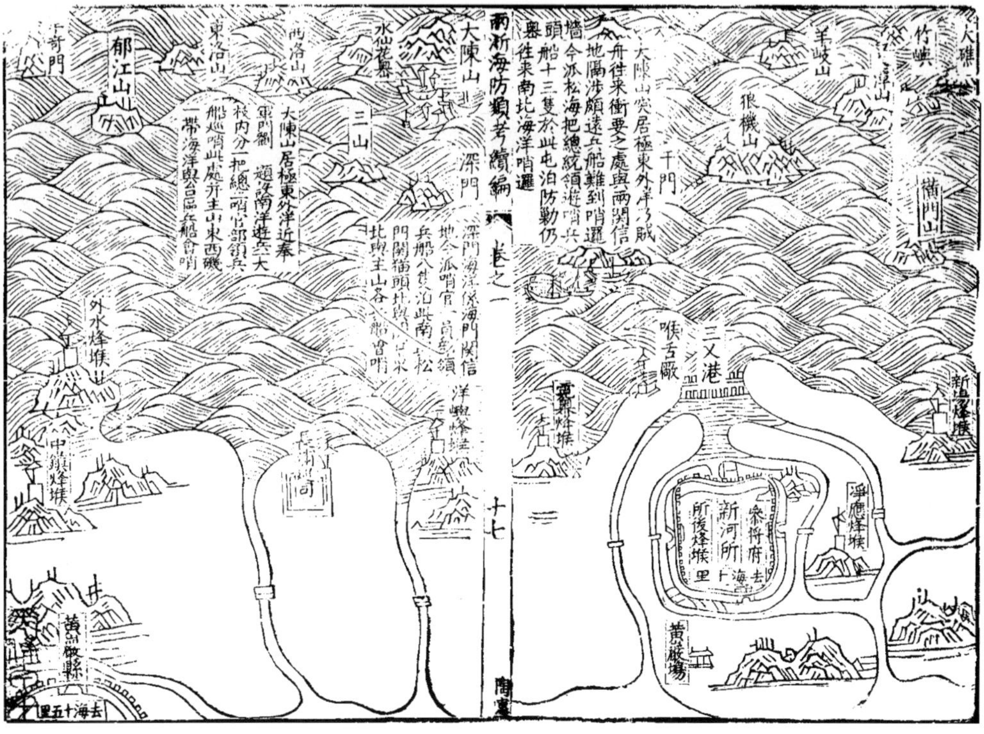
兩浙海防類考續編　卷之一　十七
大陳山突居極東外洋乃賊舟往來衝要之處與兩關信地隔涉頗遠兵船難到哨邏今派松海把總統領遊哨兵船十三隻於此屯泊防勦仍與往來南北海洋哨邏
大礁
竹嶼
羊岐山
狼機山
千門
橫門山
三叉港
參將府
新河所
所後烽堠
去海十里
淨應烽堠
大陳山
深門
深門海洋係海門關信地今派哨官一員部領兵船八隻泊此南與松門關猫頭北與主山各兵船會哨
大陳山居極東外洋近奉軍門劄　題改南洋遊兵六大枝內分一把總二哨官部領兵船巡哨此處并主山東西磯一帶海洋與台區兵船會哨
三山
西洛山
東洛山
郁江山
外水烽堠
中鎮烽堠
洋嶼烽堠
黃巖縣
去海十五里

兩浙海防類考續編　卷之一　十八
上竹山
下竹山
主山
口門
主山海洋係海門關信地慇居衝要今派總哨官一員部領兵船十四隻泊此南至鄒江與深門西與關口北至伐人沙與牛頭門各兵船會哨
海門關口係台黃咽喉今派哨官一員部領兵船八隻泊此東與深門東北與主山各兵船會哨
塔山
架砲烽堠
中東烽堠
椒江渡
海門衛
中山烽堠
老鼠嶼

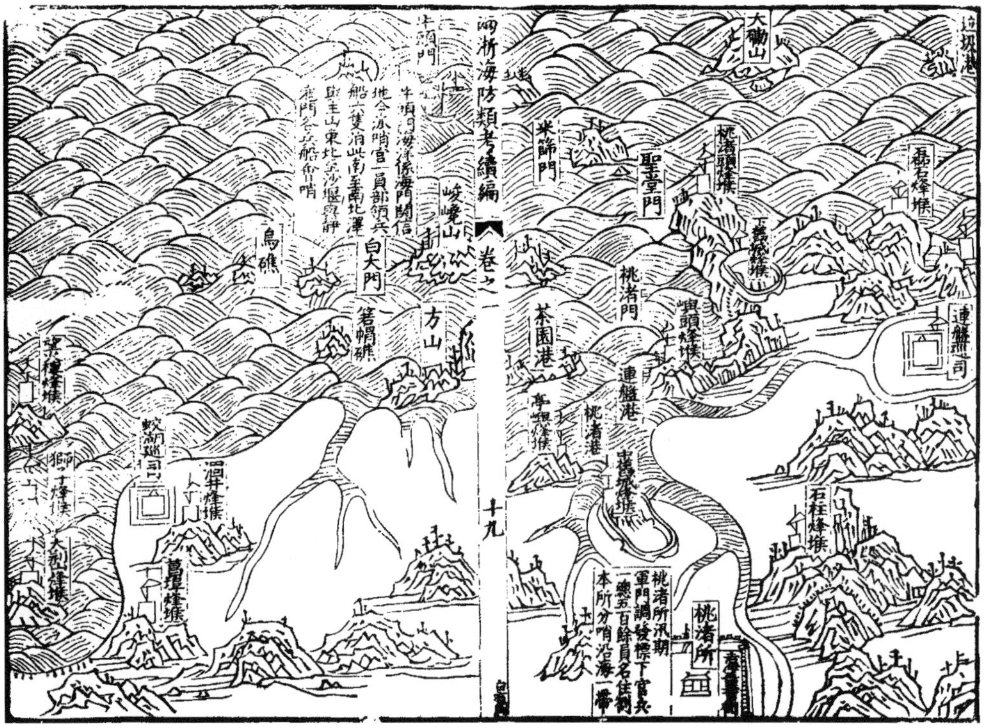
兩浙海防類考續編　卷之一　十九
牛頭門
峧嵈山
白大門
箬帽礁
方山
烏礁
米篩門
聖堂門
桃渚門
茶園港
連盤港
石柱烽堠
桃渚所
桃渚所汛期軍門調發標下官兵一總五百餘員名住劄本所分哨沿海一帶

靜寨門海洋係海門關信地今派哨官一員部領兵船八隻泊此南至沙堰與牛頭門東北至昏山與大佛頭各兵船會哨
兩浙海防類考續編
卷之一
二十
東西鶴山
空山
昏山
空山洋
青門
橫山
健跳所
海游務


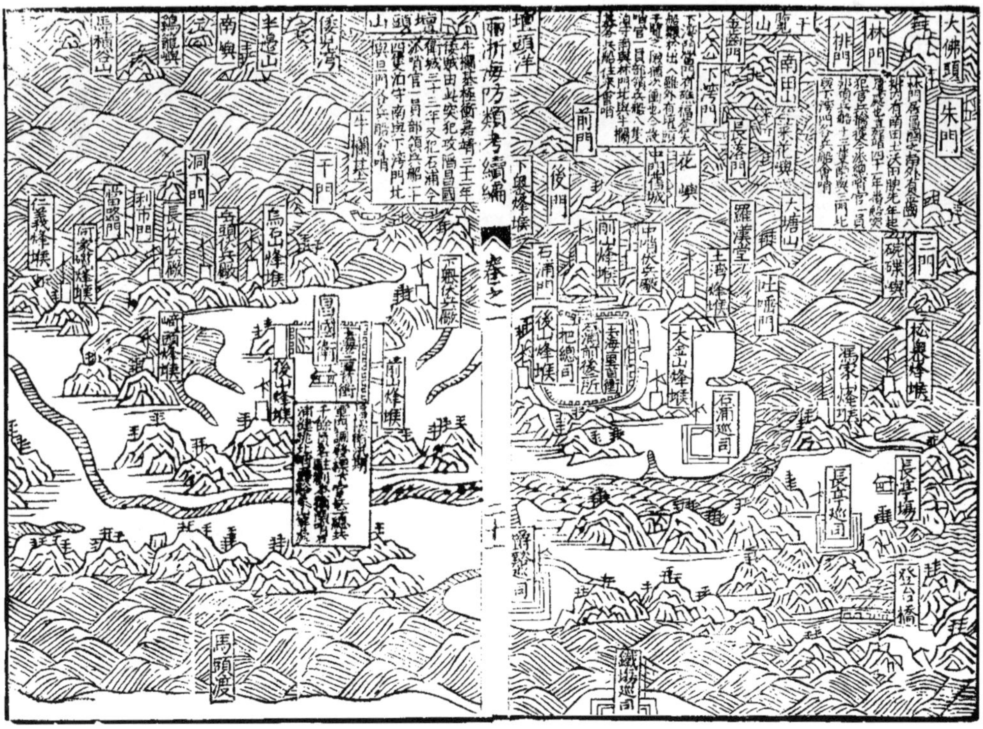
兩浙海防類考續編
卷之一
二十一
大佛頭
朱門
林門
三門
南田山
下灣門
前門
後門
牛欄基
干門
長亭場
石浦巡司
登台橋
馬頭渡

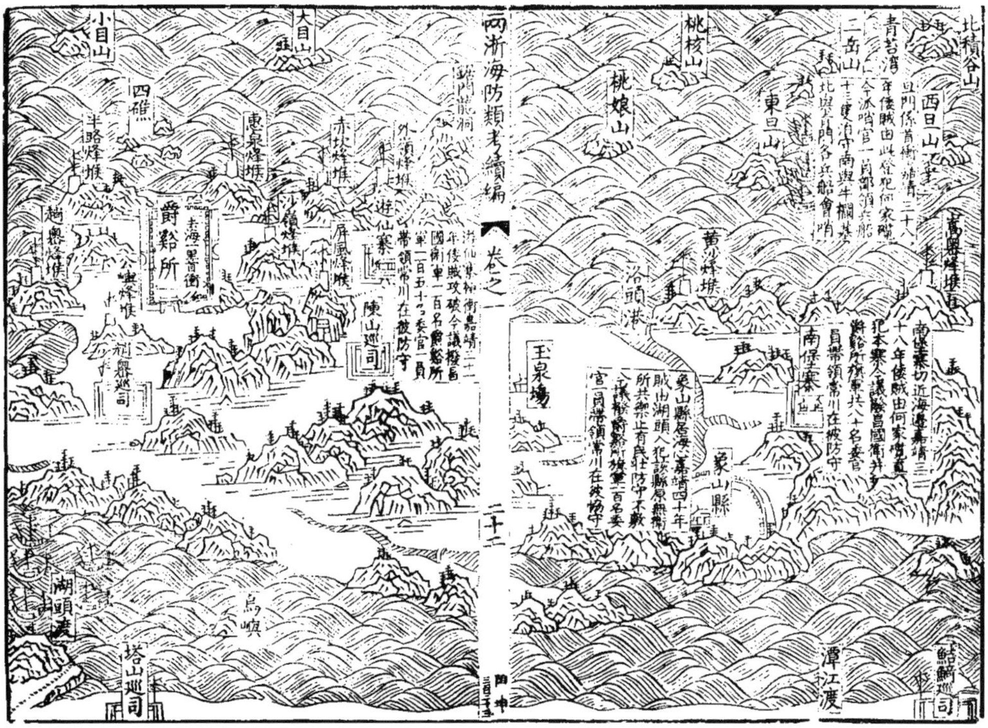

兩浙海防類考續編
北積谷山
桃核山
桃娘山
東旦山
西旦山
青苔湾
二岳山
黄沙烽堠
南堡寨
王泉場
象山縣
潭江渡
鮎鯆巡司
小目山
大目山
四礁
半路烽堠
東泉烽堠
赤坎烽堠
爵谿所
遊仙寨
陳山巡司
湖頭渡
塔山巡司
烏嶼


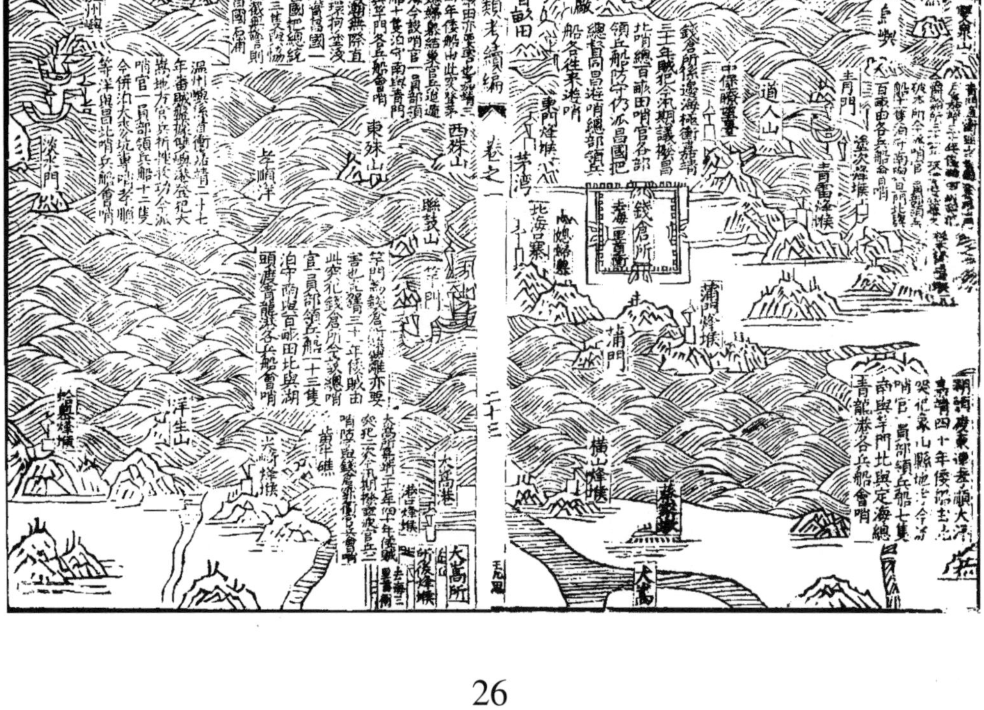

兩浙海防類考續編
青礁
道人山
錢倉所
蒲門烽堠
蒲門
横山烽堠
大嵩
茅湾
西砾山
東砾山
大嵩所
温州嶼
洋生山

兩浙海防類考續編
卷之一
二十四
大倉山
南海山
白馬礁
清水浦
海閘門
金鉢盂
青龍港
觀山烽堠
太平巡司


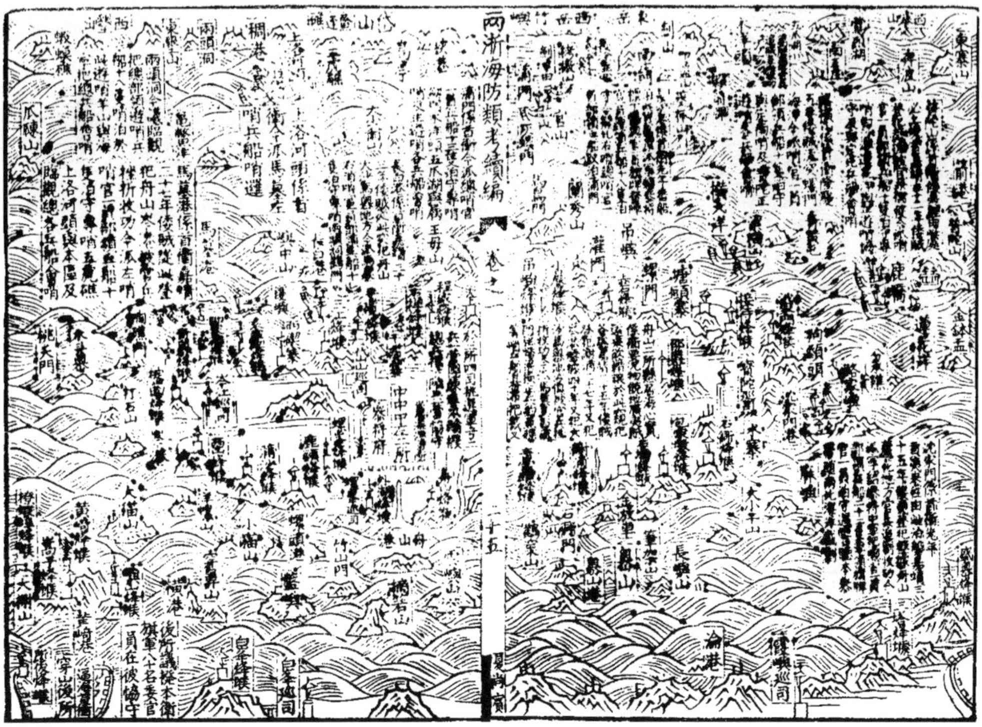
兩浙海防類考續編
卷之一
二十五
東寨山
金鉢盂
長嶼山

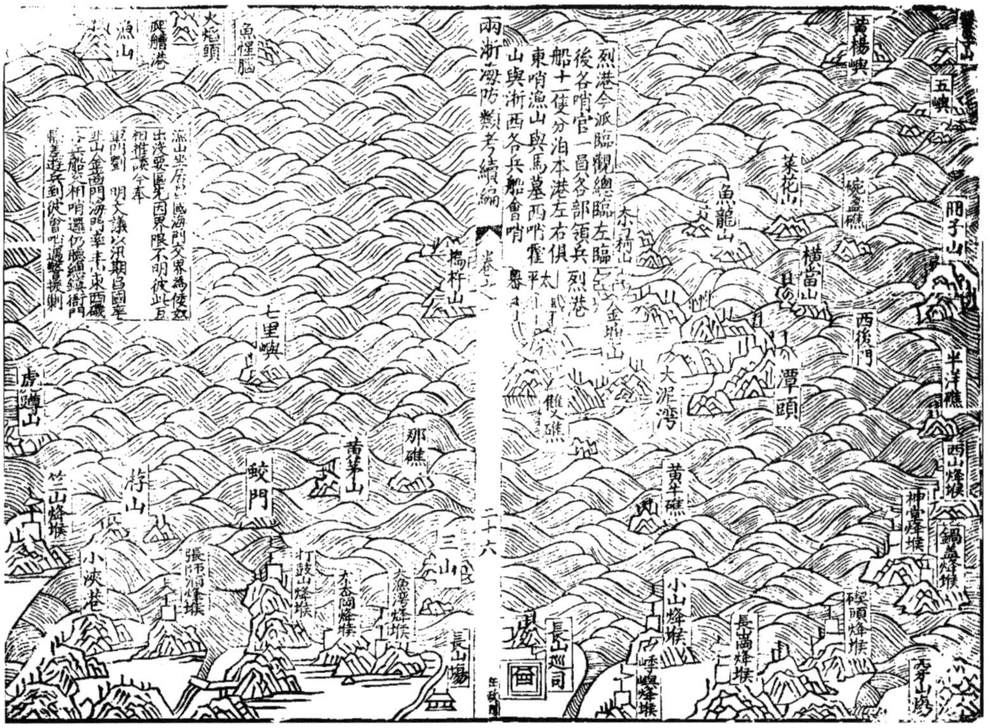
兩浙海防類考續編
卷之一
二十六
烈港今派臨觀總臨左臨右
後各哨官一員各部領兵烈港
船十一隻分泊本港左右俱
東哨漁山與馬墓西哨霍
山與浙西各兵船會哨
黃楊嶼
五嶼
菜花山
魚龍山
橫當山
西後門
潭頭
大泥灣
雙礁
黃牛礁
小山烽堠
長崗烽堠
七里嶼
虎蹲山
漁山
火焰頭
魚腥腦
蛟門
黃茅山
竺山烽堠
小浹港
打鼓山烽堠
三山

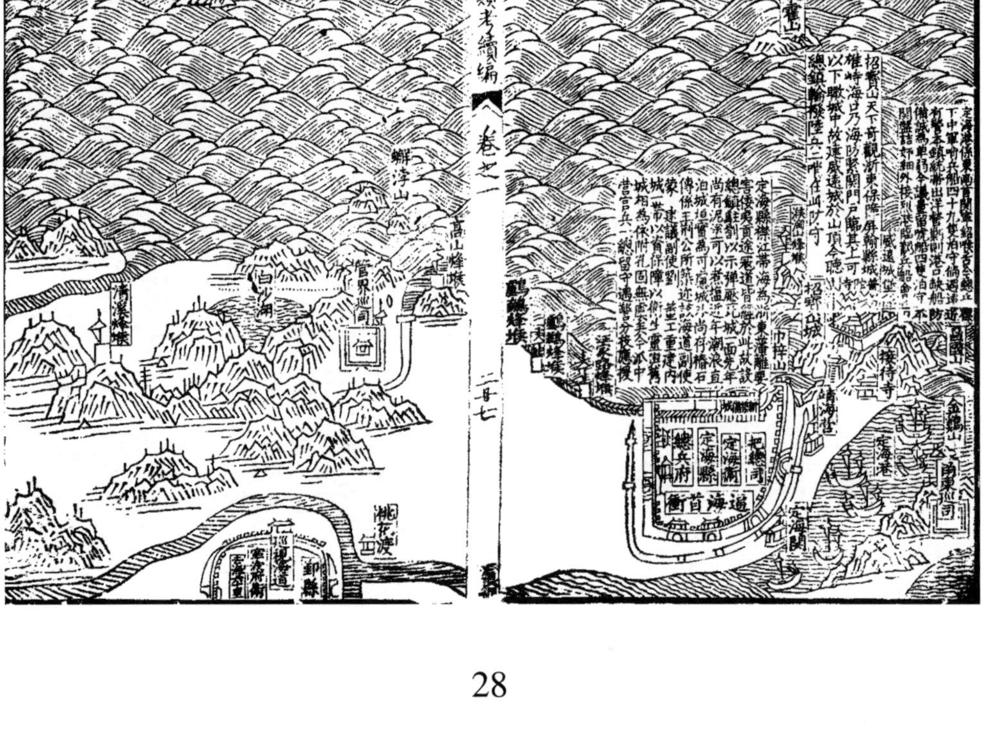
兩浙海防類考續編
卷之一
二十七
西霍山
東霍山
定海衛
定海縣
總兵府
把總司
定海關
接待寺
定海港
金塘山
鄞縣

兩浙海防類考續編　卷之一　二十八
龍山所城衛要路嘉靖三十四
五等年倭賊登犯每年春汛
東陽調發標兵一總防守
分哨丘家洋等處
龍山所
伏龍山
高山烽堠
龍頭場
鳳浦湖
金家嶴丘家洋地方係
要衝嘉靖三十五年倭賊
登犯近議每年漁汛之
期輪撥臨觀兵船一枝緊
泊哨浮海洋盤詰姦細
石塘烽堠
丘家洋
金家嶴
慈谿縣

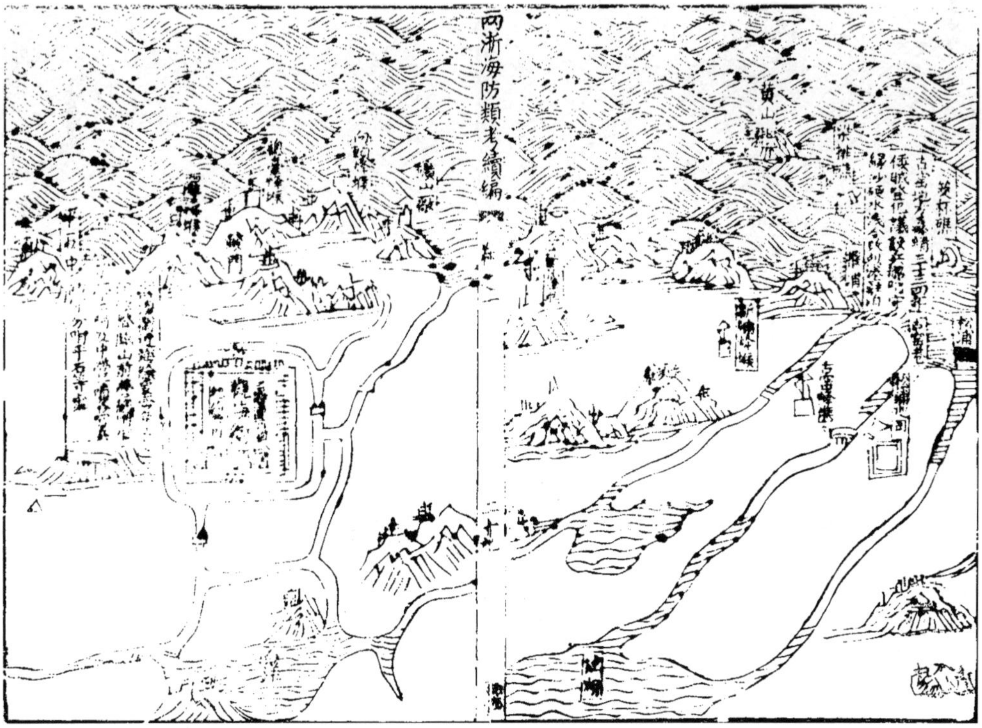
兩浙海防類考續編

兩浙海防類考續編　卷之一
天妃宮
汛期派撥臨山中營
官兵一哨分哨此處
勝山港
嚴嶼烽堠
眉山烽堠
周家路烽堠
三山所
三山所近海險要每
年春汛派撥臨山前
營中營各一哨官兵
防守分哨勝山等處
三山巡司
餘姚縣

兩浙海防類考續編　卷之一
臨山港
烏盆烽堠
夏蓋烽堠
荷花池烽堠
廟山巡司
夏蓋湖
臨山衛
把總司
百官巡司
梁湖
上虞縣
廟山烽堠
天妃宮
羅家山烽堠
泗門烽堠
臨山衛係要衝嘉靖三
十二年倭賊攻陷今留
前中二營官各二哨官兵
防守分哨泗門等處
汝仇湖

兩浙海防類考續編
卷之一
二十二
家池烽堠
三江巡司
三江港
螳浦港
宋家溇烽堠
周家墩堠
三江閘
三江所
宋家溇地方要衝嘉靖三十五年倭賊登犯曹設兵船於螳浦港防守因水淺沙硬議將前船改泊烈港哨防
西滙嘴
扁礁山
胡家池烽堠
瀝海所
黄家堰巡司
桑盆烽堠
螳浦渡
曹娥廟
東關驛
曹娥江

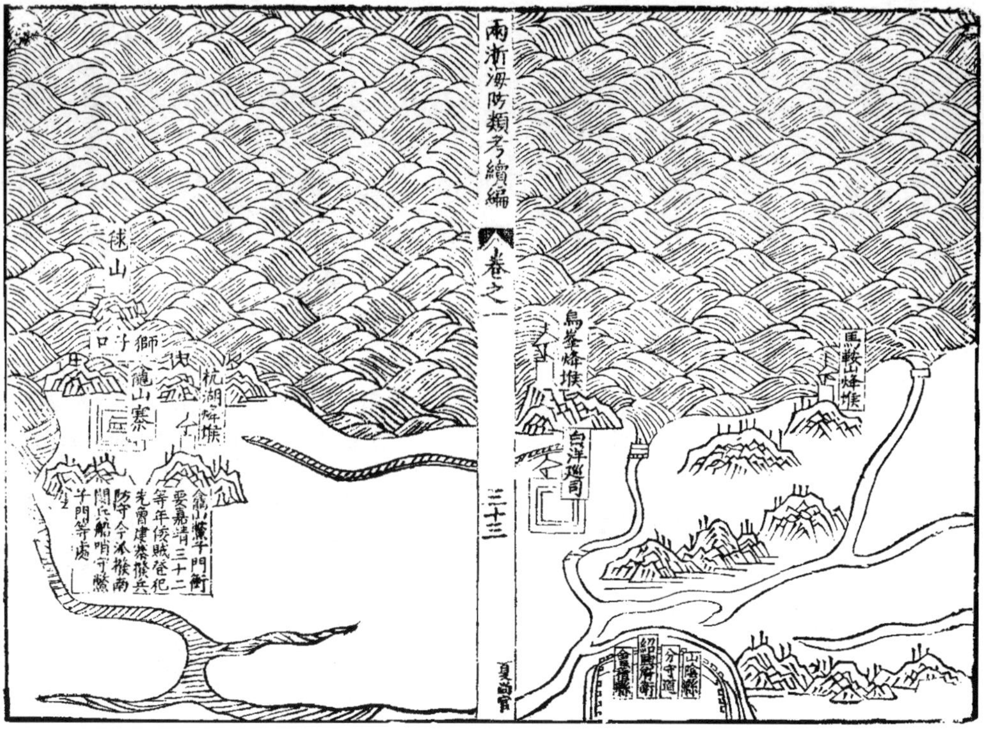
兩浙海防類考續編
卷之一
二十三
徠山
獅子口
龕山寨
杭湖烽堠
烏峯烽堠
白洋巡司
馬鞍山烽堠
山陰縣
分守道
紹興府
會稽縣

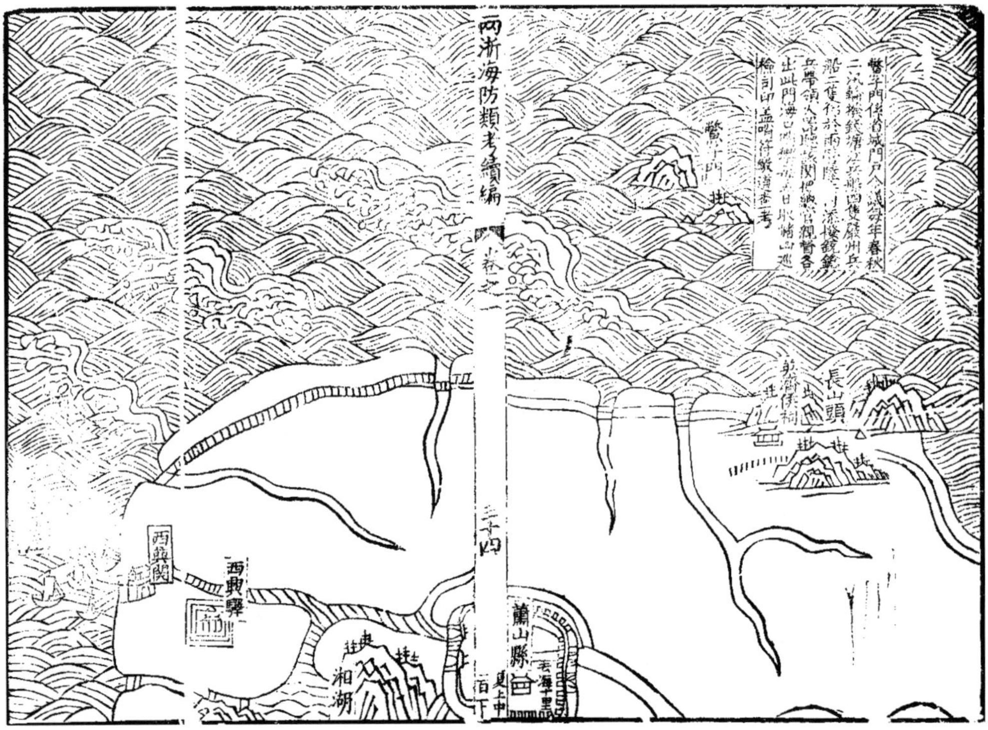
兩浙海防類考續編
卷之一
三十四
鱉子門
長山頭
西興關
西興驛
蕭山縣
湘湖

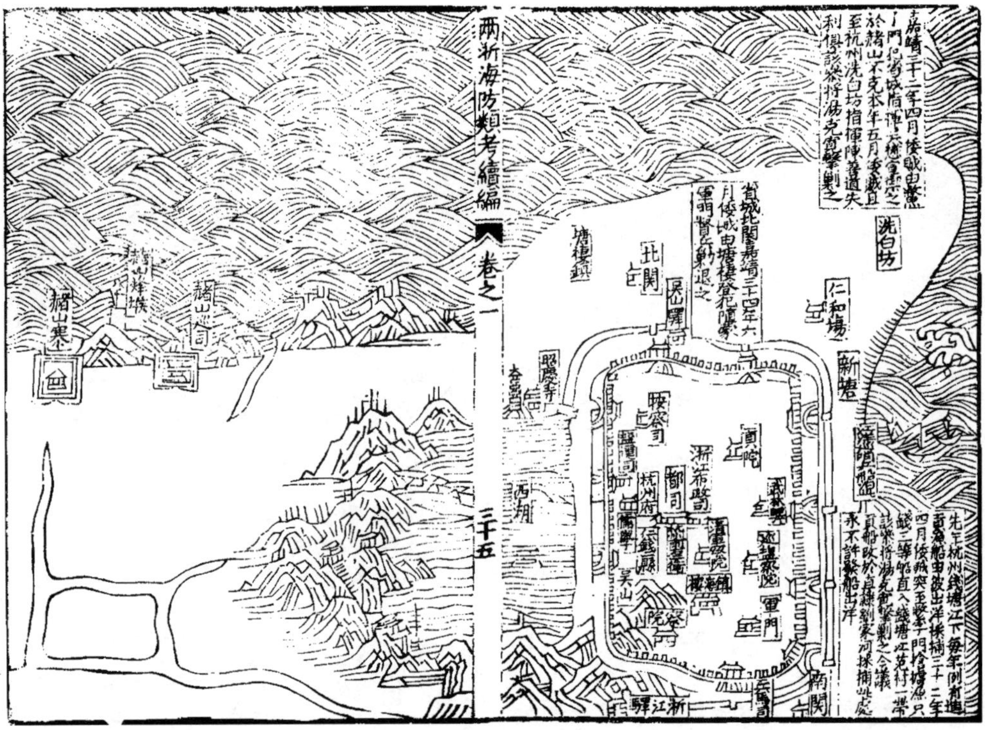
兩浙海防類考續編
卷之一
三十五
洗白坊
仁和場
新塘
北關
赭山寨
杭州府
都司
吳山
西湖
南關

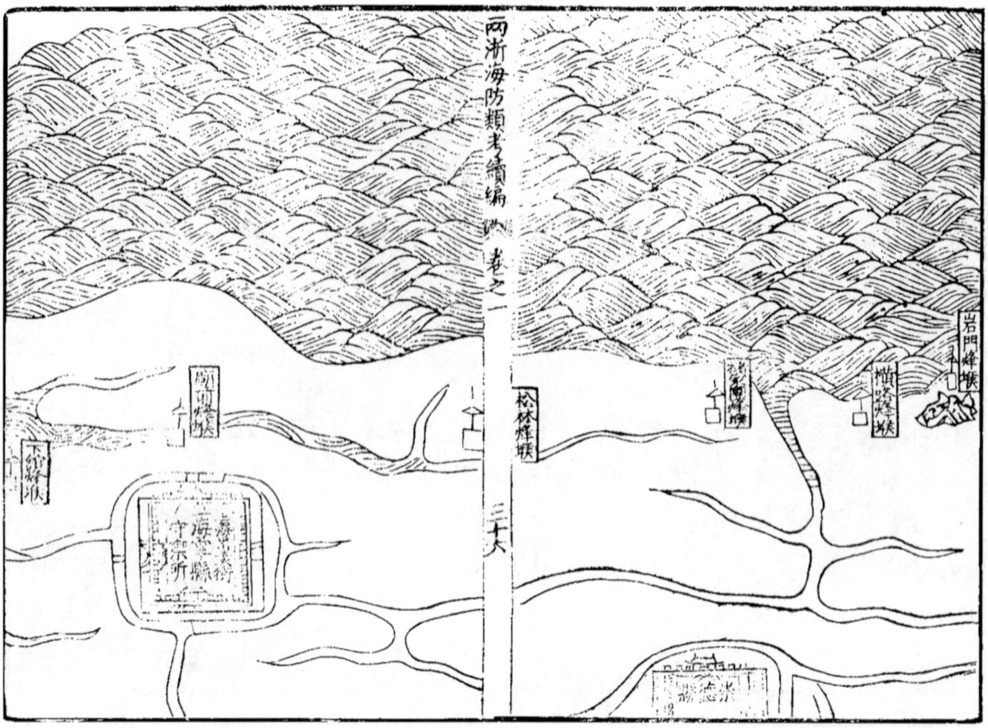
兩浙海防類考續編　卷之一
三十六
松林烽堠
岩門烽堠

兩浙海防類考續編　卷之一
三十七
石墩鳳凰素稱衝要嘉靖二十八年倭奴初犯自至此地浙西遂稱有警至三十二三四五六等年寇常本舍結巢於石墩巡司東攻澉浦西閩海寧後搶漁船出海參將盧鏜擊勝之先年議撥海寧所軍一百名防守復議裁革止存五名瞭望近奉軍門劉　明文添設海寧軍中右營官兵一總各照派定信地專哨黃灣鳳凰等寨與嘉興區澉浦石墩官兵會哨
鳳凰山直插海中雖爲海寧縣之水口實乃省城之下關
尖山烽堠
石墩總臺
石墩巡司
石墩寨
潘家浦烽堠
丁家浦烽堠
望夫臺廠
黃灣寨
鳳凰寨
鳳凰山
廟山烽堠
永安湖
嘉秀二縣
兵巡道
嘉興府
守禦所

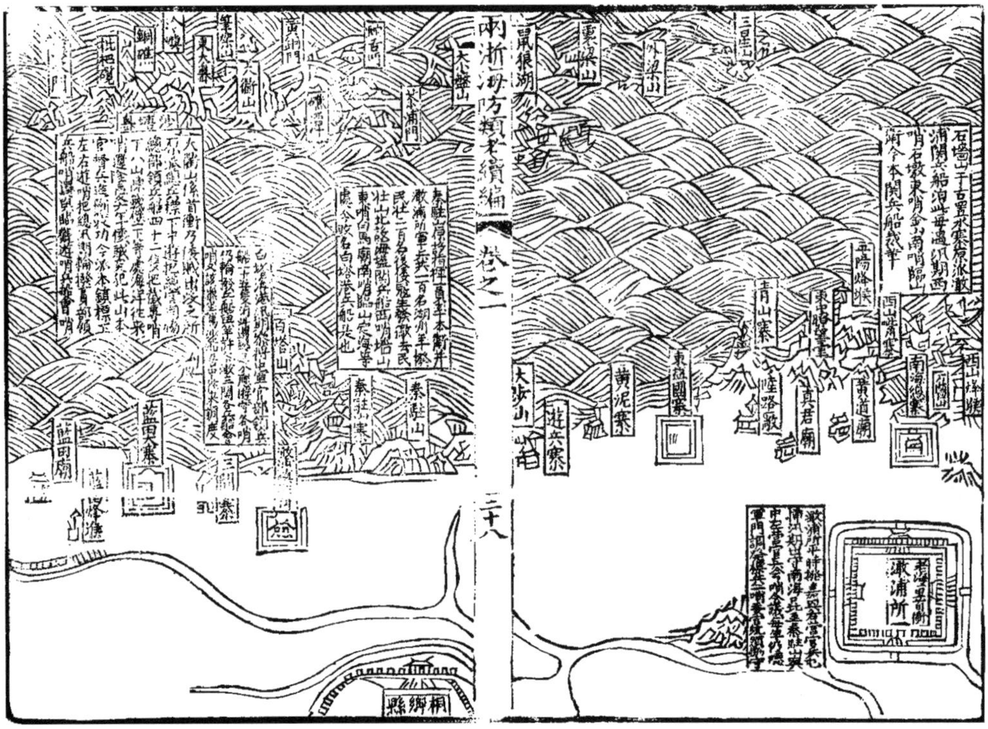
兩浙海防類考續編
卷之一
三十八
東梁山
鼠狼湖
外梁山
青山寨
黃泥寨
遊兵寨
秦駐山
真君廟
黃道關
澉浦所
桐鄉縣

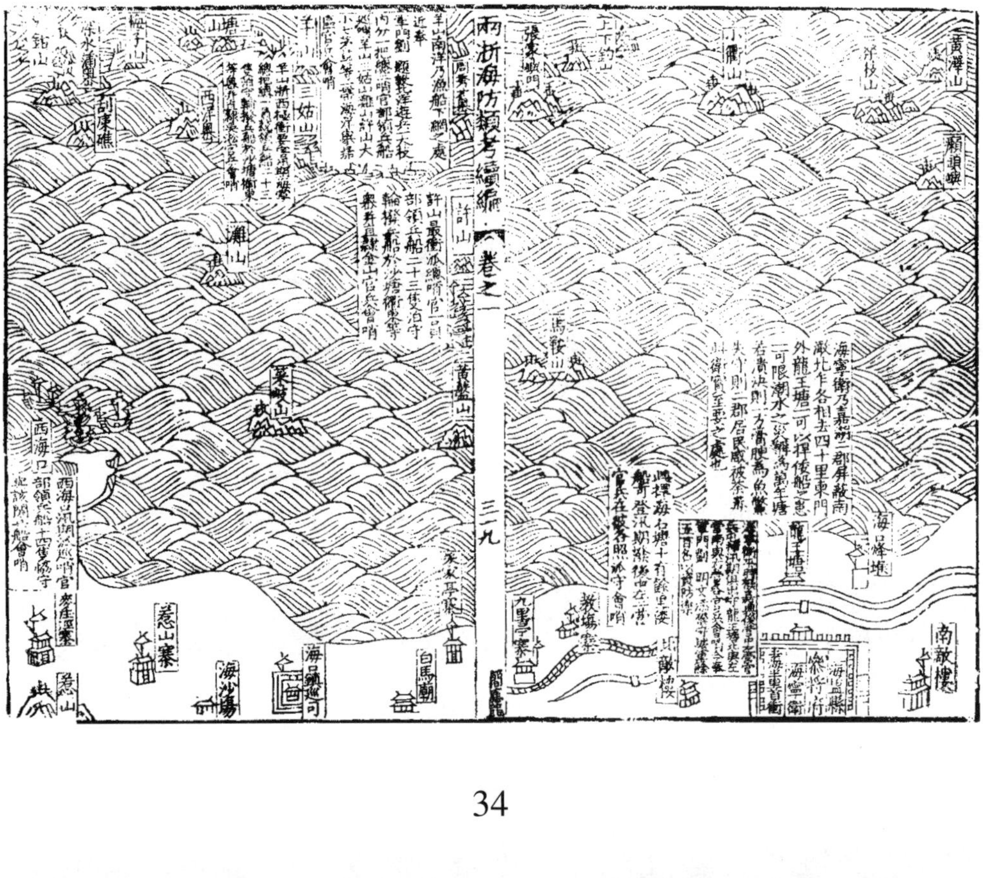
兩浙海防類考續編
卷之一
三十九
許山
黃盤山
灘山
馬鞍山
黃灣山
白馬廟
海沙場
海寧衛
南教場

兩浙海防類考續編
卷之一
四十
平湖縣
乍浦所
白楊山
大七山
小七山
浦山外寨
高山寨
東山烽堠
陳山烽堠

兩浙海防類考續編
卷之一
四十一
陳錢山
壁下山
大盤山
仇子山
浪岡
海礁
金山
橫瀝墩
獨樹烽堠
直隸金山衛

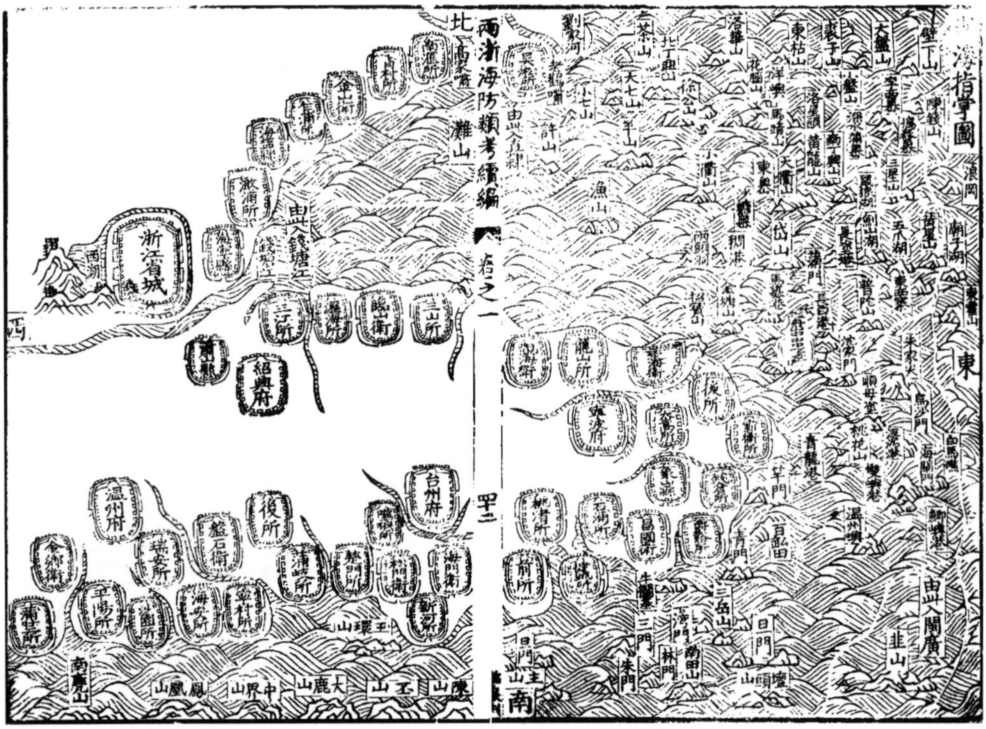
兩浙海防類考續編　卷之一
海防指掌圖
北
西
東
南
浙江省城
紹興府
台州府
溫州府
盤石衛
瑞安所
平陽所
金鄉衛
海門衛
健跳所
大鹿山
鳳凰山

兩浙海防類考續編　卷之一
東
西
南
北
日本國
五島
對馬島
薩摩州
大琉球
小琉球
朝鮮
新羅
從此台州
從此溫州
從此寧波
從此淮安
台州
溫州
寧波
淮安
遼東
京師
安南國界

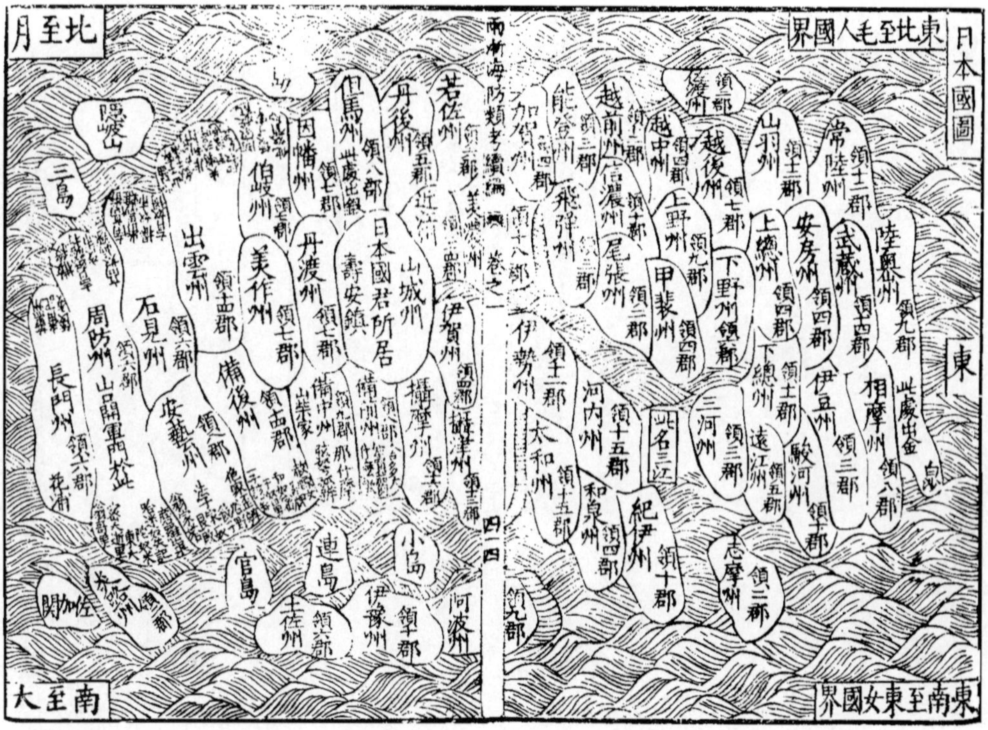
日本國圖
北至月
東北至毛人國界
東
東南至女國界
南至大
兩浙海防類考續編　卷之一
四四
隱岐山
三島
出雲州
石見州
周防州
長門州
美作州
伯耆州
因幡州
但馬州
丹後州
若狹州
丹波州
山城州
日本國君所居
備後州
安藝州
備中州
備前州
播磨州
攝津州
伊賀州
伊勢州
河內州
大和州
和泉州
紀伊州
志摩州
能登州
越前州
越中州
越後州
加賀州
飛驒州
美濃州
信濃州
尾張州
三河州
遠江州
駿河州
伊豆州
相摩州
甲斐州
上野州
下野州
山羽州
常陸州
上總州
下總州
安房州
武藏州
陸奧州
小島
伊豫州
土佐州
阿波州
官島

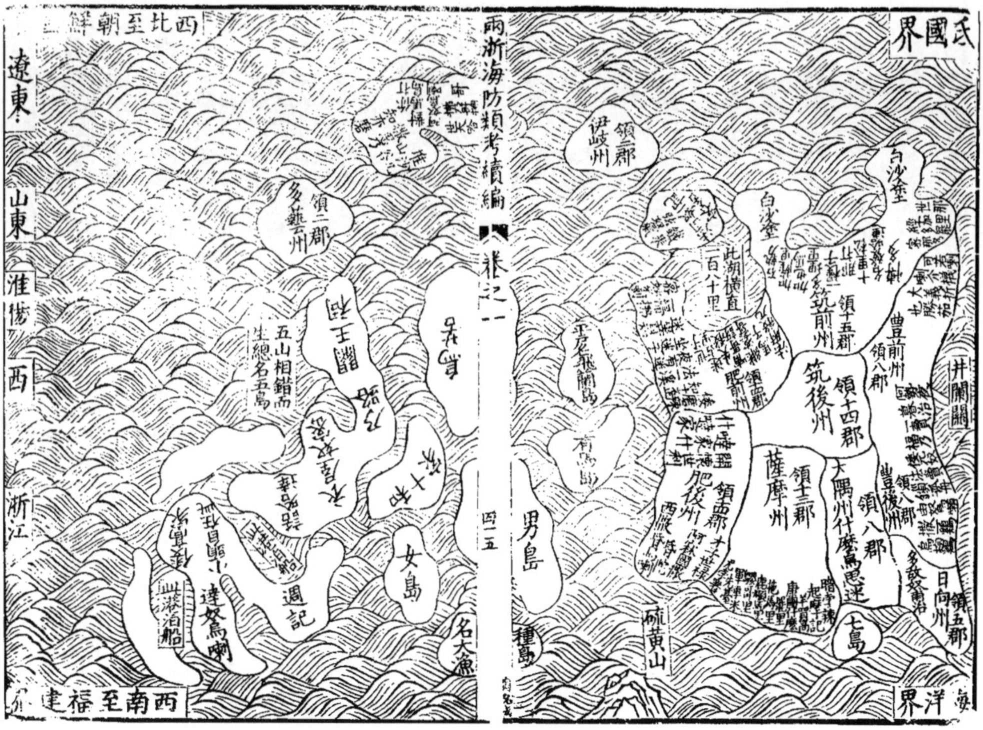
西北至朝鮮
遼東
山東
淮揚
西
浙江
西南至福建
兩浙海防類考續編　卷之一
四五
伊岐州
多藝州
男島
女島
種島
硫黃山
七島
白沙堂
筑前州
筑後州
豐前州
豐後州
肥後州
肥前州
薩摩州
大隅州
日向州
洋界

右兩浙輿圖至倭夷寇道圖係海防舊考載日本國圖係籌海圖編載

兩浙海防類考續編卷之一



# 兩浙海防類考續編卷之二

籌海圖編載

## 浙江兵防官考

總督浙直福軍務兼巡撫浙江都御史 專駐本省　浙江舊無巡撫嘉靖丁未因海寇作亂始設提督軍務兼巡視浙江福興泉漳地方僉都御史以朱紈爲之紈去王忬代忬去李天寵代天寵去胡宗憲代時乙卯七月也先是宗憲以巡按御史督兵王江涇大獲克捷詔許論功之日不次擢用故有是命其總督之名則因廷臣建議福浙直事權不一設自張經始周珫楊宜相繼後命宗憲庚申以勦賊首徐海王直等功累陞太子太保兵部尚書仍節鎮云

巡按浙江監察御史 兼紀功

督察直浙軍務侍郎 嘉靖三十四年因倭亂特勅趙文華任事寧即歸非常設也



視軍情官 嘉靖三十七年因倭寇不靖兵部奏設勅命職方司署郎中事主事唐順之任歷陞太僕少卿右通政仍在地方行事未幾陞鳳陽巡撫去

總督備倭 舊以公侯伯領之洪武三十年改領於都指揮今革

巡視海道副使 舊制以侍郎都御史領之洪武三十年後始領於按察副使統理浙海駐劄寧波近因地方多事各郡俱設兵備以分巡兼之其沿海兵糧則海道督理如故不分也

整飭杭嘉湖兵備副使

整飭溫處兵備副使

整飭寧紹兵備副使

添設台金嚴兵備僉事

鎮守浙直地方總兵官

分守杭嘉湖叅將
分守溫處叅將
分守寧紹叅將
分守台金嚴叅將
遊擊將軍
定海備倭把總以都指揮體統行事
昌國備倭把總以都指揮體統行事
金盤備倭把總以都指揮體統行事
臨觀備倭把總以都指揮體統行事
海寧備倭把總以都指揮體統行事



松海備倭把總以都指揮體統行事
統領遊兵把總

續編

浙江兵防官
欽差提督軍務巡撫浙江等處地方都察院右副都御史
巡按浙江監察御史
欽差巡按浙江等處監察御史
整飭杭嚴兵備道
整飭嘉湖兵備道
巡視海道

整飭紹台兵備道
整飭金衢兵備道
整飭溫處兵備道
鎮守浙江等處地方總兵官
分守嘉湖叅將
分守寧紹叅將
分守台金嚴叅將
分守溫處叅將
左遊擊將軍署都指揮僉事
右遊擊將軍署都指揮僉事



衢州防礦守備官
海寧備倭把總以都指揮體統行事
定海備倭把總以都指揮體統行事
昌國備倭把總以都指揮體統行事
臨觀備倭把總以都指揮體統行事
松海備倭把總以都指揮體統行事
金盤備倭把總以都指揮體統行事
統領遊洋哨將官

沿海衛所　洪武十七年信國公湯和經畧沿海備倭凡衛所巡檢司關隘寨堡烽堠皆其所守

金鄉衛屯軍六百八十四名

蒲門所　壯士所　沙園所

溫州衛屯軍二千七百一十七名

海安所　瑞安所　平陽所

盤石衛

寧村所　蒲岐所　盤石後所

松門衛屯軍旗軍一百九十七名

楚門所　隘頑所

海門衛屯軍六百八十三名

新河所　海門前所　健跳所



桃渚所

昌國衛

爵谿所　錢倉所　石浦前後二所

定海衛

大嵩所　郭衢所　穿山後所

舟山中中中左二所

觀海衛

龍山所

臨山衛

三山所　瀝海所

紹興衛

三江所

直隸都司

海寧所

海寧衛屯軍一千二百四十名

澉浦所　乍浦所

沿海巡檢司

溫州府

龜峯　舥艚　江口　仙口

梅頭　中界　館頭　蒲岐

三山　小鹿　沙角



台州府

盤馬　長浦　蛟湖　蔓嶴

寶嶴　越溪　鐵場　石浦

長亭　陳山　莆嶴　塔山

鮚埼

寧波府

太平　霞嶼　穿山　長山

甬東　管界　螺峰　岑江

岱山　寶陀　松浦

紹興府

向頭 二山 眉山 廟山

黃家堰 三江 白洋

杭州府

赭山 石墩

嘉興府

澉浦 海口鎮 乍浦 白沙灣

沿海關臺寨烽堠

金鄉衛

寨十一 廟背 大嶴 嶴門 炎亭 舥艚 大獲



小獲 小魚埜 石塘 大魚埜 石牂

烽堠十五 半塘 馬跡 尖山 鳳凰 白崎 猫頭

上洋 蒙灣 畢灣 鬭頭 東崗 把艚門 鎖門 蕢山 東山

蒲門壯士二所

臺二 高陽 水竹

烽堠六 雷嶴 四衷 尖山 南堡 時家 懸中

沙園所

寨四 陡門 仙口 眉石北 眉石南

臺一 眉頭

烽堠四 冷水 仙口 莱埠 烽火

溫州衛

海安所

寨二 上塢 東山

平陽所

寨三 風火 汶路日 江萊

臺二 山頂 蔡家山

烽堠三 福泉 峯瑞 半嶺

盤石衛

臺二 黃華 白沙灣

烽堠十 岐頭 章嶴 平山 沙角 嶼山 三嶼



池嶴 雙峯 洋氏 日圍

寧村所

寨三 沙溝 長沙 沙寧

烽堠六 黃石浦 七甲 沙溝 長沙 沙村 九甲

蒲岐所

臺二 高嵩 [illegible]堡

烽堠八 東山 鏵鍬 南浦 寨嶴 海塘 下山頭

前塘 雙陡門

松門衛

臺一 小高

烽堠十　甘嶴　蒼峯　白沙　車路　沙脚　磊石
荒嶴　蛤浦　盤馬　松門寨

隘頑所

臺一　白巖

烽堠九　長沙　岐門　䑸頭　後灣　江館　靈門
長山　曹逵　雀海坑

楚門所

寨堡一　楚門

烽堠十五　漁井　洋坑　梅嶴　泥湖　楚門　丫髻
石橋　清港　東門　西門　岧山　小青山　大青山　塔山



馬鞍山

海門衛

臺三　眉山　東中　中鎮

烽堠五　磊石　輕盈　長沙　外水　中山

新河所

烽堠五　洋嶴　泥嶴　淨應　盤馬　新場

桃渚所

臺一　桃渚

烽堠十二　石柱　停嶼　長跳　澗井　蒼埠　大捌山
獅子山　吳頭　舥字頭　下舊城　望火樓　中舊城

健跳所

臺一　高鷺

烽堠五　茅頭　折頭　後沙　小漁西　大漁西

昌國衛

烽堠九　仁義　赤坎　黃沙　前山　後山　山頭
松嶴　何家磡　烏石

爵谿所

烽堠二　公嶼　沙嶺

錢倉所

烽堠七　青雷　東門嶺　蒲門嶺　前山　中堡樓　金坎　杉木



石浦前後所

烽堠六　後山　前山　大金山　土灣　松嶴　寶嶴

定海衛

寨二　江北　長山

關一　府關

烽堠十一　高山　竺山　小山　鸕鷀　溟淘山　打鼓山
張師湖　大尖岡　大漁灣　長山岡　季嶼

大嵩所

烽堠八　大千　崑亭　黃巖　尖崎　港口　橫山
慈嶴　蛤嶴

舟山所
寨三　千覽　西嶴　沈家門
臺一　青雷頭
烽堠二十一　外湖　石衕　石嶆　鹿頸　包家　蒲沙
西山　奇嶴　碇礵　小展　赤石　弔嶼　樓侍　程家
石禪　郎宋嶴　謝油　袁宋嶴　舟山　螺峯　沈家門
穿山後所
臺一　神堂
烽堠九　西山　鍋蓋　嶴頭　白峯　所後所　嵩子山
嶼山　黃崎　撩蝦埠



霩衢所
臺一　三塔山
烽堠五　盛嶴　觀山　高山　蝦麻　梅山
觀海衛
關三　丈亭　柱湖　長溪
烽堠六　向頭　新浦　瓜誓　古窰　西龍山　西龍尾
龍山所
臺一　龍山
烽堠五　龍頭　青溪　頭尾　施公山　石塘
臨山衛

臺一　羅家山
烽堠九　趙巷　荷花池　烏盆　方路　廟山　道塘
周家路　下蓋山　四門
瀝海所
臺一　西海塘
烽堠三　槎浦　樝樹　胡家池
三山所
烽堠七　歷山　撮嶼　眉山　蔡山　徐家路　吳山
滸山
紹興衛



三江所
臺一　蒙池山
烽堠六　抗塢山　宋家樓　馬鞍山　周家墩　烏峯山　桑盆
直隸都司
海寧所
寨一　黃灣
臺六　下館　格路　松林　㴍家埔　下家村　渚家圖
烽堠五　尖山　赭山　廟前　石墪山　巖門山
海寧衛
寨二　北舖　藍田

臺六 南臺 北臺　麥家涇 九里亭　朱公亭 三間塞

烽堠一　藍田

澉浦所

寨四 西山嘴 混水閘　南海口 葫蘆灣

臺一 東園

烽堠五　青山 墻山　西山 廟山　秦駐山

乍浦所

寨七 獨樹林 蒲山外　梁庄大 金家灣　梁庄舊 唐家灣　長沙灣

臺七 獨樹林 聖妃宮　益山 惹山　西山嘴 東山嘴　蒲西山

烽堠三　陳山 觀山　高公山



浙江事宜

金盤總 金鄉盤石二衛立把總一員其分守溫處參將即此總所轄之地也

海港守備

黃華水寨 東接大海大小門竈嶴南枕港口乃溫州之咽候也舊制戰船四十餘艘南會飛雲北會白岩塘交相巡哨歲久撤備嘉靖三十七等年倭從此港入溫州抵處州之青田備造福蒼等船三十餘隻比舊反減似宜添設

江口水寨 東臨大海至五嶼等嶴北至平陽縣外接琵琶長腰陌嶺陽嶼等大洋為平陽門戶舊制戰船三十餘艘歲久撤備嘉靖三十一年倭犯平陽前倉涇口麻園等地從本港入今造兵船戍守比舊制量加南至舥艚炎亭北至瑞安飛雲鳳凰往来會探似為得之

飛雲水寨 溫州適中之地也舊名中軍水寨南臨海港外接鳳凰山內逼縣治實衛護府縣之門戶也舊制戰船四十餘艘歲久撤備今議江口黃華二處兵船於此往来分哨此在無警之時則可若風汛之候倭船分䑸衝突二港自衛不暇何暇顧此哉



鎮下門水寨 東距大海倭若登犯徑抵瑞安所城則平陽赤哨諸處無從捍禦極為衝要舊制戰船二十艘南會福建烽火門流江北會江口港巡哨歲久撤備今議將江口兵船於此往来存留旗軍防守限於財匱不堪復設舟師也更宜添置方為慎固

白岩塘水寨 東濱於海實蒲岐所之外戶也舊設戰船二十隻北會松門楚門南會黃華港巡哨歲久撤備今議併入黃華港兵船仔留旗軍四十名防守亦因限於財匱不堪設舟師也添置慎固方可

海岸設備

舥艚寨 東北皆濱於海倭賊屢次於此登犯至前倉腹裏見撥旗軍防守

炎亭寨 在海濱賊若登犯突入腹裏從本衛城外可至平陽縣孫湖地方見撥旗軍防守

大小漁埕二寨 聯坐海濱極為衝要賊易登犯若突入腹裏從本衛城外可至平陽縣南靈塲等處地方見撥旗軍

防守

小濩寨與龜峯巡司相聯南臨海至竿山一潮北枕山巡司還臨海濱賊易登犯額設弓兵旗軍防守已上四寨俱係金鄉衛平陽縣所轄皆係江口港兵船往来巡哨

程溪寨南至海西抵鎮下門水寨頗為藕門要區嘉靖三十四年賊嘗登犯見撥旗軍防守

菖蒲洋寨在海濱先年賊曾登犯見撥旗軍防守已上三寨俱蒲門所所轄亦係江口港兵船往来巡哨

眉石北隘東至大海南會陌城寨西平陽所北會陸路極為衝要先年賊嘗經登犯若突腹裏從陌城可至錢倉等地方又可通平陽坡南見撥旗軍防守江口港兵船於此往来哨守

眉石南寨東濱大洋鳳凰山與一潮可至西抵僊口極為險要賊若突入腹裏從僊口可至平陽縣沙園所原設飛雲港戰船今併入江口港往来巡哨見撥旗軍防守

僊口宋埠二寨東臨大海近年本處居民建立堡城捍禦撥軍防守已上俱屬沙園所其外港口兵船往来巡哨



黃華山寨西離水寨二里先年賊嘗登犯極為衝要見撥旗軍瞭守外有本港兵船巡哨

沙角寨東臨大海界於黃華章嶴之間嘉靖三十八年倭賊船登犯若突入腹裏從芝嶴可至三條嶺抵樂清見撥旗軍防守已上俱盤石衛所轄

章嶴寨在海濱賊船易登頗稱險要防禦慎固南則東衛搭頭而西衛沿盤南衛百華北衛長林倭船雖至不敢犯也見撥旗軍防守

白沙寨東南濱海嘉靖三十七年賊犯樂清縣治自此地入乃水陸要害之道也見撥旗軍防守已上俱樂清所轄

嶼山寨至臨海口賊可登泊若於此突入西可犯天仙南可犯雙峯北可犯後所勢難倅禦見撥旗軍防守

平山寨西接後所南接嶼山北接白沙為樂清藩蔽嘉靖三十七年賊嘗登犯若突入腹裏南從石馬一帶至本縣白石等處見撥旗軍防守已上俱後所所轄

後塘寨東南大海地勢險要嘉靖三十一等年賊屢登犯其南為李嶴西為清江渡北為館頭蒲岐若突入則諸地悉受焚劫

矣見撥旗軍防守

高嵩寨為蒲岐門鎖鑰東臨大海極為險要嘉靖壬子等年賊嘗登犯若突入腹裏從楊婆橋可至長山地方見撥旗軍防

下堡寨為蒲岐之南藩南臨大海頗為險要見撥旗軍防守已上俱蒲岐所所轄

龍灣寨東接寧村西捍府治坐臨深水頗為險要嘉靖戊午等年賊自黃華港登犯突入腹裏從新建蒲州地方直抵府城見撥旗軍防守

沙溝寨坐臨濱海賊可登犯見撥旗軍防守

沙村寨北至寧村所東至海見撥旗軍防守

長沙寨東臨海塗地勢頗險見撥旗軍防守已上俱寧村所所轄

丁田前後崗三寨俱海安所所屬雖撥旗軍協守然丁田地勢稍緩惟前後崗俱臨深水極為險要嘉靖癸丑等年賊嘗登犯若突入腹裏可至溫州府城及瑞安縣見有黃華港兵船往来巡哨



東山上塢二寨東西分峙有犄角之勢坐臨海濱極為險要賊若自東山而入由九里可至府治自上塢而入由丁田可至海安見撥旗軍協守

陌城陸路二寨東南濱海極為險要賊若自陌城突入從營山可通樂陽坡自陸路突入從江口港可至錢倉等處見撥旗軍協守外港有兵船往来巡哨

汝路口寨東臨海洋陽嶼門南以策應江口水寨北策應眉石南北二寨地勢險要先年賊曾登犯平陽沙園二所撥軍協守

分水隘嶺係浙福交界賊自福省突来必由此嶺至平水過牛皮嶺一可至蕭家渡本縣城外而抵瑞安地方一可經莒崗至泰順青田地方且可通桐嶺至温州府城等處遇有聲息必調兵過截方可扼其吭而固全浙之南境也已上俱平陽所所轄

海外設備

**大巖頭山**賊船自南麂鳳凰霓嶴洞岐楚門玉環而来俱經此山今撥黄華港兵船每遇風汛於此巡哨

**海島玉環山**與蒲岐所相對此山縣治居海中聯絡深長山背即台州府所屬太平松門楚門交界海洋賊自北来必經乎此處今撥黄華港兵船於此巡哨

**霓嶴**賊船南北向往多泊於此可至盤石衛最為險要今撥黄華港兵船於此巡哨

**南龍山**賊船自北洋来必經此山黄華港兵船於此巡哨

**南麂鳳凰山**此嶴闊大坐臨深海山外大洋別無山島賊自國初以来俱經此棲泊寔巢穴也風順一二潮可至飛雲港先年設兵船一枝哨守廢壞未復今撥江口黄華港兵船巡哨

**松海總**松門海門二衛立把總一員其分守台金嚴參將即此總所轄之地也

## 海港設備

**中州港**南係海中茅峴山與蒲岐港接境北往海中坯山與靈門港接境此處見有兵船巡哨更設八槳小船以搜玉環諸山之穴則善矣



**靈門港**東接海中雞籠山與松門港接境南接楚門洋坑下接磠礁山原無兵船之設嘉靖壬子等歲倭犯江縮犯後灣始議立戰艦巳未賊犯靈門跳頭從腹内流突沿嶺江竊舟遁海將前船擊守東門又以單弱不足防御亦併入松門港大䑸哨守革之誠便也竊謂松門寨港大䑸兵船去此密邇可以徑顧其地彼港舟師每每潜遁哨報不時為今之計當重責於松門港之水兵而專嚴以哨船之號令

**松門港**其東為島米門外積谷山及下洋大陳嶴等處外即大海直抵日本北往化蝦龍王堂鮮港横門大潭深門等處與新河水三汊港接境南往雞鵰尾鵰硐礁鹿頭片嶼驢洋邳山等處與靈門接境臨頭居其南如臨頭有賊此港之船直擣其䑸臨頭緩急此港之責守也海内碎山極多若賊自温州而来此為匯嘴捷徑竟抵城下若自外國而来止過大陳邳山大鹿登岸皆為賊巢甚難防守今雖稍增戰艦僅堪小敵之禦而港内迂迴屈曲難以捍賊必出大陳山而迎戰於海中乃為得之

**新河港**港口淺狹大船未易出入不必舟師防守止陸備舊設梧關動稱門戶之固司事者未嘗[illegible]重以為險阻實惟小松木二三十株於半港中耳既無險可恃無據可守左右兩岸平坦如掌豈能為港之重輕哉

**海門港**黄巖城下此我一名椒江渡港水流入二十里之中一分台州城下一分

朝開國以来之重鎮台黄府縣之咽喉也視寧波定海關不同其定海關水港既狹港外舟山長塗馬嶴金塘遠近皆堪泊船分哨海中復有舟山二所且設重鎮於定海戰艦數百是以海外之功屢有成績而港口之守永無内患今海門港一潮之遠止有三山一座形小直削並無港次四望汪洋我之兵船欲泊於港内則不可禦敵欲出於外洋則更無山嶼可抱風浪洶湧自國初迄今倭之犯台悉由於此國初全浙設備倭都司一員而獨駐守海門其所係之重可知邇来諸港皆設備獨此一港與海門衛未嘗經理雖有兵船率為故事舊有二百餘艘尚不能沮其黄巖之入今所造船隻分其半於松門衛港不知此港之兵必當倍於松門庶克有濟何也松門港之船可以盡出外洋截賊此港口必須多留船隻防守若不嚴禦港口使賊一入則其舟西去台州隨潮僅九十里我之陸路隔渡阻山無由追躡必由黄巖遠抄勢不相及故全賴水兵阻截港外有台境之寄者其慎圖之



**桃渚港**議者謂桃渚離海門甚近可以策應戰艦不必設不知海門所由裏路至桃渚止四十里形似弓弦若由海中轉達聖塘而下必出大洋其程兩日不似桃渚至長沙巡司一帶亂山叢礁羣峯散走或出或入索滓紛峙海港淺潮之中直探出大海極為綿遠而桃渚所北往健跳一帶如鹽塘除下仙巖處海灣突進其健跳之舟北禦昌國海鄞一帶力已足矣桃渚港之外接大海總港亦當設船一䑸如健跳之數但頒舟有限松海二關巳為不足若量抽數舟棄之葛山之外孤海之中勢分力弱亦竟何益哉

**健跳港**原設長洛一渡逼近東所城側渡闊四百餘丈出海直往茅頭大洋上接海中查盤山與練陀等處下接海中青嶼黄毛嶼與牛頭桃渚地方接境此處宜設兵船一䑸必得福蒼海滄二十餘艘方可守禦松海二關巳稱疎薄無力分應若又量抽數隻分守此港則港大船寡無益於事此城孤懸以船為命今雖有守似為單弱不足恃也

按台州海門不出此數港分守合備似不可緩若春汛之期當以松海二港合為一大䑸在大陳洋[illegible]以為南䑸桃渚[illegible]當添船與健跳相等亦令會合外洋以[illegible]䑸其在南䑸也則海門港必當留大小兵船十餘艘守港[illegible]松門可盡發其在其

艙也則健跳港必當留大小兵船數艘守港而桃渚可盡發

險設備

楚門所　賊犯楚門必屯雞髈山下其心戀船不過二三日即還而走如往隘頑則歷所城藤嶺慢遊料我兵阻之不得已方棄船陸行也其往三山大荊以由溫州不如徑由水中對過蒲岐港為便南隔一小港為玉環山週圍百里舊有民居國初遣入內地台溫二境乃賊去來泊船之淵藪也對岸溫州府蒲岐所近被勢豪據以耕種夫耕田則必屋起屋則招賊釁端雖不宜開然當事者誰肯任怨哉又由內北至太平城江下地方謂之東門港沿山濱海而行山林密茂水港出入又十五里乃南灣地方高山環海舊戰場也舊賊據萬仞山腰進兵之路皆鳥道魚貫我兵分為四枝松林如織相戰犯兵家之大忌仍成全捷以收奇功信乎地利不如人和也

隘頑所　北為太平縣藩籬南可以阻楚門之寇城外東北山下長沙面水民居一村番舶至此可以屯泊若棄船登突決由藤嶺內外皆可至溫州地方夫賊屯聚於藤嶺則太平之路既阻於藤嶺松門之路又阻於慢遊設賊屯據面水背山可以高

兩浙海防類考續編　卷之二　廿八

枕久住可以從容困城楚門所在其南北駐兵之地決不能北援大嵩二路又絕將何以為計也所賴□□有松門港兵船搖城下賊若有船在水定可逐之賊若在陸□外兵無所用力但哨船遠瞭松門港兵船急出過隘頑之南大□海中截之庶可保全萬一疎虞而致賊舟登犯城四面皆山高□伸天表既不能守而城身欹矮又不足固其若靈門關有賊雖劉險難我兵繞入城內從容南出攀援而進亦可應援過大嶺皆夾山而行進退路徑皆艱兩鼠鬭於穴中勇者勝耳可不深設思乎若賊流走我兵當星夜先馳江下預處戰地設伏以待若□而追之則無及矣

松門衛　若止駐兵城內而賊由西來則城□□□□兵據□□□雖顧若城內未嘗駐兵而賊據松門□□□以一夜□兵守北門山麓下則我兵無路可援故城內□□□□□□則將人由泥塗用馬報約城內之兵劍□□一□□□□可□□由隘頑海邊進戰城內兵鼓噪應之□□一□□□□□□而□多水□難行必由北異山會合新河一帶不佳過□□則□不可涉□則可進大兵沿塗皆硬沙實土有□不可行□□可列堂堂之陣今有大□□□□多□□□

□所論形勢之急在海門□□過中之□新河所該所去松□所隘頑海門□□□□里去太□縣□十里三面俱有

大路可以進兵應援但北至海門皆田塍雨久潦溢水皆涉人其藤嶺橫山頭敵所必由我可設備以阻賊衝者也蓋此帶沿海陸地四散賊出溫嶺少有阻則即由路橋遶出黃巖以往溫州黃巖之賊決□亦由海門新河蓋知椒江有舟師新河有陸兵故也

海門衛　衛城當置於高嶺乃為據險每歲賊攻未破而卒不陷者乃保障之力非形勝之據也此為浙□三台門戶水陸重鎮三面阻水賊舟可泊實為險要惟作兵船以為命禦番舶於未登此守海門之上策也失此則為中策矣如賊在栅浦則水兵截於大港陸兵進剿一由海門近攻一由泉井一由路橋一由三山遶截合力捍禦之一術也又失此則無策矣

前所　與海門衛對壘中隔大港即椒江也其形勢利害與海門相同凡剽前所之賊多過江或由府治或下城門嶺徃仙居出溫州賊若在長沙連盤一帶屯住連盤港深而長背山面水健跳桃渚二港會於此處可為巢穴分投出掠飽載而歸我兵由裏一路至隘口轉南出其巢後自山上攻下仍以一枝截住山頭庶我不為賊抄兵勇者勝耳

桃渚所　其城可守但濠狹而城卑今議濬濠即以土增城庶為海門衛及府治之藩翰也所城東北有昌埠港與本所港相

兩浙海防類考續編　卷之二　廿九

類皆委蛇細曲賊之小船必不□□□□小舟而我之兵船不能進追則其去海門甚近也外海諸山皆可以截賊須預設伏俟賊出而擊之乃可以成功也其他若安□寺可伏截以阻賊菖埠之衝白蓮嶺可伏截以阻賊後嶺之衝肯埠嶺盡頭可伏截以阻賊肯埠之衝若賊至東所棄城而不之顧則必徑府治自仙居走溫州我兵即當馳赴府城□戕之也

健跳所　健跳城三面阻山皆峻嶺而東面山前距海若非兵船預伏探哨寇船卒至何以禦之故健跳戰艦之設不可一時而不戒嚴也其去桃渚一百里或攀峻嶺則鳥道魚貫或涉羊腸則潮濱梗陷或行山地則溪石坎坷馬不能馳人不能列非二日不能至設賊泊舟城下江中桃渚一路決不可以進援東去昌國衛隔大洋彼處有賊所當時時防禦去寧海去台州俱一百四十里路徑皆如桃渚緩急之際松海大兵必不能猝達若遷過台州府從寧海而入必由黃巖台州桐巖桑洲寧海竇衆計一日餘方到東所援兵至此賊必已遁海而別犯矣豈能望以成功耶若報至即調海門關兵船抵所城東海山內設伏以邀擊之萬無一誤也

□圖總

沿海設備

**昌國衛** 坐衛大海極為險要石浦關切近壇頭韮山乃倭夷出沒進貢等船咽喉必由之路懸海南北礁等山可設舟師往来巡哨以為東路聲援其西象山縣石浦巡司則恃之以為右翼者也懸海金齒八排朱門等處可設舟師往来巡哨以為南路聲援其北牛欄基旦門青門茅海竿門則恃之以為門戶者也見撥福蒼兵船於此關哨守

**金井頭** 相對旦門直衝大海嘉靖己未夷船由此港登岸本處原設兵船近因船少力弱掣併石浦關見撥本衛北哨兵船往来巡哨

**前後二所** 南臨關口近三門要衝之路本所附城設有東西南北中哨伏兵廠五處每處撥軍瞭望遇警走報

**錢倉所** 東臨大海至大嵩港水程一潮南為塗次烽堠外接竿門蒲門地方西北至胡頭渡海為大嵩所界乃昌國之藩籬與大嵩相為犄角者也

**爵谿所** 城懸海口直衝韮山東逼大海西並錢倉南以遊仙寨為外戶北以象山縣為喉舌見撥旗軍防守



海中設備

**韮山** 形勝巍峩島澳深遠對衝日本此山之外俱遼遠大洋故夷船東来必望此山為準此昌國總第一險要今撥北哨兵船於此巡哨

**三岳山** 係外海懸島乃昌國衛前後二所喉襟如賊船從韮山来每經此過嘉靖三十四年倭船於此盤據最為險要今撥中軍哨船往来巡哨

**旦門** 係懸海大洋外有東旦山與韮山相對如賊船由韮山来必望本門突入以往南路內近何家礁仁義所盤一帶老岸今撥北哨兵船往来巡哨

**三門** 乃石浦巡司土灣番頭一帶沿海居民喉舌如賊從閩廣遁歸由台温来必經於此最為險要今撥南哨兵船往来巡哨

**金齒門** 島嶴甚多便於棲泊賊船往来必經此假息誠南路要衝之處與石浦關相隔二潮今撥遊兵及南哨兵船往来巡哨

**大佛頭山** 內有斗底蝦嶴島頭青後城壺底等澳係賊船往来寄泊之處極為險要與石浦關相隔一潮今撥南哨兵船巡哨

**朱門山** 相對大佛頭係外海險要之處如賊由南来必至此收泊與石浦關相隔二潮今撥南哨兵船往来巡哨

**八排門** 相連南田內多膏腴田地下便棲泊若倭船停棲甚難剿滅與石浦關相隔二潮今撥南哨兵船巡哨

**林門** 乃金齒朱門等山喉舌島嶴亦多先年夷船從壇頭海洋突入結巢於此係起遣之地極為險要石浦關至此相隔一潮今撥南哨兵船巡哨

**牛欄基** 係石浦關後門外洋必由之路有山環抱可避東北颶風如分哨南北兵船往来必於此為適中哨守之處與石浦關相隔半潮今該中軍遊兵船南北往来會哨

**壇頭山** 有南北礁壳菜藍等嶴可以避風泊船賊由日本而来每望此山收泊與石浦關相隔一潮今該中軍哨兵船於此巡哨

**雞籠嶼** 在壇頭山外此外一望大洋別無島嶼如賊從韮山来必由此過與石浦關相隔一潮今該中軍哨兵船巡哨



**茅灣** 切近錢倉所與韮山相對先年番船嘗棲泊於此原設兵船一枝因船少兵弱掣聚石浦關今派北哨兵船巡哨與石浦關相隔二潮

**竿門** 貼附錢倉所夷船每棲泊原設兵船一枝因船少不敷掣收石浦關併䑸今派北哨兵船巡哨與石浦關相隔二潮

**青門** 貼附爵谿所有山迴抱可以避風泊船內接公嶼居民地方外衝四礁與韮山相對極為衝要原設兵船一枝因船少力弱掣聚石浦關今撥北哨兵船巡哨與石浦關相隔二潮

定海總

沿海設備

**定海衛** 南臨港口定海關有靖海營團兵操守招寶高聳海口極為要害山巔築威遠城屯劄軍兵使有犄角之勢其隔江南岸自甬東巡司竺山等堠接連後所契頭烽火相望遇警馳報

**小浹港** 內通東江出穿山寧波極為險要昔為海賊孫恩所據倭賊亦曾登此近打樁數層汛期[illegible]防守似亦未為

固宜更密之
後千戶所東南為霩衢所南為大嵩所北為碶頭烽堠坐臨黃崎港先年賊船由崎頭海洋突入大港最為險要每堠撥軍瞭望
黃崎港東至舟山中中中左二所水程計一潮北至金塘山水程半潮最為險要見有兵船往來巡哨舟師單弱似未足以遏賊之衝也
大謝山離後所城二里南臨黃崎港北由大猫海洋至金塘鹿山最居險要乃先年起遣地方也內設黃崎西山等七堠撥軍瞭報又該中軍哨兵船往來巡邏
霩衢所濱海對雙嶼港先年賊嘗登犯極為孤險春汛時月添撥官兵協守又該大嵩港兵船往來巡哨
梅山港東至崎頭大洋南至雙嶼港俱約半潮雙渚港先年為賊巢今填塞矣西至大嵩港計一潮北五里至三塔烽堠最為險要今撥大嵩港兵船及本所軍船哨守



大嵩所東連霩衢南接錢倉以大嵩港舟師為命
大嵩港對峙韮山直衝外海先年賊由此犯所城突慈谿地方極為險要今撥戰船巡哨

海外設備

舟山螺峯巡司雖有官署之設而巡檢弓兵俱散處民居螺頭嶴與螺峯烽堠離城十五里賊易登犯須遷居民入城則可
鹿頭烽堠近海民少勢孤常被賊登犯須遷入而後可
岑江巡司乃衝要海口也賊累登劫見今居民雖築墻自衞亦被賊壞近又自葺理終難備禦須為慎固之計可遏賊衝
天同嶴居民百餘家氣勢頗壯但力不支內有紫皮嶴居民千數若協力出守彼此可以無事內又有鹿夫善射曾勝倭寇宜令悉力防禦
碇齒隘與外港相對居民勢孤累被登劫其原守軍餘又已取回必遷居民入內地則可

竒嶴烽堠即大沙地方賊常於此登犯原有陸巳發二民大戶約有千數合力出守方可恃也
郎家碶西與宗[illegible]相連又小沙居民殷庶有臨軍共守但地勢散闊難以設備賊嘗登劫以碶頭海塘築堡協守則可
袁家碶即沙角地方原有馬嶴千戶所軍民并逃民約計二千若遷入城以合其勢庶可普濟也
岑江烽堠與沙嶴相連有臨軍防守賊嘗登犯軍已取回須遷居民入袁家碶等處則可
岱山巡司孤懸於大洋寨相連居民自築垣防守賊嘗登犯該司在隆教寺內亦為本處須併力捍禦則可
甬嶼因近海口時被賊登劫須與小使居入協守則可
沈家門寨此內港係備倭之地有軍防守近皆取回番船去來皆泊於港楚嶴兩嶴麗花嶴大嶴去寨三五里向者居民綠墻大領阻截總路近賊經由水路或聞道由入眾被掠其須慎禦庶克有濟
臨觀總臨山觀海二衞設一把總分守寧紹參將即兩總所轄之地也

海岸設備



三江所不瀕於海地勢稍緩然海上有警去省城八十里烽火之通於此依
瀝海所東衞臨山西捍黃家堰有瀝浦等處撥軍瞭望
臨山衞坐當衝要西接三山西抵瀝海接烽堠者十撥軍瞭望
三山所界於臨觀之間西以策援臨山東以策應觀海者也撥軍瞭望
觀海衞西有三山為右翼東有龍山為左翼居中調度聯絡應援烽堠七處每堠撥軍瞭望
龍山所北對金山蘇州大洋東對烈港況其龍山獨臨海際去所僅十里乃賊船往來必由之路瞭海一總之咽喉也封守慎固省城安枕而臥矣
金家嶴丘家洋連界東對烈港海洋北望龍山三姑大洋嘉靖丁巳倭船盤據木嶴及丘家洋月餘因我兵所捷若突犯寒由鵬門浦湖一帶至慈谿縣直抵波內地極為險要今撥烈港兵船哨守

設備

三江港港口深闊外通大洋其爲險要賊船若泊宋家漊突入腹裏從陡門一帶海塘可至紹興地方越港而北爲浙西赭山乃省城第一關鎖也

蟶浦港北對浙西石墩南至紹興府城迴連大海極爲險要嘉靖二十二年賊船泊西匯嘴登犯若突腹裏由沿江塘路至百官梁湖直抵上虞縣兵船哨守不可一日少緩

臨山港切近衛城直衝大海倭船屢犯先設舟師屯守西哨浙西澉乍二浦東哨觀海龍山如遇警觀海洋有警馳報烈港兵船合綜截剿

泗門港爲餘姚縣東北之喉襟越港而北爲浙西澉浦最爲隘要嘉靖丙辰倭舶由東北列表突犯木境今撥本衛兵船巡哨

勝山港港深而廣倭船可乘潮以入嘉靖丙辰由此登犯三山所官兵敵退之近議築塞港口又建墩臺於山上

古窯港爲慈谿之咽喉北對乍浦東接伏龍西連平石極險之處嘉靖三十五年賊船盤據突犯慈谿地方今撥兵船巡哨

金墩浦爲定海慈谿相界之地北連大海一帶連伏龍山此處坐臨海塗賊船自東北而來必由此繫泊嘉靖已未賊曾登犯



見撥軍船往来巡哨

烈港沂係甚大蓋賊船之入臨觀也非由澉乍則由烈港誠臨觀之門戶甚爲險要先年議設三江蟶浦臨山勝山古窯五港以衛臨觀後因各港沙硬水淺難泊而北議派臨觀把總兵船改調烈港出哨臨觀一帶地方

海寧總海寧衛立把總一員其分守嘉湖參將即此總所轄之地也

海岸設備

海寧演武場枕海曾經倭泊定爲險要舊設陸地廠倭據爲巢廠毀今撥旗軍哨守

澉浦鎮巡司外與秦駐山大步門相連山灣潮汐次賊船曾自此可通內地宋停村紫雲等處接近縣城此衛南之衝也今派龍王塘兵船巡守

海口巡司此處海灘沙汀船隻難泊迤北乍浦一帶連內有白馬廟八團圩民叢集近年倭寇突犯府向北必先往此觀望虛實其地內通嘉興平湖嘉善等處乃衛北之衝要也今撥龍王塘兵船巡哨

南海口操備廠離海半里與東海口陸路廠俱爲衝要

金家灣此處潮深山僻近年賊船登泊若犯腹裏直抵平湖沿海則侵乍浦直抵海鹽實爲險要今撥西海口兵船巡哨

梁庄寨倭寇屢登爲巢實爲險要

赭山寨東南逼大海面對蕭山與錢塘江口相連先年倭嘗突犯實爲險要

石墩山寨東南倚海山下有一小港外通大洋近年倭寇登據爲巢船泊港內極爲險要原設寨軍防守後掣回所城止於石墩烽堠撥軍瞭望

鳳凰山寨南臨大海坐對鷹衛門倭嘗犯此實爲險要

黃灣寨東與澉浦接界南對大洋北通腹裏狹石地方昔年倭寇屯據爲巢實爲險要

海港設備

東關外龍王塘外即大洋直對浙東臨觀等處迤南半洋中有白塔山賊船可泊賊若登岸向南則侵澉浦徃西則



侵腹裏天寧寺水陸通衢直抵嘉興實本衛之咽喉沿海之首衝也近議立爲關隘今委官兵出哨西海口九王門澉浦等處

黃道廟港南濱海與臨觀相峙倭寇登犯極爲衝要

西海口南通大洋北近平湖係浙西之咽喉平湖之門戶也本港海塗高硬潮水長消不一船難繫泊恐倭船乘潮突進則我之兵船高閣係匪輕當躋勘開濬建立水閘將各兵船浮泊活水遇警出剿此第一預防之計也今撥兵船出哨灘許金山青村一帶海洋與吳淞江兵船相會

原考

一申明職掌照得本道奉
勅巡視海道兼理寧紹兵備協同總兵官經管沿海衛所管理水陸兵
糧嚴督各該備倭把總官員并沿海軍衛有司關防姦弊禁捕盜賊
若遇倭寇出沒事體重大仍呈撫按衙門并行都布按三司從長計
處而行所管地方官員若有債事并貪利害人等項違法者爾即指
實參奏究治爾受茲委任宜持廉正己悉心經畫務使海道肅清姦
弊革除斯稱任使如或因循怠忽致悞事機責有所歸爾其欽承之
故諭欽此欽遵外先該本道嘉靖初年駐劄省城每年春汛自貳月
起至伍月中小汛玖月起至拾月終巡歷寧紹台溫海寧嘉



興一帶全浙沿海地方嘉靖貳拾叁年間移駐台州貳拾柒
年間改駐寧波地方巡歷沿海至嘉靖叁拾貳等年間為因
海寇勾倭地方多事杭嘉紹台各府添設兵備衙門肆拾伍
年為議處兼攝兵備官員以省繁費事該
撫
按二院會
題將杭嘉湖兵備事務併於嘉湖分巡道兼攝隆慶貳年為裁革添
設官員以省軍餉以寬民力事該
欽差督撫軍門趙　案驗
題稱寧波地方既有海道又添寧紹兵備委屬冗員合將兵備事務
歸併海道就將分守寧紹台道移駐紹興其台州兵備僉事

照舊兵備該府仍兼寧紹台分巡題奉
欽依將寧紹兵備行道兼理其本道監督寧紹二府定臨昌各總水陸
官兵台州兵巡道監督台州府松海總水陸官兵溫處兵巡
道監督溫處二府金盤總水陸官兵杭嘉湖兵巡道監督嘉
湖二府海寧總水陸官兵水利道監督杭州團操官兵江洋
水兵金衢兵巡道監督防守衢州官兵每年大小汛期本道
親歷定海會同總參衙門祭祀
海神督發各兵船出洋防禦仍巡歷定昌臨觀等衛沿海地
方其台州溫處杭嘉湖兵巡道各會同分守參將祭江督發
兵船防汛各照分歷沿海一帶地方據其分道整飭雖各有



信地而界以區岐及其出洋防汛則互相策應而勢為犄角
寇至必前後夾擊不以追逐出境為自便之圖師捷必彼此
讓功不曰觀望遷延為攘善之計此又輔車相依之情同舟
共濟之義可以分道而不可以分心者也

續定

一申明職掌照得整飭各區兵備道除原考相同者不贅外卷查萬
曆柒年間為議處未妥兵制以圖實用事該杭嚴兵巡道准
布政司照會奉
督撫軍門吳　案驗准兵部咨題奉
欽依將水利道原管西大營官兵并前左二衛軍兵減汰老弱共留貳

千伍百名聽杭嚴道監督等因又萬曆拾叁年叁月内爲議
處監督營兵以便責成事准按察司關奉
督撫部院溫　憲牌内開照得兩營官兵先年議委按察司
清軍道管東營水利道管西營後因兵變西營改屬杭嚴兵
巡道管理但兩營同城事權不一或欠恊和各執已見議論
滋多往事可鑒及查嘉靖(?)台溫各兵巡道但管所屬地方兵
務令杭嚴道奉兵備專
勑與各兵道同而清軍道兼管驛傳事務頗煩原無兵備責任而兩營
兵務專屬杭嚴道監督以便責成隨該本司覆議應聽杭嚴
道監督事有責成法令均齊呈奉



本都院詳批如議東大營兵務俱行杭嚴兵巡道管理繳蒙
巡按御史王　批營兵通屬兵巡道自是政體即如議行仍
候
軍門詳示繳蒙
巡鹽御史詹　批兩營官兵如議歸杭嚴道仍候通示行繳
行道見在監督又萬曆拾伍年捌月内爲俯竭愚衷謹陳末
議以求少裨治理事該按察司奉
督撫軍門滕　案驗准兵部咨該本部題覆
浙江巡撫溫
巡按傅　會陳七事遵奉

欽依事理内正事權一款轉行杭嚴兵巡道將右遊擊原管東大營官
兵幷坐營事務改屬左遊擊其左遊擊原管西大營官兵改
屬右遊擊各營領内酌韻防一款轉行金衢兵巡道將防礦
總捕都司改設守備應屬該道統轄其營兵一總聽守備管
領其一總另於所屬指揮千百户之中選堪用者一員領之
聽守備節制各等因在卷見在遵照管理

原考

一總參議設查得浙江沿海地方原設總督備倭都司壹員温處守
備壹員考選把總指揮肆員統轄衛所分為定臨觀壹總松
海昌壹總金盤壹總海寧壹總至嘉靖貳拾捌等年間將定
臨觀壹總分為貳總定海總臨觀總松海昌壹總分為貳總
松海總昌國總共為陸總至嘉靖叁拾壹年間為倭寇生發
督閫權輕策應不前添設參將壹員駐劄定海分守寧紹等
處地方嘉靖叁拾肆年間賊破臨山衛城蒙
撫按題
請添設總兵官壹員駐劄臨山嘉靖叁拾伍年又議得定海為倭夷貢



道闌溢尤衝乃改駐定海以資彈壓其參將改駐臨山專督
陸兵革去總督備倭都司嘉靖叁拾陸年議得陸把總事權
不重題奉
欽依授以都指揮體統行事嘉靖叁拾捌年添設定海遊兵以都指揮
壹員專統兵船又添杭嘉湖參將壹員革去温處守備增置
温處參將壹員台金嚴參將壹員共為肆參將分守統禦悉
聽總兵節制至隆慶貳年間蒙
欽差督撫軍門谷　案驗
題將寧紹參將改駐舟山專統水兵以定海遊兵把總改調臨山管
領陸兵總兵衙門駐劄定海居中調度左顧杭嘉右顧台温

遏截寇采分水陸隨賊向往援兵截勦以靖地方內照台州駐
劄參將雖有金嚴之職名然毋牽於遥制温州駐劄參將
雖受閫總之節度事體終屬於轄麾至若總兵有全浙之專
御而威令遥就於省閫有總參之總
分而機宜更切於定昌此又事權之亟議有年而不可不講者也

續定

一總參議設
萬曆貳拾玖年捌月內奉
督撫軍門劉　會同
巡按御史馬　題為酌議海防緊要事宜以固疆圉事條議



海方事宜內一款重將權夫將為三軍司命古人隆推轂之
道誠重之也浙初沿海地方亦設總督都司壹員繼因倭寇
生發都閫權輕方議設總兵官壹員駐劄臨山後特改駐定海以
資彈壓實謂居中調度得以左顧杭嘉右顧台温控制全浙
意甚深遠近年承平日久積弛已極總兵徒擁全浙之虛號
而威令僅行於定海一隅各營官兵若不聞有大將在上者
是何異人身心志四肢先已相聯屬而欲望其捍衛頭目
得乎今後宜令總兵官中州掌領布約束各區水陸參總
等官凡事干戎務者道鎮衙一體關白該鎮亦與將四區
汛防幾宜一體整飭或於汛或於汛期間一親詣各區查

驗船隻器械水陸兵馬或其原塹　營急即親統船兵就近
督剿不得株守一隅坐悞事機各區有功同叙有失同罰俱
聽臣等覈實奏
聞如此庶將權歸一而責成斯專軍令易行而人心自肅外寇不足平
矣等因覆奏
欽依通行海兵各道總鎮參遊守把等官一體欽遵查照施行〇又爲
奉
查議裁革官員事萬曆捌年閏該
撫按貳院會
題查得臨觀地方先年原設參將壹員統領陸兵叄千駐劄臨山又
設臨觀備倭把總壹員統領水兵駐劄觀海隆慶貳年議將
參將移駐舟山就以定海遊兵把總改爲紹興統兵把總移
駐臨山代領參將原管陸兵後因地方漸寧前兵陸續汰革
僅存民兵壹千名又於衛所選撥軍兵伍百名共壹千伍百
名立爲叄總又將民兵壹總調駐紹興府城屯劄臨山營者
止軍民兵貳總毎總設有總哨官壹員統領若又設
欽命官壹員不無冗濫議將臨山營陸兵叄總改屬臨觀把總兼統其
紹興統兵把總裁革題奉
之通行欽遵在卷



原考

一各區戰船查得浙江沿海玖衛叄拾貳所先年原額有戰船伍百肆
拾捌隻內有肆百料貳百料捌櫓風快銅山高把梢拾槳等
項名色分屬定臨觀總壹百肆拾伍隻松海昌總壹百伍拾
捌隻金盤總貳百貳拾伍隻海寧總貳拾隻每隻肆百料船壹
隻用軍壹百名貳百料船壹隻用軍柒拾伍名捌櫓等船用
軍伍拾名風快船用軍貳拾名俱於衛所食糧旗軍內選僉
後因前項軍船篤哨不便損者不修缺者不補自嘉靖叄拾
壹年倭寇猖獗定海昌國貳總改募福蒼等船共貳百肆拾
隻臨觀改募蒼山平底船壹百貳隻松海總改募福蒼等船
壹百壹拾陸隻金盤總改募福蒼等船壹百叄拾伍隻海寧
總改募福蒼等船柒拾柒隻俱官爲給税嘉靖叄拾伍年間
又調廣東烏尾横江大船壹百捌拾隻分撥浙直海洋哨禦
定海總留用伍拾隻每隻用兵陸拾名後俱發回續因倭寇
勦平遂議汰兵減餉隆慶肆年爲飭海防以圖實用事該
欽差督撫軍門谷　題
准海防壹拾貳事案開兩浙[illegible]百貳拾叄隻內福船捌拾叄
隻頭號者民捕兵[illegible]號者貳拾壹名軍隊兵各貳
拾壹名草撇船貳拾[illegible]隻每[illegible]民捕兵貳拾名軍隊兵貳拾
捌名蒼船陸拾貳隻每隻軍民捕兵各貳拾名艟䑠船壹[illegible]

陸隻每隻民捕兵貳拾名軍隊兵貳拾壹名沙船貳拾柒隻
内遊哨壹拾陸隻每隻民者兵貳拾名軍隊兵壹拾名哨守
壹拾壹隻每隻軍民兵各壹拾伍名鐵頭漁船陸拾陸隻在
温州遊哨大者壹拾捌隻每隻民捕兵貳拾伍名軍隊兵壹
拾伍名小者每隻軍民兵各壹拾伍名在台州定海遊哨共
叁拾隻每隻民捕兵叁拾名又定海哨守伍隻每隻民捕兵
壹拾伍名軍隊兵壹拾陸名昌國臨觀遊哨共壹拾肆隻每
隻民捕兵貳拾名軍隊兵壹拾壹名小哨船貳拾肆隻在定
昌壹拾陸隻每隻軍民兵各壹拾叁名海寧捌隻内遊哨肆
隻每隻民捕兵壹拾貳名軍兵陸名哨守肆隻民捕兵壹拾



名軍兵捌名各區軍漁船伍拾伍隻每隻軍兵貳拾叁名白
艕船叁拾玖隻每隻軍兵貳拾名叭喇唬船壹百貳拾捌隻
每隻民隊兵壹拾陸名軍捌槳抵充叭喇唬船伍拾伍隻每
隻軍隊兵壹拾陸名河田船伍隻每隻民兵各柒名大網
船柒隻每隻民兵肆名小網船壹百貳拾柒隻每隻民兵貳
名又為軍務事奉
本院批本道呈詳議造本道中軍蒼船壹隻叭喇唬船肆隻
選撥衛所軍兵駕使聽本道不時督發或聞警親自座駕出
洋策應隨機督勦或委官帶領往来定臨昌各哨稽查奸端
其定海總原派肆人划網船陸隻内撥兵拾名管駕蒼船餘

兵壹拾肆名改為貳人划網船柒隻本道中軍差用萬曆元
年柒月内為議處兵船以實防禦事奉
欽差督撫軍門方　批本道呈允於定海梁横山添立兵船壹枝添哨
官壹員添造叭喇唬貳隻選撥軍隊兵每隻壹拾陸名管駕
并於定海南青北馬貳哨抽取蒼船叭喇唬網船共肆隻在
彼防守本年拾壹月内奉
本院批台州兵巡道呈添造叭喇唬船拾隻添募民兵壹百
肆拾名分派松海總各哨駕使又省城錢塘江北關巡哨兵
船叁拾隻嘉興裏河又添巡哨叭喇唬船拾肆隻爲照兩浙
陸總地方環海數千餘里壤接島夷乘風潮之罔測岐多港



彀窺間隙以先登故防禦之術據險爲先截殺之機在洋爲
易若縱之登陸則爲下策彼將殊死戰鬬我兵難於收功矣
故探哨莫便於刀舸衝犁必資於樓艦惟福船體艕高大形
勢巍我望若丘山建大將之旗鼓風行瀬海撲賊艇如鷹鸇
若遇大舉寇邊非此無以取勝此海防第一義也但其轉折
艱難非順風潮莫動若造作脆薄或冒颶浪難支惟利深洋
難泊淺岸至於小哨叭喇唬等船及覺追勦便捷遇敵收功
故材官好事者遂謂小船當增大船當減致騰改造之議博
取節省之名殊不知小船止利於零賊之追捕而不利於大
舉之仰攻要當兩利而俱存之豈可因噎而廢食耶節經奉

減已久時宜今求實用以省文惟在依期而拆造必須底梁
堅厚自然巨浪無虞按造遞年艟艫咸固矣近蒙
各院經畫精詳督察明確委官酌料借稅助修成一勞永佚
之功為懲前善後之策奉此永遵誠海防世世之利也

定

一各區戰船

兩浙江洋河道沿海各區戰艦哨船通共壹千貳百伍拾貳隻內
福船肆拾玖隻蒼船玖隻沙船壹百壹拾肆隻鐵頭船肆拾
伍隻草撇船壹拾陸隻艚艚船伍隻艟艚船壹拾貳隻鳥船
叁拾貳隻海滄船壹拾隻漁挑船肆隻殼艚船肆隻殼哨船
貳隻捌槳船壹隻河田船壹隻八槳船壹隻民漁船貳拾隻鐵



頭漁船貳拾柒隻軍漁哨船壹百壹拾叁隻民唬船肆百貳
拾伍隻軍唬船壹百貳拾隻大小巡哨船柒拾叁隻刬網船
壹百陸拾玖隻內○南關錢塘沿江洋巡哨兵船壹拾肆隻嚴
州埠巡哨兵船拾隻○北關杭西運河巡哨兵船貳拾叁隻
又聽差網船肆隻○嘉興區海寧總嘉湖兵巡道并參將標
下中軍官備倭把總各哨兵船共玖拾玖隻內福船肆隻蒼
船捌隻沙船壹拾柒隻民唬船伍拾肆隻小哨船陸隻刬網
船壹拾隻○紹興區臨觀總備倭把總各哨兵船肆拾隻內
福船肆隻草撇船叁隻鳥船壹隻漁船肆隻沙船捌隻民唬

船壹拾肆隻網船陸隻○寧波區定海總總兵標下中軍官
各哨兵船壹百貳拾捌隻內壹號福船肆隻貳號福船壹隻
鳥船壹隻輪船壹隻漁船陸隻沙船壹拾陸隻小哨船貳隻
民唬船伍拾捌隻軍唬船壹拾玖隻網船貳拾隻○新設遊
洋哨兵船壹百叁拾叁隻內鳥船壹拾貳隻鐵頭漁船貳拾
柒隻沙船壹拾陸隻民唬船陸拾貳隻刬網船壹拾陸隻○
寧紹參將標下中軍官各哨兵船捌拾肆隻內貳號福船叁
隻艟艚船貳隻沙船壹拾陸隻鐵頭船壹隻民唬船肆拾隻
大網船貳隻小網船捌隻軍唬船壹拾貳隻○定海備倭把
總下各哨兵船壹百肆拾壹隻內壹號福船壹隻貳號福船



壹拾壹隻蒼船壹隻鳥船肆隻草撇船叁隻漁挑船肆隻鐵
頭船貳隻沙船貳拾叁隻殼哨船貳隻民唬船叁拾柒隻軍
唬船貳拾隻民網船貳拾隻軍網船伍隻聽差網船捌隻○
昌國備倭把總下各哨兵船壹百肆拾捌隻內福船玖隻草
撇船壹隻艚艚船叁隻鳥船壹拾壹隻民漁船肆隻沙船壹
拾伍隻殼艚船肆隻民唬船叁拾貳隻大網船貳隻小網船
貳拾壹隻軍唬船肆拾陸隻○台州區松海總台金嚴參將
標下中軍官并備倭把總各哨兵船壹百柒拾肆隻內壹號
福船貳隻貳號福船肆隻海滄船壹拾隻艟艚船壹拾貳隻
鐵頭船貳拾貳隻沙船壹隻民唬船伍拾伍隻大網船肆隻

小網船壹拾捌隻軍漁哨船肆拾陸隻〇温州區陸營温處兵巡道中營江防遊哨弁叅將標下隨征標營兵船貳拾伍隻內民漁船貳隻民唬船壹拾陸隻軍唬船貳隻大網船壹隻小網船肆隻〇金盤總温處叅將標下中軍官各哨兵船陸拾伍隻內肆號福船叁隻草撇船貳隻鐵頭船伍隻鳥船貳隻民漁船壹隻河田船壹隻民唬船壹拾陸隻網船柒隻軍漁哨船貳拾肆隻軍唬船肆隻〇金盤備倭把總下各哨兵船壹百肆拾陸隻內貳號福船壹隻叁號福船壹隻肆號福船壹隻叁鳥船壹隻鐵頭船壹拾伍隻草撇船柒隻沙船貳隻捌槳船壹隻民漁船叁隻民唬船肆拾壹隻網船壹拾叁



隻軍漁哨船肆拾叁隻軍唬船壹拾柒隻〇衢州陸營防礦守備下巡哨兵船壹拾捌隻

【備錄】查得以上各區兵船皆審時度勢據險設防如福蒼等船可以下壓衝犂艨艡鐵頭可以攻擊破敵輪船鳥船不畏風濤行使便捷至如沙唬哨網等船捷於追逐哨探各因所宜難以槩用或有拆舊更新改大為小分守要津星布棊列雖出海兵各道相時條議實奉

軍門運籌考成况今各區既設額船復增遊哨凡有缺畧補苴無遺坐使島夷絕窺伺之虞海邦享磐石之固謀出萬全何容置喙惟在當事者着實舉行云爾各船增改緣由并應用軍兵名數並載入各區官兵防守哨道款內

【原考】

一水陸官兵自嘉靖三十一年倭亂以來兩浙召募陸兵不下壹拾餘萬員名續因裁免餉銀議將水陸募兵漸次汰减選汉式壯弓兵軍兵抵用至隆慶四年爲飭海防以圖實用事該

欽差督撫軍門谷　題

准海防一十二事案驗開定各區陸兵兩浙募兵原有貳拾柒總又軍兵民壯各陸總共叁拾玖總將募兵減去拾總以練成民壯壹拾伍總軍兵捌總抵補共得軍民兵肆拾總是以兵數反加而餉數減除見在各兵正數防守在紹興募兵民壯軍兵各壹總寧波募兵叁總民壯壹總舟山軍兵壹總台州募兵



貳總民壯軍兵各壹總温州募兵肆總民壯壹總軍兵貳總嘉興募兵壹總民壯軍兵各貳總衢州募兵壹總原食徽州餉銀民壯貳總處州聽調民壯貳總軍門標下東大營募兵伍總西大營民壯伍總杭州城守軍兵壹總每總名色把總壹員哨官伍員隊長壹拾伍名什長肆拾伍名兵肆百伍拾名從役內書記醫生各壹名旗健吹鼓手火藥匠家丁戰馬貳拾叁名匹在衢州駐劄專管民壯防礦有總捕都司壹員其各區水兵定海總留用民捕者舩兵貳千玖百壹拾捌名加添軍兵壹千肆百貳拾陸名并原用貼駕及軍船軍兵共柒百叁拾名昌國總留用民捕者舩兵壹千叁百貳拾肆名

加添軍兵柒百叁拾玖名并原用軍兵肆百伍拾叁名臨觀
總留用民捕耆舵兵伍百貳拾肆名加添軍兵貳百叁拾玖
名并原用軍兵壹百貳拾壹名松海總留用民捕隊舵兵壹
千肆百捌拾玖名加添軍兵壹千肆百柒拾玖名金盤總留
用民捕隊舵兵壹千陸百壹拾陸名加添軍兵貳百捌拾肆
名并原用軍兵貳千伍百玖拾伍名海寧總留用民捕耆舵
兵玖百壹拾伍名加添軍兵伍百貳拾叁名又錢塘江洋壯
闌巡哨捕兵叁百陸拾名各區該管遊哨名色把總壹員總
哨官拾員哨官肆拾員駐劄臨觀定海昌國松海金盤海寧
備倭把總管水兵陸員管陸兵壹員專管水兵叅將壹員兼



管水陸叅將叁員各叅將下中軍官壹員旗牌官叁員書記
貳名醫生壹名健步火藥鐵匠家丁戰馬肆拾貳名匹軍吹
鼓手壹拾貳名軍旗手貳拾叁名又中軍官下各書記壹名
健步家丁各壹名水陸備倭把總每員書記貳名健步貳名
家丁貳名水兵遊哨把總書記健步各壹名家丁貳名名色
把總總哨官各書記壹名家丁貳名又與備倭遊哨各把總
每員軍吹鼓手各肆名哨官各家丁壹名巡哨千戶書記健
步家丁各壹名總捕都司員下中軍兼督陣官壹員書記貳
名健步捌名吹鼓手拾貳名火藥匠壹名馬丁戰馬肆名匹
旗手貳拾叁名又中軍官下書記壹名健步家丁各壹名軍

門標下中軍坐營都司近改右遊擊壹員下書記貳名健步
旗手家丁馬丁戰馬貳拾叁名匹左遊擊壹員下中軍官壹
員旗牌官叁員書記貳名醫生壹名旗健吹鼓手家丁馬丁
鐵匠戰馬陸拾捌名匹又中軍官書記壹名家丁貳名旗牌
官各家丁壹名此外又總兵官親兵并中軍雜流戰馬共捌
百伍員名匹巡視海道及杭嘉湖台州溫處三兵備道每道
合用中軍督陣官壹員軍門標下旗牌聽用等官并武生技
士通事精勇等役原額貳百餘名續該杭嘉湖兵巡道議呈
加添嘉興裏河叭喇唬船壹拾肆隻將民壯工食銀募用捕
兵貳百貳拾肆名駕使又台州兵巡道議呈加添叭喇唬船



拾隻添募隊兵壹百肆拾名又該巡視海道議總兵標下中
遊哨添守定海關哨官壹員萬曆元年陸月内為議處兵船
以實防禦事呈奉
欽差督撫軍門方　詳允添委哨守梁橫山哨官壹員萬曆二年二月
内又為申嚴結綜良法以免倭患事呈蒙
撫按二院詳允抽撥定海臨觀海寧各哨兵船貳拾隻添委巡
哨官壹員每年自叁月初旬帶領於漁船下網海洋往來巡
哨遏賊勦捕至漁畢日止又為整理海防事奉
欽差督撫軍門方　案驗題
開議復隆慶四年汰革各區水兵貳千伍百名内定海總加復民

兵捌百捌拾捌名昌國總伍百肆拾柒名臨觀總壹百肆拾
叁名松海總叁百陸拾貳名金盤總叁百叁拾捌名海寧總
壹百捌拾名各照數革去軍兵又各區加添福蒼大船副舵
壹百柒拾貳名內定海總伍拾名昌國總叁拾貳名臨觀總
捌名松海總貳拾玖名金盤總肆拾名海寧總壹拾叁名又
為軍務事奉
本院案驗行道查議除總兵座船壹隻出海蒼船壹隻參將
坐海福蒼小哨船各壹隻常川留用外其餘定昌二總兵船
每年防過大小二汛畢日並簿照船調撥更換以均勞逸又
年八月內為乞委專官訓練土兵以便責成以免顧此失彼



事奉
欽差督撫軍門謝　批本道呈詳稟議舟山營團操軍兵每年春汛四
箇月秋汛兩箇月添委總兵標下旗牌聽用官壹員協管帶
領專一巡哨沿海地方本官廪粮并馬丁壹名汛畢掣回任
止又為軍務事奉
本院批本道議呈查得中中遊哨兵船壹枝派泊大衢與專哨
下八山馬蹟蒲岙陳錢壁下等處正遊哨兵船壹枝派泊長
塗專哨大衢兩頭洞等處另委哨官把總壹員統領所派信
地皆係海外窮洋極險哨道及昌國地方設有備倭把總壹
員兵分南壯中三哨外有　山衢險及石門牛欄基一帶添

關把總有水陸兼轄之任每遇汛期各哨巡遊非盡日可到
不無顧此失彼議將中遊哨仍復原額總哨官壹員正遊哨
添委協總官壹員昌國總添委協總官壹員協理輪流出哨
名曰協總如把總官巡哨勦賊協總官防守地方協總官巡
哨勦賊把總官防守地方協力應援同心策應至於募補造
支協總不必干預倘有奸弊許令覺察汛畢拆造兵船昌國
協總官親赴定海督工該總又添遊哨哨官壹員專備韭山
等隘每官各家丁壹名俱備呈詳允見在遵行又為軍務事
萬曆三年三月內奉
本院批杭嘉湖兵巡道呈原撥漁洋巡哨船隻在於羊山漁



船下網之處巡邏緣本區兵船不敷查有遊兵壹枝專守羊
山台無令彼深入南洋會哨呈請前船免撥緣由批行海道
覆議得浙西呈請免撥前船無非各為地方之意但事無專
責未免彼此推諉況事干題
請難以輕議變更除臨觀總額船不多原撥沙船壹隻漁船壹隻叭喇
唬船壹隻網船壹隻照舊撥發外其海寧總減去原撥蒼船
貳隻止撥沙船叁隻小哨船壹隻叭喇唬船壹隻網船壹隻
定海總原撥蒼船壹隻漁船貳隻叭喇唬船壹隻定海正遊
哨原撥蒼船壹隻叭喇唬船壹隻網船貳隻定海中遊哨再
撥沙船壹隻小哨船壹隻三總通共貳拾隻以足前數責令

原委管帶行巡哨漁洋備由呈奉
本院詳批事奉
欽依難以輕變今議海壹總減去貳隻而增撥定海總以足之亦調停
矣准如議行錢潛統領各船哨勦須要稽察漁船奸弊以見
功績愼毋相負此繳依奉通行遵照撥發外切照駕船水卒
或汰民兵而益之以軍或退軍兵而易之以民雖若前後之
頓殊要皆因時制宜補偏捄敝之一道也倭亂之後民財竭
矣故蒙
谷院減兵以省餉選軍以協駕蓋取足於正例之軍原在食
糧之額雖加至壹石比之全給兵餉者所省若干矣既而日



久弊生正例之数多見逃亡空餘之丁僉緣補役原無升合
之例坐享石四之糧况且軍強民弱動輙相凌計其月給之
儲已與民兵無異而強梁豪悍又不若民兵之奉法焉此
方院之所以退軍而復民也各因其偏敝而拯之要皆求當
于用以利賴於地方耳亦何嫌於意見之殊耶
續為海防事萬曆四年四月初三日奉
欽差督撫軍門謝　案驗准
兵部咨該本院題稱定海一關地懸極海正對島夷最為緊
省之重鎮本區水陸之兵亦甚單薄雖設有總兵之官建牙
於此然標下陸兵僅止八百而中正二哨之兵亦無過貳千

貳百餘名行據巡視海道及布按都三司會議將總兵標下
加添陸兵壹千貳百賸前捌百共貳千之数於中正二哨水
兵加添沙船貳拾隻八槳船貳拾隻叭喇唬船四十隻共增
民耆隊舵兵夫壹千肆拾名軍隊兵伍百貳拾名俱自萬曆
四年為始募增聽總兵官常川操練以備往來馳擊各區應
援此雖不能槩省各區逐一增加然增一要害之處則左右
得以赴援重一總兵之權則往來得以馳擊而沿海地方庶
幾可恃以無虞矣等因題奉
欽依備行本道遵照依奉於總兵標下添募陸兵壹千貳百名與舊額
官兵捌百員名共足貳千分為左右中前後五總内左右前



後四總各立名色把總一員統領其中總就以標下中軍把
總管領之以為本鎮親兵隨賊向往調度衝擊又中正二哨
加添沙船貳拾隻叭喇唬船肆拾隻軍八槳船貳拾隻共增
民耆隊舵兵夫壹千肆拾名軍隊兵伍百貳拾名均撥二哨
仍每哨添立名色把總壹員哨官二員統領悉聽該鎮常川
操練防守如遇別區有警即便督率應援

續定

一水陸官兵
軍門標下坐營左遊擊將軍中軍把總旗牌聽用報効指揮千百
戶等官通事精勇軍兵頭目雜流等役共計壹百玖拾陸員

名戰馬叄匹
兩浙各營總關遊水陸將領官兵軍丁雜役通共肆萬捌千玖百
貳拾員名戰馬捌拾貳匹內
參將肆員
操捕都司壹員
遊擊將軍貳員
守備壹員
備倭把總陸員
中軍坐營把總壹員
名色把總伍拾玖員



聽用旗牌督陣掌號等官共肆拾柒員
總哨官壹拾捌員
哨官貳百柒拾貳員
陸營官兵共計貳萬叄千叄百柒拾叄員名戰馬柒拾陸匹內
東大營官兵五總係募兵共貳千柒百拾員名中軍官役玖拾壹員
名戰馬陸匹○西大營官兵五總係募兵與東大營同中軍官
役壹百壹拾貳員名戰馬捌匹○杭州省城西教場官兵貳
營係軍兵共壹千捌拾貳員名雜役陸名戰馬叄匹○海寧衛
中右營官兵壹總係軍兵共肆百貳員名戰馬壹匹○嘉興區
官兵陸營內三營係軍兵三營係募兵共貳千伍百捌拾玖員名中軍官

役伍拾陸員名戰馬陸匹○紹興區官兵叄營內二營係募兵一營係軍兵
共壹千伍百貳拾伍員名附造中軍雜役叄拾捌名戰馬叄匹
○寧波區官兵壹總係募兵共伍百肆拾員名中軍官役伍拾
柒員名戰馬壹匹○總兵標下官兵伍營係募兵共壹千玖百
玖拾叄員名中軍官役貳百壹拾玖員名戰馬貳拾伍匹○
舟山營官兵壹總係軍兵共伍百叄拾捌員名戰馬壹匹○台
州區官兵伍營內叄營係募兵貳營係軍兵共貳千肆百陸拾壹員名中
軍官役陸拾陸員名戰馬伍匹○溫州區官兵陸營貳總內肆
營貳總係募兵貳營係軍兵共叄千玖百伍拾貳員名中軍官役貳百陸
拾玖員名戰馬拾匹○處州團操營官兵貳營內貳哨係軍兵餘係募兵



共壹千柒拾捌員名戰馬貳匹○衢州營防礦官兵貳營係募
兵共捌百柒拾柒員名中軍官役貳員名戰馬貳匹
水哨官兵共計貳萬貳千捌百陸拾貳名貼駕軍兵貳千貳百叄拾柒名戰馬陸匹內
南關錢塘江洋巡哨船官捕舵兵共壹百陸拾玖員名雜役貳
名嚴州埠巡哨船官捕舵兵共壹百員名○北關東西運河
巡哨船官捕舵兵共貳百玖拾伍員名雜役貳名內輪派看守聽差網船兵肆名遇差仍撥兵駕送
○海寧總兵船捕舵兵薪共壹千陸百玖拾
叄名中軍官役共玖拾叄員名戰馬貳匹○臨觀總兵船捕
者舵兵共柒百玖拾陸名貼駕軍兵玖拾叄名官役共壹拾
玖員名○定海總兵標下兵船軍民捕者舵兵共貳千捌

拾名貼駕軍兵壹百拾陸名中軍官役共貳拾伍員名○遊洋哨兵船軍民舵兵新共貳千玖百叁拾陸名官役共捌拾肆員名○定海叁將下兵船軍民捕者舵兵共壹千肆百玖名貼駕軍兵貳拾捌名中軍官役共壹百叁員名戰馬貳匹○定海備倭把總兵船軍民捕者舵兵共貳千叁百捌拾名貼駕軍兵貳百肆拾名官役共叁拾壹員名○昌國備倭把總兵船軍民捕者舵兵共貳千伍百陸拾肆名貼駕軍兵貳百伍拾玖名官役共叁拾壹員名○松海總兵船軍民捕者舵兵叁千名貼駕軍兵叁百叁拾叁名短募捕鉞軍民兵共伍百捌拾肆名中軍官役共壹百陸拾叁員名戰馬貳匹



○溫州區隨征營江涼兵哨兵船軍民捕舵隊兵共貳百伍拾員名○金盤總兵船軍民捕隊舵兵共叁千玖百伍拾玖名貼駕軍兵陸百陸拾捌名中軍官役共玖拾壹名○衢州營防礦守備哨船輪點營兵□守

備錄

查得兩浙各區陸兵自萬曆四年□防海防類考內載軍民兵肆拾總又定海總兵標下額兵原止捌百續議添募壹千貳百兵足貳千名之數分為五總共四十五總防守各該關營信地嗣因海防多事漸次添設增戍內如省城增西教場壹營海寧增軍中右營台州增□營各軍兵壹總嘉興增標營溫州增珠□營各民兵壹總如寧波營原載四總續汰叁總分發紹寧定海等營備□州營原載叁總續汰徽州支餉壹總然雖增戍不一大槩皆止增壹總今見在四十六□於水哨官兵固與原考大略相同者居多內如錢塘江之嚴州巡哨海寧總之中進哨定海總之遊洋哨溫處軍將中軍於金盤把總下之各有參遊哨俱係續議增設又如貼駕軍兵在海寧總則裁革□臨在定海與昌國則查其

查昌量已裁減此水陸官兵并貼駕者因時增減裁革而備識事宜並皆附列官兵防守地方哨道款內可考也

# 兩浙海防類考續編卷之二

原考

一官軍兵船員名及防守地方哨汛

軍門標下

中軍坐營右游擊將軍壹員

左游擊將軍壹員

聽用報效指揮千百戶鎮撫官功等官武生義勇通事家兵目人等并從役共貳百餘員名每遇汛期調分各區水陸戰及隨宜委用

東大營官兵監軍道監督左游擊統領本官員下中軍官壹員旗牌官叁員書記貳名醫生壹名旗健吹鼓手家丁馬丁鐵匠戰馬陸拾捌名匹又中軍官下書記壹名家丁貳名旗牌官各家丁壹名左右中前後伍總募兵每總名色把總壹員書記壹名醫生壹名健步貳名旗手捌名吹鼓手陸名火藥匠壹名馬丁壹名戰馬壹匹哨官伍員每員家丁壹名隊長拾伍名什長肆拾伍名兵肆百伍拾名共伍百肆拾貳員名匹通共貳千柒百壹拾員名每遇春汛調發各區衝要地方防守遇警就近援勦汛畢掣回羅木營屯住訓練

西大營官兵水利道監督坐營官右游擊團練標下中軍官壹員旗牌官叁員書記雜流從役戰馬貳拾伍名匹雜役并旗手



吹鼓手火藥匠共肆拾肆名左右中前後抽取杭湖金嚴四府民壯兵伍總每總名色把總壹員哨隊什兵雜流與東大營同共該伍百肆拾貳員名匹通共貳千柒百壹拾員名春汛調發各區衝要地方防守遇警就近援勦汛畢掣回羅木營屯住團操秋冬仍撥前營兵壹哨防守湖州府中營官兵壹總屯守嚴州府右營官兵壹總屯守金華府及將後營隊兵輪番派守本省山城要路

水利道監督

管操都司統領

杭州省城團操軍兵壹總名色把總壹員哨隊什兵雜流戰馬與標兵同共伍百肆拾貳員名匹留守本省城池

錢塘江水兵領哨百戶壹員書記壹名家丁壹名巡船貳拾隻隊長貳拾名舵工貳拾名兵貳百名於錢塘江富陽嚴州等處巡緝汛期出鱉子門赭山等處外海哨探倭警

北關水兵領哨千戶壹員巡船壹拾隻隊長拾名兵壹百壹拾名書記壹名輪流巡至塘棲鎮仍與嘉興裏河兵船會哨緝捕鹽盜

續定　各營官兵名數以萬曆叁拾年正月內見在食糧者為准

軍門標下

中軍坐營左游擊將軍壹員

右遊擊將軍壹員
聽用報効指揮千百戸鎮撫名色把總等官精勇通事軍兵頭
目人等并從役戰馬共壹百玖拾玖員名匹每遇汛期調分
各區水陸督戰及隨宜委用內○中軍坐營左遊擊壹員賞
功書記壹名家丁壹拾捌名馬丁貳名戰馬貳匹旗手貳名
中軍名色把總壹員家丁貳名馬丁壹名戰馬壹匹書記壹
名旗牌官捌員各家丁壹名內年深叁員各加馬丁壹名聽用官原無見定員
在食糧陸員優養陣亡官兒男貳名冠帶通事肆名各家丁
壹名通事貳名夷人壹名精勇哨官壹員馬丁壹名隊長叁
名什長玖名精勇玖拾名吹鼓手壹拾貳名劊子手壹拾貳



名又
軍健步貳拾名軍牢壹拾貳名轅門軍貳拾名大銃手貳名
夜巡軍壹拾名俱於前右二衛支糧不入額數

**備錄** 查得坐營事務原屬右遊擊管理萬曆拾伍年間改屬左遊
擊兼管○又查賞功書記壹名係隆慶伍年添設原考失載
○中軍把總家丁原止壹名萬曆拾肆年加增壹名○旗牌
官馬丁練兵撤開叁年後効有勤勞者准加壹丁但或加或
否本院程勞定奪原非定例○聽用官原無定員廩糧亦無
定數見在食糧陸員未食糧壹拾肆員○標下原設哨官貳
員隊長肆名什長壹拾貳名精勇壹百貳拾名哨官於萬曆
拾伍年每日加支雇馬銀壹分伍厘萬曆貳拾肆年奉
督撫軍門劉　節餉行該杭嚴道汜　裁去哨官壹員隊長
一名什長叁名精勇叁拾名本年又奉
本都院牌開哨官原係貳員輪流上班今止壹員每日於門
外聽候不必跟隨遠出以恤其勞○練兵撤開標下原有走
報兵壹拾陸名於
萬曆拾柒年裁革

東大營官兵戰馬共計貳千捌百柒員名匹內中軍官役雜流
共玖拾貳員名匹募兵伍總實計貳千柒百壹拾伍員名匹
○本營官兵屬杭嚴兵巡道監督坐營左遊擊統領內本道
下食糧聽用官壹員聽差健步陸名本遊擊員下中軍名色
把總壹員督陣旗牌官叁員書記貳名醫生壹名其家丁馬丁戰馬共
貳拾貳名匹附前中軍坐營員下健步壹拾名吹鼓手壹拾肆名大銃手壹
名旗手貳拾玖名家兵陸名塘報陸名中軍名色把總下書
記壹名家丁壹名馬丁壹名戰馬壹匹健步貳名督陣旗牌
官下各家丁壹名馬丁壹名共玖拾貳員名匹左右中前後
伍總募兵每總名色把總壹員家丁壹名書記壹名醫生壹



名健步貳名旗手捌名吹鼓手陸名馬丁壹名戰馬壹匹大
銃手壹名舊係火藥匠哨官伍員各家丁壹名隊長壹拾伍名什
長肆拾伍名民兵肆百伍拾名共伍百肆拾叁員名匹內教
師壹名於隊什長兵士內選充選鋒兵壹拾叁名原於兵士內選充近議革去選鋒名色
西大營官兵戰馬共計貳千捌百貳拾玖員名匹內中軍官役
雜流共壹百壹拾肆員名匹民壯兵伍總實計貳千柒百壹
拾伍員名匹○本營官兵屬杭嚴兵巡道監督右遊擊統領
內本道下食糧聽用官壹員原係貳員今議改撥壹員於東營聽差健步陸
名本遊擊員下中軍名色把總壹員督陣旗牌官叁員書記
雜流戰馬與左遊擊同左右中前後伍總每總名色把總壹

員哨隊什兵雜役教師與東大營同共伍百肆拾叁員名匹
○以上貳營官兵每遇春汛東番調發各區衙要地方防守
遇警就近援勦汛畢聽回忠義營舊名羅木營屯住訓練
備錄 查得左右貳遊擊員下家丁原止壹拾名萬曆拾肆年議增
陸名萬曆拾玖年加增貳名共壹拾捌名東西貳營中軍把
總各原無馬丁與各營把總亦原無家丁萬曆拾肆年各加
增○抗嚴道食糧聽用官貳員萬曆貳拾年添設向於西營
食糧今應撥壹員於東營造糧庶兩營事體適均○家兵塘
報原非額設萬曆貳拾年沿海報警議增東西貳營共肆拾
陸名萬曆貳拾叁年該杭嚴兵巡道范 遵奉部文裁去貳
拾貳名兩營尚存貳拾肆名以東事未寧暫留另議若地方
承平乃可裁省○中軍并各營醫生原議每遇出汛加增肩
箱家丁壹名汛畢日止○抗嚴道聽用官原無定員見在食
糧貳員附東西貳營其未食糧壹拾肆員內東營玖員西營
伍員○海防類考原載東西貳營壹拾總官兵今檢卷案東
營於嘉靖年間初立西營於隆慶年間初立續於萬曆捌年
叁月內併為玖總萬曆拾肆年正月內併為柒總隨以軍兵



為西後總共成捌總萬曆拾玖年拾壹月內沿海報警增立
東西遊兵貳總萬曆貳拾年陸月內調發遊兵征討寧夏拾
月內將西後軍兵壹總改屬撫捕都司統領隨募民兵補額
拾貳月內遊兵回浙立為左右遊營本月內調東大營舊設
肆總征東旋亦募補足額萬曆貳拾壹年正月內增立前後
遊營共成肆總捌月內又以征西回浙遊兵為東西貳中總
玖月內將左右遊兵併為東西奇兵貳總貳拾貳年貳月內
奉
督撫軍門王 憲牌行道轉行左右遊擊將東西貳營兵缺
伍百餘名不必募補就將原無額餉兵壹營分補足額酌議
分撥間東奇營兵士俱謂寧夏征討有功親屬相依不願散
補各營該前杭嚴兵巡道范 查議省城各營官兵向有定
額內有續募暫食借支錢糧者使司頗為費處應以實征西
者併為西中營未曾征西者散補各營兵缺使東西貳大營
各為伍營庶統馭均也操練整肅又免糧餉費處此誠通融
經久之意詳蒙
本都院王 體察衆心極力計處
按院彭 相機調停各兵帖服允行在卷今東西貳營每營
左右中前後伍總官兵糧有定額兵無冗濫但官兵員役名
數中間隨時沿革各有不同其額兵原以拾兵為什後奉文

將東西貳營兵士以捌兵為伍萬曆叁拾年正月內該帶管
杭嚴兵巡道右布政使范 議呈
督撫軍門劉 詳允補足玖兵為什仍存壹兵餉以備不虞
見在官兵拾總每年貳月春汛調發左右遊擊統領柒總前
赴沿海等處若寧波昌國衛之番頭仁義台州海門衛之桃
渚健跳貳所與溫州金鄉衛之珠明炎亭嘉興平湖之乍浦
所定海之舟山今改龍山各衛要地方協同各區官兵防禦
遇警就近援勦至伍月汛畢撤回本總屯住操練仍輪留叁
總防守省城○又原考開西大營官兵秋冬撥前營兵壹哨
防守湖州府中營兵壹總屯守嚴州府右營兵壹總屯守金
華府先年以礦徒生擾分撥防禦續以寧息停止免撥近因
省城歲寒多盜每年自拾壹月初壹日起至次年貳月終止
軍門委官壹員及督令南北兩關把總於兩營內輪撥兵壹
百餘名分方協巡事畢撤還原伍○又查得曠兵減兵糧餉
向貯杭州府庫專候
本都院賞用并本道新歲開操及閱操犒賞及出汛藥價修
理一應旗幟響器東西貳營秋操小賞等用近來有司那借
以應別項錢糧萬曆貳拾叁年該杭嚴兵巡道范 清查事
故還官曠兵減兵節省銀兩議貯府庫不許那借聽候
本都院緩急懸賞自本年為始另匣存府另簿登記以備查
盤在藩司只照冊放銀無措處之擾在該府只陸續照收無



積聚之勞在
本都院只於年終壹查見在積貯總數行之數年減兵之銀
漸多等因呈奉
督撫軍門劉 批裁減兵糧必行之有實際然後儲蓄不乏
而緩急可賴據議節冗釐弊綜核詳明悉照行繳向在遵行
續自貳拾叁年柒月起至貳拾陸年陸月終止杭州府庫除
曠兵銀不計外積有減兵銀共計壹萬伍千壹百玖拾伍兩
陸錢玖分零因庫吏侵那事發前銀吊赴司庫收貯訖以後
各營照例附冊造支另貯司庫在卷○又查得教師萬曆貳
拾叁年設立每月加給糧銀壹錢貳分今各役徒有教師之
名全無練兵實效應裁此項名色以實行伍○選鋒兵萬曆
拾陸年於兵士內每總挑選年力武藝俱精者充為選鋒名
數不等嗣後每總陸拾名每名月加銀伍分以示優厚激勸
後因節省糧餉遇有事革不行選補今東西貳營僅存貳拾
陸名每總止貳叁名并在本軍營數既不多無俾實用議革
萬曆叁拾壹年正月內該布政司清軍道右布政使范 奉
督撫軍門劉 票開教師選鋒應否裁革奉經行准杭嚴兵

廵道僉事何　回稱覆查東西貳營教師原為教習營兵武藝名數不多似不可無其所加糧相應仍舊其軍營選鋒無裨實用至於民兵原係選充又何更選此項名色相應裁革止食本等兵糧稍節浮費等因該本道覆看得教師之設盖為營中時常召募新兵籍以教習武藝業經該道覆議似不可裁應合照舊但既有教師之名應責練兵實効行令該營把總每於三六九操演之期比試技藝果否精熟分其優劣以聽黜陟毋容怠惰冒濫其選鋒一節委屬虛名盖兵未有不選而收充亦未有充兵而不使之衝鋒者若兵分彼此則臨事恐生推諉孰若革去選鋒名色以所加之餉存積官帑



遇事懸賞以作三軍勇敢之氣誠為便益呈奉

督撫軍門劉　詳批各項事宜既覆查明妥如議訂入海防續編仍先通行各區遵照繳奉經通行遵照在卷

杭州省城西教場軍營左右貳營官兵戰馬雜流等役共計壹千玖拾壹員名匹〇本營官兵操捕都司統領員下書記壹名家丁肆名馬丁壹名戰馬壹匹左右貳營每營名色把總壹員家丁壹名書記壹名大銃手壹名吹鼓手陸名健步貳名旗手捌名馬丁壹名戰馬壹匹哨官伍員各家丁壹名隊長拾伍名什長肆拾伍名軍兵肆百伍拾名內見在教師伍名（左營叁名　右營貳名）選鋒兵拾叁名（左營伍名　右營捌名）近議革去選鋒名色

〇以上貳營軍兵叁陸玖日隨營操練每夜分作兩班防守省城拾門城樓各伍名城面窩鋪壹百柒拾壹處內叁拾貳處各肆名餘係杭州前右貳衛操軍防守嚴警樓捌名花塚壹拾名捌角亭貳拾名帶湖幔坡等伍樓水門肆座各伍名城內按院西墻後墻鹽院後墻按察司後墻清平山各捌名捌字橋肆道前三茅觀鐵冶嶺雲居山城樓各拾名七寶叢林菜市橋鹽橋采風館褚堂周王廟批驗所各陸名分守盧紹台道清泰門內天妃宮湖鳴寺聖殿廊房各肆名郭外烏龍廟東山衖賣魚橋艮山門外天妃宮馬塍廟康家橋各拾名杭嚴道執旗器兵徤拾貳名操捕都司跟隨防禦大盜兵



貳拾壹名

備録　（查得海防類考原開省城團操軍兵壹總計伍百肆拾貳員名匹係嘉靖年間設立續於萬曆拾年伍月內因省城防守不敷議增壹總分為貳營舘縣顒〇又都司員下原無家丁馬丁戰馬書記把總下各原無家丁俱於萬曆拾肆年加增練兵儆開軍營原有醫生萬曆貳拾貳年裁革）

南　貳關水哨

南關錢塘江洋廵哨官兵共計壹百柒拾壹員名杭州府總捕管稽轄名色把總壹員書記壹名家丁壹名廵船拾肆隻每隻捕盜壹名舵工壹名水兵拾名各船常川在於銀杏樹兵馬司進龍浦浮山（灘）汪家堰虎爪山渡船埠平安橋廟山富陽馬頭湯家埠程墳新店小桐州沙等信地拾肆處廵緝

又

嚴州巡哨官兵共計壹百員名嚴州府總捕官稽轄領哨委官百戶壹員巡船拾隻每隻捕盗壹名舵工壹名水兵捌名內壹隻係委官坐駕無捕盗各船常川在於窄溪桊埠河灣埠鸕鷀埠張村烏石灘嚴州馬頭等信地柒處巡緝○以上錢塘江嚴州哨船各照信地防守杭嚴道置有印信哨单發填傳遞日時取富春驛印盖单上以稽偷安每逢伍逢拾日齎籌赴道倒換印单往來傳遞會哨每年春秋貳汛輪撥錢塘江船肆隻嚴州船貳隻各出鱉子門赭山海口哨探警息每伍日取赭山巡檢司印盖哨符繳道查考



萬曆貳拾玖年因海警每船議於兩營陸兵內添撥銃鎗兵數名都司借備火器把總親督哨禦汛畢陸兵歸伍火器還司叁拾年照行

備録　查得海防類考原開錢塘江巡船貳拾隻係嘉靖年間設立萬曆拾叁年因江洋遼遠巡邏不周議增肆隻并協總壹員及捕舵水兵以足防禦續將協總改為哨官今以委官百戶巡哨嚴州其南北貳閘水哨見以名色把總哨守

北閘巡哨官兵共計貳百玖拾柒員名杭州府水利官稽轄名色把總壹員書記壹名家丁壹名巡船貳拾叁隻每隻捕盗壹名舵工壹名內大運河拾陸隻每船水兵拾壹名裏河東關西河柒隻每船水兵拾名外傳籌兵貳名各船常川在於運河之叁里洋謝村拾貳里洋三家村總管堂伍淋港塘棲跨塘橋落瓜五杭北陸大麻東關之臬亭赤岸桐口寶庄吳家壩西河之板橋良犬宦塘鳳口獐山漾女兒橋等信地貳拾叁處巡緝每拾里壹隻防守本道置有印信哨单發填傳遞日期取下塘巡檢司印盖以稽偷安每逢三六九日齎籌赴道倒換印单常川傳遞仍令五淋港哨船與德清白雲橋大麻哨船與崇德松落橋各巡船交相會哨

備録　查得把總原無家丁萬曆拾肆年始有壹名○海防類考原開北閘巡船拾隻係隊長管駕萬曆伍年將隊長改為捕盗并增差船肆隻萬曆拾壹年因運河遼遠防禦不周議增拾壹隻萬曆拾玖年因塘棲鎮居民被刼議增壹隻添設協總壹員萬曆貳拾貳年裁去協總萬曆貳拾叁年因西河失事又增壹隻見在貳拾叁隻○又查北閘原有差船肆隻聽候三院齎奏承舍坐用萬曆拾伍年奉文裁革承舍各役仍討哨船坐用以致汛地空虛屢有失事萬曆貳拾伍年奉



督撫軍門劉　軫念地方行道復設網船肆隻聽候差遣每船常川輪兵壹名看守遇差撥兵幫駕護送見在遵行

海寧軍中右營官兵戰馬并流等役共計肆百叁員名匹　舊係海寧所驍兵原考無載今新設○本營官兵杭嘉湖參將統領名色把總壹員家丁壹名書記壹名醫生壹名健步貳名旗手捌名吹鼓手陸名馬丁壹名大銃手壹名戰馬壹匹哨官肆員各家丁壹名隊長壹拾貳名什長叁拾陸名軍兵叁百貳拾肆名各照派定信地東至黃灣寨與嘉興區澉浦右營官兵會哨西至赭山巡檢司哨邏取該司哨符繳照并撥派本所城門及本縣庫獄與天妃宮汛期屯劄教場各防禦仍於叁陸玖日訓練

【備錄】查備海寧所嘉靖叁拾貳年間該選鋒兵壹千名嘉靖肆拾
年間選汰老弱存留伍百名為驍兵防禦該所并海口地方
每名每月食糧叁斗後以軍糧抉額又因老弱虛冒數多於
萬曆貳拾叁年拾壹月內該杭嚴兵巡道范　議革肆百名
仍存壹百名每年春汛添調標兵貳哨協同防守隨為倭情
校許巨測等事奉
督撫軍門劉　憲牌內開本院巡歷浙西閱視武備看得該
縣係省城門戶逼臨大海實為要衝行道及分守杭嘉湖叅
將并杭州府及總捕官各查議亟應設立軍兵一總以固地
方即以原存驍兵壹百名并選軍餘叁百名共肆百餘名編
派一總於萬曆貳拾陸年肆月起每月隨省城水陸關營一
體於布政司支餉



【原考】
杭嘉湖兵巡道監督
分守杭嘉湖叅將統領
海寧備倭把總壹員
嘉興陸兵壹營兵巡道標下中軍官壹員健步雜役貳拾名隨
宜取用軍吹鼓手旗手共貳拾名又中軍官下家丁壹名左
右中前後伍總每總名色把總壹員書記壹名醫生壹名健
步貳名旗手捌名吹鼓手陸名火藥匠壹名戰馬壹匹哨官
伍員每員家丁壹名隊長壹拾伍名什長肆拾伍名兵肆百
伍拾名共伍百肆拾壹員名匹通共貳千柒百伍員名匹左



總軍兵後總募兵俱屯插海鹽右總民壯兵屯插澉浦中總
民壯兵屯插嘉興前總募兵屯插乍浦汛期分發左總海鹽
龍王塘右總澉浦演武場中總海鹽前總梁庄後總乍浦一
帶哨禦軍門調發標兵壹總協守澉浦汛畢各掣回訓練
海寧總水兵叅將標下中軍遊哨名色把總壹員旗牌官叁員
書記貳名醫生壹名健步火藥匠鐵匠家丁戰馬肆拾貳名
匹軍吹鼓手壹拾貳名旗手貳拾叁名又中軍官下書記壹
名家丁壹名軍吹鼓手肆名旗牌官家丁各壹名備倭把總
下書記貳名健步貳名家丁貳名軍吹鼓手肆名總哨官壹
員書記壹名家丁貳名軍吹鼓手肆名哨官壹員家丁壹名

捕盜貳拾壹名、耆民壹拾貳名、隊長貳拾名、正舵工叄拾叄
名、副舵工壹拾叄名、兵壹千玖名、軍兵叄百叄拾壹名、福船
伍隻、蒼船捌隻、沙船壹拾貳隻、小哨船捌隻、叭喇唬船貳
隻、網船壹拾隻。每遇大小二汛，備倭把總統領蒼船貳隻、
船肆隻、小哨船貳隻、叭喇唬船壹拾隻、網船貳隻，泊守羊山，
遊哨沙塘、鼎衢東一帶海洋，與臨觀兵船會哨。總哨官統領
蒼船貳隻、沙船肆隻、小哨船貳隻、叭喇唬船壹拾隻、網船貳
隻，泊守許山，亦哨沙塘、鼎衢東等處海洋，與臨觀兵船會哨。
叅將中軍把總統領福船貳隻、蒼船貳隻、沙船貳隻、小哨船
貳隻，泊守西海口海洋，與定海兵船會哨。哨官壹員統領福




船貳隻、蒼船貳隻、沙船貳隻、小哨船貳隻，泊守白塔港海洋，
與臨觀總兵船會哨。叅將座福船壹隻、網船陸隻居中往來
調度。汛畢俱收泊乍浦訓練，止撥叭喇唬船輪出外洋哨探。
嘉興水兵叭喇唬船壹拾肆隻，民壯兵貳百貳拾肆名於嘉興
裏河一帶巡緝鹽盜。汛期調發西海口白塔港，以備追擊之
用。汛畢掣回，照舊巡緝鹽盜。

續定

嘉湖兵巡道監督
分守杭嘉湖叅將統領
海寧備倭把總壹員

嘉興陸兵計陸營，內標營與前後貳營係民兵，左右中左叅營
係軍兵。[illegible]兵戰馬雜役共計貳千陸百伍拾壹員名匹。兵巡
道標下中軍名色把總壹員、聽用哨官貳員、健步拾陸名、親
兵[illegible]拾陸名，把總下家丁[illegible]名，共伍拾陸員名。標營并前後
左右中左共陸營，內標營[illegible]民兵、右營軍兵俱伍哨。標營以本
[illegible]中軍把總[illegible]右營名色把總[illegible]員，每營書[illegible]壹名、醫生
[illegible]名、健步貳名、旗手捌名、[illegible]鼓手陸名、銃手[illegible]名、戰馬壹匹，
哨官伍員，各[illegible]家丁壹名，隊[illegible]伍名，什長肆拾伍名，[illegible]肆百
伍名，共肆百陸拾陸員名。[illegible]前後貳營民兵、左中左貳營軍
兵俱肆哨，每營名色把總壹員、書記壹名、醫生壹名、健步貳




名、旗手捌名、吹鼓手陸名、[illegible]匠壹名、戰馬壹匹，哨官肆員
各家丁壹名，隊長拾貳名，什長叄拾陸名，兵叄百貳拾肆名，
共肆百壹員名匹。汛時標[illegible]屯揷嘉興府城操守，右營屯揷
澉浦所，前左貳營俱屯揷[illegible]所，後營并中左營俱屯揷海
鹽。汛期標營聽本道調撥[illegible]應，右營出守澉浦所南海口北
至秦駐山與中[illegible]左營官兵會[illegible]，前營出守梁庄東至大營盤
與直隸金山營[illegible]西至乍浦[illegible]與本區左營官兵各會哨，後
營出守[illegible]以至白馬廟[illegible]左營官兵會哨，左營出守西
海口東至梁庄[illegible]白馬廟與後營各官兵會[illegible]
哨，中左營出守[illegible]駐山與右營官兵會哨[illegible]

年仍聽

軍門調發標兵壹總協守乍浦汛畢掣回訓練

**備錄** 查得海防類考原載左右中前後伍總每總把總壹員萬曆拾肆年奉文將中營把總裁革營務歸併本道中軍兼攝又將伍總中哨官兵裁革每總止存肆哨萬曆貳拾伍年奉文查得乍浦地方最為浙省首衝要地止有陸兵壹總防守單弱議將乍後貳所挑選壯軍立為軍兵壹總選委總哨訓練名為左營隨將中營改為標營左營改為中左營并連前後右叁營今共陸營又於貳拾陸年奉文查議郡城重地澉浦濱海城守孤危准復標營并右營中哨官兵各玖拾伍員名匹

海寧總水哨官兵戰馬共計壹千柒百捌拾陸員名匹內中軍官役雜流共玖拾叁員名匹戰船共玖拾玖隻內○本叅標下中軍名色把總壹員旗牌官叁員聽用官壹員書記貳名醫生壹名健步拾名火藥匠壹名鐵匠壹名家丁貳拾陸名



馬丁貳名戰馬貳匹軍旗手壹拾陸名吹鼓手捌名又中軍官下書記壹名家丁壹名健步壹名旗牌官下各家丁壹名備倭把總壹員書記貳名健步貳名家丁貳名總哨官叁員各家丁壹名共玖拾叁員名匹捕舵兵薪共壹千陸百玖拾叁名福船肆隻蒼船捌隻沙船拾柒隻叭喇唬船伍拾肆隻小哨船陸隻划網船拾隻○中遊左哨（原名羊遊哨續改中遊水哨今改中遊左）哨本叅中軍官統領沙船伍隻每隻耆舵兵薪貳拾貳名唬船壹拾隻每隻捕舵民兵壹拾貳名土著肆名共貳百柒拾名平時沙船收泊乍浦併艅合操唬船分泒內河巡緝鹽盜汛期俱泊白塔海港遇警彙應遊守各哨仍輪撥兵船與本區羊許下澉參官兵會哨○中遊右哨係新增本叅中軍官兼攝新設唬船陸隻每隻捕舵兵夫壹拾陸名共玖拾陸名汛期并輪撥許山哨大船貳隻聽本叅委旗牌官壹員統領專駐泊黃道關（防守）

**備錄** 查得中遊左哨舊額叭喇唬船貳拾隻官兵叁百貳拾壹員名萬曆拾肆年奉文裁革船陸隻拾肆年裁革哨官歸併叅將中軍兼攝又裁船肆隻止存捕舵兵夫土著壹百陸拾名拾玖年部覆以海[illegible]貳拾壹年加增原奉文調往天津華許守關叁哨沙唬船各伍隻改補中遊哨計加補兵貳百貳拾名貳拾叁年奉文[illegible]唬船伍隻仍發還叁哨貳拾肆年又奉文將前加沙船伍隻又盡行裁革本年拾貳月內奉督撫軍門劉（憲牌）仍復沙船叁隻捕舵兵夫陸拾陸名專聽該叅臨汛坐駕出洋督察貳拾陸年奉本都院查得本[illegible]兵力單弱復添沙船貳隻耆舵兵夫伍拾名又加舊額各船兵貳拾玖名貳拾柒年奉文將各船加兵照船減汰共汰[illegible]叁拾伍名又貳拾玖年將唬船土著呈奉



本都院批允與[illegible]兵一體食糧○又黃道關原議將許山哨官兵撤守萬曆[illegible]年拾貳月內奉文議增哨船添設本哨為中遊右哨將許山官兵仍還許山續議緣由併附羊山防守款內

羊山哨（續改羊許遊哨今仍舊為羊山哨）備倭把總統領總哨官壹員福船貳隻每隻捕舵兵薪叁拾肆名蒼船叁隻每隻捕舵兵薪貳拾捌名沙船叁隻每隻捕舵兵薪貳拾壹名小哨船貳隻每隻捕舵兵薪壹拾肆名唬船捌隻每隻捕舵兵士壹拾陸名又划網船伍隻每隻兵士貳名共叁百捌拾壹名平時駐泊乍浦所西海口汛期出守羊許壁結礁輪撥兵船於沙塘衢東等𡹁并管隸兵（總哨官兵會哨）○許山哨（續改澉浦右哨今仍舊為許山哨）總哨官壹員福船壹隻捕舵兵薪叁拾伍名蒼船叁隻每隻捕

舵兵新貳拾捌名沙船肆隻每隻捕舵兵新貳拾壹名小哨
船貳隻每隻捕舵兵新壹拾肆名唬船捌隻每隻捕舵兵士
壹拾陸名又划䋄船伍隻每隻兵士貳名共叁百陸拾玖名
平時駐泊乍浦西海口汛期仍泊守許山輪撥兵船前往浙
東沙塘衢東等與并直隸金山營官兵會哨

備錄　查得本哨原先專駐許山哨守萬曆貳拾伍年間該委官湖
州府同知何挺查理海防事宜看得許山三面受風不便泊
船議將此哨掣改黃道廟駐泊以壯澉浦外洋聲勢遂改名
澉浦右哨又為預備汛防事萬曆貳拾玖年拾貳月內該帶
管嘉湖兵巡道右布政使范　奉
督撫軍門劉　批本道議呈將黃道廟兵船仍還許山其黃
道廟另設唬船陸隻屬該參中軍官管攝汛期該參查委旗
牌官壹員管理再於許山哨內撥大船貳隻協守其舊哨船
兵既還許山名目仍改為許山哨羊許遊哨亦仍舊為羊山
哨中遊哨原設沙唬船壹拾伍隻改名中遊左哨新設唬船
陸隻并輪撥許山大船貳隻名為中遊右哨奉經詳允見在
遵照



守關哨（續改乍浦左哨今仍為守關哨）總哨官壹員統領福船壹隻捕舵兵新叁拾
肆名蒼船貳隻每隻捕舵兵新貳拾捌名沙船伍隻每隻捕
舵兵新貳拾壹名小哨船貳隻每隻捕舵兵新壹拾肆名唬
船捌隻每隻捕舵兵士壹拾陸名共叁百伍拾壹名平時駐
泊乍浦西海口汛期出守唐家灣每上下半月輪撥兵船前
往浙東沙塘衢東等與并直隸金山營官兵會哨

備錄　查得水關羊許乍浦叁哨原額福蒼沙唬船伍拾肆隻總哨
官捕舵兵雜役共壹千壹百壹拾肆員名萬曆貳拾年因海
洋傳警奉文增造福沙船壹拾捌隻捕兵伍百柒拾貳名又
加舊額各船兵貳百伍拾貳名嗣於萬曆貳拾叁等年間警
報稍寧議將前項新增船兵陸續汰減盡絕貳拾陸年又奉
文共加各船水兵壹百玖拾柒名貳拾柒年間隨奉減汰仍
歸原額福蒼沙唬船伍拾肆隻官兵壹千壹百壹拾肆員
名其貼駕軍兵先年緣因福蒼沙哨船兵額數缺少一遇出
汛駕哨乏人議於衛所內抽選精壯正軍貳百名貼駕協禦
嗣於萬曆貳拾肆年減革不用

嘉興水兵協守哨本道標下中軍官兼攝巡哨哨官壹員統領
叭喇唬船壹拾肆隻每隻捕舵兵壹拾陸名哨官家丁壹名
共捕舵兵家丁貳百貳拾陸員名平時派守嘉興西北貳塘
巡緝鹽盜汛期出海協守西海白塔貳處海洋與該關兵船
會哨

備錄　萬曆貳拾伍年間為浙西武備積弱酌議更定規制以破錮
習以重海防事該
督撫軍門劉　會同
巡按御史唐　看得兩浙幅員數千里東臨大海與倭島相望
在在防倭如浙東寧台溫叁區法制相遵兵皆素練第因事
調劑隨時申飭可應緩急似無庸更張惟是嘉興壹區談者



率謂兵不可用豈其令裕而制異哉亦積漸致然耳盖其虛
驕之習牢不可破為將領者或一振刷便云多事且群起而
持其短長鮮有免者故浙西戎備在任將之難而將則任事
之難也臣自受事以來深知此弊與該道亟議整頓而兵巡
副使湯日昭督同參將李遇文調停㨿劃殫竭心力如栽虛
冒杜侵匿精器具籌戰守一切事務漸次改觀矣顧人情狃
於便安憚於創作舉數拾年之敝習而一旦變虛為實振弱
為强若非仰藉
威靈下消異議臣等即嚴督所司任怨任勞而人有易心難與慮始事
非定制曷[illegible]綱紀經營徒勤亦何益哉方今倭雖受
封狡性難憑不能保將來無事浙西匯杭嘉湖叁府接壤蘇松實東南
財賦奧區沿海一帶如灘許羊緒諸洋逼近日本中間白塔
金家灣西海口藍田等港皆島夷出沒要衝而海鹽澉乍貳
浦為浙西藩籬門戶之地見今新增多餘之兵已汰復原額
舊設水陸營兵不滿肆千人即人人精銳所備已屬单薄况
復虛驕不可用哉夫醫之治病也視所患者急之兩浙兵防
獨嘉區弱甚恐莫先馬失今不為蓄艾之圖一旦有事將無
及已語云一　弗熯寒將及股一股弗熯寒將及身嘉區之
於浙豈但一　一股之地哉安得不思患而預為之防也臣
通省沿海各　善後事宜見行該司道查議另行具

題外謹將浙西目前兵務詳與該道酌議數欵宜亟舉者條列上
請以便遵行一曰嚴招募該區水陸各兵多係土人夤緣投充非市井
傭販之徒則豪家厮養之役憑勢結黨掛名竊餉總哨畏懼
此輩莫敢誰何營伍罷敝病正坐此雖屢行該道叅嚴覈汰
革而積習相沿未能亟返今議遇有兵缺將本地人民一切
禁絕總俟臨汛之前責令叅將俱於浙東金衢寧紹等府招
募該道驗中發營按法操練仍取哨伍連名保結敢有受賄
濫收上提冒籍頂充者究贓問革每次補完即造花名冊各
開籍貫送臣衙門備查如此行之日久庶營蠹一清而兵皆
精銳可用矣二曰建營房各區官兵俱有營房以便約束該
區除軍兵貳營各有居處外惟是中前後叅營民兵向來四
散居處因而就便生理一遇操期參差奔赴無復行列且官
兵隔遠無論平居不便鈐轄萬一卒然有警安能家喻戶曉
一呼輙應哉節經建議行查而有司輙難其說不曰錢粮無
措則曰基址未便以故寢閣不行終非長便之策也今議擇
定各營基址每營置營房數拾間總哨官廳拾餘間查有臣
裁省兵餉銀兩儘足支用相應委官及時建造營房既建則
兵有歸着不惟訓練專一隊伍整齊即逃亡虛冒舉不能欺
而兵將日相親附自有臂指相使之誼矣三曰練軍兵海鹽
叅閱惟乍浦突臨大海密邇平湖內地一帶最稱衝要即今



止設前營陸兵壹總委屬單薄查得乍後貳所實在操備正
軍壹千壹百肆拾名或占役投閑或經營商販積弊相沿操
備徒為虛名耳今議於貳所正軍內挑選精壯軍兵肆百名
內選隊長壹拾貳名什長叅拾陸名立為壹營仍於該衛所
軍職官內選委把總壹員哨官肆員就於乍浦所城朝夕訓
練遇汛調發前營民兵移住渠庄而以該營之兵與省城大
營標兵壹總協力防守本所至於月餉自有本等名粮無煩
加添第於汛期少加口粮與總哨廩粮紙劄之費為數無幾
即於本區支剩額餉抵給此營一立而邊海孤城隱然增一
藩屏矣四曰議更番該區水兵叅枝壹枝守閑壹枝出哨羊
山壹枝出哨許山外洋向來哨守分派一定不易但守閑兵
船灣泊內地甚便羊許兵船出哨外洋甚險人情無不利近
便而畏險遠故守閑者狃於晏安而修船置械一切為苟且
之計出哨者習於操駕而修船置械必思為永久之圖今議
將叅閑大小兵船照數編派均匀更番哨守週而復始不特
人懷固志無玩忽欺蔽之心抑且各習風濤有赴難死綏之
用矣五曰整戰船出洋遇敵全賴戰船修造及時工料堅固
方可濟汛防而利衝擊也查得該區兵船向係官造官修每
年冬月方行估給船價委官視非已事率多苟且通同捕盜
侵漁分例粉飾支吾板薄釘稀艙具欠缺出洋一遇颶風常

有損溺之患况給價毋至愆期捕兵推諉就延甚至汛期已
半而料尚未齊汛期將竣而船猶未至此與無船等耳積弊
相沿於汛防實無所濟今議倣照浙東事例定以大汛畢日
該叅總官將本區大小戰船盡數查驗應修者責付捕盜充
為私船捐資自行修理完日覈實照例扣給稅銀應造者召
募殷實慣海捕盜捐資福蒼小哨於溫州沙船於太倉如式
打造回閱一體全給稅銀至於兵船有缺悉照前議移文於
浙東地方召募諳識操駕不許仍用浙西之人冒名充當夫
各捕以船為家安危所係若船由私造未有不堅兵無虛冒
未有不精且私船給稅比之官船修造錢粮尤多節省矣

題奉

欽依見在遵行○又查嘉興水兵協守哨萬曆貳拾陸年閏奉文又加
添船兵貳拾捌名貳拾柒年奉文汰減今仍復原額官兵貳
百貳拾陸員名

萬曆叅拾壹年正月內該帶管嘉湖兵巡道副使兼右叅議

劉　奉

督撫軍門劉　批本道呈詳看得澉浦乍浦貳所均為邊海



要區在乍浦雖更稱險隘然已撥有大營標兵壹總矣惟澉
浦兵力單弱每遇春汛應於標營兵內抽撥貳哨本道遴選
委官統領前至該所協守聽該叅節制汛畢掣回仍同各官
兵一體考覈賞賚等因奉批據詳區畫妥悉如議着實行仍
通行該府并叅總各官遵照繳奉此見在遵行

原考

巡視海道監督

總兵官調遣

分守寧紹叅將統領

臨山統兵把總壹員

臨觀備倭把總壹員

定海備倭把總壹員

昌國備倭把總壹員

紹興陸兵營官統兵把總下書記貳名健步貳名馬丁壹名戰馬壹匹軍吹鼓手肆名左右後叁總每總總哨官壹員書記



壹名醫生壹名健步貳名旗手捌名吹鼓手陸名火藥匠壹名戰馬壹匹哨官伍員每員家丁壹名隊長拾伍名什長肆拾伍名兵肆百伍拾名共伍百肆拾壹員名匹通共壹千陸百貳拾叁員名匹左總民壯兵右總募兵後總軍兵俱屯揷臨山每年汎期分發左總貳哨住劄瀝海所分哨蟶浦等處又貳哨住劄三江所分哨宋家溇等處後總肆哨住劄觀海衛分哨平石等處右總肆哨住劄三山所分哨勝山等處其餘叁哨留守臨山分哨泗門等處

軍門調發標兵壹總住劄龍山所分哨丘家洋等處沿海一帶汎畢掣回訓練

臨觀總水兵備倭把總下書記貳名健步貳名家丁貳名掌號鼓手肆名哨官貳員名家丁壹名捕盜壹拾陸名柏長肆名隊長捌名正舵工貳拾名副舵工捌名兵陸百壹拾玖名軍兵貳百壹拾柒名福船肆隻蒼船肆隻漁船捌隻沙船肆隻叭喇唬船捌隻網船陸隻每遇大小二汎哨官壹員統領福船貳隻蒼船貳隻沙船貳隻叭喇唬船貳隻網船貳隻泊守烈表港之左與定海兵船會哨又哨官壹員統領福船貳隻蒼船貳隻沙船貳隻叭喇唬船貳隻網船貳隻泊守烈表港之右與海寧兵船會哨備倭把總統領沙船肆隻叭喇唬船肆隻網船貳隻遊哨羊山并臨觀一帶海洋汎畢掣回寄泊定海關操練止撥叭喇唬船輪出外洋哨探



寧波陸兵壹營海道標下健步旗手貳拾名并從宜取用軍吹鼓手旗手貳拾柒名議裁中軍官就委後總領兵把總帶管把總壹員書記醫生健步旗手吹鼓手火藥匠戰馬共貳拾名匹中軍事務督陸官壹員家丁壹名左右前後肆總每總名色哨官伍員每員家丁各壹名隊長拾伍名什長肆拾伍名兵肆百伍拾名共伍百肆拾壹員名匹通共貳千壹百陸拾肆員名匹左總民壯兵右前後叁總募兵俱屯揷寧波府城聽本道操練汎期分發左總住劄鄞衘所分哨穿山等處右總住劄大嵩所分哨湖頭渡北岸等處前總住劄錢倉所

分哨湖頭渡南岸爵谿等處或每年更番調守又撥後總叅
哨另委聽用官壹員往劄舟山與該營軍兵沿海哨守貳哨
留守府城又
單門調發標兵貳總往劄昌國衛分哨石浦象山等處汛畢
掣回訓練
總兵標下中軍旗牌督陣官哨官掾史書記教師通事雜役戰
馬幷左右貳總名色把總哨官隊什兵勇雜流戰馬通共捌
百伍員名匹貳總官兵屯捕定海遇警聽該鎮隨帶水陸截
勦續添陸兵壹千貳百名與舊額官兵捌百員名共足貳千之數分為左右中前後伍總
舟山叅將標下軍兵壹總守禦兼領軍兵總哨指揮壹員哨隊



什兵雜流戰馬與寧波兵同共伍百肆拾壹員名匹近議添
立協總官壹員家丁壹名其隊什兵夫雜流俱係中中中左
貳所旗軍就彼住劄汛期協總官帶領於舟山沿海一帶哨
守汛畢掣回仍聽總哨官管領訓練
定海總水兵總兵標下中軍遊哨名色把總壹員書記壹名健
步壹名家丁貳名軍吹鼓手肆名遊哨協總官壹員哨官叅
員各家丁壹名添設守關哨官壹員家丁壹名叅將標下中
軍領正兵遊哨名色把總壹員添設協總官壹員又旗牌督
陣官叅員書記貳名醫生壹名健步拾名火藥鐵匠各壹名
家丁馬丁戰馬共叅拾名匹軍吹鼓手壹拾貳名軍旗手貳

拾叅名又中軍官下書記壹名健步壹名家丁壹名軍吹鼓
手肆名協總官下家丁壹名旗牌督陣官各家丁壹名備倭
把總下書記貳名健步貳名家丁貳名軍吹鼓手肆名總哨
官貳員各書記壹名家丁貳名軍吹鼓手肆名哨官柒員各
家丁壹名添設漁洋巡哨官壹員家丁壹名梁橫山哨官壹
員家丁壹名捕盜捌拾陸名耆民陸名隊長伍拾貳名正舵
工玖拾貳名副舵工伍拾名兵叅千伍百柒拾名軍兵壹千
叅百名福船叅拾肆隻蒼船拾伍隻漁船貳拾伍隻沙船陸
隻草撇船貳隻小哨船拾隻叭喇唬船伍拾貳隻肆人划網
船陸隻貳人划網船肆拾玖隻八槳抵充叭喇唬船貳拾玖



隻添造軍叭喇唬船貳隻每遇大小二汛中遊哨名色把總
壹員協總官壹員哨官叅員統領蒼船貳隻沙船肆隻漁船
壹拾貳隻叭喇唬船貳拾隻網船肆隻分為肆哨泊於大衢
舉專哨下八山馬蹟蒲嶴陳錢壁下等處海島叅將中軍正
兵哨把總壹員統領福船伍隻蒼船壹隻漁船壹隻小哨船
壹隻叭喇唬船叅隻軍八槳船貳隻網船肆隻泊於沈家門
外洋專隨本叅南北海洋督禦遇警併力截勦協總官壹員
旗牌督陣官壹員統領蒼船貳隻漁船伍隻叭喇唬船柒隻
網船肆隻泊於長塗海洋卑哨大衢兩頭洞等處海島中遊
哨哨官壹員統領福船貳隻蒼船壹隻沙船貳隻草撇船壹

隻小哨船貳隻軍叭喇唬船捌隻網船壹拾伍隻泊守定海
關防禦專聽該鎮右營駕遇警隨勢備倭把總壹員統領蒼船
壹隻漁船叁隻叭喇唬船陸隻網船肆隻泊於烏沙門徉禾
定海南北青龍鯽魚礁清門等處會哨遇警合勢把總員分
為左右中叁哨左哨哨官壹員統領福船伍隻蒼船壹隻小
哨船壹隻叭喇唬船叁隻軍叭喇唬船貳隻網船貳隻泊於
釣魚礁海洋中哨哨官壹員統領福船叁隻蒼船壹隻小哨
船壹隻叭喇唬船貳隻軍叭喇唬船貳隻網船貳隻泊於普
陀洋右哨哨官壹員統領福船叁隻蒼船壹隻小哨船壹隻
叭喇唬船貳隻軍叭喇唬船貳隻網船貳隻泊於涇泥港青



龍左右二哨左哨總哨官壹員統領福船貳隻蒼船壹隻漁
船貳隻叭喇唬船貳隻軍叭喇唬船壹隻網船貳隻泊於鯽
嶼海洋右哨哨官壹員統領福船貳隻蒼船壹隻漁船貳隻
叭喇唬船壹隻軍叭喇唬船貳隻網船貳隻泊於溫州嶼海
洋北右哨總哨官壹員統領福船伍隻蒼船壹隻小哨船壹
隻叭喇唬船□隻軍叭喇唬船貳隻網船貳隻泊於清門□
洋左哨哨官壹員統領福船叁隻蒼船壹隻小哨船壹
叭喇唬船貳隻軍叭喇唬船貳隻網船貳隻泊於長白沙
墓哨左哨哨官壹員統領福船貳隻草撇船壹隻小哨
隻叭喇唬船貳隻網船貳隻泊於

統領福船貳隻小哨船壹隻叭喇唬船壹隻軍叭喇唬船
貳隻網船貳隻俱泊本港添委哨官壹員統領蒼船貳隻叭
喇唬船貳隻軍叭喇唬船貳隻網船貳隻泊於梁橫山海洋
又添委巡哨官壹員抽取定海總蒼船壹隻叭喇唬船壹隻
漁船貳隻中遊哨撥沙船壹隻小哨船壹隻正遊哨蒼船壹
隻叭喇唬船壹隻網船貳隻臨觀總漁船壹隻沙船壹隻叭
喇唬船壹隻網船壹隻又抽海寧總沙船叁隻小哨船壹隻
叭喇唬船壹隻網船壹隻共貳拾隻併為壹枝每年叁月初
起帶領於漁船下網海洋羊山之南一帶往來巡哨漁畢各
船仍回本哨防禦汛畢各港大船俱掣回定海關收泊訓練



止撥叭喇唬船輪出外洋哨探中正貳哨添沙船八隻船各
貳拾隻叭喇唬船肆拾隻民耆隊舵兵夫壹千肆拾名軍隊
兵伍百貳拾名

昌國總水兵備倭把總壹員書記貳名健步貳名家丁貳名軍
吹鼓手肆名添委協總官壹員哨官壹員各家丁壹名南北
二哨總哨官貳員各書記壹名家丁貳名軍吹鼓手肆名哨
官共柒員各家丁壹名捕盜肆拾捌名隊長貳拾貳名正舵
工肆拾捌名副舵工叁拾貳名兵壹千柒百伍拾叁名軍兵
陸百肆拾伍名福船拾肆隻蒼船拾捌隻小哨船陸隻漁船
拾隻叭喇唬船貳拾貳隻網船貳拾隻軍叭喇唬船拾貳隻

每遇大小二汛備倭把總與協總輪流統領哨官壹員漁船
拾隻叭喇唬船拾隻網船貳隻專於韭山外洋設伏仍往来
海島督禦南哨總哨官壹員統領福船貳隻蒼船貳隻叭喇
唬船壹隻軍叭喇唬船壹隻網船貳隻泊於林門哨官壹員
統領福船貳隻蒼船貳隻叭喇唬船壹隻軍叭喇唬船壹隻
網船貳隻泊於三門哨官壹員統領福船壹隻蒼船貳隻叭
喇唬船壹隻軍叭喇唬船壹隻網船貳隻泊於下灣門哨官
壹員統領福船貳隻蒼船叁隻小哨船壹隻叭喇唬船壹隻
軍叭喇唬船貳隻網船貳隻泊於牛欄基哨官壹員統領福
船貳隻蒼船貳隻小哨船壹隻叭喇唬船壹隻軍叭喇唬船



貳隻網船貳隻泊於旦門北哨總哨官壹員統領福船貳隻
蒼船貳隻小哨船壹隻叭喇唬船肆隻網船貳隻泊於竿門
哨官壹員統領福船貳隻蒼船貳隻小哨船壹隻叭喇唬船
貳隻軍叭喇唬船壹隻網船貳隻泊於青門哨官壹員統領
福船壹隻蒼船貳隻小哨船壹隻叭喇唬船壹隻軍叭喇唬
船貳隻網船貳隻泊於百畝田哨官壹員統領蒼船壹隻小
哨船壹隻軍叭喇唬船貳隻網船貳隻泊於湖頭渡各海洋
往来交相會哨汛畢掣回石浦關操練止撥叭喇唬船輪出
外洋哨探

巡視海道監督
總兵官調遣
分守寧紹叅將統領
臨觀備倭把總壹員
定海備倭把總壹員
昌國備倭把總壹員
紹興陸兵叅營（臨山前營民兵紹興左營民壯兵臨山中營軍兵今屬臨觀把總兼攝）官兵戰馬
共計壹千伍百陸拾陸員名匹內○臨山前營（原名右總）總哨官
壹員家丁壹名書記壹名醫生壹名健步貳名旗手柒名吹
鼓手陸名大銃手壹名戰馬壹匹哨官伍員家丁各壹名隊



長拾伍名什長肆拾伍名民兵肆百貳名附造中軍書記壹
名健步貳名共計肆百玖拾陸員名匹汛期聽總哨官帶領
貳哨防守觀海衛及分哨平石等處壹哨防守三山所及分
哨勝山等處存留貳哨防守臨山衛及分哨泗門等處每年
仍聽
軍門調發官兵協守龍山觀海各沿海一帶地方汛畢掣回
訓練○紹興左營（原名左總）總哨官壹員家丁壹名書記壹名醫
生壹名健步貳名旗手捌名吹鼓手陸名大銃手壹名戰馬
壹匹哨官伍員家丁各壹名隊長拾伍名什長肆拾伍名民
壯兵肆百貳名共計肆百玖拾肆員名匹汛期聽總哨官帶

領貳哨防守三江所及分哨宋家溇等處叁哨防守瀝海所及分哨蟶浦等處存留貳哨防守紹興府庫獄城池○臨山中營原名後總總哨官壹員家丁壹名書記壹名醫生壹名健步貳名旗手柒名吹鼓手陸名大銃手壹名戰馬壹匹哨官伍員家丁各壹名隊長拾伍名什長肆拾伍名軍兵肆百伍拾名附造中軍旗手貳拾叁名吹鼓手壹拾貳名共計伍百柒拾陸員名匹汛期分發壹哨防守觀海衛及分哨平石等處壹哨防守三山所及分哨勝山等處壹哨防守瀝海所及分哨蟶浦等處存留貳哨防守臨山衛及分哨泗門等處總哨官駐劄臨山往來三山瀝海巡督



【備錄】查得海防類考原開陸兵左右後三營屬紹興統兵把總管轄俱屯劄臨山每年汛期分發沿海衛所防禦萬曆伍年將左營官兵移駐紹興府城平時防守庫獄城池汛期分發三哨出守三江瀝海萬曆捌年奉
撫院會題裁革紹興統兵把總將陸兵歸併臨觀備倭把總兼管存留中軍書記壹名健步貳名軍旗鼓手叁拾伍名附造臨山右後二營萬曆拾壹年將臨山右營改為前營後營改為中營以按方色前項中軍書記等役隨附各營萬曆拾玖年為因闕營增設後營軍兵一總隨于貳拾年奉文裁革○又查前左中三營總哨官各原無家丁萬曆拾伍年每營减去旗手壹名改為總哨家丁萬曆貳拾肆年左營仍復旗手壹名

【附議】查據紹興府冊開三營陸兵軍民參用固是一策然不如海防舊制左右後三總屯坤臨山汛期分哨地方各有專責汛畢掣回原劄訓練尤法之善者也

臨觀總水兵臨遊哨并臨左臨後貳哨官捕目舵兵軍雜役共計玖百捌員名戰船肆拾隻○本總備倭把總壹員家丁貳名書記貳名健步貳名軍吹鼓手肆名總哨官壹員家丁壹名書記壹名健步壹名領哨官貳員各家丁壹名共壹拾玖名軍民捕耆舵兵共柒百玖拾陸名貼駕軍兵玖拾叁名福船肆隻草撇船叁隻鳥船壹隻漁船肆隻沙船捌隻民唬船壹拾肆隻網船陸隻○臨遊哨備倭把總督同總哨官壹員統領漁船肆隻每隻民捕舵兵貳拾捌名貼駕軍兵肆名沙船肆隻每隻耆舵兵薪貳拾貳名貼駕軍兵肆名民唬船捌隻每隻民捕舵兵壹拾陸名網船貳隻每隻民兵貳名共叁百陸拾肆名每年大小二汛泊兩頭洞羊山并烈表港臨觀一帶海洋與浙西海寧總兵船會哨○臨左哨哨官壹員統



領福船貳隻每隻捕舵兵薪叁拾捌名貼駕軍兵陸名草撇船貳隻每隻捕舵兵薪叁拾名貼駕軍兵伍名沙船貳隻每隻耆舵兵薪貳拾貳名貼駕軍兵肆名民唬船叁隻每隻民捕舵兵壹拾陸名網船貳隻每隻民兵貳名共貳百陸拾貳名汛期泊烈表港之左東與定海總馬墓哨兵船會哨西哨霍山與浙西兵船會哨○臨後哨哨官壹員統領福船貳隻每隻捕舵兵薪叁拾捌名貼駕軍兵陸名草撇船壹隻捕舵兵薪叁拾名貼駕軍兵伍名鳥船壹隻捕舵兵薪叁拾名貼駕軍兵陸名沙船貳隻每隻耆舵兵薪貳拾貳名貼駕軍兵肆名民唬船叁隻每隻民捕舵兵壹拾陸名網船貳隻每隻

民兵貳名共貳百陸拾叄名汛期泊烈表港之右東哨瀝山
與定海總馬墓哨兵船會哨西哨霍山與浙西兵船會哨
以上各哨汛畢掣回寄泊定海關總哨官駐劄本關訓練
水兵輪撥沙唬船隻出洋哨邏備倭把總駐劄臨山訓練

陸兵

備錄 查得水哨官兵原考開左後遊叄哨止載備倭把總壹員哨官貳員分洋哨守原無總哨官員萬曆拾肆年奉文添設拾伍年革除拾玖年該海兵道呈奉督撫軍門常 詳允復設既有總哨官壹員分哨官貳員遂立前項臨遊臨左臨後叄哨名色本年捌月內又因警報添設壹號福船叄隻沙船貳隻唬船貳隻捕耆舵兵肆百捌拾陸名貼駕軍兵叄拾捌名萬曆貳拾叄肆等年陸續裁汰復歸舊額○又查唬船原考載有捌隻係隊長管駕萬曆拾壹年間將隊長改為捕盜萬曆拾貳年添設唬船陸隻抽取臨山紹興前左貳營陸兵每營肆拾捌名管駕共壹拾肆隻○又查萬曆叄拾年伍月內准海兵道開為軍務事呈奉督撫軍門劉 詳允將本總下 號滿例應拆造蒼船壹隻改



為鳥船記○又據紹興府開稱各船貼駕軍兵原考開貳百壹拾柒名萬曆拾柒年間裁減止至百陸名萬曆貳拾玖年又減叄拾貳名今止存柒拾玖名共為一海波不靜似為單弱萬曆叄拾年伍月內准海兵道開奉文議複沙鳥船貼駕軍兵共壹拾肆名

寧波陸營募兵壹總（原名後總）官兵戰馬雜役共計陸百壹拾陸員
名匹○本營海道標下健步旗手貳拾名軍吹鼓手旗手銃
手貳拾捌名舍人陸名劊子手肆名軍牢捌名督陣官壹員
家丁壹名馬丁壹名附造聽用官陸員共柒拾伍員名中軍
把總壹員家丁壹名書記壹名醫生壹名健步貳名高招手
壹名五方旗手伍名巡視旗手壹名吹鼓手陸名大銃手壹
名戰馬壹匹共貳拾壹員名匹哨官伍員家丁各壹名隊長

拾伍名什長肆拾伍名民兵肆百伍拾名共計伍百貳拾員
名匹平時屯揷寧波府城聽本道操練及輪守庫獄城池汛
期分發貳哨出守大嵩所地方與錢倉郭衢互相會哨仍留
叄哨防守府城每年汛期仍聽
軍門調發標兵駐劄昌國衛分哨石浦象山等處汛畢掣回

訓練

備錄 查得海防類考原載左右前後肆總萬曆捌年間為議處未要兵制以圖實用事奉
督撫軍門吳 明文議將左右前叄總官兵分發定海紹興臨山海寧台州等營補額訖止存留後總改為中軍陸營

總兵標下并陸兵五營召募兵五總官兵戰馬雜流共計貳千貳
百叄拾柒員名匹○本鎮坐營把總壹員旗牌督陣官陸員



書記貳名旗健壹拾壹名掾史壹名書辦肆名教師貳名醫
生壹名大纛旗手叄名高招旗手伍名弓匠壹名鐵匠壹名
火藥匠壹名號手壹拾貳名大刀手肆名劊子手肆名戰馬
貳拾伍匹附造聽用官玖員書辦貳名旗牌官家丁陸名本
鎮家丁叄拾名親兵陸拾叄名旗手伍拾名共貳百肆拾肆
員名匹○中營係坐營把總兼攝書記壹名醫生壹名吹鼓
手陸名高招五方旗手伍名大銃手壹名巡視旗手壹名健
步貳名哨官肆員各家丁壹名隊長壹拾貳名什長叄拾陸
名民兵叄百貳拾肆名共計叄百玖拾柒員名○左右前後
肆營每營領兵名色把總壹員每員家丁壹名馬丁壹名書

記壹名醫生壹名吹鼓手陸名高招五方旗手伍名大銃手
壹名巡視旗手壹名健步壹名哨官肆員家丁各壹名隊長
壹拾貳名什長叁拾陸名民兵叁百貳拾肆名共計叁百玖
拾玖員名〇平時俱屯掵定海聽該鎮操練及輪守定海縣
城池汛期奉本鎮更番調發壹營防守霩衢所南與大嵩北
與穿山各防汛官兵會哨壹營防守龍山所兼哨古窯松浦
澥浦東與定海陸兵西與觀海防汛官兵各會哨今改守册
山另撥標兵哨守壹營防守穿山所與霩衢所官兵會哨又
撥陸兵貳哨防守定海縣城外威遠山城仍分兵哨守江南
一帶地方其中營官兵額留畢守定海鎮城遇警分投應援



備錄　查得標下陸營自萬曆肆年以前額設官兵捌百員名匹後
為海防事奉
督撫軍門謝　案驗准
兵部咨該本都院題稱定海壹關地懸極海正對島夷雖設
有總兵標下陸兵僅止捌百甚為单薄議添壹千貳百湊前
捌百共足貳千之數分為左右中前後伍總已載類考至於
萬曆捌年為議處未妥兵制以圖實用事該總鎮吳　劄付
准
督撫軍門吳　手本及准監軍道副使陳　手本看得本鎮
標下原設官兵貳千壹員名內除標下中軍旗牌雜流官役
戰馬外餘為伍營惟中營伍哨左右前後每營止得叁哨不
成行伍議將寧波壹營官兵揀選增入標下通融編派左右
前後每營官兵肆百員名其中營係中軍官兼攝減省名色
把總壹員家馬丁叁名外議派官兵叁百玖拾陸員名實共
壹千玖百玖拾陸員名又派本鎮旗牌官掾史書辦醫生教
師大鼓手高招手弓匠鐵匠火藥匠中軍官并中軍員下書
記旗健共計叁拾玖員名戰馬貳拾伍匹定為額制其餘盡
行汰省訖及查總鎮中軍向係名色或係各衛指揮或係原
任把總奉道鎮衙門委用萬曆拾壹年間為重將權議坐鎮
以備安攘大計事奉

督撫部院張　會議裁革名色中軍
題授坐營把總以都指揮行事管轄中軍遊哨兵船并兼攝中營官
兵常川駐劄定海料理水陸兵務本年閏警加添官隊什兵
雜役柒百叁拾柒員名隨於貳拾貳年正月起陸續裁汰至
貳拾肆年拾月內盡裁訖歸復舊額隨該總鎮李　議留號
手拾貳名大刀手肆名劊子手肆名又查附冊造支文卷為
軍務事萬曆陸年該總鎮黃　海道副使周　明文添設聽
用官舍壹拾陸員名至萬曆玖年陸月起陸續裁省外實留
聽用官玖員萬曆拾伍年該總鎮侯　海道副使劉　議添
本鎮家丁叁拾名旗牌官家丁陸名貳拾年該本鎮侯　帶
管海道副使吳　議添本鎮書辦肆名至貳拾貳年該總鎮
李　裁減貳名今止貳名共計聽用官書辦家丁肆拾柒員
名又為乞念異域隨征員役准賜收錄以勵後効事萬曆貳
拾玖年拾壹月內奉
督撫軍門劉　憲牌議增本鎮親兵陸拾叁名每名日食糧
銀叁分旗手伍拾名每名日食糧銀貳分伍釐俱於萬曆叁
拾年派入該區
官兵數內支給

附議　查得本鎮標下陸兵原設左右中前後五營每營名色把總
壹員統領官兵雜役肆百員名萬曆捌年間議將中營官兵
併委中軍官兼攝減省名色把總壹員家丁叁名至萬曆貳
拾年倭警
督撫軍門常　照舊添設萬曆貳拾叁年准總鎮李　手本
復裁中營把總壹員并家馬丁叁名歲省銀捌拾餘兩本營
兵務仍委坐營官管領但該區陸兵五營每營各設把總專
司統率常川訓練此兵制也今裁中營把總而委坐營中軍
官兼攝夫坐營自有總統之責而中營實無專督之官萬一
海防緊急調遣戰守主帥不專兵鮮約束况坐營職務頗繁
未免顧此失彼臨時掣肘如僨事何且歲之所省者不過捌
拾餘金誠恐惜小失大相應議復



舟山陸營參將標下團練軍兵營總官兵戰馬雜役共計伍百
叁拾玖員名匹內〇本營名色把總官指揮壹員家丁壹名
戰馬壹匹哨官伍員各家丁壹名大銃手壹名吹鼓手陸名
健步貳名旗手柒名隊長壹拾伍名什長肆拾伍名軍兵肆
百伍拾名〇平時在城防守就家安插每年大小二汛分發

東自沈家門塘頭螺頭岑港南自曉峯謝浦北自千礁礁

等處一帶沿海地方往來輪班哨勦

**備錄** 查得海防類考原開舟山營總哨隊什軍兵雜流戰馬與寧波營兵同共伍百肆拾壹員名匹近議添立協總官壹員家丁壹名于萬曆叁年查係冗員裁革實在官兵馬役共止伍百叁拾玖員名匹又為海外孤城可慮疲軍单弱難支等事萬曆叁拾年正月內該袁參將議稱舟山孤懸海外止有軍兵壹營防守单弱將定海陸兵五總內輪撥壹總常川駐劄舟山防守年相更換其散餉節制以該參任之造糧仍歸坐營官又陸營每年例撥壹營防守龍山所今既派守舟山其龍山每年春汛請發軍門標兵防守備呈督撫軍門劉　詳允見在遵行

**附議** 查據該府冊開據該營把總指揮劉應詔開稱各處軍兵總俱有書記醫生獨本營原無議立文移造冊每苦僱倩相應比照各營事例議詳添設



定海總水兵總兵標下中軍哨并中遊左右貳哨官捕耆舵兵軍雜役共計貳千貳百伍拾壹員名戰船壹百貳拾捌隻內

○每哨名色把總壹員各書記壹名家丁貳名左右貳哨各哨官貳員通事壹名健步壹名哨官下各家丁壹名中軍哨附造坐營書記壹名共貳拾伍員名軍民捕舵兵薪共貳千捌拾名貼駕軍兵壹百肆拾陸名壹號福船肆隻貳號福船壹隻鳥船壹隻漁船陸隻沙船壹拾陸隻小哨船貳隻民唬船伍拾捌隻軍唬船壹拾玖隻輪船壹隻大小網船貳拾隻

○中軍哨名色把總統領壹號福船貳隻每隻捕舵兵薪肆拾名貼駕軍兵柒名貳號福船壹隻捕舵兵薪叁拾捌名貼駕軍兵陸名漁船壹隻捕舵兵薪貳拾捌名貼駕軍兵肆名沙船伍隻每隻耆舵兵薪貳拾貳名貼駕軍兵叁名小哨船貳隻每隻民捕舵兵貳拾名貼駕軍兵叁名民唬船捌隻每隻民捕舵兵壹拾陸名內叁隻每隻協駕軍肆名輪船壹隻民捕舵兵壹拾捌名大網船壹隻兵肆名小網船壹拾叁隻每隻民兵貳名軍唬船壹拾伍隻每隻軍捕舵兵壹拾陸名共柒百柒拾肆名平時把守定海關口汛期專隨總鎮巡歷南北海洋量留唬船肆隻泊守本關盤詰奸細外接烈港臨觀兵船會哨○中遊左哨名色把總統領哨官貳員壹號福船壹隻捕舵兵薪肆拾名貼駕軍兵柒名鳥船壹隻捕舵兵薪叁拾名貼駕軍兵陸名漁船叁隻每隻捕舵兵薪各貳拾捌名貼駕軍兵各肆名沙船肆隻每隻耆舵兵薪貳拾貳名貼駕軍兵肆名民唬船貳拾陸隻每隻民捕舵兵壹拾陸名網船貳隻每隻民兵貳名軍唬船貳隻每隻軍捕舵兵壹拾陸名共柒百叁拾伍名○中遊右哨名色把總統領哨官貳員壹號福船壹隻捕舵兵薪肆拾名貼駕軍兵柒名漁船貳隻每隻捕舵兵薪各貳拾捌名貼駕軍兵各肆名沙船柒隻每隻耆舵兵薪貳拾貳名貼駕軍兵肆名民唬船貳拾肆隻每隻民捕舵兵壹拾陸名網船肆隻每隻民兵貳名軍唬船貳隻每隻軍捕舵兵壹拾陸名共柒百壹拾柒名○以上左

右二哨把總汛期輪撥壹員泊守鼠狼湖東哨浪崗與中正
遊哨二處兵船會哨南至青櫑□釜頭與正遊哨兵船會哨
壯至徐公上下川與定壯哨中□遊哨二處兵船會哨西至沙
塘鼻大小衢與臨觀遊哨兵船會哨壹員泊守箭鼻因信地
險遠復加派正遊兵船壹枝協同哨守韭山陳錢花腦下八
山等處極衝海洋東至浪崗與中正遊哨兵船會哨西至蘇
竇馬蹟與直隸兵船會哨南至丁興徐公上下川與定壯中
遊二處兵船會哨汛畢俱掣回定海關收泊訓練止撥沙唬
船隻輪出外洋哨邏

備録　查得海防類考中軍遊哨原設名色把總壹員書記壹名健步壹名家丁貳名軍吹鼓手四名又遊哨協總壹員哨官三員各家丁一名至萬曆六年奉文裁減協總即以中軍兼領遊哨書健家丁照舊隨用其軍吹鼓手裁省萬曆十四年兩浙均船更哨裁去哨官壹員書記一名健步一名家丁二名哨官各家丁一名即今之中遊左哨及查類考添設守關哨官家丁自萬曆九年改立中軍哨兵船一枝十四年該海道副使葉　明文改為名色把總添設書記一名加增家丁一名不設健步即今之中□□又萬曆四年添設名色把總一員書記一名健步一名□□二名哨官二員各家丁一名即今之中遊哨也（）又□□戰中遊哨蒼船二隻沙船四隻漁船一十二隻唬船二十隻網船四隻又守關福船二隻蒼船一隻沙船二隻草撇船一隻小哨船二隻軍唬船八隻網船一十五隻內遭風打壞漁船一隻草撇船一隻奉文改造沙船訖萬曆四年奉
督撫軍門謝　明文添設□係下中奇哨水兵一枝沙船十隻民唬船二十隻軍唬船十□隻至萬曆九年間奉文抽取守關及中遊哨福船二隻蒼船□隻漁船一隻沙船二隻小哨船二船民唬船一隻網船一十五隻軍唬船九隻又抽取中奇哨沙船一隻軍唬船六隻馬墓哨福船一隻南哨福船一隻添造民唬船一隻□為□軍哨水兵一枝中遊哨仍存蒼船二隻漁船十□隻沙船□□唬船十八隻網船四隻中奇哨船

兩浙海防類考續編　卷之三　三十七

存沙船九隻民唬船二十隻軍唬船四隻萬曆十四年奉□遊查得漁洋遼闊船少不敷議折中遊中奇兩哨各為存右遊哨兵船一體均撥漁洋一年一更以均勞逸則存右二哨各派蒼船一隻漁船五隻沙船七隻民唬船十九隻網船三隻軍唬船二隻畫守已又其十九等年間閩警加添船隻隨復陸續停補至二十四年奉文盡減歸復舊額即將中軍哨折造福船一隻唬船三隻中遊左哨折造漁船三隻沙船二隻唬船二隻中遊右哨折造漁□一隻唬船五隻俱行傳單隨將新增福船二隻沙船二隻□船一十七隻抵補各缺又中軍哨蒼船一隻奉文拆改沙□船二隻中遊右哨漁船一隻拆造沙船壹隻餘兵陸名添□三划船二隻又左右二哨各沙船一隻奉調東征充換鉄□船二隻左哨又中遊左哨東征發回沙船壹隻奉改漁船□今三哨見在船隻數備於前萬曆三十年五月又經行准□道查覆冊開內唬船協駕軍兵於萬曆十三年該坐營官□中軍哨捕盜施本淇等告稱淇等唬船三隻原係總鎮座船比各唬船高大皆增部兵議添協駕軍兵每船四名呈奉□本道詳允遵行又將本總左哨下限滿蒼船一隻例應拆造□□奉
督撫軍門劉　詳允改造鳥船又中遊左右哨二十年分限滿應拆造蒼鐵漁沙船共五□隻呈允改造唬船八隻許內減兵八名減貼駕軍二十二名

兩浙海防類考續編　卷之三　三十八

遊洋水哨官兵捕舵耆役雜流共計叁千貳拾貳員名戰船壹百叁拾叁隻　係新增

萬曆貳拾玖年捌月內奉
督撫軍門劉　會同
巡按御史馬　題為酌議海防緊要事宜以固疆圉事條議
海防事宜內一款設遊兵禦倭之術擊之於陸不若殲之于
水備之內地不若邀之外洋　此定勢也浙自丙辰定海添設
遊兵一枝以都指揮壹員□其事厥後各區易設遊哨以名
色把總統之專督各船巡哨外洋遇警截勦數十年來雖無

大舉間有零星小寇亦多擒獲皆遊兵力也近年承平日久
兵船漸裁前項遊哨亦皆分派信地各守要衝如今歲在在
有警責令應援未免有顧此失彼捉襟露肘之患今議倣先
年規制添設遊兵二枝約計參千員名居常聚泊定海關聽
總鎮節制訓練臨汛聽臣擇委慣海膽勇將官貳員分統周
巡四區隨遇策應庶臂指相使脈絡相聯俾原派船兵既得
專守汛地而追勦截擊又得藉力遊兵內地可防外警可禦
即目前小費不為虛糜等因覆奉
欽依添設船兵壹哨分為南北二大枝應援寧嘉溫台四區每年春汛
屆期聽



軍門擇委將官貳員統督令北洋一大枝將官駐泊馬蹟分
一把總貳哨官帶領兵船巡哨浙東之落華花腦壁下陳錢
一帶海洋與寧區中正遊哨官兵會哨分一把總二哨官帶
領兵船巡哨浙西之洋山三姑山灘山許山大小七北茅草
等洋一帶海洋與嘉區官兵會哨南洋一大枝將官駐泊台
之漩門溫之坎門分一把總二哨官帶領兵船巡哨台之東
西磯王山大陳一帶海洋與台區官兵會哨分一把總二哨
官帶領兵船巡哨溫之官嶴南麂南龍擇嶴一帶海洋與溫
區官兵會哨其兵哨符聽海兵道給發四把總填註各派汛地
會哨日由每半月呈報道鎮并分屬各兵道將領查考以

每汛准令更番互調以均勞逸各官兵在洋聽各兵道監督
調度汛畢收泊定海關專屬海道監督總鎮訓練小汛將官
免調各總哨兵船聽總鎮酌派四區協防又奉
本都院案驗欵開壹兵稱有制全在紀律嚴明體統整肅主
將無掣肘之患部曲有死長之心然後責之衝鋒冒險無攻
不克本院擇委遊兵將官貳員雖係暫設其上下名分自難
假借倘總哨各官及捕舵兵薪等役視為客官不遵號令約
束敢于抗違何以責之臨敵用命冀收全功本院特頒
令旗牌壹面副許各官悉照法令處治汛畢仍將所部官兵勇怯勤惰
等項揭報以憑施行至於各區參總其往來文移禮體自有



一定規則除參將原與平等不必再議自備倭把總而下悉
照兩遊擊出汛事規施行彼此不得驕抗如有以小節相競
懷私悞事者許各兵道確訪據實揭報以憑分別議處○一
兵以遊名謂非膠于壹處卒遇有警無論兩區自當相顧即
兩枝亦難截然至于額守船兵原有汛地專責吏難推諉必
須遊兵遇警將官得以掣取附近額兵應援額兵遇警參總
得以調遣巡到遊兵協勦如此方為首尾相應同心共濟倘
各總哨捕兵有抗令遷延觀望畏縮致悞事機者彼此得以
互相究詰但不許挾私懷忌借辭生釁有一於此地方官公
論昭然本院體訪得實即有功必不掩罪也慎之慎之○一

遊兵大小將領維本院擇委於海洋遼濶耳目難周毋遇
汛期所在兵道官務要時加督察密切體訪如有膽怯拔踈
偷安畏縮者酒剋兵及嫉忌害衆志行卑鄙者俱於汛畢同
該區總哨賢否一體據實揭報以憑覆覈叅處
本哨統領將官貳員毋員書記壹名家丁捌名名色把總肆員
毋員書記徒步家丁各壹名哨官捌員各家丁壹名旗手壹
拾陸名號手壹拾陸名共捌拾肆員名捕舵兵新共貳千玖
百叁拾陸名鳥船壹拾貳隻鐵頭漁船貳拾柒隻沙船壹拾
陸隻民唬船陸拾貳隻划網船壹拾陸隻俱自萬曆三十年
春汛為始見在遵行內單退捕盗童文榮鐵船壹隻當年詳



名改募唬船貳隻
叅將標下水兵中軍兼正兵哨并正遊左右貳哨官兵戰馬軍
役雜流共計壹千陸百壹拾貳員名匹戰船捌拾肆隻內〇
本叅標下旗牌督陣官叁員聽用官貳員名色把總叁員哨
官貳員書記貳名醫生壹名徒步拾名火藥匠鐵匠各壹名
馬丁貳名戰馬貳匹通事壹名隨征軍吹鼓手拾貳名軍旗
手貳拾叁名本叅下家丁貳拾陸名督陣官下各家丁壹名
把總下各書記壹名徒步壹名家丁壹名哨官下各家丁壹
名共壹百伍員名匹軍民捕舵兵共壹千肆百玖名貼駕
軍兵共玖拾捌名福船叁隻艚䑰船貳隻沙船壹拾陸隻鐵

頭船壹隻民唬船肆拾隻大網船貳隻小網船捌隻軍唬船
拾貳隻〇中軍兼正兵哨名色把總統領福船叁隻毋隻捕
舵兵新叁拾捌名貼駕軍兵陸名艚䑰船壹隻捕舵兵新叁
拾伍名貼駕軍兵陸名本船係叅將座船比衆高大加兵五名沙船肆隻毋隻
者舵兵新貳拾貳名貼駕軍兵肆名鐵頭船壹隻民捕舵兵
貳拾貳名貼駕軍兵肆名民唬船伍隻毋隻民捕舵兵壹拾
陸名大網船貳隻毋隻民兵肆名小網船肆隻毋隻民兵貳
名軍唬船貳隻毋隻軍捕舵兵壹拾陸名共肆百叁拾壹名
汛期本官率領旗牌官壹員泊守沈家門信地遇警聽本叅
帶隨南北海洋截勦〇正遊左哨名色把總統領哨官壹員



艚䑰船壹隻捕舵兵新叁拾名貼駕軍兵陸名沙船陸隻毋
隻者舵兵新貳拾貳名貼駕軍兵肆名民唬船壹拾柒隻毋
隻民捕舵兵壹拾陸名小網船貳隻毋隻民兵貳名軍唬船
伍隻毋隻軍捕舵兵壹拾陸名共伍百肆拾捌名汛期泊守
普陀信地巡哨五床湖廟子湖青崩東西霍山白沙港烏沙
門石崩一帶海洋與定海中遊等哨兵船會哨〇正遊右哨
名色把總統領哨官壹員沙船陸隻毋隻者舵兵新貳拾貳
名貼駕軍兵肆名民唬船壹拾捌隻毋隻民捕舵兵壹拾陸
名小網船貳隻毋隻民兵貳名軍唬船伍隻毋隻軍捕舵兵
壹拾陸名共伍百貳拾捌名汛期泊守蘭山信地巡哨陳錢

礁下落華花腦等處海洋與中遊定挂等哨兵船會哨〇以
上叁哨兵船仍每年春總鎮明文輪流防守汛畢收泊舟山
關口港次仍照舊規每哨派撥唬船在於前項原派信地往
來哨邏

備錄 查得海防類考原開中軍領正兵遊哨添設協總官壹員家
丁壹名軍吹鼓手肆名其鼓手先年原係軍餘不諳應用續
奉文裁減訖萬曆肆年奉
督撫軍門謝　議添正遊右哨沙船拾隻民唬船貳拾隻軍
捌槳船拾隻設立名色把總壹員書記家丁各壹名以正遊
哨立為正遊左哨萬曆陸年奉文裁革本哨協總官即以中
軍官兼領左哨汛期行委旗牌官壹員督率出洋防守萬曆
拾叁年奉
督撫部院溫　議設左哨另立名色把總壹員書記家丁健
步各壹名與右哨一體行事故將中軍止兼正兵壹哨凡遇
汛期仍以旗牌官督領防守萬曆拾肆年又奉
本部院明文議將正遊左右貳哨兵船比照總鎮標下中遊



哨事例均撥將左哨蒼船壹隻漁船貳隻網船貳隻調發右
哨以右哨沙船伍隻民唬船陸隻軍捌槳船伍隻及哨官壹
員調發左哨管領哨務信地海洋壹年壹更隨於拾陸年為
改造戰艦以便追勦事奉
督撫軍門滕　明文查將正兵哨拆造福船貳隻改造沙船
肆隻蒼船壹隻改造艙艚船壹隻漁船壹隻改造挑艚船壹
隻小哨船壹隻改造殼艚船壹隻正遊左哨蒼船壹隻改造
艙艚船壹隻漁船叁隻改造挑艚船叁隻正遊右哨蒼船壹
隻改造艙艚船壹隻漁船貳隻改造挑艚船貳隻於拾柒年
陸月內為照例改造戰艦追勦事奉
督撫軍門傅　明文將正遊左哨風壞挑艚船壹隻改造沙
船壹隻內多兵陸名添造大網船壹隻增入正兵哨至拾玖
年關酋警報奉
督撫軍門常　議增福沙飛海唬船調取征東嗣後東事稍
寧陸續停補至貳拾肆年奉文減復舊額後將正兵哨拆造
挑艚船壹隻殼艚船壹隻停革以台州調到鐵頭船壹隻及
改造民唬船貳隻補領正遊左哨停革拆造挑艚船貳隻補
造民唬船肆隻正遊右哨停革拆造艙艚船壹隻挑艚船貳
隻頂補沙船壹隻造補民唬船肆隻今足前項船數〇叅將
下原無聽用官貳員遇事壹名萬曆拾伍年奉文添設〇又

查叁哨貼駕軍兵原額壹百柒名於萬曆貳拾柒年肆月內奉
督撫軍門劉　明文議減叁拾名止存柒拾柒名

定海備倭把總水哨官捕耆舵兵軍雜役共計貳千陸百叁拾
叁員名戰船共壹百肆拾壹隻內〇本總把總壹員總哨官
貳員領哨官捌員書記貳名家丁貳名健步貳名總哨官下
各書記壹名家丁貳名哨官下各家丁壹名共叁拾壹員名
軍民捕耆舵兵共貳千叁百陸拾貳名貼駕軍兵貳百肆拾
名壹號福船壹隻貳號福船壹拾壹隻草撇船叁隻蒼船壹
隻鳥船肆隻漁挑船肆隻鐵頭船貳隻沙船貳拾叁隻巡哨
船貳隻民唬船叁拾柒隻軍唬船貳拾隻民網船貳拾隻軍
網船伍隻本道聽差網船捌隻係划兵壹拾捌名　定海總捕造增〇備倭把總



壹員統領定遊哨沙船陸隻每隻耆舵兵薪貳拾貳名貼駕
軍兵肆名鐵頭船壹隻捕舵兵薪貳拾肆名貼駕軍兵肆名
民唬船捌隻每隻民捕舵兵壹拾陸名小網船伍隻每隻兵
貳名共叁百貳拾貳名汛期泊守一伯牛港專遊哨烏沙門極
衝海洋與定海南北貳哨兵船會哨〇青龍左哨總哨官壹
員部領貳號福船壹隻捕舵兵薪叁拾捌名貼駕軍兵陸名
蒼船壹隻鳥船壹隻每隻捕舵兵薪叁拾名貼駕軍兵陸名
沙船叁隻每隻耆舵兵薪貳拾貳名貼駕軍兵肆名民唬船
伍隻每隻民捕舵兵壹拾陸名網船貳隻每隻兵貳名軍唬
船貳隻每隻軍捕舵兵壹拾陸名共叁百壹拾名汛期原泊

守璸嶴今改大麥坑專巡哨白馬礁海洋與屬哨兵船會哨
○青龍右哨哨官壹員分領草撇船壹隻捕舵兵新叁拾名
貼駕軍兵伍名漁挑船叁隻每隻捕舵兵新貳拾捌名貼駕
軍兵肆名沙船壹隻耆舵兵新貳拾貳名貼駕軍兵肆名民
虎船肆隻每隻民捕舵兵壹拾陸名網船貳隻每隻兵貳名
軍唬船貳隻每隻軍捕舵兵壹拾陸名共貳百伍拾柒名汛
期原泊温州嶼今併泊大麥坑專巡哨孝順等洋與昌國北
哨兵船會哨○南左哨哨官壹員分領壹號福船壹隻捕舵
兵新肆拾名貼駕軍兵柒名草撇船壹隻捕舵兵新叁拾名
貼駕軍兵伍名漁船壹隻捕舵兵新貳拾肆名貼駕軍兵肆



名沙船貳隻每隻耆舵兵新貳拾貳名貼駕軍兵肆名民唬
船叁隻每隻民捕舵兵壹拾陸名網船貳隻每隻兵貳名軍
唬船貳隻每隻軍捕舵兵壹拾陸名共貳百肆拾陸名汛期
泊守釣魚礁專巡哨朱家尖烏沙馬順門海洋與本總各哨
兵船會哨○南右哨哨官壹員分領貳號福船貳隻每隻捕
舵兵新叁拾捌名貼駕軍兵陸名沙船壹隻耆舵兵新貳拾
貳名貼駕軍兵肆名民虎船叁隻每隻民捕舵兵壹拾陸名
網船貳隻每隻兵貳名軍唬船貳隻每隻軍捕舵兵壹拾陸
名共壹百玖拾捌名汛期泊守洒泥港專巡哨石瑚蝦崎海
閘門嶴頭海洋與本總各哨兵船會哨○南中哨哨官壹

分領貳號福船貳隻每隻捕舵兵新叁拾捌名貼駕軍兵陸
名沙船貳隻每隻耆舵兵新貳拾貳名貼駕軍兵肆名民虎
船貳隻每隻民捕舵兵壹拾陸名網船貳隻每隻兵貳名軍
唬船貳隻每隻軍捕舵兵壹拾陸名共貳百捌名汛期泊守
普陀洋專巡哨白沙港蓮花洋與正遊哨兵船協守及與定
北兵船會哨○北右哨總哨官壹員部領貳號福船叁隻每
隻捕舵兵新叁拾捌名貼駕軍兵陸名烏船壹隻捕舵兵新
叁拾名貼駕軍兵陸名沙船壹隻耆舵兵新貳拾貳名貼駕
軍兵肆名鐵頭船壹隻捕舵兵新貳拾肆名貼駕軍兵肆名
民唬船叁隻每隻民捕舵兵壹拾陸名網船貳隻每隻兵貳



名軍唬船貳隻每隻軍捕舵兵壹拾陸名共叁百陸名汛期
原泊蒲門後改泊長塗南庄門今仍泊蒲門哨劍山木洋頭五爪湖海洋與
屬哨及正遊哨兵船會哨○北左哨哨官壹員分領烏船壹
隻捕舵兵新叁拾名貼駕軍兵陸名沙船叁隻每隻耆舵兵
新貳拾貳名貼駕軍兵肆名民唬船貳隻每隻民捕舵兵壹
拾陸名網船貳隻每隻兵貳名軍唬船貳隻每隻軍捕舵兵
壹拾陸名共壹百捌拾貳名汛期原泊長白港今改泊南庄
門巡哨梁橫竹峙海洋與本區及臨觀哨兵船會哨○馬墓
左哨哨官壹員分領貳號福船壹隻捕舵兵新叁拾捌名貼
駕軍兵陸名草撇船壹隻捕舵兵新叁拾名貼駕軍兵伍名

沙船貳隻每隻耆舵兵新貳拾貳名貼駕軍兵肆名民唬船
貳隻每隻民捕舵兵壹拾陸名網船貳隻每隻兵貳名軍唬
船貳隻每隻軍捕舵兵壹拾陸名共壹百玖拾玖名汛期泊
守馬墓港專巡哨五虎礁上落河頭海洋與本區及臨觀總
兵船會哨○馬墓右哨哨官壹員分領貳號福船貳隻每隻
捕舵兵新叁拾捌名貼駕軍兵陸名敳哨船壹隻每隻民捕
舵兵貳拾名貼駕軍兵叁名民唬船叁隻每隻民捕舵兵壹
拾陸名網船貳隻每隻兵貳名軍唬船貳隻每隻軍捕舵兵
壹拾陸名共壹百玖拾伍名汛期原泊馬墓今改泊長白港
專巡哨兩頭洞鶴門○梁橫哨哨官壹員分領鳥船壹隻捕



舵兵新叁拾名貼駕軍兵陸名沙船貳隻每隻耆舵兵新貳
拾貳名貼駕軍兵肆名敳哨船壹隻民捕舵兵貳拾名貼駕
軍兵叁名民唬船貳隻每隻民捕舵兵壹拾陸名網船貳隻
每隻兵貳名軍唬船貳隻每隻軍捕舵兵壹拾陸名共壹百
柒拾玖名汛期泊守梁橫哨橫大洋一帶與定南哨及普陀
正遊哨兵船會哨○以上各哨汛畢掣回泊定海關輪撥沙
唬船隻出洋哨邏

備錄　查得水哨官兵海防類考原載南左右中青龍左右北左右
馬墓左右梁橫拾哨拾捌年柒月內為倭謀叵測海防宜周
等事抽撥本總沙船陸隻唬船捌隻防守天津旋即奉文募
造補哨至萬曆拾玖年奉文加增福船肆隻又各捕舵兵柒
拾名沙船叁隻又各耆舵兵貳拾陸名唬船貳隻又各捕舵
兵壹拾捌名原額壹號福船加兵叁拾名貳號福船加兵貳

拾名草撇蒼船各加兵捌名漁沙挑艚船各加兵肆名唬
船各加兵貳名軍唬船各加軍兵貳名○又海防類考原載
福船共貳拾柒隻草撇船壹隻蒼船壹拾隻漁船柒隻小哨
船柒隻民唬船貳拾伍隻於萬曆拾伍年柒月內為改造戰
艦以便追勦事該總鎮侯　請會將各船届年限滿應該拆
造及遭風打壞船隻通議改造內福船除改造沙船外今上
壹拾貳隻草撇船將別船拆造改添貳隻今共叁隻蒼船除
改造別船今止伍隻漁挑船原係漁船除改造別船今止伍
隻○內壹隻係沙船改造○鐵頭船貳隻類考內原無此船
萬曆貳拾伍年間奉文調船防守甌東溫區缺少沙船將該
區鐵頭船充抵見存沙船貳拾貳隻亦原考無載萬曆拾伍
年間該前鎮併議將打壞及該拆福蒼等船改造敳哨船叁
隻又原考載小哨船柒隻今議改造敳哨船叁隻其各船貼
駕軍兵原考開叁百叁名於萬曆貳拾玖年奉文議減玖拾
壹名今見存貳百壹拾貳名民唬船原考載貳拾伍隻今議
將前項福蒼等船拆改捌隻見共叁拾叁隻○萬曆叁拾年
伍月內准海兵道冊開本總南哨下風壞福船壹隻議改沙
唬船各壹隻又本哨蒼船壹隻與北哨下蒼船貳隻俱限滿
例應拆造議改鳥船各壹隻又三十年分限滿應拆造青龍
右哨漁船壹隻馬墓右哨小哨船壹隻議改唬船叁隻俱呈



奉
督撫軍門劉　詳允改造內減貼駕軍柒名在卷

附議　據府冊開海防類考原開備倭把總及總哨官下各有軍吹
鼓手肆名續因衛所缺人以老疾充數不堪出海萬曆拾年
間奉文議革就於船兵內查選諳曉者不妨駕哨曆直今應
請照陸兵事例另設吹鼓手防汛掌號庶有專責

昌國備倭把總水哨官捕耆舵兵軍雜役共計貳千捌百伍拾
肆員名戰船壹百肆拾捌隻內○本總把總壹員哨總貳員
哨官柒員遊哨總壹員書記貳名家丁貳名健步貳名總哨
下各書記壹名家丁貳名哨官并遊哨總下各家丁壹名共
叁拾壹員名軍民捕耆舵兵共貳千伍百陸拾肆名貼駕軍
兵貳百伍拾玖名貳號福船玖隻草撇船壹隻艚船叁隻
鳥船壹拾壹隻漁船肆隻沙船壹拾伍隻敳艚船肆隻民唬

船叁拾貳隻大綱船貳隻小綱船貳拾壹隻軍唬船肆拾陸隻○備倭把總壹員督同昌遊哨哨總壹員統領草撇船壹隻民捕舵兵叁拾名貼駕軍兵陸名漁船肆隻每隻民捕舵兵貳拾捌名貼駕軍兵肆名沙船肆隻每隻耆捕舵兵貳拾貳名貼駕軍兵肆名民唬船拾貳隻每隻民捕舵兵壹拾陸名軍唬船壹拾捌隻每隻軍捕舵兵壹拾陸名大綱船壹隻兵肆名小綱船叁隻每隻兵貳名共柒百伍拾捌名汛期泊守韭山海洋遇警往來南北應援追勦無事東遊錢倉爵谿西遊昌國石浦各海洋哨邏○昌南哨哨總壹員統領福船壹隻民捕舵兵叁拾捌名貼駕軍兵玖名鳥船貳隻每隻民



捕舵兵叁拾名貼駕軍兵陸名沙船貳隻每隻耆舵民兵貳拾貳名貼駕軍兵肆名民唬船貳隻每隻民捕舵兵壹拾陸名軍唬船肆隻每隻軍捕舵兵壹拾陸名小綱船貳隻每隻兵貳名共貳百柒拾壹名汛期泊守林門外哨金齒八排等洋內防南向井水冷灣等處鄉村南與三門北與下灣門各兵船會哨○三門哨哨官壹員分領福船壹隻民捕舵兵叁拾捌名貼駕軍兵玖名䑴艚船壹隻鳥船壹隻每隻民捕舵兵叁拾名貼駕軍兵陸名民唬船叁隻每隻民捕舵兵壹拾陸名軍唬船叁隻每隻軍捕舵兵壹拾陸名大綱船壹隻兵肆名小綱船貳隻每隻兵貳名共貳百貳拾叁名汛期泊守

三門外哨空白洋白礁茅頭大佛頭等海洋內防青山胡家嶼厲家坪掘頭嶴等鄉村南與台州松海總大佛頭北與林門哨總兵船各會哨○下灣門哨官壹員分領福船壹隻民捕舵兵叁拾捌名貼駕軍兵玖名䑴艚船壹隻民捕舵兵叁拾名貼駕軍兵陸名沙船壹隻耆舵民兵貳拾貳名貼駕軍兵肆名民唬船壹隻民捕舵兵壹拾陸名軍唬船貳隻每隻軍捕舵兵壹拾陸名小綱船貳隻每隻兵貳名共壹百陸拾壹名汛期泊守下灣門外哨三坑南覽大沙灣等海洋內防石浦前後二所幷番頭汝溪鹽倉等鄉村南與林門北與牛欄基各兵船會哨○牛欄基哨官壹員分領福船壹隻民捕



舵兵叁拾捌名貼駕軍兵玖名鳥船貳隻每隻民捕舵兵叁拾名貼駕軍兵陸名䑴艚船壹隻民捕舵兵貳拾名貼駕軍兵叁名沙船叁隻每隻耆舵民兵貳拾貳名貼駕軍兵肆名民唬船壹隻民捕舵兵壹拾陸名軍唬船肆隻每隻軍捕舵兵壹拾陸名小綱船貳隻每隻兵貳名共叁百肆名汛期泊守牛欄基外哨壇頭北覽三岳半邊山鎖門後沙等洋內防昌國衛幷下嶴岳頭雞鳴等鄉村南與下灣門北與旦門各兵船會哨○旦門哨哨官壹員分領福船壹隻民捕舵兵叁拾捌名貼駕軍兵玖名鳥船壹隻民捕舵兵叁拾名貼駕軍兵陸名沙船叁隻每隻耆舵民兵貳拾貳名貼駕軍兵肆名

㲉艚船壹隻民捕舵兵貳拾名貼駕軍兵叁名民唬船壹隻
民捕舵兵壹拾陸名軍唬船肆隻每隻軍捕舵兵壹拾陸名
小網船貳隻每隻兵貳名共貳百陸拾捌名汛期泊守旦門
外哨東南旦門龍洞口大小目海洋內防何家礦仁義松嶴
金井頭洛頭等鄉村南與牛欄基北與青門各兵船會哨○
昌北哨哨總壹員統領福船壹隻民捕舵兵叁拾捌名貼駕
軍兵玖名鳥船壹隻艚艚船壹隻每隻民捕舵兵叁拾名貼
駕軍兵陸名㲉艚船壹隻民捕舵兵貳拾名貼駕軍兵叁名
沙船貳隻每隻耆舵民兵貳拾貳名貼駕軍兵肆名民唬船
肆隻每隻民捕舵兵壹拾陸名軍唬船貳隻每隻軍捕舵兵



壹拾陸名小網船貳隻每隻兵貳名共貳百玖拾肆名汛期
泊守竿門外哨孝順洋東西廚亂礁等洋內防錢倉所并黃
沙湯嶴蒲門下庄朱溪等鄉村北與定南哨及本區湖頭渡
南與百畝田各兵船會哨○青門哨哨官壹員分領福船貳
隻每隻民捕舵兵叁拾捌名貼駕軍兵玖名鳥船貳隻每隻
民捕舵兵叁拾名貼駕軍兵陸名民唬船叁隻每隻民捕舵
兵壹拾陸名軍唬船貳隻每隻軍捕舵兵壹拾陸名小網船
貳隻每隻兵貳名共貳百伍拾名汛期泊守青門外哨牛門
鞍子頭白岩洋等海洋內防爵谿所并象山縣公嶼等鄉村
北與百畝田南與旦門哨各兵船會哨○百畝田哨哨官壹

員分領福船壹隻民捕舵兵叁拾捌名貼駕軍兵玖名鳥船
壹隻民捕舵兵叁拾名貼駕軍兵陸名民唬船肆隻每隻民
捕舵兵壹拾陸名軍唬船貳隻每隻軍捕舵兵壹拾陸名小
網船貳隻每隻兵貳名共壹百捌拾叁名汛期泊守百畝田
外哨道人山四礁亂礁洋等海洋內防錢倉所并杉木樣塗
次新婦嶴前山等鄉村北與竿門哨南與青門哨各兵船會
哨○湖頭渡哨官壹員分領鳥船壹隻民捕舵兵叁拾名貼
駕軍兵陸名㲉艚船壹隻民捕舵兵貳拾名貼駕軍兵叁名
民唬船壹隻民捕舵兵壹拾陸名軍唬船貳隻每隻軍捕舵
兵壹拾陸名小網船貳隻每隻兵貳名共壹百壹拾壹名汛



期泊守湖頭渡外哨渡頭南隅海洋內防象山縣并陳跳西
澤龍嶼等鄉村及蚤頭門北與定海南哨南與本區竿門哨
各兵船會哨○以上本關大小戰船悉照近議均搭分為左
右二綜每年春秋二汛畢日次序更番繫泊石浦塘頭地方
仍撥唬船於原派信地哨探警息又守蚤頭門軍唬船壹隻
前後貳所守港傳籌軍唬船壹隻錢倉所守港傳籌軍唬船
壹隻俱時常在所守港傳籌之用
萬曆叁拾年伍月內為軍務事准海兵道右參議王　洛奉
督撫軍門劉　批本道呈查議得南漁山哨道汛期在昌國
則率韭山金齒門在海門則率主山東西磯各附近官兵船

隻前往哨勦月終將差過官兵船隻有無警息緣由具報各
兵道并總鎮查考總鎮衙門仍輪差遊兵到彼會哨毋容推
諉永為定規

備錄　查得水哨官兵海防類考原載二門下灣門牛欄基旦門青門百畝田湖頭渡柒哨分年汛期備倭把總督同總哨官統領遊哨近議增昌南昌北貳哨共玖哨各照前派信地哨守○又海防類考原開添委協總官壹員哨官壹員各家丁壹名萬曆伍年間為因冗員奉文議革止留哨官壹員家丁壹名立為遊哨萬曆拾貳年間據哨官宋大忠呈稱韭山極險窮洋事干重大詳允加以哨總名色統領兵船仍食哨官廩糧○又軍吹鼓手原考開有肆名萬曆貳拾壹年間因不堪應用該總呈革○又查前項兵船海防類考原載福船壹拾肆隻蒼船壹拾捌隻漁船壹拾隻小哨船陸隻民唬船貳拾貳隻網船貳拾隻軍唬船壹拾貳隻萬曆拾陸年間為改造戰艦以便追勦事該總鎮侯　會議內福船將遇年限滿者肆隻改造沙船捌隻大網船壹隻萬曆拾玖年間又將遭風打壞壹隻改造唬船貳隻今止共存玖隻蒼船將限滿者壹



拾叄隻改造艙艚船壹拾叄隻拾捌年間又將遭風打壞壹隻改造唬船貳隻貳拾肆年開停革叄隻奉文募補沙船叄隻唬船貳隻今止留壹隻漁船萬曆叄年間將應拆造壹隻改造草撇船壹隻拾陸年間又將應拆造叄隻改造沙船叄隻貳拾年間又將應拆造壹隻奉改沙船壹隻并大小網船各壹隻共止存伍隻小哨船萬曆拾陸年間將應拆造肆隻改造殼艚船肆隻貳拾貳年間奉文停革貳隻發補唬船貳隻民唬船萬曆拾陸等年間陸續改造及發補共捌隻今共叄拾隻大小網船陸續奉文添造今共貳拾叄隻軍唬船萬曆捌玖年間議將衞所增造唬船叄拾肆隻併今共肆拾陸隻其草撇艙艚殼沙等船俱係陸續奉文將限滿拆造并遭風打壞福蒼等船改造者原考無載○萬曆叄拾年伍月內准海兵道冊開本總遊哨下漁船壹隻改造唬船貳隻南哨下艙艚船陸隻又北哨下蒼船壹隻艙艚船肆隻共拾壹隻續議改為鳥船呈奉
督撫軍門劉　詳允遵行在卷○又查寧紹臨昌額設大小戰船除存萬曆叄年內有敗檢損益大約與原數相當者不開外追至拾伍年末月內為改造戰艦以便追勦事該總鎮侯　條議通行移文請將各總限滿應該拆造船隻內酌量將福船改造沙船并蒼船改造艙艚船漁船改造

挑艚船小哨船改造殼艚船防哨萬曆拾玖年捌月內又奉夷情有據備禦宜周敬陳海防切要事宜以安重地事奉
督撫軍門常　題
請加增各總哨戰船內中軍并左右遊哨福船伍隻沙船肆隻唬船伍隻正兵并左右遊哨福船肆隻沙船叄隻唬船肆隻定海總福船肆隻沙船叄隻唬船貳隻臨觀總福船叄隻沙船貳隻唬船貳隻昌國總福船肆隻沙船叄隻唬船貳隻至貳拾年末月內為倭情叵測海防宜周再乞
聖明專設文武將吏增除器械以安京鎮事該奉
部文抽調伍總沙船壹拾玖隻唬船叄拾伍隻防禦天津旋即奉文補額其沙船聽寧波府海防官封繫商船充數唬船該總募補造補貳拾壹年拾月內又為軍務事奉
督撫軍門王　憲牌照得天津調出沙唬船今該掣回浙省但查該區船兵已經補足前船實係多餘合行查處議將船隻分發各總以加增之兵通融抽撥駕哨貳拾貳年該寧紹梁參將詳議將各總停造船額改造飛海船貳拾隻內發標下正兵哨壹拾叄隻陸續分發中定昌叄總共柒隻隨䑸哨勦嗣後稟事稍寧情議節省貳拾肆年閏捌月內該寧紹董參將查得台紹等件新增中正定臨昌兵士除節年選汰并撥補水陸額缺尚餘陸百肆拾伍名俱於新增船汰革其溢



額戰船將見年拆造艚撚殼等船照依三丈停造伍拾隻抵補內查中軍哨福船係總鎮座船正兵哨艙艚船係本參座船相應照舊造補餘船肆拾捌隻[illegible]行裁革其無抵溢船貳拾叄隻今查停造福艚舊船船大而裝兵數多議抵沙唬新船船小而裝兵數少應將抵溢叄拾叄隻之內加撥捌隻以奏裝載外所有存餘無抵空船壹拾伍隻[illegible]南叄年革為可惜相應派分伍總將已分額內之兵匀駕兵無外增糧在額內議將溢額船兵照數匀減訖貳拾伍年肆月內為緊急倭情事抽撥伍總沙唬飛海等船共捌拾伍隻調發東征原額募補造補獨正兵哨飛海船缺并改唬船充數第查各總見在船隻歷年間有衰多益寡以大易小微調遷就等項名數雖與成書稍殊總之糧餉不踰原額○又查昌國衞洋下港一帶地方舊名南水關東距本衞城叄里許西距石浦所城貳里許南面切對韭山大洋北距象山縣陸路玖拾里最為衝要自洪武年間以迄嘉靖貳拾壹年設有叄百料等大船停泊此處汛期分哨韭山金齒等處內則保護縣城外則與沿海各所互為聲援防守無虞後至貳拾貳年間指揮吳璋考選石浦所守禦將一應戰船帶赴本所城外停泊萬曆貳拾捌年本衞耆捕王瑞捕盜鍾奇鸞等因泊石浦港石鷂水濁生蚵船多傷損具呈遵制歸復塘頭洋下港舊塢泊船又

據象山縣居民黄坤等呈爭仍復石浦蒙兵巡海道按察使
范　批行把總周于德許好學指揮千百户及哨總等官楊
紹恩趙汝誥張科委官巡檢張文順等各勘議隨該寧波府
覆議得各兵勞苦所當憫念地方利害亦當計畫若將本關
收汛各戰船盡移於塘頭港則前後貳所有孤立之憂若盡
復於石浦則各船兵士有愁苦之嘆若斟酌港道區別大小
彼此分泊則泊於塘頭者固得以息肩而泊於石浦者必以
為獨勞查將本關大小戰船共柒拾捌隻合無大小均搭分
為左右貳䑸輪流更泊如今年春汛畢日左䑸泊於石浦右
䑸泊於塘頭秋汛畢日右䑸泊於石浦左䑸泊於塘頭及至
明年春汛畢日右䑸泊於石浦左䑸泊於塘頭及秋汛畢日
左䑸泊於石浦右䑸泊於塘頭以後年分仍前更番繫泊然
後地方各有所恃也及查把總公署原設於石浦城内應合
照舊仍諭令督率總哨官時常點閘不得縱容各兵入城遊
蕩撒潑擾害軍民庶兵心知警而法行可久等緣由呈蒙本
道詳批汛畢更番分泊誠地方軍民兩利之策也如議即行
遵照公署及東兵二項併行各總知會繳備行署事把總許
好學遵將大小戰船分為貳䑸每年次序更番繫泊至今做
行　萬曆貳拾捌年間為軍務事該海兵道按察使范　照
得各關兵船貼駕軍兵多有虛名冒餉情弊除昌國總上年



奉文汰革外今本道念及軍糧缺乏復行總兵李　參將陳
九思把總詹斌王萬年張鯤陽等悉心酌議各關兵船應減
名數到道覆看貼駕軍兵虛冒之弊其來久矣惟昌國關皆
爲豪右佔役全無實用上年已經請詳裁革但各總事體雖
殊駕哨用人相等錮弊沿襲寧獨全無若使有名無實虛費
官糧殊失先年創撥之深意且目今錢糧不敷衛所各軍缺
食省一分可濟一分之用據各從長酌議應存應減委果適
宜今查定海總并中軍中遊哨共減壹百叁拾捌名臨觀總
減叁拾貳名正兵哨減叁拾壹名通共減去貳百壹名歲約
省米壹千伍百陸拾餘石況衛所軍糧萬分缺給即以此節
省之糧撥補終年待哺之衆一舉而弊革利興似亦佐時之
策所不容已者候詳允示通行各總自貳拾玖年起俱照裁
減名數行令該衛所將精壯慣識海務軍人選充貼駕不得
再容囑託掛名冒餉則兵獲實用糧無虛糜等緣由呈奉
督撫軍門劉　奉批貼駕軍虛冒汛糧此宿弊也據詳查酌
裁減深得節餉佐時至計如議通行各總自貳拾玖年為始
俱照存減名數行令各衛所點選慣海精壯軍人充役如有
仍前掛名冒餉者訪實併該管官從重參處繳續為倭夷情
形已著等事准布按二司各照會關文奉
本部院憲牌行司會議各區改船增兵共壹千貳百捌拾伍

名内將原議貼駕軍兵伍百捌拾叁名照舊撥發各船抵奐
捨駕等因通行總參衙門取復在卷又查各總福草大船貼
駕軍原不議復行據坐營總止有福船伍隻每隻原額貼駕
軍拾名今減叁名共減壹拾伍名歲省糧壹百叁拾石伍斗
正兵左右叁哨止有福船叁隻每隻減去貼駕軍兵叁名共
玖名每名歲省米捌石柒斗定海總福船拾貳隻每隻舊議
各減貼駕軍叁名草撇船叁隻各減貳名共減肆拾貳名歲
約省米叁百陸拾叁石伍斗有奇臨觀總福船肆隻每隻照
舊議減貼駕軍叁名草撇船叁隻各減貳名共減軍壹拾捌
名歲省米壹百伍拾陸石陸斗昌國總福船玖隻每隻原額
貼駕軍玖名草撇船壹隻原額貼駕軍陸名通共捌拾柒名
每年止加支大小貳汛糧陸箇月每月每名除應支本糧外
每名加米捌斗伍升共柒拾叁石如減數亦相同餘外月分
軍發操備當差俱食本糧原無終歲之加亦無終歲之減等
緣由前項貼駕軍貳拾捌年盡行裁革嗣緣上年有警續奉
憲檄酌議加兵取復原設貼駕軍兵抵充增兵之數於昌國
前後錢爵捌所團操旗軍内照數點足原額共貳百伍拾玖
名撥發各船駕哨俱係革復事規應錄備考
萬曆叁拾年拾貳月内該布政司清軍道右布政使范　奉
督撫軍門劉　票開增募加兵前鎮建議未據改造試驗恐
非長策今歲短募增兵止照先年加增水兵之意但嘉區不
然而寧台温叁區之中又有不同之意須會總鎮定為畫一
或仍貳拾陸年事例有警照增無事照減庶可永行等因依
奉催准總鎮李　手本開稱通行寧紹温台杭嘉湖肆區參
將查報去後催據杭嘉湖參將馬如錦呈稱該區止奉添設
唬船陸隻其增兵原無議增又據温處參將萬邦孚呈稱温
區增募增兵一節已該帶管温處兵巡道副使康　查議徑
覆布政司清軍道外其台寧貳區未據回報節准行催似難
再稽本鎮查得行卷一宗為倭夷情形已著乞賜增備以固

海防事宜前鎮於上年春汛看得寧紹地方與日本對峙爲
全浙首衝倭賊窺犯海外兵船人力单寡追擊不前致賊迯
遁行會
督撫軍門劉　允將中正定臨昌額設戰船除福船草撇外
其蒼艚漁挑沙哨鼓唬比照先年閩警事例通共加增櫓兵
壹千貳百捌拾柒名就以該船原設貼駕軍人伍百捌拾肆
名抵充外實計增兵柒百叁名又續增寧紹參將標下正兵
哨新造福船壹隻兵貳拾名本鎮中軍哨輪船壹隻兵貳名
繼該本鎮㧞任議照前項櫓兵春汛自貳月起至伍月終止
在船哨禦准給汛糧肆箇月其汛畢陸月製回內地合照吳



淞短兵事例汰革歸農庶幾少寓節省但名短兵計時不久
不惟人無固志而官捕約束爲難合候春汛之時無分長短
一體召募齊足發船着役防汛畢日通行挑選汰其病弱大
部務去短兵之數則錢糧不致於濫額而人力得以實用案
咨會
允行在卷今准會查寧台温增募之有不同或係意見
彼此各異故未有畫一之規此在貴道再加詳酌以便各區
一體遵守及照兩浙沿海延袤貳千餘里設兵防倭每苦分
布不敷無以決勝非策也若無事而徒擁多兵重爲民困亦
非策也爲今之計其惟有警照增無事照減此誠不易之良

法乎即今閩寇方興狡倭窺伺正海防有事之秋節省之説
未敢輕議合將前項櫓兵今春汛期照舊募用汛畢仍如本
鎮原議選汰姑俟海警漸寧然後議裁斯得有備無患因時
制宜之長策矣又准温處兵巡道手本開稱本區原奉
軍門憲牌除福草船身大兵多唬船身小數足不必加增計
量加民鐵頭丸貳拾壹隻每隻加民兵陸名民漁船貳隻加
民兵肆名捌槳船壹隻加民兵貳名共加民櫓兵壹百叁拾
貳名軍漁船陸拾柒隻每隻加軍兵貳名民河田船壹隻加
軍兵肆名共加軍櫓兵壹百叁拾捌名詳允在卷續奉
本都院明文加增櫓兵止許短募汛畢散遣遵於本年陸月



初拾製汛之日照數散遣停糧造冊呈覆訖今准前因爲查
本區鐵漁等船議加櫓兵盖爲遇警可兼犁追用之爲便但
通年以来海防多事帑藏匱乏致歷
本都院軫念時艱曲爲撙節行令短募大約以發春汛日起
製汛日止計肆箇月民兵壹百叁拾貳名該餉銀肆百柒拾
伍兩貳錢軍兵壹百叁拾捌名該糧銀肆百兩貳錢似堪著
爲定例如欲照貳拾陸年例有警則增無警則已第恐臨渴
鑿井不無意外之虞等因各前來該本道覆看得各船議加
櫓兵專爲有警便於搖駕兼用追犁近因錢糧匱乏議欲裁
兵無非由爲撙節之意今准該鎮所開仍留[illegible]櫓兵照舊

募用春汛自貳月起至伍月終止在船幇駕哨樂准給汛糧
肆箇月其汛畢陸月掣回内地即照短兵之數選汰姑俟海
警漸寧仍聽海兵道叅酌時勢另詳議裁其温區該道議加
各船軍民兵糧餉著爲定例以省臨時召募各見雖稍異同
不妨隨區爲例均可以安固地方預防禍患也似應准從等
因呈奉
本都院批各項事宜既覆查明妥如議訂入海防續編仍先
通行各區遵照繳奉經通行遵照外隨准海兵道副使王
手本開稱爲查寧紹二區因貳拾玖年海氛告急船兵單弱
致奉



本都院案行除福草船吃水甚深加兵無益免議外其蒼艚
漁挑而下各增槽兵不等共計增短募兵柒百貳拾伍名但
此舉原爲有警而增自去秋至今閩寇出没朝鮮告急是海
波猶然未靖而輒報罷竊恐海上旦暮有事諸將士未免諉
於單弱而臨時議增又緩不濟事合如總鎮所議將該區短
兵今春照舊募用汛畢通融額兵選汰俟來歲海警稍寧徑
行裁減等因准經備照在卷

附議　查得萬曆貳拾柒年間爲申嚴操備以重保障事該本司道
前任海兵道時看得昌國地方坐臨邊海門户皆衛若倭奴
乘風潛來關係不小查訪該衛軍人惟是坐食軍儲並無團
練隨經申明律例開列條款嚴行該衛將操備軍人選伍百
名立法操演做省城教場軍營行事其官舍武生旗軍一併
三六九習射以圖上進效用續據昌國衛管屯團練指揮丁
佐明呈詳選練軍兵伍百名編隊伍選教師排陣勢等項教
師送驗比試俱有頭緒及至次年果有倭船倭將以送回被
擄八民爲名倏忽飄泊昌國而該衛有山仔了舟兵旗幟器
械擺列防守足稱捍衛有人邊城壯色矣使沿海各衛所皆
遵約料理將來何亞於民兵乎惟在當事者實心任事不飾
虚文則軍人無虚冒之糧而疆圉有綢繆之固是亦防禦海
隅喫緊之一道也仍應
通行申飭一體備禦

萬曆叁拾壹年貳月初柒日又准海兵道手本奉
督撫軍門劉　批本道呈詳寧紹貳區上年增添短兵柒百
貳拾伍名今春汛前仍舊募用汛畢通融額兵選汰去其短
募之數俟海警稍寧徑行裁減議覆相同緣由奉批閩中海
寇未靖該區短兵准暫且募用候海警稍寧裁減餘照行繳

原考

台州兵巡道監督

分守台金嚴叅將統領

松海備倭把總壹員

陸兵壹營兵巡道標下中軍督陣官壹員健步雜流貳拾名并軍吹鼓手旗手隨宜取用又中軍督陣官下家丁壹名左右中前肆總內民壯兵壹總募兵貳總軍兵壹總每總名色把總壹員書記壹名醫生壹名健步貳名旗手捌名吹鼓手陸名火藥匠壹名戰馬壹匹哨官伍員每員家丁壹名隊長壹拾伍名什長肆拾伍名兵肆百伍拾名共伍百肆拾壹員名



匹通共官兵雜流戰馬貳千壹百陸拾肆員名匹分捍台州府并松海楚臨衛所汛期調發左總住劄楚門所海堡分哨水桶嶴洋坑等處前總住劄臨頑所分哨後灣蒼山靈門等處中總住劄松門衛分哨甘嶴盤馬等處右總住劄海門衛前所分哨椿頭海門水寨輕盈長浹等處

軍門調發標兵貳總分住桃渚健跳貳所沿海哨禦汛畢各掣回訓練

松海總水兵叅將標下中軍領遊哨名色把總壹員旗牌官叁員書記貳名醫生壹名健步火藥匠鐵匠家丁馬丁戰馬肆拾貳名匹軍吹鼓手壹拾貳名旗手貳拾叁名又中軍官書記壹名健步壹名家丁壹名軍吹鼓手肆名旗牌官各家丁壹名備倭把總下書記貳名健步貳名家丁貳名軍吹鼓手肆名總哨官貳員哨官捌員總哨官各書記壹名家丁貳名軍吹鼓手肆名哨官各家丁壹名捕盜伍拾柒名隊長貳拾名正舵工伍拾柒名副舵工貳拾玖名兵壹千捌百貳拾玖名軍兵壹千陸百陸拾叁名福船壹拾肆隻海滄船壹拾伍隻艟䑻船壹拾叁隻漁船壹拾伍隻叭喇唬船貳拾隻網船貳拾陸隻軍白艕船肆拾壹隻每遇大小貳汛叅將中軍名色把總統領海滄船艟䑻船漁船叭喇唬船白艕船網船共貳拾貳隻泊於靈門南壯海洋遊哨備倭把總統領海滄船



艟䑻船叭喇唬船白艕船網船共貳拾玖隻泊於大陳海洋遊哨哨官壹員統領福船海滄船白艕船網船共捌隻泊於漩門哨官壹員統領福船海滄船艟䑻船白艕船網船共柒隻泊於泒岩總哨官壹員統領福船海滄船艟䑻船白艕船叭喇唬船網船共壹拾伍隻泊於鹿頸海洋哨官壹員統領福船海滄船艟䑻船白艕船叭喇唬船網船共陸隻泊於貓兒頭海洋哨官壹員統領福船海滄船艟䑻船白艕船叭喇唬船網船共柒隻泊於茅門海洋哨官壹員統領福船海滄船白艕船叭喇唬船網船共陸隻泊於海門關總哨官壹員統領福船海滄船艟䑻船白艕船叭喇唬船網船共壹拾伍

隻泊於壬山海洋哨官壹員統領福船海滄船艟䑩船白艕
船網船共陸隻泊於牛頭門海洋哨官壹員統領福船海滄
船艟䑩船白艕船網船共陸隻泊於靖寇門海洋哨官壹員
統領福船海滄船艟䑩船白艕船網船共柒隻泊於大佛頭
海洋各往來交相會哨汛畢收泊松海貳關訓練輪撥小船
外洋哨探

續定

台州兵巡道監督

分守台金嚴參將統領

松海備倭把總壹員



台州陸兵伍營（標下團操營與中營係軍兵左前右參營係民兵）官兵戰馬雜役共計
貳千伍百陸拾貳員名匹調用小網船肆隻○兵巡道標下
中軍把總壹員掌號官壹員健步壹拾肆名旗手壹拾陸名
軍牢捌名吹鼓手捌名大銃手貳名網船兵夫捌名聽用夷
人壹名把總下家丁壹名戰馬壹匹掌號官下家丁壹名共
陸拾貳員名匹○團操營本道中軍把總下哨官伍員各家
丁壹名旗手貳拾陸名吹鼓手捌名大銃手貳名車將旗軍
貳名看演武廳并軍器局軍人各壹名隊長壹拾伍名什長
肆拾陸名（內旗什長壹名）軍兵肆百伍名共伍百壹拾陸員名平時
住劄府城操練防守汛期輪撥哨官壹員隊兵壹百名出防

寧海縣缸窰地方遇警聽本道調度策應○左前右參營民
兵中營軍兵每營把總壹員書記壹名醫生壹名健步貳名
旗手捌名吹鼓手陸名大銃手壹名戰馬壹匹哨官伍員每
員各家丁壹名隊長壹拾伍名什長肆拾伍名兵肆百伍名
共肆百玖拾陸員名匹通共壹千玖百捌拾肆員名匹○左
營把總壹員統領官兵平時住劄監碩所汛期分派壹哨出
守旋門壹哨出守洋岐壹哨出守水桶嶴壹哨出守後灣壹
哨出守長沙仍各分投往來與本總各該信地伍處官兵互
相會哨○前營把總壹員統領官兵平時住劄新河所汛期
分派壹哨出守甘嶴壹哨出守茶山貳哨出守松門寨壹哨



出守盤馬仍各分投往來與本總各該信地肆處官兵互相
會哨○右營把總壹員統領官兵平時住劄海門汛期分派
貳哨出守椿頭參哨以該營把總督同出守海門水寨仍協
同中營官兵防守兼巡哨鐵頭長浦等海口地方與椿頭陳
嶴官兵各會哨○中營把總壹員統領官兵平時住劄海門
汛期分派貳哨協同右營官兵出守海門水寨壹哨以該營
把總督同出守前所城外陳嶴壹哨出守長沙壹哨出守輕
盈仍各分投往來與本總各該信地官兵互相會哨每年仍
聽
軍門調發標兵貳總防守桃渚健跳貳所沿海壹帶地方汛

畢各擊回訓練小哨標兵不發以本區管兵均撥書哨防禦

以上各營把總汛期於本
總各該信地往來調度

松海總水兵參將標下官兵捕舵軍役雜流共計參千捌百玖
拾玖員名又櫓銃民兵并軍兵共匠百捌拾肆名戰船壹百
柒拾肆隻戰馬貳匹()本參將中軍領哨把總壹員旗牌官
參員書記貳名醫生壹名匠火藥匠各壹名健步塘報各拾名
軍牢壹拾捌名軍旗手貳拾參名吹鼓手壹拾貳名家丁貳
拾陸名馬丁貳名戰馬貳匹中軍官下書記健步家丁各壹
名旗牌官下各家丁壹名共壹百壹拾捌員名匹把總
壹員下書記家丁健步各貳名醫生壹名總哨官貳員各書



記壹名家丁貳名哨官壹拾壹員各家丁壹名軍吹鼓手壹
拾貳名共伍拾員名軍民捕隊舵兵共參千名貼駕隊軍柒
百參拾參名汛期短募櫓銃民兵參百貳拾肆名軍兵貳百
陸拾名壹號福船貳隻貳號福船肆隻海滄船拾隻艟䑠船
壹拾貳隻鐵頭船貳拾隻沙船壹隻大樣唬船壹拾壹隻
中樣唬船肆拾肆隻大唬船肆隻小網船壹拾捌隻軍哨船
肆拾陸隻內()松門關以哨官壹員部領海滄船貳隻每隻
民捕舵兵貳拾壹名貼駕軍貳拾參名大唬船壹隻民捕舵
兵壹拾捌名中唬船壹隻民捕舵兵壹拾陸名軍哨船參隻
每隻隊軍貳拾名小網船壹隻兵貳名共壹百捌拾肆名屯

泊漩門東南與金盤黃華關坎門東北與派岑各兵船會哨
又以哨官壹員部領海滄船貳隻每隻民捕舵兵貳拾壹名
貼駕隊軍貳拾參名中唬船壹隻民捕舵兵壹拾陸名哨船
貳隻每隻隊軍貳拾名共壹百肆拾肆名屯泊派岑東南與
漩門東北與靈門各兵船會哨又以哨官壹員部領艟䑠船
貳隻每隻民捕舵兵貳拾壹名貼駕軍兵貳拾名中唬船壹
隻民捕舵兵壹拾陸名軍哨船參隻每隻隊軍貳拾名小網
船壹隻兵貳名共壹百陸拾名屯泊靈門東南與派岑東北
與鹿頭各兵船會哨又以總哨官壹員部領海滄船貳隻每
隻民捕舵兵貳拾壹名貼駕隊軍貳拾參名艟䑠船壹隻民



捕舵兵貳拾壹名貼駕隊軍貳拾名鐵頭船壹隻民捕舵兵
貳拾壹名貼駕軍兵伍名大唬船壹隻民捕舵兵壹拾捌名
中唬船參隻每隻民捕舵兵壹拾陸名軍哨船肆隻每隻隊
軍貳拾名小網船參隻每隻兵貳名共參百柒名屯泊鹿頭
專守調度東南與靈門東北與中軍遊哨并貓頭各兵船會
哨又以百戶壹員部領海滄船壹隻民捕舵兵貳拾壹名貼
駕隊軍貳拾參名鐵頭船壹隻民捕舵兵貳拾壹名貼駕軍
兵伍名中唬船壹隻民捕舵兵壹拾陸名軍哨船貳隻每隻
隊軍貳拾名小網船壹隻兵貳名共壹百貳拾捌名屯泊貓
頭東南與鹿頭東北與海門關深門各兵船會哨又以參將

領哨中軍把總壹員部領壹號福船壹隻民捕舵兵叁拾名
貼駕隊軍貳拾肆名艟艚船壹隻民捕舵兵貳拾壹名貼駕
隊軍貳拾名鐵頭船叁隻內壹隻民捕舵兵貳拾肆名貳隻
每隻貳拾壹名貼駕軍兵每隻各伍名叭喇唬船陸隻內壹隻民
捕舵兵壹拾捌名伍隻每隻民捕舵兵壹拾陸名軍哨船肆
隻每隻隊軍貳拾名小網船貳隻每隻兵貳名共叁百伍拾
捌名屯泊鯉港熏顧龍王堂遊哨南與盤總東北與松海
總各兵船會哨互相聲援○參將專住海門往來稽督各信
官兵以旗牌官壹員部領壹號福船壹隻民捕舵兵叁拾名
貼駕隊軍貳拾肆名鐵頭船貳隻每隻民捕舵兵貳拾肆名



貼駕軍兵伍名唬船陸隻內貳隻每隻民捕舵兵貳拾名壹
隻民捕舵兵壹拾捌名叁隻每隻壹拾陸名軍哨船貳隻每
隻隊軍貳拾名大網船壹隻兵肆名小網船貳隻每隻兵貳
名共貳百陸拾陸名屯泊關口隨機策應調勦○海門關以
哨官壹員部領貳號福船壹隻民捕舵兵并貼駕隊軍各貳
拾伍名海滄船壹隻民捕舵兵貳拾壹名貼駕隊軍貳拾叁
名艟艚船壹隻民捕舵兵貳拾壹名貼駕隊軍貳拾名中唬
船壹隻民捕舵兵壹拾陸名軍哨船叁隻每隻隊軍貳拾名
小網船壹隻兵貳名共貳百壹拾叁名屯泊深門南與松門
關貓頭北與關口東北與主山各兵船會哨又以哨官壹員

部領海滄船壹隻民捕舵兵貳拾壹名貼駕隊軍貳拾叁名
艟艚船壹隻民捕舵兵貳拾壹名貼駕隊軍貳拾名中唬船
貳隻每隻民捕舵兵壹拾陸名軍哨船叁隻每隻隊軍貳拾
名小網船壹隻兵貳名共壹百柒拾玖名屯泊關口東南與
深門東北與主山各兵船會哨又以總哨官壹員部領貳號
福船壹隻民捕舵兵并貼駕隊軍各貳拾伍名鐵頭船肆隻
每隻民捕舵兵貳拾壹名貼駕軍兵各伍名中唬船叁隻每
隻民捕舵兵壹拾陸名軍哨船叁隻每隻隊軍貳拾名小網
船叁隻每隻兵貳名共貳百陸拾捌名屯泊主山專守調度
各信地南與深門西與關口北與牛頭門各兵船會哨又以



哨官壹員部領鐵頭船叁隻每隻民捕舵兵貳拾壹名貼駕
軍兵伍名中唬船貳隻每隻民捕舵兵壹拾陸名軍哨船叁
隻每隻隊軍貳拾名共壹百柒拾名屯泊東西磯往來南北
海洋巡哨與大陳兵船相為犄角又以哨官壹員部領鐵頭
船貳隻每隻民捕舵兵貳拾壹名貼駕軍兵伍名中唬船壹
隻民捕舵兵壹拾陸名軍哨船貳隻每隻隊軍貳拾名小網
船壹隻兵貳名共壹百壹拾名屯泊牛頭門南與主山東北
與靜寇門各兵船會哨又以哨官壹員部領艟艚船貳隻每
隻民捕舵兵貳拾壹名貼駕隊軍貳拾名大唬船壹隻民捕
舵兵壹拾捌名軍哨船貳隻每隻隊軍貳拾名小網船壹隻

兵貳名共壹百肆拾玖名屯泊靜寇門南與牛頭關東與大
佛頭各兵船會哨又以哨官壹員部領海滄船壹隻民捕舵
兵貳拾壹名貼駕隊軍貳拾叄名艟艑船貳隻每隻民捕舵
兵貳拾壹名貼駕隊軍貳拾名中號船壹隻民捕舵兵壹拾
陸名軍哨船叄隻每隻隊軍貳拾名小網船壹隻兵貳名共
貳百肆名屯泊大佛頭南與靜寇門東北與沙角山金齒門西
北與昌國把總叄門合兵船會哨○備倭把總壹員統領蒼
號福船貳隻每隻民捕舵兵并貼駕隊軍各貳拾伍名艟艑
船貳隻每隻民捕舵兵貳拾壹名貼駕隊軍貳拾名鐵頭船
壹隻民捕舵兵貳拾肆名沙船壹隻民捕舵兵貳拾壹名貼



駕軍兵各伍名唬船柒隻內貳隻每隻民捕舵兵貳拾名貳
隻每隻壹拾捌名叄隻每隻壹拾陸名軍哨船壹隻隊軍貳
拾名屯泊大陳遊哨防守中界又以哨官壹員為左哨帶領
鐵頭船叄隻每隻民捕舵兵貳拾壹名貼駕軍兵伍名唬船
捌隻每隻民捕舵兵壹拾陸名軍哨船叄隻每隻隊軍貳拾
名大網船貳隻每隻兵肆名屯泊坭湖門又以哨官壹員為
右哨帶領鐵頭船貳隻每隻民捕舵兵貳拾壹名貼駕軍兵
伍名唬船捌隻各每隻民捕舵兵壹拾陸名軍哨船叄隻每隻
隊軍貳拾名大網船壹隻兵伍名屯泊南堠以上共玖百名
日逐遊哨各山　向仍以時巡哨漁山左哨與鯉港右哨與東

西磯并昌國把總各兵船會哨有警合中軍把總及東西磯
各官兵并信地兵船協力擒勦
萬曆叄拾年伍月內為軍務事准海兵道右叅議王　咨奉
督撫軍門劉　批本道呈查議得南漁山哨道汛期在海門
則率主山東西磯在昌國則率韭山金齒門各附近官兵船
隻前往哨勦月終將差過官兵船隻有無警息緣由具報各
兵道并總鎮查考總鎮衙門仍輪差遊兵到彼會哨毋容推
諉永為定規

以上兩關各哨戰船內海滄船壹拾隻各加民櫓兵肆名
軍兵肆名艟艑船壹拾貳隻各加民櫓兵叄名軍兵叄名
鐵頭船貳拾貳隻沙船壹隻各加民櫓兵陸名唬船伍拾
伍隻各加銃兵貳名軍哨船肆拾陸隻各加軍兵肆名俱
于汛時召募防禦
汛畢各放歸農



備錄

查得大陳信地突居極東海之外肆面汪洋島嶼巉巖波濤
碧溜此山之外東南更無山矣昔為倭藪勢係極衝與兩關
信地隔涉頗遠兵船難到哨邏隆慶伍年間議以備倭把總
遊哨泊守於此以嚴外藩照行及今斯為周備又查萬曆拾
玖年間奉
督撫軍門常　加增本區福船肆隻每隻捕舵兵柒拾名共
貳百捌拾名又為議增戰船以備春防等事本年柒月內該
兵巡道副使吳　呈奉
督撫軍門常　詳准加造唬船叄拾隻將驗定隊長領料打
造仍募舵兵各壹拾玖名駕哨共增捕舵兵陸百名萬曆貳
拾年為軍務事該兵巡道右叅議文　呈奉
軍門詳准將應造舊額海滄船壹隻艟艑船肆隻鐵頭船壹
隻唬船壹拾叄隻俱行停造將新增唬船叄拾玖隻內查堅
固者存壹拾玖隻改為停造其餘貳拾隻并停造福船貳隻
海滄艟鐵唬船壹拾玖隻聽台州府易價還官姑留唬船壹
拾隻防哨萬曆貳拾肆年該兵巡道左叅政吳　呈奉
督撫軍門劉　准將姑留唬船壹拾隻照舊存用所缺民兵
捌拾壹名于大小船內通融抽撥充數刬駕名缺以原減下

貼軍壹百玖拾名照數選補萬曆貳拾伍年為春汛將臨倭
情叵測等事詳前道呉　呈奉
本都院劉　准將本區壹號福船貳隻各加兵壹拾名貳號
福船肆隻各加兵壹拾貳名海滄船壹拾隻各加兵捌名艟
䑩鐵頭船共叁拾伍隻各加兵陸名唬船伍拾伍隻各加兵
貳名共加兵肆百捌拾名萬曆貳拾柒年又為軍務事奉
本都院劉　憲牌行汰水兵將前增兵肆百捌拾名盡行汰
革訖萬曆貳拾玖年拾壹月為倭夷情形已著乞賜增備以
固海防事詳分守台金嚴叅將呉　帶管兵巡道右叅議彭
呈奉
本都院劉　明文議將本區滄艟鐵唬等船共加增短募櫓
銃民兵叁百貳拾肆名軍哨船共加貼軍貳百陸拾名見在
遵行
查得本區添募櫓兵萬曆叁拾壹年詳布政司清軍道右布
政使范　覆議櫓兵悉如總鎮原議春汛之時照舊募用自
貳月起至伍月終止在船哨禦准給汛糧肆箇月汛畢掣回



通行挑選汰其病弱大都務去添募短兵之數呈奉
督撫軍門劉　詳允通行遵照外隨准帶管台州兵巡道副
使王　手本開稱為查本區軍民戰船添募民櫓兵叁百貳
拾壹名軍櫓兵貳百陸拾名行准吳叅將遵照於汛前召募
汛畢散遣仍於民兵之內選其膽勇技藝者籍名候補額缺
業奉為規寧謐宜臧亦照總鎮所議寧區事例相同緣由備
載寧波區欵下〇本年貳月初柒日又准台州兵巡道手本奉
督撫軍門劉　批本道呈詳本區軍民戰船各添募前項櫓
兵議覆相同緣由　短兵今春准暫募用汛畢通融
選汰仍[illegible]海[illegible]

原考
溫處兵巡道監督
分守溫處叅將統領
金盤備倭把總壹員
溫州陸兵兵巡道標下中軍名色把總壹員健步旗手貳拾名
軍吹鼓手旗手隨宜取用中軍把總統領團操民壯兵壹總
把總下書記壹名醫生壹名健步貳名旗手捌名吹鼓手陸
名火藥匠壹名戰馬壹匹哨官伍員每員家丁壹名隊長拾
伍名什長肆拾伍名兵肆百伍拾名共伍百肆拾壹員名匹
屯插溫州府城汛期調發叁哨防守樂清石馬貳哨留守府



城叅將標下隨征募兵壹總名色把總壹員哨隊什兵雜流
戰馬與溫州團操兵同共伍百肆拾壹員名匹屯插盤石衛
汛期調發黃華海口續議添造叭喇唬船拾隻抽撥隊兵壹
百柒拾名划駕專委哨官壹員帶領跟隨本叅往泊黃大嶴
海洋往來督哨遇警隨勦又陸兵壹營左右中前後伍總每
總名色把總壹員哨隊什兵雜流戰馬與溫州兵同共伍百
肆拾壹員名匹左總募兵中總軍兵俱屯插金鄉衛右總軍
兵屯插蒲岐所前總募兵屯插平陽縣後總募兵屯插海安
所汛期分發左總住劄大小漁海口分哨大漁埜石塘七溪
右總住劄梅頭後岡每年與中總更番調守中總住劄七溪

□□分哨蒲壯至福建交界一帶每年與右總更番調守南
總住劄仙口分哨陡門汶路江口後總住劄梅頭前岡分哨
瑞安東山
軍門調發標兵貳總住摃珠明炎亭地方汛畢各掣回原住
地方訓練
處州團操民壯兵貳總每總名色把總壹員哨隊什兵雜流戰
馬與溫州兵同共伍百肆拾壹員名匹平時屯摃處州府城
聽分守溫處道督練每年汛期調發壹總住劄蒲岐下堡後
塘海口分哨高嵩汛畢掣回該府訓練壹總輪撥哨兵前往
龍泉竹口衝要哨探緝捕若有竊發即調該營官兵馳赴截



勦
金盤總水兵叅將標下中軍領哨名色把總壹員旗牌官叅
員書記貳名醫生壹名健步火藥匠鐵匠家丁馬丁戰馬肆
拾貳名匹軍吹鼓手壹拾貳名軍旗手貳拾叅名又中軍官
下書記壹名健步壹名家丁壹名軍吹鼓手肆名旗牌官各
家丁壹名備倭把總壹員書記貳名健步貳名家丁貳名軍
吹鼓手肆名總哨官肆員各書記壹名家丁貳名軍吹鼓手
肆名哨官玖員各家丁壹名捕盜伍拾玖名隊長貳拾壹名
正舵工伍拾玖名副舵工肆拾名兵壹千捌百貳拾壹名軍
兵貳千肆百肆名福船壹拾叁隻草撇船貳拾叁隻鐵頭漁

船貳拾壹隻叭喇唬船叁拾貳隻蒼船肆隻漁哨船伍拾伍
隻八槳船壹隻網船貳拾隻每年大小二汛叅將中軍遊擊
把總壹員統領福船貳隻草撇船叁隻鐵頭漁船柒隻八槳
船壹隻漁哨船貳拾隻叭喇唬船壹拾貳隻網船伍隻泊於
東洛遊哨松門塔山等處海洋備倭把總統領福船貳隻草
撇船叁隻鐵頭漁船捌隻叭喇唬船壹拾貳隻漁哨船貳拾
隻網船伍隻泊於南麂遊哨福建烽火門東洛等處海洋總
哨官壹員統領福船貳隻草撇船肆隻鐵頭漁船貳隻漁哨
船叁隻叭喇唬船貳隻網船貳隻泊於梁灣分哨大小門崇
山海洋總哨官壹員統領福船壹隻草撇船肆隻蒼船壹隻



鐵頭漁船貳隻叭喇唬船貳隻漁哨船叁隻網船貳隻泊於
鳳凰海洋分哨霓嶴等處海洋總哨官壹員統領福船壹隻
草撇船伍隻蒼船壹隻鐵頭漁船壹隻漁哨船叁隻叭喇唬
船貳隻網船貳隻泊於洋嶼分哨爬艚叅亭海洋總哨官壹
員統領福船貳隻草撇船叁隻蒼船貳隻漁哨船肆隻叭喇
唬船貳隻網船貳隻泊於鎮下門分哨大堪石坪等處海洋
哨官壹員統領福船壹隻草撇船壹隻鐵頭漁船壹隻漁哨
船貳隻網船貳隻專隨本叅駐泊黃華□大塂海洋往來南
壯督哨汛畢各哨掣回收泊盤石沙□□□浦四港訓練
輪撥小船外洋哨探

續定

温處兵巡道監督

分守温處叅將統領

金盤備倭把總壹員

温州陸兵陸營貳總（左前後叅營并珠炎營俱民兵右中貳營俱軍兵團操壹總民壯兵標營壹總募兵）官兵戰馬雜役共計肆千肆百捌拾貳員名匹戰船貳拾伍隻内○兵巡道標下健步壹拾陸名軍吹鼓手壹拾貳名軍前隨征軍兵壹百貳拾名哨探軍兵貳拾名共壹百陸拾捌名專聽本道隨征防禦平時操演執旗○中軍隨征營江防遊哨兵船壹枝哨官壹員家丁壹名民漁船貳隻每隻民隊



舵兵貳拾貳名民唬船拾隻每隻民隊舵兵壹拾陸名大網船壹隻兵肆名小網船肆隻每隻兵貳名軍唬船貳隻每隻軍隊舵兵壹拾陸名共貳百伍拾名平時划駕江洋一帶巡緝塩盜汛捌把守雙嶴海口仍分哨樂清陸柒等都地方遇警聽本道督發海上南北應援○團操民壯兵壹總本道標下中軍名色把總壹員書記壹名醫生壹名健步貳名旗手捌名吹鼓手陸名火藥匠壹名戰馬壹匹哨官伍員各家丁壹名隊長拾伍名什長肆拾伍名兵肆百伍名共肆百玖拾伍員名匹平時屯捍府城操守汛期調發貳哨出守瑞安東山海口專禦上瑪東山一帶地方南與隔江前營北與後營

各官兵會哨○叅將標下中軍兼領遊哨名色把總壹員旗牌官叅員書記貳名醫生壹名健步拾名火藥匠壹名鐵匠壹名家丁貳拾陸名馬丁貳名戰馬貳匹軍吹鼓手壹拾貳名軍旗手貳拾叅名披執軍伴壹拾捌名通事壹名共壹百叅員名匹○隨征標營募兵壹總名色把總壹員哨隊什兵雜役戰馬俱與團操營總同平時屯捍盤石衛汛期出守下堡浦東岐頭海口專禦洋田嶴曹田日團一帶地方輪撥什兵壹哨划駕唬船陸隻委中哨官帶領前哨隨本叅駐泊黃大嶴海洋督哨餘兵把總統領南與隔江後營北與右營各官兵會哨○左右中前後伍營并珠炎營官兵雜役亦與團操



營總同○左營民兵平時屯捍蒲壯貳所汛期出守上甡海口專禦塩浦鎮下一帶地方南哨福建流江界北與中營官兵會哨○右營軍兵平時屯捍盤石後所汛期出守石塘海口專禦叅嶼塩盤沙角南賣平山白沙一帶地方南與隨征標營官兵北與蒲岐營官兵會哨○中營軍兵平時屯捍金鄉衛汛期出守大濩海口專禦石塘灋頭七溪小濩大小漁埜一帶地方南與左營官兵北與珠炎營官兵各會哨○前營民兵平時屯捍平陽縣汛期出守仙口海口專禦陌城汶路口眉石宋埠陡門江莱一帶地方因仙口對臨大海前無島嶴去兵船尚遠分哨沙園南與珠炎營兵北與温州中軍

團操營貳哨會哨○後營民兵平時屯揷海安梅頭汛期出守前後岡海口專禦場橋長沙永嘉場沙村黃石浦一帶地方南與溫州中軍團操營貳哨北與隔江隨征標營官兵會哨○珠炎營民兵平時屯揷炎亭專禦珠明石坪大磡舥艚洪嶺一帶地方南與中營官兵北與前營官兵會哨毎年春汛仍聽

軍門調發標兵防守小汛即以珠炎營官兵分撥哨防

備錄　查得團操總原設醫生壹名萬曆貳拾伍年該兵巡道蔡看得陸兵有病在峙可以就便延醫本生應行裁革及水陸書記已經議給紙劄銀兩毎日糧銀減去伍厘止給貳分伍厘內査醫生壹名至萬曆貳拾玖年間准該道冊開該右布政使湯　於本年伍月拾捌查復着役訖○又查叅將標下通事壹名係萬曆貳拾壹年加添○珠明炎亭貳處海口往



年聽

軍門調發標兵貳總協守大汛萬曆拾玖年聞警另募官兵貳總常川哨守免請標兵嗣因警息汰去壹營止存壹營續又盡汰議於左前後蒲肆營內各抽壹哨共立壹營毎營止肆哨貳拾伍年議將各哨仍歸原營以足伍哨另設官兵壹總名珠炎營毎年大汛仍聽

軍門調發標兵壹總協守永為定規○萬曆貳拾玖年該溫處兵巡道右布政使湯　看得雙嵬海口原為府治咽喉萬曆拾年有賊登犯把總王龍死之特設唬船捌隻專禦於此名為木道隨征遊哨拾叁年減去叁隻止存伍隻哨邏江洋塩盜拾玖年聞警後添設漁船貳隻唬船柒隻外撥江洋唬船壹隻網船貳隻共壹拾貳隻專守雙嵬為南北應援之遊兵外存唬船肆隻哨邏內江貳拾伍年奉文汰去雙嵬兵船而遊哨之兵廢矣止存軍兵唬船捌隻以肆隻常川哨邏內江塩盜肆隻汛時守禦梁清陸朱等都盜賊守備單弱內地空虛殊為可慮萬一將來有警此其喫緊之最者萬曆叁拾年伍月內准前道冊開奉文新增雙嵬海口漁船貳隻唬船肆隻划網船叁隻共加兵壹百壹拾陸名以資防禦

處州團操民壯兵貳營內軍兵貳哨官兵戰馬雜役共計玖百玖拾員名匹內總哨隊什兵士雜役俱與溫州營同○壹營名蒲岐營官兵平時屯揷蒲岐所汛期南哨下堡茭奧萬橋竹嶼等處海口與右營官兵會哨北哨鏵鍬島高巖坑後塘前塘東山南浦雙陡門清江渡等處海口直抵楚門與台州官兵會哨○壹營民兵叁哨軍兵貳哨專劄該府城守操備輪撥哨兵分住龍泉竹口衝要去處哨探礦徒遇有竊發即調該營官兵馳赴截勦

備錄　查得貳營官兵原俱屯劄處州府城汛期調發壹營劄守溫州蒲岐下堡等處汛畢掣回今則議以平時專揷蒲岐所汛期照舊劄守下堡等處不掣回府止以壹營專住該府防礦○又查蒲岐營官兵原滿處州府防礦民兵肆哨外於蒲岐所抽軍兵壹哨共立壹營萬曆貳拾伍年該前兵巡道唐查得該營兵士毎什拾名又不放班議照溫州兵制毎什減



去壹名共減去叁拾陸名毎年放班壹月可養兵叁拾陸名共柒拾貳名仍食處州府餉銀尚缺哨隊什兵貳拾叁員名照行補足坐食溫州府餉銀將原設中哨軍兵壹哨汰回該所操備

金盤總水哨官兵捕舵軍役雜流共計壹千肆百伍拾捌員名戰船共陸拾伍隻內○叅將標下中軍無領遊哨名色把總下左右領哨哨官貳員隨征哨旗牌官壹員把總下書記壹名醫生壹名家丁貳名軍吹鼓手肆名哨官下各家丁壹名旗牌官下書記壹名醫生壹名共壹拾伍員名軍民捕隊舵兵共壹千貳百叁拾壹名貼駕軍兵共貳百壹拾貳名肆號福船叁隻草撇船貳隻鐵頭船伍隻鳥船貳隻民漁船壹隻河田船壹隻唬船壹拾陸隻網船柒隻軍唬船肆隻軍漁哨

舩貳拾肆隻○中軍哨把總壹員統領肆號福船叁隻每隻民捕舵兵貳拾陸名貼駕軍兵貳拾貳名草撇船貳隻每隻民捕舵兵貳拾肆名貼駕軍兵貳拾貳名漁船壹隻民捕舵兵壹拾玖名貼駕軍兵肆名河田船壹隻民捕舵兵壹拾叁名唬船肆隻每隻民隊舵兵壹拾陸名網船叁隻每隻兵貳名軍唬船壹隻軍隊舵兵壹拾陸名軍漁哨船玖隻每隻軍隊舵兵貳拾肆名共伍百柒拾肆名汛期泊守三盤東大碁專哨洞頭門馬耳碁黃裙竹嶼東洛一帶海洋往來調度有警夾勦以顧北洋應援本遊左右貳哨及金盤把總遊哨并黃華飛雲二關○左哨領哨官壹員統領鐵頭船壹隻民捕



舵兵貳拾叁名貼駕軍兵壹拾肆名鳥船壹隻民捕舵兵貳拾肆名貼駕隊軍壹拾肆名唬船伍隻每隻民隊舵兵壹拾陸名網船壹隻民兵貳名軍唬船壹隻軍隊舵兵壹拾陸名軍漁哨船陸隻每隻軍隊舵兵貳拾肆名共叁百壹拾柒名泊守麥園頭海洋專哨鹿西嶺烏艭排大鹿前山一帶北與台州松門關總哨南與本遊右哨各兵船會哨應援本總及右哨并黃華關○右哨領哨官壹員統領鐵頭船貳隻每隻民捕舵兵貳拾叁名貼駕軍兵壹拾肆名唬船伍隻每隻民隊舵兵壹拾陸名網船壹隻民兵貳名軍唬船壹隻軍隊舵兵壹拾陸名軍漁哨船陸隻每隻軍隊舵兵貳拾肆名共叁

百壹拾陸名泊守東洛南策海洋專哨壇頭鵝礁大小湨蟥蜅洛極三礁銅盤長賴南龍一帶北與本遊左哨南與金盤總遊哨左哨各兵船會哨應援本總及左哨并金盤總左哨與飛雲關（以上叁哨兵船汛畢俱收回盤石港次）○隨征哨旗牌官壹員統領鐵頭船貳隻每隻民捕舵兵貳拾叁名貼駕軍兵壹拾肆名鳥船壹隻民隊舵兵貳拾肆名貼駕軍兵拾肆名唬船貳隻每隻民隊舵兵壹拾陸名網船貳隻每隻兵貳名軍漁哨船叁隻每隻軍隊舵兵貳拾肆名軍唬船壹隻軍隊舵兵壹拾陸名共貳百叁拾陸名專隨本參屯泊黃華黃大碁適中海洋平時往來南北督哨有警隨本參援勦汛畢收回盤石港



次

金盤備倭把總本哨官兵捕舵軍役雜流共計叁千貳百陸拾員名戰船壹百肆拾陸隻內○備倭把總壹員總哨官肆員領哨官陸員書記貳名醫生壹名健步貳名家丁貳名軍伴壹拾貳名軍吹鼓手肆名總哨官下各書記壹名醫生壹名家丁貳名軍吹鼓手捌名哨官下各家丁壹名共柒拾陸名軍民捕隊舵兵共貳千柒百貳拾捌名貼駕軍兵共肆百伍拾陸名貳號福船壹隻叁號福船壹隻肆號福船壹隻鳥船壹隻鐵頭船壹拾伍隻草撇船柒隻沙船貳隻八槳船壹隻民唬船肆拾壹隻網船壹拾叁隻軍唬船壹拾柒隻民漁船

叅隻軍漁哨船肆拾叅隻○備倭把總壹員統領貳號福船壹隻民捕舵兵貳拾捌名貼駕隊軍貳拾貳名鳥船壹隻民捕舵兵貳拾肆名貼駕隊軍壹拾肆名鐵頭船叅隻每隻民捕舵兵貳拾叅名貼駕隊軍壹拾肆名捌槳船壹隻民隊舵兵拾肆名貼駕軍兵肆名唬船陸隻每隻民隊舵兵壹拾陸名網船叅隻每隻民兵貳名軍唬船壹隻軍隊舵兵壹拾陸名軍漁哨船玖隻每隻軍隊舵兵貳拾肆名共伍百伍拾壹名汛期泊守南麂官嶴往來南北海洋調度有警援勦以顧南洋應援本遊左右貳哨及叅將中軍遊哨并江口鎮下貳關○左哨領哨官壹員統領草撇船壹隻民捕舵兵貳拾肆名



貼駕隊軍貳拾貳名鐵頭船貳隻每隻民捕舵兵貳拾叅名貼駕軍兵壹拾肆名唬船肆隻每隻民隊舵兵壹拾陸名網船壹隻民兵貳名軍唬船叅隻軍隊舵兵壹拾陸名軍漁哨船陸隻每隻軍隊舵兵貳拾肆名共叅百肆拾陸名汛期泊守南麂石首魚嶴專哨玉環竹嶼東洛一帶外洋北與中軍遊哨右哨南與本遊右哨各兵船會哨應援本總及右哨中遊右哨與飛雲江口貳關○右哨領哨官壹員統領船隻軍隊民捕舵兵俱與左哨同汛期隨同本總泊守南麂官嶴專哨綠膺南漩馬鞍山沙嶴一帶外洋北與本遊左哨南與福建烽火關各兵船會哨應援本總及左哨[illegible]關以上叅哨兵船汛畢俱收回瑞安飛雲港次○黃華關總哨官壹員督同哨官壹員統領肆號福船壹隻民捕舵兵貳拾陸名貼駕隊軍貳拾貳名沙船貳隻每隻民捕舵兵貳拾貳名貼駕隊軍肆名草撇船壹隻民捕舵兵貳拾肆名貼駕隊軍貳拾貳名鐵頭船壹隻民捕舵兵貳拾叅名貼駕隊軍壹拾肆名唬船伍隻每隻民隊舵兵壹拾陸名網船貳隻每隻民兵貳名軍漁哨船陸隻每隻軍隊舵兵貳拾肆名軍唬船叅隻每隻軍隊舵兵壹拾陸名共肆百伍拾玖名汛期泊守梁灣海洋專哨橫址薛奮鑊排喜杓橫坎門大鹿楚門漩一帶北與台州塔山嘴南與飛雲關總哨東與中遊左哨各兵船會哨以顧樂清盤石後蒲



寧村地方應援中遊左哨及飛雲關汛畢收回盤石港次○飛雲關總哨官壹員督同哨官壹員統領草撇船貳隻每隻民捕舵兵貳拾肆名貼駕隊軍貳拾貳名鐵頭船貳隻每隻民捕舵兵貳拾叅名貼駕隊軍壹拾肆名民漁船壹隻民捕舵兵貳拾貳名唬船陸隻每隻民隊舵兵壹拾陸名網船貳隻每隻民兵貳名軍漁哨船伍隻每隻軍隊舵兵貳拾肆名軍唬船肆隻每隻軍隊舵兵壹拾陸名共肆百柒拾貳名汛期泊守鳳凰海洋專哨銅盤齒頭長嶼南龍一帶北與黃華關總哨南與江口關總哨東與中遊右哨金盤總左哨各兵船會哨以顧海安瑞安沙園地方應援黃華江口貳關及中

遊右哨金盤總左哨汛畢收回瑞安飛雲港次○江口關總
哨官壹員督同哨官壹員統領叁號福船壹隻民捕舵兵貳
拾柒名貼駕隊軍貳拾貳名草撇船壹隻民捕舵兵貳拾肆
名貼駕隊軍貳拾貳名鐵頭船壹隻民捕舵兵貳拾叁名貼
駕隊軍壹拾肆名唬船柒隻每隻民隊舵兵壹拾陸名網船
貳隻每隻民兵貳名軍漁哨船陸隻每隻軍隊舵兵貳拾肆
名軍唬船肆隻每隻軍隊舵兵壹拾陸名共肆百伍拾陸名
汛期泊守洋嶼海洋專哨長腰伍嶼北臬嘴炎亭石坪舥艚
一帶北與飛雲關總哨官南與鎮下關哨東與金盤左哨各
兵船會哨以顧平陽金鄉地方應援飛雲鎮下二關及金盤



總左哨汛畢收回江口港次○鎮下關總哨官壹員督同哨
官壹員統領草撇船壹隻民捕舵兵貳拾肆名貼駕隊軍貳
拾貳名鐵頭船肆隻每隻民捕舵兵貳拾叁名貼駕隊軍壹
拾肆名民唬船玖隻每隻民隊舵兵壹拾陸名網船貳隻每
隻兵貳名民漁船貳隻每隻民隊舵兵貳拾貳名軍漁哨船
伍隻每隻軍隊舵兵貳拾肆名軍唬船叁隻每隻軍隊舵兵
壹拾陸名共伍百伍拾肆名汛期泊守鎮下門官㠘海洋專
哨南臬嘴大㠘竿山洋孫潼頭一帶北與江口關南與福建
烽火關東與金盤總右哨各兵船會哨以顧金鄉蒲壯地方
應援江口關及金盤總右哨汛畢收回江口港次

萬曆貳拾玖年奉
督撫軍門劉　明文行據金盤備倭把總李孟隆呈稱本遊
兵船今泊南麂哨巡竹嶼沙㠘石首魚㠘等處俱皆依附南
麂一山此外一望無際難以泊船惟可朝出暮入設遇倭奴
從傍直上內地則南麂遠涉杳聞賊顧居內兵顧居外即有
哨報萬一阻風逆水跬步不前殊為可虞合無將南遊左右
中叁哨兵船每年輪撥貳哨督令兩哨官帶領照常哨守南
麂等處把總親領壹哨兵船於三區鳳凰洋嶼等處中路海
洋調度平時往来督察遇警應援併勦庶可上圖瑞平之門
戶下控南麂之藩籬等因批據該兵道覆議詳允見在遵行



備錄 查得本區兩遊肆關一隨征原額大小戰船共壹百捌拾陸
隻內福船玖隻草撇船壹拾叁隻蒼鐵船貳拾陸隻捌槳船
貳隻河田船壹隻民唬船叁拾柒隻軍唬船壹拾貳隻軍漁
船陸拾陸隻網船貳拾隻又中軍營民唬船伍隻標營民唬
船拾隻通共貳百壹隻分派哨守續於萬曆拾玖年間聞警
議加壹號福船陸隻民唬船叁拾叁隻共加叁拾玖隻嗣因
東事告寧兵復原額漸次減汰及將應拆壹貳號福船改造
草撇鐵唬等船餘出軍兵造駕漁唬小船見在關遊福船柒
隻貳號者民目兵貳拾捌名叁號者民目兵貳拾柒名肆號
者民目兵貳拾陸名草撇船玖隻每隻民目兵貳拾肆名福
草船俱貼駕隊兵貳拾貳名鐵頭船貳拾壹隻每隻民目兵
貳拾叁名軍隊兵壹拾肆名兩遊者加軍壹名捌槳船貳隻
每隻民目兵壹拾肆名軍兵肆名河田船壹隻民目兵壹拾
叁名民漁船貳隻每隻民目兵壹拾玖名民唬船伍拾叁隻
每隻民目兵壹拾陸名軍漁船陸拾柒隻每隻軍目兵貳拾
貳名軍唬船貳拾壹隻每隻軍目兵壹拾陸名網船貳拾隻
每隻民兵貳名萬曆貳拾捌年柒月內該温處兵巡道按察
使湯　議將黃華關應造壹號福船貳隻內壹隻改造肆號
餘出民兵叁名壹隻改造沙船貳隻每隻額該民目兵貳拾
貳名軍兵肆名今將前餘兵抵數仍缺民目兵壹拾貳名近

該本道議詳將首出船稅募給捕舡貳名尚缺兵丰拾名困餉絀暫停就將溢出軍兵壹拾叁名仍每船再加火一名又將肆名與大船允頭民兵肆名分加貳船湊駕外餘軍兵叁名撥補別船額缺又中軍營民號船陸隻每隻民目兵壹拾陸名軍號船貳隻每隻軍兵壹拾陸名網船貳隻每隻民兵貳名標營民號船陸隻係該營中哨官兵划駕以上通共戰船貳百貳拾壹隻揆之舊額船隻雖稍踰溢兵數原無多增蓋因大船轉折艱難改造小船利於行使故耳○萬曆叁拾年伍月內准前道冊開奉文將本區叁號福船壹隻捌槳船壹隻鐵頭船壹隻今改造烏船叁隻鎮下關新增漁船貳隻號船肆隻共加兵壹百捌名

查得該區加增櫓兵內鐵頭船貳拾壹隻每隻加民兵陸名民漁船貳隻加民兵肆名八槳船壹隻加民兵貳名共加民櫓兵壹百叁拾貳名軍漁船陸拾柒隻每隻加軍兵貳名民河田船壹隻加軍兵肆名共加軍櫓兵壹百叁拾捌名於萬



曆叁拾壹年該布政司清軍道右布政使范　覆議各船加增軍民櫓兵悉照該道所議行令短募大約以發春汛日起掣汛日止計肆箇月民櫓兵共該餉銀肆百柒拾伍兩貳錢軍櫓兵共該糧銀肆百兩貳錢似應著為定例呈奉

督撫軍門劉　詳允通行遵照緣由備載寧波區款下

原考

衢州兵巡道監督

總捕都司統領

衢州防礦官兵壹營總捕都司標下中軍督陣官壹員書記貳名健步捌名吹鼓手拾貳名火藥匠壹名旗手貳拾叁名馬丁貳名戰馬貳匹中軍官下書記壹名健步壹名家丁壹名官兵叁總內募兵壹總支徽州府餉銀民壯兵貳總每總名色把總壹員書記壹名醫生壹名健步貳名旗手捌名吹鼓手陸名火藥匠壹名戰馬壹匹哨官伍員每員家丁壹名隊長壹拾伍名什長肆拾伍名兵肆百伍拾名共伍百肆拾壹員名匹通共官兵雜流戰馬壹千陸百貳拾叁員名匹俱屯捕

衢州府城訓練如遇礦徒竊發調發督勦



以上各哨照得倭船入寇必至下八山分䑸若東北風猛則向馬蹟西南行過韭山以犯閩粵若東南風猛則向殿前羊山過淡水門以犯蘇松若正東風猛則向大衢西行過烏沙門以犯浙江蓋羊山正浙直交界之處倭船出沒之衝浙直兵船會哨於此而韭山者尤我浙咽喉要害至于鎮下門木林隘又浙福交會之區極衝之地也各總兵船權其衝緩而分布之遠偵之可謂謀周而慮著矣然倭奴踰海而來因糧於我每人止帶淡水數斤乾糧數升耳

若絶其汲道堅壁清野其計自窮故於大汛之期通行嚴
諭附廓及鄉落積米之家預先搬運入城毋為盜資惟舟
山孤懸海每每恃頑玩愒不行收歛倘遇賊至當遣官
兵焚之賊所掠勢難久居乗其敝而擊之蔑不勝矣此
已試之明也

續定

衢州兵巡道監督
防礦守備統領
衢州陸兵二營防礦官兵戰馬雜役共計捌百捌拾壹員名匹
哨船壹拾捌隻內○兵巡道標下中軍官壹員書記壹名○



左營守備壹員書記壹名家丁健步馬丁戰馬共陸名匹兼
管左營下書記壹名醫生壹名旗手健步吹鼓手火藥匠壹
拾柒名共貳拾柒員名匹哨官肆員各家丁壹名隊長壹拾
貳名什長叁拾陸名兵叁百陸拾名共肆百壹拾陸員名○
右營把總壹員書記壹名旗健吹鼓手火藥匠壹拾柒名戰
馬壹匹共貳拾員名匹哨官并家丁隊什長兵士俱與左營
同平時屯操衢州府城聽守備訓練每年秋盡冬初分撥官
兵把守嚴金衢嚴各交界險要地方廵緝礦盜每半月一換
至次年叁月中旬掣回近奉開採議詳改撥通礦産礦險要
地方常川把截仍聽守備不時親詣查點○又原設哨船壹
拾捌隻分撥西龍江常肆縣津隘六次常川哨守

備錄　查得先年額設防礦總捕都司壹員中軍兼督陣斥領兵名
色把總共叁員哨官壹拾員隊什兵士雜流共壹千壹百壹
拾玖名戰馬肆匹立為前左貳營萬曆拾伍年陸月內奉
督撫部院溫　會同
巡按御史傅　題奉
欽依將總捕都司改為守備及裁名色把總共兵壹總聽守備管領
壹總分所屬指揮千百戶中選堪用員領之聽守備節制
共駐守分防之地並聽該道飭衆續文裁汰併為肆哨實
設守備壹員中軍壹員領兵把總壹員哨官捌員隊什兵士
雜流共捌百陸拾玖名戰馬貳匹萬曆拾玖年間因夷情重
大添設處州營官兵壹總伍百柒員名聽守備訓練調用萬
曆貳拾年正月內調發舟山防汛柒月內分發貳哨調征寧
夏仍存叁哨與防礦官兵併為左右貳營復為伍哨左
營仍聽守備兼領共計伍百肆拾柒員名匹右營伍百肆拾
壹員名匹中軍壹員書記壹名通共壹千玖拾員名匹萬曆
貳拾壹年春汛調右營官兵防守嘉湖地方至萬曆貳
拾肆年捌月內奉文挑選每營併為肆哨左營官兵雜流并
守備員役戰馬共計肆百肆拾叁員名匹右營官兵雜流等



役共計肆百叁拾柒員名匹中軍壹員書記壹名通共捌百
捌拾貳員名匹萬曆貳拾捌年奉文減去右營醫生壹名將
左營醫生隸之守備總理實存捌百捌拾壹員名匹又萬曆
貳拾柒年玖月內因四川楊酋倡亂調兵伍百名以右營把
總宗信統領赴援萬曆貳拾捌年玖月撤還除賞遣歸農外
尚餘官兵叁百叁拾伍員名暫立西凱貳哨仍以宗信照把
總例食糧部領後將本官調補台區貳哨月糧陸續撥補左
右貳營汰革兵缺仍餘壹百餘名於萬曆叁拾年正月內裁
補寧紹貳區陸營兵制復額萬曆叁拾年春汛復調右營官
兵防守寧波觀海地方

兩浙海防類考續編卷之三

兩浙海防類考續編卷之四

原考

一申嚴哨探査得沿海哨報之規各區官兵分撥小哨叭喇唬綱船
輪流遠出外洋往來哨邏仍與隣近兵船交相會哨烽堠撥
軍瞭望遇有警息通行飛報又爲軍務事奉
欽差督撫軍門谷　案驗照得各區舊規水兵遇汛彼此會哨取單查
考但恐人心玩愒率多虛應故事於近洋交單是以賊在外洋
且俱隱匿不報殊爲悞事仰道即將發去哨符照式刊刷編
號印發把總各官照依派定處所給符填註發日時刻往來
會哨交符即填到時汛畢繳查等因通行在卷又爲敷陳海



防事宜以備採擇事奉
軍門批本道呈議將沿海烽堠墩臺置立循環哨簿分發乍
浦所叁拾根蒲門所叁拾根每年叁月拾伍日起至陸月拾
伍日止每日南北各遞發簿彼此循環每分兩夜逐墩遞
送傳報有無聲息仍各衛陸路官置簿登記遞到時刻姓
名日時每伍日類將其由入驛遞報
軍門并就近海兵該道查考等因依奉每年汛期該本道置
簿分發傳遞向在遵行又爲申明遞報事萬曆元年肆月内
該本道副使劉　照得軍機重務偵探爲先海洋遼遠傳報
貴的况狡寇乘潮往來我兵截殺策應全在烽燧不衍警報

及時訪得各路官兵多玩寇喜功虛聲邀賞或駕空艘
鼓搖兀衆心或捉風捕影妄傳警報或縱賊已過而云窮追
不及或臨敵退縮而云風阻不前或忌隣境成功不行策應
或攘他區功次先報捷音一警衆咻各報互異至有殺漁樵
以報虛功縱真寇而不以聞者邇來本道總祭戒諭雖嚴而
積習未改故違法紀干犯軍機相應嚴加申飭合行各該將
領等官務要親督兵船出外洋往來哨探遇有賊船經由
信地即許從實飛報某處賊船幾隻大約賊有幾何傳報隣
境分投防禦火速應援一面急督官兵相機夾勦務要殄除
盡絕以靖地方止許先報本道及總祭衙門覈實轉報其把



總總哨官不得虛張賊報若賊未近境尤不許望風先報亂
人耳目致人疑信至於遠哨兵船見賊即當馳報又不可限
定信地致悞機宜若賊由信地及在海洋搶擄漁船相應飛
報而隱匿不報者本道察重究處以軍法庶事體歸一遠報足
憑緩急勦守之間自有曲中之策矣備由呈蒙
欽差督撫軍門方　批如議行繳
欽差巡按浙江等處監察御史馬　批據議切中海防夙弊但恐覈實
後報恐致稽遲必賊至信地而後報又恐官兵偷安者得以
藉口將來悞事者未必無也今該道布置嚴整紀律振肅自
可保無此弊本院之講求者爲久遠計也照議該道斟酌行

之仍候
軍門詳示行繳又蒙
巡按浙江監察御史蕭　批警報固不可不慎不慎將有搖動之憂亦不可不廣不廣則有壅蔽之患據呈慎則慎矣得毋不廣乎本道酌議再報又該本道覆議得各區將領每有竊取虛聲捕影妄報自誇警策搖亢衆心誠於軍機不中肯綮故令先報本道總叅衙門覈實轉報者惟在慎實而已恐後各該將領乘此隱蔽似有不廣之處合行各把總等官以後哨探遇有賊船果經信地許即從實飛報
院道總叅等衙門以廣傳聞便於策應如賊未及境不許捉



風越報止許具報本道總叅衙門覈實轉報隨機策應庶衆心不致搖亢宜機自得於廣傳矣備由呈蒙
本院詳批前議兩端亦具但本院職在監察亦不可無此一段申明也如議行繳依蒙通行水陸各總見在一體遵照

申諭

一申嚴哨探
萬曆貳拾伍年間為申嚴哨探以重海防事該海兵道按察使
范　奉
督撫軍門劉　憲牌遵查看得烽堠墩臺為海上喫緊要務前已備行各府并各把總官查勘各墩無屋者起造塌壞者

修葺各經回報修完誠恐墩屋雖修而墩軍玩法不上守宿傳籌仍或寄食於附近居民凡遇點閘隨往隨返其令籌積至叁根伍根不傳於墩而傳於家是雖修理其弊猶故海洋遼濶漫無稽查相應設法查考仰清軍官即行各衛所陸路官今後凡各墩中置立風火簿壹扇編立某區在南在東等處壹貳叁等號其間柴樓烟缸火把旗幟短鎗銅鑼角螺簑衣箬笠鍋竈一應合用器物盡皆登記於簿之前其傳到哨籌隨到隨遞一到一傳俱寫某日某時某刻序列簿之第貳葉之後每葉定為行數使無潦草參差各備倭把總親自鈐記字號不時吊查有違法者輕則徑責仍紀過汛畢總算以



行賞罰情重解道以軍法行事雖人情每喜逸憚煩而防海惟有備無患况傳遞聲息兵家要圖萬毋忽略○又該前道條立填汛之簿各汛兵每有後時而出先時而返哨號不報哨總不查即或查出不行通報上下相蒙無從稽考今本道鈐發文簿壹扇於各區備倭把總該總照式行令各哨號將各軍各兵到哨日期操練日期遊探日期汛歸日期逐一填註汛畢各哨號呈繳該總該總并原發簿扇類繳本道仍各查其不到者到遲者歸早者躲懶不習藝者分別名款每總具壹揭并呈本道以便查提或該哨隱情不開罪坐哨總該總隱情不開罪坐備倭各宜詳慎無自取悔○又為申嚴哨

探以重海防事萬曆二十八年間□海兵道按察□□□
督撫軍門劉　憲牌照得各區沿海地方水陸設備防禦頗
周第所□□先時知警全在偵探舊□海防考內開各區舊規
水□遇□□此會哨取单查考置立哨符發道刊刷編號印
發把總各官照依派定處所給符填註發日時刻往來會哨
交符即填到時不許就於近洋交单以卑繳查又議將沿海
烽堠臺□□置立循環哨簿分發乍浦澉浦門二所各三十根每
年三月十五日起至六月十五日止每日南北各遞發一籌
彼此循環無分雨夜逐墩遞送　□令各衛陸路官置簿登記
□遞到籌號姓名日時每五日類由入遞飛報各載在成書制



探詳客近來人心玩愒一應水陸偵探雖不盡廢舊規多
虛應故事節據倭船突入海寇□行竊萌已徵申飭宜預查
得該道
勑專海防凡各區防禦機宜例得與聞合行查議仰該道即便會行嘉
台溫三兵道備查沿海水陸哨探舊規某處兵船派定某處
應與某區船會哨先年哨符是否見在遵行陸路南北傳籌
乍浦澉門交接遞送有無阻碍即今沿海衛所遞到報单是
否悉照先年舊制務各悉心查議仍做舊章斟酌時勢立法
□□必使經久可行該議妥當水兵將派定會哨處所及該
□□鎮陸路將烽堠臺寨坐落地方并該管衛所逐一開會

該道該道再加總□於次汛前詳報以憑通行申飭者奉此遵
行奉經備行嘉湖台州溫處各兵巡道并寧紹參將及總兵
衙門查議去後又經催准嘉湖兵巡道關准管杭嘉湖參將
事遊擊萬邦孚手本回稱本區沿海地方北起乍浦白沙灣
南抵海寧赭山寨延袤三百餘里舊設臺寨五十三座內海
寧所屬一十四座澉浦所屬一十三座海寧衛屬九座乍浦
所屬一十七座各設陸路官一員管理續於萬曆二十六年
間該嘉興府海防朱同知條議除陸路官照舊總統外仍每
墩五座委官一員督軍防守接遞南北循環哨籌往來並無
阻碍且令各墩置有烟釘草把遇警烽火相接哨瞭極為嚴



密即今沿海衛所每十日遞送報单俱按先年舊章此臺堠
防禦之規制也浙西沿海衛所城池有四一海寧一澉浦一
海鹽一乍浦額設官兵陸總乍浦所設兵二總前營民兵係
把總釆成文統領左營軍兵係把總方承恩統領汛期議將
前營官兵調守染庄地方北與直隸金山營官兵會哨於浙
直交界大營盤地方南與左營軍兵會哨乍浦教場而左營
官兵汛期調守該所教場北與釆成文官兵會哨南與後營
官兵會哨海鹽設有官兵二總後營民兵係把總項瑞芳統
領中左營軍兵係把總董養初統領汛期各調鎮守龍王塘
後營壯哨至白馬廟地方與□□營官兵會哨由左營南哨至

秦駐山與右營官兵會哨澉浦所設有右營軍兵一總係把
總嚴有翼統領汛期出守該所南海口南哨至黃灣寨與中
右營官兵會哨北哨至秦駐山與中左營官兵會哨海寧所
設有中右營軍兵一總係把總吳元彥統領汛期出守該所
教場南哨至沿海一帶與赭山巡檢司官兵會哨北哨至黃
灣寨與右營官兵會哨彼此聯絡互相交會取各印記到單
繳送查考此陸兵哨守之規制也水兵額有羊許乍澉三關
隸總哨官馬上錦王尚賢戴惟德三員分管皆屬海寧備倭
把總趙文憲所轄海鹽關兵船一枝係中軍把總李文學統
領名曰中遊哨大小汛期出泊白塔海港專聽本職坐駕督



察汛畢撃回內河巡緝鹽盜無容別議外及查三哨兵船一
出羊許聖姑礁住泊一守澉浦黃道關一守乍浦唐家灣其
哨防之令向遵舊章近於二十六年間奉
督撫軍門劉　批允本道議詳浙直兵船會哨緣由給與哨
符令羊山遊哨兵船與直隸吳淞及浙東臨定兵船會哨澉
乍二關兵船亦與直隸金山營兵船在於浙直交界海洋會
哨各彼此交換倒單其羊許遊哨兵船又奉總鎮府再給哨
單責與臨觀總下兵船會哨兌單汛畢仍以三哨沙嘴等船
各以半月為期分派班次更番遠出外洋哨邏又准本道明
文後船到信地方許前船離信地見在遵行此水兵哨守之

規制也及經行據把總趙文憲議得浙東浙西船上
節中哨恐損舵或避風濤險阻或由以嚴實盛晏或此往而
不來或前哨而後不繼偷泊內港不行哨邏海洋渺濶難以
稽查欲於舊法之中再加縝密分定三區兵船除大小汛
防外其餘月分照依派定班次日期彼此令該總哨官駕船
必至各鈐將衙門掛號取印記親筆到日哨符回銷如遇公
出不妨於備倭把總或各衛經歷司取獲到單回繳如前哨
船使風阻未回則後哨兵船照日駕赴會哨不惟偷惰之弊
可釐且似海洋有兵船聯絡之勢似為有見併請裁酌等因
移會前來該本道看得浙西一□原與直隸相連而彼中捕



魚船隻持有官給印票往往嘯聚多人直至浙西羊許二山
樵採捕魚本區防守官兵稍稍盤詰彼即執出印照一任往
來海洋或乘間搶刼商船旋即遁歸原路畢竟莫可踪跡
先事預防之法亟應講求又經行准該參議稱羊許海洋每
遇魚汛之時匪獨直隸漁船出沒而溫台寧紹各區漁船俱
集彼洋當此之時正官兵出守之際人船衆多縱有外徒不
敢為盜所慮四五月魚汛一畢漁船各收港畧而崇明各沙
船安假以樵採為名乘間為奸莫可誰何合無通行浙直海
防衙門一俟魚汛畢日即收其原給印單旗由嚴禁不許出
海捕仍行直隸總鎮衙門照依本區規則將各大小兵船

屬劉河者該船并旗蓬大書劉河營三字屬吳淞者大書吳
淞營三字商販客船各該府縣着落牙行埠頭大書其縣其
埠其字號船戶其人粉字於船尾每船稍水止容三四務令
三五船結䑸而行不得裝載多人私帶軍器及孤船行使若
成䑸貨船尾後有船戶姓名者各該官兵不必盤驗止將經
過月日船隻字號登記在官以備查考倘遇孤船及尾後無
名者許容盤驗驅逐拒犯者拿解所在官司治罪如此則冦
盜潛跡海宇肅清矣到道該本道覆看得本區沿海一帶額
設水陸官兵分布信地悉照先年舊規及奉
本都院近行每遇汛期給與哨符與浙東臨定直隸吳淞金



盤營往来交會而烽堠墩臺各撥官軍防守傳遞循環哨籌
舳艫相望聲息相通所為備禦之計極詳且密而又本道時
加申飭遵行並無阻碍則海防已屹然稱固矣前該本道因
羊許哨遠出外洋乍澉哨住守本地中有勞逸每年於正月
間議將三總哨官閫定防守汛畢仍照往例三哨半月為期
輪班偵探近查汛畢輪哨之船期滿者倘遇順風便回後哨
者苦於逆浪難往則信地無兵不無可虞復經嚴令出哨官
兵毋分期限必俟後哨船至羊山方許前船掣駕回關令信
地常有官兵以消盜萌其寧嘉二區哨船除大小二汛照派
定地方哨會外汛畢月分彼此會哨後寧區仍赴浙西嘉[illegible]

仍赴浙東各與將衙門[illegible]
使東西哨船[illegible]
仍應知會直隸[illegible]衙門一體照議[illegible]
繆至計至於本區羊山信地原與直隸相連而崇明劉河等
處沙船每假樵捕為名徑入本區海面詰之則欸有官照容
之或乘間竊刧海洋遠遯稽察為難此又不可不預為議禁
禁戢者應行彼中各該衙門凡防汛畢日盡收原給印单不
許再行越界樵捕其兵船仍以該區字號商船以該埠字號
各大書於船尾以別雜船其有越界及無號者即盤驗驅逐
如有抗拒者即行拿究行此四策庶哨法益密盜源可清而



海洋可保無事矣又准台州[illegible]備道關准[illegible]分守[illegible]嚴地
方參將事都司封建手本開據松海把總莊以莅呈[illegible]該查
得先年哨符見在遵行陸路傳籌向俱傳遞衛所報单差遣
似制至於舊章悉行遵繳酌之時勢少有補於稽考之萬一
者相應併請切照原行傳遞哨籌不分風雨寒行在[illegible]查理
殊嚴向來傳遞不敢遲滯然逓止一根仍惟一卒人[illegible]勤
或恐䑲擱為今合無將合屬烽堠查其里數相懸若干每日
請定行里若干則原發之處日發一根未發者已在百里之前
後發者必在百里之後前後挨行勢必[illegible]及各該管官凡遇
籌到[illegible]日止一根亦[illegible]三根或五根者

亦即填入報內呈報查究如各堠因循混同不明者通罰不
貸并坐管官里數限定則人不敢稽遲哨籌可以逐根派行
而絕延捱之一端矣今哨符法雖甚美亦惟逐關逐哨分
給各於左右相會驗過關照官兵固無怠玩而稽覈尤須詳
密合無於哨符之外另立信籌一十八根分循字九根環字
九根每汛聽候須發每十日傳發循環各一枝循字在向大
陳發至鯉瀨次鹿頭　灘門次派引次靈門次猫兒頭次深
門次閘口次牛頭次[illegible]窕次大佛頭次主山次東西磯鐵大
陳週圍接會環字右　同起於東西磯訖於鯉瀨鐵至大陳該
管總哨哨官掛號并[illegible]附近信地衛所如松門海門楚門前



所徤跳之處印信繳照附以　單填記籌完類繳單即類清
飛遞海上傳籌非舟莫運舟既往來絡繹不絕一望無際凡
有情形可以立曉如此可以加嚴水上會哨之一端也再照
哨籌之傳責任固在於堠卒遲速亦關於渡口別區之渡不
能查考本區如有官渡外向無渡船如楚門有東門西門二
堠之中一渡西門堠至蒲岐堠陡門之中一渡如徤跳茅頭
堠至昌國之馮家山堠一渡[illegible]至渡之中茅頭堠至馮家山陸
路約有三百餘里須得六只水面一潮有餘忽遇風波不可
計量又係交界隔屬雖向來隨宜分布僅備權宜殊非永久
可[illegible]前項無渡之處相應議處以便傳遞哨籌過渡必填時

日入單類報與同堠軍一體罰本區者遵候示下酌處交界
之所必須轉詳會議設立如此則渡口不致躭擱哨籌傳遞
之又一端也統惟裁奪等因前來據此該職備酌舊章看得
本區[illegible]一帶去處正在臨寧為浙東要衝之地海洋遼闊
[illegible]數百里疆場界限不止一二不廣總之水陸信地數多先年
[illegible]設官兵船隻星羅分布[illegible]所烽堠悉皆聯絡遇汛海上則
有本道給發哨符逐關分[illegible]陸路原係海道降給哨籌沿堠
遞送烟火相傳向依往例　傳籌會哨並無阻滯遵行原法兵
軍稱便可謂善且備矣今據該總所議烽堠哨籌計程限日
填報稽查哨符之外另立循環嚴加巡邏似為海陸加哨以



衛地方之意復該本職勘得天下有治人無治法有是實心
方有是實政不然雖有治法實政而無治人實心無益於事
也為今之計本職再加號令三軍務遵舊章着實奉行仍親
查閘加意稽覈水陸籌符計程限日應到本職衙門處所經
過送進查驗稍有違悞遲誤日時俱可盡知連將該管重懲
罪法如此則法不必更設弊不必立會哨傳籌均無阻滯偷安
之弊而原議立法美意亦可以煥然一新海洋警息可以時刻
傳聞廢法令有嚴責之政事件無增置之擾而地方有禦備
之防軍民享安寧之慶矣其蒲岐陡門昌國馮家山鉄船渡
籌之處原係隔屬合聽本道裁奪除將會哨處所烽堠該管

衛所造冊送來外煩請查照等因到道看得傳籌遞之訐偵探
為先海洋禦侮傳報貴速則我兵有先事之防無臨時之悞
水陸符籌先該當事者經畫已悉似無遺策矣今據松海把
總莊以蒞叅舊酌時議以烽堠傳籌計程限日總稽遲速哨
符之外另立循環信籌傳遞總哨掛號似為有見相應准從
但議取附近信地衛所印照并該叅欲將水陸籌符赴本叅
查驗無非戒嚴之意第恐風濤乘便而往返投領守候需時
稽遲者反得以藉口推諉且有水陸總哨等官掛號稽查似
無阻滯有難允行再查㙮門所西門堠至東門堠又西門堠
至蒲岐所雙陸門徤跳所茅頭堠至昌國衛馮家山堠三渡



皆屬要津向無官渡今其自情往來委有未便相應設立渡
船應照本區海門衛椒江渡事例楚門所設船二隻每隻撥
軍四名在於東西二堠徤跳所海面遼遠設船一隻撥軍六
名在於茅頭堠各往來傳報其造船之費應於梟所軍粮內
扣造渡軍聽有司會同備倭把總於點差時更撥如遇脩艌
渡軍自備工料如此則水陸哨探皆無阻礙永可遵守其雙
陸門馮家山二渡聽該道酌行又准温處兵巡道關行據温
州府海防同知陳禹謨呈蒙經行准叅將王元周手本開稱
行據金盤把總李孟隆呈遵行金盤衛所掌印及中遊哨黃
華等四關各總哨等官呈每年汛期於發循環哨籌及哨

在於沿海一帶烽堠南北傳遞并各關遊信海交相會哨遵
行在卷并無阻礙無容別議造冊前來該本叅看得本區信
地北自台州交界南抵福建沙埕延袤數百餘里地方遼濶
在在衝危雖水陸官兵棊布星列亦頗周匝但島嶼盤曲海
面邈茫若非官兵聯絡哨探籌符循環往來未免彼此間隔
聲息卒難相聞疎虞誠所難免業經兵巡道水兵置有哨符
汛期印給關遊會哨交塡陸路置有哨籌汛期給發臺寨南
北接遞循去環來已上二項各該管官督率於下本道叅機
察於上下不致一處間斷無容一時疎懈為法至周且密見在
遵行向無違礙合蒙



軍門屢念哨防本職豈不悉心講求第成憲犂然可遵奉行
素無違悖無可改更似難別有支議惟自今以後本職祗奉
軍門威令於汛期督汛之日將傳符之事再加嚴行稽察無
容上下因循虛應抵塞立法既善行法亦恪庶於哨防可無
悞事也并造水陸會哨傳籌文冊前來准此為照原設水陸
哨符哨籌誠為稽查海防切要已經行會王叅將通行查明
水陸向在遵行并無違礙已為詳悉經久可行無容再議似
應遵照原行交相傳遞但至汛期須叅把各官再行申明督
飭務使法令嚴明上下益加遵守則人心儆惕而海隅永保
無虞矣等因到道據此為照温區水陸官兵每遇汛期遵照

軍門舊制水兵漁唬哨船南抵福建沙埕北抵台州交界互相會哨彼此填符而陸路烽堠臺寨向置有哨籌南自瑞平等所北自後蒲等所沿海一帶交相傳遞一遵舊章無敢怠弛今奉

軍門行查仰見慎重海防至意業經據海防官會同該叅查覆前来就經本道出示申飭各該關營總哨及陸路官務要嚴督軍士晝夜偵探瞭望會哨傳籌其在風雨晦暝之日尤宜加謹倘遇警息即便舉放烽火擊兵擒剿毋容偷惰務保萬全違者軍法從事即今官兵遵守似無庸別議矣又准分守寧紹叅將陳九思手本回稱據坐營定臨把總黎弘敷詹



斌王萬年署昌國把總許好學并兵遊哨中軍把總張舜陽等呈查得各哨水兵俱照先年原定哨道汛期出守奉發哨符俱經照數分授各哨官收候在於派定信洋與隣境官兵交相巡哨填註會哨日時官捕船隻姓名海洋信地互相兑換把總官時加督察汛畢稽覈勤惰数繳海兵道查考收汛回關仍照舊分班輪撥沙唬船隻責差哨官帶赴各信洋哨邏每半月班滿仍赴本叅驗銷各遵舊制着實奉行不敢少忽各營陸兵汛期分發沿海衛所安插防禦各照分定界止交相會哨仍每五里撥塘報兵士伏路偵探聲息遇警協力堵截其沿海烽堠照額撥軍哨守春汛蒙發循環哨籌南北

挨堠往廻傳遞各陸路官逐號登記姓名日時每五日各官具單飛報並無阻碍久遠可行但各堠廠房率多圮壞未經修造雖令各軍搭蓋草房棲止傳籌瞭望此亦一時權宜非可經久亟應嚴查軍夫夯扯給料刻期完葺以備春防并開各派定會哨處所烽堠数目各到職該本職後查得寧紹區水陸信地俱係衝要海洋處處曾經盤犯故先今酌量緩急詳定哨守處所分派官兵星列棊布勢相聯絡無容更議汛期上有總鎮本叅躬巡海上復有備倭把總稽察往来督率哨總哨官帶領捕兵遠行哨探其勢自難偷惰嗣立隣區填會哨符一法最稱詳密向在遵行中間官捕奉令勤慎志切



功名按期會填時日不爽者固多或有哨道遼遠風浪阻隔捕兵憚涉波濤一次填付二三張者有之汛事將闌不復再會候集內港彼此類填以換者有之其弊皆起於汛畢類繳即有愆期規避莫能稽查本叅春汛事亟測哨探當嚴相應申飭各官務與隣區按時會哨即風潮停阻亦不許遲過五日換到哨符各總哨哨官每半月類送備倭把總即時轉繳本道查對仍將繳過某哨某號哨符張數日期同日呈報本鎮本叅以憑巡臨該信挈符稽察不許仍候汛畢類繳自無憚煩預填內港私換之弊至其沿海衛所堠墩之設每座止隔拾里烽火相望專備臨時傳報數百里聲息一二時可達沿

海最要務也近來承平人玩備弛先事者復設傳籌以防疏
惰良為有見乃時平俞久玩弛愈甚各處堠屋多有倒壞不
修旗軍無所棲止數竹片逢名為搭廠實則借宿民家至於
雞犬砲薪一無所備以致頑梗之徒及跟官人役勢豪之家
掛名影冒者足跡不到其地每墩或輪一二人傳報每寨或
留三五人宿守輪遞到哨籌任意停留或稽遲二三時或
堆積二三根為分投傳遞堠中竟無一軍陸路官因循不
行查覈年時徒糜錢粮萬有警息悞事匪細為今之計惟當
及時督責修蓋堠屋便軍棲止然後責其攤辦齊表旗軍各
帶熟米壹石貳斗并積薪備燈籠帶鑼火以防夜警不許時



刻下堠及假取辦衣粮名色嚴督用心瞭望傳遞哨籌仍置
文簿填註每日風雨陰晴字樣類繳附對陸路官臨汛則查
勘柴米諸物不時則挨墩點閘有不備不到者許同役旗軍
互相覺舉輕則徑處重則申究遞到哨籌即刻傳遞毋許仍
前遲悞片時及堆積類送者前墩稽遲本墩即於籌內條貼
其堠稽遲幾時字樣一面傳遞一面挨查該管官於傳籌報
單內開填稽悞姓名通報以便查治備倭總或巡哨該堠地
方務要登堠查閘有不到及傳籌稽遲風雨若詭者即便查
究陸路官隱蔽者一體問治大小各官隨役再有掛冒者罪
以役佔勢豪影射者罪以連坐如此庶積弊可祛庶汛無悞

矣至於前項堠軍各有家室之顧月粮不給則俯仰無資窮
累難辦督察雖勤彼得藉口今應比照民兵及海洋軍兵事
例預給粮米春汛四個月小汛兩個月安頓室家出堠瞭守
既無內顧之憂復有累餒之備督責方嚴自難推諉此師行
粮從軍得宿飽防邊要務在今日所當併議者也其昌國遊
僊南堡三寨旗軍為數獨多積弊猶甚全在該區備倭把總
嚴督守寨各官時加查閘毋容一日懈弛以絕偷安影冒之
弊又准總兵李應詔手本回稱大小二汛海洋之會籌互符
陸路之傳籌瞭望並無違阻近該本鎮於臨觀海寧二總各
給到單如臨觀者必赴浙西參將衙門海寧者必赴寧紹參



將衙門各掛號以杜就近偷安之弊復經行據各區參將議
報前來該本鎮看得法貴畫一事貴實行各該參總等官身
膺疆埸重務各所議覆固有可采而言與人殊似碍通行就
中取其最者則杭嘉湖區之議為切也各覆到道覆看得全
浙海防汛期水有哨符交相會哨陸有哨籌循環偵探防禦
之計已周督飭之令且密區畫可謂無遺略矣但人情久則
生玩要在該管官奉行惟謹耳今准各道參并總鎮所議雖
各因地制宜均之有裨時事其中如總鎮衙門近定會籌到
單編號須行臨觀海寧二總輪哨兵船赴各參將處掛號則
類籌交會之弊永革往來聲息常通此總鎮之議當行也

在嘉湖區與直隸接壤并許二山盜賊淵藪防範之計尤須
加嚴所議漁汛畢日即收原給印單旗由委可杜絕奸萌關
會隣界兵船以該區字號商船以該年字號各書於旗蓬船
尾並不許藏帶軍器裝載多人以便稽盜此事本道上年已
經呈詳今該道覆議相合亟應通知著為定例此嘉湖道之
議當行也其台州區兵船會哨申明舊章之外加以信籌水
哨之事詳且盡矣而傳籌增設官渡一節往來脊便應俟該
道酌妥數目另詳此台兵道之議當行也其温區向遵舊章
無復更轍惟再嚴行水陸官兵不得虛文相應則號令申明
部伍更肅此温處道之議當行也其寧紹區水陸大小將領

兩浙海防類考續編　卷之四　十九

等官咸遵成筭恪守夙規如參將所議烽堠屋舍火草烟缸
雞犬之類已該本道通行清理舊址行府查估修造并令各
置風火簿一扇將烽墩各防附載簿中行令備倭把總躬親
稽查本道又不時督察哨籌隨到隨遞不許違悞水操巡探
之暇責令隨地較射較藝按期操練各有汛考簿式備填日
期不許偷安至於衛所城垣向多傾圯者今已漸次修理完
固粮餉責成有司亦依期給發各無容別議外及查循環哨
籌分發收繳年來未及申明每至參差遲悞如二十八年分
春汛收繳欠繳循字號籌一十八根行文各總火速挨提催
據金盤把總李孟陰查將陸路員役王希文等官兵解道[illegible]

從輕責戒復經嚴飭通行毋得再悞違者併將備倭總[illegible]
又查先年各籌以三月十五日遞起至六月十五日免發循
去環來應該發循繳環發環繳循今節年防倭日寄出汛亦
蚤各籌既以二月十[illegible]日遞起六月十五日免發共計四個
月每日南北各發一[illegible]循環二籌一往一來扣該接遞二遍
應得發循繳循發環繳環彼此兩便復經關會嘉湖台温各
兵巡道一體督飭及通行金盤海寧并沿界松海昌國定海
臨觀各把總嚴督所轄陸路官軍籌到隨即傳遞過渡處所
撥船裝送照依舊規每五日一次類報通行在卷但本道烽
堠各墩雖列寥潤雖云[illegible]茸亦潦草遮蓋未為經久之居仍

兩浙海防類考續編　卷之四　二十

當行有司會同衛所查勘堪用錢粮各照數[illegible]理磚瓦使
軍役便於棲身不致虛催故事此寧紹道之議當行也再照
哨符哨籌遵行已久並無阻碍沿海衛所遞到報單悉照舊
規雖各道總參建議亦不過迴於舊章之內隨宜調劑再加縝
密耳除到單聽總鎮行臨觀海寧二總赴各參將衙門掛號
外合無俟詳允示備行嘉湖兵巡道照依漁汛畢日即收原
給印單旗由關會直隸兵道總參衙門將各項船隻照區照
埠編號大書姓名民船禁帶器械及攬載多人以絕并許二
山盜船橫行之害台州兵道將船查確另詳温處道嚴加申
飭水陸官兵寧紹兵道仍行各烽堠查處錢粮悉行整

頓刑法令煥然一新亦且經久可行等因呈奉
本都院詳允備行各區遵照舉行在卷○萬曆二十九年間
奉
督撫軍門劉　明文准總兵李　手本開稱除沿海烽堠待
有賊船逼近内地方可舉火傳報外今查外島若不立法傳
烽曷能聲息迅達牌行四叅将各於該區哨守海洋擇其極
高山頂為遠邇瞻望處所責令捕兵每山用石疊砌三大烽
墩每墩堆積乾柴二三十担嚴密苫蓋毋令雨濕一遇有警
本處瞭望之兵即便舉火焚燒隣哨見火亦即挨次舉放如
此雖千里之遥亦瞬息可達矣該區兵船望火起處奮勇赴



敵隣哨兵船亦即策應務收全捷且在内邉海一帶尤便預
防等因移會到院本院特行申飭見在遵行○又為軍務事
萬曆三十年間准海兵道叅議兼僉事王　咨據昌國總都
司詹斌呈稱職仰遵明令督大小兵船出洋防禦竊查前奉
督撫軍門温　刊布練兵檄開載寧紹浙西台温四區晝守
信地與各總會哨海面鑿鑿明白其南漁山字様並未開載
於寧區界盖南漁實台區之外島猶寧區之浪岡也一遇警
息不别界限動以寧區兵船督邏南漁仍不知南漁遠在台
區極島寧區官兵急於功賞毎亦間哨實非専責亦非專哨
也誠使視南漁為督哨之常必漸以南漁為寧區之屬萬一

照嘉靖中賊首王直屯據雙峙故事謀據南漁為分掠之還
亦必歸咎寧區此時執兵檄欲諉之台區不亦稱難哉以卑
職計之南漁實屬台區也查前任昌國把總方日升於萬曆
十九年間議詳兵巡海道副使張　有案但經日久遂爾無
聞合行具禀明察施行據即移會台金嚴叅将吴允忠備查
南漁山委應某區哨邏以便責成去後隨准該叅手本開稱
行據松海備倭把總莊以蒞呈蒙行據海門關總哨朱高呈
據東西磯哨官趙致忠呈查得漁山自昔迄今未聞係台外
島今乃突稱南漁山屬台區難以捏覆又據大佛頭哨官徐
興道呈查得漁山係極海遠洋歷年俱屬韭山兵船哨邏況



本信又在金齒林門之上則本區信守與漁山窵遠洞然可
知備呈到職覆查漁山所屬原無開載台區圖籍實在昌海
外洋金齒開洋西風竟日可到去歲六月奉檄進剿漁山當
初交夏至之時南風勁烈之際尤聚兵船於金齒門自南而
北不在台境昭然可考及查練兵檄内台區並無漁山字様
等因據查漁山字面刊檄委無開載今該總備細查覆誠非
推諉且練兵檄款説哨道甚明移覆到道准查南漁山乃海
中喫緊之處哨邏宜嚴今以界限不明寧台二區彼此推諉
或此地疎虞則失事之罰屬之寧乎屬之台乎備行總鎮查
議隨准手本開稱為查今春本鎮巡歷南洋徑由台寧等區

看得南漁山坐居極東下洋與昌國之金齒門海門之東西磯相對渺茫無際凡倭之來也必至此汲水窺覘乘風流突其去也則至此潛伏候風歸島實為倭夷出沒之窟及查先年有志立功將領如松海把總王有麟昌國哨總杜德輝等於萬曆三四等年或追賊或伏截收功于此但該島水深洋濶風浪異常險惡下皆沙石難以繫椗泊船惟內有一小澳可泊唬船一二十隻潮落俱閣沙塗澳口僅容唬船一隻出入兩山可以堵截澳外止用篾䉶載石投水堅舟但可暫泊俱非久泊之地每次巡哨必于昏夜窺潮候風閒或一到使倭莫知我之蹤船情形方得到手故籌海圖編海防類考續



兵橃等書並未繪載南漁山澳亦未分坐某區哨道況界在昌國海門之交似不可獨責之台又不可獨諉之寧也為今之計合聽本鎮行令台金嚴叅將吳允忠管昌國把總事都司詹斌以後凡遇汛期相度機宜聲息緩急責令諳曉海務總哨官員率令海門之主山東西磯昌國之韭山金齒門附近官兵船隻前往南漁山哨探伏截每月終各叅總將差過巡哨官兵船隻有無警息緣由呈報本鎮查考本鎮仍不時差官督領遊兵到彼會哨如或俘獲倭級以奇功論賞怠玩悞事者按法重治如此庶窮洋之險為我先據倭賊至此自無立足之地必使鯨鯢授首海氛肅清矣未准行會之先本

鎮稔知南漁為禦倭要道業已諭令道兵把總丁文麟倪一龍等兵船相繼巡哨冀收一捷以圖報稱外今准查議擬合移覆到道為查南漁山坐居昌國海門之交為倭奴出沒要道浪險石峻船難繫泊即昌國之金齒門海門之東西磯俱形若相對勢實渺茫故圖籍不載專哨二區迄無成規即先年將領於此收功昌國松海俱有之則向來無專屬之責明矣然事不畫一勢必推諉據承平之日二區已極口他託設有緩急不無袖手傍觀斯時督責蓋已晚矣今准總鎮建議二區併哨深為有見合候詳示備行各叅總遵照以後汛期南漁山哨道在海門則率主山東西磯在昌國則率韭山金



齒門各附近官兵船隻前往哨勦月終將差過官兵船隻有無警息緣由具報各兵道并總鎮查考總鎮衙門仍輪差遊兵到彼會哨有功論賞違悞重治著為定規庶二區不苦于專哨而海上備禦亦稱周密矣呈奉

督撫軍門劉　詳批嚴行二區遵照毋容推諉繳奉此見在遵行○又該兵巡温處道查得本道每遇汛期即發哨符移送本叅轉給關遊各官遵照派定汛洋各駕船隻往來會哨符上填寫會哨過年月日時總哨用關記捕隊用花押彼此互填汛畢繳查以稽偷惰為法已密又奉

本都院憲牌議將金盤遊哨并鎮下關各兵船與福建烽火

關兵船會哨每月議定壹拾貳次內金盤把總督哨官駕船
交哨肆次鎮下關督哨官駕船交哨捌次彼此交單以聯兩
省聲勢每雙月終本縣填簿轉報
軍門至汛畢之時本縣仍設有循環哨牌分發關遊總哨官
各撥漁唬小船遠出各該緊要海洋哨探亦彼此交會填註
日時及逐日哨泊處所在牌每半月一換似此立法益周哨
守愈密矣



原考

一衛所軍糧查得兩浙沿海衛所各軍有正例餘丁之分舊規以額
設與充發者俱謂正軍各照差支糧奉例頂補絕軍者亦謂
例軍不論差役輕重月止支糧伍斗其隨差操舍餘餘丁舊
例並不支糧近因海防多事始議將舍餘餘丁輳與正例軍
一體照差造支每年終該本道稽查差撥隆慶元年拾壹月
內為軍務事蒙
撫按二院批本道議呈衛所正例軍人舍餘餘丁點撥運糧常
川月支捌斗點撥出海并抵充水陸兵者常川月支壹石運
軍減存與出海汛畢各依例扣糧抵料貼駕軍汛期取用月



支壹石汛畢寄操月支陸斗望斗者照出海名色造支其餘
正差烽堠墩臺陸路瞭臨軍俱春汛二三四五月各支捌斗
小汛與餘月通支陸斗巡捕隨操吹鼓手火藥匠看守軍器
監禁衛所廳公館分司演武廳中軍樓馬政軍守附近各寨
軍兵各常川月支陸斗窰軍巡鹽軍俱月支捌斗局匠軍上
工者月支捌斗辦料者月支陸斗各官例用軍伴照舊不支
各軍職迷失官遺下正枝各人已經勘明者不分差役重輕
有無妻小俱月支壹石未勘明者照舍餘例不支糧又總小
旗已併鎗者雖撥輕差亦准月支捌斗未併鎗者照軍支糧
又操備正軍月支陸斗例軍月支伍斗已上各差旗軍除出

海抵充水陸兵者及巡鹽運糧寉局外其餘若係正例軍與
問發永遠軍但有妻小或雖無妻小而有祖父母伯叔兄弟
隨住者准照全支隻身者支肆斗伍升係問發終身軍照例
有妻者支伍斗無妻者支叁斗老幼正軍果無壯丁依倚者
月支叁斗有依倚者並不准支精壯正例軍舍餘丁存留衛
所者俱發操備并輪班防守門舖聽撥短差若係正例軍准
照操備支糧係舍餘餘丁不許另以操守門舖爲名冒支候
有警調用之日方許計日支米壹升伍合隆慶肆年爲整飭
海防以圖保障事該
欽差督撫軍門谷　題



准撫選協駕軍丁查得沿海衛所各軍生長海濱且業漁樵風濤弗畏
可選大小兵船協駕仍議加厚優恤常月給米壹石汛月加
行糧肆斗伍升隊長又月加銀壹錢及編充陸兵者常月給
米壹石汛月隊長外加工食銀壹錢什長伍分緣本道奉
勅撫理邊儲杭嘉寧紹台溫六府沿海九衛三十二所官軍月糧俱聽
本道查數批給續因海邊遼遠往返多期難以及時支放議
將松海金盤海寧衛所改於各駐劄兵巡道就近批行仍通
詳本道查覈其寧定昌紹臨觀衛所造單呈送本道批給萬
曆元年叁月內該本道副使劉　看得衛所月糧各本管官
員不思撫恤軍人視爲予奪權柄[illegible]期請給例要打點

造支就經該法通行俱於每月二十五日造單呈道即日批
府支給該府文到十日內即行支放府衛所倉吏識人等不
許措勒常例需索愆期其餘松海等衛所雖有遠近不同照
期通詳呈請先儘駐劄兵巡道衙門就近批行給發仍候本
道批詳到日開銷又爲專責成以積軍糧以防欺冒事本年
七月內該本道副使劉　照得軍儲最重積蠹多端必有專
責庶綜覈爲查各衛所食糧旗軍月有逃故爲事等項應
即除糧各該官識通同冒益已該前道覺察前弊須發小票
行令各守禦官細填逃故爲事緣由即日飛報本道仍令掌
印官隨即登入稽糧簿內月終同糧單送道查對批給法非



不善但緣衛多朋比責無專官以致譏察難窮玩愒如故或
逃故而不報或報而簿不登或登簿而糧單不除或糧單雖
除而增減月日百孔千瘡雖經本道規爲對磨屢提官識解
究難盡若非專官綜理未免奸宄日滋照得各衛經歷之設
專爲贊理本衛事務稽查丁糧前項弊端正宜本官經理邇
來鑽刺營緣營求差委其於衛務視如秦越無干誅非
國家建官初意合行紹臨觀寧定昌各衛經歷專一譏察本衛旗軍
逃亡勾補及新收開扣之數各置簿籍貫年貌疤記文簿一扇
與各執糧單相對逐月清查今後衛所但有逃故爲事患病
等項該管百戶即報守禦掌印官處守禦官當日填註原發

小票備開其百戶下旗軍其人脫逃事故等項入遞飛繳本道及行本衛經歷知會經歷即時查覈有無那移隱漏掌印官即填稽糧簿內若有預借摘支等項先已支給後造總单者俱要查扣明白先發本衛經歷查對無弊单後註經歷其人查對無弊字押其外所責于該所吏識查對明白亦於单後註吏識其人查對無弊字樣方送本道覆覈批府支給若查出小票不報或糧簿不填及增減月日等弊先提經歷後提官吏識字究罪等因備呈

欽差督撫軍門方　批如議行繳又奉備案通行各道一體遵照蒙

巡按浙江監察御史蕭　批專官稽查誠為革弊一策然非本道留心稽查稽查之人則徒以重其權而或益以增其弊也如議當時摘一二通同之奸何如此繳蒙



欽差巡按浙江等處監察御史萬　批如議候通示行繳依蒙通行遵照又為清查邊儲事本年十一月內蒙

撫按二院批布政司議呈將紹臨觀衛所官軍月糧就近呈請駐劄分守寧紹台道給發總单仍呈本道查覈批到照銷又為官員俸鈔事萬曆二年三月內准布政司照會該分守寧紹台道手本看得衛所官員俸鈔本折兼支其本色俸糧俱在駐劄各道查給而折鈔年終亦聽駐劄該道呈給庶絕重冒弊端咨行該司呈蒙

撫按二院詳允行道年終將寧定昌三衛鈔銀查覈詳行布政司支給又該本道副使劉　看得寧定昌紹臨觀六衛所官軍并各貼駕軍兵月支糧餉原議本折兼妝兼放但各該官軍不顧時詘惟利已贏一遇米賤輒欲告領折銀若遇米貴又欲支領本色緣無一定之規以致展轉告擾相應議定歸一以後每年春冬二季放支本色夏秋二季放支折銀通行各衛所造单支領永為遵守具由於萬曆三年正月內呈蒙

撫按二院詳允遵行照得衛所官軍俸糧原有定額二百餘年以來官以絕嗣緣事而揭其黃者不知其幾矣至于軍伍空虛計清出見存者不及十分之二而屯糧所餘亦何嘗有十



分之八耶拖欠雖云數多弊端殊難枚舉即今見在食糧者尚有老病而歲與全額隻身而月領雙糧或逃亡而造单不除或占役而官旗代領本管縱容不發有司查點項名展轉冒支莫可究詰其有精壯餘丁或隱漏而不上冊或上冊而不食糧既不得貼駕以資身皆相率投兵以糊口爭赴外省巧脫軍源是所養者秪多無用之徒而堪用者反為隣封之利矣去歲若查減老弱之虛糧集選餘丁之精銳如昌國等衛地方團練千名始給以隻身之糧繼升以伍斗之額堪充隊長者又從而遞加之則緩急有賴策應及時公家虛冒之糧皆為有用之食矣

續定

一衛所軍糧附官軍折鈔

萬曆二十九年正月內為海防遠計事該布政司奉

督撫軍門劉　憲牌行司將通省各衛所官軍俸鈔軍需軍

儲倉屯糧等項其衛所歲支若干派徵某府若干一一造冊

移會編緝海防奉經查將衛所官軍員名應支俸糧折鈔軍

需及軍儲倉屯糧等項派徵坐支各數目列款于後

計開

一軍儲各倉糧米內除扣充官俸及扣充餉不計外見存糧米

係本府屬徵解原坐倉厫者本折中半或全折外府協濟者

俱全徵折銀本色運倉上納折色每石折銀伍錢伍分解該

府貯庫以伍錢抵石放給官軍月糧伍分內扣貢具并淺船

料價白糧倉料等項及撥補軍儲不足之用其屯糧本折不

等本色運倉折色俱每石折銀貳錢伍分解府支給

杭州府○廣豐倉麥米共叄萬壹千貳百捌拾柒石柒斗壹升

壹合肆勺內仁錢富於昌五縣徵解麥米柒千叄百玖拾石

叄斗壹升叄勺仁錢本折中半富於昌全折紹興府諸暨縣

協濟秋米壹萬貳千壹拾陸石玖斗玖升肆合玖勺蕭山縣

協濟秋米陸千叄百貳石壹斗伍升伍合伍勺金華府金華

縣協濟秋米肆千玖百叄拾壹石陸斗叄升陸合□勺嚴州



府分水縣協濟秋米陸百肆拾陸石陸斗壹升肆合叄勺俱

全折又杭州右衛屯糧本色米柒千陸百伍石伍斗陸合貳

勺運倉折色米叄千壹百伍拾貳石柒斗壹升叄合捌勺折

銀解杭州府庫餘富二縣本色屯米貳百玖拾伍石叄斗陸

升肆合叄勺運倉折色米壹百伍拾陸石貳斗捌升捌合捌

勺折銀解府庫俱坐給前右二衛官軍○廣積倉共麥米叄

萬叄百柒拾伍石柒斗肆升壹合玖勺內仁錢富餘臨新於

昌八縣徵解米貳萬伍百叄拾石壹斗肆升肆合捌勺仁錢

餘臨新五縣本折中半富於昌三縣全折紹興府諸暨縣協

濟秋米叄千貳拾陸石叄斗肆升貳合陸勺金華府蘭谿縣

協濟秋米肆千伍百捌拾伍石伍斗玖升肆合貳勺嚴州府

淳安縣協濟秋米貳千貳百叄拾叄石陸斗陸升叄勺俱全

折又杭州前衛屯糧本色麥米陸千肆百貳拾玖石肆斗壹

升叄合柒勺折色米貳千捌百伍拾石叄斗捌升貳合伍勺

仁錢餘臨四縣屯糧本色米柒百陸拾叄石肆斗伍升肆合

肆勺本色運倉折色解府俱坐給前右二衛官軍○海寧縣

永平倉麥米共壹萬玖百柒拾石壹勺內本縣徵解柒千壹

百捌石柒斗陸升肆合玖勺本色紹興府蕭山縣協濟秋米

叄千捌百陸拾壹石貳斗叄升伍合貳勺全折俱坐給海寧

守禦千戶所官軍

嘉興府○嘉興倉麥米共捌千捌拾柒石伍斗玖升玖合捌勺
內嘉興縣徵解麥米伍千玖百玖拾玖石玖斗捌升玖合叁
勺秀水縣徵解米壹千壹百貳拾伍石陸斗玖升叁合壹勺
本折中半紹興府蕭山縣協濟米玖百陸拾壹石玖斗壹升
柒合肆勺全折又嘉興千戶所屯糧本色米貳千貳百玖拾
伍石貳斗運倉坐給嘉興千戶所官軍○海鹽縣廣儲倉麥
米共壹萬伍千捌百壹拾壹石捌斗肆合伍勺內嘉善縣徵
解米捌千伍百石捌斗伍升叁合貳勺海鹽縣徵解麥米壹
千柒百捌拾石陸斗肆升玖合伍勺平湖縣徵解麥米壹千
貳百陸拾捌石柒斗肆升陸合玖勺崇德縣徵解麥米貳千



玖拾玖石柒斗壹升俱本折中半杭州府富陽縣協濟米貳
百伍拾捌石陸斗玖升壹合叁勺湖州府長興縣協濟麥米
伍百玖拾叁石壹斗伍升叁合陸勺金華府金華縣協濟米
壹千叁百壹拾石俱全折又海寧衛屯糧本色米叁千伍百
陸拾伍石肆升折色米貳千伍百捌拾伍石伍斗本色運倉
折色解府俱坐給本衛官軍○常積壹倉麥米共壹萬叁千
叁百肆拾壹石玖斗壹升捌合貳勺內嘉興縣徵解米壹百
柒拾石伍斗秀水縣徵解麥米肆千捌百玖拾石捌斗柒升
壹合貳勺嘉善縣徵解麥米壹千肆拾肆石陸斗玖升叁勺
海鹽縣徵解米肆百叁石捌斗叁合平湖縣徵解米陸拾叁

石捌斗玖升陸合玖勺崇德縣徵解米貳百貳拾伍石貳斗
桐鄉縣徵解米陸拾陸石貳斗陸升肆合俱本折中半杭州
府餘杭縣協濟米肆百陸拾石湖州府長興縣協濟麥米伍
千陸百叁拾石貳斗伍合捌勺德清縣協濟米叁百捌拾陸
石肆斗捌升柒合[illegible]折坐給澉浦千戶所官軍○常[illegible]貳
[illegible]萬壹千伍百玖拾伍石捌斗肆升柒合伍勺內
嘉善縣徵解米壹千玖百叁石壹斗貳升肆合玖勺桐鄉縣
徵解麥米[illegible]千叁百[illegible]拾石陸斗肆合貳勺俱本折中半杭
州府餘杭縣協濟米壹千肆百叁拾貳石柒斗玖升叁合壹
勺湖州府武康縣協濟米貳百伍拾伍石壹斗孝豐縣協濟



米叁百石柒斗紹興府蕭山縣協濟米伍千叁百伍拾叁石
伍斗貳升伍合叁勺俱全折坐給乍後二千戶所官軍
湖州府○泰定倉麥米共捌千陸百陸拾玖石叁斗玖升伍合
內孝豐縣全折安吉等州縣本折中半又湖州所本色屯糧
壹千壹百玖拾叁石柒斗伍升壹合壹勺折色玖百柒拾叁
石玖斗貳升陸勺本色運倉折色解府坐給湖州守禦千戶
所官軍
寧波府○廣盈倉麥米肆萬壹千捌百叁拾叁石伍升貳合柒勺
捌抄肆撮玖圭叁粟內鄞縣徵解麥米肆千柒百陸拾石捌
斗肆升陸勺捌抄肆撮玖圭叁粟本折中半紹興府餘姚縣

協濟米壹萬柒千陸百叁拾叁石肆斗柒升伍合陸勺上虞
縣協濟米壹萬玖千貳拾壹石玖斗柒升壹合伍勺俱全折
又寧波衛屯糧本色米貳百貳拾肆石柒合折色米壹百陸
拾肆石壹斗伍升伍合鄞縣屯糧本色壹拾壹石玖斗柒升
伍合伍勺折色米壹拾壹石玖斗柒升伍合伍勺奉化縣屯
糧本色米捌斗貳升陸合折色米捌斗貳升陸合本色運倉
折色解府俱坐給寧波衛官軍○定海縣廣安倉麥米共貳
萬貳千肆百伍拾壹石玖斗貳升伍合柒勺柒抄玖撮慈谿縣
徵解麥米貳萬壹千壹百伍拾叁石肆斗陸升捌合叁抄捌撮
鄞縣徵解米叁拾壹石壹斗貳升陸合陸勺捌抄壹撮定海



縣徵解米貳百肆拾叁石玖斗柒升柒合玖勺玖抄俱本折
中半又近議將鄞縣原坐象山縣廣積壹倉秋米柒百柒拾
石改派本倉項下并紹興府嵊縣協濟麥貳百伍拾叁石叁
斗伍升叁合柒抄俱全折坐給定海衛官軍○常盈壹倉秋
米壹萬貳千柒百捌拾玖石叁斗捌升柒合陸勺定海縣徵
解本折中半坐給中中左二千戶所官軍○常盈叁倉麥
米共叁千叁百叁拾貳石壹斗肆升伍合伍勺陸抄柒撮定
海縣徵解本折中半坐給後千戶所官軍○常盈肆倉秋鹽
米共肆千玖百玖拾叁石陸斗柒升叁合伍勺陸抄玖撮內
定海縣徵解麥米肆千貳百伍拾石柒斗陸升貳合陸勺

抄貳撮本折中半又近議將鄞縣原坐常盈伍倉餘米柒百
肆拾貳石玖斗壹升玖勺貳抄柒撮改派本倉項下全折坐
給霩衢千戶所官軍○常盈伍倉秋米伍千肆拾柒石捌斗
貳升貳合陸勺捌抄柒撮叁圭陸粟叁粒鄞縣徵解近議將
本倉餘米柒百肆拾貳石玖斗壹升玖勺貳抄柒撮改派常
盈肆倉以補霩衢千戶所缺給之數實該米肆千叁百肆石
玖斗壹升壹合柒勺陸抄叁圭陸粟叁粒本折中半坐給大
嵩千戶所官軍○象山縣廣積壹倉秋米貳萬玖百玖石捌
斗陸合玖勺玖抄玖圭玖粒鄞縣徵解近議將本倉餘米柒
百柒拾石改派定海縣廣安倉以補定海衛缺給之數實該



米壹萬捌千玖百玖拾玖石柒斗叁升玖合壹勺玖抄玖圭
玖粒本折中半又昌國衛屯糧本色米壹千叁拾貳石伍斗
壹升伍勺象山縣屯糧本色米壹百柒石伍斗伍升柒合叁
勺俱坐給昌國衛官軍○廣積貳倉麥米壹萬壹千陸百伍
拾叁石肆升柒合捌勺貳撮壹圭捌粟捌粒內奉化縣徵解
麥米玖千肆百玖拾叁石壹斗陸升陸合柒勺貳撮壹圭捌
粟捌粒本折中半又近議將鄞縣原坐廣積肆倉餘米貳千
壹百石改派本倉項下全折又象山縣屯糧本色米壹石捌
斗捌升壹合壹勺爵谿所屯糧本色米肆拾玖石陸斗壹升
捌合柒勺折色米捌石叁斗捌升壹合叁勺本色運倉折色

觧府俱坐給衛鄞千戶所官軍○廣積叁倉秋米柒千壹百
玖拾石捌升肆合壹勺柒抄玖撮內奉化縣秋米伍千陸百
玖拾陸石捌斗捌升叁合玖撮本折中半又錢倉所屯糧本
色米肆百肆石陸斗陸升貳合伍勺玖抄象山縣屯糧本色
米貳拾叁石叁斗柒升肆合肆勺捌抄又本縣原坐廣積肆
倉餘米壹千陸拾伍石陸斗陸升肆合壹勺改派本倉項下
全運本色俱坐給錢倉千戶所官軍○廣積肆倉麥米共壹
萬叁千叁百肆拾玖石捌斗肆升壹合叁勺捌抄壹撮伍圭
叁粟伍粒內象山縣徵解米麥肆千貳百伍拾壹石壹斗柒
升肆合柒勺柒抄捌圭伍粟伍粒近議將本縣坐派本倉米



壹千陸拾伍石陸斗陸升肆合壹勺改派廣積叁倉以補錢
倉所缺給之數實該米叁千壹百捌拾伍石伍斗壹升陸勺
柒抄捌圭伍粟伍粒奉化縣徵解米叁千貳百肆拾捌石貳
斗叁升叁合肆勺玖抄貳撮伍圭鄞縣徵解米伍千貳百陸
拾叁石貳斗柒升陸勺壹抄捌撮壹圭捌粟近議將本縣坐
派本倉餘米貳千壹百石改派廣積貳倉以補爵谿所缺給
之數實該米叁千柒百陸拾叁石貳斗柒升陸勺壹抄捌撮
壹圭捌粟本折中半又前後二所屯糧本色米伍百壹拾玖
石叁斗貳升伍合肆勺象山縣屯糧本色米陸拾柒石捌斗
叁升柒合壹勺俱坐給前後二千戶所官軍

紹興府○如坻倉麥米共叁萬捌千叁百伍拾柒石柒斗壹升
貳合伍勺內山陰縣徵解麥米貳萬壹千捌百伍拾陸石伍
斗玖升玖合會稽縣徵解米壹萬陸千伍百壹石壹斗壹升
貳合陸勺俱本折中半坐給紹興衛官軍○山陰縣三江倉
麥米共陸千伍百柒拾捌石內山陰縣徵解米叁千陸百石
會稽縣徵解米貳千伍百肆拾叁石陸斗肆合捌勺蕭山縣
徵解麥肆百叁拾肆石叁斗玖升伍合貳勺俱本折中半坐
給三江千戶所官軍○餘姚縣常豐一倉麥米共壹萬捌千
貳百陸拾捌石內山陰縣徵解米壹萬石會稽縣徵解米柒
千捌百伍拾肆石肆斗叁升伍合陸勺俱本折中半諸暨縣



徵解麥肆百壹拾叁石伍斗陸升肆合肆勺全折俱坐給臨
山衛官軍○常豐二倉麥米共陸千壹百捌拾貳石內山陰
縣徵解米伍千柒百伍拾肆石餘姚縣徵解麥肆百貳拾捌
石俱本折中半坐給瀝海千戶所官軍○常豐三倉麥米共
伍千玖百捌石內山陰縣徵解米貳百捌拾伍石捌斗玖升
捌合叁勺會稽縣徵解米玖拾陸石陸斗伍升貳合貳勺餘
姚縣麥叁百捌拾玖石貳斗陸升壹合壹勺嵊縣徵解米伍
千壹百叁拾陸石壹斗捌升捌合肆勺俱本折中半坐給三
山千戶所官軍○常豐四倉麥米共壹萬捌千伍百陸拾玖
石陸斗陸升柒合貳勺內[illegible]肆千壹拾伍石伍

升貳合叁勺餘姚縣徵解米肆千陸百陸拾捌石叁斗壹升
陸合壹勺嵊縣徵解米肆千玖百陸拾貳石伍斗捌合貳勺
上虞縣徵解麥貳百伍拾石俱本折中半新昌縣徵解麥米
肆千陸百柒拾叁石柒斗玖升陸合全折坐給觀海衛官軍
○常豐五倉麥米共肆千玖百捌拾肆石內餘姚縣徵解米
肆千柒百伍拾貳石陸斗玖升柒合陸勺上虞縣徵解麥貳
百叁拾壹石叁斗貳合肆勺俱本折中半坐給龍山千戶所
官軍
台州府○永盈倉麥米共貳萬捌千貳百玖拾壹石伍斗陸升
叁合柒勺內臨海縣徵解麥米伍千玖百伍拾肆石壹斗伍



升捌合伍勺壹抄伍撮天台縣徵解麥米壹萬壹千肆百伍
拾伍石壹斗陸升玖合壹勺仙居縣徵解麥米捌千柒石貳
斗貳升壹合貳勺伍撮俱本折中半金華府永康縣協濟秋
米貳千捌百柒拾伍石陸合叁勺全折又台州衛屯糧本色
米陸千壹百玖拾石捌升叁合叁勺陸抄折色米壹千叁百
柒石貳斗叁升臨海黃巖天台三縣屯糧本色米肆百貳拾
玖石柒斗叁升壹合肆勺太平縣屯糧折色米肆百玖拾叁
石柒斗陸升貳合捌勺本色運倉折色解府俱坐給台州衛
官軍○臨海縣廣儲一倉麥米共壹萬陸千陸百肆拾叁石
壹斗肆合叁勺內臨海縣徵解秋米壹萬壹千貳拾玖石貳

升伍勺本折中半本縣廣儲二倉撥補本色麥柒百石金華
府義烏縣協濟麥米叁千貳百陸拾捌石陸斗玖升玖合壹
勺浦江縣協濟麥米壹千陸百肆拾伍石叁斗捌升肆合柒
勺全折又海門衛屯糧本色米壹千壹百捌拾叁石叁斗陸
升陸合捌勺折色米貳百捌拾陸石玖斗伍升黃巖縣屯糧
本色米壹拾貳石叁斗貳升壹合本色運倉折銀解府俱坐
給海門衛官軍○廣儲二倉麥米共伍千肆百玖拾叁石內
臨海縣徵解麥米伍千玖拾叁石本折中半金華府東陽縣
協濟秋米肆百石全折俱坐給海門衛前千戶所官軍○廣
儲三倉麥米共捌千柒拾玖石壹斗伍升陸合柒勺內臨海



縣徵解麥米壹千柒百貳拾壹石陸斗貳升肆合陸勺寧海
縣徵解麥米肆千肆百肆拾叁石肆斗肆升玖合壹勺俱本
折中半金華府東陽縣協濟秋鹽米壹千玖百壹拾肆石捌
升叁合全折俱坐給桃渚千戶所官軍○廣儲四倉麥米共
肆千肆百肆拾陸石叁斗肆升貳合玖勺內寧海縣徵解麥
米叁千柒百叁拾陸石叁斗肆升貳合玖勺本折中半金華
府東陽縣協濟秋米柒百壹拾石全折俱坐給健跳千戶所
官軍○太平縣廣盈一倉麥米共貳萬壹千叁百壹拾壹石
玖斗伍升陸合肆勺內黃巖縣徵解麥米壹萬玖千捌百柒
拾捌石壹斗叁升玖合貳勺本折中半太平縣徵解本色米

陸百肆拾壹石伍斗柒升柒合貳勺金華府東陽縣協濟秋
米柒百玖拾貳石貳斗肆升全折又松門衛屯糧本色米伍
百陸拾陸石貳斗玖升貳合折色米貳百貳拾肆石肆斗太
平縣屯糧本色米玖石玖斗捌升柒合肆勺本色運倉折銀
解府俱坐給松門衛官軍○廣盈二倉麥米共壹萬貳百陸
拾柒石捌勺內太平縣徵解麥米柒千叁百伍石捌勺本折
中半寧海縣撥濟本倉米捌百壹拾石太平縣撥濟本倉米
壹千叁百石金華府武義縣協濟秋米捌百伍拾貳石俱全
折坐給楚門千戶所官軍○廣盈三倉麥米共柒千柒百捌
拾肆石內太平縣徵解麥米共陸千肆百肆拾肆石仙居縣



徵解鹽米壹百貳拾石俱本折中半金華府武義縣協濟秋
米壹千貳百貳拾石全折坐給臨頑千戶所官軍○廣盈肆
倉麥米共柒千玖百陸拾玖石貳斗伍升玖合陸勺內黃巖
縣徵解秋米伍千柒百叁拾陸石伍斗壹升玖合叁勺本折
中半臨海縣徵解秋米玖百陸拾陸石柒斗肆升叁勺金華
府永康縣協濟秋米壹千貳百陸拾陸石俱全折坐給新河
千戶所官軍
金華府○永濟倉麥米共伍千捌百玖拾玖石伍斗捌升肆勺
金蘭東永武湯六縣徵解全折俱解府坐給金華守禦千戶
所官軍

衢州府○廣盈倉秋鹽米共陸千玖拾捌石貳斗叁升叁合壹
勺西安等縣徵解全折又衢州所屯糧折銀壹千叁百柒拾
肆兩叁錢叁分貳厘俱解府坐給衢州守禦千戶所官軍
嚴州府○和豐倉麥米共柒千肆百肆拾陸石壹斗壹升貳合
貳勺內建淳遂壽桐五縣徵解米叁千肆百肆拾玖石肆斗
肆勺全折金華府蘭谿縣協濟麥米柒百玖石捌斗壹升伍
勺衢州府龍游縣協濟米叁千貳百捌拾陸石玖斗壹合叁
勺全折又嚴州千戶所屯糧本色米貳千叁百陸拾伍石捌
斗陸升玖合陸勺折色米叁百肆拾叁石玖斗貳升捌勺本
色運倉折銀解府俱坐給嚴州守禦千戶所官軍



温州府○平定倉麥米共壹萬陸千肆百叁拾捌石玖斗捌升
柒合伍勺內永嘉縣徵解麥米玖千陸百壹拾捌石柒斗柒
升叁合柒勺瑞安縣徵解麥米肆千壹百肆拾石叁斗叁升
壹合貳勺俱本折中半永嘉縣撥濟本倉麥米叁百肆石柒
斗伍升柒合樂清縣撥濟本倉麥米壹百玖拾玖石柒斗肆
升叁合陸勺平陽縣撥濟本倉麥米貳千壹百柒拾伍石叁
斗捌升貳合俱全折又温州衛本色屯糧米捌千陸百柒拾
柒石叁斗肆升續為丈田畝清浮糧等事蒙水利道委官清
丈品搭實徵糧米壹萬叁百伍拾貳石貳斗陸升伍合每石
折銀肆錢俱坐給温州衛官軍○樂清縣廣豐一倉麥米共

貳萬貳千貳百柒拾貳石玖斗捌升玖合叁勺內永嘉縣徵解秋米捌千貳百玖拾捌石貳斗壹升壹合樂清縣徵解麥米伍千壹百肆拾玖石陸斗伍升叁合壹勺俱本折中半處州府青田縣協濟秋米叁千伍百叁拾肆石伍斗叁升伍合陸勺龍泉縣協濟秋米肆千玖百肆拾捌石貳斗壹升捌合貳勺慶元縣協濟麥貳百伍拾石貳斗貳升陸合伍勺景寧縣協濟麥玖拾貳石壹斗肆升肆合玖勺俱全折坐給盤石衛官軍○廣豐二倉麥米共壹萬壹千捌拾陸石貳升陸合捌勺內樂清縣徵解麥米捌千伍百柒拾柒石肆斗叁升本折中半處州府雲和縣協濟麥米壹千叁拾壹石捌斗壹升



柒合陸勺宣平縣協濟麥米壹千壹百捌拾壹石陸斗伍升叁合肆勺景寧縣協濟秋米貳百玖拾伍石壹斗貳升伍合捌勺俱全折坐給蒲岐千戶所官軍○廣豐三倉麥米共壹萬貳千叁百柒拾柒石壹升壹合捌勺內永嘉縣徵解麥米柒千貳百伍拾捌石伍斗捌升肆合貳勺本折中半平陽縣徵解秋米玖百陸拾捌石肆斗貳升柒合陸勺處州府松陽縣協濟秋米肆千壹百伍拾石俱全折坐給寧村千戶所官軍○廣豐四倉麥米共玖千柒百壹拾石壹斗柒升壹合捌勺瑞安縣徵解本折中半坐給海安千戶所官軍○廣豐五倉麥米共叁千玖百玖拾伍石玖斗捌升壹勺內樂清縣徵

解麥米貳千柒百壹石玖斗玖升陸合玖勺本折中半處州府松陽遂昌二縣協濟麥米壹千貳百玖拾叁石玖斗捌升叁合貳勺全折俱坐給盤石衛後千戶所官軍○瑞安縣豐積倉麥米共陸千叁百伍拾柒石肆升壹合壹勺瑞安縣徵解本折中半坐給瑞安千戶所官軍○平陽縣常豐倉麥米共貳千玖百叁拾叁石貳斗柒合捌勺捌抄玖撮內平陽縣徵解麥米貳千捌百叁拾叁石貳斗柒合捌勺捌抄玖撮瑞安縣徵解鹽米壹百石俱本折中半俱坐給平陽千戶所官軍○廣濟一倉麥米共壹萬貳千叁拾壹石捌斗玖升叁合肆勺俱平陽縣徵解本折中半又金鄉衛本色屯糧米貳千捌拾壹石伍斗伍升伍合叁勺平陽縣屯糧米柒拾石玖斗



伍升貳合泰順縣屯糧米陸拾叁石玖斗貳升俱全折坐給金鄉衛官軍○廣濟二倉麥米共柒千[illegible]百肆拾陸石貳斗叁升捌合壹勺伍抄伍撮內平陽縣徵解麥米叁千伍百叁拾捌石叁合肆勺伍抄伍撮瑞安縣徵解麥米肆千肆百捌石貳斗叁升肆合柒勺俱本折中半坐給沙園千戶所官軍○廣濟三倉麥米共柒千陸百貳拾石玖斗柒升伍合伍勺柒抄柒撮伍圭內平陽縣徵解麥米伍千玖百壹石柒斗貳升叁合肆勺柒抄柒撮伍圭本折中半處州府慶元縣協濟秋米壹千柒百壹拾玖石貳斗伍升貳合壹勺全折俱坐給

蒲壯貳千戶所官軍

處州府○永豐倉麥米共叁萬貳千肆百壹拾柒石玖斗玖升玖合柒勺內麗松龍雲宣景六縣徵觧麥米壹萬玖千玖百壹拾石柒斗玖勺本折中半縉遂慶景四縣徵觧麥米壹萬貳千伍百柒石貳斗玖升捌合捌勺全折坐給處州衛官軍

附官軍折鈔

一各府額徵課鈔銀兩聽給各衛所官軍折鈔支用內

杭州府額徵課鈔銀陸千肆百叁拾肆兩肆錢玖分貳釐肆毫伍絲貳忽叁微陸塵柒渺伍埃壹纖遇閏加徵銀伍百伍兩叁錢伍分柒釐叁毫肆絲○嘉興府銀壹千壹百壹拾叁兩



玖錢肆分捌釐叁毫伍絲貳忽遇閏加徵銀柒拾叁兩肆錢肆分捌釐壹毫壹絲陸忽○湖州府銀壹千壹百貳拾玖兩陸錢叁分肆釐叁毫遇閏加徵銀柒拾兩陸錢叁分玖釐貳毫○寧波府銀陸百柒拾玖兩壹錢伍分肆釐遇閏加徵銀伍拾壹兩陸錢陸分陸釐叁毫○紹興府銀壹千壹百陸拾兩貳錢柒分伍釐捌忽遇閏加徵銀捌拾玖兩伍錢壹釐陸毫柒絲陸忽○台州府銀貳百肆拾壹兩伍錢陸分叁釐陸毫貳絲捌忽肆微遇閏加徵銀玖兩叁錢柒分玖釐叁毫捌絲柒忽捌微○金華府銀伍百貳拾叁兩伍錢肆分貳釐伍毫貳忽遇閏加徵銀叁拾叁兩貳錢陸釐叁毫壹絲○衢州

府銀壹百捌拾玖兩陸錢玖分柒釐陸毫遇閏加徵銀壹拾貳兩陸錢陸分柒釐陸毫○嚴州府銀叁百伍兩肆錢玖分捌釐捌毫捌絲遇閏加徵銀壹拾捌兩玖錢陸分玖釐肆毫捌絲柒忽○温州府銀柒百兩捌錢玖分貳毫柒絲肆忽遇閏加徵銀伍拾壹兩捌錢捌分壹釐陸毫陸忽○處州府銀陸百叁拾伍兩肆錢陸分捌毫肆絲陸忽遇閏加徵銀肆拾柒兩伍錢肆分柒釐捌毫肆絲肆微

衛所官軍員名每年應支俸粮本折兼支不等本色於額坐軍儲各倉折色於該府庫軍儲銀內折鈔於布政司課鈔銀內各支給內



杭州府屬杭州前衛并左右中前後伍所指揮千百戶鎮撫等官吏壹百叁員名旗軍舍婦叁千貳百玖拾陸名口每歲約支俸粮叁萬肆千玖百玖拾壹石貳斗折鈔銀貳百柒拾柒兩柒錢貳分捌釐○右衛并左右中前後五所指揮千百戶鎮撫等官吏玖拾捌員名旗軍舍婦叁千陸百陸拾伍名口每歲約支俸粮叁萬捌千叁百貳拾柒石伍斗折鈔銀貳百陸拾伍兩肆錢玖分貳釐○海寧守禦千戶所官貳拾員旗軍田舍餘伍百伍拾玖名每歲約支俸粮肆千捌百柒拾貳石陸斗折鈔銀柒拾陸兩伍錢貳分捌釐○嘉興府屬海寧衛并左右中前四所指揮千百戶鎮撫等官吏柒拾貳員

名旗軍壹千肆拾玖名每歲約支俸粮壹萬捌百陸拾肆石捌斗折鈔銀叁百柒拾壹兩肆錢貳分零○澉浦千戶所官貳拾貳員旗軍伍百貳拾名每歲約支俸粮玖百伍拾柒石折鈔銀壹百肆拾兩伍錢陸分○乍後貳千戶所官叁拾壹員旗軍捌百陸拾名每歲約支俸粮捌千貳百陸拾肆石折鈔銀貳百陸兩伍錢捌分零○嘉興守禦千戶所官婦壹拾壹員口旗軍伍百肆名每歲約支俸粮伍千肆拾叁石陸斗折鈔銀伍拾壹兩貳錢肆分○湖州府屬湖州守禦千戶所官吏舍人貳拾貳員名旗軍捌百柒拾陸名每歲約支俸粮捌千陸百柒石折鈔銀陸拾肆兩貳錢叁分零○寧波府屬



寧波衛并左右中前後伍所指揮千百戶鎮撫等官吏捌拾貳員名旗軍舍婦叁千玖百伍拾壹名口每歲約支俸粮叁萬玖千壹百肆拾貳石貳斗折鈔銀貳百伍拾肆兩壹錢○定海衛并附屬左右中前肆所指揮千百戶鎮撫等官柒拾壹員旗軍舍餘壹千柒百伍拾名每歲約支俸粮貳萬壹千肆百捌拾陸石折鈔銀貳百貳拾玖兩壹錢零○後千戶所官壹拾伍員旗軍舍紀叁百肆名每歲約支俸粮貳千柒百玖拾捌石折鈔銀叁拾伍兩零○郭衢千戶所官壹拾叁員旗軍叁百貳拾伍名每歲約支俸粮叁千壹百肆拾石肆斗折鈔銀貳拾玖兩伍錢零○大嵩千戶所官壹拾玖員旗軍

舍人貳百玖拾肆名每歲約支俸粮叁千陸百壹拾石叁斗折鈔銀肆拾貳兩肆錢零○中中千戶所官壹拾叁員旗軍陸百伍拾壹名每歲約支俸粮陸千捌百壹拾石伍斗折鈔銀伍拾捌兩柒錢零○中左千戶所官壹拾肆員旗軍肆百肆拾伍名每歲約支俸粮肆千柒百貳拾貳石捌斗折鈔銀肆拾兩肆錢零○昌國衛并左右中前中後肆所指揮千百戶鎮撫等官吏伍拾叁員名優養舍人并旗軍壹千柒百捌拾壹名每歲約支俸粮壹萬陸千捌百捌拾石肆斗折鈔銀壹百柒拾玖兩捌錢零○前千戶所官捌員優養舍人并旗軍貳百肆拾伍名每歲約支俸粮貳千貳百壹拾陸石陸斗



折鈔銀貳拾陸兩肆錢零○後千戶所官壹拾員旗軍叁百柒拾名每歲約支俸粮肆千壹拾貳石柒斗折鈔銀貳拾捌兩玖錢零○錢倉千戶所官壹拾員優養官舍并旗軍陸百伍拾捌名每歲約支俸粮伍千叁百貳拾陸石捌斗折鈔銀叁拾壹兩玖錢零○爵谿千戶所官并命婦壹拾叁員口舍人旗軍壹千伍拾伍名每歲約支俸粮捌千捌百貳拾陸石陸斗折鈔銀肆拾柒兩伍錢零○紹興府屬紹興衛并左右中前後伍所指揮千百戶鎮撫等官吏壹百壹拾玖員名旗軍舍婦叁千柒百伍拾壹名口每歲約支俸粮叁萬捌千壹百貳石柒斗折鈔銀貳百玖拾玖兩貳錢壹分玖厘零○臨

山衛并左右中前後伍所指揮千百戶鎮撫等官吏婦玖拾
員名口旗軍舍人捌百壹拾名每歲約支俸粮壹萬貳百玖
拾壹石叁斗折鈔銀貳百玖拾兩肆錢伍分零○瀝海千戶
所官壹拾肆員旗軍捌百捌名每歲約支俸粮伍千叁百捌
拾捌石折鈔銀壹百兩陸錢玖分零○三山千戶所官壹拾
員旗軍伍百貳拾叁名每歲約支俸粮伍千叁百伍拾石折
鈔銀捌拾肆兩伍錢捌分零○觀海衛并左右中前後伍所
指揮千百戶鎮撫等官吏婦玖拾玖員名口迷失官舍壹名
旗軍舍人壹千貳百捌名每歲約支俸粮壹萬壹千捌百壹
拾玖石玖斗折鈔銀叁百貳拾捌兩玖錢柒分零○龍山千



戶所官婦壹拾叁員口旗軍伍百柒拾陸名每歲約支俸粮
肆千叁百陸拾捌石陸斗折鈔銀陸拾叁兩貳錢叁分零○
三江千戶所官舍貳拾貳員名旗軍叁百柒拾柒名每歲約
支俸粮肆千壹百石折鈔銀陸拾玖兩玖錢○台州府屬台
州衛并左右中前後伍所指揮千百戶鎮撫等官肆拾玖員
旗軍舍餘叁千叁百伍拾壹名每歲約支俸粮叁萬叁千叁
百陸拾陸石折鈔銀壹百陸拾陸兩捌錢肆分捌厘○松門
衛并左右中前後伍所指揮千百戶鎮撫等官伍拾貳員旗
軍舍婦達達壹千貳百捌拾名口每年約支俸粮壹萬貳百
壹拾貳石折鈔銀貳百肆拾肆兩貳錢肆分捌厘○楚門千

戶所官玖員旗軍舍餘肆百柒拾名每歲約支俸粮叁千
百貳拾肆石肆斗折鈔銀陸拾伍兩貳錢捌分○隘頑千戶
所官壹拾肆員旗軍舍餘叁百伍拾伍名每歲約支俸粮[illegible]
千柒百叁石陸斗折鈔銀陸拾壹兩壹錢壹分陸厘○海門
衛并左右中後肆所指揮千百戶鎮撫等官伍拾肆員旗軍
舍餘伍百玖拾壹名每歲約支俸粮陸千貳百柒拾叁石陸
斗折鈔銀貳百肆拾壹兩肆錢捌分捌厘○新河千戶所官
壹拾捌員旗軍肆百捌名每歲約支俸粮叁千貳百伍拾伍
石陸斗折鈔銀捌拾陸兩玖分陸厘○前千戶所官壹拾肆
員旗軍壹百玖拾陸名每歲約支俸粮壹千捌百貳拾柒石



折鈔銀肆拾玖兩捌錢陸分○桃渚千戶所官壹拾柒員旗
軍肆百壹拾壹名每歲約支俸粮叁千貳百玖拾壹石陸斗
折鈔銀捌拾壹兩貳錢捌分捌厘○健跳千戶所官壹拾壹
員旗軍貳百肆拾壹名每歲約支俸粮壹千玖百叁拾貳石
陸斗折鈔銀伍拾貳兩陸錢陸分捌厘○金華府屬金華守
禦千戶所官吏壹拾捌員名旗軍舍婦伍百貳拾柒名口每
歲約支俸粮折銀貳千陸百柒拾伍兩肆錢折鈔銀柒拾壹
兩肆錢柒分貳厘○衢州府屬衢州守禦千戶所官吏并官
婦壹拾捌員名旗軍并補伍餘丁起運寧餘隨操舍餘捌百
捌名每歲約支俸粮柒千柒百壹拾肆石捌斗全折折鈔銀

捌拾伍兩柒錢零○嚴州府屬嚴州守禦千户所官吏舍叅拾叅員名旗軍壹千貳百陸拾捌名每歲約支俸粮壹萬貳千伍百捌拾壹石肆斗折鈔銀捌拾伍兩伍錢捌分零○温州府屬温州衛并左右中前後伍所指揮千百户鎮撫等官吏柒拾叅員名旗軍舍婦貳千玖百柒拾柒名口每歲約支俸粮貳萬陸千玖百肆拾石折鈔銀肆百叅拾柒兩伍錢叅分陸厘○海安千户所官壹拾員旗軍捌百伍拾肆名每歲約支俸粮捌千伍百叅拾捌石折鈔銀肆拾柒兩壹分陸厘○瑞安千户所官壹拾壹員旗軍肆百肆拾玖名每歲約支俸粮肆千叅百叅拾陸石柒斗伍升折鈔銀肆拾捌兩壹錢



玖分貳厘○平陽千户所官肆員旗軍貳百貳拾伍名每歲約支俸粮壹千伍百玖拾陸石折鈔銀叅拾柒兩伍錢叅分陸厘○金鄉衛并左右中前後伍所指揮千百户鎮撫等官吏柒拾伍員名旗軍舍壹千伍百陸拾柒名口每歲約支俸粮壹萬陸千壹百柒拾捌石柒斗折鈔銀貳百肆拾陸兩陸錢捌分肆厘○沙園千户所官[illegible]拾叅員旗軍優恤婦捌百貳拾捌名口每歲約支俸粮陸千捌百捌拾石捌斗折鈔銀叅拾伍兩柒錢肆分捌厘○蒲門千户所官肆員旗軍貳百捌名每歲約支俸粮壹千柒百貳拾肆石貳斗折鈔銀壹拾捌兩捌錢捌分捌厘○壯士千户所官伍員旗軍舍餘壹百

伍拾捌名每歲約支俸粮壹千肆百玖拾肆石叅斗折鈔銀壹拾柒兩貳錢捌分○盤石衛并左右中前肆所指揮千百户等官肆拾玖員旗軍舍餘貳千壹百伍名每歲約支俸粮壹萬玖千玖百叅拾捌石捌斗折鈔銀壹百玖拾捌兩肆錢玖分伍厘○後千户所官捌員旗軍舍餘捌百壹拾伍名每歲約支俸粮伍千捌百貳石伍斗折鈔銀肆拾貳兩貳錢壹分陸厘○蒲岐千户所官壹拾員旗軍舍婦玖百肆名口每歲約支俸粮壹萬叅千貳百玖石柒斗折鈔銀捌拾肆兩貳分肆厘○寧村千户所官壹拾陸員旗軍舍餘壹千壹百柒拾伍名每歲約支俸粮壹萬叅千貳百壹拾陸石捌斗伍升



折鈔銀柒拾貳兩捌錢肆分捌厘○處州府屬處州衛并左右中前後伍所指揮千百户鎮撫等官婦捌拾壹員口旗軍壹千貳百伍名每歲約支俸粮壹萬貳千壹百陸拾石貳斗折鈔銀叅百壹拾玖兩玖錢貳分零

## 申諭

查得衛所軍粮原考載有正例餘丁之分且定關支月粮數目議例至詳見在遵守其分撥防汛出海貼駕操備各軍兵月粮近又載於官兵粮餉款項不必復贅第查各軍内有頂名冒粮獘難究詰萬曆二十七年間以海兵道按察使范看得浙省各衛所旗軍有沿海腹裏之別如在腹裏者專供

漕運重役餘撥差操防守之用其沿海正例軍人舍餘餘丁
先儘團操貼駕并充為軍漁巡船各捕隊舵兵餘者以備城
守差撥其造支单簿先年官有成規軍亦守法即如脫逃事
故等項隨即申報守巡各道仍責該衛所經歷吏識查對明
白方許呈支其法良善邇緣日久法弛竟成虛套弊孔叠出
通行查訪見在食粮衆軍內有老疾而歲支全額隻身而月
領雙粮或逃亡而造单不除或占役而官旗代領或那甲為
乙而以少支多或覆姓重名而恣侵橐槖或收納無頼義丁
而濫食官粮或指稱不敷公費而通同造冊誠有如前道所
云者隨經酌議立法稽查訂立經緯冊式令各衛所按月造



支軍額軍粮及管收除在數目悉遵成法開造呈道照冊支
給毋容紊亂備行所屬遵守宿弊已清重冒已絕見在照行
○又查為清查軍丁事該前道看得各衛所有正軍餘丁之
分有食粮不食粮之別軍額有數粮額有限故先年足食足
兵無告匱之擾近來各項撥差不將額軍抽選乃將舍餘餘
丁充数以致粮餉逾額毎歲缺支就經通行各府清軍官清
查各衛所額軍若干見在若干内充某項人役若干操守運
粮貼駕各若干其貼駕名数或盡係額軍或額外餘丁湊数
若干照式開列各項明白冊總後撒備造簡明數目各所屬
各衛毎為一小書冊呈報本道查覈以釐各軍重冒食粮之

弊○又為清查軍粮以祛宿弊事該前道查得各衛所食粮
軍人舊規但有逃亡為事患病等項該管本官除填小票飛
報各該守巡道外隨即知會該衛經歷司案候造单支粮之
時便於查對今查法久皆玩弛不行本司道查核實在應支
軍粮皆責成於經歷及各衛所識字就經通行各衛所并申
飭經歷司各官吏識查照舊規轉行各所伍官員遵照今後
遇有各軍人逃亡事故等項就於小票内備開某百戶下某
月日旗軍某人逃故字樣俱要填寫明白一報該道一知會
經歷司其該所如遇造支粮单併將近行經緯文冊俱付該
司經歷仍將日逐知會小票備細查對如果無弊单後押字



冊格内填註對同二字送道覆核若該衛所不行通報日期
及已通報而本官扶同揑飾查出即提各該官吏識字從重
究罪以上三款俱在照行○又為清查冒粮餘丁以肅軍伍
事萬曆二十七年十二月内該布政司清軍道吳　奉
督撫軍門劉　會同
巡按御史李　憲牌照得衛所軍丁毎稱消耗而軍儲錢粮
恒苦不敷皆緣衛官以異姓義男揑作舍餘各軍以異姓民
人或同姓異族揑作餘丁又有老幼殘疾冒頂正軍父充正
軍幼子紀錄逃亡故絕虛掛晃名冒食粮餉以致軍儲往往
缺乏近據同知何梃查盤處州查出該衛前項冒濫該道具

詳盡行太革軍伍一清此弊不獨處州一衛爲然在各衛率
多虚冐相應通行清查仰道即便通行守巡各道轉行駐劄
各府遵照衛所在府城者該府掌印官會同清軍官不在府
城者清軍官會同叅將把總各官將各衛所軍丁逐一清查
除正額軍新例軍與官舍軍餘果係的姓枝派强壯堪用者
俱照舊存留食粮差操如正軍已故方准幼丁紀録正軍見
在不許重冐老幼軍丁止准照例食本等名粮不許冐食正
軍月粮其餘一切異姓義男并民人頂軍及故絶鬼名等項
冐粮者盡數嚴覈革以肅軍伍衛所各官預自檢舉准免
追究如沿襲錮弊仍前容隱查出一體叅治清查明白將存



革姓名造冊具由通詳毋得聽憑衛所開報抵飾以虚文回
覆依奉備行守巡各道轉行委官督理清查造冊通詳而衛
所鬼名頂替之弊頓革儲餉自無虚冐矣

原考

一官兵糧餉查得隆慶肆年爲整兵飭海防以圖保障事該
欽差督撫軍門谷　題
准案開水陸官兵糧餉備倭把總日支銀壹錢柒分名色把總哨官
并叅遊員下中軍官日支銀壹錢貳分定昌遊哨并舟山營
各協總及漁洋巡哨官日支銀壹錢哨官旗牌督陣官并各
船捕盗耆民舵工日支銀陸分副舵工日支銀伍分叭喇唬
船隊長陸箇月汛月日支銀伍分常月日支銀肆分伍厘陸
兵隊長日支銀肆分什長日支銀叁分伍厘陸兵與各營書
記日支銀叁分水兵陸箇月汛期支銀叁分常月支銀貳分



健步雜流等役戰馬各日支銀貳分伍厘萬曆貳年正月爲
整理海防事該
欽差督撫軍門方　看得水兵衝風冐險辛苦倍於陸兵近日暗糧弊
清相應一例與給爲此題
准水兵每名每年加銀壹兩捌錢常川日支銀叁分就近團練又爲乞
憐劇哨比例加餉以勵人心事奉
欽差督撫軍門謝　批布政司覆議詳允該巡海道呈叭喇唬船隊長
常川每日支銀伍分又爲立法稽查糧餉以裕兵資以清夙
弊事蒙
撫按二院批允該本道議呈查得寧紹二府給發兵糧該府總

給府首領或縣佐貳官會同把總將領銀給散但委官出身既
卑立志欠確怯懦者憚于任怨汚染者利于扶同故將領雜
之以傾銷秉之以尅扣官帑有足數之費兵人無足數之需
議行寧紹二府故給民兵餉銀除把總哨長隊什長捕盜照
常逐名唱給外其陸兵水兵每拾名為壹封俱要鑿鑿包封
刊蓋明白行委附近縣分正官會同把總等官每兵拾名領
銀壹封眼同唱給不許總付將領以恣尅扣如有事故者俱
即當面扣除申道查覈貯府正支

續定

一官兵糧餉附總鎮𠫭遊廩給心紅



兩浙各營區水陸將領官兵軍役糧餉則例

日支銀貳錢

寧波區遊洋哨統兵將官（自萬曆叁拾年春汛為始以後俱自發汛奉委起行日起支撤汛日止）

總兵府掾史

日支銀壹錢柒分

總兵標下坐營把總○備倭把總○防礦守備

日支銀壹錢貳分

軍門標下中軍把總○總兵并海兵各道𠫭遊下中軍及各
區水陸關營軍營各領兵名色把總總哨官

日支銀柒分

軍門標下旗牌官

查得杭嚴兵巡道冊開海防類考內於隆慶肆年間題
准旗牌官日支銀陸分

日支銀陸分

軍門標下精勇哨官隊長○海道下督陣官總𠫭下旗牌官
昌國總下遊哨哨總嚴州巡哨委官○各營區水陸關營軍
營哨官捕耆民

日支銀伍分伍厘

各水哨兵船正舵工

日支銀伍分



軍門標下聽用指揮千百戶武舉等官通事精勇什長○總
兵下附造聽用官（伍員）海道下聽用官○南北二關水哨捕
盜○溫州區民唬網船隊長○嘉興唬船捕盜（汛月日加銀壹分）

日支銀肆分伍厘

杭州省城西教場軍營哨官○各水哨兵船副舵工

日支銀肆分

軍門標下精勇夷人○南北二關水哨舵工○總𠫭下教師
通事○附造聽用官（肆員）○𠫭將聽用官○各營區隊長唬槳
河田等船舵工○溫州標營中哨划唬船隊長（大汛肆箇月各日加銀壹
分）○溫州陸營隊長

日支銀叁分伍厘
各營區什長○温州標營中哨營唬船什長大汛肆箇月各日加銀壹分伍厘○又充舵工什長汛月各日加銀伍厘
日支銀叁分叁厘
軍門標下吹鼓手
日支銀叁分
軍門標下劊子手并東西貳營南北水關書記醫生吹鼓手大銃手火藥匠○海兵道旗健叅将下書記醫生并各營區書記募兵民壯兵水兵兵薪○總鎮書辦醫生親兵號手大刀劊子手○嘉兵道聽用官親兵



日支銀貳分伍厘
海兵各道總鎮叅遊標下并各營總閑遊把總下旗手健步家丁馬丁戰馬醫生吹鼓手大銃手弓匠鐵匠火藥匠○總叅下旗牌總哨官家丁○温州區民書記雜役通事○金盤把總下醫生柒名汛月照支常月不支
日支銀貳分
軍門標下優養官兒男亦有壹分支叁分者
日支銀壹分伍厘
杭州省城西教場軍營哨官家丁
月支銀壹兩

海道下民唬船捕盜汛期伍箇月每月支銀壹兩伍錢
月支銀陸錢肆分
海道下民唬船舵工汛期伍箇月每月支銀壹兩
月支銀陸錢
海道下寧吹鼓手旗手大銃手○本道民唬船民兵汛期伍箇月每月支銀捌錢壹分貳厘伍毫○軍唬船捕舵軍兵汛期伍箇月每月支銀柒錢貳分伍厘
月支銀伍錢
杭州省城西教場軍兵旗健吹鼓手銃手○嘉興陸營軍隊長○西大營中軍軍役春汛叁箇月每月加給行糧米折銀貳錢貳分伍厘○西教場軍營隊長月加餉銀壹錢○什長月加餉銀伍分○海寧軍營隊長大小



汛陸箇月每月支銀陸錢大汛叁箇月每月加給行糧銀貳錢貳分伍厘○温州軍營隊長汛月支銀陸錢
月支銀肆錢伍分
嘉興陸營軍什長○海寧軍營什長大小汛陸箇月每月支銀伍錢伍分大汛叁箇月每月加給行糧銀貳錢貳分伍厘○温州軍營什長汛月支銀伍錢伍分
月支銀肆錢
嘉興陸營軍兵雜役○温處叅将下軍伴○海寧軍營軍兵書記醫生旗健吹鼓手大銃手哨官家丁大小汛陸箇月每月各支銀伍錢大汛叁箇月每月加給行糧銀貳錢貳分伍厘○温處叅将下隨征軍旗鼓手并哨探軍軍兵雜役汛月各支銀伍錢○軍唬船隊長舵工汛月支銀捌錢貳分伍厘

○唬船軍兵汛月支銀柒錢貳分伍厘
月加餉銀
東西大營教師隊什兵各月加支銀壹錢貳分○選鋒兵各
月加支銀伍分○西教場軍營教師兵各月加支銀壹錢伍
分○選鋒兵各月加支銀伍分○選鋒兵萬曆叁拾年奉文詳允裁革
月支軍糧
紹臨觀軍中營隊什兵旗健吹鼓手大銃手并中軍旗鼓手
汛期陸箇月各支米壹石汛畢存班叁箇月各月支米捌斗
放班四原衛所休息貳箇月半各月支米陸斗又隊什兵汛
期伍箇月每月加造糧銀隊長壹錢什長伍分



月支壹石貳斗
寧紹參將下水哨并定昌貳總軍唬船捕盜汛期陸箇月每月加支米肆斗
伍升
月支壹石
軍門標下健步軍役○寧紹參將下附支隨征軍吹鼓手
總兵標下水哨軍捕盜汛期陸箇月每月支米壹石陸斗伍升　寧定區軍唬網
船舵工軍兵并協駕軍兵汛月各加支米肆斗伍升○台州區哨船隊長
汛月各加支米肆斗伍升外加餉銀伍錢○哨船軍兵吹鼓手汛月各加支米肆斗伍升
月支折色米壹石
台州區軍快旗手等役○金盤總軍隊長舵工汛月支米壹石肆斗伍升

折銀柒錢貳分伍厘又加餉銀壹錢○軍吹鼓手并駕軍兵汛月支米壹石肆斗伍升折銀
柒錢貳分伍厘
汛月支糧餘月四衛造支
金盤總漁唬船隊長舵工軍兵近議常月支米壹石復加折
色銀伍分共折肆錢伍分貼駕軍兵每汛月支米壹石肆斗
伍升折銀同前餘月分為貳班在船者支折色米壹石四衛
者正軍支陸斗餘丁支伍斗各折色○寧紹區貼駕軍兵軍
吹鼓手汛月支米壹石肆斗伍升汛畢月分軍聽訣衛所寄操照例造支餘丁舍餘無支
月支捌斗
寧紹參將下軍旗手并舟山營軍兵旗健雜役汛月各支米壹石



舟山營軍隊什長汛月各支米壹石隊長又加餉銀壹錢什長加伍分
月支陸斗
溫處兵巡道標下隨征軍前哨軍隊什兵○處州防礦軍隊
長每月加支餉銀叁錢肆分○處州軍什長每月加支餉銀貳錢玖分○處州軍兵每月
加支餉銀貳錢肆分
以上叁項近議每名月除銀玖分抵充礦課
月支伍斗
台州區貼駕隊長汛月支米壹石肆斗伍升外加餉銀伍錢○貼駕軍兵汛月
支米壹石肆斗伍升餘月正軍照支米伍斗例軍餘丁各支
米肆斗

歲支柒石貳斗 折銀叁兩陸錢
嘉興府海寧衛守城軍餘 已上萬曆叁拾年詳定伍百名於海盐縣廣儲常積等倉餘米銀內支給
一總鎮叅遊廩給心紅供應紙劄等項 附把總等官紙劄銀兩
總兵府歲支銀肆百兩 原議支布政司庫貯漁稅銀萬曆貳拾柒年奉文改支寧波府兵餉銀叁拾年復議支司庫兵餉漁稅銀
分守叅將肆員每員歲支銀壹百肆拾肆兩 俱原支司庫漁稅銀近議改支杭嘉湖溫處貳叅將各支鉠兵銀寧紹台金嚴貳叅將各支兵餉銀
坐營左遊擊歲支銀壹百伍拾兩內
日支廩給銀叁錢 於武林驛供應銀內動支



月支心紅紙劄油燭柴炭銀貳兩 於標下糧冊內造支
又紙劄銀壹兩伍錢 於東中軍糧冊內造支
右遊擊歲支銀壹百貳拾陸兩內
日支廩給銀叁錢 於武林驛供應銀內動支
月支心紅紙劄銀壹兩伍錢 於西中軍糧冊內造支
操捕都司歲支心紅紙劄銀壹拾捌兩 月支銀壹兩伍錢於軍左營糧冊內造支
標下并各水陸關營把總等官紙劄銀兩 俱附糧冊內造支
軍門標下中軍把總月支銀柒錢
查得本官每月原支叁錢萬曆拾叁年捌月起每月加銀肆錢

東西大營中軍把總月支銀捌錢 春汛叁個月每月支銀壹兩
查得各總每月原支柒錢萬曆拾伍年貳月起每月加支銀壹錢
東西大營領兵把總月支銀柒錢 春汛叁個月每月支銀壹兩
左右軍營并北關水兵把總月支銀柒錢
南關水兵把總月支銀肆錢貳分
嚴州巡哨委官月支銀貳錢捌分
查得南北貳關把總原無紙劄銀兩萬曆拾叁年間加增
備倭把總陸員各歲支銀拾兩
海寧軍營把總月支銀柒錢 汛期陸箇月每月支銀壹兩



嘉興中軍并陸營把總歲支銀拾兩貳錢
總哨官歲支銀陸兩陸錢
總鎮坐營把總歲支銀叁拾兩 原於寧波府庫貯事故軍糧銀內動支□叁拾年詳允自叁拾壹年為始改於兵餉內造支
寧波中軍陸營水哨把總月支銀柒錢 汛期陸箇月每月支銀壹兩
查得名色把總原無紙劄銀兩萬曆拾肆年間加增
遊洋哨統兵將官汛月支銀壹兩汛畢住支萬曆叁拾年間加增
紹臨觀定昌水哨總哨官月支銀肆錢 汛期陸箇月每月支銀柒錢
溫處水陸關營名色把總總哨各月支銀柒錢 汛月各支銀壹兩

衢州防礦守備歲支銀貳拾兩

又兼管左營紙劄銀壹拾貳兩

中軍右營把總歲支銀壹拾貳兩

以上叁項俱於該府庫貯扣存缺兵餉銀內扣給



原考

一戰船料稅查得定海總福蒼沙漁小哨草撇叭喇唬船壹百肆拾肆隻俱係私造給稅每年共該給銀叁千貳百陸拾伍兩捌錢伍分伍厘又閏月銀壹百叁拾陸兩叁錢壹分昌國總福蒼漁哨叭喇唬船柒拾隻俱係私造給稅每年共該給銀壹千捌百貳拾捌兩肆錢陸分捌厘又閏月銀柒拾伍兩柒錢肆分將寧波府額徵民六戰船銀肆百伍拾兩伍錢貳分又杭州府協濟民六戰船銀伍百貳拾柒兩肆錢衢州府銀貳百玖拾叁兩捌錢伍分嚴州府銀壹百肆拾伍兩捌錢幷定昌貳衛軍兵扣抵戰船糧銀貳千伍百伍拾壹兩壹錢貳分



零及各總壞船修造停支稅銀內通融抵給臨觀總福蒼沙漁叭喇唬船貳拾捌隻俱係私造給稅每年共該給銀陸百伍拾伍兩肆錢又閏月銀叁拾叁兩伍錢將紹興府額徵民六戰船料銀伍百貳拾陸兩伍錢幷臨觀貳衛軍兵扣抵戰船糧銀及各總造船停支稅銀輳給海寧總福蒼沙哨叭喇唬船伍拾叁隻俱係官造每年約用工料銀陸百餘兩將嘉興府額徵民六戰船銀貳百柒拾玖兩玖錢幷海寧衛軍兵扣抵戰船糧銀及外府協濟民六戰船銀輳給松海總兵船內福蒼艟艚漁船伍拾柒隻係私造給稅叭喇唬船肆拾陸隻係官造每年約用船稅工料銀壹千伍百柒拾餘兩將台

州府額徵民六戰船銀貳百叁拾叁兩壹錢并松海貳衛軍
兵扣抵戰船銀又外府協濟民六戰船并漁税銀轃給金盤
總兵船内漁船壹拾玖隻係私造給税每年詼給税銀伍百
壹拾叁兩又福蒼草撇叭喇唬船陸拾隻俱係官造約用工
料銀貳千兩將温州府額徵民六戰船銀叁百陸拾肆兩伍
分并金盤貳衛軍兵扣糧銀及外府協濟民六戰船
并漁税銀兩轃給其江北關巡哨兵船如有損壞計估料
銀行布政司動支無碍銀修理定海中正貳哨續添沙船
貳拾隻唬船肆拾隻每加税銀伍百伍拾兩於觧司漁税
銀内扣支軍捌槳船貳拾隻照舊規扣軍糧自造



續定

一戰船料税

嘉興區

海寧總民造福蒼沙唬小哨船共捌拾玖隻年額税銀共壹千
壹百伍拾肆兩叁錢陸分内〇每隻年給税例〇福船柒拾
肆兩叁錢肆分〇蒼船貳拾肆兩〇沙船内壹等貳拾伍兩
〇貳等貳拾貳兩〇小哨船壹拾貳兩〇唬船肆兩以上税銀於嘉
興府額派料銀并本區修造各船限内扣省舵兵月糧銀内支給

紹興區

臨觀總民造福草蒼漁沙唬共叁拾肆隻年額税銀共柒百捌
拾兩柒錢捌分壹釐貳毫内〇每隻年給税例〇福船柒拾
伍兩陸錢〇草撇船伍拾壹兩捌錢肆分〇蒼船貳拾肆兩
〇漁船壹拾玖兩伍錢〇沙船貳拾伍兩〇唬船肆兩以上税銀
於紹興府額派料銀内支給

寧波區

定海總總兵標下民造福蒼鐵頭沙漁唬小哨輪船共捌拾陸
隻年額税銀共壹千叁百壹拾兩壹錢捌分肆毫
遊洋哨民造鐵漁沙唬船共壹百肆隻年額税銀壹千貳百柒
拾貳兩伍錢
叅將標下民造福艚鐵頭沙唬船共陸拾貳隻年額税銀捌百



伍拾肆兩玖錢貳分捌釐
定海昌國貳把總下民造福草蒼艚鐵頭沙漁殼艚唬船共壹
百陸拾肆隻年額税銀叁千柒百叁拾壹兩柒錢肆分玖釐
〇各船每隻年給税例〇福船内壹號捌拾陸兩肆錢每遇月小減支貳錢肆分〇貳號福船柒拾伍兩陸錢月小減支貳錢壹分〇蒼船蒼艚
艚艚鐵頭漁船各貳拾肆兩〇鐵頭船叁拾兩〇漁船漁挑
船各壹拾玖兩伍錢〇沙船内壹等叁拾兩〇貳等貳拾伍
兩〇叁等壹拾玖兩伍錢〇草撇船内壹等伍拾貳兩肆錢
壹分陸釐〇貳等伍拾壹兩捌錢肆分〇小哨殼哨船各壹
拾貳兩〇輪船唬船各肆兩以上税銀除遊洋哨於嘉紹台温肆府缺兵銀寧波府漁商貳

餉銀并本遊缺兵銀內奏給外餘哨俱於寧波府額派料銀衢嚴叁府協濟銀抵給如有不敷仍於該府兵餉銀內奏足支給

本區鳥船係官造每隻給料價銀壹百柒拾兩例不給稅

台州區

松海總民造福海艟艚鐵哾船共壹百陸隻年額稅銀壹千玖百玖拾伍兩陸錢內○每隻年給稅例○福船內壹號玖拾兩○貳號柒拾伍兩○海滄船肆拾伍兩叁錢陸分○艟艚船貳拾捌兩○鐵頭船沙船各貳拾貳兩○哾船肆兩以上稅銀於台州府額派料銀金華府協濟銀并本區修造各船限內扣省與舵兵月糧銀抵給如有不敷仍於該府兵餉銀內奏足支給



温州區

金盤總官造改稅福草船壹拾伍隻民造官稅鐵頭捌槳漁沙鳥船貳拾柒隻年額稅銀壹千伍百壹拾柒兩貳分內○每隻年給稅例○福船內貳號柒拾貳兩○叁號陸拾肆兩捌錢○肆號伍拾柒兩陸錢○草撇船肆拾陸兩玖錢捌分○鳥船肆拾兩○鐵頭船貳拾柒兩○捌槳船壹拾貳兩○民漁船壹拾陸兩○沙船壹拾玖兩伍錢

又官造修民漁哾網船共捌拾捌隻新增漁哾划網船壹拾伍隻每年造修期限參差數目難以約算其年限規則額給料價已備修造戰船款內以上稅銀料價於溫州府額派料銀處州府協濟銀抵給如有不敷即於本區修造各船限內扣省舵兵月糧銀內奏足支給

查得各區軍漁哨哾船大小划網船并河田船俱係各隊兵自造自修例不給稅

備錄　萬曆二十八年八月內該海兵道按察使范　奉督撫軍門劉　批本道呈詳中正定臨昌四總兵船稅銀歲該伍千玖百陸拾叁兩柒錢肆分內銀貳千柒百貳兩伍錢先年會議於定昌衛所軍糧內扣封爲因軍糧不敷改於商稅銀內支給今因商稅改充額課近議仍於軍糧扣抵查得軍儲歲派之數僅敷歲支熱之徵解不前每每告乏前項船稅萬不可少請乞批行布政司改於兵餉銀內支給呈奉本都院詳批司庫餉銀近因調兵借發數多額支不敷船稅似難改派應否即於該府庫貯缺兵餉內支用仰道再查議報行據寧波府申覆扣封缺兵餉銀陸續奉文支放已盡二十七年八月內奉文改將軍火器械犒賞行糧等銀共貳千肆拾壹兩俱於缺兵銀內支給及查缺兵餉銀自二十四年以後每年所扣不及壹千奉文支抵軍火器械等項支用尚且不敷安得有餘充抵戰船稅銀合無俯照原議於兵餉銀內支給呈覆到道據此爲照湊給戰船稅銀貳千柒百貳兩伍錢改議軍糧扣抵又因軍糧本項歲給不敷已經呈詳加派兵餉撥給奉批即於該府缺兵餉內支用但缺兵餉銀每年所扣不及壹千每年額支貳千肆拾餘兩已在難處豈能又有貳千柒百之餘若非改於兵餉必致臨期缺乏及查貳拾陸年加增水兵盡數減革兵餉仍照上年派徵奉文照數扣解還司合無即於此內撥給前數不惟緩急有濟事體亦得畫一等因奉批准照數撥給仍移文布政司支給繳蒙行本司遵照扣留抵用外已後年分俱該布政司撥派於兵餉銀內支給見在遵行

原考

一軍需犒賞查得軍衛支出與往年皆取之軍以給公需及有軍吏則
其費盡出於軍吏多告不均乃議派軍需盡革軍吏行派銀
數又因歲久軍吏軍吏雖革復立直廳柱頭飯頭耆老之類
終屬病軍隆慶貳年伍月內爲申明會計軍鈔抵充軍需以
甦疲困以免濫費事該前道副使蔡　查得每年旗軍鈔銀
向被奸徒貪緣領侵旗軍未沾實惠軍需催督無辦議將旗
軍應領之鈔抵充旗軍應辦之需誠爲官軍兩便會計軍需
額徵續派之數參酌損益著爲定規以後衛所查照今定軍
需除進軍賞鈔仍舊支給外并官鈔止聽該府每年量扣每衛



玖兩守禦所叁兩外所貳兩伍錢餘亦給官外旗軍月支折
鈔俱盡數聽留府庫筭抵軍需其不敷之數掌印官議定旗
軍若干扣筭一面出示知悉一面具文在省衛分申督糧道
其餘衛所申海兵道批府於月糧內查扣解給其軍吏柱頭
耆老飯頭等項從實裁革會同三司各道覆議呈奉
撫按二院詳允并將各衛所應編軍需銀數已經刊書見行及
查總兵衙門每歲原議犒賞銀貳千兩於布政司兵餉銀內
支解收貯定海縣取用於嘉靖肆拾年閏伍月爲出巡事奉
欽差總督軍門胡
巡按浙江監察御史崔　批布政司呈查得兵餉錢糧近有
定額議將犒賞銀兩改於杭州等拾壹府通融均派杭嘉湖
金紹處陸府各貳百兩寧衢台嚴温伍府各壹百陸拾兩共
徵銀貳千兩解貯該司內壹千兩仍聽總兵軍前賞用將減
革壹千兩分解杭嘉湖寧紹台金嚴溫處四叅將每叅將貳
百伍拾兩聽其犒賞支用其每年徵收漁旗稅銀內除寧波
府買辦旗布料價外餘銀收貯定海縣亦聽總兵衙門賞用
又查各區備倭把總浙東遊兵今改紹興統兵把總廩給心
紅等項原派均平及衛所供辦續爲乞恩議處錢糧以公賞
罰事嘉靖肆拾伍年伍月內該前道副使蔡　議將各官廩
給按月隨兵入冊支餉行移心紅紙筆與軍前零賞等用每



年陸備倭把總各該銀叁拾兩統兵把總該銀貳拾肆兩呈
詳海兵各道批行該府於事故軍糧銀或折糧餘銀內給發
年終造冊請詳開銷永爲定規不許仍派衛所供辦備由呈
蒙
撫按二院詳允見在遵行

續定

一衛所軍需附公費犒賞
查得各衛所每年應用表箋袱匣路費軍三器料價櫃索
祭旗火藥修城紙劄糧單清勾歲支歲用旗役折鈔等冊行
移勘合地里圖本武舉刷卷總叅都司并經歷司家伙等項

一應軍需錢糧各衛所額辦數目不等俱先儘辦軍折鈔請
抵不足之數將月糧扣足支用內
杭州府屬杭州前衛每年額辦軍需銀肆百壹拾壹兩壹錢叁
分肆釐貳毫叁絲捌忽伍微○右衛每年額辦軍需銀伍百
陸兩玖錢陸釐○海寧守禦千戶所每年額辦軍需銀壹百
玖拾肆兩捌錢捌分壹釐叁毫貳絲柒忽伍微捌塵○嘉興
府屬海寧衛每年額辦軍需銀叁百叁拾柒兩肆錢伍分陸
釐零○澉浦千戶所每年額辦軍需銀柒拾肆兩叁錢貳分
零○乍浦二千戶所每所每年各該額辦軍需銀陸拾玖兩
叁錢貳分零○嘉興守禦千戶所係直隸所轄例不派解浙



省軍需惟本所進
表紙劄路費并日逐行移與查盤閱操等項每年大約該銀貳拾陸
兩玖錢零○湖州府屬湖州守禦千戶所每年額辦軍需銀
叁百壹拾陸兩伍錢壹分伍釐零○寧波府屬寧波衛每年
額辦軍需銀肆百捌拾兩壹錢貳分貳釐捌毫伍絲○定海
衛每年額辦軍需銀肆百貳拾兩捌錢壹分玖毫伍絲○後
千戶所每年額辦軍需銀玖拾肆兩貳錢肆分○霩衢千戶
所每年額辦軍需銀玖拾柒兩捌錢○大嵩千戶所每年額
辦軍需銀壹百肆兩壹錢玖分○中中千戶所每年額辦軍
需銀壹百叁拾貳兩柒錢叁分○中左千戶所每年額辦軍

需銀壹百壹拾柒兩肆錢陸分○昌國衛每年額辦軍需銀
叁百捌拾陸兩捌分肆釐壹毫伍絲○前千戶所每年額辦
軍需銀捌拾壹兩○後千戶所每年額辦軍需銀捌拾陸兩
肆錢捌分○錢倉千戶所每年額辦軍需銀壹百壹拾柒兩
伍錢叁分○爵谿千戶所每年額辦軍需銀壹百叁拾柒兩
肆錢陸分○紹興府屬紹興衛每年額辦軍需銀伍百貳拾
兩陸錢肆分捌釐壹毫捌忽零○臨山衛每年額辦軍需銀
肆百兩壹錢壹釐捌毫柒絲零○瀝海千戶所每年額辦軍
需銀壹百貳拾伍兩捌錢貳分柒釐叁絲零○三山千戶所
每年額辦軍需銀壹百貳拾壹兩肆錢陸分柒毫叁絲零○



觀海衛每年額辦軍需銀肆百肆拾叁兩叁錢柒分捌釐伍
毫貳絲零○龍山千戶所每年額辦軍需銀壹百叁拾貳兩
叁錢柒分陸釐陸毫陸忽零○三江千戶所每年額辦軍需
銀壹百貳拾叁兩肆錢○台州府屬台州衛每年額辦軍需
銀肆百玖拾伍兩肆錢叁分肆釐陸毫叁絲捌忽叁微叁塵
○松門衛每年額辦軍需銀叁百伍拾陸兩捌錢壹分肆釐
伍絲○楚門千戶所每年額辦軍需銀玖拾柒兩叁錢叁釐
玖毫柒絲貳忽壹微○隘頑千戶所每年額辦軍需銀柒拾
陸兩伍錢貳分○海門衛每年額辦軍需銀叁百陸拾捌兩
肆錢陸分叁釐壹毫叁絲○新河千戶所每年額辦軍需銀

壹百壹拾叁兩陸錢伍分〇前千戶所每年額辦軍需銀玖
拾叁兩柒錢柒分〇桃渚千戶所每年額辦軍需銀柒拾柒
兩壹錢貳分〇健跳千戶所每年額辦軍需銀柒拾柒兩壹
錢貳分〇金華府屬金華守禦千戶所每年額辦軍需銀壹
百叁拾叁兩陸錢陸分柒釐玖毫捌絲柒忽伍微捌塵〇衢
州府屬衢州守禦千戶所每年額辦軍需銀壹百捌拾伍兩
肆分柒釐零〇嚴州府屬嚴州守禦千戶所每年額辦軍需
銀壹百伍拾兩陸錢玖分叁釐零〇溫州府屬溫州衛每年
額辦軍需銀貳百肆拾玖兩陸錢柒分〇海安千戶所每年
額辦軍需銀捌拾兩叁錢貳分〇瑞安千戶所每年額辦軍



需銀捌拾兩叁錢貳分〇平陽千戶所每年額辦軍需銀捌
拾兩叁錢貳分〇金鄉衛每年額辦軍需銀貳百伍拾兩陸
錢柒分〇蒲門千戶所每年額辦軍需銀柒拾柒兩叁錢貳
分〇壯士千戶所每年額辦軍需銀柒拾柒兩叁錢貳分〇
沙園千戶所每年額辦軍需銀捌拾貳兩貳錢貳分〇盤石
衛每年額辦軍需銀貳百肆拾陸兩貳錢柒分〇後千戶所
每年額辦軍需銀捌拾兩叁錢貳分〇蒲岐千戶所每年額
辦軍需銀捌拾兩叁錢貳分〇寧村千戶所每年額辦軍需
銀捌拾兩叁錢貳分〇處州府屬處州衛每年額辦軍需銀
叁百肆拾兩捌錢叁分伍釐零

附公費犒賞

軍門標下并海兵等各道總鎮參遊守把等官每年春秋二汛
祀江發汛汛畢操巡犒賞公費行糧等項銀兩則例

軍門標下

各營將領總哨官兵春汛誓師祭祀等項約銀壹百陸拾陸
兩零

各營官兵督發沿海防汛犒賞約銀叁拾兩

標兵汛畢回營犒賞約銀肆百餘兩以上三項於布政司庫貯缺兵銀內動支

杭嚴兵巡道春初開操犒賞約銀壹百餘兩

閱操較藝犒賞約銀壹百兩以上二項於布政司庫貯曠兵銀內動支



備錄　查得該道冊開每年例應閱操較藝官兵壹次衆議犒賞該
銀柒拾兩先年止有民兵捌總軍兵貳總近年民兵拾總大
約該銀壹百兩呈請
軍門批司支發

左遊擊公費銀壹百兩

防汛犒賞銀貳拾兩

較藝犒賞銀叁拾兩以上三項於布政司庫貯缺兵銀內動支

秋操小賞銀拾兩於布政司庫貯曠兵銀內動支

右遊擊公費犒賞等項銀兩俱與左遊擊同

標捕都司軍前犒賞銀貳拾兩於布政司庫貯缺兵銀內動支

嘉湖兵巡道犒賞銀柒拾兩於嘉興府長夫充餉內抽扣

杭嘉湖參將軍前犒賞銀貳百伍拾兩內支布政司庫貯漁稅貳拾柒年改支

嘉興府缺兵餉銀

海寧備倭把總犒賞銀貳拾兩於嘉興府缺兵餉銀內動支

海兵道春秋二汛祀江開操犒賞銀肆百叄拾兩

本區官兵汛囬犒賞銀叄百陸拾兩以上二項向支寧波府漁稅銀萬曆貳拾柒年改支本府缺兵銀叄拾年仍支商漁稅銀

開操較藝并賞防汛標兵及軍前賞賚銀貳百兩於商漁稅銀內支用

遊洋哨發汛犒賞銀叄拾玖兩陸錢貳分於定海關商稅銀內動支係萬曆叄拾年議增

總兵公費銀肆百兩於定海縣商稅銀內動支

軍前犒賞銀壹千兩向支布政司或寧波府漁稅銀萬曆貳拾柒年改支該府兵餉及缺兵銀叄拾年仍議支布政司庫貯兵餉及漁稅銀



又每年製旗給漁船出洋採捕原徵漁戶旗稅除該寧波府製旗價銀約壹百兩給舖行外尚餘旗稅銀叄百兩聽本鎮犒賞公用

犒賞遊洋哨防汛官兵銀貳百兩於寧區商稅銀內動支

本鎮巡歷嘉台溫三區犒賞銀壹百伍拾兩於缺兵銀內動支嘉興府肆拾兩台州府伍拾兩溫州府陸拾兩以上二項俱萬曆叄拾年議增

寧紹參將軍前犒賞銀貳百伍拾兩向支漁稅銀萬曆貳拾柒年改支寧波府兵餉銀

本鎮標下坐營把總犒賞銀伍拾兩向支寧波府漁稅銀萬曆貳拾柒年改支本府兵餉銀

遊洋哨統兵將官貳員各犒賞銀拾兩於布政司遊兵餉銀內動支係萬曆叄拾年議增

臨觀備倭把總犒賞銀貳拾兩

【附議】查據紹興府冊開臨觀總犒賞前項原於衛所選官軍糧并支剩折銀內支給今查衛所軍糧久缺給並無存貯相應於缺兵銀內動支

定海備倭把總犒賞銀貳拾兩

昌國備倭把總犒賞銀貳拾兩以上二項俱於寧波府事故還官軍糧銀內動支

昌國防汛標兵并遊擊中軍員役每年約支行糧銀壹百壹拾兩向支象山縣漁稅銀萬曆貳拾柒年改支缺兵餉銀叄拾年仍支漁商稅銀

舟山防汛標兵每年約支行糧銀肆拾壹兩向支定海縣漁稅銀萬曆貳拾柒年改支寧波府缺兵餉銀



台州兵巡道春秋二汛祀江開操犒賞銀壹百陸拾貳兩

本道中軍開操祭旗銀叄兩

犒賞防汛標兵銀叄拾伍兩

本區官兵汛囬犒賞銀壹百六拾兩以上四項向支台州府漁稅銀萬曆貳拾柒年改支缺兵餉銀

本道閱操較藝巡歷沿海地方犒賞銀貳百兩向支台州府漁稅銀萬曆貳拾柒年改支本府缺兵餉銀壹百伍拾兩漁稅銀伍拾兩

台金嚴參將軍前犒賞銀貳百伍拾兩向支漁稅銀萬曆貳拾柒年改支本府兵餉銀

防汛標兵并遊擊中軍員役每年約支行糧銀壹百貳拾叄兩向支臨海縣漁稅銀萬曆貳拾柒年改支台州府缺兵餉銀

松海備倭把總犒賞銀貳拾兩於台州府事故還官軍糧銀內動支

溫處兵巡道春秋二汛杷江閱操犒賞銀貳百貳拾兩向支溫州府漁稅銀萬曆貳拾柒年改支本府缺兵餉銀

本道軍前犒賞銀叁百陸拾兩於溫州府漁稅銀內動支

本區官兵汛畢犒賞銀貳百柒拾兩向支溫州府漁稅銀萬曆貳拾柒年改支本府缺兵餉銀

犒賞防汛標兵并行糧等銀壹百壹拾貳兩向支平陽縣漁稅銀萬曆貳拾柒年改支溫州府缺兵餉銀

守巡二道巡歷地方操賞公費等銀肆拾肆兩向支溫州府漁稅銀萬曆貳拾柒年改支本府塗租餘銀



溫處參將軍前犒賞銀貳百伍拾兩向支溫州府漁稅銀萬曆貳拾柒年改支本府缺兵餉銀

金盤備倭把總犒賞銀貳拾兩於溫州府事故還官軍糧銀內動支

衢州守備賞銀叁拾陸兩

開操祭旗銀伍兩伍錢

霜降祭旗銀陸兩以上三項於衢州府缺兵銀內動支

一每年春汛期畢奏

督撫軍門犒賞水陸各總防汛動勞官兵內坐營備倭把總各銀伍錢名色把總旗牌聽用總哨官各肆錢哨官各貳錢捕者隊長各壹錢什長舵工各伍分兵軍雜役各貳分俱以見在名數照用給賞於汛畢犒賞銀內動支

**備錄**　查得原考所載軍需銀兩先該前道蔡　議將各衛所旗軍應領鈔銀抵辦會計軍需額徵續派之數參酌損益著爲定規今已併錄於前萬曆貳拾玖年叁月內爲海防遠計事奉督撫軍門劉　憲牌內開軍需犒賞款內無總鎮公費及遊擊操司公費犒賞與標下外區汛賞各數目俱宜附載今案查總鎮及四參將公費犒賞銀兩原議派行杭州等十一府繳解司庫給發詳奉

督撫軍門谷　題允將總參犒賞供應與船稅補給置造軍火器械

軍門犒賞獲功人員俱於寧台溫三府漁稅等銀內動支寧波以柒千兩爲額叁千兩留用肆千兩解司台州以貳千肆百兩爲額壹千叁百伍拾兩留用壹千伍拾兩解司溫州以伍千柒百兩爲額壹千捌百兩留用叁千貳百兩解司抵充前用至萬曆捌年因寧台溫三府漁稅節年拖負多不完解該布政司議將四參犒賞廩給等銀分派於駐劄府分或漁稅或堪動銀兩徑聽該道議呈支給其軍門并總鎮每年額用犒賞銀兩仍聽司庫動支漁稅等銀至萬曆貳拾柒年奉



旨專差內使將漁商等稅銀兩徵收解京以致充餉諸費無從處給隨奉

督撫軍門劉　案行布政司將前項年額公費犒賞等項改支兵餉與缺兵餉銀及清出漁商漏稅塗租牢稅等銀應用見在遵行其節年沿革條議附入漁稅事宜款內

兩浙海防類考續編卷之四

兩浙海防類考續編卷之五

原考

一各府額餉查得兩浙自倭患蔓延事勢危突征調兵多派餉費廣
卽于各府官民田地山蕩内派徵幷括取闔省民壯弓兵皁
隷軍儲預備米銀等項每年計用餉銀陸拾捌萬叁千餘兩
近年以來海警頗寧兵費漸省嘉靖肆拾伍年間奉
欽差總督軍門劉　次第議減每年派徵田地山銀叁拾叁萬柒千伍
百貳拾壹兩貳錢壹分柒釐零充餉皁隷等項冗役幷預備
米銀共捌萬貳拾玖兩捌錢通共銀肆拾壹萬柒千伍百伍
拾壹兩壹分柒釐零隆慶貳年間奉



欽差督撫軍門趙　案驗題
准減免銀壹拾陸萬貳千柒百玖拾陸兩陸錢伍分捌釐零隆慶肆年
間奉
欽差督撫軍門谷
巡按浙江監察御史周　會
題自隆慶伍年爲始又減去陸萬柒百兩有零萬曆貳年奉
欽差督撫軍門方　查出各府屬軍儲等倉歲餘米幷華軍省米共折
銀伍萬肆千柒百肆拾兩捌錢肆分壹釐零俱充餉用見今
每年額餉派徵田地山銀田每畝徵銀伍釐地每畝徵銀叁
釐肥山梅竹山每畝徵銀壹釐共徵銀壹拾陸萬伍千伍百
壹拾壹兩玖錢柒分伍釐零充餉皁隷冗役解户預備米銀
共肆萬貳千捌百陸拾壹兩貳錢叁分伍釐叁絲又抽布按
二司幷各道運司冗役銀柒百玖拾捌兩布政司曆日餘銀
伍百兩幷前各倉餘米華軍省米折銀伍萬肆千柒百肆拾
兩捌錢肆分壹釐玖毫每年通共銀貳拾陸萬肆千肆百壹
拾貳兩伍分壹釐玖毫叁絲内

額餉銀

闔省田貳拾柒萬貳千叁百陸拾肆項肆拾畝伍分捌釐零每
畝徵銀伍釐共銀壹拾叁萬陸千壹百捌拾貳兩貳錢貳釐
玖毫



地陸萬貳千貳百玖拾捌項陸畝肆分玖釐零每畝徵銀叁釐
共銀壹萬捌千陸百捌拾玖兩肆錢壹分玖釐肆毫柒絲
肥山壹拾萬陸千肆百叁項肆拾玖畝貳分零每畝徵銀壹釐
共銀壹萬陸百肆拾兩叁錢肆分玖釐貳毫

充餉銀

解户銀叁千陸百肆拾伍兩
皁隷伍百柒名該銀肆千伍百陸拾叁兩
冗役伍百肆拾壹名該銀貳千玖百玖拾伍兩捌錢
預備秋鹽米折銀叁萬壹千陸百伍拾柒兩肆錢叁分伍釐叁
絲

屬倉餘米并華軍省米折銀伍萬肆千柒百肆拾兩捌錢肆分
壹釐玖毫

杭州府

額餉銀

田壹萬玖千玖百玖拾壹頃捌拾壹畝肆分零每畝徵銀伍
釐該銀玖千玖百玖拾伍兩玖錢柒釐零
地柒千玖百柒拾叁頃伍拾伍畝伍分零每畝徵銀叁釐該
銀貳千叁百玖拾貳兩陸分伍釐
山壹萬貳千肆百貳拾柒頃玖拾畝零每畝徵銀壹釐該銀
壹千貳百肆拾貳兩柒錢玖分零



充餉銀

解户銀壹百貳拾兩
皂隸銀伍百肆拾兩
冗役銀陸百壹拾叁兩貳錢
預備秋米折銀壹百壹拾兩肆錢陸分玖釐壹毫伍絲
軍儲餘米銀捌百叁拾壹兩玖錢伍分陸釐肆毫
以上銀兩俱全徵解布政司聽給標下官兵廩糧支用

嘉興府

額餉銀

田叁萬捌千壹百玖拾捌頃陸拾畝壹分零每畝徵銀伍釐
該銀壹萬玖千玖拾玖兩叁錢
地肆千伍百叁拾捌頃肆分零每畝徵銀叁釐該銀壹千叁
百陸拾壹兩肆錢零
山叁百陸拾陸頃壹拾叁畝貳分零每畝徵銀壹釐該銀叁
拾陸兩陸錢壹分零

充餉銀

皂隸銀貳百叁拾肆兩
冗役銀叁百玖兩
解户銀柒百伍兩
餘米折銀壹萬壹千肆拾捌兩伍錢肆分肆釐伍毫



嘉興兵巡道所轄嘉興海寧總水陸官兵歲該派給餉銀貳萬
貳百肆拾貳兩捌錢
查得以上田地山銀内留壹萬陸千陸拾捌兩陸錢又省米
銀貳千壹百叁拾伍兩陸錢肆分肆釐伍毫倉餘米銀貳千
叁拾捌兩伍錢伍分伍釐伍毫扣存本府聽給水陸官兵支
用外撥餘田地山銀肆千肆百貳拾捌兩柒錢壹分伍釐伍
毫叁絲壹忽伍微皂隸銀貳百叁拾肆兩冗役銀叁百玖兩
解户銀柒百伍兩俱解寧波府協濟餉用倉餘米銀陸千捌
百柒拾肆兩叁錢肆分肆釐伍毫解布政司聽給標兵支用

[illegible]州府

原缺

[illegible]銀肆百伍拾玖兩
冗役銀壹百伍拾玖兩
解戸銀叁百兩
屬倉餘米折銀貳萬壹千柒百柒拾玖兩玖錢柒分貳毫叁
絲肆忽
巡視海兵道所轄寧定昌水陸官兵歲餉銀玖萬伍千貳百
貳拾叁兩陸錢
查得以上田地并皂隸冗役解戸府屬倉餘米并革軍省米
共銀叁萬伍千陸百貳拾肆兩壹錢伍分肆厘壹毫叁絲陸
微陸塵俱留本府聽給前項水陸官兵糧餉外尚少銀伍萬



玖千伍百玖拾玖兩肆錢肆分伍釐捌毫陸絲玖忽叁微肆
塵擬派湖州府田地山銀壹萬柒千柒百壹拾兩叁錢柒釐
壹絲陸忽皂隸銀貳百壹拾陸兩冗役銀貳百壹拾玖兩叁
錢解戸銀肆百陸拾伍兩預備秋米銀肆拾貳兩衢州府田
地山銀玖千陸百肆拾兩柒錢伍分伍釐玖毫柒絲伍微皂
隸銀叁百捌拾柒兩冗役銀壹百捌兩解戸銀叁百兩預備
秋米銀肆千玖百叁拾捌兩捌錢陸分叁毫壹絲陸忽陸微
柒塵伍渺紹興府田地山銀壹萬壹千柒百陸兩肆錢柒分
壹釐伍毫捌絲玖忽玖微預備秋米銀叁千柒百叁拾貳兩
伍錢捌分伍釐肆毫肆絲肆忽柒微陸塵伍渺冗役銀壹百

壹拾捌兩皂隸銀伍百叁拾壹兩解戶銀肆百伍兩歲餘省
米銀叁千肆百貳兩肆錢伍分嘉興府田地山銀肆千肆百
貳拾捌兩柒錢壹分伍釐伍毫皂隸銀貳百叁拾肆兩冗役
銀叁百玖兩解戶銀柒百伍兩俱解該府協濟水陸官兵支
用

紹興府

額餉銀

田叁萬柒千玖百肆拾伍頃肆拾捌畝貳分每畝徵銀伍釐
該銀壹萬捌千玖百柒拾貳兩柒錢肆分肆釐零
地陸千壹百壹拾玖頃壹拾伍畝陸分零每畝徵銀叁釐該



山貳萬壹千壹百玖拾壹頃捌拾叁畝陸分零每畝徵銀壹
釐該銀貳千壹百壹拾玖兩壹錢捌分零
銀壹千捌百叁拾伍兩柒錢肆分陸釐零

充餉銀

冗役銀壹百壹拾捌兩
皂隸銀伍百叁拾壹兩
解戶銀肆百伍兩
預備秋米銀捌千　捌百玖拾貳兩貳錢陸分柒釐叁毫叁絲
捌忽零
屬倉餘米折銀陸千叁百伍拾兩捌錢伍分

巡視海兵道所轄臨山臨觀總水陸官兵歲該派給餉銀壹萬
肆千壹百陸拾玖兩陸錢
查得以上田地山銀內留壹萬壹千貳百貳拾壹兩貳錢本
府屬倉歲餘省米銀貳千玖百肆拾捌兩肆錢扣存本府聽
給水陸官兵支用撥餘田地山銀壹萬壹千柒百陸兩肆錢
柒分壹釐伍毫捌絲玖忽玖微預備秋米銀叁千柒百叁拾
貳兩伍錢捌分伍釐肆毫肆絲肆忽柒微歲餘省米銀叁千
肆百貳兩肆錢伍分冗役銀壹百壹拾捌兩皂隸銀伍百叁
拾壹兩解戶銀肆百伍兩俱解寧波府協濟餉用餘剩預備
秋米銀伍千壹百伍拾玖兩陸錢捌分壹釐捌毫玖絲叁忽



玖微解布政司聽給標兵支用

台州府

額餉銀

田貳萬伍千陸百壹拾玖頃捌拾捌畝零每畝徵銀伍釐該
銀壹萬貳千捌百玖兩玖錢肆分
地柒千肆百柒拾陸頃陸拾叁畝伍分零每畝徵銀叁釐該
銀貳千貳百肆拾貳兩玖錢玖分零
竹木山貳頃壹拾畝伍分捌釐每畝徵銀壹釐該銀貳錢壹
分伍毫

充餉銀

皂隸銀貳百柒拾兩
冗役銀貳百伍兩伍錢
解戶銀壹百陸拾伍兩
屬倉餘米折銀柒千柒百玖拾玖兩伍錢伍分
台州兵巡道所轄台州松海總水陸官兵歲該派給餉銀叁萬
肆千肆百伍拾肆兩捌錢伍分
查得以上田地幷充餉等銀共貳萬叁千肆百玖拾叁兩壹
錢玖分壹釐肆毫陸忽俱留本府聽給官兵支用外尚少銀
壹萬玖百陸拾壹兩陸錢伍分捌釐伍毫玖絲叁忽撥派金
華府田地山銀肆千柒百柒拾兩玖錢玖分壹釐肆絲壹忽
預備米銀陸千壹百玖拾兩陸錢陸分柒釐伍毫伍絲貳忽
俱解該府協濟水陸官兵支用



金華府
額餉銀
田叁萬叁千叁百貳拾陸頃肆拾伍畝伍分柒釐每畝徵銀
伍釐該銀壹萬陸千柒百陸拾叁兩貳錢貳分柒釐捌毫
地玖千叁百肆頃肆拾壹畝叁分玖釐每畝徵銀叁釐該銀
貳千柒百玖拾壹兩叁錢貳分肆釐
山貳萬柒千捌百肆拾頃捌拾叁畝肆分陸釐零每畝徵銀
壹釐該銀貳千柒百捌拾肆兩捌分叁釐零

充餉銀
皂隸銀肆百捌拾陸兩
冗役銀貳百柒兩
解戶銀叁百柒拾伍兩
預備秋米銀壹萬陸千叁百兩肆錢玖釐捌毫貳絲貳微
以上銀兩內撥田地山銀壹萬柒千肆百陸拾柒兩陸錢肆
分肆釐肆毫伍絲協濟溫州府又田地山銀肆千柒百柒拾
兩玖錢玖分壹釐肆絲壹忽預備米銀陸千壹百玖拾兩陸
錢陸分柒釐伍毫零協濟台州府撥餘預備米銀壹萬壹百
玖兩柒錢肆分貳釐貳毫陸絲捌忽皂隸銀肆百捌拾陸兩
冗役銀貳百柒兩解戶銀叁百柒拾伍兩俱解布政司聽給



標兵支用
衢州府
額餉銀
田壹萬柒千叁百陸拾頃伍拾柒畝肆分柒釐零每畝徵銀
伍釐該銀捌千陸百捌拾兩貳錢捌分柒釐
地伍千伍百肆拾肆頃陸拾叁畝叁分柒釐零每畝徵銀叁
釐該銀壹千陸百陸拾叁兩叁錢玖分
山陸千伍百玖拾柒頃壹拾捌畝伍分每畝徵銀壹釐該銀
陸百伍拾玖兩柒錢壹分捌釐零

充餉銀

皂隸銀叁百捌拾柒兩

冗役銀壹百捌兩

解戶銀叁百兩

預備秋米銀肆千玖百叁拾捌兩捌錢陸分叁毫壹絲陸忽

零

以上銀兩內除

衢州兵巡道所轄防礦官兵議留田地山銀壹千叁百陸拾貳兩陸錢肆分存府聽給外尚餘田地山銀玖千陸百肆拾兩柒錢伍分伍釐玖毫柒絲并皂隸冗役解戶預備秋米銀伍千柒百叁拾叁兩捌錢陸分叁毫壹絲陸忽零通共銀壹萬伍千叁百柒拾肆兩陸錢壹分陸釐柒毫捌絲柒忽壹微零

俱撥解寧波府協濟水陸官兵糧餉支用

嚴州府

額餉銀

田玖千叁百伍拾頃捌拾玖畝柒分零每畝徵銀伍釐該銀肆千陸百柒拾伍兩肆錢肆分捌釐伍毫零

地陸千陸百叁拾肆頃壹畝捌分柒釐零每畝徵銀叁釐該銀壹千玖百玖拾兩貳錢伍釐陸毫

山壹萬壹千玖百壹拾壹頃肆拾玖畝陸分陸釐每畝徵銀



壹釐該銀壹千壹百玖拾壹兩壹錢肆分玖釐零

充餉銀

解戶銀壹百叁拾伍兩

皂隸銀肆百陸拾捌兩

冗役銀貳百叁拾壹兩

預備秋鹽米銀玖百柒拾貳兩叁錢

以上銀兩俱徵解布政司聽給標兵餉用

溫州府

額餉銀

田貳萬貳千陸百捌拾捌頃貳畝陸分柒釐零每畝徵銀伍釐該銀壹萬壹千叁百肆拾肆兩壹分叁釐叁毫

地貳千陸百柒頃捌拾肆畝貳分捌釐零每畝徵銀叁釐該銀柒百捌拾貳兩叁錢伍分貳釐捌毫零

茶梅山伍拾壹頃肆拾玖畝肆分柒釐零每畝徵銀壹釐該銀伍兩壹錢肆分玖釐

充餉銀

皂隸銀叁百貳拾肆兩

冗役銀伍百壹拾貳兩肆錢

解戶銀叁百壹拾伍兩

屬倉歲餘米銀壹千伍百伍拾柒兩柒分柒毫玖絲伍忽

溫處兵巡道所轄溫州金盤總水陸官兵歲該派給餉銀肆萬捌千捌百玖拾肆兩叁錢

查得以上田地并充餉等銀共壹萬玖千捌百叁拾玖兩玖錢捌分陸釐伍毫忽零俱留本府聽給前項水陸官兵糧餉外尚欠銀貳萬玖千伍拾肆兩叁錢壹分叁釐肆毫玖絲零撥派處州府田地山銀玖千伍百叁拾陸兩貳錢肆分陸毫壹絲玖忽冗役銀叁百壹拾叁兩肆錢解戶銀叁百壹拾伍兩皂隸銀陸百肆拾捌兩預備秋鹽米銀肆百壹兩壹錢貳分捌釐肆毫貳絲肆忽零儲倉歲餘米銀叁百柒拾貳兩玖錢金華府田地山銀壹萬柒千肆百陸拾柒兩陸錢肆分肆釐肆毫伍絲零俱解該府協濟餉用



處州府

額餉銀

田壹萬柒千陸百捌拾伍頃叁拾貳畝壹釐毎畝徵銀伍釐

該銀捌千捌百肆拾貳兩陸錢陸分

地壹千壹百玖拾頃柒拾貳畝壹分伍釐零毎畝徵銀叁釐

該銀叁百伍拾柒兩貳錢壹分陸釐零

山叁千叁百陸拾叁頃陸拾畝肆分玖釐毎畝徵銀壹釐該銀叁百叁拾陸兩叁錢陸分零

充餉銀

冗役銀叁百壹拾叁兩肆錢

解戶銀叁百壹拾伍兩

皂隸銀陸百肆拾捌兩

預備秋鹽米銀肆百壹兩壹錢貳分捌釐肆毫貳絲肆忽零

儲倉歲餘米銀叁百柒拾貳兩玖錢

以上銀兩俱撥解溫州府協濟餉用

布政司并各道冗役銀貳百叁拾肆兩

按察司并各道冗役銀肆百玖拾玖兩貳錢

運司冗役銀陸拾肆兩捌錢

布政司曆日餘銀伍百兩



以上銀兩俱解布政司收貯聽給標兵餉用隆慶肆年間又為選練民壯以圖實用以銷保障事奉

欽差督撫軍門谷　案驗抽取各府民壯工食抵給各營官兵廩糧共該銀捌萬捌千陸拾叁兩貳錢內抽取

杭州府屬民壯銀陸千貳拾陸兩肆錢解貯布政司聽給標下西大營官兵支用

嘉興府屬民壯銀壹萬捌百捌拾陸兩肆錢存留該府聽給嘉興營民壯官兵支用

湖州府屬民壯銀陸千貳拾陸兩肆錢解貯布政司聽給標下西大營官兵支用

寧波府屬民壯銀叁千貳拾陸兩肆錢存留該府聽給寧波
民壯官兵支用
紹興府屬民壯銀柒千壹百玖拾貳兩捌錢存留該府聽給臨
山營民壯官兵支用
台州府屬民壯銀陸千貳拾陸兩肆錢存留該府聽給台州營
民壯官兵支用
金華府屬民壯銀壹萬捌百捌拾陸兩肆錢解貯布政司聽給
標下西大營官兵支用
衢州府屬民壯銀壹萬捌百捌拾陸兩肆錢存留該府聽給防
礦民壯官兵支用



嚴州府屬民壯銀陸千貳拾陸兩肆錢解貯布政司聽給標下
西大營官兵支用
溫州府屬民壯銀柒千壹百玖拾貳兩捌錢存留該府聽給溫
州營民壯官兵支用
處州府屬民壯銀壹萬捌百捌拾陸兩肆錢存留該府聽給團
操防礦民壯官兵支用又為禁捕水盜以安地方事派徵杭
州府屬各縣水兵銀伍百貳拾玖兩貳錢存留該府聽給北
關水兵支用
軍門標下東大營民壯兵伍總每歲該給廩糧銀叁萬捌百叁拾
餘兩於布政司各府解貯餉銀內支給

西大營民壯兵伍總每歲該給銀叁萬捌百叁拾肆兩於杭湖
金嚴四府解貯布政司民壯銀內支給及將嘉興等府解貯
餘米銀并餉銀內輳支其標下雜役等項亦於布政司收貯
餉銀內支給
江洋水兵每歲該給銀貳千叁百柒拾叁兩肆錢於嘉紹等府
解貯布政司餘米銀并杭州府餉銀內支給
北關水兵每歲該給銀壹千壹百貳拾玖兩陸錢於前項派徵
杭州府屬水兵工食銀內及將嘉紹等府解貯布政司餘米
銀內輳給
萬曆肆年為海防事該



欽差督撫軍門謝　題
准於定海總兵標下加添陸兵壹千貳百名中正二哨加添水兵壹千
肆拾名所增餉銀每年計該貳萬伍千叁百兩於闔省田地
山內每畝加派銀陸毫自本年為始備行布政司通行遵照
派徵

**續定**

一全浙兵餉
額餉銀
闔省田貳拾柒萬叁千壹百捌拾壹頃柒拾畝伍分捌釐零每
畝徵銀柒毫該銀壹拾玖萬壹千[illegible]百貳拾柒兩壹錢玖分

肆釐零内除衢州府優免孔氏祭田銀貳兩肆錢捌分實徵
銀壹拾玖萬壹千貳百貳拾肆兩柒錢壹分肆釐零
地陸萬壹千捌百肆拾壹頃叁拾伍畝陸分肆釐零每畝徵銀
肆釐該銀貳萬肆千柒百叁拾陸兩伍錢肆分貳釐零
山壹拾壹萬玖千玖頃柒拾伍畝捌釐零每畝徵銀壹釐該銀
壹萬壹千玖百兩玖錢柒分伍釐零
充餉銀
均徭銀捌萬玖千貳百叁拾柒兩叁錢貳分内除湖州府免徵
銀壹拾貳兩外實徵銀捌萬玖千貳百貳拾伍兩叁錢貳分
内○舊額皂隷銀肆千伍百陸拾捌兩○冗役銀貳千玖百



捌拾叁兩捌錢○解户銀叁千玖百兩○布按二司并運司
冗役皂隷等銀肆百柒拾兩貳錢○民壯銀柒萬肆千壹百
叁拾兩遇閏年分加徵銀柒千貳百陸兩○弓兵銀貳千玖
百伍兩玖錢貳分○水兵銀伍百貳拾玖兩貳錢○轎傘夫
銀肆拾叁兩貳錢
税糧銀壹拾萬陸千伍百玖兩柒錢陸分叁釐零内除嘉興府
漕倉餘米銀伍千陸百柒拾陸兩柒錢壹分伍釐零並換解
發寧波府充餉又銀伍千叁百柒拾壹兩捌錢貳分捌釐零
倉糧無餘銀無扣解外實存倉餘充餉銀玖萬伍千肆百陸
拾壹兩貳錢壹分玖釐零内○舊額預備秋鹽米折銀叁萬

貳千貳百伍拾兩貳錢陸釐零遇閏年分加徵鹽米折銀肆
千叁百伍拾陸兩叁錢貳分叁釐零無閏止徵前米倉餘米
折銀肆萬玖千叁百陸拾玖兩壹分叁釐零抵減民壯銀壹
萬貳千叁百肆拾貳兩如抵倉扣折米銀壹千伍百兩
雜派銀陸千叁百柒拾貳兩玖錢貳分捌釐零内○舊額城河
魚租銀壹百捌兩陸錢肆釐零○沙地銀肆百陸拾陸兩叁
錢壹分柒釐零○均平里甲銀陸拾陸兩○叭喇唬船民壯
銀壹千陸百捌拾捌兩肆錢○南湖草價銀壹拾柒兩叁分
捌釐零○官地河棚水碓塗田屋租銀叁拾肆兩陸錢陸分
伍釐○續報減汰皂快銀貳百伍拾玖兩貳錢遇閏加銀貳



拾壹兩陸錢抽取河下長夫皂隷鋪兵銀叁千貳百叁拾貳
兩柒錢遇閏加銀叁百伍拾柒兩玖錢本司曆日銀伍百兩
海寧縣續報課鈔米折門攤并級田地魚蕩等銀壹千貳百伍
拾玖兩柒錢柒分叁釐
查得海寧縣新立驍兵一總於萬曆貳拾陸年間該杭嚴兵
巡道議呈
督撫軍門劉　詳允每年将該縣續報門攤課鈔銀伍百捌
兩壹錢肆分壹釐捌毫并級役銀壹百兩永平倉秋鹽米積
零耗米田地魚蕩等銀陸百伍拾壹兩陸錢叁分壹釐給發
餘欠銀兩於司庫額餉銀内凑數按月隨同標下各營官兵

糧銀一體支給

杭州府

額餉銀

田壹萬玖千玖百玖拾壹頃捌拾壹畝肆分伍釐零每畝徵
銀柒釐該銀壹萬叁千玖百玖拾肆兩貳錢柒分零
地柒千玖百柒拾叁頃伍拾伍畝伍分玖釐零每畝徵銀肆
釐該銀叁千壹百捌拾玖兩肆錢貳分貳釐
山壹萬貳千肆百貳拾柒頃玖拾畝肆釐零每畝徵銀壹釐
該銀壹千貳百肆拾貳兩柒錢玖分零

充餉銀



均徭銀柒千壹百陸拾貳兩肆錢陸分內〇舊額皂隸銀伍
百肆拾兩〇冗役銀陸百壹拾叁兩貳錢〇解户銀壹百貳
拾兩〇按察司并運司冗役獄卒防夫門子銀壹百玖拾叁
兩捌錢〇水兵銀伍百貳拾玖兩貳錢〇民壯銀伍千壹百
陸拾陸兩貳錢陸分遇閏年分加徵銀伍百貳兩貳錢
税糧銀貳千伍百叁兩陸錢叁分捌釐內〇舊額預備秋米
折銀壹百壹拾兩肆錢陸分玖釐零〇本府倉軍儲餘米
折銀捌百叁拾壹兩玖錢伍分陸釐零〇仁和縣米折銀伍
百捌拾叁兩〇錢塘縣米折銀肆百貳拾柒兩玖錢捌分伍
釐零〇餘杭縣米折銀伍百伍拾兩貳錢貳分柒釐零遇閏
年分加徵鹽米銀肆百貳拾捌兩叁分捌釐零
雜派銀叁百叁拾叁兩玖錢壹分叁釐零內〇舊額城河魚
租銀壹百捌兩陸錢肆釐零〇沙地銀貳百捌兩貳錢陸分
柒釐零〇南湖草價銀壹拾柒兩叁分捌釐零
海寧縣續報課鈔米折門攤斗級田地魚蕩等銀壹千貳百伍
拾玖兩柒錢柒分叁釐
查得以上田地山并均徭税糧充餉等銀貳萬玖千陸百捌
拾陸兩貳錢陸分陸釐零全徵仍派紹興府撥餘田地山銀
陸千肆百貳拾陸兩肆分金華府撥餘田地山銀貳萬玖千
捌百叁拾肆兩叁錢陸分捌釐零均徭充餉銀壹萬肆百捌



拾柒兩玖錢税糧充餉銀壹萬貳百玖兩柒分零嚴州府田
地山均徭税糧充餉銀壹萬叁千貳百玖拾肆兩貳分貳釐
俱解貯布政司庫內聽給
軍門標下官役并杭嚴兵巡道所轄東西二營左右軍營南
北兩關海寧軍營水陸官兵糧餉歲約該銀柒萬叁千伍拾
壹兩伍錢零外餘備軍前緩急并徵收盈縮之數遇閏年分
仍於該司庫支給

嘉興府

額餉銀

田柒萬捌千壹百玖拾捌頃陸[illegible]畝壹分玖釐零每畝徵銀

柒釐該銀貳萬陸千柒百叁拾玖兩貳分壹釐零
地肆千伍百叁拾捌頃肆分叁釐零每畝徵銀肆釐該銀壹
千捌百壹拾伍兩貳錢壹釐
山叁百陸拾陸頃壹拾叁畝貳分伍釐每畝徵銀壹釐該銀
叁拾陸兩陸錢壹分叁釐

充餉銀

均徭銀壹萬陸百伍拾捌兩陸錢內○舊額皂隸銀貳百叁
拾肆兩冗役銀叁百玖兩○觧戶銀柒百伍兩○冗役庫役
皂隸銀共柒拾捌兩○民壯銀玖千叁百叁拾貳兩陸錢遇
閏年分加徵銀玖百柒兩貳錢



稅糧銀壹萬貳千陸百柒拾捌兩捌錢壹分陸釐內除伍千
陸百柒拾陸兩柒錢壹分伍釐零互換觧發寧波充餉又銀
伍千叁百柒拾壹兩捌錢貳分捌釐零通年倉儲無餘銀無
扣解外實存倉餘充餉銀壹千陸百叁拾兩貳錢柒分壹釐
零係軍儲餘米抵減民壯餉銀○遇閏年分加徵鹽米銀捌
百玖拾玖兩壹錢壹分零
雜派銀伍千貳百肆拾陸兩叁錢內○舊額均平里甲銀陸
拾陸兩○叭喇唬船民壯銀壹千陸百捌拾捌兩肆錢○續
報議汰本府皂快銀貳百伍拾玖兩貳錢遇閏加銀貳拾壹
兩陸錢抽取河下長夫皂隸舖兵銀叁千貳百叁拾貳兩柒

錢遇閏加銀叁百伍拾柒兩玖錢
嘉湖兵巡道所轄嘉興海寧總水陸官兵除加復標營并添設中遊
右哨官捕舵兵及加給中遊土著各應支糧餉原議支事故餉
銀外歲該派給餉銀叁萬貳千捌百玖拾玖兩伍錢伍分叁釐
查得以上田地山銀內留貳萬壹千肆拾壹兩玖分柒釐零
均徭充餉銀壹萬陸百伍拾捌兩陸錢稅糧充餉銀壹千壹
百玖拾玖兩捌錢伍分伍釐零扣存本府聽給水陸官兵支
用遇閏年分聽布政司將本府及各府加徵閏餉計算撥給
又因軍儲缺額議呈復還稅糧充餉銀肆百叁拾兩肆錢壹
分伍釐雜派充餉銀伍千貳百肆拾陸兩叁錢外撥餘田地



山銀柒千伍百肆拾玖兩柒錢叁分玖釐零俱解布政司聽
給遊洋哨官兵糧餉支用
萬曆叁拾年拾貳月內該布政司清軍道右布政使范　奉
督撫軍門劉　票開添設中遊官兵加給中遊土著各糧餉
雖議於事故銀內支給恐終非事體查得海鹽縣廣儲常積
等倉每歲餘米銀柒千捌百肆拾柒兩零除近議支給守城
軍餘壹千捌百餘兩應否將多餘改充該遊新增餉銀移行
嘉兵道查覆詳定等因奉經行准帶管嘉湖兵巡道副使兼
右參議劉　手本開稱行據嘉興府議詳前來該本道覆看
得各倉多餘銀數原由府報况係額徵錢糧參罰例嚴豈容

拖欠即征時災荒蠲免與逋負者姑無論只以見今計之除
近議選補守城軍餘伍百名歲支糧銀壹千捌百餘兩外尚
應存有陸千相應將中遊之舡增號船捕兵及加給土著貳項
餉銀共壹千貳百叁拾伍兩肆分自萬曆叁拾壹年為始免
吏事故銀改於前項餘銀內支給此外每歲尚有餘裕仍聽
抵作閏月支用與徵觧不全之數似屬妥便等因今該本道
看得該府合倉多餘米銀兩係歲額派徵之數今以給軍多
餘之錢糧而供新增中遊之官兵及加給之土著不煩科派
糧餉自充誠為長便之策等因呈奉
督撫軍門劉　詳批各項事宜既覆查明妥如議訂入海防



續編仍先通行各區遵照繳奉經備行遵照在卷

## 湖州府

額餉銀

田貳萬柒千叁百貳拾捌頃貳畝貳分伍釐零每畝徵銀柒
釐該銀壹萬玖千壹百貳拾玖兩陸錢壹分伍釐零
地伍千玖百叁拾柒頃叁拾伍畝貳分肆釐零每畝徵銀肆
釐該銀貳千叁百柒拾肆兩玖錢肆分零
山貳萬貳千陸百伍拾頃玖拾畝零每畝徵銀壹釐該銀貳
千貳百陸拾伍兩玖分零

充餉銀

均徭銀陸千捌拾兩陸分內免徵銀壹拾貳兩實徵銀陸千
陸拾捌兩陸分內〇舊額皂隷銀貳百壹拾陸兩〇冗役銀
貳百壹拾玖兩叁錢內免徵銀壹拾貳兩實徵銀貳百柒兩
叁錢〇觧户銀肆百陸拾伍兩〇布政司獄卒銀壹拾叁兩
伍錢〇民壯銀伍千壹百陸拾陸兩貳錢陸分遇閏年分加
徵銀伍百貳兩貳錢
税糧預備秋米銀肆拾貳兩遇閏年分加徵贈米折銀肆百
肆拾貳兩柒錢壹釐零
以上銀共貳萬玖千捌百柒拾玖兩柒錢陸釐零俱全撥協
濟寧波府聽給水陸官兵廩糧支用



## 寧波府

額餉銀

田貳萬叁千陸百捌拾陸頃陸拾貳畝伍分叁釐零每畝徵
銀柒釐該銀壹萬陸千伍百捌拾兩陸錢叁分柒釐零
地肆千伍百壹拾伍頃貳畝壹分肆釐零每畝徵銀肆釐該
銀壹千捌百陸兩捌釐〇查得前項田地頃畝據寧波府萬
曆貳拾玖年冊報實在數目見照派徵
山壹萬貳千陸百陸頃貳拾陸畝貳分叁釐零每畝徵銀壹
釐該銀壹千貳百陸拾兩陸錢貳分陸釐零
查得寧波山畝嘉靖肆拾肆伍年間派餉獨多隆慶貳年奉

文減免萬曆貳拾玖年因該營增添短募水兵糧餉無處奏
督撫軍門劉　憲牌行司照依通省事例行府清查每畝徵
銀壹釐聽給前項增兵餉用

充餉銀

均徭銀柒千捌百叁拾捌兩壹錢捌分內〇舊額皂隸銀肆
百伍拾玖兩〇冗役銀壹百伍拾玖兩〇解户銀叁百兩
民壯銀伍千壹百陸拾陸兩貳錢陸分遇閏年分加徵銀伍
百貳兩貳錢〇弓兵銀壹千柒百伍拾叁兩玖錢貳分
稅糧銀貳萬貳千伍百捌兩肆錢肆分伍釐零內〇舊額本
府屬倉餘米折銀貳萬壹千柒百柒拾玖兩玖錢柒分零〇



軍儲餘米抵減民壯銀柒百貳拾捌兩肆錢柒分伍釐遇閏
年分加徵鹽米折銀肆百貳拾叁兩壹錢貳分柒毫零〇
巡視海兵道所轄寧定昌水陸官兵除增募短兵應支餉銀議
支寧波府山餉及將缺兵餉銀湊給外歲該餉銀壹拾壹萬
柒千貳百伍拾捌兩玖錢陸分肆釐零內官兵放班銀伍千
陸拾壹兩肆錢伍分應扣還司實該餉銀壹拾壹萬貳千壹
百玖拾柒兩伍錢壹分肆釐
查得以上田地并均徭稅糧充餉銀肆萬捌千柒百叁拾叁
兩貳錢柒分壹釐零俱留本府聽給前項水陸官兵糧餉外
尚少銀陸萬叁千肆百陸拾肆兩貳錢肆分叁釐撥派湖州

府田地山銀貳萬貳千捌百陸拾玖兩陸錢肆分陸釐零均
徭充餉銀陸千陸拾捌兩陸分稅糧充餉銀肆[illegible]
府田地山銀壹萬伍千貳拾柒兩肆錢玖分肆釐零均徭充
餉銀肆百叁拾貳兩壹錢貳分伍釐稅糧充餉銀伍千伍百
玖拾兩壹分肆釐雜派充餉銀壹拾叁兩貳錢貳分貳釐零
紹興府田地山銀捌拾捌兩伍錢肆分稅糧充餉銀壹萬叁
千叁百叁拾叁兩壹錢貳分捌釐零俱協濟該府湊給水陸
官兵支用遇閏年分聽布政司免扣前項放班銀兩於紹興
府撥餘解司田地銀內照數派撥協濟抵給該區官兵閏餉
不足之數將本府及各府加徵閏餉計算撥派湊足支給萬



曆貳拾玖年奏
督撫軍門劉　題奉
欽依添設遊洋哨官兵歲該餉銀叁萬肆千壹百捌拾玖兩壹錢陸分
內除放班銀貳千玖拾叁兩貳錢外實該銀叁萬貳千玖拾
伍兩玖錢陸分
查得嘉興府撥餘田地山銀柒千伍百肆拾玖兩柒錢叁分
玖釐零紹興府撥餘田地山銀肆千伍百捌拾陸兩玖分壹
釐零均徭充餉銀柒千叁百玖拾叁兩捌錢陸分稅糧充餉
銀玖千捌百伍拾柒兩陸錢玖分[illegible]釐零嚴州府均徭充餉
銀肆千壹百壹拾肆兩玖錢[illegible]壹釐零俱解貯布政司庫

聽寧波府請發轉給遇閏年分亦於司庫前銀內請支
萬曆叁拾年拾貳月內該布政司清軍道右布政使范　奉
督撫軍門劉　票開萬曆貳拾伍年布政司議呈合無通行
各府將額徵餉銀如有兵府分即存留該府支給若紹興協
濟寧波處州協濟溫州原屬一道聽就近解發督徵該道任
之其湖金衢協濟寧台溫與杭嘉紹金應給標兵等項俱解
司收貯督催本司任之寧波路近分為四季台溫路遠春秋
二汛先期造冊赴司請支協濟前餉奏給詳允在卷叁拾年
又為軍務事司議湖衢貳府協濟寧區餉銀自萬曆貳拾伍
年起原議解司聽該區四季造冊赴領今該府每遇春秋二



汛預期照額呈請批司借發動經數萬候湖衢貳府解司補
庫似與原議有悖且貳府拖欠之數雖保必無以後該區春
汛呈請借支須先儘該府存貯缺兵餉銀數有不敷方行請
借司餉本司仍候湖衢協濟銀照數收補餘銀劄發該府給
兵等因亦奉詳允遵行但查各區缺兵餉銀原議另匣收貯
備海防緩急之用若今寧區盡括庫貯缺兵餉銀作數方准
找請協濟汛糧則該府數年之積一旦而罄且湖衢貳府協
濟拖逋着又視為抵補寧區缺兵餉銀益致催徵不前不惟
缺兵餉數難望收補而將來該區正餉愈必不敷不能如期
給發恐寧區係邊海首衝緩急之備視各區尤不可缺長便

之策不如仍照貳拾伍年批允事例四季請支各府協濟拖
逋者本司嚴行督催務要按季通完劄發庶於海防無悞該
道再一會議詳定等因奉經行准本司咨稱查得湖衢貳府
協濟寧波餉銀自萬曆貳拾伍年議詳為始本司督催收貯
聽該區四季造冊赴司請支續准海道咨奉
本都院批本道呈查得本區兵餉在寧紹貳府者隨解隨給
僅能供逐月之糧而春秋二汛例應頓給數萬以備犒賞之
用且每年會計錢糧在肆伍月之間而春汛賞犒則于正月
內給發勢不能待請將該司徵收協濟銀兩每年當春汛之
時于正月內照例請支肆萬兩以備大汛緊急之需餘存聽



小汛盡數支領庶防汛賞犒有賴而亦免四季零星支領之
繁呈奉詳允咨司查照在卷該道自該年至今每年將湖衢
協濟額餉儘數呈請批司照數支發給濟外其湖衢貳府協
濟該區餉銀每年雖經本司絡繹嚴催零星逋欠難保必無
又該本司議詳以後該區春汛呈請借支須先儘存府缺兵
餉銀數有不敷方行請借司餉仍候湖衢協濟銀照數收補
餘銀劄發該府給兵今奉
本都院覆酌仍照貳拾伍年本司詳允事例聽該區四季造
冊請支如各府拖逋者聽本司嚴行督催無容別議咨煩轉
請

憲檄備行海道□照等因到道准此為照前項餉銀已奉
本都院覆酌其詳無容再議合候詳示入錄著為定例仍乞
本都院憲檄備行□海道一體遵照等因奉批兵餉事宜仰照
纂輯入錄著為定例候另行海道遵照繳又奉
憲牌行司申飭寧紹□銀海道督催各府協濟銀該司督催
務照近題五月先完一半九月通完不如約者照例參呈

紹興府

額餉銀

田□□萬柒千玖百肆拾伍□□頃肆拾捌畝貳分零每畝徵銀柒
釐該銀貳萬陸千伍百陸拾壹兩捌錢叁分柒釐零



地陸千壹百壹拾玖頃壹□拾伍畝陸分叁釐零每畝徵銀肆釐
該銀貳千肆百肆拾柒兩陸錢陸分貳釐零
山貳萬壹千壹百玖拾壹□頃捌拾叁畝陸分柒釐零每畝徵
銀壹釐該銀貳千壹百壹拾玖兩壹錢捌分叁釐零

充餉銀

均徭銀柒千叁百玖拾□□兩捌錢陸分內〇舊額皂隸銀伍
百叁拾壹兩〇冗役銀壹百壹拾捌兩〇解戶銀肆百伍兩
〇民壯銀伍千壹百陸拾陸兩貳錢陸分遇閏年分加徵銀
伍百貳兩貳錢〇弓兵□□壹千□□□□兩〇冗役運司
□皂隸銀貳拾□□陸錢

□□□□貳萬叁千壹百□□拾兩捌錢貳分叁釐零內〇舊額
預備秋糧銀捌千捌百玖拾貳兩貳錢陸分柒釐零〇本府
厲倉餘米銀陸千叁百伍拾兩捌錢伍分〇軍儲餘米扣抵
民壯銀貳千叁百叁拾貳兩貳錢叁釐零〇如抵倉扣折米
銀壹千伍百兩〇山陰縣米折銀壹千貳百柒拾陸兩柒錢
肆釐零〇蕭山縣米折銀貳千捌百叁拾捌兩柒錢玖分柒
釐零遇閏年分加徵鹽米折銀貳百陸拾貳兩捌錢柒分貳
釐零

巡視海兵道所轄紹興臨觀總水陸官兵除增募短兵應支糧
餉議支紹興府缺兵餉銀外歲該餉銀貳萬壹千叁百玖拾



貳兩伍錢玖分貳釐零內官兵放班銀壹千叁百陸拾肆兩
伍錢捌分應扣還司實該餉銀貳萬貳拾捌兩壹分貳釐
查得以上田地山銀內扣留貳萬貳拾捌兩壹分貳釐存府
聽給水陸官兵支用撥除田地山銀捌拾捌兩伍錢肆分稅
糧充餉銀壹萬叁千叁百叁拾叁兩壹錢貳分捌釐零協濟
寧波府餉用又田地山銀肆千伍百捌拾陸兩玖分壹釐零
均徭充餉銀柒千叁百玖拾叁兩捌錢陸分稅糧充餉銀玖
千捌百伍拾柒兩陸錢玖分□肆釐零解布政司聽給游洋哨
官兵餉用餘剩田地山銀陸□□肆百貳□□陸兩肆分亦解布
政司給兵支用遇閏年分聽□司將前放班銀兩免扣於解

司田地銀內照數扣留府庫抵給官兵閏餉不足之數照詳
聽該府將缺兵餉銀湊足支給

台州府

額餉銀

田貳萬伍千陸百壹拾玖項捌拾捌畝伍分零每畝徵銀柒
釐該銀壹萬柒千玖百叁拾叁兩玖錢壹分玖釐零
地柒千肆百柒拾陸項陸拾叁畝伍分壹釐零每畝徵銀肆
釐該銀貳千玖百玖拾兩陸錢伍分肆釐零
山貳項壹拾畝伍分捌釐零每畝徵銀壹釐該銀貳錢壹分
零



充餉銀

均徭銀伍千捌百貳拾壹兩壹錢陸分內〇舊額皂隸銀貳
百柒拾兩〇冗役銀貳百伍兩伍錢〇解户銀壹百陸拾伍
兩〇充餉轎傘夫銀壹拾肆兩肆錢〇民壯銀伍千壹百陸
拾陸兩貳錢陸分遇閏年分加徵銀伍百貳兩貳錢
稅糧銀壹萬壹千壹拾玖兩肆錢捌分陸釐零內〇本府屬
倉餘米并華軍省米折銀柒千柒百玖拾玖兩伍錢伍分〇
軍儲餘米抵減民壯銀叁千貳百壹拾玖兩玖錢叁分陸釐
零遇閏年分加徵鹽米折銀貳百叁拾柒兩叁錢貳分壹釐
零

台州兵巡道所轄台州松海總水陸官兵除增募新兵應支糧
餉議於台州府屬寺租銀內支給外歲該餉銀肆萬叁千肆
百貳拾肆兩玖錢柒分伍釐內官兵放班銀壹千柒百捌拾
肆兩柒錢應扣還司實該餉銀肆萬壹千陸百肆拾兩貳錢
柒分伍釐
查得以上田地山并均徭稅糧充餉等銀共叁萬柒千柒百
陸拾伍兩肆錢叁分零俱留本府聽給前項水陸官兵糧餉
外尚少銀叁千捌百柒拾肆兩捌錢肆分伍釐派將金華府
稅糧充餉銀內照數撥足協濟該府湊給水陸官兵支用遇
閏年分除儘本府加徵閏餉并聽布政司免扣前項放班銀



兩於金華府撥餘解司稅糧銀內照數派撥協濟抵給該區
官兵閏餉不足之數將本府缺兵餉銀湊足支給

金華府

額餉銀

田叁萬叁千叁百貳拾陸頃肆拾伍畝伍分柒釐零每畝徵
銀柒釐該銀貳萬叁千叁百貳拾捌兩伍錢壹分捌釐零
地玖千叁百肆頃肆拾壹畝叁分玖釐零每畝徵銀肆釐該
銀叁千柒百貳拾壹兩柒錢陸分伍釐零
山貳萬柒千捌百肆拾頃捌拾叁畝壹分陸釐零每畝徵銀
壹釐該銀貳千柒百捌拾肆兩捌分叁釐零

充餉銀

均徭銀壹萬肆百捌拾柒兩玖錢內○舊額皂隸銀肆百捌拾陸兩○冗役銀貳百柒兩○解户銀叁百柒拾伍兩○民壯銀玖千叁百叁拾貳兩陸錢遇閏年分加徵銀玖百柒兩貳錢○冗役布政司庫獄等銀捌拾柒兩叁錢

稅糧預備秋鹽米折銀壹萬陸千叁百兩肆錢玖毫零遇閏年分加徵鹽米折銀肆百叁拾壹兩壹錢肆毫零

以上銀兩內撥稅糧充餉銀叁千捌百柒拾肆兩捌錢肆分伍毫協濟台州府又稅糧充餉銀貳千貳百壹拾陸兩肆錢玖分叁毫協濟溫州府撥餘田地山銀貳萬玖千捌百叁拾



肆兩叁錢陸分捌毫零均徭充餉銀壹萬肆百捌拾柒兩玖錢稅糧充餉銀壹萬貳百玖兩柒分壹毫俱解布政司聽給標下官兵廩糧支用

衢州府

額餉銀

田壹萬柒千叁百陸拾頃伍拾柒畝肆分柒毫每畝徵銀柒毫共銀壹萬貳千壹百伍拾貳兩肆錢壹毫優免孔氏祭田銀貳兩肆錢捌分壹毫徵銀壹萬貳千壹百肆拾玖兩玖錢貳分壹毫零

地伍千伍百肆拾肆頃陸拾叁畝叁分柒毫零每畝徵銀肆

蕩該銀貳千貳百壹拾柒兩捌錢伍分

山陸千伍百玖拾柒頃壹拾捌畝伍分陸百伍拾玖兩柒錢壹分捌毫零

充餉銀

均徭銀壹萬壹百叁拾玖兩陸錢內○舊額皂隸銀叁百捌拾柒兩○冗役銀壹百捌兩○解户銀叁百兩○布政司照磨所皂隸銀壹拾貳兩○民壯銀玖千叁百叁拾貳兩陸錢遇閏年分加徵銀玖百柒兩貳錢

稅糧銀伍千伍百玖拾兩壹分肆毫零內○舊額預備秋米銀肆千玖百叁拾捌兩捌錢陸分零○又新增秋米銀叁拾



柒兩伍錢柒分零○截留秋米銀伍百伍拾玖兩貳錢壹毫零○軍儲餘米抵減民壯銀伍拾捌兩叁錢捌分貳毫零遇閏年分加徵鹽米折銀壹百伍拾肆兩柒錢壹毫零

雜派地稅銀壹拾叁兩貳錢貳分貳毫零

查得以上銀兩內除

金衢兵巡道所轄防礦官兵議留均徭充餉銀玖千柒百柒兩肆錢柒分伍毫存府聽給遇閏年分衢州府查將本府缺兵餉銀抵支外尚餘田地山銀壹萬伍千貳拾柒兩肆錢玖分肆毫零均徭充餉銀肆百叁拾貳兩壹錢貳分伍毫零稅糧充餉銀伍千伍百玖拾兩壹分肆毫零雜派充餉銀壹拾

叁兩貳錢貳分貳釐零俱解協濟寧波府聽給水陸官兵糧

糧支用

嚴州府

額餉銀

田玖千叁百伍拾頃捌拾玖畝柒分零每畝徵銀柒釐該銀

陸千伍百肆拾伍兩陸錢貳分柒釐零

地陸千陸百叁拾肆頃壹畝捌分柒釐零每畝徵銀肆釐該

銀貳千陸百伍拾叁兩陸錢柒毫零

山壹萬壹千玖百壹拾壹頃肆拾玖畝陸分陸釐零每畝徵

銀壹釐該銀壹千壹百玖拾壹兩壹錢肆分玖釐零



充餉銀

均徭銀陸千肆拾陸兩貳錢陸分內○舊額皂隸銀肆百陸

拾捌兩○冗役銀貳百壹拾壹兩○解戶銀壹百叁拾伍兩

○冗役運司皂隸山州書門子銀肆拾陸兩○民壯銀伍千

壹百陸拾陸兩貳錢陸分遇閏年分加徵銀伍百貳兩貳錢

稅糧預備秋糧銀玖百柒拾貳兩叁錢○遇閏年分加徵

[illegible]折銀壹百[illegible]拾柒兩伍錢陸分伍釐零

以上銀共壹萬[illegible]千肆百捌兩玖錢肆分叁釐零全數解赴

[illegible]司聽給標下官兵糧支用銀壹萬叁千貳百玖拾[illegible]

貳分貳釐零給遊洋哨官[illegible]糧支用銀肆千壹百[illegible]

玖錢貳分壹釐

溫州府

額餉銀

田貳萬貳千陸百捌拾捌頃貳畝陸分柒釐零每畝徵銀柒

釐該銀壹萬伍千捌百捌拾壹兩陸錢壹分捌釐零

地貳千陸百柒頃捌拾肆畝貳分捌釐零每畝徵銀肆釐該

銀壹千肆拾叁兩壹錢叁分柒釐

山伍拾壹頃肆拾玖畝肆分柒釐零每畝徵銀壹釐該銀伍

兩壹錢肆分玖釐零

充餉銀

均徭銀陸千肆百壹拾兩柒錢柒分內○舊額皂隸銀叁百

貳拾肆兩○冗役銀伍百壹拾貳兩肆錢○解戶銀叁百壹

拾伍兩○民壯銀伍千貳百叁拾肆兩壹錢柒分遇閏年分

加徵銀伍百捌兩捌錢○布政司冗役庫子銀壹拾捌兩○

轎傘夫銀柒兩貳錢

稅糧銀壹萬叁百玖拾壹兩壹錢貳分陸釐零內○舊額本

府屬倉餘米折銀陸千伍百伍拾柒兩柒分零○軍儲餘米

抵減民壯銀叁千捌百叁拾肆兩伍分伍釐零遇閏年分加

徵鹽米折銀肆百陸拾叁兩陸錢捌分玖釐零

雜派銀貳百柒拾玖兩肆錢玖分壹釐零內○舊額沙水銀

貳百肆拾肆兩捌錢貳分陸釐零○官地河棚水碓塗田屋
租銀叁拾肆兩陸錢陸分伍釐
温處兵巡道所轄温州金盤總水陸官兵除增添漁唬船兵應
支糧餉議支温州府海商稅銀及處州府積穀折銀并支剩
寺租等項銀内湊給外歲該餉銀伍萬柒千肆百伍拾貳兩
玖錢内官兵放班銀肆千玖百肆拾玖兩壹錢伍分應扣還
司實該餉銀伍萬貳千伍百叁兩柒錢伍分
查得本府田地山并均徭稅糧雜派充餉等銀共叁萬肆千
壹拾壹兩貳錢玖分貳釐零俱留本府聽給前項水陸官兵
糧餉外尚少銀壹萬捌千肆百玖拾貳兩肆錢伍分捌釐派



撥處州府田地山銀捌千壹百玖拾貳兩叁錢柒分叁釐零
均徭充餉銀陸千柒百柒拾兩捌錢玖分零稅糧充餉銀壹
千叁百壹拾貳兩柒錢叁釐零金華府稅糧充餉銀貳千貳
百壹拾陸兩肆錢玖分貳釐俱協濟該府湊給水陸官兵支
用遇閏年分除儘本府并處州府加徵閏餉抵給不足之數
聽布政司於前項放班銀内計筭撥派湊足支用

## 處州府

額餉銀

田壹萬柒千陸百捌拾伍頃叁拾貳畝壹釐零每畝徵銀柒
釐該銀壹萬貳千叁百柒拾玖兩柒錢貳分肆釐

地壹千壹百玖拾頃柒拾貳畝壹分伍釐零每畝徵銀肆釐
該銀肆百柒拾陸兩貳錢捌分捌釐
山叁千叁百陸拾叁頃陸拾畝肆分玖釐零每畝徵銀壹釐
該銀叁百叁拾陸兩叁錢陸分零

充餉銀

均徭銀壹萬壹千壹百玖拾捌兩肆錢柒分内○舊額皂隸
銀陸百肆拾捌兩○冗役銀叁百壹拾叁兩肆錢○解户銀
叁百壹拾伍兩○民壯銀玖千玖百兩肆錢柒分遇閏年分
加徵銀玖百陸拾貳兩肆錢○轎傘夫銀貳拾壹兩陸錢
稅糧銀壹千叁百壹拾貳兩柒錢叁釐零内○舊額預備秋



鹽米折銀肆百壹兩壹錢貳分捌釐零○本府屬倉餘米折
銀叁百柒拾貳兩玖錢○軍儲餘米抵減民壯銀伍百叁拾
捌兩陸錢柒分伍釐零遇閏年分加徵鹽米折銀肆百伍拾
陸兩玖分壹釐零
查得以上銀兩内除
温處兵巡道所轄防礦并蒲岐營官兵議留田地山銀伍千
兩均徭充餉銀肆千肆百貳拾柒兩伍錢捌分存府聽給遇
閏年分處州府查將本府缺兵餉銀抵支外尚餘田地山銀
捌千壹百玖拾貳兩叁錢柒分叁釐零均徭充餉銀陸千柒
百柒拾兩捌錢玖分稅糧充餉銀壹千叁百壹拾貳兩柒錢

參厘零俱撥協濟溫州府聽給水陸官兵廩糧支用

備錄　查得各府徵派餉銀先年增減條議原考開載已悉嗣於萬曆玖年間為比例議報歲用軍餉以便查覈事奉
督撫軍門吳　批布政司呈詳通省軍儲額糧柒拾柒萬陸千玖百柒拾餘石除官軍歲支并先年題留充餉及支給有司官吏孫因祭祀撥補協濟等項外又緣杭州府海寧所官軍歲支缺額糧柒千伍百壹拾參石壹斗壹升零內將前衛餘米壹千參百壹拾肆石參斗玖升零撥補訖尚缺壹千壹百伍拾捌石柒斗壹升零臨期于別府多餘倉分處補通省止共餘米肆萬壹千捌百捌拾柒石壹斗零內將貳萬貳千肆百肆拾石照例每石折銀伍錢伍分共折銀壹萬貳千參百肆拾貳兩抵充兵餉于通省民壯銀內照數減派其餘留備閏月等用等因呈奉
本院詳允備造清冊呈送咨部間又據寧波府申稱本府守城官兵壹總計伍百員名向議抽扣各縣民壯工食銀陸千貳拾陸兩肆錢留府聽給官兵口糧役年派徵支給今奉議將軍儲餘米抵充兵餉於民壯銀內減派本府抽扣前銀合無遵照減派惟復照舊督徵申司查議將所減民壯餉銀似應免照各府原額多寡通減及充餉餘米亦應照依通省數



目通扣方為均勻查寧波餘米總共壹千伍百肆拾餘石折銀銀備將壹千參百餘兩於內尚該留備閏月等用抵申額派民壯餉銀陸千有奇似難盡減備將民壯餉銀通計原額照數通扣均減及查餘米杭湖金嚴肆府原無多餘寧衢貳府餘有餘米而前抵所減民壯餉銀數亦不敷但經查撥有餘以補不足合將此派撥補過餉銀餘米徵解支用數目自萬曆玖年為始備行杭州等拾壹府查照遵行呈奉
本部院詳允通行各屬遵照在卷萬曆拾玖年玖月內為夷情有據備祭正閏敵陳海防切要事宜以安重地事奉
督撫軍門常　題稱日本迫脅琉球聲言欲犯浙直等處造船添兵議留本省萬曆拾玖年分兩院司道府縣解京贓罰額解蠟茶派剩米折各屬庫貯紙贖及節年蠲免起存錢糧等項共銀柒萬伍千貳百貳拾兩動支湊用如或虆萌潛消地方無事前項支剩銀兩仍行解部萬曆貳拾年正月內為仰遵
勅諭計處兵食以重海防事奉
本部院案驗准戶部咨覆
本都院　題稱琉球朝鮮二國節報倭夷侈犯若節浙省造船增兵備禦共該增銀壹拾[illegible]萬玖千[illegible]百玖拾玖兩捌錢除充裡遞

并萬伍千貳百貳拾兩內充拾玖[illegible]千造船補餉外餘剩銀貳萬壹百柒拾兩萬曆貳拾年實欠銀柒萬玖千伍百貳拾陸兩捌錢議於通省田地山場每畝量派銀壹厘伍毫共陸萬參千貳百伍拾兩仍不敷銀壹萬陸千貳百柒拾參兩捌錢查處缺官柴馬及無碍等銀湊補本年拾貳月又奉
撫按二院案驗准戶部咨該本部議覆
本都院　題萬曆貳拾壹年春汛伊邇寧紹台溫嘉沿海一帶實倭警戒嚴之區讚餉徵兵似不容已議將本年新增兵餉于該省田地山場每畝量派銀參厘共壹拾參萬貳千肆百肆拾玖兩玖錢支給特為夷氛靜即行停減萬曆貳拾貳年春汛屆期該
督撫軍門王　題臨沿海列郡[illegible]各衛所如浙之東自紹寧台溫各區以至浙西海鹽海寧[illegible]處遍歷衝要關隘體察民隱議汰冗兵殺意節省糧餉以[illegible]時艱正在會議適值奉
旨條代間又為增兵以飭海防減餉以恤民艱事奉
本都院王　批本司呈詳本年[illegible]分兵餉充餉銀兩除舊額照舊派徵外其加派田地山每畝參厘銀兩緣奉
部文候島夷妥靜即行停止[illegible]今海警稍寧而各區官兵不減十皆前項加派餉銀相應遵照萬曆二十二年分詳定事規派徵緣由未敢擅便合候加派餉銀如議照舊徵解此時夷酋受封海上可保數年無事以後新增兵餉似當次第漸減以寬民力該



司酌議詳
新院行繳萬曆二十三年四月內
督撫軍門劉　撫臨全浙之初軫念地方災沴適緣增兵加賦民力凋疲廣詢博採設法汰兵省餉節用愛民隨為議減新增兵餉以甦民困事奉
本部院憲牌查得浙省先因倭酋報警該前撫院常　議題造船募兵每田地山壹畝加增銀參厘沫為苦累本院已行海兵各道汰兵四千餘名應減前增餉銀肆萬貳千壹百柒拾兩但增餉均為病民而山利頗薄餉銀與田地一體加增民病尤甚議于杭紹金台嚴溫處七府仁錢等三十九縣山每畝減去貳厘共減銀柒千捌百貳拾玖兩柒錢肆厘餘銀併入通省田地并徵額糧石銀內逐一算減每原加銀壹兩減去參錢捌毫捌絲肆忽參微共減銀參萬肆千參百肆拾兩貳錢玖分陸厘共[illegible]刪減之數萬曆二十五年二月內又為前事奉
撫按二院批本司呈詳通省兵充二餉正額田地山餉銀內舊額田每畝徵銀伍厘今[illegible]加壹厘共徵銀[illegible]厘地照舊每畝參厘山照舊每畝壹厘[illegible]增銀兩悉行減免舊額充餉銀內如民壯皂隸弓兵門子[illegible]頃名色今[illegible]均係充餉如軍儲

餘米倉餘米等銀今總為稅糧充餉如曆日沙地租城河曾
蕩沙水等銀今總為雜派充餉以前各項名色槩行削除祇
分別三項款目行屬併徵併解其各區兵士放班工餉併役
餘餉銀貯候以備緩急之用及查嘉興府額有協濟寧波府
餉銀伍千陸百柒拾陸兩有奇先因解納不便請將杭紹二
府應解嘉興廣儲常積二倉軍儲糧銀抵解寧波充餉嘉興
扣留前銀存府給兵近因各衛所旗軍糧少不敷支給議將
前銀復還軍儲項下支銷呈奉詳允遵行本年八月內為兵
餉已減倭情復變酌定減存額數以蘇民困以重海防事奉
本都院案驗准戶部咨該本都院　題稱兩浙沿海地方處
處防倭先年因險設備計兵授食額徵田地山蕩銀壹拾陸
萬伍千伍百玖兩肆錢玖分零各項充餉銀壹拾玖萬伍百
捌拾壹兩捌錢陸分總計共餉銀叁拾伍萬陸千玖拾壹兩
叁錢伍分零自萬曆十九年後酋傳警前撫臣常　具題造
船增兵每田地山壹畝增銀叁釐每年計加餉銀壹拾叁萬
貳千壹拾玖兩零原議倭警寧息議減至前撫臣王　體訪
民瘼銳意裁省已而原任遊擊沈茂防遼之兵回浙食糧候
缺者叁千餘人守備吳天賞天津之兵回浙亦有壹千陸百
餘人勢難散遣分置各區多方搜括通融暫支一二年間雖
設法簡汰而溢額尚多新增之餉未及議減及臣受事咨訪



地方利病槩省士民無不以加餉為累又無不以山餉為累
者查得萬曆二十三年汛畢汰減老弱四千有奇徑自停補
計減餉銀肆萬叁千壹百柒拾兩有奇將山餉原加叁釐每
畝先減貳釐餘銀併計通省田地照碑額糧石銀內扣筭每
兩減銀叁錢有奇共足前減銀數自萬曆二十四年遵照免
派訖二十四年汛畢復汰兵士七千九百有奇先年新增船
兵俱已盡減雖其間薪水工食等項稍比舊日加厚未便裁
削然亦所行無幾即將新增餉銀盡行免派以甦民困似無
不可但閏月糧銀原無正派災傷拖負歲時恒有加之各院
操賞總叅廩餼嘗苦不敷防汛行糧造船繕器一切諸費節
年俱于餘餉取給而目下倭情復變增修備禦其費尤不可
以預計者合自萬曆二十五年為始將新增兵餉地山每畝
叁釐盡行減派田每畝減徵貳釐仍徵壹釐同舊額伍釐共
徵陸釐地每畝止照舊徵銀叁釐山照舊徵銀壹釐計實減
銀壹拾萬伍千捌拾叁兩叁錢肆分零實徵田地山該銀壹
拾玖萬貳千柒百肆拾伍兩玖錢叁分零并均徭稅糧雜項
俱照舊徵該銀壹拾玖萬伍百捌拾壹兩捌錢陸分零共該
餉銀叁拾捌萬叁千叁百貳拾柒兩捌錢壹釐零定為額餉
此外不許多加萬曆二十七年正月內奉
本部院憲牌准戶兵二部咨該河南道御史高　具

　題該兵部覆奉
欽依咨頒查照如汛海地方增募防守官兵糧餉器具華費徒長酌議
或派田畝或派人丁徑自定奪具由報部等因前來案查浙
省各區近因防守不敷復議增復補兵二千七百九十二名
歲加餉銀貳萬玖千柒百柒拾貳兩議于本省萬曆二十七
年田丁每畝再加壹釐新舊共柒釐地山照舊額派徵并
均徭稅糧充餉等銀共計歲徵肆拾壹萬伍百陸拾肆兩貳
錢肆分零通行遵照徵解萬曆二十八年八月內為議減新
增兵餉以甦民困事奉
本都院憲牌照得浙省新增餉銀自二十五年為始將地山
每畝叁釐盡行減派止于田上量加壹釐連舊額共徵陸釐
已經題准
欽依遵照去後續據布政司呈詳議增水兵餉銀不敷又該本院批允
於二十七年為始每田壹畝復加壹釐共柒釐其二十八年
派餉照依二十七年科算但今水兵已減汰復額而東征撤還
者遣發始盡前項餉銀仍照二十五年原
題派徵以甦民困通行各屬遵照自二十九年為始將田上新增貳
釐減去壹釐連舊額止徵陸釐地餉照舊每畝叁釐山餉每
畝壹釐至萬曆二十九年間為酌議海防緊要事宜以固疆
圉事該



本都院劉　會同
巡按御史馬　具題條議海防事宜內一議裁餉浙省兵餉
原有定額自十九年關酋警前撫臣常　具
題每田地山壹畝加派銀叁釐通省計共加餉壹拾叁萬餘兩至二
十三年臣受事後節次省汰止留田上壹釐餘悉減去共計
減拾萬有奇已于二十五年具
題免派訖未幾有倭攻朝鮮之傳各區　議增水兵二千七百餘
名歲餉叁萬餘兩原奉部文題
准沿海地方增兵糧餉于田畝人丁酌量加派仍將原減田上貳釐
量增壹釐近復議減今海上倭警雖靖粵中劇賊尚聚明春
事甚巨測見議添設遊兵三千餘員名需餉叁萬貳千有奇
而各區船兵先經裁減不敷者不能不酌行增設額餉既不
足支帑藏又無可處前項田上近減壹釐仍應照舊派徵計
可得銀貳萬柒千餘兩再於地畝復徵壹釐可得銀陸千餘
兩通共海警寧息另議停止然二項僅足支遊兵之費其加
增船兵不敷之餉查得台溫沿海有開墾塗田雖坍漲不時
難以拘取常額而其間有侵占隱匿民納租太輕及嵊東山
場有徑奉文量起額者清查酌派亦足少佐軍興再有不敷
則以歷年節省缺兵餉銀通融挨處如此庶閭閻不至重累
而官兵可望宿飽是亦一時權宜之計也題奉

三十年為始於通省田地上仍各加派壹厘共銀叁萬叁千伍百貳兩叁錢陸厘貳毫零照数徵給又奉
本都院案開本哨官兵歲該餉銀叁萬肆千壹百捌拾玖兩壹錢陸分今該本院從長酌處将鳥船副舵及大船兵薪汛畢各放班壹月泒船各兵放班二十日共該扣銀貳千玖拾叁兩貳錢除外淨該支銀叁萬貳千玖拾伍兩玖錢陸分俱於前項加派田地銀徵解布政司貯庫支給尚餘銀壹千肆百陸兩叁錢肆分陸厘零抵給閏月糧餉及湊支船稅犒賞之費為暫叁拾年閏貳月為酌議海防緊要事宜以固疆圉事奉
本都院憲牌據布政司呈詳三十年分各區官兵閏月餉銀緣由到院查得閏月兵餉向來原無額派以致歷年遇閏各區有於司庫請給者有就於本區自處者事未歸一第各區兵制原自不同勢不得不一為通融計處相應酌定永規以便遵守行司即将本年各區閏月兵餉除台區已經詳動本區缺兵餉銀標下向支司庫并衢處貳區聽於該區缺兵銀內各支給外其紹溫貳區准将本年應扣放班銀兩免扣撥給不足者即以該區缺兵餉銀湊處寧區放班不多缺兵又少嘉區既無放班亦少缺兵仍将寧區除免扣放班抵給外不足者即将各府加派閏月充餉銀酌撥寧嘉貳區湊数再有不足聽於該區缺兵銀內湊足以後遇閏年分永為定規其台區以後年分亦照紹溫貳區事例先以該年應扣放班銀抵数不足者方支缺兵但寧紹台溫肆區放班止於閏年免扣餘年照舊扣存司庫通行各海兵道一體遵照
萬曆二十八年正月內為春汛將臨等事該布政司奉
本都院劉憲牌案照嘉寧台溫肆區委官查理海防議增水兵貳千柒百餘名歲該餉銀貳萬玖千柒百餘兩自萬曆二十六年為始於扣存司庫餉銀內支給續因東倭蕩平前項新增水兵已於二十七年八月間盡行裁汰仍復原額兵餉應扣存司詳據布政司詳派二十八年分兵餉未審各區曾否扣裁擬合行查仰司即查各區新增水兵餉銀如已裁扣該司存貯以備緩急如未扣裁行各該道知會於協濟銀內照数扣存司庫等因行准嘉湖兵巡道副使劉　手本開稱查得本區奉文加增水兵叁百名歲額餉銀叁千貳百柒拾玖兩陸錢二十六年者[illegible]奉文於司庫扣数支領抵給其二十七八兩年者俱該本司[illegible]数派行該府徑自徵給續於二十七年八月內奉文裁汰[illegible]貳百伍拾陸名止存原派沙船貳隻舊舵兵[illegible]拾肆名[illegible]各名糧應於前餉数內支給二年通共應扣解裁汰兵餉銀[illegible]叁千肆百陸拾捌兩陸錢陸分督行該[illegible]視海道按察使范　手本開解



查得寧區二十七年應扣還司銀伍千肆拾兩肆錢該年額餉催解不前無從抵解議将紹興府欠解二十三四二十七各年未折銀共柒千叁百貳拾柒兩肆錢請於前数之內扣留其二十八年該扣餉銀壹萬叁千玖百玖拾捌兩陸錢除扣留總叁廠給紙劄供應犒賞并戰船稅銀外實該還司銀捌千貳百壹拾叁兩肆錢叁分伍厘該府議将春汛借發給存銀貳千貳拾叁兩叁錢叁厘解還抵数尚欠陸千壹百玖拾兩[illegible]錢貳分叁厘再於湖衢貳府協濟未發餉銀玖千叁拾叁兩貳錢陸分之內扣存但所議以春汛借發存銀解還兩又以秋汛應發銀內扣存陸千壹百玖拾兩壹錢叁分叁厘以足前数其扣餘銀兩不免復又請發徒滋往返今本道覆查得二十八年該府應扣還司銀捌千貳百壹拾叁兩肆錢叁分伍厘秋汛未發銀玖千叁拾叁兩貳錢陸分即以未發之銀扣作應還之数事體甚便其春汛餘銀不必解還存府奏給官兵餉用秋汛銀除扣留外仍餘銀捌百壹拾玖兩貳分伍厘俟該府另文支領又准紹台兵巡道副使彭　手本開稱查得二十七年汰華水兵肆百捌拾壹名本年八月分糧銀遵奉原行已經全数給發外其二十八年春汛該扣銀玖百貳拾陸兩伍錢肆分叁厘照数動支解納又准溫處兵巡道按察使湯　手本開稱查得二十八年應扣加增水兵銀肆千伍百玖拾兩先蒙劉派金華府本年分協餉銀內已扣省水兵銀壹千伍百叁拾兩不派外仍應扣銀叁千陸拾兩存貯司庫實該請領協濟銀陸千肆百柒拾叁兩肆錢壹分陸厘零合發溫州府湊給餉用案除先經領銀叁千伍百伍拾兩叁錢柒分陸厘到府支給春汛訖實該找發銀貳千玖百貳拾叁兩肆分零應照往例候秋汛差官赴領等因各到司俱該本司覆核查扣明白轉報在卷

原考

一漁稅事宜查得寧紹台温等府沿海居民以漁為生先因出入無
稽引倭為害永樂年間禁例片帆寸板不許下海繼因小民
衣食所賴遂寬其禁至嘉靖叁拾壹貳年間倭寇猖獗漁船
被其劫擄以勢脅從俾同入寇復行禁革嘉靖叁拾伍年為
預處防禦事宜以固東南重地事該奉
欽差總督軍門胡　題開一乞降
恩詔內稱海上小民近來海禁太嚴漁樵不通生理日促轉而從盜并
乞
敕下該部查照先年所奏海防事宜再加奏



請施行該
兵部議得通番大船應禁外其漁樵等項船隻逐一查出令
其自備器械編成排甲互相保結驗放出入無事照舊採捕
有警聽總兵等官調取與同兵船相兼分布防守通行遵照
訖先為申舊例寬海禁以便漁樵以裕
國計事蒙
欽差巡按浙江等處監察御史宿　案驗奉
都察院勘劄該
欽差巡按浙江等處監察御史董　題捕魚船隻立一甲頭管束仍要
量船大小納收稅銀給與由帖方許買鹽下海捕魚所得鹽

稅以十分為率五分起解運司類解濟邊五分存留寧波府
貯庫聽候支用俱遵在卷議令各漁戶報名在官每年叁月
以裏黃魚生發之時各納稅銀許其船艕出洋捕魚至伍月
以裏各令回港定以船漁鹽稅則例大雙桅船每隻納船稅
銀肆兩貳錢漁稅銀叁兩鹽稅銀陸兩旗銀叁錢中雙桅船
每隻納船稅銀貳兩捌錢漁稅銀貳兩鹽稅銀肆錢旗銀貳
錢單桅船每隻納船稅銀壹兩陸錢捌分漁稅銀壹兩貳錢
鹽稅銀貳錢肆分旗銀壹錢尖船對槅船每隻納船稅銀壹兩
壹錢貳分漁稅銀捌錢鹽稅銀壹錢陸分旗銀捌分廠艠船
每隻納船稅銀柒錢漁稅銀伍錢鹽稅銀壹錢旗銀伍分近



港不捕黃魚止捕魚蝦柴鹿艚網小船每隻納船稅銀叁錢
鹽稅銀陸分旗銀壹錢河條溪船每隻納船稅銀叁錢漁稅
銀叁錢鹽稅銀貳錢肆分旗銀叁分採捕墨魚紫菜泥螺等
項海味對桅尖船每隻納船稅銀壹兩壹錢貳分鹽稅銀壹
錢陸分廠艠船每隻納船稅銀柒錢鹽稅銀壹錢河條溪船
每隻納船稅銀貳錢鹽稅銀陸分其船稅各漁戶就於本縣
上納領票前來寧波各埠投票領旗方行委官收納漁鹽旗
稅隆慶元年為清查漁稅抵充額餉以減派徵以免濫費事
奉
欽差總督軍門劉　案驗備行海道該本道查議呈允將漁稅銀兩每

年寧波府議留銀壹千叁百叁拾兩內壹百兩轉修兵船捌
百兩製辦軍火器械肆百叁拾兩聽本道犒賞總兵標下官
兵并寧定昌水陸官兵及各所出海隨哨官軍叉汛期添調
防守標兵及各操練賞功之用其餘漁稅銀兩俱解布政司
充餉鹽稅銀俱解運司解邊旗稅銀除抵給製造旗料價
外餘發定海縣貯庫聽總兵衙門支用紹興府議留漁稅銀
伍百伍拾兩內肆百兩製辦軍火器械壹百伍拾兩聽本道
犒賞臨山臨觀總官兵并衛所出海隨哨官軍及汛期添調
防守標兵之用如漁稅不敷行事故兵糧及見徵餉銀請支
轉用台州府議留漁稅銀壹千叁百伍拾兩內陸百兩添造



修船伍百兩製辦軍火器械貳百伍拾兩聽台州兵巡道犒
賞松海總水陸官兵及衛所出海隨哨官軍并汛期原奉添
調防守標兵之用其餘漁稅銀一兩俱解布政司充餉溫州府
議留漁稅銀壹千捌百兩內捌百兩添備修船陸百伍拾兩
製辦軍火器械叁百伍拾兩聽溫處兵巡道犒賞金盤處州
水陸官兵及本道策應衛所出海隨哨官軍并汛期添調防
守標兵之用其餘漁稅銀兩俱解布政司充餉嘉興海寧總
官兵大略與台州相同聽嘉湖兵巡道將嘉興沿海漁船照
依浙東事體收稅以充軍火器械犒賞等用隆慶陸年叉爲
敷陳愚見以裨

國計以濟鹽法事蒙
欽差巡按浙江等處監察御史馬　案驗奉
都察院勘劄該
欽差巡按浙江等處監察御史張　題該
戶部覆奉
欽依備行寧波府議加鹽稅大雙桅每隻連前共納稅銀貳兩肆錢中
雙桅每隻壹兩貳錢單桅陸錢尖桅肆錢捌分廠艛船叁錢
陸分與河船貳錢肆分對桅船肆錢捌分俱解運司該水利
道轉呈詳允遵行在卷萬曆貳年又爲整理海防事奉
欽差督撫軍門方　題奉



欽依將本屬沿海漁船盡數查出編立艅綱紀甲并立哨長管束不許
攙前落後仍行海寧定海臨觀各撥兵船數隻選委慣海官
壹員統領于出洋船下網羊山等處內外巡邏遇賊即勒各府
哨長率衆併力追擊獲有功級照例陞賞等因備行本道行
令定海臨觀海寧把總共撥兵船貳拾隻委官統領于羊山
等處巡哨又內該法清理漁稅以裕軍餉事奉
本院案驗仰道轉行寧紹二府每年春間各縣通將各樣編
號漁船開送本府照數刷票送道掛號印鈐發縣收銀在官
者方給出洋收完將銀解府其未收銀者將原票繳還
併查船隻落私自出洋并私與官票者一體追究寧波府

海防官查有不領本府私票到埠者拏問遞回原籍等因又為督
理漁稅銀兩以裕軍餉事萬曆叁拾年叁月內奉
欽差督撫軍門謝　鈞牌照得漁船稅銀係海防支用者各經管官秉
遵原行秉公執法必歲有加邇聞縣官亦有自給小票收充
私用者以致額數漸減銀兩漸逋近據台州王同知查出各
年逋同作弊吏書牙埠人等究正如法以後減少者責令追
賠然台州止有船稅而寧波兼有漁稅其弊更大仰道將本
年各該稅銀責令海防官督同各縣正官用心清理該道查
歷年成案各縣俱以數多者一年為準行令滿足其數再不
許分毫減少如有能數外加增者另行獎賞如或不遵定將



承行該吏坐贓究革該管官另議等因依奉查得寧波府屬
縣各年漁稅船稅銀內鄞縣共叁千肆拾柒兩伍錢玖分慈
谿縣共捌百玖拾肆兩柒錢奉化縣共伍百叁拾柒兩叁錢
貳分定海縣共貳千玖百柒拾陸兩貳錢象山縣共貳百叁
拾玖兩壹錢俱係數多年分備由呈奉
本院詳批查出數多年分姑各以此為準行令遵照收納繳
又該本道查得紹興府屬縣各年漁船稅銀內山陰縣叁拾
壹兩會稽縣壹拾叁兩捌錢餘姚縣叁拾伍兩柒錢上虞縣
肆兩伍錢蕭山縣壹百叁拾壹兩玖錢肆分零俱係數多年
分呈蒙

本院詳批紹興查出數多年分漁稅亦姑以此為準行令遵
照徵納繳依奉通行寧紹二府轉行各縣查照永為進則遵
行大率沿海居民生理寥落半年生計在田半年生計在海
故稻不收者謂之田荒魚不收者謂之海荒其淡水門海洋
乃產黃魚之淵藪也每年小滿前後正風汛之時兩浙漁船
出海捕魚者動以千計其於風濤則便習也器械則鋒利也
格鬭則勇敢也阿聚而用之亦足以捍敵緝而稅之尤足以餉
軍向乃疑其接濟勾引而厲禁之遂使民不聊生潛逸而從
盜矣殊不知通番接濟者乃商販之大船在閩廣則有之至
若浙海漁人不過捕魚為生雇船覓利其到埠入關皆可按



而稽也其何亂之能為故緝名以稽其出入領旗以辨其真
偽納稅以徵其課程結綜以聯其犄角而又抽取官兵翼而
進之以為之聲援不惟聽其自便有以遂民之生抑亦資其
捍禦且又以備彼之用矣豈直取給于區區之征稅以助軍興
之萬一而已耶

續定

一商漁稅銀　宜
　漁稅銀兩先年議充
　總察犒賞供應器具稅船等項支用原考備載已悉嗣
萬曆捌年為清查漁稅銀兩事奉

督撫軍門吳　批海道副使馮　呈該本道看得寧波漁船
二稅隆慶初年漁船正盛稅銀獨多原議每年以柒千兩為
額叁千兩留府支用肆千兩解司自萬曆元年以来船數漸
次減少稅銀不敷原額計共所入大率每年肆伍千兩之上
擬留存府支銷已出叁千兩之外解司銀兩每見不敷相應
酌定規制就以萬曆柒年為準每年大約以伍千兩為額議
留叁千兩存府支銷貳千兩解司充餉不敷之數聽本司別
項抵補呈奉批行布政司覆議本司連因海塘袍服及修造
浅船等項支費原無正額搜括那借已多並無堪抵查得四
參将每歲該犒賞官兵銀貳百伍拾兩廩糧銀壹百肆拾貳



兩貳錢各官既為地方守備而前項銀兩在于各該地方從
長計處亦屬相應且臨海地方俱有漁稅則漁課銀兩不獨
寧波一府為然合無将寧波漁稅斷自萬曆捌年為始以伍
千兩為額叁千兩留府貳千兩解司抵充
軍門及總兵衙門犒賞等項且四參将年額犒賞廩給銀轉
行各兵道查将漁稅堪動銀兩徑呈
兩院照數支取又該本司覆台州兵巡道僉事唐　呈詳
台州府屬漁稅銀每年約收貳千柒百餘兩本區留用壹千
叁百伍拾兩餘銀俱解本司充餉自隆慶貳年以来查無解
到該道既稱聽留在府漁稅銀壹千叁百伍拾兩又添參将

公費銀叁百玖拾貳兩之外又再加造船叁百兩犒賞壹百
伍拾兩餘銀伍百捌兩應自萬曆玖年為始解司充餉又據
温州府申奉温處兵巡道副使吳　案驗奉
本都院批本道呈詳温州府屬漁稅銀數盖緣各船續有飄
壞屢行告豁今該府通融計筭以伍千兩為額原議歲留本
區支用壹千捌百兩續因各項經費取給不敷復議每年留
用肆千兩餘銀壹千兩解司充餉俱經呈奉允行在卷近為
敬陳末議請復舊課以助
大工以圖補報事萬曆貳拾柒年奉
督撫軍門劉　憲牌准戶部咨該留守後衛百戶張宗仁奏



稱有定海土民金秉忠奏參欽差具言寧波舊有市舶內臣徵
收漁課并往来客貨今市舶裁革稅課尚徵兼之各府財貨
所聚日以萬計皆可取充
國用伏望
勅差內臣劉成督同臣與土民金秉忠等往收其課春秋二季共進銀
肆萬兩等因又為恭承
簡命敬陳善後事宜等事准戶部咨該督稅內監劉成題開榷稅十二
事俱奉
欽依備咨前來俱經各屬欽遵去後今該本院會同
巡按浙江監察御史李　查看得沿海漁商二稅歷經前院題

准弁各道議詳抽取充餉漁船內鹽稅係鹽院抽取兩關商稅係二部
專官抽取俱係觧京濟邊并營道支用之數並非額外多餘
錢糧今奉
明旨抽取助工除充餉錢糧候另議處補外所有沿海漁商二稅并
行戶坐賈稅銀已經委曲調停設法議處每年分爲春秋
二次各府借觧稅監衙門聽候觧進等因及奉单開寧波
府漁船稅銀肆千兩海商稅銀陸千兩台州府漁船稅銀
貳千叁百兩温州府漁船稅銀肆千兩海商稅銀捌百
兩又據寧波府冊開查得歷年漁船消長不一稅不足數該
府議呈漁船旗稅銀兩于十分之外加增一分以足原額具



呈海道轉呈詳允〇文查得定海關商稅該府屬地方先年
止有內河往賣商貨向隷稅課司稽查嗣因奉文裁革稅課
司各項商貨投托勢豪出入定海關無從稽察後爲增稅充
餉事萬歷叁年該海道副使劉　行府查議海運梳木糖靛
等貨自海來者于定海關停泊自紹來者于西壩停泊先令
牙埠赴府報單填票即差委官驗貨照依鈔關則例收稅貯
府年終扣抵額課餘悉抵給定昌等總兵船月稅支用續奉
萬歷拾貳年爲漁稅日減商稅日增乞賜議處等事該本府
蔡知府看得海洋寧謐商舶通利收稅委官住居府城與關
相遠中間夾帶隱匿與豪右越關騙稅全無稽察議選廉幹

官僉目專駐本關一季一換即其收稅殿最適詳
三院又憫各商涉歷風濤乘危冒險似與內河有間裁免十
分之二詳允遵行又爲懇恩比例酌稅甦商事萬歷拾伍年
該海道副使劉　案奉
督撫軍門滕　批商人陳尚龍恭等條陳行府議詳該道覆
議商至漸多稅課稍裕二分之外再裁二分亦足遂其無厭
之求矣備案行府通行在卷近爲敬陳末議等事萬歷貳拾
柒年該巡視海道左參政謝　案奉
撫按二院明文會議定海關商船貨稅先年比照鈔關事例抽取
充裕[illegible]商船[illegible]利[illegible]減十分之四徵收遂致失額今應



量復二分每年務足捌千兩俱要盡數追完內陸千兩充爲
國課貳千兩仍充餉用此外倘有溢額之數另項收貯以備緩急又
爲議處充餉錢糧以便遵守事奉
督撫軍門劉　案開沿海漁商二稅銀兩節經前院題
准[illegible]司道議詳抽取以充各區水陸官兵造船制器犒賞行糧等項支
用抵補兵餉不足之數今奉
明旨專差內使徵收解京前項諸費無從處給除正額漁商觧充稅監
額課外節經本院行各兵道搜查漁商漏稅清理協濟充餉
各項錢糧分別造冊前來文該本院覆加查覈斟酌損益通
[illegible]目既與內使額課無碍而各項支費裒益撥

足相應通行以便遵守仰司通行總𠫭遊把等官弁各
縣即將後開年例應支充餉銀數自萬曆貳拾柒年[illegible]
照依今定銀項數目撙節支用中間原支漁稅今改支兵餉
者該司候下年派餉之日照數通融撥給該府聽支及查漁
商等稅今歲搜查復額儘有盈餘應解司者如數解司再有
多餘盡數登報抵充餉用等因欵開沿海漁商埠稅每年除
解督稅衙門充為額課漁稅銀壹萬叁百兩海商埠稅銀陸
千捌百兩共壹萬柒千壹百兩外又該本院搜查隱漏增復
原額共得伍千貳百壹拾伍兩肆錢伍分內寧波區漁稅銀
壹千兩商稅銀貳千兩台州區漁稅銀肆百柒拾陸兩捌錢



溫州區漁稅銀壹千貳百肆兩陸錢叁分海商埠稅銀貳百
兩釜租餘銀叁百叁拾肆兩貳分○各區漁稅舊額每年共
解叁千伍百捌兩收貯司庫聽
本院犒賞官兵鎮𠫭遊擊公費等項支用近年率多拖欠不
解今漁稅正額已充內使額課又另搜查各項漏稅議定每
年寧波府解漁稅銀伍百兩商稅銀伍百兩溫州府解漁稅
銀叁百兩埠稅銀貳百兩釜租銀貳百兩共壹千柒百兩解
司專聽
本院軍前緩急犒賞之需○寧波區每年春汛
本院撫臨定海督餙汛務閱操較藝水陸官兵犒賞銀約叁

百兩于商稅銀內支用
按院按臨寧波閱操犒賞水陸官兵每年約該銀貳百餘兩
支商稅銀又駐省每年公費銀叁百兩仍於該府漁稅銀內
支解杭州府貯庫聽支
鹽院按臨寧波閱操犒賞水陸官兵每年約該貳百餘兩支
商稅銀○海道每年閱操較藝并賞防汛標兵及軍前賞賚
原議貳百兩於商稅動支○總兵每年公費銀肆百兩支定
海縣商稅銀又每年製旗給漁船出洋採捕原徵漁戶旗稅
不在漁稅額數內除製旗給價約壹百兩給鋪行外尚餘旗
稅銀叁百兩仍照原議聽本鎮公用○定海商稅銀內原議



支肆拾玖兩玖錢伍分抵充裁革稅課司額課鈔銀又協濟
昌平州銀叁拾貳兩俱照數於商稅內支解布政司抵課仍
每年議留漁稅銀貳百兩商稅銀壹百壹拾捌兩伍分收貯
該府縣庫備補不足之數或以後商稅再有多餘不妨另議
抵用○台州區
本院撫臨台州閱操較藝水陸官兵每年犒賞銀約壹百餘
兩仍照舊支漁稅
按院按臨閱操犒賞官兵每年壹百餘兩仍照舊議支漁稅
銀又省城每年公費銀壹百兩議支該府漁稅解杭州府庫
聽支

鹽院按臨閱操犒賞官兵每年約銀壹百餘兩仍照舊議支
漁稅銀○台兵道閱操較藝巡歷沿海每年犒賞銀貳百兩
原支漁稅今議伍拾兩仍支漁稅壹百伍拾兩改支缺兵餉
銀以後漁稅再有多餘不妨抵用其漁稅每年議留銀貳拾
陸兩捌錢存府以備不足之數○温州區
本院撫臨閱操較藝犒賞銀每年壹百貳拾兩支漁稅銀
按院按臨閱操較藝犒賞銀每年壹百壹拾伍兩支漁稅銀
又駐省公費銀壹百兩原支該府漁稅解貯杭州府庫聽支
仍照原議支解
鹽院按臨閱操犒賞銀每年壹百壹拾伍兩支漁稅銀○温



處兵巡道每年軍前犒賞銀原議叁百陸拾兩仍照舊議支
漁稅銀○守巡二道巡歷地方操賞公費每年肆拾肆兩原
支漁稅今改議支塗租餘銀仍每年議留漁稅銀玖拾肆兩
陸錢叁分塗租銀除正額抵充兵餉不計外餘銀各項支用
尚剩銀玖拾兩貳分共壹百捌拾肆兩陸錢伍分存貯府庫
備補不足之數或以後埠稅再有多餘不妨另議抵用○又
查據温州府冊開萬曆貳拾捌年拾壹月內蒙帶管兵巡道
叅議王　奉
督撫軍門劉　案開本府水竹山埠稅每年共定貳千兩為
額以捌百兩解稅監衙門貳百兩解布政司收貯聽候

本都院軍前緩急犒賞壹千兩解府充中軍營月餉○萬曆
貳拾玖年為督撫地方事奉
督撫軍門劉　憲牌行司照得本院額用書辦工食承差路
費及下程公費等銀歲該壹千貳百兩向係寧台温三府漁
稅解貯杭州府聽用萬曆貳拾柒年因督稅內臣奉
旨清查漁商稅銀解
進行據該司議詳將本院合用吏承工食路費及下程公費改派於
合屬條銀內徵解今查督稅解
進銀兩業經議有定數沿海漁商二稅銀兩近該本院立法嚴覈頗
有盈餘前項公費似應照舊取給條銀免行加派以寬民力行



司通行合屬自貳拾玖年為始將本院書辦工食叁百兩承
差路費銀叁百兩下程銀陸百兩共壹千貳百兩免行加派
仍每年於寧波府漁商稅銀內動支捌百兩温州府漁商稅
銀內動支肆百兩定限伍月中該府給批照常赴本院掛號
解貯杭州府聽用其原議寧波府解司漁稅銀壹千兩內減
免伍百兩温州府解司漁商埠稅銀柒百兩內准減貳百兩
每年止共解壹千兩解司聽軍前犒賞緩急支用萬曆叁拾
年為倭夷情形已著等事奉
督撫軍門劉　憲牌案照近因各區議增短募水兵餉銀無
處已行寧台温三府自行措給先將各府抵餉銀項行司轉

行遵照去後內寧紹一區原行儘支寧波新增山稅不敷以
海商稅銀湊抵但海商稅銀前此原抵該區置器犒賞等項
支用自貳拾柒年稅銀解充
內帑不得已方以缺兵餉銀改抵今該府商稅近來溢額頗多似應
仍以商稅還抵置器賞用而以缺兵項下給兵方有頭緒行
司即將單開數目仍改支漁商二稅不得混淆單開該區修
造軍火器械每年議定陸百兩向支漁稅自貳拾柒年改支
該府缺兵餉銀今自叁拾年為始仍支海商稅銀海道每年
春秋二汛祀江犒賞原議支漁稅肆百叁拾兩自貳拾柒年
改支缺兵餉銀今自叁拾年為始仍支海商稅銀總兵每年
軍前犒賞銀壹千兩向支布政司或寧波府庫貯漁稅自貳
拾柒年改支該府兵餉銀伍百兩缺兵銀伍百兩今自叁拾
年為始將缺兵餉銀伍百兩仍支海商稅銀餘伍百兩照數
支該府兵餉湊數該區汛畢犒賞歷年於漁稅銀內動支自
貳拾柒年定發每年叁百陸拾兩改支缺兵餉銀今自叁拾
年為始仍支海商稅銀
萬曆叁拾年奉
督撫軍門劉　明文查得該區修造軍器犒賞等銀貳拾柒
年派支缺兵餉銀叁拾年改支漁商稅銀者共計貳千兩查
本年新增定海關海商稅銀貳千兩已足發支不必兼支漁
稅移行海道改正其漁稅除原額伍千兩貳拾捌年辭增伍
百兩共伍千伍百兩俱要按期徵收完足此外非奉本院明
行不得擅議加派
併行海道知照



昌國防汛標兵在遊擊中軍員役每年約該行糧銀壹百壹
拾兩原支象山縣漁稅自貳拾柒年改支缺兵餉銀今自叁
拾年為始仍支海商稅銀文該本司查得總鎮犒賞原給原
支司庫漁稅銀兩因漁稅不足改支缺兵餉銀今奉後支
商稅銀相應仍解司庫聽本鎮支領呈奉詳允在卷○又據
紹興府冊開原額漁稅聽備海道犒賞銀壹百伍拾兩向俱
未完萬曆貳拾柒年該蒙巡海道左參政謝　案驗奉
督撫軍門劉　憲牌備行仰府專督各縣掌印官監督委官
設法搜查務足原額壹百伍拾兩俱要通完以抵犒賞行據
山陰縣申報銀貳拾陸兩肆錢壹分陸釐會稽縣柒兩貳錢
玖分壹釐餘姚縣叁拾柒兩陸錢捌分上虞縣捌兩貳錢肆
分貳釐蕭山縣柒拾兩叁錢柒分肆釐備呈巡視海道按察
使范　詳允在卷至貳拾玖年拾貳月內為議復商稅以佐
時艱事該海道右參議兼僉事王　奉
督撫軍門劉　憲牌新議定海關商稅自叁拾年正月初壹
日為始俱照鈔關例一體權抽不得再椅捌折之說每季以
貳千伍百兩為額遇有閏月加稅捌百叁拾叁兩零內以陸
千兩解監肆千兩抵支該區新增哨兵餉用犒賞等項○又
准溫處兵巡道冊開查得溫州府屬永樂瑞平四縣每年額
徵碓店租銀陸百肆拾陸兩肆錢柒分壹釐玖毫陸絲陸忽柒微

和銀壹千叁百壹拾玖兩伍分捌釐　捌毫水竹埠稅銀每年
共肆千兩內除捌百兩解稅監壹千伍拾兩解布政司貳百
兩解杭州府公費外其歲有餘銀壹千捌百伍拾兩并處州
府屬寺租餘剩銀肆百兩肆錢肆分又本區叁拾年新增丈
出塗田租銀貳百玖拾玖兩共叁千伍百肆拾玖兩肆錢肆
分內除抵給鎮下雙嶴二處新增船兵糧餉并短募稽兵肆
箇月餉用銀共叁千叁百捌拾兩捌錢貳分伍釐尚餘銀
壹百陸拾捌兩陸錢壹分伍釐應收入額　又查中軍營議復划駕唬船官兵壹哨原議於水□□船稅銀內坐支壹千兩近該本道詳增準見鎮下二處并□增唬船壹拾伍隻及各關遊短募稽兵月餉坐支前稅共該□□個月餉已於額餉內撥給

申諭　查得萬曆貳拾伍年該前任海兵　道按察使范　照得兩浙
沿海地方南船不許入北北船不許入南先年立碑嚴禁　蓋
於商人納稅著有定例恪遵無犯近訪乃有狡猾船戶引誘
客商不遵碑禁攬裝雜貨撩洋直　抵台溫裝載南來糖
靛徑由大洋直至吳蘇越關漏稅　似此奸徒刁詭違禁遂使
國課日耗稅銀無補近據定海縣縣丞陳　懲緝獲漏稅船戶皆
係沙船夫北船不到溫州例也今乃私自越渡搬貨走洋干
犯法紀如律究罪船貨入官以致所漏無幾所失甚夥殊為
可慨合行申明嚴禁除行寧台溫三府於馬墓港舊浦地方
海門雙嶴關等處各輪撥兵船巡緝外隨經行仰寧波府出
給告示於各關隘曉諭南北往來商船知悉一應貨物務要



盡實入關報官抽稅勿聽奸狡牙行走洋漏稅及以多作少
瞞隱物數自取究罪沒貨入官若停塌牙儈之家不行從實
開報仍復教令撩洋漏稅者拿獲定照律例究治其船戶除
船入官外仍同牙儈各用貳百斤枷枷號壹箇月示衆其各
商只宜本分老實生涯有利無害毋至犯法徒歎噬臍本司
恐爾海商船戶無知再犯特此諄切示諭慎毋仍蹈故轍通
經申嚴禁約須示曉諭見在照行

兩浙海防類考續編卷之五

# 兩浙海防類考續編卷之六

原考

一倉糧條議查得寧紹等府所屬各倉糧米虛耗皆因不才軍職數多竟將領運出海等項官軍預領摘支及事故停支住支俸糧不行明白扣除仍復朦朧冒領隆慶陸年間為清查邊儲事該前道副使蒙　議呈

撫按二院詳允本道置立印號總領如遇衛所請支俸糧本道出給總單一樣叁本發府查填該衛應支俸糧數目轉發該衛將各所應支應扣糧米共填壹單聽本道委官給散其壹本本色存倉折色存庫壹本存府壹本繳道不必另取衛所零星私領以滋弊端又為議處倉糧以足兵食以固海防事查得海倉奸弊多端條為十事一曰謹徵督之法查得夏麥舊限伍月開倉柒月終齊足秋糧拾月開倉歲終齊足邇來夏麥與秋糧併徵已非舊例且延至次年貳月間尚未解運遷推日久奸弊易生折乾私兌皆由此起合無嚴行各縣掌印管糧官將各倉糧麥俱自拾月起徵至本年拾貳月通完仍置立徵糧簿壹扇逐日登記徵完掌印官親自查驗隨即起解開報海倉廳隨往收受如壹月不到即係侵欺將解納併押運官究罪該府仍置起運各倉糧簿壹扇將屬縣該運各倉併撥外府海倉銀米開列於前後開某縣某月起解本色



折色銀米若干於某日取獲批迴實收銷繳每月終府縣糧房吏書冒齎簿赴本道查比若糧至次年正月不報解納或解納不獲實收以拾分為率未完伍分者管糧官住俸未完柒分者管糧官參問未完捌分者掌印官併參該吏究革二曰嚴押運之官看得起徵及時則輸納甚便使押運非人則任其作弊或所堆垛者元出借貸或已上納者仍復侵欺合無每解納或拾名或貳拾名另作壹批每次糧多者為運頭少者附之差各縣典史或候缺倉巡官押運照常赴司道該府掛號仍聽海倉通判領給水程到倉聽候監收如米數短少即係通同作弊押運官之罪自無所逃矣三曰復職掌之舊查得寧波府額設倉廒拾座除廣盈倉附府該管糧通判監管其廣安廣積常盈玖倉則海倉通判之所職掌也但廣積壹貳叁肆倉坐屬象山廣安常盈叁肆伍倉坐屬定海而常盈壹倉則縣在舟山風潮順逆往返未必如期糧運參差彼此或難並濟邇來呈請委官分投收受海倉官蓋假此以分勞分謗而積棍每乘之以作蠹作奸專職者甘於曠官分委者肆行窺利甚非所以明職掌而杜奸欺也合無查復舊制而稍通變以濟之如廣安廣積壹貳叁肆常盈叁肆伍倉俱責本官往來監督親自收支惟舟山常盈壹倉勢難兼歷者酌應另委定海知縣或廉能佐貳官壹員代理俟本官稍暇

仍行親自覆驗每月各倉官攢收過糧數造冊申報該府該
廳該廳亦每月造冊送道填報循環仍通詳
三院及移照各司道不必委以署縣併盐捕賫解等務其紹
興府三江常豐等陸倉雖水利通判兼管亦止宜專理海倉
水利此又責成中之喫緊處也四曰革私兌之弊查得海倉
之設以備官軍俸糧米價稍平而與之以折色則民運不勞
米價稍貴而與之以本色則官軍不病自私兌之弊起則利
歸於群奸而害獨慘於貧卒矣糧長未有不以海運為勞而
附倉積棍乘機兜攬通同官攢虛出實收計其所得壹石或
捌玖錢與軍者不及半且雜以低假而貧甚者又以輕價鬻



籌是奸人動懷數百之資而倉廒無粒米之入委官徒有唱
名之給軍士每多枵腹之嗟今若專責海倉通判往來親收
而實收必由通判掛號親給則糧長不敢覬覦以輕賫而群
奸不敢通同而私兌矣五曰申虛領之禁看得虛領之弊與
虛串之弊相倚為奸虛串出於官攢虛領出於所伍而積年
包攬棍徒從而窟穴於其間欲軍儲之充軍士之飽亦難矣
近該本道設立總單革去零星領狀已經備呈
撫按衙門詳允合行該府與海倉通判着實奉行則虛冒者無
所容有此實收則有此實支而本色折色均有實惠矣六曰
總預支之端看得所伍不才官員每窺府帖未出

與官攢通同預支而包攬積棍不問本折俱以銀兌此時價
大為輕減官攢但取分例撮頭但取過手而所伍得銀將所
轄軍士分為三等其強梁難制者與之反踰常數柔善者則
減三分之一愚弱者竟不之與問之則云府帖未至更問其
人所得則云稱貸之及曉然知其弊而不敢具告則以強梁
者有所利而把持之也今後嚴禁府帖未下不許預支有踵
其弊者以侵欺論罪該府每遇批發糧單即行覈實給帖散
支毋得出權宜倉帖以滋奸弊七曰預修理之備查得糧米
收受必先謹蓋藏先年軍儲多更或議半徵或議全折倉廒
不修坍塌頗多運至停貯無所以致逼[illegible]隨收隨放奸弊易



生近該本道牌督海倉官親詣行查估應修廳置呈請外又查
各屬縣本色糧內每石徵銀[illegible]貯名曰修倉銀糧從赴倉完
納該倉官攢恣意侵分合無稍變其法各縣督徵之時即令
查照糧數先納該縣類齎解[illegible]不必歸之官攢之手以滋弊
端以後仍行查盤官嚴行查[illegible]其各倉廒座候本官發實開
報即委廉能縣佐官修理勤[illegible]充工庶錢糧不致虛靡而蓋
藏益為有備矣八曰嚴索勒之禁查得糧納有轉運之苦有
守候之難猶曰門戶所關官司所役不得不然也至於倉棍
之需索則其所甚不堪者且如羅夫脚價指勒過多蘇踢篩
揚狠藉太甚至於席竹之类[illegible]伍合書盡屬之官攢斗級花

分而倉廒低濕全無承藉此豈立法之初意哉合無行令海
倉官查船糧灣泊處所距倉廒遠近定立脚價使籮夫不得
多爭其篩揚淋踢自有適中使倉棍不得肆虐至席竹之米
亦照修倉銀該縣同時徵收解府收貯臨時聽海倉官查驗
其倉缺多其倉缺少關發買辦應用有餘亦存之以備修倉
公用仍聽該府另置簿内開押解官有無分例倉攢斗級
有無科索歇家籮脚有無抑勒篩揚淋踢有無浪費令解納
親自填駐給批之日隨給此單銷串之日一同銷繳該府逐
一查考輕者徑行重者仍呈本道究治則解納無累而人樂
輸將稽察惟嚴而奸宄斂迹矣九曰抑官軍之横肴得衛所



官員俸米俱在海倉關支每欺官攢卑弱臨倉横索無厭巧
立鴛鴦俸米名色分外加增每壹石定要貳石而淋尖踢斛
備諸強態殊非事體至於豪軍恃富多買軍籌關支之時攙
越次序不由委官唱名指其處為糠粃指其處為浥爛恣行
打攪莫敢誰何今責成海倉官親放官員俸米照數平量革
去鴛鴦名色其軍糧仍要唱名須與年貌疤記冊相對方准
支給其不對者即擲出原籌查究來歷官員敢有仍前多索
許指名叅呈豪軍敢有仍前放縱者定以打攪倉場事例重
治十曰祛久戀之役肴得斗級之在倉廒猶狐鼠之有窟穴
也或父故而子繼或兄終而弟承其索取分例並竊贏餘已

蠹非法至於折乾之會虛出關領種種獘端未有不經其手
者往年從編即此輩攬役近改雇募仍係此輩包當及查倉
攢責其供應凡做一器用之費終年不下貳拾金計其雇募
之值亦止貳拾金彼何利而為之則獘端所在當有數倍於
此者不言可知矣合無行海倉通判將久戀奸斗盡行斥逐
責成里遞保甲人等公同簡選誠實之人承當仍禁官攢毋
得仍前責其供應違者計贓重治則鼠輩既革而倉廒肅清
矣具由呈奉
督撫軍門鄔　批沿海倉場蠹邊甚矣據議十條深中積獘
鑿鑿乎有裨邊儲中如復職掌一條尤為切要大都官有專



職事可責成其有稍自振立者必能隨時隨事體察而釐正
之即勞謗所不得避倉廒不患其不肅清矣該道摘以此條
移照各衙門以後海倉官縱有不得已别欲委用亦須具呈
本院詳奪不可恣己意以紊職守也繳又蒙
巡按浙江監察御史謝　詳批據議探摘獘源查處詳備亦
獨苦心矣然知之非艱行之惟艱該道立法之初宜着實修
舉嚴加振刷以定長久不壞之規尤宜責成職守期收明效
怠忽瘝曠者不容一日在位矣如引嫌避謗者付
國家事於誰理此奸險小人常態其不時訪覈呈報以憑叅黜繳已
經通行遵守切照海倉之獘槩有百端其大要不過收支二

者而巳私兌之奸起則實收不足憑而收納之法壞侵冒之
弊滋則領狀不足信而支放之法壞其源起於糧長憚海運
而樂輕齎積猾遂乘之以包攬衛所出虛領以冒本折官攢
遂因之而通同加以海倉官員操持不定者未免濡染其間
而稍知自潔者又引嫌避謗不肯漸加振作任其流弊至此
蓋官帑有如漏巵而軍士每多枵腹積蠹有年敝壞極矣該
前道條陳十事誠為拔本塞源之論改絃易轍之圖蕩滌前
瑕兌可善後其用心良亦苦矣雖推之全浙達之天下可行
也豈惟利用於浙東一隅而巳耶

申諭



一倉糧條議原考載有十事釐革弊端可謂詳悉第法久弊生因循
玩弛似又不可不為之申飭者前本司任海兵道時目擊寧
紹二府每年額徵倉糧衍期各軍枵腹待哺建有承徵各月
之議依期給散軍民便益呈蒙
撫按二院詳允見在遵守至於各倉攢手包攬需索錮弊並經
嚴加禁革此不獨寧紹二府為然杭嘉湖金衢嚴台溫處等
府各倉流弊勢所不無均宜照依後款所當一體振刷者也
為申明徵收錢糧以濟支給事萬曆貳拾捌年間該海兵道按察
使范　照得養民以軍兵為衛養軍以糧餉為先本道荐之
杭嚴之時軍糧兵餉皆按期給發而兵餉則每月仍在上旬

並未聞有乏糧告擾者今此區則不然近查寧波一府皆該
府與紹興府各縣協濟額徵而各軍之糧有逾年無給者各
兵之餉有肆月無給者偶語聚譁勢所難禁即各總領權宜
解說於事體終屬未妥查其拖欠之由皆有司緩徵之故因
此申明舊典歲終查參詳允在卷及今查參期追完欠數明
各年因循弊端支吾不及各縣始有口稟者有具文者謂拾
年以來所徵軍兵本色折色舊隔壹年近隔貳年民安故常
吏難振刷以至於此查得
大明律收糧違限一款凡夏稅於伍月拾伍日開倉柒月終齊足秋糧
拾月初壹日開倉拾貳月終齊足若夏稅違限至次年正月



終不足者其提調部糧官吏典分催里長欠糧人戶各以拾
分為率壹分不足者杖陸拾每壹分加壹等罪止杖壹百若
違限壹年之上不足者人戶里長杖壹百遷徙提調部糧官
吏典處絞又例開各處勢豪大戶無故恃頑不納本戶秋糧
伍拾石以上問罪監追完日發附近貳百石以上發邊衛俱
充軍如叁月之內能完者照常發落律例昭彰各省直奉行
皆然全浙徵輸亦無互異獨有寧紹貳府錢糧至隔壹年方
徵巳非律法況據各縣申稱軍儲錢糧貳拾伍年在貳拾柒
年纔徵貳拾陸年在貳拾捌年纔徵無惟乎軍兵缺食倉逋
告匱也且貳拾陸年歲歉錢糧奉例減半若於貳拾捌年徵

收是恤災於豐年固不可假如以貳拾肆年之粮至貳拾陸
年徵收是取盈於凶歲尤不可次序倒置皆屬不通抑不知
何官廉法徇情違道干譽一至於此但目今礦稅交征財用
萬分急缺若欲即依律例據法嚴追以兩年賦稅併於一旦
民力又實不堪行該本道牌行寧紹二府通融酌處或令各
縣自萬曆貳拾捌年為始應徵各項錢糧除依期起徵者不
議外凡有隔年方徵者比每年多徵叁個月明年又多徵叁
個月兩年之間可比前趲起半年再兩年又趲起半年即不
能多叁個月或多貳個月總在肆伍年之間可得依律徵輸
如此既不病官又可使民是亦救弊之一道也但糧餉雖係



本道催給徵派事由布政司并糧儲道掌行若不及多議處
日甚一日拖欠愈多支給愈難倘生意外之虞徒有噬臍之
悔伏乞
本都院批行布政司督糧道上緊查議妥當通行二府遵守
不得陽順陰縱致生釁端自取參究庶弊政不使怙終隱憂
可以潛銷矣呈奉
督撫軍門劉　詳批仰布政司會同糧儲道查議速報該本
司奉經行准糧儲道咨據寧波府申稱為查夏秋塩軍儲折
銀屬縣向在次年起徵本色麥米尤在隔年方行徵運民習
故常相沿已久以致衛所軍糧不得依期支放今以憲議多

徵一[illegible]良便行據各縣議覆應將本折銀米比前俱每
年儹起叁個月則肆年之內可以當年依律起徵解運不得
[illegible]紹興府申稱為照徵輸之例夏稅伍月為始
秋糧拾月開徵今查山會蕭諸新嵊等縣每年皆以拾月為
期陸續徵解按之令甲不甚相遠惟餘上貳縣有隔壹貳年
徵解者相沿已久視為故常名雖見徵而迹已似帶徵矣逋
負之多未必不由此也近蒙建議每年多徵叁個月肆年之
後可以復舊歲徵歲解無有粘滯不明之患而官民稱便深
為良法合自萬曆貳拾捌年分為始嚴行各屬着實遵照追
徵不許再行紊亂各申覆到道看得該區官兵糧餉坐派寧



紹貳府屬錢糧但往時徵解衍期以致逋負素多糧餉不給
軍士脫巾之變委有可虞該道駐劄斯地目擊其艱是為多
徵叁月之議深得調停足餉之方行據貳府咸復稱便咨司
查照轉呈等因准此為照寧紹貳府軍儲錢糧各屬向沿隔
年徵解以致軍兵缺食今海道議自貳拾捌年起每年多徵
叁個月漸次儹起肆年之後可復歲徵歲解軍糧以時散給
既經糧儲道會議貳府稱便遵行無庸別議相應呈覆合無
候詳允示備行巡視海道及寧紹貳府轉行屬縣遵照徵解
呈奉
本都院詳批寧紹貳府屬軍儲錢糧隔年徵解以致軍兵糧

不時給如議自貳拾捌年為始毋年蚤徵叁個月漸償成徵
歲解之規仰司備行遵照繳又蒙
巡按御史馬　批如議行繳依奉見在遵行〇又查為禁革
各倉積弊事該前道查訪得寧波府各倉積弊多端以致糧
解軍人交受其害近該海倉官躬臨各倉剔蠹振法如廣安
倉告示明切遂有陳縣丞收糧應平慈谿百姓共詞呈頌然
遠區海澨非有禁示又又弊生合行申禁為此將各弊昭彰
之大為本司道所已聞者先行該廳一面作速出示曉諭一
面仍立刊榜嚴禁如復有犯不論糧戶軍人及平民人等俱
許據實執牌陳訴仍加獎賞或事情有出於禁約條件之外



者海倉官嚴查推類併革方見為軍為民實意〇一革積年
奸猾糧里攬頭凡解運俱要正身凡上倉不許碎米折耗以
虧各軍如有短少照數認補其有倚恃宦門豪戶仍舊兜攬
者該廳該縣該倉指摘的名呈解依律重治〇一禁久慣驚
鶩籮夫多人在家將米摻和糠塵臨量斛時故將肆人倉內
平米肆人倉外擡量高提衡斛糠灰紛起使經收員役拭目
掩鼻不暇因而任意作弊夾篝瞞官今只許解戶自擇誠實
壯健人役報名於收糧官平米擡量各用貳人自行槩斛收
糧官着實查行〇一禁舊時籮夫身負搭包脚穿大鞋仍有
高大之茶瓶酒壺深長之飯桶餅簍烏合蛙鬧蟻聚蜂擁傳

遞竊米近用糧解自報數人既量一應籮夫俱不許入倉亦
不許近倉作弊違者鎖拿解究〇一禁支糧各軍毋恃人多
強奪糧米踢斛淋尖不待行槩及故意爭鬧將米拋撒在地
犯者細挐并杳驗其所管轄官一併提解〇一禁祀神豬羊
及各官飯食閒開倉祀神宰殺豬羊散胙於該衛指揮千百
戶等官及諸色人役第查此銀原無額設皆解頭出辦費銀
肆伍兩方得了事又聞收米之日監收委官跟隨門書皂隸
多至拾餘人備午間酒飯皆取給於經收倉官而倉官午間
酒飯又取給於糧里所費不貲且或壹日或叁肆日不等皆
令供給糧解何等浪費如此百姓怨氣吞聲縣官容私護短



可為歎息以後收糧官吏午飯俱各自辦毋得派及糧解壹
米壹菜即祀倉神亦只許官吏自行借辦豬羊毋許派及納
戶及一應巧立名色以滋科擾者俱痛革絕本司道執法甚
堅毋得再犯〇一禁衛所各官識字軍人慣恃潑皮袋以非
禮甜言拜謁倉官或以茶飯酒食諂媚官吏因而借支糧米
籠絡詐騙及倉官取糧成伙又或面加叱辱或毀謗詬害無
有不蒙其毒者以後除各軍照冊正支外敢有不守法紀仍
前撒潑作惡數黨挾借者許收糧官開名揭報以憑拏究該
縣掌印官時常查實申報無得自取隱蔽不職之罪〇又為
清查軍糧事各衛所軍人以糧為命有司歲額錢粮自應及

時徵解按月給支今查定海等衛中左并後所等各所官軍多者有拾肆伍個月少者亦不下拾餘月無糧深為可憫除本司道每月自行提比外其間夙弊尚有多端或各縣吏書受賄歇閣緩徵或已運在倉而該倉吏書故措不發或已徵給付解頭延不上納甚有狡猾之徒串通吏書糧不入厫虛出倉收乘各軍日食空乏暗行兌會或伍折或陸折貧軍無柰只得隱忍戍守者止蒙虛名作奸者反獲厚利似此積蠹皆當拏究但念相沿已久姑諭自新合示該縣該倉各承行吏書并糧解倉夫人等知悉今後額派軍糧務要依期徵解實數上倉按月給發使各軍得霑實惠不致枵腹告饑遲延歲月敢有仍前受賄寬限緩徵及領運不行依期上倉并指勒不給及通同該衛所積年軍頭折乾私兌抑價盤筭詭法罔利怙終不悛者訪出或被人告發或各軍查的指名赴訴本司道定行從重究遣示給各屬見在照行



原考

一窑軍磚瓦查得先年衛所各有官窑撥軍數拾名專責取土採薪燒造磚瓦如遇城垛墻磚樓舖瓦片小損即將所造磚瓦動支隨時修砌止計木灰倩匠工食之費其法甚善後因軍士凋耗差役浩繁遂行停止少有損壞輙請給官估計文移逆復經年以致日漸傾頹愈加損重及至呈請買料撮買工間見成磚瓦聊為搪塞一遇海風又復頹圮嘉靖叁拾貳年貳月內為乞查舊例復設官窑以便修理事該前道副使李巡歷沿海閱視各城殊多頹圮間有修葺磚瓦小薄又復崩塌相應查復舊例合行各把總官嚴查各衛所窑地基址每衛撥正軍貳拾名每外所撥正軍壹拾名免其差操專令在窑練土採新燒造磚瓦其磚式每塊長壹尺伍寸濶捌寸厚貳寸伍分瓦式每片長壹尺大頭濶捌寸伍分小頭濶捌寸厚叁分每年該燒青磚壹千塊瓦貳千片仍委官管理置簿登記各年燒造數目每季送海防道倒查其燒完磚瓦如式刊寫年分做造姓名運回本衛門收貯凡遇城垛等處損壞即呈該道批發隨時修葺如用折色每年計銀貳兩肆錢各軍敢有不依尺寸燒造以致薄小不堪或私造倩賣者加倍罰造餘人竊用者以侵官物論罪　備由呈蒙

總督撫軍門王　批依擬作速施行候箚　實在派撥軍人停當繳報

繳奉經通行遵照萬曆元年玖月內欽奉□□窰軍磚

督撫軍門方　鈞牌仰道即查紹三府海防官親詣各衛所查

勘每衛所每年該納磚瓦若干本色折收積何以備點是否

足數折色若干見貯何庫務究明白詳報依奉行委各官查明

呈覆外各衛所向在遵行每年撥軍燒造

申諭

一窰軍磚瓦原考所載各衛所額設窰軍每名每月食糧捌斗每年

限定燒造磚瓦每磚壹塊長壹尺伍寸濶捌寸厚貳寸伍分

瓦每片長壹尺大頭濶捌寸伍分小頭濶捌寸厚叁分責令

如式做造按季收貯以上修理如遇動支請詳給發仍填報



循環簿以備稽查其立法甚且周矣夫何人情玩愒法久弊

生各衛所審撥雖有窰軍之名無窰軍之實坐享官糧又免

差役且將官給磚瓦料價音爾侵漁間有燒造者輒復通同

所伍官識混捏其處城垣坍塌不用去磚瓦若干又或以小磚

抵大磚小瓦抵大瓦影射冒破弊非一端萬曆貳拾捌年該

海兵道按察使范　洞晰往弊通行各府查議有見撥窰軍

燒造者每季掌印官驗收磚瓦務照原定式樣原限數目積

貯公署如遇修理備將坍塌處所應請磚瓦細數具詳本道

方許動支仍填循環簿內報查每季倒換如有窰役軍人仍

前坐冒食糧復侵料價不行燒造者通同該所伍官識混捏

開報與驗收不合原式者官聽提究軍役問罪追賠其有裁

革窰軍者每年扣其料價派入軍需收貯府庫遇有修理委

官估計的確亦要詳道批允動銀辦料督收毋容侵冒再照

燒造本色與扣價折色二者兼行蓋因沿海諸衛所事體各

有不同因時制宜各從所便仍應再加通行申飭置簿稽查

以絕錮弊

原考

一修理城垣照得濵海郡縣衛所城垣樓鋪公宇臺堠之類比之腹裏緩急懸殊用戒不虞莫切於此此地方官剥膚之憂覆隍之慮也自當先事而綢繆豈容已頽而玩愒遇有坍圮即便呈報到道行府估計工料價銀呈請

撫按二院動支本項官銀委官修理隆慶伍年玖月内爲嚴修理以杜侵冒事該前道副使蒙　看得觀海三山等衛所城垣一年之間兩請修理料價動經貳千其弊立見但衛所各官全無報稱之念惟懷私利之圖視官錢如探囊以修理爲奇貨稍有損壞多揑妄呈初覆估計雖批有司率皆轉委丞簿首領等官拘照原詳回覆至給料價通同積棍匠作侵分前工未完覆又開請東西影射彼此支吾及催併完工率皆苟且塞責隨築隨壞經久無裨年復年来虛冒日甚前弊相應痛革合行每衛所置簿一扇前開該衛所每年額該修理銀若干自隆慶元年爲始備細查出某年月詳給料銀若干經承官匠某人造修過某門戶城身垜頭樓鋪及公宇廳堂臺堠等處逐項敘入簿内送道印發以後遇有修理處所明開原於幾年分修過即今損壞應該修理填入簿内送道查覈批委府佐縣正官從實估計料銀詳給即爲修理不必復估以滋虛冒遲延其料價給原估官督修衛所止是給單



工錢糧分毫不得干預工完候委別官覆覈數取具匠作位年之内損壞照舊補修結狀若有故違從重參究以爲定規備由通行呈蒙

欽差督撫軍門郭　詳批據呈洞悉弊端依擬着實舉行繳

巡按浙江監察御史謝　批指稱修理虛冒多端此議一出宿弊頓除永示定規通行遵照繳蒙經通行查照遵守又爲及時修葺以慎海防事萬曆貳年貳月内該本道副使劉照得沿海城垣墩臺關寨干係匪輕矧玆春汛戒嚴修守尤宜加慎及照各該把總等官有坐視傾圮不行呈報修理者間有請修估計濫議工資希圖乾沒者似此積弊有年合行申飭牌仰把總各官親詣所屬衛所查理城垣墩臺等處如有小損處所即令掌印官督責各旗軍兵協出工力請支在彼官造磚瓦隨宜修葺不許縱容妄開冒請工料仍將修過工程具揭報知如果坍損重大即日具由速報以憑委官估計請價及時修理毋得支吾遲悮就經通行遵照萬曆貳年拾月内爲懲既往勵將來乞

勑申明近例以重責成以靖地方事准本司關該蒙

撫按二院案驗奉

都察院咨文卹劄前事備行海兵等道祭遊操捕把總府衛州縣掌印巡捕等官一體欽遵令各掌印官相度城池是否

堪守應否修建如有應修應復者即使通詳等因備關到道
行間又奉
欽差總督撫軍門謝　鈞牌為巡撫地方事仰道即將所屬府縣衛所各
該城垣鋪舍已經詳議修理者嚴督委官督率匠作上緊完
固其有相應此小修者亦要及時處置仍須該道親歷稽察
閱視以速完工如有延捱不完及冒破工料苟且了事者究
招詳報等因通行遵奉外照得寧紹二府俱臨邊海係屬要
害之區各該府縣衛所城垣樓鋪倒塌損壞據報前來飭行
該府縣查估工料呈道轉呈
二院詳允動支官銀次第委官督修并行各衛門官吏不以



城池為重一經請修竟不催督完工委官懈弛又不時常經
理縱匠領銀入手任其侵費遷延不行辦料修築致有壹貳
年尚未完工者雖經本道節次催督其報完者纔十之一二
近奉勘劄查理節掌
各院牌案嚴催且來春汛期不遠若不立法稽查誠恐有妨
防守合行寧紹二府并屬縣衛所將已經議詳修理未完者
定限一月盡數報完委官造冊呈道閱視轉繳仍令各置比
較簿一扇將原估修處所逐一登填工料若干已給過若干
匠作某人委官某人督工人役某〻〻〻前件備填完及幾
分每月終責差承行吏書賫赴道查比稽查催督仍照式置簿

每季終解赴
本院比較若叁月不完提吏究治伍月不完提究委官仍住
俸薪壹年不完各縣掌印官住俸聽參修後三年內倒塌者
員役一體賠修五年內倒塌者工匠賠修五年外者方准官
修等因備由通呈奉
欽差督撫軍門謝　批修理城垣係海防重務各該經承委官惟知自
營己私於此等勞苦無營之事全然不以介意縱令行匠領
銀入手盡數花侵不但延久不完即完亦不過潦草虛應而
已可恨孰甚焉至於掌印官則可以時常稽查者乃亦任其
淹延不一置問其故何哉談者動稱視



國猶家夫藩籬不固寇盜可乘不知主人能一夕安寢否也據議置
簿比較參罰等項事宜俱准一一着實舉行仍先查委官一
二員違限最久者呈報本院以憑拿治警衆此繳又蒙
巡按浙江監察御史蕭　批據議良是准議行繳蒙經通行
寧紹二府并縣衛所遵照間又為稽查修理城垣以重保障
事萬曆叁年正月內奉
欽差督撫軍門謝　鈞牌仰道將所轄府縣衛所以經詳允修理見在
查估工料城垣毋拘久近備造略節緣由各立前件以十分
為率要見完過幾分未完幾分傍註經承或接管并吏書匠
作職名送院查核吊比等因依蒙備行寧紹二府查取造冊

呈送詳允見在嚴督催比陸續報完遵行在卷

申諭

一修理城垣夫浙為天下首藩而寧紹台溫肆府尤濱臨海陬為浙
之門戶藩籬所賴以捍禦者城垣所賴以傳警者烽堠並應
隨時修葺堅固以便防守此誠不可苟且塞責者原考備載
估修冒破之弊詳議遇有坍圮呈道行府估計工料價銀呈
請
撫按二院動支本項官銀委官修理仍行每衛所置簿壹扇後
開該衛所每年額該修理若干某年月詳給料價若干經承
官匠某人造修過某百戶城身垛頭樓舖及公宇廳堂臺堠



等處逐項敘入簿內送道印發修完委官覆覈取具匠作伍
年之內損壞坐罪補修結狀立法周密防範甚嚴邇年人情
玩弛漫不經心本司備兵海道節行申飭督修於萬曆貳拾
柒年閱查得衛所各官惟知虛糜錢糧全不用心經理以致
城樓垣墻垛口任其傾頹軍火器具任其銹壞甚至城門俱
無鐵葉包裹門軸銹脫開展未便者寧紹為東南屏蔽重地
切鄰海島尤當加意預防豈宜廢弛若是除寧定昌紹臨觀
各衛已行寧紹二府清軍官并定海象山餘姚慈谿縣掌印官
各附近會同該衛掌印官修葺外所有各衛外所城垣亦應
體清查牌仰本官即便嚴督各所掌印官將週圍城垣城

樓處所查閱毋損者即行修葺與各垛口俱要完固各門俱
舖軍器責令該管官查點明白器械琢磨鋒利不得銹爛火
具如式安頓不得浥壞其城門如鐵葉包裹有損者門軸有
壞者隨即整固以便啟閉城墻內外兩傍有木根裂磚者盡
行削拔毋容長大致壞垣墻并杜懸繩越垛等弊完日即行
冊報該廳仍一面親閱驗實揭報聽候本道不日親臨閱視
如或仍前怠慢不行整修或只以虛文相應者該廳即將該
管員役指名參呈以憑重究仍先將官軍分管門舖各若干
看管軍器各若干備造花名細數文冊呈報以憑查考○又
該海兵道按察使范　案查先該本司查各門備事件已經



專委寧紹二府清軍官及行二府督理去後查得舊時修理
城垣委縣佐什計工匠砌築與該衛所全不相統攝即有司
督工亦屬遙制以致苟完塞責所估錢糧皆吏書匠役分入
私橐而該衛所有等無賴棍徒又從吏書轉包希分餘利通
相展轉侵牟額銀已耗其半而包修者又侵之則十分之中
無三分在城垣之上是以隨修隨倒全無實用一旦有警步
躡可上何待雲梯石礫可摧何須飛礮此皆有司委官修理
之弊也合行查議仰府轉行各衛所遵照以後凡有修理具
文報府隨即委官覈實給令各衛所應管城垣官自報出嚴
實軍柱自領錢糧自行砌築錢糧以時給發不使遲延

該府其磚瓦於窑軍燒造者竟自取用不必又行買辦事應
該衛仍令衛所官員派定應管所官朝夕督查無令玩愒修
理完日備具軍柱衛所督查委官姓名造冊呈報是亦隨時
救弊之策各官專職城守惟以城守為念毋得曠時失事取
具依准繳查○又該前道看得沿海衛所相去大約陸拾里
其間傳報警息全在烽堠瞭望海洋故置軍加糧不敢惜費
訪得邇來每恃宴安習為常套各軍名為著差其實在家安
坐無一人足躡墩臺之上間有上司經過乃走遞消息跑去
一二人鳴鑼塞責原非晝夜守望者即有籌報不過順送本
軍之家亦非自墩傳遞如使烽堠可以無人何必置軍加糧



以耗此儲餉哉其弊皆起於陸路官索彼常例故此輩敢爾
偷安今小汛屆期合行嚴察仰府即便備行各該衛所陸路
官須自革去舊例不狗私情督各墩軍晝夜宿守煙火旗號
雞犬之類務要照舊具備倘有偷安曠役即刻指名呈報該
總轉報本道本道亦別有稽查汛畢之日即以此定陸路官
之賢否以為去留毋自取究○又為查理城池堠寨以固邊
疆事該前道看得各衛為郡邑之屏藩所設烽堠實防禦之
耳目邇來除附邑城池隨圮隨修外至海外衛所城垣有坍
而不報有報而不估有估給價銀而侵用不修徒以虛文回
報瀕海路遙誰往查覈至於烽堠或有名無地或有地無墩

或有墩無屋或有屋而壞今無寸木片瓦可以棲身以致各
軍徒冒重糧竟不赴臺瞭望夫城垣壞即衛所且不能自保
安能蔽郡邑烽堠壞即旗軍且無所駐足安能寄耳目哉今
備倭把總各有海防之責又當汛畢閒暇之日合行查勘仰
府即便移文各總將各所屬城垣烽堠逐一親到看驗其處
應修某處應築某處曾經開報某處已曾給價某處實修完
某處係虛報俱毋曲庇隱諱冊報本道以備明春大汛着實
舉行至於撥守烽堠臺寨旗軍老弱充數若干或附近墩臺
各官隨役掛名冒糧若干一併查確仍加意料理俱毋有違

○萬曆貳拾玖年間該兵巡紹台道副使彭　奉



督撫軍門劉　批本道呈奉
本都院憲牌照得沿海衛所孤懸外隣島嶼全藉一城為障
比各腹裏處所更宜修築堅固近訪台區衛所城垣多有傾
頹甚至不堪啟閉其弊不在不修祗緣向來監修衛所官侵
漁冒破苟且塞責故隨修隨圮又或騙領錢糧經年徑不修
葺殊可痛恨仰查沿海衛所城垣幾處或委府佐或委將領
親詣閱視某衛所城垣堅固某城所坍塌其坍塌者查其近
年曾否修理某年經管用過工料若干有無冒破以後修葺
作何設法稽覈應委何官監督及工完應否另委一員躬詣
看驗如有冒破等弊揭報查議妥當并應修衛所城垣估料

冊報奉經行委松海備倭把總莊以蒞勘估催城呈稱覆
松海等捌衛所督同掌印等官程相賢周家龍等逐一查驗
坍塌城垛樓鋪除先經臨海縣估計修完者不開外其應修
喫緊處所合用木石匠工料價劑量相宜造冊見在又查邊
方衛所總之捍禦要害而堅瑕形勝各有不同及原造之初
承委官員亦有盡心不盡心者如楚門所四面皆壕形勢頗
雄而城身則薄以故樓鋪每因後牆坐塌致傾隘頑所城身
原濶而樓鋪多堅垛多磚砌古垛堅於今垛松門衛垛砌於
壬子歲倭亂之時皆如拳碎石砌築極為不堅後有更以磚
者新垛固於舊垛新河所城身高而垛傾者多桃渚所城身



低而垛多堅固海門衛為水陸會衝時加修葺則損壞處少
前所城身頗堅而垛皆低小健跳所城身最厚於諸城而垛
坍塌者多以上皆半城半壕各地城身皆無坍塌而壕塹多
淤間有一二處裂有細縫未倒先拆恐繁工大舖垛不堪通
應及時整理蓋垛倒不砌則水滲於中城牆遂致不堅所費
者小所損者大然砌垛之堅瑕係於內堵虛實磚灰之多寡
又在監督官之勤惰匠之工與不工難以悉數試舉其槩者
五夫衛所守城軍丁因其逐年更換彼此推諉傳舍城防爾
我秦越以為明歲脫差又守別垛今日加料修理將來屬之
他人若修一垛費資錢許貧困之軍措置不前若無上司校

閱則苟且一歲矣一也縱有修者官給貯磚又加灰料肆分
賠補似不多矣所給工料如松門衛不過倉米捌升當此米
賤之際倉米久貯積腐所值價色斗止貳分職隨面砌壹垛
試之長壹丈高貳尺每壹垛磚及叁百灰壹石匠作壹工官
工貳分伍厘民間倩則用肆分灰與工共得捌分以貳分之
資欲成捌分之事無米而炊巧婦不能二也所伍等官有才
力者凡有坍塌其勢稍能催督庶足興起而委靡者間遇強
軍任催不理勢不能行至上司按臨方攝急迫苟泥塞裹薄
灰粉外一遇大風傾倒隨之甚至有給領磚灰已領年餘而
不修如張奉明是也有側磚空砌落磚壹塊全垛皆倒如馬



尭五是也三也凡坍塌之處申請查估移文往返耽延時日
及至給料經過日久塌者更多損者更重給料至日不足所
估之用在下又不敢復增復請以原估之料修增塌之處不
足明矣四也衛所之城坐臨海口驟風暴雨邊地迥異內方
新修不類原築一凡修理下脚窄狹而上廣濶下薄而上重
土築不實匠工偷力大石置而不用止將小石甃上一遇颶
風驟雨內土發漲隨修隨倒該管官軍不敢且報即日捐賠
不過塞責如楚門第捌伍下湯字肆號至問字叁號止城壹
拾伍丈每至春雨連綿必倒壹次或兩次坐是斃也五也為
今之計修理之槩有五一則申報之宜時給料之宜速向來

城有損壞未必即報報矣文移往返未必隨時給料料領矣
未必即為修理即修理矣未必堅固此後合無刊立小票壹
張如報兵擧之式無計大小輕重填以丈尺工料入報凡有
損壞旗報伍伍報衞衞報備倭把總上報本道聽示委官查
估小則於扣存城垣銀内支給大則另議詳給限以時日完
工而該衞所興工竣工亦如前具報委官查勘堅瑕遲速而
行賞罰嚴最併取叁年以内損壞賠造官匠甘結在官則人
有所感發懲創而相期於堅矣二則派守之宜專紛更之宜
禁夫衞所軍丁多者兩歲守禦一歲當差少者一歲當差一
歲操守以致所伍紛紛逐歲將架紛更以滋需索前後交亂



左右花間每歲更張自生秦越堅整者付之勢力强梗之徒
破損者歸之窮困愚蔽之輩此後合無逐伍逐所挨流派定
造冊呈報本道如有逃亡方許呈換不容私更如有別差名
仍存架脱差之日與守原架架還原丁雖有逐年當差禦守
惟止貳丁逐年遞換專守此架休戚責任終身莫脱則人不
致紛飾推諉而實心於修築矣三則草木之宜刈磚石之宜
積城身内外嵗生草木日久不除則根苗益長益長則土石
崩裂崩裂則雨水浸漬浸漬則城身坍塌隨之矣且可以藉
之攀扯登越此後遇有草木萌蘖該伍管旗即督架丁拔去
不令蔓延鑽嵌邊海各城建今貳百餘載年月久遠碎損處

多修理所需在於磚石而燒造搬運難於卒至以故每歲備
所縣挨窑夫燒造磚瓦深為有辦為今合於軍多之處督行
軍少之處量加燒造登式大磚以備修理而磚式必須定以
輕重尺寸式樣今查楚門官造城磚長玖寸濶叁寸肆分厚
壹寸捌分重肆斤海門磚長壹尺貳寸濶伍寸厚叁寸重玖
斤隘頑磚長壹尺伍分濶伍寸厚壹寸叁分重伍斤兩地統
屬壹處磚式遂有不同此後不登發式者有罰照行式者准
收亂石生於附近海島大汛之前備所該管督令旗軍採運
堆積於派架之下汛各一次大者可為修理之費小者可備
擲擊之用樹木除則土石不[illegible]磚石積則不致乏料而屏捍



有賴矣四則壕塹之宜深壅淤之宜濬合城壕池不行開鑿
濬久矣且城築已久石土益實高未貳丈殊為低矮今欲盡
數加高則物力重大該處為難合無除山城無壕外各壕原
有限定深濶丈尺分派軍丁於晴暖日長之時通行開濬深
濶則城身不加亦高矣五則修理之宜時強梗之宜懲向來
修理工完未嘗查勘隨其粉飾莫之知也為今合無於小汛
畢日行查一次凡衞所伍已修之處查其工料有無冒破砌
築有無堅瑕期限有無遲悮不修之處有無隱漏不報呈明
本道查考或委官員請自定奪行委一應軍餘固不令千百
户等官凌虐凡有修築應委軍丁俱宜悉聽該管差遣不到

者聽其參呈究罪庶隱敝不容而工程易集矣等因到道該
本道看得松海衛所城垣係邊海要衝為浙東之藩籬較之
腹裏緩急懸殊牖户之計預當綢繆年來每有傾圮據報請
修隨行所伍等官弟此輩間有甘心染指𣄃之棍匠狼狽為
奸苟且塞責以致隨修隨圮經久無裨今蒙
本都院軫念邊防俯詢利病遵經行委松海把總莊以蒞親
詣各衛所查閲城身總無損壞而梁口間有頹缺據其條議
修理之槩曰五俱有裨於邊計再查冊開應用價值似為適
中相應允從第委用官員紛更不常則彼視為秦越不專心
料理且有十羊九牧之患今當專委備倭把總官勘估督修



衛所掌印官管工兼督則事有專責勢無紛擾合候詳示備
行本總遵照將各衛所應修城垣緊要處所除將見在磚瓦
湊修尚有不敷及合用木石二料俱於該衛所扣存城垣銀
內動支計其所修輕重立限完報取各該官旗匠作叁年之
內不致損壞賠修甘結查有虛冒罪坐管匠該總知而不舉
一體參罰每衛所仍置循環簿貳扇前開該衛所每年額該
城垣銀若干自萬曆二十七年為始備細查出某年月詳給
某項銀若干經承官匠某人造修過某百戶城身梁頭樓鋪
公宇臺堠等處逐項敘入簿內送道印發季終倒換查考以
後遇有修理處所明開原於某年分修過即今損壞應該修

理填入簿內送道稽覈仍另文請詳本道以便批委勘估每
年小汛畢日行委本府海防官會同備倭把總官查閱一次
若有坍塌虛冒據實參呈如此則監委得人可杜侵漁之弊
稽查縝密自無粉飾之奸藩籬永固外侮難乘矣至於燒造
磚瓦應照海防類考事例磚式每塊長壹尺伍寸濶捌寸厚
貳寸伍分瓦式每片長壹尺大頭濶捌寸伍分小頭濶捌寸
厚叁分每年照額燒造掌印官驗收不合原式究罪追賠呈
奉
本都院詳批修理城垣及稽查事宜勘議詳妥仰道督委各
官從實舉行繳奉經通行各衛所見在遵行

原考

一修理戰船查得先年兩浙沿海打造肆百等料各項大小戰船撥
軍駕使叄年小修陸年重修玖年拆造料銀於軍四民六取
辦繼因海防多事改募福蒼沙哨等船給稅各捕自修或有
官造者僉立柱頭大户領銀造修乃被官捕百般刁詐甚為
未便改議委官估計料銀給捕領修肆行侵尅肥已加之把
總等官復索分例以致板薄釘稀責具不備未及年分輙呈
修造甚有當輕修而揑作大修船本無損而故稱破壞希圖
估造虛冒錢糧隆慶叄年捌月內為定議修造戰船袪宿弊
以臻實用事奉



欽差督撫軍門谷　案驗議定應該造修兵船選委府佐貳或縣正官
壹員據實估計合用木植仍委有司官壹員領價親往出產
地方買辦赴廠興工仍令備倭把總公同委官監督調度不
許捕盜經手本年造完防過二汛四關輕修次年重修叄年
輕修肆年重修伍年拆造如每年各員役經手修造船隻內
有不堪或未及年分而損壞者即將辦料委官管造把總及
匠作查究追賠又為整飭海防以圖保障事本院題
准定戰船稅銀查得舊規造修兵船其中官捕頗多冒破及至捕盜駕
船全不愛惜數內有民捐資打造投關領稅出哨船甚堅固
稅亦省約合將大小戰船凢捕盜有願承領者即付修造官

量粱頭船隻大小歲給以稅原船抵價計若干於叄年稅銀
內扣除還官其福船每隻照粱頭限鈔尺壹尺日與稅銀玖厘
蒼船每隻每年給稅銀貳拾兩沙船鐵頭漁船壹拾陸兩小
漁船壹拾叄兩小哨船壹拾兩叭喇唬船叄兩軍八槳抵充
叭喇唬船各軍兵自扣糧餉修造等因其該給稅銀用軍四
民六戰船料銀并漁稅及事故兵銀輳給隆慶伍年拾月內
為拆造兵船防汛事奉
欽差督撫軍門郭　批寧波府呈兵船拆造借稅紛紛并幇工捕兵俱
應酌處緣由該本道覆議私稅兵船每年出海防過大汛不
准借稅俱令該管捕盜自修出防小汛回關福船拆造限陸



拾日行府量借稅銀叄拾兩重修限肆拾日量借稅銀壹拾
伍兩輕修限叄拾日不准借稅蒼沙漁船拆造限伍拾日蒼
船借稅貳拾兩沙漁船借稅壹拾伍兩重修限叄拾日蒼船
借稅拾兩沙漁船借稅捌兩輕修限貳拾日蒼沙漁船俱不
准借稅小哨叭喇唬船拆造限貳拾伍日小哨船借稅伍兩
叭喇唬借與年給稅銀叄兩重修限拾伍日輕修限拾日不
准借稅其口糧捕盜着民隊長照舊全支造修限內將舵工
暫改支給兵糧幇工拆造福船與幇工民兵伍名軍兵伍名
蒼漁船各民兵肆名軍兵肆名沙船民兵叄名軍兵叄名小
哨船民兵貳名軍兵貳名叭喇唬船原無軍兵貼駕止准民

兵貳名其餘民兵薪水俱行停止不給其重修輕修止准捕
盜者民隊長口糧壹名餘兵俱行住支不准幇工之例各船
稅銀自拕船上塢之日住扣所借稅銀限壹年之內扣還船
若過限不完捕兵口糧截日住支船完出水開支通限正月
拾伍日齊完聽本道親自查閱如有苟且了事貢具不備者
将把總哨官廩糧住支從重究治等因備呈詳允遵將定臨
昌三總兵船俱改私造給稅其松海總私造給稅福蒼艨艟
鐵頭漁船共伍拾柒隻官造叭喇唬網船共肆拾陸隻金盤
總私造給稅鐵船壹拾玖隻官造福蒼草撇叭喇唬網船共
柒拾玖隻海寧總官造大小兵船陸拾柒隻其私造者按月



照規給稅官造者遇有損壞即便行委該府海防官查估動
支官銀造修又為顧風打壞兵船事據定海總呈詳福船捕
盜魏德兵船遭風打壞淹失軍火器械應該官捕均賠今魏
德逃脫無獲隨據該管總哨官樊雲等呈請比例免賠等緣
由前來該前道副使[illegible]蒙　看得兵船在海有遭異常風雨卒
然驟至人力竟無可施者有事勢稍緩猶可先待預防而捕
舵怠玩悞事臨期[illegible]欲逃生棄船不顧者如果人力難施則
各兵性命亦且不[illegible]而況于軍火器械乎如或棄船不顧則
喪失輜重且宜有[illegible]罰豈可僥倖免賠以滋效尤乎相應立法
查處合候詳允通行各總今後兵船果在外海卒遇異常颶

風收泊不及人力難支事出不測者查勘的實所失軍器[illegible]
准免賠如在近港或事勢稍緩不行預防及捕船[illegible]俟
怠玩悞事臨期棄船不顧者責令官捕賠追軍器重加問治
永為定規庶使人心知警法令嚴明無可僥倖告免者矣備
由呈奉
本院詳批據議明白依擬行繳依奉通行遵照隆慶陸年貳
月為超濟窮極事奉
欽差督撫軍門鄔　批本道呈詳覆議福船仍以鈔尺自面梁為界每
尺每日原給稅銀玖厘議加壹厘蒼船原給每年銀貳拾兩
[illegible]加[illegible]兩沙船并鐵頭漁船原給每年銀壹拾陸兩議加叁



兩伍錢小漁船原給每年銀壹拾叁兩議加銀叁兩小哨船
梁頭壹丈以上極大者原給每年銀壹拾兩議加貳兩梁頭
捌玖尺者原給每年銀捌兩議加壹兩伍錢叭喇唬船原給
每年銀叁兩議加壹兩萬曆元年叁月內為議處兵船以臻
實用事蒙
撫按各院批允本道議呈查將定臨昌各總例應拆造福船預
借稅銀每隻量准借支伍拾兩選委廉能官壹員承領仍于
各區捕盜之中推舉熟識板料一人同去溫處產木地方收
買木植鋸板類定淨厚貳寸伍分俱要兩頭相應堪作底艕
之用梁頭用叁寸伍分者運至定海關委官查明給捕領用

照數扣稅選官萬曆貳年貳月內為整理海防事該奉
欽差督撫軍門方　案驗題
准一欵整戰船今議各關額定兵船聽海兵道嚴督各府海防同知同
備倭把總逐船看驗應該拆造者選取堪用舊料作為上艕
其底艕下裝俱用新木成造定限福船板厚貳寸伍分以上
蒼漁船各厚貳寸小哨壹寸伍分俱用温州松板沙船板厚
貳寸用楠木叭喇唬船壹寸叁分用杉木各許加厚不許減
薄每板壹尺限用肆釘如法灰艌委官驗于興工之前查于
完工之日務要板木合式釘料無虛責具蓮桅堅固完備該
道會同叅將親行驗過下水報院等因又為請官丈量新造



稅船事萬曆叁年叁月內據寧波府呈詳昌國總福船捕盜
魏文憲加增梁頭稅銀緣由前來該本道副使劉　看得稅
雇福船原照梁頭濶狹邇來各捕規取加稅奸詭叢生止將
梁頭增闊故將船身減短以致各船出洋每每苦于背闊身
短不能乘勢衝犁小人職官肥已之弊如此況兵餉自有定
額稅銀難以議加日後比比傚尤加銀何所措給已批寧波
府將魏文憲船止照原額不准加支仍候大汛畢日聽本道
親量定奪外再照前項奸弊不獨魏文憲一船為然各關船
隻每每如是當時量船定稅者但論其梁頭之闊狹而不計
其船身之長短故每值拆造丈量率多增闊加稅至于船身

長短並未察及是以背濶身短出[illegible]能乘勢追風此未發之弊
也合候詳允備行定臨昌各把總官遵照通候大汛畢日將
各關一應起稅船隻俱令駕至定海關聽本道同分守叅將并
海防同知逐一親量梁頭闊狹船身長短的確數目造冊繳支
永為遵守以後拆造完日一體通詳計稅庶船隻繕造如法
稅銀欺冒可除而海防傚尤之弊可革其一端矣備由呈奉
欽差督撫軍門謝　詳批竊閩海中打賊船力為大人力次之若船非
尖銳而直長則不能衝射而犁壓以為波壓浪揚帆撥舵亦
惟銳而長者為利焉小人惟知擴船身稅而不顧臨敵之利
害可恨也姑俟大汛畢日該道逐一親量專以長短為主差



等其顧直以後拆造俱定與今制相之遵行此繳依奉通行
各總遵照照得各船木料多係土產松材兼以海滷斥鹹浸
潤易腐蛆虫叢附齧蛀交侵況又板縫內釘稀豈能九年一造
邇來改為一年二年燂洗三年輕修四年重修五年拆造又
且多借稅銀選委專官依式買料本道與總叅親詣監督本
府海防官及把總調度傭工其錢糧既不經捕者之手且委
官買木合式者議奬以旌其勤自是工料精堅[illegible]固官
有譏察而下無虛冒矣故近有年該拆造[illegible]駕者此又
奸捕因陋就簡苟且支吾抵恐借稅扣糧希圖延捱僥倖豈
可徇其姑息以致疎虞仍當查照定期勒行拆造再照昌國

一總僻懸海心每遇造船畢多有破近經本道呈允
軍門除輕修重修者姑准就近董理其應拆造者仍照臨觀
總船隻駕赴定海關團修便各官一併督理

續定

一修理戰船
南北二關巡哨兵船原係官造修其修造年限照例三年小
修五年大修八年拆造如遇該修造年分該總呈道批行杭
州府總捕水利官查估價數的確年分及期報道議定委官
并工料冊轉呈
軍門批允行文布政司於額解海防漁稅或修船銀內支發



委官會同把總督匠辦料修造務要底梁堅厚不許板薄釘
稀取捕匠大修五年之內小修二年之內不致損壞結狀查
考仍于修造之際責令各該捕盜雇船往來巡緝會哨及輪
流水兵幫助完工所請價銀先支三分之二俟船完出水查驗
無弊方准找給大約工料價值每隻三年小修銀肆兩五年
大修銀柒兩壹錢八年拆造銀壹拾玖兩叁錢柒分內以舊
料作價肆兩實給銀壹拾伍兩叁錢柒分把總坐用船加銀
肆兩柒錢捌分肆划網船每隻成造銀柒兩伍錢伍分肆厘
嘉興區各戰船原係官造萬曆貳拾年間為浙西武備積窮
等事奉

巡按御史唐 會得本區兵船向皆官造官修致多苟且
侵漁議將各船責行捕盜充為私船責令捐資自行修造校
實給稅足堪永久　題奉
欽依改為私造其修造年限原照海防考事規一二年免修三年重修
四年輕修五六年重修七年拆造如遇修造船兵照限放班
其舵工改食兵糧俱於正月糧冊內造扣抵湊船稅

備錄 查得萬曆三十年四月內該帶管嘉湖兵巡道右布政使范
看得本區大小戰船向據各捕盜捐資造完應募該總報
道委官查驗堅固照例給銀稅用原未定發各船長闊深厚
規式中間不無狹板薄釘稀之弊且委驗各官亦無成式
可憑本司前任兵道時已行寧紹各區定有船規就經行
令嘉興府海防做會浙東製造福蒼沙唬各船長闊深厚
規式冊前來復行本官轉行嘉興縣動支本道撫賞銀兩俱
照寧紹區製造雜木夫竿六根俱以鈔尺為準每根長伍尺



厚貳寸闊叁寸正面中間畫尺寸後面刊刺嘉湖兵巡道頒
量兵船鈔尺字樣兩頭仍用銅皮鑲裹以防削除頒發諫廳
及紫將衙門與備倭把總海鹽平湖二縣使量船委官不得
低昂其間本道亦存一竿備照今後修造戰船悉照頒定規
制施
行

寧波區大小戰船俱係召捕私造官給稅銀其修造則例新造
不及貳年者免修貳年以上輕修叁年重修肆年又輕修伍
年陸年又重修柒年拆造若果脆薄不堪不拘定限即令拆
造如驗果十分堅固與楠木沙船經久可用者又不必拘定
柒年拆造之例俱於小汛畢日自拾壹月初捌日起興工造
修其福草船拆造限肆拾伍日重修限貳拾日輕修限拾伍
日蒼艚漁挑沙船拆造限叁拾伍日重修限拾伍日輕修限

拾貳日熬哨唬船拆造限拾伍日重修限捌日輕修限伍日
幇工兵夫照船中見在名數存留十分之四食糧幇工舵工
改支兵糧捕者全支餘兵并薪水俱行停止候船完出水之
日開支若過限不完捕兵口粮截扣官捕究罪仍追稅還官
如遇拆造年分各號福船准先借稅銀伍拾兩草撇船肆拾
兩蒼艚鐵船貳拾兩漁挑沙船壹拾伍兩熬哨船伍兩唬船
肆兩已經詳允遵行萬曆貳拾柒年陸月内據各把總議呈
冬月造船寒凍日短工不堅固該海兵道按察使范　轉詳
督撫軍門劉　批允造修船隻如議毎年于柒月初旬興工
照限造修永為定規萬曆叁拾年文奉



本都院案開遊洋哨各船輕重修拆稅船照例責各捕盗水
手自修遇拆造之年一體借稅停糧其官造鳥船照議駕赴
挑花渡聽海道委官估計修造工料價銀即于本遊扣貯抰
兵及私造船停糧銀内支用
紹興區各戰船造修給稅扣糧期限俱與寧波區相同
台州區各戰船除軍漁哨船各軍自行修造外向年俱係官給
料銀修造萬曆貳拾伍年拾壹月内為查議船稅以裨防禦
事該兵巡道右叅政吳　奉
督撫軍門劉　明文查議比照寧温二區事例各捕捐貲自
行造修〇府詳覆俱改私造其稅銀坐派本府照依一區具

頭尺數給發限伍年拆造本捕辦料成造及查往年造期俱
於冬底興工貳拾陸年拾貳月内為督修戰船以備防汛事
該松海備倭把總莊以范呈詳冬令天寒日促風雨氷霜板
縫油灰艌合不堅秋時天氣晴長油融灰燥灰艌得堅工程
易集呈蒙兵巡道副使彭　轉詳
本都院准改于柒月開貲捕辦料修造其日期一二號福船
并海滄船拆造限肆拾日重修貳拾日輕修限拾伍日艟𦨴
鉄船拆造叁拾伍日重修拾伍日輕修拾貳日唬船拆造拾
伍日重修捌日輕修伍日大小網船係各兵捐貲自造自修
不立期限



温州區各戰船〇官造船毎柒年限滿内民漁船打造之年給
料銀肆拾叁兩次年量修給銀叁兩叁年輕修給銀柒兩肆
年重修給銀壹拾壹兩伍年輕修給銀玖兩陸年重修給銀
壹拾叁兩民唬船打造之年給銀壹拾陸兩伍錢内除舊料
壹兩伍錢次年量修給銀壹兩貳錢叁年輕修給銀貳兩貳
錢肆年重修給銀肆兩伍錢伍年輕修給銀叁兩貳錢陸年
重修給銀陸兩伍錢民網船打造之年給銀貳兩内除舊料
貳錢伍分量修給銀叁錢伍分叁年輕修給銀陸錢肆年重
修給銀壹兩伍年輕修給銀捌錢陸年重修給銀壹兩肆錢
〇官造改稅船内壹號福船例該銀貳百玖拾貳兩伍錢年

給稅銀玖拾柒兩貳號福船該銀貳百肆拾伍兩年給稅銀柒
拾貳兩叁號福船該銀貳百貳拾兩年給稅銀陸拾肆兩捌
錢肆號福船該銀貳百兩年給稅銀伍拾柒兩陸錢草撇船
壹百肆拾兩年給稅銀肆拾陸兩玖錢捌分以上船稅分作
兩次支給如上年拾貳月先支下年春夏二季本年柒月找
支秋冬二季遇造船年分預支下年稅銀○民造船内鐵頭
船年給稅銀貳拾柒兩八槳船年給稅銀壹拾貳兩漁船年
給稅銀壹拾陸兩以上俱民造官給稅銀每歲冬給下年上
季稅銀修防大汛秋給本年下季稅銀修防小汛凡遇拆造
申明借支來年全稅叁等沙船約費料銀壹百肆拾伍兩年



給稅銀壹拾玖兩伍錢河田船係民隊兵自造軍駕漁船哨
船唬船係隊軍自行捐粮修造汛畢坐支折色者每石加銀
伍分如遇拆造預支半載重修伍箇月輕修叁箇月以資買
料造修○扣糧則例○福草船拆造除軍民兵拾名幫工外
餘扣陸拾日重修軍民兵扣肆拾日輕修扣叁拾日○鐵頭
船拆造扣伍拾日重修扣叁拾日輕修扣貳拾日○唬船拆
造扣貳拾伍日重修扣拾伍日輕修扣拾日○網船拆造扣
拾日重修扣伍日輕修扣叁日
以上福草鐵頭船除捕盗不扣正舵工段支兵糧副舵工及
軍民兵俱各扣省民唬船隊長不扣舵工段支兵糧留二名
幫工餘俱扣省網船留一名幫工餘一名扣省

［原考］

一修造兵器查得水陸器械頻年修造無經多緣官匠相倚為奸或
巧立名色以靡財用或漫為請給以滋侵冒已經議將長鎗
號衣腰刀皆令各兵自置及無實用者悉行停造其發貢將
軍銃佛狼機百子銃鳥銃斬馬刀火藥火繩鉛彈噴筒神機
箭之類乃水陸利器時宜多備遇有修置該府估計呈委廳
幹有司官給與官銀備料發造完日送驗以稽冒破聽各領
用合該料銀各府俱于議留漁稅并事故兵糧内支給萬曆
貳年貳月内為整理海防事該奉
欽差督撫軍門方　案驗題



准一款利器械照得各府成造軍火器械火藥向委縣職等官管督摠
受奸匠常例悉以濫惡充數侵費料價仍行掛團造聽海
兵各道請給發用造完解監軍道親自試驗務要鎗刀堅鋼
弓箭精利發貢佛狼機百子銃等器必須銅鐵拾鍊鳥銃尤
要打鑽成細火藥用椰炭粗火藥用杉炭硝磺提淨如法
研合試將各藥牽列五堆一燃齊盡乃為堪用有不堪者責
令另造過限不完究罪招詳追賠委官別議又一款整戰船
内開各兵船置立文簿壹扇印發總哨各官先填捕盗舵工
稍水捉役次列執械殺手各姓名年貌籍貫及合用頁具軍
火器械火藥數目送道查驗發還各官收執續有更易兵稍

發領器械隨即塡寫每遇操演或對敵用過火藥等項准照
舊規開銷塡簿季終送道查覈一次海防官亦每季終照簿
點查譏察仍聽本院不時吊查等因又爲軍務事奉
本院批本道呈倣照湖廣規式製造靖海砲分發各哨兵船
備禦藥多勢大遇敵拋入大船火發沿燒收功獨多極爲兵
船利器每砲壹箇藏草火磚叁塊互相參用廢錢糧不增緩
急俱得實用備行寧紹二府製造分發應用續因器械團造
于都司請給分發于各總或道途險遠未免濟急愆期或雨
雪連綿不無苦蓋失度以致火藥潤而不發鐵器銹而不堪
兼以舊損改造者搬運增勞委用請給者往來滋費以此各



區遠近不同稱便互異大汛畢日紛議請詳萬曆貳年玖月
內爲軍務事准本司監軍道關該奉
欽差督撫軍門謝　批呈議將嘉興區軍火器械火藥聽嘉湖兵備道
預查仍行都司修造轉發給用其寧紹台溫等府各區聽省
路遠其應造應修軍火器械火藥仍就近聽海兵各道徑自
呈請定委府佐官壹員督造俱照題
准事例立法銀多者叁次少者貳次給銀限日造完解道驗試如果如
法收用找足價銀每限有違拾日以上解匠赴道比較壹月
以上監併家屬貳月以上九罪招詳其驗有不堪責令另造
再過貳月不完問罪追賠委官別議每至季終委官將督造

過已未完數目造册送道查明轉送
軍門稽查等因萬曆叁年正月內爲軍務事奉
本院鈞牌仰道即將該區修造軍火器械火藥嚴督海防官
轉督各委官催儹匠作上緊完備該道會同該參及督備倭
把總照兵逐船隨件看驗果無欠缺悉皆犀利精製方發出
汛一有不堪廢或以舊作新苟且搪飾虛費罔破不經實用
者即將匠作摘解該道徑照法令處治其承造委官遵照
勑諭事理拿解軍門治以軍法决不輕貸等因就經通行遵照又奉
本院批本道呈詳行寧波府動支漁稅銀委官收買硝磺合
製火藥緣由奉批火藥銀兩准動支作速委官收買製造但



今後修合之時須硝自爲硝磺自爲磺炭自爲炭止令研爛
各另器收貯臨發之時方纔加法煞和庶幾可絕虛假之弊
此繳依奉行令照料另貯臨時煞和分發又奉
本院批本道呈詳製造區國總器械緣由奉批如議先給銀
貳百兩發造務須海防同知身親監督星夜完工解道親驗
找給如有不堪各究罪重懲每閱器械火藥給不以時出洋
方纔製造汛畢然後發船俱令觀之似亦不虛矣該道加謹
督責須令隨船出洋以濟實用以杜宿弊此繳奉此一面行
府上緊製造解道驗發外又該本道通行寧紹二府及各把
總官遵照以後凡遇軍火器械損壞缺少該總即便先期請

修請給批行該府作速估造完發不許臨遏汛期方纔呈請
若該總不于前汛畢日預請或該府不急覆詳以致轉呈稽
遲及委官任匠延挨㨿塞不即速造完固及時給發出洋者
本道追將呈請批行估造日期㨿實轉呈
軍門一體查㳂提究施行

續定

一軍火器械附修造兵器稱鏟硝磺

軍門標下○本標精勇歲用鳥銃細火藥陸拾觔○小鉛彈叁拾
觔○火繩叁拾條

以上火藥鉛彈批都司
給領火繩各兵自造



東大營中軍
腰刀拾貳把○銅鍋陸口
歲用細火藥叁拾觔○火繩拾條
東左右中前後伍營每營額設
鳥銃玖拾門○籐牌陸拾面○腰刀陸拾把○鉤鐮陸拾把
○銅鍋伍拾叁口○三連銃壹門○百子銃拾門○一窩蜂
拾桶○兩頭匣拾匣○五虎筒叁拾筒○神機猛火箭貳千
壹百肆拾枝
歲用細火藥叁百觔○粗火藥壹百觔○鳥銃鉛彈壹百伍
拾觔○百子銃鉛彈叁拾叁觔

操用流星紙價銀玖錢壹分零牙硝肆拾捌觔○火繩貳百
條
西大營中軍
歲用火藥叁拾觔○火繩拾條
西左右中前後伍營每營額設
鳥銃玖拾門○籐牌陸拾面○腰刀陸拾把○鉤鐮陸拾把
○一窩蜂拾桶○五虎筒叁拾筒○兩頭匣拾匣○百子銃
壹拾伍門○銅鍋伍拾貳口○神機猛火箭貳千壹百肆拾
枝

以上貳營器械俱係官給如遇損壞該遊擊衙門轉呈
軍門于內庫撥給



歲用細火藥叁百觔○百子銃藥壹百觔○鉛彈壹百伍拾
觔○百子銃鉛彈叁拾叁觔
操用流星紙張價銀玖錢壹分零牙硝肆拾捌觔○火繩貳
百條
萬曆叁拾年奉
督撫軍門劉　憲牌行仰都司取併新製一號威遠炮二座
二號威遠炮十座容會銃五十門火叉二十把火箭二百枝
大鐵彈中鐵彈貳百觔分發兩營遇操演放
壯關水哨兵船
百子銃肆拾陸門○鳥銃壹百柒拾陸門○腰刀肆拾捌把

○藤牌玖拾貳面○銅鑼壹拾叁面○線鎗玖拾肆根
叉貳拾貳把○小鉛彈叁百貳拾壹觔拾肆兩肆錢
以上俱係官給各船備用如遇損壞該遊擊衙門轉呈
軍門於內庫換給
歲用細火藥柒百柒拾柒觔○粗火藥伍百貳拾捌觔○火
繩貳百陸拾壹條

南關水哨兵船

百子銃貳拾門○鳥銃玖拾陸門○藤牌肆拾捌面○腰刀
肆拾捌把○鐵叉肆拾捌把○鈎鐮肆拾把○弓貳拾張并弦
○箭陸百枝○小鼓貳拾肆面○銅鑼貳拾肆面
以上俱係官給如遇損壞呈詳杭嚴兵巡道行都司換給
其船兵合用三連鈂鎗筅鑼鼓哨旗俱係各兵自製



歲用鳥銃火藥伍百觔○火繩玖拾陸條
查得本關原額鳥銃火藥貳百伍拾觔火繩肆拾捌條緣因
防守地方會哨支吏迎送上司護衛錢糧并試演鳥銃不敷
萬曆貳拾陸年該把總李光祖詳道轉呈
督撫軍門劉　詳允每年加給鳥銃火藥貳百伍拾觔火繩
肆拾捌條
共足前額
萬曆貳拾玖年汛期該本總督船哨守鱉子門呈奉
本都院請發都司百子銃藥伍拾觔火器硝伍觔磺叁觔兩
頭匣貳拾貳匣火磚壹百壹拾塊五虎筒捌筒備禦汛畢無
警解還司庫見在遵行

兩教場左右貳軍營每營額設

烏銃玖拾門○藤牌陸拾面○短叉陸拾把○腰刀壹百貳
拾把○銅鍋伍拾叁口
以上係都司給發如遇損壞該司轉呈
軍門行司後庫換給
歲用火藥貳百肆拾觔○鉛彈壹百貳拾觔○火繩壹百陸
拾條

左右貳營每營新添

百子銃伍門○一窩蜂伍筒○五虎筒貳拾筒○兩頭匣拾
匣并各火箭
歲用火箭牙硝貳拾伍觔○百子銃藥叁拾觔
操用流星紙價銀伍錢
查得貳營原無火器萬曆貳拾玖年間該本司比照民營事
例請製呈奉
督撫軍門劉　詳允添設



海寧軍營額設

三連銃壹門○百子銃壹拾貳門○腰刀肆拾捌把○鈎鐮
貳拾肆把○鳥銃叁拾陸門○藤牌肆拾捌面
歲用細火藥貳百肆拾捌觔○粗火藥壹百觔○鉛彈壹百
貳拾觔○火繩壹百貳拾條
以上該杭嚴兵巡道呈允
于都司內庫給發應用
查得各營火繩流星鉛彈工料價銀并粗細火藥俱該遊擊
衙門轉呈
軍門價銀行布政司動支海防曠兵銀火藥行都司各給發
備辦應用

嘉興區

標營額設

鷄鄉百子銃壹拾伍門○鳥銃陸拾門○藤牌陸拾面○銅鍋肆拾伍口○大銃叁門

歲用大銃藥陸拾觔○百子銃藥貳百伍拾觔○鳥銃藥貳百伍拾觔○鉛彈肆拾觔○火繩貳拾貳條

協守哨額設

百子銃肆拾貳門○鳥銃壹百壹拾貳門○藤牌壹百壹拾貳面○腰刀伍拾陸把○鐵叉貳拾捌把○木扒貳拾捌把○大銃藥貳百捌拾觔○鳥銃藥壹百肆拾觔○鉛彈捌百肆拾觔○火繩陸拾叁條○火箭貳百壹拾枝○噴筒壹百



肆拾管○鉤鐮貳拾捌把○砍刀貳拾捌把○銅鑼壹拾肆面

歲用大銃藥叁百捌觔○鳥銃藥貳百壹拾觔○鉛彈伍拾陸觔○火繩捌拾肆條

陸兵伍營

前後左中左肆營每營額設

鳥銃叁拾陸門○百子銃壹拾貳門○藤牌肆拾捌面○連四銃壹把

歲用鳥銃藥貳百觔○百子銃藥貳百觔○大銃藥肆拾捌觔○鉛彈叁拾貳觔○火繩壹拾捌條

布營額設

鳥銃肆拾伍門○百子銃壹拾伍門○藤牌陸拾面○連四銃壹把

歲用鳥銃藥貳百伍拾觔○百子銃藥貳百伍拾觔○大銃藥陸拾觔○鉛子肆拾觔○火繩貳拾貳條

中遊水哨各船額設

銅佛狼機叁座○銅子銃玖筒○鐵佛狼機柒座○鐵子銃貳拾壹筒○百子銃肆拾玖門○母子銃陸門○鳥銃肆拾伍門○砍刀伍拾把○鉤鐮伍拾把○噴筒柒拾管○藤牌壹百面○火箭貳百枝○木架壹拾貳座○大銃藥壹千伍



百叁拾貳觔○鳥銃藥柒百捌拾柒觔捌兩○鉛子陸百捌拾柒觔捌兩○火繩壹百條

歲用大銃藥貳百伍拾伍觔○鳥銃藥壹百貳拾觔○火繩伍拾條○鉛子貳拾觔

水關爭許守關叁哨各船額設

銅佛狼機肆拾肆座○銅子銃壹百叁拾貳筒○鐵佛狼機伍拾肆座○鐵子銃壹百陸拾貳筒○百子銃叁百叁拾貳門○母子銃伍拾捌門○鳥銃叁百肆拾肆門○藤牌叁百肆拾肆面○鉤鐮貳百叁拾陸把○砍刀貳百叁拾陸把○噴筒貳百捌拾管○火炮貳百肆拾肆筒○火箭叁千肆百

壹拾陸枝○大銃藥玖千貳百壹拾陸觔○鳥銃藥肆千柒百陸觔○鉛子肆千伍百伍拾貳觔○火繩壹千陸百柒拾陸條

以上火藥鉛子每百觔內演放耗折火藥伍觔鉛子叁觔火繩每船耗折壹條

歲用大銃藥伍百玖拾貳觔○鳥銃藥叁百貳拾陸觔○火繩壹百肆拾捌條

占備軍火器械俱係各區自造每年終逐一查驗如有器械損壞類解叅將衙門同用過火藥鉛繩造冊移送本道轉詳請給兵料價支布政司海防銀硝磺于都司支發諫叅製換給發

萬曆貳拾玖年詳總鎮建議于大小兵船上各置威遠炮壹座奉

本都院通行各區照寧區發式議造



紹興區

臨山前營額設

鳥銃玖拾門○藤牌玖拾面○銅鍋肆拾伍口○號銃壹門

臨山中營額設

鳥銃玖拾門○藤牌玖拾面○鉤鐮拾伍把○銅鍋肆拾伍口○鐵手銃貳把

每營歲支大藥伍拾觔○鳥藥貳百玖拾肆觔○鉛彈柒拾觔○火繩壹百肆拾條

紹興左營額設

鳥銃玖拾門○藤牌玖拾面○鉤鐮拾伍把○銅鍋肆拾伍口○號銃壹門

歲用大藥伍拾觔○鳥藥叁百觔○鉛彈玖拾觔○火繩壹百捌拾條

臨觀總水哨各船額設

銅發貢肆座○鐵彈壹百貳拾捌箇○銅佛狼機貳拾伍門○銅提銃柒拾貳箇○鐵佛狼機肆拾叁門○鐵提銃壹百肆拾貳箇○連珠炮叁拾門○子銃壹百貳拾箇○百子銃壹百貳拾肆架○鳥銃貳百貳拾肆門○藤牌壹百壹拾陸面○斬馬刀肆拾捌把○透甲鎗壹百柒拾陸根○標鎗玖百陸拾枝○一窩蜂壹百陸拾貳箇○神機箭捌百伍拾枝



火磚叁百肆拾捌塊○噴筒肆百肆拾貳箇○烟罐伍百壹拾箇○灰瓶肆百壹拾陸箇○靖海炮伍拾貳箇○火龍柒拾桿○犁頭標壹百貳拾枝

萬曆叁拾年奉文各船議增威遠炮壹座

歲用大藥肆百陸拾觔○鳥藥貳百壹拾觔○鉛彈玖拾陸觔○火繩玖拾貳條○水操大藥壹百壹拾貳觔○鳥藥捌拾觔○備敵大藥壹萬肆百叁拾陸觔○鳥藥伍千叁百玖拾柒觔○淨硝壹千叁拾玖觔○平硝壹千柒百伍

磺貳百陸拾觔○鉛彈叁千捌百肆拾柒觔○火

拾捌條
以上水陸營哨軍器如有損壞與火藥繩彈年終預期名呈詳海兵道行紹興府委官估計修造應用

寧波區

海兵道標下

陸營額設

鳥銃壹百伍拾門○鐵把銃叁口○鐵大銃壹口○堅牌壹
百面○四花銃伍拾把○五花銃玖拾把○銅鍋肆拾伍口
歲用大藥壹百貳拾觔○鳥藥叁百觔○鉛彈柒拾伍觔○
火繩貳百貳拾伍條

水哨唬船額設



鳥銃捌拾門○百子銃拾伍架○鈎鐮玖把○大鉛彈叁百
箇○藤牌貳拾面
歲用大藥貳百貳拾伍觔○鳥藥壹百陸拾觔○鉛彈肆拾
觔○火繩壹百貳拾條

總兵標下

定海陸營額設

鳥銃肆百捌拾門○藤牌貳百肆拾面
歲用大藥伍百觔○鳥藥貳千觔○鉛彈玖百箇○火繩壹
千條

中軍左右遊哨各船額設

銅發貢伍座○鐵彈壹百柒拾伍箇○佛狼機壹百肆拾叁
座○提銃肆百貳拾玖箇○百子銃叁百壹拾肆架○鳥銃
陸百叁拾肆門○碗口銃壹百壹拾門○標鎗壹千伍百貳
拾枝○噴筒捌百陸拾貳桿○犁頭標壹百伍拾枝○神機
箭壹千柒拾伍枝○烟罐玖百叁拾壹箇○灰瓶柒百捌拾
柒箇○火磚柒百陸拾貳塊○藤牌叁百陸拾貳面○壹窩
蜂貳百玖拾陸箇○透甲鎗肆百捌拾陸根○斬馬刀壹百
叁拾貳把○火龍壹百柒拾陸桿○火炮貳拾箇○靖海炮
伍拾陸箇
歲用大藥壹千貳百肆拾觔○鳥藥伍百柒拾伍觔○鉛彈



貳百伍拾叁觔○火繩貳百肆拾捌條
水操大藥貳百捌拾壹觔○鳥藥貳百貳拾伍觔

加造備敵

佛狼機貳拾伍門○提銃壹百箇○連珠炮陸拾門○子銃
貳百肆拾箇○大藥柒千陸百壹拾觔○鳥藥肆千陸百肆
拾觔

遊洋哨各船額設萬曆叁拾年題准添設本年春汛為始

佛狼機陸座○提銃叁拾陸箇○百子銃拾貳門○鳥銃貳
拾肆門○藤牌拾肆面○壹號威遠砲叁座○貳號威遠炮
伍座○群蜂火炮拾貳箇○一窩蜂拾貳箇○五虎筒叁拾

壹箇○火牌陸面○大神機飛鎗叁拾伍枝○噴筒叁拾伍桿○火磚叁拾陸塊○灰瓶肆拾箇○火藥柒百貳拾觔○鳥藥肆百壹拾觔○壹號威遠炮鉛彈叁拾箇○貳號威遠炮鉛彈伍拾箇○佛狼機鉛彈肆百箇○百子銃大鉛彈壹百貳拾觔○鳥銃鉛彈伍拾觔○火繩陸拾伍條

歲用演習大藥壹百柒拾觔○鳥藥柒拾觔○大小鉛子叁拾貳觔○火繩壹拾伍條

叅將標下

舟山陸營額設

鳥銃玖拾門○鐵大銃叁門○排山炮貳門○提銃捌箇○



連珠炮伍門○提銃貳拾門

歲用大藥貳百觔○鳥藥貳百伍拾觔○鉛彈壹百觔○火繩玖拾條

正兵左右遊哨各船額設

銅發貢叁座○鐵彈壹百伍箇○佛狼機玖拾玖座○提銃貳百玖拾柒箇○百子銃貳百壹拾柒架○鳥銃肆百肆拾貳門○碗口銃柒拾柒門○標鎗壹千枝○噴筒伍百玖拾貳桿○犁頭標玖拾枝○神機箭柒百伍拾伍枝○烟礶陸百伍拾壹箇○灰瓶伍百肆拾柒箇○火磚伍百叁拾貳塊○藤牌貳百肆拾捌面○透甲鎗叁百肆拾根○一窩蜂貳

百肆箇○斬馬刀捌拾捌把○火龍壹百貳拾壹桿○火炮壹拾貳箇○靖海炮叁拾捌箇

歲用大藥捌百陸拾伍觔○鳥藥肆百觔○鉛彈壹百柒拾陸觔○火繩壹百柒拾叁條

水操大藥壹百玖拾伍觔○鳥藥壹百伍拾柒觔

加造備設

佛狼機貳拾門○提銃捌拾箇○連珠炮伍拾門○子銃貳百箇○大藥伍千伍百伍拾觔○鳥藥叁千叁百捌拾觔

定海總哨各船額設

銅發貢壹拾叁座○鐵彈肆百伍拾伍箇○佛狼機壹百陸



拾玖座○提銃伍百柒箇○百子銃叁百柒拾伍架○鳥銃柒百陸門○碗口銃壹百壹拾玖門○標鎗貳千伍百貳拾枝○噴筒壹千玖拾陸桿○犁頭標叁百玖拾枝○神機箭壹千壹百貳拾伍枝○烟礶壹千壹百壹拾叁箇○灰瓶玖百壹箇○火磚捌百叁拾陸箇○藤牌肆百陸拾肆面○一窩蜂叁百陸拾肆箇○透甲鎗肆百貳拾肆根○斬馬刀貳百把○火龍貳百壹拾玖桿○火炮伍拾貳箇○靖海炮柒拾肆箇

歲用大藥壹千叁百柒拾伍觔○鳥藥陸百陸拾觔○鉛彈貳百捌拾捌觔○火繩貳千柒拾伍條

水操大藥叁百貳拾肆觔○鳥藥貳百伍拾貳觔

加造備敨

佛狼機貳拾伍門○提銃壹百箇○連珠炮陸拾門○子銃貳百肆拾箇○大藥捌千伍百觔○鳥藥伍千叁拾觔

昌國總哨各船額設

銅䥥熕玖座○鐵彈叁百壹拾伍箇○佛狼機壹百柒拾伍座○提銃伍百貳拾伍箇○百子銃叁百捌拾伍座○鳥銃柒百陸拾門○碗口銃壹百叁拾壹門○標鎗貳千壹百貳拾枝○噴筒壹千捌拾捌桿○犁頭標貳百柒拾枝○神機箭壹千貳百陸拾伍枝○烟罐壹千壹百玖箇○灰瓶玖百



伍拾叁箇○火磚玖百捌塊○藤牌肆百伍拾陸面○一窩蜂叁百陸拾捌箇○透甲鎗伍百柒拾陸枝○斬馬刀壹百柒拾陸把○火龍貳百壹拾玖箇○靖海炮壹百陸箇

歲用大藥玖百貳觔○鳥藥陸百伍拾伍觔○鉛彈壹百捌拾肆觔○火繩壹百柒拾伍條

水操大藥叁百肆拾壹觔○鳥藥貳百柒拾壹觔

加造備敨

佛狼機貳拾門○提銃捌拾箇○連珠炮伍拾門○子銃貳百箇○大藥柒千伍百柒拾觔○鳥藥肆千伍百貳拾觔

【備錄】查得水陸營哨每年合用大藥鳥藥照依成規計筭硝磺數目預期差千百戶壹員前往都司支用又讓杉炭壹千陸百伍拾玖觔玖兩陸錢柳炭柒百陸拾柒觔叁兩貳錢分派鄞慈奉定象山伍縣動支備用銀兩辦解其鉛彈火繩動支製器兵銀併解海道中軍把總辦料督造完工解驗聽各營哨請領分散萬曆貳拾叁年該前任董參將扒平議將歲用火藥鉛彈火繩分別地方衝僻放用多寡如中正定叁總船泊衝關日逐迎送鎮靜聲旗數多福船每船酌定歲用大藥貳拾觔鳥藥拾伍觔鉛彈伍觔火繩肆條草撇蒼船鐵漁沙船每隻歲用大藥拾伍觔鳥藥伍觔鉛彈叁觔火繩叁條敍哨虎船每隻歲用大藥拾伍觔鳥藥伍觔鉛彈貳觔火繩貳條昌國總船泊偏僻迎送放用數少福船每隻酌定歲用大藥貳拾觔鳥藥壹拾觔鉛彈肆觔火繩叁條草撇蒼船漁沙船每隻歲用大藥壹拾觔鳥藥伍觔鉛彈貳觔火繩貳條敍哨唬船每隻歲用大藥伍觔鳥藥伍觔鉛彈壹觔火繩壹條其各陸營火藥繩彈之類亦論地方衝僻酌定給用萬曆貳拾陸年爲申飭訓練水兵以裨實用事奉

督撫軍門劉　憲牌行道即將水操再行覆議每年于大小二汛之前酌定日期火藥再另減定數目俱預期并年額火藥造支分發各總收貯候臨操分派各船登報循環等因行該陳參將查得各總每歲正月望後貳月初旬捌月望後玖月初旬每以貳伍捌日爲期操演共壹拾肆次又



軍門題臨并大小二汛合操叁次中正定昌通共應增大藥壹千壹百肆拾壹觔鳥藥玖百伍觔移覆轉詳照數支領在卷○又查各哨戰船軍火器械向無畫一規制以致多寡不一漫無稽考自萬曆貳拾叁年爲軍務事該兵巡海道副使吳　奉

督撫軍門劉　批本道呈奉

本都院批分守寧紹董參將呈詳該區各總戰船合用發貢等項器械量船大小酌定件數扒平均給緣由并發酌定軍火器械規則文冊到道備行寧紹貳府查議呈詳本道覆議轉詳

本院批允通行遵將各船器械均分叁等如福船給壹等軍器銅䥥貢壹座鐵彈叁拾伍箇佛狼機叁門提銃玖箇百子銃陸架鳥銃拾門碗口銃貳門標鎗捌拾枝噴筒叁拾桿犁頭標叁拾枝神機箭拾伍枝烟罐拾伍箇灰瓶拾伍箇火磚拾伍塊藤牌拾面一窩蜂捌箇透甲鎗陸根斬馬刀肆把火龍肆桿火砲肆箇草撇蒼船鐵漁沙船每隻給貳等軍器佛狼機貳門提銃陸箇百子銃伍架鳥銃捌門碗口銃壹門標鎗肆拾枝噴筒拾箇神機箭拾枝烟罐拾箇火磚拾塊灰瓶拾箇藤牌陸面透甲鎗陸根斬馬刀肆把一窩蜂肆箇火龍叁桿靖海砲貳箇敍哨軍民虎船每隻給叁等軍器佛狼機

叁門提銃叁箇百子銃貳架鳥銃伍門碗口銃壹門神機箭
拾枝烟罐捌箇噴筒陸箇火磚陸塊灰瓶陸箇透甲鎗肆根
藤牌貳面一窩蜂貳箇火龍壹桿至于撥給之限發貳拾年
百子佛狼機碗口各銃捌年斬馬鉤鐮砍刀透甲鎗標鎗伍
年鳥銃藤牌等項叁年各一換永為定規每年汛畢該管把
總逐船查驗堪否中有應修應造者類解本府委官估計工
料造冊呈詳海道轉呈
軍門詳允支銀解發各該把總官親督匠作修造完備器上
鐫刻經造年月官匠姓名解道驗發各船備禦以後如有限
內損壞者照名追賠及查應動錢糧初漁稅銀內年支壹千
兩專聽各區製造之用續自拾玖年來東征西調船器需用
數多詳請司帑官銀及定海關商稅等銀湊支抵辦嗣因漁
商二稅抵充稅監奉文議支缺兵餉銀每年陸百兩如或不
數不妨請詳動支湊數遵行在卷其備敵軍器火藥自萬曆
貳拾陸年貳月內為春汛將臨倭情叵測酌議增徙水兵以
便防禦事奉
督撫軍門劉　憲牌行議照船加兵陳叅將議行中正定呂
各總水哨增造佛狼機連珠炮貳銃并鳥大貳藥請給料價
發各總自造并請都司硝磺亦給各總自合火藥各另存貯
專備大敵之用無警不許關支又各兵自備軍器福船每隻
三連銃壹門長鎗壹拾肆根龍刀壹拾把腰刀壹拾把木棍
壹拾根草撇蒼艚漁鐵沙船每隻三連銃壹門長鎗壹拾根
龍刀陸把腰刀陸把木棍陸根蒙哨唬船每隻二連銃壹門
長鎗陸根龍刀肆把腰刀肆把木棍肆根其陸營長鎗狼筅
標鎗大斧腰刀透甲鋼鎗鉤鐮
木棍等件係各兵自行置辦



萬曆貳拾玖年奉
本都院牌行各區查理器械該總鎮議覆再照近造威遠炮
壹號者其發遠及貳里貳號者遠及叁百餘步勢如轟雷無
堅不破制敵長技莫過于此近據寧紹叅將袁世忠開稱
船原有裝熕不給外其草撇蒼艚鐵漁沙哨軍民唬船共肆
百陸隻合用壹號威遠炮壹百肆拾肆座貳號威遠炮貳百
陸拾貳座已委把總金繼超打造即時下不能猝辦亦當次

第打造務足肆百陸門之數其溫台嘉三區必當一體增造
隨該本院牌行各道照發去寧區式樣置造分發各船備敵
見在遵行

台州區

陸營額設

百子銃壹拾陸門○鳥銃叁百貳拾肆門○藤牌貳百捌拾
捌面○腰刀貳百捌拾捌把○短器壹百叁拾陸把○銅鍋
壹百陸拾柒口○鐵鍋壹口○噴筒叁拾貳箇○大銃肆門
預備鉛彈壹百肆拾觔○細火藥貳拾捌觔捌兩
歲用粗火藥壹百陸拾捌觔○細火藥壹千壹百玖拾陸觔
鉛彈貳百陸拾柒觔
查得粗細火藥向俱製完給發防汛近議年終類詳叅將衙
門給文差人赴都司請領硝磺其炭價工食銀動支台州府
庫貯銀兩製合解送兵巡道試驗并將領到鉛彈分發四營
操演試用



松海總兩關遊各船額設

銅佛狼機壹百叁座○鐵佛狼機壹百座○銅銃心陸百壹
拾貳箇○百子銃叁百捌拾貳門○鐵銃心貳箇○鳥銃柒
百柒拾叁門○犁頭標壹百貳拾捌枝○鉤鐮貳拾柒把○
噴筒壹千陸百叁拾貳筒○藤牌壹百貳拾伍面○砍刀柒
拾伍把○標鎗伍百壹拾伍枝○烟罐壹千捌百陸拾陸箇
○火磚壹千肆百伍拾玖塊○火箭壹千陸百貳拾陸枝○

神機箭貳千壹百肆拾捌枝○火繩柒百玖條○一窩蜂壹
拾捌隻○腰刀陸把○桐木線鎗陸百肆拾根○鋼叉貳拾
把

萬曆叁拾年奉文各船共添置壹號威遠炮貳拾座貳號威
遠炮肆拾座

歲用大藥肆千貳百伍拾伍觔○鳥藥伍千捌百叁拾肆觔
拾肆兩○大小鉛彈柒千壹拾肆觔拾貳兩

以上各船合用三連號銃㧐鉤竹牌腰刀撩風刀鏢鎗長
鎗大小銃火繩俱係各兵自行置辦

備錄　查得前項軍器內銅鐵佛狼機并銃心百子銃限以捌年一
換鈎鐮砍刀標鎗限以伍年一換鳥銃噴筒烟罐神機箭火
磚火箭一窩蜂藤牌俱限叁年一換限滿損壞官為造補今
各器年遠者多銅鐵器具尚堪修整但措料為難每于年終



止將紙泡硝走小損各器造冊解送台州府委官估計修理
其粗細火藥原額請領荒硝貳千貳百壹拾捌觔拾貳兩壹
貳百壹拾伍觔伍兩製造粗火藥壹千伍百觔細火藥壹千
觔鉛彈伍百觔為歲用之費近于萬曆貳拾陸年拾月內為
申飭訓練水兵以裨實用事奉
督撫軍門劄　明文行仰操練水兵加增粗火藥玖百肆拾
柒觔貳兩細火藥叁百柒拾叁觔貳兩鉛彈貳百陸拾觔捌
兩連前歲用等項數目俱于年終類詳叅將給文差人赴都
司請領荒硝叁千叁百伍拾壹觔柒兩伍錢磺叁百壹拾捌
觔製造粗火藥貳千肆百肆拾柒觔貳兩每百觔用荒硝捌
拾壹觔肆兩磺伍觔拾壹兩木炭壹拾陸觔共炭叁百玖拾
捌觔貳兩木炭每觔價銀壹釐陸毫該銀陸錢叁分陸釐零
每百觔工食銀叁錢柒分肆釐零該銀玖兩壹錢陸分叁釐
零又造細火藥壹千叁百柒拾叁觔貳兩每百觔用荒硝壹
百觔提淨捌拾肆觔肆兩磺壹拾叁觔柳炭壹拾叁觔拾叁
兩共柳炭壹百捌拾玖觔拾兩柳炭每觔價銀貳釐該銀叁
錢柒分玖釐每百觔工食銀肆錢伍分貳釐零該銀陸兩貳
錢壹分通共炭價工食銀壹拾陸兩叁錢捌分玖釐零動支
台州府庫貯餉銀給匠製合解送兵巡道試驗并將領到鉛
彈分發關遊大小各船備用其火繩原議各兵自置見在着

不准
開銷

溫州區

中軍團操營額設
鳥銃玖拾門○藤牌玖拾面○腰刀玖拾把○連三銃叁把
○鐵箭貳千枝
歲用大藥貳百伍拾柒觔○鳥藥肆百壹拾觔○鉛子柒拾
觔○火繩肆拾條

左右中前後并珠浦柒營每營額設
鳥銃玖拾門○藤牌玖拾面○腰刀玖拾把○連三銃壹把
○鐵箭貳千枝
歲用大藥陸拾觔○鳥藥貳百柒拾觔○鉛子貳拾觔○火



繩肆拾條

隨征標營在陸肆哨額設
鳥銃柒拾貳門○藤牌柒拾貳面○腰刀柒拾貳把○連三
銃壹把○鐵箭貳千枝
歲用大藥陸拾觔○鳥藥貳百柒拾觔○鉛子貳拾觔○火
繩肆拾條

本區江防唬網船隻係隨道巡海洋哨勦一應軍火器械照
關遊唬船一例給用

金盤總水哨各船額設

原缺

鳥銃玖拾門○藤牌玖拾面○三連銃貳把○鐵鈴貳把○

歲用火藥陸拾肆觔○鳥藥壹百柒拾貳觔○火繩貳百捌

拾條○鉛彈壹百貳拾觔

以上火器俱係官給鎗筅各兵自備

衢州防礦營

左右二營額設

鳥銃柒拾貳門○藤牌柒拾貳面○長腰刀柒拾貳把○短

又柒拾貳把○腰刀伍拾肆把○銅鍋肆拾叁口○角弓肆

拾伍張

奏文增設西凱二哨



鳥銃叁拾陸門○藤牌叁拾陸面○腰刀貳拾玖把

歲用火藥柒百貳拾捌觔○鉛彈貳百玖拾叁觔伍兩零

火繩壹千壹百肆拾陸條

查得歲用火藥硝磺鉛彈每年呈請兵巡道赴
軍門請發硝黃給發二營自辦柳炭合造成藥合用火繩工
料價銀共貳拾兩叁錢肆分壹厘於衢州府動支事故兵粮
銀內給造并鉛彈俱解送本道發府貯庫聽守備以三分請
給操用其鳥銃藤牌腰刀大弓等項原係嘉靖肆拾伍年間
官給各兵收執內有損壞各兵自行修補長鎗狼筅等項亦
俱各兵照
常自備

一軍火器械工料價值係都司冊開

燒蓬大火箭每枝合用箭桿鐵簇翎膠漆鉛硃金[illegible]紡鐵一[illegible]

木炭工食等項共計工料銀壹分[illegible]

○三眼火箭每枝銀陸厘伍毫（外箭藥布包工料銀壹分叁厘）○神機箭每枝
銀叁厘零（外箭藥紙筒工料銀壹分貳厘零）○兩頭回火箭每枝銀伍厘（外箭
藥紙筒工料銀壹分伍厘零）○一窩蜂火箭每枝銀玖厘零（外箭藥紙筒工料銀捌厘零）○
五虎筒火箭每枝銀玖厘零（外箭藥紙筒工料銀柒厘零）○鐵頭步箭每
枝銀壹分壹厘○手弩箭每枝銀伍厘○諸葛弩箭每枝銀
貳厘零○諸葛弩弓每張銀貳錢○角弓每張銀貳錢貳分
貳厘零○弩弦每條銀叁分貳厘○軍門內庫藤牌每面銀
叁錢玖分○都司後庫藤牌每面銀叁錢肆分○伍虎筒每
筒并索共銀肆分柒厘○燒進箭櫃并神機箭櫃每個各銀
貳錢叁分○一窩蜂兩頭回火磚弓火箭伍虎筒各木櫃每



個銀壹錢捌分○手弩每張銀玖分○鐵包頭木棍每根銀
陸分伍厘○銅鍋每口銀肆錢叁分伍厘○火繩每條銀貳
分陸厘零每肆條計重壹觔○貓竹挨牌每面銀（杭嚴道冊開叁錢柒
分叁厘都司冊開肆錢貳分柒厘）○木柄標鎗每根銀壹分捌厘零○竹標
鎗每根銀陸厘零○銅發熕每座銀（道冊叁拾陸兩壹錢玖厘司冊叁拾柒兩叁錢
伍分）○大銅佛狼機每座銀（道冊壹拾肆兩陸錢壹分零司冊壹拾伍兩貳分零）○小銅
佛狼機每座銀（道冊陸兩壹分司冊捌兩貳錢捌分）○銅子銃每個銀肆錢陸分零
○鐵碗口銃每個銀叁錢玖分○鳥銃每門銀玖錢○百子
銃每門銀（道冊壹兩叁錢肆分司冊壹兩柒錢柒分）○鉤鐮每把銀（道冊玖分零司冊壹錢叁分）
○腰刀每把銀（道冊壹錢柒分零司冊叁錢零）○萬軍炮靖海炮每個銀壹

錢叁分陸厘○火磚每塊銀柒分○木噴筒每個銀玖分零
○烟罐每個銀捌分玖厘○鐵佛狼機每座銀貳兩捌錢玖
分○子銃每座叁個銀叁錢叁分○木架每座銀貳錢貳分
○三連銃每門銀貳錢柒分陸厘○四花銃每把銀肆錢肆
分零○五花銃每把銀叁錢柒分伍厘○排山砲連銃每門
銀伍兩陸錢貳分肆厘○一窩公木棍每個銀貳錢陸分○
兩頭回每個銀叁錢叁厘○大鉛子每觔銀叁分叁厘○中
鉛子每觔銀叁分叁厘零○小鉛子每觔銀叁分陸厘
一號威遠砲每座連架共銀柒兩柒錢叁分伍厘○二號威
遠砲連架共銀伍兩伍錢叁分柒厘○容膺銃每門共銀壹



兩壹錢捌分○火人每架銀伍錢伍分○火叉箭每枝銀壹
分肆厘陸毫○大鐵彈每觔銀貳分貳厘肆毫○中鐵彈每
觔銀貳分肆厘捌毫（以上柒件俱載拾玖年新製）
查得各項器械價值俱准杭嚴兵巡道都司冊所報開載
該司查照成案詳奪
本都院批允移行布政司於海防銀兩動支給匠辦料製造
以備各關營請領汛防應用其歷年損壞不堪器具并解本
司如遇不敷支用呈詳作價開造前件其各應器械中間或
有改造重輕不等價值多寡不同應照彼處規例查給○又
查鉛子工料原價每觔大子三分中子叁分伍厘小子叁分
叁厘近因礦務鉛價高貴詳允每觔加價伍厘後准冊開查
得礦事稍平每觔量
減貳厘給匠成造
一成造粗細火藥
鳥銃細火藥每伍　硝壹百觔提煎牙硝捌拾觔合用廣膠伍

兩麦硝松柴壹拾伍觔柴每百觔銀叁分膠每觔銀叁分配
硫磺壹拾捌觔柳炭壹拾肆觔每觔銀肆厘共成壹百壹拾
貳觔內除飛颺肆觔實收壹百零捌觔每藥肆拾觔用木桶
壹隻銀壹分每細藥壹觔用牙硝拾壹兩肆錢叁分硫磺貳
兩伍錢柒分柳炭貳兩研合工食銀玖厘
百子銃藥每百觔用平硝柒拾壹觔陸兩玖錢配磺拾觔拾
壹兩肆錢貳分杉炭拾柒觔拾叁兩柒錢每觔用平硝拾壹
兩肆錢叁分硫磺壹兩柒錢壹分肆厘炭貳兩捌錢伍分柒
厘杉炭每觔銀貳厘研合工食銀柒厘
粗火藥每觔用平硝柒拾捌觔貳兩配硫磺叁觔拾伍兩杉



炭貳拾壹觔柒兩內除飛颺叁觔捌兩實收藥壹百觔每粗
火藥壹觔用平硝拾貳兩肆錢捌分硫磺伍錢叁分杉炭叁
兩肆錢叁分杉炭每觔銀貳厘研合工食銀叁厘伍毫
一都司歲辦硝磺
查得該司建設軍火二庫先經呈奉
本都院詳委本司經斷二司并行前右二衛各取指揮壹員
專責收放軍火器械等項本司備聴各區取用年例焰硝陸
萬伍千觔查照成案每觔并連車船脚價等項銀貳分肆厘
詳允於布政司海防銀內先支半價委官召商收買運回提
準文庫找價其硫磺年額伍千玖百叁拾貳觔每觔并連車

船脚價等項銀叁分貳毫亦於海防銀內支領其各區每年
請領火藥硝磺查准都司回稱原無額數惟聽各處量其存
留多少及地方緩急酌數呈請給領彼中登報循環銷筭倘
於司庫缺少方詳委官召商收買存貯備用
萬曆貳拾柒年間為照例申明修造兵器以杜虛冒等事該
海兵道按察使范　奉
督撫軍門劉　憲牌行道查議得各區應用兵器向係有司
修造不能時常督率又不識辨驗以致匠作冒破器械每不
精利徒費錢粮無資實用奉經通行紹興嘉興各區但照寧
波修造事例每年汛畢聽該管把總逐船查驗中有應修應



造器械解赴該府委官估計料價造冊詳道轉呈詳允支銀
解發各該把總親督匠作修造完備器上鐫刻經造年月官
匠姓名解道查驗分發操演防禦自後限內如有損壞照名
追賠等因呈奉
本都院詳允通行遵照在卷
【備錄】查得原考開載修造兵器其中立法稽覈釐革侵冒與製造
火藥利便海防業有成議第未開列各區額用軍火器械數
目近奉
督撫軍門劉　憲牌重緝前造軍器與都司歲辦硝磺各區
請發額數俱要詳明遵查都司歲辦硝磺向未各區縣赴該
司請領近該温處兵巡道看得該區赴省路途遙遠搬運艱
難議將每年額用之數詳府給銀發匠前去產處收買行送
本衆督匠製造完日解赴本道試驗堪用轉發各該關營應
用其餘各區俱於都司請發製辦備將歲額區總併各區水
陸[illegible]遞應用軍火器械及各項價值各該數目並得條

備考閱〇又查萬曆二十七年該海兵道按察使

□□□□□慎火器之藏照得兵莫先于器械尤莫利於火器

所□□各□□請領火藥每次費用錢粮甚多若藏貯不慎萬姓

膏脂虛□□可惜議將都司發去硝磺炭不許三樣混和難辨

多寡又恐堆積日久則濕結難用行令以後修合之時須硝

自為硝磺自為磺炭自為炭製完各另裝桶送驗收貯臨用

時聽照分兩和均發用一便稽查觔兩一便整治濕氣一便

預防火患其火箭火磚噴筒等器在船者積日累月或浸鹹

氣多致濕銹及遇有警實用無裨須令各兵安頓高燥處所

常川晒晾各總哨汛回將未用火器而試數件如受湿不堪

用即坐本捕以不晒晾之罪追價入官另置如該

哨官相為猫鼠併坐同賠查驗畢日報道稽考

# 兩浙海防類考續編卷之六





原考

一操練官兵查得水兵陸兵原遇汛期分發哨禦防守汛畢掣回其

水兵在船操習水戰陸兵合營訓練萬曆元年貳月內為申

督習射以嚴武備事該本道副使劉　看得射比禮樂書數

次之固以崇韜亦以觀德古人載之射義者甚詳即今鄉會

武科大率取決於是非徒小技而已近該本道操閱官兵類

習輕裘博帶之態其於操弧挾矢若不屑為又且預造高大

垜把短小弓步希圖幸中甚至買澆皷手掩人耳目率皆高

矗反下戲撞之數何有貫虱穿楊没羽之能哉此平日不學

之過也諸藝固皆不可缺者然百步之外非矢不達就經通

行各總每總并各衛所各置立較射簿二扇將寧紹二區水

陸官兵及衛所官軍俱每月逢二日令各把總掌印官督率

於教場演習本藝之外願射者聽公同填註有無中數於名

下月終送道查驗倒換不許捏報虛應本道據此以別優劣



其□□□□□兵補什什補隊隊長補哨官以示激勸中少者

分等懲治俱聽本道親臨校閱賞罰遵行遵照本年拾月內

為整理海防事奉

欽差督撫□門方　案驗題

□內開練舟□□□議將水兵每年春防汛畢陸月中兵船收港渠捌

□□加止留各舡梢水看船原派軍火器械殺手近分守
叅將駐劄者聽叅將近備倭把總駐劄者聽把總督同哨官
隨宜擇地訓練至玖月初上船防過小汛拾壹月中起至來
年正月中止各在水寨如法練習俱叁日壹次嚴加校試精
熟仍聽海兵該道親詣閱視量行賞罰方發出洋每項水陸
操畢該道報院查考等因遵依督令定海臨觀貳總并中遊
哨官兵小汛畢俱在定海關水寨大汛畢俱在定海衛教場
聽各把總官正兵正遊貳哨官兵小汛畢俱在舟山水寨大
汛畢俱在中中中左貳所教場聽叅將中軍官昌國總官兵
小汛畢在石浦關水寨大汛畢在前後二所教場聽把總官



如法訓練其本區寧波臨山二營陸兵每年汛期調發沿海
防守聽把總官督同衛所官兵合營操練汛畢回營每遇三
六九日在寧波者聽本道操練在臨山者聽把總官操練及
本道巡歷閱視其餘各區水陸官兵操規俱照例遵行又為
比例懇復舊制以實邊備事奉
本院批巡檢陳立中等呈各巡檢司原額弓兵陸續奉文扣
減解京濟邊充餉等項存兵數少不敷巡緝防禦等緣由到
道及據寧波府呈詳前來詳批巡司官兵之設本為待暴客
衛生民　兵弊至於倚隘作奸受詞勒詐弓兵本以禦盜而反
盜以攝騷擾貽害地方因此漸次議減殆盡不幾於因
噎而廢食耶既裁弓兵安用巡檢為也今據各司告鳴必[illegible]
有說該府之議亦云詳矣名額非不可議增工食非難於議
派但患有名鮮實無當於用耳本道前在楚中親見各巡司
兵數仍舊額有至肆伍拾名者但各江防兵巡衙門置有薄
冊即令在附近本道地方與民壯等役一體合操每月六次
督操官查閘不到者呈究
各完閱操隨衆較藝遂得實用我浙沿海衙門星列獨不可
推廣
軍門團操水陸二兵之制於各附近各道總叅把總去處如
期合練之乎若此則人皆精兵自難於營私而坐食矣況中



間關隘有衝僻要害有緩急附郭有遠近見存有衆寡其增
數又未可一例議也仰府覆查精確酌議以憑通詳即填入
成書可也速繳隨據該府覆議具呈該本道議得管界塔山
鮚鵸霞嶼長山穿山太平爵谿石浦陳山十巡司除見存玖
名外量加兵伍名松浦向頭二巡司除見存捌名外增兵陸
名甬東巡司原存兵拾名外量增兵肆名趙嶴巡司見存玖
名尚有貳拾貳名撥出防守縣城不必加增螺峰岑江岱山
寶陀肆巡司見存玖名與原撥舟山團操弓兵內撥還伍名
聽各在司防守俱遵
軍門團操水陸二兵之制於各附近[illegible]叅把總去處與各區

官兵今操仍置簿冊聽管操官查閲不到者呈究如遇院道
閲操隨衆較藝呈奉

欽差督撫軍門謝　批巡司弓兵自抽取之後委果寡弱今既經該道
酌議停妥准如數量行增復工食照編但須嚴加操練有裨
實用可也餘俱如議施行繳蒙

巡按浙江監察御史蕭　批各巡司兵據議酌量已明依議
行繳見在遵行切惟干將鏌鋣稱利器於天下者爲其鍊之
有素也若鍊而成之復棄而置之則銹翳易生精光埋沒而
不可用矣兵以烏合其容以弗練練之其容以弗恒乎故將
不知兵兵不知戰徒爲棄之耳蓋兵之爲用外以技勝人内



以技自衛然必自衛而後力足以勝人倭患之初船兵視倭
船爲例倭船大小用人若干則我船用兵稱之以求勝於彼
當時惟求弭亂故不計錢糧盈縮而裕於養兵是以在船兵
士恒有餘力泊船處所創立教塲以便操演瞬境有警即挈
船兵以爲應援而兩利俱得也時漸底寧遂量地險要而留
船量船大小而留兵至如鉛彈火藥等物但使備禦而不容
花銷是以守船之議起而操練之法廢矣若不及時教練雖
衆亦奚以爲且在船長按軍火互用如賊船離遠則以鳥銃
百子銃發貢爲先賊船逼近則以長鎗鏢鎗藤牌爲便除舵
工繚手上桅等役不可更易外散役兵夫各派器械泊守本

營遇警則與陸兵齊操誠爲至計其陸兵練習毋總以中哨
三隊俱習鳥銃每什以二人習刀牌二人習狼筅四人習長
鎗二人習鉤鐮短鎗暇時俱習弓弩如鳥銃衛陣則刀牌手
護之刀牌手衛陣則長鎗手護之弓弩鎗鐮手衛陣則狼筅
手護之所謂長以衛短短以禦長兵制之常經也但器具欠
精餉額漸減月發火繩鉛彈例不開銷今之病也近蒙明文
切責器具之修置日精餉額均平水陸之月支一例且於火
藥等物量與開銷矣柰何遊手遊食之民以兵爲生而使貪
使詐之徒馭兵爲利利其苞苴長其驕悍稍嚴驅策動輒脫
巾此於操練之實何如也爲今之計先在練將耳誠使爲將



者廉明公勇不以私自營不以法自撓不以勢自畏不以難
自阻不以逸自安不以分自廢則將之所以自練者爲有道
矣以此練兵則言無不聽法無不行事無不立名無不正驅
之白刃而可蹈率之深淵而可赴矣兵將一心遐邇一體以
之養於平時則爲有制之良兵用於有事則爲出匣之利器
驅之無不利矣故曰練兵者先練將

申諭

一操練官兵

萬曆貳拾陸年間爲軍務事該海兵道按察使范　奉

督撫軍門劉　[illegible]照今陽汛屆期各兵例應出洋哨

禦其間多有空閑時節海防重地兵貴精勇且今天高氣爽
不可坐消時日古謂三時務農一時講武正在此時仰各出
汛各把總官趁此冬暇天氣清爽即便嚴督所部官兵隨汛
隨處選擇平陽地面逐日各將所習藝射操演本官仍將某
藝優某藝劣每半月揭報查考毋得虛應上負
國恩下甘自棄取咎未便各官兵收汛回日本道即以此為殿最非
虛談也先具依准呈繳○又為軍務事該前道照得本司以
整飭邊防為職今天高氣爽正宜講武之時已經分布條約
行統兵把總出洋官兵隨汛隨處擇地操演每半月揭報外
其守境官兵移會總鎮參將衙門督令各官兵三六九聚衆



操演餘日各自比較按月各自呈報仍將技藝精拔者徑行
嘉賞以鼓士氣○又為申嚴操備以重保障事該前道照得
各衛所食糧操備軍人防衛城池簡備所管操官管轄皆當
以時操練倘城池不完衣甲器仗不整不操練者律例森嚴
毫不少假邇來官有管操之名軍無操備之實以致糜費官
軍月糧無裨實用本道職專整飭兵防備事官員徑得參奏
合行查復舊規督飭操練為此仰衛即便通行衛所管操官
將該衛所操備軍人逐一拘集各帶器械遂三六九日操演
各置印信格簿壹扇上格序列該衛該所官名次及武生次
及有志學射舍人下格橫列操日每格內填中箭數目無中

者填無字按月送道查考除冬盛暑照例停止在暮春孟冬
尤好用力常操之外更於逐日互相習演若能實用功夫便
可他日建立各當自勉兇各官世受
國恩各軍日食
朝廷錢糧皆當思報毋得廢時怠惰自取罪咎○又為軍務事本道
自念聞見有限揭報難憑或惰或勤何能坐照該府均有地
方軍民之責合行知會稽查仰府掌印官每於政事之暇不
時躬親稽察凡各水陸總哨官兵并衛所官軍某官恪謹奉
行某兵某軍用心演習某官虛文相應某兵某軍怠惰偷安
但有所聞所見即便分別密揭報道以憑究處務要着實留



心舉行毋視末務○又查得萬曆貳拾陸年間為申飭訓練
水兵以裨實用事該台州兵巡道副使彭　奉
督撫軍門劉　批本道呈奉
本都院憲牌照得本院巡歷沿海閱視水陸官兵陸兵操練
俱有常期及欲閱操水軍始聞近年通不操練夫水戰之法與
陸戰異操舟施技各有機宜聚三軍之衆投於風濤之險不
教而戰制勝未聞法曰治衆如治寡寡之不治而動欲多增
即多適為累耳相應立法申飭行道即行參總各官今後各
將所部水哨船兵立期操演汛暇則各總分哨預操臨汛則
該參糾總合操大小船隻軍火器技作何演比進退分別攷

標幟犁作何布置以至衣甲號旗各按方位編定動則行列
辨明止則部分嚴肅務令操水若陸涉險若夷以之禦敵何
患弗克古人以少却衆變弱為強率多由此而況浙兵素稱
雄列省扎如各船歲領火藥不敷不妨另議增發以備操用
每歲終各參總將操過次數緣由呈報至於每汛該道祀江
之期必先合操一次方與發兵本院躬臨督汛閒抽各哨兵
船閱驗分別賞罰永為定規各具遵奉緣由及議增火藥數
目報詳行准台金嚴參將吳　手本據松海把總莊以莅呈
照得水戰之法行陣固當操而器械尤宜習各器械必先精
治又必精擇能用各器械者以教之先演之於陸次習之於



舟次習之於風濤播蕩之中運用若一然後為之習各藝既
熟合成一船各船皆習合成一陣然後為之操職領事以來
日夕講求若非
本都院本道主持於上職亦無由奉行於下本區水兵設有
松海兩關兩遊共肆營鯉港信地係中遊立為前營色尚紅
大陳極島原立貳哨所以應援諸信立為後營色尚黑漩門
泒乩靈門鹿頭猫頭屬松門關立為左營色尚藍深門關口
王山東西磯牛頭靜寇大佛頭屬海門關立為右營色尚白
以象四時以參府及備倭把總併各官所坐船立為中營色
尚黃為寄旺之土以別方向參府之旗帶伍把總者肆總哨

參哨官貳以別等級如前營當敵後營既之左右兩營分兩
翼夾攻後營當敵前營亦如之左營當敵右營既之而前後
兩翼以夾攻右營當敵亦如之此兩關遊合戰之大勢也倘
一信當敵則左右隣信夾攻此一信之勢也一營受敵三營
合擊一信當敵三信合應以此操即以此戰行則成列止則
成陣此亦常山之勢也且海中不惟以人鬬人尤復以船鬬
船我以伍拾人駕壹船而衝犁百人之賊船是我以伍拾人
勝百人矣顧在訓練教習之何如耳戰船之大者如福滄艟
鐵等船勢甚雄壯便於衝犁利於深水大洋而淺塗無風不
能運動大端風動勢順則滄不如福艟不如滄鐵不如艟小



不如大若風小勢逆福不如滄滄不如艟艟不如鐵大不如
小哨船多櫓能戧唬船多槳能划旋轉輕捷不拘風水順逆
亦可槳楫便於攻戰而不能衝犁划船壹葉形似織梭駕以
兩人或參肆人以草草之往返無聲晝以傳宣號令夜以縱
火斷紲至於迴避轉戧八風可使莫若沙船此本區所無者
大小皆備用惟其宜而倭奴長技有二惟鳥銃雙刀鳥銃縱
能命中所傷不多亦中國所有者雙刀雖利而隔船烏能施
其巧中國火器如百子銃佛狼機火箭神機箭一窩蜂噴筒
火磚火毬火桶烟礶中國之長技十尚有短器如牌釵鎗筅
犁頭標連鎗鎲之屬是以十而勝其二遠則用百子銃佛狼

楪以擊之諸火器以焚之中則敗其一舟一舟壞賊[illegible]
存舟楫必交兵刃未接而我已獲全勝矣是水戰為中國長
技也而水戰之長技皆賴火器諸火器之中而飛[illegible]千銃
尤能及遠洞堅若於平時演習臨敵不至手顫目瞪驚惶無
措必能取勝乎矣誠本道覆看得有兵而不練與無兵同故所
恃以禦寇保民者必素練有制之舟師也仰荷
本都院軫念海防申飭訓練誠篤邊至計莫靖生民之盛心
今據參總議覆相應轉請合候詳示備行參總等官遵照將
松海關遊兵為伍營各定方位按期操演比藝臨汛聽本道
合操發汛縱之既久則人人皆勝兵矣年終參總各官將操



過次數用過火藥呈繳開銷呈奉
本都院詳允見在遵行○又為請更水戰陣法以裨實用事
該前道批據松海把總莊以蒞呈蒙本道批卑職呈切照操
練之法演於平日使之服習以為克敵之用非以尚美觀如
操一法而戰又一法則徒有虛文無裨實用即演之平日何
益臨事哉本區水營操練向無定制每歲發汛之時水操一
次不過將號船以拾捌隻分為左右兩行三三相間衝為疊陣
以應故事殊不知水戰之法與陸戰無異陸地平實不動進退
由已不致參差錯亂水戰取必風潮三[illegible]進退不[illegible]
布則損擊船隻誠遠則卒難策應且本區號船伍拾[illegible]隻[illegible]

止以拾捌隻操演則餘船臨陣不閑進止平時操之何用無
正無奇大非兵制近奉
本都院本道通行演習水師於大海之中本區大小船隻合
戰衝犁已蒙允示遵行外但本道發汛上司按閱多於海門
道頭台州江下然二地窄隘惟可以操哨船號船之法循貫
畫一有實用也卑職請以伍拾伍隻分為伍哨每哨各拾隻
左右兩行列於前為第一疊以作正兵大陳遊哨號船貳拾
叁隻分為兩行列於第一疊之後以為二疊所餘拾壹隻參
府及各官所乘之座船俱分色列於二行之後以為第三疊
以作中軍策應奇兵每疊各船編定號數衝鋒之時逐船魚



貫攻打使勇者不得獨進怯者不得獨退庶無越亂逗遛之
弊如第一疊攻敵則第一行為正兵第二行為遊哨奇兵第
三行策應奇兵第二行攻打則第二行為正兵第一行為遊
哨奇兵第三行作策應奇兵分番疊出勞逸適均伍拾伍船
皆入操練分則伍哨總則叁疊合則一陣前船兩疊各有頭
尾凡觸處為首擊首則首為正尾為奇擊尾則尾為正首為
奇擊中則首尾俱應實常山之勢此號船之陣法也而各哨
船原係打哨探聽之用總分為兩行列於號船之外以作伏
路之兵及圍擊取勝之時各船[illegible]於中向賊船夾攻打矢
石收功取勝其他大鵬雙龍[illegible]等名即八陣龍虎鳥蛇之

意以別陣名呼其名即出其船使易於相應耳以此操即以
此戰演之平時用之臨事殺春奉本道操陸之時注意於戰
陣分沓遊哨奇正相生甲戰遵體本道之實意更此疊陣操
法或蠡測之愚可為克敵之一助也蒙批以此操即以此戰
乃為實用據議各船分為三疊正遊策應俱有布置此即古
名將陣法遺意練熟臨戎可稱全勝技矣照行繳俱經遵照
操演見在照行


陶咸　一百零七

原考

一考察官捕杳得寧紹二區水陸各營哨官捕盜耆民隊什長為兵
軍領袖必須誠實精壯者充之庶克有濟該本道副使劉
訪得各役因循積弊踵襲利規中間守法者固不盡無其虛
兵冒支暗糧侵盜放債賭博扣剋賣閑恃倚東兵指一科十
種種奸弊不可勝言以致老弱癈病之人互相蒙蔽坐食廩
糧就經行據各總呈解前來逐名點閱考察除事犯稍輕者
量行責戒姑准留用令其省改有顯過者重責與老弱疾病
者一體革退另換其過惡多端者發府究問以後每年防過
大小二汛畢日一體送考通行備由於萬曆元年拾壹月內


夏大有　三百五十

呈奉
欽差督撫軍門方　批准照行繳蒙
巡按浙江監察御史蕭　批據呈見本道振飭武備依議著
為定規此繳遵依每年防過貳汛一體取考向在遵行

申諭

一考察官捕
查得沿海各區水陸官目每年於防汛畢日聽海道鎮巡會
同考察賞罰以昭勸懲續於萬曆拾伍年為酌考察以便訓
練事奉
督撫部院温　憲牌台後俱叁年大汛畢通行考察近奉明

文止於汛期奉
軍門撫臨行取官□賢否文冊考覈至汛畢日聽候酌示分
別去留并應戒應　拿等項遵行在卷○又為倭警叵測要地
可虞謹陳防禦　宜以贊
廟謨以靖海波事萬曆貳拾　年玖月內該海兵道奉
督撫軍門常　案驗准兵部咨兵科抄出南京兵科署科事
南京刑科給事中徐桓奏方今西賊叛逆北虜跳梁當事者
以討賊備虜兩□　措手塵
□旰憂時事亦孔棘矣所幸　者春汛畢期東南庶無警耳乃遼東忽報
倭船肆百隻直抵　朝鮮勢甚猖獗臣見之不勝驚駭不勝憂





慮夫關白智能　兼奪力能兼并狡焉啓疆志不在小豈徒欲
勝一朝鮮已哉其　形叵測
畿輔要地深屬可虞倭興　將不在東南而在西北矣臣代攝兵垣而又
生長東越彼倭之　患與防倭之策耳目習之敢苟默不為
皇上一籌乎今之談兵者　倭奴易與耳
世宗時曾盡殲之隻艦不□　封為京觀此亦癬之疾無足深慮臣則謂
不然當嘉靖入犯者非真日本乃島外夷也汪直徐海等誘
引剽掠志在子　女財帛耳故一招撫汪直等即窮促投降然
尤費天下全力　數年而後平定若關白殺其主而奪之兼併
陸拾陸州其智　威力遠非汪直等倫而左右羽翼又多闞

浙人有技能者治艦繕兵實欲舉勝力與中國抗烏可視為
易與而忽之朝鮮距日本極遠滇渤渺茫忽揚帆鼓棹直趨
其境遼東密邇朝鮮鴨綠江水道往來頗便儻聲東擊西倏
轉而犯遼左將若之何遼左自劉江之捷倭警絕跡人知備
虜不知備倭然兵力強而材官備山海關險阻尤有可恃天
津通海口抵
□僅僅三舍彼中有善識海道者誘之徑從海口直抵天津則逼近
京邸而武備又單弱不知將何以禦之此臣之大恐也然禦
倭之策無過截之於外洋撲之於初至蓋倭善跳躍利陸戰
不利水戰吾從其所不利者擊之則易為力而所為截之撲





之者計莫神於火攻或用火箭焚其舟或用火砲殲其衆此出
奇制勝第一事惟南兵用之為最精北兵止長步騎而水戰
火攻尤其所短者臣請
勅薊遼督撫諸臣急募南兵南兵惟浙人驍勇倭奴所素憚聞張家灣
河西務等處浙人延頸待募者甚多一募之可得數萬人擇
其壯勇者收之行伍令兵部選善將者提督而訓練之膺功
可立奏不爾則見有薊鎮三屯營南兵可調遼左急則令赴
遼左天津急則令赴天津即遣遊擊吳維忠將之昨見撫臣
沈思孝疏請調發以禦逆虜臣謂寧夏道里甚遙徵發不便
□□要地尤為喫緊此調募南兵以破倭機宜所當議者一將帥者三

軍之司命必得戚繼光劉顯者爲將倭不足平矣今世豈乏
其人哉顧所以求之任之鼓舞之何如耳沿海地方將領雖
星羅布列然多紈袴儥帥即知能者往往視官爲傳舍朝夕
營營爲薦引陞遷計孰肯究心兵法與地利也此無他久任
之法不行而考課之典獨遺耳臣請
敕沿海督撫會同按臣將屬內武職自總兵而下一一品騭而甄別之
其也智其也材其也勇如臣所知福建總兵朱先曾擒剿於
海上浙江總兵侯繼高曾克捷於花腦浪港此二臣者倭情
熟諳宜久任以責成功其叅遊等官果能材稱職者照有司
例必伍年外始爲陞遷有功者加秩加銜不得仍前驟轉而



又行考課之法鼓舞而激勸之合無行令督撫照依各邊事
例每遇年終將見任防守春冬貳汛大小將官稽覈勤惰功
罪分別
上請庶人心知儆勸而勇氣自倍將見海徼壯於金城尚有倭患之弗
靖哉此久任式職以防倭機宜所當議者二士卒雖微籍出
死力以衞負於呼吸頃至重也必平日孚以恩信始有事効
其死綏故古善將兵者與士卒同甘苦欲得同仇力以資緩
急用乃今蓄兵者異是將領惟事剥削有司但圖尅減月糧
未散即扣常例於官甫及分領又歛公用於將計士卒所得
實餉幾何甚有稽遲卒年或壹季不給者致令脱巾譟呼大

亂
國體即不諱亦多疾視平居既已離心臨敵安有鬭志是必不勝之數
也臣請
敕沿海督撫嚴加約束有司毋扣常例稽糧餉將領毋假公用剥軍需
違者必叅治而於養士之中又默寓倡率之術行伍中有拔
石超距藝勇絶倫者識拔之優賞之以作其氣鼓其勇此輩
亦有人心者必能奮勇先登以圖報効此作養士卒以禦倭
機宜所當議者三臣按籌海圖編倭自伍島開船必由陳錢
下八山經過取水候風始分投登犯是陳錢乃倭奴之咽喉
浙直之門户也最爲要害若令浙直合兵哨守遇警併力堵



截何患其侵入内地向因倭亂畫地分哨而總叅等官又憚
風波之險不躬親督率致倭奴出没罔聞殊屬踈虞近據蘇
松兵備江鐸揭稱遊兵把總張瀾率大小戰船會合兩浙官
兵直哨至陳錢羊山等島海波寧息此同心戮力之義勇功
效明甚臣請
敕浙直廵撫以後遇春冬汛期務令總叅等官躬率官兵往來督哨各
會合於陳錢防守一遇倭警即使併力相機截殺毋啓内入
悞事者以失機論庶聲勢聯絡門户固若金湯如銅山寨烽火門
入閩廣要路倭亦不敢内窺此控扼要害以禦倭機宜所當
議者四臣聞行師之要在賞信罰必苟…有恐戰有擒

傷用名色把總領兵應敵敗死則匿不以聞倖勝則攘為己
續士卒真獲首級者不賞家丁坐食餼廩者冒敘致于退縮
槩從姑息未聞有立斬以徇者如此賞不信罰不必何以使
前喜而後懾也臣請
勑督撫諸臣一洗舊習以後用兵務令叅遊等官親自督戰毋令名色
代替其名色中真堪驅策者宜預請實授未戰之先明與將
士約如何為功功必賞如何為罪罪必罰如能邀截為功否
則罪賞不以讐掩罰不以親宥其士卒斬獲一人者即照例
賞銀若干一有退縮即斬以狥於師則賞罰嚴明將士皆爭
先用命有必戰戰必勝也何倭亂之足慮此嚴明賞罰以禦



倭機宜所當議者五臣為此五議卑卑無奇畫而實於防倭
有裨倘蒙
採納必能繫闗白之頸而致闕下若夫繕城堡謹斥堠修戰艦利兵器
備芻糧則防禦所必資而當事諸臣類能言之無俟臣贅至
於臨機應變因敵設奇則又身親行陣者之責非臣之愚所
能逆料也伏望
皇上宸斷將臣所議五事亟下該部酌議施行於防未必無小補而非
其本也惟時
朝講以肅臣民之仰
大臣以圖安攘之計[illegible]建

[illegible]係中外之望則精神流貫而內治既修德威遠播而外[illegible]
服書曰無怠無荒四夷來王寧獨么麽島夷豕息之不暇即
西鎮之變北連之虜亦將讋服削服而天下之治若泰山而
四維之矣臣不勝惓惓屬望焉等因奉
聖旨該部知道欽此欽遵抄出到部看得南京兵科署科事刑科給事
中徐桓奏稱倭奴直犯朝鮮密邇遼東天津山海逼近京師
武備單弱因陳禦倭伍事一謂倭利陸戰不利水戰宜用南
兵以火箭焚其舟火砲殲其衆要行薊遼督撫諸臣急募南
兵訓練遼左急則赴遼左天津急則赴天津即遣遊擊吳惟
忠統領一謂沿海將領多紈袴債帥要行各督撫按臣一一



品隲甄別如總兵朱先侯繼高倭情熟諳宜久任責其叅遊
等官必任年外始為陞遷有功加秩加銜不得驟轉仍俾各
邊事例每年終分別春冬二汛防守勤惰功罪以鼓舞激勸
一謂士卒出死力須孚以恩要行沿海督撫嚴加約束有司
無稽糧餉將領毋剋軍需行伍中有藝勇絕倫者識拔優賞
以作氣鼓勇一謂陳錢下八山為浙直門戶要行各巡撫遇
春冬汛期令總叅等官會兵防守遇警併力截殺毋容內入
悮事一謂名色把總領兵應敵敗則匿不以
聞勝則攘為己績士卒真獲首級者不賞家丁坐食餼廩者冒敘要行
督撫諸臣一洗舊習令叅遊等官親自督戰毋令名色代替

內有直堪驅策者宜預請實授能邀截擒殺者為功退縮逗
遛者為罪士卒斬獲一人者即照例賞銀若干各一節南兵
見今召募吳維忠推鮑鎮海防遊擊并浙江遇汛會兵陳錢
下八山併力截勦俱經題奉
欽依通行欽遵無容再議外為照餉以時給賞不踰時
國家彌世舊典也近來有司稽遲將官掊尅以致豪傑久淹不克自
見一遇獲有首功反復擴為已有種種積弊殊可痛恨況今
倭虜交警急在用人非破弊套何以鼓勇此科臣作士氣稽
軍功一節誠切中時弊者肯振飭人心第一義也既經具奏
前事相應覆



合候
命下本部移文沿海省直各該總督撫按官查照科臣所議將叅遊等
官逐一甄別著有功勞者即為加銜加秩其餘或有材能稱
職歷俸已深者方許陞遷不得覬覦速轉仍照各邊事例每
年終將見任防汛將領等官稽覈勤惰分別功罪具奏以憑
黜陟至於士卒糧餉有司俱要依期給散將領毋得假名剋
削其行伍中果有技藝出羣智勇過衆者即行超拔優賞以
作士氣以後用兵將領俱要親自督戰躬冒矢石毋令名色
把總代替攘為已功其名色中有能邀截擒殺士卒[illegible]
獲賊級者查照近[illegible]一體[illegible]賞[illegible]有[illegible]月[illegible]

餉營謀陞遷并貪穢名色軍功者聽撫按官查參重究等因
萬曆貳拾年柒月初伍日太子少保本部尚書石　等具題
初柒日奉
聖旨是欽此欽遵等因前來即便轉行按察司并守巡海兵等道查照
該科所議將叅遊守把等官逐一甄別著有功勞者即為加
銜加秩其餘或有材能稱職歷俸已深者方許陞遷不得覬
覦速轉仍照各邊事例每年終見任防汛將領等官稽覈勤
惰分別功罪呈報又蒙
巡按御史李　案驗奉
都察院巡按浙江四百七十四號勘劄行司即便通行各司



道并總叅遊把及沿海將領等官知照仍於年終將見任防
汛將領等官稽覈勤惰分別功罪具由呈報
撫按二院以憑具
題施行節經海兵各道每於年終查將見任防汛將領官員逐一稽
覈分別填註考語文冊關送按察司類造轉送在卷〇又貳
拾玖年正月內為倭警屢聞隄備宜預申飭防禦事宜以裕
安攘事奉
督撫軍門劉　案驗准兵部咨前事該本部題職方清吏司
案呈照得倭奴之為
中國患也所從來遠矣姑無論嘉靖壬子以後即自辛壬癸難以來

侵我屬藩擾我邊境致塵
王師千里徂征四路並進一鼓蕩平彼其喪志而去勢必挾忿而來
春間閩廣浙直業已再傳倭警比者朝鮮遣使又經報有倭
船此鯨鯢得志之秋非燕雀處堂之日所有沿海一切防禦
事宜業經本部覆奉
欽依通行申飭去後第恐法久則漸弛事久則易玩呈乞預為題
請務先曲突之謀毋貽掘井之悔等因案呈到部為照思患貴于預防
有備斯可無患而况蠢爾倭奴蓄謀吞噬匪朝夕之故矣一
旦家康突起復踵關白之故謀雖以乞和通市為名實欲興
兵搆怨為寇此情形之所必然而備禦之所必不可緩者今



據該司所呈前因查得沿海地方防倭一節節該諸臣建白
本部覆議不啻詳載乎其言之矣即如近日兵科左給事中
桂有根以倭警漸急制禦宜嚴圖上方畧臣等業已覆奉
欽依通行沿海地方嚴加隄備去訖頃海汛要區東西綿亘焉能必其
處處之周防文武將吏陞調不常焉能必其人人之奉法觀
此積薪厝火之形應圖撤桑未雨之計誠有如該司所呈者
合咨本部備行沿海省直各督撫衙門查照先今題議事理
嚴行鎮道將領等官兵船時加訓練險隘亟行修繕器械預
為整頓偵探務要的確如福建地方時有番船往來偵探尤
便應另移文彼處督撫衙門責令選擇機警熟知海道之人

前往探聽如有的確聲息不時據實奏報其各省直隣近處
所無事則會哨分防遇警則出洋合剿將領當更置者速為
更調毋以嫌怨為辭糧餉當設處者急為處置毋以匱乏為
諉與夫事當釐正者實見得非毋以紛更為憚事當仍舊者
實見得是毋以安靜為嫌務期保境安民斯稱有備無患至
于遼左密邇朝鮮沿海一帶尤屬緊要先該經略邢　題議
添設兵將以資防援已該本部覆請查議尚未回報應併行
經略衙門逐一詳議應添與否作速具奏
定奪抑臣尤有說焉人情不激勸則日就因循法令不嚴明則不知儆
惕查得九邊各督撫每歲終將所轄營路大小將領甄別奏



聞本部酌議覆請分別去留蓋所以激勸邊疆而使之儆惕誠良法也
今各邊通行遵守而腹裏未之舉行以故
明旨申飭雖勤各將領玩愒如故一聞倭警輒便張皇釀亂貽害職此
之由今虜患與倭患相仍則防海與防邊並重合無以後沿
海腹裏地方許各該督撫等官每遇大小兩汛完日逐一體
訪查照九邊事例于歲終將大小將領分別臧否疏請
定奪如有果賢從公議舉如其不肖據法議斥如其人地或不相宜不
妨議調庶甄別當而人心知所勸懲內外防而封疆咸有賴
藉其于軍機重務未必無小補恭候
命下臣等通行各省直一體遵奉施行等因萬曆二十九年十一月二

十一月少保兼太子太保本部尚書田　等具題二十三日

奉

聖旨是沿海近多警報着通行申飭戒備不許怠惧欽此擬合就行爲此合咨前去煩照本部題奉

欽依事理欽遵查照施行等因前來准此擬合就行爲此案仰按察司照案備奉

欽依事理即便轉行鎮道將領等官兵船時加訓練險隘亟行修繕器械預爲整頓偵探務要明確將領當更置者速爲更調毋以嫌怨爲辭糧餉當設處者急爲處置毋以匱乏爲諉與夫事當釐正者毋以紛更爲憚事當仍舊者毋以安靜爲嫌務期保境安民斯稱有備無患毋過大小汛完日該道禮訪查照九邊事例於歲終將大小將領分別臧否呈報以憑題請定奪等因備行各道見在遵行○又爲軍務事萬曆二十七年間該海兵道按察使范　看得哨隊捕者異日皆將材之需賢否宜慎仰各備倭把總即將二十七年四月自本司道到任起凡革補哨隊捕者詳開履歷脚色選補者於何年月日項補某人缺領事照式填註考語務切諧詢實事分別上中下等黜革者於何年月日某事黜革開造原點考語各文冊一本另造竹紙青冊一本其什長舵役不必類造惟於內有藝勇超絕堪以拔錄隊哨者及藝疎老弱不守紀律應行革役者各

兩浙海防類考續編　卷之七　廿四

開具實事揭帖附各文冊皆釘封差人呈送見在照行

兩浙海防類考續編　卷之七　廿五

原考

一獲功賞格查得隆慶肆年准本司關開獲功員役願陞者一擒斬
真倭首級幾名顆查係真正其功委難例應世襲一擒斬真
倭首級幾名顆功係稍易止終本身願賞者一擒斬真倭從
賊首級查係真正其功委難每名顆賞銀伍拾兩一擒斬真
倭從賊首級及漢人脅從首級功係稍易每名顆各賞銀貳
拾兩隆慶陸年捌月內為申飭賞功事例以勵人心以振
國威事蒙
巡按浙江監察御史謝　案驗該
兵科都給事中梁　題



准款開倭賊功級一各衛指揮千百戶獲倭船壹艘及賊者陞壹級賞
銀伍拾兩鈔伍拾錠在船軍士生擒殺獲倭賊壹人者賞銀
伍拾兩陸地交戰生擒殺獲壹人者賞銀貳拾兩水陸主客
官軍民快人等臨陣擒斬有名真倭賊首壹名顆者陞實授
叁級不願陞者賞銀壹百伍拾兩獲真倭從賊壹名顆并陣
亡者陞實授壹級不願陞者賞銀伍拾兩獲漢人脅從賊壹
名顆陞授署壹級不願陞者賞銀貳拾兩反賊功次內地反
賊壹人擒斬陸名顆陞壹級至拾捌名顆陞叁級驗係壯男
實授幼男婦女與拾玖名顆以上并不及數者俱給賞　流賊
壹人為首壹人為從貳人就陣擒斬有名劇賊壹名顆為首

首陞實授壹級世襲如不願陞者賞銀叁拾兩為從者給賞
就陣擒斬以次劇賊壹名顆為首者授署壹級世襲不願陞
者賞銀拾兩為從者量賞就陣擒斬從賊叁名顆為首者陞
實授壹級世襲不願陞者賞銀拾伍兩為從給賞緝獲者不
在此例就陣擒斬從賊壹名顆為首者賞銀伍兩貳名顆為
首者賞銀拾兩為從者俱止量賞緝獲者不在此例前項功
次壹人自擒斬不分首從者照前陞賞陸名顆以上至玖名
顆者止陞實授貳級世襲不願陞者賞銀貳拾兩不及陸名
顆者除實授壹級外扣算賞銀壹人為首貳人或叁人肆伍
人俱為從共斬賊級壹名顆者不必分別首從共賞銀伍兩



均分陣亡者陞實授壹級世襲如不願陞者賞銀拾兩重傷
回營身故者陞署壹級如不願陞者賞銀柒兩壹人獨斬隨
從賊人拾伍陸歲小首級壹名顆者量賞貳名顆者給賞叁
名顆者加賞當先破敵被傷者給賞其不係臨陣緝捕從賊
壹名顆者賞銀肆兩貳名顆者賞銀捌兩叁名顆者賞銀壹
拾貳兩肆名顆者陞實授壹級世襲不賞壹人為首或貳人
叁肆伍人為從緝獲從賊壹名顆者賞銀肆兩不分首從均
分切照倭變以來建議防守之策有三出海會哨毋使入港
此為上策循塘拒守毋使登岸此為中策出水列陣毋使近
城此為下策若不得已而守堡守城斯無策矣大抵倭奴入

請明例矣但陸戰以推鋒陷陣為難斬獲次之水戰以犁沉衆賊之艦為難歸賊次之蓋禦之於海者曲突徙薪之功也不得已為戰之于陸焦頭爛額之功也重水戰之賞則賊不得登岸逞民不知有兵重倭功之賞則吏不敢犯華我兵不致畏敵重賞之下必有勇夫矣何患海防之不肅耶故曰克敵之術無他惟在賞罰明信而已

申論



一議功賞格

萬曆拾叁年間奉

督撫部院溫　明文一明賞罰信賞必罰兵家第一義伏覩

大明律開載領兵官已承調遣不依期進兵策應若承差告報軍期而違限因而失誤軍機者並斬若軍臨敵境託故違期叁日不至者斬若主將臨陣先退及圍困敵城而逃者斬此皆罰典又有軍法從事之令見在

兵部咨議本部覆奏

該依內開倭功賞格一款如賊衆捌百以上至千人船拾餘隻以上者

賞[illegible]若有斬有名大賊首如先年[illegible]

名顆陞實授三級不願陞賞銀壹百伍拾兩擒斬真倭從賊壹名顆者陞實授一級不願陞賞銀伍拾兩擒斬漢人脅從賊壹名顆者陞署職一級不願陞賞銀貳拾伍兩若貳名顆者當一級以上為第壹等須賊勢大舉血戰成功者方許開列其餘不得擅擬賊至叁百人之外船伍隻以上擒斬賊首壹名顆者陞實授一級不願陞賞銀伍拾兩斬獲真倭從賊壹名顆者賞銀拾伍兩每叁名顆當一級不及數者給賞不陞所獲漢人脅從賊壹名顆賞銀拾兩多者加賞不陞以上為第二等須對陣鏖殺兩相鏖戰方許開列如賊不過百餘人船不過壹兩隻賊首不過是一船主非巨賊能斬獲壹名



顆者賞銀拾伍兩真倭從壹名顆拾兩漢人脅從賊壹名顆伍兩通不議陞以上為第三等此係賞格又有破格懸賞之例是賞罰之典雖存而操縱之機在人要施不測之恩與不測之辱有功便賞賞然有罪復罰有罪便罰罰後有功復賞惟視軍士之功罪為賞罰而不參以自己喜怒則賞罰至公操縱由己兵皆畏我不畏敵未有不可以克敵致勝者○又

於萬曆貳拾玖年奉

督撫軍門劉　憲牌須行一賊至三百人之外船至伍隻已上或係烏尾大船擒斬首級壹名顆者陞實授一級不願陞賞銀伍拾兩一獲真倭從賊壹名顆賞銀拾兩每叁名顆當

一級不及數者給賞不陞一獲漢人脅從賊壹名顆者賞銀拾兩多者加賞不陞妄殺冒功者究抵以上須對陣擊殺者方許開列一賊不過百餘人船不過壹兩隻賊首不過是船主能斬獲壹名顆者賞銀拾伍兩真倭從賊壹名顆拾兩一漢人脅從賊壹名顆賞銀伍兩妄殺冒功者究抵以上如能全船攻打僇勦者仍准破格另議



提考

籌海圖編載

望海堝之捷

永樂己亥中軍都督府左都督劉公江總兵鎮遼東兩春節相地形勢請於金線島西北之望海堝築城堡立烟墩一日瞭者言東南海中王家島夜有火光計寇將至公遣馬步軍赴堝上小堡備之翼日倭賊貳千餘人以數拾艘泊馬雄島登岸而上直逼堝下一賊貌甚醜惡指揮諸賊如入無人之境公得報但令搗師秣馬略不為意徐以都指揮徐剛伏兵山下百戶姜隆率壯士潛燒賊船截其歸路約曰旗舉伏起砲鳴奮擊不用命者戮既而賊



至公披髮舉旗鳴砲伏兵盡起為兩翼而進賊遂大敗奔匿櫻桃園空堡中我師追逼環而攻之且請入堡勦殺公不許故開西壁縱之仍分兩翼夾擊生擒數百斬首千餘間有潛脫而逃艣者復為隆所縛無一人得免者諸將請曰公見敵意氣安閒惟飽士馬及臨陣披髮而戰追賊入堡不殺而縱走之何也公曰窮寇遠來必饑且勞以逸待勞以飽待饑法也賊始魚貫成蛇陣故作真武狀以鎮服之雖愚士卒之耳目亦可借以壯其氣賊既入堡有死而已我師臨之彼必死鬪我兵寧無傷乎故縱之生路而後掩擊之之即圍師必缺之意也　闕徵至京師面御勞之封廣寧伯食祿壹千貳百石子孫世襲

王江涇之捷 嘉靖三十四年四月

國家地廣治極文提武嬉海壖姦商乘時盜販因緣恣怒轉為寇賊民不覩兵為日既久望風奔潰莫之誰何賊既連得利內附外連聲應氣合徒黨滋蔓動以數千萬計又善用兵能以少為衆所徵四方材勇慓悍武力之士率殲其手勢若烈火燄燄狡馬思啓盖自壬子春更癸丑甲寅恣行轉掠戕殺燔燒叢萃藪窟新故環迭而兩浙三吳之禍變慘矣乙卯春柘林巢賊積增至萬餘人出掠嘉善諸處夏四月劇賊徐海麻葉等探知柘杭兵調松江搗巢率衆數千人水陸並進聲言先攻嘉興次及杭時故巡撫李公留守杭總督軍門在華亭無兵可恃軍民洶洶甚懼御史梅林胡公方



巡浙東台溫諸郡得報連日夜馳詣嘉興督賊從嘉善來前驅迤邏薄城外衆益懼甚公曰兵法攻謀為上角力為下矧又無兵乃密屬吏取酒百餘甕鑽其顛投以毒劑塞如故載兩船選兵卒機警而猛者假冠服持赤牘坐船上稱解官解酒餉軍載向賊所從道見賊即褫去冠服走賊信不疑馳報諸酋長諸酋長得酒大歡相率高會且痛飲率多死已又令村市酒家皆入毒甕中約償以直民所有米漬藥水淅而遺之賊往往爭取飲餒輒又死然賊黨尚衆我兵寡且恇怯適保靖宣慰彭藎臣所領土兵數千人至可使胡公策其恃勇犯忌使人傳語之曰賊善伏且知分合我兵常墮其鋒宜分奇正左右翼擊防其衝藎臣不聽乘銳直前果墮賊計挫於城南石塘灣始大悔遂有潰志遠近震駭大失望胡公深憂之曰如是我技窮矣於是親詣軍營宣諭且勞告之曰勝負兵家常事惡足介念凡爾所以僨者以不知地利中其伏我聞賊酋多死衆絲棼無紀且久不得食息暇可攻若等無畏顧矣盍無衣與器械乃使人悉索諸質肆故衣須給之加賜錢帛牛酒飲食召諸金木工晝夜繕造器具懸重賞苗兵感激思奮察可用乃據畫石塘地形曲折曰汝宜以兵若干為前鋒從塘路進若干為奇兵伏道左水兵船若干環列道右防其逸皆後前鋒數里候賊將至其處前鋒迎敵佯敗走俟其過伏伏盡起三面夾擊蔑不勝矣藎臣如公策賊果僨敗北走平望平望故別有苗兵營賊不知



會總督張公從松江蕪程來視師而永順宣慰彭翼南復從泖湖西出胡公又同督察趙公部署參將盧鏜等厲激之且躬擐甲冑徑馳馬趨出四面合圍軍聲遂大振賊大沮遂走王江涇既連疲於奔又餒且病矧無統紀遂大潰不支土兵與我軍乘之斬倭首貳千餘級墮溺水死者不可勝校蓋自是嘉興杭人始安枕軍民主客始知賊猶人非真若鬼神雷霆虎豹然不可嚮邇浸有鬭志賊亦自是稍稍顧忌逆氣狂謀漸以虧朒始可誘而圖矣噫乎奇變決而波才破各凋襲而淮淝捷嘉山合而博陵奔蓋自昔禍亂之興必有忠義材武韜鈐之臣以指揮籌畫救寧戡定蓋天所以眞安維極綏輯神人鴻德好生常假手乎鉅公偉人實為之轍云

其果夢夢哉武進左子好論次當世事而謂故所收公私牘牒所載王江涇戰功淆無紀屬余詮次余為詮次而歸之庶後經世者有考焉

平望之捷

嘉靖乙卯夏五月官兵敗賊於吳江之平望先是永保之兵既皆失利賊遂肆意猖獗一西北入太湖犯常州一西南犯杭嘉湖其犯杭州者至塘棲二宣慰復失利賊掠北關去欲由蘇州入海道吳江之平望浙直鄉兵會擊之賊腹背受敵大敗走松江至三店我兵邀擊之斬首柒百有奇中毒死者千餘人是戰也巡按御史胡公宗憲副使董士弘僉事王詢以浙兵至參政任環知府林懋



舉以直隸兵至而三店則推官劉泉功居多皆不藉客兵之援由是而專任鄉兵之議興矣嗚呼客兵之用豈得已哉蓋彼之獷狡不馴非素有禮義之習我之恩威未洽難責以忠愛之心恤之過則驕操之急則變勝敵不足以償其掠民之害厚賞不足以稱其邀求之私前方城宗氏論之詳矣雖然寇攘猝起民不知兵慮客兵之禍而徒驅民以戰如投羊於虎是畏溺而避舟者耳故調客兵者一時之權恃客兵而忘練鄉兵者非經遠之策謂客兵而練鄉兵兵可用矣而後酌勢之緩急敵之多寡以度客兵遣之則我無乏用之嫌留之又有以制其反噬之毒我師梅翁之底定東南也外立戰勳內鮮兵變今日遣客兵數千而賊無玩心明日采客兵數千而民無懼色者用此道也彼謂客兵必不可用而又無練募之法者吾不知其所終矣

陸涇壩之捷

嘉靖乙卯夏五月松江柘林之寇千餘人流突李塔匯歷張庄小崑山趨泖湖而北保靖宣慰彭藎臣兵追之抵蘇州之陸涇壩壩離城拾里而近兵備副使任環督兵擊之擒其梟帥俘斬伍陸百級水火死者不計屍盈阡陌浜水為赤殘寇僅貳百人值暴雨追之不克逸歸柘林嗚呼往歲倭賊覘我無備揚帆深入視吾蘇不啻几上肉耳是捷也論者皆謂我兵有死之心無生之氣而又益以藎臣善戰之兵其勝宜也愚謂不然戰之日續親見之矣撫巡



秉城督兵傳餐寇矢如雨自婁門以東達於陸涇壩我衆連呼戰者三曰今日我任父對敵所不捐生以報者有如此日由是士氣百倍總兵俞大猷并二宣慰兵三路並進奮勇叅擊遂收全功當是時使非任公身先督戰則吾不知民之僇力者何如使戰而弗勝則鼓寇之怒其慘吾又不知何如也抑陸涇蘇之東境也前此浙江巡按御史胡公宗憲有王江涇之捷則蘇之南境後此提督都御史曹公邦輔有橫涇之捷則蘇之西境未幾任公復有三丈浦之捷則蘇之北境一歲而賊四衂於蘇蓋自是而蘇無倭寇矣

橫涇之捷

嘉靖乙卯秋八月倭賊自象山登岸流突南京焚安定門殺一把

總一指揮走無錫而南都御史曹公邦輔引兵馳護
孝陵因追及於蘇州之滸野賊驕蹇益甚公與副使王崇古僉事董邦
政知府林懋舉知縣康世耀把總婁宇曰此賊勢埒數千勍敵我
地形兵力為彼所窺他日大舉入寇何以支之誓滅此而後入城
乃分授信地申主客應援之規以崇古邦政宇壆指揮張大綱武
生車梁躡賊所向遇敵先登為正兵懋舉世耀各領兵屯吳林廟
之左北護郡城南扼賊衝為援兵嚴家兵左哨沙兵右哨分突衝
截為奇兵度賊走太湖募水兵於湖濱東山巡檢領船數十往來
探哨為遊兵又度賊不走太湖必分蹤以牽制我師或棄金帛於
道餌我嚴諭毋離伍毋拾遺士皆股栗殊死戰賊至吳林廟我兵



擒斬貳拾柒人餘走楊山遁至靈巖奪民船由新港出太湖欲走
洞庭見我兵旗幟不敢渡復登岸至横涇前馬橋匿一民舍我兵
圍而火攻之賊潰出遁伏田禾中不能得車梁捫其所殺人肉尚
未寒又草露未動乃令衆大呼賊在此賊果驚出遂俘斬之無一
人得脱者而大綱手刃數人力盡死之始賊之在無錫也欲尋徑
常熟往附柘林之賊刼二人前數十武導之常熟在無錫之北二
人給之而南且道辟行人曰賊至矣報官兵賊已陷絶地速來可
盡擒也賊比敗恨二人入骨競臠割之嗚呼是賊以伍拾叁人馳
突八郡轉戰叁千餘里所過皆不焚掠唯與敵者殺之此其勢其
志可知也已非曹公之定策群有司之戮力蘇松之禍未已也嗟

然張大綱之死敵二人之紿賊其功固非碌碌者惜二人之姓字
不傳爾

## 後梅之捷

嘉靖乙卯冬十一月倭賊自福建福寧州之連江洪流入浙境越
平陽仙居至寧波奉化與錢倉賊合幾柒百人深入紹興勢益滋
蔓提督都御史胡公宗憲親督兵備副使許東望參[illegible]田九
霄同知曲入繩等兵往戡之遇賊江橋僅隔一河公謂諸將曰賊
見我不顧而南其氣未可乘若稍止觀望可圖也吾茲試之乃於
馬上自持一幟作指揮狀賊果聚觀公笑曰此易與耳乃令兵渡
河九霄邀其前入繩襲其後賊見兩路兵迭至大怖而走至後梅匿



民家公復大笑曰賊若乘我兵半渡迎擊勝負猶未可量今已投
死地復何能為乃悉衆圍之三匝縱火焚之死者强半值天雨公
與將士立田中夜五鼓大霧咫尺莫辨賊乘黑衝典史吳成器軍
成器故善戰驅兵四面奮擊之擒斬復若干人然脱走者猶衆公
計賊必由山西嶺而遁嶺之巔可伏也命設伏以待夜將半賊果
至遂大敗之斬首及焚死者積伍百貳拾有奇餘奔太平蒲岐港
官兵復追之賊堅壁不出乃夜偪賊壘投以霹靂火器譟若刼營
者賊驚起自相攻擊死者又若干人得脱者無幾竟出洋去丙辰
春正月也時公新膺簡命未浹旬輙有奇捷

## 青風嶺之捷

嘉靖乙卯冬十一月倭船三艘艤南麂之西麓提督都御史胡宗憲預設海艦封守其固二船不能入揚帆而東其一西走我兵躡之沉其舟追入㟃內相持八晝夜賊窘甚從山後竊划船逸去颶風驅回登劫大㟃至三港守備劉隆千戶劉綱百戶張澄戰歿於陣賊勢復熾遂越金鄉趨台州以漸北向時公方奏樂清之捷會台州告急公笑曰寇來有三敗我皆得之不足平也初寇登平陽守將不循約束故得深入今台守譚綸干城之將且素受方畧賊玩踩其疆一兵法小敵之堅大敵之擒寇方得志三港其氣驕我兵方捷於樂清其鋒勁以勁乘驕如拉朽耳二容美兵精悍甲諸部萬曆後征朝氣正銳但初未諳險阸今授以布伏邀擊之法則



為全勝之技三遂命分道布截天台以南綸兵當之新昌以北容美兵當之綸兵過屬而進以典史吳成器統部健為前哨報劾吏章延慶為後哨百戶王世仁陳濠督健卒伏於小江道左知事張東督鄉兵伏於顏坑諸處而又迎賊所向預置樂安藥餅餌之由是賊或中伏或中毒擒獲叄拾餘顆傷死者不計始悔入台州境十二月抵新昌知縣台關有備去至嵊縣三界上館嶺會容美兵陳而待田九霄以正兵當其前田九章授兵繼進左翼則留守王倫伏兵當之右翼則經歷畢爵伏兵當之指揮吳江率部兵遶賊後背夾擊且多張旗幟為疑兵以撼賊勢賊四面受敵且戰且走我兵追之入清風嶺烈女祠俘斬壹百柒拾餘是踪也賊貳百餘徒歷溫台紹三郡始克勦滅其散於深入者由恃紹興之倭欲與合夥迨越台州始知舊倭已破於是既畏譚兵不敢南復畏土兵不敢北卒至於敗如公所料云

仙居之捷

嘉靖丙辰春三月

朝廷以都御史胡宗憲累建奇勳命以兵部侍郎總督浙直福建軍務會福建桐山之賊流逼浙境同知黃釧指揮梅魁禦之賊潰圍北走公容令副使劉慤預伏兵塔石蕉蒲諸山㟃險阸則潛置火器以待仍列舟師於山側之江濱賊至伏起殺傷甚衆遁由天門埭至平陽青田越小峙沿江而南遂入荆溪荆溪通仙居樂清之



孔道也時臨海天台業已受公計集鄉兵守黃潭箬孔中渡由是賊不得犯寧紹由烏杭西入仙居乘城築未完衝突焚刼慘倍他地乃咨提督都御史阮公鶚馳救之復行副使許東望知府譚綸總兵盧鏜兵從東路而進賊聞大兵且至遂走斷橋彭溪巢於民舍我兵合圍攻之俘斬三百餘級焚溺死者無筭所存六十餘人取道天台之北復為赤城民兵所殺是時浙東西硤石梁湖之賊各萬餘人俱薄會城魁桀難制江南北新舊屯據者數亦逾萬公以一身寄諸藩之安危以一心當百萬之兵甲隨機督勦筭無遺策直隷有寶山之捷兩浙有西庵清水窪之捷而桐山流寇亦旋就殄戮謂公今之子儀非耶

乍浦之捷

嘉靖丙辰秋七月賊徐海陳東之解桐鄉圍而東也陽為聽撫心實狐疑自呂港新場移屯乍浦城南營廠絡繹改修舊船以圖出海且窺伺我兵强弱為其進止總督侍郎胡宗憲策知其計因外示羈縻而密檄副使劉燾圖之會尚書趙公文華冊

命督察至公乃與定議以乍浦西南海塘可通杭州合浙福提督都御史阮公鶚偕郎中郭仁副使徐洛總兵徐珏等壁海鹽以遏犯杭之路東北金山可通松江浦東合直隸提督都御史張公景賢駐松江而參政任環僉事董邦政留守王倫同知熊桴容美土官田九霄等扼青村黃浦及出海之路公親督大兵與參政汪伯參議王詢等駐平湖與賊偪壘而陣總兵俞大猷盧鏜等則以舟師設伏洋山馬蹟邀其歸路分布既定候間而發適上海之賊由吳淞而西南出復萬餘人公恐海或中變與之連衡急啗海使東出擊賊可得舟還島海以為然果逆斬賊數百賊遂夜走以故海不及取其舟而返其他酋長脫出海者公已別遣大猷伏飛艦海上遮擊之溺且盡公又計海書記麻葉不死無以堅其內附之心而陳東者與麻葉聲相倚桐鄉之設與海相睚眦者也於是又計令海縛麻葉併陳東以獻海遂併有其衆而諸酋長則疑且怨海矣海自度進退無所而公故與趙公薄責海之急因遣諜私海令其誘衆俘斬之以謝可無罪海不得已從之遂[illegible]定約與前縛麻葉陳東等俱詳見虛



門茅氏所為勦徐海本末記公乃令副使劉燾引遊擊尹秉衡兵夜伏乍浦城中而徐珏等兵分為三哨進壁白馬廟左瀕等兵由平湖間道而出主簿曹廷慧參將丁僅等壁乍浦城以為內援至期珏等移營瓦山海果挈妻走海上艘群倭爭逐之大亂城上舉火我兵內合競進大敗之燒賊巢廠二十餘里時海執稱歸順校梁莊去諸道出海洋者大猷兵邀擊之前後俘斬柒百有奇沒海及焚死者無算乍浦之賊無子遺矣夫徐海以首惡煽禍而陳東麻葉等為之犄角勾引外夷侵擾中土受其荼毒者五年矣丙辰春擁衆數萬分道入寇北犯瓜楊阻絕運道東掠寧紹牽制我師聲言欲下杭州犯留都比之曩時猖獗尤甚公相度機宜不輕與爭鋒捐千金賞敢死之士用間誘退呂港賊艘以伐其深犯之謀復誘令殺賊立功以剪其羽翼之勢擒麻葉擒陳東度其孤危可以取矣猶謂困獸死鬬乃故弁船海灘開一面之缺而卒以遊兵邀之無一得脫者後先下着不爽纖微島夷之所以畏服而東南之所以奠安者不以此哉不以此哉

紀勦徐海本末

嘉靖丙辰徐海之擁諸倭奴而寇也一枝由海門入略維揚東控京口一枝由松江入略上海一枝由定海關入略慈谿等縣衆各數千人而海自擁部下萬餘人直逼乍浦而登岸則破諸舟悉焚之令人人各為死戰又導故窟柘林者陳東所部數千人與俱併

兵攻乍浦城蓋四月十九日也當是時

朝廷方奪故總督而新總督胡公自提督代之甫八日間幕府麾下募卒僅三千人俱孱弱不可用故總督所徵四川湖廣山東河南諸兵俱罷去所為緩急者特客兵土兵千人及參將宗禮所藉河朔之兵八百人耳南北諸倭酋不下數萬諜者聲言他酋分掠於江淮吳越諸州郡間以扼援兵而海等當寇乍浦下杭州席卷蘇湖以脅金陵氣焰甚總督胡公方召諸司畫計無何故提學阮公代胡公為提督檄未至夜半聞乍浦圍卷甲趨之胡公亦分遣兵瀓浦海鹽之間為聲援而自引兵壁塘棲相犄角居頃之海聞新總督胡公即故御史所嘗提兵督戰於鶯湖王江涇之間而覆之者



氣稍阻[illegible]解乍浦圍聞兩公方擁兵碟近郊不復敢窺杭於是徑略峽石越皂林出烏鎮以北烏鎮者即海故所犯蘇湖舊路也當是時胡公既獲諜度蘇湖之間惟鶯湖為四戰之地於是檄河朔兵自泰兵入駐勝墩陣而待因以吳江水兵遮其前湖州水兵尾其後而公自引麾下募卒及客兵土兵衝擊之提督阮公自崇德躡賊出烏鎮也即道挾河朔之兵騎而馳及之於皂林令善射者且躡且射賊稍稍引去賊縱數百人嘗之輒又敗去賊怒甚鼓譟而前提督阮公勢急於是走輕舸入保桐鄉而參將宗禮與裨將霍貫道等乃自張左右翼[illegible]張其陣以待戰數合擊殺數十人會日暮賊且引去時賊氣頗奪而宗禮霍貫道等亦已絕



不得擇善地便水草以自休止明日餓而戰賊遣候者樹而望蓋孤壘以塹無他援者也大喜復縱兵以半擊其前以半繞其背而霍貫道河朔故驍將也大呼衆力戰矢砲如雨下無不人人一當十復擊殺數十百人而貫道亦手自刃十餘人賊益怖海且中砲欲馳去會火藥盡霍貫道而宗禮仰天呼曰吾兩人再得藥數斗可以了此賊矣未幾貫道與宗禮俱陷衆大敗賊遂乘勝圍桐鄉時總督胡公已引兵躡崇德聞之潸然流涕曰河朔之兵既敗東南之事無復可支矣賊已困桐鄉假令復分兵困崇德以劫我我兩人譬之抱石而自沉也

國家且奈何於是還省城檄諸路兵為戰守計先是公始為提督時



嘗與故總督尚書趙公謀曰

國家困海上之寇數年於茲矣諸倭奴乘潮出沒將士所不得斥堠而戍者人言王直以威信雄海上無他罪狀苟得誘而使之或可陰携其黨也按部題亦嘗有用間為策者於是遣辯士蔣洲陳可願及故嘗與王直友善者數輩入海諭直直果感悅願如約遣其養子毛海峰款定海關謝過因以諭海海已勾薩摩諸島人入劫故不相及而海峰者云云彼固未之聞也胡公策曰直與海雖順逆不同其勢固唇齒也直既悔悟海獨不可以大義說之乎不然彼貪人也誘之以利或可狃其心聞桐鄉城小而堅殘之數十日則永保戍兵至固可破之矣於是疾走人諭海峰因厚遺諜者陰

過海所曰直巳遣子欵定海關
朝廷固且赦之矣若獨無意乎新總督威名非曩時比且仰體
朝廷德意推心置人腹若不乘此時觧甲自謝他日必爲虜矣海頗
然其計於是亦遣酋自謝約罷圍去因以要公稍出中國貨物遣
他倭酋而䟽釋其罪公佯諾輙以銀牌綺幣厚遺來謝酋而陰令
營中盛兵容私諜者故縱酋瞰之酋既德公遺又内怖公之兵威
也歸以報海明日復遣他酋来謝公視之如初凡數復海於是始
歸心於公願爲公死之矣然陳東獨心切疑海私公遺猶欵欵未
之從也海間遣酋次桐鄉城下私城上兵曰某巳聽總督胡公約
解去矣城東門故栢林賊陳東黨也驚悍不吾從若當謹備之是



夕海果道崇德而西且乞他兵於公以夾擊東胡公猶心訝未之
許而東獨盛爲樓櫓撞竿以撞城而桐鄉令金燕者彊幹吏也城
中一切兵仗火藥諸巳繕備提督阮公復躬厲矢石徇城上人下
令散千金募敢死之士督戰益亟所殺傷賊亦數十人方撞竿自
樓櫓中躍而撞城城幾壞一男子爲縋索圜撞竿所擊故窟處竿
至即縋挽以上斬之又募冶者煑鐵汁灌城下酋城下酋不敢逼
東既無何聞海等解去道遠勢且孤亦相與稍稍引去圍始解而
提督阮公出矣時五月二十三日也方阮公困桐鄉時固日夜望
總督胡公援兵之至而胡公亦重念東南之安危身之禍福與阮
公相旦暮情固急業巳遣兵備劉公督同留守王倫宣撫田九霄

勒兵自嘉興入壁平門分守汪公督同知縣張晁勒兵自湖州入
壁烏鎮參將丁僅勒兵自海鹽入壁王店指揮樂埍督同千戶羅
天與勒兵自崇德入壁石門又令崇德令崔近思孜河朔之散卒
入城爲聲援兵四面環賊遠者二三十里近者十餘里而陣然各
以狃皂林之敗逡廵惶怖不敢逼而公業遣諜繫說賊亦日夜望
永保戍兵之至以決一戰也計無可奈何而胡公與阮公兩人者
爲同年故深相結者及援兵不合阮公自圍中頗急於是兩相猜
而他謗者與爲飛語撼兩公者盈道路矣當是時
朝廷聞東南之寇即日出尚書趙公督山東河朔諸兵援之又兩公
所私相猜者語頗聞趙公趙公亦故與兩公者爲肺腑交所嘗兩



推轂中朝以鎮東南者念兩公卒有郄則東南之事牴牾不可圖
於是日夜引兵而南至揚州則阮公業巳出桐鄉圍東渡錢塘徇
會稽諸下邑擊他賊胡公亦聞尚書趙公之至且戰且南淮揚毘
陵之間無足慮海爲巨孽間雖狃而内附中固不可測而上海之
賊萬餘人由吳淞江西引方急迺日遣諜者啗海以金帛而說之
東出海上擊他賊海亦果收諸倭酋出乍浦道平湖時諜報吳淞
江之賊巳鼓行涉嘉善界欲西合海公念海萬一卒他變兩相合
奈何因策海始巳焚舟爲深入今不得舟必急於是遣諜詗海謂
海既内附何不如故約勒兵擊吳淞江賊且盡奪其輜掠舟以歸
海果然其計即日引諸酋逆之朱涇道上斬首若干級餘賊遂走

走以故海不及募奪其舟而還及他酋脫而出海也公又別遣[illegible]
兵偷大猷伏飛艦海上遮擊之溺且盡於是海賊德公不敢背又
聞吳淞江賊之出為海兵所遮擊益內怖日輸欵於公遂鞏故所
戴飛魚冠及他堅甲名劍數十種並以輸公而間遣其弟洪入質
於公公固佯納之公又諜聞海麾下獨書記葉麻為長酋其為人
頗黠而悍近與海爭一女子有織郄非用間急縛之則無以死彼
之內附之心於是遣諜就海帳中諷海縛葉麻以出葉麻出而諸
酋中故隸葉麻部曲者稍稍怨且懼矣怨且懼恐生他釁則又以
他罪縛得幾百餘人公又策陳東於諸部曲中與葉麻聲相倚頃
以桐鄉之役兩[illegible]賊者也數遣諜持簪珥璣翠遺海兩侍女令兩



侍女日夜說海幷縛東海間諸而陳東者薩摩王弟故帳下書記
酋海固未之能也於是出葉麻囚中令其詐為書於東及兵賊殺
海其書故不以遺東陰泄之於海激怒之使幷縛東海讀其書涕
雙下益德公之不忍為東所賊殺之也日夜謀縛東以報公居無
何尚書趙公移兵渡江來所過州縣數舉兵向賊賊輙敗走俘斬
若千級兵威大布當是時公已知海之甘心於東不忍疾擊海疾
擊之兩人迫而深相結則東南之事未易圖而尚書趙公之至也
私約公共部署兵擊海日急且召公故所遣諜間詰之曰若為我
諭海海連兵以來罪不容死非縛陳東及斬千餘級以獻恐無以

朝廷若能則吾當同督府諸公疏釋之不然若且虀粉矣是時阮公
亦至於是海益怖出所故掠中國貨物千餘金賂王罕詐請東代
署書記海因夜得東即縛以故約復於胡公葉麻與陳東相繼縛
而諸酋長洶洶內亂矣是時諸酋長既疑且怨海無鬪心故其氣
日窘海亦自度縱令反故島當亦必為諸酋長所賊殺故為內附
日固而公與趙公薄責海益急海既急因念欲掠舟出海恐為海
上兵所刼欲列壘拒官兵又業已內附不忍背且陳東黨固日夜
襲殺之也公策曰彼既亂吾可乘之矣因遣諜私海曰我固欲寬
若趙尚書爺以若罪孽大何不聽我艤數十艘海上若且誘之逐
海上艘令俘斬千餘級以謝趙公而若因得以自完乎海不得已



且疑且諾因約兵備副使劉公引兵伏乍浦城中而某日時其當
引衆出海岸去乍浦城半里而陣佯令衆酋逐海上艘其手旗麾
之城中官兵即舉燧為號從城中出亟擊勿失諸官兵卒如故約
乘之諸倭酋逐海上艘如蟻不及還兵鬪於是諸官兵得乘勝蹂
而前不傷一卒所俘斬數十百人沒海者無筭於是海自以數有
功於
朝廷願與部下諸酋長入款且庭謁胡公與尚書趙公提督阮公及
巡按趙公並許之諜往復期以八月初二日然海猶恐間設甲士
刼之先期一日卒擁酋數百人冑而陣平湖城外自詣酋長百餘
人冑而入平湖城中以求四公者計不許恐[illegible]海與諸酋

長北嚮面四公依次稽首呼天星爺死罪死罪海欲再為叛胡公
而未之識因顧謀謀曰示之海後面胡公稽首呼天星爺死罪死
罪胡公亦下堂手摩海頂謂之曰若苦東南久矣今既內附
朝廷且赦若慎勿再為孽海復稽首呼天星爺死罪死罪於是四公
厚犒遣之而出是日城中人無不洒然色變者海既出諸公者固
已忿恚海之列款猶胄而入屬猶齊無禮又不及如諜故所期月
日而先日卒至也其習行桀黠若此於是閫謀不勒兵誅之亡日
必為患計部下尚千餘人猛鷙難即破永保兵猶逍遙逆道永至
也於是佯令海自擇便地居之海果自擇便地得沈家庄即徙沈
家庄與居之是為八月八日當是時衆復喧然譁諸公輩何不撲



滅海不然且縱之出海上令自解去顧𢎞虎以自禍也不知諸公
者固有待於是胡公與尚書趙公提督阮公私自部署兵又日夜
遣使趣永保兵來會兵未集恐海驚禍且肘腋間胡公因日遣諜
詷海自海如暴時公因謀以消於趙公曰吾聞善兵者乘其所
之海與陳東黨業已深仇今合而兩附者迫故耳聞沈家庄故東
西兩營而中縮河為塹何不說毋以西沈家庄居陳東黨而自擇
東沈家庄以居部下首乎諜以謝海海果如其言頃之永保兵至
會海餉二百金於公市酒米公從與趙公謀以樂毒毒其中而歸之
又令陳東許為書夜遺其黨海已約官兵夾剿汝輩矣陳東黨
果疑而夜伏邏卒東沈家庄道上瞰之適海呂意因令直搗兩侍
女出道上而急則遁邏卒幕府以自扎邏卒瞰知之歸以報
陳東黨聞之驚鷙即勒兵夾攻海偕侍女過海所罵曰吾死若
俱死耳遂私相猜而鬪海中稍衆大敗明日官兵四面合墻立而
進偽靖兵先當之稍卻河朔兵乘之又卻俄而胡公擐甲厲聲叱
永保兵左右列大呼而入瞰壘下擊會風烈公麾衆束千餘炬人
各持炬縱火焚之海窘甚遂沉河死八甫食頃人人鷙而擭千餘首
蹂斬殆盡矣中所故飲毒首虜累已者凡叁百餘人於是永保兵
俘兩侍女而前問海何在兩侍女一曰王姓一名翠翹一名綠姝故
歌伎也兩侍女泣而指海所自沉河處永保兵遂蹈河斬海級以
歸



龕山之捷　嘉靖三十五年十二月

龕山之賊自溫州登岸蔓延於會稽經歷文其與戰於苦竹嶺副
使孫宏軾併軍門所調奇兵與戰於析開嶺於翁家村參將盧鏜
與戰於斤嶺於梁衕賊少卻走龍家畈百官渡過曹娥江順流而
西狡黠善閒嘘巀孔棘初總督都御史胡宗憲方在浙西勦川沙
之賊移檄諸將竟未有能殄之者至是親提大兵至欲斬不用命
者以殉於是僉事李如桂王詢指揮楊永昌知事何常明典史吳
成器等兵併力追擊於瓜山戰三合戰婁娑嶺朱家溇賊遁蕭山
之丁村抗湖至陳家灣雖多所殺傷而凶蹤愈熾公至擇地形壁
龕山之嶺分諸將信地皆露宿以待時參將盧鏜戰還公促明日

再戰鏜曰士疲矣休養數日乃可公佯許諾而密召親兵謂曰若曹豢養久未立戰功今賊行滅而諸將首鼠不進萬一賊得脫此徑渡錢塘江奈何今日正若曹立功之會能乘其不意而襲之賊可盡也衆皆踴躍請効死已乃激令成器統之以進不數里遇賊死戰無不一當十賊遂大敗循海而走登匿山坡堡內我兵四面奮擊不得已登屋擲瓦礫下瓦盡繼之以槍槍盡投刀刀盡乃下死守我兵攻堡破之悉斬首以獻時日且瞑公喜謂諸將曰此賊流突千里轉戰無慮數十無能攖其鋒者今一鼓蕩平真

朝廷天威也命取賊心啖之選獰獰首級廿餘顆置案上每顆為飲一觥左右皆失色而公談笑自若也達旦諸營方知破賊相率入



賀公謂鏜曰再一二日何如鏜大慙服乃完師而歸時乙卯冬仲既望也

金塘之捷 嘉靖三十五年

辛五郎者宿寇徐海之偏裨也與陳東葉宗滿葉麻輩同巢柘林攻乍浦圍桐鄉毒螫吳下諸郡其志欲吞全浙窺留都勢甚猛也總督胡公欲滅之已海與其黨既而海受餌為我用擒其所惡陳東麻葉輩而遣其所憚以歸倭島五郎在焉公密令總兵俞大猷等分布海洋要衝截殺諸寇而五郎則責之盧鏜鏜接密諭時方對諸客食忽命治艦之金塘山客相顧莫知所謂鏜自乘福船令將官率哨船若干以行次日至金塘瞭見北洋有大舟揚帆而南令哨船四散潛泊少選六船艤金塘之麓賊皆登巔鏜知其為五郎也令哨船叢射之繼以銃炮賊以手且搖且招搖者示勿攻擊招者示有所言也哨兵颺言曰欲打話須去爾兵器則拍掌示無而呼一董（一董者一家之義乃倭語也）有華人從寇者曰吾乃胡總督爺招安放回者也哨兵曰有牌驗乎曰有鏜招衆賊至舟傍慰藉之謂五郎曰汝既為軍門所遣豈可慢乎請至縣款洽而津送之遂延五郎同舟餘派哨船分載每載不過三四人多則不能容也五郎辭鏜厚加體貌五郎不疑宴至深夜鏜坐福船上層將臺侍者引雙燈上桅俄而哨船蝟聚鏜問之曰如何齊應曰是了五郎大驚請下哨船與衆夷同宿鏜曰諾令左右送之穴梯而下至達戶外望



維海不見五郎悟欲赴水死左右不許曰卧場在地平下五郎度不能免浩歎就卧遂縛之翌日入定海關乃知賊徒俱已盡即前夜起雙燈時也是了者乃復命也群賊死時皆不知軍門之謀僉許哨兵敢行誤殺五郎亦自以偶遇盧鏜被執不知其出軍門也嗚呼神哉後獻俘告

廟

天子賜爾書獎公天下無不稱快云

擒獲王直

王直者歙人也少落魄有任俠氣及壯多智略善施與以故人宗信之一時惡少若葉宗滿徐惟學謝和方廷助等皆樂與之遊間

嘗相與謀曰中國法度森嚴動輙觸禁孰與海外乎逍遥哉直因
問其母汪嫗曰生兒時有異兆否汪嫗曰生汝之夕夢大星入懷
傍有峩冠者詫曰此弧矢星也已而大雪草木皆冰直獨心喜曰
天星入懷非凡胎草木冰者兵象也天將命我以武勝乎於是遂
起邪謀嘉靖十九年時海禁尚弛直與葉宗滿等之廣東造巨艦
將帶硝磺絲綿等違禁物抵日本暹羅西洋等國往來互市者五
六年致富不貲夷人大信服之稱為五峯船主則又招聚亡命若
徐海陳東葉明等為之將領傾貲勾引倭奴門多郎次郎四助四
郎等為之部落又有從子王汝賢義子王滶為之腹心會五島夷
為亂直有宿憾於夷欲藉手以報及以威懾諸夷乃請於海防將



官而剿之無孑遺者而聲言宣力
本朝以要重賞將官餽米百石直以為薄大詬詈之海中從此怨中
國頻入內地侵盜直又嘗以扁舟泊列表衆將俞大猷驅舟師數
千圍之直以火箭突圍去怨中國益深且眇官軍易與也乃更造
巨艦聯舫方一百二十步容二千人木為城為樓櫓四門其上可
馳馬往來據居薩摩洲之松浦津僭號曰京自稱曰徽王部署官
屬咸有名號控制要害而三十六島之夷皆其指使時時遣夷漢
兵十餘道流劫濱海郡縣延袤數千里咸遭荼毒而福清黃巖昌
國臨山崇德桐鄉諸城皆為攻陷焚燔廬舍擄掠女子財帛以鉅
萬計吏民死鋒鏑塡溝壑者亦且數十萬計比年如是官軍莫敢

嬰其鋒但為計校譎伺殘破處必詭云某島夷所為也故東南雖
知王直之叛而不知受禍之慘皆由直者獨總督胡公前按浙時
見賊進退縱橫皆按兵法知必有坐遣者且賊酋來者皆直部落
也而不聞直來其為坐遣無疑先是間使徽州收其母妻及子於
金華府獄中至是出之豐衣食潔第宅奉之以為餌而疏請以移
諭日本禁戢部夷為名其實往意伺察直也
上從之乃遣生員蔣洲陳可願充正副使以行公以密計授洲等曰王
直越在海外難與角勝於舟楫之間要須誘而出之使虎失負嵎
之勢乃可成擒耳又曰王直以南面稱孤身不履戰陣而時遣偏裨
雜種侵軼我邊圉是直常保其逸而以勞疲中國也要須宣布



皇靈以携其黨使窮髮夷皆知向化則賊之勢自不能容然後道之滅賊
立功以保親屬此上策也洲等領計敬諾而行居無何倭酋董二
被擒訊道直事甚悉與公所料不爽毫髮中外始曉然知狀於是
上以公灼見稱本降
璽書旌獎勞而閫外之事一以委公公得
旨規羅益密御史金淛陶承學交章請立賞格有能主設奇謀生擒王
直者封伯予萬金部議從之
詔曰可嘉靖三十四年十一月洲等至五島遇王滶道以移諭事滶曰
無為見國王也此間有徽王耳島夷所宗今渠傳諭足矣見國王
無益也明日直出客館見洲等椎髻左衽服色擬王者左右

簇擁洲等心動坐論鄉曲設酒食相對情款方洽洲等曰總督公遣洲等敬勞足下風波無恙直避席曰直海介逋臣總督公不鄙尺　牽而鞫之而遠勞訊使死罪死罪洲等曰總督公言足下稱雄海曲志亦偉矣而公為盜賊之行何也直曰總督公之聽誤矣直為

國家驅盜非為盜者也洲等曰是何言與足下招聚亡命糾合倭夷殺人剽貨坐分鹵獲而為之辭曰我非為盜者是何異於昏夜操畧以臨人之池執之則曰我非盜魚者為君護魚者也雖三尺童子知其必不然矣直語塞洲等曰總督公統領官軍十萬益以鎮溪麻寮大剌土兵數萬艨艟雲屯戈矛雨注水陸戒嚴號令齊一



而欲以區區小島與之抗衡是何異於駛螳臂以當車轍也又曰總督公推心置腹任人不疑拔足下壽母令妻於獄中館穀甚厚則公之心事可知矣何不乘機立功以自贖保全妻孥此轉禍為福之上策也直默然而罷乃挾洲等巡數小島而還而從此風聞外夷隨其頤指者頗少變而叛貫倚直為淵藪者多有離心直始不安於彼矣初直聞母妻為戮心甚忿欲犯金華及聞洲等言無恙又竊喜於是始有渡海之謀日夜集所親信者計之謝和等曰今日之舉未可冒昧以往也當遣我至親為彼所素信者先往宣力以堅其心待彼不疑然後全師繼進始可以逞直笑曰妙算也遂托宣諭別國為名留蔣洲在島令葉宗滿王汝賢王滶同陳可願回至寧波詰之皆云宣諭未至時徐海陳東已擁薩摩洲夷人過洋入寇矣今王直歸順先遣葉宗滿等投赴效力成功之後他無所望惟願

進貢開市而已公得報已揣知其計姑從所請疏

上許之公喜曰虜在掌中矣先是海中倭寇敗沒有零寇百餘據舟山為亂公遣葉宗滿等協助官軍剿之盡殲焉公疏

上功次犒賞有差王滶笑曰此何足賞若吾父至當取金印如斗大嘉靖三十五年三月徐海等果擁衆十餘萬寇松江嘉興諸郡甚急聲言欲下杭城取金陵勢張甚公乃謀之王滶等以觀其意滶等初欲小試厥勤故甘心於舟山之寇至於徐海等正其所倚以圖



大事者且欲速直來共濟乃辭曰是非吾所能辦須吾父來乃可耳遂留夏正童華邵岳輔王汝賢在軍門自以招直為名與葉宗滿開洋去是年徐海等以次就擒事見徐海傳公恐形跡彰露委心留用王汝賢等撫摩若親子然葉宗滿兄弟並加禮遇時時對將吏士民曰直非反賊顧崛強不一見我見我當有處也直聞公意指謂公誠朴可欺欲乘機以全親屬且未知徐海等敗沒以為縱不如所料亦可與之應援得志而去遂決策渡海先遣蔣洲次遣王滶葉宗滿等率銳卒千餘執無印表文詐稱豐洲王入貢先泊岑港據形勝分布已定首乃與謝和等慷慨登舟釃酒誓衆曰俞大猷吾嘗破之列表泊岸時須謹備之公當直未至時已度

其有隙遂謀何大猷於金山而以總兵盧鏜代之盧鏜者舊與王
滶等從事舟山同飲食撫循倭夷備至直坦然不疑惟日聚群倭
礪兵刃伐竹木為開市計且索母妻子弟求官封時公計已定仍
姑列狀
上請以安其心
上已知直為釜魚智力俱非胡公敵乃顯
詔王直既稱投順却挾倭同来以市買為詞胡宗憲可相機設謀擒剿
不許疎虞致墮賊計公奉
詔秘而不宣夜馳至寧波城圖方略密調叅將戚繼光張四維等督諸
健将埋伏數匝水陸要害星羅棊列魚鳥莫度乃以夏正等為死



間諭直曰汝欲保全家屬開市求官可以不降而得之乎帶甲陳
兵而稱降又誰信汝汝有大兵於此即往見軍門敢留汝邪況死
生有命當死戰亦死降亦死等死耳死戰不若死降降且萬有一
生焉直拂然不悅而公與其所親信王滶葉宗滿先遣来見者連
床卧因佯露諸将請戰書十餘篇於几案王滶等竊視驚怖夜半
公作醉夢中語云吾欲活汝故禁不進兵汝不来休怨我也令翻
其辭吐滿床王滶等漏之於直直始疑之又使其子澄嚙指血寓
直書云軍門數年恩養我輩惟願汝一見使軍門有辭於
朝廷即許眷屬相聚汝来軍門决不留汝藉令不来能保必勝乎空
害一家人耳又使邵岳童華等往来游說直猶豫未决公以直執

戀岑港已踰五旬察其心神終歷觀望乃開關揚帆亦欲進兵直
探知四面兵威甚盛終無脫計且知徐海等敗沒孤立無援因嘆
曰昔漢高祖見項羽鴻門當王者不死縱胡公誘我其奈我何乃
詣部兵無統欲得王滶攝之公知海上諸賊惟直多智習兵久雄
異域得人心為難制其餘皆鼠竊輩毋足慮諸将亦云以犬易虎
不可失也遂遣滶往直乃禁然詣軍門時嘉靖三十六年十一月
也公執之付按察司獄乃集三司諸大夫叅議曰王直始以射利
之心違明禁而下海繼忘中華之義入番國以為奸勾引倭夷比
年攻刼海宇震動東南繹騷今稱悔過以来歸仍欲挾倭而求市
上有干乎



國禁下貽毒於生靈惡貫滔天神人共怒問擬斬罪猶有餘辜公具
疏
上請得
旨斬直於市梟示海濱妻子給功臣之家為奴王汝賢葉宗滿俱從末
減遣遠充軍王滶出洋為颶風所覆其餘從賊魚散鳥驚奔聚山
谷公親督官兵掃除黨與自絕嘉靖三十九年二月兵部始以封
賞之議
上請
詔曰大憝既除海氛已靖部議報謝徐何也胡宗憲可太子太保都
察院左都御史兼兵部左侍郎蔭一子錦衣衛副千戶其餘有功

者陞賞有差

舟山之捷

嘉靖戊午春二月總督侍郎胡宗憲擒獲元兇王直其餘黨泊舟山之岑港倚險列柵勢甚猖獗公命把總任錦指揮甘述宗等進泊江口之南都指揮李潾指揮張天杰等泊港口之北總兵俞大猷等以福船并叭喇烏八槳串網船往来策應指揮周官土官彭志顯領大剌土兵由中路小河嶺入指揮楊伯喬唐鑾土官張領鎮溪麻寮兵由右路碇礁入參將戚繼光率部兵由左路小嶺入而指揮楊永昌盧錡鮑尚瑾方昇通判吳成器等分道策應參政王詢劉壽副使陳元珂則監督之約期水陸並進直抵賊巢時



都指揮戴沖霄先用火攻殺傷頗多公許全捷俱准首功禁取級以妨前進我兵蹂屍而戰賊大敗奔舟忽港側砲聲大震復擁衆登陸抄後死戰我兵後哨稍却前鋒四擊橫衝賊乃斂營固守公以夷僧德陽稱貢而来賊資為聲援可計而離也乃潛縱之令成器遣諜持信票數百入巢散其脅從由是賊勢日孤為守益堅公又檄諸將曰賊所以負固死鬬者蓋春汛已及計有新倭可為應援若哨擊稍疎必流突與合矣此非小利害也其督舟師預為哨探之計無何果有倭船泊普陀小道頭參將張四維推官查光述等督兵且戰且逐至烏沙門外洋賊遂潰敗俘斬四十餘級賊走烏沙懸山即朱家尖山也公策此賊與岑港之寇相距不遠陸

路必由碇礁水路必由蠲礁門乃檄諸將設伏以待已而賊果由二處奔沈家門與岑港合踪公不得已親莅定海分遣將領各與信地福船由岑港南口廣船由北口宣撫田世爵都指揮何本源等兵由馬墺至張礁一由　寺嶺至三官堂一由小嶺至聚水塘進而以元珂四維往来監督又遣奇兵由天童逕擣賊船仍近巢半里許列一老營以壽居中調度參政胡堯臣防守所城督發糧餉剋期大舉時賊依山阻水列柵自衛火器頗多我兵陷陣先登者既多被害公復檄諸將從中逼壘而陣且示以哨伏應援之規更番迭戰以耗其火藥折其銳氣又令夷僧輩招之私語賊遂互相猜疑至持刀自斃我兵乘隙進攻賊衆大亂夜分縱火焚其



舟死者無筭餘各奔巢我兵躡之斬柵而入斬馘百餘級復奔柯梅嶺我兵追之火其巢廠賊勢窘甚遁出浦口四維與指揮朱尚禮等舟師追至前山外洋見賊連艘而行遂以兵船潛伏山下而以小艇嘗之賊果逐利来追伏兵大起夾擊之犁沉四舟擒其渠魁汪印山陳禮等斬首九十餘級溺死者不計王直之黨至是盡矣是捷也五哨之布公有成筭而大猷等參錯不進沈家門合踪公料敵如神而諸將不先事追擊至歷定海之設非公淵度圓機小挫不折能因敗為勝且奈何哉嗚呼於是見公之心獨苦矣

海防類考載

長白港之捷

嘉靖肆拾年肆月有倭船壹隻倭賊陸拾餘徒登犯先該海道副使譚　分布兵船在彼哨禦遇到隨遣中軍把總艾升統督各官兵擒斬真倭首級陸拾貳名顆

倭犯鄞霩所官兵敵却之

嘉靖肆拾年肆月有倭船大小貳拾餘隻倭賊伍百餘徒由觀山登岸攻城該所守禦指揮向桂督率該所官軍各用矢石火器敵死倭賊叁拾餘徒賊忿不退拆毀蔡世揚墳庵屯劄教場絞梯叁拾餘張蜂擁夏家山布梯攻打十分危急指揮向桂督率官軍都茂功等奮勇死戰打死倭賊不計力屈勢窮下船開洋去訖本年伍月復有倭船伍隻倭賊叁百餘徒由觀山上岸攻城該指揮向桂千百戸都茂功等督率該所官軍各用矢石火器奮勇敵退各賊下船開洋去訖



衷村朱家店戴嶴湖陳之捷

嘉靖肆拾年伍月内倭船伍隻倭賊伍百餘徒由湖頭渡登岸突犯衷村地方該海道副使王　督率統兵把總艾升等官兵擒斬真倭首級叁百陸名顆賊見官兵勢勇遁往朱家店地方隨該把總艾升統督官兵奮勇追勦擒斬真倭首級柒拾捌名顆前賊勢窮遁往戴嶴湖陳地方又該把總艾升統督官兵擒斬盡絕計獲倭首壹百伍拾叁名顆

紀山海洋之捷

嘉靖肆拾肆年肆月有倭船壹隻屯泊在彼該海道副使蔡　調發統兵把總艾升統督官兵犁沉賊船擒斬真倭首級貳拾餘名顆餘賊溺死者不計其數

南漩綠鷹之捷

隆慶肆年叁月貳拾日有倭船叁隻倭賊貳百餘徒在南麂等鼻行使該把總胡震督領官兵追至南漩下洋即獲二船各賊下水生擒真倭叁名斬首捌顆救回被擄民人叁拾伍人貳拾捌日又有倭船貳隻倭賊貳百餘徒突至竹嶼該把總胡震及叅將下遊哨兵船衝鋒戰至綠鷹下洋犁翻壹船圍勦壹船擒斬真倭首級貳拾餘顆救回被擄男婦肆拾餘名口



五爪湖之捷

隆慶肆年肆月有倭船陸隻屯泊在彼該海道副使王　督同叅将梅魁統率官兵陳典徐景星楊鸞等犁沉賊船貳隻擒斬真倭首級貳拾餘顆溺死倭賊甚衆救回被擄叁人

南麂竹嶼東洛三礁之捷

隆慶陸年閏貳月貳拾肆日有倭船壹隻倭賊壹百餘徒在東洛南麂外洋行使該温處兵巡道副使張　督同叅将胡震統督官兵周津伍奏等追勦擒斬真倭首級叁顆用火焚溺衆賊死者不計肆月初伍日三礁外洋有大倭船貳隻倭賊貳百餘徒該叅将胡震統督把總李春芳等官兵追勦犁沉賊船壹隻火燒壹隻生

擒真倭柒名斬獲首級壹拾壹顆救回婦女肆口小廝肆人

大衢山之捷

隆慶陸年陸月各哨兵船將已收撃回關該海道副使蒙　照得

汛期將畢恐有廣閩倭船回島嚴督各哨兵船再加哨禦本月初

陸日瞭有倭船貳隻倭賊貳百餘徒在洋行使刼掠當該副使蒙

總兵朱　參將督率官兵徐景星等奮勇攻撃生擒真倭

壹拾伍名斬獲倭首級貳拾陸顆餘徒溺水死者不計其數救回被

擄男婦捌名口

鹿頭外洋之捷

萬曆貳年肆月拾壹日有倭船貳隻倭賊壹百伍拾餘徒該台州



兵巡道僉事王　督同參將戚繼美統率官兵王賜文等奮勇攻

撃斬獲真倭首級肆顆撃沉賊船溺死無算

南麂東洛外洋之捷

萬曆貳年肆月拾壹日南麂外洋有倭船壹隻倭賊柒拾餘徒該

溫處兵巡道副使　督同參將李希周統率官兵葉歡等生擒

真倭伍名斬獲首級壹拾陸顆救回被擄人民壹拾玖名彼時風

浪洶湧即用火攻燒溺水死者甚衆拾伍日東洛洋外復至大倭

船壹隻倭賊捌拾餘徒督遣官兵李等斬獲真倭首級壹拾

陸顆溺死不計其數

浪岡陳錢海洋之捷

萬曆貳年春汛該海道副使劉　照得漁船出洋東風甚勁恐各

官兵沿襲故套屯泊近港以不登岸為功又恐乘戧妄殺王石俱

焚秪圖多級邀賞因而申明禁約督哨遠洋隨於本年伍月初貳

日哨見大倭船壹隻入犯浪岡海洋約賊百餘該署總兵事副總

兵王尚文參將艾升親督把總徐景星所部兵船截殺衝犂斬獲

真倭首級壹拾貳顆餘賊連船覆沒本月初叁日復有倭船貳隻

賊衆貳百餘徒突進陳錢海洋搶刼漁船又該副總兵王尚文參

將艾升督發把總馬自道等兵船邀撃生擒真倭陸名斬獲首級

壹拾柒顆救回被擄民人肆拾玖名餘賊溺水死者不可勝計

漁山海洋之捷



萬曆叁年肆月拾肆日松海外洋有倭船壹隻自東南行使內向

該台州兵巡道僉事王　督同參將楊文統率把總王有麟等領

兵追至漁山海洋犂沉其船生擒真倭肆名斬獲倭首壹拾貳級

賊徒溺死者不計其數救回被擄漁人貳拾名

馬蹟山陳錢洋浪岡高家嘴東枯山五爪湖白結山魚籠山捌

捷積谷山落花洋韭山浪岡門下八山伍戰

萬曆叁年春汛出師該巡視海道副使劉　會同總兵李　督同

參將徐正遵奉

欽差督撫軍門劉　撫臨寧波經畫調度及申嚴漁船綜甲之法令其

各帶兵器勦賊論功本年肆月拾伍日據哨報有大小倭船壹拾

伍隻約賊千餘在落花洋合䑸行使入犯比時總兵出海與參將
出長塗督率把總徐景星等統領各哨官兵相機遊擊協力進勦
是日又有大倭船肆隻約賊貳百餘徒在積谷山外行使官兵客
寅等奮勇追及對敵移時傷殘倭賊數多逋誅東遁本日浪岡外
洋又有倭船壹拾伍隻官兵樊雲熊材錢潛宋大忠等與賊大戰
竟日銃箭齊發擊死傷者不可勝計各賊望東遁去貳拾貳日陳
錢海洋有倭船拾餘隻約賊伍百餘徒官兵徐景星錢潛楊貴熊
材宋大忠王三錫等合力攻擊自午至夜分各放火器焚燒乘風
衝犂沉其貳船斬獲倭首壹拾陸級生擒從賊壹名各徒被傷投
溺者甚衆賊䑸解散我兵分道進勦伍月初壹日在黃泥礁海洋



哨見大倭船壹隻又望大小七行使官兵陳仕賢徐和徐全等奮勇
追擊過茶山直至高家嘴賊被銃箭傷死者過半奪回被擄人柒
名其各賊首級撞遇直隷兵船盡行邀取去訖初叁日在東枯山
大洋追及倭船壹隻官兵吳昆等向前奮擊犂沉之斬獲倭首柒
級餘賊覆没救回被擄者壹拾貳人又哨至下八山遇有倭船壹
隻官兵徐景星等對敵追奔百餘里賊衆大敗忽遇颶風各飄散
訖初肆日哨至五爪湖有大倭船壹隻官兵楊貴等攻擊犂沉其
船生擒真倭柒名斬獲倭首壹拾玖級被傷溺死者不計其數又
回被擄人貳拾叁名又哨至蟹鉗海洋有倭船貳隻官兵徐景星
陳應良等攻打追至　外洋官兵齊放銃彈倭賊傷死過半其

及收功黑夜霧迷各賊併船逃遁遺一空船初肆日又追至鶯窩
白結山海洋有大倭船壹隻官兵樊雲等爭先對敵斬獲倭首肆
級生擒從賊壹名餘寇胃溺救回被擄壹拾貳人又督哨長章得
秀于魚龍山洋斬獲真倭首壹級樊雲等又於馬蹟山搜斬真倭
首叁級拾貳日徐景星等又於浪岡外洋斬獲真倭首肆級救回
被擄貳人犂沉倭船壹隻

馬蹟羊山漁船貳捷

寧波府知府周良賓海防同知李槃呈稱肆月拾柒日有倭船壹
隻計賊壹拾肆徒在於馬蹟海洋搶擄漁船當被漁人何邦寵王
景秀等奮勇對敵破其船生擒真倭壹名斬獲倭首肆級餘賊溺



死奪回原搶漁船壹隻又本月貳拾柒日又有倭船數隻前來羊山
海洋搶擄內有肆倭跳上漁船被漁人李廷臣等執梃對敵打傷
叁賊落水生擒真倭壹名

徐公海洋之捷

萬曆叁年伍月初壹日本洋有倭船壹隻約賊伍拾餘徒往西北
行使該嘉湖兵巡道僉事王　督同分守參將狄從夏統率把總
韓沛等領兵攻擊斬獲真倭首玖級餘賊連船渰沒救回被擄人
民壹拾壹名

濕洋之捷

府知府楊邦憲呈據漁戶彭六等報稱於萬曆叁年伍月初

肆日本洋有倭船壹隻計賊拾肆人前来搶掠漁船當被六等拼
命對敵斬獲倭首叁級餘賊盡殺落水

韭山浪岡漁山叁捷

萬曆肆年春汛出師該巡視海道副使劉　會同總兵李　叅將
徐正督發各總官兵分布信地哨禦遠洋隨奉
欽差督撫軍門謝　案驗題奉
欽依加添沙唬捌槳船隻派撥各總遊哨直抵陳錢下八山等洋遇其
方至又奉
本院撫臨調度指授節宣至肆月拾捌日官兵路宰客寅陳應旻
等哨至韭山外洋瞭有大倭船壹隻內向各督水兵衝鋒攻擊生



擒倭賊柒名斬倭首壹拾叁級奪獲倭船併夷器貳百肆拾伍件
又於本月貳拾肆日官兵徐九章樊雲宋大忠馬自道等哨至浪
岡遠洋瞭見大倭船貳隻入寇約賊壹百餘徒即督官兵奮勇血
戰犁沉前船生擒倭賊伍名斬倭首肆拾肆級淹沒者不計并獲
夷器叁百貳拾柒件救回被擄漁戶貳拾貳人又於伍月初伍日
官兵杜德輝江明等哨至南圵竺海洋瞭有異船壹隻向內行使
約有倭賊伍拾餘徒即督兵船追至漁山擂鼓箄架海洋各用火
器攻燒賊船擊賊下水比因銃驚龍起風浪大作止撈斬倭首肆
級餘賊盡皆渰沒并獲在船在水夷器貳百壹拾捌件

萬曆肆年以後報捷

金齒外洋之捷

萬曆伍年肆月貳拾壹日該分守寧紹徐叅將差旗牌官裘良用
等督率呂國把總邵岳哨總杜德輝等哨至金齒外洋見有倭船
壹隻向東南行使官兵奮力攻打斬獲真倭首級捌顆救回被擄
漢人叁名并獲夷器貳拾件遇夜賊船撞礁渰沒

積穀海洋之捷

萬曆捌年肆月拾陸日該分守寧紹盧叅將督同呂國把總陸邦
彥哨總陳夢壬等巡哨韭山外洋瞭見倭船壹隻約賊叁拾餘徒
由正東向西行使隨督兵船追至積穀海洋犁沉其船因天晚雷
雨洶湧止鈎斬真倭首級貳顆及撈獲夷器捌件餘賊溺水不計



東霍外洋之捷

萬曆捌年肆月貳拾肆日該分守寧紹盧叅將巡歷長塗鼠狼湖
等處督令中正遊哨把總詹斌錢潛哨官張世澤丘鳳等巡哨東
霍海洋遇見大小倭船叁隻官兵攻打犁沉賊船斬獲真倭首級
共貳拾伍顆夷器貳百玖拾餘件小倭船壹隻餘賊溺水不計其
數

西磯洋岐六嶼海洋之捷

萬曆捌年肆月該松海備倭把總馬繼武先於本年貳月內遵奉
兵巡溫處道僉事唐　台金嚴張叅將軍令統率大小船隻在於
南圵海洋往来巡邏至肆月貳拾肆日哨至西磯山名蟹鉗頭信

[illegible]沉真倭船壹隻擒獲壹隻生擒真倭壹名斬獲首級壹拾叁顆投溺者不計○貳拾陸日又該把總馬繼武遊哨山名洋岐海洋有真倭船壹隻形若海滄督率哨官王慶龍顧汝濟兩相攻擊賊見我兵勢大難支遂各帶刀投溺下水不計其數生擒夥倭貳名斬獲首級壹拾柒顆○貳拾捌日把總馬繼武督同中軍把總石光遠在於六嶼海洋生擒真倭壹拾名斬獲首級貳顆通共生擒壹拾叁名斬獲首級叁拾貳顆俱經解赴本道轉解

督撫軍門吳　驗實題請

欽賞六日三捷勒碑見在

東洛海洋之捷



萬曆捌年閏肆月貳拾叁日該分守溫處參將潘灌清督率中軍胡大經統船於東洛海洋哨遇倭船壹隻約倭百餘徒官兵奮勇擒獲生倭壹拾貳名首級壹拾貳顆救回被擄人叁名

橫坎門外洋之捷

萬曆拾年叁月貳拾壹日該分守溫處參將沈思學督率萬華閣總哨王龍統船橫坎門外洋哨遇大小倭船貳隻賊百數餘徒官兵對敵傷死王龍賊船追至靈昆海涂督調標營把總馮汝員官兵攻勦擒獲生倭貳拾陸名從賊壹拾玖名夷婦貳口首級伍顆倭船貳隻夷器壹百伍拾叁件

花腦浪岡之捷

萬曆拾柒年叁月初貳日該分守寧紹吳參將督率中正遊哨官兵陳夢斗錢潛等巡哨花腦大小盤等洋遇有賊船貳隻奮勇攻勦犁沉賊船生擒真倭壹名斬獲首級貳拾顆奪獲夷器壹百拾貳件餘賊溺死者衆至本月初肆日又督定海北哨總劉應科正遊總張必儒中遊把總詹斌等巡哨浪岡海洋瞭有草苫大倭船壹隻追出遠洋奮勇夾攻龍風猛作官兵冒險鏖戰生擒真倭伍名斬獲首級貳拾捌顆奪獲夷器壹百叁拾伍件

洛伽外洋之捷

萬曆貳拾玖年叁月貳拾玖日該分守寧紹陳參將督同正遊哨趙應科定南哨哨官韓克華等巡哨洛伽山外洋遇有大烏尾小草苫倭船貳隻合力攻打犁沉草苫船壹隻倭衆約貳拾餘溺水



傳令不許取級併追大倭船忽遇雷風逃遁據船兵錢美等撈斬真倭首級壹顆并獲倭衣貳件倭箭伍枝及輕傷兵王國等拾貳名

東霍之戰

萬曆貳拾玖年肆月拾伍日該分守寧紹陳參將督同中正遊哨把總陳雲鵬張應試等巡哨東霍外洋瞭見草苫大倭船壹隻各督唬船追剿我兵以佛狼機火箭等項攻打賊船鳥銃倭箭射兵捕兵間有被傷陣亡傳國定辛子儀火兵聶有益義兵奮力合攻亘抵黑水[illegible]渠　燬燼賊船遁[illegible]

東洛外洋之捷

萬曆貳拾玖年肆月拾玖日犯夷熊普達等駕倭船壹隻約倭柒拾餘徒乘帆向東洛下洋望東南行使哨官張邦達隊長狄龍等瞭見飛報溫處兵巡道按察使湯　署叅將事都司孫藎臣即督官兵葉得春等駕船追賊逼近亂發矢石銃炮四圍攻打賊亦放銃矢對敵自午至酉賊見我兵兇猛勢難抵敵亂竄下水當生擒活倭壹拾玖名并獲倭仗呈解

督撫劉　批行三司各道會官譯審賊夥黃維等吐稱夷犯熊普達等海中刼擄米貨殺死客商叄人情真林元等勾引事實會同

按院馬　看得渺茫一海華夷共之漁商牟利餌賊島夷以乘汛



擾我所從來矣自關酋有事朝鮮海上數年絕警及釜倭遁而島夷鄰東南者漸有覬心去年使船突來狡謀已兆今歲分艅流刼狂態甚張况其器利船堅大非昔比官兵卒遇拔力難施聲聞內地羣情已自驚惶萬一隄備不嚴縱令闌入其貽害誠非小小者今年沿海要地預防惟謹而溫區官兵遠哨遇敵合圍攻打縱火焚擊以致燬其來船溺其倭衆生擒壹拾玖名具

題處分以靖海邦

兩浙海防類考續編卷之七終

兩浙海防類考續編卷之八

原考

一辯倭真偽凡倭寇之入未必皆真夷也有偽夷者以導之耳故所慮者不在乎夷而在乎偽夷者也不於此辯之可乎島法有刃無救其夷之視刃也猶吾之視紙也是天下之至愚也故一村刃先驅者夷也其一先一後而工於自匿者偽夷也島俗貴富而賤貧故富者食粟貧者至以稍粃自給其寒而雪不得布縷被體也是天下之至苦也故夫見貲絮斗粟亦忻然而負之趨者夷也其若舞金帛而取其精者偽夷也其禿而類魁者夷也其禿而髮隱隱類僧者偽夷也其屯也有立



而孟者有跽而控者有拜而伏者夷也有坐而驕者偽夷也是偽夷常為之主而夷常為之役也其大掠以去而或被殲於海中者夷也其挾金以歸而坐享之者偽夷也是偽夷常收其利而夷常被其害也此其夷之情也亦夷之勢也惟其情如是勢如是凡今海上之人一遇之其掠即為其所用矣故所慮不在乎夷而在乎偽夷者也人之所當治者偽夷其急而夷其緩也偽夷其重而夷其輕也猶之止沸不如去薪薪非能沸而沸之所由生也畏寒不如避風風非能寒而寒之所以盛也治夷不如治偽夷偽夷者夷而夷之所由肆也編嘗試乎此求以制其死命伐其陰而破其故智矣奈何哉

入樂樂受于夷而莫可治也好攻樂殺之夷易勾於僞夷
寧□其身而卒莫之悔也噫是可恨也已

諭

一辯倭眞僞

萬曆拾叄年奉

督撫部院温　明文一辯功級夫眞倭僞夷往多混報眞倭
頂心顱門皆禿類匏立而盂跪而控拜而伏皮肉緊縮僞夷
雖禿而髮隱隱類僧坐而食利必匿險必避若不辯明非惟
功賞不實亦多戕害人命往領官兵有將被擄逃回或漁商
平人及避難鄉民假稱奸細妄殺報功深可痛恨除通行嚴



禁外今後海上報捷聽該道詳加勘驗如果頂心顱門無髮
及皮肉緊縮者方爲眞倭首級轉送紀驗其詐冒無據者即
究明坐以故殺抵償至於指稱奸細妄殺報功者尤易見蓋
奸細必潛形夜伏或假扮鄉民混入懼詰數不能多既已覺
察可縛而至非臨陣血戰者比何用斬首以後奸細止許生
擒不許殺害違者一體抵罪

原考

全浙總論嘗考浙江之源始於黟之林歷山一線之微合流萬壑終
於錢塘江之鱉子門而入海焉故鱉子門者乃省城第一門
戶石墩鳳凰外峙乃第二門戶此外無山惟羊許獨立海中
東接衢洋西控吳淞江口爲第三門戶羊許二山有防然後
石墩鳳凰有蔽石墩鳳凰有蔽然後錢塘鱉子門可寧此其
大畧也沙起錢塘東至吳淞曾無間斷海外諸沙亦向此而
轉惟平坦延曠故賊皆可登是蘇松杭嘉四府連壤一脉利
害安危輔車相倚者也然而險要之防有三說焉曰海洋曰
江湖曰礦山往者倭寇結巢金山柘林青南□□貽害浙之



昌化富陽寇犯乍浦石墩漁浦各匯流突直抵留都重地此
海洋之患也沿江多盜夜劫客船湖漾鹽徒肆行出沒此江
湖之患也礦寇之擾路出多岐若休寧之馬金歙縣之街口
婺源之大庸常山之草坪江山之清河龍游之灰坪蘭谿之
太平街淳安之白馬村開化之華埠直進雲霧諸山嚴州之
白沙直入壽昌諸處是皆賊所必由之路此礦山之患也今
欲求錢塘無虞當守附海之三關欲求三關寧謐先防大海
之羊許第羊山孤懸大海去乍浦太遠我舟頓此設遇東北
颶風賊舟便捷彼此齊驅勝負難必許山與門淺狹止可避
東南之風賊乘東北風利吾開舟擊之亦爲並駕矣次者金

山衛城西灣沙塗頗軟可暫停舟但遇東南之風亦未易出
惟海鹽之白塔山去秦駐山不遠四風皆便賊共由大洋而
來隨處可擊是海鹽一關尤四面之控制也惜其逼於内地
非早見預待之所總而論之賊由北洋經蛇山茶山其患必
犯吴淞然吴淞之口北向舟難逆出必藉崇明[illegible]沙兵船以
禦之賊由東洋經陳錢馬蹟犯寧定者必藉衢山馬墓兵船
以禦之賊由南洋經韭山烏沙門犯昌國臨觀者必藉舟山
烈港兵船以禦之若由羊山直進犯海鹽者必藉乍浦三關
兵船以禦之是防海之總要也江湖之患須戒[illegible]沿江漁船
之剽掠嚴緝湖港鹽船之糾集豪傑失志者收[illegible]市井無賴



者制之羣聚夜出者詰之是防江湖之總要也[illegible]若塞徼嚴
諸州之要途修礦地守衛之兵制渠賊已露者[illegible]之脅從可
原者遣之是防礦寇之總要也如此則江洋互[illegible]山海交防
守浙東者即所以應援浙西守浙西者即所以[illegible]翰蘇松守
蘇松者即所以鞏固
金陵唇齒兩全首尾相應制内禦外之長策殆無踰於此[illegible]

續定　同前

原考

一羊山防守查得浙西哨道先立三關今分四哨四哨之中羊山爲
重羊山屹立大海東窺馬蹟西應許山南援衢洋北控大小
七山倭船竊居壁下取汲陳錢如遇正東颶風則瞬息可到
此地之重者一也溫台寧三府於汛期之際漁船到此而後
分艅採捕南極漁山北極茶蛇二山渺茫千里處處皆船此
地之重者二也此地不守則馬蹟可以結巢而徐公上下皆
爲倭寇淵藪不惟許山有唇亡之害而聲息不通應援阻絕
衢洋當一面之衝浙西失藩蔽之固矣嘉靖壬子被倭之後
每遇大小汛期以備倭把總一員率領蒼沙小哨等船守之



誠爲有見但羊山之外四顧汪洋陰霧迷漫咫尺不辯則難
於瞭望港門錯雜潮勢縱横備左右空備前後寡則難於防
禦今所守者蒼船貳隻兵夫僅陸拾貳人沙船肆隻兵夫僅
百人小哨船貳隻兵夫僅叁拾人叭喇唬船拾隻兵夫僅壹
百陸拾人以孤艅之船獨守此地竊恐瞭望不及備禦不敷
海賊有不由羊山而徑入内洋者未可知也隆慶元年胡爺
將汛夜巡城忽一晚驟見外洋大船無數各地戒嚴比曉則
是漁船也此時守羊許者俱不知而内地則知之亦奚貴於
守哉合無照依浙東中遊哨出守鼠狼湖事例抽羊遊及内
河叭喇唬船分布哨探聖姑礁爲居中之地劄爲老營而汲

以小船數隻泊之羊山則張家嶴之北鍋灣嶼之東之警可備也以小船數隻泊之下釣則徐公之外馬蹟之內之警可備也以小船數隻泊之秀才等山則衢洋之上沙塘之下之警可備也以小船數隻泊之西洋等山則灘山之前漁山之後之警可備也如此分佈則要害有守而門戶可固浙西可恃以無恐矣

續定

一羊山防守

萬曆叁拾年間為預備汛防事該帶管嘉湖兵巡道右布政使范　奉



督撫軍門劉　批本道呈詳議看得羊山許山乍浦均係本區外藩先年派設兵船三哨專駐防守頗稱聯絡後建議者改將許山官兵撤守黃道廟而止以羊山唬船分哨許山致有捉襟露肘之虞似非綢繆戶牖之確畫也今蒙

本都院洞鑒往議之失謂宜將黃道廟兵船仍還許山其黃道廟應另設唬船陸隻區該叅中軍官管攝每汛聽該叅查委旗牌官壹員管理再於許山哨內輪撥大船貳隻協守是外禦既密內守亦周遠近適宜極為妥便及查舊哨既還許山名目仍應改為許山哨仍其羊許遊哨亦仍舊為羊山哨至於黃道廟新設唬船陸隻應從該叅所議將中遊哨原設沙唬船壹拾伍隻改名中遊左哨新設唬船陸隻并輪撥許山大船貳隻名為中遊右哨庶可分別專責新增唬船捕舵兵夫玖拾陸名歲該餉銀壹千玖百拾肆兩肆分應照原議於事故銀內船稅銀貳拾肆兩於戰船銀內各支給合候詳示通行遵照等緣由奉批如議悉行遵照繳奉經備行該叅及嘉興附各查照見在遵行

申諭

萬曆叁拾年貳月內該帶管嘉湖兵巡道右布政使范　奉

督撫軍門劉　憲牌准鎮守[illegible]兵李　手本據巡哨哨官蔡子龍揭帖稟稱據過洋商船[illegible]傳羊山見有沙上大船伍陸



隻每隻約肆伍拾人火器鎗[illegible]俱備專候打劫經過商船即今烏[illegible]墓港積有商船貳叁拾隻因風不敢開行等情轉報到院備行仰道即便會行分守[illegible]將嚴行把總王逢源等調撥兵船前往驅逐出境如敢拒敵就便奮勇擒剿毋容流劫貽害地方等因奉此案照先為[illegible]劫大變事本月初捌日准本司兵巡海道關據定海縣申[illegible]年正月貳拾日據直隸蘇州府太倉州船戶董春等告稱[illegible]裝商人周期穆溫淳等米叁百柒拾包油叁拾石忽於本月拾柒日行至羊山突遇強盜船肆隻擄擁打劫罄擄等情據沙船戶李乾告稱今月拾柒羊山地方撞遇強盜肆船[illegible]劫客貨陸船裝載不過就將

乾等箚剎拋棄在山連船帶去貳隻又據船戶董成告稱沙
船壹隻揭本貳拾兩交兄董性與舵工馬稍并船衆伍人駕
船前來舟山買米本月拾柒日開至羊山塞遇賊船肆隻刼
掠銀兩衣服將人綑丟海山將船駕去又據船戶蔡元告稱
攬載鄭泉陳春米豆桐油附帶牛骨等貨行至清水大洋本
月拾肆日忽遇強盜船叁隻齊擁打刼米豆桐油衣被銀兩
一空將駕船水手陳四曹知金泉戳死落海又據福建漳州
府商人周期穆溫淳呈稱揭販米油在蘇州河下募董春沙
船裝載本月拾柒日開至羊山突遭賊船肆隻攢擁搬擄今
幸到閩各等情到縣申請移檄各區協力擒勦等因到道備



關煩將羊山刼掠賊船嚴督官兵追勦此後作何防禦希將
查處過緣由移覆以便責成等因前來准經備行該叅嚴督
海寧備倭把總王逢源查將前項賊船勒限追捕仍將各該
負後查實失事緣由分別罪革解審併議防禦事宜報道覆
議一面備將前由具文於本月拾貳日通行呈報
峡撫題三院照驗仍俟查報至日另詳去後隨於本月拾肆日奉
本都院憲牌據本道呈報前事仰道即便會行分守叅將及
嚴督該哨官兵將前項賊船速行探實追勦務期擒獲殄滅
毋容流刼貽害地方一面將各失事員役確查失事緣由分
別罪革另文詳報等因併奉前因隨經通行該叅總及嘉興

府海防官各遵照勒限督勦查報去後催准分守杭嘉湖叅
將魯瑋手本面稱准經行據海寧備倭把總王逢源呈稱遵
依行據總哨馬上錦王尚賢呂一陽會呈查得職等輪哨海
洋以半月為期督率兵船前往羊山巡哨本年正月初壹日
起至拾伍日止該總哨呂一陽拾陸日起至叁拾日止該總
哨王尚賢各督捕盜鮑應魁等船直抵羊山哨守各照限滿
方回並無前項商船在於所守羊山信地被盜今奉行查為
照羊山有大小之名信地有浙直之派大羊山聖姑礁係浙
西信地小羊山羊山殿係直隸地方與大羊山相去頗遠其
清水大洋係直隸寶山之地與浙直大羊山相去甚遠程隔



三潮途遙千里今據商人周期穆溫淳稱於拾柒日在羊山
被刼船戶蔡元稱於拾肆日行至清水大洋被盜等情中恐
移東指西掩瑕藏垢之故且浙東沙塗偏僻島嶼相環隨處
可以藏泊浙西派守信地孤懸大海並無山島堪依盜船難
以潛踪棲止且各盜素知有兵防守豈肯自投法網是立關
以來毫無失事如上年岱山被盜反移浙西失事灘山遇倭
反又改字為許節節有稽究案昭明呈乞備達等因據此查
得羊山之名委有兩處浙西官兵信守者大羊山聖姑礁孤
懸大海週圍原無山嶴沙塗船難住泊其小羊山羊山殿前
為直隸官兵信地而蘇松商船由劉家河出海必經於此據

椗繫泊且查清水馬墓不係本區信洋則非大羊山失盜事
已昭明合無請乞備行直隸沿海府縣衛所申飭原行嚴禁
商船俱於河内貿易不許下海偷稅致招寇萌如有故違者
許守信官兵獲送該管衙門治以違禁之罪船拆入官公用
如此庶盜源可絶防禦可保無虞矣等因備呈到職據此爲
查本區羊山海洋每年大小二信派督官兵哨泊於彼汛畢
之日雖奉收䑺仍將沙唬等船每半月爲期輪差總哨官一
員更番哨守歲無虛時向來遵行已久今查巡哨日期自正
月初壹日起至拾伍日止則爲哨總呂一陽之責也自拾陸
日起至叁拾日止則爲哨總[illegible]尚賢之責也但據海寧把總



王逢源呈據各官呈[illegible]得本日本境海洋並無前船劫奪
及稱商人所告詞内原有羊山殿前及清水洋馬墓字樣非
爲浙西信地亦爲可據第恐辭屬推諉有難深信即應查將
各該官捕解道吊取原告商人面質方免隱情但查各商猶
在隔别而各官又以發汛出海合無姑俟汛畢解究如果該
哨失事從重坐罪委非信洋准其歸究其防禦善後事宜及
查小羊山殿前原係直隸官兵信地每年止於大汛彼中調
發沙船數隻泊守與本區及浙東兵船會哨汛防一畢收䑺
回關不論平時即小汛亦無一船至彼是以直隸各沙亡命
之徒乘虛嘯聚劫掠商貨故或有之相應備照原行移會直

隸道鎮衙門再加申飭以後凡遇汛畢日將各沙採捕船隻
旗由盡數收集還官不許假以樵採爲名越界惹釁其商賈
貨船俱令内河貿易即有海上之船亦須連䑸行使亦不許
零星往來自取劫掠煩請覆酌轉詳等因到道准此卷查一
宗申嚴哨探以重海防事奉
本都院憲牌前事該前道議看得本區沿海官兵分布信地
悉照成規每遇汛期給與哨符與浙東臨定直隸吳淞金山
營往來會哨但往例汛畢以半月爲期輪班偵探期滿者倘
遇順風便回後哨者苦於逆浪難往則汛地無兵不無可虞
復經嚴令出哨官兵每分期限必俟後哨船至羊山方許前



船收回令信地常有官兵以消盜萌仍應知會直隸蘇松道
及總𠞰衙門一體照議交哨庶成綢繆[illegible]于本區羊山
信地原與直隸相連而崇明劉河等處沙船[illegible]彼樵捕爲名
徑入本區海面詰之則執有官照容之或乘間竊劫海洋遼
邈稽察爲難應行彼中各該衙門凡防汛畢日盡收原給印
单不許再行越界樵捕其兵船仍以該區字號商船以該埠
字號各大書於船尾以别雜船其有越界及無字號者即盤
驗驅逐如抗拒者拏究等因已經備由呈覆
本都院及移關海道通行該𠞰并直隸蘇松道轉督彼中各
衙門遵照在卷今准前因該本道看得羊山信地據查原有

大小兩名大羊山則屬浙西小羊山與清水大洋則屬直隸
雖疆域為隣近之界而信守有浙直之殊今商人周期穆温
淳等船戶董春等各稱於正月拾柒日在羊山被盜船戶蔡
元稱于拾肆日在清水大洋遇賊若周期穆温淳等各船該
日果在本區大羊山信洋被盜該哨官兵王尚賢等偷安玩
寇不行拯勦即按軍法重處何容少緩但今止據槩稱羊山
被盜且指清水洋為言是以此中官兵不敢承認皆報並無
失事似亦有因今該叅道議被刼商人船戶俱在定海即欲
吊提面質又恐往返躭延而各官兵見以汛事方殷業經督
發哨守未便提質既經查覆前來相應轉請合無候詳允示



督批兵巡海道就近行提原告商人船戶周期穆温淳等面
鞫的于何日在于某處地方海洋被刼或大羊山或小羊山
或的在清水洋及研審賊船出没向往踪跡確實情由明白
關會據法議詳仍請
憲檄申明嚴行直隸道鎮衙門務照原議凡遇汛畢將各沙
採捕船隻旗由盡數收集不許假名越界惹釁其各兵船以
該區字號商船以該埠字號各大書於船尾以別雜船亦要
結䑸行使不得孤舟輕泛自取刼掠如此則脣齒相維盜源
自絕海洋庶可肅清矣呈奉
本都院劉　詳批失事信地仰道移行海道查覆議詳仍如

議會行直隸道鎮衙門禁約繳
按院馬　批被刼船戶移文海道查報餘聽
撫院詳行繳
鹽院周　批被刼商人既在定海如議關行海巡道就近提
審其直隸道鎮本院另文申飭之此繳

附考

一陳錢[illegible]夫陳錢壁下爲倭寇必爭之地蓋自彼國開洋隨風到
此必登山取汲整頓精神徘徊眺望其初無定向也若南風
急則由茶山而徑直隸到茶山而風轉東則由高家嘴而入
吳淞風轉西則過老鸛嘴而入三沙此陳錢向正北之程也
若東南風急則由下八山頂羊嶼越馬蹟而進羊山到羊山
而風轉正南則由大小七北經翁家港劉河而入青南風轉
正東則由許山而入金山乍浦此陳錢向北之程也若東北
風急則過落星頭而入深水蒲嶴到蒲嶴而風轉正東則入
大衢沙塘嶴而進長塗到長塗而風轉東北則由兩頭洞而



入定海到長塗而風轉南則由勝山而入臨觀到臨觀而南
風大作則過瀝海而達海鹽澉浦海寧此陳錢向正西之程
也到蒲嶴而風猶東北則過三星韭狼湖一帶而入舟山矣
若正北風急則影外洋諸山而達閩廣矣由是觀之老鸛高
家二嘴爲直隸門户羊山爲浙西門户深水蒲嶴大衢韭山
爲浙東門户而陳錢者倭寇必經之地也近日儒生沈陛者
以陳錢爲倭寇必經之地議欲建堡劄兵于此以遏其登汲
之道而挫其初至之鋒似可扼其項而拊其背矣既而遣將
登山畫圖度地竟以爲必不可行者何也陳錢壁下兩山合
壁李西倒球峙於港門中間止有[illegible]一灣畧可寄泊水

潰徹底亂石嵯巖兵在內賊得而阻之賊在內兵得而阻之
且無出路使我兵在內賊來拒守東風方急策應不前其將
何以爲生夫君子作事謀始爲可繼也平居無事之時置兵
于孤絶無人之境必不能久安而况海洋之跋涉城堡之難
成糧運之艱難波濤之險赫風雨之阻滯兵心之搖兀無一
可者兵法所謂置之死地而後生者以其勢瀕于死而有生
道之可求也故以死戰則勝矣陳錢之議乃以生人而置之
死地所謂內無所據外無所逃束手待斃萬無生理者也吾
弗忍也故曰必不可行也

續定　同前

居考

一普陀禁約照得普陀一山遠距定海四百餘里獨峙海中山多巖
窟田皆沃壤洪武初年信國公經略沿海見得本山窮洋多
險易爲賊巢遂行起遣天順年間始有緇流私創寺宇四方
流聚漸多接濟交通勾引嚮導嘉靖參拾貳年間倭奴屯據
本寺遂調發官兵劉恩至等剿滅之隨奉
欽差督撫軍門王　鈞牌仰道即行把總黎秀會同主簿李良模帶領
兵船前去普陀山將寺宇盡行拆毀佛像木植器物等件運
移定海招寶山寺收用其原山僧人俱各逃散舟山查有度
牒者分發各寺無度牒者還俗當差插牌本山并告示沿海

兩浙海防類考續編　卷之八　十六

一帶軍民僧道人等不許一船一人登山樵採及倡爲耕種
復生事端如違本犯照例充軍仍禁本境勢豪之家不許營
謀佃管若掌印官輕狥人情故縱犯禁坐贓問革等因備行
把總黎秀等及行寧波府并定海縣遵照隆慶陸年閏貳月
内蒙
巡按浙江監察御史謝　按臨寧波府訪得舟山海外有普
陀山一處先年奸僧潛住于此勾引倭奴入寇滋蔓既久遂
成大亂續經禁戢海宇以寧近日復有奸僧糾衆在彼苫蓋
殿房啟釁邊防貽患匪細行道即便多差官兵將前項潛住
奸僧密切擒拿解院依[illegible]備行定海[illegible]總陳典帶兵獲拿僧

人明所等五名并大小銅佛檀香佛及什物等件解送[illegible]
隨將本山苫蓋草屋數間放火焚燒等因呈道該本道看得
各僧近今在彼招[illegible]按進香人民據[illegible]目前止是圖取布施以
爲資身之策未有潛蓄異謀但濱海居民愚痴易惑况地在
海外踪跡難稽萬一聚集日繁則奸作孽誠爲將來隱憂近
奉[illegible]行拏該防微[illegible]漸遠慮合將犯僧量擬罪名盤過佛
像[illegible]入[illegible]寺内仍請
本[illegible]不許裝送進香人民及遊方僧道渡海
[illegible]由進人呈解蒙
本院批本院所聞不過防微杜漸明所等既查無別情姑
免問罪如無歸著各發還原籍佛像器具仍移入招寶寺其[illegible]
送船埠俏渡海進香嚴加盤詰禁約官兵不許妄拏平民繳
依蒙將各僧發還原籍仍行定海總鎮曉諭嚴禁訖萬曆元年
伍月内爲違例越境採捕接引倭患事該本道副使劉　查
訪得鄞定奉[illegible]民近居海濱專以捕魚爲生議令黃魚生
發[illegible]旗納稅照驗出入採捕以充兵餉近來沿海
[illegible]船不由官稅裝載酒米越出海島[illegible]

累地方已經行會總叅衙門嚴行禁戢尚未盡除中間亦有指倚勢豪公然雄據法應拏究以肅海防但沿海迢遥千條人衆合候呈允通行定臨昌石總差撥快船於外海山島逐一查將蓬廠山房盡行焼毀人犯姑免拏究驅逐盡歸內地許各附近港次採捕主理敢有仍前故違明禁者拏獲照依律例從重枷號究遣備由呈奉

欽差督撫軍門方　詳批遠洋廠房非濟賊則賊資也如議焼毀以肅海防抗違者嚴拏究治此繳家

巡按浙江監察御史蕭　批細民所知者小利耳豈知較大患我約歸近地深為得策如議行此繳蒙經通行遵照將廠



房焼毀人犯驅歸以後再有故違明禁者定行嚴拏究遣萬曆貳年間有僧人真表等違禁到山搭蓋茅屋招接進香人民圖取布施隨被棍徒挾詐詼定海把總徐景星將本寺所施銅佛幡袍什物香錢等件記數議令選留僧人三五名在山看守香火已後經捨財物逐一登簿報官等情呈蒙本道副使劉○詳批普陀雖係名山自倭變以來已有厲禁節奉明文逐僧燬庵將一應佛像幡旛儘數移置招寶山為梵修道場矣然何無知愚民遠赴潛僧徒積棍乘勢誆嚇及為各奸闌騙局焉若該總所呈將來漸不可長不幾於啟窺伺而為盜資乎仰寧波府確究議詳隨該寧波府周知府覆稱得真表等委違前禁復到普陀山建庵招引致開棍徒騙局及議徐把總呈立住持給簿登記香錢一節將來枝延蔓結積聚漸多招引愚民引惹倭夥合將僧人盡逐庵棚拆毀財物入官佛像遷移招寶山寺供奉并將真表等姑擬杖罪具招呈蒙本道詳批據呈深得防微杜漸之意不致見小利而忘遠憂也即如議行捨施財物變價入官通取庫收繳報發落訖

申諭

一普陀禁約

萬曆貳拾肆年伍月初伍日奉



督撫軍門劉　為禁約事照得普陀山屹峙海洋外近島夷中多巖窟

國初經畧沿海本山居人盡數起遣[illegible]毀寺逐僧節有厲禁嗣後因沿復私刱有寶陀[illegible]二寺遂招香客廣致齋糧四方遊僧聞風流聚其間持守戒律者固有而亡命匿奸者亦多事干海防可聽滋蔓本部嚴行查逐姑念積習相沿焚修日久一時驅逐流亡可念合行申飭以杜將來為此示仰本山住持僧行人等知悉除原建屋宇見住僧人已該定海縣查有額數在冊姑免驅逐外自後並不許搬運磚木增蓋院舍廣召徒衆其一應進香遊僧到寺止給三日齋糧立進下

山不許戀住停留如有故違及住持通同窩縱者訪出定行
拏究其住山各僧務要恪守清規無得放縱自干法紀特此
曉示○奉經勒石本山永爲遵守
萬曆貳拾柒年間爲禁約事該海兵道按察使范　奉
督撫軍門劉　憲牌准查近訪各處風俗惑邪崇佛而尚異
端浙省之東普陀岩爲尤甚以致遊僧潛來結社托詞講經
詭言惑衆鼓動男婦大小船隻裝載渡海終年無賴亡命造
釁宣淫即衛所軍餘欲逃尺籍者亦得藏身溜流遊行伍
而流棍蔓延奸僧嘯聚頻犯白蓮教諸禁扞網横行甚至狡
猾小醜煽熖百端勾引外夷爲禍叵測皆緣地近南海人皆



藉口進香而大士淨域反爲藏汚納垢之區故往年拾月
神明厭其穢褻寺宇無故火焚已將佛像遷移内地隨奉
本都院題示禁約不許復行剏建長慮卻顧有識者自知之
即今海警雖云少謐後事更宜加防如嘉靖年間倭奴入寇
盤踞普陀令人寒心往事可鑒已但海涌旁郡恐有奸僧暗
糾惡黨煽惑男婦復運料物過海希圖再剏其於地方海防
深爲隱憂合行申明舊革給示曉諭示仰府縣巡捕員役并
地方軍民船戶人等知悉以後凡有奸僧在於城市鄉鎮寺
院等處講演白蓮教法招接尼姑齋婆引誘婦女載船渡海
假稱進香以爲淫僧巢穴及搬運料物過海貽禍海防者即

便拏觧本司以憑重究船料入官人犯重責四十板枷號一
箇月不論它鄉它省男婦俱釘肘遞回原籍拏觧員役仍行
重賞如或縱容一體連坐○又爲軍務事該前道看得普陀
山寺天火焚燒之後又奉
軍門及本司節次嚴禁不許復剏致貽昔年倭奴竊據之禍
今訪該寺奸僧仍又募化木料磚瓦囤積山房希圖剏建樓
殿復有告人王德出首相同除拏首僧如德匠人王秀等究
罪示懲外所有前項料物應追入官修葺公署合行委官搬
運爲此仰寧波府即着委官該日帶同兵船前去將在山木
植磚瓦盡數檢搜一物一件俱收入官如或藉口各處施捨



亦係本僧募化均屬違禁各文武官但以海防地方爲重不
得徇情買漏倘有豪右阻撓一併擒拏送道併治各料搬運
定海縣空閑公署撥人看管候修理守巡道衙門以便發汛
駐劄其跟隨人役兵夫約束不許受賄私賣及生事滋擾違
玩者委官指名呈究仍將各項料物數目報府開冊查考委
官阿縱責有攸歸○又爲地方事該前道案查禁止婦女入
寺渡海登普陀等處燒香及淫僧惡歎慣誘男婦包攬香客
等件已屢有禁在寧波府瀕江一帶開張香燭店鋪内設佛
堂禪榻浴池凡朝普陀士女先至其家安頓後寫船過海往
來覓利其畏法守分者固已改業生意而有袁廷器等故違

明禁開店招接香客置船數隻裝載普陀似此玩法合行牌
究仰縣即提違禁人犯袁建器等正身查究的確緣由依律
招解仍出大字告示申飭以後各瀕江店舖毋得再犯取里
隣甘結併繳○又該
督撫軍門劉　于萬曆叁拾年拾壹月內
題為倭情叵測海釁難開懇乞
聖明停止海外山寺之建以杜禍萌以安地方事據浙江按察司巡視
海道兼分巡寧波整飭寧紹兵備副使王道顯呈稱奉臣憲
牌照得普陀山屹峙大海密邇島夷
國初特設厲禁毀寺遂僧良有深慮近因承平禁弛增建祠宇招引



流僧香客海釁漸萌本院深切隱憂再申前禁鐫石遵守來
幾寶陀就災復據該道議止重建又經批行嚴禁去後近聞
朝廷遣官相度營建果爾勢必拓基廣制將來招引日繁益難禁遏
即今海氛不測萬一倭奴登犯盤據貽害不小事干海防合
行查議仰道即便轉行寧波府備查本山自貳拾肆年本院
勒石垂禁祠宇除寶陀海潮二寺此外不許增置僧徒除籍
名在冊此外不許多留二十七年寶陀寺災復行禁止即今
曾否違禁私創僧徒有無招聚繁雜目下
朝廷遣官作何起造是否止循寶陀寺舊址或議另行恢擴倘工未
即舉應否具題

請停如果事難挽回日後住持焚修作何稽查遠邇流聚作何禁戢島
夷窺視作何防禦該道與同地方官悉心酬畫備將始終利
害及一切善後事宜確議通詳以憑施行等因到道奉此通
行總衆衙門幷寧波府查議間催據該府呈稱准寧紹衆將
袁世忠手本回據定海把總趙九思呈稱查得普陀即古梅
岑距定海縣治三百餘里盤礴於諸山之外窅茫於巨浸之中
其地環繞計百餘里山多巖窟土皆沃壤耕可足食樵可充
炊兼之遠近輸捨儲蓄富饒播傳入耳倭奴一葦可航垂涎
顧非一日東南要害莫重於此汛期雖派正遊官兵一總南中
一哨分佈防守慮難周遍萬一海氛叵測將有不忍言者粵



稽宋元豐間建寺寶陀我
國初五山作亂洪武二十年信國公經畧沿海以此山窮洋極險賊
易為巢遂行起遣移寺於郡城用東栖心名曰補陀天順正
德以後始有緇流私剏於潮音洞上流聚漸多接濟交通勾
引嚮導嘉靖三十二年倭奴屯據大師勦平次歲久巢於此
官兵攻刼流突內侵為患滋蔓是以當事議
題毀寺遂僧復遷佛像於縣之招寶刊示沿海不許樵採耕種違犯
照例充軍雖船埠裝送遠近香客皆有厲禁載在案籍班班
可考迨於隆慶以來有僧真松仍此結茅潛棲復有僧真表
改建於稍內山麓太子塔西即今被焚之故基也萬曆十四

年

上命頒發藏經見存該寺二十七年被回祿旋造大殿五間餘不勝

計其海潮寺始於萬曆八年有僧真融另在千步沙開躍別

剏落成二十四年皇奉賞賚單門勅石垂禁之後二寺之僧

倏往倏來旋多旋少為數無定額而祠宇殿堂僧房淨室

日則滿山棊布夜則燃火日生雖總計二百有奇日益月盛漫

無可稽其間亡命之徒窩隱奸宄莫可測匪特倭患當防

呈乞裁度等因該本職覆看得普陀委稱梅岑山在舟山極

東外洋離縣治三百餘里其對東霍外無屏蔽去日本僅三

晝夜可達其地山瑰土沃與寧邑奉化金塘大榭南田諸山



相等四面汪洋嶮巖洶湧屯據則易攻勦為難實係東浙極

衝要害之處自宋時建寺　契修至

國朝起遣禁逐復至嘉靖間奸僧勾倭艘據內侵題

請毀寺遷徙申禁隆慶中越禁復啟萬曆八年僧創海潮寺十四年奉

頒藏經廣搆殿宇增置淨室與隆華寺　因單事宜該總查覆俱極詳悉但

查二十四年奉本院勅示禁止之後比時兩寺大殿俱不增

置而僧衆香客絡繹往來竟難禁阻至二十七年外寺被火

殿宇雖未全造而舊年一復建大殿一所及奉

欽頒藏經即今

朝廷遣官又議興造聞其規制其深八十餘丈橫濶六十餘丈比之

舊址未免恢擴且遊僧別剏淨室不下二百餘處計地方之

險要與防守之艱難職等罔心切徬徨日夕不寧者至謂防

禦官兵僅得標下止遊一總定海南中一哨即加謹哨防尚

慮踈虞其餘各[illegible]處處險衝又難增撥在所疚心及稽查住

持焚修應[illegible]有司限定名數量留供奉而在山淨室僧

徒亦應[illegible]遣或歸併之二寺至禁戢遠邇流聚應如前

道於[illegible]埠頭禁阻香船不許多載遊僧男婦前來潛住是

或[illegible]防微戢奸禦亂之一策等因又據本府海防同知黃

[illegible]稱普陀一山亘峙海上東北順風五日晝夜倭船可到

[illegible]浙東第一之門戶也入此兩潮而抵舟山再入半潮而抵



金塘三山勢接巖穴居多海寇之来便為巢窟況皆沃壤可

耕可樵往經開畝稱數十萬此尤浙東之要害也洪武初年

有方國珍秉之竊據

聖祖命信國公湯和平之徙居人民盡行起遣迄於天順緇流入山私

創寺宇誘衆燒香窩蔵奸細賊首許二因而勾倭嘯聚為患

嘉靖三十二年官兵勦之將寺焚燬迨至隆慶二年五年兩

臺迭禁不許奸僧潛住佛像器物移入定海之招寶山仍禁

船埠毋得裝送進香人民及遊方僧道禍端斯絕

今上二年僧人真表違禁入山搭蓋庵舍隨蒙海道逐僧毀庵一應佛

像爐瓶扁額仍移招寶夫國家之患貴杜未然而紆遠之誤

當徵往昔茲據普陀之山既為浙東第一門户而自
國初以及
今上二年屢創屢滅則本山之不宜於建造可徵已續查嘉靖三十等
年許二之據雙嶼王直之據岑港巨寇之一山港尚足以驚
恐浙東之三郡致請大兵督勦良久始平則前此之受害者
亦可徵已而本山之不宜建造又何疑焉等因又據定海縣
申稱查得定海關為浙東屏蔽一潮而至舟山又一潮而至
普陀窮洋絕島四畔無障登臨山頂遠望近倭黑水洋瞭在
目前雖浩蕩無際難計里程而東風汛疾倭奴不上五六日
可到此地普陀舊寺創自宋朝元豐年間

兩浙海防類考續編　卷之八　二十六

國初洪武二十年信國公湯和經略沿海邊地其諸山田若金塘大
榭等處一切禁其開墾徙民內地慮至深遠普陀寺因移於
寧波栖心寺時父禁地至正德年間復有構寺於潮音洞上
嘉靖三十三年間倭奴內犯屯據此地以為巢穴徵師勦平
幾至逾年勞費不貲當事者懲已然之釁始議毀寺遂僧遷於
定海之招寶山嚴禁船埠不許裝載遠近香客蓋先事預防
深意祟懸在海外吳松等處捨利飯僧之人自外海漂洋而
至者難以禁絕隆慶年有僧真松構寺於山窩內萬曆十四
年蒙
頒藏經寺宇增葺頗為鉅麗離普陀寺三里許又有海潮寺在千步

沙之外則遊僧真融募建於萬曆八年間以次漸成巍峩修
觀而舊寺二十七年遭火燬燒四方檀越多趨海潮而普陀
無所覓香客之利故住普陀僧人計必復興古刹以與海潮
爭勝萬曆二十七年蒙復
頒藏經於普陀寺僧人緣此廣募木植磚瓦督造藏經殿併修梵宇冢
海道嚴禁廣造只留藏經殿無動餘諸原燬基址一概荒蕪
未修近者內臣奉
旨議改建普陀古刹崇奉
賜經第桑土隱憂恐室廬廣堅必糧儲積異日有叵測之變彼醜盤據
其中憑藉宿糧以與我兵為梗未必非藩籬之患也愚陋膚

兩浙海防類考續編　卷之八　二十七

見奘修保祐與防汛固圉均為喫緊而衣袽之警尤宜早計
前寺儲藏
賜經其堂宇廊廡特可因其舊址議為新飾春秋歲時可備拜祝毋令
過為高峻堅樓敞燈以啟遠夷窺伺之心毋令侈為廣大招
亡納逋以滋他日從逼處之漸其外方遊僧到山者着本寺住
持查有官給度牒方許留住此山其無度牒者非係犯罪脫
逃即是私自披剃驅逐不許容匿又勒碑嚴禁香客俾各遵
守無犯庶奸藪可清萌孽可折其附近汛地如烏沙門金牛
港等處嚴令兵士偵探防備設奇賈舶令倭奴不敢登岸萬
一或有他變協力齊心以滅醜類則甲胄之任非所逆睹等

因各嶴議遷惟照普陀山在海洋之中諸山之外離定海三百餘里對衝日本順風四五日可達也其山周圍約有百里嶢巖險絕波濤洶湧浙東最要害之處宋元豐始稱寶陀寺規制不廣

國初信國公湯和起遣石蘭金塘各山居民徙居郡邑而普陀亦與焉燔其宮宇三百餘間迎佛相於甬東棲心寺改名補陀其普陀故址第留小鐵瓦殿許一僧一伴供奉香燈深謀遠慮往事可睹也日久禁弛廢而復興至嘉靖癸丑倭奴犯順據為窟穴逾年始平當事者議舉遷大士於定海縣招寶山而虛其遺址後有厲禁緇僧真松者於隆慶間募緣重建萬曆



十四年

欽頒藏經而該寺僧眾欲與海潮爭勝遂以奉經為名無日不思恢擴禍于廣招香客二十四年奉本院勒石垂禁二十七年寺災仍有營造又蒙前任海道折毀此普陀之始末也若海潮寺則萬曆八年遊僧真融所創建者夫海洋無際我與夷共之普陀孤懸海外追惟嘉靖癸丑之事可為寒心禦夷之策要在清野則本山應否興造不待智者而辨之即今見存二寺尚應隱憂剗復恢其規制弘麗倍昔招集亡命廣儲衛供萬一聲鬨彼醜寧不生心是授寇巢而齎盜糧也倘蒙

欽頒經於招寶棲心全浙不勝大幸不然即將見存寺宇并奉藏經一殿止照舊式修飾見新以示崇奉之意可也至於禁戢防禦惟有稽查僧籍限定名數不許私度其遊僧淨室酌量驅逐拆毀於甬東埠定海關嚴禁船戶毋得裝載香客及行腳僧徒私自出海仍申飭沿海官兵偵加哨防斯亦不得已之中策等因具由呈覆到道查准參將袁世忠議覆相同又准總兵李承勛手本覆稱普陀山懸居海心渺茫無際先年倭賊登犯據險為巢掘塹自衛幾為浙之大患勞師費餉方克蕩平即上年倭船突入巡哨官兵僅取一級餘復遁逸則此山為倭夷垂涎之地足可鑒矣祇緣二寺剏建有年況奉有

欽頒藏經本鎮蒞任之初深慮為害汛期撥派官兵二支往來哨守尚



慮海洋廣濶意外叵測猶切隱憂即今又奉

明旨恢擴鼎建疆場將吏靡不憂惶惟願院道主持或議具

題獨免增建此誠地方之幸也其善後一節惟有增兵加備以防島夷之潛窺酌量裝修以清流僧之聚集毋侈麗以誨盜毋厚積以資敵申嚴盤詰之禁默消奸宄之謀此誠防微杜漸之要着等因前來准此為查普陀在東越之境大海之中東控日本北接登萊南亘甌閩西通吳會去定海縣治三百餘里古云海岸孤絕處也山廣百里許土沃可耕樵茂可採遠邇供奉類以千百計積聚甲於一邑先年倭奴垂涎所有據為巢穴勤兵費餉許久始平然彼醜尚未嘗一日忘普陀也考

其事建自宋代名曰寶陀
國初秀山等叛竭地起遣至正德年後有緇流私創於潮音洞上嘉
靖倭夷犯順毀寺逐僧迨隆慶年來有真松改建于太子塔
西總不出于本山之內越萬曆八年而復有海潮寺之增刱
矣十四年
今上奉
聖母命印施藏經
頒發來寺二十七年普陀燬于火經典無虞海潮如故嗣又復
賜藏經當其時節奉本院勒石示禁幸而少戢雖有藉口重建安妥藏
經之謀然遇募化營造鳩工舉事之際本道有聞輒行阻止



徑將本料移入內地別置公所海潮諸僧利其寺之不復建
而且多方以撓其成彼普陀緇流計無所出以為非藉
聖上威靈復修古刹則上既不免于院道之禁止而下又不免于海潮
之姍笑千圖百計無所不至茲奉
上遣二中官來議興造繪圖以進規模宏大倍過舊基竊恐游食亡命
之徒競相增刱多造淨室廣接香客一旦島夷窺伺突至或
盤據或擄掠四方流聚於中或勾引或嚮導此非所謂資寇
兵而資盜糧哉隱憂明鑒兩為可慮第此舉尚有利於
國家亦何煩於齒頰實係此輩故藉
入進之名大肆漁獵之術惟狃目前之利頓忘日後之憂凡在疆圉將

吏靡不人人自危而求為思患預防之策也今奉本院議覆
及此實地方生靈之福合應當此工役未興俯賜會題
請止如或事勢萬不可已止將見在殿宇存奉藏經此外不許私刱一
室有將住持焚修籍名在官此外不許容留一人其禁香客
以絕禍積嚴哨守以防窺伺此乃地方官分內之責等因通
詳到臣據此該臣會同巡按浙江監察御史吳　看得定
海縣遠臨海際而普陀一山孤懸外海大洋之中離縣治三
百餘里其山周環廣遠沃可耕樵巖壑深邃奸宄易為巢穴
且東與日本直對順風三五日夜倭船可到誠東南第一門
戶也入此則迫舟山抵金塘窺定海咫尺間耳浙之要害莫



重於此先年海寇迭據勾夷為患寔惟梵刹積蓄之足資以
致東南半壁痛罹荼毒前後經略守土諸臣所為蕩除起遣
勞師費財不遺餘力茲據道鎮文武諸臣所陳說者事皆鑿
鑿在往牒可考而鏡也邇年緇流潛住構宇聚徒臣等恐以
多營啓釁務安戢之以法鐫石垂禁屬者天心仁愛寺宇被災
方幸奸徒之驅散有機海壖之患務除可杜不意中官之相度
忽
遣於今日規制之宏廓更倍於前將來勢必大興土木廣募人徒風聞四
儔遊遍歆動從此流聚日繁輸積益廣內為亡命之淵藪外
啓狡夷之垂涎益昔者有司猶得按其名籍汰其侈濫今則

借口於
勑建焚修將矯詐橫恣不敢問矣昔者官兵猶得守其故常遏其衝險
今則掣肘於備多力寡將增兵加餉弗能制矣况邇來內地
多虞連歲海氛未靜奸人之伺隙而搆亂者寔繁有徒倭酋
之要盟而欲復者釋怨無日即撤桑未雨猶恐牖戶綢繆之
弗固而可動大工於海外藉寇巢而資盜糧哉儻計必為此
臣恐東南擾攘之禍莫知底止矣夫事佛未必蒙福而餌夷
適以召禍臣等切謂邊海之釁斷不可開無益之工斷在可
已輒敢忘其
瀆冒陳其悃欵如此伏乞



聖明俯察臣等之微忠
垂念封疆之大計將普陀山見議興工即行停止中使并行取回仍容
臣等酌處姑將敝寺見在者存奉藏經此外不許私刱一室
有行住持焚修者籍名在官此外不許容留一人庶釁孽可
消而海防永固矣

原考
一海山沿革照得寧温台參府外洋有金塘大榭冊子盛嶴普陀南
田雙嶼馬墓大衢　開秀玉環高嶴石亭歪山南麂東洛中界
等山俱稱沃壤接壤島夷勝國時各有人民居住比因五山
作耗方國珍乘之以據浙東我
聖祖命信國公湯和討平之將各山人民盡數起發內地永禁不得開
墾迄今天順年間遊僧潛於普陀山建寺誘衆燒香窩藏奸
細賊首許二等因而勾倭嘯聚雙嶼等處為患嘉靖參拾貳
年間將寺燒燬隆慶貳年參月內為陳愚見以裨地方事奉
欽差督撫軍門趙　案驗



題稱近據海道副使蔡　呈稱金塘大榭普陀南田等處海山節被
奸僧假名真松等　奸民沈與邦等具
奏要行復寺開墾該本院　議照得
國初海山人民盡起內地棄為曠區者非不知諸山可耕可樵可鹽
誠察利害之源以為不如是不足以杜無窮之釁今僧民沈
與邦等屢奏開墾復寺萬一誤信關係地方利害非輕必須
禁例森嚴始知畏憚查得問刑條例內一款大同山西等邊
官旗軍民人等不許擅自入山將應禁林木砍伐違者問發
南方烟瘴地面充軍夫沿邊禁例如此為照參府地方俱為
沿海自今以後敢有將前項海山私自開墾建寺居住占剎

考覈發比照前例發遣題奉
欽依通行遵照在卷萬曆元年伍月內奉
欽差督撫軍門方　案驗為摘議理財事宜以少裨
國計事先准
戶部咨准總理河道都御史翁　揭稱訪得寧波舊有昌國
縣今舟山金塘大榭蘭秀等山田地
國初胡藍之變
南京空虛將金塘大榭蘭秀之民盡徙遠實
京師備留舟山屬諸定海今金塘大榭蘭秀膏腴之田殆數萬頃而
山場柴木之饒盡屬勢豪占據□抽花利若行撫按丈量徵



税佃與民間其數豈止數萬等因到部備咨到院仰道即便
行委寧波府海防同知段孟賢親詣金塘大榭南田盛嶴陸
横大衢蘭秀等山及舟山等處空地凡可耕種者逐一踏勘
丈量畝數經界明白分為上中下三等給民領種不取佃價
止徵其租永為遵守中間應否損益或別有善後便益議停當
詳奪依奉行據同知段孟賢呈稱該本職親詣金塘山監督
主簿陶序并里老弓箕人等逐一丈量得上田捌千陸百柒
拾玖畝中田陸千肆拾肆畝伍分下田叁千柒百陸拾柒畝
玖分墩基地壹千肆百肆拾□畝壹分平地肆千壹百□拾陸
畝玖分斜地貳千伍百陸拾□畝伍分蕩山貳千□百叁拾

玖畝貳分塗蕩壹千伍拾貳畝伍分灘塗壹千伍拾壹畝貳
分柴山約計伍萬畝內有茶山約計伍千□畝又親詣大榭等
山監督典史劉遜甫并里老弓箕人等丈量得上田壹千伍百
壹拾伍畝伍分中田壹千壹百捌畝捌分下田捌百貳拾叁
畝平地伍百陸拾伍畝壹分斜地伍百叁拾伍畝伍分墩基
地叁百柒拾壹畝蕩田貳千伍百叁拾壹畝貳分柴山約計
壹萬畝內有茶笋山壹千畝盛嶴山量得上田壹百柒畝肆
分中田壹百捌畝捌分下田玖拾畝陸分平地玖拾柒畝伍
分斜地壹百柒拾畝壹分蕩田伍百□拾叁畝柒分柴山約
陸千餘畝朋子山量得上田肆拾陸畝□分中田壹千陸拾



貳畝捌分下田叁千捌百肆畝平地□拾貳畝肆分斜地壹
拾畝柴山約壹千畝為照各山田地雖近內境終懸海外其
南田山嶴雖萬畝以上因無屏蔽地勢險易迥與金塘大榭
不同欲行一體開丈似難輕議及查各山並無私墾成熟田
地等因呈道該本道看得陸橫蘭秀大衢等山皆特外海南
田容邇北山四無屏蔽似難安業耕種惟金塘大榭□十盛
嶴等山雖在海洋頗近縣邑再照金塘等山原計田土約有
貳拾萬餘畝今據同知段孟賢親詣丈量止及十分之一二
中間雖無隱漏但恐荊棘草莽之區□□蓄息之所勢難一
一詳盡合再請委遠府官□□行□□來不占與同庶便題

請召種其南田陸横嶼秀大衢等山委難輕議暫為停止備由呈蒙
巡按浙江監察御史龐　批據呈計畫雖近詳悉而事體頗
關重大又先報數目與今丈甚懸未可卒定本道就近行委
一官履丈并覆議再報通呈

欽差督撫軍門方　未奉批示又經行委寧波府通判祝完覆丈隨據
本官呈稱親詣金塘大榭盛嶴冊子等山履督老人于等將
前項量過各山田地山蕩不分荊棘草莽之區野獸蕃息之
所沿塗履畝量得金塘山上田墩基地平地蕩田各項畝數
與原量數目相同其中田多出壹畝下田多出肆百伍拾捌
畝參拾叁蕩多出貳百壹拾畝灘塗多出叁千□百玖拾畝又量



得大榭山內中田下田平地斜地墩地俱與原量畝數相同
其蕩田多出壹百貳拾畝上田多出□分又量盛嶴山內下
田平地與原量畝數相同其上田多出玖畝中田多出壹畝
斜地多出貳拾畝壹分蕩田多出叁拾畝又量得冊子山上
中下田平斜地俱各相同又量出蕩田貳千陸百陸拾陸畝
伍分具數備由呈送到道該本道看得金塘等山彼因伍山
作耗各山人民逃遁內地禁不許開種今欲開墾前山計畝
徵租誠為興利助餉之舉已該祝通判重復丈量明白似無
隱蔽之情但關係重大事干題
議妥當庶保無虞候再行寧紹二府掌印官計處召種佃人

之規毋致凌奪徵收地租之法毋致拖欠備禦倭患之防毋
接濟以為盜資必須處置得宜內無紛爭外無啓犯不悖節
蒙屬禁不為逋逃淵藪博訪輿情從長酌議務使有益無損
有備無患擬合轉呈定奪備由通行呈奉
欽差督撫軍門謝　詳批金塘諸山既丈量矣但利害二字尚欠較量
不知其分數之多寡何如也如議行寧紹二府掌印官再加
博訪集議呈報該道詳奪繳蒙
巡按浙江監察御史蕭　批海山之事人持一見本道仍行
寧紹二府掌印官熟思博訪詳議通奪繳依蒙備行寧紹二
府掌印官會議續據寧波府周知府會同紹興府彭知府查



議得金塘一山孤懸海心四不通陸周圍俱山南有大嶴萬
金木嶴等田乃海寇窺伺之區但其中無室廬積聚不可久
居今若開墾耕種則室廬築矣穀粟聚矣萬一寇據其中是
彼有可據之險我無可攻之路所謂資寇兵而齎盜糧者也
議者謂築城屯兵可守可耕是矣殊不知築城於平地則四
顧皆高山從高俯瞰攻便而守難為力也且自山之外皆屬
於海風濤不停亦無可艤舟之處雖欲坐困成功而不可得
者或謂舟山在外可城可田而金塘在內何顧不可殊不知
舟山田在外而山在中金塘田在中而山在外形勢不同故
棄守異也萬一有事非特定海有剝床之憂而浙東亦有外

户之戒矧舟山重或被中阻而不相聯屬如之何其不慮
也及查大榭去舟僅可半潮在南則曰黃沙閘在北則曰
崗子閘猶之金塘近後所為患尤大揆而度之利少而害
多已奉
差督撫軍門趙
奏例立碑永示相應遵照禁等因呈道為照金塘大榭等山懸峙
外海偏近舟山石接嶴在枕岑港頻年倭寇竊發猶多窺
此以為椄巢但經我兵遮禦隨到而隨殲之內地賴以奠安
今欲開墾設田彼將為奇貨若遇秋熟此時水兵掣回陸
兵旋凱爲一倭寇乘竊據因糧於我況此山內平外險易

三十八

兩浙海防類考續編　卷之八

於也結且守且耕總經年又將何以處之如近年許二之
盤據雙嶼王直之嘯聚岑港皆與金塘等山密邇詔望大兵
督勦良久方平非惟貽費爲明鑒懲前覆轍就或爲此厲
階以貽地方將來之患耶至於民間樵採捕獵事果有之此
亦不盡利以遺民之意非勢力之家所得而獨專者也今
寧紹二府議報前因各役辨析深察地方之險要參考
國典之沿革揆度攻守之難易於並利害之多寡從長計議博訪輿
情識有剥膚之憂曆火衛新之勢所謂利一而害十者也合
無准從所議舍近利而遠圖拂新撫而守成憲嚴行禁約
申明例禁不許奸民復開墾如違照例問遣施行等因備

由於萬曆肆年肆月初叁日通詳呈奉
欽差督撫軍門謝　批金塘大榭等山誠為東南沃壤但其地濱海負
固足為盜賊淵藪一開之不有外患則有內憂勢所必至者
也
國初謀臣如雲猛將如雨尚且棄置不耕今但當謹守
祖宗之成憲而已蓋一胎禍起釁誰任其咎哉既經該道各府衆議皆同
仰照前院題
准事例嚴加禁逐但有違犯不遵者從重問遣詳報繳又蒙
巡按浙江監察御史吳　批濱海尚有不耕之地梗化
之民若徙內地赤子谷班驅之海外既非爲民上者所
忍況勢遠難馴易生勾引不爲內潰必有外憂易見也

三十九

兩浙海防類考續編　卷之八

該道嚴行禁示如冊有先墾啟釁者問遣如例此繳
欽差巡按浙江等處監察御史王　批據議較量利害明悉則此山田
在所必捐的無可疑如擬申明舊例嚴禁開墾以杜釁端仍
候通詳行繳依蒙通行寧紹二府及各該把總等官一體永
為遵照嚴禁施行

申諭

一海山沿革

萬曆拾伍年間為備稽職掌目擊時艱敬陳興革事宜以安
軍民屬丁以垂萬年永利事該布政司案

巡鹽御史李　案驗題奉

欽依欵開一開金塘等山以盡地利夫定海縣之地有金塘大榭等山地甚膏腴而今為曠土臣嘗聞之矣及臣巡歷寧波府地方有軍民龎鼎和吳文等群然告墾隨經批行各道查議未敢遽為然也及臣觀兵定海諸山在前滿目肥壤尋其數則昔經同知陳文丈報田地約有叁萬壹千餘畝山有肆萬柒千餘畝遺址見存而今則一帶荒野臣不覺徘徊嘆息者久之因而徧尋其故則言墾之不便者十有二三不過謂議守之難建城之難軍民爭奪之難倭冦竊掠之難臣細思之舟山在金塘之外目今已為沃土萬家烟火輸賦



四百四十一　明卿用

皇家乃金塘在內而外恃舟山以為藩籬獨不可脣乎舟山設有二所四巡司聯絡捍衛可保無虞況寧波一帶軍衛甚多兵戎頗衆防汛猶有役占平時率爾空閑獨不可遷一二以守乎目今庫藏空虛一時固難築城而召軍民之願種者儘力開墾三年之外果有成效令納租賦以為築城之資而留為地方之用不亦可乎其為倭冦竊掠之譚尤為危言阻撓之計夫浙兵精衆俱有喜功之心而倭虜灰心已無跳梁之志縱有竊掠舟山當先受其害而環繞官兵何為若是至疎虞至此為此言者乃有司市恩於豪民以厭其侵占之謀非法也且天下無處非

王土而以堂堂數萬膏腴之田暗滋姦民無厭之欲不華不夷無租無賦豈理也哉臣請召民儘力開墾三年果有成效然後議租議賦建築城垣給供國用可養萬餘人即從前有豪民隱種者盡赦其罪令之供報在官輸我

王賦入我版圖百世之利也若曰軍民相爭三尺之謂何即不然當今浙兵驕悍糧餉不敷日事嗷嗷該臣定海入城之時各軍士攀輿而號噪者數百計臣大駭異問其故咸泣稱一年來未得軍糧有枵腹待斃耳隨經臣温言撫諭批寧波府嚴查去後據知府蔡貴易回文謂各縣地方窮苦除起運錢糧外軍糧向徵不前以此拖欠至今該臣批行立限帶徵以足軍食



陶莊敏　四百四十三

以保地方外第恐書餅之譚無濟燃眉請乞

勅下該部覆議當事諸臣查臨近之兵給為屯田之賦且耕且守更為足食足兵之至計浙東一帶永保無虞尤百世之利也前件臣等看得山澤有遺利而遵守之者人也浙東沿海一帶如金塘大榭等山先因倭冦猖獗徙其民于內地以絕海寇盜糧之資其地遂成荒丘邇年海道澄清而附近豪民遂占為己業今該巡按御史李　親歷其地要令隱占者自首免罪召民墾種三年然後議租或給兵屯田耕守相兼誠為百世之利合行浙江撫按會同巡鹽御史督行司道等官將金塘大榭等山

係經同知陳文大遵□丈過萬壹千餘畝山肆萬柒千餘畝再
行踏勘如係奸豪隱占令自首報官即召定海有力無地之
民開墾待三年奏有成效然後起科或遷附近衛所軍丁屯
種且耕且守以足兵食如原占種人戶情願照畝納租以充
軍餉孰為長便併一切防守善後事宜逐一查議停妥會題
前來以憑覆
請施行又奉
督撫部院溫
巡按御史傅　各案驗并奉
督撫軍門滕　憲牌案照已行該司會同按察司并寧紹守



巡海道督行寧波府逐一會議停妥詳報去後今本院接管
卷查前事看得前項海山開墾耕種此真為地方開無量之
利但先年亦曾議開而旋議寢者必有其故今准行查合
行會議牌仰該司會同按察司并寧紹守巡海道逐一從長
查議要見二山孤懸海上既已墾種當作何哨禦若欲倚藉
舟山外護無事則可有事舟山自顧不暇何暇援人若欲議
事議兵巡守當作何議調議募中開闢設之費工作之資又
當作何區畫且閩沿海窮民借此山樵採為活若召有力
之家承佃窮民失望又當作何善後務查歷年海山沿革卷
案參酌地方民情孰利孰害悉心議處如果開耕為便即將
原丈田山從實踏勘若有隱占盡令報官併一切防守善後
事宜會議停妥詳報如或開耕非宜亦即明白聲說毋持兩
可此關係地方重務本院職任所繫不得不□詳慎等因俱
經遵行各司道府查議隨據寧波府申據定海縣申傳訪士
民參酌輿論咸稱金塘大榭等山原係
國初赳遣之地刻碑定海奉有明禁經今貳百餘年垂取或犯及審
據里老林錦等悉願遵
旨人無間言卑縣無容別議備申前來據查先為議處海山以飭防裕
餉事萬曆拾貳年間蒙海道副使葉　憲牌奉
督撫軍門蕭　及蒙



巡按御史范　各憲牌行府即便會同本府同知陳文推官
秦大夔親詣府屬金塘大榭等六山地方逐一踏勘經界明
白廣行採訪前項海山應否禁止盜種設法開耕或給撥軍
兵略倣屯田之制且耕且守或召募軍民量行承佃之法以
稅以餉其海上汛防作何哨守毋接濟以為盜資其民間樵
採作何開通毋窒礙不違厲禁必須處置得宜必可行內
無紛爭外無釁犯中間未盡事宜從長酌議詳報仍候本道
及
兩院巡歷親行覆視如或開耕非宜不妨明白聲說如或開
耕為當勿得阻撓浮詞依蒙關牒本府同知陳文推官秦大

爨仍通行鄞慈等五縣并定海衛名查議去後催據鄞縣查得金塘等山奠峙海中土饒田沃中間地方之廣狹先後之開塞具載海防類考近蒙開報豈非斯民無窮之利哉乃今或開與否尚疑於兩端給兵給民未聞其定論即如以給民為可也金塘之田不過數萬數萬之田安足以周億萬之民哉日開則日爭是爭田之害所當慮也又如以給兵為可也春汛春耕正此一時賊來之時安可以責荷戈之役哉既耕則妨戰是失守之害所當慮也又聞本山之中草莽相屬溝澮未通必先議開河之工而後田可開也河工之費可無預乎本山既開室廬日聚蓄積日般必先議城堡之工而後



田可開也城工之費可無預乎是其利而又能慮其害圖其寧而又能慮其費一指顧而其事定矣慈谿縣申查得金塘雖懸海中地近定海中有良田叁萬餘畝柴山伍萬餘畝誠令近海居民分種其地每夫授田叁拾畝山貳拾畝則千夫之衆有田以食有山以樵此利在民者也叁年之後比照舟山事例每田壹畝科米叁升歲可得米玖百餘石以益軍餉此利在國者也或曰畧倣屯田之制每兵壹名給田若干使之且耕且守大約田地叁萬餘畝可養勝兵陸百餘名歲可減餉柒千有奇此利在兵者也金塘屯兵數百設將以統雄據海上且與定海一鎮勢相犄角內外相援則守可益固也

利在防者也或又曰金塘故屬定海版圖定海之民業已專其樵薪禽獸之利一旦割而與五縣公之其勢必爭則禍不可測金塘之田不過叁萬餘畝山不過伍萬餘畝伍縣之民欲之者無已分揷疆宇則有覇佔隱匿之患肥瘠異等則有椎剽格鬬衆寡相凌之虞即委官分授而利動人心勢固不能止也分授雖定而伍縣赤子襍居其間勢必分隸各縣自相統屬即設官以統之不過治其爭訟而錢糧戶口必不可以紊各縣之版圖則縣令遥制之難也且民雖定居勢必屯兵以守其土之所出不足供也此給民之難也或又曰給兵若可以且耕且戰然今之為兵者皆市井無賴烏合之衆所



給兵餉僅足以供旦夕牛種之資誰所從給廬舍之安誰所從給即有給之者矣一兵安能獨耕春汛出洋六月回哨秋戍小哨亦復如之則耕收之期與春秋兩哨不兩相碍乎且兵屯金塘而定海之兵終不可減兵不可減則餉亦終不可省此給兵之難也且給兵給民非能露居於野處勢必建城郭以為捍禦設營堡以為哨瞭即使伐木於山取灰於石雖叁里之城非萬金不可也開荒闢土非能自生而自長闢萬金大嶴等處山水漲溢汨沒田畝而不可以辯高下大浦一帶海潮來往泛濫而不可以測大小故內必為溝洫以蓄減淡水而使旱潦有可資外必築隄防以捍風潮使鹹水不能

溢然非數千金不可也溝洫成民居定城郭完必設官建牙彈壓其地而公廳私衙吏書廨舍非數百金不可也此壹萬數千數百金安所從出也分科於伍縣伍縣不能堪也取足於金塘金塘不能有也是所當熟計也若夫意外之虞非今時之所宜有然謀國者事當永圖萬一有之則外斷卅山之援內為定海之梗雖倭夷之來不來不係於金塘之開不開而金塘有田可食有山可樵四山壁立險不可登苟有狂謀逋寇竊據其中扼險守隘虎視海上則內地震疊非重兵不取也此雖非人之所願然不可不預防也奉化縣申查得金塘大榭等六山原坐定海之外坐臨海心奉



旨驅遣貳百餘年與本縣間隔叁百餘里並無人民愆赴開墾耕種漁樵今議開墾必起爭奪之端日後成功恐有致寇之禍得不償失責有所歸再查前山委與本縣窵遠別無界址相聯奉民雖居山僻窮困不愿越境規利事干地方未敢輕議定海縣申竊照金塘峰巒雄秀土地肥饒誠不可棄然欲加開墾必先通溝洫溝洫既通則潮患不免碶閘不容已矣碶閘既建則田畝可授廬舍不容已矣且本山孤懸海心四援莫及欲奠民居可無城廓之衛乎民生日繁[illegible]聚日富[illegible]防外患可無官司之禦乎其力役其費需其糧[illegible]與其衙舍[illegible]處哉將出之官耶恐官府無餘財也將出之民耶恐貧民無餘力

也抑任之自開耶恐鍾勢之家雖益以阡陌而不足饜溪壑之衆即欲成一畝而不能又非此議開以利民者之本心也然則官與民兩難之矣或者曰倣古屯田之制每兵給以伍拾畝令其餘夫耕之特不可[illegible]餉乎然其言則是而其間利害亦未悉也夫田地以畝計[illegible]矣計之上中下三等不過三萬有奇耳每兵伍拾畝[illegible]養[illegible]百人也雖欲令其自開勢亦不能使之必從即有從者必[illegible]飄零無倚之輩能必其不饑附而飽去乎又能必其不豐[illegible]逸而凶歲[illegible]盜乎即無二者之患又安能必其一年之[illegible]耕有三年之餘三年之耕有九年之蓄儻遇荒歉頻仍饑[illegible]逼迫將坐視之耶抑復議給之耶吾



恐坐視之則曾城之[illegible]役作已議給之則有窮之稅不足已然則給兵亦未妥矣[illegible]不開之先則樵蘇茶竹之類人人得而有之近海窮民藉此以生若一開之後則物各有主一草一木不得而有之矣[illegible]今之計莫若與軍民相安於無事象山縣申金塘等山原係海島舊有居民

國初遷民於內地慮[illegible]以為巢近年樹碑於定海禁民私耕以招釁茲因產厚徙[illegible]耕作恐非起遣本意尤難居安忘危及詢與論大畧僉同[illegible]查前山委為沃土有天地自然之利誠兵農耕守之區墾[illegible]成功課餉增益邇[illegible]憲檄行查無非足

國裕民至計第以本縣人[illegible]離該山頗遠不關利害茲建議開耕卑

縣未知所宜又據定海衛牒稱為查海山地誠膏腴但原係
國初起遣荒蕪既久荊棘草莱固結於深土非利器不能芟夷非歲
月不能成熟所費工本未可算計况東作之時正春防之際
賊或登犯棄船而耕之乎棄田而守之乎從使無患而年之
凶荒不可料也將何所食而為之守乎據此論授民給兵俱
似未便奉文立碑見在南關不許妄行開墾各申前來據查
先為出巡事萬曆肆年蒙海道副使劉　案驗奉
督撫軍門謝　批本道呈詳金塘大榭等山俱懸外海實為
海島要害之區原係
國初起遣之地永禁不許開墾又經題奉



欽依嚴行禁約申明例規不許奸民復行開墾等項緣由奉
本都院及蒙
巡按御史吳
巡鹽御史王　俱蒙批示嚴加禁約不許違例開墾備載前
考外今看得金塘海山夙稱腴土且在舟山之內其勢甚便
顧自
國初以來一向起遣非誠棄之也大海孤懸之地聚民而耕必置兵
而守守散則力分外禦則內固以舟山雖外設有二所四巡
司聯絡捍衛而金塘居內遂空其地凡以併力於外以成其
屏翰之勢也今欲比照舟山聽民開墾一切守備亦須亟圖

故兵宜設矣而食亦所當計也城宜建矣而費亦所當處也
堡砦宜備溝洫宜疏矣而工力亦所當辦也况夫軍民欲乎
各縣欲分則有相戕之釁出於目前倭奴內訌姦宄潛滋則
有不逞之憂伏於他日皆事理之灼然而可慮者以故節經
多官會勘屢屢
前院經書竟成築室之謀而未有一定之策也今據各縣查
議前來又該本府博訪士民僉謂開之匪便夫利不百者不
易業三人謀則從二人今所報之田為利無幾詢謀未協十
有其八則是山之不當開也大畧可覩矣本府愚陋無所識
知謹集衆思很附管見伏候俯賜裁奪隨蒙本道憲牌奉



督撫軍門蕭　詳批海山之議兩院本無意必特以金塘附
在舟山之內定海凡席之間開之固有難處任人取之而無
以守之亦有難測耳但時方尚不給也據各議稱不便依擬
姑已之繳又蒙
巡按御史范　批開山之議群情既稱不便姑止之再議繳
行府遵照在卷今蒙前因為查定海縣所議金塘大榭等山
先年
國朝有禁不許開墾確有深意近節經復議轉呈批允無容再議申
覆到司該本司會同按察司并海兵道及守巡寧紹台道覆
議得金塘大榭等山孤縣海島雖有腴田然萬無

國初防患起遣立石嚴禁迄今已貳百餘年矣今議因地開墾實可
以啟無窮之利但恐起釁招尤患生叵測亦不得不預為之
防也節經多官會議博採群情咸稱不便合無請乞
本院再加裁酌俯賜會
題備行該府縣仍照嚴督永禁不許奸民開墾通呈允禁遵照在卷
〇又查萬曆貳拾叁年拾壹月間為議處海壖閒曠田地并
建城營屯守以資保障事該布政司奉
督撫軍門劉　案驗前事行准海兵道副使吳　手本行據
寧波府知府吳安國呈卷查金塘山嘉靖肆拾伍年間蒙
督撫軍門趙　題



准敢有將金塘海山開墾占利者比照大同山西等邊官旗軍民人等
將應禁林木砍伐事例問發烟瘴地面充軍事例通行嚴禁
又於萬曆元年奉
督撫軍門方　劄付准戶部咨准
總理河道都御史翁　揭開金塘等山皆膏腴之田復行議
開蒙前道劉副使議呈
三院批允嚴示禁約至萬曆拾貳年間為議處海山以飭防
裕餉事蒙前道葉副使牌奉
督撫軍門蕭　巡按御史范　憲牌前事備行本府知府蔡貴易會同同知
陳文推官秦大夔查議得金塘海山夙稱腴土且在舟山之
內其勢甚便顧自
國初以來一向起遣非誠棄之也大海孤懸之地聚民而耕必置兵
而守守散則力分外禦則內固故舟山雖外設有二所四巡
司聯絡捍衛而金塘居內遂空其地凡以併力於外以成其
屏翰之勢也今欲比照舟山聽民開墾一切守備亦須亟圖
故兵宜設矣而食亦所當計也城宜建矣而費亦所當處也
碶碣宜修溝洫宜疏矣而工力亦所當辦也況夫軍民欲爭
各縣欲分則有相戕之釁出於目前倭奴內訌奸宄潛滋則
有不逞之憂伏於他日皆事理之灼然而可慮者以故節經
多官會勘屢



前院經畫竟成築室之謀而未有一定之筭博訪士民僉謂
開之匪便夫利不百者不易業三人謀則從二人冊報之田
為利無幾詢謀未協十則其八則是山之不當開大略可覩
矣備呈
三院詳允禁止遵照在卷為照金塘山田約以叁萬計頗稱
肥腴議從開闢興天地自然之利佐
國家唯正之供策孰善焉而累年屢議屢寢豈皆阻於道傍之謀而
狃於目前之便哉蓋以利源一啓禍端即萌遠慮不周近憂
必至要不可不熟思而審計也夫金塘孤懸海島亦屬岐閫
當

高皇帝開創之初湯信國經畧之日謀臣猛將雲動飈集寧不曾
國裕民之計而以一彈丸之地委而棄之豈無見哉今無論
外寇之所垂涎內奸之所潛伏載在海防籌海諸書利害大
小較然明白即就目前之事論之其不便者亦有十焉往年
方議丈量而奸宄之徒千百成群搭棚蓋廠屯據占墾如爲
福袁仁等擒拿問罪釁孽始息案卷具存今聞此議一開勢
必復聚利之所在將以身殉之叢亂滋奸一也金塘之地定
海之地也鄞慈各縣及四方之人靡不覬覦田有限而人無
窮不均則不平不平則爭爭必格鬬攘奪訟獄滋繁二也蜂



屯蟻聚大抵皆游手無賴之輩非有財力可以承佃勢必併
而歸之豪右何益小民三也刁民積逋尚苦徵併而以各邑
之民烏合一方既無定籍又非世業雜於約束易於逋逃四
也議者謂立軍屯庶於糧餉有濟而衛所諸軍大都貧窮老
弱力不能支五也既議立屯則必築城置戍通濬溝渠設官
分守而所費不貲從何措處即有所入未必能償六也議者
又援舟山爲比而不知舟山山在內田在外金塘田在內山
在外形勢不同防守亦異設使可墾當時何不與舟山並建
七也議者又援福建海壇爲比而海壇開墾有年爲百姓已
成之業非有紛爭與此不同八也議者又謂定海之民私擅
其利而不知窮民樵採所獲幾何九也正統七年居民姚亞

生在山採薪為生所獲遂為鄉導攻陷大嵩嘉靖三十一年
海賊陳思盼等据此山結巢引寇況有田畝之饒易啓戎
心萬一稽寇失利濟盜糧禍且不測咎將誰諉十也至於陳
錢等山遠隔海與島夷相逼尤難擅議本府訪之縉紳衆
之輿論攷之往籍相大率相同誠不敢徼一時難必之功而貽
後日莫救之憂又據該府推官張似渠呈稱陳錢日本相隣
無可開之理普陀止叢爾嶇崎非可耕之地俱難開報外至於
金塘一區已經各官查勘利害情形先後聚議頗詳似無容
置喙矣姑論其大率天下之利莫利於安瀾莫不利於遺
佛收尺寸之利而因得須臾之安者利之利也倖尺寸之利



而遂其潛伏之憂者利之不利也今宇內多故帑藏詘之民
賦若於脂膏實竭於庚廩今此東南若湖山斥鹵之可墾
淫祠毀寺之可收與奸豪欺隱之可没入者舉皆充拓以爲
軍興之計矧茲世沃壤雖孤懸大海實外枕舟山內附定海
迺二百餘年以來向置爲閒曠有議開者有議禁者有旋而
議開即旋而報罷者不幾於以生養封殖之區而爲町疃麋
鹿之場哉無權其費於經營出入之始知得不償失谷其
謀於几席里之際知利不勝害而任事之難故也何也今
之議開者無可爲獨也田一節然聚而耕必聚而食亦必
聚而處而產而積儲勢必日益至富而剽竊而攘奪勢必

日益煩擾久之而民不勝侵官不勝治則扞衛之計有不容一日緩者由是而修城繕器則有土木轉輸之費由是而設官置禦則有餼廪官舍之費由是而添兵立營則有儲餉兵馬之費所入之租僅僅數千而耗公家之貯動以萬計是之謂得不償失也且往往見航海貨殖者非烏合亡命則販夫遊兒必非我編户受廛之赤子窮年樵採獸擲於斯土者此輩垂涎覬覦乎斯上者亦此輩朝而引領夕而攘臂獨恨無一隙之可乘今既開矣而復盡歸之屯則物各有主此輩不得伺身於中既重違乎昔希冀之心又莫遂乎昔據取之欲觖望之意日生不逞之謀踵至小則横行刼掠大則勾引嚮



導人情洶洶地方從此多事矣所為利不勝害也故曰莫利於安瀾莫不利於波沸者職此故矣各呈到道覆看得寧區海山有陳錢普陀金塘諸處除陳錢窵遠島夷普陀且多巖窟二山遠峙海外均非可耕之地向不議及惟金塘一山界在定海舟山之間田肥美水泉甘誠為可耕之地故議者每每及之然率旋議而旋罷屢行而中格非盡狃於道傍之議蓋誠權乎利害之勢而未敢以輕忽舉事也夫天下事無全利亦無全害有司舉事開利數尤當弭弊源為開墾之說者其策有三而皆多滞害難行蓋沿海地狹民稠多無常業舉海中諸山闢草萊服耒耜以業貧民而公家且借其稅入以

佐軍興豈不甚便顧田有限而分受者無窮且其地屬定海定海之民不願開而鄞慈餘姚之民願之鄞慈餘姚之善良土著者不願開而遊手無籍輕跳豪健者願之事端一肇聚集布佃動數千人以海洋巖窟之中而群不逞之徒其中狂謀易生將啓盜藪此聽民墾之難也無已則為兵屯夫自倭警以來增兵加餉全浙水火之矣誠計畝而授每兵壹名給田念畝計田叁萬餘畝可養兵壹千餘人歲省餉壹千餘兩似亦少減催征之累顧今兵士皆四方召募不任畚插且塞上屯田如漢田渠犁田金城田湟中皆兵將信地亟耕力戰且屯且守定為兩利乃海上兵士以舟為家往來哨探無常



處所而春秋收穫之時正與汛期相值兩務相妨豈能兼舉此兵屯之難也無已則有軍屯夫沿海貧軍家無擔石野無立錐而儲糧後時動輒數月若計口而授之田每軍壹名給田拾畝計田叁萬畝可養軍叁千人亦可少助軍需顧軍士之貧憊甚矣其何以理溝洫備牛種而為開墾具即開矣安所憑而守勢必建城郭設府鎮壓而防禦之其費動以萬計視歷年軍需之入何翅什百乎此軍屯之難也蓋金塘一山延袤不如舟山之廣而險阻可資故國初

高皇帝命湯信國盡驅此山人民處之內地而舟山獨安堵如故誠謂舟山地方廣饒其財賦所入足以為守而金塘蟬丸黑子之

區豈能如舟山設一叅将四廵司二千户所乎此必不可輕
之數也故驅四方烏合之衆而聚於大海嶺寨之中自勤譏
詗防剽掠則於計疎捐帑藏見在之積而創城垣建官署於
蕞爾島嶼之上以徼異日錙銖之入則於計迂撤
祖宗之明禁貽将来之釁孽啓目前之争端則於計舛此該府有十不
可之議而推官張似渠亦有得不償失利不勝害之說也說
者又謂玉環一山亦在海中而彼處吏民多以開墾為利何
獨於金塘難之盖玉環山勢平夷無險可負若金塘則内田
外山足為鯨鯢巢穴其不同者一玉環峙近海岸且其地亦
稍僻若金塘則當島夷出沒之衝為舟山咽喉之地窺伺易



生阻梗為患其不同者二玉環之地居民負耒而耕者業已
有年汗萊盡闢封畛已定金塘則防禁素嚴視為龍蛇虎豹
之區并無敢隱匿其中以尋耒耜而闢草萊其不同者三此
在玉環似或可開而金塘之說斷宜議寢也呈奉
本都院詳批本院自入境来即聞金塘必不可開今茲之議
為閩事及之且欲確查以執覬覦者之口據議洞悉害源仰
道給示嚴禁敢有擅行私墾者拿解究治此繳○又為前事
准兵廵紹台道右叅議兼僉事文　奉
督撫軍門劉　憲牌據温處兵廵道呈詳玉環山利可開但
舊屬樂清近被太平民人冒禁私耕應明畛域定都分緣由

到院據此看得海島山田
國初遷徙其民鐫石嚴禁誠有遠慮迄今二百餘年未有擅干弛禁
之議者近因閩事及之查酌可否大都守土之臣於地方利
害當計輕重夫以二百年之禁一旦議開而全利行之何
害開而利害相當不如其已若利未得而導民以争利無幾
而遺患將大首事釀亂誰任其咎此不可不熟計也仰道從
長計議妥當作速呈報又准該道關奉
本都院批本道呈詳據温州府議呈玉環山田地有七利之
可耕又有一事之可慮盖玉環之民奉徙於洪武之二十年
嗣割樂之六都以益太平乃在成化之五年相去將百稔焉



有分析與太平之理此不待燭照數計燎然甚明祇緣太平
之民依憑城社冒禁私耕磬竭膏腴盡入私室令樂之民恃
為百年之故物一旦恢復則寸草尺土皆當歸之樂人如此
角争未免啓鼠牙之非釀鬩墻之釁是利未獲而害先蒙良
可慮耳合無請乞
本都院截賜裁酌俯允具
題會行台州兵廵道行委樂太二縣掌印官逐一丈勘訂正疆界分
屬認種量俟一二年起賦等緣由奉批玉環山之開異日遺
害未能逆睹目前業啓争端矣仰該道會同台紹兵廵道確
議覆詳備由關道酌議等因奉經行據該府申稱先經行據

太平縣申卷查玉環山萬曆元年奉
督撫軍門方　行委本府同知王一麟詣勘丈量田地召種
徵租以佐餉用隨行禁止至二十年裳
巡按御史李　憲牌據金華府推官劉文卿查盤台州府條
陳玉環山各處見種禾稻議欲撥軍屯種取租以供兵防府
縣議詳隨奉嚴禁在卷遵今行准楚門所牒開為查玉環山
田起遣法禁森嚴居民不敢開耕自嘉靖二十四年以荒本
所海塘潮坍田叉軍民視本山肥饒以此竊種今樂清設有
梁灣本地有漩門派引三信兵船防禦此山亦為腹裏可保
無虞後來不測之患未免必無經久之計本所預難料也又



據本縣附近海山二十四五六都里老孔承敬張季通等呈
稱玉環與楚門所城隔一海港船渡約用半潮時候其山西
去樂清東北即係楚門中間田地頗腴先年丈量之後軍民
乘各墾種西亦樂清縣民潮墾撥勢度時似可種稅但敬等
岸民雖知往昔而難料後來等情據此為照玉環山田地開
闢利害與夫處置料理事宜俱經推官劉啓元閉陳甚悉無
容再議今訪之瀕海生長之里老世居耳目之所官咸稱可
種但已往固已無虞未來似難逆睹申府又經復行據該縣
申稱查得玉環山先為摘議理財事宜以少裨
萬曆元年奉

督撫軍門方　劄付卷查先准戶部咨准總理河道都御史
翁　揭稱訪得寧波舊有昌國縣今之舟山金塘蘭秀大榭
等山
國初將民遷實京師僅留舟山屬之定海今金塘大榭膏腴之田山
場柴木之饒盡屬勢豪占據以抽花利台溫貳府海山田地
皆勢豪開墾成田富埒封君曾無科稅若行
撫按丈量徵稅佃與民間其數豈止數萬兩等因到部合咨煩
將該院揭開果實轉行選委賢能官員親詣彼處將前山田
丈量果係勢豪占種即時追出明立疆界召募貧民下戶分
撥佃種照例起科備劄仰本官徑委屬官壹貳員親詣玉環



山週圍踏勘眼同附近地方人等丈量畝數立冊開坍溢以備
蓄泄明白分為等則給民領種不取佃價止徵其租以額外
租銀養常操兵勇官民兩便似無不可其勘過山地各另畫
圖同丈量畝數造冊繳院隨該本官親詣帶同本縣主簿甘
廉黃岩典史陸韜丈量玉環山田地造冊及蒙給示召種至
萬曆三年十月內為申明起遣禁地以肅海防事奉同知王
一麟帖文蒙兵巡道僉事王　批發松門衛陸路千戶趙有
文申仰縣即往松門衛玉環山石塘南大嶴仰月沙等處踏
勘軍民潛復耕種設法盡行驅逐申覆訖萬曆六年七月內
為軍務事蒙兵巡道僉事楊　紙牌查得寧台貳府衛所濱

海自洪武起遣之後不許耕種以起邊釁後言利者條陳復
耕蒙
撫按二院行守巡海兵各道會同叅總各官議得隔海之田利
小害大元末聽民耕種故方氏一起因而據有浙東近年海
外之民私耕而海賊王五峯等就食外海為浙中大患具由
回覆
兩院題
請不許私種以啓邊釁但嗜利之徒紛紛潛住外山耕種獲利即今松
門楚隘自石塘山次及玉環開墾之田不下數萬是外海積
粟如山即避糧科又無身役萬一有警盗糧拾倍於軍儲關



係地方重計設法嚴禁仰縣掌印官會衛掌印出海巡捕官
將前外海之田嚴禁不許軍民仍前私種其有原積稻穀速
令盡運入城姑不追究既往敢有故違各該官兵拿送該縣
衛所招解在案萬曆二十年為出巡事蒙兵巡道副使吴
紙牌蒙
巡按御史李　憲牌據金華府推官劉文卿查盤台州查得
玉環山孤居海中週圍叁百餘里上有閘河積水深谷平壤
内區之膏沃所不能及者查得本山内成田伍拾里各處見
種禾稻者伍千柒百柒拾叁畝地叁百肆拾畝搭廠伍拾叁
座是皆台民冒禁而私種者也其他未開墾有三分之二苟

窮山之地可得萬伍千餘畝此伍千柒百柒拾叁畝每畝科
租貳石而以其半與農者歲可得租壹萬壹千伍百肆拾陸
石墾而三倍之可得叁萬伍千餘石足以支數千兵之餉於
台松海叁衛抽取每衛百戶該管貳百人每遇春正貳月配
以農具統率諸軍於前山搭廠埿竈至叁肆伍月乘便布種
倭奴而來則合數百戶軍以助外洋之兵防禦不足則登其
廠而歸彼得無所用之地初收屆期田皆刈穫各具一小艇
載之旦刈而夕歸府倉拔屋毀竈而回計無便於此者也議
者或謂募民而屯恐起爭端升科而稅亦多訐告酌處勢無
如屯軍之為便也乞行該府縣查議開屯則叁百里之曠地



盡成膏壤而台郡新增之兵可無乏食之患矣隨蒙巡撫地
方事奉
督撫軍門常　批本道呈詳覆看得玉環山遠居海中其地
雖膏腴可耕
國初恐外夷窺伺特為議禁慮誠遠也近以承平日久奸民豪戶往
往冒禁而盗耕推官劉文卿議欲撥軍開屯其謀亦善但較
其究竟利害終屬難行夫山泊窮洋
國法嚴禁而奸民尤且冒焉私耕若一旦開屯則兩縣之民必鬨然
爭占從茲亡命之徒聞風潛踪聚黨倡亂草竊乘之此係瀕
内地之害一也島夷摽掠靡常萬一突至盤據其中藉兵資

糧此其啓外夷之患二也况茲遼海之警震切於隣清野之
戒正在今日如云此山可開則寧之金塘大榭皆可開也何
屡議而屡不決耶
國初厲禁良有深意事干題
請未敢輕議奉批諸欵既經覆議明妥抽軍開山一節候海警少寧另
議又蒙
巡按御史李　詳批各欵應行應止俱如議繳行府仰縣即
將玉環山不許奸民私自搭廠竊種致惹釁端取所掌印官
結狀申繳仍聽不時差官查勘在卷今該知縣俞咨益再查
玉環一山濱海腴沃先是水陸無防關哨未備當事者請明



禁防未然靡不歲月之為兢兢邇来台溫二區飭關備總添
船加兵壬子而後宴然無事即今定兩縣之疆界酌三等之
賦稅已成者見年科徵未墾者二年後科徵太平田地約可
近伍千餘畝歲可入銀伍百餘兩照依官民田地編甲立户
秋成委官徵解以額外之利充加兵之餉便宜要術無逾於
此者但地禁地也禁嚴各私種者慮犯不敢爭爭之不太甚
禁罷則寸土皆利雖三尺童子亦能持挺負耒群然爭矣今
在樂之士民里老言及丈量輒捧木牌言及分界則刻山考
又查樂太二誌內俱載玉環山鄉界址皆曰隸入太平今彼
引東晉以前證之豈縣誌不足憑也且兩縣角爭一縣之中

又各有自爭尺地率土何分彼此大都邊海强悍負氣搆爭
貽釁此事勢之所必至者備由到府該本府知府箇繼芳看
得玉環山孤懸海中週圍叁百餘里深谷平壤極其膏腴西
望蒲岐北連楚門又與松海諸衛聯絡相屬狠墾而稅之真有
自然之利先年屡奏
明禁示豪民私相盜墾太平界內成熟田地約可近伍千餘畝劉推官身
在地方見其沃壤條議起稅以佐公家誠為有見使其別無
顧慮正疆界酌等則已熟者計畝陞科未成者限數待墾即
今伍千餘畝之田亦可資伍百餘兩之餉孰不欲速為奉行
以少裨地方萬一也顧據太平縣查議前来其議開者屡矣



議開而復禁者又屡矣此豈意見不同故為矛盾哉毋亦以
議事者意在導利導一分則民受一分之賜當事者意在袪
患省一事則地方免一事之擾固亦並行而不悖者今玉環
山誠可開矣顧開之有二不易在內地則恐息爭之難在外
洋則恐弭釁之難何謂息爭本山西向樂清原管地方福生
寺陳嶴鷹坑稻稈窠烏石頭楊柳嶴國順良灣裏嶴東向太
平原管塘圫深浦上下灣杜呈沙嶴水潭頭大小楊嶴大小
箬笪嶴大小東青正呉二嶴大小黃嶴密樱口上下團大都
樂清舊有其三太平舊有廿六七先雖照方潛種惟懼犯禁疆
界混不甚爭今若明議召墾即有競心如樂清縣丈量未行

欽考先朝以海民強悍嗜利難禦採珠不息深淵逐點不
畏高山小則訐訟無已蔓引株連大則憤恨不平操戈挺
其爭不獨在正域之後而且即見於分界之時雖守土者無
分秦越而見利者望蕪隴蜀當斯時也能保其無他慮乎故
曰息爭之難也何謂彌釁
國初明禁炳如日星即如屢行禁止載在案籍可不置喙姑論本山
懸屬島嶼先是竊種之户各有懼心一聞警息輙或移避今
以官府容種意不防閑必將視為已業綢繆備至或構居貯
粟或召佃停住禾黍相望居室隱然春耕正在春防秋穫又
當秋汛三百里之沃壤兩縣民之聚耕聲勢既大黨與漸滋



豈特倭奴往來不測或者據為巢穴如王五峯之竊食外海
而草寇之雄大奸之俠可料無方國珍之徒乎違禁私墾固
是豪民清野焚廬亦未必能聽上命而不煩餘力也故曰弭
釁之難也繹斯二者較利害之分數酌機宜之重輕莫若申
國初禁似為長便如以地利不可輕棄外患不必過計亦當俟東封
事定海警無聞別為從長計議但事關兩府謀貴萬全本府
局促之談原非通方之見則賴以裁度進止者尚有攸在也
備呈到道該本道會同分巡溫處道副使蔡　覆看得玉環
一山孤懸千里匝約三百里許土宜肥饒即
國初方國珍據以養亂之區也洪武貳拾年徙其編氓改為台州衛

水軍所
神謀睿筭洞矚千古詎唯懲毖於方氏竊　恐異日倭馬莫測之日本漂
泊航梯藉兵而賫糧也鑱其石曰居者死耕者斷足三尺
令甲森嚴秋霜視其劍者不寒而慄百有餘載恪遵
明禁疇敢以耒耜從事刈蓬藋斬蒿萊以與魍魎虺蛇爭此土也成化
伍年割樂清之陸都改隸太平玉環殆半屬之新邑屢因荒
祲深山窮谷間有竊墾利其所入苟緩須臾之死迨萬曆改
元當事者重惜地利給示召種任畊之子有所藉以為辭在
太平界內成熟田地至伍千畝有奇旋而開旋而罷旋而禁
又旋而開麋鹿町疃之墟頓為牛羊稼穡之所矣邇年南北



軍興帑藏罄懸雖弘羊劉晏莫能措一籌
主上慨然弛山澤之禁迺
重臣謀
國議開海壖閑田佐惟正之供玉環島嶼比照海壇事例是難比而
同也海壇千里沃埜城營可辦茲一卷石之多所出幾何畜
有限之利而捐不貲之費非計也據比之荒地南之塗田民
間頗墾者隨即編稅此例久矣若倣而行之即其見種各以
上田等則陞科附入冊籍其餘未墾去嶔崎之巖磽确之麓粗
耰畚鍤曩所不尋也計其畝比今所墾者三分之二料其入
當今所墾者三分之一續墾而續稅之一切弛禁以遺民薄

歛以奉公若日許其已墾而復禁其未墾是不塞源而塞流
也既以甘肥恣其大嚼又何悋一雞肋哉茲一時權宜之計
洞兩邑之民寂然無譁唯縣府道之令而莫敢誰何然後可
行適目前情形已有可驗矣能保其不牴牾而沮格也此山
之開所由來者漸矣稽其原東介太平有其七樂清有其三柍
其已墾太平墾其三樂清墾其一今欲行委兩邑令長明畛
域定都分竊恐起釁階亂矣維山在昔固茂草場也茲者收
人樵夫登壟一瞬禾黍彌望桑麻遍埜詎無勤田舍翁之豔
羨哉曩也潛耕盜墾惟懼一敗自干無赦此疆爾界奚暇辯
析今法網解疏



且波浩蕩明與開耕公家利藪得尺則尺得寸則寸即愚氓能計之素
無擔石之儲而仰事俯育之恒產一朝可以徒手博將不惜
一生以計一家攘臂爭先負氣悍少之輩未遑負耒先事執
挺角力格鬪肝腦塗地勢所必至所謂業起爭端誠如
本院燭照矣必爭之釁然固難弭於目前不測之變且潛伏於
異日夫泥竈搭廠暮棹朝帆今猶作鼠竊狗盜態爾
明禁一弛春耕秋穫將構棲築舍永久為畜曾無幾何宛然復為一舊
玉環矣比屋協閭村落漸成盤踞其中安知異日無方國珍
也子女粟帛久當成聚熟食於外安知異日無王五峯也皆
其隱禍之可慮者詎獨止此嘉靖倭難台郡一區首罹荼毒

衰老者躬為亡命於叢莽之中談之猶覺色變少壯者及見
剚刃於父兄之腹念之不勝飲恨且今東封未定羽檄尚馳
萬一乘長風破鯨浪毅然與中國用衡積倉餱糧得無藉其
便乎即使焚廬清野盜糧何及此尤其大可慮者也矧金塘
大榭皆放遺山也彼之沃壤什倍玉環前有參將駐舟山以
樹藩籬後有總兵控定海以備應援而猶稱利不勝害得不
償失十難開墾則要害相同地土較少之玉環又其可弛禁
比照海壇例乎借曰地利可惜徐俟於海不揚波之日未為
晚矣各道再四思維莫如俯從台州府議申明舊禁庶為長
便姑宥已往痛懲自今再有不悛違禁侵種者無論奸民豪



戶一寘於法務期令在必行禁不敢犯爭端自息邊釁可弭
卑管見如斯可獲萬全通呈詳允嚴禁在卷○萬曆二十四
年間為遵
旨敬陳沿海事宜以永固汛防事該
督撫軍門劉　具題條議海防四事內款開一靖海島以絕
釁端海中山島錯列林木蒙翳亡命姦徒易於盤據如寧波
之金塘大榭台州之玉環高至溫州之南麂東洛等山俱稱
沃壤外逼島夷元末逋逃之徒嘯聚其中卒致方國珍乘之
以據浙東洪武間湯信國經略其地遷徙其民一洗而空之
勒石厲禁迄二百餘年莽無伏戎島無窺寇則靖海之效也

嘉靖三十二年間倭夷內訌多係海中潛住奸猾結連勾引
以致禍延內地可為殷鑒邇來覬山藪之利者毋毋倡為闢
草萊之說脫一得售不幾於圖小利而貽大害乎合無申明
禁約今後敢有奸民豪戶擅將前項海壖閑地私自開墾占
住圖利者事發從重究遣各該有司不得縱容醸亂庶亡命
奸徒無敢盤據嵓谷而海島既靖釁端自弭矣○又為地方
事萬曆二十六年間該分守寧紹台道帶管兵巡海道左叅
政謝

督撫軍門劉　批鄞衢所千戶汪思忠申詳開墾盛嶴田土
緣由奉批仰兵巡海道確查議報又為哨報地方事蒙



巡按御史方　憲牌行道即查麗埠所報峙山盛嶴是何奸
民見在開墾的係若干人數有無搭廠興工作速查明詳報
隨為地方事蒙

本都院批定海衛呈詳鄞衢所千戶汪思忠違禁糾衆開墾
盛嶴等山緣由奉批海嶴舊有明禁部文查議者為沿海內
地也玆稱開墾者該府縣准行乎抑私墾乎事關海防即閑
土可開未有不俟詳議而徑舉者仰兵巡海道查報又蒙
巡按御史方　批定海衛通呈前由蒙批海巡道嚴行緝究
速報遵該本道查得前事先據該衛并鄞衢所各呈報前來
嚴行寧波府查勘間奉到前因俱經備行該府勘究去後催

據呈稱遵查行卷一宗兵連未解餉務方繁等事奉
劄付奉

督撫軍門劉　案驗備行仰查沿海無主荒田堪耕種者招
人開墾或官給牛種或自備工本務在有獲三年後方許起
科又為東省防倭方亟講求集民闢田之方以足財計以資
軍興事奉本司劄付奉

撫按二院案驗備行仰府轉屬一體遵照清查境內凡有荒無
屯田地土俱要召人開墾耕種務臻實效造冊呈報遵俱轉
行鄞慈等五縣并各衛所遵照外隨為遵示墾田裕課便民
事據鄞縣民沈建王德等連名呈稱建等俱係濱海小民向



無農業思有鄞衢附近驛陸一帶黃瓶坑魚池高泥峙山糧
長嶴盛嶴上下澤黃石門等處約有無主荒山田地數百餘
畝情愿自備工本開墾成熟起科等情據經備行鄞定二縣
會勘議詳未報間今蒙前因併經行據鄞縣知縣翁憲祥定
海縣署印通判王明教各回稱牒准鄞縣主簿何守默定海
縣縣丞陳懋齡到所會勘前項田畝原係鄞衢所連陸地方
取有地方里遞結狀回覆在案又據鄞衢所千戶汪思忠呈
稱盛嶴峙山等處當年本所連陸之區原不在禁碑之內方
會同回覆請詳間而王德等意在必行遂徃搭廠欲為開墾
計猶未興工等情具由呈覆在案今該會查得鄞縣人民沈

建等見戶部有
題准墾田事例告府行縣勘覆去千户汪思忠又稱定海縣起遣去
處自
國初至嘉靖四十三年勅碑備查將懸居海外逐一許開永為禁絕
獨有盛嶴崎頭上下澤連陸一帶並非禁遣之內申呈本府
行縣再三將原碑查看其所開載地方金塘大小猫岱山大
小榭至王環山等處凡有三十四所皆懸絕海外與內地不
相聯屬恐倭夷熵踞故立碑嚴禁永不許開今峙山盛嶴等
處原與霩衢連陸一帶與金塘大榭孤懸海外者不同故不
列之碑內而沈建等敢於呈墾千户汪思忠以為當墾方在



同覆請詳而王德等急於墾殖欲候允興工被後千户所官
兵哨見隨行通報據稱三十人查得沿所一帶荒田千頃豈
三十八之力所能墾開只目有人在上搭廠而虚張其事以
報耳委官蹈勘猶然未曾興工也細查沿海嶼島與倭寇通
恐被竊踞為害匪輕故將嶴島去處立碑明禁永為遵守其
為
國家計慮至深遠也今查峙山盛嶴等處與霩衢地方相聯非若金
塘大榭等比若便民開墾未必非足國裕民一端故千户汪
思忠以為可開不然彼亦[illegible]受
國　者何敢不避斧鉞獨開此嶴禁但係地方大故且方今倭奴竊

覬合無仍行禁絕庶免紛爭等情到府該本府查得金塘大
榭盛嶴等山田地原奉
明例永不許開種至萬曆元年間奉
撫按明文備行海道轉委寧波府同知段孟賢通判祝完逐一
丈勘及行寧紹二府掌印官從長酌議終於利少害多關係
非細通詳
三院批行仍將金塘大榭冊子并盛嶴等處嚴禁備載海防
類考遵照在卷今據勘報前因為查盛嶴并峙山黄梔坑魚
池高泥糧長嶴崎頭上下澤黄石門等處係霩衢所連陸一
帶與金塘大榭冊子孤懸海外者不同原不在起遣之數以



致沈建王德等因見有
題准事例故行告墾但查盛嶴與峙山黄梔坑魚池高泥糧長嶴崎
頭上下澤黄石門地本相連事同一體先年議棄金塘大榭
冊子之時并盛嶴亦在禁中則峙山黄梔坑魚池高泥糧長
嶴崎頭上下澤黄石門等處亦可類推然盛嶴之西有雙嶴
有台嶴俱有見耕之田向來未設屬禁此沈建王德等所為
再情而不能釋也惟自利之所在人共趨焉以盛嶴峙山黄
梔坑魚池高泥糧長嶴崎頭上下澤黄石門等可耕之利使
[illegible]人均分之則各得其[illegible]以沈建王德等數人獨得之則
[illegible]爭心[illegible]而爭[illegible]獄興矣以其地[illegible]

即有可耕之處亦非平原沃野不過雞肋之類耳欲計畝徵租則不勝其重欲照例起科則所增無幾且也桑田滄海未必長保其久而不荒也而議者又多借金塘大榭冊子以為口實據縣議稱合行禁絶以免紛爭相應准行及查汪思忠呈分亦沈建王德等之見非無所因而發其沈建王德等雖云搭廠原未興工業已散去合無姑免深究呈乞轉詳等因到道據此為查盛嶴一山雖稱連陸實在海中先年多官勘議不敢弛禁

題墾者非無裕國利民之思止以容遁島夷關係重大故議行議止者不啻再三今倭報戒嚴海防宜謹安得聽此奸狡射利起



此禍端據議禁絶良為有見沈建王德等既經勘未開墾情或可原千戶汪思忠叨祿茲土職宜隄防乃敢蔑視

明禁黨附妄申似難免罪合無候詳允示備行寧波府遵照將千戶汪思忠照例罰穀用儆將來沈建等姑免究罪其盛嶴等處地方仍加嚴禁不許開墾永杜釁端等因呈奉

撫按二院詳允嚴行禁絶在卷○萬曆二十七年間又為軍務事該海兵道按察使范　案查海上要衝處所有直對大洋者每年邊海奸民結夥與販裝載酒米網具競往各島搭廠繫罾零星遠捕誠恐倭人乘機襲取為海上隱憂所當預杜相應設法嚴禁拆毀廠房徙入內地庶海道肅清使緣海之

民不失魚鰕之利又無招引之禍乃為萬全已經備行總鎮參將衙門查議去後隨准　總鎮李　手本回稱行據陳參將呈據定臨昌中正等哨　把總侯威等呈稱定海總南洋如普陀白沙港箭港馬蟻泓泥白馬礁鴨嶼北洋如八斗嶴梁橫蒲門茜草田長塗牧羊　頭臨觀總派守信洋如西墾上落河頭巡哨信洋如野猪礁　等處正兵哨則有沈家門中正遊哨則有小衢山田嶴鷹窠蒲嶴鼠狼湖蟒鉗昌國各哨信地附近則竿門百畝田旦門牛欄基懸海則韭山壇頭金齒門等處俱有漁民假借勢要在彼搭廠繫罾日煙夜火深為邊釁合無移請嚴禁將背洋僻嶴廠房姑存免拆如有衝對外



洋漁廠往來船隻可見者盡行拆毀徙入內地庶邊患可彌民不失利各等因到職據該嶴查得寧區海上島嶴遠近俱屬哨防漁民業海為生內外皆可覓利又何必遠出窮洋招禍惹釁皆緣愚民惟利是趨不惜身命且附托聲勢罔知法紀預於官兵未出之先徑抵前項處所搭廠繫罾怙不為意設遇彼擄棄倭船而易漁舟挾吾民為之嚮導揚帆直入俾官兵莫能辯認甚有一等奸民領富豪資本希圖欺賴詐稱外洋遇倭誠有如憲檄所云然者俱積習有年視為固有而信守各官又以兵民隔屬無可禁阻若非道鎮軫念海防行查禁戢則將來隱憂似難盡杜今據各總查報前項繫罾處

所論法盡應驅逐因慮民利不可遽除海釁又當禁絕姑就各島較量衝僻將定海總屬白馬礁白沙港箭港中正遊哨小衢山田嶴鷹窠蒲嶴鼠狼湖蠏鉗臨觀總屬野猪礁昌國總屬韭山壇頭金齒門等處皆孤懸大海屢屢為倭船必經必泊之處更與諸嶴不同有搭蓋廠房并繫箭船隻相應盡數拆毀驅入稍內生理永禁不許復出外洋惹釁如違拏解究治其餘附近各山箭廠除背洋僻嶴觀望不及者准容存留有對衝海面船隻經臨煙火相望者姑免遣逐令其徙入嶴內照舊復業如此則外洋既無漁民可絕擄掠之患近海復令生理不失魚利之資防海民生兩得之矣呈乞裁覆等



因據此為照沿海漁民遠出外洋山嶴搭廠採捕積習怙勢招尤惹釁誠為隱憂今查海港既衝僻原有不同則徙存所當分別如白馬礁白沙港箭港小衢山田嶴鷹窠蒲嶴鼠狼湖蠏鉗野猪礁韭山壇頭金齒門皆孤懸遠洋四顧遼絕為倭船必經之處其屬喫緊其餘港嶴或山勢僻而既近崖岸或兵船駐而又遠汪洋尚在可緩今據該參議將對衝海面箭廠徙入附近港嶴以杜後患其餘背洋僻嶴觀望不及者姑准存留申嚴示禁不許復出如違拏解究治如此庶漁民不致一旦失資生之利而海防可以常川無惹釁之虞矣及准參將陳　各移覆到道為查海外箭廠多係奸徒素借城社并髦法紀官兵畏其聲勢莫敢誰何亦皆猶鼠相容不行查報殊不知　上司遣調官兵出洋每年費餉數萬餘兩只為保衛地方此輩視官兵若為漁人護守而設不忌禍患遠出要島倘召釁孽貽害匪輕除行寧波府并清軍海防官外合行給示嚴禁仰附海漁戶及哨防官兵人等知悉如有搭廠撃箭外洋者各照前項無碍地方繫泊如在直衝海面如前項干碍處所着令即刻遷入內地敢有違禁恃強仍出海外假借聲勢者許各哨官軍官兵及諸人據實開具地名徑行飛報該府并海防廳轉報本道即行究解不必復候武官查覈躭延時日致釀釁端在各哨各總頭目亦無得憂讒畏



譏曲為蔽護如或畏避不舉本司道別有行移詢之府縣各廳即凡差遣員役皆有耳目可以諮訪萬一有犯并各總哨頭目一體究治斷不姑息毋自貽悔

附議　海外沃壤不宜輕議開墾致惹邊釁此至當不易之論第就中差等若寧之金塘大榭等山孤懸海島原與台溫之玉環不同斷宜永垂厲禁至玉環去樂清太平二縣治不遠猶屬境內今兩府之民雖禁而未嘗不闢倘處置得宜似可充餉用二十九年十一月

本院牌行台溫二兵道查議溫州府近復有屯守之請又經批查俱未詳報尚俟後之籌海者酌而行之

一天妃塗田及寺田湖田查得鄞縣大嵩等處民竈地限之間各有
天漲塗田在民界內者照當民差在竈界內者該辦竈課原
不相混夫何奸頑民竈詭作圖欺隱糧課一遇鹽司丈量稱係
民產若遇有司清查復捏作竈塗彼此欺瞞莫可究詰即今見
在清查田地就經行仰本官台州府通判黃清會同寧波府
周知府議以一縣丈量之法以破欺瞞影射之弊行令委官
照磨喬禹臣知事廖珊將前項天漲田地不拘屬竈屬民一
體清丈計其畝步於冊仍行鄞縣知縣劉惠喬親往查勘經
界是民照數同民田當差每畝起科若干分有零是竈照數比



依竈屯陞課每畝貳錢壹分貳厘伍毫照登循環依時追納
仍查節年課納何庫庶民竈自分而欺瞞影射之弊可革矣
具由呈奉
欽差督撫軍門謝　批天漲田地俱准清查明白登冊屬民者同民田
當差屬竈者依屯田陞課此至公至明之法也不許阻撓其
節年納過課銀查明貯庫俱候通詳示行繳蒙
巡按浙江監察御史蕭　批該縣之田既通行清丈無論民
竈一切照行仍與勘明以杜混互欺隱繳蒙
欽差巡按浙江等處監察御史萬　批如議漲地一體清丈但是民是
竈行令各官從公登記毋使日後爭執仍候通示行繳蒙經

備行委官台州府通判黃清逐一丈量的確畝數分別民竈
疆界呈報其節年納過課銀行令寧波府查明另行外隨據
通判黃清呈稱鄞縣通縣量出天漲田地共肆千貳拾畝肆
分叁毫內田肆千壹畝壹分肆厘叁毫地壹拾玖畝貳分陸
厘內拾貳都田叁千捌百陸拾柒畝壹分貳厘肆毫地壹拾
玖畝貳分陸厘拾叁都田壹百叁拾肆畝壹厘玖毫俱屬民
界通經備造魚鱗流水各冊照依民田當差每畝起科等因
備呈到道又為勢謀法產事據寧波府周推官查得定海縣
洞山寺原有田地山共叁百捌拾餘畝致被本寺僧人劉四
九等陸續騙賣與任廷用楊鉌王欽等是實今據僧人智本



等告爭若追價還主寺廢僧亡未免招惹豪勢占奪但各原
價頗輕量再斷價公用等因到道該本道看得本寺田地山
共叁百捌拾餘畝內撥捌拾畝還寺為香火常住田其餘分
別上中下三等酌議價銀召買照畝追徵入官以充公用其
已納輕價妝割過戶及隱漏不報者徑委廉幹官一員從公
挨號丈量照價估添另行再納或召別買納價方行撥田管
業行縣給帖執照以息後爭具由呈蒙
巡按浙江監察御史蕭　批據議明當依議查估收撥訪得
浙中廢寺產業多被奸豪侵占不但定海一縣洞山一寺已
也利久歸於私門爭端必起勢必慭以公滌弊源乃清本道

槩將道屬寺產悉加清查具冊詳奪以為諸道之倡可也先
繳奉
差督撫軍門方　批准照行繳依蒙行委周推官并定海縣掌印本
府祝通判丈量得洞山寺田地山通共伍百壹畝陸分捌厘
內撥柒拾玖畝伍分壹毫還寺香火常住之用餘田肆百貳
拾貳畝壹分捌厘分別上田每畝納銀陸兩中田每畝納銀
肆兩伍錢下田每畝納銀叁兩上地每畝納銀貳兩伍錢中
地每畝納銀壹兩伍錢上山每畝納銀壹兩中山每畝納銀
捌錢共納銀壹千肆百伍拾伍兩肆錢叁分叁厘給帖各戶
管業以杜後爭立限追完給助定海城工之用并將任廷用



等究罪呈蒙
撫按二院詳允追納訖及查通省湖田數多悉被勢豪之家占
種未經清理如諸暨縣泌湖盡被勲戚勢宦及附近土豪占
種管業私收籽粒近為追論瀕湖惡逆懇乞
聖明正罪沒產以昭法典事蒙
巡按浙江監察御史蕭　案驗奉
都察院勘劄前事備行分守寧紹台道委官清查行據紹興
府推官張孫振呈送冊開諸暨縣泌湖田畝先該本府黃推
官杭州府須推官會同該縣知縣梁子琦親詣丈量分別等
則議追佃價本湖共田肆萬貳千柒百玖拾伍畝陸分玖厘

柒毫共該佃價銀叁萬肆千捌百肆拾柒兩玖錢捌分玖厘
內陸炳義男陸霑原佃田壹萬叁千柒拾叁畝捌分貳厘該
佃價銀壹萬肆百玖拾貳兩伍錢陸分伍厘陸霑之外尚有
湖田貳萬玖千柒百貳拾壹畝捌分伍厘捌毫該佃價銀貳
萬肆千叁百伍拾伍兩肆錢貳分叁厘伍毫除陸續追完并
給城價充餉外餘俱未完每年通共實該徵科稅糧米肆百
柒拾玖石伍升捌合每石折銀陸錢該銀貳百捌拾柒兩肆
錢叁分肆厘捌毫自嘉靖叁拾玖年起至萬曆元年止拖欠
未完又湖田原額之外量出田貳千玖百壹畝壹分貳厘捌
毫該佃價貳千伍百陸拾貳兩捌錢肆分叁厘捌毫并陞科



糧米每年該叁拾伍石肆斗叁升　叁勺折銀貳拾壹兩
貳錢陸分壹絲自隆慶肆年起至萬曆元年止亦俱未完等
因今該分守道呈委該府王同知并該縣正官及本府能幹
首領與縣佐貳官各壹員見在復行清丈將陸霑等占佃前
田召人納價承買及追未完佃價租利入官嘗聞不盡利以
遺民者固王人厚下之仁議山澤之征以佐兵興者尤人臣
經國之義榷稅正所以公利而養兵乃所以衛民本不容差
殊觀也歷代豪傑卓見莫不以興鹽筴墾闢田疇萑葦為富
強之訏謨而末世經生妄傳取導利布下之名而實則損上
脅民為自殖計要非忠愛之良心也方今東南多故兵餉索

然每議增兵率先派餉間有議紓民困以助兵費者又欲墾
及海山之利而不虞起遺之憂其說至於今方集議而未决
也然則兩浙山海之利外此豈無可言者乎一曰塗田二曰
寺田三曰湖田是已夫自温之蒲壯以至嘉之乍浦澉海數
千里日灘月漲名爲塗田蓋不止一郡縣爾也瀕海地者則
移爲斥鹵之場而舊地輒爲成熟之畝接民田者則築爲阡
陌之所而斥滷漑爲膏腴之區任其雄據以自封抑或冒勢
以承佃而合勺之糧未及也是不可丈勘起科而官稅之以
助我養兵之用乎宋元以來崇尚佛教凡先浙大臣塋所率
多建寺召僧住持防護捨置田產以爲贍祭之需名爲寺田



蓋不惟一洞山爾也世遠人亡僧逃寺廢或因僧徒盜賣而
田去糧存或被勢族侵凌而展轉投獻據其賣獻之價殆止
百之一稽其見納之糧不及十之三故田失其額而糧缺其
徵逆若文黃鄮由除去天寧寺無田糧輸捌百畝而延慶寺
更倍之他可推矣是不可履畝計值而官鬻之以益我增兵
之費乎兩浙湖田數多占據者衆即浙東言之曰東湖曰雲
緒曰鳳浦曰沈窖曰杜曰白洋曰汝仇曰湘曰夏蓋蓋不止
泌湖已也向爲土豪侵種既無花利以輸官版冊無稽又無
值價以承買而自耕自食久假不歸大率積水居其七而淤
寒居其三亦有指倚豪家聚衆爭奪者雖斷令濬治以灌溉

乃復敢私種以茨瞞分銖未及輸而歲收且數百矣凡地吾
非王土也豈容占據而不之問耶今泌湖之價與租已奉勘
合議入
內帑矣他湖且種種也又不可照例委勘而召佃之以厚我邊儲之積
乎三者並興歲可數萬而價利尤數倍之惟在
經國者主持於上承行者任怨於下毋不世之計而惟海山
之議墾
國禁之云違亦何異玩秋華而棄秋實恐未免借寇兵而齎盜糧也
此書生藿食之空言未知可見諸行事以助兵興之萬一否



一天漲塗田
查得萬曆貳拾柒年拾壹月間為清查寺租銀兩等事該布
政司奉
督撫軍門劉　批台州兵巡道呈奉
本都院憲牌該本道看得礦務軍餉萬非得已值今公私匱
乏殊難措給蒸家
本都院軫念行查廢寺田土以濟目前誠為國為民至計也
敢不祇承以副拳拳至意催據臨海天台太平三縣共查出
招追入官與首出田地共計租穀價銀柒百肆拾伍兩玖錢
有零又另文詳減各司兵銀伍百壹拾捌兩僊居縣議減

備兵工食銀伍拾兩歲共得銀壹千叁百壹拾叁兩玖錢零
或以弓兵銀濟礦以寺田銀充餉均可以助二項急切之需
但查前項廢寺田地除經招詳結斷外其餘通應入官變價
以佐公家之急採之輿論咸謂先年曾經議價以資
大工嗣後或因各寺逋糧責令承佃完官又或徵租抵蠲助倉且中多
士宦管種百年沿爲世業率難追結至於臨海縣清出公遺
田畝先經收戶輸糧太平縣清出淤漲坠田亦係自然之利
均應附照各縣所議姑免深究合候詳示俱自貳拾捌年爲
始徵租追稅照數起解布政司收貯候文取發協濟開採工
費及充餉等用仍行各縣置立循環送道印發稽查完欠其



餘寧海等縣一面查催未據開報及清查首出未盡者俯容
陸續查詳本道誠恐久稽
憲限致煩催督合先呈詳若目前取辦尚有黃同知新詳黃
巖縣認役銀壹千餘兩堪以支解等緣由奉批仰布政司覆
議速詳奉此隨該本司看得台州府屬裁減巡司弓兵及鋪
兵工食共銀伍百陸拾捌兩已經類議呈詳聽解礦監協濟
外今該道查呈臨海縣清查首出廢寺田地年計租銀壹百
壹拾柒兩貳錢天台縣清查廢寺田地山塘年計租銀叁百
玖拾柒兩陸錢柒分零太平縣查出開墾淤漲成熟坠田年
計稅銀貳百叁拾壹兩肆分零三縣共銀柒百肆拾伍兩玖

錢零又黃巖縣輸貯認稅銀壹千壹百餘兩俱堪濟助時艱
相應分別呈請合無候詳允示備行紹台兵巡道轉行台州
府臨海天台太平三縣遵照將前廢寺田地山塘及開墾成
熟坠田租稅銀柒百肆拾伍兩玖錢有奇自貳拾捌年爲始
追徵解司收貯聽候開採工費或充餉用仍置立循環送道
倒換稽查完欠其黃巖縣認稅銀壹千壹百餘兩解司內將
玖百兩補還前借司庫抽扣錄發杭州府轉解礦監濟運之
數餘銀貳百餘兩存貯聽候協濟礦費其寧海等縣廢寺田
地未經清查者聽該道催查詳報等因奉
本都院詳批該府屬廢寺等項租稅銀如議自貳拾捌年爲



始照數追徵解司抵充礦餉文用仍置簿送道稽查完欠餘
悉照行繳〇萬曆叁拾年正月內又爲倭夷情形已著等事
該本司奉
督撫軍門劉　憲牌照得先因近年沿海多事增兵加餉恐
司庫不敷支給特行清查抽扣無碍寺租山餉及前局存司
稅契等項抵充餉用今據呈寧波山餉及冊報無碍銀兩前
來已該本院議將各區額船加增水兵餉銀行令寧台溫三
府自行設處所有叁拾年分應撥及舊解應存充餉銀數合
行遵照行司除新立遊兵將加派田地餉銀抵給外其寧波
區止將總兵標下新加現兵陸拾叁名旗手伍拾名糧餉照

例羨撥給臨觀支餉內其額船短募增兵與台温二區增兵餉銀俱照單開聽各府自行支給其餘解司銀兩一一登報餉用計開解司應留充餉銀數台州府解司廿八廿九兩年寺租共該柒千肆百伍拾壹兩報入兵餉循環倘有未完者仍照原行查報其叁拾年起行令不必解司處州府解司廿八廿九年寺租除支解礦課外共餘銀陸百捌拾捌兩捌錢捌分報入兵餉循環倘有未完仍照原行查報其叁拾年起止令照數扣解礦課餘留該府抵餉不必解司等因係奉備行紹台温處守廵二道并台處二府遵照見在奉行

# 兩浙海防類考續編卷之九

籌海圖編載

## 王官使倭事畧

### 魏正始元年遣使如倭

太守龔遵遣使建中校尉梯儁等奉詔印綬詣倭國拜假卑彌呼爵命并齎詔賜金帛錦罽刀鏡等物

### 六年賜倭臣綬

詔賜難升米黃幢付帶方郡假綬

### 八年遣使詔諭倭王

太守王頎到官卑彌呼與狗奴國王卑彌弓呼交兵遣其臣載斯烏越等詣郡說相攻擊狀郡遣塞曹掾史張政等因齎詔書黃幢拜假難升米為檄告諭之卑彌呼已死宗女臺與嗣政等以檄告之



### 隋煬帝大業三年遣使倭國

帝遣文林郎裴清渡百濟行至竹島南望躭羅國經都司麻國逈在大海中又東至一支國又至竹斯國又東至秦王國其人同於華夏以為夷洲疑不能明也又經十餘國達于海岸自竹斯國以來皆附庸于倭倭王遣小德何輩臺從數百人設儀仗鳴鼓角來迎後十日又遣大禮歌多毗從二百餘騎郊勞既至彼都其王與清相見大悅曰我聞海西有大隋禮義之國欲遣朝貢我僻在海隅不聞禮義是以稽留境內不即相見故清來道飾館以待天使冀聞大國維新之化清答曰皇帝德並二儀澤流四海以王慕化故遣行人來此宣諭既而清就館其後清遣人謂王曰朝命既達請即戒途於是厚設宴享以遣復令使者隨清來貢方物先時其王冠服仍其國俗至是如賜與衣冠乃以綵錦為冠飾裳皆施襈綴以金玉云

### 唐太宗貞觀五年遣使持節撫倭

倭使入關帝矜其遠詔有司無拘歲許貢遣斯州刺史高仁表持節撫之浮海數月方至仁表無綏撫之才與其王爭禮不宣朝命而還

### 元世祖至元三年遣使往諭日本不達而還

以高麗人趙彝等言日本國可通乃命兵部侍郎黑的給虎符充國信使禮部侍郎殷弘給金符充國信副使持國書使日本書曰大蒙古國皇帝奉書日本王朕惟自古小國之君境土相接尚務講信修睦况我祖宗受天明命奄有區夏遐方異域畏威懷德者不可悉數朕即位之初以高麗無辜之民久瘁鋒鏑即命罷兵還其疆域反其旄倪高麗君臣感戴來朝義雖君臣歡若父子計王之君臣亦已知之高麗朕之東藩也日本密邇高麗開國以來亦時通中國至於朕躬而無一乘之使以通和好尚恐王國知之未審故特遣使持書布告朕志冀自今以往通問結好以相親睦且聖人以四海為家不相通好豈一家之理哉以至用兵夫孰所好王其圖之黑的等道由高麗高麗國王王禃以帝命遣樞密院副使宋君斐借禮部侍郎金贊等導詔使黑的等往日本不至而還

### 至元四年遣使如日本

六月帝謂王禃以辭為解令去使徒還復遣黑的等至高麗諭禃委以日本事以必得其要領為期禃以為海道險阻不可辱



天使(○)九月遣起居舍人潘阜等持書往日本留六月亦不得其要領而歸

### 五年遣使日本

九月命黑的復持書往至對馬島日本人拒而不納執其塔二郎彌二郎而還

### 至元六年遣使如日本

六月命高麗金有成送還所執二人俾中書省牒其國亦不報有成留其太宰府守護所者久之(○)七月命秘書監趙良弼往使書曰蓋聞王者無外高麗與朕既為一家王國實為鄰境故常馳信使修好為疆埸之吏抑而弗通所獲二人令有司慰撫俾齎牒以還遂復寂無所聞繼欲通問屬高麗權臣林衍構亂坐是弗果豈王亦因此輟不遣使或已遣而中路梗塞皆不可知不然日本素號知禮之國王之君臣寧肯漫為弗思之事乎近已滅林衍復舊王位安集其民特命少中大夫秘書監趙良弼充國信使持書以往如即發使與之偕來親仁善鄰國之美事如或猶豫以至用兵夫誰所樂為也王其審圖之良弼將往乞定與其王相見之儀廷議與其國上下之分未定無禮數可言從之(○)十二月詔與高麗贈送良弼通日本期于必達仍

以忽林失王國昌洪茶丘將兵送抵海上俱國信使還姑令金州等處屯駐

## 至元十年遣使如日本

六月趙良弼復使日本至太宰府而還

## 至元十一年命將征日本

二月命經略使忻都高麗軍民總管洪茶丘以千料舟拔都魯輕疾舟汲水小舟各三百共九百艘載士卒一萬五千期以七月征日本冬十月入其國敗之而官軍不整又矢盡惟擄掠四境而還

## 至元十二年遣使日本

二月遣禮部侍郎杜世忠兵部侍郎何文著計議官撒都魯丁往使亦不報

## 至元十七年日本殺使臣杜世忠

二月日本殺國使杜世忠等征東元帥忻都洪茶丘請自率兵往討廷議姑少緩之○五月召范文虎議征日本八月詔募征日本士卒



## 至元十八年再征日本

正月命日本行省右丞相阿剌罕右丞范文虎及忻都洪茶丘等率十萬人征日本二月諸將陛辭帝勅曰始因彼使來故朝廷亦遣使往彼遂留我使不還故使卿輩為此行朕聞漢人言取人國家欲得百姓土地若盡殺百姓徒得地何用又有一事朕實憂之恐卿輩不和耳假若彼國人至與卿等有所議當同心協謀如出一口答之五月日本行省參議裴國佐等言本省右丞相阿剌罕范右丞李左丞先與忻都洪茶丘入朝時同院官議定領舟師至高麗金州與忻都茶丘軍會然後征日本又為風水不便再議定會於一岐島今其水工畫地圖因見近太宰府西有平戶島者周圍皆水可屯軍船此島非其所防若徑往據此島使人乘船往一岐呼忻都茶丘來會進討為利帝曰此間不悉彼中事宜阿剌罕輩必知令其自處之六月阿剌罕以病不能行命阿塔海代總軍事八月諸將未見敵喪全師以還乃言至日本欲攻太宰府暴風破舟猶欲議戰萬戶厲德彪招討王國佐水手總管陸文正等不聽節制輒逃去本省載餘軍至合浦散遣還鄉里未幾敗卒于閶脫歸言官軍六月入海七月至平戶島移五龍山八月一日風破舟五日文虎等諸將各自擇堅好船乘之棄士卒十餘萬於山下衆議推張百戶為主帥號之曰張總管聽其約束方伐木作舟欲還七日日本人來戰盡死餘二三萬為虜去九月至公角島盡殺蒙古高麗漢人謂新附軍為唐人不殺而奴之閶輩是也蓋行省官議事不相下故皆棄軍歸久之莫青與吳萬五亦逃還十萬之衆得還者三人耳

## 至元二十年遣使征日本不果

命阿塔海為日本省丞相與徹里帖木兒右丞劉二拔都兒左丞募兵造船欲復征日本淮西宣慰使昂吉兒上言民勞乞寢兵

## 大德三年遣僧往說日本

遣僧寧一山者加妙慈弘濟大師附商舶往使日本而日本人竟不至

## 國朝

## 太祖高皇帝洪武二年遣使招夷



遣使臣趙秩往日本詔來倭夷泛海至析木崖入其境關者拒勿納秩以書達其王良懷乃延秩入以中國威德而詔旨有責讓其不臣之語王曰吾國雖處扶桑未嘗不慕中國之化而通貢奉惟蒙古以戎狄莅華而以小國視我我使趙姓者訹我以好語初不知其覘國也既而發兵舟數十艘一時雷霆風波漂覆幾無遺類自是不與通者數十年今新
天子帝華使亦趙姓得非蒙古使之雲仍乎亦將訹我好語而襲我也
命左右將刃之秩不為動徐曰今
聖天子聖神文武明燭八表生華帝華非蒙古比我非蒙古使後爾若悖逆不我信即先殺我則爾之禍不旋踵矣我
朝之兵天兵也無不一當百我
朝戰艦雖蒙古戈船百不當一況天命所在人孰能違豈以我
朝之孔懷爾者與蒙古之襲爾國者比耶于是王氣沮下延秩禮遇有
加

## 秋使行人楊載齎璽書諭日本國王

倭寇患湖濱海
上命載往使齎書諭其國王書曰上帝好生惡不仁者向者我中國自趙宋失馭北夷入而據之播胡俗以腥膻中土華風不競凡百有心孰不興憤自辛卯以來中原擾擾彼倭來寇山東不過

朝元之衰耳朕本中國之家恥前王之辱興師襲旅掃蕩胡
番宵衣旰食垂二十年自去歲以來殄絕北夷以主中國惟四
夷未報間者山東來奏倭夷數寇海邊生離人妻子損傷物命
故修書特報正統之事兼諭倭兵越海之由詔書到日如臣則
奉表來廷不臣則修兵自固永安境土以應天休如必為寇朕
當命舟師揚帆諸島捕絕其徒直抵其國縛其王豈不代天伐
不仁者哉
惟王圖之

洪武五年遣僧往諭日本

先是天寧寺僧祖闡以高行召至會
朝廷將遣使詔與瓦罐寺僧無逸俱往祖闡毅然請行之賜以緇紫
禪衣之屬令大官饌享于武樓下且諭其國歌浮屠喻以善道
設化時天界寺僧宗泐嘗賦詩餞之其詩上獻凡十八韻首言
王化無遐邇一視同仁次言去且誘以善道宸契西來祖意次言
經涉海波雖甚艱險君臣大義勿忘次言平等法行之無有彼
此之異末言便旋方盡終始之義
太祖俯賜和之嘗聞古帝王同仁無遐邇蠻貊盡來賓我今使臣委仲
猷通洪玄倭國嘗往至于善鄰為人不負西來意爾僧游遠方
毋得多生事入為佛弟子出為我朝使臣重淵泉經勿失君臣

兩浙海防類考續編　卷之九　五

義此行非瀚海一去萬里地蹈蹈辭釋迦門日日宿海淡朦朧掛
飛颿天風駕萬里平心勿憂驚日然天之使休問海茫茫直是
尋根際詣彼佛放光倭民大歡喜行止必端方毋失經之理入
國有齋時齋畢還施禮是法皆平等語言休彼此盡啓化頑心
了畢繞方已歸來為拂摩見然必見始祖闡受命而行自明州
啓櫂五日至其國境又踰月始入王都館于洛陽西山精舍
遐
聖教數演正法無非約之以善聽者傳之行以為中華之禪伯既而王
請主天龍寺乃國師道場忍名則也祖闡以無
上命力辭之且申布聖間內外所以遣使者來之意王既命僧奉
方物稱臣來京既歸
上喜怡諭賜白金一百兩文綺二繚

成祖文皇帝永樂九年遣使日本

遣三貴太監王進齎使日本敕諭書賚至寧波選壯卒護送
大湊將軍源道義既受敕御以[illegible]施財藏敕下滾江號于港口
得文旗潛出境
弗婦密計而還

永樂十五年遣使日本

倭寇沙國所遣將執其首賊[illegible]
京師　詔侍以不死遣刑部員外郎李淵等使日本國王喜賞賜[illegible]
大之義次年淵還其國王亦
遣刺史奉表稱謝

宣宗章皇帝宣德八年遣使吊喪

倭王源道義卒
上命太監雷春少卿潘錫等出使齎吊以書懷柔之意

世宗肅皇帝嘉靖三十四年七月遣僧傳諭日本

先是海商王直挾倭以要互市不得遂肆劫掠入寇而身為之
調度浙直廣福沿海悉被殘破條陳興寧巡撫史胡宗
憲按浙廉知其情與督察侍郎趙文華奏已遣使宣諭日本國
王令其禁戢島夷以弭海寇購行間諜以勾致王直而絕偶
源也疏入
上命廷臣議之咸稱曰便於是命布政司為檄致之宣布
朝廷德意慕能使者渡海生員蔣洲陳可願請行於是餞以市舶提舉
服色充正副使以檄曰王國自我
太祖高皇帝御極以來世秉恭順首獻
天朝

兩浙海防類考續編　卷之九　六

入朝待王恩亦不薄上下安和恪承天道各保其民今爾倭奴掠居民
念惟王國法令嚴明部民盜一雞一犬者必殺無赦豈有縱民
侵劫之理必是欺蔽國王私出為非故特差正使蔣洲副使陳
可願移檄報知王若能守
祖宗之大法思
聖朝之厚恩懷部民之橫行分投遣人嚴加約束不許私出海洋侵
擾中國使邊境寧靜不生其事和平之福如此本司即為
王奏聞
天子必有大旌勞之典史冊書美光傳百世豈不快哉否則奸商島民
扇搆不已黨類益繁盤據海島竊伺竊發恐非王國之利如昔
年安南國王陳氏之禍可鑒矣今日移文報知亦非為中國也
王其深體而速行之洲等捧檄以行十一月望日至其國五島
地方偶遇直養子毛海峰在焉洲等以移諭事告之遂引見直
洲等諭以
朝廷遣使之意及軍門招徠之心直為感悅然不欲國王之知之也謂
洲等曰吾意惟在求互市已既
朝廷有赦宥之恩吾當為若等誅之然天文國君弱不能號令於其
國其能禁戢諸部耶須歷島諭之亂可弭也遣毛海峰送可
願回而留洲在島者數月[illegible]以報効為名實伺內地虛實與
當道待直之意何如[illegible]為[illegible]止時宗憲已總督軍務洞曉其奸

乃故示以寬厚之意准入立功報効而爲之盖
諭賞賚優渥海峯還報直始挺身而來謂市舶可通而榮顯可致也然
猶慮中變仍挾倭數千而來遷延海上者又兩閱月洲與可願
及覆說之又携貳其黨與始入見軍門於寧波而生致之斬之
市曹傳首
京師自此海上少戢矣後御史趙孔昭以洲專命往使不達其王謂爲
直黨惡奏繫詔獄論死巡視軍情郎中唐順之謂不赦洲將來
者必以使絕域爲諱而阻宣力報效之心復奏釋之

太倉使往日本針路見渡海方程及海道針經

太倉港口開船用單乙針一更船平更者每一晝夜分爲十更以焚香枝數爲度以木片投海中人從船面行驗風迅緩定更多寡可知船至某山洋界

呉淞江用單乙針及乙卯針一更平

寶山到南匯嘴用乙辰針出港口打水六七丈沙泥地

是正路三更見茶山茶山水深十八托一云行一百六十里正與此合

自此用坤申及丁未針行三更船直至大小七山灘山

在東北邊

灘山下水深七八托用單丁針及丁午針三更船至霍山

霍山用單午針至西後門

西後門用巽巳針三更船至茅山

茅山用辰巳針取廟州門船從門下行過取升羅嶼廟州門水深急流

升羅嶼用丁未針經崎頭山出雙嶼港升羅崎頭俱可泊船崎頭水深九托

雙嶼港用丙午針三更船至孝順洋及亂礁洋雙嶼港口水流急孝順洋水深十三托泥地

亂礁洋水深八九托取九山以行九山西邊有礁打水行船宜仔細一云亂礁洋水深六托泥地

九山用單卯針二十七更過洋至日本港口打水七八托泥地南邊泊船

又有從烏沙門開洋七日即到日本

若陳錢山至日本用艮

福建使往日本針路

梅花東外山開船用單辰針乙辰針或用辰巽針十更船取小琉球



小琉球套北過船見雞籠嶼及梅花瓶彭嘉山彭嘉山北邊過船遇正南風用乙卯針或用單卯針或用單乙針西南風用單卯針東南風用乙卯針十更船取釣魚嶼

釣魚嶼北邊過十更船南風用單卯針東南風用單卯針或用乙卯針四更船至黃麻嶼

黃麻嶼北邊過船便是赤嶼五更船南風用甲卯針東南風用單卯針西南風用單甲針或用單乙針十更船至赤坎嶼

赤坎嶼北邊過船南風用單卯及甲寅針西南風用艮寅針東南風用甲卯針十五更船至古米山

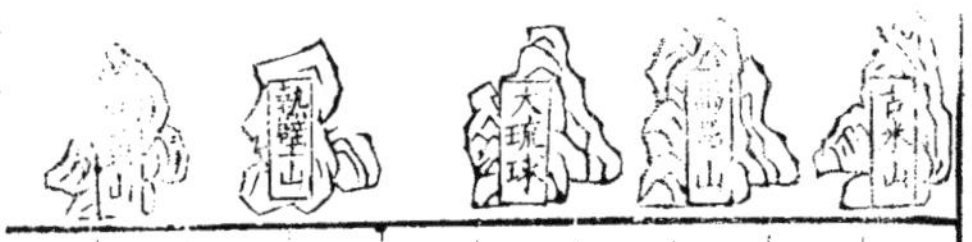


古米山北邊過船有礁宜知避南風用單卯針及甲

寅針五更船至馬齒山

馬齒山南風用甲卯或甲寅針五更船至大琉球

大琉球那霸港船上官把守港口船至此用單卯及甲寅針行二更進那霸內港以入琉球國中

那霸港外開船用單子針四更船取離倚嶼外過船南

風用單癸針三更船取熱壁山以行

熱壁山南風用單癸針四更船取硫黃山

硫黃山南風用丑癸針五更船取田嘉山又南風用丑

癸三更半船取古那剌山古風用單癸針及丑癸針二



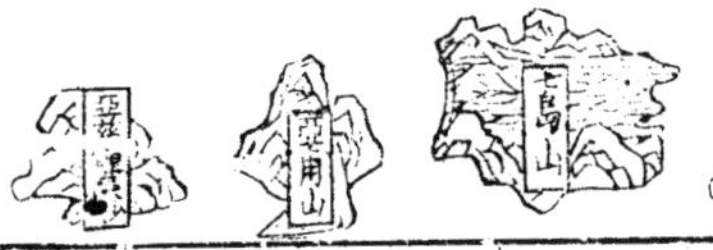


更船取大羅山

大羅山用單癸針二更半船取萬者通七島山西邊過

船

萬者通七島山用單寅針七更船取野顧七山島內名

野兵之妙是麻山嶼野顧山用巽寅針二更半船但尔

山用艮寅針四更船取亞甫山一云野顧山對面行六十里有小礁四五箇最宜艮避在此邊船用艮寅方行一百五十里至丑午山用艮方行二百四十里至亞甫山

亞甫山平港口甘水堅東西甚急離此山用艮寅針十

更船取亞慈理天妙若古此山用單艮針二更船又

艮寅針五更船取沿灣奴大沿奴烏佳眉山沿濱奴

烏佳眉山用單癸針三更船若船開時用單子針一更

船至而是麻山

而是麻山南邊有沉礁名套礁一云名佐沉長礁東北邊過船

用單丑針一更船是正路却用單子針四更船取大門

山中

大門山傍西邊門過船用單丑針三更船取兵褌山港

兵褌港循本港直入日本國都

## 倭奴朝貢事畧

### 漢武帝建武中入貢

帝滅朝鮮使驛始通使者自稱大夫

### 光武中光六年入貢

奉珍朝賀賜以印綬

### 安帝永初元年入貢

來獻生口百六十人願相見

### 魏景初二年朝獻

公孫淵誅後卑彌呼遣其大夫難升米牛利等帶方物求詣天子朝獻太守劉夏遣使吏將送詣京師明帝詔賜卑彌呼為親魏王假金印紫綬以難升米為率善中郎將牛利為率善校尉假銀印青綬



### 正始四年入貢

卑彌呼遣大夫伊耆掖邪狗等八人獻方物詔拜掖邪狗等率善中郎將各假印綬

### 八年入貢

卑彌呼死宗女臺與立率善中郎將掖耶狗來獻生口白珠雜錦物

### 晉泰始初年入貢

臺與遣使朝獻臺與死其國復立男王

### 安帝時通表

倭王讚通表江左

### 文帝元嘉二年入貢

讚遣司馬曹達奉表獻方物讚死子珍立遣使入貢自稱使持節都督倭百濟新羅任那秦韓慕韓六國諸軍事安東大將軍倭國王表求除正詔除安東將軍倭國王珍又求除正倭濟等十三人平西征虜冠軍輔國將軍等號詔並聽之

### 二十年入貢

倭王濟遣使奉獻復以為安東將軍倭國王

### 二十八年加封王復入貢

加使持節都督倭新羅任那加羅秦韓慕韓六國諸軍事安東將軍如故并除所上二十三人職濟死子興遣使貢

### 順帝昇明二年入貢

倭國王武遣使上表言自昔祖禰躬擐甲冑跋涉山川不遑寧處東征毛人五十五國西服衆夷六十六國陵平海北九十五國王道融泰廓土遐畿累葉朝宗不愆于歲道經百濟裝飾船舫而高麗無道圖欲見吞臣亡考濟亡兄興並欲大舉問罪不幸奄喪父兄使垂成之功不獲一簣今欲練兵申父兄之志竊自假開府儀同三司其餘咸各假綬以勸忠節詔除武使持節都督倭新羅任那加羅秦韓慕韓六國諸軍事安東大將軍倭王



### 隋文帝開皇二年入貢

倭王多利思比孤遣使詣闕上令所使訪其風俗使者言倭王以天為兄以日為弟天明時出聽政跏趺坐日出便停理務云委我弟文帝曰此大無義理訓令改之

### 煬帝大業二年遣使入貢

多利思比孤復遣使朝貢使者云聞海西菩薩天子重興佛法故遣朝拜兼有沙門數十人來學其國書曰日出處天子致書日沒處天子無恙云云煬帝覽之不悅謂鴻臚卿曰蠻夷書有無禮者勿復以聞

### 大業二年入貢

報使也

### 唐太宗貞觀五年入貢

倭使入關帝矜其遠詔有司無拘歲貢仍遣高表仁撫之使者不宣朝命而回（）詳見出使事畧

永徽初年貢寶物
遣使獻琥珀大如斗瑪瑙若五升贊時斯羅為
高麗百濟所暴高宗賜璽書令出兵援斯羅
永徽二年夷使偕蝦蛦入貢
倭使攜蝦蛦人偕朝蝦蛦亦居海島中其鬚長四
尺許珥箭于首令人戴瓠立數十步射無不中
咸亨元年入貢
遣使賀平高麗後稍習夏音惡倭名更號日本使者自言國近
日所出以為名○或云日本乃小國為倭所併故冒其號使者
不以情故疑焉又妄誇其國都方數千里
南西盡海東北限大山其外即毛人云
長安元年入貢
時遣真人粟田貢方物○彼國真人猶唐尚書冠進德冠頂有
華蘤四披紫袍帛帶粟田好學屬文進止有方且求書籍武后
宴之麟德殿
授司膳卿



開元初年入貢
仍遣粟田復朝請從諸儒授經詔四門助教趙玄默即鴻臚寺
為師獻大幅布為贄悉賞物貿書以歸其副朝臣仲滿慕華不
肯去易姓名曰朝衡歷左補
闕儀友文多所該識久乃還
開元四年入貢
彼國寶龜二年遣僧
正玄昉入朝貢物
開元二十四年入貢
遣二僧靈仙行賀入
唐禮五臺山學佛法
元和元年入貢
夷遣藤元葛野與空海大師及延
歷寺僧登入唐詣天台山傳教
會昌元年入貢
遣僧貢物入唐
禮五臺佛法
光啟元年入貢
遣僧宗叡貢
物入唐傳教
大曆十二年入貢
遣使表
貢方物
天寶十二年朝貢
時朝衡復入朝貢物上元中擢左散騎常侍安南都護試求
內外經教及傳戒新羅梗海道更由明越州朝貢
建中元年入貢
夷遣使真人興能獻方物真人蓋因官而氏者
興能善書其紙似繭而澤之莫曉何物所造
貞元末年遣使入朝
其王桓武遣使入朝其學子橘免勢浮屠空海願留肄業歷二十
年使者高階真人來請免勢等俱還詔可



貞元四年入貢
遣文明
使貢物
後梁龍德中入貢
遣僧寬建
入貢方物
宋雍熙元年入貢
夷遣僧使大周然與其徒五六人浮海而至獻銅器十餘事并
本國職員及年代紀各一卷大周然衣綠自云姓藤源父為真
連○真連官名其國五品職也○大周然善隸書不通華言問
其風俗但書以對云國中有五經書及佛法白居易集十七卷
並得自中國交易用銅錢文曰乾文大寶銀以貢賦國王自古
傳襲王今六十四世文武僚吏皆世官其皇系詳見年代紀上
聞之歎息謂宰相曰此島夷耳乃祚遐久其臣亦繼襲不絕此蓋
古道也中國自唐季之亂郡縣分裂梁周五代享歷尤促大臣

世胄鮮能嗣續朕雖德慚往聖常夙夜寅畏講求治本不敢暇逸建無窮之業垂可久之範亦以爲子孫之計使大臣之後世襲祿位此朕之心焉又云其國多中國典籍大周然來復得孝經一卷即鄭氏註越王孝經新義第十五一卷即唐太宗子越王貞新義者記室參軍任希古等譔也皆金縷紅羅標水晶爲軸後求詣五臺許之令所過給食又求印本大藏經詔亦許之

## 端拱元年夷僧奉表來謝并貢方物

大周然遣弟子喜因奉表來謝曰日本國東大寺大朝法濟大師賜紫沙門大周然啓傷鱗入夢不忘漢主之恩枯骨合歡猶亢魏氏之敵雖云羊僧之拙寧忘鴻臚之恩周然誠惶誠恐頓首頓首死罪大周然附商船之離岸期魏闕于生涯望落日而西行十萬里之波濤難盡顧信風而東别數千里之山岳易過妄以下根之卑適詣中華之盛於是宣旨頻降恣許荒外之跋涉宿心克協歷觀宇内之環奇況乎金闕曉後望尭雲于九禁之中巖局晴前拜聖登于五臺之上就三藏而稟學巡數寺而優游遂使蓮華廻文神筆出于北闕之北貝葉印字佛詔傳于東海之東重蒙宣恩忽趁來跡季夏解台州之纜孟秋達本國之郊爰待明春初到舊邑緇素忻待侯伯慕迎伏惟陛下惠溢四濵恩高五嶽世超黄軒之古人直金輪之新大周然空辭鳳凰八百八十一 吳尚官



之窟更還螻蟻之封在彼在斯只想皇德之盛越山越海敢忘帝念之深縱分百年之身何報一日之曾染筆拭淚伸紙揺魂不勝慕恩之至謹差上足弟子傳燈大法師位嘉因并大朝剃頭受戒僧祚乾等拜表以聞稱其本國永延二年歲次戊子二月八日又別啓供佛經納青木函琥珀青紅白水晶紅黑木槵子念珠各一連並納螺鈿花形平函毛籠一納螺杯二口葛籠一納法螺二口染皮二十枚金銀蒔繪筥一合納髮鬘二頭又一合納三議正四位上藤佐理手書二卷及進奉物數一卷表狀一卷又金銀蒔繪硯一筥一合納金硯一鹿毛筆松烟墨金瓶水瓶鐵刀又金銀蒔繪扇筥一合納檜扇二十枚蝙蝠扇二枚螺鈿梳函一對其一納赤木梳二百七十其一納龍骨一撥螺鈿書案一螺鈿書几一金銀蒔繪平筥一合納白細布五疋鹿皮籠一納貂裘一領螺鈿鞍轡一副銅鐵鐙紅絲鞦泥障倭畫屏風一雙石硫黄七百斤

## 咸平五年來貢

建州海商周世昌遭風飄至日本凡七年得還與其國人滕木吉至上皆召見之世昌以其國人唱和詩來上詞甚雕刻膚淺無所取詢其風俗云婦人皆被髮一衣用二三縑又陳所記州名年號上令滕木吉以所持木弓矢挽射矢不能遠詰其故國人不習戰鬭賜木吉時裝錢遣還

## 景德元年入貢

遣僧寂照等八人來朝寂照不曉華言而識文字繕寫甚妙凡問答並以筆札詔號圓通大師賜紫方袍

## 天聖四年入貢卻之

十二月明州言日本國太宰遣人貢方物而不持本國表詔卻之其後亦未通朝貢商賈時有傳其物貨至中國者

## 熙寧五年夷僧獻方物

僧誠尋至台州止天台國清寺願留州以聞詔使赴闕誠尋獻銀香爐木槵子白琉璃五香水晶紫檀琥珀所飾念珠及青色織物綾神宗以其遠人而有戒業處之開寶寺盡賜同來僧紫方袍是後連貢方物而來者皆僧也

## 元豐元年入貢

使通事僧仲回來賜號慕化懷德大師明州又言得其國太宰府牒因使人孫忠還遣仲回等貢絁一百疋水銀五千兩以孫唐天祐五百五十



忠乃海商而貢禮與諸國異請自移牒報而答其物直付仲回東歸從之

## 乾道九年入貢

始附明州綱首以方物入貢倭船火兒滕太明毆鄭作死詔械太明付其綱首歸治以其國之法

## 淳熙三年入貢

## 元至元八年遣使入朝

九月高麗王植遣其通事別將徐稱導送趙良弼使日本日本始遣彌四郎入朝帝宴勞遣之

## 至元九年遣使來朝卻之

二月樞密院臣言奉使日本趙良弼遣書狀官張鐸來言去歲九月與日本國彌四郎等至太宰府西守護所守者云曩爲高麗所紿屢言上國來伐豈期皇帝好生惡殺先遣行人下示璽書然王京去此尚遠願先遣人從使回報良弼遣鐸同其使二十六人至京師求見帝疑其國主使之來云守護所者詐也詔翰林承旨和禮霍孫以問姚樞許衡[illegible]皆[illegible]誠如聖[illegible]

我加兵故發此革伺吾強弱耳宜一示之寬仁且不宜聽其入寇
從之是月高麗王植致書日本五月又以書往令必通好太鎮
皆不
報

至元十四年遣使易錢

日本遣商人持方物來易錢許之

明洪武二年入貢

太祖高皇帝混一寰宇薄海之外莫不臣僕惟日本未至乃遣使臣趙秩往諭之○詳見使倭事略○其王良懷乃遣僧祖來進表箋貢馬及方物并僧九人來朝

詔賜祖來等文綺及僧衣比辭遣僧祖闡克勤等八人護送還國仍賜良懷大統曆及文綺紗羅

洪武十二年入貢

[illegible]船一隻稱貢緣無表文却之其人分發雲南川陝三邊安插



洪武十三年入貢

遣僧□貢馬及茶布刀扇之類亦無表文以其私貢不納來人仍發三邊安插

洪武十四年入貢

七月國王良懷遣僧如瑶貢馬十匹及方物□明來入貢花名乃命行取赴京宴賞歸國○會典記十二年作七年拾四年貢者作發三邊安插與南京禮部案不同必記者之悞耳○遂志作却其貢

洪武十五年入貢

使歸廷用入貢方物厚賞回還明州備倭指揮林賢在京隨駕時交通權臣使胡惟庸私遣宣使陳得中密與謀令將歸廷用誣為倭寇分用賞賜中書省舉奏其罪流賢日本

洪武十六年詔絕日本之貢

賢流三年逆臣胡惟庸暗遣人充宣使私往日本取回賢戍僧練兵四百與僧如瑶來獻巨燭中藏火藥兵器意在圖亂

上大怒磔賢于市乃降詔責其君臣絕其貢祖訓云以日本隔海僻在一隅得其地不足以供給得其民不足以使令故不興兵致伐著為訓範絕其往來

永樂二年入貢

上命太監鄭和統督樓船水軍十萬招諭海外諸番日本首先納款擒獻犯邊倭賊二十餘人即命治以彼國之法盡蒸殺之金銅甑猶存鑪灶遺址在普頭櫓降勅褒獎給勘合百道定以十年一貢船止二隻人止二百違例則以寇論制限進貢方物○馬鞍○硫黄○貼金扇○牛皮○鎗盔○蘇木○塗金裝綵屏風○劍○灑金廚子○灑金手箱○灑金木銚角盥刀○灑金文臺○描金粉匣○描金筆匣○水晶數珠○抹金提銅銚○瑪瑙

宣德元年入貢

入貢人船踰數刀劍過多特諭來使今後貢船不過三隻使人毋過三百刀劍毋過三千不許違禁

宣德七年入貢



來使不知禮法甚擾於民禁之

宣德十年入貢

并奉表謝恩以八年遣使吊喪也

正統七年入貢

時貢船九隻使人千餘分發境清天寧各寺安歇

朝廷雖責其越例以遠人慕化亦寬容之八年六月使回迷失使頭普福二人在樂清沙嶴滕嶺坊長孔希名獲解犯總遣回普福在途悲感有詩云來遊上國見中原細嚼青松咽冷泉慈母在堂年八十孤兒為客路三千心懷壯闕浮雲外身在西山返照邊處處朱門花柳巷不知何日是歸年

天順二年入貢

至京師燕賞豐渥捆載而歸

成化二年偽貢

時都指揮張翥洞燭
其僞貢之奸而去

成化十一年入貢

諸使詣京沿途騷擾
朝廷爲禁約之

成化二十年入貢

六月使臣周瑋入貢
勅諭彼王知會自後宜恪遵宣德中事例也

弘治八年入貢

五月差使壽蓂入貢方物赴京沿途生事至濟寧強買貨物彼此毆傷罪及解官府照磨童釗指揮耿政提舉王昭俱降調通事林春充軍次年使歸司府失於檢點致鄞人朱縞頂欠貨物而去

正德四年入貢

五月正使宋素卿副使源永春貢方物請祀孔子儀注朝儀孔子中國聖人不當爲夷狄褻瀆不許素卿者即鄞人朱縞其家



鬻於夷商湯四五郎越境亡去至是充使入貢重賂逆瑾蔽覆其事蓋縞在倭國僞稱宗室苗裔傾險取寵輔庶奪嫡爭功要利而夷夏之
釁遂釀於茲

正德八年入貢

五月夷船三隻使僧桂梧貢方物越歲而去

嘉靖二年入貢

四月夷船三隻譯傳西海道大內誼興國遣使宗設謙道入貢越數日夷船壹隻使人百餘復稱南海道細川高國遣使瑞佐宋素卿入貢道至寧波江下時市舶太監賴恩私素卿重賄坐之宗設之上且貢船後至先於盤發遂致兩夷讐殺毒流廛市宗設之黨追逐素卿直抵紹興城下不及而還至寧波劫寧波衛指揮袁璡奪舟越關而遁時備倭都指揮劉錦追賊戰沒於海定海衛掌印指揮李震與知縣鄭餘慶同心濟變一日數警而城以無患賊有漂入朝鮮者國王李懌擒獲中林望古多羅械送京發浙江按察司與素卿監禁候
法司勘處者凡數十次而夷囚竟死於獄倭奴自此懼罪逋誅不敢欵關者十餘歲

嘉靖十七年入貢

五月夷船三隻使僧古鼎副使僧周良持方物表貢且求還前遺物法司以事已經亂貨應入官且無從索之良等乃不敢言
朝廷復申十年一貢之例責令送還正德以前勘合更給新者遵照入貢

嘉靖二十三年入貢

是年六月夷船一隻使僧壽光等二百五十八人稱貢驗無表箋且以非期却之

嘉靖二十六年入貢

四月使臣周良人船逾例且非貢期
朝議欲却之以其遠來効順且貢期止隔一年乃發外海嶴山停泊至明年而後納之

萬曆二十八年恭順納欵



四月十六日原救朝鮮南兵營委官千總毛國科船一隻自日本還內有倭夷人等據稱倭國將福建原往烏尾商船用價修葺雇覓船工艄長梢水資送飯米一百二十石共約費銀二百餘兩差倭將一員甚右衛門帶領頭目倭從通事及福建原差偵探人役王械等三名并夷梢水共四十四名齎旌執旗號沿途護送毛國科并隨從畝思蕃昇等及原日先後被擄閩浙各處商人王君翰張盡三等二十餘人閩人居多又朝鮮被擄男婦七名口又將福建海上賊首李明等八名同夥倭賊三九郎等三名共十一名各用綁簡來欲至福建轉送原委衙門以表島主恭敬
天朝之意隨風飄至浙江昌國衛海洋據署備倭把總許好學報稱擄南哨牛欄基哨官俞大藎擒獲
督撫軍門劉　批仰兵巡海道審明解詳奉經備行譯審據寧波府知府張佐治會同推官何士晉呈詳審得毛國科自日本回還據稱先從朝鮮軍前差往令倭人送歸以與東事相涉然無執照可憑查其所稱綁解賊盜既係福建人氏又有福建偵探二人其事委屬福建況有印信咨文爲照其中隱密事情又難懸度合無將本船華夷各色人等連船就近解發閩省就便勘議具
題中間情僞終不可測仍多委兵船伴送至[illegible]以防竊發歟

詐之奸等因連人解送本道按察使范　逕一面審事情與該
府會審無異查其先年偵探官民王詡馬一松林瑞等二名原
係福建差探先年被擄人王君翰張蓋二王禮夏翁尾汲科王
必寬周璘林董等八名俱福建人告被盜劫失王高光國一名
雖係歙縣人亦爲見獲盜所害欲與對理肘解強盜倭賊李明
陳文秉石二郭春林貴來進陳明吾許天求八名俱福建人與
同夥倭賊三九郎喜助彌九郎三名共二十一名各稱事在福
建倭官島原喜右衛門尉宗安并倭目倭從等一十四名在船
索債倭人一名並水梢華夷人等原係護送同來其中事情皆
屬福建委應如府會議通解彼中就近審結及該本道覆看得
毛國科羈倭三載從挈而歸帶有被擄回還多人彼國差官護
送自謂行間用術使夷人恭順似有勞績矣然審無差委明文
難以盡信若馬一松等執有福建漳南道原給偵探倭情信牌
且口稱有先年被擄華人許儀後等密報倭情書揭及譯審倭
官各吐情由其始也因福建軍門差官至彼偵探歎以宣布
朝廷德威而夷人懷服今來也因王詡等十餘閩人而遣官送歸且又
縛綁強盜解還福建發落處行舟有阻給以彼國號旗便行果
如所吐是皆由福建密行籌畫以致倭夷恭順而來該省籍處
遠猶各役奉公竭力俱當赴福省以便參詳強盜李明等亦應
聽彼中審處雖夷情叵測不可遽信而福建偵探原差則有牌
票可憑但程途遙遠合行多撥官兵船隻沿途護送以免他虞



等因呈奉
本都院劉　批仰布按二司會議通詳該布政司左布政使趙
右布政使吳　按察司按察使李　會呈看得千總毛國科
先年奉經畧密令往倭用間行術在彼羈滯三年今始得歸王
詡等三名稱係福建差探倭情王君翰等八名稱係先年被擄
之人與強盜李明等俱福建人三九郎等三賊雖係倭人實係
李明等夥賊各亦稱事在福建至倭官喜右衛門及倭目倭從
十四名與華夷水梢等人原係護送國科欲至福建轉送原委
衙門以表恭順夫國科既稱係奉委行間則東事告捷本官與
有功焉至於王詡等稱係差探倭情有漳南道原給印信牌票
可憑強盜李明等與先被擄王君翰各稱係福建人倭官倭從
又稱護送國科等至福建雖其中真僞不可盡知而據審報各
情節其事俱在福建難以臆斷相應照道府原議通解閩省就
彼查審處分仍多撥官兵船隻護送至彼交割等因呈奉
本部院劉　會同
巡按御史李　看得朝鮮之役倭衆遁歸實由經畧經理當事
諸臣仰稟
廟筭克彰鴻伐然當是時諸將臨敵決策用間施奇即如毛國科所云
奉差往說臣等不敢盡必其無第其言渉矜詡事無確憑臣等
亦不敢盡信其有惟是日本今者歸我差官獻我海寇并備官
役船隻護送行據道府參遊各官譯審情狀似恭彼其厭兵而
願禍乎不可知其借事而覘我乎亦不可知臣愚以爲此一事
也要在勘處得宜斯于
國體增重內之可以弭沿海之釁外之可以結東事之局然非素肩
其事索其情者必不能處也今據司道會議于詡等差探倭情
有漳南道印信牌票可憑強盜李明等俱係福建人倭官倭從
又稱護送毛國科等欲至福建轉送風飄及浙且檢有許儀後
郭國安等書揭事關機密情在閩中浙省難以臆斷相應通解
彼省查審處分況事關酋渝約以來福建撫臣殫心籌畫多方
偵探凡日本一動一靜靡不先知內地恃以爲備浙省海禁素
嚴內外片帆不通第藉閩之告戒從事臣等所謂素肩其事索
其情者固自有在而于以尊
國體弭海釁完東局而垂遠烈者非異人任矣除將千總毛國科等
件同倭官倭從島原喜右衛門尉宗安等併押海賊李明等多
撥兵船防護徑由海路解送福建督撫衙門聽其查勘請
旨處分相應具
題

謹按外夷自越裳氏重譯來獻之後君天下者於是有侈心焉
不知戎狄交侵無損周室之盛呼韓稽顙何補漢祚之衰是故
明主內修外治彼倭貢者其來不足喜其去不足怒也

倭國事畧

日本即古倭奴國也去中土甚遠隔大海之依山島爲國邑隋書記稱
百濟新羅東南其地形類琵琶地勢東高西下東西數千里南北數
百里九州居西爲首肥前肥後豐前豐後筑前筑後日向大隅薩摩陸奥居東爲尾至山城旱程七
十五日舊云陸奥爲頭薩摩大隅爲尾者非山城居中乃彼國之都也其國君以王爲姓
以尊爲號後改稱皇初居日向筑紫宮後徙山城國文武僚吏皆世
其官有德仁義禮智信大小十二等及軍尼伊尼翼諸名山城以東
地方廣邈雖倭奴遠服賈者不能閱歷而知况華人乎故其島之數
可考按舊圖山城以東中爲近江伊賀尾張三河美濃飛驒信濃上野陸奥北邊海爲但馬丹後若佐加賀越前越中越後出羽甲
裴常陸南邊海爲攝摩攝津大和河内遠江駿河伊豆相摩武藏下野東北懸海則爲佐渡在南懸海則爲志摩之島上總下總安房

兩浙海防類考續編　卷之九　二十三

而其間廣狹至到有不能考者今姑據譯之所聞者而述之山城之
南爲和泉其南海嶴泊舟者爲阿賁介擸凡爲奎扎阿波爲于撒凡爲天土者爲沙界衣又其南爲沙界其地
小沙界之東南爲紀伊東爲三河出海之口爲瀨大海其島爲康大爲科什麼爲奴智紀伊之西
爲伊勢此爲三河其嶴爲勝大爲阿乃奴子山城之西爲丹渡在爲攝津其嶴爲諏谷爲阿家世舡
奴子辣爲素埋爲男女懷東南懸海爲安防州左之西爲攝摩其嶴爲界敗爲含爾世爲抗茄爲氏遊古爲磨羅右
爲但馬右之西爲因幡丹渡西爲美作左爲備前其嶴爲九什麼舩爲卉賣茄里爲多
大左之西爲備中出鐵其嶴爲山子加爲酉那什摩其南爲連島懸海一十里從于瀨爲右爲因幡右
之西爲伯耆沿海俱白沙然嶴可泊其鎮爲附子介爲伽奴賀知其北爲竹島懸海三十里記爲倭美作之
西爲備後之北境其嶴爲一子跂一知爲于加爲和奴寄知爲拿耿爲赦東入出雲之南境其春爲耆
你爲山子介爲欽于溪爲户流爲非類旳爲朱哈呀爲恐出忌爲密和奴失記其北爲隱岐懸海三百五十里備後之西

爲安藝其嶴爲翁家搭曰昆敗爲法子加一知爲窩撒子爲谷也爲他尔歪喇其南爲宮島懸海三十里出雲之西
爲石見出銀與鉅其嶴爲南高番馬爲番馬溶爲哥爲撮奴市爲有奴子北至海三十里安藝石見之西爲
山口國即古之周防州也橫直二百四十里其南邊海之嶴爲翁哥里爲寄大逝里爲東大爲陀奴迷爲哈述
奴失記爲奴羅市米其北邊海之嶴爲斯殺爲賣抵哈扣爲微市爲高奴烏嘲北至三島海面三百五十里山口之西爲
長門橫直皆二日程嶴爲花浦爲薰州爲番記爲倭委北至三島懸海三百五十里關渡在焉其西旱踰爲阿介馬共記
抽分司設於此渡此而西爲豐前橫五百里直四百里其嶴爲可苦喇馬嘲介撒次爲大義地爲野慢茄爲阿世夜爲
嶴治爲一賣其南爲豐後橫直皆六百里其嶴爲福乃爲倭凡奴法賣爲鎖孤舟爲由奴烏喇爲撒一基爲烏四基又
其南爲日向橫直皆三百六十里其嶴爲多故奴甫治豐前之西北爲筑前橫六百五十里直四百里
其嶴爲右勢爲加菩里爲加打也馬爲多賣里爲一萬宇爲奴打烈世加爲經宇里爲多羅爲密那多爲法哈噠即博多之别名也其北
離伊岐島海西五百里西南爲筑後橫直皆二百五十里筑後之南爲大隅其南濱海之嶴爲什麼烏

兩浙海防類考續編　卷之九　二十四

思迷今之人說傳爲懸海懸海乃大漁州也大隅與日向薩摩等連壤名爲九州大隅之西爲薩摩橫直皆三百六
十里其嶴爲暗孛喇爲起麻子記爲芊理南爲康國什麼爲羅里爲拖馬里爲強頭馬里爲鷄哥里爲年市米爲仙壹爲審孛署豐
後東南懸海爲土佐爲伊豫爲阿波阿波相近懸海爲炎路土佐豐
後之間爲佐加關土佐至佐加關海面一百八十里佐加關至豐後海面七十里薩摩之北爲肥後
橫直皆五百里其嶴爲步子世六爲阿麻國撒爲昏爲一國撒介爲喇爲開懷世利爲噠加什爲什噠加又其北爲肥前
橫直皆五百里其嶴爲鐵界爲言奴氣子爲法司奴一計爲客舍其内沿河泊舟交易之處爲倭藩喇爲知十歪爲法一溪爲夜間迷爲
坐迷子爲迷坐骨知爲一掃拂爲愛奴乎喇爲世子爲迷古里爲失撒爲喃哥呼爲雄婆哥爲松本一名馬子喇爲法麻撒几肥前
西懸海爲平户東西海面十里西北至博多海面四百五十里平户之西爲五島五山相錯懸海而生
其中有嶴可泊乃日本西境之盡處也過此西行越五六日四望無山直抵陳錢壁下此島與薩摩相去一千五百里與肥前相去四百
三十里與平户相去二千五十里五島至山日必由平户經過其嶴名爲乃路爲倭齊家爲衣屋奴寄爲通記爲達奴烏喇爲烏苦爲辭熙

唑北爲多藝爲伊岐横直皆七十里至對馬島海面五百里爲對馬島横三百里其南縣爲哥爲甘大
哈東南爲佛乃哥世西北爲堆沙几爲山谷爲撒思乃爲知六磨爲你打北爲倭奴烏喇其西北至高麗也必由
對馬島開洋各島之人俱至堆沙几撒思乃山谷三暴開洋至高麗之則失多順風一月約五百里南至琉球
也必由薩摩州開洋順風七日其貢使之來必由博多開洋歷五島
而入中國因造舟水手俱在博多故也貢船回則徑收長門因押分
司官在馬故也若其入寇則隨風所之東北風猛則由薩摩或由五
島至大小琉球而視風之變遷北多則犯廣東東多則犯福建彭胡島分
綜或之泉州等處或之梅花所長樂縣等處若正東風猛則必由五島歷天堂官渡水而
視風之變遷東北多則至烏沙門分綜或過韭山海閘門而犯温州
或由舟山之南而犯定海經大貓洋入金塘蛟門犯象山奉化由東西廚入湖頭渡犯昌



國入石浦關犯台州入桃渚海門松門諸港正東風多則至李西嶴壁下陳錢分綜
或由洋山之南而犯臨觀過漁山兩頭洞三姑山入蟶浦則犯紹興之臨山三山過霍山洋五嶼烈表平石則
犯寧波之龍山觀海犯錢塘過大小衢徐公入鱉子門赭山則薄省城或由洋山之北而犯青南過馬
蹟潭而西犯太倉過馬蹟潭而西北或過南沙而入大江過茶山入滕角嘴淡谷攅很福山而犯瓜儀常
鎮若在大洋而風欲東南也則犯淮揚犯登萊過步州洋亂沙入鹽城口則犯淮安入廟
灣港則犯楊州再越而北則犯登萊若在五島開洋而南風方猛則趨遼陽趨天津大
抵倭船之來恒在清明之後前乎此風候不常届期方有東北風多
日而不變也過五月風自南來倭不利於行矣重陽後風亦有東北
者過十月風自西北來亦非倭所利矣故防春者以三四五月爲大
汛九十月爲小汛其停橈之處焚劫之權若倭得而主之而其帆檣

所向一視乎風實有天意存乎其間倭不得而主之也向之入寇者
薩摩肥後長門三州之人居多其次則大隅筑前筑後博多日向攝
摩津州紀伊種島而豐前豐後和泉之人亦間有之乃因商于薩摩
而附行者也日本之民有貧有富如攝摩伊勢若佐博多其人以商爲業其地方街巷風景宛如中華
富者各數千家有積貲至百萬者又如和泉一州富者八萬戶皆居積貨殖有淑有慝如薩摩之鶻哥里方數千里其邑長
安慶能納民于軌物無一人爲盜又如宮島人不嗜殺人有不平事但詣神廟罰錢又如紀伊之頭陀僧三千八百房專習武藝殺人而不犯中國
富而淑者或登貢船而來或登商船而來凡在寇船皆貧與爲
惡者也山城君號令不行徒寄空名於上非若我中國禮樂征伐自
天子出大一統之治也山口豐後出雲開三軍門如中國總督府之義各以大權
相吞噬今惟豐後尚存亦不過兼并肥前等六島而已肥前肥後筑前筑後豐前



豐後山口出雲以貪滅亡山口原并國十二曰石見長門安藝備前備後備中出雲伯岐冊後因幡但馬後出雲奪
歸其地山口長子死馬其君亦爲陶殿所殺豐後君以其弟攝山口
事吞安藝安藝殺之嘉靖三十六年山口無君豐後獨稱雄焉山城
君金印勘合久爲山口所有向來入貢俱山口自主山城惟出名而
已陶殿之亂宮殿勘合俱焚金印亦損一角不知所歸貢自此絕矣
欲望彼國之約束諸夷斷斷乎不能也

畿内部

州五

山城

太河

河内

和泉

攝津
右共統五十三郡

畿外郡

道七

東海道十四州　伊賀　伊勢　志摩　尾張
三河　遠江　駿河　伊豆
甲裴　相摹　武藏　安房
上總　常陸

右共統一百一十六郡

西海道九州　竺前　竺後　豊前　豊後
肥前　肥後　日向　大隅
薩摩

右共統九十三郡



南海道六州　紀伊　炎路　阿波
伊豫　土佐　讃者

右共統四十八郡

北陸道七州　若佐　越前　越中　越後
加賀　能登　佐渡

右共統三十郡

東山道八州　近江　美濃　飛彈　信濃
上野　下野　陸奥　出羽

右共統一百一十二郡

山陽道八州　攝摩　美作　備前　備中
備後　安藝　周防　長門

右共統六十九郡

山陰道八州　丹渡　丹後　但馬　因幡
伯耆　山雲　石見　隱岐

右共統五十二郡

海曲郡

島三

伊岐

對馬

多藝

右各統二郡

驛

凡四百一十四

戶

可七萬餘



課

約八十八萬三千三百二十九

寄語島名

山城羊馬失羅　筑前職骨前　太和野馬多
筑後職骨骨　河內茄懷知　豊前孛前
和泉因字米　豊後遂哥　攝津子琴因你
肥前非前　伊賀衣加　肥後非谷
伊勢衣舍　日向允加　志摩
大隅阿思米　尾張倭阿里　薩摩撒子馬
三河迷茄懷　遠江　紀伊乞奴苦蕻

炎路山奴計　駿河　阿波挨懷齊
伊豆由慈　讃耆　甲裴恍怡苦藝
伊豫伊右　相摩　土佐拖撒
武藏木撒暑　山口諸即周防羊馬寠　安房阿空
美作迷馬撒家　備前避煞　上總茄迷倭撒
下總什麼倭撒　備中避書　常陸
備後避卧　若佐壞加柵　安藝阿計
越前白智前　攝摩法里馬　越中白晝
長門奴茄多　越後日清谷　冊渡冊白
加賀坑茄　冊後冊哥　能登奴朶



但馬蹉什麼　佐渡沙渡　因幡奚奴白
近江多島木　伯耆花計　美濃米奴
出雲闹字木　飛彈非大智　石見
信濃申阿農　隠岐和計　上野康子計
伊岐尤計　女島　下野什麼子計
陸奥話妝　多藝　出羽迷外
宫島迷挨什麼　五島我島　男島貨什麼
小島科什麼　對馬島則什麼　連島卒賴甚麼
種島他尼什麼　博多花哈嗒　竹島他計什麼
平戶　佐加闌　三島密什麼

寄語雜類

天文類

天天帝　日虛雷　月禿計
星付泥　風有朱加前　雲
雨挨迷　霧吉利　雪計伏六攸計
霜名末辟滿　落雨挨迷付魚

時令類

早來運梭梭發耀　夜挃落　午非路
晩挃撒田午　明挨介米　暗骨辣水
冷三字水　煖挨掇水　今日詐以呼鷄聲介喬



明日挨迷亞失日　後日亞撒里　昨日傑奴
前日阿多堆　日暮非故路路　今日來个阿耶俚
明日來挨戊打俚　後日來挨殺核阿耶俚

地理類

地大様禿智　山羊賣耶賣　水明東
海烏彌　沙何吉大水　石依水在木古
火非　鄉羊埋俚　江打各計

方向類

東熏加　南迷南來　西義西
北九兀俚　前日皆門利婆　後吾失利

珍寶類
金空措泥　銀失禄措泥　珠他賣
錢前移　黃銅中若佐　紅銅鶯更拱庇
水銀明東楷尼　好銅錢姚禮善泥
人物類
皇帝大利天王家里　官大米烏野鷄　百姓别姑常
公翁知　大官大大烏野鷄　婆猶蒲翁妃
父阿爺　母發發　兄挨尼
嫂阿尼尤尼　弟阿多多　妹亜尼多一沒多
姊亜尼　嬸完多　子莫宿哥



姪何義　女莫宿眼　孫阿奚胡來
丈人子多　丈母子多謬　叔何治王官老前
丈夫壽山　婦人倭家倒　老秃古要个
男子何柰公姑　後生倭家達　孩歪鼻
親眷新雷　姐夫不哥迷　朋友帝道門大聖蒲門大
女婿米哥　僕三三字郎　小廝歪背水
和尚才老烏索　老實人埋骨多　艱難人人胡柰故人門厥
强盜六宿鼻隨　瞎子肖骨賴　獨眼人窗鞍闘鴉
你撫哥丁梭里　誰人搭仪　我何堞住阿如租
徒弟加食難　財主五妻耳鳥蟗　生得好昏昏㕚失昏罡甊水

外甥萌哥　長子難解水　媳婦嫌妙報
長吊　年少華盖　主人床杲朶
生得醜魯歪失　聰明力哥　貴他介水
賤那望羊發　富烏多哥　貧腮東旦
乞丐寬需計　好淫梭羅　年紀一故都
麻子莫入骨水　村孫　拐科水非計
賊陸宿人
人事類
要坡水水　不要依也　立達子
等待埋祖　眠羊逆路烏将卒　拿來未低吉反俚未得哥巴



拿去未底於古　相擾括計括盆　亂說思量胃多莫話介又俚
看覔見迷路　不送何埋解邵賁　嬉挨核蒲
坐移路阿将梭　病羊埋依子　揖
罵寬彼計乃俚話鸞褪皮鼾因彼計　詈烏論羊埋水烏蠻爺計
睡密路　去漫陀羅獺俚旦多　在何故伊虜何耶路
不在論速持踈　來何耶俚吉人　便來羊佯地何爺俚慢陀的如
回來慢慢的耶俚　便去密路　快來發下何耶俚法吉
送與我面皮　愛惜搖落扛蒂　怕倭踈路路
出去一一計　前行殺鷄倭　行挨龍門
喜一毀水咣羅打步　說話未納愁打俚　怠慢難利胃多罵山奴

飲 那苗　獨樂 哥賣　羞愧 番助山水衣
喫 倍賣利　安排 蘇路　不來 木且盧賈失
走 法古　快去 法古計　打人 生亞達達个
借 脏路各夫　買賣 烏禮加　不喫了 禁哥
唱 嘔天　莫怪 哥面乃禮　多喫酒 何賢鼻旦
教 何水尤路　喫酒 麻黑稅鷄　那里去 陀姑移姑
添 所有路路　行路 命益磨減　曉得 个个俚打夫火
賣 烏路無六　叫人 多奴　老實說話 買多溫多
癖 一輒水　起身 倭達的援　多多喫了 前行哥
遊 西孫步　還了 諧也數　不曉得 揩賴路不支打



殺 其奴瞎吧一郎　請人 家那摧多　慢慢的 買得買得
害 夭　不賣 烏魯賈加　恁麼賣 雞烏禮在
肚饑 熱大路水　哭 乃古　多少 一故賴介
打胡子　有情 亞姊吉乃　無情 亞姊吉乃乃水
醉 達帶　換 皆賀　無工夫 一懸撫水
怔 發賴旦多堅闼　死 身大　腫 剌大
喚 加右　笑 歪罷　活 吉打
買 加利　輸 埋計打利　傷寒 雞骨
寫字 加計
類

耳 眉居　口 骨止　鼻 發奈
眉 賣　手 鉄　足 挨身
心 个个路　頭 客皮賴　鬚 薰計
髮 揩脆夾迷　肚 發頼　指 尤皮
爪 辛脡　齒 法

器用類

小刀 乃唐過乃空客打　中刀 歪計柴需　大刀 潤中徒打柔
刀柄 脱介俚　甲 大買路　弓 油米
盒子 剛白哥　紙 揩袂加迷　硯 孫助仍尋力子
砂石 揩路依水　筆 粉地　墨 躲煤



薄紙 沃螢子　扇 黃旗　鎖 哥利素
厚紙 沃速水　船 浮泥　針 快利法利
鑰匙 坑其　鑊 雞皮　磨刀石 依水
泥銅扇 法古黃旗　箒 花雞　泥金扇 空揩泥黃旗
等子 發介俚　小箱 法哥　硯箱 孫助利法哥
酒盞 曬加藤計　鋸 拿剛繫利　碟 曬賴沙頓
銀硃 失祿挨揩介　鏡 坑皆彌　枕 麻骨賴埋骨頼
麝香 蒔哥　漆 烏論水　蓆 不奴
木香 大哥　傘 隔落隔曬　盤 何水雞
沉香 沉哥　筋 法水　碗 倭吉貼灣

酒瓶 哭爭昆皮　梯 課不飛計　香 宣哥

衣服類

衣服 乞麻俚　靴 骨都　鞋 水拖里失其里

箬帽 摇婆俚　錦 歪帶　氊衫 迷奴

手巾 達昇个　綿布 木綿　夏布 奴奴綿

被 伏思麻

飲食類

茶 觧素　酒 矖箕　白酒 明東矖箕

燒酒 隔辣矖箕　老酒 福祿晒　飯 寄黍

飲酒 哂加乃　鹽 失河妆河　喫飯 寄黍阿羅



醬 獨沙　米 科眉科眉　油 祕蒲頼

大麥 烏蒙崎　小麥 柯蒙嵴　穀 暮米倭米

菱 木路　荳 磨米　肉 恕恕

筭乾 大吉穩古　醬瓜 可羅米穩

花木類

杉 松計　檜 去那雞　松 埋止

梅子 西婆水　芥 恕辣水　菜 蔡

瓜 烏埋　麻 莫入骨水　茄子 乃沈瓜

鳥獸類

牛 胡木　狗 意奴　猪 豕豕

鷄 抓泥擬比泥環多　鵝 觧加　馬 烏馬

魚 遊剎　鮮 措泥　蝨 失辣木

羊 于其　鼠 眠助米

數目類

一 夭多于舌微吅多　一箇 个剎　二 扶達子舌吅多

三 彌子倏吅多　四 學子摇揺做　五 意子子難難多

六 後子　七 乃乃子　八 效子

九 个个乃子　十 多　十一 多多夭達子

五十 大　百 渋古　千 借一貫

萬 慢亦



通用類

有 挨路迷路　無 乃　好 高高的姚鎖盧

極好 明哥多　不好 由無乃　大 加小思姑柰何計

小 發篩　少 素古乃水　多 快都河河水

遠 多俟　近 的个　瘦 牙十大

短 迷加　細相 快大　朽 骨篩路

厚 挨卒水　薄 溫卒水　歪貨 不高歪賴水

破 羊鈸里里　不是 松田乃係　要緊 馬多合子

緩 慢大慢大　無用 該計　多有 何何水

赤 慢大　香 于粺不　臭 骨篩水

## 倭船

日本造船與中國異必用大木取方相思合縫不使鐵釘惟聯鐵片不使麻筋桐油惟以草塞罅漏而已（名短水草）費功甚多費材甚大非大力量未易造也凡寇中國者皆其島貧人向來所傳倭國造船千百隻皆虛誑耳其大者容三百人中者一二百人小者四五十人或七八十人其形卑隘遇巨艦難於仰攻苦於犂沉故廣福船皆其所畏而廣船旁陡如恒尤其所畏者也其底平不能破浪其布帆懸於桅之正中不似中國之偏桅機常活不似中國之定惟使順風若遇無風逆風皆倒桅盪櫓不能轉戧故倭船過洋非月餘不可今若易然者乃福建沿海奸民買舟於外海貼造重底渡之而來其船底尖能破浪不畏橫風鬬風行使便易數日即至也



凡倭船之來每人帶水四百斤約八百碗每日用水六碗極其愛惜常防匱之也水味不同海水鹹不可食食即令人泄故彼國開洋必與五島取水將近中國過下八山陳錢之類必停舶換水所以欲換者冬寒稍可耐久若五六月蓄之桶中二三日即壞雖甚清洌不能過數日也海洋浩渺風濤叵測程不可計遇山而汲亦其勢耳盥頮沐浴海水山水皆可用或云浴海水令人膚裂近訪之不然但黑肌膚而已倭奴有一秘法煮泉一二沸置之缸金能令宿而不壞然亦不過半月久則不能也其至普陀必登者非換水亦非真欲焚香乃覘兵防虛實耳

## 倭好

（昔賈誼止三表五餌之策知倭國之所好則餌在是而悟所以制之之術矣故志之）

**絲**（所以爲織絹紵之用也蓋彼國自有成式花樣朝會宴享必自織而後用之中國絹紵但充裏衣而已若番舶不通則無絲可織每百斤直銀五六十兩取去者其價十倍）

**絲綿**（髠首裸裎不能耐寒冬月非此不煖常因匱乏每百斤價銀至二百兩）

**布**（用爲常服無綿花故也）

**綿紬**（染彼國花樣作正衣服之用）

**錦繡**（優人劇戲用之衣服不用）

**紅線**（編之以綴盔甲以束腰腹以爲刀帶書帶畫帶之用常因匱乏每一斤價銀七十兩）

**水銀**（鍍銅器之用其價十倍中國常因匱乏每百斤賣銀三百兩）

**針**（女工之用若不通番舶而止通貢道每一針價銀七分）



**鐵鍊**（懸茶壺之用倭俗客至飲酒之後啜茶啜已即以茶壺懸之不許着物極以茶爲重故也）

**鐵鍋**（彼國雖自有而不大大者至爲難得每一鍋價銀一兩）

**磁器**（擇花樣而用之香爐以小竹節爲尚碗碟以菊花稜爲尚碗亦以葵花稜爲尚制若非觚雖官窑不喜也）

**古文錢**（倭不自鑄但用中國古錢而已每一千文價銀四兩若福建私新錢每千價銀一兩二錢惟不用永樂開元二種）

**古名畫**（最喜小者蓋其書房精潔懸此以爲清雅然非落款圖書不用）

**古名字**（書房粘壁之用廳堂不用也）

**古書**（五經則重書禮而忽易詩春秋四書則重論語學庸而惡孟子重佛經無道經若古醫書每見必買重醫故也）

**藥材**（諸味俱有惟無川芎常價一百斤價銀六十七兩此其至難至貴者也其次則甘草每百斤二十金以爲常）

**氈毯**

**馬背氈**（王家用青官府用紅）

粉女人搽面之用

小食籮用竹絲所造而漆飾者然惟古之取若新造則雖精巧不喜也小盒子也亦然

漆器文几古盒硯箱三者其最尚也盒子惟用菊花稜圓者不用

醋

謹按日本所貢倭扇描金盒子類皆異物也其所悅於中國者必
用物也是彼有資於我而我無資於彼忠順則禮之悖逆則拒之
不易之道也若徇其求而愆期許貢無端互市斷斷乎不可

寇術倭奴之勝我兵專以術也即以其術還治其人不必用古兵法蔑不勝矣故志之

倭夷慣爲蝴蝶陣臨陣以揮扇爲號一人揮扇衆皆舞刀而起向空
揮霍我兵蒼皇仰首則從下砍來



又爲長蛇陣前耀百脚旗以次魚貫而行最強爲鋒最強爲殿中皆
勇怯相參

賊每日雞鳴起蟠地會食食畢夷酋據高坐衆皆聽令挾冊展視今
日刼某處某爲長某爲隊隊不過三十人或爲穽以詐坑

或結稻稈以絆奔

或種竹簽以刺逸

常以玉帛金銀婦女爲餌故能誘引吾軍之進陷而樂罷吾軍之邀
追

俘虜必開塘而結舌莫辨其非倭故歸路絕

[illegible]恐寇附巢之居民故虛實洞知

[illegible]擄之工匠故器械易具

細作用吾人故盤詰難

向導用吾人故進退熟

預籍富室姓名而次第取之故多獲

宿食必破壁而處乘高而瞭故襲取無機

間常一被重圍矣餌以僞醎而逸之或披簑頂笠沮溺於田畝或雲
巾紵履蕩遊於都市故使我軍士或愚而投賊或疑而殺良

江海之戰本非其所長亦必聯虛舟張蒻簾以空發吾之先鋒捐婦
女遺金帛以弭退吾之後逐

凡舟之裙墻左右悉裹布帛彼梅而濕之以拒焚擊交關間或附遂



而飛越即雷震而風靡矣

寇擄我民引路取水早暮出入按籍呼名每處爲簿一扇登寫姓名
分班點閘真倭甚少不過數十人爲前鋒寇還島皆云做客回矣凡
被我兵擒殺者隱而不宣其隣不知猶然稱賀

倭刀刀有高下技有工拙倭之富者不惜重價而制之廣延高師而學之其貧者所操不過下等刀耳並習運刀者在前衝鋒可畏頗有限也中國人不知望之懾震而避匿以擒獲夷刀亦莫辨高下混給兵士故志之

大小長短不同立名亦異每人有一長刀謂之佩刀其刀上又插
一小刀以便雜用又一刺刀長尺許謂之解手刀長尺餘者謂之
急拔亦刺刀之類此三者乃隨身所用者也
其大而長柄者乃擺[illegible]所用可以[illegible]導其以皮條綴刀

鞘佩之於肩或執之於手乃隨後所用謂之大制
又有小裁紙設機刀出長門號兼常者最嘉
又有作贄禮賀禮不拘大小名雖爲刀其實無用
上等
上庫刀山城國盛時盡取日本各島名匠封鎖庫中不限歲月竭其工巧謂之上庫刀其間號寧久者更嘉世代相傳以此爲上
次等
備前刀以有血漕爲巧刀上或鏨龍或鏨劍或鏨八幡大菩薩春日大明神天照皇大神宮皆其形肖在外爲美觀者
如匠人製造之精不論刀大小必於柄上一面鐫名一面刻記
字號以爲古今賢否之辨鎗劍亦然



浙江倭變紀
洪武二年倭犯溫州中界山永嘉下環諸處皆被剽掠
六年掠海濱
七年靖海侯吳禎敗倭於琉球洋倭擾海邊禎遣舟師追逐之及於琉球洋中斬獲甚衆悉送京師
十六年寇金鄉小濩亭官兵敵却之
二十六年寇小尖亭
二十七年寇小尖亭
三十四年九月寇蒲岐所



永樂二年四月寇穿山百户馬興與戰死之日本國王源道義知之出師獲其渠魁來獻黨類悉就擒朝廷嘉其勤誠降勅褒諭餘詳見出使事畧卷中
二十年寇浙東朱亮祖徐忠擊敗之亮祖破之於溫州忠破之於桃渚斬獲獻俘由是賊始知戢斂云
二十二年寇象山縣縣丞宋直率諭蔡海死之直持竿擊賊海島賊不屈皆被害
正統四年陷大嵩所昌國衛賊舟四十餘艘入大嵩港襲破所城轉陷昌國衛城亦陷備倭等官以失機被刑者二十六人惟爵溪所以獲賊首畢善慶得免
八年六月寇海寧乍浦諸處十月寇桃渚所

景泰六年寇犍跳所

成化二年寇陷大嵩所

賊偽稱入貢官軍不為嚴備遂襲破大嵩官兵夜圖其舟擒熸違
曙不移舟已乘潮遁去烽燧皆懸於萬端萬草沙上蓋設詐以欵追
兵也臺閣大臣
以失機獲罪

嘉靖十九年賊首李光頭許棟引倭聚雙嶼港為巢

光頭者福人李七許棟歙人許二也皆以罪繫福建獄逸入海勾
引倭奴結巢於霩衢之雙嶼港其黨有王直徐惟學葉宗滿謝和
方廷助等出沒諸番分踪
剽掠而海上始多事矣

二十七年四月都御史朱公紈遣都指揮盧鏜副使魏一恭等擣雙
嶼港賊巢平之賊首李光頭就擒

時海壖多警軍無紀律浙福二省互相牴牾
賊得肆志議者請設巡視都御史以節制之



上命朱公紈行公至即行二省守巡諸官各分信地或戰或守皆有專
責而以福建都指揮盧鏜諸海上事即以委之鏜乃與海道副使
魏一恭備倭指揮劉恩至張四維張漢等部署兵船集港口挑之
賊初堅壁不動迨夜風雨昏黑海霧迷目賊乃遁巢而出官兵奮
勇夾攻大勝之俘斬溺死者數百人賊首許六姚大總與大窩主
顧良玉祝良貴劉奇十四等皆就擒鏜入港毀賊所建天妃宮及
營房戰艦賊巢自此蕩平餘黨遁往福建之浯嶼鏜等復大敗之
翼日賊船有泊南麂山女兒𣿅洞門青嶼者知巢窟已破無所歸
去之下八
山潛泊

五月官兵築雙嶼港

朱公初欲於雙嶼立營戍守為一勞永逸之計而平時以海為生
之徒邪議蠭起搖惑人心沮喪士氣福兵亦稱不便朱公嘆曰濟
大事以人心為本論地利以人和為先不得已從衆議聚木石築
塞港口由是賊舟不得復入而二十年盜賊淵藪之區至是始空
矣時二
五日也

六月賊首許棟就擒

二十日金鄉衛指揮吳川追攻於近山海洋賊船為我所迫又
遇暗礁舟覆所遺纔二人棟與其弟社武也官兵擒之積年巨
寇一旦生俘之蓋天意假手云王直徐惟學毛烈收其餘黨復
肆猖獗廣東賊首陳思盻自為一綜與直弗協直出計掩殺之
由是海上之寇非受直節制者不得自存而直之名始振讋
海舶矣直以殺思盻為功叩關獻捷求通互市官司弗許

三十一年王直移巢烈港

直既破陳思盻求市不得乃引倭夷突入定海關官兵却之遂
移泊金塘之烈港亡命之徒日益附之由是邊海郡邑無處無
賊矣

四月攻游仙寨百戶秦彪戰死

詳見遇難
狥節考

五月攻瑞安縣百戶李潮高良戰死

初十日賊自江口登犯嶺門岐頭等處入坡南涯至嶠高山下
潮等與戰死之遂乘勝攻縣城把總夏光知縣劉畿率官兵擊



却之賊乃退
泊東山港

陷黃巖縣

二十八日福清賊首鄧文俊等率倭夷二千直入縣中
焚燬縣治居七日而出時縣無城而賊乘潮猝至故陷

六月賊攻鄭衢所指揮樊懋力戰死之

二十日賊以破黃巖得利復攻所城二十日夜半乘雨先以
草人用竹揭試樊入城懋急督兵力戰死之時守禦指揮魏英
督兵夜戰至天明
賊從壯門而出

十一月參將湯克寬追擊賊於下馬洋大敗之擒賊首鄧文俊等

十二日克寬統兵追黃華之賊與戰於
下馬海洋越三日復戰遂擒文俊以歸

三十二年閏三月官兵追擣烈港賊巢王直敗走

烈港地形曲折賊負固盤據卒難進勦都御史王公忬躬至溫
州閱圖審形謂兵船雖多難以直駛乃令參將俞大猷湯克寬

分爲二哨部署既定大猷由列表門進以當其前克寬由西後
門進以防其逸謂賊一出則一哨可以追勦不動亦可以全制
也至是大猷募熟諳山脉徑路之人侯得等潛入賊營以十
一日舉火爲號而自移營木𡸁拒賊巢止隔一山分遣把總張
四維中龍山黎秀屯霸衢遥爲聲援夜四鼓侯得等縱火賊營
烟焰蔽天官兵乘之賊驚奔爭舟死者無筭乃大敗走直率精
鋭潰圍而去泊馬蹟潭軍門以大猷并兵獨
進雖破賊巢而違我節制使賊得逸深責之

四月賊攻海鹽縣

初四日賊自太倉上海而來攻縣城
三日始解去城外民居悉爲煨燼矣

尋至海寧衛把總馬呈圖等與戰死之

初六日賊至海寧衛馬呈圖督官兵禦之弗勝遂與指揮采煉
百戶王相姜楫呂鳳姚岑皆歿于行陣既而把總王應麟率兵
追逐之與戰于海口巡司大勝之賊以伏兵衝我
師我師遂潰千戶王繼隆百戶楊臣康綬亦死焉

參將湯克寬破賊於鼈子門



初九日犯平湖官兵追之連戰皆敗蔡指揮等死焉王公
命克寬往勦之及於鼈子門大破之俘斬二百六十有奇

賊薄省城指揮吳懋宣率僧兵禦之於赭山敗績

懋宣以僧兵爲可恃欲
藉以立功竟失陷而歿

賊攻松門衛把總劉恩至追擊於舟山岑港大敗之

賊初至勢甚猖獗攻衛城弗
克而去蓋依王直爲窩者也

陷昌國衛百戶陳表死之

詳見遇難
徇節考

賊犯定海官兵擊敗之

賊皆鷄鳴山人沿海爲患十二日
都司劉恩至破之於蘆花港口

官兵進勦馬蹟潭王直敗之

十四日湯克寬以寺兵船進搗賊巢大敗之因砲聲驚起龍賊
兵覆溺者甚衆直遂走直隷地方俞大猷又追敗之所存僅百
餘
人

陷臨山所參將俞大猷等追擊大敗之

廿四日大猷與都指揮
劉恩至俘斬一百有奇

犯長沙灣參將湯克寬敗之

五月賊攻海寧衛

破乍浦所百戶陳綬指揮陳善道死之

賊自金山而來城破綬死之善道從湯克寬率兵
來援與賊戰於長沙灣與冠帶總旗張儒皆死之

攻新河所

時兩浙之賊充斥郊野所過殘破村落爲墟而乍浦以東達於
直隷之柘林二百里之地皆爲賊巢矣湯克寬兵勝於葉謝港



副使李文進副總兵俞大猷兵勝於
蓮花洋俘斬雖多而賊猶不知戒云

七月賊攻台州寧海縣

初四日攻城
凡七日而解

三十二年八月都指揮劉恩至等迎擊直隷遁賊於普陀山洋敗之

先是賊首蕭顯屯直隷之崇明南沙修船爲遁歸計都御史王
公籌計其勢必流入浙境預令都指揮劉恩至指揮張四維百
戶鄧城等分爲二哨一自觀海臨山趨乍浦遏賊來路一自長
塗沈家門設伏邀擊賊果南遁官兵與遇於普陀落伽山臨江
海洋連與戰皆勝之殘賊敗登普陀依險爲巢掘塹自衛參將
俞大猷督官兵進攻之二十二日夜自石牛港進張疑兵於東而
不與交戰潛遣奇兵出西北巡檢梁直入百戶鄧城武忠火燒
黎俊民陷陣先登賊遂敗走茶山絕頂翼日鄧城由東北武步
沙進火賊由鷄哥岩沿北黎俊民由中路進劉
恩至等統大兵居其後四面齊進俘馘無遺

十二月賊攻瀝海所千戶張應奎百戶王守正張來死之

三十三年十二月都指揮劉恩至等敗賊於三岳山

賊至三岳山恩至與指揮張四維督舟師進攻勝之尋與指揮潘亨會兵再戰入勝之賊乃由赭山遁去歷曹娥二江瀝海餘姚直走定海之王家團

賊首蕭顯流突海鹽官兵追擊大敗之於二十里亭追至慈谿平之

顯叛結倭夷連䑸入寇首犯直隸之上海盤據南沙刼邑攻城號稱劇寇自松江敗衂遂率精悍數百遵海而南王公命官[illegible]設伏於要路賊至二十里亭復大敗走顯復統百餘梟銳南[illegible]官兵乘之逐於三江剿於龍山圍於定海困於慈谿分道夾攻賊遂就殲

賊據普陀山分踪流刧內地參將盧鏜邀擊於石墩洋大破之

先是賊入寇歸棲普陀為息肩之地官兵守之既浹旬將搗其巢先一日遣諜覘之傍無一舟至是四合鼓譟而前值他島賊自彼來精悍異常遂合攻官兵官兵腹背受敵輙敗衂亡者什六因罷歸賊以先所得貨滿新舟令其半先歸而留其梟悍者五百乘之夏尚賓入掠由是海鹽龍王塘乍浦長沙灣嘉興嘉善皆被其害而石墩洋之捷僅斬賊二百餘級云



四月參將盧鏜擊賊於平湖敗之

賊自金山張堰而來至平湖新倉鏜迎擊之賊遂敗走

五月賊攻嘉興府

參將盧鏜追擊石墩之賊大敗之

賊久盤據海寧縣之石墩為巢至是出洋鏜追敗之俘斬二百有奇

六月賊犯金鄉指揮王希禹陳區擊敗之

九月浙西之賊分掠浙東蕭山臨山瀝海上虞

攻嘉興府官兵追之與戰於孟家堰等處指揮李元律等死之

孟家堰之戰元律與千戶薛綱宋應淵死焉既而賊走嘉善[illegible]判張欽等敗之賊奔百家山百戶趙[illegible]梁瑜戰死賊氣[illegible]都指揮周應禎亦死之

十月百戶張曜禦賊於湖頭死之

賊自霓嶼登刧突温州之湖頭曜統兵禦之敗績乃力戰而死

賊尋至東陽南午嶺巡檢朱純死之

賊自湖頭之敗走樂清越盤石嶺趨台州黃巖縣仙居遂至南午嶺純統鄉兵邀擊之力戰而死

指揮戴祀等與賊戰於芙蓉海口死之

祀與江九山千戶崔海鎮撫劉成百戶易次皆戰歿

賊攻觀海衛

攻乍浦所

賊自金山而來攻所城不克乃分掠平湖嘉興等處復回柘林



十一月賊入嘉善縣遂至湖州

賊復自柘林而來入縣治又越嘉興府而西流刧湖州諸縣

十二月賊復入嘉善縣百戶賴榮華死之

賊歸自湖州復入縣治榮華統福兵禦之乘勝逐北賊預伏鳥銃手以待兵潰榮華死焉翼日賊焚縣治自是而後賊入縣治凡十有七次無城故也

三十四年賊首徐海攻乍浦所

自柘林而來

攻平湖縣

破崇德縣

時築城未完賊以小舟潛從南水關入

賊至湖州橫塘官兵與戰敗績福建副理問陶一貫温台守備周鑾等死之

時同死者青州指揮孫勇羽林百戶陸陵玄鍾百戶周應辰山東把總梁鄂武生郭周張景安朱平姚清孫魯故青齊驍将也是役亦手刃數賊以衆寡不敵故敗歿

二月攻嘉興府

賊掠湖州而回復攻府城

四月賊攻乍浦所不克遂至嘉興府巡按御史胡公宗憲敗之於王江涇

詳見大捷考

浙東賊犯紹興百戶葉紳韓綱死之



賊自錢倉白沙湾入奉化仇村經金峨宊七里店寧波衛百戶葉紳與戰而死賊由甬東走寧海崇丘鄉復折而趨鄞江橋歷小溪樟村定海衛百戶韓綱與戰亦死之至會稽副使許東望率知事何常明典史吳成器圍之困於絶地幾盡殲知府劉錫縱之走由白米堰沿海塘過蕭山入富陽趨直隸徽州等處〇餘見直隸倭變紀及大捷考

五月賊犯餘姚省祭杜文明死之

文明團練鄉兵累立戰功至是統土兵禦之斬賊首一人從賊二一二人文明亦戰死馬其父杜槐亦死於楓樹嶺之戰父子忠勇人所難及

賊犯平湖指揮李希賢敗之

賊自柘林出掠至平湖希賢邀擊之大敗其衆俘斬一百二十有奇既而賊益衆攻城月餘始解蓋賊首莊良之踪也

攻乍浦所

賊攻爵溪所及餘姚縣

賊新至即攻所城不克進攻餘姚

賊攻三山所把總指揮劉朝恩擊敗之

時朝恩已承院檄他委離所一舍聞報即馳還率軍民固守值霖雨城圮者數十丈賊譁呼謂唾手可陷城中洶洶或勸朝恩突走朝恩叱之曰我祖宗世受

國恩今日正我報効之秋豈可以事權去已而規避耶且我去則一身之利得矣其如生靈何遂以身蔽圮所督戰甚力復以木城障之時城上矢石如雨而未有中賊者朝恩悟曰此幻術也投以生犬首發矢即中其酋帥貫喉而斃賊驚潰走朝恩復追躡之斬馘數級是役也內外居民全活者三四萬人

六月賊犯省城燒北關市總督尚書張公經統兵禦之大戰於塘棲敗績

初賊敗於王江涇精銳者多死柘林諸賊亦驚愕破膽胡公計乘勝進搗賊巢欲令永保二兵由金山海塘而進瓦氏兵合遊



擊鄒繼芳由閔行黃浦而進狼兵攻其東苗兵攻其西海洋戰艦截其遁歸之路必使賊無噍類以絶後患張公不能用竟分永保兵以援蘇州等處二兵困于奔疲且衆寡不敵故有是敗

賊尋走吳江之平望浙直官兵會擊大敗之

詳見直隸倭變紀

賊從嘉善縣遁去嚴州府推官劉泉復大敗之

賊既不能取道蘇州乃折而東南從嘉善乍浦以趨舊穴泉率鄉兵禦之于三店塘復大破之斬首四百六十餘級焚溺中毒死者復千餘人盖不籍客兵之援而專督鄉兵之功也

浙東賊犯餘姚鄉兵擊敗之

賊自觀海遁歸官兵追敗之於霍山洋

賊自觀海山洋都指揮丁霈與把總閔溶張四維等邀擊于霍山海洋悉沉其舟

叅將盧鏜敗賊於馬鞍山新林復追敗於滕山龜鼈洋

八月副使孫宏軾等破賊於大陳山擒賊首林碧川

賊首林碧川自栢林遁出海爲颶風沮回泊台州之螺門宏軾與兵備許東望叅將盧鏜知府宋治都司王霈等督舟師追之賊敗登山官兵圍之月餘碧川與高鵰鳥曾美他郎等一百五十八俱俘斬無遺

叅將盧鏜擊賊於金塘敗之

九月賊巢舟山之謝浦

十一月官兵追賊於龕山平之

詳見大捷考

賊登犯海鹽知縣鄭茂指揮徐行健即日討平之

賊自秦駐山登泊茂等率兵撲滅之是戰也賊雖止於八十有奇然以是日登陸而官兵以是日盡殄之則前此未之有也



十二月賊犯平陽三港守備劉隆等死之賊尋平

賊自南麂山流入金鄉至平陽之三港官兵邀擊大破之賊忿爲我兵裝束遶出陣後而以𨍭悍者衝其前腹背夾[illegible]遂潰隆與千戶鄭綱百戶張澄死焉賊尋至嵊縣提督軍門阮公令副使譚綸勦之授以成筭仍令典史吳成器爲鄉導引官兵由新昌遶出賊後與容美田九霄兵至夾擊之百戶王世臣等又各分守要害以防賊遁至是官兵分作五哨四面埋伏止以一哨誘敵賊出戰伏兵四起賊遂大潰走清風嶺烈女廟官兵乘勝攻之斬馘無遺○餘詳見大捷考

樂清賊犯寧海主簿畢清死之

清善騎射屢立戰功至是禦賊於楓樹嶺力戰而死

尋至平陽擊指揮祁嵩等死之

嵩與百戶劉懋俱力戰而死

[illegible]軍閔溶亦戰死於舟山

三十五年正月官兵擊賊於後梅大破之

詳見大捷考

二月賊圍海寧衛

賊據近城盂廠爲巢日夜攻擊

三月官兵進擊舟山謝浦之賊勝之

叅將盧鏜知縣宋繼祖生員李良民武生婁楠等會兵進攻大破之賊移屯邵嶴

栢林賊攻乍浦所

賊首徐海陳東等自栢林沿海而來欲取乍浦爲巢進攻杭州次及蘇常以至南京兵備副使劉燾疾馳應援與賊相持官兵失勝斬首五十有五賊勢少挫翌日賊自金山而下者復萬餘遂圍燾于城中日夜攻擊燾督官兵禦之賊不得間九日乃解去由海塘而西燾尾追之斬首一百三十賊過海鹽轉塘灣指揮徐行健禦之因衆寡不敵而死賊因野無所掠分作二支一逕至長安一由硤石章婆堰與長安賊會知杭州有備不敢攻而去



四月攻嘉興府指揮程祿死之

賊既至王店復分爲二半由海鹽塘半出長水塘期會攻府城時嘉興兵俱往杭州賊覘知之故乘空而至也適程祿所統陸兵五百至與金册等水兵夾攻之斬獲頗多賊後至甚衆其陸行者徑趨城下我兵爲其所縱賊遂過城下由西急赴皂林以趨烏鎮祿追之遇伏民房以待祿遇害時官軍死者千餘人

浙東新賊攻觀海衛龍山所進陷慈谿縣

時賊自鳴鶴場臨山三江登者各千餘越數日始進攻觀海龍山生員李良民統兵禦之賊乃往慈谿時慈谿無城知縣柳東伯率民兵禦之而賊分踪遶出兵後衛縣市都長沈宏率族屬土兵勦之斬首百餘賊即遁去賊首爲周乙豊洲酋也

叅將盧鏜敗賊於慈谿之丈亭

時賊將掠餘姚鏜遏之於丈亭大敗其衆賊乃不得至餘姚餘姚士民感之爲勒石頌功云

佐擊將軍宗禮與賊徐海戰於崇德三里橋死之

海統賊萬餘流劫烏鎮胡公遣千總錢燦等率鹽兵百餘人僞爲亡命投入賊中以爲內應而檄知縣張冕剿之賊內外驚憂不得寧居欲仍往杭州至崇德三里橋禮與鎮撫侯槐何衛忠勇官霍貫道率兵九百禦之三戰三逐北賊死者以百數賊分番死鬭禮等以孤軍力戰多寡不敵遂皆死之

賊攻平湖縣

指揮翟文擊之賊退走指揮劉岱預伏乍浦港復追賊至乍山皆勝之

五月浙東賊復入慈谿焚縣治攻龍山所

賊分二支一入縣治一攻所城爲龍山兵所擊死者數十人乃解去

賊首周乙就擒

乙統賊四千餘劫慈谿不已而延及餘姚爲浙東之大患至是就擒



福建流賊破僊居縣入據之

時方築城未完且值霖雨新城崩壞賊進攻者三知縣姚本崇悉力禦之賊夜分三支攻城西南而以一支潛由東北登陴遂入縣治先是賊自莆田岐頭流劫北至青田百戶方存仁死焉賊遂猖獗攻破縣城巡檢劉岱率兵來援亦死之

浙西賊圍桐鄉縣

宗禮兵既敗殘賊益縱肆提督阮公鶚入壁桐鄉賊就圍之副使劉燾遣指揮朱文王彥忠來援擒斬賊二百六十餘人衆寡不敵我兵遂却

總兵俞大猷盧鏜敗賊於漁山馬跡洋

松浦口之賊自古窑遁出漁山海洋鏜與指揮張四維等追及之沉其數舟擒斬二百大猷復追及于馬跡洋俘斬百餘

桐鄉圍解

徐海陳東攻圍桐鄉勢甚危迫總督胡公新受命引鄉兵十餘駐敵樓防守杭州無他兵可遣援者乃與中書羅龍文謀曰方今徵兵未集而阮提督久困孤城萬一有失損國威多矣今欲用間用餌以紓時艱而無可使者奈何龍文曰我世受國恩願以死報請往說之公曰君京官也而無朝命往且不測況與賊素無一面之識誰則信之爾陳可願自松浦面以王直義子毛烈通事童華夏正朱尚禮邵岳等款定海關稱報效胡公喜曰吾事濟矣乃留毛烈於舟山而亟召童華等來見因厚撫之華等感悅胡公察其可使乃推誠與之計華遣朱尚禮持書往說海故畏公威名欲解去而恐無名得書大喜欲與華面議龍文因請監督以行胡公從之遂偕詣海所宣布朝廷威德因勸樹功以圖顯榮海因唯唯而陰與華曰吾固願爲報効而費倭人金且數萬奈何華曰此易事耳胡公豁達大度爾能與之立功富貴可望也豈直數萬金而已耶海大悅遂以降券付龍文等還報即日解桐鄉圍而去既而下硤石遍塘棲華亟馳問進兵之故海曰以倭人金無所償耳華曰若然是挾兵以要重賞也茲豈効順之義胡公一怒吾亦不能爲若謀矣爾弟出海須軍門有厚賞持以償倭未爲晚也海懼從之即退屯李港華恐其反覆難保因索其弟洪來質云

副使劉燾遣指揮王彥忠等敗賊於斜塘

賊有復自松江來者屯斜塘風涇王帶等處勢甚滋蔓燾令彥忠等逐之賊大敗復由橫浦東去



六月官兵進擊僊居之賊平之

賊據僊居胡公檄阮公往救之又檄副使許東望知府譚綸總兵盧鏜等從東路進賊聞大兵至乃走斷橋彭溪官兵圍於沐同知家指揮伍惟貞狎其前鋒俘斬二百死水火者不計餘賊六十人遁往天台復爲鄉兵所殺而福建流賊遂無孑遺矣

應襲嘗懋充中書羅龍文誘擒賊首葉明陳東等

徐海既解桐鄉圍而去與陳東葉明分屯呂港新場旋復合於乍浦城南黨與甚盛督察趙公數欲進兵總督胡公曰今衆寡不敵進兵豈爲勝算且海所以退去者貪吾餌也若進兵而勝固足喜事不勝當奈何今日之事法當先撫而後剿以金數萬勾致其心遣諜離其黨與剪其羽翼而後徐爲之圖萬全之計也於是遣龍文與華等[illegible]同濟麻葉[illegible]胡公虎符替出硤石誘祝氏婦胡公怒須遣華等往語海曰爾一心欲投降而陳東麻葉反覆不常殆爲爾累非我所以曲全爾命之意海猶豫未決龍文曰彼二人者已密啓趙公約縛爾生致之矣海大怒乃誘麻葉至營懲究舟所縛送軍門復約龍文以冊載貨賜與質

易童華以金二百與倭人之桀黠者誘東僧來至舟所即執之以歸海自此勢孤以至於亡

八月官兵敗賊於夏蓋山三江海洋

既而又戰于金塘瀝薮之間復大敗之俘斬二百三十餘人

兵部郎中郭仁副使劉燾擒賊於秦駐山

時諜報秦駐山支嶺之上有羣倭棲之其舟為觸礁所破不能長往仁與燾時駐乍浦即欲遣兵擊之將士皆云窮寇據險難以仰攻乃討令兵士挾降倭一人往說之許其送付徐海其黨五十餘人悉棄兵而來因次第縛之

官兵敗賊於乍浦

詳見大捷考

賊首徐海乞降

陳東黨既為官兵所破海內不自安陰修戰備為死鬭之計胡公知之復令羅龍文童華等往慰之且諷使入見海猶豫未決



龍文宿其營安寢如家海以足躡之覺曰此虎狼之穴何酣睡若此耶龍文曰我為爾百口且不顧況此身耶今爾乃心持兩端何也海曰聞趙必欲殺我恐公不能救龍文曰趙公初意如此今也則否海曰焉知非誘我而執之耶華曰胡趙二公欲為爾題請封爵使爾專提一旅之師捍海上寇若不入見彼何所據以正請也海曰蹈不測之險奈何龍文曰我京官也且胡公姻戚爾第入見我則質爾營中萬無一失矣海始首肯華既馳報軍門軍門許之為之期日諜使復數四紿既定海猶慮中變先期而至入見胡趙阮三公及巡按趙公孔昭于平湖城中受犒而出謂龍文等曰鑒諸軍門之貌吾禍終不免嘆息者久之

既而復叛據沈家庄總督侍郎胡公宗憲督察侍郎趙公文華提督都御史阮公鶚率官兵討平之

時官兵四集軍威甚盛海偵知之陰投陳東葉明餘黨謀拒自全胡公復遣華往解之海迎謂曰吾以爾言結怨諸倭令軍門既受吾降而復徵兵漸逼非為我而誰耶叱左右縛華將殺之華大笑不止海曰爾尚何言華曰吾笑爾不識人以忠為姦使吾枉死爾手耳海曰何謂也華曰陳葉二黨尚多且心跡不一今陽為附爾實為豫謀之計軍門恐爾入其姦中故遣我相聞官兵壁近郊者防其變也爾何不悟耶海曰然則如之何華曰今沈庄有東西二所爾曷不分其黨各自為巢而密約官兵殺之爾後患絕矣海深然之卒用其策由是二黨互相猜疑胡公知之遂部署大兵進擣其巢是時賊壁甚堅據敵樓以拒四面皆掛白布覘我我不得覘賊也諸將以佛郎機攻之畏矢石不敢近七日弗克胡公怒命都指揮戴冲霄攻之冲霄率兵士逼賊壘立於矢石之下燬其西南正西敵樓各一座賊失據冲霄及把總楊永昌等督永保等兵大進擣巢於半日之間實冲霄燬敵樓之功也海既敗歿其黨散走一支據定海丘家洋阮公與總兵俞大猷盧鏜合兵圍之賊潰走喻桃花嶺渡寧奚歷鄞奉化寧海與官兵戰於台州兩頭門把總指揮范　死馬賊突走溫州至福寧得舟而遁一支自直隸出海為大猷兵所滅一支自浙江出海為鏜兵所滅其得脫走者突登慈谿縣伏龍山阮公率官兵滅之由是賊無生還者矣

盧鏜擒賊首辛五郎等於清港洋

詳見大捷考

副使許東望擊賊於馬墓福山洋敗之



賊酋二羅表乃從賊七十餘皆就擒

九月百戶郎官追賊於臨海兩頭門死之

副使王詢總兵俞大猷擊舟山賊平之

俘斬一百五十餘

十二月官兵進擣謝浦賊巢平之

先是賊據吳家山官兵自秋及冬屢攻弗克胡公命把總張四維以麻陽兵當歲除夜襲破之俘斬無遺是年兩浙之賊數喻二萬皆次第就擒而謝浦之寇即舟山之餘孽云

三十六年四月賊犯定海關應襲百戶俞憲章死之賊亦敗遁

賊舟漂至沈家門副使王詢總兵俞大猷令把總張四維誘降五十三人至定海關適別艅賊殺憲章恐其中變悉斬之而移兵擊新至者賊敗宵遁

十一月賊首王直款定海關要互市總督胡公誘擒之

王直泊舟山稱降挾兵覬望總督胡公遣把總劉朝恩陳光祖指揮夏正通判吳成器生員陳可願往說之時副總兵盧鏜守中中所城外倭刀森列鏜慮變恐疑以待不肯啓鑰朝恩曰若是是益賊疑也激禍必矣事勢已迫不如以理諭之以誠招之有禍吾自當不相累也鏜從之朝恩等馳至直所直見皆單騎伏迎道左朝恩等反覆開諭直笑曰公等皆督府親信輕身臨辱推誠相與直小人也敢不惟命遂見鏜於城中誘致定海而執之夏正以此不得還詳見遇難狥節考

三十七年二月賊酋毛烈據舟山之岑港

王直既就擒毛烈等欲爲之報仇不肯還島而據岑港分䑸出掠官兵四面攻之弗克

都指揮戴冲霄等擒王直謝和餘黨賊首陳秀山等

秀山王信郭喬恕等直部下黨酋頭松吳九等十五名和部下酋也

賊攻樂清縣城



賊舟入石馬港者甚衆即進縣城副使袁祖庚參將張鈇逐之至和尚磐與太平流寇合兵五千餘人金盤指揮劉茂朱廷鑰千戶周賓百戶李爵劉深與戰而死鄉官僉事王德良督王沛督鄉兵禦賊亦死之

四月賊攻台州府

賊酋二十餘人臨海島朱門劫松門寨寇台州象山桃渚又有繼至之賊與合爲一攻府城僉事李二畏知府譚綸率兵剿之至臨碩所海濱大敗之

溫州賊過太平縣典史葉宗與戰死之

攻寧海縣

攻溫州官兵討平之

時台州賊復合樂清賊攻溫州府總督胡公遣參將戚繼光追之及於館石館大敗之賊遁出港參將張鈇預奉胡公方畧議與師江口以待斬首百餘獲其舟數十賊死者無算先是賊分二舟劫象山寧海備倭把總知府譚綸悉擒斬之戚繼光又追及於

每洋戰遂全敗

八月官兵進剿舟山賊巢平之

詳見大捷紀

三十八年三月賊巢象山何家礁副使譚綸討平之

賊自何家礁登犯者三百餘據險爲巢樹木營以自固總督胡公檄副使譚綸剿之綸與總兵俞大猷計曰候者報賊甚多而今登犯者止於三百其嘗我乎乃令大猷率舟師備之於海而自率陸兵往禦之至定海即欲進兵將士請曰兵士遠來乞休三日而戰綸曰賊數不及三百久掠不去者蓋謂我無兵耳今聞大兵四集不走且縱爲備宜出其不意急擊之乃進兵至馬岡賊繼至者五百自金井頭而來至近綸即發兵先擊之前鋒既接綸分兵從中衝之賊遂大敗追至落頭斬級以百計賊避入山中竟宵遁焉翼日綸率軍進擣何家礁賊巢賊殊死戰綸遣奇兵從間道出賊後擊破之賊潰入舟中因縱火焚之俘斬畧盡



賊攻桃渚所

攻楚門所

賊千餘自泥湖樵而來

賊犯樂清參將張鈇敗績千戶胡鳳等死之

賊自梅磐劫次日至窑磐鈇迎敗之乘勝進攻賊伏麥田中官兵入其伏遂潰千戶胡鳳朱璠百戶姚憲皆死焉

賊犯定海把總陳其可與戰敗績武生蔡啓元死之

賊自丘家洋入犯爲參將戚繼光所敗至奉化之蔣家舖副使譚綸遣其可擊之其可違綸節制乘勝逐北爲賊所乘遂潰敗啓元死焉

賊攻松門衛

賊攻夏公磐入犯即日攻城即欄浦賈子爲巢皆去衛不遠數里

四月賊攻樂清縣

賊自石馬港入者二十人張鈇射死其酋二人賊驚潰奔舟

桃渚圍解

時賊攻所城甚急幾至陷殁總督軍門檄譚綸往應之綸至入所城與戚繼光合攻之俘斬頗衆賊遁菖埠依山為固官兵又進攻之復大捷賊遂奔入栅浦賊巢

參將張鈇敗於白沙嶺

賊自松海登陸及太平遁至之寇合蹤至白沙嶺鈇預設伏以待賊至入伏正兵方合伏兵繼起大敗之賊遁出海去

五月栅浦賊夜襲松門衛城副使譚綸等擊破之

綸既破桃渚之賊即回軍向松門擊栅浦賊既入衛城以守城卒久而疲且風雨晝瞑恐賊乘官兵初至來攻城乃令諸偏裨悉軍通衢以備巷戰而令戚繼光軍分配城守諸偏裨皆竊笑之夜漏下四鼓果有賊數百襲西門先登者且三十輩殺城卒火城館守者紛紛墮城走草延縻陳其可督兵大戰斬數賊賊乃退洪計無遁綸與繼光尾賊後計賊必出金清明鑿二舟塞之賊果至起塞時綸駐新河所城偃旗示弱詐為新河老人遺書于賊約饋千緡令勿攻城賊信之乃不起塞明日繼光軍出壁牛橋誘賊賊果悉衆往綸盡銳兵出南門復遣人搜賊伏悉走之賊依舟以拒官兵攻之沉其二舟賊大敗奔陸復大敗乃棄輜重越過南岸官兵追之及於南灣嶺賊復據瀕海高山分五部以拒官兵蔡汝蘭等進擣其巣先令奇兵間道奪其巓以拊其背張左右翼以貫其中遊兵復四面環攻之賊遂大敗斬首三百生擒數十百人賊潰圍奔樂清黄華據舟出海而去



副使劉存德參將張鈇追擣海游賊巣平之

先是存德鈇預令把總任錦等設伏石所庄港口而自督兵進剿之賊知大兵將至即遁出洋伏兵擊敗之追至猫頭洋又敗之追至青門洋又敗之沉其舟數十俘斬數百餘賊會屯海為游兵擊斬盡絶

九月福寧賊流至桐山指揮盧鏑等敗之

賊掠福建而去為颶風所擊復至桐山鏑與梅魁等擣其巣預遣人伏賊巣中約被虜人為內應而令指揮李光佐典史黎壽伏水壯策應之夜二鼓賊巢火起各兵乘亂夾攻賊大敗奔前坡官兵復追及之斬首一百三十

十一月賊遁往福建盧鏑等復大敗之

鏑等知賊將遁設伏泰順港口伺之賊至大敗官兵追至同坑適仙居知縣區孟以坑兵來會前後夾擊復大捷俘斬二百有奇

十二月王直伏誅

四十年四月官兵擊賊於馬嶴沙坟大敗之

賊新至官兵遇之於海洋中追逐至馬嶴沙坟敗之賊奔陸適冠帶把總章延廩守舟山引兵設伏坟上約水兵合擊之賊遂大敗

賊犯新河所官兵擊敗之

賊自週洋港登劫僉事唐堯臣遣指揮劉意等擊敗之復用火攻賊死者百餘遁太平漁嶺復追敗之

賊犯台州參將戚繼光敗之

賊自桃渚登陸流至台州為繼光所敗追至新橋賊又敗走死者百餘而繼至者復一千餘人至黄沙為繼光所敗乃登山以拒官兵復追敗之圍於白水洋民居火攻之賊遂盡絶是役也賊多兵寡而我兵九戰皆捷俘斬千餘焚死者稱之



五月賊犯大嵩官兵擊敗之

賊為我兵所逐出至横簖梔於水兵不得去乃奔入結鯖副使王春澤檄總兵盧鏜由南路奉化以入象山而自引兵由大嵩望湖頭裘村進期與合擊適賊至裘村官兵擊之賊大敗潰斬首一百五十

遇難殉節考 此卷所載名數所關故不嫌特書然事之詳畧每有憑據或限於耳目之未接或涉於傳聞之疑似者姑闕之以俟同志者增入焉

永樂二年倭犯穿山百戶馬興與戰死之

六年倭入山東千家庄寨百戶王轔死之

犯桃花閘寨百戶周盤死之

七年冬十二月倭陷廉州教授王翰死之

翰河東人任本府教授嚴立規條教誨不倦倭寇陷城民皆逃避翰整衣冠端坐明倫堂賊至欲執之罵詈不屈遂爲所害

九年三月倭陷昌化所千戶王偉死之

二十年倭寇象山縣縣丞宋真教諭蔡海死之

真持竿擊賊海罵賊不屈皆死之



嘉靖二年日本使者宋素卿等作亂遁入海洋備倭都指揮劉錦追之戰死

時有欲追之者問于新建伯王公守仁公曰歸師莫遏窮寇勿追但當把截要害縱其退拒其進賊進無所獲退無所資將自困絕於是取之兵不血刃矣由是兵皆不追錦獨往果爲所殺

二十九年寇犯昌國烈婦嚴氏死之

嚴氏葉小九妻也爲賊所執驅之而前氏知不免遂投河而死

三十一年四月寇入奉化義士汪較死之

較奉化人力挽强弩尤精矢藥及刃精習有司上於軍門賜以義士關防賊入應家棚較率民兵射斃十餘虜剖戈遁去較亦被傷而死

賊攻遊仙寨百戶秦彪死之

彪聞[illegible]所人賊登赤坎攻遊仙寨甚急彪因挺仙與爵谿歷[illegible]曰無遊仙是無爵谿也先人遺我汗馬勳不死戰而死法何以見於地下乎乃與弟漢疾馳赴鬥力不能支遂俱死焉

五月瑞安所百戶李潮高良與賊戰於坡南匯瞭高山死之

賊入黃巖縣孝子王鍇列婦徐氏死之

鍇生員王顯之子顯被執欲殺之鍇泣求代父而遂死○徐氏名玄奴有異色值母喪病歸寧賊至玄奴抱母慟哭賊欲汙之玄奴詬賊轉穿持粧奩同往乘間赴井而死

六月賊陷霩衢所指揮樊懋力戰死之

三十二年閏三月官兵與賊戰於烈港軍人葉七死之

七定海衛軍賊王直負金塘烈港穴爲寇大將俞大猷提舟師直入其港討擊火砲大發勝負未決而我舟忽挂賊舡纜將不能拖賊衆方逞七徑取斧投水砍其纜未及斷賊以鉛中其項七呼曰死矣吾必斷其纜竟連揮數斧纜斷而死俞舟遂免後



四日俞大破賊寇其穴俞之舟入也有二卒後期當刑因請斷燒賊艘以贖死俞許之二卒從外海緣山越險幾百里晝伏夜行潛抵賊砦時夜近四鼓而賊方張樂少頃困劇而臥二卒即其處爇火火藥橫發舉砦俱焰灼賊方酣睡駭而突走墮水死者踵繼俞乘焰進舟師崩之遂成奪巢之功

四月賊犯海鹽孟家堰千戶宋應瀾死之

應瀾字汝觀寧波衛百戶登庚戌武榜授正千戶掌印事執法不撓因而每得下考軍門王公忬獨奇之命取兵船於閩應期而至忬益委以兵客兵驕悍難馭應瀾每約已裕偏而厲以軍法無不聽命癸丑隸參將盧鏜爲先鋒戰上海史家浜追賊至二十里亭復從戰平湖戰白沙灣戰金山皆有功其在史家浜兵壯賊追幾及應瀾急反之二矢而中項洞額親兵飛槍復殺四人因復回兵破賊應瀾亦是臨陣必以身先士卒竟以疲兵猝當海鹽孟家堰賊不支而死死時猶飛刀殺一賊乃絕事聞廕其子襲千戶仍建祠城北隅祀之

賊犯杭州指揮吳懋宣禦之於赭山死之

懋宣率僧兵禦
之力戰而死
把總馬呈圖指揮釆煉百戶王相姜楫呂鳳姚㝎與賊戰於海雲
塲死之
賊犯平湖百戶劉　黄　與戰死之
犯白馬廟指揮蔡　死之
犯南湖把總陳　指揮胡　死之
犯三江港口百戶陳　黄　死之
官兵追賊於海鹽海口巡司千戶王繼隆百戶楊臣康綬死之
賊陷昌國衛百戶陳表死之
倭賊入城表曰吾力無如之何有死而已但所攝印多吾死置
印何地遂泆母出城納印於千戶金鰲出門追賊奮鬬而死



孝子劉晉死之
晉昌國人倭寇入城其祖老疾不能行家人各挈妻子奔惟晉
負其祖而逃賊將及祖曰我老甘死汝宜速去晉不忍俱被殺
五月賊破乍浦所百戶陳綬死之
參將湯克寬與賊戰於乍浦長沙灣指揮陳善道冠帶總旗[illegible]儒死
之
十月知事何常明與賊戰於杭塢山死之
常明乘勝追
賊中伏而死
十二月賊登西匯嘴千戶張應奎百戶王守正張永死之
二十三年四月參將俞大猷與賊戰於普陀山武舉應襲火械[illegible]
民魏本康阜死之

墩觀海衛人幼通儒術以母病嘗糞轉甜晨夕告天願以身代
刄壯應武舉鄉試中式者二憤海寇荼毒生靈詣軍門乞隨軍
報効累立奇功至是與武舉生黎俊民應襲魏本康阜督水兵
追賊於普陀山陷陣先登同時遇害蓋忠孝得於天性者也從
其兄指揮同知火雷請於當道為之立
祠與俊民並肖像於其中俊民府東人
賊入上海縣指揮武尚文死之
尚文鎮海衛人從參將湯克寬駐軍上海賊逼縣治尚文率家
兵禦之出東門遇賊遊兵輒敗之乘勝進攻賊伏水傍俟尚文
過以利刃斷馬足
馬蹶尚文死焉
賊屯李家墅義士朱汀與戰死之
汀姜山人多勇力素好飭槊賊登赤坎屯李家墅大肆虜掠汀
與其黨王永希及子友章等數十人直擣其穴賊棄營走追至
開[illegible]岩日已晡賊計窮蹙遂返逆戰良久汀為流矢所中猶手
刄斃賊力不支顧謂其子曰吾已無濟汝等宜速去子不忍舍
與王永希奮力自
前格戰俱死焉



賊攻松江府副千戶童元巡檢李叢祿死之
九月賊攻嘉興府官兵追之戰於孟家堰指揮李元律千戶薛絅死
之
賊犯百家山百戶趙軒梁瑜死之
賊寇沈家河都指揮周應禎死之
十月百戶張曜與賊戰於湖頭死之
賊至東陽南午嶺巡檢朱純死之
賊犯芙蓉海口指揮戴杞江九山千戶崔海鎮撫劉成百戶易坎死
之
十二月賊入嘉善縣百戶賴榮華死之

詳見浙江倭變紀

三十四年正月賊犯湖州官兵敗績副理問陶一貫守備周奎指揮孫勇百戶陸陵周應辰把總官梁鄂武生郭周張景安朱平姚清死之

詳見浙江倭變紀

賊陷崇明縣知縣唐一岑死之

詳見直隸倭變紀

四月賊犯瑞安縣守備劉隆千戶尹　死之

隆字大昌定海衛指揮使以强幹屢協總諸衛備倭時海上寇起許二陳思盻最盛隆謀攻之適思盻入東頭隆提舟師薄之而我舟忽膠隆股中一流矢見血益奮怒揮諸舟競進卒破賊俘四十餘人斬百餘級壬子遷把總嘉興統舟師備乍浦當松江七團賊歸隆扼之焚沉賊舟俘斬幾三百級會破史家浜賊又扼之沉賊舟澉浦外洋一日追賊向暮黃霧四塞隆以孤舟在賊圍中遲曉從兵皆懼隆大喊作氣發一地雷衝沉十餘舟俘斬二百餘陞署都指揮僉事守備温處至是寇數百將薄瑞安城隆整兵遽出欲折其鋒偏將尹千戶者請旋師避之隆不聽徑往過之殺賊十餘人賊遁去回軍至田間有數賊伏莽中遽起擊隆不及應遂死尹千戶等俱死焉事聞贈都指揮僉事仍世襲焉



賊犯慈谿義士魏鏡死之

鏡生有絶力善格鬭聞寇至海濵輒自奮曰誰能死者死而能衛桑梓庶幾為義鬼矣賊由餘姚至鳴鶴鎮知縣曹本率衆禦之兵潰鏡負令而走賊追之踰杜湖嶺而南乃操刃衝敵殺數賊賊傷其顙猶力鬭不置而死

百戶劉夢祥與賊戰於崇丘死之

夢祥定海衛人領兵船出海遇賊登犯崇丘夢祥即部兵登陸與賊大戰獲賊首數級力乏寡援遂死賊刃當道聞之為立之祀焉

賊犯鳴鶴鎮孝子沈良十死之

良十時年七十餘尚有九十餘母賊至良十負母至五里外力竭不能行息山谷舍中賊追至乃跪拜請死願代其母賊見母子俱皤髮顫老舍之而去良十憐母飢渴方圖飲食賊又至或舉刃欲斫其母良十以身覆母號哭遂被殺而母竟得全

常熟縣知縣王鈇致仕參政錢泮死之

詳見直隸倭變紀

賊攻無錫縣孝子監生蔡元鋭烈婦蔡氏死之

元鋭無錫人軫之子寇至家人奔散元鋭以父年老獨留扶父登屋以免元鋭被執賊欲降之不屈遂遇害其女蔡氏適同邑陸子才歸寧遇變與其婢阿滿招女二英義男婦徐氏同登一舟將以避難賊悦其色欲汙蔡氏盡出簪釧求免不聽乃詒賊曰過汝舟當從爾賊喜獨一人與携手而往蔡氏囓傷賊手投溺水中其婢皆隨溺焉無何其弟元鐸以兄陷賊中持銀往贖知兄已亡乃罵賊而死



五月千戶韓綱百戶葉紳與賊戰於七里店及樟村死之

綱紳皆寧波衛官紳少不羈習手搏善雙刀賊入横石橋紳偕千戶劉英領兵策應至七里店紳奮雙刀奪橋獨進應者不繼遂為所殺後二日賊西流至樟村綱復領兵防遏猝與賊交兵潰挺身獨戰亦死之

遊擊將軍周藩與賊戰於朱涇死之

賊犯鳴鶴省祭官杜槐死之

槐慈谿人家瀕鉅海倜儻遊俠輕財好施為書掾從延綏撫院巡歷邊徼險要有抵掌伊吾之志省祭歸值倭寇屢犯内地從估客得島上狡慝狀曰患將滋蔓遂散家貲結驍勇傾身下之得士死力值縣僉其父文明為部長令團結保障槐傷父老以身任之癸丑寇薄觀海衛城槐曰衛破則無縣矣一呼而羣勇俱集直前斫賊賊走衛遂得全至是賊犯鳴鶴槐率衆迎擊賊走餘姚東山槐越境追之諜言賊飯空舍提刀赴之賊伏墻隅槐揮刃中石刃缺賊競出槐與五六健卒當之自午至酉鏖戰不已戮其衣緋渠帥竟以力竭歸而死後賊見黒旗即驚曰杜兵至矣父文明痛其子死而麾下壯士皆願從文明殺賊以

復仇後賊熸鳴鶴文明冒死出縣令於重圍中是年冬寇自黃
岩犯寧海道檄文明偕主簿畢清邀擊之遇於奉化楓嶺之
麓據高臨下布陣方定而土兵遽走杜兵力不能支文明遂與
畢清俱死馬事聞
詔贈塊光祿寺丞文明府經歷即死所
立祠祀之仍廕子入監肄業云

八月指揮張大綱生員陳淮與賊戰於蘇州横涇死之
大綱處州人驍勇異常率坑兵擊賊手刃數人力戰而死○淮
崑山人知縣周之子善弩與友人潘蔚卿等相期滅賊時賊精
悍異常兵士遇之輒潰淮
獨與家兵二人力戰而死

九月官兵進搗陶宅賊巢指揮邵昇姚泓生員于岳死之
昇等陷陣殺賊賊已大敗乘勝進攻賊死守
巷岸昇等身先士卒賊乘高剌下故皆死之

十月主簿畢清與賊戰於楓嶺死之
清善射累立戰功至
是陣亡人皆惜之



監生謝志望與賊戰於餘姚斤嶺死之
志望統兵設伏誘賊大敗之乘勝逐北賊
死鬬志望手射死三賊矢盡力竭遂被害

十一月賊攻鎮東衛千戶戴洪等死之
洪與高懷德張鑾皆本衛千戶出城禦敵而陣亡者也楊一
茂白仁丘球皆平海衛千戶追賊於東岳山而陣亡者也

百戶劉懋與賊戰於麻園死之

生員胡夢雷與賊戰於東關死之
夢雷餘姚人與堂兄應龍操六等
率鄉兵報効手刃數賊力竭而死

儒士金應暘與賊戰於母婆嶺死之
應暘山
陰人

閏十一月千戶劉綱百戶張澄與賊戰於瑞安三港死之

詳見浙江
倭變紀

賊犯平陽壆指揮祁嵩死之

指揮閔鎔義士吳德四吳德六與賊戰於舟山死之
德四德六兄弟本慈谿濱海[illegible]人少有膂力先是寇上平石涇
其廬驅其孥女德四持鋤自[illegible]歸遇寇於門揮鋤中賊腦仆地
德六取賊刃追殺一渠魁遂[illegible]壯勇有聲隸杜槐部每遇敵即
衝鋒奪旗以為常至是海道[illegible]其名檄往攻舟山險寨德四直
前砍賊渠于轅門寨內驚擾[illegible]而出怯卒皆返旆走而賊砍德
四號德六呼曰兄死矣獨前[illegible]其殺兄者後兵不繼亦死焉

三十五年正月參將尚允與紹興[illegible]與賊戰於松江四橋死之

三月福建總督備倭劉炌千戶王月[illegible]與賊戰於石壁嶺死之
炌字大光世為寧波衛指揮使[illegible]年二十襲父爵用御史林[illegible]薦其
薦陞韶州軍門把總未幾又用[illegible]倭至是[illegible]清
縣倭賊登岸據海口鎮官兵屢[illegible]
古田寧德望海而遁炌即提兵[illegible]石壁嶺
要賊歸路北至嶺臨倉卒布列[illegible]備而賊已至部伍散亂止家
兵數人及千戶王月在側炌顧[illegible]持印者曰亟爲我歸印
朝廷吾世受國恩死矣炌即挺身執[illegible]鈀格殺三人力盡無援賊衆
擁至斃於賊刃所揮鐵鈀尚堅執不墮其勇烈如此御史吉澄
上於
朝立廟祀之



賊犯海鹽轉塘灣指揮徐行健死之

四月賊犯青田縣百戶方存仁死之

溫州府同知黃釧禦賊於分水嶺死之
時賊自福建入浙境釧以孤軍禦[illegible]於境外分水嶺賊過桐山
釧率官兵勇敢當先連戰數合賊大敗走既而賊分支遶出我
兵之後釧遂力戰死之蓋自有倭
患以來文臣死事未有如此者也

賊犯寧波孝子聞宗時死之
宗時鄞人教授聞理子性至孝幼喪母奉繼母陳承順篤至賊
至舉家竄避宗時扶父出而遇賊劫[illegible]金銀不得欲殺其父宗

時以身翼敝泣求自代遂被刃而死尸諸田間父遂得脫時宗
奴李三抱宗時幼子不忍舍去亦被賊刃截左耳併割其面屢
死屢甦人共傷之

賊犯崇德游擊將軍宗禮鎮撫侯槐何衛忠義官霍貫道死之

禮故燕驍將也侯槐何衛霍貫道皆其偏裨所統薊手九百皆
精悍絕倫所向無敵劇賊徐海部領萬人自烏鎮而來勢將犯
杭浙江官兵無足恃者禮獨與麾下㨿三里橋而陣張左右翼
以待戰數合擊殺數十人會日暮賊且引去時賊氣頗奪而禮
與貫道等亦已絕餉道不得擇善地便水草時飲食以自休止
明日餒而戰賊遣候者樹而望蓋孤壘以塹無他援者也大喜
復縱兵前後夾擊禮與貫道大呼力戰矢石如雨無不人人一
當十復擊殺數十百人貫道亦手刃十餘賊益怖海且中砲欲
馳去會火藥盡貫道函禮二人皆仰天呼曰吾兩人再得藥數
斗可以了此賊矣既而賊分番死鬪禮與貫道衛力竭矢盡俱
死焉

賊犯嘉興指揮程祿死之

詳見浙江
倭變紀



千戶沈宗王王世臣與賊戰於金山江中死之

宗王鎮江衛後所正千戶世臣左所
副千戶同領兵船追賊歿於江中

賊攻江陰知縣錢錞　死之

詳見直隸
倭變紀

賊犯揚州都指揮張恒千戶羅大爵百戶曾沂死之

戰於八里鋪灣頭等處大
爵沂陣亡恒傷重而死

賊犯揚州小鐵口同知朱裒高郵衛經歷吳銳應龔實思死之

賊陷慈谿生員戎良翰死之

良翰定海縣增廣生員性峻介義不苟合素以忠孝自許賊陷
慈谿良翰家靈緇慈壞其廬乃倡義兵僅得百餘人與賊

殺斬首二級賊披靡而去已又遇賊於丘洋良翰奮勇力鬪賊
方蟻聚竟不能支遂為流矢所中立死監司為之禮葬及表其門

孝子生員馮履祥向敘王應麒死之

馮履祥字君德慈谿人生七八歲即警悟好讀書嘉靖壬子補
邑庠弟子員至是賊猝犯縣履祥隨父出奔賊逼斷父左手且
裂其背履祥以身蔽之泣訴曰此吾父也願無加害寧殺我賊
竟殺之其妻袁氏遁於靈山時孕已彌月夜夢一紅面神告曰
爾夫為父死不可使無後吾當與爾一子產將無患次日婦果
生一子又值倭寇將入賊馬皆止棄之亦不前賊不越境而回
一方稍輯人謂靈山神驃騎大將軍神威之庇與得兒夢符蓋
履祥孝感所致云○向敘字叔禮慈谿人獻令七世孫幼慧而
有高志舉動擬步古人年十六入府庠文藻驟發而操履端謹
人益器之至是賊入縣敘擁母而逃遇倭東溪踣敘仆地直前
披其母敘急起抱母頸連呼曰寧殺我賊乃殺敘舍其母而去
巡按御史上其事
詔旌其門○王應麒慈谿人年十七耽學習文天性至孝倭寇卒至應
麒扶母姜氏嬸余氏奔匿鄰圃賊窺見二婦輒拔刀追之二婦
亟赴池水余氏溺死應麒見母遇害以身翼蔽
賊亂刃之于母傷甚賊退應麒隨卒姜氏亦死



烈婦桂氏張氏章氏周氏馮氏柴氏孟氏孫氏烈女茅氏死之

桂氏阿寶女姜阿龍妻慈谿人方少艾賊至桂與衆婦走匿馮
氏僻室室後有池賊搜室衆婦競赴池賊以手挽之桂絕袂而
死○張氏慈谿馮鑒妻唐孝子無擇之後年二十歸於鑒纔六
年遇倭寇之變邑治焚燬張氏偕姑竄匿其夫相失為寇所殺
張哀號亟收夫屍殮葬未數日寇復至張偕姑及妯娌買舟逃
至管山江為寇所及張知不免曰不死且汙賊手然馮之嗣不
可絕也即以幼子付其姑偕伯之妾徐氏即沉於江賊大驚異
遂舍舟中諸婦以去三日屍浮於江家人收之合葬於鑒○章
氏沈祚妻周氏沈希曾妻馮氏沈信魁妻柴氏沈惟瑞妻孟氏
沈弘量妻孫氏沈琳妻沈氏慈谿思橋巨族家界於觀海鳴鶴
之間家衆二千人多驍黠善鬪自嘉靖以來海上多事寇上塢
山燬鳴鶴縱橫蹂躪沈氏不惟自衛且能殲其渠魁奪其所掠
賊甚讐之至是賊大至沈氏豪誓於衆曰無出婦女無輦貨財
誓以死守不能者先戮之章氏誓於內曰男子死鬪婦人死義
辱與死等耳衆婦皆竦聽既而賊圍沈氏羣婦聚於一樓賊散
入戶章氏遽出投於河周氏馮氏繼之共死一所柴氏方為夫
礪刃賊已斫戶入矣柴即以刃斫賊旋自刃孟氏孫氏奴婢為
賊所得相持不放詈賊不屈奪賊刀自刺皆殲焉思橋之難沈

宗婦死難者三十餘其六人尤烈者也○茅氏慈谿人年十四父母亡獨與兄嫂居其兄瘵卧賊入縣嫂出奔呼之行女曰吾室女也去將安之俱去孰爲扶兄賊至遂縱火女力扶其兄避於空室俱被燔灼而死二屍相攣綰焉

五月巡檢劉岱宏與賊戰於仙居縣東嶺死之

無爲州同知晉恩與賊戰於圖山江中死之

恩陝西隆德縣人祖敏知四川蒲江縣殺賊有功與二子俱死於賊

詔爲立祠恩蔭入國子監授序班遷河曲知縣禦寇備邊有功撫按保留久任九年考績遷無爲州同知閔東南久罹倭患竭忠圖報練兵衣械一毫不取於民長江賴以保障賊犯上流奉檄即率子孫叔姪兄弟凡十二人領兵赴敵一至圖山即身先士卒鼓衆而前殺賊數多賊遂畏懼奔潰乘勝逐北悞中賊伏誓戒子姪曰一死莫惜圖成功以靖

國難由是舉家赴敵至於力竭勢窮又曰兒輩勉存宗祀吾與此賊誓不俱生由是父子叔姪鶴嵩等四人得脫恩與長男尚文孫童叔仲實弟寶榮姪方良大御力戰不屈俱死於賊一門忠義自有倭患所未有也人以爲克繩祖武云



賊犯定海烈女傅氏死之

傅氏定海昌國傅梓女也年甫十七美姿色未嫁賊猝至女家故瀕海遂爲賊所得女即以石自破其面流血塗地賊怒磔之

六月百戶師印與賊戰於青村得勝港死之

印新安備百戶率廣兵追賊至得勝港兵潰印力戰而死

八月官兵進擣沈庄賊巢義勇劉進死之

時賊巢甚堅官兵難於進攻進首抱火器渡河焚賊巢廬舍火既熾賊亂官兵乘之遂大捷進傷重墜壓以死蓋忠勇異常者也惜無父母妻子故其功莫酬焉

九月百戶郎官與賊戰於臨海縣兩頭門死之

官兵與賊戰於鴈門嶺生員倪泰員死之

泰員餘姚人少倜儻有膽氣憤倭荼毒生靈募家兵四百從湖廣守備楊縉擊賊於定海之龍山三戰三捷乘勝追賊泰員率兵獨抵賊巢殺賊頗衆值天暮賊出死鬭兵疲勢孤泰員與家兵四十二名俱死於賊

官兵擣乍浦賊巢土官汪相向鑾死之

十二月官兵與賊戰於舟山冠帶把總莫翁送死之

翁送桑麻土兵頭目也

嘉靖三十六年四月賊攻海門衛應襲俞憲章死之

憲章百戶之子

五月都指揮泆田冠帶把總岳君寵與賊戰於天長死之

先是田統鎗手三千名守瓜儀賊犯天長操江都御史尚公委領兵一千與都指揮焦鯤應援賊衝入其營鯤等潰走田與君寵及家丁封漢等力戰而死

三十七年正月賊陷蓬州所百戶李日芳等死之



三月百戶秦杭與賊戰於梁灣港死之

杭蒲岐所百戶先以軍門委領白岩塘兵船守青嶴門至是與賊遇於梁灣港力戰死之

四月致仕僉事王德與賊戰於龍灣死之

德永嘉人原任廣東僉事憤倭流劫募集義兵二千水兵二百剿之與賊遇於龍灣殺賊數十既而伏賊四起德被圍死戰遂遇害

賊犯太平縣典史葉宗死之

宗太平人原任典史因事去職

良醫王沛與賊戰於梅頭嶺死之

沛字崇大以例授良醫七品散官歲壬子倭寇海濱崇大首倡大義招集義兵七百餘人團操保禦屢建奇功後同從子廣東僉事德致政而歸加募勇壯至一千五百有奇嗣後與賊戰灌彎戰長沙皆有戰績至是與賊戰於梅嶺賊衆大至沛衆寡不

敵遂死之

指揮劉茂朱廷鑰千戶周賓百戶季爵劉源等與賊戰於白巖塘死之

茂盤石衛指揮使廷鑰溫州衛指揮僉事賓蒲岐所正千戶爵蒲岐所百戶源盤石右所百戶

五月賊犯惠安縣知縣林咸與戰死之

詳見福建倭變紀

六月觀海衛百戶　與賊戰於柯梅死之

賊犯昌國烈女李氏死之

李氏昌國人寇至執李欲汙之李罵賊不屈竟死之

十月賊掠鹹頭灶塔守備楊鑑與戰死之

時官兵每有斬獲賊輒奪其屍去鑑因貪功力戰而前故死之



嘉靖三十八年三月賊犯樂清三盤嶼千戶胡鳳朱璠胡珊百戶姚憲死之

鳳等從參將張鈇禦賊於盤嶼賊伏麥田中俟官兵將半忽起敵殺官兵大潰鳳等遂遇害

官兵與賊戰於奉化之江口橋武生蔡啓元死之

啓元廣德人從叔監生蔡汝蘭勤王擊倭奴累戰功授千夫長至是我兵當賊於江口橋行列已定鼓而向賊同行者俱錯愕不前啓元獨憤怒裂眥恥詈不休徑匹馬橫而前與賊遇賊駭或走或伏啓元手格殺數人會天雨馬行淖潦中不得[illegible]力竭矢空顧左右皆散去僅弟昆元與二三[illegible]不儘不去啓元怒益甚瞋目揮劍罵賊曰吾不啖汝肉非丈夫也獨死戰良久賊乘間步河繞其背銷之死喻時猶怒立馬上不墮人共壯之

四月官兵與賊戰於灣頭千戶蕭　百戶鮇　死之

千戶趙世勳鎮撫[illegible]儀與賊戰於如皐死之

官兵搗廟灣賊巢千總沈儒死之

儒故驍將至是從南路入水手艘賊船為賊驟所中而死

賊犯象山烈婦丘氏死之

丘氏象山人王憲維妻賊劫西山至憲維室時夜分賊妍其色欲汙之丘氏不從執木梃擊之中賊首賊以刃刺其腹而死

八月參將丘陞與賊戰於七灶洪死之

陞北方驍將也歲丁巳倭犯淮揚陞提兵應援屢立戰功寇平督府因留之每戰輒身先士卒凱旋則殿後行賊見輒為引避至是單騎搦戰故遇害

十一月指揮夏正為王直黨所殺

正故通事屢立奇功奉例納級報效軍門王直之來也擁兵觀望禍且叵測正密領督公方略入直所為死間直既就擒毛烈收其衆議為復讐正又詭撫其黨烈怒欲殺之正不為屈遂為烈黨支解而死事聞贈都指揮使廕子為正千戶云



三十九年三月冠帶義士沈講與賊戰於走馬溪死之

四十年五月百戶徐昭與賊戰於海山外洋死之

百戶焦涇追賊出海死之

涇臨碩所百戶

拾遺

嘉靖三十三年三月鎮撫彭應時與賊戰於乍浦死之

應時山陰人以儒生中武科授本衛鎮撫都御史王公忬加其材檄使練士會賊首蕭顯為無將王鏜所攻自松江走入浙境王公令應時截之于海塘至乍浦遇賊摧至乃奮鬭身被數創猶督戰不已遂死于陣應時性聰敏能詩文材力兵技冠絕一時而尤精于騎射其練兵也善撫士卒樂為之用及其死也人皆惜之

三十四年正月賊犯歸安縣雙林烈女嚴氏死之

嚴氏諱四英桂林知府鳳之從女也寇入鄉傷其父擄四英以行至䟦街橋四英赴湖焉山陰徐渭爲之立傳

兩浙海防類考續編卷之九



兩浙海防類考續編卷之十

## 海船圖說

### 烏船式

烏船之製稍自福建沿海民人造裝客貨浙中初無此船式與草撇船彷彿通商已來每載糖[illegible]板木到關目擊其便但船身長安兩舫有櫓六枝尾後催稍櫓一枝不畏風濤行使便捷近將應拆草撇蒼船改造補額謂其額六船稅相須且往來南北海洋搜哨較之福草蒼艚等船無出其右可與沙唬齊驅也

## 大福船式

福船高大如楼可容百人其底尖其上闊其首昂而口張其尾高聳設柁樓三重於上其傍皆護板裼以茅竹堅立如垣其帆桅二道中為四層最下一層不可居惟實土石以防輕飄之患第二層乃兵士寢息之所地板隱之須從上躡梯而下第三層左右各護六門中置水櫃乃楊帆炊爨之處也其前後各設木椗繫以棕纜下椗起椗皆于此層用力最上一層如露臺須從第三層穴梯而上兩傍板翼如欄人倚之以攻敵矢石火炮皆俯瞰而發敵舟小者相遇即犂沉之而敵又難於仰攻誠海戰之利器也但能行於順風順潮回緃不便亦不能逼岸而泊必須以哨船接渡乃可

參將戚繼光云福船高大如城非人力可驅全仗風勢倭舟自來小如我之小蒼船故福船乘風下壓如車碾螳蜋鬬船力而不鬬人力是以每每取勝設使賊船亦如我福船大則吾未見其必濟之策也但吃水一丈一二尺惟利大洋不然多膠於淺無風不可使是以賊舟一入裏海沿淺而行則福舟為無用矣故又有海滄之設

草撇船即福船之小者

參將戚繼光云海滄稍小福船耳吃水七八尺風小亦可動但其功力皆非福船比設賊舟大而相並我舟非人力十分膽勇死鬪不可勝之二項船皆只可犁沉賊舟而不能撈取首級故又有蒼船之設

艟艚船式

參將戚繼光云近者改蒼山船制爲艟艚比蒼船稍大比海滄更小而無立壁最爲得其中制遇倭舟或小或少皆可施功但水兵人技皆次於陸兵設使將水兵教練遴選亦如陸兵而後登之舟中則比陸兵戰加一舟險其功倍於陸兵必矣司寄者何憚而不爲哉

蒼山船式

蒼山船首尾皆濶帆櫓兼用風順則揚帆風息則盪櫓其櫓設于船之兩傍腰半以後每傍五枝每枝二跳每跳二人方櫓之未用也以板閘于跳上常露跳頭于外其制以板隔爲二層下層鎮之以石上一層爲戰場中一層穴梯而下卧榻在焉其張帆下椗皆在戰場之處船之兩傍俱飾以粉蓋單隘於廣福船而濶於沙船者也用之衝敵頗便而捷温州人呼爲蒼山鐵

參將戚繼光云蒼船最小舊時太平縣地方捕魚者多用之海洋中遇賊戰勝遂以著名殊不知彼時各漁人爲命負極之勢亦由賊之入我地是也今應官役便知愛命然此船水面上高不過五尺就加以木打棚架亦不過五尺賊舟與之相等旣勢均不能中制

若使徑逼賊舟兩艭相聯以短兵鬭力我兵決非長策多見悞事
但若賊舟甚小一入裏海我大福海蒼不能入必用蒼船以追之
此船喫水六七尺與賊舟等耳其撈取首級水潮中可以搖馳兩
快便二色之中又此為利



八槳船式

八槳船但可供哨探之用不能擊賊

艚艚船式

艚艚船製自台溫民人造裝商人米穀到閘船身寬大行使穩重外洋往來巨浪不畏萬曆拾陸年內蒙

總鎮侯　議將蒼船限滿應拆者改造補額近日亦有改更者謂其不能如鳥船之疾速耳

殼哨船式

殼哨船乃溫州屬縣民人捕魚船隻每年漁市俱至定海領旗納稅出洋採捕倭船突犯所乘船小每至漁洋搶船打刼近年奉文將小哨船盡改殼艚將船身以石灰粉白與各打漁船一樣兩傍掛網泥在洋中倭賊不能辨識輙來相犯節次成擒此亦軍中誘敵之長技也

車船式

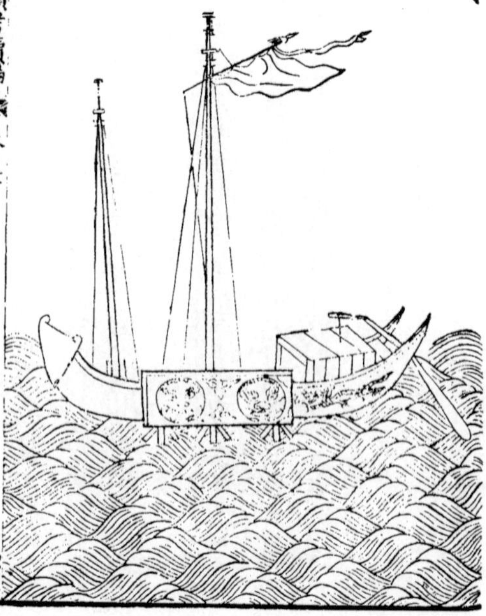



輪船製自萬曆貳拾伍年陸月内有廣東教官龐尚志倣效宋時所
造獻策
軍門准行
本道轉發前任坐營官黃棠會同置造貳拾隻分發各區禦倭嗣
因錢粮無處止造壹隻發中軍哨每遇大小貳汛跟隨
總鎮出洋哨勦其式如唬船壹樣尾後開稍兩艕各用車輪叁道
每道用兵肆名車碾後尾催稍櫓壹枝用兵貳名搖駕行使利捷
可與唬船並駕齊驅也

魚船式

魚船於諸船中制至小材至簡工至約而其用為至重何也以之出
海每載三人一人執布帆一人執槳一人執鳥嘴銃布帆輕捷無
墊沒之虞易進易退隨波上下敵舟瞭望所不及是以近年賴之
取勝擒賊者多其力焉

沙船式

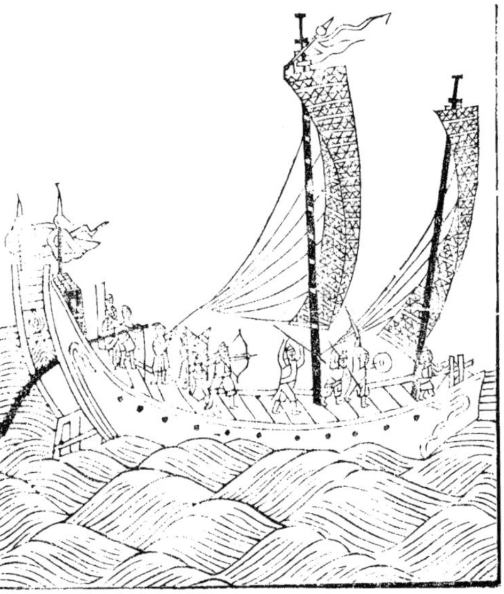



水戰非鄉兵所慣乃沙民所宜蓋沙民生長海濱習知水性出入風濤如履平地在直隸太倉崇明嘉定有之但沙船僅可於各港協守小洋出哨若欲出赴馬蹟陳錢等山必須用福蒼及廣東烏尾等船

沙船能調戗使鬬風然惟便於北洋而不便於南洋北洋淺南洋深也沙船底平不能破深水之大浪也北洋有滚塗浪福船蒼山船底尖最畏此浪沙船却不畏此北洋可拋鐵猫南洋水深惟可下木椗

此船當與鷹船說參看

太倉生員毛希秉云

太祖舊制深嚴雙桅船隻私自下海之禁承平既久法度浸弛雙桅習以為常甚至有五桅者長江大帆一日千里近蒙當道建言申明舊制曉諭改正而未嘗着實舉行故沙船入港頭桅多寄海口或倩人遊說官府航海非雙桅不可冀便其私蓋單桅雙桅無不可行但有大小遲速耳定制沙民止許户船一隻巡船宜快便多桅櫓如糧船有一定之式以便江海識別沙船宜朴實單桅仍禁雙桅眼責令本州縣及守禦官限一月之内改正違者即係賊船許諸人擒獲首告即以充賞惟有副帆副桅以備損壞而桅眼止一者聽庶幾我常强而彼常弱我常速而彼常遲此造船之良法也

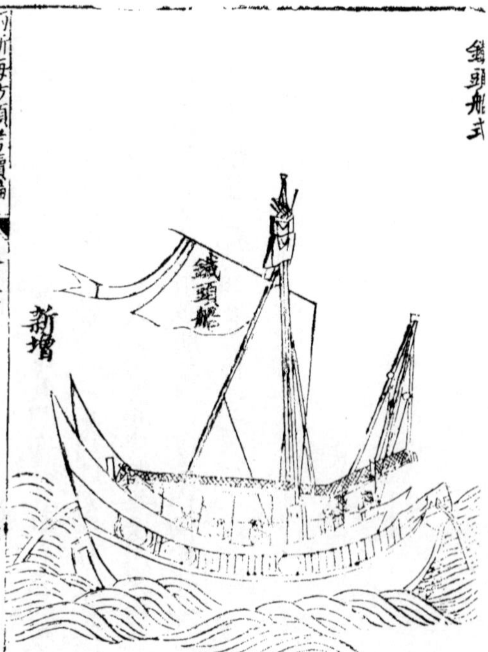




鐵頭船艟艑之稍次也吃水四五尺首尾皆濶帆櫓兼用風順則揚帆風息則搖櫓其櫓設於船之兩傍腰半以後毎傍一枝形式卑隘於福船而闊於沙船深淺用之衝敵頗便而捷人呼之為鐵頭船見其堅而有用也

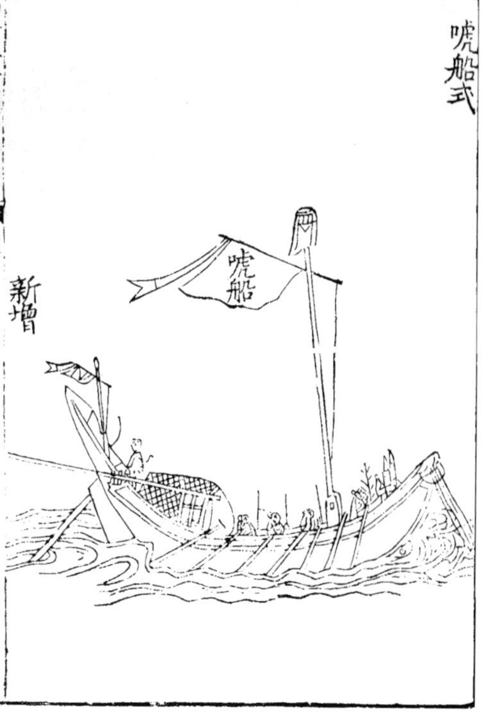




頭尖艄鋭滄濶槳多風順揚帆風息盪槳吃水惟止三尺尤慣走於遠洋體式低小雖無衝犁之勢進退殊捷可備追逐之需

叭喇唬船

舊製出自浙直

兩浙海防類考續編　卷之十　十八

叭喇唬船浙中多用之福建之烽火門亦有其製底尖面濶首尾一様底用龍骨直透前後濶約壹丈長約肆丈末有小官倉艙面兩傍各置長板壹條其兵夫坐向後而棹槳每邊用槳拾枝或捌枝其疾如飛有風竪桅用布帆槳斜向後准作偏柁亦能破浪甚便追逐哨探倭奴號曰軟舥盖怕之也

哨船式

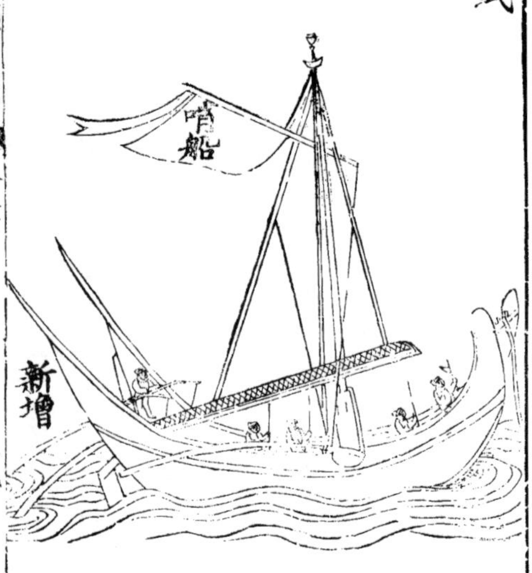


兩浙海防類考續編　卷之十　十九

頭高艄濶蓬大櫓多甌海漁人慣用遠赴深洋捕釣戧駕便利追逐疾速昔年擒勦多獲功級

網梭船式

此船定海臨觀象山一帶沿海地方俱有之其形如梭猶竹桅布帆僅可容二人衝風冒亂專入大洋抵下八山取蔬菜紫菜打魚之利舟至山麓二三人以舟舁置灘塗避風潮若欲西歸仍舁舟下水不能禦敵但可為哨探之用乃魚船之至小者也

參將戚繼光云網船形似織梭內容二人前後用二人以擢卑之風浪大可拖之塗上且不能禦敵喫水七八寸耳此可走報或用之裏港窄河動以百數每隻內用鳥銃二三人蜂集蟻附沿海沿塗而打之甚妙如賊追逼就可棄走一舟不過一金之費耳

三板船式

新增

凡福滄艟艨沙船各有壹隻附繫艄後日逐山島取水及送椗渡兵上下之用

船艇圖

走風捉颶事急追賊車關入力起艇遲悞備此臨急解繫縱泛之以便四取

船艇　此用桐木燒黑外一寸甚妙

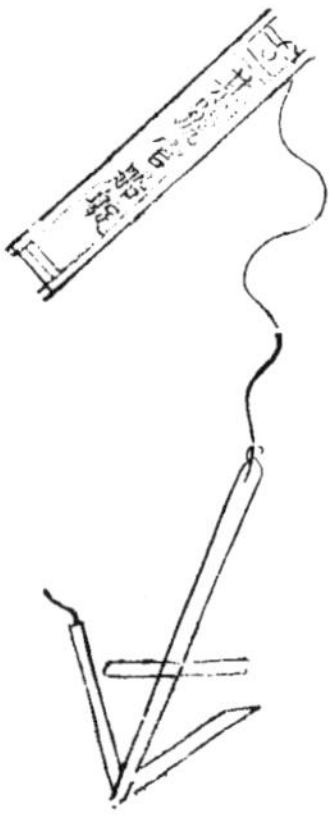



都御史唐順之云再三沉思制賊小船衝突之說灘淺處多釘暗樁薄皮船遇之必碎此一說也先發制人一着惟有望斗上做工夫然必須以利使人惜不得銀子每夜揚都司邵把總盧守備等各水軍編定福船十隻每一隻望斗人一夜給與銀一兩使一夜常有人坐在斗上者看賊動靜縱月黑之夜若撐船撐船未必無一把兩把火光我船便可做手脚不患於大船趕賊不上也月明之夜則斗上瞭悉必見正與彼四層望樓是對手至如小船只喇唬八槳船宜多置銃手既不戰亦宜量與給賞多布之八槳只喇唬中火器既多賊來便死打又右望斗內人先報賊動靜不患于小船制賊不下也一隻船望斗人每夜與銀一兩毫釐不可少就是



一月浪費銀三百兩亦說不得支得一月賊必擒矣恐惜費誤了大事望斗人若報賊的當水雷函以成功則望斗人即當給與銜鋒重賞若有誤事定以軍法斷首蓋賞重則罰亦重也每夜與銀一兩分毫不可與頭目人尅落必使望斗人一一得實惠

訓導薛俊云水戰東南長技也故

國制瀕海衛所俱置官哨船以備倭但虛飾美觀少遇風色不便行使遞年走報聲息多賴民船节徒少更無益虛花之制務求堅便實用每官哨船增置小划船或二三或四有事則令與大船夾戰無事則令與大船樵山漁海以瞭賊器械修補之費

又云聽容沿海居民单桅船隻附近砍柴捕魚則遏抵便於生理聲

息便于夾戰實備邊萬一之助也

閩縣知縣仇俊卿云地有南北時有冬夏自春徂夏則時多南風而利于北行自秋徂冬則時多北風而利于南行此番舶往來出沒之候也彼瞰其時輒乘風蓮雲以出洋我當其衝欲逆濤破浪以邀擊未必其勢之便也去亦隨時以應之時乎北風必先于北道之防以遏其衝而以南風躡于後而追之其居中閒各寨灣之舟又從旁遞出而擊之時乎北風也亦如前法或遏于前或躡于後或擊於旁此亦迭肆之法長蛇之勢寇未有不困疲而就縛者海上可立京觀矣

文云



國初置沿海衛所每所船五隻每船軍百名其法備載會典自一所推之則合衛之船可知其數也自一衛推之則合省之海船海軍可總其盈也使法之常存何慮海寇之橫而來脩復一二止可用于哨報難以衝敵禦寇及其事急調用不給借發福清鹽船併報各灣民船彼不思國家之急皆存藝各私原非官物率不如令雖給價值終不直前況福清鹽船雖大不可以當海寇之夾板船以喇船漳州之草撇船清之大鐵等船又不可以當海寇之烏尾火艚至如東仔銅錢等船又不及也昔入海戰之船大小制度不同今當兼用可也如樓船艨衝此船之大者也如直進飛虎此船之中者也又如艕艋遊艇此船之小者也以船之大者為中軍座船而當其衝以船之中者為左右翼而分其陣以船之小者繞出於前後兩旁之間伏見于遠近散聚之際使拒其計隨船器械各須犀利完足固不待贅但海寇所恃全在于銃吾亦以銃為應中軍大船之前仍用次等船載佛郎機大銃數架以鎮之兩翼中船之前亦用再次船以載銅將軍大銃數十架以列之其小船亦各載鳥銃鉛筒數百以備於四面各船編定字號每數船列為一行每一陣列為數行晝則麾旗為號夜則振鼓為節迭出更進則彼此衆寡勞佚之勢不同未有不殲此渠醜者也今蒙委官鳩工大造船隻戰船之造必有定議但船之外旁須護以牛革漁網氊絮之類其大者更用列



木為柵可避砲石又有車船之制令戰士前後踏輪舟自進退所謂中流上下回轉如飛虜衆相顧駭愕者用此法也又須預募能射與善浮之人一遇番船或以火箭焚之或以水鑽溺之是或皆可用也至于奇正之變大船中船為正則以小船為奇前隊為正則以後隊為奇合之為正則以鬭之為奇形難預料變不可窮是在臨機神應之妙不可測者也

總兵俞大猷云或問兵船官造與私募孰便曰造易而脩難也雖督造之官用之海上衝敵激浪不旋踵必議脩矣脩船之弊奚啻萬端議脩之後閣岸日多浮水日少以之守港則可以之出洋追捕則全不足恃矣在官府不能立無弊之法在民間不能克不可制

之情天下古今豈有視官物為己物者哉此惟熟於海務者自知之烏得而盡言或曰民閒安有許多私船可募乎曰厚之以稅使逐利之民爭造新船以應募何患其不多責府縣以及時給稅責船户以及時脩整則經年累月皆有堅船可用然則用官造之船以守港用私募之船以追捕則如何曰必若是然後攻守各適其用也

謹按閩廣浙直船制各異而不知其所以異者由於海勢之不同也廣東船制兩旁設架便於摇櫓福建船制其旁如垣其蓬用捲便於使風浙直船制平底布帆便於盪槳此船制之異也所由然者福建海水最深各信地俱近外洋一望無際縱有海



島如浮漚之着水耳故有風時多無風時少順則使風逆則戧風此福船所由製也廣東自出五虎門上及大鵬下及北津以西俱有海嶼或斷或續聯絡於外商船來往多從裏海且風氣和柔全仗摇櫓此廣船所由製也浙直海水深處固多淺處時有近岸平沙或數十里潮長水深尋丈潮退僅可尺許故叭喇唬沙船專事盪槳此浙直之船所由製也若易地則風水不同其制亦當少異推此而山東以北危磯暗沙往往有之船制又不可執此例彼矣然欲攻大敵於外洋非福船不可蓋福船之制其蜂房垣牆即古之樓船巨艦其重底堅牢即今之過洋與使琉球船式也故諸省船制惟福建為工

又按海上之戰不過以大船勝小船大銃勝小銃多船勝寡船多銃勝寡銃此中國之長技也故論戰則陸戰難水戰易然論兵則陸兵易水兵難而海將尤難者風濤難狎舍與達之難其人也

火器圖說

威遠砲

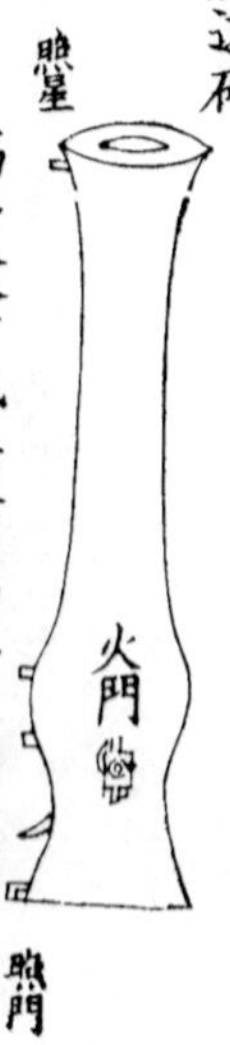


高二尺八寸底至火門高五寸火門至腹高三
寸一分砲口徑過二寸二分重百二十觔火門
上有活蓋以防陰雨

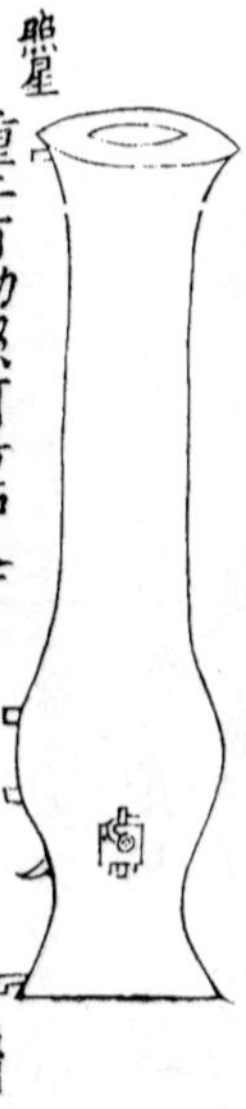


重二百觔照前量加尺寸



每位重百二十觔如一營三千人用十位每位用人三名騾一頭人
仍各帶銃棍一根舊製大將軍砲周圍多用鐵箍徒增觔兩無益
實用點放亦多不準今改為光素名威遠砲惟於裝藥發火着力
處加厚前後加照星照門千步外皆可對照每用藥八兩大鉛子
一枚重三觔八兩小鉛子一百每重六錢對準星門墊高一寸平
放大鉛子遠可五六里小鉛子遠二三里墊三寸大鉛子遠十餘
里小鉛子四五里俱濶四十餘步若攻山險如川廣各關砲重二百
觔墊五六寸照前重載行大鉛子重六觔遠可二十里視世之所名
千里雷尤輕便倭虜營中或將近我營晝夜各先發大鉛子數枚
今驚潰若欲前賊至用後連砲則此砲在連砲前後發可也此砲

不炸不大後坐就近手可點放觀後製法與藥去之速始知此與
地雷等砲的可用



地雷連砲

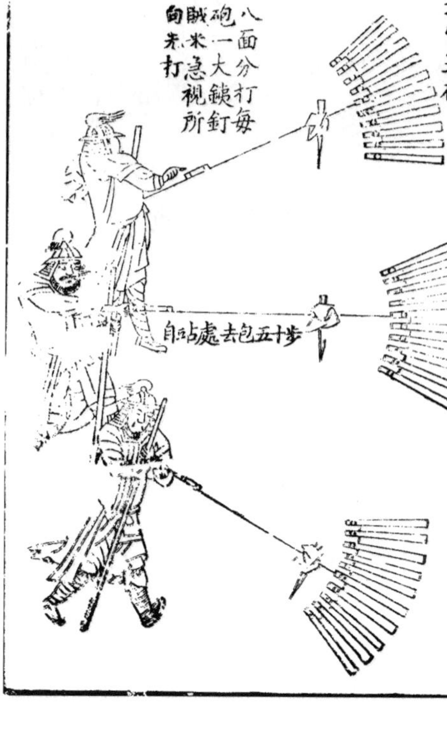

## 合打

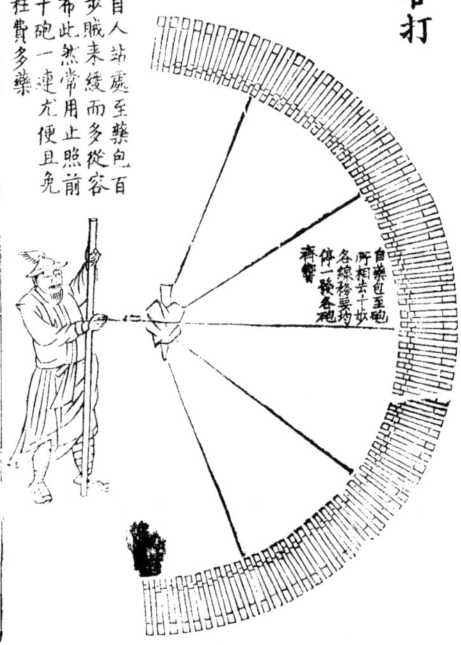


每位重二十斤十位一連如一營三千人用二十連每連用人十五名人仍各帶銃棍或夠鎗火鎗一根舊砲點放易後坐傷人馬且擺動常苦不準今改身加長尾加重前後用照星照門以鐵大釘貫其環中不坐不擺亦不用鐵箍比舊製力大而準初擬用火櫃今改走線以發火扁線以傳火尤便各司一件臨時須刻可布每用藥二兩墊高一寸大鉛子一枚重八兩遠四五里小鉛子一百每重三錢遠二三里闊三五十步



## 迅雷砲

砲底至火門高二寸五分火門下寸許鑿一大眼用鐵橛釘地使不後坐亦可作連砲

每位重拾餘斤如壹營叁千人用壹百位每位用人貳名人仍各帶銃棍壹根其製大約與地雷連砲同用佐威遠地雷各砲

# 劍鎗

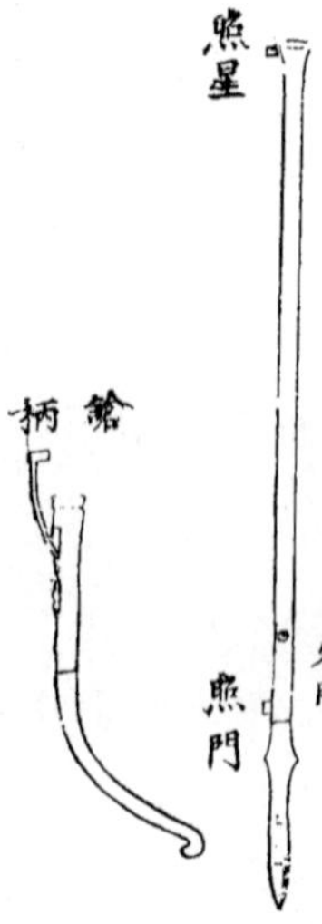


式長四尺八寸重八斤後作一鎗頭長九寸直柄九寸三分卽作鎗鞘斜柄一尺一寸



每位用人二名其器甚長照其準發甚利亦用佐威遠地雷砲或遇强敵或某處受敵最急或虜有可乘或招旗頭腦所向諸炮視以進止者臨敵調集數十餘位攢打一招應發而斃殲其衆兇摧其耳目虜所大忌可使不戰而遁其製通身是鐵把內藏鎗可當短兵鎗棍一器而兼三器之用專備出奇制勝每用藥三錢鉛子一枚重三錢平放遠二百餘步與銃棍火鎗相間攻打若遇賊忽至可急用也總之近攻不如遠攻遠攻而廣踰里遠踰一二十里利之利者也一人敵不如萬人敵萬人敵而一發可數十砲中可數千萬人利之利者也用刀不如用棍用棍而先以銃間以鎗又以火利之利者也

# 銃棍

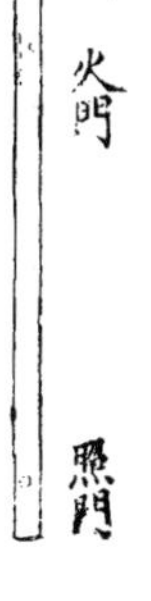


式長六尺五寸裝藥將至上火門卽以棚杖築實入一鉛子仍加以土少許與上火門齊復如前裝藥并鉛子放時先點上門次下門方作棍外棚杖以意爲之



每位重十斤用人一名如一營三千人用六百領放威遠地雷迅雷等砲餘二千四百名令十之五各帶銃棍一根十之五帶火鎗劍鎗若干銃棍蓋視舊悶棍而酌之也亦用星門上身全用鐵如鳥銃或一發或再發下身鐵連心外用竹籐漆包裹發則發後再裝藥急則作悶棍以擊一器而兼二器之用每用藥三錢鉛子一枚重三錢平放遠二百餘步藥待臨放時方裝以防不虞

火鎗

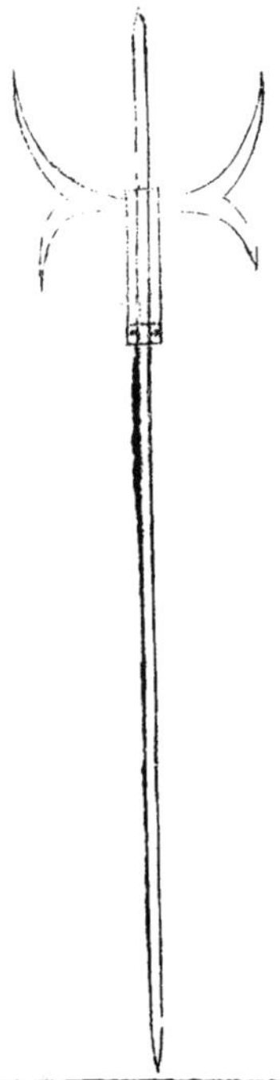



製長柒尺鎗頭長貳尺許木柄下有鐵鐏兩邊叉上作鉤連夾鎗有二
噴筒用時先放一筒藥線引轉復放一筒完即作短兵格架刀鎗
以佐威遠等砲噴藥方開後

五雷神機

銃長一尺一寸重五斤底至火門高一寸每銃各有照星柄上總一照門銃裝柄上可以旋轉火繩函銅管內剛對火門放時以左手托住柄根石腋照準以左指按銅管點放一銃放後輪對星門再放

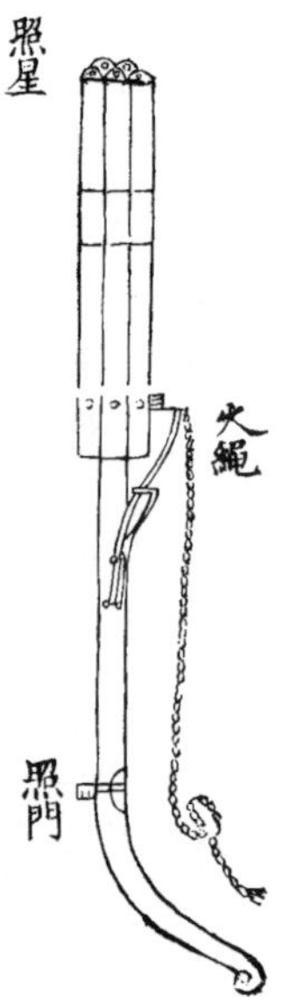




每位人二名帶銃棍一根每發用藥二錢鉛子一枚重一錢五分遠
一百二十步各鎮所用火器惟三眼鎗最勝一器三發可以備急
然多而不準倭奴鳥銃前後星門對準方發極稱利器然準而不
多一發後旋即無用今酌量於二者之間製為二器前後星門一
準倭奴鳥銃而加以三眼五眼其機則更易便點放由人前後對
準星門平放一百三十步命中

## 三捷神機

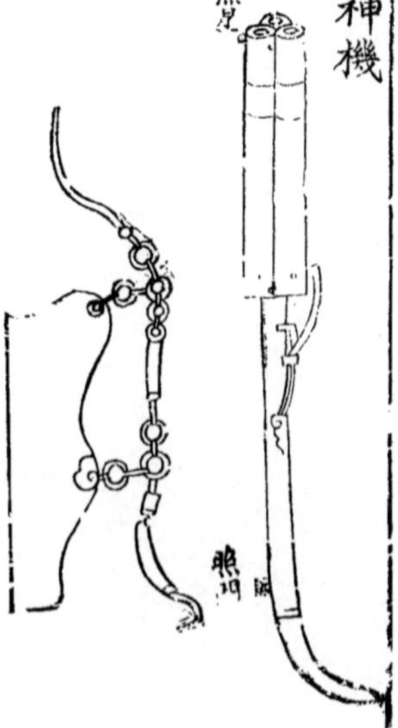


其製大約與五雷神機同



## 萬勝佛狼機

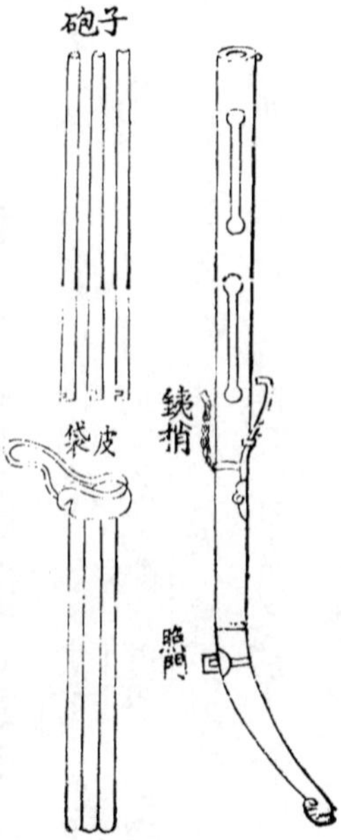


母砲長壹尺陸寸，底上少許有孔，旁繫銕捎，底至火門壹寸陸分。子砲長壹尺柒寸，底稍上有關，底至火門壹寸。如望下放打，以捎從□□關住子砲之關，□□倒出。

每位人叁名，仍各帶銃棍壹根。此器蓋倣佛狼機而略爲更易者也。佛狼機重大，利於船，不利於步騎，且提砲短小，氣洩無力。今改子砲子砲三套九位，身長氣全而有力，一裝一放，循環無端。照星照門如前法，平放二百餘步，命中。每用藥三錢，鉛子一枚重三錢，以上俱佐威遠與連砲



## 鐟架

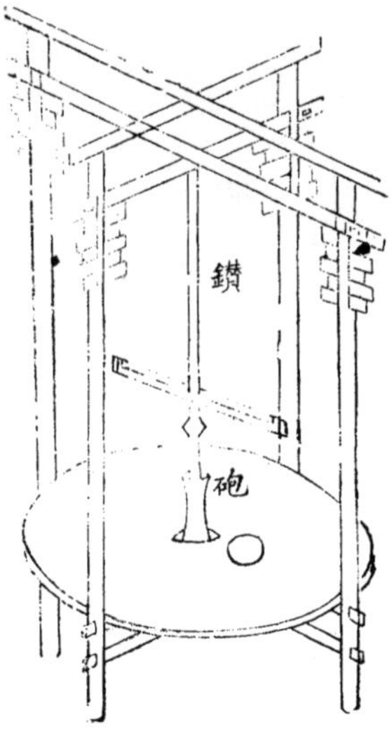

先於地穿穴深四尺周圍三丈六尺穴上作架其架用堅木立四柱長一丈二尺徑過一尺柱頂作十字木冒頭管住下尺許鑿槽路長四尺仍作一十字叉嵌槽路中出筍加拴勿令出入可上可下其槽空處俱用木扱墊起俟砲鑽深漸次而下十字中央朝下嵌一大鐵臼臼下即大鋼鑽鑽形方長七尺鑽半身有孔貫以鐵杆長六尺仍用堅木二條長丈餘約鐵杆大小鑿槽夾鐵杆於中不露兩頭用鐵箍以人扶可推轉四柱自下高尺許作十字叉中央鑿孔再上一尺五寸亦復如是十字上加厚木圓盤可四柱大上容鑽砲人行盤下依圍壘墻三面盤心鑿孔鑲鐵圈圈旁各有二橫釘嵌入盤木以防轉動孔連一二十字以砲架孔中砲頂上接



鑽頭人推鑽腰鐵杆如磨旋轉鑽漸下而砲堂自通盤中稍旁作一孔大可容人人立穴下透半身於盤上時加油以利鑽

## 地湧神鎗

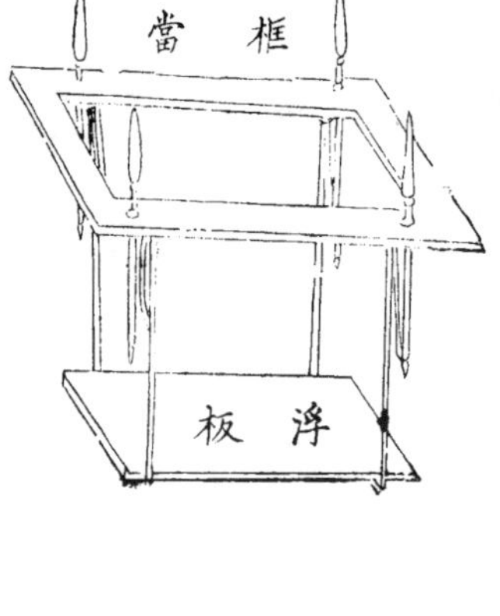




製用堅木作框當長四尺五寸橫二尺二寸四當四孔孔下旁釘鐵環製小鋼鎗四根鎗刃布孔中不露鎗尾繫繩貫環中一端繫浮板後於地穿穴深數尺以當埋與地平製浮板可框心大當旁置巧機令板與當平馬蹈浮板機發板下鎗從孔起預開有警先於賊來要路邊城營前俱可埋伏費用不多一件勝如十軍若損一件即令補造方見實用

## 絆足殺馬風鐮

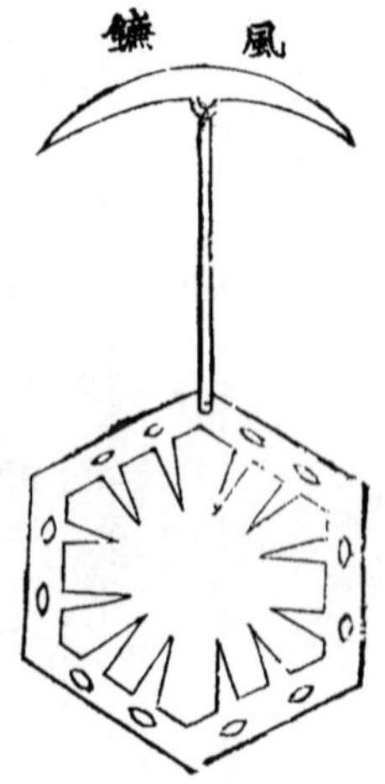




用堅木作圈圍釘鐵釘一十二箇長三寸三分竹釘亦可代之上繫極快風鐮一張重十兩與地湧神鎗兼伏邊外營前俱可用若虜恃驍侵犯先將馬足摀住痛必驚跳鐮舞自砍膚破腿折虜之所恃者馬馬傷虜驚我兵乘此擒之矣

## 神臂床子連城弩

用堅木作弩床長濶酌為之床腹置箱可藏弩矢火藥床上裝弩身於前後當內不使搖動弩身中央有槽路可布四矢弦亦由槽路行上不露對準星門機動弦發箭鋒猝以見血封喉火藥着則敵立斃每床用三人人仍各帶銃棍一根時用則一人上弦一人發機在路則以銃棍更番扛行每營視兵多寡置弩若干住則周營密布名為弩城賊近則又以銃棍相擊前刺鎗鋒鐮守城無營兵者用之便弩城則營大兵衆者可以

# 藥瓶藥囊彈模

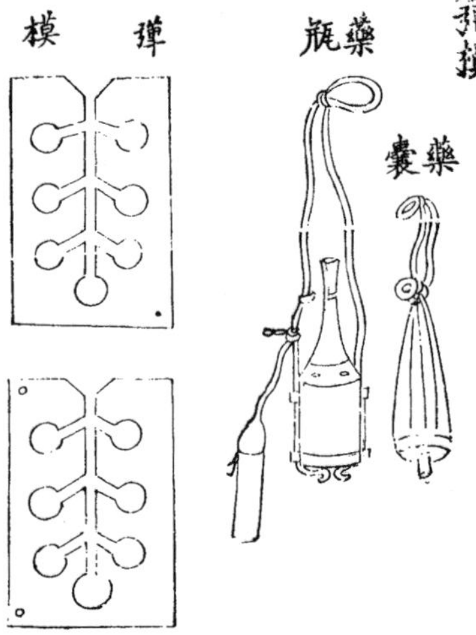




藥瓶用銅管內約定火藥分兩頸下銅片為閘用時以指抵瓶口開閘傾藥滿管閉閘傾入銃內藥囊用布木底底下留孔以木塞住裝藥去塞望藥瓶上一傾便滿俱取簡便

彈模以石為之用二扇有二筍卯鑄時用繩拴定

# 嚕密鳥銃

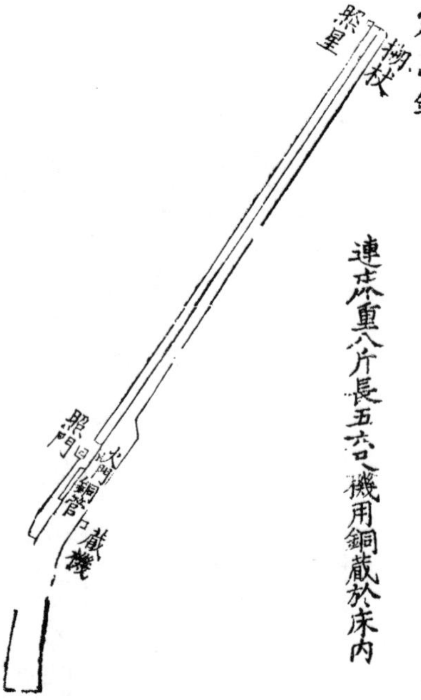


連床重八斤長五六尺機用銅藏於床內



床

桑木為上河柳次之南方多用楠木

筒

筒酌銃床長短為之愈長愈妙下有二三鐵鈕以便下捎釘放時不致擺動

底

銃後門內鑿成螺螄殼形以鐵剉成螺螄鑿扣底深淺粗細左轉則進右轉則出煙藥渣積內生銹即除底以搠杖纏布蘸滚水刷洗

前口

銃口宜止容三錢鉛彈至小二錢口與腹一樣直若腹大口小則氣洩彈去不遠口大腹小則彈搖蕩難準

火門

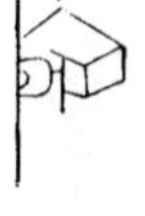

藥池宜深多貯發藥為妙眼不宜大大則氣洩前去火力不緊眼宜緊帖底若高易後坐致身手搖動彈去不準上著銅套以便發藥搖入火眼

機

撊子用黄銅片兩頭交釘摺疊意若鎖簧鈎来則撊子摺疊下軌關輪而上軌至前燃火放手則撊子撑開下軌推去火管自回



鳥銃惟嚕密最遠最毒又機昂起倭銃機雖伏筒旁又在床外不便收拾今置機床内撥之則前火然自回如遇陰雨用銅片作蓋覆之此中書趙士楨得之朶思麻而潤色之者

大追風鎗　式長四尺四寸重十八斤除四尺四寸外後長五寸入柄内柄長一尺六寸

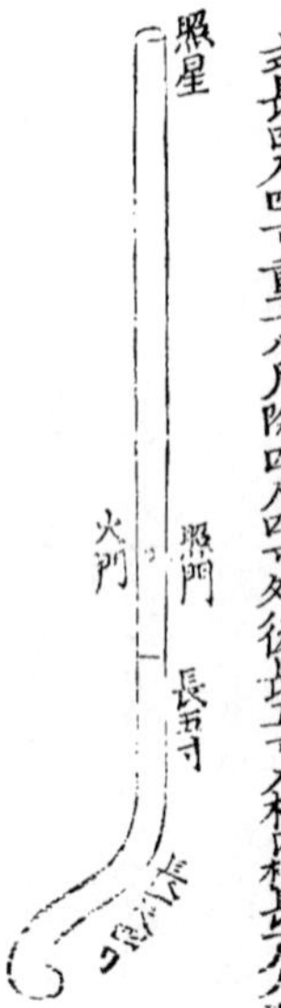


每位用人二名一名執鎗照準則一名執火繩鎗用三足鐵柱其器甚長且利便發而能遠遇敵營四面各用數十位或先以此驚賊或先以地雷連砲迅雷三捷五雷等器打敗賊勢俟賊潰奔以此同威遠砲追賊使其不敢再来以乗我亂每用藥六錢鉛子一枚重六錢五分平發二百餘步高發十餘里此真萬勝難敵之長技也

總解

一布陣如一營三千人百二十步外酌用大小威遠砲視遠近打放令賊不得安營百步外用地雷連砲周布大營四面先令哨馬二十四遠哨如賊從北来哨馬馳至即向北布器見賊打放用迅雷砲佐之賊未有不披靡者若近營用銃棍劍鎗火鎗三捷五雷分番疊打以威遠連砲為正以銃棍劍鎗火鎗三捷五雷為奇緩且遠則用威遠連砲急且近則用銃棍劍鎗火鎗三捷五雷奇正相資攻守俱利



一教演塞上我所以制虜與虜所以畏我者惟火器最稱長技諸将反漫視之人非椎魯無能不以習火器而習弓矢火器中的者既不與弓矢同賞不中者亦不與弓矢同罰平日操演每至舉火器手置而不試諸火器手亦自惜其鉛子火藥之費嘗負薄罰輕也平居鮮肯肄習的之高下遠近茫然不知矧戎馬交馳之地氣奪

色變何望其濟於用乎夫虜所長在騎射所畏在火器我所長在火器所短在騎射每營中騎射可與虜當者不過通夷家丁數百名多者不過一二千名而虜兵動至數萬數十餘萬今舍虜所畏而就虜所長棄我所長而用我所短挾短就長用寡敵衆欲其正正堂堂與虜相抗也難矣如火器既精必當畫法教演置堅厚木牌一座高五尺濶一尺油黑色中懸小紅圓牌一面徑五寸初放打由五六十步漸至百步及百餘步外以次漸加中牌者破格厚賞屢試放打閑練者照家丁與加糧石人必思奮放打必精

一東伍虜知我營陣堅厚必不能得志於我或誘以利或迫於險此則狄虜故智備之全在行伍分明平日演練必使進退開闔走萬



人如揮一臂合諸隊諸司則為一大營分諸隊諸司則各為一小營雖十人五人遇敵必使環立向外成營勢高膽壯脚跟站定器無空發用寡敵衆轉弱為强在平日教演之熟慣與夫將令之嚴明已耳以上二款皆宣鎮見行

一製砲須用閩鐵晋鐵次之煉鐵炭火為上煤次之鐵在爐用稻草戳細雜黃土頻灑火中令鐵屎自出煉至五六火用黃土和作漿入稻草浸一二宿將鐵放在漿內半日取出再煉須煉至十火外生鐵五七斤煉至斤方熟入爐時仍用黃土封合一以防灰塵一以取土能生金不致煉枯鐵之精氣製砲不離爐方成一片如咸遠砲將鐵分作八塊打如瓦樣長一尺四寸濶一尺一寸比厚邊

薄將瓦四塊用胎竿打成一筒八塊共成二筒湊齊用鐵釘數箇將二筒接作一處再用前餘鐵三十斤分作二塊亦打如瓦圍於砲腹中裝藥發火處加厚合縫時稍有灰渣日後必至損傷須剉磨極淨成筒孔欲小止用鑽磨之沙砲既成然後上架用墨線吊準不失分厘用鋼鑽洗塘可光可圓藥去即到看過極淨方可安底火門近底點放不致倒坐照門及護門俱就砲本身剉成務令堅緻各砲大約倣此

一提硝用泉水或河水池水如無以上三水或甜井水用大鍋添七分水下硝百斤燒三煎然後下小灰水一斤再量鍋之大小或下硝五十斤止用小灰水半斤其硝内有鹽堿亦得小灰水一點自



然分開鹽堿化為赤水不坐再燒一煎出在磁瓮内浧沫沉底淨硝在中放一二日澄去鹽堿水刮去泥底用天日晒乾宜在二三八九月餘月炎寒不宜或欲急用夏天入井冬天放於暖處可也

一提磺每鍋用水五七碗燒滚然後下磺三四十斤煎開出在磁盆內澄一日去磺底坐用磺稍將底坐加水入鍋再煎澄通用磺稍

一造火藥方每料用硝五斤磺一斤茄桿灰一斤以上硝磺灰共七斤分作三槽定碾五千八百遭出槽每藥三斤用好燒酒一斤成泥仍下槽内再碾百遭出槽排成粒如黃米大或菉豆大須入手心燃之不覺熱方可尋常藥用一斤此藥止用半斤因藥力太迅不可多用如無茄灰柳條亦可去皮去節南方如無柳茄杉槁俱

可

一鉛彈全要合砲口用模鑄滚極圓方可用

一放砲切不宜托生踈人裝打多寡一不如式兩旁人及自己性命關係不小

一火線藥淨硝一斤磺三兩六錢柳灰四兩三錢茄灰五錢白砒五錢朝腦三錢如前合或止用前藥走線扁線皆用之但不作粒若作炸砲藥方硝磺如前灰減去五錢加白砒五錢朝腦一錢好燒酒和勻晒乾若作起火磺減去一兩二錢硝灰白砒朝腦如前班毛三錢爲極細末重羅合一處用好燒酒拌濕晒乾再研一次仍用燒酒拌潤晒乾研羅即起火若作箭藥磺減去一兩一錢柳灰



四兩硝白砒朝腦如前茄灰五錢

一製扁線用細布裁成條以稀麪糊刷過乘濕數人合藥雙搯成線黏壁上陰乾用生桐油油過聽用以防雨水

一對壘之際三軍所恃以取勝者勢也勢之所加如撼山决海人不能當故善兵者務在得勢近倭虜狡甚往往詐敗或以擄掠漢人相戕害賊輙乘之其勢在賊我兵多致失利今陣既以威遠各砲在前衝亂前賊勢在我矣即當乘勢直前不許先割首級犯者立斬軍前殉衆其首級預派老弱軍丁隨後收拾量定賞格每級不過二兩其功盡衝鋒破敵官兵又預立督陣紀功各官隨營登記互相覺察倘紀錄不實衆論不與削罪各官抵罪

一遇賊相敵預出令令三軍各執火器以小銅鑼爲號各器俱要發完令藍旗手引布營外四面哨馬馳至賊來其方即令其方先放爲正其方爲奇務要有條勿致臨時紊亂手足無措

一見血封喉藥方三伏時取新鮮草烏自然汁熬九晒成稀膏盛磁罐內候用即射虎藥也

以上火器圖說俱新增

銅發貢

每座約重伍百斤用鉛子壹百箇每箇約重肆斤此攻城之利器也大敵數萬相聚亦用此以攻之其石彈如小斗大石之所擊觸者無能留存墻遇之即透屋遇之即摧樹遇之即折人畜遇之即成血漕山遇之即深入幾尺不但石不可犯而已凡石所擊之物轉相搏擊物亦無不毀者甚至人之支體血肉被石濺去亦傷壞又



不但石子利害而已火藥一熱之後其氣能毒殺乎人其風能燥殺乎人其聲能震殺乎人故欲放發鑛須掘上坑令司火者藏身後燃藥線火氣與聲但向上衝可以免死仍須擇强捍多人為之護守以防敵人搶發鑛之患若非攻堅奪險不必用此也或問用之水戰可乎曰賊若方舟為陣亦可用其小者但放時火力向前船震動而倒縮無不裂而沉者須另以木爬改而用之可也曰城上可用乎曰不可發鑛便於攻高不便於攻下故也

佛狼機式

佛狼機式

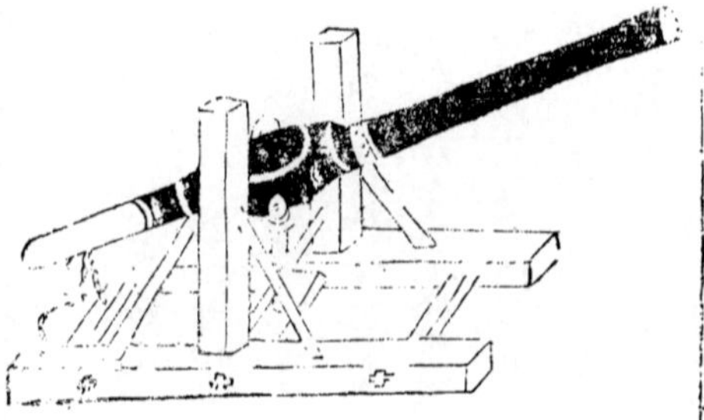

刑部尚書顧應祥云佛狼機國名也非銃名也正德丁丑予任廣東
僉事署海道事驀有大海船二隻直至廣城懷遠驛稱係佛狼機
國進貢其船主名加必丹其人皆高鼻深目以白布纏頭如回回
打扮即報總督陳西軒公金臨廣城以其人不知禮令於光孝寺
習儀三日而後引見查
大明會典並無此國入貢具本參奏
朝廷許之起送赴部時
武廟南巡留會同館者將一年
今上登極以其不恭將通事明正典刑其人押回廣東驅之出境去訖
其人在廣久好讀佛書其銃以鐵爲之長五六尺巨腹長頸腹有



長孔以小銃五箇輪流貯藥安入腹中放之銃外又以木包鐵箍
以防決裂海船舷下每邊置四五箇於船艙內暗放之他船相近
經其一彈則船板打碎水進船漏以此橫行海上他國無敵時因
征海寇通事獻銃一箇并火藥方此器曾於教場中試之止可百
步海船中之利器也守城亦可持以征戰則無用矣後汪誠齋鋐
爲兵部尚書請於
上鑄造千餘發與三邊其一種有木架可低可昂可左可右者中國原
有此制不出於佛郎機

每座約重貳百斤用提銃叁箇每箇約重叁拾斤用鉛子壹箇　每箇

約重拾兩

其機活動可以低可以昂可以左可以右乃城上所用者守營門之

器也其制出於西洋番國嘉靖　年始得而傳之中國之人更

運巧思而變化之擴而大之以為發熕發熕者乃大佛機也約而

精之以為鉛錫銃鉛錫銃者乃小佛狼機也其制雖若不同實由

此以生生之耳其石彈之大如升力氣小於發熕而大於鉛錫銃

若遇關隘入守堅不可過者以此攻之借勢而渡

叅將戚繼光云此乃天下通有利器製者多未盡精微其妙處在母

銃管得法子銃在腹中亦要兩口得法使火氣不泄又每放得擊



出子銃數丈傷人必用鐵門者佳其妙處有前後二照星後柄稍

從低庶不碍托面以目照對其准在放銃之人用一目眇看後照

星孔中對前照星前照星孔中對所打之物若子馬俱大則難出

出則力大要坐後而人力不能架之若子小則出口鬆而無力歪

斜難准法既省下木馬煩難之功又出口最易凡鑄銃之法子銃

口大則子難出要破母銃母銃口大而子銃口小則出子無力且

歪務要子母二銃之口圓徑分毫不差乃為精器



側立裏面鬼撐形

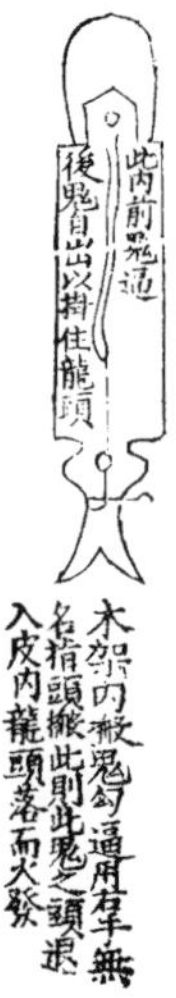


木架內撇鬼鉤通用右手無名指頭撇此則此鬼之頭退入皮內龍頭落而火發

側立外形

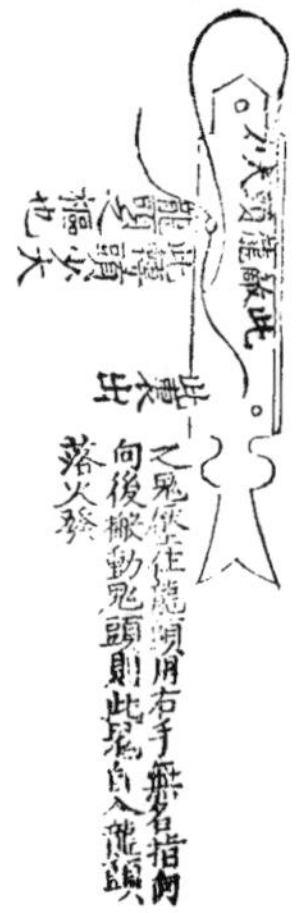



鳥嘴銃

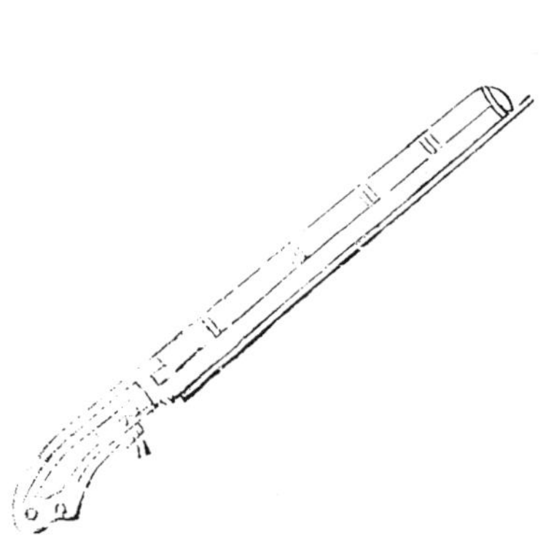

# 鳥銃式

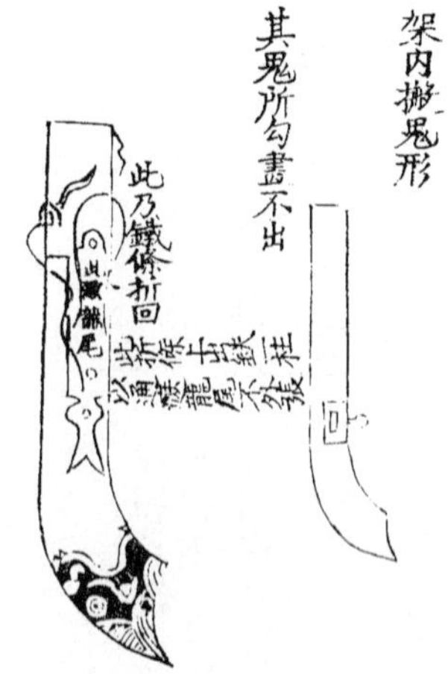




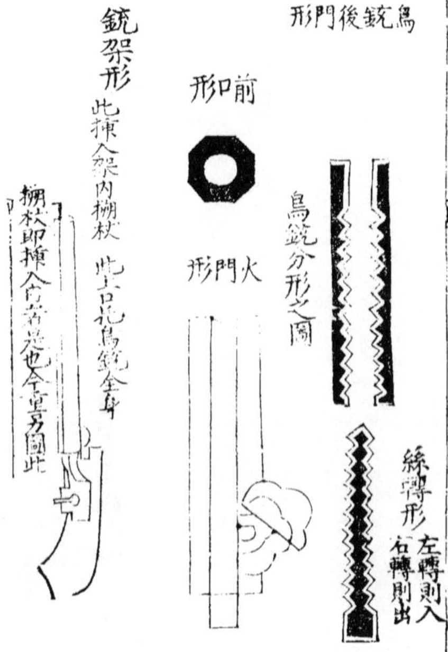


[illegible]鳥銃者須知煉鐵蓋鐵中原有渣滓夾雜須煆煉不已融盡渣滓底於精純方免脆折爆碎之患故拾斤而煉用壹斤者為上拾斤而煉伍斤者次之其搭欲圓大而淨其臬欲端而直司銃者須擇手足便捷之人臨敵裝藥火入淬覘臬發火無不避慎若但見臬而不見管則失之仰但見管而不見臬則失之俯皆不能中也此器令人類並立而用之遠攻非也須近敵乃用長短兵相夾乘勢速佳使賊避銃目睫閃眨之間而我兵已入其隊中矣鳥銃之妙全在此也若恃以攻敵亦繆乎

都御史唐順之云虜所最畏於中國者火器也天助[illegible]明除兇殄虜而佛郎機子母砲快鎗鳥嘴銃皆出嘉靖間鳥嘴銃最



後出而最猛利以銅鐵為管木橐承之中貯鉛彈所擊人馬洞穿其點放之法一如弩牙發機兩手握管手不動而藥線已燃其管背施雌雄二臬以目對臬以臬對所欲擊之人三相直而後發機人管臬無不著者捷於神鎗而準於快鎗火技至此而極是倭夷用以肆機巧於中國習之者也

參將戚繼光云鳥銃之準者於腹長而直火藥之不奪手在於前手拿在銃腹照放之直在於兩手俱托執銃身而無點火之誤鉛子之利在於合藥之方其神機銃用木馬銃系而多誤勢難再發遇銃手執後尾其重在前一手點火眼不能照皆不及此銃之妙而速也鳥銃傳自西番未得其肯綮命馬憲制器[illegible]妙歲以申屠變破賊獲其銃者制藥始精絕云

鍄式

送子形

鍄內裝藥式

鍄如鳥銃但藥盡處用一孔上安一鐵筒入鉛子數枚門定口一箇子又落入

百子銃式

新增

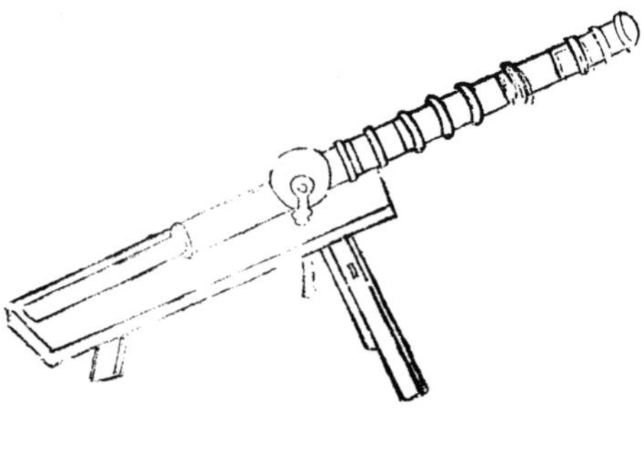



噴筒式

新增

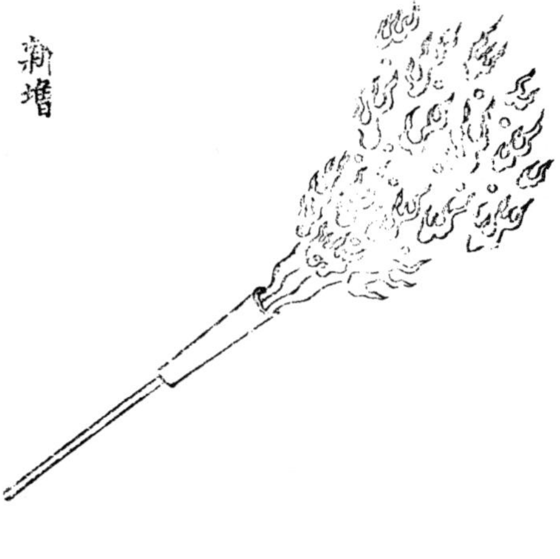

## 子母炮

子砲信妙全此

總形

內為刻木信以藥線纏之外用稍紙捲緊合口

此用驚營或夜間遠遠放入賊壘必停於賊壘中銃發無制之兵必合之衆奪氣之范勢必驚惶我得乘之此器最妙

## 一窩蜂

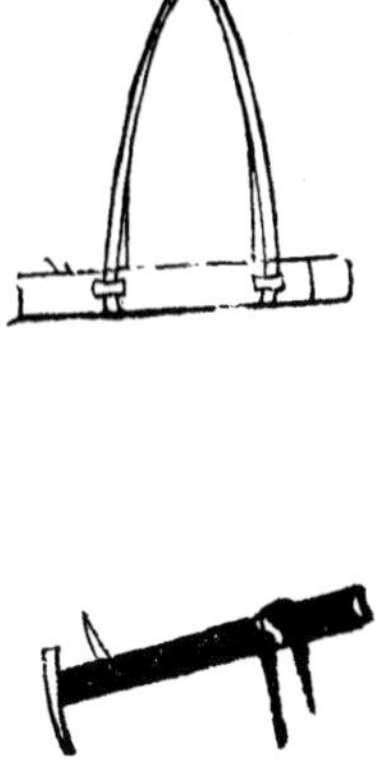



其狀如鳥銃之鐵幹而短其管口比鳥銃口稍寬容彈百枚燃藥則彈齊出遠去四五里

把總顧　云鳥銃所發止於一彈所中止於一人中則傷人不中則無所傷矣一窩蜂一發百彈漫空散去豈無中傷者乎其力量真可以爲佛郎機之亞但佛郎機器重難帶一窩蜂輕於鳥銃以皮條綴之一人可佩而行戰特以小鐵足駕地昂其首三四寸蜂尾另用一小木樁釘地止之誠行營之利器也若欲爲坐營之用則以木床載於營門床身左右各置二輪以便進退可以爲守營之寶

高降[illegible]新式

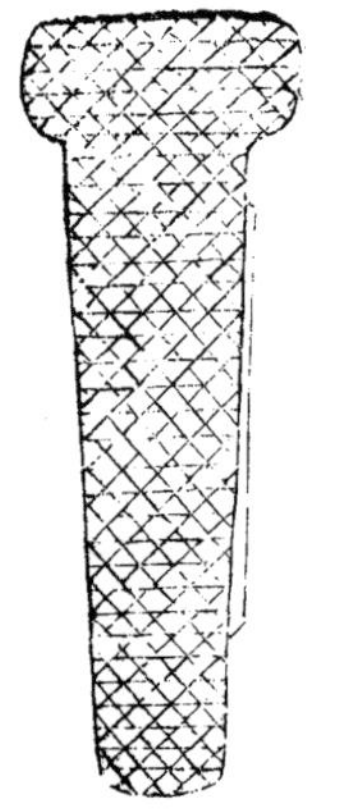



天墜砲式

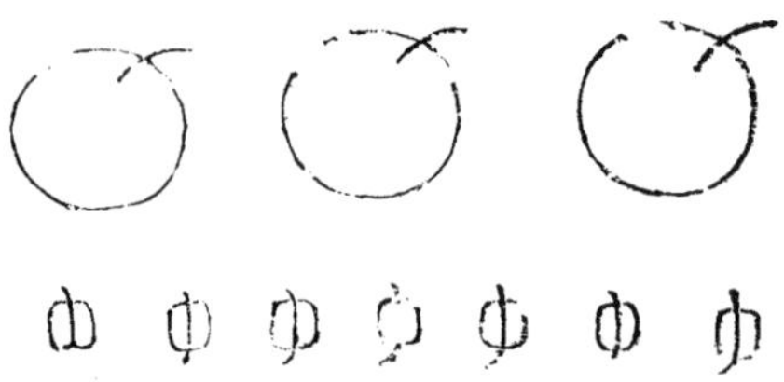

丹陽邵守德云其大如斗用法升至半天墮於賊巢震響如雷黑夜令賊自亂相殺內有火塊數十能燒賊之營寨必不能救

地雷式

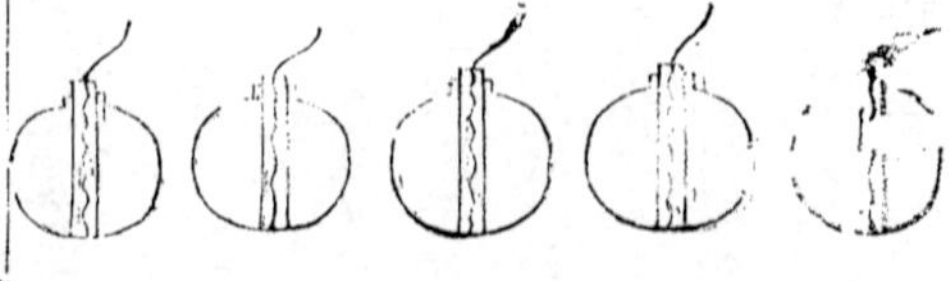



丹陽邵守德云以生鐵鑄成實藥斗許標木砧砧至底砧內空心裝藥線一條擇寇必由之地掘地作坑連連數十埋地雷於坑中內用小竹筒通藥線土掩如舊機關藏火賊不知而踏動則地雷從下震起火焰冲天鐵塊如飛蝗着人即死乃孔明之秘法也

火蜂窠圖式

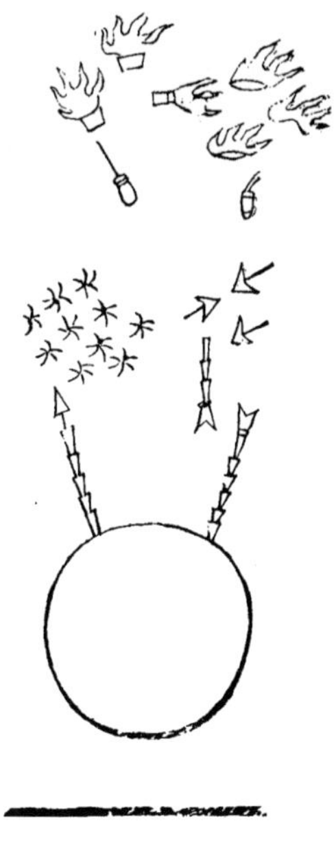



此器戰守攻取水陸不可無者奪心眩目驚膽傷人製宜精妙此乃船第一火器也

火妖圖式

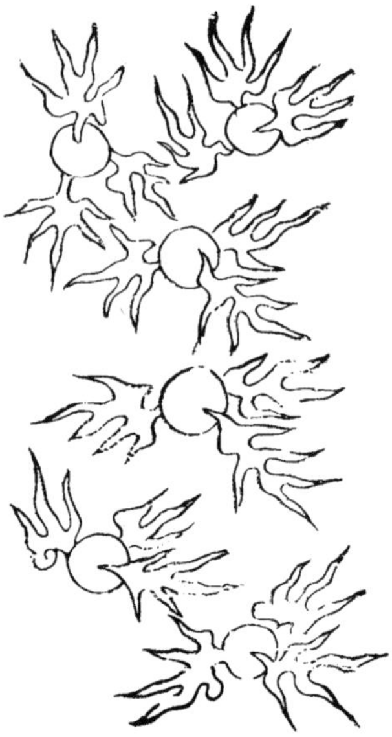

紙薄拳大內裝松脂入毒火外煮松脂樵油黃蠟紙火拋打烟焰蒸

截脚利水戰守城俯擊短戰



總將戚繼光云火器之法製度甚多其實大同小異皆不甚利於用只此數種盡其妙矣故不繁載至如弓射箭頭用火之類又不如火箭除水陸通用者先附陸兵技藝之後凡陸所不用只可用於水者故備於此以上藥線各處製者俱用一二尺長浮於外每點擲之際一擲鬬風其藥線便滅或擲至別船如賊見線尚長而拔之或反擲我舟今用子母銃藥線法凡火器一件其藥線之處用細竹管一箇直插於腹內至底藥線安於竹管腹之內待外點火

線藥已入竹管之內不見方才擲下則線在竹內燃至竹底方透火器擲下之時藥線在竹內燃並無閃滅之事且擲於賊舟只見凝然一物並不知點燃何處就擲在水內則線燃於腹火氣衝於口水為氣所迎亦不能入雖在水底尤能燃放而後已此極妙極驗萬無一失者

火藥桶式

參將戚繼光云舊用火藥傾下賊舟此固長策然又別用火藥或炭火再傾擲使之發每每或連桶擲入水中或被賊要藥桶及伊舟以水沃濕亦皆未中肯綮苟以必勝不如遠則只用飛天噴筒進則只用埋火藥桶至易至便萬用無失除此之外所謂火箭神機火磚噴筒之類皆未亦不及此苟用此二種則他種又皆不必用也

火磚式

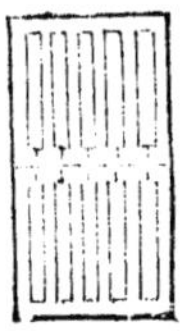




用地鼠紙筒砲各安藥線每箇排為一層上下二節各二層以薄蔑橫束合洒火藥松脂硫黃毒烟用粗紙包裹成磚形外用綿紙包糊以油塗之番另於頭上開口下竹筒以藥線自竹筒穿入

火磚式

新增

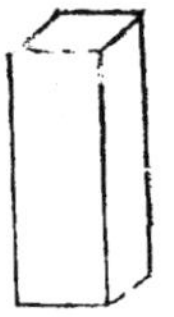



烟罐式

新增

飛天噴筒

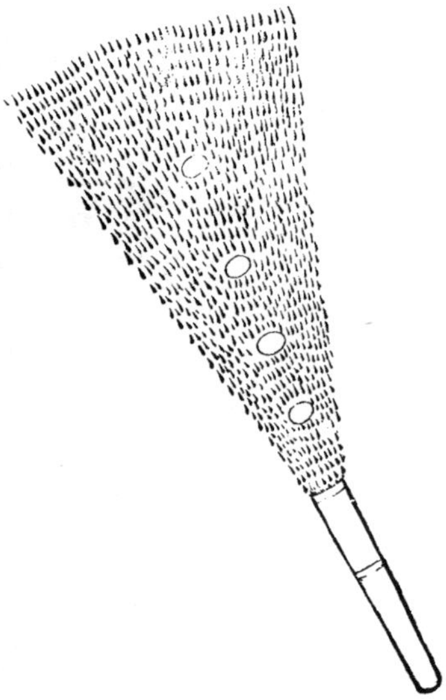



參將戚繼光云截徑二寸竹裝藥製打成餅修合筒口餅兩邊取渠一道用藥線拴之下火藥一層下餅一箇用送入推緊可高十數丈遠三四十步徑粘帆上如膠竟見帆燃莫救此極妙極妙萬分

効策

神機箭式

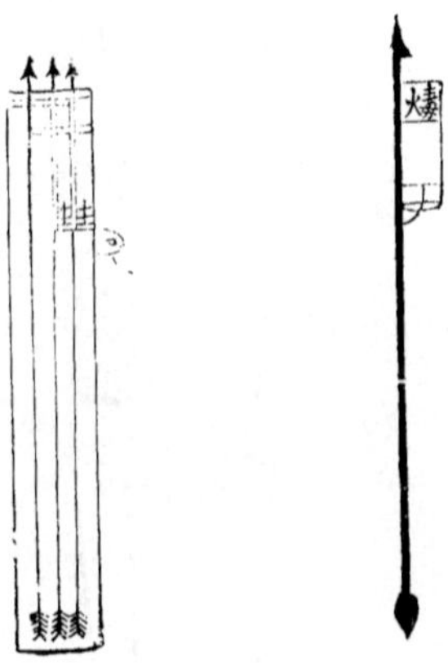

丹陽邵守德云造法礬紙爲筒內入火藥藥令滿實另置火塊油紙封之以防天雨後鑽一孔裝藥線用箭竹爲幹鐵矢鏃如燕尾形未裝翎毛大竹筒入箭二矢或三矢望敵燃火能射百步利順風不利逆風水陸戰皆可用用之水戰能燒舟篷用之陸戰能爨巢穴中毒必死



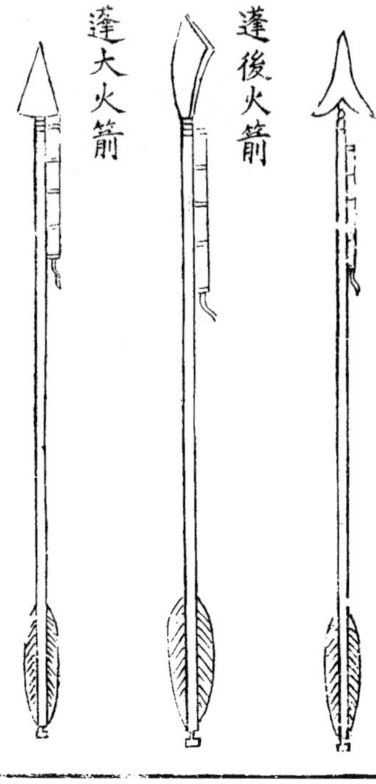




五虎筒式

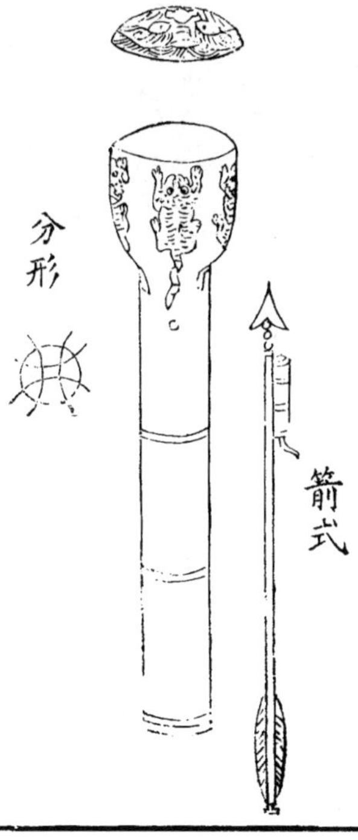

一窩蜂分形式

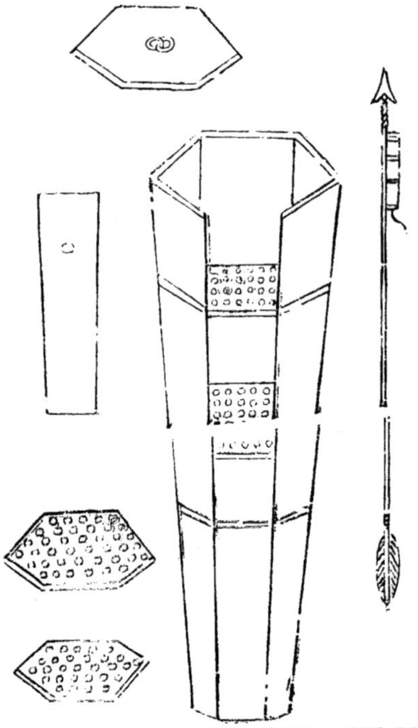



一窩蜂式

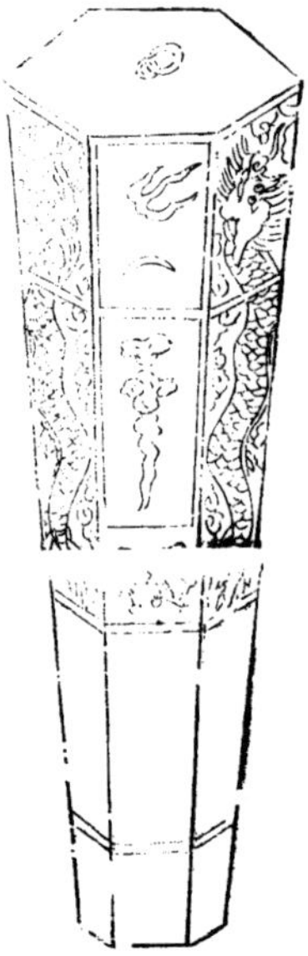

兩頭匣分形式

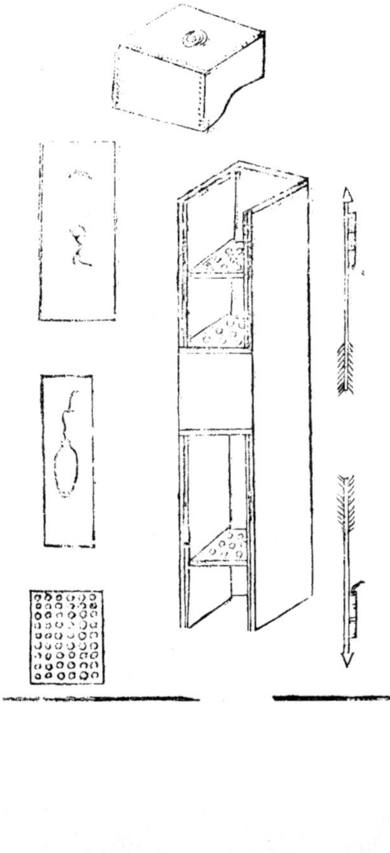



兩頭匣式

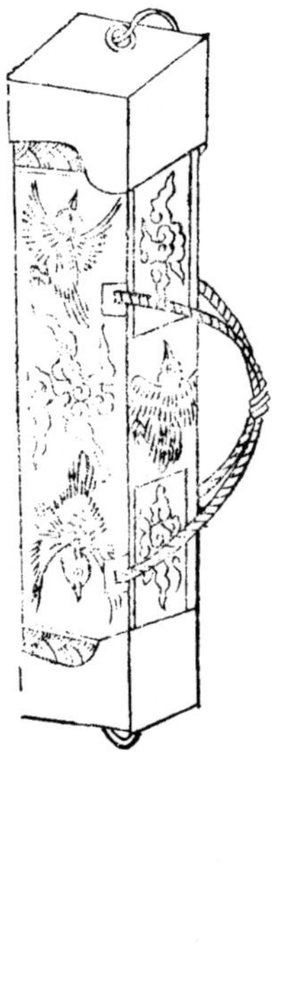

竹挨牌式

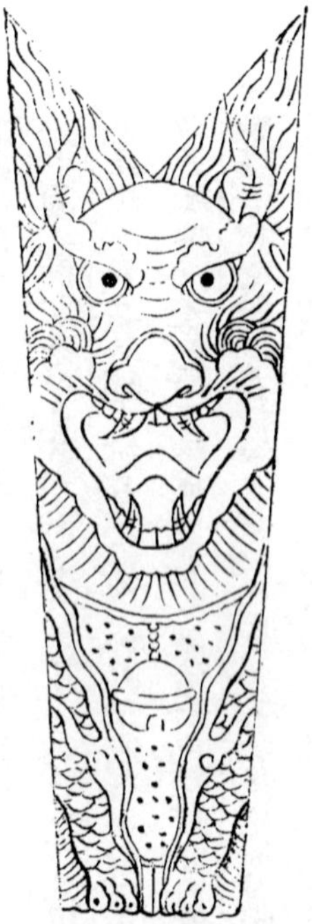



攻火箭式

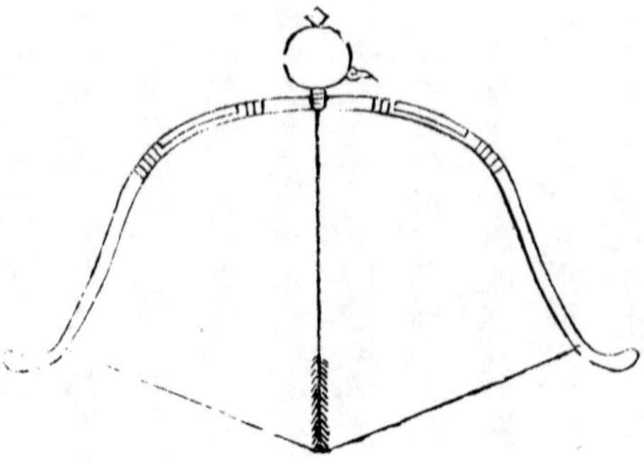

火箭

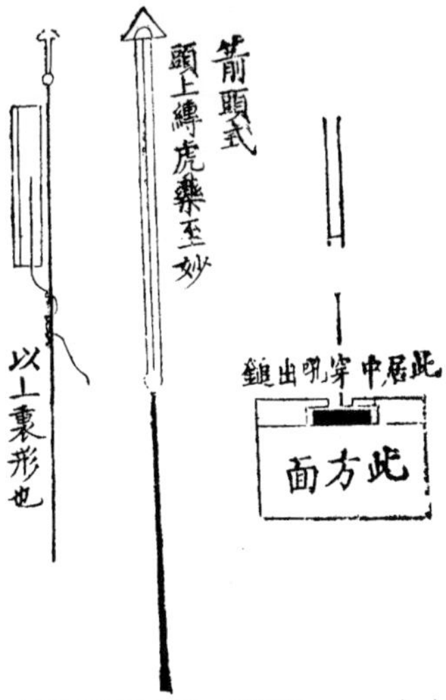




參將戚繼光云火箭亦水陸利器其功不在鳥銃下但造者無法放者無法人鮮知此器之利也大端造法有二或造成用鑽鑽線眼或用鐵桿打成自然線眼但鑽者不如打成者妙鑽易而打成費手匠人多不肯用打成之法其首𣆶全係於線眼之歪正深淺桿要直翎要勁羽長而高稍筒用礬紙間以油紙夏不走硝可留二年此物最不耐久收也

又云火箭只着棚帆當中一點打去常高中則不可救低則易救

閩縣知縣仇俊卿云火器所及能加于數百步之外今海寇所恃全
在火器緣硫黃出於琉球諸夷製造又多鋭巧惟焰硝中原所産
嚴其禁約不許人下海潛通以資其用則彼寇所恃擒之亦易矣
按海中戰法攻船為上若以吾大船犁撞小船觸之無不壞
者其次則恃火器火器之中火箭鋭礮之類亦多無用惟火
毬火藥桶二者投入賊舟即時焚燬為至妙也或問我以火
攻敵使敵亦以火攻我如之何曰以火攻敵全在柁工得人
持柁得法我常據上風則敵之火攻將為風所驅而反攻之
矣大抵火攻之法須先自為水備假如一舟五十人只用十
人持火器其四十人俱執水斗水桶以備敵火攻群手傾水滅



之烏能焚我耶或又曰設使我用火攻入而敵知水備何道以
焚之曰敵若知備則雖不能焚敵亦必以救火而亂矣我乘
其亂而擊之豈有不勝者乎○又按短兵相接乃倭奴所長
非中國之民所易敵也其所歉者火器耳今鳥嘴銃反為彼
之長技而我兵鳥銃手雖多不能取勝何耶倭人忘命我兵
望之輒懼而走或鉛子墮地或藥從無法手掉目眩仰天空
響議者謂宜禁通番接濟火藥之人甚善甚善愚謂硫黄出
產在彼何禁之有所當禁者焰硝耳此吾中國之物若官司
設法不容入番則倭奴之火器為無用而我以火器攻之彼
之短兵豈能加於我哉

又按兵家器械甚多有宜於山戰者有宜於陸戰者有宜於
水戰者如武經總要所載是也要之利於今日海戰者無幾
至於火器其名雖有二三百種而海船得用亦惟噴筒火藥
二件蓋噴筒發去有一百五十步之遠橫占丈餘火藥投入
賊舟賊一時不知取而視之內火發矣未發之先水不及沃
臨發之際人不能救觸之者碎犯之者死故敵舟離遠則用
噴筒燒之敵舟相逼則用火藥桶燒之此二者佳海船利器
今日禦寇之切要也

兵器圖說

燕尾牌式

松江府同知羅拱辰云牌有二式有手牌即燕尾牌也有挨牌用繩索用木撽攬者用手牌便於用力先以標鎗飛擊先挫賊鋒然後用刀則前後左右隔賊技器施我刀法此手牌之利也用挨牌則以牌上長繩上木撽攬扣入繩圈中掛於項上以左手中指縴中夾牌下短繩上木撽攬仍以五指挽鎗前半節右手執鎗後半節或伸或縮或出長出短或左或右旋刺非惟護自身且護從牌之兵

又云各兵銜進必列牌於隊前以蔽矢石牌乃陣前第一器所不可少者所謂公侯干城所謂干戈戚揚當時子路初見孔子亦執干以為問夫干者質也即今之牌也所以捍外而衛内者也有手牌有挨牌用各不同其利一也

副使茅坤云海寇之兵特彊在舞刀每輕我兵不能射及其所輕莫急於習弓弩而破其所彊莫急於倣狼兵燕尾牌之制近日東南之牌皆沉重而不利進退獨粵中燕尾牌以桐木柁木為之其長如人之身其廣不滿尺其背如鯽魚然故側身前逼雖當利刃而不能斷其體輕故運如鳥翼而一切矢石皆可蔽廣中狼㮚之兵善舞牌者其臨陣如鷙鳥而進不必盛甲而賊皆墻立不能敗此廣中所最尚者欲訪置在浙中惟温州桐木柁木為多可易辦也

挨牌

挨牌外式

此挨牌亦用白楊木為之每面約長五尺濶一尺五寸下頭比上畧小四五分俱小尺

挨牌内式

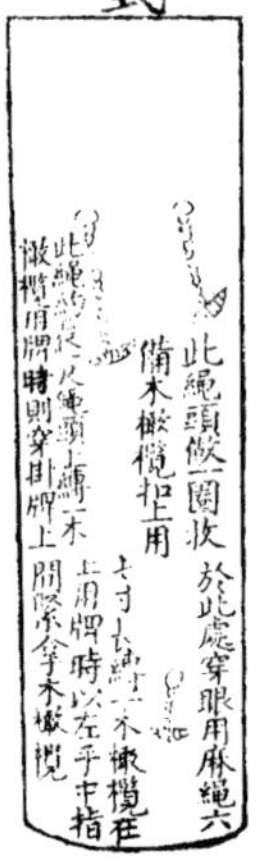




挨牌上銳而長步兵所用未漆金字長可蔽身内施鎗木倚立於地

松江府同知羅拱辰云用挨牌以牌上長繩上木撳攬扣入繩圈内

掛於項上以左手中指縫中夾牌下短繩上木撳攬仍以五指挽

鎗前半節右手執鎗後半節或伸縮或出長出短或左或右旋

非惟護自身且護從牌之兵

藤牌

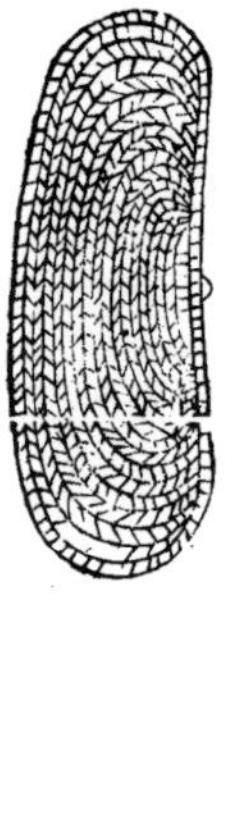



總兵俞大猷云錯以步戰乃中國之長技今鈎刀虎叉二手隨時教

閱充用惟藤牌手出在福建漳州府龍溪縣土名海倉許林嵩嶼

長嶼赤石玷尾月港澳頭沙坂等地方此各地方山川風氣生人

剛勇善鬪重義輕生若責其本府縣官用心選募約得三千人每

名月給工食銀一兩伍錢行粮四斗五升俱自家起行之日為始

人每名另給衣裝器械養妻子共銀二十兩若至軍病死給棺木

銀六兩陣亡給埋葬銀一十二兩今欲募之先將銀兩解發該府

坐委本府佐貳官一員知縣一員先募的當頭目六十人每月各

加二食銀伍錢責其每人各募前項地方壯兵五十人每十人編

為一甲每一甲各領一十人千百户一十五員各分領二百人仍

差官府佐知縣兼理錢粮各至軍前聽用其各兵在途行粮水路船隻陸路挑行李夫各官合用衣裝行粮俱要議處此兵可以禦壯虜而吾廣產藤宜依其製以代挨牌若征海寇俟其登陸用之

參將戚繼光云干古有圓卜二色其來尚矣主衛而不主刺國初木加以革重而不利步以藤為牌近出福建銃子雖不能隔而矢石鎗刀皆可蔽所以代甲冑之用在南方田塍泥雨中頗稱極便其體須輕堅密務使遮蔽一身上下四旁無所不備用牌之間復有所謂標者所以奪人之目而為我之蔽無所頼以勝人者也牌無標能禦而不能殺將欲進步然後起標勿輕發以賺其事腰刀用

兩浙海防類考續編　卷之十　八十四

於發標之後以殺敵非長利輕泛則不能接遠其習牌之人須膽勇氣力輕足便捷少年然後可授之以此置於行伍之先為衆人之藩蔽衛以長短之器為彼之應援以之臨敵其衆可合而不可離可用而不可疲進退左右無所不離此藤牌之功也

又云試牌跳躍法跳鑼聲為度覽牌如燈閃牌如電起伏得宜翻身不露身滾牌不露足惟牌能殺敵能蔽身用之乃拒勁敵以衛兵也

礮圖式

毎繩長加稍之體不必拘定若干條但能舉其稍可矣毎繩用二人扯之

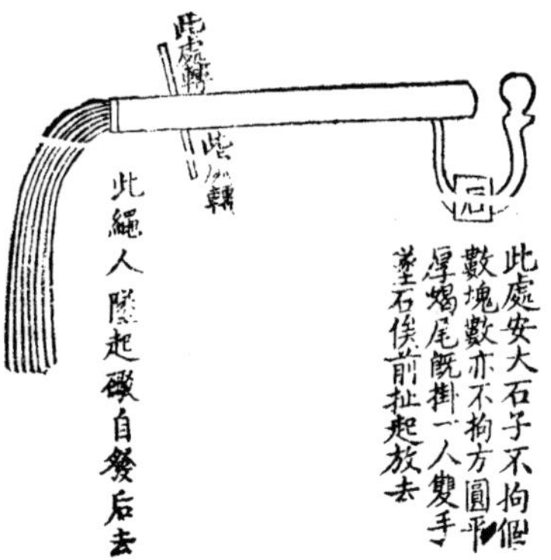


兩浙海防類考續編　卷之十　八十五

礮為守城第一器既省火藥之費又有不乏之資

弩箭式

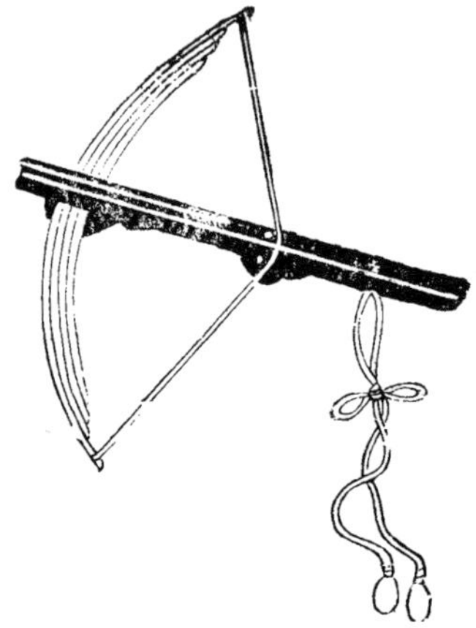



松江府同知羅拱辰云用弩必須力重而機巧其矢之長短輕重大小要與弩弦相比乃能命中而及遠若敵在百步之外我兵必先用弓弩及鏜鈀以制其鋒及至來近短兵相接尚在叁拾步內外則用鏢鎗以飛擊之

參將戚繼光云弩弓未可遠遠則無益費矢竭力

伏弩式

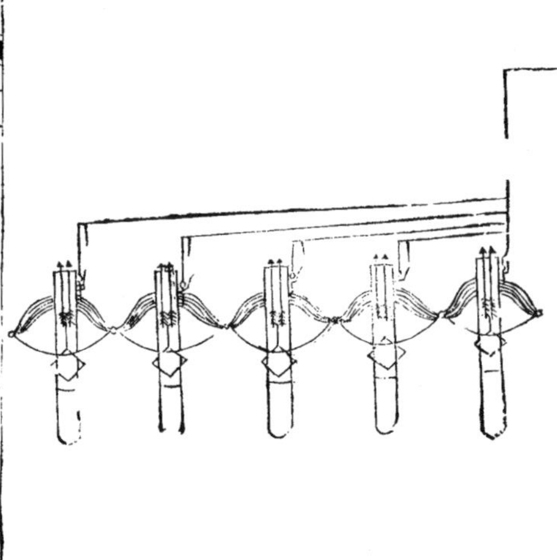



丹陽邵守德云其工價甚簡其功用甚大其用有三若伏於營寨要道可以禦賊之偷營劫寨若伏於山野僻路可使寇不能逃若伏於富家門户可使賊不能入造法以檀木柘木為身貓竹為担弩後置一木人上弦或連發二矢或三矢量賊往來必由之路設之以木架架弩任意高下或竹徑或稻麥叢茂翳密處置設百餘把止用一絲線作機關不須人守賊至不疑而動其機百弩齊發一人不能逃生也倭奴善遁荒村窮谷無處不至用此器甚妙甚妙

馬箭式

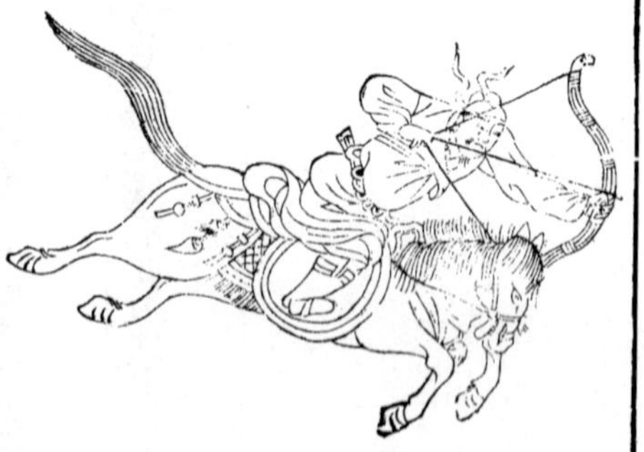

馬箭

按馬箭之法有三曰分鬃向前射也曰對鐙向傍射也曰末秋向後射也此武士之常技也愚謂分鬃者以馬之頸鬃為界一邊挽弓一邊發矢乃弄花巧之法邊軍不然以身俯出馬外於此挽弓就於此發矢臨敵倉皇之際庶無繆悞對鐙者主左一邊而言今北方響馬常勒馬由道右而行讓客於左以便發箭亦此義也然是法但可施於途遇一二人耳設使衆敵叢射或敵在右將旋馬以應酬之耶學騎射者須習左右手皆便方可

標鎗圖式

標鎗或用桐木細竹皆可但前重而後輕前稍粗而後稍細爲得法也

叅將戚繼光云標鎗非兩船相逼不可用往下打更難惟

梨花鎗

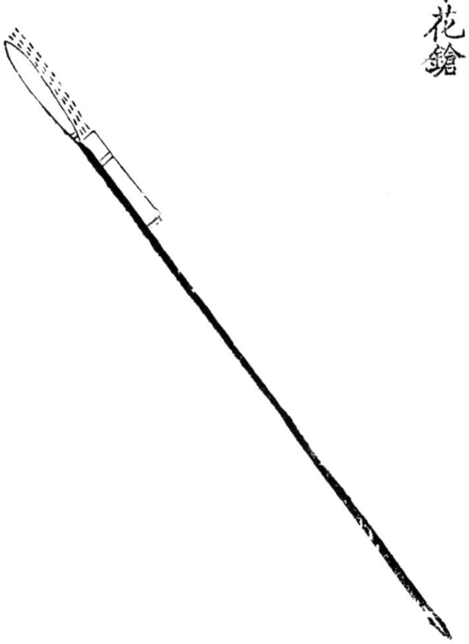



梨花鎗者以梨花一筒繫於長鎗之首臨敵時用之一發可遠去數丈人着其藥即死火盡鎗仍可以刺賊乃軍前第一火具也宋李全嘗用之以雄山東所謂二十梨花鎗天下無敵手是也此法不傳久矣布政司叅劾吏許國得其法而造之嘗試之沈庄果得其用

督府因命之專司其事以爲軍前之利器云

## 長鎗式

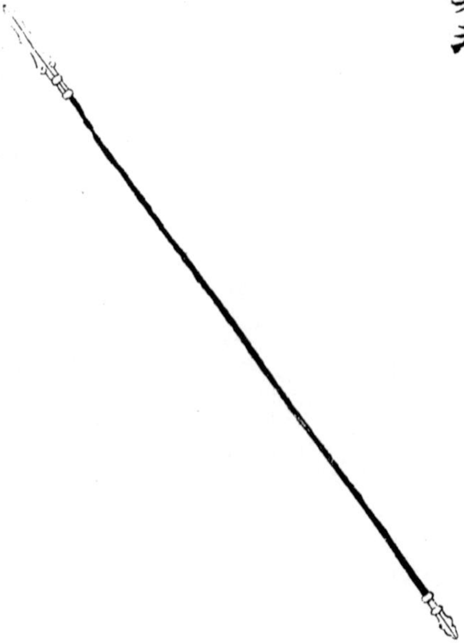



總兵俞大猷云長鎗後手要粗可盈把庶有力若細則掌把不壯鎗腰要從根漸漸細至頭而止如腰粗則硬強不可拏如腰細則軟而無力雖手法之妙不能拏打他鎗開去也鎗稍不可軟細要自後漸細方有力最忌太重重則頭沉不可舉動是自害鎗也鎗頭重不可過兩其桿稠木第一合木輕而稍軟次之要劈開者佳鋸開者紋斜易折攢竹腰軟不可用

## 狼筅式

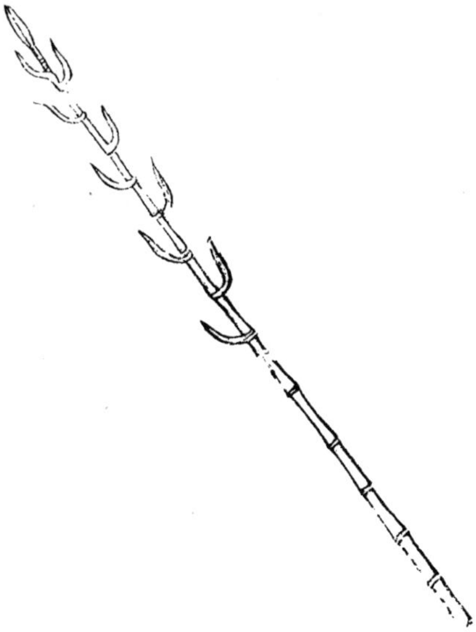



狼筅必獵戶能使製筅之法用毛竹長而多節者末銳有鐵如小鎗兩傍多留長刺其刺每雙用火熨之一直一鉤其直者如戟鉤者如矛然後以熟桐油灌之敷以毒藥鋒利難犯

戚將軍繼光云狼筅之為器也形體重滯轉移艱難非若他技之出入便捷似非利器也殊不知乃行伍之藩籬一軍之門戶如人之居室未有門戶徧鍵而盜賊能入者故凡用狼筅須要節密枝堅杪加利刃要擇力大之人能以勝此者勿為物之所使夫然後以牌盾當前以長鎗夾其左右舉動務齊必須鏜鈀大刀接翼然筅能禦而不能殺非有諸色利器相資鮮克有濟兵中所以必於用此者緣心臨敵動怯他器單薄人膽搖奪雖平日十分精習

便多張弓矢錯忘其故態惟筅則枝稍繁盛遮蔽一身眼前可恃
足以壯膽助氣庶人敢站定若精兵風雨之勢則此器為重賛之
物矣



棍式

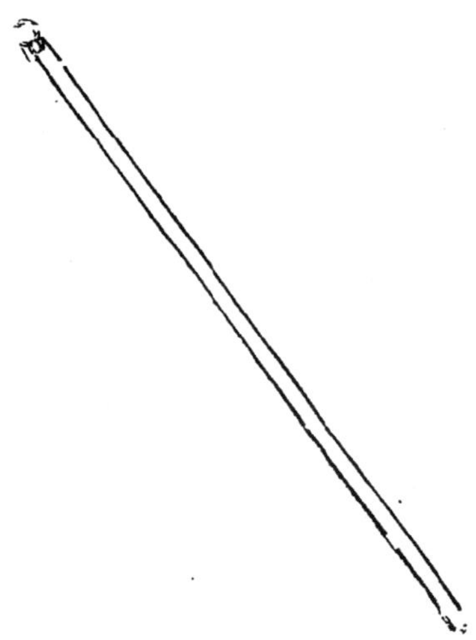



少林棍

俱是夜叉棍有前中後三堂之外前堂棍單手夜叉也中堂棍陰手夜叉也類刀法後堂棍夾鎗帶棒監紫微山為第一牛山僧通善弄之

虛孫張家棍為第二

河南棍

趙太祖騰蛇棒為第一賀屠鈎杆與西山牛家硬單頭皆次之

此襪孫家棒汴城淮慶人多用之

按自古名將未見有用棍者用棍惟宋江諸人

[illegible]

形如月牙內外皆鋒刃鐵長三尺柄長八九尺或一丈兵馬步戰皆宜
第一利器也
此器可推亦可以削手從上推則鏟首向下推則鏟足或鉤敵卒
之足或於上厥撥極妙不勝述

偃月刀

謹按使刀無如倭子之妙然其刀法有殺氣高而能識破者
禦之無難惟關王偃月刀刀勢既大其三十六刀法兵仗遇
之無不屈者刀類中以此為第一馬上刀要長須前過馬首
後過馬尾乃善

劍式

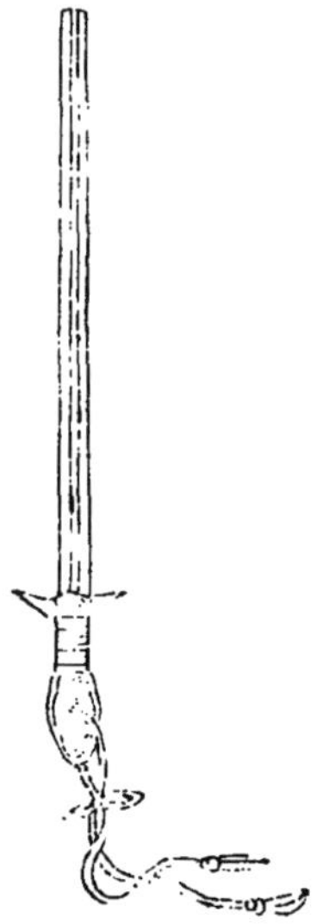



有五家
一曰馬明王
一曰先主
一曰卞莊
一曰王聚
一曰馬超

犁頭鏢式

俱新增



鉤鐮式

長鎗式

俱

連鏢鎗式

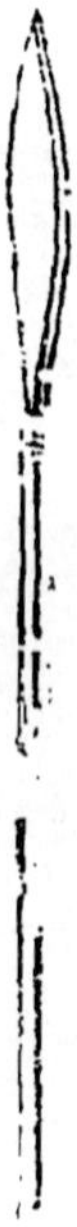

偃刀式

俱新增



鐵連挑式

新增

啣枚圖式

竹籤四寸長五分潤上書某甲兵某名號
臨官拆油飾掛頸聽砲響各啣枚肅靜
代圓枚兩用更可查考

依
某官　押寫啣枚號令
面

昔古人之戰有三有天戰者有地戰者有人戰者[illegible]
外乎金木水火土五器之用五器之中各藏三戰之妙其製
器之法製藥之方雖見於武經總要多不切於禦倭紀効新
書所載似切矣而亦惜其不多愚見學士大夫談經濟者多
有不傳之秘如無形渡之類隨時變化出奇制勝尤為將者
之所當知也但不可顯言以示敵故書之所已刊者愚擇而
錄之書之所未刊者愚不敢錄惟提其端以俟將官之人[illegible]
深自悟云

# 浙江沿海圖説不分卷江蘇沿海圖説不分卷福建沿海圖説不分卷

〔清〕朱正元撰

《浙江沿海圖説》不分卷《江蘇沿海圖説》不分卷《福建沿海圖説》不分卷，清朱正元撰。正元又名應奎，字稷丞，江蘇宜興人。曾充任南洋調查委員，參與亞洲學術研究會。是書卷首冠慶親王奕劻等聯名奏稿，云朱氏自光緒二十三年（一八九七）六月至二十五年十二月，携英國海軍所繪地圖，周歷海岸，補其漏略，正其譯名，前後歷時五年方成此書，故奏請將由候選州同知擢爲知州，發往沿海省份候缺。清廷下旨允奏。朱氏所撰三省沿海圖説，每及沿海各地，均記衝要、鈐轄、里距、水道、潮汐、沙礁、島嶼、形勢、船隻、緑營、雜識等項。三書均附海島表，備列島名、偏度、直距、長闊、居民、船隻、錨地、土産、異名、譯名等項。譯繪精詳，考證確實，論攻守形勢，均尚扼要，而能切中肯綮。據中國國家圖書館藏清光緒二十五年排印本影印。

# 浙江沿海圖說

坿海島表

光緒己亥十月
上海聚珍板印

光緒二十八年七月十七日管理外務部事務和碩慶親王臣奕
劻文淵閣大學士軍機大臣外務部會辦大臣臣王文韶軍機大
臣外務部尚書臣瞿鴻禨署外務部左侍郎臣那桐署外務部右
侍郎臣聯芳謹
奏爲進呈候選州同朱正元所撰江浙閩三省沿海圖說懇
恩俯賜給奬以示鼓勵恭摺仰祈
聖鑒事竊臣衙門前於光緒二十三年六月據候選州同朱正元禀稱
中國海疆之廣非圖無以周知地勢之險易防守之緩急沿海圖
惟廣東省告成他省尚未舉辦現用英國海軍中所繪之本天津
曾爲譯印較上海製造局所譯者爲詳惟主客異勢命意不同欲
取爲我用補其漏略正其譯名莫若携帶洋圖周歷海岸即所聞
見分類以記圖成而說亦得其大略等情當以沿海輿圖從前尚



無善本該員所籌辦法簡明切要可裨實用卽經劄派前往江浙
兩省先行試辦並請南洋大臣籌給經費飭屬妥爲助理去後旋
據該員於二十五年十二月呈送江浙沿海圖說復經臣衙門以
閩洋尚無專圖仍飭該員接辦福建一省茲據先後告成呈請
奏進前來臣等詳加查核該員所撰江浙閩三省沿海圖說並海島
表譯繪精詳考證確實其論防守形勢均尚扼要於籌海事宜不
無裨益相應將石印原圖三十四張圖說三本一併恭呈
御覽該員朱正元經臣衙門派往江浙閩三省辦理此事前後五年周
歷海岸風濤艱險勞瘁不辭自應量加甄敘查各省承辦
會典輿圖在事人員均照異常勞績給奬有案該員事同一律其勤
奮則尤過之可否仰懇
天恩准將候選州同朱正元免選本班以知州發往沿海省分遇缺即

補以示鼓勵之處出自
鴻施如蒙
俞允臣等即咨行吏部遵照辦理所有進呈江浙閩三省沿海圖說並
請給獎緣由理合恭摺具陳伏乞
皇太后
皇上聖鑒訓示謹
奏本日奉
硃批著照所請圖留覽欽此



沿海圖說凡例

一衝要　每口分極衝次衝又次衝爲三等以見防守之難易緩急

一鈐轄　屬何縣何營

一里距　距鄰近要口城鎮若干里

一水道　註明深淺寬窄則何等船隻可到與否不待言而自見矣大率輪船吃水二丈外者爲大號一丈外者爲中號一丈內者爲小號民船吃水以五尺爲度過此即當與中小輪船等視至所註水道深淺（水深以拓計每拓合六尺）均係大潮退後之數故須與下款潮汐參觀

一潮汐　潮汐遲早每日不同大率逐日遞遲三刻三分既知朔望潮漲之時刻則逐日即可遞推而知不必贅述焉至所定朔望時刻係漲足時非初漲時



一沙礁　沙礁隱伏舟行所忌然礁有常而沙時變其潮猛流勁之處歲異而月不同茲姑就見在情形詳晰註載俾知趨避

一島嶼　沿海島嶼大者足以屏藩口門小者亦可寄椗船隻星羅棋布半有漁舍雖此輩樂居近水亦以內地生齒日繁漸有人滿之虞也風濤沙礁是其童習輪帆帶水時資其力何可漫而無稽顧連類而紀既恐繁文之混目畧而未及斯亦載筆者之疎也謹將詳細情形別列爲表各附於本卷之末

一城鎮　附近有何城鎮

一形勢　大凡地勢有前路必有後路有正路必有旁路由前路入犯者十一襲後路者十九由正路入犯者十一抄旁路者十九蓋前路正路必有堅臺重兵扼其衝後路旁路則隨處乘虛可入道光二十二年英人之犯乍浦也不於天后宮前而於東面金家灣

之花魚嘴其犯鎭海也不於招寶山而於南面之鉗口門卽以光緒二十一年近事論之旅順威海之失皆由間道抄襲礮臺後路其明證也是書於後路旁路尤爲致意

一船隻　商漁船隻往來飄忽最難稽考此僅約舉大數

一礮臺　何處係舊設何處係新建安礮若干尊配兵若干名其有宜改宜添之處亦間附鄙意用備采擇

一勇營　以光緒二十年至二十一年辦日防爲斷不復追述法防

一綠營　額設綠營兵幾名浙江水師營船抽歸另一人統之存營者各止寥寥一二艘不能成軍不備書

一異名　一地數名者並見於此

一雜識　見聞所及有關大局而又出以上各款外者備載於此



浙江沿海圖說目錄

朱正元著書時之肖像

# 浙江沿海圖說

臣朱正元恭撰

## 乍浦

衝要　極衝

鈐轄　屬嘉興府平湖縣嘉乍協左右兩水師營管轄

里距　西南距海鹽縣城陸路三十里距澉浦城六十里西距省垣二百二十里西北距平湖縣城二十餘里距嘉興府城七十里東距江蘇金山衛五十里東南距鎮海口海程二百里距定海二百二十里南渡餘姚北海岸洋面五十里

水道　南門外天后宮前沙灘逐年淤積潮退均露水面東面自觀山至益山及再東之獨山均深二三拓至四五拓不等近裏蒲山更深南面彩旗門則深至二十餘拓海底均係軟沙泥惟此間潮力甚猛



風浪尤大船難久泊○大孟與小孟間水深四五拓在此泊船畧有障避惟須防西面各礁

潮汐　朔望日潮漲於十一點三刻鐘大潮高二丈五尺

沙礁　外蒲山之南有棺材礁大孟北面礁石尤多天后宮以西至海鹽近岸一帶均係鐵版沙（鐵版沙質堅不受錨）

島嶼　東南有彩旗大孟小孟壓卵外蒲諸島

城鎮　海岸內半里有乍浦城城內大半荒蕪東北尤甚惟南門內外畧有市肆附近無大鎮

形勢　地介江浙之間固浙省之外戶實蘇松之後路其東面自觀山至益山綿亘十餘里及再東之獨山皆突入海中崖闊水深隨處可以登岸宜以車礮馳驟迎擊與東面江蘇之金山衛及西面之澉浦各防營聯爲一氣乃能有濟縱有堅臺巨礮株守一隅非策也

船隻　商漁船均約數十號惟四五六三月（俗名漁期）漁船多至百數十號七八兩月潮汛極猛無船

礮臺　南門外天后宮靖安礮臺一所道光二十二年建同治十三年改修光緒十一年再改修置一百八十磅彈阿姆斯脫郎前膛礮一尊土礮四尊兵二十四名東面老礮臺置土礮三尊兵五十名觀山麓保安城礮臺一所道光二十二年建同治十三年改修置土礮十二尊兵五十名陳山嘴礮臺一所在唐家灣之南正對彩旗門光緒元年建置土礮五尊兵五十名南灣礮臺一所二十一年建置一百八十磅彈阿姆斯脫郎後膛礮一尊六生的及七生的半克虜卜車礮八尊勇一百名

勇營　光緒二十一年辦防乍浦東面獨山三營城東南隅陸家橋二營城內一營東西兩門外各一營龍尾山麓一營顧家橋一哨



綠營　額設副將一員守備二員千總二員把總三員外委六員兵裁存一百三十名

異名　外蒲山俗名小普陀觀山上有土燈塔因名燈光山大盂小盂或名大陌小陌又東南面有王盤山因名其海曰王盤洋西圖則以水道可通杭州也名杭州灣

雜識　道光二十二年英兵船泊金家灣列陣相攻既以小艇分兵由花魚嘴登岸抄出山後薄城遂陷〇向有旗營駐防以副都統領之咸豐十一年髮匪犯乍衙署被毀克復後未議建復遂改駐省垣〇乍浦東自獨山至江蘇金山衞西自天后宮至澉浦塘路本闊四五騎可以並轡宜稍治而平之復於山後別闢一徑以通礮路則不惟自固庭戶亦可兼顧金澉矣〇光緒二十一年辦防濱海一帶山際掘有地營繚曲往復深與人等輔以土壘布置尙爲周密〇上年嘉興協裁歸乍浦協兼管遂改乍浦水師協爲嘉乍水陸協〇觀山大盂山均有土燈塔商家所置以示舟行

澉浦
衝要　次衝
鈐轄　屬嘉興府海鹽縣嘉乍協澉浦水師營管轄
里距　東北距海鹽縣城陸路三十里距乍浦六十里西北距嘉興府城八十餘里西距談仙嶺十里距海甯州城七十餘里距省垣一百六十里南渡餘姚洋面四十里（餘姚登岸處曰倪家路）
水道　南門外黃道關口爲民船停泊之所外有淺沙遙護出入必經東面之巫子門（長牆山與巫子山間爲巫子門）門深數十拓然急流成漩偶不經意往往船隨水轉北面青山及西北秦駐山脚均深二三拓至六七拓不等西面尖山一帶漸爲沙淤船路日遠再西則沙綫縈洄無敢進者東面海鹽城前二里外方有深水內係鐵版沙
潮汐　朔望日潮漲於半點鐘大潮高三丈二尺杭州灣自澉浦以上



潮力愈猛而速漲亦愈高
沙礁　南門外黃道關口一片淺沙其質頗堅潮退可勝人跡東門外亦然西南葫蘆山附近有白蠟礁東北葛山附近亦有一礁俗名禿石均露水面
島嶼　長牆山之南有大小巫子山各一葫蘆山之外有獅子山秦駐山西南有羊頭葛山草鞋洵籮諸島
城鎮　海岸內有澉浦城其東南兩門離海均不過里許城中氣象蕭索惟十字街口略成小市此外半屬桑園菜畦城高一丈七尺門已朽廢不可啓閉城西北六里地名角里堰爲往來嘉杭上海等處水路之孔道
形勢　澉浦爲省防第二重門戶由此登岸越談仙嶺而西可由海塘大路直達省垣惟沙淺流急水道變遷大舟鮮敢入焉故論衝要在乍浦之次
船隻　商船四號漁船亦止寥寥數號此外不過因候風潮暫時寄椗而已
礮臺　長牆山南麓頭圍口礮臺一所係舊設置土礮三尊兵五十名長牆山之北有青山兩山之間爲小海塘光緒十年辦防增高培薄上爲雉堞形空其下若橋然以備設伏置土礮其上今尚有六尊棄置道旁
勇營　光緒二十一年辦防城外水師大校場二營一旗長牆山西麓一旗東門外青山麓眞君堂一旗西面小尖山麓天后宮一營
綠營　額設都司一員（駐南門外）千總一員把總一員外委一員兵裁存一百四十四名（陸路原設把總一員已裁兵裁存五名歸海鹽守備兼管）
異名　長牆山俗名長山白蠟礁亦名石帆山葛山俗名放牛山



雜識　澉浦城西十里有談仙嶺高數十丈羣山簇擁獨闢一徑爲往來省城之孔道道光二十二年英人既陷乍浦復沿塘西竄至此乃還○光緒二十一年辦防由乍浦通電至澉浦事平局撤而綫猶存間有殘缺○由澉浦西至鳳凰山東至海鹽濱海一帶均係斥鹵之地遠望壘壘若叢塚居民除務農外半以煮海爲業○由省垣東至海甯州屬之小尖山海塘均極平坦竹樹參差由小尖山東至澉浦塘路較窄樹亦漸稀由澉浦至海鹽塘復加寬兩旁則黃茅白葦而已○海塘之內即係長渠如城之有濠焉塘邊村落均駕木橋以通往來若弔橋然○此間商船常川對渡餘姚之倪家路所載之貨除以牛來以羊往外無他物也蓋倪家路雖有海汊大潮方通舟楫民皆徒涉深則及腰淺亦及膝水際經行之路惟土人能辨之夜則懸燈以示否則卽畜類亦遭陷害其左右沿海一帶雖有寬窄深淺之

異不勝人跡則一也故紹郡近來無邊患



蟹浦

衝要　次衝

鈐轄　屬甯波府鎭海縣提標鎭海水師營管轄

里距　東南距鎭海縣城塘路三十里西北距龍山城十二里

水道　鎭海口西北一帶海岸均有淺沙入海甚遠惟蟹浦離岸一二里外即深二三拓至三四拓不等

潮汐　朔望日潮漲於十一點一刻十分鐘大潮高一丈二尺

沙礁　此間海岸惟蟹浦較深東南至鎭海西北至慈谿餘姚濱海均係淺沙

島嶼　東有蟹棚蟚蜞諸島

城鎭　蟹浦市肆頗盛西北十二里有龍山城營界司駐爲地方較形冷落



形勢　鎭海西北一帶淺沙至蟹浦而盡由此登岸可從海塘大道直撲縣治是爲鎭防北面間道密邇口門須防抄襲

船隻　商船四十餘號漁船一百八十餘號

勇營　光緒二十一年辦防楚軍一營分駐都神殿石頭山二處

綠營　蟹浦無綠營歸龍山汎兼轄

雜識　自蟹浦至鎭海石塘坦途大潮漲至塘下深二三尺至四五尺不等○伏龍山有土燈塔○鎭海間道東南爲多然內有嶺隘可守惟蟹浦則平原坦途邀擊極難故較爲吃緊

鎮海

衝要　極衝

鈐轄　屬甯波府鎮海縣提標鎮海水師營管轄

里距　西南距甯波府城水路四十里西北距蟹浦鎮塘路三十里距乍浦海程二百里東距定海七十里北距吳淞口四百里（實止三百七十里）

水道　大浹江上通餘姚上虞慈谿奉化諸縣自鎮海至甯波江面寬約二百拓招寶山與金雞山間深二拓餘江南鎮前深八九拓自此以上均深二拓至五拓不等○鎮海北面淺灘入海遠至七里潮退露水面者亦寬二里此淺東與遊山相連輪船出口須在虎蹲遊山以內行駛欲向北行既過遊山東面之夏老太婆礁乃可折向東北由七里嶼與瀝表嘴間而行若向南行則東經中門或大門（嘉門亦名邊門）（下有暗礁雖小輪亦往往避之）金塘洋橫水洋貓港旗頭洋由雙嶼港或汀子港或



米魚洋出海（此係大輪常行之路若中輪則石硼清滋諸港均可行駛惟海閘門較爲淺窄僅通小輪）

潮汐　朔望日潮漲於十一點一刻五分鐘大潮高一丈二尺半

沙礁　口外北面一片淺沙東與遊山相連雖民船亦不敢於虎蹲遊山外直向北行又虎蹲西北有虎尾石（潮半即隱上有黑色鐵杆）大遊山東有夏太老婆礁（宜昌輪船壞於此處上有紅色木杆）笠山礮台前有游山江礁（朔望潮落時礁上水深七尺七寸礁東面水深六拓處設有紅黑色浮筒筒上有黑色圓球）

島嶼　口門外東北有虎蹲（有燈塔詳海島表）裏游外游七里嶼（有燈塔詳海島表）諸島再東有黃蟒中門柱諸島其大者即金塘也

城鎮　西北三十里濱海有蟹浦鎮西南二十里沿江有梅墟鎮列肆均頗繁盛餘如江南小港長山橋等處雖畧有市廛僅備園蔬海鮮供村農之取求而已

形勢　鎮海薄海而城爲甬郡之咽喉內蔽全郡外控各島金雞招寶隔岸對峙北有淺沙遙護口門極窄今所設礮臺適當來路足資遏禦惟西北之蟹浦東之鉗口門及三山浦穿山等處須防抄襲必使後路嚴密乃可無虞

船隻　口內大商船約數百號漁船約千餘號

礮臺　北岸招寶山礮臺三所一曰威遠光緒元年建置二十一生的克虜卜後膛礮二尊四十磅彈瓦瓦司後膛礮三尊八十磅彈瓦瓦司前膛礮二尊英國土礮二尊勇一百名一曰定遠九年建置四十磅彈阜物士後膛礮一尊四十磅彈阜物士前膛礮一尊土礮三尊勇四十名一曰安遠十年建置八十磅彈阿姆司脫郎前膛礮三尊二十一生的克虜卜後膛礮一尊勇八十名南岸笠山礮臺一所曰宏遠十三年建置二十四生的克虜卜後膛礮二尊二十一生的克虜卜後膛礮一尊十七生的克虜卜後膛礮一尊勇一百名小浹江



口礮臺一所曰鎮遠六年建置十七生的克虜卜後膛礮一尊十二生的克虜卜後膛礮二尊八十磅彈瓦瓦司前膛礮一尊四十六磅彈瓦瓦司前膛礮二尊英國土礮二尊勇八十名沙灣礮臺一所曰靖遠三年建置八十磅彈阿姆司脫郎前膛礮四尊八十磅彈瓦瓦司後膛礮一尊勇六十名大金雞礮臺一所曰平遠十三年建置二十一生的克虜卜後膛礮一尊勇四十名小金雞礮臺一所曰綏遠十三年建置二十一生的克虜卜後膛礮一尊勇四十名

南攔江及北岸東門外兩舊臺深藏內地不當前敵亟廢南臺見改儲軍裝又城東北西北兩隅舊臺各一船路太遠不扼要衝西北一臺可顧蟹浦來路宜加修葺

勇營　光緒二十一年辦防勇營練軍共十餘營分駐北岸之蟹浦石塘頭西門外及招寶山麓之東嶽宮南岸之沙蟹嶺笠山廟靑嶴嶺

布陣嶺青王嶺玉泉嶺粟子山長山橋陳山梅墟等處

綠營　額設參將一員守備一員千總二員把總四員外委六員兵裁存三百六十名

雜識　道光二十一年英兵船於虎蹲山外攻我口門復分兵於東面鉗口門登岸渡義成橋抄金雞山後山上之兵腹背受敵遂以不守○光緒十年辦防除各礮臺外復於口內釘木樁安水雷佈置甫定法人果以五兵輪來窺四船泊金塘西面之大澳口以一船遊弋遊山後（時笠山宏遠礮臺猶未建也）屢擊招寶山威遠礮臺小損臺上還礮擊之而南洋開濟等三輪方自援臺灣還與超武等兩輪同泊口內助擊尤力遂鼓輪去未幾四船魚貫來攻礮彈跨城而過落西門外田間○南欄江舊礮臺置電鏡一具以備夜戰



## 甯波

衝要　極衝

鈐轄　屬甯波府鄞縣水陸提標城守營管轄

里距　東北距鎭海縣城水路四十里西北距餘姚縣城一百二十里距慈谿縣城四十里南距奉化縣城八十里

水道　自鎭海至甯波河道長四十里深二拓至五拓不等中輪可至東門外江北岸停泊自甯波至餘姚深淺不甚懸殊惟河身曲窄轉舵爲難故僅通小輪慈谿奉化河道較淺止通民船

潮汐　朔望日潮漲於一點鐘大潮高八尺七寸

城鎭　自通商以來江北岸一帶商賈輻輳地方日臻繁庶

形勢　鎭海爲前路蟹浦三山浦穿山爲旁路象山港爲後路自此以西已與越中連壤藩籬既撤欲憑曹娥帶水以爲固難矣東南菁華



實萃於茲防守宜嚴

船隻　商船約數百號各村落大小漁船約多至四千號

礮臺　東門外舊設礮臺一所正對三江口置土礮五尊密邇城垣市廛塡塞非用武之地

勇營　光緒二十一年辦防近城惟江東大校場駐練軍一營

綠營　額設提督一員中營參將一員守備一員千總二員把總三員外委四員左營遊擊一員（左右兩營係水師）守備一員千總二員把總四員外委六員右營遊擊一員守備一員千總二員把總三員外委六員前營遊擊一員守備一員千總二員把總三員外委四員後營遊擊一員守備一員千總一員把總三員外委四員城守營都司一員守備一員千總二員把總四員外委四員兵共裁存八百名

雜識　道光二十一年鎭海既陷英兵船進次三江口薄郡城城虛無

人遂入踞未逾月餘姚慈谿奉化三縣亦相繼陷明年江甯立約遂
為五口通商之一於江北岸闢租界焉



三山浦
衝要　次衝
鈐轄　屬甯波府鎮海縣提標水師左營管轄
里距　西南距新碶頭陸路五里西距甯波府城七十里距鎮海縣城
四十里東距穿山二十五里
水道　口門外水流甚急亦無障風之處商漁船隻均乘潮進新碶頭
停泊
潮汐　朔望日潮漲於十一點鐘大潮高一丈二尺
沙礁　東有毛礁口門外東至黃歧港口西至算山頭一帶均係淺沙
島嶼　浦口有北輪山又有三小山曰三山因名三山浦
城鎮　三山浦人烟稀疎惟口內新碶頭大碶頭畧有市肆
形勢　三山浦地勢平衍由此登岸越孔墅佈陣等嶺可襲鎮海南岸
各礮臺後路若西逾育王嶺係入郡城之間道是為甬防旁路防守
亦關緊要
船隻　商船數十號漁船百餘號
綠營　額設把總一員兵十七名

## 穿山

衝要　次衝

鈐轄　屬甯波府鎮海縣提標水師左營管轄

里距　西距甯波府城陸路七十餘里距鎮海縣城五十餘里東北距定海海程五十里

水道　北峙大樹大榭與陸岸間名黃歧港中小輪船在此停泊可避各方之風

潮汐　朔望日潮漲於十點三刻鐘大潮高一丈三尺小潮高六尺

沙礁　西北有道場礁東北有老鼠礁

島嶼　中有老鼠山稍西有泥嶼東有雞尸長腰諸島北卽大樹

城鎮　距穿山東南五里有後所城爲提標水師左營遊擊駐所雉堞毀頹高僅及丈北半城均係禾田南半城畧有房屋亦甚卑陋惟穿山有小市巡檢駐焉距穿山東南五里之柴橋鎮較爲繁庶



形勢　由穿山登陸經大碶頭越孔墅佈陣等嶺可至鎮海由柴橋經纓珞河頭越育王嶺可至甯波形勢與三山浦相類

船隻　商船五六號漁船十餘號

勇營　光緒二十一年辦防關帝廟駐練軍一旗

綠營　額設外委一員兵十六名

異名　泥嶼俗名饅頭山纓珞河頭俗名羊珞河頭

## 象山港

衝要　次衝

鈐轄　南岸屬甯波府象山縣象山協管轄北岸屬奉化鄞縣鎮海三縣提標營管轄其南岸港底又分屬台州府甯海縣營管轄（水路屬昌石營）

里距　港口東北距定海海程九十里北距鎮海紆繞至一百五十里南距石浦一百一十里

水道　港長約九十里寬五六里至十餘里不等深約四拓入內深七八拓至十拓不等港內南岸蛤蚆嘴有通象山縣小河北岸有通大嵩城小河西面有通甯海縣小河

潮汐　朔望日潮漲於十點半鐘大潮高二丈

沙礁　港內無沙惟近缸爿山東南角有缸爿礁南岸近口處亦有數礁港內近獅子口有分水礁



島嶼　港口有梅山佛肚諸山皆島之大者港內有大列小列缸爿白石諸小島

城鎮　南岸東面有象山縣城西面有甯海縣城北岸東面有大嵩所城西面有奉化縣城率離港數十里惟大嵩城離港止十餘里小輪隨潮可入

形勢　港闊而深外無關鍵由北岸大嵩港湖頭渡牆下潭等處登岸向西北行已拊郡城之背由吳家埠登岸向北行亦可取道奉化抄襲郡城是爲甬防後路至若甯海象山兩縣之孤處海濱猶其患之小者耳

船隻　港內無商船漁船約共多至千餘號（以桐照僂鳳兩處爲最多）

勇營　光緒二十一年辦防大嵩港內玉泉嶺一營

綠營　額設副將一員左營都司一員千總二員把總二員外委四員

右營守備一員（分駐爵溪）千總二員把總三員外委三員兵裁存二百十
一名



舟山

衝要　極衝

鈐轄　屬定海直隸廳水師鎮標中左右城守四營管轄

里距　西距鎮海口海程七十里西北距乍浦二百二十里南距石浦一百八十里距溫州口五百四十里均自道頭起計

水道　南面道頭水深四五拓至十餘拓不等東面竹山門深三十餘拓螺頭門深十餘拓蟹嶼門深三四十拓貓港深五六十拓吉祥門深十餘拓西堠門深三四十拓論大輪常行之路由北至者必經西堠門折入蟹嶼門由東南至者須入吉祥門或畏礁險繞越貓港仍折入蟹嶼門蟹嶼門之北曰螺頭門爲中小輪常行之路然大輪亦能過之東面十六門船路曲折小輪過此亦待潮平北面各澳亦深七八拓至十餘拓然陸路至廳治皆數十里而遙西面岑港惟中小



輪可到

潮汐　朔望日潮漲於十點一刻五分鐘大潮高一丈三尺小潮高八尺七寸

沙礁　螺頭門有寡婦礁（上有石柱）其左右均可行駛獺山𪩘臺外里許有暗礁行船須駛近盤嶼既過盤嶼北角仍須畧向南行傍近大小五奎以避小竹山東面之淺灘西面横水洋有牛洋礁金塘洋有黃牛礁（係碎石）東嶽宮前有老鼠礁道場礁靑壘臺前有鱭魚礁或露水面或有標誌易於辨認惟火燒門船路既窄礁石隱伏且潮流成漩持舵難穩舟行宜慎

島嶼　定海南面有大盤嶼小盤嶼大渠小渠大五奎小五奎大擑簹小擑簹大貓小貓莢山鬬鷄小鬬鷄諸島西有西蟹嶼洋螺頭菰莢裏釣中釣外釣册子諸島東有長嶼嵩山拗山東蟹嶼及順母塗朱

尖蒈陀諸大島北有岱山長塗秀山長白諸大島

城鎮　定海菁華在南半城廈屋連雲皆商於滬而起家者道頭亦成市集此外惟東面沈家門爲漁船聚會之所冬月頗爲繁盛西面岑港日卽凋敝舊設巡檢移駐岱山

形勢　浙省居南北洋之中而舟山又居浙洋之中其地東西長約八十里南北闊三十餘里北面形勢散漫南面濱海處曰道頭其內二里餘定海廳治在焉島嶼環拱水道深穩近足以翼蔽甬郡遠足以聯絡南北然孤懸海中四面受敵必俟海軍足恃防守方有把握

船隻　定海大小漁船二百餘號沈家門百餘號（定海東）羅鈞門（羅門鈞門統名羅鈞門在定海北）九十餘號岑港（定海西）三十餘號

礮臺　西面竹山礮臺一所曰定遠光緒十年建二十年復於臺後添建一所置一百八十磅彈阿姆司脫耶後膛礮一尊八十磅彈瓦瓦



司前膛礮一尊四十磅彈阜物士後膛礮二尊英國土礮四尊兵七十六名獺山礮臺兩所一曰振威十年建置一百二十磅彈阿姆斯脫耶後膛礮一尊英國土礮三尊兵三十八名一曰永清六年建置八十磅彈瓦瓦司前膛礮一尊英國土礮五尊兵六十二名東面青壘臺礮臺一所曰鎭定十年建置一百八十磅彈瓦瓦司前膛礮一尊英國土礮四尊兵五十四名東嶽宮並土城一帶各舊礮臺共安土礮二十四尊平時不配兵

勇營　光緒二十一年辦防兵力較薄不敷分布十年法防共八營二旗又小隊一哨分駐鎭鼇山東港浦西溪嶺東嶽宮長春嶺大校場西管廟小竹山獺山虹橋烏石廟等處

綠營　額設總兵一員中營遊擊一員守備一員千總二員把總四員外委六員左營遊擊一員守備一員千總二員把總四員外委五員

右營遊擊一員守備一員千總二員把總四員外委六員城守營都司一員千總二員把總二員外委二員兵裁存六百六十九名

異名　廳治在舟山南故名南面曰定海大五奎小五奎俗名大烏龜小烏龜火燒門俗改吉祥門十六門或名石衖門城北鎖山或名鎭鼇山

雜識　定海之有西人踪跡也最早其至也率以因風飄泊爲詞康熙三十七年築室於道頭曰紅毛館司稽征焉乾隆二十二年懼其漸啓窺伺也驅之而廢其館道光二十年英人在廣東戰不利率兵船來犯陷之明年又來犯又陷之又明年江甯和議成各處解嚴惟泊定海英兵船逗留至二十五年始揚帆去自是定之民晏然無西人之擾者十餘年咸豐十年英法兩國兵船自天津敗歸復入踞未幾尋自去光緒二十四年春英弁百餘人請於定之官吏曰不到此城



數十年矣（指道咸間踞城事也）舊遊如昨景物已非請一登覽可乎婉辭乃罷復請於大五奎打靶許之兩日卽棄去○舟山分全島爲十七莊居中者曰甬東曰吳榭在甬東東曰洞嶴又在吳榭東曰蘆蒲在洞嶴東曰舵嶴在蘆蒲東南曰大展在蘆蒲北曰北墠在大展西北曰皋洩在吳榭北曰白泉在皋洩北曰干礩在白泉西北曰頌河在甬東西北曰鹽倉在甬東西曰紫薇在鹽倉西曰岑椗在紫薇西北曰大沙在岑椗北曰小沙在大沙東曰馬嶴在小沙東○大五奎南面舊有礮臺基正對火燒門同治十三年築而新之議者以爲其勢太孤旋廢○道光二十一年濱海一帶西起小竹山東迄青壘臺添築泥城以資捍禦光緒十年辦防重修○東嶽宮東面山麓隙地僧產也舊爲英人叢塚二十四年春英兵船以短垣圍其餘地聚墓碣其中寺僧不敢問○道頭之西有洋房英人踞城時所築營房也今改爲

稅關○定海東有青壘臺西有曉峯嶺均高六十餘丈登其峯能遠見數十里舊時置烽燧於此今辦防時仍派人守望○舟山山多田少每歲僅足三月之糧山間半已開墾種山芋亦名地瓜以佐民食一遇亢旱人力無所施然豐歲亦僅足半年之食常賴海產以補地利之不足每於三四五等月俗名魚汛卜歲入之豐歉焉○舟山及附近各島每歲魚利合計當不下數百萬民皆馴良諳習水性惟台州幫較爲桀驁爲匪者往往出其中○舟山形勢驟視似覺太孤然距鎮海僅七十里距旗頭山僅十餘里且有各島以相聯絡定制駐提左營於穿山附近之後所城所以資策應也即就廳治而論南面島嶼羅列處處可以設臺盤嶼與竹山隔海相望寬僅一里餘小盤嶼與小渠相望俗名吉祥門寬僅二里餘是爲內戶東面十六門僅通小輪無關要害小渠與擶箬相望大貓與西蟹嶼相望寬均僅三里西蟹嶼與枕頭山相望寬僅



一里是爲外戶有此兩重門戶其險亦既足恃若復推而遠之築大貓穿鼻兩島則貓港寬四里可守築金塘册子兩島則西堠門寬五里可守築大平山則往來甬滬之水道亦可守大平山以西雖無際涯然三里以外即淺至三四拓尋常輪路距大平山不過一二里是鎮海且在門以內矣道頭近岸一帶亦有深五六拓者於此築隝兵輪足資修養旅威暫不可復爲海軍謀錨地蓋未有善於此者也

沈家門

衝要　叉次衝

鈐轄　屬定海直隸廳水師鎮標左營管轄

里距　西距定海廳治水陸路均四十里距鎮海海程一百一十里東距普陀十七里距朱家尖北面月澳二十里北距長塗港口六十餘里大船須紆繞至百數十里

水道　沈家門港寬約半里深三四拓至五六拓不等自此以西至定海可傍近老山而行除馬秦山西三四里及茶山與老山間均止深二拓左右外餘均深三四拓至十餘拓不等惟長嶼與東蟹嶼間小島錯雜船路曲折名十六門雖值潮平亦必緩輪而過魯家嶼與順母塗間水道深三四拓至六七拓中小輪船均可出入叉馬秦東西兩面亦各深二拓餘東面蓮花洋洋面雖寬深止一拓餘必行近普



陀山約三里方有深水

潮汐　朔望日潮漲於十點鐘大潮高一丈四尺

沙礁　東口有分水礁西面有遊凫礁潮漲均隱土人壘石其上以示舟行

島嶼　東有朱家尖順母塗糯米糰普陀洛伽有燈塔詳海島表白沙葫蘆諸島南有盧家嶼登步東閃西閃大圓鵝鴣小圓鵝鴣大螞蟻小螞蟻烏沙桃花蝦岐諸島西有馬秦小干茶山長嶼諸島

城鎮　舟山鄉鎮推此爲最每值冬令魚商羣集市面頗爲殷蕃俗亦漸奢

形勢　沈家門在定海之東盧家嶼峙於前普陀朱家尖列於旁叉得蓮花洋淺灘護於後地勢遂以不孤由此而西陸有青壘臺之阻水有十六門之險尚非衝要

船隻　漁船一百數十號
勇營　値漁汛由定海營酌派練軍彈壓
綠營　按季輪派千總或把總一員兵十二名



爵溪所
衝要　又次衝
鈐轄　屬甯波府象山縣象山協右營管轄水路屬昌石營
里距　西距象山縣城陸路二十餘里北距定海海程一百二十餘里距鎭海一百八十里南距石浦六十里
水道　爵溪澳門雖寬水道甚淺吃水六七尺之船亦僅能停泊十餘里外羊背山與陸岸間羊背山與青門山間水道尤淺
潮汐　朔望日潮漲於十點半鐘大潮高一丈四尺
沙礁　澳内均係淺沙羊背山與陸岸間水道雖深二三拓惟有青礁碗盤礁燕礁適當口門舟行宜愼
島嶼　東有羊背多眼官船澳牛軛上竹中竹下竹南韭諸島東北有大燕礁島名石城牛軛與東面小島同名喬木灣半邊青門竹灣大巖洞諸島



東南有大木小木諸島
城鎭　居民寥落惟四月漁汛較爲繁盛外來漁戶均於城下結茅而居
形勢　澳門雖寬水道極淺地方孤僻防守可緩
船隻　近處無商船大小漁船約一百十餘號
礮臺　城東南面山麓有石礮臺一所配土礮兩尊僅足防盜平時將礮移置城内以防疎失
綠營　額設守備一員把總一員兵四十二名
雜識　自爵溪至象山縣大半平路中間止越一嶺亦不甚峻

石浦

衝要　極衝

鈐轄　屬甯波府象山縣象山協昌石水師營管轄

里距　北距定海海程一百八十里鎮海二百四十里南距海門一百七十里溫州口三百五十里

水道　石浦港有東西兩門西之三門紆而淺東之銅瓦門水道曲窄流漩而勁大船出入必待潮平下灣東門兩港窄而多礁無敢試行石浦城西南面深四五拓至十餘拓大小船隻均可停泊船之尤大者亦可泊於滿山左右及金漆門之西惟遇東南風浪甚大

潮汐　朔望日潮漲於九點一刻鐘大潮高一丈八尺小潮高一丈

沙礁　東門港東口有老虎礁潮漲即隱林門港近兩山嘴間有礁四下灣港東口亦有數礁大南田東南面礁石尤多



島嶼　石浦附近島嶼叢紛其大者南有南輝對面島名大南田諸島東有檀頭西有魚塘長坑花嶴諸島此外又有淡水門黃芝銅頭泥螺涼帽油餅油菜花滿山田灣諸小島

城鎮　石浦依山而城市肆之盛幾無隙地東面沿港地名鹽倉前係閩嶴魚市亦頗繁庶東北十里有昌國衛衛內半屬荒地惟北面稍有房屋南門外舊校場頗寬廣又石浦隔岸南輝山南面有東門城久頹

形勢　山環水抱船路曲折港內南北兩岸擇地可築船隖是為浙洋中路重鎮宜加整頓以為將來海軍巡洋休息之所

船隻　商船止寥寥數號漁船一百數十號冬季閩船及四五等月台船之來此者常數百號

礮臺　銅瓦門南北兩山頂可築礮臺

勇營　光緒二十一年辦防練軍一營分駐天后宮及西北兩門外鹽倉前等處

綠營　額設都司一員守備一員千總一員把總四員外委四員兵裁存二百零九名

異名　南輝山或名東門山西南面西圖名三門灣

雜識　道光二十一年英人犯石浦由銅瓦門入初石浦隸原駐昌國衛之昌石營道光四年南田禁山始移甯波府同知駐其地二十四年昌石都司亦移駐焉光緒初年派開墾委員駐南田同知亦有行署以時往來

健跳所

衝要　又次衝

鈐轄　屬台州府甯海縣海門水師鎮標左營管轄（原屬甯海營光緒十八年改屬左營）

里距　東北距石浦海程七十里大船紆繞至一百一十里南距海門一百三十里

水道　狗頭山與藍嘴間僅深一二拓亦有深不及拓者入內則三四拓至七八拓不等大狗頭與陸岸間曰靖虹門西圖作淺沙並無水道實則中小輪儘可出入

潮汐　朔望日潮漲於十點一刻五分鐘大潮高一丈五尺

沙礁　口內西面近城垣處一片淺沙

島嶼　近口東面有大狗頭小狗頭諸島口外有田灣蒲山蛇蟠諸島

城鎮　健跳依山而城南面臨水城內大半皆山荒廢不治惟西門內



直街略有小市近處並無鎮市

形勢　海隅貧瘠防守可緩

船隻　近處無商船大小漁船一百一十號

綠營　額設遊擊一員守備一員千總三員把總四員外委二員兵裁存九十九名

海門衛

衝要　次衝

鈐轄　屬台州府臨海縣海門水師鎮標中營城守兩營管轄北岸屬台州協左營管轄

里距　北距石浦海程一百七十里南距溫州口黃華關二百六十里西北距台州府內河約百里西南距黃巖縣五十里

水道　海門口外水道雖寬深僅一拓餘近口處水受兩山束約流力頗勁水道遂因之而深口內自城垣前上至葭芷鎮水道深自三四拓至四五拓不等自葭芷以上水道分為二支一向西北至台州府一向西南至黃巖縣小輪隨潮可入

潮汐　朔望日潮漲於十點鐘大潮高一丈八尺

沙礁　口內外並無礁石惟口外兩岸均係淺沙入海甚遠



島嶼　口外南有琅璣白沙黃蕉白果道士冠諸島東南有上大陳下大陳諸島（以上各島詳松門表）東有頭門東箕長嶼田嶴大鵝冠小鵝冠川焦南魚北魚（有燈塔詳海島表）諸島北有彰化南查北查諸島

城鎮　海門地方瘠苦市肆清淡西門外五里許濱江地名葭芷亦一市集同知駐焉小康之家多萃處於此北岸有前所城駐一巡檢地方荒涼無異村落

形勢　海門為台州全郡門戶口門牛頭頸與小圓山隔岸對峙天然關鍵今於南岸之外沙牛頭頸北岸之沙灣小圓山分建礮臺四所頗得地勢能更置新礮輔以防營足以自固惟遍地伏莽須防乘發

船隻　海門商船一百六十號漁船二百二十號葭芷漁船七十餘號北岸一帶商船五十餘號漁船一千二百餘號

礮臺　南岸外沙聯珠礮臺同治十三年建光緒二十年重修置二十

磅彈瓦瓦司前膛礮三尊土礮二尊兵三十五名城守營所管牛頭頸礮臺係舊設置土礮三尊兵十五名中營所管北岸沙灣聯珠礮臺置土礮五尊兵五十名小圓山麓礮臺置土礮三尊兵十五名均台協所管同治十三年同時建

勇營　光緒二十一年辦防練軍三營分防南北兩岸嗣以鎮海防務較緊遂移防鎮海

綠營　額設總兵一員中營遊擊一員守備一員千總二員把總四員外委六員城守營守備一員千總二員把總四員外委六員兵二百六十八名原設左右兩營光緒十八年左營分防健跳右營分防松門

雜識　海門鎮原名黃巖鎮駐黃巖海門係出洋巡哨時暫駐所也嗣以黃巖離海較遠光緒二年移駐海門○口外南北兩岸均係淺塗



南岸如金清門北岸如白岱門桃渚江均係民船水道無關要害○此間一帶土匪最盛北岸尤甚雖當晝猶以獨行爲戒○浙省島民舟山以北最爲馴良舟山以南桃花六横以北次之溫郡又次之惟中路自茅草山以北南韭山以南各海島盜匪出沒飄忽靡常爲害行旅○南岸觀音洞及巖頭兩處上年有人察係煤礦雇工開掘然類黑石火之不焰聞府城西門外三十餘里層巒疊嶂中煤苗較旺

## 松門衛

衝要　又次衝

鈐轄　屬台州府太平縣海門水師鎮標右營管轄（原屬太平營光緒十八年改屬右營）

里距　北距海門海程一百里距石浦二百里南距溫州口黃華關一百八十里西距太平縣城陸路六十餘里

水道　松門水道近年漸淤吃水六七尺之船止能停泊十里外之龍王堂石塘山與松門衞間之水道亦爲沙淤潮漲時僅容小艇

潮汐　朔望日潮漲於九點三刻鐘大潮高一丈三尺

沙礁　松門江口有明礁二暗礁一城之東南北三面均係沙灘潮漲一片汪洋幾同澤國

島嶼　東面有石塘山江口有釘鈎頭龍王堂沙鑊石頭北江尖山頭諸島



城鎮　城內民居稀疎惟南門大街稍有市廛街道亦尚坦闊近處並無市集

形勢　勢孤而貧去縣治亦遠無關要害

船隻　松門無商船漁船約共一百六十餘號

勇營　光緒二十一年辦防衛內駐練軍一旗

綠營　額設遊擊一員守備一員千總二員把總四員外委五員兵裁存一百零七名

異名　石塘山或名松門山

雜識　東門外即係沙灘潮漲小艇可抵城下○此間沙灘雖廣潮至卽漫故無鹽利

玉環

衝要　次衝

鈐轄　屬溫州府玉環廳溫州鎮標玉環左右兩營管轄（右營係水師）

里距　由廳治南至坎門十九里北至楚門渡十六里東至後梭門七里西至西青渡八里由坎門西至黃華關海程五十里東北至松門百里

水道　東面有淺沙大船不能近東南坎門（黃坎二門也舟人每渾而一之稱黃坎門）泊船處深三四拓至五六拓不等黃門深六拓外黃門山南面深十餘拓老龍頭與橫址山間深二十餘拓西面深至十餘拓惟西北大青小青間均係淺沙潮退有僅深一拓餘者北面近楚門陸岸則深至四五拓至六七拓不等東北與陸岸間水道曲窄流勁而漩因曰漩門必須潮力緩弱乃可過此○中小輪船停泊坎門最宜大輪須泊西



面水深七八拓處民船則停泊北面楚門港可避各方之風又東面衝擔頭中小輪船亦可停泊

潮汐　朔望日潮漲於九點半鐘大潮高一丈三尺

沙礁　北面苔山大青小青一帶均係淺沙潮退亦有露水面者從大青與大橫牀間直向橫址山（橫址山凡二此在東門西門兩山之間）北行有一深水道潮退尚深二三拓但行過大青約三四里當路有一暗礁潮退尚沒水下二三尺（西圖未載）此外如西北之鷹公鷹婆鯽魚緝機扁鰻箬笠諸礁均露水面惟外黃門與南牌山中間之黃牛礁潮漲則隱亦易觸犯

島嶼　北有東門西門苔山大青小青諸島西有江巖大烏小烏諸島南有鹿棲珠塢諸島（此二島詳溫州表）東有雞冠大鹿小鹿羊嶼披山銅針草嶼衝擔諸島

城鎮　玉環城中畧有市肆此外惟坎門於冬季閩船聚集之時稍爲繁盛餘皆村落

形勢　玉環孤懸海中爲溫郡之外屏地勢南北兩面均係峻嶺西面之西青渡及東面黃泥墈後梭門山皆低平然均有淺埜大舟不能近岸惟東南之坎門山勢環抱水道深穩除南風浪大不能停泊外其餘各方風力均有障避由此登岸至廳治僅逾低平之烏沙嶺餘皆坦途實爲全島要害

船隻　商船止二三號漁船約三十餘號小漁船約五百號秋時閩船來此捕魚者約百號

礮臺　坎門舊礮臺卑薄無用僅防盜匪

綠營　額設參將一員左營守備一員千總一員把總一員外委一員兵裁存三百三十名右營守備一員千總一員把總一員外委二員



兵裁存一百五十九名

雜識　居民半耕半漁每年禾麥及山芋僅足八月之食

鏵鍬埠（山名鏵鍬洞）

衝要　又次衝

鈐轄　屬溫州府樂清縣樂清協樂清營管轄（水路屬玉環右營）

里距　西南距樂清縣城陸路三十餘里距蒲岐所城八里距黃花關五十餘里東距玉環西清渡海程二十里

水道　甌江口外北岸一帶均係淺沙惟鏵鍬埠潮退尙深至四五拓大輪可由玉環西面之深水道向西北直達此埠

潮汐　朔望日潮漲於十點鐘大潮高一丈二尺

沙礁　南起岐頭山北至蒲岐所城淺沙入海頗遠自甌江至此欲於岐頭山外折向北行雖吃水六七尺之船亦須候潮且岐頭山正東六里有暗礁名半洋礁半潮卽隱並無標誌尤須留意

島嶼　東面有大烏小烏江巖毛埏毛坦大小橫床諸島

形勢　水道深穩地方幽僻詰奸禁暴亦關緊要

船隻　近處無商船止小漁船十餘號蒲岐所小漁船三十餘號

綠營　額設外委一員兵四名蒲岐所額設把總一員兵八名

雜識　民間半耕半漁亦有煮海爲業者强悍成風動輒用武蒲岐所城溫郡設有分卡奸商往往於此偷漏莫敢究詰○北面鷂頭埠水道尤深數年前有外國大兵輪一艘來此停泊



溫州（卽甌江）

衝要　極衝

鈐轄　屬溫州府永嘉縣溫州水陸鎭標中左右城守四營管轄北岸自磐石衞以東至黃華關一帶屬樂清縣樂清協磐石營管轄

里距　由府城東至磐石衞水道三十五里黃華關六十里由黃華關南至飛雲江口海程百里北至海門二百六十里石浦三百五十里定海五百四十里鎭海六百里

水道　甌江水道甚淺雖小輪必待潮漲方能出入且沙綫變遷不常論近時通行船路從府城起椗須向東北對準白廟而行以避東門外之淺灘既近白廟卽須折向東南向七都塗以南傍近狀元橋茅竹嶺龍灣三礮臺而行既過龍灣卽須折向東北對準磐石礮臺而行然後由磐石傍近北岸直至黃華關由大門出海船身吃水在一丈內者既過黃華關趁潮亦可由大門山以北或由霓嶼以西之淺水道而行或徑由龍灣出南水道但終須鉛錘試探方免誤事欲期穩妥則無論行向南北總以出大門爲是○自府城以上非熟習水道者不可輕試因多陡界曾有吃水七尺之船於府城以上五六里卽誤擱淺處而以鉛錘於一邊探之尙深兩拓

潮汐　朔望日府城前潮漲於十點一刻鐘大潮高一丈八尺小潮高七尺

沙礁　甌江沙灘時有變遷東門外至楊府山一帶有沙灘兩處潮退均露水面府城對岸亦有淺沙遠鋪入江見有紅小旗爲誌既由北港出口（南港僅通小艇）止能向大門而行因南北兩面均有淺沙叉岐頭山東六里有半洋礁潮漲卽隱並無標誌江心寺東西有兩礁東礁上有球尙易識別

島嶼　甌江口東面有黃大嶴（卽大門山）小門鹿棲諸島東南有重山狀元嶴霓嶼三盤洞頭半屛大瞿中瞿小瞿（中瞿小於小瞿）南策東策北策北箕諸島南面有銅盤南龍北龍南箕諸島

城鎭　温州府臨江而城市肆繁盛街衢寬潔除西門內署有隙地外餘皆市廛塡塞東西南三門外亦均成市又離府城東水路三十五里北岸有磐石衛此外近處無大鎭

形勢　黃華關爲頭重門戶磐石與龍灣隔岸相望爲二重門戶楊府山以內則堂奧矣今於磐石龍灣等處添築礮臺足資扼擊惟棄黃華關不守未免自失險要（光緒二十一年辦防署温處道宗源瀚派勇一營駐其地然無礮臺何益）

船隻　本處商船數十號漁船大小共約二百餘號又由處州運木至西門外者約數百號均不甚大

礮臺　東門外礮臺兩所係舊設東臺置土礮六尊西臺置土礮十一



尊共兵五十名狀元橋礮臺同治十二年建置土礮五尊兵二十名茅竹嶺礮臺光緒六年建置英國土礮四尊兵三十二名龍灣礮臺光緒十年建置一百四十磅彈阿姆斯脫郎後膛礮一尊英國土礮六尊兵四十四名北岸磐石衛原建（臺名）舊礮臺置土礮十六尊兵五十名天妃汛鎭甌臺光緒七年建置一百四十磅彈瓦瓦司前膛礮一尊八十磅彈瓦瓦司前膛礮一尊英國土礮十一尊兵五十名

勇營　光緒二十一年辦防勇兩營三旗練軍兩營分駐黃華關磐石衛龍灣茅竹嶺狀元橋等處

綠營　額設總兵一員中營遊擊一員守備一員千總二員把總四員外委六員兵裁存一百七十四名左營遊擊一員守備一員千總二員把總四員外委六員兵裁存一百八十二名右營遊擊一員守備一員千總二員把總二員外委四員兵裁存一百九十四名城守營都司一員守備一員千總二員把總三員外委六員兵裁存一百九十六名北岸磐石衛額設守備一員千總一員把總二員外委二員兵六十一名

雜識　府城前江中有孤嶼俗名江心寺有東西兩塔嶼間古木蒼鬱掩映江心東面有洋房兩所一爲英國領事署一爲海關辦事西人旅舍○甌江沙多泥少每値暴風須防走錨○黃華關有土城曰許公堡相傳爲海防戒嚴時總兵駐所今鞠爲茂草矣○黃華關小山頂有洋房一所西教士在此逭暑改建礮臺最得形勢

**飛雲江** 俗名瑞安河

衝要　次衝

鈐轄　屬溫州府瑞安縣瑞安水師協右營管轄南岸屬平陽協左營管轄

里距　南距南北關海程一百三十里北距溫州口黃華關百里大輪或紆繞至百數十里均自江口起計

水道　江面寬三四里口門深約一拓入內至礮臺前漸深至一拓半隆山前二拓西門外三拓中小輪船可隨潮而進在此停泊內河由瑞安北至溫州七十里南渡飛雲江至平陽三十里水道亦頗寬深

潮汐　朔望日潮漲於九點半鐘大潮高一丈八尺

沙礁　口外泥灘入海甚寬口內潮退兩岸亦均係淺灘

島嶼　近口有鳳凰齒頭上關下關諸島



城鎮　瑞安縣臨江而城人煙亦尚稠密郭外沃野平原彌望皆是惟廈屋殊不多見市肆亦極蕭索

形勢　飛雲江爲瑞安之門戶江岸平衍寬闊吃水十餘尺之船乘潮可至西門外停泊咫尺城垣亦關要害

船隻　商船數十號漁船二百十餘號

礮臺　北岸東山埠礮臺係舊設置土礮七尊兵五十名光緒二十一年辦防南岸亦築一臺與北臺相望臺成而事平未及置礮

勇營　光緒二十一年辦防駐練軍一哨

綠營　額設副將一員左營都司一員千總二員把總二員外委四員右營守備一員千總二員把總二員外委三員兵裁存一百七十三名

雜識　光緒二十一年辦防由紳民籌款於江口釘樁沉石事平並撤

**大漁口** 按此澳村落多處曰大漁小漁大鑊小鑊沙浦赤溪赤溪稍有市肆因航海者獨以大漁稱故標以爲目焉

衝要　又次衝

鈐轄　屬溫州府平陽縣平陽協左營管轄

里距　北距飛雲江口海程八十里溫州口一百六十里大船紆繞至二百里南距鎮下關五十餘里

水道　澳內深一拓餘近官山南北面均深二三拓中小輪船於此停泊可避西北風惟遇東風浪亦甚大

潮汐　朔望日潮漲於九點三刻鐘大潮高一丈六尺

沙礁　澳口有筊杯礁自南北視之中有大裂縫最易識別筊杯之東北約十七里有百畝田礁潮漲則隱

島嶼　澳內居中有官山其南面有敗屋三椽

城鎮　近處如小漁大鑊小鑊沙浦均係村落惟南面赤溪爲產礬之



處時有甯波商船乘潮進溪運貨遂成小市又北面金鄉司城及濱海炎亭亦較大小漁等處爲盛

形勢　澳門寬廣中峙官山地勢頗佳惟水道不深山鄉窮瘠僅爲民船收泊之所

綠營　近處無綠營歸赤溪汛兼管

雜識　澳內時有盜艇寄泊

## 南北關 沙埕港附

衝要 次衝

鈐轄 屬溫州府平陽縣平陽協左營管轄西面沙埕港屬福建福鼎縣福甯鎮桐山營管轄（水路屬瑞安營及福建烽火營）

里距 北距平陽縣城陸路一百三十里距溫州口海程二百里大船或紆繞至二百數十里西距沙埕港海程二十里

水道 鎮下關東西南三面懸水西北爲大澳澳內均係淺塗不能收泊南面有南關鼠尾兩山爲屏障水深二三拓爲停泊民船之穩道南北商漁船多於此寄椗以候風潮西面虎頭鼻與南鎮山間爲沙埕港口窄而深內寬三四里深六七拓至十餘拓不等長約六七十里可泊大輪數十號出入不須候潮爲浙洋錨地之最

潮汐 南北關朔望日潮漲於十點鐘大潮高一丈七尺



沙礁 北關山南偏西三里有一暗礁屢壞民船（見由民間浮黑球其上以示舟行）沙埕港口外北角有兩石曰鷺鷥礁均露水面口內近北岸有龍眼礁其向外者潮漲則隱微見水紋行船須駛近南岸

島嶼 鎮下關南面爲南關山其北爲北關山近北關山有雞心嶼大圓嶼木耳嶼南關山之西有鼠尾山

城鎮 鎮下關並無城市居民依山而居北面十餘里蒲門城及西面沙埕稍爲繁盛

形勢 鎮下關介閩浙之間負山面海形勢雄勝西面沙埕港水道深廣可泊大輪數十號兩岸尚可擇地開築船隖口門兩山拱峙關隘天然若再守以堅臺利礮可爲海軍屯聚之所

船隻 鎮下關漁船數十號此外南北船之寄椗者常二三十號值大風汛亦有多至百餘號者沙埕港漁船數百號

礮臺 鎮下關東面山麓名龍巾尾舊時依山爲臺形勢散漫不扼要衝年久已圮沙埕港口北面山頂有舊壘頗得形勢能與對岸南鎮山頂各建礮臺有當關之勢

綠營 鎮下關額設千總一員兵十八名

岱山
衝要　次衝
鈐轄　屬定海直隸廳水師鎮標右營管轄
里距　東北距衢山倒斗澳海程三十八里北距洋山五十餘里南距
舟山北澳四十里距定海紆繞至百餘里西南距鎮海一百一十里
東距長塗港口三十餘里均自東沙角起計
水道　岱山洋面皆深四五拓至七八拓不等惟近鰲蓬山（或名鐵墩山）深
十餘拓至二十餘拓南面官山一帶尤深中小輪船東沙角亦可停
泊若轉西北風須移泊兩頭洞
潮汐　朔望日潮漲於十點一刻鐘大潮高一丈二尺小潮高九尺
沙礁　近西沙角有野豬礁潮漲則隱東沙角西北十七里有蝦爬礁
寨子山北微偏西九里有百畝田礁



島嶼　西有兩頭洞大魚小魚諸島西北有大洋小洋諸島東北有衢
山東有長塗南有官山秀山諸島
形勢　岱山東西長約二十六里南北闊約十八里為舟山以北各島
中之最大者田約數千畝鹽田倍之其南面高定北面東沙角地方
較盛實為全島菁華所萃
船隻　商船數十號漁船數百號四五月漁船之來自各處者約萬號
勇營　定海營派練軍一哨駐東沙角四五月漁汛添兵彈壓
綠營　額設外委一員駐東沙角三月一更兵十二名分防高定司基
兩頭洞等處有時酌增
雜識　岱山初未設官嗣以魚鹽利溥地方浸以繁盛而岑港司巡檢
鄉僻無事遂移駐焉銜則猶仍其舊稱岑港司○四五月漁汛漁船
均停泊東沙角一帶提鎮亦各督帶師船在洋巡察

長塗
衝要　又次衝
鈐轄　屬定海直隸廳水師鎮標左營管轄
里距　西北距衢山倒斗澳海程四十里西距岱山東沙角三十餘里
南距舟山北澳三十里距定海紆繞至一百二十里東南距沈家門
六十餘里西距鎮海一百二十里均自長塗港口起計
水道　北面為衢港南為黃大洋均深七八拓長塗港中段約深六七
拓北面轉灣處深至二十拓南口稍淺約五六拓港長十五里寬一
里至二里不等為停泊中小輪船極穩錨地
潮汐　朔望日潮漲於十點十四分鐘大潮高一丈二尺小潮高九尺
沙礁　南口有分水礁北口外東面有五虎礁
島嶼　東面有櫻連西寨東寨小板黃星廟子湖青浜西福東福諸島



土人統名中街山西南有秀山官山諸島西有岱山北有衢山
形勢　東西長約二十七里南北闊約七里四面皆高峯中開一港斜
貫南北港兩岸有田千餘畝民舍在焉兩口微窄可以設守海居無
風濤萑苻之驚此島之有收束者
船隻　商船六十號漁船二百三十號
綠營　額設兵兩名
異名　小板山又名小龜山
雜識　光緒二十一年辦防居民抽丁團練得七百餘名以自衛民咸
樂業為匪者寡○向未設官島民自舉其秀者以董理之亦井然有
條○北口西鶴山有土燈塔

## 衢山

**衝要**　又次衝

**鈐轄**　屬定海直隸廳水師鎮標左營管轄

**里距**　西南距岱山東沙角海程三十八里東南距長塗港口四十里南經竹嶼港至舟山北澳八十里至定海紆繞至一百五十里西北距洋山四十餘里西南距鎮海一百四十里均自倒斗澳起計

**水道**　南曰衢港深六七拓至八九拓不等北曰黃澤港深十餘拓東面大洋深十餘拓至二十餘拓不等西面稍淺止深四五拓北面黃澤小衢與衢山間爲極穩錨地

**潮汐**　朔望日潮漲於十點一刻鐘大潮高一丈二尺小潮高九尺

**沙礁**　鼠浪湖以東三十六里有烏礁倒斗澳以西微偏南三十五里有百畝田礁北面近衢山亦有數礁



**島嶼**　北有黃澤小衢桑枝搭褲上海下海諸島東有鼠浪湖青山海横頭三星横梁諸島南有岱山長塗諸大島西有洋山魚山諸島

**形勢**　東西長三十里南北闊十里東面皆高山西面多田全島約田數千畝而形勢近孤

**船隻**　商船數十號漁船大小共三百號

**勇營**　四五月漁汛由定海營派練軍一哨駐倒斗澳彈壓

**綠營**　額設外委一員兵四名

**雜識**　光緒四年初升科○例委巡檢一員與外委同駐倒斗澳一年一更

## 海島表

是表自右而左首列島名或名山或名嶼均從俗稱至長不及里之童山其間無足紀者今亦備書其名而以雙排小字別之次偏度次直距次長次闊次居民次船隻次錨地次土產次異名而以譯名終焉凡島名必詢自土居名從主人也偏度者使舟行不迷所向也直距者島道也志長闊而不及高者峯巒層疊起伏不一也居民船隻往來飄忽舉大數也錨地者防不測之風雲也土產者島民之所資以爲生者也異名者一島數名恐傳疑也殿以譯名竊取正名之義也



### 鎮海附近海島表

自招寶山角起計○浙江海島此間最關緊要故列於首

| 島名 | 偏度 | 直距 | 長 | 闊 | 居民 |
|---|---|---|---|---|---|
| 金塘山 | 東北 | 十九里 | 二十四里 | 十六里 | 六七千戶 |
| | 金塘四面皆山中係沃土可耕可漁居民多至六七千戶竭其地之出每歲止敷三月之食常賴漁以補不足富者擁貲三四萬餘多赤貧而民氣咮靜地居海濱熟諳水道亦有在甬滬一帶當舵工者瀝港有小市可得魚蔬儀同 | | | | |
| 碗盞山 | 碗盞山在金塘東北二里 | | | | |
| 黃狗山 | 黃狗山在金塘東南四分里之一與金塘有泥灘相連黃 | | | | |
| 三山 | 三山在金塘南六里半 | | | | |
| 北輪山 | 北輪山在金塘南五里半 | | | | |
| 大平山 | 東北 | 二十五里半 | 五里又四分里之三 | 四里又三分里之二 | 五百餘戶 |
| 甘嶼 | 甘嶼在大平山西北一里 | | | | |
| 大髻果 | 東北 | 三十二里 | 一里又三分里之一 | 五分里之二 | |
| 小髻果 | 小髻果在大髻果東一里 | | | | |
| 魚龍山 | 東北 | 三十四里 | 一里又六分里之五 | 一里又六分里之一 | |
| 菜花山 | 東北 | 三十六里 | 二里又五分里之二 | 一里又六分里之五 | |
| 小菜花 | 小菜花在大菜花東北半里 | | | | |
| 横檔山 | 東北 | 三十六里 | 一里又三分里之一 | 半里 | |
| 搗杵山 | 東北 | 二十四里 | 一里又三分里之二 | 五分里之三 | |
| 蟹棚山 | 西北 | 二十里 | 一里又三分里之二 | 一里又七分里之一 | |
| 鬖蜞山 | 鬖蜞山在蟹棚山東北四分里之一 | | | | |
| 東霍山 | 北 | 五十七里 | 一里半 | 三分里之二 | |
| 西霍山 | 北偏西 | 六十里 | 一里半 | 一里 | |
| 外游山 | 東北 | 四里又四分里之一 | 一里 | 半里 | 暫居一戶 |

| 船隻 | 錨地 | 土產 | 異名 | 譯名 |
| --- | --- | --- | --- | --- |
| 漁船三百餘號小船百餘號 | 西面可泊大輪瀝港可泊民船 | 山芋稻 | | 金塘 |
| 內地惟比戶寂寂無絃誦聲耳○光緒十年法輪五艘繫泊東面大澳口以窺鎮海○定海右營駐兵二名○距南角百餘丈有兩礁曰雙尖礁其南一百二十丈有紅色石柱 | | | | |
| | | | | 郎梯亞 |
| 狗之南四分里之一有礁名狗尾 | | | | 阿爾其音角 |
| | | | | 三山島 |
| | | | | 無 |
| 數十號 | | 山芋稻 | | 大平島 |
| | | | | 搭潑島 |
| | | 山芋 | | 深汀島 |
| | | | | 無 |
| | | 山芋 | | 綢綢島 |
| | | 山芋 | | 方希 |
| | | | | 無 |
| | | 山芋 | | 涼島 |
| | | 山芋 | 俗名棗子山 | 大澳子島 |
| | | | | 益友島 |
| | | | | 無 |
| | | | | 南霍山 |
| | | | | 西霍山 |
| | | | 俗名大游山 | 大游山 |

浙江海島表　鎮海附近各島　一

## 鎮海附近海島表 自招寶山角起計

| 島名 | 偏度 | 直距 | 長 | 闊 | 居民 |
| --- | --- | --- | --- | --- | --- |
| | 外游山東微偏北七十丈有夏老太婆礁上有紅色木杆 | | | | |
| 裏游山 | 裏游山在外游山西南五分里之一其南微偏西半里餘有游山江礁大潮退後礁上水深七尺七寸礁東有紅黑 | | | | |
| 虎蹄山 | 虎蹄山在外游山西南二里又三分里之二上有燈塔係透鏡紅光常明燈光點距水面十二丈六尺晴時能照十 | | | | |
| 七里嶼 | 七里嶼在外游山東北四里又五里分之一上有燈塔係透鏡白光常明燈光點距水面十丈五尺晴時能照二十 | | | | |
| 黃蟒山 | 東偏北 | 十三里 | 一里又三分里之一 | 三分里之二 | 暫居一二戶 |
| | 黃蟒山北一里餘有鷄礁潮退不露水面上有黑色鐵杆 | | | | |
| 小黃蟒 | 小黃蟒在黃蟒山西北半里大黃蟒山左右有蒔菇荷葉 | | | | |
| 中門柱 | 中門柱在黃蟒山西一里半 | | | | |
| 游鳧山 | 游鳧山在黃蟒山西六里 | | | | |
| 白鴿山 | 白鴿山在黃蟒山西五里半 | | | | |

| 船隻 | 錨地 | 土產 | 異名 | 譯名 |
| --- | --- | --- | --- | --- |
| | | | | |
| 方格浮筒上有黑球筒下水深二丈五尺外游與裏游中間有泥灘相連 | | | 小游山 | 小游山 |
| 五里並有霧鑼○虎蹄山西北五十二丈有虎尾石潮漲即隱上有黑色鐵杆 | | | | 虎島 |
| 七里並有霧鐘 | | | | 七里島 |
| | | 山芋 | 黃貓山 | 黃蟒山 |
| | | | | |
| 兩山 | | | | 無 |
| | | | | 嘉門 |
| | | | | 無 |
| | | | | 無 |

浙江海島表　鎮海附近各島　二

## 穿山附近海島表 自本處起計

| 島名 | 偏度 | 直距 | 長 | 闊 | 居民 |
| --- | --- | --- | --- | --- | --- |
| 大榭山 | 東北 | 一里又三分里之二 | 十一里半 | 十一里 | 七八百戶 |
| | 大榭山民安耕鑿漁戶甚少房屋亦整潔西面黃峧港口有土燈塔○定海右營駐兵一名 | | | | |
| 管箕山 | 管箕山在大榭山東三分里之二 | | | | |
| 穿鼻山 | 東偏北 | 十三里半 | 三里又五分里之四 | 二里又四分里之一 | 八九十戶 |
| 涼帽山 | 東偏北 | 十六里 | 一里又五分里之一 | 五分里之四 | |
| 白鴨山 | 白鴨山在涼帽山東偏南一里又四分里之一 | | | | |
| 外神馬 | 東微偏北 | 十二里半 | 二里又六分里之一 | 一里半 | 二三十戶 |
| 裏神馬 | 東微偏北 | 十里半 | 一里半 | 一里半 | 二三十戶 |
| 外嶼 | 東 | 十三里 | 三里 | 一里又三分里之二 | 百餘戶 |
| 長腰山 | 東微偏北 | 四里半 | 三里半 | 半里 | 數戶 |
| 攤尸山 | 攤尸山在長腰山西偏南三分里之二 | | | | |
| 老鼠山 | 老鼠山在長腰山西三里又五分里之二 | | | | |
| 泥嶼 | 泥嶼在長腰山西三里又五分里之四 | | | | |

# 浙江海島表

## 穿山附近各島

| 譯名 | 異名 | 土產 | 錨地 | 船隻 |
|---|---|---|---|---|
| 大榭山 | | 山芋稻 | 南面可泊民船 | 五六十號 |
| | | | | |
| 無 | | | | |
| 鐵北 | | 山芋稻 | | 十餘號 |
| 代胄 | | | | |
| 白其 | | | | |
| 南星梅 | | 山芋 | | 數號 |
| 裏星梅 | | 山芋 | | 數號 |
| 拉棲 | | 山芋 | | 二三十號 |
| 尖島 | | 稻 | | 一二號 |
| 紅島 | | | | |
| 灣島 | | | | |
| 無 | 饅頭山 | | | |

三

## 舟山西面附近海島表 自舟山本島起計

| 島名 | 偏度 | 直距 | 長 | 闊 | 居民 |
|---|---|---|---|---|---|
| 冊子山 | 西 | 三里又三分里之一 | 九里又三分里之一 | 八里半 | 八九百戶 |
| 外釣山 | 西 | 一里又七分里之一 | 二里又六分里之五 | 一里又三分里之一 | 二十餘戶 |
| 中釣山 | 西 | 半里 | 一里又九分里之一 | 五分里之三 | 十餘戶 |
| 裏釣山 | 西 | 三分里之一 | 三里半 | 二里又五分里之一 | 二三百戶 |
| 菰茨山 | 西 | 一里 | 二里又五分里之四 | 二里又四分里之三 | 九十餘戶 |
| 瓜連山 | 西北 | 二里半 | 一里又五分里之二 | 五分里之三 | |
| 五嶼 | 西北 | 十二里 | 一里又九分里之八 | 半里 | |
| | 舟山西北角馬目山舊有水道相間見爲沙淤平故瓜連五嶼里距卽自馬目起計○五嶼因五小島聚一處得名 | | | | |

# 浙江海島表

## 舟山西面附近各島

| 譯名 | 異名 | 土產 | 錨地 | 船隻 |
|---|---|---|---|---|
| 黑鰲島 | | 山芋稻 | | 商船十餘號漁船大小數十號 |
| 華陀 | | 山芋 | | 數號 |
| 林島 | | 山芋 | | 商船五六號 |
| 來梯島 | | 山芋稻 | | 商船十餘號 |
| 谿慈島 | | 山芋薯有稻 | | 商船二十號小漁船五六號 |
| 克拉克島 | 俗名花面山 | | | |
| 他司他非島 | | | | |
| | | | | |

四

## 舟山南面附近海島表 自舟山本島起計

| 島名 | 偏度 | 直距 | 長 | 闊 | 居民 |
|---|---|---|---|---|---|
| 西蟠嶼 | 南偏西 | 一里又四分里之一 | 二里又三分里之一 | 二里 | 數十戶 |
| | 西蟠嶼南面爲蟠嶼門大輪之至定海者必道於此其北面爲螺頭門惟中小輪可過 | | | | |
| 洋螺頭 | 洋螺頭在西蟠嶼西二里 | | | | |
| 鑊蓋山 | 鑊蓋山在西蟠嶼北一里 | | | | |
| 枕頭山 | 枕頭山在西蟠嶼北偏西一里 | | | | |
| 鴨蛋山 | 鴨蛋山在盤嶼西北二里又三分里之一 | | | | |
| 大貓山 | 南偏西 | 五里又三分里之一 | 七里 | 四里又三分里之二 | 數百戶 |
| | 大貓山南曰貓港大輪常行之路其西微偏北有石斜伸入海俗稱貓脚爪 | | | | |
| 小貓山 | 南 | 九里半 | 二里 | 一里又三分里之一 | 三四戶 |
| 盤嶼 | 南 | 一里又九分里之八 | 五里半 | 三里又三分里之二 | 六七百戶 |
| | 盤嶼東面村落甚盛有商於滬者餘亦頗温飽○定海右營兵駐一名 | | | | |
| 小盤嶼 | 南 | 四里又五分里之四 | 二里 | 一里又三分里之一 | 六七十戶 |
| 竹山 | 竹山在盤嶼北偏東一里又三分里之一 | | | | |
| 老鼠山 | 老鼠山在小盤嶼西四分里之一 | | | | |
| 饅頭山 | 饅頭山在小盤嶼西五分里之三 | | | | |
| 和尚山 | 和尚山在盤嶼南五分里之二 | | | | |
| 大王脚版 | 大王脚版在盤嶼西南五分里之三西北面大輪可泊惟過西風浪甚大 | | | | |
| 干山 | 干山在小盤嶼東南半里 | | | | |
| 小干山 | 小干山在小盤嶼東南五分里之二 | | | | |
| 干山尾 | 干山尾在小盤嶼東南五分里之三低平色黝西圖謂爲黑石赤紀實也 | | | | |
| 王家山 | 南 | 六里又四分里之一 | 一里 | 半里 | 五六戶 |
| 闘雞山 | 南 | 六里半 | 一里半 | 半里 | |
| 小闘雞 | 小闘雞在闘雞山東南一里 | | | | |
| 練槌山 | 練槌山在闘雞山西北六分里之一 | | | | |
| 獎杯山 | 獎杯山在闘雞山西五分里之四 | | | | |

| 船隻 | 錨地 | 土產 | 異名 | 譯名 |
|---|---|---|---|---|
| 十餘號 | | 山芋稻 | | 鐘島 |
| | | | | |
| | | | | 洋螺島 |
| | | | | 無 |
| | | | | 高港島 |
| | | | | 鴨打島 |
| 一百號 | | 山芋 | | 塔山島 |
| | | | | |
| 一二號 | | 山芋 | | 喬島 |
| 數十號 | 西面可泊大輪 | 山芋稻鹽 | | 盤嶼 |
| | | | | |
| 十餘號 | | 山芋鹽 | | 巴潮覺 |
| | | | | 竹山門 |
| | | | | 無 |
| | | | | 無 |
| | | | | 其欲島 |
| | | | | 鐘石 |
| | | | | |
| | | | | 雷樹島 |
| | | | | 無 |
| | | | | 黑石 |
| | | | | |
| 一二號 | | 山芋 | | 溫岐島 |
| | | | | 倍丁 |
| | | | | 圓島 |
| | | | | 無 |
| | | | | 灣島 |

浙江海島表　舟山南面附近各島　五

# 舟山南面附近海島表

自舟山本島起計

| 島名 | 偏度 | 直距 | 長 | 闊 | 居民 |
|---|---|---|---|---|---|
| 亮門山 | 南 | 九里又五分里之二 | 一里又三分里之一 | 三分里之一 | |
| 小亮門 | 小亮門在亮門山西三分里之二 | | | | |
| 茨山 | 南 | 七里又三分里之二 | 二里又四分里之三 | 一里又六分里之一 | 二三十戶 |
| 摘箬山 | 南 | 八里又三分里之二 | 四里 | 三里又四分里之一 | 數十戶 |
| 小摘箬 | 南 | 八里又四分里之一 | 一里半 | 半里 | |
| 大五奎 | 南 | 一里又八分里之一 | 一里又五分里之一 | 五分里之四 | 十餘戶 |
| | 大五奎南面有舊礮臺正對火燒門同治十三年築而新之恐勢太孤旋將廢礮移置青壘臺礮臺 | | | | |
| 小五奎 | 南 | 二里又六分里之一 | 一里 | 四分里之三 | 數戶 |
| 大渠山 | 南 | 二里又五分里之二 | 一里又七分里之四 | 五分里之三 | 二三十戶 |
| | 大渠山東西兩山相連中係鹽地魚鹽為業自北面望之上有兩樹最易識別 | | | | |
| 小渠山 | 南 | 二里 | 四里 | 二里又四分里之三 | 二十餘戶 |
| | 小渠山中係崇山民皆負海而居○南面有屋三椽不通旁路樵者所居 | | | | |
| 筆架山 | 筆架山在小渠山南二里 | | | | |
| 嵩山 | 南 | 四里 | 三里 | 一里半 | 二十餘戶 |
| 小嵩山 | 小嵩山在嵩山西七分里之一 | | | | |
| 谷山 | 谷山在小渠山東五分里之四 | | | | |
| 小谷山 | 小谷山在小渠山東八分里之六 | | | | |
| 大鳳凰 | 大鳳凰山在小渠山東北一里又五分里之一其山長而 | | | | |
| 小鳳凰 | 小鳳凰山在小渠山東北約二里低平有雜樹○又南微偏東五分里之三有鹽地曰黃田基長一里闊三分里之 | | | | |
| 東蟹嶼 | 南 | 六分里之五 | 一里又五分里之二 | 一里又五分里之一 | 七八十戶 |
| | 東蟹嶼北高南低西有沙灘已成鹽地西面山麓有屋三處東北有廟曰江口新廟島民大半業鹽亦種雜糧惟無 | | | | |

| 船隻 | 錨地 | 土產 | 異名 | 譯名 |
|---|---|---|---|---|
| | | | | 每奥 |
| | | | | 無 |
| | | | | |
| 四五號 | | 山芋稻 | | 此島 |
| 十餘號 | | 山芋稻 | | 摘箬 |
| | | | | 曉秒島 |
| 四五號 | | 山芋 | | 五奎山 |
| | | | | |
| 數號 | | 山芋 | | 小五奎山 |
| 數號 | | 山芋鹽 | | 大渠 |
| | | | | |
| 數號 | 西面 | 山芋 | | 小渠 |
| | | | | |
| | | | 俗名狠虎山 | 筆架山 |
| | | | | |
| 數號 | | 山芋稻 | | 無 |
| | | | | 無 |
| | | | | 無 |
| 低東麓有屋三四間草木青葱中有沙灘相連 | | | | 無 |
| | | | | 無 |
| 二 | | | | 無 |
| 十餘號 | | 鹽 | | 無 |
| 稻出東麓有二十餘戶 | | | | |

浙江海島表　舟山南面附近各島　六

# 舟山南面附近海島表

自舟山本島起計

| 島名 | 偏度 | 直距 | 長 | 闊 | 居民 |
|---|---|---|---|---|---|
| 十六門 | 十六門在東蟹嶼之東小嶼錯雜水道紛歧因是得名 | | | | |
| 長嶼 | 南 | 一里 | 六里 | 二里又三分里之一 | 二三百戶 |
| 外長嶼 | 南 | 三里又三分里之一 | 二里 | 一里 | |
| 茶山 | 茶山在外長嶼東北二里又五分里之一 | | | | |
| 拗山 | 南 | 四里又五分里之四 | 五里又三分里之二 | 四里 | 三四百戶 |
| 洋小貓 | 洋小貓在拗山南九里半 | | | | |
| 擔嶼 | 南 | 五分里之三 | 三里 | 五分里之二 | |
| | 擔嶼兩端皆小山中有鹽地相連頗得形似北面有礁不露水面土人壘石其上以示舟行 | | | | |
| 小干山 | 南偏東 | 一里又五分里之一 | 二里又五分里之四 | 一里又五分里之四 | |
| 獨山 | 獨山在小干山西偏北一里又三分里之二 | | | | |
| 四棻水 | 四棻水在小干山西南一里 | | | | |
| 馬秦山 | 南偏東 | 一里 | 一里半 | 一里 | |
| 盧家嶼 | 南偏東 | 五分里之二 | 三里 | 一里又七分里之六 | 二百二三十戶 |
| | 盧家嶼與沈家門僅一港之隔港深五六拓為中小輪船極穩錨地其東面有一深水道便於出入惟稍窄耳 | | | | |
| 馬鞍山 | 馬鞍山在盧家嶼南六分里之一 | | | | |
| 饅頭山 | 饅頭山在盧家嶼西南一里又八分里之一 | | | | |
| 旱老鼠 | 旱老鼠在盧家嶼南五分里之四 | | | | |
| 水老鼠 | 水老鼠在盧家嶼南二里 | | | | |
| 長山 | 南偏東 | 二里又七分里之一 | 一里 | 半里 | |
| 東閃山 | 南偏東 | 十里 | 一里半 | 一里 | |
| 西閃山 | 南偏東 | 九里又三分里之一 | 一里半 | 五分里之三 | 五六戶 |
| 蛟泥山 | 蛟泥山在東閃西六分里之五 | | | | |

## 舟山南面附近海島表　自舟山本島起計

| 島名 | 偏度 | 直距 | 長 | 闊 | 居民 |
|---|---|---|---|---|---|
| 登步山 | 南偏東 | 十二里 | 十一里半 | 六里 | 六百餘戶 |
| | 登步山南北兩面皆山中係沃野居民耕漁各半○定海左營駐兵二名○西北水深六七拓盧常張漁網 | | | | |
| 雙鷺山 | 雙鷺山在登步山北一里 | | | | |
| 泥螺山 | 泥螺山在登步山東三分里之二 | | | | |
| 空空山 | 空空山在登步山東一里 | | | | |
| 大圓鷓鴣 | 南偏東 | 二十里 | 三里 | 一里 | |
| 小圓鷓鴣 | 小圓鷓鴣在大圓鷓鴣北偏西一里又五分里之一 | | | | |
| 沙山 | 沙山在大圓鷓鴣北偏西二里 | | | | |
| 除尾巴 | 除尾巴山在大圓鷓鴣西北二里又五分里之一 | | | | |
| 大螞蟻 | 南 | 十三里半 | 二里又三分里之二 | 二里 | 三百戶 |
| 小螞蟻 | 南 | 十六里半 | 一里 | 半里 | |
| 點燈山 | 點燈山在大螞蟻西三里又三分里之一圓頂多草 | | | | |
| 桃花山 | 南 | 十九里 | 二十一里 | 九里又三分里之一 | 三千戶 |
| | 桃花山南面多高山北面山皆低平並多禾田西面有一危峰○定海左營駐兵二名 | | | | |
| 上藍山 | 上藍山在大雙山東北二里 | | | | |
| 下藍山 | 下藍山在大雙山東北二里 | | | | |
| 雞娘山 | 南偏東 | 三十一里 | 一里 | 五分里之三 | |
| 溜網重 | 南 | 二十五里半 | 一里 | 五分里之三 | |
| 枕頭山 | 枕頭山在溜網重南五分里之四 | | | | |
| 棺材山 | 棺材山在溜網重南半里 | | | | |
| 大雙山 | 南 | 二十七里半 | 二里半 | 一里半 | 八十九戶 |
| 小雙山 | 南 | 二十九里半 | 一里又五分里之二 | 五分里之二 | 六十七戶 |
| 東白蓮 | 南 | 二十八里半 | 三里半 | 二里 | 五十六戶 |

## 浙江海島表　舟山南面附近各島　七

| 譯名 | 異名 | 土產 | 錨地 | 船隻 |
|---|---|---|---|---|
| 無 | | | | |
| 長芝 | | 稻鹽 | | 數十號 |
| 門陀山 | | 鹽 | | |
| 沙老門 | | | | |
| 拗島 | | 山芋稻鹽 | | 數十號 |
| 圍島 | | | | |
| 無 | | 鹽 | | |
| 小干 | | 稻鹽 | | |
| 無 | | | | |
| 無 | | | | |
| 馬嶼 | 馬嶼 | 鹽 | | |
| 魯家嶼 | 魯家嶼 | 山芋稻鹽 | 北面可泊中小輪船 | 六七十號 |
| 魯家嶼至長山總名海面裴島 | | | | |
| 無 | | | | |
| 無 | | | | |
| 好司拉島 | | | | |
| 魯雪山 | | | | |
| 活而臺島 | | | | |
| 雙坡島 | | | | |
| 鴨島 | | | | 二三號 |
| 無 | | | | |

## 舟山南面附近海島表　自舟山本島起計

| 島名 | 偏度 | 直距 | 長 | 闊 | 居民 |
|---|---|---|---|---|---|
| 三級山 | 三級山在東白蓮東四分里之一凡三小山中間微斷因 | | | | |
| 老鼠山 | 老鼠山在東白蓮南半里 | | | | |
| 西白蓮 | 南 | 三十二里 | 三里 | 二里 | 四十五戶 |
| 西鶚嘴 | 西鶚嘴在西白蓮西四分里之一 | | | | |
| 盤嶼 | 盤嶼在西白蓮西南一里又六分里之一 | | | | |
| 湖泥山 | 南 | 三十二里半 | 五里 | 二里 | 百戶 |
| 葵杯山 | 葵杯山在湖泥山西南半里 | | | | |
| 雙鷺山 | 雙鷺山在湖泥山西南二里又五分里之一 | | | | |
| 饅頭山 | 饅頭山在湖泥山南二里又七分里之一 | | | | |
| 紫菜山 | 南 | 三十二里 | 一里 | 五分里之二 | |
| 大頭山 | 大頭山在紫菜山西南五分里之三 | | | | |
| 馬鞍山 | 馬鞍山在蝦岐山西偏北五分里之三 | | | | |
| 小馬鞍 | 小馬鞍在湖泥山東南五分里之三 | | | | |
| 銅盤山 | 銅盤山在紫菜山西北一里 | | | | |
| 金鉢盂 | 南 | 三十八里 | 二里又三分里之一 | 一里又四分里之三 | 十餘戶 |
| 裏饅頭 | 裏饅頭在蝦岐山西五分里之三 | | | | |
| 外饅頭 | 外饅頭在蝦岐山西五分里之三 | | | | |
| 應山 | 應山在金鉢盂東北二里又五分里之三 | | | | |
| 黨山 | 黨山在金鉢盂東北三里半 | | | | |
| 空壳山 | 空壳山在金鉢盂東一里 | | | | |
| 長柄山 | 長柄山在金鉢盂西北一里又四分里之三 | | | | |
| 蝦岐山 | 南 | 三十二里半 | 十八里 | 六里 | 千餘戶 |
| | 蝦岐山西面有石硼村島民多萃處於此 | | | | |
| 橫山 | 橫山在走馬塘北九分里之八 | | | | |
| 中柱山 | 中柱山在走馬塘東北四分里之三 | | | | |
| 筲箕山 | 筲箕山在蝦岐山北一里 | | | | |
| 半邊山 | 半邊山在蝦岐山北一里又八分里之一 | | | | |
| 雙鷺山 | 雙鷺山在蝦岐山北九分里之一 | | | | |
| 走馬塘 | 南 | 四十一里 | 三里又五分里之二 | 一里又五分里之三 | 三十四戶 |

## 浙江海島表　舟山南面附近各島　八

| 譯名 | 異名 | 土產 | 錨地 | 船隻 |
|---|---|---|---|---|
| 登步 | | 山芋稻 | 西北面 | 一百號 |
| 依特那島 | | | | |
| 石棨 | | | | |
| 石梯 | | | | |
| 度隱菩薩 | | | | |
| 蘇隱菩薩 | | | | |
| 無 | | | | |
| 無 | | | | |
| 雪牢之 | | 山芋稻 | | 數十號 |
| 星得 | | 山芋 | | |
| 呢馬叟 | | | | |
| 桃花島 | | 山芋稻 | 北面並東北面 | 百餘號 |
| 裴而立司福島 | | | | |
| 甘十難無島 | | | | |
| 凡瘋司島 | | | | |
| 陀彼林 | | | | |
| 楷愛納司敦島 | | | | |
| 擺納司島 | | | | |
| 強彼 | | 山芋 | | 三四十號 |
| 雪愛搜 | | 山芋 | | 二三十號 |
| 羅木督 | | 山芋 | | 二三十號 |

## 浙江海島表

舟山南面附近各島

## 舟山南面附近海島表 自舟山本島起計

| 島名 | 偏度 | 直距 | 長 | 闊 | 居民 | 譯名 | 異名 | 土產 | 錨地 | 船隻 |
|---|---|---|---|---|---|---|---|---|---|---|
| 馬蹟山 | 馬蹟山在走馬塘西五分里之二 | | | | | 恩島 | | | | 是得名 |
| 績麻嶼 | 績麻嶼在走馬塘東南六分里之一 | | | | | 依荷滕島 | | | | |
| 後門山 | 南 | 四十五里 | 一里 | 三分里之二 | | 西白蓮 | | 山芋 | | 十餘號 |
| 大兩段 | 南 | 四十四里 | 二里又三分里之一 | 一里半 | | 白石<br>福勿司島 | | | | |
| 小兩段 | 南 | 四十四里 | 一里又五分里之三 | 一里 | | 胡愛朋島 | | 山芋 | | 二三十號 |
| 馬跳頭 | 南 | 四十六里 | 十四里半 | 三里半 | 五六百戶 | 石島<br>陡島 | | | | |
| | 馬跳頭全島無禾田居民多在西面 | | | | | 司梯歐島 | | | | |
| 青山 | 青山在馬跳頭東七分里之六 | | | | | 居子島 | | | | |
| 對江山 | 南 | 五十一里 | 二里又三分里之二 | 一里半 | 四戶 | 無<br>剖袞島 | | | | |
| | 對江山西與六橫山間爲海閘門惟小輪可過其北面泊中小輪最宜可障四面風力也 | | | | | 無<br>呑跑 | | | | |
| 硯瓦山 | 南 | 五十二里 | 二里又五分里之四 | 一里半 | | 福茄島 | | 山芋 | | 數號 |
| 筆架山 | 南 | 五十六里 | 三里又三分里之一 | 一里又六分里之一 | | 無<br>無 | | | | |
| 和尚山 | 和尚山在筆架山西南一里又六分里之一 | | | | | 愛島 | | | | |
| 雙鸞山 | 雙鸞山在筆架山西一里又七分里之一 | | | | | 無 | | | | |
| 小雙鸞 | 小雙鸞在大蚊蟲北三分里之二 | | | | | 點島 | | | | |
| | | | | | | 能必 | | | | |
| 大蚊蟲 | 南 | 六十一里 | 二里又九分里之八 | 一里又三分里之二 | | 蝦岐 | | 山芋稻 | 北面 | 一百餘號 |
| 小蚊蟲 | 南 | 五十八里 | 二里又六分里之一 | 一里 | | | | | | |
| 六橫山 | 南 | 三十九里 | 三十里 | 二十里 | 約萬戶 | 馬克勿歐生島<br>開乃代石 | | | | |
| | 六橫山地方廣博禾田約居全島之半平原沃野村落相望無異內地定海中營駐兵二名 | | | | | 雙島<br>太子島 | | | | |
| 外帽石 | 外帽石在六橫山東北半里 | | | | | 無 | | | | |
| 裏帽石 | 裏帽石在六橫山東北三分里之一 | | | | | | | | | |
| 夫人嶼 | 夫人嶼在六橫山東北二里又三分里之二 | | | | | 走馬塘 | | 山芋 | | 十餘號 |
| 升羅山 | 升羅山在岐頭山南四分里之一 | | | | | | | | | |

九

## 浙江海島表

舟山南面附近各島

## 舟山南面附近海島表 自舟山本島起計

| 島名 | 偏度 | 直距 | 長 | 闊 | 居民 | 譯名 | 異名 | 土產 | 錨地 | 船隻 |
|---|---|---|---|---|---|---|---|---|---|---|
| 紐鸞頭 | 南 | 四十五里 | 一里又四分里之一 | 三分里之二 | | 無<br>無 | | | | |
| 棗子心 | 棗子心在紐鸞頭南七分里之四 | | | | | 鷺島 | | 山芋 | | |
| 野佛肚 | 南 | 四十六里 | 一里又三分里之一 | 三分里之二 | | 河門 | | 山芋 | | |
| 佛肚山 | 南 | 四十六里半 | 八里 | 四里 | 三四百戶 | 僉騰 | | 山芋 | | |
| | 佛肚山介乎梅山六橫之間遂分水道爲二支東有小山日雙嶼因名雙嶼港西亦有小山日汀子因名江子港大 | | | | | 烏嚓島 | | 山芋 | 北面 | 三四十號 |
| 金竹山 | 金竹山在佛肚山東四分里之一 | | | | | | | | | |
| 雙嶼 | 雙嶼在佛肚山東二里又四分里之一 | | | | | | | | | |
| 癩頭嶼 | 癩頭嶼在佛肚山南一里又五分里之三 | | | | | 無 | | | | |
| 小佛肚 | 南 | 五十三里半 | 二里 | 一里又三分里之一 | | 頭鳴山 | | 山芋 | 西北面可泊小輪 | 一二號 |
| 溫州嶼 | 溫州嶼在小佛肚西南一里 | | | | | | | | | |
| 汀子山 | 南 | 四十七里 | 一里又三分里之一 | 三分里之二 | | 龍騰山 | | | | |
| 大饅頭 | 大饅頭在汀子山東北五分里之一 | | | | | 彭島 | | | | |
| 小饅頭 | 小饅頭在汀子山東北一里 | | | | | | | | | |
| 穀渠山 | 南 | 五十七里 | 一里又五分里之三 | 半里 | | 音普魯浮島<br>迭開島 | | | | |
| 大青山 | 南 | 五十九里半 | 一里 | 五分里之三 | | 無 | | | | |
| 小青山 | 小青山在大青山東北五分里之三 | | | | | 門騰山 | | | | |
| 茶件山 | 茶件山在大青山東北四里半 | | | | | | | | | |
| 羊件山 | 羊件山在大青山東北三里 | | | | | 勃司耳島 | | | | |
| 龍洞山 | 南 | 六十五里半 | 一里半 | 五分里之三 | | 六橫 | | 山芋稻 | 東南北三面可暫泊 | 三四百號 |
| 葉子山 | 葉子山在龍洞山東北五分里之三 | | | | | | | | | |
| 練槌山 | 練槌山在龍洞山西北一里 | | | | | | | | | |
| 場鰻山 | 場鰻山在龍洞山西北二里半 | | | | | 外帽石<br>裏帽石 | | | | |
| 大尖倉 | 南 | 六十八里 | 三里 | 一里 | | 崎嶇石<br>升羅山 | 癩頭嶼 | | | |

十

## 舟山南面附近海島表 自舟山本島起計

| 島名 | 偏度 | 直距 | 長 | 闊 | 居民 |
| --- | --- | --- | --- | --- | --- |
| 小尖倉 | 南 | 六十七里 | 一里 | 六分里之五 | |
| 橫梁山 | 南 | 六十九里半 | 一里又四分里之一 | 半里 | |
| 戴黃帽 | 戴黃帽在六橫山東南二里又三分里之二 | | | | |
| 擂頭山 | 擂頭山在大尖倉南一里又三分里之二 | | | | |

## 浙江海島表



| 譯名 | 異名 | 土產 | 錨地 | 船隻 |
| --- | --- | --- | --- | --- |
| 硜洛島 | | | | |
| 無 | | | | |
| 希皮島 | | | | |
| 佛肚 | | 山芋稻 | | 十號 |
| | | | | 皆可駛行汀子港亦名青龍港 |
| 無 | | | | |
| 腦參差島 | | | | |
| 無 | | | | |
| 三得安得綠島 | | | | |
| 溫州島 | | | | |
| 總名中島　拉倒山 | 打齒山 | | | |
| 無 | | | | |
| 無 | | | | |
| 片島 | | | | |
| 石行島 | | | | |
| 無 | | | | |
| 無 | | | | |
| 無 | | | | |
| 來協脫島 | | | | |
| 無 | | | | |
| 無 | | | | |
| 無 | | | | |
| 米生島 | | | | |

## 舟山東面附近海島表 自舟山本島起計

| 島名 | 偏度 | 直距 | 長 | 闊 | 居民 |
| --- | --- | --- | --- | --- | --- |
| 朱家尖 | 東南 | 七里半 | 二十五里 | 十里 | 數千戶 |
| | 朱家尖禾田約屬全島三分之一皆普陀僧產西面有一小山日糯米糰兩山間近年新漲灘地甚廣畫成產蕩本 | | | | |
| 四蘇山 | 東南 | 五里 | 一里又四分里之三 | 五分里之三 | 十餘戶 |
| 金鉢盂 | 金鉢盂在四蘇山北偏西半里 | | | | |
| 順母塗 | 東南 | 二里 | 五里又四分里之三 | 四里又三分里之一 | 七百餘戶 |
| 糯米糰 | 東南 | 十里半 | 二里又五分里之二 | 一里又四分里之一 | 十餘戶 |
| 塞峯山 | 東南 | 十四里 | 一里 | 三分里之二 | |
| 烏賊山 | 烏賊山在塞峯山南二里半 | | | | |
| 烏沙山 | 東南 | 二十一里半 | 三里半 | 三里又五分里之一 | |
| 銅盤山 | 銅盤山在烏沙山東半里 | | | | |
| 烏柱山 | 烏柱山在烏沙山南偏東七里 | | | | |
| 上盤山 | 上盤山在後門山東南六里半 | | | | |
| 後門山 | 東南 | 二十二里 | 一里又四分里之三 | 一里 | |
| 裏羊鞍 | 裏羊鞍在後門山東十六里又三分里之二 | | | | |
| 外羊鞍 | 外羊鞍在後門山東二十九里 | | | | |
| 龜山 | 龜山在朱家尖東微離 | | | | |
| 癩頭山 | | | | | |
| 羊嶼 | 東偏南 | 十八里 | 一里半 | 一里 | 二三戶 |
| 白沙山 | 東偏南 | 二十二里 | 四里半 | 二里 | 百餘戶 |
| 聾籠山 | 聾籠山在白沙山東南半里 | | | | |
| 蛋山 | 東偏南 | 二十四里 | 一里又四分里之一 | 三分里之一 | |
| 柴山 | 東偏南 | 二十一里 | 二里半 | 二里又三分里之一 | 約百戶 |

## 浙江海島表



| 譯名 | 異名 | 土產 | 錨地 | 船隻 |
| --- | --- | --- | --- | --- |
| 無 | | | | |
| 無 | | | | |
| 土堡石 | | | | |
| 釘鉤 | | | | |

浙江海島表

舟山東面附近海島表　自舟山本島起計

| 島名 | 偏度 | 直距 | 長 | 闊 | 居民 |
| --- | --- | --- | --- | --- | --- |
| 洛伽山 | 東 | 二十一里 | 二里 | 一里又三分里之一 | |
| | 洛伽山燈塔係透鏡紅白二色常明燈光點距水面十丈八尺晴時白光能照四十五里紅光能照二十二里 | | | | |
| 小洛伽 | 小洛伽山在洛伽山南微離 | | | | |
| 樹茨山 | 東 | 九里又四分里之一 | 一里又四分里之三 | 四分里之三 | |
| 練槌山 | 練槌山在樹茨山東北微離 | | | | |
| 普陀山 | 東 | 六里 | 十二里 | 六里半 | 僧數千人無居民 |
| | 普陀山凡廟八十餘以前後兩寺爲領袖前寺名普濟後寺名法雨六橋三竺間無此莊嚴餘亦曲徑通幽擅花木之勝南面登岸處曰短姑道頭循東崖而北初極坦以漸而峭老樹怪石新篁幽鳥相屬於道夏月西人來此逭暑 | | | | |
| 笏山 | 東 | 九里又三分里之二 | 一里半 | 一里 | |
| 葫蘆山 | 東 | 十四里 | 三里又四分里之三 | 一里又三分里之二 | 八九十戶 |
| 鰻腿山 | 東 | 十四里 | 一里半 | 五分里之三 | |
| 旋嶼 | 東 | 二里又三分里之一 | 一里半 | 三分里之二 | |
| 梁橫山 | 東北 | 二里 | 四里又五分里之二 | 二里 | 百餘戶 |
| 小梁橫 | 東北 | 六里半 | 一里又五分里之三 | 一里 | |
| 牛頭潭 | 牛頭潭在梁橫山北偏西微離 | | | | |
| 青它山 | 東北 | 八里半 | 一里 | 七分里之四 | |
| 裏鑊嶼 | 裏鑊嶼在青它山東北五里 | | | | |
| 外鑊嶼 | 外鑊嶼在葫蘆山東北六里半 | | | | |
| 香爐花瓶 | 香爐花瓶在葫蘆山東北十里係小山一叢里距指西面稍大者而言又北面白礦山西南亦有是名 | | | | |

舟山東面附近各島　十三

| 船隻 | 錨地 | 土產 | 異名 | 譯名 |
| --- | --- | --- | --- | --- |
| 百餘號 | 北面月澳 | 山芋稻 | | 朱家尖 |
| 島無汛兵由普陀汛兼管○西面竇鹽山嘴有敎堂 | | | | |
| 數號 | | 山芋 | | 冰骨 |
| | | | | 無 |
| 一百數十號 | | 山芋稻 | 俗名十畝塗 | 鳳棲約 |
| 數號 | 西面石牛港可泊民船 | 山芋稻 | | 魚曹門 |
| | | | | 小屋島 |
| | | | | 面色耳島 |
| | | 山芋 | | 烏沙島 |
| | | | | 黎克 |
| | | | | 老實石 |
| | | | | 必立根石 |
| | | | | 掘來生島 |
| | | | | 北汀 |
| | | | | 東汀 |
| | | | | 無 |
| 二號 | | 山芋 | | 羊件 |
| 三十號 | | 山芋 | | 拉加 |
| | | | | 拉加地 |
| | | | | 依克爾司島 |
| 二十餘號 | | 山芋 | | 白沙 |

浙江海島表

舟山北面附近海島表　自舟山本島起計

| 島名 | 偏度 | 直距 | 長 | 闊 | 居民 |
| --- | --- | --- | --- | --- | --- |
| 秀山 | 北 | 四里半 | 十三里半 | 八里半 | 一千七百餘戶 |
| | 秀山西南與之相連者有蘭山或因統名蘭秀山其南有青山青山與舟山間爲灌門水流甚勁因有老大好做灌 | | | | |
| 泥螺壳 | 北 | 十四里半 | 二里 | 三分里之二 | |
| 釣山 | 北偏東 | 三分里之二 | 一里又四分里之三 | 一里又四分里之三 | |
| 青山 | 北 | 二里半 | 一里半 | 一里又四分里之一 | |
| 平山 | 北 | 四里又三分里之一 | 一里 | 半里 | |
| 稻桶山 | 北 | 三里又三分里之二 | 一里 | 半里 | |
| 上蛇舌 | 北 | 一里又四分里之三 | 一里又五分里之三 | 三分里之二 | |
| 下蛇舌 | 北 | 一里又四分里之一 | 一里又三分里之一 | 四分里之三 | |
| 鷓鴣山 | 鷓鴣山在上蛇舌西北一里 | | | | |
| 畚斗山 | 北 | 四里 | 一里 | 一里 | |
| 長山 | 北 | 三里半 | 一里又四分里之一 | 四分里之三 | |
| 洞口山 | 北 | 九里 | 一里 | 半里 | |
| 涼帽山 | 涼帽山在秀山西一里又三分里之一 | | | | |
| 長白山 | 西北 | 二里又三分里之一 | 八里又六分里之五 | 六里 | 數百戶 |
| 烏柱山 | 烏柱山在長白山北偏西一里 | | | | |

舟山東面附近各島　十四

| 船隻 | 錨地 | 土產 | 異名 | 島名 |
| --- | --- | --- | --- | --- |
| | | | | 洛伽山 |
| | | | | |
| | | | | 無 |
| | | | | 差江 |
| | | | | 無 |
| 數號春夏較多 | 南面 | 罌有山芋稻 | | 普陀山 |
| 亦留連不能去○北面天燈岡諸峯之最高者山僧置燈其上以示舟行○定海左營駐兵五名兼管朱家尖 | | | | |
| | | | | 無 |
| 二三十號 | | 山芋 | | 依司謀司島 |
| | | | | 冰布 |
| | | | | 大眞島 |
| 二十餘號 | | 山芋 | | 策島 |
| | | | | 梅營島 |
| | | | | 花島 |
| | | | 黃宅山 | 梅汀 |
| | | | | 喬島 |
| | | | 半邊山 | 普畢山 |
| | | | | 魯石 |

## 浙江海島表　舟山北面附近各島　十五

### 岱山附近海島表　自岱山本島起計　本島詳上圖說

| 島名 | 偏度 | 直距 | 長 | 闊 | 居民 | 譯名 | 異名 | 土產 | 錨地 | 船隻 |
|---|---|---|---|---|---|---|---|---|---|---|
| 兩頭洞 | 西 | 一里又四分里之三 | 三里又三分里之一 | 二里又三分里之一 | 數十戶 | 秀山 | | 山芋稻 | 西面 | 商船七八十號漁船一百號 |
| | 兩頭洞與岱山間水深四五拓平十餘拓不等俗名仇家門 | | | | | | | | 門難過之諺浙俗稱舟子曰老大〇定海左營駐兵兩名 | |
| 涼帽山 | 西 | 七里半 | 一里 | 半里 | | 哈台島 | | | | |
| 花鼓山 | 花鼓山在涼帽山北偏西四里半 | | | | | 他安登島 | | | | |
| 歪鑼山 | 歪鑼山在涼帽山北偏西三里半 | | | | | | | | | |
| 大魚山 | 西 | 十九里 | 十一里半 | 三里又三分里之二 | 三百餘戶 | 轂島 | | | | |
| | 大魚山居民多在西澳 | | | | | 無 | | | | |
| 小魚山 | 西 | 二十六里半 | 二里又三分里之一 | 一里又四分里之一 | 五六戶 | 無 | | | | |
| 練槌山 | 西 | 十九里半 | 一里又三分里之一 | 半里 | | 無 | | | | |
| 無名件 | 無名件在大魚山北五分里之二 | | | | | 無 | | | | |
| 冷飯山 | 冷飯山在橫梁山北四里又四分里之一 | | | | | | | | | |
| 旋港山 | 西 | 二十六里 | 一里又三分里之一 | 半里 | | 無 | | | | |
| 橫梁山 | 西 | 二十八里 | 一里 | 半里 | | 無 | | | | |
| 大全山 | 西 | 三十三里 | 一里又五分里之一 | 四分里之三 | | 無 | | | | |
| 小全山 | 小全山在大全山西北四分里之一 | | | | | 無 | | | | |
| 三塊 | 三塊在大全山西微偏南四里半 | | | | | | | | | |
| 北大 | 北大在大全山西北五里 | | | | | 無 | | | | |
| 南大 | 南大在大全山西六里半 | | | | | | | | | |
| 魚腥腦 | 魚腥腦在大全山西微偏北五里又三分里之二有燈塔係透鏡白光常明燈光點距水面八丈晴時能照四十五 | | | | | 長白山 | | 山芋稻 | 四面均可泊 | 數十號 |
| 板枋山 | 板枋山在大魚山西南四里又三分里之一 | | | | | 無 | | | | |
| 灰鼈山 | 灰鼈山在衢中山西北八里 | | | | | | | | | |
| 小灰鼈 | 小灰鼈在衢中山北五里又三分里之二 | | | | | | | | | |
| 馬鞍山 | 馬鞍山在大蛟山西二里 | | | | | | | | | |
| 小馬鞍 | 小馬鞍在大蛟山西三里又四分里之一 | | | | | | | | | |
| 衢中山 | 西南 | 十二里半 | 一里半 | 一里又四分里之一 | 數十戶 | | | | | |

## 浙江海島表　岱山附近各島　十六

### 岱山附近海島表　自岱山本島起計

大魚山至魚腥腦總名福而該奴島

| 島名 | 偏度 | 直距 | 長 | 闊 | 居民 | 譯名 | 異名 | 土產 | 錨地 | 船隻 |
|---|---|---|---|---|---|---|---|---|---|---|
| 大蛟山 | 南 | 五里半 | 五里 | 一里又三分里之二 | 二百戶 | 協陀唐 | | 山芋 | 西南北三面均可泊 | 商船五六號漁船十餘號 |
| | 大蛟山居民駕商船爲業皆稱小康 | | | | | | | | | |
| 小蛟山 | 南 | 一里半 | 一里又三分里之一 | 一里 | 六七十戶 | 皮秋島 | | | | |
| 竹山 | 竹山在小蛟山西偏南一里又三分里之二 | | | | | 無 | | | | |
| | | | | | | 無 | | | | |
| 官山 | 南 | 三里 | 四里又五分里之四 | 三里半 | 二百戶 | 大魚 | | 山芋 | | 三四十號 |
| 小官山 | 小官山在小蛟山東南一里 | | | | | | | | | |
| 神福山 | 神福山在官山西北二里 | | | | | | | | | |
| 蛤蚆山 | 蛤蚆山在官山北偏東一里半蛤蚆之西凡小山三礁一其最向西南者名神福礁名醬油碟餘無名 | | | | | 小節山 | | 山芋 | | 二三號 |
| 南牛犢 | 南 | 六里 | 二里又三分里之一 | 四分里之三 | | 無 | | | | |
| 北牛犢 | 南 | 二里半 | 一里又三分里之二 | 六分里之五 | | 無<br>無 | | | | |
| | 牛犢山凡二因以南北別之 | | | | | 無 | | | | |
| 爛多瓜 | 爛冬瓜在蘅門山西南數十丈 | | | | | 無 | | | | |
| 蘅門山 | 東南 | 三分里之一 | 三里又三分里之一 | 一里又五分里之四 | 百餘戶 | 無 | | | | |
| 蕎麥格子 | 蕎麥格子在蘅門山東南約半里 | | | | | 無 | | | | |
| 三塊 | 三塊在蘅門山南偏東三里又三分里之二 | | | | | 無 | | | | |
| 鴨蛋 | 鴨蛋在蘅門山東南七里 | | | | | 湖石 | | | | |
| 蚊蟲 | 蚊蟲在蘅門山東南五里又四分里之一 | | | | | 好林石 | | | | |
| 大竹嶼 | 東 | 三里 | 一里半 | 三分里之二 | | 西福而該奴 | | | | 里並有霧礮 |
| 小竹嶼 | 小竹嶼在大竹嶼東四分里之三 | | | | | 無 | | | | |
| | | | | | | 許白 | | | | |
| 考門山 | 北 | 三分里之二 | 一里又三分里之二 | 半里 | | 小許白 | | | | |
| | | | | | | 里特島 | | | | |
| | 考門山與岱山間即名考門惟小船可過 | | | | | 無 | | | | |
| 燕窩沙 | 北 | 二里又三分里之一 | 一里半 | 三分里之二 | | 球島 | | 山芋 | | 二三十號 |

## 浙江海島表

岱山附近各島

| 船隻 | 錨地 | 土產 | 異名 | 譯名 |
|---|---|---|---|---|
| 商船六七十號 | | 山芋 | | 吐哥山 |
| | | | | |
| 商船二十號 | | 山芋 | | 小皎山 |
| | | | | 吐竹山 |
| 大商船二十餘號 | | 山芋 | | 韮山 |
| | | | | 小官山 |
| | | | | 無 |
| | | | | 無 |
| | | 山芋 | | 忙島 |
| | | 山芋 | | 哥林生島 |
| | | | | |
| | | | | 無 |
| 二三十號 | | 山芋 | | 大衢門 |
| | | | | 小衢門 |
| | | | | 珠馬夾岐 |
| | | | | 而來頭石 |
| | | | | 門陀山 |
| | | | | 强蘇島 |
| | | | | 馬克司霄面石 |
| | | | | 無 |
| | | | | |
| | | | | 無 |

十七

## 岱山附近海島表

自岱山本島起計

| 島名 | 偏度 | 直距 | 長 | 闊 | 居民 |
|---|---|---|---|---|---|
| 鐵墩山 | 鐵墩山在森窩沙北三分里之一其山遠望頗得形似 | | | | |
| 東墾山 | 西北 | 三里 | 一里又四分里之三 | 半里 | |
| 西墾山 | 西北 | 二里又四分里之三 | 一里又三分里之二 | 一里半 | |
| 寨子山 | 寨子山在西墾山北十二里其北微偏西九里有百畝田礁其西南七里又三分里之一有蝦爬礁 | | | | |

## 浙江海島表

岱山附近各島

| 船隻 | 錨地 | 土產 | 異名 | 譯名 |
|---|---|---|---|---|
| | | | 鰲蓬山 | 土堡石 |
| | | | | 總名吼司島 |
| | | | | 司基特島 |

十八

## 長塗附近海島表

自長塗本島起計本島詳上圖說

| 島名 | 偏度 | 直距 | 長 | 闊 | 居民 |
|---|---|---|---|---|---|
| 櫻連山 | 東 | 三里又五分里之二 | 二里 | 一里 | 暫居一二戶 |
| 楠木椿 | 楠木椿在櫻連山南微偏西一里又六分里之一 | | | | |
| 西寨山 | 東 | 十里又三分里之二 | 五里又三分里之二 | 二里又三分里之一 | 數十戶 |
| 小西寨 | 東 | 七里又三分里之二 | 二里 | 一里 | 暫居一二戶 |
| 東寨山 | 東 | 十八里半 | 二里 | 一里又六分里之五 | |
| 奔波山 | 東 | 十二里 | 一里 | 三分里之二 | |
| 治治山 | 東 | 二十五里 | 一里又三分里之一 | 四分里之三 | |
| 栄花山 | 東 | 二十六里 | 一里又六分里之一 | 五分里之三 | |
| 鴨掌山 | 東 | 二十八里 | 一里又四分里之一 | 半里 | |
| 小板山 | 東 | 三十一里半 | 二里又四分里之一 | 一里 | 一二戶 |
| | 小板山燈塔係透鏡漸明漸滅燈光點距水面二十丈晴時能照六十六里並有霧礮 | | | | |
| 黃星山 | 東 | 四十里 | 六里半 | 二里半 | 數十戶 |
| 大青山 | 大青山在黃星山西一里半 | | | | |
| 小青山 | 小青山在黃星山西北三分里之一 | | | | |
| 葉子山 | 葉子山在黃星山東南三里 | | | | |
| 廟子湖 | 東 | 四十六里 | 六里半 | 二里半 | 百餘戶 |
| | 長塗山以東一帶海島統名中街山海深浪大惟廟子湖西南澳可暫泊 | | | | |
| 蒲門山 | 蒲門山在廟子湖山東三分里之一 | | | | |
| 青浜山 | 東 | 五十一里 | 四里又五分里之四 | 一里又四分里之一 | 百餘戶 |
| 西福山 | 東微偏南 | 五十五里 | 二里又五分里之四 | 二里又五分里之一 | |

# 長塗附近海島表 自長塗本島起計

| 島名 | 偏度 | 直距 | 長 | 闊 | 居民 |
| --- | --- | --- | --- | --- | --- |
| 東霸山 | 東微偏南 | 六十四里 | 五里又三分里之二 | 三里又三分里之一 | 數十戶 |
| 裏甩山 | 裏甩山在東霸山東微偏北十五里半 | | | | |
| 外甩山 | 外甩山在東霸山東微偏北二十九里半 | | | | |
| 多子山 | 北 | 一里 | 三里又四分里之一 | 一里 | |
| | 多子山與長塗間爲多子港其西面有五虎礁壓壞民船 | | | | |
| 西鶴山 | 北 | 五分里之二 | 一里 | 四分里之一 | |
| | 西鶴山在長塗港北口西面有土燈塔 | | | | |
| 扁擔山 | 扁擔山在長塗東三分里之二 | | | | |
| 磨盤山 | 磨盤山在長塗南九分里之八 | | | | |
| 應龍山 | 應龍山在長塗南二里 | | | | |
| 大懸山 | 南 | 五分里之二 | 二里又三分里之一 | 一里又三分里之一 | |
| 長山 | 南 | 五分里之三 | 一里半 | 半里 | |
| 浮瓢山 | 浮瓢山在大懸山西二里 | | | | |
| 兜落山 | 兜落山在長塗南五分里之四 | | | | |
| 穿鼻山 | 穿鼻山在長塗西南一里又五分里之一 | | | | |
| 獎杯山 | 獎杯山在大懸山南偏西八里半 | | | | |

# 浙江海島表 長塗附近各島

| 譯名 | 異名 | 土產 | 錨地 | 船隻 |
| --- | --- | --- | --- | --- |
| 毛來 | | 山芋 | | 漁時一二號 |
| 津希 | | | | |
| 大堂島 | | 山芋 | | 二三十號 |
| 活而耳 | | | | 漁時一二號 |
| 密春沙島 | | | | |
| 蜜蜂島 | | | | |
| 休爲得島 | | | | |
| 無 | | | | |
| 勃來能島 | | | | |
| 屈立剎特島 | 小龜山 | | | 一二號 |
| | | | | |
| 黃星山至東霸山總名漁人島 | | | | |
| 西漁人島 | | 山芋 | | 二三十號 |
| 總名派耳馬 | | | | |
| 木島 | | | | |
| 中漁人島 | 俗名廟子沽 | 山芋 | 西南面可暫泊 | 四五十號 |
| | | | | |
| 無 | | | | |
| 東漁人島 | | 山芋 | | 四五十號 |
| 南漁人島 | | | | |

十九

# 衢山附近海島表 自衢山本島起計本島詳上圖說

| 島名 | 偏度 | 直距 | 長 | 闊 | 居民 |
| --- | --- | --- | --- | --- | --- |
| 小衢山 | 西北 | 七里半 | 三里又三分里之一 | 三里 | 百餘戶 |
| 紅山 | 紅山在小衢山東北六分里之一 | | | | |
| 橫拉山 | 橫拉山在小衢山東微偏南一里半 | | | | |
| 橋梁山 | 西北 | 一里又四分里之一 | 一里半 | 三分里之一 | |
| 癩頭嶼 | 癩頭嶼在大衢山倒斗澳西北七里 | | | | |
| 枇杷籃 | 西 | 一里又三分里之二 | 一里 | 四分里之一 | |
| 泥螺山 | 南 | 四分里之三 | 二里半 | 一里又五分里之一 | |
| 小泥螺 | 小泥螺山在泥螺山南三分里之二 | | | | |
| 黃澤山 | 北 | 七里又三分里之二 | 五里半 | 四里 | 百餘戶 |
| | 黃澤山北面爲黃澤港其西南與西面衢山間爲停泊大輪極穩錨地可障四面風力 | | | | |
| 桑枝山 | 北 | 四里半 | 二里半 | 一里又四分里之一 | |
| 扁擔山 | 扁擔山在桑枝山西二里又五分里之二 | | | | |
| 麥倉山 | 麥倉山在桑枝山西微偏南三里又四分里之一 | | | | |
| 弓山 | 弓山在桑枝山西微偏南一里半 | | | | |
| 鑰匙山 | 鑰匙山在桑枝山西微偏南二里 | | | | |
| 上搭磚 | 上搭磚山在桑枝山南微偏西半里 | | | | |
| 搭磚山 | 北 | 四里又四分里之三 | 一里 | 四分里之一 | |
| 爛冬瓜 | 爛冬瓜山在搭磚山東北一里 | | | | |
| 雙卵黃 | 雙卵黃山在上海山西北一里又三分里之二 | | | | |
| 上海山 | 北 | 三分里之二 | 二里 | 六分里之五 | 二三戶 |
| 下海山 | 下海山在上海山東五里又四分里之一 | | | | |
| 乍移門 | 東北 | 三分里之一 | 一里 | 五分里之二 | |
| 蚊蟲山 | 蚊蟲山在大衢山東一里又五分里之二 | | | | |
| 蚊蟲翼 | 蚊蟲翼在大衢山東二里又四分里之一 | | | | |

# 浙江海島表 長塗附近各島

| 譯名 | 異名 | 土產 | 錨地 | 船隻 |
| --- | --- | --- | --- | --- |
| 非地由島 | | 山芋 | | 十餘號 |
| 四姊妹 | | | | |
| 兩兄弟 | | | | |
| 黃蜂島 | | | | |
| | | | | |
| 無 | | | | |
| | | | | |
| 無 | | | | |
| 無 | | | | |
| 應龍街島 | | | | |
| 草島 | | | | |
| 無 | | | | |
| 無 | | | | |
| 無 | | | | |
| 姚山 | | | | |
| 杯獎 | | | | |

二十

## 衢山附近海島表 自衢山本島起計

| 島名 | 偏度 | 直距 | 長 | 闊 | 居民 |
| --- | --- | --- | --- | --- | --- |
| 大盤山 | 東 | 四里又五分里之一 | 一里又四分里之一 | 三分里之二 | |
| 小盤山 | 小盤山在大盤山西偏北五分里之三 | | | | |
| 鼠浪湖 | 東 | 三里 | 五里半 | 五里 | 二百戶 |
| | 鼠浪湖民居多在西南澳地勢近孤時有盜患 | | | | |
| 小鼠浪湖 | 東 | 五里 | 一里又六分里之五 | 一里又三分里之一 | |
| 青山 | 東 | 九里 | 一里又三分里之二 | 一里又三分里之一 | |
| 海橫頭 | 東 | 十里又三分里之二 | 一里又五分里之四 | 一里 | |
| 上三星 | 東 | 十二里半 | 一里又四分里之一 | 五分里之三 | |
| 中三星 | 東 | 十四里 | 一里 | 七分里之四 | |
| 下三星 | 下三星在中三星東偏南二里 | | | | |
| 浪岡山 | 東 | 八十七里半 | 一里又七分里之六 | 六分里之五 | 三十四戶 |
| 大洋山 | 西北 | 四十一里 | 六里半 | 四里又三分里之一 | 三百餘戶 |
| | 大洋山東南仁記澳水深五六拓處泊船最穩惟遇南風須移泊西北面西面有高峯曰雄鷲鼻兀然危石頗得形 | | | | |

衢山附近各島

| 譯名 | 異名 | 土產 | 錨地 | 船隻 |
| --- | --- | --- | --- | --- |
| 白色脫島 | | 山芋 | | 二十餘號 |
| 無 | | | | |
| 司美島 | | | | |
| 無 | | | | |
| 老蘭島 | | | | |
| 依文島 | | | | |
| 無 | | | | |
| 無 | | | | |
| 皮而島 | | 山芋 | 南面 | 二十餘號 |
| | | | | |
| 亨利島 | | | | |
| 桑枝山至爛冬瓜總名陶生島：無 | | | | |
| 無 | | | | |
| 無 | | | | |
| 無 | | | | |
| 無 | | | | |
| 無 | | | | |
| 無 | | | | |
| 無 | | | | |
| 新丕生島 | | | | 三號 |
| 丕來島 | | | | |
| 達歐島 | | | | |
| 無 | | | | |
| 無 | | | | |





## 乍浦附近海島表 自天后宮礮臺起計

| 島名 | 偏度 | 直距 | 長 | 闊 | 居民 |
| --- | --- | --- | --- | --- | --- |
| 外蒲山 | 外蒲山在天后宮礮臺東九里餘上有廟宇禪房精潔緻以粉垣即譯本海道圖說所謂上有白屋者也春月香火 | | | | |
| 厯卵山 | 厯卵山在天后宮礮臺東七里 | | | | |
| 大孟山 | 大孟山在天后宮礮臺東偏南約六里上有廟並土礮塔 | | | | |
| 小孟山 | 小孟山在天后宮礮臺東六里又六分里之一 | | | | |
| 彩旗山 | 彩旗山在天后宮礮臺東偏南六里又三分里之一 | | | | |
| 王盤山 | 東南 | 四十四里 | 一里又三分里之一 | 五分里之四 | |

衢山附近各島

| 譯名 | 異名 | 土產 | 錨地 | 船隻 |
| --- | --- | --- | --- | --- |
| 無 | | | | |
| 無 | | | | |
| 安掘羅 | 慈老塢 | 山芋 | 西南東南兩面 | 數十號 |
| | | | | |
| 法蘭西島 | | | | |
| 無 | | | | |
| 裴而福島 | | | | |
| 總名霍勃生島：無 | 總名三星 | | | |
| 無 | | | | |
| 愛而加島 | | | | |
| 浪岡 | | | | 二十餘號 |
| 大雄山 | | 山芋 | 東南仁記澳並西北面 | 四五十號 |
| | | 似定海營派練軍五十名駐西北大澳此山爲江浙兩省之界故兩表均載自此以北盡屬江蘇也 | | |

| 船隻 | 錨地 | 土產 | 異名 | 譯名 |
|---|---|---|---|---|
| 頗盛 | | | 小普陀 | 無 |
| | | | | 無 |
| 商家所置并多雜樹 | | | 大陌山 | 無 |
| | | | 小陌山 | 無 |
| | | | | 好來 |
| | | | | 平霧 |

## 瀲浦附近海島表 自長牆山起計

| 島名 | 偏度 | 直距 | 長 | 闊 | 居民 |
|---|---|---|---|---|---|
| 大巫子 | 大巫子山在長牆山南微偏西三分里之一有樹 | | | | |
| 小巫子 | 小巫子山在長牆山南微偏西一里有樹 | | | | |
| 羊頭山 | 東北 | 八里 | 二里 | 一里 | 十餘戶 |
| 淘籮山 | 淘籮山在羊頭山南有沙灘相連 | | | | |
| 葛山 | 葛山在羊頭山西一里又六分里之一北與陸岸相連 | | | | |
| 草鞋山 | 草鞋山在羊頭山西一里 | | | | |
| 韮王壆 | 韮王壆山在秦駐山東三分里之二 | | | | |
| 白塔山 | 東北 | 二十里 | 一里半 | 六分里之五 | |
| | 三小山南北參一直綫中間微斷遠望若塔因名白塔山 | | | | |



| 船隻 | 錨地 | 土產 | 異名 | 譯名 |
|---|---|---|---|---|
| | | | | 無 |
| | | | | 無 |
| | | | | 無 |
| | | | | 無 |
| | | | 俗名放牛山 | 無 |
| | | | | 無 |
| | | | | 無 |
| | | | | 無 |

## 象山港內外海島表 自港口裏門山起計

| 島名 | 偏度 | 直距 | 長 | 闊 | 居民 |
|---|---|---|---|---|---|
| 梅山 | 北 | 二十七里 | 十二里 | 五里又四分里之一 | 二千餘戶 |
| | 梅山山少田多民皆務農北面與霩衢所陸岸間爲梅山港僅通民船東與佛肚間爲青龍港亦曰汀子港大輪可 | | | | |
| 撲蛇山 | 北 | 三十九里 | 一里半 | 三分里之一 | |
| 青龍山 | 北 | 三十六里 | 一里又四分里之三 | 四分里之三 | |
| 小擔山 | 小擔山在梅山東南三分里之二 | | | | |
| 洋沙山 | 北 | 二十一里 | 一里半 | 一里 | |
| 獨鶴山 | 獨鶴山在洋沙山東南四里又三分里之一 | | | | |
| 東柱山 | 東 | 十九里半 | 四里 | 二里半 | |
| 西柱山 | 東 | 十五里半 | 一里又四分里之三 | 一里又六分里之一 | |
| 小東柱 | 小東柱在東柱山西北半里 | | | | |
| 搖鼓山 | 東 | 十三里半 | 二里又三分里之一 | 半里 | |
| 外干門 | 東 | 七里又四分里之三 | 一里半 | 半里 | |
| 長山 | 長山在外干門山西三里又三分里之二 | | | | |
| 圓山 | 圓山在外干門山西四里又四分里之一 | | | | |
| 野龍山 | 野龍山在外干門山西北六里又五分里之一 | | | | |
| 裏門山 | 裏門山在外門山東南半里 | | | | |
| 外門山 | 外門山在野龍山西微偏南三里又五分里之一 | | | | |
| 大照面 | 大照面在小列山東北九里 | | | | |
| 江鹽頭 | 江鹽頭在大照面東北二里又五分里之三 | | | | |
| 大列山 | 西偏南 | 三十二里 | 三里又九分里之一 | 五分里之四 | |
| 小列山 | 西偏南 | 二十八里 | 三里又七分里之一 | 三分里之二 | |
| 烏柱山 | 烏柱山在大列山南微偏西四里又五分里之三 | | | | |

| 船隻 | 錨地 | 土產 | 異名 | 譯名 |
|---|---|---|---|---|
| 數十號 | 東北可泊大輪北港可泊小輪 | 稻 | | 梅山 |
| 行 | | | | |
| | | | | 崎嶇島（總名大某生島） |
| | | | | 青龍山 |
| | | | | 無 |
| | | | | |
| | | | | 洋沙山 |
| | | | | 北得門島 |
| | | | | 牛鼻山 |
| | | | | 耘人島 |
| | | | | 無 |
| | | | | 綠嶼 |
| | | | | 土尼克島 |
| | | | | 無 |
| | | | | 無 |
| | | | | 總名珠門島或名亭大島卽鼊人島 |
| | | | | 無產島 |
| | | | | 無 |
| | | | | 無 |
| | | | | 甯母拉特島 |
| | | | | 中島 |



## 象山港內外海島表 自港口裏門山起計

| 島名 | 偏度 | 直距 | 長 | 闊 | 居民 |
|---|---|---|---|---|---|
| 魟爿山 | 西南 | 四十四里 | 四里半 | 二里半 | 五六戶 |
| 大德小德 | 西南 | 五十一里 | 一里又七分里之六 | 一里 | |
| | 大德小德連而爲一蓋一山兩峯也 | | | | |
| 錫杖山 | 西南 | 五十八里 | 一里 | 半里 | |
| 橫拉山 | 橫拉山在錫杖山東北一里又六分里之一 | | | | |
| 羊棚山 | 西南 | 六十里 | 二里又三分里之一 | 一里又三分里之一 | |
| 樂境頭 | 西南 | 六十二里 | 一里又三分里之二 | 五分里之四 | |
| 懸山 | 西南 | 六十五里 | 五里又六分里之五 | 四里又三分里之一 | 數十戶 |
| 白石山 | 西南 | 六十四里 | 四里又七分里之一 | 二里 | 五六戶 |
| 中央山 | 西南 | 六十八里 | 二里又三分里之一 | 四分里之三 | 一戶 |
| 鷗尿山 | 西南 | 六十八里 | 一里 | 三分里之一 | |
| 銅山 | 西南 | 七十一里 | 一里又三分里之二 | 五分里之三 | |
| 道本嶼 | 道本嶼在銅山西南五里 | | | | |
| 七沙山 | 七沙山在銅山西偏南三里 | | | | |
| 沙漏山 | 沙漏山在銅山西偏南二里又四分里之三 | | | | |
| 擔嶼 | 擔嶼在銅山西偏南二里半 | | | | |
| 兩嶼 | 兩嶼在銅山西偏南四里半 | | | | |
| 倪家嶼 | 倪家嶼在銅山西九里半 | | | | |
| 馬尿山 | 馬尿山在銅山西三里 | | | | |
| 鹿尿山 | 鹿尿山在銅山北偏西二里半 | | | | |
| 橫山 | 橫山在銅山西偏北五里 | | | | |
| 雙山 | 雙山在銅山西偏北十六里 | | | | |
| 書房山 | 書房山在銅山西偏北十七里 | | | | |
| 石鼓山 | 石鼓山在銅山西十八里 | | | | |

| 船隻 | 錨地 | 土產 | 異名 | 譯名 |
|---|---|---|---|---|
| 一三號 | | 山芋 | | 破角島 |
| | | | | 門島 |
| | | | | |
| | | | | 無 |
| | | | | 無 |
| | | | | 莫利司峯 |
| | | | | 無 |
| 十餘號 | | 山芋 | | 蛤鯏尾灣 |
| 一二號 | | 山芋 | | 總名三島 |
| 一號 | | 山芋 | | |
| | | | | |
| | | | | 短島 |
| | | | | 泥島 |
| | | | | 無 |
| | | | | 無 |
| | | | | 無 |
| | | | | 無 |
| | | | | 圓島 |
| | | | | 無 |
| | | | | 無 |
| | | | | 鳳尾草島 |
| | | | | 無 |
| | | | | 姊妹 |
| | | | | 兄弟 |



## 爵溪附近海島表 自爵溪城起計

| 島名 | 偏度 | 直距 | 長 | 闊 | 居民 |
|---|---|---|---|---|---|
| 大捕山 | 北偏東 | 十九里 | 一里半 | 五分里之四 | |
| 半邊山 | 半邊山在大捕山東北二里 | | | | |
| 四角山 | 四角山在大捕山北一里又三分里之一 | | | | |
| 飯蓋山 | 飯蓋山在大捕山西北一里又五分里之三 | | | | |
| 雞娘山 | 雞娘山在大捕山北偏東約五里 | | | | |
| 張嘴山 | 張嘴山在大捕山北六里又三分里之二 | | | | |
| 柴山 | 柴山在大捕山東十一里此間有礁石多處因名亂礁洋 | | | | |
| 道人山 | 北偏東 | 十五里 | 三里又五分里之四 | 二里又四分里之一 | 數十戶 |
| 飯桶山 | 飯桶山在道人山南數十丈 | | | | |
| 棺材山 | 棺材山在道人山東南三里 | | | | |
| 大巖洞 | 東北 | 十一里 | 一里又三分里之一 | 三分里之二 | |
| 鞍子頭 | 鞍子頭在大巖洞東南半里 | | | | |
| 竹灣山 | 東北 | 十里 | 一里半 | 三分里之二 | |
| 鳥嶼 | 鳥嶼在竹灣山南一里半 | | | | |
| 青門山 | 東北 | 六里又五分里之三 | 三里又四分里之三 | 二里 | |
| 喬木灣 | 北偏東 | 六里又五分里之三 | 一里又三分里之二 | 一里 | |
| 石城山 | 北偏東 | 三里又三分里之二 | 一里又七分里之一 | 七分里之六 | |
| 牛軛山 | 牛軛山在石城山東偏南一里又五分里之四 | | | | |
| 大燕礁 | 大燕礁在石城山南一里此島而名爲礁也 | | | | |
| 羊背山 | 東 | 四里半 | 三里 | 一里 | |
| 多眼山 | 東 | 七里 | 一里 | 五分里之三 | |
| 南韭山 | 東偏南 | 四十一里半 | 九里半 | 三里 | 四戶漁時較多 |
| | 南韭山西北面五六月多張漁網 | | | | |
| 官船澳 | 東 | 四十一里 | 二里又五分里之四 | 二里又三分里之一 | 二三戶漁時較多 |

## 浙江海島表

爵溪附近各島

| 譯名 | 異名 | 土產 | 錨地 | 船隻 |
|---|---|---|---|---|
| 陶柴島 | | | | |
| 總名梧嶼 | | | | |
| 無 | | | | |
| 羊島 | | 山芋 | | 數號 |
| 無 | | | | |
| 無 | | | | |
| 無 | | | | |
| 無 | | | | |
| 無 | | | | |
| 無 | | | | |
| 青門 | | | | |
| 無 | | | | |
| 無 | | | | |
| 無 | | | | |
| 無 | | | | |
| 麻哇 | | | | |
| 無 | | | | |
| 大衛 | | 山芋 | 南面並東南面泊大輪西北泊民船 | 漁時數十號平時擱置岸間 |
| | | | | |
| 金蘇灣 | | 山芋 | 東南面可泊小輪 | 漁時數十號平時擱置岸間 |

二十七

## 爵溪附近海島表　自爵溪城起計

| 島名 | 偏度 | 直距 | 長 | 闊 | 居民 |
|---|---|---|---|---|---|
| 雙山 | 東 | 四十四里 | 一里半 | 五分里之三 | |
| 牛軛山 | 東 | 四十五里 | 一里 | 五分里之二 | |
| 上竹山 | 東 | 四十七里 | 一里又三分里之二 | 五分里之四 | |
| 中竹山 | 東 | 四十九里 | 一里又三分里之一 | 半里 | |
| 下竹山 | 東 | 五十里 | 二里 | 一里 | |
| 大青山 | 東 | 五十三里 | 一里又五分里之二 | 五分里之四 | |
| 小青山 | 小青山在大青山北約一里半 | | | | |
| 麒麟頭 | 麒麟頭在大青山北一里 | | | | |
| 蚊蟲山 | 東偏南 | 四十一里 | 二里 | 一里又六分里之一 | |
| 積穀山 | 東偏南 | 五十一里 | 一里又三分里之二 | 一里 | |
| 將軍帽 | 將軍帽在積穀山東北半里 | | | | |
| 大馬凳 | 大馬凳在積穀山西北約三里半 | | | | |
| 小馬凳 | 小馬凳在積穀山西北約三里 | | | | |
| 馬桶山 | 馬桶山在積穀山西四里半 | | | | |
| 大木山 | 東南 | 十五里半 | 二里又三分里之二 | 一里又四分里之三 | 暫居一二戶 |
| 小木山 | 小木山在大木山西約二里 | | | | |
| 養頤山 | 南偏東 | 十四里 | 一里又六分里之五 | 五分里之四 | |
| 小養頤 | 小養頤在養頤山南偏西約一里 | | | | |
| 北固山 | 南 | 十五里半 | 一里半 | 七分里之六 | |

## 浙江海島表

爵溪附近各島

南韭山至馬桶山總名韭山島

| 譯名 | 異名 | 土產 | 錨地 | 船隻 |
|---|---|---|---|---|
| 崇門 | | | | |
| 牛羊 | | | | |
| 李莊 | | | | |
| 章莊 | | | | |
| 莊島 | | | | |
| 諸葛 | | | | |
| 無 | | | | |
| 中莊謀 | | | | |
| 代青 | | | | |
| 雞飛嶼 | | | | |
| 無 | | | | |
| 無 | | | | |
| 無 | | | | |
| 脫亦司得島 | | | | |
| 熊島 | | 山芋 | | |
| 無 | | | | |
| | | | | |
| 養頤 | | | | |
| 無 | | | | |
| 勃子 | | | | |

二十八

## 石浦附近海島表　自石浦城起計

| 島名 | 偏度 | 直距 | 長 | 闊 | 居民 |
|---|---|---|---|---|---|
| 檀頭山 | 東偏南 | 十五里 | 十二里 | 六里 | 二百戶 |
| | 檀頭山北面狗頭山因有泥灘相連故統以檀頭山稱之 | | | | |
| 獺頭嶼 | 獺頭嶼在檀頭山東南四分里之一 | | | | |
| 泥螺嶼 | 東南 | 二十五里 | 一里 | 半里 | |
| 大南田 | 南 | 六里 | 二十八里 | 十九里 | 數千戶 |
| | 大南田光緒初年派開墾委員駐其地石浦同知亦有行署以時來往 | | | | |
| 悟空跳 | 悟空跳在大南田東南微離 | | | | |
| 紗帽嶼 | 紗帽嶼在大南田東九里又三分里之一 | | | | |
| 涼帽嶼 | 涼帽嶼在大南田東南九里 | | | | |
| 油餅嶼 | 油餅嶼在大南田東南十一里 | | | | |
| 油菜花嶼 | 油菜花嶼在大南田東南十二里半 | | | | |
| 大麥圓 | 大麥圓在大南田南偏東九里又五分里之三 | | | | |
| 南山 | 南 | 三十四里 | 四里又四分里之一 | 一里又五分里之三 | |
| 南田嶼 | 南 | 二十五里 | 一里又五分里之三 | 五分里之四 | |
| 對面山 | 東南 | 五里半 | 七里 | 五里 | 二百餘戶 |
| | 對面山與大南田間為下灣港深二十餘拓惟港口多礁 | | | | |
| 大橫柱 | 大橫柱在大南田北五分里之三 | | | | |
| 蟥蚶山 | 蟥蚶山在對面山西北三分里之一 | | | | |
| 老鼠嶼 | 老鼠嶼在大南田北四分里之一 | | | | |
| 南輝山 | 東南 | 一里半 | 五里 | 二里又五分里之一 | 六百戶 |
| | 南輝山南面有東門城久稱其南即名東門港港口有礁 | | | | |
| 大銅錢礁 | 東 | 二里 | 一里 | 半里 | 十餘戶 |
| | 銅錢礁有二北曰大銅錢南曰小銅錢均有雜樹此島面名為礁也 | | | | |

| 船隻 | 錨地 | 土產 | 異名 | 譯名 |
| --- | --- | --- | --- | --- |
| 二三十號 | | 山芋 | | 權頭山 |
| | | | | |
| | | | | 無 |
| | | | | 泥螺島 |
| 一百餘號 | 西南面 | 山芋稻 | | 牛頭山 |
| | | | | |
| | | | | 鼻島 |
| | | | 涼帽嶼 | 愛力司島 |
| | | | | 密丟沙島 |
| | | | | 無 |
| | | | | 雙生島 |
| | | | | 英雄石 |
| | | | | 黎民島 |
| | | | | 無 |
| 二三十號 | | 山芋 | | 大門島 |
| | | | | |
| | | | | 無 |
| | | | | 無 |
| | | | | 無 |
| 漁船數十號小船十餘號 | 西面 | | 東門山 | 東門島 |
| | | | | |
| 數號 | | | | 無 |
| | | | | |

浙江海島表　石浦附近各島　二十九

## 石浦附近海島表 自石浦城起計

| 島名 | 偏度 | 直距 | 長 | 闊 | 居民 |
| --- | --- | --- | --- | --- | --- |
| 小銅鏤礁 | 小銅鏤礁在大銅鏤礁南微離 | | | | |
| 中界山 | 西南 | 十一里 | 四里 | 一里 | 一戶 |
| 打鼓嶼 | 西南 | 十四里半 | 四里又四分里之一 | 一里又四分里之三 | |
| 魚塘山 | 西南 | 二十二里 | 十一里半 | 六里半 | 三百餘戶 |
| 燮杯嶼 | 燮杯嶼在魚塘山南四分里之三 | | | | |
| 長坑山 | 西南 | 二十七里 | 十里 | 六里 | 三十餘戶 |
| 筆架山 | 西南 | 二十一里 | 二里又三分里之一 | 二里 | |
| | 筆架魚塘長坑三山連而爲一 | | | | |
| 小鴨嘴 | 西南 | 二十里半 | 一里 | 五分里之二 | |
| 三門山 | 西南 | 二十四里半 | 二里又四分里之一 | 七分里之三 | |
| | 是山適當三門之口因名三門山三門之外有大灣西圖卽名三門灣 | | | | |
| 白蛇山 | 白蛇山在三門山北一里 | | | | |
| 船島 | 船島在三門山北偏東一里 | | | | |
| 石地伏 | 石地伏在三門山東北二里又三分里之一 | | | | |
| 石底伏 | 石底伏在三門山東北三里又三分里之二 | | | | |
| 箬帽盔 | 西南 | 三十里 | 二里 | 半里 | |
| 梯子山 | 梯子山在箬帽盔西北一里又五分里之三 | | | | |
| | | | | | |
| 進士山 | 西微偏南 | 三十三里 | 二里半 | 一里又三分里之一 | |
| 饅頭山 | 饅頭山在進士山東南一里 | | | | |
| 後人堂 | 後人堂在進士山東南半里 | | | | |
| 天明山 | 天明山在進士山東五里又三分里之一 | | | | |
| 木瓜瓢 | 木瓜瓢在進士山東北十里又三分里之二 | | | | |
| 花嶴 | 西南 | 三十二里 | 九里又三分里之二 | 九里半 | 十六戶 |

| 船隻 | 錨地 | 土產 | 異名 | 譯名 |
| --- | --- | --- | --- | --- |
| | | | | 無 |
| 一號 | | 山芋 | | 無 |
| | | | | 無 |
| 數十號 | 西南珠門港 | 山芋 | | 金洋島 |
| | | | | 無 |
| 數號 | | 山芋 | | 金島 |
| | | | | 無 |
| | | | | |
| | | | | 無 |
| | | | | 無 |
| | | | | |
| | | | | 無 |
| | | | | 無 |
| | | | | 無 |
| | | | | 無 |
| | | | | 無 |
| | | | | 無 |
| | | | | 無 |
| | | | | 無 |
| | | | | 無 |
| | | | | 無 |
| | | | | 無 |
| 數號 | 北面珠門港 | | | 大佛島 |

浙江海島表　石浦附近各島　三十

## 石浦附近海島表 自石浦城起計

| 島名 | 偏度 | 直距 | 長 | 闊 | 居民 |
| --- | --- | --- | --- | --- | --- |
| | 花嶴北面有一孤峯日大佛頭頗得形似北與魚塘山間日珠門港深六七拓至十餘拓不等在此泊船可避四面 | | | | |
| 清涼嶼 | 清涼嶼在花嶴東半里 | | | | |
| 黃嶼頭 | 黃嶼頭在花嶴西五分里之四 | | | | |
| 元寶山 | 西南 | 四十二里 | 一里又五分里之三 | 一里半 | |
| 滿山 | 西南 | 四十二里 | 二里又三分里之一 | 一里 | |
| | 此間一帶西名三門灣可障西北南三面風力滿山南面海底係泥質泊船亦穩大輪可泊於再南水深七八拓處 | | | | |
| 淡水門 | 東北 | 六里半 | 二里 | 一里 | |
| 黃芝頭 | 東北 | 八里 | 二里又五分里之四 | 一里半 | 二三戶 |
| 銅頭山 | 東北 | 十一里 | 二里半 | 二里又七分里之一 | 暫居數戶 |
| 大蠶山 | 東北 | 十九里半 | 一里 | 七分里之三 | 暫居一二戶 |
| 小蠶山 | 小蠶山在大蠶山北微離 | | | | |
| 南鶴山 | 東北 | 二十一里半 | 一里又六分里之一 | 三分里之二 | |
| 中鶴山 | 東北 | 二十一里半 | 一里又四分里之一 | 三分里之二 | |
| 北鶴山 | 西北 | 二十一里 | 一里又五分里之四 | 六分里之五 | |
| 屏風山 | 東北 | 十九里 | 二里 | 一里 | |
| 練槌山 | 北偏東 | 二十八里 | 一里又七分里之六 | 一里又三分里之一 | |
| 猪脚蹄嶼 | 猪脚蹄嶼在練槌山東北一里 | | | | |
| 外擔山 | 北偏東 | 二十五里 | 三里又三分里之二 | 一里半 | |
| 雙山 | 雙山在外擔山西一里 | | | | |

浙江海島表

石浦附近各島

| 船隻 | 錨地 | 土產 | 異名 | 譯名 |
|---|---|---|---|---|
| 風力 | | | | |
| | | | | 無 |
| | | | | 無 |
| | | | | 圓錐島 |
| | 南面 | | | 生佐治島 |
| | | | | |
| | | | | 無（總名半招島） |
| 一二號 | | | | 黃芝（總名半招島） |
| 間有二三號 | | | | 無（總名半招島） |
| 間有一二號 | | | | 無 |
| | | | | 無 |
| | | | | |
| | | | | 總名石崖島 |
| | | | | 無 |
| | | | | 皮提 |
| | | | | 無 |
| | | | | 香山 |
| | | | | 臺末 |

三十一

健跳附近海島表　自健跳東面山角起計

| 島名 | 偏度 | 直距 | 長 | 闊 | 居民 |
|---|---|---|---|---|---|
| 田灣山 | 東北 | 十四里 | 四里 | 二里又三分里之一 | 四五十戶漁時多至千餘戶 |
| | 田灣平時居民止四五十戶四五月客漁羣集結茅其上幾無隙地倡優走集儼擬都市漁事告畢亦各星散 | | | | |
| 竹嶼 | 竹嶼在田灣山西偏南三分里之二 | | | | |
| 老鼠嶼 | 老鼠嶼在田灣山東南一里又五分里之二 | | | | |
| 竈窩山 | 北偏東 | 十七里半 | 二里 | 一里 | |
| 長嶼 | 北偏東 | 十八里半 | 一里又三分里之一 | 三分里之一 | |
| 蛇蟠山 | 西北 | 二十一里 | 六里 | 三里 | 七百餘戶 |
| | 蛇蟠山居民皆鑿石爲業山石頗堅甬滬一帶有所營築亦取資焉 | | | | |
| 小蛇蟠 | 西北 | 二十五里 | 二里又四分里之一 | 七分里之六 | 十餘戶 |
| 正嶼 | 西北 | 二十五里 | 一里又三分里之二 | 三分里之二 | 四十戶 |
| 桃頭山 | 西北 | 二十三里半 | 一里又三分里之二 | 三分里之二 | 五十戶 |
| 開井山 | 北偏西 | 三十一里 | 一里又五分里之四 | 一里 | 十餘戶 |
| 上三山 | 北偏西 | 三十三里 | 一里又七分里之三 | 三分里之二 | |
| 下三山 | 下三山在上三山東南半里 | | | | |
| 東白節 | 北偏西 | 三十八里半 | 一里半 | 一里又三分里之一 | 二十餘戶 |
| 西白節 | 北偏西 | 三十八里半 | 一里又三分里之二 | 一里又三分里之一 | 十餘戶 |
| 毛嶼 | 毛嶼在西白節西偏南二里 | | | | |
| 銅鼓山 | 銅鼓山在開井山西七里又四分里之三 | | | | |
| 大鈸 | 大鈸在開井山西偏南八里 | | | | |
| 小鈸 | 小鈸在開井山西偏南六里半 | | | | |
| 平巖 | 北 | 二十九里半 | 三里又四分里之三 | 一里又三分里之一 | 二十餘戶 |
| 小嶼 | 小嶼在平巖南一里 | | | | |

浙江海島表

健跳附近各島

| 船隻 | 錨地 | 土產 | 異名 | 譯名 |
|---|---|---|---|---|
| 一二十號漁時千號 | | 山芋 | | 田灣島 |
| | | | | |
| | | | | 無 |
| | | | | 無 |
| | | | | 無 |
| | | | | 無 |
| 數十號 | | 山芋石料 | | 石廠島 |
| | | | | |
| 數號 | | 山芋 | | 無 |
| 數號 | | | | 無 |
| 數號 | | | | 諸克司島 |
| 數號 | | 山芋 | | 無 |
| | | | | 無 |
| | | | | 無 |
| 數號 | | 山芋 | | 無 |
| 數號 | | 山芋 | | 無 |
| | | | | 無 |
| | | | | 無 |
| | | | | 無 |
| | | | | 無 |
| | | | | 三峯山 |
| | | | | 無 |

三十二

健跳附近海島表　自健跳東面山角起計

| 島名 | 偏度 | 直距 | 長 | 闊 | 居民 |
|---|---|---|---|---|---|
| 大柴山 | 北偏東 | 二十里半 | 一里又五分里之一 | 三分里之二 | |
| 木瓢山 | 木瓢山在大柴山西南三分里之一 | | | | |
| 五門嶼 | 五門嶼在大柴山北二里又三分里之二 | | | | |
| 孝嶼 | 北偏東 | 二十二里半 | 一里 | 三分里之一 | |
| 虎口山嘴 | 東北 | 十三里 | 二里又七分里之六 | 一里又七分里之四 | |
| 大狗頭 | 東北 | 五里半 | 四里又五分里之四 | 二里 | 百餘戶 |
| | 大狗頭與南面老山間曰靖虹門西圖作淺沙並無水道今查此門甚深中小輪船儘可出入 | | | | |
| 小狗頭 | 東北 | 七里又三分里之二 | 一里又四分里之一 | 三分里之二 | 四十五戶 |
| 貓兒嶼 | 貓兒嶼在大狗頭西四里 | | | | |
| 點燈山 | 點燈山在長嶼北偏西四分里之一 | | | | |
| 長嶼 | 東北 | 八里又三分里之二 | 一里又四分里之一 | 一里 | |
| 印山 | 印山在長嶼東南一里 | | | | |
| 外搜 | 東 | 七里 | 一里 | 七分里之三 | |
| 內搜 | 內搜在外搜南四分里之一 | | | | |
| 達道山 | 東南 | 二十六里 | 一里半 | 一里又七分里之三 | |
| 雞籠山 | 雞籠山在達道山北偏西一里又五分里之一 | | | | |
| 青嶼頭 | 青嶼頭在達道山北四里 | | | | |
| 根山 | 東南 | 二十八里 | 一里又三分里之一 | 三分里之二 | |
| 龍堂山 | 東南 | 三十二里 | 一里 | 一里 | |
| 後空山 | 東南 | 三十三里 | 一里又四分里之三 | 七分里之六 | |
| 青江山 | 東南 | 二十六里半 | 一里半 | 半里 | |
| | | 青江山凡四此均指大者而言 | | | |

| 譯名 | 異名 | 土產 | 錨地 | 船隻 |
|---|---|---|---|---|
| 無 | | | | |
| 無 | | | | |
| 無 | | | | |
| 無 | | | | |
| 無 | | | | |
| 無 | | 山芋 | | 二十餘號 |
| | | | | |
| 無 | | 山芋 | | 十餘號 |
| 無 | | | | |
| 無 | | | | |
| 無 | | | | |
| 無 | | | | |
| | | | | |
| 無 | | | | |
| 無 | | | | |
| | | | | |
| 總名三門島 | | | | |
| | | | | |
| | | | | |
| | | | | |
| | | | | |
| 無 | | | | |
| | | | | |



## 海門附近海島表 自海門衛起計

| 島名 | 偏度 | 直距 | 長 | 闊 | 居民 |
|---|---|---|---|---|---|
| 白沙山 | 東偏北 | 三十四里 | 六里 | 二里 | 二百餘戶 |
| 達道山 | 東偏北 | 三十一里 | 一里半 | 一里又三分里之一 | 百餘戶 |
| 好嶼 | 好嶼在達道山東五分里之三居民四五戶 | | | | |
| 黃嶼 | 黃嶼在達道山南微偏東五分里之一 | | | | |
| 川焦山 | 東偏北 | 三十一里 | 二里 | 一里 | 四十餘戶 |
| 小蒲嶼 | 小蒲嶼在川焦山東一里半 | | | | |
| | | | | | |
| 撑橫山 | 東微偏南 | 五十三里 | 一里 | 三分里之一 | |
| 南江山 | 東微偏南 | 六十四里 | 二里又四分里之一 | 一里 | |
| 北江山 | 東微偏南 | 六十三里 | 三里又三分里之一 | 一里半 | 暫居數戶 |
| 百筴山 | 東微偏南 | 七十三里 | 二里 | 一里 | |
| 涼帽嶼 | 涼帽嶼在百筴山北微偏西十里 | | | | |
| 大茶花 | 大茶花在北江山北微偏西七里 | | | | |
| 小茶花 | 小茶花在北江山北微偏西六里 | | | | |
| 點燈山 | 點燈山在頭門山西南一里又四分里之一 | | | | |
| 頭門山 | 東 | 五十五里 | 七里 | 三里 | 七八十戶 |
| 面長山 | 東 | 五十二里 | 一里又四分里之三 | 三分里之二 | |
| 龍珠山 | 龍珠山在面長山東六分里之一 | | | | |
| | | | | | |
| 大竹山 | 東微偏北 | 五十里 | 一里又四分里之三 | 三分里之二 | |
| 田轟山 | 東微偏北 | 七十里 | 七里 | 四里 | 四十五戶 |
| 長嶼 | 東微偏北 | 七十七里 | 五里 | 二里 | |
| 東箕山 | 東 | 八十一里 | 六里 | 三里 | |
| 毛草嶼 | 毛草嶼在東箕山西北四分里之一 | | | | |

| 譯名 | 異名 | 土產 | 錨地 | 船隻 |
|---|---|---|---|---|
| 泥島 | | 山芋 | | 三十號 |
| 無 | | 山芋 | | 七八十號 |
| 無 | | | | |
| 無 | | | | |
| 無 | | 山芋 | | 十餘號 |
| 無 | | | | |
| | | | | |
| 無 | | | | |
| 總名風暴島 | 總名一江山 | | 北面可泊民船 | |
| | | 山芋 | 南面可泊民船 | 間有二三號 |
| 克爾來特島 | | | | |
| 無 | | | | |
| 無 | | | | |
| 無 | | | | |
| 無 | | | | |
| 竹嶼 | 珠山 | 山芋 | 四面可暫泊 | 二十餘號 |
| 無 | | | | |
| 無 | | | | |
| | | | | |
| 無 | | | | |
| 高島 | | 山芋 | 東南澳並北面 | 十餘號 |
| 無 | | | | |
| 東箕嶼 | | | | |
| 無 | | | | |
| | | | | |



## 海門附近海島表 自海門衛起計

| 島名 | 偏度 | 直距 | 長 | 闊 | 居民 |
|---|---|---|---|---|---|
| 猪頭嶼 | 東 | 八十四里 | 一里又四分里之一 | 七分里之三 | |
| 東花山 | 東花山在東箕山南三分里之一 | | | | |
| 南嶼 | 南嶼在東箕山西南一里又四分里之三 | | | | |
| 五棚嶼 | 東 | 七十七里 | 一里又五分里之二 | 五分里之三 | |
| 棉花嶼 | 棉花嶼在田轟山南五里又五分里之一 | | | | |
| | | | | | |
| 半邊嶼 | 東 | 七十二里 | 一里又七分里之一 | 三分里之一 | |
| 奇人門 | 東偏北 | 六十三里 | 六里 | 一里又五分里之二 | 一戶 |
| 大鵝冠 | 東偏北 | 七十一里 | 十里 | 五里又五分里之二 | 七八十戶 |
| 小鵝冠 | 東偏北 | 七十七里 | 二里又四分里之一 | 五分里之四 | |
| 大鑼山 | 東偏北 | 六十一里 | 一里又四分里之一 | 五分里之二 | |
| 小鑼山 | 小鑼山在大鑼山東北二里 | | | | |
| | | | | | |
| 清塘門 | 東北 | 四十八里 | 二里又四分里之一 | 一里 | |
| 鋸門山 | 東北 | 五十一里 | 二里 | 六分里之五 | 四五戶 |
| 長腰礁 | 東北 | 五十四里 | 一里又三分里之二 | 四分里之三 | |
| 挖嶼 | 挖嶼在長腰礁北半里長腰礁蓋島而名爲礁也 | | | | |
| 大木山 | 大木山在長腰礁東北三分里之一 | | | | |
| 小木山 | 小木山在長腰礁北半里 | | | | |
| 挖斗山 | 挖斗山在長腰礁東一里又四分里之三 | | | | |
| 彰化灣 | 東北 | 五十八里 | 四里又五分里之二 | 四里 | 四十五戶 |
| 竹嶼 | 竹嶼在彰化灣山西南一里 | | | | |
| 鳥嶼 | 鳥嶼在彰化灣山東南一里 | | | | |
| 塡磚山 | 塡磚山在彰化灣山東南四里 | | | | |
| | | | | | |
| 南查山 | 東北 | 六十七里 | 二里 | 一里又六分里之五 | 暫居數戶 |

浙江海島表　海門附近各島　三十五

| 譯名 | 異名 | 土產 | 錨地 | 船隻 |
|---|---|---|---|---|
| 無 | | | | |
| 無 | | | | |
| 無 | | | | |
| 二石行島 | | | | |
| 無 | | | | |
| | | | | |
| 無 | | | | |
| 九壘島 | | 山芋 | | 一號 |
| 金門島 | | 山芋 | 南面 | 二三十號 |
| 繩島 | | | | |
| 馬尾松 | | | | |
| 無 | | | | |
| | | | | |
| 白梳角 | | | | |
| 無 | | 山芋 | | 三號 |
| 無 | | | | |
| 無 | | | | |
| 無 | | | | |
| 無 | | | | |
| 無 | | | | |
| 無 | 張花灣 | 山芋稻 | 西南可泊小輪 | 八號 |
| 無 | | | | |
| 無 | | | | |
| 無 | | | | |
| | | | | |
| 棟島 | 南澤 | 山芋 | | 間有一二號 |

## 海門附近海島表　自海門衛起計

| 島名 | 偏度 | 直距 | 長 | 闊 | 居民 |
|---|---|---|---|---|---|
| 北查山 | 東北 | 六十九里 | 二里 | 一里又四分之三 | 暫居數戶 |
| 草雞嶼 | 東北 | 六十七里 | 一里又四分之三 | 一里又七分之三 | |
| 南魚山 | 東偏北 | 一百四十二里 | 三里又三分之二 | 二里又三分之一 | 二十餘戶 |
| 北魚山 | 東偏北 | 一百四十八里 | 二里又三分之一 | 一里半 | 二十戶 |
| | 北魚山燈塔係透鏡白光乍明乍滅燈光點距水面二十九丈四尺晴時能照七十八里〇南北魚山西圖總名黑山列島號為多盜今查此間有居民者凡三島南魚山居民二十餘戶北魚山居民二十戶白礁居民五戶皆閩人 | | | | |
| 白礁 | 白礁在北魚山西微離有居民五戶此島面名為礁也 | | | | |

浙江海島表　海門附近各島　三十六

| 譯名 | | 異名 | 土產 | 錨地 | 船隻 |
|---|---|---|---|---|---|
| 無 | | 北澤 | 山芋 | | 間有一二號 |
| 無 | | | | | |
| 總名黑山島 | 馬鞍島 | | | | 十餘號 |
| | 沙阿島 | | | 西北面可暫泊 | 十餘號 |
| | | | | 之捕魚為業者頗馴良蓋西人或於是處偶遇盜耳玉石不可不分也 | |
| | | | | | |
| | 無 | | | | |

## 松門附近海島表　自松門東面山角起計

| 島名 | 偏度 | 直距 | 長 | 闊 | 居民 |
|---|---|---|---|---|---|
| 石塘山 | 東南 | 三里 | 二十五里 | 五里 | 千戶 |
| | 石塘山西與陸岸間從前有一深水道可通舟楫近年漸淤潮漲亦僅容小艇南面地名箬裏有鰲卡並汛兵 | | | | |
| 上嶼 | | 上嶼在石塘山西二里半 | | | |
| 下嶼 | | 下嶼在石塘山西二里 | | | |
| 大扁嶼 | 西南 | 十六里半 | 一里 | 半里 | |
| 小扁嶼 | | 小扁嶼在大扁嶼西南一里餘 | | | |
| 丈八尾 | | 丈八尾在大扁嶼西南二里餘 | | | |
| 楊柳坑 | 南偏西 | 十六里 | 二里 | 五分里之四 | |
| 九爪頭 | 南偏西 | 二十一里 | 一里 | 三分里之一 | |
| 落星山 | 南偏西 | 二十里半 | 一里又四分里之一 | 三分里之二 | |
| 棺材嶼 | | 棺材嶼在石塘山西南微離 | | | |
| 橫嶼 | | 橫嶼在石塘山南一里餘 | | | |
| 門東嶼 | 南 | 十九里 | 一里 | 三分里之一 | |
| 一蒜山 | 南偏東 | 二十八里 | 一里又九分里之一 | 七分里之四 | |
| 二蒜山 | 南偏東 | 二十五里 | 一里半 | 一里 | 二戶 |
| 三蒜山 | 南偏東 | 二十二里半 | 三里 | 一里半 | 二三十戶 |
| 峨嶼 | 南偏東 | 十九里 | 一里又三分里之二 | 七分里之三 | |
| 隔海山 | 東南 | 十里又三分里之一 | 二里 | 一里又五分里之二 | 百戶 |
| 蠟頭山 | 東南 | 十二里 | 一里又三分里之二 | 一里 | |
| 高沙山 | | 高沙山在蠟頭山東偏北二里半 | | | |
| | | | | | |
| 牛山 | 東南 | 十六里 | 四里 | 二里又三分里之二 | 四戶 |
| 吊幫山 | 東南 | 二十里 | 一里又五分里之二 | 六分里之五 | 二三戶 |

| 譯名 | 異名 | 土產 | 錨地 | 船隻 |
|---|---|---|---|---|
| 朋叨島 | 松門島 | 山芋 | | 數百號 |
| | | | | |
| 無 | | | | |
| 無 | | | | |
| 無 | | | | |
| 無 | | | | |
| 無 | | | | |
| 無 | | | | |
| 無 | | | | |
| 無 | | | | |
| 無 | | | | |
| 無 | | | | |
| 無 | | | | |
| 無 | | | | |
| 無 | | 山芋 | | 二三號 |
| 三菻 | | 山芋 | | 數號 |
| 無 | | | | |
| 無 | | 山芋 | 西面可泊小輪 | 三十二號 |
| 無 | | | | |
| 無 | | | | |
| 石塘島 | | 山芋 | | 一二號 |
| 無 | | | | 一二號 |

## 松門附近海島表 自松門東面山角起計

| 島名 | 偏度 | 直距 | 長 | 闊 | 居民 |
|---|---|---|---|---|---|
| 洛嶼 | 東南 | 二十六里 | 一里又三分里之一 | 四分里之三 | |
| 積穀山 | 東偏北 | 二十里半 | 一里又五分里之四 | 一里 | |
| 小積穀 | 小積穀在積穀山西三里大積穀畧似圓錐形上有孤廟獨僧居之 | | | | |
| 龜山 | 東偏北 | 二十一里 | 一里又三分里之二 | 一里 | |
| 沙鑊山 | 東偏北 | 十四里 | 四里又四分里之一 | 二里又六分里之一 | 二三十戶 |
| 釘鈎頭 | 東偏北 | 五里 | 四里 | 二里 | |
| 龍王堂 | 東北 | 二里又五分里之一 | 十二里半 | 三里 | 數十戶 |
| 雙嶼 | 東北 | 十二里半 | 一里 | 五分里之二 | |
| | 二小山東西並列因名雙嶼其里距長闊均指東面大者而言 | | | | |
| 黃門山 | 東北 | 十四里半 | 二里半 | 一里半 | 八九十戶 |
| 尖山頭 | 東北 | 十五里半 | 三里又五分里之三 | 二里又四分里之一 | 七八十戶 |
| 北江山 | 北偏東 | 十六里半 | 三里半 | 一里 | 百餘戶 |
| 長嶼 | 北偏東 | 十三里半 | 二里又四分里之一 | 半里 | |
| 石頭山 | 北偏東 | 十八里 | 五里又三分里之二 | 一里半 | 二三十戶 |
| 璧嶼 | 璧嶼在石頭山西半里 | | | | |
| 雲斗山 | 雲斗山在石頭山西偏南四里 | | | | |
| 上蒙山 | 上蒙山在石頭山西六里又三分里之一 | | | | |
| 下蒙山 | 下蒙山在石頭山西六里 | | | | |
| 道士冠 | 北微偏東 | 二十二里 | 二里半 | 一里半 | 二十餘戶 |
| 五璧嶼 | 北 | 二十四里 | 一里又三分里之二 | 半里 | |
| 湖嶼 | 湖嶼在黃蕉山東南一里 | | | | |



| 譯名 | 異名 | 土產 | 錨地 | 船隻 |
|---|---|---|---|---|
| 蘇丹島 | | | | |
| 積穀山 | | | | |
| 無 | | | | |
| 低積穀山 | 老鼠山 | | | |
| 駝背島 | | 山芋 | 西面可泊民船 | 十餘號 |
| 無 | | 山芋 | | |
| 盤馬島 | | 山芋 | 東面可泊小輪 | 十餘號 |
| 無 | | | | |
| | | | | |
| 無 | | 山芋 | | 二十餘號 |
| 無 | | 山芋 | | 二十餘號 |
| 無 | | 山芋 | | 三十餘號 |
| 無 | | | | |
| 無 | | 山芋 | | 數號 |
| 無 | | | | |
| 無 | | | | |
| 無 | | | | |
| 無 | | | | |
| 無 | | 山芋 | | 數號 |
| 無 | | | | |
| 無 | | | | |

## 松門附近海島表 自松門東面山角起計

| 島名 | 偏度 | 直距 | 長 | 闊 | 居民 |
|---|---|---|---|---|---|
| 黃蕉山 | 北微偏東 | 二十二里半 | 六里 | 三里 | 七百餘戶 |
| 白果山 | 北 | 二十六里 | 四里又五分里之四 | 四里 | 一百二十餘戶 |
| 白沙山 | 北 | 二十九里 | 二里又七分里之一 | 二里 | 十餘戶 |
| 琅璣山 | 北 | 三十一里 | 七里又三分里之二 | 四里半 | 七百餘戶 |
| | 琅璣山西面有沙田屋宇亦整潔並多雞樹 | | | | |
| 漊嶼 | 漊嶼在琅璣山西北半里 | | | | |
| 上嶼 | 上嶼在琅璣山西北四里半 | | | | |
| 三山頭 | 北 | 四十三里 | 二里 | 一里 | 暫居七八戶 |
| 東廊山 | 北微偏東 | 四十里 | 一里又三分里之一 | 一里 | 暫居七八戶 |
| 西廊山 | 北微偏東 | 三十六里 | 二里又三分里之一 | 一里 | 暫居七八戶 |
| 鷂鴣嘴 | 鷂鴣嘴在東西廊山之間相距各半里 | | | | |
| 上大陳 | 東北 | 五十四里 | 八里 | 五里又三分里之一 | 三百餘戶 |
| 下大陳 | 東北 | 四十七里 | 十里又三分里之二 | 三里 | 一千零四十戶 |
| | 下大陳市肆頗盛諸島中所僅見者海門中營派千總一員兵十二名駐之兼管鹽務日風尾汛 | | | | |
| 竹嶼 | 東北 | 四十五里 | 一里又四分里之三 | 一里 | |
| 上嶼 | 東偏北 | 五十三里 | 二里又三分里之一 | 一里 | |
| 中嶼 | 東偏北 | 五十一里 | 一里又三分里之一 | 三分里之一 | |
| 下嶼 | 東偏北 | 五十一里 | 一里又三分里之二 | 一里 | |
| 屏風山 | 東北 | 五十八里 | 二里半 | 三分里之二 | |
| 龍困山 | 龍困山在屏風山西微離 | | | | |
| 孔橫山 | 孔橫山在上大陳南微離 | | | | |

| 譯名 | 異名 | 土產 | 錨地 | 船隻 |
|---|---|---|---|---|
| 金星門 | | 山芋 | 西面可泊民船 | 數十號 |
| 攔機山 | | 山芋 | | 二三十號 |
| 無 | | 山芋 | | 數號 |
| 大陳山 | | 山芋 | | 百號 |
| | | | | |
| 無 | | | | |
| 無 | | | | |
| 無 | | 山芋 | | 間有一二號 |
| 北前島 | | 山芋 | | 間有一二號 |
| 無 | | 山芋 | | 間有一二號 |
| 無 | | | | |
| | | | | |
| 上太 | | 山芋 | 北面 | 三十餘號 |
| 下太 | | 山芋 | 南面 | 漁船八十號大小商船六十號 |
| | | | | |
| 無 | | | | |
| 海指 | | | | |
| 無 | | | | |
| 岐山 | | | | |
| 無 | | | | |
| 無 | | | | |
| 無 | | | | |

## 松門附近海島表

自松門東面山角起計

| 島名 | 偏度 | 直距 | 長 | 闊 | 居民 |
|---|---|---|---|---|---|
| 猪腰嶼 | 東北 | 五十一里 | 一里半 | 三分里之一 | |
| 黃嶼 | 黃嶼在上大陳山西北六分里之一 | | | | |
| | | | | | |
| 毛羽沙 | 東北 | 六十里 | 一里又四分里之三 | 半里 | |
| 青嶼 | 東北 | 六十八里 | 一里 | 三分里之二 | |



| 譯名 | 異名 | 土產 | 錨地 | 船隻 |
|---|---|---|---|---|
| 無 | | | | |
| 無 | | | | |
| | | | | |
| 無 | | | | |
| 上石 | | | | |

## 玉環附近海島表

自玉環本島起計　本島詳上圖說

| 島名 | 偏度 | 直距 | 長 | 闊 | 居民 |
|---|---|---|---|---|---|
| 雞冠山 | 東 | 八里半 | 七里又六分里之一 | 二里 | 六七百戶 |
| | 雞冠山低而長形相似也人烟稠密屋宇整齊亦有樓居者有官鹽局並小店數戶冬月玉環營駐兵彈壓 | | | | |
| 衝擔山 | 東 | 九里又四分里之三 | 一里又五分里之二 | 半里 | |
| 圓嶼 | 圓嶼在雞冠山西半里 | | | | |
| 草嶼 | 草嶼在雞冠山北四里又六分里之一 | | | | |
| 羊嶼 | 東 | 十六里半 | 三里又三分里之二 | 一里 | 百戶 |
| 硯瓦山 | 硯瓦山在羊嶼東南三里 | | | | |
| | | | | | |
| 大鹿山 | 東 | 二十里 | 二里又五分里之三 | 二里 | 暫居一戶 |
| 小鹿山 | 東 | 二十里 | 二里 | 一里 | 數戶 |
| 姜茶山 | 東南 | 二十里 | 二里又三分里之二 | 三分里之二 | |
| 前山 | 東南 | 二十二里 | 一里半 | 一里半 | 二戶 |
| 披山 | 東 | 三十七里 | 七里又三分里之一 | 一里又四分里之三 | 二三百戶 |
| 小披山 | 東 | 三十四里 | 一里又五分里之二 | 一里 | |
| 環瑠山 | 東 | 四十二里 | 一里 | 半里 | |
| 銅針山 | 銅針山在披山西北八里 | | | | |
| | | | | | |
| 長蘭山 | 東北 | 二十一里 | 三里又三分里之二 | 二里 | |
| 蒲門山 | 東北 | 二十五里 | 一里 | 三分里之二 | |
| 茅草山 | 東北 | 二十四里 | 一里 | 一里 | |
| 南牌山 | 東南 | 五分里之三 | 二里又五分里之四 | 三分里之二 | 十餘戶 |
| 坐門刺 | 坐門刺山在南牌山與玉環之間南距南牌山半里 | | | | |
| 纓子山 | 纓子山在南牌山北微偏西九分里之一 | | | | |

| 船隻 | 錨地 | 土產 | 異名 | 譯名 |
|---|---|---|---|---|
| 六七十號 | 東面 | 山芋 | | 清岐 |
| | | | | |
| | | | | 無 |
| | | | 龜山 | 無 |
| | | | | 無 |
| 二三十號 | | 山芋 | | 鑌島 |
| | | | | 無 |
| | | | | |
| 間有一號 | | | | 大鹿島 |
| 二三號 | | | | 無 |
| | | | | 小鹿三島 |
| 二號 | | 山芋 | | |
| 數十號 | 南北兩面均可暫泊 | 山芋 | | 披山 |
| | | | | 福來爾島 |
| | | | | 無 |
| | | | | 塘塔島 |
| | | | | |
| | | | | 無 |
| | | | | 無 |
| | | | | 無 |
| 數號 | 西面 | 山芋 | | 基門角 |
| | | | | 無 |
| | | | | 無 |

浙江海島表 玉環附近各島 四十一

## 玉環附近海島表 自玉環本島起計

| 島名 | 偏度 | 直距 | 長 | 闊 | 居民 |
|---|---|---|---|---|---|
| 外黃門 | 南 | 三分里之二 | 二里 | 一里又三分里之二 | 二十餘戶 |
| 雙排山 | 南 | 九里 | 一里又五分里之一 | 五分里之三 | |
| 橫址山 | 南偏西 | 二里 | 三里半 | 一里又七分里之一 | |
| 連嶼 | 連嶼在玉環西徵離 | | | | |
| 大烏山 | 西 | 五里 | 一里 | 半里 | |
| 小烏山 | 西 | 三里又三分里之一 | 一里 | 三分里之二 | |
| | 大烏小烏之西水道甚深嘗有外國大輪經鏵鍬埠向北至鶚頭埠停泊 | | | | |
| 江巖山 | 西 | 五里 | 二里又六分里之五 | 二里半 | 十餘戶 |
| 大擔山 | 大擔山在江巖山東北三里 | | | | |
| 小擔山 | 小擔山在江巖山東北二里半 | | | | |
| 毛埏山 | 西偏北 | 七里半 | 六里 | 四里又三分里之一 | 三四百戶 |
| 毛坦山 | 西北 | 十一里 | 一里又四分里之三 | 一里又五分里之三 | 百餘戶 |
| 大橫床 | 西北 | 十四里 | 二里又五分里之四 | 二里又三分里之二 | 百餘戶 |
| 小橫床 | 西北 | 十七里 | 一里又四分里之一 | 五分里之四 | 二十餘戶 |
| | 大小橫床山西面為清江頗寬深內通芙蓉街 | | | | |
| 大青山 | 北 | 十里又三分里之一 | 一里半 | 一里 | 數十戶 |
| | 大青山西北三里有一暗礁潮退尚沒水下二三尺西圖未載其左右約深三拓 | | | | |
| 小青山 | 北 | 十里半 | 一里又五分里之三 | 半里 | 數十戶 |
| 苔山 | 北 | 十里半 | 三里又三分里之一 | 一里半 | 一二百戶 |
| 白濱山 | 北 | 十八里半 | 五里 | 三里 | 三四百戶 |

| 船隻 | 錨地 | 土產 | 異名 | 譯名 |
|---|---|---|---|---|
| 數號 | 北面可暫泊 | 山芋 | | 南盤島 |
| | | | | 無 |
| | | | | 無 |
| | | | | 無 |
| | | | | |
| | | | | 無 |
| | | | | 無 |
| | | | | |
| 數號 | | 山芋 | 江埏 | 無 |
| | | | | 無 |
| | | | | 無 |
| 二三十號 | | 山芋 | | 無 |
| 十餘號 | | 山芋 | | 無 |
| 二三十號 | | 山芋 | | 無 |
| 數號 | | 山芋 | | 無 |
| | | | | |
| 十餘號 | | 山芋 | | 無 |
| | | | | |
| 二十餘號 | | 山芋 | | 無 |
| 二三十號 | | 山芋 | | 無 |
| 數十號 | | 山芋 | | 無 |

浙江海島表 玉環附近各島 四十二

## 玉環附近海島表 自玉環本島起計

| 島名 | 偏度 | 直距 | 長 | 闊 | 居民 |
|---|---|---|---|---|---|
| 東門山 | 北 | 二十二里 | 三里 | 五分里之三 | 二三百戶 |
| 西門山 | 北 | 二十四里 | 七里 | 五里 | 二三百戶 |
| | 西門山甚峻南面有沙灘潮退則露民居多在東南澳 | | | | |
| 橫址山 | 北 | 二十三里 | 一里 | 三分里之二 | |
| 烏沙山 | 北 | 二十八里 | 二里半 | 一里半 | |
| 具嶼 | 具嶼在東門山西南一里 | | | | |
| 伏嶼 | 伏嶼在白濱山南半里 | | | | |
| 鳳嶼 | 鳳嶼在玉環北偏東一里 | | | | |
| 小鳳嶼 | 小鳳嶼在玉環北偏東徵離 | | | | |
| 雨傘嶼 | 雨傘嶼在玉環東偏北三里 | | | | |
| 冬瓜山 | 冬瓜山在玉環東三里 | | | | |

浙江海島表　玉環附近各島　四十三

| 譯名 | 異名 | 土產 | 錨地 | 船隻 |
|---|---|---|---|---|
| 無 | | 山芋 | | 數十號 |
| 無 | | 山芋 | | 數十號 |
| | | | | |
| 無 | | | | |
| 無 | | | | |
| 無 | | | | |
| 無 | | | | |
| 無 | | | | |
| 無 | | | | |
| 無 | | | | |
| 無 | | | | |

## 溫州附近海島表　自黃華關起計

| 島名 | 偏度 | 直距 | 長 | 闊 | 居民 |
|---|---|---|---|---|---|
| 黃大嶴 | 東 | 二十里 | 十九里半 | 九里半 | 千餘戶 |
| | 黃大嶴邐種山芋土薄雜以沙石南面水道卽名大門爲進出甌江必由之路如室之有門也近青菱嶼深四五拓 | | | | |
| 青菱嶼 | 青菱嶼在黃大嶴南一里又三分里之一 | | | | |
| 鹿棲山 | 東 | 四十二里 | 十二里半 | 五里 | 四百戶 |
| | 鹿棲山廠土紅壤種植頗佳小松尤多爲近處諸山之冠 | | | | |
| 稻榦塘 | 稻榦塘在鹿棲山南一里 | | | | |
| 白龍嶼 | 東 | 五十二里 | 一里半 | 四分里之一 | |
| 小門山 | 東 | 十九里 | 十里 | 三里 | 二百餘戶 |
| 北小門 | 東 | 二十二里 | 一里又四分里之三 | 五分里之四 | 數戶 |
| 烏升背 | 烏升背山在北小門山東北二里又五分里之二 | | | | |
| 北嶼 | 北嶼在北小門山東北二里又三分里之二 | | | | |
| 茶嶼 | 茶嶼在北小門山西南半里 | | | | |
| 鴨嶼 | 鴨嶼在北小門山西北半里 | | | | |
| 棺材嶼 | 棺材嶼在北小門山東八分里之一 | | | | |
| 柑嶼 | 柑嶼在北小門山東南一里又五分里之二 | | | | |
| 珠塢 | 東微偏南 | 五十二里 | 一里 | 三分里之一 | |
| 南嶼 | 南嶼在珠塢山東南一里半 | | | | |
| 癩頭山 | 癩頭嶼在珠塢山東北二里 | | | | |
| 茅草嶼 | 茅草嶼在珠塢山東北一里 | | | | |
| 重山 | 東偏南 | 三十四里 | 三里又四分里之三 | 二里又三分里之一 | 三四戶 |
| 小重山 | 小重山在重山東四分里之三 | | | | |
| 筆架礁 | 東偏南 | 四十二里 | 一里又五分里之一 | 六分里之一 | |
| 小筆架礁 | 小筆架礁在大筆架礁西偏南六里又五分里之四大筆架凡五峯高者離水面十二丈有奇峯奇而黃蓋島而名 | | | | |



| 譯名 | 異名 | 土產 | 錨地 | 船隻 |
|---|---|---|---|---|
| 何到島 | 大門山 | 山芋 | 南面 | 百餘號 |
| | | | 與六七拓處爲極穩錨地輪船進口多泊此候潮 | |
| 無 | | | | |
| 廣大島 | | 山芋 | 四面可暫泊 | 四五十號 |
| | | | | |
| 無 | | | | |
| 無 | | | | |
| 沙船島 | | 山芋 | | 數十號 |
| 無 | | 山芋 | | 一二號 |
| 無 | | | | |
| 無 | | | | |
| 無 | | | | |
| 無 | | | | |
| 無 | | | | |
| 無 | | | | |
| 總名尖峯島 | 東嶼<br>北嶼 | | | |
| 何建島 | | 山芋 | 南面 | 一二號 |
| 小何建島 | | | | |
| 裂石 | | | | |
| 瘠島 | | | | 爲礁也 |

## 溫州附近海島表　自黃華關起計

| 島名 | 偏度 | 直距 | 長 | 闊 | 居民 |
|---|---|---|---|---|---|
| 狀元嶴 | 東偏南 | 三十八里 | 十二里半 | 四里又五分里之四 | 數百戶 |
| | 狀元嶴係石山種植甚少惟南面山麓略稀山芋 | | | | |
| 金笠嶼 | 金笠嶼在花岡西半里 | | | | |
| 花岡山 | 東偏南 | 四十三里 | 一里又七分里之四 | 一里 | 十三戶 |
| 中嶼 | 中嶼在花岡與狀元嶴之間各距五分里之一 | | | | |
| 深門山 | 東南 | 三十七里 | 一里 | 半里 | |
| 筧嶼 | 東南 | 二十九里 | 十三里 | 五里 | 數百戶 |
| | 筧嶼南面一片淺沙深僅半拓西北淺沙與溫州口淺沙相連潮退亦有露水面者 | | | | |
| 小筧嶼 | 小筧嶼在大筧嶼西南三里 | | | | |
| 三盤山 | 東偏南 | 四十六里 | 五里又四分里之三 | 二里 | 數百戶 |
| | 三盤山西面有一小山作三圓峯若盤然因名三盤而此大山亦由是名爲島民均於南澳結茅而居船隻泊老虎 | | | | |
| 小三盤 | 小三盤在三盤山西一里 | | | | |
| 上嶼 | 上嶼在洞頭山北角兩山幾相連 | | | | |
| 纓子山 | 纓子山在洞頭山北微離 | | | | |
| 洞頭山 | 東南 | 四十四里 | 二十一里 | 七里又三分里之一 | 千戶 |
| | 洞頭山北澳街有小市三盤汛兵駐此山共七十二澳 | | | | |
| 小江心 | 小江心山在半屏山與洞頭山之間距半屏山一里 | | | | |
| 半屏山 | 東南 | 五十一里 | 六里又五分里之三 | 二里又四分里之三 | 百餘戶 |
| | 半屏山亦名喜覓頭不知取義土極厚民居多在北澳深藏不露其與洞頭山間爲民船最穩錨地 | | | | |
| 氊帽嶼 | 氊帽嶼在半屏山南五分里之二 | | | | |

## 溫州附近海島表 自黃華關起計

| 島名 | 偏度 | 直距 | 長 | 闊 | 居民 |
|---|---|---|---|---|---|
| 大瞿山 | 東南 | 四十七里 | 四里又三分里之二 | 三里又三分里之一 | 二三十戶 |
| | 瞿山有三曰大瞿中瞿小瞿大瞿最大小瞿次之中瞿最小亦猶舟山前之大小渠名實適相反也命名時未知取 | | | | |
| 中瞿山 | 中瞿山在大瞿山北偏東一里又六分里之一 | | | | |
| 小瞿山 | 東南 | 四十六里 | 一里 | 四分里之三 | 二三戶 |
| 竹山 | 東南 | 六十里 | 四里 | 一里又七分里之三 | |
| 小竹山 | 東南 | 六十里半 | 一里又九分里之一 | 三分里之一 | |
| 虎頭嶼 | 東偏南 | 六十四里 | 一里又四分里之三 | 五分里之二 | |
| 圓嶼 | 圓嶼在虎頭嶼西一里半 | | | | |
| 李林嶼 | 李林嶼在虎頭嶼西偏北七分里之四 | | | | |
| 開嶼 | 開嶼在虎頭嶼西偏北一里又四分里之三此山自北面視之為圓錐形自南面視之為破石形自東西視之判而 | | | | |
| 北策山 | 東南 | 五十五里 | 三里 | 一里半 | 漁時約二十戶 |
| 虎坑山 | 東南 | 五十七里 | 一里半 | 五分里之四 | |
| 龍珠山 | 龍珠山在虎坑山東北一里又五分里之二 | | | | |
| 東策山 | 東南 | 五十九里 | 二里半 | 二里 | |
| 南策山 | 東南 | 五十七里 | 三里 | 二里又五分里之二 | 二十戶 |
| 老葉嶼 | 老葉嶼在東策山東南四分里之一 | | | | |
| 四嶼 | 四嶼在東策山東南二里又七分里之一 | | | | |
| 五嶼 | 五嶼在東策山東偏南三里又五分里之四 | | | | |
| 香花嶼 | 香花嶼在東策山東偏南三里又五分里之四 | | | | |
| 貓嶼 | 貓嶼在東策山東南三里又三分里之二 | | | | |
| 虎嶼 | 虎嶼在南策山南偏西五里又七分里之一 | | | | |
| 雙排山 | 雙排山在東策山東南十里 | | | | |
| 積穀山 | 積穀山在東策山南十一里半 | | | | |
| 北箕山 | 東南 | 八十五里 | 五里又三分里之一 | 二里又三分里之一 | 三十餘戶漁時數百戶 |

## 浙江海島表 溫州附近各島

| 譯名 | 異名 | 土產 | 錨地 | 船隻 |
|---|---|---|---|---|
| 大三盤島 | | 山芋 | 南面 | 數十號 |
| 無 | | | | |
| 中島 | | | | 數號 |
| 無 | | | | |
| 無 | | | | |
| 貓島 | | 山芋 | 南面 | 五六十號 |
| 小尼西山 | | | | |
| 小三盤島 | | 山芋 | 北澳 | 百餘號 |
| | | | | 山前 |
| 無 | | | | |
| 無 | | | | |
| 無 | | | | |
| 洞荒島 | | 山芋 | 西面可泊大輪南面可泊民船 | 三百號 |
| 無 | | | | |
| 半屏島 | 喜覽頭 | 山芋 | 西面可泊大輪北面可泊民船 | 四十餘號 |
| 無 | | | | |

四十五

## 溫州附近海島表 自黃華關起計

| 島名 | 偏度 | 直距 | 長 | 闊 | 居民 |
|---|---|---|---|---|---|
| | 北箕山峯甚低居民多在北澳其西北面礁石甚多 | | | | |
| 南褌襠 | 東南 | 八十九里 | 三里 | 一里 | |
| 北褌襠 | 東南 | 九十里 | 二里又五分里之三 | 二里 | |
| 雞籠嶼 | 雞籠嶼在北褌襠北三分里之一 | | | | |
| 草管嶼 | 草管嶼在北箕山西北二里 | | | | |
| 箬箕山 | 東南 | 八十一里 | 一里又五分里之四 | 三分里之二 | |
| 小箬箕 | 小箬箕在箬箕山東偏南一里 | | | | |
| 白牛皮 | 白牛皮在箬箕山北一里餘 | | | | |
| 谷水山 | 東南 | 八十六里 | 一里 | 三分里之一 | |
| 猴屁股 | 猴屁股在谷水山東南三分里之二 | | | | |
| 瓢瓜山 | 瓢瓜山在谷水山西微離 | | | | |
| 馬鞍嶼 | 東南 | 八十二里 | 二里半 | 二里 | |
| 大明甫 | 東南 | 八十里 | 一里又三分里之一 | 四分里之三 | |
| 小明甫 | 小明甫在大明甫西偏南一里又四分里之一 | | | | |
| 冬瓜山 | 南偏東 | 七十三里 | 二里 | 一里 | |
| 小冬瓜 | 小冬瓜在冬瓜山西一里 | | | | |
| 鐵墩山 | 鐵墩山在冬瓜山北偏西七里 | | | | |
| 北龍山 | 南微偏東 | 六十三里 | 五里 | 三里又三分里之一 | 五六十戶 |
| 龍珠山 | 龍珠山在北龍山西五分里之三 | | | | |
| 南龍山 | 南 | 六十八里 | 一里又六分里之五 | 一里 | 十餘戶漁時二百戶 |
| 小南龍 | 南 | 六十九里 | 一里又六分里之五 | 一里 | |
| 大聽山 | 南 | 六十五里 | 一里又五分里之四 | 七分里之六 | |
| 小聽山 | 南 | 六十六里 | 一里 | 三分里之二 | |

## 浙江海島表 溫州附近各島

| 譯名 | 異名 | 土產 | 錨地 | 船隻 |
|---|---|---|---|---|
| 大瞿島 | | 山芋 | | 數號 |
| | | | | 義 |
| 切島 | | | | |
| 司乃爾島 | | 山芋 | | 一二號 |
| 瓶島 | | 山芋 | | |
| 無 | | | | |
| 圓角 | | | | |
| 無 | | | | |
| 無 | | | | |
| 無 | | | | 為二因是得名 |
| | | 山芋 | | 間有數號 |
| 總名策島 | | | | |
| | | 山芋 | | 數號 |
| 無 | | | | |
| 無 | | | | |
| 無 | | | | |
| 無 | | | | |
| 無 | | | | |
| 無 | | | | |
| 無 | | | | |
| 蕈子島 | | | | |
| 北箕 | | 山芋 | 南澳 | 十餘號漁時百餘號 |

四十六

## 溫州附近海島表

自黃華關起計○飛雲江口島嶼無幾附見於此

| 島名 | 偏度 | 直距 | 長 | 闊 | 居民 |
|---|---|---|---|---|---|
| 横梁山 | 南 | 六十七里 | 一里 | 五分里之三 | |
| 荡子山 | 南 | 六十二里 | 一里半 | 五分里之三 | |
| 長帶山 | 南 | 五十八里 | 二里又七分里之六 | 一里又三分里之二 | 三四戶 |
| 小長帶 | 南 | 五十九里 | 二里半 | 一里 | 十餘戶 |
| 銅盤山 | 南 | 五十六里 | 三里 | 一里半 | 數十戶 |
| 又黃山 | 又黃山在銅盤與長帶之間西北距銅盤半里 | | | | |
| 金嶼 | 金嶼在長帶山北偏東二里 | | | | |
| 上關山 | 南偏西 | 六十二里 | 三里 | 一里 | |
| 下關山 | 南偏西 | 六十五里 | 二里 | 三分里之二 | |
| 鳳凰山 | 南偏西 | 六十三里 | 三里 | 一里又四分里之一 | 十餘戶 |
| 齒頭山 | 南偏西 | 七十里 | 四里 | 一里又五分里之一 | 十餘戶漁時百餘戶 |
| 蒜嶼 | 蒜嶼在飛雲江口南十四里 | | | | |
| 筆架山 | 筆架山在飛雲江口南十九里 | | | | |
| 小筆架 | 小筆架在飛雲江口南十七里 | | | | |
| 楊嶼 | 楊嶼在琵琶山北十六里 | | | | |
| 龜山 | 西南 | 九十八里 | 一里 | 三分里之二 | |
| 長腰山 | 西南 | 一百零四里 | 一里又四分里之一 | 三分里之一 | |
| 猪龍山 | 猪龍山在琵琶山東北二里又三分里之二 | | | | |
| 鐵鐙山 | 鐵鐙山在琵琶山東南二里 | | | | |
| 琵琶山 | 西南 | 一百十七里 | 二里半 | 一里又四分里之一 | |
| 南箕山 | 南偏東 | 一百零四里 | 十里又三分里之二 | 五里又五分里之四 | 二三百戶漁時四五百戶 |
| | 南箕山形勢與四礁東南之黃龍山極相似錨地亦在東南其西南二十六里有頭巾礁形如短柱 | | | | |
| 虎嶼 | 虎嶼在南箕山東南澳內 | | | | |

| 譯名 | 異名 | 土產 | 錨地 | 船隻 |
|---|---|---|---|---|
| | | | | |
| 無 | | | | |
| 無 | | | | |
| 無 | | | | |
| 無 | | | | |
| 無 | | | | |
| 無 | | | | |
| 無 | | | | |
| 無 | | | | |
| 無 | | | | |
| 無 | | | | |
| 無 | | | | |
| 無 | | | | |
| 無 | | | | |
| | | | | |
| 縋梆島 | | | | |
| 無 | | | | |
| 無 | | | | |
| 銅盤島 | | 山芋 | 四面可暫泊 | 十餘號 |
| 無 | | | | |
| | | | | |
| 無 | | 山芋 | | 數號漁時百餘號 |
| 無 | | | | |
| 無 | | | | |
| 無 | | | | |



## 溫州附近海島表

自黃華關起計

| 島名 | 偏度 | 直距 | 長 | 闊 | 居民 |
|---|---|---|---|---|---|
| 門嶼 | 南微偏東 | 一百十二里 | 二里 | 一里半 | |
| 柴嶼 | 南微偏東 | 一百十五里 | 二里又四分里之三 | 一里又三分里之一 | |
| 小柴嶼 | 小柴嶼在柴嶼東南一里 | | | | |
| 平嶼 | 南微偏東 | 一百十七里 | 一里又三分里之一 | 四分里之三 | 漁時多至千戶平時無 |
| | 平嶼平時無一人一室每逢三四五月等漁客結茅而居密若蜂蟻○是山低平因名平嶼 | | | | |
| 尖山 | 南微偏東 | 一百十三里 | 一里半 | 半里 | |
| 横嶼 | 横嶼在尖山西北二里又三分里之二 | | | | |
| 馬鞍嶼 | 南微偏東 | 一百十六里 | 一里又四分里之三 | 四分里之三 | |
| 烏籃嶼 | 南 | 一百零七里 | 一里又五分里之一 | 七分里之六 | |
| 烏籃子 | 烏籃子在烏籃嶼北微偏東一里 | | | | |
| 烏籃孫 | 烏籃孫在烏籃嶼西二里 | | | | |
| 大雷山 | 南偏東 | 一百零二里 | 二里 | 一里半 | |
| 竹嶼 | 南偏東 | 一百零七里 | 三里 | 一里半 | |
| 後基山 | 南偏東 | 一百零九里 | 二里 | 九分里之八 | |

| 譯名 | 異名 | 土產 | 錨地 | 船隻 |
|---|---|---|---|---|
| 無 | | | | |
| 總名太北島 | | | | |
| | | 山芋 | | 一二號 |
| | | 山芋 | | 數號 |
| | | 山芋 | 南北兩面可暫泊 | 十餘號 |
| | | | | |
| 總名贓島 | | | | |
| | | | | |
| | | | | 數號 |
| | | | | 數號漁時百餘號 |
| 無 | | | | |
| 無 | | | | |
| 無 | | | | |
| 無 | | | | |
| 無 | | | | |
| 無 | | | | |
| 無 | | | | |
| 無 | | | | |
| 琵琶角 | | | | |
| 南箕 | | 山芋稻 | 東南澳 | 三四十號漁時百餘號 |
| | | | | |
| 無 | | | | |

| 譯名 | 異名 | 土產 | 錨地 | 船隻 |
| --- | --- | --- | --- | --- |
| 無 | | | | |
| 無 | | | | |
| 無 | | | | |
| | | | | |
| 無 | | | | 漁時多至數百號平時無 |
| | | | | |
| 無 | | | | |
| 無 | | | | |
| | | | | |
| 無 | | | | |
| 尖塔小島 | | | | |
| 無 | | | | |
| 無 | | | | |
| 無 | | | | |
| 無 | | | | |
| 無 | | | | |

## 南北關附近海島表

自鎮下關東面山角起計○大漁口島嶼無幾附見於此○

| 島名 | 偏度 | 直距 | 長 | 闊 | 居民 |
| --- | --- | --- | --- | --- | --- |
| 南關山 | 南偏西 | 二里又三分里之一 | 五里半 | 一里又三分里之一 | |
| 南關山及陸岸間之虎頭鼻爲閩浙之界 | | | | | |
| 北關山 | 東 | 五里 | 六里又五分里之四 | 三里又三分里之一 | 二三十戶 |
| 青嶼 | 青嶼在南關山西南微離 | | | | |
| 老鼠尾 | 西 | 三里又三分里之一 | 一里又五分里之四 | 三分里之二 | |
| 瑤洞門 | 西南 | 一里又三分里之一 | 一里 | 三分里之二 | |
| 草嶼 | 東北 | 四里半 | 一里半 | 一里半 | |
| 大圓嶼 | 大圓嶼在草嶼東半里 | | | | |
| 木耳嶼 | 木耳嶼在草嶼東一里 | | | | |
| 雞心嶼 | 東 | 九里 | 一里半 | 半里 | |
| 上草嶼 | 東北 | 十八里半 | 三里 | 一里又四分里之一 | |
| 官山 | 北偏東 | 三十七里 | 四里 | 二里半 | |
| 官山南澳有敗屋三椽獨僧居之 | | | | | |
| 前瑞山 | 前瑞山在官山北偏東十六里半 | | | | |
| 燓杯 | 燓杯在官山東六里半土名不分島因礁較大故列入表 | | | | |



| 譯名 | 異名 | 土產 | 錨地 | 船隻 |
| --- | --- | --- | --- | --- |
| 鎮關島 | | | 北澳 | |
| | | | | |
| 屏峯島 | | 山芋 | | 數號 |
| 無 | | | | |
| | | | | |
| 無 | | | | |
| 無 | | | | |
| 無 | | | | |
| 無 | | | | |
| 無 | | | | |
| 無 | | | | |
| 足趾角 | | | | |
| 捐島 | | | 南面 | |
| | | | | |
| 無 | | | | |
| 無 | | | | |

# 江蘇沿海圖説

坿海島表

光緒己亥十月
上海聚珍板印

## 江蘇沿海圖説目録

江蘇沿海圖說　凡例詳浙江圖說

臣朱正元恭撰

吳淞

衝要　極衝

鈐轄　屬太倉州寶山縣提標後營管轄 水路屬海門內洋水師營○舊制吳淞外海水師營兼管沿海陸路屬蘇松鎮同治間改屬福山鎮專巡外海而以所遺陸汛屬提後營近岸一帶水路屬海門營

里距　西北距寶山縣城塘路六里獅子林塘路十八里距福山水路一百七十里通州一百九十餘里江陰二百九十餘里圌山關四百四十里鎭江四百九十里金陵六百三十餘里北距崇明南門港五十餘里大輪或紆繞至八九十里南距上海水路四十餘里陸路三十餘里南距浙江鎭海海程三百七十里

水道　口門兩旁均有淺沙東有燈船西有浮筒以爲行船標準燈船



與浮筒間亦僅深三拓故吃水稍深之船須乘潮出入口內深五六拓至七八拓不等近西岸一帶均可泊船惟距吳淞鎭內約三里有淺灘潮退止深十三四尺名曰內灘海關因於西面設有傳號處以報潮汛漲落俾吃水較深之船得以乘潮過此

潮汐　朔望日潮漲於十二點二刻十分鐘大潮高一丈五尺小潮高九尺

沙礁　口外東面有崇寶大小石頭鴨窩圓圓横沙 以上諸沙均露水面 銅沙褲襠諸沙再東有牛皮鷄骨兩礁鷄骨礁高出水面二十六尺牛皮礁大潮退後微露水面置有風笙浮筒褲襠沙有兩尾其向東南者於其盡處置有鐘浮筒 鐘浮筒風蕩之則鳴風笙浮筒風吹之則鳴

城鎭　西北有寶山城口內有上海城西岸有吳淞鎭

形勢　吳淞爲黃浦江咽喉西爲吳淞鎭少北礮臺在焉東岸地形如牛角斗入海中以是口門雖壙衍而不散漫水道東淺而西深船路距礮臺不過半里可以臨流扼擊其再北南石塘一臺更能兼顧入長江水道地勢尤爲雄勝

船隻　大商船七八十號小商船二三十號大漁船二三十號小漁船二十餘號渡船五六十號

礮臺　南石塘礮臺一所光緒十二年建置八百磅彈阿姆斯脫郎前膛礮四尊一百八十磅彈阿姆斯脫郎後膛礮二尊二十一生的克虜卜後膛礮二尊九生的克虜卜後膛礮三尊四十磅彈阿姆斯脫郎車礮六尊勇一百六十二名老礮臺因已闢作通商口岸議撤東岸礮臺淺沙淤滯船路太遠久圮

勇營　光緒二十一年辦防南石塘駐盛字三營 盛字共六營又三營駐獅子林詳另款 又章字營到防未久旋調防金山衞



綠營　額設外委一員無兵○吳淞外海水師營參將一員都司一員千總一員 此兩員留配輪船 又守備一員千總一員把總一員外委一員艇船二號每號兵三十二名新章外海水師以船爲家吳淞及十滧口塘蘆港皆其暫駐所也

雜識　道光二十二年英人由浙洋移寇吳淞攻西礮臺破之遂進犯上海○光緒二十四年患他族之逼處議自闢西岸爲通商場任各國聚居新舊兩礮臺皆劃入界內於是議棄舊而留新以新臺能兼顧長江口門也然既重門洞啓則指顧環臺盡屬市廛豈尙用武之地○崇寶沙因介崇明寶山兩縣之間得名近年西面漸坍民皆徙避海關因設檢疫所於此凡船自疫處來者須停泊候驗以免傳染內地○大小石頭及鴨窩諸沙各有居民數百戶而以再東之横沙爲尤盛有小市可得魚蔬

## 上海

衝要　極衝

鈐轄　屬松江府上海縣提標右營裏河水師管轄

里距　北距吳淞陸路三十餘里水路四十餘里西南距松江約百里西距蘇州二百餘里

水道　黃浦江在楊樹浦一帶闊一里餘北岸深一二拓南岸深四五拓下海浦寬如之深三四拓虹口至闊處一里半北岸深四五拓至七八拓南岸僅深一二拓轉灣處（卽外大橋前對岸爲陸家嘴此間江面極曲水流成漩不便停泊）闊止半里深八九拓至十四五拓英法租界闊一里左右深六七拓法租界較淺東門外闊一里深五六拓（法捕房前爲停泊外國船隻之界）自此以南闊不及一里深五六拓至八九拓製造局前復闊至一里餘北岸止深二三拓南岸深三四拓再南闊一里至一里餘深三四拓至五六



拓直至閔行以上不甚懸殊惟尋常輪船均止於製造局前不復上駛

潮汐　朔望日潮漲於一點半鐘大潮高一丈一尺小潮高七尺

沙礁　自楊樹浦以外西岸一帶均係淺沙直至海關傳號處始盡舟行須近東岸距傳號處東南七里有沙（名江心沙）已露水面

城鎮　上海自通商以來城北一隅之地各國於此駐領事設洋行南北船貨如水歸壑地方繁盛甲於各省駸駸乎與香港並駕齊驅矣

形勢　上海雖濱海一邑之地內爲長江之筦鑰外爲南北之樞紐自各國雜處日久遂成互相牽制之勢洵他族之淵藪海市之總匯也

船隻　本處沙船三十餘號漁船一百餘號雜船四百十號此外中西船之停泊者輪帆蔽江不可數計

勇營　光緒二十一年辦防除原駐南馬頭之滬軍一營及製造局東面之礮隊一營外復添派滬軍左右兩營振武一營湘軍一營分駐日暉港徽甯會館（時原駐徽甯會館之信字營調防川沙○該處見駐奇兵營）龍華等處

綠營　額設參將一員（舊制營官係遊擊道光二十二年開關通商地方日益繁衝因改設參將）陸防守備一員千總一員外委一員兵裁存一百十六名水師千總五員把總五員外委九員舢板船十九號每號兵十二名督陣船一號

雜識　道光二十二年英兵既破吳淞分水陸進犯陸兵由寶山殷家行犯北門陷之復以三兵輪溯黃浦江而上過閔行水淺乃止數日踞上海之英人亦登舟去蓋進窺長江也是年江甯立約上海遂爲五口通商之一闢城北一帶爲租界○咸豐間粵匪下竄大江以南幾無完土賴上海無恙得以徵兵籌餉輾轉十年次第削平

**寶山** 小沙背附

衝要　極衝

鈐轄　屬太倉州寶山縣提標後營管轄水路屬海門內洋水師營

里距　東南距吳淞鎮塘路六里南距上海縣城陸路四十里西北距獅子林礮臺塘路十二里西北渡崇明南門港江面五十里大船或紆繞至八九十里

水道　寶山與崇寶沙間名南水道深七八拓塘外深三拓輪船常行水道距岸約三里

潮汐　朔望日潮漲於十二點二刻十三分鐘大潮高一丈四尺小潮高八尺

沙礁　東北有崇寶石頭諸沙

城鎮　寶山爲東南名邑然富厚之家世居於鄉故城中氣象極形衰落

形勢　東南爲吳淞西北爲獅子林均建臺置戍兩處相距十餘里帶海爲塘寶山西北之小沙背介乎其間外有餘地可以涉足須防抄襲

船隻　漁船二十餘號

勇營　光緒二十一年辦防城東南隅一營小沙背三營

綠營　額設千總一員兵六名

雜識　道光二十年及二十二年英人連寇吳淞縣城及小沙背俱戒嚴二十二年縣城陷



**獅子林**

衝要　極衝

鈐轄　屬太倉州寶山縣提標後營管轄水路屬海門內洋水師營

里距　東南距寶山縣城塘路十二里距吳淞口塘路十八里西北距福山水路一百五十餘里東北渡崇明南門港四十里大船或紆繞至百里

水道　北有暗沙攔阻故入江水道寬不及十里中間深七八拓輪船常行水路距岸約四里

潮汐　朔望日潮漲於十二點三刻五分鐘大潮高一丈四尺小潮高八尺

沙礁　東有崇寶石頭諸沙北面一片暗沙與佛壽沙相連

城鎮　東南有寶山縣城

形勢　長江口水道爲崇寶沙歧而爲二至此復合北有淺沙攔阻亦長江口一小收束惟船路稍遠礮位尙少難期得力

礮臺　獅子林礮臺光緒十六年建置八百磅彈阿姆斯脫郎後膛礮二尊二百五十磅彈阿姆斯脫郎後膛礮四尊十二生的克虜卜護臺礮二尊勇一百二十三名

勇營　光緒二十一年辦防礮臺左右駐盛字三營

崇明

衝要　極衝

鈐轄　屬太倉州崇明縣蘇松水師鎮標中營管轄（水路屬右營內洋水師）

里距　自縣治東南對渡吳淞口五十餘里中間爲佛壽崇寶諸沙所阻大輪紆繞至八九十里北渡惠隆諸沙皆十里

水道　從前大輪進出長江口均由南水道（崇寶石頭諸沙以南爲南水道北爲北水道）近年探明北水道亦深三拓以外故由南洋至者仍由南水道由北洋至者改由北水道船路較近自十澂以西至南門港深自三四拓至五六拓不等且距岸甚近南門港以西則爲沙攔阻不能通行崇明北面水道有深至八九拓尙未及底者惟淺深不一其東西兩端潮退僅深八尺左右卽西圖所謂假水道也

潮汐　十澂口朔望日潮漲於十二點十一分鐘大潮高一丈二尺半



小潮高九尺

沙礁　近縣城前有佛壽沙東南有崇寶石頭諸沙崇明東西兩角均有沙尾入海甚遠北面淺沙尤多

島嶼　東有佘山東南有花鳥綠華野貓洞壁下陳錢枸杞四礁黃龍大洋山小洋山諸島

城鎮　縣城因海岸逐年崩坍西南隅距海僅四十餘丈全城岌岌可危近經築堤障護賴以無恙

形勢　長江口門極廣自有崇明中流扼要水道遂分爲二北面淺沙節阻輪帆均難行南面從前輪船出入在崇寶石頭諸沙以南距崇明尙遠近經海關查明北水道亦可行駛（北水道係指崇寶諸沙以北）輪路遂逼近崇明若於二澂至七澂一帶酌建礮臺既足自固亦可兼顧入長江水道惟土質浮鬆工費較巨耳

船隻　大商船十餘號漁船七十餘號小船一千餘號

礮臺　嘗沙頭港西岸磚礮臺一所康熙三年建歷次辦防均加修築見置土礮六尊又土礮臺一所光緒十年建已圮

勇營　光緒二十一年辦防新開河一營堡鎭一營四澂一營六澂二營八澂一營桂林殿一營

綠營　額設總兵一員中營外海兼陸路遊擊一員都司一員守備二員（水陸各一）千總三員（水一陸一輪船一）把總五員（水一陸四）外委六員（水一陸五）防兵一百八十三名艇船二號每號兵三十二名左營外海水師遊擊一員守備一員千總二員外委一員艇船二號每號兵三十二名右營遊擊一員都司一員千總二員把總四員外委五員領江船十二號每號兵十六名

雜識　道光間英人寇吳淞常以兵輪遊弋海上間或登岸擄掠以志



在深入旋棄而去

川沙 南匯附

衝要　次衝南匯又次衝

鈐轄　屬松江府提標柘林營管轄（水路歸外海水師六營輪巡○川沙南匯舊制各自爲一營同治間改爲外海水師專巡外海以船爲家所遺陸汛歸柘林營接管營官駐南匯其所遺南匯陸汛之與青村營相毘連者即歸青村營兼管）

里距　西北距吳淞口五十餘里南距南匯五十里西距上海內河五十里

水道　東面白龍港爲廳屬汊港之最今幾淤成平陸潮漲時僅容小艇此外近岸一帶均有淺灘惟礮臺前離岸半里卽深三四托南匯沿海一帶沙灘尤寬

潮汐　朔望日潮漲於十一點三刻三分鐘大潮高一丈五尺小潮高一丈

沙礁　北有鳴窩沙圓圓沙東有橫沙再東有銅沙磚檔沙牛皮礁雞骨礁



城鎮　僻處浦左不通商道城市氣象難期振興

形勢　左江右海爲松滬之外屏由白龍港一帶登岸西至浦濱皆數十里而遙從前建臺置戍防其抄襲固屬過慮然所築礮臺正對南水道來路若能排列巨礮迎頭截擊亦足爲淞防之先聲也

船隻　漁船三十六號南匯漁船數十號

礮臺　光緒二十一年辦防白龍港北面因塘爲臺置阿姆斯脫郞礮四尊勇二哨事平並撤

勇營　光緒二十一年辦防白龍港北一營南匯泥城練軍一哨

綠營　額設千總一員兵十名南匯都司一員千總一員把總二員外委二員兵六十名

雜識　城東約二里有欽公塘高約一丈再東有新圩塘高如之直接南奉等縣有事可資捍衛○光緒二十一年辦防署上海兵備道劉麒祥策敵由白龍港登岸西襲滬南之製造局（時劉道兼辦局務）始建臺置戍事平議者多非之旋撤

金山衛（柘林 奉賢附）

衛要　極衝柘林次衝奉賢又次衝

鈐轄　屬松江府金山華亭兩縣提標金山營管轄（舊制柘林自爲一營同治間奏改南匯川沙兩營爲外海水師而以所遺陸汛屬柘林營營官移駐南匯所遺柘林營本汛就近屬金山營奉賢原屬青村營〇水路歸外海水師六營輪巡）

里距　西距浙江乍浦塘路五十里東北距柘林堡城三十六里距奉賢縣城七十里西北距泖涇（縣令駐所）四十餘里北距松江府七十餘里

水道　沿海一帶淺沙至金山嘴而盡潮退漁船尚可到岸距岸一二里外卽深二三拓至四五拓不等柘林奉賢水道稍遠

潮汐　朔望日潮漲於十一點二刻八分鐘大潮高一丈八尺

沙礁　沿海一帶均係淺沙寬二三里至三四里不等惟金山嘴獨無近金山有暗礁兩處



島嶼　東南有金山勝山龜山諸島

城鎮　衛內外居民家參東面金山嘴爲漁船聚集之所遂成小市柘林則茅屋數間而已原設通判移駐郡城惟奉賢稍稱繁盛

形勢　岸闊海深內無險阻由此登陸已揹松郡之背防守最關緊要

船隻　漁船三四十號

勇營　光緒二十一年辦防章字十營（調自吳淞）衛內駐八營東門外二營柘林撫標三營

綠營　額設遊擊一員守備一員千總一員把總四員外委六員兵裁存七十四名柘林千總一員兵一名奉賢都司一員千總一員把總一員兵裁存六十五名

異名　龜山或名盤山又名外勝山

雜識　衛西十二里卽江浙兩省交界處〇二十一年辦防乍浦及奉

南川上等廳縣均經通電事平局撤綫杆猶存

**海門** 塘蘆港附

**衝要**　次衝塘蘆港又次衝

**鈐轄**　屬海門直隸廳狼山鎮標中營管轄（水路屬通州內洋水師營自塘蘆港以東歸外海水師六營輪巡）

**里距**　西距通州陸路七十里東距海濱百餘里南距江濱十餘里均自廳署起計

**水道**　宋季圩角等港口均深四五拓南面距岸四五里爲崇明西沙尾攔阻此沙直伸向西與狼山淺沙相連沙尾上潮退僅深八尺半自圩角港以東有探至八九拓尙未到底者惟淺沙節阻水道極曲再東行至約能瞭見佘山卽有淺沙橫亘潮退亦僅深八尺左右東面塘蘆港（北口卽蓼角嘴）西圖所記尙深三四拓今則潮退時褰裳可涉蓋東面一帶均逐年增漲也



**潮汐**　朔望日潮漲於一點一刻五分鐘大潮高一丈三尺

**沙礁**　東南均有淺沙東面寬至數十里

**城鎭**　廳治無城垣民廛集處僅同聚落西面里許有茅家鎭市面尙盛又塘蘆港西北八里有聚陽鎭西南十餘里有惠安鎭地雖濱海亦頗繁庶

**形勢**　長江口門吳淞居其南崇明居其中海門居其北論地勢南北並重然一江之隔沃瘠懸殊且淺沙遙護輪路尙遠防務可緩○塘蘆港水道日淺岸無準望輪帆視爲畏途

**船隻**　大小商船共約百餘號

**勇營**　光緒二十一年辦防署兩江總督張之洞擬駐勇五營同知王賓以地非衝要上書稟阻惟募民團七百五十名分駐本署大脚港口及東面兵田（兵田在塘蘆港北十餘里）三處

**綠營**　額設千總一員兵八名

**雜識**　民間田功頗爲講求十月滌場而後比戶致力溝洫行其野穆然見古井田之遺風焉○廳屬地廣民稀東面尤甚濱海一帶不惟人烟散疎樹亦罕覯

呂四

衝要　又次衝

鈐轄　屬通州直隸州狼山鎮標中營管轄（水路歸外海水師六營輪巡）

里距　西距通州水陸路各一百數十里距餘東場水陸路各六十里距餘西場水陸路各百里距金沙場水陸路各一百二十里東北至海七八里至二十里不等

水道　東北舊有泗港大樣長稍潑水四港見經淤塞不通舟楫大輪常行之路約遠二百里內河水道通通州海門餘東餘西金沙石港掘港等處

潮汐　朔望日潮漲於十二點一刻鐘大潮高一丈三尺

沙礁　淺沙入海遠至數十里潮退露水面者亦十餘里

城鎮　呂四市面自道光以來漸形凋敝惟民廛尚爲整齊東面有餘



東鎮較呂四稍盛

形勢　岸闊海淺船行無的防守可緩

船隻　外海漁船二十餘號

勇營　光緒二十一年由場募民團百名

綠營　額設外委一員兵六名

雜識　范堤以外田多蕪廢不治村落亦稀遇東北風勁時潮水漫至堤下

掘港（東淩港　河北汀　環港附）

衝要　又次衝

鈐轄　屬通州如皋縣掘港外海水師營管轄

里距　西南距通州陸路九十里西距如皋百餘里東距東淩港口二十里

水道　掘港不通外海惟東面有東淩港其北七里有新港又三里有長沙灘口門雖經淤塞商漁船可由東南之麻蝦套隨潮而至又長沙灘北四十餘里有河北汀港又十里有環港潮退港內水深三四尺或四五尺不等○內河通通州如皋石港豐利呂四等處

潮汐　朔望日潮漲於十二點三刻鐘大潮高一丈餘秋汛時潮漲漫至距南坎鎮里許

沙礁　東淩港口有兩沙南曰南蛤蜊廈居民七八戶北曰北蛤蜊廈



居民十餘戶均懸海中北面淺沙尤多潮退或隱或見

城鎮　掘港市肆繁盛房屋亦整潔此外如南坎及東北七里之北坎又三里之長沙灘皆係小鎮

形勢　港道淤塞淺沙橫亘防守可緩

船隻　南坎外海商船十餘號漁船三十餘號北坎商船十餘號漁船二十餘號掘港內河大商船十餘號

勇營　光緒二十一年辦防擬派滿字四營駐南北坎之間又水師一營駐河北汀及環港因議和不果掘港豐利兩場各募民團百名

綠營　都司一員千總一員無兵（掘港營自同治間改爲外海水師以船爲家擬設輪船一艘派都司一員管駕千總一員副之因暫未配輪該二員留守舊汛）

新洋港口 鬬龍港附

衝要　次衝鬬龍港又次衝

鈐轄　屬淮安府鹽城縣漕標鹽城水陸營管轄

里距　口門西距𠛬船港陸路六十里南洋岸北洋岸均八十餘里鹽城一百一十里水道竟紆至四百里

水道　新洋港口門潮退尚闊三十餘丈惟水道極曲且多淺沙大商船亦須乘潮方能出入口外有攔門沙又有大沙及五條沙商漁船之諳習水道者可由大沙以南之沙間行駛大輪則必須繞過五條沙由西北而至然亦止能於距口數十里外停泊○內河民船可由新洋口西行過鹽城北門外天后閘小船過鹽城東門外石礶閘均可通淸江揚州等處南面鬬龍港淤沙節阻僅通小船

潮汐　朔望日潮漲於三點一刻鐘大潮高一丈餘



沙礁　新洋港口外有攔門沙東面有大沙及五條沙口內三四十里兩岸盡屬淤灘

城鎮　南洋岸人烟稠密亦成小市此外並無市集鹽城縣西門大街市肆頗盛

形勢　新洋港爲海門以北第一大口外有大沙並五條沙廣袤數百里輪帆往來南北皆遙爲引避惟兩沙西面與陸岸間有一深水道可行大輪由此登岸不獨西犯鹽城且可進窺淸江斷我南北幹路故自此以北形勢又稍爲吃緊

船隻　新洋口漁船一百二十餘號鬬龍港漁船六十餘號鹽城內河商漁船七八十號

礮臺　光緒二十一年辦防𠛬船港南洋岸均築土礮臺南洋岸置土礮九尊𠛬船港置土礮四尊事平並撤

勇營　光緒二十一年辦防𠛬船港駐鹽城營兵一哨南洋岸駐新兵一營又漁團二百名南北洋岸募民團一千名

綠營　鹽城額設遊擊一員守備一員千總二員把總二員外委五員兵三百六十九名巡船二號每號兵十八名駐新洋鬬龍二港

雜識　光緒二十一年春海州一帶居民恐日人由青口入寇多浮海徙居新洋港南北洋岸南岸日南洋岸北岸日北洋岸未知取義

射陽湖口

衝要　次衝

鈐轄　屬淮安府阜甯縣南岸屬漕標鹽城水陸營北岸及水路屬淮揚鎮標廟灣水陸營管轄

里距　湖口西距鮑家墩百餘里距縣城二百餘里

水道　口門潮漲寬三里潮退寬二里深二拓左右入內漸淺口外淺沙遷徙無定口內自鮑家墩以東潮至一片汪洋非熟諳水道者雖民船不敢輕進

潮汐　朔望日潮漲於三點三刻鐘大潮高一丈餘

沙礁　近口有攔門沙大海中有大沙五條沙

城鎮　阜甯縣城南門外市肆頗盛近口無鎮市

形勢　口內雖難深入洋面漸無障護形勢與新洋港相類



船隻　漁船四十餘號

礮臺　道光間英人寇邊鮑家墩一帶建礮臺數處嗣爲海潮衝毀光緒二十一年辦防築土礮臺一所置土礮四尊

勇營　光緒二十一年辦防鮑家墩駐廟灣營兵一哨懲洋蛤蜊兩港募民團五十名

綠營　阜甯額設廟灣營遊擊一員守備一員千總二員把總二員外委五員兵裁存二百九十二名

異名　射陽湖又名廟灣湖

老黃河口

衝要　次衝

鈐轄　屬淮安府阜甯縣北岸屬淮揚鎮標佃湖營南岸及水路屬廟灣營管轄

里距　西南距阜甯縣城陸路約二百里西距佃湖一百數十里

水道　河身節節淤塞惟近口十餘里尙通水道潮漲寬約十丈潮退寬四五丈深四五尺遇淮運兩河盛漲時以此爲尾閭

潮汐　朔望日潮漲於四點半鐘大潮高一丈餘

沙礁　口外有青沙紅沙攔門沙

形勢　論河道十餘里內已經淤成平陸惟海岸平衍遼闊地方亦極荒僻宜加防範

船隻　河口漁船二十餘號



勇營　光緒二十一年辦防東坎駐馬隊一營八灘吳小集沈家灘王家灘共募民團一百名東坎等處募民團一百名

灌河口

衝要　次衝

鈐轄　南岸屬淮安府安東縣淮揚鎮標佃湖營北岸屬海州直隸州漕標海州營管轄水路屬漕標東海營

里距　西南距響水口一百里西北距海州城二百里

水道　口外潮退止深三四尺十餘里外方有深水可泊大輪進口十餘里深六七尺再進至響水口一帶則深至二拓餘

潮汐　朔望日潮漲於五點一刻大潮高一丈三四尺

沙礁　近口十餘里一片淺沙

島嶼　口外有開山

形勢　口門外淺內深惟海岸散漫略無遮護近年敵計日狡意在踞中要而分竄南北則不惟海榆一帶形勢吃緊卽灌河以南新洋以



北亦未容高枕也

船隻　灌河口漁船二百號響水口漁船三十號商船十餘號

礮臺　光緒二十一年辦防蟶架港築土礮臺二所置土礮六尊響水口東面老莊湖口土礮臺一所置土礮二尊復林莊土礮臺一所置土礮二尊響水口東街土礮臺二所置土礮八尊

勇營　光緒二十一年辦防灌河口陸軍二營水師一營蟶架港佃湖營兵一哨響水口南北兩岸募民團四千餘名

高公島

衝要　極衝

鈐轄　屬海州直隸州漕標東海水師營管轄

里距　西南距海州城陸路九十五里距南城由西路六十里由東路八十里距板浦八十里距清江浦三百餘里

水道　羊山南面深六七尺民船多泊於此東北距岸里許深三四拓西北凰窩山一帶及鷹游門深一拓左右

潮汐　朔望日潮漲於六點鐘大潮高一丈三尺

沙礁　東南埒子口淺沙闊至十餘里南面大板跳口闊四五里以漸而窄至此幾盡

島嶼　東南有羊山小團山

形勢　海闊水深由此登岸至海州有二道其一南經大板跳繞黃連



嘴西南經朱麻南城而至東門是爲東路其一西南經宿城越虎口嶺出五羊湖西南過大村亦可由南城而至東門是爲西路再南經板浦大伊山可襲清江浦形勢最爲吃緊

船隻　漁船二十餘號

礮臺　高公島礮臺二所係舊設光緒二十一年辦防重修置土礮六尊紅石嘴擬設暗臺事平乃止

勇營　光緒二十一年辦防黃九跳范莊壁虎山一帶共駐五營

異名　五羊湖原名萬金湖

墟溝 西墅附

衝要 極衝

鈐轄 屬海州直隸州漕標東海水師營管轄

里距 西南距海州城陸路七十五里距南城六十里距淸江浦三百餘里

水道 口外有沙鴿子島島北面水深一二拓至西連島之龜山頭深六七拓至八九拓不等鷹游山與紅石嘴間曰鷹游門深約一拓東連島北面深七八拓西墅西北一帶止深一二拓竹島北面深三四拓

潮汐 朔望日潮漲於六點一刻鐘大潮高一丈四尺

沙礁 口外潮退沙灘約闊里許東連島北面有一礁曰姑山潮退微露水面



島嶼 正北有鴿子島西北有竹島東有鷹游山鷹游山有東西兩峯或因分名東連島西連島

城鎭 舊有墟溝城久頽

形勢 鷹游門水道雖淺大輪可繞過鷹游山由東北而至由此登岸經西路可至海州形勢與高公島相類

船隻 墟溝漁船約二十號西墅十餘號東連島約十號西連島十餘號

礮臺 光緒二十一年辦防就舊礮臺基安置土礮計西墅嶺一所置土礮三尊孫家山二所置土礮五尊黄石嘴一所置土礮三尊事平並廢

勇營 光緒二十一年辦防營家山壽器山大埝頭等處共駐五營又南三十七里之大村五營又南三十里之太平堰一旗海州東門外孔望山一營又南五十里之大伊山八營墟溝募民團一千名西墅募民團三百名

綠營 額設外洋水師把總一員外委一員駐西連島內洋水師把總一員外委一員領江船一號共兵一百一十名

異名 鴿子島原名鴨島壽器山原名紫陽觀俗稱棺材山

雜識 光緒二十一年日兵輪二艘率民船三十餘號在鷹游山外及北面山嵐頭一帶測量水道本年德兵輪亦來西墅等處窺察形勢

青口

衝要　極衝

鈐轄　屬海州直隸州贛榆縣漕標海州營管轄（水路屬漕標東海水師營）

里距　西北距贛榆縣城二十二里西南距海州七十里距臨洪鎮五十餘里

水道　口內水深一二尺至三四尺不等口外潮退一片淺灘沙船任其擱置口外沙間秦山西南一帶水深一二拓東北水道頗深大輪亦可停泊

潮汐　朔望日潮漲於六點半鐘大潮高一丈五尺

沙礁　口外淺灘入海極遠潮退均露水面不勝人跡南面有雞心灘潮退亦露

島嶼　近口東北有秦山



城鎮　口內有青口城又名和安圩巡檢駐焉市肆繁盛商賈輻輳爲海楡菁華之區

形勢　青口與墟溝高公島同爲海州門戶市面之盛亦爲江蘇省北海岸之最近復北與膠州灣之德人爲隣地方曰形衝繁近口雖有淺灘須防由朱篷口等處繞道而至

船隻　漁船六十餘號范家口漁船一百四十餘號臨洪沙頭兩口漁船百號內河漁船四十餘號

勇營　光緒二十一年辦防青口城內兩營東門外龍王廟一營娘娘廟西南面一營西北面一營西門外三里廟一營北門外關帝廟一營

綠營　額設兵二名

異名　秦山俗名奶奶山

雜識　光緒二十一年辦防海州青口板浦三處始通電報然聞之局中人云此三處均入不敷出須由淸江浦電局津貼亦足爲江蘇省南盛北衰之證矣〇此間沿海一帶土性鬆浮僅宜二麥無溝澮以資蓄瀉雨暘偶不以時荒象立見閭閻既鮮蓋藏民情亦復浮動比來連歲不登餓餒載途盜賊滿野撫字勦除兩皆乏術號爲難治

朱篷口

衝要　次衝

鈐轄　屬海州直隸州贛榆縣漕標海州營管轄水路屬東海營

里距　西距贛榆縣城西南距青口城均二十餘里東北距山東山嵐頭四十餘里

水道　口內已經淤塞深處亦不過一二尺口外二里餘即係深水近秦山東北面可泊大輪

潮汐　朔望日潮漲於六點半鐘大潮高一丈五尺

沙礁　口外畧有淺沙其質頗堅潮退可勝人跡

城鎮　口內西面有贛榆縣城內皆茅屋無市肆

形勢　沙硬水深須防由此登岸南襲海州北犯沂州

船隻　大漁船數號小漁船三十餘號



勇營　光緒二十一年辦防朱篷口無防營惟贛榆城內一營

綠營　額設兵二名

異名　山嵐頭或名嵐山頭

雜識　本年因山東教案德國大兵輪一艘泊秦山前兵弁由朱篷口登岸往沂州數日仍由原處下船去○北面荻水口係江蘇山東交界處其東面山嵐頭可泊大輪較秦山爲穩

劉河以下係長江

衝要　次衝

鈐轄　屬太倉州鎮洋縣提標後營管轄舊制劉河自爲一營同治間創設海門內洋水師營廢劉河營而以所遣陸汛屬提後營水路屬海門營

里距　西北距白茆口六十里距滸浦九十里東南距吳淞口四十餘里北渡崇明江面二十四里西南距太倉州城陸路三十餘里水路倍之

水道　口外淺灘入江甚遠輪船常行水道距岸十里中小輪船亦止能停泊五六里外近口處更有淺沙一道潮退僅深二尺若門之有閾也

潮汐　朔望日潮漲於一點鐘大潮高一丈四尺

沙礁　口外淺沙寬約五里



城鎮　劉河鎮在口內約六里市肆極盛

形勢　外接大江內達州城形勢亦極散漫惟河口有淺沙遙護大船不能近岸防務較鬆

船隻　本處商船止十餘號來自他處者常一二百號鹽城沙船多泊於此

礮臺　光緒二十一年辦防口內西岸築土礮臺一所卑薄無用已圮

綠營　額設提標後營把總一員兵三名海門內洋水師副將一員都司兩員守備一員千總兩員把總三員外委四員船十二號每號兵十六名

異名　劉河或作瀏河

雜識　南岸下游一帶惟此口淺沙最闊值東北風時浪亦甚大小艇登岸頗苦顛播

白茆口

衝要　又次衝

鈐轄　屬蘇州府昭文縣福山鎮標右營管轄水路屬左營

里距　東南距吳淞水路一百里西距福山五十餘里

水道　江口白茆老鼠兩沙間向爲輪船必道之路近年漸淤潮退僅深八尺船路遂改由老鼠沙北面行駛距口岸八里

潮汐　朔望日潮漲於一點一刻十分鐘大潮高一丈三尺小潮高八尺

沙礁　近口有白茆老鼠諸沙

城鎮　口內三里有六河鎮係小市集

形勢　從前輪船出入必道於此船路既窄流力甚勁亦下游之天險近年漸淤船路改向北行其險遂失



船隻　小船十餘號

綠營　額設兵一名歸滸浦汛兼管

雜識　水道未改以前輪船夜行至此必於左右停泊待旦而過辦日防時撤去浮筒怡和洋行商輪即在此失事

滸浦

衝要　次衝

鈐轄　屬蘇州府昭文縣福山鎮標左營內洋水師管轄

里距　東南距吳淞口水路一百三十里大船紆繞至一百四十里西距福山二十五里西北距通州蘆涇港五十餘里北渡狼山江面三十里大船或紆繞至五六十里內河距蘇州一百數十里

水道　長江自江陰而下均駛近北岸至此須折向南行輪船常行水道距岸四里深四五拓至十餘拓不等從前江口有淺沙二道船行其間路亦甚窄見南面之沙已經刷去可以暢行內河可通蘇常各府潮退尚深數尺近處支河此爲最大

潮汐　朔望日潮漲於一點二刻十分鐘大潮高一丈二尺

沙礁　北岸均係淺沙舟行須近南岸



城鎮　近口有彭家橋鎮市肆尚盛

形勢　此間沿江一帶內距省會均不過百餘里名雖間道實則捷徑而滸浦河道尤深亦下游要害之區

船隻　漁船十餘號商船之來自內地者常百餘號

勇營　光緒二十一年辦防滸浦東面沿江至徐六涇共駐五營

綠營　額設千總一員兵三名

異名　滸浦或名許浦

## 福山

衝要　次衝

鈐轄　屬蘇州府常熟縣福山鎮標左營內洋水師管轄

里距　東南距吳淞口水路一百六十里西距江陰陸路約一百里水路紆繞至一百數十里對渡狼山江面三十里大船或紆繞至五六十里內河距蘇州一百二十里

水道　西北面有諸沙攔阻欲溯江而上須先折向東行然後由窄水道向西北行

潮汐　朔望日潮漲於一點三刻十分鐘大潮高一丈二尺

沙礁　西北有常陰沙近口亦有暗沙橫亘

城鎮　口內三里有福山城

形勢　據江陰之下游作吳會之外屏形勢亦關緊要



船隻　大小船隻約百餘號

礮臺　江口東西兩岸土礮臺各一所光緒十年建置土礮十二尊

勇營　光緒二十一年辦防福山南十餘里謝家橋一營

綠營　額設總兵一員左營遊擊一員守備一員千總二員把總四員外委五員領江船十二號每號兵十四名又督陣船一號

雜識　狼福對峙古稱長江關鎖今按兩山相距三十餘里而遙不足以資扼禦無關形勝惟福山密邇省會亦資屏蔽故至今視為重鎮

## 通州

此指州城而言州屬東面濱海之呂四場另列為欸不贅述

衝要　次衝

鈐轄　屬通州直隸州狼山鎮標中營管轄水路屬右營內洋水師

里距　東南距滸浦五十餘里距吳淞一百九十餘里西距江陰一百里距圌山關二百五十里距鎮江三百里距金陵四百四十餘里南渡福山三十餘里大船或紆繞至四五十里均自蘆涇港起計◯自州城東至海門廳署海門無城陸路七十里

水道　長江水道自進口均傍南岸行駛既過狼山即須駛近北岸輪船常行水道距岸不及一里蘆涇港為商輪停泊之所各小港寬均不過二丈深二三尺窄而且曲無關要害惟姚港任家蘆涇三港之旁均有陸路可達州城故言防務者遂以各港為扼要之區◯內河通揚州泰州如皋等處



潮汐　朔望日潮漲於二點一刻鐘大潮高一丈

沙礁　西面有劉海沙東南兩面亦有暗沙惟南偏東有一深水道可以行輪近燈杆處有暗礁上置紅色浮筒

城鎮　粵匪之劫州城獨幸無恙故民居櫛比惟廈屋則不多見樓居者尤少城止東西南三門自東門至西門市肆頗盛南門次之三門外亦皆成市附近無大鎮◯蘆涇港雖為商輪停泊之所然行旅寥落亦止茅店數家以待息肩而已

形勢　長江下游指江北岸自海門至狼山均有淺沙攬護至此則沙盡水深船路即折而向北距岸極近由姚港任家港蘆涇港等口登岸至州城不過十餘里皆係坦途須防衝突

船隻　本處無漁船商船亦止寥寥數號惟內河由各處來者常百餘號均停泊西門外一帶

礮臺　光緒二十一年辦防擬於任家港口建臺置礮嗣以土鬆中止惟蘆涇港內陸路旁每數里築土礮臺安置土礮事平即撤

勇營　光緒二十一年辦防姚港口二營天后宮一營蘆涇港一營任家港一營

綠營　額設總兵一員中營遊擊一員守備一員千總二員把總三員外委二員兵裁存一百一十四名右營內洋水師遊擊一員守備一員千總二員把總四員外委五員領江船十二號每號兵十六名

異名　常陰沙或名劉海沙

雜識　江岸變遷此間爲最十餘年前暗礁尙傍岸邊近則離岸已三里餘船路反行其內原設龔家圩之燈杆已淪於江又西面三十餘里新漲淺灘橫阻船路水道亦紆而向北○東面狼山前（西名狼渡山）淺沙寬十餘里至二十一二里不等潮退或隱或見其西南面亦多暗



沙故此間江面雖寬船路極窄雖西人之老於操舟者亦必循浮筒而行因兩岸渺無準望也○常陰沙長約三十餘里闊十餘里盡成沃壤四圍築堤高約八尺以防江水浸灌夏月水及半隄有市集數處以居中之毛竹鎭爲最盛並有質鋪惟江匪時出沒其間或依此爲巢穴居民雖知之而不敢問也近由狼山鎭派兵二哨駐防始稍稍斂跡

## 江陰（靖江附）

衝要　極衝

鈐轄　屬常州府提標江陰營管轄（水路屬長江水師瓜洲鎭標江陰營）

里距　東距通州蘆涇港水路一百里距福山陸路亦約一百里水路紆繞至一百四十里東南距吳淞口二百九十五里西距圌山關一百四十五里距鎭江一百九十五里距金陵三百四十里

水道　此間江面寬三四里不等小角山前最窄止寬二里半輪船常行水路距黃山大礮臺約一里半距小角山嘴礮臺約三分里之二距北岸天生港礮臺約二里中間船路約深七八拓至十餘拓不等亦有深至二十拓者

潮汐　朔望日潮漲於三點半鐘大潮高八尺

沙礁　此間江面較窄水受束約故無積沙下游距江陰約四五十里



近年淤沙日增北岸逐漸崩坍水道頗紆

城鎭　江陰城距江濱僅一里餘南半城市廛亦尙稠密北半城頗有壙地北岸靖江城東南距江濱七八里西南距八圩港口十餘里城帶圓形而小氣象亦遠遜江陰也

形勢　論長江全勢自以崇川（崇明川沙）及吳淞獅子林爲頭重門戶惟口門稍寬雖已設爲重鎭百密終恐一疎自此以上江面益復展寬狼福對峙相距太遠不足以資戰守至江陰而地勢始有收束實爲全江關鍵今於南岸各山頂建築礮臺俯瞰中流最擅形勝又得北岸各臺協力夾攻足資扼擊惟下游兩岸地勢平衍須防抄襲礮臺後路必有重兵駐守輔以礮隊俾成犄角乃足言固

船隻　商漁船各數十號來自他處者常一二百號靖江漁船一百八十號商船五十號

礮臺　南岸大石灣礮臺一所光緒九年建置十二生的克虜卜後膛礮四尊八十磅彈瓦瓦司前膛礮二尊勇六十名又一百四十磅彈瓦瓦司前膛礮一尊一百二十磅彈烏理治前膛礮二尊八十磅彈烏治理前膛礮三尊均停操東山礮臺一所十三年建置八百磅彈阿姆斯脫郎前膛礮二尊三十七密里哈吃開司護臺礮二尊勇五十六名小角山礮臺一所十三年建置八百磅彈阿姆斯脫郎前膛礮二尊三十七密里哈吃開司護臺礮二尊二十一年添建一座置八百磅彈阿姆斯脫郎後膛礮一尊勇六十一名又八十磅彈瓦瓦司後膛礮二尊四十磅彈烏理治後膛礮一尊均停操小角山嘴礮臺一所二十四年建置一百磅彈阿姆斯脫郎後膛礮二尊勇二十四名黃山大礮臺一所二十一年建置八百磅彈阿姆斯脫郎後膛礮一尊勇二十六名黃山頂礮臺東面三座二十一年建西面二座



二十四年建置二百八十磅彈阿姆斯脫郎後膛礮一尊二百五十磅彈阿姆斯脫郎後膛礮二尊一百磅彈阿姆斯脫郎後膛礮二尊勇七十五名小石灣礮臺一所（尚係暗臺）元年建置十二生的克虜卜後膛礮三尊勇三十名又一百四十磅彈瓦瓦司前膛礮一尊八十磅彈瓦瓦司前膛礮二尊均停操鵝鼻嘴礮臺一所二十四年建置二百五十磅彈阿姆斯脫郎後膛礮一尊一百八十磅彈阿姆斯脫郎後膛礮一尊勇三十六名又一百四十磅彈瓦瓦司前膛礮二尊已停操北岸天生港礮臺一所八年建置一百四十磅彈瓦瓦司前膛礮二尊少西曰杜江臺同時建舊制太低二十四年加高五尺置四十磅彈勃休馬後膛礮五尊又一百二十磅彈烏理治前膛礮一尊已停操又少西礮臺一所二十四年建置一百磅彈阿姆斯脫郎後膛礮二尊八十磅彈瓦瓦司後膛礮二尊勇五十二名十圩港礮臺一所二年建置四十磅彈勃休馬後膛礮二尊一百四十磅彈瓦瓦司前膛礮一尊亦停操司前膛礮四尊（內三尊停操）勇四十五名又八十磅彈瓦瓦司前膛礮一尊亦停操

以上停操之礮大小共十九尊亦尚可用因海上暫慶無事故不配兵藉節經費

勇營　光緒二十一年辦防江陰防營時有調遣駐防稍久者則有廣義廣保等十餘營分駐南北岸並下游蟠龍山一帶又南字七營駐北岸靖江城南門外一帶（二十年有長勝果勝各五營到防未久旋調北上後廣義四營廣保三營亦調防海州大伊山）

綠營　額設遊擊一員守備一員千總一員把總二員外委二員兵裁存八十三名靖江額設守備一員把總一員外委三員兵九十四名長江水師副將一員（駐北門外）都司二員守備三員千總十員把總十二



員外委十六員長龍船二號舢板船四十三號每號兵十二名

雜識　江陰礮臺以鵝鼻嘴小角山黃山一帶最得形勢大石灣小石灣舊制地勢太低稍爲受敵東面蕭山兀峙江濱能於山頂添建礮臺既顧下游亦資迎擊惟必於左右添建輔臺與黃山聯爲一氣勢乃不孤又北岸礮力亦尚覺單弱

圖山關

**衝要**　極衝（由下之說則本款可作次衝論）

**鈐轄**　屬鎮江府丹徒縣提標鎮江營管轄（水路屬長江水師瓜洲鎮標孟河營北岸屬三江營）

**里距**　西距鎮江水道五十里距金陵一百九十五里東距江陰一百四十五里距通州蘆涇港二百四十餘里距吳淞口四百四十里東北渡三江口十里

**水道**　此間水道南淺北深輪船常行之路距北岸天袱洲東生洲各礮臺止半里距南岸山頂各礮臺二三里至三四里不等船路深均在九拓以外江面寬二里至三四里不等太平洲西面夾江寬僅一里左右深則自五拓至六七拓不等惟東口有淺沙至深處亦止二三拓○北岸三江口有內河可通揚州等處

**潮汐**　朔望日潮漲於六點鐘大潮高六尺



**沙礁**　礮臺西南面（近南岸）有暗礁

**形勢**　長江自江陰以上七十里有太平洲分水道爲二支至此復會而圖山適當其衝因山建臺足資迎擊形勢之勝亦不亞於江陰惟節節設防分而力薄且江陰者長江之門戶也門戶固則堂奧自安故分力以守上游不如合力以守江陰

江陰以上若圖山象山及金陵之下關次第設防亦師步步爲營之意何可輕議然竊謂防江與防海異防海宜整散互用防江宜整不宜散蓋敵無所施其繞越也今各處相距甚遠圖山與江陰最近亦一百四十餘里聲氣不相聯絡江陰有急上游之兵不及援豈江陰有失尚能引殘軍以救上游乎難之者曰長江關繫數省之安危設江陰不守而無後以繼之則破竹之勢成矣若金陵者尤恐乘機先入攻我無備效法人馬江故事不知合上游之兵力礮力以守江陰敵斯望而氣沮入固難出亦不易也譬如一繩之細僅如指欲引而絕之烏獲有難色若縷縷而絕之婦孺優爲矣無他合與分之異也

**船隻**　本處無船隻惟北岸三江口商漁船各百餘號此外各洲內尚各有商漁船十餘號或數十號不等

**礮臺**　龜山頭礮臺一所光緒二十三年建置四十五磅彈馬克生後膛礮三尊（內一尊置五峯山頂在龜山頭稍後）兵二十一名大磯頭礮臺一所二年建二十年改修置一百四十磅彈瓦瓦司前膛礮三尊又二所一建於二十年置二百五十磅彈阿姆斯脫郎後膛礮四尊一建於二十三年置四十五磅彈馬克生後膛礮一尊兵一百零四名二磯頭礮臺一所二年建十三年改修置一百二十磅彈阿姆斯脫郎前膛礮二尊八十磅彈阿姆斯脫郎前膛礮四尊四十五磅彈馬克生後膛礮一尊兵三十八名北岸天袱洲礮臺一所七年建置一百二十磅彈阿姆斯脫郎前膛礮三尊（臺脚爲水衝刷將淪入江見擬畧移向後尚未興工）東生洲礮臺一所七年建二十年改修置一百二十磅彈阿姆斯脫郎前膛礮三尊一百四十磅彈瓦瓦司前膛礮三尊兵六十六名三江口土礮臺二所係舊設置土礮二十四尊歸綠營兼管

**勇營**　光緒二十一年辦防圖山關及北岸東生洲各一營

**綠營**　原設把總一員自建臺設防後遂撤回城

鎮江象山　瓜洲附

衝要　極衝

鈐轄　屬鎮江府丹徒縣提標鎮江營管轄瓜洲屬揚州府江都縣督標城守瓜洲營〇水路屬長江水師瓜洲鎮標中營

里距　西距金陵水路一百四十五里東距象山六里距圌山關五十里距江陰二百里距通州蘆涇港三百里距吳淞口四百九十里

水道　此間江面寬三里中間深十餘拓至二十餘拓不等象山前輪船常行之路深三四拓至五六拓不等焦山以北水道頗深惟焦山東沙尾上止深二三拓和尚洲以北雖有水道可通三江口因太紆遠即民船亦鮮行駛者內河由瓜洲至揚州清江可行小輪

潮汐　朔望日潮漲於七點鐘大潮高五尺

沙礁　焦山與象山間有暗礁四並淺沙又焦山西南角有礁向南排列約遠三分里之一



島嶼　東面六里江中有焦山東面有礮臺地勢太低後有高山最爲受敵如必欲於此設臺亦當酌移於西面山頂且可四擊其北有鷹山蜜山

城鎮　鎮江城內亦極蕭疏惟西門外江邊因闢爲租界輪船皆此於起卸貨物地方遂臻繁盛〇城北沿江咸豐三年粵匪曾築外城十年前已淪於江北岸瓜洲城亦淪

形勢　南爲象山北爲都天廟而焦山更兀峙中流以聯絡兩岸之聲勢敵船到此可以三方夾攻地勢亦極險要惟上距鎮江不過六里下游多支河可以北襲揚州南犯常州雖非破竹已等燎原矣〇瓜洲口在鎮江以上十里爲揚州淸江等處之咽喉

船隻　商船約八十號漁船六十號瓜洲口內商船約千號漁船百號

礮臺　象山口外礮臺一所光緒元年建十八年改修置一百二十磅彈勃休馬後膛礮二尊十二生的克虜卜後膛礮二尊一百二十磅彈烏理治前膛礮一尊四十磅彈勃休馬後膛礮三尊十八年添建一所置二百五十磅彈阿姆斯脫郎後膛礮四尊口內礮臺一所十年建置一百四十磅彈瓦瓦司前膛礮四尊東西兩峯礮臺各一所二十三年建置四十五磅彈馬克生後膛礮二尊以上共勇一百九十一名焦山礮臺一所同治十三年建光緒元年改修六年又改修置十五生的克虜卜前膛礮二尊一百二十磅彈阿姆斯脫郎前膛礮一尊一百四十磅彈瓦瓦司前膛礮一尊勇四十四名又西面暗礮臺一所係舊設置九生的克虜卜後膛礮八尊已停操都天廟礮臺一所元年建十九年改修同時西面添輔臺一所置二百五十磅彈阿姆斯脫郎後膛礮二尊十五生的克虜卜後膛礮二尊四十五磅彈馬克生後膛礮一尊一百二十磅彈勃休馬後膛礮二尊一百



四十磅彈瓦瓦司前膛礮二尊勇一百零五名

道光十八年英人寇邊始於圌山關象山焦山等處安設土礮由京口駐防及綠營派兵駐守光緒元年議於象山口內外增築暗臺後歷試暗臺多弊十八年一律改暗爲明

勇營　光緒二十一年辦防粵軍萃字十營新湘四營湘軍南字三營督標新兵五營分駐鎮江及象山一帶

綠營　額設參將一員守備一員千總二員把總五員外委八員兵裁存一百四十三名瓜州營額設守備一員千總一員把總二員外委三員兵裁存七十一名

雜識　道光二十二年英人由圌山關上薄鎮江屯艦北固山下山在府城外東北隅登其峯全城形勢歷歷在目英人置礮於其巔而俯攻焉遂破之復乘勝溯江而上東南大震

十二圩

衝要　又次衝

鈐轄　屬揚州府儀徵縣督標奇兵營管轄（水路屬長江水師瓜洲鎮標中營）

里距　西距金陵下關水路一百零五里東距鎮江三十五里冬月中輪須繞世業洲以南紆至四十餘里

水道　此間水道爲世業洲歧而爲二南水道深在八拓以外北水道深淺不一近十二圩前止深三拓左右冬月中輪均改由南水道行駛

潮汐　朔望日潮漲於八點半鐘大潮高四尺餘

沙礁　西面二十五里近北岸有礁曰鐵版磯

城鎮　此間爲淮鹽出江之所故濱江一帶市肆頗盛街道長至二三里



形勢　十二圩亦江邊一大市鎮惟北水道較淺大輪率由南水道行駛中隔一洲尚非衝要

船隻　漁船數號小商船四十餘號小艇約百號由湖南等處來此運鹽者多至四百號少亦二百號

勇營　光緒二十一年辦防駐奇兵一營見留奇兵一旗彈壓鹽市

綠營　額設把總一員兵六名

金陵

衝要　極衝

鈐轄　屬江甯府江甯上元兩縣督標城守營管轄（水路屬長江水師提標金陵營）

里距　東距吳淞口六百三十餘里距通州四百四十里距江陰三百四十里距圌山關一百九十五里距鎮江一百四十五里距十二圩一百零五里西距蕪湖一百六十餘里距太平府一百二十里距安徽界七十里

水道　自十二圩以上至烏龍山水道又分爲二支南水道較近深三拓至六七拓不等江面亦窄因禁輪船往來北水道紆繞如大環寬二三里不等深皆在九拓以外至近下關兩支合而爲一江面較寬深十餘拓至二十餘拓○長江水道深淺均指冬月水退而言然上下游每處不同以金陵而論冬夏相去一丈五尺至一丈七尺



潮汐　朔望日潮漲於十點半鐘大潮高三尺八寸（此係光緒二十四年十二月朔日在草鞋峽所探聞春月潮汛較大）

城鎮　江甯一城粵匪盤踞最久凡官舍祠廟舉燬夷之無遺留克復後當事者慘澹經營迄今四十年始稍稍興舉而城北一帶仍荒涼若村落焉○北岸有浦口城（西圖誤爲江浦城）地大而壙爲往來滁州等處之衝道

形勢　自長江迎流而上至江甯有二道一繞八卦洲以北抵下關爲正路（八卦洲以南水道較淺窄僅通中小輪即上所謂南水道也俗稱草鞋峽）一由石埠橋登岸陸路四十里進太平門爲間道而烏龍山適當水陸之衝前此曾於是處建築礮臺特以布置未盡合宜旋令撤去即慮下游未足深恃仍當於是山諸峯量爲改築左江右陸俾資旋擊實爲近城扼要之區

船隻　漁船百餘號小船一二百號

礮臺　下關西面礮臺一所光緒六年建東面一所十年建置一百四十磅彈瓦瓦司前膛礮四尊一百二十磅彈阿姆斯脫耶前膛礮三尊一百二十磅彈烏理治前膛礮一尊四十五磅彈阿姆斯脫耶後膛礮六尊八十磅彈地藏礮二尊（此礮能自升降不費人力）勇一百六十七名獅子山礮臺一所二十一年建置一百八十磅彈阿姆斯脫耶後膛礮二尊八十磅彈阿姆斯脫耶後膛礮四尊四十磅彈阿摩士莊後膛礮二尊勇一百零二名富貴山（在太平門內）礮臺一所二十一年建置八十磅彈阿姆斯脫耶後膛礮二尊九生的克虜卜後膛礮二尊六磅彈馬克生後膛礮二尊勇四十八名幕府山老虎山礮臺各一所均二十年建置一百八十磅彈阿姆斯脫耶後膛礮六尊八十磅彈阿姆斯脫耶後膛礮一尊四十磅彈阿摩士莊後膛礮四尊勇一百四十七名南門外雨花臺各山頂二十一年建礮臺數座有未及置礮



者有置而復撤者惟西面山頂尚存四十五磅彈阿姆斯脫耶後膛礮二尊由附近衡字營兼管○烏龍山同治十三年曾建礮臺一所已撤對面江濱礮臺亦淪於江

勇營　光緒二十一辦防江甯防營時有調遣留防者共十餘營分駐雨花臺觀音門太平門下關浦口等處

綠營　額設督標中營副將一員都司一員千總一員把總四員外委六員兵一百零九名左營都司一員守備一員千總二員把總四員外委五員兵六十七名城守左營副將一員都司一員守備一員千總二員把總四員外委六員兵七十二名右營守備一員千總二員把總四員外委六員兵七十一名長江水師金陵營參將一員都司二員守備二員千總八員把總九員外委十二員長龍船二號每號兵二十二名舢板船三十三號每號兵十二名

雜識　道光二十二年英兵船八十餘艘由鎮江進次下關時戰守兩無足恃遂與議和英人索香港爲市埠廣州福州厦門甯波上海五處通商並償烟價兵費一一如其所求兵乃已

海島表　例言詳浙江表

# 江蘇海島表

## 長江口附近海島表　自崇明東南角起計

| 島名 | 偏度 | 直距 | 長 | 闊 | 居民 |
|---|---|---|---|---|---|
| 大洋山 | 南微偏東 | 一百七十八里 | 六里半 | 四里又三分里之一 | 三百餘戶 |
| | 大洋山爲江浙兩省之界東南仁記澳水深五六拓處泊船最穩惟過南風須移泊西北面西面有高峯曰雄鷹鼻 | | | | |
| 小洋山 | 南微偏東 | 一百六十八里 | 四里又三分里之二 | 三里 | 百餘戶 |
| 黃泥墈 | 南微偏東 | 一百七十八里 | 二里半 | 一里又三分里之二 | 十餘戶 |
| 薄刀嘴 | 南微偏東 | 一百七十七里 | 二里半 | 一里 | 二十餘戶 |
| 筲箕山 | 南微偏東 | 一百八十一里 | 一里又三分里之一 | 五分里之四 | 七八戶 |
| 虎篠蛇 | 南微偏東 | 一百八十三里 | 二里又五分里之三 | 四分里之三 | 一二戶 |
| 馬鞍山 | 南微偏東 | 一百八十六里 | 一里又五分里之二 | 五分里之三 | |
| 馬鷲山 | 馬鷲山在馬鞍山西三分里之一 | | | | |
| 中門堂 | 南微偏東 | 一百七十七里 | 一里又四分里之三 | 五分里之三 | |
| 西門堂 | 西門堂山在中門堂山西五分里之二 | | | | |
| 大圓礁 | 大圓礁山在大指頭山西南一里 | | | | |
| 小圓礁 | 小圓礁山在大指頭山西南二里又三分里之一 | | | | |
| 將軍帽 | 將軍帽山在鑊蓋檣山東北半里 | | | | |
| 後門山 | 南微偏東 | 一百七十九里 | 一里又四分里之一 | 三分里之一 | |
| 大指頭 | 南微偏東 | 一百七十四里 | 二里 | 六分里之五 | |
| 鑊蓋檣 | 南微偏東 | 一百七十二里 | 一里又四分里之三 | 五分里之三 | |
| 姜公祠 | 南微偏東 | 一百六十七里 | 一里 | 五分里之三 | |
| 壳子山 | 南偏微東 | 一百六十五里 | 一里又五分里之三 | 一里半 | |
| 大烏龜 | 南微偏東 | 一百六十三里 | 一里又五分里之四 | 五分里之三 | |
| 小烏龜 | 小烏龜山在大烏龜山西半里 | | | | |

江蘇海島表　一

## 長江口附近各島

大洋山至唐腦山總名破裂島

| 譯名 | 異名 | 土產 | 錨地 | 船隻 |
|---|---|---|---|---|
| 大雄山 | | 山芋 | 東南仁記澳並西北面 | 四五十號 |
| | | | 兀然危石頗得形似定海營派練軍五十名駐西北大澳 | |
| 三角島 | | 山芋 | 西南澳 | 二三十號 |
| 大瀛洲 | | 山芋 | | 五六號 |
| 東北角 | | 山芋 | | 三四號 |
| 無 | | 山芋 | | 二三號 |
| 東南角 | | 山芋 | | 一號 |
| 無 | | 山芋 | | |
| 無 | | | | |
| 無 | | 山芋 | | |
| 無 | | | | |
| 無 | | | | |
| 無 | | | | |
| 司派亞島 | | | | |
| 無 | | 山芋 | | |
| 業必英 | | 山芋 | | |
| 無 | | 山芋 | | |
| 無 | | 山芋 | | |
| 無 | | | | |
| 無 | | | | |
| 西北角 | | | | |

江蘇海島表　長江口附近各島　一

## 長江口附近海島表　自崇明東南角起計○金山南面島嶼無幾附見於此

| 島名 | 偏度 | 直距 | 長 | 闊 | 居民 |
|---|---|---|---|---|---|
| 大三唐 | 南微偏東 | 一百七十六里 | 一里又七分里之四 | 一里 | |
| 小三唐 | 南微偏東 | 一百七十六里 | 一里半 | 一里 | |
| 塌餅山 | 塌餅山在大洋山西五分里之二 | | | | |
| 枕頭山 | 枕頭山在大三唐西五分里之一 | | | | |
| 半邊山 | 半邊山在大三唐西三分里之二 | | | | |
| 蒲帽山 | 蒲帽山在大三唐西南半里 | | | | |
| 雙連山 | 南微偏東 | 一百七十五里 | 一里又三分里之一 | 六分里之五 | |
| 大青山 | 大青山在雙連山西三分里之二 | | | | |
| 小青山 | 小青山在雙連山西五分里之一 | | | | |
| 立人山 | 立人山在雙連山西二里 | | | | |
| 唐腦山 | 唐腦山在雙連山西三里又三分里之一 | | | | |
| 大戢山 | 大戢山在小洋山北偏東三十六里上有燈塔係透鏡白光常明燈光點距水面二十二丈晴時能照六十里並有 | | | | |
| 小戢山 | 小戢山在小洋山北十三里 | | | | |
| 金山 | 南偏西 | 一百六十九里 | 一里又四分里之三 | 一里又三分里之二 | |
| 勝山 | 勝山在金山西北二里又三分里之一 | | | | |
| 龜山 | 龜山在金山南偏東半里 | | | | |
| 白山 | 南微偏西 | 一百七十七里 | 二里 | 一里 | |
| 灘滸山 | 南微偏西 | 一百七十二里 | 二里又三分里之二 | 一里又三分里之一 | |
| 野王盤 | 野王盤在金山東南三十四里 | | | | |
| 徐公山 | 南偏東 | 一百七十九里 | 三里又五分里之四 | 二里又三分里之一 | 二十戶 |
| 大鷲山 | 南偏東 | 一百七十八里 | 一里 | 三分里之一 | |
| 爛冬瓜 | 爛冬瓜在徐公山南偏西一里 | | | | |
| 小冬瓜 | 小冬瓜在徐公山南偏西一里又三分里之二 | | | | |
| 上川山 | 南偏東 | 一百九十二里 | 三里 | 一里 | 四五戶 |
| 下川山 | 南偏東 | 一百九十三里 | 二里 | 一里 | |

## 長江口附近海島表 自崇明東南角起計

| 島名 | 偏度 | 直距 | 長 | 闊 | 居民 |
|---|---|---|---|---|---|
| 江南山 | 南偏東 | 一百九十八里 | 一里又五分里之二 | 三分里之二 | |
| 楠木椿 | 楠木椿在江南山南約一里 | | | | |
| 假頭山 | 假頭山在江南山東南一里 | | | | |
| 柴山 | 南偏東 | 一百九十八里 | 一里 | 三分里之二 | |
| 香爐花瓶 | 香爐花瓶在下川山北偏東約二里半 | | | | |
| 半洋山 | 半洋山在下川山北偏東八里 | | | | |
| 白礦山 | 東南 | 一百九十八里 | 二里又五分里之二 | 一里又五分里之一 | 一二戶 |
| | 白礦山燈塔係透鏡紅白二色漸明漸滅燈光點距水面二十丈晴時能照六十六里並有霧礮其北偏西三百九 | | | | |
| 小白礦 | 小白礦在白礦山西北數十丈 | | | | |
| 紅山 | 紅山在白礦山西約一里半 | | | | |
| 鷹窠山 | 東南 | 一百九十四里 | 一里又七分里之一 | 五分里之三 | |
| 半邊山 | 東南 | 二百里 | 一里半 | 半里 | |
| 小半邊 | 小半邊山在半邊山東里餘 | | | | |
| 四礁 | 東南 | 一百七十八里 | 十九里半 | 十一里 | 千餘戶 |
| | 四礁居民以北面青沙菜關兩澳爲最盛其北有大麥烘山大麥烘西北約一里有扁擔礁自金雞山北角視此礁 | | | | |
| 旗杆山 | 旗杆山在四礁關澳南約一里 | | | | |
| 裏馬郎 | 裏馬郎山在四礁南四里 | | | | |
| 外馬郎 | 外馬郎山在四礁南五里 | | | | |
| 馬蹟山 | 東南 | 一百八十六里 | 四里半 | 一里又五分里之三 | 五十餘戶 |
| | 馬蹟山與中柱山間爲馬蹟門中柱與四礁間爲羈王門馬蹟門舊設土燈塔已撤 | | | | |
| 中柱山 | 東南 | 一百八十五里 | 一里又七分里之六 | 一里 | |
| 練槌山 | 練槌山在四礁西北角徼離 | | | | |
| 大石山 | 大石山在四礁西北角半里 | | | | |
| 北鼎新 | 東南 | 一百七十里 | 二里又七分里之三 | 一里又三分里之一 | 十餘戶 |

## 江蘇海島表

長江口附近各島

| 譯名 | 異名 | 土產 | 錨地 | 船隻 |
|---|---|---|---|---|
| 總名海盜灣 | | | | |
| 無 | | | | |
| 無 | | | | |
| 無 | | | | |
| 無 | | | | |
| 無 | | | | |
| 無 | | | | |
| 無 | | | | |
| 無 | | | | |
| 西南角 | | | | |
| 格子拉夫島 | | | | 霧礮○是山甚小且頂尖如圓錐然除燈塔外尚有電報房蓋幾乎容膝外無餘地矣 |
| 窶雞島 | | | | |
| 西西山 | | | | |
| 無 | | | | |
| 無 | | | | |
| 東四山 | | | | |
| 中西山 | | | | |
| 無 | | | | |
| 馬利臣島 | | 山芋 | | 數號 |
| 無 | | | | |
| 無 | | | | |
| 無 | | | | |
| | | 山芋 | | 一二號 |
| 總名脫非司島 | 總名川湖 | | | |

二

## 長江口附近海島表 自崇明東南角起計

| 島名 | 偏度 | 直距 | 長 | 闊 | 居民 |
|---|---|---|---|---|---|
| 小鼎新 | 東南 | 一百七十里 | 一里又四分里之一 | 半里 | |
| 黃文山 | 黃文山在北鼎新西北一里又四分里之一 | | | | |
| 大麥烘 | 東南 | 一百七十六里 | 一里 | 半里 | |
| 小麥烘 | 小麥烘在大麥烘東北六分里之一 | | | | |
| 金雞山 | 東南 | 一百七十九里 | 四里 | 三里 | 百餘戶 |
| 小金雞 | 小金雞在金雞山東半里 | | | | |
| 老鼠山 | 老鼠山在四礁基湖北一里 | | | | |
| 淡菜嶼 | 淡菜嶼在四礁朝陽澳距澳底二里 | | | | |
| 黃龍山 | 東南 | 二百零二里 | 六里半 | 三里 | 三百戶 |
| | 黃龍山有南北兩港南港口向東南形如鷄遇西北風中小輪泊此最穩定海營派練軍三十名駐廟內是山以北 | | | | |
| 小黃龍 | 東南 | 一百九十九里 | 四里半 | 二里 | 五六戶 |
| 南鼎新 | 東南 | 二百里 | 三里 | 一里 | |
| 小梅子 | 小梅子在黃龍山東北一里 | | | | |
| 扁擔山 | 扁擔山在黃龍山南港口距港底一里又七分里之六 | | | | |
| 枸杞山 | 東南 | 二百二十里 | 六里半 | 五里又三分里之二 | 二百戶 |
| | 枸杞山各圖所謂李西壁下也元登是山訪所謂李西澳者有里西廟始知李字餉係音誤然亦澳名非島名也壁下係另一島在此山北十里不得渾而一之諸島多種山芋惟此獨能種稻山溪灌溉生意渟焉巔有五里牌者一 | | | | |
| 筊杯山 | 筊杯山在枸杞山甘謝澳北距澳底一里 | | | | |
| 馬鞍山 | 馬鞍山在枸杞山西一里又四分里之一 | | | | |
| 黃石洞 | 黃石洞山在枸杞山西二里又四分里之一 | | | | |
| 床頭龍 | 床頭龍在枸杞澳口距澳底三分里之二 | | | | |
| 大貢山 | 大貢山在枸杞山三大王澳南距澳底四里 | | | | |
| 小貢山 | 小貢山在枸杞山三大王澳南距澳底五里 | | | | |
| 陳錢山 | 東南 | 二百二十五里 | 七里半 | 四里半 | 二百戶漁時約千戶 |

## 江蘇海島表

長江口附近各島

| 譯名 | 異名 | 土產 | 錨地 | 船隻 |
|---|---|---|---|---|
| 無 | | | | |
| 無 | | | | |
| 無 | | | | |
| 匹而利島 | | | | |
| 安特生 | | | | |
| 頂子 | | | | |
| 奔塞島 | | 山芋 | | 一二號 |
| | | | | 十八丈有一暗礁潮退不露最易觸犯白礦山西面爲白礦門大輪往來閩滬者必道於此 |
| 無 | | | | |
| 無 | | | | |
| 無 | | | | |
| 克司脫島 | | | | |
| 無 | | | | |
| 拉夫司島 | | 山芋署有稻 | 南北兩澳 | 百餘號 |
| | | | | 爲北偏西三十三度自大麥烘北峯視此礁爲北偏西五十三度潮退微露水面西圖未載土人云二十年前曾壞帆船 |
| 無 | | | | |
| 無 | | | | |
| 無 | | | | |
| 那拔歐島 | | 山芋 | 東南 | 二十餘號 |
| | | | | |
| 無 | | 山芋 | | |
| 無 | | | | |
| 無 | | | | |
| 伊里阿特島 | 北汀心 | 山芋 | | 數號 |

三

## 江蘇海島表

長江口附近各島

| 譯名 | 異名 | 土產 | 錨地 | 船隻 |
| --- | --- | --- | --- | --- |
| 無 | 小汀心 | | | |
| 無 | | | | |
| | | | | |
| 無 | | | | |
| 無 | | | | |
| | | | | |
| 者司尼島 | | 山芋 | | 二三十號 |
| 無 | | | | |
| 無 | | | | |
| 無 | | | | |
| | | | | |
| 先好司島 | | 山芋 | 南北兩港南港較穩 | 數十號 |
| | | | | 屬江蘇省 |
| 勃羅司島 | | 山芋 | | 一二號 |
| 勃羅克島 | 南汀心 | | | |
| 無 | | | | |
| 無 | | | | |
| 枸杞山至西綠華總名馬鞍島 | | | | |
| 南馬鞍島 | 俗名缸嶼 | 山芋稻 | 東南澳或西南澳 | 數十號 |
| | | 孤峯氣勢雄拔上勒山海奇觀四大字每字徑可四尺筆力蒼勁下署小字數行惟明萬歷庚寅春都督八字隱約可辨尚有十餘字則雨蝕苔封不堪卒讀矣 | | |
| | | | | |
| 無 | | | | |
| 小馬鞍島 | | | | |
| 馬鞭 | | | | |
| 無 | | | | |
| 馬爪 | | | | |
| 無 | | | | |
| 東馬鞍島 | 或名嵊山又名盡山 | 山芋 | 大輪泊玉環澳民船泊箱子澳 | 七八十號客漁船千號 |

四

## 長江口附近海島表

自崇明東南角起計

| 島名 | 偏度 | 直距 | 長 | 闊 | 居民 |
| --- | --- | --- | --- | --- | --- |
| | 陳錢亦名嵊山又名盡山言東面諸島至此盡也其南為玉環澳錨地極穩漁船停泊者常數百號亦有多至千餘號者西北箱子澳兩山拱抱中開一澳深至五拓中小輪船泊此儼同內港近年漸淺原圖深五拓處已淺至二拓 | | | | |
| 灰袋山 | 灰袋山在陳錢山箱子澳北距澳口半里 | | | | |
| 油塲山 | 油塲山在陳錢山北數丈 | | | | |
| 壁下山 | 東南 | 二百十四里 | 二里 | 一里 | 二三十戶 |
| 羊頭山 | 羊頭山在壁下山東南一里 | | | | |
| 野貓洞 | 東南 | 二百十二里 | 二里又三分里之二 | 一里又五分里之二 | 十餘戶 |
| 大盤山 | 東南 | 二百十里 | 二里 | 一里又三分里之一 | 漁時百戶平時二三人看守 |
| 小盤山 | 小盤山在大盤山西北一里漁時居民數十戶船數十號平時留二三人看守船則擱置岸間 | | | | |
| 章漢山 | 東南 | 二百零七里 | 一里又三分里之一 | 五分里之三 | 漁時數十戶平時二三人看守 |
| 湖地山 | 東南 | 二百零五里 | 一里 | 半里 | 漁時數十戶平時二三人看守 |
| 張嶼 | 東南 | 二百零四里 | 一里又五分里之三 | 一里 | 漁時數十戶平時二三人看守 |
| 大青山 | 大青山在湖地山西三里半 | | | | |
| 小青山 | 小青山在張嶼北偏西二里 | | | | |
| 雞籠山 | 雞籠山在花鳥山東南三里 | | | | |
| 彩旗山 | 彩旗山在花鳥山東南半里 | | | | |
| 花鳥山 | 東南 | 一百九十里 | 六里又四分里之三 | 四里 | 百餘戶漁時二三百戶 |
| | 花鳥山燈塔在北角係透鏡白光漸明漸滅燈光點距水面二十三丈二尺晴時能照七十二里並有霧礮定海營 | | | | |
| 東浦山 | 東南 | 一百九十六里 | 一里又六分里之五 | 一里 | 二十餘戶 |
| 柏子山 | 東南 | 一百九十七里 | 一里半 | 六分里之五 | 三四戶 |
| 遲遲山 | 東南 | 一百九十八里 | 一里又四分里之三 | 五分里之三 | 五六戶 |
| 台南山 | 台南山在遲遲山南五里半 | | | | |
| 三橫山 | 三橫山在遲遲山西南三里半 | | | | |

## 江蘇海島表

長江口附近各島

| 譯名 | 異名 | 土產 | 錨地 | 船隻 |
| --- | --- | --- | --- | --- |
| | | | 小輪止能停泊澳口島民患盜由定海營派練軍三十名駐澳內天后宮防守〇自此以北諸島屬江蘇省因居之者皆浙人故權由浙營管轄 | |
| | | | | |
| 無 | | | | |
| 無 | | | | |
| 假馬鞍島 | | 山芋 | | 數號 |
| 馬眼罩 | | | | |
| | | | | |
| 無 | | 山芋 | | 數號 |
| 枸杞山至西綠華總名馬鞍島 | | | | |
| 總名馬鞭島 | | 山芋 | | 數十號平時擱置岸間 |
| | | | | |
| | | 山芋 | | 數十號平時擱置岸間 |
| 馬絡頭 | | 山芋 | | 十餘號平時擱置岸間 |
| 女馬褥 | | 山芋 | | 二三十號平時擱置岸間 |
| 馬頸帶 | | | | |
| 馬肚帶 | | | | |
| 馬勒 | | | | |
| 單馬韁 | | | | |
| 北馬鞍島 | 花腦 | 山芋 | 西北澳 | 四五十號漁時百餘號 |
| | | | 派練軍二十名駐南澳是島因居民皆浙人故權由浙營管轄 | |
| 總名北馬蹬 | 東庫 | 山芋 | | 數號 |
| | | 山芋 | | 一二號 |
| | | 山芋 | | 三四號 |
| 南馬蹬島 | | | | |
| 中馬蹬島 | | | | |

五

## 長江口附近海島表

自崇明東南角起計

| 島名 | 偏度 | 直距 | 長 | 闊 | 居民 |
| --- | --- | --- | --- | --- | --- |
| 東綠華 | 東南 | 一百九十里 | 三里又五分里之四 | 三里 | 四五十戶 |
| 西綠華 | 東南 | 一百八十七里 | 五里又三分里之一 | 一里又三分里之二 | 六七十戶 |
| 鰻頭山 | 鰻頭山在西綠華山南偏西二里 | | | | |
| 鰻腿山 | 鰻腿山在西綠華山西南三分里之二鰻何有腿土名不 | | | | |
| 海橫頭 | 海橫頭山在西綠華山西六分里之五 | | | | |
| 曼山 | 曼山在西綠華山西偏北二里又三分里之二 | | | | |
| 佘山 | 東微偏南 | 七十一里 | 一里又五分里之一 | 五分里之三 | |
| | 佘山燈塔係透鏡白光常明燈光點距水面十九丈五尺晴時能照六十六里並有霧礮其南偏東五十五里有雞骨礁高二十六尺又南微偏東五十五里有牛皮礁大潮退後儲露水面礁南六十四丈有紅黑方格風筌浮簡簡 | | | | |

## 江蘇海島表　長江口附近各島

| 船隻 | 錨地 | 土產 | 異名 | 譯名 |
| --- | --- | --- | --- | --- |
| 二三十號 | 西面 | 山芋 | | 總名邊馬鞍 |
| 二三十號 | 東面並西南面 | 山芋 | | |
| | | | | 無 |
| 可解也 | | | | 鈕釦島 |
| | | | | 無 |
| | | | | 其夫特石 |
| | | | 或名茶山又名蛇山 | 佘山 |
| 下水深二丈五尺又南偏西七十里有鐘浮筒以示西面樵襟沙所在○鐘浮筒風搖之則鳴風笙浮筒風吹之則鳴○此間潮性甚奇大率初漲時向西南流既由西南而正西而西北至正北而漲足退亦如是惟方向與漲時相反初退向東北既由東北而正東而東南至正南而退盡舟山北面間亦有此潮性 | | | | |



## 海州附近海島表　自青口起計

| 島名 | 偏度 | 直距 | 長 | 闊 | 居民 |
| --- | --- | --- | --- | --- | --- |
| 秦山 | 東北 | 十六里 | 三里 | 一里 | |
| 車牛山 | 車牛山在秦山東偏北約八十里 | | | | |
| 平山 | 平山在秦山東偏北約九十里 | | | | |
| 竹島 | 東南 | 三十里 | 一里 | 三分里之二 | |
| 鴿子島 | 鴿子島在竹島東南八里 | | | | |
| 鷹游山 | 東南 | 四十八里 | 十二里 | 二里 | 三百餘戶 |
| | 鷹游山分言之曰東連島西連島蓋一山兩峯也西連島有鎮海寺東海營把總駐之○是山與南面紅石嘴間曰 | | | | |
| 羊山 | 東南 | 六十二里 | 一里 | 半里 | 十餘戶 |
| 小團山 | 小團山在羊山東南有泥灘相連 | | | | |
| 開山 | 開山在灌河口外約十里 | | | | |

## 江蘇海島表　海州附近各島

| 船隻 | 錨地 | 土產 | 異名 | 譯名 |
| --- | --- | --- | --- | --- |
| | 東北可泊大輪西南可泊民船 | | | 無 |
| | | | | 無 |
| | | | | 無 |
| | | | | 無 |
| | | | 鴨島 | 無 |
| | | | | |
| 大漁船二十餘號小者百餘號 | 西南可泊小船 | | 東峯名東連島西峯名西連島 | 無 |
| 鷹游門爲民船往青口必由之路近年逐漸淤淺大商船改由山北行駛西連島北面有一暗礁名曰姑山湖退微露水面 | | | | |
| 數號 | 南面可泊民船 | | | 無 |
| | | | | 無 |
| | | | | 無 |

# 福建沿海圖說

附海島表

光緒壬寅四月
上海聚珍板印

## 福建沿海圖說目錄

# 福建沿海圖說　凡例詳浙江圖說

臣朱正元恭撰

**長門**（北岸曰長門南岸曰金牌門蓋一口二名也外即五虎口○館頭附）

**衝要**　極衝

**鈐轄**　屬福州府連江縣福甯鎮標連羅營管轄（水路歸閩安協左右兩營輪管每半年爲一班）

**里距**　上距閩安水陸路均二十餘里距馬尾四十餘里距南臺八十里距崖石水路三十餘里距梅花五十里（由外洋止三十餘里）北距連江縣治陸路二十里距東冲口水路一百五十里距沙埕港口二百八十餘里東南距海壇竹嶼門（內即平潭廳治）水路一百五十里距廈門五百五十里

**水道**　長門寬一里深十餘拓口內外深四五拓至五六拓不等惟芭蕉尾東南有淺沙一道與該島相連潮退僅深一拓餘故輪船之來自滬粵者必須在南北竿塘白犬等島寄泊候潮而進五虎門（川石與熨斗間爲五虎門）深淺與此畧等爲民船往北之捷徑○烏猪港水道紆折然遇颶風寄泊民船較口內尤穩

**潮汐**　朔望日潮漲於十點二刻十分鐘大潮高一丈八尺小潮高八九尺

**沙礁**　近芭蕉尾有淺沙一道橫亙船路礮臺前有鼈骨頭礁（亦名破筲）

**島嶼**　近口有熨斗川石壺江南龜北龜諸島口外有白犬（東犬有燈塔詳海島表）南北竿塘諸島

**城鎮**　西面七里沿江有館頭鎮市肆極盛五虎司巡檢駐焉長門止小店數家未能成市

**形勢**　長門與金牌隔岸相望寬僅里許爲省會之外戶兩岸因山爲臺足資截擊惟南面梅花江雖深不及拓然此間大潮高至一丈八九尺有事時亦防乘越北面雖可由連江口內之東岱等處登岸越館頭嶺襲長門礮臺後路然近口處潮退立涸形勢較梅花江略鬆



**船隻**　長門船隻寥寥無幾西面館頭鎮中號商船十三號小艇一百三十號小漁船三十餘號

**礮臺**　長門礮臺光緒三年建（係道光時舊基）十年爲法船所毀十一年重修置二十一生的克虜卜後膛礮一尊又十七生的六尊勇一百名電光山礮臺十六年建置二十八生的克虜卜後膛礮二尊又十二生的一尊八十磅彈阿姆司脫郞後膛礮二尊勇一百二十名七娘灣置一百二十磅彈英國老礮一尊勇十名（歸電光山礮臺兼管）射馬礮臺十一年建（係道光時舊基）十三年重修置二十一生的克虜卜後膛礮一尊又十七生的一尊三百七十磅彈法華士前膛礮一尊勇四十名划鰍山礮臺十年建（係道光時舊基）二十年重修置二十四生的克虜卜後膛礮一尊八十磅彈阿姆司脫郞後膛礮二尊二十六年八月又添置十五生的克虜卜後膛礮二尊勇五十八名划鰍港礮臺十年建十三年重修置一百二十磅彈阿姆司脫郞前膛礮五尊二十一生的克虜卜後膛礮一尊勇六十二名金牌門暗礮臺九年建工猶未竣十年爲法船所毀十一年重修復添建明臺一所置一百五十磅彈回德准前膛礮一尊七十磅彈英國後膛舊礮二尊又四十磅彈一尊克虜卜後膛車礮三尊勇七十名獺石礮臺十年建置一百十磅彈阿姆司脫郞前膛礮一尊又八十磅彈二尊克虜卜後膛車礮三尊勇三十名金牌後面烟臺山頂近亦建築礮臺測量時尚未竣工口外壺江島礮臺同治間建熨斗島礮臺（在天后宮前○後面有小山曰福斗）光緒十一年建地勢均孤先後裁撤

勇營　光緒十年辦防共十營一駐划鰍山頂一駐划鰍山北面小山項一駐長門礮臺後面一駐電光山礮臺後面一駐電光山北面山麓一駐館頭後面下塘寨一駐館頭嶺一駐金牌礮臺西面山麓一駐金牌後面煙臺山又內河水師一營分紮沿江一帶馬尾一役於全局大有關係故自長門至馬尾一帶均補叙十年之事

光緒二十一年辦防共四營一駐划鰍山麓一駐電光山後面一駐金牌西面山麓一駐桃源嶺

綠營　額設千把總一員兵十二名

異名　館頭或作琯頭划鰍或作划洲琅崎或作琅琦即嘉登里壺江或作浮江破箐或名鱉骨頭礁荻蘆俗作粗蘆川石又名芭蕉南龜北龜或名雙龜烏猪港或名划鰍港又名荻蘆港俗呼粗蘆港

雜識　道光二十一年英兵船類窺長門福州戒嚴明年江甯立五口



通商之約福州與焉遂闢南臺一帶爲租界○光緒十年法船於和戰未決之先由長門溯江而上礮臺不能阻於是乎有馬江之役

閩安

衝要　極衝

鈐轄　屬福州府閩縣福甯鎮標閩安水師協右營管轄

里距　西南距馬尾水陸路均二十餘里距南臺五十餘里東北距長門二十餘里東距崖石水路二十餘里距梅花三十餘里

水道　閩安水道寬一里餘兩岸深六七拓中間深十餘拓自此上至羅星塔下至長門深四五拓至六七拓不等惟洋嶼前稍淺潮退止深三拓左右而寬則倍之南面梅花江潮退深不及拓然此間大潮高至一丈七八尺雖非輪路有事時亦防乘越○閩安以上時有漩流勢頗勁急

潮汐　朔望日潮漲於十一點鐘大潮高一丈七尺小潮高七尺

沙礁　近處並無淺沙惟圓山東面有鷄礁



島嶼　西南近岸有圓山閩安右營設汛於此舊時礮臺基也○是島在內江故不入表

城鎮　閩安城依山臨水地勢頗佳惟居民大半世隸營籍別無恒業閭閻遂日益蕭條東門外略有小市

形勢　自外海入閩江者有二道長門爲正路梅花江爲間道至閩安則兩水道復合爲一是爲閩江第二重門戶今於南北兩岸依山爲臺可以兼顧兩路形勢最爲扼要

船隻　大商船六七號小艇百餘號

礮臺　北岸暗礮臺係舊設光緒十年爲法船所毀十二年重修置八十磅彈阿姆司脫郎後膛礮一尊一百二十磅彈阿姆司脫郎前膛礮二尊十二生的克虜卜後膛礮二尊二十年復於東面添建一所置二十一生的克虜卜後膛礮一尊銅鐵土礮共十五尊南岸暗礮臺同時爲法船所毀十二年重修二十一年改暗爲明置十二生的

克虜卜後膛礮三尊八十磅彈阿姆司脫郎後膛礮一尊復於西面添建一所置一百二十磅彈阿姆司脫郎前膛礮一尊土礮十四尊滬嶼暗礮臺十年亦被毀十一年重修置一百二十磅彈阿姆司脫郎前膛礮三尊二十年復於西面添建一所置七十磅彈回德准前膛礮四尊土礮十三尊三臺共配勇一百五十名閩安城東門外土礮臺一所置土礮八尊歸綠營兼管田螺灣礮臺十年亦爲法船所毀地勢太低不扼要衝未議建復圓山舊礮臺兀峙中流勢嫌太孤僅置土礮亦不配兵

**勇營**　光緒十年南岸礮臺一營滬嶼二營北岸礮臺二營田螺灣二營

光緒二十一年南北岸各二營滬嶼一營

**綠營**　額設副將一員都司二員守備二員千總四員把總六員外委



八員兵裁存五百五十九名船九號

**異名**　圓山即古鎮亦名舊鎮閩安或名新鎮蓋對舊鎮言也

**雜識**　舊制閩安營屬海壇鎮光緒十四年海壇改設副將閩安遂改屬福甯鎮海壇副將亦同隸焉◯閩江自閩安以上兩山夾束綿亘十餘里水道畧窄南岸沿江並無樵徑北岸雖通行人亦甚崎嶇形勢最爲險峻◯田螺灣隔岸崖際裂石有若伸腿狀者世稱金剛腿亦曰仙人脚

## 馬尾

**衝要**　極衝

**鈐轄**　屬福州府閩縣督標水師營管轄

**里距**　西北距南臺水陸路均三十餘里東北距洋嶼水路十餘里距閩安水陸路均二十餘里距長門四十餘里均自船政局起計

**水道**　羅星塔與海關間水道寬二里半北岸甚淺南岸深五六拓至七八拓不等爲兵商輪船極穩錨地自海關以上既過羅星塔西南之淺處約深三拓二亦可至船政局前水深五六拓處停泊馬尾以上淺沙節阻小輪進出亦須候潮

**潮汐**　朔望日潮漲於十一點三刻五分鐘大潮高一丈七尺小潮高七八尺

**沙礁**　馬尾對岸一片淺沙潮退均露水面小馬礁以南亦有淺沙遠



鋪船路因之更紆馬尾以上淺沙尤多或隱或見變遷不常下游惟洋嶼前沙灘頗寬舟行須傍北岸過此均係深水近馬尾有大馬礁上有紅色木桿近羅星塔有小馬礁上有紅色燈架

**島嶼**　馬尾東面有羅星塔其東北面與之相連者曰靑洲有村二民居頗盛東北面洋嶼前有大嶼小嶼兩嶼均有孤樹最易識別◯是島在內江故不入表

**城鎮**　船政局之西有中岐鎮市肆頗盛羅星塔對岸營前港口有營前鎮亦一小市縣丞駐焉又離羅星塔東北十餘里南岸有洋嶼城駐水師旗兵一營再向東北有閩安司城

**形勢**　馬尾據閩江之上游自外海至省者水陸必道於此平時中外兵商輪船均在羅星塔前停泊南有烏龍江分支民船亦能四達小輪可至螺洲數十年來於此經營船政所費尤鉅實爲近城扼要之區

**船隻**　大商船六七號小艇百餘號

礟臺　上坡護廠礟臺光緒十年建是年開工十四年告成鑒於十年之失也置十二生的
回德淮前膛礟三尊中坡礟臺十一年建置十二生的法華司後膛
礟二尊下坡礟臺十二年建置八生的克虜卜車礟五尊平時不配
兵初建時上坡置二十一生的克虜卜後膛礟一尊一百二十磅彈阿姆司脫郎後膛礟二尊中坡置二十一生的克虜卜後膛礟一
尊又十二生的二尊下坡置二十四生的克虜卜後膛礟一尊八十磅彈阿姆司脫郎後膛礟二尊嗣以地勢近內遂將各礟移置下游
各臺見存之礟壯觀瞻而已
勇營　光緒二十一年辦防兵力單薄僅駐二營十年法防共五營一
駐船政後面山上即見駐威字營處　一駐後學堂後面一駐藥庫旁餘二營
駐船政署前
綠營　馬尾無綠營由羅星塔汛兼管
異名　羅星山頂有塔因名羅星塔今則通稱羅星塔不復知有羅星
山之名矣



雜識　馬江之役法船先月餘由長門進次羅星塔待欸先後凡七艘三小四大餘
船泊口外南北竿塘以爲援應　我軍揚武永保飛雲建勝福勝濟安振威福星琛航
伏波十船爲之防我船據上游法船扼下游距甚近繼以不饜所求
乘潮退流勁時不宣而攻法船泊下游我船泊上游潮退則船首均內向法船首正對我船之尾故傷夷更甚
我軍揚武永保飛雲建勝福勝濟安振威福星琛航九船皆戰沒惟
伏波帶傷駛避鼓山麓淺灘獲免琛航事後亦經設法撈起泊羅星塔一帶營船
被毀尤衆死事者凡七百三十餘人此光緒十年七月初三日事也
詰朝復合擊船廠多所毀傷初五日登羅星塔掠八生的克虜卜車
礟三尊始順流而下凡所經處猶賈餘勇分日攻田螺灣初五日閩安
初六七兩日長門金牌門初八日各礟臺毀夷殆盡○船政局同治五年閩
浙總督左宗棠奏設在馬尾山西麓規模宏廠特簡重臣以督理之
近以經費支絀每事裁減即由督臣兼管不復簡專使矣○羅星塔

鋼甲船隖又曰新船隖近亦以欵絀停工○馬尾山東麓甲申埋骨
於此其旁爲昭忠祠祀死事諸人○羅星塔一島孤懸江中羅星塔東北與
之相連者曰青洲居民頗盛或通名羅星塔今從俗　有木橋以通行人近年沙淤潮退不通舟
楫

## 崖石

崖石（俗作广石广讀若礙又作ㄏ然於字書無考○）

衝要　次衝

鈐轄　屬福州府長樂縣陸路提標長福營管轄（水路屬閩安協左營）

里距　東距梅花水陸路均十餘里西距閩安南岸礮臺水路二十里北距長門水路三十餘里

水道　此間水道寬三里深三四拓亦有淺至一二拓者馬礁與礮臺間深五拓餘自此以西不甚懸殊惟此段水道中深而兩端（謂梅花及灑嶼兩處）俱淺潮退約均在一拓左右故非大船常行之路

潮汐　朔望日潮漲於十點二刻十分鐘大潮高一丈七八尺

沙礁　崖石礮臺前有馬礁潮漲則隱（上有紅黑色木桿）東面淺沙極多潮退均露水面其最大者俗名沙汶（未知取義）西面鴈汶各沙均已成洲並有漁舍



島嶼　西面澤里港口有獺嶼離岸數尺上有小松（是島在內江故不入表）

城鎮　西南三里有潭頭鎮係一小市

形勢　梅花一帶形勢逐闊至此則稍有收束敵或避實擊虛（長門金牌布置尚為周密）惟此尚堪遏禦不能恃外有淺沙防守視為可緩

船隻　大小商船各十餘號西面附近小港內約百號

礮臺　崖石礮臺光緒十二年建置二十一生的克虜卜後膛礮兩尊（此兩礮聞將移置金牌門烟臺山新建礮臺）又十七生的十二生的各一尊土礮三尊龍山礮臺同時建置英國銅鐵舊礮五尊兩臺共勇八十名

勇營　光緒二十一年辦防礪頭一營牛山麓一營（內分一哨駐牛山頂）

綠營　崖石無綠營歸潭頭汛兼管

## 梅花江

衝要　次衝

鈐轄　屬福州府長樂縣陸路提標長福營管轄（水路屬閩安協左營）

里距　西距崖石礮臺水陸路均十餘里距閩安水路三十餘里西北距長門由內港水路五十里由外海止三十餘里

水道　梅花與琅崎隔岸相望中有極大淺沙（俗名沙汶未知取義）遂分水道為二二水道間深二三拓至三四拓不等口外則深不及拓雖此間大潮高至一丈七八尺平時不敢冒險試行

潮汐　朔望日潮漲於十點半鐘大潮高一丈七八尺（最大時高至一丈八九尺）

沙礁　水道間有大沙潮退則露口外一片淺沙大率止深一拓左右

島嶼　江中有白猴嶼（是島在內江故不入表）

城鎮　梅花城歲久已頹市肆亦漸衰落



形勢　梅花與琅崎隔海對峙為由外海入閩江之間道中漲大沙遂分水道為二敵如乘潮而進輪路亦不必逼近梅花惟崖石既建臺置戍亦防由此偷登抄襲崖石後路

船隻　小商船二十餘號漁船數十號

礮臺　舊有土礮臺已廢

勇營　光緒二十一年辦防將軍山南麓一營附近各廟內一營

綠營　額設千把總一員兵四名

異名　梅花江又曰梅江西圖名南水道而以閩江口為北水道

雜識　梅花附近一帶均係沙山平地亦沙多土少雖種山芋生意極形蕭索

連江（東岱附）

衝要　次衝

鈐轄　屬福州府連江縣福甯鎮標連羅營管轄東岱以外屬閩安水師協左營

里距　南距長門陸路二十餘里水路較紆東距東岱二十里均自縣治起計

水道　連江城南門外深一拓叉四分拓之三自此以下深四五尺至十餘尺不等亦有淺至二三尺者近口處一片淺灘潮退盡涸

潮汐　朔望日潮漲於十一點鐘大潮高一丈餘

沙礁　連江水道既淺且逐節均有淤沙近口處尤甚又南門外西面一片淺沙水道遂改向南行○近東岱有江心洲芳草頗茂

島嶼　口外有目嶼月嶼擔嶼



城鎮　南門內大街列肆尚盛北門內極荒涼城東二十里有東岱所城亦稱繁庶巡檢駐焉

形勢　連江在閩江之北自縣城至館頭不過十餘里議者防其在東岱等處偷登越館頭嶺而南抄長門各礮臺後路或沿連江而西由湯嶺直犯省垣建臺置戍亦具有深謀惟此江雖寬而淺近口處即小船亦須乘潮出入防務似較梅花江稍鬆

船隻　中號商船六號小商船十餘號漁船二百號

礮臺　東岱有土礮臺已圮

勇營　光緒十年辦防東岱兩營（一駐北門外山上一駐東三里許山上）二十一年東岱（東三里許山上）及隔岸松塢村各一營

綠營　額設遊擊一員千總一員把總一員外委四員兵裁存一百六十九名○東岱由連羅營派駐把總一員兵十名

異名　連江或名鰲江近東岱又名東岱江今俗統稱連江館頭嶺或名連江嶺大抵連江人則稱館頭嶺館頭人則稱連江嶺易地則相反也

雜識　曾有小輪乘潮一至東岱然隨潮進出不能久留○東岱有洋房三所一爲教堂一爲醫院一爲教士所設女塾皆在象鼻山麓○東岱以上五六里北岸多小山居民疊石爲階級形而平其頂遂層皆種山芋遠望絕似礮臺

## 北茭 黃岐 定海 小埕附

**衝要** 又次衝

**鈐轄** 屬福州府羅源縣福甯鎮標連羅營管轄（水路屬閩安協右營 黃岐定海小埕屬閩安左營）

**里距** 西北距可門港口水路二十五里距東冲四十餘里西南距長門九十餘里均自北茭角起計

**水道** 水道深十餘拓至二十餘拓不等惟近北茭角橫流力猛帆船過此持舵宜慎過嶼與北茭間可泊中小輪定海外無障之風浪頗大黃岐小埕兩澳泊民船尚穩若遇颶風宜移泊小埕西面之布袋澳可障四面風力水道雖淺底係軟泥

**潮汐** 朔望日潮漲於十點鐘大潮高一丈七尺

**沙礁** 北茭角北面有牛礁觀音礁南面有二貴礁（內即茭南村） 黃岐定海前礁石尤多

**島嶼** 附近有過嶼仰月東洛西洛洋嶼諸島黃歧前有東古嶼定海前有提嶼四嶼青嶼軟簾諸島

**城鎮** 北茭角山頂有舊城久圮民居多在北面山麓（外即過嶼）並有小市黃岐定海小埕亦各有額城四處市面畧同

**形勢** 北茭在連江口北面一山角纖長如指挺入海中額城在其端形勢最爲孤突黃岐定海小埕亦皆濱海小市無關要害

**船隻** 北茭小商船十餘號大漁船十餘號小漁船數十號黃岐定海小埕船隻與北茭畧等惟無大漁船

**綠營** 北茭黃岐定海各由閩安營設千把總一員兵十名（小埕歸定海汛兼管）



## 東冲 可門附

**衝要** 極衝

**鈐轄** 屬福甯府霞浦縣福甯鎮標中營管轄（水路口外屬閩安協右營口內屬福甯中營與隔岸連羅營以江心爲界）

**里距** 南距長門水路一百五十里距海壇西面竹嶼門二百五十里西南距廈門六百八十里北距沙埕港口二百里內距三都三十餘里

**水道** 東冲口水道寬七八里深二十餘拓至三四十拓不等從前大輪至三都率由岐嶁島東面（俗名大門）而行近查西面小門水道與大門不甚懸殊（探至二十餘拓尚未及底）遂改由小門出入以取徑捷

**潮汐** 朔望日潮漲於十點一刻鐘大潮高一丈六七尺

**沙礁** 東冲口水道中間有河極礁潮漲即隱

**島嶼** 口外有西洋小西洋芙蓉尼姑馬蓟魁山東洛西洛芷洛諸島口內有三都（另列爲欵）岐嶁青山斗姆雷冬諸島

**城鎮** 東冲並無城垣民皆依山而居亦有市肆地方尚爲繁盛

**形勢** 東冲口窄而內寬水道極深無論何等船隻隨處可以停泊口門東冲古路兩鼻（山角俗名山鼻）隔岸相望叉得虎尾山爲犄角而岐嶁一島兀峙中流尤有當關之勢若分建礮臺足爲全江關鍵實爲海軍至大至穩之港今三都通商外人入室矣遑計戶牖姑存迂論請俟異日○其南十餘里爲可門港經營海軍亦頗相宜惟局勢較小

**船隻** 東冲小艇數號附近各村商船八號漁船五六十號口內各港澳約共多至千號

**礮臺** 舊礮臺一所置土礮六尊由綠營兼管深藏街心不能用武南面山嘴（俗名和尚頭）礮臺基地勢尚佳久圮

勇營　光緒二十一年辦防東南面（土名城門頭）一營

綠營　額設千把總一員兵十名

雜識　東冲口數年前屢經疆臣派員察勘形勢以便酌建礮臺而事卒不果○英人於上年測量口內水道凡半年而始畢事○可門亦時有日本及各國兵輪進港窺察形勢間或打靶



三都

衝要　極衝

鈐轄　屬福甯府甯德縣福甯鎮標右營管轄

里距　外距東冲口水路三十五里西距甯德縣治二十里西南距飛鸞江口二十里東北距白馬門三十五里（均自南面新設馬頭起計）

水道　三都島南面深六七拓至十餘拓不等西面深三四拓東面深四五拓至十餘拓不等北面最淺止深一二拓三盤礁西面深六七拓處爲外國兵輪常泊之所尋常商輪即泊馬頭前

潮汐　朔望日潮漲於十點半鐘大潮高一丈餘

沙礁　近馬頭東南有白礁潮退則見東面有三盤礁德國兵輪及閩省靖海巡輪均曾誤觸幸未大損（該礁潮退尚沒水下五尺見置黑色浮筒）

島嶼　附近有青山長天白匏橄欖諸島



城鎮　三都自通商以來設關建署地方浸盛始有小市

形勢　三都島在東冲口內其地東西長不過十餘里南北闊不過五六里居民半耕半漁合計之不過數百戶無一廛之市百金之家惟南通羅源西通甯德北通福安東北通霞浦諸縣之水道其東港面尤爲深廣最合聚泊海軍之用今舉而與外人共之三都不足惜共此港道足惜耳

船隻　小艇數十號

綠營　光緒二十五年設外委一員兵四十名

雜識　光緒二十三年准各國之請闢爲租界二十四年設海關並同知署（均在島南面）洋商之捷足者已爭設行棧所運之貨以出口茶葉爲大宗（近處諸縣多產茶）○西面橄欖嶼二十七年亦爲英人以六百五十元向民間租去

## 松山口 內卽福甯府治

衝要　次衝

鈐轄　屬福甯府霞浦縣福甯鎮標中營管轄

里距　東距三沙水路三十里(自府治起計陸路約四十餘里)東北距沙埕水路一百里西南距東冲水路一百二十里均自松山起計

水道　松山左右雖成大澳潮退則涸民船均須乘潮而入泊松山東麓

潮汐　朔望日潮漲於十點三刻鐘大潮高一丈五尺

沙礁　松山左右兩澳一片淺沙松山外以漸而深然亦僅通中號民船口外有米礁黃瓜礁

島嶼　近口適中處有火焰山口外有長表短表大目小目諸島

城鎮　口內十餘里有福甯府城東西長二里半南北闊半里餘民居



稠密惟東西直街尚成市面又東門外亦有小市

形勢　口門寬闊中峙松山遂判東西兩澳形勢亦佳惟口內外一片淺灘大船難近尚非衝要

船隻　西澳(名松山澳)小漁船數十號東澳止寥寥數號

勇營　光緒二十一年辦防城內及各鄉鎮散紮楚軍兩營(獅頭山營基係十年所紮)

綠營　額設水陸總兵一員中營遊擊一員守備一員千總一員把總兩員外委三員兵裁存二百四十名

## 三沙

衝要　又次衝

鈐轄　屬福甯府霞浦縣福甯鎮標水師左營(亦稱三沙營)管轄

里距　西距福甯府治陸路四十餘里水路至松山口三十里東北距沙埕港口水路七十里西南距東冲口一百二十里

水道　距岸二三里約深四五拓或六七拓不等惟外無障護風浪頗大東面烽火山與陸岸間(內有村曰古鎮)泊中小輪及民船頗穩

潮汐　朔望日潮漲於十點一刻鐘大潮高一丈七尺

沙礁　近口有上驢下驢驢頭各礁

島嶼　近口南面有大筶竹小筶竹兩島東面有大崙小崙烽火諸島西面有大目小目諸島

城鎮　人烟稠密幾無隙地市面亦頗繁盛後面山腰有舊城久頹



形勢　三沙在福甯府口外濱海小澳地勢逼窄

船隻　大漁船五號小漁船一百餘號

礮臺　獅球山土礮臺兩所各置土礮十一尊五澳口土礮臺一所置土礮三尊東澳口(無臺)置土礮兩尊西澳口土礮臺一所置土礮四尊關帝廟前土礮臺一所置土礮三尊均舊設形制卑陋亦圮由綠營兼管

綠營　額設遊擊一員守備一員千總一員把總兩員外委五員兵裁存二百六十三名船三號

雜識　三沙營始於嘉慶八年由福安縣移駐於此改陸路爲水師

秦嶼

衝要　又次衝

鈐轄　屬福甯府福鼎縣福甯鎭標烽火水師營管轄

里距　東北距沙埕水路五十里西南距東冲水路一百七十里

水道　秦嶼左右兩澳潮退見底民船亦須乘潮出入近口處約深一二拓

潮汐　潮望日潮漲於十點一刻鐘大潮高一丈七尺

沙礁　口內一片淺沙潮退盡露口外南岸有暗礁

島嶼　近口北岸有牳嶼口外有大崙小崙鸞鷟七星諸島

城鎭　秦嶼城歲久半頹畧有市肆

形勢　兩山拱抱內開一澳略作圓形秦嶼適居其中潮漲三面臨水後有平原相連頗擅形勝惟水道既淺地方亦僻無關要害



船隻　小漁船約一百號

礮臺　如陵境土礮臺置土礮五尊大帝宮前置土礮四尊宮仔前置土礮五尊後澳崙置土礮五尊形制卑陋亦圮

綠營　額設參將一員守備一員千總一員把總兩員外委六員兵二百六十一名船二號

雜識　康熙九年移閩安右營於烽火尖（卽烽火山詳海島表）改名烽火門營二十二年再移秦嶼而名則仍之

沙埕港

衝要　極衝

鈐轄　屬福甯府福鼎縣桐山營管轄（口外水路屬烽火營）

里距　西北距福鼎縣治水路五十餘里（又陸路數里）東南渡南鎭水路五里西南距東冲口水路二百里距長門口二百八十餘里北距浙江飛雲江口一百四十里距溫州口黃華關二百二十餘里均自沙埕鎭起計

水道　沙埕港寬一里餘至四五里不等深自四五拓至十餘拓不等亦有深至二十二三拓者直至沙埕以上四十餘里之鐵門洋尙深七八拓由鐵門洋折而北有通福鼎縣水道（水道盡處曰精坪距縣治止陸路數里）惟水道陡淺民船亦須候潮由鐵門洋西行至八尺門水道始淺然輪船大率至蓮花嶼以上數里即止



潮汐　朔望日潮漲於十點鐘大潮高一丈七尺

沙礁　近口有鸞鷟礁口內有合礁龍目礁入內有竹排礁（上有竹樁漁戶所植然藉此可知礁之所在）七姊妹礁羊礁雞角礁口外近南關山有桶盤礁

島嶼　口外有東臺西臺七星冬瓜諸島口內有蓮花嶼金嶼長嶼青嶼雙頭串腰嶼楊家嶼上嶼下嶼鐵門諸島（蓮花嶼以下各島皆在內港故不入表）

城鎭　沙埕山頂有小城久廢沙埕鎭在西面山麓頗繁盛隔岸南鎭地方本盛近年來往商船多趨沙埕及鎭下關兩處市面遂移口內數里北岸有舊城內止居民十餘戶

形勢　沙埕港水道深廣可泊大輪數十號兩岸尙可擇地開築船隖口門兩山拱峙關隘天然若再守以堅臺利礮足爲海軍屯聚之所（此節已見浙江圖說）○南鎭山麓舊設土礮臺地勢太低止顧一路若改設山頂可以四擊較沙埕山建臺尤爲得力

船隻　港內各澳島大小船隻約共多至千號
礮臺　沙埕土礮臺一所係舊設南鎮山土礮臺兩所同治十三年建
卑薄無用均廢而地勢頗佳將來重建宜移置山頂
勇營　光緒二十一年辦防沙埕駐楚軍一哨紮廟內
綠營　沙埕額設千把總一員兵十名
雜識　時有中外兵輪進港寄椗大輪泊蓮花嶼以上數里或沙埕隔岸之澳腰前中小輪船即泊沙埕鎮前光緒十年一法輪上駛至鐵門洋居民驚爲創見



## 松下口

衝要　又次衝
鈐轄　屬福州府長樂縣陸路提標長福營管轄水路屬海壇協左營
里距　北距長樂縣治陸路七十里距長門水路一百一十里東南距海壇島平潭廳治水路六十里
水道　松下城東面島嶼錯雜鼓嶼與長嶼間名鼓嶼門深約十拓爲大輪常行之路又松下城與吉兆島間水道亦深可泊中輪
潮汐　朔望日潮漲於十一點鐘大潮高二丈
沙礁　東面有老鼠礁大礁小礁當門礁靑礁吉礁算盤子礁嶼頭島東南面礁石尤多
島嶼　東南面有嶼頭吉兆鼓嶼長嶼大練小練諸大島
城鎮　松下城半頹民居尙稠密畧有小市



形勢　此間一帶海岸均係淺沙至松下口始有深水外有吉兆島以爲障護寄泊頗穩惟僻處海濱去內地窵遠尙非衝要
船隻　渡船三號漁船十七號
礮臺　東南因城爲土礮臺光緒二十一年建置土礮四尊僅防盜賊由松下汛兼管
綠營　額設千把總一員兵六名

## 鎭東口

相傳在海口鎭之東故名鎭東今統稱海口

衝要　次衝

鈐轄　屬福州府福淸縣陸路提標長福營管轄（水路屬海壇協左營）

里距　西北距縣治二十里東南距海壇島平潭廳治水路七十餘里南渡南日島一百三十里均自鎭東城起計

水道　口內有小河深僅數尺可通福淸縣治近口稍深

潮汐　朔望日潮漲於十一點一刻鐘大潮高一丈八尺

沙礁　口外有俥礁九娘流牛諸礁

島嶼　近口有嶼頭吉兆鼓嶼東壁北山諸島

城鎭　北岸有鎭東城周約三四里城內東南東北兩隅有漁戶百餘家聚族而居餘則芃芃禾黍與斷垣敗瓦而已西門內有天后宮廟後小山頂有殘塔西面大橋旁有海口鎭頗繁盛〇口內二十里有



福淸縣城房屋尙整齊惟城內外教堂獨多聞縣境內共約多至四百處故教案獨繁治亦稍難矣

形勢　鎭東口爲福淸縣門戶水道紆淺大舟難入

船隻　渡船兩號常川往來海壇漁船五十號

綠營　額設千把總一員兵六名

雜識　曾有吃水六尺小輪乘潮至口內停泊（約離大橋二里許）

## 海壇

衝要　次衝

鈐轄　屬福州府福淸縣福甯鎭標海壇水師協左右兩營管轄

里距　北距長門水路一百六十里西距興化府三江口一百五十里西南距南日島九十里距湄州島一百六十里距廈門四百三十里均自平潭廳治起計

水道　海壇東面水道深十餘拓至二十餘拓亦少暗礁惟風浪較大西水道深七八拓或二三拓不等內有淺沙數道潮退竟不及拓非老於操舟者不敢輕試〇大船進此水道（指西水道）有三路由南面入者曰萬安洋（塘嶼與萬安城間曰萬安洋）寬七八里深七八拓至十餘拓不等亦有探至二十拓尙未及底者除近塘嶼有鷺鷥礁（分南鷺鷥北鷺鷥）外別無隱險由東南入者曰草嶼門（草嶼與海壇間曰草嶼門）寬六七里深十餘拓至二十



餘拓不等舟行須畧近草嶼惟行至金蟳金盞兩礁間必視白誇島西角與倒笈島東角參成直綫方免誤犯（由萬安洋入者亦必經此兩礁）由北面入者曰鼓嶼門（長嶼與鼓嶼間曰鼓嶼門）寬二里深約十拓惟須防俥礁流牛九娘三礁鐘門（大練與海壇間曰鐘門為民船常行之路）大練門（大練與小練間曰大練門）水道雖深而多礁從未行輪

潮汐　朔望日潮漲於十一點一刻鐘大潮高二丈三尺小潮高一丈餘

沙礁　海壇西面礁石林立幾難枚舉北面之俥礁流牛礁九娘礁南面之金盞礁金蟳礁適當船路尤宜留意

島嶼　西有大練小練長嶼鼓嶼嶼頭吉兆北山東壁可門大嶼諸島南有草嶼塘嶼諸嶼東有牛山（有燈塔詳海島表）大嶼小嶼東庠小庠諸島北有東洛西洛笠嶼諸小島

城鎮　海壇素無城垣廳治亦僅一小市此外惟西面蘇澳南面觀音澳略有小店數家餘皆叢落村景亦極蕭索

形勢　海壇長約五十里至闊處約三十里西面有港曰竹嶼門口窄而內寬廳治在焉論地勢亦有關鍵惟內港水道太淺民船亦須乘潮出入濱海多飛沙半皆棄地防務可稍緩

船隻　全島大漁船七十號小漁船約五百號

礮臺　土臺四所形制卑薄僅足防盜

綠營　額設副將一員左營都司一員守備一員千總二員把總二員外委六員兵裁存三百零五名右營都司一員千總二員把總二員外委六員兵裁存二百四十五名每營船兩號

南日盜案疊出光緒二十六年議移海壇右營駐其地籌欵建署尚需時日暫留海壇



雜識　舊制海壇設總兵一員光緒十四年以澎湖一島地勢較海壇尤孤原設副將不足資鎮攝議與海壇營對調自是海壇始屬福甯鎮○是島幅員雖廣濱海一帶均有飛沙逐風擁積相傳數十年前東海濱田舍相望今則一片平沙目斷無人烟過其地者每不勝滄桑之感焉○竹山一帶沙色潔白望似積雪頗爽心目○樹木極少偶或見之高僅齊簷過此即為颶風摧折○全島禾田甚少居民皆資山芋雜糧以為生食米者蓋百不得一也○民間半以捕魚為業惟船小難涉遠洋得魚無多故生計常絀

萬安　俗名小閩安

衝要　又次衝

鈐轄　屬福州府福清縣長福營管轄水路屬海壇協左營

里距　北距長門水路一百八十里西距興化府三江口一百里西南距南日島水路四十里東與海壇島隔岸相望至平潭廳治則須紆至五十里左右

水道　城下即係大海深七八拓至十餘拓不等北面萬安港口有小澳可泊民船

潮汐　朔望日潮漲於十一點一刻鐘大潮高二丈四尺

沙礁　萬安港內一片淺沙潮退則露萬安洋並無沙礁大輪可暢行

島嶼　附近有草嶼塘嶼諸大島

城鎮　萬安城濱臨大海歲久傾圮城內惟西南面尚有民居其餘半



屬田園亦無市肆氣象極為蕭條

形勢　據山臨海外無沙礁大輪可直至城下停泊惟地方貧瘠山路崎嶇尚非要害

船隻　小漁船十餘號

礮臺　城東南隅土礮臺一所塔嶼土礮臺兩所光緒二十年同時建由綠營兼管平時將礮移置城內以防疎失

綠營　額設水師千把總一員兵五名

三江口（內即涵江通興化府治○江口附）

衝要　次衝

鈐轄　屬興化府莆田縣興化協左營管轄（水路屬海壇協右營）

里距　北距涵頭鎮陸路五里西距府治二十五里水路較紆東距江口鎮二十里東北距省會約二百里東南距南日島水路六十餘里東距海壇島平潭廳治水路一百五十里東北距長門水路二百八十里

水道　三江口前河道有深至四拓餘者（是處可泊中輪一二號惟河身過窄拋錨匪易）口外近塔子山處水道極淺吃水十二三尺之船必乘大潮方能過此○東面江口一片淺沙遠鋪入海大船難近

潮汐　朔望日潮漲於十二點鐘大潮高一丈六尺

沙礁　塔子山前有淺沙一道橫亘船路



島嶼　近口有塔子山（上有塔）草嶼茱嶼東筊杯西筊杯（筊或作筶）諸島

城鎮　北面五里有涵頭鎮列肆最盛西面二十五里有興化府城周十餘里頗鞏固惟市面轉遜於涵頭其北有外城內皆亂石荆莽狐兔竄伏門久堵塞略有山田居民踰垣而耕

形勢　自海口至府治凡二十餘里一片平原民勤耕作實爲瀕海沃饒之區江口外淺內深朔望大潮中輪可入

船隻　大商船六七號小商船二十餘號小艇三四十號

勇營　光緒二十一年辦防府城內外並附近各海口分紮一營又練兵一百四十名土勇三百名

綠營　興化額設副將一員左營守備一員千總一員把總二員外委三員右營都司一員（分防仙遊縣）千總一員把總二員外委三員兵除抽練及分防外尚存二百九十七名

雜識　興化瀕海一帶沃野平疇饒有蘇浙風景自府治以北崇山嵯峨綿亘不絕○府屬各島海盜充斥內地民多恒業不預外事一海一陸相距匪遙而良莠懸殊若此惟俗尚强悍每因細故釀成械鬬巨案官司所不能禁（此風漳泉兩府尤甚）

南日

衝要　次衝

鈐轄　北半屬福州府福清縣南半屬興化府莆田縣海壇水師協右營管轄

里距　西北距興化府三江口水路六十餘里西距湄洲島水路六十里東北距海壇島平潭廳治水路九十里北距長門水路二百二十里

水道　小嶼（俗名大嶼仔）與草帽嶼（俗名茅嶼頭）間名嶼仔門叉雞嶼與南日間名后埕頭水道均深可行中小輪○南日南面之南港口西面之西寨澳西南之鰲亮澳大小輪船均可停泊西北之官澳泊民船最穩惟水道甚淺潮退後一片泥灘

潮汐　朔望日潮漲於十一點一刻十分鐘大潮高二丈三尺



沙礁　東北兩面礁石林立西南略少

島嶼　東有大麥小麥東沙大赤小赤大柄小柄橫沙諸島北有小日野馬東目西目大鼇小鼇東羅盤西羅盤鳥嶼花嶼鰲嶼諸島西有大嶼小嶼牛嶼黃瓜嶼清嶼清境嶼諸島南有烏坵（有燈塔詳海島表）下嶼諸島

城鎮　南日全島並無城鎮居民散處約共三千餘戶北面有縣丞署（福清縣分防）並練軍營附近止小店一二家

形勢　南日在涵江口外七十餘里爲往來福廈必經之海道地僻民頑島礁叢雜實海盜之老巢商旅之畏途宜加痛勦

船隻　大商船二十餘號大漁船三百餘號小漁船二百餘號

綠營　額設千總外委各一員練兵八十名

光緒二十六年因盜風日熾議移海壇右營駐之以厚兵力見方籌欵謀建營署

異名　南日或作南匿

雜識　福建沿海素號多盜而南日及附近各島尤羣盜之窟穴也聞諸海客云海盜肆劫半在於風微浪靜之時（客舟重載每恃風力爲進退盜舟輕揚操縱可以自如故無風時孤舟最爲寒心）或海霧瀰漫盜舟易於潛形劫案尤多至若商船遭風閣淺即號爲平民者亦如蟻附羶乘危爭攫貨盡則碎其舟而取板木焉（光緒二十七年三月初五日乘閩省靖遠巡輪將渡野馬島迷霧泊蓮澳前一商船悞閣海嶼石淺村民之往劫者以百計巡輪鳴空礮恐之始稍稍散去然船貨已喪失過半矣按○蓮澳村在萬安城西十里屬福清縣陸岸之民如此島民可知矣）上年一日本商船被劫勦限嚴緝搜捕累月始獲數盜斬於島以徇

平海

衝要　又次衝

鈐轄　屬興化府莆田縣興化協左營管轄（水路屬海壇協右營）

里距　西北距興化府城陸路八十里水路較紆西南距湄洲水路二十餘里（若至西面遊署須紆至四十里）前距崇武九十里東距南日島三十餘里東北距海壇島平潭廳治一百四十里

水道　南面距岸三四里約深三拓距岸十里約深至六七拓遇西北風時泊船亦穩

潮汐　朔望日潮漲於十一點三刻鐘大潮高二丈

沙礁　離南面山角外三里有半礁東面有塘礁丁礁綫礁

島嶼　附近南面有令箭嶼

城鎮　平海依山而城民居稀疏城外濱海一帶有小市雜陳海鮮



船隻　中號商船十餘號大漁船二十餘號小漁船四五十號

形勢　地僻民貧防守可緩

勇營　光緒二十一年辦防平海駐楚軍一哨

綠營　額設千把總一員外委一員兵五名水師額設外委一員兵四名

雜識　例設縣丞一員半年駐平海半年駐亻石（亻石土音讀若倩）近年以地瘠事簡常駐亻石平海衙署遂同虛設○城北數里居民掘地數尺得土如煤屑色微黑赤貧之家和水爲丸如卵大曝而乾之以代薪惟火力微弱每炊必倍常時

湄洲

衝要　又次衝

鈐轄　屬興化府莆田縣水師提標湄洲營管轄（舊制湄洲屬海壇右營同治六年移金門右營駐之改名湄洲營始屬提標）

里距　東距南日島水路六十里東北距海壇島平潭廳治一百六十里西南距崇武城五十里東北距平海二十餘里北距三江口一百二十里若北面對渡由陸路至三江口較近

水道　湄洲東西南三面水道約深六七拓至十餘拓不等惟不可行近島旁北面水道西圖所註僅深一拓餘實則中輪儘可行駛惟須土人引導○又湄洲灣西面水道亦頗深曾有中輪至蕭厝以內十餘里處停泊

潮汐　朔望日潮漲於十二點鐘大潮高一丈九尺



沙礁　四面均多礁西北隅尤甚

島嶼　北有大嶼小嶼西有盤嶼竹嶼鏡臺黃官諸島

城鎮　全島居民多至千數百戶惟無市集西面遊署外繚以石垣略作城堡形聊資捍衛

形勢　濱海小島地勢逼仄不足資戰守營兵可裁

船隻　漁船約百餘號大半在烏圵山一帶捕魚無商船

礮臺　遊署前有土礮臺一所久圮

綠營　額設遊擊一員守備一員千總一員把總三員外委六員兵裁存二百四十二名船二號

雜識　世傳湄洲爲　天后故里故此間天后廟香火最盛（廟在島北澳隔岸即莆禧城）○土產豆麥山芋禾田甚少不敷民食

崇武

衝要　次衝

鈐轄　屬泉州府惠安縣陸路提標前營管轄（水路屬水師提標湄洲營）

里距　西北距惠安縣治陸路五十里西距泉州府治水路六十五里陸路須經洛陽稍紆西南對渡祥芝三十五里距永甯六十里距深滬澳七十里東北距湄洲六十里距南日島一百二十里距海壇島平潭廳治二百二十里

水道　南面距岸二三里即深六七拓大輪可以暢行惟西至泉州府水道沙礁羅列即民船亦須乘潮出入

潮汐　朔望日潮漲於十二點二十五分鐘大潮高一丈七尺

沙礁　澳口有白起礁西南六里有一暗礁潮退尙沒水下二拓大船深畏其險西面泉州港礁石尤多



島嶼　澳口有龜嶼西面有獺窟大墜小墜諸島

城鎮　崇武城頗爲完固民居亦稠密外來船貨多就此起卸由陸路分運惠安縣治等處故市面稍盛

形勢　崇武在泉州口北岸三面臨海地勢太孤

船隻　大漁船六七十號每年九月至來年三月均在浙洋捕魚四月以後漁事既畢分往臺灣等處經商蓋一船兩用也又小漁船數十號附近東面大岞村小漁船多至一二百號（多租自他處）

綠營　額設千把外額一員兵十名水師額設千把外額一員兵十名

永甯

衝要　又次衝

鈐轄　屬泉州府晉江縣陸路提標右營管轄（水路屬金門營）

里距　東北距祥芝陸路二十餘里（水路稍紆）距崇武城水路六十里北距泉州府治八十里（陸路稍近）南渡深滬十里

水道　澳內深四五拓近岸處約深二拓澳口深七八拓

潮汐　朔望日潮漲於十二點二十分鐘大潮高一丈餘

沙礁　澳口有半洋礁（分東半洋西半洋）近永甯角（或名東嶼）有內礁外礁澳內有大嶼小嶼（名嶼實礁）近深滬角礁石尤多

島嶼　東南面有南盤（係大石片疊成）牛鼻（與永甯角微離故或不曰島而曰角）諸島

城鎮　永甯城東南北三面尙完固惟西面獨頹而民居轉盛並有大街東門內最冷落附近除深滬外祥芝角亦畧有小市



形勢　濱海孤城無險可扼

船隻　商船二號漁船七號小漁船約七十號

礮臺　道光時海口築有土臺兩所久廢

綠營　額設千把或外額一員兵十一名

雜識　舊制永甯駐遊擊一員道光時署爲英人所毀遂改駐府城○同治間移洛陽巡檢駐深滬設分署於永甯使往來兼顧○漳泉之民勇於私鬭火器比戶皆備（兼有新式者）亦不知所自來其鬭也或登極峯以瞭遠或伏道旁以伺敵（村邊要路以磚石爲臺方丈許高二三丈上爲雉堞形鬭則設伏於其上而俯擊焉土人謂礮曰銃城亦曰銃樓）何處宜邀擊何處可包抄觀其部勒亦陰合兵法官或禁不許則反戈而相犯鬭既倦乃各輿屍請有司詣驗除互抵外按屍給䘏案遂結（光緒二十七年五月二十七日自永甯至祥芝遇鬭者於隘疑爲間諜持鎗逐且急從者操閩語告以故乃止）

深滬

衝要　又次衝

鈐轄　屬泉州府晉江縣陸路提標右營管轄（水路屬金門營）

里距　北渡永甯水路十里（陸路較遠）距泉州府治水路九十里西南距圍頭三十里西距安海八十餘里（陸路均較近）

水道　澳內約深三四拓惟山角有礁石排列入海故凡船隻欲入深滬停泊者須繞五嶼以外行駛以免礁險

潮汐　朔望日潮漲於十二點二十分鐘大潮高一丈餘

沙礁　澳口有南烏礁北烏礁婆礁赤礁及小塔等礁幾難悉數東西兩半洋礁適當澳口尤易觸犯

島嶼　澳口有金嶼（或名大嶼上有小塔）五嶼各島

城鎮　深滬舊設土堡已圮有店約百家市面頗盛



形勢　深滬澳（亦曰永甯澳）極寬闊自有各礁起伏隱見（內起宮尾外接五嶼）橫蔽半澳船路因之頗紆地勢較永甯畧有障護

船隻　大商船二十餘號（福州廈門兩處未通商以前本處大商船多至百餘號近年生意均爲輪船所奪）又大漁船一百號小漁船五六十號小艇數十號

綠營　額設千把或外額一員兵四名

雜識　深滬以濱海一隅之地居民多至數千戶（或云萬戶）合計民財多至千萬（或云數千萬）洵海濱之樂土近年來疫死者約十四五戶口頓覺凋零富厚亦漸不如前○同治間以地方日臻繁盛移洛陽巡檢駐之○自東石（在圍頭西北）至深滬遵海而行凡六七十里居民非耕即漁頗梗頑好事至此則風俗爲之一變絃誦之聲時與漁歌相酬答幾人嚮學化及一鄉故立國自興學始

圍頭

衝要　又次衝

鈐轄　屬泉州府晉江縣陸路提標城守營管轄（水路屬金門營）

里距　東北距崇武水路一百里距永甯水路四十里（陸路稍迂）距深滬三十里（陸路稍近）北距泉州府治水路一百二十里（陸路較近）西渡金門島水路二十里若繞至島西面之後浦鎮（文武各署在焉）水路六十餘里距廈門水路一百一十里西北距東石水陸路均約五十里距安海約六十里（由東石至安海潮漲亦止通小艇）均自圍頭角起計

水道　東南面水道深十餘拓至二十餘拓即近岸處亦尚深六七拓西北水道較淺沙礁尤多未易行駛

潮汐　朔望日潮漲於十二點十五分鐘大潮高一丈六尺

沙礁　附近礁石甚多



島嶼　西面有金門島（詳另欵）附近無大島

城鎮　圍頭有小堡已圮附近民居尚盛畧有小市東石石堡在小山上形制尚壯固（汛官孤處其中）民居均在山下市面與圍頭畧同惟安海較盛

形勢　地勢孤遠非要害之區○西北由安海登陸至泉州府治凡六十里均係坦途（由劉五店陸行至泉州亦必經安海）爲往來泉州之捷徑地較繁衝

船隻　大漁船八號小漁船八九十號東石商船十餘號小船二十餘號安海水道較淺船隻寥家

綠營　額設外委一員兵四名水師額設外額一員兵四名

雜識　民俗梗頑動滋事端

金門

**衝要**　次衝

**鈐轄**　屬泉州府同安縣水師提標金門營管轄

**里距**　東北經祥芝角至泉州府治水路一百九十里若由安海登陸路較近北距同安縣治水路七十里西距廈門水路五十里距漳州府治一百三十里均自西面後浦鎮起計

**水道**　南面料羅澳（亦名陳坑澳）深四五拓亦無暗礁水道頗穩惟外接重洋風浪較猛東北兩面深淺不一且多礁石西面與烈嶼間水道深五六拓至十餘拓不等爲輪帆常行之路登岸處曰同安碼頭由此至後浦鎮陸路不過二三里（此處風浪亦大船難久泊近岸二里許有泥灘遠鋪潮退小舟亦不能近）

**潮汐**　朔望日潮漲於十二點鐘大潮高一丈七尺

**沙礁**　金龜尾有沙向南遠鋪入海長約十里至闊處約五里名海尾綫（光緒二十六年十二月初二日日本商輪在此失事）東西兩面礁石隱伏舟行宜慎北面尤多惟南面畧少

**島嶼**　西有烈嶼北有大嶝小嶝角嶼諸島東有北椗島（有燈塔詳海島表）南有東椗島（有燈塔詳海島表）

**城鎮**　舊有金門城久頹西面後浦爲往來同安廈門船隻停泊之所遂成小市各署在焉此外無市集

**形勢**　廈門爲漳郡之門戶而金門又廈門之屏藩舊制設水提於廈門而別置總兵於金門所以資輔依厚廈防也今按金門地勢最平衍東北兩面倘畧有沙礁阻蔽（北岸劉澳近亦行小輪）西南兩面隨處可以登涉環島百餘里無險可設惟海闊浪大船難久泊倘非必爭之地

**船隻**　金門船隻最少合全島計之止小商船五號小漁船約不滿百號



**礮臺**　天后宮礮臺咸豐間建同安碼頭金龜尾料羅澳三礮臺道光間建年久失修均圮

**綠營**　額設副將一員都司一員千總一員把總三員外委六員兵除抽練一百八十名外尚存一百七十三名船兩號

**異名**　海尾綫或名海翁汕

**雜識**　金門原設總兵一員轄左右兩營同治六年改總兵爲副將移右營於湄洲改名湄洲營屬提標所餘左營爲金門專營◯又設縣丞一員（同安縣分防）乾隆二十一年（或云三十年）移縣丞於灌口（在廈門西）以安海（在金門北）通判駐焉四十年復仍舊制移通判於馬港（在金門北）故至今署制頗爲閎敞◯金門舊城在島西南面周六百餘丈康熙間以人煙稀少城亦就圮文武衙署移駐後浦今僅存頹址約餘居民二百餘戶稱金門鄉焉◯民俗均尚馴良惟古甯頭一鄉恃其族大（約二千餘戶）動輒逞强歲納賦稅必減於他村乃順命（每兩少收一二百文不等）官吏知其不可以理喻而勢迫也姑寬之遂沿以爲例獲罪者可資代雖攖極刑無怨言（資僱代罪之風閩省多有之）◯烈嶼舊設鹽場雍正七年幷歸金門場兼管（按金門場名浯州場以金門舊名浯州也）

厦門

衝要　極衝

鈐轄　屬泉州府同安縣水師提標中左後三營管轄

里距　東北距長門口水路五百五十里距海壇島平潭廳治四百二十里距崇武二百一十里東距金門島後浦鎮五十里北距同安縣治六十餘里西距石馬鎮五十里距漳州府治八十餘里西南距銅山營二百一十里距南澳島三百里

水道　靑嶼與小擔間水道深十拓至十餘拓爲大輪出入必由之路惟須行近靑嶼以避小擔附近各礁厦門與古浪嶼間水道寬一里半中間深十拓至十餘拓不等兩旁深約三四拓大小船隻均便停泊兵輪之尤大者卽泊於古浪嶼西北厦門四面水道如得土人引導大約至淺處亦尙深三四拓



潮汐　朔望日潮漲於十二點鐘大潮高一丈八尺

沙礁　厦門港（厦門與古浪間日厦門港）礁石極多均經海關或植標竿或建小塔易於駛避進港處有礁曰內門限外門限亦置有浮筒惟環厦一周近岸處礁石幾難悉數東北兩面各礁西圖所紀僅十之一二又烈嶼北岸礁石尤多西圖亦未及詳舟行宜慎

島嶼　西有古浪嶼海門火燒嶼猴嶼各島南有浯嶼浯垵靑嶼（有燈塔詳海島表）大擔（有燈塔詳海島表）小擔各島東有烈嶼檳榔嶼各島北有白嶼大離浦小離浦各島

城鎮　厦門自通商以來沿岸一帶華洋雜處市面極盛惟民居殊湫隘城尤逼仄

形勢　厦門當漳郡之首衝（縣治在厦門北安海在厦門東北則亦泉郡之衝要也）地形如平圓西有古浪嶼爲屛障遂成泊船穩港今於胡里山白石頭等處與隔岸嶼仔尾龍角尾分建礮臺亦足扼外海之來路惟四面水道頗深小輪可以環行則不特黃厝一帶可抄礮臺後路亦防由五通舍舟登陸三十里坦途長驅西向形勢最爲吃緊〇若繞道北面經高崎而南已據厦門上游海險亦失

船隻　大商船三十餘號中商船二百餘號小艇一千一百餘號大漁船三百餘號小漁船二百五六十號

礮臺　武口礮臺同治十三年建在練軍右營內（原係中軍）置十二生的克虜卜後膛礮一尊又英國老礮四尊歸練軍右營兼管盤石礮臺在練軍後營內光緒十二年建二十七年改爲新式置二十一生的克虜卜後膛礮二尊兵四十名烏空園礮臺在練軍前營東面同治十三年建置十七生的克虜卜後膛礮一尊又十二生的一尊英國老礮三尊由練軍前營兼管胡里山礮臺光緒二十年建置二十八生的克虜卜後膛礮二尊又十二生的二尊勇一百二十名（此爲厦門各臺之最）白石頭礮臺光緒二年建十二年改修置十七生的克虜卜後膛礮一尊勇十七名又英國老礮二尊由練軍前營派兵二十四名管理（以上各臺在厦門東）隔岸嶼仔尾礮臺光緒二年建置英國老礮三尊三百五十磅彈瓦瓦斯前膛礮一尊又土礮三尊歸練軍右營兼管十二年又於北面添建一所置十七生的克虜卜後膛礮一尊勇二十名龍角尾礮臺同治十三年建分上下兩臺下臺於光緒二十一年重修置英國老礮三尊歸練軍右營兼管上臺已廢



勇營　光緒二十一年辦防原設練軍五營調往臺灣嗣將中營調回（改名見右營）添派楚軍六營四營塡紮練兵舊營基內餘兩營分駐黃厝何厝五通高崎一帶

綠營　額設水師提督一員中營叅將一員千總二員把總二員外委

四員兵裁存一百三十一名船三號左營遊擊駐石碼守備一員千總一員把總三員外委四員兵裁存一百三十名船三號後營遊擊駐劉五店守備一員千總一員把總三員外委四員兵裁存一百三十名船三號

前營遊擊一員守備一員千總一員把總三員外委四員兵裁存一百三十名船三號前營於同治六年奉文分防因仍留駐厦門故誌於此右營於光緒二十六年裁撤

異名　胡里山或作湖裡山

雜識　道光二十年夏五月英人自廣東來犯閩浙總督鄧廷楨擊敗之明年秋七月來修怨陷之遍掠城鄉村民陳姓以衆五百大破之遂去而之浙仍留數艘於古浪嶼八月又來自浙互有傷失旋退去二十二年江甯立約遂與福州甯波上海廣州四口同時通商闢沿岸一帶爲租界初英人犯厦門覷古浪嶼之孤懸無備輒先據以爲固至是乃經營是島遂爲各國遊息之所光緒二十七年乘我多事請租有其



地如上海之例自是始公然爲洋界○光緒二十六年秋七月居民向日本僧廟地名山頂山索租起釁日兵輪即運兵登岸置礮虎頭山厦民大恐賴各國領事調停得平○街衢極窄復穢濁不治沿岸尚寬潔虎頭山一帶叢塚夾道薄棺淺土觸目慘然說者謂厦地連歲多疫皆穢氣所感召○厦門南面南太武山巃嵸崔巍佳氣鬱葱聞中有煤礦○近年內河淮行小輪厦門附近之金門在厦門東安海在厦門東北泉州在厦門東北劉五店原名鎦江在厦門東北澳頭在厦門東北同安縣在厦門北停輪處曰石潯離縣治約十里小艇可入石碼在厦門西漳州河白水營係漳州南面支河亦曰南江等處均經商人爭先試辦行旅便之○居民多往外洋謀生或因以致富附近一帶村落頗多華屋大率歸自南洋新加坡各埠然聞棄邱墓若敝屣恐桑梓之冺我者尚不知凡幾也

陸鼇將軍澳　鎭海附

衝要　又次衝

鈐轄　屬漳州府漳浦縣漳州鎭標左營管轄鎭海屬海澄縣漳州鎭標右營○水路陸鼇屬南澳鎭標銅山營鎭海屬提標前營將軍澳歸提標前營及銅山營分轄以將軍礁爲界

里距　北距漳浦縣治陸路八十餘里水路由西面舊鎭港上駛止五十餘里東北距將軍澳水陸路均三十里距鎭海九十里距厦門水路一百五十里西南距銅山營六十餘里

水道　西面舊鎭港潮退止通小艇將軍澳水淺多礁惟鎭海水道較爲深穩時有輪船入澳寄泊

潮汐　朔望日潮漲於十一點半鐘大潮高一丈二尺

沙礁　東面多礁西面多沙惟南面水道頗穩將軍澳沙礁亦多而以居中之將軍礁爲最著鎭海澳沙礁尚少



島嶼　附近無大島

城鎭　城內有山大與城等東北兩門內有居民二三十戶餘皆荒山北門外校場頭居民約三百餘戶畧有小店口內四十里有舊鎭地稍繁盛鎭海亦有舊城在小山上將軍澳無城鎭民居亦寥落

形勢　三面懸海北與陸岸相連地形如頸最爲受敵將軍澳地僻多礁惟鎭海水道較深東有山角俗名鎭海旂爲屛蔽形勢稍佳

船隻　陸鼇小商船三四號漁船十餘號將軍澳小商船二三號漁船十餘號鎭海漁船十餘號

綠營　將軍澳額設把總一員兵八名兼管陸鼇鎭海設外額一員兵四名水師陸鼇設千把總一員兵二十名鎭海設兵一名與陸鼇汛以將軍礁爲界

銅山古雷頭附

衝要　次衝

鈐轄　屬漳州府詔安縣閩粵南澳水師鎮標銅山營管轄

里距　東北距厦門水路二百一十里西南距南澳島之深澳口一百里東渡古雷頭十里

水道　銅山東南兩面均深六七托至十餘托不等西北兩面深止一托左右又北面與陸岸間名八尺門水道淺窄僅通小船

潮汐　朔望日潮漲於十一點半鐘大潮高一丈

沙礁　西面多沙東北面沙礁錯雜

島嶼　東北面有大嵩小嵩五嶼對面嶼塔嶼諸島東南面有龍嶼虎嶼獅嶼象嶼大柑小柑諸島西面有畬洲布袋澳諸島

城鎮　銅山城在島東北隅廛肆尚盛此外惟中間西埔鎮有小店六



七十家古雷頭亦有舊城久頹

形勢　銅山北與陸岸僅隔一江曰八尺門東有古雷頭隔海對峙中間又得塔嶼相連嶼各島相聯絡不特爲雲霄門戶亦閩省南路形勝之區

船隻　商船三十餘號大漁船一百五十號小漁船二百號古雷頭中號商船二三號小漁船十餘號

綠營　額設叅將一員守備一員千總二員把總二員外委六員兵裁存三百零八名船兩號古雷頭由銅山營分防把總一員兵二十名駐廟前村

宮口

衝要　次衝

鈐轄　屬漳州府詔安縣漳州鎮標詔安營管轄

里距　北距詔安縣治水陸共四十里東北距銅山水路八十里西南渡柘林鎮屬粵水陸路均三十里

水道　西面名前港又名詔安港係往詔安縣必由之路港口水深三四托入內三四里潮退即涸東面名後港又名營前港港口有島曰畬洲其西即名畬洲門深約五六托大船可由此直抵距詔安縣二十餘里之處停泊

潮汐　朔望日潮漲於十一點一刻十分鐘大潮高一丈左右

沙礁　近口有數礁南微偏西約十七里有流牛礁南微偏東約二十四里有七星礁



島嶼　前港內有獅頭嶼蛤洲淞洲諸島近口有內嶼外嶼東面有布袋澳畬洲兩島

城鎮　是處並無城鎮居民沿江而居凡六十餘戶有小店數家前有釐卡一所以是處爲出入詔安之捷徑也

形勢　由外海入詔安者凡東西二道東港即後港水道雖深而迂西港亦名前港大小船隻雖須隨潮出入而路較捷焉故論形勢者以前港爲詔安一邑之咽喉

船隻　大商船十一號小漁船十餘號

綠營　額設把總一員兵八名名懸鐘汛

## 南澳 此島爲閩粵之界

衝要　次衝

鈐轄　屬廣東潮州府粵閩南澳直隷廳閩粵南澳水師鎭標左右兩營管轄同知稱粵閩總兵稱閩粵以同知專屬粵省總兵則受兩省節制也○右營屬粵左營屬閩

里距　東北距銅山城水路一百里距厦門三百里距海壇島平潭廳治六百七十里距長門八百里西距廣東潮州府屬之汕頭埠約一百里均自深澳口起計

水道　南澳與陸岸間水道深三四拓至七八拓不等西面深六七拓處可泊大輪深澳前距岸十餘里即深四拓泊中輪頗穩惟遇東西兩面之風浪稍大雲澳深四五拓遇北風亦可停泊

潮汐　朔望日潮漲於十一點一刻鐘大潮高七尺

沙礁　東南面礁石最多東北面有流牛七星兩礁



島嶼　東面靑澳口有獅子嶼北官嶼諸島南面雲澳口外有官嶼亦名南官嶼烏嶼平嶼白猴嶼赤嶼諸島東南面有南澎有燈塔詳海島表中澎北澎諸島北面有臘嶼有礮臺○自此以下諸島已屬粵虎嶼及海山汫洲西嶼諸大島西有鳳嶼藍蒲諸島

城鎭　南澳城在深澳內有東西北三門房屋尚稠密北門內外有店百餘家南依高山故無南門地亦稍冷僻西面隆澳民居尤盛

形勢　全島凡四澳靑澳雲澳屬閩隆澳屬粵深澳分屬閩粵水路則深澳全屬粵省論地勢惟隆澳兩面臨水無險可設其餘各澳均有收束而尤以深澳爲最舊時依山而城南澳城康熙三十四年建復於東西兩岸及臘嶼分建礮臺布置亦尙周密二百年來屹爲東南重鎭然施之今日勢終嫌孤

船隻　深澳漁船七八十號隆澳漁船八百餘號雲澳漁船數十號又商船三四十號惟靑澳無船或謂全島止小商船十餘號漁船數十號者悞

礮臺　深澳渡口土礮臺二所西面置土礮三尊左營所轄東面置土礮五尊右營所轄草寮尾在渡口畧西土礮臺一所置土礮五尊雲澳土礮臺一所置土礮一尊又泰字或作太子樓土礮臺一所置土礮九尊靑澳土礮臺一所置土礮四尊左營所轄長山尾土礮臺二所一置土礮八尊一置土礮六尊右營所轄西礮臺在草寮尾西一所置土礮十一尊左營所轄臘嶼土礮臺二所上臺置土礮八尊下臺置土礮五尊右營所轄以上各臺歲久多圮惟臘嶼於同治十三年西礮臺於光緒九年先後重修稍完固均歸綠營兼管灰窰頭在渡口東土礮臺一所同治十三年建亦圮

綠營　額設總兵一員左營遊擊一員守備一員千總二員把總二員外委六員兵裁存二百九十四名右營遊擊一員守備一員千總二員把總四員外委九員兵裁存五百一十名



雜識　道光二十年夏五月英船將犯厦門寄椗南澳島西北面我軍僞爲商船乘夜來襲突以火罐以瓦罐盛火藥擲敵船今緝捕海賊仍有用之者噴筒攻其舵尾燬帆船二殲英兵數十○道光間英人築室於西面之長山尾屬廣東在長山尾西五十餘里通馬路於隆澳嗣以汕頭地勢較勝遂徙去此事島長老鑿言之惟吏無留牘地鮮通人時代頗不可稽約計之爲道光間云○隆澳有教堂三所光緒二十六年八月因民教齟齬法兵輪在洋面以炸礮擊雲澳死傷各三○光緒二十一年辦理日防由總兵稟請閩粵兩省疆吏派勇防戍不報

○南澳營名爲水師見已有兵無船

**海島表** 例言 詳浙江表

# 福建海島表

長門附近各島

## 長門附近海島表 自長門礮臺起計

| 島名 | 偏度 | 直距 | 長 | 闊 | 居民 | 船隻 | 錨地 | 土產 | 異名 | 譯名 |
| --- | --- | --- | --- | --- | --- | --- | --- | --- | --- | --- |
| 熨斗山 | 東偏北 | 三里 | 十三里 | 六里 | 一千數百戶 | 平時數十號漁時二百餘號 | 島猪港民船泊最穩或東面五虎門 | 山芋稻 | 荻蘆 | 刬介 |
| | 天后宮前礮臺光緒十年建地勢太孤二十三年裁撤〇熨斗與西面陸岸間爲島猪港島間有村曰荻蘆故亦曰 | | | | | 荻蘆港又曰划鰍港土人呼荻蘆曰粗蘆故或名粗蘆港舊譯西圖即從土音〇島間有電線桿川石華局借道以達南臺 | | | | |
| 川石山 | 東 | 十二里 | 五里半 | 二里半 | 二百餘戶 | 七八十號 | 西面可泊民船 | 山芋 | 芭蕉 | 尖峯島 |
| | 川石有大東大北海電線局中國亦設一局於此由旱線繹熨斗渡島猪港達南臺〇是島多洋房夏月西人來此避暑平時止留一二人看守〇島民多居西面其散處於各嶴者止寥寥一二戶或爲西人司關〇西面有敎堂一 | | | | | 所〇南面一山嘴甚長俗名芭蕉尾輪船進出均經其下 | | | | |
| 五虎山 | 五虎山在熨斗川石之間五峯並峙小而勢雄其水道即 | | | | | 名五虎門 | | | | 五指島 |
| 虎四山 | 虎四山在熨斗川石之間居民三四戶船二三號 | | | | | | | | 虎獅 | 條紋島 |
| 南龜 | 南龜在長門礮臺東偏南一里又四分里之三 | | | | | | | | 總名雙龜 | 無 |
| 北龜 | 北龜在長門礮臺東一里又四分里之一 | | | | | | | | | 無 |
| 壺江山 | 東偏南 | 八里 | 二里 | 一里半 | 五百戶 | 一二百號 | | 稻 | 浮江山 | 浮江 |
| | 壺江山形勢低平同治間北岸築有礮臺地勢孤遠光緒初年裁撤今臺址猶存〇居民製船爲業自駕者止寥寥數十艘餘均賃於人而取息焉隔岸荻蘆人多賃之者〇是島大半平原民居皆在南面與琅崎島隔岸相望儼同 | | | | | 內港〇北岸臨江多老樹風景頗佳亦島間所僅見者 | | | | |
| 過嶼 | 過嶼山亦低平南與壺江山僅隔一江其西面有長洲相連曰猪島項芳草顛茂畧有山芋 | | | | | | | | 青嶼 | 西兄弟 |
| 白猴嶼 | 白猴嶼在壺江山南十一里半其間即梅花江西圖所謂南水道也 | | | | | | | | | 圓島 |
| 東犬 | 東偏南 | 七十七里 | 六里半 | 二里 | 七十八戶 | 七八號漁時十餘號 | | 山芋 | 東沙 | 東沙 |
| | 東犬山燈塔係透鏡白光常明放焰燈光點距水面二十一丈八尺晴時能照六十九里並有霧礮 | | | | | | | | 東犬西犬總名白犬 | 總名白犬 |
| 西犬 | 東偏南 | 六十八里 | 四里又三分里之一 | 二里又四分里之三 | 七十八戶 | 七八號漁時十餘號 | 西面可泊大輪 | 山芋 | 西沙 | 西犬 |
| 林頭山 | 東偏南 | 七十八里 | 一里半 | 半里 | | | | | | 林頭 |
| 南竿塘 | 東微偏北 | 五十八里 | 十一里 | 四里半 | 六七百戶冬月較多 | 約百號冬月較多 | 西面媽祖澳北面清水澳 | 山芋畧有稻 | 一名鐵板山又名媽祖澳山 | 媽祖島 |
| | 南竿塘爲閩江口最穩錨地兵商輪船之由津滬來者多在此候潮東風泊媽祖澳西南兩面之風泊清水澳若轉北風可移泊北竿塘長岐澳民船則鐵板等澳皆可泊而以牛角澳爲最穩可障東西南三面風力也居民南面鐵 | | | | | 板北面福澳牛角三澳爲盛並有小店遍山土多石少種植則止在低凹之處餘均任其蕪廢因山高風勁易遭摧殘也〇媽祖澳因有媽祖廟得名閩俗稱天后曰媽祖 | | | | |

一

# 福建海島表

長門附近各島

## 長門附近海島表 自長門礮臺起計〇黃岐定海連江等口島嶼無幾附見於此

| 島名 | 偏度 | 直距 | 長 | 闊 | 居民 |
| --- | --- | --- | --- | --- | --- |
| 北竿塘 | 東偏北 | 六十九里 | 十一里 | 三里 | 約五百戶冬月較多 |
| | 北竿塘畧如初月形缺處向南故避北風最宜泊船處曰長岐澳漁舍亦多聚於此惟大率多聚寨散故平時轉較 | | | | |
| 黃官嶼 | 黃官嶼在南竿塘東一里 | | | | |
| 進嶼 | 進嶼在南竿塘北五里半其間水道即名進嶼門 | | | | |
| 大姑嶼 | 東偏北 | 七十七里 | 二里半 | 一里 | 二十餘戶 |
| 孫嶼 | 東偏北 | 八十里 | 一里又三分里之一 | 半里 | |
| 獅嶼 | 東偏北 | 七十九里 | 一里又五分里之一 | 五分里之一 | |
| | 以上三島皆在北竿塘北面獅嶼離北竿塘五分里之四大姑離四分里之三孫嶼在大姑東北微離 | | | | |
| 下目 | 東偏北 | 七十六里 | 四里 | 二里 | 五十餘戶 |
| 洋嶼 | 東偏北 | 八十四里半 | 一里半 | 五分里之四 | 一戶 |
| 東古 | 東古在下目西偏北十五里係小島及碎石一叢 | | | | |
| 提嶼 | 東偏北 | 五十一里 | 一里 | 半里 | |
| 軟簾嶼 | 東偏北 | 五十一里 | 一里 | 半里 | |
| 青嶼 | 東偏北 | 四十九里 | 一里半 | 半里 | |
| 龜嶼 | 龜嶼在青嶼西北二里半 | | | | |
| 牛嶼 | 牛嶼在青嶼北偏西一里半 | | | | |
| 四嶼 | 四嶼在青嶼南五里半四小島聚於一處因名四嶼里距係指南面稍大者而言 | | | | |
| 目嶼 | 東北 | 三十一里 | 一里又三分里之一 | 半里 | |
| 月嶼 | 東北 | 三十九里 | 一里 | 半里 | |
| 擔嶼 | 擔嶼凡二島在目嶼西北均三里 | | | | |

一

# 福建海島表

## 長門附近各島

| 船隻 | 錨地 | 土產 | 異名 | 譯名 |
|---|---|---|---|---|
| 數十號冬月較多 | 南面長岐澳 | 山芋署有稻 | 長岐山 | 長岐 |
| 他澳落寞 | | | | |
| | | | | 胡安 |
| | | | | 進嶼 |
| 數艘 | | 山芋 | | 清澳 |
| | | | | 交止 |
| | | | | 崖頭 |
| 一號 | | 山芋 | | 戈登島 |
| | | | | 的卜羅島 |
| | | | | 紅酒石 |
| | | | | 無 |
| | | | | 蟹島 |
| | | | | 無 |
| | | | | 無 |
| | | | | 無 |
| | | | | 無 |
| | | | | 方石 |
| | | | 又名日嶼 | 目嶼 |
| | | | | 無 |
| | | | | 無 |

二

# 東冲口附近海島表

自東冲角起計○可門北茭島嶼無幾附見於此

| 島名 | 偏度 | 直距 | 長 | 闊 | 居民 |
|---|---|---|---|---|---|
| 西洋山 | 東偏南 | 三十五里 | 九里 | 三里半 | 三百餘戶 |
| 西洋山有銀礦上年經袁姓集千金試開嗣以得不償失乃罷○民居半在南澳有小店多家各物粗備閩安右營 | | | | | |
| 小西洋 | 東微偏北 | 二十八里 | 四里 | 半里 | 三四戶 |
| 馬鞍嶼 | 馬鞍嶼在西洋山西北二里又三分里之一 | | | | |
| 草嶼 | 草嶼在西洋山東北二里 | | | | |
| 橫山 | 橫山在西洋山東北半里 | | | | |
| 東嶼 | 東嶼在西洋山西六里半 | | | | |
| 小東嶼 | 小東嶼在西洋山西微偏南五里半 | | | | |
| 四嶼 | 四嶼在西洋山西九里四小嶼聚於一處故名四嶼里距 | | | | |
| 烏嶼 | 東偏北 | 二十五里 | 一里半 | 半里 | |
| 芙蓉山 | 東偏北 | 五十一里 | 十里半 | 四里 | 一百餘戶 |
| 尼姑嶼 | 東微偏北 | 五十三里 | 三里 | 一里 | |
| 馬莿山 | 東 | 五十三里 | 二里半 | 一里半 | 三四戶 |
| 魁山 | 東偏南 | 五十三里 | 二里 | 一里 | 三四戶 |
| 草嶼 | 東偏北 | 五十里 | 二里 | 五分里之四 | |
| 東洛 | 南偏東 | 二十六里 | 三里半 | 五分里之四 | 數十戶 |
| 西洛 | 南偏東 | 二十三里 | 二里 | 半里 | |
| 芷洛 | 南偏東 | 二十四里 | 一里 | 五分里之二 | 十餘戶 |
| 過嶼 | 南偏東 | 三十六里 | 一里半 | 五分里之二 | 一戶 |
| 仰月嶼 | | 仰月嶼在過嶼西微離 | | | |
| 一鑑 | | 一鑑在過嶼西六里 | | | |
| 二鑑 | | 二鑑在過嶼西七里 | | | |
| 三鑑 | | 三鑑在二鑑南微離 | | | |
| 洋鑑 | | 洋鑑在過嶼西微偏南十一里 | | | |

# 福建海島表

## 東冲口附近各島

| 船隻 | 錨地 | 土產 | 異名 | 譯名 |
|---|---|---|---|---|
| 商船五六號小漁船十餘號 | 南北二澳可泊小輪 | 山芋稻 | | 蝍蛛島 |
| 駐千把總一員兵十名 | | | | |
| 一號 | | | 黃官山 | 顯島 |
| | | | | 無 |
| | | | | 無 |
| | | | | 無 |
| | | | | 無 |
| | | | | 無 |
| 係指偏西者而言 | | | | 小蝍蛛 |
| | | | | 內島 |
| 七八號 | 東西兩面均可暫泊 | 山芋署有稻 | 浮瀛 | 雙峯島 |
| | | 山芋 | | 無 |
| 一二號 | | 山芋 | 馬砌 | 無 |
| | | 山芋 | | 尖島 |
| | | | | 平島 |
| 十餘號 | | 山芋 | | 總名破島 |
| | | | | |
| 三四號 | | 山芋 | | |
| | 南面 | 山芋 | | |

三

# 東冲口附近海島表

自東冲角起計

| 島名 | 偏度 | 直距 | 長 | 闊 | 居民 |
|---|---|---|---|---|---|
| 東湧 | 東偏南 | 一百二十二里 | 五里 | 三里又三分里之一 | 一百餘戶春月較多 |
| 東湧凡兩島東西並列里距長闊等均指東島而言向西者係荒島東島人牧羊於此剪耳爲識 | | | | | |
| 橫山 | 東偏南 | 八十里 | 二里半 | 五分里之三 | 二三戶 |
| 冬春兩季多在此張網山小無澳避風每日漁舟趁潮汐羣聚得魚即去不能留也居民二三戶拾介類爲生 | | | | | |

## 福建海島表

東冲口附近各島

| 譯名 | 異名 | 土產 | 錨地 | 船隻 |
|---|---|---|---|---|
| 東引 | 東永 | | 東北風可泊大輪 | 七八十號春月較多 |
| | | | | |
| 關島 | | | | |
| | | | | |



### 三都附近海島表

自三都本島起計○本島詳上圖說○三都雖在內海而岸闊水深商漁混雜故仍取近口各島附列於表

| 島名 | 偏度 | 直距 | 長 | 闊 | 居民 |
|---|---|---|---|---|---|
| 青山 | 東南 | 七里半 | 十里 | 四里 | 約千戶 |
| | 青山北面山勢峻峭民居多在南面 | | | | |
| 斗姆島 | 東南 | 十四里 | 二里 | 一里 | 二三十戶 |
| | 本島小船止寥寥數號而西北面排列者常數十號蓋他處漁船愛其地僻藏風來此寄泊也 | | | | |
| 圓嶼 | 圓嶼在斗姆嶼東三分里之二 | | | | |
| 羅嶼 | 羅嶼在青山北三分里之二 | | | | |
| 覆鼎 | 覆鼎在三都東二里係碎石形其左右卽名覆鼎洋 | | | | |
| 擔嶼 | 擔嶼在青嶼西三里 | | | | |
| 麒麟嶼 | 麒麟嶼在青嶼西四里 | | | | |
| 三寶嶼 | 三寶嶼在青嶼西偏南二里半 | | | | |
| | | | | | |
| 岐巇山 | 東南 | 二十里 | 二里半 | 一里半 | 二三十戶 |
| 擔嶼 | 擔嶼在岐巇山東四里 | | | | |
| 尼姑嶼 | 尼姑嶼在岐巇山東二里半 | | | | |
| 三嶼 | 三嶼在岐巇山東北十一里分言之曰頭二三嶼向東者曰頭嶼居中者曰二嶼向西者曰三嶼里距指三嶼而言 | | | | |
| 擔嶼 | 擔嶼在岐巇山東北十三里 | | | | |
| 雷多嶼 | 東 | 二十七里 | 二里又三分里之二 | 半里 | 約三十戶 |
| 小雷多 | 小雷多在大雷多南偏東一里半 | | | | |
| 鷄母嶼 | 鷄母嶼在雷多南微離 | | | | |
| 笊籬嶼 | 笊籬嶼在雷東西南三里又五分里之四 | | | | |
| 蓬嶼 | 蓬嶼在雷多西二里 | | | | |
| 大嶼 | 東微偏南 | 三十一里 | 一里半 | 一里 | 二三十戶 |
| 金吉嶼 | 金吉嶼在大嶼東微離 | | | | |
| 龜嶼 | 龜嶼在大嶼南微離 | | | | |
| 猴嶼 | 猴嶼在大嶼南偏東一里又四分里之一 | | | | |
| 棺材嶼 | 棺材嶼在大嶼東南一里又三分里之二 | | | | |
| 白嶼 | 東微偏南 | 三十四里 | 二里 | 一里又五分里之一 | 二三十戶 |

## 福建海島表

三都附近各島

| 譯名 | 異名 | 土產 | 錨地 | 船隻 |
|---|---|---|---|---|
| 破石島 | | 山芋稻 | 西面可泊大輪 | 十餘號 |
| | | | | |
| 無 | | 山芋 | 西北面泊民船最穩 | 數號 |
| | | | | |
| 無 | | | | |
| 無 | | | | |
| 無 | 俗名樸鼎 | | | |
| 無 | | | | |
| 無 | | | | |
| 無 | | | | |
| | | | | |
| 圓錐島 | 俗作角鹿嶼 | 山芋稻 | | 二三號 |
| 無 | | | | |
| 無 | | | | |
| 無 | | | | |
| 無 | | | | |
| 無 | | | | 七八號 |
| 無 | | | | |
| 無 | 鷄俗作圭 | | | |
| 無 | | | | |
| 無 | | | | |
| 無 | | | | 二三號 |
| 無 | | | | |
| 無 | | | | |
| 無 | | | | |
| 無 | | | | |
| 無 | | 山芋稻 | | 七八號 |



### 三都附近海島表

自三都本島起計

| 島名 | 偏度 | 直距 | 長 | 闊 | 居民 |
|---|---|---|---|---|---|
| 壙嶼 | 壙嶼在白嶼西北一里 | | | | |
| 油菜嶼 | 油菜嶼在白嶼西北二里半 | | | | |
| 百立嶼 | 百立嶼在白嶼北三里 | | | | |
| | | | | | |
| 東坎 | 東微偏北 | 二十六里 | 九里 | 四里 | 約千戶 |
| 羊心嶼 | 東微偏北 | 三十三里 | 一里 | 三分里之一 | |
| 油菜嶼 | 油菜嶼在東坎西南二里又三分里之一 | | | | |
| 龜嶼 | 龜嶼在東坎西南一里 | | | | |
| 元寶嶼 | 元寶嶼在東坎西南八里中窪而兩邊較高頗得形似 | | | | |
| 月爿山 | 月爿山在東坎西南十里 | | | | |
| | | | | | |
| 長天山 | 東偏北 | 七里 | 五里 | 二里 | 四五十戶 |
| | 長天山東南面甚低均已開墾西北山勢高峻遍植小松兼有靡廆 | | | | |
| 金嶼 | 金嶼在長天山東半里 | | | | |
| 羊嶼 | 羊嶼在長天山北岸邊 | | | | |
| 鐵嶼 | 鐵嶼在長天山北偏東三里又五分里之四 | | | | |
| 牛寶嶼 | 牛寶嶼在長天山北偏東四里 | | | | |
| 小石嶼 | 小石嶼在長天山北偏東四里又三分里之一 | | | | |
| | | | | | |
| 白匏山 | 東偏北 | 三里 | 三里 | 一里又三分里之一 | 四五十戶 |
| 灶嶼 | 灶嶼在三都北一里 | | | | |
| 麒麟嶼 | 麒麟嶼在三都西半里 | | | | |
| 橄欖嶼 | 橄欖嶼在三都西偏南二里又三分里之一居民一戶船一號亦種山芋三都通商此島近在咫尺光緒二十七年 | | | | |

福建海島表　三都附近各島

| 譯名 | 異名 | 土產 | 錨地 | 船隻 |
|---|---|---|---|---|
| 無 | | | | |
| 無 | | | | |
| 無 | | | | |
| 無 | 俗名東安 | 山芋稻 | | 數十號 |
| 無 | | | | |
| 無 | | | | |
| 無 | | | | |
| 無 | | | | |
| 無 | | | | |
| 無 | | 山芋稻 | | 十餘號 |
| | | | | |
| 無 | | | | |
| 無 | | | | |
| 無 | | | | |
| 無 | | | | |
| 無 | | | | |
| 糖塔山 | | 山芋 | | 二三號 |
| 無 | | | | |
| 無 | | | | |
| 無 | | | | 經英人以六百五十元向民間租去 |

六

# 松山口附近海島表

自松山起計松山口內即福甯府治○三沙口島嶼無幾附見於此

| 島名 | 偏度 | 直距 | 長 | 闊 | 居民 |
|---|---|---|---|---|---|
| 筆架山 | 南偏東 | 三十三里 | 三里半 | 一里半 | |
| 正嶼 | 正嶼在筆架山南偏東四里半 | | | | |
| 筊杯嶼 | 南偏東 | 三十五里 | 一里半 | 半里 | |
| | 筊杯兩小島東西並列里距長濶係指西面稍大者而言 | | | | |
| 半邊山 | 東南 | 二十三里 | 一里 | 三分里之一 | |
| | 係破裂形西面有一小島與之微連者土名馬鞍嶼 | | | | |
| 圓嶼 | 圓嶼在半邊山南偏西三里半 | | | | |
| 長表 | 東南 | 十九里 | 四里 | 一里 | 二三戶 |
| 短表 | 東南 | 十三里 | 三里 | 一里 | |
| 牛鼻 | 東南 | 八里半 | 三里又三分里之一 | 四分里之三 | |
| 佛堂山 | 佛堂山在短表西偏北微離 | | | | |
| 火焰山 | 東偏南 | 五里半 | 一里又五分里之三 | 三分里之一 | |
| | 山分數段中間微斷亦種山芋 | | | | |
| 大目 | 東偏北 | 十二里 | 一里又三分里之二 | 半里 | 二三戶 |
| 小目 | 東偏北 | 十七里 | 一里又三分里之一 | 三分里之一 | |
| 大筶竹 | 東微偏北 | 二十七里 | 四里 | 二里 | 二三十戶 |
| | 山形低平居民皆在北面與三沙隔岸相望 | | | | |
| 小筶竹 | 東微偏北 | 二十五里 | 一里半 | 半里 | |
| 青嶼 | 青嶼在大筶竹北三里 | | | | |

福建海島表　松山口附近各島

| 譯名 | 異名 | 土產 | 錨地 | 船隻 |
|---|---|---|---|---|
| 水鳥島 | | | | |
| 無 | | | | |
| 無 | | | | |
| | | | | |
| 無 | | | | |
| | | | | |
| 無 | | | | |
| 飛倫島 | | | | |
| 無 | | | | |
| 無 | | | | |
| 無 | | | | |
| 無 | | 山芋 | | |
| | | | | |
| 無 | | 山芋 | | 一號 |
| 無 | | | | |
| 西圖悞作烽火列島按烽火島在此東北約六里 | | 山芋 | | 三沙船隻朝來暮還 |
| | | | | |
| | | | | |
| 無 | | | | |

七

# 松山口附近海島表

自松山起計

| 島名 | 偏度 | 直距 | 長 | 闊 | 居民 |
|---|---|---|---|---|---|
| 北礵 | 東南 | 六十里 | 五里 | 二里半 | 二百戶春月較多 |
| | 北礵分三澳曰南澳北澳可門平時約共二百戶春月驟增千人南澳有瓦屋兩三椽餘皆結茅而居 | | | | |
| 南礵 | 東南 | 六十八里 | 三里又三分里之一 | 二里 | 三十餘人冬季較多 |
| 東礵 | 東南 | 六十八里 | 三里又三分里之二 | 半里 | 冬季四五百人平時留數人看守 |
| 紅礵 | 東南 | 六十六里 | 一里半 | 半里 | |
| 白礵 | 東南 | 六十里 | 一里 | 三分里之一 | |
| 坑頭 | 東南 | 六十三里 | 一里又三分里之二 | 五分里之四 | 三四十人冬季無 |
| | 坑頭凡二島此指北面較大者而言居民種山芋爲生多長樂縣籍春來冬去向南者係荒島 | | | | |

福建海島表　松山口附近各島

| 船隻 | 錨地 | 土產 | 異名 | 譯名 |
|---|---|---|---|---|
| 數十號春月較多 | 南澳可泊暫 | 山芋 | 礵或作[illegible]以下同 | 鎮島 |
| | | | | |
| 四五號冬季較多 | | 山芋 | | 鄉島 |
| 一二十號冬季平時無 | 西面可泊民船 | | | |
| | | | | |
| | | | | |
| 六七號冬季無 | | 山芋 | | |
| | | | | |

自北礵至坑頭西圖慢作七星列島
按七星島在此北偏東五十餘里



秦嶼附近海島表　自本處起計

| 島名 | 偏度 | 直距 | 長 | 闊 | 居民 |
|---|---|---|---|---|---|
| 大嵛山 | 南偏東 | 二十八里 | 十三里 | 七里半 | 約二百戶春月較多 |
| | 是島明初居民極盛嗣以孤懸海外有司鞭長莫及遂徙其民於內地而荒之自國朝以來亦屢伸禁樵漁者有罰近年來海宇晏然始有漁戶納費營弁結茅私居而山多人少集穢滿目近經紳商稟官開墾將來可獲移民 | | | | |
| 小嵛山 | 南微偏東 | 三十二里 | 八里半 | 二里 | 數戶 |
| | 小嵛山東北面有小澳口窄而內寬曰布袋澳遇颶風時泊民船最穩 | | | | |
| 鴛鴦山 | 東南 | 三十三里 | 三里 | 五分里之四 | 二三戶 |
| | 山形如鳥舒翼 | | | | |
| 小鴛鴦 | 小鴛鴦在鴛鴦山西南微離 | | | | |
| 銀嶼 | 銀嶼在小嵛山南一里有兩高峯 | | | | |
| 鳥嶼 | 鳥嶼在小嵛山北微離 | | | | |
| 烽火山 | 南微偏西 | 三十二里 | 五里半 | 一里半 | 五六十戶 |
| | 相傳康熙九年移閩安右營於此改名烽火門營二十三年再移秦嶼而名則仍之元登是島求其遺址而不可得訪諸島民則皆自來道光以後并不知有駐營事詢舊址益茫然矣○山皆低平惟西北有一高峯志稱烽火尖者 | | | | |
| 獅頭山 | 南微偏西 | 三十六里 | 一里又四分里之一 | 半里 | |
| 鼠頭山 | 鼠頭山在獅頭山西微離 | | | | |
| 葛山 | 南微偏西 | 三十二里 | 一里半 | 半里 | |
| 中嶼 | 中嶼在葛嶼北微離 | | | | |
| 尾嶼 | 尾嶼在中嶼北微離 | | | | |
| 跳尾 | 南偏東 | 十二里 | 一里又三分里之一 | 五分里之三 | |
| 馬嶼 | 馬嶼在八都港口有居民數戶上年被盜遂相率徙去 | | | | |
| 猲嶼 | 猲嶼在秦嶼口外八里 | | | | |

福建海島表　秦嶼附近各島

| 船隻 | 錨地 | 土產 | 異名 | 譯名 |
|---|---|---|---|---|
| 數十號春月較多 | 西面 | 山芋稻 | 俗名瑤山 | 慢作浮瀛 |
| | 之效島民散處四周而以西面之蘆竹東面之東甲為盛烽火營派練兵三十名分駐媽祖東甲兩澳千把或外額一弁領之 | | | |
| 一二號 | 北面可泊中輪 | | | 竹排島 |
| | | | | |
| | | 山芋 | | 無 |
| | | | | |
| | | | | 無 |
| | | | | 糖塔島 |
| | | | | 無 |
| 十餘號 | 西面可泊中小輪東面可泊民船 | 山芋稻 | | 角度島 |
| 豈以此耶 | | | | |
| | | | | 無 |
| | | | | 無 |
| | | 山芋 | | 無 |
| | | | | 無 |
| | | | | 無 |
| | | | | 無 |
| | | | | 無 |
| | | | | 無 |



秦嶼附近海島表　自本處起計

| 島名 | 偏度 | 直距 | 長 | 闊 | 居民 |
|---|---|---|---|---|---|
| 冬瓜嶼 | 東 | 二十四里 | 四里 | 一里又三分里之一 | 數戶 |
| | 冬瓜嶼與老岸微離西圖連老岸慢 | | | | |
| 七星 | 東南 | 四十七里 | 一里半 | 一里 | 數十人 |
| | 七星係小島及礁石一叢稍大者曰東星南星西星餘無名東星茅屋十餘間小船十餘號西星茅屋兩間小船一 | | | | |
| 笠嶼 | 笠嶼在東星西北十五里半 | | | | |
| 東臺 | 東偏南 | 八十三里 | 三里半 | 一里又五分里之三 | 一二十人春月較多 |
| | 自東臺東偏北二十餘里有礁石一叢土名星仔 | | | | |
| 西臺 | 東偏南 | 七十九里 | 三里 | 二里 | 數十人春月較多 |
| | 西臺山東北面一奇峯形如今時小帽俗名涼傘頭西北面數十里外便能見之 | | | | |

## 福建海島表　秦嶼附近各島

| 船隻 | 錨地 | 土產 | 異名 | 譯名 |
|---|---|---|---|---|
| 數號 | | 山芋 | 屏風山 | 劈裂山 |
| | | | | |
| 十餘號 | | 山芋 | | 鱷島 |
| 二號春月均較多南星無民居以上里距長濶係指東星而言 | | | | |
| | | | | 孤石 |
| 四五號春月十餘號 | | 山芋 | | 總名寨島 |
| | | | | |
| 十餘號春月較多 | | 山芋 | | |
| | | | | |



## 海壇西面附近海島表

自海壇本島起計○松下鎮東等口島嶼無幾附見於此

| 島名 | 偏度 | 直距 | 長 | 闊 | 居民 |
|---|---|---|---|---|---|
| 大練 | 西北 | 二里 | 十里 | 五里 | 三百餘戶 |
| | 大練與海壇間有鐘嶼遂名其水道曰鐘門係民船常行之路○大練由海壇左營派兵一名駐之 | | | | |
| 鐘嶼 | 鐘嶼在大練與海壇間水道適中之處隆然圓形因名鐘 | | | | |
| 香爐嶼 | 香爐嶼在大練南四里半 | | | | |
| 四風嶼 | 四風嶼在大練南離海壇老澳山甚近上有小廟 | | | | |
| 四孤山 | 四孤山在大練北三里四小島聚於一處因名四孤里距 | | | | |
| 小練 | 西北 | 十一里半 | 四里 | 三里 | 一百餘戶 |
| 長嶼 | 西北 | 十五里半 | 四里 | 一里 | 四十五戶 |
| 烏猪山 | 西北 | 十五里半 | 一里又四分里之一 | 三分里之一 | |
| 小烏猪 | 小烏猪在烏猪山與長嶼之間有亂石相連 | | | | |
| 鼓嶼 | 西北 | 十七里半 | 一里半 | 一里 | 二十三戶 |
| | 鼓嶼與長嶼間水道曰鼓嶼門凡大輪行經海壇西面者準由此出入島上有三角式白色木牌以爲舟行準的 | | | | |
| 橫嵛 | 西北 | 二十二里 | 一里 | 三分里之一 | |
| 石壛 | 石壛在橫嵛西北二里半 | | | | |
| 小嶼 | 小嶼在橫嵛西北四里 | | | | |
| 嶼頭 | 西偏北 | 十八里 | 十里 | 三里 | 六百餘戶 |
| | 嶼頭山形低平厥土黃壤稀植絕佳島民頗溫飽其西南兩小島與嶼頭有沙灘相連故通名嶼頭○海壇左營派 | | | | |
| 吉兆 | 西偏北 | 二十三里半 | 四里 | 一里 | 八十九戶 |
| 黃官山 | 黃官山在吉兆南偏西三里 | | | | |
| 塔秩嶼 | 塔秩嶼在吉兆西南四里 | | | | |
| 小陳嶼 | 小陳嶼在吉兆西北六里 | | | | |
| | | | | | |
| 北山 | 西偏北 | 二十六里半 | 五里 | 二里 | 三十餘戶 |
| 東壁嶼 | 西偏北 | 二十七里 | 四里 | 二里 | 三百餘戶 |

## 福建海島表　海壇西面附近各島

| 船隻 | 錨地 | 土產 | 異名 | 譯名 |
|---|---|---|---|---|
| 三四十號 | | 山芋薯有稻 | | 大湯島 |
| | | | | |
| 嶼 | | | | 鈕島 |
| | | | | 無 |
| | | | | 無 |
| 係指西面稍大者而言 | | | | 屛里屛列島 |
| 七八號 | | 山芋 | | 道里島 |
| 四五號 | | 山芋 | 土音呼若塘嶼 | 興安島 |
| | | | | 興石 |
| | | | | 無 |
| 五六號 | | 山芋 | | 懶婦島 |
| | | | | |
| | | | 人嶼 | 無 |
| | | | | 無 |
| | | | | 無 |
| 商船約十號漁船三十餘號 | | 山芋薯有稻 | | 中島 |
| 兵一名駐之 | | | | |
| 十餘號 | 北面可泊中輪 | | 或名吉釣又名吉刁亦名吉跳 | 無 |
| | | | | 無 |
| | | | | 無 |
| | | | | 無 |
| | | | | 無 |
| 十餘號 | | 山芋 | | 無 |
| 商船十餘號小漁船六十餘號 | | 山芋 | 東嶼 | 無 |



## 海壇西面附近海島表

自海壇本島起計

| 島名 | 偏度 | 直距 | 長 | 闊 | 居民 |
|---|---|---|---|---|---|
| 明江嶼 | 西 | 十四里半 | 一里又四分里之一 | 四分里之一 | |
| 小明江 | 小明江在明江嶼西微離 | | | | |
| 四嶼 | 四嶼在明江嶼東南一里又四分里之一四小嶼聚於一 | | | | |
| 笠嶼 | 笠嶼在明江嶼北三分里之二 | | | | |
| 壁嶼 | 壁嶼在明江嶼北一里 | | | | |
| 鱟蟹嶼 | 鱟蟹嶼在明江嶼北一里又三分里之一 | | | | |
| 八尺嶼 | 八尺嶼在明江嶼北偏西三里 | | | | |
| 墓嶼 | 墓嶼在明江嶼南偏東九里半 | | | | |
| 棋嶼 | 棋嶼在明江嶼南微偏東八里 | | | | |
| 四嶼 | 四嶼在明江嶼南偏東十一里半四小嶼聚於一處因名四嶼里距係指北面稍大者而言○明江嶼南面四嶼凡 | | | | |
| 球山 | 球山在明江嶼南微偏西十三里半 | | | | |
| | | | | | |
| 石牌 | 石牌在明江嶼東十二里半非島非礁二巨石矗立海中在北者高約九丈在南者高半之遠望如巨舟揚帆奇觀 | | | | |
| 小玉嶼 | 小玉嶼在石牌東偏南二里又三分里之一 | | | | |
| | | | | | |
| 大吉嶼 | 西 | 二里半 | 一里又六分里之一 | | 十餘戶 |
| | 自大吉嶼至紅峴各島潮至一片汪洋潮退有泥灘相連 | | | | |
| 小吉嶼 | 小吉嶼在大吉嶼東北半里居民一戶船一號 | | | | |
| 擔嶼 | 擔嶼在大吉嶼西偏北六分里之五兩小島東西並列 | | | | |
| 紅山 | 紅山在大吉嶼東北三里又三分里之一即在海壇岸邊 | | | | |
| 櫃嶼 | 櫃嶼在大吉嶼南偏西一里半茅屋兩間係馬腿人所居 | | | | |
| 門邊嶼 | 門邊嶼在大吉嶼西南二里又三分里之一 | | | | |
| 馬腿嶼 | 馬腿嶼在大吉嶼南三里居民二十餘戶船五六號土產 | | | | |
| 環嶼 | 環嶼在大吉嶼南偏西四里茅屋兩間係馬腿人所居 | | | | |
| 小馬嶼 | 小馬嶼在大吉嶼南偏西三里半 | | | | |
| 泮峯嶼 | 泮峯嶼在大吉嶼西南四里又五分里之四 | | | | |
| 紅峴 | 紅峴在大吉嶼西南三里又六分里之五 | | | | |
| 笸籮山 | 笸籮山在大吉嶼南偏西十二里 | | | | |
| 小笸籮 | 小笸籮在笸籮山北約半里 | | | | |
| 猴嶼 | 猴嶼在大吉嶼南偏西十三里半離海壇約半里居民一 | | | | |
| 分流嶼 | 分流嶼在猴嶼南偏西三里半其北面相連之礁俗呼分 | | | | |
| 天大山 | 西 | 半里 | 三里又五分里之四 | 一里半 | 數戶 |

| 譯名 | 異名 | 土產 | 錨地 | 船隻 |
|---|---|---|---|---|
| 圓島 | | | | |
| 無 | | | | |
| | | | | 處因名四嶼 |
| 無 | | | | |
| 無 | | | | |
| 無 | | | | |
| 無 | 亦曰八尺道 | | | |
| 且而司島 | | | | |
| | | | | |
| 石島 | | | | 兩見 |
| | | | | |
| 無 | | | | |
| | | | | |
| 柱石 | | | | 也 |
| | | | | |
| 海以島 | | | | |
| | | | | |
| 無 | 大杰 | 山芋 | | 四五號 |
| | 或省曰大吉小吉 | | | |
| 企望島 | 小杰 | | | |
| 無 | | | | |
| 峭璧 | | | 土色深紅因名紅山 | |
| 無 | | | | |
| 無 | | | | |
| 圓頂島 | | | | 山芋 |
| 環嶼 | | | | |
| 無 | | | | |
| 小嶼 | | | | |
| 無 | | | | |
| 中島 | | | | |
| 無 | | | | |
| 坡島 | | | | 戶船一號 |
| 旗島 | 土音呼若本流 | | | 流尾 |
| 無 | | 山芋薯有稻 | | 小商船一號 |

## 海壇西面附近海島表

自海壇本島起計

| 島名 | 偏度 | 直距 | 長 | 闊 | 居民 |
|---|---|---|---|---|---|
| | 天大山與海壇有沙灘相連有二小村一名蛤獅居民二三戶小商船一號一名渡船頭居民亦二三戶無船 | | | | |
| 猫嶼 | 猫嶼在天大山東偏北一里半潮退有泥灘相連 | | | | |
| 鷄蛋嶼 | 鷄蛋嶼在天大山東北一里半潮退有泥灘相連 | | | | |
| 本連嶼 | 本連嶼在天大山北偏西一里又三分里之二 | | | | |
| 然嶼 | 然嶼在天大山南偏東一里 | | | | |
| 吉兆 | 西 | 一里又五分里之一 | 五里 | 二里又三分里之一 | 一百三十餘戶 |
| | 全島分十一鄉共居民一百三十餘戶東面南港內泊中小民船最穩惟水道不深須候潮出入南面倒笈尾之東 | | | | |
| 倒笈 | 倒笈在吉兆南角微離 | | | | |
| | | | | | |
| 黃門山 | 西 | 四里 | 一里 | 五分里之二 | |
| 小礁頭 | 西 | 三里 | 一里又五分里之一 | 三分里之一 | |
| | 二小山中有沙土相連其長闊係合三山通計舊有居民一戶六年前遷居附近之吉兆島 | | | | |
| 香爐嶼 | 香爐嶼在小礁頭北二里半離海壇老山甚近 | | | | |
| | | | | | |
| 大嶼 | 西 | 六里半 | 一里 | 半里 | 無居民止一二人看守球架 |
| | 光緒二十三年就頂峯建白色球架以爲舟行準繩有洋房以居守護之人又大嶼東北三分里之二有金鰯礁上有黑色球桿與大嶼白球同時設礁東面名金鰯門春夏時浪軟風微而多霧大輪視爲畏途冬季外洋風浪較勁 | | | | |
| 壳嶼 | 壳嶼在大嶼東北二里 | | | | |
| 南青嶼 | 南青嶼在大嶼西偏北四里又三分里之一 | | | | |
| 北青嶼 | 北青嶼在大嶼西北五里 | | | | |
| 烏嶼 | 烏嶼在大嶼西一里此礁而名爲烏島也其南面附近之礁 | | | | |
| 可門山 | 西偏南 | 七里 | 四里又三分里之二 | 一里又七分里之六 | 七十餘戶 |
| 東正嶼 | 東正嶼在可門山東一里再東有小東正嶼 | | | | |
| 小紅嶼 | 小紅嶼在可門山西偏北四里 | | | | |
| 馬嶼 | 西南 | 十里半 | 一里 | 三分里之二 | |
| 南小馬 | 南小馬在馬嶼南五分里之二 | | | | |
| 北小馬 | 北小馬在馬嶼北五分里之二 | | | | |



| 譯名 | 異名 | 土產 | 錨地 | 船隻 |
|---|---|---|---|---|
| | | | | |
| 無 | | | | |
| 無 | 俗作圭蛋嶼 | | | |
| 無 | | | | |
| 鷗嶼 | | | | |
| 無 | 或名吉釣又名吉刁亦名吉跳 | 山芋薯有稻 | 東南小港泊民船最穩 | 十餘號 |
| | 過東北兩面之風泊中小民船亦穩若轉西南風浪稍大○土人呼此爲外吉兆而以附近松下者爲內吉兆 | | | |
| 帆島 | | | | |
| | | | | |
| 大和尚 | | | | |
| 金山界 | | | | |
| | | | | |
| 無 | | | | |
| | | | | |
| 門島 | | | | |
| | 大輪皆由此出入惟礁石林立過之者頗有戒心又近金鰯金蓋兩礁有漩流民船悞近每致觸犯○三十年前一外國商輪因迷霧觸金蓋礁而沉按金蓋礁在金鰯礁北微偏東約一里又六分里之一 | | | |
| 低島 | | | | |
| 無 | | | | |
| 無 | | | | |
| 無 | | | | 曰小烏嶼 |
| 可門 | | 山芋 | | 十餘號 |
| 幼島 | | | | |
| 無 | | | | |
| 蜂房島 | 或名黃馬 | | | |
| 無 | | | | |
| 無 | | | | |

## 海壇南面附近海島表

自海壇本島起計

| 島名 | 偏度 | 直距 | 長 | 闊 | 居民 |
|---|---|---|---|---|---|
| 草嶼 | 南偏西 | 六里又五分里之四 | 六里 | 三里 | 二百七八十戶 |
| | 全島凡七鄉曰蓮澳曰西樓曰陳厝曰吟羗曰後坑曰江尾曰浮板下中有一大山曰獅垻嶺上有石墩三座係三 | | | | |
| 前崎 | 南偏西 | 十一里 | 一里又三分里之一 | 半里 | |
| 中崎 | 中崎在草嶼北微離 | | | | |
| 白誇 | 白誇在草嶼北七里半此名未知取義東面有礁曰小白 | | | | |
| 苟亂嶼 | 苟亂嶼在白誇山北七分里之六此島土名不雅馴故以同音之字易之 | | | | |
| 東嶼 | 東嶼在草嶼東北六里 | | | | |
| 西嶼 | 西嶼與東嶼並列 | | | | |
| 塘嶼 | 南偏西 | 十五里 | 七里半 | 一里半 | 四百三十餘戶 |
| | 島間多白石壘之灑灑而峯巒豐腴迴異常島四下署有熱田島民分居三村曰南寮居民三百戶北寮一百戶中 | | | | |
| 北官嶼 | 南偏西 | 十五里半 | 一里又三分里之一 | 五分里之四 | |
| 南官嶼 | 南官嶼在塘嶼西一里又三分里之一 | | | | |
| 龍保嶼 | 龍保嶼在塘嶼北五分里之四 | | | | |
| 井嶼 | 井嶼在塘嶼北七分里之五 | | | | |
| 限嶼 | 限嶼在塘嶼東有沙灘相連再東有天礁亦相連 | | | | |
| 東箇尾 | 東箇尾在塘嶼東微離此名未知取義 | | | | |
| 上嶼 | 上嶼在塘嶼東南七分里之五 | | | | |
| 下嶼 | 下嶼在塘嶼東南六分里之五 | | | | |
| | | | | | |
| 大岑 | 南 | 十九里 | 二里 | 一里 | 暫居數十戶 |
| | 西南面澳中有茅屋數十間塘嶼人來此採紫菜者所結旣畢捲茅而去 | | | | |
| 小岑 | 小岑在大岑東微偏南一里半 | | | | |
| 東限 | 東限在大岑東有泥灘相連 | | | | |
| 稱嶼 | 南 | 二十里 | 一里又四分里之一 | 半里 | |
| | 東面一沙灘與大岑相連潮退可通行人○大岑東南一里有圓形黑石曰稱硾 | | | | |
| 橫山 | 南 | 二十四里 | 二里半 | 四分里之三 | |

| 船隻 | 錨地 | 土產 | 異名 | 譯名 |
|---|---|---|---|---|
| 六七號 | | 山芋署有稻 | | 七姆島 |
| 四十年前西人所築以爲舟行準望○草嶼與海壇間水道曰草嶼門爲大輪常行之路 | | | | |
| | | | | 無 |
| | | | | 無 |
| | | | | 測量島 |
| | | | | 無 |
| | | | | |
| | | | | 無 |
| | | | | 無 |
| 三四十號 | | 山芋 | | 沙島 |
| 寮三十餘戶民俗勤謹大半往大岩等處捕魚或採紫菜以是皆溫飽積資數萬者亦數見不鮮登其島恂恂知禮讓焉 | | | | |
| | | | | 鈕島 |
| | | | | 圓島 |
| | | | | 無 |
| | | | | 無 |
| | | | | 無 |
| | | | | 無 |
| | | | | 無 |
| | | | | 無 |
| | | | | |
| | | | 大岩小岩總名東岩 | 列石島 |
| | | | | |
| | | | | 無 |
| | | | | 無 |
| | | | | 曲灣島 |
| | | | | |
| | | | | 巡守島 |

福建海島表　海壇南面附近各島　十四

## 海壇南面附近海島表　自海壇本島起計

| 島名 | 偏度 | 直距 | 長 | 闊 | 居民 |
|---|---|---|---|---|---|
| 橫山凡二島分言之曰南橫東橫中有石行相連東橫有大王廟又有茅屋兩間塘嶼人來此採紫菜者所居 | | | | | |
| 大姜 | 南偏東 | 一里又四分之三 | 二里又五分里之四 | 六分里之五 | |
| | 上有媽祖廟 | | | | |
| 小姜 | 小姜在大姜東南二里半上有龍王廟小姜附近有島姜 | | | | |
| 圓嶼 | 圓嶼在大姜西北四分里之三 | | | | |
| 長嶼山 | 長嶼山在大姜北偏東二里又五分里之一與海壇有沙灘相連頂有巨石多塊若礮臺然居民四五十戶小船十 | | | | |
| 對頭角嶼 | 對頭角嶼在大姜東北六里與海壇有沙灘相連 | | | | |
| | | | | | |

| 船隻 | 錨地 | 土產 | 異名 | 譯名 |
|---|---|---|---|---|
| | | | | |
| | | | | 浮立扣島 |
| | | | | |
| 白姜皆礁名 | | | | 常島 |
| | | | | 無 |
| 餘號 | | | | 無 |
| | | | | 蘇島 |
| | | | | |

福建海島表　海壇南面附近各島　十五

## 海壇東面附近海島表　自海壇本島起計

| 島名 | 偏度 | 直距 | 長 | 闊 | 居民 |
|---|---|---|---|---|---|
| 牛山 | 東偏南 | 十六里 | 一里又四分里之三 | 三分里之二 | 暫居數十人 |
| 牛山燈塔係白鏡透光常明燈光點距水面二十一丈八尺晴時能照六十九里並有霧礮○居民皆隔海觀音澳 | | | | | |
| 限山 | 東偏南 | 四分里之三 | 一里 | 半里 | |
| 硯山 | 硯山在限山與海壇老山間旁有礁曰小硯 | | | | |
| 滬口山 | 滬口山在限山與海壇老山間 | | | | |
| 大山 | 東 | 一里 | 一里又三分里之一 | 五分里之二 | |
| 小山 | 小山在大山東偏南三分里之一 | | | | |
| | | | | | |
| 蛇嶼 | 蛇嶼在大山西北九里海壇東面有大澳澳內礁島甚多而此適居其中故以下各小島均自此起計 | | | | |
| 鷺鷥嶼 | 鷺鷥嶼在蛇嶼南偏東五里 | | | | |
| 觀嶼 | 觀嶼在蛇嶼西南五里半 | | | | |
| 古頭嶼 | 古頭嶼在蛇嶼西二里又三分里之一 | | | | |
| 大巖 | 大巖在蛇嶼西微偏南三里半 | | | | |
| 小巖 | 小巖在蛇嶼西二里又五分里之四 | | | | |
| 規模山 | 規模山在蛇嶼西四里 | | | | |
| 青嶼 | 青嶼在蛇嶼西四里 | | | | |
| 白頭嶼 | 白頭嶼在蛇嶼西偏北三里 | | | | |
| 塌嶼 | 塌嶼在蛇嶼西北三里係礁石一叢 | | | | |
| | | | | | |
| 東庠 | 東偏北 | 三里半 | 六里 | 三里 | 五百餘戶 |
| 東庠北面有澳口窄而內寬形如葫蘆因名葫蘆澳潮退尚深三拓爲民船極穩錨地民居亦在澳內兩旁○澳口 | | | | | |
| 小庠 | 東偏北 | 三里 | 二里又三分里之一 | 一里又四分里之一 | 五十六戶 |
| 限山 | 限山在東庠東半里 | | | | |
| 黃泥嶼 | 黃泥嶼在東庠南偏西三里半 | | | | |
| 娘后嶼 | 娘后嶼在東庠南偏西四里半 | | | | |
| 廣友嶼 | 廣友嶼在小庠西南三里又五分里之四 | | | | |
| 小紅山 | 小紅山在小庠西南三里又三分里之一 | | | | |
| 白濱 | 白濱在小庠北偏西四里居民一戶 | | | | |
| 小白濱 | 小白濱在小庠北偏西三里又三分里之一 | | | | |
| 杉尾山 | 杉尾山在小庠西偏北九里半在海壇老山邊 | | | | |

## 海壇東面附近海島表　自海壇本島起計

| 島名 | 偏度 | 直距 | 長 | 闊 | 居民 |
| --- | --- | --- | --- | --- | --- |
| 大嵩 | 東北 | 二里半 | 一里半 | 一里 | 十餘戶 |
| 小嵩 | 小嵩在大嵩西北半里居民一戶 | | | | |
| 赤鞋山 | 赤鞋山在大嵩西偏南一里居民一戶 | | | | |
| 古螺洲 | 古螺洲在大嵩北偏東四里半 | | | | |
| 東洲 | 東洲在大嵩東北六里 | | | | |
| 平洲 | 平洲在大嵩東北五里與三洲有石行相連 | | | | |
| | | | | | |
| 三洲 | 三洲在大嵩東北五里半有茅屋數間南日島民寄居其間陽爲捕魚行踪詭秘近處商船時或被盜說者疑皆此 | | | | |
| 牛塘洲 | 牛塘洲在大嵩東北十里半 | | | | |
| | | | | | |
| 三白 | 三白在大嵩東北十三里半凡小島二分言之在北者曰金白在南者曰鳥巢里距係指鳥巢而言 | | | | |

## 福建海島表　海壇東面附近各島

| 譯名 | 異名 | 土產 | 錨地 | 船隻 |
| --- | --- | --- | --- | --- |
| 呑阿暴河脫島 | | | | |
| | | | | 人採紫菜爲業 |
| 淸蘇島 | | | | |
| 硯山 | | | | |
| 滬口山 | | | | |
| 落濟佛島 | | | | |
| 無 | | | | |
| | | | | |
| 無 | | | | |
| | | | | |
| 無 | | | | |
| 無 | | | | |
| 無 | | | | |
| 無 | | | | |
| 無 | | | | |
| 無 | | | | |
| 無 | | | | |
| 回夫石 | | | | |
| 無 | | | | |
| | | | | |
| 昆島 | | 山芋稻 | 薊蘆澳泊民船最穩 | 一百餘號 |
| | | | | 有礁曰礁前未知取義 |
| 派來島 | | 山芋 | | 十餘號 |
| 無 | | | | |
| 無 | | | | |
| 無 | | | | |
| 無 | | | | |
| 無 | | | | |
| 水道石 | | | | |
| 無 | | | | |
| 無 | 刷眉 | | | |

十六

## 海壇北面附近海島表　自海壇本島起計

| 島名 | 偏度 | 直距 | 長 | 闊 | 居民 |
| --- | --- | --- | --- | --- | --- |
| 棕嶼 | 北 | 二里又四分里之一 | 一里 | 三分里之一 | 一戶 |
| 竹排山 | 竹排山在棕嶼北偏西十一里 | | | | |
| 白頭嶼 | 白頭嶼在棕嶼北偏東九里 | | | | |
| 笠嶼 | 笠嶼在棕嶼北偏東十二里半 | | | | |
| | | | | | |
| 東洛山 | 北偏西 | 二十六里 | 二里又三分里之一 | 一里半 | 二十戶 |
| 西洛山 | 西洛山在東洛山西偏南三里 | | | | |
| 東艮山 | 東艮山在東洛山東一里又三分里之二 | | | | |
| 大郎 | 大郎在東洛山東北二里又五分里之一 | | | | |
| 小郎 | 小郎在東洛山東北一里半 | | | | |
| 石跡山 | 石跡山在東洛山西北三里又五分里之一 | | | | |
| 南王母 | 南王母在東洛山西北十三里半陸岸沙灘邊 | | | | |
| 北王母 | 北王母在東洛山北偏西十七里半陸岸沙灘邊 | | | | |
| 磁澳山 | 磁澳山在東洛山北微偏東二十七里新漲沙灘已與陸 | | | | |
| 秋湖嶼 | 秋湖嶼在磁澳山北偏東二里又五分里之一陸岸沙灘 | | | | |
| 貓嶼 | 貓嶼在磁澳山北微偏東五里又五分里之一陸岸沙灘 | | | | |
| 馬背山 | 馬背山在磁澳山北偏東十四里半陸岸沙灘邊 | | | | |
| 坡山 | 坡山在滋澳山北偏東十五里 | | | | |

## 福建海島表　海壇東面附近各島

| 譯名 | 異名 | 土產 | 錨地 | 船隻 |
| --- | --- | --- | --- | --- |
| 扣司脫島 | | 山芋 | | |
| 無 | | | | |
| 總名三行石 | | | | |
| | | | | |
| | | 蠆所爲然飽掠則颶不能謂居之者皆盜也○東洲平洲古螺土人通名三洲 | | |
| 無 | | | | |
| 警石 | | | | |

十七

| 譯名 | 異名 | 土產 | 錨地 | 船隻 |
| --- | --- | --- | --- | --- |
| 長島 | | 山芋 | | |
| 紅石 | | | | |
| 回夫石 | | | | |
| 那爾登石 | | | | |
| | | | | |
| 立方形島 | | 山芋 | | 二三號 |
| 水道島 | | | | |
| 無 | | | | |
| 大郎 | | | | |
| 無 | | | | |
| 赭色石 | | | | |
| 無 | | | | |
| 無 | | | | |
| 鈕他 | 滋澳 | | | 岸相連 |
| 無 | | | | 邊 |
| 馬山 | | | | 邊 |
| 粗山 | | | | |
| 坡介 | | | | |

福建海島表　海壇北面附近各島　十八

## 海壇內港各島表　自平潭大王廟礮臺起計

| 島名 | 偏度 | 直距 | 長 | 闊 | 居民 |
| --- | --- | --- | --- | --- | --- |
| 洋潮嶼 | 西偏北 | 一里又六分里之一 | 一里半 | 五分里之四 | 三十餘戶 |
| | 洋潮嶼厥土紅壤種植頗佳居民拾介類爲生○東面附近有竹嵩礁上年一民船觸此而沈 | | | | |
| 香爐嶼 | 香爐嶼西與洋潮嶼相連 | | | | |
| 菱杯嶼 | 菱杯嶼在洋潮嶼東偏北五分里之四 | | | | |
| 巳仕礁 | 巳仕礁在洋潮嶼西北一里又四分里之一 | | | | |
| 飛鳥嶼 | 飛鳥嶼在洋潮嶼北五分里之二舊有居民三四戶上年遷往洋潮嶼敗屋數椽猶存稀有山芋 | | | | |
| 井嶼 | 井嶼在洋潮嶼西五分里之三居民九戶以拾介類爲生船二號○東與洋潮嶼間有礁曰比地礁 | | | | |
| 東嶼 | 北偏西 | 二里又五分里之二 | 二里半 | 一里又七分里之一 | 五六十戶 |
| 下嶼 | 北偏西 | 四里又五分里之四 | 四里又五分里之三 | 十分里之九 | 百餘戶 |
| 馬頭山 | 馬頭山在下嶼東一里又七分里之一 | | | | |
| 下洋嶼 | 下洋嶼在下嶼西南三里 | | | | |
| 當井山 | 當井山在老岸媽祖山東五分里之一 | | | | |
| 瓜嶼 | 西偏南 | 七里 | 七分里之六 | 三分里之二 | |
| 暮嶼 | 暮嶼南有沙田與海壇老岸相連 | | | | |

| 譯名 | 異名 | 土產 | 錨地 | 船隻 |
| --- | --- | --- | --- | --- |
| 無 | | 山芋 | | 四號 |
| | | | | |
| 無 | | | | |
| 無 | 紅嶼仔 | | | |
| 無 | 艮嶼 | | | |
| 無 | 捕鳥嶼 | | | |
| 無 | 長年嶼 | | | |
| 無 | | 山芋 | | 五六號 |
| 無 | | 山芋薯有稻 | | 十餘號 |
| 無 | | | | |
| 無 | 紅山仔 | | | |
| 無 | | | | |
| 無 | | | | |
| 無 | | | | |

福建海島表　海壇內港各島　十九

## 萬安附近海島表　自萬安城起計○長港內島嶼無幾附見於此

| 島名 | 偏度 | 直距 | 長 | 闊 | 居民 |
| --- | --- | --- | --- | --- | --- |
| 大嶼 | 北 | 一里又五分里之二 | 二里 | 三分里之一 | |
| 青嶼 | 青嶼在大嶼南三分里之一 | | | | |
| 桃嶼 | 桃嶼在大嶼西南三分里之一 | | | | |
| 洋嶼 | 洋嶼在大嶼西南二里半 | | | | |
| 梅嶼 | 西偏南 | 十里半 | 一里又三分里之一 | 三分里之二 | 五六戶 |
| 擔嶼 | 擔嶼在梅嶼東偏北二里半兩小島並列 | | | | |
| 小紅山 | 小紅山在梅嶼東六里新搆茅舍兩間 | | | | |
| 白牛山 | 白牛山在梅嶼西偏南七里形若臥牛其左右水道甚深大輪可以任意行駛惟南偏西三里半有古虎礁 | | | | |
| 王官嶼 | 西偏北 | 十里半 | 三里半 | 一里 | 三十餘戶 |
| 小王官 | 小王官在王官嶼北二里又五分里之三 | | | | |
| 鯽魚山 | 鯽魚山在王官嶼北微偏東一里 | | | | |
| 猴嶼 | 猴嶼在王官嶼東一里 | | | | |
| 破嶼 | 破嶼在王官嶼東一里半 | | | | |
| 赤嶼 | 赤嶼在王官嶼西偏北三里半 | | | | |
| 鼠尾嶼 | 鼠尾嶼在王官嶼西偏南六里 | | | | |
| 過嶼 | 過嶼在王官嶼西偏南六里又五分里之一 | | | | |
| 潮嶼 | 潮嶼在王官嶼西偏南九里半 | | | | |
| 大嶼 | 西北 | 十九里半 | 一里又五分里之四 | 五分里之二 | |
| 小嶼 | 小嶼在大嶼東五分里之二 | | | | |
| 雞公嶼 | 雞公嶼在大嶼北偏西二里 | | | | |
| 牛嶼 | 西北 | 二十二里 | 一里又五分里之一 | 半里 | |
| 塔斗嶼 | 塔斗嶼在牛嶼西偏北一里 | | | | |
| 拳頭山 | 拳頭山在牛嶼北偏東一里又五分里之一 | | | | |

福建海島表　萬安附近各島

| 譯名 | 異名 | 土產 | 錨地 | 船隻 |
|---|---|---|---|---|
| 無 | | | | |
| 無 | | | | |
| 無 | | | | |
| 無 | | | | |
| | | | | |
| 卡島 | 人嶼 | | | 四五號 |
| 烹却島 | | | | |
| 道拉司 | | | | |
| 白島 | 土音呼牛若吾故俗名白吾山 | | | |
| | | | | |
| 開撥而島 | | 山芋 | | 三四號 |
| 無 | | | | |
| 無 | | | | |
| 無 | | | | |
| 無 | | | | |
| 無 | | | | |
| 無 | | | | |
| 無 | | | | |
| 無 | | | | |
| 無 | | | | |
| 無 | | | | |
| 無 | 俗作圭公嶼 | | | |
| 無 | | | | |
| 無 | | | | |
| 無 | | | | |

二十

三江口附近海島表

自江口塔子山起計〇雙嶼港東西港島嶼無幾附見於此

| 島名 | 偏度 | 直距 | 長 | 闊 | 居民 |
|---|---|---|---|---|---|
| 東菱杯 | 東偏南 | 二十里 | 一里又三分里之一 | 一里 | 五十餘戶 |
| 東向山 | 東向山在東菱杯南半里 | | | | |
| 小青嶼 | 小青嶼在東菱杯東南三里半 | | | | |
| 西菱杯 | 東偏南 | 十七里半 | 一里半 | 一里半 | 十四戶 |
| 島嶼 | 島嶼在西菱杯西偏南四里又三分里之二 | | | | |
| 小島嶼 | 小島嶼在西菱杯西微偏南五里又三分里之一 | | | | |
| 小島山 | 小島山在西菱杯西微偏南六里又三分里之一 | | | | |
| 棻嶼 | 棻嶼在西菱杯西偏北八里 | | | | |
| 打石山 | 打石山在西菱杯西偏北十六里 | | | | |
| 草嶼 | 草嶼在西菱杯西偏北十七里半 | | | | |
| 塔子山 | 塔子山在西菱杯西偏北十七里半 | | | | |
| 龜山 | 龜山在西菱杯北偏東十五里半 | | | | |
| 海璫嶼 | 海璫嶼在西菱杯北微偏東二十四里半 | | | | |
| 龜嶼 | 龜嶼在西菱杯北微偏東三十八里 | | | | |
| 南鵝山 | 東南 | 二十一里 | 二里 | 五分里之二 | |
| 北鵝山 | 北鵝山在南鵝山西三分里之二 | | | | |
| 青嶼 | 青嶼在南鵝山南偏西一里又五分里之四 | | | | |
| 白嶼 | 白嶼在南鵝山南偏西四里半 | | | | |
| | | | | | |
| 牛嶼 | 東微偏北 | 三十五里半 | 一里半 | 三分里之二 | |
| 虬尾山 | 虬尾山在牛嶼北偏西四里 | | | | |
| | | | | | |
| 上麥嶼 | 東偏北 | 四十一里 | 二里半 | 二里 | 六十餘戶 |
| | 居民大半爲盜殊非善類 | | | | |
| 清嶼 | 清嶼在上麥嶼東偏北二里 | | | | |
| 山塔嶼 | 山塔嶼在上麥嶼東偏北三里 | | | | |
| 礡嶼 | 礡嶼在上麥嶼東微偏北三里 | | | | |
| 大耀嶼 | 大耀嶼在上麥嶼東微離 | | | | |
| 虎嶼 | 虎嶼在上麥嶼西偏南一里又三分里之二 | | | | |
| | | | | | |
| 桃仁嶼 | 東 | 五十三里 | 一里 | 半里 | |

福建海島表　三江口附近各島

| 譯名 | 異名 | 土產 | 錨地 | 船隻 |
|---|---|---|---|---|
| 無 | | 山芋署有稻 | | 小漁船二十餘號 |
| 無 | | | | |
| 無 | | | | |
| 無 | | 山芋 | | 小漁船二號 |
| 無 | | | | |
| 無 | | | | |
| 無 | | | | |
| 無 | | | | |
| 無 | | | | |
| 無 | | | | |
| 無 | | | | |
| 無 | | | | |
| 無 | | | | |
| 無 | | | | |
| 無 | | 山芋署有稻 | | |
| 無 | | | | |
| 無 | | | | |
| 無 | | | | |
| | | | | |
| 無 | | | | |
| 無 | 俗作球尾 | | | |
| | | | | |
| 腰島 | | 山芋 | | 小漁船五號 |
| | | | | |
| 無 | | | | |
| 無 | | | | |
| 無 | | | | |
| 無 | | | | |
| 無 | | | | |
| | | | | |
| 無 | | | | |

二十一

三江口附近海島表

自江口塔子山起計〇雙嶼港東西港島嶼無幾附見於此

| 島名 | 偏度 | 直距 | 長 | 闊 | 居民 |
|---|---|---|---|---|---|
| 車子嶼 | 東 | 六十里 | 一里又三分里之一 | 半里 | |
| 馬嶼 | 馬嶼在車子嶼南三里 | | | | |

| 譯名 | 異名 | 土產 | 錨地 | 船隻 |
|---|---|---|---|---|
| 無 | | | | |
| 無 | | | | |

## 南日附近海島表

自南日本島起計　本島詳上圖說

| 島名 | 偏度 | 直距 | 長 | 闊 | 居民 | 譯名 | 異名 | 土產 | 錨地 | 船隻 |
|---|---|---|---|---|---|---|---|---|---|---|
| 小日 | 北 | 六里又三分里之二 | 三里又三分里之一 | 三里 | 一百三四十戶 | 紅嶼 | | 山芋 | | 大商船二號小漁船四五號 |
| | 東南面山中多磁石 | | | | | | | | | |
| 大嶅山 | 東北 | 十里半 | 二里 | 一里又五分里之四 | 五十餘戶 | 無 | | 山芋 | 西面退流澳可泊民船 | 十餘號 |
| | 上有五顯廟 | | | | | | | | | |
| 小嶅山 | 小嶅山在大嶅山西南三分里之二 | | | | | 無 | | | | |
| 雞母嶼 | 雞母嶼在大嶅山東偏南一里又五分里之三 | | | | | 無 | 俗作圭母嶼 | | | |
| 月盆嶼 | 月盆嶼在大嶅山北偏東二里又三分里之一 | | | | | 小嶼 | | | | |
| | | | | | | | | | | |
| 西羅盤 | 東北 | 七里半 | 二里又三分里之一 | 一里又五分里之二 | | 無 | | | | |
| 光明嶼 | 光明嶼在西羅盤西偏南有石行相連 | | | | | 無 | | | | |
| | | | | | | | | | | |
| 東羅盤 | 東北 | 七里 | 一里又三分里之二 | 一里 | 十餘戶 | 無 | | 山芋 | 西面 | 五六號 |
| | | 南日羣盜常在此伺劫操舟者視爲畏途 | | | | | | | | |
| 橫沙山 | 東偏北 | 八里半 | 一里又五分里之二 | 三分里之二 | | 無 | 橫青山 | | | |
| 小橫沙 | 小橫沙在橫沙山西三分里之一 | | | | | 無 | | | | |
| 磨針嶼 | 磨針嶼在橫沙山西南三分里之二 | | | | | 無 | | | | |
| 大柄 | 東偏北 | 十里半 | 一里半 | 五分里之三 | 十餘戶 | 無 | | | | 三四號 |
| | 名爲捕魚實則盜也 | | | | | | | | | |
| 小柄 | 小柄在大柄西五分里之四 | | | | | 無 | | | | |
| | | | | | | | | | | |
| 大赤 | 東偏北 | 十四里 | 二里 | 五分里之四 | 二十餘戶 | 長嶼 | | | | 五六號 |
| 小赤 | 小赤在大赤西南五分里之三 | | | | | 無 | | | | |
| | | | | | | | | | | |
| 東沙山 | 東偏北 | 十三里 | 一里又五分里之三 | 五分里之四 | | 小帽嶼 | 東青山 | | | |
| | 上有大澳廟 | | | | | | | | | |



## 南日附近海島表

自南日本島起計○平海附近島嶼無幾附見於此

| 島名 | 偏度 | 直距 | 長 | 闊 | 居民 |
|---|---|---|---|---|---|
| 尾沙山 | 尾沙山在東沙山西微離 | | | | |
| 東月嶼 | 東月嶼在東沙山東北五里半 | | | | |
| 小月山 | 小月山在東沙山東北六里又三分里之一 | | | | |
| | | | | | |
| 大麥 | 東 | 三里又三分里之二 | 一里又三分里之二 | 一里 | 七八戶 |
| | | 上有佛祖廟又茅屋數間係南日人來此採紫菜者所居 | | | |
| 虎嶼 | 虎嶼在大麥西二里又六分里之五 | | | | |
| 大磚嶼 | 大磚嶼在大麥西六里又五分里之一 | | | | |
| 小磚嶼 | 小磚嶼在大麥西微偏南六里又五分里之一 | | | | |
| | | | | | |
| 小麥 | 東偏北 | 四里 | 一里 | 五分里之三 | 二三戶 |
| | 茅屋兩間南日人採紫菜者所居 | | | | |
| 浮嶼 | 浮嶼在小麥西五里半 | | | | |
| 海卒仔 | 海卒仔在小麥西八里 | | | | |
| 洋嶼 | 南偏東 | 一里 | 一里又五分里之一 | 六分里之五 | |
| 上龜嶼 | 上龜嶼在洋嶼西北六里又三分里之二 | | | | |
| 下龜嶼 | 下龜嶼在洋嶼西北五里又三分里之二 | | | | |
| 烏坵 | 南 | 三十五里半 | 三里又三分里之一 | 一里又三分里之一 | 百餘人冬春兩季千餘人 |
| 烏坵有燈塔係透鏡漸明漸滅燈光點距水面二十四丈三尺晴時應照七十二里並有霧礮 | | | | | |
| 下嶼 | 南 | 三十六里半 | 二里 | 一里 | 百餘人夏秋兩季千餘人 |
| 鷺鷥嶼 | 西南 | 二十里 | 二里又三分里之一 | 二里 | 四五十戶 |
| 介箭嶼 | 介箭嶼在鷺鷥嶼西偏北十八里 | | | | |
| | | | | | |
| 金石嶼 | 西 | 十三里 | 一里又八分里之一 | 四分里之一 | |
| 等嶼 | 等嶼在金石嶼西南七里 | | | | |
| | | | | | |
| 大嶼 | 西偏北 | 七里 | 一里又三分里之一 | 一里又五分里之一 | |

## 南日附近海島表　自南日本島起計

| 島名 | 偏度 | 直距 | 長 | 闊 | 居民 |
|---|---|---|---|---|---|
| 青嶼 | 青嶼在大嶼西南二里又五分里之二 | | | | |
| 因嶼 | 因嶼在大嶼西南一里又三分里之一 | | | | |
| 虎山 | 虎山在大嶼西半里 | | | | |
| 虎獅山 | 虎獅山在大嶼西北五分里之四 | | | | |
| 小嶼 | 西北 | 五分里之三 | 一里 | 五分里之四 | |
| 草帽嶼 | 草帽嶼在小嶼西北一里 | | | | |
| 龜嶼 | 龜嶼在小嶼北偏東三里 | | | | |
| 牛嶼 | 西北 | 十里又五分里之四 | 一里又五分里之三 | 一里 | |
| 紅山 | 紅山在牛嶼西偏南四里又五分里之三 | | | | |
| 青嶼 | 青嶼在牛嶼西偏南七里 | | | | |
| 寶嶼 | 寶嶼在牛嶼西微偏南七里 | | | | |
| 黃瓜嶼 | 西北 | 二十二里半 | 三里又五分里之三 | 一里又三分里之二 | 一百四十五戶 |
| 淸嶼 | 西北 | 二十一里 | 三里又五分里之四 | 一里又四分里之一 | |
| 淸境嶼 | 西北 | 二十里 | 一里 | 半里 | |
| 野馬山 | 北 | 十四里半 | 四里半 | 四里 | 二十餘戶 |
| | 南日盜艇多出沒其間 | | | | |
| 覆鼎嶼 | 覆鼎嶼在野馬山東三里又三分里之二 | | | | |
| 蛋嶼 | 蛋嶼在野馬山東五里 | | | | |
| 小紅山 | 小紅山在野馬山東偏北六里半 | | | | |
| 山塔山 | 山塔山在野馬山北偏西四里 | | | | |
| 鳥猪嶼 | 鳥猪嶼在野馬山西北一里半 | | | | |
| 度嶼 | 度嶼在野馬山南一里又三分里之一，係低平土山，其南面水道曰鐘門，大輪常行之路 | | | | |
| 西目嶼 | 北 | 九里半 | 一里又三分里之二 | 五分里之四 | |
| 東目嶼 | 東目嶼在西目嶼東半里 | | | | |
| 鷄蛋嶼 | 鷄蛋嶼在西目嶼東北一里又六分里之一 | | | | |
| 鳥嶼 | 北 | 五分里之四 | 一里又五分里之三 | 一里 | |

福建海島表　南日附近各島　二十四

| 譯名 | 異名 | 土產 | 錨地 | 船隻 |
|---|---|---|---|---|
| 無 | | | | |
| 雙嶼 | | | | |
| | | | | |
| 三角島 | | | | |
| | | | | |
| 無 | | | | |
| 無 | | | | |
| 無 | | | | |
| | | | | |
| 石嶼 | | | | |
| | | | | |
| 無 | | | | |
| 無 | | | | |
| 南島 | | | | |
| 無 | | | | |
| 無 | | | | |
| 總名島坵 | 上嶼 | | | 十餘號，春兩季數十號 |
| | | | | |
| | | | | 十餘號，夏秋兩季數十號 |
| 鷺鷥石 | | | | 十餘號 |
| 品石 | 平海杙 | | | |
| | | | | |
| 無 | | | | |
| 無 | | | | |
| | | | | |
| 無 | | | | |

## 南日附近海島表　自南日本島起計

| 島名 | 偏度 | 直距 | 長 | 闊 | 居民 |
|---|---|---|---|---|---|
| 鷄嶼 | 鷄嶼在鳥嶼西偏北四里半 | | | | |
| 花嶼 | 北 | 二里又三分里之一 | 一里 | 五分里之三 | |
| 鱟嶼 | 北 | 半里 | 一里又三分里之一 | 半里 | |
| 擔頭嶼 | 擔頭嶼在鱟嶼東南五分里之三 | | | | |

福建海島表　南日附近各島　二十五

| 譯名 | 異名 | 土產 | 錨地 | 船隻 |
|---|---|---|---|---|
| 無 | | | | |
| 無 | | | | |
| 無 | | | | |
| 無 | | | | |
| 無 | | | | |
| 無 | 洎茅嶼 | | | |
| 無 | | | | |
| 無 | | | | |
| 無 | | | | |
| 無 | | | | |
| 無 | | | | |
| | | | | |
| 無 | | 山芋 | | 商船六號，漁船七八十號 |
| 無 | | | | |
| 鈕子島 | 鷄蛋嶼 | | | |
| 亂形島 | | 山芋署有稻 | | 三號 |
| | | | | |
| 無 | | | | |
| 戈甫島 | | | | |
| 無 | | | | |
| 圓錐山 | | | | |
| 檘立勿司島 | | | | |
| | | | | |
| 回而休島 | | | | |
| | | | | |
| 水道島 | 大食嶼 | | | |
| | 食嶼仔 | 山芋 | | |
| 圓形島 | 裕作圭蛋嶼 | | | |
| 無 | | | | |

# 福建海島表

南日附近各島

| 譯名 | 異名 | 土產 | 錨地 | 船隻 |
| --- | --- | --- | --- | --- |
| 峭壁島 | 俗作圭嶼 | | | |
| 無 | | | | |
| 無 | | | | |
| 無 | | | | |

二十六

# 湄洲附近海島表

自湄洲本島起計　本島詳上圖說

| 島名 | 偏度 | 直距 | 長 | 闊 | 居民 |
| --- | --- | --- | --- | --- | --- |
| 盤嶼 | 西 | 十里半 | 二里又三分里之一 | 一里 | |
| 小門嶼 | 小門嶼在盤嶼北偏東二里 | | | | |
| | | | | | |
| 鐵釘嶼 | 鐵釘嶼在盤嶼東微偏北八里係尖形石山赭色 | | | | |
| 竹嶼 | 西 | 十二里 | 一里又三分里之二 | 一里 | |
| 大粧嶼 | 大粧嶼在竹嶼西二里 | | | | |
| 金竹嶼 | 金竹嶼在竹嶼南半里 | | | | |
| 扁嶼 | 西 | 三十一里半 | 一里又三分里之一 | 半里 | |
| 洋嶼 | 洋嶼在扁嶼西南一里 | | | | |
| 尖嶼 | 尖嶼在扁嶼東北一里 | | | | |
| 官嶼 | 官嶼在扁嶼北七里 | | | | |
| 覺嶼 | 覺嶼在扁嶼北偏東十一里半 | | | | |
| 虎尾嶼 | 虎尾嶼在扁嶼北微偏東十六里 | | | | |
| | | | | | |
| 橫嶼 | 西北 | 二十八里 | 三里半 | 一里 | 三十四戶 |
| 羊嶼 | 西北 | 三十一里 | 一里半 | 五分里之二 | |
| 蝦嶼 | 蝦嶼在羊嶼西北一里半 | | | | |
| 角嶼 | 角嶼在羊嶼西偏北三里半 | | | | |
| 獅嘴嶼 | 獅嘴嶼在羊嶼西偏北四里又三分里之二 | | | | |
| | | | | | |
| 小嶼 | 西北 | 三十二里 | 二里 | 五分里之四 | |
| | 西南面一峯突起曰山峯青上有青峯寺僧四五人是島距岸約一里有石橋以通行人惟歲久間有傾圯渡橋而 | | | | |
| 東沁山 | 西北 | 三十二里 | 一里半 | 三分里之一 | |
| 龜嶼 | 龜嶼在東沁山南一里潮退與東沁山有泥灘相連 | | | | |
| 勞嶼 | 西北 | 二十四里 | 二里半 | 一里半 | 三十餘戶 |
| 小嶼 | 小嶼在勞嶼西偏南一里 | | | | |
| 橫嶼 | 橫嶼在勞嶼東偏北一里 | | | | |

# 福建海島表

湄洲附近各島

| 譯名 | 異名 | 土產 | 錨地 | 船隻 |
| --- | --- | --- | --- | --- |
| 尖石島 | | 山芋 | | |
| 無 | | | | |
| 無 | | | | |
| 馬鞍島 | | | | |
| 無 | | | | |
| 無 | | | | |
| 無 | | | | |
| 無 | | | | |
| 無 | | | | |
| 無 | | | | |
| 無 | | | | |
| 無 | | | | |
| 無 | | 山芋 | | 四五號 |
| 無 | | 山芋 | | |
| 無 | | | | |
| 無 | | | | |
| 無 | | | | |
| 無 | | 山芋 | | |
| | | | | 北有村落居民極盛 |
| 無 | | 山芋 | | |
| 無 | | | | |
| 無 | 又名羅嶼或名老嶼 | 山芋 | | 五六號 |
| 無 | | | | |
| 無 | | | | |

二十七

# 湄洲附近海島表

自湄洲本島起計

| 島名 | 偏度 | 直距 | 長 | 闊 | 居民 |
| --- | --- | --- | --- | --- | --- |
| 狗頭尾 | 西 | 一里半 | 一里 | 三分里之二 | |
| | | 狗頭尾有沙灘與湄洲島相連 | | | |
| 鏡臺 | 鏡臺在狗頭尾西南三里又三分里之一 | | | | |
| 下嶼 | 下嶼在狗頭尾西南五里 | | | | |
| 黃官嶼 | 西 | 十五里 | 三里半 | 一里 | |
| 黃牛嶼 | 黃牛嶼在黃官嶼西一里 | | | | |
| 聖嶼 | 聖嶼在黃官嶼西南二里又三分里之二 | | | | |
| 劍嶼 | 西南 | 十九里 | 一里半 | 三分里之二 | |
| 雞籠嶼 | 雞籠嶼在劍嶼北偏西三里半 | | | | |
| | | | | | |
| 小狗山 | 西南 | 二十八里 | 一里又五分里之一 | 半里 | |
| 大嶼 | 大嶼在小狗山西偏南一里半 | | | | |
| 小嶼 | 小嶼在小狗山西偏南五分里之四 | | | | |
| 猴嶼 | 猴嶼在湄洲島東一里 | | | | |
| | | | | | |
| 大嶼 | 北 | 二里又三分里之二 | 一里半 | 五分里之四 | |
| 小嶼 | 小嶼在大嶼東偏北一里 | | | | |
| | | | | | |
| 鼎蓋嶼 | 鼎蓋嶼在大嶼北偏西十五里半 | | | | |
| 芹山 | 芹山在大嶼北偏西十六里 | | | | |
| 黃牛嶼 | 黃牛嶼在大嶼北偏西十四里 | | | | |
| 屏嶼 | 屏嶼在大嶼北六里半兩山並列 | | | | |

| 譯名 | 異名 | 土產 | 錨地 | 船隻 |
|---|---|---|---|---|
| 無 | | | | |
| | | | | |
| 無 | | | | |
| 九疊石 | | | | |
| 無 | | | | |
| 無 | | | | |
| 無 | | | | |
| 無 | | | | |
| 無 | | | | |
| | | | | |
| 無 | | | | |
| 無 | | | | |
| 無 | | | | |
| 無 | | | | |
| | | | | |
| 無 | | | | |
| 羅溫島 | | | | |
| | | | | |
| 無 | | | | |
| 無 | | | | |
| 無 | | | | |
| 無 | | | | |

## 崇武附近海島表

自崇武城起計〇祥芝附近島嶼無幾附見於此

| 島名 | 偏度 | 直距 | 長 | 闊 | 居民 |
|---|---|---|---|---|---|
| 獺窟 | 西微偏南 | 十六里 | 三里又五分里之一 | 一里又五分里之四 | 約千戶 |
| | 獺窟島民分居東西北三澳西南面有小石城其內亦有民居西澳有店數十家並有益局地方頗爲繁盛〇是島潮退有沙灘與老岸相連潮漲有小舟待渡〇湄洲營派兵一名駐之〇本處商漁船春月多泊西澳冬月泊東澳 | | | | |
| 圓嶼 | 圓嶼在獺窟西偏南七里 | | | | |
| 佳嶼 | 佳嶼在獺窟西偏南六里又三分里之一 | | | | |
| 外嶼 | 外嶼在獺窟西偏南五里又五分里之四 | | | | |
| 島嶼 | 島嶼在獺窟南四里又五分里之二 | | | | |
| 嶼閣 | 嶼閣在獺窟東北四里半與老岸有沙灘相連〇嶼閣兩字未知取義 | | | | |
| 大墜 | 西偏南 | 二十八里 | 二里又五分里之二 | 一里 | |
| | 大墜上有天后廟僧二三人 | | | | |
| 鷄心嶼 | 西偏南 | 二十八里半 | 一里 | 五分里之三 | |
| | 鷄心嶼與大墜有沙灘相連故或統以大墜呼之 | | | | |
| 小墜 | 西偏南 | 三十里半 | 一里又五分里之二 | 半里 | |
| 大嶼 | 西偏南 | 三十五里 | 一里又三分里之一 | 五分里之四 | |
| | 大嶼西面有三石潮退有沙灘相連 | | | | |
| 草嶼 | 草嶼在大嶼西偏北五里又五分里之四 | | | | |
| 白嶼 | 白嶼在大嶼西偏北十二里半 | | | | |
| 金嶼 | 金嶼在大嶼西偏北十二里半與蚶江老岸相離甚近 | | | | |
| 鷄嶼 | 鷄嶼在大嶼西北二十一里半係碎石形小尖峯 | | | | |
| 統城嶼 | 統城嶼在大嶼西偏北二十三里適當泉州江口北岸係低平小圓山上有舊礮臺 | | | | |
| 大羊 | 西 | 七里又五分里之一 | 一里 | 半里 | |
| | 大羊西面有小羊因係礁石故不入表 | | | | |



| 譯名 | 異名 | 土產 | 錨地 | 船隻 |
|---|---|---|---|---|
| 獺窟島 | | 山芋 | 東西兩澳可泊民船 | 大小漁船共八十七號 |
| | | | | 以避風 |
| | | | | |
| 無 | | | | |
| 無 | | | | |
| 無 | | | | |
| 無 | 或名覆鼎 | | | |
| 無 | | | | |
| | | | | |
| 大墜 | | 山芋 | | |
| | | | | |
| 無 | 俗作圭心嶼 | | | |
| | | | | |
| 小墜 | | | | |
| 無 | | | | |
| | | | | |
| 無 | | | | |
| 鼻腮島 | | | | |
| 無 | | | | |
| | | | | |
| 尖石 | 俗作圭嶼 | | | |
| | | | | |
| 前浦島 | | | | |
| | | | | |
| 無 | | | | |
| | | | | |

## 崇武附近海島表

自崇武城起計

| 島名 | 偏度 | 直距 | 長 | 闊 | 居民 |
|---|---|---|---|---|---|
| 龜嶼 | 龜嶼在崇武城西南半里與老岸微離是島酷肖龜形首向外微昂 | | | | |
| 三嶼 | 三嶼在崇武城東三里與老岸微離是島自東西兩面視之並列爲三因名三嶼 | | | | |
| 風占嶼 | 風占嶼在崇武城東八里半適當大岞山角南面係圓錐形 | | | | |
| 青嶼 | 青嶼在崇武城東北六里 | | | | |
| 白嶼 | 白嶼在崇武城東偏北七里 | | | | |

福建海島表 崇武附近各島 三十

## 永寧附近海島表

自永寧城起計○深滬圍頭島嶼無幾附見於此

| 島名 | 偏度 | 直距 | 長 | 闊 | 居民 |
| --- | --- | --- | --- | --- | --- |
| 牛鼻嶼 | 牛鼻嶼在永寧城東南二里半與老山角徵離 | | | | |
| 南盤嶼 | 南盤嶼在牛鼻嶼北偏東一里形勢低平係大石片疊成潮退與岸相連 | | | | |
| 虎口嶼 | 虎口嶼在牛鼻嶼東北六里半頗得形似 | | | | |
| 反流嶼 | 反流嶼在牛鼻嶼東北七里又七分里之五凡三堆故或以內外中分名之居中者最高大在外者係低平亂石潮 | | | | |
| 虎頭山 | 虎頭山在牛鼻嶼東北十二里離岸甚近此礁而名為島也 | | | | |
| 小塔嶼 | 小塔嶼在牛鼻嶼東北十九里已為沙淤平可通人行島上有塔 | | | | |
| 南塘嶼 | 南塘嶼在牛鼻嶼東北二十二里半卽在岸邊色黃 | | | | |
| 金嶼 | 金嶼在牛鼻嶼南偏西七里又三分里之一上有小塔四面多礁幾與老岸宮尾相連故由外海入深滬澳者必由五嶼外行駛然須防東西兩半洋礁○金嶼西北面有大嶼小嶼並山邊嶼皆係小礁不知何故以嶼名之 | | | | |
| 五嶼 | 五嶼在牛鼻嶼南偏西六里北偏西者又曰砠嶼 | | | | |
| 南塔 | 南塔在牛鼻嶼南偏西十一里 | | | | |
| 前山頭 | 前山頭在牛鼻嶼南偏西十九里科任村前澳內有沙灘與岸相連 | | | | |
| 內傍 | 內傍在牛鼻嶼南偏西二十二里 | | | | |
| 外傍 | 外傍在牛鼻嶼南偏西二十二里 | | | | |
| | 內外傍在石傍村東面與老山角相連係亂石形 | | | | |
| 佳利嶼 | 佳利嶼在牛鼻嶼南偏西二十八里與老山角徵離 | | | | |
| 白嶼 | 白嶼在牛鼻嶼南偏西二十八里與佳利嶼徵離 | | | | |

| 譯名 | 異名 | 土產 | 錨地 | 船隻 |
| --- | --- | --- | --- | --- |
| 無 | | | | |
| 無 | | | | |
| 無 | | | | |
| 無 | | | | |
| 無 | | | | |

福建海島表 永寧附近各島 三十一

## 金門附近海島表

自金門本島起計 本島詳上圖說

| 島名 | 偏度 | 直距 | 長 | 闊 | 居民 |
| --- | --- | --- | --- | --- | --- |
| 烈嶼 | 西 | 三里半 | 十二里 | 七里 | 一千三百餘戶 |
| | 烈嶼凡三十六鄉居民約共一千三百餘戶本島種植不敷民食捕魚者亦甚寥寥惟賴往南洋新嘉坡各島經商 | | | | |
| 覆鼎山 | 覆鼎山在烈嶼南一里 | | | | |
| 大嶝 | 北 | 十里半 | 十里 | 五里 | 約千戶 |
| | 大嶝凡十餘鄉有小店數家其西面一帶盡係鹽地南面雙后村設有鹽局歸金門場兼管平時閧寂無一人居民 | | | | |
| 小嶝 | 北 | 七里 | 二里又七分里之五 | 一里又三分里之一 | 二百戶 |
| | 小嶝凡二鄉除耕漁外亦有往南洋各島及上海等處謀生者 | | | | |
| 角嶼 | 北 | 四里 | 二里半 | 半里 | |
| | 角嶼無居民小嶝人往種山芋然多鼠方熬為食殆盡○山多亂石南面近島一帶礁石尤多 | | | | |
| 大伯 | 北 | 八里半 | 一里又七分里之一 | 五分里之三 | |
| 小伯 | 小伯在大伯西北一里又七分里之六此間礁石最多幾難悉數故金門北面水道非土人水帶未易試行 | | | | |
| 鷄嶼 | 鷄嶼在大伯西北七里係碎石形近鷄嶼亦有數礁 | | | | |
| 白嶼 | 白嶼在大伯東偏北十二里離塔頭村陸岸邊止三里 | | | | |
| 草嶼 | 北 | 半里 | 一里 | 五分里之二 | |
| 小草嶼 | 小草嶼在草嶼西徵離 | | | | |
| 北椗 | 北椗在金門東面六里半有燈塔係透鏡紅白二光乍明乍滅燈光點距水面十二丈五尺晴時應照五十四里並 | | | | |
| 峇嶼 | 峇嶼在金門東徵離分言之曰大峇小峇 | | | | |
| 料羅鼻 | 料羅鼻在金門東南卽料羅澳南角與岸徵離 | | | | |

| 譯名 | 異名 | 土產 | 錨地 | 船隻 |
| --- | --- | --- | --- | --- |
| 永寧角 | | | | |
| 無 | | | | |
| 無 | | | | |
| 無 | | | | 漲則隱此礁而名為島也 |
| 無 | | | | |
| 鐘島 | | | | |
| 無 | | | | |
| 塔島 | 大嶼 | | | |
| | | | | |
| 酸島 | | | | |
| 平石 | | | | |
| 無 | | | | |
| 總名瘦角 | | | | |
| | | | | |
| 無 | | | | |
| 無 | | | | |

福建海島表　金門附近各島

| 譯名 | 異名 | 土產 | 錨地 | 船隻 |
| --- | --- | --- | --- | --- |
| 烈嶼又名小金門 | | 山芋鹽 | | 數十號 |
| | | | | 雖貧本微薄所獲不豐然足以自餬其口 |
| 法克太島 | | | | |
| 大嶝 | | 山芋鹽 | | 二三十號 |
| | 亦往南洋新嘉坡各島謀生〇是島潮退四面係泥灘與東小嶝西陸岸之澳頭連成一片 | | | |
| 鎭島又名小嶝 | | 山芋 | 北面可泊漁船 | 數十號 |
| | | | | |
| 列石島 | | 山芋 | | |
| | | | | |
| 弗雷克島 | | | | |
| 無 | | | | |
| 無 | 俗呼圭嶼 | | | |
| 無 | | | | |
| 依立柴島 | | | | |
| 無 | | | | |
| 道特島 | 有霧礮〇北椗東北五分里之三有小椗礁潮退則見自小椗正東三里半曰椗線潮退尙沒水下二拓又四分拓之一 | | | |
| 馬太島 | | | | |
| 料羅頭 | | | | |

三十二

廈門西面附近海島表　自廈門本島起計

| 島名 | 偏度 | 直距 | 長 | 闊 | 居民 |
| --- | --- | --- | --- | --- | --- |
| 古浪嶼 | 西偏南 | 一里又三分里之一 | 三里又十七分里之七 | 二里又三分里之一 | 八百七十餘戶 |
| | 古浪嶼與廈門隔岸相望木石清奇爲諸國所艷稱廈門通商舉凡領事公署洋商以及住宅旅館學堂醫院教堂等皆分建於此遍山洋樓華民則縮處西北一隅已不辨孰賓孰主光緒二十七年乘我多事請租有其地如上海 | | | | |
| 鷄嶼 | 西偏南 | 十一里半 | 二里 | 一里又七分里之一 | |
| | 鷄嶼在漳州港內口上有殘塔 | | | | |
| 前嶼 | 前嶼在鷄嶼北偏東二里半北面陸岸間有小澳是島適居澳中地頗不孤相傳數十年前居民多至數十戶竊巨 | | | | |
| 海門 | 西偏南 | 十七里 | 四里 | 一里 | 二百餘戶 |
| | 海門原駐巡檢及水陸汛弁各一員乾隆間署爲海盜所毀遂移駐海澄縣城內今廈門營圖島間亦有巡署蓋尙 | | | | |
| 目嶼 | 目嶼在海門東微偏南三里 | | | | |
| 螺蚣嶼 | 螺蚣嶼在海門東微偏南九里 | | | | |
| 大嶼 | 西 | 四里 | 一里半 | 半里 | |
| 龜嶼 | 龜嶼在大嶼西偏南一里又七分里之二潮退與岸相連 | | | | |
| 陳公嶼 | 陳公嶼在大嶼西偏北三里潮退與岸相連 | | | | |
| 猴嶼 | 猴嶼在大嶼東偏北一里又五分里之三適當水道之中 | | | | |
| 火燒嶼 | 西 | 一里又五分里之二 | 一里半 | 一里 | |
| 下嶼 | 下嶼在火燒嶼西南五分里之三 | | | | |
| 白兎嶼 | 白兎嶼在火燒嶼西南二里 | | | | |
| 破嶼坪 | 破嶼坪在火燒嶼西南三里 | | | | |
| | 火燒嶼以下四島石皆黃白色相間狀似經火 | | | | |
| 虎嶼 | 虎嶼在火燒嶼東北二里 | | | | |
| 豹嶼 | 豹嶼在火燒嶼東北三里又五分里之二 | | | | |
| 獅嶼 | 獅嶼在火燒嶼東北三里又五分里之四 | | | | |
| 象嶼 | 象嶼在火燒嶼東北四里 | | | | |
| 痲瘋嶼 | 痲瘋嶼在火燒嶼東北七里離岸甚近係石山頂有樹 | | | | |
| 後城嶼 | 後城嶼在火燒嶼北偏東二里 | | | | |

福建海島表　廈門西面附近各島

| 譯名 | 異名 | 土產 | 錨地 | 船隻 |
| --- | --- | --- | --- | --- |
| 古浪嶼 | 鼓浪嶼 | | 東面〇大輪西北面亦可泊 | 小艇二百餘號 |
| | | | | 之例自是遂公然爲洋界 |
| 鷄嶼 | 俗作圭嶼 | | | |
| | | | | |
| 無 | 舟爲業最稱溫飽嗣以患疫非死卽徙遂據其地〇有山芋隔岸人所種 | | | |
| 海門 | | 山芋稻 | | 五十餘號 |
| | | | | 仍百十年前舊本也〇西面沙尾歲久漸成水田 |
| 發吉基 | | | | |
| 無 | | | | |
| 金松嶼又名鯨魚島 | | | | |
| 無 | | | | |
| 無 | | | | |
| 猴嶼 | | | | |
| 總名白石島 | | | | |
| | 後嶼 | | | |
| | | | | |
| 無 | | | | |
| 無 | 狗嶼 | | | |
| 無 | | | | |
| 無 | | | | |
| 無 | 俗稱太古嶼 | | | |
| 無 | | | | |

三十三

廈門西面附近海島表　自廈門本島起計

| 島名 | 偏度 | 直距 | 長 | 闊 | 居民 |
| --- | --- | --- | --- | --- | --- |
| 鏡臺 | 鏡臺在火燒嶼北偏東二里又五分里之三 | | | | |
| 鼠嶼 | 鼠嶼在火燒嶼北四里 | | | | |
| 貓嶼 | 貓嶼在火燒嶼北九里 | | | | |
| 寶珠嶼 | 寶珠嶼在火燒嶼北微偏東八里形圓 | | | | |
| 墨魚嶼 | 墨魚嶼在火燒嶼北微偏東八里半形帶橢圓而扁 | | | | |

## 福建海島表　厦門西面附近各島

| 譯名 | 異名 | 土產 | 錨地 | 船隻 |
| --- | --- | --- | --- | --- |
| 無 | | | | |
| 無 | | | | |
| 無 | | | | |
| 無 | | | | |
| 無 | 或名珠盤 | | | |

三十四

## 厦門南面附近海島表

自厦門本島起計○鎮海附近島嶼無幾附見於此

| 島名 | 偏度 | 直距 | 長 | 闊 | 居民 |
| --- | --- | --- | --- | --- | --- |
| 浯嶼 | 南 | 十六里半 | 四里半 | 一里半 | 約三百戶 |
| | 居民皆處西面澳內村店三五家可得酒米雜貨惟民氣浮囂土城一所土礮一臺三所係舊設均圯 | | | | |
| 浯垵嶼 | 南 | 十八里 | 一里半 | 五分里之三 | |
| 青嶼 | 青嶼在浯嶼西北五里有燈塔係透鏡紅白二光常明燈光點距水面十一丈晴時白光應照四十五里紅光應照 | | | | |
| 大擔 | 南 | 七里半 | 三里又五分里之一 | 一里 | |
| | 大擔島燈塔係透鏡白光乍明乍滅燈光點距水面二十五丈五尺晴時應照三十里○天后廟一所僧二三人居 | | | | |
| 兔仔嶼 | 兔仔嶼在大擔東北里餘又兔仔西北半里有大南礁○兔仔二字未知取義 | | | | |
| 虎仔嶼 | 虎仔嶼在大擔東偏北四里 | | | | |
| 小擔 | 南 | 九里 | 二里 | 五分里之四 | |
| 獅球 | 獅球西與小擔相連形圓面高 | | | | |
| 大孫 | 大孫在小擔西偏南一里又七分里之一 | | | | |
| 二孫 | 二孫在小擔西偏南一里又七分里之五 | | | | |
| 大嶼 | 南 | 十三里半 | 一里 | 半里 | |
| 破竈 | 破竈在大嶼東微高外離中窪獨缺其西面一隅頗得形似或名大嶼爲大破竈而以此爲小破竈者非蓋大嶼係 | | | | |
| 鏡臺 | 鏡臺在大嶼北偏西八里半離嶼仔尾礮臺甚近 | | | | |
| 東椗 | 東椗在浯嶼南偏東三十四里有燈塔係透鏡白光常明放焰燈光點距水面十九丈三尺晴時應照六十六里並 | | | | |
| 碦口山 | 碦口山在浯嶼西南三十四里 | | | | |
| 棺材嶼 | 棺材嶼在浯嶼西南四十三里半 | | | | |
| 南椗 | 南椗在浯嶼南偏西四十一里 | | | | |

## 福建海島表　厦門南面附近各島

| 譯名 | 異名 | 土產 | 錨地 | 船隻 |
| --- | --- | --- | --- | --- |
| 浯嶼 | | 薯有山芋稻 | 西面可泊民船 | 大漁船四十號小艇約百號 |
| | | | | |
| 浯垵 | 垵或作案 | | | |
| 青嶼 | | | | 二十四里○舊時曾築土礮臺 |
| 大擔 | 大膽 | 山芋 | | |
| | | 之又洋房一所西人築以逭暑平時一華人守之○土人亦稱點燈山○舊時曾築土礮臺 | | |
| 無 | | | | |
| 無 | | | | |
| 小擔 | 小膽 | | | |
| 無 | | | | |
| 無 | 大王瓜 | | | |
| 無 | 小王瓜 | | | |
| 草坡 | 大破竈 | | | |
| 無 | 小破竈 | | 低平小島芳草被之絕無殘破形象也 | |
| 無 | | | | |
| 無 | | | | 有霧礮 |
| 林濟嶼 | | | | |
| 無 | | | | |
| 南椗 | | | | |

三十五

## 厦門東面附近海島表

自厦門本島起計

| 島名 | 偏度 | 直距 | 長 | 闊 | 居民 |
| --- | --- | --- | --- | --- | --- |
| 檳榔嶼 | 檳榔嶼在厦門東南五里又七分里之五 | | | | |
| 皮嶼 | 皮嶼在檳榔嶼北偏西三里又七分里之二 | | | | |
| 馬鞍嶼 | 馬鞍嶼在檳榔嶼北偏東三里半 | | | | |
| 牛心 | 牛心在檳榔嶼北偏東四里 | | | | |
| 鼠嶼 | 鼠嶼在檳榔嶼東偏北六里 | | | | |

福建海島表

厦門東面附近各島

| 譯名 | 異名 | 土產 | 錨地 | 船隻 |
| --- | --- | --- | --- | --- |
| 無 | | | | |
| 無 | | | | |
| 無 | | | | |
| 無 | | | | |
| 無 | | | | |



# 厦門北面附近海島表

自厦門本島起計

| 島名 | 偏度 | 直距 | 長 | 闊 | 居民 |
| --- | --- | --- | --- | --- | --- |
| 大離浦 | 大離浦在厦門北二里半 | | | | |
| 小離浦 | 小離浦在大離浦西微偏南二里半 | | | | |
| 蟹嶼 | 蟹嶼在大離浦西偏南三里又五分里之四 | | | | |
| | | | | | |
| 鱷魚嶼 | 鱷魚嶼在大離浦北偏東六里又五分里之一有廟一間無僧種豆麥山芋亦有雜樹 | | | | |
| 獅球 | 獅球在厦門西北隅高崎村前離岸甚近上有樹高崎濱海處有山曰獅頭故以此爲獅球○閩省各島以獅及獅 | | | | |

福建海島表

厦門北面附近各島

| 譯名 | 異名 | 土產 | 錨地 | 船隻 |
| --- | --- | --- | --- | --- |
| 利某 | 俗呼大利某 | | | |
| 無 | 俗呼小利某 | | | |
| 無 | | | | |
| 臘高天 | 白嶼 | | | |
| 無 | | | | 球命名者已數見 |



# 古雷頭附近海島表

自古雷頭南面山角起計○陸鰲附近島嶼無幾附見於此

| 島名 | 偏度 | 直距 | 長 | 闊 | 居民 |
| --- | --- | --- | --- | --- | --- |
| 虎嶼頭 | 西北 | 五里 | 二里又五分里之一 | 半里 | 十餘戶 |
| | 虎嶼頭南面與之相連者曰相連嶼以上里距長濶均合兩島計算 | | | | |
| 大坪嶼 | 西北 | 七里半 | 一里 | 半里 | |
| 小壁嶼 | 小壁嶼在大坪嶼北偏東四里 | | | | |
| 青嶼 | 青嶼在大坪嶼北偏東四里半 | | | | |
| 鼠嶼 | 鼠嶼在大坪嶼北偏東十里半 | | | | |
| | | | | | |
| 沙洲 | 東北 | 二十里半 | 三里又三分里之一 | 一里 | 漁時數戶 |
| | 島間有空屋兩間二三八九等月來此捕魚者所居南面有一小廟亦無住持○沙洲與西面陸岸間水道甚深爲 | | | | |
| 角洲嶼 | 角洲嶼在沙洲北半里 | | | | |
| 蛾眉嶼 | 蛾眉嶼在沙洲南一里又五分里之一 | | | | |
| 青草嶼 | 青草嶼在沙洲南一里又四分里之三其西北一里又三 | | | | |
| 聖杯嶼 | 聖杯嶼在沙洲西偏南四里又四分里之一 | | | | |
| 井垵嶼 | 東北 | 二十一里 | 二里又五分里之三 | 一里 | 漁時二十餘戶 |
| | 山形低平上有空屋二十餘間二三八九等月來此捕魚者所居 | | | | |
| 白流嶼 | 東北 | 二十三里 | 一里又六分里之五 | 五分里之四 | |
| 鵝嶼 | 鵝嶼在白流嶼西北三分里之一 | | | | |
| | | | | | |
| 紅嶼 | 東北 | 二十四里 | 三里又四分里之一 | 二里又五分里之二 | |
| | 草長沒膝蛇蝎蟠伏採紫菜者時戒之見○紅嶼東南角有石曰連礁潮漲即隱十餘年前一大輪經此迷霧觸沈 | | | | |
| 菜嶼 | 東北 | 二十八里 | 一里又三分里之二 | 一里 | |
| 橫嶼 | 東北 | 三十六里 | 二里 | 五分里之四 | |
| 東赤嶼 | 東赤嶼在橫嶼西偏北三里 | | | | |
| 西赤嶼 | 西赤嶼在橫嶼西偏北四里又三分里之一 | | | | |
| 松嶼 | 松嶼在橫嶼北微偏西三十里半在舊鎮港口 | | | | |

福建海島表　古雷頭附近各島

| 譯名 | 異名 | 土產 | 錨地 | 船隻 |
| --- | --- | --- | --- | --- |
| 中島 | | 山芋 | 南面可泊民船 | 十餘號 |
| | | | | |
| 無 | | | | |
| 無 | | | | |
| 無 | | | | |
| 無 | | | | |
| 烟墩島 | | | 西南面可泊大輪 | |
| | | | 大輪常行之路土名沙洲門亦曰聖杯門西圖名譜是門 | |
| 無 | | | | |
| 無 | | | | |
| 無 | | | 分里之一有石曰孤老人 | |
| 門島 | 雙杯嶼 | | | |
| 平島 | | | 西面可泊民船 | 漁時二十餘號 |
| | | | | |
| 高島 | | | | |
| 無 | | | | |
| | | | | |
| 東南島 | | | | |
| | | | | 紅嶼與菜嶼間名紅嶼門 |
| 新布力西亞石 | | | | |
| 丹斯抱克島 | | | | |
| 無 | | | | |
| 司基特島 | | | | |
| 無 | | | | |

三十八

銅山附近海島表　自銅山本島起計

| 島名 | 偏度 | 直距 | 長 | 闊 | 居民 |
| --- | --- | --- | --- | --- | --- |
| 對面嶼 | 東北 | 半里 | 一里又七分里之三 | 三分里之二 | |
| | 形勢低平西面有磚砌方墩一座 | | | | |
| 赤嶼 | 赤嶼在對面嶼西七分里之三 | | | | |
| 鐵釘嶼 | 鐵釘嶼在對面嶼東偏南二里 | | | | |
| 馬鞍嶼 | 馬鞍嶼在對面嶼北偏東二里又六分里之一 | | | | |
| 補羌嶼 | 補羌嶼在對面嶼北微偏西三里又五分里之一 | | | | |
| 小澎嶼 | 小澎嶼在對面嶼北偏西四里半 | | | | |
| 白登嶼 | 白登嶼在對面嶼北偏西四里半 | | | | |
| 尾嶼 | 尾嶼在對面嶼西北五里 | | | | |
| 鼎鍋嶼 | 鼎鍋嶼在對面嶼西北三里 | | | | |
| 白嶼 | 白嶼在對面嶼西北六里又五分里之一 | | | | |
| 江瓯嶼 | 江瓯嶼在對面嶼西偏北十二里半 | | | | |
| 鳥嶼 | 鳥嶼在對面嶼西北十三里 | | | | |
| | | | | | |
| 大嵩嶼 | 東北 | 十九里半 | 一里又三分里之二 | 五分里之四 | |
| 小嵩嶼 | 小嵩嶼在大嵩嶼北偏西二里半 | | | | |
| 家神嶼 | 家神嶼在大嵩嶼東五分里之二 | | | | |
| 赤山 | 赤山在大嵩嶼西六里 | | | | |
| 龜嶼 | 龜嶼在大嵩嶼北偏東十里半 | | | | |
| 石環嶼 | 石環嶼在大嵩嶼西北十二里雲霄港口 | | | | |
| 北澳尾 | 東北 | 一里又六分里之五 | 一里又八分里之七 | 八分里之七 | |
| 塔嶼 | 東北 | 一里半 | 二里又四分里之三 | 半里 | 一戶 |
| | 東西並列三峯西峯最高上有小石塔北面有沙灘與北澳尾相連 | | | | |
| 嶼尾 | 嶼尾在塔嶼東微離 | | | | |
| 不流嶼 | 不流嶼在塔嶼西南五里又五分里之二 | | | | |
| 覆鼎嶼 | 覆鼎嶼在塔嶼西南五里又五分里之二 | | | | |
| 頭嶼 | 頭嶼在塔嶼西南九里半 | | | | |
| 二嶼 | 二嶼在塔嶼西南十里又四分里之一 | | | | |
| 三嶼 | 三嶼在塔嶼西南十里半 | | | | |
| 大柑嶼 | 東偏南 | 四十四里半 | 一里 | 五分里之四 | |

福建海島表　銅山附近各島

| 譯名 | 異名 | 土產 | 錨地 | 船隻 |
| --- | --- | --- | --- | --- |
| 無 | | 山芋 | | |
| | | | | |
| 無 | | | | |
| 無 | | | | |
| 無 | | | | |
| 無 | | | | |
| 無 | | | | |
| 無 | | | | |
| 無 | | | | |
| 無 | | | | |
| 無 | | | | |
| 無 | | | | |
| 無 | | | | |
| | | | | |
| 無 | | | | |
| 無 | | | | |
| 無 | | | | |
| 無 | | | | |
| 無 | | | | |
| 無 | | | | |
| | | | | |
| 無 | | | | |
| 塔嶼 | | 山芋 | | |
| | | | | |
| 無 | | | | |
| 無 | | | | |
| 無 | | | | |
| 無 | | | | |
| 無 | | | | |
| 無 | | | | |
| 兄弟島 | | | | |

三十九

銅山附近海島表　自銅山本島起計○宮口附近島嶼無幾附見於此

| 島名 | 偏度 | 直距 | 長 | 闊 | 居民 |
| --- | --- | --- | --- | --- | --- |
| 小柑嶼 | 小柑嶼在大柑嶼西北五里半 | | | | |
| | | | | | |
| 象嶼 | 東偏南 | 四里又四分里之三 | 一里 | 八分里之七 | |
| 獅嶼 | 東南 | 二里半 | 一里又四分里之一 | 半里 | |
| 荷亂嶼 | 荷亂嶼在獅嶼南微離此島原名不雅馴故以同音之字 | | | | |
| | | | | | |
| 龍嶼 | 南 | 二里又四分里之三 | 二里 | 一里 | |
| 虎嶼 | 虎嶼在龍嶼北微離 | | | | |
| | | | | | |
| 畚洲 | 西 | 六里 | 三里 | 一里半 | |
| 布袋澳 | 西 | 四里 | 四里又三分里之一 | 一里半 | |
| 赤嶼 | 赤嶼在布袋澳西南一里又五分里之一 | | | | |
| 石釘嶼 | 石釘嶼在布袋澳東南三里又四分里之一 | | | | |
| 西歧鼻 | 西歧鼻在布袋澳東三里半 | | | | |
| 白嶼 | 白嶼在布袋澳北微偏東十七里半 | | | | |
| 獅頭嶼 | 西 | 十七里 | 三里 | 一里半 | |
| 內嶼 | 內嶼在獅頭嶼南偏西五里半 | | | | |
| 外嶼 | 外嶼在獅頭嶼南偏西七里 | | | | |
| 蛤洲 | 西 | 十九里半 | 二里 | 三分里之二 | 二百餘戶 |
| 淞洲 | 淞洲在蛤洲西南一里上有漁舍一間 | | | | |

福建海島表　銅山附近各島

| 譯名 | 異名 | 土產 | 錨地 | 船隻 |
|---|---|---|---|---|
| 無 | | | | |
| 方島 | | | | |
| 山峯島 | | | | |
| 無 | | | | 易之 |
| 鐘島 | | | | |
| 無 | | | | |
| 四方島 | 城洲 | | | |
| 高島 | | | | |
| 無 | | | | |
| 無 | | | | |
| 無 | | | | |
| 無 | | | | |
| 無 | | 山芋稻 | | |
| 無 | | | | |
| 無 | | | | |
| 無 | | 山芋稻 | | 號數 |
| 無 | | | | |



南澳附近海島表　自南澳本島起計　本島詳上圖說

| 島名 | 偏度 | 直距 | 長 | 闊 | 居民 |
|---|---|---|---|---|---|
| 臘嶼 | 北 | 一里 | 二里又三分里之一 | 一里 | |
| | 上有土礮臺兩所平時不配兵○此島屬粵因爲南澳要區故誌之 | | | | |
| 虎嶼 | 虎嶼在臘嶼東北五分里之三上有石塔○此島屬粵 | | | | |
| 北虎嶼 | 北虎嶼在臘嶼北偏東十八里○此島爲閩粵兩省之界 | | | | |
| 北官嶼 | 東 | 五分里之四 | 一里又三分里之二 | 一里 | |
| 小獅嶼 | 小獅嶼在北官嶼西北二里 | | | | |
| 官嶼 | 南 | 一里又八分里之一 | 一里 | 五分里之四 | |
| 烏嶼 | 烏嶼在官嶼東南七里半 | | | | |
| 平嶼 | 南 | 十二里 | 一里 | 六分里之四 | |
| 白猴嶼 | 白猴嶼在平嶼東南三里又四分里之一 | | | | |
| 赤嶼 | 赤嶼在平嶼東南七里 | | | | |
| 中澎嶼 | 東南 | 四十里 | 一里又三分里之一 | | |
| | 冬季有茅屋十餘間係採紫菜者所居 | | | | |
| 北澎嶼 | 北澎嶼在中澎嶼東北五分里之四 | | | | |
| 南澎嶼 | 東南 | 四十里 | 一里又五分里之三 | 一里 | |
| | 南澎嶼設有燈塔兩座一在山頂係透鏡白光常明燈光點距水面二十丈五尺晴時應照六十六里並有霧礮一在南坡係透鏡紅光常明燈光點距水面四丈七尺晴時應照二十四里○茅屋十餘間係雲澳人來此採紫菜者 | | | | |
| 芹山 | 芹山在南澎嶼西南九里半 | | | | |

福建海島表　南澳附近各島

| 譯名 | 異名 | 土產 | 錨地 | 船隻 |
|---|---|---|---|---|
| 礮臺島 | | | | |
| | | | | |
| 塔島 | | | | |
| 無 | | | | |
| 方錐島 | | | | |
| 無 | | | | |
| 蟹島 | | | | |
| 雞島 | | | | |
| 平頂島（總名辣門石） | | | | |
| 陘愛司脫石（總名辣門石） | | | | |
| 繡紋石（總名辣門石） | | | | |
| 東臘木克島 | | | | |
| | | | | |
| 北石 | | | | |
| 高臘木克 | | | | |
| | | | | 所居九月間來至來歲二月間去 |
| | | | | |
| 白石 | | | | |